ENCYCLOPÉDIE

MÉTHODIQUE,

O U

PAR ORDRE DE MATIÈRES;

PAR UNE SOCIÉTÉ DE GENS DE LETTRES,
DE SAVANS ET D'ARTISTES;

Précédée d'un Vocabulaire univerſel, *ſervant de Table pour tout l'Ouvrage, ornée des Portraits de MM.* DIDEROT & D'ALEMBERT *, premiers Éditeurs de l'*Encyclopédie.

ENCYCLOPÉDIE

MÉTHODIQUE.

COMMERCE.

TOME SECOND.

A PARIS,

Chez PANCKOUCKE, Libraire, hôtel de Thou, rue des Poitevins;

A LIÈGE,

Chez PLOMTEUX, Imprimeur des États.

M. DCC. LXXXIII.

AVEC APPROBATION, ET PRIVILÈGE DU ROI.

D

D, quatriéme lettre de l'alphabet. On s'en sert dans les journaux & regiftres des marchands, banquiers & teneurs de livres, pour abréger certains termes, qu'il faudroit trop souvent répéter : D°. pour *Dito* ou *Dit* : DEN. pour *Denier* ou *Gros* ; souvent on ne met qu'un grand D. ou un petit, pour *Denier tournois*, & *Dit* : DAL. ou D^{RE}. pour *Daldre* : DUC. ou D°. pour *Ducat*.

D. Eft auffi un caractère du chiffre Romain, qui fignifie *cinq cent*.

DA

DAALDER. *Monnoie* qui a cours à Cologne. Le *daalder* vaut dans cette ville cinquante - deux albus. *Voyez* LA TABLE DES MONNOIES.

D'ABAS. A Lyon, on appelle *draperies d'abas*, les draps & autres étoffes de laine, qui viennent des manufactures du Bas-Languedoc.

DABOUIS. *Toile blanche de coton*, qui fe fabrique aux Indes orientales. Elle eft du nombre des baffetas, & prend fon nom du lieu où elle fe fait.

D'ACCORD. (*Terme de commerce & de compte.*) On le dit, lorfqu'il n'y a rien à redire à une facture, ou à un compte, qu'ils font juftes ; & que l'une contient toutes les marchandifes envoyées ; & l'autre, toutes les fommes reçues & payées. J'ai trouvé votre facture d'*accord* : Le compte que vous m'avez envoyé, s'eft trouvé d'*accord* ; je l'ai arrêté fans y rien changer ni diminuer.

DAELDER. *Monnoie d'argent*, qui fe fabrique en Hollande, & qui y a cours pour un florin & demi.

DAEZAJIE. *Monnoie d'argent* qui a côurs en Perfe ; il vaut cinq mamoudis ; deux daezajies, font le hafaer denarie. *Voyez* LA TABLE DES MONNOIES.

DAGUE. Efpèce de *poignard*, qui n'eft plus guères en ufage.

« Les *dagues* font du nombre des marchandifes » de contrebande, qu'il eft défendu en France de » faire fortir du royaume, fans paffe-port.

» Les *dagues* de fabrique Françoife, paient » droits à la douane de Lyon ; fçavoir, 1 f. la dou-» zaine pour l'ancienne taxation, & 1 f. de nou-» velle réapréciation ».

» Pour les droits des *dagues* de fabrique étrangère, » ils font de 1 f. 6 den. de première taxation, & » 1 f. 4 den. de nouvelle, auffi de la douzaine ».

DAIM. Bête fauve, plus petite que le cerf & plus grande que le chevreuil. Cet animal fournit au commerce les mêmes marchandifes que le cerf.

DALLE. *Monnoie de compte*, dont on fe fert

Commerce. Tome II. Part. I.

dans plufieurs villes d'Allemagne, pour tenir les livres de commerce & de banque. La *dalle* vaut trente - deux fols. lubs. *Voyez* LA TABLE DES MONNOIES.

DALLE. (*Terme de commerce de poiffon de mer.*) Il fe dit parmi les marchandes de marée, des troncons & morceaux de faumon qu'elles débitent pour vendre en détail. On diftingue communément trois parties dans la vente du faumon ; le morceau d'en haut, qu'on nomme la *hure* ; le morceau d'en bas, qu'on appelle *la queue* ; & les morceaux du milieu, qui font les *dalles*.

DALLE, ou **DAIL.** Signifie encore une forte *de pierre dure & grife*, dont les rémouleurs, les faucheurs, les cordonniers & favetiers, fe fervent pour aiguifer ; les uns leurs tranchets, les autres leurs faulx, & les autres, les couteaux, cifeaux, & autres outils de fer & d'acier, après qu'ils les ont paffés fur la meule.

Les meilleures *dalles* viennent du Lyonnois, de l'Auvergne & du Piémont.

« Les *dalles* ou *dails*, comme les appelle le tarif » de Lyon, paient à la douane de cette ville, 27 f. » du cent pefant pour l'ancienne taxation, & 6 f. pour » la nouvelle réapréciation ».

DALLER, qu'on appelle auffi **DALLET,** & **TALLER.** *Monnoie d'argent* à-peu-près de la valeur de l'écu de France de foixante fols, & de la piaftre ou pièce de huit d'Efpagne.

Les *dallers* fe fabriquent en plufieurs états de la haute & baffe Allemagne, particulièrement en Hollande. Ces efpèces, qu'on appelle quelquefois *écus* & *piaftres*, ont leurs diminutions comme les écus ; & il y a des demi-*dallers* & des quarts de *dallers*. Il s'eft même frappé des quints de *dallers* à Mantoue.

Les *dallers* ne font pas tous de même poids, & au même titre. Ceux de Hollande tiennent de fin que, huit deniers vingt grains, & ne pèfent que vingt-deux deniers douze grains.

Les *dallers* de Bafle & de S. Gal, font du poids de ceux de Hollande, mais ils ont de fin, dix deniers neuf grains.

Les *dallers* de prefque toutes les autres villes d'Allemagne, pèfent auffi comme ceux de Hollande, & ont un denier de plus fin que ceux de S. Gal.

Ceux de Francfort font à plus haut titre qu'aucun autre, tenant de fin jufqu'à onze deniers onze grains.

Quelques-uns de Mantoue font au contraire au plus bas titre, n'en tenant que cinq deniers vingt-trois grains.

A

Enfin , il y en a qui ne pèsent que vingt-un deniers , comme les *dallers* de Mantoue de 1616 ; & d'autres même que dix-neuf , comme ceux de Savoie , qu'on appelle *spardins* , ou *spardius*.

Ce font les *dallers* de Hollande , qui fervent en partie au grand commerce que les Hollandois font au Levant , où cette efpèce de piaftre eft appellée *aftani* , à caufe de l'empreinte de lion qu'elle porte , que les Turcs nomment de la forte.

Si l'on en croît le Chevalier Chardin , ces *dallers* font , non-feulement d'un très bas aloi ; mais encore il affure , que les *demi-dallers* , & fur-tout les quarts-de *dallers* , qui fe portent dans les échelles Turques de la Méditerranée , font prefque tous faux.

DALLER. C'eft auffi une *monnoie* de compte , dont on fe fert en quelques lieux d'Allemagne , entr'autres à Aufbourg & Bolzam.

Dollar , ou *Rixdollar*, *Reichdollar*. C'eft toujours la même chofe que *daller* dans le premier fens. Pièce d'argent monnoyé. *Voyez* les TABLES DES MONNOIES.

DAMARAS. *Taffetas* des Indes. C'eft une efpèce d'armoifin.

DAMAS. Étoffe faite de foie , dont les façons font élevées au-deffus du fond. C'eft une efpèce de fatin moiré , ou de moire fatinée ; enforte que ce qui a le grain de fatin par-deffus , l'a de moire pardeffous. Le véritable endroit du *damas* eft celui où les fleurs font relevées & fatinées : l'autre côté n'en eft que l'envers.

Les *damas* doivent être de foie cuite , tant en chaîne qu'en trème , & avoir de large demi-aune moins un vingt-quatrième.

Il y a des *damas* de Lyon , de Tours , de Venife , de Luques , de Gênes , &c. On eftime les *damas* étrangers plus que ceux qui fe fabriquent en France ; peut-être moins pour la différence de la bonté & de la beauté de leur fabrique , que par cette prévention qu'on a ordinairement pour les chofes qui viennent du dehors.

« Les *damas* payent en France les droits d'entrée » & de fortie , conformément au tarif de 1664 , » fur le pied des draps d'or & d'argent , s'il y en » a dans leur trème , & fur celui de draps de » foie , s'ils font tout de foie , à la réferve des » *damas* de la Flandre Efpagnole , entrans dans » les pays cédés & conquis , qui payent comme » étoffes de foie , 20 liv. de la livre pefant , fui- » vant l'arrêt du 23 novembre 1688. *Voyez* DRAPS » D'OR ET D'ARGENT , & DRAPS DE SOIE.

» Les *damas* payent les droits de la douane de » Lyon , fuivant leurs différentes fabriques , ou » les divers lieux d'où ils font tirés ; fçavoir :

» Les *damas* à florettes d'or , d'argent & foie , 4 f. » 3 d. de la livre pour l'ancienne taxation , & 10 f. » pour la nouvelle réapréciation.

» Les *damas* avec or & argent , 36 f. d'anciens » droits , & 8 f. de nouveaux.

» Les *damas* de Florence , Boulogne & Naples ,

» 19 f. 9 d. d'ancienne taxation , & 5 f. de nouvelle » réapréciation.

» Les *damas* de Gènes , 18 l. 4 d. ancienne- » ment taxés , & 5 f. de nouvelle taxe , auffi la livre » pefant ; plus , 3 f. pour le mandement.

» Les *damas* de Luques , 17 f. 3 d. de la livre , » d'ancienne taxation , & 5 f. de nouvelle réapré- » ciation.

» Les *damas* de Milan , 18 f. 3 d. d'anciens » droits , & 6 f. de nouveaux.

» Les *damas* de Venife , 24 f. d'ancienne taxa- » tion , & 8 f. de réapréciation.

» Les *damas* de foie rouge-cramoifi , 48 f. 9 d. » pour la nouvelle réapréciation , 8 f. 3 d.

» Enfin , les *damas* violets , ou incarnat-cra- » moifi , de toutes fortes , pareillement de la livre » 39 f. d'anciens droits , & 9 f. pour leur nouvelle » réapréciation , avec les nouveaux fols pour » livre. »

DAMAS CAFFART. Étoffe qui imite le vrai *damas* , mais dont la trème eft faite de poil , de fleuret , de fil , de laine , ou de coton. Ces fortes de *damas* fe fabriquent de trois largeurs ; fçavoir , de demi-aune moins un feize , de demi-aune entière , & de demi-aune un feizième.

« Ce *damas* paye en France de droits d'entrée , » 9 l. la pièce de trente aunes , & 13 l. le cent » pefant pour ceux de fortie. »

DAMAS DE LA CHINE , ou DES INDES. Ils font de fept , onze & douze aunes de long , fur trois huitiémes & fept feiziémes de large. On les appelle *damas de la Chine* , parce qu'ils en viennent véritablement pour la plûpart ; & *damas des Indes* , parce que c'eft de la main des Indiens que les commis de la compagnie les achetent. Il y en a de ponceaux , de noirs , de blancs , de rouges & noirs , & rouges & blancs.

Il fe fabrique en France , particulièrement à Châlons en Champagne , & en quelques lieux de Flandre , comme à Tournay & aux environs , des *damas* tout de laine , tant en chaîne , qu'en trème. Ceux de Tournay ont trois huitiémes de large , & vingt aunes de long.

DAMAS , ou GRAND CAEN. Nom que l'on donne à une forte de *linge ouvré* , qui fe manufacture dans la Baffe Normandie.

DAMAS. On appelle *acier de damas* , un acier extrêmement fin , dont , dans quelques lieux du Levant , particulièrement à *Damas de Syrie* , d'où il a pris fon nom , on fait des lames d'épées & des fabres , defquels la trempe eft admirable.

Quelques auteurs prétendent que cet acier vient du royaume de Golconde , dans les Indes orientales ; & que c'eft là où l'on a inventé la manière de le tremper avec l'alun , que les Européens n'ont pû encore imiter.

DAMASQUETTE. Efpèce d'étoffe , qui fe fabrique à Venife , & qui eft propre pour être débitée dans le Levant , particulièrement à Conftantinople.

Il y en a de deux fortes ; des *damafquettes* à fleurs d'or, dont la pièce contient dix-huit aunes ; & des *damafquettes* à fleurs de foie, qui ont la même longueur. Celles à fleurs d'or fe fabriquent à peu près comme les toiles d'or & d'argent, qu'on faifoit autrefois à Lyon.

DAMASQUIN, que l'on nomme plus ordinairement ROTTE. *Poids* dont on fe fert dans le Levant, particulièrement à Seyde. *Voyez* la TABLE DES POIDS & MESURES.

DAMASQUINER. *Tailler*, ou *cifeler* le fer, pour l'orner de divers filets d'or ou d'argent.

DAMASQUINERIE. L'art de *damafquiner.*

DAMASQUINURE. L'ouvrage même, ou plûtôt les ornemens d'or & d'argent, qui font fur le fer damafquiné.

Le nom, que cet art a confervé, montre affez d'où il nous vient ; & l'on y reconnoît cette ville fameufe du Levant, où il a été inventé, ou du moins dont les ouvriers ont fait les plus parfaits ouvrages de damafquinerie.

Il y a divers artifans, à qui, par leurs ftatuts, il eft permis d'orner leurs ouvrages de *damafquinures* ; entr'autres, les fourbiffeurs, les arquebufiers, les éperonniers & les armuriers-heaumiers.

DAMASSÉ, ou PETITE VENISE. On donne ce nom à une forte de *linge* ouvré, qui fe fabrique en Flandre. Il eft ainfi nommé, à caufe qu'il eft façonné de grandes fleurs affez femblables à celles de cette efpèce d'étoffe de foie, qu'on appelle ordinairement *damas*. Cette forte de linge ne s'employe guères que pour la table. On appelle un *fervice damaffé*, une nape & une douzaine de ferviettes, faites de cette toile.

« Les *damaffés*, ou *petite Venife*, payent » en France les droits d'entrée, à raifon de 40 l. » le cent pefant, conformément à l'arrêt du 23 » novembre 1688. »

DAMASSÉ. Se dit auffi d'une *étoffe* de foie, qui paroît de damas d'un côté, & qui a un envers tout uni.

DAMASSER DU LINGE. C'eft y faire divers ornemens, à la manière du damas de foie. Ce terme n'eft guères en ufage que dans les manufactures de toiles établies en baffe Normandie.

DAME-JEANNE. Efpèce de groffe *bouteille* de verre, couverte de natte, qui fert à mefurer fur les vaiffeaux marchands les rations de la boiffon de l'équipage. Cette forte de mefure contient ordinairement la douzième partie d'une barique. *Voyez* BARIQUE.

DAMELOPRE. *Bâtiment* dont l'on fe fert en Hollande, pour tranfporter les marchandifes fur les canaux, & fur les autres eaux internes. On en peut voir le devis & les mefures dans le Dictionnaire de Marine, imprimé à Amfterdam en 1702.

DAMITES, ou DAMITONS. *Toiles* de coton, qui fe fabriquent dans l'ifle de Chypre, & qui font une partie du commerce de cette échelle.

DANK, ou DANEK. Petite *monnoie* d'argent, qui a cours en Perfe, & en quelques lieux de l'Arabie. Il pèfe le fixième d'une dragme d'argent. *Voyez* la TABLE DES MONNOIES.

DANK. C'eft auffi un petit *poids*, dont fe fervent les Arabes pour pefer les pierreries & les drogues, lorfqu'ils emploient ces dernières dans la compofition des remèdes. C'eft la fixième partie de la dragme Arabique, c'eft-à-dire huit grains du poids François.

DANNEMARCK. (*État actuel du commerce de*)

§. I. Dans ce royaume defpotique, le commerce fe trouve prefqu'entièrement concentré dans les mains de quatre compagnies privilégiées. Il convient donc, pour mieux faire connoître l'étendue du commerce de *Danemarck*, de donner un détail de celui que font ces compagnies, qui portent les noms de *compagnie royale Afiatique*, de *compagnie d'Iflande*, de *compagnie d'Afrique*, & de *compagnie générale du commerce.*

§. II. La compagnie royale Afiatique, établie depuis environ un fiécle, fut au commencement très-peu confidérable, les actions, qui n'étoient au nombre que de 1600, ne faifant en tout qu'un mince capital de 720,000 rykfdales, trop foible fans doute pour un établiffement de cette nature ; auffi jufqu'en 1732 les opérations de cette compagnie firent-elles que languir. Mais, à compter de cette époque, le dividende qu'elle paya aux intéreffés fut de 164 rykfdales par an l'un portant l'autre pour chaque action qui n'étoit que de 450 rykfdales. Outre cela, lorfqu'en 1772 il fut queftion de faire la répartition du capital entier, elle fe trouva l'avoir groffi fi prodigieufement, qu'elle fut en état de donner à chaque fimple actionnaire pour fa part, depuis 1350 jufqu'à 1400 rykfdales. Par cette répartition du capital, l'ancienne compagnie fe trouvant entièrement diffoute, il s'en forma fur le champ une nouvelle, qui obtint, le 12 juillet de la même année 1772, un octroi de 20 ans, à commencer du 12 avril. Les fonds que cette nouvelle compagnie verfa pour foutenir le commerce & les établiffemens que l'ancienne poffédoit dans l'Inde & à la Chine, étoient de 2,400,000 rykfdales, qui furent divifées en 4800 actions, chacune de 500 rykfdales. Comme la plupart des actionnaires de cette nouvelle compagnie l'avoient été auffi dans l'ancienne, & qu'il n'y avoit eu dans la fucceffion de l'une à l'autre d'autre changement que celui d'un nouveau fyftême apporté néceffairement dans les opérations, celles-ci ne furent nullement interrompues, & la nouvelle compagnie avoit, pour ainfi dire, commencé fes fonctions avant même qu'elle fût revêtue des pouvoirs néceffaires pour entrer en charge. Par ce moyen elle fut en état, l'année d'après celle de fon établiffement, de payer aux intéreffés un dividende de 8 pour cent. Ce dividende a augmenté depuis jufqu'à 10 pour cent, & c'eft fur ce pied qu'il a conftamment été payé aux actionnaires depuis & compris l'année 1774. Ces actions fe négocient aujourd'hui à environ 760 rykfdales.

Le commerce que fait cette compagnie dans

A ij

l'Inde & dans la Chine, n'eſt cependant pas fort conſidérable, puiſqu'elle n'y expédie en tout que trois ou quatre vaiſſeaux chaque année, & qu'elle n'en reçoit en retour que le même nombre, ou à peu près. Les marchandiſes qu'elle y envoie conſiſtent en vins, eaux-de-vie & autres liqueurs, en toiles fines & groſſes, & en draps fabriqués en *Danemarck*. Les vins que la compagnie charge ordinairement dans les navires qu'elle expédie pour l'Inde, ſont pris à Madère par les mêmes navires qui relâchent exprès à leur paſſage dans cette iſle. La compagnie fait auſſi une remiſe en eſpèces d'environ deux cent mille piaſtres chaque année, aux employés qu'elle entretient dans l'Inde & à la Chine, autant pour faciliter le débouché des denrées & marchandiſes des cargaiſons d'envoi, que pour s'en procurer de meilleurs & plus prompts retours. Ces eſpèces conſiſtoient autrefois en piaſtres d'Eſpagne, que des entrepreneurs fourniſſoient à la compagnie, ſuivant les conditions auxquelles ils étoient ſoumis dans les licitations que celle-ci faiſoit tous les ans à Copen-

hague. Mais depuis quelques années la compagnie, ou plutôt le gouvernement qui la favoriſoit en tout, a fait battre au coin du *Danemarck* toutes les eſpèces dont elle a beſoin. Ces eſpèces de nouvelle fabrication ſont du même poids & titre des piaſtres d'Eſpagne d'avant l'époque de 1772, c'eſt-à-dire, de 10 deniers & 22 grains de fineſſe. Elles ont au reſte, pour imiter ces dernières monnoies, d'un côté, les armes du royaume de *Danemarck* ſans ſauvages qui leur ſervent de ſupports, & de l'autre, les colonnes avec les mots *Plus ultrà*, & les deux globes au milieu, dont le premier repréſente la carte des états de *Danemarck* en Europe, & le ſecond celle de Groënland & des iſles de Sainte-Croix, Saint-Thomas & Saint-Jean en Amérique.

Nous ne pouvons mieux faire connoître les retours que la compagnie reçoit par les navires qu'elle expédie pour l'Inde & la Chine, que par une notice que nous plaçons ici des cargaiſons qu'ont apporté cette année (1780) de la Chine à Copenhague trois vaiſſeaux appartenans à la compagnie.

Chargemens de trois vaiſſeaux venant de Canton en Chine pour le compte de la compagnie des Indes de Danemarck, partis en décembre 1779 & janvier 1780, & arrivés à la rade de Copenhague le 15 de ce mois, dont la vente ſe fera le 13 ſeptembre 1780. Contenant comme ſuit :

		La Reine Julienne Marie.	Le Prince Fridéric.	Le Prince Royal.
Diverſes drogues	56,969 ℔ Sago,	18,480	19,160	19,329
	22,747 • Radix China,	20,200	• • •	2,547
	15,964 • Rhubarbe,	5,733	5,915	4,316
	308,800 • Tuttenage,	107,710	59,794	141,296
	30,190 • Gallanga,	• • •	18,402	11,788
	1,300 • Paquets de Rotting,	500	500	300
Thé de diverſes ſortes	1,953,891 ℔ Bohé,	656,552	641,743	655,596
	787,539 • Congo,	273,524	304,367	209,848
	241,802 • Campoy, ou Congo très-fin,	47,033	56,460	178,309
	82,440 • Ziou-Zioung,	25,330	11,340	45,770
	34,788 • Pecco,	11,424	11,352	12,012
	71,736 • Hayſan,	27,437	24,593	19,706
	24,722 • Hayſan-Shin,	11,662	9,633	3,427
	54,600 • Tunkay,	13,560	13,560	27,480
	59,356 • Songlo,	20,700	21,367	17,289
	524 • Soulong,	222	• • •	302
Soie & organſins	23,356 ℔ Soie écrue de Nanquin, 1re ſorte.	7,709	5,465	10,182
	562 • Organſin, 1re ſorte.	280	282	• • •
	941 • dit, 2de	520	421	• • •
	370 • dit, 3e	195	175	• • •
	565 • Trame-double, 1re ſorte	235	330	• • •
	943 • dit, 2de	527	416	• • •
	378 • dit, 3e	177	201	• • •
Toiles de Nanquins	40,000 Ps. jaunes,	10,000	15,000	15,000
	3,000 • blanc,	1,000	1,000	1,000
	2,400 • en couleur,	800	800	800
Etoffes de ſoie	180 Ps. Damas à meubles,	100	80	• • •
	150 • Pequins rayés,	50	50	50
	800 • dits, unis,	300	300	200
	60 • Gourgourans unis,	60	• • •	• • •

	La Reine Julienne Marie.	Le Prince Frideric.	Le Prince Royal.
Etoffes de soies · · · 80 Ps. dits, rayés, · · · · · · · · ·	· · · · ·	40	40
345 · · Satins unis, · · · · · · ·	145	100	100
150 · · Pou-de-soie uni, · · · · · ·	50	50	50
685 · · Luftrins unis, · · · · · ·	185	390	200
300 · · Pelangs unis, · · · · · ·		200	100
Porcelaines diverses · 719 Caisses, · · · · · · · · · ·	253	202	264
275 Paniers, · · · · · · · · · ·	75	80	120
1,484 Paquets, · · · · · · · · · ·	362	622	500

Les possessions de la compagnie dans l'Inde se réduisent à la ville de *Tranquebar*, qui est défendue par la forteresse. de *Dansbourg*, située dans les états du Naïke de Tanjaor sur la côte de Coromandel. Elle a encore sur cette même côte la loge de Porto-novo, celle de Calicut & celle de Collège, enfin la loge de Friedericknagor dans le Bengale. Ces établissemens coûtent à la compagnie environ 22000 ryksdales par an. La factorie qu'elle entretient à Canton en Chine, est composée de deux supercargos & de deux assistans, qui sont tour à tour relevés par un supercargo & un assistant que la compagnie fait embarquer dans chaque vaisseau qu'elle expédie pour la Chine. La compagnie accorde à tous ces employés une provision de 1 & demi pour cent de la valeur des marchandises de la Chine sur le pied qu'elles sont vendues en Europe, s'il n'y a qu'un seul navire dans toute l'année; 1 pour cent s'il y en a deux, & trois quarts pour cent seulement s'il y en a trois ou davantage; & cette provision est partagée entr'eux, suivant les talens & les services de chacun. La compagnie accorde d'ailleurs aux supercargos & assistans qui sont habitués dans la Chine, une somme de 2400 piastres, tant pour leur entretien pendant que les vaisseaux sont absens, que pour leurs voyages à Macao, s'ils y sont forcés, & pour argent de *Cullie* & autres dépenses pendant ce temps.

Pour ce qui regarde la direction de la même compagnie en Europe, nous dirons seulement qu'elle est composée de sept directeurs & de deux reviseurs des comptes. Il paroît, d'après ce qui est accordé pour gages tant à ces directeurs & reviseurs, qu'aux teneurs de livres & autres employés de la compagnie à Copenhague, que sa direction lui coûte autour de 11,000 ryksdales.

Outre ces dépenses que la compagnie est obligée de faire chaque année, elle est tenue de payer au roi, en reconnoissance de l'octroi, & tant qu'il durera, 5,000 ryksdales par an, s'il ne revient en *Danemarck* qu'un seul navire de la Chine, 8,000 ryksdales, s'il en revient deux, ou 10,000 ryksdales, s'il en revient trois. Elle paie d'ailleurs 2 pour cent du montant des marchandises que ses vaisseaux rapportent de l'Inde & de la Chine. Quant à celles qu'elle y envoie par les mêmes vaisseaux, elle ne paie aucun droit au roi; mais elle doit né-

cessairement exporter du royaume par chaque vaisseau au moins pour 3,000 ryksdales de marchandises manufacturées dans les états du roi, si le vaisseau est destiné pour l'Inde, & au moins pour 4,000 ryksdales des mêmes marchandises, s'il part pour la Chine. Les vaisseaux dont la compagnie se sert pour faire ce commerce, doivent être construits en *Danemarck*; comme les matériaux qu'il faut employer pour cette construction, s'y importent pour la plupart du dehors, ils doivent payer les droits d'entrée accoutumés: mais le Roi, pour dédommager en quelque façon la compagnie de la cherté desdits matériaux, lui accorde par chaque vaisseau neuf qu'elle fait construire, une somme de quinze ryksdales pour chaque last de commerce qu'il pourra charger. Il est cependant observé dans l'octroi (§. 13) que cette somme ou prime de 15 ryksdales pour chaque last sera accordée seulement pour aussi long-temps que le roi trouvera bon de laisser porter à compte les redevances ou droits d'entrée dans ses états desdits matériaux importés, de manière que s'il se trouve que la prime surpasse les redevances, elle cessera, & l'entrée des matériaux deviendra franche.

Par le §. quatrième de l'octroi que la compagnie Asiatique de *Danemarck* obtint en 1772, il est permis à tous les sujets Danois & à tous étrangers qui voudront entrer en société avec eux, de naviguer & négocier à Tranquebar & au Bengale, ou depuis le Cap de Bonne-Espérance en çà, excepté la Chine, sous les conditions suivantes.

« 1°. Que l'équipement sera fait dans les ports » du royaume, & qu'on n'y employera que des vais- » seaux bâtis dans les états du Roi, & qu'ils seront » fournis des passeports nécessaires qu'ils requerront » à Copenhague des directeurs de la compagnie, qui » les demanderont au Roi.

» 2°. Que chacun desdits vaisseaux prendra pour » son négoce pour la valeur de 3,000 ryksdales de » marchandises fabriquées dans le pays.

» 3°. Que chacun de ces vaisseaux particuliers, » qui vont à Tranquebar & au Bengale, payera à » la compagnie pour droit de *recognition* dans Co- » penhague, lorsqu'il devra partir, ou deux pour » cent des marchandises dont il est chargé, soit d'ar- » gent ou d'espèces (en tant qu'il n'est pas défendu » de les exporter) ou 15 ryksdales par last de-

» commerce de la capacité du vaiſſeau, ſelon le
» choix des affréteurs & des entrepreneurs. Cet ar-
» gent ſe payera avant que l'on délivre aucun paſ-
» ſeport ; & lorſque le vaiſſeau reviendra, il payera
» 8 pour cent de toutes les marchandiſes du retour,
» ſans diſtinction de ceux à qui elles appartiennent ;
» que ce ſoit aux affréteurs, ou à leurs gens qui
» ſont dans le vaiſſeau, ou à d'autres ; leſquels 8
» pour cent ſe comptent ſur toute la vente de la
» cargaiſon, n'étant pas permis de la vendre ou
» négocier autrement que par la vente publique. Ce
» droit de *recognition* ſe payera dans Copenhague
» à la compagnie ſix mois après la vente faite ; &
» ſi en attendant les directeurs de la compagnie de-
» mandoient qu'on leur donnât caution ſuffiſante
» pour la ſûreté de ce droit de *recognition*, on
» ſera obligé de la leur fournir ; & au cas que le
» payement ne fût pas fait au terme ci-deſſus ſpé-
» cifié, ceux qui en ſeront reſponſables payeront
» à la compagnie 6 pour cent de rente ; &, ſi la
» compagnie étoit forcée à procéder contr'eux, ils
» ſeront condamnés à payer tous les frais & dépens.
» Si les particuliers s'ingéroient à vendre leurs ef-
» fets autrement que par encan, leurs effets ſeront
» confiſqués au profit de la compagnie.
» 4°. Il ſera abſolument défendu auxdits vaiſſeaux
» particuliers de rapporter des marchandiſes qui
» viennent de la Chine, & cela ſous peine de con-
» fiſcation, puiſque ce commerce appartient exclu-
» ſivement à la compagnie.
» 5°. Les vaiſſeaux particuliers doivent retourner
» à Copenhague, ou dans les autres villes que les
» affréteurs ſeront convenus avec la compagnie ; ou
» qui leur ſeront indiquées en temps de guerre.
» 6°. Il ſera libre à la compagnie de prendre toutes
» les meſures qu'elle croira néceſſaires pour l'exé-
» cution & l'obſervation ſtricte de tous ces arti-
» cles, &c. »
Le §. 9 du même octroi de 1772 porte encore ce
qui ſuit touchant le commerce particulier, ſavoir :
« Qu'il ſera permis à tous les habitans de Tran-
» quebar & de l'Inde, tant natifs qu'étrangers, de
» faire négoce & commerce, auſſi-bien avec les
» propres factoreries de la compagnie, que d'une
» place à l'autre dans l'Inde, en delà du Cap de
» Bonne-Eſpérance, excepté la Chine, moyennant
» le payement des redevances qui ſeront toujours
» fixes de 4 pour cent des marchandiſes portées à
» Tranquebar depuis l'autre côté du Cap, & depuis le
» Cap incluſivement de ce côté-ci 2 pour cent ; & 2
» pour cent des marchandiſes qui ſortiront de Tran-
» quebar, excepté celles dont il faut au retour payer
» 8 pour cent à Copenhague ».
Depuis que la permiſſion de trafiquer dans l'Inde
a été donnée aux particuliers, tant ſujets Danois
qu'étrangers, qui veulent s'aſſocier à eux pour ce
commerce, il s'eſt formé à Copenhague une ſociété
particulière qui expédie tous les ans un ou deux
navires pour Tranquebar & le Bengale, & qui en
reçoit pareillement un ou deux en retour.

§. III. La compagnie d'Iſlande qui ſubſiſte maintenant, date ſon établiſſement de l'année 1743, qu'elle
ſuccéda à une autre compagnie qui avoit eu peu de
durée. Elle a obtenu le renouvellement de ſon octroi à diverſes repriſes, & en dernier lieu au commencement de l'année 1771. Depuis cette époque,
quoique la compagnie poſſède ſes anciens priviléges, il eſt néanmoins permis aux particuliers,
habitans dans les états du roi de *Danemarck*, de
trafiquer en Iſlande avec l'agrément de la compagnie & ſous certaines conditions. Expoſons ici la
manière dont la compagnie a toujours fait le commerce de cette iſle, & nous ferons enſuite un petit
détail des denrées & marchandiſes qui en font l'objet.
L'Iſlande eſt une iſle de l'océan ſeptentrional,
ſituée entre le ſoixante-troiſième & le ſoixante-ſep-
tième degré de latitude. Quoique très-grande, elle
n'a que très-peu d'habitans, qui n'ont, pour ainſi
dire, d'autre moyen pour ſubſiſter que la pêche &
la chaſſe. Cette reſſource précaire les oblige à ſe
mettre à la diſcrétion de la compagnie, malgré toutes
les meſures & les réglemens faits pour contenir la
cupidité de la compagnie dans de juſtes bornes. La
compagnie eſt obligée de prêter aux habitans d'Iſlande, dans les années de mauvaiſe pêche, tout ce
dont ils peuvent avoir beſoin, & à des prix modérés,
& elle ne peut exiger le payement de ſes avances,
que dans des temps plus heureux, c'eſt-à-dire,
quand les circonſtances facilitent aux débiteurs les
moyens de la ſatisfaire. Il y a d'ailleurs, en tout
temps, des inſpecteurs établis tant en *Danemarck*
qu'en Iſlande, qui veillent à ce que les denrées &
marchandiſes qu'on ſe fournit réciproquement ſoient
d'une qualité ſans reproche, & qui en même temps
ont ſoin d'empêcher qu'on ſe ſurfaſſe de part ou
d'autre dans les prix de chaque article ; précautions
embarraſſantes, diſpendieuſes & toujours inutiles
contre le monopole, qui ne manque jamais d'acheter
des protecteurs, & de corrompre ſes ſurveillans,
aux frais des malheureux, dont le privilège excluſif
lui ſacrifie les propriétés & la liberté.
L'Iſlande a dix mille danois de longueur, & cinquante ou environ de largeur moyenne. Sa population ne va cependant pas au-delà de dix-mille âmes ;
la rigueur du climat & les vexations du monopole
en ſont les cauſes.
La compagnie expédie tous les ans pour l'Iſlande
environ dix-neuf navires, dont quatorze ſont toujours armés à Copenhague, & les autres cinq à
Gluckſtad, ville ſituée ſur l'Elbe. Tous ces navires
chargent des farines de ſeigle & d'autres grains, du
vin, de l'eau-de-vie, du ſel, du tabac, des épiceries, des draps, des toiles, de la quincaille, du
bois à conſtruire des canots & à bâtir des maiſons ;
en un mot, de tout ce qui eſt néceſſaire à des
colons qui ne ſont généralement occupés que de
leur pêche & de leur chaſſe. Les vaiſſeaux de la
compagnie partent des ports de leur armement vers
les mois de mai & de juin, & après trois ou quatre
ſemaines de navigation, étant à la vue d'Iſlande,

ils se répandent dans les divers ports de l'isle qui sont au nombre de vingt-trois en y comprenant ceux de l'isle de *Westmanoe* qui en est tout proche. Après y avoir déchargé leurs marchandises, ils y prennent celles qui doivent composer leurs cargaisons de retour.

Ces retours consistent principalement en poisson salé & sec, viande de bœuf salée, huile de poisson & de baleine, quelques pièces de drap grossier de laine, des bas & des gands de laine, des cuirs, des pelleteries, du beurre, des plumes & du duvet, sur-tout d'une certaine espèce nommée *édredon*, qui est extrêmement recherchée.

La compagnie ne paye aucun droit pour les marchandises qu'elle expédie pour l'Islande; mais celles qui lui viennent en retour, sont sujettes à payer un droit modique d'un pour cent, lorsqu'elles sont destinées pour l'étranger, & les droits d'accise & de consommation accoutumés, pour tout ce qui se consomme dans le pays.

Cette compagnie a un président, cinq directeurs, un facteur ou teneur de livres & quelques commis.

§. IV. La compagnie d'Afrique fut établie en 1755; elle est peu considérable, ses opérations se bornant à suivre une petite traite de négres par le moyen des établissemens qu'elle a à Saffy, à Salé & à Sainte-Croix.

§. V. La compagnie générale de commerce, n'est pas non plus à beaucoup près aussi considérable qu'elle étoit au commencement de son établissement (en 1747.) Le premier projet de cette compagnie fut de s'attirer tout le commerce du midi de l'Europe, en faisant de Copenhague l'entrepôt général de toutes les sortes de marchandises du Nord & de la mer Baltique, projet vaste qui, s'il eût réussi, auroit mis en ses mains des richesses immenses; mais elle ne put soutenir la concurrence des autres nations, & sur-tout celle des Hollandois, & elle reconnut trop tard que ce projet n'étoit rien moins que praticable. Il échoua, & la compagnie ne se soutint que par quelques privilégés particuliers

qu'elle obtint du gouvernement qui la favorisoit pour certaines branches de commerce. Elle s'occupe à présent à faire des expéditions pour son propre compte, soit de Copenhague pour la France, l'Espagne & l'Italie, soit d'Afrique où elle fait acheter des négres, tantôt de la compagnie d'Afrique, tantôt des habitans de cette partie du monde, pour les transporter ensuite aux isles Danoises de l'Amérique. Mais son commerce principal consiste maintenant dans celui qu'elle fait dans le Groënland. Ce pays de l'Amérique septentrionale, distant seulement de 50 lieues de l'Islande, est situé entre le 61e & le 71e degrés de latitude. On y compte jusqu'à douze colonies Danoises; la principale occupation des habitans est la pêche de la baleine & du chien de mer. La compagnie générale de commerce approvisionne ces colonies de tout ce qui est nécessaire pour leur subsistance, & en retire par contre de l'huile de baleine, des fanons & autres articles du produit de cette pêche.

§. VI. Nous avons déja observé que le *Danemarck*, outre le Groënland, possède en Amérique les isles de Sainte-Croix, Saint-Thomas & Saint-Jean. La première de ces isles, qui est située sous le 18e degré de latitude, est la plus considérable; cependant elle passa au pouvoir des Danois postérieurement aux deux autres; ce ne fut qu'en 1733 que Frederick V en obtint la cession de la cour de France, à qui elle appartenoit alors, moyennant la somme de 164 mille ryksdales. Cette isle peut compter aujourd'hui environ 2,500 habitans blancs, & autour de 25,000 négres. On y compte en tout 345 plantations, dont 150 s'occupent uniquement de la culture du sucre. Les autres plantations, qui pour la plupart sont situées dans la partie septentrionale de l'isle, n'étant guère propres à cette culture, produisent du coton, du café, ou quelqu'autre denrée, ou bien servent de pâturages. Chaque plantation à Sainte-Croix occupe un terrein qui a 3,000 pieds de long, sur 2,000 de large, mesure de *Danemarck*.

La population de cette isle étoit en 1772, d'après un dénombrement exact de ses habitans, sçavoir:

de			
574 Hommes	}		
452 Femmes	}	1993 habitans propriétaires	
336 Garçons	}		
341 Filles	}		
365 Serviteurs & ouvriers.	}	En tout blancs	2171
77 Servantes	}		
136 Militaires	}		
155 Négres libres	}	En tout Négres	22399
22244 Négres esclaves	}		

Total d'habitans . . 24670

De ces trois isles, Saint-Thomas est la première que les Danois ont possédée en Amérique: ce fut en 1671 qu'ils y firent leur premier établissement.

La population n'y est guère au-dessus de 350 habitans blancs, & de 4,400 négres. Les plantations ne vont pas au-delà de 70, dont le tiers s'emploie uniquement à la culture du fucre. Ces plantations n'ont point une étendue fixe comme celles de Sainte-Croix, attendu que chaque propriétaire les fait de la grandeur qu'il juge à propos.

L'ifle de faint-Jean, qui eft la plus petite des trois, n'a commencé à être cultivée qu'en 1719; elle n'a qu'environ 110 habitans blancs, & 2,400 négres, & cependant elle compte jufqu'à 69 plantations, dont 27 s'occupent uniquement de la culture du fucre.

La production principale de ces ifles confiftant en cette denrée, nous obferverons qu'elles en donnent 24 millions de livres par an, l'un portant l'autre, & cependant qu'on eftime qu'elles en pourroient rendre jufqu'à 36 millions, fi la culture en étoit pouffée plus vigoureufement qu'elle n'eft. Ces ifles produifent d'ailleurs quelques parties de coton, de café, d'indigo, du rum ou tafia, & quelque peu des autres denrées de l'Amérique.

Le commerce de cette partie des domaines du roi de Danemarck a été languiffant tant qu'il a été dans les mains d'une compagnie qui en avoit le privilége exclufif; mais depuis vingt-cinq ans que cette entrave eft rompue, il fleurit entre les mains des particuliers. Il fera plus brillant encore, & les colons feront plus vivement excités à tirer tout le parti poffible de leurs plantations, fi jamais ils parviennent à payer les dettes qui les accablent. Ces ifles devoient, il n'y a pas encore long-temps, 14,762,085 florins 4 fols & 8 deniers aux Hollandois, fçavoir:

Sainte-Croix, ... fl. 12,815,085 4 f. 8 d.
Saint-Thomas, ... 1,059,120 // //
Saint-Jean, ... 886,600 // //

Un million de ryksdales au roi de Danemarck, & environ 400,000 ryksdales à divers particuliers, habitans ou fujets de Danemarck.

§. VII. Par tout ce que nous venons de dire, il eft aifé de voir que le commerce du Danemarck, & fes relations avec les diverfes parties du monde, ne laiffent pas d'être confidérables. Il nous refte encore à réunir, fous un point de vue, les articles que la ville de Copenhague eft en état de fournir aux nations de l'Europe, & ceux qu'elle a coutume de recevoir d'elles.

Les nations qui occupent les bords de la mer Baltique, y viennent chercher du fucre, du thé, de la porcelaine de la Chine, des mouchoirs, des mouffelines & d'autres étoffes de l'Inde, du poiffon d'Iflande, de l'huile de baleine, & beaucoup d'autres chofes. Les Anglois y vont de leur côté acheter quelquefois de l'orge & de l'avoine, que fournit affez abondamment la Séelande & les autres ifles qui font partie du Danemarck; ils y achetent auffi du thé & des liqueurs, dont ils font leur commerce interlope dans la Grande-Bretagne & l'Irlande. Des négocians fpéculateurs Hollandois font acheter par leurs commiffionnaires à Copenhague, du thé, & fouvent d'autres articles tant de la Chine que de l'Inde; du fucre, du coton, du café & autres denrées des ifles; du poiffon d'Iflande; de l'huile de baleine, de chien de mer & autres cétacées. Plufieurs marchands Hollandois ont d'ailleurs un commerce fuivi avec Copenhague, ou avec d'autres ports de Danemarck (nous en donnerons enfuite une notice) d'où ils tirent des peaux ou cuirs fecs en poil de bœuf & de vache, des bas de laine, des toiles & autres pareils articles du crû de ce royaume. Voici pour l'ufage de ceux qui veulent fpéculer dans les articles principaux dont nous venons de parler, quelques comptes fimulés d'achat & d'expédition, dans lefquels nous inférons tous les frais jufqu'à bord du navire à Copenhague.

Compte fimulé de diverfes fortes de thé achetés à la compagnie.

8 Quarts de caiffes de thé hayfan pefant
Brut . . 606 ℔.
Tare à 18 ℔ . . 144 .
     Net 462 ℔ à 9 marcs 13 ß . . . . rdlrs 755 3 6

8 Quarts de caiffes de thé hayfan Chin, pefant
Brut . . 593 ℔.
Tare à 20 ℔ . . 160 .
     Net 433 ℔ à 6 marcs, ... 433 . . .

8 Quarts de caiffes de thé Congo, pefant
Brut . . 782 ℔.
Tare à 22 ℔ . . 176 .
     Net 606 ℔ à 4 marcs 3 ½ ß . . . . 426 . 10

                   rdlrs . . 1614 4
        Rabais 4 p.º 64 4 8
                    1550 . . 8
Douane 2 p.º . . rdlrs . 31 . .
Aux pauvres 1 par mille . . . 1 3 5
                    32 3 5
              rdlrs . . 1582 3 13
                   30

Ci-contre, ... rdlrs. . . 1582 3 13

30 Caisses de *thé bohé*, ou *boué*, pesant
                Brut 11987 ℔.
        Tare à 80 ℔ . . 2400 .
        ─────────── Net 9587 ℔ à 31 ß 3095 4 13

                                            rdlrs. . . 4678 2 10

Frais d'expédition.

Aux employés de la douane, papier timbré, &c. . . . rdlrs. . . 11 ß
Emballage, nattes & port à bord du navire 50
Commission d'achat 2 p°. sur rdlr. 4740 . . . . 94 4 12
Courtage de traites ⅛ p°., port de lettres, &c. 10 1 10

                                                        166 3 6

                                        Cour. rdlrs. . . 4845

Compte simulé de 10 caisses de porcelaine de la Chine achetées à la compagnie Asiatique, sçavoir :

1 Caisse contenant 717 paires tasses brunes émaillées
                à payer pour 730 paires à 5¼ ß lubs. . rdlrs. . . 79 40½ ß lubs.
            1230 paires dites brunes & bleues à thé
                à payer pour 1260 paires à 4½ 111 27
            1033 pair. dites pour 1050 . . à 4½ 90 24
1 dite , contenant 778 pair. dites pour 827 . . à 4½ 71 3
            678 paires dites brunes émaillées,
                à payer pour 690 paires à 5¼ 75 22½
            689 pair. dites pour 700 . . à 5¼ 76 27
            779 pair. dites pour 800 . . à 4½ 72 44
            71 pair. dites pour 76 . . à 4½ 7 6
1 dite , contenant 2041 paires dites assorties, à divers prix 275 14⅝
1 dite , contenant 2023 paires dites assorties, *idem*, ... 267 32½
1 dite , contenant 1452 paires de tasses à café comptant 145 43

                                            rdlrs. . . 1274 2
                            Rabais 10 p°. 127 22

                                                1147 5

            597 paires petits plats émaillés
                    à 4 ß lubs la paire . . . rdlrs . 33 4
            206 paires dits, à 4 . . . . 17 8
            396 paires dits, à 4⅛ 44 1½

                                            84 13½
                            Rabais 6 p°. . . 5 2½
                                                79 11

1 Caisse contenant 333 paires de tasses à café
                à payer pour 350 paires à 7⅝ ß lubs . rdlrs . 55 29
                        Rabais 10 p°. . . . 5 29
                                                50 ß

2 Caisses contenant 1500 jattes, à 5½ ß lubs . . . . rdlrs. . 171 42
                        Rabais 6 p°. 10 16
                                                161 26

1 Caisse contenant 970 jattes, à 4 ß lubs . . . . rdlrs. . 80 40
                        Rabais 6 p°. 4 42
                                                75 46

                                    rdlrs. . . 3513 40

De l'autre part . . . . rdlrs . . 1513 40   8 lub∫

1 Caisse contenant   6 petits services de table émaillés
                     à 25½ rdlr . . . . rdlr . 153
                     8 paires saladiers à 1 rdlr. 6½ ß lubs 9 4
                                                                              162 4

                                                         rdlrs . . . 1675 44
                              Rabais 4 p⁰₀ 67 2
                                                              1608 42

                     Douane 2 p⁰₀ . . . . rdlrs . . 33 25
                     Aux pauvres 1 par mille 1 32
                                                              35 9

                                                              1644 3

Frais d'expédition.

Aux officiers de la douane , papier timbré , &c. . . . . rdlrs .   3 40
Pour 10 caisses, cercles, clous, &c. 49 24
* Port à bord & menus frais d'emballage 25
Commission sur rdlr. 1,722 à 2 p⁰₀ 34 23
Courtage des traites & ports de lettres 3 6
                                                                      1 45

                                                   rdlrs . . . 1,760

Compte simulé d'une partie de soiries achetées *à la compagnie Asiatique, sçavoir:*

Lampas pour meubles de 26 à 26½ aunes de long sur 1⅙ aunes de large,
   Dont 10 pièces cramoisi , & blanc & verd , à rdlrs. 50½ . . . . rdlrs.   505
   10 dites, cramoisi & blanc, ... 47   470
Damas pour meubles de 26 à 26½ aunes de long sur 1½ aunes de large,
   Dont 5 pièces celadon & blanc, à rdlrs. . . . . 31. 1 m. 155 5
   5 dites , ... 31. 1 m. 155 5
Pequins unis de 22 à 22½ aunes de long & 1⅙ aune de large,
   5 lots de 10 pièces chacune font 5 pièces, à rdlrs. 20. 1. marc 1,008 2

                                                      rdlrs . . 2,295   marcs
                              Rabais 4 p⁰₀ 91 5
                                                            2,203 1

                     Douane 2 p⁰₀ . . . . rdlrs. 45 5 8
                     Aux pauvres 1 par mille . . .   2 1 12
                                                           48 1 4

                                                   rdlrs . . 2,251 2 4

Frais d'expédition.

Aux officiers de la douane , papier timbré , &c. . . . . . . rdlrs . .   5 4
* Pour deux caisses, emballage , nattes, & port à bord 13 3
Commission sur rdlr. 2,270 à 2 p⁰₀ 45 2 8
Courtage de traites & port de lettres 6 4
                                                                  70 3 12

                                                   rdlrs. 2,322

Compte fimulé d'une partie de marchandifes des Indes orientales *achetées à la compagnie Afiatique,* fçavoir :

1 Balle avec	38 pièces *Caffa-Hariel* à 26 marcs . . . . rdlrs. .	164	4	
	30 dites, mouchoirs de Mazulipatan de 12 à la pièce fuperfins, à rdlrs. 10 .	300		
	50 dites, mouchoirs 10 à la pièce, à rdlrs. 6, 1 marc, ...	308	2	
	20 dites, Gingans de Mazulipatan à rdlrs. 4 2 marcs 8 ß	88	2	
	66 dites, de mouchoirs peints fuperfins, à 7 marcs	67	4	
2 Balle avec	100 pièces *Shiapara-bafta,* à 25¼ marcs	429	1	

rdlrs. . 1357 5 4

Rabais 4 p.° 54 1 14

1303 3 6

Douane 2 p.° . . . . rdlrs. 27 15
Aux pauvres 1 par mille 1 2 3

28 3 2

rdlrs. . 1,332 8

Frais d'expédition.

Aux officiers de la douane, papier timbré, &c. . . . . rdlrs. .	3	5
* Emballage, nattes, cordes, toile cirée & port à bord	6	8
Commiffion fur rdlr. 1,342. à 2 p.°	26	5
Courtage des traites ½ p.° & port de lettres	6	1

42 5 8

rdlrs. 1375

Lorfqu'on achette des marchandifes des Indes reçues par des navires particuliers qui ont été expédiés de Copenhague, le rabais de 4 p.° ci-deffus n'a pas lieu, & l'on paye au contraire 6 p.° de *récognition* ou droit de reconnoiffance à la compagnie, indépendamment des 2 p.° de douane. Si le navire particulier étoit venu de l'Inde fans qu'il eût été expédié de Copenhague, dans ce cas la récognition feroit de 8 p.° & en outre de 2 p.° de douane. Mais il faut dire auffi que les marchandifes venues par navires particuliers fe vendent meilleur marché proportion gardée que celles qui appartiennent à la compagnie.

Compte fimulé de 15 futailles de fucre brut *reçues de Sainte-Croix & expédiées de Copenhague à Amfterdam.*

15 Futailles pefant brut 15,284 ℔.
Bon poids, à 3 ℔. 45.°

15,239 ℔.

Tare 17 p.° . . . . . 2,591.

12,648 ℔ à 11 ß . . . . rdlrs. 1,449 1 8

Frais d'expédition.

Douane 1 p.° rdlrs. 14. 3 efpèces avec l'agio de 22 ß . . . . rdlrs. .	17	5
Droits extraordinaires, papier timbré, &c.	3	5 8
* Reception, pefer, rabatage & port à bord	7	3
Courtage d'achat, marc par futaille & courtage des traites	5	4
Commiffion fur rdlrs. 1,490, à 2 p.°	29	5

64 4 8

rdlrs. , 1,514

Compte simulé de huit balles coton *des isles Dānoises, sçavoir:*

8 balles pesant ensemble   1,736 ℔.
Tare 2 p.º .   35 .

1,701 ℔ à 2 marcs . . . . rdlrs. . 567

Frais d'expédition.

Douane 1 p.º en rdlr. 5. 4 espèces, avec l'agio de 22 ß . . . . rdlrs. . 6 5 10
Aux officiers de la douane, papier timbré, &c. 4 2 2
* Emballage, nattes, cordes, recevoir & port à bord 12 3
Commission sur rdlr. 590 à p.º 11 4 12
* Courtage des traites ⅛ p.º & port de lettres 3 2 8
                                                                    ——————
                                                                        39

                                               rdlrs. .   606

Compte simulé d'une partie de poisson d'Islande, dit PLAT-FISK.

2,534 Pièces de la meilleure qualité de *Plat-Fisk.*
pesant 15 sk ℔ à 24 rdlrs. . . . . rdlrs. . 360

Frais d'expédition.

Douane 1 p.º en rdlr. 3. 3. 10 espèces avec l'agio de 22 ß . . . . rdlrs. . 4 2 7
Aux officiers de la douane, papier timbré, &c. 1 4
* Réception du poisson du magasin & port à bord 2 1 8
Commission sur rdlr. 368 à 2 p.º 7 2 3
Courtage des traites ⅛ p.º & port des lettres 2 1 14
                                                                    ——————
                                                                        18

                                               rdlrs. .   378

Compte simulé de 30 futailles d'huile de baleine *achetées à Copenhague, mesurant ensemble,*
sçavoir:

30 Barriques 3 viertels à rdlr. 18. 2. la barrique de 160 pots . . . . rdlrs. . 550

Frais d'expédition.

Aux officiers de la douane, papier timbré, &c. . . . . rdlr. . 2 4 8
Rabatage & mesurage des futailles, & port à bord 8 3
Commission sur rdlr. 561 à 2 p.º 11 1 5
Courtage des traites ⅛ p.º & port de lettres 2 3 3
                                                                    ——————
                                                                        25

                                               [rdlrs. . 575

Il faut ajouter à chacun de ces comptes simulés la prime d'assurance & le fret, & l'on pourra regler l'un & l'autre de ces objets selon que nous l'avons indiqué à l'article du commerce d'Amsterdam, en faisant néanmoins attention aux circonstances.

§. VIII. Après avoir parlé du commerce d'exportation du royaume de *Danemarck*, il convient de dire quelque chose de celui d'importation. Ce dernier est très-borné, tant à cause de la défense presque générale d'y introduire des marchandises de soie & de laine fabriquées en Europe, que par rapport aux droits excessifs que payent les denrées & marchandises dont l'entrée y est libre. On peut placer dans le nombre de ces dernières les vins & eaux-de-vie de vin; celle de grains ou de genièvre est de contrebande. On envoie aussi de Hollande en *Danemarck* quelques épiceries, comme canelle, girofle & noix mufcade ; mais tout cela fe réduit à peu de chofe : il eft même défendu d'y introduire du poivre. Toutes ces prohibitions ne tendent qu'à favorifer les fabriques & les manufactures du pays, & à empêcher que le peu d'argent qui y circule n'en forte entièrement : il eft vrai que le gouvernement Danois a le plus grand intérêt d'encourager l'induftrie ; il n'eft point d'autres moyens pour une puiffance dénuée, comme le *Danemarck*, des richeffes du fol, de figurer parmi les potentats de l'Europe. Le monarque ne peut donc s'en occuper trop, puifque de-là feulement peuvent découler le bonheur de fes fujets & la gloire de l'état.

§. IX. Venons maintenant aux ports & villes qui font un commerce plus ou moins floriffant en *Danemarck*, & nous indiquerons en paffant leurs fabriques, leurs manufactures & autres établiffemens, ainfi que les articles du crû du pays qui forment les branches principales de commerce.

Copenhague a, tant dans fon enceinte que dans fes environs, un nombre fuffifant de manufactures & fabriques en laine & foie, pour fournir ces objets à tous les états de la domination du roi de *Danemarck*. La fabrique royale eft un fort bel établiffement, qui a une centaine de métiers d'étoffes de foie toujours battans. Une vafte fabrique de toiles peintes occupe auffi une infinité de bras : & les rafineries de fucre font tellement augmentées, qu'elles emploient une bonne partie du fucre brut que fourniffent les colonies Danoifes de l'Amérique. Mais parmi les établiffemens formés à Copenhague pour l'avantage du commerce, il n'y en a point qui méritent autant d'attention que la banque & la chambre d'affurance, dont nous allons décrire en peu de mots le plan & les opérations.

La banque de Copenhague, connue fous le nom de *banque d'affignation, de change & de prêt*, fut établie par le roi Chrétien VI, le 29 octobre 1736. Son premier fonds ne fut que de mille actions de 500 ryksdales chacune, qu'on partagea en quarts d'action, afin de faciliter la foufcription qui, par ce moyen, fut remplie fur le champ. Par fon inftitution, la banque de Copenhague fe fit prêteur, dépofitaire & banquier de tous ceux qui étoient dans le cas d'avoir befoin de fon miniftère pour quelqu'une de ces opérations. Elle prête à 4 p.c. d'intérêt par an fur des gages fuffifans, comme or, argent, diamans, fer, cuivre, laiton, étoffes de foie, de laine, toiles de lin, de chanvre & autres marchandifes qui ne font pas fujettes à fe gâter promptement, & que la banque peut rendre en nature à ceux qui les lui ont engagées. Suivant les circonftances, ou felon que les commiffaires de la banque le jugent à propos, on avance fur les objets dépofés les deux tiers ou les trois quarts de leur valeur. Quand nous difons que la banque prête ou paye des fommes d'argent, cela veut dire, comme on le verra ci-après, qu'elle donne des billets de banque ou du papier-monnoie, qui font auffi

courans que l'argent même qu'ils repréfentent. Pour affurance de l'or & de l'argent monnoyé & non monnoyé, en barres & en lingots, qu'on lui veut confier, la banque fournit des récépiffés, ou telles autres preuves qu'on defire, pour conftater & attefter les chofes qui lui ont été livrées, & par ces pièces elle s'engage de garder les objets dépofés jufqu'à ce qu'on les lui redemande, s'obligeant de les rendre en même nature qu'ils ont été dépofés, quand il fera queftion de les retirer, moyennant qu'on lui paye un par mille pour la garde & pour le compte, à l'entrée & à la fortie de ces objets, foit qu'ils ayent été à la banque une année, foit qu'ils y foient reftés moins. Si en dépofant dans la banque de l'or & de l'argent non monnoyé, en lingots ou en barres, on defire avoir à-peu-près le montant de leur valeur, la banque en fait l'avance moyennant ¼ p.c. d'intérêt par quart d'année, intérêt qui doit être payé au moment que l'emprunt a lieu. En ce cas cependant on ne paye pas le droit de dépôt, c'eft-à-dire, un par mille.

La banque efcompte à 4 p.c. d'intérêt par an, les lettres de change & autres effets payables dans un temps préfix. Elle prend auffi des lettres de change payables dans l'étranger, au change qui a cours fur la place, & elle en négocie à fon tour de la même manière aux négocians qui ont à remettre des fonds dans l'étranger.

Tous ceux qui veulent avoir un compte en banque, peuvent s'en faire ouvrir un dans fes livres en payant 5 ryksdales ; & dans ce cas, lorfqu'on a un paiement à faire on peut l'affigner fur la banque.

Au refte, la banque de Copenhague dont le premier fonds s'accrut en peu de temps confidérablement, tant par les nouvelles foufcriptions qui fe firent peu après fon établiffement, que par les bénéfices qui étoient réfultés de l'ufage qu'elle avoit fait des capitaux qu'on lui avoit confiés, la banque de Copenhague, dis-je, mit dès fon érection des billets en circulation qui repréfentoient le numéraire de fon fonds réel ; enfuite elle en augmenta le nombre, felon que les dépôts qu'on lui donnoit & les gages qu'elle recevoit pour fûreté des prêts qu'elle faifoit, exigeoient un plus fort numéraire. Ces billets font payables au porteur, & dans tous les temps par la banque de Copenhague : il y en a de 100, de 50, de 20, de 10, de 5 & de 1 ryksdales, & ils font auffi facilement reçus par le peuple que par les négocians, au pair de l'argent en nature.

Lors de l'établiffement de cette banque, le roi Chrétien VI promit folemnellement, tant pour lui que pour fes fucceffeurs, de laiffer aux commiffaires de la banque, & autres à qui il appartiendroit, pleine liberté de difpofer des fonds & des effets qui leur feroient confiés par les intéreffés, fans jamais empêcher ni troubler ni leurs geftions, ni leurs opérations ; de forte qu'il ne feroit point publié d'ordonnances, encore moins fait de difpofitions, qui puffent tendre au préjudice de la banque, ou à la ruine de fa liberté & de fon crédit ; en un mot, que ni lui, ni fes fucceffeurs au trône de *Danemarck*, ne s'ingéreroient en aucune manière, foit *en temps de paix*, foit *en temps de guerre*, ni même *dans une néceffité preffante*, ou *dans d'autres circonftances*, des affaires de la banque, tant *directement qu'indirectement*. Mais le roi Chrétien VII, actuellement régnant, jugea à propos de prendre poffeffion de cette banque le 15 mars 1773, malgré toutes les proteftations que firent les commiffaires gérants & autres intéreffés, qui s'oppoférent à cette violence avec toute la fermeté que des fujets peuvent montrer en face à un fouverain, dont les volontés doivent être refpectées comme des loix. Ce monarque s'obligea à rembourfer aux actionnaires de la banque les fonds qu'ils pouvoient y avoir, à raifon de 1400 rykdales par action, ou 350 rykdales par portion ou quart d'action, chaque action ayant hauffé depuis 500 rykdales qu'elle valoit au commencement, jufqu'à 1360 rykdales & davantage, qu'elle fe payoit quand le roi prit poffeffion de la banque. A cette même époque il pouvoit y avoir en circulation pour environ quatre millions de rykdales de papier-monnoie, quoiqu'il n'y eût dans tous les états de *Danemarck & de Norwége*, que pour environ deux millions de rykdales de numéraire effectif, tant en or, qu'en argent & en cuivre. Il eft impoffible de dire de combien le papier-monnoie a augmenté depuis que le gouvernement Danois s'eft chargé de la banque de Copenhague ; mais il eft vraifemblable que la quantité n'en a point diminué, & qu'au contraire le fonds réel de la banque, que ce papier-monnoie repréfentoit, a été dépenfé par le gouvernement dans des befoins preffans, où l'intérêt de l'état l'emportoit fur l'inconféquence d'une action auffi contraire aux ftatuts, que l'inftituteur de la banque s'étoit fait une loi de refpecter.

Il y a une chambre d'affurance à Copenhague qui y fut formée en 1727. Elle différe de celles de quelques autres pays, en ce que les intéreffés n'ont rien débourfé. Chaque action eft de 1000 rykdales ; & il fuffit pour en avoir une de foufcrire & de donner caution pour cette fomme. En 1748 les foufcriptions furent portées à 600,000 rykdales. Par fon inftitution elle ne peut affurer fur chaque vaiffeau au-delà de 30,000 rykdales, à moins qu'il ne s'agiffe des navires de la compagnie des Indes, qu'elle affure jufqu'à la concurrence de 60,000 rykdales ; il n'y a au furplus que le commerce de Copenhague qui fe faffe affurer par cette chambre.

ELSENEUR ou ELSINGOER, feconde ville en rang pour le commerce de l'ifle de Séelande, eft fituée au milieu du détroit du Sund, à environ fix lieues en-deçà de Copenhague. C'eft dans cette ville que les navigateurs qui vont dans la mer Baltique, ou qui en reviennent, font tenus de payer des droits, tant pour leurs navires que pour les marchandifes dont ils font chargés, au roi de *Danemarck*.

Comme ces droits font un objet affez important pour le commerce de la mer Baltique, nous en expliquerons l'origine dans un paragraphe féparé. *Elfeneur* a deux rafineries de fucre & une blanchifferie de toiles ; & tout près de cette ville, à un mille ou environ de diftance, il y a une fabrique d'armes affez confidérable.

Dans le refte de l'ifle de Séelande il y a plufieurs papeteries, une fonderie de canons, une fabrique de verres, & plufieurs manufactures de chapeaux, &c.

ODENSÉE & NYBOURG, villes de l'ifle de Fionie, fabriquent des étoffes de laine propres pour le pays : le port de *Nybourg* eft beaucoup fréquenté à caufe du commerce de bleds qui s'y fait, & qui y attire en tout temps les peuples des environs, & quelquefois les Anglois & les Hollandois.

Les ifles de *Falfter*, de *Langelande*, de *Laalande*, de *Mœne* & de *Samfoe*, n'ont rien qui mérite notre attention.

BORNHOLM, ifle fituée dans la mer Baltique, eft très-fertile en grains. Les habitans en font fort induftrieux. *Ronne*, ville capitale & port principal de l'ifle, poffede une fabrique de porcelaine, dont la qualité eft goûtée, & qui fera recherchée quand elle fera mieux connue. Cette ifle a des mines de charbon, qui pour la qualité ne cède pas au meilleur d'Angleterre.

LE JUTLAND eft un pays très-étendu & affez fertile. Le plus grand commerce qui s'y fait, confifte en bœufs & autres beftiaux : il en fort environ cinquante mille têtes par an, dont une bonne partie eft deftinée pour les Provinces-Unies & particuliérement pour la province de Hollande. Le commerce du *Jutland* ne fe borne pas cependant à ce feul objet. Celui de bled ne laiffe pas d'être confidérable, & il s'en exporte tous les ans environ huit à neuf mille lafts, tant feigle, qu'orge & avoine, dont la majeure partie eft deftinée pour la Norwége. Ces grains font auffi un objet de fpéculation pour les Hollandois, qui, en conféquence, en font de temps à autre, faire des achats. Le *Jutland* tire par contre, beaucoup de fel du Portugal ou de l'Efpagne.

AALBORG, ville principale de Jutlande, eft après Copenhague, celle dont le commerce eft le plus floriffant dans tout le *Danemarck*, étant l'entrepôt général du commerce de Norwége.

AARHUS, autre ville de Jutlande, fait auffi un grand commerce, dont l'objet principal eft celui des bleds. Elle a des fabriques d'eau-de-vie de grain, ou de genièvre, qui ont bonne réputation : il s'y fait auffi un commerce de toiles qui n'eft pas méprifable.

Randers eft fameufe par la bonne bière qu'elle braffe, l'excellent faumon qu'elle vend, & les gants qu'elle fabrique.

Wiborg a des manufactures de toiles, de gants & de bas de fil : le commerce de cuirs que fait d'ailleurs cette ville n'eft pas peu confidérable.

Ripen & Colding, deux villes de Jutlande, ne

subsistent que par quelques manufactures de toiles grossières.

Enfin, *Fredericia* n'a que l'avantage de recueillir les droits de passage, que paient au roi de *Danemarck*, les bâtimens qui veulent entrer ou faire leur trajet dans la mer Baltique par les Belts.

Dans les duchés de *Sleswick* & de *Holstein*, qui font partie des dépendances du *Danemarck*, on trouve plusieurs villes de commerce, dont les principales font, *Flensbourg*, *Apenrade* & *Kiel*, qui ont des habitans assez riches pour armer de grands vaisseaux, & pour faire ainsi un commerce de spéculation très-étendu, tant en Europe qu'en Amérique. Comme ces pays font d'ailleurs fertiles, ils font en *Danemarck* & en *Norwége*, un trafic très-lucratif de denrées de toute espèce qu'ils fournissent aux deux royaumes.

Nous n'aurions rien à dire de la Dithmarche & de la Stormarie, si les villes d'Altona & de Gluckstadt ne s'y trouvoient enclavées.

ALTONA, *ou* ALTENA, est située tout proche de Hambourg sur la rive septentrionale de l'Elbe. La proximité de ces deux villes les rend rivales l'une de l'autre pour le commerce. Celui de Hambourg est sans contredit beaucoup plus considérable que celui d'*Altona*; mais en revanche cette dernière ville étant un port franc, dont les droits & frais de *transit* font plus modérés qu'à Hambourg, il s'y fait un commerce de l'expédition des marchandises qui viennent d'Allemagne & de celles qu'on y envoie en retour, supérieur à celui qui s'en fait à Hambourg même. Au surplus, le commerce de ces deux villes se faisant à peu de chose près, de la même manière, nous remettrons à en parler plus au long, lorsque nous aurons occasion de traiter du commerce de Hambourg. C'est ici néanmoins le lieu de dire que la ville d'*Altona* a plusieurs fabriques d'amidon, d'eau-de-vie de grain, de toiles peintes & d'étoffes de soie & de laine. Les tanneries y font nombreuses, & font fort renommées dans l'étranger. Enfin, le commerce qui s'y fait en bled & autres articles, la rend fort opulente & lui donne un rang très-distingué parmi les villes les plus riches & les plus commerçantes de l'Europe.

GLUCKSTADT est située presque à l'embouchure de l'Elbe. Son port est le rendez-vous des vaisseaux d'Islande, de Jutlande & de Norwége, qui y déposent leurs marchandises, pour être ensuite transportées à Altona & à Hambourg, d'où on les répand dans toute l'Allemagne : cette ville n'a d'ailleurs rien qui mérite notre attention.

§. X. Nous avons déja observé en parlant d'Elseneur, que c'est dans cette ville que le *roi de Danemarck* fait payer des droits aux navires de toutes les nations, & pour les bâtimens & pour les marchandises dont ils font chargés, tant lorsqu'ils veulent entrer & naviguer dans la mer Baltique, que lorsqu'ils en font de retour. L'origine de ces droits est fondée en partie sur une convention faite entre

les premiers navigateurs commerçans, qui franchirent le passage du Sund, & les *rois de Danemarck*. Par cette convention, ces souverains se chargèrent de faire placer dans le categat des fanaux & d'autres marques, pour servir de guide aux navires & les préserver de malheur; moyennant une redevance que ces navigateurs s'obligèrent à payer pour chaque navire; rien jusque-là de plus juste & de plus raisonnable; mais divers princes abusèrent dans la suite des temps de leur puissance, en imposant de nouveaux droits sur les marchandises dont les navires étoient chargés, ne se contentant pas de la taxe dont étoient convenus, & s'étoient contentés leurs prédécesseurs; abus qui fut ensuite autorisé par des traités que des puissances, encore trop peu éclairées sur leurs vrais intérêts, conclurent avec les *rois de Danemarck*.

Quoi qu'il en soit, il seroit difficile de reculer l'époque de la prétention de ces princes à cet égard, au-delà du règne d'Eric VII, vers l'an 1427. Voici ce qu'en dit M. Mallet, dans son *Histoire de Danemarck*, liv. 6.

« La forteresse (de Cronenbourg) que le roi » venoit de faire élever à Elseneur, ne donnoit pas » moins d'ombrage aux villes Anséatiques. Elle » mettoit entre ses mains la clef de ce célèbre dé- » troit qui unit l'Océan & la Baltique, & qui étoit » le premier & le principal canal des richesses de la » ligue Anséatique. Eric en pouvoit ainsi ouvrir & » fermer l'entrée à son gré; mais il ne l'ouvroit » plus à aucun navire sans en exiger un tribut, & » il n'est point d'hostilité plus sensible à des états » marchands ».

Les Anglois ont été les premiers, du moins autant qu'on sçache, qui aient fait un traité de commerce avec le *Danemarck*. Il fut conclu en 1450, entre Henri VI, roi d'Angleterre, & Chrétien Ier., *roi de Danemarck*. Ce traité fut suivi d'un autre qui fut signé en 1490, par Henri VII, roi d'Angleterre, & Jean, *roi de Danemarck*. Par ce second traité, les deux nations se donnoient réciproquement une entière liberté de commerce par terre & par mer dans leurs états respectifs, en payant les droits accoutumés, dont cependant étoient expressément exceptés ceux d'échouement & de naufrage. Il étoit permis à perpétuité aux Anglois, de commercer & de pêcher en Islande; mais cette permission devoit être renouvellée tous les sept ans. Ceux qui vouloient entrer dans la Baltique, s'engageoient à payer les droits du Sund, & à passer toujours par ce détroit, & non par ceux des Belts, à moins que la tempête ne les y forçât; & dans ce cas, dont la réalité devoit être constatée par le serment du patron, ou de deux matelots, ils devoient payer un semblable droit à la douane de Nyborg.

Enfin les Anglois ont fait leur dernier traité de commerce avec le *Danemarck*, en 1670, & ils font depuis ce temps reconnus dans ce royaume, sur-tout pour le paiement des droits du Sund, comme une des nations les plus favorisées.

C'est en 1535 que se fit le premier traité des Hollandois avec le *Danemarck*, touchant les droits du Sund. Il fut fait entre la reine Marie, gouvernante des Pays-Bas, & les états de *Danemarck* pendant l'interrègne.

A la paix de Spire, qui se fit en 1543 entre l'empereur Charles-Quint & Chrétien III, *roi de Danemarck*; ce dernier promit de n'exiger plus pour les droits du Sund des Hollandois & des Flamands, ou habitans des Pays-Bas, qu'une rosenoble pour chaque navire.

Mais ce n'est qu'en 1645 que les droits du Sund furent déterminés sur un pied fixe. Il fut conclu cette année à Christianople, petite ville de Suède, appartenante alors au *Danemarck*, un traité entre cette couronne & les états-généraux des Provinces-Unies, & à ce traité, fut joint un tarif des droits que doivent payer les navires & leurs cargaisons à leur passage par le Sund, tant en entrant qu'en sortant de la mer Baltique. Ce traité & ce tarif, qui ont été confirmés en 1701, ont servi de modèles à ceux qui ont été faits depuis par les Anglois en 1670, comme nous l'avons déja observé, & par les François quelques années auparavant, comme nous le dirons bientôt. Ce tarif est aujourd'hui le seul en usage dans la douane du Sund, pour les navires & les marchandises de toutes les nations, à quelque petite différence près.

La France a commencé aussi d'assez bonne heure, à faire des traités touchant les droits du Sund avec le *Danemarck*. Le premier fut fait en 1663; il fut ensuite renouvellé en 1742; & les François, depuis ces traités, sont regardés au Sund, comme une des nations les plus favorisées.

Ce titre de nation favorisée, donne à celle qui en est décorée un trop foible avantage lors du paiement des droits du Sund, pour qu'il mérite d'être ambitionné par celles qui ne le sont pas. Celles-ci paient pour le droit des marchandises, dont le nom ne se trouve point dans le tarif, 1¼ pour cent, au lieu que les nations favorisées paient seulement 1 pour cent. Enfin, l'on compte aujourd'hui au nombre de ces dernières, les Anglois, les Hollandois, les François, les Suédois, les Espagnols, les Portugais, les Napolitains, & la ville de Hambourg.

Il passe tous les ans par le détroit du Sund, environ 4000 vaisseaux de presque toutes les nations, qui vont dans la mer Baltique & qui en reviennent. Il y en a qui paient depuis 100 jusqu'à 1000 ryksdales d'espèce, mais très-peu de ces derniers; il y en a aussi qui ne paient que 10, 20, 40, 60 ou 80 & quelques ryksdales, suivant la nature de leurs chargemens. Il résulte donc, d'après la combinaison la plus exacte qu'on ait pu faire, que chaque navire, l'un portant l'autre, paye pour les droits de ses chargemens, en allant & en revenant de la mer Baltique, 100 ryksdales d'espèce. Le revenu annuel que le *roi de Danemarck* en retire, s'éleveroit donc suivant ce calcul, à environ 400000 ryksdales. Ce prince a en outre de chaque

navire, 4 ryksdales d'espèce s'il est chargé, & 2 ryksdales s'il ne l'est pas, lorsqu'il est destiné pour la mer Baltique, & autant à son retour, ce qui fait une somme d'environ 24000 ryksdales, pour subvenir lui est payée à titre de contribution aux navires, & les y préserver de malheur autant qu'il est possible. Au reste, les officiers employés dans la douane du Sund, recouvrent aussi eux-mêmes de certains droits sur les navires, pour leur tenir lieu de salaire & les encourager à bien faire leur devoir. Cette nouvelle imposition sur les navires qui passent le Sund, en la réduisant au plus bas, fait un objet d'environ 44000 ryksdales courantes de *Danemarck*. Nous renvoyons nos lecteurs pour le détail de ces droits & les usages établis à Elseneur, pour l'expédition des navires qui vont dans la mer Baltique, ou qui en reviennent, à l'ouvrage intitulé: *Tableau des Droits & Usages de Commerce, relatifs au passage du Sund, publié en 1776 à Copenhague, par M. F. A. de Marien.* Les 4000 navires qui naviguent dans la mer Baltique, passent deux fois par le Sund. Il est probable qu'en y allant il y en a environ la moitié qui ne sont pas chargés; mais ils le sont tous en revenant de la mer Baltique: cela fait donc pour chacun 6 ryksdales pour les deux passages.

DANTZICK-HOR. Monnoie d'argent qui se fabrique à *Dantzick*, ville de la Prusse royale, & qui a cours à Riga, à Conisberg & presque dans tout le Nord. Ces *hors de Dantzick* valent dix-huit gros de cette ville: ils ont pour diminution, des croutacs ou demi-*Dantzick*, qui ont cours pour neuf grains, le grain valant huit pennings.

DARIABADIS. *Toile de coton blanche* que l'on tire de Surate.

DARIDAS. Sorte de *taffetas des Indes*, qui est fait avec de la soie qu'on tire des herbes.

DARINS. *Toiles de chanvre* qui se fabriquent en Champagne.

DARNAMAS. On appelle *coton darnamas*, la meilleure sorte de coton qui vienne de Smyrne. Il est ainsi nommé d'une plaine près de cette ville, où il s'en cultive en si grande quantité, qu'on en peut enlever, année commune, jusqu'à dix mille balles, quoiqu'il s'en consomme du moins encore autant dans les manufactures du pays.

DATE. Chiffre ou expression qui marque le jour & le mois de l'année, & quelquefois l'heure auxquels un acte a été passé, soit pardevant notaires, soit sous seing-privé. La *date* doit aussi exprimer & faire connoître le lieu de la passation des actes.

La *date*, dans les actes de conséquence, doit toujours se mettre tout au long; à l'égard des lettres missives, ce n'est guères l'usage de la mettre autrement qu'en chiffre.

Rien n'est plus important dans le négoce, que

de dater régulièrement. Il y a même des articles de l'ordonnance de 1673, & d'une autre ordonnance du lieutenant-civil du châtelet de Paris, du 14 août 1680, affichée & publiée à son de trompe, qui servent de réglement pour les *dates*.

Par l'article 23 du titre 5 de l'ordonnance de 1673, il est dit : que les signatures au dos des lettres-de-change, ne serviront que d'endossement, & non d'ordre, s'il n'est *daté* & ne contient le nom de celui qui en a payé la valeur en argent, en marchandises ou autrement : & le vingt-cinquième article du même titre porte : qu'en cas que l'endossement ne soit pas dans les formes ci-dessus, les lettres seront réputées appartenir à celui qui les aura endossées, & pourront être saisies par ses créanciers, & compensées par ses redevables.

A l'égard de l'ordonnance du lieutenant-civil, elle fait défenses à toutes personnes de faire faussement fabriquer des lettres-de-change, & de les faire *dater* des villes & lieux où elles n'auront pas été faites, &c.

Quand on dit qu'une lettre-de-change ou un billet est payable à vingt-jours de *date*, cela doit s'entendre qu'il y a vingt jours pour le paiement, à courir & compter depuis celui de sa *date*.

Etre colloqué en ordre de *date* parmi les créanciers, c'est l'être suivant la *date* des contrats, obligations ou autres actes passés avec le débiteur.

On dit qu'une obligation, qu'une lettre de voiture, de change ou d'avis, & autres actes, sont *datés* de Paris, de Lyon, d'Amsterdam, &c. quand ils ont été passés, écrits & signés dans quelqu'une de ces villes.

On appelle *antidate*, une *date* fausse & antérieure à la véritable *date* que devroit avoir un acte.

DATTE. C'est le fruit du palmier.

Les *dattes* de Tunis sont les meilleures, parce qu'elles sont plus de garde : celles de Provence ont plus d'apparence, & semblent plus de vente, étant plus grosses & plus belles ; mais les vers s'y mettent aisément, & elles se rident & sèchent en peu de temps. En général, il faut choisir les *dattes* nouvelles, bien nourries, charnues, d'un jaune doré au dehors, blanches au dedans, d'un goût doux, sucré & agréable.

Les *dattes sont du nombre des marchandises venant du Levant, Barbarie & autres pays & terres de la domination du grand-seigneur, du roi de Perse & d'Italie ; sur lesquelles il est ordonné être levé vingt pour cent de leur valeur, conformément à l'arrêt du conseil du 15 août 1685.*

DATER. Mettre la *date* sur un acte ; c'est-à-dire, marquer l'heure, le jour, le mois, l'année & le lieu où un acte a été passé pardevant notaires, ou fait sous seing-privé.

On *date* aussi les lettres, mémoires, même les articles que l'on charge sur les registres des marchands, négocians & banquiers, soit en recette, soit en dépense, soit en crédit, soit de comptant.

On dit *anti-dater un acte*, lorsqu'on y met une *date* fausse & antérieure à la véritable *date* qu'il devroit avoir.

DAUCUS, *plante médecinale* qui croît en Candie. On en trouve aussi en Allemagne & dans quelques endroits des Alpes ; mais les médecins ne se servent que de celui du Levant.

DAUPHINE. Espèce de petit droguet très-léger, tout de laine, non-croisé, imperceptiblement jaspé de diverses couleurs, qui se fabrique sur un métier à deux marches, de même que les étamines, les camelots & autres semblables étoffes, qui n'ont point de croisure.

Les *dauphines* se font à Reims, & font teintes en laine, c'est-à-dire, que les laines dont elles sont composées, sont teintes & mélangées, avant que d'être cardées, filées & travaillées sur le métier, ce qui en fait la jaspure. Leur largeur est de demi-aune ; & les pièces contiennent depuis trente-cinq jusqu'à quarante-cinq aunés, mesure de Paris. Elles s'emploient ordinairement à faire des habits, dont les hommes se servent l'été & les femmes l'hiver. Paris est la ville de France où il s'en consomme le plus.

Il se fait aussi à Amiens, des étoffes nommées *dauphines*. Selon les réglemens de la sayeterie de 1666, elles doivent avoir vingt-trois buhots, trente portées de largeur entre deux gardes, pied & demi un pouce de roi ; & de longueur hors de l'estille, vingt-trois aunes de roi, pour revenir, tout apprêtées, à vingt aunes un quart ou vingt aunes & demie, aune de roi.

Il s'est fait autrefois quelques *dauphines* laine & soie, à rayes presqu'imperceptibles ; mais il s'en voit presque plus de cette qualité.

Plusieurs prétendent que ces étoffes ont pris leur nom de *dauphines*, de ce qu'un dauphin de France en a porté des premiers. Quelques autres veulent que ce soit parce que l'origine de sa fabrique vient de quelque endroit de la province de Dauphiné ; & d'autre disent, que c'est à cause d'un ouvrier Dauphinois, qui le premier en a trouvé l'invention à Reims. Quoi qu'il en soit, il est certain que cette étoffe n'est pas d'une ancienne fabrique & que la mode en est assez moderne.

DE

DÉBALLER, ou DÉSEMBALLER. Faire l'ouverture d'une balle, en défaire l'emballage.

On *déballe* les marchandises aux bureaux des douanes & aux foires, pour être visitées par les inspecteurs des manufactures, les maîtres & gardes, les jurés, les visiteurs & autres qui en ont le droit ; afin de les reconnoître, auner & examiner, suivant leur nature & qualité ; pour être rendues & délivrées aux marchands & propriétaires, si elles sont suivant les réglemens ; ou arrêtées & saisies, si elles n'y sont pas conformes.

DÉBALLER. Se dit aussi dans une signification toute contraire, des marchands qui quittent une foire, & qui remettent leurs marchandises en balle. Il faut *déballer*, la foire est finie, c'est-à-dire, il faut *réamballer* ses marchandises pour s'en aller.

DÉBARCADOUR. Lieu établi dans un port, pour débarquer les marchandises qui sont sur un vaisseau.

DÉBARDAGE. *Terme de commerce par eau.* Il signifie *la sortie* des marchandises hors d'un bateau, lorsqu'il est arrivé à port. Il se dit particulièrement de la marchandise des bois à brûler.

DÉBARDER. Décharger un bateau, en tirer la marchandise, pour la vendre, ou la livrer à qui elle appartient.

DÉBARDEUR. Celui qui aide à décharger un bateau, & à en mettre la marchandise à terre. Il y a sur les ports de la ville de Paris, de petits officiers dépendans de la jurisdiction des prévôt des marchands & échevins, à qui il appartient seuls de faire le débardage des bois, & autres marchandises qui arrivent par la rivière. On les nomme plus ordinairement *forts* & *gagne-deniers de rivière.*

DÉBARQUEMENT. Sortie des marchandises hors d'un navire marchand, pour les mettre à terre. Il se dit aussi des équipages & des agreits; enfin, de tout ce qui fait le chargement d'un vaisseau, qu'on en tire, ou qui en sort.

Par l'ordonnance de la marine de 1685, les marchands, facteurs & commissionnaires, ne peuvent laisser sur les quais leurs marchandises plus de trois jours depuis leur *débarquement*; après quoi elles doivent être enlevées à la diligence du maître du quai, où il y en a d'établi, sinon des Procureurs du roi, aux dépens des propriétaires, lesquels doivent être en outre condamnés à une amende arbitraire. *Art. 7 du titre 1 du livre 4.*

DÉBARQUER DES MARCHANDISES. C'est les mettre hors d'un vaisseau, pour les porter dans les magasins du marchand qui l'a fretté, ou les livrer aux facteurs, commissionnaires, ou autres personnes à qui elles sont adressées.

DÉBAT D'UN COMPTE. Contestation, difficulté qu'on propose contre quelque article d'un compte.

DÉBET DE COMPTE. Ce qui se trouve dû par un comptable, après l'arrêté de son compte.

Le *débet* clair, est celui dont le rendant *compte* convient : le *débet* contesté, est celui qui ne se forme que de parties mises en souffrance. *Voyez* COMPTE.

DÉBET. Se dit aussi parmi les marchands, des sommes qui leur sont dûes pour des marchandises vendues à crédit, dont ils ont chargé leur journal, ou leur grand livre. Il s'entend plus particulièrement du reste de ces dettes, lorsqu'on leur a déja payé quelque chose à compte.

DÉBIT. *Terme de teneur de livres.* Il se dit de la page à main gauche du grand livre, ou livre d'extrait, ou de raison, qui est intitulée *doit*, où l'on porte toutes les parties ou articles que l'on a fournis ou payés pour le sujet d'un compte; ou

tout ce qui est à la charge de ce compte. Ainsi l'on dit : je vous ai *débité* : je vous ai donné *débit* : j'ai passé à votre *débit* une telle somme, que j'ai payée pour vous.

DÉBIT. Se dit aussi des marchandises que l'on vend promptement & avec facilité. La mode & la nouveauté d'une étoffe donnent un *débit* considérable. C'est le grand *débit* qui fait la fortune des marchands. Le grand débouché facilite le *débit* des marchandises.

DÉBITEUR. Celui qui doit quelque chose à un autre. C'est l'opposé du créancier, qui est celui à qui il est dû. On dit en proverbe, qu'un *débiteur* doit agréer, ou payer, pour faire entendre qu'il faut satisfaire ses créanciers, du moins de belles-paroles & de promesses, si l'on ne peut les payer réellement.

Quelques marchands, au lieu de *débiteur*, se servent du mot de *debitor*, terme de la basse latinité, qui a la même signification. Il n'est guères en usage qu'en Hollande. Il y a néanmoins quelques marchands Provençaux, qui s'en servent dans leurs écritures mercantiles.

DÉBOUCHÉ. Se dit dans le commerce, de la facilité de se défaire de ses marchandises, ou d'autres effets. J'ai heureusement trouvé un *débouché* pour les laines dont j'étois surchargé. Je voudrois bien trouver un *débouché* pour mes billets de monnoie.

DÉBOUILLI. Épreuve que l'on fait de la bonté ou fausseté d'une couleur, ou teinture, en faisant bouillir les étoffes dans de l'eau avec de certaines drogues, suivant la qualité des teintures qu'on veut éprouver. Si la couleur soutient le *débouilli*, c'est-à-dire, si elle ne se décharge point, ou très-peu, & que l'eau n'en reste point colorée, la teinture est jugée de bon teint.

DÉBOURSÉ. Ce qu'il en coute d'argent comptant, pour l'expédition d'une affaire, pour l'envoi, ou la réception des marchandises. J'ai donné ordre qu'on vous paye votre *débourse*. Si vous ne voulez pas me rien donner pour mes peines, rendez-moi du moins mon *déboursé*. Il ne se dit ordinairement que des petites sommes qu'on avance pour un autre.

DÉBOURSEMENT. Paiement que l'on fait de deniers que l'on tire de sa bourse.

DEBOUT. Il se dit des marchandises qui passent dans une ville, une province, un état, sans y payer de droits, ni être visitées.

On le dit aussi des troupeaux de gros & de menu bétail, qui traversent une ville sans s'y arrêter, & sans y être vendus; pour lesquels par cette raison, les droits d'entrée de pied fourché ne sont point dûs.

DÉBRIS. Les effets qui restent d'un vaisseau qui a fait naufrage, soit que la mer les jette sur le rivage, soit qu'ils soient trouvés & pêchés en pleine mer.

En terme de marins, on dit plus ordinairement *bris*, & c'est ainsi qu'ils sont nommés dans l'ordonnance de la marine de 1685.

Le titre 9, du livre 4 de cette ordonnance, contient en 37 articles la police qui doit s'observer pour la conservation des effets provenants des naufrages, *bris* & échouemens, & pour assurer leur restitution à leurs véritables propriétaires.

L'article 19 de ce titre, enjoint particulièrement à tous ceux qui auront tiré du fond de la mer, ou trouvé sur les flots, des effets procédant du *bris*, ou naufrage, de les mettre en sûreté; & 24 heures après au plus tard, d'en faire leur déclaration, à peine d'être punis comme receleurs.

Et par le 24e article, il est permis aux propriétaires desdits effets de les réclamer dans l'an & jour de la publication qui en a été faite; lesquels effets leur seront rendus, ou à leurs facteurs & commissionnaires, en payant les frais faits pour les sauver.

DÉCAISSER DES MARCHANDISES. C'est les tirer hors de la caisse où elles sont enfermées. Il ne se dit que de la première ouverture que l'on fait d'une caisse.

DÉCHALANDER ou DÉSACHALANDER. Faire perdre les chalands. Les manières brusques & peu honnêtes de ce marchand ont fait *désachalander* sa boutique.

DÉCHARGE. Quittance que l'on donne, ou que l'on reçoit pour une dette payée, ou une obligation acquittée. On donne encore des *décharges* aux cautions, aux facteurs & commissionnaires, aux agens & commis; enfin, à tous ceux qui font des affaires, ou quelque commerce au nom & pour le compte d'autrui.

DÉCHARGE. Se dit aussi du *transport* qui se fait des vins, bois, épiceries & autres marchandises, hors des bateaux & voitures par eau, par des personnes, ou officiers établis à cet effet sur les ports.

DÉCHARGE ET LABOURAGE DES VINS. C'est la fonction des maîtres tonneliers-déchargeurs de vins, à qui seul il appartient de *décharger* & *labourer* les vins, qui arrivent à Paris par la rivière, c'est-à-dire, de les sortir des bateaux, & les mettre à port.

DÉCHARGER. *Donner un écrit* à quelqu'un, qui le déclare quitte de quelque obligation, dette, ou autre engagement semblable.

DÉCHARGER LA FEUILLE D'UN MESSAGER. C'est la *quittancer*, y mettre son récépissé des marchandises, hardes, ou autres choses qu'on a reçues du facteur ou commis de la messagerie.

DÉCHARGER SON LIVRE. C'est, parmi les marchands, négocians & banquiers, rayer de dessus le livre journal, ou autre registre équivalent, les articles des marchandises vendues à crédit, à mesure qu'on en reçoit le paiement. Outre la rature des articles, il est du bon ordre de les apostiller, & d'y marquer le jour qu'ils ont été payés, & les marchands, aussi-bien que leurs débiteurs, ne peuvent avoir là-dessus trop d'exactitude: les débiteurs, parce que faute de faire *décharger* les articles qu'ils acquittent, ils courent quelquefois risque de payer deux fois; le livre des marchands étant cru en justice pendant le temps marqué par l'ordonnance:

& les marchands, parce qu'un défaut de mémoire peut leur donner la réputation de mauvaise foi, en voulant se faire payer d'une dette qu'ils auroient déjà reçue, & que pour n'en avoir pas *déchargé* leur livre, ils auroient oublié qu'on leur eût payée.

DÉCHARGER ET LABOURER DES VINS. C'est les tirer hors des bateaux, & les mettre à terre.

DÉCHARGER LA PIERRE DE DESSUS LES BOIS. (*Terme de carrier*). C'est la faire tomber de dessus les étais, avec lesquels on la soutient, à mesure qu'on la souchéve. On *décharge la pierre* avec six petites barres par en haut, & deux par en bas. *Voyez* CARRIER, & CARRIÈRE.

DÉCHARGEUR. Celui qui décharge les marchandises, & qui les tire hors des bateaux dans lesquels elles ont été voiturées, pour les délivrer à ceux à qui elles appartiennent, ou les placer dans les magasins & dépôts publics, qui se trouvent sur les ports.

Il y a sur les ports de Paris diverses sortes de *déchargeurs*, dont les uns sont de petits officiers de ville, commis & installés par les prévôt des marchands & échevins; & les autres sont des maîtres de certaines communautés, à qui leurs statuts en donnent le droit; mais qui, aussi-bien que les premiers, doivent le serment aux prévôt des marchands & échevins, & qui dépendent de leur police & jurisdiction, du moins pour ce qui regarde leurs fonctions de *déchargeurs*.

DÉCHEOIR. Perdre son crédit. Ce banquier est bien *déchu*, il n'a plus le même crédit qu'autrefois.

DÉCHET. *Perte, diminution* de prix, de valeur ou de quantité. On le dit principalement des marchandises sujettes à couler, comme les huiles; ou de celles dont la mode n'a pas coutume de durer, comme de certaines étoffes & les ouvrages de pure curiosité.

DÉCHIRAGE. On appelle à Paris, *bois de déchirage*, le bois qui provient des vieux bateaux que l'on dépèce. L'article 5 des réglemens pour la police des bois à brûler, du 25 janvier 1724, ordonne que les plâtriers ne pourront prendre d'autres bois sur les ports, que des bois de *déchirage* de bateaux, des bois blancs, de menuise & de rebut.

DÉCHIRER UN BATEAU, c'est le mettre en pièces, le dépecer.

DÉCLARATION. Acte par lequel on fait connoître sa volonté.

DÉCLARATION. Se dit aussi des mémoires qu'un débiteur donne à ses créanciers de ses effets & de ses biens; lorsqu'à cause du mauvais état de ses affaires, il en veut obtenir, ou une remise de partie de ce qu'il leur doit, ou un délai pour le paiement.

DÉCLARATION. Signifie encore la même chose que contre-lettre.

DÉCLARATION, *en terme de douane & de commerce*. C'est un état, ou facture circonstanciée de ce qui est contenu dans les balles & ballots, ou caisses que les voituriers conduisent dans les bureaux d'entrée, ou de sortie.

Par l'ordonnance des cinq grosses fermes de 1697, les marchands & voituriers qui veulent faire sortir des marchandises hors du royaume, ou y en faire entrer, sont obligés d'en faire leur *déclaration*. Ceux qui en sortent, au premier & plus prochain bureau du chargement des marchandises; & ceux qui y entrent, au bureau le plus proche de leur route.

Ces *déclarations*, soit d'entrée, soit de sortie, doivent contenir la qualité, le poids, le nombre & la mesure des marchandises; le nom du marchand ou du facteur qui les envoie, & de celui à qui elles sont adressées; le lieu du chargement, & celui de la destination; enfin, les marques & numéros des ballots.

De plus, elles doivent être signées par les marchands ou propriétaires des marchandises, ou leur facteur, ou même seulement par les conducteurs & voituriers, & être enregistrées par les commis des bureaux où elles se font.

En un mot, c'est proprement un double des factures, qui restent entre les mains des visiteurs, receveurs, ou contrôleurs, pour leur sûreté, & pour justifier qu'ils ont fait payer les droits sur le pied porté par les tarifs.

C'est sur ces *déclarations* fournies au bureau, que les commis délivrent ce qu'on appelle en terme de douane, *acquit de paiement. Voyez* ACQUIT.

Les capitaines, maîtres, & patrons des vaisseaux, barques, & autres bâtimens marchands, qui arrivent dans les ports, ou autres lieux où il y a des bureaux, sont tenus de donner pareilles *déclarations* dans les vingt-quatre heures après leur arrivée, & de présenter leur connoissement; & ce n'est qu'après les *déclarations* faites, & les connoissemens représentés, que les marchandises sont visitées, pesées, mesurées & nombrées, & ensuite les droits payés.

Les voituriers & conducteurs de marchandises, soit par eau, ou par terre, qui n'ont pas en main leurs factures ou *déclarations* à leur arrivée dans les bureaux, sont tenus de déclarer sur le registre le nombre de leurs balles, ballots, &c. leurs marques & numéros; à la charge de faire, ou de rapporter dans quinzaine, si c'est par terre, & dans six semaines, si c'est par mer, une *déclaration* des marchandises en détail; & cependant les balles, ballots, &c. doivent rester en dépôt dans le bureau.

Quand on a une fois donné sa *déclaration*, on n'y peut plus augmenter, ni diminuer, sous prétexte d'omission, ou autrement; & la vérité, ou la fausseté de la *déclaration* doit être jugée sur ce qui a été déclaré en premier lieu.

Après que les *déclarations* ont été faites, & les connoissemens représentés, les marchandises doivent être visitées, pesées, mesurées & nombrées par les commis; & les droits dûs à sa majesté, payés suivant les tarifs & arrêts du conseil.

Lorsqu'une *déclaration* se trouve fausse dans la qualité des marchandises, elles doivent être confisquées, & toutes celles de la même facture appartenantes à celui qui a fait la fausse *déclaration*, même l'équipage, s'il lui appartient; mais non la marchandise, ni l'équipage appartenant à d'autres marchands, à moins qu'ils n'eussent contribué à la fraude; & si la *déclaration* se rencontre fausse dans la quantité, la confiscation n'a lieu, que pour ce qui n'a point été déclaré.

Tout ce qui a été dit dans cet article concernant les *déclarations*, est conforme à l'ordonnance des cinq grosses fermes, du mois de février 1687, titre 2, articles 1, 3, 4, 5, 6, 7, 8, & 13, qui prononcent des peines rigoureuses contre ceux qui y contreviennent.

Réglement pour la forme & manière en laquelle doivent être faites les déclarations des marchands & négocians pour les marchandises, à l'entrée & sortie du royaume, ou des provinces réputées étrangères.

Le titre 2 de l'ordonnance des fermes, du mois de février 1687, sembloit avoir prévenu, par toutes les précautions qu'on vient de rapporter, les contestations qui pourroient survenir entre les marchands & les commis des bureaux, au sujet des *déclarations* des marchandises; cependant une expérience de près de quarante années, & les difficultés qui arrivoient journellement pour lesdites *déclarations*, ayant fait connoître que les articles de l'ordonnance qui les avoient réglées jusqu'alors, avoient besoin d'éclaircissement & de modification, autant pour la sûreté de la perception des droits du roi, que pour la facilité desdites *déclarations*; sa majesté après avoir fait examiner dans son conseil les mémoires respectifs des marchands & des fermiers, y fit dresser le 9 août 1723, un nouveau réglement, pour servir à l'avenir de règle certaine, & être observé dans tous les ports & bureaux, tant de l'étendue des cinq grosses fermes, que des provinces réputées étrangères.

Les lettres patentes qui ordonnent l'exécution de ce réglement, sont du 30 septembre de la même année, & leur enregistrement en la cour des aydes, du 13 octobre ensuivant.

La matière des *déclarations* des marchandises, tant pour l'entrée que pour la sortie, étant une des plus importantes du commerce, on va donner ici en leur entier les neuf articles dont ce réglement est composé.

ARTICLE PREMIER. Les *déclarations* contiendront la quantité, le poids, le nombre & la mesure des marchandises; le nom du marchand ou du facteur qui les envoie, de celui à qui elles sont adressées; le lieu du chargement, & celui de la destination; & les marques & les numéros des balots seront mis en marge des *déclarations*.

II. Les *déclarations* seront faites relativement au tarif, c'est-à-dire, que le capitaine du vaisseau, le marchand & le voiturier seront tenus de déclarer au poids, les marchandises dont les droits doivent être payés au poids ; à la mesure, celles qui doivent se payer à la mesure ; & au nombre, celles qui doivent se payer au nombre.

III. Les *déclarations* seront réputées entières par rapport aux marchandises dont les droits se paient au poids, lorsque le poids de ces marchandises n'excedera que du dixiéme celui qui aura été déclaré, en payant les droits de cet excédent, qui ne pourra être sujet ni à saisie, ni à confiscation ; mais lorsque l'excédent sera au-dessus du dixiéme, tout ce qui sera au-dessus du poids déclaré, sera acquis & confisqué au profit du fermier, avec amende de 300 livres pour chaque contravention.

IV. Dans la disposition du précédent article, ne seront point compris les fers, les cuivres, les plombs & les étains, dont l'excédent ne pourra être au-dessus du vingtiéme du poids qui aura été déclaré, en payant les droits dudit excédent, qui ne pourra être saisi ni confisqué qu'en cas qu'il se trouvât au-dessus dudit vingtiéme, ainsi qu'il est dit à l'article précédent, & sous la même peine.

V. Les *déclarations* de toutes les marchandises dont les droits se paient au nombre, seront aussi-réputées entières, lorsqu'elles ne se trouveront excéder que du dixiéme le nombre déclaré, en payant les droits de l'excédent, qui ne pourra être saisi ni confisqué, qu'en cas qu'il se trouve au-dessus dudit dixiéme, & ce, sous les peines portées par l'article III.

VI. A l'égard des sucres bruts, des syrops, huiles & beurres, qui sont marchandises sujettes à déchet & à coulage, les droits n'en seront payés que sur le pied du poids effectif, sans que les marchands soient sujets à en déclarer le poids ; mais seulement de rapporter les *déclarations* du poids faites au lieu du chargement, & de représenter les mêmes quantités de pipes, bariques, frequins, & autres futailles & vaisseaux en bon état.

VII. Les voituriers & conducteurs des marchandises, soit par eau ou par terre, qui n'auront pas en main leurs factures ou *déclarations* à leur arrivée ; seront tenus de faire leurs *déclarations* sur le registre, du nombre de leurs ballots, & des marques & numéros qui y seront ; à la charge de faire ou de rapporter dans quinzaine, si c'est par terre, & dans six semaines, si c'est par mer, une *déclaration* des marchandises en détail, & cependant ils laisseront leurs ballots dans le bureau : & ce temps passé sans avoir fait ou rapporté une *déclaration* en détail, les marchandises seront confisquées, & les voituriers conducteurs condamnés en 300 livres d'amende.

VIII. Lorsque les marchandises auront été mouillées pendant le voyage, & que le poids en sera augmenté au-delà de cinq pour cent, il sera fait réfaction du poids dont elles auront augmenté au-delà de celui qu'elles auroient dû naturellement peser, si elles n'avoient pas été mouillées ; & pour vérifier le poids juste, & faire ladite réfaction, le marchand sera tenu

de représenter sa facture, & si l'augmentation du poids ne va qu'à cinq pour cent & au-dessous, le fermier ne sera point tenu d'en faire réfaction.

IX. Seront au surplus les autres articles du titre 2 de l'ordonnance de 1687, exécutés selon leur forme & teneur en ce qui n'est point dérogé par le présent réglement.

DÉCOMPTE. Somme à déduire & retenir par ses mains sur une plus grande qu'on paye. Il se dit chez les marchands manufacturiers & artisans, qui ont des ouvriers, garçons & compagnons à la journée, ou à la tâche, des sommes qu'ils leur avancent sur leur salaire, dont ils font le *décompte* à la fin du paiement.

DÉCOMPTE. Se dit aussi de la tarre & déchet que l'on trouve sur une somme, ou sur une marchandise. Il y a dix francs de *décompte* dans ce sac. La botte d'huile qu'on m'a envoyée d'Espagne a coulé ; il y a cinquante pintes de *décompte*.

DÉCOMPTER. *Déduire, rabattre* quelque somme qu'on a avancée, sur une plus grande que l'on doit.

DÉCOMPTER. Signifie aussi *rabattre* de la grande espérance qu'on avoit de quelque chose. Ce manufacturier espéroit de s'enrichir dans sa nouvelle entreprise. Il y a bien à *décompter* ; il s'y ruine.

DÉCONFITURE. *Terme de négoce*, qui se dit d'une banqueroute, ou faillite. Les pertes considérables que ce marchand a faites sur mer depuis six mois, sont cause de sa *déconfiture*, & sa banqueroute. En cas de *déconfiture*, les créanciers viennent en contribution au sol la livre sur les effets mobiliaires du banqueroutier.

A DÉCOUVERT. On dit : *payer à deniers découverts* ; pour dire, à *deniers* présens, réels, & comptans.

DÉCRÉDITÉ, qui n'a plus de crédit. Cet homme est tout-à-fait *décrédité*, il ne trouveroit pas un double pour soutenir son négoce. Une boutique *décréditée*, est une boutique où l'on ne voit plus de chalans. Une étoffe *décréditée*, c'est celle qui n'est plus de mode.

DÉCRÉDITER. Faire perdre la réputation & le crédit. Les envieux de ce négociant le *décréditent* par-tout par leurs calomnies.

SE DÉCRÉDITER. Perdre son crédit. Ce banquier se *décrédite* par ses débauches.

DÉCRI. Défense faite par les édits, ordonnances, & déclarations du roi, par arrêt du conseil, ou autorité des juges à qui la connoissance en appartient, d'exposer en public, & de se servir dans le négoce de certaines espèces de monnoie d'or, d'argent, de billon, ou de cuivre.

DÉCRI. Se dit aussi des *défenses* faites par la même autorité, de fabriquer, vendre, ou porter de certaines sortes d'étoffes, de dorures, & autres choses semblables.

DÉCRIER. Défendre le commerce de quelques marchandises, ou l'exposition en public de quelques espèces de monnoie.

DÉDIT. Peine ſtipulée dans un marché, contre celui qui ne le veut pas tenir.

On dit qu'un homme, qu'un marchand a ſon *dit* & ſon *dédit*, quand il eſt inconſtant, & tient mal ſes promeſſes.

DÉDUCTION. Souſtraction, défalquation, diminution, rabat, retranchement d'une petite ſomme payée à compte d'une plus grande. Quand vous aurez fait *déduction* de 300 liv. que je vous envoye ſur les 500 liv. que vous m'avez prêtés, il ne reſtera plus que 200 liv. à vous payer.

DÉDUIRE. Souſtraire, défalquer, diminuer, rabattre, retrancher. Vous devez *déduire* les 200 liv. dont je vous remets lettre de change, ſur les 6000 liv. dont vous êtes en avance pour moi. Un négociant ne peut dire que ſon fonds eſt à lui, s'il n'a entièrement *déduit* ſes dettes.

DÉFALQUATION. Déduction, souſtraction qu'on fait d'une petite ſomme, ſur une plus grande. Toute *défalquation* faite, vous me devez tant de reſte.

DÉFALQUER. *Souſtraire, retrancher, diminuer, déduire* une petite ſomme d'une plus grande. C'eſt de la souſtraction, (la ſeconde des quatre premieres régles d'arithmétique) dont on ſe ſert dans le commerce pour cette opération, qui eſt d'un très-grand uſage dans les comptes.

DÉFECTUEUX, ce qui a quelque défaut. Une étoffe, une toile *défectueuſe*.

Un drap *défectueux*, eſt celui où il y a des tarres; ſoit par la faute du tiſſerand, ſoit par celle du foulon. J'ai miré ce drap à la perche, il eſt *défectueux* le long des liziéres.

DÉFAITE. Signifie, *en terme de négoce*, la même choſe que débit, ſe prenant en bonne part, quand on y ajoute l'épithete de *bonne*. Cette étoffe, ces bleds ſont de bonne *défaite*, c'eſt-à-dire, ſont de bon débit, ſe vendent aiſément; & au contraire, ſi l'on y joint le mot de *mauvaiſe*: ces laines ſont de mauvaiſe *défaite*; pour ſignifier, *que le débit en eſt lent & difficile.*

DÉFENSES GÉNÉRALES. Ce ſont des arrêts que le parlement, & quelquefois le conſeil du roi accordent aux marchands, banquiers & négocians de bonne-foi, mais malheureux, pour les garantir de la violence de leurs créanciers; & pour leur donner le temps de liquider leurs effets, afin de les mettre en état de payer leurs dettes, ou de s'accommoder avec ceux à qui ils doivent.

Cette reſſource eſt ſans-doute importante dans les malheurs qui n'arrivent que trop ſouvent dans le commerce, même aux négocians les plus puiſſans & les plus habiles; mais il faut avouer qu'elle n'eſt pas honorable, & qu'il n'y a qu'une extrême néceſſité qui puiſſe juſtifier ceux qui y ont recours.

L'article 5 du titre 9 de l'ordonnance de 1673, porte, que ceux qui auront obtenu des *défenſes générales*, ne pourront être reçus maires, ni échevins des villes, juges, ou conſuls des marchands, ni avoir voix active & délibérative dans les corps,

ou communautés, ni être adminiſtrateurs des hôpitaux, ni parvenir aux autres fonctions publiques; & même qu'ils en ſeroient exclus, en cas qu'ils ſe trouvaſſent actuellement en charge.

Cette tache qu'un marchand fait à ſa réputation, en obtenant des *défenſes générales*, n'eſt pas néanmoins ineffaçable: il peut, s'il n'a rien fait perdre à ſes créanciers, & s'il a payé exactement toutes ſes dettes, prendre des lettres de réhabilitation, qui le rétabliſſent dans ſes premiers droits, dont la mauvaiſe fortune, mais non pas la mauvaiſe-foi, l'avoient fait décheoir.

Lorſqu'un marchand ſe trouve dans la triſte néceſſité d'obtenir des *défenſes générales*, il doit obſerver pluſieurs choſes; ſoit pour qu'elles puiſſent avoir leur entier effet, ſoit pour empêcher qu'on ne puiſſe ſoupçonner qu'il n'y a eu recours que pour avoir plus de temps & de facilité de tromper ſes créanciers.

La premiere précaution qu'il doit prendre, eſt de dreſſer un état de tous ſes effets, tant meubles, qu'immeubles, & de ſes dettes, tant actives que paſſives; & de les certifier véritables & ſous les peines de l'ordonnance: obſervant de le faire le plus exact qu'il lui ſera poſſible; parce que s'il ſe trouvoit frauduleux en quelque choſe, il ſeroit déchu de ſes *défenſes*, quand même elles auroient été obtenues contradictoirement avec tous ſes créanciers; & que non-ſeulement il ne pourroit en obtenir d'autres; mais encore qu'il ne ſeroit plus reçu au bénéfice de ceſſion.

2°. Cet état ainſi dreſſé & certifié, doit être dépoſé au greffe de la juridiction conſulaire, s'il y en a dans le lieu de ſa réſidence; ſinon à l'hôtel commun de la ville, du dépôt duquel il faut retirer certificat, pour être attaché à la requête qu'il doit préſenter au conſeil, ou au parlement, pour en obtenir des *défenſes*.

3°. Il doit repréſenter à ſes créanciers ſes livres & regiſtres, afin qu'ils puiſſent, s'ils le veulent, les examiner, & voir ſi l'état mis au greffe eſt véritable; & s'il leur eſt conforme.

Cette repréſentation des livres & regiſtres ne doit être néanmoins faite qu'après que l'arrêt aura été ſignifié; parce que ce n'eſt que de ce moment que ſa faillite eſt cenſée ouverte; & que s'il les repréſentoit avant que d'avoir obtenu les *défenſes*, & les avoir ſignifiées, ſes créanciers, qui connoîtroient par-là le mauvais état de ſes affaires, pourroient profiter de cette connoiſſance; & ſe ſervant des contraintes par corps, qu'ils pourroient avoir contre lui, le faire arrêter & mettre en priſon: violence que les *défenſes* ne pourroient réparer, n'ayant point d'effet rétroactif.

4°. Pour jouir du bénéfice du temps accordé par l'arrêt de *défenſe*, il faut qu'il le faſſe ſignifier à ſes créanciers, & aux autres intéreſſés à ſa faillite, qui ſont ſur les lieux, dans la huitaine de la date de l'arrêt; ces *défenſes* ne pouvant avoir lieu qu'à l'égard de ceux à qui elles ſont ſignifiées: non que le défaut de fignification à quelques-uns des créanciers dans la huitaine les rendent nulles ; mais parce qu'à l'égard des créanciers oubliés, ou négligés, elles n'ont effet que depuis la fignification. La vigilance que les autres créanciers ont apportée à la confervation des effets de leur débiteur commun, fervant néanmoins également à ceux qui ont ignoré ces *défenfes*, & à ceux qui ont veillé & agi, ou par oppofition, ou autrement, pour conferver leur dû, & faire valoir leurs raifons.

Si les *défenfes générales* doivent être fignifiées dans la huitaine du jour qu'elles ont été obtenues ; c'eft afin que les créanciers puiffent déduire & propofer leurs moyens & caufes d'oppofitions, s'ils en ont, & être reçus à faire preuve du dol, fraude & mauvaife foi de leur débiteur, s'ils l'en foupçonnent, & qu'ils foient en état de les prouver : n'étant d'ailleurs ni raifonnable, ni jufte, que celui qui a obtenu un arrêt de *défenfes* reftât le maître de le faire fignifier, quand bon lui fembleroit, parce qu'il pourroit abufer de cette liberté, ou pour divertir fes meilleurs effets, ou pour acheter des marchandifes contre la difpofition de l'ordonnance, qui ne veut pas que les *défenfes* aient lieu pour les marchandifes achetées, depuis qu'elles ont été obtenues : ou enfin, pour fe mettre foi-même en fûreté, en paffant dans les pays étrangers, dans le deffein d'une banqueroute frauduleufe : ce qui lui feroit facile, parce que les créanciers n'étant point informés qu'il a obtenu un arrêt de *défenfes*, & ignorant par conféquent le mauvais état de fes affaires, ne pourroient prendre aucune précaution, ni pour empêcher qu'il ne détournât fes effets, ni pour prévenir fa fuite, s'il les avoit détournés.

Auffi les débiteurs, faute de faire fignifier leurs *défenfes* dans la huitaine à ceux de leurs créanciers qui réfident dans les mêmes villes qu'eux, en font déchus par l'ordonnance, leur étant néanmoins accordé un terme plus long pour ceux à qui ils doivent, qui font domiciliés dans d'autres villes, à proportion de la diftance des lieux.

5°. Il n'eft plus libre à un négociant, qui a obtenu des *défenfes générales*, de payer aucun de fes créanciers préférablement aux autres ; n'étant plus le maître, mais le fimple dépofitaire de fes propres effets, qui doivent être partagés également entre eux, chacun devant participer à la mauvaife fortune de leur débiteur commun, & nul n'en devant tirer un avantage indirect : cette préférence étant non-feulement injufte & odieufe ; mais encore, fi elle étoit découverte, rendant les *défenfes* inutiles pour celui qui les a obtenues, qui en feroit abfolument déchu, par cette feule raifon qu'il auroit payé quelques-uns de fes créanciers, au préjudice des autres.

Outre cette peine fi juftement ordonnée contre l'infidélité d'un débiteur, qui par inclination ou par crainte, traiteroit fi inégalement fes créanciers, à qui il doit une égale juftice, & une part dans ce qui lui refte d'effets, proportionnée aux créances de chacun d'eux ; les créanciers négligés & oubliés, & qui n'ont été payés que d'une partie de ce qui leur eft dû, tandis que d'autres ont reçu leur paiement entier, font en droit, s'ils en ont des preuves fuffifantes, de faire rapporter, pour être répartagé entre tous au fol la livre, ce que les créanciers favorifés auroient reçu au de-là de ce qui leur auroit été réglé & adjugé par le contrat commun, que leur débiteur & eux ont paffé enfemble.

En effet, puifque fuivant la difpofition de l'ordonnance, les créanciers qui reçoivent des effets, lettres de change, marchandifes, ou autres femblables chofes, dans le tems qui avoifine une banqueroute, font tenus de rapporter à la maffe ; à plus forte raifon le doivent-ils faire, s'ils les ont reçus après une faillite ouverte.

DÉGRAISSEUR. Celui qui dégraiffe ou qui détache les vieilles étoffes, les vieux chapeaux, &c.

Les teinturiers du petit teint font appellés *dégraiffeurs* ou *détacheurs*, parce qu'ils fe mêlent d'ôter la graiffe & les taches des étoffes de foie ou de laine, qui ont déjà été portées.

Les frippiers font des *dégraiffeurs d'habits* ; & les chapeliers, des *dégraiffeurs de chapeaux*.

DEKER. Il fe dit en Hollande, dans le commerce des cuirs ou peaux d'animaux, d'un certain nombre de peaux fur le pied duquel fe font les marchés & fe payent les droits d'entrée & de fortie. Il fe dit particulièrement des peaux de boucs ou de chèvres ; le *deker* eft de fix peaux.

DÉLAISSEMENT. *Ceffion, abandonnement* de fes biens à fes créanciers.

DÉLAISSEMENT, *en fait de commerce de mer.* Signifie un *acte* par lequel l'affuré dénonce à fes affureurs la perte de fon vaiffeau, & leur *délaiffe* & *abandonne* les marchandifes & effets, fur lefquels l'affurance a été faite, avec fommation de payer les fommes affurées.

Cet acte de *délaiffement* eft autorifé par l'ordonnance de la Marine du mois d'août 1681, dont plufieurs articles du titre VI du livre III, en réglent la manière & les conditions.

Par les 42, 43 & 44e articles de ce titre, il eft dit ; que lorfque l'affuré aura eu avis de la perte du vaiffeau ou des marchandifes affurées, il fera tenu de le faire incontinent fignifier aux affureurs, avec proteftation de faire fon *délaiffement* en tems & lieu ; permis néanmoins à lui fans proteftation de faire en même tems ledit *délaiffement*, avec fommation auxdits affureurs de payer les fommes affurées dans le tems porté par la Police, ou trois mois après, s'il n'y a point de tems prefcrit.

Les 46 & 47e, portent, que le *délaiffement* ne pourra être fait qu'en cas de prife, naufrage, bris, échouement, arrêt du prince, ou perte entière des effets affurés, tous autres dommages ne pouvant être réputés qu'avaries ; & que ledit *délaiffement* ne pourra être fait d'une partie, en retenant l'autre.

Les 48 & 49e articles règlent les tems que les

délaissemens & les demandes en conséquence doivent être faits & assurés.

Par les 53, 54 & 55e, l'assuré est tenu, en faisant son *délaissement*, de déclarer toutes les assurances qu'il aura fait faire, & l'argent qu'il aura pris à la grosse sur les effets assurés, à peine d'être privé de l'effet des assurances ; & en cas qu'il ait récelé des assurances ou des contrats à la grosse, & qu'avec celles déclarées, elles excédent la valeur des effets assurés, il sera pareillement privé de l'effet des assurances, & en outre payera les sommes empruntées. Que s'il poursuit le payement des sommes assurées au-delà de la valeur de ses effets, il sera de plus puni exemplairement.

Enfin, le 60e article ordonne, qu'après le *délaissement*, les effets assurés appartiendront aux assureurs ; & le 61e leur permet de faire preuve au contraire, aux attestations rapportées par l'assuré, sans néanmoins qu'ils puissent se dispenser de payer par provision, en baillant caution par ledit assuré. *Voyez* ASSURANCE.

DÉLAL. Les Persans nomment ainsi certaines personnes, qui agissent pour eux dans l'achat & dans la vente de leurs marchandises ; c'est ce que nous appellons proprement en France des *courtiers*.

DÉLESTAGE. La décharge qui se fait du lest d'un vaisseau.

Il est dû un droit de *délestage* à M. le grand amiral, par tous les vaisseaux François & étrangers qui apportent du lest dans les ports dépendans de son amirauté, mais différens, suivant les lieux.

Dans l'amirauté de Xaintonge, ce droit est réduit à 15 livres pour les vaisseaux étrangers, & à 7 liv. 10 sols pour les vaisseaux François au-dessus du port de 50 tonneaux ; & à 5 liv. pour ceux de 50 tonneaux au-dessous, moyennant quoi ils ont les uns & les autres la liberté de se pouvoir faire lester eux-mêmes en payant les frais.

Cependant comme les étrangers ne peuvent guères entrer dans ce détail, ils ont mieux aimé, particulièrement les Hollandois qui fréquentent beaucoup les ports de cette amirauté pour y charger des sels, s'accommoder avec les commis au *délestage* pour faire celui de leurs vaisseaux, en leur payant pour tous frais & droits les sommes portées par le réglement dressé avec le consul de la nation Hollandoise, le 30 novembre.

SAVOIR:

Un vaisseau de vingt cent de sel, composé de vingt-cinq tonneaux au cent, qui font cinq cent tonneaux que l'on réduit à la moitié ; & pour cette moitié montant à deux cent cinquante tonneaux, on paye cent vingt-cinq livres, à raison de 10 sols par tonneau, ci . . . . 125 liv.

Un navire de 19 cent. . . . . 118 15 sols.
Un navire de 18 cent. 112 15
Un navire de 17 cent. 106 5
Celui de 16 100

Celui de 15	93	
Celui de 14	87	10
Celui de 13	81	5
Celui de 12	75	
Celui de 11	68	15
Celui de 10	62	10
Celui de 9	56	5
Celui de 8	50	
Celui de 7	43	15
Celui de 6	37	10
Celui de 5	31	5
Et celui de 4	25	

Il faut observer que par le même réglement il est convenu que les vaisseaux qui apportent des marchandises, & qui n'auront que la moitié de leur lest, un peu plus, un peu moins, payeront comme s'ils avoient tout leur lest ; & que pour ce qui est du vuide qu'ils ne rempliront pas en chargeant, ils ne laisseront pas de payer tout de même.

DÉLESTER. Décharger un vaisseau de son lest. L'ordonnance de la Marine de France de 1681, a un titre exprès pour le lestage & *délestage* des navires. Ce titre est le quatrième du quatrième livre, qui en 8 articles contient la police qui doit être observée à cet égard dans les ports. Entr'autres, la déclaration du lest, dont est chargé un vaisseau quand il arrive, le lieu où doit se faire le *délestage*, la déclaration du lest, qui est sorti du navire délesté, les marques que doivent porter le vaisseau qu'on deleste, les personnes qui peuvent être employées au *délestage* : enfin le tems où l'on peut y travailler. Le 7e article, fait défenses à tous capitaines, maîtres de vaisseaux, &c. de faire le *délestage*, pendant la nuit, à peine de 500 liv. d'amende pour la première fois, & de confiscation de leurs bâtimens en cas de récidive ; ce qui est aussi la peine ordonnée contre ceux qui jettent leurs lests dans les ports, canaux, bassins & rades.

DÉLESTEUR. Celui qui travaille au *délestage* d'un vaisseau. L'ordonnance de la Marine défend aux *délesteurs*, sous peine de punition corporelle, de porter leurs lests ailleurs que dans les lieux à ce destinés, aussi-bien que de travailler la nuit au *délestage*.

On appelle *bateaux délesteurs*, ceux avec lesquels on fait le *délestage* des vaisseaux. Ces bateaux doivent avoir des voiles à leurs bords, aussi-bien que les vaisseaux qu'on deleste, tant que dure le travail, afin d'empêcher le lest de tomber dans la mer. Ces voiles se nomment des *prestats*.

DÉLIT. On appelle *arbres de délit*, dans les ordonnances des Eaux & Forêts, ceux qui ont été coupés & abbatus clandestinement, ou contre les réglemens.

Les *arbres de délit*, aussi-bien que les chablis, doivent être marqués par les gruyers & par les arpenteurs des grands-maîtres, avec un marteau qui leur est propre.

DÉLIVRANCE. (*Terme de monnoie.*) C'est la permission qui est accordée par les juges-gardes aux maîtres

maîtres des monnoies, d'expofer dans le public les espèces d'or & d'argent & de billon, qui ont été nouvellement fabriquées.

Les juges-gardes avant de faire la *délivrance*, font obligés par les ordonnances, à pefer les efpèces pièce à pièce au trébuchet, pour examiner fi elles font de recours de la pièce au marc, & de rebuter & cifailler toutes celles qu'ils trouvent trop fortes, ou trop foibles, ou mal monnoyées, pour faire refondre les unes & les autres ; les foibles ou trop fortes, aux dépens des ouvriers, & les mal monnoyées, aux dépens des monnoyers.

Les peines établies contre les gardes qui font la *délivrance* des efpèces, qui ne font ni du poids, ni de la loi & remède, octroyées par les ordonnances, font la privation de leur état, & la punition corporelle ; mais feulement une amende arbitraire, ou la fufpenfion, au plus la privation de leur office, (fuivant l'exigence des cas) quand ils paffent en *délivrance* des efpèces mal monnoyées, & qui ne font pas de bonne rotondité, affiette & impreffion.

DEMANDE, *en terme de commerce.* Signifie *l'action qu'un marchand intente en juftice*, pour être payé de la marchandife qu'il a fournie à crédit.

Par l'article 7 du premier titre de l'ordonnance de 1673, il eft dit, que les marchands en gros & en détail, &c. feront tenus de demander paiement de leurs marchandifes dans l'an, après la délivrance. Et par l'article 9 du même titre, qui eft comme l'explication du précédent, il eft ajouté, que le contenu en icelui aura lieu, encore qu'il y eût continuation de fourniture ou d'ouvrage ; fi ce n'eft qu'avant l'année, & les fix mois, il y eût un compte arrêté, fommation, ou interpellation judiciaire, cédule, obligation ou contrat.

DEMANDE. On appelle une *marchandife de demande*, celle qui eft fort à la mode, & que l'on demande fouvent chez les marchands. Il fe dit auffi des étoffes de bonne fabrique & de réputation. Les draps de couleurs de Vanrobais, & les draps noirs de Pagnon font de *demande*, c'eft-à-dire, font fort eftimés. On dit au contraire qu'elle n'eft plus de *demande*, lorfqu'elle n'eft plus à la mode, ou qu'il s'en vend peu.

DEMEURANT. Reftes de marchandifes. Il ne fe dit guères que par les petites marchandes, qui portent vendre par les rues de Paris des poires fur des inventaires, dans des hottes, ou fur des mafettes & bêtes afines, diverfes fortes de denrées, de fruits & d'herbages ; lefquelles fur la fin de la journée, ou lorfque leur vente eft prefque finie, crient : *à mon demeurant : qui veut mon demeurant ;* c'eft-à-dire, qui veut acheter mon refte.

DEMEURE. *Retardement.* Rien ne décrie tant un marchant, négociant & banquier, que d'être en *demeure* de faire fes payemens, c'eft-à-dire, de ne pas acquitter fes lettres & billets de change à leur échéance.

DEMEURER. On dit, *en terme de compte*, qu'une partie, qu'un article eft *demeuré* en fouffrance, lorf-

qu'il n'eft paffé & alloué qu'à la charge d'en juftifier par quittances, décharges, ordres ou autrement.

DEMEURER EN RESTE, DEMEURER EN ARRIÈRE. C'eft *ne pas payer* entièrement les fommes contenues dans une obligation, dans un mémoire, dans le débet d'un compte.

DEMEURER GARANT. C'eft *répondre* de l'exécution d'une promeffe que fait un autre, ou du paiement d'une fomme qu'il emprunte, ou qu'il doit. C'eft proprement fe rendre fa caution.

DEMEURER DU CROIRE. C'eft être garant de la folvabilité de ceux à qui l'on vend des marchandifes à crédit, pour le compte d'autrui.

Les commiffionnaires doivent convenir avec les commettans, s'ils *demeureront du croire*, ou non, c'eft-à-dire, s'ils feront garants de la folvabilité des débiteurs, qu'ils feront en la vente des marchandifes : car en ce cas, il faut que les commettans payent aux commiffionnaires une plus grande commiffion, à caufe des grands rifques qu'ils courent, en faifant les deniers bons ; foit que la marchandife fe vende comptant ou à crédit, parce qu'il faut que le fort porte le foible, qui eft ordinairement le double : néanmoins c'eft felon qu'ils en font convenus avec les commettans.

Les commiffionnaires doivent encore convenir, dans quel tems ils feront les payemens des fommes de deniers, provenans de la vente des marchandifes ; car fi les commiffionnaires ne demeurent pas d'accord du croire des débiteurs, ils doivent remettre aux commettans, à mefure qu'ils reçoivent, les deniers provenans de la vente de leurs marchandifes, ou bien leur en doivent donner avis, afin qu'ils s'en puiffent prévaloir, foit en tirant des lettres de change fur eux, ou pour remettre en d'autres lieux, fuivant les ordres qu'ils en reçoivent. Mais fi les commiffionnaires *demeurent du croire*, & garants de la folvabilité des débiteurs envers les commettans, ils doivent avoir la foire de refpect, c'eft-à-dire, trois mois, à compter du jour de l'échéance de chaque partie de marchandife qu'ils auront vendue à crédit, pour faire les remifes aux commettans, avant qu'ils puiffent faire aucunes traites fur eux. *Voyez* M. *Savary, Parfait Négociant, livre III, chap. III. de la feconde partie.*

DEMEURER DU CROIRE. Se dit auffi à l'égard des difpofitions ou négociations, que les commiffionnaires ou correfpondans des négocians & banquiers, font pour leurs commettans, concernant la banque.

Lorfqu'il y a convention précife par écrit, entre un commiffionnaire & un commettant, qui porte que le commiffionnaire *demeurera du croire*, le commiffionnaire doit être refponfable envers le commettant, de l'événement des lettres de change qu'il lui remet, foit par fon ordre, ou autrement. Au contraire fi le commiffionnaire n'eft point convenu précifément par écrit avec fon commettant, de *demeurer du croire* des lettres de change qu'il lui

D

remettra, quelques ordres qu'il ait pû mettre sur les lettres, cela ne lui peut nuire, ni préjudicier à l'égard de son commettant; mais seulement à l'égard d'une tierce personne, qui seroit porteur de la lettre.

DEMI, DEMIE. Se dit de chaque *moitié* d'un tout, divisé en deux parties égales. Ainsi, on dit: demi-livre, demi-quarteron, demi-once, demi-gros, demi-aune, demi-boisseau, demi-litron, demi-queue, demi-muid, demi-septier, demi-douzaine, demi-grosse, demi-cent, demi-écu, &c. pour dire, une moitié de toutes les mesures, poids, ou choses qui portent ces divers noms.

DEMITTES. Sortes de toiles de coton qui se tirent de Smyrne, elles se vendent ordinairement jusqu'à 10 temins la pièce, elles se fabriquent à Menemen.

La largeur ordinaire des *demittes* est de deux tiers de pics.

DEMITTONS. Ce sont des *toiles de coton*, dont il se fait un grand négoce à Smyrne; ils sont moins larges & moins serrés que les demittes.

DENAING. C'est le *copec* de Moscovie, c'est-à-dire, une petite monnoie d'argent. *Voy*. la TABLE DES MONNOIES.

DENIER TOURNOIS. *Petite monnoie de cuivre*, sans mélange de fin, qui a eu autrefois grand cours en France, & qui même y est reçue dans quelques provinces d'au-delà de la Loire.

DENIER. Signifie aussi *argent en général*, en quelque monnoie ou espèce qu'il soit: en ce sens, c'est un terme générique, qui sert à désigner *une somme d'argent*. Ainsi l'on dit: Ce marchand, ce banquier fait bien valoir son *denier*, pour faire entendre qu'il fait valoir son argent à gros intérêt. J'ai placé mes *deniers*, je n'ai plus d'argent à prêter.

On appelle *deniers oisifs*, ou *deniers inutiles*, l'argent dont on ne tire aucun intérêt.

Faire des *deniers bons*, c'est se rendre garant d'une somme.

Les *deniers clairs* & *liquides*, sont les sommes que l'on peut recevoir, à la première demande, sans difficulté, ni contestation.

DENIER. Est quelquefois le pied sur lequel on est entré dans une entreprise de commerce. Ainsi l'on dit: Ce négociant a six *deniers* dans un tel armement, pour faire entendre qu'il a pris part pour un quarantième; à proportion de quoi il doit partager le gain, ou supporter la perte.

DENIER. Se dit aussi d'un certain pied sur lequel on est obligé de payer une grosse somme. Les armateurs doivent payer à l'amiral le dixième *denier* de toutes les prises qu'ils font, c'est-à-dire, la dixième partie de la somme à quoi elles se montent.

DENIER. Est encore le prix de l'argent qui court à intérêt. Ainsi l'on dit qu'un marchand, un négociant, un banquier, ou autre personne, fait valoir son argent au *denier dix*, pour faire entendre qu'il en tire par an dix pour cent de profit, ou intérêt; ce qui est un dixième de son principal.

En fait de constitution de rente, on dit que l'argent se prend au *denier vingt*, pour dire sur le pied de cinq pour cent pour l'année; ce qui est la vingtième partie du principal; c'est ce qu'on appelloit autrefois *le taux du roi*.

Quand on dit qu'une personne prête son argent au *denier fort*, cela veut dire qu'elle le prête sur un pied exorbitant, & beaucoup au-delà du prix ordinaire. Ceux qui prêtent ainsi leur argent, sont ordinairement nommés *usuriers*.

DENIER FORT. On appelle ainsi dans les bureaux, *le petit profit* que font les receveurs des droits sur les espèces qu'on leur paye, lorsque ne pouvant pas leur faire leur compte juste, on est contraint de leur donner un ou deux deniers d'excédent qu'ils ne portent pas en recette.

Il n'est dû sur le pont de l'hôtel-Dieu que deux *deniers* pour le droit de passage de chaque personne; cependant depuis que notre plus petite espèce, qui ne valoit ci-devant que deux *deniers*, a été portée à trois, on ne peut plus donner moins de trois *deniers*. Cet excédent est appellé *denier fort*, & monte à la moitié en sus de ce qui est dû suivant la pancarte.

DENIER SAINT-ANDRÉ. C'est un droit qui se lève en quelques bureaux du Languedoc & des provinces voisines, depuis le passage de Roquemaure en Vivarais, jusqu'au port de Cassande inclusivement.

Les bureaux où se lève ledit droit du *denier Saint-André*, & des trois sols pour livre d'augmentation, sont:

Anconne.	Villeneuve.
Le Teil.	Aramon.
Viviers.	Valagregue.
Le bourg Saint-Esprit.	Beaucaire.
Saint-Etienne de Sort.	Saint-Gilles.
L'Ardoise.	Cassande.
Roquemort.	

DENIER STERLING, que l'on appelle aussi PENIN. C'est une monnoie de compte, dont on se sert en Angleterre. Le *denier sterling* est la douzième partie d'un sol sterling, & le sol sterling fait un vingtième de la livre sterling; ensorte qu'il faut deux cent quarante *deniers sterlings* pour faire une livre sterling.

DENIER DE GROS. Est aussi une monnoie de compte, en usage en Hollande, en Flandre & en Brabant. Douze *deniers de gros* font un sol de gros, & vingt sols de gros font une livre de gros, de manière que la livre de gros est composée de cent quarante *deniers de gros*. Il y a quelque différence entre le *denier de gros* de Hollande & le *denier de gros* de Flandre & Brabant, la livre de gros n'y étant pas égale en valeur. Le change de ces pays, à l'égard de la France, se règle à raison de tant de *deniers de gros* pour un écu de trois livres tournois.

DENIER DE FIN, ou LA LOY. Se dit chez les marchands orfévres & parmi les monnoyeurs, du titre de l'argent, de même que le carat se dit du titre de l'or.

Ce denier est un poids, ou estimation, composé de vingt-quatre grains, qui font connoître les différens dégrés de sa pureté, ou de la bonté de l'argent. Il se divise en demis, en quarts & en huitiémes. Le plus fin argent est à douze deniers, comme le plus fin or à vingt-quatre carats. L'argent peut être purifié jusqu'à ce douziéme degré ; mais il ne laisse pas cependant d'être très-pur au titre d'onze deniers dix-huit grains, c'est-à-dire, quoique le déchet soit de six grains. On dit : Un *denier de fin*, ou d'*aloi*.

La monnoie d'argent doit être au moins à dix *deniers de fin*, autrement elle seroit regardée comme billon.

L'argent d'orfévre le doit être à onze deniers douze grains de fin, suivant l'ordonnance de 1640. Lorsque l'argent est à ce titre, on l'appelle *argent de roi*, à cause que le roi abandonne cette vingt-quatriéme partie de bénéfice en faveur des étrangers, qui apportent ce riche métal dans son royaume.

DENIER COURANT. Se dit des *espèces* qui s'exposent dans le commerce, après que le jugement de délivrance en a été accordé au fermier par la cour des monnoies.

DENIER DE POIDS. Est la vingt-quatriéme partie d'une once, & la cent quatre-vingt-douziéme partie d'un marc, ou d'une demi-livre de Paris. Le *denier* pèse vingt-quatre grains ; & trois *deniers* font un gros. Le *denier* en médecine est appellé *scrupule*.

DENIER A DIEU. Se dit d'une pièce de monnoie qu'une personne donne à une autre, pour assurance qu'un marché est arrêté. Cette pièce de monnoie est ainsi nommée, parce qu'elle est ordinairement employée à faire une aumône.

Encore que ce soit l'acheteur qui donne le *denier à Dieu* au vendeur, cela n'empêche pas que l'un & l'autre ne soient réciproquement obligés d'accomplir les conditions du marché, & celui des deux qui y contreviendroit, y pourroit être contraint. On a cependant vingt-quatre heures pour se pouvoir dédire, pourvu que l'on rende, ou qu'on retire dans ce temps, le *denier à Dieu*. C'est un usage établi, qui tient lieu de coutume & de réglement.

On nomme GAGNE-DENIERS, les crocheteurs, porte-faix, ou gens de peine qui gagnent leur vie à porter des marchandises & d'autres fardeaux.

DENRÉE. Toute marchandise ordinaire qui se vend aux marchés, ou qui se crie dans les rues, propre & nécessaire pour l'entretien du ménage. On peut distinguer de grosses & de menues *denrées*, les grosses, comme le bled, le vin, le foin, le bois, &c. les menues, comme les fromages, les fruits, les graines, les légumes. Ce sont ordinairement les regrattiers qui vendent les menues *denrées*. Les grosses ont des marchands considérables qui en font le négoce.

DENRÉE. Se dit aussi de la mauvaise marchandise. On ne trouve que de la *denrée* dans cette boutique.

DENT. Os très-dur, enchassé dans les mâchoires. Il se fait un assez grand négoce des *dents* de divers animaux, soit de terre, soit de mer, qui s'emploient par les mêmes ouvriers & aux mêmes ouvrages que l'yvoire ; c'est pourquoi on renvoie le lecteur aux articles qui en parlent.

DENT DE WALRUS, DENT DE NARHUAL, DENT DE CHEVAL MARIN. Ce sont les *dents* d'une sorte de poisson qui porte ces différens noms, dont le plus en usage est *walrus*.

DENT DE BEHEMOT ou MAMOUT. Espèce d'*yvoire* que l'on déterre dans quelques lieux de la Tartarie-Moscovite.

DENT DE CHEVAL MARIN, autrement HIPPOPOTAME.

DENT DE VACHE MARINE.

» Les *dents* de walrus, de l'hippopotame & de » la vache marine, payent en France les droits » d'entrée à raison de 8 sols du cent pesant ».

DENT D'ÉLÉPHANT. Lorsque les *dents d'éléphant* sont en morceaux, ou travaillées de la main de l'ouvrier, on leur donne le nom d'*yvoire* ; & quand elles sont encore toutes brutes, & telles qu'elles ont été arrachées des mâchoires de l'animal, on les nomme *marfil* ou *morfil*.

« Les *dents d'éléphant* payent en France les » droits d'entrée, comme yvoire, 3 livres, & de » droits de sortie 3 liv. 12 s. du cent pesant, suivant » le tarif de 1664 ; & à la douane de Lyon 1 liv. » 10 s. du quintal pour tout droit, avec les nouveaux » sols pour livre ».

DENTALÉ, en latin *dantalium*, ou, comme il se trouve dans le tarif des entrées de France, *lapis dentalis*. C'est une espèce de coquillage que les apothicaires broyent & mettent dans quelques-uns de leurs remèdes, le croyant un excellent alkali.

Le vrai *dentalé*, décrit par M. de Tournefort, est en forme de tuyau, ou de cône, d'environ trois pouces de long, d'un blanc luisant & verdâtre, creux, léger, & partagé dans sa longueur par quantité de lignes parallèles, qui montent du bas en haut comme des canelures. Il n'est guères plus gros qu'un tuyau de plume, & a quelque ressemblance à une dent de chien.

Ce *dentalé* est très-rare ; c'est pourquoi on lui substitue ordinairement un autre petit coquillage de diverses couleurs, qui se trouve sur la grève parmi le sable, quand la mer est retirée ; mais qui n'est pas canelé comme le véritable *dentalé* ; quelquefois même on suppose pour lui l'os de la tête d'un poisson blanc, blanc & dentelé tout autour, qui a un peu de la figure d'un cloporte.

DENTELLE ou PASSEMENT. Ouvrage composé de plusieurs fils d'or ou d'argent, fin ou faux, de soie ou de lin, entrelassés les uns dans les autres, qui se travaille sur un oreiller avec des fuseaux, en suivant les points ou piqures d'un dessin ou patron, par le moyen de plusieurs épingles, qui se placent & déplacent à mesure qu'on fait agir les fuseaux sur lesquels les fils sont dévidés.

D ij

Il y a de l'apparence que les termes de *dentelle* & de *passement*, viennent ; le premier, de ce que la partie qui forme le bas de l'ouvrage (qu'on appelle ordinairement le *picot de la dentelle*), est composée de plusieurs petites dents rangées les unes contre les autres, à distances égales, sur une même ligne, d'un bout à l'autre de la *dentelle* ; & le second à cause qu'en travaillant sur l'oreiller, les fils dont tout l'ouvrage est formé, se passent & s'entrelassent les uns dans les autres par le moyen des fuseaux.

Il se fabrique des *dentelles* de plusieurs façons & qualités, à raiseau, à brides, à grandes fleurs, à petites fleurs, de grosses ou communes, de moyennes & de fines, de lâches & de serrées, de très-hautes, de moins hautes, de basses & de très-basses ; les unes toutes de fil d'or, ou toutes de fil d'argent ; ou partie fil d'or & partie fil d'argent ; d'autres de soie de différentes couleurs, & d'autres de fil de lin très-blanc.

Leur usage le plus ordinaire est pour orner les habits, le linge, les coeffures des femmes, & les paremens d'église, en les cousant & appliquant dessus.

Les *dentelles* font partie du commerce des marchands du corps de la mercerie. Les maîtresses lingères en font aussi négoce ; mais ce n'est que de celles de fil de lin blanc.

Les *dentelles d'or & d'argent*, tant fin que faux, se fabriquent presque toutes à Paris, à Lyon, & en quelques endroits des environs de ces deux grandes villes.

Celles de *soie*, les plus fines, se font à Fontenay, à Puisieux, à Morgas & à Louvre en Parisis : pour ce qui est des communes & grossières, elles se manufacturent quasi toutes à S. Denis en France, à Montmorency, à Villiers-le-Bel, à Cercelle, à Écouan, à Saint-Brice, à Groslait, à Gisors, à Saint-Pierre ès Champs, à Estrepagny, à Doumesnil, & en quelques autres lieux voisins de ces petites villes, bourgs & villages.

C'est particulièrement à Louvre en Parisis où se manufacturent la plupart des hautes *dentelles de soie noire*, destinées pour les écharpes des femmes.

Les pays & lieux principaux d'où se tirent les *dentelles de fil de lin blanc*, sont Anvers, Bruxelles, Malines, Louvain & Gant, toutes villes de la Flandre Espagnole ; Valenciennes, Lille & quelques autres endroits de la Flandre Françoise, Charleville, Sedan, le comté de Bourgogne, la Lorraine, Liège ; Dieppe ; le Havre-de-Grace, Honfleur, Harfleur, Pont-l'évêque, Gisors, Fescamp, Caen & autres villes de la province de Normandie ; Arras, Bapaume & autres lieux du pays d'Artois ; le Puy en Velay ; quelques endroits d'Auvergne & de Picardie ; Louvre-en-Parisis, S. Denis en France, Montmorency, Villiers-le-Bel, &c.

Les hauteurs ordinaires des *dentelles de fil*, sont depuis quatre lignes en augmentant imperceptiblement jusqu'à quatre pouces de roi ; les pièces contenant depuis trois aunes & demie de longueur jusqu'à huit.

A l'égard de celles destinées pour les toilettes, les aubes & les surplis, elles se font depuis un quart d'aune de haut jusqu'à deux tiers ; chaque pièce contenant quatre, cinq, ou sept aunes de long, le tout mesure de Paris.

Les plus fines & les plus belles *dentelles de fil*, sont celles de la Flandre Espagnole, ensuite celles de la Flandre Françoise ; parmi lesquelles les véritables Valenciennes se distinguent, puis celles de Dieppe ; & après, celles du Havre & de Honfleur, car pour celles des autres endroits, elles sont pour la plûpart grossières & d'un prix médiocre, quoiqu'il s'en fasse un négoce & une consommation très-considérable.

La plus grande partie des *dentelles*, tant d'or, d'argent, de soie, que de fil, se consomment dans le royaume. Il n'y a guères que de celles de soie, particulièrement des noires, dont il se fasse des envois considérables en Espagne, en Portugal, dans les Indes Espagnoles, en Allemagne & en Hollande.

Il se fabrique une sorte de *dentelle de fil de lin blanc*, particulièrement destinée pour les Indes Espagnoles. On l'appelle *dentelle sans fond*, parce qu'elle n'est composée que de grandes fleurs sans raiseau, ni sol-fond. Cette espèce de *dentelle* étoit autrefois fort en usage en France ; mais à présent il ne s'y en porte plus du tout ; c'est en Flandre où il s'en manufacture le plus de cette qualité.

Bisette, mignonette, gueuse, campane & *guipure*, sont des noms que l'on donne à certaines sortes de *dentelles*, qui se trouvent expliquées chacune à leur article.

On appelle *engrélure*, cette partie d'en-haut, qui règne tout le long de la *dentelle*, par où on la coud aux habits, à la toile, &c. Ce terme ne s'applique guères qu'aux *dentelles de fil & de soie*.

Le pied d'une *dentelle* est une *petite dentelle* très-basse, qu'on joint à une autre plus haute, en les cousant ensemble, engrélure contre engrélure.

Le toilé d'une *dentelle*, est ce qu'on appelle dans les points à l'aiguille ; le *tissu*, ou *point fermé*, qui ressemble beaucoup à de la toile bien frappée. C'est bonne qualité à une *dentelle*, que d'avoir le toilé bien serré. Il ne se dit guères que des *dentelles de fil*.

Les droits d'entrée & de sortie du royaume & des provinces réputées étrangères, pour les *dentelles*, de quelque espèce qu'elles puissent être, se paient au poids, & les droits sont plus ou moins forts, suivant leurs différentes espèces, qualités, matières, & lieux de leur fabrique.

L'article 4 du titre 3 de l'ordonnance sur le fait des cinq grosses fermes, de l'année 1687, fixe les entrées des points & *dentelles de fil*, du comté de Bourgogne, par les bureaux d'Auzonne & de Saint-Jean-de-Laune ; de celles d'Angleterre, par Calais, Dieppe, & le Havre ; de Lorraine, par Chaumont ; de Sedan, par Torcy ; d'Orillac, par Ganhat ; & ordonne que les droits d'entrée y seront payés.

Quant à celles des Pays-Bas, le même article veut, qu'elles passent par le seul bureau de Peronne, auquel les marchands & voituriers sont obligés d'en faire leur déclaration, & de prendre des acquits à caution, pour les conduire au bureau de Paris, pour y être les droits payés, & elles visitées & plombées aux deux bouts de chaque pièce, en présence des marchands auxquels elles sont adressées.

« Les dentelles de soie & de guipure, paient
» les droits d'entrée, à raison de 8 francs la livre,
» conformément au tarif de 1667.

» Les dentelles de fil, point coupé, ou passe-
» ment de fil, d'Anvers, Bruxelles, Malines, &
» autres pays étrangers, entrant dans la Flandre
» Françoise, paient 40 francs de la livre, suivant
» l'arrêt du 14 août 1688 ; & suivant icelui, ne
» peuvent entrer que par Rousselars & Condé.

» Les dentelles de Liège, Lorraine & du Comté,
» fines & grosses, de toutes sortes, paient 10 francs
» de la livre, par le tarif de 1664.

» Et par le même tarif, les dentelles d'or & d'ar-
» gent fin, & dentelles mêlées d'or & de soie,
» 5 liv. pareillement de la livre.

» A l'égard des droits de sortie, les dentelles
» d'or & d'argent, de la qualité ci-dessus, paient
» la livre pesant 15 sols, suivant l'arrêt du 3 juil-
» let 1692, allant aux pays étrangers.

» Et celles de soie, or & argent faux, 5 sols,
» conformément au même arrêt.

» Les dentelles fines de fil, suivant le tarif de
» 1664, 40 liv. du cent pesant.

» Et les dentelles grossières de France, Liège,
» Lorraine & du Comté, 10 liv. aussi du cent
» pesant.

» Les droits qui se paient pour les dentelles de
» fil à la douane de Lyon, sont pour les den-
» telles de pays, 4 francs la livre pesant.

» Et pour celles de Liège, Lorraine & Comté,
» 40 sols de la livre, le tout avec les nouveaux sols
» pour liv. »

DÉPAREILLER. Oter le pareil. Il se dit ordi-
nairement des choses qui doivent être doublées, comme des bas, des gants, des souliers, & autres semblables marchandises, qui ne sont plus de débit quand elles sont dépareillées.

DÉPARER DE LA MARCHANDISE. En ôter la beauté, l'agrément, l'ordre. Il ne se dit guères que parmi les marchandes de fruits, & autres telles denrées, qui ont soin de parer le dessus de leurs paniers, de ce qu'elles ont de plus beau.

DÉPENSE. Chapitre de dépense. C'est un des trois chapitres, dont un compte est ordinairement composé. Il se met après celui de recette, & devant celui de reprise.

DÉPLIER. Étendre en long ce qui étoit plié. Il se dit particulièrement des étoffes de toutes sortes, que les marchands en détail déplient & éten-

dent sur leurs tables & bureaux, pour les faire voir à ceux qui les marchandent, soit pour les assortir, soit pour en mieux considérer la qualité & la bonté. Quand on déplie des étoffes pour en faire la montre, il est très-important de les replier dans les mêmes plis, de peur de leur en faire prendre de faux.

DÉPLOYER. Se dit dans le même sens ; un marchand ne doit point être paresseux à déployer ses étoffes, s'il les veut vendre.

DÉPOSITO. Donner ou prendre à déposito. Signifie, donner ou prendre à intérêt. Ce terme, qui a passé d'Italie en France, n'est d'usage dans cette signification, qu'en quelques lieux de Provence & de Dauphiné.

DÉPOUILLE. Récolte des fruits de la terre.

DÉPOUILLEMENT. Action par laquelle on dépouille quelque chose. Il ne se dit guères qu'en fait de compte & de commerce. Avez-vous travaillé au dépouillement de ce journal ? Achevez le dépouillement de mon compte.

DÉPOUILLER un compte, un livre, un journal, un registre. C'est en extraire les articles, les parties, les sommes, ou les autres choses dont on a besoin pour son commerce, ou pour ses affaires.

DÉPRÉDÉ, ÉE. L'ordonnance de la marine de France, appelle effets déprédés, marchandises déprédées, ceux & celles qui ont été pillés sur un vaisseau par les ennemis, ou donnés par composition aux pirates, pour le rachat du navire & des marchandises. Le remboursement de ces marchandises ou effets, sont du nombre des grosses avaries.

DÉPRI. C'est la déclaration que font les marchands aux bureaux des douanes, que leurs marchandises sont destinées à passer debout.

DÉPRI. Se dit encore, en fait des droits d'aides, de la soumission qu'on fait aux commis des aides, de payer les droits de gros du vin, que l'on a dessein de transporter, & de vendre ailleurs que dans le lieu où il a été recueilli, ou déposé.

DÉPRIER. Faire sa déclaration aux bureaux des cinq grosses fermes, ou à ceux des aides, de payer les droits dûs pour les marchandises, ou les vins, qu'on a dessein de transporter.

DÉPRISER. Diminuer la valeur, le prix, le mérite d'une chose, en l'estimant moins qu'elle ne vaut. Pourquoi déprisez-vous ma marchandise ?

DÉPUTÉ DU COMMERCE. C'est un Marchand négociant, faisant actuellement le commerce, ou qui l'a exercé pendant plusieurs années, qui est élu à la pluralité des voix, ou par le scrutin, dans l'assemblée générale des chambres particulières de commerce, établies dans quelques-unes des principales villes de France, pour assister au nom de la chambre, dont il est député, au bureau du commerce établi à Paris.

Il n'y a que le député des états de la province de Languedoc, qui soit dispensé de la profession actuelle du négoce, ou du moins exercée pendant long-temps ; le roi ayant trouvé bon, que le syndic des états en tour de *député* à la cour, de quelque condition qu'il se trouve, puisse aussi faire les fonctions de *député* de la chambre du commerce de la province.

Il y a treize *députés du commerce*; sçavoir, deux de Paris, & un de chacune des villes de Lyon, Rouen, Bordeaux, Marseille, la Rochelle, Nantes, S. Malo, Lille, Bayonne, Dunkerque, & celui de la province de Languedoc. On a parlé ailleurs de leur élection, de leurs fonctions, & de leurs appointemens.

DÉPUTÉ DU COMMERCE, Est aussi le nom que le roi a accordé par les arrêts de son conseil d'état, pour l'érection de quelques chambres de commerce, à ceux qui composent lesdites chambres. A Toulouse & à Montpellier, ce sont des *députés*; ailleurs on les nomme, ou *syndics*, ou *directeurs*.

DERHEM. Petit poids de Perse, qui vaut la cinquiéme partie d'une livre. Il n'en faut pas tout-à-fait trois cent pour faire le batman de Tauris, qui pèse cinq livres quatre onces de France. Les Perses regardent le *derhem* comme leur dragme. *Voyez* LA TABLE.

DÉRIBANDS. Toiles blanches de coton, qui viennent des Indes orientales. Il y en a d'étroits & de larges; plus de la premiére sorte, que de l'autre. La longueur des piéces des *déribands* étroits est de neuf aunes, & leur largeur de cinq huit.

DERLINGUE. *Monnoie d'argent*, fabriquée à Venise, qui a pour empreinte d'un côté, un Christ soutenant de sa main un globe; & de l'autre côté, un S. Marc. Cette espéce est du poids de cinq deniers quelques grains, & tient de fin onze deniers deux grains. *Voyez* LA TABLE.

DÉROUTE. Se dit, *en termes de commerce*, du désordre qui se met dans les affaires d'un marchand. Les folles dépenses de ce mercier sont la cause de sa *déroute*; c'est-à-dire, du dépérissement de son négoce.

DÉSACHALANDER, ou DÉCHALANDER. Faire perdre la chalandise. L'humeur rude de ce marchand a *désachalandé* sa boutique.

DESCENTE. On nomme ainsi à Bordeaux les droits d'entrée qui se paient pour les vins du haut pays, c'est-à-dire, les vins qui se recueillent au-dessus de Saint-Macaire, qui est sept lieues au-dessus de Bordeaux.

On nomme ces droits, *droits de descente*, parce que les vins qui les paient, arrivent à cette ville en descendant les riviéres de Garonne & de Dordogne; les vins qui se recueillent au-dessous de Saint-Macaire, qu'on nomme *vins de ville*, ne paient point le droit de descente. *Voyez* l'article de Bordeaux, où il est parlé des droits qui se paient par les vins de haut.

DESCENTE. On appelle aussi à Bordeaux, & à Blaye, *barques de descente*, les barques chargées de marchandises qui descendent la Gironde.

DESCENTE. Se dit encore, *en termes de gabel...*

les, du transport des sels dans les greniers. Les officiers des greniers doivent faire des procès verbaux des *descentes*, mesurages & emplacemens des sels dans les greniers dont ils sont officiers.

DÉSEMBALLAGE. *Ouverture* d'une caisse, ou d'un ballot, en coupant les cordes & la toile d'emballage.

DÉSEMBALLER. Défaire l'emballage d'une caisse, ouvrir une balle, ou un ballot. Le véritable mot devroit être *désemballer*; on dit néanmoins plus communément *déballer*.

DÉSEMBARQUEMENT. *Sortie* hors d'un vaisseau, des marchandises, & autres effets dont il est chargé.

DÉSEMPOINTER, ou DÉSAPPOINTER UNE PIÉCE D'ÉTOFFE. C'est *couper* les points de soie, de fil, ou de ficelle, qui tiennent en état les plis de la piéce.

DÉTACHEUR. Celui qui ôte les taches.

Les *détacheurs* de la ville de Paris, qu'on nomme aussi *dégraisseurs*, ne font pas une communauté particuliére, mais sont reçus maîtres dans celle des fripiers.

DÉTAIL. Partage, division que l'on fait d'une chose en plusieurs parties, ou morceaux.

On appelle *marchand en détail*, celui qui revend la marchandise dont il fait négoce, à plus petites mesures, & à plus petits poids qu'il ne l'a achetée; qui la coupe & qui la divise, pour en faire le débit. De ce nombre, sont entr'autres, les marchands merciers, qui achétent en piéces, par grosses, & à la livre, & qui revendent à l'aune & à l'once: les cabaretiers, taverniers, hôteliers, limonadiers, fayanciers & autres marchands de liqueurs, qui achétent au muid, à la pipe, à la queue, & qui revendent au pot, à la pinte & à la bouteille; & les regratiers de sel, de grains & de légumes, qui achétent au minot, ou au septier, & qui débitent au boisseau & au litron.

DÉTAILLER. Les marchands appellent *détailler*, lorsqu'ils ne vendent pas les balles entiéres & sous corde, ou les piéces d'étoffes avec cap & queue; mais qu'ils les coupent, ou les divisent pour en donner, soit à l'aune, soit au poids, soit à quelqu'autre mesure, ce que chacun de leurs chalans peuvent en demander, & en avoir besoin.

L'auteur du Parfait Négociant remarque, que les marchands qui débitent à l'aune, doivent si bien *détailler* leurs étoffes, qu'ils ne fassent point de mauvais restes. Les autres *détailleurs* ne sont guéres sujets à cet inconvénient.

Les marchands bouchers appellent aussi *détailler* leur viande, la dépecer & la couper, pour ensuite la vendre, ou à la livre, ou à la main.

DÉTAILLEUR. Marchand qui vend en détail.

On appelle ordinairement *marchands détailleurs*, ceux qui vendent en boutique; & *marchands grossiers*, ceux qui vendent en magasin, ce qui n'est pas exactement vrai, ni des uns, ni des autres;

y ayant des *grossiers*, qui font leur commerce dans des boutiques; & des *détailleurs* qui ont des magasins.

A Amsterdam, il n'y a point de différence entre les *grossiers* & les *détailleurs*, étant permis à chacun de faire tout ensemble le gros & le détail de sa marchandise. On doit néanmoins en excepter ceux qui font le négoce des vins & des eaux-de-vie étrangères, & qui n'ont pas la permission de vendre moins de deux tonneaux de vin, ou d'une pièce d'eau-de-vie à la fois, à moins qu'ils ne se soient fait recevoir marchands de vin, n'y ayant que ceux-ci qui puissent faire le détail de ces marchandises, qu'ils peuvent aussi vendre en gros.

DÉTALER. Serrer la marchandise que l'on avoit mise en étallage, fermer sa boutique. Ce sont les apprentifs, les compagnons, & les garçons & filles de boutique, qui ont le soin de *détaler* tous les soirs; comme ce sont eux qui tous les matins font l'étalage.

DÉTALER. Se dit aussi des marchands qui courent les foires, lorsqu'après qu'elles sont finies, ils emballent & chargent la marchandise qui leur reste, ferment leurs loges, & partent pour aller étaler ailleurs.

DÉTALER, ou plutôt FAIRE DÉTALER. C'est obliger les petits marchands, qui étalent leurs marchandises en des lieux où il ne leur est pas permis, de replier leurs balles, & de se retirer. De ce nombre sont les libraires, à qui il est défendu par les ordonnances de police, & par leurs statuts, d'étaler le long des quais de Paris.

DÉTOURNER. On dit, *en termes de commerce*, qu'un négociant, qu'un marchand, qu'un banquier, a *détourné* ses effets, lorsque dans le dessein de faire une banqueroute frauduleuse il les a cachés, & mis à couvert chez des personnes affidées, pour en frauder ses créanciers.

DETTE. Chose qui est dûe, au paiement de laquelle on est tenu, soit par acte passé pardevant notaires, soit par acte sous seing privé, soit par simple promesse verbale, soit enfin par la coutume & par l'usage des lieux.

Il y a de deux sortes de *dettes*; des *dettes actives* & des *dettes passives*. Les *dettes actives*, c'est ce qui nous est dû; & les *dettes passives*, c'est ce que nous devons. On dit qu'un marchand a des *dettes actives* & *passives*, lorsqu'il lui est dû, & qu'il doit. Il a fait l'état de ses *dettes actives* & *passives*; il lui est plus dû qu'il ne doit.

Parmi les marchands & négocians, on compte de trois sortes de *dettes actives*: celles qui sont bonnes & exigibles; celles qui sont douteuses, & celles que l'on croit absolument perdues. On compte aussi de trois espèces de *dettes passives*; l'argent de dépôt; ce qu'on doit aux particuliers, qui ne sont point négocians, ni marchands; & ce que l'on doit aux marchands & négocians avec lesquels on est en commerce.

Suivant l'article 7 du titre 3 de l'ordonnance de 1673, les marchands sont tenus de faire mention de leurs *dettes actives* & *passives* dans l'inventaire de leurs effets, qu'ils doivent renouveller de deux en deux ans.

Et par l'article 2 du titre 11 de la même ordonnance, il est porté, que ceux qui ont fait faillite, seront tenus de donner à leurs créanciers un état certifié de tout ce qu'ils possèdent & de tout ce qu'ils doivent, c'est-à-dire, de leurs *dettes actives* & *passives*.

Outre ces diverses sortes de *dettes*, on les distingue encore en *dettes chirographaires*, *dettes hypothécaires*, *dettes foncières*, & *dettes mobiliaires*.

DETTE CHIROGRAPHAIRE. C'est celle qui n'a pour titre qu'un écrit signé du débiteur, qui n'est point reconnu en justice.

DETTE HYPOTHÉCAIRE. C'est celle qui est dûe en vertu de contrat passé pardevant les officiers publics, ou par des arrêts & sentences rendus par des juges compétens. On appelle ces sortes de dettes, *hypothécaires*, à cause de l'hypothèque qu'elles donnent au créancier sur les biens du débiteur.

DETTE FONCIÈRE. Se dit de celle qui est dûe pour l'aliénation d'un fonds, dont l'acquéreur n'a pas payé tout le prix.

DETTE MOBILIAIRE. C'est celle qui se peut exiger par une action personnelle, & qui n'est ni foncière ni hypothécaire.

M. Savary a traité amplement dans son Parfait Négociant, de l'ordre que toutes ces *dettes* doivent tenir dans les inventaires que les directeurs des créanciers sont obligés de faire des effets d'un failli, & de l'hypothèque qu'elles doivent avoir préférablement les unes aux autres sur les biens qui restent après la faillite discutée. *Voyez l'article 4 du chapitre 3 de la seconde partie.*

DETTES CRIARDES. Ce sont de petites sommes dûes à de pauvres ouvriers, ou autres semblables personnes, qui viennent crier à la porte de leur débiteur, pour être payés de leur dû; ce qui fait ordinairement plus de tort dans le commerce, que les dettes les plus considérables, que pourroient contracter les marchands.

DETTES VÉREUSES. Ce sont celles dont le paiement n'est pas bien assuré, & qu'on n'a guères lieu de croire que le débiteur soit jamais en état d'acquitter.

DETTES SOLIDAIRES. Ce sont celles que l'on est obligé de payer solidairement & conjointement avec un autre.

FAIRE SA DETTE de quelque chose; c'est en répondre, s'obliger de la payer.

DEVIS. Mémoire que les ouvriers, particulièrement les maçons & charpentiers, donnent en détail aux bourgeois qui veulent entreprendre quelques bâtimens, constructions & autres ouvrages, contenant les matériaux qu'ils prétendent y employer, leur nombre & qualité & leur prix, les peines & salaires des ouvriers; enfin, tout l'ordre & dispositition de leur entreprise, & les frais qu'il convient faire, pour mettre le tout en état de perfection.

C'est ordinairement sur des *devis* signés doublés par le bourgeois & l'entrepreneur, que se concluent les marchés; & c'est aussi sur les *devis* qu'on en fait les visites judiciaires & les estimations, lorsqu'il y a contestation entre les parties.

DEVISER un chef-d'œuvre, *deviser* une expérience. *Terme de statuts* des communautés des arts & métiers. C'est donner le chef-d'œuvre ou l'expérience aux apprentifs & aux fils de maîtres, qui se présentent pour être reçus à la maîtrise, & leur expliquer & désigner quels & comment ils doivent être faits.

C'est aux jurés à *deviser* le chef-d'œuvre ou l'expérience; c'est chez eux que les aspirans les doivent faire & parfaire, & c'est pareillement à eux à en faire le rapport pardevant le procureur du roi au châtelet, pour être l'apprentif étranger, ou fils de maître, reçu ou refusé, suivant leur capacité & incapacité dans les ouvrages de l'art ou métier.

DEVOIR. Être obligé envers quelqu'un par promesse, billet, lettres de change, même seulement de parole, pour l'acquit d'achat de marchandises, prêt d'argent, service rendu ou autrement.

L'exactitude de payer ce qu'on doit, est une des principales obligations de l'honnête homme; mais c'est sur-tout parmi les marchands & négocians, s'ils veulent conserver leur crédit, qu'elle doit se trouver au souverain degré; la remise du paiement les décriant, & le refus absolu de payer étant capable de les perdre sans ressource.

On dit, qu'un marchand doit à Dieu & au monde; qu'il doit pardessus la tête; qu'il doit plus d'argent qu'il n'est gros; qu'il doit au tiers & au quart, pour dire qu'il a quantité de dettes.

Qui à terme ne doit rien; proverbe usité dans le commerce, pour signifier, qu'*avant l'échéance d'une dette, un marchand ne peut être contraint à la payer.*

DEVOIR. *Terme de commerce & de teneur de livres.*

Parmi les livres dont les marchands se servent pour leur négoce, il y en a un entr'autres qu'on appelle le *grand livre*, qui se tient en débit & crédit. Dans ce livre, la page à droite, qui est pour le crédit, se marque par le mot *avoir*, & la page à gauche, réservée au débit, par le mot *doit*: avec cette différence qu'*avoir* se met à la tête de tout son côté, & que *doit* suit du sien le nom du débiteur.

DEVOIR. On nomme ainsi en Bretagne, particulièrement dans la prévôté de Nantes, les *droits* qui s'y lèvent pour le roi, & les *octrois* qui appartiennent à la ville sur certaines espèces de marchandises.

Le *devoir de quarantième* est un droit qui se paye sur les marchandises venant de la mer à Nantes,

& allant de Nantes à la mer, en passant par saint-Nazaire.

Le *devoir de la vieille coutume* se paye sur les bleds.

Le *devoir de quillage* se lève sur les vaisseaux chargés desdits bleds, pourvu qu'il y en ait plus de dix tonneaux.

Le *devoir de brieux* est sur les bleds amenés de dehors dans le comté de Nantes.

Il y a aussi des *devoirs de brieux* sur les vaisseaux qui se payent suivant leur charge. *Voyez* BRIEUX.

Le *devoir de registre* ou *congé*, se lève sur les vins.

Le *devoir de guimple* sur les sels venans de la mer au port de Nantes.

En un mot, presque tous les droits qui se lèvent en Bretagne, particulièrement à Nantes, & dans la prévôté, se nomment des *devoirs*.

DEUVE. *Étoffe de soie* dont il est parlé dans le tarif de la douane de Lyon de 1632. C'est une espèce de satinade ou d'ostade.

« Les *deuves*, ostades & satines, de toutes sortes,
» fabrique de France, paient à cette douane 3 s.
» de la pièce d'ancienne taxation, & 2 s. de nouvelle
» réappréciation.
» Celles de fabrique étrangère paient 6 sols
» d'anciens droits, & 2 sols de nouveaux ».

D I

DIAMANT. Pierre précieuse, qui tient de premier rang parmi les pierreries.

Il ne se trouve de *diamans* qu'aux Indes orientales, & seulement dans les royaumes de Golconde, de Visapour & de Bengale, & dans l'île de Borneo. Ces trois royaumes ne sont pas extrêmement éloignés de Pondichéry, principal établissement des François dans l'Orient. Pour l'île de Borneo, elle est située entre Malaca & les Moluques, s'étendant depuis un degré du côté du nord, jusqu'au septième degré au nord-est.

Il n'y a que quatre mines, ou plutôt deux mines & deux rivières, d'où l'on tire les *diamans*. Les mines sont, 1°. celle de Roalconda dans la province de Carnatica, à cinq journées de Golconde, & à huit ou neuf de Visapour; elle n'est découverte que depuis environ 200 ans.

2°. Celle de Gani en langue du pays, ou Coulour en langue Persienne, à sept journées de Golconde, tirant droit au levant. Cette mine fut découverte il y a environ 120 ans par un pauvre homme, qui, travaillant à la terre, trouva une pointe naïve de 25 carats.

3°. Celle de Soumelpour, qui est un gros bourg du royaume de Bengale, assez près du lieu où se trouvent les *diamans*; elle est la plus ancienne de toutes. Il faudroit plutôt l'appeler *gouel*, qui est le nom de la rivière, dans le gravier de laquelle ces pierres se cherchent & se rencontrent. Enfin, la quatrième mine, ou plus proprement la seconde rivière, est celle de Succadan dans l'île de Borneo.

Le

Le *diamant brut* doit être choisi uni, de bonne forme, sans être baroque ni plein de glaces, transparent, & qu'il ne soit pas d'un blanc cristalin.

Il y a des *diamans sales*, noirs, glaceux, pleins de filandres & de veines; enfin de nature à ne pouvoir être taillés: on les broye dans un mortier d'acier fait exprès; & lorsqu'ils sont réduits en poudre, ils servent à scier, tailler & polir les *diamans*.

Les glaces viennent au *diamant*, de ce que les mineurs, pour le tirer plus facilement de la veine qui serpente entre deux roches, cassent les roches avec un fort levier de fer, ce qui étonne la pierre & la remplit de glace.

La perfection du *diamant* consiste dans son eau, dans son lustre & dans son poids; ses défauts sont les glaces, les pointes de table rouges ou noires. En Europe, les joyailliers examinent au jour l'eau des pierres brutes, les pointes qui y peuvent être, & leur netteté. Aux Indes, c'est pendant la nuit qu'on fait ces observations: les diamantaires faisant dans un mur un trou d'un pied en quarré, où ils mettent une lampe avec une grosse mèche, à la clarté de laquelle ils jugent de la pierre qu'ils tiennent entre leurs doigts. L'eau qu'on nomme *céleste* est la pire de toutes, & se découvre difficilement dans un *diamant brut*: cependant le secret infaillible pour en juger, est de l'examiner à l'ombre de quelqu'arbre touffu.

L'on appelle *diamant foible*, celui qui n'est pas épais; *diamant brut*, celui qui n'a pas encore été taillé, & qui est tel qu'on l'a tiré de la mine; *diamant gendarmeux*, celui qui n'est pas net; *diamant brillant*, celui qui est taillé en facette dessus & dessous, & dont la table, ou principale facette du dessus est plate; *diamant en rose*, celui qui est tout plat dessous, & taillé dessus en diverses petites faces ordinairement triangulaires, dont les dernières d'en haut se terminent en une pointe; *diamant en table*, celui qui a une grande facette quarrée par-dessus, & quatre biseaux qui l'environnent. Quand les *diamans en table* ont de l'épaisseur, ils sont pour l'ordinaire taillés dessous comme dessus; & lorsqu'ils sont minces & foibles, le dessous en est plat sans biseaux.

Il est également faux que le *diamant*, comme le croyoient les anciens, s'amollisse avec le sang de bouc chaud, & qu'il puisse résister au marteau; l'expérience a convaincu du contraire, rien ne pouvant amollir la dureté de cette pierre précieuse; mais aussi sa dureté n'étant pas telle qu'on n'en casse sur l'enclume & sous le marteau, autant qu'on en voudroit essayer.

Les *diamans* en Europe se pèsent au carat, petit poids composé de quatre grains. Ce sont les orfèvres & joyailliers qui en font le négoce, & qui les mettent en œuvre.

DILIGENCE. Voiture publique par eau ou par terre, qui va en moins de temps que les voitures ordinaires, dans des villes de grand commerce.

Telle est la *diligence* de Paris à Lyon, & de Lyon à Paris.

Ces voitures sont très-commodes dans le négoce, soit pour les marchandises, soit pour les marchands. Les maîtres ou fermiers des *diligences* sont obligés à donner les mêmes sûretés ordonnées pour les voitures ordinaires, tant pour leurs registres, que pour leurs feuilles & leurs lettres de voitures.

DILIGENCES, au pluriel. Se dit en général *de toutes les poursuites* qui se font en justice, pour se faire payer de quelques sommes, ou se maintenir dans quelques droits.

DILIGENCES, *en fait de commerce*. S'entend *des protêts* que l'on est obligé de faire, faute d'acceptation ou faute de paiement d'une lettre de change, pour assurer son recours sur le tireur ou endosseur, ou pour faire payer l'accepteur.

On fait aussi des *diligences* pour des billets de change; mais ce ne sont que de simples sommations, & non des protêts: on peut voir cette différence d'usage dans le chapitre VII du livre III, de la première partie du *Parfait Négociant* de M. Savary, aussi-bien que les temps fixés par l'ordonnance, pour les faire, & pour les dénoncer & signifier, & à qui.

DIMITE. C'est une des deux espèces de toile de coton, qui se fabriquent dans l'isle de Sirhanto, l'une des isles de l'Archipel, elle est croisée & d'un très-bon usage.

DINANDERIE. Marchandise de cuivre ouvré, que l'on appelle plus communément *chauderonnerie*, parce qu'elle consiste en chaudières, chauderons, & autres semblables ustensiles, qui se fabriquent par les chauderonniers.

Cette marchandise a pris son nom de *dinanderie*, de Dinant ville du pays de Liège, qui s'est rendue riche & fameuse par la grande quantité de chauderonnerie qui s'y manufacture, & dont il se fait des envois considérables dans presque tous les endroits de l'Europe. Il en vient beaucoup à Paris, où elle fait partie du négoce des marchands du corps de la mercerie.

Les maîtres de la communauté des chauderonniers de la ville de Paris, sont appellés dans leurs statuts & lettres-patentes des rois, *maîtres & marchands du métier de chauderonnerie, batterie & dinanderie*.

DINARD. Terme persan, qui signifie tantôt *toutes sortes d'espèces d'or*, & tantôt *une petite monnoie de compte*, qui vaut un denier.

DINAR-CHÉRAY. C'est en Perse le poids, ou la valeur de l'écu, ou ducat d'or.

DINAR-BISTI. Monnoie de compte, dont se servent les négocians & banquiers Persans, pour tenir leurs livres. Le *dinar-bisti* vaut dix dinars simples. Le toman, aussi monnoie de compte, vaut mille *dinars-bisti*, & dix mille dinars simples. *Voyez* LA TABLE DES MONNOIES.

DING. Les Siamois nomment ainsi en général *toutes sortes de poids*. En particulier, ils n'en ont

E

guères d'autres que leurs monnoies mêmes; ce qui ne s'entend que de celles d'argent, l'or n'y ayant pas cours comme espèce; mais se vendant & s'achetant comme marchandise, & valant douze fois l'argent.

La monnoie Siamoise est assez fidelle pour le poids, quoique pour l'ordinaire elle soit fausse & altérée.

Les poids des Siamois, qui ont le même nom que leurs monnoies; sont le cati, ou schang, le mayon, ou seling, le fouan, la sompaye, la paye, & le clam. Tous ces poids & monnoies sont expliqués à leurs propres articles.

DIRECTEUR. Celui qui préside à une assemblée, ou qui dirige & conduit une affaire.

On ne parle ici que des *directeurs*, dont les fonctions regardent le négoce & les négocians.

Les principaux de ceux-ci, sont les *directeurs* des compagnies, & des chambres de commerce; les *directeurs* des cinq grosses fermes, ceux des aides & des gabelles; & les *directeurs* des créanciers dans les déconfitures & faillites des négocians. Les autres ne sont pas du dessein de ce Dictionnaire.

DIRECTEURS DE COMPAGNIES DE COMMERCE. Ce sont ordinairement des personnes considérables, choisies à la pluralité des voix, parmi les actionnaires, qui ont une certaine quantité d'actions dans le fonds d'une compagnie, & qui ont le plus de probité, de réputation & d'expérience dans le négoce que veut entreprendre cette compagnie.

Il n'est pas toujours nécessaire que les *directeurs* fassent profession de commerce; & l'on en choisit souvent parmi les premiers magistrats & les gens de finances; mais il faut avouer que quelque lumière, & quelque habileté que ces deux sortes de *directeurs* puissent avoir, il s'en faut bien qu'ils soient aussi propres aux fonctions de la direction, que d'habiles & de riches négocians : & c'est peut-être, à ce que bien des personnes éclairées ont cru, ce qui a fait échouer plusieurs des compagnies qui ont été établies en France, où cette élection de *directeurs* non-marchands est plus ordinaire qu'ailleurs.

Le nombre des *directeurs* est quelquefois réglé par les lettres-patentes, ou chartres du souverain, dans les états duquel se fait l'établissement. Quelquefois on laisse aux intéressés & actionnaires, la liberté de s'en choisir, autant qu'ils le jugent nécessaire. Il arrive rarement que le prince nomme tous les *directeurs*; assez souvent pourtant il en met quelqu'un de sa main, sur-tout dans les commencemens qu'une compagnie s'établit.

La compagnie Hollandoise des Indes orientales, qui a servi de modèle à toutes les autres, a jusqu'à soixante *directeurs*, divisés en six chambres; vingt dans celle d'Amsterdam, douze dans celle de Zelande, & sept dans chacune des chambres de Delft, de Roterdam, de Hoorn & d'Enkuizen.

La compagnie Françoise des mêmes Indes, établie en 1664, en avoit vingt-un; douze de la ville de Paris, & neuf des autres villes les plus importantes, & les plus marchandes du reste du royaume.

Ce sont ces *directeurs*, qui tous réunis à jour marqué, ou du moins assemblés dans leur bureau en certain nombre fixé par les lettres-patentes, ou par les délibérations générales des actionnaires & intéressés, délibèrent sur les affaires de la compagnie; dressent des réglemens; font les emprunts; souscrivent les billets; reçoivent les comptes; font les répartitions; signent les ordonnances de paiement pour la décharge du caissier : enfin, décident de la police qui doit s'observer, soit parmi eux en Europe, soit dans les comptoirs, loges, forts & colonies, où ils ont des commis résidans, pour faire leur commerce, & des troupes pour qu'ils le fassent en sûreté.

Il appartient aussi aux *directeurs*, ou aux députés choisis d'entr'eux, d'ordonner du nombre des vaisseaux, de leur achat, armement & cargaison, du temps de leur départ, des lieux où ils doivent toucher en route, & de ceux où il leur est défendu de prendre pratique; enfin, du nombre des officiers & des équipages qui les doivent monter, & des marchands, sous-marchands, écrivains, commis & sous-commis, qui doivent y avoir soin des marchandises.

Ce sont encore ces *directeurs*, qui au retour des vaisseaux, reçoivent & examinent les journaux des capitaines & des pilotes; les connoissemens & chargemens des navires; les comptes des écrivains; entendent les plaintes des équipages, & leur payent leurs gages : enfin, qui font mettre dans les magasins de la compagnie les marchandises; apprennent au public, par des affiches, les jours & heures de leur vente; & en font les criées & adjudications aux plus offrans & derniers enchérisseurs.

On pourroit ajouter ici un plus grand nombre de fonctions des *directeurs de compagnie de commerce*; mais outre que le détail en pourroit être ennuyeux, celles-ci, qui sont les principales, paroissent en donner une idée suffisante.

La plupart des compagnies établissent à leurs *directeurs* de certains droits de présence, pour les rendre plus assidus aux assemblées, & empêcher que ne s'y trouvant pas au nombre marqué par les réglemens, les délibérations ne pussent se faire, & que les affaires n'en souffrissent.

En France, il est assez ordinaire, outre ces droits de présence, de faire une distribution de jettons d'argent aux armes & à la devise des compagnies, aux *directeurs* présens, avec accroissement de la part des absens.

Outre ces *directeurs*, qui résident en Europe, & qui y prennent soin de l'économie générale des compagnies de commerce, elles en ont encore dans les principaux lieux de l'Asie, de l'Afrique & de l'Amérique, où elles portent leur commerce, qu'on nomme *directeurs-généraux*, & que par abréviation & par honneur, on appelle seulement *généraux*; tel est le général de la compagnie Françoise, qui réside à Pontichery; celui des Hollandois à Batavia; & celui des Danois à Trinquebart. Les Anglois leur donnent la qualité de *présidens*, ils en ont deux aux Indes orientales; l'un à Surate, & l'autre à Bantam. Ce dernier n'y réside plus depuis quelque temps.

Ces *directeurs-généraux* disposent absolument de tous les effets des compagnies; réglent leur commerce; établissent de nouveaux comptoirs; lèvent les anciens; commandent à tous les marchands, sous-marchands, commis, sous-commis, même aux capitaines de vaisseaux; ordonnent de leur charge & de leur retour, font des présens aux princes & à leurs ministres; leur envoyent des ambassadeurs; font avec eux des traités de commerce; leur déclarent la guerre, &c. le tout à la vérité sur les ordres des *directeurs d'Europe* : mais comme ces ordres sont longs à venir, qu'il seroit même dangereux de les attendre, on peut les regarder comme des espèces de souverains qui peuvent tout faire & tout entreprendre au nom de leurs maîtres; quitte à leur en donner avis, quand les choses sont faites, pour en recevoir la confirmation, ou pour être mandé, afin d'en venir rendre compte suivant qu'on est content ou non de leur conduite.

Il est vrai que ces *généraux* ont ordinairement un conseil; mais, ou qu'ils ne consultent pas, ou dont ils ne suivent guères les avis; de sorte que l'on peut dire, que quoique le succès d'une compagnie de commerce semble dépendre de l'assemblée des *directeurs d'Europe*, qui donnent les ordres, il dépend encore plus du *directeur-général*, qui doit exécuter sur les lieux.

On ne parle point ici des *directeurs-particuliers*, qui travaillent, soit en Europe, soit au dehors, sous les ordres de ces deux sortes de *directeurs-généraux*; parce qu'ils ne sont que de simples commis, & peu différens pour leurs fonctions, des *directeurs* des douanes, & des fermes des aides & des gabelles, dont on dira un mot à la fin de cet article.

Directeurs des chambres de commerce.

Les arrêts du conseil d'état, par lesquels le roi Louis XIV a ordonné l'érection des chambres de commerce dans quelques villes de France, donnent cette qualité de *directeurs* aux marchands négocians, qui composent quelques-unes de ces chambres. A Lyon, ils sont simplement nommés *directeurs de la chambre de commerce de Lyon*. A Bordeaux, *directeurs du commerce de la province de Guyenne*. Dans quelques chambres ce sont des syndics; & dans d'autres, des députés.

Ces *directeurs*, syndics ou députés, sont des négocians choisis tous les ans, à la pluralité des voix, dans les différens corps des marchands des villes où ces chambres sont établies; en sorte que chacun d'eux ne reste que deux ans en place, & ne puisse tout au plus y être continué que deux autres années.

Ils s'assemblent une ou deux fois la semaine dans l'hôtel de ville, ou autre lieu marqué par les arrêts d'érection, pour y délibérer des affaires du négoce & banque, & répondre aux mémoires & consultations qui leur sont envoyés par le député, que chaque chambre entretient à Paris près du conseil royal du commerce. Ce sont aussi eux qui donnent autorité aux parères qui se font sur les places de la bourse ou du change de ces villes; nul de ces parères ne pouvant être reçu parmi les marchands, banquiers & négocians, que la chambre ne l'ait approuvé.

Chaque jour d'assemblée, il se distribue des jettons d'argent aux *directeurs*, & une médaille d'or à chacun d'eux, lorsqu'ils sortent de fonctions. Le nombre des jettons, & le poids & valeur des médailles sont différens, suivant les différens arrêts d'érection rendus sur les avis & délibérations des assemblées générales des villes où ces chambres sont établies.

Directeurs de créanciers.

Sont des personnes capables & de probité, choisies à la pluralité des voix, parmi tous les créanciers d'un débiteur, pour voir & examiner ses affaires, & procurer autant qu'il est possible par des poursuites communes en justice, le paiement de ce qui est dû à chacun en particulier.

On se sert sur-tout de ces sortes de directions, lors de la faillite ou banqueroute de quelque marchand & négociant, dont les affaires sont en mauvais état; mais qui, quoique malheureux, est de bonne foi, & se remet entre les mains de ses créanciers, sans rien détourner de ses effets, & en leur justifiant de ses malheurs & de ses pertes.

Si la faillite est considérable, les *directeurs* élus doivent pour leur propre sûreté faire homologuer l'acte de leur nomination, en la jurisdiction consulaire, s'il y en a, sinon dans les autres jurisdictions qui se peuvent trouver dans les lieux où la faillite est arrivée, & faire choisir par la même assemblée qui les nomme, un notaire pour recevoir les actes des délibérations, qui se feront par les assemblées générales des créanciers, dont ils doivent pareillement indiquer le lieu, les jours & l'heure qu'elles se doivent tenir, afin que personne ne puisse ni se plaindre, ni en prétendre cause d'ignorance.

Les pouvoirs que donnent ordinairement les créanciers d'un failli aux *directeurs*, sont :

De procéder à la levée du scellé, s'il y en a; de faire inventaire de tous les effets, tant actifs que passifs, & des regîtres, liasses de lettres & autres papiers de leur débiteur.

De voir & examiner l'état qu'il aura fourni, ses livres & regîtres, & voir s'ils sont tenus aux termes de l'ordonnance.

De faire vendre ses marchandises & ses meubles, & d'en mettre les deniers entre les mains, ou du notaire de la direction, ou de quelqu'autre personne sûre & solvable.

De faire le recouvrement de toutes les dettes actives, & faire toutes les poursuites pour cela.

Enfin, d'examiner les contrats de constitutions, transactions, obligations, lettres, billets de change

E ij

& autres pièces-juftificatives de ceux qui fe prétendent créanciers, pour de toutes ces chofes en faire
leur rapport aux affemblées générales.

Les principales obligations des *directeurs*, font de
ne point profiter de leur pouvoir, & de la confiance qu'on a en eux pour leur propre intérêt ; mais
pour le bien & l'avantage de tous les créanciers en
général.

De n'admettre qui que ce foit aux affemblées, qui
ne foit créancier lui-même, ou du moins chargé
d'une procuration fpéciale par quelqu'un, dont la
créance foit certaine.

De faire confentir les oppofans à la levée du fcellé,
& faire ordonner que le plus ancien procureur
occupera pour tous.

D'examiner, en procédant à l'inventaire des marchandifes, les pièces qui font revendiquées, pour être
rendues aux marchands à qui elles appartiennent,
en cas qu'elles foient reconnues telles qu'elles doivent être, fuivant l'ufage toujours obfervé en ces
rencontres.

L'inventaire & defcription des marchandifes, meubles & papiers étant faits, faire le dépouillement des
livres & regiftres du failli, pour voir fi l'état qu'il a
fourni de fes effets leur eft conforme.

De faire rendre compte au failli, même de fes
actions, c'eft-à-dire, de fes pertes ; & fi elles proviennent de naufrages de vaiffeaux, de banqueroutes
faites par fes débiteurs & autres femblables événemens de pur malheur.

De faire un examen exact de la créance de chaque créancier, de leur hypothéque & privilége fur
les biens du failli, même des droits de la femme,
pour éviter toute furprife, qui eft trop ordinaire
dans ces occafions.

De voir avec attention les dates des ventes d'immeubles, ceffions de dettes actives, des lettres de
change fournies, ou ordres paffés par le failli ; pour
reconnoître fi elles ne font point faites, & à des
perfonnes fufpectes, & dans des temps qui avoifi-
nent celui de la faillite.

De faire un état, ou bilan au vrai, en débit &
crédit, de tous les effets tant actifs que paffifs du
failli.

Enfin, de rendre un compte, & faire un rapport
fidèle & exact par l'un des *directeurs* à l'affemblée
générale des créanciers, de toutes leurs obfervations & découvertes, fans rien exagérer avec aigreur
contre le failli, ni rien affoiblir en fa faveur par
une fauffe pitié ; ne s'ingérant pas même de faire
quelque ouverture, ni pour, ni contre lui, laiffant
à lui-même la liberté de faire fes propofitions, & à
l'affemblée celle de les accepter, en lui accordant,
ou des remifes, ou du temps, ou de le traiter à la
rigueur, en faifant vendre tous fes effets, & fe partageant les fommes qui proviennent de la vente.

On peut voir dans le chapitre III du livre IV de
la feconde partie du *Parfait Négociant* de M.
Savary, d'admirables maximes pour la conduite des
directeurs des créanciers ; & entr'autres inftruc-

tions, une formule du bilan des effets d'un failli,
dont il eft parlé ci-deffus.

DIRECTEURS-GÉNÉRAUX des cinq groffes fermes
des gabelles & des aides, &c. Ce font de principaux commis qui ont la direction de ces fermes,
chacun dans les départemens qui leur font attribués
par les fermiers-généraux.

Les *directeurs* n'ont point d'infpection les uns fur
les autres ; mais chacun a la direction générale de
fon département ; d'où la qualité de *directeurs-généraux* leur a été donnée également à tous, n'étant
d'ailleurs refponfables & comptables qu'aux fermiers-
généraux mêmes.

Ces *directeurs* font obligés de faire une tournée
au moins tous les ans, dans tous les bureaux qui
font de leurs directions ; ce font eux qui examinent
& reçoivent les comptes des receveurs ; qui voyent
& retirent les regiftres des contrôleurs ; & qui s'in-
forment de la conduite de tous les autres employés,
qu'ils peuvent même dans certains cas interdire &
deftituer de leur propre autorité, jufqu'à ce qu'il en
ait été autrement ordonné par les fupérieurs.

Il y a auffi à la douane de Paris un *directeur-
général des comptes*, à qui font remis tous les
comptes des *directeurs-généraux*, pour en faire
l'examen, & les mettre en état d'être arrêtés par
ceux des fermiers-généraux, qui font chargés de
cette partie de la régie de la ferme.

DIRECTION. Gouvernement, conduite que l'on
a d'une chofe : il a la *direction* de cette manufacture : je lui ai donné la *direction* de mon magafin.
Il fe dit auffi de l'emploi même de directeur. Je
lui ai fait avoir une *direction* dans les aides : fa
direction lui vaut dix mille francs par an.

DIRECTION. Se dit auffi de l'affemblée de plufieurs créanciers, pour régler à l'amiable les affaires
d'un débiteur, tant entr'eux qu'avec lui. On l'appelle
direction, parce que pour éviter la confufion, &
pour le bon ordre, ils nomment & choififfent à la
pluralité des voix, un petit nombre de perfonnes
pour les diriger.

DIRHEM. *Terme perfan*, qui fignifie *argent*.
On ne le dit jamais de l'argent confidéré comme
métal ; mais de l'argent réduit en efpèces courantes.
Les efpèces d'argent qui fe fabriquent en Perfe,
font le chaye, le mamoudi & l'abaffi. *Voyez* les
TABLES.

DISCOMPTE, qu'on dit plus ordinairement
efcompte. C'eft le profit que l'on donne à celui qui
paye une dette avant l'échéance.

DISCRÉDIT. Perte ou diminution du crédit que
quelque chofe avoit auparavant. Ce mot eft très-
nouveau, & l'ufage ne s'en eft guères introduit dans
le commerce que depuis l'année 1719, que les
arrêts du confeil d'état l'ont pour ainfi dire confa-
cré, pour exprimer la *perte* qui fe faifoit fur les
actions de la compagnie des Indes & des billets de
banque, & le peu de cours qu'ils avoient dans le
public. Ainfi l'on dit en ce fens, le *difcrédit des
actions* ; pour dire, qu'elles font extrêmement baif-

fées. On dit encore, que les billets de banque font tombés dans le *difcrédit*; pour fignifier, *qu'on ne les veut plus recevoir fur la place*; ou du moins, qu'on ne les reçoit pas pour leur jufte valeur.

On a inventé le terme de *difcrédit*, pour l'oppofer à celui de crédit, qui fignifie *la faveur que les billets de commerce*, tant publics que particuliers, ont quelquefois coutume de prendre fubitement, fuivant les conjonctures, dans le négoce que lés marchands & banquiers en font entr'eux.

DISCUSSION. Examen exact & en détail d'une chofe.

FAIRE LA DISCUSSION D'UN DÉBITEUR. C'eft faire la perquifition & découverte, & enfuite la vente en juftice de tous fes biens, meubles & immeubles, pour être payé de ce qu'il doit. On a fait la *difcuffion* des effets de ce marchand, ils ne feront pas fuffifans pour acquitter fes dettes.

Une caution n'eft point tenue de payer, qu'on n'ait fait la *difcuffion* des biens du principal débiteur, à moins qu'elle n'ait renoncé à ce privilége par fon acte de cautionnement.

DISCUTER. Rechercher les effets d'un débiteur, les faire vendre en juftice, pour fatisfaire fes créanciers.

DISPONER. Quelques négocians fe fervent de ce terme corrompu du latin *difpono*, pour fignifier, *difpofer* d'une chofe. Je ne puis *difponer* de ces deniers, je n'en fuis que le dépofitaire. On ne peut *difponer* de cette lettre de change, fi elle n'eft endoffée d'une perfonne connue.

DISPOSER. Ce terme eft fort en ufage parmi les négocians. Il fignifie *donner* en paiement, *vendre, abandonner, négocier, placer*, fe *défaire* de quelque chofe.

Je viens de *difpofer* des lettres de change que j'avois fur vous, je les ai données en paiement à un marchand de Lyon.

J'ai *difpofé* de toutes les laines que j'avois dans mon magafin, je les ai vendues.

Ce marchand a *difpofé* du fonds de fes marchandifes en faveur de fon maître garçon, il le lui a abandonné.

Je viens de *difpofer* fur la place des billets que j'avois dans mon porte-feuille, je les ai négociés.

J'ai *difpofé* d'une partie de ma cochenille, je m'en fuis défait avantageufement.

J'ai *difpofé* de mes fonds, de mon argent, je les ai placés fûrement.

DISTRACTION. Retranchement, féparation d'une fomme d'avec une autre. Il faut *diftraction* de mes avances, & de ce qui m'eft dû pour mes peines, fur les fommes que j'ai reçues pour vous. Avez-vous fait *diftraction* fur la dépenfe de votre compte, de ce que je vous ai payé dernièrement?

DISTRAIRE. Retrancher, déduire. Il faut *diftraire* de fon mémoire les articles de marchandifes qui ont été fournies fans ordre.

DISTRIBUER. Partager une chofe entre plu-

fieurs perfonnes, donner à chacun la part qu'il doit avoir, ou qui peut lui appartenir dans un tout. Les effets mobiliers d'un marchand qui fait faillite fe *diftribuent* à fes créanciers au fol la livre, & les immobiliers, fuivant le privilége de l'hypothéque.

DISTRIBUTION. Répartition d'une chofe entre plufieurs, fuivant les raifons, droits & actions que chacun peut y avoir. La *diftribution* des profits d'une compagnie de commerce, dont les fonds confiftent en actions, fe fait aux actionnaires à proportion de la quantité d'actions qu'ils y ont; autrement elle fe fait fuivant la part que chaque intéreffé y a, comme pour une moitié, un quart, un dixiéme, &c.

DITO. Terme *étranger* de quelqu'ufage parmi les négocians. Il fignifie *dit, dudit* ou du *fufdit*. Dans les écritures des marchands, on abrége fouvent ce mot, en mettant D°. Exemple: 27 d°. pour dire, 27e. dit, 27 dudit, ou 27 du fufdit mois.

Quand fur un livre, fur une facture, &c. on couche un article d'une pièce de ferge, ou de quelqu'autre marchandife, & que l'on met en abrégé *dito*, par D°., cela doit s'entendre que la ferge ou cette autre marchandife comprife en cet article, eft de la même qualité ou de la même couleur que celle dont il a été parlé en l'article précédent; enforte que *dito* en ce dernier fens, veut dire: *de même que ci-deffus*, ou *comme eft ci-deffus dit.*

Quelques négocians fe fervent encore, quoique rarement, des termes de *detto* ou *ditto*, qui font auffi étrangers, & qui veulent dire la même chofe que *dito*.

DIVERTIR SES EFFETS. Terme de banqueroute frauduleufe. C'eft les mettre en lieu fûr, les détourner & les cacher, pour en frauder fes créanciers, dans le deffein de faire faillite: en un mot, c'eft méditer un vol & commencer à l'exécuter: auffi ces recelés & divertiffemens font-ils punis, quand ils fe découvrent, avec toute la févérité de l'ordonnance contre les banqueroutiers frauduleux.

DIVERTIR. Se prend quelquefois en un fens moins criminel, mais qui ne laiffe pas de faire tort à la réputation & au crédit d'un marchand; comme lorfqu'un négociant ayant amaffé un fonds confidérable pour fon négoce, on dit qu'il en a *diverti* une partie par fon jeu & par fa bonne chère.

DIVERTIR. Signifie auffi *employer* à une chofe, l'argent qu'on avoit deftiné à une autre; & en ce fens, ce n'eft quelquefois qu'une indifcrétion & non un crime. Il a *diverti* les fonds de fon commerce à l'achat d'une maifon, d'une terre.

DIVERTISSEMENT. Recèlement que l'on fait de fes billets payables au porteur, de fon argent comptant, de fes pierreries, & autres tels effets faciles à cacher & à déplacer, pour n'en pas tenir compte à fes créanciers dans une banqueroute méditée. L'ordonnance condamne aux peines capitales, celui qui fait, & celui qui aide & favorife ce *divertiffement*.

DIVERTISSEMENT. Se dit auffi du changement de l'emploi des fonds d'un banquier & d'un marchand.

DIVIDENDE ou DIVIDENT. Se dit auſſi de la répartition qui ſe fait de temps en temps des profits d'une compagnie de commerce, aux actionnaires qui y ont pris intérêt.

DIX-HUITAINS. Nom que l'on donne, particulièrement en Provence, en Languedoc & en Dauphiné, à certains *draps de laine*, dont la chaîne eſt compoſée de dix-huit fois cent fils, c'eſt-à-dire, de dix-huit cent fils en tout.

Quelques-uns veulent que ce terme ait été pris des Anglois. Dans les autres provinces de France, ces ſortes de draps ſont appellés des *dix-huit cent*.

DIXIÉME, que l'on prononce DIZIÉME. Se dit de la partie d'un tout partagé en dix portions égales. J'ai un *dixiéme* dans le retour de ce vaiſſeau.

En matière de fractions, ou nombres rompus, de quelque tout ou entier que ce puiſſe être, un *dixiéme* s'écrit de cette manière, ($\frac{1}{10}$). On dit auſſi, trois *dixiémes*, cinq *dixiémes*, ſept *dixiémes*, neuf *dixiémes*, &c. & ces différentes fractions s'expriment ainſi, ($\frac{3}{10}, \frac{5}{10}, \frac{7}{10}, \frac{9}{10}$), &c. Le *dixiéme* de vingt ſols eſt de deux ſols, qui eſt une des parties aliquotes de la livre tournois.

DIXIÉME, *en termes de commerce de mer*, ſe dit d'un certain droit attribué à l'amiral, à prendre ſur toutes les priſes faites en mer ſur les grèves, ſous commiſſion & pavillon de France, même ſur les rançons. Ce droit conſiſte en la dixiéme partie des ſommes à quoi peuvent monter les priſes & les rançons ; de manière que ſi une priſe ou une rançon eſt de 30,000 liv., il en doit revenir à l'amiral 3000 liv. pour ſon droit, ce qui s'appelle le *dixiéme* de l'amiral.

On appelle *dixiéme denier*, un droit royal qui ſe perçoit ſur les mines, minières & métaux.

Pour trouver facilement le *dixiéme* de quelque ſomme de livres tournois qui ſe puiſſe préſenter, ſans être obligé de ſçavoir la diviſion ni aucune autre règle d'arithmétique, il n'y a qu'à retrancher la dernière figure de la ſomme qui ſe préſente ; & ce qui reſtera de chiffres, après la figure retranchée, ſera le montant du *dixiéme* que l'on cherche ; en obſervant cependant que ſi la figure retranchée étoit autre choſe qu'un zéro, elle devroit être doublée pour en faire des ſous. Exemple : la ſomme qui ſe préſente, & dont on veut tirer le *dixiéme* eſt de 4,537 liv., retranchez le 7, qui eſt la dernière figure de cette ſomme, reſtera quatre cent cinquante-trois, qui ſont des livres, & doublez le ſept qui a été retranché, cela fait quatorze, qui ſont des ſous ; enſorte que le *dixiéme* de quatre mille cinq cent trente-ſept livres, ſe trouve monter à 453 liv. 14 ſ.

Cette manière de tirer le *dixiéme* d'une ſomme de livres tournois, peut ſervir auſſi à tirer l'intérêt ſur le pied du denier dix par an, auſſi-bien que les droits de dix pour cent ou dix ſous pour livre, de toutes les ſommes qui ſe peuvent préſenter, de même que pour trouver le montant d'un certain nombre de choſes, à raiſon de deux ſols la choſe,

DIZAINE. On nomme ainſi le caractère de la ſeconde colonne des chiffres, qui vaut autant de fois dix qu'il renferme d'unités, qui précède le caractère que les arithméticiens appellent *nombre*, & qui ſuit celui où ſe place les centaines. Nombre, *dizaine*, centaine, &c.

On dit quelquefois une *dizaine* d'écus, une *dizaine* de piſtoles, pour dire dix écus, dix piſtoles.

DIZEAU. Ce qui eſt compoſé de dix. Il ne ſe dit guères qu'en fait de dîmage de grains ; les gerbes, ſuivant l'uſage preſqu'univerſel, devant ſe mettre en *dizeaux* ſur le champ où elles ont été ſciées, c'eſt-à-dire, en tas de dix gerbes chacun, afin que celui à qui appartient la dîme, ou ſon fermier, la puiſſe plus aiſément lever.

On dit néanmoins, en *terme d'exploitation & de marchandiſe de bois*, un *dizeau* de cotterets, un *dizeau* de fagots, pour ſignifier *les tas* que l'on fait de cette ſorte de petits bois, à meſure qu'on les a liés & fagotés, qui ſont ordinairement compoſés de dix pièces.

D O

DOELLES ou DOUELLES. Ce ſont les douves dont les tonneliers font & aſſemblent leurs futailles.

DOIGT. Se prend pour une des meſures des longueurs. C'eſt la plus petite après la ligne. Elle contient quatre lignes, ce qui fait le tiers du pouce de roi.

DOIT. Mot dont les marchands & négocians timbrent, ou intitulent en gros caractères, les pages à main gauche de leur grand livre, ou livre d'extrait & de raiſon, ce qu'ils nomment *le côté du débit* ou des dettes paſſives, oppoſé à celui du crédit ou des dettes actives, qui a pour titre cet autre mot, *avoir*.

On intitule auſſi de la même manière, tous les autres livres des négocians qui ſe tiennent en débit & crédit. Voyez LIVRES.

DOMINOTERIE. Ouvrage que font les dominotiers. On le dit auſſi de leur commerce & de leur profeſſion.

La *dominoterie* conſiſte principalement dans la fabrique & le négoce de ce papier, que l'on appelle *papier marbré* ; & dans l'impreſſion en toutes ſortes de couleurs ſimples, de tout autre papier. On en parle ailleurs.

C'eſt auſſi ouvrage de *dominoterie*, que cette eſpèce de tapiſſerie de papier, qui n'avoit long-temps ſervi qu'aux gens de la campagne & au petit peuple de Paris, pour orner, & pour ainſi dire, tapiſſer quelques endroits de leurs cabanes & de leurs boutiques & chambres ; mais que ſur la fin du dix-ſeptiéme ſiécle, on a pouſſé à un point de perfection & d'agrément, qu'outre les grands envois qui s'en font pour les pays étrangers & pour les principales villes du royaume, il n'eſt point de maiſon à Paris, pour magnifique qu'elle ſoit, qui n'ait quelqu'endroit, ſoit garderobes, ſoit lieux encore plus ſer-

erets, qui n'en foit tapiffé, & affez agréablement
orné.

« La *dominoterie*, autrement papier peint chargé
» de toile, paie en France de droits de fortie, 32 f.
» le cent pefant: & s'il eft avec mercerie, 3 livres.
-» Les droits d'entrée, fi la *dominoterie* eft feule,
» font de 2 liv., & avec mercerie, 4 liv. aufli du
» cent pefant, avec les fols pour livre ».

DON. On appelle à Bayonne, dans le commerce
de laines, *les trois livres de don*, trois livres que
le vendeur a coutume de déduire à l'acheteur fur
le poids de chaque balle outre le ballon ou emballage.

DONILLAGE. *Mauvaife fabrication* des étoffes
de laine, qui vient de ce que le tiffeur n'y a pas
employé des trèmes de la même qualité dans toute
la longueur des pièces.

DONILLEUX. *Terme de manufacture & de
fabrique d'étoffes de laine.* Une pièce *donilleufe*,
eft une pièce qui eft ridée & mal unie, qui n'eft
pas catrée, & d'une égale largeur. Ce défaut vient
du tifferant, lorfqu'il met dans fa navette des trèmes
féches avec des trèmes qui font fraîches; parce que
les pièces fabriquées de la forte, allant au moulin,
& ces trèmes foulant plus les unes que les autres,
les unes s'allongent & les autres fe retirent; ce qui
caufe cette inégalité, qu'on nomme *donillage*.

Les réglemens portent une amende de vingt fols
pour la première fois, & de fix livres en cas de récidive, contre les tifferans, tiffiers, ou tiffeurs, qui
mettent ainfi des trèmes fraîches, avec des trèmes
féches.

DONNER, *en termes de commerce.* Se dit affez
ordinairement dans le négoce en détail, pour fignifier que *la vente des marchandifes* a été confidérable, ou qu'elle n'a pas été bonne. En ce fens,
on dit : la vente a bien *donné;* ou au contraire : la
vente a mal *donné.*

DONNER DU TEMPS. Se dit parmi les marchands,
pour accorder du terme, du délai à un débiteur.

DONNER A LA GROSSE. C'eft hafarder fon argent
fur un vaiffeau, ou fur les marchandifes de fa cargaifon, moyennant un intérêt de tant pour cent.

DONNEUR A LA GROSSE. Celui qui fait
un contrat ou obligation par écrit, pour affurer le
corps ou les marchandifes d'un vaiffeau.

DONNEUR D'ORDRE. *Terme de commerce de lettres de change.* Celui qui paffe fon *ordre* au dos
d'une lettre de change.

DONNOLA. Les Italiens, & quelques marchands
fourreurs de France, nomment ainfi *la belette*,
qui eft un petit animal, dont la peau eft propre à
faire des fourrures.

DOREAS. *Mouffeline*, ou *toile de coton blanche*, qu'on apporte des Indes orientales, particulièrement de Bengale. Il y en a de groffes & de
fines, de rayées & à carreaux. La longueur de la
pièce eft ordinairement de feize aunes, fur fept
huit de large.

DORELOTERIE. C'eft ainfi qu'on nommoit
autrefois à Paris le métier de *rubanier-franger.*

DOR-ÉMUL. *Mouffeline à fleurs* que les Anglois apportent des Indes orientales, elle porte feize
aunes de long fur trois quarts de large.

DORONIC ROMAIN, en latin *Doronicum
Romanum.* C'eft une petite racine jaunâtre au-
deffus, & blanche en dedans, d'un goût douceâtre,
mais aftringent, accompagné de quelque vifcofité.
Cette racine étant en terre, eft de la figure de la
queue du fcorpion : elle produit des feuilles larges,
femblables au plantain ou au concombre fauvage.

On croit cette drogue un contrepoifon fouverain
pour les hommes, & un poifon mortel pour les
bêtes à quatre pieds.

Il faut choifir le *doronic*, gros, non plâtreux,
ni vermoulu, & qui étant caffé, foit bien blanc,
fur-tout qu'il foit bien mondé de fes filamens. On le
tire des montagnes de Suiffe, d'Allemagne, de Provence & du Languedoc.

« Le *doronicum*, ou *doronic*, paie en France
» les droits d'entrée, à raifon de 5 liv. le cent pefant,
» conformément au tarif de 1664 ».

DORURES FAUSSES. Ce font des *étoffes* qui
viennent de la Chine, d'une fabrique extrêmement
ingénieufe, & tout-à-fait inconnue en Europe. Elles
font de fatin à fleur d'or ou d'argent; mais l'or ou
l'argent qui compofent ces fleurs, ne font point des
fils fins ou faux, tirés de ces métaux : ce ne font
que de petits morceaux de papier doré ou argenté,
coupé en filets longs & étroits, qui ont tant d'éclat
que l'or de Lyon ou de Milan, qu'on emploie dans
les étoffes de France, n'en ont guères davantage.
Cette fabrique eft plus curieufe qu'utile, la pluie ou
l'humidité les gâtent, en les amolliffant, & un ufage
affez court les ufe & les perd abfolument.

DORURES FINES. C'eft ainfi que les commis employés dans le commerce de la Chine, appellent en
général *toutes les riches étoffes d'or & d'argent*,
dont ils font mention dans leurs factures, comme
pour en faire une oppofition avec les dorures fauffes
dont il eft parlé ci-deffus.

DORURES DE NANKIN. Ce font des *fatins* de la
Chine à fleurs d'or, appellés ainfi d'une des principales villes de ce vafte empire, dont l'or eft plus
beau & les ouvriers plus habiles que ceux des autres
provinces.

DOS. *Terme de manufacture de lainerie.* On
appelle *le dos d'un drap*, d'une ferge ou d'une
autre étoffe de laine, la partie qui eft oppofée aux
lifières, quand la pièce eft pliée en deux dans fa
longueur. Les fabriquans & les manufacturiers l'appellent plus ordinairement *le faîte d'une étoffe.*

LAVER A DOS. Se dit des toifons, des brebis &
des moutons, que l'on lave fur le *dos* de l'animal
avant de les couper. *Voyez* LAINE.

DOUANE. Bureau établi fur les frontières d'un
état, ou dans quelques-unes de fes principales villes, pour la perception des droits d'entrée & de
fortie, impofés fur les marchandifes par l'autorité
du prince, & réglés par fes tarifs.

Il y a en France quantité de ces bureaux, non-feulement fur les frontières du royaume, mais encore à l'entrée des provinces réputées étrangères ; mais il n'y en a néanmoins proprement que trois, auxquels par diſtinction on a conſervé le nom de *douane*, les autres s'appellant plus ordinairement *bureaux des cinq groſſes fermes*, ou plus ſimplement *bureaux des fermes* ou *de la ferme*.

Ces trois *douanes* ſont celle de Paris, la principale de toutes ; celle de Lyon & celle de Valence. Les droits ſe paient dans les deux dernières, ſuivant leurs tarifs particuliers, & dans celle de Paris, auſſi-bien que dans tous les autres bureaux du royaume, conformément aux tarifs de 1664 & de 1667, & encore ſuivant divers édits, déclarations & arrêts du conſeil, donnés depuis pour l'augmentation ou diminution des droits d'entrée & de ſortie ſur certaines marchandiſes, leſquels nouveaux tarifs, particulièrement celui de 1667, doivent auſſi être ſuivis dans les douanes de Lyon & de Valence.

L'on ne parlera ici que de la *douane de Paris*, comme de la plus conſidérable du royaume ; ce qui ſuffira pour donner une idée de toutes les autres, qui ne ſont guères différentes que par le nombre des commis qui y ſont employés, l'eſſentiel des opérations & de la régie s'y faiſant de la même manière.

La *douane de Paris*, tient à *l'hôtel des fermes du roi*, où les fermiers-généraux s'aſſemblent pour les affaires de la ferme ; & où l'on envoie & l'on porte le produit des bureaux, tant de Paris que du dehors.

Il y a un principal commis, réſidant *à l'hôtel des fermes*, qui a le ſoin de la caiſſe, & qui s'appelle *receveur - général* ; mais ce commis n'eſt point pour le détail de la *douane* ; c'eſt-à-dire, pour la viſite des marchandiſes, & la perception des droits, ne ſe mêlant ſeulement que de la ferme générale.

Les véritables commis de la *douane*, ſont le receveur particulier, ſon contrôleur, & quatre viſiteurs.

C'eſt par les commis viſiteurs de la *douane*, que ſe font les viſites des marchandiſes avant l'emballage, & que ſe met le plomb, après qu'elles ont été emballées. C'eſt à eux que les voituriers ſont tenus de rapporter les lettres de voitures ; & les marchands, facteurs & commiſſionnaires, de faire leurs déclarations ; & ce ſont eux auſſi qui reçoivent ou délivrent les différentes ſortes d'acquits, de congés & de paſſe-avans, qui ſont néceſſaires pour la ſûreté & décharge des voituriers, ou de ceux à qui appartiennent les marchandiſes.

L'ordonnance de Louis XIV, ſur le fait des cinq groſſes fermes, du mois de février 1687, règle par les trois articles du titre X, intitulé : *du bureau de Paris*, ce qui regarde particulièrement la *douane* de cette capitale du royaume.

Par le premier de ces trois articles, il eſt enjoint à tous marchands ou voituriers, qui amènent des marchandiſes à Paris, de les conduire directement au bureau de la *douane*, pour y être viſitées, & d'y préſenter leurs acquits, congés & paſſe-avans, à peine de confiſcation des marchandiſes, & de l'équipage qui aura ſervi à les conduire.

Le ſecond article ordonne, que les ballots ou caiſſes qui auront été plombés dans le bureau, ne pourront être viſités qu'au dernier bureau de la route, ſi ce n'eſt en cas de fraude, & aux termes de l'article XXI, du titre II de la même ordonnance, c'eſt-à-dire, à la charge des dommages & intérêts des marchands pour le retardement, même des frais de la décharge & recharge, s'il n'y a point de fraude.

Enfin, le troiſième article porte : que l'empreinte de la marque du plomb ſera miſe au greffe de l'élection, avec défenſes de la contrefaire ; à peine de faux.

Pour le ſervice de la *douane de Paris*, & l'emballage des marchandiſes qui y ſont portées & plombées, il y a ſoixante maîtres emballeurs en titre d'offices, dont la moitié doit ſervir par ſemaine ; & pour la charge & décharge des caiſſes, balles & ballots, leur ouverture ou leur conduite chez les marchands, bourgeois ou autres à qui ils ſont adreſſés, & autres tels ouvrages, il y a vingt ou vingt-deux garçons ou gagne-deniers, qui, quoique ſans lettres-patentes du roi, ne laiſſent pas d'y former une eſpèce de communauté, avec ſon ſyndic & ſa bourſe commune.

C'eſt auſſi à la *douane de Paris* qu'eſt préſentement le poids public de la ville, qu'on nomme vulgairement *poids le roi*, où ſe pèſent certaines eſpèces de marchandiſes, & où ſe paie un droit particulier, ſuivant un tarif qui eſt propre à ce bureau, pour la conduite duquel ſont établis un receveur & un contrôleur.

Enfin les auneurs, viſiteurs de toiles, ou ceux qui depuis 1719, ont été commis en leur place, tiennent pareillement à la *douane* un ou deux d'entre eux pour la viſite & aunage des toiles qui y arrivent, & la réception des droits à eux accordés à tant par aune.

L'on a dit ci-deſſus que les droits, ſoit d'entrée, ſoit de ſortie, ſe payoient aux bureaux des *douanes*, conformément aux divers tarifs qui en ont été dreſſés. Cependant, comme il peut y avoir pluſieurs marchandiſes, & qu'en effet il y en a qui n'y ont point été compriſes ; l'article VI du titre I de ladite ordonnance de 1687, veut qu'alors elles ſoient appréciées de gré à gré par le fermier de ſa majeſté, & les marchands intéreſſés ; & en cas de conteſtation, qu'elle ſoit réglée ſur le champ par l'un des juges des fermes, ſuivant l'eſtimation qui en ſera faite par gens à ce connoiſſans, convenus par les parties, ou nommés d'office, & les droits payés à raiſon de cinq pour cent de la valeur des denrées & marchandiſes, à l'exception de celles de ſoie, or & argent, poil, fil, laine & autres ſemblables manufactures étrangères,

étrangères , dont les droits seront payés à raison de 10 pour cent.

Par l'article I du titre II de ladite ordonnance , les droits de sortie doivent être payés au plus prochain bureau du chargement ; & ceux d'entrée au premier bureau de la route , avec injonction aux marchands & voituriers de les y conduire directement, à peine de confiscation des marchandises & équipages , & de 300 livres d'amende ; laquelle confiscation aura lieu , ainsi qu'il est porté par le second article du même titre , lorsque les marchandises auront passé au-delà des bureaux, ou qu'elles auront été déchargées avant d'y avoir été conduites.

DOUANE. Se dit aussi du droit que les marchandises paient aux bureaux des *douanes.* Ainsi on dit , ne pas payer la *douane* , pour signifier en *frauder* les droits, ne les pas *acquitter.*

DOUANER. Faire *douaner* une étoffe, une marchandise , c'est la faire passer à la douane pour y être visitée & plombée. Ce terme est principalement en usage à Lyon & à Tours. A Tours, ce sont les maîtres jurés ouvriers en soies , qui *douanent* les étoffes de la fabrique de cette ville. A Lyon, ce sont les commis de la douane.

L'auteur du Parfait Négociant remarque qu'un des principaux soins des marchands de ces deux villes, dans les envois qu'ils font pour Paris, doit être de faire *douaner* leurs étoffes avant de les encaisser, de peur qu'en arrivant à la douane de Paris, les commis qui doivent les visiter , ne puissent les soupçonner & les faire passer pour marchandises étrangères, s'ils ne les trouvent pas plombées & douanées ; nous espérons que nos lecteurs sçavent à quoi s'en tenir sur les *douanes* & sur les effets qu'elles ne peuvent manquer de produire.

DOUBLA. *Monnoie d'argent* qui se frappe à Alger ou à Tunis. Il vaut environ vingt-quatre âpres.

DOUBLE-LOUIS. *Espèce qui est d'or* , & dont la fabrication se fait dans les monnoies de France.

DOUBLE-TOURNOIS. Petite monnoie de France , toute de cuivre , de la valeur de deux deniers *tournois* , d'où il a été appellé *double.* Le *double* avoit pour diminution , le denier , & pour augmentation , le liard valant trois deniers.

DOUBLE. Se dit aussi des étoffes qui sont plus fortes, qui ont plus de fils & de portées, ou qui sont mieux travaillées & plus frappées que d'autres étoffes de même nom & de même qualité. Du brocart à *double* broche, du ruban *double* en lisse, une *double* étamine, &c.

On dit presque dans le même sens, bière *double* , encre *double* , & ainsi de quelques autres marchandises & denrées , pour dire qu'elles sont plus fortes, ou composées de meilleurs ingrédiens.

DOUBLE-EMPLOI. C'est , en fait de compte , une partie qui a été employée deux fois , soit faute d'attention , soit à dessein , pour enfler & augmenter la dépense du compte. Le *double-emploi* dans le com-

merce ne se couvre jamais ; & quelquefois dans les finances se punit par la restitution du quadruple.

DOUBLE. Est encore , en fait de compte , la *copie* , ou *grosse* d'un compte, que l'on fournit à la personne à qui l'on est comptable.

DOUBLEMENT. C'est la dernière enchère que l'on peut mettre sur une chose qui se vend par autorité de justice, après qu'elle a été adjugée. Ce *doublement* consiste à la moitié du prix de l'adjudication.

DOUBLEMENT, en *terme de finance* , lorsqu'il s'agit de l'adjudication des fermes du roi, consiste en neuf fois l'enchère fixée par le conseil. Si cette enchère , par exemple , est de mille écus , celui qui se veut faire adjuger la ferme par *doublement* , doit , dans la huitaine de l'adjudication, offrir neuf mille écus plus que celui à qui elle a été adjugée.

DOUBLEMENT. Il se dit aussi de *l'augmentation* des droits qui se lèvent sur les marchandises , voitures & personnes , lorsque cette augmentation est du double du droit qui se payoit auparavant.

La déclaration du roi du 29 décembre 1708 ordonnoit une levée par *doublement* pendant sept années , au profit de sa majesté , de tous les droits de péages, bacs, passages, pontenages, riverages, chausseages, pertuis, canaux , & autres de cette qualité, dans toute l'étendue du royaume , soit qu'ils fussent du domaine du roi, soit qu'ils appartinssent à des seigneurs particuliers.

On peut voir suivant leur ordre alphabétique, l'explication de tous les droits dont le *doublement* fut ordonné par la précédente déclaration.

DOUBLER LA LAINE , DOUBLER LA SOIE. C'est en joindre plusieurs fils ensemble.

DOUBLERIE. On nomme dans quelques provinces de France , particulièrement en Normandie, dans le pays du Maine , & dans le Perche , ce qu'on appelle ailleurs plus communément du *linge ouvré* ; aux environs de Rouen , on dit *doublés-ouvres.* Les tisserans donnent au *linge* ouvré ces deux noms , parce qu'il contient pour ainsi dire deux sortes d'ouvrages ; l'un qui est simple est la simple toile ; & l'autre qui semble se doubler, qui est la façon qu'on y ajoute.

DOUBLET. *Fausse pierrerie* faite d'un double cristal.

DOUBLON. Double pistole d'Espagne.

DOUBLOT. *Terme de manufacture d'étoffes de laine* , en usage dans la province de Champagne, particulièrement à Reims : il signifie un *fil de laine double* dont on fait les lisières des droguets. L'arrêt du conseil en forme de réglement du 15 août 1724 , ordonne article 6, que les lisières des droguets qui se fabriquent à Reims & dans ses fauxbourgs , seront composées chacune au moins de trois *doublots* de laine.

DOUBLURE. Etoffe dont on *double* une autre.

DOUCETTE. qu'on nomme aussi ROUSSETE. Espèce de chien marin , dont la peau sert aux ou-

F

vriers en bois, aux mêmes ouvrages où ils emploient le véritable chien de mer.

La *doucette* se pêche sur les côtes de Basse-Normandie, & on la tire ordinairement de la Hogue. Elle a le dos parsemé de petites étoiles, de plusieurs couleurs; mais plus communément de couleur tirant sur le roux : ce qui lui a fait donner le nom de *brousserie*. Pour celui de *doucette*, il lui vient de ce que sa peau est beaucoup moins dure que celle du chien de mer, & par conséquent moins propre pour l'adoucissage & le poliment des bois : aussi les ouvriers de Paris ne s'en servent ils guères; & les marchands qui en font venir, ne s'en chargent que pour les envoyer en Auvergne, où ces peaux sont d'usage.

On peut aisément faire la différence des peaux de *doucettes* d'avec celle des véritables chiens de mer, celles-ci étant plus grandes, toujours d'une couleur brune, & d'un grain plus petit, mais plus dur.

DOUCETTE. Est aussi un nom que l'on donne à la *mélasse*, ou *sirop de sucre*.

DOUDOU. *Monnoie de cuivre*, qui a cours dans quelques lieux de l'orient, particulièrement à Surate, à Pontichery principal établissement de la compagnie Françoise aux Indes orientales. Il en faut 14 pour le fanon d'or des mêmes lieux. *Voyez* LA TABLE DES MONNOIES.

DOUILLARD. Mesure dont on se sert à Bordeaux & presque dans toute la Guyenne, pour mesurer les charbons de terre d'Angleterre & d'Ecosse. Neuf *douillards* font le tonneau composé de trente-six bariques, qui reviennent à soixante & douze barils, de la mesure de ceux portés par les tarifs de 1664 & 1667.

DOUILLON. Il se dit en Poitou & dans quelques autres provinces voisines, des laines de moindre qualité, tels que sont les plures & paygnons. Par l'arrêt du 19 avril 1723 les *douillons* entrant des provinces réputées étrangères dans celles de l'étendue des cinq grosses fermes, payent les droits d'entrée à raison de 30 s. du cent pesant.

DOULEBSAIS ou MALLEMOLLES. Espèce de *mousseline*, ou *toile de coton blanche* très-claire & très-fine, que l'on tire des Indes orientales, particulièrement de Bengale. La pièce contient seize aunes & demie sur trois quarts de large.

DOUTEUX. Il se dit, *en terme de monnoyeur & de changeur*, des espèces d'or, ou d'argent, dont on n'est pas sûr de la bonté de l'aloi. Une pistole *douteuse*, un louis d'or *douteux*. Les pièces douteuses, qu'on porte à la monnoie, ou au change, se coupent avec des cisailles, pour mieux juger du faux.

DOUTIS. Toiles blanches toutes de coton, assez grosses, que l'on apporte des Indes orientales, particulièrement de Surate. On les confond quelquefois avec les Sauvaguzes, ou Sauvagagis. La longueur des pièces de *doutis* est de quatorze aunes, ou environ; & la largeur depuis cinq sixiè-

mes d'aune, jusqu'à une aune & un sixième. Les *doutis* étoient autrefois en France du nombre des toiles qu'on y imprimoit, avant que le commerce des toiles peintes eût été défendu.

Outre les *doutis* dont on vient de parler, il y a encore les DOUTIS D'UNGARES VHIT, qui sont des toiles blanches qui portent treize aunes trois quarts de long, sur deux tiers de large; & des ungares broun qui sont écrues, celles-ci portent quatorze aunes sur trois quatts.

DOUTIS GOURGOUCHES. Celles-ci sont blanches, & portent treize aunes trois quarts sur deux tiers.

DOUVAIN. *Terme d'exploitation*, & *de marchandises de bois*. C'est du bois propre à faire des doûves, pour la fabrique des cuves, futailles, & autres barillages.

Il y a du *douvain* de chêne & du *douvain* de sapin. Le *douvain* de chêne, quand il est débité, s'appelle *mairrain*.

« Le Bois à *douvain* & pipes paye en France les » droits de sortie, à raison de 5 liv. le millier en » nombre de long bois, & 500 d'enfonçures; & » pour ceux d'entrée 15 sols ».

DOUZAIN. Petite monnoie de billon, de la valeur de douze deniers tournois, d'où elle a pris son nom.

Quoique l'on confonde présentement en France les sols & les *douzains*, il y avoit néanmoins autrefois quelque différence, ceux-ci tenant moins de fin que les autres.

Les vieux *douzains* à la croix, étoient au titre de quatre deniers, & les *douzains* d'Henry II de trois deniers dix grains.

SAC DE DOUZAINS. C'est un sac rempli d'un certain nombre de *douzains*, ou sols marqués, (comme on les appelle aussi en France depuis leur première réforme), pour la facilité de leur distribution dans le commerce.

Lorsque les gros paiemens en *douzains* étoient tolérés, on en faisoit des sacs de vingt-cinq, de cinquante, de cent, & de deux cent francs; mais comme cet usage étoit une contravention à un arrêt du conseil, du mois d'octobre 1666, qui ordonnoit que les sols, ou *douzains*, ne pourroient être exposés qu'en détail & à la pièce, cette défense fut renouvellée en 1692, sous le régne de Louis XIV, par un second arrêt du 16 septembre de la même année, sous peine de trois mille livres d'amende, avec permission seulement d'en donner jusqu'à la somme de dix livres dans les plus gros paiemens. *Voyez* SOLS.

DOUZAINE. Assemblage de douze choses d'une même espèce. Une *douzaine* de serviettes, une *douzaine* de paires de chaussons, une *douzaine* de paires de gants, une *douzaine* de couteaux.

Il y a plusieurs sortes de menues marchandises de fil, qui se vendent en gros, par *douzaine* de pièces, ou par paquets composés d'un certain nombre de *douzaines* aussi de pièces, chaque pièce contenant une certaine quantité d'aunes; tels sont:

les galons, les rubans, les cordonnets, les bandes, les padoues, &c.

Les galons de Bolduc viennent par paquets de quatre ou six *douzaines*, & ceux de Hollande en paquets de deux *douzaines*.

Les rubans de Bolduc sont envoyés par paquets de deux ou quatre *douzaines*, & ceux de Hollande en paquets d'une *douzaine*.

Les cordonnets de Hollande viennent par paquets de deux *douzaines*.

Les bandes du même pays s'envoyent en paquets d'une *douzaine*.

Et les padoues de Rouen par paquets d'une *douzaine*, que l'on appelle *une grosse*, à cause que chaque pièce contient régulièrement *douze* aunes.

DR

DRACHME, ou DRAGME. *Petit poids* dont on se sert en médecine. On l'appelle communément *gros*.

DRAP. Etoffe de résistance, non croisée & très-chaude, propre à faire des vêtemens, des lits & meubles d'hyver; des doublures de carrosses, de chaises roulantes & à porteurs, &c. C'est proprement un tissu fait de fils doubles entrelassés, dont les uns, que l'on nomme *la chaîne*, s'étendent en longueur d'un bout à l'autre de la pièce; & les autres, qui s'appellent la *trême*, sont disposés en travers de la largeur de l'étoffe.

Les *draps* se fabriquent sur le métier, de même que la toile, les droguets, les étamines, les camelots & autres semblables étoffes, qui n'ont point de croisures.

Il s'en fait de plusieurs qualités; de fins, de moyens, de gros, ou forts : les uns teints en laine de diverses couleurs; c'est-à-dire, dont la laine a été teinte & mélangée, avant que d'être filée & travaillée sur le métier : les autres tout blancs, destinés pour être teints en écarlate, en noir, en bleu, en rouge, en verd, en jaune, &c.

Leurs largeurs & longueurs sont différentes, suivant leurs qualités, & les lieux où ils se fabriquent; ce qui se pourra voir dans la suite de cet article.

Les entrepreneurs de manufactures de *draps*, ou ceux qui les font fabriquer, sont ordinairement appellés *marchands* ou *maîtres fabriquans*, ou *drapiers drapans*; & les ouvriers qui les travaillent sur le métier, se nomment *tisserands drapans*, *tisseurs*, ou *tissiers*.

Ceux qui vendent les *draps* en gros dans des magasins, sont appellés *marchands drapiers-grossiers*, ou *magasiniers*; & ceux qui en débitent en détail dans des boutiques, sont nommés *marchands drapiers-détailleurs*, & quelquefois *marchands drapiers-boutiquiers*.

Presque tous les *draps* que l'on voit en France, sont des manufactures du royaume : il s'en tire néanmoins des pays étrangers, particulièrement d'Espagne, d'Angleterre & de Hollande, en temps de paix.

Plusieurs choses doivent s'observer, & sont nécessaires, pour qu'un *drap* soit fabriqué comme il faut.

1°. Que la laine soit fine & de bonne qualité; bien dégraissée & lavée, bien battue & nettoyée de toutes ses ordures.

2°. Qu'elle soit également filée, en observant néanmoins que le fil de la chaîne soit plus tord & plus fin filé que celui de la trême.

3°. Que le *drap* soit bien tissé, c'est-à-dire, qu'il soit travaillé & frappé sur le métier; d'une manière à être clos & serré, sans rester creux ni lâche.

4°. Qu'il ne soit employé de la laine plus fine, ni de moindre qualité à un bout de la pièce, qu'en tout le reste de sa longueur & largeur.

5°. Que les lisières soient suffisamment fortes; & qu'elles restent de pareille longueur que l'étoffe : qu'elles soient composées de bonne matière, comme laine, poil d'autruche, ou poil de chien de Danemarck, dont le dernier est le plus estimé.

6°. Que le *drap* soit bien énoué, épontié & nettoyé de toutes ses imperfections.

7°. Qu'il soit bien dégraissé avec de la bonne terre bien préparée, ensuite foulé avec du meilleur savon blanc, & après dégorgé dans de l'eau pure & claire.

8°. Qu'il soit lainé comme il faut, c'est-à-dire, que le poil en soit tiré à propos du côté de l'endroit avec le chardon, sur la perche, sans être trop effondré.

9°. Qu'il soit tondu de bien près, sans néanmoins que le fond en soit découvert.

10°. Que la teinture en soit bonne.

11°. Qu'il ne soit ramé, ou tiré, qu'autant qu'il est nécessaire pour le dresser quarrément, & le mettre à sa juste largeur & longueur.

12°. Enfin, qu'il ne soit pressé, ou quati qu'à froid; la presse, ou quati à chaud, étant tout-à-fait contraire à la perfection des étoffes de laine.

Droits d'entrée & de sortie, qui se paient en France, tant pour les draps *étrangers, que pour ceux de fabrique du royaume.*

DRAPS ÉTRANGERS.

Entrées.

« Les *draps d'Espagne*, la pièce de trente aunes, » paient 100 liv. suivant le tarif de 1667, & ne » peuvent entrer que par Calais & S. Vallery, conformément à l'arrêt du 3 juillet 1692.

» Les *draps demi*, appellés *de douzaines*, de » la valeur de 8 liv. l'aune, & au-dessous, la pièce » de neuf à dix aunes, 20 liv. suivant l'arrêt du 20 » décembre 1687, ne peuvent entrer que par les » deux ports ci-dessus.

» Les *draps d'Angleterre*, la pièce de vingt-» cinq aunes, conformément au tarif de 1667, 80

» liv. n'entrent que par les mêmes ports de Calais
» & de S. Vallery.

» *Draps de Hollande*, de toutes sortes & cou-
» leurs ; la pièce de vingt-cinq aunes ; 55 liv.
» suivant le tarif de 1699, & la déclaration du 29
» mai de la même année ; les pièces de plus grande
» ou moindre longueur, à proportion. Ne peuvent
» entrer que par Calais & S. Vallery ; à la charge
» que leur largeur sera de cinq quarts de l'aune de
» Paris, suivant les arrêts dès 8 novembre 1687,
» & 3 juillet 1692.

» *Draps* & étoffes de laine & de poil, ou *draps*
» & étoffes faits ou mêlés de laine, soie, fil, poil,
» coton, ou d'autres matières, qui ne peuvent en-
» trer que par Calais & S. Vallery ; paient 30 pour
» 100 de leur valeur, suivant le même arrêt du
» 3 juillet 1692 ».

DRAPS DE FABRIQUE FRANÇOISE.

Entrées.

« Les *draps de Carcassonne*, *Sattes*, & autres
» de Languedoc, le cent pesant, 8 liv. conformé-
» ment au tarif de 1664 ».

Sorties.

« Les *draps de laine* de toutes façons, pays
» & couleurs, excepté les petits *draps* pour dou-
» blures, le cent pesant, 100 sols.

» *Draps petits pour doublures*, d'Aumalle,
» Beauvais, Valois, Abbeville, Amiens, Blangy,
» Mantes, le Puy & Poitou ; feltins, frisons, dro-
» guets de laine, frisons, frizes façon d'Angleterre,
» & autres semblables *petits draps*, le cent pesant,
» 3 liv ».

*Droits que les draps de toutes sortes paient
à la douane de Lyon.*

« Les *draps d'Aumalle*, le fonds, ou charge
» de quatre quintaux, 50 sols d'ancienne taxation,
» & 9 sols le cent, de nouvelle réapréciation ; &
» encore 13 sols 9 den. le quintal d'autres anciens
» droits, & 10 sols pour leur réapréciation.

» Les *draps de Bourges, Troyes & Beauvais*,
» le fonds & charge n'excédant quatre quintaux,
» 6 liv. & de réapréciation 20 sols du cent pesant.

» Les *draps de bureau & agnis*, 7 sols 6 den.
» la charge, & 10 sols de réapréciation.

» Les *draps de Carcassonne, Languedoc, Va-
» lence, Romans & Lyonnois*, la charge 4 liv. &
» 15 sols le cent de réapréciation.

» Les *draps de Castres*, comme les précédens.

» Les *draps* de gros bureau noir, gris & blanc,
» la charge 6 sols, & pour la nouvelle réaprécia-
» tion 5 sols la balle.

» Les *draps d'Orgelet*, la balle 17 s. 6 d. &
» 5 s. de réapréciation.

» Les *draps de Paris* & vicomté, de toutes

» sortes, le fonds n'excédant quatre quintaux, 8 l. &
» 30 s. du cent, de réapréciation.

» Les *draps de Perpignan*, 3 l. 10 s. la pièce,
» d'ancienne taxation, & 30 s. de réapréciation.

» Les *draps de Poitou, Partenay & Niort*,
» le fonds ou charge, 55 s. & 10 s. le cent de
» réapréciation.

» Les *draps de Roques, Cabardes, S. Cosme
» & S. Pont*, 25 s. la charge, d'anciens droits, &
» 10 s. le cent, de réapréciation.

» Les *draps de Rodez*, 10 s. de la balle, & 5 s.
» le cent pesant, de réapréciation.

» Les *Draps de Rouen*, le fonds n'excédant
» quatre quintaux, 12 l. & 30 s. du cent pesant,
» pour la nouvelle réapréciation.

» Les *draps de Troyes*, 30 s. le quintal, & 10 s.
» du cent, de réapréciation.

» Les *draps de Villefranche, Rouergue, Usez,
» Beziers & Montréal*, 45 s. la charge, & 7 s. 6 d.
» de réapréciation.

» Les *draps de Vire*, le fonds de quatre quin-
» taux, 3 l. & 10 s. du cent, de réapréciation ;
» & encore 15 s. du quintal, & 10 s. de leur réa-
» préciation.

» Les *draps du Crest*, 26 s. 8 d. du quintal &
» 6 s. 4 d. de réapréciation.

» Les *draps du Puy, Rodez, Mende, Melun*
» & autres semblables, 20 s. de la charge, & 5 s.
» du cent, de réapréciation.

» Les *draps d'Usseau*, 3 l. le quintal, & 30 s. de
» réapréciation.

» Les *draps* & toiles d'or & d'argent fin, satins
» brochés, velours, satins & damas à fleurs d'or &
» autres *draps*, où il y a de l'or ou de l'argent,
» payent en France 6 francs la livre de droits d'en-
» trée ; & ceux qui ne sont que de soie, ou
» avec de l'or & de l'argent faux, seulement 3 l. ;
» à l'exception des *draps* & étoffes de soie & ve-
» lours de la Flandre Espagnole, entrans dans les
» pays conquis & cédés, qui payent 20 francs la
» livre, en vertu de l'arrêt du conseil du 23 novem-
» bre 1688.

» Les droits de sortie des mêmes *draps* & étoffes,
» sont de 40 s. par livre pesant, s'il y a de l'or
» & de l'argent fin, & seulement de 14 s. s'il n'y
» en a point ; à la réserve néanmoins des étoffes de
» soie, fabrique de Tours, de toutes sortes & façons,
» qui ne payent que 7 s. suivant l'arrêt du 3 juillet
» 1692.

» A l'égard des droits de la douane de Lyon.

» Les *draps* d'or & d'argent, comme velours en
» fond d'or & d'argent, payent 42 s. 9 d. de la
» livre d'ancienne taxation, & 10 s. de nouvelle
» réapréciation.

» Et les *draps* d'or & d'argent, frisés, riches,
» pour tous droits, la livre de seize onces, poids
» de marc, 4 l. 13 s. 6 d., & pour leur réaprécia-
» tion, 16 s. 3 d., le tout avec les nouvelles ad-
» ditions. »

DRAPANT. Nom que l'on donne aux manufacturiers & aux ouvriers qui fabriquent, où font fabriquer les draps de laine, pour les distinguer des marchands, qui n'en font que le débit, les premiers étant appellés *drapiers-drapans*, & les autres *marchands-drapiers*.

DRAPEAU. (*Terme de manufacture.*) Il se dit par ironie, des étoffes qui, quoique neuves, n'ont pas la qualité, la bonté & la force qu'elles devroient avoir. Ce drap ne me convient pas, il est trop lâche, il est creux & mal foulé : ce n'est qu'un *drapeau*, il ne durera rien.

DRAPEAUX. (*Terme de papetier.*) Ce sont les vieux linges & chiffons de chanvre, ou de lin, qui servent à la fabrique du papier.

DRAPÉ-DRAPÉE. Se dit des étoffes de laine foulées, tondues & apprêtées à la manière des draps. Il y a des droguets *drapés*, des serges *drapées*, des ratines *drapées*, des bas *drapés*, &c.

DRAPER UN DRAP. C'est le fabriquer, le travailler. Il y a des ouvriers qui entendent mieux à *draper* les uns que les autres; pour dire, il y a des ouvriers qui fabriquent mieux un drap que d'autres.

DRAPER UN BAS, UNE SERGE, &c. C'est leur donner les façons que l'on donne aux draps, pour les épaissir & en tirer le poil.

DRAPERIE. Marchandise de draps; commerce de draps; manufacture de draps; lieu où l'on fait les draps & où on les vend.

On dit en tous sens : ce marchand ne fait autre marchandise que de *draperie*; il a un magasin, une boutique bien remplie de *draperie*, un bel assortiment de *draperie*. Le commerce de *draperie* est des plus solides, il est devenu fort important en France, depuis que l'on s'y est appliqué à bien fabriquer les draps. Les plus belles *draperies* & les plus fines qui se fassent dans le royaume, sont celles des Gobelins à Paris, d'Abbeville & de Sedan. Les manufactures de *draperies* de Languedoc fournissent quantité de draps pour le Levant & ainsi du reste.

Avant que les *draperies* de France fussent parvenues au point de perfection où elles sont, la plus grande partie qui s'en voyoit dans le royaume, particulièrement les fines, étoient de la fabrique des Anglois, Hollandois & Espagnols; & l'on peut dire avec justice, que ce sont ces nations qui ont fourni aux fabriquans François les premiers modèles, sur lesquels ils se sont si heureusement perfectionnés.

Les foires de Saint-Germain à Paris, celles de Saint-Denis en France, de Reims, de Caen, de Guibray, de Beaucaire, &c. sont très-considérables par rapport au grand nombre de *draperies* de toutes les espèces que l'on y porte & qu'on y vend.

Les *draperies* de France se peuvent réduire à trois espèces, ou qualités différentes; sçavoir, les fines, les moyennes & les grosses : les premières se manufacturent à Paris, Sedan, Abbeville, Elbeuf,

Louviers, Caen, Carcassonne, &c. les secondes se fabriquent en Dauphiné, à Rouen, Darnatal, Orival, &c. & les troisièmes se font à Romorentin, Château-Roux & autres endroits de la province de Bery, à Lodève, à Dreux, à Saint-Lubin, à Gisors, à Vire, à Valogne, à Cherbourg, à Semur, &c.

DRAPERIE. Se dit aussi du corps des drapiers de Paris, auquel a été incorporé celui des drapiers-chaussetiers.

Ce corps est le premier des six corps des marchands de cette ville, & lui seul est en droit de vendre en gros & en détail, en magasin & en boutique, toutes sortes de *draperies* de laine, tant de France que des pays étrangers, suivant qu'il est porté par l'arrêt du conseil d'état du roi du 16 août 1687.

Le corps de la *draperie* est aussi en possession de vendre concurremment avec celui de la mercerie, toutes sortes de serges, baracans, camelots, étamines, droguets, cadis, ras, dauphines, tirtaines, molletons, sommiers, espagnolettes, pluches, calmandes, frocs, flanelles, revêches, ratines, & autres semblables étoffes de pure laine, ou de laine mêlée de soie, de poil ou de fil. Cependant les merciers ont toujours prétendu que les *drapiers* n'étoient pas en droit de vendre aucune de ces sortes de marchandises, & qu'ils devoient être restraints aux seuls draps & étoffes drapées de pure laine; ce qui a formé en divers temps des contestations entre ces deux corps, qui, selon les apparences, ne finiront pas si-tôt.

Le corps de la *draperie* n'étoit autrefois que le deuxième des six corps, & il n'est devenu le premier que par la cession que celui de la pelleterie lui a fait de son droit de primogéniture pour certaines raisons particulières.

Lorsqu'il y a quelques affaires d'importance qui regardent les six corps en général, les maîtres & gardes de la *draperie*, qui sont pour lors en charge, sont en droit de mander en leur bureau, les cinq autres corps, qui sont, l'épicerie, la mercerie, la pelleterie, la bonneterie & l'orfèvrerie.

On appelle *bureau de la draperie*, la maison, ou le lieu dans lequel s'assemblent les marchands drapiers, pour délibérer des affaires qui regardent le corps.

DRAPIER. Marchand qui achete des draps & autres étoffes de laine, dans les foires, halles & marchés, ou dans les lieux de fabrique, pour les revendre en gros ou en détail dans son magasin, ou boutique.

DREIGE. Filet avec lequel on fait la pêche des turbots, des soles, des barbues & de tous les autres poissons plats, que l'on pêche dans l'océan.

L'article 1 du titre 2 du livre 5 de l'ordonnance de la marine de 1681, porte : que les pêcheurs pourront se servir des rets & filets appellés *folles-dreiges*, *tramaux* ou *tramaillades*, & autres, dans les temps & en la manière réglée par les articles suivans.

Par l'article 4 du même titre, il est enjoint aux pêcheurs, de donner aux mailles de leurs *dreiges* un pouce neuf lignes en carré.

Et par le 16e & dernier article, il est ordonné, qu'il y aura toujours au greffe de chaque siége, un modèle des mailles de chaque espéce de filets, dont les pêcheurs peuvent se servir.

DRESSER. Ce terme a différentes significations dans les manufactures, & dans les arts & métiers.

DRESSER UN MÉMOIRE. C'est, parmi les marchands en détail, *extraire* de leur livre journal & *écrire* article par article *les marchandises* qui ont été fournies, avec leur qualité, leur poids, leur aunage, leur prix & la date de leur fourniture, pour en demander le paiement à ceux à qui on les a délivrées à crédit.

DRESSER UN INVENTAIRE, DRESSER UN COMPTE.

DRESSER UN LIVRE. Signifie, *en termes de relieur*, en rendre les cahiers plats & unis, à force de les battre sur une pierre de lierre, avec le marteau.

DRICLINK. Mesure d'Allemagne, pour les liquides. Le *driclink* est de vingt-quatre heemers, & l'heemer de trente-deux achtelings. *Voyez* la TABLE DES MESURES.

DRIE-GULDEN. *Monnoie d'argent* de fabrique Hollandoise, qui a cours pour trois florins.

DRILLES. *Vieux chiffons* de toile de chanvre ou de lin, qui s'employent dans les manufactures & moulins de papier, & qui sont la principale matière qui entre dans sa fabrique.

« Les *drilles* ou vieux linges, ne payoient par
» le tarif de 1664, que 6 l. le cent pesant en sor-
» tant du royaume, pour aller dans les pays étran-
» gers : mais le roi ayant été informé du préjudice
» que la sortie de ces sortes de vieux linges pour-
» roient apporter aux manufactures de papier &
» cartes, établies dans les provinces de Normandie,
» Champagne, Auvergne, Limousin, &c. & vou-
» lant y pourvoir, ordonna par un arrêt du con-
» seil du 28 janvier 1687, qu'à l'avenir il seroit
» payé, pour le linge vieil, vieux drapeaux,
» *drilles* & pâtes, sortans du royaume, pour aller
» aux pays étrangers, 12 l. du cent pesant : avec
» défenses au fermier, ou ses commis, d'en faire
» aucune composition & remise, à peine d'en ré-
» pondre en leurs propres & privés noms.

» Depuis elles ont été mises au nombre des mar-
» chandises de contrebande pour la sortie, en con-
» séquence de l'arrêt du 28 janvier 1688, dont néan-
» moins le droit se paye toujours sur le pied de
» 12 l. lorsqu'elles sortent du royaume avec per-
» mission & passeport.

» Par le même tarif de 1664, auquel il n'est
» point dérogé par cet arrêt, en ce qui regarde
» les *drilles* sortans par les provinces du dedans
» du royaume, elles ne doivent payer de droits de

» sortie, qu'une livre du cent pesant. *Voyez* PA-
» PIER. *Voyez* aussi CHIFFONIER. »

DRILLIER. Celui qui ramasse les drilles ou vieux chiffons, & qui en fait commerce. On le nomme plus ordinairement *chiffonnier*.

DROGMAN, ou DROGUEMAN. On nomme ainsi dans le Levant, *les interprétes* que les ambassadeurs des nations chrétiennes, résidans à la Porte, entretiennent près d'eux, pour les aider à traiter des affaires de leurs maîtres. Les consuls ont aussi des *drogmans* entretenus, tant pour leur propre usage, que pour celui des marchands de leur nation, qui trafiquent dans les Échelles du Levant, ou des étrangers qui y viennent sous la bannière de leurs Princes.

L'entremise des *drogmans*, ou *interprétes*, étant absolument nécessaire dans le commerce du Levant, & le bon succès de ce commerce dépendant en partie de leur fidélité & de leur habileté, Louis XIV, pour y pourvoir, donna au mois de novembre 1669, un arrêt de son conseil, en forme de réglement, par lequel il fut ordonné, qu'à l'avenir les *drogmans* & *interprétes* des Échelles de Levant, résidans à Constantinople, Smyrne & autres lieux, ne pourroient s'immiscer dans les fonctions de cet emploi, s'ils n'étoient François de nation & nommés par une assemblée des marchands, qui se feroit en la présence des consuls, entre les mains desquels ils seroient tenus de prêter serment, dont il leur seroit expédié acte en la chancellerie des Échelles.

Afin qu'à l'avenir on pût être assuré de la fidélité & bonne conduite desdits *interprétes drogmans*, sa majesté ordonna en outre par le même arrêt, que de trois ans en trois ans, il seroit envoyé dans les Échelles de Constantinople & de Smyrne, six jeunes garçons de l'âge de huit à dix ans, qui voudroient y aller volontairement, lesquels seroient remis dans les couvens des pères capucins desdits lieux, pour y être élevés & instruits à la religion catholique, apostolique & romaine, & à la connoissance des langues, afin qu'on s'en pût servir avec le temps dans les fonctions de *drogmans* & *d'interprétes*.

Un an après sa majesté donna un second arrêt, par lequel, en ordonnant l'exécution du premier, & pour l'interpréter autant que besoin seroit, elle entend qu'il soit envoyé six de ces jeunes gens par chacune des trois premières années, pour qu'il y pût trouver en moins de temps un nombre suffisant pour le service de la nation, sans qu'il fût désormais besoin d'avoir recours à des étrangers : voulant néanmoins qu'après lesdites trois premières années, il n'en soit plus envoyé que six de trois ans en trois ans.

Les pensions pour chacun de ces jeunes garçons furent réglées à la somme de 300 l. qui seroit payée par la chambre du commerce de Marseille, sur le droit du demi pour cent, appellé *cottimo*; à la charge par les pères capucins de Constantinople

& de Smyrne, de les nourrir & entretenir, & les inftruire en la connoiffance des langues. Ce dernier arrêt eft du 13 octobre 1670.

DROGUERIE. Eft un terme général de marchandife, qui fignifie *toutes fortes de drogues*, qui fe vendent par les marchands du corps de l'épicerie, particulièrement de celles dont on fe fert pour les teintures & pour la médecine.

Dans le tarif de 1664, pour ce qui regarde les entrées du royaume, les *drogueries* & *épiceries* font diftinctes & féparées des autres fortes de marchandifes, & les droits de la plupart doivent être perçus au poids. Quant à la fortie, celles non tarifées, qui font venues des pays étrangers, font exemptes de tous droits, en juftifiant que les droits de l'entrée en ont été bien & duement payés.

L'article 1 du titre 3 de l'ordonnance des cinq groffes fermes de 1687, marque les villes de la Rochelle, Rouen & Calais, pour l'entrée dans le royaume des *drogueries* des pays étrangers, dans l'étendue de la ferme; & Bordeaux, Lyon & Marfeille, pour les provinces réputées étrangères. Les *drogueries* entrées par ces dernières villes, ne payent rien, ou du moins un fimple fupplément, s'il en eft dû en paffant par les autres bureaux de la ferme.

L'article 1 du titre 1 de la même ordonnance, porte, que tous les droits d'entrée & de fortie feront payés aux bureaux, fans déduction des autres droits qui auront été payés dans les provinces réputées étrangères, à la réferve des *drogueries* & *épiceries*, pour lefquelles les droits qui auront été payés feront déduits.

Et par le fecond article du même titre, il eft dit, que fur toutes lefdites marchandifes, dont les droits fe payent au poids, il ne fera fait aucune déduction des caiffes, tonneaux, ferpillières, & de ce qui fert à l'emballage, fi ce n'eft pareillement fur les *drogueries* & *épiceries*.

Les *drogueries* & *épiceries* font un des principaux objets du commerce des Hollandois, qui en fourniffent prefque toute l'Europe.

Il ne s'étoit fait aucune innovation depuis l'année 1687, fur le nombre des villes réfervées pour l'entrée des *drogueries* & *épiceries* dans le royaume; & conformément à l'article 1 du titre 3 de l'ordonnance des cinq groffes fermes, la Rochelle, Rouen, Calais, Bordeaux, Lyon & Marfeille, étoient reftées feules par lefquelles il étoit permis de les y introduire.

En 1723 ce nombre fut augmenté, & Dunkerque fut ajouté aux fix autres, mais fous des précautions & avec des réferves pour affurer le paiement des droits du roi, & empêcher qu'on ne fît le renverfement de ces marchandifes dans les lieux prohibés.

L'arrêt du confeil d'état du roi, par lequel fa majefté accorde cette grace aux marchands négocians de Dunkerque, eft du 28 juin. Par cet arrêt fadite majefté ayant égard aux remontrances def-

dits négocians & du confentement des fermiers généraux, permet l'entrée par le port de Dunkerque, des *drogueries* & *épiceries* venant de tous pays étrangers indiftinctement, & ce nonobftant l'article 1 du titre 3 de l'ordonnance des fermes de 1687, auquel elle déroge pour ladite ville feulement: à la charge que lefdites *drogueries* & *épiceries* feront mifes à leur arrivée dans l'entrepôt de la baffe ville de Dunkerque, d'où elles ne pourront être tirées qu'en payant les droits portés par le tarif de 1671, pour celles qui feront deftinées pour la confommation des provinces réputées étrangères; & en prenant des acquits à caution pour celles deftinées pour les provinces de l'étendue des cinq groffes fermes: le tout fans préjudice aux nouvelles ordonnances & réglemens qui peuvent avoir augmenté ou diminué les droits de quelques *drogueries* & *épiceries*, & les avoir rendues uniformes pour toutes fortes de deftinations: comme auffi fans donner atteinte au droit de vingt pour cent ordonné être levé, outre les droits ordinaires fur les *drogueries* & *épiceries* venant du Levant.

DROGUET. Étoffe tantôt toute de laine & tantôt moitié laine & moitié fil, quelquefois croifée, & ordinairement fans croifure.

Les *droguets* font fouvent nommés *pinchinas*, quoiqu'ils n'ayent qu'un rapport très-éloigné aux véritables pinchinas, qui viennent de Toulon, ou de Châlons en Champagne.

Les lieux de France où il fe fabrique le plus de *droguets*, font, le Lude, Amboife, Partenay, Niort, Reims, Rouen, Darnatal, Verneuil au Perche, Troyes, Chaumont en Baffigny, Langres & Châlons en Champagne.

Il fe fait auffi de très-beaux *droguets*, mais d'une façon particulière, à Bedarieux en Languedoc & dans plufieurs villages circonvoifins. Ces *droguets* fe débitent en Allemagne.

Les *droguets* du Lude font tout-de-laine, tant en chaîne qu'en trème, fans croifure. Leur largeur eft demi-aune, & la longeur des pièces depuis 40 jufqu'à 50 aunes, mefure de Paris; ce qui fe doit entendre auffi à l'égard des autres lon-gueurs & largeurs des *droguets*, dont il fera ci-après parlé.

A Amboife il fe fait de deux fortes de *droguets* entièrement de laine; les uns croifés, & les autres non croifés. Les croifés, que l'on appelle dans le pays, *petits draps*, ont deux tiers de large, fur trente à quarante aunes de longueur: & les non croifés font de demi-aune de large; les pièces contenant depuis cinquante jufqu'à foixante aunes de longueur.

Les *droguets* de Partenay ne font point croifés: leur largeur eft de demi-aune & leur longueur de quarante à cinquante-cinq aunes. Il s'en fait de toute laine, tant en chaîne qu'en trème, & d'autres dont la chaîne eft de fil, & la trème de laine.

Niort fournit des *droguets* tout de laine, les uns

croifés & les autres fans croifure, de demi-aune de large, fur quarante aunes jufqu'à cinquante de longueur. Les croifés font les plus eftimés, étant pour la plupart très-ferrés & très-forts.

Les *droguets* de Reims ne font point croifés. Leur largeur eft de demi-aune, & la longueur des pièces de trente-cinq à quarante aunes. Ils font pour l'ordinaire tout de laine prime de Ségovie, finement filée ; ce qui leur donne une qualité fupérieure à toutes les autres fortes de *droguets* qui fe font dans les différentes fabriques de France, qui ne font pour la plupart faits que de laine de pays groffièrement filée.

A Rouen, il fe fait de trois fortes de *droguets*, qui ne font point croifés. Les uns font tout de laine, de demi-aune de large, fur vingt-cinq aunes jufqu'à foixante-fept aunes de longueur. Les autres, qui font fouvent appellés *berluche*, ou *breluche*, ont la trême de laine & la chaîne de fil, fur pareille longueur & largeur que les précédentes. Cette feconde efpèce de *droguets* approche beaucoup pour la qualité & le prix, de ceux de Verneuil au Perche, dont il fera ci-après parlé : enfin les derniers, que l'on nomme communément *efpagnolettes*, font entièrement de laine, tirées à poil d'un côté, & quelquefois de deux ; ce qui les rend très-chauds : leur largeur eft de demi-aune demi-quart, & les pièces contiennent depuis foixante jufques à quatre-vingt aunes. Il fe fait des *droguets efpagnolettes* de différentes qualités ; les uns très-fins, tout de laine d'Efpagne ; d'autres de moindre fineffe de laine d'Efpagne, mêlée de laine de pays, & d'autres tout de laine de pays, qui font les plus groffiers & les moins eftimés. Ils fe fabriquent tout en blanc & fe teignent enfuite en différentes couleurs.

Les *droguets* de Darnatal font femblables à ceux de Rouen, foit pour les qualités, foit pour les longueurs & largeurs.

Verneuil au Perche fournit des *droguets* de demi-aune de large, fur quarante-deux à foixante-cinq aunes de longueur, dont la chaîne eft de fil, & la trême de laine de pays très-groffe. Ces fortes de *droguets* font de fort bas prix, ne valant tout au plus que treize à quatorze fols l'aune ; la confommation s'en fait d'ordinaire en Beauffe, dans l'Orléanois & aux environs de Paris, où les payfans en font des vêtemens.

Les *droguets* de Troyes font croifés d'un côté, & point de l'autre, la trême en eft de laine, & la chaîne de fil, leur largeur eft de demi-aune, & leur longueur depuis trente-cinq aunes jufqu'à quarante-fix ; ils ne font guères plus eftimés que ceux de Verneuil, dont il vient d'être parlé.

A Chaumont en Baffigny, les *droguets* font tout-à-fait femblables à ceux de Troyes, à l'exception que les pièces contiennent depuis trente-cinq aunes jufqu'à foixante.

Les *droguets* de Langres font pareils en qualité, longueur & largeur à ceux de Chaumont en Baffigny.

Châlons en Champagne fournit des *droguets*

croifés tout de laine ; les uns de demi-aune demi-quart, & les autres de deux tiers de large, fur feize jufqu'à trente-cinq aunes de longueur. Ces fortes de *droguets* font auffi appellés *efpagnolettes*, & la qualité en eft très-bonne.

Il n'y a guères que les *droguets efpagnolettes* de Rouen & de Darnatal, & quelques *droguets* fur fil, qui fe teignent en pièce, car pour les autres, on les teint en laine, c'eft-à-dire, que la laine dont ils font compofés, eft teinte en diverfes couleurs, & mélangée avant que d'être cardée, filée & travaillée fur le métier.

On appelle *droguets fur fil*, les *droguets* dont la trême eft de laine, & la chaîne de fil.

Les *droguets croifés* fe travaillent avec la navette fur un métier à quatre marches, de même que les ferges de Moui, Beauvais, & autres femblables étoffes qui font croifées.

Pour ce qui eft des *droguets non croifés*, ils fe fabriquent fur un métier à deux marches avec la navette, de la même manière que la toile, le camelot, & autres pareilles étoffes qui n'ont point de croifure.

Les *droguets* s'employent ordinairement à faire des furtous, jufte-au-corps, veftes & culottes. Il n'y a que les efpagnolettes de Rouen & de Darnatal, dont l'ufage ordinaire eft pour faire des doublures, des chemifettes, caleçons, jupons & autres femblables vêtemens, pour fe garantir du froid.

Monfieur Savary dans fon *Parfait Négociant*, chapitre VI du livre Ier. de la feconde partie, rapporte qu'il avoit inventé, pendant qu'il étoit encore dans le commerce, de deux fortes de *droguets* ; les uns façonnés, dont la chaîne étoit de fil, & la trême de laine, qui fe faifoient à baffe liffe, à la marche de l'ouvrier ; & les autres d'or & d'argent figurés, dont la chaîne étoit en partie de fil d'or ou d'argent, & en partie de foie, & la trême tout de poil de chèvre : on ne voit plus aujourd'hui de ces fortes de *droguets*, foit par le défaut de mode, foit à caufe que le travail en eft trop difficile.

En temps de paix, la France tire de Hollande & d'Angleterre, quantité de *droguets non croifés*, tout de laine fine, ordinairement drapés, qui font très-beaux & très-eftimés.

Suivant les articles XX & XXVII du réglement général des manufactures du mois d'août 1669, les *droguets* doivent être de deux largeurs & longueurs ; fçavoir, de demi-aune de large, fur vingt & une aunes de long, & de demi-aune & un douze de largeur, fur trente-cinq à quarante aunes de longueur. Mais par le réglement du 19 février 1671, il a été permis de faire à l'avenir tous les *droguets* feulement de demi-aune de large.

L'arrêt du confeil d'état du roi, du 4 novembre 1698, portant réglement pour les manufactures de la province de Poitou, parmi les trente-trois articles dont il eft compofé, en a fix qui réglent les longueurs & largeurs des différens *droguets*

guets, qui se fabriquent dans cette province, qui sont les 3, 4, 5, 6, 11 & douziéme.

Le premier de ces six porte, que les *droguets* de pure laine cardée, ou chaîne d'étain de Niort, Partenay, Saint-Loup, Azais, & lieux circonvoisins, qui doivent avoir une demi-aune de large, & 38 à 40 aunes de long tout apprêtés, auront un quart & un demi-seize, ou un trente-deuxiéme de large, & 46 à 48 aunes en toile.

Le second, que les *droguets* croisés tout de laine, ou chaîne d'étain, auront trois quarts de large, & 46 à 48 aunes de long en toile, pour avoir, apprêtés, demi-aune de large, & 38 à 40 aunes de long.

Le troisiéme, que les *droguets* mêlés de soie, pour avoir tout apprêtés une demi-aune de large, & 38 à 40 aunes de long, auront au sortir du métier deux tiers & un demi-seize, ou un trente-deuxiéme de large, & 46 à 48 aunes de long; & que les chaînes seront composées de 34, 35 à 36 portées de seize fils chacune, moitié soie & moitié laine, en sorte qu'il n'y ait pas moins de deux fils de soie en pue, ni moins de deux fils de laine aussi en pue.

Le quatriéme, que les *droguets* sur fil auront trois quarts de large, & 43 aunes de long au moins en toile; pour revenir apprêtés à demi-aune de large, & 40 aunes de long.

Le cinquiéme, que les *droguets* croisés drapés, qui se fabriquent au Breuil-Barret, la Châtaigneraye, Saint-Pierre du Chemin, Cheufois & lieux circonvoisins, appellés communément *Campes*, *Sergettes* & *Cadis*, fabriqués de laines étrangères, ou de laine du pays, qui doivent avoir demi-aune de large, & 40 aunes tout apprêtés, auront en toile au sortir du métier trois quarts de large, & 48 aunes de long; & que leurs chaînes seront montées de quarante-huit portées au moins de seize fils.

Enfin, le sixiéme ordonne, que toutes étoffes de pareille qualité que ces *droguets* croisés drapés, qui se feront dans lesdits lieux, pour avoir une aune de large tout apprêtés, auront une aune un quart & demi en toile, & que leurs chaînes seront montées de quatre-vingt-douze portées au moins de chacune seize fils.

Le réglement du 21 août 1718, pour les manufactures de lainage de la généralité de Bourgogne, a aussi cinq articles, concernant les *droguets* qui se fabriquent dans cette province, & autres lieux circonvoisins.

Par le dix-neuviéme article, les *droguets* de fil & laine, qui se font à Dijon, Selougcy, Saulieu, Bourg en Bresse; Pontdevaux, Louans, la Charité de Mâcon, Cluny, &c. qui sont travaillés en toile, sans être croisés, sur le fil le plus fin filé, doivent avoir huit cent quatre-vingt fils en chaîne, composant vingt-deux portées de quarante fils chacune, y compris la lisière, montée dans des rots de trois quarts d'aune de large.

Par le vingtiéme, les *droguets* croisés, façon de serges, fabriqués avec laine sur fil, les plus fins filés, doivent-être montés dans des rots d'une aune & demie, & avoir en chaîne huit cent fils, faisant vingt portées de quarante fils chacune, la lisière comprise.

Par le vingt-uniéme, ceux qui sont fabriqués sur le fil filé plus gros, & de la laine commune & grossière, qu'on nomme *Talanche* & *Bauge*, doivent être passés par des rots de trois quarts d'aune, & à proportion du filage plus ou moins grossier, un nombre de portées & de fils suffisant pour avoir au sortir du foulon une demi-aune de large.

Le vingt-deuxiéme ordonne, que les rots des *droguets* fixés sur leur largeur, seront cachetés par l'inspecteur, des armes du roi, ou du propre cachet de l'inspecteur.

Et le vingt-cinquiéme excepte les *droguets* de l'aunage de 21 à 23 aunes déterminé pour les draps & les serges par le même article.

DROGUET DE FIL. C'est une espèce d'*étoffe* toute de fil teint ou peint, à laquelle on donne improprement le nom de *droguet*. Cette étoffe, ou *droguet*, a été mise au nombre des marchandises de contrebande pour l'entrée, par un arrêt du conseil du 22 novembre 1689.

« Les *droguets* étrangers sont du nombre des étof-
» fes mêlées de laine, de soie, fil, coton, poil ou
» autres matières, qui ne peuvent entrer en France
» que par Calais & Saint-Valery, suivant l'arrêt du
» 3 juillet 1692, & qui paient trente pour cent
» de leur valeur.

» Les *droguets* de fabrique Françoise, qui passent
» par les bureaux des provinces réputées étrangères,
» & qui sont tenus des droits d'entrée, les y paient
» à raison de cinq pour cent de leur valeur, con-
» formément au tarif de 1664, attendu qu'ils n'y
» sont pas tarifés.

» Les droits de sortie, que paient en France les
» *droguets*, sont de 6 liv. le cent pesant, lors-
» qu'ils sont de fil & laine, mêlés de soie; & 3 liv.
» comme mercerie, s'ils ne sont que fil & laine;
» & même seulement 40 sols, s'ils sont destinés &
» déclarés pour aller aux pays étrangers, confor-
» mément à l'arrêt du 3 juillet 1692.

» A l'égard des droits de la douane de Lyon, les
» *droguets* de toutes sortes paient 17 sols 6 den.
» de la charge de trois cent pesant, & 5 sols du
» cent de nouvelle réapréciation, & encore 2 sols
» 6 deniers par pièce ».

DROGUISTE. Marchand du corps de l'épicerie, qui s'attache particulièrement au commerce des drogues.

DROIT. Se dit en général de toutes les levées & impositions établies par l'autorité du prince sur les personnes, marchandises & denrées de ses états, ou qui viennent du dehors, pour en soutenir & payer les charges.

On peut voir dans le Discours préliminaire, les principes qui conduisent à préférer à toute la fcience fifcale des *droits* fur le négoce, l'antique & primitive fimpleffe de nos bons-ayeux, & l'immunité parfaite de tout commerce.

DU

DUBELTIES, ou pièces de deux fols, *monnoie* qui a cours en Hollande, & en fi grande quantité, qu'elle en eft incommode. *Voyez* LA TABLE DES MONNOIES.

DUCAT. *Monnoie d'or*, qui a cours dans plufieurs états de l'Europe. Il y en avoit autrefois de frappés en Espagne, qui fe mettoient pour 6 liv. 4 f. monnoie de France. Le double *ducat*, qui fut frappé depuis, qu'on appelloit *ducat à deux têtes*, valoit fous le régne de Louis XIII, 10 liv. auffi monnoie de France ; mais enfuite il fut mis à un peu plus haut que la piftole d'Espagne.

Les autres *ducats* d'or, font les *ducats* doubles & fimples d'Allemagne, de Gènes, de Portugal, de Florence, de Hongrie, de Venife, (ces deux fe nomment plus ordinairement *fequins*, ou *cechins*,) de Danemarck, de Pologne, de Befançon, de Zurick, de Suède, de Hollande, de Flandres & d'Orange. Les plus forts de ces divers *ducats* font du poids de cinq deniers dix-fept grains, ce qui s'entend des doubles *ducats*, & des fimples à proportion. Les *ducats* de Hollande valent 5 florins.

L'on porte aux Indes orientales quantité de *ducats* d'or, frappés aux coins des princes & états dont on vient de parler : mais de quelque fabrication qu'ils foient, ils doivent pefer neuf vals & cinq feizièmes d'un carát, poids des Indes.

Lorfque les paiemens où les ventes font confidérables, les Indiens ont un poids de cent *ducats* réduit à leur val ; & fi les cent *ducats* ne péfent pas, on ajoute ce qui manque. Dans le détail, le *ducat* d'or pefant, vaut neuf mamoudis & trois pechas ou peffas ; le mamoudi fur le pied de treize fols quatre deniers monnoie de France, & le pecha valant huit deniers. Quelques-uns néanmoins évaluent le mamoudi un peu plus bas.

Les *ducats*, ou *fequins de Venife*, fe recevoient autrefois aux Indes pour deux pechas plus que les autres, parce que les Indiens les croyoient à plus haut titre. Ayant été défabufés de cette prévention, à peine veulent-ils préfentement les prendre au même prix que les autres *ducats*.

Il n'y a plus préfentement en Espagne, de *ducats* d'or ; mais l'on fe fert pour les comptes, du *ducat* d'argent, à-peu-près comme on fait en France de la piftole de dix livres, qui n'eft pas une efpèce courante, mais une monnoie imaginaire & de compte.

Le *ducat* de compte eft de deux fortes ; l'un qu'on appelle *ducat de plata* ou *d'argent* ; l'autre, *ducat de vellon* ou de *cuivre*.

Le *ducat* d'argent vaut onze réaux de plata, & le *ducat* de vellon auffi onze réaux ; mais feulement de vellon ; ce qui eft une différence de près de la moitié ; le réal de plata s'eftimant fur le pied de

7 fols 6 den. & celui de vellon feulement, fur le pied de 4 fols, le tout monnoie de France.

Le *ducat* de change, foit qu'il foit de plata, foit qu'il foit de vellon, eft toujours d'un maravedis plus que le *ducat* ordinaire, chacun néanmoins fuivant fon efpèce, c'eft-à-dire, celui d'argent augmentant d'un maravedis auffi d'argent, & le *ducat* de vellon pareillement d'un maravedis de vellon. L'on ne peut apporter aucune raifon de cette différence d'un maravedis, que l'ufage & la coutume que les banquiers ont de faire cette légère augmentation pour le *ducat* de change.

Le *ducat* d'or vaut à Amfterdam 5 florins ¼. Il y a deux grains de remède pour les *ducats* neufs, c'eft-à-dire, que, quoiqu'un neuf pèfe deux grains moins que fon poids, on ne déduit rien pour cela ; mais tout ce qu'il pèfe de moins que lefdits deux grains fe réduit à raifon d'un fol & ¼ ou un fol & ½ par grain. A l'égard des *ducats* vieux, on compte trois grains de remède.

DUCAT. Il y a à Florence des *ducats* d'argent, qui y tiennent lieu de la piaftre ou de l'écu, avec cette différence néanmoins que la piaftre d'Efpagne n'y vaut que cinq livres quinze foldi, au fix lires, & que le *ducat* ou *piaftre Tofcane*, y a cours pour fept lires, en prenant la lire ou livre fur le pied de vingt foldi ou un jule & demi, & le jule pour huit graces ou quarante quadrins. *Voyez* LES TABLES.

DUCAT. C'eft auffi une *monnoie* de compte en plufieurs villes d'Italie, comme à Naples, Venife & Bergame. A Venife, il vaut cinq tarins, le tarin de vingt grains ; & à Bergame, 7 livres la livre de 7 f. 6 den. de France.

Les changes d'Efpagne avec les villes du Nord, ne fe font que par *ducats*, c'eft-à-dire, que l'on paye tant par *ducat*. Ils fe font auffi de même pour la foire de Noue, en Italie.

On appelle *or de ducat*, le meilleur or que l'on emploie pour dorer.

DUCATON. *Monnoie d'or*, qui fe fabrique & qui a cours en Hollande. Le *ducaton* vaut vingt florins ou guldens.

DUCATON. C'eft auffi une *monnoie d'argent*, frappée pour la plupart en Italie. Il y a auffi des *ducatons* de Flandre, de Hollande & d'autres qu'on appelle *ducatons du prince d'Orange*.

Tous ces *ducatons* font à-peu-près du même poids & au même titre, & pèfent une once un denier ; à l'exception de quelques-uns de Florence, qui font d'une once un denier & douze grains. A l'égard du fin, ils en prennent tous onze deniers & quelques grains, c'eft-à-dire, depuis huit grains, qui font ceux du plus haut titre, jufqu'à deux, qui font les moindres.

Les *ducatons* d'Italie font ceux de Milan, de Venife, de Florence, de Gènes, de Savoie, des terres de l'églife, de Lucque, de Mantoue & de Parme. *Voyez* LES TABLES.

DU-CROIRE. *Voyez* DEMEURER DU-CROIRE.

DUNG. Petit *poids* de Perse, qui fait la sixième partie du mescal. Il faut trois mille six cent *dungs*, ou environ, pour faire le petit batman de Perse, qu'on appelle *batman de Tauris*, & à-peu-près sept mille deux cent pour le grand batman de roi ou cati, à prendre le petit batman pour cinq livres quatorze onces, & le grand pour onze livres douze onces, poids de marc.

Le *dung* a au-dessous de lui le grain d'orge, qui n'en vaut que la quatrième partie; ensorte que le batman de Tauris, a près de 14400 grains d'orge, & le batman de roi environ 28800.

DUNG. C'est aussi une *monnoie d'argent*, qui se fabrique & qui a cours en Perse. Il pèse douze grains.

DUNGARRES. *Toiles de coton* blanches, que l'on tire de Surate.

Il y a plusieurs sortes de *dungarres*; sçavoir, les *dungarres whit* & les *dungarres broun*; ceux-ci sont des toiles écrues, ont quatorze aunes de long sur trois quarts de large; les autres sont des toiles blanches qui ont le même aunage que les écrues.

DUPLICATA. Le double d'un acte, la seconde expédition qu'on en donne.

Ces sortes de *duplicata* sont fort ordinaires & fort nécessaires dans le commerce, n'arrivant que trop souvent que les voituriers égarent les acquits ou quittances du paiement des droits qu'ils ont fait aux bureaux. Il faut, s'il se peut, que le *duplicata* soit du même commis qui a délivré l'acquit, ou que celui qui l'expédie y rende raison, d'où vient cette différence. L'on ne doit point faire de difficulté sur un *duplicata*, & il mérite autant de foi que le premier acquit, quand il est en forme.

DURY-AGRA. *Toiles de coton* rayées, bleues & blanches, qui viennent des Indes orientales; elles ont onze aunes de long sur une demi-aune de large.

DURY, ou DUTY-DUNGAPORS. *Toile de coton* écrue, l'aunage est de quatorze aunes de long sur trois quarts de large.

DUVET. La *plume* des oiseaux, la plus courte, la plus douce, la plus molle & la plus délicate; c'est-à-dire, celle qui leur vient au col, & qui leur couvre une partie de l'estomac.

Quoiqu'il n'y ait guères d'oiseaux dont on ne puisse tirer, & dont on ne tire en effet du *duvet*, particulièrement de ceux qu'on appelle *oiseaux domestiques*; ce sont néanmoins les cygnes, les oyes & les cannes qui en fournissent le plus & du meilleur; on le leur arrache tous les ans avec soin, sans qu'ils ressentent aucun préjudice d'en être ainsi dépouillés, le *duvet* au contraire repoussant plus doux & plus épais.

Le *duvet* des oiseaux morts est le moins estimé, à cause du sang qui s'imbibe au tuyau, & qui se corrompant, donne une mauvaise odeur à la plume qui ne se dissipe que mal-aisément, & avec beaucoup de temps: c'est aussi pour cela qu'on attend, pour plumer les oiseaux vivans, que leur plume soit mûre, y ayant à craindre la même odeur, & que les vers ne s'y mettent.

Il n'y a guères de province de France, d'où on ne tire du *duvet*; mais il en vient particulièrement de la Gascogne, de la Normandie & du Nivernois. Les marchands-épiciers-droguistes en font quelque négoce; mais le plus grand commerce s'en fait par les marchands tapissiers, qui en remplissent les couettes, ou lits de plumes, des traversins, des carreaux, des coussins & autres semblables meubles.

On se sert en France, depuis la fin du dix-septième siécle, d'un *duvet* qui l'emporte de beaucoup, soit pour la finesse, soit pour la légèreté, soit pour la chaleur, sur tous les autres *duvets*; il se nomme *édredon*, & vient de Danemarck, de Suède & de quelques autres états du Nord. *Voyez* ÉDREDON.

« Le *duvet*, ou comme l'appelle le tarif de 1664, » la *plume* à faire lits, paie le cent pesant 22 sols » d'entrée, & de sortie, 32 sols ».

DUVET D'AUTRUCHE. C'est ce que l'on appelle autrement, *laine ploc*, ou *poil d'autruche*, & quelquefois, mais par corruption, *laine d'Autriche*; il y en a de deux sortes, celui nommé simplement *fin d'autruche*, s'emploie par les chapeliers dans la fabrique des chapeaux communs; & celui appellé *gros d'autruche*, sert à faire les lisières des draps blancs fins, destinés pour être teints en noir.

« Le *duvet d'autruche*, ou comme l'appelle le » tarif, la *laine d'Autriche*, qui est une espèce » de ploc, paie 15 sols d'entrée le cent pesant ».

DUYTE. Petite *monnoie de cuivre*, qui se fabrique, & qui a cours en Hollande. *Voyez* LA TABLE DES MONNOIES.

E

EAU

EAU-DE-VIE. Liqueur spiritueuse & inflammable, qui se tire du vin & d'autres liqueurs.

L'eau-de-vie distillée une seconde fois, s'appelle esprit-de-vin; & l'esprit-de-vin purifié encore par une ou plusieurs autres distillations, est ce qu'on nomme esprit-de-vin rectifié.

Pour éprouver la bonté de l'esprit-de-vin rectifié, il faut voir si étant allumé, il se consomme tout entier, sans laisser aucune immondice; ou, ce qui est plus sûr, si ayant mis un peu de poudre à canon au fond de l'esprit-de-vin qu'on éprouve, la poudre s'enflamme, quand l'esprit est consommé.

A l'égard de l'eau-de-vie, ceux qui en font commerce, la choisissent blanche, claire & de bon goût; & comme ils disent, d'épreuve, c'est-à-dire, telle qu'en la versant dans un verre, il se forme une petite mousse blanche, qui en diminuant fasse le cercle, que les marchands d'eau-de-vie appellent le chapelet; n'y ayant que l'eau-de-vie bien déflegmée & où il ne reste point trop d'humidité, à qui le chapelet se forme entièrement.

Il se distille en France des eaux-de-vie partout où il se recueille des vins; & on y employe également du vin poussé, ou du vin de bonne qualité.

Les eaux-de-vie qui servent au commerce avec les étrangers, & que les Hollandois sur-tout viennent enlever en très-grande quantité, sont celles de Bordeaux, la Rochelle, Cognac, Charente, l'isle de Rhé, Orléans, le pays Blésois, le Poitou, la Touraine, l'Anjou, Nantes, la Bourgogne & Champagne.

Il se fait aussi des eaux-de-vie en Provence, qui s'y vendent au quintal.

De toutes les eaux-de-vie Françoises, celles de Nantes & de Poitou, qui sont de semblable qualité, sont les plus estimées, parce qu'elles sont d'un meilleur goût, qu'elles sont plus fines, plus vigoureuses, & qu'elles conservent plus long-temps l'épreuve du chapelet. Ce sont de celles-là dont il va plus grande quantité à l'étranger.

Les eaux-de-vie d'Anjou, de Touraine, d'Orléans, &c. particulièrement celle d'Anjou, s'envoyent plus ordinairement à Paris & en Flandres, par la rivière de Loire. Elles ne sont pas de si bonne qualité que les Poitevines & les Nantoises, quoiqu'elles soient aussi très-bonnes.

Ce sont les marchands épiciers-droguistes, qui font à Paris le plus grand commerce d'eau-de-vie, soit en gros, soit en détail. Quelques marchands merciers, aussi-bien que les limonadiers, les vinaigriers & les distillateurs d'eaux-fortes & eaux-de-vie, en font aussi quelque négoce; & les maîtres de ces deux dernières communautés, ont droit d'en brûler, & d'avoir chez eux tous les ustensiles, chaudières, alambics & autres vaisseaux, soit de cuivre, de terre, ou de verre, propres à cette distillation. Il est au contraire défendu à tous cabaretiers, taverniers, & autres vendans vins en détail, d'en distiller, ni même de tenir chez eux aucuns vaisseaux distillatoires.

Outre les deux corps de la mercerie & de l'épicerie, & ces trois communautés des arts & métiers, qui ont droit par leurs statuts de faire à Paris le commerce des eaux-de-vie, il y a encore quantité de pauvres gens de l'un & de l'autre sexe, qui y subsistent par le détail qu'ils en font. Ils se nomment vendeurs & vendeuses d'eau-de-vie. Ce sont des espèces de regrattiers, mais sans lettres, qui chaque jour, dès le matin, & lorsque les boutiques commencent à s'ouvrir, & que les manœuvres & artisans vont, & se mettent au travail, établissent ces petites boutiques aux coins des rues, ou parcourent la ville, en portant tout le cabaret, bouteilles, verres & mesures, dans une petite manne pendue à leur col. Ce sont les femmes qui sont sédentaires; & les hommes qui vont criant leur marchandise.

On appelle quelquefois l'eau-de-vie, brandevin; mais ce terme n'est guères en usage que parmi le peuple & le soldat.

Les vaisseaux, ou futailles, dans lesquels se mettent & se transportent les eaux-de-vie de France, ont différens noms, suivant les différentes provinces où elles se font & d'où on les tire. Les plus communs sont les bariques, les pipes, les tonnes, tonneaux, & les poinçons.

Il y a aussi des baricauts; mais ces derniers sont petits, & ne servent guères que pour une espèce de détail d'eau-de-vie, qui se fait dans le dedans du royaume, particulièrement pour des présens ou des provisions bourgeoises.

Les eaux-de-vie, qui se tirent du pays Blésois, sont en poinçons; celles d'Anjou, Poitou & Nantes, en pipes & en tonneaux; & celles de Bordeaux, Cognac, la Rochelle, l'isle de Rhé, & autres lieux circonvoisins, en bariques.

Quoique la barique soit en plusieurs lieux véritablement une futaille d'une certaine continence, & d'un jaugeage réglé, on la peut néanmoins regarder dans le commerce des eaux-de-vie, sur le pied d'une mesure d'évaluation, qui sert à déterminer les achats qu'en font les étrangers.

Cette barique d'évaluation n'est pas égale par-

EAU

tout, & contient plus ou moins de veltes, ou verges, suivant les lieux. A Nantes l'on donne 29 veltes pour la barique; à la Rochelle, Cognac & l'isle de Rhé, 27; & à Bordeaux, 32; ce qui doit s'entendre, que si la futaille contient moins que le nombre des veltes, sur lesquelles l'acheteur fait son marché, le vendeur lui tient compte de ce qui manque sur le pied de l'achat; & que si au contraire il y a de l'excédent, comme il arrive presque toujours, y ayant des pipes, des poinçons, des tonneaux & des bariques, depuis 50 jusqu'à 60 veltes, c'est à l'acheteur à en tenir compte au Vendeur; ensorte que si la pipe, vendue à Bordeaux, où la barique d'évaluation est sur le pied de 32 veltes, en contient 48, l'acheteur la paye pour une barique & demie; & ainsi à proportion dans les autres lieux.

La velte, sur quoi s'évalue la barique, contient trois pots; le pot deux pintes; & la pinte pèse un peu moins de deux livres & demie. Quelques-uns estiment la velte sur le pied de quatre pots: mais apparemment ils se trompent, ou le pot sur lequel ils mesurent la velte, est moindre que de deux pintes.

Il faut remarquer que les pièces d'*eau-de-vie*, comme on vient de le dire, n'étant pas bornées à contenir un nombre de veltes limité; & le veltage (c'est ce qu'on appelle ailleurs *jaugeage*) des pipes, poinçons & tonneaux, étant depuis 50 jusqu'à 90 veltes, ce qui est au-dessus de 50 veltes, s'appelle *excès*, que les commis des bureaux établis sur les ports où le vin s'embarque, font payer à raison de tant par veltes, outre les droits de sorties des 50 verges, qui est le pied ordinaire du tarif pour chaque barique.

La barique à Amsterdam & dans les autres villes de Hollande, s'évalue à peu près comme en France, & presque sur le pied de la barique de Nantes, c'est-à-dire, qu'elle contient trente viertelles, chaque viertelle de six mingles, & le mingle pesant deux livres un quart.

Les *eaux-de-vie* de France se vendent à Amsterdam par livres de gros, plus ou moins, suivant leur qualité, avec un pour cent de remise, si c'est argent comptant. Celles qui sont de trois quints, ou de trois cinquièmes, & que les Hollandois appellent *Verloops*, se vendent deux tiers plus que les communes. A l'égard du courtage, il se paye ordinairement sur le pied de 12 s. par pièce, moitié par l'acheteur & moitié par le vendeur. On ne dit point ici ce que c'est que de vendre de l'*eau-de-vie* au bassin, on en parlera à l'article des vins de France, qui se vendent à Amsterdam.

Les marchands de la Rochelle, de Nantes, de Rouen, &c. transportent eux-mêmes une assez grande quantité de leurs *eaux-de-vie* dans les pays étrangers: & il ne s'y fait point de chargement, particulièrement pour les isles Françoises, le Canada, Cayenne, les côtes d'Afrique & les pays du Nord, que l'*eau-de-vie* de France ne fasse une partie de

la cargaison: cependant ce commerce n'est rien en comparaison de celui qui se fait avec les étrangers qui viennent les quérir dans ces mêmes ports & surtout à Bordeaux.

Le nombre des vaisseaux étrangers, qui arrivent en temps de paix dans tous ces ports & qui s'y chargent en partie d'*eau-de-vie*, est presque incroyable: on y en voit de toutes les parties de l'Europe. Nantes leur en fournit près de sept à huit mille bariques; Bordeaux au-delà du double de Nantes; les autres lieux à proportion.

Ceux des étrangers qui en enlèvent le plus, sont les Anglois, les Écossois, les Irlandois, les Hollandois, les Flamans & les Hambourgeois; mais il est certain que les Hollandois tous seuls en font presque autant de levées, que tous les autres ensemble; non-seulement pour leur propre consommation, qui est très-considérable, mais encore pour en faire commerce dans tous les états de l'Europe & dans l'Amérique.

En temps de guerre entre la France, l'Angleterre & la Hollande; les Danois, s'ils sont en neutralité, & quelquefois aussi les Suédois s'y joignent aux Hambourgeois, & font avec eux le commerce des *eaux-de-vie*, dont ces peuples se passent difficilement.

Hambourg en consomme seule plus de 4,000 bariques; Lubeck, environ 400; Konisberg, seulement 100; la Norwège, plus de 300; Riga, Revel, Nerva, de même qu'à Konisberg; le Danemarck, plus que Lubeck: à Archangel, suivant qu'il est permis d'y en porter, y ayant quelquefois des défenses générales & sévères d'y en vendre, ni d'y en acheter: à Dantzick peu, & qui encore n'est bonne que pour la Prusse.

On ne met point la Pologne & la Suède au nombre des pays du Nord, où il se consomme des *eaux-de-vie* de France: non pas que ces peuples soient plus réservés que les autres sur cette brûlante boisson; mais parce que préférant les *eaux-de-vie* de grains aux *eaux-de-vie* de vin, ils ont chez eux de quoi en faire de celles qui sont le plus à leur goût, & qui leur coutent beaucoup moins, que ne feroient celles de France: aussi à peine faut-il cent bariques d'*eau-de-vie* de France pour la provision de Stockholm.

« Les droits d'entrée en France pour les *eaux-
» de-vie*, réglés par le tarif de 1664, ne sont que
» de 25 s. par barique, & les droits de sortie, de
» 3 l. aussi par barique; à la réserve néanmoins de
» celles qui sortent par l'Anjou, Thouars, le
» Maine, & la Châtellenie de Chantonceaux, qui
» payent 12 l.

» A l'égard de la douane de Lyon, ces droits
» sont de 16 s. le quintal.

» L'ordonnance des aides de 1680, art. 1 & 2
» du titre des droits sur l'*eau-de-vie*, règle ceux
» qui doivent être levés à l'entrée de la ville &
» fauxbourgs de Paris, à 45 l. par muid, mesure de
» Paris, soit qu'elle y arrive par eau, soit qu'elle

» y entre par terre ; dans quoi font compris les
» 15 l. qui tiennent lieu de gros & de huitiéme fur
» cette liqueur : auxquels 45 l. font auffi tenues
» toutes les *eaux-de-vie* arrivant par eau, qui font
» déchargées dans les trois lieues des environs de
» Paris, même celles qui y paffent debout par
» terre, ou par rivière ; à la déduction toutefois
» pour celles-ci, des 15 l. par muid pour le gros
» & huitiéme.

« A l'égard des *eaux-de-vie* paffant debout par la
» ville de Paris, pour être portées à l'étranger,
» elles font quittes de tous les droits d'entrée éta-
» blis dans cette capitale, en juftifiant des lettres
» de voiture ; & à condition de fournir caution au
» bureau général des entrées, de rapporter certificat
» des juges & officiers des lieux, que l'*eau-de-vie*
» aura été embarquée, & l'acquit du paiement des
» droits de fortie.

» Les droits des *eaux-de-vie* vendues en gros,
» font du vingtiéme du prix, & ceux de la vente
» à pot, ou à affiette, de 15 l. par chaque muid,
» mefure de Paris ; defquels deux droits font dé-
» chargées celles qui fe vendent dans la ville &
» fauxbourgs de Paris : & font auffi quittes de tous
» droits, celles achetées à pot, ou à pinte, &
» révendues par les porte-cols, ou aux coins des
» rues, à petite mefure, de quatre ou fix deniers,
» ou un fou au plus.

» Il y a encore quelques droits qui fe payent
» en France fur l'*eau-de-vie*, mais non pas géné-
» ralement par-tout ; comme le quatriéme, le droit
» de fubvention, celui d'augmentation & quelques
» autres, pour lefquels on peut confulter le même
» titre de ladite ordonnance de 1680.

» Outre tous les édits, déclarations, ou arrêts
» du confeil du roi, fervans de réglemens pour le
» tranfport & débit des *eaux-de-vie*, rapportés
» jufqu'ici, il y a une dernière déclaration du 8
» mai 1718, enregiftrée au parlement le 16 du
» même mois, qui ordonne qu'en exécution de
» celles des mois de décembre 1687, & janvier
» 1717, aucunes des *eaux-de-vie*, ne pourront
» être enlevées, conduites, ni voiturées, que les
» acheteurs n'ayent donné bonne & fuffifante caution
» au bureau du lieu de leur enlèvement, portant
» promeffe de rapporter certificats & des quittan-
» ces du paiement des droits d'entrée, des lieux où
» ils font dûs ; fi mieux n'aiment les vendeurs def-
» dites *eaux-de-vie*, ou les facteurs réfidans fur
» les lieux de l'achat, en faire leur foumiffion,
» dont il fera fait mention fur les congés pour leur
» conduite, à peine de confifcation des *eaux-de-
» vie*, voitures & équipages : étant défendu aux
» commis du lieu de l'enlèvement, de recevoir
» aucune déclaration, ni délivrer aucun congé, que
» les cautions ou foumiffion fufdites ne leur ayent
» été fournies, à peine de révocation defdits commis. »

EAU-FORTE. Eau ainfi nommée, de la force extraordinaire avec laquelle elle agit fur tous les métaux, hors fur l'or.

Il y a plufieurs fortes d'*eaux-fortes*, à qui le vitriol, l'alun, ou le falpêtre diftillés, fervent ordinairement de bafe.

Les monnoyeurs, orfèvres, fourbiffeurs, &c.
même les teinturiers du grand teint pour leurs écarlates & couleurs de feu, en font une affez grande
confommation.

Celles dont fe fervent les graveurs, eft ou blanche, ou verte. La blanche, qu'on appelle *eau d'affi-
neur*, eft l'*eau-forte commune* : la verte eft faite
avec du vinaigre, du fel commun, du fel armoniac
& du verd-de-gris.

La plupart des *eaux-fortes* qui fe confomment
à Paris & dans le royaume, viennent de Hollande.
Ce ne font pas néanmoins les meilleures, n'étant
que médiocrement déflegmées ; outre que l'on y
fait entrer beaucoup d'alun, ce qui ne convient pas
à la plupart des ouvriers qui s'en fervent, particulièrement aux teinturiers. Celles qui fe font à
Paris, à Lyon, à Bordeaux & dans quelques autres
villes de France, font beaucoup plus eftimées.
L'*eau-forte* fe conferve & fe transporte dans des
bouteilles de grès, ou de gros verre, bien bouchées.

EAU SECONDE. C'eft de l'*eau-forte* qui a perdu
une partie de fa vertu & de fa force diffolvante,
pour avoir fervi à la diffolution des métaux.

EAU DE DÉPART ou DE MÉPART, qu'on nomme
auffi EAU RÉGALE, eft de l'*eau-forte* ordinaire où
l'on a ajouté du fel commun, du fel gemme, ou du
fel armoniac, & qui alors diffout l'or fans faire
impreffion fur les autres métaux.

EAU SIMPLE. C'eft de l'*eau-forte* qui a été diftil-
lée, & qui ne contient que des flegmes. On s'en
fert dans les monnoies & chez les orfèvres, pour
commencer à amollir les grenailles.

EAU ÉTEINTE. C'eft de l'*eau-forte* où l'on a mis
de l'eau de rivière afin de l'éteindre & la rendre
moins corrofive. Son ufage eft pour retirer l'argent
des *eaux-fortes* qui ont fervi aux départs.

« L'*eau-forte* paie en France les droits d'entrée ;
» à raifon de 3 liv. 15 f. le cent pefant, conformé-
» ment au tarif de 1664 ».

EAU, *en termes de joyaillerie*, fe dit de l'éclat
& du brillant des diamans & des perles. Ce collier
de perles eft d'une belle *eau* : l'eau de ce diamant
eft trouble. *Voyez* DIAMANT & PERLE.

EAU. Donner l'*eau* à une étoffe, c'eft lui faire
prendre le luftre en la mouillant légérement, & en
la faifant paffer fous la preffe ou fous la calandre,
foit à chaud, foit à froid : cette façon fe nomme
auffi *apprêt*.

Les chapeliers le difent de leurs chapeaux, lorfqu'ils les veulent luftrer ; & les tanneurs, de l'apprêt
de leurs cuirs, auxquels, lorfqu'ils font arrivés dans
la tannerie, ils donnent plufieurs *eaux* pour les
préparer à être tannés.

EAUX ET FORÊTS. On nomme ainfi en France
les *jurifdictions* où fe portent & fe jugent les conteftations au fujet des forêts royales, & des bois des
communautés tant eccléfiaftiques que féculières.

Les grandes maîtrifes d'aujourd'hui font :

Paris.   Champagne.
Soiffons.   Metz.
Blois.   Alface.
Rouen.   Bourgogne.
Caen.   Touraine.
Alençon.   Poitou.
Picardie.   Lyonnois.
Artois.   Bretagne.
Haynault.   Touloufe.
Orléans.   Et Guyenne.

Ces grandes maîtrifes ont chacune au-deffous d'elles, un grand nombre de maîtrifes particulières, & de grueries, où les procès fe portent en première inftance, & dont les appels reffortiffent ; fçavoir, celles des maîtrifes aux tables de marbre, & celles des grueries aux maîtrifes.

En général les juges établis pour le fait des *eaux & forêts*, connoiffent tant au civil qu'au criminel, de tous les différends qui appartiennent à la matière des *eaux & forêts*.

De ce nombre font,

1°. Les queftions mûes pour raifon des bois, buiffons & garennes du roi.

2°. Les affiettes, ventes, coupes, délivrances, récollemens, mefures, façons, défrichemens ou repeuplemens defdits bois.

3°. Tout ce qui concerne ceux tenus en gruerie, graine, fegrairie, tiers & danger, appanages, engagemens, ufufruit, & par indivis.

4°. Les ufages, communes, landes, marais, pâtis, pâturages, panages, paiffon, & glandée, établis dans les bois de fa majefté.

5°. L'affiette, motion & changement des bornes, & limites defdits bois.

6°. Toutes actions concernant les entreprifes ou prétentions fur les rivières navigables & flotables, pour raifon de la navigation & flotage en icelles.

7°. Celles touchant les droits de pêches, paffages, pontages & autres, foit en efpèces ou en deniers.

8°. Celles pour la rupture & loyer des flettes, barques & bateaux.

9°. Celles pour la conftruction & démolition des éclufes, gords, pêcheries ou moulins affis fur les rivières : comme auffi les vifitations du poiffon tant dans les bateaux & boutiques, que réfervoirs.

10°. Ils ont infpection fur les filets, engins, & inftrumens fervant à la pêche.

11°. Ils connoiffent de tous les différends fur le fait des ifles, iflots, javeaux, attériffemens, accroiffemens, alluvions, viviers, palus, bâtardeaux, chantiers & curement des rivières, boires & foffés qui font fur leurs rives.

12°. Il leur appartient pareillement la compétence de toutes les actions qui procèdent des contrats, marchés, promeffes, baux & affortimens, tant entre les marchands qu'autres, pour fait de marchandifes de bois de chauffage ou mairain, cendres, charbons, &c. pourvu toutefois qu'ils aient été faits

avant le tranfport defdites marchandifes, hors des bois & forêts.

13°. Tous différends pour la taxe ou paiement des journées & falaires des manouvriers, bucherons & autres artifans travaillans dans les bois & forêts royales, font de leur reffort ; & encore toutes conteftations entre les pêcheurs, aides, bateaux & paffages des bacs établis fur les rivières de fa majefté.

14°. Toutes les caufes & procès fur le fait de la chaffe & de la pêche, prife de bêtes dans les forêts & larcins de poiffon fur l'eau.

15°. Enfin les officiers des *eaux & forêts* peuvent exercer leur jurifdiction non-feulement fur celles de fa majefté, mais encore fur les *eaux & forêts* des prélats & autres eccléfiaftiques, des princes, chapitres, collèges, communautés régulières, féculières ou laïques : en un mot, de tous particuliers de quelque qualité qu'ils foient, en ce qui concerne le fait des ufages, délits, abus & malverfations, pourvu qu'ils en aient été requis par l'une ou l'autre des parties, pour les inftances mûes au fujet des bois des particuliers, & qu'ils aient prévenu les officiers des feigneurs.

E B

ÉBARBER. *Terme* en ufage chez les marchands drapiers. Il fignifie *couper* avec des cifeaux, les grands poils de laine qui excèdent les bords des lifières des draps & ferges de Berry, & des autres étoffes de femblable qualité, qui ont des lifières étroites.

On ébarbe les lifières des étoffes en blanc, avant que de les faire paffer par la teinture : & pour celles des étoffes de couleur, on ne leur donne cette façon, qu'au fortir de la preffe. Ce font prefque toujours les garçons drapiers qui ont le foin d'*ébarber* les étoffes, ce qui fe fait pour les rendre plus propres & de meilleure vente.

ÉBÈNE. Efpèce de bois très-dur, & qui prend un très-beau poliment, ce qui le fait eftimer pour les ouvrages de tour & de marqueterie. Il y en a de plufieurs fortes ; mais celles qui font le plus connues en France, font l'*ébène* noire, la rouge & la verte, & une autre qu'on appelle *évilaffe*.

Le commerce & la confommation de l'*ébène* noire, étoit autrefois confidérable en France.

À l'égard des *ébènes* de couleur, elles entrent toujours dans plufieurs ouvrages de placage & de tabletterie ; & les marchands épiciers-droguiftes en gros, qui font ceux qui en font le négoce, continuent d'en vendre confidérablement, ce qu'ils font quelquefois à la bûche, mais plus fouvent au poids.

« Toutes fortes d'*ébènes* entrant en France, paient » 15 f. de droits du cent pefant, conformément au » tarif de 1664, & 16 f. pour la fortie, auffi du cent, » avec les fols pour liv ».

ÉBENER. Donner à un bois la couleur de l'ébène. Le poirier eft un des bois qu'il eft plus facile d'*ébener*. Quelques menuifiers de placage, pour lui faire prendre cette couleur, fe contentent de lui donner quelques couches d'une décoction chaude de noix de galle ; & lorsqu'il est sec, d'y ajouter un noir d'encre, qu'ensuite on polit avec des décrotoires de poil de sanglier, & un peu de cire mise à chaud.

ÉBENISTE. Ouvrier qui travaille en ébène. Les ébenistes ne font pas à Paris une communauté particulière ; ils sont du corps des maîtres menuisiers.

Le nom d'ébeniste qu'on leur donne, vient de ce qu'autrefois le bois d'ébène étoit celui qu'ils employoient le plus communément, & dont ils faisoient leurs plus beaux ouvrages. Présentement, non-seulement ils se servent pour leur placage, de l'ébène comme autrefois, & de quantité d'autres bois précieux, tels qu'on les trouve en France, & qu'on les apporte de l'une & de l'autre Inde ; comme sont le noyer, l'olivier, le bois violet, l'aloës de Sainte-Lucie, le cèdre, le cental, le brésil, le fustock, le merisier, le poirier ; &c. mais encore ils ont l'art de les teindre, pour en faire ces excellens ouvrages de pièces de rapport, qui imitent les tableaux les plus fins, & du meilleur ton de couleurs.

E C

ÉCAILLE. Espèce de tapisserie de bergame, ainsi nommée, de ce que les façons dont les ouvriers les embellissent, imitent les écailles de poisson. Voyez BERGAME.

ÉCAILLER, ou ÉCAILLEUR. Celui qui vend en détail les huîtres à l'écaille, & qui les ouvre.

ÉCAQUEUR, qu'on nomme aussi CAQUEUR & ÉTESTEUR. C'est le matelot qui dans la pêche du hareng est chargé de le caquer.

ÉCARLATE. Sorte de rouge, un des plus beaux qu'on tire de la teinture.

ÉCARLATE. Est aussi la graine avec laquelle se teint l'écarlate de France ou des Gobelins, autrement écarlate de graine.

Cette graine, que les Arabes appellent kermen ou kermes, & les teinturiers François vermillon, croît naturellement sur une espèce de petit houx, ou chêne-verd ; dont il y a quantité dans les bruières & lieux incultes de la Provence, du Languedoc, du Roussillon, de l'Espagne & du Portugal.

La graine d'écarlate doit être recueillie très-mûre, & elle n'est bonne que lorsqu'elle est nouvelle, c'est-à-dire de l'année, autrement il se forme au dedans une sorte d'insecte, qui mange son pastel, qui n'est autre chose que la poudre, ou couleur rouge, qui se rencontre dans la graine, & qu'on nomme pousset ; ce qui en diminue la bonté. Souvent l'on ne se sert de cette graine pour la teinture, qu'après que les apothicaires en ont tiré la pulpe, pour en composer le sirop, qu'on appelle sirop d'alkermes, du nom Arabe de la graine.

Il se fait quantité de ce sirop à Nismes & à Montpellier, d'où on l'envoie à Paris, dans les autres villes du royaume, & par toute l'Europe, dans de petits barils de bois blanc. Le grand débit s'en fait à la foire de Beaucaire. Ce sirop entre aussi

dans la composition de la confection d'alkermes, avec les autres drogues que l'on peut voir dans les pharmacopées.

ÉCARLATE. Se dit aussi des étoffes teintes en écarlate. Un drap écarlate : une serge écarlate.

« Par le tarif de la douane de Lyon, les écarlates d'Italie paient 5 liv. 5 sols la pièce d'ancienne taxation, & 3 liv. 15 sols de nouvelle réapréciation.

» Les écarlates d'Espagne 7 liv. 5 s. d'anciens droits, & 55 s. de nouveaux.

» Et l'écarlate de Paris, 3 livres d'ancienne taxation, & 20 sols de réapréciation aussi de la pièce ».

ÉCARLATIN. Espèce de cidre excellent qui se fait dans le Cotentin, petit pays qui fait partie de la Normandie. Voyez CIDRE.

ÉCHALAS. Morceaux de bois, ordinairement de chêne refendu en quarré, plus ou moins longs & gros, suivant l'usage à quoi ils sont destinés.

Les échalas de cœur de chêne, bien quarrés, bien droits, & sans aubier, sont les plus estimés. Il y a quelques provinces où on les appelle du paisseau. Les Picards les nomment escarras, & l'ordonnance de la ville de Paris, du mois de décembre 1672, chap. 18, les qualifie de mairrain à treillis.

Les échalas sont du nombre des bois de fente de chêne, qui se débitent dans les forêts. Leur usage est pour soutenir les seps de vigne, & pour faire des berceaux, des espaliers, des contre-espaliers, & autres semblables ouvrages de treillages, pour l'utilité & la décoration des jardins.

Ils se vendent à la javelle ou botte. Les échalas pour les basses vignes sont de quatre pieds de long & de neuf lignes en quarré, chaque botte en contenant quarante.

Ceux pour les vignes des environs de Paris, & de la rivière de Loire, ont quatre pieds & demi de longueur, & trois bons quarts de pouce au moins en quarré. Les bottes pour Paris sont ordinairement de quarante échalas, & celles pour les autres endroits en contiennent cinquante.

Les échalas de treillage sont d'un pouce en quarré, sur six, neuf, douze & quinze pieds de longueur ; chaque botte composée de vingt-cinq échalas.

Les provinces qui fournissent le plus d'échalas pour la consommation des environs de Paris, sont la Bourgogne, la Brie, la Champagne & la Picardie. Il s'en tire aussi quantité de Lorraine.

A Rome & aux environs, au lieu d'échalas de chêne, on se sert d'une espèce de roseau pour soutenir les vignes ; ce qui est d'autant plus commode, que ces roseaux croissent sur le lieu même. On réserve toujours un petit canton de terre pour y planter ces roseaux.

« Les échalas paient en France les droits d'entrée » & de sortie, au char & à la charrette ; sçavoir, » 6 s. du char, & 3 s. de la charrette à l'entrée ;

» &

» & à la fortie 18 f. du char & 11 f. de la charretée.»

ÉCHANGE. Troc que l'on fait d'une chose contre une autre.

Le premier commerce qui s'est établi entre les hommes, ne s'est d'abord fait que par *échange* : encore aujourd'hui il y a des peuples, qu'il nous plaît de nommer *barbares*, où cet usage subsiste : & même chez les nations les plus civilisées, il y a bien des occasions où le négoce ne se fait que de cette manière. Tel est, par exemple, le commerce de quelques-unes des villes du Nord, & de la mer Baltique, où les François portent leurs vins & leurs eaux-de-vie, & les *échangent* contre des bois, des métaux, des chanvres & des pelleteries.

Le commerce des lettres de change n'est même qu'un négoce de pur *échange*, un vrai troc d'argent contre d'autre argent ; celui, par exemple, que j'ai à Paris, contre celui qu'un marchand, un banquier, ou une autre personne ont à Venise, à Rome, à Amsterdam & à Constantinople.

ÉCHANGE. Se dit aussi parmi les gros négocians, sur-tout entre ceux qui trafiquent avec les étrangers, d'une espèce d'*adoption* mutuelle, mais seulement à temps, qu'ils font des enfans les uns des autres ; ce qui arrive, par exemple, quand un marchand de Paris voulant envoyer son fils à Amsterdam, pour s'y instruire du commerce de Hollande, son correspondant dans cette importante ville de commerce a pareillement un fils, qu'il a dessein de tenir quelque-temps à Paris, pour apprendre le commerce de France ; ces deux amis font alors comme un *échange* de leurs enfans, qu'ils regardent ensuite chacun le sien propre ; soit pour l'entretien, soit pour l'instruction ; ne mettant aucune différence entre ceux que la nature leur a donnés, & celui que la confiance & l'amitié ont substitué à la place de l'un d'eux.

ÉCHANTILLER. *Terme en usage à Lyon*, qui signifie que l'on entend à Paris & ailleurs par *étalonner*. Il vient d'échantillon, qui se dit dans la monnoie de Lyon, au lieu d'étalon, qui est le poids original sur lequel les autres se vérifient.

ÉCHANTILLON. Petit morceau d'étoffe, que l'on coupe d'une pièce entière, pour servir de montre ; afin que celui à qui on le fait voir, puisse juger si l'étoffe est de son goût, soit pour la couleur, soit pour la qualité.

On appelle aussi *échantillon*, cette modique quantité que l'on donne, ou que l'on demande pour modèle, de quelque nature de marchandise que ce soit ; pour que ceux qui veulent en acheter, voyent si elles sont telles qu'il les leur faut & qu'ils en ont besoin. On dit en ce sens : prenez ces clous pour *échantillon* : donnez-moi ce bouton pour *échantillon* : ces épingles ne sont pas conformes à l'*échantillon* que je vous avois envoyé.

ÉCHANTILLON. Se dit chez les teinturiers, de certains morceaux de drap, ou de serge, qui servent à faire comparaison des teintures qu'on met au

débouilli. On les appelle autrement *matrices*, ou *échantillons matrices.*

ÉCHANTILLON. Est aussi la contre-partie de la taille, sur laquelle les marchands en détail marquent avec des hoches & incisions la quantité de marchandises qu'ils vendent à crédit.

ÉCHANTILLON. Est encore une certaine quantité de laine de plusieurs couleurs, qu'à l'aide de l'eau & du savon noir l'on foule avec la main, pour la réduire en une espèce de feutre, qui sert ensuite de modèle pour les couleurs des draps mélangés.

ÉCHANTILLON. Signifie quelquefois *mesure, grandeur*. On dit : des bois, des tuiles du grand, du petit *échantillon* ; de semblable, de différent *échantillon*.

ÉCHANTILLON. Se dit aussi d'une certaine mesure réglée par les ordonnances, pour diverses sortes de marchandises : en ce sens, il y a des *échantillons* pour le bois de charpente & de chauffage ; & d'autres pour les pavés de grès, pour l'ardoise, &c. On appelle *bois d'échantillon, pavé d'échantillon*, ceux qui sont conformes à cette mesure.

ÉCHANTILLON. Se dit aussi, *en termes de menuiserie & de charpente*, d'un instrument qui sert au lieu du trusquin, à prendre & donner les épaisseurs des bois.

ÉCHAUDOIR. (*Terme de manufacture.*) C'est le lieu destiné à dégraisser les laines, avant que de les faire filer.

ÉCHAUDOIR. Est aussi chez les teinturiers, une grande chaudière, dans laquelle ils échaudent leurs laines, avant de les mettre à la teinture.

Les mégissiers ont pareillement des *échaudoirs* pour l'apprêt de leurs cuirs : les bouchers, pour laver & nettoyer les abbatis de leurs viandes, comme les fraises & les pieds de veau : & les marchandes tripières, pour échauder les tripes dont elles font négoce.

ÉCHAUFFER, PERCER, VUIDER UNE ÉTOFFE. (*Termes de manufacture de lainage.*) Ils se disent, lorsque le foulon par négligence, l'ayant foulée ou trop long-temps, ou trop fortement, la pièce devient trop étroite, & perd quelque chose de la largeur ordonnée par les réglemens.

Les statuts de la sergetterie de Beauvais, de 1667, portent : que le foulon qui aura laissé trop *échauffer, percer*, ou *vuider une pièce d'étoffe*, sera condamné à telle amende qu'il conviendra, arbitrée par le juge de police, sur l'avis par écrit des pairs & échevins.

ÉCHÉANCE. Jour où l'on doit payer, ou faire quelque chose.

Il se dit particulièrement, *en termes de commerce de lettres & billets de change*, du jour auquel leur paiement écheoit ; que l'accepteur est obligé de les accepter, & que le porteur peut & doit exiger ce paiement, ou du moins protester ; en cas qu'on refuse de le faire.

Il y a des lettres de change qui n'ont qu'une seule

échéance, & d'autres qui, pour ainsi dire, semblent en avoir deux. De la première espèce sont des lettres payables à vue, à jour préfix, & à volonté : de la seconde, toutes celles à qui est accordé le bénéfice des dix jours de faveur.

L'*échéance* des lettres de change à jour préfix, est le jour du paiement fixé par la lettre ; & celles des lettres à vue & à volonté, le moment même de leur présentation par le porteur, à celui sur lequel elles sont tirées ; ensorte que faute de paiement actuel, il faut les faire protester.

A l'égard des deux *échéances*, les lettres qui jouissent du bénéfice des dix jours de faveur ; la première est le jour marqué dans la lettre, soit qu'il se compte de celui de l'acceptation, comme dans les lettres à plusieurs jours de vue ; soit qu'elle ne dépende pas de cette acceptation, comme dans celles à une ou plusieurs usances : la seconde *échéance* de ces mêmes lettres est le dernier des dix jours de faveur.

La première *échéance* est certainement la véritable ; & en rigueur on pourroit faire protester toute lettre de change, faute de paiement, le lendemain qu'elle est échue, sans attendre les dix jours ; mais l'usage l'a emporté pour la seconde *échéance* ; & les lettres de change ne se payent plus qu'à la fin, & même au dernier de ces dix jours.

Il arrivoit autrefois de grandes contestations touchant l'*échéance* des lettres de change, & la manière de compter les dix jours de faveur ; les uns voulant que la demande du paiement s'en pût faire le même jour de l'*échéance*, & que ce fût de-là que commençassent les dix jours ; & les autres, au contraire, remettant tous les deux au lendemain.

L'Ordonnance de 1673 a pourvu à cette difficulté, ayant réglé par l'article 4 du titre 5, que les porteurs de lettres, qui auront été acceptées, ou dont le paiement écheroit à jour certain, seroient tenus de les faire payer, ou protester, dans dix jours, après celui de l'*échéance* : sur quoi il faut observer, que par un autre article de la même ordonnance, & du même titre, les dimanches & les fêtes, même les plus solemnelles, sont comptés dans les dix jours acquis pour le temps du protêt.

Par une déclaration du 10 mai 1686, sa majesté, en interprétant son ordonnance, veut que le jour de l'*échéance* ne soit pas compris dans les dix jours accordés par le protêt.

ÉCHELLE. *Terme de commerce maritime*, qui pourtant ne se dit guères que de celui qui se fait dans le levant, par la mer Méditerranée. C'est un *port*, ou, comme on l'appelle quelquefois d'un nom plus connu dans le Nord & la mer Baltique, une *ville d'étape*, où les marchands d'Europe, surtout les François, Anglois, Hollandois & Italiens, entretiennent des consuls & des commissionnaires ; où ils ont des magasins & des bureaux, & où ils envoyent régulièrement chaque année des vaisseaux y porter des marchandises propres au Levant, & en rapporter celles qui s'y fabriquent, qui y croissent, ou qui y sont voiturées du dedans des terres.

Les principales *échelles* du Levant, & où il se fait le plus grand commerce, sont :

Smyrne.	Alger.
Alexandrette.	Tripoli de Sirie.
Alep.	Tripoli de Barbarie.
Seyde.	Naples de Romanie.
Chypre.	La Morée.
Échelle-neuve.	Isle de Negrepont.
Angora.	Isle de Candie.
Beibazar.	Durazzo.
Salé.	Zea.
Constantinople.	Naxis & Paros.
Alexandrie.	L'isle de Tine & Miconi.
Rosette.	Et les autres isles de
Le Caire.	l'archipel les plus con-
Le Bastion de France.	sidérables.
Tunis.	

Quelques-uns y ajoutent encore deux ou trois ports des royaumes de Fez, Maroc & Tremesen, mais comme ils sont presque tous au-delà du détroit, bien des négocians refusent de leur accorder la qualité & le nom d'*échelles*.

La plupart des nations qui font le commerce du Levant, particulièrement les François, Anglois & Hollandois, entretiennent dans ces *échelles*, des consuls, vice-consuls, agens ou commissionnaires, dont les uns ont soin des intérêts de leur nation en général ; & les autres, du commerce des particuliers : c'est aussi où chaque nation, & quelquefois chaque négociant, établit ses magasins, pour y recevoir les marchandises qui viennent d'Europe ; ou celles qu'ils rassemblent dans le Levant pour faire leurs retours.

ÉCHELLE. (*Terme de teinturier.*) Il signifie le *nombre des différentes nuances de couleurs* que l'on peut tirer d'une même cuve ; par exemple, de fleurée ou de pastel, depuis la plus claire jusqu'à la plus foncée.

ÉCHEVEAU. Plusieurs fils tournés & pliés ensemble sur un dévidoir, après qu'ils ont été filés au fuseau, ou au rouet. Les *écheveaux* sont noués & attachés par le milieu avec un nœud extraordinaire, qu'en *termes de fileuses*, de *mouliniers* & de *tisserans*, on appelle la *fentaine*. C'est par cet endroit qu'on commence à devider un *écheveau*, quand on veut le mettre en pelotons, soit pour dresser un métier, & ourdir une toile ou une étoffe ; soit pour l'employer à la couture ; ou à d'autres ouvrages.

On fait des *écheveaux* d'autant de matières que l'on en peut filer, & réduire en fils : ainsi outre ce qu'on appelle des *écheveaux de fil*, c'est-à-dire, de fil fait de chanvre, de lin & d'orties ; il y en a de soie, de laine, de coton, de poil, d'écorce d'arbre, &c.

Dans le négoce des fils de chanvre & de lin, la qualité s'en distingue souvent par la quantité de tours que contient chaque *écheveau*, y ayant des *écheveaux* qui n'ont que dix ou douze tours, &

même moins, & d'autres qui en ont cinquante, & au-delà. *Voyez* FIL.

Les mouliniers, & les ouvriers qui travaillent pour eux, appellent des *flottes de foie*, ce que communément on appelle des *écheveaux de foie*. Ces flottes se forment sur les devidoirs de leurs moulins.

ÉCHOPPE. Petite boutique attachée contre un mur, où des marchands débitent des denrées de peu de conséquence.

Les *échoppes* sont ordinairement appuyées aux murs extérieurs des églises & des grandes maisons. Elles se font de planches, quelquefois enduites de plâtre, avec un petit toît en appenti, aussi de bois, ou de toile cirée. La plupart de celles-ci sont fixes, & se donnent à loyer.

Il y a aussi des *échoppes* portatives, & comme ambulatoires, pareillement de bois, qui se dressent sur quelques piliers, au milieu des marchés & des places publiques, telles que sont les *échoppes* des halles de Paris.

Enfin, il y a encore de plus légères & simplement couvertes & entourées de toile : ce sont celles où les mercelots vendeurs de pain-d'épice, & autres, étalent leurs marchandises dans les foires de village, & particulièrement devant & autour des lieux de dévotion, où quelque fête attire un grand concours de peuple.

ÉCHOUEMENT. (*Terme de marine & de commerce de mer*). C'est le choc d'un vaisseau contre un banc de sable, ou un bas fond, sur lequel il ne peut passer, faute d'y trouver assez d'eau ; ce qui bien souvent le brise & en cause la perte.

Le titre 9 du livre 4 de l'ordonnance de la marine de France, de 1681, régle en trente-sept articles, tout ce qui concerne la police qui doit s'observer pour la conservation des effets & marchandises provenant des naufrages, bris & *échouemens* de vaisseaux sur les côtes du royaume.

Sa majesté déclare d'abord, qu'elle prend sous sa protection & sauve-garde les vaisseaux ; leur équipage & chargement, qui auront été jettés par la tempête sur les côtes de France, ou qui autrement y auront échoué, & généralement tout ce qui sera échappé du naufrage, en défendant le pillage & la déprédation, sous peine de la vie.

Elle ordonne ensuite, que tous les effets, biens & marchandises des vaisseaux échoués & naufragés, seront rassemblés, transportés & mis dans des magasins à ce destinés ; après un inventaire préalablement fait ; desquelles marchandises, s'il ne se trouve aucun réclamateur dans le mois, après qu'elles auront été sauvées, il sera fait vente de quelques-unes des plus périssables, pour être les deniers en provenans, employés au paiement des salaires des ouvriers qui ont travaillé au sauvement.

Enfin, sa majesté veut & entend, que les vaisseaux échoués, & les marchandises & autres effets provenant desdits vaisseaux, ou des débris & naufrages, puissent être reclamés dans l'an & jour de la publication qui en aura été faite, & qu'ils seront rendus aux propriétaires, ou à leurs commissionnaires, en payant les frais faits pour les sauver, après lequel temps ils seront également partagés entre sadite majesté & le grand amiral, ou le gouverneur de Bretagne, si les bris, *échouemens* & naufrages sont arrivés sur les côtes de cette province ; les frais du sauvement ou de justice, préalablement pris sur le tout.

ÉCLISSE. Espèce de bois refendu très-mince, ordinairement de chêne ou de hêtre, qui se travaille aux environs des forêts, & dont les boisseliers font des boisseaux, minots, seaux, tambours & autres semblables ouvrages. Quelques-uns lui donnent aussi le nom de *cerche* ou *serche*. Les *éclisses* se font pour l'ordinaire de trois différentes longueurs ; sçavoir, de trois pieds, de quatre pieds & de quatre pieds & demi.

ÉCLISSE. Se dit aussi des petits *moules de bois*, dans lesquels on dresse les fromages. Quelques-uns les nomment *vagerottes*.

ÉCLISSE. Les vaniers appellent ainsi un *gros osier* coupé en deux, & plane, dont ils se servent pour bander le moule des paniers.

ÉCLISSE. On appelle pareillement *éclisse*, en *termes de boisselier*, les petits ais qui servent à former les ailes ou plis des soufflets.

ÉCLUSÉE. (*Terme de commerce de bois.*) C'est un train de bois de charpente, ou de chauffage, d'une longueur & largeur convenables, pour pouvoir entrer dans les différentes écluses qui se rencontrent sur les canaux & rivières, pour en faciliter la communication.

L'*éclusée* est ordinairement de treize toises & demie de long, sur douze pieds de large ; & si elle est de bois à bâtir, elle contient environ 300 pièces de bois, suivant la réduction des bois de charpente. On l'appelle aussi *brelle* & *coupon*. *Voy.* TRAIN.

ÉCORCE. Partie extérieure des arbres, qui leur tient lieu de peau, ou de couverture.

Il y a bien des sortes d'*écorces* qui entrent dans le négoce, dont les unes sont propres pour la médecine, comme le quinquina & le macer ; les autres pour la teinture, comme l'écorce de l'aulne & du noyer ; les autres pour l'épicerie, comme la canelle & le cassia-lignea ; les autres pour différents usages, comme le liège, l'aulour, l'écorce de chêne & de tilleul. Toutes ces différentes espèces d'*écorses* sont expliquées à leur article.

» Les *écorses* de tamarice payent en France » les droits d'entrée, à raison de 25 s. du cent » pesant.

» Les *écorces* de câpres, à 1. 10 s. les *écorces* » de mandragore 40 s., le tout suivant le tarif de » 1664 ; à la réserve néanmoins de celles de ces » drogues qui peuvent venir du Levant, qui payent » vingt pour cent de leur valeur, suivant l'arrêt du » 15 août 1685.

» Les *écorces* de chêne non hachées, payent le

» chariot 16 f. & la charrete 8 f. auffi d'entrée ; &
» à la fortie, 1 liv. du charriot, & 10 f. de la
» charretée. »

ÉCORCE. Se dit auffi de la *couverture*, ou *peau*
de certains fruits, tels que font les oranges & les
citrons. *Voyez* ORANGE & CITRON.

« La plupart de ces *écorces*, fi elles font con-
» fites, payent en France les droits, comme con-
» fitures. »

ÉCORCE D'ARBRE. C'eft une *étoffe* fabriquée aux
Indes, de l'*écorce* d'un arbre, qui fe file comme
le chanvre. Les longs filamens qu'on en tire, après
qu'elle a été battue & puis rouie dans l'eau, compofent un fil, qui tient en quelque forte le milieu entre la foie & le fil ordinaire ; n'étant ni
fi doux, ni fi luftré que la foie ; ni fi dur, ni fi
mat que le chanvre.

L'on mêle de la foie dans quelques-unes de ces
étoffes ; & celles-là font les guingans, les nillas,
& les cherquermolles.

Les fotalongées font auffi partie *écorce* & partie
foie, & ne différent des autres, que parce qu'elles
font rayées.

Les pinaffes & bianbonnées font pure *écorce*.

Toutes ces étoffes font de fept à huit aunes de
longueur, & de trois quarts ou cinq fixiémes de
largeur ; à la réferve des cherquermolles, qui n'ont
que quatre aunes de long fur trois quarts de large.

ÉCORCER LE BOIS. C'eft le peler, en ôter
l'écorce.

Il faut *écorcer* les bois dans le mois de mai ; parce qu'en cette faifon la féve de l'arbre fépare l'écorce
d'avec le bois. Il feroit très-difficile d'en pouvoir venir
à bout dans un autre temps, à moins qu'il ne fût
extrêmement humide & pluvieux ; car la féchereffe
& le hâle y font tout-à-fait contraires.

Il eft défendu à tous marchands, de peler les
bois de leurs ventes, étant debout & fur pied, fur
peine de 500 l. d'amende, & de confifcation. *Ordonnance des eaux & forêts du mois d'août 1669,
art. 28 de la police & confervation des forêts.*

ÉCORCHER. Se dit auffi, en termes de négoce,
des marchands qui vendent trop cher & qui profitent induement, pour enchérir leur marchandife,
de la néceffité où l'on eft quelquefois d'en prendre
chez eux.

ÉCORCHEUR. Celui qui écorche les bêtes
mortes.

Ce font les *écorcheurs* qui font à Paris le commerce de l'huile de cheval, dont les émailleurs fe
fervent pour entretenir le feu de leur lampe.

ÉCOUAILLES. Se dit en Berry, de la *laine*
des cuiffes de mouton.

ÉCOUTILLES. (*Terme de marine.*) Grandes
ouvertures quarrées qui font aux ponts ou tillacs
des vaiffeaux, pour y défcendre, ou pour en tirer
les gros fardeaux & les marchandifes.

Chaque *écoutille* a fon écoutillon, qui eft une
ouverture plus petite, par où les perfonnes defcen-

dent, ou montent, pour le fervice du vaiffeau, ou
pour leurs befoins particuliers.

Les grands bâtimens ont pour l'ordinaire quatre
écoutilles ; celle de la foffe aux cables, qui eft
entre le mât de mizaine & la proue ; l'*écoutille* des
foutes, qui eft entre l'artimon & la poupe ; la grande
écoutille, qui eft entre le mât de mizaine & le
grand mât ; & l'*écoutille* des vivres, autrement l'*écoutille* du maître valet, qui eft entre le grand mât &
l'artimon.

Lorfqu'il arrive quelque dommage aux marchandifes qui font dans le bâtiment, fauté par le maître
d'avoir bien fermé, ou fait fermer les *écoutilles*,
cela eft mis au nombre des fimples avaries : & comme telles, doivent tomber fur le maître, le navire
& le fret. *Art. 4 du tit. 7 du liv. 3 de l'ordonnance
de la marine, du mois d'août 1681.*

Quand un capitaine armateur s'eft rendu maître
d'un navire, il doit en faire fermer les *écoutilles* ;
& lorfque le navire eft arrivé dans un port, ou
rade, les officiers de l'amirauté les doivent fceller
de leur fceau. Cela a été ainfi réglé par les articles 16 & 21 du titre 9 du même livre de l'ordonnance ci-devant rapportée, pour empêcher le divertiffement des marchandifes & effets qui fe trouvent
dans les prifes.

ÉCRETEAU. (*Terme de tondeurs de draps.*)
Voyez DÉMARCHE.

ÉCRIN. Ce terme n'eft plus guères en ufage
que pour fignifier ces *petites boëtes*, ordinairement doublées de velours noir, où l'on ferre des
bagues & autres pierreries. Anciennement un *écrin*
étoit à peu près le fynonime de *layette*.

ÉCRIRE. On fe fert du terme d'*écrire* parmi les
marchands, négocians & banquiers, en toutes ces
fignifications.

ÉCRIRE SUR LE JOURNAL, SUR LE GRAND LIVRE,
&c. C'eft porter fur ces regiftres en recette ou dépenfe, les différentes parties de débit & de crédit,
qui fe font journellement dans le négoce ; & qu'on
a écrites auparavant fur le brouillon.

ÉCRIRE SUR SON AGENDA. C'eft mettre en
forme de mémoire fur une efpèce de petit regiftre
ou de tablettes, que les négocians exacts ont toujours fur eux, les chofes les plus importantes qu'ils
ont à faire chaque jour, & qu'ils pourroient oublier
dans le grand nombre d'affaires qu'ils ont fouvent
dans la tête.

ÉCRIRE UNE PARTIE EN BANQUE. C'eft, en
terme de virement de partie, *écrire* fur le regiftre
de la banque, le nom du marchand, négociant,
banquier ou autres, à qui il a été cédé quelque
fomme ou partie de banque, pour achat de marchandife en gros, paiement des lettres de change ou
autrement.

On ne dit rien ici du terme d'*écrire*, quand il
fignifie *faire des dépêches & des lettres miffives* ;
ce qui eft très-ordinaire aux perfonnes qui font dans
le commerce, fur-tout s'ils font un négoce un peu
confidérable, parce qu'on en parlera ailleurs.

ÉCRIT. *Acte* ordinairement fous feing-privé que les marchands paffent entr'eux, pour convenir de quelque chofe, ou pour en affurer l'exécution & en régler les conditions.

ÉCRITEAU. *Écrit* ou *infcription* en groffes lettres, que l'on affiche en lieu public & apparent, pour annoncer la vente de quelque chofe. Il ne fe dit guères que de ceux qui fe mettent pour la vente ou louage des maifons ; les autres s'appellent des *affiches.*

ÉCRITEAU. On appelle auffi *écriteau*, les tableaux que les maîtres écrivains mettent au lieu d'enfeigne, pour apprendre leur demeure, ou pour faire fçavoir qu'ils font maîtres, jurés & experts. Le véritable nom eft *tableau.*

ÉCRITOIRE. On fait des *écritoires* de diverfes fortes & de différentes matières ; de grandes, qu'on appelle *écritoires* de cabinet, dont il y en a d'argent, de cuivre, de marqueterie, &c. de petites, que les gens de pratique & les écoliers portent ordinairement dans leurs poches : celles-ci font communément de corne ou de carton, couvert de cuir.

« Les *écritoires* de cabinet paient en France les » droits d'entrée & de fortie, fuivant les métaux » dont elles font faites, & les ornemens dont elles » font embellies.

» A l'égard des *écritoires* communes, ou *écri-* » *toires* du palais & d'écolier, elles paient les » droits d'entrée comme mercerie, à raifon de 3 l. » du cent pefant, conformément à l'arrêt du 3 » juillet 1692 ; & 2 liv. de droits de fortie auffi » comme mercerie, fuivant le même arrêt, lorf- » qu'elles font deftinées & déclarées pour les pays » étrangers, avec les fols pour livre ».

ÉCRITURES. C'eft parmi les marchands, négocians & banquiers, tout ce qu'ils *écrivent* concernant leur commerce. Il fe dit plus particulièrement de la manière de tenir les livres, par rapport aux différentes monnoies qui ont cours dans les pays où on les tient. Ainfi, on dit en France, les livres ou *écritures* fe tiennent par livres fols & deniers tournois ; en Angleterre par livre, fols & deniers fterlings.

ÉCRITURES. Ce font auffi tous les *papiers*, *journaux*, *regiftres*, *paffe-ports*, *connoiffemens*, *lettres*, & enfin tout ce qui fe trouve dans un vaiffeau d'écrits qui peuvent donner des éclairciffemens fur la qualité de ceux qui le montent, & fur les marchandifes, vivres, munitions, &c. dont eft compofée fa cargaifon.

ÉCRITURES DE BANQUE. On nomme ainfi dans les banques, où fe font des viremens de parties, les *billets* que les marchands, banquiers & autres fe donnent réciproquement, pour fe céder en acquit de lettres de change ou autres dettes, une partie ou le tout en compte en banque.

ÉCROUE. Acte d'emprifonnement écrit fur le regiftre de la geole. On dit, quand on eft recommandé pour plufieurs affaires, ce font autant d'*écroues*. Il faut attacher fon *écroue* à la requête

d'élargiffement. Quand on déclare un emprifonnement injurieux, tortionnaire & déraifonnable, on ordonne que l'*écroue* fera rayé & biffé.

ÉCRU. Il fe dit des foies & des fils qui n'ont point été décreûfés ni mis à l'eau bouillante, & quelquefois des toiles qui n'ont point été mouillées.

Les belles étoffes fe font de foie cuite, & les petites de foie *écrue*. Il eft défendu de mettre de la foie *écrue* avec de la foie cuite ; & il n'eft pas non plus permis aux tapiffiers de fe fervir de toiles *écrues* pour leurs doublures, parce que toutes toiles qui n'ont pas été mouillées fe retirent.

ÉCU. Pièce de monnoie, ainfi nommée de l'*écu* ou *écuffon*, qu'elle a eu d'abord pour empreinte, d'effigie.

Avant l'année 1641, que le roi Louis XIII ordonna la fabrique d'une nouvelle monnoie d'argent, pour avoir cours en France fous le nom de *louis d'argent*, on l'entendoit toujours de l'*écu* d'or ; depuis au contraire, à moins qu'on ne le fpécifie en le nommant *écu d'or*, il ne s'entend plus que du louis d'argent, qui s'eft comme approprié le titre d'*écu*.

Il fe fabrique auffi en Hollande des *écus*, des demi-*écus* & des quarts d'*écus* ; mais peu connus fous ce nom. Ce font les dallers, ou piaftres d'Hollande, dont les Hollandois portent grande quantité au Levant, où les Turcs les nomment *aftani* ou *affelani*, & les Arabes *abukeb*.

Enfin, il y a des *écus*, demi-*écus* & quarts d'*écus* de Suiffe, de Genève, de Cologne, de Merz, de Liège & de Befançon, à peu près de même valeur que l'*écu* de France de foixante fols.

Les *écus* Romains courans valent dix jules ou cent bayoques.

ÉCU D'OR D'ESTAMPE ou DI STAMPA. C'eft une monnoie de compte dont on fe fert à Rome pour tenir les livres. *Voyez* la TABLE DES MONNOIES.

ÉCUISSER. *Terme d'exploitation & de commerce de bois.* Il fe dit des bois taillis que l'on éclate en les abbatant.

L'article XLII du titre XV de l'ordonnance fur le fait des eaux & forêts de 1669, porte que les bois taillis feront abbatus à la cognée à fleur de terre, fans les *écuiffer* ni éclater.

ÉCUMEUR DE MER. Celui qui excerce la piraterie, qui attaque & qui prend les vaiffeaux amis & ennemis.

ÉCURÉE. On appelle à Amfterdam *guedaffe double écurée*, la meilleure gravelle qui vienne de Caffube ; la moindre fe nomme fimple *écurée* : elles fe vendent au laft, la double depuis 19 jufqu'à 22 florins, & la fimple depuis 14 jufqu'à 15. Elles donnent un pour cent de déduction pour le prompt paiement.

ÉCURER LE CHARDON. *Terme de manufacture de lainage.*

ÉCUREUIL. L'on donne quelquefois ce nom au petit animal plus ordinairement appelé *petit-gris*, qui fournit une forte de fourrure fort eftimée chez les pelletiers, & dont il se fait un grand commerce. *Voyez* PETIT-GRIS.

E D

ÉDERDON ou ÉDREDON. Espèce de *duvet* très-fin qui vient du nord, particulièrement des deux Laponies, Suédoise & Danoise. C'est la plume la plus courte de ces oiseaux de proie, qu'on élève pour le vol, qui se nomment *gerfaux* ou *faucons*. On la leur tire du col, du ventre, & de dessous les ailes, de la manière que l'on fait en France le duvet des oyes.

Les Danois, pour rendre cette plume plus précieuse, racontent des choses extraordinaires de la manière de la recueillir, dans les trous ou aux pieds des rochers où ces oiseaux nichent & font leur nid; & ils font combattre les Lappons contr'eux, pour leur enlever cette dépouille, que les pères & les mères s'arrachent quelque temps avant leur ponte, pour y déposer leurs œufs & y couver leurs petits; à-peu-près comme la fable parle des combats des pigmées contre les grues.

Ce riche *duvet* est très-léger & très-chaud, & s'enfle facilement quand il est à l'air & qu'il n'est point comprimé; ensorte qu'on peut tenir dans une seule main de quoi en faire un couvre-pied ou une couverture raisonnable. On en fait aussi des robes-de-chambre & des jupons de femmes: mais tous ces ouvrages doivent être piqués, à cause de cette espèce de vertu élastique qui le fait enfler avec tant de facilité, & si considérablement.

« Les entrées & les sorties du royaume ne sont » point réglées pour cette sorte de *duvet* dans le » tarif de 1664, n'y étant pas alors connu; présen-» tement il se paie par estimation à cinq pour cent, » avec les sols pour liv ».

E E

EEN TOL-BRIEF. On nomme ainsi à Amsterdam, & dans les autres villes des Provinces-Unies, des *lettres de franchise* que les bourgeois de certaines de ces villes obtiennent de leurs bourguemestres, par lesquelles ces magistrats municipaux certifient que tels ou tels sont en cette qualité exempts de quelques droits de péage. Ces lettres ne durent qu'un an & six semaines, après quoi elles doivent se renouveller.

E F

EFFAUFILER. (*Terme de marchand rubanier.*) C'est tirer avec la main quelques fils de la trame d'un ruban, par le bout où il est entamé, pour en connoître l'ouvrage & la bonté.

EFFAUTAGE. (*Terme de commerce des bois.*) On appelle ainsi le *mairain* de rebut.

EFFECTIF. Qui est réel & positif. Un paiement *effectif*, est celui qui se fait véritablement & en deniers comptans, ou effets équivalens.

EFFETS. Se dit des biens meubles, immeubles & autres, qu'une personne possède, particulière-

ment de ceux que les marchands & négocians acquièrent dans leur commerce.

On distingue ordinairement les *effets* des marchands, en trois classes, qui sont, des bons *effets*, des mauvais *effets*, & des *effets* douteux. C'est de tous ces *effets*, dont par l'ordonnance de 1673, ils sont tenus de faire l'inventaire ou le récolement tous les ans.

Par la même ordonnance, les négocians qui ont fait faillite, sont tenus de fournir à leurs créanciers, un état de tous leurs *effets*.

EFFILÉ. On appelle de l'*effilé*, le linge dont on se sert pour le deuil, parce qu'autrefois on en effiloit les extrémités; c'est-à-dire, qu'à force d'en arracher des fils, on y formoit une espèce de petite frange. Présentement ce sont de vraies franges ou campanes de fil, que l'on coud autour.

Les maîtres frangiers font & vendent ces franges; les lingères ou autres ouvrières les montent sur les toiles.

On met de l'*effilé* aux cravates & aux manchettes des hommes: les femmes en portent à leurs coëffures, à leurs engageantes, à leurs corcets, & à cet ornement qu'elles mettent sur leur cou, auquel elles ont donné le nom bisare de *fichu*.

EFFONDRÉ. Se dit dans les manufactures de lainages, des draps & autres étoffes de laine, qui ont été extraordinairement tirées à la rame, ou lannées trop à fond avec le chardon sur la perche. Ainsi l'on dit: ce drap est trop *effondré*, pour dire que le fond en est foible, lâche & altéré. C'est un grand défaut à un drap que d'être *effondré*.

E G

ÉGANDILLER. *Terme* dont on se sert en Bourgogne, pour signifier ce qu'on entend ailleurs par *étalonner*, c'est-à-dire, marquer des poids ou des mesures, après les avoir vérifiés avec les étalons.

ÉGELFIN. *Poisson* de mer que l'on nomme plus ordinairement *aigrefin*. *Voyez* AIGREFIN.

ÉGRAINÉE. Il se dit des pièces d'étoffes qui ne sont point emballées. Je vous envoie dix pièces de serge *égrainée*, c'est-à-dire, qui n'ont point d'emballage. Ce terme n'est guères d'usage que dans la province de Berry.

ÉGYPTIENNE, ou ÉGIPTIENNE. *Étoffe* mélangée de poil de fleuret ou de laine, &c. que le réglement de 1667 met du nombre des satins de Bruges, des damas cafarts, des legatines, &c. Elle ne peut avoir moins de demi-aune moins un seize de large; mais il est permis d'en faire d'une demi-aune entière, & même d'une demi-aune un seize.

E L

ÉLAN. C'est cet animal sauvage, qui dans le Canada est plus connu sous le nom d'*orignac*.

ÉLATCHES. *Étoffes* des Indes, soie & coton. C'est une espèce de chuquelas & d'allegeas. Leurs longueurs sont depuis quatre aunes jusqu'à douze, & leurs largeurs régulièrement de trois quarts.

ÉLECTION. C'eſt une *juriſdiction* ſubalterne, dont une des principales fonctions eſt de juger en première inſtance, les différends qui arrivent ſouvent entre les marchands & les fermiers-généraux, ou autres traitans, au ſujet des droits du roi.

Elle eſt compoſée à Paris d'un préſident, d'un lieutenant, d'un aſſeſſeur, de vingt conſeillers, qu'on appelle *élus*, d'un procureur du roi, &c. & tient ſon ſiége cour du palais.

C'eſt en la cour des aides, que ſont jugées en dernier reſſort, les appellations des ſentences de l'*élection*.

Il y a vingt-deux ſiéges d'*élection* dans la généralité de Paris.

ÉLEMY. Eſpèce de *gomme* ou de *réſine*.

Quoiqu'il n'y ait qu'une ſeule & véritable *gomme élemy*, il s'en trouve de bien des ſortes, de fauſſes & de factices, que quelques marchands peu conſcientieux vendent ordinairement en ſa place.

La véritable *gomme élemy* eſt une réſine blanche tirant ſur le verdâtre, qui par le moyen de l'inciſion, découle du tronc & des groſſes branches, d'une eſpèce d'olivier ſauvage.

La *gomme élemy* eſt apportée en pains de deux à trois livres; & parce qu'ils ſont enveloppés dans des feuilles de cannes, on lui donne communément le nom de *gomme élemy-en roſeau*. La meilleure, qui vient de Marſeille & de Hollande, eſt celle qui eſt tout enſemble ſéche & mollaſſe; qui eſt d'un blanc verdâtre, & d'une odeur douce & agréable. Elle paſſe pour un baume naturel, & ſouverain à la guériſon de toutes ſortes de plaies; auſſi l'emploie-t-on dans la compoſition du baume d'arcens.

On peut contrefaire cette gomme avec du galipot lavé dans de l'huile d'aſpic moyenne : mais la mauvaiſe odeur, & la couleur trop blanche de cette réſine falſifiée, ſuffiſent pour découvrir la friponnerie. On appelle cet élemy artificiel, *élemy de l'Amérique*.

Il y a trois ſortes de gommes, ou réſines, qu'on tâche auſſi de faire paſſer pour le véritable *élemy*.

La première eſt apportée des iſles de l'Amérique, dans des barils de différens poids, enveloppés dans des feuilles d'une plante inconnue en Europe. C'eſt un vrai galipot, qui en a les qualités, & même l'odeur, mais moins forte. L'arbre d'où elle coule, & dont le bois eſt très-blanc, a des feuilles ſemblables à celles du laurier, mais plus grandes. Il produit cette raiſine en ſi grande quantité, qu'il y a tel de ces arbres d'où l'on en peut tirer juſqu'à cinquante livres. Quelques marchands épiciers & droguiſtes la vendent auſſi pour la gomme animé, ou pour la gomme tacamaca; mais avec auſſi peu de bonne-foi, que ceux qui la vendent pour l'*elemy*.

Des deux autres fauſſes gommes *élemy*, il y en a une qu'on pourroit prendre pour de la poix-réſine, ſi ce n'étoit ſon odeur douce & aromatique; & l'autre, qui eſt d'un gris cendré, tirant ſur le brun, qu'on apporte en gros morceaux ſecs & friables. Pomet ne croit pas qu'elles ſoient naturelles, & ſoup-

çonne qu'elles ne ſont l'une & l'autre que des gommes *élemy*, ſales, refondues & recuites au feu.

« La *gomme élemy* paie en France les droits » d'entrée ſur le pied de cent ſols du cent peſant, » avec les ſols pour livre ».

ÉLÉPHANT. *Animal monſtrueux*, auquel on donne le premier rang parmi les animaux à quatre pieds. Il naît ordinairement ſur les côtes d'Afrique, & dans les grandes Indes.

Ce ſont les dents, ou plutôt les défenſes de cet animal, que l'on appelle *yvoire* ou *morfil*.

ÉLITE. Ce qu'il y a de meilleur dans chaque choſe. Je ne veux point de ſa marchandiſe, à moins qu'il ne m'en donne l'*élite*. Ces ſoies ſont l'*élite* de toute ma boutique. Les marchandiſes d'*élite* ſont plus chères que les autres.

ELLEBORE. *Plante médicinale.* Il y en a de deux ſortes, le blanc & le noir. L'on ne ſe ſert plus de l'un ni de l'autre pour guérir la folie; à quoi les anciens le croyoient un remède ſpécifique; mais l'on compoſe ſeulement de la racine de l'*ellebore* blanc, une poudre ſternutatoire pour décharger le cerveau; & il ſemble que pour le reſte il ſoit paſſé, auſſi-bien que le noir, de la médecine des hommes à celle des chevaux; & autres animaux; les maréchaux s'en ſervant pour guérir le farcin aux chevaux; & les bergers, la galle des brebis.

L'*ellebore* dont l'on ſe ſert à Paris, croît dans les montagnes du Dauphiné & de la Bourgogne. Il en vient auſſi de Suiſſe, & quelquefois par la voie d'Angleterre.

ÉLUS DU CONSEIL. C'eſt dans la bourſe de Bordeaux ce qu'on appelle dans celle de Touloufe, *juges-conſeillers de la retenue*; & à Paris, ſimplement *conſeillers des juge-conſuls*, c'eſt-à-dire, des marchands qui ſont choiſis par les juge-conſuls pour aſſiſter à leurs jugemens & les aider dans quelques autres fonctions de leur charge.

E M

ÉMAGE. Ancien droit qui ſe lève ſur le ſel en quelques endroits de Bretagne, particulièrement dans les bureaux de la prévôté de Nantes.

La pancarte de ladite prévôté porte, que le roi & duc prend ſur les ſels de Poitou le ſixième denier du prix que ſe monte l'ancienne coutume appellée *émage*.

ÉMAIL. Eſpèce de verre coloré.

L'on peut diſtinguer de trois ſortes d'*émaux*, ceux qui ſervent à contrefaire & imiter les pierres précieuſes; ceux qu'on emploie pour les peintures en *émail*; & ceux avec leſquels ſe font ces ouvrages agréables & curieux, dont il ſe fait un commerce ſi conſidérable à Nevers, ville de France. Ces derniers ſont propres auſſi aux orfévres & émailleurs ſur l'or & l'argent & les autres métaux; & c'eſt encore avec cette ſorte d'*émail*, du moins avec le blanc, que les fayanciers donnent l'éclat & le verni à leurs ouvrages.

« Les droits d'entrée que l'*émail* paie en France,

» font de 10 livres ; & ceux de fortie de 100 fols le
» cent pefant, conformément au tarif de 1664.

» Ceux de la douane de Lyon font de 5 livres
» la caiffe, d'ancienne taxation ; & 10 livres le cent,
» de nouvelle taxation.

» L'*émail* de Venife eft du nombre des marchan-
» difes, qui outre les droits ordinaires payent 20 pour
» cent de leur valeur, fuivant l'arrêt du 15 août
» 1685, avec les fols pour livre ».

ÉMAILLEUR. *Ouvrier* qui travaille en émail,
qui en couvre & en orne les métaux, comme l'or,
l'argent, le cuivre ; ou qui en fait à la lampe divers
ouvrages de curiofité.

Les orfévres & joyailliers, qui montent les pierres
précieufes ; les lapidaires qui les contrefont avec des
émaux ; & les peintres qui travaillent en miniature
fur l'émail, & qui font cuire au feu leur ouvrage,
font compris dans le terme général d'*émailleurs* ;
quoiqu'en particulier, ils faffent partie, les uns du
corps de l'orfévrerie, & les autres de la communauté des maîtres peintres & fculpteurs de la ville
de Paris.

EMBALLAGE. (*Terme de douane.*) On fe fert
de ce terme en différentes fignifications.

1°. *Emballage* s'entend de l'action même d'emballer : ainfi l'on dit, qu'un emballeur eft long dans
fon *emballage* ; pour fignifier, qu'*il n'emballe pas
diligemment les marchandifes.*

2°. *Emballage* comprend tout ce qui fert à emballer, ou empaqueter les marchandifes ; comme le
papier, le carton, les caiffes, les tonneaux, les
bannettes, les toiles cirées, la paille, les ferpillières,
& les cordages.

En ce fens, le tarif de 1664 ordonne, que pour
les marchandifes, dont les droits d'entrée & de
fortie fe payent au poids, lefdits droits feront payés
par toutes fortes de perfonnes, y compris caiffes,
tonneaux, bannes, cartons, toiles & tous autres
emballages. Et l'article XI de l'ordonnance pour
les cinq groffes fermes, du mois de février, 1667,
porte pareillement, qu'il ne fera fait aucune déduction des caiffes, tonneaux, ferpillières, & de ce
qui fert à l'*emballage* des marchandifes, fi ce n'eft
fur les marchandifes d'or & d'argent, & fur les drogueries & épiceries.

3°. *Emballage* ne fignifie affez fouvent que les
ferpillières ou *toiles*, qui fervent à emballer les
marchandifes, & qui couvrent les balles & ballots
extérieurement : ainfi on appelle *une balle d'emballage* ; une balle qui ne contient abfolument que
des ferpillières de renvoi, & qui ont déjà fervi.

TOILE D'EMBALLAGE. Sorte de *toile* groffière,
mais forte, qui fert à emballer ; elle eft différente
de la ferpillière, qui eft une efpèce de canevas
fait de la plus mauvaife étoupe du chanvre, dont
pareillement on fe fert pour les *emballages. Voyez*
TOILE.

EMBALLER. Faire l'*emballage* d'une caiffe de
marchandife, l'envelopper de toile, & la garnir de
paille, pour la conferver & garantir de la pluie,

du mauvais temps & autres accidens, lorfqu'on eft
obligé de la tranfporter au loin, foit par des voitures de terre, ou de rivière, foit par mer, & pour
des voyages de long cours.

Il y a plufieurs manières d'*emballer* les marchandifes, les unes s'emballent feulement avec de la
paille & de la groffe toile ; les autres dans des bannes & bannettes d'ofier, ou de bois de châtaigner ;
ou bien des caiffes de bois de fapin, qu'on couvre
d'une toile cirée graffe toute chaude ; d'autres s'emballent dans de gros cartons, qu'on enveloppe de
toiles cirées féches, quelquefois fans autre couverture ; mais le plus fouvent avec de la paille & de
la toile : ce que l'on fait auffi ordinairement aux
emballages, où l'on emploie des caiffes & des
bannettes.

Dans tous ces emballages, on coud la toile avec
de la ficelle & une groffe aiguille, & on la ferre
par-deffus avec une forte corde, qui, faifant plufieurs tours de divers fens autour du ballot, aboutit à un des coins, où elle eft enfin liée & arrêtée :
c'eft à ce bout de la corde que les vifiteurs, ou autres commis des douanes mettent leur plomb, afin
que la balle ne puiffe s'ouvrir fans le lever, & que
les marchandifes, qui ont été vifitées, ne puiffent
être changées, ou augmentées au préjudice des droits
du roi.

Les emballeurs ont coutume de ménager à chaque encogneure de la balle, des morceaux de toile,
qu'ils appellent des *oreilles*, parce qu'ils ont en
effet quelque chofe de la figure de celle des animaux : ce font ces oreilles, qui fervent à remuer,
charger & décharger les ballots des marchandifes.

Ce n'eft pas un médiocre avantage pour les marchandifes, particulièrement pour celles qui font
précieufes & de conféquence, non-feulement d'être
au-dedans des balles bien arrangées, fuivant leur
nature & qualité ; mais encore d'être bien couvertes, & bien emballées au-dehors : & c'eft fur-tout
à quoi les marchands exacts ne doivent point dé-
daigner d'avoir l'œil eux-mêmes, ou du moins d'en
confier le foin aux plus habiles & aux plus intel-
ligens de leurs garçons.

Il eft ordonné par une fentence du châtelet de
Paris, en forme de réglement, du 17 novembre
1691, que les marchands ou commiffionnaires, qui
feront des envois de chofes précieufes, comme brocards, & étoffes d'or & d'argent, étoffes de foie,
guipures, rubans, dentelles, gants & autres chofes qui peuvent fe gâter par l'injure du temps, les
feront mettre dans des caiffes enveloppées de toile
cirée, avec un emballage au-deffus ; & à l'égard
des marchandifes groffières, avec paille, ferpillè-
res & cordages ; quoi faifant, les meffagers, voituriers, rouliers, maîtres de coches & caroffes, en
font refponfables, fi par leur faute ou manque de
foin, les marchandifes fe trouvent gâtées.

Dans les échelles du Levant, comme à Alep,
Smyrne, Conftantinople, le Caire, &c. les emballages particulièrement ceux des foies, ont toujours

deux

deux toiles ; l'une intérieure, que l'on appelle la *chemise* ; & l'autre extérieure, qui est la couverture : c'est entre ces deux toiles que se met le coton, que les Levantins emploient assez souvent au lieu de paille, ou la paille, lorsqu'ils s'en servent.

EMBALLEUR. Celui dont le métier est de ranger les marchandises dans les balles, de les empaqueter & emballer.

Les crocheteurs ou gagne-deniers de la ville de Paris, particulièrement ceux qui étoient attachés au service de la douane & des marchands ; faisoient autrefois tous les emballages des marchandises qui étoient portées & conduites à la douane, pour y être visitées & plombées ; & alloient chez les marchands emballer celles qui n'avoient pas besoin de visite, ni de plomb.

Présentement les *emballeurs* sont en titre d'offices dans la ville & fauxbourgs de Paris, paient paulette au roi, ont des droits réglés par un tarif, font bourse commune, sont érigés en corps, & comme tels ont un bureau, un syndic, d'autres officiers, & une confrérie.

La création de ces *emballeurs* officiers, est du commencement du régne de Louis XIV. Par leurs lettres-patentes, ils furent établis au nombre de 80, pour faire seuls, & à l'exclusion de tous autres, tous les emballages à la douane, & dans la ville & fauxbourgs de Paris, sans néanmoins ôter aux marchands, & autres particuliers, la faculté d'emballer eux-mêmes, ou de faire emballer leurs marchandises chez eux par leurs garçons & domestiques seulement.

Ce nombre de 80 est aujourd'hui réduit à 60, (1719) qui se partagent ordinairement en deux bandes, dont l'une est de service pendant une semaine à la douane, & l'autre au bureau qu'ils ont établi dans la rue des lombards, roulant ainsi alternativement de huit jours en huit jours.

Il y a aussi à Lyon des *emballeurs* en titre d'offices, qui composent un corps considérable ; presque par-tout ailleurs, ce sont les crocheteurs & gagne-deniers, qui en font les fonctions.

L'habileté d'un *emballeur* consiste à bien ranger les marchandises, à remplir les caisses, bannettes ou cartons, s'ils s'en servent ; en sorte qu'il n'y reste aucun vuide, crainte qu'elles ne se frottent les unes contre les autres ; à ne point mettre de certaines marchandises marchandises d'autres, qui les pourroient gâter ou casser, sur-tout quand les unes sont fragiles & les autres dures ou pesantes : enfin, à empailler également leurs ballots, à les dresser carrément, à en bien coudre la toile d'emballage, en y réservant autant d'oreilles qu'il est nécessaire, suivant leur grosseur, à disposer également la corde, avant de la serrer avec la bille, & à la bien biller.

Ce sont aussi les *emballeurs*, qui écrivent sur la toile d'emballage les nos. des ballots appartenans au même marchand, & envoyés au même correspondant, & les noms & qualités de ceux à qui ils sont adressés, & les lieux de leur demeure.

Si ce sont des marchandises fragiles, comme des miroirs, des porcelaines, des cristaux, &c. ils y ajoutent ou la figure d'un miroir, ou celle d'un verre, ou enfin celle d'une main, pour avertir ceux qui les remuent, ou qui les chargent & déchargent, de les ménager.

Sur les ballots, ou caisses de vipères, qui viennent de Languedoc pour les droguistes & apothicaires de Paris, ou qui passent dans les autres provinces du royaume, on représente un de ces animaux à cause du danger qu'il y auroit, si les caisses se brisoient.

Enfin, si ce sont des livres, qui ne paient en France aucuns droits, on y met le mot *livres*.

Toutes ces choses s'écrivent, ou se peignent avec de l'encre commune, & une espèce de plume de bois, c'est-à-dire, d'un petit bâton large de deux ou trois lignes, long de six pouces, dont un bout est coupé en chanfrin.

Les instrumens, dont se servent les *emballeurs*, sont un couteau, une bille de bois ordinairement de buis, & une longue & forte aiguille de fer à trépointe, c'est-à-dire, à trois carnes ; leur fil est une médiocre ficelle, qui, dans le commerce de la corderie, est appellée *ficelle d'emballage*.

EMBARCADÈRE. *Terme Espagnol*, particulièrement en usage sur les côtes de l'Amérique, qui sont mouillées de la mer du Sud.

Ce terme signifie *un lieu*, qui sert de port à quelque ville considérable, qui est plus avancée dans les terres.

Colao, par exemple, est l'*embarcadère* de Lima, capitale du Pérou, & Arica l'*embarcadère* du Potosi. Il y a même des *embarcadères*, dont la ville à qui ils servent de port, est quelquefois quarante, cinquante & jusqu'à soixante lieues éloignée de la mer.

On appelle ces lieux *embarcadères*, parce que c'est-là que s'embarquent toutes les marchandises qui viennent de ces villes, & où se débarquent toutes celles qui leur sont destinées.

EMBARGO. Le mot EMBARGO a précisément le même sens en Angleterre qu'en France. On y dit, mettre un *embargo*, ou *fermer* les ports, ce qui est la même chose, pour empêcher les vaisseaux de sortir en mer : & par le mot de *presser*, l'on entend *prendre* des gens par force, pour les faire servir par la flotte. On les prend par-tout, sur terre & sur l'eau. C'est contre les loix en Angleterre, de prendre des gens par force pour l'armée de terre.

Les *embargos* font un préjudice au commerce, qu'il est aisé de comprendre.

EMBARILLÉ. Ce qui est enfermé dans un baril. On dit, *dans le commerce des farines*, que de la farine est bien *embarillée*, quand elle est bien foulée & bien pressée dans les barils.

EMBARQUEMENT. Action par laquelle on charge des marchandises dans un vaisseau ; on le dit aussi des frais qu'il en coûte pour les embarquer.

EMBARQUER DES MARCHANDISES. C'est en charger un vaisseau ou un bateau.

Un maître de navire doit avoir le connoissement de toutes les marchandises qu'il *embarque* ; & un voiturier par eau, la lettre de voiture de celles dont est chargé son bateau, afin de les représenter quand il en est besoin.

EMBARQUER EN GRENIER. C'est *embarquer* des marchandises sans être emballées, ni empaquetées.

On *embarque* de cette sorte le sel, le bled, toutes sortes de grains, des légumes ; de certains fruits, comme les pommes & les noix ; le poisson sec, les métaux, &c. c'est-à-dire, qu'on les met en tas dans des lieux secs, & préparés exprès à cet usage dans les navires & bateaux.

EMBAUCHER. Il se dit chez les artisans, des compagnons & ouvriers que l'on engage à aller travailler chez les maîtres.

EMBAUCHEUR. Celui qui se mêle de chercher des compagnons & garçons, pour aller travailler pour les maîtres : c'est le plus souvent le clerc des communautés, qui prend ce soin, moyennant quelque petit droit.

EMBOITER. Mettre dans une boëte. Ce terme signifie souvent la même chose qu'*encaisser*. *Voyez* ENCAISSER.

EMBOURRURE. On appelle *toile d'embourrure*, une grosse toile dont les tapissiers couvrent la bourre ou autres matières dont ils garnissent les tabourets, chaises, fauteuils, banquettes, soffas, canapés & autres tels meubles. C'est sur cette toile que se met ensuite l'étoffe.

ÉMERAUDE. Pierre précieuse verte & transparente, la plus dure après le rubis.

On tient l'*émeraude orientale* plus dure, plus brillante & plus transparente que la péruvienne, qui le plus souvent à quelques nuages, & jette moins de feu : d'ailleurs il en vient une si grande quantité du Pérou, par la voie de Carthagène, qu'elles sont beaucoup baissées de prix & de réputation.

On trouve aussi des *émeraudes* dans l'isle de Chypre & dans la grande Bretagne ; mais c'est peu de chose, si même ce sont de véritables *émeraudes*.

Les mines d'*émeraudes* qui se trouvent dans l'Amérique, se tirent principalement de la vallée de Tunia ou Tomana assez près de la nouvelle Carthage, & entre les montagnes de Grenade & de Popayan, & c'est de-là qu'il s'en transporte à Carthagène une si grande quantité tous les ans. Ce fût de ces sortes d'*émeraudes* qui ne sont pas néanmoins extrêmement fines, que nos François firent un si grand butin, lorsque pendant les dernières guerres, M. de Pontis & M. Ducasse s'emparèrent de cette ville.

La prisme d'*émeraude* est la mère ou matrice de l'*émeraude* ; elle est mise au nombre des pierres précieuses ; est dure, transparente & demi-opaque, & est ordinairement mêlée de jaune, de verd, de blanc, de bleu, avec quelques taches noirâtres.

ÉMERIL, que les ouvriers appellent plus communément ÉMERI. C'est une *pierre métallique* qui se trouve presque dans toutes les mines des métaux ; mais particulièrement dans celles d'or, de cuivre & de fer. On distingue ordinairement trois sortes d'*émeril*, celui d'*Espagne*, l'*émeril rouge* & le *commun*.

L'*émeril d'Espagne* se trouve dans les mines d'or du Pérou, & des autres provinces de l'Amérique Espagnole. L'on peut regarder ce minéral comme une espèce de marcassite de ce riche métal, tant il est parsemé de petites veines d'or ; aussi le roi d'Espagne en a-t-il interdit la sortie hors de ses états, ce qui le rend très-rare en France, au grand déplaisir des chercheurs de pierre philosophale, qui fondent de grandes espérances sur la transmutation de ce précieux minéral.

L'*émeril rouge*, se tire des mines de cuivre. Le peu qu'on en voit & qu'on en consomme à Paris, vient de Suède & de Danemarck : on le substitue quelquefois à celui d'Espagne ; mais il faut être bien novice pour s'y tromper ; l'*émeril rouge* n'ayant aucune venule d'or, & étant mat, uni & dur, toutes qualités que n'a point celui d'Espagne.

L'*émeril commun* se trouve dans les mines de fer. C'est l'unique dont on fait un assez grand négoce en France, particulièrement à Paris, à cause de la grande quantité d'ouvriers, armuriers, couteliers, serruriers, vitriers, lapidaires, marbriers, &c. qui s'en servent ; les uns pour polir leurs ouvrages de fer, & les autres pour tailler & couper leurs verres, marbres & pierres précieuses.

Cette sorte d'*émeril* est d'un gris un peu rougeâtre, très-dur, & par conséquent très-difficile à pulvériser. Les Anglois sont les seuls qui le réduisent en poudre, par le moyen des moulins à eau destinés à cet usage, & qui l'envoyent tout pulvérisé. Si l'on veut de cette sorte, la poudre la plus subtile & la plus impalpable est la meilleure ; si au contraire on le choisit en pierre, il faut qu'il soit haut en couleur, & point rempli de roche s'il se peut.

La potée d'*émeril* est cette espèce de boue qui se trouve sur les roues ou meules, sur lesquelles les lapidaires taillent leurs pierres.

Les Anglois qui en font un très-grand commerce, tirent du Levant la plupart de celui qu'on voit en Angleterre, particulièrement de l'isle de Naxie.

« Les *pierres d'émeril* paient en France les droits » d'entrée à raison de 18 s. du cent pesant, confor- » mément au tarif de 1664.

» Les droits de la douane de Lyon sont de 10 s. » le quintal pour l'ancienne taxation, & de 5 s. pour » la nouvelle réapréciation ».

ÉMINE. Espèce de grande mesure de grains, que l'on appelle plus ordinairement *hemine. Voyez* HEMINE.

EMPAN, ou PAN. *Mesure* étendue. *Voyez* PALME.

EMPAQUETER. Mettre quelque chose en un

paquet. Il se dit particulièrement des marchandises que, selon l'espèce, on empaquete dans des toilettes, ou dans du papier. Les marchands en détail ne font sans cesse qu'*empaqueter* & dépaqueter, sans bien souvent vendre pour un liard de marchandise. Les garçons & apprentifs doivent prendre garde, en empaquetant leurs étoffes, après qu'ils les ont fait voir, de n'y faire point de faux plis.

EMPILER. Mettre plusieurs sortes de marchandises l'une dessus l'autre, en faire une pile. On *empile* des étoffes dans un magasin, du bois flotté dans un chantier, des morues dans un navire, ou dans un bateau.

EMPIRANCE, *en termes de commerce de mer*. Se dit du déchet, de la corruption ou diminution de valeur, qui arrive aux marchandises qui sont dans un vaisseau, soit naturellement par leur propre vice, soit accidentellement par tempête ou autrement.

EMPIRER. Devenir pire, être en plus mauvais état. La plûpart des marchandises *empirent*, quand on les garde trop long-temps; il est de l'habileté d'un marchand de s'en défaire avant qu'elles *empirent*.

EMPLETTE. Achat de marchandises. J'ai fait une grande *emplette* de toiles à la foire de Guibray. Sortirez-vous d'ici sans faire *emplette*, c'est-à-dire, sans acheter?

EMPLOI. Bon ou mauvais usage qu'on fait d'une chose. J'ai fait l'*emploi* de mon argent en draps de Hollande. L'*emploi* est bon, il y a vingt pour cent à gagner.

EMPLOI, *en termes de comptes*. On dit un faux *emploi* : un double *emploi*. Le faux *emploi* est, quand on met en dépense une somme qui n'a pas été payée. Le double *emploi* est, quand on y met deux fois le même article. L'un & l'autre ne se couvrent point par l'arrêté d'un compte.

EMPLOYÉ. Il se prend quelquefois pour commis. Les directeurs des fermes du roi ont inspection sur les receveurs, contrôleurs & autres *employés*.

EMPLOYER. Se servir de quelqu'un, ou de quelque chose. *En fait de compte*, il se dit pour mettre quelque partie, quelque article en recette ou en dépense. Avez-vous *employé* ces 20 pièces de drap, ces 1000 liv. dans votre bref-état, dans votre compte?

EMPOINTER, APPOINTER, ou POINTER une pièce d'étoffe. C'est y faire quelques points d'aiguille avec de la soie, du fil, ou de la ficelle, pour la contenir dans la forme qu'elle a été pliée, & l'empêcher de prendre de mauvais plis. Ce drap, cette serge, cette étamine est pliée, il ne reste plus qu'à l'*empointer*.

On ne peut bien voir, ni bien examiner une pièce d'étoffe, qu'elle ne soit désempointée, c'est-à-dire, que l'on n'en ait coupé les points pour la déplier & l'étendre.

Le réglement du 7 avril 1693, concernant les toiles qui se fabriquent dans les généralités de Caën & d'Alençon, défend très-expressément aux tisserands & marchands, d'*empointer* aucune pièce de toile, pour l'exposer en vente, ne leur étant permis seulement que de les lier à nœud coulant avec de la ficelle.

EMPOIS. Espèce de colle très-légère, dont les tisserands, lingères & blanchisseuses se servent pour empoiser & affermir les toiles fines qui doivent être claires & avoir de la consistance.

Il y a de deux sortes d'*empois* ; le blanc qui se fait avec de l'amidon seul; & le bleu, où l'on ajoute du bleu, ou émail de Hollande.

EMPRUNT. Argent que l'on prend sur la place, ou dans la bourse de ses amis, à la charge de le rendre dans un certain temps, & d'en payer les intérêts. On le dit aussi des marchandises qui se prennent à crédit.

Il est presque impossible d'entreprendre & de soutenir un grand commerce, sans se servir quelquefois de l'un ou de l'autre de ces *emprunts*; mais tous deux sont capables de décréditer ceux qui s'en servent, & de les ruiner, s'ils ne sont pas exacts à s'acquitter aux échéances, sur-tout dans les *emprunts* d'argent, dont les intérêts emportent presque toujours, s'ils sont fréquens, tous les profits qu'on pourroit tirer de son négoce.

EMPRUNTER. Prendre de l'argent à intérêt, où des marchandises à crédit.

EN

ENARRHEMENT, ou ARRHEMENT. Convention d'acheter une marchandise à certain prix; pour sûreté de quoi on donne par avance quelque chose pour le prix convenu.

ENARRHER. Convenir du prix d'une chose, & donner des arrhes pour la sûreté de l'exécution du marché.

La déclaration de Louis XIV du mois d'août 1699, sur le fait des bleds, se sert des termes d'*enarrhement* & d'*enarrher*. Les anciennes ordonnances & les statuts des six corps des marchands, aussi bien que de quelques communautés des arts & métiers, disent *arrher* & *arrhement*.

ENCAISSÉ, ÉE. Du vin *encaissé*, de la marchandise *encaissée*; c'est du vin en bouteilles, ou de la marchandise qu'on a mis dans une caisse, pour en faciliter le transport. Ce vin est bien *encaissé*, cette marchandise est *encaissée* comme il faut.

ENCAN. *Vente publique* de marchandises, ou de meubles, qui se fait par autorité de justice, au plus offrant & dernier enchérisseur. C'est ordinairement un huissier-priseur qui fait ces sortes de ventes.

ENCAQUER LE HARENG. C'est le mettre & l'arranger dans la caque ou baril, après qu'il a été apprêté & salé.

ENCAVER. (*Terme de tonnelier*). C'est descendre du vin, ou autres liqueurs en tonneau, dans une cave.

ENCENS. Espèce de *gomme*, ou *résine* odoriférente & aromatique, qui, de tout temps, a été consacrée à brûler dans les temples , & qui eſt autant connue par cet uſage de religion , qu'on connoît peu les arbres qui la produiſent, ou les lieux où ces arbres croiſſent.

L'oliban, ou *encens mâle*, eſt apporté en France par la voie de Marſeille : il faut le choiſir en belles larmes blanches, un peu dorées , d'un goût amer & déſagréable ; & qu'étant mâché, il excite la ſalive , & la rende auſſi blanche que du lait ; ſur-tout rejetter celui qui eſt rempli de pouſſière, de petites larmes jaunâtres, & de marrons noirs.

L'encens des Indes , qui vient par les vaiſſeaux de la compagnie françoiſe, n'eſt pas à beaucoup près ſi bon que celui d'Arabie , ou du mont Liban. On l'appelle vulgairement *encens de Mocha*, quoiqu'il ne vienne pas de cette ville d'Arabie. On l'apporte en maſſe, quelquefois en petites larmes, mais toujours fort chargé d'ordures. Il eſt rougeâtre , & d'un goût un peu amer. Quelques marchands épiciers-droguiſtes le donnent pour vrai oliban ; d'autres , non moins hardis , & auſſi infidèles, le vendent pour véritable *bedelium*.

La manne *d'encens* n'eſt autre choſe que les petits grains ronds, clairs & tranſparens , qu'on trouve dans l'oliban ; & comme véritablement c'eſt de l'oliban, on peut s'en ſervir aux mêmes uſages. On appelle cependant encore *manne d'encens* les petites miettes farineuſes de l'oliban, qui ſe rencontrent au fond des ſacs , & qui ont été produites par le mouvement de la voiture.

La ſuie *d'encens* eſt cette dernière ſorte de manne d'encens , brûlée de la manière qu'on brûle l'arcançon , pour faire du noir de fumée.

L'écorce *d'encens* eſt l'écorce de l'arbre qui le produit ; elle a preſque les mêmes qualités & la même odeur que l'*encens* ; auſſi l'a-t-on fait entrer dans la compoſition des paſtilles & des parfums inflammables.

Bien d'habiles droguiſtes croient que toute l'écorce d'encens qu'on voit en France, n'eſt rien autre choſe que ce qu'on appelle vulgairement *encens des Juifs*, qui eſt une écorce qui vient des Indes, & qui eſt bien différente de la véritable écorce d'encens , tant pour le prix, que pour l'odeur & les propriétés.

Le galipot s'appelle *gros encens* , à la différence de l'oliban qu'on appelle *encens fin*. On ne ſçait pas trop pourquoi ce dernier eſt auſſi nommé *encens mâle* , du moins on ne voit point dans les auteurs qu'il y ait d'*encens femelle* ; ce qui faudroit, ce ſemble , qui fût, pour avoir donné lieu à cette dénomination.

L'encens blanc, l'encens commun, ou *encens de village*, ſont auſſi des noms ſous leſquels on vend le galipot.

L'encens marbré , ou *madré*, comme l'appellent les Provençaux, eſt une des eſpèces de barras.

Ce que l'on nomme *encens des Juifs*, n'eſt autre choſe que le ſtorax rouge.

L'encens mâle , ou oliban, entre dans pluſieurs

compoſitions galleniques & chimiques. On s'en ſert auſſi pour appaiſer la douleur des dents ; mais ce n'eſt pas ſans courir riſque de gâter celles qui ſont ſaines, & de ne guères ſoulager le mal que cauſent celles qui ſont gâtées.

« L'*encens* de toutes ſortes eſt du nombre des » marchandiſes venant du Levant, Barbarie & autres » pays & terres de la domination du roi de Perſe » & d'Italie, ſur leſquelles il eſt ordonné être levé » 20 pour 100 de leur valeur, conformément à » l'arrêt du conſeil du 15 août 1685 , avec les ſols » pour livre ».

ENCHÈRE. *Miſe*, ou *augmentation de prix* qu'on fait ſur quelques marchandiſes qui ſont vendues publiquement, ſoit volontairement , comme ordinairement les marchandiſes arrivées par les vaiſſeaux des compagnies de commerce, ſoit par autorité de juſtice, comme celles qu'abandonne un marchand qui a fait faillite, pour le payement de ſes créanciers.

ENCHÉRIR. Offrir d'une marchandiſe qui ſe crie , un prix au-deſſus de celui qu'en a offert le dernier enchériſſeur.

Enchérir. Signifie auſſi *augmenter de prix*, devenir plus cher. La diſette des ſoies & des ouvriers fait beaucoup *enchérir* les étoffes de Lyon & de Tours.

Enchérir. Veut dire encore , *vendre à plus haut prix* que l'on a de coutume.

ENCHÉRISSEUR. Celui qui fait enchère ſur une marchandiſe qui ſe crie publiquement. Les étoffes de la compagnie des Indes ſe ſont bien vendues cette année ; jamais il n'y eut tant d'*enchériſſeurs*.

L'huiſſier, ou crieur, eſt obligé de délivrer les marchandiſes criées au plus offrant & dernier *enchériſſeur*, après avoir pluſieurs fois averti à haute voix , que c'eſt pour la troiſième & dernière fois qu'il le crie, & qu'il va les adjuger.

ENCOMBREMENT, ou **ENCOMBRANCE**, comme il ſe dit à Bordeaux. C'eſt l'embarras que cauſent dans les vaiſſeaux les marchandiſes qui en font la cargaiſon, particulièrement celles qui ſont d'un gros volume, comme peuvent être les balles de liège, de plumes, de chanvre, de pelleterie, &c.

Lorſqu'il s'agit du fret de ces ſortes de marchandiſes, l'évaluation du tonneau de mer ſe fait par rapport à l'*encombrement*, c'eſt-à-dire, par rapport à l'embarras qu'elles peuvent cauſer, ou à la place qu'elles peuvent occuper dans le fond de cale du vaiſſeau, qui eſt le lieu de ſa charge.

ENCRE. C'eſt tantôt une liqueur noire, dont on ſe ſert pour écrire, tantôt une pâte noire & ſéche, qui , détrempée dans l'eau, ſert à deſſiner, ou à laver des plans & deſſeins ; tantôt une compoſition de noir, d'huile & de térébenthine, qui s'emploie à l'impreſſion des livres & eſtampes ; & tantôt un compoſé de blanc & de teinture de Bréſil, qui s'appelle *roſette*, dont on ſe ſert pour régler les livres , & que les peintres emploient auſſi quelquefois dans leurs ouvrages.

ENCRE DE LA CHINE. C'eft une efpèce de *noir de fumée* réduit en petites tablettes ordinairement quarrées, un peu plus longues que larges, de deux ou trois lignes d'épaiffeur, dont les Chinois fe fervent pour écrire, après l'avoir détrempée avec de l'eau; & que l'on emploie en France & ailleurs pour deffiner, ou pour laver des plans, des deffins, &c.

On la contrefait en France, & il en vient auffi quantité de Hollande, que les Hollandois fabriquent eux-mêmes. Outre qu'on peut reconnoître la véritable *encre de la Chine* d'avec celle qui ne l'eft pas, par la forme des tablettes, & par les figures imprimées, on la diftingue encore mieux par la couleur & l'odeur; la véritable étant très-noire & d'une odeur agréable; & l'autre feulement grisâtre & d'une odeur plus mauvaife que bonne. Ces différences fuffifent pour en faire facilement le difcernement. Ainfi on voit bien qu'il faut choifir cette *encre* à la Chine, c'eft-à-dire, très-noire, d'une odeur agréable & en tablettes prefque quarrées & peu épaiffes.

L'*encre de la Chine*, foit véritable, ou contrefaite, fait une portion du négoce des marchands épiciers-droguiftes de Paris : quelques merciers en vendent auffi.

ENCRE D'IMPRIMEUR, ENCRE D'IMPRIMERIE, OU ENCRE À IMPRIMER. C'eft un compofé de térébenthine, d'huile de noix ou de lin & de noir de fumée, réduit par la cuiffon & par le broyement en une efpèce de pâte liquide, à peu près femblable à la bouillie un peu épaiffe. On fe fert de cette *encre* à imprimer les livres.

ENDETTÉ. Qui *doit* beaucoup, qui a *contracté* quantité de *dettes*.

ENDETTER une compagnie, une fociété. C'eft contracter en leur nom des dettes confidérables. La compagnie de . . . . . eft abîmée; fes directeurs l'ont *endettée* à n'en jamais revenir. Notre fociété eft *endettée* bien au-delà de fes fonds.

S'ENDETTER. Faire des dettes en fon propre & privé nom. Je me fuis *endetté* de tous côtés.

ENDOSSEMENT. Se dit de l'écriture qui fe met au dos d'une lettre-de-change, par celui qui en eft le propriétaire ou le porteur, foit pour en faire tranfport à quelqu'un, foit pour la rendre payable à l'ordre d'un autre, foit encore pour fervir de quittance.

Il faut remarquer que lorfque l'*endoffement* d'une lettre-de-change eft fait pour la rendre payable à l'ordre d'un autre, on lui donne le nom d'*ordre*. *Voyez* ORDRE.

Dans le tit. V de l'ordonnance du mois de mars 1673, il y a quatre articles qui prefcrivent en quelle forme les ordres, que l'on met au dos des lettres-de-change, doivent être conçus, & à qui les lettres endoffées doivent appartenir.

1°. Par l'article 23, les fignatures au dos des lettres-de-change, ne doivent fervir que d'*endoffement*, & non d'ordre, s'il n'eft daté & ne contient

le nom de celui qui a payé la valeur en argent, marchandife ou autrement.

2°. Par l'article 24, les lettres-de-change, endoffées dans les formes prefcrites par l'article précédent, appartiennent à celui du nom duquel l'ordre eft rempli, fans qu'il ait befoin de tranfport ni de fignification.

3°. L'article 25 veut, qu'au cas que l'*endoffement* ne foit pas dans la forme ci-deffus, les lettres foient réputées appartenir à celui qui les a endoffées; & puiffent être faifies par fes créanciers, & compenfées par fes redevables.

4°. Enfin, l'article 26 défend expreffément d'antidater les ordres, à peine de faux.

Les banquiers, marchands, négocians & autres perfonnes qui endoffent des lettres-de-change, pour les envoyer recevoir à leur échéance; c'eft-à-dire, qui mettent leur fimple fignature au dos des lettres, laiffant le blanc au-deffus pour remplir le reçu, doivent obferver de mettre ou à côté, ou au-deffous de leur fignature, ces mots: *pour fervir d'endoffement*, ou *pour acquit*.

On en doit ufer ainfi, afin que ceux entre les mains de qui les lettres doivent refter, après que le paiement en a été fait, ne puiffent changer la difpofition de la fignature, (qui ne doit fervir que pour quittance,) en un ordre de payer à un autre le contenu de la lettre, ce qui pourroit fe faire facilement fans la précaution ci-deffus marquée, fuppofé que celui entre les mains de qui la lettre-de-change feroit reftée, fût de mauvaife foi.

Il faut remarquer que les billets de change font fufceptibles d'*endoffemens*, auffi-bien que les lettres-de-change.

ENDOSSER. Écrire fur le dos d'une lettre ou billet de change, y mettre fon *endoffement*.

ENDOSSEUR. Celui qui endoffe, qui écrit fon ordre au dos d'une lettre ou billet de change, pour la rendre payable à un autre.

Le porteur d'une lettre-de-change protestée, peut fe pourvoir contre les *endoffeurs*, pour le paiement du rechange des lieux où la lettre a été négociée, fuivant leur ordre. *Art. 5 du tit. 6 de l'ordonnance du mois de mars 1673.*

Par arrêt du parlement du 30 août 1714, en forme de réglement, rendu fur les conclufions du procureur-général du roi, concernant les lettres & billets de change perdus & adhirés, il eft ordonné, que les articles XVIII, XIX & XXXIII du tit. V de ladite ordonnance, feront exécutés felon leur forme & teneur; ce faifant, que dans le cas de la perte d'une lettre tirée de place en place, payable à ordre, & fur laquelle il y a plufieurs *endoffeurs*, le porteur de ladite lettre fera tenu de s'adreffer au dernier defdits *endoffeurs*, pour avoir une feconde lettre-de-change; lequel fera pareillement tenu, fur la réquifition qui lui en fera faite par écrit, de prêter fes offices au porteur de la lettre, auprès du précédent *endoffeur*, & ainfi remontant d'*endoffeur* en *endoffeur*, jufqu'au tireur de la lettre adhirée;

même, de prêter son nom audit porteur, en cas qu'il faille donner des assignations & faire des poursuites judiciaires contre les *endosseurs* précédens : tous les frais qui seront faits pour raison de ce, même les ports de lettres & autres, seront payés & acquittés par ledit porteur de la première lettre-de-change qui aura été perdue, & faute par le dernier *endosseur* de ladite lettre, & en remontant par les autres *endosseurs*, d'avoir prêté leurs offices & leur nom audit porteur, après en avoir été requis par écrit ; celui desdits *endosseurs* qui aura refusé de le faire, sera tenu de tous les frais & dépens, même de faux frais, qui pourront être faits par toutes les parties depuis son refus.

ENFANTS DE LANGUE. On nomme ainsi dans les échelles du Levant, particulièrement à Constantinople & à Smyrne, de *jeunes François* que sa majesté très-chrétienne entretient dans le Levant, pour y apprendre les langues Turque, Arabe & Greque, pour ensuite servir de drogmans à la nation, particulièrement aux consuls & aux négocians. Ce sont les capucins François qui ont soin de leur éducation.

ENFLER DES PARTIES, ENFLER UN MÉMOIRE. C'est y mettre les marchandises qu'on a livrées à plus haut prix qu'elles ne valent, ou qu'on n'en est convenu.

On dit aussi, *enfler la dépense d'un compte*, pour signifier *y employer des articles*, qui n'y peuvent ou n'y doivent point entrer.

ENGAGÉ. On nommoit ainsi aux Antilles, ceux qui s'engageoient avec les habitans des isles, pour les servir pendant trois ans. On les appelloit néanmoins plus communément *trente-six mois*, à cause que trois années, à douze mois chacune, reviennent à ce nombre de mois.

ENGAGEMENT. Se dit *dans le commerce*, de toutes les choses dont les négocians conviennent ensemble pour le fait de leur négoce. On l'entend encore des conditions sous lesquelles les commis des compagnies de commerce s'engagent dans leur service. J'ai signé mon *engagement* avec les directeurs de la compagnie de la Chine.

Il en est de même des apprentifs & des garçons des marchands, & des compagnons des artisans.

ENGAGEMENT DE MARCHANDISES.

Monsieur Jean-Pierre Ricard, dans son Traité du négoce d'Amsterdam, donné au public en 1722, parle d'une espèce de commerce ou de négociation qui se fait à Amsterdam, & qui est tout-à-fait inconnu en France, auquel il donne le nom d'*engagement de marchandises*. Pour satisfaire la curiosité du lecteur, on va donner ici un extrait de ce qu'en dit cet habile & exact auteur.

Il y a plusieurs conjonctures qui donnent ordinairement occasion à ces *engagemens*: les plus communes sont lorsque le prix des marchandises diminue considérablement par la trop grande quantité qui

s'en trouve dans les magasins & chez les marchands, ou qu'il y a au contraire apparence que ces mêmes marchandises pourront beaucoup augmenter dans quelque temps. Dans ces deux cas, les marchands qui ont besoin d'argent comptant, & qui veulent cependant éviter une perte certaine en donnant à trop bon marché une chose qui leur a beaucoup coûté, ou s'assurer un profit qu'ils pensent pouvoir espérer de l'augmentation de leurs denrées, en différant de les vendre, ont recours à l'*engagement de leurs marchandises*, qui se fait de la manière suivante.

Le marchand qui les veut engager, s'adresse à un des courtiers qui se mêlent de ces sortes de négociations ; il lui donne une note de celles qu'il veut mettre en gage ; on convient de l'intérêt qui est ordinairement depuis trois ou trois & demi, jusqu'à six pour cent par an, selon l'abondance ou la rareté de l'argent ; on régle ce qu'il en doit coûter pour le magasinage, enfin tout ce qui convient à la qualité des marchandises. L'accord étant fait, le courtier en écrit l'obligation sur un sceau, c'est-à-dire, sur un papier scellé du sceau de l'état, à-peu-près comme ce qu'on appelle en France du *papier timbré*, & la dressé dans la forme qu'on donnera dans la suite.

Il faut remarquer que ces sortes d'obligations sont si communes à Amsterdam, qu'on en trouve de tout imprimées chez la plupart des libraires, & que les courtiers n'ont plus qu'à remplir les blancs, suivant la différence des marchandises, de leur intérêt, & des temps dont on convient.

L'exemple que M. Ricard se propose pour en donner un modèle, est d'une quantité de 8000 livres de café, valant lors de l'*engagement* 28 sols la livre, qu'on engage sur le pied de 25 sols la livre, pour six mois, à quatre pour cent d'intérêt par an, & à trois sols par balle par mois de magasinage.

FORMULE D'UN ENGAGEMENT DE MARCHANDISES.

« Je soussigné confesse par la présente, devoir loyalement à Monsieur N. N. ... la somme de » *dix mille florins argent courant*, pour argent » comptant reçu de lui à ma satisfaction ; laquelle » somme de *dix mille florins* je promets payer en » argent courant dans six mois après la date de la » présente, franc & quitte de tous frais, audit » sieur N. N. : ou au porteur de la présente, » avec l'intérêt d'icelle, à raison de *quatre* pour » cent par an : & en cas de prolongation, jusqu'au » paiement effectif du capital & de l'intérêt ; enga- » geant pour cet effet ma personne & tous mes biens, » sans exception d'aucun, les soumettant à tous juges » & droits. En foi de quoi j'ai signé la présente de » ma propre main. A Amsterdam, le 2 novembre » 1718. J. P. R. »

On ajoute ensuite ce qui suit :

« Et pour plus grande espérance du contenu ci- » dessus, j'ai délivré & remis au pouvoir dudit sieur

» *N. N.* . . . comme un gage volontaire, 16 balles de
» café marquées *J. P. R.* de numéro 1 à 16,
» pesant 8000 livres ou environ, desquelles je le
» rends & fais maître dès-à-présent, l'autorisant de
» les vendre & faire vendre comme il trouvera à
» propos, même sans en demander aucune permission
» en justice; si je ne lui paie pas la susdite somme
» avec les intérêts & les frais au jour de l'échéance,
» & au cas de prolongation, jusqu'à son entier rem-
» boursement. Promettant de plus de lui payer trois
» sols par livre à chaque fois que le café pourra bais-
» ser de deux à-trois sols par livre, & trois sols par
» chaque balle par mois pour le magasinage, &
» tous autres frais qu'il pourra faire sur lesdites
» 16 balles, l'affranchissant bien expressément de la
» perte ou dommage qui pourroit arriver audit
» café, soit par eau, soit par feu, par vol, ou par
» quelqu'autre accident prévu ou imprévu. A Ams-
» terdam, ce 2 novembre 1718. *J. P. R.* ».

Il faut remarquer que lorsque l'intérêt est bien
haut, comme seroit celui de six par an, on se garde
bien de le spécifier dans l'obligation, parce qu'elle
seroit traitée d'usuraire, & que l'on seroit sujet à
l'amende qu'encourent les usuriers; mais dans ce
cas, on met que l'intérêt sera payé à ½ pour cent
par mois, ce qui est la même chose dans le fond,
mais que l'on tolère, parce que l'emprunteur est
censé avoir la liberté de retirer sa marchandise chaque mois.

Si l'emprunteur veut retirer une marchandise engagée pour six mois, avant l'expiration de ce terme, comme au bout de trois ou quatre mois, il
n'en paye pas moins l'intérêt des six mois tout entiers; ce qui à la vérité paroît injuste, mais qui
cependant est autorisé par la coutume, sur la supposition assez vraisemblable que l'emprunteur ne la
veut retirer que pour la vendre à un prix où il
trouve de quoi se dédommager de l'intérêt de son
engagement.

Lorsque l'emprunteur n'est pas dans le dessein
de retirer sa marchandise au bout du terme convenu, il en avertit le prêteur deux ou trois jours
avant l'échéance; & s'ils conviennent d'une prolongation, ils en font mention au bas de l'obligation, autrement l'emprunteur courroit risque, quelque peu qu'il tardât de retirer ses marchandises,
d'en payer au moins un mois d'intérêts, & ayant
des prêteurs qui en prétendent pour deux mois &
même pour trois, quand le terme ne seroit passé
que de deux ou trois jours; la coutume néanmoins
est qu'on en est quitte pour un mois.

Quand l'emprunteur veut vendre sa marchandise
pendant qu'elle est engagée, le prêteur ne peut refuser de la faire voir aux courtiers ou aux marchands qui la veulent acheter; & si la vente se fait
à un homme bon & connu, il la lui délivre sur un
ordre par écrit de l'emprunteur, sur quoi le prêteur
la livre en son nom; & quand l'argent est entré,
il en fournit le compte à l'emprunteur & lui paye
le surplus de la marchandise, après en avoir déduit

tous les frais & l'intérêt qui lui est dû : il y a des
prêteurs qui en ce cas se font payer une demi-
commission, pour la peine qu'ils ont de livrer la
marchandise & d'en tenir compte; ainsi si les em-
prunteurs n'entendent pas la payer, ils doivent auparavant s'en expliquer avec eux.

Il est d'usage & de l'honnêteté que le prêteur &
l'emprunteur s'avertissent mutuellement; l'un qu'il
veut retirer son argent au bout du terme, & l'autre
que dans le même terme il veut retirer sa marchandise.

Si le prêteur a averti l'emprunteur qu'il aura
besoin de son argent à l'échéance du terme, &
que celui-ci ne se soit pas mis en peine de le lui rendre, l'autre est en droit de présenter sa requête aux
échevins, pour être autorisé à vendre la marchandise engagée pour le compte & aux risques de l'emprunteur; ce qui est toujours accordé, quand ce
dernier ne peut alléguer de raison valable.

En ce cas, la vente doit toujours être faite en
public par les officiers commis à cet effet, & l'emprunteur a la liberté de s'y trouver pour faire enchérir sa marchandise & la pousser le plus haut
qu'il lui est possible; & après la vente, si le produit excède ce qui est dû au prêteur, l'excédent
est délivré à l'emprunteur : & si au contraire il
n'est pas suffisant pour l'entier paiement du prêteur,
celui-ci peut poursuivre l'emprunteur pour le paiement du reste, & le faire condamner aux intérêts,
jusqu'à ce que tout soit acquitté.

Toutes sortes de marchandises ne sont pas propres à être engagées sur le pied de leur valeur ni
pour long-temps, & celles qui peuvent se gâter aisément comme les prunes séches, les raisins de Corinthe & les figues, ou s'aigrir & couler comme les
vins, s'engagent ordinairement pour peu de mois,
& encore à 15, 20, 25, & quelquefois 50 pour
cent moins qu'elles ne valent, ce qui se règle
aussi suivant que ces marchandises sont de bon ou
de mauvais débit, ce que les Hollandois appellent
marchandises courantes & incourantes.

Il faut aussi remarquer que le mois de magasinage & de cavage se compte dans ces obligations
autrement que dans le louage ordinaire des magasins & des caves, où les mois ne sont que de 28
jours, & où par conséquent l'année est composée de
13 mois, au lieu que dans les engagements, les
mois se payent d'un jour fixe, comme du 15 mai au
15 juin, ce qui ne fait l'année que de 12 mois,
comme elle est naturellement.

ENGAGER. Mettre en gage. Il signifie aussi *disposer d'une chose.* J'ai *engagé* mes fonds, j'*en-
gagerai* plutôt ma vaisselle d'argent que de ne pas
vous payer à l'échéance de mon billet.

ENGAGER. Avec le pronom personnel, veut quelquefois dire, s'*endetter*, quelquefois *entrer dans
une affaire*, *dans une société*, d'autres fois, *cautionner* quelqu'un, & souvent *prendre parti* avec
un maître.

Dans toutes ces significations, on dit, *en terme*

de commerce : ce marchand s'eſt *engagé* de tous côtés, c'eſt-à-dire, a de grandes dettes. Ce manufacturier s'*engage* dans trop d'entreprises, il n'aura pas la force de les soûtenir. Il s'eſt *engagé* de dix mille écus pour tirer ſon aſſocié d'affaire. Mon fils s'eſt aujourd'hui *engagé* en qualité d'écrivain principal avec la compagnie d'Occident. Les matelots s'*engagent* avec les armateurs d'un vaiſſeau marchand ; & les compagnons des divers arts & métiers, avec les maîtres de leur profeſſion.

ENGEL. C'eſt une des diviſions de la livre poids de marc en Hollande. Dix *engels* ſont le loot, & trente loots la livre. Au deſſous de l'*engel* eſt l'as, trente as font un *engel. Voyez* la TABLE DES POIDS & MESURES.

ENGORGÉ. On appelle *un drap engorgé,* un drap qui n'eſt pas bien net de graiſſe, que le foulon n'a pas bien dégraiſſé.

ENGRAINER UN BATEAU, ſe dit de certaines marchandiſes de gros volume, dont le propriétaire n'eſt pas preſſé, qu'on met dans un bateau qui n'eſt pas en état de partir ſi-tôt ; pour raiſon de quoi on obtient meilleur marché de la voiture ; que n'obtiendroit ceux qui y mettront huit ou dix jours plus tard. « Comme vous me témoignez n'être » pas fort preſſé de vos plombs, je les ai mis dans » un bateau pour engrainer ; moyennant quoi vous » aurez bonne compoſition de la voiture ».

ENGRÊLURE. C'eſt l'endroit d'en haut, qui régne tout le long d'une dentelle de ſoie ou de fil, par lequel on la coud aux habits, &c.

On appelle encore *engrêlure,* un certain petit ouvrage de fil de lin blanc, très-bas, qui ſe travaille ſur l'oreiller avec des fuſeaux & des épingles, que l'on coud au haut des dentelles, pour en augmenter la hauteur, ou pour en conſerver le bord, ou pour le rétablir lorſqu'il eſt uſé. Il ſe fait des *engrêlures* de pluſieurs qualités & façons, afin qu'elles puiſſent s'aſſortir aux dentelles, mais les plus hautes ne paſſent pas deux ou trois lignes. Ce ſont les marchands merciers & les maîtreſſes lingères qui en font le négoce.

ENJOLIVER, orner, ajuſter, parer quelque ouvrage. Il eſt permis aux marchands merciers d'*enjoliver* toutes les marchandiſes qu'ils vendent, mais non pas de les fabriquer.

ENJOLIVEUR. On donne le nom d'*enjoliveurs* à pluſieurs marchands & artiſans, ou autres, aux merciers, aux boutonniers & aux patenotriers.

ENLUMINEUR. Peintre en détrempe, qui applique des couleurs ſur des deſſins & des images. Les *enlumineurs* font à Paris une communauté avec les peintres, les ſculpteurs & les graveurs.

Quelques particuliers ayant obtenu au mois d'octobre 1607, des lettres patentes du roi, en forme d'édit, pour l'érection en maîtriſe jurée de l'art d'*enlumineur* en la ville de Paris, la communauté des peintres & ſculpteurs forma oppoſition à la vérification & enregiſtrement des lettres, & obtint ſentence du 28 mars 1608, portant défenſe d'ériger

cette maîtriſe. Depuis ce temps, l'art d'enluminure a été comme ajouté aux trois autres, qui compoſent cette ancienne communauté, dont les maîtres ſont préſentement nommés *maîtres de l'art* de peinture, ſculpture, gravure & enluminure.

ENSACHÉ. Ce qui eſt enfermé dans un ſac. On appelle, dans le commerce des farines, *de la farine bien enſachée,* celle qui eſt bien foulée & bien preſſée dans les ſacs. *Voyez* l'article du biſcuit de mer, où il eſt parlé des farines qui ſont les plus propres à en faire des galettes.

ENSEIGNE. *Terme de manufacture de draperie.* Il ſignifie une certaine *meſure de drap,* qui revient à trois aunes de France ; enſorte que quand on dit qu'une pièce de drap eſt de quinze *enſeignes,* on doit entendre qu'elle contient quarante - cinq aunes.

Le mot d'*enſeigne,* en ce ſens, a été pris des Hollandois, auſſi n'eſt-il guères en uſage que dans les manufactures où l'on veut imiter les fabriques de Hollande. Dans les autres manufactures, comme peuvent être celles de Rouen, Darnatal, Elbeuf, Louviers, &c. on ne ſe ſert ordinairement que du mot de *marque,* qui veut dire la même choſe, la marque étant auſſi de trois aunes.

En Hollande, l'*enſeigne* eſt d'environ cinq aunes du pays, ce qui eſt à peu près ſemblable à trois aunes de France.

ENSEIGNE. Signifie auſſi cette eſpèce de *tableaux* ou *figures en relief,* que les marchands & artiſans tiennent ſuſpendus devant, ou au-deſſus de leurs maiſons, magaſins & boutiques, pour indiquer aux paſſans, ou à ceux qui ont beſoin d'eux, leur demeure, leur profeſſion, ou la qualité des marchandiſes qu'ils vendent, & des ouvrages qu'ils fabriquent.

Il n'eſt pas permis à qui que ce ſoit, d'imiter ou d'uſurper des *enſeignes* déjà choiſies par d'autres marchands ou artiſans, ſur-tout s'ils ont leur demeure dans le même quartier, ſi l'on eſt du même métier, ou qu'on faſſe trafic de la même marchandiſe.

A Paris, il eſt dû au voyer un droit d'*enſeigne* quand on en veut poſer une nouvelle, & qu'on en veut changer.

L'ordonnance de la ville, & celles des aides, enjoignent aux cabaretiers, taverniers, hôteliers & autres vendant vin en détail, de mettre des *enſeignes* & bouchons aux endroits où ils en débitent.

La ville de Londres eſt remarquable pour les belles *enſeignes* que les marchands y font poſer. Elles ſurpaſſent généralement celles de Paris pour la grandeur, pour la façon & pour le prix. Il y en a pluſieurs qui ont coûté juſqu'à vingt, trente ou cinquante livres ſterlings. Il y en a même deux ou trois extraordinaires à de gros marchands drapiers ou d'étoffe de ſoie, qui ont coûté juſqu'à cent livres ſterlings : ce qui revient à plus de deux mille livres tournois.

ENTAMER.

ENTAMER. Oter, couper, retrancher une partie d'un tout.

On le dit, *dans le commerce*, de toutes les marchandises, liqueurs & denrées que les marchands qui en font trafic, vendent en détail, lorsqu'ils commencent à en ôter quelque chose.

Entamer un tonneau de bière, d'huile, de vin, d'eau-de-vie, c'est en tirer les premières pintes.

Entamer un bateau de bois, de charbon, de foin, c'est commencer à le débiter.

Entamer un pot, une tinette de beurre, un baril d'olives, un panier de marée, une caque de hareng, c'est tirer & vendre pour la première fois de ce qui est contenu & enfermé dans tous ces vaisseaux.

ENTAMER. Se dit en quelque sorte plus particulièrement des draps & autres étoffes de lainerie, des étoffes d'or, d'argent & de soie; des toiles, des dentelles, des rubans, &c. dont ou lève les premières aunes : aussi y observe-t-on pour l'ordinaire, parmi les marchands habiles & exacts, plus de précaution que pour les autres denrées ou marchandises.

Les étoffes de laine s'*entament* presque toujours par la queue, à cause des marques & enseignemens qui sont au chef, comme les nom, demeure & numéro de l'ouvrier; les roses ou rosettes pour la teinture, les plombs de fabrique, de visite & d'aunage, qu'il est bon de conserver, & qui servent à faire connoître la qualité & bonté des étoffes, & à justifier dans les occasions, qui n'arrivent que trop souvent, qu'elles ne sont pas de contrebande ou de fabrique étrangère.

Lorsqu'une pièce est *entamée*, de quelque qualité qu'elle soit, soit or ou argent, soie ou laine, il faut mettre sur l'étiquette, qui contient l'aunage, le jour qu'on l'a *entamée*, la quantité qu'on en a coupée, & ainsi de suite à chaque fois qu'on enlève quelque chose, afin de pouvoir voir ce qui en reste, sans être obligé de l'auner. On en fait à proportion des dentelles, des toiles, &c.

Les étoffes *entamées* ne peuvent être revendiquées par le marchand, ouvrier ou manufacturier qui les a vendues, lorsqu'elles se trouvent sous le scellé d'un négociant qui a fait faillite; ce privilège n'appartenant qu'à celles qui ont chef ou queue.

ENTENDRE LE NUMÉRO. C'est, *en termes de commerce*, connoître le véritable prix d'une marchandise, caché sous la fausse marque que le marchand a coutume d'y mettre.

Il n'y a que le marchand lui-même & ses garçons qui doivent avoir connoissance de ce numéro, afin qu'ils puissent se résoudre sur le prix qu'on leur offre de leur marchandise, suivant que cette fausse marque leur en indique le véritable.

On dit en proverbe, qu'un homme *entend le numéro*, pour dire qu'il est habile; parce que c'est en effet une habileté de sçavoir cette espèce de chiffre des marchands.

ENTRE DEUX FERS, ou ENTRE FERS. (*Terme de balancier.*) C'est lorsque pesant de la

marchandise dans une balance, ou des espèces de monnoie dans un trébuchet, la lance ou fléau est d'équilibre & directement placée dans le milieu de la chape, sans tomber plus d'un côté que de l'autre. Cette pistole est *entre deux fers*. Il faut toujours que le trait soit du côté de la marchandise.

ENTRÉE. Droit ou impôt, qu'on lève au nom du souverain, sur les marchandises qui entrent dans un état, soit par terre, soit par mer, suivant le tarif qui en est dressé, & qui doit être affiché en lieu apparent dans les bureaux où ces droits s'exigent.

Les droits d'*entrée* se payent aussi en France sur les marchandises qui entrent dans les provinces, qui sont réputées étrangères : & il y en a d'autres encore, qui se lèvent à l'entrée de quelques villes.

Lorsque le droit d'*entrée* de quelque marchandise, n'est pas réglé par le tarif, il se paye par estimation, c'est-à-dire, à proportion de ce qu'une autre marchandise à peu près de même qualité, a coutume de payer.

Les droits d'*entrée* se payent y compris les caisses, tonneaux, serpillières, cartons, toiles, pailles, & autres emballages; à la réserve des drogueries & épiceries, sur lesquelles les emballages sont déduits.

Toutes marchandises ne peuvent pas entrer par toutes sortes de villes & de ports, même en payant les droits; mais seulement pour de certaines, par les lieux qui leur sont marqués, ou par les ordonnances, ou par les arrêts du conseil, comme les drogueries & épiceries, par la Rochelle, Rouen & Calais, Bordeaux, Lyon & Marseille; les chevaux, par Dourlens, Peronne, Amiens, &c. les manufactures étrangères, par saint Vallery & Calais; & ainsi de quelques autres.

Les peines contre ceux qui veulent faire entrer les marchandises en fraude, sont la confiscation d'icelles, & des équipages & harnois, & d'une amende statuée par lesdites ordonnances & arrêts, qui composent le code mercantil ou les règles fiscales du commerce.

ENTRÉE. *Terme de teneur de livres en parties doubles.* L'entrée du grand livre, c'est l'état des débiteurs & créditeurs, portés par la balance ou le bilan du livre précédent.

ENTREMETTEUR. Médiateur qui intervient entre deux marchands, pour faciliter quelque marché ou quelque négociation.

Les négocians se servent plus ordinairement du terme d'*agent de change*, si c'est pour des remises d'argent ou autres affaires de banque; ou de celui de *courtier*, si c'est pour achat & vente de marchandises.

ENTREPOSER. Mettre des marchandises dans un magasin d'*entrepôt*.

ENTREPOSEUR. Commis qui a soin d'un magasin ou d'un bureau d'entrepôt.

Ce terme n'a pas une grande antiquité, & il ne se trouve dans aucun acte public avant la déclaration du roi, du 10 octobre 1723, qui régle la

K

manière dont la compagnie des Indes doit faire l'exploitation de la vente exclusive du café.

L'article VI de cette déclaration porte, que la compagnie pourra établir des magasins, bureaux & entrepôts, & y préposer des receveurs, gardes-magasins, *entreposeurs*, &c. en tel nombre & dans telles villes & lieux qu'elle jugera nécessaires. *Voyez* ENTREPÔT.

ENTREPOST. *Lieu de réserve*, où l'on dépose quelque chose qui vient de dehors; & où on la garde pendant quelque temps, pour l'en tirer, & pour l'envoyer ailleurs, lorsqu'on le juge à propos, & qu'il est nécessaire.

VILLES D'ENTREPÔT. Ce sont des villes dans lesquelles arrivent des marchandises, pour y être déchargées; mais non pour y être vendues; & d'où elles passent au lieu de leur destination, en les chargeant sur d'autres voitures, ou par terre, ou par eau.

Smyrne est la principale ville du Levant, où les François, les Anglois, les Hollandois & les autres nations, font l'*entrepôt* de leurs marchandises pour la Perse & les états du grand-seigneur. Batavia est l'*entrepôt* de la célèbre compagnie de Hollande, pour le commerce des grandes Indes.

La France a aussi quantité de villes d'*entrepôt*, soit pour les marchandises qui viennent de l'étranger, soit pour celles qui se fabriquant dans quelques provinces du royaume, se doivent envoyer dans d'autres provinces éloignées, ou passer dans les états voisins.

COMMISSIONNAIRES D'ENTREPÔT. Ce sont des *facteurs* qui résident dans les villes d'*entrepôt*, & qui ayant soin de retirer les marchandises qui y arrivent pour le compte de leurs commettants, ont soin pareillement de les leur faire tenir.

MAGASIN D'ENTREPÔT. C'est un *magasin* établi dans quelques bureaux des cinq grosses fermes, en conséquence de l'ordonnance de 1664 & de celle de 1684, pour y recevoir les marchandises destinées pour les pays étrangers.

Les villes où il y a de ces sortes de magasins, sont la Rochelle, Ingrande, Rouen, le Havre de grace, Dieppe, Calais, Abbeville, Amiens, Guise, Troyes & S. Jean de Laune.

Les étrangers & les François ont également droit d'y interposer leurs marchandises, qui ne sont sujettes à aucun droit d'entrée & de sortie, pourvu qu'elles soient transportées hors du Royaume dans six mois, par les mêmes lieux par lesquels elles y sont entrées.

Ces magasins sont fermés à deux clefs, l'une desquelles reste entre les mains du fermier, & l'autre en celles d'un des députés des marchands. Pour y interposer des marchandises, les marchands voituriers doivent représenter leurs lettres de voiture, ou connoissemens, au commis, avec la déclaration en détail de ce qui est contenu dans les ballots & paquets, pour en être fait la vérification, & être ensuite scellés & plombés. Aucune marchandise ne

peut être interposée, à moins que la destination n'en soit faite par lesdites lettres de voiture & connoissemens; & ne peut être ensuite vendue dans le royaume, à peine de confiscation & de cinq cent livres d'amende.

Tous autres *magasins d'entrepôt*, hors ceux marqués ci-dessus, sont défendus dans les quatre lieues proche les frontières de la ferme, & dans les huit lieues près de la ville de Paris, à peine de confiscation, & de trois cens livres d'amende.

Les droits établis sur le commerce, les privilèges exclusifs, les prohibitions & tous les autres systêmes contraires à la liberté du commerce, nécessitent ces formalités, ces amendes & confiscations, qui sont à la charge des nations & en pure perte pour le souverain.

ENTREPÔT. Se dit aussi pour personne interposée. Écrire par *entrepôt*; c'est écrire par le moyen d'une personne dont on est convenu avec son correspondant. On ne se sert de cette manière d'écrire, que dans les affaires de conséquence.

ENTREPRENDRE. Se charger de la réussite d'une affaire, d'un négoce, d'une manufacture, d'un bâtiment, &c. La compagnie de l'Assiente a *entrepris* de fournir des négres pour l'Amérique Espagnole. Le sieur Cadeau est le premier qui a *entrepris* en France la manufacture des draps façon de Hollande. Ce maître maçon a *entrepris* ce bâtiment, & doit le rendre la clef à la main.

ENTREPRISE. Dessein de faire une chose. Il se dit aussi de l'exécution de la chose *entreprise*. Dans le premier sens, on dit: ce négociant se ruinera dans sa nouvelle manufacture; cette *entreprise* est trop au-dessus de ses forces. Dans l'autre sens on dit: l'*entreprise* de ce fabriquant a été heureuse; il a gagné cent mille écus sur ses draps.

ENTREPRISE. Se dit aussi des ouvrages que les maîtres d'une communauté de quelque art ou métier font, sans avoir droit de les faire, & lorsqu'ils appartiennent aux maîtres d'un autre corps. Ainsi c'est une *entreprise* des savetiers sur les cordonniers, & des cordonniers sur les savetiers; lorsque ceux-ci travaillent en neuf, & que ceux-là travaillent en vieux; autrement, les uns & les autres, que pour eux-mêmes, leurs femmes & enfans.

C'est de ces sortes d'*entreprises* que naissent tant de contestations & procès entre les maîtres des diverses communautés des arts & métiers de Paris.

ENVELOPPE. Le papier ou la toile qui sert à empaqueter & couvrir les marchandises. On dit papier d'*enveloppe*, toile d'*enveloppe*; pour dire, certaine sorte de papier ou de toile, qui sert aux marchands à cet usage.

ENVERS. Le côté le moins beau d'une étoffe; ce qui est dessous l'endroit. Les étoffes à deux *envers* sont celles qui sont également travaillées des deux côtés: il semble qu'il faudroit dire, ou à deux endroits; ou, sans *envers*: mais l'usage l'emporte.

Les tapisseries de haute-lisse se travaillent par l'*envers*.

ENVERSIN. Petite étoffe de laine qui se fabrique à Châlons-sur-Marne. Par le réglement de 1671, fait par des juges des manufactures de cette ville, les *enversins* doivent avoir deux aunes de Châlons de largeur sur le métier, pour être réduits, au sortir du foulon, à trois quarts aunage de Paris.

ENVOI. Action par laquelle on fait transporter une chose d'un lieu à un autre. J'ai fait l'*envoi* de mes marchandises pour la foire de Rennes par un tel roulier. Vous devez avoir reçu mes lettres de change; j'en ai fait l'*envoi* par le dernier courier.

ENVOYER. Faire l'envoi d'une chose. La compagnie de la Chine *envoye* cette année deux navires à Canton.

E P

ÉPERONNIER. Tout aspirant à la maîtrise est tenu de chef-d'œuvre, ou au moins de la simple expérience, suivant sa qualité. Le fils de maître, né depuis la maîtrise de son père, & le compagnon épousant fille ou veuve de maître, sont ceux qui ne doivent que l'expérience.

Le chef-d'œuvre de *lormier-éperonnier*, ouvrier de la forge, est un mord clauset, c'est-à-dire, un mord parfait, doré ou argenté, à serres, droit sur ses pointes, garni de porte-mord, de chausses-frapes de fer, de salinière & gourmette : son expérience est un mord de petit prix & facile à faire.

ÉPICERIE. On appelle à Paris, le *corps de l'épicerie*, celui des six corps des marchands où se fait le commerce des drogues & autres marchandises comprises sous le nom d'*épicerie*. Il est le second des six corps, & a rang après celui de la draperie.

ÉPICERIES. Signifie en général *toutes sortes de drogues*, dont les marchands épiciers font négoce, particulièrement les aromatiques qui viennent d'Orient, comme clou de girofle, canelle, noix, muscade, poivre, gingembre, &c.

Quelques-uns comprennent aussi sous le titre d'*épiceries*, les drogues médicinales qui se tirent des pays Orientaux; telles que sont la casse, le séné, &c. mais ces sortes de marchandises sont plus ordinairement appellées *drogueries*.

Dans le tarif de 1664, pour ce qui concerne les entrées du royaume, les drogueries & *épiceries* sont distinguées & séparées des autres marchandises, & les droits en doivent être payés au poids.

Les places importantes que les Hollandois possèdent dans les Indes orientales, les rendent maîtres de presque tout le commerce des *épiceries*; & c'est de l'isle de Ceylan & des autres isles qu'ils ont pris sur les originaires & même sur les Européens, qui s'en étoient mis en possession avant eux, qu'ils tirent quasi tout le girofle, la canelle, la muscade & le poivre qu'ils apportent en Europe, & qu'ils vendent si chèrement aux autres nations; qui ne peuvent pour la plupart se dispenser de passer par leurs mains pour ce commerce, qui les rend d'une richesse immense.

Par l'article 1er du titre 3 de l'ordonnance de Louis XIV, sur le fait des cinq grosses fermes, du mois de février 1687, il est ordonné, sous peine de confiscation & de 300 L. d'amende, à tous ceux qui apporteront des *épiceries* des pays étrangers, dans l'étendue de la ferme, de les faire entrer seulement par la Rochelle, Rouen & Calais; sans préjudice néanmoins des autres lieux des provinces réputées étrangères, par lesquels il en est permis l'entrée; sçavoir, Bordeaux, Lyon & Marseille. Et par l'article 2 du même titre, il est dit, que les *épiceries* entrées dans le royaume par lesdites villes de Bordeaux, Lyon & Marseille, pourront entrer dans l'étendue de la ferme par tous les bureaux, en justifiant que les droits y ont été payés, & en payant le supplément.

ÉPICES. On appelle ainsi *toutes sortes de drogues* orientales & aromatiques, qui ont des qualités chaudes & piquantes, & sur-tout celles dont l'on se sert pour l'assaisonnement des sauces; comme sont le poivre, la muscade, le gingembre, le girofle, la canelle, &c.

Les drogues médicinales, qui viennent d'Orient, telles que sont le séné, la casse, &c. sont aussi comprises sous le nom d'*épices*.

On appelle *fines épices*, ou autrement les quatre *épices*, un mélange de plusieurs aromats battus & pulvérisés, mêlés ensemble en certaine quantité & en certaine proportion.

Le sieur Pomet, dans son Histoire des drogues, à l'article des poivres, en a donné la régle suivante.

Poivre noir de Hollande,	5 l.
Girofle sec,	1½
Muscade,	1½
Gingembre sec & nouveau,	12
Anis verd,	¾
Coriandre,	¾

Le tout pulvérisé à part & passé par un tamis de crin fin.

La plupart de ceux qui composent les quatre *épices*, ne manquent guères de les sophistiquer, employant la pousse, ou grabeau de poivre, au lieu du bon poivre; à la place du girofle, le poivre de Jamaïque, ou le chapelet; & au lieu de la muscade, le costus blanc; mettant à la vérité du gingembre, à cause de son bas prix; mais ne se servant que du plus mauvais & du plus carié.

ÉPICE BLANCHE, ou PETITE ÉPICE. C'est le *gingembre* battu & réduit en poudre.

On appelle du *pain-d'épice*, une sorte de pain qu'on assaisonne avec des *épices*, & qui se pétrit avec le miel, ou avec l'écume de sucre. Il se fait en France, particulièrement à Paris, un débit assez considérable de *pain d'épice*, dont celui de Reims (qui est composé pour l'ordinaire, de farine de seigle, de miel jaune & d'un peu de canelle & de poivre) est le plus estimé.

ÉPINGLE. Le commerce des *épingles* a toujours été très-grand en France; & quoiqu'il ne s'en fabrique présentement que peu ou point à Paris, on ne peut imaginer combien est considérable le négoce que les marchands merciers de cette ville en font & pour quelles sommes ils en débitent, soit dans cette capitale même, soit par les envois qu'ils ont coutume d'en faire dans les provinces & dans les pays étrangers.

La plupart du fil de léton, dont on fait les *épingles* de France, vient de Stockolm, d'où les marchands de Paris en tirent quantité de divers échantillons, propres à plusieurs sortes d'ouvrages.

Les plus déliés de ces létons s'emploient par les épingliers, particulièrement par ceux de Reugle, qui sont au moins au nombre de cinq cens ouvriers, tous les habitans de cette petite ville n'étant guères occupés qu'à faire des *épingles* & en vendre.

La consommation de ce fil à *épingles* est si grande, qu'il s'en débite à Paris seul pour plus de cinquante mille écus par an. *Voyez* LETON.

Il n'y a guères de marchandises qui se vendent moins cher que les *épingles*; & cependant il n'y en a point qui passent par plus de mains, avant que de pouvoir être mises en vente. L'on compte jusqu'à plus de vingt-cinq ouvriers, qui y travaillent successivement, depuis que le fil de léton a été tiré à la filière, jusqu'à ce que l'*épingle* soit attachée au papier.

Les *épingles* pour la vente en gros se débitent au sixain, c'est-à-dire, en paquet de six milliers, chaque millier de dix cens.

Le papier où on les pique, de la manière qu'on le dira dans la suite, s'appelle *papier à épingles*, & se fabrique dans quelques moulins de Normandie & du pays du Maine. *Voyez l'article du* PAPIER.

Pour piquer les *épingles*, ou plutôt pour faire les trous dans les papiers où on les pique, on se sert d'un instrument d'acier fait en manière de peigne, dont les dents, de la grosseur & de la distance convenables aux divers numéros des *épingles*, font d'un seul coup de marteau qu'on donne dessus, tous les trous nécessaires pour chaque quarteron.

Les milliers sont divisés en demi-milliers par un espace assez large, qui les sépare dans toute la longueur du papier. Chaque demi-millier est, pour ainsi dire, subdivisé par des rangées de cinquante chacune, qui le font elles-mêmes au milieu par un petit vuide, qui les partage en deux quarterons, qui quelquefois sont de vingt-cinq *épingles* & quelquefois seulement de vingt; cette différence néanmoins ne diminuant point le millier, qui toujours est entier; les cinq *épingles* ôtées sur chaque quarteron se remplaçant par quelques rangées qu'on ajoute au total.

Cette distinction de vingt-cinq & de vingt au quarteron, n'est proprement que pour le débit; celles de vingt passant pour *épingles* d'Angleterre, quoiqu'aussi-bien que celles de vingt-cinq, elles se fassent en France.

Pour distinguer les grosseurs des *épingles*, on les compte par numéros: les plus petites, qui sont les camions, s'appellent *numéros* 3, 4, 5. Depuis

les camions chaque grosseur s'estime par un seul numéro, jusqu'aux numéros 6, 7, 8, &c. mais depuis le quatorzième on ne compte plus que de deux en deux, c'est-à-dire, numéros 16, 18 & 20, qui est celui des plus grosses *épingles*.

Cette manière d'estimer la grosseur & longueur des *épingles* par numéro, qui s'observe aussi pour plusieurs autres sortes de marchandises, est très-commode & très-abrégée; suffisant, sans entrer dans un plus grand détail sur leur mesure, qu'il seroit même très-difficile de déterminer, de mander aux ouvriers, ou marchands, d'envoyer tant de sixains d'un tel numéro, tant d'un autre; ce qui sert aussi à dresser plus aisément la facture des envois.

Les paquets d'*épingles* sont marqués d'une empreinte, ou marque rouge, sur le papier de chaque demi-millier, & chaque ouvrier a sa marque différente. Les deux demi-milliers sont joints ensemble par une bande de papier, large d'environ deux doigts, qui les entoure par le milieu; & qui est attachée par une *épingle*, qui est comme l'échantillon du numéro.

Sur un autre papier, qui enveloppe le sixain entier, c'est-à-dire, les douze demi-milliers, il est encore marqué en rouge l'enseigne de l'ouvrier. Au bas de cette empreinte, qui est d'environ trois pouces en quarré, plus longue que large, est le nom de celui qui les a fabriqués.

Les ouvrages de Paris, ou qui passent pour en être, sont ordinairement marqués des armes de la reine régnante, ou de quelque princesse: mais toujours cette enseigne est fausse; les ouvriers & les marchands, quoique contre les statuts & réglemens de l'épinglerie, envoyant leurs papiers tout imprimés aux épingliers de provinces.

Outre les *épingles* blanches, dont on vient de parler, on fait des *épingles* noires, moyennes & fines, depuis numéro 4 jusqu'au numéro 10.

L'on fabrique aussi quantité de grosses *épingles* de léton de différentes longueurs; les unes à tête de même métal; les autres à tête d'émail. Elles servent pour faire des dentelles & guipures sur l'oreiller.

« Les *épingles* de toutes fabriques payoient autre-
» fois en France les droits d'entrée & de sortie sur
» le pied de mercerie; sçavoir 3 l. le cent pesant
» de sortie, & 4 l. d'entrée aussi le cent pesant; mais
» par l'arrêt du 3 juillet 1692, les *épingles* de
» fabrique étrangère payent des droits d'entrée sur
» le pied de 20 l. le cent pesant; & celles de fabri-
» que Françoise, les droits de sortie, seulement à
» raison de 2 l. quand elles sont destinées & décla-
» rées pour l'étranger. «

ÉPINGLIER. *Ouvrier* qui fait des épingles, ou le *marchand* qui les vend.

ÉPINOCHE. C'est le nom que l'on donne chez les marchands épiciers & droguistes, au café de la meilleure qualité.

ÉPITHYME. Les marchands droguistes vendent

deux fortes d'*épithyme*; l'*épithyme de Candie*, & l'*épithyme de Venise*: le premier a de longs filamens de couleur brune; le second en a de petits & frisés: tous deux sont d'une odeur aromatique; mais celle de l'*épithyme* de Venise, est beaucoup plus forte.

Il y en a une troisiéme espèce, que les herboristes qui le vendent, nomment *épithyme de pays*; mais il n'a ni goût, ni odeur, ni vertu.

Cette plante doit se choisir nouvelle, odorante, & point brisée: on la croit propre pour fortifier les parties; pour empêcher les obstructions des viscères, &c.

« L'*épithyme* paie en France les droits d'entrée » sur le pied de 50 s. du cent pesant, conformé- » ment au tarif de 1664. Et à la douane de Lyon, » dans le tarif de laquelle il est appellé *épithimy*, » 2 s. 6 d. du quintal d'ancienne taxation, & 13 s. » de nouvelle réapréciation.

» Cette drogue n'est point employée dans le tarif » de 1685 au nombre de celles qui doivent payer » 20 pour cent de leur valeur : mais il y a appa- » rence qu'elle y est sous-entendue, comme venant » des états du grand seigneur ».

ÉPONGE. Espèce de *fungus*, ou *champignon marin*, qu'on trouve attaché aux rochers sur le bord de la mer.

Les anciens en distinguoient de deux espèces; les *éponges* mâles & les *éponges* femelles. Les modernes se contentent d'une seule espèce; mais qui sont ou grosses, ou fines. La plupart viennent de la Méditerranée; il en vient néanmoins en assez grande quantité de l'île de Nicarie, située sur les côtes d'Asie.

On dit que les meilleurs plongeurs, ou pêcheurs d'*éponges* de cette isle, trouvent plus facilement femme que les autres, cette pêche étant une épreuve pour mériter la préférence dans les bonnes graces des jeunes filles à marier, qui viennent sur le bord de la mer être les témoins de l'adresse des concurrens, & qui en deviennent ensuite la récompense.

Les François tirent les *éponges* du Levant; les plus petites, qui sont les plus fines & les plus estimées, viennent de Constantinople, & les plus grosses sont envoyées de Barbarie, particulièrement de Tunis & d'Alger; elles viennent en France ordinairement par la voie de Marseille.

Les *éponges* fines doivent être blondes, légères, & avoir leurs trous très-serrés.

A l'égard des grosses, plus elles approchent de la qualité des fines, plus elles sont bonnes.

L'on trouve dans les grosses *éponges* une sorte de pierres, qu'on nomme *cysthœlithres*, qu'on croit propres pour les vers des jeunes enfans, broyées & prises en poudre; pour leur choix, il faut s'en fier à quelques marchands épiciers-droguistes de conscience, qui les ayent tirées eux-mêmes des *éponges*.

« Les droits d'entrée, qui se paient en France » pour les *éponges* de toutes sortes, sont de 50 s. » le cent pesant; & ceux de sortie de 20 s. confor- » mément au tarif de 1664.

» Outre les droits d'entrée marqués ci-dessus, les » *éponges* du Levant paient encore 20 pour cent » de leur valeur, suivant l'arrêt du 15 août 1685, » comme étant du nombre des marchandises, qui » se tirent du grand seigneur & de Barbarie ».

Les *éponges pyrotechniques*, ou faciles à s'enflamer, ne sont autre chose que la mèche d'Allemagne, ou amadou. *Voyez* AMADOU.

ÉPOUSSETTE. Petite *brosse*, ou *vergette*, qui sert à ôter la poussière de dessus les meubles & les habits.

« Les *époussettes* paient en France les droits d'en- » trée & de sortie sur le pied de mercerie, c'est-à- » dire, 10 liv. du cent pesant pour l'entrée, & 2 liv. » pour la sortie, quand elles sont déclarées pour aller » à l'étranger, le tout conformément à l'arrêt du » 3 juillet 1692 ».

ÉPROUVETTE. C'est une espèce de jauge, dont les commis des aides se servent dans les visites qu'ils font chez les marchands de vins & cabaretiers, pour connoître ce qui reste de vin dans une futaille en vuidant.

Cette *éprouvette* est ordinairement une petite chaînette de fer, dont un des bouts est appesanti par un peu de plomb; on la fait entrer par le bondon de la pièce, & lorsqu'on sent le fond, on la retire; le commis évaluant la liqueur sur la partie de la chaîne, qu'il en sort humectée.

E Q

ÉQUARISSAGE. *Terme d'exploitation & de marchandise de bois.* On appelle *bois d'équarissage*, celui qui est équari, c'est-à-dire, qui a quatre angles égaux. Il se dit des poutres, des solives, des poteaux & autres telles sortes de bois de charpente.

C'est sur l'*équarissage* que se mesurent l'épaisseur & la largeur des bois; ainsi, on dit, cette poutre a dix-huit pouces sur seize d'*équarissage*.

ÉQUE-MARINE, en latin *aqua-marina*. Espèce de *pierre* précieuse qui a du rapport au cristal, & qu'on appelle plus ordinairement *beril*.

ÉQUIPAGE. C'est tout ce qui sert à conduire les charrettes, chariots, & autres voitures par terre; ce qui comprend les chevaux, leurs selles, traits & attelage. Il se dit aussi des chevaux, mulets & autres animaux de charge, des messagers & voituriers.

Les chevaux & *équipages* des voituriers & autres personnes qui veulent faire entrer ou sortir des marchandises en fraude des droits du roi, ou de celles qui sont censées de contrebande, sont sujets à confiscation, par les ordonnances du roi pour les cinq grosses fermes, les aides & gabelles.

ÉQUIPAGE. On appelle ainsi, *en termes de marine*, les officiers, soldats, matelots, moussés & garçons qui servent sur un vaisseau, & qui le montent. Il se dit aussi des armes, victuailles, marchandifes, dont eſt chargé un vaiſſeau; mais en ce ſens on dit plus ordinairement, *équipement*.

Les *équipages* des vaiſſeaux marchands, c'eſt-à-dire, les matelots qui les montent, ſe réglent ſur le nombre de leſts qu'ils peuvent porter, chaque leſt de deux tonneaux.

Un bâtiment Hollandois de quarante à cinquante leſts, a ſept hommes d'*équipage* & un mouſſe; depuis cinquante juſqu'à ſoixante leſts, huit hommes & un mouſſe; ſe renforçant ainſi d'un homme, de dix leſts en dix leſts; en ſorte qu'un bâtiment de cent leſts a douze hommes; celui de cent cinquante, dix-ſept; & celui de deux cent leſts, vingt-deux.

Au-delà de deux cent leſts, c'eſt-à-dire, de quatre cent tonneaux, l'armateur les équippe à ſon gré; mais preſque toujours à proportion de ce qu'on vient de dire.

Les mouſſes augmentent auſſi-bien que les matelots, mais différemment. Depuis quarante leſts juſqu'à quatre-vingt, il n'y a qu'un mouſſe; deux, depuis quatre-vingt juſqu'à cent cinquante; & trois, juſqu'à deux cent leſts.

Les *équipages* des François & des Anglois ſont ordinairement plus forts, mais toujours à peu près ſur cette proportion.

ÉQUIPEMENT. C'eſt la même choſe qu'*armement*; c'eſt-à-dire, la *proviſion* de tout ce qui eſt néceſſaire à la ſubſiſtance, auſſi-bien qu'à la ſûreté & à la manœuvre de l'équipage d'un vaiſſeau.

ÉQUIPER UN VAISSEAU. C'eſt le munir de ſes apparaux, de ſes victuailles, de ſes agreits; enfin, le pourvoir de toutes choſes néceſſaires, même de ſon équipage, c'eſt-à-dire, de ſes matelots. On *équipe* les vaiſſeaux de trois manières différentes; les uns en guerre, les autres en marchandiſes; & d'autres encore moitié guerre, & moitié marchandiſe. Les vaiſſeaux de la compagnie des Indes orientales de France ſont ordinairement équipés de cette dernière manière; ce qui diminue de beaucoup les profits de leur armement.

ÉQUIPES. *Terme uſité ſur la rivière de Loire.* Il ſignifie ce qu'on nomme un *train de bateaux* parmi ceux qui navigent en Seine & en Marne; c'eſt-à-dire, une grande ſuite de chalans ou autres bateaux attachés les uns aux autres, qui remontent la Loire juſqu'à Roanne. Quand le vent eſt bon, ils vont à voile, & quand il eſt contraire ils ſont halés ou tirés par des hommes qui ſont quelquefois juſqu'au nombre de ſoixante & quatre-vingt ſur une ſeule & même corde.

ÉQUIPOLLENCE. *Egalité de valeur.*

ÉQUIPOLLENT. Ce qui eſt *égal* à une autre choſe, à laquelle il eſt comparé.

A L'ÉQUIPOLLENT; à *proportion*. Les aſſociés doivent partager le profit à l'*équipollent* de ce qu'ils ont dans la ſociété.

ÉQUIPOLLER. Être de pareil prix, ou être égal avec une autre choſe. La dépenſe de ce marchand *équipolle* ſon bien.

ÉQUIVALENT. *Pareille valeur.* En temps de guerre on permet quelquefois l'entrée des marchandiſes étrangères, à la charge d'en faire ſortir l'*équivalent*, c'eſt-à-dire, pour la même valeur en marchandiſes du pays.

E R

ÉRABLE. Sorte d'*arbre* de haute futaye, qui ſe diſtingue en mâle & en femelle. Son bois, qui eſt très-dur, & ſouvent tacheté ou marqueté de certaines figures, qui ont beaucoup de rapport à celle des yeux, eſt fort recherché des ébéniſtes, qui s'en ſervent dans leurs ouvrages de marqueterie.

ERMIN. C'eſt ainſi qu'on nomme dans les échelles du Levant, & particulièrement à Smyrne, le droit de douane, que l'on paie pour l'entrée & la ſortie des marchandiſes. Les François ont long-temps payé cinq pour cent de droit d'*ermin*, tandis que les Anglois n'en payoient que trois : mais en vertu des capitulations entre la France & la Porte, renouvellées par M. de Nointel en 1673, ce droit a été réduit auſſi à trois pour cent en faveur des François & de ceux qui vont au Levant ſous la bannière de France. Il ſe paie outre cela un droit qu'on appelle le *droit doré*, qui va environ à un quart par cent.

ERMINE. *Voyez* HERMINE.

ERRES, que l'on écrit, & que l'on prononce plus ordinairement ARRHES. *Gage* que l'on donne à quelqu'un, ou qu'on en reçoit, pour s'aſſurer de l'exécution d'une convention, ou marché. *Voyez* ARRHES.

ERREUR. Défaut de calcul; omiſſion de partie; article mal porté ſur un livre, dans un compte, ou dans une facture.

On dit dans tous ces ſens : il y a *erreur* en cette addition; vous vous êtes trompé dans la facture que vous m'avez envoyée le tel jour; vous tirez en ligne 1677 liv. 10 ſ. au lieu de 1657 liv. 10 ſ. pour 130 aunes de drap à 12 liv. 15 ſ., c'eſt une *erreur* de 20 liv. qui doit tourner à mon profit. J'ai trouvé pluſieurs *erreurs* dans votre compte; l'article porté en crédit le 1 juillet, pour 1540 liv. ne doit être que de 1530 liv. Vous me débitez le 21 août de 400 liv. pour ma traite du 3 dudit à Lambert, je n'en ai point de connoiſſance.

Dans l'arrêté des comptes que les marchands & négocians ſoldent enſemble, ils ne doivent pas omettre la clauſe, ſauf *erreur* de calcul, ou omiſſion de parties.

On dit en manière de proverbe, qu'*erreur* n'eſt pas compté; pour faire entendre, que quoiqu'un compte ſoit ſoldé, ſi l'on y trouve quelque défaut de calcul, ou omiſſion de parties, on s'en doit réciproquement faire raiſon.

E S

ESCALE. On nomme ainſi ſur les côtes d'Afrique, ce qu'on nomme une *échelle* dans le Levant; c'eſt-à-dire, un lieu de commerce, où les marchands

Négres viennent apporter leurs marchandises aux Européens. On le dit aussi des endroits où les Européens vont faire la traitte avec eux.

Au Sénégal, il y a quantité de ces *escales*, le long de la grande rivière, & de la rivière du Morphil; les unes à trente lieues, les autres jusqu'à cent lieues & davantage de l'habitation des François. *Voyez l'État général du* COMMERCE, *où il est parlé de celui du Sénégal, tome I. page* 371.

On nomme aussi de la sorte sur l'Océan, *les ports* où abordent les navires pendant leurs voyages, soit pour rafraîchissemens ou autres choses nécessaires, soit pour y décharger partie de leur fret, ou pour recevoir des marchandises dans leur bord.

Les *escales* pour Terre-Neuve sont Oléron, Brouage & la Rochelle, c'est-à-dire, celles où les navires se fournissent ordinairement de sel & souvent de biscuit pour leur pêche.

FAIRE ESCALE. C'est *entrer* dans un port pour s'y rafraîchir, ou y prendre & décharger des marchandises en passant.

ESCALEMBERG, ou COTON DE MONTAGNE. C'est une sorte de *coton* qui vient de Smyrne par la voie de Marseille. Son estimation pour le paiement du droit de vingt pour cent, est de soixante & dix livres dix sols.

ESCALIN, ou SCALIN. Petite *monnoie* d'argent de Hollande & de Flandre, qui vaut sept sous six deniers de France. *Voyez* SCALIN.

ESCAMITE. Sorte de *toiles de coton* qui se tirent du Levant par la voie de Smyrne; elles se fabriquent à Menemen aussi-bien que les demites. Les premières se vendent jusqu'à dix temins.

Les *escamites* doivent tirer dix cannes de Marseille, qui sont trente pics de Smyrne. Il y a néanmoins des pièces de 20 pics, dont les trois en font deux des autres.

ESCARBELLE. Nom que l'on donne aux dents d'éléphant, du poids de vingt livres & au-dessous. *Voyez* DENT.

ESCARBOUCLE. Nom que l'on donne quelquefois à une sorte de pierre précieuse rouge que l'on nomme plus communément *rubis*. Ce nom ne se donne jamais au rubis, dont le poids est au-dessous de vingt carats.

Les anciens ont écrit & cru tant de choses extraordinaires de la véritable *escarboucle*, comme ils l'appellent; & les modernes qui en ont parlé sur leur foi, y ont tant ajouté de fables de leur propre fond, que plutôt que d'entrer dans ce détail, il vaut mieux nier qu'il y ait aucune autre pierre précieuse que les plus beaux rubis, qui portent & qui méritent ce nom. Comment ne riroit-on pas de ces dragons aîlés, sur la tête desquels il a plu aux anciens & aux modernes de placer cette admirable pierre? Et comment conserver son sérieux à la lecture de ces combats romanesques des preux chevaliers qu'ils font aller à leur conquête, qui doit

toujours couter, ou la mort du héros, ou celle du dragon?

ESCARRAS. Mot Picard, qui signifie *échalas*. *Voyez* ÉCHALAS.

ESCART-DOUCE. Sorte de *coton* qui vient d'Alep par la voie de Marseille. Il est du nombre des marchandises du Levant, sur lesquelles se paye le droit de vingt pour cent. Son appréciation par le tarif de 1706, est de cent douze livres le quintal.

ESCART. Se dit aussi de certains *cuirs* qui viennent d'Alexandrie; ils sont sujets au même droit de vingt pour cent: leur appréciation est de neuf livres dix sols la pièce.

ESCARTS. C'est ainsi qu'on nomme en quelques endroits de Barbarie, les cuirs les moins bons que les Francs négocient avec les Maures. Les meilleurs s'appellent *toroux*. Entre les deux il y en a d'une espèce moyenne. *Voyez* TOROUX.

ESCHANDOLE. *Petit ais* à couvrir les toits des maisons, dont on se sert en quelques lieux de France. Il est ordinairement de mairain.

ESCLAVAGE. On appelle ainsi en Angleterre, un droit que l'on fait payer aux François, pour avoir permission d'enlever certaines sortes de marchandises, dont la vente appartient par privilège à quelques compagnies, ou sociétés de marchands Anglois. Outre ce droit, on fait encore payer aux seuls François le double des droits de sortie que payent les Anglois; ce qu'on nomme *coutume de l'étranger*. *Voyez* cet article. *Voyez aussi l'article des droits d'entrée & de sortie des pays étrangers, au paragraphe de l'Angleterre.*

ESCOUAILLES. Il se dit en Berry, de la laine des cuisses de mouton. *Voyez* LOQUETS.

ESGARDS. On nomme ainsi à Amiens, ceux qu'on appelle ailleurs *maîtres & gardes, & jurés*. Ce sont eux qui ont soin d'aller en visite chez les fabriquans & foulons, & qui doivent se trouver certains jours aux halles, pour examiner les étoffes de laine, ou de laine mêlée de soie, de fil & d'autres matières, qui se font dans la Sayeterie, & voir si elles sont fabriquées en conformité des réglemens. Ces *esgards* sont choisis & élus de temps en temps par les marchands, ou maîtres de leurs communautés.

On appelle *esgards ferreurs*, ceux qui apposent les plombs aux étoffes; ainsi nommés, parce qu'on appelle *fers* dans la sayeterie d'Amiens, ce qu'on nomme ailleurs des *coins* & des *poinçons*. De ces *esgards-ferreurs*, il y en a de ferreurs-sayeteurs en blanc, d'autres en noir & d'autres en guelde. Les premiers prennent leur nom, des halles où ils ferrent les étoffes; les autres, de ce qu'ils ferrent chez les teinturiers.

ESPAGNE. (Commerce d').

§. 1. Le royaume d'*Espagne*, du côté du levant, n'est séparé de la France, que par les Pyrénées; au nord il confine à la mer Atlantique, que l'on nomme auffi dans cette partie *mer de Bifcaie*; au couchant en partie à la mer occidentale & en partie au Portugal ; & au midi en partie à la même mer & en partie à la Méditerranée. Son étendue eft de 8500 milles quarrés géométriques. Dans la plupart des provinces l'air eft pur & fec, & durant les mois de juin, juillet & août, la chaleur eft infupportable de jour, principalement dans le centre du pays ; malgré cela, la fraîcheur de la nuit eft telle ordinairement, que les voyageurs ont peine à la fupporter.

Vers le nord & dans les montagnes l'air eft beaucoup plus frais que vers le fud, & il devient humide à mefure qu'on approche de la mer. La pluie eft rare dans certains endroits, & il ne gèle jamais affez fort en hiver pour que la terre fe durciffe. Le défaut de graduation entre la chaleur & le froid eft caufe que les femences demeurent long-temps dans le fein de la terre avant de fe produire au dehors.

L'*Efpagne* auroit comme autrefois plus de bled qu'elle n'en a befoin, fi le manque de fleuves navigables & de communication n'étoit un obftacle au transport des grains d'une province dans l'autre. Telle eft la raifon pourquoi telle province qui pourroit produire beaucoup de bled, n'en cultive tout au plus que ce qu'il lui faut pour elle-même ; & pourquoi celles, dont le fol n'eft pas fertile, font obligées de faire venir de l'étranger une bonne partie des bleds qu'on confomme. On trouve en *Efpagne* dans la plus grande abondance les plus beaux fruits qu'on puiffe voir, comme poires, pêches, olives, figues, raifins, raifins de Corinthe, amandes, marrons, citrons, oranges, pommes de Grenade, &c. La Manche & l'Andaloufie produifent du fafran en telle abondance, qu'elles en peuvent fournir toute l'Europe. Les provinces où il croît du vin, font les deux Caftilles, l'Aragon, la Catalogne, Valence, l'Andaloufie, la Navarre & la Galice. Les vins d'*Efpagne* font de diverfes qualités & couleurs : on en exporte en grande quantité, auffi-bien que des eaux-de-vie, de l'huile & des raifins. Les provinces de Grenade & de Valence produifent la canne à fucre ; on cultive du ris à Valence & dans la Catalogne, & il y a furabondance de foie dans ces trois provinces, ainfi que dans plufieurs autres d'*Efpagne*. Le miel y eft auffi fort abondant. La culture du chanvre & du lin ne fournit pas à beaucoup près aux befoins de l'*Efpagne* à cet égard. Le diftrict d'Alvacache, dans la province d'Ecija, produit du coton. Le royaume eft fi richement pourvu de fel dans les provinces méridionales & fur-tout le long des côtes, qu'on en pourroit exporter une quantité confidérable : on en cuit beaucoup, notamment fur les côtes d'Andaloufie & de Valence, & dans les ifles de Majorque, d'Ivica & de Formentera, fituées dans la mer Méditerranée ; la chaleur du foleil fait l'office de celle du feu. Les plus fameufes falines font à Mata dans le royaume de Valence & à Ivica. L'efpèce de fel qu'on tire de la Kali, qui croît au bord de la mer, eft appellée *foude de barrille* & *foude de bourdine* : il fert aux favonneries & aux

verreries ; on en fait une fi grande quantité dans la Murcie & dans une partie de la Grenade, que la feule ville d'Alicante a exporté dans l'efpace d'un an 4,111,960 ℔. de foude de barrille, & 770,960 ℔. de foude de bourdine, fans compter une autre efpèce de fel meilleur que le précédent, appellé *aguaazul*, & qui ne croît que dans les environs d'Alicante. On exporte auffi beaucoup de cette foude d'Alméria, de Vera-de-Torre, de Las-Aguilas, d'Almazarron, de Carthagène, de Tortofa & des petites ifles d'Alfacqs. Les troupeaux de moutons font très-nombreux en *Efpagne*, & donnent la meilleure laine qu'on connoiffe en Europe ; nous aurons occafion d'en parler ailleurs avec quelque détail.

On a établi en *Efpagne* depuis quelque temps diverfes manufactures & fabriques, où l'on met en œuvre la foie, la laine, l'or & l'argent ; en Catalogne, à Valence & en Aragon, on a des manufactures de coton ; près de la ville de Ronda, dans l'Andaloufie, eft une Ferblanterie, & dans plufieurs autres endroits on fabrique des armes, des canons, bombes, fufils, &c. ; mais tous ces établiffemens ne fuffifent point pour les befoins de l'état.

Le commerce que fait l'*Efpagne* avec l'étranger confifte, d'un côté, en marchandifes des productions du royaume, & d'un autre côté, en denrées de l'Amérique ; mais avant de parler de ces marchandifes & denrées, il eft convenable que nous faffions connoître les principaux établiffemens des Efpagnols dans le Nouveau-Monde.

§. 2. Les Efpagnols, qui furent les premiers conquérans dans cet émifphère, y font mieux établis qu'aucune autre nation, tant dans le Continent que dans les ifles. Dans le Continent ils poffèdent toute l'Amérique méridionale, à la réferve du Bréfil fur l'océan feptentrional, qui appartient aux Portugais, & de quelques endroits, foit de Chily, foit des terres magellaniques, foit de l'ifthme de Darien, dont ils n'ont pu encore foumettre les natifs, qu'ils appellent *Indios Brabos*. Les Efpagnols occupent auffi la plus riche & la meilleure partie de l'Amérique feptentrionale jufqu'à la Louifiane, & une partie de la Floride. Les ifles qui leur appartiennent font, Cuba, Porto-rico, la Marguerite, les Lucayes & quelques autres de peu de réputation, que les Efpagnols vifitent quelquefois, mais où ils n'ont point de colonies. Ils poffédoient ci-devant la moitié de l'ifle Hifpaniola, autrement Saint-Domingue, dont les François occupoient déjà l'autre moitié ; mais aujourd'hui cette ifle appartient toute entière aux François. Voici les lieux les plus remarquables des vaftes-poffeffions des Efpagnols en Amérique.

MEXICO, ou *Mexique*, capitale de la *Nouvelle-Efpagne*, la plus grande & la plus belle du Nouveau-Continent, eft fituée fur le bord du lac du même nom à environ 60 lieues de la Vera-Cruz, au nord, & à la même diftance à peu près de la mer du fud ; quoiqu'à une auffi grande diftance, la Vera-Cruz fert de port à *Mexico*. *Mexico* eft la réfidence du vice-roi & des

principaux

principaux officiers qu'envoie la cour d'*Espagne* pour gouverner la *Nouvelle-Espagne*, qui comprend les gouvernemens du Mexique, du Nouveau-Mexique, de Guadalaxara & de Guatimala. Ces gouvernemens sont composés de diverses provinces, dont les noms seroient inutiles ici.

VERA-CRUZ, (la), qui est le port du Mexique, comme nous venons de le dire, est située au fond du golfe du Mexique, par les 19 degrés de latitude nord. C'est la ville la plus commerçante de toute l'Amérique Espagnole. Indépendamment du trafic qu'elle fait avec les Isles & le Continent Espagnol, elle entretient un commerce direct avec l'*Espagne*, soit par le moyen des flottes qui y arrivent de Cadix, soit par les navires de registre qui partent de temps en temps de cette même ville, & qui apportent à la *Vera-Cruz* toute sorte de marchandises d'Europe. Les retours de ces navires, en revenant de *Vera-Cruz* à Cadix, consistent en or & argent, cochenille, cuirs, vanille, jalap, & quelques autres articles de moindre conséquence.

SANTA-FÉ est la capitale du Nouveau-Mexique, qui est borné au nord par Quivira, au sud par l'empire du Mexique, à l'est par la Louisiane, & à l'ouest par la mer Vermeille ou le détroit de Californie : ce gouvernement est séparé du Canada & de la Floride par de hautes montagnes. Les productions de ce pays sont, à peu de chose près, les mêmes que celles du Mexique.

GUATIMALA, ville de la nouvelle *Espagne*, a un port nommé *Porto Cavallo*, situé au fond du golfe de Honduras. De petits bâtimens conduisent les marchandises d'*Espagne* jusqu'à une petite ville bâtie au pied d'une montagne, d'où, par un chemin taillé dans le roc, on les transporte sur des mulets à Guatimala ; c'est aussi par cette voie qu'arrivent à Porto-Cavallo les marchandises du pays de *Guatimala*, qui consistent en or & argent, cochenille, indigo, cuirs, salsepareille, jalap, coton, pastel & beaume, qui est une espèce d'huile de pétrole.

MARACAÏBO est une ville située sur le bord occidental d'un grand lac, qui porte le même nom & qui est au bout de la baie de Venezuela. Elle a un port excellent d'où l'on expédie pour l'*Espagne*, du tabac, du cacao, du sucre, de l'indigo & des cuirs verds. *Maracaïbo* est l'entrepôt des marchandises de Merida, d'où viennent l'or, l'argent & les pierreries qu'on voit à *Maracaïbo* ; des productions de la nouvelle Grenade & de la province de Venezuela, d'où cette ville reçoit le plus excellent cacao du continent de l'Amérique Espagnole, ainsi que le meilleur tabac qui croît aux environs de *Gibraltar*, gros bourg situé sur le bord du lac, où les principaux marchands de *Maracaïbo* ont leurs terres.

CAMPÊCHE, ou *San-Francisco*, ville de la nouvelle *Espagne*, dans la presqu'île d'Yucatan, sur la côte orientale de la grande baie de *Campêche*, fait un commerce considérable en bois de teinture. Ce bois, si justement estimé en Europe pour le noir

& le violet, vient en abondance proche de la baie, & porte le nom de l'endroit où il croît. *Campêche* ne fournit pas seulement à l'Europe des bois de teinture, elle y envoie quantité de bois de charpente, du miel, de la cire, du sucre, de la casse, de la salsepareille & des cuirs.

GUAYRA, ville principale de la côte de Caraques, fait un commerce considérable de cacao, de la meilleure espèce qui croisse en Amérique. Ce commerce avoit été fait ci-devant exclusivement par une compagnie privilégiée ; mais il est permis à présent (en 1781) à tout sujet du Roi d'*Espagne* de le faire.

Varinas, ville de la province de Venezuela, est fort renommée par le bon tabac qui croît dans ses environs.

LA HAVANE, ou *Havana*, est la ville principale de l'île de Cuba, qui après S. Domingue est la plus grande qu'on connoisse dans la mer septentrionale de l'Amérique, cette île ayant environ 400 lieues de tour, 200 à 250 de long & 35 à 40 de large. Les principales productions de l'île de Cuba sont, des cuirs en poil, du sucre, du tabac, du suif, des confitures sèches, du gingembre, de la casse, du mastic, de l'aloès, de la salsepareille, & beaucoup d'écaille de tortue. *La Havane* est le port principal où l'on charge ces marchandises pour l'Europe : c'est aussi dans ce port, que les Espagnols regardent comme la clef de toutes les Indes Occidentales, & l'étape générale des marchandises de l'Amérique, que touchent ordinairement à leur retour les navires qui font le commerce du Continent & des îles de l'Amérique Espagnole, avant de déboucher le canal de Bahama. Les autres villes de l'île de Cuba sont, *Santiago de la Vega*, qui en étoit autrefois la capitale, la *Trinidad*, *Puerto de Palma*, *Puerto Escondido* & *Baracoa*.

PUERTO-RICO, ou *Porto-Rico*, est la capitale d'une île du même nom, que les Espagnols possèdent dans la mer septentrionale, & qui n'a guère que 30 à 35 lieues de long sur 20 de large. Le principal commerce qu'on y fait consiste en sucre, gingembre, cuirs de bœuf & de vache, coton filé ou en poil, casse, mastic, gayac, sel, oranges & autres fruits. Les habitans de *Porto-Rico* font un grand commerce avec les îles Danoises de S. Thomas, Sainte Croix & S. Jean, ainsi qu'avec d'autres peuples Européens qui ont des établissemens vers cette partie du nouveau-monde.

LA MARGUERITE, ou *la Margarita*, est une île Espagnole située proche la côte de l'Amérique septentrionale, à 11 degrés de latitude nord. Elle étoit autrefois fameuse par la pêche des perles qui s'y faisoit, mais depuis le milieu du dix-septième siècle, cette pêche est fort diminuée. Lorsqu'elle soutenoit encore sa première réputation, il s'y pêchoit année commune, pour près de 100,000 ducats de perles, qui étoient portées à Carthagène pour y être percées & ensuite transportées en *Espagne*.

CARTHAGÈNE, ville située sur la mer du nord, a

L

un des meilleurs ports du nouveau monde. Elle fait un commerce très-confidérable non-feulement dans l'intérieur du pays, où elle entretient des relations avec Lima, capitale du Perou; mais auffi au dehors, tant avec les pays circonvoifins qu'avec l'Efpagne directement. On tire de Carthagène, de l'argent, du tabac, du coton, du cacao, des cuirs, de l'indigo de Guatimala & plufieurs autres articles.

PORTO-BELLO, ville de la province de Panama, peu éloignée de Carthagène, eft fituée par les 9 ½ degrés de latitude feptentrionale. On y tient des foires très-riches quand il arrive d'Efpagne quelques navires de regiftre ou de la flotte avec des marchandifes d'Europe. Les habitans de l'intérieur du pays viennent alors à Carthagène acheter ce qui leur convient de ces marchandifes, pour lefquelles ils donnent ou de l'argent comptant ou d'autres marchandifes, comme du tabac, du cacao, & du quinquina.

BUENOS-AIRES, ville fituée par les 35 degrés de latitude Sud, eft bâtie fur la rive méridionale du grand fleuve de la Plata, fur le penchant d'une colline, à l'embouchure d'une petite rivière qui tombe dans le fleuve. Ses habitans font riches & doivent leur opulence au grand commerce qu'ils font tant au dedans qu'au dehors; le commerce du dedans fe fait avec le Paraguay, le Chili & le Pérou; & celui de dehors tant avec les Efpagnols d'Europe, qu'avec les Portugais du Brefil & avec les Efpagnols établis fur le continent & dans les ifles de l'Amérique. Les principales marchandifes qu'on tire de Buenos-Aires font, des cuirs fecs en poil, du fucre, du cacao de Guayaquil, de l'herbe du Paraguay, du tabac & quelques autres articles moins importans.

SANTIAGO, capitale du Chili, fituée fur la mer du Sud, eft le lieu où arrivent par terre les marchandifes de Buenos-Aires deftinées pour Baldivia, la Conception, Valparaïfo, Coquimbo & Guafco, villes principales du royaume de Chili. Baldivia eft la première ville qu'on trouve fur la côte après avoir débouqué le détroit de Magellan; elle eft fituée à deux lieues de la mer par le 40ᵉ dégré de latitude, entre deux rivières, qui à leur embouchure forment un des plus beaux ports & des plus fûrs de toute cette côte. Le commerce principal d'exportation du Chili confifte en or & argent dont il y a des mines confidérables en ce royaume; en cuirs, cacao & quelques autres articles de moindre conféquence.

LIMA, autrement Ciudad de los Reyes, eft fituée dans une grande & agréable vallée du même nom, par le 12 degrés 27 m, 7 ½ f. de latitude auftrale. Cette ville eft très-fameufe & très-confidérable, parce qu'à l'avantage d'être la capitale du Perou, elle joint celui d'être l'entrepôt de toutes les marchandifes de ce royaume. Il y a une factorérie générale à Lima pour le commerce. C'eft-là que fe raffemble non-feulement tout ce qui fe fabrique dans les autres provinces, mais auffi toutes

les marchandifes que les navires Efpagnols apportent, pour être enfuite répandues dans la vafte étendue de cet empire, dont Lima eft comme la mère-commune. Le tribunal du confulat eft à la tête de ce commerce, auquel les vices-rois, les gouverneurs, les officiers, les nobles & autres perfonnes qualifiées, ne rougiffent pas de prendre part, parce que c'eft le feul moyen d'acquérir des richeffes dans ce pays-là. C'eft auffi à Lima que fe dépofent les productions & les richeffes des provinces méridionales du Perou, pour être embarquées fur la flotille qui part de Callao, port de Lima, pour aller à Panama dans le temps de l'arrivée des navires d'Efpagne. Les propriétaires de ces fonds & de ces marchandifes en donnent la direction aux commerçans de Lima, & ceux-ci les vont trafiquer à la foire de Panama conjointement avec les leurs propres. Les marchandifes que les navires Efpagnols chargent à Lima pour l'Europe font de l'étain, des laines de Vigogne, du quinquina & du cacao. Les autres villes principales du Perou qui font quelque commerce dans les mêmes articles que Lima font les fuivantes: la Plata, capitale de la province de Charcas; Arequipa; Truxillo, Cuzco, Caxamanca, dans le Pérou proprement dit; Quito, Guayaquil, Popayan, Macas, dans la province de Quito; Panama, Acapulco, Leon, Granada, la Trinidad & quelques autres, dans le royaume de Tierraferme ou Terre-ferme; la Paz, Sta Cruz de la Sierra & Tucuman, capitales des trois provinces, dans les Cordillieres des Andes; enfin Nueftra fennora de la Afuncion, capitale du Paraguay.

L'Efpagne pofféde, outre les établiffemens de l'Amérique dont nous venons de parler, les ifles Philippines, fituées dans la mer des Indes, entre la Chine & les Moluques, à 100 lieues des côtes de Camboya & de Champax, & à 200 lieues des ifles Mariannes. Les Philippines forment un des cinq Archipels de l'Océan oriental. L'ifle de MANILLE, ainfi nommée de fa capitale, eft la plus confidérable de toutes celles qu'occupent les Efpagnols, & le centre de leur commerce, qu'ils étendent d'un côté jufqu'à la Chine, & de l'autre fur les côtes de l'Amérique qui confinent à la mer du Sud. Les marchandifes qu'on tire de Manille & de toutes les autres ifles dont le nombre furpaffe douze cents, font de l'or, que les habitans trouvent dans leurs montagnes & leurs rivières; de la cire, du ris, du fagou, des étoffes d'écorce d'arbre, des noix de coco, de l'huile de fefame & de lin, du fer, de l'acier & du fafran. Acapulco, ville du Pérou fur le bord de la mer du Sud, expédie tous les ans un gros navire chargé de diverfes marchandifes pour Manille; ce navire rapporte en retour avec les productions de l'ifle de Manille, des étoffes de foie & de coton, & beaucoup d'autres articles des Indes & de la Chine.

Les ifles CANARIES, fituées à l'occident de l'Afrique, entre le 27ᵉ degré 30 m, & le 29ᵉ d.

45 m. de latitude, appartiennent auſſi à l'*Eſpagne*. Elles ſont au nombre de ſept, appellées *Canaria*, *Gomerà*, *Palma*, *Ferro*, *Lancerota*, & *Fuerteventura*, & produiſent d'excellens vins, fort eſtimés dans toute l'Europe.

Pour faciliter la deſcription que nous allons donner du commerce de l'*Eſpagne*, nous diviſons ce royaume en trois parties: la première comprend les deux Caſtilles, les provinces d'Arragon, de Navarre, d'Alaba, de Guypuſcoa, de Biſcaye, de la Montagne, des Aſturies, de Galice, de Leon & d'Eſtramadoure: la ſeconde, l'Andalouſie & la Murcie: la troiſième, les provinces de Catalogne, de Valence & de Mallorque.

§. III. *Commerce des deux Caſtilles, d'Arragon, de Navarre, d'Alava, de Guypuſcoa, de Biſcaye, de la Montagne, des Aſturies, de Galice, de Leon & d'Eſtramadoure.*

Le commerce de ces provinces eſt très-conſidérable, notamment celui des provinces maritimes; il conſiſte en productions naturelles, dont les principales ſont, des laines, du fer, du vin & des fruits; mais ces articles étant diſtribués dans les différentes provinces, de façon qu'on trouve dans les unes, les articles qui manquent dans les autres, & réciproquement, il devient néceſſaire que nous entrions dans quelque détail ſur ce que chacune d'elles renferme, & en quoi chacune contribue au commerce général.

MADRID, capitale de toute l'*Eſpagne*, l'eſt auſſi de la Nouvelle-Caſtille. Cette ville eſt bâtie au milieu d'une grande plaine, entourée de toutes parts de collines. On donne à cette ville trois lieues de circuit, le château & le jardin du *Buen-retiro* non-compris. Le *Manzanares* embraſſe de ſes eaux les parties occidentales & méridionales de *Madrid*. En hiver ce fleuve groſſit beaucoup par la fonte des neiges & dans les autres ſaiſons, il n'eſt pour ainſi dire qu'un ruiſſeau. *Madrid* eſt aujourd'hui une des villes les plus belles & les plus propres de l'Europe. On y voit beaucoup d'établiſſemens utiles pour les ſciences. Pour la partie du commerce, il y a dans ſon enceinte & aux environs, diverſes manufactures d'étoffes de ſoie & de laine, entr'autres la fabrique royale de San-Fernando, une belle fabrique de porcelaine à l'inſtar de celle de Saxe, qui appartient au roi; de même qu'une ſuperbe fabrique de glace établie à Saint-Ildefonſe, dans laquelle on coule des glaces qui ſurpaſſent en grandeur tout ce que l'on fait en ce genre dans les fabriques les plus renommées de l'Europe.

La compagnie ou communauté des marchands de *Madrid*, eſt un établiſſement remarquable & peut-être unique dans ſon eſpèce. Elle eſt compoſée des cinq corps principaux de marchands, qui, en 1733, furent réunis ſous une ſeule direction par lettres-patentées du roi. Ces corps ſont formés, 1°. de la compagnie des marchands joyailliers; 2°. de celle

des marchands d'étoffes de ſoie, d'or & d'argent; 3°. de celle des marchands drapiers; 4°. de celle des marchands de toileries; & 5°. de celle des marchands épiciers & droguiſtes. Chaque corps a un député repréſentant, & tous les cinq corps choiſiſſent tous les trois ans deux directeurs: c'eſt de ces ſept perſonnes, un ſecrétaire & un caiſſier, que ſont formés la direction & le conſeil permanent de la compagnie, ſous le nom de *diputacion y direccion de los cinco gremios mayores de Madrid*. Comme l'objet eſſentiel de cette aſſociation des marchands de *Madrid* eſt non-ſeulement de ſoutenir leurs corps reſpectifs dans un état de ſplendeur, mais auſſi de donner de l'activité aux branches principales de l'induſtrie & du commerce intérieur & extérieur d'*Eſpagne*, elle a à Cadix une maiſon de commerce reſpectable, compoſée de deux députés-directeurs, d'un ſecrétaire & d'un caiſſier, que la compagnie de *Madrid* nomme tous les trois ans: les directeurs peuvent cependant être continués pluſieurs années de ſuite ſi les intéreſſés le jugent à propos. Elle poſſède à Valence une des plus belles manufactures de ſoie qu'on puiſſe voir, à la tête de laquelle eſt un directeur nommé par la compagnie. On peut juger de l'importance de cette manufacture, où il eſt rare que le nombre des métiers battans ſoit au-deſſous de 600, & où quelquefois on en compte juſqu'à 800. La compagnie a auſſi dans pluſieurs autres villes d'*Eſpagne* des manufactures en toiles & en étoffes de laine & de côton, où elle fait travailler pour ſon compte; mais elle ne borne pas-là ſon commerce; car elle en fait un très-étendu avec l'Amérique; c'eſt pourquoi elle équipe divers navires de regiſtre & les charge pour ſon propre compte, tant pour la nouvelle-Eſpagne, que pour le Pérou & les autres poſſeſſions Eſpagnoles. Elle fait des achats de laine & d'autres marchandiſes d'*Eſpagne* qu'elle fait expédier par les correſpondans qu'elle a dans chaque port, & vendre par ceux qu'elle a pareillement dans les pays étrangers où elle deſtine ces marchandiſes. Elle a commiſſion ordinairement de l'*Aſiento* pour fournir du pain & des habits aux armées du roi; ſouvent auſſi elle ſe charge de divers autres approviſionnemens pour les troupes de terre & pour la marine royale. Le fonds principal de cette compagnie eſt à la vérité modique, n'étant que de vingt millions de réaux de vellon, diviſés en actions; mais les intéreſſés qui ſont au nombre d'environ 300, ſont obligés ſolidairement, tous pour chacun, & chacun pour tous, à répondre des capitaux qui leur ſont confiés. Auſſi la confiance dont les *Gremios* jouiſſent en *Eſpagne* n'eſt pas moindre que celle dont peuvent jouir les banques les plus reſpectables des autres états de l'Europe; elle eſt même telle, que dans pluſieurs occaſions cette compagnie a été obligée de refuſer des capitaux immenſes qu'on lui offroit à intérêt, quoique celui qu'elle paye ne ſoit pas au-deſſus de 2 ½ p°. par an.

La ville de *Madrid* renferme beaucoup de richeſses, malgré son éloignement des ports de mer & le peu de commerce actif qu'elle fait. On y compte beaucoup de capitalistes fort riches, des banquiers qui ne le sont pas moins, & des maisons faisant le commerce de laine, qui entretiennent des correspondances non-seulement avec les négocians, qui résident dans les ports de mer du royaume, mais encore avec les principales villes de commerce de l'Europe.

TOLÈDE, principale ville de la nouvelle Castille, est bâtie sur un rocher au bord du *Tage* qui l'environne en plus grande partie. On y trouve une manufacture d'étoffe de soie ; mais le commerce n'est pas brillant dans cette ville.

GUADALAXARA, ville située au bord du *Hénarès*, est remarquable par une fabrique royale de draps & étoffes de laine qui occupe un bon nombre de ses habitans.

TALAVERA DE LA REINA, ville aussi située au bord du *Tage*, a quelques manufactures d'étoffes de soie, & des machines pour filer la soie fort ingénieuses. *Alcala de Hénarès*, *Cuenca*, *Ciudad-Real* & quelques autres villes de la nouvelle Castille, font quelque commerce en productions du pays, qui consistent principalement en bleds, safran, fruits, bétail & vin, surtout de *la Mancha* dont *Ciudad-Real* est la capitale.

BURGOS, capitale de la vieille Castille, est située au pied d'une montagne près de la rivière d'*Arlanzon*. Le commerce y est toujours florissant, quoiqu'il soit considérablement déchu de son ancien lustre.

VALLADOLID, située au bord de la rivière *Pisuerga*, est une ville d'un assez grand commerce, & qui possède quelques manufactures d'étoffes de laine.

SÉGOVIE est bâtie dans une vallée au bord de la rivière *Erasma*, dont les eaux sont excellentes pour le lavage des laines. C'est dans cette ville que les piles des laines d'*Espagne* les plus renommées sont lavées ; on y lave la laine en suin ou *surie de Villacastin*, bourg situé à deux lieues de Ségovie où l'on tond les troupeaux de brebis qui vers l'été y viennent des montagnes de Leon & le l'Estramadoure, comme nous le dirons ci-après. On fabrique à Ségovie les plus beaux draps d'*Espagne* ; on y fait aussi du papier & de la fayance.

Logronno, *Calahorra*, *Siguença*, *Osma*, *Soria*, & quelques autres villes de la vieille-Castille, font aussi quelque commerce, qui consiste principalement en laines, vins, bled, miel & plusieurs autres productions du pays.

SARAGOSSE, ou *Zaragoza*, capitale du royaume d'Aragon, est située dans une plaine au bord de l'*Ebre*, qui arrose & fertilise cette contrée en y formant beaucoup de sinuosités. Cette ville a quelques manufactures d'étoffes de soie & de laine ; & il s'y fait un bon commerce en bleds, réglisse, vins, huile, lin, safran & autres productions du pays. Les autres villes d'Arragon sont *Tarraçona*,

Borja, *Calatayud*, *Albarraçin*, *Tervel*, *Daroca*, *Balvastro*, *Huesca* & *Jaca*.

PAMPELUNE, ou *Pamplona*, capitale de la Navarre, située au pied des Pyérées, dans une grande plaine au bord de la rivière *Arga*, est une ville qui fait un commerce considérable, notamment avec les Castillans. La Navarre produit d'excellens vins, entr'autres un vin fameux qu'on nomme *Rancio de Peralta*, & qui est infiniment estimé des connoisseurs. *Estella*, *Viena*, *Tudela*, *Olite* & *Tafalla*, font les principales villes de la Navarre après *Pampelune*.

VICTORIA, ville principale de la province d'Alava, située sur une hauteur, fait un bon commerce avec les Castillans & autres peuples de l'intérieur de l'*Espagne*, qui viennent dans cette ville acheter les marchandises dont ils ont besoin.

SAINT-SÉBASTIEN, ou *San-Sebastian*, port de mer fameux, ville fortifiée & capitale de la province de Guypuzcoa, est située au bord de la mer de Biscaye, à l'embouchure de la petite rivière d'*Urumen* ; ses habitans font un commerce très-considérable avec la Navarre, la Castille & plusieurs autres provinces d'*Espagne* dont les marchands viennent à *Saint-Sébastien* acheter du cacao, de la canelle, du poivre & d'autres épiceries ; du tabac en poudre, des toiles & plusieurs autres articles, que les négocians de cette ville tirent de Hollande, de France & d'Allemagne. Le commerce d'exportation de *Saint-Sébastien* n'est pas bien important ; il consiste uniquement en fer ; mais comme c'est dans cette ville, ou plutôt à *Passages*, port peu distant, que la compagnie de Caraques faisoit ci-devant ses armemens pour la côte de Caraques, aujourd'hui que le commerce est libre pour les particuliers qui voudront trafiquer sur cette côte de l'Amérique, *Saint-Sébastien* en profitera & pourra devenir, au moyen des retours que ses négocians recevront de Caraques, une des villes les plus importantes d'*Espagne* pour le commerce d'exportation. *Fuenterabia*, *Irum*, *Tolosa*, *Guetaria*, *Villafranca*, font les villes principales de la province de Guypuzcoa.

BILBAO est une des plus belles villes non-seulement de la Biscaye, mais aussi d'*Espagne* ; elle est située sur la rivière d'*Ybeyçabal* qui, à deux lieues de là, va se jetter dans la mer au pied de la petite ville de Portugalete ; là il y a une barre qui, lorsque les eaux sont basses, n'a que 5 à 6 pieds d'eau, ensorte que les navires ne sauroient passer cette barre qu'à la pleine mer.

La laine est la première & principale branche du commerce de *Bilbao* ; est il certain qu'on apporte en cette ville tout ce qu'il y a de mieux en *Espagne* dans cet article. On y distingue diverses qualités de laines, sçavoir : 1°. Les laines *Léonèses*, à la tête desquelles on place les piles de l'*Escurial*, *Paular*, *Lastiry*, *Infantado*, *Mondejar*, *Negrete*, *Luco*, &c. On les nomme en France *belles Ségovies*. C'est une laine dont les troupeaux vont paître en été dans les montagnes de Léon, où ils reſtent juſqu'au mois d'octobre. Ils les quittent alors à cauſe du grand froid qui s'y fait ſentir, & on les mene dans la province d'Eſtramadoure, païs d'une température agréable & douce, où ils demeurent juſqu'au mois d'Avril, temps auquel ils doivent aller en Caſtille, pour y être tondus. Après la tonte, les laines ſont lavées en partie à Ségovie même & dans ſes environs, & en partie à Buitrago & en d'autres lieux de la Caſtille.

La laine Léonèſe lavée à Ségovie eſt plus moëlleuſe que celle qui eſt lavée à Buitrago ; celle-ci eſt un peu rude au toucher, ce qui provient des eaux qui ſont plus froides & moins propres que celles de Ségovie pour le lavage des laines. La Léonèſe ou Ségovie eſt crêpée ; cela prouve en même temps ſa fineſſe & ſa force. Elle doit être de couleur roſe ou incarnat. Quelquefois la nuance du rouge eſt forte à cauſe de la quantité de terre rouge avec laquelle on teint les moutons pour diſtinguer les troupeaux ; ce qui vient auſſi du peu de ſoin qu'on a aux lavoirs de tenir la laine dans l'eau chaude tout le temps qu'il faut. Quand la laine eſt bien lavée, elle acquiert une blancheur éblouiſſante, ou une belle couleur incarnat ; les marchands y ont beaucoup d'égard & montent ou baiſſent leurs prix en conſéquence.

2°. Les laines _Ségoviennes fines_ ont la ſoie moins fine que les Léonèſes ; c'eſt pourquoi elles ne ſont pas auſſi crêpées & n'ont pas la même force que ces dernières. Les belles Ségoviennes doivent avoir la couleur incarnat comme les Léonèſes ; elles ne ſont pas ſi moëlleuſes que celles-ci. Les troupeaux qui les donnent paiſſent en été dans les montagnes de Ségovie, de Buitrago, d'Avila & d'autres endroits de la Caſtille, d'où on les fait paſſer un peu avant l'hiver en Eſtramadoure.

3°. Les laines _Ségoviennes régulières_, ou _de los Puertos_, viennent de troupeaux qui paiſſent pendant toute l'année dans la Caſtille, ſurtout aux environs de Pennaranda, de Buitrago & de Burgos. Celles de Pennaranda ſont d'un blanc cendré, ce qui vient de ce que les troupeaux ſe vautrent dans la cendre qui couvre les champs, la coutume étant dans ce pays-là de brûler les chaumes.

4°. Les laines _Burgalaiſes_ & celles de _Buitrago_ ſont d'une belle couleur de roſe & quelquefois blanches ; elles deviennent un peu rudes trois ou quatre mois après qu'elles ont été lavées, & cela vient de la grande froideur des eaux dans leſquelles on les lave, ces eaux coulant des montagnes couvertes de neige preſque toute l'année. Les troupeaux qui donnent cette laine paiſſent pendant l'été dans le territoire de Burgos, & vont en hiver paître dans les montagnes de l'Eſtramadoure.

5°. Les laines _Soria Ségoviennes_, parmi leſquelles il ſe rencontre des parties qui ſont auſſi eſtimées, & en effet auſſi belles que les Ségoviennes fines, viennent de troupeaux de la même race que ceux qui donnent la laine Ségovienne ; mais comme

les premiers ont paſſé dans le territoire de Soria, ils y ont en quelque manière dégénéré par la qualité des pâturages ; de-là vient que la laine Soria Ségovienne n'eſt en général ni ſi belle ni ſi fine que la Ségovienne, celle-ci étant plus moëleuſe que l'autre, qui d'ailleurs acquiert, en la lavant dans les eaux froides de Soria, une rudeſſe que n'a pas naturellement la laine. Les troupeaux qui donnent la laine Soria Ségovienne paiſſent pendant l'hiver dans l'Eſtramadoure, & durant l'été dans le territoire de Soria. Par laines de Soria, on entend auſſi les _Soria de los Rios_ & les _Soria de los Cavalleros_ ; les troupeaux qui portent ces laines vont auſſi paître pendant l'hiver en Eſtramadoure ; mais en général la véritable Soria Ségovienne eſt d'une meilleure qualité. Les laines _Soria del Campo_ & _Soria de Lumbreras_, ſont ainſi nommées, parce que les troupeaux qui les donnent paiſſent durant toute l'année dans les territoires del Campo & de Lumbreras. Ces laines ſont rouges ou rougeâtres, & leur rudeſſe, qui ſurpaſſe celle des laines Soria Ségoviennes, Soria de los Rios & Soria Cavalleros, fait juger, dès qu'on les touche, qu'elles ſont d'une qualité inférieure.

6°. Les laines _Siguenza Ségoviennes_ ſont regardées ſur le pied des laines Ségoviennes régulières, quoique la qualité en ſoit un peu moins bonne. Les troupeaux qui les portent, paſſent l'hiver dans l'Eſtramadoure, & l'été dans le territoire de Siguenza ; ces laines ſont de couleur jaune clair ; elles ſont preſqu'auſſi eſtimées que les Soria Ségoviennes. Les laines de Siguenza viennent des troupeaux qui paiſſent toute l'année dans le territoire de Siguenza ; leur qualité reſſemble à celle des Soria Lumbreras.

7°. Les laines de _Molina_, _Villoſlada_, _Ortigoſa_, _Albarraſin_, _Caçeres_, _Llerena_, _Badaxòs_, & autres laines ordinaires _d'Eſpagne_, ſont des toiſons de troupeaux qui paiſſent pendant toute l'année dans ces divers pays. Elles ne ſont jamais ni ſi eſtimées ni ſi demandées de l'étranger que les laines fines, dont l'exportation eſt prodigieuſe.

Il s'exportoit autrefois du ſeul port de _Bilbao_, environ 20 à 22 mille balles de laine fine, & 4 à 6 mille balles d'agnelins ; mais depuis quelques années il s'embarque à Saint-Ander 10 à 12 mille balles de laine, & 2 à 3 mille balles d'agnelins, & d'autant moins à _Bilbao_.

Il eſt conſtant que plus la laine en ſuin eſt fine, plus elle rend après le lavage. C'eſt la raiſon pourquoi les Ségovies Léonèſes donnent plus après le lavage que toutes les autres laines : on pèſe les laines avant de les laver, & ſi une arrobe de 28 ℔ de laine en ſuin donne net après avoir été lavée 13 $\frac{1}{2}$ ℔, on regarde ce rendement (ou _correſponſion_ ſelon l'expreſſion des Eſpagnols) comme très-avantageux pour le propriétaire de la laine, qui calcule ordinairement ſur 12 à 13 ℔ ſeulement, quoiqu'il arrive quelquefois que le rendement monte à 11 ℔. En effet, ſi lorſque les troupeaux ſont en marche pour les lieux où ils doivent être tondus, il ne tombe pas beaucoup de pluie, la poussière dont toute la route est couverte se mêle à la sueur des moutons, & forme sur leur toison une croûte qui ne se sépare de la laine que par le lavage; au lieu que s'il pleut dans le temps de la marche, les chemins étant sans poussière, les toisons se nétoyent en partie dans le cours de la route. Lorsqu'on achette les laines en suin, le vendeur ne fait point de réfaction à l'acheteur pour les immondices qui se trouvent attachées à la laine; c'est à celui-ci à calculer le déchet qu'elles pourront avoir, & c'est ce qu'il ne peut sçavoir parfaitement qu'après que la laine a été bien lavée. Les prix des laines se réglent lorsqu'elles sont en suin, & toujours d'après l'estimation (à l'attention comme disent les Espagnols) qu'on fait chaque année de ce que les premières piles Léonéses pourront valoir à l'étranger, ce qui dépend d'une infinité de circonstances qu'il n'est pas possible de prévoir. Au reste, ces prix varient tellement tous les ans, qu'on a vu les laines Léonéses valoir une année 60 réaux de vellon à l'arrobe, & l'année d'après se vendre jusqu'à 100 réaux & plus. Le rendement des laines Ségoviennes peut aller communément de 10 à 12 ℔, & les prix en suin roulent de 50 à 90 réaux l'arrobe. Le rendement des laines Sorianes en général peut être de 9 à 11 ℔, & les prix roulent de 40 à 75 réaux l'arrobe. La laine des agneaux, qu'on nomme *agnelins*

dans le commerce, se vend conjointement avec la laine des moutons de la même pile, ce qui est un désavantage pour les acheteurs de la laine en suin; car quoiqu'ils paient les agnelins au même prix que la laine, il s'en faut qu'ils en retirent le même prix. C'est du temps qu'il fait pendant l'hiver que dépend l'abondance ou la rareté des agnelins; car quand cette saison est douce, les brebis qui ont alors des pâturages en abondance peuvent aisément nourrir leurs petits agneaux, que dans ce cas on laisse croître; au lieu que, lorsque l'hiver est rude, les pâturages manquant, & les brebis ne pouvant pas nourrir tous leurs agneaux, on est obligé d'en tuer une partie, & on laisse seulement à deux brebis un agneau à nourrir; dans le premier cas, c'est-à-dire quand l'hiver est doux, les agnelins forment un $\frac{1}{8}$ ou $\frac{1}{9}$ sur le total d'une pile de laine; & dans le second seulement $\frac{1}{12}$ ou $\frac{1}{16}$ de la totalité. Mais si les acheteurs de laine craignent, d'un côté, de trouver trop d'agnelins dans une pile de laine, d'un autre côté lorsqu'il y en a beaucoup, ils en sont amplement dédommagés par la belle qualité de la laine, qui ordinairement est meilleure dans les années où l'hiver a été doux, que lorsque cette saison a été mauvaise; c'est là une chose que l'expérience a confirmé tant de fois, qu'on ne peut pas la révoquer en doute.

Compte simulé d'achat de 2,440 arrobes de *laine Ségovienne*, dont

1,218 ½ Arrobes, achetées à *l'attention* de la pile du *marquis del Vadillo*, qui est de 76 réaux l'arrobe. . . . . Rx. Von.	92,606	
1,221 ½ Dites, achetées à la même attention avec un réal de rabais, c'est-à-dire, à 75 réaux l'arrobe, ...	91,612	17
2,440 Arrobes de laine agnelins & pelades en suin . . . . Rx. Von.	184,218	17

Frais.

Couper & coudre le ballin, ficelle, port du ballin aux *esquileos*, . . . Rx.	182	17
Gratification d'usage aux pasteurs lors de la livraison de la laine, ...	40	
Frais de réception, journées des ouvriers & emballeurs, leur nourriture, salaire du facteur pendant 7 jours, &c.	199	25
Voiture de 1,218 ½ arrobes des mayorales jusqu'au magasin, ...	61	17
Dite, de 1,221 ½ dites, formant 122 charges à 10 réaux, ...	1,220	
Mettre & arranger dans le magasin les 340 balles de laine en suin, . . .	56	
Transport de la laine du magasin au lavoir, ...	66	17
Gratification d'usage aux trieurs, laveurs, ouvriers du pré, &c.	100	
Payé à un facteur pour trier, bénéficier & sécher la laine, ...	216	
Dit, à deux gardes pour garder la laine pendant 36 jours à 6 réaux, . .	216	
Pour le triage de 180 arrobes d'agnelins, à 8 ½ maravedis l'arrobe, . . .	45	
Pour celui de 145 ½ dites, de tierces en suin à 16 maravedis, ...	71	14
Nétoyer les basses sortes en suin & en blanc sur le pré & dans le magasin, .	293	27
Ramasser les petits morceaux de laine sur le pré & les dépouiller d'ordures, ...	36	
Bénéficiage de 895 ½ arrobes en blanc à 5 réaux vellon l'arrobe, . . .	4,477	17
Droit du pré payé à la communauté sur 895 ½ arrobes à 5 mrs, . . .	131	23

184,218 17

Ci-contre, ...   184,218   17

Pour marquer les 97 balles de laine en blanc, à 8 ½ mrs., . . .	45	
Gratification à l'administrateur du roi & décharge des acquits, ...	48	
Pour 97 balins, ou enveloppes de balles, à 30 réaux chacun, ...	2,910	
Emmagasinage de laine en suin & en blanc, à 1 réal par balle, . . .	97	
Voiture du lavoir de *Vinuesa* à Burgos, de 750 arrobes à 2 ½ réaux, . .	1,875	
Dite, de 127 ½ dites, à 2 ¾	350	22
Droit du consulat à Burgos, à ½ réal par balle, ...	48	27
Droits du roi à la sortie de Burgos sur 882 ⅘ arrobes, à 1,391 maravedis, .	36,116	31
Raccommodage des balles, emmagasinage & frais à Burgos, ...	135	26
Commission de réception & expédition audit lieu à 6 réaux par balle, . . .	582	
Frais de voiture & autres depuis Burgos jusqu'à Berberana, ...	1,654	17
Voiture payée à *Bilbao* de 13 balles à 8 ½ réaux, ...	110	17
Dite, ... de 84 dites à 9 ½ réaux, ...	798	
Frais ordinaires de réception & expédition à *Bilbao* à 6 ⅜ réaux, . . .	618	12
Frais extraordinaires pour préserver 44 balles de la pluie dans les allèges,	32	
Commission de réception & d'expédition à *Bilbao* à 8 réaux, ...	776	
Commission payée à Madrid sur plusieurs traites & frais de remises, . . .	820	

                                                        55,443   5

                     R^x. de V^{on}.   239,661   20

Commission d'achat & frais de voyage du commissionnaire à 2 ½ p^o_o   5,991   18

                                                         245,653   4

Dont il faut déduire,

Pour produit de 145 ½ arrobes de *tierces* en suin, vendues à 12 réaux, . R^x.	1,746	
Pour celui de 3 ¾ dites, de *sacadizos* lavés, vendues à 60 réaux, ...	225	
Pour celui de 5 ¼ dites, de *respigaduras*, vendues à 40 réaux, ...	210	

                                                       2,181

Montant total . . . . R^x. de V^{on}.   243,472   4

N. B. Ce compte-ci est un compte véritable d'une partie de laine composée de 97 balles, dont 72 R, 18 F & 7 T furent achetées en 1780 ; cependant nous devons avertir que les frais varient considérablement, sur-tout en raison de la distance des lieux où se lavent les laines en suin ; en général on compte que tous les frais, droits & commission depuis les lavoirs jusqu'à *Bilbao* des laines Léonèses & Ségoviennes, peuvent aller de 55 à 65 réaux vellon l'arrobe de laine lavée.

Quoique le lavage des laines ne se fasse pas à *Bilbao*, les prix en peuvent être établis là sur le pied, ou à peu près, qu'elles sont achetées en suin dans la Castille ; les modiques différences qu'il peut y avoir viennent du rendement plus ou moins favorable des laines au lavage, de la distance des lieux où se tondent les troupeaux & se lavent les laines, & de la cherté plus ou moins grande des voitures pour le transport depuis les lavoirs jusqu'à *Bilbao*. On établit dans cette ville les prix des laines R ou *Refloretas*, en *reales de plata corrientes*, ou réaux de plate avec 20 p^o_o d'augmentation, après quoi on réduit les réaux de plate en réaux de vellon, dont 3 font 2 réaux de plate. Les laines F ou *finas*, valent 25 p^o_o moins que les R ; les S, ou *Segundas*, & les T ou *Terceras*, ne valent que la moitié du prix des R. Voici un exemple de calcul de ces prix.

Supposons que le prix des R soit de 1,200 réales de plata corrientes. On dit :

Prix de 200 ℔ R, p^e.	1,200	Si les 200 ℔ valent 2,130	réaux vellon,
Augmentation 20 p^o_o . . .	220	les 100 ℔ vaudront 1,065	prix des R.
Font réaux de plata .	1,420	La ½ de cette somme, ou 532 ½	prix des S & T.
Ajoutez-y la ½ . . .	710	Ajoutez-y la ½ . . . 266 ¼	
Font réaux de vellon .	2,130	Font réaux de vellon, 798 ¾	prix des F.

On n'accorde à *Bilbao* ni *réfaction* ni *tare* ou *ort* fur les laines , pas même pour le poids des *balins* ou toiles d'emballage , qu'on pefe cependant & qu'on compte comme fi c'étoit de la laine. Les condi-tions pour le paiement des laines dans cette ville font , de payer ⅓ comptant , ⅓ à 4 mois & ⅓ à 8 mois de terme ; & ces paiemens fe font ordinairement avec des lettres de change datées de ces différentes époques & payables dans Madrid à 30 ou 40 jours de date.

Compte fimulé d'achat à *Bilbao* de 100 balles de *laine lavée* , dont 80 R , 15 F. 5 S. montant comme fuit.

```
80 R pefant 16,000 ℔ à 1,260 réaux de plate corrientes, avec
                20 p⁰ d'augmentation, les 200 ℔ reviennent
              à 1,065 réaux vellon les 100 ℔ . . . . . . . . . . Rx. Von.   170,400
15 F. . . . 3,000 ℔ à 798¼ dits . . . . . . . . . . . . . . . .            23,962  17
 5 S. . . . 1,000 ℔ à 532¼ dits . . . . . . . . . . . . . . .               5,325

    Font   20,000 ℔.                          Réaux Von. . .   199,687   17
```

Frais d'expédition.

```
Droit de la *lengua de agua* fur 20,000 ℔ à 2 655 maravedis , . . . Rx.   15,617   22
Droit du confulat , emballage & port à bord , à 6 réaux la balle , . . . .      480
Commiffion d'expédition fur réaux 215,785 à 2 p⁰ . . . . . . . . .             4,315   24
                                                                                         20,413  12

                                                            Rx. Von.   220,100   29
```

Compte fimulé d'achat à *Bilbao* de 28 ballotins d'*agnelins* , pefant enfemble 8,204 ℔ à 100 réaux vellon l'arrobe , ... Rx. Von.   32,816

Frais d'expédition.

```
Droit du confulat & pefage à 2½ réaux par balle , . . . . . . . . Rx.       70
Racommodage des facs , à 3½ réaux , . . . . . . . . . . . . .               98
Port à bord du navire à ¼ de réal , . . . . . . . . . . . . . .             21   17
Emmagafinage à 1 réal par balle , . . . . . . . . . . . . . .               28
Commiffion d'expédition fur réaux 33,033 17 à 2 p⁰ . . . . . . .            660   22
                                                                                     878    5

                                                            Rx. Von.   33,694    5
```

L'article principal du commerce de *Bilbao* après les laines , eft le fer , dont les qualités font très-eftimées dans l'étranger ; il y en a de plufieurs fortes , principalement deux qu'on nomme l'une *fer tiradera* , l'autre *fer zearrola* , dont les frais de la fabrication font en général comme fuit, fçavoir.

Du fer tiradera.   Du fer zearrola.

```
7 Charges de charbon à 7 réaux . . . Rx. 49    6 Charges de charbon à 7 réaux , . . . Rx. 42
Bena ou mine de fer ; . . . . . . . 15         Bena , tranfport , eau & main d'œuvre . . 28
Tranfport au martinet . . . . . . . 2
Eau , main d'œuvre & menus frais , . . . 13    Coûte chaque quintal *macho* , . . . . . Rx. 70

Coûte chaque quintal *macho* , . . . . . Rx. 79
```

N. B. On peut travailler dans chaque martinet 60 quintaux de fer par femaine.

On fabrique dans la Bifcaye , quand les années font pluvieufes , environ 80,000 quintaux de fer , chaque
quintal

quintal de 155 ℔, poids de Castille, qu'on nomme *quintal-macho*, pour le distinguer du quintal simple, qui est de 100 ℔, poids de *Bilbao*, lequel est 6¼ p⁰⁄₀ plus fort que le poids de Castille.

Compte simulé de 717 quintaux macho & 71 ℔ de *fer*, dont

201 qˣ. 142.℔	de fer *tiradera* quarré en 732 barres à 82 réaux le quintal . . . Rˣ	16,557	5
407 . 33 . dit	*searrola* plat . . 1,162 . . . . . à 68	27,690	16
108 . . 51 . dit	*searrola* quarré &⎫ 208 . . . . . 70	7,583	12
	palanquille . . ⎭		

717 qˣ. 71 ℔   2,102 barres . . . . Rˣ. Von.   51,830   33

Droits & frais jusqu'à bord à ¼ de réal de vellon par quintal, ...   537   25

Commission sur Rˣ. 52,368 24ᵉ, à 2 p⁰⁄₀   1,047   12

                            Rˣ. Von.   53,416   2

Les châtaignes & les noix formant une branche de commerce considérable à *Bilbao*, il convient d'en donner le compte simulé suivant :

Compte simulé d'achat de 40 fanegues de *noix* & 939 fanegues de *châtaignes* dont

622 fanegues . . à 14 réaux . . . . Rˣ. Von.	8,708
317 dites, ... à 15	4,755
pour 40 dites de noix . à 18	720

                                    14,183

Frais d'expédition.

Pour frais de voyage, porter les expéditions à Portugalete, &c. . . . Rˣ.	358	25
Emmagasinage 28 réaux & frais de 6 gabarres à 32 réaux	223	26
Commission du facteur employé pour l'achat des châtaignes, ...	1,408	17
Pour la permission du syndic de la seigneurie, ...	285	
Pour la demande & expédition de cette permission, ...	14	
Droit de la seigneurie sur 939 fanegues châtaignes à 1 réal, ...	939	
Mesurage des châtaignes & des noix, à ¼ de réal la fanegue	244	26
Commission d'expédition à 1½ réal par fanegue	1,648	17

                                 4,952   9

                         Rˣ. Von.   19,135   9

Le commerce d'importation de *Bilbao* n'est pas moins considérable que celui d'exportation ; il consiste, dans les bonnes années, en temps de paix, en 100 à 120 mille quintaux de morue, 16 à 20 mille quintaux de chanvre, dont on fabrique dans cette ville des cables & cordages pour Cadix & d'autres ports d'*Espagne*, une grande quantité de lin, d'huile de baleine & autres poissons ; du cacao, des épiceries, des toiles, & sur-tout des étoffes de laine d'Angleterre. Il est entré à *Bilbao* dans le cours de six années consécutives, 3,331 navires chargés de ces sortes de marchandises ; sçavoir : 592 navires en 1774 ; 559 en 1775 ; 610 en 1776 ; 582 en 1777 ; 540 en 1778 ; 448 en 1779. Comme *Bilbao* est une place d'une grande ressource pour la vente de la morue seche & salée qu'on prend sur les côtes de Terre-Neuve, sur celles de Norwége & ailleurs ; il est à propos de remarquer ici que cet article s'y vend au quintal de 104 ℔, qui en veulent dire 110 à cause du bon poids, & l'on a observé que 110 quintaux (de 112 ℔ chacun) de morue de Boston, répondent seulement à 100 quintaux de *Bilbao*. Le terme pour le paiement de la morue est de six mois, & les frais de déchargement peuvent s'élever à environ 10⁴⁄₉ p⁰⁄₀, sçavoir : 2¼ p⁰⁄₀ pour droit de prévôté, que l'on paie seulement lorsque la vente se fait pour compte étranger ; ⅛ p⁰⁄₀ pour droit de l'hôtel-de-ville, ou *contratacion* ; ¼ de réal de vellon par quintal, pour droit du poids royal ; ⅛ p⁰⁄₀ d'emmagasinage ; ⅓ p⁰⁄₀ de courtage ; 3 p⁰⁄₀ de commission (quelquefois on se contente de 2 p⁰⁄₀) ; ⅛ p⁰⁄₀ de recouvrement ; 1 par mille de courtage de traites, & divers autres frais ordinaires & extraordinaires. Les prix varient depuis 4 jusqu'à 15 piastres le quintal, suivant les circonstances.

Portugalete, petite ville située à l'entrée du port de Bilbao, a quelque part à son commerce. *Guernica* est à proprement parler la capitale de la seigneurie de Biscaye. *Durangeo* & *Vermeo* sont deux des principales villes de ce district.

SAINT-ANDER ou *Santander*, capitale de la Montagne, province d'*Espagne*, est située au bord d'un golfe qui forme un bon port défendu par quatre forts. Le commerce de cette ville, qui consiste principalement en laines & en froment, est devenu très-important depuis quelques années. On expédie, année commune, de *Saint-Ander* pour la Hollande, la France & l'Angleterre, environ 10,000 balles de laine & 2 à 3,000 balles d'agnelins, qui descendent de la Castille dans cette ville. Pour ce qui est du froment, on en charge tous les ans plusieurs navires pour divers cantons d'*Espagne*, où cette denrée manque. Il seroit superflu d'en donner un compte simulé, ainsi que des laines, dont la plus grande partie s'expédie pour compte des maisons établies à Madrid & en d'autres villes d'*Espagne*, qui trouvent quelquefois mieux leur compte à faire venir leurs laines par *Saint-Ander* que par Bilbao, suivant que les lavoirs sont plus ou moins à portée de ces deux ports. Au reste, comme Bilbao n'a pas la permission de faire des expéditions pour l'Amérique faute de douane royale dans cette ville, où l'on puisse faire la visite des chargemens qu'on veut envoyer dans cette région, c'est à *Saint-Ander* que s'expédient les navires qu'équipent les négocians de Bilbao pour la Havane, Buenos-Aires & la Louisianne.

Laredo, *Castro-Urdiales* & *San Vicente de la Barquera*, sont trois autres petits ports de la Montagne, situés entre Bilbao & Saint-Ander. *Santillana* est une ville considérable de la Montagne.

OVIEDO, capitale de la principauté des Asturies, est située dans une plaine élevée entre les rivières d'*Ovie* & de *Deva*, à cinq ou six lieues de *Gijon*, qui est un des ports principaux des Asturies. *Abilès*, *Villaviciosa*, *Rivadesella*, *Cubilledo*, *Luarca* & *Navia* sont aussi des ports de cette principauté; la noisette est la seule marchandise qui s'exporte de ces ports pour l'étranger: on achete ce fruit dans les montagnes, & on le charge à Gijon, Villaviciosa & Rivadesella.

COROGNE (la) ou *Corunna*, capitale du royaume de Galice, est aujourd'hui un des ports les plus considérables de l'*Espagne*, par l'établissement qu'on y a fait, il y a quelques années, des paquebots-courriers qui partent de cette ville, sçavoir un chaque mois pour les isles Canaries, la Havane, la nouvelle *Espagne* & des isles Philippines, & un autre de deux mois en deux mois pour Buenos-Aires. Ces paquebots sont le plus souvent chargés de marchandises d'Europe propres pour l'Amérique;

& à leur retour de marchandises d'Amérique propres pour l'Europe. Dans les deux dernieres années qui ont précédé la guerre entre l'*Espagne* & l'Angleterre (sçavoir en 1777 & 1778), il est arrivé à la Corogne 13 paquebots de Buenos-Aires & 24 de la Havane; lesquels ont apporté 23,291 quadruples d'or effectives, 1,054,528 piastres fortes, 7,061 caisses de sucre, 114,999 cuirs de bœufs secs en poils, 2,400 quintaux de bois de goyayacan & de campêche; 527 arrobes de tabac en poudre & en *cigares*, ou petits rouleaux très-minces, 947 barils d'eau-de-vie de canne à sucre, & quelques petites parties de cacao, café, ris & autres articles moins considérables, entr'autres du suif. Indépendamment des paquebots-courriers, on expédioit de la *Corogne*, avant la guerre, plusieurs navires particuliers pour la Havane & Buenos-Aires, qui apportoient des chargemens composés des mêmes marchandises ci-dessus énoncées; il est à croire qu'à la paix ce commerce reprendra une nouvelle vigueur.

FERROL, port voisin de celui de la Corogne, est le principal chantier de la marine du *roi d'Espagne*. Les ouvrages qu'on y a faits depuis quelques années, & ceux qu'on continue à y faire, tant pour la sûreté que pour la commodité de ce département de la marine, ont coûté des sommes immenses. Il y a dans cette ville une belle manufacture de plus de cent métiers de toiles à voile pour compte du roi, d'où sort la plus belle marchandise qu'on puisse voir en ce genre.

RIVADEO est un port de la Galice sur les frontieres des Asturies, dans les environs duquel on fabrique des toiles très-estimées. *Mondonnedo*, ville voisine de *Rivadeo*, fait un bon commerce.

VIGO, ville de la Galice, a le plus beau port de toute l'*Espagne*.

Pontevedra, *Marin*, *Padron*, *Muros*, *Vivero*, *Bayona* & *Caldès* sont d'autres petits ports de la Galice; l'on compte plusieurs autres villes dans ce royaume, comme *Lugo*, *Santiago*, *Orense*, *Tuy*, *Betanços*, *Monforte*, *Rivadabia* & quelques autres moins considérables. On recueille en Galice, dans le territoire sur-tout de Rivadabia, des vins qui seroient aussi délicats que ceux de Bourgogne & de Champagne, si les habitans sçavoient les traiter comme il faut.

LÉON, capitale du royaume du même nom, est une des principales villes d'*Espagne*, de l'intérieur des terres. *Astorga*, *Cuidad-Rodrigo*, *Salamanque*, *Palencia*, *Toro*, *Pennaranda-de-Bracamonte*, *Medina-de-rio-seco* & *Zamora*, sont les autres villes principales du royaume de *Léon*. On fait à *Medina-de-rio-seco* des draps forts, mais grossiers, qui servent à habiller les paysans; il se tient tous les ans à Zamora une foire célèbre, où l'on voit un concours prodigieux de marchands de toutes les provinces d'*Espagne*.

BADAJOZ, capitale de la province d'Estramadoure, est située au bord de la *Guadiana*. C'est une ville dont le commerce est peu considérable, ainsi que celui des autres villes de cette province, sçavoir : *Mérida*, *Xerés de los Carvalleros*, *Llerena*, *Truxillo*, *Coria*, *Plasencia*, *Bejar*, *Alcantara*, *Caçerés*, *Alburquerque*, *Guadalupe*, *Medellin*, *Montijo*, &c.

§. IV. Commerce de l'Andalousie & de Murcie.

Le commerce de l'*Andalousie*, tant inférieure que supérieure, est très-considérable, & peut être regardé comme l'un des meilleurs d'*Espagne*. Indépendamment des riches productions de ce pays, spécialement en vins exquis, en huile, eau-de vie, sel, & quelques autres articles qui forment autant de branches de commerce extrêmement intéressantes, c'est dans ses ports qu'abordent presque toutes les richesses des vastes domaines de l'*Espagne* dans le nouveau monde. Dans l'*Andalousie inférieure* sont enclavés les districts de Séville, de Cordoue, & de Jaen, qu'on appelle *royaumes* en *Espagne*; & ce qu'on appelle *Andalousie supérieure*, est proprement l'ancien royaume de Grenade. Voici les principales villes de l'une & de l'autre.

CADIX ou *Cadiz*, ville de commerce la plus célèbre de l'*Espagne*, & l'une des plus considérables de l'Europe, est située à l'extrémité occidentale d'une langue de terre fort longue & profondément découpée, faisant partie d'une isle qui s'étend du sud-est au nord-ouest, dont la partie occidentale est appellée *Cadix*, & celle qui est au sud-est *isle de Léon*. La communication de cette isle avec la terre ferme, dont elle est séparée par un canal ou bras de mer fort étroit, est établie par le moyen du pont de *Suaço*, dont les deux extrémités sont défendues par des redoutes & d'autres ouvrages de terre. *Cadix* jouit du précieux avantage d'avoir le meilleur port de l'Europe, où l'Amérique Espagnole fait passer presque toutes ses riches productions, & d'où part une infinité de marchandises que les négocians François, Anglois, Hollandois & Italiens envoyent à *Cadix*, afin que leurs facteurs ou commissionnaires les fassent expédier pour l'Amérique, soit par des navires particuliers, soit par ceux qui partent en flotte. Toutes les nations qui font quelque commerce sur mer ont leurs agens à *Cadix* & les consuls de ces nations y ont de fort bons honoraires.

Il se fait à *Cadix* deux genres de commerce qui tiennent beaucoup l'un à l'autre. L'un comprend le commerce de l'Europe, & l'autre le commerce de l'Amérique. Le premier est extrêmement étendu; mais le second, sans l'être autant, est néanmoins plus riche & plus lucratif. On s'en convaincra par l'exposé suivant : il est sorti du port de *Cadix* pendant cinq années des navires de différentes nations, chargés de diverses marchandises, au nombre de 1,215 en 1775; de 970 en 1776; de 942 en 1777; de 815 en 1778, & 793 en 1779. Pendant ces mêmes cinq ans, il est venu de l'Amérique à *Cadix*, & sorti du même port pour l'Amérique, les navires suivans, sçavoir :

Navires entrés à Cadix, venant de l'Amérique.

En		navires	dont		venant des
1775	70	navires	dont	38	venant des
1776	68			51	isles du
1777	81			53	Vent.
1778	87			56	
1779	49			30	

Navires sortis de Cadix allant en Amérique.

En		navires	dont		pour les
1775	79	navires	dont	46	pour les
1776	63			27	isles du
1777	73			51	Vent.
1778	82			43	
1779	45			18	

La dernière flotte partie de *Cadix* pour la nouvelle *Espagne* en 1776, étoit composée de 17 navires, qui chargèrent 23,977 quintaux de fer en barres, 617 quintaux de clous de fer, 6,674 $\frac{1}{2}$ quintaux d'acier, 71 quintaux de fil d'archal, 40 quintaux de céruse, 22 $\frac{1}{2}$ quintaux d'encens, 47 $\frac{1}{4}$ quintaux de fil de carret, 26 arrobes de vermillon, 4,694 arrobes de cire, 1,337 arrobes de poivre, 348,024 $\frac{1}{2}$ de canelle, 815 carreaux de marbre de Gènes, 33 barils de fer-blanc, 386,000 pierres à fusil, 224,000 plumes, 18,490 demi-pièces de toiles de Brabant, 83,868 pièces de Brabant, 2,427 pièces de toiles à carreaux, 284 pièces de toiles à voile, 1,474 pièces de toiles à la rose, 184,172 rames de papier, 3,473 barils de vin, 20,682 barils d'eau-de-vie, 18,043 cruches d'huile, & 934,366 palmes d'encombrement de marchandises en caisses & ballots, comme toiles fines de toute espèce, draps & autres étoffes de laine, étoffes de soie, &c.

Cette flotte fut de retour à *Cadix* le 29 juillet 1778, & y apporta,

18,840,376 Piastres fortes en argent monnoyé,
558,176 Piastres dites en or monnoyé,
9,470 *Castellanos* (poids dont 50 font un marc) d'or en matière,
12,901 Marcs d'argent en matière,
29,554 Arrobes de cochenille,
6,523 Quintaux de cuivre.

La valeur de ces marchandises, ainsi que de plusieurs autres moins précieuses, fut de 22,048,410 piastres fortes. La même année 1778 arriva à *Cadix* le navire nommé l'*Achile*, venant de *Lima* avec 1,484,115 piastres en or & argent; 24,887 quintaux de cuivre; 319 quintaux d'étain; 8,425 $\frac{1}{2}$ de laine de vigogne; 2,324 caisses de quinquina; 15,710 charges de cacao de Guayaquil. Un autre navire nommé le *Prudent* (*el Astuto*) qui arriva à *Cadix* la même année, venant aussi de *Lima*, avoit apporté en or & argent 3,458,185 piastres, indépendamment de plusieurs autres marchandises tant pour le compte du roi que pour celui de quelques particuliers.

Les articles principaux qui forment le commerce d'exportation de *Cadix* font, d'une part, des vins, des eaux-de-vie, des huiles & du sel ; & d'une autre part, de la cochenille, de l'indigo, du quinquina, des cuirs de bœuf en poil ; nous allons donner successivement des comptes simulés de tous ces articles.

Compte simulé d'une bote de vin blanc de *San Lucar de Barrameda* chargée dans la baie de *Cadix*, à . . . . Rpte.   320

Frais d'expédition.

Pour la futaille ou bote avec les cercles de fer, ... Rx. Von.	150	
Droits de sortie, lorsqu'on charge sur navire étranger.	150	
Ces droits ne se payent pas lorsqu'on charge les vins sur navire Espagnol,		
Frais depuis *San Lucar* jusqu'à bord du navire à *Cadix*, ...	49	285 14
Rx. Von.	349	

Commission d'expédition, ...   8

                                      Rpte.   353 14

Le vin rouge de *San Lucar* ne vaut ordinairement que la moitié du prix du vin blanc ; sçavoir 20 piastres ou 160 réaux de plate, plus ou moins ; mais les frais d'expédition sont les mêmes. Au reste, les prix des vins blancs & rouges de *San Lucar* varient suivant les circonstances. La qualité du vin blanc est excellente.

Compte simulé d'une bote d'eau-de-vie de *San Lucar de Barrameda*, preuve de Hollande, chargée dans la baie de *Cadix*.

30 Arrobes d'eau-de-vie à 17 réaux l'arrobe, ... Rx. Von.   510

Frais d'expédition.

Pour la futaille 135 réaux, frais jusqu'à bord 26 réaux . . . . . Rx.	161	
Commission 15 réaux, courtage 4 réaux, dépêches de douane, . . .	21	182

                                  Rx. Von.   692

Qui répondent à . . . . Rpte.   367 10

Compte simulé de 32 quarteroles d'huiles achetées à *Séville* & chargées à *Cadix*, mesurant ensemble 812 arrobes, dont 34 font une pipe & les 812 arrobes 23 ⁸⁄₁₀ pipes, à 92 piastres chacune rendue à bord du navire . . . . Rpte. 17,577 2

L'exportation de l'huile de *Cadix* & de Séville est quelquefois défendue.

Frais d'expédition.

Courtage d'achat 1 p⸵. . . . . Rpte.	175 12	
Commission 2 p⸵.	351 8	527 4

                                  Rpte. 18,104 6

Compte simulé de 103 lasts de sel chargés à *Cadix*, chaque last de 48 fanegues, à 8
    piastres le last rendu à bord, ... Rp.te.   6,400
Courtage d'achat à 1 réal de plate le last, ...   100
Commission d'achat à 4 réaux dits, ...   400

                                         Rp.e.   6,900

Le prix du sel rouge de 8 à 10 piastres rendu à bord du navire ; il arrive quelquefois qu'il hausse
jusqu'à 20 piastres ; mais cela est rare. Le vendeur de sel se charge toujours des frais jusqu'à bord du
navire, & en paie même les droits de sortie.

               Compte simulé de 4 surons de *cochenille fine*, pesant ensemble.

           Brut . . . . 34 arrobes 5 ℔ 12 onces.
Tare à 22 onces par suron, ... 5   8

            Net . . 34 arrobes . . . 4 onces à duc. 88 l'arrobe, . Rpte.   32,921   10

Frais d'expédition.

Courtage d'achat $\frac{1}{2}$ p.º . . . . Rx. pte.   164   9
Pour 4 barils 48 réaux p.te. & port de chez le vendeur chez l'acheteur, .   52   4
Droits de sortie sur 4 $\frac{1}{4}$ quintaux à réaux vellon 993 20 $\frac{1}{5}$ le quintal, . .   2,375   3
Expédition de la douane 12 $\frac{5}{4}$; & frais dits *marchamos y cumplidos*, . .   19   2
Port au môle 4 $\frac{1}{4}$ réaux, & de là à bord du navire 8 $\frac{1}{2}$ 12   12
Commission sur rpte. 35,545 8 à 2 p.º   710   14

                                               3,334   12

                                 Rp.te.   36,256   6

La *cochenille* qu'on a coutume d'envoyer de *Cadix* à Amsterdam, est presque toujours de la qualité la
plus foible & qui coûte le moins ; car il y a entre cette qualité de *cochenille* & celle de la première
sorte une différence dans le prix d'environ 10 à 12 ducats par arrobe.

           Compte simulé de 6 surons d'*indigo de Guatimala*, dont

   2 *Cortes*, pesant ensemble net 425 ℔ à 20 rpte. . . . . Rpte.   8,500
   2 *Sobresalientes*, ... 425 . à 24   10,200
   2 *Flor*, ... 425 . à 28   11,900

   6 Surons   30,600

Frais d'expédition.

Pour courtage d'achat $\frac{1}{2}$ p.º & port à la maison, ... Rpte.   159   6
Toile d'emballage 30 rpte. & emballage 6 6, ...   36   6
Droits de sortie sur 12 quintaux, à 192 rv.on le q.l   1,226
Expédition de la douane 12 $\frac{1}{4}$ rp.t . & frais de *marchamos y cumplidos*, .   22   5
Port au môle 6 rx. & port à bord du navire 12 $\frac{1}{4}$ 19   2
Commission sur rpte. 32,063 3 à 2 p.º   641   5

                                         2,104   8

                               Rp.te.   32,704   8

Compte simulé de 6 caisses de *quinquina* de la meilleure espèce, pesant ensemble . . . . : brut 58 arrobes 1 ℔

Tare ou poids des caisses . 14 13

       Net 43 . . . . 13 ℔ à 10 ½ rpᵗᵉ. la ℔ . . . . Rpᵗᵉ.   11,424

Frais d'expédition.

Courtage ½ pᵒ & port à la maison, ... Rpᵗᵉ.	69	14
Toiles d'emballage 44 ½ rpᵗᵉ. & emballage 12 ⅔	57	4
Expéditions, *marchamo*, & garde de douane , ...	13	13
Port au môle 12 ¼ rpᵗᵉ. & de-là à bord du navire 12 ¼	25	8
Commission sur rpᵗᵉ. 11,950 7 à 2 pᵒ	239	
	405	7

                       Rpᵗᵉ.   11,826   7

Le *quinquina* ne paye à *Cadix* aucun droit de sortie.

Compte simulé de 200 cuirs de bœuf sec en poil de Buenos-aires, pesant ensemble 5,429 ℔ à 44 rpᵗᵉ. les 35 ℔ . . . . Rpᵗᵉ.   6,825

Frais d'expédition.

Assortir les cuirs 12 ½ rpᵗᵉ. & les marques 5 rpᵗᵉ. 5 qᵗᵒˢ. Rpᵗᵉ. . . .	17	13
Port au môle 25 rpᵗᵉ. & de-là à bord du navire 32	57	
Droits de sortie 956 ¼; expédition 12 ¼ & *cumplido* 4 ¼	973	4
Courtage d'achat ½ pᵒ	34	7
Commission sur rpᵗᵉ. 7,907 3 à 2 pᵒ	158	1
	1,240	4

                       Rpᵗᵉ.   8,065   4

Les prix des *cuirs de bœuf* varient considérablement : quand il y en a abondance , on peut avoir les 35 ℔ à 35 & même à 30 réaux de plate.

Compte simulé de 20 pains de *cuivre du Pérou*, pesant ensemble 3,575 ℔, à 20 piastres le quintal . . . . Rpᵗᵉ.   4,110.

Frais d'expédition.

Courtage d'achat ½ pᵒ 20 9 expédition & cumplido . . . . . Rpᵗᵉ.	29	1
Port au môle 20 & de-là à bord	40	
Commission d'expédition sur rpᵗᵉ. 4,189 1 à 2 pᵒ	83	11
	152	12

                       Rpᵗᵉ.   4,272   12

Le *cuivre* ne paye aucun droit de sortie.

Les piastres étant regardées comme marchandise par toutes les nations qui font commerce avec *Cadix*, on ne nous saura pas mauvais gré d'en avoir donné le compte suivant.

Compte simulé d'achat & d'expédition d'une somme en espèces de 4,000 *piastres* de la nouvelle fabrication à 10 ¼ rpᵗᵉ. . . . . Rpᵗᵉ.   425,000

Frais d'expédition.

Droits de sortie 4 p. rp^{te}. 1,760, expédition & cumplido, ... Rp^{te}.	1,712	12
Pour 4 sacs neufs & façon, & pour porter à bord, ...	14	14
Commiffion d'achat & d'expédition à ¼ p.	212	8

                                                 1,940   z

                                    Rp^{te}.   44,440   z

Le commerce d'exportation de *Cadix* est immenfe à caufe de la quantité de marchandifes qu'il faut pour l'Amérique Efpagnole, principalement en toileries de toute forte, tant de celles qui fe fabriquent en *Efpagne* même, que de celles des fabriques de France, des pays-bas & de l'Allemagne ; en draps & autres étoffes de laine d'Angleterre & de France ; & en plufieurs autres marchandifes qu'on a pu voir détaillées dans la note que nous avons donnée ci-deffus, pag. 91, du chargement de la flotte partie de *Cadix* pour la nouvelle Efpagne en 1776.

SÉVILLE, autrefois la plus peuplée, la plus opulente & la plus belle ville de toute l'*Efpagne*, eft fituée au bord du *Guadalquivir* ; on lui donne près de quatre lieues de circuit. On y a compté jufqu'à 16,000 ouvriers en laine & en foie ; aujourd'hui le nombre en eft tellement réduit qu'on n'y en trouveroit à peine 400, & d'après cela feul, on peut juger combien cette ville eft déchue de fon ancienne fplendeur. Au refte, on trouve encore dans *Séville* une fabrique royale de tabac, quelques manufactures de draps & autres étoffes de laine & de foie, une fonderie de canons ; il y a auffi une bourfe où s'affem-blent les négocians. Le terrein qui environne *Séville* eft très-fertile en vins, bleds & fruits ; on y recueille une très-grande quantité d'huile ; nous en donnerons ci-après un compte fimulé. Les négocians de *Séville*, dont la plus grande partie font étrangers, font un grand commerce en laine qu'ils font acheter dans l'Eftramadoure & l'Andaloufie, foit pour leur propre compte, foit pour celui de leurs correfpondans dans l'étranger, foit pour compte en participation avec ces derniers. Les laines qu'ils achettent communément font, des *Ségoviennes fines*, des *Efparragoffes*, des *Cacères* & autres laines ordinaires. Les négocians de *Séville* qui font acheter ces laines par des facteurs auxquels ils confient l'argent néceffaire pour en faire les paiemens en Eftramadoure, donnent prefque toujours avis aux co-intéreffés étrangers dans leurs achats de laines, du départ de leur facteur pour l'Eftramadoure, & de la fomme qu'ils lui ont confiée. De cette façon, s'il arrive que le facteur foit volé en route ; ce qui cependant arrive rarement, les négocians de *Séville* ne font point garans de cette perte à leurs amis, & ils leur en font fupporter une partie felon la portion pour laquelle ils étoient dans la fomme volée.

Compte fimulé d'achat de 1,744 ¼ arrobes de *laine Ségovienne en fuin*, qui ont rendu net 770 arrobes 13 ℔ de laine lavée dont ont a compofé 60 balles, fçavoir :

40 R. 12 F. 8 S.

Pour les 1,744 ¼ arrobes à 35 ¼ rv^{on} . . . . Rv^{on}.	93,780	11
Frais fur les lieux où l'on a acheté la laine	103	10
Commiffion au facteur à 1 réal l'arrobe	1,744	26

                                           95,628   13

Frais.

Tranfport des Laines à *Séville* à 5 ½ rv^{on}. l'arrobe, ... Rv^{on}.	9,596	4
Frais dans la route & acquits à caution, ...	384	33
Trier & laver la laine, ballins, &c. plus ou moins, ...	6,098	26
Droits de fortie fur 722 ¼ arrobes à 41 r. 33 ¼ marcs, ...	30,318	19
Tranfport à la douane, expédition & papier timbré, ...	552	5
Fret des barques de *Séville* à Cadix à 14 réaux par balle, ...	840	
Commiffion à Cadix à 1 rp^{te}. par balle & menus frais	146	20
Commiffion à *Séville* fur rv^{on}. 143,565 18, à 3 p.	4,306	32

                                           52,244   3

                                  Rv^{on}.   147,872   16

Les *laines Ségoviennes en fuin* s'achettent à *Séville*, de 50 à 60 rv^{or}. l'arrobe.
Celles d'*Efparragoffe*, fuperfiues, ... de 40 à 50 . . dits . . . } plus ou moins.
Dites, médiocres, ... de 30 à 40 . . dits . . . . }

Les autres qualités à proportion; il y a cependant quelques variations d'une qualité à l'autre en certaines circonftances.

Compte fimulé d'achat de 20 pipes d'*huile de Séville*, mefurant
      ensemble 680 arrobes, à 23 rv^{on}., ... Rv^{on}.   15,640
Frais fur les lieux de l'achat & tranfport jufqu'à *Séville* 20 p^o_o.   3,128
                                                 18,768

Frais d'expédition.

	Rv^{on}.	
Droit du môle à 4½ rv^{on}. & port du magafin à 10 réaux, ...	290	
Courtage à ½ p^o_o & les futailles à 6½ piaftres, ...	2,048	
Douane à 119 réaux 6 marcs, & *millions* à 100 rv^{on}., ...	4,383	18
Cumplido, mefurage & menus frais, ...	51	26
Commiffion fur rv^{on}. 25,541 10 à 3 p^o_o	766	7

                                                     7,539   17,

                                               Rv^{on}.   26,307   17

On ne charge de l'huile à *Séville* pour l'étranger que lorfque l'exportation en eft permife.

Le commerce d'importation n'eft pas bien confidérable à *Séville*, où l'on a befoin rarement des marchandifes de l'étranger.

San Lucar la mayor, *San Lucar de Barra-meda*, *San Lucar de Guadiana*, *Ayamonte*, *El Puerto de Sta. Maria*, *Puerto-Réal*, *Xerès de la Frontera*, *Algeciras*, *Tarifa*, *Ecija*, *Carmona*, *Moguer* & *Palos*, font les villes & ports les plus remarquables de la partie de l'Andaloufie qui porte le nom du royaume de Séville: la quantité de vin & d'eau-de-vie que produit ce pays eft immenfe.

CORDOUE, ou *Cordova*, capitale du royaume du même nom dans l'Andaloufie inférieure, eft fituée fur le *Guadalquivir*. Il y a dans cette ville une manufacture de foieries, où l'on fabrique des tafetas fimples & doubles; du velours & des rubans; une filature & une manufacture de draps de laine groffiers. On y apprête auffi du maroquin. Le commerce de la ville, ainfi que de tout le royaume de Cordoue, eft peu confidérable; mais il eft fufceptible d'amélioration. Les villes principales après Cordoue font, *Cordova-la-Viexa*, *Bajulance*, *Lucene*, *Montilla* & quelques autres.

JAEN, capitale du royaume du même nom, eft fituée fur le fommet d'une montagne, dans une contrée très-fertile, à peu de diftance du fleuve *Guadabollon*. *Andujar*, *Baëça*, *Ubeda* & *Alcala la Real*, font les autres villes de ce diftrict de l'Andaloufie inférieure.

GRENADE, ou *Granada*, capitale du royaume du même nom, dans l'Andaloufie fupérieure, eft une des plus grandes villes d'*Efpagne*. Le commerce qu'elle fait ne laiffe pas d'être confidérable, il confifte principalement en foie d'une excellente qualité dont il fe recueille une bonne quantité dans le royaume. Les autres articles que le pays produit font, des grains, du vin, de l'huile, du lin, du chanvre, des grenades, des oranges & d'autres fruits délicieux.

MALAGA, ville du royaume de Grenade, fituée au bord de la Méditerranée, près de l'embouchure de la *Guadalmedina*, a un port remarquable par le grand commerce qui s'y fait, fur-tout en vins, figues, raifins, olives, citrons & oranges qui font les principaux articles que les étrangers tirent de cette ville; la quantité en eft très-grande. Comme ordinairement on régle le prix de ces marchandifes rendues à bord du navire, nous nous difpenferons d'en donner des comptes fimulés, & nous nous contenterons de remarquer que le vin blanc doux de *Malaga* vaut, fuivant fon âge & fa qualité, depuis 50 jufqu'à 100 piaftres la pipe ou bote & quelquefois davantage, tous frais compris jufqu'à bord du navire. Les raifins valent de 40 à 60 r^x. v^n. la cruche; les figues de 40 à 50 rp^{te}. le quintal; les citrons & les oranges de deux à 4 piaftres le millier, & les olives de 2 à 4 rp^{te}. la jarre ou cruche de 8 à 9 ℔.

Velez-Malaga, *Marbella*, *Almeria*, *Motril*, *Ronda* & quelques autres villes du royaume de Grenade, font auffi un certain commerce dans les mêmes articles que Malaga.

MURCIE, capitale du Royaume du même nom en *Efpagne*, eft fituée dans une plaine agréable au bord de la *Segura*, dans une contrée qui produit beau-
                                                   coup

coup de beaux fruits & particulièrement de la bonne huile, beaucoup de vers à soie & de cannes à sucre.

CARTHAGÈNE, ou *Cartagena*, ville de Murcie, située près d'un golfe, a l'un des meilleurs ports d'*Espagne*, c'est pourquoi l'on en a fait un des chantiers de la marine royale. Le commerce principal de cette ville consiste en *soude de barille*, plante qu'on emploie dans les manufactures de verres & de savons, & qui se recueille en quantité dans le royaume de Murcie. La qualité de cette soude est censée supérieure à toutes celles qu'on a connues jusqu'à présent; aussi les étrangers en tirent-ils de fortes parties de *Carthagène*, & de quelques autres ports d'*Espagne*, comme nous le dirons ci-après. Le prix de la soude de barille varie suivant que la récolte en a été bonne ou mauvaise; elle revient au spéculateur depuis 4 jusqu'à 9 piastres le quintal mis à bord du navire. *Lorca*, *Chinchilla* & *Villena*, sont les trois autres villes de Murcie les plus remarquables.

§. IV. *Commerce de la Catalogne, de Valence & de Mallorque.*

Le commerce de ces trois belles provinces d'*Espagne*, quoique l'un des plus actifs & des plus lucratifs qu'on fasse dans cette monarchie, n'est dû en plus grande partie qu'à l'industrie des habitans. Toute cette partie de l'*Espagne* est très-peuplée, sur-tout la *Catalogne*, & le commerce y fleurit tellement, que si toutes les provinces dont la monarchie Espagnole est composée lui ressembloient, l'*Espagne* seroit le plus riche royaume de l'univers. On ne voit par-tout en *Catalogne*, aussi bien que dans le royaume de *Valence*, que des fabriques & manufactures en tout genre : nous indiquerons les principales dans la relation que nous allons faire du commerce des villes qu'on y trouve.

BARCELONNE ou *Barcelona*, capitale de la principauté de Catalogne, est située au bord de la mer & bâtie en forme de demi-lune; le port en est spacieux & défendu par une grande digue. Comme c'est dans cette ville que se fait le plus grand commerce de la *Catalogne*, nous dirons d'abord quelles marchandises produit cette province, & quelles sont à-peu-près les manufactures qu'elle renferme; ensuite nous donnerons des comptes simulés des principaux articles qu'on en tire.

La Catalogne produit dans les bonnes années environ 600,000 pipes de vin, on en brûle la majeure partie, qui communément donne plus de 40,000 pipes d'eau-de-vie des trois qualités de preuve de Hollande de $\frac{3}{4}$ & de $\frac{4}{5}$; en outre d'autres liqueurs qu'on nomme en Catalogne *resolis*, dont il se fait

une consommation très-grande. Le reste du vin, tant blanc que rouge, s'exporte en nature ou préparé pour l'Amérique Espagnole, pour quelques provinces d'*Espagne* qui manquent de vin, pour la France, pour la Hollande & pour d'autres pays d'Europe, principalement pour la Russie. On recueille aussi en Catalogne environ 50,000 *cargas* d'huile, 65,000 *quarteras* de noisettes, 100,000 quintaux d'amandes; du froment, du seigle, de l'avoine, de l'orge, des fèves & d'autres grains; de la soie, du chanvre & plusieurs autres articles, la plupart en abondance, & les autres en quantité suffisante pour la consommation de la province.

On compte à *Barcelonne* & dans ses environs 1,500 métiers en soie, la plupart employés à faire des mouchoirs, qui sont si estimés dans toute l'Europe, qu'il s'en exporte de la Catalogne plus d'un million de douzaines par an. Les autres ouvrages en soie qu'on fabrique en Catalogne sont, des velours, damas, tafetas unis & autres étoffes. On y compte environ 2,000 métiers en laine qui font des étoffes de toute espèce, non comprises 50 fabriques de draps bien montées, tant à *Barcelonne* que dans d'autres villes de la province. Il y a aussi en Catalogne 55 fabriques de toiles peintes, dans lesquelles on compte 2,500 métiers. Il sort de ces fabriques de belles siamoises & d'autres étoffes de coton & de fil, & sur-tout des mouchoirs de fil, dont la beauté des dessins, la variété & la vivacité des couleurs, surpasse tout ce que l'on fait de plus beau en ce genre dans toute l'Europe. Indépendamment de ces fabriques, on trouve dans des maisons particulières une infinité d'autres métiers, sur-tout en bas de soie, de fil & de coton; (le nombre de ceux-ci est de plus de 4,000) en rubans & dentelles de fil & de soie; enfin, il n'y a point de villes en Catalogne où l'on ne voie des manufactures en chapeaux, bonnets, gants ou autres articles.

Il entre chaque année dans le port de *Barcelonne* environ 300 navires & quelquefois un plus grand nombre, qui apportent des bleds, du poisson de toute espèce, sur-tout de la morue sèche, des toiles, du fer, de la cire & plusieurs autres articles propres pour les fabriques & pour l'usage des habitans. La plupart de ces navires chargent à *Barcelonne* ou plutôt dans les petits ports de ses environs, pour divers pays, des vins, des eaux-de-vie, de l'huile, des mouchoirs de soie & quelques autres articles. Il est de nécessité indispensable de donner des comptes simulés de ceux que nous venons de nommer, puisqu'ils forment les principales branches du commerce de *Barcelonne*.

Compte fimulé de 7 pipes *de vin* achetées à *Reus* & chargées à *Salou* dont 6 de vin rouge, contenant :

22 cargas 9 $\frac{1}{2}$ cortanes vin rouge à 6 l. 10 f. . . . . L.		146	13
1 . . . 8 . eau-de-vie . . . . à 15 . . . . : .		22	10
3 . vin de coulage, . . à 6 l. 10 f.		1	4 4

       24 cargas 4 $\frac{1}{2}$ cortanes.

& 1 pipe de vin blanc avec 4 cargas & $\frac{1}{2}$ cortane à 9 l.   36   5 8

Pour les   7 futailles avec 2 cercles de fer chacune à 9 l. 12 f.   67   4

                                               L.   273   17

Frais d'expédition.

Droits de fortie du vin rouge à 10 réaux la pipe , & du blanc à 16 . L.		7	12
Droits de ville à $\frac{1}{4}$ réal par pipe , & emmagafinage à $\frac{1}{2}$		1	8
Rabatage & faire mettre les cercles , à 5 réaux & menus frais 8 f. . .		3	18
Port des 7 pipes de Reus à Salou 6 l. 6 f. port à bord &c. 2 l. 1 f. . . .		8	7
Commiffion à Reus fur L. 295 à 2 p $\frac{0}{0}$		5	18
Commiffion à *Barcelonne* fur L. 300 à 2 p $\frac{0}{0}$		6	

                                                     33   3

                                En monnoie de Catalogne . . L.   307

Les prix des vins communs de Catalogne varient confidérablement ; il eft des années où ils font de 30 à 60 réaux, ou de 3 à 6 livres catalanes la carga , & dans d'autres années il vont au-delà de 60 & 90 réaux ou 6 & 9 livres, fuivant les circonftances.

Compte fimulé de 10 dix pipes d'*eau-de-vie* $\frac{1}{4}$ achetées à *Reus* & chargées à *Saloü*, contenant 40 *cargas* , à 10 l. . . . . : L.   400

Frais d'expédition.

Pour les futailles 90 l. & les cercles de fer 15 l. . . . . L.		105	
Droits de fortie 38 l. & droits de ville 2 $\frac{1}{2}$ l.		40	10
Mettre les cercles aux pipes 7 $\frac{1}{2}$ l. & aux travailleurs 3 $\frac{1}{4}$ l.		11	5
Port à bord 2 l. & emmagafinage 1 $\frac{1}{2}$ l.		3	10
Commiffion à la campagne fur L. 560 à 2 p $\frac{0}{0}$		11	4
Commiffion à Barcelonne fur L. 571 à 2 p $\frac{0}{0}$		11	8

                                                     182   17

                               En monnoie de Catalogne . . L.   582   17

Les prix des eaux-de-vie $\frac{1}{4}$ font tantôt plus tantôt moins forts fuivant les circonftances & roulent de 7 à 15 l. la carga ; ceux des eaux-de-vie , preuve de Hollande , font toujours moindres & peuvent rouler de 5 à 12 l. la carga , plus ou moins : cette dernière eau-de-vie fait à-peu-près les mêmes frais que celle de $\frac{1}{4}$; mais elle ne paye que 32 réaux la pipe pour droits de fortie, au lieu que celle de $\frac{1}{4}$ en paye 38. Les commiffionnaires de *Barcelonne* font quelquefois les factures des eaux-de-vie à forfait, à tant de livres la pipe rendue à bord du navire.

Compte fimulé de 20 pipes d'*huile de Mallorque*, contenant ensemble 2,213 *quartanes* , pour 2,203 à 13 f. 4 $\frac{1}{2}$ & . . . . L.   1,473   5   1

Frais d'expédition.

Port & mefurage au lieu de la réception L. 10. 13. 4. droit dit de *vitigal*, ... L.   108   7   8

                                     L.   108   7   8   L. 1,473   5   1

Ci-contre, ... L.   108   7   8   1,473   5   1

Mettre l'huile en futaille & la porter au lieu du chargement . . ,   8   16
Pour les 20 futailles 80 l. port à bord, & menus frais, . . .   86   6   8
Droits de sortie 165 l. 4 s. 6 d. & droits de l'amirauté 6½ l. . .   171   14   6
Commission d'achat en détail & perte dans l'huile, à 3½ p°₀ . . .   51   11   3
Commission d'expédition sur L. 1,900 à 2 p°₀   38

                                           464   16   1

En monnoie de Mallorque . . L.   1,938   1   2

Qui répondent à piastres de 128 quartos, . P.   1,710   7 q °ˢ.

Les prix de l'huile roulent de 10 jusqu'à 20 l. le *quartan*.

Les mouchoirs de soie de *Barcelonne* sont de diverses grandeurs, sçavoir : de 3½, 4, 4½ & 5 palmes. Ceux qu'on demande ordinairement & dont il se fait le plus de consommation sont de 4½ palmes ; les prix en roulent depuis 11 jusqu'à 13 livres catalanes la douzaine. Les autres sortes valent à proportion & suivant les années.

Compte simulé de 100 pièces de *mouchoirs de Barcelonne* de 4½ palmes, assorties en diverses couleurs, & de différentes qualités & prix, coûtant l'une dans l'autre 12 l. la douzaine, ... L.   1,200

Frais d'expédition.

Droits de sortie du royaume, ... L.   19   15
Pour la caisse, emballage & port à Reus, ...   5   3
Port de Reus à Salou & frais jusqu'à bord, ...   1   5
Commission sur L. 1,226, à 2 p°₀   24   10

                                             50   13

En monnoie de Catalogne . . . . . . L.   1,250   13

Les villes de *Reus, Salou, Tarragona, Villanueba, Torredenbarra, Vendrell, Sitgés, Mataró, Tea, Badalona, Roses* & quelques autres, peuvent être regardées comme autant de ports d'où les négocians de *Barcelonne* font leurs expéditions maritimes. *Cervera, Cardona, Solsona, Tortosa, Balaguer, Lerida, Girona, Vique*, sont les autres villes principales de la principauté de Catalogne.

VALENCE, ou *Valencia*, capitale du royaume du même nom, est située au bord du *Guadalabian*, à deux milles seulement de la mer. Elle est bâtie dans une plaine très-agréable & très-fertile & sous le plus beau ciel qu'il soit possible de voir. Ses habitans sont industrieux & s'occupent principalement aux manufactures d'étoffes de soie & de laine dont on compte plus de deux mille métiers dans cette ville.

ALICANTE, ville du royaume de Valence, située à peu de distance de la capitale, est très-commerçante ; elle a un port très-fréquenté par les nations étrangères, qui y viennent charger des vins, des eaux-de-vie, des amandes, des olives, des raisins, du savon, de l'anis, du cumin, des capres, du safran & de la soude de barille. Tous ces articles se chargent aussi à Valence, & comme les prix en sont presque toujours les mêmes dans ces deux villes, nous observerons seulement à nos lecteurs qu'ils se vendent ordinairement à forfait, rendus à bord du navire.

Compte simulé de 100 pipes de *vin rouge d'Alicante* contenant
    5,000 cântaras à 7 réaux, ... Pˢ.   3,500
Pour les 100 pipes & frais jusqu'à bord du navire, ...   937   10
Commission d'expédition à deux pesos par pipe, ...   200

                                        Pesos   4,637   10

Compte simulé de 50 pièces *eau-de-vie* ½ *de Valence*, mesurant 2,268 cantaras, faisant 54 pipes de 42 cantaras chacune, à 90 pesos la pipe rendue à bord du navire, à forfait, ... Ps.   4,860

Commission à 2 p°. 97   4

                                            Pesos   4,957   4

Les amandes valent de 4 à 8 pesos, plus ou moins, le quintal rendu à bord du navire; les raisins de 3 à 6 pesos, la barrille de 4 à 7 pesos, le safran de 5 à 8 pesos, l'anis de 2 à 3 pesos, le cumin de 2 à 3 pesos, les amandes de 2 à 3.

Denia, *Gandia*, *Orihuela*, *Sergobe*, *Peniscola*, *Guardamar*, *Murviedro*, *Benicarlò*, *Vinaròz*, *Oliva* & quelques autres villes du royaume de Valence, font aussi quelque commerce dans les mêmes articles qu'*Alicante*. Près de la ville de Guardamar se trouve le lac *la Mata*, où l'on cuit beaucoup de sel.

PALMA, capitale du royaume de Majorque, est située dans une isle aussi nommée *Majorque*, à l'entrée d'un golfe, dans lequel s'avance une digue de 500 pas, qui sert d'abri aux galères qui se trouvent dans le golfe : les vaisseaux de guerre se tiennent dans le port de *Portopi*, situé dans le même golfe, à un demi-mille de *Palma*. *Alcuda* & *Pollenza* font les villes principales de l'isle Majorque, qui donne en abondance de l'huile, du vin & du safran. *Cabrera*, *las-Bledes*, *Formentor*, *Colomer*, *Foradada*, *Pantelen*, *Dragonera*, *Mijana* & *Morassa*, font de très-petites isles situées dans les environs de Majorque.

YBIÇA ou IVICA, capitale de l'isle du même nom, fait un grand commerce en sel, qui est l'article principal de l'isle; ce sel est très-blanc & fort estimé des étrangers.

Compte simulé de 305 *moyos* ou *modines de sel d'Ivica*, achetés & chargés dans le port de cette ville à 4 pesos, ... Ps.   1,220

Frais d'expédition.

Porter le sel à bord du navire, ... Ps.   57   3   10

Pour mesurage, & autres menus frais   50   5   8

Droits de sortie à 20 réaux par 100 moyos   17   12   6

Commission sur P. 1,345 à 2 p°.   26   18

                                                  152

                                   Pesos   1,372

On paie en outre une nouvelle commission de 2 p° si l'on se sert du ministère d'une maison d'Alicante pour faire l'expédition du sel.

Puerto-magno est un petit port de l'isle d'*Ivica*.

Formentera & *Moncobrer* font aussi des isles de la Méditerranée, appartenantes aux Espagnols, qui, d'ailleurs, possédent sur les côtes d'Afrique *Ceuta*, *Oran*, & quelques loges ou comptoirs dont la description n'est pas assez intéressante pour valoir la peine que nous nous y arrêtions.

ESPAGNOLETTE. Espèce de *droguet* tout de laine, quelquefois croisé, quelquefois sans croisure. Il s'en fabrique à Rouen, Darnatal, Châlons-sur-Marne, Beauvais, & quelques autres villes de France.

ESPALEMENT. *Terme en usage parmi les commis des aides*, qui signifie la même chose que *jaugeage*. Il ne se dit guères que du mesurage qui se fait dans les brasseries, lorsque les commis jaugent les cuves, bacs & chaudières, dont les brasseurs se servent pour façonner leurs bières, afin de faire l'évaluation des droits du roi.

L'article second, du titre de l'ordonnance des aides de 1680, concernant les droits sur la bière, défend aux brasseurs de Paris, & du reste du royaume, de se servir des cuves, chaudières & bacs, que l'*espalement* n'en ait été fait avec le fermier ou ses commis.

ESPALEMENT. Se dit aussi de la *comparaison* qui se fait d'une mesure neuve avec la mesure originale, ou matrice, pour ensuite l'étalonner, & marquer de la lettre courante de l'année, si elle lui est trouvée égale & conforme.

Ce terme, en ce sens, n'est en usage que pour la vérification des mesures rondes, qui servent à mesurer les grains, graines, fruits & légumes secs.

Louis XIV ayant ordonné, par un édit du mois d'octobre 1669, la fonte de nouveaux étalons, sur lesquels se pût faire à l'avenir l'*espalement* des mesures de bois, qui serviroient à la distribution & vente de toute nature de grains, par le moyen de la trémie, régla aussi la manière de faire cet *espalement* ou vérification, ainsi qu'il s'ensuit.

Le juré mesureur-étalonneur met d'abord dans la trémie, la quantité d'un minot & demi de graine de millet, & non autres, qu'il laisse couler dans l'étalon du minot à bled; jusqu'à ce qu'il soit comble; l'ayant ensuite radé, sans laisser grain sur bord, le millet, qui reste dans cette mesure matrice, est de nouveau mis dans la trémie, pour en remplir une seconde fois le même étalon, où le grain est encore radé comme auparavant; après quoi, il est versé aussi par la trémie, dans le minot qui doit être étalonné, qui l'est en effet, & marqué de la lettre courante de l'année; s'il est trouvé de bonne consistance; & de la même moisson de l'étalon. L'*espalement* des mesures moindres que le minot, se fait à proportion de la même manière. *Voyez* MESURE. *Voyez aussi* MINOT.

ESPARDILLES. Mot Catalan qui signifie des *souliers de corde*.

ESPART, Espèce de *jonc*, dont les Marseillois font des paniers & des cabats, pour mettre & emballer plusieurs de leurs fruits secs, & diverses autres marchandises. Ce *jonc* croît en Espagne, où ils s'en fait un assez grand négoce avec les marchands de Marseille.

ESPÈCES, en *termes de monnoie* & *de commerce*. Se dit des diverses pièces d'or, d'argent, de billon & de cuivre, qui ayant reçu par les monnoyers, les façons, légendes & empreintes portées par les réglemens & ordonnances des souverains, ont cours dans le public.

On appelle *espèces décriées*, celles que le prince a défendu qui fussent reçues dans le négoce : *espèces légères*, celles qui ne sont pas du poids que la loi a réglé : *espèces de mauvais aloi*, celles qui ne sont pas au titre de la loi : *fausses espèces*, celles qui sont d'un autre métal qu'elles ne devroient être : *espèces fourées*, celles où les faux-monnoyeurs ont enfermé une lame de faux métal entre deux lames de métal légitime : *espèces rognées*, celles dont on a ôté de la tranche quelque morceau d'or ou d'argent, avec des cisailles ou des limes : *espèces altérées*, celles où il y a quelque déchet & diminution faite exprès, & à mauvaise intention; comme l'altération qu'on fait aux espèces d'or, par le moyen de l'eau régale, & à celles d'argent, en les trempant dans de l'eau-forte : enfin, *espèces d'or, d'argent, de cuivre & de billon*, celles qui sont faites des uns & des autres de ces métaux.

ESPRIT. On nomme ainsi, en *terme de chymie*, la partie la plus subtile & la moins humide, qui s'élève & se sépare des corps, particulièrement des liqueurs, par le moyen de la distillation, ou des autres opérations chymiques.

ESPRIT-DE-VIN. C'est de l'*eau-de-vie rectifiée* une ou plusieurs fois par des distillations réitérées. Il se consomme quantité d'*esprit-de-vin* pour plusieurs ouvrages, particulièrement pour le vernis. Ce sont les marchands épiciers-droguistes-apothicaires, qui distillent & qui vendent à Paris les meilleurs *esprits-de-vin*. Il s'en fait aussi & s'en vend, ou du moins, il peut s'en faire & s'en vendre concurremment avec le corps de l'épicerie, par les maîtres de trois autres communautés, à qui leurs statuts en donnent le privilège. Ces communautés sont, celle des vinaigriers, des limonadiers & des distillateurs d'eaux-fortes.

ESPRIT-DE-SOUFRE. C'est un *esprit* que l'on tire du *soufre* fondu & enflammé, dont le plus subtil se convertit en liqueur, en s'attachant à une cloche de verre, que l'on tient suspendue au-dessus, d'où il tombe goute à goute dans une terrine, dans le milieu de laquelle est placée l'écuelle de grès, où l'on met brûler le soufre.

On croit cet *esprit* spécifique pour les mêmes maux où l'on donne l'*esprit* de vitriol, dont on parlera ci-après.

L'*esprit-de-soufre* paie en France de droits d'entrée, 5 liv. 15 sols le cent pesant. *Voyez* SOUFRE.

ESPRIT DE SEL. C'est une liqueur jaune, que l'on tire du sel marin par le moyen des opérations chymiques. Le meilleur vient ordinairement d'Angleterre.

Pour qu'il soit de bonne qualité, il doit être d'une belle couleur d'ambre jaune, & d'un goût acide & pénétrant.

Il est d'un assez grand usage dans la médecine, mais peut-être n'a-t-il pas toutes les vertus qu'on lui attribue.

L'*esprit de sel* ordinaire étant très-corrosif, on peut le dulcifier en le laissant digérer pendant trois jours sur un petit feu de sable, avec de bon *esprit* de vin, qu'on y mêle à partie égale.

L'*esprit de sel* paie en France 20 liv. de droits d'entrée le cent pesant ».

ESPRIT DE VITRIOL, qu'on nomme aussi AIGRE DE VITRIOL. C'est du *vitriol* séché au soleil, ou à son défaut, desséché au feu, que l'on fait distiller par plusieurs opérations chymiques, souvent réitérées; d'abord, au feu de reverbère, & ensuite au bain-marie.

On tient cet *esprit* excellent contre l'épilepsie, & contre les fièvres chaudes & malignes.

Le dernier *esprit* qui se tire du vitriol, & qu'on appelle improprement *huile de vitriol*, sert à la dissolution des métaux & des minéraux.

« Il paie en France de droits d'entrée 3 liv. 15 sols le cent pesant ».

ESQUIF. Petite *chaloupe* qui accompagne un navire dans tous ses voyages, & qui est ordinairement placée sur le tillac, en attendant qu'on la mette en mer, ce qui ne se fait que dans de certaines occasions; comme pour prendre de l'eau dans quelque port dont le navire ne peut pas approcher d'assez près, pour mettre quelques passagers à terre, ou pour se sauver en cas d'accident. Il y a quelquefois

tant de preſſe à entrer dans l'*eſquif*, que la charge
le fait couler à fonds; & pour avoir voulu ſauver
trop de perſonnes, il ne s'en ſauve aucune.

ESQUINE, dont le véritable nom eſt SQUINE.
C'eſt une *racine* noueuſe, boſſue & rougeâtre en dedans
& dehors; les tiges qu'elle pouſſe ſont épineuſes,
rampent, & s'entortillent le long des arbres voiſins
comme le lière; ſes feuilles ſont grandes & vertes,
preſque en forme de cœur.

Cette drogue, dont on fait des décoctions & des
optiſannes ſudorifiques pour la guériſon de ces maux,
que la raiſon abhorre tant, & que la débauche n'é-
vite preſque jamais, vient de la Chine, & de pluſieurs
endroits des grandes Indes.

On l'apporte, ou brute ou mondée, c'eſt-à-dire
ou comme elle a été tirée de la terre, ou dépouillée
de ſa première peau.

Pour l'avoir bonne, il faut qu'elle ſoit peſante,
réſineuſe, difficile à couper, & rougeâtre ſur-tout;
il faut obſerver qu'elle n'ait point été mangée de
vers, ce que les marchands deſquels on l'a de la
première main, & même quelquefois les droguiſtes,
tâchent de cacher, en rebouchant les trous de vers
avec du bol ou de la terre glaiſe.

L'eſquine qui croît aux iſles Antilles, & qu'on
veut faire paſſer pour la même eſpèce que l'eſquine
de la Chine & des Indes, n'a pu encore s'établir
ſur ce pied parmi les droguiſtes & les apothicaires;
ainſi, juſqu'à ce que l'expérience l'ait fait approu-
ver, il faut s'en tenir à l'ancienne.

« L'eſquine n'étant employée dans aucun tarif de
» France, doit y payer les droits d'entrée ſur l'eſti-
» mation convenue entre le marchand & le commis
» à raiſon de cinq pour cent de ſa valeur, confor-
» mément au dernier article du tarif de 1664. »

ESSAI. *Epreuve* que l'on fait ſi une choſe eſt
de la qualité qu'elle doit être.

Ce terme eſt d'un grand uſage dans le commerce, particulièrement dans celui des denrées qui
ſe conſomment pour la nourriture. Donnez-moi un
eſſai de cette huile. Si je ſuis content de cet *eſſai*
de fromage, j'en envoyerai quérir ainſi du reſte.
ESSAI. Parmi les marchands de vin, ſignifie
tantôt une *petite taſſe* d'argent, dans laquelle ils
goûtent le vin, & tantôt de *petites bouteilles* de
verre qu'ils envoyent, pour que ceux qui veulent
de leur vin en puiſſent faire l'*eſſai*.

ESSAI, *en terme de monnoie*: Signifie l'épreuve
que l'on fait par la coupelle, du titre de l'or & de
l'argent que l'on doit employer dans la fabrication
des eſpèces, ou qui y ont été employées.

Il y a deux ſortes d'*eſſais* dans le monnoyage,
l'un qui ſe fait devant la fonte, pour mettre les
métaux à leur titre; & l'autre après la fabrication,
pour voir ſi le titre de l'eſpèce eſt juſte.

Pour le premier *eſſai*, les eſſayeurs ont coutume
de prendre quatorze ou quinze grains pour l'or,
& demi-gros pour l'argent, ſi c'eſt *eſſai* de monnoie; & dix-huit grains de l'un, & un gros de
l'autre, ſi c'eſt *eſſai* de particulier.

Ces portions d'or ou d'argent, s'appellent des
boutons, après que l'*eſſai* eſt fait.

A l'égard de l'*eſſai* des eſpèces fabriquées, il ſe
fait avec une pièce de la monnoie dont on veut
juger, que l'on coupe en quatre, dont chaque
partie s'appelle *peailles*.

ESSAYE, *Racine* dont on ſe ſert dans les Indes
orientales pour teindre en écarlate.

La meilleure ſe trouve ſur la côte de Coromandel: on peut en connoître la bonté de deux manières, ou en la rompant, ou en la mâchant quelque temps: dans la première épreuve, ſa couleur
intérieure doit être d'un rouge obſcur, & dans la
ſeconde ſon goût doit tirer ſur celui du nitre.

L'*eſſaye* qui croît à Pepapoul, près de Maſſuli-
patan, fait une couleur ſi vive, qu'il en faut
diminuer l'éclat en la mêlant, ou, comme diſent
les teinturiers François, en la rabatant avec une
autre qui ait moins de vivacité.

Pour ſçavoir ſi une étoffe eſt teinte avec la véritable *eſſaye*, il faut en frotter un bout avec du
jus de cèdre: ſi après avoir été ſéchée au ſoleil,
la couleur perd quelque choſe de ſon luſtre, la
teinture eſt fauſſe; ſi elle conſerve ſon éclat, elle
eſt de véritable *eſſaye*.

ESSEIN. *Meſure* de continence, pour les grains
dont on ſe ſert à Soiſſons.

Le muid de blé meſure de Soiſſons, eſt compoſé de douze ſeptiers; & le ſeptier de deux *eſſeins*.
Il faut 48 *eſſeins* pour faire le muid meſure de Paris;
mais ſeulement pour le blé.

ESSENCE. Se dit chez les marchands droguiſtes
& apothicaires de pluſieurs extraits purs & ſubtils,
qu'ils tirent de différens corps par le moyen du feu.
Ce terme a la même ſignification parmi les chimiſtes.
Il y a quantité d'*eſſences*, qui entrent dans le
commerce de l'épicerie.

ESTIMATEUR. Celui qui eſt choiſi, ou nommé,
pour faire une eſtimation. Les huiſſiers ſont jurés-
priſeurs, vendeurs & *eſtimateurs* de biens meubles.

ESTIMATION. *Juſte valeur* d'une choſe. On
a fait l'*eſtimation* du fonds de ce marchand, il
n'a riſqué à vingt mille livres. Vous mettez vos
marchandiſes trop haut; nous en ferons faire l'*eſtimation* par des arbitres.

ESTIMATION. Se dit auſſi, en fait de droits d'entrée & de ſortie, lorſque certaines marchandiſes
ne ſe trouvent pas compriſes dans les tarifs. Dans
ce cas, les droits ſe payent par *eſtimation* & appréciation, qui en doivent être faites par les fermiers, ou leurs commis, du conſentement des
marchands intéreſſés; ou en cas de conteſtation,
réglés ſur le champ par les officiers des traittes.
Alors les droits doivent être payés à raiſon de cinq
pour cent de la valeur des marchandiſes, à l'exception des marchandiſes de ſoie, or & argent, poil,
fil & laine, & autres ſemblables, manufacturées dans
les pays étrangers, qui doivent payer dix pour cent.

ESTIMER. *Priſer, déterminer* le prix & la valeur d'une choſe. Pour l'ordinaire les marchands

eſtiment leurs marchandiſes & mépriſent celles des autres.

ESTOMPER. Se ſervir de l'eſtompe.

ESTOU. Les bouchers nomment de la ſorte une eſpèce de table à claire-voye, ſur laquelle ils attachent les moutons, pour les tuer & pour les habiller. C'eſt auſſi ſur l'eſtou qu'ils habillent les veaux, après les avoir aſſommés avec la maſſe de bois.

Cette table eſt tout-à-fait ſemblable à la civière des maçons; à la réſerve qu'elle n'a point de bras. Quatre bâtons, poſés aux quatre angles, lui ſervent de pieds.

E T

ÉTABLIR. Ce terme, auſſi bien que celui d'établiſſement, a diverſes ſignifications dans le commerce, & y eſt d'un aſſez grand uſage.

ÉTABLIR un commerce avec des nations ſauvages. C'eſt convenir avec elles des conditions ſous leſquelles on veut négocier, & des marchandiſes qu'on prendra d'elles, ou de celles qu'on prétend leur donner en échange. La compagnie d'occident vient d'établir un grand commerce avec les peuples de la Louiſiane; on aura toutes leurs pelleteries.

ÉTABLIR une manufacture. C'eſt en conſéquence des lettres patentes qu'on a obtenues, raſſembler des ouvriers & des matières; faire conſtruire des machines ou des métiers convenables aux ouvrages qu'on veut entreprendre; enfin, faire travailler les fabriquans, ouvriers & artiſans, qu'on a auparavant inſtruits, aux étoffes, ou autres choſes, pour leſquelles on a obtenu le privilége.

ÉTABLIR un métier. C'eſt le faire monter, le mettre en état de travailler, y mettre des ouvriers qui y travaillent actuellement. J'ai déja quatre cent métiers battans dans ma manufacture; j'en veux encore établir cent.

ÉTABLIR un comptoir, une loge, une factorie. C'eſt mettre un marchand & des commis avec des marchandiſes, dans un lieu propre pour le négoce. Il ſe dit particulièrement des établiſſemens que font les compagnies de commerce dans les Indes Orientales.

On dit en ce ſens: les Hollandois établiſſent tous les jours de nouvelles factories ſur la côte de Malabar, à peine les François y ont ils pû établir quelques loges.

Les Anglois on fait un armement, pour aller prendre poſſeſſion d'une iſle que le grand Mogol leur a cédée, ils prétendent y établir un de leurs plus conſidérables comptoirs.

ÉTABLIR. Se dit encore des fonds & des ſecours qu'on donne à un jeune marchand, pour commencer ſon commerce; & des premiers ſuccès qu'il a dans le négoce. Son père l'a bien établi, il lui a donné une partie de ſon fonds. Ce jeune homme commence à s'établir, ſa boutique s'achalande.

ÉTABLIR une caiſſe, un mont de piété. C'eſt faire des fonds pour les payemens, ou les prêts qui doivent ſe faire dans l'une & dans l'autre.

ÉTABLISSEMENT. Il ſe dit & il s'entend dans toutes les ſignifications du verbe établir. Les Portugais ont fait les premiers établiſſemens que les nations d'Europe ont eu dans les Indes Orientales. Les François ont des établiſſemens aſſez conſidérables ſur les côtes de Guinée.

ÉTABLISSEMENT. Signifie quelquefois fortune. Qui auroit crû que ce marchand avec des fonds ſi médiocres eût pû faire un établiſſement ſi puiſſant dans le négoce, c'eſt-à-dire, gagner tant de bien? Je ne veux point d'autre établiſſement pour mon fils, que ma boutique & mon crédit; pour dire, qu'il ſera aſſez riche avec cela.

ÉTAI. Terme de marine. C'eſt un gros cordage de douze tourons, qui ſert à ſoutenir & à affermir un mât du côté de l'avant, comme les haubans l'affermiſſent du côté de l'arrière. Chaque mât a ſon étai: auſſi on dit grand étai ou étai du grand mât, étai de miſene, étai d'artimon, étai de peroquet, &c.

LE FAUX ÉTAI, eſt celui que l'on met pour renforcer le grand mât, ou pour le remplacer en cas qu'il fût coupé par quelque coup de canon.

ÉTAIM ou ESTUME. Nom que l'on donne à une ſorte de longue laine, qu'on a fait paſſer par un peigne, ou grande carde, dont les dents ſont longues, fortes, droites, & pointues par le bout.

Lorſque cette laine a été filée & bien torſe, on lui donne le nom de fil d'étaim; & c'eſt de ce fil dont on forme les chaînes des tapiſſeries de haute & baſſe-liſſe, & de pluſieurs ſortes d'étoffes.

On appelle ſerges à deux étaims, les ſerges dont la chaîne & la trême ſont entièrement de ce fil; & ſerges à un étaim, ou ſerges ſur étaim, celles dont il n'y a que la chaîne qui ſoit de fil d'étaim. Les ſerges à deux étaims ſont razes & plus fines que les autres.

Le fil d'étaim ſert encore à faire des bas, & autres ouvrages de bonneterie, ſoit au métier, ſoit au tricot, ou à l'aiguille; & c'eſt cette eſpèce de fil que les ouvriers bonnetiers nomment vulgairement fil d'eſtame, d'où les bas de ce fil ont pris le noms de bas d'eſtame.

« L'étaim paye en France les droits de la douane » de Lyon, ſçavoir:

» Les étaims de Milan & autres venant de l'Ita-
» lie, 13 l. de la balle, d'ancienne taxation; & 10 ſ.
» du cent, de nouvelle réapréciation.

» Le petit étaim, 35 ſ. de la balle, d'anciens
» droits; & 2 ſols le cent de réapréciation.

» Et l'étaim de Languedoc, 40 ſ. de la balle,
» de première taxation; & 8 ſ. du cent, de nouvelle
» réapréciation. »

ÉTAIN. Métal blanc, moins dur que l'argent; mais beaucoup plus dur que le plomb.

Les pièces de ce métal reçoivent dès le moment de leur fonte, la marque du pays d'où elles ſortent, qui eſt ſouvent une roſe imprimée ſur un des coins de la pièce, cette marque ne donne aucun préjugé de ſa qualité; mais à Rouen les potiers d'étain, qu'on nomme *étamiers*, ont le droit d'en faire l'essai, à l'arrivée, en coupant au-dessous de la pièce un petit morceau d'environ une livre pesant qu'ils font fondre.

Si la pièce se trouve d'un *étain* très-doux, ils la marquent d'un poinçon où sont gravées les armoiries de la ville, qui sont un agneau-pascal ; & alors on appelle cette pièce *étain à l'agneau*, qui est le plus estimé. Celles qui ne sont pas tout-à-fait douces mais approchantes du doux, on les marque à un des coins de trois traits de rouanne, de la longueur d'un demi-pied chacun, qui sortans d'un même centre, s'éloignent les uns des autres, & font la figure que les charpentiers appellent *patte d'oye*, & que ceux-ci nomment *griffe*.

Celles qui sont encore moins douces, sont marquées de deux griffes ; celles d'après le sont de trois griffes ; enfin celles qui sont tout-à-fait aigres, le sont de quatre griffes, une à chaque coin.

Il vient d'Angleterre quantité d'*étains* ; les uns en lingots, les autres en saumons, & les autres en lames, qu'on nomme aussi *verges*.

Les lingots pèsent depuis trois livres jusqu'à trente-cinq ; les saumons, depuis deux cens cinquante livres jusqu'à trois cent quatre-vingt ; & les lames, environ une demi-livre.

Les saumons sont d'une figure quarrée-longue & épaisse, les lingots sont de la même forme à l'exception qu'ils sont très-petits ; & les lames sont des morceaux coulés dans des espèces de moules, longs d'environ deux pieds, larges d'un pouce, & épais de six lignes.

Il se tire des Indes Espagnoles une sorte d'*étain* très-doux, qui vient en saumons fort plats, du poids de cent vingt à cent trente livres.

Il en vient aussi de Siam par masses, de figures irrégulières, que les marchands & les potiers d'*étain* nomment *lingots*, quoiqu'elles n'ayent pas beaucoup de rapport aux lingots d'*étain* d'Angleterre.

L'*étain* d'Allemagne, qui se tire de Hambourg par la voie de Hollande, est envoyé en saumons du poids de deux cens jusqu'à deux cent cinquante livres, ou en petits lingots de huit à dix livres, qui ont la figure d'une brique ; ce qui les fait appeler de l'*étain en brique*.

L'*étain* d'Allemagne est estimé le moins bon, à cause qu'il a déja servi à blanchir le fer en feuille, que l'on nomme *fer blanc* ; outre qu'il est un peu mêlé du vif argent, qu'on a employé à faire prendre l'étain sur les feuilles de fer.

ÉTAIN COMMUN. C'est de l'*étain* neuf allié de six livres de cuivre jaune, ou léton, & de quinze livres de plomb sur cent.

Les potiers d'*étain* vendent aux chauderonniers, ferblantiers, vitriers, plombiers, facteurs d'orgues, éperonniers & autres pareils artisans, une sorte de bas *étain*, moitié plomb, & moitié *étain* neuf, qu'ils appellent *claire soudure*, *claire étoffe*, *basse étoffe*, ou *petite étoffe*. Cette espèce d'*étain* est la moindre de toutes ; & il n'est pas permis aux

potiers d'*étain* de l'employer en aucuns ouvrages, si ce n'est en moules pour la fabrique des chandelles, à quoi il est très-propre. Ils le débitent ordinairement en lingots, ou culots.

« L'*étain*, conformément au tarif de 1664, paie » en France les droits d'entrée ; sçavoir, le non » ouvré, fin ou gros, de toutes sortes, à raison » de 50 s. le cent pesant ; & l'ouvré, menuisé, ou » sans menuiserie, à raison de cent sols.

» Outre les droits de ce tarif & des autres tarifs, » l'*étain* de toutes sortes paye encore 12 l. 10 s. » du cent, suivant l'ordonnance de 1681, & ne » peut entrer que par Lyon, Marseille, Toulon, » Cette, Agde, Narbonne, Bordeaux, la Rochelle, » Rouen, Dieppe, S. Vallery, & Calais.

» A l'égard de l'*étain* de toutes sortes, venant » de la province de Bretagne, il ne peut entrer » dans les autres provinces du royaume, que par le » bureau d'Ingrande seulement, où le droit porté » par l'ordonnance de 1681, doit être payé ; mais » aussi il n'est dû aucun droit pour l'*étain* entrant » des pays étrangers en Bretagne.

» Les droits de la douane de Lyon sont différents, » suivant les différentes sortes d'*étain*, sçavoir :

» L'*étain* en saumon, 17 s. 6 d. le quintal, d'an- » cienne taxation ; & 7 s. 6 d. le cent, de nouvelle » réapréciation.

» L'*étain* en œuvré, 25 s. le quintal, d'anciens » droits, & 10 s. le cent, de nouveaux.

» Le vieil *étain*, en tout 18 s.

» L'*étain* en grille d'Allemagne, comme *étain* » en saumon.

» A l'égard des droits de sortie, l'*étain* de toutes » sortes, ouvré & non ouvré, paye à raison de 4 l. » du cent, conformément au tarif de 1664, le tout » avec les sols pour livre. »

ÉTALAGE. Marchandise que l'on étale sur le devant d'une boutique, ou que l'on attache aux tapis, qui sont aux coins des portes des maisons, audedans desquelles il y a des magasins. L'*étalage* sert à faire connoître aux passans les sortes d'ouvrages, ou marchandises dont il se fait négoce, ou dont il y a fabrique chez les marchands & ouvriers.

Ce terme vient du mot d'*étal*, ou, comme on dit présentement, d'*étau*, qui signifioit autrefois *toutes sortes de boutiques*, & qui présentement ne se dit que de quelques-unes, particulièrement de celles des marchands bouchers.

On dit : ne faites point d'*étalage* ; pour demander au marchand, qu'il fasse voir d'abord ce qu'il a de plus beau, sans faire montre de ses moindres marchandises.

ÉTALAGE. Signifie aussi *le droit* que l'on paye, pour avoir permission d'étaler sa marchandise. Ce droit est établi ordinairement dans les foires, & dans les marchés publics. C'est un droit de seigneur.

ÉTALON. Se dit des originaux des poids & mesures, qui sont confiés à la garde des magistrats, ou conservés dans des lieux publics, pour régler, ajuster & étalonner dessus tous les poids & mesures,

qui

/

qui servent aux marchands, ouvriers, artisans, & autres, dans l'usage commun & le détail du négoce.

La justesse des poids & des mesures est tellement nécessaire pour la sûreté & le bon ordre du commerce, qu'il n'y a point de nations policées, qui n'ayent fait une partie de leur police, du soin d'y entretenir l'égalité par le moyen des *étalons*.

L'on peut dire même en quelque sorte que les Juifs, & ensuite les Romains, avoient attaché à ces *étalons* une espèce de culte religieux, en les déposant dans leurs temples, & comme sous les yeux de la divinité qu'ils y adoroient.

En France, le palais des rois, ou les maisons monastiques les plus régulières, en ont été long-temps le dépôt; & encore à présent, ainsi qu'on va l'expliquer dans la suite de cet article, la garde des *étalons* pour Paris y est comme partagée entre la cour des monnoies, le châtelet, & l'hôtel-de-ville.

Avant François Ier les *étalons* des poids pour l'or & pour l'argent, étoient soigneusement gardés dans le palais des rois de France. Ce prince fut le premier qui par son ordonnance de 1540, voulut qu'ils fussent déposés & gardés en la cour des monnoies; & c'est là où ils sont depuis demeurés.

C'est à cette cour que l'on doit présentement s'adresser, pour faire étalonner tous les poids qui servent à peser les métaux; comme les poids de trébuchet, les poids de marc, & les poids massifs de cuivre. L'*étalon* du poids de marc, qui est en la cour des monnoies, se nomme *archetype*, mot Grec, qui signifie *original*, *patron*, ou *modèle*. Il est gardé dans le cabinet de la cour, dans une armoire fermée à trois clefs, dont l'une est entre les mains du premier président, l'autre en celles du conseiller commis à l'instruction & jugement des monnoies, & la troisième dans les mains du greffier.

Ce fut sur ce poids original qu'en 1494, le poids de marc, qui est en dépôt au châtelet, fut étalonné par arrêt du parlement. Il fut ordonné par le même arrêt, que tous changeurs, orfèvres, & autres usant du poids de marc, pour peser l'or & l'argent, seroient pareillement tenus de les y faire ajuster & étalonner; avec défenses, sous peine d'amende arbitraire, & de punition corporelle, en cas de récidive, de se servir de poids non étalonnés à la cour des monnoies.

C'est encore sur l'*étalon* de cette cour, que doivent être étalonnés les poids dont se servent les maîtres & gardes du corps de l'épicerie, lorsqu'ils font leurs visites générales, ou ordinaires, chez les marchands de leurs corps, & chez tous les autres marchands, ouvriers & artisans qui vendent leurs ouvrages & marchandises au poids. Cet étalonnage se doit faire en présence de deux conseillers de la cour des monnoies à ce commis.

L'*étalon* des poids de marc de France a tou-

Commerce. Tome II. Part. I.

jours été si estimé pour sa justesse & sa précision, que les nations étrangères ont quelquefois envoyé rectifier leurs propres *étalons* sur celui de la cour des monnoies. L'on remarque, entr'autres exemples, que l'empereur Charlequint envoya à Paris en 1529, le général de ses monnoies, pour faire étalonner un poids de deux marcs, dont on se servoit alors pour *étalon* dans les monnoies de Flandres.

Cet *étalon* s'étant trouvé trop fort de vingt-quatre grains par marc, fut réduit sur celui de la cour des monnoies; de quoi il fut tenu registre, & fait procès verbal par ladite cour.

Pour conserver la mémoire de cet étalonnement singulier, il fut fondu trois poids de léton par ordre de François Ier, lors régnant, sur lesquels furent empreintes d'un côté les armes du roi, & de l'autre celles de l'empereur. De ces trois poids étalonnés sur celui de France, l'un fut envoyé à l'empereur; l'autre à Marguerite d'Autriche, gouvernante des pays-bas; & le troisième fut présenté au roi par des députés de la cour des monnoies. On joignit à ces poids trois procès-verbaux de ce qui s'étoit passé dans cet étalonnage.

A Paris il n'y a point d'*étalon* particulier pour les poids de fer, non plus que pour ceux de plomb, dont on se sert pour peser les marchandises de gros volume, ou de peu de conséquence. Ce sont les maîtres balanciers qui les ajustent, & qui les marquent eux-mêmes de leur poinçon, après les avoir bien vérifiés sur les originaux qu'ils ont chez eux étalonnés de la cour des monnoies.

Anciennement les *étalons* des mesures étoient gardés en France dans les monastères; & en quelques autres lieux publics.

Henri II en 1557, ordonna que ceux de Paris seroient portés en l'hôtel-de-ville, où ils sont toujours restés jusqu'à présent; ce qui doit néanmoins s'entendre seulement des *étalons* pour les mesures de bois, qui servent à mesurer le sel, les grains, la farine, les graines, les fruits, les légumes, le charbon tant de bois que de terre; & les mesures d'étain, dont on se sert à mesurer le vin, la bière, le cidre, & autres liqueurs & boissons.

L'*étalon* de l'aune de Paris est gardé dans le bureau du corps de la mercerie, où il a été déposé en 1554, sous le règne de Henri II.

L'*étalon* du pied & de la toise se trouve attaché à la muraille du grand châtelet, au bas du degré, à gauche en montant.

Enfin l'*étalon* des mesures de cuivre pour les huiles à brûler, est entre les mains des jurés huiliers en charge, qui sont membres de la communauté des maîtres chandeliers.

Dans les provinces de France, les *étalons* des poids & mesures sont ordinairement gardés dans les greffes des hautes justices, & dans les hôtels-de-ville.

ÉTALONNEMENT. *Action d'étalonner.* Il faut porter ce poids, cette mesure, à la cour des mon-

O

noies, à la ville, pour que l'on en faſſe l'*étalonne-ment*. C'eſt dans le même ſens qu'on dit, *étalonnage*.

ÉTALONNEMENT & ÉTALLONNAGE. Se diſent auſſi du droit qui ſe paye à l'officier qui étalonne les nouveaux poids & les nouvelles meſures.

L'ordonnance de 1567, pour l'*étalonnement* des poids, portoit qu'il ſeroit payé aux gardes, pour chaque pile d'un ou pluſieurs marcs, avec toutes les parties & diminutions, & auſſi pour chaque garniture de trébuchet fourni de ſes poids, qu'ils auroient étalonnés, trois deniers tournois, qui leur ſeroient payés par l'ouvrier & marchand deſdits poids, trébuchets & balances.

Par une ordonnance ſubféquente de l'an 1641, ce droit a été ſupprimé; & il eſt dit, que les balanciers, marchands, fondeurs &c. pourront faire étalonner & marquer leurs poids au greffe de la cour des monnoies, & cela gratuitement.

ÉTAMER. C'eſt enduire quelque choſe avec de l'étain fondu, ou réduit en feuille très minces.

Les glaces de miroir s'*étament* avec des tables d'étain battu, de toute la grandeur de la glace, qui s'y appliquent & attachent par le moyen du vif-argent: les marmites, caſſeroles & autres uſtenſiles de cuiſine, s'*étament* avec l'étain fondu: & les ſerrures, les mords, les éperons, &c. s'*étament* avec l'étain en feuille, par le moyen du feu.

ÉTAMET. Petite *étoffe* de laine, qui ſe fait à Châlons ſur Marne, & aux environs.

Le réglement de 1669 n'ayant rien réglé ſur les longueurs & largeurs des *étamets*, les juges des manufactures en firent un le 24 août 1672, ſur la remontrance de l'inſpecteur de la province de Champagne, par lequel leur largeur fut fixée à une aune ſept huitiémes de Châlons, ſur le métier, pour revenir bien & duement foulée, à trois quarts & demi, aunage de Paris.

« Les *étamets*, ou ſerges appareillées, payent » en France les droits d'entrée, conformément au » tarif de 1664, à raiſon de 1. la pièce de vingt » aunes; & pour ceux de ſortie, les *étamets* de » Lombardie & d'ailleurs, payent, comme ſerges, » 4 l. du cent peſant.

» A l'égard des droits de la douane de Lyon, » les *étamets* de Milan & autres lieux d'Italie, » payent pour tous droits 55 ſ. de la pièce, & » 13 l. de la balle, d'ancienne taxation; & outre » ce droit, encore 30 ſ. du cent, pour la nouvelle » réappréciation.

» Les *étamets* cramoiſis de Milan, payent pour » tous droits 6 l. 10 ſ. »

ÉTAMINE. Petite *étoffe* très-légère, non croiſée, compoſée d'une chaîne & d'une tréme, qui ſe fabrique avec la navette ſur un métier à deux marches, ainſi que les camelots & la toile.

Il ſe fait des *étamines* toutes de ſoie, tant en chaîne qu'en tréme; d'autres, dont la tréme eſt de laine, & la chaîne de ſoie; d'autres, dont la chaîne eſt moitié ſoie & moitié laine, & la tréme toute de

laine; & d'autres entièrement de laine, tant en chaîne qu'en tréme.

Les *étamines* toutes de ſoie ſont des eſpèces de crêpes-liſſes, dont la ſoie n'eſt pas tout-à-fait ſi torſe que celle des crêpes-liſſes ordinaires. Ces *étamines* ſe tirent particulièrement d'Avignon & de Lyon. Les femmes s'en ſervent à faire des écharpes & des coeffes pour le deuil.

Les largeurs ordinaires de ces ſortes d'*étamines* de ſoie, ſont cinq huit, ou demi-aune demi-quart; & demi-aune juſte: chaque pièce ayant quatre-vingt à quatre-vingt-deux aunes de longueur, meſure de Paris.

Les ſtatuts des marchands, maîtres, ouvriers en draps d'or, d'argent & ſoie, & autres étoffes mélaugées, des villes de Paris, Lyon & Tours, de l'année 1667, portent, que ces ſortes d'*étamines* ſoient de bonne & pure ſoie, tant en chaîne qu'en tréme.

Les *étamines* toutes de laine, ou mêlées de ſoie & de laine, qui ſe débitent en France, ſont preſque toutes de la fabrique du royaume. Les lieux où il s'en fait le plus, ſont Reims, Amiens, Châlons, Montmirel, le Lude, le Mans, Nogentle-Rotrou, Bonneſtable, Alençon, la Ferté-Bernard, Angers, Beaumont-le-Vicomte, Blois, Château-Gontier, Authon, la Fléche, Baſoche, Niort, Poitiers & Thouars.

Les largeurs & longueurs de toutes ces *étamines* ſont fixées par divers réglemens & arrêts du conſeil & particulièrement par le réglement de 1669 & par les arrêts du conſeil des 4 novembre 1698 & 17 mars 1717.

Le premier réglement eſt général pour toutes les *étamines*.

Le ſecond ne regarde que les *étamines* fabriquées en Poitou.

Le troiſiéme a été donné pour celles qui ſe font à Amiens.

L'article 22 du réglement général porte, que les *étamines* auront demi-aune de large, & onze à douze aunes de long.

L'Arrêt du conſeil d'état donné pour ſervir de réglement particulier pour les étoffes de laine, qui ſe fabriquent dans la province de Poitou, ordonne: 1°. Que les *étamines* foulées, qui doivent avoir demi-aune de large & vingt-une aunes de long toutes apprêtées, auront demi-aune & un demi-douze de large, & vingt-cinq à vingt-ſix aunes de long en toile, au ſortir du métier.

2°. Et que les *étamines* camelotées, qui doivent avoir demi-aune de large & trente-cinq à quarante aunes de long, toutes apprêtées, ſeront faites de demi-aune demi-ſeize de large & de quarante à quarante-cinq aunes de long en toile, au ſortir du métier.

A l'égard de l'arrêt pour les petites étoffes fabriquées à Amiens, il y a quatre articles, qui ſont les 5, 6, 7 & 8, qui concernent les *étamines*.

Par le premier de ces articles il eſt ordonné, que

les *étamines* virées simples , autrement dites jaspées , auront la chaîne de trente-cinq à trente-six portées de vingt-huit fils ou buhots chacune ; de demi-aune de largeur entre deux lisières , & de treize à quinze aunes de longueur ; les doubles pièces à proportion.

Par le second, que les *étamines* virées double soie , auront la chaîne aussi de trente-cinq à trente-six portées, mais seulement de seize à dix-huit fils ou buhots chacune : la trame de laine d'Angleterre naturelle , & de longueur & largeur , comme les virées simples , ou jaspées.

Par le troisième, que les *étamines* façon de crépon d'Alençon, double soie , auront trente-cinq portées de chaîne , de quatorze fils ou buhots de longueur & largeur , comme dessus.

Enfin , par le quatrième , que les *étamines* glacées , autrement dites de *soie glacée* , auront la chaîne de double soie & de trente-cinq à trente-six portées de vingt à vingt-deux fils ; que la trame en sera de laine naturelle & non de fil teint ; la largeur comme les précédentes, & la longueur de trente-deux aunes.

Quoique les réglemens ayent fixé la longueur des pièces d'*étamine* sur le pied qu'il vient d'être dit , cependant les ouvriers ne laissent pas d'en faire depuis onze jusqu'à soixante aunes , même davantage ; ce qui se tolère apparemment pour en faciliter le travail , ou pour en rendre le débit plus commode , par rapport aux divers usages à quoi elles peuvent être proprés.

Les *étamines* ont des noms différens , suivant leurs qualités , & les choses à quoi elles doivent être employées.

On appelle *étamine à voile* , certaines *étamines* toutes de laine , ordinairement noires, qui se tirent la plupart de Reims.

Il se fait de trois sortes d'*étamines* à voile : les premières, qui sont les plus claires , se nomment *bâtardes* ; les secondes sont appellées *demi-fortes* ; & les autres sont nommées *fortes* , burats ou burattes.

On leur a donné le nom d'*étamines à voiles* , parce que les religieuses en emploient beaucoup à faire des voiles : il s'en consomme néanmoins quantité en cravates pour les cavaliers & dragons, particulièrement des bâtardes & des demi-fortes ; car pour les autres , leur usage le plus ordinaire est pour des robes de palais, des doublures, des juste-au-corps, des vestes d'été , des habits de veuves , &c.

On nomme *étamine buratée* , une sorte d'*étamine* brune & blanche toute de laine , façonnée de petits carreaux , en manière de lozanges , presque imperceptibles , qui se fabrique à Reims & ailleurs.

Les *étamines* rayées sont celles qui ont des rayes de différentes couleurs, qui vont en longueur depuis un bout de la pièce jusqu'à l'autre. Il ne s'en fait guères de cette espèce qu'à Reims : elles sont très-légères & toutes de laine, tant en chaîne qu'en trême.

Il y a des *étamines* fortes , que l'on appelle communément *crépons d'Angleterre* , ou *étamines jaspées* , qui se fabriquent ordinairement à Alençon , à Amiens & à Angers , dont la trême est laine , & la chaîne , moitié laine d'une couleur semblable à celle de la trême ,-& moitié soie d'une autre couleur ; ce qui en fait la jaspure. L'on prétend que ces sortes d'*étamines* ont pris leur nom de *crépons d'Angleterre* , à cause qu'elles sont un peu plus crêpées que les *étamines* communes ; & que les premières de cette espèce , qui se soient vûes en France , venoient d'Angleterre.

On appelle *étamines glacées* , certaines *étamines* très légères & brillantes , dont la trême est de laine d'une couleur , & la chaîne de soie , d'une autre couleur. Il ne s'en fait guères qu'à Amiens de cette qualité.

Une *étamine camelotée* , est celle dont le grain est semblable à celui du camelot. Il y a des *étamines* camelotées à gros grain , & des *étamines* camelotées à petit grain. Les unes & les autres se font ordinairement en blanc , & sont ensuite teintes en différentes couleurs , mais particulièrement en noir.

La plus grande partie des *étamines* camelotées vient du Mans, du Lude & de Nogent-le-Rotrou. Leur usage le plus commun est pour faire des habits aux gens d'église.

Les *étamines* naturelles sont celles dont la laine n'a point été teinte ; ayant été cardée, filée & travaillée sur le métier, telle qu'on l'a tirée de dessus le mouton.

Quand on dit , qu'une *étamine* a été teinte en laine ; cela veut dire, que la laine dont elle a été fabriquée , a été teinte avant que d'être cardée & filée.

Une *étamine* teinte en fil , est une *étamine* , dont les fils, tant de la chaîne que de la trême , ont été teints, après avoir été filés.

Les *étamines* teintes en pièces , sont celles , qui , après avoir été manufacturées avec de la laine blanche , sont teintes en noir-brun , ou autre couleur.

Il est défendu de teindre des *étamines* directement de blanc en noir : il faut , avant que de leur donner le noir, qu'elles ayent été guedées , ou mises en bleu ; ce qui se reconnoît à la rose bleue que le teinturier doit laisser à l'un des bouts de la pièce. *Art.* 11, 12 & 34 du réglement du mois d'août 1669 , pour les teintures en grand & bon teint.

Les *étamines* foulées , sont des *étamines* qu'on a fait passer par le foulon, après qu'elles ont été levées de dessus le métier ; ce qui les a rendues plus couvertes de poil & plus fortes que les autres. Les *étamines* foulées sont pour l'ordinaire toutes de laine, tant en chaîne qu'en trême.

Il se fabrique à Reims & en Auvergne , particulièrement à Olliergues, à Cunlhac, à Sauxillanges & à Thiers , quantité de petites *étamines* toutes de laine très-claires, tendues & inégales, qui servent principalement à bluter ou passer la farine & à passer des bouillons, du lait & autres semblables liqueurs.

Ces deux usages les ont fait appeller *bluteaux* & *bouillons*; quoique pourtant elles s'emploient aussi à faire des banderolles pour les vaisseaux & des ceintures aux matelots, après qu'elles ont été teintes en bleu, en rouge, ou autres couleurs.

Les bluteaux, ou bouillons, se font de sept largeurs différentes, qui se distinguent par numéros : celles n° 6, ont un quart d'aune de large; celles n° 9, un tiers; celles n° 13, demi-aune & un pouce de roi; celles n° 15, un quart & demi; celles n° 18, demi-aune moins un douze; celles n° 20, demi-aune & un douze; & celles n° 30, demi-aune demi-quart. De chaque numéro il y en a de grosses, de moyennes & de fines.

Ces sortes d'*étamines* ne sont point assujetties aux longueurs & largeurs prescrites par les réglemens généraux des manufactures, non plus qu'aux visites & marques des jurés & gardes, en ayant été déchargées par un arrêt du conseil d'état du roi, du 13 mai 1673, rendu en faveur des marchands & ouvriers de la province. Les longueurs les plus ordinaires sont néanmoins de quinze à seize aunes.

Quoique les bluteaux & les bouillons ne soient pas de grand prix, ils ne laissent pas cependant de faire un objet assez important pour le négoce; s'en faisant une très-grande consommation dans le royaume & des envois considérables dans les pays étrangers, particulièrement en Allemagne, par la voie de Lyon.

Il se fabrique encore à Reims & à Lyon, certaines *étamines* de soie crue, qui servent à bluter de la farine, à passer de l'amidon & à passer des liqueurs. Celles de Reims ont pour l'ordinaire un tiers & un pouce de large; & celles de Lyon, demi-aune demi-quart, les pièces plus ou moins longues, suivant qu'on le juge à propos.

« Suivant le tarif de 1664, les *étamines* de » Reims, & d'ailleurs, doivent payer les droits de » sortie du royaume & des provinces réputées » étrangères, sur le pied de 6 l. du cent pesant; « & celles d'Auvergne, à raison de 4 l. aussi du » cent pesant. A l'égard de l'entrée, il n'y a que » celles d'Auvergne qui soient tarifées, & dont » les droits sont fixés à 3 l. du cent pesant. Les » *étamines* qui viennent d'ailleurs, doivent être » acquittées sur le pied de cinq pour cent de leur » valeur, suivant l'estimation, comme marchandises » non comprises dans le tarif; ce qui doit s'enten- » dre seulement pour celles manufacturées dans le » royaume; car pour les autres qui viennent des » pays étrangers, le tarif veut qu'elles payent dix » pour cent de leur valeur.

» Les droits que les *étamines* payent à la douane » de Lyon, sont, savoir :

» Les *étamines* d'Auvergne, pour tous droits » d'ancienne & de nouvelle taxation, 32 s. de la » charge, ou 8 s. du ballot.

» Les *étamines* de Reims, 5 s. de la pièce.

» Et les *étamines* avec soie, la pièce de dix » aunes, 7 s. 6 d. »

ÉTAMINE DES INDES. Les *étamines* qui viennent des Indes, par les vaisseaux de la compagnie de France, sont des étoffes de soie de deux aunes & demie de longueur sur sept seizes de largeur.

ÉTAPE. Place publique où les marchands sont obligés d'apporter leurs marchandises, pour être achetées par le peuple.

La place de Grève, ou plutôt les lieux circonvoisins le long de la rivière de Seine, servent d'*étape* à la ville de Paris, particulièrement pour les vins & les bleds.

L'*étape* aux vins de la ville de Paris étoit autrefois placée aux halles où les vins se vendent en gros, de même que les bleds & les autres vivres.

Les halles ayant depuis été trouvées trop petites pour les contenir, à cause de la quantité qui en arrivoit journellement des provinces, le roi Charles VI ordonna par ses lettres-patentes du mois d'octobre 1413, qu'elle seroit transférée à la place de Grève, où une partie des vins resteroit sur les quais, & l'autre seroit encavée dans les souterrains de l'hôtel-de-ville.

Ce secours n'étant pas encore suffisant, & l'augmentation des habitans de cette capitale ayant à proportion augmenté la provision des vins, Louis XIV permit par ses lettres du mois de mai 1656, de construire une nouvelle halle près la porte de saint-Bernard, pour y enchanteler les vins des marchands à mesure que les bateaux ou leurs charrettes arrivent, pour y rester jusqu'à ce qu'ils puissent être vendus sous les conditions portées par cette concession, en outre de payer dix sols par chaque muid.

Les autres places & marchés où les marchands forains sont tenus de décharger leurs marchandises & denrées, pour y être visitées, puis loties & vendues, sont encore comme autant d'*étapes*.

ÉTAPE. Se dit aussi de quelques villes de grand commerce, où arrivent, se ramassent & se vendent certaines marchandises étrangères.

En ce sens, Amsterdam est regardé comme l'*étape* générale de toutes les marchandises des Indes orientales, de l'Espagne, de la mer Méditerranée & de la mer Baltique; Flessingue, de celles des Indes occidentales; Mildebourg des vins de France; Dordreck du vin du Rhin & des draps d'Angleterre; Verre en Zelande des marchandises d'Ecosse, &c.

ÉTAPE. Est encore un *droit* prétendu que s'arrogent certaines villes, de faire décharger dans leurs magasins publics ou particuliers, les marchandises qui arrivent dans leurs ports, sans que les marchands puissent les vendre à bord de leurs vaisseaux, ou les débiter dans les terres & lieux circonvoisins.

Les villes anséatiques, au moins les plus considérables, jouissent de ce droit, mais diversement; les unes n'ont que le droit de la décharge des marchandises, que les marchands ont ensuite la liberté de vendre, foit aux bourgeois, foit aux étrangers, ou de remporter s'ils n'en trouvent pas le débit ; d'autres jouiffent du droit de préférence fur les marchandifes déchargées chez elles, qui ne peuvent être vendues qu'à des bourgeois ; d'autres ne permettent pas aux étrangers de mettre à terre leurs marchandifes, que les bourgeois ne s'en foient fournis ; & d'autres encore ont pareillement cette préférence d'achat fur les marchandifes déchargées chez elles, mais doivent auffi de leur part acheter à certain prix toutes les marchandifes fujettes à l'étape. De cette dernière efpèce eft le droit d'*étape* de Dantzick par rapport aux bleds. *Voyez* à l'article POLOGNE, *un mémoire fur ce prétendu droit des bourgeois de Dantzick.*

ÉTAT. *Compte* ou *mémoire* fuccint, qui fert à compter avec quelqu'un, ou à faire le recouvrement de quelques dettes.

ÉTAT. Signifie auffi *le mémoire* exact de tout fes effets, biens, meubles & immeubles, argent comptant, pierreries, marchandifes, lettres & billets de change, promeffes & obligations, contrats, dettes actives & paffives, qu'un négociant qui fait faillite eft obligé de fournir à fes créanciers.

On donne pareillement le nom d'*état* à l'inventaire circonftancié & en détail, que les directeurs des créanciers dreffent de tous les biens & des dettes d'un failli, & qu'ils tirent de fes regiftres & papiers. On le nomme autrement *bilan.*

ÉTAT. Se dit encore de la connoiffance qu'une caution doit donner par écrit de fes facultés, afin de faire recevoir fon cautionnement en juftice.

On appelle un *bref état de compte*, un compte qui n'eft pas dreffé dans toutes les formes, mais qui contient feulement un extrait de la recette & dépenfe faite par le comptable.

ÉTAU. Qu'on difoit autrefois ÉTAL. Signifioit anciennement *toutes fortes de boutiques*, quoique proprement ce ne fût que le devant de la boutique, fur lequel on met l'étalage.

Préfentement *étau* fe dit des lieux & places où les marchands bouchers étalent leur viande dans les boucheries publiques de Paris.

ÉTAU. Se dit encore des *petites boutiques*, foit fixes, foit portatives, où les marchandes de marée & d'autres menues denrées, font leur négoce dans les halles ; enfin, *étau* s'entend des *étalages* ou *ouvroirs* des favetiers & ravaudeufes, établis aux coins des rues.

ÉTAVILLON. *Terme de gantier.*

ÉTENDOIR. Lieu dans les papeteries, où l'on met le papier fécher fur des cordes ; ces lieux font difpofés de telle manière, que l'air s'y peut communiquer plus ou moins, fuivant qu'on le juge néceffaire : ce qui fe fait par le moyen de certaines ouvertures faites exprès, que l'on ferme & que l'on ouvre quand on veut par des couliffes. *Voyez* PAPIER.

ÉTENDOIR. Se dit auffi, *en terme de chamoifeur*, de l'endroit où font les cordes, fur lefquelles ils

étendent leurs peaux, pour les faire effoier ou fécher.

ÉTENDOIR. Signifie encore *chez les imprimeurs*, un bâton de quatre à cinq pieds de long, au haut duquel eft une efpèce de petite planchette, fur laquelle ils mettent les feuilles des livres & les eftampes qu'ils viennent d'imprimer, pour les porter fur les cordes pour les y faire fécher.

ÉTEUF. Efpèce de balle pour jouer & pouffer à la main. Les maîtres paumiers font appellés *paumiers-raquettiers, faifeurs d'éteufs, pelotes & balles.* Par leurs ftatuts, l'*éteuf* doit pefer dixfept eftelins, & doit être fait & doublé de bon cuir de mouton, & renbourré de bonne bourre de tondeur aux grandes forces.

Il y a encore une autre forte d'*éteuf*, qui fert à jouer à la longue paume. Il eft fort petit & trésdur, la pelote en eft faite de rognure de drap bien ficelée, & doit être couverte auffi de drap, mais qui foit neuf.

ÉTILLE. Terme dont on fe fert dans la fayetterie d'Amiens. Il fignifie *le métier* fur lequel les ouvriers fayetteurs, auteliffeurs, bourachers & tifferans travaillent aux étoffes. Il n'eft guères différent du métier des tifferans en toile. On dit plus ordinairement *eftilles.*

ÉTIQUETTE. Petit morceau de papier ou de parchemin, qu'on met fur quelque chofe pour faire fouvenir de fon prix ou de fa qualité.

Dans le commerce d'argent que font les marchands banquiers, leurs caiffiers ont coutume de mettre des *étiquettes* fur les facs d'efpèces, qui en marquent le poids & la fomme, & fouvent de qui ils les ont reçus.

C'eft auffi l'ufage dans le commerce de marchandifes, fur-tout dans le détail, d'attacher aux pièces d'étoffes, ou aux paquets de marchandifes, une *étiquette*, qui contient le numéro ou marque du marchand, fous lefquels ils en déguifent le véritable prix. On y ajoute auffi l'aunage de la pièce entière, & ce qui en a été levé.

ÉTIQUETTE. C'eft auffi un *grand filet* quarré, qui fert à prendre du poiffon.

ÉTIQUETER. Mettre des *étiquettes* fur des facs d'argent, ou fur des marchandifes.

ÉTOFFE. On appelle *étoffe* en général toutes fortes d'ouvrages ou tiffus d'or, d'argent, de foie, de fleuret, de laine, de poil, de coton, de fil & autres matières, qui fe fabriquent fur le métier. De ce nombre font les velours, brocards, moires, fatins, taffetas, draps, ferges, ratines, camelots, barracans, étamines, droguets, futaines, bafins & quantité d'autres, qui tous fe trouvent expliqués dans ce Dictionnaire à leur article particulier felon l'ordre alphabétique.

Les réglemens pour les manufactures de France diftribuent toutes les *étoffes* comme en deux claffes : l'une contient toutes les *étoffes* où entrent l'or, l'argent & la foie, & l'autre renferme toutes celles qui ne font que de laine, de poil, de cotoñ & de fil.

Les réglemens pour les manufactures des *étoffes* d'or & d'argent, de foie, & autres *étoffes* mélangées qui fe font à Paris, à Lyon & à Tours, font des mois de mars, avril & juillet 1669. Ils réglent toutes les mefures des longueurs & largeurs, que chaque forte d'*étoffes* doit avoir fuivant fes différentes efpèces, qualités & façons.

Ils ordonnent aufli que chaque pièce d'*étoffe* foit marquée au chef de deux plombs particuliers; fur l'un defquels doit être empreinte la marque du fabricant, & fur l'autre, d'un côté les armes de la ville, où les *étoffes* fe fabriquent, & au revers les armes de la communauté des maîtres ouvriers en draps d'or, d'argent & de foie.

Le réglement général concernant les longueurs, largeurs, qualités & teintures des draps, ferges & autres *étoffes* de laine & de fil, qui fe fabriquent dans toutes les villes & lieux du royaume, eft du mois d'août 1669.

Par ce réglement, les maîtres ouvriers & façonniers font tenus de mettre leur nom au chef & premier bout de chacune pièce d'*étoffe*, lequel nom doit être fait fur le métier & non à l'aiguille.

On appelle *petites étoffes de laine*, celles qui font étroites, légères & de peu de valeur; telles que font les cadis des Sevennes & du Gevaudan, les étamines d'Auvergne, les camelotins de Flandre, que l'on nomme *polimites*, *pirotes*, *gueufes* & autres femblables, qui n'ont pas une demi-aune de large mefure de Paris.

ÉTOFFE DES INDES, DE LA CHINE & DU LEVANT. On comprend ordinairement fous ces trois noms, mais particulièrement fous celui d'*étoffes des Indes*, toutes les *étoffes* qui font apportées d'Orient, foit par les vaiffeaux des compagnies des nations d'Europe, qui y trafiquent en droiture, foit par la voie du Caire, de Smyrne, de Conftantinople, & des autres échelles du Levant, où ces nations font commerce.

De ces *étoffes*, les unes font de pure foie, comme des moires, des fatins, des gazes, des taffetas, des brocards, des ferges de foie, des velours, des damas, des gros de tours & des crêpons; d'autres font mêlées d'or & d'argent, ordinairement fin, mais quelquefois faux, ou faites de fimple papier doré & argenté. Il y en a d'autres dont les façons & les deffins ne font que peints, qu'on nomme en France *des furies*, dont le fond eft de fatin ou de taffetas. Quelques-unes font toutes d'écorce d'arbres, ou mêlées avec l'écorce de coton ou de foie. Enfin, il y en a toutes de coton, de fil ou de laine; celles de laine font des efpèces d'étamines.

On met aufli du nombre des *étoffes des Indes*, non-feulement ces belles broderies de chaînettes ou à foie paffée, qui font faites fur des fatins, des bafins, des mouffelines & des toiles de coton; mais encore les fichus (mot nouveau inventé en France) qui font ou brodés ou non brodés; les couvertures ou courtepointes, les écharpes, les toilettes, les ferviettes de foie à café, & les mouchoirs aufli de foie de différentes fortes, qui font une partie des retouts & des cargaifons des vaiffeaux d'Europe, qui font le voyage des Indes orientales.

Toutes ces *étoffes* n'ont été fpécifiées jufques ici, que par les noms des *étoffes* qui fe fabriquent en Europe, auxquelles elles reffemblent, ou avec qui elles ont quelque rapport. Voici leurs noms Chinois ou Indiens.

Attlas.	Shaubs ou Baffetas.
Bouille-cotonis.	Gauraos.
Arains ou d'Arains.	Tunquins.
Mallemolles.	Gingiras.
Romalles.	Nillas.
Cottonis.	Fotalongées.
Calquiers.	Chonieours.
Bouille-Charmoy.	Chuquelas.
Montichicours.	Longuis.
Herbelâches.	Soucis ou Soutis.
Cancanias.	Panfis.
Tamavars.	Nanquins.
Allegeas.	Pinaffes.
Mohabuts.	Biambonnées.
Carcanas.	Elatches.
Guinaftuf-Longees.	Cherconnées.
Guingans.	Tepis.
Cherquermolles.	Serfukers.
Cirfachas.	Petains.
Chercolées.	Sayas.
Kermeas.	

Les premières défenfes qui fe firent en France pour interdire le port, l'ufage & le commerce de ces *étoffes*, qui furent aufli communes aux toiles peintes, foit véritables indiennes, foit imitées en Europe, font du 18 octobre 1686. Elles ont été fuivies par une grande quantité d'arrêts, toujours mal exécutés jufqu'à leur abolition.

ÉTOFFÉ. Qui eft garni de bonne *étoffe*. *En terme de fellier*, un carroffe bien *étoffé*, eft celui dont les velours, les cuirs, les bois, &c. font de bonne qualité: & *en terme de tapiffier*, des chaifes, des foffas, des tabourets bien étoffés, font ceux dont les fangles, le crin, les toiles, &c. font neufs, ou en quantité néceffaire, en un mot qui font bien garnis.

ÉTOUFFOIR. *Terme de boulanger & de pâtiffier*. C'eft un grand vaiffeau de cuivre, tout femblable à ces fontaines, où l'on conferve l'eau pour l'ufage de la cuifine & du ménage: il y a un couvercle & deux anneaux, mais point de robinet. Les pâtiffiers & les boulangers s'en fervent pour y étouffer la braife ardente qu'ils tirent de leur four, après qu'ils l'ont fuffifamment chauffé. C'eft de cette braife éteinte dans l'*étouffoir* qu'on allume dans les brafiers les petites poêles & les chaufferettes, parce qu'elle n'a pas les mauvaifes qualités du charbon noir. Elle fe vend au boiffeau, plus ou moins, suivant qu'elle est en gros ou menus morceaux, & qu'il y a moins de poussier. *Voyez* BRAISE.

ÉTOUPAGE. Les chapeliers appellent *morceau d'étoupage*, ce qui reste de l'étoffe, dont ils ont fait les quatre capades d'un chapeau, & qu'ils conservent, après l'avoir feutré avec la main, pour renforcer les endroits foibles de ces capades. *Voyez* CHAPEAU.

ÉTOUPE. La *bourre* du chanvre & du lin. On tire quatre sortes de marchandises du chanvre; le chanvre, la filasse, le courton & l'*étoupe*. Les trois premières se filent; l'*étoupe* ordinairement ne sert qu'à faire des bouchons de bouteilles, de la mêche à mousquet, ou de ce que les ciriers appellent du *lumignon*: s'il s'en fait de la toile, ce ne sont que des serpillières, & autres telles moindres sortes. *Voyez* CHANVRE.

« Les *étoupes* de toutes sortes, soit blanches,
» soit de bois ou en bourre, paient en France les
» droits d'entrée conformément au tarif de 1664, à
» raison de 6 s. du cent pesant : & ceux de sortie;
» sçavoir, les blanches, 18 s. & celles en bourre,
» 8 sols. »

» Les droits que ces deux sortes d'*étoupes* paient
» à la douane de Lyon, tant pour l'ancienne taxa-
» tion que pour la nouvelle réapréciation, sont
» pour les *étoupes* blanches, 7 s. du quintal. Pour
» les *étoupes* en bourre, si elles sont françoises, 12 d.
» & si elles sont étrangères 15 d. Lorsque les *étou-*
» *pes* en bourre viennent en charette, la balle de
» charette paye 8 sols. »

ÉTOUPE. On appelle aussi *étoupe*, les toiles qui sont faites avec des *étoupes* de chanvre ou de lin. *Voyez* TOILES.

« Les toiles d'*étoupes* du pays payent les droits
» de la douane de Lyon à raison de 2 sols de la
» pièce. »

ET'UPE A ÉTAMER. Les chauderonniers nomment ainsi une espèce de *goupillon*, au bout duquel il y a de la filasse, dont ils se servent pour étendre l'étamure, ou étain fondu, dans les pièces de chauderonnerie qu'ils étament.

ÉTOUPER. Boucher des trous avec de l'étoupe. *En terme de potier de terre*, il signifie *remplir* les fêlures, & autre défaut de la poterie, avec du fromage, de la cire & du suif; ou, comme disent leurs statuts, avec autres sofistications, qui sont déceptes, & non suffisantes : ce qui leur est expressément défendu. *Voyez* POTIER DE TERRE.

ÉTOURGEON ou ESTURGEON. Gros poisson de mer, qui monte dans les rivières, qui a le museau pointu, le ventre plat, & le dos bleuâtre.

Les *esturgeons* sont en France du nombre des poissons, que les ordonnances appellent *poissons royaux*.

Lorsqu'ils sont trouvés échoués sur le bord de la mer, ils appartiennent au roi, en payant néanmoins les salaires de ceux qui les ont rencontrés & mis en sûreté : mais s'ils ont été pris en pleine mer, ils restent à ceux qui les ont pêchés, sans que les fer-

miers du roi, ni des seigneurs, y puissent rien prétendre.

C'est des œufs de l'*esturgeon* que l'on fait le kavia, ou cavial, dont les Italiens font une si grande consommation, sur-tout ceux de Milan, & du reste de Lombardie. Cette drogue ne se prépare pourtant que rarement en Italie, quoiqu'il se trouve d'excellens *esturgeons*, & en assez grande quantité dans le Pô; mais elle y est apportée par les Nations qui font le commerce du Nord, particulièrement les Anglois & les Hollandois, qui la tirent toute apprêtée de Moscovie par la voie d'Archangel, où il s'en fait un fort grand négoce.

La plus grande pêche d'*esturgeons* qui se fasse au monde, est celle que font les Moscovites à l'embouchure du Volga dans la mer Caspienne.

On ne se sert pas de filets, mais d'une espèce d'enceinte de gros pieux disposés en triangles, & qui représentent assez bien la lettre Z redoublée plusieurs fois.

Des espèces de pêcheries sont ouvertes du côté de la mer, & fermées de l'autre côté; en sorte que le poisson, qui dans la saison monte dans le fleuve, s'engageant dans ces passages étroits & sans issue, & ne pouvant y tourner pour redescendre à cause de sa grandeur, est facilement harponné, & tué à coups de javelots.

Cette pêche ne se fait que pour les œufs, y ayant tel *esturgeon* qui en fournit jusqu'à 400 livres : on sale néanmoins quelques-uns des plus jeunes poissons.

Le trafic du kavia est pour le moins aussi grand en Moscovie que celui du beurre en Hollande; les Moscovites, qui ont quatre carêmes, & qui sont réguliers à observer la défense d'y manger du beurre, assaisonnant toutes leurs sauces avec ces œufs d'*esturgeon*.

Il y a une sorte de colle de poisson, pliée en petits livres, qui vient ordinairement de Hollande & d'Angleterre, que quelques-uns prétendent être tirée de l'*esturgeon*.

ÉTRELAGE. Droit qui se lève sur le sel par quelques seigneurs, lorsque les voitures des fermiers des gabelles passent sur leurs terres. La pancarte du droit d'*étrelage* doit être placée en un lieu éminent, près de l'endroit où il doit se payer. Ce droit se levoit autrefois en essence; mais par l'ordonnance de 1687 pour l'adjudication des gabelles, l'*étrelage* a été apprécié en argent aussi-bien que tous les autres péages, auxquels les sels de gabelles sont sujets sur les terres des seigneurs.

ÉTRENNE. Se dit chez les marchands, de la première marchandise qu'ils vendent chaque jour. Ceci est mon *étrenne*, c'est pourquoi vous l'avez à si bon marché. Cette *étrenne* me portera bonheur.

ÉTUI. Espèce de boëte, qui sert à mettre, à porter & à conserver quelque chose.

« Il y a de grands *étuis* pour les chapeaux; les uns
» de bois & les autres de carton. Ceux de bois

» payent en France les droits de sortie à raison d'un
» sol de la pièce. »

Les *étuis* à curredents, à aiguilles & à épingles, sont de petits cylindres creusés en dedans avec
un couvercle, dans lesquels l'on enferme ces petits
ustensiles de propreté, ou de couture.

Il s'en fait d'or, d'argent, on piqués de clous,
de ces deux métaux; & d'autres encore de bois,
d'yvoire, ou de carton couvert de cuir.

« Ces trois dernieres espèces payent en France
» les droits d'entrée & de sortie sur le pied de mer-
» cerie; sçavoir, à l'entrée 10 l. du cent pesant,
» suivant l'arrêt du 3 juillet 1692; & à la sortie
» 3 l. conformément au tarif de 1664, réduits même
» à 2 l. par l'arrêt de 1692, quand ils sont desti-
» nés & déclarés pour les pays étrangers.

» Les *étuis* d'or & d'argent & autres de cette
» espèce, payent comme bijouterie, sur l'estimation.
» Les *étuis* à cizeaux & à lunettes, non garnis de
» leurs lunettes & ciseaux; payent pareillement com-
» me mercerie, ou suivant l'estimation, selon les
» matières dont ils sont faits ».

ÉTUI. C'est aussi, *en terme d'eaux & forêts* &
de commerce de poisson d'eau douce, un *petit baquet* couvert, de forme un peu longue & étroite,
que les pêcheurs ont dans leur bateau, pour y
mettre leur poisson à mesure qu'ils en prennent.
Ces baquets sont toujours pleins d'eau & sont troués
par en haut pour y donner de l'air.

Par l'ordonnance des eaux & forêts de 1669,
article XXIV du titre XXXII, il est permis aux officiers des maîtrises de visiter les bannetons, boutiques & *étuis* des pêcheurs, & s'il s'y trouve du
poisson qui ne soit pas de l'échantillon, d'en dresser
procès-verbal & d'assigner les pêcheurs pour répondre du délit.

ÉTUVE, Lieu fermé, que l'on échauffe, pour
y faire sécher quelque chose.

E V

ÉVALUATION, ou ESTIMATION. *Prix*
que l'on met à quelque chose, suivant sa valeur. On
fait à la monnoie l'*évaluation* des espèces, à proportion de leur poids & de leur titre. Ce marchand
céde son fonds à un autre, Ces Associés se séparent;
ils ont fait faire par des arbitres l'*évaluation* de
leurs marchandises.

ÉVALUER. *Estimer* une chose son juste prix.
On a *évalué* les marchandises de cet épicier, le
sucre à quinze sols, & l'huile à dix-huit sols.

ÉVENTAIL. Instrument qui sert à exciter le
vent, & à rafraîchir l'air en l'agitant.

Le commerce qui se fait de cette marchandise,
soit pour la consommation de Paris & des provinces,
soit pour les envois dans les pays étrangers, est presque incroyable; y ayant tels éventaillistes, ou marchands merciers, qui outre le détail de leurs boutiques & les factures pour les provinces, en envoyent
tous les ans au dehors pour plus de 20,000 liv.

L'Espagne, l'Angleterre & la Hollande sont les
pays étrangers, pour lesquels il s'en fait les envois
les plus considérables, dont pourtant la moindre
partie reste pour l'usage du pays; presque tout étant
destiné pour l'Amérique, ou pour le négoce du
Nord & de la mer Baltique.

Quoiqu'il se fasse en France, & particulièrement
à Paris, un si grand nombre de toutes sortes d'*é-
ventails*, il en vient néanmoins quantité de dehors:
mais ce ne sont guères que des ouvrages de prix,
ou du moins qui sont estimés, & ont de la réputation, à cause de l'éloignement des lieux d'où on
les apporte, & qu'ils sont faits par des étrangers.

Les *éventails* de la Chine, & ceux d'Angleterre, qui les imitent si parfaitement, sont les plus en
vogue; & il faut avouer que les uns ont un si beau
lacque, & que les autres sont si bien montés, que
quoiqu'en tout le reste ils cèdent aux beaux *éventails* de France, ils leur sont au moins préférables
par ces deux qualités.

Il venoit aussi autrefois quantité d'*éventails* de
Rome & d'Espagne, couverts de peaux de senteur;
mais le commerce en est presque tombé, tant parce
que les parfums ne sont plus guères de mode en
France, que parce qu'il s'en faut bien que les peintures & les bois aient la délicatesse, la beauté & la
légéreté des *éventails* François.

« En France, les *éventails* enrichis de bâtons d'y-
» voire & d'écaille de tortue, de peintures, d'étof-
» fes de soie, de peaux de senteur, &c. valant au-
» dessus de 10 liv. pièce, paient 30 s. la douzaine,
» de droits de sortie. Ceux qui sont au-dessous, &
» les plus communs, ne paient que comme mer-
» cerie, 3 liv. le cent pesant avec les sols pour
» livre ».

ÉVENTAIRE. *Panier* plat, presque quarré,
sur lequel les petites marchandes de fruits, de poisson & autres menues denrées, étalent devant elles,
la marchandise qu'elles portent vendre par les rues
de Paris. On dit plus communément *inventaire*.

ÉVIDER, ÉVIDÉ. *Terme de manufacture de
draperie.* On dit, qu'un drap de laine s'est *évidé,*
qu'il est *évidé;* lorsqu'il a été foulé à sec, & qu'il
s'est échauffé dans la pile; ce qui l'a rendu lâche,
creux & de mauvaise qualité.

ÉVILASSE. Espèce de *bois d'ébène,* qui se
tire de l'isle de Madagascar. Elle a peu de nœuds &
a beaucoup de rapport avec le bois de Sandraha.

EUPHORBE. Espèce de *gomme,* qui fait partie
du négoce des marchands épiciers-droguistes.

Il faut choisir l'*Euphorbe* en larmes nouvelles,
d'un blanc un peu doré, séche, nette, & sans
menu.

Cette drogue est fort peu employée en médecine, à cause de son excessive ardeur, & de ses violens effets. Les Afriquains néanmoins s'en servent;
mais seulement après avoir comme éteint son feu
dans de l'eau de pourpier.

Son plus grand usage est pour le farcin & la
galle des chevaux: elle entre pourtant aussi dans
la composition de la poudre sternutatoire; & dans
                         quelques

quelques emplâtres réfolutifs. Réduite en poudre, elle eft bonne pour arrêter la gangrene, & pour confommer la carie des os.

La propriété que cette drogue a d'exciter l'é-ternnement, eft fi grande, qu'on ne peut trop pren-dre de précautions, quand on veut la réduire en poudre ; & même quelque foin qu'on y apporte, on évite rarement d'en être incommodé.

« L'*Euphorbe* paie en France les droits d'entrée, » à raifon de 20 pour cent de fa valeur, fuivant » l'arrêt du confeil du 15 août 1685, comme mar-» chandife venant du Levant, de Barbarie, & autres » états du grand-feigneur, avec les nouveaux fols » pour livre ».

EX

EXAMINER UN COMPTE. C'eft le lire avec exactitude, en pointer les articles & en vérifier le calcul, pour en découvrir les erreurs.

EXCÉDANT. Ce qui eft au-delà de la mefure.

On appelle, *en terme de commerce*, *excédant d'aunage*, ce que l'on donne, ou qui eft dû au-delà de l'aunage ordinaire, en aunant les étoffes, les toiles & les autres marchandifes qui fe mefurent à l'aune. On dit aufli bénéfice d'aunage ; & plus fouvent, bon d'aunage.

EXCÈS. C'eft la même chofe qu'excédant, c'eft-à-dire, ce qui excède une mefure. On ne fe fert pourtant point du mot d'*excès*, pour fignifier *le bon d'aunage ;* & il n'eft d'ufage que dans les bu-reaux des cinq groffes fermes du roi, établis fur les ports de mer, pour y recevoir les droits de fortie des vins & eaux-de-vie, qu'on y embarque pour l'étranger.

Les commis de ces bureaux appellent *excès* ce que les bariques contiennent au-delà des cinquante veltes, qui eft le pied ordinaire fur lequel le tarif régle les droits de fortie. Ainfi quand la barique eft de foixante veltes, l'*excès* eft de dix veltes, que le commis fait payer à raifon de tant-par-velte, à pro-portion du droit que les cinquante veltes ont payé.

EXCOMPTE. Déduction d'une fomme fur une autre. Il faut faire fur les 100 liv. que je vous dois, l'*excompte* de 40 l. que vous avez déja reçues.

EXCOMPTE. Signifie aufli *la remife* que l'on fait fur une lettre de change, ou fur quelque autre dette que ce puiffe être, qui n'eft pas encore échue, pour que l'accepteur, ou le débiteur, en avance le paiement. On fait aufli des *excomptes*, c'eft-à-dire, des remifes ; pour être payé des dettes qui font douteufes.

EXCOMPTE. Se dit encore parmi les marchands, lorfqu'ils achètent des marchandifes à crédit, fous la convention que l'acheteur fait avec le vendeur, d'en faire l'*excompte* à tant pour cent, à chaque paiement comptant qu'il lui fera avant l'échéance de fon billet.

EXERCICE. On nomme ainfi parmi les com-mis aux aides, la *defcente* & *vifite* qui fe fait dans les caves des particuliers vendans vin.

Par les réglemens defdites aides, il eft ordonné

que les portatifs ou regiftres feront fignés de deux commis dans les *exercices* qui fe feront chez chacun defdits vendans vin.

EXIGER UNE DETTE. C'eft en *demander* le paiement, obliger le débiteur, le contraindre à la payer.

EXIGIBLE. Ce qu'il eft temps de demander. Il fe dit aufli de ce qui fe peut exiger, & des dettes qui font bonnes & où il n'y a rien à perdre.

Dans les inventaires que les marchands font tenus de faire tous les ans, en conféquence de l'ordon-nance, foit pour fe rendre compte à eux-mêmes, foit pour être prêts de le rendre à leurs créanciers, fi malheureufement le cas y échoit ; ils doivent faire deux articles de leurs dettes actives ; l'un, de celles qui font *exigibles ;* & l'autre, de celles qui ne le font pas.

C'eft aufli la méthode que doivent obferver les directeurs des créanciers, dans le bilan qu'ils font des effets d'un failli.

On doit fur-tout confulter le Parfait Négociant de M. Savary, liv. 4, ch. 10, de la première part, & liv. 4, ch. 3, de la feconde. Dans l'un, l'auteur donne une formule de l'inventaire que doivent faire les marchands, conformément à l'art. 8 du titre 2 de l'ordonnance ; & l'on trouve dans l'autre d'excel-lens confeils fur la manière dont doivent fe conduire des directeurs de créanciers, pour bien dreffer le bilan des effets de leur débiteur.

EXPÉDIER. Faire une chofe avec diligence. Attendez un moment, j'aurai bientôt *expédié* les marchands qui font dans mon cabinet.

EXPÉDIER. Signifie quelquefois *faire partir des marchandifes*, j'ai *expédié* mon voiturier : j'ai ex-pédié le vaiffeau que j'envoie en Guinée : j'ai expé-dié votre balot pour Rouen.

EXPÉDITEURS. L'on nomme ainfi à Amfter-dam certaines efpèces de *commiffionnaires*, à qui les marchands qui font le commerce par terre avec les pays étrangers, comme l'Italie, le Piémont, Genève, la Suiffe & plufieurs villes d'Allemagne, ont coutume de s'adreffer pour y faire voiturer leurs marchandifes.

Ces *expéditeurs* ont des voituriers & des char-tiers, qui ne voiturent que pour eux d'un lieu à un autre, & une correfpondance réglée avec d'autres *expéditeurs* qui demeurent dans les villes par où les marchandifes doivent paffer, qui ont foin de les faire voiturer plus loin & ainfi fucceffivement jufqu'au lieu de leur deftination.

Lorfqu'un marchand a préparé fa marchandife, il l'envoie chez fon *expéditeur* avec un ordre figné de fa main, contenant à qui & où il doit l'envoyer fuivant la formule fuivante.

Meffieurs B. & C. je vous envoie ci-joint quatre bariques d'indigo marquées I. C. de n°. 1 à 4, pe-fant 1,850 livres, valant 3,900 florins, lefquelles je vous prie d'acheminer à M. Jacob Couvreur de Francfort. A Amfterdam ce 4 novembre 1718. T. P. R.

Les *expéditeurs* étant ainfi chargés de la marchan-

P

dife, la font conduire par leurs gens, & ont foin d'en faire faire la déclaration dans la dernière place de la domination des états généraux des Provinces-Unies. Quelque temps après ils donnent un compte au marchand des frais de voiture & des droits de fortie, qui leur font dûs ou qu'ils ont payés, à quoi ils ajoutent leur provifion ou commiffion plus ou moins forte, fuivant l'éloignement des lieux. Cette provifion eft ordinairement d'une demi richedale ou 25 f. par fchippont de 300 l. lorfque les marchandifes qu'on envoie font deftinées pour Cologne, Francfort, Nuremberg, Léypfick, Breflaw, Brunfwick & autres places, à peu près également diftantes d'Amfterdam. Pour celles qui font plus éloignées, on en augmente la commiffion à proportion.

Il faut rémarquer que fi la marchandife eft apperçue dans les tarifs des droits d'entrée & de fortie, il n'eft pas befoin d'en exprimer la valeur dans l'ordre que l'on donne à l'*expéditeur*, à moins qu'elle ne vaille pas autant qu'elle eft taxée : car par exemple, l'indigo eft tarifé à 48 f. la livre ; mais comme fouvent il n'en vaut que 44, on peut le mettre à moins qu'il n'eft taxé dans le tarif, lorfqu'il eft à plus bas prix.

Si l'*expéditeur* déclare la marchandife conformément à l'ordre qu'il a reçu du marchand, & qu'elle foit arrêtée pour être ou mal déclarée, ou déclarée moins qu'elle ne vaut ; c'eft au marchand à en porter la perte & le dommage ; mais fi la faute fe fait par l'*expéditeur*, c'eft à lui d'en fouffrir & d'en répondre au marchand.

C'eft auffi à ces *expéditeurs* que les négocians d'Amfterdam s'adreffent lorfqu'ils attendent des marchandifes de leurs correfpondans étrangers, & qu'elles leur doivent venir par terre : alors en leur en donnant une note, ces commiffionnaires ont foin d'en faire les déclarations & d'en payer les droits d'entrée où ils font dûs ; ce qui épargne bien des lettres, bien des écritures & bien du temps à ceux qui fe mêlent d'un commerce confidérable.

EXPÉDITIONS. S'entend fouvent chez les marchands, & particulièrement chez les banquiers, des lettres qu'ils écrivent chaque ordinaire à leurs correfpondans. Je fuis libre, j'ai fini mes *expéditions*. On dit plus ordinairement, j'ai fini mes dépêches.

EXPERT. Celui qui eft habile dans fon art.

EXPERT. Eft auffi celui qui eft nommé pour juger de la qualité de quelque ouvrage, le voir, l'examiner, & en faire fon rapport.

EXPIRATION. Fin du terme accordé, jugé,

ou convenu, pour faire une chofe, ou pour s'acquitter d'une dette.

On dit, l'*expiration* d'un arrêt de furféance ; l'*expiration* des lettres de répi, l'*expiration* d'une promeffe, d'une lettre de change, d'un billet payable au porteur.

EXPIRER. Finir, être à la fin, près, ou au bout du terme. Votre promeffe eft *expirée*, il y a longtemps que j'en attends le paiement. Il faut faire fon protêt faute de paiement d'une lettre de change dans les dix jours de faveur ; on court trop de rifque de les laiffer *expirer*.

EXPLOITATION. *Terme de marchandife de bois.* C'eft le travail qu'on fait dans les coupes & ventes des bois de futaye, ou taillis, pour en abbatre les arbres, les fcier, les équarrir ; enfin, les réduire aux différentes efpèces de bois de charpente, de chauffage, ou autres, qu'on en peut tirer, fuivant leur âge & leur qualité.

EXPOSER une marchandife en vente. C'eft l'*étaler* dans fa boutique, l'annoncer au public, ou l'aller porter dans les maifons.

EXTORAS. On nomme ainfi en Provence cette gomme que nos droguiftes appellent du *ftorax*.

EXTORNE, EXTORNER. *Termes de teneurs de livres.* Ils fe difent des fautes que l'on fait en faifant de fauffes pofitions. Les véritables termes font *reftorne* & *reftorner*.

EXTRAIRE. Tirer quelque chofe d'une autre. *En terme de commerce*, il fignifie *faire le dépouillement* d'un journal, ou de quelque autre des livres des marchands & banquiers, pour voir ce qui leur eft dû par chaque particulier, ou les fommes qu'ils en ont reçues à compte.

EXTRAIT. Projet de compte, qu'un négociant envoye à fon correfpondant, ou un commiffionnaire à fon commettant, pour le vérifier.

Ci-joint vous trouverez l'*extrait* de votre compte ; renvoyez-le, fi vous le trouvez d'accord.

EXTRAIT. Ce qui eft tiré d'un livre, d'un regiftre d'un marchand. J'ai fait faire un *extrait* fur mon journal, des marchandifes que vous m'avez envoyées ; il n'eft pas conforme à votre mémoire.

EXTRAIT. C'eft auffi un des livres dont les marchands & banquiers fe fervent dans leur commerce. On l'appelle autrement *livre de raifon* ; mais plus ordinairement on lui donne le nom de *grand livre*.

EXTREMENAS. Laines *extremenas*, ce font des laines d'Efpagne, qui font partie du commerce des marchands de Bayonne.

F

FAC

F, sixiéme lettre de l'alphabet.

Les marchands, banquiers & teneurs de livres, se servent de cette lettre, pour abreger les renvois qu'ils font aux différentes pages, ou, comme ils disent, au folio de leurs livres & regiftres. F°. 2°. veut dire, *folio 2°.* ou *seconde page.* Les florins se marquent aussi par une F, de ces deux manières, FL. ou F⁵.

F A

FABRICANT. Nom que l'on donne à ceux qui travaillent, ou qui font travailler sur le métier, à la fabrique des étoffes & draps d'or, d'argent, de soie & de laine, & autres pareilles sortes d'ouvrages & marchandises. C'est ce qu'on appelle proprement un *manufacturier.*

FABRICATEUR. On le dit quelquefois des *ouvriers des monnoies,* qui travaillent à la fabrication des espèces. Le plus ordinairement on l'entend des *faux-monnoyeurs.*

FABRICATION. *Terme de monnoyage,* qui signifie l'*action du monnoyeur* qui fabrique les espèces, ou la fonte d'une nouvelle monnoie.

Dans ce dernier sens, on dit, qu'il a été ordonné une *fabrication* de louis d'or à 36 l.

FABRIQUE. Façon, ou manière de construire quelque ouvrage. On dit très-bien en ce sens : on invente tous les jours en France de nouvelles *fabriques* d'étoffes : la *fabrique* des draps d'Elbeuf vaut mieux que celle de Rouen.

Les réglemens des manufactures, veulent que le nom du lieu de la *fabrique* des étoffes & celui de l'ouvrier qui les a fabriquées, soient mis en laine tout au long & sans abbréviation, sur le chef & premier bout de chaque pièce.

On appelle *plomb de fabrique,* ou *plomb de manufacture,* un petit morceau de plomb, plat & rond, qui s'applique au bout de l'une des lisières de l'étoffe, du côté du chef ; sur lequel plomb est empreint le nom du lieu où l'étoffe a été fabriquée, avec les chiffres de l'année.

Le plomb de *fabrique* ne s'applique aux étoffes, qu'après qu'elles ont été examinées par les maîtres & gardes, jurés, ou égards des lieux.

FACE. *Terme d'exploitation & de marchandise de bois.*

On nomme ainsi *le côté des arbres,* ou pieds cormiers, que les officiers des eaux & forêts ont marqué de leur marteau, pour déterminer l'étendue des coupes adjugées aux marchands.

FAÇON. Nom général que l'on donne à toutes sortes de linges ouvrés, qui se fabriquent dans la ville de Caen.

FAÇON. On appelle *peigne en façon,* le buis, l'yvoire, la corne, l'écaille de tortue, ou autre matière, dont les peigniers font les peignes, lorsqu'ils ont été préparés avec l'écouenette, ou la rape fine, & qu'il ne reste plus qu'à y faire les dents.

FAÇON. Signifie *le travail d'un artisan,* la peine, le tems qu'il a employé à un ouvrage ; ce sur quoi on régle sa récompense & son salaire. On donne tant par pièce au tissier, ou tisserant, pour la *façon* de chaque pièce de drap, de chaque pièce de toile.

FAÇON. Se dit aussi des divers ornemens, des diverses figures & enrichissemens que l'on donne à un ouvrage. Il y a bien des *façons* à ce brocard : Les *façons,* de cette broderie sont trop chargées.

FAÇON. S'entend encore de la manière dont une étoffe est fabriquée : cette étoffe de soie est d'une *façon,* d'une mode nouvelle. On s'en sert quelquefois, pour dire qu'un ouvrage a toute sa perfection : cette pièce de drap a toutes ses *façons* : voilà la dernière *façon* que je donne à cette serge.

FAÇONNÉ. On dit d'un drap, d'un velours, d'un taffetas, qu'ils sont bien *façonnés,* quand la fabrique en est bonne, & que l'ouvrier n'a oublié de lui donner aucune des façons qui font la perfection de ces sortes d'étoffes.

FAÇONNÉE. Une étoffe *façonnée,* est celle qui à diverses façons, ou desseins, sur sa superficie. On le dit par opposition à une étoffe unie.

FAÇONNER. Donner à un ouvrage sa façon. Cet ouvrier *façonne* bien ses étoffes. Ce fabricant ignore la bonne manière de *façonner* les ferandines.

FAÇONNIER. L'artisan, l'ouvrier qui *façonne* les étoffes. Il y a autant de divers *façonniers* pour les manufactures, qu'il y a de différentes étoffes à y fabriquer : ainsi il y a des *façonniers* en or, en argent, en soie, en laine, &c.

Marchand *façonnier* de soie, est celui qui prépare les soies, pour être employées aux étoffes. Il s'appelle autrement *marchand appareilleur.*

Les *façonniers* des draps & autres étoffes de lainerie, sont tenus par les réglemens, de porter leurs étoffes, au sortir du foulon, aux bureaux des jurés-drapiers, pour y être visitées & marquées.

FACTEUR, qu'on nomme autrement COMMISSIONNAIRE, quelquefois COMMIS & assez souvent COURTIER. C'est un homme qui agit pour un autre, qui achete & qui vend pour lui, &c. On en parle amplement à l'article des *commissionnaires.*

FACTEUR. Se dit auſſi de celui qui tient les regiſtres d'une meſſagerie, qui a ſoin de délivrer les balots, paquets & marchandiſes, qui ſont arrivés par les mulets, chevaux & charettes d'un meſſager; qui les fait décharger ſur ſon livre & qui reçoit les droits de voiture, s'ils n'ont pas été acquittés au lieu de leur chargement.

FACTEUR. Eſt encore un commis ambulant des poſtes, qui va par la ville porter & diſtribuer les lettres & paquets arrivés par les couriers.

FACTEUR. Se dit auſſi d'un homme qui va en ville pour mettre les inſtrumens de muſique d'accord. Facteur d'orgues, facteur de clavecin, &c.

FACTORERIE, ou FACTORIE. Lieu où réſide un facteur; le bureau dans lequel il fait le commerce pour ſes maîtres ou pour ſes commettans.

Ce terme n'eſt gueres d'uſage que dans les endroits des Indes orientales & autres parties de l'Aſie, où les nations d'Europe envoient leurs vaiſſeaux pour trafiquer, & où ils entretiennent des facteurs & des commis, pour faire les achats des marchandiſes du pays, & pour vendre ou échanger celles qu'ils y portent d'Europe.

La factorie tient en quelque ſorte le milieu entre le comptoir & la loge: elle eſt plus conſidérable que celle-ci & moins importante que l'autre.

FACTURE. Compte, état, ou mémoire des marchandiſes qu'un facteur envoie à ſon maître, un commiſſionnaire à ſon commettant, un aſſocié à ſon aſſocié, ou un marchand à un autre marchand.

Les factures s'écrivent ordinairement, ou à la fin des lettres d'avis, ou ſur des feuilles-volantes renfermées dans ces mêmes lettres.

Elles doivent faire mention, 1°. De la date des envois, du nom de ceux qui les font, des perſonnes à qui ils ſont faits, du temps des paiemens, du nom du voiturier, & des marques & numéro des balles, balots, paquets, caiſſes, ou tonneaux.

2°. Des eſpeces, qualités & quantités des marchandiſes qui ſont renfermées ſous les emballages, comme auſſi de leurs numéro, poids, meſures, ou aunages.

3°. De leur prix & des frais faits pour raiſon d'icelles; comme les droits d'entrée, ou de ſortie, ſi l'on en a payé; ceux de commiſſion & de courtage, dont on eſt convenu; enfin, ce qu'il en a coûté pour l'emballage, le portage & autres telles menues dépenſes; de toutes leſquelles ſommes avancées, droits payés & frais faits, l'on doit former un total au pied des factures.

On dit, que l'on vend ſa marchandiſe ſur le pied de la facture; pour dire, que l'on la vend au prix courant.

On appelle liaſſe de factures, un lacet dans lequel les marchands enfilent les factures; les lettres d'avis, celles d'envoi & de demande, & autres telles écritures, qui peuvent ſervir d'inſtruction, à meſure qu'ils les reçoivent de leurs correſpondans.

Livre de facture, c'eſt un livre ſur lequel les marchands dreſſent les factures, ou comptes des

différentes ſortes de marchandiſes qu'ils reçoivent, qu'ils envoient, ou qu'ils vendent.

Ils tiennent ce livre, pour ne pas embarraſſer le livre journal, des ratures qu'il eſt aſſez difficile d'éviter, en dreſſant ces ſortes de factures, ou comptes.

Le livre de facture eſt du nombre de ceux que l'on appelle livres d'aides, ou livres auxiliaires. Il ſert également dans les parties doubles & les parties ſimples.

FACTURIER. Ce terme eſt en uſage dans quelques manufactures de toiles, où il ſignifie ce qu'on nomme ailleurs un fabricant, ou un tiſſerant.

L'inſtruction générale du 12 mai 1692, envoyée aux inſpecteurs des toiles, porte, qu'il ſera donné du temps aux facturiers, pour réformer leurs métiers, lames & rots ſur le pied des largeurs ordonnées par les réglemens.

FAGOT. Aſſemblage de pluſieurs choſes menues, liées avec une hare, ou autre ſemblable lien.

FAGOT. Les maîtres tonneliers appellent des futailles en fagot, les futailles dont tous les bois ſont taillés; mais qui ne ſont pas encore montées, mais reliées toutes enſemble par de petits cerceaux & de la groſſeur d'un fagot.

FAGOT. Plumes en fagot, ſont des plumes d'autruche, encore en paquets, & telles qu'on les tire de la première main.

FAGOT, en termes d'exploitation & de marchandiſe de bois. Signifie de menus morceaux de bois rond, au dedans deſquels on enferme quelques brouilles, que l'on lie enſuite tout enſemble avec une hare par le milieu.

Les fagots font une partie du négoce de bois à brûler. Ils ſe font plus ou moins longs & gros, ſuivant l'uſage des lieux où ils ſe fabriquent. En les façonnant, on les meſure avec une petite chaînette, afin de leur donner une groſſeur toujours égale.

Les fagots deſtinés pour la conſommation de Paris, doivent avoir trois pieds & demi de long, ſur dix-ſept à dix-huit pouces de tour, ou groſſeur, à l'endroit de la hare, & doivent être garnis au dehors de paremens raiſonnables, & au dedans de menus bois, ſans mélange de feuillages.

Les marchands de bois, avant d'expoſer en vente les fagots qu'ils menent à Paris par la rivière, ſont tenus d'en faire porter un échantillon, ou montre, au bureau de la ville; pour, ſur le rapport des officiers mouleurs de bois, qui en ont fait la viſite, le prix en être fixé par les prévôt des marchands & échevins, qui en tiennent regiſtre.

Les fagots ſe vendent au cent & quatre par deſſus, c'eſt-à-dire que les marchands en donnent aux bourgeois cent quatre pour cent. Ordonnance de la ville de Paris, du mois de décembre 1672, ch. 17, art. 1, 21 & 27.

Les fagots ſont envoyés à Paris pour l'ordinaire par bateaux. Ceux qui viennent des forêts de

Normandie, en remontant la rivière de Seine, arrivent dans les ports de l'Ecole & Malaquais ; & ceux qui viennent par les rivières de Marne & d'Yonne, entrantes dans la Seine au-dessus de Paris, se vendent au port de la Gréve.

On nomme l'*ame d'un fagot*, le plus menu bois qui est renfermé dans le milieu du *fagot*.

On appelle *triques de fagot*, les paremens d'un *fagot*, c'est-à-dire, les plus gros bâtons qui paroissent à l'extérieur du *fagot*.

On dit, qu'on a châtré un *fagot* ; pour dire, qu'on a ôté quelques bâtons de son parement. Ce sont ordinairement le regratiers qui se mêlent de châtrer les *fagots* ; ce qui néanmoins leur est défendu par les ordonnances de la ville.

Il est permis aux chandeliers & fruitiers de Paris, de faire le regrat des *fagots*, & de les vendre en détail & à la pièce ; mais seulement au-dessous d'un demi-quarteron à la fois ; leur étant défendu d'en avoir chez eux plus grande provision qu'un millier, ni de les vendre au-dessus de la taxe faite à l'hôtel de ville pour le regrat, dont ils doivent avoir la pancarte affichée dans leur boutique.

Il est pareillement fait défenses à tous crocheteurs & autres, d'en faire amas sur les ports, pour les revendre ; & aux regratiers & gagne-deniers, d'en exposer aucun en vente, qu'il ne soit entier & sans aucune altération.

FAGOTTER. Se dit aussi des plumes d'autruche, que l'on remet en paquets, qu'*en termes de plumassier* on appelle des *fagots*.

Il est défendu par les statuts des maîtres plumassiers de Paris, à tous marchands forains, d'y acheter des plumes brutes, pour les relier & *fagotter*, & ensuite les revendre aux maîtres, comme venant de la première main.

FAILINE. Espèce de *serge*, qui se fabrique en plusieurs lieux de la généralité de Bourgogne.

Les *failines* doivent avoir demi-aune de large, au retour du foulon. Leurs rots ont trois quarts & demi. Leur chaîne est composée de huit cent quatre-vingt fils, composant vingt-deux portées, de quarante fils chaque portée, les lisières comprises.

FAILLES. Les Flamands nomment ainsi certaines *écharpes* de femmes, qui sont faites d'une étoffe de soie à gros grain, qu'on appelle *taffetas à failles*.

FAILLIR, en *termes de commerce*. Signifie *manquer à payer* des lettres & billets de change à leur échéance, les laisser protester, se cacher pour éviter la rigueur de ses créanciers.

FAILLITE. Espèce de *banqueroute*, la moins odieuse de toutes.

FAIRE. Est un verbe, dont on se sert dans la langue Françoise, & qui y est d'un très-grand usage. On ne va mettre ici que ce qui a rapport au commerce, & dont on use ordinairement en matière mercantile.

FAIRE *prix d'une chose*. C'est convenir entre le vendeur & l'acheteur, de la somme qu'elle vaut.

FAIRE *trop cher une étoffe*. C'est la priser au-delà de sa valeur.

FAIRE *pour un autre*. C'est être son commissionnaire, vendre pour lui.

FAIRE *bon pour quelqu'un*. C'est être sa caution ; c'est promettre de payer soi-même, faute de payement par celui pour qui on fait bon. *Faire bon*, signifie aussi, *tenir compte* à quelqu'un d'une somme à l'acquit d'un autre. En ce sens l'on dit : j'ai ordre de M. un tel de vous *faire bon* de 2,000 l. c'est-à-dire, de vous payer pour lui 2,000 l.

FAIRE *les deniers bons*. C'est s'engager à suppléer de son argent, ce qui peut manquer à une somme promise.

FAIRE *faillite, banqueroute, cession* de biens. *Voyez ces trois articles.*

FAIRE *un trou à la lune*. C'est s'évader clandestinement, pour ne pas payer ses dettes ; ou être en état de traiter plus sûrement avec ses créanciers.

FAIRE *de l'argent*. C'est recueillir de l'argent de ses débiteurs, ou en ramasser par la vente de ses marchandises, de ses fonds & de ses meubles, afin d'acquitter ses billets, promesses, lettres de change, ou ses autres dettes.

FAIRE *des huiles, faire des beurres, faire des eaux-de-vie, faire des foins*, & ainsi de quantité d'autres marchandises, pour dire, en faire emplette, en acheter par soi ou par ses correspondans. J'irai cette année en Provence *faire des huiles*. J'ai mandé à mon commissionnaire de la Rochelle, de me *faire cent barriques d'eau-de-vie*.

Cette addition a été donnée par un très-habile négociant ; & en effet ce terme est d'usage dans ce sens parmi plusieurs marchands ; mais il faut avouer que l'expression est équivoque, & qu'elle peut autant signifier la *fabrique & façon* de toutes ces denrées & marchandises, que leur achat.

FAIRE *fond sur quelqu'un*, sur la bourse de quelqu'un. C'est avoir confiance qu'un ami, qu'un parent vous aidera de son crédit & de sa bourse, pour soutenir votre commerce & vous secourir dans le besoin.

FAIRE *un fonds*. C'est rassembler de l'argent, & le destiner à quelque entreprise considérable ; comme achat de marchandises, établissement de manufactures, voyages de long cours & autres semblables.

FAIRE *une bonne maison, faire ses affaires*. C'est s'enrichir par son commerce, y être heureux.

FAIRE *queue*. C'est demeurer reliquataire & ne pas faire l'entier paiement de la somme qu'on s'étoit obligé, ou qu'on étoit tenu d'acquitter en son entier.

FAIRE *de l'eau* ; (*terme de marine.*) C'est mouiller en quelque port pour prendre de l'eau.

FAIRE *de l'eau*. Se dit encore d'un vaisseau entr'ouvert : ce vaisseau *fait eau* de tous côtés.

FAIRE *canal*, se dit sur la Méditerranée, d'un vaisseau qui entreprend un voyage sans toucher à aucun port sur la route.

FAIRE *la traite*. On se sert de ce terme pour le commerce des négres sur la côte de Guinée ; & l'on y dit, *faire la traite* des négres, au lieu de dire, acheter des négres. *Voyez* NÉGRES.

FAISTE. *Terme de manufacture de lainage*. Il se dit du dos d'un drap, ou d'une autre étoffe de laine. C'est le côté opposé aux lisières, lorsqu'une piéce est pliée en double, l'endroit en dedans, lisière sur lisière.

Il est au choix de l'acheteur de faire auner son étoffe, ou par le côté du *faiste*, ou par celui des lisières, conformément à un arrêt du conseil, en forme de réglement, du 3 octobre 1689.

FAITIÈRE. Tuile courbée en rond, qui sert à couvrir le faîte des maisons.

FAIT. Ce qui est consommé, dont on est convenu, contre quoi il n'est plus loisible de revenir.

On dit, *en termes de commerce*, c'est un *prix fait* ; un *marché fait*, un *compte fait* ; pour dire, un compte arrêté, un marché conclu, un prix fixé.

On dit aussi, un *prix fait* ; pour signifier *un prix certain*, qu'on ne veut ni augmenter, ni baisser.

On appelle *comptes faits*, des livres d'arithmétique donnés au public par les sieurs Barrême pere & fils ; où sans avoir besoin de faire aucune opération, on trouve toutes sortes de calculs, depuis les plus petits nombres jusqu'aux plus grands.

FALLE, ou FOLLE. Petite monnoie qui a cours en Egypte ; il en faut huit pour un médin. Les Turcs l'appellent *mangour*. *Voyez* LA TABLE DES MONNOIES.

FALOURDE. Gros fagot lié par les deux bouts, fait de perches coupées, où de menus rondins de bois flotté. On en fait aussi des hares & rouettes qui attachent & lient les perches des trains.

Toutes ces *falourdes* doivent avoir trois pieds & demi de long, & vingt-six pouces de tour. Cinquante font la voie. Elles servent aux boulangers & pâtissiers pour chauffer le four.

Les regratiers en font le détail & les vendent à la piéce aux pauvres gens, qui n'ont pas le moyen de faire provision de bois de chauffage.

FAMIS. On appelle à Smyrne *draps d'or famis*, une des sortes d'étoffes mêlées d'or qu'on y envoie d'Europe. Il paye à la douane de cette ville les droits d'entrée à raison de cinq aspres le pic.

FANAL. (*Terme de marine*.) C'est un feu allumé sur le haut d'une tour élevée sur la côte, ou à l'entrée des ports & des rivières, pour éclairer & guider pendant la nuit les vaisseaux dans leur route ; & on l'appelle communément *phare*. La tour de Cordouan sur la rivière de Bordeaux, est un *fanal* fort utile à ceux qui navigent en ces quartiers-là. Le *phare* ou *fanal* de Gênes est fort connu dans la Méditerranée. Le *phare* ou *pharos* d'Alexandrie bâti par Ptolomée Philadelphe, étoit autrefois si fameux, qu'il a donné son nom à tous les

autres. Mais sur-tout le fameux colosse de l'isle de Rhodes étoit autrefois le plus célèbre *phare* du monde. Qu'il me soit permis d'ajouter ici un petit mot touchant ce colosse, pour satisfaire la curiosité de ceux des lecteurs qui ne sont pas au fait de ce monstre inanimé. Ce colosse ou pharos, étoit une statue gigantesque d'Apollon, d'une grandeur si énorme qu'elle avoit cent vingt-six pieds de haut, & tout le reste à proportion ; de sorte que les vaisseaux passoient entre ses jambes à voiles déployées. Cette statue étoit placée au port de Rhodes en l'honneur du soleil, & regardée comme une des sept merveilles du monde. On dit que peu de personnes pouvoient embrasser son pouce. C'étoit l'ouvrage de Charés, disciple de Lysippe fameux sculpteur, qui y a employé douze ans de travail. Ce colosse a resté sur pied l'espace de 1,360 ans ; après quoi ayant été renversé par un tremblement de terre, il a resté fort long-temps en cet état couché à terre, jusqu'à ce que les Sarrasins étant devenus maîtres de l'isle, ils l'ont vendu à un juif qui en a chargé de cuivre, neuf cent chameaux.

FANAL. Est aussi un feu allumé dans une grosse lanterne qui est mise sur le plus haut de la poupe du vaisseau, pour faire signal, & pour marquer la route aux vaisseaux qui suivent, quand on va de flotte & de conserve. L'amiral porte trois fanaux afin de se faire suivre. Le vice-amiral deux ; les autres vaisseaux de guerre un. Quand on dit simplement *fanal*, cela s'entend du grand *fanal* de poupe. Les *phares* ou *fanaux* de terre sont d'un grand entretien, tant à cause des gages qu'on donne à celui qui en a soin, que de la grande quantité de bois & de charbon qui s'y consume ; & ordinairement tous les vaisseaux entrans au port, y contribuent par un certain droit.

FANEGOS. *Mesure* de grains, dont on se sert en Portugal. Quinze *fanegos* font le muid. Quatre alquieris font le *fanegos*. Quatre muids de Lisbonne font le last d'Amsterdam. *Voyez* LA TABLE DES MESURES.

FANEQUE. *Mesure* de grains, dont on se sert dans quelques villes d'Espagne, comme à Cadix, S. Sébastien & Bilbao. Il faut vingt-trois à vingt-quatre *faneques* de S. Sébastien, pour le tonneau de Nantes, de la Rochelle & d'Avray, c'est-à-dire, pour neuf septiers & demi de Paris.

La mesure de Bilbao étant un peu plus grande, vingt à vingt-une *faneques* suffisent pour un tonneau de Nantes, Avray & la Rochelle.

Cinquante *faneques* de Cadix & de Séville, font le last d'Amsterdam ; chaque *faneque* pese 93 $\frac{1}{4}$ livres de Marseille. Quatre chays font la *faneque*, & douze anegras le catus.

FANO, *Petit poids* dont on se sert à Goa, & dans quelques autres lieux des Indes orientales, pour peser les rubis. Il est de deux carats de Venise. *Voyez* LA TABLE DES POIDS.

FANON, ou FANOS. *Monnoie* de la côte de

Malabar. Le *fanon* eſt une pièce d'or extraordinai-rement petite. *Voyez* LA TABLE DES MONNOIES.

FANON. C'eſt auſſi une des ſortes de marchandiſes que l'on tire de la baleine.

FANOS ou FANON. *Monnoie des Indes*, qui s'y fabrique & qui y a cours en divers endroits, particulièrement le long de la côte de Coromandel, depuis le cap de Comorin juſques vers le Bengale.

Les *fanos* ont pareillement cours dans l'iſle de Ceylan; mais il ne s'y en fabrique pas.

Il y a des *fanos* d'or & des *fanos* d'argent.

Les *fanos* d'or ne ſont pas tous ni du même poids ni du même titre, ce qui fait une grande différence pour leur valeur. Les *fanos* du Pégu tiennent le milieu : ils pèſent de même que ceux d'Aſem ſept grains; mais l'or en eſt à plus haut titre.

Il y a auſſi des *fanons* d'or, qui ont cours à Pondichéry, principal comptoir des François. Ils ſont faits à-peu-près comme la moitié d'un pois, & pas plus gros. On donne quatorze douces pour ce *fanon*, & deux caches pour un doudou. *Voyez* LA TABLE DES MONNOIES.

FANTI. On nomme ainſi à Veniſe, les *clercs* ou *facteurs* du collège de commerce. Ce ſont eux par qui les marchands font faire les protêts des lettres & billets de change.

FARAIS. On nomme ainſi au baſtion de France, les *filets* & quelquefois les *ficelles*, dont les corail-leurs font les filets propres à la pêche du corail. Ils ſont différens des filets qu'on appelle *herbages*, qui ſont les plus vieux des *farais* qu'on défait, & qu'on réduit en vieux chanvres, pour mettre aux chevrons, qui ſervent à tirer le corail du fond de la mer.

FARATELLE. *Poids* dont on ſe ſert dans quel-ques lieux du continent des grandes Indes. Il eſt égal à deux livres de Liſbonne, où la livre eſt de quatorze onces; poids de marc, ce qui revient à une livre trois quarts de Paris.

FARDER. Employer de l'artifice, pour faire paroître une choſe plus belle qu'elle n'eſt. On dit, *farder* ſa marchandiſe, pour dire, n'en faire paroî-tre que le plus beau. Les ſtatuts des tonneliers or-donnent que l'oſier fendu ſera loyal & marchand, ſans qu'il ſoit pourri, heudri ni *fardé* de pire oſier dedans les molles que par dehors.

FARDIN. *Voyez* FARTHING.

FARDOS. *Monnoie* d'argent qui a cours à Bantam.

Le *fardos* eſt auſſi une *monnoie* de compte. *Voyez* LA TABLE DES MONNOIES.

FARGOT. *Terme Flamand*, particulièrement en uſage du côté de Lille. Il ſignifie *un ballot* ou *petite balle de marchandiſes*, du poids de cent cinquante à cent ſoixante livres. Il faut deux *fargots* pour la charge d'un mulet ou d'un cheval de bât. Je vous envoie quatre *fargots* de camelots, pour faire paſſer en Eſpagne par Bayonne.

Quelques Flamands diſent auſſi *frangotte*, qui a la même ſignification.

FARINE. Grain moulu & réduit en poudre, dont avec un bluteau on a ſéparé le ſon. On fait auſſi des *farines* de légumes ſecs.

Les *farines* propres à faire du pain, ſont celles du froment, du méteil, du ſeigle, du ſaraſin & du maïs.

La *farine* d'avoine s'appelle *gruau*, & ſert à faire des boiſſons & des bouillies rafraîchiſſantes.

Les gantiers & parfumeurs emploient la *farine* de fèves, de haricots, dans les poudres qu'ils font pour deſſécher les cheveux.

Les *farines* de froment, de ſeigle ou de méteil, ont différens dégrés de bonté & différens noms, ſuivant les diverſes diviſions du bluteau par où on les paſſe.

La plus belle eſt celle qu'on appelle *de premiers gruaux*; enſuite eſt celle qu'on nomme *la farine blanche*, ou *blanc bourgeois*, après viennent les gruaux bis.

FOLLE FARINE. Le plus léger de la *farine*, que le vent enlève & qui s'attache au parois du moulin. On ſe ſert de cette *folle farine* pour faire de l'ami-don. *Voyez* AMIDON.

FARINIER, FARINIERE. Marchand & mar-chande de *farine*.

FARTHING ou FARDIN. Petite *monnoie* de cuivre qui ſe fabrique en Angleterre. Il y en a de quatruples, de doubles & de ſimples. Quatre *far-things* ſimples font un peny ou ſol d'Angleterre.

Les *farthings* ſont commodes & même néceſſaires; mais ils n'ont pourtant cours que dans de fort petits paiemens, & l'on ne peut obliger perſonne à en re-cevoir autrement.

FATOM. *Meſure* dont on ſe ſert en Moſcovie, qui contient ſept pieds d'Angleterre, & environ la dixiéme partie d'un pouce, ce qui revient, meſure de France, à ſix pieds ſept pouces & quelques lignes, le pied d'Angleterre n'étant que d'onze pou-ces quatre lignes & demie de roi. *Voyez* LA TABLE DES MESURES.

FAUCILLE. *Inſtrument de fer* fait en croiſſant, avec un petit manche de bois, qui ſert à faire la moiſſon du bled, de l'orge, & autres ſemblables grains.

Les *faucilles* ſont du nombre des ouvrages des taillandiers, & font partie du négoce des quincail-liers. Il s'en fabrique quelques-unes aux environs de Paris; mais la plus grande quantité vient de Forez, de Champagne, & de quelques autres provinces du royaume. On en tire auſſi des pays étrangers.

FAUDÉE. *Pliage des étoffes de laine.* On dit auſſi *fauder & faudage.*

FAUDÉE. Une étoffe *faudée*, eſt une étoffe pliée & marquée de ſoie de couleur, ſuivant les régle-mens. *Voyez comme deſſus.*

FAUDER UNE ÉTOFFE. C'eſt *plier une étoffe* en double dans ſa longueur, enſorte que les deux liſières ſe touchent; ce que l'on fait avant que

de la plier en plis quarrés·fur un métier , qu'on appelle *plioir*.

FAUDER. C'eſt auſſi *marquer avec de la ſoie
une étoffe* , après qu'elle a été courroyée.

L'article 202 du réglement de 1666 , pour la
ſayetterie d'Amiens , ordonne : que chaque maître
courroyeur de ladite ſayetterie , ſera tenu de *fauder*
& marquer les pièces qu'il aura courroyées , d'un
fil de ſoie qui lui ſoit propre , & de la couleur
qu'il aura choiſie.

FAULX ou FAUX, qu'on nomme auſſi VOL-
LANT. Inſtrument de fer à long manche , avec
lequel on coupe l'herbe des prés , les avoines , les
bleds ſaraſins , & quelques autres grains.

Les taillandiers font & vendent les *faulx* à
faucher ; mais ils font auſſi partie du négoce des
quincailliers.

«Les *faulx* , *vollans* & *faucilles* , de toutes
» ſortes , paient·en France les droits de ſortie , à
» raiſon de 30 ſ. le cent peſant.

» A l'égard des droits de douane de Lyon , ils ſe
» payent ; ſçavoir , pour les *faux* , ou *vollans* ,
» tant d'ancienne que de nouvelle réapréciation ,
» 14 ſols du quintal ; & pour les *faucilles* , ſi elles
» ſont du pays , 13 ſ. du cent en nombre ; & ſi
» elles ſont de celles qui s'appellent *des dailles* ,
» 33 ſ. avec les ſols pour livre. »

FAUSSE-MONNOIE. *Monnoie* qui n'eſt pas
au titre des ordonnances , ou qui eſt fabriquée par
d'autres que les officiers commis à cet effet.

FAUX. Ce qui n'eſt pas véritable , qui eſt altéré,
qui eſt imaginé pour tromper & pour ſurprendre,
en diminuant le prix ou la quantité de quelque choſe.
Un *faux poids* , une *fauſſe meſure* , un *faux-
aunage*, &c. *faux or*, *faux-argent*, *fauſſe-monnoie*.

FAUX-DIAMANT, Diamant contrefait avec du
verre. On le dit auſſi de toutes les autres pierreries
factices.

« Les *fauſſes pierres* payent en France les droits
» de ſortie , comme mercerie , c'eſt-à-dire , 3 l. du
» cent peſant , conformément au tarif de 1664 ; &
» ſeulement 2 l. ſi elles ſont deſtinées pour les pays
» étrangers , ſuivant l'arrêt du 3 juillet 1692. »

FAUX-JOUR. Lumière , clarté ſombre & obli-
que , qui donne une autre couleur aux choſes , ou
qui peut en cacher les défauts.

La plupart des marchands ſe procurent des *faux-
jours* , qui puiſſent être favorables à leurs étoffes.
Pour cela ils couvrent les fenêtres de leurs magaſins , ou le haut de leurs boutiques , de machines
de bois , qui ſe hauſſent ou ſe baiſſent à leur
gré , ſuivant qu'ils ont beſoin de plus ou de moins
de lumière , pour faire valoir leurs marchandiſes.

Ces machines s'appellent *abbatans* , parce qu'elles s'abbatent à la volonté du maître ; & *abbat-jour*,
parce qu'elles abbatent & diminuent le jour.

On n'a que faire d'ajouter que les *faux-jours*
ſont avantageux au vendeur , & très-déſavantageux
à l'acheteur : l'uſage que les marchands en ont introduit , eſt une preuve de l'un & de l'autre.

FAUX-PLI. C'eſt un *pli* dans une étoffe , qui
n'eſt pas où il doit être , & qui en diminue la beauté.

L'habileté d'un marchand , ſur-tout dans le détail,
eſt de bien reprendre les mêmes plis des étoffes
qu'il a dépliées , pour en faire la montre ; n'y ayant
rien qui les gâte tant , & qui les mette plus hors
de vente , que quand elles ont pris de *faux-plis*.

FAUX-TEINT, ou FAUSSES-TEINTURES.
Ce ſont les *teintures* qui ſe font avec des drogues
défendues , qui falſifient les couleurs , durciſſent &
dégradent les étoffes.

Les réglemens pour les teinturiers , tant du grand
que du petit teint , marquent quelles ſont les bonnes & mauvaiſes drogues. On en traite amplement
en d'autres articles de ce Dictionnaire.

FAVEUR. Grace que l'on accorde à quelqu'un.

On appelle , *en termes de commerce* , jours *de
faveur* , les dix jours que l'ordonnance accorde
aux marchands , banquiers & négocians , après l'é-
chéance de leurs lettres & billets de change , pour
les faire proteſter.

Ces dix jours ſont appellés *de faveur* , parce que
proprement , il ne dépend que des porteurs de
lettres de les faire proteſter dès le lendemain de
l'échéance , & que c'eſt une *faveur* qu'ils font à ceux
ſur qui elles ſont tirées , d'en différer le protêt juſqu'à la fin de ces dix jours.

Le porteur ne peut néanmoins différer de les faire
proteſter , faute de paiement , au-delà du dixième
jour , ſans courir riſque que la lettre ne demeure
pour ſon compte particulier.

Les dix jours *de faveur* ſe comptent du lendemain du jour de l'échéance des lettres , à la réſerve
de celles tirées ſur la ville de Lyon , payables en
paiemens , qui doivent être proteſtées dans les trois
jours après le paiement échu , ainſi qu'il eſt porté
par le neuvième article du réglement de la place des
changes de Lyon , du 2 juin 1667.

Les dimanches & fêtes , même les plus ſolemnel-
les , ſont compris dans les dix jours *de faveur* ; &
c'eſt ſur quoi les porteurs de lettres doivent être
attentifs , afin de prendre leurs meſures , & qu'une
piété mal entendue leur faiſant paſſer le temps du
protêt , les lettres ne leur reſtent à leurs propres
périls & fortunes. Le plus ſûr , & où la piété
trouve également ſon compte , c'eſt de les faire proteſter la veille des fêtes.

Il n'y a point le bénéfice des dix jours *de faveur* pour les lettres payables à vue : ſi-tôt qu'elles
ſont préſentées , elles doivent être payées , ou faute
de paiement , auſſi-tôt proteſtées. On peut avoir
recours pour cette matière importante dans le commerce des lettres & billets de change , au Parfait
Négociant , première partie , livre 3 , chapitre 6 ;
ou aux articles de ce Dictionnaire , où il en eſt
traité.

FAVEUR. Se dit auſſi dans le commerce , lorſqu'une marchandiſe n'ayant pas eu d'abord de débit,
& s'étant même donnée à perte , elle ſe remet en
vogue

F E C   F E O   121

vogue, ou redevient de mode par la suite. Ainsi l'on dit : les satins rayés, les taffetas à flammes ont repris *faveur* ; ils sont augmentés de vingt pour cent.

FAVEUR. S'entend encore du *crédit* que les actions des compagnies de commerce, ou leurs billets prennent dans le public ; ou, au contraire, du *discrédit* où ils tombent.

FAVEUR. On donne aussi ce nom à de *petits rubans* fort étroits. C'est la seconde sorte des rubans de soie qui se fabriquent à Lyon, & dans les rubanneries de Forez. Ils ont près de cinq lignes de largeur, c'est-à-dire, trois lignes plus que ce qu'on appelle *nompareille*.

FAY. On nomme ainsi à Bordeaux, ce qu'on nomme à Paris *une molle*, c'est-à-dire, un certain nombre de cerceaux ou cercles qu'on met en paquets suivant leur force & longueur.

C'est au *Fay* que se vendent les codres-feuillards, c'est-à-dire, les cercles à relier des pipes.

FAYALLE. *Monnoie de compte*, dont on se sert au Japon. *Voyez* LA TABLE DES MONNOIES.

FAYANCE, ou **FAYENCE.** Espèce de *poterie fine*, faite de terre vernissée, ou plutôt émaillée, dont l'invention est venue de *Fayance*, Ville d'Italie.

FAYANCIER. Celui qui fait ou qui vend des *fayances*.

Il y en a une communauté à Paris, sous le nom de *marchands verriers*, *maîtres couvreurs* de flacons & bouteilles en osier, fayance, &c. Ce sont ces marchands à qui l'on donne communément le nom de *fayanciers*.

FAYOLES. Sortes de petites fèves, que l'on appelle autrement *haricots*, ou *févroles*.

F E

FECES D'HUILE. On nomme ainsi la partie grossière & épaisse de l'huile, qui étant reposée, tombe au fond des barils & tonneaux. C'est proprement le sediment ou la lie de l'huile.

Les *feces d'huile* s'employent à différens usages. Il s'en consomme beaucoup dans la manufacture des savons, particulièrement pour ceux qui sont les plus communs ; & c'est pour cela qu'il s'en envoye quantité à Rouen.

Les courroyeurs s'en servent dans l'apprêt de leurs cuirs, pour les amollir, & les rendre plus doux.

Il en entre aussi quelque peu dans la fabrique des flambeaux communs, qui sont faits de poix résine, & l'on s'en sert encore à frotter & enduire les vis des pressoirs, ce qui tient lieu de savon noir ou de graisse.

Toutes sortes d'huiles produisent des *feces* ; mais celle de baleine en donne le plus : l'huile de noix au contraire est celle qui en fournit le moins.

Plus il y a de *feces*, dans une pièce d'huile, moins le marchand y trouve son compte ; les *feces* ne se vendant que très-peu, en comparaison de l'huile claire & bien purifiée.

Commerce. Tome II. Part. I.

FEILLETTE, FEUILLETTE, ou **FILLETTE.** Sorte de *tonneau* destiné à mettre du vin. Il signifie aussi *une petite mesure* de liqueurs. *Voyez* FEUILLETTE.

FELIN. Petit *poids* dont se servent les orfévres & les monnoyeurs, qui pése sept grains & un cinquième de grain. Les deux *felins* font la maille. Le marc est composé de six cent quarante *felins*.

FELLIN. Petite *étoffe* de laine.

FELOURS. *Monnoie de cuivre* qui se frappe à Maroc. C'est une espèce de gros double, comme ceux de France. Il en faut huit pour faire une blanquille, menue monnoie d'argent, qui se fabrique dans la même ville. *Voyez* LA TABLE DES MONNOIES.

FENDIS. Se dit d'une pierre d'ardoise, fendue en plusieurs parties, & prête à être taillée & équarrie. Une pierre en cet état est appellée une *pierre en fendis*.

FENIN. Petite *monnoie* de compte, qui est en usage pour tenir les livres à Naumbourg, ville épiscopale d'Allemagne. C'est aussi une espèce courante de cuivre. L'un & l'autre *fenins* valent deux deniers & demi de France. Il en faut douze pour le gros, & vingt-quatre gros pour la richedale, prise sur le pied de l'écu de France de soixante sols.

FENOUIL. *Semence* un peu longue & canelée, platte d'un côté & arrondie de l'autre, d'un goût douceâtre & un peu sucré, qui a quelque rapport à celui de l'anis.

Le *fenouil* fait partie du négoce des marchands épiciers-droguistes, confiseurs & apothicaires. Ils le tirent presque tous de Languedoc, des environs de Montpellier, où il s'en recueille une très-grande quantité.

Les bonnes qualités du *fenouil* sont d'être nouveau, tirant sur le verd, longuet, bien nourri, d'un goût doux & sucré, ayant l'odeur agréable, & surtout qu'il ne soit point mélangé de poussière, de menues bûchettes, ou d'autres corps étrangers à quoi il se trouve très-sujet.

Il y a une autre sorte de semence, que l'on nomme *fenouil sauvage* ; mais elle entre peu dans le commerce des marchands du corps de l'épicerie ; non plus qu'une autre espèce de *fenouil*, que l'on appelle *fenouil marin*, autrement *bacille*, ou *creta-marina*. Cette dernière sorte de *fenouil* est proprement ce qu'on appelle de la *passepierre*, qui se confit dans le vinaigre, soit toute seule, soit avec des cornichons, ou petits concombres.

« Le *fenouil* paie en France les droits d'entrée » à raison de 25 sols le cent pesant, conformé- » ment au tarif de 1664.

» A l'égard des droits de la douane de Lyon, ils » sont de 10 sols le quintal pour l'ancienne & nou- » velle appréciation : & encore 16 sols pour les » anciens & nouveaux quatre pour cent, & les sols » pour livre ».

FENOUILLETTE. Nom que l'on donne à cette espèce d'*eau-de-vie*, qui se fait avec la graine ou semence de *fenouil*.

Q

FEODER. *Mesure* des liquides, dont on se sert en Allemagne. Le *feoder* est estimé la charge d'une charette tirée par deux chevaux. Deux *feoders* & demi font le roder ; six ames, le *feoder* ; vingt sertels l'ame ; & quatre massems ou masses, le sertel; en sorte que le roder contient 1200 masses, le *feoder* 480, l'ame 80, & le sertel 41.

Quoique le *feoder* soit comme la mesure commune d'Allemagne, ses divisions ou diminutions ne sont pas pourtant les mêmes par-tout ; & l'on peut presque dire, qu'il n'y a que le nom qui soit semblable.

A Nuremberg, le *feoder* est de 12 heemers, & le heemer de 64 masses, ce qui fait 768 masses au *feoder*.

A Vienne, le *feoder* est de 32 heemers; le heemer de 32 achtelings ; & l'achteling de 4 seiltens. L'ame y est de 80 masses; le sertel, qu'on nomme aussi *schreve*, de quatre masses ; & le driclinck, mesure qui est propre à cette capitale d'Autriche, de 24 heemers.

A Ausbourg, le *feoder* est de 8 jés, & le jé de 2 muids, ou 12 besons, le beson de 8 masses; ce qui fait 768 masses au *feoder*, comme à celui de Nuremberg.

A Heidelberg, le *feoder* est de 10 ames, l'ame de 12 vertels, & le vertel de 4 masses : ainsi le *feoder* n'est que de 480 masses.

Dans le Wirtemberg, le *feoder* est de 6 ames, l'ame de 16 yunes, & l'yune de 10 masses, & par conséquent il y a 960 masses dans le *feoder*. *Voyez* LES TABLES.

FER. *Métal* dur & sec, difficile à fondre, mais ductile, & dont l'on forge presque tous les outils des artisans, pour couper & pour battre.

De tous les métaux, le *fer* est du plus grand usage pour les besoins & les commodités de la vie ; & l'or & l'argent, tout précieux qu'ils soient, ne lui sont point comparables à cet égard.

Il y a du *fer* de divers échantillons, qu'on distingue, ou par ses noms différens, ou par ses différentes longueurs & grosseurs.

Le *fer plat* a neuf pieds de long, quelquefois plus, & environ quatre lignes d'épaisseur, sur deux pouces & demi de large.

Le *fer* qu'on nomme *quarré*, a deux pouces en quarré, mais diverses longueurs. Le quarré bâtard a neuf pieds de long, & seize à dix-huit lignes en quarré.

Le *fer cornette* a huit à neuf pieds de long, trois pouces de large, & quatre à cinq lignes d'épaisseur.

Le *fer rond* a six à sept pieds de long, sur neuf lignes de diametre.

Le *carillon* est un petit *fer*, qui n'a que huit à neuf lignes en quarré.

Le *courçon*, ainsi nommé, parce qu'il est court, a deux pouces & demi en quarré, & seulement trois ou quatre pieds de long.

Le *petit fer en botte* qu'on emploie ordinairement pour faire les vergettes des vitrages, n'est guères plus gros que le petit doigt.

Il y a deux manières de connoître la bonne ou mauvaise qualité du *fer*, la casse & la forge.

A l'égard de la forge, tout *fer* qui est doux sous le marteau, est cassant à froid ; & au contraire, s'il est ferme, c'est signe qu'il sera pliant.

Pour ce qui est de la casse, le détail en est plus grand.

Le *fer* qui en le cassant est noir dans la cassure, est bon, doux & maniable, à froid & à la lime ; mais il est ordinairement cendreux.

Celui dont la cassure paroît grise-noire, & tirant sur le blanc, est plus dur, & par conséquent plus propre aux gros ouvrages, comme sont ceux des maréchaux & taillandiers.

Le *fer*, dont le grain est raisonnablement gros, & dont une partie de la cassure est blanche, l'autre grise, & l'autre noire, est également bon pour la forge & pour la lime.

Le grain très-gros & clair à la casse, comme l'étain de glace, est également difficile à employer à la lime & à la forge, & est le moindre de tous.

Enfin, le grain petit & serré, comme celui de l'acier, est ployant à froid ; mais il se lime & se soude mal : il est pourtant propre aux outils pour travailler à la terre.

Une gueuse de *fer* est le gros lingot qui sort de la forge. C'est avec les gueuses, quand elles ont passé à la chaufferie, qu'on fabrique tous les différens échantillons de *fer*, dont on a parlé ci-dessus.

La *tôle* est un *fer* applati de plusieurs épaisseurs & largeurs.

Le *fil-de-fer*, qu'on appelle aussi *fil d'archal*, ou de *richard*, est du *fer* passé & tiré à travers d'une espèce de filière.

Le meilleur *fer* est celui où l'on ne remarque ni fentes ni gersures.

On appelle *fer rouverain*, celui qui est cassant à chaud : *fer aigre*, celui qui se casse aisément à froid : *fer cendreux*, celui qui devient difficilement clair à la lime : *fer pailleux*, celui qui lorsqu'on le bat, ou qu'on le ploie, se partage en diverses pailles.

La plupart du fer qui se consomme en France, vient des mines du royaume, quoiqu'on en tire aussi d'Espagne, de Suède & d'Allemagne. Les étrangers enlèvent en récompense beaucoup de nos *fers*.

Les *fers* de Suède & d'Allemagne sont pour la plupart meilleurs & plus ployans que ceux de France ; mais les *fers* d'Espagne sont presque tous rouverains & mêlés de grains d'acier, qui sont fâcheux sous la lime.

« Le *fer* de toutes sortes, ouvré ou non ouvré, » paie en France les droits d'entrée, à raison d'une » livre 10 sols du cent pesant, conformément à » l'arrêt du 25 novembre 1687.

» A l'égard des droits de sortie, ils avoient été » réglés sur le pied de 20 liv. le millier pesant, par

» arrêt du conseil d'état du 2 avril 1701 ; ce qui » revenoit à 40 fols le quintal , au lieu de 8 fols , » fixés par le tarif de 1664 ; mais par un arrêt fub- » féquent du 5 novembre 1718 , ils ont été réduits » fur l'ancien pied , & le *fer* ne paie plus que 8 » fols du cent pefant , foit qu'il foit ouvré ou non » ouvré , vieil ou neuf , avec les fols pour livre ».

-FER EN FEUILLE. C'eft de la *tôle* extrêmement battue par le moyen de petits marteles , & réduite en feuilles très-minces & grandes environ d'un pied en quarré , un peu plus longues que larges. Ce *fer* eft de deux fortes, le noir & le blanc, qui ne dif- fèrent pourtant que par la couleur.

Les feuilles de *fer-blanc* font ou doubles ou fim- ples, c'eft-à-dire, qu'il y en a de plus fortes & de plus foibles. Les foibles font emploiées par les fer- reurs d'aiguillettes & autres ouvriers ; les autres par les ferblantiers, qui en font des lanternes, des lampes, des râpes à fucre & à tabac ; de la vaif- felle d'armée, comme plats, baffins, affiettes, &c. Il s'en confomme quantité dans les armemens de mer.

Il vient beaucoup de *fer noir* & *blanc* d'Alle- magne, particulièrement de Nüremberg & de Ham- bourg. Il eft prefque toujours dans de petits barils de fapin , qui font ordinairement de 300 feuilles de *fer noir*, & de 450 feuilles de *blanc*. Les navires *Suédois* en apportent quantité par le port de Rouen.

Toutes ces fortes de *fer* fe vendent par les mar- chands de *fer*, qui font du corps de la mercerie, & qui s'appliquent particulièrement à ce négoce.

« Le *fer en feuilles*, foit blanc, foit noir, » paie en France les droits d'entrée, fuivant fa qua- » lité ; fçavoir, les feuilles de *fer-blanc* doubles, » 20 liv. le baril de 450 feuilles, & les fimples, » 10 liv. conformément à l'arrêt du 3 juillet 1692; » les feuilles de *fer noir* doubles, 7 liv. 10 fols, & » les fimples, 3 liv. 15 fols, fuivant le tarif de 1664.

» A l'égard des droits de fortie , les feuilles de » *fer-blanc* & *noir* fimples, paient 12 fols du cent » en nombre, & les doubles à proportion, avec les » nouveaux fols pour livre ».

FERANDINE ou FERRANDINE, qu'on nomme auffi BURAIL. *Etoffe légère*, dont toute la chaîne eft de foie, mais qui n'eft tramée que de laine, ou même de poil, de fil ou de coton. C'eft une efpèce de petite moire ou de poux de foie.

Les *ferandines*, fuivant le réglement de 1667, ne peuvent être que de quatre largeurs, qui font, un quartier & demi, une demi-aune moins un feize, une demi-aune entière, & une demi-aune un feize, qui ne peuvent être augmentées ou diminuées au plus que de deux dents de peigne, c'eft-à-dire, de l'épaiffeur d'un tefton, ou pièce de 15 fols. La foie qu'on y employe doit être, ou toute foie crue, ou toute foie cuite, fans mélange de l'une avec l'autre, à peine de 60 liv. d'amende.

La longueur des pièces des *ferandines* eft de foixante à foixante-dix aunes.

FERANDINIER. *Marchand manufacturier*, qui fait & fait fabriquer, & vend de la ferandine.

Les trois réglemens pour les manufactures de foie, donnés en 1667 pour les villes de Paris, Lyon & Tours, ne mettent aucune différence entre les *ferandiniers* & les autres ouvriers en draps d'or, d'argent & de foie. Il y a cependant à Paris une communauté de *maîtres ferandiniers-gaziers*, qui femblent faire un corps à part, & qui pourfuit des ftatuts particuliers, fous le nom de *marchands fabricans*.

Ils font comme divifés en deux claffes : dans la première font ceux qui retiennent le nom de *feran- diniers*, & qui ne font que des ferandines & des grifettes, ou autres légères étoffes mêlées de foie, de laine, de fil, de poil & de coton ; & dans l'autre font les gaziers ou gazetiers, qui ne fabriquent que des gazes.

FERBLANTIER. Ouvrier qui travaille à divers ouvrages de fer blanc, comme plats, affiettes, lampes, lanternes, &c.

La véritable qualité des *ferblantiers* eft taillan- diers ouvriers en fer blanc & noir. Ils font de la communauté des taillandiers.

FERE, (la) du département de l'infpecteur des manufactures de Reims. L'on y fait quantité de toiles de lin & de chanvre.

FERMER UN COMPTE. Signifie la même chofe que *folder un compte*.

FERMER UNE ÉTOFFE, *en termes de manufac- ture*. C'eft la bien clore, la bien frapper fur le métier. On dit en ce fens, ce drap eft bien *fermé*, pour dire qu'il n'eft point lâche, qu'il eft bien fabri- qué, bien frappé.

FERMER LES PORTS, ou comme on dit dans quelques endroits, METTRE UN EMBARGO. C'eft empêcher qu'il n'entre ou qu'il ne forte aucun bâtiment dans les *ports* d'un état.

On *ferme* les ports de deux manières, ou par une défenfe générale, qui regarde tous les navires ; ce que font fouvent les Anglois, quand ils veulent tenir quelque entreprife ou quelque nouvelle fecrete, ou par une défenfe particulière, qui n'eft que pour les bâtimens marchands, pour obliger les matelots qui fervent deffus, de prendre parti fur les navires de guerre, quand on a de la peine à en former les équipages. Cette dernière défenfe eft très-préju- diciable au commerce, & ne doit avoir lieu que dans les occafions importantes, & d'où peut dépen- dre le falut de l'état.

FERMER. On dit, *en termes de commerce*, qu'un marchand a *fermé* fa boutique, lorfqu'il a quitté le trafic, ou qu'il a fait banqueroute.

On dit auffi, que les bourfes font *fermées*, pour fignifier *que l'argent eft rare*, & qu'on en trouve difficilement à emprunter.

FERMES. On appelle en France les *cinq groffes fermes*, les principales *fermes* d'entrée & de fortie pour lefquelles il y a des tarifs particuliers, comme la douane de Paris, la douane de Lyon, celle de Valence, la comptablie & convoi de Bordeaux, &c.

auxquelles néanmoins on a depuis ajouté quantité d'autres droits.

FERNAMBOUC. Nom qu'on donne au bois de Bresil, qui vient de *Fernambouc*, ville de la province de Bresil, dans la partie de l'Amérique qui appartient aux Portugais.

FERRAILLE. *Vieux fers* inutiles & rouillés.

Les chauderonniers appellent aussi *ferraille*, les fers qui servent à monter les réchaux de tôle, comme sont les pieds, la grille & la fourchette.

FERRAILLEUR. Celui qui ramasse des vieux fers, & qui en fait négoce.

FERRAND. On appelle à Paris *maréchal ferrand*, celui qui ferre & qui panse les chevaux ; ce qui le distingue en quelque sorte des maréchaux de gros ouvrages, qui, quoique de la même communauté, semblent faire un métier à part. Ce sont ces derniers qui ferrent les roues de carosses & de charrettes, & qui font tous les ferremens de charrues.

FERRÉE. Étoffe *ferrée*, est celle qui est plombée & marquée d'un coin d'acier.

FERREMENS. Il se dit en général de toutes sortes d'*outils de fer*.

FERRONNERIE. Ouvrage de *ferronnerie*. Ce terme comprend tous les menus ouvrages de fer, que les cloutiers & autres ouvriers qui travaillent en fer, ont droit de forger & fabriquer en vertu de leurs statuts & lettres-patentes. On appelle aussi *ferronnerie*, le lieu où l'on fait & où l'on vend de ces sortes d'ouvrages.

FERTEL ou SCHREVE. *Mesure* d'Allemagne pour les liquides. Le *fertel* est de quatre masses ; & il faut vingt *fertels* pour une ame. Le *fertel* se nomme *vertel* à Heidelberg. *Voyez* la TABLE DES POIDS & MESURES.

FERTEL ou FERTELLE. *Mesure* de grains, qui contient le quart d'un boisseau. Elle n'est guères en usage que dans le pays de Brabant.

On se sert aussi du *fertel* au Fort-Louis du Rhin pour mesurer les grains, quelques-uns l'appellent *sac*.

Le *fertel* ou *sac* de froment de cette ville, pèse 161 livres poids de marc, le méteil 156 & le seigle 150.

FETMENT. Petite *monnoie* de cuivre qui a cours dans quelques lieux d'Allemagne ; c'est la moitié de la petremenne, il vaut environ un demi albs ou demi-sol d'Allemagne, 12 *fetmens* font la demi-kopffstuck. *Voyez* la TABLE DES MONNOIES.

FEU. Les serruriers & quincailliers appellent un *feu*, l'assemblage de tous les ustensiles de fer, qui servent à entretenir & attiser le *feu* d'une cheminée, comme la grille, la pelle, les tenailles, les pincettes, &c.

FEU. Faire une adjudication à l'extinction des *feux*, c'est adjuger la chose qu'on met à l'enchère à celui qui fait son offre dans le moment qu'une petite bougie allumée cesse de brûler.

Les fermes du roi & les ventes de ses bois &

forêts, se font ordinairement de cette sorte. La coutume est de donner trois *feux*, c'est d'allumer successivement trois bougies ; c'est ordinairement au troisième *feu* que les enchérisseurs font leur véritable enchère, les autres n'étant pour ainsi dire que ballotage.

L'ordonnance de 1669 sur le fait des eaux & forêts, veut que toutes les ventes, même celles des chablis & menus marchés, soient adjugées à l'extinction des *feux*.

FEUILLE D'INDE, que les épiciers-droguistes appellent *folium indicum* ou *indum*. Espèce de drogue dont l'odeur approche de celle de la canelle.

FEUILLE ORIENTALE. C'est un des noms que quelques droguistes & botanistes donnent au *séné*, cette plante médicinale si connue, & qui est un si excellent purgatif.

FEUILLE. Se dit chez les messagers & fermiers des carosses & coches publics, de l'*extrait* ou *duplicata* de leurs registres, que portent avec eux leurs cochers, chartiers & voituriers, & qui leur tient lieu de lettres de voiture. On les appelle *feuilles*, parce que ces extraits sont écrits sur des feuilles volantes de papier. Elles doivent être toutes conformes aux registres, & porter la quantité, poids & qualité des marchandises & personnes, qui sont voiturées par ces commodités publiques. C'est ordinairement sur ces *feuilles*, que ceux à qui les ballots, marchandises & denrées sont adressés, mettent leur décharge au bas des articles qui les concernent, ce qui s'appelle *décharger la feuille*.

FEUILLE. Se dit aussi de divers *métaux*, qui sont réduits avec le marteau en lames très-plattes, & quelquefois si minces & si légères, que le moindre souffle les peut enlever. Dans ce sens il y a de l'or, de l'argent, du cuivre & de l'étain en *feuilles*, que frappent & fabriquent les batteurs d'or, en les battant à froid sur une enclume, entre des morceaux de vessie de cochon, qui, en termes de l'art, se nomment *beautruche*.

FEUILLE DE FER BLANC. C'est du fer réduit en *feuille*, & blanchi avec l'étain. *Feuille* de fer noir, c'est le même fer qui n'a point été étamé. On l'appelle aussi *de la tôle*, quand on lui a laissé une certaine épaisseur.

FEUILLE DE LÉTON. C'est du cuivre bien battu & réduit en *feuilles* très-minces.

FEUILLE. Se dit aussi de ces *menues pièces* de bois précieux, & de diverses couleurs, que les ébénistes ou menuisiers de placage, ont réduites en lames d'environ une ligne d'épaisseur avec la scie à refendre.

FEUILLE. Les vignerons, cabaretiers & marchands de vin, distinguent & marquent l'âge des vins par le mot de *feuille* ; chaque *feuille* désignant une année. Ainsi l'on dit, du vin de deux, de trois & de quatre *feuilles*, pour dire du vin de deux, de trois & quatre années.

FEUILLET. Partie d'une feuille pliée en deux. L'ordonnance de 1673, art. 3 & 4 du titre 3, veut que les livres des négocians & marchands, aussi-bien que ceux des agens de change & de banque, soient cotés, signés & paraphés; les uns sur les premier & dernier *feuillets*, & les autres sur tous les *feuillets*, par les consuls & maires des villes, s'il n'y a point de jurisdiction consulaire : & de plus, qu'à ceux des agens de banque, il sera fait mention au premier *feuillet* du nom de celui qui s'en doit servir, de la qualité du livre, & si c'est le premier ou second; cet article est tombé en désuétude.

FEUILLETTE, que l'on écrit aussi FEILLETTE, & que quelques-uns appellent FILLETTE. Sorte de *futaille* ou *moyen tonneau*, servant à mettre du vin ou d'autres liqueurs. La *feuillette* est la moitié du muid de Paris : aussi lui donne-t-on le plus souvent le nom de *demi-muid*. Ce terme est particulièrement en usage en Bourgogne.

En quelques provinces de France, singulièrement du côté de Lyon, la *feuillette* est aussi une petite mesure à liqueur, qui revient à une chopine ou moitié de la pinte de Paris.

FEVROLES. Espèces de *féves* très-petites, que l'on nomme aussi *haricots* ou *fayoles*.

FEUTRAGE. Action par laquelle on *feutre*. Il se dit dans les manufactures de lainage, de la préparation du *feutre*, sur lequel on régle le mêlange des laines pour les draps qui ne vont point à la teinture.

FEUTRAGE. Se dit aussi, *en termes de chapelier*, de la façon que l'on donne aux capades, en les marchant & feutrant avec la main.

FEUTRAITTE. *Droit* que l'on paie aux seigneurs en quelques endroits de France, pour avoir permission de tirer sur leurs terres, la mine de fer, qui sert à entretenir les fourneaux des forges & fonderies.

FEUTRE. Sorte d'*étoffe* de laine toute seule, ou de laine & de poil, qui n'a ni filure, ni croisure, ni tissure, & qui ne prend de consistance qu'à force d'être maniée, & foulée avec de la lie & de la colle, & ensuite façonnée sur un bassin à l'aide de l'eau du feu.

Les poils de castor, d'autruche, de chameau, de lapin, & les laines de vigogne, d'agnelins ou petits moutons, & la soie, sont les matières les plus ordinaires qui entrent dans la composition du *feutre*; & les chapeaux de toutes sortes sont les ouvrages les plus communs, où les *feutres* qui sont faits de ces matières soient employés.

On fait pourtant des souliers & des chaussons de *feutre*; mais le commerce en est peu considérable en comparaison de celui des chapeaux.

Quand le *feutre* destiné aux chapeaux, est entièrement foulé & préparé, on le réduit dans un seul morceau, de la figure à-peu-près d'un grand entonnoir, ou d'une chausse à hypocras; & pour lors il est propre à être mis en forme, & de devenir chapeau, qui est le nom le plus usité qu'il prend en perdant le sien. En de certains cas néanmoins le

chapeau conserve encore le nom de *feutre*, mais toujours par dérision; comme quand les bords en sont trop étendus, on l'appelle *un grand feutre*; ou quand il a servi long-temps, *un vieux feutre*.

FI

FIASQUE, en Italien *fiasco*. *Mesure des liqueurs*, dont on se sert dans quelques villes d'Italie. Elle revient à-peu-près à la bouteille ou pinte de Paris. A Florence, vingt *fiasques* font le baril; & soixante *fiasques*, le star ou staro.

FICELLE, que l'on écrit quelquefois FISCELLE, FISSELLE, ou FISELE. Petite corde fort déliée, composée de deux ou trois menus brins de fil de chanvre, cablés ou tortillés ensemble.

La *ficelle* se vend par pelottes, ou par paquets, en forme de gros écheveaux de fil. Ses bonnes qualités sont d'être bien séche, bien blanche, & filée comme il faut, c'est-à-dire, bien cablée & bien unie; sur-tout que les pelottes soient aussi belles dedans que dehors; les cordiers qui la fabriquent étant très sujets à tromper là-dessus.

La *ficelle* se vend au poids, quelquefois pourtant à la brasse & à la toise, mais rarement & seulement dans le plus petit détail.

FICELER. *Lier* un paquet de marchandise, ou autre chose, avec de la ficelle.

FICELER. On dit, *en termes de douane*, qu'un ballot, une balle ou une caisse de marchandises, a été *ficellé* & plombé; pour signifier, *que l'on a passé un morceau de ficelle* autour du nœud de la corde de l'emballage, au bout de laquelle les visiteurs ont mis le plomb du bureau.

On *ficelle* les ballots, pour empêcher qu'ils ne soient ouverts ou visités en chemin dans les autres bureaux de la route, par où ils doivent passer, & aussi afin qu'on ne puisse en tirer des marchandises & en substituer d'autres à la place.

FIGUE. Il n'y a personne qui ne connoisse ce fruit délicieux.

Les *figues* de Provence se distinguent par les marchands épiciers de Paris, en *figues* violettes, en grosses *figues*, ou *figues* grasses, & en *figues* de Marseille en petits cabats. Les *figues* violettes doivent être grandes, séches, nouvelles & bien fleuries : les *figues* de Marseille doivent être choisies petites, blanches, nouvelles, séches, non coriaces, & dans de petits cabats de diverses couleurs; enfin, les grosses *figues*, ou *figues* grasses, grandes & autant qu'il se peut, doivent avoir les qualités de celles de Marseille.

FIL. Corps long & délié, qu'on fait avec quelques matières molles & douces, en les tortillant ensemble avec un rouet, ou avec un fuseau, ou quelqu'autre machine propre à les tordre, & à les unir en un seul tissu.

Les matières les plus ordinaires, dont on fait du *fil*, sont la soie, la laine; quelques plantes, comme le chanvre, le lin, les orties : des productions de certains arbrisseaux, telles que sont le coton, la houatte; une forte de foie d'Orient, qui vient dans des gouffes; & ce qu'on nomme *des écorfes d'arbres* : enfin, le poil de plufieurs animaux, entr'autres, des chameaux, des chévres, des caftors, & de ces bœufs de la Louifiane, dont le poil eft fi beau, fi fin & fi long, que la foie même n'eft guères plus belle.

Ce qu'on appelle *fil*, fans y rien ajouter, pour en fpécifier la matière, s'entend toujours du *fil* qui eft fait avec de la filaffe de lin, ou de chanvre, & qui fert à coudre & à fabriquer divers ouvrages de lingerie. Le commerce qui fe fait en France, de cette forte de *fil*, eft très-confidérable, & ne cède guères à la plupart des plus riches négoces qui s'y faffent.

A Paris, ce font les marchands merciers qui font ce commerce : c'eft un des plus importans de la mercerie, & où fouvent l'on fait de plus grandes fortunes.

La plupart des *fils* qui fe vendent à Paris, fe tire de plufieurs provinces du royaume, & encore de la Flandre Françoife, de la Flandre Autrichienne, & de Hollande.

Les uns s'achètent & fe vendent à la livre, d'autres à la groffe d'écheveaux, quelques autres à la poignée, & d'autres encore en moches & à la douzaine; ce qui s'entend de la vente en gros; car pour le détail, ils fe débitent à l'once, à la demi-once, au gros & à l'écheveau.

Il y a quantité de *fils* qui fe diftinguent par le nombre de tours dont chaque écheveau doit être compofé : d'autres fe connoiffent par le n°. en augmentant de fineffe; fouvent depuis n°. 3 ou 4, jufqu'à n°. 300, & quelquefois 400 : d'autres encore (ce font ceux qui fe vendent à la livre), ne fe diftinguent que par le prix qui hauffe, fuivant la fineffe.

« Les *fils* paient en France les droits d'entrée & de fortie, fuivant leur différente qualité; fçavoir, » à l'entrée, en conféquence du tarif de 1664.

» Le *fil d'Épinay* de Flandres, & *fil de lin* de » toutes fortes, 7 liv. du cent pefant.

» Le *fil de chanvre*, 50 fols.

» Le *fil d'étoupes*, blanc & écru, 15 fols.

» Les droits de fortie font, fçavoir, pour le *fil* » *de lin & de chanvre*, blanc, teint ou écru d'É- » pinay, de Paris, de Lyon, & d'ailleurs, comme » mercerie; c'eft-à-dire, 3 liv. du cent pefant, fui- » vant le tarif de 1664; & feulement 2 liv. s'ils font » deftinés & déclarés pour les pays étrangers, fui- » vant l'arrêt de 1692.

» Le *fil d'étoupes* de lin & chanvre, blanc ou » écru, 10 fols.

» A l'égard de la douane de Lyon, les *fils* y » paient tant pour l'ancienne taxation, que pour la » nouvelle réapréciation, fçavoir :

« Le *fil crud* du pays, 7 fols 6 den. du quintal; » & l'étranger, 9 fols.

» Le *fil teint* de France, 12 fols; l'étranger, » 17 fols.

» Le *fil de Balle*, 4 fols.

» Le *fil d'étoupes* du pays, 2 fols 6 den.; l'é- » tranger, 4 fols; s'il eft blanc, 9 fols.

» Le *fil Neftric*, 3 fols.

» Le *fil Palemard* du pays, 4 fols; l'étranger, » 6 fols.

» Le *fil d'Orillac* & *de Bourgogne*, 35 fols.

» Le *fil blanc* du pays, 10 fols.

» Le *fil de lin crud*, étranger, 1 liv. 15 fols.

» Le *fil blanc* d'Allemagne & de Lorraine; 3 liv.

» Le *fil d'Épinay*, de Flandre, 5 liv.

» Le *blanc*, façon d'Épinay, de France, 3 liv.

» Le *fil de Bretagne*, 26 fols.

» Le *fil de Trevols*, 5 fols.

» Le *fil de Liffes* de Milan, 10 liv.

» Il faut remarquer que tous les droits de ces » diverfes efpèces de *fils*, fe paient à raifon du » quintal, & avec les nouveaux fols pour livre ».

Par le tarif pour la Flandre Françoife, & les pays conquis du 13 juin 1671, le *fil crû* ou *gris* d'Éverdel, Épinal & autres, paie d'entrée 1 liv. le cent pefant, & de fortie, 7 fols 6 deniers.

Le *filet* teint de toutes fortes de couleurs, paie 10 liv. d'entrée, & aucun droit de fortie.

Ces deux articles de ce tarif ayant caufé des conteftations entre les commis des fermes du bureau de Lille, & les fabricans de coutils de ladite ville; les premiers prétendant exiger 10 liv. du cent pe- fant à l'entrée, fur le *fil teint* d'Épinal, & autres *fils teints* fimples & non retors venans du pays étranger; & les fabricans de coutils foutenant ne devoir payer pour lefdits *fils* d'Épinal teints, que 20 fols du cent pefant.

Sa majefté, pour favorifer les manufactures de coutils où ces fortes de *fils* font principalement em- ployés, a déclaré par un arrêt de fon confeil du 3 r mai 1723, n'avoir point entendu comprendre le *fil teint* d'Épinal fimple & non retors dans l'article dudit tarif, qui impofe les *fils teints* de toute forte de couleur à 10 liv. du cent pefant, ni dans l'article qui régle à 20 fols du cent pefant le *fil crû* ou *gris* d'Éverdel, Épinal & autres, ordon- nant qu'au lieu de cinq pour cent de la valeur, qui font dûs à l'entrée fur le *fil teint* d'Épinal, & tous autres teints fimples & non retors, fuivant la difpo- fition dudit tarif pour les marchandifes qui y font omifes, il ne fera perçu à l'avenir que 30 fols du cent pefant, à l'entrée defdits fils; & que ledit tarif fera au furplus exécuté pour les *fils* fimples d'Épi- nal crûs ou gris, & pour les *filets* doubles & retors teints de toutes fortes de couleurs.

FIL D'OR ET D'ARGENT. Le *fil d'or*, qu'on ap- pelle auffi OR TRAIT, n'eft autre chofe qu'un lingot furdoré, que le tireur d'or a fait paffer par une infinité de pertuis ou trous de filière, toujours de plus me- nus en plus menus, & qui a été réduit par ce moyen à être encore moins gros qu'un cheveu.

Le *fil d'argent*, qui eft auffi nommé ARGENT TRAIT, eft la même chofe que le *fil d'or*, à l'exception que l'un eſt ſurdoré, & que l'autre ne l'eſt pas.

Il y a du *fil d'or* faux, & du *fil d'argent* faux; le premier ſe fabrique avec un lingot de cuivre rouge, qu'on a d'abord argenté, & enſuite ſurdoré; & le ſecond, avec un pareil lingot de cuivre rouge, qui n'a été ſeulement qu'argenté, qu'on fait paſſer par la filière, de même que le *fil d'or* ou *d'argent* fin. On parle ailleurs de la manière de tirer l'or & l'argent, tant fin que faux, pour le diſpoſer à être employé en trait, en lame, ou en filé.

« Le *fil d'or* & *d'argent fin*, trait, ou filé, » paie en France les droits d'entrée comme or & » argent fin, à raiſon de 6 liv. la livre; & le *fil d'or* » & *d'argent faux*, auſſi trait ou filé, ſur le pied » de 10 ſols le marc compoſé de 8 onces, ſuivant » l'arrêt du 14 juin 1689.

» A l'égard de la ſortie, l'un paie comme or & » argent fin, c'eſt-à-dire, 3 liv. 4 ſols de la livre » peſant; & l'autre, comme or & argent faux, à » raiſon de 6 ſols auſſi la livre de poids.

» Les droits de la douane de Lyon pour le *fil* » *d'or* ou *argent trait* ſont de 3 liv. 15 ſols la livre » peſant ».

FIL DE LÉTON. Le *fil de léton* eſt du cuivre jaune tiré à travers les pertuis d'une filière.

Il y en a de pluſieurs groſſeurs, qui s'emploie à divers ouvrages.

Le plus délié, que l'on appelle *manicordion*, ſert à faire des cordes de pluſieurs inſtrumens de muſique, comme manicordions (d'où il a pris ſon nom) clavecins, épinettes & autres, &c.

Les épingliers en conſomment une très-grande quantité de diverſes groſſeurs, pour la fabrique de leurs épingles, & il s'en fait ſur-tout de très-conſidérables à l'Aigle & à Rugle en Normandie, & dans les autres provinces de France, où ces ſortes de fabriques ſont établies.

Il vient d'Allemagne, particulièrement de Hambourg, d'Aix-la-Chapelle & de ſes environs, beaucoup de *fil de léton* de toutes ſortes d'aſſortimens & d'échantillons, depuis les plus menus juſques aux plus gros. Ces *fils* ſont envoyés en bottes ou paquets ronds en forme de cercles de différends poids & diamètres. Leur figure circulaire les fait nommer *létons en cerceaux*; on en tire auſſi beaucoup de Suède.

« Le *fil de léton* paie en France les droits d'en- » trée, à raiſon de 4 liv. du cent peſant, & pour » la ſortie, 4 liv. 4 ſols, conformément au tarif » de 1664.

» Les droits que cette marchandiſe paie à la » douane de Lyon, ſont; ſçavoir:

» Le *fil de léton commun*, 20 ſols le quintal; & » le *fil de léton* à faire poignées d'épées, 4 liv. » 10 ſols, tant pour l'ancienne taxation que pour » la nouvelle réapréciation, avec les ſols pour liv. ».

FIL DE FER. Le *fil de fer* s'appelle auſſi *fil d'archal*.

Il y a du *fil de fer* de diverſes groſſeurs, en diminuant toujours depuis environ ſix lignes de diamètre, juſqu'aux plus petits échantillons. C'eſt de ces *fils* les plus fins, qui ſe nomment du *manicordion*, du même nom qu'on donne aux *fils* fins de léton, avec leſquels on fait ainſi que de ceux-ci une partie des cordes de clavecins, pſalterions, manicordions, & autres ſemblables inſtrumens de muſique.

Il ſe fabrique quantité de *fil de fer* en France, en Suiſſe & en Allemagne, ſur-tout à Hambourg & aux environs de Cologne & de Liége. Le meilleur eſt celui de Liége; celui de Suiſſe eſt encore aſſez bon: le moins eſtimé eſt celui de France, parce qu'il ſe trouve aigre & pailleux.

Les *fils de fer* déliés viennent particulièrement de Cologne; il y en a de huit ou dix ſortes de groſſeurs, qui s'envoient en barils du poids d'environ deux milliers.

Quoique les François en tirent beaucoup en droiture de Hambourg, les Anglois & Hollandois en font encore entrer par Bordeaux une très-grande quantité, qui leur vient par le retour de leurs flottes de la mer Baltique.

Le *fil de fer* de Hambourg ſe diſtingue par numéro ſuivant ſa groſſeur; le plus fin s'appelle *du fil à carde*, & ſous ce nom ſont compriſes pluſieurs groſſeurs. Où finit le plus gros *fil à carde*, commence le numéro 00, & enſuite viennent les No. 0, No. ½, No. 1, No. 2, No. 3, No. 4, No. 5 & No. 6. Ce dernier numéro eſt gros à-peu-près comme une des plus fortes plumes d'oye.

Les ſortes dont il ſe conſomme le plus, ſont les No. 00, No. 0, & No. ½. La conſommation des autres ſortes eſt moindre à meſure qu'elles groſſiſſent.

Le *fil de fer* d'Allemagne eſt lié par paquets, le paquet peſant 4 livres 12 onces; il ſe vend en France au cent, poids de marc. Les paquets du *fil de fer* de Suiſſe pèſent dix livres le paquet.

Les provinces de France où il ſe fabrique le plus de *fil de fer*, ſont, la Normandie, la Champagne, le Limoſin & la Bourgogne.

Le *fil de fer* de Bourgogne n'eſt que de gros échantillons, depuis la groſſeur d'une plume à écrire, juſqu'à la groſſeur du petit doigt; il n'eſt propre qu'à border des marmites, des chauderons & autres ſemblables uſtenſiles de cuivre.

Celui de Champagne eſt auſſi très-gros, & ſeulement propre aux chauderonniers: il vient par paquets de dix livres; & comme il n'eſt communément que de quatre groſſeurs, il ne ſe diſtingue auſſi que par première, deux, trois & quatre ſortes.

Le *fil de fer* de Normandie approche beaucoup de celui d'Allemagne, & pour ſes échantillons ou groſſeurs, & pour ſa bonté, hors qu'il eſt un peu plus roide & plus ferme. Les échantillons du *fil de fer* de Normandie commencent auſſi par *fil à carde* qui eſt le plus fin; après ſuivent, mais toujours en augmentant de groſſeur, le *fil* de 7 ℔ & de 6 ℔, qui répondent au No. 00 d'Allemagne; *fil* de 5 ℔ pour *fil* No. 0; *fil* de ¼ pour *fil* No. ½; *fil* à grêly pour *fil* Nº. 1 ; *fil* de 8 onces pour *fil* Nº. 2 ; *fil* de 10 onces pour *fil* Nº. 3 ; *fil* de 12 onces pour *fil* Nº. 4 ; *fil* de 14 onces pour *fil* Nº. 5 ; *fil* de 16 onces pour *fil* Nº. 6. Ce *fil de fer* vient par paquets de 6 ℔ ; les paquets se nomment *torches*, & sont de forme ronde semblable à un petit cerceau.

Les marchands de Lyon font aussi quelque commerce de *fil de fer*, qu'ils tirent en partie de Savoie & en partie de Suisse ; mais comme il est fort cher, il ne s'en fait pas grande consommation, & on n'y a recours que quand Paris manque des autres *fil de fer*. On donne au *fil de fer* qui vient de Lyon, les mêmes noms qu'à celui d'Allemagne, suivant ses échantillons ou grosseur.

Les marchands de fer, qui font le commerce de toutes sortes *de fils*, se servent d'une espèce de mesure pour en connoître la grosseur & les réduire à leur numéro ; ils lui donnent le nom de *jauge*, & disent *jauger du fil de fer*, pour exprimer cette sorte de mesurage. *Voyez* JAUGE.

« Le *fil d'archal* ou *fil de fer* de toutes sortes, paie en France les droits d'entrée à raison de 3 liv. du cent pesant, & à la sortie 40 sols, conformément au tarif de 1664.

» A l'égard des droits de la douane de Lyon, ils se paient ; sçavoir :

» Le *fil de fer* de toutes sortes, de France, 12 sols le quintal.

» Le *fil de fer* d'Allemagne, 16 sols.

» Et le *fil de fer* d'Italie, 32 sols 6 den. , tant pour l'ancienne taxation que pour la nouvelle réapréciation, avec les sols pour liv ».

FILADIÈRE. Sorte de *chaloupe* dont l'on se sert sur la Dordogne. Il y en a deux pour le service de la patache & les commis du bureau de Libourne.

FILASSE. Filamens que produisent certaines plantes, qui après plusieurs sortes de préparations, deviennent propres à être filées.

Le lin, le chanvre, les orties, sont les plantes d'Europe desquelles on peut tirer la *filasse*. La Chine & les grandes Indes ont des écorces d'arbres qu'on y emploie aux mêmes usages. On connoît en France, & peut-être que trop pour le bien de ses manufactures, les diverses étoffes d'écorce d'arbre que fabriquent les Indiens & les Chinois.

FILATRICE. Espèce de fleuret qu'on appelle en quelques lieux, *filoselle* ou *bourre de soie*.

« Les *filoselles* ou *filatrices*, paient en France les droits d'entrée, à raison de 13 liv. le cent pesant ; & pour ceux de sortie, comme mercerie, c'est-à-dire 3 liv. ou seulement 2 liv. , si elles sont déclarées pour les pays étrangers, suivant l'arrêt du 3 juillet 1692.

» A la douane de Lyon, elles paient pour tout droit, 6 livres du quintal ».

FILATRICE. C'est aussi une *étoffe* dont la chaîne est de soie & la trème est de fleuret : elle doit avoir comme la papeline, à laquelle elle ressemble fort, demi-aune de large, ou demi-aune demi-quart, avec une lisière d'un côté de l'étoffe, différente en couleur de celle de la chaîne.

« Les *filatrices d'étoffes*, paient en France les droits d'entrée, à raison de 24 sols la pièce de 12 aunes, conformément au tarif de 1664 ; & par celui de la douane de Lyon, la moitié du droit que paient les taffetas, suivant leur qualité ou les lieux d'où on les tire. *Voyez* TAFFETAS ».

FILOSELLE. Espèce de grosse *soie* ou de *fleuret* ; on l'appelle en d'autres endroits, *filatrice*, *bourre de soie*, & *padoue* : ce dernier nom lui vient de ce qu'on s'en sert à la fabrique des rubans qu'on nomme *padoues*.

« La *filoselle* paie en France les droits de sortie, conformément au tarif de 1664, à raison de 17 livres du cent pesant.

» Les droits qu'elle paie à la douane de Lyon, sont de 18 livres de la balle, pour l'ancienne taxation, & 6 livres de nouvelle réapréciation ».

FIMPI. *Arbre* qui croît dans quelques isles de l'Amérique, & dans l'isle de Madagascar, qui produit la canelle blanche.

FIN. Ce qui est pur & sans mélange. Il se dit des métaux, particulièrement de l'or, de l'argent & de l'étain.

FIN. On se sert aussi de ce terme pour évaluer le titre de monnoie d'or, d'argent & de billon : ainsi on dit, que les louis d'or tiennent de *fin* 21 carats, 28, 30 deuxièmes ; que les louis d'argent ou écus blancs en tiennent 10 deniers 22 grains ; & les douzains seulement 2 deniers, pour faire entendre que ces derniers sont composés d'une sixième partie d'argent & de cinq parties de cuivre ; que les écus ont près d'onze parties d'argent, & un peu plus d'un douzième d'alliage ; & que dans les louis, il y a environ 22 parties d'or, & le reste aussi d'alliage.

FIN. Se dit encore de ce qui est vrai, naturel, qui n'est point contrefait ni falsifié : un diamant *fin*, une pierre *fine* ; de l'azur *fin*, qui est absolument fait avec le lapis lazuli.

FIN. Signifie pareillement *ce qui est le plus excellent en son espèce* : ainsi l'on dit, du vin *fin* ; pour dire du vin exquis & délicat.

FIN. Est encore ce qui est menu ou délié. On dit, du drap *fin*, de la serge, de la toile *fine*, de la soie *fine*, du fil *fin*, des dentelles *fines*, des aiguilles, des épingles *fines*, des lames *fines*, un chapeau *fin*, & aussi de quantité d'autres marchandises & ouvrages.

On se sert quelquefois parmi les négocians, du mot *fino*, pour signifier *fin*. Ce terme vient des Espagnols & Italiens.

FIN D'AUTRUCHE. C'est le plus délié du duvet ou poil de l'autruche, que l'on a séparé du gros pour être employé dans la fabrique des chapeaux communs : on lui donne aussi les noms de *ploc* & de *laine d'autruche*, & par corruption, de *laine d'Autriche*.

FIN A POINTE. On nomme ainsi, dans le commerce

merce des plumes d'autruches, *les plus belles plumes noires*, c'est-à-dire, celles qui font propres à faire des panaches. Les moindres de cette couleur s'appellent *petit noir à pointe plate.*

FIN DE NON-RECEVOIR. Exception que l'on propose en justice, pour se dispenser de payer une chose, en soutenant que le demandeur est venu à tard, & qu'il y a prescription.

Il y a, dans le droit & dans les coutumes, des *fins de non-recevoir*, & des prescriptions de différentes espèces ; mais il ne sera parlé dans cet article, que de celles qui ont du rapport au commerce.

L'ordonnance de 1673 a donné des réglemens pour trois sortes de *fins de non recevoir*, ou de prescriptions.

La première, regarde les fournitures & ventes à crédit que font les marchands & ouvriers.

La seconde, les cautionnemens faits pour l'événement des lettres de change ; & la troisième, le paiement des lettres de change.

Par le premier réglement, qui est contenu dans les articles VII, IX & X, du titre premier de cette ordonnance, les marchands en gros & en détail, aussi-bien que toutes sortes d'ouvriers & artisans, maçons, charpentiers, couvreurs, serruriers, vitriers & autres de pareille qualité, sont tenus de demander paiement dans l'an, après la délivrance de leurs marchandises, encore qu'il y eût continuation de fournitures ; si ce n'est qu'avant l'année il y eût un compte arrêté, sommation ou interpellation judiciaire, cédule, obligation ou contrat.

Les marchands & ouvriers peuvent néanmoins, encore que l'année soit expirée, déférer le serment à ceux auxquels la fourniture a été faite, les assigner & les faire interroger ; & à l'égard des veuves, tuteurs de leurs enfans, héritiers & ayans-cause leur faire déclarer s'ils sçavent que la chose est due.

Cette disposition de l'ordonnance, doit engager les marchands à être très-soigneux de faire arrêter leurs parties, ou de tirer de leurs débiteurs des promesses ou obligations, s'ils ne peuvent être payés dans l'année, d'autant que lorsque les parties sont arrêtées, l'action dure 30 ans du jour de leur arrêté, ou de la date des promesses & obligations.

Les *fins de non-recevoir* établies par l'ordonnance, au sujet des demandes que les marchands font à ceux à qui ils ont fourni leurs marchandises, ne peuvent avoir lieu de marchand à marchand, & cela, parce que les marchands devant avoir des livres qui contiennent comme une obligation réciproque de payer, la prescription ne peut avoir lieu entr'eux, à cause de la continuité de ce qui est fourni & reçu de part & d'autre, ce qui rend leur condition égale. Aussi il est de l'usage dans les jurisdictions consulaires, de ne point admettre la *fin de non-recevoir* entre marchands : ce qui a été jugé ainsi par arrêt du grand conseil, du 12 juillet 1672.

Les deux autres espèces de prescriptions, ou *fins de non-recevoir*, dont il est fait mention dans l'ordonnance de 1673, sont comprises dans les articles 20, 21 & 22 du titre V.

A l'égard de celle qui concerne les cautions données pour l'événement des lettres de change, l'article XX, porte qu'elles doivent être déchargées de plein droit, s'il n'en a été fait aucune demande pendant trois ans, à compter du jour des dernières poursuites. Et pour la seconde qui regarde les lettres & billets de change ; les articles XXI & XXII, veulent qu'elles soient réputées acquittées après cinq ans de cessation de demande & poursuites, à compter du lendemain, ou de l'échéance, ou du protêt, ou de la dernière poursuite ; à la charge néanmoins que les prétendus débiteurs seront tenus d'affirmer, s'ils en sont requis, qu'ils ne sont plus redevables ; & leurs veuves, héritiers ou ayans-cause, qu'ils estiment de bonne foi qu'il n'est plus rien dû, ce qui doit pareillement avoir lieu à l'égard des mineurs & des absens.

Avant cette ordonnance, les lettres de change ne se prescrivoient que par 30 ans, ainsi que les obligations & promesses. Mais comme en fait de lettres de change, tout doit être fait en bref, que le paiement en doit être prompt, & qu'on a peu de temps pour faire les procédures & diligences des protêts & poursuites en garantie ; il a été jugé nécessaire & utile au commerce, de faire une distinction des lettres & billets de change, d'avec les autres actes, en établissant en leur faveur cette loi, qui réduit la prescription à 5 ans, afin de rendre la fortune des négocians plus certaine.

Les billets payables au porteur, ou à ordre, qui ne sont pas causés pour lettres de change fournies ou à fournir, & qui ont cours parmi les gens de finance, n'ont pas le même privilège.

Voyez M. Savary dans son Parfait Négociant, livre III, chapitre VI de la première partie.

FINANCE. Ce terme s'entend le plus ordinairement des deniers publics du roi & de l'état ; il signifie cependant quelquefois *de l'argent monnoyé.* Ce banquier a bien de la *finance* dans son coffre ; les jeunes gens ne sont pas beaucoup chargés de *finance.* On dit aussi un baril de *finance*, pour dire un baril d'espèces monnoyées.

L'écriture de *finance* est une écriture ronde, dont on se sert pour dresser des comptes & les mettre en grosse.

Le chiffre de *finance* est le chiffre romain un peu déguisé, on le nomme aussi *chiffre François.*

FINASTRE. Soie de mauvaise qualité qui se trouve souvent mêlée avec des soies ardasses, qui se vendent à Smyrne. Dans l'achat des soies ardasses, il faut prendre garde que le fil soit rond, & qu'il n'y ait point de *finastre* ni de frize ; enfin, qu'il n'y ait aucune fourseure ; les marchands qui les font venir de Perse étant d'assez mauvaise foi de les faire ainsi fourer dans le pays, dans le dessein de tromper les négocians chrétiens.

FIN-DOUCE. Sorte de *coton* qui se tire du levant par la voie de Marseille.

Il y a du *fin-douce* d'Alexandrie, du *fin-douce* de Seyde, & du *fin-douce* d'Alep. Ces trois sortes de cotons sont très-différens de prix; celui d'Alep se vendant jusqu'à cent vingt-une livres douze sols le quintal. Celui d'Alexandrie, soixante-sept livres dix sols, & celui de Seyde, seulement vingt-huit livres.

FIN DE RAME. Autre sorte de *coton* qui vient de Seyde par la voie de Marseille; ce coton est apprécié à soixante-dix-huit livres huit sols le quintal, par le tarif de 1706, pour la levée du droit de vingt pour cent sur les marchandises du levant.

FIN BEDELIN. Troisième sorte de *coton* qui vient d'Alep par la voie de Marseille. Son appréciation est de soixante-seize livres seize sols le quintal.

FINE-GRISE. Espèce de *laine* qui vient d'Allemagne.

FINITO. Signifie l'*arrêté* ou l'*état final* d'un compte, il est resté redevable par le *finito* de son compte, de la somme de. tant.

Ce mot vient des Italiens, comme la plus grande partie des autres termes de commerce : ce sont eux qui l'ont réduit en art, & qui en ont appris les termes aux autres nations de l'Europe.

Finito est plus en usage parmi les financiers & chez les gens de pratique, que dans le commerce, dans lequel on se sert plus ordinairement du terme de *soldé*, de *bilan*, ou *balance*. Souldre un compte, c'est-à-dire, en payer le reliquat, le clore & l'arrêter.

FINO. *Terme étranger*, qui a passé dans quelques provinces de France, & qu'on substitue assez souvent à celui de fin.

FIRKIN, ou BARILLET. *Mesure* dont on se sert en Angleterre pour les liquides; il est plus ou moins grand, suivant les diverses liqueurs qu'il contient. Le *firkin* d'Alé contient 8 galons, & celui de bière 9; deux *firkins* de bière font le kilderkin, deux kilderkins le baril, & deux barils le hoghsheald ou muid. Les barils de beurre & de savon ne sont que sur le pied de ceux d'Alé, c'est-à-dire, d'un galon par *firkin*, moins fort que ceux de bière.

FIRMAN. On appelle ainsi dans les Indes orientales, particulièrement dans les états du grand Mogol, les *passeports* ou *permissions* de trafiquer, que les princes accordent aux marchands étrangers.

FIRMIER, *Fil d'argent doré sans soie*, que les Grecs de Constantinople portent en Moscovie, parmi les marchandises qu'ils y échangent contre des pelleteries.

FISTALLE. CASSE FISTALLE. C'est de la *casse* qui est encore en bâton; on ne l'appelle ainsi qu'à la Rochelle, ailleurs on la nomme *casse fistule*. *Voyez* l'article de la CASSE.

F L

FLACHES. *Terme de commerce* & d'exploita-

tion de bois. Ce sont les endroits les plus proches de l'écorce, qu'on nomme autrement *aubier*. Ces *flaches* doivent s'ôter en équarrissant les arbres.

FLACHEUX. On nomme ainsi les *bois* mal battus & équarris, & qui pour ce défaut sont difficiles à toiser & à réduire au cent.

FLACON. Grosse *bouteille* de verre qu'on garnit ordinairement d'un bouchon qui ferme à vis.

FLACON. Se dit aussi d'une *bouteille* de terre dont le col est fort long.

« Les *flacons* de verre payent en France les droits » d'entrée à raison de 20 s. du cent pesant; & ceux » de sortie sur le pied de 2 s. la douzaine.

» À l'égard des *flacons de terre*, ils payent comme » bouteille de terre, 1 s. de la douzaine ».

FLACON. Les maîtres fayanciers & verriers sont appelés dans leurs statuts *maîtres garnisseurs* & *couvreurs de flacons*.

FLAINE. Espèce de *coutil* qui se fabrique dans la province de Normandie, & dans les pays de Forêt; on en tire aussi de Flandre.

« Les *flaines* payent les droits de la douane de » Lyon suivant leur qualité ou le pays d'où on les » tire; sçavoir :

» Les *flaines* de Flandre, la charge de trois quin- » taux, 7 livres d'ancienne taxation, & 3 livres de » nouvelle réapréciation.

» Les *flaines* du pays de Forez & autres sembla- » bles, 4 s. la pièce, ou 3 liv. 6 s. la charge, tant » d'anciens que de nouveaux droits.

» Et les *flaines* de Normandie, la charge de trois » quintaux; 5 liv. d'ancienne taxation, & 2 liv. » 5 s. de nouvelle réapréciation, le tout avec les » sols pour livre ».

FLAMBART. Espèce de *graisse* ou *suif*, que les charcutiers tirent des viandes de porc qu'ils font cuire, & qui se trouvent sur le bouillon lorsqu'il est refroidi. On fait fondre cette graisse une seconde fois pour l'épurer & la rendre plus semblable au sain-doux.

Il s'envoie beaucoup de *flambart* à Rouen pour les manufactures de savons. Les tondeurs de draps en employent souvent au lieu de sain-doux pour l'ensimage des étoffes de laine qu'ils tondent, ce qui est néanmoins contraire aux réglemens généraux des manufactures : les chandeliers en font aussi quelquefois entrer dans la composition de leurs chandelles, quoique cela ne leur soit pas permis. *Voyez* ENSIMAGE, SAIN-DOUX & SUIF.

FLANELLE. Sorte d'*étoffe* toute de laine, non croisée, légère & peu serrée, mais fort chaude. Elle est composée d'une chaîne & d'une trème; & se fabrique avec la navette sur le métier à deux marches, de même que les revêches, les bayettes, & autres semblables étoffes, qui n'ont point de croisure.

Il se fait des *flanelles* de plusieurs largeurs & longueurs, dont les plus ordinaires sont, demi-aune, deux tiers & trois quarts, les pièces contenant depuis vingt-quatre jufqu'à foixante-dix aunes, mefure de Paris.

La France tiroit autrefois quantité de *flanelles* d'Angleterre, qui étoient fort eftimées : mais les fabricans François fe font appliqués à les imiter.

Les lieux de France où il fe manufacture le plus de *flanelles*, font, Reims, Caftres, Rouen & Beauvais. Celles de Beauvais, font les moins eftimées ; étant pour l'ordinaire très-groffières.

Le principal ufage des *flanelles* eft pour mettre entre deux étoffes, au lieu d'ouette ou de coton, pour rendre les vêtemens plus chauds. Quelques-uns s'en fervent auffi à faire des camifoles & des caleçons pour l'hiver. Les Anglois en confomment beaucoup à faire des chemifes, au lieu de toile, ce qui fait qu'ils leur donnent auffi le nom de *lingettes*, particulièrement aux plus fines, qui font pour l'ordinaire les plus étroites. Quelques-uns attribuent à ces chemifes de *flanelle*, la vertu de beaucoup foulager les perfonnes fujettes à des rhumatifmes.

Les Anglois ont tellement à cœur leur manufacture de laine, que pour mieux employer leurs étoffes, comme *flanelle*, ferges, &c. on a établi par acte du parlement, du temps de Charles II, que pour l'avenir, tout ce qu'on met autour d'un corps mort pour l'enterrer, ne pourroit être que de quelqu'étoffe de laine, foit *flanelle*, foit ferge ou autre.

FLANELLE de ROUEN. Il fe fabrique à Rouen des étoffes fans croifure, auxquelles on donne auffi le nom de *flanelles*, quoiqu'elles n'ayent aucun rapport aux vraies *flanelles*, ni pour leur matière, ni pour leur qualité.

Ces étoffes font larges, ou de trois quarts, ou d'une aune & un quart, mefure de Paris, les piéces plus ou moins longues. La chaîne eft de fil de chanvre ; & la tréme, de laines de différentes couleurs, qui forment des raies en travers fur la largeur de l'étoffe. Les plus étroites de ces fortes de *flanelles* raiées s'employent en jupons, & les plus larges fervent à faire des robes de chambre. Les unes & les autres font de bon teint, & peuvent foutenir plufieurs favonnages, fans rien perdre de leur couleur.

A Paris, quelques marchands leur donnent le nom de *molleton*, quoiqu'elles ne foient pas non plus femblables à l'étoffe qui porte ce nom ; ne devant être regardées tout au plus que comme des efpèces de droguets, ou tiretaine, rayés, laine & fil, plus larges que les tiretaines ou droguets ordinaires.

FLAVET, qu'on nomme auffi LINGETTE. Efpèce de *ferge*, dont la piéce porte environ vingt aunes de long. *Voyez* SERGE.

« Les *flavets* payent en France les droits d'en- » trée, à raifon de 4 liv. de la pièce, avec les fols » pour livre ».

FLETT ou FLEECHTE-DALLER. *Monnoie d'argent*, qui a cours en Danemarck, & qui vaut quatre marcs, ou foixante-quatre fchillings Danois,

Il y a auffi des demi-*fletts*, qui ont cours pour la moitié.

FLETT-MARC-DANSCHE. Eft encore une *monnoie d'argent*, qui vaut feize fchillings Danois, ou huit fchillings lubs. Il y a auffi des demi-*fletts-marcs*. *Voyez* LA TABLE DES MONNOIES.

FLETTE. Petit *bateau*, dont on fe fert fur les rivières pour voiturer des marchandifes en petite quantité.

C'eft auffi de *flettes* que fe fervent les maîtres paffeurs-d'eau de la ville de Paris, pour paffer les bourgeois, hardes, paquets & marchandifes d'un rivage de la Seine à l'autre.

Ces bateliers ou maîtres paffeurs, font obligés, par l'ordonnance de 1672, de tenir des *flettes* garnies de leurs crocs & avirons aux lieux qui leur font marqués par les prévôt des marchands & échevins ; & font refponfables folidairement avec leurs garçons, des pertes qui arrivent dans leurs *flettes* au paffage de la rivière.

FLEURÉE. *Drogue* fervant à teindre en bleu, qui fe fait avec la plante que l'on nomme *vouede* ou *voide*. C'eft une efpèce de paftel.

On appelle auffi *fleurée*, mais plus ordinairement *florée*, une efpèce d'indigo de la moyenne forte.

FLEURET. On appelle ainfi dans les manufactures de lainage, & dans le commerce des laines de France, les *plus belles des laines* de chaque efpèce. L'arrêt du confeil du 20 novembre 1708, pour les manufactures de Languedoc, Provence & Dauphiné, porte, que les draps appelés *Londres*, feront fabriqués avec le *fleuret* de la laine de Languedoc, bas Dauphiné, Rouffillon, &c.

FLEURET. *Bourre* ou *foie* groffière, qui couvre la véritable foie des cocons de vers à foie.

FLEURET. C'eft auffi une efpèce de *fil* qui eft fait avec les bourres des cocons, & les cocons mêmes, après qu'on en a ôté la foie la plus fine.

Il y a différentes fortes de *fleurets*, fuivant la bonne ou mauvaife qualité de la matière qu'on y employe.

Lorfque les vers à foie ont fini le travail de leurs cocons, on les dégage d'abord de cette efpèce de toile, qu'on appelle *araignée*, & que d'autres nomment *fleur* ; ce qui a donné le nom au *fleuret*, parce qu'en effet on en file des *fleurets*, & ce font là les véritables.

Les meilleurs cocons ayant été mis à part, pour être filés & devidés au métier, ou pour en tirer la graine, on ôte la foie de deffus le rebut, auffi-bien que de deffus ceux que les vers ont percés pour en fortir. De cette foie cardée & peignée, on en file des *fleurets* ; mais fi beaux & fi fins, qu'ils ne fe diftinguent guères de la véritable foie, & s'employent comme elle en foie pour la couture, en rubaneries & en plufieurs étoffes, qui paffent pour étoffes de foie.

Enfin, des cocons, même déchargés de leur gomme, & mis en état d'être filés par une bonne

R ij

leſſive de cendre qu'on leur donne , & du réſidu des peigneures & cardures des beaux *fleurets* , on en fait des *fleurets* communs , qui s'employent en ces eſpèces de rubans, qu'on nomme *Padoue* , & qui ont auſſi le nom de *fleurets* , à cauſe du *fleuret* dont ils ſont fabriqués. *Voyez* SOIE.

« Les *fleurets* de toutes ſortes paient en France » de droits de ſortie 25 liv. du cent peſant.

» Les droits qu'ils paient à la douane de Lyon, » qui les appelle *florets* , ſont, ſçavoir : les *florets* » ordinaires , 8 livres du quintal , & les *florets* » teints , 8 ſols de la livre, tant d'ancienne que » de nouvelle taxation, avec les ſols pour livre ».

FLEURET. Se dit ſouvent des *étoffes* qui ſont faites du fil de *fleuret*. On les appelle plus ordinairement *filatrices*. *Voyez* FILATRICE.

FLEURET. C'eſt auſſi une eſpèce de *toile de lin* , deſtinée pour le commerce des Indes, qui n'eſt autre choſe que la toile que l'on nomme ordinairement *blancard;* mais à qui l'on donne le nom de *fleuret*, parce qu'elle eſt comme la fleur des blancards, entre leſquelles on choiſit les plus belles pour ce négoce.

Les plus beaux *fleurets* ſe fabriquent en Bretagne, dans l'évêché de Léon. Il s'en fait de deux ſortes : les uns qu'on appelle ſimplement *fleurets* , qui n'ont que demi-aune de laiſe : les autres qu'on nomme *fins fleurets* , qui ſont de deux tiers & de trois quarts de laiſe. Les Anglois & les Hollandois en enlèvent quantité en temps de paix , & vont ordinairement charger à Morlaix.

FLEURON. Légère *étoffe* de laine , de ſoie & de fil , du nombre de celles qui ſe ſont par les hautelisseurs de la ſayetterie d'Amiens. Elles ont un pied & demi & un pouce de roi de large , ſur vingt aunes un quart , ou vingt aunes & demie de long.

FLIBOT. Petit *bâtiment de mer* que l'on appelle auſſi *bûche* , dont on ſe ſert en Hollande pour la pêche du hareng.

FLIBUSTIER. Celui qui commande un *flibot* pour la pêche du hareng. Il ſe diſoit auſſi de ces forbans ou avanturiers de toutes les nations, qui s'uniſſoient dans l'Amérique pour faire la guerre aux Espagnols.

FLORÉE. Espèce d'*indigo* moyen , qui ſert pour la teinture en bleu.

« La *florée* paie en France cent ſols de droits » d'entrée le cent peſant, conformément au tarif de » 1664; & à la douane de Lyon, pour tous droits, » 7 liv. du quintal. Le tarif de cette ville l'appelle » *fleuret d'Inde* ».

FLORENTINE. *Etoffe de ſoie* , fabriquée d'abord à Florence , & depuis imitée en France. C'eſt une eſpèce de ſatin façonné, ordinairement blanc ; il s'en fait néanmoins de diverſes couleurs. Les *florentines* doivent avoir les largeurs & les portées des ſatins.

FLORETONNES. *Laines d'Espagne.* Il y en a de Ségovie , qui ſont les plus eſtimées. Celles

d'Arragon & de Navarre , ſont les plus communes , & de moindre qualité.

FLORIN. Signifie tantôt *une monnoie* réelle & courante , & tantôt *une monnoie* imaginaire & de compte.

FLORIN. *Monnoie de compte.* Pluſieurs marchands , négocians & banquiers de Hollande , & de diverſes villes d'Allemagne & d'Italie, ſe ſervent du *florin* , pour tenir leurs livres , & dreſſer leurs comptes : mais ces *florins* ſont de différentes valeurs, & ont diverſes diviſions.

En Hollande , le *florin de compte* s'eſtime quarante deniers de gros , & ſe diviſe en patards & en penins.

A Francfort , Nuremberg & Bolzam ; ſes diviſions ſont les kreuxs ou creuxzers , & les penins.

A Strasbourg ; dans cette dernière ville il ſe diviſe en kruys & en penins , monnoie d'Alſace.

Il y a auſſi quelques provinces de France, comme la Provence , le Languedoc & le Dauphiné, où l'on compte par *florins*.

FLORIN. *Monnoie réelle.* Les *florins* , ſoit d'or , ſoit d'argent, étoient autrefois très-communs dans le commerce.

La plupart des *florins d'or* ſont d'un or très-bas.

Parmi les *florins d'argent* , ceux de Gènes, de 1602 & 1603 , pèſent trois deniers ſix grains, & tiennent de fin onze deniers ſix grains.

Le *florin d'Allemagne* vaut 30 ſols monnoie du pays.

Le *florin du Rhin* qui a cours à Tréves & dans quelques autres lieux , s'y reçoit au pied de celui d'Allemagne , c'eſt-à-dire , pour 30 albs.

Le *florin de Brabant* eſt d'un tiers moins fort, & ne pèſe que 20 albs.

Les pièces de trois *florins* s'appellent *ducatons*, mais valent plus que le ducaton ordinaire.

FLOT. *Terme de marchandiſe de bois.* Il ſignifie le *gros bois de chauffage* , que les marchands , qui font faire l'exploitation des forêts, dans les lieux éloignés des rivières navigables, jettent au courant des ruiſſeaux & petites rivières , qui s'embouchent dans les grandes. C'eſt de ce bois jetté à *flot* , que ſe compoſent les trains de celui, que de-là on appelle *bois flotté.* Chaque bûche doit avoir la marque de ſon marchand , pour en faire le triage. On en parle ailleurs. *Voyez* BOIS FLOTTÉ.

FLOTABLE. On appelle *rivière flotable* , une petite rivière ou gros ruiſſeau , capable de conduire du bois à flot. On dit auſſi , un *port flotable* , pour ſignifier l'endroit d'un ruiſſeau ou petite rivière , où l'on aſſemble le bois pour le jetter à flot. Il s'entend encore des rivières qui ſont aſſez fortes pour porter les trains de bois flotté. *Voyez* BOIS FLOTTÉ.

FLOTTAGE. Conduite de bois ſur l'eau quand on le fait flotter. Le *flottage* du gros bois de chauffage n'eſt pas ancien en France ; il y eſt cependant d'une extrême utilité , ſoit pour le débit des bois qui ſont éloignés des grandes rivières , ſoit pour la proviſion de Paris, qui ſans cela pourroit en manquer. *Voyez* BOIS FLOTTÉ.

FLOTTE. Compagnie de *vaiſſeaux* qui vont enſemble, ſoit en guerre, ſoit en marchandiſe.

En temps de paix, les vaiſſeaux marchands vont en *flotte*, c'eſt-à-dire, de conſerve, pour s'aider & ſe ſecourir mutuellement. En temps de guerre, outre ce ſecours mutuel, qu'ils peuvent ſe prêter, ils obtiennent encore des convois, ou vaiſſeaux de guerre, ſoit pour les eſcorter & conduire au lieu de leur deſtination, ſoit pour les accompagner ſeulement juſqu'à certaines hauteurs, au-delà deſquelles les armateurs ne ſont ordinairement plus à craindre.

Les *flottes marchandes* prennent preſque toujours leur dénomination des lieux où elles font leur commerce. Ainſi l'on dit : la *flotte* des Indes orientales, la *flotte* de Smyrne, la *flotte* de la mer Baltique, la *flotte* du Bréſil, &c.

Les Eſpagnols appellent ſimplement la *flotte*, un certain nombre de vaiſſeaux, tant du roi que des marchands, qu'ils envoyent tous les ans à la Vera-Crux, port de la nouvelle Eſpagne.

Cette *flotte* eſt compoſée de la capitane, de l'amirante & de la patache pour le compte du roi, & d'environ ſeize vaiſſeaux marchands, depuis quatre cent juſqu'à mille tonneaux, appartenans aux particuliers. Les uns & les autres ſont ſi chargés à l'aller & au retour, qu'il leur eſt difficile de ſe défendre quand ils ſont attaqués.

La *flotte* part de Cadix vers le mois d'août, & eſt environ dix-neuf ou vingt mois en ſon voyage.

FLOTTE DE SOIE. Les ouvriers qui font le moulinage de ſoie, nomment *flotte de ſoie*, ce qu'on nomme ordinairement *échevaux* de ſoie.

FLOTTE. *Trains de bois*, qui ſervent à amener à Paris le bois flotté. Le bois pour la proviſion de cette capitale, y arrive, ou par charrois, ou par bateaux, ou par *flottes*.

FLOTTES, ou plutôt VILLES FLOTTANTES. Ce ſont pluſieurs *barques*, ou *bâtimens* de médiocre grandeur, dont les Chinois ſe ſervent, pour faire leur commerce dans l'intérieur de ce vaſte empire; ſurtout dans les endroits où il y a beaucoup d'eau; ce qui eſt aſſez fréquent dans la Chine.

Ces bâtimens voguent ſéparément, ou du moins ſeulement liés quelques-uns enſemble: mais lorſqu'ils ſont arrivés au lieu où ils ont deſſein de fixer leur négoce pour un temps, on les arrange avec une ſorte de ſimétrie; laiſſant des rues, & comme des places publiques entre-deux: enſuite on les joint tous avec des eſpèces de cordages de jonc & de bambouc, entrelaſſés de liens de bois, & fortifiés par de groſſes poutres. Enfin, on les amarre de diſtance en diſtance avec d'autres pièces de bois.

Ces *flottes*, ou petites villes flottantes, ont leurs magiſtrats & leur police. Chaque bateau eſt comme une maiſon, qui a ſes magaſins & ſa boutique, avec ſon enſeigne, pour faire connoître aux acheteurs

quelle ſorte de marchandiſes on y vend. Auſſi ces ſortes de marchands n'ont-ils point d'autre demeure. Ordinairement ils y ſont nés; & pour l'ordinaire ils y meurent.

Ce ne ſont point les habitans de ces maiſons aquatiques, qui vont ſolliciter les habitans de la terre, de venir acheter: ceux-ci les vont trouver dans de petites nacelles, mais ſeulement pendant le jour; les avenues des rues étant fermées durant la nuit.

On voit auſſi quelques-unes de ces *flottes* ſur la côte de Sumatra, mais ce ne ſont que des hameaux, en comparaiſon de celles de la Chine.

FLOTTISTES. On nomme ainſi en Eſpagne, ceux qui font le commerce de l'Amérique, par les vaiſſeaux de la *flotte*, pour les diſtinguer de ceux qui le font par les gallions, qu'on appelle *gallioniſtes*.

FLUSTES. Sont des *vaiſſeaux longs*, à cul rond, & enflés par le ventre, du port de trois à quatre cent tonneaux, qu'on appelle auſſi *fioques*; qui contiennent une plus grande quantité de marchandiſes, que les vaiſſeaux ordinaires. On s'en ſert à porter des vivres dans les eſcadres de navires, & à tranſporter des troupes.

F O

FOANG. Petite *monnoie d'argent*, qui a cours à Siam. Le *foang* eſt la moitié du mayon. On donne huit cent coris, ou coquille des Maldives, pour un *foang*. *Voyez* la TABLE DES MONNOIES.

FOIBLAGE D'ALOI. C'eſt quand la monnoie n'eſt pas au titre requis.

FOIBLE. Qui eſt *débile*, qui a peu de force.

On le dit dans le commerce, en différens ſens, qui tous font entendre, qu'une marchandiſe, une denrée, ou toute autre choſe qui entre dans le négoge, à quelque défaut, ou n'eſt pas de la qualité requiſe.

On appelle du *vin foible*, du vin peu ſpiritueux, plat & ſans force, qui n'eſt, ni de bonne garde, ni de bonne vente.

Les chevaux *foibles*, ſont ceux de peu de force, & qui ne ſont propres qu'à porter de légers fardeaux.

De la monnoie *foible*, eſt de la monnoie légère, ou rognée, qui ne peut avoir cours dans le commerce. *Voyez* MONNOIE.

Dans la balance romaine, on nomme *le foible*, le côté le plus éloigné du centre de la balance, qui ſert à peſer les marchandiſes les moins peſantes. Il y a un des membres de cette balance, que l'on appelle la *garde-foible*.

On dit qu'un poids eſt trop *foible*, lorſqu'il n'eſt pas juſte, & qu'il pèſe moins qu'il ne doit.

En fait de teinture, un drap *foible* de guède, eſt un drap où le teinturier n'a pas employé toutes les drogues néceſſaires, pour lui donner un bon pied de bleu. Les noirs *foibles* de guède ſont eſtimés les moins bons.

Lorſque l'on dit, qu'une marchandiſe a été vendue, le fort portant le *foible*; cela doit s'entendre, qu'elle a été vendue toute fur un même pied , fans que l'on ait fait de diftinction de celle qui eft fupérieure, d'avec celle qui eft inférieure en bonté, ou en qualité.

FOIN. *Herbe féche des prés, qui fert de nourriture aux beftiaux.*

Le *foin en botte* fe vend au millier, au cent; & par les regrattiers qui en font le détail, à la botte. Le *foin en meule* fe débite au charriot, à la charretée & à la charge, ou fomme : dans quelques endroits au quintal, ou cent pefant.

Le *foin* eft un des principaux commerce de l'Ifle de France, & des provinces voifines de la Seine, de la Marne, de l'Oife & de l'Yonne, par lefquelles arrivent à Paris les provifions de cette marchandife, qui lui font néceffaires; dont on eftime qu'années communes il s'y en débite près de fix millions de bottes.

Le *foin* qui vient à Paris, en defcendant la rivière de Seine, qu'on appelle *le pays d'Amont*, fe tire des prairies de Chelles, de Lagny, de Corbeil, de Melun, de Moret, de Montereau, de Bray, de Nogent-fur-Seine, de Gravon & de Pont-fur-Yonne. Tous ces *foins* doivent arriver aux ports de Grève, de la Tournelle & de l'Ifle-Louvier.

Les *foins* qui viennent du pays d'Aval, c'eft-à-dire, en remontant la Seine, font de Poiffy, de Pontoife, de l'Ifle-Adam & de Beaumont-fur-Oife; ceux-ci abordent au port de l'Ecole.

Il entre auffi par terre, à Paris, quantité de *foins*; qu'on y amène des villages des environs, entr'autres, de Nogent-fur-Marne, de Noify-le-Grand, de Gournay, de Noifelle, de Palaifeau, de Linas & de Châtres. Le *foin* qui vient par terre eft eftimé meilleur que le *foin* de rivière; mais auffi les bottes en font ordinairement plus légères; & fouvent elles courent rifque d'être fourrées de vieilles & mauvaifes herbes.

Le bottelage des *foins* deftinés pour Paris, doit être fait à trois liens du même *foin*; & chaque botte du poids de 12, 13 & 14 livres, depuis le mois de juin jufqu'à la Saint-Remi; de 10, 11 & 12 livres, depuis la Saint-Remi jufqu'à Pâques; & de 8, 9 & 10 livres, depuis Pâques jufqu'à la nouvelle récolte: ces diminutions fucceffives étant accordées pour le déchet que la féchereffe caufe à cette marchandife.

Toutes les bottes doivent être de même qualité, tant au dedans qu'au dehors, fans aucun mélange de bons & de mauvais, ou de vieux & de nouveau *foin*.

Les marchés des *foins* nouveaux ne peuvent fe faire qu'après la fanaifon : & il eft défendu à tous marchands & autres, d'arrêter ou acheter des *foins* avant la récolte.

Au refte, le négoce de cette marchandife eft libre, & chacun peut s'en mêler fans lettres & fans privilége; ce qui s'entend néanmoins, en obfervant les réglemens faits pour le commerce des *foins*.

FOIRE. *Concours de marchands, de manufacturiers, d'artifans, d'ouvriers & de plufieurs autres* perfonnes de tout état & de toute profeffion, régnicoles ou étrangers, qui fe trouvent chaque année dans certain lieu & à certains jours; les uns pour y apporter, vendre & débiter leurs étoffes, manufactures, ouvrages, marchandifes & denrées; & les autres pour les y acheter, ou même feulement par curiofité, & pour y prendre part aux divertiffemens, qui accompagnent ordinairement ces fortes d'affemblées.

FOIRE. Se dit encore de ces étalages de menues merceries & blimblotterie, de pain d'épices, d'outils propres au ménage de la campagne, d'ouvrages de vannerie, de fayance & de telle autre forte de marchandifes de peu de conféquence & de bas prix, qui fe font dans les lieux & autour des églifes, particulièrement de la campagne, où les peuples s'affemblent par dévotion, & vont en pélerinage.

FOIRE. S'entend auffi de quelques lieux, dans lefquels à certains jours & pour un certain temps on a permiffion de vendre d'une feule forte de marchandife.

Il y a à Paris deux de ces fortes de *foires*; l'une que l'on nomme *la foire aux jambons*, & l'autre *la foire aux oignons*.

LA FOIRE AUX JAMBONS, qu'on appelle auffi *foire au lard*, fe tient chaque année dans le parvis de l'églife métropolitaine, & le long de la rue neuve Notre-Dame; elle ne dure qu'un feul jour, qui étoit autrefois le jeudi faint, & qui eft préfentement le mardi faint : mais s'y vend une fi grande quantité de jambon, de fléches de lard & autres viandes de porc falées, & le peuple s'y trouve avec une fi grande affluence pour en acheter, qu'on ne le peut exprimer.

FOIRE DU TEMPLE. Cette *foire* fe tient dans la cour du Temple le jour de la S. Simon S. Jude, qui eft le jour de la dédicace de l'églife du grand prieuré.

On l'appelle, par dérifion, *la fête aux nefles*, parce qu'on y envoie ordinairement les nouveaux venus & les jeunes badauds de Paris, y demander ce fruit, au lieu duquel on leur fait quelque niche plaifante, fur-tout en leur barbouillant le vifage avec du noir.

Cette *foire* qui appartient au grand-prieur, ne dure qu'un jour; cependant il s'y trouve quelques marchands affez confidérables, qui y étalent, particulièrement des foureurs, des camelotiers & quelques merciers.

LA FOIRE AUX OIGNONS, commence à la Notre-Dame de feptembre, & ne finit qu'à la fin du mois. Pendant tout ce temps-là, les femmes des laboureurs, maraîchers des environs de la ville, apportent une quantité inconcevable d'oignons blancs & rouges, dont le bourgeois fait fa provifion pour toute l'année. Les oignons s'y vendent au boiffeau, à la torche & à la botte.

La différence de la botte à la torche confifte, en ce que celle-ci a les oignons attachés autour d'un bâton, & l'autre feulement avec de la paille; outre cela.la torche contient ordinairement autant d'oignons, que quatre ou cinq bottes.

Cette *foire* se tenoit autrefois dans le parvis Notre-Dame & aux environs, comme celle aux jambons; mais vers le milieu du dix-septiéme siécle, elle a été transférée dans l'isle Notre-Dame, où elle se tient chaque année le long du quai Bourbon.

FOIRE. Signifie pareillement *le lieu où les marchands s'assemblent*, tiennent leur boutique & font leur commerce.

Plusieurs *foires* se tiennent en pleine campagne, & sous des tentes & des baraques, comme la *foire de Guibray & de Beaucaire*; d'autres dans des lieux fermés de murs, où sont élevées des boutiques, qui tirées à la ligne & avec symetrie, forment des rues & des places; mais qui sont d'ailleurs toutes découvertes, ou seulement plantées de quelques arbres contre l'ardeur du soleil, comme est la *foire de S. Laurent à Paris*, qui se tient en été. Enfin, il y a d'autres *foires*, comme celle de *S. Germain*, dans la même ville, qui se tenant en hyver, ont leurs boutiques rangées le long de plusieurs grandes allées, qui se traversent les unes les autres, & qui sont garanties de l'injure du temps par de grands appentis de charpente couverts de tuiles, qui s'étendent sur toute l'enceinte intérieure de la *foire*.

Les boutiques où les marchands tiennent leurs marchandises & font leur négoce, particulièrement dans les deux grandes *foires* de Paris, dans celle de Caen, & autres principales villes de France, se nomment ordinairement des *loges*. On dit : ce marchand a deux loges à la *foire de S. Germain*; pour dire, qu'il y tient deux boutiques.

On appelle *marchands forains*, les marchands qui fréquentent les *foires*.

On en peut distinguer de deux sortes; les uns, qui ayant leur domicile fixe dans quelque ville, où ils ont maison, boutique ou magasins, ne laissent pas d'envoyer, ou de porter de la marchandise aux *foires*: les autres, qui, pour ainsi dire, roulent leurs boutiques de *foire* en *foire*; & qui les parcourant toutes chaque année, mènent une famille errante, qui avec leurs marchandises, & les voitures qui en sont chargées, forment une espèce de petite caravane.

Quoiqu'il ne soit pas de l'essence de ces assemblées de marchands, d'avoir des comédiens, des danseurs de corde, des batteleurs, des joueurs de marionnettes, & autres tels gens qui contribuent au divertissement, il n'y a guères néanmoins de *foires* un peu considérables, où il n'y en ait toujours en quantité, & c'est peut-être une des choses qui contribue davantage au grand commerce qui s'y fait. La noblesse & les personnes les plus riches & les plus accommodées des provinces, regardant les *foires* comme des parties de plaisir, & y courant en foule, moins pour y faire des emplettes de choses, qu'elles trouveroient peut-être & plus commodément & à meilleur marché dans leur voisinage,

que pour prendre part aux divertissemens qu'elles savent qu'elles y trouveront.

L'on sait avec quel concours la noblesse du Languedoc va à la *foire de Beaucaire*, & la noblesse de Normandie à celle de *Guibray*; mais ce n'est rien en comparaison des assemblées des princes & des grands seigneurs d'Allemagne, qui se trouvent aux trois *foires de Leipsick*, ou aux deux *foires de Francfort sur le Mein*.

C'est un droit du souverain de pouvoir seul donner ses lettres-patentes pour l'établissement d'une *foire*, soit qu'il l'établisse sur le pied de *foire* entièrement franche, soit qu'il en réduise la franchise à quelque modération de droits locaux, soit enfin qu'il n'en accorde le droit que sur le pied de *foire* ordinaire, & sans les priviléges d'aucune franchise.

FOIRES FRANCHES.

Il y a en France quantité de *foires franches*; mais avec plus ou moins de priviléges, de prérogatives & de franchises les unes que les autres.

Les principales sont, la *foire de Saint-Germain*, qui se tient à Paris le lendemain de la chandeleur.

Les quatre *foires de Lyon*, qui s'ouvrent, l'une le premier lundi après la fête des rois, l'autre le premier lundi après la quasimodo, la troisiéme le quatriéme jour d'août, & la quatriéme le troisiéme jour de novembre.

Reims a aussi quatre *foires*, la première le lendemain des rois, la seconde le jeudi après pâques, la troisiéme au mois de juillet, le lundi avant la Magdeleine, & la dernière le premier du mois d'octobre.

Chartres en Beauce en a trois, l'une le jeudi saint, l'autre l'onzième mai, qu'on appelle la *foire des Barricades*, & la troisiéme le neuvième juin.

Merinville (aussi en Beauce) en a pareillement trois, le 14 mars, le 15 septembre & le 24 octobre.

Rouen a deux *foires franches*, la *foire* de la chandeleur & la *foire* de la pentecôte.

Bordeaux, deux, l'une le premier de mars, l'autre le 16 octobre; toutes deux durent chacune 15 jours.

Troyes aussi deux, la première le second lundi de carême, la seconde le premier septembre.

Mormant en Brie le même nombre, l'une le jeudi de la passion, l'autre le premier lundi du mois d'août.

Saint-Denis en France pareillement deux, l'une au mois de juin, & l'autre au mois d'octobre; c'est celle de juin qu'on appelle *Landy*.

Caen a une *foire franche*, qu'on appelle en Normandie *la franche de Caen*.

Bayonne, une, qui commence au premier mars, & qui dure 15 jours.

Château-Thierry, une, le 9 de juin.

Nantes, une, elle ouvre le jour de la chandeleur 2 du mois de février, & dure 15 jours.

Clermont en Auvergne, Senlis & Vitry-le-François; chacun une; celle de Vitry est le jour de la

Magdeleine ; celle de Senlis , le lundi d'après la S. Jean-Baptiste ; & celle de Clermont , le jeudi faint.

Il y a encore la *foire de Montrichard* en Touraine , célèbre par le grand concours de marchands qui y viennent de toutes les provinces du royaume , mais particulièrement par le grand commerce d'étoffes de lainerie qui s'y fait , s'y marquant , année commune , jusqu'à douze mille pièces d'étoffes de laine. Le roi vient de rétablir celle de Tours , qui avoit ceffé depuis long-temps.

Les *foires de Pezenas* & *de Montagnac* en Languedoc , où les marchands de Carcaffonne , de Caftres , de Laudève , de Clermont , de Montpellier & des montagnes , apportent toutes fortes de marchandifes , & où , fur-tout aux quatre *foires* qui fe tiennent dans la première de ces villes , aux quatre faifons de l'année , fe vendent prefque toutes les laines qui fe recueillent dans la province.

La *foire de Guibray* en baffe Normandie , qui s'ouvre le 16 août , & qui dure 15 jours.

La *foire de Beaucaire* en Languedoc , qui n'en dure que trois , & qui fe tient au mois de juillet , le lendemain de la Magdelaine.

La *foire de Toulon* commencée en 1595 , & rétablie en 1708.

Enfin la *foire franche de Dieppe* , établie la dernière , & qui dure pendant les 15 premiers jours du mois de décembre.

De toutes ces *foires* , on ne parlera ici avec quelque détail que de la *foire de Saint-Germain* , des deux de Saint-Denis , des quatre *foires* de Lyon , des quatre de Reims , des deux de Rouen , des deux de Bordeaux , des deux de Troyes , de celle de Caen , de celle de Dieppe & de celle de Toulon , n'ayant rien de bien remarquable à dire des autres , à la réferve de celles de Guibray & de Beaucaire , qui auffi-bien que celle du Landy , qui eft une des deux de Saint-Denis , font renvoyées à leurs propres articles. *Voyez* GUIBRAY, BEAUCAIRE & LANDY.

On va néanmoins , avant que d'entrer dans le détail des franchifes de ces différentes *foires* , dire quelque chofe en général de celles de Champagne & de Brie , fur le modèle defquelles ont été établies toutes celles qui fubfiftent préfentement en France.

FOIRES FRANCHES DE CHAMPAGNE ET DE BRIE.

Les *foires* établies par les comtes de Champagne & de Brie , dans dix-fept des principales villes de ces deux provinces , ont long-temps été les plus célèbres qui fuffent en France , & peut-être dans toute l'Europe.

Les plus importantes de ces villes avoient jufqu'à fix *foires* par an , plufieurs quatre , & il n'y en avoit point qui n'en eût au moins deux.

Les marchands , attirés par les grandes franchifes , libertés & priviléges qui leur avoient été accordés , y accouroient en foule dans tous les temps de l'année ; il y en venoit non-feulement des extrémités du royaume , mais encore d'Allemagne & de toute l'Italie , particulièrement de Florence , de Milan , de Lucques , de Venife & de Gènes , qui y apportoient des étoffes d'or , d'argent & de foie , des épiceries , & autres riches marchandifes de leur pays , ou du Levant , en échange defquelles ils remportoient des draps , des cuirs & autres étoffes , ou denrées , du crû des provinces de Champagne & de Brie , ou qui y étoient apportées des autres provinces de France.

Ces *foires* étoient encore dans cet état floriffant , lorfque les comtés de Champagne & de Brie furent réunis à la couronne de France en 1284 , par le mriage de Philippe le Bel avec Jeanne Reine de Navarre , qui en étoit l'héritière.

On auroit dû croire que cette réunion eût apporté un nouveau luftre aux *foires* qui fe tenoient dans ces provinces ; mais il en arriva tout le contraire , & fous le règne de Philippes de Valois , qui parvint à la couronne environ 40 ans après ; à peine confervoient-elles encore quelque chofe de leur ancienne réputation ; les marchands , fur-tout les étrangers , ayant ceffé de les fréquenter , à caufe du peu de fûreté qu'ils y trouvoient , & pour les nouvelles charges & impofitions qui avoient été mifes fur les marchandifes depuis la réunion de ces provinces à la couronne.

Le traité de 1335 avec Philippe Roi de Navarre & Jeanne de France fa femme , ayant affuré à Philippe de Valois la poffeffion de la Champagne & de la Brie , ce prince , à qui la France eft redevable de quantité de beaux établiffemens pour les manufactures , les arts & métiers & le commerce , penfa à remettre ces *foires* fur leur ancien pied , & à y rappeller les marchands regnicoles & étrangers , en confirmant les anciennes franchifes , & en fupprimant les nouvelles impofitions.

Les lettres-patentes que Philippe de Valois accorda à cet effet , & qui eurent tout le fuccès qu'il en avoit efpéré , font du fixième août 1349 ; & c'est fur leur modèle , que tous fes fucceffeurs , jufqu'au régne de Louis XV , ont cru devoir fe régler , dans celles qui ont été accordées depuis ce temps-là , pour l'établiffement des *foires franches* dans diverfes villes du royaume.

Trente fix articles compofent ces lettres-patentes , que l'on peut réduire en cinq claffes , qui font ; la première , des priviléges & franchifes des marchands ; la feconde , des gardes , ou juges-confervateurs , & de leurs officiers ; la troifiéme , des jours que les marchands doivent tenir *foire* , pour jouir de la franchife ; la quatriéme , de la vifite des halles & des marchandifes ; enfin la cinquiéme , de la police pour les changes & monnoies , & pour les obligations & paiemens faits en *foire*. On va entrer dans le détail de ces cinq chefs de réglemens.

Franchifes.

Ces *franchifes* confiftent : 1°. En ce qu'il eft permis

permis à tous marchands étrangers d'entrer dans le royaume, sous la protection royale, & le sauf-conduit des *foires*; d'y demeurer & séjourner, s'en retourner & en sortir, eux, leurs facteurs, voituriers & marchandises, en toute liberté & sûreté : à la charge néanmoins que leursdites marchandises soient destinées pour quelqu'une desdites *foires*; qu'elles y ayent été étalées, vendues, troquées & échangées, ou qu'elles en sortent, faute d'y avoir été vendues, & après y être resté le temps ordonné.

2°. Que lesdits marchands & marchandises, venant aux *foires*, ou s'en retournant, sont quittes de tous droits, impositions, charges & servitudes, suivant les bons & anciens usages, coutumes & libertés, gardés de tout temps dans lesdites *foires*.

3°. Qu'il ne peut être accordé aucune grace, ou lettres de répit contre les marchands fréquentans lesdites *foires*, ni contre les coutumes & libertés d'icelles; & que si aucunes étoient obtenues, qu'elles restent nulles, sans que les gardes conservateurs soient tenus d'y avoir égard.

4°. Qu'aucuns marchands fréquentans lesdites *foires*, ou s'en retournant d'icelles, ne peuvent être pris, ni arrêtés, non plus que leurs marchandises, voitures & chevaux, que par jugement rendu par les gardes de la conservation, & pour obligations faites véritablement & réellement en *foire*.

5°. Enfin, qu'il ne peut être procédé pendant lesdites *foires* par les généraux des monnoies, contre les marchands étrangers, pour raison de la coupe & prise des monnoies défendues, dont ils pourroient se trouver chargés; mais seulement par les commissaires établis par les gardes des *foires*, leurs chanceliers, ou leurs lieutenans.

Gardes des priviléges.

On nomme ainsi des *juges* établis pendant le temps des *foires*, pour veiller à la conservation des franchises, pour en faire jouir les marchands, & pour connoître des contestations & procès qui peuvent survenir entr'eux, au sujet de la vente & achat des marchandises, ou des obligations & paiemens qui s'en font.

Chaque *foire* doit avoir deux gardes conservateurs, un chancelier, qui en garde le sceau, & deux lieutenans, sçavoir: l'un, pour tenir le siège en l'absence des gardes; & l'autre, pour suppléer aux fonctions du chancelier. Quarante notaires, & cent sergens sont aussi établis, les uns, pour recevoir, & passer les actes & obligations des marchands; & les autres, pour l'exécution des jugemens des gardes.

Les gardes & les chanceliers prêtent serment à la chambre des comptes de Paris, à laquelle ils doivent faire rapport chaque année de l'état des *foires*: à l'égard des notaires & sergens, ils sont choisis & reçus par les gardes & le chancelier, qui peuvent, en cas de prévarication ou d'absence, les démettre de leurs offices, & en substituer d'autres en leur place.

Les gardes, ou du moins l'un d'eux, aussi-bien

que le chancelier, doivent se trouver dès la veille au lieu où se tient chaque *foire*, & y rester jusqu'à ce que les plaidoiries soient faites, & duement délivrées & finies, pour y revenir ensuite dans le temps des paiemens; & en cas qu'ils n'y fissent pas une résidence suffisante, ils doivent être privés de leurs gages, & d'autres substitués en leur lieu.

Enfin, aucun jugement ne peut être rendu juridiquement en *foire*, que par les deux gardes ensemble, ou par le garde présent & le chancelier, en l'absence de l'un des deux gardes; ou enfin, celui-ci étant aussi absent, par une personne suffisante & non suspecte, choisie par le garde présent; y ayant même des natures d'affaires, où les gardes sont obligés d'appeller six prud'hommes, pour les juger avec eux.

Temps pendant lequel les marchandises doivent tenir foire pour en gagner la franchise.

Les drapiers & marchands des dix-sept villes de Champagne & de Brie, qui sont tenus d'aller aux *foires*, c'est-à-dire, ceux des villes où se tiennent l'une des dix-sept *foires*, ne peuvent vendre leurs draps, ni autres étoffes, soit en gros, soit en détail, soit dedans, soit dehors le royaume, & ce à peine de confiscation, qu'ils ne les aient premièrement envoyées en l'une desdites *foires*, & qu'ils ne les y aient exposées en vente dès le premier jour des draps, jusqu'au sixiéme jour suivant; leur étant néanmoins libre d'en disposer selon que bon leur semble, s'ils n'ont pu les vendre, ni s'en défaire pendant ledit temps.

Les marchands de chevaux, tant du royaume, qu'étrangers, doivent les faire tenir étable dans lesdites *foires*, depuis les trois jours des draps, jusqu'aux changes abbatus, c'est-à-dire, jusqu'à ce que les changeurs aient ôté les tapis qu'ils sont tenus d'avoir à leurs loges & boutiques, tant que dure la *foire*.

Les marchands de cordouan, ce qui comprend les tanneurs, les courroyeurs, les mégissiers & autres ouvriers & marchands, qui vendent & apprêtent les cuirs, sont tenus de les mener aux *foires* &, de les y exposer tous à la fois dès le premier des trois jours du cordouan, sans en réserver aucuns pour les derniers jours, & sans les mettre en vente en d'autres lieux que ceux destinés pour la vente des cuirs.

Enfin, toutes les autres marchandises & denrées amenées en *foire*, y doivent pareillement rester en vente, quelques-unes six jours & d'autres trois jours seulement, selon leur nature & qualité.

Visites.

Il se fait deux sortes de *visites* dans les *foires*; l'une, par les gardes conservateurs; & l'autre, par des prud'hommes choisis de chaque corps de marchands, ou des communautés des arts & métiers, qui fréquentent les *foires*, & y étalent leurs étoffes, marchandises, ouvrages & denrées.

S

La vifite des gardes fe fait à l'ouverture de chaque *foire*, dans les halles, boutiques, étaux & autres lieux, où doivent s'établir les marchands, tenir leurs marchandifes & les expofer en vente, pour voir s'ils y font avec toute la commodité & la fureté convenable.

La vifite des prud'hommes, qui doivent être deux, ou au moins un de chaque corps ou communauté, eft deftinée pour juger de la nature, qualité & bonté des draps, épiceries, cordouans ou autres marchandifes; que les marchands font entrer en *foire*; & les faire faifir & arrêter, fi elles font défectueufes: mais ce, feulement du confeil de fix, cinq ou quatre des plus notables defdits métiers, appellés avec eux, pour enfuite en rapporter aux gardes & chancelier, & en faire juger par eux la défectuofité, & condamner, fi le cas y écheoit, ceux à qui elles appartiennent à une amende arbitraire.

Police des changes, obligations & paiemens faits en foire.

Il eft permis aux marchands, tant François qu'étrangers, de ftipuler dans les contrats & promeffes qui leur font faits pour le paiement de leurs marchandifes vendues en *foire*; que lefdits paiemens fe feront en efpèces d'or ou d'argent, ayant cours lors de la paffation defdites promeffes & obligations, fans qu'aucune ordonnance fur le fait des monnoies puiffe préjudicier à cette convention arrêtée entre les marchands fréquentant lefdites *foires*.

Nul marchand, s'il n'a réfidence actuelle en *foires*, ne peut ufer du fcel & obligation defdites *foires*, ni s'aider des privilèges, franchifes & libertés d'icelles.

Toutes lettres, actes, contrats & obligations touchant le fait & action des *foires*, font de nul effet, fi elles ne font paffées fous le fcel defdites *foires*.

Lorfqu'il fe fait prêts & créances pour marchandifes vendues en *foires*, & pour les paiemens en être faits de *foire* en *foire*, c'eft-à-dire, fix fois en l'an; le change, prêt ou intérêt, ne peut être plus haut de 15 liv. pour cent; fçavoir, cinquante fols pour chaque *foire*: bien entendu que les obligations ne foient faites pour prêt de deniers, auquel cas elles font déclarées ufuraires.

Il eft défendu, en faifant renouveller les obligations faites en *foire*, d'y comprendre les intérêts avec le principal.

Il eft pareillement fait défenfes, fous peine de faux, tant contre le notaire, que contre le créancier, de paffer ou faire paffer hors de *foires*, des obligations dans le ftile de celles qui fe paffent en *foire*, & comme fi elles y étoient faites; afin de jouir indûment, par cette fauffeté, du privilège des *foires*.

Enfin, pour abréger les paiemens des *foires*, & ôter toute occafion de longs procès, il eft ordonné aux gardes, ou juges confervateurs, de ftatuer feulement fur le principal des conteftations portées devant eux, fans avoir égard à aucun acceffoire, déclinatoire, dilatoire, ou autres, à la réferve néanmoins des péremptoires.

C'eft, comme on l'a dit ci-devant, fur ces franchifes, difcipline & police des *foires de Champagne & de Brie*, qu'ont été réglées toutes les autres *foires* établies depuis en France; mais non pas toutefois fi exactement, & pour ainfi dire, fi fervilement, qu'on ne s'en foit quelquefois éloigné, fuivant que le temps, les lieux & les circonftances l'ont demandé: ce qu'on pourra obferver dans ce qu'on va dire dans la fuite de cet article, des principales *foires*, qui font préfentement dans le royaume.

FOIRE DE SAINT-LAURENT.

L'établiffement de cette *foire*, ainfi nommée, parce qu'elle fe tient dans le fauxbourg & près de l'églife de Saint-Laurent, eft très-ancien, & fi ancien qu'on n'en fçait pas l'origine; tout ce que l'on en fçait, c'eft qu'elle a au moins cinq cens ans d'antiquité, puifqu'il en eft parlé dans quelques titres du douzième fiècle.

Autrefois elle ne duroit qu'un jour, & lorfque la nuit étoit venue, il étoit permis aux fergens du châtelet, qu'on appelle *fergens à la douzaine*, de venir renverfer les échoppes & brifer les marchandifes des marchands qui n'avoient pas encore détalé; ufage, ou plutôt défordre que les lettres patentes des rois, particulièrement celles de Philippe de Valois, & enfuite celles du roi Jean, eurent bien de la peine à fupprimer & à arrêter.

La place où cette *foire* fe tenoit n'a pas toujours été la même. D'abord les marchands étaloient entre Paris & le Bourget, dans une prairie de trente-fix arpens, appellée pour cela le *champ de Saint-Laurent*. Dans la fuite on la rapprocha de la ville, & elle fe tint dans la grande rue du fauxbourg. En 1636, on propofa de la tenir dans la ville, dans un lieu enfermé & couvert; dont on avoit déja donné des deffins & dreffé des plans; mais ce projet ne paffa pas la propofition. Enfin, en l'année 1661, les prêtres de la miffion, qui avoient pris la place des prieur & religieux de Saint-Lazare, ayant repréfenté au roi que leur *foire* embarraffoit extrêmement le fauxbourg, & ayant demandé la permiffion de la transférer dans quelque endroit de leur domaine & de leur feigneurie, ils obtinrent des lettres patentes de Louis XIV, enregiftrées au parlement en 1662, en vertu defquelles ils la tranfportèrent dans le lieu où elle fe tient préfentement.

Ce nouvel emplacement qui eft tout entouré de murs, & qui contient environ fix arpens, eft fitué un peu au-deffus de l'églife de Saint-Laurent, entre le fauxbourg du même nom & celui de Saint-Denis, aboutiffant d'un bout vis-à-vis Saint-Lazare, & de l'autre, devant les récolets. Une partie de cet enclos eft découvert & fert à la marchandife de grefferie & autres ouvrages de terre, qui dans les premiers temps faisoient le principal étalage de la *foire*. Le reste en est entrecoupé par de belles & larges rues tirées au cordeau, & bordées des deux côtés de loges & boutiques bien bâties & bien couvertes, qui avec des arbres qui forment entr'eux des allées, donnent un coup d'œil riant & agréable, même dans l'état actuel, qui ne subsiste que depuis un petit nombre d'années, la *foire Saint-Laurent* ayant souffert une assez longue interruption, sous M. de la Vrillière, qui l'avoit fait transférer à la place de Louis XV.

Les marchands qui fréquentent cette *foire*, sont principalement les orfèvres & les marchands merciers, qui font la joyaillerie & le bijoutage ; les petits merciers qui vendent les colifichets & jouets d'enfans, les peintres, les lingères, les limonadiers, les tablettiers, les fayanciers, les confiseurs, les marchands du palais, enfin les pains d'épiciers & ceux qui font la petite mercerie.

Il y vient aussi des marchands d'Amiens, de Beauvais, de Reims & de quelques autres endroits de Picardie & de Champagne, qui y apportent de petites étoffes qui se fabriquent dans ces deux provinces, entr'autres des étamines unies & rayées ; & des camelots de toutes façons.

On a dit ci-dessus que dans le premier établissement de cette *foire*, elle ne duroit qu'un jour, qui étoit le jour de la fête de Saint-Laurent : peu à peu on s'accoutuma de la tenir aussi la veille de cette fête, ce qui duroit encore au commencement du dix-septiéme siécle.

En 1616, sa tenue s'augmenta considérablement, & fut de huit jours ; depuis elle alla jusqu'à quinze ; ensuite jusqu'à un mois, & présentement elle passe même deux mois, s'ouvrant en juillet, le lendemain de la fête de Saint-Jacques-Saint-Christophe, & ne finissant qu'à la Saint-Michel.

L'ouverture de cette *foire* se fait avec les mêmes cérémonies que celle de la *foire* Saint-Germain. Elle s'annonce comme elle à son de trompe, & s'affiche dans les carrefours ; ce qu'on fait aussi pour l'augmentation de sa durée, qui se publie pareillement par ordonnance du lieutenant de police, & autres officiers du châtelet, au bout des premiers quinze jours.

Du temps que la *foire* se tenoit dans le champ Saint-Laurent, ou le long du fauxbourg, le droit de *foire* de Saint-Lazare étoit d'abord de 5 sols par boutique, réduit dans la suite à 2 sols. Présentement le loyer des boutiques y tient lieu de droit aux acquéreurs des droits ci-devant attribués à la maison chef d'ordre des prêtres de la mission, qui en tirent un revenu très-considérable.

FOIRE DE SAINT-GERMAIN.

L'établissement de cette *foire* n'est que du quinziéme siécle. Ce fut Louis XI qui en accorda le droit & les franchises à l'abbé & religieux de Saint-Germain-des-prés, par des lettres-patentes de l'an-

née 1482, dont néanmoins ils ne jouirent paisiblement qu'en 1484.

Plusieurs rois successeurs de Louis XI, ont accordé des lettres de confirmation de cette *foire* ; quelques-uns même en ont augmenté les priviléges. Les dernières lettres-patentes sont de Louis XIV, du mois de novembre 1711, César d'Estrées cardinal, évêque d'Albano, étant alors abbé commendataire & administrateur perpétuel de l'église & abbaye de Saint-Germain-des-prés, dont le crédit servit beaucoup à les faire obtenir.

L'ouverture de cette *foire* est présentement fixée au lendemain de la fête de la Sainte-Vierge, qu'on appelle la *chandeleur*.

Par les lettres de son établissement, elle concouroit avec la fameuse *foire* du Landy ; mais les religieux de Saint-Denis s'étant pourvus au parlement, pour empêcher ce concours, qui leur étoit préjudiciable, celle de Saint-Germain fut transférée par arrêt du 12 mars 1484, au troisiéme du mois de février, jour où depuis elle a toujours continué de se tenir.

Elle s'annonce chaque année au public, par une ordonnance du lieutenant de police, publiée à son de trompe, & affichée dans les carrefours & places de Paris : ce qui se fait pareillement de l'arrêt du conseil, par lequel sa majesté en accorde la continuation au-delà de la première quinzaine.

C'est seulement pendant ces premiers quinze jours que dure la franchise de la *foire*, & quoiqu'en conséquence de l'arrêt de continuation, sa durée s'étende ordinairement jusqu'au samedi devant le dimanche de la passion.

Cette prorogation ne regarde pas les marchands forains, mais des marchands de Paris, qui y ont des loges, & qui y étalent leurs diverses sortes de marchandises.

La principale franchise de cette *foire* consiste en ce que, pendant la première quinzaine les marchands forains peuvent y apporter, exposer en vente, vendre, débiter, échanger & troquer toute sorte de marchandise, sans qu'on puisse procéder par voie de saisie & exécution sur lesdites marchandises ; soit quand elles sont entrées en *foire*, soit lorsqu'on les y conduit, soit enfin, quand on les en raméne sans y avoir été vendues, même pour les deniers royaux.

Les marchands forains, qui fréquentent le plus ordinairement cette *foire*, sont ceux d'Amiens, de Beaumont, de Reims, d'Orléans & de Nogent.

Les marchandises qu'ils y apportent & qu'ils y vendent, sont des draps ou autres étoffes de laine, ou mêlées de soie ou de laine, ou de fil & de laine.

Il y venoit aussi autrefois des marchands d'orfévrerie & joyaillerie, des pays étrangers, particulièrement d'Allemagne : mais on ne les y voit plus que rarement que les orfèvres, joyailliers & marchands de bijouterie de Paris, qui y étalent, y ayant des boutiques fournies de trop beaux ouvra-

S ij

ges, pour laiffer un grand débit à ces marchandifes étrangères.

Deux infpecteurs, qu'on nomme *infpecteurs des foires*, qui font celui de la halle aux draps de Paris, & celui du département de Beauvais, font obligés d'aller à la *foire*, tant que la franchife dure, & de fe trouver à l'ouverture des balles, pour voir fi les étoffes y font fuivant les réglemens pour l'aunage & la fabrique.

Un troifiéme infpecteur des manufactures, qui eft celui établi à la douane de Paris, a foin de recevoir toutes les balles de marchandifes deftinées pour la *foire*, d'en tenir regiftre particulier, & de les y envoyer; mais fans les ouvrir, ni vifiter, fe contentant de les faire conduire par des gagne-deniers, pour empêcher le déverfement qui s'en pourroit faire dans des maifons particulières.

Outre la vifite des marchandifes qui arrivent à la *foire*, que font les deux infpecteurs, mais fans frais, il s'en fait une autre par les maîtres & gardes de la draperie & mercerie, pour laquelle il eft payé un droit par pièce, fuivant la qualité des étoffes, fçavoir; pour les plus fines 20 fols, pour les moyennes 10 fols, & pour les moindres 3 fols. Droit nouveau établi feulement depuis le mois de décembre 1704, & qui ne doit fe lever que jufqu'à l'entier remboursement de la fomme de quatre cent mille livres fournie au roi dans les befoins preffans de l'état, par ces deux corps de la draperie & de la mercerie. On en peut voir le tarif en détail à l'article des *auneurs* de draps.

Les marchands de Beauvais, de Reims & d'Amiens, & des autres manufactures, qui envoyent leurs draps & autres étoffes de laine à la *foire*, ayant voulu fe fervir du prétexte de leur franchife, pour s'exempter de ce droit de vifite, de marque & d'aunage; & les maîtres & gardes de la draperie & mercerie, s'étant plaints de leur part, par faute d'un entrepôt établi à la *foire* pour les étoffes de bas prix, qui n'étoient point portées à la halle aux draps, mais que les marchands & manufacturiers forains vouloient faire entrer en *foire* fans avoir été vifitées, ils étoient troublés dans la perception du nouveau droit; il fut ordonné par une fentence du lieutenant de police du 26 Janvier 1706, que les parties fe pourvoiroient au confeil fur le fond, & que cependant par provifion il en feroit ufé pour la marchandife de draperie, comme auparavant; c'eft-à-dire, que l'entrepôt continueroit de fe faire à la halle aux draps, & qu'en tant que touchoit les ferges, & autres marchandifes de Beauvais, Amiens, Reims, &c., elles feroient mifes dans un entrepôt difpofé à cet effet, pour en faciliter la vifite, marque & vérification des déclarations, & être enfuite remifes aux marchands, pour les faire entrer en *foire*.

Cette affaire ayant depuis été portée au confeil, il fut ordonné par un arrêt du 24 janvier 1713, que les droits réglés par la déclaration de 1704, feroient payés par les marchands forains, & tous autres fur tous les draps, & autres étoffes de laine, &c. qui feront & auront été conduits à la *foire faint Germain*, pendant qu'elle tient, même de celles qui n'y auroient pas été vendues; fauf auxdits forains, après que la *foire* fera finie, à faire tranfporter celles-ci dans la halle aux draps, pour y être vendues, fans payer de nouveaux droits; lefquels dits droits impofés par la déclaration de 1704, ne continueroient néanmoins d'être levés que jufqu'au rembourfement des emprunts faits par le corps de la draperie & mercerie, dont ils rendroient compte pardevant le lieutenant de police.

Il y avoit autrefois à Paris deux *foires de faint Germain*. La première & la plus ancienne qui a ceffé de fe tenir vers la fin du quinziéme fiécle, s'ouvroit quinze jours après Pâques, & duroit dix-huit jours. Les Abbé & Religieux de faint Germain qui en avoient aliéné la moitié à Philippe le Hardi, s'accommodèrent de l'autre moitié avec Louis XII, depuis le régne duquel il ne fe trouve plus rien de cette *foire*.

La feconde *foire de faint Germain*, eft celle dont on vient de parler.

Avant que le fauxbourg faint Germain fût bâti comme il eft, elle fe tenoit dans un grand pré, où depuis on a élevé les halles fous lefquelles font aujourd'hui les loges des marchands; alors il s'y vendoit quantité de chevaux & d'autres beftiaux, & l'on y faifoit auffi un grand commerce de vins que les marchands forains y amenoient.

Les halles fous lefquelles elle fe tenoit depuis, avoient été bâties par le cardinal Briffonnet, Abbé de faint Germain. On les tenoit pour le plus hardi morceau de charpenterie qu'il y ait au monde; & les plus habiles architectes auffi-bien que les charpentiers les plus experts dans leur art, ne ceffoient de l'admirer.

Ce merveilleux bâtiment étoit comme divifé en deux halles différentes, qui pourtant ne compofoient qu'une feule enceinte & un même couvert; leur longueur étoit de cent trente pas, & leur largeur de cent.

Neuf rues tirées au cordeau, & qui s'entrecoupoient les unes les autres, la partageoient en vingt-quatre parties ou ifles; les loges qui bornoient les rues, étoient compofées d'une boutique par bas, & d'une chambre ou petit magafin par haut: derrière quelques-unes de ces loges on avoit ménagé des cours, où il y avoit des puits contre les accidens du feu. Au bout d'une des halles étoit une chapelle où l'on difoit une meffe tous les jours, tant qu'elle duroit.

Tout cet édifice ayant été incendié de nos jours, a été remplacé par des rues & des échoppes fous couverture commune.

FOIRES DE LYON.

Lyon, une des plus anciennes & des plus belles villes des Gaules, & qui après Paris fait encore un des principaux ornemens de l'empire François, a de tout tems été célébre par son grand commerce, soit au dedans, soit au dehors du royaume.

M. Duchesne, dans son antiquité des villes, semble même insinuer sur un passage de Strabon, que les *foires de Lyon*, présentement si fameuses dans toute l'Europe, sont un établissement des Romains, & comme un présent qu'ils firent à une ville qu'ils n'avoient point cru indigne d'être associée à la capitale de leur empire, & d'en partager les magistratures & les honneurs avec ses propres citoyens.

Quoiqu'il en soit de ces anciennes *foires de Lyon*, il est au moins certain que celles dont on va parler dans ce paragraphe, sont d'un établissement bien plus moderne, & qu'elles ne remontent pas au delà du quinzième siècle.

Charles Dauphin de France, régent du Royaume, pendant la démence de Charles VI son pere, est celui à qui la ville de Lyon en est redevable.

Les premieres lettres patentes que ce prince accorde aux habitans de cette ville, pour y établir des *foires*, sont du 9 Février 1419, seulement composées de trois articles.

Par le premier, il est dit : qu'à l'avenir il y auroit chaque année deux *foires* dans la ville de Lyon; l'une commençant le lundi d'après le quatriéme dimanche de Carême; & l'autre au 15 de novembre, toutes deux continuées pendant six jours : » & une » chacune d'icelles franche, quitte & délivrée par » tous marchands, denrées & marchandises quel- » conques; ensorte que lesdites marchandises & » denrées qui y seroient amenées, vendues ou » échangées, s'en puissent aller pleinement & pu- » rement, sans fraude, de toutes aides, impôts, » tailles, coutumes, maltôtes, ou autres imposi- » tions, mises ou à mettre. »

Le second article donne cours dans la même ville, pendant les six jours de chaque *foire*, à toutes sortes de monnoies étrangères, & permet qu'elles y soient mises, reçues &-employées durant ledit tems, pour leur loyale & juste valeur.

Enfin, le troisième article accorde aux nouvelles *foires de Lyon*, & aux marchands y allant, demeurant, séjournant & retournant, tous & semblables priviléges dont jouissent les *foires* de Champagne & de Brie, & du Landy, ou les marchands qui y fréquentent.

Les guerres des Anglois qui suivirent d'assez près cette première concession, ayant empêché l'établissement de ces deux *foires*; la ville de Lyon, vingt-quatre ans après, obtint de nouvelles lettres patentes qui augmentèrent tout ensemble le nombre des *foires*, le tems de leur durée, & plusieurs de leurs priviléges.

Par ces lettres, qui sont du mois de février 1443, Charles VII alors paisible possesseur de son royaume, qu'il avoit reconquis, comme par miracle, sur les Anglois, octroye trois *foires* à la ville de Lyon par chaque année, chacune de 20 jours, franches & quittes pour toujours & pour tous marchands,

denrées & marchandises qui y viendroient, y seroient amenées & conduites, en sortiroient & y seroient vendues & échangées, de toutes aides, impôts, tailles, subsides, impositions foraines, coutumes, maltôtes, boëtes aux lombards, & autres charges, & treaux extraordinaires imposés ou à imposer, excepté seulement l'imposition sur la viande, & le huitième du vin, qui seroient vendus en détail dans Lyon, pendant les vingt jours de chaque *foire*; leur accordant en outre; pendant 15 ans consécutifs, la décharge de tous droits ordinaires du domaine.

Ces trois *foires* devoient commencer; l'une le premier lundi d'après pâques; l'autre le 26 juillet; & la troisième le premier décembre.

Dans tout le reste, ces secondes lettres sont semblables aux premieres, à la réserve des monnoies étrangères & du transport de l'or & de l'argent, dont les articles sont plus étendus dans celles de 1443, que dans celles de 1419.

Ces lettres furent entérinées, comme on parloit alors, à la chambre des comptes, le 7 août 1444, pour être exécutées suivant leur forme & teneur; à l'exception de la durée des *foires* pendant les vingt jours, qui fut restreinte à quinze; & de l'exemption du droit des aides pour toujours, qui fut réduit seulement à deux ans.

Cette seconde concession de trois *foires* par an, pour la ville de Lyon, fut encore suivie d'une troisième faite par Louis XI, fils & successeur de Charles, qui y ajouta une quatrième *foire*, & quantité de nouveaux priviléges.

Ses lettres-patentes sont du mois de mars 1462, depuis confirmées; & les *foires*, comme de nouveau établies par un édit du 14 novembre 1467.

Par les lettres de 1462, il est déclaré, que les *foires de Lyon* jusques-là établies à temps limité, le seroient à l'avenir perpétuellement & pour toujours; & qu'au lieu des trois *foires* accordées par le roi défunt, il s'en tiendroit désormais quatre, qui chacune dureroient quinze jours entiers ouvrables, & continués sans interruption; sçavoir; l'une le premier lundi d'après la quasimodo; l'autre, le quatrième jour d'août; la troisième; le troisième jour de novembre; & la quatrième, le premier lundi après la fête des rois.

Ce premier article est suivi de dix autres, qui contiennent les nouveaux priviléges accordés à ces quatre *foires*, dont on va donner l'extrait, attendu qu'ils sont, pour la plupart, encore observés, & que les changemens qui sont depuis arrivés, & desquels on parlera par la suite, sont moins des changemens que de nouvelles franchises & libertés.

Par le premier de ces dix articles, il est dit : que durant les quatre *foires de Lyon*, toutes monnoies étrangères y auroient cours pour leur juste prix & valeur; & que lesdites monnoies, ensemble tout or ou argent monnoyé ou non monnoyé, en quelque forme & espèce que ce fût, pourroient pendant le même temps des *foires* être portées hors du royaume, ou y être rapportées, fans que les maîtres des ports, ou les généraux des monnoies puissent s'y oppofer. C'est à cet article, où il a été davantage dérogé dans les derniers temps.

Le fecond article déclare & rappelle quels font les privilèges accordés aux *foires de Lyon*, lorfque celles de Genève avoient été fupprimées; & veut qu'elles, les marchands & marchandifes, foient à toujours francs de toutes impofitions, charges & tributs ordinaires & extraordinaires, même de ceux mis fur le vin & la viande.

Le troifiéme, établit le bailli de Mâcon, alors fénéchal de Lyon, ou fon lieutenant, pour confervateur & gardien defdites *foires*. Cette confervation eft depuis paffée aux prévôt des marchands & échevins de la ville de Lyon, ainfi qu'on le dit ailleurs. *Voyez* CONSERVATION.

Le quatriéme, décharge les marchands & marchandifes, de tous droits de marque & repréfailles.

Le cinquiéme, permet à toutes perfonnes, de quelqu'état, nation & condition qu'elles foient, de tenir banc de change public auxdites *foires*, même fans en prendre des lettres du roi ou des généraux des monnoies.

Le fixiéme eft une explication de la manière dont ces banquiers doivent en ufer pour les changes, rechanges & intérêts dans les temps des *foires*; & contient une exception de quelques villes & lieux, où il n'eft pas permis de faire des remifes d'argent. Ces exceptions ne font plus d'ufage.

Le feptiéme eft encore une police pour l'exercice des changes, & pour le paiement des lettres de change faites en *foires*, ou pour y être payées, & des protêts en cas qu'elles ne le fuffent pas. *Voyez* PAIEMENT.

Le huitiéme, qui eft un des plus importans, permet aux marchands étrangers fréquentans lefdites *foires*, ou s'établiffant à Lyon, d'y faire teftament & difpofer de leurs biens, comme s'ils étoient regnicoles ou dans leur propre pays; & en cas de décès fans avoir ordonné, veut que leurs héritiers naturels recueillent leur fucceffion, fuivant les loix & coutume de leur pays; le roi renonçant à tout droit d'aubaine. Cette franchife en particulier a été renouvellée & confirmée prefque par tous les rois fucceffeurs de Louis XI.

Le neuviéme accorde aux *foires de Lyon* les franchifes des *foires* les plus privilégiées du royaume, entr'autres de celles de Champagne, de Brie & du Landy; & en conféquence ordonne que toutes dettes qui y feront faites, feront privilégiées, & que contr'elles ne pourront valoir aucunes lettres, répits, délais ou impétration, qui pourroient en empêcher le paiement.

Enfin, pour plus grande fûreté des marchands & de leurs effets & marchandifes venant en *foire*, le roi par le dixiéme article les prend fous fa protection & fauve-garde fpéciale.

Ces lettres furent vérifiées à la chambre des comptes le 26 juillet 1463; & par les généraux des finances au mois d'août enfuivant, purement, fimplement & fans aucune reftriction.

Louis XI qui n'avoit accordé tant de privilèges à ces nouvelles *foires de Lyon*, que par un efprit de vengeance politique, & pour faire tomber celles de Genève, qu'il avoit fupprimées par un édit de la même année 1462, pour en punir les habitans qui s'étoient révoltés contre le duc de Savoye leur fouverain; ce prince, dis-je, avoit depuis confenti fur la demande du duc de Savoye, avec qui les Génevois étoient rentrés en grace, & par un traité fait exprès pour cela, de partager les quatre *foires de Lyon* entre cette ville & Genève, enforte qu'elles en euffent chacune deux.

Ce traité, fi préjudiciable au commerce de Lyon, non-feulement n'eut point d'exécution, mais au contraire fervit de motif à l'édit de 1467, par lequel, comme on l'a dit ci-deffus, celui de 1462 fut confirmé, & les *foires* de Genève de nouveau défendües & profcrites.

La ville de Lyon jouit paifiblement de fes quatre *foires*, & de toutes les franchifes, jufqu'à la mort de Louis; & elle devoit efpérer de n'être point troublée dans cette poffeffion fous le régne de Charles, fon fils & fon fucceffeur, en ayant obtenu la confirmation dès la première année de ce régne, par des patentes en forme de lettres, données à Blois au mois d'octobre 1483.

Elle s'en vit néanmoins dépouillée fix mois après cette confirmation: & malgré l'oppofition de fes confeillers & échevins, qui fe pourvurent au confeil pour fe conferver dans leurs droits, elles furent transférées dans la ville de Bourges, capitale du Berry, où elles reftérent jufqu'en 1494, qu'elles furent rendues à la ville de Lyon, par des lettres patentes données à Auxonne au mois de juin de la même année.

C'eft donc à cette année 1494 qu'on doit proprement fixer l'époque de l'établiffement des quatre *foires de Lyon*; car quoique dès le mois de mai 1487, on lui eût reftitué les *foires* de la Quafimodo & du mois de novembre, ce ne fut qu'en 1494 que toutes les quatre lui furent rendues, & que fes anciennes franchifes, dont depuis elle a toujours joui fans interruption jufqu'à préfent, même avec augmentation de quantité de droits & de privilèges, lui furent entièrement confirmées.

Les principales confirmations des quatre *foires de Lyon*, que les habitans de cette ville ont obtenues des rois fucceffeurs de Charles VIII, font de Louis XII en 1498; de François Ier en 1514, 1535 & 1543; de Henri II en 1547, 1550, 1553 & 1555; de François II en 1559; de Charles IX en 1560, 1569 & 1573; de Henri III en 1581, 1582 & 1583; de Henri IV en 1594 & 1595; de Louis XIII en 1615, 1625 & 1634, & de Louis XIV du mois de décembre 1643.

C'eft de ces quatre *foires*, fi célèbres dans toute l'Europe, que l'on entend parler dans le commerce des lettres de change, quand on dit que ces lettres font payables à Lyon dans les *foires* ; ce qui, en termes de négoce, s'appelle *paiement*.

Les paiemens de la *foire* du premier lundi d'après les rois, qu'on nomme *paiemens des rois*, se font au premier mars : ceux de la *foire* du premier lundi après la quasimodo, appellés *paiemens de pâques*, se font au premier juin : ceux de la *foire* du 4 d'août, nommés *paiemens d'août*, se font au premier septembre : & enfin, les paiemens de la *foire* du troisiéme jour de novembre, qui ont le nom de *paiemens de toussaints*, se font au premier décembre. On en parle ailleurs plus amplement, aussibien que des réglemens qui en réglent la police. *Voyez* PAIEMENT.

L'ouverture de chaque paiement se fait avec cérémonie par le prévôt des marchands, & en son absence par un des échevins.

Ce magistrat s'étant rendu dans la loge du change, accompagné de son greffier & des six syndics des nations, sçavoir : deux François, deux Italiens & deux Suisses ou Allemands, fait aux assistans un petit discours, pour leur recommander la probité dans le négoce, & l'observation des réglemens de la place. On lit ensuite ces réglemens, & le greffier dresse un procès-verbal de l'ouverture du paiement.

Le lendemain le prévôt des marchands & les syndics, avec le greffier, s'assemblent dans une chambre de l'hôtel-de-ville, & à la pluralité des voix réglent le prix du change par toutes les villes du monde, où celle de Lyon a des correspondances.

Il est vrai que ce réglement n'est que de pure cérémonie, y ayant des usages contraires qui sont établis sur la place, par lesquels presque tout le commerce d'argent & de billets a coutume de se régler. Si néanmoins il survenoit quelque contestation en cette matière, on pourroit y avoir recours.

Les franchises des *foires* de Lyon, sur le pied qu'elles sont aujourd'hui pour l'exemption des droits, consistent en ce que toutes les marchandises destinées pour les pays étrangers, qui sortent de la ville de Lyon pendant les quinze jours de chacune de ces *foires*, ne doivent aucuns droits de sortie du royaume, sinon ceux de la traitte domaniale, pour celles qui y sont sujettes, pourvu que les balles & ballots soient marqués sur l'emballage des armes de Lyon, & qu'ils soient accompagnés de certificats de franchise, des commis préposés par l'hôtel-de-ville pour cet effet, contrôlés par les commis de la douane, & certifiés par ceux des postes.

Les marchandises, pour jouir de cette franchise, doivent sortir du royaume avant le premier jour de la *foire* suivante ; à moins que les marchands n'obtiennent des prorogations du terme, comme ils firent en 1689 & 1703, qu'on leur accorda un délai de l'intervalle de deux *foires*, au lieu d'une seule, conformément à la déclaration de 1553.

Outre cette exception, qui regarde la sortie du royaume, dont le délai peut se proroger ; il y en a encore une en faveur des négocians Allemands & Suisses, pour la sortie de leurs marchandises hors de Lyon, ayant par un privilége que n'a aucune autre nation, non pas même la Françoise, le délai de quinze autres jours de franchise en chaque *foire*, au-delà des quinze premiers accordés à tout le monde, pour faire sortir leurs marchandises de la ville, sous l'obligation néanmoins de les faire sortir de l'étendue des cinq grosses fermes, avant le premier jour des *foires* suivantes, ainsi que les autres marchands.

FOIRES DÉ REIMS.

La durée des quatre *foires franches de Reims* est inégale : deux durent huit jours ; ce sont celles du lendemain des rois & du premier jeudi d'après pâques. Les deux autres, qui se tiennent l'une au mois de juillet, & l'autre au premier octobre, ne durent que trois jours.

Il y a aussi quelqu'inégalité dans les jours de franchise, c'est-à-dire, dans le temps accordé aux marchands, pour faire sortir de la ville les marchandises achetées à la *foire*, avec exemption de tous droits ; la *foire* des rois en ayant vingt, & les trois autres chacune seulement quinze.

On ne dit rien des franchises, libertés & priviléges de ces *foires*, non plus que de la police qui s'y observe, étant les mêmes que celles qu'on a rapportées ci-dessus, en parlant des *foires* de Champagne, & qui sont expliquées assez au long dans l'extrait qu'on y a donné des lettres patentes de Philippe de Valois, du 6 août 1349.

FOIRES DE ROUEN.

Les deux *foires de Rouen*, dont l'une, comme on l'a dit, s'appelle la *foire de la chandeleur*, & commence le 3 février ; & l'autre se nomme la *foire de la pentecôte*, & ouvre le lendemain des fêtes, durent toutes deux également quinze jours.

Pendant ces *foires*, les marchandises & denrées qui y sont vendues & échangées, & qui sortent de Rouen pendant les quinze jours de franchise, ne sont tenues qu'à la moitié des droits de sortie ; à la réserve néanmoins des droits de la traitte domaniale, qui se paient en leur entier, pour les marchandises qui y sont sujettes.

Les *foires* de Rouen sont fort fréquentées par les étrangers, particulièrement par les Hollandois, Anglois & Ecossois, & par les nations du Nord, qui y viennent enlever quantité de marchandises du crû de la province de Normandie, & des provinces mêmes les plus éloignées du royaume, qu'on y apporte de tous côtés dans le temps des *foires* ; la commodité de la mer, dont cette ville, si célèbre par son commerce, n'est éloignée que de douze lieues, & par son flux & reflux, fait entrer dans son port & en fait sortir des bâtimens de plus de deux cent tonneaux, ne contribuant pas peu à ce concours des marchands du dehors.

La *foire de la S. Romain*, au mois d'octobre, n'est pas moins célèbre que les deux dont on vient

de parler : & quoiqu'elle n'ait pas autant de franchise, le concours y est presque aussi grand, à
cause de la dévotion des habitans de Rouen pour ce
saint évêque, & de la cérémonie de lever la fierte,
comme ils disent, si connue par toute la France.
On y vend sur-tout quantité de chevaux & d'autres
bestiaux.

FOIRES DE BORDEAUX.

Les *foires de Bordeaux* ont été établies en 1565
par le roi Charles IX.

Leur franchise consiste dans l'exemption des
droits de comprablie, pour tout ce qui se vend en
foire.

Elles sont au nombre de deux, qui durent l'une
& l'autre quinze jours : la première commençant au
premier mars, pour finir au quinze du même mois;
& la seconde commençant le quinze octobre, &
finissant le vingt-neuf.

La dernière est pour l'ordinaire plus considérable,
parce qu'on vient charger des vins dans la primeur;
car lorsque les vaisseaux étrangers, sur-tout les
Hollandois, ont pu charger avant la fin de la *foire,*
ils arrivent en Hollande avant que les glaces ayent
fait cesser leur navigation.

Il y a presque toujours dans le port de Bordeaux,
jusqu'à cent vaisseaux étrangers; mais dans le temps
des *foires,* il est ordinaire d'y en voir quatre à
cinq cent, & quelquefois davantage. Il y en vient
même de très-grands, & l'on n'est pas surpris en
temps de *foire,* quand il y en a du port de plus
de cinq cent tonneaux. *Voyez dans l'état général,
le* COMMERCE *de Bordeaux.*

C'est véritablement à Charles IX que la ville
de Bordeaux est redevable de ses *foires franches,*
sur le pied qu'elle en jouit présentement; mais ce
n'est pas cependant lui qui en a fait le premier
établissement.

Dès le régne de Charles VII, cette capitale de
la Guyenne, nouvellement réunie à la couronne,
avoit obtenu, de ce roi victorieux des anciens ennemis de la France [les Anglois] le privilége de
deux *foires franches,* & ce prince, pour prix
de la fidélité & de l'attachement de ses nouveaux
sujets, les leur avoit accordées avec quantité d'autres franchises, libertés & exemptions, pour faire
de plus en plus fleurir le commerce d'une ville
si heureusement située, pour en faire un considérable, soit au-dedans du royaume, soit avec les
étrangers.

De ces deux *foires* établies par Charles VII,
l'une commençoit au quinzième du mois d'août, &
l'autre le premier lundi de carême; mais toutes
deux n'ayant pas été placées dans des temps convenables pour le débit des vins, qui font la principale richesse de la Guyenne & de sa capitale, elles
furent d'abord peu fréquentées, & ensuite absolument abandonnées, particulièrement par les étrangers, qui n'y pouvoient être attirés que par l'achat

des vins, dont la vente étoit passée lorsque les *foires*
se tenoient.

Ce ne fut que sous le régne de Henri II, que
les maires, jurats & habitans de Bordeaux pensèrent à se rétablir dans le privilége de leurs *foires
franches,* en obtenant de nouvelles lettres-patentes, qui confirmassent celles qui leur avoient été
accordées par Charles VII, mais qui en même-
temps marquassent des jours plus convenables pour
les tenir, & remédiassent aux autres obstacles qui
avoient rendu les premieres inutiles.

Les lettres furent expédiées & les *foires* furent remises; l'une au 15 octobre, & l'autre au
15 février.

Il n'y eut néanmoins que celle du 15 février
qui fut tenue, sa majesté ayant presqu'aussi-tôt
ordonné que lesdites *foires* seroient suspendues,
& les maires & jurats entendus au conseil, sur le
préjudice qu'on avoit représenté au roi, qu'elles
pouvoient apporter aux droits de la comptablie &
du domaine.

Henri II étant mort avant qu'il eût rien réglé
sur l'exécution des lettres-patentes pour la tenue
des *foires de Bordeaux,* & le régne de François II
ayant été trop court pour qu'on y pût penser; enfin,
l'affaire ayant été reprise lors de l'assemblée des
états-généraux, tenue à Orléans, & ayant été depuis discutée au conseil : Charles IX, persuadé que
l'utilité de ces *foires,* non-seulement pour la Guyenne, mais encore pour tout le royaume, excédoit le
profit du produit des droits de la comptablie sur les
vins, denrées & marchandises qui pourroient être
vendues pendant lesdites *foires,* ne fit plus de
difficulté d'accorder les lettres pour la continuation
de la tenue des deux *foires franches de Bordeaux,*
auxquelles même il ajouta de nouveaux priviléges.

C'est en conséquence de ces lettres, qui furent
données au mois de juin 1565, comme on l'a dit
ci-dessus, que continuent encore à présent de se
tenir les *foires* de la capitale de la Guyenne : *foires*
si fameuses pour la grande quantité des vins & des
eaux-de-vie qui s'y vendent, & par le nombre des
vaisseaux étrangers qui les viennent enlever, qu'elles
ne cèdent à aucunes autres des franches qui se tiennent en France.

La première de ces *foires* commence toujours
au 15 octobre, comme il étoit porté par les lettres
de Henri II; mais le jour de la seconde a été
changé, & elle commence présentement au premier
mars au lieu du 15 février.

Elles sont établies *ad instar* de celles de Paris,
Lyon, Rouen, Brie, Champagne & Poitou, &
avec les mêmes priviléges, franchises & exemptions
pour les marchands François & étrangers, pour
l'apport, conduite, vente, troc, échange, distribution ou achat des marchandises pendant les
quinze jours de chacune desdites *foires.*

Les franchises particulières sont l'exemption de
la grande & petite coutume, qui se levent à Bordeaux, Blaye, Bourg & Libourne, les droits des
branches

branches de cyprès, de la tour de Cordouan, & de tous acquits & autres droits & devoirs appartenans à sa majesté, & qui font levés dans lesdites villes, fors, & excepté les pastels qui n'entreront ou sortiront au-dedans de ladite ville pendant le temps desdites *foires*, sans toutefois que durant le cours & tenue de la première *foire*, jusqu'après le jour de Noël, aucun puisse faire descendre du haut pays, ni les y faire entrer suivant les priviléges de ladite ville ; ni pareillement exempter les vins qui doivent être marqués de la grande & demi-marque de ladite ville, du paiement des droits pour raison de ce dûs à icelle, ni les marchands de porter certification ainsi qu'il avoit été fait par le passé, non plus que les vaisseaux d'être jaugés & *apparonnés*, dont la connoissance est demeurée au maire & aux jurats, comme auparavant.

Dans l'exemption de ces *foires*, ne sont pas non plus compris les droits d'encrage, lestage, suaige, & d'un liard pour pipe de bled, qui sont de l'ancien domaine de la ville, destinés pour l'entretenement de la rivière, port & havre d'icelle.

Les mêmes lettres permettent aux maire & jurats, de faire construire & édifier deux grandes & amples halles en deux lieux de la ville, qu'ils trouveront les plus commodes pour l'assemblée des marchands, & les achats & vente de toutes marchandises, & de faire auxdites halles ou près d'icelles, des étaux, bancs, boutiques, & autres telles choses nécessaires pour le trafic desdites marchandises.

Enfin, il est ordonné que les juge-consuls établis depuis deux ans par sa majesté, dans ladite ville de Bordeaux, feront, dans lesdites *foires*, l'office de juges-conservateurs, avec la même jurisdiction & autorité que les juges-conservateurs des *foires* de Lyon, ainsi qu'il est porté dans l'édit de la création d'iceux.

Depuis l'établissement des deux *foires franches de Bordeaux*, jusqu'en 1653, les marchands forains qui fréquentoient lesdites *foires*, avoient coutume d'étaler leurs marchandises le long des rues à découvert, ou au-devant des boutiques des marchands de ladite ville, de qui ils louoient quelques places ; mais il fut ordonné par un arrêt du conseil du 20 novembre de cette année, qu'à l'avenir la vente & l'étalage des marchandises foraines, se feroient dans la cour de l'hôtel de la bourse, ou dans la place qui est au-devant d'icelui, ce qui depuis a toujours été exécuté malgré le trouble que le fermier des domaines du roi y voulut apporter en 1679, comme on le dit ailleurs. *Voyez* l'article des *consuls* ; où il est parlé de l'établissement des juge & consuls de Bordeaux.

FOIRES DE TROYES.

Troyes, capitale de Champagne, étoit autrefois très-célèbre par son commerce & par ses *foires*. Il s'en tenoit dans cette ville, & dans les autres de la province, de si riches & en si grande quan-

tité, qu'elles étoient même passées en proverbe : & l'on dit encore de ceux qui ignorent bien des choses, qu'ils ne sçavent pas toutes les *foires de Champagne*.

Ces *foires* établies par les comtes de Champagne & de Brie, avoient d'abord porté leur réputation même au-delà de l'Europe : la protection que les rois de France leur avoient accordée, depuis la réunion de ces provinces à la couronne, les avoit encore rendues plus célèbres ; mais ayant commencé à déchoir pendant les longues guerres des Anglois ; & celles de la religion ayant fait depuis tomber tout-à-fait leur crédit & leurs franchises ; elles avoient enfin été si négligées, que sur la fin du dix-septiéme siécle, à peine restoit-il quelque souvenir de leur premier éclat, & des richesses que le commerce qui s'y faisoit, avoit autrefois apportées à Troyes, & de la capitale répandues dans tout le reste de la province.

Ce fut dans le dessein de les rétablir, que les maire & échevins, les marchands & habitans de Troyes, présentèrent à Louis XIV les titres de la concession & confirmation de leurs anciennes *foires*, & des priviléges qui y étoient attribués, & qu'ils en demandèrent le rétablissement. Sur leur requête ils obtinrent un arrêt du 27 août 1697, portant la permission de rétablir dans leur ville, deux *foires franches* de huit jours consécutifs chacune, non compris les fêtes & dimanches.

L'une de ces *foires* est fixée au lundi d'après le second dimanche de carême, & l'autre au premier septembre ; pendant lesquelles, comme porte ce premier arrêt, toutes les marchandises manufacturées ou apprêtées dans la ville & fauxbourgs de Troyes, qui y seroient vendues, après avoir été déballées & exposées en vente, pourroient sortir de l'étendue des cinq grosses fermes, & du royaume, sans payer aucun droit de sortie, à la réserve des droits locaux, pourvu néanmoins qu'elles sortissent debout & sans aucun entrepôt : sçavoir, celles qui seroient destinées pour les provinces d'Alsace, Lorraine, Franche-Comté, & pour l'Allemagne, dans le temps & espace de douze jours, à compter de la date du certificat de la sortie de la ville, & dans l'espace de vingt jours, pour les autres pays étrangers, & provinces réputées étrangères.

Cette restriction de la franchise de la *foire*, aux seules marchandises manufacturées ou apprêtées dans la ville & fauxbourgs de Troyes, & quelques autres conditions onéreuses ; comme, entr'autres, celle que lesdites marchandises seroient plombées par les commis de la ferme, avant d'être mises à l'apprêt, rendant presqu'inutile le rétablissement de ces deux *foires*, les maire, échevins & habitans se pourvurent de nouveau au conseil, où sur leurs remontrances, le roi leur accorda la franchise entière, par un nouvel arrêt du 13 décembre 1701, à la charge néanmoins qu'il n'auroit son exécution, qu'à commencer seulement au premier octobre 1703,

Par ce second arrêt, il est ordonné, que toutes marchandises, de quelque qualité qu'elles soient, tant celles qui auroient été fabriquées & apprêtées dans la ville de Troyes, & ses fauxbourgs, qu'autres qui seroient vendues pendant le temps des deux *foires* rétablies par l'arrêt de 1697, après y avoir été déballées & exposées en vente, pourroient sortir, soit de l'étendue des cinq grosses fermes, soit du royaume, sans payer aucun droit : à la charge par les marchands, ou commissionnaires qui les auroient achetées, d'en faire leur déclaration au bureau des fermes de ladite ville, par quantité, qualité, poids & nombre de pièces, balles ou ballots, ensemble du lieu de leur destination, & du bureau par lequel elles doivent sortir ; en conséquence de quoi, les commis des fermes donneroient des certificats gratis de la sortie des marchandises de la ville de Troyes, visés par les maire & échevins, & par un des gardes établis aux portes de ladite ville : ordonnant quant au reste l'entière exécution de l'arrêt de 1697.

Il est aussi porté par l'arrêt de 1701, que pour faciliter l'achat & vente des marchandises dans lesdites *foires*, le sieur de Pommereu, alors intendant de Champagne, choisiroit une place convenable, pour servir de champ de *foire* dans l'endroit de la ville, qui seroit trouvé le plus commode ; après avoir sur ce entendu les maire & échevins, les officiers de police, les marchands & les habitans de la ville.

FOIRES DE S. DENIS.

L'une des deux *foires* qui se tiennent tous les ans à S. Denis, petite ville de l'isle de France, dans le voisinage de Paris, la rendoit autrefois encore plus fameuse, que la richesse & les priviléges de son abbaye.

Cette *foire* se nommoit, & se nomme encore le *Landy*, nom de l'étymologie duquel les auteurs ne conviennent pas ; mais dont on ne s'arrêtera point ici à concilier les opinions. On ne rapportera pas non plus ce qu'ils racontent d'extraordinaire de ses priviléges, & de cette célèbre procession du recteur de l'Université de Paris, qui y alloit chaque année à la tête de ses facultés, qui étoit si nombreuse, qu'on prétend que les premières bandes de ses suppôts & de ses écoliers, étoient déja entrées dans S. Denis, que les derniers n'étoient pas encore sortis des Mathurins, lieu ordinaire des assemblées de l'Université.

On ne parlera donc ici de la *foire du Landy*, que sur le pied qu'elle est présentement pour le commerce qui s'y fait ; se réservant d'en dire ailleurs quelques autres particularités. *Voyez* LANDY.

La *foire du Landy* est la première des deux *foires franches*, qui se tiennent à S. Denis. Elle commence le lundi d'après la S. Barnabé, fête qui arrive l'onziéme du mois de juin, & dure quinze jours. L'autre se tient au mois d'octobre, le lendemain de la fête de S. Denis, celle-ci ne dure que huit jours.

L'une & l'autre *foire* a les mêmes franchises & les mêmes priviléges que la *foire* de S. Germain qui se tient à Paris, qui, comme on l'a dit, ne consistent en aucune diminution ni remise de droits locaux, mais en la seule liberté qu'ont les marchands forains d'y apporter, vendre, troquer & échanger toutes sortes de marchandises pendant tout le temps de leur durée.

Le principal commerce qui s'y fait, est de draps & étoffes de laine, ou mêlées de soie & de laine, qui y arrivent de plusieurs provinces du royaume, particulièrement de Champagne, de Picardie, de Poitou, &c.

Il n'y a guères que celles de Poitou, ou des manufactures établies sur cette route, qui passent par Paris, les autres étant transportées en droiture à Saint-Denis, où sont pareillement renvoyées toutes celles qui viennent à la douane de Paris ; mais sans que les balles en soient ouvertes, ni visitées, dont elles sont exemptées, en représentant par les voituriers aux visiteurs & à l'inspecteur des manufactures leurs lettres de voiture, ou leurs factures, portant destination pour lesdites *foires*.

Toutes ces marchandises entrant en *foire* sont tenues à deux visites, l'une gratuite, qui est celle des inspecteurs ; l'autre avec le payement de droits plus ou moins forts, selon la qualité des étoffes. Celle-ci est la visite des maîtres & gardes de la draperie & de la mercerie de Paris, dont on a parlé au paragraphe de la *foire* de S. Germain.

Les inspecteurs des *foires* de S. Denis sont les mêmes que ceux établis pour cette autre *foire*, c'est-à-dire, celui de la halle aux draps de Paris, & celui de Beauvais.

Les droits des maîtres & gardes sont aussi les mêmes, & se payent, comme on l'a dit, sur le pied de 20 sols, 10 sols, 5 sols ou 3 sols par pièce, suivant qu'il est arrêté par le tarif dressé au conseil le 30 décembre 1704. *Voyez* ci-dessus la FOIRE de S. Germain.

Si l'on en croit les lettres-patentes de Louis XI, accordées aux abbé & religieux de Saint-Denis, pour le rétablissement de cette *foire*, elle n'est guères moins ancienne que la monarchie même.

En effet, Dagobert le Grand y paroît à la tête de nos rois, comme celui de qui cette abbaye royale en a obtenu l'octroi, & ensuite viennent Pepin, Charlemagne & Louis son fils, qui tous en ont confirmé la concession par de nouvelles patentes signées de leur main, & autorisées de leur sceau.

Quoi qu'il en soit de cette grande antiquité de la *foire de Saint-Denis* & des premières chartres de son établissement, il est certain que lorsque sous le règne de Louis XI, les religieux & abbé en demandèrent & en obtinrent le rétablissement, elle ne conservoit plus rien de son ancienne splendeur, & que sans priviléges & sans franchises elle étoit réduite à un simple marché qui se tenoit le jour de la S. Denis.

C'est donc proprement à Louis XI que la ville

de Saint-Denis est redevable du renouvellement, ou, comme s'expriment ses lettres-patentes du mois de juin 1472, de la création de cette *foire* & de toutes les franchises dont elle jouit encore à présent, & qui y attirent un si grand nombre de marchands forains.

Par ces lettres sa majesté confirme, ou, en tant que besoin seroit, établit de nouveau l'ancien marché de Saint-Denis, & ordonne :

1°. Qu'à l'avenir & pour toujours il se tiendroit une *foire* le jour & fête de Saint-Denis au mois d'octobre & les huit jours entiers suivans, jusqu'au lendemain des octaves de ladite fête.

2°. Que pendant la durée de ladite *foire* tous les marchands étrangers du royaume y pourront venir, vendre & distribuer toutes sortes de denrées & marchandises, sans qu'ils soient tenus de payer aucunes aides ou subsides à cause d'icelle.

3°. Enfin que toutes les denrées ou marchandises qu'on amenera pour vendre à ladite *foire*, comme aussi toutes celles qui y seront achetées, seront franches de tous péages, barrages, levages & acquits, tant vieux que nouveaux, par tous les lieux du royaume, l'espace de trois semaines entières avant la tenue dudit marché, & autant après la fin d'icelui, à la charge néanmoins qu'elles n'auront point été vendues, ou achetées avant le commencement de ladite *foire*.

Ces lettres furent adressées aux gens des comptes du roi & aux généraux des finances, c'est-à-dire, à la chambre des comptes & à la cour des aides, pour y être enregistrées. L'enregistrement des premiers est du pénultième de janvier 1474, & celui des généraux des finances du 14 août 1475, les uns & les autres déclarant qu'ils en consentent l'exécution par l'exprès commandement de sa majesté, à l'exception néanmoins de la franchise & exemption des droits sur le pied fourché, & sur le vin qui seroit vendu en détail dans ledit marché ou *foire*.

FOIRE DE CAEN.

Cette *foire* est très-célèbre, & ne cède guères à celle de Guibray, la plus fameuse des *foires* de la province de Normandie.

Elle dure quinze jours, qui commencent le second lundi d'après la quasimodo. Les huit premiers de ces quinze jours s'appellent *la grande semaine*, les autres se nomment *la petite semaine*; on y fait cette différence, parce qu'autrefois la franchise n'alloit pas au-delà de la première huitaine, & qu'à cause de cela l'affluance des marchands & du peuple y étoit plus grande. Cette diversité de concours dure encore, mais non la distinction de franchise, la quinzaine étant également franche; ce qui ne s'entend pas néanmoins de tous droits, ceux des traittes se payant en entier.

Cette *foire* n'est pas seulement considérable par la quantité de marchandises de toutes sortes, particulièrement de toutes espèces de manufactures de lainerie & de toiles, dont il s'y fait un très-grand

commerce, mais encore par le nombre des bestiaux, & sur-tout de chevaux qu'on y amène de toute la Normandie & des provinces voisines.

La *foire* pour les marchandises se tient dans des loges bâties sous une espèce de halle, ou grand appenty de charpente, couvert de tuiles, assez semblable au lieu où se tient à Paris la *foire* de Saint-Laurent.

Pour les chevaux & bestiaux, le commerce & la montre s'en font au dehors dans une place voisine.

Caen a eu des *foires franches* d'un très-ancien établissement. Celle qu'on appelloit la *foire du Pré*, & qui fut supprimée par Louis XI, semble avoir été établie la première, quoique la *foire de Saint-Michel* soit aussi d'une grande antiquité : on met encore parmi les anciennes *foires* de cette ville celle des *Innocens*, ainsi nommée à cause qu'elle se tient le jour de leur fête. Il semble que les habitans de Caen aient dû l'établissement de ces trois *foires* aux Anglois, qui ont été si long-temps les maîtres de la Normandie.

Louis XI ayant supprimé la *foire* du Pré, en établit deux autres à la place; l'une qui commençoit le premier lundi d'après la Pentecôte, & l'autre le premier mercredi d'après la Notre-Dame de septembre; chacune duroit quinze jours, & on les tenoit dans la rue des quais & dans les cinq rues qui y aboutissent, pour éviter le trop long transport des marchandises qui y arrivent par la mer.

Les lettres-patentes pour l'établissement de ces *foires* sont du mois de novembre 1470, données au Montils-les-Tours.

Le succès en fut si prompt & si grand, que le commerce de Rouen en ayant souffert de la diminution, les habitans de cette dernière ville obtinrent du même prince, qu'elles seroient transférées chez eux.

Ce ne fut que sous le régne de Henri IV, qu'on songea à rendre des *foires franches* à la ville de Caen, encore ne lui en accorda-t-on qu'une seule; mais qui à la vérité est devenue une des plus célèbres de toutes celles de Normandie; c'est la *foire* que par distinction on appelle *la franche de Caen*, son établissement est de l'année 1594. Elle commençoit d'abord le premier juillet; mais ce jour ayant été changé plusieurs fois, enfin en 1601 son commencement fut fixé au second lundi qui suit la quasimodo; le lieu où on la tient se nomme *le champ de la Cercle*.

FOIRE DE DIEPPE.

La *foire de Dieppe* doit son établissement aux malheurs de cette ville.

Les Anglois l'ayant bombardée, & presque ruinée en 1694, non-seulement on la vit bientôt renaître comme de ses cendres, mais encore en sortir plus magnifique & mieux située; Louis XIV y ayant ordonné, sur un nouveau plan, diverses belles rues tirées au cordeau, dont les maisons de pierre de taille ou de brique sont d'une simétrie régulière; & pour les façades & pour la hauteur.

Sa majesté, pour donner encore aux habitans plus de facilité de réparer les pertes qu'ils avoient faites, leur accorda au mois d'octobre 1696 des lettres-patentes pour l'établissement d'une *foire franche*, cette ville, fameuse par le commerce de mer, n'en ayant point eu jusqu'alors. La *foire* s'y ouvrit pour la première fois le premier décembre de la même année.

Par ces lettres-patentes la *foire* doit commencer chaque année le premier décembre, pour durer pendant les quinze premiers jours du même mois. Ses franchises & ses priviléges consistent :

1°. En ce que toutes les marchandises amenées au port de Dieppe pendant les quinze jours, & qui y sont vendues ou échangées, sont exemptes de la moitié des droits d'entrée & de sortie.

2°. Que dans le temps de la *foire*, on peut faire ressortir de la ville les marchandises étrangères qui y ont été apportées & qui n'ont pu être vendues, sans payer aucun droit de sortie, pourvu néanmoins qu'elles retournent au même lieu d'où elles sont venues.

3°. Qu'il est permis à tous étrangers de tester & de disposer des effets qu'ils ont apportés pendant le temps de ladite *foire*.

4°. Que nul ne peut être arrêté, sinon pour marchandise négociée pendant la durée de la *foire*.

5°. Que les lettres de répy ne peuvent avoir lieu pour marchandises achetées en *foire*.

6°. Que les marchandises déclarées pour la *foire* ne pourront être saisies dans la *foire*.

7°. Enfin que lesdites marchandises ne sont point sujettes à la visite des gardes.

FOIRE DE TOULON.

La franchise de la *foire de Toulon* est assez ancienne; mais ayant été interrompue plusieurs fois depuis son établissement, elle a seulement été rétablie en 1708.

Les lettres-patentes accordées par Henri VI, qui paroissent les premières données pour la franchise de cette *foire*, sont du mois d'octobre 1595. Louis XIV en donna de nouvelles au mois de novembre 1696 : mais celles-ci n'ayant point eu d'exécution, il en accorda d'autres par un arrêt de son conseil du 22 novembre 1708, après le fameux siége de Toulon, entrepris & levé par le duc de Savoye, le roi ayant voulu récompenser par-là la fidélité & le zèle que les habitans avoient témoigné dans la défense de cette importante ville de la côte de Provence.

Dans les premières lettres-patentes cette *foire* avoit été établie sur le pied de celles de Lyon, de Champagne, de Brie & de Rouen : mais l'arrêt de 1708 ayant augmenté ces priviléges & ces franchises; & les consuls de Toulon paroissant les vouloir encore étendre davantage dans les placards qu'ils avoient fait afficher dans les principales villes du royaume, & envoyés dans les pays étrangers, les fermiers généraux se pourvurent au conseil,

pour les restraindre, & obtinrent un arrêt du 15 octobre 1709, qui régla par provision, ou plutôt qui retrancha une partie des franchises que les consuls sembloient s'être attribuées; sa majesté se réservant de statuer sur le fond, après que les parties auroient été entendues sur leurs contestations par-devant l'intendant de Provence.

La durée de cette *foire* est de quinze jours ouvriers, qui commençoient autrefois à la S. Michel, & qui depuis ont été remis au 3 novembre par un arrêt du 18 avril 1709.

Les franchises accordées par l'arrêt de 1708 étoient entr'autres, que pendant le temps de sa tenue, tous marchands regnicoles, sujets de sa majesté, ou étrangers, pourroient aller, venir, séjourner, trafiquer, vendre, troquer, échanger, porter, enlever, charger & décharger leurs navires & voitures, tant par eau que par terre, & toutes sortes de marchandises & denrées permises, sans payer ni acquitter aucuns droits de foraine, resve, haut passage, traitte domaniale, tonneau, douane, ni autres droits ou impositions quelconques, mis ou à mettre, pour quelque cause ou occasion que ce fût : comme aussi pendant le temps de cette *foire*, tous marchands, François ou étrangers, & autres, jouiroient de tous les priviléges, franchises & libertés accordés aux *foires* de Lyon, de Brie, de Champagne, Rouen & autres villes du royaume.

Les modifications provisionnelles, obtenues par les fermiers généraux, par l'arrêt du 15 octobre 1709, consistent en ce qu'il est ordonné :

1°. Que la franchise de la *foire* n'aura lieu que pour les droits forains, traitte domaniale, table de mer & autres, sur les marchandises & denrées qui sortiront par mer de la ville de Toulon.

2°. Que lesdites marchandises & denrées y entrant par mer, paieront les droits d'entrée & de douane de Lyon, table de mer & autres qui ont coutume d'être payés au bureau des fermes audit Toulon.

3°. Que celles arrivant par terre des différentes provinces du royaume, paieront les droits locaux selon qu'ils y ont cours, & suivant les tarifs, arrêts & réglemens.

4°. Qu'aucunes marchandises du cru, pêche & commerce des pays & états avec lesquels la France sera en guerre, n'y pourront entrer sans passeport.

5°. Que les marchandises & denrées, dont l'entrée dans le royaume est défendue; les soies crues & ouvrées, les étoffes & draps de soie, les drogueries & épiceries, les marchandises du Levant & autres, dont l'entrée n'est permise que par certains ports & lieux du royaume, ne pourront entrer par le port de Toulon, ni être admises dans la *foire*, sous les peines portées par les ordonnances.

6°. Que les marchandises qui seront amenées à Toulon pendant le temps de la *foire*, après avoir été déclarées au bureau des fermes, seront conduites dans les places & halles à ce destinées, sans qu'elles puissent néanmoins jouir de la franchise de la *foire*, qu'elles n'ayent été déballées, expofées en vente, vendues ou échangées, & enfuite forties de la ville & embarquées pendant lefdits quinze jours; & ce fur les acquits de franchife délivrés par les maire & échevins de Toulon, & contrôlés par les commis des bureaux des fermes.

7°. Enfin, qu'il ne pourra être fait aucun maga-fin ou entrepôt des marchandifes & denrées defti-nées pour la *foire*, foit dans la ville de Toulon, foit dans aucunes autres villes, bourgs, villages & maifons des environs, que quinze jours avant ladite *foire* commencée, à peine de confifcation & de 1500 liv. d'amende.

FOIRES DE NORMANDIE.

FOIRES DE L'AIGLE. Il fe tient à l'Aigle quatre *foires* par an, l'une à la tranflation de Saint-Benoît; l'autre à la Magdelaine; la troifiéme le premier ven-dredi de feptembre, & la dernière à la Saint-Martin.

FOIRES D'ALENÇON. Cette ville a trois *foires*; la première à la Chandeleur; la feconde le pre-mier lundi de carême, & la troifiéme à la mi-carême.

FOIRES DU BEC. Ce bourg a deux *foires* tous les ans; l'une le jour du vendredi-faint, & l'autre le jour de la fête de Saint-André.

FOIRE DE BOLBEC. Elle fe tient à la Saint-Michel, patron de l'églife de ce bourg.

FOIRE DE BOURGTHEROULDE. Cette *foire* fe tient à la Saint-Laurent.

FOIRE DE BRIONNE. Elle fe tient à la Saint-Denis.

FOIRES DE CANI. Il fe tient tous les ans deux *foires* à Cani, l'une à la quafimodo, l'autre à la Saint-Barnabé.

FOIRE DE CAUDEBEC. Se tient à la Saint-Ma-thieu.

FOIRES A NEUBOURG. Il y en a quatre par an où il fe fait un grand commerce de gros bétail.

FOIRE A CONCHES. Le jour de la Saint-Pierre, 29 Juin.

FOIRES A CORMEIL. Il y en a deux; l'une à la Saint-Mathieu, l'autre à la Saint-Michel; la pre-mière dure deux jours.

FOIRE D'ELBEUF. Elle fe tient à la Saint-Gilles; elle eft fort fréquentée des marchands des provinces voifines, & il s'y fait un grand commerce de draps; d'autres étoffes de laine & de tapifferies auffi de laine, en manière de point d'Hongrie.

FOIRE A ESTRAPAGNY. Elle fe tient le 29 août, jour de la décolation de Saint-Jean.

FOIRES A HARFLEUR. Une à la Saint-Martin d'été; une autre à la Saint-Martin d'hyver. Ces deux *foires* font franches.

FOIRE FRANCHE A MESLE. Le 29 feptembre, jour de la Saint-Michel.

FOIRES DE LA HAUTE ET BASSE BRETAGNE, où fe vendent les toiles qui fe fabriquent dans cette province.

BASSE BRETAGNE.

A Quintin, cinq *foires*. La première au pre-mier avril, la feconde au 13 juillet, la troifiéme au premier août, la quatriéme le dernier du même mois, & la cinquiéme le 11 novembre.

A Uzel, fix *foires*; fçavoir, le 26 mars, le 19 mai, le 20 juillet, le premier feptembre, le 18 octobre, & le 21 novembre.

A Loudeac, deux *foires*; l'une le 8 avril, l'au-tre le 26 décembre.

A Pontigny, huit *foires*; la première le 25 février, la feconde le 30 mars, la troifiéme le pre-mier mai, la quatriéme le 2 juin, la cinquiéme le 5 juillet, la fixiéme en feptembre, la feptiéme en octobre, la huitiéme le 20 décembre.

A Carhais, deux *foires*; l'une le 19 mars, l'au-tre le premier novembre.

A Morlaix, quatre *foires*; l'une le 28 mai, l'au-tre le 4 juillet, la troifiéme le 16 octobre, & la quatriéme le 25 novembre.

A Landerneau, quatre *foires*; le 25 mai, le 28 juillet, le 29 feptembre, & le 25 novembre.

A Saint-Paul de Léon, quatre *foires*; la pre-mière le 12 mars, la feconde le 20 du même mois, la troifiéme le 22 juillet, & la dernière le 11 no-vembre.

A Lannion, deux *foires*, le 26 juin, & le 29 feptembre; celle-ci dure huit jours.

A Tréguiers, une *foire* qui dure huit jours.

A Guingan, deux *foires*; l'une le 2 mai, l'au-tre le 6 juin.

HAUTE BRETAGNE.

A Dol, quatre *foires*; la première le 29 juillet, la feconde le 10 août, la troifiéme le 18 octobre, & la quatriéme le 2 décembre.

A Combourg, fix *foires*; fçavoir, le 14 avril, le 15 mai, le premier juillet, le 5 août, le 9 fep-tembre, & le 2 octobre.

A Bazonges, cinq *foires*; l'une au 23 avril, l'au-tre au 22 juillet, la troifiéme au 24 août, la qua-triéme au 29 feptembre, & la cinquiéme le 28 décembre.

A Antrain, quatre *foires*; le 10 août, le 9 octobre, le 18 du même mois, & le 30 novembre.

A Fougères, cinq *foires*; la première le 2 fé-vrier, la feconde le 25 mai, la troifiéme le premier août, la quatriéme le 9 feptembre, & la cinquiéme le 5 novembre.

A Coveron en Bretagne à trois lieues de Nantes, une *foire* à la Saint-Symphorien.

A Guerande en Bretagne, une grande *foire* de chevaux tous les ans.

Il y a auffi des *foires* à Rennes, à Medrigac, à Dinan & à Hedé; mais il s'y vend peu de toiles, à moins que la *foire* ne fe rencontre un jour de marché.

En général les marchés valent mieux que les *foires* pour le débit des toiles.

FOIRES DE LA GÉNÉRALITÉ DE MONTAUBAN.

A Cahors, capitale du Quercy, quatre *foires* & deux marchés, le mercredi & le famedi de chaque femaine.

Gourdon, fix *foires* affez bonnes; deux marchés par femaine.

Souillac, fix *foires*; un marché les lundis.

Sigeac, quatre *foires*; marchés tous les mercredis & famedis de chaque femaine.

Lectoure, neuf *foires*, & des marchés les mercredis & famedis.

Réacvilles, trois *foires*; marché les jeudis.

Vicfefenfac, onze *foires*; marché confidérable toutes les femaines.

Aufch, onze *foires*; marchés les mercredis & famedis.

La Baftide d'Armagnac, trois *foires*; marché tous les famedis.

Seguft, quatre *foires*; marché tous les jeudis.

Mauvefin, fix *foires*; marché tous les lundis.

Saint-Jean du Breuil, trois *foires*.

Beaumont de Laumagne, huit *foires*; marché tous les famedis.

Saint-Clair de Laumagne, huit *foires*; des marchés toutes les femaines.

Mardebarres, fept *foires*.

Efpalion, cinq *foires*.

Rodès, quatre *foires*, dont la plus confidérable eft celle de la mi-carême, où fe vendent les mules & mulets pour l'Efpagne.

Foix, quatre *foires*; trois marchés par femaine.

Mazeres, quatre *foires*; marché chaque jour.

Pamiers, quatre *foires*; trois marchés par femaine.

Camares, quatre *foires* confidérables.

Saint-Cernin, quatre *foires*.

Grenade, deux *foires*; un marché les famedis.

Saint-Girons, fix *foires*; trois marchés par femaine.

Tarafcon, deux marchés par femaine.

Arreau, dans la vallée d'Aure, trois *foires* & un marché tous les jeudis.

Caftelneau de Maignouai, trois *foires*; un marché tous les famedis.

Rieufmes, quatre *foires*; marché tous les jeudis.

Lifle-Jourdain, fept *foires*.

Saint-Lys, deux *foires*; marché tous les famedis.

Gimont, fept *foires*; deux marchés par femaine.

Montrejeau, quatre *foires*; un beau marché tous les lundis.

FOIRES DE LA GÉNÉRALITÉ D'ORLÉANS, où fe débitent les draperies.

A Saint-Aignan, cinq *foires* par année.

A Romorante, une.

A Saint-Genoux, une.

A Gieu, une.

A Saint-Fargeau, quatre *foires*; il s'y apportoit autrefois quantité de draperies; on y en voit rarement aujourd'hui.

A Montargis, quatre *foires*; il s'y vend quantité de laines; on n'y apporte plus de draperies.

A Châtillon fur Seine, cinq *foires*; beaucoup de laines, point d'étoffes.

A Anton, un marché tous les mercredis, où fe vendent en écru les étoffes de laine qui fe fabriquent à Brou.

A Nogent de même.

FOIRES DE LA GÉNÉRALITÉ DE BOURGOGNE, où fe débitent les étoffes de draperies qui s'y fabriquent, ou qui y font apportées des provinces voifines.

A Dijon, deux *foires* confidérables tous les ans.

A Châlons, deux *foires*; l'une à la Saint-Jean, l'autre la première femaine de carême.

A Verdun, une *foire* le 28 octobre.

A Autun, une *foire* au mois de feptembre.

A Sens, une *foire* au commencement du carême.

A Ancy le Franc. Il fe tient dans cette ville diverfes *foires*, où il fe fait un affez grand commerce de vins, de grains, & des autres productions de Bourgogne.

A Gemeau, deux *foires*; l'une le mercredi des cendres, & l'autre à la Sainte-Catherine.

A Montbazon en Franche-Comté, une *foire* tous les lundis pendant le carême. Ces *foires* font très-confidérables, & l'on y mène quantité de beftiaux, particulièrement des chevaux de Suiffe, dont les marchands de France viennent fe fournir.

FOIRES ET MARCHÉS DE LA GÉNÉRALITÉ DE TOURS, où fe vendent les draperies & autres étoffes de laine qui s'y fabriquent.

A Tours, des marchés confidérables, où fe vend partie des étoffes qui fe fabriquent à Tours même, ou qui s'y apportent du dehors; on y débite auffi la plupart de celles de Chinon, de Loches, de Beaulieu, d'Amboife, de Rugnai, de Château-Regnault, de Beaumont, de la Ronce, de Neuville, de Pont-Saint-Pierre, de Manjette.

A Chinon, un marché chaque femaine.

A Montrichard, cinq *foires*.

A Saint-Aignan, deux.

A Noyers, autant.

Au Lude, pareillement deux *foires*.

A Château du Loir, un marché confidérable.

LES FOIRES DE BOURGUEIL, en Anjou. Il y en a quatre tous les ans, dans les quatre faifons.

LES FOIRES DE CRAON, en Anjou.

LES FOIRES DE BEAUFORT EN VALLÉE, petite ville de France en Anjou, font confidérables; on y fait un affez grand commerce de vins, de grains & de chanvres.

AUTRES FOIRES CONSIDÉRABLES qui se tiennent en différens endroits.

FOIRE FRANCHE DE BOULOGNE sur mer, en Picardie. Cette *foire* commence au 8 novembre, & finit au 27 exclusivement, qui est le jour de la fête de Saint-Maxime, patron du diocèse.

A Desure dans le Boulonnois, deux *foires*; l'une le lundi d'après la mi-carême, & l'autre à la saint Luc.

A Estapes dans le Boulonnois, une *foire* franche pour les marchandises & les chevaux, à la saint Nicolas d'hyver.

A Granvilliers en Picardie, une *foire* le jour de la fête saint Leu saint Gilles.

A Gannat en Bourbonnois, une *foire* le jour de l'exaltation de sainte Croix.

A Mitry dans l'isle de France, une *foire* le jour de saint Luc au mois d'octobre.

INSPECTEURS DES FOIRES.

Les *inspecteurs* des manufactures sont tenus de se trouver dans toutes les *foires* considérables de leurs départemens, où il se fait un grand commerce d'étoffes de laines & de toiles, pour visiter & marquer les toiles & étoffes, & les saisir & confisquer, si elles sont défectueuses, & non conformes aux réglemens.

Cette visite doit néanmoins se faire avec beaucoup de circonspection & de retenue; l'article 18 de la grande instruction pour les inspecteurs, dressée en l'année 1680, leur enjoignant d'y procéder avec bien de la prudence, de l'adresse & de la vigilance, & aux heures les plus commodes aux vendeurs & acheteurs; étant important, dit l'instruction, de ne pas troubler le commerce des *foires*; peu de chose souvent étant capable de l'interrompre.

Les inspecteurs, pour l'exécution de cette partie de leurs fonctions, doivent être accompagnés du juge de la police des manufactures, & des gardes & jurés des lieux.

Il se trouve aussi souvent aux *foires*, particulièrement à celles qui se tiennent en pleine campagne, comme les *foires de Beaucaire* & de *Guibray*, les directeurs généraux des traites, dont les départemens en sont voisins, afin de veiller aux droits du roi.

Il y a quelques *foires franches* du royaume, qui ont leur propre juge, & une jurisdiction qui leur est particulière. La jurisdiction se nomme *conservation*, & les juges *conservateurs*; parce qu'en effet ils sont établis pour veiller à la conservation des franchises des *foires*, & à décider les contestations qui arrivent entre les marchands, & autres personnes qui y vendent ou y achètent : droit qui leur a été conservé par l'art. 8 du tit. 12 de l'ordonnance de 1673, qui porte ces termes : » connoîtront les juges & consuls aussi du commerce » fait pendant les *foires* tenues ès lieux de leur » établissement, si l'attribution n'en est faite aux

» juges & conservateurs du privilège des *foires*. »

En effet, cette jurisdiction n'est guères autre chose qu'un consulat; & les juges & conservateurs que des juges & consuls. Les plus connus de ces juges & conservateurs, sont ceux de la conservation de Lyon, dont on parle ailleurs. *Voyez* CONSERVATEUR & CONSERVATION.

Les marchands grossiers qui envoyent ou qui vont aux *foires*, doivent observer plusieurs choses, s'ils veulent réussir dans ce commerce, qui a ses difficultés, aussi-bien que ses avantages.

1°. Ils doivent ne s'y point engager qu'ils n'ayent un associé, ou du moins qu'ils ne soient bien sûrs de la personne à qui ils sont obligés de confier le gros de leurs affaires pendant leur absence.

2°. Il faut qu'ils sçachent les marchandises qui y sont propres; & si les frais des voitures, traites foraines, & autres droits déduits, ils y peuvent faire leur compte.

3°. Ils doivent prendre garde de n'y point mener de marchandises, dont il y ait des manufactures considérables dans les lieux, ou près des lieux des *foires*.

4°. Ils doivent observer d'y vendre leurs marchandises plus ou moins cher, à proportion du tems que le payement s'en doit faire; les marchands de province qui achètent aux *foires*, n'étant pas si ponctuels à payer que ceux des villes de grand commerce.

5°. Ils ne doivent pas oublier de faire la facture des marchandises avant de les emballer; & s'il y a plusieurs ballots, que les factures s'en fassent séparément, & que les ballots en soient bien numérotés.

6°. Ils doivent être soigneux de tenir un journal particulier des *foires*, pour y écrire toutes les parties de marchandises de leurs ventes ou achats, à mesure qu'ils les font pendant le tems de la *foire*; & pour ensuite, à leur retour, les porter sur le journal ordinaire de leur négoce.

7°. Ils ne doivent pas manquer de prendre des promesses ou billets des marchands, avec qui ils ont des affaires, payables ou à la *foire* suivante, ou en d'autres tems convenus, pour éviter toutes contestations sur ces payemens.

8°. Il ne faut pas qu'ils se rebutent, si une marchandise propre pour une *foire*, n'y a pas néanmoins été ni demandée ni vendue; mais au contraire ils doivent y en mener encore l'année suivante, parce que cela provient apparemment, de ce que les marchands en étoient trop chargés dans la *foire* précédente; mais alors leur boutique en devant être épuisée, le débit ne peut pas manquer d'être prompt & avantageux.

9°. Enfin, les marchands qui vont aux *foires*, doivent sçavoir devant qui ils doivent porter les contestations pour les marchandises qu'ils y vendent ou y achètent, en cas qu'il leur en arrivât, & si ce sont les juges & consuls des lieux qui en doivent connoître, ou si les *foires* qu'ils fréquentent ont de ces juges & conservateurs dont on a parlé ci-devant. *Voyez le Parfait Négociant de M. Savary, chap. 6, du liv. de la seconde partie.*

FOIRES GRASSES, FOIRES DE BESTIAUX, FOIRES DE CHEVAUX, &c.

On appelle *foires grasses*, les *foires* qui ne sont destinées qu'à la vente des bestiaux engraissés, c'est-à-dire, de ceux que les bouchers viennent acheter pour débiter dans leurs étaux & boucheries; les *foires de bestiaux* étant celles où se vendent toutes sortes d'animaux, soit pour la boucherie, soit pour la monture & le tirage, soit pour l'engrais, soit pour en faire des bêtes portières, soit enfin pour avoir le lait; ce qui comprend les bœufs, moutons, chevaux, mulets, bêtes asines, verats, truyes, vaches, cochons, chèvres, & presque toutes sortes de bestiaux; & les *foires grasses* ne s'entendent guères que de celles où se fait le commerce des bœufs, des moutons & porcs, qu'on y amene au sortir de l'engrais, & qui sont propres au négoce de la viande de boucherie, ou à celui des chaircuitiers.

Quelquefois on les nomme simplement *foires de bestiaux* : mais il y a certainement quelque différence entre les *foires grasses* & les *foires de bestiaux.*

Lorsque les *foires de bestiaux* ne sont destinées qu'à la vente de certains animaux, comme chevaux, vaches, cochons, &c. on les distingue ordinairement, en ajoutant au mot de *foire*, celui des animaux dont il s'y fait le plus grand commerce. Ainsi l'on dit : il y a au Mans une *foire de chevaux*, à Sucy en Brie une *foire de cochons*, & à la Montety une *foire de vaches*, &c.

On va mettre ici les principales de ces *foires*, qui se tiennent, ou aux environs de Paris, ou dans les provinces; après avoir remarqué que ces *foires de bestiaux* sont bien différentes des marchés qui se tiennent certains jours de la semaine, pour y vendre & y acheter ces sortes d'animaux & de bestiaux; comme le marché aux chevaux de Paris, & ceux de Poissy, ou de Sceaux, pour les bœufs & moutons. *Voyez* MARCHÉ.

Les *foires grasses* qui se tiennent à Cheneraille, gros bourg, ou petite ville de la Haute-Marche d'Auvergne, sont célèbres par la quantité de bêtes engraissées qui s'y vendent, dont la plupart se conduisent à Paris. Elles se tiennent les premiers mardis de chaque mois.

Il y a trois *foires de bestiaux* chaque année à Braisne-le-Comte près Soissons : la première, le 6 mai; la seconde, le 14 septembre; & la troisième, le 14 Décembre. Quelques-uns de ces bestiaux se répandent dans les provinces voisines : la plus grande partie vient à Paris. Le nombre des bêtes à laine, qui se vend à ces trois *foires*, est comme infini.

Il se tient aussi une semblable *foire* le 9 octobre à Menec près Corbeil.

Enfin, les *foires* de Nangis & de Crecy en Brie; la première, qui se tient le 4 juillet; & la seconde, le 29 septembre, fête de S. Michel, (celle-ci dans la prairie de Villiers) sont des *foires de bestiaux* très-considérables, & où les fermiers & bouchers de l'isle de France ont coutume de s'en fournir.

Bien que les *foires de Guibray* & de Caen soient principalement destinées à l'achat & vente des toiles & des étoffes de lainerie & autres marchandises, elles doivent être néanmoins considérées comme deux des principales *foires* du royaume, pour les chevaux Normands. *Voyez* GUIBRAY; & *ci-dessus la* FOIRE DE CAEN, *au paragraphe des* FOIRES FRANCHES.

Il se tient encore plusieurs autres *foires de chevaux* dans différens endroits de la province de Normandie, particulièrement trois dans le Cotentin; dont l'une est à la S. Côme, au mois de septembre; la seconde à la S. Flexent, au mois d'octobre; & l'autre au mois de . . . .

Il s'en tient trois autres auprès de Bayeux : savoir, l'une à S. Laurent sur mer, le 11 août; l'autre à S. Martin aussi sur mer, au mois de novembre; & la troisième près de Fermigny, le 4 juillet. Celles de S. Laurent & de S. Martin se tiennent dans deux paroisses différentes; mais si proches, que la *foire* des deux lieux se fait presque sur la même place.

Il y a aussi trois de ces *foires* à Bayeux même, mais peu considérables.

La ville du Mans a pareillement deux *foires de chevaux*; l'une le lendemain des fêtes de la Pentecôte, & l'autre le 19 juin, fête de S. Gervais.

C'est à la *foire* de Fontenay en Poitou, que se vendent presque tous les chevaux qui s'élèvent dans cette province. Elle se tient le 24 juin; & est une de celles du royaume, qui a le plus de réputation pour cette sorte de commerce.

Les chevaux Bretons se vendent pour la plupart à la *foire* de la Martyre, qui se tient dans la paroisse de Pouldery, en Basse-Normandie. Cette *foire* commence le second dimanche du mois de juillet, & dure quatre jours.

La *foire* de Chalus est celle où se mènent presque tous les chevaux Limousins; & celle d'Angers, celle où se vendent les chevaux Angevins. Cette dernière se tient le lendemain de la Fête-Dieu, & dure trois jours pour les chevaux, & huit pour les autres marchandises. On peut la mettre aussi au nombre des *foires des bestiaux*; s'en faisant un très-grand commerce pendant les trois premiers jours.

Enfin, il se tient à Nogent-sur-Seine, le 11 du mois d'août, une *foire* assez considérable de chevaux.

La *foire* de Niort, au premier décembre, n'est proprement destinée qu'aux poulains de lait; & c'est-là que les viennent enlever ceux qui en font des nourritures, pour les revendre quand ils sont devenus propres par leur âge & leur force, soit à porter, soit à servir au tirage.

La Montety est une *foire* proprement destinée au commerce des vaches; & c'est-là que les fermiers

& payfans des environs de Paris & de toute l'ifle-de France, vont chaque année en acheter une quantité extraordinaire; ceux-ci pour la fubfiftance de leur famille, qu'ils entretiennent du négoce qu'ils font de lait & de fromage; & ceux-là pour en fournir leurs fermes.

Cette *foire* fe tient, le 9 feptembre, en pleine campagne, où il n'y a qu'une chapelle, qu'on appelle la *chapelle de la Montety*, appartenant aux religieux d'Ivernaux en Brie, qui reçoivent les droits de foirage. Ce lieu n'eft éloigné d'Ofoy en Brie que d'une petite demi-lieue.

Il y a auffi en plufieurs villages, ou gros bourgs des environs de Paris, des *foires de cochons*, dont celle de Suffy en Brie, qui fe tient au mois de feptembre à la Sainte-Croix; & les deux de Champigny, au-delà du pont de S. Maur, qui fe tiennent, l'une, la dernière fête de la Pentecôte, & l'autre, la dernière fête de la Touffaint, ne font pas les moins confidérables.

Outre ces *foires franches*, & ces *foires de chevaux & de beftiaux*, dont on vient de parler avec quelque détail dans les deux paragraphes précédens, il y a encore en France quantité d'autres *foires* ordinaires, dont on fe contentera de donner ici la lifte, non de toutes, n'étant guères poffible de n'en point oublier, mais des principales, dont on avoue qu'on a pris la plus grande partie dans l'almanach royal, qu'on a néanmoins réformé fur de bons mémoires en quantité d'endroits.

Pour la commodité de ceux qui ont befoin de cette forte d'inftruction, foit pour le commerce, foit pour la fimple curiofité, on a féparé la lifte en deux claffes : l'une, qui fera la première, eft des *foires*, dont le jour n'eft pas fixé; mais qui eft, pour ainfi dire, attaché à ce qu'on appelle *les fêtes mobiles* dans le calendrier eccléfiaftique, ou à quelque autre circonftance; enforte qu'il n'eft pas le même chaque année; & l'autre claffe, des *foires* dont le jour eft certain, & fuit exactement les jours de chaque mois.

Il faut obferver à l'égard des *foires de Poitou*, dont on a déja parlé, & dont on parlera dans les deux liftes, comme Fontenay, Niort, &c. qu'elles doivent toujours durer trois jours francs, & que lorfque ces *foires* arrivent le vendredi, elle fe remettent au lundi fuivant.

Quoique toutes ces *foires de Poitou* ne foient pas deftinées au commerce de chevaux, & qu'il n'y ait guères que celles dont on a déja parlé ci-devant, il s'y en fait néanmoins toujours un affez grand négoce, comme dans plufieurs autres *foires* du royaume; mais qui pour cela ne font pas appellées *foires de chevaux*, & qui par conféquent n'ont point eu place au paragraphe où il en eft traité.

Foires de France, qui fe tiennent dans des jours incertains, qui avancent ou reculent chaque année.

A Laon & à Chaftel-Chinon, le premier lundi de l'année.

A Auxerre, le lundi de devant la Chandeleur.

A Befançon, le lundi d'après la même fête, & le lundi d'après la S. Barthelemi.

A Moncenis, le mercredi qui fuit auffi cette fête.

A Montargis, le jeudi gras.

Au Ponteau-de-mer, les lundi & mardi gras.

A Montferrand, le vendredi de devant le carême.

A Tonnerre, à Mâcon & à Montferrand, le lundi gras.

A Nevers, la *foire des brandons*, le premier lundi de carême.

A Senlis, à Alençon & Saint-Florentin, le premier famedi de carême.

A Gien, la *foire* qu'on appelle *le cours de Gien*, le fecond lundi de carême : elle dure neuf jours.

A Compiégne & à Efpernay, à la mi-carême : cette dernière dure quinze jours.

Il y a auffi des *foires* vers le même temps à Cliffon, Poitiers, Civrai, Poitevine, Dinant & Carraix en Bretagne : celle-ci eft de quinze jours.

A Auxerre, il y a quatre *foires*, fçavoir : le lundi de devant la Chandeleur, le lundi de devant les rameaux, le lundi avant la Pentecôte, & le lundi avant la Notre-Dame de feptembre.

A Grenoble & à Romanez, une le jour des rameaux.

A Châlons-fur-Marne trois; l'une le vendredi de devant les rameaux; l'autre le vendredi de devant la Pentecôte, & la troifiéme le vendredi d'après la S. Denis.

A Chaumont en Baffigny & à Saint-Pierre-du-Moutier, le lendemain des fêtes de Pâques.

A Montargis & à Roye, le lendemain de la quafimodo.

A Provins, le mardi des rogations, & dure fix femaines.

A Chaftel-Chinon, la veille de l'Afcenfion.

A Sainte-Honnerine & à Creffy en Bretagne, le vendredi d'après l'Afcenfion.

A Fontainebleau, le lendemain de la Trinité.

A Treguier en Bretagne, le lundi d'après la fête-Dieu.

A Charabaras, le lundi avant la S. Jean : elle dure deux jours.

A Longjumeau, le lundi d'après la même fête.

A Teffi en baffe-Normandie, le lendemain d'après la S. Pierre.

A Chaume en Brie, le mardi d'après la même fête.

A Montargis & à Saint-Malo, le lendemain de la Magdeleine; & une feconde à Montargis le jeudi d'après la S. Remy.

A Tarafcon, le lendemain de la Sainte-Anne.

A Befons près Paris & à Volent près Chartres, le dimanche après la S. Fiacre.

A Saint-Lo en baffe-Normandie, le jeudi d'après la S. Gilles : elle dure trois jours. Si la fête arrive le jeudi, elle s'ouvre le même jour.

V

A Amiens, le jeudi après la Notre-Dame de septembre.

A Nevers, le samedi d'après la S. Denis, au mois d'octobre.

A Saint-Felicien, le troisiéme dimanche de septembre : elle dure trois jours.

A Senlis, le lundi après la S. Luc, au mois d'octobre.

A la Fléche & à Saint-Florentin, le lendemain de la S. Simon S. Jude.

A Fontenay en Brie & à Espernay, le samedi devant la Toussaints.

A Châlons-sur-Marne, le vendredi d'après la S. Martin.

Enfin, à Thouars, le premier jeudi de l'avent.

Liste des foires de France, qui se tiennent à des jours certains, dressée suivant l'ordre des mois.

JANVIER.

A Bordeaux, le premier jour de l'an.

A Joigny, le 12.

A Civray, Lussac & Vivonne en Poitou, le 17.

A Nemours, Châtillon-sur-Seine, Lille en Flandre, Gençay & Seneçay en Poitou, le 20.

A Saumur & à Grenoble, le 22 : celle-ci dure trois jours.

A Mussy-l'Evêque, le 25.

FÉVRIER.

A Alençon, Montmorillon & Egue en Poitou, le 3.

A Villenauze en Brie, le 5.

A Sainte Agathe de Niort en Poitou, le 6.

A Sainte-Menehoult & à Langres, le 15 : celle-ci finit le 22.

A Paris, la foire qu'on appelle le *pardon saint Denis*.

A Versailles, à Vitry-le-François & à Niort en Poitou, le 24. La *foire* de Niort dure huit jours.

MARS.

A Autun, le 18.

A Sens, le 21.

A Villenauxce, le 26.

AVRIL.

A Troyes en Champagne, le 25, & finit à la Pentecôte.

MAI.

A Angers, Chartres, Neubourg en Normandie, Crussi-le-Chastel près Tonnerre, & à Châtellerault, le premier jour du mois. Celle de Châtellerault dure huit jours.

Il se tient aussi le même jour à Gorghe dans la Flandre Françoise, une *foire* qu'on nomme *la Mayôle*, où il se vend une très-grande quantité de toiles unies & ouvrées.

A Senlis, le 2.

A Ville-Dieu-les-Poësles, à Branste proche Chevray & à Paimbeuf, le 3.

A Trou en Normandie & à Niort en Poitou, le 6.

A Saint-Cloud près Paris, le 8.

A Merinvillé en Beausse, à Amiens & à Clermont en Auvergne, le 9.

A Château-Thierry, le 11.

A Meaux, à la mi-mai.

A Limoges, le 22 : elle dure huit jours.

A Nantes, le 24 : dure quinze jours. Elle est du nombre des *foires franches*.

JUIN.

A Meudon près Paris, *foire royale* le premier du mois.

A Viez en Poitou, le même jour : elle dure trois jours.

A Abbeville, le 2.

A Châtillon-sur-Seine, le 11, jour de Saint Barnabé.

A Amiens, Rosay en Brie, la Fléche & Bellay en Anjou, le 24, fête de S. Jean.

A Châlons-sur-Saône, le 25.

A Dijon & à Dormelle près Montereau, le 29.

JUILLET.

A Saint-Martin proche Bellesme, le 4.

A Pontivy & à Noyelles en Bretagne, le 5. Cette derniere dure huit jours. Il s'y vend quantité de toiles propres à faire des voiles de vaisseaux. *Voy.* NOYELLES & TOILE.

A Caen, le 18.

A Saint-Lo en basse-Normandie, à Sainte Pazane en Bresse, le 22, fête de Sainte Magdeleine.

A Valence proche Montereau, à Villeneuve, à Mortagne au Perche, & au prieuré de S. Jacques de Bresluire en Poitou, le 25, fête de S. Jacques.

A Aix, le 26.

A Autun, Vitaux & Bourbon-les-Bains, le 28, fête de Sainte Anne.

A Tarascon, le 29.

AOUST.

A Fontenay en Poitou, le premier du mois : dure huit jours. Elle est du nombre des *foires de chevaux*. *Voyez ci-dessus*.

A Bayonne, le même jour : dure quinze jours. Elle jouit de plusieurs franchises & exemptions.

A Clermont en Auvergne, à Dannemarie en Montoire, à Raillé, à Petit-Mars & à Bourneuf en Bretagne, le 6.

A Nogent-sur-Seine, le 11.

A Saint-Florentin, le 13.

A Grenoble, le 15 : dure trois jours.

Au Pelerin en Bretagne, le 16.

A Crussi-le-Chastel près Tonnerre, le 17.

A Chartres, à Gersy en Brie, à Pont-sur-Seine & à la Fléche, le 24, fête de S. Barthelemi.

A Sainte-Menehoult, le 25.

A Paimbeuf & à Saint-Julien-Vouente, le 28.

A Blois, à Mamers & à Tournon près Grenoble,

le 29. Cette dernière dure trois jours, & celle de Blois dix.

SEPTEMBRE.

A Nevers, à Pornic en Bretagne, à Vitry-le-François, à Saint-Gilles & au Ponteau-de-mer, le premier jour.

A la Houssaye en Bretagne & à Pontivy, le 6 : celle de Pontivy dure huit jours. Il s'y vend quantité de toiles Bretonnes.

A Saint-Cloud près Paris, à Montereau & à Autun, le 7.

A Bray-sur-Seine & à Ville-Dieu-les-Poesles, le 9.

A Joigny, le 18.

A Saint-Just, le 18.

A Saint Lo & à Blandy en Brie, le 21, fête de S. Mathieu.

A Gray, à Saint-Claude & à Vesoul, toutes trois en Franche-Comté, le 22.

A Estampes, Villeneuve, Mamers & Saint-Donat en Dauphiné, le 29.

OCTOBRE.

A Saint-Quentin & à Colommiers, le 10 : celle de Colommiers dure huit jours.

A Fontenay en Poitou le 11 : on l'appelle là foire de S. Venant, & dure trois jours. Il s'y vend quantité de chevaux.

A Sens, le 17.

A Rouen, à Tocquin en Brie, à Guerande & à Viés en Poitou, le 18 : cette dernière dure dix jours.

A Châtillon-lès-Dombes, le 28, fête des apôtres S. Simon S. Jude.

A Brie-Comte-Robert, à Nogent-sur-Seine, à Verdun en Bourgogne & à Bellesme, le même jour; celle-ci se tient hors la ville.

NOVEMBRE.

A Carhack en Bretagne, le premier du mois : elle dure six jours.

A Bayeux & à Passi en Normandie, le jour des morts, & à Meaux le lendemain.

A Paimbeuf, le 3, fête de S. Hubert; elle dure huit jours ouvrables.

A Auxerre, Pontoise, Rosai en Brie, Torigni en basse-Normandie, Boulogne sur mer, Amiens & Dijon, le 11, fête de S. Martin.

A Clermont en Auvergne, à Sainte-Menehould, à Vitry-le-François, à Niort, à Concé, à Pamprou, à Jousse, à Mont-Louis en Poitou, & à Soissons, le 12, lendemain de la fête de S. Martin; celle de Soissons dure 8 jours.

A Civray en Poitou, le 13.

A Ville-Dieu lès Poesles, le 23.

A Fontainebleau, le 26, dure trois jours francs.

A Montferrand, Bellesme & Provins, le 29.

A Lagny, la Fleche, Cussy-le-Chastel, Ancenis & Pornic en Bretagne, le 30, fête de S. André. Celle de Cussy-le-Chastel dure 8 jours.

DÉCEMBRE.

A Mortagne au Perche, à Grenoble, à Vitry-le-François, à Riancourt près d'Amiens, le premier du mois.

A Poitiers & à Riés, le 6.

A Bar-sur-Seine, le 12.

A Pont-sur-Seine & à Merville en Beauce, le 21, fête de S. Thomas.

A Bourges, le 27; elle dure 11 jours.

A Chablis, le dernier du mois.

Il y a encore quelques *foires* considérables en France, dont on n'a pu découvrir les jours auxquels elles se tiennent, & qu'ainsi on a cru devoir ranger ici sans ordre, comme sont :

Les *foires d'Isigny* en basse-Normandie, où se vendent ces excellens beures, qui en portent le nom; les droits en appartiennent aux évêques de Bayeux.

Les *foires de Montebourg*, aussi en basse-Normandie, dont les droits, qu'on appelle *droits de coutume*, se perçoivent par les religieux d'une abbaye, qui est dans le même lieu.

Les *foires de la Pernette* dans l'élection de Valogne, où se vendent la plupart des laines du pays, &c.

FOIRES EN FLANDRES.

FOIRES D'ANVERS. Il se tient à Anvers diverses *foires* : les principales sont la *foire franche* de la Pentecôte, & celles d'entre la Saint Remy & Saint Banon. La franchise générale accordée à toutes les marchandises qui y arrivent pendant le temps qu'elles durent, y attire des marchands de toutes les parties du monde, n'y ayant guères de nation qui n'y ait des magasins.

On parle ailleurs de la maison des Osterlins, qui a plus l'air du palais d'un grand prince, que d'un bâtiment uniquement destiné à serrer des marchandises. *Voyez* OSTERLINS.

FOIRE DE BAILLEUL. Cette *foire* se tient tous les ans au mois de septembre, dans la petite ville de Bailleul, à trois lieues d'Ypres, en Flandre. C'est à cette *foire* que se portent la plupart des draps & des fils à coudre, qui se fabriquent dans la ville & dans toute sa châtellenie.

FOIRES DE LORRAINE.

A S. Nicolas en Lorraine, le 7 janvier & le 10 décembre.

A Luneville, le 17 avril.

A Momeny, le 25 août.

A Sier, le jeudi après la Notre-Dame de septembre.

A Miel, le 13 novembre.

Il se tient aussi plusieurs *foires* à Vosge, où les Allemands viennent enlever quantité de bœufs, de taureaux & de vaches.

FOIRES DE ZURZACH. Zurzach, bourg considérable de Suisse, est très-célèbre en Allemagne par les deux *foires*, qui s'y tiennent tous les ans. La première commence huit jours après la Pentecôte, & la seconde le premier septembre. Les Hollandois, particulièrement ceux d'Amsterdam, y font un grand commerce, tant de marchandises qu'ils y font conduire, que de celles qu'ils en tirent ; celles-ci font diverses fortes de soie & de toutes les différentes étoffes qui se fabriquent en Suisse ; les autres consistent en toiles peintes, en mousselines, en batiste, en coton, en drogueries, en draps & étoffes de laine, en thé, chocolat, en épiceries, en drogues pour les teintures, & en cannes.

Toutes les différentes fortes de monnoies qui se fabriquent ou qui ont cours en Suisse, l'ont aussi aux *foires de Zurzach*, de forte que pour prévenir toutes fortes de contestations, il est bon que les marchands en achetant ou en vendant, conviennent en quelles espèces ils payeront ou feront payés.

FOIRES D'ALLEMAGNE.

Les *foires de Francfort*, de *Leipsick* & de *Naumbourg*, font les plus célèbres de celles qui se tiennent en Allemagne, non-seulement par le grand commerce qui s'y fait, mais encore par le concours des princes de l'empire, de la noblesse & des peuples, qui ne manquent pas de s'y rendre de toute l'Allemagne, aussi-bien que quantité d'étrangers de qualité, qui viennent passer leur temps, & jouir du divertissement qu'on est sûr de trouver pendant tout le temps de ces *foires*.

FRANCFORT.

Francfort, ville impériale & anséatique, (que sa situation sur la rivière du Mein, rend très-commode pour le commerce, par la facilité du transport des marchandises qui y arrivent ou qui en fortent) a deux *foires* chaque année, l'une au printems & l'autre en automne.

La *foire du printems*, qu'on appelle aussi *foire de Pâques*, ou *de la mi-carême*, commence toujours le dimanche avant les rameaux : à l'égard de celle d'automne, qu'on nomme *foire de septembre*, l'ouverture n'en est pas fixe, & elle commence suivant le jour qu'arrive la fête de la nativité de la Vierge, qui se célèbre le 8 de septembre, commençant le dimanche avant cette fête, si elle est le lundi, le mardi & le mercredi ; & le dimanche suivant, si elle tombe dans le jeudi, le vendredi ou le samedi. Si la nativité arrive un dimanche, la *foire* ouvre le même jour.

On annonce l'ouverture de ces *foires* par le son d'une cloche ; leur durée est de 14 jours ou de deux semaines, dont la première s'appelle *la semaine d'acceptation*, & la seconde, *la semaine de paiement*.

Ces *foires* si fameuses par le débit de toutes fortes de marchandises, & par la vente d'un nombre infini de beaux chevaux, le font encore davantage par la quantité de livres curieux, & qui ne se

trouvent point ailleurs, que les libraires de toute l'Europe ont coutume d'en tirer.

Il est vrai que les sçavans soupçonnent que les catalogues de ces livres, qu'on imprime tous les ans, ne font pas exactement fidèles, & ils croyent y voir des titres de livres supposés & imaginaires, aussi-bien que quantité de fautes grossières dans les noms des auteurs, & l'énonciation des titres des vrais livres.

LEIPSICK.

Les *foires de Leipsick* en Misnie, sur la rivière de Pleiss, n'ont pas moins de réputation que celles de Francfort, si elles n'en ont pas même davantage : il s'y en tient trois par an ; l'une, le premier de janvier ; l'autre, trois semaines après Pâques ; & la troisième, après la fête de S. Michel.

La *foire* de janvier, qu'on nomme aussi *la foire du nouvel an*, commence toujours le premier jour de l'année, à moins que ce jour n'arrive un dimanche, auquel cas l'ouverture de la *foire* se remet au lundi suivant.

La *foire* d'après Pâques, autrement la *foire de Jubilate*, s'ouvre le lundi de la troisième semaine d'après la fête de la Résurrection.

Enfin, la *foire de septembre*, ou de la S. Michel, se tient le dimanche d'après la S. Michel, ou seulement huit jours après, si cette fête est un jour de dimanche : chacune de ces *foires* dure 14 jours, c'est-à-dire, deux semaines entières.

L'entrée de ces *foires* se publie le premier jour de chaque *foire*, & l'on en publie pareillement la sortie le dernier jour des deux semaines, que chacune d'elles dure.

Les 12 jours qui se trouvent enfermés entre l'entrée & la sortie, font proprement ce qu'on nomme *le temps des foires*, pendant lequel se font toutes les négociations, & les changes & remises entre les négocians & banquiers, aussi-bien que la vente & l'achat des marchandises.

L'acceptation des lettres de change, tirées pour être payées en *foire*, se fait ordinairement le deuxième jour après leur ouverture : il est néanmoins permis à ceux sur qui elles font tirées, d'en remettre l'acceptation jusqu'à la semaine des paiemens.

Le temps du paiement des lettres de change ne commence qu'après la publication de la fin des *foires*, & dure jusqu'au cinquième jour suivant inclusivement ; pendant lequel temps, si elles ne font pas payées, elles doivent être protestées faute de paiement.

Le protêt faute d'acceptation peut bien se faire avant la semaine des paiemens ; mais le porteur d'une lettre de change n'y est point obligé pour sa sûreté ; il ne doit pas même se presser de renvoyer sa lettre protestée avant la fin de la *foire*, se pouvant trouver, & se trouvant même souvent des banquiers & des négocians, autres que ceux sur qui les lettres font tirées, qui les acceptent & qui y font honneur.

L'on peut protester, faute de paiement, jufqu'à dix heures du foir du jour des proteftations, c'eft-à-dire, du cinquième jour des paiemens : plus tard on n'y eft pas reçu ; & les porteurs des lettres, qui ne les ont pas fait protefter dans ce temps accordé par les réglemens, en demeurent garants, fans pouvoir avoir recours fur les tireurs.

Ce n'eft ordinairement que trois jours après le dernier des 5 jours des paiemens, que les marchands, négocians & banquiers, ont coutume de renvoyer les lettres proteftées faute de paiement, à ceux qui en ont fait les remifes, dans l'efpérance que quelqu'un fe préfente pour y faire honneur ; mais fi après ces trois jours le payement n'en a point été fait, les porteurs de ces lettres, qui en ont déja donné avis au tireur, font obligés de les renvoyer avec les protêts, par la première pofte qui fuit la femaine des paiemens.

NAUMBOURG.

Cette ville eft fituée en Mifnie, auffi-bien que Leipfick, prefqu'à égale diftance entre cette ville & Erfort.

La foire qui s'y tient, quoique très-confidérable, n'eft néanmoins guères connue que fous le nom de marché, étant communément appellée le marché de Petri-Pauli, ou de Saint Pierre & Saint Paul, à caufe que l'ouverture s'en fait le jour de la fête de ces deux apôtres, qui arrive le 29 juin.

La durée de cette foire n'eft que de huit jours, les négociations pour le change & les protêts, foit faute d'acceptation, foit faute de paiement, s'y font à peu près comme aux foires de Leipfick.

FOIRES DE LONDRES.

Il n'y a que deux foires par an à Londres, dont l'une au cœur de la ville, & la feconde dans un grand fauxbourg de l'autre côté de la Tamife. La première commence le 24 août, jour de S. Barthelemi, & dont l'ouverture s'en fait par le magiftrat, à fon de trompe. Sur ce qu'on a prétendu que c'étoit un abus, des quinze jours qu'elle duroit, on l'a réduit à trois jours. L'autre foire qui fe tient, comme on l'a dit, dans le fauxbourg, commence le lendemain que finit celle de la ville, & dure quinze jours. Il faut avouer que le commerce de ces foires eft fort déchu, & n'eft pas à beaucoup près auffi confidérable qu'on avoit lieu d'attendre dans une ville auffi grande que Londres. Mais en récompenfe, il y a environ une vingtaine de marchés confidérables qui fe tiennent prefque tous les jours, à la réferve des dimanches feulement : car pour des fêtes les Anglois n'en connoiffent point, fi ce n'eft peut-être deux ou trois, qui font des fêtes plutôt politiques & de l'état que religieufes. De ces vingt marchés il y en a douze pour la viande de boucherie & volaille, mais le plus confidérable de tous, c'eft un très-grand marché au cœur de la

ville, qu'on appelle leaden-hall, ou la falle au plomb, comme font les halles à Paris. C'eft une efpèce de foire perpétuelle. Il fe tient tous les jours, & on y trouve prefque de tout.

FOIRES DE NOVE.

La petite ville de Novi fituée dans le Milanois, mais de la domination de la république de Gènes, eft célébre par les quatre foires qui s'y tiennent tous les ans.

Quelques auteurs croyent que ces foires y ont été transférées de Bizanfonne, autre petite ville du royaume de Naples, où elles fe tenoient autrefois ; & d'autres prétendent que les partageant avec Plaifance ; les deux foires, qui étoient le partage de cette dernière ville, avoient été enfin abolies, ou plutôt réunies aux deux foires de Novi, qui depuis en avoit eu quatre.

De ces quatre foires, la première, qu'on nomme la foire de la Purification ou de la Chandeleur, commence le premier février ; la feconde, appellée la foire de Pâques, s'ouvre le deuxième mai ; la foire d'août, qui eft la troifième, s'ouvre le premier jour du mois, qui lui donne fon nom ; & la foire de la Touffaint, qui eft la quatrième, commence le lendemain de cette fête, c'eft-à-dire, le deuxième du mois de novembre.

Quoiqu'il y ait à ces quatres foires un concours affez grand de marchands, foit pour vendre, foit pour acheter diverfes fortes de marchandifes, qui y font apportées de l'état de Gènes & de divers autres lieux voifins ; ce n'eft pas cependant ce qui les rend fi confidérables, & elles le font beaucoup moins par le commerce qui s'y fait, que parce que c'eft pendant le temps de ces foires que les plus riches & les plus fameux banquiers & négocians, foit de France, particulièrement de Lyon, de l'Italie ou de quelques états, même encore plus éloignés, fe raffemblent pour régler leurs affaires, & faire la folde de leurs comptes, fur-tout pour ce qui concerne la banque & le change.

Chacune de ces foires dure ordinairement huit jours ; mais il arrive affez fouvent qu'on les prolonge d'un, & quelquefois de deux jours, fur les remontrances que les négocians, marchands & banquiers font au magiftrat, qu'ils n'ont pas eu le temps & la facilité de terminer leurs comptes & leurs affaires.

Les écritures & les livres de compte & de change pour les traites, remifes & autres affaires qui fe font en foires, fe tiennent par écus, fols, & deniers d'or de marc, qui fe fomment par douze & par vingt ; douze deniers d'or de marc faifant le fol auffi d'or de marc, & vingt fols faifant l'écu.

FOIRES DE SINIGAGLIA.

Cette foire qui fe tient au mois d'août, eft fameufe par le grand concours de marchands, qui y viennent de toutes les parties de l'Italie, & de quelques autres états voifins.

La petite ville de Sinigaglia, d'où elle prend fon

nom, & dont on ne parleroit guères fans cette *foire*, eft fituée dans le duché d'Urbin', fur la côte occidentale du Golfe de Venife; ce qui, avec la commodité de fon port, y attire quantité de barques & d'autres bâtimens, particulièrement de Venife, qui y font le plus grand commerce.

FOIRES DE RIGA.

Riga, capitale de Livonie, a deux *foires* chaque année, l'une au printems & l'autre en automne; celle du printems fe tient au mois de mai, & celle de l'automne au mois de feptembre. Ces *foires* font beaucoup fréquentées, & il s'y trouve quantité de vaiffeaux François, Anglois, Hollandois, & de toutes les villes de commerce, particulièrement du nord & de la mer Baltique.

Le temps le plus propre pour le négoce de Riga eft celui de ces *foires*, quoiqu'il y ait quelque chofe d'incommode pour les étrangers, qui ne peuvent décharger leurs vaiffeaux, ni prendre magafin à la ville, que les bourgeois n'ayent fait leurs achats & pris ce qui leur convient des marchandifes dont les navires font chargés.

La plus grande partie du commerce que les étrangers font pendant ces *foires*, fe fait en richedales, avec lefquelles il faut payer comptant ce qu'on y achete; on y fait néanmoins quelques échanges. Ces *foires* ne font plus auffi célèbres qu'elles étoient, avant que le czar de Mofcovie, Pierre Alexiowitz, eût fait la conquête de la Livonie fur les Suédois, & eût fait conftruire au fond de la mer Baltique la fameufe ville de Peterfbourg, dont le commerce porte déja ombrage à toutes les villes marchandes du nord, y ayant transféré celui d'Archangel.

FOIRE D'ARCHANGEL.

La ville de Saint-Michel Archangel, fituée en Mofcovie, à l'embouchure de la Duvina dans la mer blanche, eft célèbre par la *foire* qui s'y tient à l'arrivée des vaiffeaux étrangers : elle dure environ un mois, & toutes les affaires doivent s'y achever en moins de fix femaines, à commencer à la mi-août, qui eft à-peu-près le temps qu'ouvre cette *foire*.

Il y arrive des marchands Mofcovites de toutes les provinces de ce vafte empire; & les vaiffeaux François, Anglois, Hollandois, Suédois, Danois, Hambourgeois, &c. qui fe trouvent alors dans le port de cette ville fameufe par fon commerce, paffent fouvent le nombre de trois cent.

Cette *foire* n'eft pas franche, & les droits d'entrée & de fortie fe paient, & très-exactement, & fur un pied très-haut.

On ne dira rien ici du commerce qui fe fait à cette *foire*, & des marchandifes qu'on y vend ou qu'on y achete; on en a traité amplement dans l'État général du commerce, fous le titre du commerce du nord & de la mer Baltique. *Voyez l'État général du commerce*.

FOIRE DE MAKARIA. C'eft une des *foires* des plus célèbres de Mofcovie. Elle fe tient au mois de juillet, & dure quinze jours. *Voyez* MAKARIA.

FOIRES DE PORTO-BELLO, DE LA VERA-CRUX, ET DE LA HAVANNE.

Ces trois *foires* font les plus confidérables de toutes celles qui fe tiennent dans l'Amérique Efpagnole : les deux premières durent autant que la flote ou les gallions féjournent dans leurs ports; & l'autre s'ouvre à l'arrivée ou de la flotte ou des gallions, fuivant qu'à leur retour en Europe les uns ou les autres y arrivent les premiers, la Havanne étant le lieu où ils fe raffemblent avant d'embouquer le détroit de Bahama. On en parle ailleurs.

FOIRE DE RAMA. Il fe tient toutes les femaines une *foire* célèbre dans cette ville de la Terre-Sainte, où les Arabes du défert apportent quantité de marchandifes, particulièrement des noix de galle, du fené & de la gomme d'Arabie.

FOIRE DE RESPECT. *Terme de commerce par commiffion.* C'eft le temps qu'un commettant accorde à fon commiffionnaire pour lui payer le prix des marchandifes que ce dernier a vendues à crédit, & dont il s'eft rendu garant.

Lorfqu'un commiffionnaire fe rend garant de la folvabilité de ceux à qui il vend à crédit pour le compte d'autrui, ce qui s'appelle en terme mercantile, *demeurer du croire*; il doit avoir la *foire de refpect*, c'eft-à-dire, trois mois de temps, à compter du jour de l'échéance de chaque partie de marchandife qu'il aura vendue, pour faire les remifes à fon commettant, ou avant qu'il puiffe tirer fur lui.

FOLIO, *en terme de commerce*, fignifie *feuillet.* On dit *folio recto*, pour dire la première page d'un feuillet; *folio verfo*, le revers ou la feconde page du feuillet.

Les marchands, banquiers, négocians, & tous ceux qui font obligés de tenir des livres, fe fervent volontiers de ce terme, particulièrement dans les alphabets qu'ils mettent à la tête de leurs regiftres, pour y trouver plus facilement les pages où font portées en débit & crédit les marchandifes achetées ou vendues, & les noms de leurs créanciers & débiteurs.

Pour abréger, le *folio* fe marque ainfi, F°. & les recto & verfo de la forte, R°. V°.

FOLIO-CHIROSE. *Drogue médicinale*, qui fe prépare à la Chine; elle eft d'un très-bon débit au Japon, les Japonnois en donnant jufqu'à vingt-quatre taels, & ne coûtant à Canton que cinq taels cinq mas le pic.

FOLIUM GARIOFILATUM, ou *feuille de* girofle. *Voyez* GIROFLE.

FOLIUM INDICUM, ou INDUM, qu'on nomme auffi THAMALAPATRA, & MALABATRUM. C'eft la feuille d'un grand arbre qui croît aux Indes, particulièrement vers Cambaye.

L'arbre qui la produit eft affez femblable à un citronnier : il pouffe des bayes pareilles à celles de la canelle, mais plus petites : fous quelques-unes de ces feuilles il fe rencontre des efpèces de veffies, guères plus groſſes que la tête d'une épingle, que quelques-uns eſtiment être ſa graine. Les feuilles du *folium indicum* qui n'ont d'uſage que pour la compoſition de la thériaque, doivent être choiſies belles, larges, vertes, & les plus entières qu'il ſe peut.

« Le *folium indum* paië en France les droits d'en-» trée à raiſon de 12 liv. 10 ſols de cent peſant, » conformément au tarif de 1664 ; & par celui de » la douane de Lyon 3 liv. 15 ſols du quintal, tant » d'ancienne que de nouvelle taxation, avec les » nouveaux ſols pour livre ».

FOLLE. Petite *monnoie* d'Egypte. *Voyez* LA TABLE DES MONNOIES.

FOLLICULES DE SENÉ. Ce ſont les gouſſes qui renferment la graine ou ſemence du *ſené* : on les eſtime plus purgatives que le *ſené* même. *Voyez* SENÉ.

FONCÉ, ÉE. On appelle, *en terme de teinturier*, une *couleur foncée*, celle qui eſt fort obſcure & rembrunie : du violet *foncé*, du rouge *foncé*.

On dit auſſi, qu'un marchand eſt bien *foncé*, pour dire qu'il eſt riche, & que ſes fonds ſont conſidérables.

FONCET. Grand *bateau* qui ſert à naviger ſur les rivières. On s'en ſert principalement pour remonter la Seine ; & c'eſt ſur les *foncets* qu'on amène à Paris de Rouen, & des villes de Normandie ſituées ſur cette rivière, les bois, les épiceries & autres marchandiſes & denrées pour la proviſion de cette capitale. Il y a auſſi des *foncers* d'Oiſe, qui font avec Paris le commerce de la Picardie.

Les *foncets* de Seine ſont les plus grands, & il y en a qui ont juſqu'à vingt-ſept toiſes entre chef & quille, c'eſt-à-dire, quatre à cinq toiſes plus de longueur, que n'ont les plus grands vaiſſeaux qui navigent ſur l'Océan, & qu'on appelle *vaiſſeaux du premier rang*.

Il entre dans la fabrique d'un *foncet* de la plus forte jauge, juſqu'à deux mille deux cent pièces de bois réduites, au compte des charpentiers. Les *foncets* ſe tirent avec des chevaux, & il y en a où l'on met deſſus juſqu'à douze courbes, c'eſt-à-dire, vingt-quatre chevaux.

FOND, *en termes de manufacture*. C'eſt le champ, ou pour ainſi dire, la partie inférieure des étoffes ſur laquelle paroiſſent comme peintes ou attachées, les fleurs arabeſques, compartimens, feuillages & autres ornemens dont on les enrichit en les travaillant ſur le métier.

On dit, un brocard à *fond d'or*, ou à *fond d'argent*, parce que c'eſt ſur l'or ou ſur l'argent, que les fleurs ſont travaillées. On dit au contraire ; une étoffe *fond cramoiſi*, à fleurs d'or, ou à fleurs naturelles, lorſque c'eſt ſur un champ de ſoie cramoiſie, qu'on a employé ſur ou des ſoies de diverſes couleurs, pour y repréſenter des fleurs.

FOND. Eſt auſſi la couleur qui domine le plus dans les draps qu'on appelle *draps mélangés*.

On dit, que le *fond* d'un drap de laine eſt trop découvert ; pour faire entendre, qu'il a été tondu de trop près, & qu'il n'a pas aſſez de poil du côté de l'endroit.

FOND DE CALE. *Terme de marine*, qui ſe dit de la partie la plus baſſe d'un vaiſſeau.

C'eſt proprement le magaſin d'un navire marchand ; le lieu où l'on met les marchandiſes, du moins celles qui ſont les plus peſantes & les plus ſujettes à ſe gâter. Les autres ſe placent & s'arrangent entre deux ponts, ſur-tout dans les navires marchands des Hollandois, dont le *fond de cale* eſt peu profond, & les entreponts fort élevés.

Pour connoître le port & la capacité d'un vaiſſeau, & en régler la jauge, le *fond de cale*, qui eſt le lieu de ſa charge, doit être meſuré à raiſon de 42 pieds cubes pour tonneau de mer.

FOND. Se dit auſſi des *douves* qui bouchent ou qui ferment les deux bouts ou extrémités des tonneaux ou futailles ſervant à mettre des liqueurs & autres marchandiſes.

Dans les tonneaux qui ſe défoncent d'un côté pour les emplir, comme dans ceux où viennent les drogues & les épiceries, on les appelle des *enfonceures*.

FONDER. Ce terme a quelque uſage dans le commerce, mais ſeulement dans certaines provinces de France. Il ſignifie *établir des fonds pour un négoce*.

FONDIQUE. *Maiſon commune* où les marchands s'aſſemblent pour leur commerce, & où ils dépoſent l'argent & les marchandiſes de leur commerce.

Les Auteurs du Dictionnaire de Trévoux diſent que ce mot vient de *fundus*, qui a ſignifié autrefois une *bourſe*, & que c'eſt de-là qu'on dit encore à préſent la *bourſe* d'Anvers, la *bourſe* d'Amſterdam.

Cette étymologie paroît plus que vraiſemblable ; mais il eſt certain que *fondique* n'a plus dans l'uſage d'aujourd'hui la même ſignification, & qu'il veut dire ſimplement un magaſin ou un dépôt pour les marchandiſes étrangères, encore ne ſe dit-il guères que des dépôts des douanes d'Eſpagne & de Portugal, ou de celles que les Eſpagnols ont dans l'Amérique & les Portugais dans l'Orient.

FONDRE. Se dit dans les manufactures, de l'adreſſe & de la perfection avec leſquelles un ouvrier mêle enſemble les couleurs de ſoie ou des laines dont il fabrique ſes étoffes : ſavoir habilement *fondre* enſemble les couleurs eſt un grand art dans un ouvrier ; pour dire qu'un ouvrier doit paſſer pour habile, quand il ſait parfaitement mélanger les couleurs. Il ſe dit auſſi du mélange que l'on fait des laines de diverſes couleurs qu'on prépare pour donner aux fileuſes, qui en font les fils deſtinés à la fabrique des draps mélangés.

FONDRE DES ACTIONS, FONDRE DES BILLETS. Nouvelle expreſſion introduite dans le commerce du papier, preſqu'en même temps que la compagnie des Indes & la banque royale ont été éta-

blies en France. Elle fignifie *fe défaire de fes billets , vendre fes actions pour de l'argent comptant.* Il faut que je *fonde* quelques-unes de mes
actions pour nourrir les autres. Je n'ai plus d'argent, je vais *fondre des billets.* Il fe dit ordinairement plus en mauvaife qu'en bonne part, c'eft-
à-dire, fe défaire de fes billets ou de fes actions
avec perte.

FONDS. Signifie *toutes les marchandifes d'un
marchand.* Ce marchand s'eft retiré, il a vendu
fon *fonds.* Il fe dit pareillement des machines,
métiers, inftrumens & uftenfiles fervant à une manufacture.

FONDS. C'eft encore l'argent que les marchands
& négocians mettent dans leur commerce, dans
leur négoce.

On appelle *fonds capital,* le total du montant
des effets d'un marchand, d'un négociant.

Il a la même fignification dans les fociétés, dans
les compagnies de commerce & dans les cargaifons
des vaiffeaux marchands. Le *fonds* de notre fociété
eft de cinquante mille écus : la déclaration du roi
a réglé le *fonds* de la compagnie d'Occident à
cent millions : ces armateurs ont fait un *fonds* de
cinq cent mille livres pour la cargaifon du navire
qu'ils font partir cette année pour la Chine. Et
ainfi de toutes les entreprifes de commerce.

FONDU, FONDUE. Il fe dit des couleurs
bien mélangées dans les étoffes de foie & de laine.

FONTE. Efpèce de cuivre mélangé d'autres
métaux, dont la plus grande partie doit être de
cuivre rouge.

Il n'y a proprement point de différence entre le
bronze & la *fonte,* ou du moins ce n'eft que le plus
ou le moins de l'alliage qui en puiffe mettre.

L'alliage ordinaire de l'un & de l'autre eft l'étain,
& quelquefois le plomb : il eft vrai pourtant qu'il
ne doit entrer ni de l'un ni de l'autre dans le meilleur bronze dont on fait les ftatues, & qu'il doit
être compofé de moitié de cuivre rouge ou de ro-
zette, & moitié de cuivre jaune ou léton.

L'alliage d'étain dans la *fonte* fe met fuivant les
différens ouvrages auxquels elle eft deftinée : pour
les canons de *fonte* on met dix ou douze livres
d'étain fur cent livres de cuivre rouge ou airain :
pour les cloches vingt ou vingt-quatre livres, à
quoi on ajoute deux livres d'antimoine pour rendre
le fon plus doux, & on en met feulement trois ou
quatre livres pour les uftenfiles de cuifine.

La *fonte* verte fe fait avec le cuivre tel qu'il
vient de la mine, & peu d'étain. Ce cuivre fe nomme
polofum.

« La *fonte* paye les droits de la douane de Lyon
» à raifon de 10 fols du quintal, tant pour l'an-
» cienne que pour la nouvelle taxation : il femble
» que le tarif entende ici par le mot de *fonte* ce
» qu'on nomme du *potin.*

» La *fonte* de fer, c'eft-à-dire, les uftenfiles de
» cuifine faits de fer fondu, payent à la même

» douane 3 f. du quintal, le tout avec les fols
» pour livre ».

FONTE, *en terme de manufacture de lainerie.*
Se dit du mélange des laines de différentes couleurs
qui doivent entrer dans la tiffure des draps ou
autres étoffes. On dit qu'un ouvrier excelle dans
la *fonte* des couleurs, pour dire qu'il les fait bien
fondre & mêler enfemble.

FONWA. *Drogue* dont on fait des teintures en
écarlate. Cette drogue fe trouve au Suez & aux
environs, & c'eft une des marchandifes que le
vaiffeau Royal, chargé pour le compte du grand-
feigneur, apporte tous les ans à Mocha, ville de
l'Arabie, fameufe par fon grand négoce.

FORAGE. Le droit de *forage* eft un droit que
le feigneur lève fur le vin que fes vaffaux vendent
à la broche, ou en gros ou en détail ; ce droit
n'eft établi qu'en quelques provinces de France.

FORAIN. On appelle *marchand forain* un
marchand étranger qui n'eft pas du lieu où il vient
faire fon négoce. *Marchand forain* fignifie auffi
un marchand qui ne fréquente que les foires, qui
va revendre dans l'une les marchandifes qu'il a
achetées dans l'autre.

La plupart des *marchands forains* qui arrivent
à Paris pour y vendre des marchandifes qui fe fabriquent par quelques-uns des corps des arts &
métiers qui y font établis, ou qui peuvent fervir à
les fabriquer, font tenus par les ftatuts & réglemens
de ces communautés, de donner avis de leur arrivée
aux jurés, ou d'apporter leurs denrées & marchandifes dans les halles & bureaux deftinés à cet
effet, afin d'y être vifitées, & enfuite lotties entre
les maîtres qui défirent en avoir.

Les marchandifes foraines qui ne font pas des
qualités requifes, font faifies & confifquées, & les
marchands forains condamnés à des amendes,
quelquefois réglées par les ftatuts, & quelquefois
ordonnées & arbitrées par les juges de police.

L'ordonnance de la ville de Paris de 1672 fait
défenfes aux *marchands forains* arrivant dans les
ports, de mettre leur marchandife en magafins,
chantiers, greniers, caves ou celliers, à l'exception
du bois floté ; il y a néanmoins des cas marqués
par l'ordonnance où ils le peuvent faire, en demandant permiffion aux prévôt des marchands &
échevins.

FORAINE. *Droit* qui fe paye à Bordeaux fur
les marchandifes qui viennent de la province de
Languedoc, du Rouergue, Quercy, Armagnac,
Comminge & rivière de Verdun. On l'appelle autrement *patente de Languedoc. Veyez* cet article.

FORÇAGE. *Terme de monnoie.* C'eft l'excédent du poids reglé pour les efpèces, c'eft-à-dire,
ce qu'il y a de plus que le poids permis. Le *forçage*
eft en pure perte pour les maîtres des monnoies, le
roi ne leur en tenant jamais compte.

L'ordonnance de 1554 porte, que fi à l'ouverture
des boëtes il fe trouve des deniers forts de poids

au deſſus de l'ordonnance, il n'en ſera-alloué aucune choſe en la dépenſe des états des maîtres.

Ce qu'on appelle *forçage* par rapport au poids, ſe nomme *largeſſe*, quand il s'agit du titre des eſpèces.

FORESTIERI. *Draps foreſtieri*. Ce ſont les draps façon d'Hollande que les François portent au Caire & à Alexandrie.

FORFAIT. *Vente en gros* de pluſieurs marchandiſes pour un prix convenu, ſans entrer dans le détail de la valeur de chacune en particulier.

FORFAIT. Se dit auſſi des *entrepriſes* ou *fournitures* que des ouvriers & artiſans s'engagent de faire pour une certaine ſomme, ſans mettre prix ſur les pièces en particulier. J'ai fait un *forfait* avec mon ſerrurier & mon menuiſier pour la menuiſerie & ſerrurerie de ma maiſon; il m'en coûte mille écus.

FORFETTE. Sorte de *lin* qui ſe vend au Caire; il eſt le meilleur après le ſquinanti.

FORMIER. Ouvrier qui fait ou qui vend des formes de ſouliers à l'uſage des cordonniers, ſavetiers & ravaudeuſes.

Les *formiers* ne compoſent point à Paris un corps de communauté; ce ſont des artiſans ſans qualité, qui s'occupent de cette eſpèce de métier pour gagner leur vie. Il eſt vrai que les maîtres cordonniers prétendent qu'il n'appartient qu'à eux de faire & de vendre des formes; & en effet il y a quelques pauvres maîtres qui en font & qui vivent de ce négoce: il n'a pas néanmoins juſqu'ici été poſſible aux jurés de revendiquer cette partie de leur métier, & la plupart des *formiers* ne ſont pas cordonniers.

Ces artiſans fabriquent auſſi des talons; mais comme rarement ils font l'un & l'autre commerce, les faiſeurs de talons, qui ſont ordinairement de pauvres maîtres cordonniers, s'appellent *talonniers*.

FORT. Signifie en général *toute perſonne vigoureuſe & robuſte*, capable de remuer ou porter de peſants fardeaux. A Paris il ſe dit particulièrement des porte-faix, crocheteurs ou gagne-deniers, qui travaillent en pluſieurs endroits à la décharge ou au tranſport des marchandiſes.

Les principaux lieux de Paris où il y a des *forts* établis, ſont la douane, la halle aux draps, la halle aux toiles, le port S. Paul & le port S. Nicolas.

Les *forts* de la douane dépendent des fermiers généraux; ceux de la halle aux draps ſont prépoſés par les maîtres & gardes drapiers & merciers; ceux de la halle aux toiles ſont placés par les officiers de cette halle, & ceux des ports ſont autoriſés par les prévôt des marchands & échevins.

Dans chacun de ces endroits il n'y a qu'un certain nombre de *forts* réglé, n'étant pas permis à d'autres perſonnes de la ville d'y venir travailler à leur préjudice.

FORT. Eſt encore un *terme* très-en uſage parmi les marchands, négocians & banquiers, qui a pluſieurs

ſignifications, ſuivant les différentes occaſions où l'on s'en ſert.

DRAP FORT. On appelle un *drap fort*, celui qui eſt épais, qui a du corps, qui eſt ſerré & bien garni de laine; il ſe dit dans le même ſens de toutes ſortes d'étoffes tant de ſoie que de laine, même des bazins, futaines, toiles, rubans & autres ſemblables marchandiſes qui ſont bien garnies de ſoie, de fil ou de coton, dont la chaîne eſt ſerrée & la trame bien battue.

FORT DE GUEDE. On dit qu'un drap noir eſt *fort de guede*, pour faire entendre que le pied qui lui a été donné par le teinturier eſt d'un bleu bien foncé; les noirs *forts de guede* ſont eſtimés les meilleurs.

CUIR FORT. Les *cuirs forts* ſont les gros cuirs, tels que ſont les cuirs de bœuf, de vache, d'orignal, & d'autres ſemblables animaux. On les appelle *forts*, pour les diſtinguer des autres cuirs plus foibles, tels que peuvent être ceux de veau, de mouton, d'agneau, de chèvre, &c.

Un cuir de vache tanné en *fort*, eſt celui que le tanneur n'a point fait paſſer par le coudrement, & qu'il a apprêté & tanné à la manière des *cuirs forts*.

COFFRE FORT. On nomme *coffre fort* la caiſſe dans laquelle les marchands, négocians, banquiers & autres mettent leur argent & leurs meilleurs effets, pour qu'ils ſoient en ſûreté: on l'appelle ainſi, parce qu'il eſt fait tout de fer ou de fortes planches de bois, fortifié en dedans & en dehors de quantité de barres de fer & de diverſes ſerrures à pluſieurs reſſorts, qui en augmentent la force, & le rendent plus difficile à être rompu par les voleurs.

FORT. Se dit encore des *poids & meſures*.

On dit qu'une meſure eſt plus *forte* dans un endroit que dans un autre, pour faire entendre qu'elle contient davantage dans un lieu que dans l'autre; qu'une balance eſt trop *forte*, lorſqu'elle ne trébuche pas avec facilité; qu'un poids eſt trop *fort*, lorſqu'il n'eſt pas juſte, & qu'il eſt plus peſant qu'il ne faut.

On appelle le *fort de la balance romaine* le côté le moins éloigné du centre de la balance, qui ſert à péſer les marchandiſes les plus peſantes. Il y a une des parties de cette balance que l'on nomme *garde-fort*.

EAU-FORTE. Ce qu'on nomme *eau-forte*, n'eſt autre choſe qu'une eau compoſée de certains ſels d'où elle eſt tirée par la diſtillation. Il y a de pluſieurs eſpèces d'*eau-forte*, qui ont preſque toutes des uſages différents.

COLLE-FORTE. La *colle-forte* eſt une ſorte de matière gluante & tenace, propre à joindre & unir fortement deux corps enſemble. La *colle-forte* ſe fait ordinairement avec des rognures de cuir de bœuf & de vache, ou d'autres ſemblables animaux. Il s'en fait auſſi avec des nerfs & des pieds de bœuf.

FAIT-FORT. *Terme de monnoyage*. Il ſe diſoit autrefois, lorſque le maître de la monnoie ſe *faiſoit fort* de fabriquer certaine quantité de marcs, l'or portant l'argent , & d'en payer une telle fomme au roi pour le droit de feigneuriage. Préfentement les adjudications fe font à fort-fait , c'eft-à-dire , que l'adjudicataire n'eft tenu que de ce qui eft ftipulé par l'adjudication ; ne devant rien de l'excédant, s'il y en a , en payant la fomme dont il eft convenu.

PIED-FORT ou DENIER FORT. *Terme de mon-noyage.* C'eft proprement le modèle d'une nouvelle monnoie que l'on veut fabriquer , autour de laquelle eft gravé fur la tranche en manière de légende , *exemplar probatæ monetæ.*

Les officiers de la cour des monnoies jouiffent du droit d'avoir chacun un *pied-fort* à chaque changement & nouveau pied de monnoie, foit d'or , foit d'argent.

On appelle auffi des *pieds-forts* , ces efpèces d'or & d'argent , qui excédent de beaucoup la valeur & le poids des efpèces ordinaires , comme des pièces de dix louis d'argent. Cette dernière forte de *pieds-forts* s'appelle plus ordinairement *pièces de plaifir.*

DENIER-FORT. Prêter fon argent au *denier-fort* , c'eft le prêter fur un pied au-delà du taux ordonné par le prince , ou le donner à un plus haut prix que celui réglé par le courant de la place. Ceux qui prêtent leur argent au *denier-fort* font réputés ufuriers.

Lorfqu'on dit qu'un marchand ou qu'un banquier eft le plus *fort* d'une ville , on veut faire entendre qu'il eft le plus riche , & qu'il y fait plus d'affaires qu'aucun autre.

Vendre des marchandifes LE FORT PORTANT LE FOIBLE , c'eft les vendre toutes enfemble & toutes fur un même pied, fans diftinguer la bonne d'avec la mauvaife , l'une devant récompenfer ce qu'il peut y avoir à perdre fur l'autre.

FORTAGE. On appelle en France *droit de fortage* , ce qu'on paye aux feigneurs des rochers ou pierres de grès qui fervent à faire des pavés. Ce droit va environ à cent fols pour cent de pavé.

FORTIN. *Mefure de continence* pour mefurer les grains dont on fe fert dans plufieurs échelles du Levant. Quatre quillots font le *fortin* , il faut quatre quillots ¼ pour faire la charge de Marfeille. *Voyez* la TABLE.

FORTUNE. On appelle ordinairement *fortune* , le bonheur ou le malheur , ce qui arrive par hafard , par cas fortuit ou imprévu. Autrefois les Payens faifoient une divinité de la *fortune* ; aujourd'hui les Chrétiens ne la regardent que comme un effet de la divine Providence , qui ôte aux uns pour donner aux autres , felon fa fageffe.

Un marchand doit être égal dans la bonne *fortune* comme dans la mauvaife ; il y a de la vertu à foutenir la mauvaife *fortune* fans murmurer. Un négociant fage doit fe contenter d'une *fortune* médiocre ; il n'y a que l'imprudent qui donne tout à la *fortune.*

FORTUNE. Signifie auffi *gain , profit.* Il n'y

aura pas grande *fortune* à faire dans l'entreprife de cette manufacture , de ce commerce , pour faire entendre qu'il n'y aura pas beaucoup à gagner. On dit entreprendre un négoce , un commerce à fes rifques , périls & *fortunes* , pour dire , à fes propres dépens.

Le principal objet qui fait agir les négocians , c'eft l'efpérance de faire leur *fortune.* C'eft cette même efpérance de faire *fortune* , qui leur fait entreprendre tant de voyages de long cours, fans confidérer les périls qu'ils peuvent y rencontrer. Il n'y a point d'état dans la vie qui foit plus affujetti aux revers de la *fortune* , que celui d'un négociant.

FORTUNE. Signifie encore dans le négoce *l'état des affaires d'un marchand* , le bien qu'il a acquis, ou qu'il gagne actuellement dans le commerce. Ce banquier a fait une grande *fortune* ; la *fortune* de ce mercier eft médiocre ; celui-ci ménage affez bien fa petite *fortune* ; cet agent de change a fait fa *fortune* en peu de temps.

FOSSILE. *Métal , minéral* , ou toute autre fubftance & corps qui fe tirent de la terre en la perçant & fouillant.

SEL FOSSILE , ou SEL TERRESTRE. C'eft celui qui fe tire des falines où mines de fel , dans lefquelles il eft produit une efpèce de pierre dure de diverfes couleurs , & fouvent tranfparente. On le nomme autrement *fel gemme.*

FOTAS. Sorte *d'habillemens* dont aiment à fe parer les femmes de l'ifle de Java , & qui y font apportées tout faits de la côte de Coromandel , de Bengale & de Surate.

Les *fotas* font une partie confidérable du négoce des marchands Hollandois de Batavia, auffi bien que des Javans , qui font eux-mêmes le commerce de mer.

FOTTALONGÉES. *Etoffes des Indes* rayées, mêlées de foie & d'écorce d'arbre.

FOTTES. *Toile de coton* à carreaux , qui eft apportée des Indes orientales , particulièrement de Bengale , dont la pièce a une aune & demie de long fur fept huit de large. Quatre *fottes* font une pièce.

FOUANG. *Poids* dont on fe fert dans le royaume de Siam. Il faut deux *fouangs* pour un mayon, & quatre mayons pour un tical , qui pèfe environ demi-once poids de marc. Le *fouang* fe divife en deux fompayes, ou en quatre payes, & la paye en deux clams. Le clam pèfe douze grains de ris.

FOUANG. C'eft auffi dans le même royaume une *monnoie*, qui eft le huitième du tical. Il vaut huit cent cauris; enforte que huit cauris ne valent pas un denier. *Voyez* LA TABLE DES MONNOIES.

FOUDRE. *Vaiffeau de bois* extraordinairement grand, dont on fe fert en plufieurs lieux d'Allemagne , pour mettre & conferver le vin. *Voyez* TONNE.

FOUESNE, FAINE, FAYNE. Ce font les différens noms que l'on donne à une forte de gland ou noifette, qui eft le fruit ou femence de l'arbre appellé *hêtre.*

FOUGÈRE. Herbe qui croît dans les bois, & qu'on réduit en cendres pour fabriquer cette espèce de verre, dont on fait les bouteilles & les verres qu'on nomme *fougère*.

Les cendres de *fougère* viennent ordinairement de Lorraine.

FOUIC. *Plante* ou *arbrisseau*, qui croît en divers endroits de France sans être cultivé, & dont la feuille sert à teindre en noir. Cette drogue, qui est du nombre des colorantes, est commune aux teinturiers du grand & petit teint. Elle ne peut se conserver qu'elle n'ait été cueillie en parfaite maturité : mais pour l'employer sur le champ, ou peu de temps après, il n'est pas nécessaire qu'elle soit si mûre.

FOUINE. Animal sauvage à quatre pieds, de la grosseur d'un chat, mais plus allongé, dont le poil est de couleur fauve, tirant sur le noir, à l'exception de celui de la gorge qui est tout blanc.

La peau de la *fouine*, qui est la seule chose qu'on en tire pour le commerce, fait une partie de celui de la pelleterie ; étant propre, après avoir été bien passée & préparée, à faire diverses sortes de fourrures, comme manchons, palatines, doublures d'habits, &c. Cette sorte de pelleterie se met au nombre des pelleteries communes, que l'on nomme *sauvagines*.

Il se trouve dans la Natolie une sorte de *fouine*, dont la peau est fort estimée pour les belles fourrures, à cause de son poil qui est fin & fort noir. Les peaux de *fouine* de Natolie se consomment presque toutes dans le levant, mais sur-tout à Constantinople, où il s'en emploie quantité à faire des doublures de vestes.

FOULAGE. On dit en Normandie & en Picardie, *foulage* & sautage, pour signifier la façon que l'on donne au hareng blanc, en le pressant & foulant dans les barils où on l'a pacqué.

FOULE. *Terme de manufacture de lainage*, qui se dit de la préparation des draps, des ratines, des serges & autres étoffes de laine, qu'on leur donne en les foulant, par le moyen d'un moulin, afin de les rendre plus serrées, plus fortes & d'un meilleur service. On dit : Cette pièce de drap s'est trop racourcie à la *foule* : il en a tant coûté pour la *foule* de cette pièce de ratine.

FOULÉ, ÉE. Un drap *foulé*, une serge *foulée*, c'est un drap ou une serge qui a passé par le moulin à foulon. Ainsi l'on dit, ce drap est trop *foulé* ; pour dire, qu'il a été trop long-temps dans la pile du moulin : cette serge n'est pas assez *foulée* ; pour faire entendre, qu'elle n'y a pas resté un temps suffisant. Les étoffes de laine ne doivent être ni trop ni trop peu *foulées*.

FOULI. Les Chinois nomment ainsi le *piment*. Ils en tirent en quantité des Hollandois. Il s'achete cinq paraques le pic à Batavia, & se revend quatre taels deux mas à Canton.

FOULON. Ouvrier qui prépare les étoffes de laine, en les faisant fouler au moulin. On le nomme aussi *fouleur*, *foulonnier* & *moulinier*.

Il y a des endroits, particulièrement du côté d'Amiens, où les *foulons* s'appellent *meûniers-foulons* ; parce que pour l'ordinaire ils font moudre du bled en même temps qu'ils font fouler les étoffes de laine.

Les *foulons*, conformément aux réglemens des manufactures, sont obligés de marquer les étoffes d'un plomb qui leur soit particulier, après qu'elles ont été foulées.

Il leur est défendu, par les mêmes réglemens, de les tirer, allonger ni arramer, de telle sorte qu'elles se puissent racourcir de la longueur, & étrecir de la largeur.

La foule des draps & autres étoffes de laine se fait dans des moulins à eau, que de leur usage on nomme *moulins à foulons*. Ces moulins, à la réserve des meules & de la trémie, sont peu différens de ceux qui servent à la mouture des grains. Il y en a même, où les grains sont moulus & les étoffes font foulées par le mouvement de la même roue.

Les principales parties d'un moulin à *foulon*, sont la roue avec ses pignons ou lanterne, l'arbre avec ses dents de rencontre, les pilons ou maillets, & les piles, qu'on nomme autrement *des pots*, & quelquefois simplement *des vaisseaux à fouler*.

FOURBISSEUR. Celui qui fourbit. Il ne se dit plus que de l'artisan qui fourbit & éclaircit les épées qui les monte & qui les vend.

Il y a à Paris une communauté de *maîtres fourbisseurs*.

Les armes qu'ils ont droit de fourbir, monter, garnir & vendre, sont les épées, les lances, les dagues, les hallebardes, espieux, masses, pertuisannes, haches ; enfin, comme il est porté dans leurs statuts, tous autres bâtons maniables à la main, servant audit fait d'armes.

FOURÉE. Espèce de *soude* que l'on fait en Espagne avec des herbes brûlées. Elle entre dans la fabrique des savons ; mais elle n'y est pas si bonne que les cendres du levant.

FOURNALISTE. Celui qui fait des fourneaux de terre.

Il y a à Paris une espèce de petite communauté de potiers de terre, qui sont sujets aux visites des maîtres potiers de terre de la ville & fauxbourgs de Paris, qui pourtant ne sont pas de leur corps, quoiqu'ils ayent droit de faire tous leurs ouvrages.

Ces potiers s'appellent *fournalistes*, parce qu'il n'appartient qu'à eux de faire les fourneaux de ciment, qui servent aux hôtels des monnoies aux affinages & fontes de métaux, aux distillations ; enfin, à tous les ouvrages d'orfévrerie, de fonderie & d'opération de chimie.

C'est pareillement à eux seuls qu'il appartient de faire & vendre toutes sortes de creusets, de quelque forme & grandeur que ce soit, & à quelque usage qu'ils soient destinés.

Outre ce privilège exclusif, il leur est aussi permis de faire, comme on l'a dit, les ouvrages de terre ordinaires, ainsi que les autres potiers ; &

c'est pour ces ouvrages uniquement qu'ils sont sujets à la visite de leurs jurés ; ne dépendant pour le reste que de la cour des monnoies. C'est pardevant le procureur général de cette cour qu'ils font leur chef-d'œuvre, font reçus maîtres, & prêtent le serment.

Cette petite communauté, qui ne consiste qu'en quatre ou cinq maîtres, n'a point de jurés ; les officiers de la cour des monnoies leur en tiennent lieu, & en font à leur égard toutes les fonctions.

FOURNÉE. Ce qui peut tenir de pain dans un four : une *fournée* de petit pain. On le dit aussi de la quantité de pâtisserie qu'un pâtissier peut enfourner à la fois : une *fournée* de darioles. Enfin, il se dit encore des choses dont on fait une cuite entière dans un fourneau : une *fournée* de plâtre, une *fournée* de chaux, une *fournée* de tuiles.

FOURNI. FOURNIE. On dit que la boutique d'un marchand, que son magasin sont bien *fournis*, lorsqu'il est bien assorti de marchandises des plus belles & en quantité, suivant le négoce qu'il fait.

FOURNIER. Celui qui fait cuire quelque matière que ce soit dans un four ou dans un fourneau. On appelle *chaux-fournier*, celui qui fait cuire la chaux.

FOURNIL. Lieu où est bâti le four : il ne se dit guères que des fours particuliers.

FOURNIMENT. C'est ce qui sert aux gens de guerre & aux chasseurs pour mettre leur poudre.

FOURNIR. Livrer de la marchandise. Ce chapelier me devoit *fournir* cent douzaine de chapeaux, il ne m'en a pas livré la moitié : c'est ce drapier qui *fournit* la livrée de la maison du roi.

FOURNIR. Se dit à peu près dans le même sens dans le commerce d'argent & de lettres de change que font les marchands banquiers. Ce banquier est si riche & si accrédité, qu'il pourroit *fournir* vingt millions en un besoin : ce négociant m'a *fourni* des lettres de change pour Amsterdam & pour tout le nord.

FOURNISSEMENT. *Terme de commerce.* C'est le fonds que chaque associé doit mettre dans une société.

On dit compte de *Fournissement*, pour signifier le compte de ce que chaque associé doit fournir dans une société, une entreprise, une manufacture, une cargaison de navire, &c.

FOURNITURE. Se dit dans les mêmes significations que fournir : faire une *fourniture* de bleds & de fourages : entreprendre la *fourniture* des habits ou des armes d'un régiment.

Faire une grande *fourniture* d'argent, signifie, en fait de commerce de banque, *faire tenir* beaucoup d'argent en un lieu, ou à une personne, par le moyen de ses correspondans.

FOURNITURE. S'entend encore parmi quelques artisans, de certaines menues choses qui servent à perfectionner & achever leur ouvrage. Les tailleurs appellent la *fourniture* d'un habit, les boutons, la soie, les poches, le bougran, &c. ils mettent dans leur mémoire la façon & la *fourniture* séparément.

FOURREAU. Sorte de gaine, d'étui ou d'enveloppe : il se dit particulièrement de ceux qu'on met aux armes. Les *fourreaux* d'épées se font avec de légères feuilles de bois de hêtre qui se vendent au cent ; les meilleures feuilles de hêtre, & celles que les fourbisseurs de Paris employent plus ordinairement, viennent de Villers-Coterets.

FOURREAU. En fait de meubles, on dit des *fourreaux* de chaises, ou des housses qui couvrent les chaises sans être clouées : des *fourreaux* de quenouilles de lit. En fait d'habits, des *fourreaux* de manches, des *fourreaux* d'enfans, pour empêcher qu'ils ne gâtent leurs habits.

FOURRELIER. C'est une des qualités que les statuts des marchands gainiers leur donnent, apparemment à cause de la faculté qu'ils ont de *fourrer* & garnir de revêche une partie de leurs ouvrages, ou à cause que les fourreaux de pistolets sont du nombre de ceux qu'ils peuvent faire.

FOURRER. Garnir quelque chose de fourrure.

FOURRER. Se dit aussi des monnoies qui sont au dehors de bon or ou de bon argent, & qui n'ont au dedans que du cuivre, de l'étain & du plomb : ce faux-monnoyeur sçait *fourrer* les espèces.

FOURRER. Se dit encore de toutes les marchandises ou denrées qui se mettent en botte ou en masses, & qu'on altère ou falsifie, en y fourrant au milieu quelques-unes de moindre qualité que celles qui paroissent à l'extérieur. *Fourrer* des bottes de foin : *fourrer* des fagots.

FOURREUR. Ouvrier qui travaille en fourrures, ou marchand qui en fait commerce. Les marchands pelletiers de Paris sont appellés dans leurs statuts, *maîtres marchands pelletiers haubanniers, fourreurs,* &c.

FOURRURE. Ce qui sert ou peut servir à fourrer, garnir & doubler des robes, des habits & autres choses, soit pour la commodité, soit pour l'ornement ; soit pour la distinction des rangs & dignités.

On le dit particulièrement des garnitures & doublures faites de peaux d'animaux passées en alun d'un côté & garnies de leur poil, de l'autre : une *fourrure* de petit gris, une *fourrure* d'hermine, une *fourrure* de martre zebeline.

Les rois, les souverains, les ducs & pairs, en France, ont pour les cérémonies des manteaux doublés de diverses *fourrures*, particulièrement d'hermine : quelques magistrats du premier rang & les docteurs des différentes facultés des Universités en ont pareillement. On les nomme simplement des *fourrures* : la *fourrure* des présidens à mortier, la *fourrure* d'un docteur ou d'un bachelier.

FOURRURE. Se dit aussi de quelque peau que ce soit, garnie de son poil, qui entre dans le commerce des marchands pelletiers ; tels que sont les martres, les renards, les loups, les chiens, les castors, les loutres, les tigres, les ours, l'hermine, le petit gris & autres semblables. Ce marchand a les plus belles *fourrures* de Paris. En terme de com-

merce, on dit plus ordinairement *pelleterie* que *fourrure*.

FOURSEURE. *Terme* dont les provençaux qui font le négoce des soies à Smirne, se servent pour exprimer le mélange de quelques mauvaises qualités de soie que l'on met avec les bonnes pour les faire passer ensemble : telles sont, par exemple, les sinastres & les frises qui se fourrent parmi les ardasses. Pour mieux couvrir cette mauvaise foi, les marchands qui font venir les soies de Perse, & qui les vendent à ceux de la chrétienté, ont coutume de faire faire ces *fourseures* dans les lieux mêmes d'où ils les tirent.

FOUTEAU. C'est un des noms que l'on donne à une sorte d'arbre de haute futaye, que l'on appelle ordinairement *hêtre*, & quelquefois *fau*.

FR

FRAGMATS. *Voyez les articles suivans.*

FRAGMENT. Petit *morceau* d'une chose rompue.

« Les *fragmens* de toutes sortes de drogues & » épiceries payent en France les droits d'entrée à » raison de six livres cinq sols du cent pesant, con- » formément au tarif de 1664 ».

FRAGMENS PRÉCIEUX. Les marchands épiciers, droguistes, apothicaires, nomment ainsi les *morceaux* qui se séparent quand on taille les hyacinthes, les émeraudes, les saphirs, les grenats & la cornaline.

Ce sont ces *fragmens* qu'ils font entrer dans divers remèdes & compositions, après les avoir réduits en poudre impalpable par le moyen de la trituration.

« Les *fragmens* d'hyacinthe & de rubis, que le » tarif de la douane de Lyon appelle *fragmats*, y » payent 3 livres du quintal, le tout avec les sols » pour livre ».

FRAIS. Dépense que l'on fait au sujet des achats, ventes ou envoi des marchandises, comme sont les frais d'emballages & autres semblables. Il y a des *frais* auxquels sont tenus les commissionnaires, & d'autres dont ils se font payer, & qu'ils employent au bas de leurs factures ou de leurs comptes.

FRANC. Qui est exempt de charges & impositions publiques ou particulières.

PORT FRANC. C'est un *port* où les marchands jouissent de la franchise totale ou en partie, des droits d'entrée & de sortie.

FRANC-BOURGEOIS, en Anglois *free-denizen*, un étranger à demi ou aux trois quarts naturalisé. C'est, à l'égard des étrangers une espèce de demi-naturalisation, ou même davantage, & qui leur donne pouvoir de négocier, d'acquérir des immeubles, de posséder des charges ; mais elle n'est pas d'une si grande étendue qu'une naturalisation dans les formes. Cette dernière ne se peut obtenir que par un acte du parlement, au lieu que les lettres-patentes du roi seul suffisent pour la première. Un étranger devenu *franc-bourgeois*, est dit dans le droit être *ad fidem regis Angliæ*, ou sous la protection du roi. Comme ils sont étrangers nés, & que par conséquent ils entendent leur langue maternelle aussi bien que celle du pays, il arrive assez souvent que les négocians étrangers qui y viennent pour le fait de leur commerce, se servent d'eux pour interprètes & commissionnaires.

COURIR FRANC. *Terme de commerce de lettres de change*. L'on dit qu'une lettre de change a *couru franc*, quand les agens de banque n'ont point voulu recevoir leurs droits pour la traiter. Les commissionnaires, lorsqu'une lettre a *couru franc*, doivent avoir la bonne foi de ne point mettre en compte à leur commettant un droit qu'ils n'ont point payé.

FRANC-SALÉ. Privilége que les rois de France accordent à quelques officiers ou communautés, de prendre du sel aux greniers sans en rien payer, ou du moins en n'en payant que le prix du marchand, Tous les droits de *franc-salé* ont été supprimés par un édit de Louis XV, du mois d'août 1717 ; ils ont depuis été rétablis en faveur de quelques officiers.

FRANC. *Monnoie* de compte dont on se sert en France, & qui a la même valeur que la livre, c'est-à-dire, de vingt sols tournois, ou du tiers de l'écu : ainsi on dit également vingt *francs* & vingt livres ; mille livres & mille *francs*.

Le *franc*, qui est ainsi nommé de l'empreinte qu'il portoit, d'un François, ou à pied ou à cheval, étoit aussi autrefois une monnoie courante : le *franc d'or* valoit un peu plus qu'un écu sol, & le *franc d'argent* n'en étoit que le tiers. *Voyez* LA TABLE DES MONNOIES.

FOIRE FRANCHE. C'est une *foire*, pendant la durée de laquelle les marchands ne payent aucun droit, soit de l'achat, soit de la vente des marchandises. Parmi les *foires franches* de France, celles de Lyon sont les plus célèbres ; on en parle ailleurs. *Voyez* FOIRE.

PART FRANCHE. C'est une *part* que l'on réserve quelquefois dans une société ou dans une compagnie de commerce, libre de tous frais, dépenses, pertes ou contributions, pour un associé habile ou accrédité, ou même qu'on destine à un protecteur, qui a rendu ou qui peut rendre de grands services à la compagnie ou société.

LANGUE FRANCHE, ou comme on le prononce plus ordinairement, LANGUE FRANQUE. C'est un jargon composé de François, d'Italien, d'Espagnol & de quelques autres langues, dont on se sert sur la Méditerranée, & qui est la langue la plus commune dans les échelles du levant & les côtes de Barbarie, & la plus en usage entre les marchands d'Europe & les Levantins, pour le fait du commerce. Elle est facile à apprendre, aussi est-elle absolument nécessaire aux courtiers, commissionnaires & marchands qui veulent s'établir dans ces pays & y faire quelque négoce.

LA FRANCHE DE CAEN. C'est ainsi qu'on nomme en Normandie *la foire* qui commence à Caen le lendemain de la Quaſimodo, & qui dure 15 jours. On en parle ailleurs.

FRANCARTE. *Meſure* pour les grains dont on ſe ſert à Verdun. La *francarte* de froment pèſe 38 livres poids de marc, de méteil 34, de ſeigle 32 & d'avoine 25.

FRANCE. (*État actuel du commerce de*)

Nous allons donner la deſcription du commerce actuel de *France*, d'après les nouveaux Editeurs Hollandois du Traité de Ricard ; nous y joindrons pluſieurs détails d'autres écrivains étrangers & nationaux.

§. Ier. Le ſol de la *France* eſt en général très-fertile : il y a à la vérité quelques contrées ingrates & des montagnes incultes ; mais comparées au total de la ſurface, elles ſont fort peu de choſe. Généralement tout ce qui ſert à l'entretien & aux commodités de la vie ſe trouve dans ce royaume, les objets eſſentiels avec profuſion, les autres en quantité ſuffiſante pour la conſommation. Dans les bonnes années la *France* produit beaucoup plus de grains qu'il n'en faut pour nourrir ſes habitans ; elle n'a point de province qui ne produiſe du vin, & dans pluſieurs il s'en recueille en ſi grande abondance, qu'on en eſtime l'exportation annuelle à 15 millions de livres, & celle des eaux-de-vie à 5 millions. Le vin de Champagne paſſe pour le meilleur des vins de *France*, parce que les parties acides qu'il renferme le rendent ſtomachal, & qu'il eſt également agréable au goût & à l'odorat. Le vin de Bourgogne, dont le meilleur ſe fait dans les environs de Vougeot & de Beaune, eſt d'une couleur vive, agréable & d'un goût exquis. Les côtes de l'Anjou & de l'Orléanois produiſent des vins fumeux & entêtans, mais qui n'incommodent point l'eſtomac. Le Saumurois en produit de blanc qui reſſemble aſſez au vin du Rhin. A Bordeaux & plus bas en Gaſcogne, on en recueille d'excellent, blanc & rouge ; le rouge, connu ſous le nom de *vin de Gravé*, porte très-bien la mer, & eſt ſtomachal ſans porter des vapeurs à la tête. Le blanc & le rouge ont naturellement un goût un peu âpre & déſagréable, mais qui ſe corrige par le tranſport. La Guienne produit le *Pontac* & le Languedoc le *muſcat*, vins également forts & ſuaves, connus ſous les noms de *Frontignan* & de *Lunel*. Le long du Rhône, entre Valence & Saint-Valiere, croît un vin rouge agréable, quoiqu'un peu rude, & dont le goût a quelque choſe d'analogue à celui des bayes de mirthe. On le nomme *vin d'hermitage*, & il paſſe pour être fort ſain. La Provence fournit entr'autres vins le *Malvoiſie*, le *Roquemore* & le *Claret*. Une partie du pays Meſſin en produit qu'on fait paſſer communément pour vins de Champagne. Ceux d'Alſace, rouges & blancs, ſur-tout les *Gentils*, jouiſſent auſſi d'une bonne réputation, & on en recueille en abondance. Nous aurons encore occaſion de parler ci-après des vins, vu qu'ils forment la plus belle branche du commerce de la *France*. Les ſels, tant de

mer que de ſource, font auſſi partie du produit de ce royaume, & l'exportation en eſt eſtimée à 10 millions par an. Le ſel marin s'y fait ſur les côtes méridionale & ſeptentrionale, ſur-tout ſur la dernière, où il y en a de gris & de blanc. Le ſel de ſource ſe cuit principalement en Lorraine & Bourgogne, où il eſt inépuiſable. On fait en *France* de l'huile d'olives, ſpécialement en Provence & en Languedoc, & le commerce en eſt important. Le ſafran croît dans la Normandie, l'Angoumois, le Languedoc, la principauté d'Orange, & le Gâtinois qui produit le meilleur. Les légumes & les fruits de toute eſpèce viennent à ſouhait dans toutes les provinces. Celles du nord fourniſſent préférablement les fruits propres à faire le cidre ; & celles du midi, notamment les environs de Toulon, donnent les capres, les oranges, les citrons, les figues, les grenades, les olives, &c., tous objets de commerce de même que les prunes que l'on exporte par navires du côté de Bordeaux. Pluſieurs provinces ſont fertiles en lin & en chanvre, & ſont riches en laine. La ſoie s'y cultive auſſi avec ſuccès, ſur-tout en Languedoc, en Provence, dans le Lyonnois & en Dauphiné.

Les manufactures & fabriques de *France* ſont fort encouragées, & parfaitement entretenues, auſſi jouiſſent-elles d'une grande célébrité. Les manufactures de tapiſſerie de haute & baſſe liſſe des Gobelins de Paris, celles de Beauvais, Arras, Aubuſſon en Auvergne, & pluſieurs autres, diſtribuées en différens cantons du royaume, ſont univerſellement connues, & les tapiſſeries qui en ſortent ſont recherchées avec empreſſement. Elles ne ſont cependant pas auſſi lucratives à bien des égards que des manufactures de ſoiries, quoique celles-ci ne ſoient plus auſſi floriſſantes aujourd'hui qu'elles l'étoient autrefois, ſur-tout avant l'édit de Nantes. Au reſte, pour ce qui eſt des fabriques & manufactures qu'on trouve en *France*, Abbeville, outre ſes fonderies de canons & ſes manufactures de ſavon, de toiles, & autres ouvrages de chanvre, qui la rendent très-recommandable, renferme des fabriques de draps & autres étoffes en laine, qui égalent preſque en fineſſe & en beauté celles d'Angleterre & de Hollande. Paris, Sedan, Louviers, Elbœuf, &c. fourniſſent auſſi des draps fins. Il s'en fait des minces de différentes eſpèces en Languedoc ; toutes les villes du royaume ont, depuis 1754, la permiſſion d'établir des fabriques de bas. On fait à Rouen des cotonines de nouvelles qualités, & l'on trouve dans la haute Normandie d'excellens maîtres pour la teinte des draps. La Bretagne, fertile en chanvre & en lin, renferme quantité de fabriques de toiles, de cordages & de voiles. Le Berry vante à bon droit ſes toiles de lin ; l'Auvergne ſes dentelles, ſes draperies & ſon papier qui paſſe pour le meilleur de toute l'Europe. La ville de ſaint-Flour eſt renommée pour ſes belles tapiſſeries & ſur-tout pour ſes draps ; Montpellier pour ſes liqueurs ; Langres & Chatellrault pour la coutellerie, & ſaint-Quentin pour ses superbes batistes. Le Cambrai, cette magnifique toile qui surpasse en beauté tout ce qui se fait au monde en ce genre, se fabrique dans le Cambresis & le Hainault. Les manufactures de glaces à miroir & les verreries du royaume tiennent encore un des premiers rangs, autant par leur produit que par leur célébrité. Le verre qu'on fait en Languedoc est fort beau, quoiqu'il n'ait ni la finesse ni la blancheur de celui de Venise. Une manufacture considérable par son utilité, c'est celle du plomb laminé. La manufacture des armes blanches établie en Alsace, & celle d'acier, qui doit son origine à la mine de ce métal découverte depuis quelques années à cinq lieues de Strasbourg, sont d'un grand produit. La porcelaine de Vincennes jouit de la plus grande réputation, quoiqu'elle n'égale pas celle de Saint-Cloud. Il y a d'ailleurs une infinité d'autres fabriques & manufactures en France; mais le détail en seroit trop long. Si nous voulions donner des comptes simulés & faire des descriptions de toutes les marchandises qui en proviennent, un volume de la grosseur de celui-ci ne suffiroit pas. Nous nous bornerons donc à parler des principales productions de la France, qui sont exportées de ce royaume chez l'étranger; mais nous devons préalablement dire quelque chose des colonies & autres établissemens des François aux Indes orientales & occidentales.

§. II. Le roi de France, outre le plus beau royaume de l'Europe, a plusieurs établissemens dans les autres parties du monde : les principaux sont en Amérique, & sur-tout dans la partie de cet hémisphère connue sous le nom d'isles Antilles. Il y possède aussi Saint-Domingue, qui est du nombre des grandes isles, & l'isle de Cayenne. Cette dernière est regardée comme faisant partie du continent de l'Amérique septentrionale, parce qu'elle n'en est séparée que par la rivière de Cayenne. Nous parlerons très-succinctement de ces diverses possessions de la France, & des denrées qu'elles procurent au commerce.

Les isles Antilles, situées sous la Zone torride à prendre depuis le 11e degré de l'équateur, jusqu'au 18e tirant vers le nord, (depuis la partie orientale de Portorico, jusques vers la côte septentrionale de l'Amérique méridionale) sont au nombre de 18 : les François en possèdent 10.

La Martinique est la principale de ces isles, & en même-temps la plus belle, la plus riche & la plus florissante qu'aient les François. Elle produit une quantité immense de sucre & de café, & beaucoup de coton, de cacao & d'indigo; de la casse, des cuirs & diverses autres denrées, qui on forme les chargemens d'environ 150 à 160 navires qui, année commune en temps de paix, partent de la Martinique pour l'Europe.

La Gouadeloupe est entre l'isle de la Dominique au sud, celle de Marie-Galante au sud-est, de la Desirade à l'est & de Monserrat au nord.

Cette isle a environ 10 lieues de large, autant de long, & 60 de circuit. La partie orientale s'appelle Grande-Terre : la partie occidentale, dont le milieu est hérissé de montagnes, est proprement la Gouadeloupe, ou la Basse-Terre. Cette dernière est beaucoup plus fertile & plus peuplée que l'autre. On y cultive du sucre, du café, du tabac, du ris, & diverses autres denrées.

Marie-Galante, située à l'est de la grande-terre de la Gouadeloupe, a environ 16 lieues de circuit; les cannes de sucre, l'indigo, le tabac & le coton y viennent fort bien.

La Desirade, située à l'est de la Gouadeloupe, n'en est distante que de ¼ lieues marines. Elle a environ 4 milles de long, & ¾ de mille de large.

Les Saintes sont trois petites isles, dont une n'est proprement qu'un grand rocher; elles sont situées au sud-est de la Gouadeloupe. Le trafic des habitans, qui sont en très-petit nombre dans ces isles, consiste en coton, moutons, chévres & volailles.

L'isle Saint-Martin, au sud-est de celle de l'Anguille, a 18 lieues de tour, mais sans port ni rivière. On n'y cultive que du manioc, du tabac, du rocou & des pois; elle est partagée entre les François & les Hollandois. La colonie des premiers, composée d'environ 200 personnes, y possède le bourg de Saint-Martin, où l'on compte une vingtaine de maisons.

L'isle Saint-Barthelemy, au sud-est de celle de Saint-Martin, à 7 ou 8 lieues de tour. Le tabac est la principale culture de l'isle.

Sainte-Lucie, située au midi de la Martinique, à 25 lieues, ou environ, de circuit.

Saint-Domingue est une isle partagée entre les Espagnols & les François. Ceux-ci sont en possession de la meilleure partie, située entre le Cap-Lobos, au sud de l'isle vers le Ponant, jusqu'au Cap-de-Semana, au nord de la même isle vers le Levant. De cette grande étendue de pays & de côtes, plus vaste que deux des principales provinces de France, les chasseurs ou boucaniers, occupent ce qui est entre le Cap-Lobos & le Cap-Tribon, ou Tiburon. Le reste, sur-tout dans le voisinage de la mer, est couvert de riches habitations, où l'on cultive la plupart des denrées qui se trouvent dans les isles Antilles, entre autres, le tabac, le sucre, l'indigo, le gingembre, le rocou, le coton, le cacao : cette partie de l'isle fournit aussi des cuirs & des bois pour la teinture. Les quartiers les plus habités de Saint-Domingue sont, la Grande-Ance, Leogane, la Grande-Terre, le Port-Paix, le Port-Margot, Lancon-Louise, Trou-Charles Morin, Limonade, le Cap-François & le Petit-Goave.

L'isle de la Tortue, située au 20e. degré 40 minutes de latitude, n'est qu'à trois quarts de lieue de Saint-Domingue; elle produit à-peu-près les mêmes denrées, mais en petite quantité.

L'isle de Cayenne est la seule colonie qu'aient les François dans l'Amérique méridionale; mais en y joignant quelques habitations qu'ils ont du côté de Surinam & de la rivière des Amazones, le tout forme une espèce de gouvernement de plus de 100 lieues de côtes dans la *Guyanne*. L'isle de Cayenne, qui donne son nom à ce gouvernement, & qui le prend elle-même d'une rivière, dont les deux branches la séparent de la Terre ferme, est située au 4e degré 40 minutes de latitude, à une centaine de lieues du grand fleuve des Amazones. Cette isle a environ 18 lieues de tour, dont cinq sont baignées par l'Océan, & le reste par les deux branches de la rivière de Cayenne. Son principal négoce consiste en sucre, cacao, rocou, indigo, coton & vanille. Ce pays donne les plus beaux bois qu'on puisse employer pour la marqueterie. On y cultive aussi du tabac.

Les François avoient autrefois des possessions considérables sur le continent de l'Amérique septentrionale; mais, depuis qu'ils ont cédé la Louisianne aux Espagnols, & que la *Nouvelle-France* avec le *Cap-Breton* leur a été enlevée par les Anglois, ils n'ont conservé que les isles de *Saint-Pierre* & de *Miquelon* pour servir d'abri aux navigateurs François qui vont à Terre-Neuve, ou qui y demeurent pour faire la pêche de la morue. Ce triste établissement leur a même été pris par les Anglois, au commencement de la guerre actuelle entre ces deux nations rivales.

Nous avons peu de chose à dire des établissemens qu'ont les François aux Indes orientales, & du commerce qu'ils y font depuis l'année 1769, que le roi, en suspendant le privilège exclusif de la compagnie des Indes, accorda à tous ses sujets la liberté de naviguer & de commercer au-delà du Cap-de-Bonne-Espérance. Cette liberté du commerce de l'Inde néanmoins assujettit les armateurs particuliers à l'obligation de se munir des passeports de la compagnie, à qui ils paient un droit de cinq pour cent sur toutes les marchandises venant des Indes & de la Chine, & de trois pour cent sur toutes celles venant des isles de *France* & de *Bourbon*; & de plus, à l'obligation de faire leur retour dans le port de l'Orient, exclusivement à tout autre. Les armateurs particuliers expédient aux Indes toutes les années en temps de paix plusieurs navires, qui vont faire le commerce sur les côtes du Bengale, de Coromandel & de Malabar; de même qu'à la Chine, dans le golfe Persique & dans la mer Rouge. Les François ont des factoreries dans tous ces pays, & ils y ont possédé jusqu'ici les loges & les établissemens suivans.

PONDICHERY, ville située dans les terres du prince de Gingy, à 12 degrés de latitude, & 98 degrés 7 minutes de longitude, étoit avant la guerre actuelle l'entrepôt des marchandises que les François apportoient d'Europe aux Indes, & de celles de l'Inde qu'ils destinoient tant pour l'Europe, que pour la Perse & la mer Rouge. Les marchandises que les François achettent aux Indes, principalement aux côtes de Malabar, de Coromandel, de Surate & de Bengale, pour envoyer en Europe, sont du poivre, des étoffes de coton & de soie, des mouchoirs

de coton, des diamans & autres pierres précieuses; du coton filé, de l'indigo, du ris & quelques autres articles.

Mahé, sur la côte de Malabar; *Karical*, *Fanon* & *Mazulipatam*, sur la côte de Coromandel; *Chandernagor*, dans le Bengale, & *Surate*, sont les lieux où les François avoient avant la guerre des loges & comptoirs aux Indes.

L'isle BOURBON, qui est au nombre des isles d'Afrique, appartient aux François depuis 1672; elle est proche de l'isle de France, distante seulement de 40 lieues de la grande isle de Madagascar ou de Saint-Laurent, & de 160 lieues du Cap-de-Bonne-Espérance. On lui donne 20 lieues de long sur 8 de large, & 60 de tour. Elle produit du café qui est inférieur à celui d'Arabie; du poivre blanc, de l'aloès, du tabac, du bois d'ébène &c; on trouve sur le rivage de l'ambre gris, du corail & beaucoup de coquillages.

L'isle DE FRANCE, ci-devant nommée *isle de Cerno* ou *isle Maurice*, est située au 18e degré 30 minutes, à 21 lieues de l'isle Bourbon. Elle n'a que 15 lieues de tour, mais le sol y est très-fertile, & produit également des fruits des Indes & des fruits d'Europe. L'air y est aussi très-sain & propre à rétablir les équipages fatigués de la mer. Sa principale utilité consiste dans ses deux ports.

Les François ont quelques établissemens sur les côtes d'Afrique, un peu en deçà & au-delà du Cap-Verd, pour la commodité du commerce en marchandises, & pour la traite des Négres. Ils sont seuls maîtres avec les Portugais, du commerce qui se fait vers le Cap-Verd, & dans l'étendue comprise entre la rivière Sénégal, qui est une des branches du Niger, & la rivière de Serre-Lionne. Sur la côte d'or, & dans les royaumes d'Acara, Lampi, Juda, Ardres, Benin, Angola, Congo, Loango, Malimbo & Cabindon, les François étoient admis à faire la traite sans aucune difficulté de la part des naturels de ces pays, & des nations Européennes qui y avoient avant eux des établissemens; mais c'étoit au Sénégal sur-tout que les François tâchoient depuis long-temps de fixer leur commerce en Afrique, & ils y auroient probablement réussi, si dans la guerre de 1762 les Anglois ne se fussent rendus maîtres des établissemens que les François avoient dans ce pays. Malgré cela, les François y ont continué leur commerce, qui consiste principalement en cuirs de bœuf & de taureau, en gomme, cire jaune, dents d'éléphant, un peu d'or; en plumes d'autruche, aigrettes, ambre gris, indigo, civette, & quantité de grosse toile de coton; enfin, en esclaves Négres qu'on transporte dans les isles de l'Amérique.

§. III. *Idée générale du commerce de France, & description de ce royaume.*

Les productions naturelles de la *France*, celles qu'elle reçoit de ses possessions en Amérique, en Asie & en Afrique, & l'industrie de ses habitans

concourent

concourent à rendre le commerce de ce royaume un des plus florissans de l'univers. Le commerce de *France* fourniroit seul matière à un ouvrage volumineux, si l'on vouloit entrer dans le détail de tout ce qui le concerne ; mais nous sommes forcés de le resserrer dans des bornes étroites, & suivant notre méthode ordinaire, de parler seulement des articles principaux, qui de l'intérieur des terres sont portés dans les plus fameux ports de *France*, tels que Marseille & Cette sur la Méditerranée ; Bayonne, Bordeaux, Nantes, Rouen, le Havre de Grace & quelques autres sur l'Océan ; pour de ces ports être expédiés dans les quatre parties du monde. Cela fait, nous ne ferons, pour ainsi dire, qu'indiquer les autres villes principales du royaume, & les marchandises qu'on y trouve.

Pour abréger la description géographique de la *France*, nous divisons ce royaume en cinq départemens. Le premier comprend les gouvernemens de Paris, de l'isle de France, la Picardie, la Brie, la Champagne, le duché de Bourgogne, la Bresse, le Bugey & le Dauphiné ; le 2e., les gouvernemens de Provence, de Languedoc, le comté de Foix, & la principauté de Bearn ; le 3e., les gouvernemens du pays des Basques, la Gascogne, la Guienne, la Saintonge & l'Angoumois ; le pays d'Aunis & le Poitou ; le 4e., les gouvernemens de Bretagne, de Normandie, du Maine & du Perche, d'Anjou, du Saumurois, de Touraine, du Berry, de la Marche, du Limosin, de l'Auvergne, du Lionnois, du Bourbonnois, du Nivernois & de l'Orléannois ; le 5e., les gouvernemens des Pays-Bas François, de la Lorraine, l'Alsace, la Franche-Comté & le Roussillon. Ainsi, la marche que nous allons suivre ne nous écarte pas de l'usage où l'on est maintenant en *France* de diviser le royaume en gouvernemens.

§. IV. *Commerce de l'isle de France, de la Picardie, la Brie, la Champagne, le duché de Bourgogne, la Bresse, le Bugey & le Dauphiné.*

Le commerce de ces gouvernemens n'est pas aussi considérable qu'il pourroit l'être, si les provinces qui les composent, & qui pour la plupart sont extrêmement abondantes en vins & autres productions naturelles & artificielles, étoient situées sur les bords de la mer, & qu'elles eussent des ports commodes par lesquels elles pussent expédier elles-mêmes en pays étranger le superflu de leurs articles de commerce. Ces provinces font néanmoins entre elles & avec celles qui sont situées entre elles & la mer, un commerce qui, pour être intérieur, ne laisse pas d'être fort actif ; les grandes villes lui donnant de la vigueur par le débouché qu'elles procurent aux marchandises & denrées des petites villes & des campagnes. Les principales de ces villes sont :

Paris, la plus grande & la plus peuplée de l'Europe, capitale du royaume de France. Elle est située sur la *Seine* dans une plaine vaste & unie, au milieu de la province de *l'isle de France*. Sans

être proprement une ville de commerce, parce qu'il se trouve trop éloigné de la mer, *Paris* en fait un qui est extrêmement étendu, même avec les nations étrangères, qui tirent de cette ville une infinité d'articles qu'on y fabrique. Il seroit trop long de rapporter en détail les manufactures, les fabriques & autres établissemens de commerce qu'on connoît à *Paris* ; mais nous ne pouvons nous dispenser de rapporter ici quelles sont les marchandises qui en sortent & qui sont les plus recherchées des étrangers. Telles sont les superbes tapisseries de haute & basse lisse des Gobelins, les glaces, les étoffes d'or & d'argent, de soie & de laine mêlée avec la soie ; les rubans, les galons, franges, bas, chapeaux, les marchandises de bijouterie & de mode, de toutes les espèces qu'on puisse imaginer en ces deux genres ; les cuirs, le savon, la porcelaine, les ouvrages de marqueterie, les carrosses & autres voitures, & une infinité d'autres articles de luxe & de nécessité. Il y a six corps de marchands à *Paris* ; par qui se fait presque tout le commerce de cette ville : ce sont les corps de marchands drapiers, épiciers, merciers, pelletiers, bonnetiers & orfèvres. Les marchands de vin forment un septième corps, mais qui est tout-à-fait distinct des six autres. Tous ces marchands observent des réglemens auxquels ne sont point assujettis les négocians & les banquiers établis à *Paris* pour faire le commerce, soit de banque, soit de spéculation en marchandises. *Paris* fait un commerce de banque d'une étendue presque incroyable, & l'on peut dire, sans aucune exagération, qu'il n'y a pas de ville dans l'univers qui lui soit supérieure à cet égard. Comme cette ville renferme des capitaux immenses & qu'elle n'offre à ceux qui en sont possesseurs, que peu de moyens pour les placer avantageusement, la plupart d'entre eux se livrent aux opérations de banque, qui quelquefois leur rapportent des bénéfices au-dessus de l'intérêt ordinaire. Ce commerce est alimenté par les paiemens que les provinces sont obligées de faire à *Paris*, soit aux étrangers, soit à des gens de quelque autre province dont elles sont éloignées. Mais ce qui procure la plus grande activité au commerce de banque à *Paris*, est sans contredit le trafic de piastres, presque continuel, que cette ville & quelques autres du royaume font avec l'Espagne. Cette assertion est démontrée par les circonstances de la guerre entre les Espagnols & les Anglois. La difficulté, le danger que trouve la cour de Madrid à faire venir les trésors de l'Amérique depuis la rupture entre ces deux puissances, influent tellement sur le commerce de banque à *Paris*, qu'il y est tombé de plus de moitié depuis la guerre. Nous n'osons nous permettre la description des principaux établissemens de *Paris*, parce que cela nous meneroit beaucoup trop loin.

Senlis, Compiégne, Pontoise, Mantes, Montfort, Dreux, Étampes, Melun, Nemours, Meaux, Rosoy, Coulommier, Provins, Nogent, Montereau, Sens, Joigny, Saint-Florentin,

Tonnere & *Vezelay* , font les villes principales du gouvernement de l'ifle de France. Elles font toutes quelque commerce en productions du pays, qui confiftent en bleds, vins, cidres, cuirs, fromages, quelques draps & étoffes de laine, des toiles & autres articles, qui fe débitent dans les foires & marchés qui fe tiennent dans chacune de ces villes.

AMIENS, ville de France fur la *Somme*, dans ce qu'on appelle la *moyenne Picardie*, eft célèbre par fon commerce, particulièrement par les étoffes qui fe fabriquent dans fa *fayetterie*, telles que des ferges de toute forte, des camelots, bouracans, diablement-forts, ras, étamines, revêches & autres étoffes dont il fe fabrique plus de cent mille pièces par an dans cette ville. Les camelots d'*Amiens*, quoiqu'inférieurs à ceux de Bruxelles, font néanmoins trèseftimés. La manufacture des favons verds eft confidérable à *Amiens*, & dans fes trois favonneries il fe fabrique au moins dix mille quintaux de ces fortes de favons, qui s'emploient au dégraiffage des étoffes.

ABBEVILLE, capitale du comté de Ponthieu, dans la baffe Picardie fur la Somme, eft fameufe par fes belles fabriques de draps & autres étoffes de laine. La principale & la plus intéreffante eft celle de *Van-robais*, dont l'établiffement a fervi de modèle à plufieurs autres, qui aujourd'hui prétendent l'égaler, tant par la fineffe de l'étoffe, que par la bonté des apprêts, la beauté & la durée des couleurs, & l'habileté des ouvriers; & qui même lui difputent la concurrence par le bas prix: telles font les fabriques de Sedan, de Limbourg, d'Aix-la-Chapelle, de Verviers, &c. Il fort auffi des fabriques d'*Abbeville* d'autres étoffes en laine, comme bouracans, ferges, droguets, tiretaines, pinchinas & ras; & en fil, des coutils & toiles de diverfes fortes. On y fabrique du favon qui eft fort eftimé.

SAINT-QUENTIN, capitale du Vermandois fur la Somme, fait un très-grand commerce des toiles qui fe fabriquent dans fon enceinte ou aux environs; qualités & affortimens tels qu'on les defire. Les toiles de *Saint-Quentin* confiftent en batifte, claires, demi-hollandes ou toiles fortes, trufettes, linons, gazes de fil, toiles à cravates & mouffelines de différentes largeurs & longueurs, & de diverfes qualités & prix.

BEAUVAIS, grande ville de la même province, a diverfes manufactures d'étoffes, fpécialement de ratines, buyes, ferges & flanelles.

SAINT-VALERY, autre ville de Picardie, fituée à l'embouchure de la rivière de Somme, a un port de difficile accès & peu fûr pour les vaiffeaux qui y féjournent. Malgré cela, il s'y fait un commerce d'exportation fort étendu en marchandifes des fabriques d'Amiens, Abbeville & Beauvais. Le commerce d'importation l'eft encore plus, parce que *Saint-Valery* eft un des ports privilégiés pour l'entrée des étoffes, drogueries & épiceries étrangères dans le royaume.

CALAIS, ville de Picardie dans le comté d'Oye, entre Gravelines & Boulogne. Son port & celui de Saint-Valery, font les feuls par où les draperies étrangères ont la liberté d'entrer dans le royaume. La fituation de *Calais*, qui n'eft éloigné des côtes d'Angleterre que d'environ fept lieues, favorife beaucoup le commerce interlope que les fujets de ces deux royaumes font réciproquement, notamment en Angleterre, où les riches étoffes de *France*, les modes & quelques autres articles font infiniment eftimés.

BOULOGNE, ou *Boulogne fur mer*, a un port petit & de difficile entrée, l'eau n'y montant guère que de fept pieds dans la plus haute mer, de forte qu'il n'y peut entrer que des barques tirant au plus 5 à 6 pieds d'eau. La pêche du hareng & celle du maquereau font la principale occupation des habitans de *Boulogne*. Le produit de la vente de ces deux fortes de poiffons monte, année commune, à 400,000 liv. au moins. On fabrique des toiles à *Boulogne* dont les qualités font eftimées.

Mouy, *Meru*, *Tricot*, *Envoile*, *Glatigny*, *Crevecœur*, *Blicourt*, *Buchy*, *Pifcelieu*, *Senlis*, *Molien*, *Offigny*, *Betembaut* & *Sareu*, font les principaux lieux de la Picardie, où l'on fabrique des draps & des étoffes de laine, à l'inftar des manufactures d'Abbeville. *Peronne*, *Nefle*, *Tilloy*, *Flenvillier*, *Naours*, *Beaucamp-le-Viel*, *Grandvilliers*, *Feuquiers* & *Poix*, font des villes ou bourgs du même gouvernement qui ont diverfes manufactures en étoffes de laine & en toiles, & qui font quelque commerce en productions du pays, confiftant en grains, chanvres & laines propres pour les fabriques des petites étoffes.

REIMS, ou *Rheims*, en Champagne, eft une ville qui quoique fituée dans l'intérieur du pays, fait un grand commerce, principalement en étoffes de laine, tels que des étamines, des ras, droguets, ferges, draps, flanelles, crépons, bluteau & autres, dont elle a grand nombre de manufactures dans fon enceinte. On compte auffi à *Reims* plufieurs manufactures de bas de foie & de laine, de chapeaux, cuirs & toiles.

SEDAN, ville de Champagne, eft célèbre par un grand nombre de fabriques de draps dont les qualités font très-eftimées. On fait à *Sedan* des draps noirs fuperfins, forts, doubles & de toutes les qualités dans cette couleur; des draps écarlates fuperfins de la première force & qualité, & de tout autre couleur quelconque, & de différens prix. Il y a auffi une fabrique de ferges très-confidérable à *Sedan*, & une manufacture de points qui fait fubfifter plufieurs milliers de perfonnes, tant au-dedans qu'aux environs de cette ville.

CHALONS, ville de la même province, a auffi un grand nombre de fabriques & manufactures d'étoffes de laine, fur-tout de ferges, eftamets, éverfins & étamines. On y fait quantité de toiles de lin & de chanvre.

TROYES, capitale du comté de Champagne fur la Seine, eft célèbre par le grand commerce & les richeffes de fes habitans, auffi-bien que par la grande quantité de fabriques & manufactures, qui y fleu- rissent, & font vivre un nombre infini d'ouvriers. Les principales de ces fabriques, dont quelques- unes sont particulières à cette ville, sont d'étoffes de laine, de satins, de serges drapées, de toiles de lin & de chanvre ; de bazins, treillis, coutils & chapeaux. Le commerce de cuirs est très-important à *Troyes*.

Rethel, *Château-Porcien*, *Château-Régnault*, *Charleville*, *Donchery*, *Mouson*, *Autrécourt*, *Renvoy*, *Fismes*, *Damery*, *Châtillon*, *Dormans*, *Vertus*, *Épernay*, *Sainte-Menehould*, *Siuppe* ou *Suippe*, *Sommepy* ou *Sompy* en Tartenois, *Routt*, *Perthes*, *Sunville*, *Soissons*, *Pierre- Pons*, *Moncornet*, *Vervins*, *Fontaine*, *Plou- miers*, *Guise*, *la Fere*, *Chaulny*, *Noyon*, *Villers- Cotterets*, *la Ferté-Milon*, *Neuilly Saint-Front*, *la Fere* en Tartenois, *Château-Tierry*, *Charly*, *Montmirel*, *Orbay*, *Saint-d'Ablois*, *Brèmes*, *Vitry*, *Saint-Dizier*, *Vignory*, *Joinville*, *Vassy*, *Chaumont*, *Langres*, *Bar-sur-Aube*, *Brienne*, *Dienville*, *les grandes & petites Chapelles*, *la Ferté-Gaucher*, *la Ferté-sous-Jouare*, *Saint-Just*, *Anglure*, *Sezanne* & *Provins*, sont des villes & bourgs de la Champagne & de la Brie, qui ont tous ont des fabriques de draps, serges & autres étoffes de laine, de toiles & de beaucoup d'autres marchan- dises. Il se fait un commerce considérable des vins de Champagne dans plusieurs parties de l'Europe. Ceux de l'élection d'Epernay tiennent sans contredit le premier rang entre ces vins, & particulièrement ceux de la vallée de Pierry & de la côte d'Ay & d'Hautevilliers. On met ce vin en bouteilles pour le transporter à Paris, en Flandre, en Hollande, en Angleterre, en Allemagne, en Piémont & jus- qu'en Pologne & en Russie, où l'on préfère commu- nément le *vin-mousseux* de Champagne, au *non- mousseux*, qui moins agréable, peut-être, que le vin-mousseux, est néanmoins & meilleur & beau- coup plus sain. On ne peut se dispenser de remar- quer ici qu'étant impossible de contester à ces vins leur excellence par rapport au goût, ceux qui ont intérêt au débit des vins de Bourgogne & d'ailleurs, ont affecté de publier que les vins de Champagne étoient funestes, en ce qu'ils causoient la goutte ; ce qui, de notoriété publique, est contraire à la véri- té, puisque très-peu de personnes sont attaquées de cette maladie dans toute l'étendue de ce gouverne- ment, bien que parmi les Champénois il y en ait bon nombre qui, friands du vin de leur pays, en boivent avec excès. Les vins de Reims & de Sillery peuvent être comparés pour le goût & la bonne qua- lité aux vins de l'élection d'Epernay. Il y a encore des vins dans plusieurs autres cantons de Champagne & de Brie, moins délicats à la vérité, mais cepen- dant très-bons ; comme ceux d'Oxmery, Bar-sur- Aube, Mussy, Essoy, Gié, Châtillon, Vertus, Dormans, Guichy, Pargnant & Coucy.

Dijon, capitale de la Bourgogne, fait un grand commerce de draperies qui se fabriquent dans la Pro-

vince, mais ne fabrique par elle-même aucune étoffe de laine que des serges, qui se font avec des laines du pays.

Marcy, *Vitaux*, *Semur*, *Moubart*, *Rou- vray*, *Avallon*, *Auxerre*, *Seignelay*, *Nuits*, *Beaune*, *Arnay-le-Duc*, *Châlon-sur-Saone*, *Tournus*, *Verdun*, *Lonchans*, *Chiny*, *Mâcon*, *Bourg-en-Bresse*, *Montluet*, *Pont-le-Vaux*, *Charolles*, *Mont-Saint-Vincent*, *Auxonne*, *Bellegarde*, *Autun*, *Châtillon-sur-Seine*, *Joigni*, *Sens*, *Villeneuve-l'Archevêque*, *Bigny*, *Ancy- le-Franc*, *Château-Renard*, sont des villes & bourgs de la Bourgogne, de la Bresse & du Bu- gey, qui ont quelques fabriques & manufactures de draps, serges & autres étoffes faites en plus grande partie avec des laines du pays. Indépendamment de ces articles, la Bourgogne en a un de la plus grande importance dans ses vins, dont le commerce fait la richesse de cette province. On distingue la Bourgo- gne en basse & haute, à cause de ses vins. La basse Bourgogne est un vignoble fort étendu, qui contient plusieurs cantons renommés par leurs vins rouges & blancs. Ils produisent, année commune, plus de 100,000 muids de vin, mesure de Paris. Le muid contient 300 pintes, & est divisé en deux feuillet- tes ; chacune de 150 pintes. Le vin de la basse Bour- gogne est un des meilleurs du royaume. Il est ordi- nairement un peu inférieur à ceux de la haute Bourgogne, & quelquefois il le surpasse. Les vins de haute Bourgogne valent mieux dans les années humides ; ceux de la basse l'emportent dans les an- nées seches. Or, comme dans dix années il s'en trouve à peine une seche, il s'ensuit que la haute Bourgogne a un avantage marqué sur la basse. Ce- pendant il se trouve chaque année dans celle-ci des vins d'élite qui peuvent être comparés à ceux de Beaune & de Nuits, & qui sont achetés par les pourvoyeurs du roi, les Normands & les Flamands. Ces derniers les transvasent dans des demi-queues de la haute Bourgogne, & les vendent comme s'ils en venoient. Une autre preuve de la bonté de ces vins, c'est que lorsque la haute Bourgogne manque, les pourvoyeurs de la cour y substituent ceux de la basse. Les principaux cantons de la basse Bourgo- gne sont, *Auxerre*, *Coulange*, *Irency*, *Tonnerre*, *Avalon*, *Joigny*, *Chablis* : ceux de la haute Bour- gogne sont, *Pomar*, *Chambertin*, *Beaune*, *le clos de Vougeau*, *Volleney*, *Morache*, *la Ro- manée*, *Nuits*, *Chassagne* & *Mursault*. Les pre- mières cuvées d'Auxerre passent pour les meilleurs vins de la basse Bourgogne ; ils ont beaucoup de couleur, de corps & de saveur. Irency en produit à-peu-près de même qualité. On compare le sol d'Irency à celui de Nuits, parce que les vins qu'ils produisent se ressemblent à divers égards, & se gar- dent également bien pendant quatre à cinq ans, lors- qu'ils sont soignés & qu'on les tire en bouteilles à propos. Les vins rouges de Coulanges & de Ton- nere sont plus fins, plus légers & d'une seve plus délicate. On les compare à ceux de Beaune, Vollency, Pomar, &c. ; bien soignés & tirés à propos, ils se gardent trois à quatre ans. Avalon produit du vin rouge qui a du corps, & soutient beaucoup mieux le transport que les précédens, auxquels il est d'ailleurs inférieur. Joigny a des vins rouges estimés, mais inférieurs aux précédens. Le vin de Chablis est un vin blanc, fin, léger & d'une séve très-délicate. On le compare au vin de Mursault. Plusieurs le préfèrent au vin de Champagne; cependant si quelquefois il égale ou surpasse celui-ci, il lui est communément inférieur. On recueille aussi à Auxerre, & particulièrement à Tonnerre, de très-bons vins blancs, qui ne cédent guère à ceux de Chablis. Une qualité essentielle aux vins d'Auxerre, Irency, Coulanges, Chablis, c'est d'être ce qu'on appelle *francs*, c'est-à-dire, sans aucun goût de terroir, qualité assez rare & qui n'ont pas toujours les vins les plus célèbres. Les vins de la basse Bourgogne s'enlèvent pour Paris, la Normandie, la Picardie, la Flandre & l'Artois. Les marchands de Rouen en envoient de la première qualité en tonneau dans l'Angleterre & la Hollande. Ils en envoient même en Danemarck, en Suéde & en Russie; mais ils ont soin de les mettre auparavant en bouteilles. Tous les vins de Bourgogne s'accommodent mieux du charroi que du transport par eau. Le temps propre à voiturer les vins de Bourgogne, est depuis le mois de janvier jusqu'au mois de mai inclusivement; on prend assez communément la précaution de les faire voiturer en double futaille ou en emballage.

GRENOBLE, capitale du Dauphiné, est le chef-lieu de toutes les fabriques des environs à trois lieues à la ronde. Les principales marchandises qui sortent de ces fabriques sont, des draps, des droguets, ratines, serges & autres étoffes de laine; des toiles, des chapeaux, du papier & des cuirs. On trouve aussi dans ce gouvernement des manufactures d'ouvrages de fer & d'acier, ces métaux étant abondans dans le Dauphiné, pays couvert en grande partie de montagnes. Les autres villes & bourgs de cette province qui méritent d'être nommés, sont *Voiron*, *Tulin*, *St. Marcellin*, *Boybon*, *Sesre*, *Beaurepaire*, *St. Jean-en-Royans*, *Pont-en-Royans*, *Crest*, *Montelimart*, *Tillinant*, *Dieu-le-fit*, *Buis*, *Valence* & *Vienne*. Il se fait une assez grande récolte de soie en Dauphiné, surtout dans le haut & bas Valentinois & dans les baronies; les mûriers qu'on y cultive viennent parfaitement. La manufacture de Vienne pour le moulinage & le devidage des soies est considérable; elle entretient un grand nombre d'ouvriers. Le filage des soies occupe aussi quantité de femmes & de filles du peuple.

§. V. *Commerce de la Provence, du Languedoc, du Comté de Foix, & de la Principauté de Béarn.*

Ces gouvernemens, particulièrement les deux premiers, sont assez fertiles en productions naturelles, principalement en fruits, dont le débouché est facile par les ports de Marseille, Toulon & Cette, qui en expédient tous les ans de fortes parties pour l'étranger.

MARSEILLE est non-seulement la ville la plus commerçante de toute la Provence; mais elle peut encore, par la richesse & la réputation de son négoce, entrer en concurrence avec les principales villes du royaume qui, peut-être, l'emportent sur elle à beaucoup d'autres égards. Le commerce de cette fameuse ville ne s'étend néanmoins guère au-delà de la Méditerranée, sur laquelle elle s'est toujours conservé un commerce très-florissant; & si ses vaisseaux passent quelquefois le détroit, ce n'est que pour aller dans les ports que la *France* a sur l'Océan, & dans quelques autres ports des nations voisines, ou tout au plus aux Isles Françoises de l'Amérique, où les Marseillois ont coutume de borner leurs voyages de plus long cours. Nous n'entrerons pas ici dans un grand détail touchant le commerce que les François font aux échelles du Levant, parce que nous en parlerons à l'article de l'Italie où cet objet trouvera sa place mieux qu'en cet endroit. Nous observerons seulement que les François & sur-tout les négocians de *Marseille*, ont fait des établissemens de commerce à Constantinople, Smirne, Salonique, la Canée, Chipre, Alep, Acre, Seyde, Tripoli de Sirie, le Caire, Alexandrie, Rosette & dans les échelles de la Morée, sçavoir Modon & Navarrin, Patras, Corron & Naples de Romanie; il y a encore une échelle à Larta & trois autres en Barbarie, où les François ont formé des établissemens. C'est avec de grandes difficultés que s'est élevé le commerce de cette nation au Levant; il fait à présent un objet de quarante millions, tant d'envoi que de retour.

Les marchandises d'envoi peuvent être divisées en trois espèces, la première en marchandises du cru ou des fabriques du royaume; la deuxième en denrées de l'Amérique; la troisième enfin, en marchandises étrangères.

Les marchandises du cru ou des fabriques du royaume sont composées, pour la plus grande partie, de draps qui se fabriquent en Languedoc sous les noms de *Mahoux*, *Londres*, *Londrins larges*, *Londrins ordinaires*, *seizains*, *vingtains*, *vingt-quatrains* & *vingt-sixains*; de draps d'Elbœuf, de Louviers, de Sedan & plusieurs autres draperies inférieures du Languedoc & du Dauphiné; de serges, camelots, bonnets façon de Tunis, satins, tabis d'or & d'argent; de toiles, liqueurs, huile, bijouterie, plomb en grenaille, clous, quincailles & beaucoup d'autres articles.

Les denrées de l'Amérique qu'on envoie au levant sont, de l'écaille de tortue, du gingembre, quelques pelleteries, du sucre en poudre & en pain, du café & de l'indigo. Enfin les marchandises étrangères consistent en girofle, canelle, muscade, poivre, ambre gris, bois de teinture, cochenille, vif-argent, corail, tutie, liège, plomb & étain.

Les retours du Levant sont du ris, des bleds, orges, raisins secs, fromages, vin de Chipre, éponges, cire ; du féné, de la rhubarbe & autres drogues médicinales ; des foies de différentes qualités, des laines, cotons, crins, poils & fils de chévre ; des cuirs en poil, du cuivre & du bois de bouis ; des huiles d'olive, des cendres, des noix de galle, de l'alun, du vitriol ; des marroquins, peaux de chagrin, tapis, étoffes de laine, mouchoirs, mouffelines peintes & autres articles.

Le négoce que font les Marfeillois fur les côtes de Barbarie, n'eft pas bien confidérable. Ils envoient à Tripoli en Barbarie des vins & des piaftres, & ils en rapportent du féné, des laines & des plumes d'autruche. Les navires doivent porter à Tunis, des noifettes, des châtaignes & autres fruits de Provence ; & ils rapportent en retour du bled, de la cire & du caillotis. A Alger, le commerce fe fait comme à Tunis : on y trouve du bled & des cuirs.

Les négocians de *Marfeille* font un commerce de cabotage très-grand fur la Méditerranée, en production de leurs pays & en marchandifes du Levant & des côtes de Barbarie, lefquelles marchandifes font débitées en grande partie dans divers ports d'Italie & d'Efpagne. C'eft dans le dernier de ces états que les Marfeillois font leur commerce. Celui qu'ils font hors de la Méditerranée n'eft pas à beaucoup près fi confidérable ; il confifte en fruits de toute efpèce, en quelques vins liquoreux, dont la confommation en pays étranger n'eft pas bien grande, en quelques marchandifes du Levant & en favon blanc & marbré. Donnons un compte fimulé de ce dernier article pour l'ufage de ceux qui voudront en faire la fpéculation.

Compte fimulé de 100 demi-caiffes de *favon marbré*, pefant ensemble . . . . . Brut 24,240 ℔.

Tare . . . . 2,446 ℔		
Cordes . . . 100	} Rabais, 3,221.	
Cercles . . . 175		
Bon poids . . 500		

Net . 21,019 ℔. à 22½ l. le q¹. . . . . L. 4,729 5 6

Efcompte à 4½ p°₀ 212 16

4,516 9 6

Frais d'expédition.

Pefage & droit du roi, ... L.	21
Aux porte-faix pour paffage & port au magafin	25
Pour port à bord, ...	5
Pour la caiffe à 25 f. pièce, ...	120
Aux emballeurs, cordes, cercles, &c.	40
Billet de chargement & courtage, ...	17 1
Commiffion fur L. 4,746 à 2 p°₀	94 18 6

322 19 6

L 4,839 8

TOULON eft une ancienne & forte ville, avec un des ports les plus grands & les plus fûrs qu'on connoiffe, ouvert au midi & garanti des vents du nord par les hautes montagnes qui l'entourent de ce côté. L'arfenal eft fourni de tout ce qu'il faut pour les vaiffeaux de guerre. On y fabrique des canons, des bombes, grenades, boulets & autres inftrumens de guerre. *Toulon* fait auffi quelque commerce en vin & autres articles, mais pas affez pour qu'il foit compté parmi les villes commerçantes.

Antibes, Martigues & la *Tour-du-Bouc*, font les trois ports de Provence les plus confidérables après Marfeille & Toulon. Les autres villes de ce gouvernement qui méritent d'être nommées, font *Aix*, capitale de la Provence, *Arles, Hierès, Frejus, Graffe, Digne, Apt, Avignon, Carpentras.* Comme les manufactures ne font pas auffi multipliées en Provence qu'elles pourroient l'être, & qu'il n'y a que celles de favon qui excèdent la confommation néceffaire au pays, il arrive de là que fon commerce, qui d'ailleurs embraffe tous les objets, eft plus actif que paffif, & plutôt d'induftrie que naturel au pays.

TOULOUSE, capitale du Languedoc, eft fituée fur la Garonne. Cette ville a des manufactures de couvertures & bas de laine, de chapeaux, cuirs, bergames & petites étoffes.

MONTPELLIER, ville après Touloufe la plus confidérable du Languedoc, eft une des plus peuplées, des plus riches & des plus agréables du royaume de *France*. Il s'y fabrique quantité d'eaux fpiritueufes, telles que l'eau de la reine d'Hongrie, l'eau de canelle, de lavande, de cédrat, &c. qui fe débitent avec le plus grand fuccès, tant en *France* qu'ailleurs ; on y fait auffi des confitures féches & liquides, des parfums, &c. &c. Il y a d'ailleurs à *Montpellier* une blanchifferie de cire, & nombre de fabriques en futaines, taffetas, couvertures de laines, cuirs, toiles, indiennes, &c. Mais le plus grand commerce de cette ville se fait en laines qui viennent de Smirne, de Constantinople, de Salé & d'Espagne ; en vins, huiles & verdet ou verd de gris : il se fait actuellement de ce dernier article au moins 3,000 quintaux par an.

CETTE, ou *Sette*, est le port par où Montpellier fait son commerce avec l'étranger. Il est accessible seulement aux galères & aux petits navires ; la province de Languedoc paye annuellement 45,000 l. pour y entretenir toujours 17 à 18 pieds d'eau. La mer jette dans ce port une si grande quantité de sable, qu'il en seroit bientôt comblé si l'on ne prenoit des précautions pour l'en débarrasser toutes les

fois qu'il en est besoin. Malgré cet inconvénient, le port de *Cette* est le meilleur de la province, & son commerce s'est tellement accru depuis peu de temps, qu'il passe aujourd'hui pour un des plus importans de la *France*, sinon pour la richesse, du moins par l'avantage qu'il procure au royaume, en ce qu'il consiste presque uniquement en commerce d'exportation, d'huiles, vins & eaux-de-vie, & tous les autres articles que nous avons détaillés en parlant du commerce de Montpellier. Nous nous bornerons à donner des comptes simulés des trois articles qui forment la principale branche du commerce de *Cette*.

Compte simulé de 10 barils d'*huile fine d'olive*, dont

5 D'huile de Provence, pesant brut 981 ℔.
Tare 177

Net .   804 ℔ à 43 l. 10 s. le q^l . . . . L.   349

5 Dite de Languedoc, pesant brut 946 ℔.
Tare 176

Net .   770 ℔ à 37 l. 10 s. le q^l 288 15

L.   638   9.

Frais d'expédition.

Pour les dix barils , ... L.   37 10
Rabatage & autres frais de tonnelier, ...   17
Port à bord & autres menus frais, ...   2 18
Droits de sortie, ...   56   5
Commission sur L. 752 à 2 p^o/_o   15

118 13

L.   767   2

Les vins muscats de Frontignan, de Lunel, de Rives-Altes & de Beziers, sont les meilleurs de tous ceux qu'on recueille en Languedoc ; mais le plus excellent, celui qui se conserve le mieux & le plus long-temps, c'est le Frontignan ; il a plus que tout autre vin, le précieux avantage d'acquérir de nouveaux degrés de bonté à mesure qu'il vieillit. Ce vin est très-pur, très naturel & justement estimé ; c'est à tort qu'on a répandu qu'il y entroit quelques ingrédiens ; on peut assurer que s'il est quelquefois frelaté, la chose ne doit pas être imputée à ceux qui font le vin ; le procédé est le plus simple qu'on puisse imaginer : on égraine d'abord le raisin, ensuite on le foule & on le presse, & à mesure que le jus tombe du pressoir on le met dans un tonneau où il bout & fermente durant quelques jours, après quoi on bondonne le tonneau. Il est malheureux pour la réputation de ce vin, qu'il parvienne rarement à l'étranger sans être falsifié ; mais cela vient moins de la mauvaise foi de ceux à qui on s'adresse,

que d'un manque de précautions pour le garantir de la fraude & des supercheries auxquelles il est exposé en route de la part des voituriers & autres. Le vin de Lunel est d'un goût plus délicat & plus agréable que celui de Frontignan ; mais il ne se conserve pas aussi long-temps. Il exige plus de choix & les mêmes précautions pour l'avoir pur & naturel ; celui des Rives-Altes a plus de maturité & de liqueur que les vins de Frontignan & de Lunel ; il approche du vin blanc du Cap ; celui de Beziers est d'une qualité fort inférieure à celles des trois sortes précédentes ; il n'a ni autant de muscat, ni autant de finesse ; mais il a beaucoup plus de liqueur. Outre ces vins, qui sont très-estimés par les étrangers, il y en a beaucoup d'autres en Languedoc de moindres qualités, qui forment le gros du commerce de cet article ; ils portent divers noms : ceux de S. Christol & de l'Anglade, sont les plus demandés parmi ces derniers ; c'est pourquoi il convient d'en donner le compte simulé suivant :

40 Demi-muids de *vin de St. Chriſtol* à v. 44 le muid, ...L.	2,640	
20 Dit . . . . . de celui de *Langlade* . à 40	1,200	

3,840

Frais d'expédition.

Courtage & frais d'achat, ...L.	47	10
Voiture & droits de canal de Lunel, ...	79	
Rempliſſage à l'embarquement , ...	76	16
Rabatage à 6 l. par muid, ...	180	
Emmagaſinage , entrée & port à bord, à 17 ſ. par pièce, ...	51	
Arrimage & buvette, à 22 ſ. par laſt, ...	12	8
Droits de ſortie , ...	150	
Commiſſion ſur L. 4,432. 14. à 5 p⁰.	221	12
Courtages des traites & ports de lettres , ...	9	14

824

L. 4,664

Les prix des autres ſortes de vins de *Cette* ſont à-peu-près comme ſuit, ſçavoir : muſcat de Fronti-gnan de 75 à 80 écus le muid de 90 veltes ; celui de Lunel de 70 à 75 ; celui de Rives-Altes de 65 à 70 ; celui de Beziers de 60 à 65. Le vin blanc de Picardan roule de 40 à 50 écus le même muid ; les vins rouges de S. George & S. Dreſely de 40 à 45 ; les vins de Tavel, Moré, Rohue, Nairac, S. Genis, Roquemaure, S. Laurent & Condontil , de 10 à 15 livres le barral de 7 veltes ; les vins d'Hermitage & de Côte-rôtie de 10 à 15 écus la pièce de 35 à 36 veltes ou verges.

Compte ſimulé de 20 pièces *eau-de-vie*, contenant 1,409 ½ veltes chacune de 20 ½ ℔, enſemble 28,894 ℔ à 16 l. le quintal, ...L. 4,623

Frais d'expédition.

Proviſion au facteur de la campagne à 1 ½ p⁰. . . . . .L.	79	
Emmagaſinage , rabatage , peſage , & port à bord , ...	65	
Droits de ſortie , ...	140	19
Courtage de traites & ports de lettres , ...	14	1
Commiſſion ſur L. 4,900 à 2 p⁰.	98	

397

L. 5,020

Le commerce d'importation de *Cette* ſeroit peu conſidérable ſans les vins d'Eſpagne qu'on fait paſſer par cette ville pour Bordeaux , comme nous le dirons à l'article de cette dernière ville.

NIMES eſt comme le centre du Languedoc ; les marchands de cette ville font le principal commerce de la province, ſoit des ouvrages de leurs propres manufactures, ſoit des marchandiſes qu'on leur porte des environs. Les divers articles qui ſe fabri-quent dans *Nîmes*, ſont des étoffes de ſoie & de laine , d'autres mêlées de diverſes matières , des bas de ſoie , des chapeaux & des cuirs.

BEAUCAIRE ; cette ville eſt fameuſe par ſa foire, une des plus célèbres de l'Europe. Cette foire com-mence le 22 juillet, fête de la Magdelaine , & ne dure que trois jours. On y vient de toutes les par-ties du monde ; & il n'y a point de marchandiſes , quelque rares qu'elles ſoient, qu'on n'y puiſſe trouver. Auſſi, malgré le peu de tems qu'elle dure , le com-

merce y eſt-il ſi grand, qu'il s'y fait pour pluſieurs millions d'affaires. Il y vient des marchands de toutes les provinces de la *France*, & beaucoup y ont des commiſſionnaires. Les Eſpagnols , les Alle-mands & les Italiens y viennent en grand nombre , & il n'y a guère de nations de l'Europe dont les négocians & les marchands n'y faſſent quelque affaire. On y voit toujours des Arméniens , ſouvent des Perſans , & quelquefois des habitans de régions plus avancées dans le levant.

Narbonne , Alby , Carcaſſonne , Beziers , Cler-mont , Aniane , le Puy , Aigues-Mortes , Mair-vaix , S. André de Val-Borgne , Valarangue , Allais , les Saptes , Limoux & Allet , Chala-bre , Sel-Colombe , Lanclanet, Saiſſac, la Graſſe, la Montagne de Carcassonne, Castres, Mazanet, Boissesson, Vadres, Ferrieres, la Caune, Bedarrieux, Saint-Pons-la-Bastide, S. Chinian, Pezenas, Lodeve, Quissac, Sauve, S. Hippolite, Bauzeley, Vigan, Ganges, Sumenes, Anduze, Uzez, S. Gignaix, Sommieres, S. Jean de Gardonenque & la Salle, sont les lieux les plus remarquables du Languedoc, tant pour le grand nombre de fabriques & de manufactures qu'on trouve dans la plupart, que pour le commerce qui s'y fait avec les denrées & productions du pays.

Foix, capitale du comté qui porte son nom: ses habitans font quelque commerce en bestiaux, resine, poix, térébenthine, liége, marbre jaspé, & sur-tout en fer qu'on transporte à dos de cheval ou de mulet jusqu'à Hauterive, d'où il est ensuite transporté à Toulouse par l'Arriége & la Garonne, deux fleuves de cette province.

Tarascon, Ax, Pamiers, Mazeres, Saverdun, Mas-d'Azil & Lezat, sont les autres villes de la province de Foix.

PAU, capitale de la principauté de Béarn, fait un bon commerce en vins de Jurançon, en jambons très-délicats, mouchoirs de fil, toiles & autres productions de ses manufactures.

Oleron, Orthés, Nay, Lescar, Sauveterre, Lavuna & Marlas, sont les villes les plus remarquables du Béarn; il n'en est aucune qui n'ait quelques manufactures & dont les habitans ne soient attachés à quelque branche de commerce.

S. JEAN-PIED-DE-PORT est la capitale de la basse-Navarre: on trouve des mines de fer dans ses environs, & les vignes y produisent un vin clairet, léger & fort sain.

§. VI. Commerce du pays des Basques, de la Gascogne, la Guyenne, la Saintonge, le Limosin, l'Angoumois, le pays d'Aunis & le Poitou.

Le commerce du pays des Basques, de la Gascogne, la Guyenne & du pays d'Aunis, est le plus considérable de toute la France, au moins pour ce qui regarde le commerce actif ou d'exportation qui s'étend non-seulement dans tous les cantons de l'Europe, mais encore dans la plupart des autres régions connues. Les vins & les eaux-de-vie forment la principale branche de ce commerce, qui se fait par plusieurs villes dont nous parlerons ci-après successivement.

BAYONNE, capitale du Labour, située à l'embouchure de l'Adour, est une ville riche & très-forte, dont le port est de difficile accès par les bancs de sable qui en bordent l'entrée, ce qui n'empêche pas qu'on n'y voie en tout temps beaucoup de navires, & qu'il s'y fasse un grand commerce. On y construit beaucoup de vaisseaux pour le compte des négocians & pour celui du roi; mais on a observé que, pour sortir aisément de l'Adour, les vaisseaux de ligne ne doivent pas être de la première grandeur. Indépendamment du commerce important que cette ville fait avec les Espagnols, tant par terre que par mer, elle en fait un très-considérable avec d'autres nations de l'Europe, qui tirent de cette ville, entre autres marchandises, des vins, des eaux-de-vie, du brai ou résine, de l'huile, de la térébenthine, de la réglisse & de la graine de lin: ces articles formant les plus fortes branches du commerce de Bayonne, c'est ici le lieu d'en donner des comptes simulés.

Compte simulé de 10 tonneaux ou barriques de vin de Haute-Chalosse, à 70 v. le tonneau hors lie, rendus à bord du navire . . . . L. 2,100

Arrimage & bois d'arrimage à 8 ½ s. par tonneau . . . . L.	4	5
Courtage de change & ports de lettres, ...	5	11
Commission sur L. 2,109 à 2 p.°	42	4
	52	
L.	2,152	

Les autres qualités de vins de Bayonne sont les suivantes, sçavoir: vin de Rigue-Pont de 40 à 50 écus le tonneau rendu franc à bord du navire; celui d'Armagnac de 45 à 55; celui de Petite-Chalosse, de 50 à 60; celui de Basse-Chalosse, de 55 à 65; celui de Haute-Chalosse, de 60 à 75; celui du Bas-Tursan, de 65 à 80; celui du Haut-Tursan, de 70 à 85; vin de Béarn, de 90 à 100 écus le tonneau; dit de Juransson de 100 à 120 écus le tonneau; vin rouge du Cap-breton de 20 à 25 écus la barrique rendue franche à bord du navire.

Compte

Compte simulé de 819 *veltes d'eau-de-vie*, dont

- 4 Pipes ont mesuré . 310.
- 6 Pipots, ... 326.
- 4 Barriques , . . . 183.

14 Pièces mesurant . . 819 veltes à 88 l. les 32 veltes rendues à bord . . . . L. 2,252			5		
Arrimage & bois d'arrimage 8 ½ f. par tonneau de 2 pipes, 3 pipots & 4 barriques, ... L.	2	2	6		
Courtage de change & ports de lettres, ...	5	8	6		
Commission sur L. 2,260 à 2 p°.	45	4		52	15
			L.	2,305	

Compte simulé de 50 pains de *brai* ou *résine*, pesant ensemble 11,470 ℔, à 37 l. le millier, ... L.   424   8.

Frais d'expédition.

Droits de sortie à 3 l. 12 f. le millier, ... L.	39	12
Pour les nattes à 12 f. par pain, ...	30	
Emballage à 2 ½ f. & emmagasinage à 2 f. par pain, ...	11	5
Pour entrer & sortir du magasin, à 12 f. le millier, ...	6	12
Arrimage à 6 f. par tonneau de 14 pains & port à bord 3 l. 5 . . .	4	6
Courtage à 4 l. par mille, ports de lettres & courtage de change, . .	5	8 6
Commission sur L. 521. 12 f. à 2 p°.	10	8
	107	12
L.	532	

Compte simulé de 4 barriques de *térébenthine*, pesant ensemble 2,405 ℔ à 14 l. le quintal, ... L.   336   14

Frais d'expédition.

Droits de sortie à 2 l. par quintal, ... L.	48	
Pour 4 barriques neuves, rabatage & plâtrage à 9 l.	36	
Entrer & sortir du magasin & porter à bord à 10 f.	2	
Emmagasinage à 5 f. arrimage & bois d'arrimage, ...	1	8
Ports de lettres & courtage de change, ...	5	6
Commission sur L. 429 à 2 p°.	8	12
	101	1
L.	437	15

Il n'y a guère de racines qui soient plus connues en *France* que la réglisse ; le débit en est considérable & la consommation prodigieuse, tant pour les sucs doux & rafraîchissans qu'on en tire, que pour les remèdes, & sur-tout les ptisannes qu'on en compose. La réglisse est une plante dont la racine court entre deux terres, & qui se faisant jour de distance en distance, produit de nouvelles plantes de 3 à 4 coudées de haut. Elle a les feuilles d'un verd pâle, gluantes & gommeuses, épaisses, luisantes & demi-rondes. La fleur est rouge & a quelque ressemblance avec la jacinthe ; la semence est renfermée dans des gousses presque rondes & qui, pressées & serrées les unes contre les autres, forment une espèce de boule. La réglisse croît dans l'île de Crete en Italie, en Allemagne, & l'on en recueille dans quelques provinces de *France* ; cependant la meilleure vient d'Espagne & particulièrement de l'Aragon. On voit de grands champs, le long de la riviere d'Ebre, tout couverts de cette plante, principalement au-deſſous de Saragoſſe. La racine s'étend loin du maître brin, quelquefois juſqu'à 30 à 40 pieds, mais à peu de profondeur. Nous traitons ici de cet article, parce que les

Aragonois envoient la plus grande partie de la réglisse qu'ils recueillent à *Bayonne*, où ils ſont ſûrs de s'en procurer le débit; & comme c'eſt à *Bayonne* que les étrangers s'adreſſent ordinairement pour faire acheter & charger cette racine, c'eſt ici le lieu d'en donner un compte ſimulé.

30 Balles de *réglisse* de Saragoſſe, peſant enſemble 6,600 ℔
 à 15 le quintal, ... L. 990

Frais d'expédition.

Droits de ſortie à 12 ſ. le quintal, ... L.	39	12
Pour refaire les balles, tirer de la balance & porter à bord, à 20 ſ. la balle, ...	30	
Emmagaſinage 5 ſ. par balle, peſage à 1 ſ. le qᶦ.	10	16
Courtage de change & ports de lettres, ...	4	2
Commiſſion ſur L. 1,074 à 2 p⁰⁄₀	21	10
		106

L. 1,096

La graine de lin de *Bayonne*, qui eſt d'une très-bonne eſpèce, ſur-tout pour faire de l'huile, vaut de 3 à 4 l. la conque, miſe à bord du navire franche de tous frais, excepté la commiſſion.

Indépendamment du commerce maritime de *Bayonne* avec toutes les nations de l'Europe, cette ville en fait un très-étendu par la voie de terre avec les Aragonois, les Navarrois, les Biſcayens & les habitans de quelques autres provinces d'Eſpagne, qui viennent fréquemment à *Bayonne*, non-ſeulement pour y vendre leurs marchandiſes, mais pour y acheter celles dont ils ont beſoin. La régliſſe n'eſt pas le ſeul article que fourniſſent les Eſpagnols à la ville de *Bayonne*; ils y envoient une grande quantité de balles de laine, objet de ſpéculation très-lucratif pour les négocians Bayonnois, qui la font acheter par les commiſſionnaires qu'ils ont, ou par des facteurs qu'ils envoient dans la Caſtille, l'Aragon, la Navarre & la Biſcaye. Ces facteurs ſe répandent dans les différens cantons de ces provinces pour faire eux-mêmes l'achat des laines, ſoit lavées, ſoit en ſuin ou ſurge, & les envoient enſuite à *Bayonne*, tant par mer, par les ports de Bilbao & Santander, que par terre, ſur le dos des mulets. Les Eſpagnols, qui font le commerce de laines, en font ſouvent auſſi des envois à *Bayonne*, où ils les font vendre pour leur compte. Les uſages de la vente des laines d'Eſpagne à *Bayonne* ſont de régler le prix des laines de ſeconde qualité à 6 ſ. par livre moins que celui de la première ſorte, & la laine de troiſième qualité à 6 ſ. par livre moins que le prix de la ſeconde ſorte: ſuppoſons que les R ſe payent à Bayonne à 48 ſ. la ℔; les F vaudront 42 ſ. & les S ou T 36 ſ. la ℔. On accorde à l'acheteur pour la tare, le poids du ballin ou de l'enveloppe de la balle, qui pèſe de de 11 à 14 ℔ & quelquefois plus, & enfin 3 ℔ par balle de bon poids, qu'on nomme *don*.

Les envois conſidérables d'argent que les Eſpagnols font à *Bayonne*, rendent le commerce de change de cette ville un des plus conſidérables de *France*.

Le commerce d'importation maritime de *Bayonne* n'eſt pas bien grand; il y vient cependant, tant des ports de Hollande que de beaucoup d'autres d'Europe, des chargemens compoſés de chanvre, bleds, épiceries, cacao, fromages & autres articles.

S. JEAN-DE-LUZ, ville appellée en langue Baſque *Luy* ou *Loitzun*, eſt ſituée ſur le bord de la mer. Elle eſt formée des bourgs de *S. Jean de Luz* & de *Sibourre*, qui ne ſont ſéparés que par la rivière de *Nivere* ſur laquelle on a jetté un pont de réunion. Les habitans de *S. Jean de Luz* ont montré une activité ſurprenante tant qu'ils n'ont pas été gênés dans leurs opérations; aujourd'hui encore *S. Jean-de-Luz* eſt de toute cette partie de la *France* l'endroit, après *Bayonne*, où ſe fait le plus grand commerce, quoiqu'il y ſoit infiniment déchu de ce qu'il fut autrefois. Pluſieurs cauſes ont contribué à ſa décadence, mais la principale eſt l'établiſſement des régies, dont le ſeul nom remplit de frayeur les habitans du Labour, qui, de temps immémorial, étoient en poſſeſſion de prérogatives & privilèges précieux. Il eſt incroyable combien ce pays-là s'eſt dépeuplé depuis l'époque de cette politique mal entendue de la *France*, & combien cette couronne a perdu par la décadence du commerce à *S. Jean-de-Luz*, qui faiſoit autrefois des armemens très-conſidérables pour la pêche de la baleine & notamment pour celle de la morue. Il ſuffit de dire que les habitans du pays de Labour, conjointement avec ceux de Guipuſcoa & de Biſcaye, deux provinces d'Eſpagne, ont été les premiers qui aient fait ces deux ſortes de pêche.

Andaye ou *Andaïa*, dernier bourg de *France*, ſitué ſur la rive droite du *Bidaſſa*, rivière qui sépare ce royaume de celui d'Espagne, est renommé par l'eau-de-vie qu'on y fabrique. On le nomme, en langage du pays, *Mistela*.

BORDEAUX, l'une des plus belles, des plus marchandes & des plus florissantes villes de *France*, capitale de la Guyenne, est bâtie en arc ou demi-lune sur la rive gauche de la Garonne, à 16 lieues deux tiers sud-est de son embouchure dans l'Océan. La commodité & la sureté de son port attirent des navires de toutes les nations de l'Europe, qui trouvent en tout temps de l'année des chargemens des principaux articles de cette ville, dont nous parlerons ci-après. Les édifices & les établissemens relatifs au commerce les plus remarquables sont, la douane & la bourse. La nouvelle salle de comédie est un superbe bâtiment qui a coûté des sommes considérables. La ville de *Bordeaux* a dans son enceinte & dans ses fauxbourgs du *Chartron*, de *S. Surin* & du *Chapeau-rouge* des chays, des caves & magasins en si grand nombre, qu'il ne seroit pas possible d'en faire l'énumération : les manufactures & les fabriques sont en petit nombre à *Bordeaux* ; l'on y fait cependant quelques couvertures bien apprêtées. Un établissement fort utile dans cette ville, est une manufacture de dentelles, dont le produit fait subsister beaucoup d'habitans.

Le commerce de *Bordeaux* est alimenté de deux sortes de marchandises ; celles que produisent le pays même & ses environs, comme vins, eaux-de-vie & autres ; & celles qui viennent dans cette ville des colonies Françoises, telles que le sucre, le café, l'indigo, &c. Nous allons entrer dans un détail convenable sur ces articles, & nous nous contenterons de nommer les autres marchandises qui se trouvent à *Bordeaux* & que les étrangers y font acheter.

On estime que dans la sénéchaussée de *Bordeaux* il peut se recueillir, année commune, 200,000 tonneaux de vin, dont 80,000 se consomment à *Bordeaux* même & aux environs. Il vient en outre dans cette ville, environ 5,000 tonneaux de vin du haut-pays, c'est-à-dire des cantons au-dessus de S. Macaire, à sept lieues de *Bordeaux* ; 10,000 tonneaux de la haute Guyenne, & quelques mille tonneaux du Languedoc. Ces derniers ne sont guère que des vins d'Espagne ; notamment de Catalogne ; on s'en sert à *Bordeaux* pour fortifier les petits vins qui n'ont pas assez de corps pour supporter le trajet de la mer. Ces vins viennent de Barcelone, de Benicarlo, de Salou & de quelques autres ports de Catalogne, à Cette, où ils payent pour droit d'entrée 2 livres par pipe. Là, on tire des officiers municipaux de la ville un certificat que ces vins sont du cru de la province de Languedoc, moyennant quoi ils sont exempts de certains droits au passage d'une province dans une autre & à leur entrée à *Bordeaux*. Ces vins descendent de Cette par le grand canal de Languedoc & les rivières qui font la communication de l'Océan avec la Méditerranée. Le canal royal de Languedoc prend sa source proprement à l'étang de *Thau*, qui communique à la Méditerranée par

le port de Cette, au moyen d'un autre canal. On lui donne 32 lieues de longueur d'une extrémité à l'autre, c'est-à-dire depuis l'étang de Thau jusqu'à la jonction du canal avec la Garonne au-dessous de Toulouse. Les vins qu'on charge à *Bordeaux*, sont des blancs de Langon, de Prignas, de Barsac, de Sauternes & de Bommes. Dans les années d'une récolte commune, ils se vendent depuis 180 jusqu'à 200 l. le tonneau. Les vins de Pondensac & de Castres sont de deux sortes ; les blancs, qu'on vend 20 à 30 écus ; & les rouges, qu'on vend 35 à 40. Les vins de Graves de *Bordeaux* sont tous vins rouges ; leur prix est depuis 40 jusqu'à 80 écus le tonneau, mais il y en a peu à ce dernier prix & beaucoup depuis 150 jusqu'à 200 l. Les vins de Graves de Médoc se vendent diversement suivant les divers terroirs où ils croissent : ces Graves, qui contiennent dix lieues de pays, ne produisant pas des vins d'une égale bonté, il y a quelquefois cinquante pour cent de différence & même plus. De ces vins, les uns se vendent depuis 90 jusqu'à 100 l. ; d'autres depuis 100 jusqu'à 150 l. & quelques autres, mais peu, depuis 180 jusqu'à 200 l. le tonneau. Tous ces prix s'entendent des vins nouveaux que les marchands de vin & les négocians de *Bordeaux* achettent après les vendanges ; mais ces mêmes vins, après qu'ils ont été traités & qu'ils ont demeuré quelques années dans les chays ou caves des négocians & marchands de vin, sont vendus suivant leur qualité & suivant les circonstances plus ou moins favorables à la vente, 2, 3, 5 & 600 écus le tonneau ; il y en a même qui se payent jusqu'à 900 & 1,000 écus le tonneau. Ce sont les Anglois qui font la plus forte consommation de ces grands vins, dans le choix desquels, il y a souvent peut-être plus de caprice que de goût. Au surplus, les prix de tous ces vins varient suivant que les cueillettes en sont plus ou moins abondantes ; & suivant aussi que les qualités de chaque cru sont bonnes ou médiocres. D'ailleurs un même vin a différens prix suivant son âge & la manière dont il a été traité. L'âge des vins se suppute par feuilles : on dit un vin de deux, de quatre, de six feuilles, pour signifier *un vin* de deux, de quatre & de six ans, prenant pour une année chaque nouveau pampre dont la vigne s'est couronnée depuis que le vin est fait, c'est-à-dire, depuis qu'il est vendangé ; car à proprement parler, aucun vin n'est fait qu'après dix-huit mois ; c'est le temps qu'il faut à une certaine matière crasse pour s'en séparer totalement & s'attacher à la barrique ; il est vrai qu'on a trouvé le secret d'obtenir la séparation de ces parties crasses dans douze à quinze jours, quand même le vin ne seroit qu'être extrait de la grape, mais cela ne peut se faire sans qu'il perde de sa force. On donne divers noms au vin, suivant la manière dont il a été traité : on appelle *vin naturel*, celui qui est tel qu'il vient de la vigne, sans mélange ni mixtion ; *vin frelaté*, celui où on a mêlé quelque drogue pour lui donner de la force, du montant, de la douceur, ou quelque autre qualité qu'il n'auroit pas sans cela ; *vin coupé*, celui qui est composé de plusieurs vins ; *vin soutiré*, du vin qu'on a tiré à clair après qu'il a reposé quelque temps sur la lie. Un vin blanc soutiré vaut 5 p$\frac{0}{0}$ plus que sur la lie ; dans les rouges cela peut aller à quelque chose de plus. En soutirant un vin qui est déja hors de la lie, on peut compter sur 8 p$\frac{0}{0}$ de perte ; en le clarifiant, ou pour mieux dire, en le soutirant une troisiéme fois, la perte va à 15 p$\frac{0}{0}$. Il faut quatre pots de colle pour soutirer un tonneau.

Presque tous les vins de *Bordeaux* ont besoin de quelque apprêt, pour qu'ils puissent être gardés ou exportés pour l'étranger. Par exemple : les vins de Coutras font une bonne fin étant coupés avec $\frac{1}{8}$ de vin de Ste. Dumont, & $\frac{1}{10}$ de Clerac. Pour faire passer l'amertume des vins de Serons, Barsac, Ste. Croix & Pujols, il faudroit les mêler avec une certaine quantité de vin de Sauternes. Au reste, cinq pots d'eau-de-vie de $\frac{2}{3}$ dans une barrique de *vin muet* suffisent pour donner du corps aux vins foibles. Le vin muet ou *bouru*, est celui qu'on empêche de bouillir. On donne encore d'autres noms aux vins, suivant les préparations qu'on leur fait subir : par exemple : *le vin cuvé* est celui qui a bouilli sous le marc ; le *vin cuit*, celui à qui l'on a donné une cuisson avant qu'il ait bouilli, &, à cause de cela, conserve toujours sa douceur ; enfin, le *vin de passe* est celui qui se fait en mettant des raisins secs dans de l'eau qu'on laisse ensuite fermenter d'elle-même. Mais ce sont sur-tout les vins nouveaux qui exigent des soins tout particuliers de la part des marchands de vin & des négocians qui font ce commerce à *Bordeaux*. La manière dont ils les traitent mérite qu'on en fasse ici la description.

On tire le vin blanc de dessus sa lie pour le plus tard dans le mois de janvier. Cette opération se fait avec de la colle de poisson ainsi préparée : on prend trois livres de bonne colle & on la bat jusqu'à ce qu'elle puisse s'éplucher comme du charpi ; on la met ensuite dans une barrique ou dans un autre vaisseau de la contenance d'une barrique, avec huit pots de vin muet. On souffre le composé avec une méche de deux pouces, en ayant soin de couvrir le vase afin que la fumée ne s'évapore pas ; cette opération se répète matin & soir jusqu'à ce que le vase soit rempli aux trois quarts, & que la colle soit totalement dissoute ; on passe alors par un tamis de crin le vin où la colle est dissoute, & à mesure qu'il passe, on y mêle peu-à-peu le quart qui manquoit pour remplir le vase ou la barrique. La colle ainsi préparée, on en mêle un pot dans chaque barrique de vin blanc, aussi-tôt l'on fouette bien la barrique pour la tirer au fin quinze jours après. Pour avoir plus sûrement du vin bien fin, on peut répéter le soutirage après 15 à 20 autres jours. Avant de transvaser du vin d'une barrique dans une autre, on suspend avec un fil d'archal dans celle qui est vuide 2 à 3 pouces de méche allumée, & durant qu'elle brûle on laisse la barrique

ouverte. On doit se régler pour la quantité de méche qu'on doit brûler, sur le plus ou moins de force & de couleur du vin qu'on veut soumettre à cette opération. Le second tirage au fin se fait au mois de mai avec les mêmes formalités ; on met ensuite le vin dans des endroits frais & obscurs, & on a soin de l'ouiller une fois tous les huit jours afin qu'il ne fleurisse pas, avec la précaution de ne point trop fermer la bonde pendant l'été, parce que le vin risqueroit de fermenter. Malgré cela, les vins blancs sont sujets à la fermentation pendant les chaleurs, & deviennent rudes & aigres s'ils ne sont rafraîchis par un nouveau tirage au fin. Il est donc nécessaire de les tirer au fin en juillet ou août pour la troisiéme fois, & en septembre ou octobre pour la dernière fois.

Voilà pour les vins blancs. Pour ce qui est du vin rouge, il y a quelque différence dans le procédé.

On le tire au fin de dessus sa lie en mai au plus tard ; on fait brûler un pouce de méche de soufre dans la barrique où il doit être transvasé, & on fouette le vin, non avec la colle, elle est nuisible au vin rouge ; mais avec le blanc de douze œufs pour chaque barrique : on le transvase une quinzaine de jours après cette opération, & , afin qu'il soit bien fin, on le soutire encore une fois après une quinzaine ; cela fait, on place la barrique de façon que la bonde soit à côté ; c'est un moyen sûr pour que l'air n'y puisse pénétrer. Les barriques peuvent rester ainsi depuis juin jusqu'en septembre ; qu'il faudra les remettre dans leur position naturelle, c'est-à-dire, bonde en haut. On goûtera pour lors les vins ; s'ils sont bons, tout ce que l'on aura à faire sera de les ouiller & de mettre de nouveau les barriques bonde de côté ; mais, s'ils étoient devenus vicieux ou s'ils avoient acquis de la rudesse par la fermentation qu'auroient pu occasioner les chaleurs de l'été, il faudroit les fouetter de rechef, les tirer au fin une quinzaine de jours après, & remettre les barriques bonde de côté. En agissant ainsi, on les conservera bons & sains, & l'on n'aura pas à craindre que l'entrée de l'hiver leur soit nuisible. Fauté d'avoir pris les précautions que nous venons d'indiquer, il y a tous les ans une quantité prodigieuse de vins qui tournent & s'aigrissent vers la canicule & aux premiers froids de l'hiver. Comme la conservation des vins rouges demande les plus grands soins & une attention toute particulière, il est expédient de les fouetter au moins trois fois pendant les dix-huit premiers mois, car il est constant qu'ils travaillent pendant tout ce tems & qu'il ne leur en faut pas moins pour acquérir toute leur maturité. Sans cette précaution ils perdent bientôt toutes les qualités qui les font estimer ; au lieu que, s'ils sont bien soignés, ils conservent long-tems toute leur saveur, leur délicatesse & leur parfum.

Les vins blancs n'ont besoin d'être ouillés qu'une fois par semaine : pour les rouges, il suffit de les mettre bonde de côté.

Les bonnes qualités du vin confiftent en ce qu'il foit droit, fec, clair fin, entrant, fans goût de terroir, fans trop de liqueur, d'une couleur nette & affurée; qu'il ait de la force, fans être fumeux; du corps, fans être âcre; & qu'il foit de garde, fans être dur. Les mauvaifes qualités, au contraire, font, la graiffe, le pouffé, le goût de fût, l'aigreur, la verdeur, la foibleffe; d'être capiteux; difficile à s'éclaircir; de s'affoiblir en vieilliffant, ou de ne pouvoir fe garder.

Compte fimulé d'un tonneau de *vin rouge de ville*, nouveau, à 60 écus, ...L. 180

Frais d'expédition.

Courtage d'achat, 30 f. & droits de fortie 28 l. 10 f. . . . . .L.	30	
Rabatage 6 l., fouettage 3 l., coupage 8 f. & tirage au fin 12 f. . .	10	
Rouenage du bureau 5 f. montée & port au chay 14 f.		19
Port au bateau 10 f. port à bord 12 f. & arrimage 10 f.	1	12
Commiffion fur L. 222 à 2 p.ᵉ	4	9
		47
	L.	227

Le vin blanc de ville fait les mêmes frais que le rouge, excepté que le fouettage ne coûte qu'une livre.

Compte fimulé d'un tonneau de *vin blanc du haut-pays*, nouveau, à 60 écus, ...L. 180

Frais d'expédition.

Courtage d'achat 30 f. & droit de fortie 16 l. . . . . .L.	17	10
Rabatage 6 l., fouettage 1 l., coupage 8 f. & tirage au fin 12 f. . .	8	
Rouenage de la ville 5 f., montée & roulage au chay 8 f.		13
Port au bateau 10 f., port à bord 12 f. & arrimage 10 f.	1	12
Commiffion fur L. 208 à 2 p.ᵉ	4	3
		31 18
	L.	211 18

Le vin rouge du haut pays fait les mêmes frais que le blanc, excepté que le fouettage coûte 3 livres.

Outre les frais ci-deffus, on ajoute pour chaque tonneau 12 fols par mois pour louage du chay, ou, comme l'on dit, pour *chayage*. Le rabatage fait à vuide coûte 12 livres au lieu de 6, & la double futaille 5 l. 10 f. On obfervera auffi dans les frais des deux comptes ci-deffus que pour *montée & port au chay* on paye 14 f., & pour *montée & roulage au chay* feulement 8 f.: cette remarque eft néceffaire. Au refte on prétend que les négocians de *Bordeaux* s'obligèrent par un écrit fait entre eux, il y a autour de vingt-ans, de paffer à l'étranger dans les factures 12 livres pour tous frais (non comptés les droits de fortie & courtage) jufqu'à bord du navire; mais la plupart des négocians de cette ville femblent avoir oublié cette convention, & paffent les frais dans les factures, comme eft dit ci-deffus.

L'*Eau-de-vie* eft une liqueur fpiritueufe & inflammable qui fe tire principalement du vin, par la diftillation qui fe fait le plus fouvent au bain-marie, mais quelquefois auffi à un petit feu de flamme. Ceux qui en font commerce la choififfent blanche, claire, & de bon goût; &, comme ils difent, *d'épreuve*; c'eft-à-dire telle qu'en la verfant dans un verre, il fe forme une petite mouffe blanche, qui en diminuant faffe le cercle que les marchands d'eau-de-vie appellent le *chapelet*, n'y ayant que l'eau-de-vie bien défleginée & où il refte peu de parties aqueufes, qui forme parfaitement le chapelet. Au refte, on diftingue dans les vins trois chofes, un efprit fort & fupérieur, un efprit foible ou infirme, & une partie épaiffe, compacte & flegmatique. L'efprit fort & fupérieur eft celui qui forme l'eau-de-vie; il eft inflammable, évaporable, fort brûlant, favoureux, brillant comme du criftal; joignant la force à la douceur, &, quoique violent, agréable à l'odorat & au goût: cet efprit, quand le feu, par fon activité, le détache des parties groffières qui l'enveloppent, forme une liqueur extrêmement claire, brillante, vive &

blanche ; & c'eft là ce que nous appellons *eau-de-vie*, la bonne & forte eau-de-vie. Par *efprit foible & infirme*, on entend celui qui fe dégage des parties épaiffes, après que l'efprit fort, comme plus fubtil, s'eft détaché. Cet efprit foible eft affez clair, blanc & tranfparent; mais il n'a pas la vivacité, l'inflammabilité, la faveur, le bon goût & le parfum qu'a l'efprit fort. On appelle cet efprit foible, en terme de fabrication d'eau-de-vie, la *feconde*, c'eft-à-dire la feconde eau-de-vie. La troifiéme partie du vin qui eft le refte du dedans de la chaudière, après que ces deux efprits en font fortis, eft une matière liquide, trouble & brune, fans aucune propriété connue ; auffi la laiffe-t-on couler dehors par des tanaux faits exprès.

Dans le commerce des eaux-de-vie, on diftingue *l'efprit* d'eau-de-vie, de *l'eau-de-vie* fimplement

dite, & ce font les degrés de force de cette liqueur qui forment cette diftinction. Par *efprit*, l'on entend l'efprit fort du vin, dont nous venons de parler, pur & fans mélange. Si on le mêle avec l'efprit foible ou la feconde eau-de-vie, alors on dit, efprit d'une telle force, par exemple de $\frac{4}{5}$ & $\frac{1}{5}$, c'eft-à-dire que fi on mêle 20 pots d'efprit fort avec 5 pots d'efprit foible, l'efprit fera de $\frac{4}{5}$ & ainfi du refte. Les eaux-de-vie fimples n'ont que très-peu d'efprit : en fuppofant que la force de l'efprit fe compofe de 18 parties ou dégrés, l'eau-de-vie fimple de *Bordeaux* en aura 1 à $1\frac{1}{2}$; celle de Cognac 4 à $4\frac{1}{2}$, & celle de Cette $\frac{1}{2}$ à 1 dégré feulement de force. Les efprits $\frac{1}{4}$ de *Bordeaux* répondent à 11 de ces degrés de force. Les eaux-de-vie doubles de cette ville en ont 13 ; enfin les eaux-de-vie ou efprit $\frac{4}{5}$ de Barcelone ont jufqu'à $1\frac{2}{3}$ de ces degrés de force.

Compte fimulé d'une pièce d'eau-de-vie fimple de Bordeaux, vergeant 49 veltes,

à 75 l. les 32 veltes, ...L.	114	17
Droit à déduire pour l'entrée, ...	11	16
	103	1

Frais d'expédition.

Droits de forties 39 l. 15 f. & rouanage du bureau 5 f. . . . . .L.	40		
Rabatage 2 l., vergeage 4 f. & courtage 8 f.	2	12	
Port au chay 8 f. & chayage d'un mois 8 f.	16		
Port au bateau 6 f., port à bord 8 f. & arrimage 6 f.	1		
Commiffion fur L. 147 $\frac{1}{2}$ à 2 p$\frac{0}{0}$	2	19	
		47	7
		L. 150	8

Outre les vins & eaux-de-vie, il fe trouve à *Bordeaux* plufieurs marchandifes du pays ou des environs dont l'exploitation ne laiffe pas d'être forte ; telles font les farines, les prunes, & autres fruits, le vinaigre & quelques autres articles. Les farines qu'on prépare à *Bordeaux* font de la meilleure efpèce & très-eftimées pour le commerce de l'Amérique, où il en paffe de fortes quantités. On en diftingue cinq fortes ou qualités qu'on nomme, *Minot*, *Co*, *Sembles*, *Rezillon*, & *Repaffe* ;

les prix en varient à tout moment ; les frais d'embarquement font peu confidérables.

Les denrées de l'Amérique que les étrangers tirent de *Bordeaux*, font principalement du fucre, du café & de l'indigo. On jugera de l'importance de ce commerce par la note fuivante des quantités de fucre, indigo & café du cru des ifles & colonies Françoifes de l'Amérique, entrées & forties de *Bordeaux* pendant quinze années.

Années.	ENTRÉES. SUCRES BLANC ET BRUT.			INDIGO. ℔ net.	CAFÉ. ℔ ort.	SORTIES. SUCRES BLANC ET BRUT.		INDIGO. ℔ net.	CAFÉ. ℔ ort.
	Barriq.	Tierç.	Quart.			Barriq.	Quart.		
1764	63,328	1,023	3,170	1,064,638	10,309,062	70,964	1,741	2,605,401	22,021,030
1765	49,960	716	1,497	878,012	8,914,315	45,752	870	1,00,3751	9,970,125
1766	51,772	636	1,106	706,674	8,510,781	48,734	857	788,198	5,981,118
1767	45,725	749	949	548,410	8,342,069	42,549	755	720,124	9,633,963
1768	52,987	854	1,177	861,729	14,105,386	43,489	1,005	704,664	12,115,091
1769	55,243	798	1,485	766,082	14,054,787	43,461	704	800,937	874,197
1770	58,806	809	1,320	803,208	18,356,018	52,188	786	736,589	17,368,712
1771	58,335	840	895	768,452	20,306,637	57,708	1,784	708,697	19,501,110
1772	63,984	1,097	926	771,452	27,272,326	51,937	1,363	697,403	20,034,879
1773	62,881	862	773	779,613	23,094,776	52,480	1,209	719,936	25,175,434
1774	57,402	900	766	759,119	27,671,966	55,116	1,428	776,541	27,838,051
1775	66,919	884	765	906,049	31,285,624	50,714	1,217	784,110	27,938,955
1776	66,919	884	765	906,049	31,285,624	57,355	1,496	742,216	27,660,206
1777	46,491	1,112	1,055	1,110,507	29,250,133	44,830	1,755	645,675	28,175,097
1778	39,649	714	472	604,002	23,817,040	29,638	984	765,633	21,502,326

Le sucre, substance connuë de tout le monde, est un jus ou suc extrêmement doux & agréable, exprimé de cette sorte de cannes ou roseaux qu'on appelle *cannes à sucre*, autrement *cannamelles*, qui croissent abondamment dans les deux Indes, sur-tout à Madère, au Brésil & aux isles Antilles. C'est des Antilles que vient la plus grande partie des sucres qui se consomment en Europe. Nous avons marqué dans la note ci-dessus la quantité immense de cette denrée qui arrive tous les ans de l'Amérique à *Bordeaux*, & celle qui sort de cette ville pour divers pays de l'Europe: il nous reste seulement à observer que cette quantité de sucre comprend diverses qualités, que nous ne pouvons mieux faire connoître qu'en plaçant ici le prix courant suivant, savoir:

Sucre de première sorte, ... de 70 à 100 l. les 100 ℔

Dit, de seconde sorte, ... 60 à 90

Dit, belle-troisième, ... 50 à 80

Dit, bonne-troisième, ... 45 à 75

Dit, quatrième sorte, ... 40 à 70

Dit, petits-blancs, ... 38 à 65

Dit, communs, ... 35 à 60

Dit, belles-têtes, ... 33 à 57

Dit, basses-têtes, ... 32 à 55

Plus ou moins.

Sucre brut.

De Leogane de 35 à 60 l. les 100 ℔

Du Cap, ... 33 à 55

De S. Louis, ... 30 à 50

De la Martinique, 26 à 50

Sirop, ... 15 à 20

Compte simulé de 3 barriques, 1 tierçon & 1 quart de *sucre terré* Martinique, & de 3 barriques, 1 tierçon & 1 quart de *sucre brut* S. Domingue, sçavoir :

3 Barriques pesant, . .	3,087 ℔.			
1 Tierçon, ...	400			
1 Quart, ...	203			
		3,690 ℔ sucre terré.		
Trait à 2 ℔ par barr. & tierçon, & 1 ℔ le quart		9		
		3,681		
Tare à 13 p%		479		
Net . 3,202 ℔ à 73 l. le ql. . . .			L. 2,337	9
3 Barriques pesant, . .	5,410 ℔			
1 Tierçon, ...	450			
1 Quart, ...	210			
		6,070 ℔ sucre brut.		
Trait à 3 ℔ par barr. & tierçon, & 2 ℔ par quart		14		
		6,056		
Tare à 17 p%		1,030		
Net . 5,026 ℔ à 60 l. le ql.			3,015	12
			L. 5,353	11

Frais d'expédition.

Courtage à ½ p% . . . . L.	26	15		
Rabatage des sucres blancs à 21 s. la barrique ⅓ & ¼	5	5		
Dit des sucres bruts à 30 s. la barrique & 15 s. les ⅓ & ¾	6			
Port à la rivière, ...	10	5		
Port à bord 9 s. le S. Domingue & 7 s. le Martinique, ...	4			
Arrimage 6 s. dit, & 5 s. dit, ...	2	15		
Acquit à caution & gardes, ...	4	10		
Commission sur L. 5,412 à 2 p%	108	5		
			167	15
			L. 5,520	16

La tare des sucres se régle ordinairement à *Bordeaux* par convention entre le vendeur & l'acheteur ; & comme la tare des sucres de la Martinique & de la Guadeloupe n'est pas si avantageuse pour l'acheteur que celle des sucres de St. Domingue qui sont dans des barriques fort grandes, les vendeurs ne sont pas si difficiles sur la tare des sucres de la Martinique & de la Guadeloupe, & accordent ordinairement quelque chose de plus que sur St. Domingue. Les futailles à bois blanc, qui pèsent moins que celles à bois rouge, ce qui est de conséquence pour la tare, méritent pour cette raison la préférence.

Le café se recueille à la Martinique, à St. Domingue, à la Guadeloupe, aux autres isles Françoises des Antilles, & à Cayenne. Le café des isles le plus estimé est celui de la Martinique ; il vaut aussi 6 d. ou 1 sol par livre plus que le café St. Domingue. Les prix des cafés varient considérablement suivant que les circonstances rendent facile ou difficile le transport de cette denrée de l'Amérique en Europe ; ainsi nous ne nous arrêterons pas davantage sur cet objet.

Compte

Compte fimulé de 7 boucaux, 14 barriques, 1 tierçon & 1 quart de *café Martinique*, pefant 14,100 ℔ à 15 f. la ℔ . . . . L. 10,575.

Frais d'expédition.

Courtage à ½ p⁰ . . . . L.	52	17	6
Rabattage à 25 f. le boucau, 20 f. la barrique, 15 f. le ⅓ & 10 f. le ¼.	24	10	
Port à la rivière 12 ¾ l. & port à bord 8 l. 7 f.	21	2	
Arrimage 6 l. 10 f. , acquit à caution 4 l. 10 f.	11		
Commiffion fur L. 10,694 à 2 p⁰	213	17	6
		323	7
	L.	10,898	7

On diftingue l'indigo qui vient des ifles Françoifes en *violet & bleu*, en *mélangé*, en *cuivré fin*, en *cuivré marchand*, ordinaire & inférieur, & en *grabeau*, qui n'eft proprement que le réfidu de toutes ces efpèces, quand on en a féparé la meilleure & la plus propre pour la vente. Les prix différent en raifon de ces qualités & fuivant les circonftances, comme pour toutes les denrées de l'Amérique ; mais les frais d'expédition en font affez fixes à *Bordeaux*.

Compte fimulé de 4 barriques d'*indigo mélangé*, pefant enfemble
Brut 1,795 ℔
Tare des barriques,   233
————— Net 1,562 ℔ à 10 l. la ℔ . . . . L. 15,620

Frais d'expédition.

Courtage ½ p⁰, rabattage 6 l. emballage, &c. 12 l. . . . . L.	96	2	
Port à la rivière & à bord 6 l. arrimage 2 l. 10 f.	8	10	
Acquit à caution & décharge, ...	4	10	
Commiffion fur L. 15,730 à 2 p⁰	314	12	
		423	14
	L.	16,043	14

Les autres marchandifes qui arrivent des ifles de l'Amérique à *Bordeaux* font du coton, du rocou, du gingembre, de la caffe & du cacao, mais ce n'eft jamais en proportion du fucre, du café & de l'indigo dont pour cette raifon nous avons donné les comptes fimulés précédens.

Le commerce d'importation de *Bordeaux* n'eft, à beaucoup près, ni auffi grand, ni auffi riche que celui d'exportation. Il confifte principalement en douves & merrains pour futailles : en bois de conftruction, chanvre, goudron, viandes falées, beurre, fromage & quelques autres articles.

LIBOURNE, fur la *Dordogne*, eft à 23 lieues de l'embouchure de cette rivière dans la mer ; le flux y monte malgré cet éloignement, & eft même fenfible à Caftillon qui eft à trois lieues au-delà, enforte que le flux & reflux ont plus de 26 lieues de montée & defcente dans la Dordogne. Une fituation auffi avantageufe pourroit faciliter à *Libourne* un grand commerce avec l'étranger fans fa proximité de Bordeaux, qui s'eft approprié prefque tout le commerce de la province de Guienne.

Libourne fait cependant tous les ans quelques expéditions de vins nouveaux aux mois d'octobre & de novembre, pour les Hollandois & autres peuples commerçans.

BLAYE, port confidérable fur la *Gironde*, qui forme l'union de la Garonne avec la Dordogne, eft à un quart de lieue du Bec d'Ambez à 8 lieues au-deffous de Bordeaux. Le commerce de *Blaye* confifte en vins rouges & blancs qu'on recueille dans fon territoire. Ces vins ne font pas, à la vérité, auffi bons que ceux de Bordeaux, auffi fe vendentils à beaucoup meilleur marché : il vient tous les ans quelques navires à *Blaye* pour enlever une partie de ces vins.

BOURG, ville de Guienne fur la Dordogne, eft à un quart de lieue du Bec d'Ambez entre Blaye & Libourne. Il y vient tous les ans quelques navires & un bon nombre de barques qui enlèvent les vins des environs, qui quoiqu'inférieurs à ceux de Bordeaux, font néanmoins de bonne qualité. Il y en a de rouges & de blancs.

LANGON, ville du Bazadois, fituée fur la Garonne, à 7 lieues au-deſſous de Bordeaux. On a placé à *Langon* un bureau des fermes du roi; les marchands & voituriers ſont obligés d'y prendre des acquits à caution des vins qui paſſent pour aller à Bordeaux; ces acquits portent que ces vins ſeront déchargés à Bordeaux, & y paieront les droits de décharge; & les marchands ou voituriers ſe ſoumettent à en rapporter le certificat au dos deſdits acquits.

Montauban, Bergerac, Saint-Macaire, Coutras, Perigueux, Sarlat, Agen, Clairac, Cahors, Moiſſac, Rhodes, Ville-Franche, Bazas & la Réole, ſont d'autres villes de la province de Guienne, dont le commerce en vin & autres articles ne laiſſe pas d'être important. D'un autre part *Auch, Condom, Mont-de-Marſan, Air, Saint-Sever, Nerac, Dax, Caſtel-Jaloux & Tarbes*, ſont les villes principales de la Gaſcogne pour le commerce.

SAINTES, ou *Xaintes*, capitale de la province de Saintonge, eſt ſituée ſur une éminence auprès de la rivière de Charente. Le commerce que fait cette ville eſt très-peu conſidérable. *Marennes* eſt fort renommée par ſes huîtres vertes dont elle fait un commerce prodigieux; *Saint-Jean d'Angely* par ſes eaux-de-vie; *Pons & Brouage* par la quantité de ſel qui s'y fait; ces trois villes avec Taillebourg ſont les plus commerçantes de Saintonge.

LIMOGES, capitale du Limoſin, eſt ſituée ſur la rivière de *Vienne*, qui paſſe le long de ſes fauxbourgs à l'Eſt. Elle en tire cependant peu d'utilité pour ſon commerce, cette rivière n'étant preſque pas navigable à cauſe des roches qui en coupent le cours, & ne pouvant au plus ſervir qu'au flotage des bois. Ce défaut de la Vienne & l'éloignement de la mer mettant *Limoges* dans l'impuiſſance de faire avec les étrangers, le commerce que font ordinairement les villes ſituées ſur les côtes, les habitans, par leur induſtrie & leur grand travail, s'en ſont créé un aſſez conſidérable dans l'intérieur du royaume. Les principales fabriques & manufactures de cette ville ſont, de revêches & autres étoffes de laine, de cuirs, gands, clouterie, papier, épingles, fil-de-fer, émaux ſur cuivre & autres ouvrages. *Tulle & Brive-la-Gaillarde* ſont les deux principales villes de la province après *Limoges*; elles ont quelques fabriques de revêches & autres étoffes.

ANGOULÊME, capitale de l'Angoumois, eſt ſituée ſur le ſommet d'une montagne environnée de rochers, près de la rive gauche de la *Charente*. La proximité de cette rivière lui procure un débouché facile pour ſes marchandiſes qui conſiſtent principalement en 5000 à 6000 barriques d'eau-de-vie de 27 veltes chacune; en papier dont cette ville fabrique une très-grande quantité; en ſafran & dans le produit de ſes forges de fer, qui eſt auſſi un objet des plus importans.

COGNAC, ou *Coignac*, ville & chef-lieu d'une élection dans l'Angoumois, eſt bâtie dans une con-

trée fertile & agréable ſur la rive gauche de la Charente. Il ſe recueille, année commune, au tour de cette ville & dans ſon élection 200,000 barriques, ou 50,000 tonneaux de vin bon pour brûler, ce qui doit produire 13,400 pipes d'eau-de-vie: par pipe on entend une pièce de trois barriques; elle eſt d'environ 81 veltes, quelquefois plus ou moins, parce qu'il y a des pièces qui contiennent juſqu'à 90 veltes, d'autres 75, 78, 80 & 85 veltes. On compte que le produit ordinaire eſt de plus de 40,000 barriques; chacune de 27 veltes d'eau-de-vie. Lorſque l'année eſt abondante, ce produit peut augmenter conſidérablement & même doubler. Il y a des années où les vins ſont ſi foibles, qu'il faut 6 barriques de vin pour en faire une d'eau-de-vie. Il eſt rare cependant, qu'on ne faſſe qu'une barrique d'eau-de-vie avec 4 barriques de vin; ſi les vins ſont paſſablement bons, 7 barriques de vin font 2 barriques d'eau-de-vie. L'eau-de-vie de *Cognac* eſt la meilleure & la plus eſtimée de toutes celles de *France*; elle vaut auſſi preſque toujours 1 ½ ſol ou à-peu-près par velte, plus que celle de Bordeaux.

Aubeterre & Verteuil ſont deux villes de l'Angoumois qui font un bon commerce, ſur-tout en groſſes toiles & en papier.

LA ROCHELLE, capitale du pays d'Aunis, eſt ſituée ſur les bords de l'Océan avec un port ſûr, commode & défendu par deux ouvrages à corne. C'eſt une ville d'un très-grand commerce tant en Europe qu'en Amérique. Ses habitans font tous les ans pluſieurs expéditions pour les colonies Françoiſes des iſles Antilles, où ils envoient des vins, eaux-de-vie, farines, bœuf ſalé d'Irlande, toiles & autres marchandiſes. Ils en rapportent de retour du ſucre, de l'indigo, du cacao, du rocou, du café, du gingembre, des cuirs & autres marchandiſes de l'Amérique. Le commerce de la *Rochelle* en Europe conſiſte principalement en eau-de-vie; il s'en expédie, année commune, pour divers pays, au-delà de 15,000 barriques, chacune de 27 veltes. La *Rochelle* & le pays d'Aunis contiennent 5 lieues de terrein dans lequel on recueille, année commune, environ 80,000 tonneaux de vin blanc & rouge; la plus grande partie de ces vins blancs ſe brûle, & le reſte ſert pour la boiſſon des artiſans & du peuple.

Il y a auprès de la *Rochelle* deux iſles où l'on fait un commerce très-conſidérable; l'une s'appelle *l'iſle de Rhé*, & l'autre *l'iſle d'Oléron*.

L'ISLE DE RHÉ contient ſix paroiſſes: la ville de *Saint-Martin, la Flotte, Sainte-Marie, Ars, les Portes & Lays*. Il ſe recueille, année commune, dans cette iſle, environ 18,000 tonneaux de vin, dont la huitième partie ſe conſomme par les habitans. On compte qu'il s'y fait chaque année 10,000 barriques d'eau-de-vie, qui s'embarquent pour l'étranger ſans payer aucun droit. Il s'y fait auſſi une grande quantité de ſel qui ſe vend au cent de 28 muids ou 25 tonneaux, chaque tonneau peſant environ 2600 ℔. Les marais ſalans de cette iſle produifent, année commune, environ 34,000 muids de fel : le muid vaut environ 6 à 8 livres, & paye au roi pour droit de fortie 4 liv. 10 f. 3 d.

L'ISLE D'OLÉRON eft compofée de fix paroiffes, dans lefquelles il fe fait chaque année environ 4000 barriques d'eau-de-vie, chacune de 27 veltes.

ROCHEFORT, ville confidérable fituée fur la Charente à quelques lieues de fon embouchure, eft le fecond département de la marine de *France* : mais c'eft une place de peu de commerce.

Charente, bourg fitué fur l'Océan à l'embouchure de la rivière de fon nom, eft peu confidérable quant au produit de fes vins qui fe confomment en plus grande partie dans le lieu-même ou aux environs; mais, d'une autre part, il s'y fait un très-grand commerce en eau-de-vie & en fel. On

compte qu'il s'embarque à *Charente* pour l'étranger, année commune, 35,000 barriques d'eau-de-vie, de 27 veltes chacune, qui viennent principalement des élections d'Angoulême & de Cognac. Il s'y charge auffi environ 7000 muids de fel, qui vaut 8, 10 à 12 liv. le muid.

Les eaux-de-vie de *Cognac* font, comme a-été dit, fupérieures à toutes celles qui fe fabriquent en *France* & principalement à celles qu'on brûle dans les pays d'Aunis. C'eft à *Charente* qu'on en fait le chargement pour l'étranger, & comme les eaux-de-vie de la Rochelle, de l'ifle de Rhé & d'Oléron fe chargent au voifinage de *Charente*, nous plaçons ici de fuite les comptes fimulés des eaux-de-vie qu'on expédie du pays d'Aunis.

Compte fimulé de 10 pièces *eau-de-vie de Cognac*, vergeant depuis 75 jufqu'à 85 veltes, enfemble 810 veltes à 85 l. . . . . L. 2,550

Frais d'expédition.

Droits de fortie à 15 l. 14 f. les 27 veltes & acquit, ... L.	473	5
Rabatage, à 15 f. la pièce, & port à bord à 30 f.	22	10
Courtage d'achat à 15 f. par 27 veltes, ...	37	10
Arrimage à 5 f. par pièce, ...	1	5
Courtage de change & ports de lettres, ...	5	14
Commiffion fur L. 3,090 à 2 p°.	61	16

                              602

                     L.   3,152

Compte fimulé de 20 pièces *eau-de-vie de la Rochelle*, vergeant chacune 50 à 55 veltes, enfemble 1,080 à 80 l. la barrique de 27 veltes, ... L. 3,200

Frais d'expédition.

Droits de fortie à 3 l. les 27 veltes & acquit, ... L.	121	5
Frais jufqu'à bord du navire, ...	62	15
Courtage de change & ports de lettres, ...	6	4
Commiffion fur L. 3,390 à 2 p°.	67	16

                              258

                     L.   3,458

Compte fimulé de 40 pièces *eau-de-vie d'Oléron*, de 50 à 55 veltes chacune, enfemble 2,187 veltes à 82 l. les 27 veltes . . . . L. 6,642

Frais d'expédition.

Droits de fortie à 20 f. les 27 veltes & acquit, ... L.	81	10
Frais jufqu'à bord du navire, ...	177	
Courtage de l'argent & ports de lettres, ...	7	1
Commiffion fur L. 6,908 à 2 p°.	138	3

                              404

                     L.   7,046

Les frais jufqu'à bord du navire & les prix des eaux-de-vie font les mêmes à l'*ifle de Rhé* qu'à Oléron; mais cette liqueur ne paie aucun droit de fortie à l'*ifle de Rhé*. Comme c'eft dans cette ifle qu'on charge les plus fortes parties de fel que les étrangers tirent du pays d'Aunis, donnons-en le compte fimulé fuivant de

8 Cents ou 224 muids de fel à 8 l. le muid rendu à bord du navire, ... L.	1,792	
Droits de fortie à 4 l. 10 f. 3 d. le muid, ...	114	16
Courtage de l'argent & ports de lettres, ...	4	
Commiffion fur L. 1,910 à 2 p°.	38	4
	L.	1,949

Le cent de fel de l'*ifle de Rhé* contient 28 muids ou 25 tonneaux.

Marans, gros bourg fitué en pays très-marécageux fur la *Sèvre* ou *Seudres*, fait un commerce en fel & en huîtres très-confidérable.

POITIERS, capitale du Poitou, eft fitué fur une éminence entre les rivières de *Clin* & de *Vouneuil*; c'eft une des plus grandes villes de *France*. On y fabrique une grande quantité de bas & bonnets de laine, tricotés & foulés; des camelots, des étamines, ferges, crêpes & autres articles. La foire de la mi-carême y répand beaucoup d'argent à caufe de l'affluence de marchands qui y viennent de tous les cantons de la province même & des autres provinces circonvoifines, attirés par le grand nombre de beaux chevaux, de mules & mulets qui s'y trouvent. De tous temps les haras ont été bien foignés en Poitou, & c'eft une véritable fource de richeffe pour plufieurs cantons de la province.

CHATELLERAULT, jolie ville fur la Vienne, eft fameufe par fon horlogerie & fa coutellerie, notamment par fes razoirs qui font fort recherchés. *Châtellerault* fabrique en outre des ferges & étamines. D'autres villes du Poitou, fçavoir : *Lufignan*, *Saint-Maixent*, *Niort*, *Fontenai-le-Comte*, *Montmorillon*, *Thouars*, *Mauleon*, *Luçon* & quelques autres ont auffi quelques manufactures & fabriques.

Les SABLES D'OLONE, petite ville fituée fur le bord de la mer avec le port le plus confidérable de la province de Poitou, fait un commerce affez floriffant, quoique déchu en partie de ce qu'il a été. Ce commerce confifte dans le produit de la pêche de la morue du banc de Terre-neuve pour laquelle il partoit tous les ans des *Sables d'Oione* environ 70 à 80 bâtimens. Il fe fait dans cette ville, année commune, environ 20,000 muids de fel dont une bonne partie eft enlevée par les étrangers, qui paient pour droit de fortie 2 liv. 12 f. par muid.

L'ISLE DE NOIRMOUTIERS eft fituée près de la côte dans une contrée entrecoupée de marais falans, où il fe fait beaucoup de fel que les étrangers vont acheter dans la ville de *Noirmoutiers*. Elle n'offre au refte rien de remarquable.

L'ISLE-DIEU, ou *ifle d'Yeu*, eft fituée à quatre lieues de la précédente; elle a un bourg compofé de 150 maifons & un petit village où eft le port, c'eft là que plufieurs navires étrangers viennent pour charger du fel, quoiqu'ils préfèrent d'aller à *Noirmoutiers*, quand ils le peuvent.

§. VII. *Commerce de la Bretagne, de la Normandie, du Maine, du Perche, de l'Anjou, du Saumurois, de la Touraine, du Berry, de la Marche, de l'Auvergne, du Lyonnois, du Bourbonnois, du Nivernois & de l'Orléannois.*

Le commerce des villes principales de ces gouvernemens eft très-riche & très-étendu, mais en quelque forte différent de celui des villes de la Guienne, de la Gafcogne & des autres pays dont nous avons parlé dans le paragraphe précédent. Celui-ci fe fait prefque tout avec des productions naturelles tant du pays que des colonies, comme vins, eaux-de-vie, fel, fruits, fucre, café, indigo & autres denrées. Celui-là, au contraire, fe fait en plus grande partie avec les marchandifes des fabriques, comme toiles & étoffes de foie, de laine & de coton. Il en faut cependant excepter la province de Bretagne, qui, indépendamment des ouvrages de fes fabriques & manufactures, fournit aux étrangers les mêmes articles que les villes de la Guienne & du pays d'Aunis.

NANTES, ville principale de la Bretagne, eft fituée fur la rive droite de la Loire, au confluent des petites rivières de *Chezine* & d'*Erdre*, qui féparent la ville d'avec le fauxbourg de la *Foffe*, dans un terroir également fertile & varié de prairies immenfes & de coteaux couverts de vignes. Il n'y a guère de villes en *France* plus heureufement fituées pour le commerce, que la ville de *Nantes*.

La mer lui ouvre une communication avec toutes les nations du monde, & la Loire lui donne les moyens de pénétrer dans les plus riches provinces du royaume, & même jufqu'à Paris, par les canaux qui la joignent à la Seine. Il eft vrai que *Nantes* n'eft pas proprement fur la mer ; mais de la rade de Paimbœuf qui n'en eft éloignée que de huit lieues & où les plus grands vaiffeaux font en fûreté; on peut aifément faire monter jufqu'à la Foffe, des barques & des navires de 60 à 80 tonneaux & les gabarres qui fervent à décharger comme à charger les navires à Paimbœuf, en forte que *Nantes* a prefque toutes les commodités des villes qui font entièrement maritimes. Le département de *Nantes* comprend *Paimbœuf*, *Bourgneuf*, ou *Bourneuf*, *Pornic*, le *Croific* & le *Pouligen*; & c'eſt dans tous ces ports que les négocians de *Nantes* font leurs armemens, tant pour l'Europe que pour l'Amérique.

Le commerce que fait *Nantes* avec l'Amérique eſt très-conſidérable & fort précieux, tant par le débouché immenſe qu'il procure aux villes de la Bretagne & de quelques autres provinces de *France*, des marchandiſes de leurs fabriques & manufactures,

comme toiles, étoffes de ſoie &, de laine, uſtenſiles de fer, de cuivre & autres, dont les colonies de l'Amérique font une grande conſommation; que par les riches retours que *Nantes* en reçoit, retours qui forment la principale branche du commerce d'exportation de cette ville avec les autres places de commerce de l'Europe. On peut ſe faire une idée de l'importance de ces retours par la note ſuivante du coton, indigo, ſucre & café arrivés à *Nantes* depuis 1770 juſqu'à 1780 incluſivement.

Récapitulation générale des ſucres, cafés & indigos, arrivés à Nantes des colonies Françoiſes depuis 1770 juſqu'à 1780 incluſivement.

ANNÉES.	NAVIRES.	INDIGO.			COTON.		SUCRES terrés & têtes.		SUCRE BRUT.		CAFÉ.		
		Boucauts.	Barriq.	Quarts.	Balles.	Ballotins.	Barriques.	Quarts.	Barriques.	Quarts.	Boucauts.	Barriques.	Quarts.
1770	103	313	429	437	3,010	1,526	15,141	693	18,798	527	2,191	3,792	6,129
1771	105	208	478	444	2,414	1,044	13,957	455	25,802	459	2,719	3,434	6,590
1772	111	409	581	450	2,678	858	15,797	476	26,073	519	4,946	5,246	8,160
1773	115	322	497	353	2,527	873	13,459	489	28,300	355	5,433	4,060	5,319
1774	109	371	534	447	2,944	598	15,804	420	24,842	207	5,926	5,411	8,225
1775	112	540	800	609	2,748	546	17,825	470	26,090	298	7,267	5,405	8,674
1776	108	213	468	469	1,488	1,021	15,387	579	25,254	215	5,308	4,387	7,510
1777	104	315	741	655	3,691	1,244	10,513	401	20,659	184	5,543	4,794	6,532
1778	80	249	317	398	2,066	641	8,324	234	19,393	176	4,396	3,401	5,197
1779	29	140	145	124	948	434	4,108	145	3,316	325	1,136	623	977
1780	21	133	112	93	206	69	2,516	220	1,495	422	490	324	499

Les marchandiſes que les nations commerçantes font exporter de *Nantes* ſont de trois eſpèces; ſçavoir; 1º. les denrées de l'Amérique, & principalement du ſucre, du café & de l'indigo, la quantité qui vient des colonies Françoiſes de ces trois articles étant très-grande.; 2º. les productions du pays, telles que du vin, de l'eau-de-vie & du ſel.; 3º. les articles des manufactures & principalement des toiles. Nous allons donner des comptes ſimulés de chacun de ces articles.

Compte ſimulé de 10 barriques de *ſucre terré* de S. Domingue, peſant enſemble brut 15,748 ℔.

Tare à 13 pº. . . . 2,048

Net. 13,700 à 80 l. le º . . . . . . L.   10,960

Frais d'expédition.

Aux porte-faix pour peſer & conduire à la gabarre, ... L.   13   14
Rabatage à 20 ſ. par barrique & arrimage à 5 ſ.   12   10
Gabarres à 20 ſ. par tonneau, & acquit à caution, ...   11   9
Commiſſion ſur L. 10,993 à 2 pº.   219   17

                                                        257   10

                                          L.   11,217   10

On donne fur les fucres bruts 17 p.º de tare ; & les frais font les mêmes que ceux ci-deffus.

Compte fimulé de 10 boucauts *café de S. Domingue*,
pefant enfemble . . brut . . 11,010 ℔.
Tare . . . . 1,000 ℔. ⎫
Trait à 1 p.º . 10 ⎬ 1,110

              Net. 9,900 ℔ à 21 f. la livre . . . . . . L. 10,395.

Frais d'expédition.

Aux porte-faix à 20 f. le millier, plomb 10 f. par boucauts, . . L.	14	18
Tonnelier 20 f. du cent pour les futailles, ...	99	
Gabarre 20 f. par tonneau & arrimage 5 f. par boucaut	7	9
Acquit à caution & menus frais , ...	5	5
Commiffion fur L. 10,521 à 2 p.º	210	8

                                             337

                                 L.   10,732

Pour l'indigo les frais font les mêmes que ceux ci-deffus ; il fe pefe comme le café , & l'on accorde 1 p.º de trait.

Compte fimulé d'un tonneau ou 4 barriques de *vin blanc de Nantes*
qui a coûté, ... L.   140

Frais d'expédition.

Entrée & fortie de magafin & roulage , ... L.	1		
Rabatage en plein 2 l., courtage 1 l., gabarre environ 3 l. . . .	6		
Droits aux *devoirs* 48 f., droits d'octroi & prévôté 34 f. & acquit ,	4	3	6
Commiffion fur L. 151 à 2 p.º	3	6	

                                             14   4

                                 L.   154   4

Compte fimulé de 5 barriques d'*eau-de-vie* , vergeant enfemble
160 veltes à 90 l. les 29 veltes. . . . . L.   529   13   1

Frais d'expédition.

Entrée & fortie du magafin & roulage à 5 f. . . . . L.	1	5	
Rabatage en plein & plaques de 5 barriques à 2 l.	10		
Courtage & réception à 20 f. & jaugeage à 2 f. pièce, ...	5	10	
Droits aux *devoirs* à 3 f. par velte & acquit , ...	23	18	6
Gabarre à 3 l. 3 f. par tonneau, ...	3	15	
Commiffion fur L. 574 à 2 p.º	11	9	5

                                          55   18   11

                                 L.   585   12

Compte fimulé de 40 muids de *fel* , chargés au *Croific* , à 35 livres
le muid de ville rendu à bord du navire , ... L. 1,400
         Commiffion à 2 p.º 28

                                 L.   1,428

Chaque muid contient 133 ½ quartauts Nantois ; chaque quartaut pefant 40 ℔ ; & par conféquent le muid 5,340 ℔.

Le fel fe vend au Pouligen à la même mefure qu'au Croific, c'eft-à-dire, au muid ou à la *charge*, qui fait 28 facs. A Bourgneuf, à la *charge*, qui fait 28 feptiers, pèfe environ deux tonneaux & demi ou 5,000 ℔.

Compte fimulé de 7 ballots de groffe *toile* chargés à *Nantes*, contenant

412	Aunes, *S. Georges*,	à 24 f. 6 d. l'aune	L.	504	14	
147	Dites, *toiles blanches fans nom*,	à 22		161	14	
601	Dites, *toiles deux tiers*,	à 20		601		
446	Dites, *toiles fans nom*,	à 19		423		
830¼	Dites, *combourgs*,	à 17 9		737	5	9
440	Dites, *halles*,	à 17 6		385		
438	Dites, *fougères*,	à 14 6		317		
	Frais jufqu'à bord du navire,			29	10	

L. 3,159 3 9
Efcompte à 2 p.º   63 3 9

L. 3,096

Outre ces articles, les étrangers tirent de *Nantes* du coton, des cuirs de bœuf en poil, des bois, du gingembre, du rocou & quelques autres marchandifes des ifles, ainfi que du papier, des prunes, de l'orge, de l'avoine & quelques autres articles du pays.

Les marchandifes qu'on importe ordinairement à *Nantes*, confiftent en froment & feigle, chanvre, cordages, planches de fapin, douves, mâts & beaucoup d'autres articles.

RENNES, capitale de la Bretagne, eft fituée fur la *Vilaine* qui la divife en deux parties. C'eft une ville dont le commerce, quoique affez important, n'eft pas cependant comparable à celui que fait *Nantes*. *Rennes* a des manufactures de toiles & de fil retors, qui rapportent beaucoup à fes habitans. Les toiles font de l'efpèce qu'on nomme *noyalles*; la confommation n'en eft pas aujourd'hui auffi grande qu'elle étoit autrefois. Le commerce de fil retors eft au contraire toujours très-important & peut aller, année commune à 300,000 livres tournois.

SAINT-MALO, ville de Bretagne, très-peuplée & autrefois très-commerçante, eft fituée fur un rocher au milieu de la mer dans la petite ifle de Saint-Aaron, qu'on a jointe au continent par le moyen d'une digue ou langue de terre appellée le *Sillon*. Le commerce de *Saint-Malo* eft confidérablement diminué depuis un certain nombre d'années, notamment depuis que le Canada & les autres poffeffions qu'avoient les François dans l'Amérique feptentrionale font tombées en plus grande partie au pouvoir des Anglois. Les Malouins font cependant encore aujourd'hui les principaux armateurs de *France*, pour la pêche de la morue. Ils font auffi quelques armemens pour les ifles Antilles, mais on ne peut pas dire que ce commerce foit important. Le commerce de cabotage & celui de fpéculation font à préfent la reffource des armateurs & négocians de *Saint-Malo*, qui s'intéreffent volontiers au commerce de l'Amérique Efpagnole. Ils entretiennent des relations particulières avec l'Angleterre, où ils font un commerce interlope affez confidérable. Les toiles & les fils de Rennes font la principale exportation de *Saint-Malo*.

Compte fimulé de diverfes *toileries* achetées à *S. Malo* : fçavoir

10 Balles *toiles de Bretagne* contenant,		
1,000 Aunes, à 32 fols l'aune	L.	1,600
1,000 Dites, à 38		1,900
1,000 Dites, à 41		2,050
600 Dites, à 52		1,560
600 Dites, à 60		1,800
		8,910
Emballage, droits de fortie & port à bord à 40 f. par balle,		20
	L.	8,930

20 Balles toiles dites *halles de Dinant*, contenant 80 pièces ou
    8,263 aunes à 18 f. 6 d. l'aune . . . . L. 7,643   5   6
Paffe à 14 f. par pièce, ... L.   56
Serpillière, corde & ficelle pour emballer, . .   96   14
Porte-faix pour emballage & charg., à 4 f. . . .   20
Voitures pour porter à bord, ...   4
Droits d'octroi à la fortie, ...   14   7
                                     191   1
                                           7,834   6   6

2 Ballots de toile dite *haut-brins de Dinant*, contenant
    95½ Aunes, à 4 l. 10 f. l'aune . . . . L.   429   15
    91 . . . . à 4 . 15 432   5
    90 . . . . à 4 . 18 441
    94¼ . . . à 5 . 2 483   4
                                        1,786   4

Paffe à 14 f. par pièce, ... L.   2   16
Serpillière, corde & ficelle pour emballer, . . .   4   10
Porte-faix pour emballer & charger, ...   15
Voiture pour porter à bord, ...   10
Droits d'octroi à la fortie, ...   13   6
                                9   4   6
                                        1,795   8   6

10 Balles de toiles *fougères* contenant 20 pièces ou 1,458 aunes
    à 19 f. 6 &. L. 1,421   11
Payé pour la voiture de fougères à S. Malo, . L.   31
Porte-faix pour emballer & charger, ...   4
Serpillière & ficelle pour l'emballage   19   5
Voiture pour porter à bord, ...   1   10
Droit d'octroi & fortie, ...   2   11   3
                             58   6   3
                                        1,479   17   3

                                     L. 20,039   12   3
Commiffion à 2 p ⁰/₀   400   16

                                     L. 20,439   8   3

Compte fimulé de 1,800 ℔ de *fil blanc* de Rennes, expédié de *S. Malo*, afforti
    depuis n°. 1 jufqu'à n°. 5 & à divers prix depuis 30 jufqu'à 35 f., prix
    moyen 32 ½ f. . . . . // . . . . L. 2,925

                            Frais.

Pour voiture de Rennes à *S. Malo*, ... L.   31   15   6
Emballage double en toile fine, ...   49   13
Porte-faix, décharge, recharge pour porter à bord & charretier, . .   3
Droits d'octroi & patrimoniaux à la fortie, ...   39   7   6
Au bureau des fermes pour droit fur le fil, ...   49   12   6
Commiffion fur L. 3,698 à 2 p ⁰/₀   61   19   6
                                         235   8

                                     L. 3,160   8

       Les bas de fil de *S. Malo* font très-estimés; il y en a de tout prix, depuis 6 jufqu'à 80 l. la
douzaine fuivant les qualités. Les frais jufqu'à bord fur les bas de moyenne qualité (c'est-à-dire entre
30 & 50 l. la douzaine) s'élèvent à 4 p ⁰/₀ plus ou moins.

                                                      MORLAIX

MORLAIX eſt auſſi une ville fameuſe par le com- | ne ſoit plus aujourd'hui ſi conſidérable qu'il étoit autre-
merce de toiles qui s'y fait ; quoique ce commerce | fois, il ne laiſſe pas d'être toujours très-important.

Compte ſimulé de 6 balles de crées larges de Morlaix, de ſeconde qualité,
contenant 24 pièces à 156 L. chacune, ... L. 3,744

Frais d'expédition.

Emballage 24 l. & aux emballeurs 3 l. . . . . L.	27	
13 Aunes toile cirée à 30 ſ. & 12 aunes toile à 13	28	1
Port à bord & menus frais, ... ll	1	19
Commiſſion ſur L. 3,800 à 2 p c̣ . . . . ;	76	

133

L. 3,877

Les toiles qui ſe fabriquent à *Morlaix*, Landerneau, Roscoff, Saint-Paul-de-Leon, Guingamp, Grace &c., ſe nomment *Cres* ou *Crées.*
Comme elles ſont de diverſes largeurs & fineſſe,
pour les diſtinguer on les partage en *crées larges,*
crées communes, crées graciennes, crées roſcon-
nes. Les crées larges s'envoient en Eſpagne & dans
les Indes occidentales ; les communes & les graciennes ſe portent auſſi en Eſpagne, où ſont enlevées
en temps de paix par les Anglois ; & les roſconnes
ſont propres pour l'Eſpagne ſeulement. Outre les
crées, il ſe fabrique à *Morlaix* des toiles qu'on
appelle *des Morlaix :* elles ſe conſomment preſque
toutes dans le royaume.

L'ORIENT eſt une jolie ville avec un port fameux, ſitué au fond d'une anſe à l'embouchure de
la rivière de *Ponscroff* ou *Ponscorff,* dans lequel
ſe font les armemens & les retours des navires qui
font le commerce des Indes orientales. Cette ville
n'eſt qu'à 2060 toiſes de *Port-Louis,* petite ville
avec une rade & un port très-ſûr, ſitué à l'extrémité d'une péninſule à l'embouchure de la rivière
de *Blavet.* Le commerce qui s'y fait conſiſte principalement en ſardines & en aiguilles dont il ſe fait
une pêche conſidérable.

BREST, ville de la baſſe Bretagne, eſt un des
premiers entrepôts de la marine Françoiſe ; ſon
port, un des meilleurs & des plus ſûrs du royaume,
eſt dans le fauxbourg de *Recouvrance* qui eſt ſéparé de la ville par un bras de mer. La rade eſt
magnifique & pourroit contenir 500 vaiſſeaux de
guerre ; mais l'entrée en eſt étroite & très-difficile à
cauſe des rochers qui s'y trouvent cachés ſous l'eau.

Vannes, Saint-Brieux, Lamballe, Quimper-
Corentin, Saint-Paul de Leon, Roscoff, Con-
carneau, Aurai, Treguier & Hennebon, ſont des
villes & ports de la Bretagne, qui tous font quelque
commerce. *Quintin, Noyal, Vitré, Fougeres,*
Dinant, poſſèdent les manufactures de toiles les
plus conſidérables de la province. *Quintin* eſt comme le centre des manufactures de batiſte & de li-
non. Les *noyales* qui ſervent à faire des voiles de
vaiſſeaux, ſe fabriquent à *Noyal* & dans ſes environs. Les *hauts-brins* ſe font à *Dinant ;* les *vitrés*
à *Vitré* même dont elles portent le nom ; à *Fou-*
geres & dans quelques villages de l'évêché de Rennes ; enfin, les *fleurets ſimples,* les *fins fleurets,*
les *londeaux,* les *uſels* & les *délineres* ſe fabriquent dans l'évêché de *Treguier.*

ROUEN, capitale de la province de Normandie,
eſt ſituée dans un fond entouré de montagnes eſcar-
pées, n'ayant d'ouvert que le côté qui donne ſur
la *Seine* qu'on y paſſe ſur un très-beau pont, &
où la marée remonte ſi haut que de grands navires
peuvent y aborder. Le principal commerce de cette
ville conſiſte en toileries & étoffes de toute eſpèce,
draps, tapiſſeries, cuirs tannés, chapeaux, peignes,
papier, cartes à jouer, bleds, cidres, beſtiaux,
chanvres, lins & pluſieurs autres articles fabriqués
à *Rouen* & dans ſes environs. Les toiles forment
une des plus importantes branches de ce commerce,
parce que l'on en fait des demandes de toutes parts
dans cette ville : ces toiles étant deſtinées ſpécialement pour l'Amérique, nous allons, pour l'uſage
des ſpéculateurs, donner des comptes ſimulés des
principales ſortes.

Compte ſimulé de diverſes ſortes de toiles de Rouen, ſçavoir :

1 Ballot Rouens ⅛, toiles de ménage demi-blanc, dont

22 aunes	59¼	97¼	44	57	103¾	7½	54¼	80		L. 1,249	18	9
à 33 ſ. l'aune.	à 37 ſ.	à 39 ſ.	à 41 ſ.	à 42 ſ.	à 44 ſ.	à 45 ſ.	à 46 ſ.	à 47				

Droit de ſortie de ville, ... L.	24	5	6
Toile d'emballage 5 l. 10 ſ., toile cirée 4 l. 16	10	6	6
Corde, ficelle, façon & port à bord	4	15	

19 7

1,269 5 2

De l'autre part 1,269 5 9

1 *Ballot*, *Rouen blanc Senlis en* $\frac{2}{3}$ dont

32 aunes	$29\frac{1}{2}$	31	32	30	32	32	L. 718 14
à 53 s. l'aune,	à 58 s.	à 61 s.	à 66 s.	à 70 l.	à 72 s.	à 80 s.	

Droits de sortie de ville, ... L. 1 1 6
Toile d'emballage & toile cirée, ... 3 18 6 } . 7 10
Corde, ficelle, façon & port à bord, ... 1 10

725 4

1 *Ballot Coutils* $\frac{2}{3}$, *tout fil assorti*, dont

169 aunes	$137\frac{3}{4}$	$161\frac{1}{4}$	$156\frac{1}{2}$	$179\frac{3}{4}$	L. 1761 13 9
à 40 s. l'aune,	à 41 s. 6 d.	à 45 s.	à 45 s. 6 d.	à 46 s. 6 d.	

Calandre royale, ... L. 11 10
Toile d'emballage & toile cirée, ... 9 6 } . 26 1
Corde, ficelle, façon & port à bord 5 5

1,787 14 9

1 Balle *Gingas* $\frac{9}{16}$ *tout fil ordinaire* dont

1058 aunes	$746\frac{1}{4}$	. . . . L. 1159 10 9
à 12 s. 9 d.	à 13 s.	

Calandre royale, ... L. 25 10
Toile d'emballage & toile cirée, ... 11 15 6
Corde, ficelle, façon & port à bord, ... l. 5 10

42 15 6

1,202 6 3

1 Balle *toile fil d'épreuve* $\frac{5}{8}$ tout fil, contenant
$693\frac{1}{4}$ aunes comptées pour $688\frac{1}{4}$ à 28 s. 6 d. . . . . L. 980 15
Calandre royale, ... L. 9 15
Toile d'emballage & toile cirée, ... 5 16
Corde, ficelle, façon & port à bord, ... 2 10

17 1

998 16

1 Balle *toile fil & coton* en $\frac{5}{8}$ dont

$416\frac{3}{4}$ aunes	$186\frac{1}{4}$	. . . . L. 1090 1
à 36 s. l'aune	à 36 s. 6 d.	

Calandre royale 8 l. 10 s. & les autres frais comme dessus, . . . 16 16

1,106 17

1 Balle *toile fil bon-teint* en $\frac{1}{2}$ aune, contenant
681 aunes, comptées pour $633\frac{3}{4}$ à 18 s. . . . . . L. 569 18 6
Calandre royale 9 l. 15 s. & frais d'emballage 7 l. 15 s. 17 10

587 8 6

1 Balle de *toile royale blanc de lait*, dont

20 aunes	20	60	38	$59\frac{1}{2}$	$47\frac{1}{2}$	$40\frac{1}{2}$	$38\frac{1}{2}$	$36\frac{1}{4}$	37
à 54 s. l'aune.	à 56 s.	à 60 s.	à 62 s.	à 68 s.	à 70 s.	à 74 s.	à 76 s.	à 80 s.	à 84 s.

L. 1,351 5 6

Voiture à *Rouen* & droit de route, ... L. 4 5
Toile d'emballage & toile cirée, ... 5 1 6
Corde, façon & port à bord 1 10

10 16 6

1,362 2

1 Ballot toile d'*emballage Raumois* $\frac{15}{16}$ d'aunes, contenant 292 aunes
pour $233\frac{1}{2}$ aunes à 19 s. . . . . L. 221 16 6
Emballage, corde, façon & port à bord 5 19 6

227 16

1 Ballot toile d'*emballage Fougères*, (*halle Fougères* à 18 s.)
contenant 329 aunes pour 290, à 14 s. l'aune . . . . L. 203
Facteur, droit de halle, & voiture de fougère. 28 4
Emballage simple & port à bord 4 15

235 19

L. 9,503 9 3

Ci-contré. . . . . L. 9,503 9 3

1 Ballot *halles de Dinan*, contenant
467¼ aunes pour 411½ aunes à 18 ſ. 6 d. • • • • • • • • • L. 380 12 9
Facteur, droit de halle, & voiture de Dinan 35 2
Emballage ſimple, & port à bord 6
                                      421 14 5

1 Ballot, *Combourg ordinaire*, (*Combourg Bazonge* à 20 ſ. 6 d.)
contenant 380 aunes pour 334 aunes à 18 ſ. 3 d. • • • • • • L. 304 15 6
Facteur, droit de halle & voiture de Combourg, • • • • • • 28 4
Emballage ſimple, & port à bord, • • • • • • • • • • • • 5
                                      337 19 6

1 Ballot toiles *St. Georges*, contenant 269 aunes à 24 ſ. 9 d. L. 332 17 9
Frais, comme les toiles Fougères ; • • • • • • • • • • • 32 19
                                      365 16 9

1 Ballot *Vimoutiers*, avec 240 aunes à 29 ſols • • • • • L. 348
Facteur, droits de halle & voiture de Vimoutier, • • • • • 16 8
Emballage & frais juſqu'à bord, • • • • • • • • • • • • 6 14 6
                                      371 2 6

1 Ballot *Rouen blancards*, contenant
250 aunes pour 200 à 151 liv. le cent, • • • • • • • • • L. 302
Courtage ¼ p⁰, vicomté & port 30 ſ. emballage 10 l. • • • • 12 10
                                      322 10

1 Ballot *Brins* ¼. (Les Brins ⅞ à 27 ſ. 6 d.)
contenant 164 aunes pour 220 aunes à 23 ſ. 3 d. • • • • • L. 255 15
Facteur, droit de halle, & voiture à Rouen, • • • • • • • 10 16
Emballage & port à bord, • • • • • • • • • • • • • • 2 15 6
                                      269 6 6

1 Ballot *Grosfort*, 263 pour 219 aunes à 21 ſ. • • • • • • L. 229 19
Frais de voiture & d'emballage, &c. • • • • • • • • • • 14 10
                                      244 9

1 Ballot de *ſiamoiſe fond blanc*, dont

1116¼ aunes	&	130⅞	de ¾ aune de large • • • • L. 373 15 3
à 30 ſ. l'aune		à 30 ſ. 6 d.	
219 aunes	&	212½	de ⅞ dites, • • • • • • • 808 18
à 37 ſ. l'aune		à 38 ſ.	

                                L. 1,182 13 3
Frais d'emballage & juſqu'à bord, • • • • • • • • • • • 18 6 9
                                      1,201

                                    L. 13,037 8
Menus frais juſqu'à bord, • • • • • • • • • • • • • L. 18 9 7
Courtage de traites, • • • • • • • • • • • • • • • • 13 7 5
Commiſſion ſur L. 13,037 à 2 p⁰ • • • • • • • • • • • 260 15
                                    292 12

                                    L. 13,330

Indépendamment des toiles, on fabrique à *Rouen* & dans ſes environs des draps façon d'Elbœuf, & l'on y met en œuvre beaucoup de laines, ſur-tout de celle d'Eſpagne, dont il vient tous les ans à *Rouen* des parties très-conſidérables. Auſſi cette ville eſt-elle regardée comme le meilleur marché pour la vente des laines d'Eſpagne après Amſterdam & Londres; c'eſt pourquoi nous donnons le compte de vente ſimulé ſuivant, ſçavoir :

Compte de vente fimulé de 67 balles de la ne ordinaire d'Efpagne, nommée Albarrafin, qui ont rendu à Rouen, fçavoir :

30 R pefant 9,705 ℔
       153 pour le *don* à 3 ℔ par balle

      9,552
       637½ pour la moitié de la tare des balles, à 12½ ℔ chacune,

      8,914½
       802 pour la furtare à 9 p̄.

Net. 8,112½ ℔ à 57 fols la ℔ . . . . L. 23,120 12 6

31 F.   1,761½ ℔, après les déductions comme deffus à 45 fols la ℔ 3,963 7 6

6 S. Net.   898 ℔ comme deffus à 40 f. la ℔ . . . . L. 1,792
           Rabais à 3 p̄. 53 15

                                       1,738 5

                                    L. 28,822 5

A déduire pour frais de réception

Fret, chapeau & avarie . . . . L.   680 1 3
Octroi fur 13,200 ℔ à 23 f. du 100, & 9 f. par livre 220 2
Voiture à 3 f. par balle, & brouétiers à la réception à 12 f. . .   50 5
Raccommodage, fourniture de balins & lavage à 40 f.   134
Brouétier à la livraifon à 12 f. emmagafinage à 30 f. 140 14
Vicomté fur 12,883 ℔ à 12 f. 6 à les 100, courtage à 40 f.
   par balle 214 10 9
Perte fur les effets fur la province, fur L. 28,822 à ½ p̄. . . .   144 4
Commiffion de vente & *du croire* des acheteurs à 5 p̄. . . .   1,441 2

                                   3,004 19

                                  L. 25,817 6

Il y a encore d'autres marchandifes du dehors qui conviennent beaucoup pour le commerce de *Rouen*; telles que les huiles de baleine, les fuifs & plufieurs autres articles.

Quillebeuf eft une petite ville fituée fur la rive gauche de la Seine, qui fert de port & de mouillage à tous les navires François & étrangers qui montent à Rouen ou qui en defcendent.

HAVRE-DE-GRACE (le), ville & port de mer de Normandie, eft fitué au bout d'une vallée vis-à-vis de Honfleur, dans un terrein uni & marécageux, entrecoupé d'un grand nombre de criques & flaques d'eau, à l'embouchure de la Seine, précifément à la pointe formée par ce fleuve & l'Océan. On doit confidérer le *Havre* comme la principale porte de la *France*, puifque toutes les marchandifes étrangères y abordent pour être voiturées par la Seine à Paris. Le commerce de dentelles y eft d'une très-grande étendue; il s'en fabrique de toutes les qualités depuis 4 fols jufqu'à 25 livres l'aune. On en fait des envois confidérables dans toutes les parties du monde. Les autres articles qui s'exportent du *Havre*, font pour la plupart des chofes fabriquées dans fes environs, à Paris & dans plufieurs autres endroits du royaume : le nombre en eft trop grand pour en pouvoir parler avec l'étendue convenable & même pour en faire ici l'énumération. Nous nous bornerons donc à obferver qu'il entre au *Havre*, année commune, plus de 600 navires chargés, grands & petits, qui s'en retournent avec d'autres marchandifes. Il y vient communément par année 60 vaiffeaux de la Martinique & des autres colonies Françoifes, 18 du grand Banc, 40 de Marfeille, 20 de Cette, 65 des côtes de *France* depuis Bayonne jufqu'à Saint-Malo, 10 du port Saint-Maurice, 50 d'Efpagne, 15 de Lisbonne, 20 de Hollande, 160 d'Angleterre, & plus de 60 des autres pays du Nord.

HONFLEUR, ville confidérable de la Normandie, fituée fur la rive gauche de la Seine près de fon embouchure dans l'Océan, a un port commode où l'on voit en tout temps un bon nombre de navires. Il fe fait en cette ville un commerce confidérable, parce qu'elle eft un des entrepôts de celui de Rouen, & qu'elle a beaucoup de négocians qui fe livrent au commerce de fpéculation.

DIEPPE, ville importante du pays de Caux en Normandie, eft fituée dans un fond fur le bord de l'Océan, où elle a un port qui peut contenir environ 200 navires du port de 400 tonneaux. Les habitans de *Dieppe* s'occupent de la pêche du hareng & de la morue qu'ils vont prendre fur les côtes d'Ecoffe & jufqu'en Iflande. Ils pêchent auffi le maquereau, la vive & le merlan. Ils font d'ailleurs un grand commerce en marchandifes fabriquées chez eux, telles que des draps, des dentelles, de la quincaille, des peignes d'ivoire, de corne, & de buis.

Cherbourg, Barfleur, Grandville, Saint-Valery en Caux, Carentan, Portbail, Fefcamp & Treport, font les autres ports de la Normandie.

CAEN, capitale de la baffe Normandie, eft fituée dans un vallon entre deux grandes & belles prairies, au confluent de l'*Orne* & de l'*Odon*. Cette ville fait un grand commerce en draps, toiles fines, fer, papier & plufieurs articles qui fe fabriquent dans fon enceinte & aux environs.

ELBEUF & LOUVIERS, font deux villes de Normandie remarquables par les fabriques & manufactures de draps & autres étoffes qu'elles poffédent depuis long-temps. Les *draps-d'Elbeuf* ont $\frac{13}{16}$ d'aune de France ou $\frac{3}{4}$ d'aune de Brabant de large; les qualités en font bonnes & le prix fort raifonnable : en voici un compte fimulé.

4 Pièces de *drap d'Elbeuf* mefurant $101\frac{1}{2}$ aunes, comptées feulement pour $95\frac{1}{2}$ aunes de *France*, à 14 livres l'aune • L. 1,337 10

Emballage & frais • 10 10

L. 1,348

Une voiture d'eau qui part tous les jours d'*Elbeuf* pour Rouen, facilite l'enlèvement de fes draps & de fes autres marchandifes. On fabrique à *Louviers* non-feulement des draps pareils à ceux d'*Elbeuf*, mais auffi des draps façon de Hollande & d'Angleterre.

Alençon, Coutances, Lizieux, Avranches, Bernay, Pont-l'Evêque, Pont-de-l'Arche, Pont-Audemer, Valogne, Vire, Argentan, Montiviliers, Condé, Saint-Lô, Orbec, Darnetal, Caudebec, Yvetot, Eu, Neufchâtel, Aumale, Gournay & quelques autres villes & bourgs de Normandie poffédent diverfes manufactures de toileries, draps & étoffes de laine de toute efpèce.

Damville, gros bourg fitué fur la rivière d'*Iton* dans un terroir fertile en pommes, fait le cidre le plus renommé & en effet le meilleur de la Normandie.

MAYENNE & le MANS, font les villes capitales du haut & du bas *Maine*; on y fabrique quelques étamines & camelots, des ferges trèmières & des droguets de fil.

LAVAL, ville confidérable du Maine, fituée fur les deux rives de la *Mayenne*, eft remarquable par les belles manufactures de toiles qu'elle a tant dans fon enceinte que dans fes environs. Les noms de ces toiles & leurs prix font comme fuit :

Toiles blanches *non-battues*, depuis fuivant la qualité.	25 jufqu'à 30 fols, plus ou moins l'aune,
Toiles blanches de *Pontivy*, depuis	30 jufqu'à 35 fols, dite.
Dites, *royales beau blanc*, depuis	35 jufqu'à 120 fols, dite.
Dites, façon de Rouen, depuis	30 jufqu'à 90 fols, dite.
Dites, de Laval, *laife ordinaire*, depuis	30 jufqu'à 120 fols, dite.
Dites, de Laval, *gris teint*, depuis	24 jufqu'à 50 fols, dite.

Les toiles gris-teint *non battu* & *Pontivy* valent quelques fols par aune moins que les toiles blanches.

Outre ces toiles, on en fabrique d'autres, telles que des *Bretagnes, Brins, Gros-fort, Halles, Combourgs*, toiles de *Dinant* & autres.

MORTAGNE, capitale du Perche eft fituée fur une montagne à quelque diftance des fources de l'*Huifne*; cette ville a plufieurs manufactures de groffes toiles dont elle fait un très-grand commerce.

ANGERS, capitale de l'*Anjou*, fituée fur les deux rives de la Mayenne, eft une ville de peu de commerce; elle a cependant quelques manufactures de ferges & étamines, plufieurs chapelleries & des tanneries de toute efpèce. La *Flèche, Château-Gontier, Baugé, le Lude, Doué, Craon, Beaufort & Cholet*, font les villes ou bourgs de l'Anjou les plus remarquables par les manufactures d'étoffes qui s'y trouvent. Les mouchoirs de *Cholet* font connus & très-eftimés.

SAUMUR, ville fituée fur les deux rives de la *Loire* qu'on y paffe fur un des plus beaux ponts qu'on puiffe voir, poffède quelques manufactures d'étoffes & fait un grand commerce de chapeaux. *Montreuil-Bellay, Monforeau, Fontevrault & Richelieu*, font les lieux les plus remarquables de ce gouvernement.

TOURS, capitale de la Touraine, eft une grande & belle ville fituée dans une plaine au confluent de la *Loire* & du *Cher*. Les principales manufactures établies à *Tours* font pour les foieries, la draperie & la tannerie. C'eft dans cette ville que fe font ces belles étoffes de foie, comme velours, moires, pannes, ferges de foie, brocards, taffetas, gros de Tours, fatins, &c. qui ne cédent à aucune fabrique étrangère, pas même à celles de Venife, de Gênes, de Florence ou de Lucque. *Amboife*, *Château-Renaud*, *Montrichard*, *Montrefor*, *Loches*, *Beaulieu*, *Chinon* & quelques autres lieux de la Touraine poffédent des manufactures de foie & de laine de plufieurs fortes.

BOURGES, capitale du Berry, eft fituée fur une colline qui defcend en pente douce jufqu'aux bords de l'*Evre* & de l'*Orron*. On fabrique tant à *Bourges*, qu'à *Iffoudun*, *Aubigny*, *Chateauroux*, *La-Châtre*, *Vierzon*, *Selles*, *Sancerre*, *Romorantin*, & quelques autres lieux de la province, des bonnets de laine au tricot & au métier, & des draps groffiers qui fervent pour habiller les foldats & les domeftiques.

GUÉRET & BELLAC font les villes capitales de la haute & de la baffe Marche. Leur commerce & celui de *Jarnage*, d'*Aubuffon* & quelques autres villes de la même province, confifte en draps groffiers, dont elles entretiennent quelques manufactures en tapifferies de laine fort eftimées, & en d'autres articles moins confidérables.

SAINT-FLOUR & CLERMONT, capitales de la haute & de la baffe Auvergne, font un commerce très-grand en bleds, vins, fruits, chanvre, bétail, fromage, charbon de terre & plufieurs autres productions du pays; en draps, camelots, cadis, étamines & autres étoffes de laine & de foie, dont il y a dans ces deux villes plufieurs manufactures confidérables, ainfi que de dentelles de fil façon de Flandres & d'Angleterre; de couteaux, rafoirs, cifeaux, cartes à jouer; enfin, de papier qui, pour l'impreffion, paffe pour le meilleur de l'Europe. Les autres villes de cette province les plus confidérables par les manufactures & l'induftrieufe activité des habitans, font, *Aurillac*, *Thiers*, *Ambert*, *Beffe*, *Riom*, *Cuffet*, &c.

LYON, ville la plus confidérable de *France* après Paris, eft fituée au confluent de la *Saône* & du *Rhône*. Sans être un port de mer, elle fait un commerce immenfe avec toutes les parties du monde, & ce font les fabriques en tout genre, notamment en foiries, qui fourniffent à ce commerce. En fait d'étoffes, rubans de foie & gallons, c'eft de *Lyon* que fort ce qu'il y a de plus exquis, tant pour le choix des couleurs, que pour l'élégance & la variété des deffeins. Les fabricans Lyonnois favent fi bien combiner & nuancer les couleurs, qu'ils en obtiennent toujours quelque nouveau réfultat qui plaît & ne tarde pas à être adopté par la capitale, & de là fe répand non-feulement dans les autres villes du royaume, mais dans la plupart des états de l'Europe. Un des principaux négocians de *Lyon* nous a procuré un détail des différentes fortes d'étoffes de foie qui fe fabriquent en cette ville, & de leurs prix; mais ceux-ci varient tant, qu'il n'eft pas poffible d'en donner des prix communs, & fans cela l'énumération des différentes efpèces eft fuperflue.

Il y a un tribunal de commerce à *Lyon*, annexé au confulat, dont l'objet eft la fûreté & la confervation de quatre célèbres foires qui fe tiennent dans

cette ville, dont la première commence le 1er. lundi après la quafimodo, la deuxième le 4 d'août, la troifième le 3 novembre, & la quatrième le 1er. lundi après la fête des rois. Il y vient des marchands de toutes les nations de l'Europe pour y vendre & acheter. Chaque foire dure quinze jours, pendant lefquels les paiemens des lettres de change fe font en la manière qui fera expliquée au fecond volume.

La *Brefle*, *Saint-Chaumont*, *Feurs*, *Saint-Etienne de Furand*, *Montbriffon*, *Rouanne*, *Ville-Franche*, *Belleville*, *Beaujeu*, *Amplepuis*, & quelques autres villes du Lyonnois, du Forès & du Beaujolois, font auffi quelque commerce, & poffédent plufieurs manufactures en différens genres.

MOULINS, capitale du Bourbonnois, eft fituée fur une grande route qui mène de Lyon à Paris. La coutellerie y eft portée au plus haut point de perfection, & le commerce en eft très-étendu. On y fabrique auffi quelques étoffes de laine, comme ferges, étamines & crépons. *Bourbon-Archambaud* & *Montluçon*, deux villes du Bourbonnois, ont quelques manufactures d'étoffes pareilles à celle qu'on fait à *Moulins*.

NEVERS, ville fituée fur le penchant d'une colline à la rive droite de la *Loire*, eft la capitale du Nivernois. Elle a quelques manufactures de draps communs, de ferges communes, de toiles, de fayance & de verre. La *Charité*, *Clamecy*, *Vezelay*, *Château-Chinon*, *Moulins*, *Engilbert*, *Decize*, *Cercy*, *Cofne* & plufieurs autres villes & bourgs du Nivernois poffédent auffi quelques manufactures d'étoffes de laine.

ORLÉANS, capitale de l'Orléannois, eft fituée fur le penchant d'un coteau expofé au midi fur la rive droite de la *Loire*. Le commerce principal de cette ville & de la province confifte en vins, eaux-de-vie, bleds & fruits; en ouvrages de bonneterie, draps, peaux de moutons, bas de laine & autres articles dont il y a bon nombre de manufactures. *Beaugency*, *Chartres*, *Vendôme*, *le Montoir*, *Blois*, *Romorantin*, *Montargis*, *Château-Renard*, villes principales de l'Orléannois & plufieurs autres comprifes dans le même gouvernement, font plus ou moins de commerce fuivant leur fituation, & felon le plus ou le moins d'induftrie & d'activité de leurs habitans.

§. VIII. *Commerce des Pays-Bas François de la Lorraine, l'Alface, la Franche-Comté & le Rouffillon.*

Nous voudrions traiter dans ce paragraphe du commerce des *Pays conquis* appartenans à la *France*, avec l'étendue qu'il mérite; mais les bornes de cet ouvrage nous en empêchent. Nous nous contenterons donc de parler fuccinctement des marchandifes naturelles & artificielles qui contribuent à rendre ce commerce important.

DUNKERQUE eft une ville fituée en pays plat fur la Manche, dont le commerce eft confidérable à caufe de fa proximité de l'Angleterre, avec laquelle les habitans de *Dunkerque* entretiennent un négoce clandeftin en vins, eaux-de-vie, thé & autres articles, qui payant de très-gros droits d'entrée dans ce royaume, excitent vivement la cupidité des contrebandiers. Au refte, le commerce de *Dunkerque* fe foutient plus par l'induftrie des habitans & l'heureufe fituation de la ville, que par les articles d'exportation qui d'ordinaire attirent les étrangers dans les villes de commerce. On en trouve néanmoins dans cette ville quelques-uns qui y font portés de Lille & de plufieurs autres endroits de la Flandre ; fçavoir, des étoffes de laine, d'autres étoffes mêlées de foie, d'autres de foie pure, de poil de chévre ou de chameau ; des toiles de plufieurs fortes, furtout de celles de Cambrai, qu'on nomme en *France* des *batiftes*. Autrefois la pêche de la morue & celle du hareng attiroient l'attention des habitans de *Dunkerque* ; mais ils femblent avoir renoncé aujourd'hui à ce commerce.

LILLE, ou L'*Ifle*, en Flamand *Ryffel*, la plus belle ville de l'Europe, & capitale de la Flandre Françoife, eft fituée fur la *Deule* qui la traverfe, & y eft navigable. Le commerce de *Lille* eft des plus floriffans : la grande population de cette ville, jointe à la grande induftrie de fes habitans, & à la fertilité merveilleufe du pays, tout enfin contribue à le foutenir dans le meilleur état. Les manufactures confidérables qu'elle renferme fourniffent des draps, des camelots, des ratines & autres étoffes en laine feule ou mêlée de foie, de coton ou de fil de lin, des toiles de toutes les qualités, de tous les deffeins & à tout ufage ; des dentelles en foie, en argent, en or & en fil ; des galons, des rubans, le plus beau fil à coudre, des tapifferies de haute-liffe, des chapeaux, des cuirs dorés & autres, des marroquins, des bas & autres ouvrages de bonneterie au tricot & au métier ; des favons blancs & noirs, du papier, du carton &c. Lille d'ailleurs abonde en artiftes & ouvriers excellens, & l'on peut dire que cette ville eft le magazin & l'entrepôt de toutes les villes voifines, du Hainault, du Cambrefis & de l'Artois, & d'une bonne partie de celles de Flandre.

CAMBRAY, grande & belle ville fituée fur l'*Efcaut*, poffède de belles manufactures de ces célèbres toiles fines nommées *toiles de Cambrai*, & de batiftes ; elle en a auffi quelques-unes de draps, favons, cuirs, mais toutes de peu de rapport.

VALENCIENNES, capitale du Hainaut François, eft fituée fur l'Efcaut qui y devient navigable & qui la fépare en deux parties. Cette ville a deux manufactures renommées, l'une d'étoffes de laine & l'autre de batifte.

Gravelines, Bourbourg, Caffel, Bailleul, Armentieres, Orchies, Douay, Landrecy & quelques autres villes de la Flandre & du Hainault François, poffèdent auffi quelques manufactures.

NANCY & BAR, capitales de la Lorraine & du Barrois, font des villes de peu de commerce, à caufe qu'elles n'ont que peu ou point de manufac-

tures, de même que les autres villes de ces deux duchés, dont les principales font *Luneville, Saint-Nicolas, Rofière, Momeny, Blammont, Saint-Diez, Sainte-Marie-aux-Mines, Vaudemont, Commercy, Epinal, Neuf-Château, Mirecourt, Chatté, Bruyères, Remiremont, Sarguemines, Dieuze, Bitfiche, Pont-à-Mouffon, Bourmont, Longuyon* & quelques autres. Il y a quelques verreries dans les deux duchés de Lorraine & de Bar, & l'on y fait des dentelles de fil ; ce font les deux feuls articles qui s'exportent de ces pays.

METZ, TOUL & VERDUN, font les capitales de trois évêchés enclavés dans la Lorraine ; le commerce intérieur qui s'y fait confifte en vins, bois, grains, fels, cuirs, fourrages, confitures, dragées, eaux-de-vie, toiles & diverfes autres productions.

STRASBOURG, capitale de toute la province d'Alface, eft fituée à un quart de lieue du Rhyn, au confluent des rivières de l'*Ill* & de la *Brufch*. Elle eft commerçante par fa fituation, & il s'y tient annuellement deux foires affez fréquentées. On y trouve quelques manufactures, parmi lefquelles celles de tabac font les plus importantes ; une raffinerie de fucre, une fabrique de porcelaine, & il s'y fait de très-beaux ouvrages en broderie, dentelles, &c. *Strasbourg* & les autres villes de l'Alface, fourniffent d'ailleurs aux peuples circonvoifins & fur-tout aux Allemands, des bois, vins, eaux-de-vie, bleds de toute forte, fafran, térébenthine, chanvre, lin, tartre, fuif & beaucoup d'autres articles.

Nous avons cru devoir joindre ici l'État du commerce de *France* dreffé par Savary, conformément à l'édition de 1740.

Nos lecteurs voudront bien fe tenir pour avertis, que nous ne garantiffons pas les faits avancés par cet auteur ; encore moins fes principes fur l'économie politique.

Il feroit aujourd'hui fort curieux & fort intéreffant de comparer la defcription de Savary avec l'état actuel, pour juger fi trois grandes guerres de commerce qui ont coûté tant d'argent & tant de fang, ont réellement amélioré la *France*, ou fi elles l'ont ruiné ; cette difcuffion n'eft pas de notre reffort.

COMMERCE DE FRANCE : premièrement de Paris, & de fa généralité.

La ville de *Paris*, la plus grande & la plus peuplée de l'Europe, & la capitale du royaume de *France*, eft le principal objet & comme le centre du commerce qui fe fait dans tout le refte de ce royaume.

En effet, fi d'un côté il femble que les provinces du dedans du royaume n'ont des grains, des bois, des vins, des beftiaux, des laines, des foies, du fer, des fels, des étoffes, des toiles, & tant d'autres marchandifes, que pour en fournir cette capitale ; de l'autre côté, on peut dire, que les provinces maritimes n'entretiennent des matelots, & n'arment des navires fur l'une & l'autre mer, que pour lui aller chercher dans les pays les plus éloignés, tout ce que les habiles parties du monde ont de plus rare & de plus précieux, & en remplir fes boutiques & fes magafins.

Mais fi *Paris* eft redevable aux provinces de tant de chofes propres à faire fleurir fon commerce, il eft certain que par une efpèce de circulation qui s'y fait continuellement, non-feulement il leur en reftitue une partie, embellie & enrichie par la main de fes plus habiles ouvriers, mais encore qu'il leur envoie celles qui leur manquoient; cette grande ville étant, pour ainfi dire, le magafin univerfel du royaume, & comme un dépôt public où fe fait l'échange des marchandifes des provinces, les unes contre les autres.

Pour entretenir un commerce fi étendu, il y a à *Paris* fix corps de marchands : fçavoir, la draperie, l'épicerie, la mercerie, la pelleterie, la bonneterie & l'orfévrerie. On en a encore établi un feptième, qui eft la communauté des marchands de vin; mais les fix autres corps n'ont jamais voulu l'admettre parmi eux.

Outre ces corps de marchands, on compte encore jufqu'à cent vingt-quatre communautés des arts & métiers, établies comme eux par lettres-patentes des rois; & dix-fept autres qui n'ont point de lettres, n'ayant point paru affez confidérables pour les ériger en corps de jurande.

C'eft par les mains de ces fept corps de marchands, & des maîtres qui compofent les communautés des arts & métiers, que paffe tout le commerce de *Paris*, tant pour la vente des marchandifes de leur propre fabrique, que pour le débit de celles qui leur viennent de dehors, n'étant permis à aucun autre qu'à eux de tenir magafin & boutique ouverte.

Il y a néanmoins des exceptions à cette régle générale, & l'on n'y comprend pas ces célèbres manufactures établies par l'autorité fouveraine, & qui par l'excellence & l'utilité de leurs ouvrages, ont mérité d'être diftinguées de l'ordre commun.

De ce nombre font, l'hôtel royal des Gobelins, où la fabrique des tapifferies de haute & baffe liffe, & la menuiferie de bois de placage, qu'on nomme *marqueterie*, ont été pouffées au plus haut point de perfection.

L'hôtel de la Savonerie, où fe font ces riches tapis de laine & de foie, qui approchent fi fort de la beauté des véritables perfes, par l'agréable mélange des couleurs qu'on y emploie, & qui les furpaffent de beaucoup par le goût & par la perfection du deffin.

La manufacture des glaces, où l'on polit & met au teint les glaces de grand volume, qui fe font à Saint-Gobin, château dans la forêt de la Fère en Champagne.

Celle de ces ingénieufes tapifferies, dont les fonds ne font que de toile, & l'ouvrage de laine hachée.

Enfin, la manufacture établie au fauxbourg S. Marcel, fur la petite rivière des Gobelins, par les fieurs Gluc & Jullienne, pour la fabrique des draps & leur teinture en écarlate.

On parle très au long de ces manufactures privilégiées en plufieurs endroits de ce Dictionnaire.

On met auffi au nombre des ouvriers privilégiés, ceux à qui l'habileté & l'expérience dans leurs arts, ont fait mériter des logemens dans les galleries du Louvre : & encore, mais dans un ordre bien inférieur, les artifans qui travaillent dans des lieux prétendus privilégiés; tels que font le fauxbourg S. Antoine, le Temple & quelques autres.

L'on fait à *Paris* de plufieurs fortes d'étoffes d'or, d'argent, de foie, & de laine mêlée avec la foie; entr'autres des brocards, des damas, de petits velours, des moires liffes, des taffetas, des gazes unies & à fleurs, des ras de S. Maur, & des férandines, que depuis on a appellées *grifettes*.

La manufacture des draps & étoffes d'or & d'argent, qui avoit été établie au bourg de Saint-Maur, à deux lieues de Paris, par le fieur Charlier, fabricant de la ville de Lyon, a long-temps fourni à la cour & aux pays étrangers, tout ce qu'on peut faire de plus riche & de meilleur goût en ce genre : mais les longues guerres de la *France*, & enfuite la mort de ce célèbre manufacturier, ont fait entièrement tomber cette fabrique, qu'il n'y avoit que lui capable de conduire, & qui avoit été protégée par M. Colbert, & depuis par M. de Louvois, & foutenue par les grands fonds, que le roi Louis XIV lui faifoit avancer.

C'eft auffi au bourg de Saint-Maur, qu'ont été mifes fur le métier, les premières de ces étoffes que l'on a toujours appellées depuis de fon nom.

Les autres ouvrages qui fe font à *Paris*, & dont le commerce y eft le plus confidérable & le plus en réputation, font des rubans, dont ceux d'or & d'argent l'emportent fur toute autre rubanerie, françoife ou étrangère; & ceux de foie ne le cédent point à la rubanerie d'Angleterre.

Des galons & des franges de même matière, qui font feul eftimés dans les provinces & dans les pays étrangers, pour la beauté de l'ouvrage & de l'or.

Des bas à l'éguille & au métier, dont les ouvriers, fur-tout ceux du tricot, fon établis pour la plupart dans le fauxbourg S. Marceau; & les autres au métier, répandus en différens quartiers.

Des chapeaux de caftor & de laine, defquels on fait de grands envois au dehors, particulièrement de ces derniers pour les troupes des armées du roi.

Des perruques, dont *Paris* fournit prefque toutes les cours de l'Europe, où cette coëffure eft en ufage, &, dont il s'y en fait des envois pour les pays les plus éloignés.

Enfin, toutes fortes de ces précieux & agréables ouvrages, qu'on appelle *bijouterie*, où la richeffe de la matière cède toujours à l'art de l'ouvrier, & qu'on n'eftime fouvent, que parce qu'ils ont été travaillés à *Paris*.

Les couvertures de laine, qui fe font aux fauxbourgs

bourgs S. Martin & S. Marceau ; les cuirs ; dont les tanneries font auffi établies dans ce dernier faux-bourg, fur la petite rivière des Gobelins, & les favons, dont il y a une manufacture au fauxbourg S. Germain ; font encore des marchandifes qui entrent dans le commerce qui fe fait à *Paris* pour le dehors, n'étant pas poffible d'entrer dans aucun détail de celui du dedans ; qui eft infini, pour ainfi dire, auffi-bien que le nombre d'acheteurs & de vendeurs, entre qui il fe fait.

Pour le commerce journalier & intérieur de *Paris*, il y a quantité de halles, de marchés & de places publiques, difperfées dans toute la ville, où les marchands de la campagne viennent tous les mercredis & les famedis étaler & vendre leurs denrées & marchandifes, particulièrement des bleds fromens, des feigles, des avoines & autres grains ; des farines, du pain, des filaffes, &c. & où tous les jours le peuple trouve tout ce qui lui eft néceffaire dans une abondance qui paroît inépuifable.

Les marchands forains peuvent auffi apporter à *Paris* leurs marchandifes, & les y vendre pendant la première quinzaine des deux foires franches, qui s'y tiennent tous les ans ; l'une, dans le fauxbourg S. Germain, après la fête de la Chandeleur, l'autre, au fauxbourg S. Laurent, autrefois le lendemain de la fête de ce faint, & depuis nombre d'années dès la mi-juillet.

Les marchands d'Amiens, de Beaumont, de Rheims, d'Orléans & de Nogent, font ceux qui fréquentent le plus ces deux foires, particulièrement celle de S. Germain. Les marchandifes qu'ils y apportent, font les draps, ou autres étoffes de laine, ou mêlées de foie & de laine, ou de laine & de fil.

Au-delà de la quinzaine accordée aux forains, il ne refte plus guères à ces deux foires, que les marchands de *Paris*, particulièrement les merciers, & ceux du Palais, qui fe mêlent de bijouterie & bimbloterie.

Outre ce négoce immenfe de toutes fortes de marchandifes, qui fe fait à *Paris*, les marchands & les banquiers y font auffi un commerce d'argent, qui eft comparable à celui d'Amfterdam & des autres villes du plus grand négoce ; n'y ayant guères de ville en Europe, où ils ne faffent des remifes, & où ils n'ayent des correfpondans, pour acquitter les lettres de change qu'ils tirent fur eux.

C'eft pour foutenir & faciliter ce commerce, qu'ont été créés en divers temps jufqu'à quatre-vingt agens de banque pour la feule ville de *Paris*, dont les fonctions & les droits ont été fixés par divers édits, déclarations & arrêts du confeil.

On va finir ce qu'on avoit à dire du commerce de *Paris*, en ajoutant trois remarques.

1°. Que ce font les prévôt des marchands, & échevins, qui y ont infpection & jurifdiction fur toutes les marchandifes de grains, farines, vins, eaux-de-vie, bières & autres boiffons ; bois, charbons, plâtres & chaux, qui arrivent à *Paris* par la rivière, & qui font déchargées fur fes ports & étapes.

2°. Que c'eft pardevant le lieutenant général de police, que fe portent toutes les conteftations qui naiffent dans le corps des marchands, & dans les communautés des arts & métiers : que leurs comptes fe rendent pardevant le procureur du roi au châtelet : & que c'eft ce dernier magiftrat, qui reçoit le ferment des maîtres à leur réception, après le chef-d'œuvre.

3°. Que pour juger fommairement de tous les procès qui arrivent entre les marchands pour fait de commerce, il y a une jurifdiction confulaire, la feconde du royaume pour fon antiquité ; mais fur le modèle de laquelle toutes les autres, qui font à préfent en *France* au nombre de foixante, ont été depuis établies.

Pour qu'on puiffe mieux juger du grand commerce de toutes fortes de marchandifes qui fe fait à *Paris*, foit de celles qui y font apportées de dehors, foit de celles qui fe fabriquent au dedans ; on va faire ici quelques remarques fur la confommation des beftiaux, grains, falines & autres denrées qui y arrivent annuellement, & qui s'y vendent pour la fubfiftance de fes habitans ; ce qui ne fait pas une des moindres parties du négoce de cette capitale du royaume.

Ces remarques font tirées de trois mémoires, l'un de l'année 1634, dreffé par-ordre de M. le Tellier, alors procureur du roi au châtelet, élevé depuis par fon mérite à la dignité de miniftre d'état & de chancelier de France ; l'autre de 1659, trouvé dans les papiers de M. Savary le père, à qui dans cette même année la ferme du domaine, barrage & entrée de *Paris* avoit été adjugée fous la fur-intendance de M. Fouquet ; & le troifième qui n'a été communiqué qu'en 1722, mais qui paroît avoir été dreffé quelques années auparavant.

Mémoire de confommation pour la ville de Paris, dreffé en 1634, tel qu'il fe trouve dans les antiquités de Paris, de M. SAUVAL, t. 1. p. 26.

Sel,	600 muids.
Maquereau falé,	800 barils.
Saumon falé,	2,000 barils.
Morue,	20,000 barils.
Hareng,	23,000 barils.
Charbon,	19,000 muids.
Bœufs,	50,000
Porcs,	27,000
Veaux,	70,000
Moutons,	416,000
Bled,	80,200 muids.
Morue en poignée,	250,000 poignées.
Avoine,	16,000 muids.
Foin & paille,	6,000,000 de bottes.

Il paroît que dans ce mémoire la morue y eft mal employée en deux articles, & qu'il ne devoit contenir, ou que la morue en barils feulement, ou que la morue réduite en poignée, ainfi qu'elle fe trouve dans les deux autres mémoires.

C c

Le mémoire de M. Savary le père, contient les mêmes espèces de bestiaux, de grains & de denrées que celui de M. le Tellier, à la réserve du sel dont il n'est point parlé, & à la place duquel on a substitué le bois, mais dont le nombre de cordes n'est pas tiré en ligne, aussi n'en parle-t-on ici qu'à cause des quantités, qui sont à plus d'un huitième de différence sur presque tous les articles; ce qui fait voir combien en moins de trente ans, le commerce & le peuple de *Paris* étoit augmenté, puisque la consommation l'étoit si considérablement.

C'est encore la même raison qui fait qu'on va mettre ici le détail du troisième mémoire où l'on verra la consommation augmentée de près d'un quart, & ainsi le peuple de *Paris* a crû pareillement sur cette proportion d'environ 200,000 habitans en moins d'un siécle, sans y compter les étrangers qui n'y font que passer.

Mémoire sur la consommation de Paris, *communiqué en* 1722.

Sel,	750 muids.
Maquereau salé,	950 barils.
Saumon,	2,400 barils.
Hareng,	28,000 barils.
Charbon,	22,000 muids.
Porcs,	28,000
Bœufs,	60,000
Moutons,	430,000
Bled,	100,000 muids.
Morue en poignée,	300,000 poignées.
Avoine,	22,000 muids.
Foin & paille,	8,000,000 de bottes.

ENVIRONS DE PARIS.

Il y a aux environs de Paris, & dans sa banlieue, plusieurs petites villes, bourgs, villages & maisons royales, dans lesquels sont établies des manufactures, & où il se fait des commerces qui leur sont particuliers.

C'est à *Madrid*, château bâti par François Ier. dans le bois de Boulogne, qu'on a commencé à travailler aux bas au métier, sous la direction du sieur Hindret, & où il y a eu long-temps une manufacture de points de *France*. Celle-ci n'y subsiste plus: l'autre s'y continue.

S. Cloud a trois manufactures; celle de porcelaine fine, celle de la fayance commune, & une verrerie. On dira seulement de la première, que ces porcelaines ne cédent guères pour la finesse, l'émail & les couleurs, à celle de la Chine & du Japon; & qu'elles l'emportent beaucoup sur elles par la beauté & la régularité de la forme & des desseins.

Il y a aussi à *S. Cloud* des tanneries.

A *Gentilly*, *Garges* & *Antony*, il y a d'excellentes blanchisseries; cette dernière est la plus estimée: & la manufacture pour les cires, qui y a été établie par le sieur de Saint-Gilles, est aussi très-considérable.

A *Sceaux*, près le Bourg-la-Reine, se tient une fois la semaine un fameux marché de gros & menu bétail. Il se tenoit autrefois le lundi & le jeudi: présentement il est réduit au lundi; le marché du jeudi ayant été restitué à Poissy, à qui il appartenoit.

C'est à ces deux marchés que les Bouchers de Paris & des environs, vont se fournir de bœufs & de bêtes blanches, qui y sont amenés de Normandie, de la Flandre Françoise, de Picardie, de Berry, de Champagne, d'Auvergne, & de quelques autres provinces du royaume.

Surène & *Argenteuil* sont renommés pour leurs vins, qui dans la primeur passent pour de la Tocane de Champagne : & *Vanvre* pour son excellent beurre.

Enfin, *S. Denis*, le plus considérable de tous les environs de Paris, est célèbre par ses deux foires franches; dont l'une, qu'on appelle vulgairement *le Landy*, commence le lundi d'après la S. Barnabé; & l'autre, qu'on nomme simplement *foire de S. Denis*, s'ouvre le lendemain de la fête de S. Denis, au mois d'octobre.

La première dure quinze jours; la seconde, seulement huit.

Les marchands qui les fréquentent le plus ordinairement, sont ceux de Champagne, de Picardie & de Poitou, qui y apportent des draps, & toutes sortes d'autres étoffes de laine, ou mêlées de laine & de soie.

Il y a aussi à *S. Denis* de très-bonnes tanneries, pour l'apprêt des cuirs verds, qui viennent des boucheries de Paris, où les tanneurs, avant de les enlever, font leur soumission d'en rapporter une partie bien & duement tannée; ce qu'il faut remarquer pour toutes les autres tanneries, dont on parlera dans la suite, & qui sont en très-grande quantité dans la généralité de Paris.

Cette généralité a vingt-deux élections, dont pourtant on ne traitera ici que d'une partie, joignant les autres aux provinces avec lesquelles elles semblent convenir davantage par l'espèce de leur commerce; comme l'élection de Beauvais à la Picardie; celles de Tonnerre, à Joigny, & de Sens, à la Bourgogne, ou à la Champagne; & ainsi de quelques autres.

En général, toutes les élections de la généralité de Paris, à l'exception de celles qui appartiennent à la Champagne, à la Bourgogne & à la Picardie, ont peu ou point de manufactures; & leur plus grand commerce ne consiste guères qu'en bleds, en vins, en bois, en laines, en foins, en cuirs, en bestiaux, en chanvres, en œufs, en beurre, en volaille, en gibier, & en quelques toiles.

Il se recueille dans l'élection de *Meaux* près de quarante mille muids de vin; mais comme il est de ceux, qu'en proverbe, & pour en dénoter la mauvaise qualité, on appelle vins de Brie, il ne s'en fait guères de commerce au-dehors; tout se consomme dans le pays.

Ses bleds sont excellens, & font une partie de la

provifion de Paris, où ils font envoyés par la rivière de Marne. On en porte néanmoins auffi beaucoup au marché de Brie-Comte-Robert, un des plus célèbres de la Brie Champenoife, où les boulangers de Paris le viennent enlever par charroi.

Les laines de cette élection ne font pas bien fines; cependant comme elles réuffiffent parfaitement dans de certaines manufactures, quand elles font mêlées avec des laines étrangères, les marchands de Rouen, de Beauvais & de Troyes, en enlévent tous les ans pour des fommes confidérables; & ce font ces laines que ceux de Beauvais envoyent laver à Senlis, comme on le dira dans la fuite.

Il fe fait encore à *Meaux* un affez bon négoce de gros & menu bétail, & fes prairies fourniffent quantité de foins, qu'on conduit à Paris.

Les tanneries de *Meaux* ont auffi quelque réputation; & les tanneurs y préparent les cuirs verds, qui leur viennent des bouchers de Paris.

Enfin, c'eft dans cette partie de la Brie, qu'on appelle *la Brie Françoife*, dont *Meaux* eft la capitale, que fe font ces admirables fromages, que du nom de cette petite province, on appelle *fromages de Brie*, & qui font les délices des tables les plus délicates de Paris, où l'on en envoie tous les ans pour des fommes qu'on auroit peine à croire.

Creffy a des tanneries, & des bois à bâtir & à brûler.

Colomiers, & fon élection, n'a guères que des bleds, qu'on charge à Meaux fur la rivière, pour envoyer à Paris. Elle fournit pourtant auffi quelques bois de chauffage & des cuirs : mais pour fes vins, ils ne font pas meilleurs que tous les autres vins de Brie; & ils ont le même fort qu'eux, de refter pour le pays. Il ne s'y en recueille qu'environ cinq ou fix mille muids.

Il y a à la *Ferté-Gaucher* une petite manufacture de ferges.

Provins a des tanneries; & l'on y fait quelque débit de conferves de rofes, feches & liquides.

La tradition parle d'une ancienne fabrique de draps qui y étoit établie, dont les ouvriers, dit-on, apprirent jadis aux Anglois le fecret de les fabriquer. Préfentement il n'y a aucune manufacture, ni même dans toute fon élection, dont tout le commerce, fi l'on en excepte Nangis, confifte en bleds, qu'on tranfporte à Paris par la Seine.

Il fe tient à *Nangis* un marché franc tous les premiers mercredis de chaque mois, qui eft très-célèbre, & qui après ceux de Scéaux & de Poiffy, fournit le plus de bœufs & de moutons aux bouchers de Paris, & de fes environs. Le négoce des grains, des laines & des toiles, y eft auffi très-confidérable.

Il faut remarquer, en fortant de la Brie, qu'elle a quantité de coquetiers & de poulaillers, qui y ramaffent des beurres, des œufs, de la volaille & du gibier, pour porter à Paris; les uns fur des chevaux, & les autres fur des fourgons.

L'élection de *Montereau* eft fertile en bleds, qui

fe vendent à Paris. Ses fromages & fes cuirs font le refte de fon commerce, à la réferve de la petite ville d'*Ormeilles*, où il y a une affez bonne manufacture de draps.

Nogent-fur-Seine, non plus que fon élection, n'a guères de commerce, que celui des foins, que de vaftes prairies lui fourniffent en abondance; & que la rivière fur laquelle il eft fitué, lui donne la commodité d'envoyer à Paris.

Ses vins font peu de chofe, en très-petite quantité, & de foible qualité. Il s'y en recueille environ deux mille muids.

Ses tanneries font meilleures; & les tanneurs, qui tirent leurs peaux des bouchers de Paris, portent quantité de cuirs à la halle de cette ville.

Les bois & les grains font le principal commerce de *Pont-Saint-Maxence*, de *Beaumont* & de *Compiégne*, que la rivière d'Oife fert à conduire à Paris.

Compiégne fournit outre cela quantité de bas, de bonnets, de chauffons & d'autres ouvrages de bonneterie, qui fe font dans la ville & aux environs, & dont la deftination eft ordinairement pour la Flandre.

Les draps, les camelots & les peluches, qui fe font à *Margny*, village de cette élection, font eftimés. Ces manufactures n'y font pas bien anciennes; mais elles y font bien conduites.

Les draps de *Senlis* avoient autrefois de la réputation; mais les ouvriers les ayant affoiblis, en diminuant les portées & les fils qu'ils devoient avoir, cette manufacture eft tout-à-fait tombée; & les habitans pour tout ouvrage de lainerie, font réduits à laver & préparer les laines pour les fabriquans de Beauvais.

Il s'y fait quelque commerce de grains & de bois à brûler.

Les deux élections de *Melun* & de *Nemours*, font à peu près le même commerce, qu'elles entretiennent toutes deux avec Paris par la rivière de Seine, fur laquelle leurs capitales font fituées. Les bleds, les farines, les vins, les fromages, les pavés de grès & les cuirs, en font le principal objet.

Le commerce de *Montfort* confifte en bleds, en avoines, en vins, en cidres, en fruits, en cuirs & en bois. Ce dernier eft très-confidérable, particulièrement quand la cour eft à Verfailles. Il fe fait auffi à *Houdan* des bas de laine, qui s'envoyent à Paris. C'eft la feule manufacture de cette élection.

Celle de *Dreux* fait fon commerce, partie à Paris, & partie à Rouen. Ses draps, qui fe font à *Dreux* & aux environs, s'envoyent aux marchands drapiers de Paris, qui s'en fervent pour la fourniture des habillemens des troupes; & l'on tranfporte à Rouen les bleds & les vins, d'où ils paffent, ou en Angleterre, ou en Hollande.

Les cuirs qui s'y font, s'envoyent auffi à Paris.

Étampes a des bleds, des laines & des cuirs. Ses bleds vont prefque tous au marché de Montlhéry, d'où ils font conduits à Paris. Les cuirs font auffi en partie pour cette dernière ville. A l'égard des laines, ce font les marchands d'Orléans & de Beauvais, qui les viennent enlever.

Lorsque la petite rivière d'*Étampes* étoit navigable, & qu'on en entretenoit les éclufes, prefque tout le négoce des bleds de Beauffe fe faifoit par cette ville ; d'où ils arrivoient au port de la Tournelle à Paris, fur de petits bateaux de dix muids de bleds chacun.

L'interruption de ce commerce par eau a augmenté celui de Montlhéry ; qui depuis ce temps-là eft devenu comme l'entrepôt des bleds de Beauffe, deftinés pour Paris.

Les vins de *Mantes* font fon principal commerce. Il en vient quelques-uns à Paris, mais la plus grande quantité s'enlève pour la Picardie & la Normandie. Ils vont à Rouen par la rivière de Seine ; & par charroi dans la baffe-Normandie, & la Picardie.

Un célèbre voyageur a remarqué, que de tous les vins de *France*, il n'y en a point qui fouffrent fi bien la mer, que ceux de *Mantes* ; en ayant tranfporté jufques dans Agra & Hifpahan, qui n'avoient fouffert aucune diminution de force & de qualité ; bien que ceux de Bourgogne, de Bordeaux, de Moselle & du Rhin, n'euffent pû réfifter à la même épreuve.

Il y a auffi à *Mantes* des tanneries.

Pontoife & fon élection n'ont point de manufactures, & peu de commerce des marchandifes de leur cru ; fi ce n'eft de cuirs, qui s'y tannent en plufieurs petites villes, & particulièrement à *Pontoife* même. Il eft vrai que la rivière d'Oife lui facilite un négoce affez confidérable avec la Picardie, d'où elle tire des bleds & des avoines, qui d'Oife paffent en Seine, pour la provifion de Paris.

Les principaux lieux de la généralité de Paris, où il y a des tanneries, outre celles qu'on a remarquées jufqu'ici, font *Châtres*, *Linas*, *Meulan*, *Sefanne*, *Poiffy*, *Claye*, *Lufarche*, *Moret*, *Dourdan*, renommé par fa manufacture de bas au tricot, & *Corbeil*. Cette dernière ville a auffi une manufacture de cuirs paffés en buffle.

MINES DE LA GÉNÉRALITÉ DE PARIS.

Il n'y a préfentement dans la généralité de Paris aucune *mine* d'or & d'argent qui y foit exploitée ; on y conferve feulement la mémoire de quelques-unes, qui ont été autrefois ouvertes dans plufieurs de fes élections.

La plus confidérable de ces *mines*, s'il étoit vrai que les épreuves euffent réuffi, eft une *mine* d'or qu'on avoit, difoit-on, découverte dans la paroiffe d'Auneuil, une de celles de l'élection de Beauvais. Plufieurs marcaffites & une terre noire mêlée de quelques paillettes jaunâtres, avoient apparemment paffé pour un vrai minéral : mais le bruit d'un fi riche tréfor n'a pas long-temps duré, & à peine en parle-t-on encore en Picardie.

L'élection de Meaux a eu auffi la réputation d'une pareille découverte, & du temps que M. Colbert de Croiffy étoit intendant de Paris, on donna avis à la cour qu'on avoit trouvé des marcaffites d'or mêlées dans une terre glaife, que l'on tiroit d'une montagne fituée entre les villages de la Ferté-au-Col & de Luzancy. Ces prétendues marcaffites étoient des pierres de la groffeur d'un œuf, rayées de couleur jaunâtre : on en envoya des effais à la cour ; ils y furent éprouvés, & le bruit courut que c'avoit été avec fuccès ; mais comme la dépenfe excéda le produit, on n'en parla plus.

L'élection de Vézelai, qui eft un pays de montagnes, paffe pour avoir diverfes fortes de *mines*, entr'autres des *mines* d'argent, de cuivre, de plomb & de fer ; les trois premières font fort incertaines ; pour la dernière, il eft certain qu'il y en a, auffi-bien que dans l'élection de Sens, où l'on voit encore un moulin à eau, qu'on nomme *le moulin aux forges* ; mais les unes & les autres ont été abandonnées, depuis qu'on a trouvé l'invention du flotage des bois, ceux qui entretenoient autrefois les forges de fer de ces deux élections étant préfentement conduits pour la provifion de Paris.

FOIRES ET MARCHÉS DE LA GÉNÉRALITÉ DE PARIS.

On pourra parler ici de quelques-uns des *marchés* & des *foires* qui font entrés dans le catalogue général, tant du royaume que des pays étrangers, qu'on a donné dans ce Dictionnaire : mais outre que le nombre en fera peu confidérable, on a cru qu'il ne falloit pas envier aux marchands de Paris & des autres villes, qui fréquentent les *foires* & les autres *marchés*, & qui bornent-là leur commerce, l'utilité qu'ils peuvent tirer d'un mémoire auffi exact que celui dont on va donner ici l'extrait. On va le donner par élections.

PARIS. Il y a à Paris deux *foires* ; celle de S. Germain & celle de S. Laurent.

Les deux *foires* de S. Denis, particulièrement celle du Landy.

Une à Verfailles le jour de S. Mathias, 25 février.

Un *marché de beftiaux* à Poiffy, & un autre à Sceaux ; celui-ci les lundis, & les jeudis celui-là.

A Chelles, une *foire* le jour de la Magdeleine, 22 juillet, & un *marché* tous les premiers mardis de chaque mois.

A Montfermeil, une *foire* le jour de S. Michel, 29 feptembre, & un *marché* tous les jeudis.

A Lagny, deux *foires*, les jours de S. André & de S. Blaife, les 30 novembre & 3 février. Cette ville a trois *marchés* par femaine ; fçavoir, les lundis, les mercredis & vendredis.

A Goneffe, une *foire* le 3 février, & deux *marchés* de bleds par femaine, les lundis & vendredis.

A Lufarche, deux *foires de beftiaux* le jour de S. Côme, 27 feptembre, & le jour de S. Simon S. Jude, le 28 octobre.

A Louvre, une *foire* le jour de Ste. Catherine, 29 novembre.

A Épinay, une *foire* qui dure deux jours ; sça-voir, le 30 avril & le premier mai.

A Boissy, une *foire* le 2 novembre.

A Villeneuve-Saint-George, un *marché* tous les vendredis.

A Sussy en Brie, une *foire de bestiaux*, le 14 septembre, & un *marché* tous les mardis de chaque semaine.

A Montmorency, un *marché franc* tous les mercredis.

A Brie, un *marché* tous les vendredis.

A Corbeil, un *marché* aussi tous les vendredis.

A Yeres, une *foire* le 31 août.

A Menecy, une *foire* le 9 octobre, jour de S. Denis.

Senlis. Il y a trois *foires* l'année à Senlis ; une le samedi d'après la N. D. de septembre ; une autre qui dure deux jours, le lundi d'après la S. Luc ; & la troisième, le samedi d'après la S. Martin. Il y a aussi un *marché franc* à Senlis tous les derniers samedis de chaque mois, & trois *marchés ordinaires* la semaine pour les denrées.

Les *foires* & *marchés* du reste de l'élection, sont :

A Beaumont, quatre *foires* ; sçavoir, à la S. Laurent, à la S. André, à la S. Maur, à la mi-carême : & trois *marchés ordinaires* la semaine.

A Pont, aussi trois *marchés ordinaires* toutes les semaines.

A Creil, une *foire* le jour des morts, & deux *marchés ordinaires* par semaine.

Compiegne. Il y a à Compiegne un *foire* la veille de Pâques-fleuri, & trois *marchés ordinaires* toutes les semaines.

Beauvais & son élection. Il y a à Beauvais un *marché franc* les premiers samedis de chaque mois, & deux *marchés ordinaires* la semaine, les mercredis & samedis.

Il y a aussi des *marchés ordinaires* à Tillard les lundis, à Cagny-Bousiers les mercredis, à Songeons les jeudis, à Meru les vendredis, à Mouy & à Marseille les samedis.

Pontoise & son élection. Il y a deux *foires* à Pontoise, une le jour de la S. Martin, le 11 novembre, & l'autre le jour de S. Gautier, le 4 mai ; & trois *marchés ordinaires* la semaine, les mardis, jeudis & samedis, dans lesquels il ne se vend que des grains.

Mantes & son élection. Il se tient à Mantes cinq *foires* tous les ans ; sçavoir, le jour de la Magdeleine, 22 juillet, de la S. Leu S. Gilles, le premier septembre, de la Ste. Croix, le 14 du même mois, de S. Denis, le 3 octobre, & de S. André, qui se tient le mercredi suivant. Ces *foires* sont peu considérables.

Il y a outre cela à Mantes trois *marchés ordinaires* par semaines, les lundis, mercredis & vendredis. Le *marché* du mercredi est exempt de tous droits, notamment du droit de gros ou vingtième sur les vins qui y sont vendus en gros, & du droit de pied-fourché.

A Dammartin, il y a deux *foires* ; l'une à la S. Martin d'été, le 4 juillet, & l'autre à la S. Martin d'hiver, le 11 novembre. Il y a de plus un *marché ordinaire* tous les jeudis.

Aux Mureaux, il y a une *foire* le jour de S. Simon S. Jude, 28 octobre.

A la ville de Meulan & au fort dudit Meulan, il y a un *marché ordinaire* tous les jeudis.

Montfort & son élection. Il y a une *foire* à Montfort le jour de S. Laurent, 10 août, & un *marché ordinaire* chaque semaine le jeudi.

A Houdan, une *foire* le jour de S. Jacques, 25 juillet, & un *marché* tous les mercredis & samedis.

A Néausle-le-Château, une *foire* le jour de S. André, 30 novembre, & un *marché* les lundis.

A Orgerus il y a un *marché* tous les mardis.

Dreux & son élection. La ville a deux *foires* : l'une le premier septembre, jour de S. Leu S. Gilles ; l'autre le 9 octobre, jour de S. Denis : il y a aussi deux *marchés ordinaires* par semaines, les lundis & les vendredis.

Dans la paroisse d'Auné-Couvé, une *foire* le lendemain de S. Jean-Baptiste, 25 juin.

Étampes & son élection. Il y a deux *foires* à Étampes ; l'une le premier septembre, jour de S. Leu S. Gilles ; l'autre le 29 du même mois, jour de S. Michel : il y a aussi un *marché ordinaire* tous les samedis.

Il y a une *foire* à Morigny, le jeudi qui précède la Pentecôte.

Il y en a quatre à Mereville qui se tiennent ; sçavoir, deux les jours de S. Lubin de carême, & de S. Lubin de septembre ; la troisième à la S. Nicolas du mois de mai ; & la quatrième à la S. Thomas, 21 décembre. Son *marché ordinaire* se tient les mardis.

A Maisse, il y a trois *foires*, l'une le 8 juin, l'autre le premier lundi d'après la Nativité, & la troisième le 25 novembre : elle a un *marché* tous les lundis.

Melun & son élection. Melun a deux *foires* ; l'une le jour de la S. Jean d'été ; & l'autre de la S. Martin d'hiver : il y a deux *marchés ordinaires* les mercredis & samedis. Il y avoit autrefois un *marché franc* ; ce privilége a cessé.

Il y a à Fontainebleau deux *foires* ; l'une le lendemain de la Trinité, & l'autre le 19 novembre.

A Blandy, une *foire* le jour de la S. Mathieu ; & à Milly, une autre le jour de la S. Simon.

Nemours & son élection. Il y a à Nemours un *marché* tous les samedis & deux *foires* par an, le 20 janvier, jour de S. Sebastien, & le 25 juin.

A Châteaulandon, une *foire* le 21 décembre, fête de S. Thomas, & un *marché* tous les jeudis.

A Courtenay, deux *foires* ; l'une à la Ste. Croix, 14 septembre ; & l'autre le 30 novembre, jour de S. André.

A Chevoy, un *marché* tous les samedis.

A Egreville, trois *foires*, à la S. Martin d'été &

d'hyver, & le jour de S. Paul au mois de Juin. On tient aussi un *marché* tous les lundis.

A Branle, deux *foires*; l'une le jour de S. Loup, & l'autre le jour de Ste. Croix.

A Ladon, deux *foires*; les jours de S. Antoine & de S. Barthelemy : & un *marché* tous les mardis.

A Larchamp, une *foire* le lendemain de l'Ascension.

A Beaumont, le jour de S. André.

MEAUX & son élection. Il y a trois *foires* à Meaux, dont il n'y a que celle de la S. Martin qui soit un peu considérable. On y tient aussi un *marché* tous les samedis des mois.

A Crecy, une *foire* le jour de la S. Michel, 29 septembre.

A Crouy, une le jour de S. Mathieu, 21 septembre.

Il y a des *marchés* à Dampmartin, à Lizi & à Rebets, où il se fait un grand commerce de bleds de même qu'à celui de Meaux, où les marchands de Paris, & les boulangers de Gonesse & des environs, s'en fournissent.

ROSOY & son élection. Il y a deux *foires* à Rosoy, l'une le jour de S. Jean-Baptiste 24 juin; & l'autre à la S. Martin 11 novembre : on y tient aussi un *marché* tous les samedis où il se fait un grand commerce de bled & d'avoine. On y paie un droit de minage.

A Nangis, une *foire* le jour de la S. Martin d'été, 4 juillet, & un *marché considérable de chevaux* & de bestiaux tous les mercredis.

A Chaumes, trois *foires*; l'une le 29 juin jour de S. Pierre; l'autre le jour de S. Savinien dans le mois d'octobre; & la troisième le mardi de la semaine-Sainte.

A Farmoutiers, une *foire* le lundi de la même semaine, & un *marché de bled* tous les lundis.

A Tournant, un *marché de bled* tous les mardis.

A Fontenay, deux *foires* le premier mai & le samedi qui précède la Toussaint.

COLOMIERS & son élection. A Colomiers, une *foire* le 9 octobre jour de S. Denis, & un *marché* tous les mercredis.

A la Ferté-Gaucher, deux *foires* le 18 octobre & le premier mai, & un *marché* tous les jeudis.

A Villeneuve, un *marché* tous les vendredis.

A Doue, un petit *marché* tous les samedis.

PROVINS & son élection. Il y a à Provins trois *foires*; la première commence le mardi qui précède l'Ascension & dure quarante jours; la seconde le 14 septembre, & dure jusqu'à la Toussaint; & la troisième le jour de la S. Martin, & dure jusqu'au dernier décembre.

Il y a aussi un *marché franc* tous les samedis.

Pendant tous le temps des *foires* & les jours de *marché*, on ne paie pour les marchandises qui s'y débitent, que le tiers des droits ordinaires. Le *marché* est fréquenté; mais les *foires* ne le sont guères : les priviléges des uns & des autres ont été confirmés par sa majesté en 1671.

NOGENT & son élection. Il y a deux *foires* à Nogent; l'une le jour de S. Laurent, 10 août, & l'autre le 28 octobre; fête de S. Simon S. Jude; il s'y tient un *marché* deux fois la semaine, les mercredis & samedis.

A Pont, deux *foires*; l'une à la S. Thomas, & l'autre à la S. Barthelemi : son *marché* se tient tous les vendredis.

A Bray, une *foire* le 8 septembre, & un *marché* aussi tous les vendredis.

MONTEREAU & son élection. Il y a à Montereau un *marché* tous les vendredis, & un *marché franc* le troisième samedi d'après Pâques.

A Danne-Marie, un *marché* tous les lundis, & une *foire* le jour de S. Laurent.

A Moret, un *marché* tous les vendredis; & deux *foires* le 6 décembre fête de S. Nicolas, & le Vendredi-Saint.

A Valence, deux *foires*; l'une le 25 juillet fête de S. Jacques S. Christophe; & l'autre à la S. Michel 29 septembre.

A Flagy, une *foire* le mardi de la Pentecôte.

A Dormeilles, une le jour de S. Germain.

A Ferotte, une le jour de S. Pierre.

SENS & son élection. Il y a une *foire* à Sens le 12 mars, fête de S. Gregoire, & un *marché de bestiaux* tous les lundis; outre les *marchés ordinaires* qui se tiennent les mercredis, vendredis & samedis.

A Villeneuve-le-Roi, trois *foires*, le 22 janvier fête de S. Vincent; le 3 août fête de S. Étienne, & le 9 octobre fête de S. Denis. Il y a aussi un *marché franc* tous les vendredis.

A Rigny-le-Feron, il y a un *marché* tous les mardis.

A Cerizieres, les lundis.

A Villeneuve-la-Guiarre, aussi les lundis.

A Ferigny, les mardis.

A Dimont, les jeudis.

A Trenel, les mardis.

JOIGNY & son élection. Il y a quatre *foires* l'année à Joigny; l'une le 2 janvier fête de S. Aspaix; l'autre le 10 août fête de S. Laurent; la troisième le 14 septembre fête de la Ste. Croix; & la quatrième le 2 octobre fête de S. Remi. Ses *marchés* se tiennent les mercredis & samedis.

SAINT-FLORENTIN & son élection. Il y a deux *foires* par an à St. Florentin; l'une le lendemain de la S. Simon; & l'autre le premier lundi de carême.

Il y a quatre *foires* à Ervy; cinq à Neufvy, deux à Maligny, & deux à Ceant-en-Othe.

Il y a deux *marchés* la semaine à S. Florentin, les lundis & les jeudis; & deux à Eury les mercredis & samedis.

TONNERRE & son élection. Il y a cinq *foires* à Tonnerre, qui se tiennent, la première, le lendemain du jour des cendres; la seconde, le jeudi avant le dimanche des rameaux; la troisième, le 25 juin lendemain de la fête de S. Jean; la quatriéme, le lendemain de S. Michel 30 septembre ; & la cinquiéme, le 12 novembre lendemain de S. Martin.

Les *marchés* de Tonnerre se tiennent les mercredis & samedis de chaque semaine.

A Chablis, il y a deux *foires*; sçavoir, le second jeudi de carême, & le dernier jour de l'an. Il y a un *marché* par semaine.

A Ancy-le-Franc, quatre *foires*, & un *marché* tous les jeudis.

A Appoigny, trois *foires* par an, & deux *marchés* par semaines.

A Artonnay, deux *foires*.

A Cruzi, deux *foires* par an, & un *marché* tous les lundis.

A Laignes, quatre *foires*, & un *marché* tous les mercredis.

A Ligny, quatre *foires*, & un *marché* tous les vendredis.

A Molesme, trois *foires*.

A Ravières, six *foires*, & un *marché* tous les jeudis.

Les trois Ricés ; sçavoir, Ricé-le-Haut, Ricé-le-Bas, & Ricé-Hauterive, chacun une *foire*. Ricé-Haut a de plus un *marché* tous les jeudis.

Vezelai & son élection. Il y a à Vezelai cinq *foires* par an.

A Lisle, quatre *foires*.

A Cervon, quatre.

A Lormes, deux.

A S. Martin, trois.

A Corbigny, six.

Le principal commerce qui se fait à toutes ces *foires*, est de bestiaux.

Il y a des *marchés ordinaires* toutes les semaines à Vezelai, à Corbigny, à Lormes & à Lisle.

PÉAGES ET TRAVERS DE LA GÉNÉRALITÉ DE PARIS.

PÉAGES.

PARIS & son élection. Il y a deux *péages* à Corbeil; l'un sur la rivière de Seine ; & l'autre qui se paie par terre. Un à Gournay sur la rivière de Marne, deux à Lagny, dont l'un se paie sous le pont, & l'autre dessus. Un à Bonneuil sur les chevaux qui remontent les bateaux sur la rivière de Marne, & un à S. Denis. Les autres *péages* de cette élection sont à Conflans-Sainte-Honorine, à Poissy, à Chatou, à Montmorency, à S. Brice; & à Sarcelles : à Épinay, un *péage* par eau & un autre par terre; celui par eau est pour les bateaux chargés de sel. A Franconville, à Monthary, un *péage* par terre, & à S. Leu.

SENLIS &son élection. A Pont-Sainte-Maixance, un droit de *péage* sur la rivière d'Oise ; un autre à S. Leu, sur la même rivière ; en un endroit où il y avoit autrefois un pont, il se paie sur les marchandises dont les bateaux sont chargés : à Creil, un *péage* sous le nom de *pontonage*, sur les habitans des villages voisins de la ville. Ce droit est réglé en grains ou en argent pour chaque cheval de charue.

COMPIÉGNE. Il y a dans cette ville un droit de *péage* qui est domanial, il se lève sur le bateau de la rivière d'Oise ; & un autre appartenant à l'abbaye de S. Corneille. Les *péages* de l'élection sont, un à Janville & un à Verberie ; tous deux sont sur la rivière.

BEAUVAIS. Cette élection n'a point de *péages*, mais seulement des *travers*.

PONTOISE. Il se lève un *péage* sur toutes les charrettes & chevaux chargés ou non chargés, qui passent & qui repassent sur le pont de cette ville. Les *péages* de son élection sont ceux de Poix & de Mery, tous deux sur la rivière d'Oise où il se lève sur les bateaux ; celui de Lisle-Adam, & un autre aussi sur la même rivière, qui appartient à l'hôtel-Dieu de Pontoise. Ce dernier ne se prend que sur certaines sortes de denrées.

MANTES. Les *péages* de Mantes sont le grand acquit, la boëte par eau, l'acquit de Rhony, le *péage* des Célestins, le *péage* du sieur d'Hennencourt, le *péage* du comte de Broglio, & le *péage* de l'abbé de S. Denis. Il y a aussi un *péage* à Meulan.

MONTFORT. Il n'y a point de *péage* dans cette élection, mais seulement des *travers*.

DREUX, comme à Montfort.

ÉTAMPES. Il y a deux *péages* dans cette élection, l'un dans Étampes même, & l'autre à Authon, qui quoique de l'élection de Dourdan, est du domaine d'Étampes ; cette ville jouit aussi par octroi d'un droit de barage.

MELUN. Le roi a un *péage* considérable dans cette ville, un autre qui appartient aux engagistes de la vicomté de Melun, & un troisiéme au village de Ponthiery ; ces trois *péages* consistent en droits qui se perçoivent sur les denrées & marchandises qui passent sur les ponts de Melun.

NEMOURS. Il y a un *péage* à Nemours, qui se lève sur toutes les marchandises qui passent dessous ou dessus les ponts de cette ville. Il y en a un autre dans la paroisse d'Ordives, qui pour la facilité de la navigation se perçoit à Nemours, un à Fontenay & un à Ferrieres.

MEAUX. Il y a à Meaux le *péage* du canal de Corvillon, le droit se paie à raison de 12 s. par toise de chaque bateau chargé, 5 s. pour un bateau chalant, 3 s. pour une tonne ou flette, & pour le remontage 10 s. pour chaque cheval.

Le *péage* trilport sur la Marne, consiste aux droits de 4 s. par charette, 18 den. par homme & cheval, & 6 den. par personne.

Il y a encore dans l'élection de Meaux un *péage* au Bourg de Covilly, un à Lisy, un à Trêmes & un à la Ferté.

On y compte aussi six bancs sur la rivière de Marne, qui sont établis à Marry, à Luzancy, à Isles, à Tribaldou, à Fay & à Tencrou.

ROSOY. Cette élection a trois *péages* ; l'un à

Tournant; l'autre à Ozouer le Voulgis, & le troisiéme à Nangis.

COLOMIERS. Il n'y a aucun *péage* dans l'élection de Colomiers, mais seulement deux *travers*.

PROVINS. Les seuls *péages* de cette élection sont celui de Provins même & celui de Sancy.

NOGENT. Le droit de *péage* établi à Nogent, consiste à un droit de 15 s. qui se paie au meūnier du moulin pour chaque bateau ou train de bois, qui passent par les pertuis. Dans le reste de l'élection jusqu'à Pont & à Bray, ce dernierse lève sur les bateaux & trains de bois, qui passent dessous le pont, & sur les charrettes & bêtes de somme, qui passent par-dessus.

Il y a aussi à Bray un maître des ponts à qui il est dû un droit de 8 s. par courbe de chevaux qui remontent les bâteaux remontant de Paris à vuide.

MONTREAU. Le *péage* de Montreau consiste en 2 den. sur chaque muid de vin qui passe sous les ponts; sur le pont est un autre *péage* pour les bestiaux & harnois. Les autres *péages* de l'élection sont celui de Moret, d'un sol par muid de vin, & un autre dans la même ville sur les bestiaux : celui de Marolles & celui de Montigny, ces deux derniers sont peu de chose.

SENS. Il se perçoit un *péage* à Sens sur toutes les marchandises qui passent par eau, & sur les bestiaux qui traversent la ville. Les autres *péages* de l'élection sont Malay-le-Vicomte, Teil & Dolot.

JOIGNY. Le *péage* de Joigny se lève sur toutes les marchandises & denrées qui passent dessus & dessous le pont : cette élection outre le *péage* de Joigny, n'en a qu'un seul à Cezy; mais il y a jusqu'à 12 ou 13 *travers*.

SAINT-FLORENTIN. Cette élection n'a ni *péage* ni *travers*.

TONNERRE. Il y a à Tonnerre un *péage* sur les bestiaux qui passent par la ville, & un droit de rouage sur les charrettes & autres voitures qui la traversent; il n'y en a point dans le reste de l'élection.

VEZELAY. Cette élection n'a point de *péages*.

TRAVERS.

A Senlis, le droit de *travers* que perçoit le receveur du domaine du roi, consiste en un sol pour chaque charrette chargée ou non chargée, & deux deniers pour chaque bête de somme chargée ou non chargée, soit en passant, soit en repassant.

La même ville reçoit aussi un droit de chaussée, qui n'est guères différent de celui de *travers* qui est dû au roi.

Il y a encore un troisiéme droit de *travers*, qui se paie à Senlis, qui appartient aux religieux de l'abbaye de Chailly, il est de quatre deniers par charrette & de deux par bête de somme.

A Beaumont il y a droit de péage & de *travers* pour tout ce qui passe par-dessus & par-dessous le pont; les gens de cheval qui passent sur le pont payent 12 den. & les gens à pied 2 den.

Il y a encore à Beaumont un autre droit de *travers* sur tous les vins qui entrent dans la ville ou qui en sortent, il est de dix sols par muid.

Il y a à Creil deux droits de *travers*; l'un qui se paie par ceux qui vont de Creil à Compiégne, leurs personnes, voitures & marchandises; & l'autre qui se reçoit au passage du pont.

Il se paie un droit de *travers* au bout de la chaussée de Pont près de Saint-Martin-Landeau, dans l'élection de Senlis, il est sur des charrettes & sur les bêtes de somme.

Le droit de *travers* dans le village de la Chapelle de la même élection, est peu considérable aussi bien que quelques autres que par cette raison on omettra ici.

A Compiégne, la ville jouit d'un droit de *travers* sur toutes les marchandises qui y entrent.

Le roi en a aussi un qui se paie aux portes sur toutes les marchandises, charriots, charrettes & chevaux, tant en passant que repassant : le droit est, sçavoir de 12 den. pour une charrette chargée, de 6 den. pour une charrette non chargée, de 4 den. pour un cheval chargé, & d'un denier pour une bête à pied fourché. On paie encore un troisiéme *travers* dans la même ville, mais qui appartient à un seigneur particulier.

A Janville au-dessus de Compiégne, il y a un *travers* qui appartient au seigneur du lieu; mais il est à peu près abandonné, le propriétaire ne voulant pas entretenir le grand chemin & la chaussée.

La ville de Beauvais jouit d'un droit de *travers*, qu'on appelle *pont & chaussée*.

Les autres *travers* de son élection sont ceux de Milly, de Saint-Omer, d'Ourdeville ou Pisselieu; de Saint-Martin-le-Neuf, du pont aux Harmes, de Bailleu & de Mouchy. Tous ces *travers* sont peu considérables; y en ayant qui ne sont pas affermés 20 liv. par an, & le plus fort n'allant pas à 70 liv.

Montfort & son élection a aussi quelques *travers*; mais tous aussi peu considérables que les précédens. Les principaux sont celui de Montfort même, celui de Houdan, ceux des paroisses de Saint-Leger, de Garancieres & d'Elleville; & celui de Gambais sur le chemin qui va de la Queue à Houdan.

Les droits de *travers* de la ville de Dreux s'y perçoivent sur toutes les marchandises & bestiaux qui y passent pour aller à Paris; ils sont réglés par un tarif arrêté au bailliage de la ville, le 5 mars 1698.

Les autres *travers* de l'élection de Dreux sont celui d'Annet, celui de Brou au hameau de Marolles, celui de la paroisse de Champagne, celui de la chaussée, celui de Rouvres, celui de Nantilly, celui de Soret & celui de S. Lubin de la Haye. Le produit de ces neuf *travers* est fort inégal, y en ayant qui ne rendent qu'environ 12 liv. par an, comme celui de Rouvres; & d'autres qui sont affermés jusqu'à 600 liv., comme celui de Dreux.

Ii

Il n'y a que deux *travers* dans l'élection de Melun, l'un à la Chapelle Gautier; & l'autre à Guigne, sur le grand chemin de Troyes à Paris.

L'élection de Colomiers n'a pareillement que deux *travers*, l'un au passage d'un pont qui est au-dessus de la ville où les charrettes qui y passent payent un sol; l'autre à la Ferté-Gaucher, qui consiste en pareil droit.

Le droit de *travers* que l'on paie à Nogent-sur-Seine, consiste en 16 deniers, qui se payent pour chaque charrette chargée, qui passe sur la chaussée dudit Nogent, 6 den. pour les charrettes vuides, & 2 den. par cheval chargé.

Les *travers* de l'élection de Joigny sont au nombre de dix; sçavoir, à Basson, à Aurolles, à Saint-Martin-sur-Ouanne, à Champignelle, à la Mothe-Autrois, à Saint-Maurice-le-Viel, à Ormoy, à Hauterine, à Cheny, à Migemes.

Enfin, dans l'élection de Tonnerre il y a trois *travers*, mais de peu de conséquence, qui sont le *travers* de Vezanne, le *travers* de Pontigny, & le *travers* de Molesme.

COMMERCE DE PICARDIE.

Les productions naturelles, dont on fait négoce dans cette province, sont, des grains, des chanvres, des laines. Ses manufactures & ses fabriques sont les laineries, les toiles, la bonneterie, les tapisseries, les savons.

A l'égard des laineries, outre cinq à six cens milliers de laines, qui se recueillent tous les ans en *Picardie*, il s'en consomme encore presqu'un aussi grand nombre de celles qui se tirent d'Allemagne, de Hollande, d'Angleterre, d'Espagne & de quelques provinces de *France*. Aussi dans la seule ville d'Amiens se fabrique-t-il environ 129,800 pièces d'étoffes de laine, les seuls camelotiers en employant jusqu'à quatre-vingt milliers, moitié laine du pays, moitié laine étrangère. Il s'y marque, outre cela, cinquante mille autres pièces, qui y sont apportées des environs de la ville, qu'on appelle pour cette raison, *étoffes foraines*.

Les villes de *Picardie* du plus grand commerce, pour les draperies & étoffes de laine, après Amiens, sont Beauvais & Abbeville. On va entrer dans le détail des manufactures de lainerie de ces trois villes.

MANUFACTURES ET FABRIQUES
DE LA GÉNÉRALITÉ DE PICARDIE.

Divisée dans les deux départemens d'Amiens & de Beauvais, qui ont chacun leur inspecteur particulier.

DÉPARTEMENT D'AMIENS.

AMIENS. Ville de *France* sur la Somme, dans ce qu'on appelle la *moyenne Picardie*, dont elle est la capitale. Cette ville est célèbre par son grand commerce, particulièrement par les étoffes qui se

fabriquent dans sa sayetterie, qui se débitent par toute l'Europe.

On a dit en général qu'il se fabriquoit dans la sayetterie de cette ville, environ 130,000 pièces d'étoffes ou toutes de pure laine, ou mêlées d'autres matières avec la laine. Pour satisfaire aux avis qu'on a eu depuis de ceux qui font le commerce de cette capitale de *Picardie* & du reste de sa généralité, on va entrer ici dans un plus grand détail de ses *manufactures* & des autres *fabriques* qui y sont établies; & l'on y ajoutera non-seulement le produit de chaque espèce d'étoffes, mais encore les lieux de leur débit, & tout ce qui pourra y avoir, ou de nouveau ou de singulier, par rapport au négoce qui se fait, soit à *Amiens*, soit dans les autres endroits de fabriques de la province.

On compte à *Amiens* jusqu'à deux mille métiers travaillans, dont il y en a environ quinze cent occupés par les sayetteurs, & le reste par les hautelisseurs. Les premiers y sont au nombre de près de cinq cent maîtres; le nombre des autres ne va guères au-delà de cent. Les uns & les autres ne composent qu'une même & seule communauté, qu'on nomme *sayetterie*; mais ce qui les distingue, c'est que les sayetteurs ne travaillent qu'en étoffes de pure laine & de laine avec du poil ou du fil; à la réserve des étamines & des razes, où il y a un fil de soie: & que les hautelisseurs n'en fabriquent guères que de soie & de soie mêlée de laine; la plupart à façons.

Les fils de sayette qui se filent au petit rouet en quelques endroits de Picardie & de Flandres, particulièrement aux environs de Turcoin, & dont les chaînes des étoffes qui se fabriquent à *Amiens*, sont faites, ont donné le nom à la communauté des fabriquans de cette ville, qui delà a été appellée *sayetterie*. On peut voir cet article, où sont rapportés les réglemens tant anciens que nouveaux qui s'y observent: on dira seulement ici que le dernier de ces réglemens est du 19 novembre 1722; & qu'en conséquence il a été établi à *Amiens* un second inspecteur des *manufactures* pour la ville, ses faux-bourgs & quelques lieux voisins, le reste du département demeurant au département du premier.

Les étoffes qui se font par les sayetteurs sont:

Des serges façon d'Ascot, d'une aune de large; d'autres façon de Crevecœur, de demi-aune; & des serges Cordelières mêlées & rayées. De ces trois sortes, il s'en fait environ cinq mille pièces par an.

Des serges façon de Châlons, blanches & mêlées, de demi-aune demi-quart de large: le produit en va année commune jusqu'à six mille pièces.

Des serges façon de seigneur, de trois quarts de large; on n'en fabrique guères que cent pièces.

Des petits camelots unis & rayés, appellés *guinguets*, de demi-aune de large; & des camelots façon de Lille & d'Arras, de demi-aune demi-quart. Il s'en fait quarante mille pièces.

Des baracans de trois quarts & demi-aune de large. Cette fabrique va assez souvent jusqu'à trois mille pièces.

Des étamines toutes de soie, & d'autres de soie & de laine. La chaîne de ces étoffes est double; sçavoir, ou à deux fils de laine ensemble, ou à un fil de laine & un fil de soie filés l'un avec l'autre. Les ouvriers en fournissent près de vingt-cinq mille pièces par an.

Des razes façon de Gênes, les unes toute laine, & les autres dont la chaîne est d'un fil de laine & d'un fil de soie tout ensemble : il s'en fait dix mille pièces.

Des revêches de demi-aune de large. Cette *fabrique* ne donne pas beaucoup d'étoffes, & n'occupe que quinze maîtres.

Des serges de couleurs façon de Nismes, de demi-aune de large. Les fils de la chaîne sont doubles : il s'en fait au-delà de seize cent pièces.

Des razes façon d'Ecosse, les unes toute de laine; & les autres dont la chaîne est partie laine & partie soie. Cette *fabrique* ne va guères qu'à deux cent pièces.

Il se fait aussi à *Amiens* quelques draps, auxquels travaillent huit ou dix maîtres facturiers-drapiers.

A l'égard des étoffes qui se font fabriquées par les hautelisseurs, elles consistent en serges de Rome croisées ou unies; en serges dauphines & indiennes; en castagnettes & en férandines. Toutes ces étoffes sont en soie toute pure, ou soie mêlée de laine, n'y ayant que les sayetteurs qui ayent le droit d'en faire où il n'y ait que la laine seule. Il se fait de toutes ces étoffes au-delà de trente-cinq mille pièces par an.

Outre les maîtres de la sayetterie, soit sayetteurs, soit hautelisseurs, il y a encore quelques maîtres privilégiés, qui travaillent ou font travailler en camelots & en peluches. Les métiers pour les camelots qui se font dans ces *manufactures* particulières, sont au moins au nombre de trente, qui en fournissent en tout six cent pièces par an. Les peluches n'ont que quinze métiers qui en font près de deux cent pièces.

Les camelots de ces *fabriques* se font de laine & de poil de chévre, & les peluches de fil & de poil.

Il faut remarquer qu'il ne s'emploie dans les *fabriques* qui se font à *Amiens*, que les laines du pays, d'Angleterre, de Hollande & d'Allemagne; mais principalement de celles du pays & d'Angleterre.

Il y a à *Amiens* & aux environs jusqu'à onze moulins à foulon, les eaux y étant très-bonnes pour le dégraissage & le foulage des étoffes.

Elles n'y sont pas moins excellentes pour la teinture, & l'on y compte jusqu'à vingt-un teinturiers; sçavoir, sept pour le grand & bon teint, six qui ne teignent qu'au noir, & huit teinturiers du petit teint. Toutes les étoffes qui se font à *Amiens*, se débitent à Paris & dans toutes les villes du royaume, il s'en envoye aussi beaucoup dans les pays étrangers par les marchands d'*Amiens*, même par ceux de Paris, de Lyon, de Beauvais, de Rouen & d'Orléans. Les envois du dehors les plus ordinaires, se

font en Espagne, en Suisse, en Italie, & jusqu'aux Isles Françoises de l'Amérique.

On estime que la vente des étoffes qui sortent des *manufactures d'Amiens*, peut aller année commune à près de seize cent mille livres.

On recueille à *Amiens* & aux environs, plus de quatre-vingt milliers de laines qui s'employent dans ses fabriques.

Il y a à *Amiens* & dans le plat pays des environs, une fabrique de rubans de laine, dont le produit peut aller à quarante ou quarante-cinq mille livres par an.

Les toiles qui se font à *Amiens* sont grossières & communes; aussi ne s'en débite-t-il guères au dehors, presque tout se consommant sur les lieux. Elles occupent néanmoins jusqu'à vingt maîtres & cinquante métiers.

Les toiles de Piguigny, d'Oresmaux & de Flixcourt, villages ès-environs d'*Amiens*, sont meilleures que celles de la ville. Il s'en fait environ deux cent pièces par semaine, qui se vendent les samedis aux marchands d'*Amiens*, elles sont de trois quarts & demi, & de trois quarts de large.

La manufacture des savons verds d'*Amiens* est considérable, & dans ces trois savonneries, il se fabrique au moins dix mille quintaux de ces sortes de savons, qui s'employent au dégraissage des étoffes; & l'on en estime la vente à plus de cent mille livres par an.

A l'égard des marchandises & des denrées qui viennent des pays étrangers à *Amiens*, particulièrement de celles de Hollande & d'Angleterre, elles y sont envoyées de S. Vallery & d'Abbeville, sur des gribarnes, qui sont de grands bateaux du pays, qui abordent dans le bassin que forme la Somme au-dessous de la ville, lorsque les douze canaux où elle s'étoit divisée en y entrant, s'y réunissent.

Enfin, le commerce des grains est aussi assez considérable à *Amiens*. *Voyez l'article des* HALLES.

ABBEVILLE. La principale *manufacture d'Abbeville* est celle de messieurs Vanrobais. Elle fut établie en 1665 par le sieur Josse Vanrobais, marchand Hollandois, en conséquence des lettres-patentes du roi, du mois d'octobre de la même année. Quinze ans après, le privilége fut renouvellé en faveur du même sieur Josse & d'Isaac Vanrobais, son fils aîné. Sa majesté après la mort du père, accorda une troisiéme prorogation à ses enfans Isaac & Josse. Enfin, Isaac étant aussi mort, celui des deux frères qui restoit, obtint en 1708 de quatriémes lettres-patentes, qui lui confirmèrent & à la veuve de son frère, le même privilége pour quinze autres années.

Les draps qui se fabriquent dans cette célèbre *manufacture*, imitent si parfaitement ceux de Hollande & d'Angleterre, qu'il est difficile de se déterminer sur la préférence qu'on pourroit donner aux uns, aux autres; si même cette préférence ne tombe pas sur les draps de fabrique Françoise.

Plus de cent métiers travaillent présentement

pour cette *manufacture*, qui entretient outre cela plus de quinze cent fileuses ; outre presque un aussi grand nombre de fabriquans, de tondeurs, de foulonniers, de teinturiers & autres semblables ouvriers nécessaires à la fabrique & aux apprêts des draps.

On estime que le produit de cette *manufacture* monte année commune, à plus de cinq cent mille livres.

On n'entrera pas ici dans un plus grand détail, sur l'établissement & le succès prodigieux de cette fameuse fabrique ; & l'on se contentera seulement d'indiquer l'endroit où il en est plus amplement traité dans ce Dictionnaire. *Voyez* l'article *des manufactures*, où il est parlé de messieurs Cadeau & Vanrobais. On y trouve un extrait des quatre lettres-patentes, que ces derniers ont obtenues successivement pour l'établissement & la confirmation de leur privilége, avec un plan de leur *manufacture*, & diverses autres remarques singulières & curieuses qui la concernent.

Les autres étoffes de laine, qui se fabriquent à *Abbeville*, sont des baracans façon de Valenciennes ; des serges façon de Londres ; d'autres façon de Mouy ; des droguets fil & laine, des tirraines & des belinges, des pinchinats & des razes façon de Saint-Lo.

Toutes ces étoffes sont en partie de laine du pays, dont il se recueille aux environs d'*Abbeville* près de deux milliers : leur produit l'une portant l'autre, peut monter année commune à dix-huit cent pièces, desquelles les baracans font au moins la moitié. Quatre-vingt métiers y sont coutume d'y travailler. On estime que ce commerce va à près de cent mille livres par an. *Voyez l'article des* RÉGLEMENS.

Les étoffes foraines de ces mêmes qualités qu'on y apporte & qui y sont marquées, vont ordinairement à deux mille cinq cent pièces.

La *manufacture des mocades*, ou, comme on les appelle à Paris, *des moquettes*, façon de Tournay, y a été établie en vertu de lettres-patentes, par les sieurs Montvoisin & Homarel. Le succès en a été assez heureux pour y occuper aujourd'hui jusqu'à quarante métiers, qui année commune peuvent donner jusqu'à deux cent cinquante pièces de ces étoffes. Il est vrai que sur huit de ces métiers, il ne se fait que des tripes & des peluches communes, où l'on fait d'abord travailler les apprentifs jusqu'à ce qu'ils soient assez habiles pour faire des moquettes. La chaîne des mocades est de fil de lin, & la trame de laine de diverses couleurs. La vente va à plus de vingt mille écus par an.

Outre les peluches qui se font dans la *manufacture des mocades* ; il y a une *manufacture* particulière pour les peluches seules, dont le sieur Ricouard a le premier obtenu le privilége : le produit n'en est encore que de dix-huit ou vingt mille livres.

Une troisième *manufacture* par privilége, est celle des coutils façon de Flandre, établie par le sieur Fuselier, & continuée par ses héritiers. Ces coutils se font depuis demi-aune jusqu'à deux aunes de large. La fabrique en est fort estimée ; & ils sont ordinairement enlevés aussi-tôt qu'ils sont faits.

Il en est de même, & pour la bonté & pour l'empressement des marchands à les avoir, des toiles marquetées au petit carreau, qui se font à *Abbeville*. Ces toiles ont trois quarts de large, & sont propres à faire des matelats : on en fait de toutes couleurs.

Les autres toiles qui s'y fabriquent, sont très-grossières & très-communes ; & ne peuvent servir qu'à faire des sacs, des emballages, & quelques voiles de vaisseaux : le produit en va pourtant à plus de quarante mille livres.

Les coutils bis qu'on y fait, ont depuis deux tiers jusqu'à une aune de large.

Il ne se fabrique à *Abbeville* qu'environ quinze ou seize cent pièces, tant toiles que coutils par an, sur lesquelles se prend un droit de contrôle & un droit d'aunage ; sçavoir, deux sols par vingt aunes pour le contrôle, & un sol pour l'aunage.

Le filage d'*Abbeville* est très-bon ; & l'on en enlève quantité de laine filée pour Paris, & pour les manufactures d'Elbœuf & de Rouen. Les fabriquans de Hollande y envoyent aussi assez souvent, & c'est ordinairement des laines filées à *Abbeville*, qu'ils font leurs draps les plus beaux & les plus fins.

C'est aussi des magasins de cette ville que les bonnetiers des principales villes du royaume, qui sont curieux de faire de beaux ouvrages de bonneterie, ont coutume de tirer des laines d'Espagne qu'ils y employent. Enfin, il se fait à *Abbeville* des cordages & du fil de carret, qui se débitent en partie à Paris, & en partie dans quelques autres villes maritimes du royaume où on les envoie par mer ; il s'en consomme aussi dans le pays.

C'est aux marchés qui s'y tiennent tous les mercredis, que se vendent les toiles de la fabrique de la ville ; mais il y en vient encore quantité de dehors, dont les principales sont des petits lins depuis trois quarts jusqu'à trois quarts & demi de large. Des toiles appellées *de vergis* aussi de trois quarts, & des toiles à sacs de deux tiers de large. On y apporte pareillement des coutils bis communs de demi-aune demi-quart.

SAINT-QUENTIN. Il n'y a aucune fabrique d'étoffes de laine à *Saint-Quentin*. Ce n'est pas qu'il y manque de matières pour y entretenir les manufactures de draperies, puisqu'il se recueille & aux environs, près de cent milliers de laine par an, qui se débitent au dehors.

Il s'y apporte cependant une assez grande quantité d'étoffes foraines ; & il s'y en marque année commune environ quatre mille pièces, dans un bureau qui y est exprès établi pour les visites & les marques.

Le commerce des toiles y est au contraire très-considérable, & il s'y en fabrique ou s'y en vend jusqu'à quarante mille pièces par an, qui produisent environ deux millions de livres. Toutes ces toiles s'envoyent partie à Paris, à Rouen, à Bordeaux, à Lyon, & dans quelques autres Villes du royaume; & partie à l'étranger, particulièrement en Espagne, en Italie & dans les villes de Flandre; fur-tout à Gand d'où elles paffent en Angleterre. Vingt ou vingt-cinq marchands de *Saint-Quentin* en font prefque tout le commerce.

La plûpart des toiles qui fe font à *Saint-Quentin* & aux environs, font des toiles de lin, où l'on emploie ordinairement celui du pays qui eft excellent, & celui du Vermandois, qui eft encore plus fin & d'une meilleure qualité.

Les différentes efpèces de ces toiles, font :

Des toiles de batifte de deux tiers de large, & de douze aunes & demie de long, du prix depuis dix jufqu'à cent livres la pièce.

Des batiftes claires de trois quarts de large, & de quatorze aunes & demie de long, du prix depuis quatorze jufqu'à quatre-vingt livres la pièce.

Des demi-Hollande & toiles fortes de trois quarts de large, depuis vingt jufqu'à cent vingt livres la pièce.

Des trufettes de demi-aune demi-quart, depuis feize jufqu'à foixante livres la pièce. Elles font propres à faire des mouchoirs.

Des linons de deux tiers de large, & de quatorze aunes un quart de long, de même prix que les batiftes, dont ils ne diffèrent que parce qu'ils font encore plus clairs.

Des gazes rayées de diverfes longueurs fur demi-aune de large.

Des toiles à cravates de différentes largeurs, longueurs & efpèces, auffi-bien que de différens prix.

Il faut obferver que les prix des toiles ci-deffus, ont été réglés fur les années 1717 & 1718, & que les différens mouvemens arrivés depuis ce temps-là dans les monnoies & le commerce de *France*, peuvent les avoir augmentés de près d'un tiers & même davantage.

Le droit de courtage & d'aunage, qui fe paie fur les toiles, eft de cinq fols par pièce; celui pour la marque, de douze deniers.

Il fe fait auffi à *Saint-Quentin* quantité de groffes toiles d'étoupes de lin.

Les eaux de la Somme, qui a fa fource à deux lieues au-deffus de *Saint-Quentin*, font fi propres pour les apprêts & le blanchiffage des toiles de batifte, que non-feulement les marchands de cette ville s'en fervent pour blanchir celles qui fe fabriquent chez eux; mais encore que les villes voifines, & particulièrement Cambray où il s'en fait des mêmes fortes qu'à *Saint-Quentin*, y envoyent les leurs.

PÉRONNE, dans le Santerre. Point de fabrique d'étoffes, quoiqu'il s'y recueille & aux environs près de quarante milliers de laine, qui fervent au négoce & aux manufactures du dehors.

Les toiles qui s'y font, font de mêmes qualités & largeurs, & de même prix que celles de Saint-Quentin. Il ne s'y en fait guères que mille pièces

par an, quoiqu'il s'y en vende beaucoup davantage; mais les trois quarts & demi de ce qui s'y en débite, viennent de Cambray, d'Arras & de Bapaume.

On fait auffi dans plufieurs villages qui font proche de *Péronne*, beaucoup de groffes toiles d'étoupes de lin, de même qualité que celles de Saint-Quentin.

Les droits de courtage & d'aunage fur les toiles, auffi-bien que celui de contrôle, montent à fix fols par pièce. Le droit de marque eft de douze deniers.

NESLE. On y recueille la même quantité de laines qu'à Péronne; &, comme à Péronne, il n'y a pas non plus de fabrique d'étoffes de laine.

Les toiles y font auffi de mêmes qualités, mais il ne s'y en fait pas un fi grand nombre; & il s'y en vend peu ou point de foraines.

TILLOY. Il fe fabrique dans ce lieu & dans quelques autres aux environs, des ferges façon de Creveccœur. Toutes ces étoffes fe marquent au bureau du *Tilloy*; deux maîtres & gardes élus à la pluralité des voix de tous les ouvriers de ces villages, en ont la direction. L'élection s'en renouvelle tous les ans.

Cette *fabrique* occupe jufqu'à foixante métiers. Les étoffes qui s'y font, s'achètent toutes par les marchands d'Amiens.

FIENVILLIER & NAOURS. Les payfans de ces deux villages qui font affez voifins, font auffi des ferges de Crevecœur. L'infpecteur des *manufactures* de ce département, commet une perfonne pour les vifiter & les marquer fur les lieux.

BEAUCHAMP-LE-VIEIL. On y fabrique des tiretaines de demi-aune de large; le produit de ces étoffes paffe trois mille pièces par an. Ces tiretaines fe nomment des *belinges*.

GRANDVILLIERS & villages circonvoifins. Les ferges que l'on fait dans tous ces lieux, font eftimées, elles ont demi-aune demi-quart de large. Il s'y en fabrique année commune, douze à quatorze cent pièces.

Quarante-cinq maîtres qui demeurent à *Grandvilliers*, font travailler un grand nombre de métiers, dont la plus grande partie eft difperfée dans les villages & hameaux du voifinage, n'y en ayant que très-peu dans le bourg. Le bureau de la marque & vifite de ces étoffes, eft établi à *Grandvilliers* où elles font vifitées & marquées par les jurés de la communauté. Il y a une foire le jour de la faint Leu faint Gilles, & marché tous les lundis.

FEUQUIERS. Cette *manufacture* eft très-confidérable. Les étoffes qu'on y fait font des ferges façon de Crevecœur & d'autres façon de Londres. Un feul manufacturier la conduit, la foutient & y entretient un très-grand nombre de métiers.

POIX. Il fe fait à *Poix* & dans quantité de villages circonvoifins, un affez grand nombre de ferges. C'eft au marché de ce bourg que fe portent & fe vendent toutes les étoffes qui fe portoient autrefois à Aumale, ce qui va année commune, à plus de quinze cent pièces. Ce font les marchands d'Amiens qui ont coutume de les y acheter , particulièrement les serges.

Le bureau pour la visite & pour la marque, y est aussi établi.

DÉPARTEMENT DE L'INSPECTEUR des manufactures de Beauvais.

BEAUVAIS. Ville de France, capitale du Beauvoisis, dans le gouvernement de l'isle de France. On la compte toujours comme une des villes de Picardie, quoiqu'elle en ait été séparée : elle est le chef-lieu du département d'un inspecteur des manufactures, duquel dépendent Mouy, Meru , Tricot, Courcelles, Mery, Vaux, Fretoy, Tronquoy, Rollot, Assimilliers , Orviler , Cocurel, Halluin, Riermont , Pleuron , Envoille , Glatigny , Crevecœur, Blicourt, Puchy, Pisselieu & Senlis.

La sergetterie de Beauvais n'a pas moins de réputation que la sayetterie d'Amiens , soit pour la bonté de ses fabriques , soit pour le grand nombre d'étoffes qui s'y fabriquent tous les ans.

Autrefois l'on y distinguoit deux corps différens de drapiers ; dont l'un se nommoit le grand corps , & l'autre le petit corps. Ils furent réunis en 1661 , & les réglemens de 1667 , qui furent dressés pour la sergetterie de Beauvais, ne les regardent que comme une seule & même communauté ; cependant leur union ne fut entière qu'en 1670 , que le conseil d'état du roi , par de nouveaux articles de réglement, ôta la distinction qui restoit encore entre les anciens drapiers & les modernes. On parle dans ce Dictionnaire de cette union , & l'on en rapporte les réglemens. Voyez SERGETTERIE.

Malgré une union cimentée par tant d'arrêts, & depuis si long-temps , il reste encore dans la sergetterie de Beauvais une idée de son ancien partage, & l'on y regarde toujours comme maîtres du grand corps ceux qui font les plus belles étoffes , telles que sont les ratines , les serges à poil , les espagnolettes , les sommières, les flanelles, &c. & pour maîtres du petit corps, ceux qui n'en fabriquent que de communes, comme sont les revêches & les serges ordinaires ; quoique les uns & les autres aient le droit de monter leurs métiers pour telles étoffes qu'ils jugent à propos.

En général , les étoffes qui se fabriquent dans la sergetterie de Beauvais, sont :

Des ratines larges de cinq quarts.

Des ratines fines d'une aune.

Des ratines fortes aussi d'une aune, dont les chaînes sont de laine de France, & la trame de moyenne laine d'Espagne.

Des ratines communes.

Des estamets ou bures.

Des serges à deux envers de laine de France.

Des serges à poil d'une aune , la chaîne de laine de France, & la trame de laine d'Espagne.

Des serges fines de laine d'Angleterre , de deux tiers de large.

Des serges façon de tricot des meilleures laines de France , de deux tiers de large.

Des espagnolettes aussi de deux tiers de large, de laines fines de France en chaîne , & de laines d'Espagne en trame.

Des sommières de demi-aune & demi-aune demi-quart, de laines fines de France.

Des revêches façon d'Angleterre , de trois quarts de large , de laines de France.

Des flanelles façon d'Angleterre , d'une aune trois quarts de large, & d'autres de moitié moins ; toutes de laines de France.

Des serges communes de demi-aune demi-quart , de laines du pays.

Enfin, des revêches communes, les unes de cinq quarts , les autres de deux tiers , de mêmes laines que les précédentes.

Les maîtres qui font de belles étoffes , & qui pour cela sont censés du grand corps , ne sont guères que soixante & dix. Ceux du petit corps , c'est-à-dire , qui ne travaillent qu'en étoffes communes , passent le nombre de cent. Environ cinq cent métiers travaillent pour les uns & pour les autres.

On estime que les premiers, c'est-à-dire , ceux du grand corps, emploient dans leurs fabriques jusqu'à cent quinze mille livres de laines d'Espagne, deux mille livres de laines d'Angleterre , & cent soixante mille livres de laine de France, avec quoi ils sont près de treize mille pièces d'étoffes ; & que les derniers consomment cent quatre-vingt-cinq mille livres de laines communes de France, dont le produit est d'un tiers moins que les autres.

Quatre teinturiers du grand & bon teint, & six teinturiers en petit teint , sont occupés à la teinture de ce grand nombre d'étoffes qui se fabriquent dans la sergetterie de Beauvais.

A l'égard du débit, ce sont les marchands mêmes de Beauvais, qui en font des envois dans toutes les principales villes du royaume, & particulièrement à Paris dans le temps des foires de Saint-Germain & de Saint-Denis.

Les mêmes marchands achètent aussi en écru quantité de serges de Crevecœur qu'ils font fouler, teindre & apprêter à Beauvais , qu'ils joignent ensuite aux envois qu'ils font des étoffes fabriquées dans leurs villes.

Il se fait dans tout le Beauvoisis , mais moins dans Beauvais même qu'au dehors, quantité de toiles fines, appellées demi-Hollande., qui se blanchissent aux blanchieries de Beauvais , dont le blanchiment est excellent ; ce qui y attire aussi quantité d'autres toiles, particulièrement de Paris & de Saint-Quentin. On compte que les marchands de ces deux dernières villes & ceux de Beauvais, y en envoient année commune , vingt-huit à trente mille pièces.

La manufacture de tapisserie de haute & basse lisse, qui y subsiste toujours avec beaucoup de réputation, doit son établissement au sieur Louis Hinard, & sa perfection au sieur Beagle. Les lettres patentes accordées au premier, sont de l'année 1669 ; &

celles pour le fieur Beagle, de l'année 1684. Comme on parle ailleurs très-amplement de cette *manufacture*, on fe contentera d'en indiquer ici l'endroit. *Voyez* HAUTELISSE.

La bonneterie eft auffi un objet de commerce affez confidérable pour la ville de *Beauvais*, particulièrement celle qui fe fait dans quelques villages des environs.

Dans d'autres villages c'eft aux dentelles de foie noire & aux guipures, que les femmes & les filles s'occupent.

Il fe fait à *Beauvais* un commerce affez grand d'épicerie & de bétail, particulièrement de moutons, qui fe conduifent à Paris.

MOUY. Petite ville de *France*, fituée dans cette partie de *Picardie* qu'on appelle *Beauvoifis*.

Cette petite ville a donné fon nom aux ferges qui s'y fabriquent. Il s'y en fait de deux fortes de largeur; les unes de demi-aune demi-quart, & les autres de trois quarts de large. On y emploie des laines de Senlis, de Meaux & des environs.

On y fait auffi d'autres ferges à lizières bleues où il entre les mêmes laines, mais mêlées avec des laines d'agnelius. *Voyez* SERGE.

Soixante & dix maîtres y entretiennent plus de deux cent métiers. Le produit de cette *manufacture* eft année commune, environ de neuf mille pièces qui fe débitent aux foires de Paris & de Saint-Denis, à Amiens, à Rouen, à Beauvais & par tout le royaume.

Il s'y tient tous les ans une foire affez confidérable, & toutes les femaines un marché.

MERU. On y fait des ferges comme à Mouy, & on y emploie les mêmes laines; auffi fe vendentelles pour véritables ferges de Mouy, & fe débitent comme elles & avec elles. Quatre métiers en font environ deux cent pièces.

TRICOT. Ce bourg eft fitué à dix lieues d'Amiens. Les étoffes qui s'y font & dans dix ou douze villages voifins, font toutes ferges fortes & ferges tirées à poil, qu'on nomme *ferges drapées*, de deux tiers de larges. Elles font propres pour les habillemens des troupes, particulièrement pour faire des culotes & des veftes aux foldats. Le menu peuple du pays a auffi coutume de s'en habiller.

Le produit de ces *fabriques* eft confidérable, & il s'en fait par au plus de fept mille pièces, qui à raifon de cinquante-cinq livres la pièce, montent à près de quatre cent mille livres. On y emploie des laines du pays, de Brie, & de quelques autres provinces de *France*.

La chaîne eft de pignon ou de laine baffe, & la trame de mère laine. Cette étoffe n'eft prefque d'ufage que dans le royaume.

Les villages de la dépendance de *Tricot* où l'on fait de ces fortes d'étoffes, font : Courcelles, Meru, Veaux, Fretoy, Tronquoy, Rollot, Affimilliers, Orviler, Cocurel, Halluin, Riermont & Pleuron. Il y a difperfés dans tous ces lieux, plus de cent quarante maîtres & près de deux cent métiers; la plupart des étoffes qu'on y fabrique, fervent à habiller les troupes.

C'eft à *Tricot* qu'eft établi le bureau pour la vifite & pour la marque.

ENVOILLE & GLATIGNY. Cent métiers, & plus de foixante & dix maîtres; foutiennent ces deux *fabriques*. Les étoffes qu'on y fait, font de ferges groffières de demi-aune demi-quart, & de deux tiers de large. On y emploie toutes fortes de laines douces de *France*, particulièrement du pays. Ces ferges ne font propres que pour les gens de la campagne.

Ces deux lieux en fourniffent environ deux mille cinq cent pièces par an, qui s'achètent prefque toutes par les marchands de Beauvais & de Rouen.

CREVECŒUR, BRECOURT, PUCHY & PISCELIEU. Ces quatre lieux de *fabrique* font, après Amiens & Beauvais, les plus confidérables de la province de *Picardie*. Il s'y fait par au près de vingt-deux mille pièces d'étoffes, & l'on a même vû des années aller jufqu'à vingt-fept mille. Cette *fabrique* occupe audelà de quatre cent cinquante métiers.

Les étoffes qui s'y font, font de deux fortes; les unes font des ferges fines de demi-aune demi-quart; & les autres des ferges à doubler, de même largeur.

Ces ferges font d'un très-bon ufage, la chaîne & la trame étant également de cœur de laine; avec cette différence cependant que les ferges fines fe font des meilleures laines qu'on tire des autres provinces du royaume, & que les ferges à doublûre ne font que de laine du pays. Il s'y en fait de grifes, de couleur de mufc, de mêlées & de noires, naturelles; outre quantité de blanches, qu'on teint enfuite en toutes fortes de couleurs.

Les ferges de *Crevecœur* s'envoyent par tout le royaume, & même dans les pays étrangers. Elles fe vendent ordinairement en écru, dans le marché du bourg dont elles ont pris le nom, où les marchands de Beauvais, d'Amiens & d'Orléans, les viennent enlever, pour enfuite en faire leurs envois, après qu'ils les ont fait fouler, teindre & apprêter chez eux.

Il y a à *Crevecœur* & dans chacun des trois autres bourgs où il fe fabrique de ces ferges, un bureau pour en faire la vifite & y appliquer le plomb. Il s'y tient une grande foire tous les ans le lendemain de la fête du patron & un marché tous les mardis.

Les ferges qui fe fabriquent à *Blecourt*, *Puchy* & *Pifcelieu*, font ordinairement vendues par les marchands pour véritables *Crevecœur*.

SENLIS. Cette *fabrique* eft peu confidérable, & les quatre métiers qui y font, ne donnent guères que cent cinquante pièces d'étoffes par an. Ces étoffes font des ferges groffières de deux tiers de large, toutes de laine du pays; le débit s'en fait fur les lieux.

Les autres endroits de la *Picardie* où il fe fabrique quelques étoffes de laine, font Molien, Offigny, Berambaut & Sareu.

Il s'employe dans le *département de Beauvais* jufqu'à fept cens quarante-cinq mille livres de laines de *France*, & cent quinze mille livres de laine d'Efpagne, dont il fe fabrique environ foixante & huit mille pièces d'étoffes. On y compte près de quarante moulins pour leur donner les apprêts du dégraiffage & du foulage.

ÉTAT DES LAINES QUI SE RECUEILLENT dans la province de Picardie.

Amiens & aux environs,	80 milliers.
A Abbeville,	2
A Saint-Quentin,	100
A Peronne,	40
A Nefle,	40
A quelques bourgs voifins,	2
A Ham,	40
A la Ferté,	20
A Guife,	30
A Vervins,	60
A Laon,	30
A Vely près de Laon,	40
A Chauny,	20
A Noyon,	20.
Total.	524 milliers.

MÉMOIRE SUR LE COMMERCE de Saint-Valery, de Calais & de Boulogne.

SAINT-VALERY. Cette ville eft fituée à l'embouchure de la rivière de Somme, & c'eft le premier port que l'on trouve à la côte de *Picardie* en fuivant celle de Normandie. L'entrée de ce port, fi cependant il mérite ce nom, eft très-difficile. Outre que les bancs qu'on nomme les *bancs de Somme*, qui avancent plus d'une lieue dans la mer, & qui changent fuivant les vents, en barrent l'entrée, il faut que les vaiffeaux qui y entrent, fe tiennent le long du rivage, dans une efpèce de haufe qui joint le fauxbourg de la Ferté, & qui eft le feul lieu où ils puiffent être en fureté.

C'eft la difficulté & la variation de ces bancs, qui obligent les bâtimens qui veulent monter au-delà, de prendre des pilotes ou à *Saint-Valery* même, ou à Cayeux.

Comme ces obftacles ne font pas furmontables, & que d'ailleurs le port de *Saint-Valery* eft très-commode & très-avantageux pour tranfporter en Picardie, en Artois, en Champagne & à Paris, les marchandifes qui y abordent, non-feulement de tous les ports de *France*, mais encore de ceux de Hollande, d'Angleterre, de Suéde & de Hambourg; le commerce qui s'y fait, y attire tous les ans un grand nombre de bâtimens foit étrangers, foit François, qui y apportent ou qui y chargent, les uns les denrées du dehors & les autres celles du dedans.

C'eft furtout pour le commerce avec les Hollan-

dois, que le port de *Saint-Valery* a de grandes commodités, un bâtiment y pouvant venir de Hollande en vingt-quatre heures quand le temps eft favorable, & les marchandifes dont il eft chargé, pouvant être enfuite tranfportées en deux jours & demi à Amiens, & même en trois jours à Paris, fi l'on veut bien prendre fes mefures, & ne pas ménager les frais; commodité qu'on ne trouve pas dans celui du Havre.

Il faut obferver que le commerce de *Saint-Valery* à Amiens fe fait par le moyen des gribarnes ou bateaux, qui peuvent en tout temps remonter la Somme, cette rivière ayant la propriété de ne geler prefque jamais.

Lorfque la fortie des blés eft permife dans le royaume, il en fort beaucoup par *Saint-Valery* pour la Normandie & l'Angleterre; mais comme ce commerce n'eft pas toujours ouvert, les marchandifes que fes habitans envoyent ordinairement à l'étranger, font des fils de caret, des toiles à voiles, d'autres à emballages, des petites étoffes de laine ou laine & foie, fabriquées dans les manufactures de *Picardie*, particulièrement à Amiens & à Beauvais; des vins de Champagne & de Bourgogne, des indigos des ifles Françoifes, des fafrans de Gâtinois, plufieurs étoffes de foieries & autres fabriques du royaume, particulièrement de Lyon; enfin des harengs & des maquereaux falés.

De ces diverfes marchandifes, les unes font pour l'Efpagne & le Portugal, comme le caret, les toiles, & les petites étoffes de *Picardie*; les autres pour l'Angleterre & la Hollande, comme les vins, les foieries, l'indigot & le fafran; & les autres pour l'Artois, la Flandre & Paris, comme le poiffon falé.

Les marchandifes & denrées qui entrent par le port de *Saint-Valery*, & qui y viennent des autres ports du royaume, foit pour la confommation du pays, foit pour être diftribuées dans les provinces voifines, font des fucres des rafineries de Nantes, de la Rochelle & de Normandie; des favons de Toulon & de Marfeille; des vins & des eaux-de-vie de Bretagne, de la Rochelle, de Bordeaux & de Languedoc; des cidres du pays d'Auge; des miels bruns de Bretagne; des fels de Brouage pour la fourniture des greniers, des pelleteries de la Rochelle; & de la morue falée de la pêche de cette dernière ville, auffi-bien que de celle des Bretons & des Normands.

A l'égard des marchandifes que les vaiffeaux étrangers apportent à *Saint-Valery*, elles confiftent en cendres communes de Danemarck pour les blanchimens, en cendres ou potaffes de Hollande pour la fabrique des favons, en huiles de baleines & d'autres poiffons, en laines d'Efpagne & de la mer Baltique; en bois de Campêche, de Brefil, & en bois jaune pour la teinture; en morue falée & en harengs de la pêche des Hollandois, ou du moins qui paffent pour en être; en fromages de Hollande; en fers blancs & noirs de Hambourg;

en fers de Suéde & en aciers de Hongrie ; en fanons de baleine ; en bois & planches du Nord ; en divers outils d'Angleterre pour les taillandiers ; en drogueries & épiceries ; en draps & camelots de Hollande ; en suifs & beurres d'Irlande & d'Angleterre ; en charbon de terre ; en plomb, en étain, en couperose, en alun, en savons d'Alicante, en cuivre jaune de Hollande ; en quincaillerie & en corne à faire des peignes & des lanternes.

Toutes ces diverses marchandises étrangères ne sont apportées à *Saint-Valery*, que par les Anglois, les Hollandois, les Suédois & les Hambourgeois.

Le port de *Saint-Valery* est un des deux ports de *France*, fixés par divers arrêts du conseil d'état du roi, particulièrement par ceux des 8 novembre 1687 & 3 juillet 1692, pour l'entrée dans le royaume de diverses marchandises, denrées & manufactures venant d'Espagne, d'Angleterre & de Hollande, particulièrement pour les draperies étrangères. Ces marchandises sont :

Des camelots de Hollande de toutes sortes, aussibien que tous autres camelots de fabrique étrangère.

Des draps de même fabrique de toutes espèces & couleurs.

Des ratines drapées ou apprêtées en draps, des ratines frisées ; les unes & les autres de toutes largeurs & de toute fabrique étrangère.

Des serges de seigneur & serges façon Ascot, Cypres, Angleterre, Hollande & autres fabriques étrangères.

Des serges drapées façon de Florence, d'Angleterre & autres pays, blanches & teintes.

Des bayettes d'Angleterre simples ou doubles.

Des burails croisés & des burails de Flandres.

Des couvertures de laine grosses ou fines.

Des draps d'Espagne.

Des draps demi, appellés *de douzaine*.

Des draps d'Angleterre.

Enfin tous draps & étoffes de laine & de poil, ou draps & étoffes faits ou mêlés de laine, soie, fil, poil, coton, ou d'autres matières, de fabrique étrangère.

Des flanelles.

Des frises communes, des frises d'Espagne & de Flandre, des frises seches d'Angleterre ; des frises blanches appellées *de coton* : enfin toutes autres frises de fabrique étrangère.

Des frisons d'Angleterre.

Des lingettes.

Des molletons doubles, des crezeaux frisés ou unis.

Des penistons.

Des serges d'Écosse demi-étroites, blanches ou teintes, neuves ou vieilles, appellées *plaidins*.

Des serges de Londres, & toutes autres semblables serges d'Angleterre.

Des serges drapées de toute fabrique étrangère.

Des barracans.

Des ferlins,

Enfin les drogueries & épiceries, à la réserve des cires & des sucres. Mais il faut remarquer que c'est bien après la fixation de 1687 & 1692, que le port de *Saint-Valery* a été ajouté aux autres ports du royaume, qui avoient déja été marqués pour l'entrée desdites épiceries & drogueries.

Il y a à *Saint-Valery* aussi-bien qu'à Calais, un inspecteur du roi pour les manufactures étrangères.

Nous aurions pû placer ici le détail du canal de communication entre la Somme & l'Oise & dont le projet a été rendu public, pour faciliter le transport des marchandises étrangères du port de *Saint-Valery* jusqu'à Paris : mais on le trouvera dans ce Dictionnaire, au mot CANAL.

CALAIS, ville de *Picardie* dans le comté d'Oye, entre Gravelines & Boulogne. Son port est avec celui de Saint-Valery, le seul par lequel les draperies étrangères doivent entrer dans le royaume ; &, comme à Saint-Valery, on y a établi un inspecteur des manufactures pour en faire la visite à leur entrée ; de sorte que tout ce qu'on vient de dire à cet égard de cette dernière ville, est commun à *Calais. Voyez* le paragraphe précédent.

C'est pareillement une des villes par lesquelles, suivant l'article I. du titre III. de l'ordonnance des fermes de 1687, les drogueries & épiceries doivent entrer en *France*, soit par terre, soit par mer. Les autres sont Rouen, la Rochelle, Bordeaux, Lyon, & Marseille. Saint-Valery, comme on l'a dit ci-dessus, y a été ajouté depuis.

La situation de *Calais* qui n'est éloignée des côtes d'Angleterre que d'environ sept lieues, & où les vaisseaux de Hollande peuvent arriver en peu d'heures quand le temps est favorable, seroit très-commode pour entretenir un grand commerce avec les Anglois & les Hollandois, si son port n'étoit devenu très-périlleux pour avoir été long-temps négligé. Il est vrai qu'on a souvent proposé de l'achever & de le mettre en état de recevoir les plus grands bâtimens ; mais jusqu'ici cette proposition n'a point eu de lieu, quoiqu'on estime que la dépense ne pourroit guères aller qu'à quinze cent mille livres.

Du côté de la terre, *Calais* communique par des canaux à Gravelines, à Ardres, à Saint-Omer, à Dunkerque, & à plusieurs autres endroits de la Flandre Françoise & de l'Artois ; ce qui rend le transport des marchandises étrangères & Françoises qui y arrivent, très-aisé même jusqu'à Gand, & dans les autres principales villes des pays-bas Autrichiens.

Les difficultés du port de *Calais* en diminuent à la vérité beaucoup le commerce, mais elles ne l'empêchent pas tout-à-fait. Les bâtimens François y apportent des sels de Brouage, des vins & des eaux-de-vie de Bordeaux, de la Rochelle & de Nantes ; les Anglois, des beurres & des cuirs salés d'Irlande, qui se distribuent ensuite à la faveur des canaux, dans l'Artois & la Flandre Françoise.

Il faut avouer cependant que ce commerce est peu considérable, en comparaison du négoce secret que les marchands de *Calais* font sur les côtes d'Angleterre, soit en introduisant des étoffes de laine des fabriques de *France*, des galons d'or, des points & divers ouvrages des manufactures de Lyon, soit en tirant par le même moyen des laines Angloises, & d'autres marchandises qui y sont réputées de contrebande pour la sortie. On parle ailleurs de ce commerce indirect. *Voy.* dans ce Dictionnaire l'article du commerce d'Angleterre. *Voyez* aussi celui des laines étrangères.

Les habitans de *Calais* prétendent qu'on leur est redevable de l'invention du sorissage des harengs. Quoi qu'il en soit de cette prétention, il est certain qu'il ne s'y en fait plus présentement. *Voyez* à l'article du Hareng, ce qui concerne les pêches Françoises de ce poisson.

BOULOGNE, ou BOLOGNE sur mer, capitale du Boulonois. Le port de cette ville est petit & de difficile entrée, l'eau n'y montant guères que sept pieds dans la plus haute mer ; de sorte qu'il n'y peut entrer que des ballandes ou petites barques, tirant au plus cinq à six pieds d'eau.

Il n'y a pas même de rade à *Boulogne*, & le mouillage y est très-mauvais pour les vaisseaux un peu considérables, n'y ayant qu'un seul endroit à une portée de canon de terre au sud-est de la Tourneuve, où l'on soit en sûreté ; c'est aussi là où les pêcheurs & les bâtimens marchands viennent mouiller de basse mer, en attendant le flot dont il faut qu'ils se servent, pour entrer dans le port.

Le commerce du dehors ne consiste guères qu'en sels, en vins blancs & en eaux-de-vie qu'y apportent les bâtimens de Bordeaux, de la Rochelle, & de Nantes, & en cuirs salés d'Irlande qui y viennent sur de petits navires Anglois ; mais seulement des uns & des autres ce qu'il en faut pour la consommation du pays.

Son commerce du dedans est principalement du produit de ses différentes pêches, entr'autres du hareng & du maquereau salé. On estime que la vente de ces deux poissons, y compris ceux qui se salent à Saint-Vallery, qui n'y sont pas en si grande quantité qu'à *Boulogne*, peut aller par année commune, à plus de quatre cent mille livres. Ces poissons s'enlèvent pour la Flandre & pour l'Artois, mais le plus grand nombre vient à Paris.

La tisseranderie y est aussi assez considérable ; les toiles qui s'y fabriquent, sont fines & de bon usage.

Il y a à *Boulogne* des marchés tous les mercredis & les samedis de chaque semaine, & l'on y tient une foire franche tous les ans, qui commence le huitième novembre, & dure jusqu'au vingt-sept inclusivement.

La forêt à laquelle cette ville donne son nom, fournit de bon bois pour la charpente & pour le chauffage.

COMMERCE DE CHAMPAGNE, ET DE LA GÉNÉRALITÉ DE SOISSONS.

La proximité des deux *généralités de Châlons* & *de Soissons*, & la grande ressemblance de leurs productions naturelles, & des manufactures qui y sont établies, ont fait croire qu'il n'en falloit faire qu'un article.

Les terres de l'une & de l'autre sont fécondes en toutes sortes de grains, & particulièrement en bleds & en avoines. Leurs côteaux sont chargés de vignobles, qui produisent des vins excellens. On tire de plusieurs mines, du fer & de l'acier ; & de quelques carrières, des ardoises guères moins belles & aussi bonnes que celles d'Anjou. On y cultive des lins & des chanvres, dont on fait des toiles de toutes sortes ; & des fils, qu'on emploie en diverses manufactures de points & de dentelles.

Les pâturages y sont admirables, & l'on en peut juger par plus de seize ou dix-sept cent mille moutons ou brebis qu'on y nourrit, qui fournissent trois ou quatre millions de livres pesant de laine, & dont les abbatis d'une partie, aussi-bien que ceux du gros bétail, entretiennent quantité de tanneries & de mégisseries.

Enfin les rivières & les ruisseaux de ces provinces font travailler un très-grand nombre de forges, de fourneaux & de fonderies, pour le fer ; de martinets, pour le cuivre ; & de moulins, pour le papier : sans compter les prairies qui donnent les foins, qu'on conduit à Paris par la rivière d'Oise ; les forêts où se font les charbons, qui y vont aussi par la même rivière ; & les bois de chauffage & de charpente, qu'on y mène par celles d'Ourq, de Marne & de Seine.

Les lieux où se fait le plus grand commerce de grains, sont, pour le Soissonnois, *Soissons*, où les marchands établissent leurs magasins pour Paris ; Laon, la Ferre, Vervins, Coucy, d'où on les transporte en Thiérache & en Hainault ; & Beaumont, où les boulangers de Gonesse envoient acheter une partie des bleds, dont ils font cet excellent pain, dont ils fournissent Paris tous les mercredis & les samedis.

A l'égard de la *Champagne*, elle a ses marchés les plus considérables pour les bleds, les avoines, & les autres grains qui s'y recueillent, à Fisme, à Brême, à Chaulny, Noyon, Villers-Coterets, la Ferté, Château-Thierry, Châlons, Vassy, & Bar-sur-Aube.

Les vins de Reims, de Sillery, d'Hautvilliers, (que quelques-uns prononcent par corruption *Ovilé*) ; d'Espernay ; de Château-Thierry, sur-tout les premiers, & tout ce qu'on nomme plus précisément *vins de Champagne*, ont trop de réputation en *France* & dans toute l'Europe, où on les transporte, pour douter que le grand débit qui s'en fait, ne répande beaucoup de richesses dans les lieux où se cultivent de si excellens vignobles. Il y a encore

Ee

des vins dans plusieurs autres cantons de ces deux provinces, moins délicats à la vérité, mais cependant très-bons ; comme ceux d'Oxmery, Châtillon, Vertus, Dormans, en *Champagne* ; ceux de Laon, Guichy, Pargnaut & Coucy, dans le Soissonnois, dont les derniers se transportent en Picardie, en Flandre, en Hainault ; & les autres descendent à Paris, où il s'en fait une grande consommation pour les meilleures tables bourgeoises.

DÉTAIL DE TOUTES LES MANUFACTURES DES GÉNÉRALITÉS DE CHAMPAGNE ET DE SOISSONS.

Contenant les différentes espèces d'ouvrages qui s'y fabriquent, les endroits où on les fait, le nombre des maîtres qui y travaillent, & les lieux où ils se débitent.

DÉPARTEMENT DE L'INSPECTEUR des manufactures de Reims.

REIMS. Ville de *France* en *Champagne*. Cette ville si célèbre par la beauté de ses bâtimens publics ou particuliers, par les prérogatives de son église, & par le sacre de nos rois, qui a coutume de s'y faire, l'est encore beaucoup par son commerce : les principaux objets de ce commerce, sont diverses fabriques d'étoffes de laine, ou partie soie & laine : la chapellerie, la manufacture des couvertes de laine, la tannerie & la mégisserie, tant pour les cuirs forts que pour les petits cuirs ; enfin, la fabrique des toiles de diverses sortes.

Les étoffes que l'on fait à *Reims*, sont des étamines Dauphines, des razes de Maroc, des razes de Perse, des droguets, des serges façon de Londres, des serges razes qu'on nomme *cordelières*, & des draps façon de Berry.

Les laines qu'on emploie dans toutes ces différentes fabriques, sont partie étrangères & partie Françoises. Les étrangères consistent en quelques laines communes d'Espagne, comme les laines de Castille, les Ségoviannes, & quelques semblables ; on tire les Françoises de l'Auxois, du Berry, de Champagne, de Brie, du Soissonnois & de Picardie.

Quatorze cent métiers, & environ treize cent maîtres drapiers, sergers & étaminiers, travaillent à ces manufactures qui occupent outre cela quatorze tondeurs qui se servent de forces de Troyes & d'Orléans. Douze moulins à foulon, trois maîtres teinturiers du grand & bon teint, cinq autres du petit teint, un teinturier privilégié pour les écarlates, & quatre ouvriers qu'on nomme vulgairement *étaminiers bourgeois*.

Paris, Lyon, Rouen, Troyes & autres villes du royaume ; Liége, la Flandre & l'Italie, sont les lieux, soit du dedans, soit du dehors, où se débitent davantage des étoffes qui se fabriquent à *Reims*. Il

s'en vend aussi beaucoup aux quatre foires qui se tiennent tous les ans dans cette ville.

Il se fait aussi à *Reims* des étoffes tout de soie, qu'on nomme *bluteaux* ou *toiles à moulin*. Le produit de cette fabrique va jusqu'à dix-huit cent pièces, qui n'ayant qu'un quart de large, ne sont pas sujettes à la marque. Ils se débitent en Brie & en Picardie.

Les crêpes de soie façon de Lyon, jouissent pour la même raison de la même exemption. Il s'y en fabrique huit à neuf cent pièces. Les ouvriers en soie qui y travaillent, sont au nombre de vingt, qui ont chacun un métier. Leur débit est en Flandre & à Paris. Il se fait aussi à *Reims* des rubans de galon.

La fabrique des bas de soie & de laine, en fournit plus de six cent paires par an ; une douzaine de maîtres y font travailler. Il se fait aussi de la bonneterie dans l'hôpital de *Reims*, où il s'emploie jusqu'à cinq milliers de laines.

Les maîtres couverturiers y sont au nombre de seize ; les couvertures & les mantes qui s'y fabriquent, consomment les plits & autres mauvaises laines du pays. Elles se débitent sur les lieux.

Le produit de la chapellerie va année commune, à quinze mille chapeaux qui sont faits de laines d'agneaux de Brie & de Champagne : vingt-cinq maîtres chapeliers entretiennent cette fabrique. Les chapeaux se débitent dans la ville ou aux environs.

Le commerce des cuirs tant forts que menus, est très-considérable à *Reims* : douze mégissiers, huit corroyeurs & trois tanneurs, sont occupés à leurs apprêts. Les mégissiers font environ quarante mille peaux de moutons passées en blanc, dont on fait des gands & des pochés. Les corroyeurs apprêtent jusqu'à cinq cent douzaines de vaches & de veaux à la manière d'Angleterre ; & les tanneurs dont les tanneries sont très-fortes, y en ayant qui ont jusqu'à dix-huit fosses, y font à proportion autant de cuirs forts, qui ne sont pas moins estimés que ceux de Namur.

Enfin, il se fait à *Reims* une grande quantité de toiles de lin de trois quarts de large, & de chanvre de toutes largeurs. Près de cinquante maîtres tisserans, qui y sont occupés, ne travaillent guères que pour les bourgeois & pour leur usage. *Voyez aussi l'article des* FOIRES.

Cette ville est le chef-lieu d'un département d'un *inspecteur des manufactures*. Les villes & lieux qui en dépendent, sont Retel, Château-Portien, Château-Regnault, Charleville, Sedan, Donchery, Mouzon, Autrecourt, Revoy, Fismes, Damery, Châtillon, Dormans, Vertus, Sainte-Menehould, Suippe, Sompy, Ville-en-Tartenois, Routz, Perte, Sunville, Soissons, Laon, Pierrefons, Montcornet, Guise, la Fere, Chavry, Noyon, la Ferté-Milon, Neuilly, Saint-Front, Fere-en-Tartenois, Château-Thierry, Charly, Mont-Mirel, Orbaye, Saint-Martin-d'Ablois, & Bremes.

RETEL. On y fait environ quatre mille pièces

d'étoffes, des laines qu'on tire de Champagne, de Picardie & du Soiſſonnois. Les étoffes qu'on y fabrique, ſont des ſerges cordelières, des ſerges façon de Londres, des ſerges drapées, des étamines, des étametſ & des crêpons qui ſe débitent pour la plupart aux marchands de Reims. Cinquante facturiers y entretiennent plus de quatre-vingt métiers. Pour les apprêts, il y a quatre teinturiers & un moulin à foulon.

Les autres *manufactures* ſont la chapellerie, la tiſſerandrie, la mégiſſerie, la tannerie & la bonneterie. La bonneterie n'a que trois maîtres; la mégiſſerie, quatre; la chapellerie, ſept; la tiſſeranderie, vingt-ſix & près de cinquante métiers; & la tannerie autant que la mégiſſerie, ces deux dernières ne ſont que des peaux de brebis & de moutons. Les toiles de lin qu'on y fait, ſont de demi-aune demi-quart de large, celles de chanvre, de toute largeur.

Les chapeliers font juſqu'à quatre mille chapeaux par an.

CHATEAU-PORCIEN. On n'y emploie que des laines du pays dont on fait des ſerges larges, des étamines & des ſerges drapées. Le produit de ces *fabriques* va à cinq cent cinquante pièces, qui occupent trente-cinq métiers & autant de facturiers.

Le reſte, à la réſerve des toiles dont il s'y en fabrique peu, eſt à peu près comme à Retel pour la qualité des manufactures, mais non pour le nombre des maîtres qui eſt de la moitié moins grand.

MEZIÈRES. Neuf ou dix marchands de la ville ſoutiennent cette *fabrique*, & y font travailler une douzaine de métiers. Les apprêts s'y font par deux tondeurs & deux moulins à foulon.

Preſque toutes les teintures ſe font à Reims, à l'exception du rouge, pour lequel il y a un ou deux teinturiers à *Mezières*. Les étoffes ſont, diverſes ſerges, entr'autres des ſerges façon de Londres, des ſerges larges, des ſerges drapées, des ſerges à deux eſtains, & des cariſeaux : on n'y emploie que des laines du pays. Le produit des étoffes ne va qu'à cinq cent pièces.

Il s'y fait beaucoup de toiles de lin & de chanvre de toutes largeurs, mais ſeulement pour les bourgeois. Les tiſſerans ſont au nombre de dix-ſept, qui ont chacun un métier.

Huit bonnetiers, autant de chapeliers, & douze tanneurs, y font quantité de bas au tricot, & chapeaux & de cuirs : la fabrique des cuirs forts y eſt très-bonne.

Les points d'Angleterre & les angrellures y entretiennent & y occupent beaucoup de gens.

CHATEAU-REGNAULT. Il ne s'y fait que des points façon de Sedan & de Charleville, qui ſe vendent aux marchands de cette dernière ville, qui les envoient dans les pays étrangers. Les ardoiſes ſont auſſi une partie de ſon commerce.

CHARLEVILLE. Ville de *France en Champagne*, autrefois honorée du titre de ſouveraineté, qu'elle a perdu à la mort de Ferdinand-Charles, dernier

duc de Mantoue décédé ſans enfans. Cette ville eſt du département de l'*inſpecteur des manufactures* établies à Reims. La commodité de la Meuſe ſur laquelle *Charleville* eſt ſitué, lui procure un grand commerce avec ſes voiſins à qui elle envoie les différentes fabriques qui ſe font par ſes habitans, entre autres des étoffes, des armes à feu, des uſtenſiles de cuiſine, des ardoiſes, des dentelles, des tapiſſeries, de la clouterie, des cuirs de tannerie & de mégiſſerie, diverſes ſortes de toiles & autres ſemblables ouvrages & manufactures.

Il ſe fait peu d'étoffes de laine dans cette ville. Quelques années avant la mort de feu M. le duc de Mantoue, Ferdinand-Charles, qui en étoit ſouverain (1704) on parla d'y établir une manufacture de draps, ſur le pied de celles de Sedan. Le ſieur Pagnon qui en ſoutient préſentement une avec tant de réputation dans cette dernière ville, entra en traité avec les officiers du conſeil de ce prince en *France* pour cet établiſſement, mais des raiſons de politique en empêchèrent la concluſion.

La *manufacture des points & dentelles* y eſt très-conſidérable. On n'y emploie guères que des fils qui ſe font à Sedan, & qui ſont excellens: on en parle dans le paragraphe ſuivant.

Le débit des points ſe fait en Hollande & en Allemagne.

On peut auſſi regarder comme une *fabrique de Charleville*, celle des armes qui ſe font à une lieue de cette ville. Le ſieur Titon, garde des magaſins & cabinets d'armes de l'arcenal de Paris, en fit l'établiſſement ſous les ordres de M. de Louvois en 16....Il a depuis été continué & ſoutenu par les ſieurs Fournier; & c'eſt en partie cette célèbre manufacture qui en a fourni aux troupes Françoiſes pendant les longues guerres du régne de Louis XIV. Elle occupe près de deux cent ouvriers.

Les toiles, les chapeaux & les cuirs font le reſte de ſon commerce : cinq tanneurs & deux mégiſſiers ſont employés à ceux-ci; cinq chapeliers aux chapeaux & ſept ou huit tiſſerans aux toiles.

On a parlé ailleurs de ſa clouterie & de ſes ardoiſes. *Voyez* ces deux articles dans le Dictionnaire.

SEDAN, ville de *France* en Champagne. Quelque célèbre que ſoit cette ville par la régularité & la beauté de ſes fortifications, qui la font regarder comme un des boulevarts du royaume; on peut dire qu'elle l'eſt encore devenue davantage par la *manufacture des draps* qui y a été établie vers le milieu du dernier ſiécle (1665), & qui y a ſi parfaitement réuſſi, que la *France* n'envie plus à ſes voiſins ces étoffes qu'ils lui faiſoient acheter ſi cher.

On a traité amplement à l'article des *manufacturiers* & à celui des réglemens, de l'établiſſement des *fabriques de draps* dans la ville de *Sedan*, & de l'élection en corps de jurande, des ouvriers qui avoient appris leur métier dans la manufacture du célèbre M. Cadeau. On peut y avoir recours.

Préſentement les draps qu'on y fait conſiſtent en

draps façon de Hollande ; d'autres façon d'Angleterre ; & d'autres encore façon d'Espagne : ceux-ci font d'une aune & demie de large ; ceux d'Angleterre de cinq quarts , & ceux de Hollande d'une aune un tiers. On n'emploie aux uns & aux autres, que des laines d'Espagne , comme les laines de Ségovie , des Ségoviannes , des Albarasins , des Soris , & autres meilleures fortes.

La plupart de cette draperie fine se-fabrique dans les *manufactures* des marchands privilégiés ; c'est-à-dire , de quelques riches marchands de Paris , qui ont obtenu des lettres patentes pour en établir des *fabriques* à Sedan, tels qu'ont été & que font encore les fieurs Mignon , de la Mothe , Rouffeau , Pagnon & quelques autres. Le reste se fait par quelques maîtres drapiers de la ville. On observera en paffant qu'il ne fort guères que des draps noirs de la *manufacture* du fieur Pagnon.

Il n'y a point de marchands privilégiés qui ait moins de quarante métiers battans , y en ayant qui en font travailler jusqu'à foixante & dix. On compte que quarante métiers occupent près de huit cent perfonnes pour la façon & apprêt des draps , y compris les teinturiers, dont chaque *manufacture* a les fiens propres.

Le produit des *fabriques de draps fins* va à plus de trois mille cinq cent pièces , qui se débitent à Paris , Lyon , Rouen , Troyes , Reims , & dans toutes les grandes villes du royaume.

Les maîtres drapiers de la communauté de la ville vont ordinairement jufqu'à trente , qui entretiennent environ cent dix métiers , où l'on fait pour la plupart des draps communs.

La *fabrique des serges* est auffi très-confidérable à *Sedan* ; quatorze ou quinze maîtres fergers y font travailler plus de quatre-vingt dix métiers , qui , année commune , donnent au-delà de neuf mille pièces d'étoffes , qui se débitent à Troyes , à Reims , & en quelques autres lieux. Elles servent à l'habillement des troupes. Ces étoffes font des ferges larges , des ferges drapées , des ferges à deux estains , des ferges façon de Londres , & des éverfins , à la fabrique defquelles on se fert de laines de Berry , des Ardennes , de Champagne , de Brie , & de laines communes d'Espagne.

Quatorze moulins à foulon , mais qui ne travaillent pas toujours , faute d'eau , y font les apprêts du foulage & du dégraissage.

Les eaux y font excellentes pour la teinture ; il y croît quantité de drogues qui y font propres , particulierement de la gaude : auffi outre les teinturiers des *manufactures* privilégiées , il y en a encore cinq autres qui font indifféremment le grand & le petit teint.

Toutes ces *fabriques de lainage* y occupent un très-grand nombre de tondeurs.

Les points , que du nom de la ville on nomme *points de Sedan*, font fubfifter plufieurs milliers de perfonnes , tant au dedans qu'aux environs. Le débit

s'en fait en Hollande , en Pologne , en Allemagne , & dans le royaume.

On ne se fert guères dans cette *fabrique* que des fils qui s'apprêtent dans la *manufacture* que le fieur Quintin Courbe , marchand de Mons, a le premier établi à *Sedan*. Ces fils dont il se vend , année commune , environ quinze cent livres pefant, se tirent d'abord par le manufacturier , de *Sedan* même , de Picardie , du Soiffonnois & de Champagne : mais il les envoie blanchir en Hollande. Ils s'emploient presque tous aux points & dentelles qui se font à *Sedan*, à Mezières & à Charleville.

Les chapeaux & les cuirs qui s'y font, n'y font pas un grand objet de commerce.

Sedan a été long-temps du *département de l'inf-pecteur des manufactures* établies à Reims ; depuis on lui en a donné un particulier.

DONCHERY. Trente maîtres fergers & plus de foixante & dix métiers , y font par an environ quatorze cent pièces d'étoffes, qui font ou serges larges, ou ferges drapées , ou ferges façon de Londres. Les laines qu'on y emploie , font des laines de Berry, de Champagne & de Brie. Il y a deux moulins pour le foulage.

Les points & dentelles qui s'y fabriquent, font des mêmes fortes qu'à Charleville ; mais elles se font avec des fils de Hollande qu'on estime moins bons que ceux de la manufacture de Sedan. On les débite en Italie , en Allemagne & en Portugal.

Deux tifferans & deux chapeliers y font quelques toiles & quelques chapeaux , mais feulement pour les habitans.

MOUSON & AUTRECOURT. Les étoffes qu'on y fait , font des ferges drapées , des ferges façon de Londres , des ferges à deux estains ; elles font toutes de laine du pays ; les apprêts s'en font à Sedan.

Le nombre des pièces qui s'y fabriquent ne va guères qu'à cinq cent par an , & celui des fergers qui y travaillent , feulement à dix maîtres qui n'ont chacun qu'un métier. Elles se vendent fur les lieux , ou pour Reims.

Les autres *fabriques* font celles des chapeaux & des toiles ; douze ou treize tifferans travaillent à celles-ci , & quatre chapeliers aux autres ; mais tous , feulement pour le bourgeois. On y fait auffi de cette forte d'eau-de-vie de pepin , qui a été inventée fur la fin du 17e fiécle.

RENVOY. Presque tous les habitans de ce village qui n'est pas loin de Mezières , travaillent en bonneterie affez groffière. Le débit s'en fait , quelques-uns fur les lieux pour les troupes , quelques-uns pour les payfans des villages voifins , & la plus grande quantité pour la Lorraine.

FIMES. Cette *Fabrique* n'a que trois ou quatre facturiers qui font quelques ferges larges, des laines du pays. Le produit n'en va jamais que jufqu'à quatre-vingt-pièces, qui se vendent fur les lieux ou à Reims. Trois chapeliers , un tanneur & fix tifferans y font peu de chofe. Leurs ouvrages se confomment dans le pays.

DAMERY, CHASTILLON, DORMANS, VERTUS, ÉPERNAY. Il ne se fait par an dans ces cinq lieux, qu'une vingtaine de pièces de serges, par trois seuls sergers qui y sont dispersés ; sept tanneurs & quatre mégissiers y préparent assez considérablement de cuirs, les uns forts & les autres menus. La bonneterie y a huit maîtres, & la chapellerie trois ; plus de vingt-cinq tisserans y travaillent pour les habitans & les paysans.

On a dit ailleurs que le principal commerce de ces petites villes est en vins ; comme celui de Fismes, dont on vient de parler, est en grains. Le vin cuit que l'on fait à Vertus, est le meilleur de tous ceux qui se font en Champagne.

Les vins de Damery sont de la qualité de ceux d'Ay, qui n'en est pas éloigné.

SAINTE-MENEHOULD. On n'employe dans cette fabrique que des laines du pays, dont on fait des serges façon de Châlons, des serges drapées, des estamets & des frises. Le tout ne va, année commune, qu'à cinq cent cinquante pièces qui occupent dix-huit facturiers. Elles se vendent à Châlons.

Il s'y fait aussi beaucoup de toiles de chanvres qu'on recueille aux environs ; les quatorze tisserans & les vingt métiers qui y travaillent, ne le font pour la plupart, que pour les habitans.

Les ouvriers de différens métiers, sont, cinq tanneurs, un teinturier ; sept gantiers, six chapeliers & trois mégissiers.

SIUPPE. Cette fabrique est considérable. La communauté des sergers est au moins de cent maîtres facturiers, dont pourtant quarante seulement travaillent, qui entretiennent plus de soixante métiers. Toutes les étoffes se font de laines du pays ; elles consistent en éversins, en serges drapées, en serges rases & en frises. Plus de quinze cent pièces sortent de cette manufacture, qui se débitent à Troyes, Reims, Châlons & quelques autres lieux. Il y a trois tondeurs & un teinturier.

Les autres fabriques sont, des toiles, des chapeaux & des cuirs ; mais en petite quantité, n'y ayant qu'un tanneur, deux chapeliers, & quatre tisserans.

SOMPY. Les maîtres sergers actuellement travaillans, ne sont guères que dix ou douze, quoique la communauté soit composée de plus de vingt-cinq maîtres ; on y fait près de six cent pièces d'étoffes, partie serges drapées & partie serges rases à la façon de Châlons. Reims & Châlons sont les villes où elles se débitent.

VILLE-EN-TARTENOIS. Des serges larges, des pinchinats & des serges drapées, toutes de laines du pays, sont les étoffes qui s'y fabriquent. Il s'y en fait environ quatre cent pièces par an, qui se vendent à Reims aux foires de la province. Il y a quinze maîtres drapiers, tant dans le lieu, que dans les villages voisins : cinq seulement font fabriquer.

ROUTZ, PERTE, & SUNVILLE, sont trois villages auprès de Reims, où il ne se fait que des étamines blanches de laines du pays : ces étoffes, aussi-bien que celles de quelques autres villages qui n'en sont pas éloignés, où il s'en fait de mêmes qualités, sont visitées & marquées par les gardes jurés de cette ville, où elles se vendent pour étamines de Reims même. Le produit de toutes ces fabriques, passe deux mille pièces. Routz a près de trente ouvriers & autant de métiers ; Perte, dix ou douze ouvriers ; & Sunville, quatorze ou quinze qui n'ont chacun qu'un métier.

SOISSONS, capitale du Soissonnois. La fabrique des étoffes de laines y est peu considérable ; à peine s'y fait-il par an quinze pièces de serges, façon de Berry, où deux seuls maîtres travaillent, sur deux seuls métiers. Il y a cependant deux tondeurs, & autant de teinturiers ; mais les premiers ne tondent que des étoffes du dehors, & les autres ne teignent que pour les bonnetiers & les chapeliers du lieu.

La bonneterie y est assez bonne ; elle est entretenue, partie par neuf maîtres de la ville, & partie par les pauvres de l'hôpital, qu'un riche maître fait travailler.

La chapellerie y est encore plus forte, quoiqu'elle n'ait que six maîtres. Les chapeaux se font de laine d'agneaux du pays ; il s'y en fabrique jusqu'à trois mille cinq cent par an. Leur débit, aussi-bien que des bas, se fait sur les lieux & aux foires des villages voisins.

La tisseranderie y occupe environ trente tisserans, qui font, année commune, huit à neuf cent pièces de toiles.

Quatorze ouvriers en soie, qu'on nommeroit à Paris tissutiers-rubanniers, y font des bords de chapeaux, & des galons tout de soie, & d'autres galons fil & soie. Ils s'appellent passementiers.

Enfin, la tannerie ne consiste qu'en trois tanneurs, qui n'apprêtent que des petits cuirs, n'ayant pas réussi aux apprêts des cuirs forts qu'ils y ont tenté vainement plusieurs fois.

LAON, capitale du Laonnois. Nulle fabrique d'étoffes de laine dans cette ville ; ses autres manufactures sont des toiles, des bas, des chapeaux & des cuirs.

Les toiles sont de deux sortes, ou de lin, ou de chanvre, les unes & les autres des fils du pays ou des lieux voisins. Celles de lin occupent plus de trente tisserans & quarante métiers, & celles de chanvre autant de tisserans, mais un quart moins de métiers. Ces derniers sont de toutes largeurs ; les autres sont des toiles façon de Hollande de trois quarts de large, & des batistes ou touffettes de demi-aune un seize. Les tisserans s'y appellent des marquiniers.

Les bas se font, ou par les maîtres bonnetiers de la ville, qui n'y sont qu'au nombre de douze, ou par les pauvres enfans de l'hôpital.

La chapellerie fournit trois mille chapeaux & plus chaque année, dont la plus grande partie se débite sur les lieux.

La tannerie confiste en quatre tanneurs & deux mégiffiers.

PIERRE-PONS, bourg fitué dans le Valois. Il ne s'y fait point d'étoffes. Ses *fabriques* font des toiles de chanvres, & des fangles, des fils du pays. Les premières occupent neuf tifferans, les autres dix faifeurs. Celle des fangles eft très-confidérable ; elles fe vendent fur les lieux, auffi-bien que les toiles.

MONCORNET. On y fabrique des ferges, des ratines, des eftamets, des revêches & des ferges drapées, où l'on n'emploie que des laines du pays. Cette *manufacture* occupe vingt-cinq maîtres, trente-deux métiers ; fix tondeurs, un teinturier, & trois moulins à foulon. Les étoffes qui s'y font fe vendent fur les lieux, à Reims & dans le refte de la province. Deux tanneurs & deux chapeliers y font de la tannerie & de la chapellerie. Il s'y fait auffi des toiles par quatre tifferans, mais qui ne travaillent que pour quatre bourgeois.

VERVINS, FONTAINE & PLOUMIERS. Ces trois lieux fourniffent des draps communs & des ferges de la laine du pays ; dix-huit façonniers en font environ trois cent pièces ; deux tondeurs & deux moulins à foulon, donnent les apprêts à ces étoffes qui fe vendent fur les lieux à une foire qui s'y tient le jour de la Saint-André.

On y fait auffi quantité de toiles, des lins & des chanvres, qui fe recueillent aux environs ; celles-ci de toutes largeurs, celles-là de deux tiers de large : fix marquiniers & dix tifferans travaillent aux premières. Onze tifferans & treize métiers aux dernières. Les toiles de lin fe débitent à Saint-Quentin, celles de chanvre fur les lieux.

On y fait de la bonneterie, où une demi-douzaine de bonnetiers eft occupée.

A une lieue de *Vervins*, il y a un moulin à papier.

GUISE, dans le comté de Tierache. Il n'y a aucune fabrique de draperie, mais il s'y fait quantité de toiles de lin & de chanvre ; les premières font des batiftes & des toiles façon de Hollande, dont le débit fe fait à Saint-Quentin, d'où on les envoie en Italie & en Efpagne. Les toiles de chanvre fe vendent dans le royaume ; treize ou quatorze marquiniers travaillent aux unes, & une trentaine de tifferans aux autres.

On ne répétera pas ce qu'on a dit ailleurs des trente-quatre villages entre *Guife* & *Vervins*, où fe font la plupart des batiftes qui fe fabriquent en *France* ; on fe contentera d'ajouter que ces toiles occupent plus de deux cent vingt métiers. *Voyez* BATISTE.

Outre les toiles qui fe font à *Guife*, il y a auffi dans cette ville, de la chapellerie, de la tannerie, de la mégifferie & de la bonneterie. Trois chapeliers, quatre tanneurs ; fix mégiffiers & quatre bonnetiers foutiennent ces diverfes *fabriques*.

LA FERE. Point de manufacture de lainerie ; les toiles y font fur le même pied qu'à Guife : c'eft auffi à Saint-Quentin qu'elles fe débitent. Il n'y a

que quatre marquiniers, mais qui ont dix métiers. Les tifferans y font jufqu'au nombre de trente. On y prépare des cuirs.

CHAULNY. Comme à la Fere & à Guife. Dix-huit marquiniers & foixante tifferans y travaillent aux toiles ; même débit qu'aux précédentes. Le blanchiment n'y eft pas mauvais, & il s'y blanchit quantité de toiles, tant du lieu que du dehors.

Les autres *fabriques* font des treillis, des chapeaux, des cuirs & des bas ; ces trois dernières ont chacune trois maîtres.

NOYON. Nulles étoffes de laine, mais quantité de toiles de lin, partie demi-Hollande, de trois quarts de large ; partie truffettes de demi-aune un feize, & partie batiftes. Plus de vingt-cinq marquiniers travaillent à toutes ces toiles : elles fe vendent dans le lieu, & à Saint-Quentin.

Trente-trois tifferans y font auffi quantité de toiles de chanvre de toutes largeurs.

La tannerie y eft très-confidérable & très-bonne. Les cuirs qui s'y apprêtent font prefque tous cuirs forts qui fe débitent à Mons, à Valenciennes, & dans les provinces. Les maîtres tanneurs y font au nombre de plus de vingt-cinq.

La bonneterie a feize maîtres, fans compter les pauvres de l'hôpital qui font auffi quantité de bas.

Enfin, il s'y fait, année commune, fept mille cinq cent chapeaux, par neuf maîtres chapeliers, qui n'y emploient que des laines du pays.

VILLERS-COTTERETS, gros bourg dans le duché de Valois. Il ne s'y fait point d'étoffes, & fes autres *fabriques* font peu de chofes ; il y a cependant onze bonnetiers, deux mégiffiers, quatre chapeliers & huit tifferans, mais tous affez peu occupés : ces derniers ne travaillent que pour les habitans.

LA FERTÉ-MILON. Il s'y fait des laines du pays, quelques ferges façon de Berry, qui ne vont guères qu'à vingt-cinq pièces par an. Trois facturiers y travaillent. Il y a un moulin à foulon.

Les toiles au contraire, s'y font en affez grande quantité, & occupent près de quarante tifferans & autant de métiers. Celles de lin font de trois quarts & de deux tiers de large, & celles de chanvre de deux tiers d'une aune. On les fait de fils du pays.

Deux chapeliers, quatre tanneurs, deux bonnetiers & trois mégiffiers y font un affez bon commerce de chapeaux, de cuirs forts & menus, & de bas à l'aiguille.

Il s'y tient deux marchés par femaine, l'un dans la ville haute, l'autre dans la ville baffe.

NEUILLY-SAINT-FRONT. Il s'y fait douze ou quinze cent pièces d'étoffes par an, où l'on emploie des laines de Brie, de Champagne & du Soiffonnois. Leurs qualités font, des ferges façon de Berry & des ferges drapées de deux tiers de large. Trente fergers & autant de métiers foutiennent cette *fabrique* qui a deux moulins pour les apprêts du foulage & du dégraiffage.

Il s'y fait des bas, des chapeaux, des toiles & des cuirs ; des chapeaux & des cuirs en petite quan-

tité; des bas & des toiles davantage; les huit tisserans qui travaillent en toile, n'en font que pour les
habitans.

FERE EN TARTENOIS. Les étoffes de cette *fabrique* font des ferges larges, des ferges drapées,
& des ferges façon de Mouy, où il n'entre que des
laines du pays. Neuf facturiers, qui ont jufqu'à douze
métiers, en donnent, année commune, près de huit
cent cinquante pièces. Un moulin y fert aux apprêts
du foulage & du dégraiffage.

Dix-huit tisferans y travaillent pour les bourgeois;
huit maîtres y foutiennent la bonneterie; trois, la
chapellerie; & deux la tannerie.

CHATEAU-THIERY. Un feul facturier y fait environ vingt-pièces d'étoffes par an, partie ferges
larges, & partie ferges drapées, toutes de laine
du pays.

Six mégiffiers, quatre tanneurs & quatre bonnetiers y font un affez grand nombre d'ouvrages de
leurs métiers, & affez bons. Les tisferans font tous
feuls en plus grand nombre que tous les autres maîtres enfemble; mais ils ne font occupés que pour
les habitans.

CHARLY. Cette *fabrique* donne des ferges larges, des ferges drapées & des ferges croifées, toutes de laine du pays, qui fe débitent fur les lieux:
huit facturiers y travaillent, & il y a trois moulins
à foulon.

Il y avoit autrefois une belle tannerie, mais qui
eft abandonnée; la mégifferie y a encore deux maîtres, & la bonneterie autant; les tisferans n'y font
que fix, & encore ne font-ils des toiles que pour
le bourgeois.

Cinq fondeurs de cuivre y font affez occupés.

MONTMIREL, petite ville de *France*, où il y
avoit autrefois une manufacture de draps, établie
fous la protection de M. de Louvois, miniftre &
fecrétaire d'état, qui en étoit feigneur.

Les draps qu'on y faifoit avoient de la réputation, & étoient affez parfaits: on y en fabriquoit
de trois fortes, les uns d'une aune, les autres d'une
aune demi-quart, & les derniers de cinq quarts de
large: il n'y entroit point d'autre laine que de celle
d'Efpagne. C'eft préfentement peu de chofe.

Outre la *manufacture des draps*, il y a auffi
une *fabrique de ferges* larges d'une aune, de laines
du pays: cette dernière *fabrique* n'a qu'un facturier particulier pour la foutenir, ainfi il y a apparence qu'elle tombera.

On y fait pareillement quelques chapeaux, &
trois chapeliers en fourniffent plufieurs groffes qui
fe vendent fur les lieux.

La verrerie qui y étoit n'a pu fe foutenir.

ORBAY. Cette *fabrique* a des ferges larges, de
laine du pays; tout ce qu'en font les quatre facturiers qui y font établis, fe débite, ou fur les lieux,
ou aux foires des environs.

Deux chapeliers, un tanneur & fept tisferans y
entretiennent un commerce affez languiffant.

SAINT-MARTIN D'ABLOIS. On y fait des ferges

larges, des laines du pays, environ vingt-cinq pièces par an, qui fe vendent comme les précédentes:
trois métiers & deux facturiers y font occupés.

BREMES. Point de fabriques d'étoffes; mais quantité de *fabriques de toiles de chanvre*. Six maîtres
tisferans y ont près de cinquante métiers battans. Ces
toiles fe débitent à Reims, à Soiffons, & à *Bremes*
même.

Il y a trois chapeliers & deux mégiffiers.

Tous les lieux de *fabriques* dont on a parlé juf-
ques-ici, font du *département de l'infpecteur des
manufactures de Reims*; ceux qui fuivent, font
du département de Troyes.

Il fe fait, année commune, dans le département
de Reims, près de quatre-vingt-quatre mille pièces
d'étoffes.

On y emploie un million fept cent quarante mille
livres pefant de laines de la Champagne, de Brie,
du Soiffonnois & de Bourgogne; plus de cinq cent
trente mille livres de laines d'Efpagne, & au-delà
de cinquante mille livres de celles de Berry.

Les bonnetiers au nombre de cent quarante-cinq
& les chapeliers au nombre de cent vingt-quatre,
en emploient quatre à cinq cent mille livres du pays;
en forte que le total des laines, qui fe fabriquent
dans ce département, foit en étoffes, foit en chapeaux, foit en ouvrages de bonneterie, monte à
plus de deux millions huit cent mille livres.

Il s'y nourrit, tant brebis que moutons, quatorze
à quinze cent mille bêtes, qui fourniffent trois millions fept à huit cent mille livres de laine.

*Département de l'infpecteur des manufactures de
Troyes & de Châlons.*

CHALONS. Il s'y fait quantité de ferges rafes,
de ferges façon de Londres, des eftamets, des éverfins, des ferges drapées, & des étamines façon de
Reims. Ces dernières feules fourniffent au-delà de
deux mille cinq cent pièces d'étoffes par an; toutes
les autres enfemble en donnent environ deux mille.
Les laines qu'on emploie aux unes & aux autres font,
partie laines de Champagne, de Brie, du Soiffonnois & de Bourgogne, & partie laines d'Efpagne.
Trois cent vingt-cinq maîtres drapiers, & trois cent
trente-cinq métiers font occupés à la fabrique de
toutes ces étoffes, qui fe débitent à Paris, à Lyon,
en Champagne, dans le Soiffonnois, & en Flandres.

Il y a outre cela trente vingt-cinq métiers qui travaillent pour une *manufacture* que des
marchands drapiers de Paris y ont établie en conféquence de lettres-patentes.

Les étoffes qu'on y fabrique font pour la plupart
de même qualité que celles de Reims, avec cette
différence que celles de *Châlons* font toutes de laines, & que la chaîne de celles de Reims eft de
foie.

On fait auffi dans cette *manufacture* des ferges
façon de Londres, des ratines & des pinchinats; on
emploie aux unes & aux autres, felon leur quali-

té ; des laines primes-Ségovie, fin Albarafin, & autres laines d'Espagne, avec des laines de Berry, d'Auxois, de Champagne & de Brie.

Le produit de cette *manufacture* est à proportion aussi grand que celui des autres *fabriques*. Les étoffes s'en débitent par tout le royaume, à Liége & en Italie; les Liégeois sur-tout en tirent beaucoup, les trouvant fort à leur gré.

Les bonnetiers & les chapeliers n'y font qu'une communauté qui est composée d'environ seize maîtres.

On fait à *Châlons* quantité de toiles de lin de trois quarts de large, & de toiles de chanvre de toutes largeurs. Près de trente tisserans & plus de cinquante métiers sont occupés à la fabrique des toiles. Ce sont les bourgeois de *Châlons* & les marchands de Reims, qui les font travailler.

Vingt tanneurs apprêtent des cuirs forts & des peaux de vaches & de veaux. Trois mégissiers y font de la blanchirie.

VITRY, ville de *France* dans cette partie de la Champagne, que l'on nomme *le Perthois;* sa situation sur la Marne, qui commence à y porter bateau, lui facilite un assez grand commerce de bled, de vin, de bois & de charbon.

Les étoffes qu'on y fait sont des serges rases, des serges façon de Londres, des serges drapées, des droguets & des estamets. Les laines qu'on y emploie sont des laines de Champagne, de Brie & de l'Auxois.

Dix-sept maîtres & quarante métiers soutiennent cette *fabrique*, dont les étoffes se débitent sur les lieux, particulièrement aux cinq foires de cette ville qui sont assez considérables.

Il y a pour les apprêts trois moulins à foulon & deux tondeurs, & pour la teinture jusqu'à vingt teinturiers.

La *fabrique de galons* moitié soie & moitié fil, & des bords de chapeaux tout de soie, occupe plus de vingt maîtres passementiers; celle des cuirs a huit mégissiers & cinq tanneurs; & celle des toiles, soixante tisserans.

La chapellerie y est très-considérable, & onze maîtres chapeliers y font plus de huit mille chapeaux par an.

A l'égard de la bonneterie, elle est partagée entre les maîtres bonnetiers de la ville, & les pauvres de l'hôpital. Les bonnetiers y sont au nombre de douze.

SAINT-DIZIER. On estime cette ville très-propre à y établir une manufacture d'étoffes de draperie, l'eau étant bonne pour le foulage & le dégraissage, & s'y trouvant quantité de racines & de plantes nécessaires à la teinture.

Jusqu'à présent néanmoins il ne s'y est fait que quelques frises de laines du pays, dont la fabrique n'occupe que trois facturiers, & autant de métiers. Le peu qui s'y en fait se vend à ses trois foires; il y a aussi un moulin à foulon.

Pour compenser le peu d'étoffes qui se fait à

Saint-Dizier, la *fabrique des toiles* y est considérable, & il s'en fait de lin & de chanvre de toutes largeurs, où sont employés soixante métiers & autant de tisserans; les fils dont on les fait sont filés dans le pays.

Les chapeliers, au nombre de huit maîtres, font près de cinq mille chapeaux, année commune.

Les autres *fabriques* sont la bonneterie, qui a treize maîtres; la mégisserie, qui en a trois, & la tannerie, qui en a deux.

VIGNORY. Point de fabrique d'étoffes de laine, mais beaucoup de bonneterie, où presque tous les habitans, aussi-bien que ceux des villages voisins, travaillent : on n'y emploie que des laines du pays. L'apprêt de ces ouvrages occupe jusqu'à quatre fouleries, le débit s'en fait à Troyes.

JOINVILLE. La *fabrique des draperies* y est moins considérable qu'autrefois. Ses serges larges, ses droguets & ses boges, y occupent cependant encore sept ou huit drapiers sergers, neuf ou dix métiers, & un moulin à foulon. Les étoffes se débitent sur les lieux.

On y fait quantité de toiles de chanvre & de treillis avec des fils du pays ou des fils qu'on tire de Lorraine. Cette tisseranderie où travaillent environ soixante tisserans & autant de métiers, se vend partie dans la Lorraine & partie dans la province.

La bonneterie a sept maîtres; la chapellerie, six, & la tannerie, huit.

VASSY. Les droguets qui s'y font sont de laine du pays. Il y a plus de maîtres facturiers que de métiers, les premiers étant au nombre de treize ou quatorze, & les autres onze ou douze. La plus grande partie de ces droguets s'envoie en Lorraine, le reste se débite sur les lieux. Deux moulins à foulon y font les apprêts tant pour le dehors que pour le dedans.

Vingt-cinq à trente tisserans y font des toiles de chanvre de toutes largeurs; deux bonnetiers, des bas; trois chapeliers, des chapeaux; & huit tanneurs, des cuirs forts & menus.

Cette ville étoit autrefois célèbre par ses quatre foires; il y a déjà du temps qu'on a cessé d'y en tenir.

CHAUMONT EN BASSIGNY. Il se fait à *Chaumont* beaucoup de draps, de serges croisées, de boges & de droguets. De ces derniers, les uns sont entièrement de laine, & les autres laine & fil. On n'emploie dans toutes ces étoffes que des laines du pays.

La communauté des facturiers est de plus de vingt maîtres, mais il n'y a guères que seize métiers battans. Trois moulins à foulon & quatre teinturiers du petit teint, travaillent aux apprêts & à la teinture de ces étoffes, qui se débitent sur les lieux & dans diverses villes de la province, particulièrement à Troyes.

C'est dans les mêmes endroits & encore à Dijon, que se vend toute la bonneterie qui se fait à *Chaumont* en très-grande quantité, & qui y fait vivre
beaucoup

beaucoup de personnes. Plus de vingt-cinq bonnetiers forment une espèce de corps, mais dont les maîtres ne travaillent pas tous aux ouvrages de leur métier, y ayant parmi eux des fabriquans sergers & des chapeliers.

Les laines dont on fait cette bonneterie, sont partie d'Espagne & partie du pays, de la Bourgogne & de l'Auxois.

Plus de soixante & dix tisserans font des treillis, des toiles de lin & des toiles de *Chaumont*. Les treillis ont demi-aune demi-quart, & les toiles de lin, trois quarts de large ; pour les toiles de chanvre, elles sont de toutes largeurs : on ne se sert dans tous ces ouvrages que du fil du pays. Le blanchiment des toiles se fait à Troyes.

Cinq mégisseries travaillent en blancheries.

LANGRES, capitale du Bassigny. On n'emploie dans cette *fabrique* que des laines du pays, dont on fait des draps d'une aune, des serges de deux tiers, des boges & des droguets de demi-aune. Plus de vingt maîtres drapiers, six moulins à foulon, deux tondeurs & trois teinturiers du petit teint, soutiennent cette *manufacture*.

Les maîtres tisserans font également des toiles, des boges & des droguets ; avec cette différence qu'ils ne travaillent en toiles que pour les bourgeois, & en boges & droguets pour leur propre compte.

Les toiles de lin ont trois quarts de large, & celles de chanvre de toute largeur : elles sont les unes & les autres de fil du pays ; le blanchiment s'en fait à Hien ou à Troyes ; le dernier est le meilleur. On compte jusqu'à cent trente-cinq ou trente-huit métiers de tisserans, & plus de cinquante maîtres.

Les étoffes de laines & les toiles se débitent principalement aux cinq foires qui se tiennent tous les ans à *Langres*.

La coutellerie de cette ville est très-fameuse, & occupe jusqu'à quarante maîtres couteliers ; le commerce des cuirs entretient près de vingt tanneurs qui font des cuirs forts, & six ou sept mégissiers qui en font de petits.

Enfin, la bonneterie se partage entre les pauvres de l'hôpital & les maîtres bonnetiers de la ville ; ceux-ci ne font que trois.

BAR-SUR-AUBE. On n'y fait que des serges croisées d'une aune de large, qui se débitent sur les lieux & à Troyes ; elles sont toutes de laines du pays. Neuf facturiers, autant de métiers, deux moulins à foulon, & un teinturier du petit teint, font & apprêtent ces serges.

On croit cette ville fort propre pour l'établissement d'une manufacture pour diverses commodités qui s'y rencontrent, particulièrement pour les eaux qui sont très-bonnes pour le foulage & dégraissage des étoffes, aussi-bien que pour leur teinture.

On n'y fait que des toiles de chanvre, qui occupent plus de quinze tisserans & autant de métiers ;

elles se débitent sur les lieux aux quatre foires qui s'y tiennent, ou s'envoient à Troyes.

Les autres *fabriques de Bar-sur-Aube* consistent en papiers dont il y a un moulin, & en verres de cristal où l'on travaille dans quatre fourneaux.

Il y a aussi trois bonnetiers, quatre chapeliers, cinq tanneurs & deux mégissiers.

BRIENNE. Il se fait à *Brienne* des droguets & des boges de laines du pays, des toiles de chanvre de toutes largeurs, des fils qu'on fait aux environs, & de la bonneterie de même laine que les étoffes ; aussi-bien que quelques chapeaux.

Un seul facturier qui n'a même qu'un seul métier, travaille aux étoffes ; quinze tisserans aux toiles ; deux chapeliers à la chapellerie, & sept bonnetiers en bas. Tous ces ouvrages se débitent sur les lieux ; il va néanmoins à Troyes une partie des bas & des toiles : il y a un moulin à foulon.

DIENVILLE. Cette *fabrique* est considérable, & occupe près de trente facturiers & autant de métiers. Les étoffes sont des boges & des droguets de laines du pays ; ces derniers ont la chaîne de fil. Leur débit se fait en partie à *Dienville* même & en partie à Troyes.

Il s'y fait aussi des toiles de toutes largeurs, & quelques chapeaux.

LES GRANDES & PETITES CHAPELLES. Il y a dans ces deux villages qui sont très-voisins, plus de vingt-cinq facturiers & autant de métiers. Ils travaillent tous en serges façon de Mouy, où ils n'emploient que de la laine du pays.

TROYES. Ville de *France*, capitale du comté de Champagne sur la rivière de Seine. Cette ville est célèbre par le grand commerce & les richesses de ses habitans, aussi-bien que par la grande quantité de *fabriques* & de *manufactures* qui y fleurissent, & qui y entretiennent un nombre infini d'ouvriers.

Les principales de ces *fabriques*, dont quelques-unes lui sont particulières, sont des étoffes de laine, des satins lachinés façon de Turin, des satins façon de Bruges, des toiles de lin & de chanvre, des basins, des treillis, des coutils, de la bonneterie, de la chapellerie, de la tannerie, de la corroyerie, de la mégisserie, enfin de la pelleterie.

Les étoffes de laine consistent en serges drapées d'une aune de large, en sergettes de deux tiers, en droguets & en tiretaines ; ces derniers s'appellent aussi *serges de Saint-Nicolas* : on emploie à toutes ces étoffes partie laine du pays, & partie laine de Brie. Il s'en consomme environ cent vingt milliers.

La façon & l'apprêt de toutes ces laineries, occupent plus de soixante & dix maîtres facturiers, quinze tondeurs, quatre moulins à foulon, & deux teinturiers du grand teint ; outre une grande partie des tisserans en toiles, qui font les tiretaines & les droguets, dont la chaîne est de fil.

L'apprêt des étoffes qui se fait à *Troyes*, passe pour un des meilleurs du royaume ; quelques-uns même l'estiment entièrement parfait.

Ff

Toute cette draperie se débite, quelques-unes dans le royaume ; mais la plupart à l'étranger, particulièrement en Lorraine, en Flandres, & en Allemagne. Ce sont les marchands de *Troyes* qui en font le négoce, aussi-bien que de quantité d'autres qu'ils tirent de toutes les fabriques du royaume.

Il y a à *Troyes* dix auneurs en titre d'office.

Ceux qui font les satins, soit façon de Turin, soit façon de Bruges, se nomment *passementiers-ouvriers en soie* ; ils sont au nombre d'environ vingt-quatre maîtres & deux privilégiés. Depuis que la fabrique de ces satins qu'on avoit établie à Lyon, est tombée, celle de *Troyes* est demeurée la seule dans le Royaume. Ces étoffes sont composées de soie, de fil, & de coton ; les fils sont du pays.

Ce sont les tisserans qui fabriquent les toiles soit de lin soit de chanvre, les futaines, les basins, les treillis, les coutils & autres ouvrages de tisseranderie. On a remarqué ci-devant que ce sont eux aussi qui font les droguets & les tiretaines dont la chaîne est de fil. Les maîtres tisserans passent le nombre de trois cent. On peut juger de la quantité d'ouvrages qui sort de leur *fabrique*, par le produit du contrôle de leurs toiles, qui monte, année commune, depuis trente jusqu'à trente-cinq mille livres. Ils n'employent dans leurs ouvrages que des fils du pays.

Le commerce des cuirs de toutes sortes, est pareillement très-considérable à *Troyes*, & l'on y compte jusqu'à vingt-cinq tanneurs pour les gros cuirs, sept corroyeurs pour les vaches & les veaux, & douze mégissiers pour la blanchie.

La chapellerie a quinze maîtres, la bonneterie, dix ; & la pelleterie, autant.

On peut voir à l'article *des foires*, ce qu'on y dit des foires anciennes & modernes de la ville de *Troyes*.

L'aune de *Troyes* contient deux pieds six pouces une ligne ; conséquemment trente aunes de *Troyes* font vingt & une aunes de Paris.

Il y a à *Troyes* un *inspecteur des manufactures*, qui a dans les instructions la qualité d'*Inspecteur de Châlons & Troyes*. On peut voir ci-devant l'article *de Châlons* ; on y trouvera les lieux qui sont du département de cette inspection.

SAINT-JUST. Les étoffes qui s'y font, sont des serges drapées d'une aune de large, & quelques draps qu'on nomme *façon de Troyes*. Elles sont toutes de laine du pays, dont cette *Fabrique* consomme environ deux mille six cent livres. Six maîtres facturiers travaillent à ces étoffes, qui se dégraissent & se foulent à un moulin situé dans le voisinage.

ANGLURE. Cette *fabrique* n'occupe que deux maîtres facturiers, & ne consomme que sept à huit cent livres de laines du pays. Les étoffes qui s'y font, sont des serges drapées d'une aune de large.

SEZANE, en Brie. La draperie, la bonneterie, la tisseranderie, la chapellerie & l'apprêt des cuirs, sont les *fabriques* établies dans cette petite ville de Brie.

Sept ou huit maîtres facturiers font de la draperie où ils n'employent que des laines du pays, dont la consommation va à quinze cent livres pesan[t]. Leurs étoffes sont des serges drapées d'une aune & demie de large.

Les cuirs occupent quatre tanneurs & dix mégissiers ; la bonneterie, huit maîtres ; la chapellerie six ; & la tisseranderie, jusqu'à vingt-cinq. Il y a aussi un teinturier.

LA FERTÉ-GAUCHER. Il s'y fait environ cen[t] pièces d'étoffes par an. Ce sont des serges drapées façon de Berry d'une aune de large. Dix ou douze maîtres facturiers y travaillent.

LA FERTÉ-SOUS-JOUARE. Ce sont des serges drapées d'une aune de large. Sept ou huit facturiers fournissent à peine trente pièces d'étoffes.

PROVINS. Ville de *France* dans la province de Brie. Elle fait quelque commerce avec ses voisins par le moyen de la Vouse, qu'on a rendu navigable en la soutenant par des écluses. Ces marchandises que ses marchands envoient au-dehors, sont des blés, des vins & autres denrées & productions du cru du pays. Elle a peu de *fabriques*.

Il s'y fait quelques tiretaines, environ cent cinquante pièces par an.

L'on peut juger de la quantité de fer qui se tire de ces généralités, & des mines de ce métal, qui s'y trouvent, particulièrement dans celle de Champagne, par le nombre des forges, fourneaux & fonderies, qui y sont sans cesse entretenus. On y compte jusqu'à quatre-vingt forges : les fourneaux vont jusqu'à quatre-vingt-dix : & il y a seize fonderies, où il n'y a guères de sortes d'ouvrages de fer, qui ne se fabriquent.

Les principales forges du Soissonnois sont dans la forêt de Saint-Michel, qui est de l'élection de Guise. Le fer s'en débite à Reims, Amiens & Saint-Quentin.

Des forges de Champagne, celles des environs de Charleville sont les plus en réputation, à cause particulièrement de cette célèbre *manufacture d'armes* dont on a parlé ci-dessus. Ce sont aussi ces forges qui fournissent le fer nécessaire pour cette excellente clouterie de la même ville, qui ne cède à aucune autre de *France*, ni des pays étrangers.

Saint-Dizier est le lieu du plus grand commerce, pour le fer qui se fabrique dans les autres forges de Champagne.

Le papier qui se fabrique en Champagne, surtout aux environs de Troyes, & à une lieue de Vervins, est assez gros, & de différentes qualités qui peuvent néanmoins servir aux différentes impressions ; il y en a environ huit moulins dans la province.

Les autres productions & fabriques de Champagne & du Soissonnois consistent en alun, dont il y a deux mines considérables à Bourg & à Couvin ; en salpêtre, qui sert au moulin à poudre de la ville de la Ferre ; & en verre, duquel il y a plusieurs fours dans la forêt de la même ville & dans celle de S. Gobin.

C'eſt dans le château de Saint-Gobin, ſitué dans cette dernière forêt, que ſe fondent les glaces de grand volume, dont on parle à l'article *des glaces.*

Enfin, outre les forges, fourneaux & fonderies, dont on a ci-devant fait mention, il y a en divers lieux de ces généralités juſqu'à ſept platineries, quatre remaurends, & quelques martinets pour le cuivre.

COMMERCE DU LYONNOIS,
FOREZ ET BEAUJOLOIS.

Il ſe recueille très-peu de ſoie dans le *Lyonnois*, & cependant Lyon eſt un des lieux du monde où il ſe fait un grand commerce de cette riche marchandiſe.

Toutes les ſoies qui ſe tirent du Levant, de Perſe, de Meſſine, d'Italie, d'Eſpagne, &c. qui ſont deſtinées pour la *France*, doivent être conduites à Lyon, comme dans une eſpèce d'entrepôt; & c'eſt de-là qu'elles ſont envoyées à Paris, à Tours & dans les autres villes du royaume où il y a des manufactures de ſoirie; & où il ne ſe recueille point de ſoie.

Les productions naturelles de ces trois provinces, qui font partie de leur *commerce*, ſont:

1°. Les chanvres qui ſe recueillent dans la plaine du côté de la Saône, & dans celle du *Forez*. Cette dernière n'en produit que de petits, mais très-bons pour la marine. Les autres ſont beaux, hauts & fins, & s'emploient en toiles.

2°. Les vins, qui ſont aſſez eſtimés, ſur-tout ceux de Millery, à quatre lieues de Lyon.

3°. Le vitriol, le ſafran & la couperoſe.

4°. Le charbon de terre qui ſe tire près de Saint-Étienne en *Forez*, & qui s'y conſomme pour la fabrique des armes & autres ouvrages de fer, dont la *manufacture* eſt établie au même lieu.

On ne mettra pas au nombre des productions du cru de ces provinces, l'or, l'argent, le cuivre & le plomb, dont elles ſe vantent d'avoir des mines, étant toutes ou aſſez incertaines, ou tout-à-fait abandonnées.

Il a été établi dans le *Forez*, en 1722, des bureaux de la douane de Valence, parce que les voituriers qui conduiſoient des marchandiſes du Languedoc à Lyon, au lieu de ſuivre le Rhône & le Dauphiné, paſſoient par le Vivarez & le *Forez* pour ſe diſpenſer de payer les droits de ladite douane.

Le plus grand négoce de Lyon conſiſte en la fabrique des draps d'or & d'argent, & de toute ſorte d'étoffes de ſoie, comme velours, damas, ſatins, moires, taffetas, &c. où, année commune, il n'entre guères moins que pour onze millions de matières d'or, d'argent & de ſoie.

Le commerce de l'or trait & filé, y eſt auſſi très-conſidérable, s'y employant ordinairement par année, par les maîtres tireurs, eſcacheurs & fileurs d'or, pour mille marcs d'or, & cinq millions d'argent.

Les futaines & les baſins de Lyon, dont la fabri-

que y a été apportée de Milan en 1580; celle des rubans, établie à Saint-Etienne & à Saint-Chaumont; celle de toute ſorte de quincaillerie, qui ſe fait auſſi à Saint-Etienne; les fromages de Roche, qui ſe font en *Forez*, & qui ſe tirent de Roüanne pour Paris; les toiles du *Beaujolois*, qui ſe vendent dans les marchés de Tiſſy & de Damplepuis, paroiſſes de cette petite province; la librairie & la mercerie de Lyon; enfin, les diverſes qualités de papier, qui ſe fabriquent dans pluſieurs moulins & papeteries, ſont encore une partie conſidérable du commerce, qui ſe fait dans ces trois provinces, réunies dans une même généralité.

Après avoir donné cette idée générale du *commerce du Lyonnois*, *Forez* & *Beaujolois*, on va entrer dans un détail plus circonſtancié de celui de la ville de Lyon, qui a toujours été & qui eſt encore une des villes de *France* des plus célèbres, par la richeſſe & l'étendue de ſon négoce.

Commerce de la ville de Lyon.

L'on doit également le grand *commerce* de la ville de *Lyon*, & à ſon heureuſe ſituation, & au génie de ſes habitans pour les manufactures & le négoce, où ils ſe ſont toujours diſtingués.

À l'égard de la ſituation, quatre grandes rivières, ou qui l'arroſent, ou qui n'en ſont pas éloignées, lui fourniſſent de grandes commodités, & des voitures aiſées pour porter ſes marchandiſes, ſoit dans l'intérieur du royaume, ſoit dans les pays étrangers, ou pour tranſporter chez elle les retours qu'elle fait, & les marchandiſes qu'elle tire du dedans ou du dehors.

Ces rivières ſont, le Rhône, la Saône, la Loire & le Doux.

Par le Rhône, elle a communication avec le Dauphiné, la Provence, le Languedoc, & même avec la Guienne par le canal du Languedoc; & c'eſt par-là encore, que communiquant avec la Méditerranée, elle entretient ſon *commerce* avec l'Italie, l'Eſpagne & tout le Levant.

La rivière de Saône, dans laquelle tombe le Doux, lui ouvre la Bourgogne & la Franche-Comté, dont on gagne aiſément par terre, & par un trajet aſſez court, l'Alſace, la Lorraine & la Champagne.

Enfin, la Loire, qui commence à être navigable à Rouanne, à douze lieues de *Lyon*, lui facilite le commerce avec Paris, & toutes les provinces du cœur du royaume, & même lui peut donner part à celui que la *France* fait par l'Océan avec les nations des quatre parties de la terre.

D'ailleurs, la ville de *Lyon* étant dans le voiſinage de la Suiſſe & de la Savoie, il lui eſt aiſé de porter par-là ſon négoce dans une partie de l'Allemagne, dans le Piémont & dans les Milanés.

Le génie des Lyonnois, naturellement porté au commerce, a de tout temps profité des avantages de l'heureuſe ſituation de leur ville. Rome ne comptoit point encore la ville de *Lyon* au nombre de ſes alliés, que ſes habitans étoient déjà célèbres dans les Gaules par leur négoce. L'alliance des Romains augmenta ce négoce, & l'on a long-temps regardé la ville de *Lyon*, comme l'étape la plus célebre & le marché le plus fameux de l'empire Romain, & où les marchandises & les marchands se trouvoient en plus grande quantité.

Le *commerce* de la ville de *Lyon* eut le sort de Rome son alliée ; il tomba avec elle : mais plus heureuse que la capitale du monde, *Lyon* ne fut pas long-temps sans rétablir son crédit & son négoce, n'y ayant guères présentement d'endroits dans le monde où l'on puisse porter le commerce, dans lesquels ses habitans n'entretiennent des habitudes & des relations.

C'est aux Italiens que la ville de *Lyon* doit le rétablissement de son *commerce*. Cette nation née pour le négoce, & qui se vante d'en avoir appris aux autres nations toute la finesse, profitant de la langueur de celui des Lyonnois, vint d'abord le partager avec eux : mais ayant dans la suite obtenu de grands priviléges, & ayant fait de profits immenses, ils s'en emparèrent tout-à-fait. Ils devinrent pour ainsi dire, les maîtres de la ville ; ils s'y cantonnèrent par nation ; & on leur accorda même la distinction, de faire l'ouverture des paiemens en foire, qui se fait présentement avec une grande cérémonie par les prévôt des marchands, & échevins de la ville de *Lyon*, qu'on appelle aussi *le consulat*.

On remarque que le droit d'ouvrir les paiemens, appartint long-temps aux Florentins ; qu'un Génois l'eut ensuite, & après lui un Piémontois : mais les uns & les autres toujours avec commission du grand duc.

Les Suisses & les Allemans s'introduisirent aussi dans le *commerce* de la ville de *Lyon*, & y devinrent presque aussi puissans que les Italiens : mais les Lyonnois instruits par ces diverses nations, se sentant assez de forces, se passèrent enfin des uns & des autres ; & les priviléges accordés aux étrangers, ayant été d'abord modérés, & ensuite supprimés, tout le négoce resta entre les mains des François, qui en peu de temps le portèrent au point où il est présentement.

Le *commerce de Lyon* doit être considéré en deux manières ; l'une par rapport aux pays avec lesquels cette ville négocie, & l'autre par rapport aux différentes marchandises qui entrent dans son négoce. L'une & l'autre seront expliquées dans la suite.

Les nations étrangères, avec qui les marchands de *Lyon* font le plus de commerce, sont ; l'Espagne, l'Italie, les Suisses, l'Allemagne, la Hollande, l'Angleterre, les Génois & les marchands de Marseille, pour le Levant : enfin la Pologne. On va entrer dans le détail.

Peu de marchands de *Lyon* négocient directement en Espagne : le commerce qu'ils y ont, se fait pour la plus grande partie par l'entremise des Italiens, sur-tout des Génois ; & par cette voie le commerce des Lyonnois s'étend jusqu'aux Indes Espagnoles.

La dorure, les draperies des moindres qualités, les toiles, les futaines, le safran & le papier, sont les marchandises que *Lyon* envoye en Espagne. Celles qu'on en tire, sont des laines, des soies, des drogues pour la teinture, des piastres & des lingots d'or & d'argent.

On estime qu'il vient à *Lyon* cinq millions en or & en argent ; mais il n'y en a guères que la moitié, qui soit directement le retour des marchandises envoyées de *Lyon* en Espagne ; l'autre moitié y étant attirée de toutes parts, par le débit qui s'y en trouve sûrement à la faveur de l'affinage.

Les marchandises que la ville de *Lyon* envoie en Italie, & qui la plupart se fabriquent chez elle, montent, année commune, à six à sept millions ; & celles qu'elle en tire, au moins à dix millions. Cette balance paroît d'abord désavantageuse aux Lyonnois ; l'avantage du commerce restant ordinairement du côté de celui qui reçoit plus de retour en argent : mais cette maxime ne peut avoir lieu en cette occasion ; les *fabriques de Lyon* ayant absolument besoin des soies d'Italie & de l'argent d'Espagne, qui lui viennent par les Italiens à assez bon compte, & qui étant mis en œuvre par ses manufacturiers, lui produisent un profit, qui la dédommage bien de l'inégalité qu'il y a dans le nombre des marchandises qu'elle reçoit d'Italie, ou qu'elle y envoie.

Le *commerce de Lyon* avec les Suisses, se fait principalement avec les villes de Zurich & de Saint-Gal : il s'étend néanmoins jusqu'à Berne, à Basle, à Schaffouse & aux foires de Zurzach.

Toutes ces villes fournissent à *Lyon*, des soies & fleurettes fabriquées à Zurich, des toiles, des fromages & des chevaux : elles en tirent en échange beaucoup de draperies grossières, des chapeaux, du safran, des vins, des huiles, du savon, & de la mercerie. On prétend que tout ce que *Lyon* fournit à la Suisse, ne va pas à un million de livres par an ; & qu'au contraire, on en tire, année commune, pour plus de quinze cent mille livres, en toiles & en fromages ; & pendant la guerre, encore un million en chevaux ; en sorte que ce commerce paroîtroit plus onéreux qu'utile au royaume : mais on sçait que ces anciens alliés de la *France* sont considérés par des endroits plus importans, que celui du négoce.

Dans le commerce que les Lyonnois entretiennent avec plusieurs des plus grandes villes d'Allemagne, ils y envoyent les mêmes marchandises qu'en Suisse ; & encore des étoffes de soie or & argent & beaucoup de dorures : on y fait même passer tout ce qu'il y a de plus beau dans cette espèce ; les Allemands se piquant de goût & de magnificence pour la parure.

Ce commerce est très-avantageux à *Lyon* ; les envois des Lyonnois montant à plus de quinze cent mille livres ; & les retours ne montant pas au quart de cette fomme, en étain, en cuivre, en fer blanc, & en quantité de mercerie.

On tiroit autrefois de Nuremberg, beaucoup de faux trait : mais les nouveaux droits d'entrée, qu'on a mis fur cette marchandife, en a fait tomber le négoce, par rapport à la *France*.

Il faut remarquer, que les François vendent à crédit & les Allemands toujours au comptant.

Le plus grand commerce que la ville de *Lyon* faffe avec les Hollandois, confifte en remifes d'argent, & en négociations de lettres de change. Sa principale correfpondance à cet égard eft avec Amfterdam & Roterdam. Elle ne laiffe pas de tirer des draps de Leyden, & des toiles de Harlem.

Les marchandifes que l'on envoie de *Lyon* en Hollande, ne montent pas à cinq cent mille livres, en taffetas noirs, & en étoffes de foie, d'or & d'argent; encore ces envois font-ils bien diminués, depuis qu'ils ont imité nos manufactures. On y envoie auffi quelques fruits de Provence, & des graines de jardin de Languedoc.

On tient qu'il fe tire de Hollande pour *Lyon*, deux fois plus de marchandifes qu'il ne s'y en envoie.

Lyon fait auffi un affez grand commerce avec l'Angleterre, particulièrement avec les villes de Londres, d'Excefter & de Plimouth; avec Londres, pour fes draps; avec Excefter, pour fes ferges; & avec Plimouth, pour l'étain & du plomb. On en tire auffi des bas, quelque mercerie, du poivre, des drogues pour la teinture, comme noix de galle & bois de campêche; & quelquefois des foies; mais ce n'eft que quand toutes ces chofes manquent à Marfeille.

Les envois de *Lyon* pour l'Angleterre, font des taffetas luftrés, la plupart noirs; des étoffes de foie & des brocards d'or & d'argent. Le commerce des taffetas y eft fi bon, que fouvent en une feule foire de *Lyon*, il en fort pour plus de deux cent mille écus.

Les marchandifes de *Lyon* pour l'Angleterre, vont à trois millions de livres par an; & celles d'Angleterre pour *Lyon*, feulement à fept à huit cent mille livres; en forte que la balance de ce commerce eft d'un quart contre trois quarts, que les Anglois paient en argent, ou en lettres de change.

À l'égard du commerce de Levant, que les Lyonnois font par la voie de Marfeille ou de Gènes, on tient qu'ils y font intéreffés pour environ quinze cent mille livres par année.

Pour celui de Pologne, c'eft peu de chofe. Il y a cependant une fociété de marchands de dorure à *Lyon*, qui a un magafin à Varfovie : mais les étoffes qu'on y envoie, ne font que de médiocre qualité.

Le commerce que la ville de *Lyon* fait dans l'intérieur du royaume, n'eft pas moins confidérable que celui qu'elle entretient au-dehors avec les étrangers : mais fans entrer dans le détail, il fuffira de remarquer, que cette ville fe trouvant par fa fituation prefque au milieu de la *France*, & dans la route la plus aifée, elle fert, pour ainfi dire, à réunir le négoce des diverfes provinces, qui viennent y aboutir; & qu'ainfi non-feulement elle envoie de part & d'autre les marchandifes qui font comme de fon cru, & qui fe fabriquent dans fes *manufactures*; mais encore qu'elle enrichit fon *commerce* de toutes celles qu'elle raffemble, & qu'elle tire de quantité d'autres lieux; enforte qu'on y voit fans ceffe paffer les huiles & les fruits fecs de Provence; les draps, les vins & les eaux-de-vie du Languedoc; les faffrans de Guienne; les petites étoffes de Champagne; les toiles de Picardie, du Maine, de Normandie & de Bretagne; les bleds de Bourgogne, & les chapeaux de prefque toutes les manufactures du royaume.

L'on ne dit rien ici des quatre foires franches de *Lyon*, non plus que des paiemens en foires, qui rendent cette ville fi célèbre dans toute l'Europe, & qui y attirent tant de marchands, qui, pour ainfi dire, y viennent en refpecter la police & les ufages. L'on n'entre pas non plus dans le commerce des foies, dont *Lyon* eft comme l'étape générale par rapport à la *France*. Enfin, on omet tout ce qui peut regarder l'établiffement des bafins en *France*, qui ont commencé par *Lyon*; le grand commerce qui s'en faifoit, & la chute de ce commerce, par rapport aux Lyonnois; toutes ces matières devant être traitées plus convenablement ailleurs.

C'eft par la même raifon que l'on ne parlera pas pareillement, ni de l'affinage de l'or & de l'argent, qui fe fait à *Lyon* par quatre affineurs du roi, qui y attire une fi grande quantité de ces riches matières; ni du commerce de l'or filé, qui s'y fabrique mieux qu'en aucun lieu de l'Europe, & dont il fe fait de fi grands envois, tant au-dedans du royaume, qu'au dehors; ni de la communauté & du trafic des tireurs & efcacheurs d'or, qui font ce commerce.

Enfin, on fe contentera d'ajouter à ce qu'on a dit jufqu'ici du *commerce de Lyon*, qu'on eftime qu'il y entre environ pour onze millions de matières, tant foie, qu'or & argent, qui s'emploient dans les *manufactures* de cette ville : que la préparation de ces matières, & la façon des différens ouvrages qu'on en fabrique; montent à plus de trois millions : que la vente qui s'en fait, tant par les marchands de *Lyon*, que ceux des autres villes du royaume, qui les tirent d'eux, produit encore au-delà de trois millions : & que des dix-fept millions, & plus, qui compofent le total de ces trois fommes, les étrangers en paient bien environ le tiers; ce qui s'entend des temps de paix, & lorfque le commerce fleurit dans le royaume.

COMMERCE DE LA GÉNÉRALITÉ DE MONTAUBAN.

Il fe recueille dans cette *généralité* chaque année, depuis douze jufqu'à quinze cent quintaux de laines de toutes qualités, qui avec beaucoup de laines étrangères, font emploiées en diverfes manufactures.

DÉTAIL DES MANUFACTURES,
DES FOIRES ET DES MARCHÉS DE LA
GÉNÉRALITÉ DE MONTAUBAN.

MONTAUBAN, Ville de *France* dans le Quercy. Cette ville est célébre par le grand nombre de ses *foires*, & par le riche commerce que ses marchands font de leurs vins, des eaux-de-vie, & des autres productions du cru du pays, particulièrement à Bordeaux, où ils les envoient par les rivières qui l'arrosent ou qui en sont proches, & qui tombent dans la Garonne.

Montauban est le chef-lieu d'une *inspection des manufactures*, qui s'étend dans tout le Quercy & le Rouergue. Les principales villes, bourgs & lieux de ce département, sont Cahors, Gourdon, Souillac, Sigeac, Lectour, Réalville, Vicfesensac, Auch, la Bastide d'Armagnac, Segust, Mauvesin, Cornus, Beaumont-de-Laumagne, Saint-Clair-de-Laumagne, Mardebarres, Espalion, Villefranche, Rodez, Saint-Genier, Foix, Mazeres, Paniers, Milau, Saint-Aularis, Saint-Affrique, Saint-Cornon, Grenade, Saint-Girons, Tarascon, Saint-Gaudens, Mirande, Masseube, la Vallée d'Aure, dont Arreau est le principal village; Aspet, Castelnau de Maignouac, Saint-Antonin, Rieusmes, Lisle-Jourdain, Saint-Lis, Gimont, Montrejau, Montpesat, Caussade.

Il se fabrique dans cette ville & aux environs, une assez grande quantité de cadis, de cordelats, de rases de soies de diverses couleurs, qui sont assez belles & de bon user, & des serges; à l'égard des cadis, ceux qui s'y débitent, ne sont pas tous de la fabrique de *Montauban*, la plus grande partie y est apportée du Nebouzan & du voisinage des Pirénées, pour y recevoir l'apprêt, ce qui sert beaucoup à en fournir les magasins des marchands de cette ville & de ses fauxbourgs.

La plupart de ces étoffes descendent par le Tarn, sur lequel la ville est située, & ensuite par la Garonne à Bordeaux, & s'y débitent aux foires qui s'y tiennent deux fois l'année; l'autre partie se porte à Bayonne; & presque le tout se débite aux étrangers.

Ces diverses *fabriques*, tant de la ville que des fauxbourgs & de quelques villages voisins, occupent jusqu'à cent soixante maîtres & deux cent soixante métiers. Il y a pour les teintures sept ou huit boutiques considérables de teinturiers; & pour fouler les étoffes à qui cette façon est nécessaire, deux grands moulins sur le Tarn, avec chacun six pilles.

Il s'y fait aussi quantité de bons chapeaux & de bas au métier, qui comme les étoffes, se débitent à Bordeaux & à Bayonne. Outre ces marchandises, on voiture aussi par eau à Bordeaux, des vins, des eaux-de-vie, & sur-tout quantité de prunes en tonneaux, pour le compté des Anglois & des Hollandois, dont le produit, à ce que l'on prétend, va à plus de cent mille écus année commune.

La plus grande partie de tout ce commerce se fait par les marchands qui sont établis dans un des fauxbourgs appellé *Villebourbon*.

CAHORS. Il se fait dans cette ville qui est la Capitale du Quercy, des cadis & des serges. Vingt & un facturiers, & cinquante-huit métiers sont employés à ces deux sortes de fabriques, & trois maîtres teinturiers les mettent à la teinture; douze marchands en font tout le commerce. Il s'y fait en tout deux cent pièces de cadis, & presque autant de rases; outre environ trois cent pièces de ces dernières étoffes qui y sont envoyées des provinces voisines, & qui se débitent à ses *foires* & à ses *marchés*. Celles-là sont au nombre de quatre foires par an; & ceux-ci se tiennent deux fois la semaine, le mercredi & le samedi.

Ses vins lui sont aussi un assez grand objet de trafic, tant avec ses voisins qu'avec les étrangers.

GOURDON, en Périgord. Les *fabriques* de cette petite ville consistent en burats, en cadis, en grosses serges & en gros droguets. Elles n'occupent que quatre facturiers & huit métiers, & il ne s'y fait guères que cent pièces de toutes ces étoffes: il est vrai qu'il s'y en vend à ses *foires* deux ou trois cent pièces des provinces voisines. Tout ce négoce se fait par huit ou neuf marchands.

Ses *foires* qui sont assez bonnes, sont au nombre de six par chaque année; outre deux *marchés* par chaque semaine.

Il se fait aussi à *Gourdon* des chapeaux & des toiles.

SOUILLAC, en Quercy. Il y a une *fabrique de grosses bures* de huit à dix sols l'aune; il s'y fait aussi quelques chapeaux & quelques cuirs. Il y a cependant six *foires* par an & un *marché* tous les lundis, où il s'apporte des lieux & provinces voisines, une assez grande quantité de petites étoffes.

FIGEAC, Il n'y a point de manufacture à *Figeac*, mais il y a quatre *foires* par an, & des *marchés* les mercredis & les samedis, où il se vend environ six cent pièces d'étoffes, qui y sont apportées des provinces voisines.

LECTOURE, dans le comté d'Armagnac. Ses *fabriques* sont des bures, des rases, des serges, & de gros draps: on y fait quatre ou cinq cent pièces d'étoffes par an, qui occupent treize facturiers, vingt-six métiers & un seul teinturier. Cette ville a neuf *foires* assez considérables, & il s'y tient des *marchés* tous les mercredis & samedis.

RÉALVILLE, en Quercy. Ce sont les mêmes *fabriques* que Lectoure, avec pareil nombre de métiers; mais il y a jusqu'à vingt-huit facturiers. Ses *marchés* se tiennent tous les jeudis, & ses *foires* trois fois l'année.

VICFESENSAC. Toutes les étoffes qui s'y font, ne passent pas cent pièces par an; mais elle a onze *foires* & de bons *marchés*, où il s'en débite beaucoup du dehors. Celles du lieu occupent treize facturiers & dix-huit métiers; elles consistent en burats, en rouzets, en bures, en cadis, & en rases.

AUCH. Il se fait à *Auch* jusqu'à six cent pièces

d'étoffes de laine, qui se débitent à Toulouse. Elles consistent en rases plénières, ainsi nommées pour leur excellence; en cadis, en burats & en crêpons: quatre marchands en font tout le commerce. On y compte jusqu'à quarante facturiers & près de soixante métiers.

Sa chapellerie & ses tanneries sont assez bonnes. Quatre chapeliers & autant de tanneurs y travaillent.

Il s'y tient onze *foires* par an, & des *marchés* tous les mercredis & samedis.

La Bastide d'Armagnac. Cette *fabrique* étoit autrefois très-considérable; il s'y fait encore plusieurs sortes de petites étoffes de laine, qui en tout ne passent pas cent pièces par an.

Elle a trois *foires*, & des *marchés* tous les samedis, où il s'en débite quelques-unes qui viennent des lieux voisins.

Deux tanneurs y entretiennent quelque commerce de cuirs.

Segust, en Quercy. Il y avoit autrefois à *Segust* une fabrique de draps assez considérable, mais elle est entièrement tombée. Les autres étoffes qu'on y fait, sont des bures grossières, qu'on nomme autrement des *serges drapées*, & des *rouzets* qui sont aussi d'autres espèces de serges. A peine toutes ces *fabriques*, quoiqu'entretenues par dix-sept facturiers & vingt-deux métiers, fournissent-elles trente pièces d'étoffes par an. Il s'en marque aussi quelques autres à ses quatre *foires*, qui y sont apportées du dehors. Il y a *marché* tous les jeudis.

Mauvesin, dans le comté d'Armagnac. Les étoffes qui s'y font, sont des cadis, des rases, des droguets, des burats, & des crêpons. Il s'y en fait environ quatre cent pièces qui se débitent à Montauban, à Bordeaux & à Bayonne. Pour soutenir ces *fabriques*, il y a deux marchands, trente facturiers, autant de métiers, deux teinturiers, deux tondeurs & trois moulins à foulon. Les *marchés* s'y tiennent tous les lundis, & ses *foires*, six fois l'année.

Saint-Jean-du-Breuil. Il ne s'y fait que des cadis qui peuvent monter à deux cent pièces par an, qui se portent aux foires de Pezenas. Huit marchands, quinze facturiers, treize tisserans, & dix-sept métiers, soutiennent cette *fabrique*.

Il y a à *Saint-Jean-du-Breuil* trois *foires* par an.

Cormes. Il s'y fait des draps de couleurs, de différens prix. Les laines qu'on y emploie, sont deux tiers du pays, & un tiers du dehors. Il s'en consomme, année commune, cent cinquante quintaux, qui fournissent trois cent pièces d'étoffes qu'on débite aux foires de Pézenas & de Montagnac.

Il n'y a que huit marchands, cinq facturiers & dix métiers.

Beaumont-de-Lernaige. Ses *fabriques* sont des rases & de gros draps, dont il s'y en fait environ huit cent pièces qui vont à Pézenas, Bordeaux & Bayonne. Il s'y consomme cent soixante quin-

taux de laine, dont il n'y en a que soixante du lieu.

Les autres *manufactures* sont des chapeaux & des cuirs. La tannerie n'a que deux maîtres, la chapellerie en a quatre.

Ses *foires* sont au nombre de huit. Il y a *marché* tous les samedis.

Il ne faut pas oublier que pour les étoffes, il y a trente-deux facturiers, quarante-huit métiers, deux teinturiers & trois tondeurs.

Saint-Clar-de-Laumagne. Il ne s'y fait guères que cent pièces d'étoffes par an, qui occupent onze facturiers & quatorze métiers. Les étoffes qu'on y fait, sont des draps, des rases, des cadis, & des droguets.

La *fabrique* des bas y est aussi assez considérable; les laines qui s'y emploient à ces diverses *fabriques*, vont environ à cent quintaux par an; les autres *manufactures* sont des toiles & des coutils.

On y tient huit *foires* & de bons *marchés*.

Mardebarrés, en Quercy. Ce lieu est plus célèbre par ses *foires* que par ses *fabriques*. Il s'y fait pourtant des burats, des rases communes, des serges & des cadis; mais qui sont toutes pour l'usage de ses habitans.

Ses *foires* sont au nombre de sept.

Espalion. Les rases, les burats & les cadis qui s'y font, occupent treize facturiers, quinze métiers, & deux teinturiers.

Il s'y fait aussi quelques chapeaux & quelques cuirs. Les étoffes se vendent aux cinq *foires* qui s'y tiennent tous les ans.

Ville-Franche, en Rouergue. Les *fabriques* de cette petite ville, sont bien moins considérables qu'autrefois : il s'y fait néanmoins encore une assez grande quantité de bures appellées *Nadieu*, de bures communes, de crêpons, de serges, de frisons, & de burats, où sont ordinairement employés quarante à quarante-cinq tant sergiers que tisserans & tondeurs, six teinturiers & cinq foulonniers qui ont chacun un moulin. Quatorze marchands font le commerce.

Six autres marchands font celui du cuivre, dont il y a plusieurs forges & martinets aux environs de Ville-Franche.

Il s'y fait aussi des toiles.

Rodez, capitale du Rouergue. Cette ville a été autrefois assez célèbre par ses manufactures; celles qui y restent encore n'occupent plus qu'une douzaine, tant d'ouvriers faisant travailler, que de facturiers, sergiers & tisserans. Il y a aussi sept teinturiers & neuf moulins; mais la plupart des étoffes qui s'y font apprêtées, viennent du dehors.

Quatorze marchands en font tout le commerce. Les étoffes qui s'y font, sont des serges & des cadis.

Les chapeaux qu'on y fabrique, sont assez estimés. Cinq maîtres chapeliers y travaillent.

Ce qui donne aujourd'hui quelque réputation à la ville de *Rodez*, sont les quatre *foires* qui s'y tiennent dans l'année, où il se vend quantité de bestiaux & de denrées du pays; mais particulièrement celle de la mi-carême, où se fait la vente des mules & des mulets pour l'Espagne, où l'on prétend qu'il s'y en vend quelquefois pour plus de six cent mille livres.

SAINT-GENIEZ. Cette *fabrique* est une des plus considérables de toute la *généralité de Montauban*; & il en sort, année commune, plus de cinq mille pièces d'étoffes; celles qu'on y fait, sont des cordillats, des cadis, de petits baracans & des sergettes. Toutes ces étoffes se commandent & s'enlèvent par douze marchands de la ville, dont six font le négoce d'Italie; & six, le commerce du dedans du royaume.

Il y a dans toutes ces *fabriques* plus de soixante & dix facturiers marchands, quatre-vingt-dix métiers, six teinturiers, cinq tondeurs, & douze moulins à foulons.

Il se fait aussi à *Saint-Geniez*, des cuirs & des chapeaux; cinq maîtres travaillent à la tannerie, & deux seulement à la chapellerie.

FOIX, ville capitale du comté du même nom. On fait à *Foix* deux sortes de draps; les uns qu'on appelle *draps-forts* ou *durs*, & les autres qu'on nomme *draps doux*. Les autres *fabriques* sont des burats & des rases. Le nombre des pièces d'étoffes qu'on y fait, ne passe guères deux cent, année commune, à la fabrique desquelles on consomme environ deux cent quintaux de laine.

Il y a dans ces *manufactures* vingt-cinq facturiers, trente-deux métiers, deux teinturiers, & trois foulonniers. Quatre marchands y font tout le commerce. Il s'y fait aussi quelque négoce du cuivre, qui se fond & se prépare dans trois martinets, qui sont, aussi-bien que les moulins à foulon, sur la rivière d'Auriege. Il y a aussi des forges pour le fer.

Il y a quatre *foires* par an, & trois *marchés* par semaine.

MAZÈRES. Il y a une *fabrique d'étoffes* peu considérable; les eaux y sont cependant extrêmement bonnes pour la teinture & pour le dégraissage.

Il s'y tient *marché* tous les jours, & quatre *foires* par an.

PAMIERS. Les *fabriques* y sont de cadis, de rases, de burats, de crépons, de bas & de bonnets; les laines qui s'y emploient, vont à deux cent quintaux, dont il n'y a que le quart provenant des toisons du lieu.

Le nombre des étoffes qu'on y fait, ne passe guères, année commune, trois cent pièces, auxquelles travaillent vingt facturiers, trente métiers, deux teinturiers, & deux foulonniers. Il y a dix marchands.

Quatre *foires* s'y tiennent tous les ans, & trois *marchés* par semaine.

MILLAU. Cette *fabrique* donne depuis trois cent jusqu'à quatre cent pièces d'étoffes par an, qui sont

des draps communs, des serges croisées, des cadis, & des serges communes. Elles sont toutes faites des laines du pays, qui sont assez bonnes, & dont il se recueille plus de deux cent quintaux.

La fabrique & les apprêts de ces étoffes occupent neuf facturiers, seize métiers, trois teinturiers, & quelques moulins à foulon.

Neuf ou dix marchands font tout le commerce de la ville.

La chapellerie & la tannerie y sont considérables; elles sont soutenues par six chapeliers & six tanneurs.

SAINT-AULARIS, en Rouergue. On n'y fait que des draps communs, où l'on emploie deux cent quintaux de laine, qui peuvent produire pareil nombre de pièces d'étoffes. A *Camares* même *fabrique*.

Tout ce qui s'y en fait se porte aux foires de Pézenas & de Rodez.

SAINT-AFFRIQUE, en Rouergue. Sa *manufacture* ne consomme pas plus de laine que la précédente; avec cette seule différence qu'elle vient presque toute du dehors, ne s'en recueillant guères sur le lieu, que vingt à trente quintaux. Les étoffes qu'on y fait, sont des draps communs, des cadis & des rases, qui, comme celles de Saint-Aularis, se débitent à Rodez & à Pézenas.

SAINT-CERNIN, en Rouergue. Le produit de cette *fabrique* ne va qu'à deux cent cinquante pièces d'étoffes par an; la plupart, draps qui sont assez beaux & assez bons; le reste consiste en ratines, en cadis, en bayettes & en rases. Il s'y emploie deux cent quintaux de laines, dont il n'y en a que trente du pays.

Sept marchands drapiers en font le négoce, & ceux qui y travaillent, sont cinq facturiers, cinq tondeurs, deux teinturiers & quatre foulonniers. Il n'y a que neuf ou dix métiers.

La fabrique des chapeaux y occupe cinq maîtres chapeliers.

Il y a cinq foires par an.

GRENADE, en Gascogne. Il s'y fabrique trois cent pièces d'étoffes; & il s'y en apporte d'ailleurs, environ deux cent pièces; celles qui s'y font, sont des cordelats, des serges façon de seigneur, des serges communes, des rases & des cadis. Les laines qui s'y consomment, vont, année commune, à trois cent quintaux.

Cinq facturiers & un tondeur soutiennent cette *fabrique*, & occupent environ dix métiers. Deux seuls marchands en font le négoce. Il s'y fait quelques chapeaux par trois maîtres chapeliers; & très-peu de cuirs par un seul tanneur.

Il y a deux *foires* par an, & un *marché* tous les samedis.

SAINT-GIRONS, dans la haute Gascogne. Les étoffes qui se fabriquent à Saint-Girons, sont bonnes pour le commerce d'Espagne. Il s'y en fait environ mille pièces, qui sont ou des cordelats, ou des rases de toutes qualités & largeurs. Le débit s'en fait ordinairement à Bordeaux & à Toulouse. On y compte trente-cinq à quarante facturiers, autant de métiers, un teinturier, & quelques moulins à foulon. Il n'y a que trois marchands qui en font tout le négoce.

Ce lieu est très-commode pour des manufactures des étoffes de laine, à cause que les eaux y sont très-bonnes pour le dégraissage & la teinture.

Il s'y fait une très-grande quantité de bas; un mémoire dit cent paires par jour, ce qui n'est pas vraisemblable.

Trois tanneurs y apprêtent de gros & menus cuirs; mais toute la chapellerie ne consiste qu'en un seul maître.

Un moulin à papier en fournit d'assez bon suivant les espèces qu'on y en fabrique.

Quatre forges donnent du fer; & quelques martinets, du cuivre.

Ses *foires* sont au nombre de six par an, & ses *marchés* trois par semaine.

TARASCON, dans le haut Languedoc. Il se fait dans cette ville jusqu'à sept cent pièces de burats & de cordelats, où l'on emploie environ trois cent quintaux de laine; le débit s'en fait à Bordeaux, Toulouse & Montauban. Les métiers y sont au-dessus de vingt, & occupent dix facturiers & leurs compagnons; mais toute la chapellerie, deux teinturiers & trois tondeurs. Il y a deux moulins pour le foulage des étoffes.

Dix ou douze marchands y font tout ce commerce.

Il y a aux environs jusqu'à trente-sept forges qui fournissent quantité de fer.

CARLAT, dans le haut Languedoc. Il s'y fait des serges rases & des cadis, mais en petite quantité.

SAINT-GAUDENS, en Gascogne. C'est la plus forte *fabrique* de toute la généralité: elle fournit, année commune, vingt mille pièces de rases, de burats, de cadis & de cordelats, & même souvent beaucoup davantage, quand le commerce est ouvert avec l'Espagne, pour laquelle ces étoffes sont propres.

Ces diverses *fabriques* occupent près de cent facturiers, plus de deux cent métiers, quatre teinturiers, & deux moulins à foulon. Les eaux y sont bonnes pour la teinture & pour le foulage.

Il y a deux *marchés* par semaine.

MIRANDE, en Gascogne. Il n'y a aucune fabrique d'étoffes, mais seulement une *fabrique de bas*, où s'emploient environ trente quintaux de laine qui se recueillent dans son territoire.

MASSEUBE. C'est peu de chose; à peine s'y fabrique-t-il pour deux cent livres d'étoffes par an: aussi n'y emploie-t-on guères que la laine du pays, qui ne monte qu'à quatre ou cinq quintaux.

LA VALLÉE D'AURE, contrée de *France* dans le voisinage des Pyrénées. Cette vallée contient grand nombre de villages, dont celui d'Arreau est comme le chef-lieu pour le commerce.

La vallée d'Aure fournit jusqu'à vingt mille pièces de cordelats où travaillent environ cent facturiers sur autant de métiers: il y a pour le foulage & le dégraissage, cinq moulins à foulons. On

Commerce. Tome II, Part. I.

accuse les facturiers de cette vallée de tirer trop leurs cordelats, qui perdent ensuite à l'user, de leur longueur ou de leur largeur.

POUR LES ÉTOFFES QUI SE FABRIQUENT DANS LES VALLÉES D'AURE ET AUTRES LIEUX CIRCONVOISINS.

Les quatre *vallées d'Aure* sont situées au pied des Pyrénées; dans le voisinage sont Nestes, Barousses, Magnrac, Neboufant, Saint-Gaudens, Valentine, & quelques autres; partie dans l'intendance de Languedoc, & partie dans celle de Guienne. Les *fabriques* qui y sont établies, sont différentes sortes de cadis, de rases, de burats, de fleurets & de cordelats, toutes étoffes à la vérité assez grossières, mais dont néanmoins il se fait un débit assez considérable, en Espagne & autres pays étrangers.

Il y a à ARREAU, qui est le principal village de la vallée, trois *foires* par an, & un *marché* tous les jeudis.

ASPET, dans le Commingeois. Cette *fabrique* a quarante facturiers, soixante & cinq métiers, & deux moulins à foulon. On y fait par an deux mille pièces d'étoffes, qui s'envoient aux *foires* de Toulouse & de Montauban. On y consomme, année commune, cinq cent quintaux de laine. Ses étoffes sont des serges, des rases & des cadis.

MURET. Il s'y faisoit autrefois les mêmes étoffes qu'à Aspet. Cette fabrique est maintenant abandonnée.

CASTELNAU-DE-MAIGNOUAC, en Gascogne. Il en est presque comme de Muret, un seul facturier y fabrique quelques étoffes. Ce qui soutient son commerce, sont trois *foires* qui s'y tiennent tous les ans, & un *marché* tous les samedis.

Le peu d'étoffes qui s'y fait, se marque à Masseube.

SAINT-ANTONIN, en Rouergue. Trois marchands drapiers soutiennent cette *fabrique*, où il se fait une assez grande quantité de serges façon de Seigneur, de rases, de barracans & de cadis, qui occupent une trentaine de facturiers, trois teinturiers, & six foulonniers.

Les toiles de chanvre y sont aussi un objet de commerce assez considérable, où plusieurs tisserans sont employés.

Un moulin à papier y fait plusieurs sortes de papiers pour l'imprimerie & l'écriture.

On y fait un assez grand négoce de prunes sèches qui sont renommées pour leur grosseur.

RIEUSMES. Un seul facturier y soutient encore la fabrique d'étoffes; mais sans ses quatre *foires* où il se vend beaucoup de bleds; elle ne mériteroit pas qu'on parlât de son commerce. Elle a aussi un *marché* tous les jeudis.

L'ISLE-JOURDAIN. Ce lieu n'est renommé que pour ses *foires*; il s'y tient sept par an.

SAINT-LYS. Il n'y a aucune manufacture; il s'y fait néanmoins quelque commerce d'étoffes, que quatre ou cinq marchands y rassemblent. Il s'y tient deux *foires* par an, où il s'en vend aussi. Il y a pareillement un *marché* tous les samedis.

FRA

GIMONT, en Gafcogne. Ce lieu a beaucoup perdu de fa réputation pour le commerce; il s'y fait cependant encore des rafes & des cadis, qui vont à deux cent pièces par an. Les laines qu'on y emploie, font partie du pays, & partie du dehors : des cent cinquante quintaux qui s'y en confomment, le pays n'en fournit guères que vingt-cinq.

Cette *fabrique* qui eft foutenue par trois ou quatre marchands drapiers, fait travailler vingt-cinq métiers, & a dix-neuf faéturiers, quatre tondeurs & un teinturier.

Les autres *manufaétures* confiftent en chapeaux & en couvertures. Il y a deux maîtres chapeliers pour les chapeaux, & quatre couverturiers pour les couvertures, qui en font du prix, depuis huit jufqu'à quatorze livres pièce.

MONTREJAU. Ce lieu étoit autrefois très-confidérable pour fon négoce; & la commodité de fes eaux, excellentes pour la teinture & le dégraiffage des étoffes de laine, y avoit affemblé quantité d'ouvriers. Il y en a peu préfentement, qui pourtant y font toujours des cadis, des rafes & des burats, mais en petite quantité. Ce qui lui refte de commerce un peu diftingué, confifte en bas qui font fort eftimés; en cuirs & en chapeaux. La tannerie a douze maîtres tanneurs; & la chapellerie, deux maîtres chapeliers.

Quatre *foires* par an y attirent un affez grand concours de marchands; mais les étoffes qui s'y débitent, font plus du dehors que des *fabriques* du lieu: il y a auffi un très-bon *marché* tous les lundis.

MONPESAT, dans l'Agenois. Ses *fabriques* font des cadis, des rafes & des droguets. Il s'y en fait environ deux cent pièces qui fe débitent à Montauban; auffi-bien que cent autres pièces de gros draps, que les marchands drapiers de la ville, qui font au nombre de quatre ou cinq, font venir d'ailleurs.

Il y a vingt-trois métiers & douze faéturiers; les laines qui s'y emploient, font plus du dehors que du pays, ne s'y en recueillant guères que trente-cinq à quarante quintaux.

CAUSSADE, en Quercy. La *fabrique* eft confidérable, & il s'y fait, ou s'y débite, année commune, jufqu'à quatre mille pièces d'étoffes, qui prefque toutes, au moins pour celles qui fe font dans cette ville, font de laine étrangère, le territoire de *Cauffade* n'en fourniffant que vingt, ou au plus trente quintaux.

Cette *fabrique* occupe dix métiers, fept faéturiers, un preffeur qui eft auffi teinturier, & un foulonnier.

Cinq maîtres chapeliers y font une affez grande quantité de chapeaux; & deux tanneurs, quelques cuirs forts, & beaucoup plus de menus.

Ce qui caufe le grand débit d'étoffes qui fe raffemblent des environs à *Cauffade*, font les *foires* qui font au nombre de huit par an, & qui font des plus célèbres du Quercy.

Toutes les étoffes qui fe font dans la généralité de Mautauban, peuvent aller, bon an, mal an, à près de foixante mille pièces.

COMMERCE DE GUIENNE, ET DE SA GÉNÉRALITÉ.

On va d'abord donner une idée générale du *commerce* de cette riche province; fe réfervant d'entrer dans un plus grand détail, en parlant du commerce particulier de Bordeaux & de Bayonne, qui en font les villes les plus importantes, & où il fe fait le plus grand négoce, foit par rapport à l'étranger, foit par rapport à celui du dedans du royaume.

Le commerce de la Guienne eft très-confidérable, particulièrement pour les vins & les eaux-de-vie. Il s'y en peut charger en temps de paix, & quand les années font abondantes, guères moins de cent mille tonneaux, dont l'éleétion de Bordeaux fournit une partie; & l'autre fe recueille & fe brûle dans l'éleétion de Condom, dans l'Agénois, dans la généralité de Montauban, & dans le Languedoc.

Les autres marchandifes du ctu de la Province, que les Anglois, Hollandois, & les nations du Nord enlèvent, outre les vins & les eaux-de-vie, font, des prunes, du vinaigre, de la réfine, des châtaignes, de l'huile, des fruits frais, & autres denrées femblables.

La pêche de la morue, celle de la baleine, & les envois aux ifles Antilles, de Cayenne & de Saint-Domingue, font encore une des principales parties du *commerce de la Guienne*. Ce commerce eft prefque entièrement entre les mains des marchands de Bordeaux & de Bayonne: & c'eft encore les habitans de ces deux villes, comme on le dira plus bas, qui font tout le négoce que la province entretient avec l'Efpagne, particulièrement avec la Navarre, l'Arragon & la Bifcaye.

La *Guienne* fournit auffi pour le commerce, quantité de fer & de cuivre, ouvrés, ou non ouvrés; beaucoup de papier, & raifonnablement de chanvre.

On cultive quantité de chanvre aux deux Tonneins, & en quelques endroits, le long de la Garonne & du Lot.

Il ne fe recueille dans toute la province qu'environ foixante-quinze milliers de laine; & c'eft de ces laines, avec quelque peu de celles de Poitou, qu'eft fait tout ce qui s'y fabrique de lainerie.

La généralité de Bordeaux eft compofée de fix éleétions qui font prefque autant de pays différens, & dont par conféquent le commerce ne fe reffemble point. Les vins & les eaux-de-vie en font pourtant le principal commerce; mais en particulier l'on peut dire que ces deux marchandifes font prefque le feul revenu de l'éleétion de Bordeaux.

Il s'en recueille auffi beaucoup dans le Périgord, dans l'Agénois, dans le Bazadois, dans partie de l'Albret, auffi-bien que dans la Chaloffe, qui eft de l'éleétion des Landes.

De tous ces cantons, l'Agénois eft le meilleur pays, étant arrofé par plufieurs rivières, dont quelques-unes font navigables : outre les vins, fes autres productions font les bleds, les chanvres & le tabac.

Les autres élections n'étant pas situées en bon pays, ne donnent pas lieu par conséquent à aucun commerce confidérable ; mais elles profitent toutes du commerce immenfe que font les villes de Bordeaux & de Bayonne. On peut voir plus bas ce qu'on dit du commerce particulier de ces deux villes.

MANUFACTURES DE LA GÉNÉRALITÉ DE GUIENNE, y compris le parlement de Pau.

BORDEAUX. Ville de *France*, capitale de *la Guienne*. C'eft une des plus belles, des plus marchandes & des plus floriffantes du royaume. La commodité, la beauté & la fûreté de fon port, y attirent des vaiffeaux de toutes les nations de l'Europe, particulièrement des Anglois & des Hollandois, qui viennent enlever une fi prodigieufe quantité de vins, d'eau-de-vie & de toutes fortes d'autres marchandifes, fur-tout dans le temps de fes foires, que le lecteur n'en pourra voir le produit dans plufieurs articles de ce Dictionnaire, fans une efpèce d'incrédulité.

Il s'y fabrique des couvertures de laines groffières, où l'on n'emploie que celles qui fe recueillent dans les Landes. Il s'y fait auffi quantité de cuirs tannés dont l'apprêt eft affez bon. Environ trente marchands y font le commerce de la draperie, qui s'y apporte des autres provinces du royaume, n'y en ayant aucune fabrique dans cette ville. *Voyez ci-après* l'article particulier *du commerce de Bordeaux.*

CADILLAC. Les bas qu'on y fait font affez eftimés ; le produit en va, année commune, à cent douzaines ; deux marchands bonnetiers en font le négoce.

LA REOLLE, dans l'Agénois. On y fabrique des coûtils & des gallons de fil de chanvre, qui fe débitent aux foires de Bordeaux. Quelques marchands y vendent de la draperie ; mais il ne s'y en fait point.

MARMANDE, dans l'Agénois. La feule *manufacture* qu'il y ait dans cette ville, eft celle des chapeaux : elle occupe jufqu'à huit maîtres chapeliers, qui en font environ cent douzaines par an. Quatre marchands y font le commerce de la draperie, qu'ils tirent des provinces voifines.

AGEN, ville de *France*, capitale de l'Agenois dans *la Guienne*. Les vins qui fe recueillent aux environs de cette ville & dans toute fon élection, & les eaux-de-vie qu'on en fait, font le principal objet de fon commerce.

La tannerie & la bonneterie y font un objet affez confidérable de commerce. Trois tanneurs y préparent les cuirs, qui font affez bien apprêtés. La *fabrique des bas* n'occupe que deux bonnetiers qui en font faire, foit dans la ville, foit aux environs, plus de cent douzaines de paires. Le commerce de la draperie eft très-confidérable, y ayant jufqu'à

quatorze marchands qui y débitent celles qu'ils tirent de dehors. Toutes ces différentes marchandifes fe portent aux foires de Bordeaux.

CONDOM, ville de *France* en Gafcogne, capitale du Condomois. Elle eft toute entourée de vignobles, dont les vins & les eaux-de-vie qu'on en fait, lui donnent les fonds d'un grand commerce avec les étrangers.

Cette ville eft célèbre par fes cuirs tannés, qui font eftimés les meilleurs de la généralité ; trois tanneurs y travaillent, qui en font le débit à Bordeaux. Quoiqu'il n'y ait aucune fabrique de draperie à *Condom*, dix marchands en font cependant un affez bon négoce. C'eft auffi aux foires de Bordeaux où les cuirs & cette draperie fe débitent.

NERAC, dans le duché d'Albret. La *fabrique des bas* & celle *des cuirs*, y entretiennent un grand nombre d'ouvriers ; fix tanneurs font occupés à cette dernière, & deux maîtres bonnetiers font valoir l'autre. Ceux-ci font, année commune, au-delà de cent douzaines de paires de bas. Dix-huit marchands vendent de la draperie ; le débit fe fait comme à Condom.

A une lieue de *Nérac* il y a un martinet où il fe fait des poëlons, des chaudrons & autres uftenfiles de cuifine, dont les matières fe trouvent fur les lieux.

BAZAS, dans la haute Gafcogne. La *fabrique des couvertures*, qui y eft établie à une lieue de cette ville, eft confidérable, on y compte jufqu'à fix facturiers de cette marchandife ; les couvertures ne font pas néanmoins extrêmement fines, & elles ne fe vendent que vingt-quatre à vingt-cinq livres la douzaine. Il ne s'y fait aucune draperie ; mais il s'y en vend quantité : vingt marchands en font le commerce. Même débit que ci-deffus.

LE MONT DE MARSAN, en Gafcogne. Cinq facturiers y font, année commune, plus de cent douzaines de couvertures : fept marchands y vendent de la draperie.

DAX, ville de *France* dans la Gafcogne. Sa proximité des frontières d'Efpagne, & la rivière d'Adour fur laquelle elle eft fituée, lui donnent des commodités pour fon commerce qui la rend une des plus riches de *la Guienne*. Ses foires & fes marchés y contribuent auffi beaucoup ; & quoiqu'il n'y ait aucune fabrique de draperie, fes marchands en font un grand débit, mais de celles qui y font apportées de dehors. Il y a plufieurs forges du côté de *Dax*.

PERIGUEUX, ville de *France*, capitale du Périgord ; les vins & les eaux-de-vie font une partie de fon négoce, une autre partie confifte dans la vente de fes fers, dont il y a jufqu'à 39 forges aux environs. A l'égard de fes *fabriques* elles font fi peu confidérables, qu'elles n'y font aucun objet de commerce. La teinture des fils y eft excellente ; l'on y en envoie teindre de tous les endroits de la généralité. Huit marchands y font un affez bon commerce de draperie. Le débit de toutes ces marchandises se fait dans la ville & aux environs de Limoges.

BERGERAC, dans le haut Périgord. Le papier & le cuivre font son principal négoce. Les *fabriques* de l'un & de l'autre sont établies à un quart de lieue de la ville ; le cuivre occupe quatre martinets & le papier sept moulins. Quinze marchands de draperie sont établis dans la ville. Les vins & eaux-de-vie font aussi une partie de son commerce ; les lieux de débit des marchandises que produit *Bergerac* & ses environs , sont Bordeaux & Angoulême.

LIBOURNE. Il n'y a aucune *fabrique* ; onze ou douze marchands y font pourtant le commerce de la draperie ; les vins & eaux-de-vie sont son principal commerce : on parlera ailleurs du reste de son négoce. *Voyez* plus bas après le paragraphe, où il est parlé de Bayonne.

VILLENEUVE D'AGENOIS. Cette ville est propre pour les tanneries ; il ne s'y fait pas pourtant quantité de cuirs, mais ils sont excellens. On y apporte de Mazères, lieu de la généralité de Montauban, un grand nombre de bas pour y être foulés & apprêtés. L'apprêt de cette ville passant pour un des meilleurs de la province.

MONTANDRE. Aucune *fabrique* : il y a seulement de bonnes foires & de bons marchés, qui y attirent un bon commerce & quantité de marchands.

JOUSSAC ou JONSAC, en Saintonge. Il se fait dans cette ville des draperies grossieres, qui ne passent pas cinquante à soixante sols l'aune ; une douzaine tant marchands que fabriquans, entretiennent cette *fabrique* ; on y apprête aussi des chamois qui ont assez de réputation. Le débit de ces marchandises se fait aux foires de Bordeaux & aux marchés de la province.

PONS, en Saintonge. Il s'y fabrique une assez grande quantité d'étamines, & l'on apprête beaucoup de cuirs dans ses tanneries, qui sont des plus considérables de la généralité. Six tanneurs travaillent aux cuirs, & treize à quatorze marchands ou apprêteurs, fabriquent les étoffes, ou les vendent. Le débit comme dessus.

SAINTES, ville de *France*, capitale de la Saintonge, elle est du département de l'*inspecteur des manufactures de Bordeaux*. La fertilité de ses environs , la proximité de plusieurs grandes villes, & la commodité des rivières, dont toute la Saintonge est arrosée, propres à voiturer les blés & ses autres productions, ont toujours fait regarder la ville de *Saintes* comme une des plus riches & des plus marchandes de la *généralité de Guyenne* dont elle fait partie.

Les *fabriques* y sont comme à Pons, c'est-à-dire, d'étamines & de cuirs. Les étamines y occupent vingt marchands & fabriquans ; & les cuirs, une demi-douzaine de tanneurs. Rochefort & les isles d'Oleron, sont les lieux de débit pour l'une & l'autre marchandise.

COGNAC, dans l'Angoumois. Plus de vingt-cinq marchands & fabriquans, soutiennent la *fabrique des étamines* de cette ville ; elles se débitent comme celles de Saintes. Quoique ces étoffes soient un objet considérable de commerce, le principal que fassent les bourgeois de *Cognac*, consiste néanmoins dans les eaux-de-vie.

BAGNIERES, ville de la Gascogne. Elle est célèbre par ses bains plus que par son négoce ; on y fait néanmoins quelques cordelats & autres petites étoffes de laine : six marchands ou fabriquans en soutiennent la *manufacture* & le négoce ; la plûpart de ces étoffes se consomment sur les lieux, & le reste dans les villes voisines. Ces marchandises sont sujettes à la visite & à la marque de l'*inspecteur des manufactures de Bordeaux*.

TARBE. Il n'y a aucune fabrique de draperie ; il s'y en fait cependant un assez bon commerce par sept ou huit marchands drapiers de la ville, qui les font venir des autres provinces. Les tanneries n'y sont pas mauvaises, deux tanneurs en apprêtent les cuirs.

ORTEZ, en Béarn. Les tanneries y sont considérables & bonnes ; sept ou huit maîtres tanneurs y font travailler. Il s'y fait aussi commerce de draperies qui viennent du dehors ; une demi-douzaine de marchands drapiers font ce dernier négoce. Il y a encore un martinet pour le cuivre, à un quart de lieue de la ville. Le débit de ces marchandises se fait à Bayonne & en Espagne.

PAU, capitale du Béarn. Plus de vingt marchands drapiers y font le commerce des étoffes de laine qu'ils tirent de divers endroits & qu'ils répandent dans tout le Béarn. Sept maîtres chapeliers y soutiennent une *fabrique* très-considérable de chapeaux, ils se vendent trois livres dix sols pièce.

CASTELJALOUX. Il s'y fait négoce de papier.

OLERON, en Béarn. Il s'y fait quantité de cordillats ; vingt-trois marchands ou fabriquans en entretiennent la *fabrique*. Il s'y fait aussi négoce de papier dont il y a quatre moulins à un quart de lieue de la ville.

NAY, en Béarn. Cette ville n'a aucune fabrique de draperie ; elle a cependant huit ou dix marchands drapiers. Son principal commerce consiste en bonnets à la Béarnoise , & en couvertures, qui se font dans deux différens lieux éloignés de la ville d'une grande lieue : les couvertures sont fines & bien travaillées ; elles se vendent dix-sept à dix-huit livres pièces.

LE MAS D'AGENOIS , SAINT-JOY , MEZIN ET NERAC , en Gascogne. Ces quatre lieux n'ont aucune fabrique ; il s'y fait cependant commerce de draperies ; au Mas , par trois marchands drapiers ; à Saint-Joy, par quatre ; à Mezin, par sept ; & à Nerac, par dix.

Toutes les laines qui s'employent dans le peu de *fabriques de lainage* qui sont établies dans cette généralité, sont partie du cru du pays, & partie de Poitou.

Commerce de la ville de Bordeaux.

La ville de *Bordeaux* a trois principaux objets de commerce; la vente de ses vins & de ses eaux-de-vie, que les étrangers viennent quérir jusques chez elle; les armemens qu'elle fait pour les colonies Françoises de l'Amérique, où elle porte les marchandises de son cru, ou celles qu'elle rassemble d'ailleurs; enfin, la pêche de la baleine, & la pêche de la morue, soit du poisson verd, soit du poisson sec, dont ses vaisseaux rapportent une partie pour sa consommation, & distribuent l'autre dans différens ports d'Espagne, d'Italie & autres endroits de l'Europe.

On peut encore ajouter son *commerce* de proche en proche, particulièrement avec les Espagnols & les Italiens; & celui qu'elle entretient dans l'intérieur du royaume : mais ces deux derniers sont moins considérables.

Le *commerce des vins & des eaux-de-vie*, qui se fait *à Bordeaux*, y attire tant de vaisseaux étrangers, que pendant toute l'année elle a ordinairement jusqu'à cent navires dans son port; & que dans le temps de ses foires, on y en voit en chargement presque toujours au-delà de cinq cent. Ce même commerce cause quelquefois sa pauvreté, quand la récolte est mauvaise, ou que la guerre en empêche le débit aux étrangers.

Les principales nations, qui envoient leurs bâtimens à *Bordeaux*, pour le commerce de ses vins & de ses eaux-de-vie, sont les Anglois, les Écossois, les Irlandois, les Hollandois, les Suédois, les Danois & les autres peuples du Nord; mais les Anglois & les Hollandois, en bien plus grand nombre; ces derniers faisant ordinairement tout seuls quatre fois autant de levées de vins, que tous les autres ensemble.

Les Anglois enlèvent, année commune, six mille tonneaux de vin & trois à quatre cent pièces d'eau-de-vie. Les autres marchandises qu'ils tirent de *Bordeaux*, sont du vinaigre, des prunes, de la résine, de la térébenthine, des châtaignes, des tables de noyer, du papier, du liège & du miel.

Celles qu'ils apportent, consistent en étoffes de lainerie, en étain, en plomb, en charbon de terre, en hareng blanc & rouge, en cuirs de toutes sortes, en bœuf salé pour les Isles, en beurre, en fromage, en suif, en drogues pour la teinture, & en ce qu'on appelle *de la caboche*.

Lorsque la balance des marchandises n'est pas égale, les Anglois paient le surplus en lettres de change sur Londres & sur Paris.

Les vins que les Hollandois tirent de *Bordeaux*, montent, année commune, à cinquante mille tonneaux, & les eaux-de-vie, environ à dix ou douze mille pièces. Ils chargent aussi du vinaigre, de la graine de lin, du syrop & les autres marchandises qu'on a marquées ci-dessus, en parlant des Anglois. Celles qu'ils laissent en échange, sont, du bardillon,

des planches, des mats de navires, du chanvre, du gaudron, du cuivre & du fromage.

L'excédent de leur compte s'acquitte, ou argent comptant, ou en lettres de change.

Les Suédois & les Danois apportent les mêmes marchandises que les Hollandois, & font à peu près les mêmes retours. Il est rare néanmoins que chacune de ces nations enlève plus de trois à quatre mille tonneaux de vin, & à proportion d'eau-de-vie; & cela, parce qu'ils ont une ressource sûre chez les Hollandois, qui peuvent en fournir lorsqu'il leur en manque, & qui ne les leur vendent assez souvent guères plus cher que de la première main, à cause des profits que cette facilité leur procure d'ailleurs avec ces deux nations.

Les vins qu'on charge à *Bordeaux*, sont des vins blancs de Langon, de Preignas, de Barsac, de Sauternes & de Bommes. Ces vins, dans les années d'une récolte raisonnable, se vendent depuis cent quatre-vingt livres, jusqu'à deux cent livres le tonneau.

Les vins de Poudensac & de Castres, sont de deux sortes; les blancs, qu'on vend vingt à trente écus, & les rouges, trente-cinq à quarante.

Les vins de Graves de *Bordeaux*, sont tous vins rouges; leur prix est depuis quarante jusqu'à quatre-vingt écus le tonneau, mais il y en a peu à ce dernier prix, & beaucoup depuis cent cinquante, jusqu'à deux cent livres.

Les vins des Graves de Medoc, se vendent diversement, suivant les divers terroirs où ils croissent; ces Graves, qui contiennent dix lieues de pays, ne produisant pas des vins d'une égale bonté, ensorte qu'il y a quelquefois cinquante pour cent de différence. De ces vins, les uns se vendent depuis quatre-vingt-dix livres, jusqu'à cent francs; d'autres, depuis cent vingt livres, jusqu'à cent cinquante; & quelques-uns, mais peu, depuis cent quatre-vingt livres, jusqu'à deux cent.

Un autre débouché pour tous ces vins, outre ce qu'en enlèvent les étrangers, consiste dans les cargaisons des bâtimens qu'on charge pour les isles, comme on le dira dans la suite.

Enfin, il s'en consomme encore quantité dans la fabrique des eaux-de-vie. Ceux qu'on destine à cet usage, se vendent environ cinquante livres les trente-deux verges.

On estime que dans la sénéchaussée de *Bordeaux*, il peut se recueillir, année commune, deux cent mille tonneaux de vin; qu'il s'en charge pour dehors, cent mille; qu'il s'en consomme à *Bordeaux* & aux environs, quarante mille; & le surplus dans le pays; sans y comprendre les vins du haut pays, petite jauge, qui peuvent aller à quatre ou cinq mille tonneaux.

À l'égard des eaux-de-vie, comme on en brûle plus ou moins, suivant que les années sont abondantes, il y en a où l'on en peut charger jusqu'à vingt mille pièces, & d'autres seulement de douze à quinze mille.

Il defcend auffi quelquefois à *Bordeaux* , des vins blancs de Languedoc , jufqu'à la quantité de mille tonneaux ; & encore huit à dix mille de la haute Guienne , dont il y en a de rouges & de blancs.

» Les vins de *Bordeaux* , qu'on charge pour fortir du pays , paient les droits fur le pied de 17 l. quelques deniers le tonneau , outre les droits d'acquit & de vifite , & le tonneau de fret.

» S'ils font chargés dans des vaiffeaux étrangers, le droit eft de 50 l.

» L'eau-de-vie , lorfqu'elle fe charge , paye 23 l. 10 f. par pièce , par le chargeur ; mais le vendeur lui en fait bon de 7 l. 3 f.

» Les vins de Languedoc paient 17 à 18 l. par muid , du droit de canal , jufqu'à Toulouse ; 40 l. par barique , de droit de foraine , au Villars ; & pour la voiture de Toulouse à *Bordeaux* , depuis 45 f. , jufqu'à 3 l. 10 f. , & quelquefois 4 l. par barique fuivant que la rivière eft difficile.

» Ces vins payent au bureau des fermes , à *Bordeaux* , 18 l. par tonneau , lorfqu'ils arrivent aux Chartrons , & 5 l. de droits à la ville ; & lorf-qu'on les charge , ils paient encore audit bureau des fermes , 9 , 10 , à 11 l. auffi par tonneau , le tout avec les nouveaux fols pour livre. »

Le fauxbourg des Chartrons eft le lieu où l'on doit mettre les vins qui ne font pas des paroiffes qui compofent la fénéchauffée de *Bordeaux* , parce qu'ils ne doivent point entrer dans la ville , & ne peuvent être vendus qu'aux étrangers.

Le *commerce* que la ville de *Bordeaux* fait avec les colonies Françoifes dans l'Amérique , n'occupe guères que vingt-quatre à vingt-huit vaiffeaux , du port depuis cinquante , jufqu'à deux cent cinquante tonneaux ; fçavoir , deux ou trois pour Quebec , trois ou quatre pour Cayenne , quatre ou cinq pour Saint-Domingue , & douze ou quinze pour la Martinique & les autres ifles Antilles de l'Amérique.

Ce n'eft pas qu'il ne forte du port de *Bordeaux* , une plus grande quantité de bâtimens pour les indes occidentales ; mais comme il ne fe paye point en *France* de droits de fortie des marchandifes deftinées à ce commerce , ce font la plupart des navires de Nantes & de la Rochelle , qui viennent charger des vins à *Bordeaux* , & s'affortir de plufieurs chofes qui leur manquent , & qui doivent entrer dans les cargaifons pour ces colonies.

Les navires qui vont de *Bordeaux* à Quebec , partent dans les mois d'avril & mai , & doivent mettre à la voile pour le retour , à la fin d'octobre , ou au commencement de novembre.

Leur cargaifon confifte en vins , draperies , toiles , chapeaux , ferrailles , quincaillerie & outils de toutes fortes.

Comme ils ne peuvent faire leurs retours de pelleterie , le commerce n'en étant pas libre , quelques-uns vont charger des morues en Terre-neuve , ou au Cap Breton , qu'ils achetent en lettres de change fur *France* ; d'autres prennent à Quebec , de la

farine , de la bière , des pois , des anguilles falées , qu'ils y portent & qu'ils échangent pour des marchandifes du pays ; & quand ils n'en trouvent point affez pour former une cargaifon entière , ils prennent le refte à fret.

Les vaiffeaux qui vont à Cayenne , ne doivent être que de petits bâtimens ; un vaiffeau feulement de cent tonneaux , ayant peine à y trouver fa charge , enforte qu'il faut qu'il paffe aux ifles pour l'achever.

C'eft auffi avec de pareils vaiffeaux qu'il faut faire le commerce de Saint-Domingue , étant rare qu'un plus grand bâtiment , à moins qu'il ne veuille perdre la faifon du retour , puiffe trouver affez de marchandifes préparées pour fa charge entière ; auffi la plupart reviennent-ils à demi-charge. Les principales marchandifes qu'on en tire , font ; du fucre , de l'indigo , du coton & des cuirs.

On peut employer des vaiffeaux de toutes grandeurs , pour le négoce de la Martinique , & des autres ifles Françoifes , parce que les navires vont d'ifle en ifle faire leur chargement , demeurant ordinairement jufqu'à la fin du mois d'août , qu'on ceffe de faire des fucres ; les cannes , comme on dit aux ifles , montant alors en flèche , c'eft-à-dire , n'étant plus en état de donner du fucre.

Le temps le plus convenable pour partir de *Bordeaux* , pour les ifles , eft les mois de novembre & de décembre , afin d'y arriver au mois de février , que l'on commence à faire le fucre. Il part néanmoins des vaiffeaux jufqu'à la fin de mai , & même quelquefois le voyage peut être bon au mois d'août , fur-tout fi les vaiffeaux font chargés de bons vins d'arrière faifon , & que les chaleurs ayent été grandes aux ifles , parce que les vins des premiers vaiffeaux s'étant tournés , ceux qu'on y porte enfuite ne manquent pas de prendre faveur , & de fe vendre tout ce qu'on veut , argent comptant.

Une cargaifon pour l'Amérique , d'un navire de fix-vingt tonneaux , eft ordinairement compofée de quarante tonneaux de vin , de cinquante barils de farine , du poids de deux cent cinquante livres chacun ; de vingt barils d'eau-de-vie , de vingt barils de lard de pays , de trente barils de bœuf d'Irlande , de trois mille aunes de groffes toiles de onze à douze fols l'aune , qui vient de Saintonge , ou de Saint-Macaire ; de quinze tours , ou rouleaux de fer , pour les moulins à fucre ; de toutes fortes d'uftenfiles de cuivre & de fer , pour le ménage & le fervice des moulins , à peu près pour cinq cent livres ; de plufieurs formes , ou pots de terre , pour terrer les fucres ; de fix fufils de boucaniers , à vingt livres pièce : cette partie de la cargaifon eft d'obligation ; de fouliers & chapeaux de toutes fortes , environ pour trois cent livres ; d'étoffes , toiles , nipes , &c pour l'habillement des habitans , pour mille livres ; quatre cent bariques en bottes , avec les cercles & ofier pour les relier , pour mettre le fucre ; enfin , d'une grande barique en botte , contenant dix à douze tonneaux , pour fervir à la charge

& décharge des marchandises. Ce dernier article n'est pas absolument nécessaire, parce qu'on en trouve de louage aux isles.

Toute cette cargaison, suivant le prix ordinaire des marchandises, peut monter à quatorze mille livres.

Les principales marchandises que l'on rapporte des isles, sont les sucres blancs & bruts, le coton, le gingembre, le canefice, l'indigo, le caret, le rocou & le cacao. On n'entrera pas dans un plus grand détail du commerce qui se fait aux isles Françoises, devant en traiter amplement en un autre endroit.

On remarquera seulement, que dans les passeports qu'on accorde aux vaisseaux de *Bordeaux*, pour le voyage des isles Antilles, de Cayenne & de Saint-Domingue, il est expressément porté, qu'ils ne pourront faire leur retour à aucun des ports de Nantes, Dunkerque, ni Marseille, parce que ce sont des ports francs.

Les cargaisons que l'on fait à *Bordeaux*, pour la pêche de la morue, consistent en sel, plus ou moins, suivant que le navire peut contenir de milliers de poisson verd, ou de quintaux & poisson sec; en lignes pour la pêche, en couteaux pour habiller le poisson, en ais & planches de quoi faire les échafaudages; en tabliers, en clous & en victuailles, comme vins, légumes, &c. pour huit à neuf mois.

Les navires qui vont au Banc, partent de *Bordeaux* en janvier, & peuvent aussi partir dans tous les autres mois de l'année, à la réserve de ceux d'octobre, novembre & décembre.

Ceux qui vont en Terre-neuve, partent en février ou mars, pour y arriver en avril ou au commencement de mai, n'y ayant rien, ou peu à faire por r ceux qui arrivent à la fin de ce dernier mois.

Les retours des vaisseaux de Terre-neuve, se font ordinairement à *Bordeaux*, Nantes, la Rochelle, Bayonne, Marseille & Bilbao en Espagne. Il y en a quelquefois qui vont à Lisbonne & à Cadix. Ceux du grand Banc rapportent leur pêche à *Bordeaux*, au Havre-de-grace, à Nantes & à la Rochelle.

« On ne paie point de droits de sortie pour le » sel qu'on emploie à cette pêche, mais au retour » du voyage, on paie trois & demi pour cent de » la valeur du poisson. »

Les vaisseaux de *Bordeaux*, qui vont à la pêche de la baleine, partent en avril & mai : les retours dépendent du succès de la pêche, revenant plutôt quand le poisson s'est présenté de bonne heure, & plus tard si c'est le contraire.

Il est rare néanmoins que les marchands de *Bordeaux* ayent des vaisseaux en propre pour la pêche de la baleine; mais il y en a beaucoup qui s'intéressent dans les armemens qui se font pour cela à Bayonne, Saint-Jean-de-Luz & Saint-Malo.

Le commerce que l'on fait de *Bordeaux* en Espagne & d'Espagne à *Bordeaux*, est peu considérable. On y envoye des pots de fer & du papier de Périgord; du blé & autres grains, quand le transport en est permis, sur-tout du froment & des féves.

Les marchandises qui en viennent par les retours, sont du fer plat & du fer quarré, des ancres à navires, des avirons; des pierres à aiguiser, des huiles de baleine, & fanons; des clous de poids & menus; des laines & des sardines, quand on en pêche à la côte d'Espagne.

Enfin, les marchandises qui viennent à *Bordeaux*, du commerce que ses négocians entretiennent avec quelques provinces, particulièrement du Périgord, du Quercy, du Limousin, de l'Auvergne, & du Lyonnois, sont des fromens & autres grains; diverses sortes de légumes; des vins de Bommes & autres; du papier, des châtaignes, des noix, des huiles de noix, du mairain, des tables de noyer, du fer ouvré & non ouvré, comme pots de fer, canons & autres petites armes à feu, & épées; de la quincaillerie, de la mercerie, de la soirie; des toiles de Lyon; des fromages d'Auvergne & des tapisseries de cette même province. Toutes ces marchandises descendent par la Dordogne & viennent à *Bordeaux*, après avoir passé devant Libourne.

Il ne faut pas oublier de remarquer, qu'il y a deux foires franches à *Bordeaux*; l'une le premier mars, & l'autre le 15 octobre.

MÉMOIRE SUR LA RÉGIE DU GRAND BUREAU DE BORDEAUX, ET SUR LES DIFFÉRENS DROITS QUI S'Y PERÇOIVENT.

RÉGIE DU BUREAU DE BORDEAUX.

Ce *bureau* est servi par cent douze employés, dont les appointemens au total, vont à près de soixante & trois mille livres. Ces employés sont :

Le directeur général & le caissier général, qui travaillent également aux trois grands *bureaux*; sçavoir, à celui du convoi, à celui de la comptablie & à celui du courtage, qui, outre ces deux principaux commis, en ont encore de particuliers.

Au convoi, il y a un receveur, un contrôleur, & deux scribes.

A la comptablie, un receveur & deux contrôleurs; dont l'un s'appelle *contrôleur de la comptablie*, & l'autre, *contrôleur du menu*. Trois scribes, deux appréciateurs, un garde-magasin & un sous-garde-magasin.

Au courtage, un receveur, un contrôleur, deux tailleurs de sel, deux contrôleurs des billetiers.

Vingt-quatre billetiers distribués aux portes de terre & de mer de *Bordeaux*.

Un contrôleur au *bureau* des Chartrons & quatre visiteurs.

Trois commis, au *bureau* des congés.

Un visiteur d'entrée & son sous-visiteur.

Deux visiteurs d'issue.

Un garde-magasin & un sous-garde-magasin à la nouvelle halle sur le port.

Pour la garde de nuit, qu'on nomme aussi *garde-noire*, un capitaine, un lieutenant, & neuf soldats.

A la patache, nommée *Sainte-Croix*, un capitaine, cinq soldats & quatorze matelots.

A la patache de Bacalan, un capitaine, quatre soldats & douze matelots.

Un receveur & un contrôleur pour le tabac.

Enfin le notaire de la ferme & le portier du *bureau*.

Il faut remarquer qu'outre les recettes du convoi, de la comptablie & du courtage, qui se font au *bureau général*, desquelles les commis sont indépendans les uns des autres, quoique l'on puisse dire qu'ils se servent mutuellement de contrôleurs, il s'y fait encore la recette de la patente de Languedoc ; mais celle-ci n'a point de receveur ni de contrôleur particuliers, ceux du courtage en étant chargés,

Le receveur du convoi tient onze registres, & son contrôleur, huit ; les scribes de ce *bureau* n'en tiennent point. Ils sont seulement tenus de remplir dans les acquits le paiement des droits, qui sont dûs au convoi, pour les marchandises que les marchands y acquittent.

COMPTABLIE.

La comptablie de Bordeaux, qui fait présentement une des plus considérables parties des fermes du roi, n'a été dans son origine qu'un droit local comme tous les autres de cette nature.

Les droits qui s'y levoient, s'appelloient *la grande & petite coutume*, nom qu'ils conservent encore ; & le produit de ces droits s'employoit tout entier aux besoins de la ville, sans que les rois y eussent aucune part.

L'union de ces droits au domaine a été faite sous le régne d'Henri II. en l'année 1550, & ils ont été levés depuis en conséquence des lettres patentes du 5 juin 1565, & conformément au tarif représenté par le comptable & son contrôleur. Cet ancien tarif ne subsiste plus, & il en a fallu faire de nouveaux à mesure que les marchandises sont augmentées de prix, le droit se payant par estimation. Le dernier de ces tarifs est celui dressé en 1688.

Ce tarif fut convenu le 22 septembre par ordre du conseil, en présence de M. de Besons alors intendant de Guienne, entre Pierre Domergue, adjudicataire général des gabelles & cinq grosses fermes de *France*, & du convoi & *comptablie de Bordeaux*, & les députés du corps & communauté des marchands de ladite ville, pour être exécuté sous le bon plaisir du conseil, jusqu'à ce qu'il en ait été autrement par lui ordonné, sans préjudice néanmoins de l'exécution des arrêts dudit conseil, qui ont fixé & réglé les droits sur quelques marchandises particulières.

Les droits de grande & petite coutume, qui se payent à la *comptablie de Bordeaux*, montent ensemble à quatorze deniers maille pour livre, de l'estimation & appréciation des marchandises avec les deux sols pour livre de contrôle, appellés *les droits des lieutenans & contrôleurs*, lesquels appartiennent au roi, au moyen de l'indemnité qu'il leur en a donné.

Des quatorze deniers maille à quoi montent les deux coutumes, il y en a douze deniers pour la grande, qui font cinq pour cent de l'appréciation des marchandises. A l'égard des deux deniers maille, qui composent la petite coutume, ils reviennent à un sol pour cent de l'appréciation desdites marchandises ; les deux droits faisant ensemble six pour cent.

Ces six pour cent se perçoivent, sçavoir, trois & demi pour cent d'entrée de l'appréciation des marchandises apportées à *Bordeaux*, pour le compte des François & régnicoles, avec les deux sols pour livre de contrôle ; & deux & demi pour cent de ladite estimation, quand elles sortent pour le compte d'un François, avec les deux sols pour livre du même contrôle.

Pour ce qui est des marchandises qui arrivent à *Bordeaux* pour le compte des étrangers, elles payent à la *comptablie* à l'entrée, le droit de grande & petite coutume à la fois, qui comme on l'a dit, font six pour cent de leur estimation, avec les deux sols pour livre de contrôle ; & à l'issue ou sortie, elles payent encore cinq pour cent de ladite appréciation, avec les deux sols pour livre du contrôle.

Avant l'arrêt du conseil du 4 juillet 1682, les marchandises qui entroient au nom, soit des François, soit des étrangers, & qui avoient acquitté les droits d'entrée à la *comptablie*, n'étoient point sujettes aux droits d'issue, lorsque les marchands les vouloient faire ressortir, pourvu qu'ils ne les eussent point vendues, ou qu'ils ne fussent pas en parole de les vendre, & en outre justifiant que c'étoit les mêmes marchandises qui étoient entrées en leur nom. Mais cette liberté indéterminée pour la sortie de ces marchandises, étant sujette à de grands inconvéniens au préjudice de la ferme, il fut réglé par ledit arrêt, également pour le François & pour l'étranger, qu'à l'avenir ce privilége ne s'étendroit qu'à deux mois pour les marchandises qu'ils envoyeroient dans les provinces de *France*, & à trois pour celles qui iroient à l'étranger ; après lequel temps passé, ils seroient tenus d'en payer les droits d'issue.

Quoiqu'en général les droits de la *comptablie* se prennent à l'estimation des marchandises, cependant il y en a dont les droits sont fixés par un grand usage, & d'autres qui sont réglés ou augmentés par des arrêts du conseil.

Les marchandises dont les droits sont fixés par l'usage, sont les vins de ville, ceux du haut pays, ceux appellés *demi-marque*, ceux de Castillon, ceux du crû de Frontignan & de Béziers, ceux de Gaillac, les vins communs de haut pays ; les eaux-de-vie, les prunes, les grains, comme froment, blé méteil, seigle & avoine ; les féves, l'orge, les noix ;

noix, les châtaignes, le miel, le fel; enfin les drogueries & épiceries & peu d'autres.

Les marchandifes dont les droits font réglés par des arrêts du confeil, ou par les tarifs qui ont fuivi celui de 1664, font l'étain, le fer blanc, le papier, les bas de foie ou de laine venant d'Angleterre, le charbon de terre du même pays & d'Ecoffe, la baleine coupée & apprêtée, les fanons de baleine, les huiles de poiffon venant de l'étranger; les toiles de coton, les couvertures & autres ouvrages de coton, les étoffes des Indes, les vieux linges, drapeaux, drilles & pâtes à faire papier; les cuirs, l'acier, fer, plomb & beurre venant des pays étrangers; les morues verte & fèche, autres que celles de la pêche françoife; enfin les verres, les cires, & les chairs falées qui fe tirent du dehors du royaume.

Les principaux arrêts du confeil qui ont fixé les droits de toutes ces marchandifes, font entr'autres celui du 15 juin 1688 pour les bas étrangers; celui du 30 avril 1686 pour les toiles de coton & autres ouvrages faits de coton venant des pays étrangers, celui du 15 octobre de la même année pour les étoffes des Indes; celui du 28 janvier 1687 concernant les vieux linges & drapeaux; celui du 8 novembre enfuivant pour les cuirs étrangers; celui du 25 des mêmes mois & an pour l'acier, le fer, le plomb & le beurre; celui pour la morue de la pêche étrangère du 20 décembre 1687; celui pour les verres du 29 mai 1688; enfin celui pour les chairs falées du 29 juillet de la même année.

Le bureau de la *comptablie* fe tient dans le bureau général de *Bordeaux*, où font auffi les bureaux du convoi & du courtage; ces trois bureaux ont tous leurs commis particuliers, à la réferve du directeur & du caiffier général, qui, pour ainfi dire, appartiennent à tous les trois, auffi-bien que les deux appréciateurs, le garde & fous-garde magafin, les vingt-quatre billetiers & leur contrôleur, qu'ils ont pareillement en commun.

Les commis particuliers de la *comptablie* font un receveur, un contrôleur de la *comptablie*, un contrôleur du menu & trois fcribes.

Le receveur tient neuf regiftres; fçavoir,

Le premier, pour la recette des droits du vin de ville & haut pays, des eaux-de-vie, & des prunes, qui s'acquittent lorfqu'on les charge; il contient auffi les droits d'acquit & de quittage.

Le deuxième, fert à la recette des droits d'entrée & d'iffue du fel en gros & des droits d'acquit.

Le troifiéme, eft pour la recette des droits de trois & demi pour cent, qui fe lèvent fur l'eftimation

des marchandifes entrées par mer, lorfqu'elles font déclarées pour un étranger.

Dans le quatriéme, on enregiftre les droits dûs à la defcente des vins de haut pays, qui n'ont pas privilége de defcente à *Bordeaux* avant la Saint-Martin.

Dans le cinquiéme, fe mettent les nouveaux droits fur les toiles de coton.

Le fixiéme, eft pour les droits fur l'étain & le fer blanc.

Le feptiéme, fert pour la recette des droits de l'ancienne marque du papier, à raifon de deux fols par rame fur les papiers de Périgord, Limoufin, Caftel-Jaloux, & Bergerac: & quatre fols par rame fur celui d'Angoumois & d'Auvergne.

Le huitiéme regiftre eft deftiné pour la recette des droits des marchandifes étrangères fujettes au tarif de 1667.

Enfin le neuviéme & dernier, eft pour l'enregiftrement des faifies.

Le contrôleur de la *comptablie* eft chargé de tenir pareil nombre de regiftres.

Tous les regiftres dont on a parlé jufqu'ici, fe tiennent par les commis qui travaillent au grand bureau; les autres font tenus par les commis des bureaux qui font au-dehors.

A l'égard du contrôleur du menu, il tient un regiftre fur lequel il enregiftre pour le receveur les droits de toutes les marchandifes qui fortent de la fénéchauffée de *Bordeaux*; ceux de l'entrée de la prune, & des excès de l'eau-de-vie à la cargaifon, qui font reçus par le receveur. On y met auffi les droits d'acquit.

Les appréciateurs ont auffi leurs articles particuliers dans ce Dictionnaire; & l'on peut y avoir recours. On ajoutera feulement, que comme les commis s'étoient relâchés dans leurs fonctions, & que fouvent ils faifoient leurs appréciations fans entrer dans la connoiffance des efpèces de marchandifes, foit par leur peu d'expérience, foit par connivence avec les marchands, on dreffa en 1684, par l'ordre de M. de Ris, alors intendant de *Bordeaux*, un projet de tarif, qui depuis a fervi de modèle pour celui du 22 feptembre 1688 dont on a parlé ci-deffus, & qui s'obferve encore dans la *comptablie*.

On peut voir aux articles du convoi & du courtage, auffi-bien qu'à ceux de vifiteurs d'entrée de mer, de vifiteur d'iffue, de garde & fous-garde magafin, de billetiers, &c. les fonctions de tous ces commis, & de quelques autres qui font communs aux trois bureaux du convoi, de la *comptablie* & du courtage.

ÉTAT DES DROITS DUS AU CONVOI, COMPTABLIE

de Bordeaux & courtage, tant à l'entrée qu'à l'issue, pour les vins, eaux-de-vie & autres marchandises sujettes aux droits du convoi.

ENTRÉE.

		Convoi.			Contrôle.			Comptablie.			Contrôle.			Courtage.			Total.		
		#	ß	d	#	ß	d	#	ß	d	#	ß	d	#	ß	d	#	ß	d
Bordeaux.	Vins de Frontignan.	8	//	//	//	16	//	21	12	//	2	3	3	. . . .			32	11	3
	Vin de Gaillac . .	8	//	//	//	16	//	3	//	//	//	6	//	. . . .			12	2	//
	Consignations pour les droits d'acquits																//	6	//
	Vin du haut commun.	8	//	//	//	16	//	2	10	//	//	5	//	. . . .			11	11	//
	Consignation . . .																//	6	//
	Vin de ½ marque. .	8	//	//	//	16	//	//	16	//	//	1	8	. . . .			9	13	8
	Vin de Castillon. .							//	16	//	//	1	8	. . . .			//	17	8
Libourne. Bourg . . Blaye . .	Vin de haut. . . .	8	//	//	//	16	//										8	16	//
Bordeaux.	La Pipe de sel. . .	8	//	//	//	16	//	//	10	//	//	1	//	//	1	//	9	8	//
Blaye . .	Pipe de sel. . . .	8	//	//	//	16	//	//	10	//	//	1	//	. . . .			9	8	//
Libourne.	Pipe de sel. . . .	8	//	//	//	16	//				//	1	//				8	17	//
Bourg . .	Pipe de sel. . . .	8	//	//	//	16	//							. . . .			8	16	//
Bordeaux.	Demi - barique de prunes.	2	4	//	//	4	5	1	1	//	//	2	1	. . . .			3	11	6
	Pouces excédens .																//	1	//
	Quintal de prunes.	//	7	6	//	//	8	//	4	6	//	//	4	. . . .			//	12	//
Bordeaux.	Tonneau de miel pour François. .	4	//	//	//	8	//	5	5	//	//	10	6	. . . .			10	3	6
	Pour l'Etranger . .	4	//	//	//	8	//	9	//	//	//	18	//	. . . .			14	6	//
Libourne. Bourg . . Blaye . .	Tonneau de miel .	4	//	//	//	8	//	7	10	//	//	15	//	. . . .			12	13	//
A Blaye .	Muid de sel venant de Bretagne & Poitou. . . .																4	15	//

		Ancien droit.	Augmentation.	Contrôle	Comptablie.	Contrôle.	Courtage.	Anc. grenier.	TOTAL.
		ħ ß	ħ ß ₰	ħ ß ₰	ħ ß ₰	ß ₰	ħ ß	ß	ħ ß ₰
Bordeaux. Libourne. Bourg.	Le tonneau vin de Ville	7 ǁ	6 ǁ ǁ	1 6 ǁ	1 1 ǁ	2 2	1 10	..	16 19 2
Libourne.	Vin de Castillon	7 ǁ	6 ǁ ǁ	1 6 ǁ	1 6 ǁ	2 8	1 10	..	17 4 8
Bourg..	Vin de Ville pour le compte d'un Bourgeois	7 ǁ	6 ǁ ǁ	1 6 ǁ	ǁ 10 ǁ	1 ǁ	1 10	..	16 7 ǁ
Bourg..	Idem, & de son crû.	7 ǁ	6 ǁ ǁ	1 6 ǁ	ǁ 1 ǁ	ǁ 2	1 10	..	15 17 2
Blaye..	Vin du cru du pays de Blaye	7 ǁ	3 ǁ ǁ	1 ǁ ǁ	1 1 ǁ	2 2	..	..	12 3 2
Bordeaux, Libourne, Bourg & Blaye.	Vin de Frontignan & de haut	4 ǁ	2 ǁ ǁ	ǁ 12 ǁ	1 6 ǁ	2 8	1 10	..	9 10 8
Idem.	Vinaigre	6 ǁ	4 ǁ ǁ	1 ǁ 1	..	..	1 10	..	12 10 ǁ
Idem..	Barique d'eau-de-vie pour un François	8 ǁ	7 ǁ ǁ	1 10 ǁ	5 ǁ ǁ	10 ǁ	1 10	..	23 10 ǁ
Bordeaux.	Barique d'eau-de-vie pour Etranger.	8 ǁ	7 ǁ ǁ	1 10 ǁ	7 10 ǁ	15 1	1 10	..	26 5 ǁ
Bordeaux, Libourne, Bourg, & Blaye.	Verge excedente de jauge	..	..	..	..	..	..	..	ǁ 9 ǁ
	Demi-barique de prunes pour François.	1 2	1 2 ǁ	ǁ 4 5	ǁ 15 ǁ	1 6	ǁ 15	..	3 19 11
Bordeaux, & Blaye.	Pour Etranger	1 2	1 2 ǁ	ǁ 4 5	1 10 ǁ	3 1	ǁ 15	..	4 16 5
Bordeaux, & Blaye.	Pipe de sel	20 ǁ	..	2 ǁ ǁ	ǁ 10 ǁ	1 ǁ	..	..	22 11 ǁ
Bourg..	Pipe de sel	20 ǁ	..	2 ǁ ǁ	..	..	..	..	22 ǁ ǁ
Libourne.	Pipe de sel	20 ǁ	..	2 ǁ ǁ	..	..	..	6	22 6 ǁ
Bordeaux, Libourne, Bourg, & Blaye.	Blé froment pour Etranger	6 ǁ	3 ǁ ǁ	ǁ 18 ǁ	1 ǁ ǁ	2 ǁ	ǁ 10	..	11 10 ǁ
Idem.	Froment pour François.	3 ǁ	1 10 ǁ	ǁ 9 ǁ	..	..	ǁ 19	..	5 9 ǁ
Idem..	Seigle ou méteil pour Etranger.	4 10	2 5 ǁ	ǁ 13 6	ǁ 13 4	1 4	ǁ 10	..	8 13 2
Idem..	Seigle pour Franç.	2 5	1 2 6	ǁ 6 9	..	..	ǁ 10	..	4 4 3
Idem.	Graines & légumes pour Etrangers.	3 ǁ	1 10 ǁ	ǁ 9 ǁ	ǁ 10 ǁ	1 ǁ	ǁ 10	..	6 ǁ ǁ
Idem..	Pour François.	1 10	ǁ 15 ǁ	ǁ 4 6	..	..	ǁ 10	..	2 19 6
Bordeaux, Libourne, & Bourg.	Châtaignes ou noix	2 ǁ	..	ǁ 4 ǁ	..	..	ǁ 10	..	2 14 ǁ
Blaye.	Châtaignes ou noix	2 ǁ	..	ǁ 4 ǁ	..	..	..	..	2 4 ǁ
Bordeaux.	Le tonneau de miel pour François.	2 ǁ	..	ǁ 4 ǁ	3 15 ǁ	7 6	1 10	..	7 16 6
Idem..	Pour Etrangers.	2 ǁ	..	ǁ 4 ǁ	7 10 ǁ	15 ǁ	1 10	..	11 19 ǁ
Libourne, Bourg, & Blaye.	Le tonneau de miel.	2 ǁ	..	ǁ 4 ǁ	7 10 ǁ	15 ǁ	1 10	..	11 19 ǁ

C O N V O I.

Régie du bureau du convoi.

Les commis de ce *bureau* sont un receveur, un contrôleur & deux scribes. Les deux premiers tiennent les registres, les scribes n'en ont point. *Voyez* les fonctions de ces derniers, au mot de SCRIBE.

Les registres du receveur, sont au nombre d'onze, ceux du contrôleur ne passent pas celui de huit, qui sont les doubles d'autant de registres du receveur. On marquera plus bas ceux que le contrôleur ne tient pas.

Le premier registre du receveur est celui qu'on nomme le *registre des cargaisons*. Il contient la recette pour les cargaisons des vaisseaux, qui y sont enregistrées par ordre de date & de numéro ; le contrôleur qui en a un semblable, délivre les billettes au courtier ou au marchand chargeur, lesquelles sont écrites par les scribes du *bureau*. On observe le même ordre pour les augmentations de chargemens.

Il faut remarquer que l'on ne couche sur chaque page de ce registre que deux vaisseaux à la fois.

Le second registre, se nomme des *déclarations d'issue*. C'est sur ce registre que les courtiers ou les maîtres des navires viennent faire la déclaration de leur chargement ; & c'est sur une copie de cette déclaration que les visiteurs d'issue font leur visite. Lorsque la visite & la déclaration sont vérifiées l'une par l'autre, les scribes font l'acquit, & tirent le total des droits. Le contrôleur a un pareil registre.

Le troisième registre, est celui qu'on nomme *du menu*, qui est aussi tenu double. Il contient cinq chapitres ; sçavoir, un pour l'entrée des prunes ; un autre pour les acquits d'eau-de-vie, noix, ou chataignes, qu'on appelle *acquit de six sols* ; un troisième pour l'entrée du miel ; un quatrième pour l'issue du menu, & un dernier pour les excès d'eau-de-vie.

Le quatrième registre, est pour la recette des droits d'entrée du vin de haut ; on explique ailleurs ce que signifie ce terme.

Lors de la descente de ce vin par les rivières de Garonne & de Dordogne, les marchands ou conducteurs sont obligés de prendre des acquits à caution au bureau de Langor & de Libourne, & de le venir décharger sur le quai des Chartreux, où il y a des commis qui en font leur rapport au dos des acquits, sur lesquels rapports, qui passent d'abord à la comptable, le receveur du *convoi* en reçoit les droits, dont le contrôleur signe l'expédition conjointement avec lui. Ce registre se tient double, ainsi que les précédens.

Le cinquième registre, est celui des déclarations de l'entrée du sel. Il a deux chapitres, l'un pour l'entrée du sel en gros, & pour celui qui se taille au large ; & l'autre pour celui qui sert au menu.

Au premier chapitre, s'enregistrent toutes les barques qui viennent se mettre en coutume, en spé-

cifiant le nom du bâtiment, celui du maître, la quantité de sels dont ils sont chargés, le lieu où ils l'ont pris, le nom du marchand à qui appartient le sel ; le tout par ordre de date & de numéro : enfin, le jour que lesdites barques se mettent en coutume.

Sur cet enregistrement, le receveur & le contrôleur signent un ordre adressant aux tailleurs de sel, pour tailler ou mesurer celui desdits vaisseaux, d'en tenir compte, tant de celui qui se décharge au large, que de celui qui entre dans la ville ; & un ordre aux billetiers de la porte par laquelle on veut le faire entrer ; & encore un troisième pour laisser entrer la mine de sel du roi. Les bâtimens ainsi déchargés, on tire en ligne sur le registre les droits qui en sont dûs, chacun séparément.

Le second chapitre de ce cinquième registre sert à enregistrer l'issue du sel au menu, qui sont des mines de sel que divers marchands font sortir journellement, pour porter tant hors, que dans la sénéchaussée.

Il y a encore un autre petit chapitre sur ce registre pour l'entrée du sel au menu, qui est très-peu de chose, & ne monte pas par an à dix livres, ne s'agissant que de quelque quart de sel blanc qu'on envoie par présent.

Le registre pour l'entrée du sel est tenu double par le contrôleur.

Le sixième registre, qui regarde le fret, est pareillement double. On y enregistre tous les vaisseaux étrangers qui entrent au port de *Bordeaux*, leurs noms, celui du maître, & d'où ils sortent, par ordre de date & de numéro ; enfin le port ou jauge de chacun d'eux : après quoi on tire le droit de 50 sols par tonneau de fret de la charge compétente auxdits vaisseaux, quand même ils n'auroient pas pleine charge.

Le septième registre, qui est commun entre le receveur & le contrôleur, est pour la recette des droits d'entrée des drogueries & épiceries qui ont été chargées au magasin, & que les marchands veulent retirer ; ce qu'ils ne peuvent faire qu'après que le receveur ou le contrôleur, à tour de rôle, les ont eu voir peser. Lorsque les marchandises sont pesées, on charge le registre de leur poids, dont la billette s'envoie aux appréciateurs ; & après que ceux-ci en ont réglé les droits, on les tire en ligne, conformément au tarif de Charles IX. de 1581.

Le huitième registre, est pour les nouveaux droits sur les sucres ; il se tient de la même manière que le précédent.

Le neuvième, est pour l'enregistrement des vaisseaux qui chargent pour les isles Françoises de l'Amérique & des soumissions des marchands chargeurs. L'enregistrement des vaisseaux contient par ordre de numéro & de date, tous lesdits vaisseaux, avec les marchandises dont ils sont chargés ; & par les soumissions, les marchands promettent faire faire aux vaisseaux le voyage en droiture, & d'apporter certificat dans six mois, de leur arrivée, & de la décharge de leurs marchandises au lieu de leur destination, à peine de payer le quadruple des droits.

On y enregistre aussi les cargaisons des bleds & autres grains, qui se font pour le royaume, avec les mêmes soumissions que ci-dessus.

Il faut remarquer que les marchandises pour les isles ne paient aucuns droits, & que les bleds pour le royaume ne doivent que la moitié de ceux chargés pour l'étranger.

Le dixième registre, est pour la recette des droits du domaine d'occident ; le registre est commun au receveur & au contrôleur. On y enregistre tous les vaisseaux venans des isles de l'Amérique, & les marchandises dont ils sont chargés; le receveur en tire les droits de sa main, & le contrôleur les paraphe.

Le onzième registre, est pour les cargaisons qui se font à Bordeaux sur les passeports du roi, par le munitionnaire général des vaisseaux de sa majesté; comme il n'est pris aucun droit de ces cargaisons, le munitionnaire fait ses soumissions pareilles aux précédentes.

Outre ces onze registres principaux qui se tiennent au convoi, il y en a encore deux petits, l'un pour les saisies & l'autre pour les remises des amendes; dans l'un les commis qui ont fait les saisies qui regardent le convoi, les viennent enregistrer de leur main; & dans l'autre le receveur y enregistre les amendes qui lui sont remises pour raison des marchandises saisies & confisquées.

ARTICLES ARRÊTÉS ENTRE
les fermiers du roi & les marchands de Bordeaux, au sujet de la régie de la ferme du convoi & de la comptablie.

1°. Qu'il ne sera pris aucuns droits aux portes de Bordeaux, sur le lard & la graisse qui viennent de la sénéchaussée, dont la recette se faisoit par un billetier, à la porte des salinières.

2°. Qu'il ne sera levé aux portes de Bordeaux aucun droit sur les panniers, de quelques endroits qu'ils viennent.

3°. Que pendant les foires on augmentera deux poids à la halle du port Saint-Jean, pour la plus grande expédition des navires chargés de poissons.

4°. Que les tares seront prises en dedans, ainsi qu'il s'est ci-devant pratiqué; & qu'il sera accordé vingt pour cent sur les beurres à l'ordinaire.

5°. Que les vaisseaux qui ont été jaugés à Bordeaux, ne seront point de nouveau à Blaye, pour payer une augmentation du droit de fret.

6°. Qu'il sera établi un commis au bureau de Bordeaux, pour expédier aux marchands un double des acquits qui leur seront délivrés, & qui demeurent entre les mains du garde-magasin.

7°. Qu'il ne sera pris que six deniers pour chaque passe-avant dans tous les bureaux.

8°. Qu'il ne sera payé à Libourne qu'un seul droit d'acquit par bateau des marchandises que les

habitans de Libourne font venir des provinces voisines.

9°. Qu'il ne sera pris aucun droit de comptablie pour les sels qui sortiront dudit Libourne.

10°. Qu'il ne sera point levé audit lieu de Libourne le droit de petite coutume, montant à 11 sols 6 deniers par tonneau de vin qui descend audit Libourne.

11°. Qu'il sera donné liberté aux vaisseaux chargés devant Libourne, de descendre jusqu'à Blaye, ainsi que l'on fait à Bordeaux, après la visite faite, quoique les acquits de paiemens n'en aient pas été expédiés ni délivrés aux maîtres.

12°. Que les fermiers généraux donneront les ordres nécessaires pour qu'il ne soit rien pris en espèce par les commis du bureau de Castillon, sur toutes les marchandises & menues denrées qui passent audit bureau.

13°. Qu'il ne sera pris aucun droit de courtage pour les marchandises qui iront à Mortagne & Royan.

14°. Qu'au bureau de Riberou il en sera usé pour les droits des vieilles futailles, ainsi qu'il se pratique dans le bureau de Charente.

15°. Qu'il sera fait défenses aux commis de Royan & de Mortagne, de prendre aucun droit, soit en espèce, soit en argent, sur les sardines qui descendent à Bordeaux, non plus que sur les oranges, & sur les oignons qui viennent pour la provision des particuliers.

16°. Qu'en attendant que les droits d'acquits ayent été réglés, les commis de Mortagne ne prendront qu'un seul droit d'acquit pour chaque déclaration des navires qui seront en charge, & non pas sur chaque barque qui porte des marchandises à bord.

17°. Enfin, que les droits seront payés à Bordeaux pour les pierres qui y seront voiturées de Taillebourg.

COURTAGE.

On appelle de la sorte à Bordeaux, un droit qui se lève sur toutes sortes de marchandises, de quelque nature qu'elles soient, qui entrent ou qui sortent par mer dans cette ville, à la réserve néanmoins de celles qui sont sujettes aux nouveaux droits, desquelles on ne prend point celui de courtage, quand il est dit par les arrêts, édits, ou déclarations qui ordonnent l'imposition desdits nouveaux droits, que les marchandises sur lesquelles ils doivent se lever, ne paieront pour tous droits que ceux mentionnés auxdits arrêts, édits & déclarations.

Le droit de courtage se lève de deux manières, ou par fixation, ou par estimation.

Les marchandises sur lesquelles le droit est fixé, sont ;

Toutes sortes de vins, qui paient par tonneau 30 sols.

Les eaux-de-vie, par pièce contenant 52 verges, 30 sols.

Le vinaigre, par tonneau 30 fols.

Les prunes, par pièce pefant fix quintaux, 15 fols.

Le miel, par tonneau, 30 fols.

Les froments, métures, feigles, millet, pois, graines de lin & de moutarde, noix & châtaignes, par tonneau, 10 f.

Le galipot ou térébentine, par tonneau, 30 fols.

A l'égard du droit par eftimation, il fe paye fur toutes les autres marchandifes, à raifon d'un pour cent de leur valeur.

Outre cela, il fe perçoit au *courtage*, le premier tonneau de fret fur chaque vaiffeau qui charge à *Bordeaux*, qui eft évalué ordinairement à 8 livres pour les ports de *France* & 10 livres pour les pays étrangers; ou bien à proportion de la valeur du fret.

Il faut remarquer que quoique dans le temps des foires, les marchands ayent le privilége de faire entrer leurs marchandifes fans rien payer à la comptablie, il n'y a néanmoins aucune exemption pour les droits de *courtage*.

Une feconde remarque, eft qu'aucune des marchandifes qui entrent à *Bordeaux* par terre, n'eft fujette à ce droit.

Pour la régie du bureau de *courtage*, il y a deux commis; fçavoir, un receveur & un controleur: le premier, tient trois regiftres de récette; & le fecond, auffi trois regiftres de controle.

Le premier regiftre fert à enregiftrer les grands acquits des vaiffeaux qui fe mettent en coutume, foit au convoi, foit à la comptablie, fuivant leur numéro; on y enregiftre auffi les 10 ou 8 livres du fret.

Le fecond regiftre, eft pour enregiftrer les droits de *courtage*, ou fuivant la fixation, ou fuivant l'eftimation avec le numéro de la déclaration du vaiffeau.

Le troifiéme regiftre, eft pour la recette du *courtage* des cargaifons qui fe font au menu & qui fortent par mer.

Les trois regiftres du controleur lui fervent aux mêmes enregiftremens, à proportion de fon emploi.

C'eft auffi le receveur du *courtage* qui fait recette des droits de la patente de Languedoc, pour les marchandifes qui viennent par acquit à caution du bureau d'Auvilars, dont ledit receveur compte à la direction de Dacqs.

PATENTE DE LANGUEDOC, OU FORAINE.

Ce droit fe lève en vertu d'un ancien tarif renouvellé & imprimé en 1682. Les marchandifes qui y font fujettes, font celles qui viennent de la province de Languedoc, des fénéchauffées de Rouergue, Quercy, Armagnac, Jugeries de Comminge, & rivière de Verdun.

Lorfqu'il y a quelques-unes de ces marchandifes qui ne font, ni énoncées, ni fpécifiées dans le tarif, le droit en eft pris fur le pied de cinq pour cent de leur valeur ou eftimation.

Il faut remarquer que les marchandifes deftinées pour les provinces où les aides ont cours, ne payent point le droit de *patente*.

Une autre remarque, que le paiement de la *patente de Languedoc* n'exclut pas le paiement du droit de *comptablie*.

Il paroît furprenant que le droit de la *patente* fe reçoive à *Bordeaux*, & non pas à Auvillers, comme il devroit fe faire naturellement, & où pourtant le commis ne délivre que des acquits à caution.

La raifon de cette efpèce d'irrégularité, eft que les habitans de *Bordeaux* & ceux de fa fénéchauffée, s'étant rachetés du droit de *patente* moyennant une fomme payée anciennement au roi, le commis du bureau d'Auvillers ne pouvoit pas fçavoir fi les marchandifes déclarées pour *Bordeaux* font véritablement pour fa confommation, ou pour celle d'autres provinces, pour lefquelles les marchandifes comprifes dans la *patente du Languedoc* doivent le droit; ce qu'il eft facile de découvrir au receveur du courtage, à qui les fermiers de fa majefté en ont confié la recette conjointement avec celle dudit courtage.

Le receveur de la patente doit tenir trois regiftres, dont le controleur a un femblable, eft pour enregiftrer la recette dudit droit.

Le fecond, fert à l'enregiftrement de la décharge ou cancellation des obligations ou acquits à caution, donnés au bureau d'Auvillers pour les marchandifes deftinées pour la confommation de *Bordeaux*. Pour cette cancellation le marchand paye 16 fols de droit d'acquit dont le commis eft comptable au fermier.

Enfin, dans le troifiéme regiftre doivent s'enregiftrer les foumiffions que les marchands font de payer le quadruple des droits, en cas qu'ils ne rapportent pas dans un temps limité, un certificat de la décharge des marchandifes dans les provinces où les aides ont cours, lefquelles ne doivent pas lefdits droits; pour chacune defquelles foumiffion ou obligation le marchand paye cinq fols au commis; & pour la cancellation autres cinq fols dont ledit commis eft comptable, comme deffus.

Le *controle des Chartrons* eft un bureau des fermes du roi, dépendant du bureau général, établi pour la confervation des droits fur les vins du haut pays à la defcente ou entrée; & pour la cargaifon de toutes fortes de vins, vinaigres, eaux-de-vie, prunes & autres marchandifes qui doivent les droits de comptablie, de convoi & de courtage. C'eft après le bureau général, le pofte le plus important de la ferme.

Il y a pour la régie de ce bureau, un controleur & quatre vifiteurs.

On y tient huit regiftres. Le premier, pour l'enregiftrement de la quantité des pièces d'eau-de-vie qui fe chargent, & les verges de leur excédent, s'il y en a. Le controleur & le vifiteur font la jauge des pièces, & c'eft fur leurs certificats que les droits en font payés au grand bureau de la comptablie & du convoi.

Le second regiftre fert pour enregiftrer tous les congés que le contrôleur & les vifiteurs donnent aux marchands en conféquence des billettes qui leur font adreffées par les commis du grand bureau, portant permiffion de charger fur les vaiffeaux le nombre de vins, vinaigres, eaux-de-vie & prunes que lefdits marchands ont déclarés. Ce regiftre a trois chapitres, l'un pour les vins & vinaigres, l'autre pour l'eau-de-vie, & l'autre pour les prunes.

Le troifiéme regiftre eft pour les déclarations que font les marchands, de la quantité de vin du haut pays, qui eft defcendu pour leur compte, & les acquits à caution qu'ils ont pris à Langon, lefquels acquits font déchargés par les commis du grand bureau, après que lefdits vifiteurs ont compté ledit vin, & en ont donné leurs certificats.

Le quatriéme regiftre fert pour l'entrée de la prune, & les excès qu'ils trouvent fur chaque pièce, dont les droits font payés au grand bureau fur les certificats des commis des *Chartrons*.

Le cinquiéme regiftre contient le nombre des pièces d'eau-de-vie qui arrivent aux *Chartrons*, en conféquence des acquits à caution pris à Langon ou à Caftillon, lefquels acquits font déchargés au grand bureau, fur les vérifications des commis defdits *Chartrons*.

Le fixiéme regiftre eft pour l'entrée du tabac.

Le feptiéme regiftre eft pour enregiftrer les congés au-menu, qui font délivrés par les commis du grand bureau. *Voyez* CONGÉS AU MENU.

Enfin, le huitiéme regiftre eft un contrôle général de tous les congés qui font donnés pour la cargaifon par les vifiteurs dudit *bureau des Chartrons*, en conféquence des billettes qui leur font adreffées par les commis du grand bureau.

Bureau des congés. La deftination de ce bureau eft pour donner aux marchands fur les billets du grand bureau, des *congés* pour charger les vins de ville, les vinaigres & les prunes qui fortent par les portes de Grace, de Cailleau, d'Efpau & du Chapeau-rouge, fituées fur le port.

Ce bureau a pour commis trois billetiers, qui tiennent trois regiftres.

Le premier contient tous les *congés* pour la cargaifon, fur les billettes des commis du grand bureau.

Le fecond eft pour enregiftrer les *congés* donnés par lefdits trois billetiers, à fur & à mefure qu'ils les expédient.

Et le troifiéme, qui a deux chapitres, contient dans l'un, les foumiffions qui font faites par les marchands qui chargent pour les ifles de l'Amérique & le Canada; & dans l'autre, les foumiffions du munitionnaire général du roi pour les marchandifes & denrées qui fe chargent fur les paffe-ports de S. M. On parle ailleurs des unes & des autres foumiffions.

Les deux tailleurs du fel, tiennent chacun deux registres, à caufe qu'ils travaillent féparément. *Voyez* TAILLEURS DE SEL.

Les deux vifiteurs d'iffue n'en ont qu'un pour eux deux.

Le vifiteur d'entrée & le fous-vifiteur, n'en ont pareillement qu'un.

Les contrôleurs des billetiers n'ont point de regiftres, leur fonction confiftant à examiner le travail des billetiers, & de voir s'ils font fédentaires à leurs portes; c'eft proprement deux ambulans qui fe font repréfenter les regiftres des commis aux portes.

Les billetiers tiennent plus ou moins de regiftres, fuivant la fituation des portes, dont la garde leur eft confiée.

Ces portes font au nombre de huit qui entrent du port dans la ville, & fix du côté de terre. Des portes du côté du port, celles du Chapeau-Rouge & d'Efpeau, font les plus confidérables. Les billetiers de ces deux portes tiennent trois regiftres; à la porte Caillau, ils n'en ont qu'un; à la porte du pont Saint-Jean, trois; à la porte Tannet, un; à la porte des Salinières, quatre; à la porte de Grace, trois; & à la porte Sainte-Croix, un.

Les portes de terre font, Saint-Julien, Sainte-Eulalie, Saint-André, Dijon, Dauphine & Saint-Germain : ces fix portes n'ont chacune qu'un regiftre.

Droits qui fe paient au bureau de Bordeaux.

Les droits qui font dûs à ce *bureau*, fe perçoivent, ou fur l'eftimation des marchandifes réglée par les tarifs d'appréciation, ou en conféquence d'une évaluation ou compofition établie par un long ufage, entre les marchands & le fermier, ou enfin en exécution des arrêts du confeil qui de temps en temps ont été donnés pour l'augmentation des droits fur certaines marchandifes, particulièrement fur celles qui viennent de l'étranger.

On ne parlera ici que des deux dernières efpèces de droits, renvoyant aux tarifs mêmes pour ceux qui fe paient fur l'eftimation des marchandifes. On va commencer par les droits fixés par l'ufage, en diftinguant à chaque article ce qui eft dû, ou au convoi, ou à la comptablie, ou au courtage, & en ajoutant le total des trois droits à la fin de chacun defdits articles.

VINS DE VILLE;

C'eft-à-dire, qui fe recueillent dans la féné-chauffée de Bordeaux.

CONVOI. Cargaifon.

Le tonneau de vin Bourdelois, qu'on appelle vulgairement *vin de ville*, eft compofé de quatre bariques ou de fix tierçons, il paye à la cargaifon pour diverfes augmentations ordonnées par les déclarations de 1637, 1638, & 1640, six livres, ci. . . . . . . 6 l.

Pour d'autres augmentations des années 1627, 1632, 1638 & 1640, encore six livres, ci. 6

Pour l'augmentation de 1655 une livre, ci. . . . 1

Pour les deux sols pour livre de contrôle, une livre six sols, ci. . . . . . . 1 l. 6 s. } 14 l. 6 s.

COMPTABLIE. Cargaison.

Le même tonneau, vin de ville, soit pour le compte d'un François, ou d'un étranger, paye pour la grande coutume, . . . 1 l.

Pour la petite coutume . . . 1 s.

Pour le contrôle, ... 2 s. 3 d. } 1 l. 3 s. 3 d.

COURTAGE. Cargaison.

Ledit tonneau, vin de ville, aussi bien que le tonneau de vin du haut pays, paye indistinctement à la cargaison, . . . 1 l. 10 s. } 1 l. 10 s.

Total des trois droits . . . 16 l. 19 s. 3 d.

Il faut remarquer que le vin de ville, en temps de foire, ne paye point les droits de grande & petite coutume à la cargaison; mais par un ancien usage, les marchands paient un sol par tonneau, dont le receveur compte au directeur, & le produit de cette espèce de droit est mis dans la boëte des pauvres.

Une autre remarque est, qu'il est fait déduction à la cargaison, tant au convoi qu'à la comptablie pour la grande coutume, sur vingt & un tonneaux de vin, le droit d'un tonneau; ce qui s'appelle la déduction de vingt & un pour vingt; mais l'on paye en entier le droit de la petite coutume, ainsi que les trente sols par tonneau au courtage: & quand il n'y a pas la charge de vingt & un pour vingt, on fait la déduction à proportion.

VINS appellés de DEMI-MARQUE.

CONVOI. Entrée ou descente.

Les vins de demi-marque, qui viennent du pays que l'on nomme en Guienne, la nouvelle Conquête,

comme Sainte-Foi, Montravelle, Castillon, Gensac, Pujoles, Duras, Rozau, Civrac, & quelques autres, paient pour droit de descente ou entrée, comme les vins du haut pays, huit livres, ci. . . . . . . 8 l.

Pour les deux sols du contrôle; . 16 s. } 8 l. 16 s.

COMPTABLIE. Entrée.

Lesdits vins ne doivent d'entrée qu'un pour cent de petite coutume qui est deux deniers maille pour livre de l'estimation desdits vins, qui est par tonneau seize sols, ci. . . . . . . 16 s.

Les deux sols pour livre de contrôle . . . . . 1 s. 7 d. } 17 s. 7 d.

Total des deux droits . . . 9 l. 13 s. 7 d.

Nota. Les vins de Castillon sont réputés vins de ville, & ne payent rien à la descente.

CONVOI. Cargaison.

Lesdits vins de demi-marque payent au convoi à la cargaison par chacun tonneau, ainsi que les vins de ville, . 13 l.

Pour le contrôle. . . . . 1 6 s. } 14 l. 6 s.

COMPTABLIE. Cargaison.

Ils payent à la comptablie à la cargaison, comme vin de haut; c'est-à-dire, vingt-six sols par tonneau, pour grande & petite coutume, 1 l. 6 s.

Et pour le contrôle, . . . 2 s. 8 d. } 1 l. 8 s. 8 d.

COURTAGE. Cargaison.

Ils payent aussi par tonneau au courtage à la cargaison, . . . 1 l. 10 s. } 1 l. 10 s.

Total des trois droits . . . 17 l. 4 s. 8 d.

VINS

VINS DE HAUT PAYS.
de toutes sortes de crû, au-dessus de S. Macaire, qui est sept lieues au-dessus de Bordeaux.

Ces vins s'appellent *vins de haut pays*, pour les distinguer de ceux qui se recueillent dans la sénéchaussée de *Bordeaux*, que l'on nomme *vins de ville*, dont la jauge est plus grande d'une cinquième partie que celle des *vins de haut*. Ces derniers descendent par les rivières de Garonne & Dordogne, & sont obligés de prendre des acquits à caution à Langon & Libourne, qui sont des bureaux de conserve de la sénéchaussée. Ils paient six sols pour la décharge desdits acquits : on parlera plus bas de ces acquits.

CONVOI. Entrée ou descente.

Le tonneau desdits vins paye en tout temps à la *descente ou entrée* pour l'ancien & nouveau *convoi*, huit livres, ci . . 8 l.
Pour le contrôle, seize sols, ci . . . . . 16 s.
} 8 l. 16 s.

Nota. On distinguera ci-après les droits que doivent les *vins de haut pays* à la comptablie, pour la descente ou entrée.

CONVOI. Cargaison.

Lesdits vins doivent au *convoi* à la *cargaison* par tonneau pour l'ancien droit, quatre livres, ci . 4 l.
Pour les nouvelles augmentations, deux livres, ci . 2
Pour le contrôle, douze sols, ci . . . . 12 s.
} 6 l. 12 s.

COMPTABLIE. Cargaison.

Les susdits vins payent à la *comptablie* pour chaque tonneau à la *cargaison*, pour la grande & petite coutume, . 1 l. 6 s.
Pour le contrôle, ... 2 8 d.
} 1 l. 8 s. 8 d.

8 l. ... ...

Ci-contre . . . . 8 l. ... s. 8 d.

COURTAGE.

Pour chacun tonneau au *courtage*, . . 1 l. 10 s.
} 1 l. 10 s.

Total des trois droits . . 9 l. 10 s. 8 d.

Tous les vins qui viennent des lieux au-dessous de *Saint-Macaire*, sont réputés vins de ville, & ne doivent aucun droit qu'à la cargaison.

VINS DE FRONTIGNAN
ET BEZIERS.

COMPTABLIE. Entrée ou descente.

Le tonneau de *vin du crû de Frontignan & de Beziers*, doit à la *descente ou entrée*, les droits de la grande & petite coutume, qui montent à six pour cent de la valeur desdits vins, que l'on estime ordinairement de 350 à 400 livres le tonneau; outre & par-dessus lesquels droits, on fait encore payer les deux sols pour livre de contrôle.

CONVOI. Cargaison.

Lesdits *vins de Frontignan & Beziers* doivent encore les droits du *convoi* à la *cargaison*, qui sont, comme on l'a dit ci-dessus, . . 6 l.
Et pour le contrôle, . . . 12 s.
} 6 l. 12 s.

COMPTABLIE. Cargaison.

Les mêmes doivent à la *comptablie* à la *cargaison* les droits de grande & petite coutume, comme étant vins de haut, sur le pied d'une livre six sols, ci . 1 l. 6 s.
Plus le droit de contrôle. . . . 2 s. 8 d.
} 1 l. 8 s. 8 d.

COURTAGE.

Les mêmes payent au *courtage* par tonneau une livre dix sols, ci . 1 l. 10 s.
} 1 l. 10 s.

Total des trois droits. . . . 9 l. 10 s. 8 d.

VINS DE GAILLAC,

ET VINS COMMUNS de haut pays.

COMPTABLIE. Entrée ou descente.

Ces vins doivent à la *comptablie* pour droits de *descente*, les droits de grande & petite coutume, qui sont six pour cent de leur estimation & valeur.

Il faut néanmoins remarquer que par un réglement général de la *comptablie de Bordeaux*, arrêté au conseil le 11 mars 1620, & par l'arrêt du même conseil du 5 août 1622, il est permis aux fermiers d'accorder une composition sur l'*entrée des vins de haut*, sans qu'ils puissent être recherchés de la levée du droit qu'ils reçoivent pendant la foire de mars ; ce qui a toujours été exécuté depuis plus d'un siècle, étant également avantageux à la ferme & au marchand.

Cette composition accordée par le fermier de la *comptablie*, pour le droit de *descente*, pour les *vins de Gaillac*, va ordinairement de 3 livres à 3 livres dix sols par tonneau, & les deux sols pour livre de contrôle.

Outre ce droit il paye encore au convoi à la cargaison, les droits ordinaires qui sont treize livres de principal, & vingt-six sols de contrôle ; en tout, ... 14 l. 6 s.

A la *comptablie*, lorsqu'il se charge, aussi les droits ordinaires, qui sont vingt-six sols par tonneau, & les deux sols de contrôle, faisant ensemble une livre huit sols huit deniers, ci . 1 . 8 . 8 d.

Et au courtage trente sols par tonneau, ci . . . . 1 . 10

Total des trois droits . . . 17 l. 4 s. 8 d.

COMPTABLIE. Entrée.

A l'égard des *vins communs du haut pays*, qui sont ceux qui se recueillent dans tous les lieux & paroisses au-dessus de *Saint-Macaire*, le fermier en fait ordinairement composition, & convient avec les propriétaires, de cinquante sols à trois livres par tonneau.

CONVOI. Cargaison.

Outre cela ils paient encore au *convoi* pour droit de *cargaison*, les droits ordinaires de six livres par tonneau, avec les deux sols pour livre du contrôle, faisant ensemble six livres douze sols, ci . . . . 6 l. 12 s.

COMPTABLIE. Cargaison.

Plus à la *comptablie* à la cargaison, le droit de vingt-six sols par tonneau, & le droit de contrôle, montant en tout à . 1 l. 12 s.

8 l. . s. 8 d.

Ci-contre . . . . 8 l. . s. 8 d.

COURTAGE.

Et au *courtage*, trente sols aussi par tonneau, ci . . . . 1 . 10

Total des trois droits . . 9 l. 10 s. 8 d.

Il faut remarquer qu'on fait la déduction de 21 pour 20, lors de la cargaison des *vins de haut pays*, tant au convoi qu'à la comptablie, comme aux vins de ville. *Voyez* ci-dessus.

VINAIGRE.

CONVOI. Cargaison.

Le *vinaigre* paye par tonneau au *convoi* à la cargaison, pour l'ancien & nouveau *convoi*, six livres, ci . . . . 6 l. } 11 l.

Pour la nouvelle augmentation, . . 4

Et pour les deux sols pour livre du contrôle, ... 1

COMPTABLIE.

Le vinaigre ne paye rien à la *comptablie*, partant *néant*.

COURTAGE.

Le tonneau de *vinaigre* paye au *courtage* comme le vin, . . . 1 l. 10 s. } 1 l. 10 s.

Total des deux droits . . 12 l. 10 s.

EAUX-DE-VIE.

Les *eaux-de-vie* ne paient aucun droit, tant au convoi qu'à la comptablie lors de leur descente ou entrée, conformément à l'arrêt du conseil du 3 octobre 1652, par lequel sa majesté ordonne que lesdites *eaux-de-vie*, de quelque endroit qu'elles puissent être, ne paient les droits que lors de la cargaison ; ainsi par cet arrêt, les *eaux-de-vie* de la sénéchaussée de *Bordeaux* sont sujettes aux mêmes droits que celles qui sont hors de la sénéchaussée, quoiqu'autrefois elles ne dussent les droits qu'à la cargaison.

CONVOI. Cargaison.

Chaque barique d'*eau-de-vie* de la jauge de cinquante verges, la verge de trois pots & demi, revenant à cent soixante & quinze pots, mesure de

Bordeaux réglée par l'ordonnance des tréforiers de France, paye d'ancien droit, huit livres, ci . . . . 8 l.

Plus pour la nouvelle augmentation, fept livres, ci 7

Plus pour les deux fols pour livre de contrôle, une livre dix fols, ci . . . . . 1 l. 10 f.

} 16 l. 10 f.

C O M P T A B L I E. Cargaifon.

Ladite barique d'*eau-de-vie* paye à la *comptablie* pour le compte d'un François, tant pour le droit d'entrée que d'iffue, comme il a été dit ci-deffus, cinq livres, ci . . . . . 5 l.

Et pour le contrôle, dix fols, ci . 10 f.

} 5 l. 10 f.

C O U R T A G E.

La même barique paye au *courtage* à la cargaifon une livre dix fols, ci . . . . . 1 l. 10 f.

} 1 l. 10 f.

Total des droits qui fe lèvent fur chaque barique d'*eau-de-vie* pour le compte d'un François, . . . 23 l. 10 f.

C O N V O I.

La barique d'*eau-de-vie* paye au *convoi* pour le compte de l'étranger, les mêmes droits, tant pour l'entrée qu'à la cargaifon, que pour le compte du François ; c'eft-à-dire, feize livres dix fols, ci . . . . . 16 l. 10 f.

C O M P T A B L I E.

Item, à la *comptablie* auffi tant pour l'entrée que pour l'iffue, y compris les deux fols pour livre du contrôle, huit livres cinq fols, ci . . . . . 8 l. 5 f.

24 l. 15 f. // d.

Ci-contre . . . . 24 l. 15 f. // d.

C O U R T A G E.

Item, au *courtage*, comme pour le compte du François, . 1 l. 10 f.

Enforte que le total des droits qui fe lèvent fur chaque barique d'*eau-de-vie*, pour le compte de l'étranger, monte à . . . 26 l. 5 f.

Le fermier permet aux marchands de faire les bariques d'*eau-de-vie* de telle grandeur qu'il leur plaît, pour la commodité du commerce, & leur fait payer l'excédent des cinquante verges, dont la barique doit être compofée ; & à cet effet les commis du bureau des Chartrons, les jaugent & en tiennent note.

Le droit que l'on paye au convoi pour chaque verge d'excédent, eft de fix fols neuf deniers ; & celui de la comptablie, de deux fols trois deniers ; ce qui fait en tout pour chaque verge, neuf fols.

Il faut remarquer que les *eaux-de-vie* devroient auffi payer le *courtage*, proportionnément à leur excédent ; mais il eft d'ufage au bureau dudit *courtage*, de ne prendre aucun droit dudit excédent ; ce qui fe pratique auffi à la comptablie, pour ce qui regarde les excédens des *eaux-de-vie* fur le compte de l'étranger, qui devroient payer cet excédent fur le pied de fept livres dix fols, quand on les charge, & qui ne paient pourtant que fur celui de cinq livres.

P R U N E S.

C O N V O I. Entrée ou defcente.

On paye au *convoi* par demi-barique de *prunes* venant des provinces de Languedoc & de Provence, quarante fols pour l'ancien droit, & quatre fols pour les deux fols pour livre du contrôle ; en tout deux livres quatre fols, ci . . . . . . 2 l. 4 f.

C O M P T A B L I E. Entrée.

La demi-barique defdites *prunes* paye à la *comptablie* à la *defcente*, vingt & un fols de droit fixe ; & pour le contrôle deux fols un denier, faifant enfemble une livre trois fols un denier, ci . . . . 1 l. 3 f. 1 d.

Total defdits deux droits, . 3 l. 7 f. 1 d.

C O N V O I. Cargaifon.

Chaque demi-barique de *prunes*, de la jauge portée par le réglement des tréforiers de France ;

Iiij

c'est-à-dire, de six quintaux, tant de livres, paye pour l'ancien droit une livre deux sols, ci . . . . . . 1 l. 2 f.

Item, pour la nouvelle augmentation, pareille somme, ... 1 2

Et pour les deux sols du contrôle, 4 5 d

2 l. 8 f. 5 d

Quand les *prunes* se chargent en barils, sacs & autres mesures, on perçoit les droits au *convoi* à raison de sept sols six deniers le quintal, avec le contrôle qui est de neuf deniers, ce qui revient en tout à huit sols trois deniers.

COMPTABLIE. *Cargaison.*

La même demi-barique de *prunes* paye les deux & demi pour cent à la *comptablie* lors de la *cargaison* pour le compte d'un François, lequel droit monte à quinze sols par demi-barique, ci . . . . 15 f.

16 f. 6 d

Et pour les deux sols du contrôle, 1 6 d

COURTAGE.

Ladite demi-barique paye au *courtage* à la *cargaison*, ... 15 f.

15 f.

Total des trois droits sur le compte d'un François, 3 l. 19 f. 11 d

CONVOI, *Cargaison.*

Ladite demi-barique de *prunes* paye au *Convoi* pour compte de l'étranger le même droit que le François; c'est-à-dire, deux livres huit sols cinq deniers, ci . . . 2 l. 8 f. 5 d

COMPTABLIE. *Cargaison.*

La même demi-barique se chargeant pour compte de l'é-

Ci-contre . . . . 2 l. 8 f. 5 d tranger, paye cinq pour cent, sur le pied d'une ancienne coutume ou estimation, qui est trente sols par demi-barique, & trois sols pour le contrôle; en tout, 1 l. 13 f.

COURTAGE.

Et pour le droit de *courtage*, quinze sols, ci . . . . . . 15 f.

Total des droits pour le compte de l'étranger, ... 4 l. 16 f. 5 d

GRAINS. BLEDS FROMENT.

CONVOI. *Sortie.*

Le tonneau de *bled froment*, composé de vingt boisseaux, qui se charge pour les pays étrangers dans les ports & havres des rivières de Garonne & Dordogne, paye au *convoi*, pour l'ancien droit six livres, ci . . . . 6 l.

Pour la nouvelle augmentation, . . 3

Et pour le contrôle, dix-huit sols, ci . . . . . 18 f.

9 l. 18 f.

COMPTABLIE.

A la *comptablie*, vingt sols, ci . . . . 1 l.

Pour le contrôle, deux sols, ci . . . . . . 2 f.

1 l. 2 l.

COURTAGE.

Au *courtage*, dix sols, ci . . . 10 f.

10

Total des droits du tonneau de *blé froment*, chargé pour l'étranger, 11 l. 10 f.

CONVOI. *Sortie.*

Le tonneau de *bled froment*, quand il est chargé pour *France*, paye au *convoi* la moitié de droits de celui chargé pour l'étranger; sçavoir, quatre livres dix-neuf sols, ci . . . . . . 4 l. 19 f.

COMPTABLIE.

A la comptablie, *néant.*

Ci-contre . . . . 4 l. 19 f. *n* d.

COURTAGE.

Au *courtage*, moitié du droit que paye celui chargé pour l'é-tranger, ...   5 f.

Total des droits du *blé froment*, chargé pour *France*, . .   5 l. 4 f.

BLED MÉTEIL ET SEIGLE.

CONVOI. *Sortie.*

Le tonneau de *bled méteil* & *seigle*, composé de vingt boisseaux, quand il est chargé pour l'étranger, paye pour l'ancien droit quatre livres dix sols : *item*, pour la nouvelle augmentation, quarante-cinq sols, & pour le contrôle, treize sols six deniers, en tout sept livres huit sols six de-niers, ... 7 l. 8 f. 6 d.

COMPTABLIE.

A la *comptablie*, treize sols quatre deniers de droit principal & un sol quatre deniers de con-trôle ; en tout quatorze sols huit deniers, ci.   14   8

COURTAGE.

Au *courtage*, dix sols, ci . .   10

Total des trois droits . . . 8 l. 13 f. 2 d.

CONVOI. *Sortie.*

Le tonneau de *bled méteil* & *seigle*, chargé pour *France*, paye au *convoi* pour l'ancien droit, qua-rante-cinq sols, pour la nouvelle augmentation, vingt-deux sols six deniers, & pour le contrôle, six sols neuf deniers ; en tout trois livres quatorze sols trois deniers, ci. . . . . 3 l. 14 f. 3 d.

COMPTABLIE.

Néant pour la *comptablie*.

COURTAGE.

Il paye au *courtage* cinq sols, ci.   5

Total des deux droits. . . 3 l. 19 f. 3 d.

AVOINE, FÉVES, ORGES, GRAINES DE LIN, & autres grains & légumes.

CONVOI. *Sortie.*

Le tonneau de toutes ces *denrées*, composé de vingt boisseaux, chargé pour les pays étrangers,

paye au *convoi* pour l'ancien droit, trois livres, pour la nouvelle augmentation, trente sols, & pour les deux sols pour livre du contrôle, neuf sols ; en tout quatre livres dix-neuf sols, ci . . . . 4 l. 19 f.

COMPTABLIE.

Il paye à la *comptablie* dix sols de droit principal., & un sol de contrôle ; en tout , ...   11

COURTAGE.

Il paye au *courtage* dix sols , ci   10

Total des trois droits . . .   6 l.

CONVOI. *Sortie.*

Le même tonneau de *grains* & de *légumes*, chargé pour *France*, paye au *convoi* pour l'ancien droit, trente sols, pour la nouvelle augmentation, quinze sols, & pour les deux sols pour livre de con-trôle, quatre sols six deniers ; en tout quarante-neuf sols six de-niers, ci. . . . . 2 l. 9 f. 6 d.

COMPTABLIE.

Néant pour la *comptablie*.

COURTAGE.

Il paye au *courtage* cinq sols, ci.   5

Total. . . . . 2 l. 14 f. 6 d

Il faut remarquer qu'à l'égard de tous les *grains* & *légumes* qui se chargent pour *France*, on oblige les marchands de rapporter certificat de la décharge desdits grains & légumes dans les ports de *France*, à peine du quadruple ; lequel certificat doit être si-gné des commis du fermier, établis dans les lieux où les grains se déchargent, ou bien, des juges desdits lieux, en cas qu'il n'y eût point de commis.

NOIX ET CHATAIGNES.

CONVOI. *Cargaison.*

Le tonneau de *châtaignes* & *noix*, paye au *con-voi* à la *cargaison* pour l'ancien droit, quarante sols, & pour les deux sols pour livre du contrôle, quatre sols ; en tout deux livres quatre sols, ci. . . . . 2 l. 4 f.

COMPTABLIE. *Issue.*

Ledit tonneau paye à la *comp-tablie* à *l'issue*, pour compte d'un François, deux & demi

De l'autre part . . . . . 2 l. 4 f.
pour cent de son estimation &
cinq pour cent pour le compte
de l'étranger, avec les deux sols
pour livre de contrôle.

COURTAGE.

Le tonneau de *noix* & *châtaignes*, paye au *courtage*, . . . 10 f.

Total des deux droits, non
compris la comptablie, . . . 2 l. 14 f.

MIEL.

CONVOI, Entrée ou descente.

Le tonneau de *miel* composé de quatre bariques,
ou de six tierçons, vulgairement appellés *pipots*,
paye au *convoi* à la *descente*, quatre livres, & pour
le contrôle, huit sols; en tout
quatre livres huit sols, ci . . . 4 l. 8 f.

COMPTABLIE. Entrée.

Le *miel* ne doit rien à la *comptablie* pour l'*entrée*, quand il
vient de la sénéchauffée de *Bordeaux*; mais quand il vient de
dehors ladite *Sénéchauffée*, il
paye trois & demi pour cent de
son estimation & valeur.

CONVOI. Cargaison.

Ledit tonneau de *miel* paye
au *convoi* à la *cargaison*, sui-
suivant l'arrêt ci-dessus, quarante
sols, & pour le contrôle quatre
sols; en tout deux livres quatre
sols, ci 2   4

COMPTABLIE. Issue ou cargaison.

Le tonneau du *miel* paye à la
comptablie à la *cargaison* &
issue hors de la sénéchauffée,
pour le compte d'un *François*,
deux & demi pour cent de son
estimation & valeur; & pour le
compte de l'étranger cinq pour
cent de ladite estimation, avec
les deux sols pour livre du contrôle.

COURTAGE.

Ledit tonneau de *miel* paye au
courtage à la *cargaison*, trente
sols, ci . . . . 1 l. 10 f.

Total des droits, non compris
ceux de la comptablie, ... 3 l. 14 f.

SEL.

CONVOI. Entrée.

La pipe de *sel*, composée de six mines, la mine
pesant ordinairement 225 livres, & la pipe 1350
livres, entrant à *Bordeaux*, pour être consommé
dans la ville, paye au *convoi* huit livres, & pour
les deux sols pour livre du con-
trôle, seize sols; en tout, . . . 8 l. 16 f.

COMPTABLIE. Entrée.

Ladite pipe paye à la *comptablie* à l'entrée, dix sols de droit
& un sol de contrôle, ci. . . . 11 f.

COURTAGE. Entrée.

La même au *courtage*, . . 1

Total des droits d'*entrée*, . 9 l. 8 f.

CONVOI. Sortie.

Lorsque lesdits *sels* ressortent de *Bordeaux* pour
être consommés ailleurs, ils paient au *convoi* pour
droits de *sortie*, 20 livres par pipe, & 2 livres
pour le contrôle; en tout vingt-
deux livres, ci . . . . 22 l.

COMPTABLIE. Sortie.

Ils payent aussi à la *comptablie*, lorsqu'ils sont destinés pour
les lieux situés hors de la sénéchauffée, dix sols de droit, &
un sol de contrôle par pipe; en
tout onze sols, ci 11

Total desdits droits, . . . 22 l. 11 f.

Nota. Que le *sel* qui sort de *Bordeaux* pour
être consommé dans la sénéchauffée, ne doit rien
à la *comptablie*, & ne paye que les droits du
convoi.

Il faut encore observer que le *sel* qui sort par
mine de la ville, paye au *convoi* trois livres six
sols huit deniers de contrôle, & à la *comptablie*,
quand c'est pour la consommation hors de la sénéchauffée, un sol sept deniers aussi par mine, &
deux deniers pour le contrôle; qui font en tout trois
livres quinze sols un denier.

On a remarqué qu'il sort de *Bordeaux* presque
autant de *sel* au menu qu'en gros.

CONVOI.

Le *sel* qui passe de bout, pour être transporté
dans les ports hors de la sénéchauffée, lequel on
décharge dans des correaux ou bateaux, de bord à
bord, ce qu'on appelle *au large*, paye le droit
d'entrée & d'issue tout à la fois, qui monte à vingt

huit livres par pipe , & deux livres seize sols pour le contrôle ; en tout , ... 30 l. 16 f.

COMPTABLIE.

On fait aussi payer les deux droits d'entrée & d'issue à la *comptablie* pour les *sels* qui se chargent de bord à bord ; ce qui monte à vingt-deux sols, y compris le contrôle , ... 1   2

COURTAGE.

Il paye encore au *courtage* un sol, ci. 1

Total des droits que paye le *sel* taillé au large, ... 31 l. 19 f.

DROGUERIES ET EPICERIES.

CONVOI. Entrée.

Les droits qui se lèvent au *convoi* de Bordeaux sur les *drogueries* & *épiceries* , sont perçus en conséquence de quantité d'édits & de réglemens donnés par nos rois, particulièrement en 1539 , 1540, & 1541, sous François I. en 1549 sous Henri II. en 1572 sous Charles IX. & en 1632 sous Louis XIII. Ces droits montent à quatre pour cent de l'estimation desdites *drogueries* & *épiceries*.

COMPTABLIE. Entrée.

Il est perçu à la *comptablie* à l'entrée sur lesdites *épiceries* & *drogueries* , trois & demi pour cent de leur valeur & estimation, quand c'est pour le compte d'un François, avec les deux sols pour livre de contrôle , & six pour cent de ladite estimation avec le contrôle , quand c'est pour le compte de l'étranger.

COURTAGE. Entrée.

L'on perçoit aussi au *courtage* sur lesdites marchandises, un pour cent de leur estimation , tant sur le François que sur l'étranger.

ALUN.

L'*alun* doit , outre les droits portés par le tarif des drogueries & épiceries, trois livres par chaque quintal.

Il faut remarquer que lesdites drogueries & épiceries ne paient aucuns droits à la sortie, lorsqu'elles sortent pour être transportées dans les provinces voisines.

Presque tous les droits dont on parlé jusqu'ici, qui se paient , soit au convoi, soit à la comptablie, soit au courtage , ont été d'abord établis, ou par un long usage, ou par quelque composition volontaire entre le marchand & le fermier ; mais la plupart ont été depuis, ou augmentés ou confirmés par divers arrêts & réglemens intervenus à mesure qu'il survenoit quelques contestations.

VISITEUR D'ENTRÉE par mer. On nomme ainsi à *Bordeaux* , un commis qui fait la visite de tous les bâtimens qui entrent dans le port de cette ville. Ses fonctions sont :

1°. D'aller à bord de tous les vaisseaux & barques aussi-tôt après leur arrivée , & d'y prendre le nom du bâtiment, celui des capitaines ou maîtres ; le lieu d'où ils sont & d'où ils viennent ; la quantité & qualité des marchandises dont ils sont chargés ; l'heure qu'ils sont arrivés , & leur port : enfin, de se faire représenter le billet de la patache de Blaye,& le viser.

2°. De tenir registre desdites visites , & faire mention à la marge d'icelui du n°. desdits billets de la patache de Blaye.

3°. De donner chaque jour au directeur , un état des vaisseaux & barques qui sont arrivés.

4°. De tenir registre des déclarations que les capitaines ou maîtres sont obligés de faire au bureau , dans les vingt-quatre heures après leur arrivée , voir si elles se trouvent conformes aux visites ; & en cas qu'il y ait des marchandises omises & non déclarées, les saisir.

Chaque *visiteur* a un garde-visiteur qui doit l'accompagner dans ces visites.

VISITEUR D'ISSUE. On nomme ainsi à *Bordeaux* , les commis qui sont préposés pour faire la visite dans tous les vaisseaux, tant étrangers que François , lorsqu'ils sont en état de partir du port. Ces *visiteurs* sont au nombre de deux.

Tous les jours , excepté les fêtes & dimanches, lesdits *visiteurs* sont tenus de se trouver à sept heures du matin & à deux heures de relevée , à la porte d'Espaux, pour y attendre les courtiers & facteurs qui ont fretté des vaisseaux , & se transporter à bord, après avoir que lesdits courtiers leur ont mis en main le billet de déclaration par eux faite au grand bureau, de leurs marchandises de charge.

Avant que de faire la visite des vaisseaux , les deux commis en prennent les dimensions avec leur cordeau ou chaînette ; sçavoir , de sa longueur , de sa largeur & de sa profondeur ou calaison, pour en sçavoir le port, & combien ils peuvent contenir de tonneaux.

Quand le vaisseau est jaugé , les *visiteurs* dressent un état de sa cargaison, c'est-à-dire , de toutes les marchandises qui ont été déclarées en devoir faire la charge. Cet état se fait sur une feuille volante , qu'on nomme *un portatif.*

Cela fait , ils réduisent les marchandises au tonneau de mer, & comparent ensuite le premier produit de tonneaux qu'a donné l'opération de la jauge, avec le nombre de tonneaux, suivant la cargaison des marchandises.

La comparaison des deux produits étant faite, ils prennent une mesure proportionnelle sur laquelle ils jugent de la véritable capacité , & du port réel du vaisseau.

Il faut remarquer qu'avant de comparer ensemble les deux produits, les *visiteurs* ajoutent toujours dix pour cent de tonneau au produit de la cargaison, enforte qu'un vaiffeau chargé de cent tonneaux de marchandifes , ils le tirent pour cent dix tonneaux.

Quand la vifite eft faite , ils en expédient deux billettes ou billets pour chaque vaiffeau, qu'ils fignent tous deux. L'une de ces billettes eft pour le convoi , & l'autre pour la comptablie.

Dans la billette du convoi, on fait mention du nom du navire, de celui du maître , de fon port en tonneaux, du lieu où il va, du détail de toutes fes marchandifes, & de ce qui eft dans la chambre, fur le pont, dans l'entrepont, & fur le gaillard.

A l'égard de la billette de la comptablie , elle contient feulement le nom du navire & du maître, fon port , les marchandifes chargées , & s'il eft étranger ou François.

Ces billettes de vifite ne font que des extraits du portatif des deux vifiteurs, auxquels on ajoute le n°. d'iffue des vaiffeaux.

Si le vaiffeau vifité n'eft jamais venu à Bordeaux , les vifiteurs mettent à la billette pour la comptablie , une grande H, qui fignifie qu'il en faut faire payer au grand bureau le droit de quillage , qui eft de trois livres quatre fols pour chaque navire.

Outre le portatif, les vifiteurs tiennent encore deux grands regiftres ; dans l'un ils écrivent & rapportent jour par jour, les articles de vifite du portatif , & dans l'autre, ils ne mettent que les noms des navires étrangers, leurs dimenfions, le nom du maître , & leur port en tonneau. Ces regiftres fe remettent au directeur à la fin de chaque année.

C'eft auffi aux vifiteurs à examiner fi dans les vaiffeaux il n'y a point de marchandifes de contrebande, défendues, ou non déclarées au grand bureau : en cas qu'ils en trouvent, ils font leur procès-verbal de faifie.

Pour achever d'avoir une idée complette du commerce de Bordeaux , on a cru qu'on verroit ici avec plaifir, un état des bâtimens marchands de ce département, qui avoient chargé, tant pour le pays étranger que pour les provinces de France, dans la première année du régne de Louis XV. On va donner cet état tel qu'on l'a reçu ; à la réferve néanmoins des noms des capitaines & des propriétaires des vaiffeaux qu'on a cru à propos de retrancher comme fuperflus.

ÉTAT DES BATIMENS MARCHANDS du département de Guienne, en 1715.

Noms des bâtimens.	Port de tonneaux.	Nombre des équipages.	Voyages.
Frégates.	Ton.	Hom.	
La Reine Marie.	250	22	en Hollande,
La Perle.	100	14	à l'Amérique,
Le Superbe.	130	10	en Hollande,
Le S. Dominique.	100	11	enTerre-neuve.
Le Sauvage,	130	20	en Terre-neuve.

Noms des bâtimens.	Port de tonneaux.	Nombre des équipages.	Voyages.
Frégates.	Ton.	Hom.	
Le George.	70	9	à l'Amérique.
Le S. Pierre.	120	18	enTerre-neuve.
Le Marin.	100	16	à l'Amérique.
L'Amitié.	80	12	à l'Amérique.
Le Pierre.	60	11	enTerre-neuve.
La Sageffe.	100	12	à l'Amérique.
Le S. Jean-Baptifte.	100	16	enTerre-neuve.
Le S. Jofeph.	70	11	à l'Amérique.
Le Guillaume.	70	8	à Gênes.
La ville de Langon	70	8	en Hollande.
Le Jean-Pierre de Blaye.	120	14	à Banc.
Flutes.			
Le S. Jean-Baptifte.	70	12	en Guinée.
La Suzanne.	140	14	à l'Amérique.
La Catherine.	250	20	à l'Amérique.
L'Union.	130	10	en Hollande.
Corvettes.			
La Marie, dite Mal-bâtie.	112	9	à l'Amérique.
Le petit S. Jean.	60	9	à l'Amérique.
Le S. Michel.	50	9	à l'Amérique.
La Legère.	50	8	à l'Amérique.
Le S. Jofeph.	50	9	en Portugal.
Le S. Jofeph.	45	7	en Portugal.
La Catherine.	25	6	à l'Amérique.
Le S. Jean Evangelifte.	170	18	à l'Amérique.
Queches.			
Le S. Pierre.	50	9	à l'Amérique.
Le S. Jean.	80	10	à l'Amérique.
Flibots.			
Le S. Etienne.	80	12	à l'Amérique.
Le S. Philippes.	70	7	en Canada.
La Marie.	70	7	en Irlande.
Galliotes.			
La Marguerite.	45	8	à l'Amérique.
L'Amitié & Fortune.	120	16	enTerre-neuve.
La Perle.	90	7	en Hollande.
L'Aimable Honoré.	50	7	à Gênes.

Outre ces bâtimens qui ont chargé en l'année (1715) , il y avoit dans les rivières de Garonne, Dordogne & Gironde , foixante-dix-neuf barques ou bateaux, du port de quinze jufqu'à quarante tonneaux qui navigeoient ordinairement aux côtes de la Rochelle, Marans & Bretagne , & quelques-unes fur les côtes d'Efpagne.

Il y avoit auffi à la tête de Buch, dix-fept barques ou bateaux du port de quinze & trente tonneaux qui navigeoient auffi à la Rochelle & à la côte d'Efpagne.

COMMERCE

COMMERCE DE BAYONNE.

Les habitans de *Bayonne*, comme on l'a insinué ci-devant, font un *commerce* d'une assez-grande réputation, avec une partie des sujets de sa majesté Catholique, particulièrement dans la haute Navarre, dans l'Arragon & dans la Biscaye. Cette ville est située à la jonction de l'Adour & de la Nive, ce qui lui forme un port très-sûr & très-commode, & lui facilite toutes les différentes pêches, qui font un des principaux objets de son négoce.

Les marchandises de *France*, qui font propres pour la haute Navarre, font des draperies de Montauban, entr'autres, des bayettes, des serges, des cadis, des ratines & des burats; des toiles, comme celles de Bretagne, de Laval, de Cambrai & de Saint-Quentin; & encore des toiles teintes d'Allemagne, de Rouen & de Reims; des dentelles or & argent, fin & faux, qui se fabriquent à Lyon; des étoffes de soie de la même ville & d'Avignon, & quelque peu de Tours; quantité de quinquaillerie, qu'on tire de Forez; toutes sortes de merceries, particulièrement des soies à coudre, des bas, des passemens de fil, & généralement toutes sortes de guipures de fil & de soie qui se font à Lyon; quantité de marchandises de Lille, de Tournay, de Valenciennes & d'Amiens, principalement des camelots, des ligatures & des barracans; beaucoup d'épiceries, drogueries, sucres & cassonnades; des cires des Landes & de celles de Hollande; enfin, du poisson frais & salé, tels que font la morue, le saumon, les colacqs, les anguilles & les rousseaux.

Le cacao des îles & celui qui, par distinction, est appellé *cacao de Caraque*, ne doivent pas être oubliés parmi les épiceries & les drogues, dont les marchands de *Bayonne* font commerce avec l'Espagne. Les Espagnols tirent cette marchandise par la voie de la Navarre; & l'on compte, qu'année commune, il leur en faut au moins douze mille quintaux.

Les Navarrois donnent en retour de ces marchandises, des laines de Castille, d'Arragon & de Navarre; de la réglisse, de l'huile d'olive, des vins & du fer, & le plus souvent les paient en or ou argent monnoyé, en vieille vaisselle, & quelquefois en lingots.

La meilleure partie des draps qu'on envoie de *Bayonne* en Espagne, font des draps d'Elbœuf, de Rouen & de Carcassonne; il s'en consomme aussi quantité de ces trois sortes, ou à *Bayonne* même, ou dans les autres villes de Guyenne.

Le commerce de *Bayonne* avec la Biscaye & Guispusqua, n'est guères différent de celui que les Bayonnois font dans la haute Navarre, & consiste dans l'envoi des mêmes marchandises, avec cette différence, que les Hollandois & les Anglois fournissant à Saint-Sébastien & à Bilbao, des marchandises à peu près semblables, on s'y passe assez aisément d'une partie de celles de *France*. Ainsi, *Bayonne* ne leur fournit guères que de la draperie de Mon-

tauban, de la mercerie & des soiries de Lyon, de la quinquaillerie de Forez, & des toiles de Bretagne: aussi le plus grand commerce que les Bayonnois fassent de ce côté-là, est celui du bray & de la résine, qu'on y envoie sur des pinasses, qui en rapportent ensuite du fer de Biscaye, des oranges, des citrons, des pierres de meules, & quantité d'or & d'argent, ou en espèces, ou en vaisselle, ou en lingots; en sorte qu'on voit quelquefois des maîtres de pinasses, rapporter quinze & vingt mille piastres chaque voyage.

Les ports de Bilbao & de Saint-Sébastien, font aussi assez souvent l'entrepôt de diverses sortes de marchandises d'Angleterre & de Hollande, qui y viennent pour le compte des négocians de *Bayonne*, sur les vaisseaux de ces deux nations, lorsqu'ils ne font pas frettés pour y venir en droiture; & qu'ensuite on fait apporter à *Bayonne* sur les mêmes pinasses.

Le *commerce* que les marchands de *Bayonne* font avec l'Arragon, est le moindre de tous ceux que cette ville entretient avec l'Espagne. Cependant on en rapporte en échange des marchandises qu'on y envoie, quantité de balles de laines d'Arragon & de Castille, dont la plus grande partie est voiturée en droiture, par terre, à Rouen, & l'autre à *Bayonne*, qu'on y charge par mer, pour Nantes & pour la Rochelle, pour les faire ensuite pareillement passer en Normandie. On tire aussi une assez bonne quantité d'huile d'olive d'Arragon, & de vin de Sarragosse.

Les marchandises qu'on y porte, font presque de même qualité que celles qui servent au commerce de la haute-Navarre.

La pêche de la morue & celle de la baleine, font deux des principaux objets du négoce de mer de la ville de *Bayonne*.

Les bâtimens qu'elle destine à la première, font ordinairement de deux cent, jusqu'à trois cent tonneaux. Les vaisseaux pour la seconde, font depuis cent trente tonneaux, jusqu'à trois cent. Il y a vingt à vingt-cinq navires employés pour la morue, & douze à quinze pour la baleine.

Les Bayonnois faisoient autrefois la pêche de la morue à Plaisance, Sainte-Marie, les Trépassés, l'Isle percée & autres ports & lieux voisins. Le traité d'Utrecht y a changé quelque chose; au lieu de Plaisance, c'est présentement Louisbourg, autrement le cap Breton. Leurs retours font à *Bayonne* même, à Saint-Jean-de-Luz, Bilbao, Saint-Sébastien & Bordeaux. La vente à Saint-Sébastien & à Bilbao, se fait pour la plupart en argent comptant, le reste en laines fines, & quelque peu en fer.

Dans la pêche de la baleine, les équipages des vaisseaux ont la moitié de toute l'huile du poisson qu'ils fondent; l'autre moitié est pour le propriétaire, avec tous les fanons ou barbes de baleine.

Bayonne, Nantes, la Rochelle & le Havre-de-Grace, font les lieux où les vaisseaux de la pêche

Bayonnoise ont coutume de porter les huiles & les fanons provenans de cette pêche.

On fait aussi à *Bayonne* un assez bon commerce de mats de navires, que l'on met dans une fosse faite exprès pour les conserver. Ils y viennent par différentes rivières, qui descendent des Pyrennées : de *Bayonne*, on les envoie à Brest, & dans les autres atteliers des vaisseaux du roi.

On construit des vaisseaux à *Bayonne*, & l'on peut les bâtir plus commodément & à meilleur marché, qu'en bien d'autres ports du royaume, à cause de la facilité d'avoir des bois & du fer d'Espagne, des chanvres pour les cordages par la Garonne, & du gaudron & du bray, qu'on tire des Landes : mais ce ne peut être que des frégates de quarante à cinquante pièces de canon, à cause que son port est un port de barre, dont l'entrée n'est pas extrêmement profonde.

DU COMMERCE DES LAINES D'ESPAGNE, qui se fait à Bayonne.

Il faut d'abord remarquer, que dans le nombre des *laines* que les marchands de *Bayonne* tirent d'Espagne, il y en a quelques-unes qui ont des noms différens de ceux qu'on a donné dans ce Dictionnaire à l'article des laines ; mais dans le fond ce sont les mêmes, toute la différence ne venant que de quelques épithètes autrement rendues, ou de quelque diversité dans leurs qualités ; ou enfin de quelques lieux d'Espagne plus connus aux Bayonnois qu'aux marchands des autres villes de *France*.

On compte qu'année commune, il entre à *Bayonne* jusqu'à quinze mille balles de *laines* de toutes qualités.

Ces *laines* sont, des Ségovies Léonèses, des Superfines, des Ségovies ordinaires, des Sories Ségoviennes, des Burgalèses, des Sories de Cavalleros, des Sories Molines, de grands Albarasins, de petits Albarasins, des Cuenças, des Etréménas, des Belchittes, des Campos d'Aragon, des Fleuretons de Navarre, & toutes sortes d'Agnelins fins & communs en surge & lavés.

Beaucoup de négocians de *Bayonne* ont coutume de faire acheter une partie de ces *laines* en surge, & de les faire laver sur les lieux pour leur compte : les autres les ont des Espagnols, qui ont des troupeaux, ou des marchands de cette nation qui en font le commerce, qui chaque année les envoyent ou les portent à *Bayonne* toutes lavées pour les y vendre eux-mêmes ; ensorte que les Bayonnois ayant toujours ces *laines* de la première main, ils sont en état de les donner à meilleur marché que les autres ; outre que les meilleurs lavoirs étant plus à portée de

cette ville que d'aucune autre, même que de la ville de Bilbao, les *laines* qu'on tire de *Bayonne* sont toujours les mieux bénéficiées & les mieux triées de toutes celles qui sortent d'Espagne.

L'hiver est le meilleur temps pour venir à *Bayonne* faire ces achats, les *laines* y arrivant en plus grande quantité, & le choix en étant plus aisé ; ce que ne doivent pas négliger les facturiers de *France*, qui employent les *laines d'Espagne* dans la fabrique de leurs étoffes ou de leurs autres ouvrages.

Le poids dont on se sert à *Bayonne* dans le commerce des *laines*, c'est le poids de marc de seize onces à la livre.

A l'égard du prix, il est différent suivant la différence du change : on va le mettre ici sur le pied qu'elles se sont vendues au mois de novembre 1724, que les changes pour l'Espagne étoient à seize livres la pistole.

Sur ce pied, les Ségovies Léonèses R, valoient cinquante-deux sols la livre, les F, six sols moins. Les Ségovies ordinaires, quarante-huit sols ; les Ségoviennes, quarante-six sols ; les Sories Ségoviennes, les Burgalèses & les Cavalleros, depuis quarante-quatre jusqu'à quarante-cinq. Les Sories, depuis quarante-un jusqu'à quarante-deux, avec la même diminution de six sols & de douze sols aux F & aux S. Les autres laines à proportion de leur qualité.

L'usage est de donner pour tare ce que pèse le balin ou emballage, qui est ordinairement depuis onze jusqu'à quatorze livres, suivant qu'il est plus ou moins gros, & la balle plus ou moins grande.

On déduit outre cela dans les comptes, trois livres par balle, qu'on appelle les *trois livres du* DON.

Pour ce qui regarde la proportion des différentes sortes de *laines* dont chaque balle est composée, voici quelle elle est.

Les *laines* de Ségovie ont ordinairement du cinquième au quart de basses sortes F. & S ; les Ségovies ordinaires & les *laines* Burgalèses, le quart : enfin, les Sories Ségoviennes, les Cavalleros, & les Sories d'un quart à un tiers.

Il faut remarquer que dans tout ce qu'on a dit jusqu'ici des *laines*, l'auteur du mémoire ne s'est attaché qu'aux *laines fines*, parce que ce sont celles dont il se consomme le plus dans le royaume.

On charge année commune à *Bayonne*, trente ou quarante bâtimens du port de deux cent à trois cent cinquante balles de *laines fines* pour Rouen & pour Nantes, & huit ou dix pour la Hollande. Le Languedoc en tire aussi plusieurs parties de *laines* sories Ségoviennes, & sories ordinaires, qui sont les plus propres pour faire les londrins seconds, qui est la qualité la plus courante pour le Levant.

FACTURE ET COMPTE d'un assortiment de cinquante-sept balles de laines Ségovies, vendues suivant l'usage de Bayonne, sçavoir, 43 primes, 11 secondes & 3 tierces.

No.	No.	No.	No.	No.
19 . . 200 l.	32 . . 215 l.	9 . . 189 l.	8 . . 204 l.	26 . . 212 l.
14 . . 185	13 . . 203	43 . . 204	21 . . 212	15 . . 207
11 . . 210	24 . . 208	5 . . 208	2 . . 209	18 . . 208
1 . . 207	39 . . 209	36 . . 202	7 . . 211	
R 23 . . 209	46 . . 189	18 . . 204	37 . . 171	627
22 . . 199	17 . . 203	12 . . 194	10 . . 209	
42 . . 205	25 . . 204	40 . . 174	27 . . 211	
34 . . 198	47 . . 212	48 . . 188	33 . . 206	
16 . . 221	45 . . 191	41 . . 205	44 . . 200	
6 . . 199	20 . . 211	35 . . 202	3 . . 213	
2033	2045	1970	2046	

```
      2033
      2045
      1970
      2046
       627
      8721
      591 1/4  Tare à 10 l. 1/4, & 3 l. don, font 13 l. 1/4 par balle   { 10 1/4 liv. tare.
      8129 3/4 liv. net, laine [ prime ] à 52 sols la livre.            {  3 liv. don,
```

No.	No.
57 . . 215 l.	63 . . 184 l.
50 . . 233	S 62 . . 229
52 . . 210	65 . . 228
51 . . 237	641
58 . . 210	41 1/4 tare & don,
F 60 . . 218	
55 . . 204	599 3/4 liv. net, laine [tierce] à 40 sols la livre [qui
53 . . 212	est 6 sols moins que les secondes, ou 12
56 . . 221	sols moins que les primes.]
49 . . 211	
61 . . 224	
2395	

```
    151 1/4 tare & don à 13 l. 1/4.
    2243 1/4 liv. net, laine [ second ] à 46 sols la livre [ qui est six sols moins que les primes. ]
```

COMMERCE DE LIBOURNE, DE BLAYE, ET DE QUELQUES AUTRES VILLES DE LA GÉNÉRALITÉ DE BORDEAUX.

La ville de *Libourne* est sur la Dordogne, par laquelle la mer monte jusqu'à Castillon, qui est trois lieues au-delà; en sorte que le flux & le reflux ont plus de vingt-six lieues de montée & de descente, jusqu'à l'embouchure de cette rivière dans la mer.

Une situation si avantageuse, pourroit lui faciliter un grand commerce avec les étrangers, & avec quelques provinces voisines que la Dordogne parcourt dans sa course; mais il y a déja long-temps que Bordeaux s'est attiré tout le commerce, & à peine lui est-il resté celui des sels, que l'on envoie par la rivière dans le Périgord & dans le Quercy.

On y voit pourtant quelques navires du dehors, qui viennent y charger des vins & des bleds du pays; mais c'est peu de chose en comparaison de ce qu'on en envoie à Bordeaux, qui au préjudice de *Libourne*, est devenu comme le dépôt des propres marchandises de cette ville & de son territoire.

Si les entreprises qu'on a faites depuis quelques

Kk ij

FRA

années , pour établir à *Libourne* l'entrepôt des marchandises du Périgord & du Limofin , en rendant navigables les rivières de Lifle & de la Vezère, qui tombent dans la Dordogne ; l'une aux portes de la ville , & l'autre à Bergerac : fi, dis-je, ces entreprifes pouvoient avoir le fuccès dont on fe flatte , il eft certain que le commerce de *Libourne* redeviendroit très-confidérable, & qu'elle n'envieroit plus celui que l'on peut dire que Bordeaux fait à fes dépens ; puifqu'elle verroit les navires étrangers venir prendre dans fes magafins les eaux-de-vie, les châtaignes & les autres denrées de deux riches provinces, que ces deux rivières lui apporteroient ; fçavoir Lifle , celles du Périgord ; & la Vezère, celles du Limofin : mais c'eft un avantage dont *Libourne* ne jouit encore qu'en efpérance.

BUREAU DES FERMES A LIBOURNE.

Le *bureau des fermes* du roi à *Libourne* , eft des plus confidérables de ceux qui font de la direction de Bordeaux , & fon produit, année commune, ne va pas à moins de 400,000 livres de recette ; outre qu'il fert de conferve au bureau de Bordeaux pour la defcente des vins du haut pays, venant de Dommes, de Sarbac, de Bergerac , de Sainte-Foy & Caftillon, fitués fur la Dordogne , & pour toutes les autres marchandifes qui en defcendent.

La régie de ce *bureau* fe fait par douze employés ; fçavoir un receveur, un contrôleur , un vifiteur-tailleur de fel, trois gardes : & pour le fervice de la patache & de deux filadières, un capitaine, un maître & quatre matelots. La dépenfe de ces douze employés va à près de fix mille livres par année.

Il fe tient dans ce *bureau* jufqu'à treize regiftres ; fçavoir , le premier pour les déclarations de mer ; les fecond, troifiéme , quatriéme & cinquiéme, pour les diverfes recettes du convoi ; les fixiéme & feptiéme, pour les recettes de la comptablie ; le huitiéme , pour celle du courtage ; le neuviéme , pour les droits des excès d'eau-de-vie à la comptablie ; le dixiéme , pour les nouveaux droits ; le onziéme , pour les droits d'acquits à caution, des châtaignes, vins & autres marchandifes venant de Caftillon pour les bourgeois ; le douziéme, pour les droits d'acquits à caution, qui fe prennent à *Libourne* & Coutras ; enfin , le treiziéme & dernier , pour les faifies qui fe font dans les bureaux de Caftillon & de Coutras, dépendans de celui de *Libourne*.

Les droits qui fe lèvent au *bureau de Libourne* , font femblables à ceux de Bordeaux & des autres bureaux fitués dans la fénéchauffée ; fçavoir, les droits de convoi , de comptablie & de courtage, avec quelque différence néanmoins pour la quotité & les exemptions.

LANGON. Ville du Bazadois, fituée fur la Garonne à 7 lieues au-deffus de Bordeaux.

Il y a à *Langon* un bureau des fermes du roi où les vins du haut pays, qui y paffent pour aller à Bordeaux, font obligés de prendre des acquits à caution , qui portent que ces vins feront déchargés à Bordeaux, & y paieront les droits de la décharge ; defquels vins les marchands & voituriers fe foumettent de rapporter certificats au dos defdits acquits.

Il paffe auffi à ce bureau quelques autres marchandifes , mais en petite quantité. Les principales font le mairain , les codres feuillars , les barresforts de bois de pin, les lattes & tables du même bois , & quelque peu d'huile d'olive & de noix : auffi ce bureau n'eft-il regardé que comme un bureau de conferve pour celui de Bordeaux. *Voyez* l'article de cette ville.

Les droits qui fe lèvent à *Langon* , font la grande & petite coutume ; fçavoir 3 ½ pour cent de la valeur & eftimation des marchandifes à l'entrée, & 2 ½ pour cent à l'iffue, avec les deux fols pour livre de contrôle.

Les marchandifes qui font déclarées audit bureau pour le compte des bourgeois de *Langon*, font exemptes des droits d'entrée & d'iffue , en conféquence d'un privilége confirmé par divers arrêts du confeil.

Il y a auffi quelques communautés voifines , qui jouiffent de cette exemption. Ces communautés font Saint-Macaire, Duras , Monfegur , Caftel-Moron, Saint-Ferme, & deux autres des environs.

Les vins du crâ de *Langon* font réputés vins de la grande jauge.

Il y a pour la régie du bureau de *Langon* fix commis & deux matelots, pour une chaloupe. Les fix commis font un receveur, un contrôleur, deux vifiteurs & deux gardes.

Le receveur & le contrôleur tiennent cinq regiftres ; le premier, pour la recette des droits d'entrée & d'iffue ; le fecond , pour l'enregiftrement des vins du haut pays, eaux-de-vie, prunes & autres marchandifes qui font déclarées par les marchands & voituriers , être conduites à Bordeaux, & les droits y être payés ; le troifiéme qui eft imprimé, pour enregiftrer les acquits à caution ; le quatriéme, pour enregiftrer la quantité des fels montant au haut pays, & fortant de Bordeaux avec les droits qu'ils ont payés ; c'eft proprement le contrôle des fels, qui font taillés au large à Bordeaux pour être tranfportés hors de la fénéchauffée ; le cinquiéme, eft pour l'enregiftrement des faifies qui fe font au bureau de *Langon*.

Il s'y tient encore un fixiéme regiftre par les vifiteurs, fur lequel ils enregiftrent toutes les vifites des bateaux & le nombre des eaux-de-vie, vins, prunes, fels, & généralement toutes autres marchandifes qui montent & qui defcendent par la rivière de Garonne.

BLAYE eft un port confidérable , fitué fur la rivière de Gironde, c'eft-à-dire , fur cette rivière qui forme l'union de la Garonne & de la Dordogne ; elle eft à huit lieues au-deffous de Bordeaux. Son commerce confifte en vins rouges & blancs qu'on recueille dans fon territoire, qui à la vérité ne font pas fi bons que ceux de Bordeaux ; mais qui auffi se vendent beaucoup moins, ce qui y attire quelques vaisseaux étrangers, particulièrement quantité de barques de Bretagne, où on les préfère aux vins des autres cantons de la Guienne. Il s'y fait beaucoup d'eau-de-vie.

Un autre objet de commerce pour cette ville, est celui des bleds, soit de ceux qu'on recueille dans les marais qu'on a desséché dans le voisinage de *Blaye*, soit de ceux qu'on tire de la Xaintonge; les étrangers y en venant charger une très-grande quantité, lorsque le négoce en est libre, & le transport en est permis.

Blaye est encore considérable par un bureau des fermes du roi, qui est d'autant plus important qu'il sert comme de contrôle aux bureaux de Bordeaux, de Langon, de Bourg & de Libourne, pour les marchandises qui montent & descendent les rivières de Garonne & Dordogne. Il est vrai que la recette n'y est grande, qu'à cause des vins, eaux-de-vie & grains, dont il se charge quantité à *Blaye*: les autres marchandises y entrant & sortant en moindre abondance.

Il y a pour la régie de ce bureau jusqu'à 75 employés, dont les appointemens joints aux frais de bureau, peuvent aller à près de 27,000 livres.

Ces commis & employés, sont, un receveur, un contrôleur, un scribe, deux visiteurs, trois gardes de terre, le capitaine & le lieutenant de la patache, cinq commandans pour cinq chaloupes, dont l'une s'appelle la *chaloupe de visite*; cinq matelots & un maître, pour le service de chacune desdites chaloupes; un maître, un contre-maître, un charpentier, un canonier, & un garçon de bord pour la patache.

Outre la patache de *Blaye*, il y en a encore deux autres pour le service du même bureau, l'une qu'on nomme la *patache de Pouillac*, & l'autre la *patache de Verdon*, du nom des lieux où elles sont postées.

La patache de Pouillac, qui est à deux lieues au-dessous de *Blaye*, en descendant la rivière, est commandée par un capitaine qui a pour son service une chaloupe montée d'un soldat-commandant, d'un maître & de cinq matelots. La patache a aussi un maître & un garçon de bord.

Les employés pour la seconde patache sont les mêmes qu'à la première, soit pour la qualité, soit pour le nombre.

Cette patache est à douze lieues au-dessous de *Blaye*, presqu'à l'embouchure de la Gironde. Ses fonctions sont d'empêcher tous les versemens des bâtimens de montée & de descente qui mouillent ordinairement à Verdon, & de faire payer les droits sur les denrées qui se chargent à la côte de Medoc, pour la Xaintonge, ou qui viennent de la Xaintonge en Medoc.

Enfin, il y a la brigade à cheval de Soulac, composée de quatre cavaliers, & commandée par un capitaine & un lieutenant.

Il se tient au bureau de *Blaye* douze registres;

le premier, pour les déclarations, que tient le scribe du bureau; le second, pour la recette des cargaisons, aux convois, tant en gros qu'en menu, que tiennent le receveur & le contrôleur; le troisième, tenu par les mêmes, pour la recette des 50 s. par tonneau; le quatrième, pour enregistrer les droits des sels venant de Poitou; le cinquième, pour la recette des droits de comptablie; le sixième, pour les nouveaux droits; le septième, pour les droits de courtage; le huitième, pour les droits d'acquits & émolumens; le neuvième, pour l'enregistrement des barques de sel de montée. Ces six derniers sont pareillement tenus par le receveur & le contrôleur. Le dixième, que tient le scribe, pour enregistrer les acquits à caution, que sont obligés de prendre à *Blaye*, les cochers, messagers & autres voituriers qui vont par terre à Bordeaux; le onzième, aussi tenu par le scribe, pour servir de contrôle à tous les bâtimens étrangers qui chargent à Bordeaux & à Libourne, & encore pour les 50 s. par tonneau, qui se lèvent sur lesdits vaisseaux; enfin, le douzième, pour les saisies; c'est encore le scribe qui le tient.

Les fonctions des deux visiteurs du bureau de *Blaye*, sont semblables à celles des visiteurs d'issue de Bordeaux.

Les fonctions de la brigade à cheval de Soulac, sont d'empêcher les fauxsonages qui peuvent se faire dans les marais salans de Soulac, & pointe de Soulac; lesquels marais sont au nombre de quarante-six ou environ. Le capitaine de cette brigade tient trois registres; un, pour enregistrer tous les sels qui s'enlèvent de ces marais pour être transportés à Bordeaux & à Libourne, & ceux que le fermier accorde aux habitans de la sirerie de Lespave; l'autre, pour servir de journal de la marche de sa brigade; & le troisième, pour enregistrer les saisies qu'il fait.

Les droits qui se perçoivent au bureau de *Blaye*, sont semblables à ceux de Bordeaux, & consistent en droits de convoi, de comptablie & de courtage. Il faut cependant remarquer que les vins du crû de *Blaye*, ne doivent en tout au convoi qu'une livres par tonneau; & à la comptablie, 1 liv. 2 s. 2 d. Pour le courtage, ils n'en paient point au fermier, mais à un seigneur particulier.

Quoiqu'on ait dit ci-dessus, il y a pourtant quelque différence entre les droits de comptablie de *Blaye* & de Bordeaux: ceux-ci ne montant, pour la grande & petite coutume qu'à 3 ½ pour ⁰⁄₀ à l'entrée, & 2 ½ à l'issue; & ceux de *Blaye* étant de 5 pour ⁰⁄₀, tant à l'entrée qu'à l'issue.

Il se lève aussi au courtage dans le bureau de *Blaye*, le premier tonneau de fret de tous les vins de Medoc & de Bourg qui s'y chargent, duquel droit les vins de *Blaye* sont exempts. Les autres droits sont, le droit de branche de cyprès, le droit d'acquits & expéditions, le droit de quillage, celui de visite, celui d'expédition à la patache, que ne payent pas les bâtimens chargés de bois à brûler, d'oignons & de poterie, & quelques autres.

ARCACHON. On appelle ainfi un grand *baffin* qui eft fur la côte de Medoc, dont l'entrée eft à dix-huit lieues de la rivière de Bordeaux, & à vingt de celle de Bayonne ; ce *baffin* a environ huit lieues de circonférence, & eft entouré de plufieurs villages, dont le principal eft celui qu'on nomme *la Tête de Buch*. La plupart des habitans de ces villages font des pêcheurs ; les autres font un affez bon commerce du bray, de la raifine & des gaudrons, qu'ils tirent des Landes où ces denrées fe recueillent, & qui n'en font pas fort éloignées.

L'entrée du *baffin* n'eft bonne que pour des barques de cinquante tonneaux, encore n'eft-elle facile que dans l'été, la difficulté étant plus grande en hyver.

COUTRAS. Bourg de Guienne, célèbre par la bataille qui y fut donnée en 1587, dans laquelle Henri IV défit entièrement l'armée des ligueurs.

Ce bourg eft fitué à deux lieues de Libourne, à l'extrémité de la fénéchauffée de Bordeaux, fur la rivière de Lifle, qui fe décharge dans la Dordogne.

Les fermiers du roi y entretiennent un bureau de conferve pour celui de Libourne, avec un feul commis. Il fert pour toutes les marchandifes qui viennent par terre de Xaintonge, de l'Angoumois & du Périgord, pour lefquelles les voituriers font tenus d'y prendre des acquits à caution, dont ils ne paient aucuns droits à ce bureau, quand les marchandifes font déclarées pour Bordeaux, où les voituriers ont foin de les acquitter.

BOURG, Ville de Guienne, fituée fur la Dordogne, à un quart de lieue du bec d'Ambez, entre Blaye & Libourne. Il y vient quelques vaiffeaux & affez bon nombre de barques, qui y enlèvent les vins qui font affez bons, mais moins que ceux de Bordeaux. Il y en a de blancs & de rouges.

Il y a à *Bourg* un bureau des fermes du roi, qui ne peut guères être regardé que comme un bureau de conferve, produifant à peine au fermier dix-fept à dix-huit mille francs année commune, qui proviennent pour la plus grande partie des vins du crû du pays, qui en font ouvrage tout le commerce ; & qui fe chargent ordinairement pour la Bretagne, n'y en allant que très-peu à l'étranger.

Pour la régie de ce bureau, il n'y a que trois employés ou commis ; fçavoir, un receveur, un contrôleur & un garde.

Les droits qui fe lèvent à *Bourg*, font les mêmes que ceux de Bordeaux ; c'eft-à-dire, le convoi, la comptablie & le courtage, à la réferve que ceux de la grande & de la petite coutume, qui font ceux de la comptablie, fe perçoivent ; fçavoir, 5 pour ⅞ à l'entrée pour le compte d'un François, & 7 ½ pour ⅞ auffi à l'entrée pour le compte de l'étranger.

Les bourgeois font exempts de la grande coutume à l'entrée & à l'iffue, & ne paient que ceux de la petite coutume, qui eft 1 pour ⅞ de l'eftimation des marchandifes, lorfqu'ils chargent pour leur compte le vin de leur crû ; & quand ils chargent

d'autres vins, ils ne paient que dix fols à la comptablie, avec les deux fols pour livre de contrôle : & au furplus paient les droits dûs au convoi & au courtage, dont perfonne n'eft exempt.

Le droit de 50 f. par tonneau, qui eft dû par les vaiffeaux étrangers, ne fe paye point à *Bourg*, mais à *Blaye*, le receveur de ce dernier bureau y envoyant un de fes vifiteurs d'iffue pour les jauger ; & les maîtres defdits vaiffeaux venant enfuite à Blaye en payer les droits. Le receveur du bureau de *Bourg*, tient fept regiftres, & le contrôleur, feulement trois ; le premier, eft celui des déclarations ; le fecond, fert à la recette du convoi à la cargaifon ; le troifiéme, à la recette de la comptablie ; le quatriéme, à celle du courtage ; le cinquiéme, à celle des nouveaux droits ; le fixiéme, pour les acquits à caution ; & le feptiéme & dernier, pour les faifies.

CASTILLON. Petite ville de Guienne, fituée fur la Dordogne, à trois lieues au-deffus de Libourne.

Les fermiers du roi y ont un bureau de conferve qui dépend de celui de Libourne, & qui ne fert guères qu'à recevoir les foumiffions des marchands qui font defcendre des marchandifes du haut pays par cette rivière à Libourne, Blaye, & Bordeaux. Il ne s'y fait aucune recette que celle des acquits à caution qui fe prennent audit Bureau. Il y a cependant pour fa régie un receveur & deux gardes.

COMMERCE DU LIMOSIN, ET DE L'ANGOUMOIS.

Ces deux provinces, qui ne compofent qu'une même généralité, ne fe reffemblent guères pour la fécondité & pour l'abondance des chofes néceffaires à la vie ou propres au négoce.

L'Angoumois produit quantité de bleds, de vins & de toute forte d'excellens fruits. Le Limofin au contraire eft froid & ftérile : il n'y a des vins que dans quelques cantons, encore affez mauvais ; du froment prefque nulle part ; & le feigle, l'orge & les châtaignes fervent le plus communément à faire le pain dont fe nourriffent les habitans.

L'une & l'autre province a un grand nombre de moulins à papier, dont la fabrique eft fort eftimée. Le papier de l'*Angoumois*, au moins celui qui eft propre pour l'impreffion, eft prefque tout pour la Hollande ; & c'eft pour cela qu'il n'y a guères de cette forte où les manufacturiers ne mettent les armes d'Amfterdam ; il s'en fait auffi quelques envois à Paris. Il eft à remarquer que les Hollandois après bien des foins & de la dépenfe, n'ont jamais pû imiter chez eux le papier d'Angoulême. Celui du *Limofin* n'eft pas moins excellent pour l'édition des livres, fur-tout, il eft admirable pour l'impreffion des tailles-douces ; mais on s'en fert peu pour l'écriture à la main, n'étant point affez collé.

On a vu un mémoire par lequel celui qui l'a dreffé, prétend que la diminution de ces fabriques provient moins des longues guerres qui ont occupé prefque tout le regne de Louis-XIV, que de quelques impositions qui ont été mises sur cette marchandise, ou sur les matières qu'on y emploie, depuis l'année 1656; sçavoir, les droits de marque à raison de six sols par rame de papier fin, & quatre sols sur les papiers communs; la traitte-foraine de Tonne-Charente sur chaque balle de papier, revenant à quatre sols par rame; & encore un autre droit de traitte-foraine, établi pareillement à Tonne-Charente, de dix sols par quintal, sur les vieux linges & sur la colle qu'on tire de Poitou, ce qui enchérit encore le papier d'un sol par rame. L'auteur du mémoire étant persuadé que, si on diminuoit ces droits de moitié seulement, la fabrique & le commerce du papier se rétabliroient sur le pied qu'ils étoient; & qu'on pourroit voir aujourd'hui, comme autrefois, jusqu'à soixante moulins travaillans dans l'*Angoumois*, au lieu de seize qui y sont restés, & qui encore ne sont pas toujours occupés.

Ce qui fait le principal revenu du haut & bas *Limosin*, c'est le commerce des bestiaux, principalement des bêtes à cornes, qui se vendent, partie aux marchands des provinces voisines, & partie aux marchands de Paris, qui en enlèvent tous les ans une très-grande quantité: ceux-ci ont coutume de les faire auparavant engraisser en Normandie, parce qu'elles maigrissent ordinairement en chemin à cause de la longueur du voyage.

Tant que nous avons eu des armées en Italie, la plupart des bœufs qu'on y conduisoit pour leur subsistance, étoit tirée du *Limosin*, ce qui en augmentoit de beaucoup le débit.

Il se fait aussi dans le *Limosin* quelques nourritures de moutons; mais comme ils ne sont pas excellens, & que les laines n'en sont que médiocres, on n'en élève que pour la consommation du pays; & le peu de laine qu'ils donnent, est employée aux étoffes de lainage, dont on parlera dans la suite.

Le commerce des chevaux n'y est pas moins considérable que celui des bœufs; si même il ne l'est pas davantage. Ils se vendent presque tous aux deux foires de Châlus; dont l'une se tient à la Saint-Georges, & l'autre à la Saint-Michel: & aux trois foires de Limoges, qui se tiennent aux mois de mai, de juillet & de décembre. De ces cinq foires, celle de Châlus de la Saint-Georges, est la plus considérable: la plupart des chevaux qu'on y mène, s'achètent encore poulains, pour être élevés ensuite dans le pays même, dans l'Angoumois & dans le Périgord.

Les chevaux Limousins sont estimés, durent beaucoup, & sont d'un grand travail. On estime qu'année commune, il sort de la province quinze cent à deux mille poulains, depuis que les haras qui avoient été négligés après la mort de M. de Louvois, ont été remis sur le bon pied; & qu'on y a introduit des étalons d'Espagne & de Barbarie, que l'expérience a fait reconnoître, qui y réussissoient mieux qu'aucuns autres.

Les terres du *Limosin* sont presque par-tout couvertes de châtaigniers, dont les fruits servent la nourriture des habitans de la campagne, non pas, comme on l'a dit ci-dessus, réduits en farine propre à faire du pain, celle qu'on en pourroit tirer ne pouvant se lier comme la farine du froment ou d'autres grains; mais en leur tenant lieu de pain pour les nourrir.

La manière de préparer les châtaignes, est d'en ôter d'abord la première écorce à sec, & de les dépouiller ensuite de leur seconde peau, en les faisant légèrement bouillir; après quoi on les réduit par une entière cuisson dans une espèce de bouillie fort épaisse, à laquelle on s'accoutume aisément, & qui donne de la vigueur & des forces, même à ceux qui ne se servent point d'autres nourritures, comme font la plupart des paysans.

On peut conserver les châtaignes fort long-temps en les faisant sécher à l'ombre; mais celles qui sont ainsi gardées, sont plus insipides, & nourrissent moins que celles qui sont de l'année.

Les terres du *Limosin* qui sont découvertes produisent d'assez beaux seigles, mais quelque culture qu'on leur donne, on ne peut les rendre propres à produire du froment. Outre le seigle dont il n'y a que les plus riches paysans qui se nourrissent, on y sème du blé noir & une espèce de grosses raves, qui avec les châtaignes, font toute la nourriture des moins à leur aise.

La stérilité de cette province & l'inclination que les habitans ont pour le travail, sur-tout pour celui que de leur nom on appelle *Limosinage*, en font sortir tous les ans plusieurs milliers, qui se répandent dans le royaume, par-tout où il y a des atteliers, & qui retournant chez eux un peu avant l'hyver, portent à leur famille un secours que leur patrie leur refuse, & qui leur tient lieu du négoce qui enrichit les autres provinces.

Le pays de la *Basse Marche*, qui fait partie de la généralité de Limoges, est à peu-près de la même nature que celui du *Limosin*, a les mêmes productions, & participe au même commerce, n'en ayant aucun particulier.

Le pays de l'*Angoumois*, qui est pareillement de cette généralité, est bien différent des deux autres; ses terres sont propres à toutes sortes de récoltes, & quoique généralement parlant, elles ne produisent pas avec abondance, & que ce qui s'y recueille ne suffise que pour la consommation du pays, c'est moins la stérilité du sol, que le manque de culture qu'on donne aux terres, qui en est cause.

Les fruits & les grains qui y croissent avec le plus d'abondance, sont, le froment, le seigle, l'orge, l'avoine, le baillorge qui est une espèce de grain qui approche de l'orge, le blé d'Espagne, le safran, les vins, les noix, & toutes sortes de fruits.

Les vins sont le principal & le plus important commerce de l'*Angoumois*. Les meilleurs vignobles & ceux dont les vins sont les plus recherchés, & se vendent par préférence aux autres, sont Cognac &

fon Éle&ion ; enfuite ceux d'Angoulême. Les autres cantons font plus communs.

Il faut remarquer que Cognac n'eft plus de la généralité de Limoges ; mais en a été démembré lors de l'établiffement de celle de la Rochelle.

Les vins rouges fe débitent en Limofin & en Poitou, & les blancs fe brûlent pour l'eau-de-vie.

Le débit des eaux-de-vie eft différent fuivant les temps. Pendant la guerre, elles s'enlèvent par les munitionnaires François, pour la fourniture des armées de Flandre & d'Allemagne. D'abord elles fe voiturent par terre jufqu'à Châtelleraut, où elles s'embarquent fur la Vienne, pour paffer enfuite par la Loire jufqu'à Orléans, d'où elles fe diftribuent dans les lieux de leur deftination.

En temps de paix, le débit en eft plus facile, plus prompt & plus abondant, les flottes Angloifes & Danoifes les venant charger à Charente, au-deffus de Rochefort, & en enlevant une très-grande quantité, particulièrement celles de Cognac. Il fe paie à Charente un droit fur les eaux-de-vie qu'on prétend faire quelque tort à ce commerce.

Le fafran eft après les vins un des meilleurs commerces de l'Angoumois. Il eft vrai qu'il ne s'y foutient pas fur un auffi bon pied qu'autrefois, la culture de cette denrée dans quelques autres provinces de France, particulièrement dans l'Orléanois & le Gatinois, en ayant beaucoup diminué le produit, qu'on faifoit alors monter à plus de cent mille livres par an ; une autre raifon de cette décadence eft, que les autres fafrans ont plus de réputation que ceux-ci.

Il s'en fait néanmoins toujours de grands envois en Allemagne & à Lyon, d'où il paffe en Hongrie, en Pruffe, & dans les autres pays froids, où il eft d'un grand ufage. *Voyez* l'article du *Safran*.

Un troifième objet de commerce pour l'Angoumois, font fes forges, particulièrement celles de Rancogne, de Planche-mênier, de Roche-feaucourt & de Rouffines, dont le fer eft très-doux, très-facile à la fonte, & d'un bon ufage fous le marteau. Il s'emploie pour la plupart en canons, en bombes & en boulets, pour les arfenaux de marine de fa majefté, particulièrement pour celui de Rochefort.

FABRIQUES D'ÉTOFFES.

LIMOGES. Ville de *France*, capitale du Limofin. Cette ville n'ayant point de rivières navigables, n'a aucun commerce au-dehors avec l'étranger, & tout celui qu'elle fait eft par charroi & dans le dedans du royaume, n'y ayant guères de villes confidérables dans les provinces, même les plus éloignées, où fes marchands n'aient des correfpondances.

Limoges eft le chef-lieu du département d'un infpecteur des manufactures, qui s'étend fur toutes les fabriques du Limofin, & en partie fur celles de l'Auvergne & de la Saintonge.

Les principaux lieux de ce département, font Saint-Jean d'Angely, Nerac, Angoulême, la Ro-

che-foucault, Tulles, Brives, Saint-Leonard, & Aubeterre.

Les feules étoffes qui fe fabriquent à *Limoges*, font des revêches. Il s'y en fait treize cent pièces.

SAINT-JEAN D'ANGELY. Il s'y fait des draps d'une aune de large, & des étamines : les draps vont à quinze cent pièces par an ; & les étamines, à cinq cent pièces. Le débit s'en fait à Bordeaux & à Limoges.

NERAC. Il s'y fait, année commune, dix-neuf cent pièces de draps, & douze cent cinquante pièces de ferges. Toutes ces étoffes fe débitent comme celles de Saint-Jean d'Angely.

ANGOULÊME. Ville de *France*, capitale de l'Angoumois. Sa fituation la rend très-propre au commerce, & elle en fait un très-confidérable, foit au dehors foit au dedans du royaume. Ses vins, fes eaux-de-vie, fes fafrans, fes papiers & fes draperies, font les principaux objets de ce commerce. Ce font des ferges & des étamines qui s'y fabriquent : de celles-ci, quatre cent cinquante pièces ; de celles-là fix cent cinquante. Elles fe débitent fur le lieu.

LA ROCHE-FOUCAULT. Sa fabrique n'eft que pour les ferges ; elle en donne environ cinq cent pièces par an. On y fait auffi des gands.

COGNAC. Il s'y fabrique quelques étamines.

SENTEREUNE. (la) Il s'y fabrique quelques draps.

TULLES. On y fabrique des revêches ou petits raz, environ huit à neuf cent pièces.

BRIVES. Ce font auffi des revêches ; on y en fait cinq cent pièces.

SAINT-LÉONARD. On y fait des draps forts & groffiers, qui font propres pour l'habillement des troupes & des payfans.

Toutes les étoffes fe confomment en partie dans les lieux où elles fe fabriquent, & en partie à Bordeaux, Limoges, & Angoulême.

AUBETERRE dans l'Angoumois. Il n'y a point de fabrique d'étoffes de laine dans cette ville : mais on y fait quantité de groffes toiles & de papiers, qu'on fait conduire à Bordeaux, à la Rochelle, & à Touloufe.

COMMERCE PARTICULIER DE LIMOGES ET D'ANGOULÊME.

LIMOGES eft fituée fur la Vienne, qui paffe le long de fes fauxbourgs du côté du levant. Elle n'en tire pas néanmoins beaucoup d'utilité pour fon *commerce*, cette rivière n'étant prefque pas navigable à caufe des roches qui en coupent le cours, & ne pouvant fervir au plus qu'au flottage des bois.

Ce défaut de la Vienne, & l'éloignement de *Limoges* de la mer, lui rendant impoffible le commerce que les villes fituées fur les côtes, font ordinairement au-dehors avec les Etrangers ; l'induftrie & le grand travail de fes habitans, lui en ont fait au-dedans du royaume un affez confidérable, par les diverfes correfpondances qu'ils y entretiennent, & par l'entrepôt qu'ils qu'ils ont établi dans leur ville pour la plupart des marchandises qui vont de Paris à Toulouse, ou de Toulouse à Paris; aussi-bien que pour celles qui viennent de Lyon à Bordeaux, & de Bordeaux à Lyon.

C'est pareillement à *Limoges* que s'entreposent les sels de Brouage, qui se consomment en Auvergne; & c'est encore par les marchands & ses commissionnaires que s'entretient le commerce qui se fait d'Auvergne & de Lyon avec la Rochelle.

Outre ce commerce d'entrepôt, *Limoges* a quantité de différentes fabriques, soit chez elle, soit aux environs, dont elle trafique, ou dans le pays, ou avec les provinces voisines, & même jusqu'à Paris.

Ces fabriques sont; des étoffes de laine dont on a parlé ci-dessus; des cuirs, desquels il y a plusieurs tanneries sur la Vienne, dont les eaux sont très-bonnes pour leur apprêt; des gands qui se font en quantité à Saint-Junien & dans quelques autres lieux voisins; des papiers qui se manufacturent dans les moulins de Saint-Leonard; de la clouterie, particulièrement pour la ferrure des chevaux, dont on tire beaucoup pour Paris, où elle est fort estimée: des épingles qui y occupoient autrefois plus de vingt maîtres, & de cinq cent ouvriers; des fils de fer très-doux & très-maniables: enfin, quantité de boutons de soie & de fil, dont à la vérité la fabrique a beaucoup souffert, tant qu'a duré la mode des boutons d'étoffes; mais qui a commencé à s'y rétablir depuis que l'usage en a été si sévèrement défendu.

Il se fait aussi à *Limoges* des émaux sur cuivre, dont les couleurs sont vives & très-brillantes, à cause de l'eau de la Vienne qui est propre pour les détremper; mais les desseins en sont si peu corrects, que les connoisseurs n'en font aucun cas; il s'en débite néanmoins dans les provinces voisines; & l'on en voit quelques-uns à Paris.

ANGOULESME. La proximité de la Charente contribue beaucoup au *commerce* de cette ville; & c'est par cette rivière, ou qu'elle envoye ses marchandises à l'étranger, ou qu'elle reçoit celles dont elle a besoin. Les marchandises qu'elle envoye, sont principalement des papiers & des eaux-de-vie; celles qu'elle reçoit, sont entr'autres des sels.

Ces sels viennent de Saintonge, & sont amenés à *Angoulême* sur des gabares ou bateaux, d'où ils se transportent en Auvergne, en Limosin, en Périgord, & dans la Marche, sur des charrettes & sur des mulets; mais malgré la nécessité du sel dans ces quatre provinces, les profits sur cette marchandise sont très-médiocres, tant à cause des droits du bureau de Tonne-Charente, qui en emportent la meilleure partie, que pour les différens péages des seigneurs qui ont des terres situées sur cette rivière, qui ne laissent presque plus rien au marchand.

A l'égard des papiers & des eaux-de-vie, on peut voir ce qu'on en a dit ci-dessus, en traitant du *commerce* général de l'*Angoumois*; les négocians d'Angoulême ayant par rapport à ces deux objets de

commerce, les mêmes facilités, & aussi les mêmes obstacles que ceux du reste de la province.

On ne répétera pas non plus ce qu'on a dit ci-dessus des manufactures de lainage de cette ville; & l'on se contentera d'ajouter qu'il y a peu d'autres fabriques considérables, à la réserve de l'horlogerie qui y étoit autrefois en réputation; mais qui aura peine à s'y soutenir, les meilleurs ouvriers ayant passé à Saintes, à Blois & à Poitiers.

On ne sçait si l'on doit mettre au nombre des marchandises qui se font dans cette ville, l'eau qui de son nom, est appellée *eau d'Angoulême*, qui sert à embellir le teint. Le soin que les femmes ont toujours eu de leur beauté, lui avoit donné assez long-temps la vogue; mais soit qu'on ait été désabusé de ses vertus, soit que le prix en ait dégoûté, à peine s'en débite-t-il encore assez pour en conserver quelque mémoire.

COMMERCE DU POITOU.

POITOU, grande province de *France*, a pour confins, la Bretagne & l'Anjou au septentrion; la Touraine, le Berry & la Marche à l'orient; l'Angoumois & la Saintonge au midi, & l'Océan au couchant.

Les grains, les vins, les châtaignes & le chanvre, sont les fruits de cette province; dont il se fait quelque négoce avec les provinces voisines; aussi-bien que de la laine, qui est en assez grande abondance.

Les prairies, dont l'herbe est excellente pour les pâturages, servent aux habitans à élever & nourrir beaucoup de gros & menu bétail; des chevaux & des mulets, dont il se fait un commerce très-considérable.

Les plus beaux haras de chevaux sont dans les douze paroisses que l'on nomme le *Bois d'Estos*. *Voyez* HARAS, à l'endroit des chevaux du *Poitou*.

Il y a dans quatre de ces paroisses des marais salans, que l'augmentation des droits de la traite de la Charente a fait abandonner.

Il se construit aux Sables d'Olonne des vaisseaux pour la pêche de la morue verte & sèche, & il en part tous les ans quantité dans la saison. Une partie du poisson que les Olonnois rapportent, reste pour la consommation de la province; l'autre partie se décharge à Nantes, à Bordeaux & à la Rochelle.

Il s'y fait aussi un assez bon débit de sels, que les Anglois enlèvent en échange de charbons de terre & des raisins qu'ils y apportent.

La généralité de *Poitou* est pour la plus grande partie située sur la mer; & elle enferme une grande étendue de côtes où il y a plusieurs assez bons ports.

Les plus connus sont, les sables d'Olonne, Beauvoir-sur-Mer, la Barre-Demont, Saint-Gilles, le Jar, Saint-Benoît, de la Tranche, Noirmoutiers & l'Isle-Dieu. Celui des sables d'Olonne est le principal; les autres sont moins considérables.

Cette situation & cette quantité de ports devroient faire, ce semble, fleurir le commerce dans toute cette généralité, particulièrement celui de mer; mais bien loin de pouvoir être regardée sur ce pied là, elle est une des moindres du royaume par son négoce, soit au-dedans, soit au-dehors.

Le *Poitou* est partagé en huit élections; sçavoir: Poitiers, Châtelleraut, Saint-Maixent, Niort, Fontenay-le-Comte, les sables d'Olonne, Thouars & Mauléon.

L'élection de *Poitiers* est la plus considérable, & celle dont l'étendue est la plus grande. Elle a différentes productions suivant les diverses qualités de son terroir. Ses principaux cantons sont Civray, Rochechouard, Parthenay & Lusignan. Les prairies & les pâturages qui sont excellens dans ces quatre endroits, donnent la facilité aux habitans de nourrir quantité de bestiaux; entr'autres des chevaux & des mulets, dont ils font un commerce assez considérable. Civray & Parthenay produisent aussi des grains de toutes sortes qui s'enlèvent pour l'Angoumois & la Saintonge. Les vins de cette élection ne sont pas mauvais; mais ils se consomment tous dans le pays, & il ne s'en fait aucun transport, non plus que des autres denrées qui s'y recueillent.

L'élection de *Châtelleraut* est dans un pays très-bon, & dont les terres produiroient avec abondance, si elles étoient suffisamment cultivées, & si la paresse des habitans ne rendoit leur fécondité inutile. Les fruits & les denrées qu'on y recueille sont des vins, des blés, des lins & des chanvres, dont on fait quelque trafic dans les élections voisines; mais non pas aussi grand qu'il pourroit être, si l'on profitoit de la bonté des terres qui sont naturellement propres au jardinage, & produisent presque d'elles-mêmes de toute sorte d'excellens légumes.

L'élection de *Saint-Maixent*, est partie en prairies & partie en terres labourables; ces dernières donnent de toutes sortes de bons grains, dont le débit se fait dans les marchés du pays, & les prairies nourrissent des bestiaux, des mulets & des chevaux, qui s'enlèvent par les marchands d'Auvergne, de Lyon, de la Beausse, du Piémont & de la Savoie: ce commerce est proprement l'unique que cette élection fasse au dehors, celui des graines ne s'étendant pas bien loin.

L'élection de *Niort* s'étend sur des terroirs de différentes qualités; depuis *Niort* jusqu'à la Mothe-Sainte-Heraye, & continuant jusqu'à Chef-Boutonne & autres paroisses, le long de l'élection de Fontenay, c'est un pays de plaines très-bon & très-fertile, qui produit des grains de toutes sortes en abondance. Du côté du septentrion tirant dans la Gastine, où le pays est couvert & les terres médiocres, on n'y peut presque recueillir que des seigles & des avoines: dans la partie méridionale, on y cultive de la vigne dont on fait d'assez bons vins, qui se débitent tous à *Niort*, pour la provision de la ville, & la consommation des environs. Enfin il y a quantité de pâturages en plusieurs endroits, particulièrement du côté de la Mothe-Sainte-Heraye, du côté des forêts de Chizay & d'Aunaye, & du côté des marais. Les bestiaux, chevaux & mulets qui s'y élèvent se vendent dans les

foires & marché de *Niort*, même de la Mothe-Chandenier & autres lieux de ladite élection.

La principale partie de l'élection de *Fontenay-le-Comte*, est située dans un pays de plaines, bon & fertile en blés de toutes espèces. Les marais qui ont été desséchés dans l'étendue de douze paroisses de cette élection, en produisent encore en plus grande abondance que les anciennes terres de labour; & les pâturages qui y sont presque par-tout admirables, mais particulièrement dans ce canton desséché, sont si propres pour la nourriture des chevaux, que l'on regarde ses haras comme les plus grands de la province; & les bêtes qui en sortent comme les plus belles de tout le *Poitou*, & les meilleures pour le service.

Cette élection fournit encore une assez grande quantité de fromages qui se débitent dans quelques élections voisines.

Enfin, elle a des vins qui ne servent guères que pour la consommation du pays, à la réserve néanmoins de quelques-uns qu'on brûle, & dont on fait des eaux-de-vie qu'on envoie à la Rochelle & à Nantes, par les rivières du Lay & de Saint Benoît, & par le canal de Luçon.

Des neuf ports qui sont sur les côtes du *Poitou*, il y en a sept dans l'élection des *sables d'Olonne*; mais ils ne sont propres que pour des barques, à l'exception de celui dont cette élection a pris son nom, où il peut entrer des navires de cent cinquante tonneaux. Il sort tous les ans de celui-ci quelques navires pour la pêche de la morue blanche, dont le poisson se décharge à Nantes, à Bordeaux & à la Rochelle. Tous ces bâtimens se construisent sur les lieux, aussi-bien que ceux qui vont à la pêche de la sardine, qui donne assez dans la saison, & dont il se fait un assez bon commerce. Ces deux pêches occupent douze à treize cent matelots, trente à quarante navires, & environ deux cent barques. Il vient assez souvent aux *sables d'Olonne* des petits vaisseaux de Bayonne & d'Angleterre, qui apportent du bray, de la résine, & du charbon de terre, qui se troquent pour du sel.

Les barques Normandes & celles des autres côtes maritimes qui en sont voisines, fréquentent aussi ordinairement les petits ports de cette élection, & y chargent du sel en assez grande quantité.

A l'égard des productions naturelles, elles y suivent la qualité des terres. Les plaines & les marais desséchés donnent beaucoup de graines, & l'on élève dans les pâcages un grand nombre de bestiaux, particulièrement de chevaux dont il se fait un commerce considérable.

L'élection de *Thouars* se peut partager en trois différens terreins. Les terres de Gastine produisent quelques grains: mais le principal consiste en pâturages, ce qui fait que les bestiaux y font le plus grand objet de négoce de ce canton. Les terres qui suivent, qui sont presque toutes terres labourables, ne donnent guères que des grains; aussi les habitans n'y font-ils commerce que de blés: enfin, le reste de l'élection qui confiste en petites collines , produit des vins blancs affez bons ; mais qui font de mauvaife garde , ce qui oblige les habitans de les convertir en eaux-de-vie, qui font leur plus grand, pour ne pas dire leur unique trafic.

L'élection de *Mauleon* eft mêlée de plaines , de collines & de pâturages. Les bleds qu'on y recueille fuffifent à peine pour la confommation du pays : ainfi fon feul commerce eft celui des beftiaux, encore n'eft-il pas bien confidérable.

Un objet commun de négoce pour toutes les huit élections de cette généralité, font les fruits & les légumes fecs, dont les habitans fe nourriffent, & dont ils font entr'eux un commerce journalier. Les châtaignes & les noix font du nombre de ces fruits ; mais comme ce font ceux qui y croiffent le plus communément, & que les arbres en produifent avec grande abondance, prefque fans culture, outre la provifion des habitans, il s'en débite beaucoup dans les provinces voifines, & même à l'étranger.

MANUFACTURES DE POITOU.

POITIERS , ville capitale du *Poitou* , & cheflieu du département d'un infpecteur des *manufactures*, qui a fous lui jufqu'à vingt-fept lieues de fabrique, où il eft tenu de faire la vifite & la marque des étoffes ; ces lieux font Châtelleraut, Breuil, Barretz, Lufignan, Saint-Maixent, la Mothe-Sainte-Heraye, Niort, Fontenay-le-Comte, la Chataigneraye, Cheuffois, la Meilleraye, Pouzanges, Breſuire, Monçontan, S. Pierre du Chemin, Thouars, Parthenay, Azais, Secondigny, Vernon, Vivofne, Château - l'Archer, Mefle, Civray, Gençay & Coulonge.

Les étoffes qui fe font à *Poitiers*, font des camelots, des étamines, des ferges & des crêpes. Les différentes *fabriques* occupent près de foixante-dix facturiers, fix moulins à foulons, & dix teinturiers affez habiles, mais peu employés : le produit des étoffes n'allant guères qu'à fix cent pièces par an. Il eft vrai qu'il s'y en débite plus du double de foraines, la marque de celles-ci allant ordinairement à quatorze cent pièces : la Rochelle, Nantes, Lyon & Limoges , font les lieux de leur débit.

Les autres *fabriques* confiftent en bonneterie, en tannerie & mégifferie, en chapellerie & en tifferanderie.

La bonneterie fournit quantité de bas drapés , & de bonnets ; les uns & les autres affez groffiers, n'étant faits que de laine du pays, & encore de la moindre qualité.

Les tanneurs n'apprêtent que de gros cuirs, & peu ; mais les mégiffiers qu'on y nomme *chamoiſeurs*, & qui y font au nombre de dix ou douze, paffent quantité de peaux de boucs & de moutons en chamois, qui eft parfaitement bon. Trois moulins travaillent pour les chamoifeurs.

Il y a jufqu'à vingt maîtres chapeliers & plus, mais qui ne font pas affez de chapeaux pour la ville & fes environs.

Pour la tifferanderie, c'eft peu de chofe, au moins ne s'en fait-il peu ou point de commerce au-dehors, aucun tifferand ne travaillant pour fon compte, mais feulement pour les bourgeois.

CHASTELLERAUT. On y fait des ferges & des étamines, où l'on n'emploie que des laines communes du pays. Le produit, année commune, ne paffe pas fix cent pièces. Il y a cependant près de quarante facturiers qui y travaillent, & trois teinturiers qui les mettent à la teinture : la plupart de ces étoffes fe portent à Poitiers, qui n'en eft qu'à fept lieues.

On compte depuis cette ville jufqu'à Poitiers, quinze moulins à foulon fur le Clain , pour l'apprêt des draperies.

La coutellerie de *Châtelleraut* a beaucoup plus de réputation que fa *fabrique* d'étoffes de laine ; & elle paffe pour être une des meilleures du royaume, particulièrement pour fes couteaux, fes rafoirs & fes cizeaux. Outre le débit qu'il s'en fait à Paris & dans les principales villes du royaume, on en fait auffi des envois confidérables à l'étranger.

Deux autres de fes *fabriques* ne le cèdent guères à fa coutellerie, & l'on eftime beaucoup fes montres & fes ouvrages d'horlogerie, auffi-bien que fes faux diamans, auxquels les lapidaires réuffiffent mieux qu'à aucun lieu du monde, même fans excepter Paris, où l'on parle tant des diamans du Temple.

Il s'y faifoit autrefois de la chapellerie, mais cette fabrique y eft prefque tombée, & un ou deux chapeliers qui y reftent encore, ne paroiffent guères en état de la foutenir, ou de la rétablir.

BREUIL & BARETZ. Ces deux lieux ne produifent guères que quatre-vingt pièces d'étoffes, mais qui ont de très-bonnes qualités, & qui ont beaucoup de cours : on les nomme vulgairement *boulanger de camp*, quoique ce ne foit autre chofe que des ferges drapées de demi-aune de large, mais à la vérité de pure laine d'Efpagne. Quatorze fabriquans, douze métiers & trois moulins à foulon, travaillent pour cette *fabrique*. Le débit de ces ferges fe fait à Paris, Lyon & Bordeaux.

LUSIGNAN. Il s'y fait deux fortes de ferges, des rafes & des drapées ; les unes & les autres de laines du pays, d'une demi-aune de large. Il s'y fabrique auffi quelques chapeaux, & il s'y apprête des cuirs.

SAINT - MAIXENT. Les ferges rafes qui fe font dans cette ville, font eftimées pour leur fineffe, quoiqu'elles ne fe faffent qu'avec des laines du pays, dont à la vérité on choifit les plus belles. Du rebut de ces laines, on fabrique des revêches, & autres étoffes groffières.

La bonneterie y eft très- confidérable, particulièrement pour les bas drapés & les bonnets doubles : ces ouvrages fe font , partie laines du pays, & partie laines de Limoges. Ceux où l'on emploie des laines Limofines, font les meilleurs.

Les étoffes de la bonneterie se débitent partie dans le royaume, & partie dans les pays étrangers.

On compte aussi au nombre de ses *fabriques* de laine, les couvertures de lit : elles font bonnes, mais les couverturiers ne travaillent guères que pour les bourgeois.

LA MOTHE-SAINTE-HERAYE. Les serges qui s'y font, font pour la qualité, la finesse, & pour les laines qu'on y emploie, les mêmes que celles de Saint-Maixent, mais le produit en est beaucoup moins considérable.

NIORT. On n'emploie que des laines du pays dans les *fabriques* de cette ville. Les diverses sortes d'étoffes qu'on y fait, font des droguets tout de laine, croisés & unis ; d'autres droguets, fil & laine ; des serges rases ; des étamines buratées, & de grosses serges drapées. La plupart de ces étoffes se vendent aux foires & aux marchés de *Niort* ; ceux-ci se tiennent tous les jeudis de chaque semaine, & les foires trois fois l'année. La place où les marchandises s'exposent en vente, est toute couverte de charpente, & est estimée une des plus grandes du royaume.

L'apprêt des cuirs qui se fait à *Niort*, ne fait pas pour cette ville un moindre objet de commerce que la *fabrique* de ses étoffes. Les ouvrages qui s'y font, font des peaux de boucs & de moutons, passées en chamois, & des peaux de buffles & d'élands. Ses chamoiseurs ont la réputation d'être les meilleurs ouvriers du royaume, ce que le grand débit qu'ils font de ces sortes de cuirs, semble justifier assez.

Il se fait aussi à *Niort* un assez grand négoce d'épicerie, de sel, de poisson, & autres marchandises qui y viennent de la mer, par des barques qui remontent la rivière de Sèvre jusqu'au pont de la ville, où cette rivière forme un assez grand port : de-là, toutes ces denrées se débitent dans le reste de la province.

FONTENAY-LE-COMTE, ville du bas *Poitou*, très-célèbre par ses foires de bestiaux, & particulièrement de chevaux. Il s'y fait des draps d'une aune de large, & des étamines ; les unes & les autres de laine du pays.

Enfin, les tixiers ou tisserands, y font jusqu'au nombre de plus de cent, mais aucun n'y travaille pour son compte ; les toiles qu'ils font étant toutes pour les bourgeois.

LA CHASTAIGNERAYE. Ses *fabriques* font des cadicées ou cadisées, des sergettes & des serges drapées d'une aune de large : celles-ci, avec des laines du pays, les deux autres, avec des fleuretons de Navarre.

CHEUFFOIS. Les cadicées & les sergettes, qui se font dans cette *fabrique*, font des mêmes qualités que celles de la Châtaigneraye, & l'on y emploie les mêmes laines : on y fait aussi des droguets laine & fil. La laine de ces derniers est très-commune, n'y entrant que des laines de bas qu'on nomme aussi *avalies*.

Il s'en fait en tout environ deux cent cinquante

pièces qui se débitent dans la province, à Limoges & à Nantes. Il y a dans cet endroit neuf ou dix fabriquans, mais ils n'ont que quatre métiers qui travaillent, un moulin à foulon en fait les apprêts.

LA MEILLERAYE. On n'y fait que des tiretaines & petits droguets laine & fil, & l'on n'y emploie que des avalies. Le produit est de quatre cent cinquante ou quatre cent soixante pièces par an, qui occupent douze fabriquans, dix-huit métiers, & un moulin à foulon. Le débit s'en fait dans la province.

POUSSAUGES. Dix fabriquans y ont vingt-trois métiers, où il se fait des tiretaines & des droguets, de même qualité qu'à la Meilleraye. Le produit de cette *fabrique* va jusqu'à seize cent pièces qui se débitent toutes dans la province. Il y a un moulin à foulon.

SAINT-MEMIN. C'est la même *fabrique* qu'à la Meilleraye & à Poussauges, & le même produit qu'à cette dernière : dix fabriquans y entretiennent trente métiers. Le débit ne s'en fait ainsi qu'en *Poitou*.

Les étoffes des trois *fabriques* précédentes ne font bonnes que pour habiller le menu peuple des villes, & les paysans de la campagne.

BRESSUIRE. Cette *fabrique* est une des plus considérables du département de l'inspecteur des manufactures de *Poitiers*. Les étoffes qui s'y font, font des tiretaines fil & laine, des serges rases, & des serges drapées. Les tiretaines font de plusieurs sortes, & il s'en fait d'unies & à carreaux ; mais toutes, aussi-bien que les serges, ne se font que de laines du pays.

On compte à *Bressuire*, près de soixante-dix fabriquans & cent métiers qui produisent, année commune, plus de quatre mille pièces d'étoffes, pour le dégraissage & le foulage desquelles il y a jusqu'à six moulins. Il y a aussi deux teinturiers, mais qui ne font pas également occupés.

Les lieux de débit font, Lyon, Orléans, Paris & Nantes, où il s'en envoie une très-grande quantité.

MONCONTAN. La *fabrique* de *Moncontan* fournit plus de deux mille cinq cent pièces d'étoffes ; ces étoffes font toutes tiretaines, mais de différentes façons, y en ayant d'unies, d'autres croisées, d'autres à carreaux, & d'autres ondées. On y emploie des avalies, qui se tirent de Niort, de Bordeaux, de Saintes & de Sensac.

Les fabriquans font en nombre égal aux métiers, qui y travaillent, c'est-à-dire, vingt de chacun.

Il y avoit autrefois plusieurs moulins pour le dégraissage & le foulage de ces tiretaines ; mais il faut présentement s'en pourvoir ailleurs : on pourroit aisément les rétablir, & la *fabrique* le mériteroit. Paris, Lyon, Orléans & Nantes, les enlèvent presque toutes.

SAINT-PIERRE DU CHEMIN. Il ne se fait dans cette *fabrique*, qu'environ trois cent pièces d'étoffes par an, quoiqu'il y ait jusqu'à dix-huit fabriquans & cinquante métiers. Ces étoffes font des cadicées & des droguets de fleureton de Navarre, & des serges drapées d'une aune de large, de laines du pays. Elles s'envoient à Limoges, à Nantes & en Canada.

THOUARS. Les *manufactures* de cette ville consistent en serges drapées, en serges rases, unies, & à la cordelière, & en quelques étamines. Le produit de ces diverses étoffes va, année commune, depuis neuf cent jusqu'à mille pièces. Leur fabrique occupe plus de quarante-cinq métiers, vingt facturiers, quatre moulins à foulon, & deux teinturiers. Le principal débit s'en fait dans la province & en Anjou.

PARTHENAY. Les droguets qui s'y font, sont fort estimés & ont un grand cours; les uns sont tout de laine, & les autres de fil & laine. Il n'entre dans ces derniers, que de la laine du pays, & l'on n'emploie dans les premiers que de la laine d'Espagne. Ces deux *fabriques* entretiennent jusqu'à quarante-cinq maîtres & soixante métiers.

Il y a cinq moulins pour le foulonnage, & quatre maîtres teinturiers pour les teintures. Il se fait à *Parthenay*, année commune, au-delà de deux mille pièces d'étoffes, qui se débitent dans toutes les provinces du royaume.

AZAIS. Ce sont aussi des droguets qui se fabriquent à Azais. Les uns sont appellés *droguets à l'Impériale*, & les autres, *droguets communs*: ceux-ci sont tout laine, ou laine & fil; les autres sont laine & soie. Aux Impériales, on n'emploie que des laines de Campo, & aux communs, des laines du pays. Quinze fabriquans & vingt métiers, ne font guères que trois cent pièces d'étoffes, qui ont le même débit que celles de Parthenay. Les apprêts s'y font par cinq moulins à foulon.

SECONDIGNY. Cette *fabrique* a neuf fabriquans, mais dont il n'y en a que deux qui travaillent sur autant de métiers. Les tiretaines qu'on y fait, sont de très-bas prix: aussi n'y emploie-t-on que les laines du pays de la moindre qualité. Le produit va, année commune, à deux cent cinquante pièces qui se débitent dans la province. Quatre moulins à foulon travaillent à leurs apprêts.

VERNOU. On y fait les mêmes étoffes qu'à Secondigny, & à peu près la même quantité. Il y a vingt fabriquans, quatre moulins & quatre moulins; le débit en est aussi dans la province.

VIVOSNE. Les *fabriques* de *Vivosne* sont des serges grossières & quelques serges rases. Douze fabriquans & six métiers en fournissent jusqu'à quatre cent pièces dans le pays.

CHASTEAU-LARCHER. Cette *fabrique* donne à peu près le même nombre de pièces d'étoffes que la précédente, avec cette différence qu'il ne s'y fait que des revêches, & encore de bas prix, n'y entrant que des pigeons. On y compte jusqu'à sept moulins à foulon, & douze fabriquans, mais seulement deux métiers battans. Toutes ces revêches se vendent à Poitiers.

MESLE. Il ne s'y fait que des serges rases, des laines du pays, dont le produit va de trois à quatre

cent pièces par an. Les fabriquans, qui y sont au nombre de dix-huit, ne travaillent le plus souvent que pour les bourgeois; ce qu'ils font pour leur compte, se débite sur les lieux.

CIVRAY. Cette *fabrique* ne fournit que des serges grossières; il s'y en fait environ six cent pièces, qui se vendent sur les lieux, ou s'envoient à Poitiers. Il y a douze métiers battans, & quatre moulins à foulon. Plus de trente fabriquans qu'on y compte encore, marquent que cette *manufacture* a été plus considérable.

GENÇAY. Il n'y a guères de *fabrique* où il y ait tant de facturiers avec si peu de métiers; ceux-ci ne passent pas le nombre de dix ou onze, & les autres y sont encore plus de quatre-vingt. Le produit annuel des étoffes est très-modique, & se borne ordinairement à deux cent pièces, partie serges de deux estains, & partie revêches, les unes & les autres de laine du pays; leur débit se fait aux environs & à Poitiers.

COULONGES. On fait à *Coulonges* des droguets tout de laine, drapés & croisés, dont le produit va, année commune, à deux cent quarante ou deux cent cinquante pièces, qui sont presque toutes enlevées par les marchands de Limoges & de la Rochelle, le reste se consomme dans la province.

On a dit ci-dessus qu'il y avoit jusqu'à cent cinquante tixiers ou tisserands à Poitiers & à Niort; mais qui ne faisoient des toiles que pour les bourgeois: il en est de même de quantité d'autres qui sont répandus dans tout le *Poitou*, dont on a cru assez inutile de rapporter le détail, qui serviroit peu à ceux qui font le négoce des toiles.

Il se recueille dans la généralité de Poitiers environ cent cinquante milliers de laines, qui s'emploient non-seulement dans la *fabrique* des étoffes dont on vient de parler, mais encore dans celle des bas & des chapeaux, qui font un objet de commerce assez considérable pour la province.

Ces trois *fabriques* consomment aussi une assez grande quantité de laines d'Espagne, particulièrement de celles qu'on appelle *laines de Campo* & *fleuretons de Navarre*, qu'on tire par la voie de la Rochelle & de Nantes; on estime qu'il en vient chaque année près de deux mille balles, pesant chacune deux à trois cent livres.

Il n'y a aucune communauté ni statuts particuliers pour les *fabriques* des étoffes dans toute l'étendue du département de Poitiers; mais l'inspecteur des *manufactures* a soin seulement que les réglemens généraux y soient observés.

Le débit de toutes les étoffes qui se fabriquent dans ce département, se fait aux foires de Niort & de Fontenay-le-Comte; on en parle ailleurs. *Voyez* l'article des *foires*.

Il se fabrique dans cette généralité depuis vingt-cinq jusqu'à trente mille pièces d'étoffes par an.

Il n'y a dans le Poitou que trois forges à fer & un fourneau pour le raffiner.

Il s'y fait auſſi quelques papiers dans les deux moulins établis au bourg de S. Benoît.

COMMERCE DE LA ROCHELLE, PAYS
D'AUNIS, XAINTONGE, &c.

Le principal négoce de cette ville, ſi célèbre par ſa puiſſance & par ſa chûte, ſe fait du côté de la mer.

Les productions des provinces & pays qui compoſent ſa généralité, ſont des ſels, des vins, des eaux-de-vie, des chanvres.

On y élève auſſi quantité d'excellens chevaux.

Les armemens & cargaiſons des Rochellois ſe font ordinairement pour les iſles Françoiſes de l'Amérique, celle de Cayenne, la côte de S. Domingue, dans ce qui n'eſt pas de la conceſſion de la compaghie établie en 1698, le Canada, la côte de Guinée, les iſles Açores & le Portugal.

Avant le traité d'Utrecht, ils en faiſoient auſſi pour la baye d'Hudſon & l'Acadie; mais l'une a été reſtituée, & l'autre a été cédée aux Anglois par ce traité.

La charge des vaiſſeaux qui partent pour les Colonies Françoiſes des iſles Antilles, conſiſte en tout ce qui eſt néceſſaire pour l'habillement & la nourriture des habitans, comme des vins, des eaux-de-vie, de la farine, du bœuf d'Irlande, des toiles & de toutes ſortes de marchandiſes ſeches. On y ajoute, pour le Canada, de la quincaillerie, de la mercerie, des haches, des couteaux, des armes, des aiguilles, de la poudre & du plomb.

On retire de ce commerce diverſes marchandiſes, ſuivant qu'elles ſe cultivent dans ces différens lieux;

Des iſles Antilles, du ſucre brut & blanc, du cacao, du roçou, du gingembre, de la caſſe, des cuirs, des bois de Breſil, du bois de campêche, du bois de citron, du carret, ou écaille de tortue, & quantité de fruits confits.

Saint-Domingue fournit de la cochenille, du quinquina, du cacao, du carraque, de la vanille, même des perles, des émeraudes & des piaſtres; mais comme tout cela provient des priſes des flibuſtiers, on n'y compte pas comme ſur un commerce réglé. Ses marchandiſes ſont, les cuirs, le tabac, & quelques bois pour la teinture & la marqueterie.

Le Canada & les Colonies du côté du nord donnent de la morue verte & ſeche, du ſtockfiche, du ſaumon & des anguilles ſalées, de l'huile de poiſſon, des mâts & toutes ſortes de pelleteries; mais celles-ci ne ſont que pour la compagnie des caſtors.

« Tout ce qui ſe charge à la Rochelle pour les » Colonies, ne paye aucuns droits de ſortie; mais » ce qui en revient & toutes les marchandiſes qui » s'y chargent pour tout autre endroit, payent à » l'entrée & à la ſortie les droits des cinq groſſes » fermes, & généralement tous les nouveaux droits, » même quelques droits particuliers, tels que ce» lui de la prévôté, qui eſt de 4 deniers pour livre » de l'eſtimation ».

Le nombre des vaiſſeaux que les marchands de la Rochelle employent au commerce des iſles, eſt environ de cinquante bâtimens, depuis quatre-vingt juſqu'à cent cinquante tonneaux. Ces vaiſſeaux partent dans ce mois de novembre & de décembre pour les vins nouveaux, & de temps en temps pendant le cours de l'année pour les autres marchandiſes. Ils reviennent auſſi en tout temps.

Les navires deſtinés pour le Canada & les Colonies du nord partent dans les mois de mai & de juin, & font leurs retours en décembre.

On va ſeulement ajouter ici les prix ordinaires des principales marchandiſes qui font les retours des vaiſſeaux de la Rochelle, & de quelques-unes qu'on y envoie.

Le ſucre brut ſe vend vingt-trois à vingt-cinq liv. le cent; le ſucre blanc, cinquante à ſoixante; l'indigo, ſix francs la livre; le roçou, vingt ſols; le cacao, quatorze à quinze ſols; le coton, cent & cent cinq livres le quintal; le gingembre, trente à trente-cinq livres auſſi le quintal. Il y a des pelleteries de tout prix. Pour le caſtor, il n'y a que la compagnie qui en puiſſe vendre.

Le bœuf d'Irlande ſe vend depuis quinze juſqu'à vingt livres le baril; le ſuif du même pays, trente livres le quintal; & le beurre auſſi d'Irlande, depuis ſeize juſqu'à vingt-cinq livres le cent.

Il faut remarquer que ces prix changent quelquefois, augmentant & baiſſant ſuivant les conjonctures; mais l'on a pris une eſtimation moyenne, à laquelle ils ont coutume de toujours revenir.

En temps de guerre, les Suédois & les Danois viennent à la Rochelle charger des vins & des eaux-de-vie.

Pendant la paix, les Anglois & les Hollandois y en chargent pareillement; à quoi ils ajoutent du papier d'Angoulême, des toiles de Barbeſieux, des ſerges de Poitou, des ſyrops, & l'indigo de Saint-Domingue, & des caſtors de la compagnie.

On envoie auſſi de la Rochelle des eaux-de-vie en Normandie & en Picardie; en Portugal, des ſoieries de Tours & de Lyon, & des étoffes d'Amiens & de Saint-Maixent; & en Eſpagne, du cacao des Colonies Françoiſes de l'Amérique.

Le commerce que les marchands de la Rochelle font à la côte d'Afrique, leur fournit du morfil, des cuirs, de la cire & de la poudre d'or. Celui de Portugal, de la moſcouade du Breſil, du chocolat, de l'écorce de citron, des oranges & du tabac de Breſil. L'Angleterre, du plomb & de l'étain. L'Irlande, du bœuf ſalé pour les Colonies, des beurres des ſuifs & des cuirs. Enfin la Hollande, des épiceries, des fromages & des huiles de baleine.

Le commerce d'Afrique, d'Eſpagne & de Portugal n'étant pas réglé, les Rochellois n'y deſtinent pas un certain nombre de vaiſſeaux, ſe contentans d'en armer ſuivant les conjonctures. Pour celui d'Angleterre, de Hollande & du Nord, il ſe fait le plus ordinairement par les navires de ces nations, qui viennent elles-mêmes charger les marchandises qui leur conviennent.

Les raffineries de *la Rochelle* font très-considérables ; & c'est-là que sont raffinés tous les sucres bruts qui viennent des isles par les retours des vaisseaux.

Les sels policrètes & anodins que les droguistes de *la Rochelle* préparent, sont propres pour l'Espagne & le Portugal, où l'on en fait quelques envois.

ISLE DE RHÉ.

C'est dans l'*isle de Rhé* que se fait cette excellente fenouillette, ou eau-de-vie d'anis, qui a une égale réputation en *France* & dans les pays étrangers, particulièrement parmi les nations du Nord.

Cette isle est fort abondante en vins & en sel. Le vin y est médiocre, mais il est excellent pour en faire de l'eau-de-vie ; on prétend qu'année commune, il s'en enlève près de quarante mille barriques, que les habitans font brûler.

On ne parlera pas des pêches abondantes de toute sorte de poissons frais, qui se font le long des côtes du pays d'Aunis & de Xaintonge, ni de celle des sardines qui se nomment *sardines de Royan*, qui se fait aux mois de juin & de juillet à l'embouchure de la Gironde, parce que le débit n'en est que pour les provinces de la généralité, ou quelques-unes qui en sont voisines, & que d'ailleurs, à l'égard des sardines salées, il en est parlé à un endroit particulier. *Voyez* SARDINE.

On se contentera même d'indiquer en cet endroit, que c'est du pays des marais salans de Brouage, de Marennes & de l'isle de Rhé, que se tire cette quantité extraordinaire de sel qui suffit presqu'à tout le royaume, & qui en fournit encore en abondance aux étrangers ; ce commerce, qui fait la plus grande & la plus solide richesse de cette généralité, méritant un article particulier.

MÉMOIRE sur ce qui se pratique au bureau général de la Rochelle, lorsque les vaisseaux y arrivent ou en sortent.

Lorsqu'un maître de navire ou barque arrive dans les rades ou havre de *la Rochelle*, il est obligé de venir au *bureau* faire sa déclaration dans les 24 heures, dans laquelle il doit faire mention généralement de tout ce qu'il a dans son bord, ne fût-il même que de relâche.

S'il décharge dans cette ville, après qu'il a mis en général tout ce qu'il a dans son bâtiment, il explique en détail le nombre des balles, ballots, caisses, tonneaux, &c. qu'il peut avoir pour chaque marchand en particulier, duquel il met dans sa déclaration, l'extrait de laquelle est pris par les officiers des quais & de la patache, pour s'en servir à la visite & déchargement du bâtiment.

Après la déclaration ainsi faite, le marchand à qui la marchandise est adressée, vient prendre son congé, sur lequel le commis qui le délivre, met le

numéro de la déclaration, & les receveur & contrôleur y cottent un garde. Ce billet de congé doit être rempli non-seulement de la qualité & quantité des marchandises, mais aussi du poids, suivant l'article IV du titre II de l'ordonnance du mois de février 1684.

Le congé est ensuite porté par le marchand aux receveur & contrôleur, qui en chargent chacun leur registre tout au long, avec cette différence néanmoins qu'ils laissent le poids en blanc, obligeant en même temps le marchand qui le leur apporte de faire sa soumission sur un registre particulier, qu'ils appellent le *registre des déclarations des marchands*. Par cette soumission il s'engage de payer les droits de ses marchandises, dont il énonce le poids, ainsi qu'il est mis dans la déclaration qu'il a donnée au commis-scribe qui lui a donné son congé, & qu'il est porté par ledit billet de congé.

On remet ensuite le billet entre les mains du garde cotté & nommé pour la décharge des marchandises, par les receveur & contrôleur ; lequel garde avertit un des officiers des quais pour être présent à ladite décharge.

Les marchandises, à mesure qu'elles sortent du bâtiment, sont portées au *bureau*, & y sont conduites par un garde qui en charge les visiteurs, & leur remet le congé après avoir certifié au dos, que la décharge en a été duement faite.

Lorsque quelque marchand se présente pour retirer ses marchandises, les visiteurs les lui délivrent après les avoir visitées, pesées, comptées ou mesurées suivant leur nature & qualité.

S'il se trouve quelque différence sur la qualité de la marchandise, on saisit le tout, si ce n'est que sur la quantité ou nombre on saisit seulement l'excédent ; mais lorsque la différence est sur le poids, si elle est considérable, on retient ce qui est excédent à la déclaration du marchand, & l'on en dresse un procès-verbal pour en poursuivre la confiscation & l'amende ; si, au contraire, il se trouve moins de marchandises qu'il n'en a été déclaré, on en fait néanmoins payer les droits conformément à la déclaration.

Le poids & la visite étant faite par les visiteurs, ils le portent sur leurs registres, & chargent pareillement les billets de congé, qu'ils rendent ensuite aux receveur & contrôleur, pour remplir le blanc qu'ils avoient laissé dans ceux qu'ils tiennent pour la recette & contrôle.

Après la visite, il est permis aux marchands de faire porter chez eux leurs marchandises, quoiqu'ils n'en payent pas les droits comptant, le *bureau* leur accordant ordinairement trois mois pour le paiement ; ce qui va souvent à quatre, à cinq & quelquefois à six.

L'on donne des acquits à caution pour les marchandises qui sortent par mer & par terre, & l'on fait payer ; sçavoir, quand les droits vont à vingt sols & au-dessus, jusqu'à 3 livres 2 sols 6 deniers, & lorsqu'ils montent à 3 livres & au-dessus, 5 sols.

Les passavants se donnent indifféremment par mer

& par terre, par les lieux où les droits ne font pas dûs, lorfque la marchandife ou denrée qui fe tranfporte, ne doit des droits qu'au-deffous de 20 fols.

L'on fait faire des foumiffions aux marchands, lorfqu'ils veulent charger des marchandifes ou denrées, pour des lieux où les droits ne font pas dûs; & on leur donne une permiffion de charger fur les quais, dans laquelle on nomme un garde, qui met au dos un certificat de ce qu'il a vû charger; & fur ce certificat on expédie, ou un acquit à caution, ou un paffavant, ou un fimple certificat fuivant les cas.

L'on délivre des billets de vifite pour la jauge des bâtimens étrangers, lefquels font rapportés au *bureau* avec le certificat de celui qui a jaugé, où il met les proportions du vaiffeau & le port dont il eft, fur quoi on fait acquitter les 50 fols par tonneaux.

MARCHANDISES AUXQUELLES ON ACCORDE DE LA TARE AU BUREAU GÉNÉRAL DE LA ROCHELLE.

Entrée.

Généralement toutes les drogueries venant des pays étrangers, lorfqu'elles font dans des boucauds, barils, bariques, caiffes ou tierçons, ont la *tare* à proportion des futailles.

Le poivre en balle, 10 fols par chacune balle. Le fucre de Brefil qui vient toujours dans des caiffes, 20 pour cent.

Les fucres & mofcouades des ifles-Françoifes de l'Amérique; fçavoir :

Pour les cinq groffes fermes, & 40 fols du domaine d'occident, 14 pour cent.

Les fucres & mofcouades de Cayenne lorfqu'ils font dans des caiffes, 20 pour cent, & dans des bariques 14 pour cent.

Et pour les droits de 3 pour cent, tant en caiffes qu'en barils, 17 pour cent.

Le coton en laine, 6 livres par balle. Le tabac de Saint-Domingue, 4 livres par rôle. L'indigo, carret, rocou & autres marchandifes venant des Colonies Françoifes, foit en futaille ou emballage, à proportion defdites futailles & emballages; mais feulement à l'égard des trois pour cent.

Sortie.

A l'égard de la *fortie*, il ne fe donne aucune *tare* que fur les foiries, que l'on fait auffi à proportion de ce qui les contient.

MARCHANDISES QUI ARRIVENT ORDINAIREMENT A LA ROCHELLE, tant des pays étrangers que des provinces du royaume, avec les lieux de leur débit & confommation.

Sçavoir :

DES COLONIES FRANÇOISES de l'Amérique.

De l'indigo,   De la caffe filtalle, Du coton,   Des fucres bruts,

Du carret.   Des fucres rafinés, De la caouanne,   Du rocou. Du chocolat.   De la cochenille. Du cacez ou cacao.   Du campêche. Des cuirs.   Des cuirs du Cap-verd. De la mitraille.   Du morphile. Du cafcarille ou   Des confitures. quinquina.   Du tabac de Saint-De- Du jus de citrons.   mingue.

Les rafineurs de *la Rochelle* confomment partie des mofcouades dans leurs rafineries; & les fucres qui en proviennent, auffi-bien que ceux qui y arrivent tout rafinés des ifles, fe difperfent dans le Poitou, l'Aunix, la Saintonge, l'Angoumois, le Limofin, le Perigord, le Maine, la Touraine, l'Anjou & Orléans.

Les mofcouades fe portent auffi à Rouen pour y être rafinées, & quelquefois en Hollande, fuivant que les marchands y croyent trouver leur compte.

Les melaffes ou fyrops qui fortent des fucres, font portés en Hollande, & ne payent aucun droit fuivant l'arrêt d'exemption.

L'indigot, le carret, le coton, la cochenille, font portés à Paris, à Lyon, & fortent par acquit à caution, pour ces lieux; mais lorfqu'on en charge pour Bordeaux, ce qui eft rare, ou autres lieux où les droits font dûs, on donne des acquits de paiement.

DE CANADA.

Des caftors.   Toutes fortes de pelle- Des peaux d'orignaux en   teries communes non poil & apprêtées.   apprêtées, comme; for- Renard.   tes. Loutre.   Peaux de loups-marins. Fouine,   Peaux de loups de bois. Pitois.   Peaux d'ours, &c. Chiens, chats & autres.   Des bleds & des pois.

La compagnie des Indes a le privilége exclufif du caftor, avec la faculté de le faire tranfporter par tout le royaume fous acquit à caution. On envoie partie des orignaux en Hollande & à Bayonne par acquit de paiement; & partie des orignaux font portés dans le Poitou & à Paris où ils font apprêtés, & fortent par acquit à caution. Toute la même pelleterie va à Paris & à Lyon.

DE PROVENCE ET LANGUEDOC.

Des huiles d'olives,   raifins, figues, aman- Des favons,   des, &c. Des olives.   Des anchois. Des capres.   Des noix de galles, Des fruits fecs : comme   Du ris. Du fené & autres marchandifes du Levant.

Ces marchandifes fe confomment, partie dans le Poitou, la Touraine & l'Anjou, où on les tranfporte par paffavant ou acquit à caution, fuivant que la chofe le requiert; & partie dans le Limofin,

le

le Perigord & la Saintonge : mais à l'égard de ces trois provinces, on donne des billets de paiement, parce que les droits y font dûs.

DE BORDEAUX.

Des vins & partie des marchandises ci-deſſus nommées, de Provence & de Languedoc ; leſquelles ne venant pas directement à *la Rochelle*, deſcendent juſqu'à Bordeaux, & enſuite y ſont renvoyées dans des barques. Il y vient encore :

Des tuiles.

De la brique.

De la poterie de terre.

Et un peu de bois.

Le vin ne ſort point de *la Rochelle* & s'y conſomme: partie des autres marchandiſes ſe débitent comme ci-deſſus.

DE BRETAGNE.

Du fer en verge.
Du fer en gueuſe.
Du fer en barre.
Des toiles royales à faire des voiles.
Des rabes de morue.
Des bois de merrain de toutes ſortes.
Du poiſſon ſec de la pêche Françoiſe.
Des ſardines.
Des bariques en bottes.

La conſommation s'en fait partie dans la ville & aux environs : partie du fer s'envoie dans le bas Poitou, par acquit à caution ; mais il n'en ſort guères pour les provinces où les droits ſont dûs, comme en Saintonge, parce qu'il y en vient des forges de l'Angoumois & du Périgord.

Preſque toute la morue verte & ſèche, qui entre à la *Rochelle*, y eſt apportée par des vaiſſeaux, que les bourgeois de cette ville, & ceux des ſables d'Olonne, envoient à la pêche.

Cette morue, outre la conſommation de la ville, ſe diſtribue dans les provinces circonvoiſines, ainſi que les autres denrées, & paie les droits lorſqu'elle va dans les provinces où ils ſont dûs.

DE BAYONNE ET DU PAYS D'ARCASSON.

Du bray gras & ſec.
Du goultran.
De la réſine.
Des laines.
De la régliſſe.
Des jambons.

Des huiles de baleine & fanons, de la pêche Françoiſe.

Le bray & le goultran ſe conſomment, la plus grande partie, à *la Rochelle*, en radoub de vaiſſeaux ; les réſines, les laines & l'huile de baleine, ſe tranſportent dans les provinces voiſines, auſſi-bien que la régliſſe & les jambons : on en fait payer les droits quand ces choſes vont dans des lieux où ils ſont dûs.

D'ESPAGNE.

Du fer en barre, & des laines.

Ces deux ſortes de marchandiſes ſe conſomment dans le Poitou.

DE PORTUGAL.

Des tabacs de Breſil & de Marignan,
Des huiles d'olives.
Des caſſonnades.
Du bois de Breſil.
Du bois de crabe.

La plus grande partie des tabacs s'achète par le fermier, & eſt diſtribuée dans les bureaux de la ferme ; les droits d'entrée en ſont payés par les marchands qui les vendent. Il en ſort quelques rôles pour le Canada par acquit à caution, du bureau de la ferme du tabac, & à part, par un paſſavant du bureau des fermes du roi. On envoie les huiles, une partie dans les provinces où les droits ſont dûs, & l'autre partie dans le Poitou & l'Aunis. Le bois de crabe ſe tranſporte à Tours, à Orléans & à Lyon ; & les caſſonnades du Breſil, à Tours & à Orléans.

DE HOLLANDE ET DES PAYS DU NORD.

Du lin.
Du chanvre.
Des fromages.
Des planches.
Des mâts.
Des toiles.
Du bray gras.
Du goultran.
Du fil d'archal.
Du fil de caret.
Du fil d'étoupes.
De l'acier.
Des bordilles ou poëles à frire.
Du poivre.
De la muſcade.
Du giroſle.
De la canelle.
Toutes ſortes d'autres drogueries & épiceries.
Du fil de lin.
Du fil de chanvre.
De la mercerie.
De la quincaillerie.
Du cuivre ouvré.
Du cuivre en plaque.
Des pots de fer, &c.

La plus grande partie de ces marchandiſes ſe conſomme dans *la Rochelle* même ; le reſte ſe diſperſe dans les provinces voiſines, & l'on en fait payer les droits dans les lieux où ils ſont dûs.

D'ANGLETERRE, D'IRLANDE, ET D'ÉCOSSE.

Des beurres.
Du plomb.
De l'étain.
Des harengs blancs & ſorets.
Des ſardines.
Du bœuf ſalé en barils.
Des flocons de terre.
De la bierre.

Nota. Que le bœuf ſalé ſe décharge à l'iſle de Rhé, pour n'en point payer les droits.

Il faut encore obſerver que les étains & les plombs d'Angleterre, ouvrés & non ouvrés, ont été mis au nombre des marchandiſes de contrebande, par le réglement de 1701.

Les autres marchandiſes d'Angleterre, Ecoſſe, & Irlande, qui viennent à *la Rochelle*, s'y débitent comme celles de Hollande.

A l'égard des marchandiſes du cru du royaume & particulièrement du pays, dont les Rochellois font commerce avec les étrangers, ou dans quelques provinces de *France* ; les principales ſont des vins, des eaux-de-vie, des toiles, des bas de laine &

de foie, des étoffes des mêmes matières, du biſcuit, &c.

Leur deſtination eſt quelques vins & eaux-de-vie pour la Hollande & l'Angleterre : mais beaucoup des uns & des autres, pour la Picardie & la Normandie, qui y vont ſans acquit à caution ; les bas & étoffes de ſoie & de laine, s'envoient la plus grande partie à Liſbonne & à Madère, & paient les droits ſuivant le tarif, & encore ceux de la prévôté.

ÉTAT des marchandiſes qui ne ſont point compriſes dans les tarifs, & qui doivent payer les droits ſur le pied de cinq pour cent de leur valeur.

Pour la commodité du marchand & du fermier, il a été réglé entr'eux, à *la Rochelle*, une eſtimation de certaines ſortes de *marchandiſes* qui ne ſe trouvent pas dans les tarifs, mais qui entrent fréquemment au bureau de cette ville. On a cru faire plaiſir au lecteur de l'ajouter ici.

Bourdille eſtimée,	50 l. le cent en nombre.
Bourillon,	40 l. le cent en nombre.
Rognons de caſtor,	4 l. la livre.
Le cacas ou cacao,	10 l. la livre.
Les rabes de morue, la barique.	25 l. à l'entrée, 30 l. à la ſortie.
Pipes à tabac, la groſſe,	20 ſ. à l'entrée, 30 ſ. à la ſortie.
Bois de crabe,	80 l. le cent peſant.
Les futailles vieilles,	4 liv. le tonneau.
Langues & moges de morue,	10 à 12 l. la barique.
Planches de Pruſſe.	50 ſ. ou 3 l. la pièce.
Bois de noyer,	7 l. la braſſe.
Billettes à brûler,	5 l. la braſſe.
Nates à faire grenier,	15 l. le millier en nomb.
Gamelles, plats & aſſiettes de bois.	40 ſ. la douzaine.

L'on a auſſi fixé pour la ſortie, l'eſtimation de diverſes *marchandiſes* qui ſont ſujettes aux quatre deniers pour livre de la prévôté de *la Rochelle*.

La barique d'eau-de-vie ſur le pied de 60 livres, paie	20 ſ.
Le cent peſant de ſerge ſur le pied de 100 liv.	33 ſ. 4 d.
Les étoffes de ſoie avec or & argent, la livre ſur le pied de 60 liv.	20 ſ.
Les étoffes de ſoie, la livre ſur le pied de 30 liv.	10 ſ.
La ſoie & ruban de ſoie, la livre ſur le pied de 20 liv.	6 ſ. 8 d.
Le papier, le cent peſant ſur le pied de 20 liv.	6 ſ. 8 d.
Les peaux d'orignaux ſur le pied de 15 l.	5 ſ.
Les peaux de chevreaux & agneaux, la douzaine ſur le pied de 30 ſ.	6 d.
Par balle de laine,	4 d.

ESTIMATION des marchandiſes venant des iſles de l'Amérique, convenue entre les marchands de la Rochelle & le fermier du roi, ſur le pied de laquelle doivent ſe payer les droits de trois pour cent.

L'indigo, la livre,	3 l.
Le coton, le cent,	30
Le carret, la livre,	3
La caouanne, la livre,	15 ſ.
Le chocolat, la livre,	1 10
La caſſe fiſtule & caneſice, le cent,	3

Nota, qu'elle vient en grenier, & qu'on la deſcend dans des paniers qu'on tare.

Les ſucres bruts, le cent,	8 l.
Les ſucres rafinés, le cent,	25
Les ſucres terrés, le cent,	18
Le cacas ou cacao, le cent,	50
Le rocou, le cent,	11
La cochenille meſtèque, le cent,	12
Le bois de campêche, le cent,	8
Les cuirs, la pièce,	5 à 6
Le cuir du Cap-verd & du Sénégal,	5 à 6
La mitraille, la livre,	10
Le morfil ou dent d'éléphant, le cent,	90
La caſcarille ou quinquina, la livre,	2 10 ſ.
Les confitures, le cent,	50
Le jus de citron, le cent,	50

Les tabacs de Saint-Domingue, ſuivant leur bonne ou mauvaiſe qualité.

Il faut obſerver qu'on fait les tarres *des marchandiſes* à proportion des caiſſes, tonneaux & emballage, & pour les ſucres on donne 17 liv. pour cent, & 4 liv. par rôle de tabac de Saint-Domingue pour le bâton.

On parle ailleurs de l'établiſſement du droit de trois pour cent, ſur les *marchandiſes* qui viennent des iſles de l'Amérique. *Voyez* dans ce Dictionnaire TROIS pour CENT.

MÉMOIRE des droits qui ſe perçoivent au bureau général de la Rochelle.

DROITS D'ENTRÉE ET DE SORTIE.

On lève audit *bureau* les droits *d'entrée & de ſortie* du royaume, autrement appellés les *cinq groſſes fermes*.

A *l'entrée*, leſdits droits ſe lèvent ſur toutes ſortes de marchandiſes venant des pays étrangers & des provinces du royaume, réputées étrangères, à cauſe que leſdits droits des cinq groſſes fermes n'y ſont pas établis, comme la Saintonge, la Guienne, la Bretagne & autres.

A la *ſortie*, leſdits droits ſe lèvent pareillement ſur les marchandiſes ſortant pour les pays étrangers ou pour leſdites provinces du royaume, où les droits ne ſont pas établis.

Les déclarations de toutes les marchandiſes qui

viennent de la mer, se doivent faire aussi-tôt après l'arrivée des bâtimens, ou pour le plus tard dans les vingt-quatre heures ; & en cas de retardement, il est dressé un procès-verbal contre les contrevenans, pour les faire condamner à l'amende. *Voyez* ce qu'on a dit ci-dessus de ce que doivent pratiquer les maîtres de navire qui arrivent dans les rades & havres de la Rochelle.

DROITS DU TABLIER ET PRÉVÔTÉ DE LA ROCHELLE.

Ledit droit a été institué le 19 octobre 1635 : la ville de *la Rochelle* en a joui pendant long-temps ; & enfin il a été réuni aux fermes du roi. Il consiste en quatre deniers pour livre d'évaluation de toutes les marchandises sortant par mer, pour les pays étrangers & la province de Bretagne seulement.

Il se lève aussi quatre deniers par balle de laine, sortant par mer pour Marans, Niort, Fontenay & autres lieux du Poitou.

Le vin, le bled ; toutes sortes de légumes, graines, drogueries & épiceries, ne sont point sujettes aux *droits de prévôté.*

A l'entrée, lesdits *droits de prévôté* ne se lèvent que sur les marchandises suivantes ; sçavoir :

Par douzaine de peaux de veaux tannées, 8 sols la douzaine.

Par cent pesant de plomb,	4 d.
Par cent pesant de suif,	4 d.
Par balle de laine,	8 d.

Il n'y a aucun tarif pour la perception desdits droits, qui sont seulement réglés sur l'usage.

Il se lève encore deux sols par muid de sel, entrant en ville par mer, ou qui se renvoie dans les coutumaux, venant des isles de Rhé, Olleron, & Brouage, où les droits de la ferme des 36 sols de Brouage, sont acquittés.

DROITS DE LA TRAITE DE CHARENTE SUR LE SEL.

La *traite de Charente* est ainsi appellée, parce que ce droit a son principal établissement sur la rivière de Charente au bourg de Tonnay-Charente.

Les droits sur le sel qui s'enlève de la ville de *la Rochelle* & des marais en dépendans, se payent à raison de 30 l. par muid mesure rase de Brouage, composée de 24 boisseaux ; deux sols pour livre desdits droits, & douze deniers pour livre de la somme produite desdites 30 l. en principal ; & desdits 2 sols pour livre.

On prend de plus 9 l. d'augmentation sur chaque muid de sel par arrêt du 8 août 1668 ; & pour les causes portées par ledit arrêt, les deux sols & douze deniers pour livre, ne se confondent point dans l'enregistrement de chaque article : on les rapporte seulement dans l'arrêté de l'année, & des états qu'on fournit tous les mois & quartiers, aussi-bien que lesdits 8 l. d'augmentation.

Les habitans de la banlieue de *la Rochelle*, ont leur franc-salé : on donne deux boisseaux par famille.

EXTRAIT du réglement du 14 *juin* 1723, *pour la régie & perception des droits de la traite de Charente, sur les vins & eaux-de-vie.*

Le roi ayant été informé, que contre la disposition des arrêts, réglemens & ordonnances, donnés ci-devant pour la perception des droits de la *traite de Charente* sur les vins & eaux-de-vie, il s'étoit cependant établi dans les bureaux d'Aunis & de Poitou, différens usages également préjudiciables au commerce de ces provinces & aux droits de sa majesté : sadite majesté, pour y pourvoir & en prévenir les mauvais effets, a ordonné que les articles des baux de Fauconnet & de Domergue & l'arrêt du 29 novembre 1687, seroient exécutés selon leur forme & teneur, & en conséquence que les vins & eaux-de-vie sortant par terre de la province de Xaintonge, pour être transportés à Aunis ou en Poitou ; & de même les vins & eaux-de-vie qui traverseroient les enclaves de Xaintonge dans lesdites provinces d'Aunis & de Poitou, acquitteroient dans les bureaux des fermes de sa majesté les droits de ladite *traite de Charente,* sur le pied de onze livres par tonneau de vin, & en outre des deux sols pour livre dudit droit, & de douze deniers pour livre du tout ; & sur le pied de douze livres par barique d'eau-de-vie, le tout sans préjudice aux droits d'entrée ordinaires des cinq grosses fermes ; suivant le tarif de 1664 pour les vins & eaux-de-vie de Xaintonge, qui seront transportés dans lesdites provinces d'Aunis & de Poitou. Sa majesté abrogeant tous usages contraires, & ordonnant que les contestations qui pourroient survenir dans l'exécution du premier arrêt, seroient portées pardevant les sieurs intendans de Poitiers & de la Rochelle, chacun dans ce qui regarde son département, à la charge de l'appel au conseil, des jugemens & ordonnances desdits sieurs intendans.

DROITS de 36 *s. de la ferme de Brouage,* 2 *s. pour livre & autres droits y joints, faisant ensemble* 42 *s.* 9 *d. par muid de sel.*

Lesdits droits se lèvent sur tous les sels qui s'enlèvent des marais salans de l'étendue du bureau de *la Rochelle.*

DROIT de marque sur l'étain.

Ledit droit a commencé de se percevoir en ce bureau en 1680, & consiste en 12 livres 10 sols par cent pesant, outre les 50 sols par cent des cinq grosses fermes.

DROIT de double subvention.

Ledit droit ne se perçoit pareillement dans ce

M m ij

bureau que depuis l'année 1680. Il étoit joint aux aides dans le bail de Saunier, au commencement duquel il fut établi en cette ville; il confiste, outre les droits des cinq groffes fermes, en huit livres deux fols six deniers fur chaque tonneau de vin & eaux-de-vie venant par mer, des provinces où les aides n'ont point cours: comme Mayenne, Olleron, Bordeaux, &c.

Et en quatre livres un fol trois deniers, qui eft moitié dudit droit fur chaque tonneau de bierre, de cidre, de vin de Rhé, ou autres femblables, à caufe de leur mauvaife qualité.

Droit de fret ou cinquante fols par tonneau fur les vaiffeaux étrangers.

Le droit de fret eft ce qu'on appelle cinquante fols par tonneau du pôrt des bâtimens étrangers, qui doivent ledit droit, tant plein que vuide & à morte-charge, c'eft-à-dire, pour ce qu'ils peuvent porter pefant; ledit tonneau eftimé à deux milliers; & non par ce dont ils font chargés.

Les déclarations fe font à l'arrivée des navires pour le fret, comme pour les cinq groffes fermes, de la quantité de tonneaux.

Droits d'acquit qui fe reçoivent au bureau général de la Rochelle.

Par chaque acquit des cinq groffes fermes tant d'entrée, que de fortie, dont les droits vont à 3 l. & au-deffus, ... 5 f.

Par chaque acquit des cinq groffes fermes, dont les droits vont jufqu'à 20 f. & à 3 liv. excluſive-ment, ... 2 6 d.

Et au-deffous de 20 f. néant.

Par chaque acquit à caution, lorfque les droits montent à 3 l. & au-deffus, ... 5

Par chaque décharge des acquits à caution, qui viennent des bureaux, ... 5

Par chaque acquit à caution que l'on délivre pour les droits de prévôté, il eft payé fuivant l'an-cien ufage, ... 20

Par chaque certificat de droguerie & épicerie par mer, ... 5

Les droits d'acquits pour le fel, fe payent diffé-remment; fçavoir:

Par chaque acquit de quatre boiffeaux de fel & au-deffus, ... 6

Au-deffous de quatre boiffeaux, ... 2

Et lorfque le fel s'enlève fur des charrettes, com-me la quantité va à trente-cinq & quarante boiffeaux, on prend par chacune charretée, ... 12

On fe fait rembourfer par les marchands, du pa-pier timbré qu'on leur délivre, fix deniers par chaque acquit.

Autres droits que l'on fait payer fuivant les arrêts qui ont été rendus depuis les tarifs.

Pour chaque baril de fer blanc de feuilles fimples,

venant des pays étrangers, 20 l. au lieu de 7 l. 10 f. ordonnés par le tarif, & 30 l. au lieu de 15 l. fui-vant l'arrêt du 18 novembre 1673.

Pour chaque cent en nombre de morue verte de la pêche étrangère, 8 l. fuivant l'arrêt du 20 dé-cembre 1687.

Par chaque cent de morue feche, 2 l. fuivant le-dit arrêt.

Pour l'entrée de chaque mouton, brebis, venant des pays étrangers, 30 f. la pièce, fuivant l'arrêt du 3 février 1688.

Pour l'entrée des cires blanches venant des pays étrangers, 20 l. du cent pefant, fuivant l'arrêt du 3 février 1688.

Pour l'entrée des verres venant des pays étran-gers; fçavoir, verre caffé, 20 f. par baril; verre en table, 12 l. la charretée de cinq paniers: verres, taffes, & autres ouvrages, 30 l. du cent pefant: verres à boire, 10 l. du cent pefant, fuivant l'arrêt du 29 mai 1688.

Par livre de caftor en peau, 3 l. & 9 l. par livre de caftor en poil, fuivant les arrêts du confeil du 24 mars 1685 & 25 janvier 1687. Les arrêts fub-féquens ont changé ces droits-là.

Pour la fortie à l'étranger, des vieux linges, drapeaux, drilles & pattes, 30 l. par cent, fuivant l'arrêt du 28 janvier 1687: cette marchandife a depuis été mife au nombre des contrebandes pour la fortie.

On ne faifoit autrefois payer que 16 l. par muid de charbon de terre, venant d'Angleterre & Écoffe, compofé de quatre-vingt balles ou paniers; mais depuis l'ordre du 4 décembre 1687, on fait payer les droits fuivant le tarif de 1667, qui font 24 fols par baril.

Depuis l'arrêt du 6 avril 1688, qui ordonne qu'il fera fait diminution de 40 fols par muid de vin mefure de Paris, qui revient pour tonneau de la Rochelle à 6 l. on ne fait payer à la fortie que lef-dites 6 l. par tonneau, au lieu de 12 l. qu'on payoit fuivant le tarif de 1664.

Droits du domaine d'occident.

Ledit droit a commencé à fe percevoir en ce bureau depuis le premier juillet 1685, que le do-maine a été réuni aux fermes. Il confifte en trois pour cent généralement de l'évaluation de toutes les marchandifes venant des ifles Françoifes de l'Amérique & côte Saint-Domingue, dont l'eftima-tion eft réglée avec les marchands. Voyez ci-deffus: Et en 40 f. par cent pefant tant des mofcouades, fucres rafinés & terrés: déduction faite de 14 pour cent.

On donne 17 pour cent de tare pour les fucres à l'égard des trois pour cent.

Il y a encore quelques nouveaux droits fur di-verfes marchandifes. Voyez les articles de ces mar-chandifes.

ÉTAT du *département de la Rochelle & de fes dépendances, pour les fermes unies, enfemble des droits qui fe reçoivent dans tous ces bureaux.*

La direction générale de ce *département* s'étend fur quatre intendances ; fçavoir, fur toute l'intendance de *la Rochelle* & pays d'Aunis, & fur divers poftes & bureaux de celles de *Bordeaux*, de *Limoges*, & de *Poitiers*.

Les commis généraux de ce *département*, font, un directeur général & trois contrôleurs généraux ; fçavoir celui de *la Rochelle*, Marans, & bas Poitou ; celui de Charente, Niort, Surgères, Saint-Laurent de la Prée & Xaintonge, & celui du haut Poitou : il y a aufli un receveur général ou caiffier du département.

Les bureaux & poftes établis dans l'intendance de *la Rochelle*, font le bureau général de *la Rochelle*, Marans, Rochefort, Saint-Laurent de la Prée, Aynande, Angoulin, Ars en Ré, Brault, Breuil de Magne, Brouage, le Château d'Olleron, la Perotine, & Saint-Troyan.

Les bureaux & poftes de l'intendance de *Bordeaux*, font Mortagne-fur-Gironde & Royan.

Les bureaux & poftes de l'intendance de *Limoges*, font Angoulême, Charente, Parançais, Riberou, & Limoges.

Les bureaux & poftes de l'intendance de *Poitou*, font, Aigre, Briou, Champagne, Chef-boutonne, Grip, Jard, la Tranche, la Trimouille, la Ville-Dieu, Limalonge, Luçon, Malieure, Marœuil, Mortagne-fur-Sevre, Moulimes, Niort, Réaumur, les Sables d'Ollonne, Saint-Aimant, Saint-Benoît, Saint-Gilles-fur-Vic, Saint-Michel en Lherm, Saint-Maixent, Saint-Philbert, Tiffauge, & Uffon. Tous ces lieux ont des bureaux d'où dépendent quelques poftes particuliers que l'on n'oubliera pas dans le détail qu'on va donner de tout le département par intendance.

INTENDANCE *de la Rochelle & pays d'Aunis.*

LA ROCHELLE. *La Rochelle* eft un bureau où fe reçoivent les *droits* d'entrée & de fortie des cinq groffes fermes, les *droits* de la traite de Charente, & les 35 fols de Brouage fur les fels, le fret fur les bâtimens étrangers, les *droits* de prévôté, ceux de marque fur l'étain, la fubvention & les nouveaux *droits*.

Ce bureau a un receveur, un contrôleur, deux vifiteurs, trois fcribes, dont l'un fert de commis à la recette : il y a outre cela une patache, deux contrôles, deux brigades à cheval, une autre fur les quais & douze portes ou poftes dépendantes de ce bureau ; fçavoir :

La patache de *la Rochelle* montée par un capitaine, un lieutenant & quatorze gardes & matelots.

La brigade de pied de Louard compofée d'un capitaine & trois cavaliers ; au même lieu un contrôle pour le contre-mefurage des fels.

La brigade de Verines compofée comme la précédente, & un contrôle pour le même contre-mefurage.

La brigade des quais confifte en un capitaine, un lieutenant &, fix gardes.

Les portes & avenues de *la Rochelle* font commandées par un capitaine ; les portes font au nombre de huit, & les avenues au nombre de quatre ; à chaque porte il y a ordinairement deux gardes, à la réferve du Landa qui n'en a qu'un, & de celles de Saint-François & de Saint-Éloi qui en ont trois à elles deux, à caufe de leur proximité.

Pour les poftes établis aux avenues ; fçavoir, Tadou, la Digue, la Repentie & l'Ofier ; ils ont chacun deux gardes, hors Tadou qui n'en a qu'un.

Aynaude eft auffi un pofte dépendant des portes de la ville ; il y a deux gardes pour voir mefurer le fel.

MARANS. On reçoit au bureau de *Marans* les *droits* d'entrée & de fortie des cinq groffes fermes, la traitte de Charente fur les fels, le fret fur les vaiffeaux étrangers, la fubvention, les *droits* de courtage, & les nouveaux *droits*. Il eft régi par un receveur & un contrôleur ; trois brigades en dépendent ; fçavoir, celle des quais de *Marans*, qui a un capitaine & fix gardes ; le corps de garde, qu'on nomme auffi la *chaloupe de Brault*, qui eft montée de même ; & le pofte Maillé, qui n'a que trois gardes-matelots & un capitaine.

ROCHEFORT. Ce bureau eft établi pour recevoir les *droits* de la traitte de Charente fur les marchandifes & les fels ; on y reçoit auffi les nouveaux *droits*. Un receveur, un contrôleur, & trois gardes qui travaillent fur le port, font toute la régie de ce bureau.

S. LAURENT DE LA PRÉE. On y reçoit les *droits* d'entrée & de fortie des cinq groffes fermes, la traitte de Charente, & les trente-cinq fols de Brouage fur les fels. Il n'y a qu'un feul commis dans ce bureau, qui a la qualité de *receveur* ; deux gardes y font le mefurage des fels.

ANGOULIN. Bureau des traittes de Charente ; il y a un receveur & deux gardes. Le pofte d'Eftrée en dépend & a auffi deux gardes.

ARS EN RÉ. On y reçoit les trente-cinq fols de Brouage, le fret & les nouveaux droits ; il y a pour la régie de ce bureau, un receveur, un contrôleur, un fcribe, & deux gardes généraux.

Sous ce bureau font trois pataches ; fçavoir, la patache de Saint-Martin montée d'un capitaine, d'un lieutenant & de quatorze gardes & matelots ; la patache de loix qui a auffi un capitaine, mais feulement fix gardes, matelots & garçons ; & la patache du corps de garde, avec un capitaine.

A BRAULT, il y a un corps de garde en chaloupe, compofé d'un capitaine & de fix gardes & matelots.

A BREUIL DE MAGNE. C'eft un bureau, mais où il n'y a qu'un receveur.

BROUAGE. On reçoit dans ce bureau les *droits* de trente-cinq fols dénommés *droits de Brouage*, les *droits* de fret fur les vaiffeaux étrangers, & les nouveaux *droits*. Il eft régi par un receveur, un contrôleur & un fcribe.

Trois pataches en dépendent; fçavoir, celle de Brouage qui a un capitaine & fix gardes & matelots, & celles du courant d'Olleron & de Seudre, qui ont chacune un capitaine & fept gardes & matelots.

Le château d'Olleron, la Pérotine & Saint-Troyan, font encore trois poftes de la dépendance du bureau de Brouage, ils ont chacun un garde.

On parlera plus bas du commerce des fels de Brouage.

INTENDANCE de Bordeaux.

MORTAGNE-SUR-GIRONDE. Le bureau de *Mortagne-fur-Gironde*, eft établi pour la traitte de Charente, fur les marchandifes & les fels, & pour les nouveaux *droits*. Les commis de fa régie font un receveur, un contrôleur & un vifiteur.

Il y a une chaloupe pour la confervation defdits *droits*, montée par fix gardes & matelots, & une brigade à cheval établie à Murfac, commandée par un capitaine, qui a fous lui trois cavaliers.

ROYAN. C'eft un bureau de contrôle de Charente, fur les marchandifes & denrées, & pour les nouveaux *droits*; il y a un feul commis qu'on nomme *receveur*, & deux gardes qui travaillent fous fes ordres.

INTENDANCE de Limoges.

CHARENTE. Le bureau établi à *Tonnay-Charente*, eft pour recevoir les droits de la traitte qu'on nomme *de Charente*, de ce lieu où en eft le principal bureau; elle fe prend fur les marchandifes, fels & autres denrées; on y reçoit auffi le fret fur les vaiffeaux étrangers, le courtage, le parifis, les douze & fix deniers pour livre, & les nouveaux droits.

La régie s'en fait par un receveur & deux contrôleurs.

Il y a trois brigades & deux contrôles dépendant de ce bureau; fçavoir,

La brigade des quais de *Charente*, compofée d'un capitaine & de fept gardes.

Le corps de garde & chaloupe de Carillon, compofé d'un capitaine & de trois gardes.

La brigade de Champagne, compofée d'un capitaine & de cinq gardes.

Les contrôles, font, Saint-Savinien & Taille-bourg.

PARANÇAIS. On reçoit dans ce bureau les *droits* de la traitte de Charente fur les vins & les eaux-de-vie; il n'a qu'un feul commis pour fa régie, qui a fous fes ordres une brigade à cheval, compofée d'un capitaine & de trois cavaliers.

RIBEROU. Ce bureau eft pour les *droits* de la

traitte de Charente fur les marchandifes, les fels & autres denrées, on y reçoit auffi les nouveaux *droits*. Pour l'éxercice de ce bureau, il y a un receveur, un contrôleur & trois brigades; ces brigades font Saint-Sulpice & Fauveau, toutes deux compofées d'un capitaine & de fept gardes; celle de la Cliffe n'a que cinq gardes.

LIMOGES. Le bureau de *Limoges* eft pour la recette des *droits* d'ancienne marque de papier & ceux du tabac. Il y a un receveur, un contrôleur, trois commis ambulans, & une brigade; de ce bureau dépend auffi le contrôle de Tulles où l'on délivre des acquits à caution pour le papier.

INTENDANCE de Poitiers.

AIGRE. Ce bureau eft pour les traittes foraines, il eft régi par un receveur & un contrôleur, & à deux brigades à cheval pour la confervation des *droits*, l'une à Aigre même, & l'autre à Chines, chacune d'un capitaine & de deux cavaliers.

BRIOU. C'eft un bureau des cinq groffes fermes. Il y a un receveur, un contrôleur, & un vifiteur.

CHAMPAGNE. Ce bureau eft pour la traitte de Charente fur les fels; il y a un receveur & un contrôleur & une brigade. Trois poftes en dépendent; fçavoir, le contrôle de Fontenay pour le contremefurage des fels où il y a deux gardes; Boiffe, où il y a un garde, & Charie, où il y en a deux.

CHEF-BOUTONNE. C'eft un bureau pour les cinq groffes fermes pour les entrées & les forties, régi par un receveur & un contrôleur.

GRIF. Ce bureau eft comme le précédent; il y a un vifiteur de plus.

JARD. C'eft encore un bureau des cinq groffes fermes, on y reçoit les nouveaux *droits*; il n'a qu'un receveur.

LA POMERAYE. Ce bureau eft pour la traitte de Charente fur les fels; il a un receveur & deux gardes.

LA TRANSTIE. C'eft un bureau d'entrée & de fortie des cinq groffes fermes, & pour les nouveaux *droits*; un receveur & un vifiteur.

LA TRIMOUILLE. C'eft auffi un bureau d'entrée & de fortie des cinq groffes fermes, avec un receveur & un contrôleur, & deux gardes à cheval, dépendant de la brigade de Moulimais.

LA VILLE-DIEU. Comme deffus; fes commis font un receveur & un contrôleur. Dans le même lieu il y a une brigade compofée d'un capitaine & de trois cavaliers.

LUÇON. Les *droits* qu'on reçoit dans le bureau, font ceux d'entrée & de fortie des cinq groffes fermes, ceux de la traitte de Charente fur les fels; un receveur & un contrôleur en font la régie, quatre gardes en dépendent; fçavoir, deux dans le même lieu, & deux au paffage de la Claye.

MALIEURE. Bureau de la traitte de Charente fur les fels avec un feul commis.

MARŒUIL. Comme deffus. Un feul commis qui

& fous lui deux gardes pour le fervice du bureau. Le pofte de Moutiers & celui de Lavaux, où il y a chacun un garde, en dépendent; il y a de plus une brigade à cheval, compofée d'un capitaine & de deux cavaliers, établie à Vineufe.

MORTAGNE-SUR-SEURE. On reçoit les mêmes *droits* qu'à Marœuil; il n'y a auffi qu'un commis.

MOULIMÉS. Bureau des *droits* d'entrée & de fortie des cinq groffes fermes; un receveur & un contrôleur, avec une brigade à cheval, compofée d'un capitaine & de trois cavaliers.

NIORT : comme le précédent. Outre le receveur & contrôleur, il y a un pofte & deux portes qui en dépendent; les portes font celles de Saint-Jean de Niort, & celle de Saint-Gelais; le pofte eft celui de Magne; on fait une petite recette à ce dernier. Les portes & le pofte ont chacun un garde.

REAUMUR. Ce bureau eft pour la traitte de Charente fur les fels; il n'y a qu'un commis; une brigade à pied & un pofte en dépendent. La brigade compofée d'un capitaine & de trois gardes eft établie au Coudrai : le pofte eft celui de Pouffauge où il y a deux gardes.

LES SABLES D'OLLONNE. On reçoit dans ce bureau les *droits* d'entrée & de fortie des cinq groffes fermes, les *droits* de fret, la fubvention, & fes nouveaux *droits*; fes commis font un receveur & un contrôleur, & fous eux deux gardes.

SAINT-AMAND. Bureau de la traitte de Charente fur les fels, un feul commis. La brigade à cheval de Courlay en dépend; elle a un capitaine & trois cavaliers.

SAINT-BENOIST, SAINT-GILLES-SUR-VIE, & SAINT-MICHEL EN LHERME, font trois bureaux où fe reçoivent les *droits* d'entrée & de fortie de la traitte-foraine, & les nouveaux *droits*; le premier, a un receveur & un garde-vifiteur; le fecond, un receveur & un contrôleur; & le troifiéme, comme à Saint-Benoît.

SAINT MAIXENT. Il y a dans cette petite ville un contrôleur général ambulant pour le tabac en bas Poitou.

SAINT-PHILBERT & TIFFAUGE, font des bureaux de la traitte de Charente fur les fels. *Saint-Philbert* a un receveur & deux gardes pour le mefurage des fels. *Tiffauge* n'a qu'un receveur.

USSON. Ce dernier bureau n'eft qu'un bureau de conferve pour les *droits* de la traitte-foraine. Il y a un receveur, un contrôleur & un garde.

DROITS SUR LES SELS & AUTRES DROITS qui fe paient à BROUAGE.

BROUAGE, eft une ville de Xaintonge, à fix lieues de la Rochelle, à trois de Rochefort, à quatre de Tonny-Charente, & à fept de Xaintes. Elle eft fituée fur un canal que forme le flux & le reflux de la mer. Son port étoit bon autrefois; mais depuis que pendant les guerres de la religion, le prince de Condé en eut gâté l'entrée (1586), il n'a pas

été poffible d'en bien rétablir le canal; il y entre pourtant d'affez grands vaiffeaux de haute-mer qui y font en grande fûreté.

Ce qui fait le principal objet du commerce de *Brouage*, font fes marais falans qui l'entourent de tous côtés, & qui fourniffent tous les ans une fi grande quantité de fel, qu'elle pourroit feule fuffire pour la provifion de tout le royaume & de tous les pays du Nord. *Voyez* l'article des *fels* dans le Dictionnaire.

Ce n'eft guères auffi que pour enlever cette marchandife que l'on y voit arriver les vaiffeaux François & étrangers; & le bureau qui y eft établi, n'eft ordinairement occupé que pour la recette des *droits fur le fel*. On parle ailleurs de la régie de ce bureau.

Les François & les Etrangers qui arrivent à *Brouage*, font également obligés de fouffrir la vifite des officiers & des gardes des pataches, & de venir faire dans les vingt-quatre heures au bureau du lieu, leurs déclarations, d'où ils font, d'où ils viennent, où ils veulent aller; de quel port eft leur bâtiment, ce qu'ils ont apporté, & de quelles marchandifes ils doivent charger; ils font même tenus de dire la quantité de fel qu'ils prétendent prendre.

Le fel fe compte par cent, ce qui eft un compte marchand compofé de vingt-huit muids de fel, mefure rafe de *Brouage*, qui reviennent, par l'évaluation qu'on en a faite, à vingt-cinq tonneaux.

Les *droits* qui fe lèvent à *Brouage* fur les *fels*, font de différente nature; les uns appartiennent au roi, d'autres à des particuliers, dont les auteurs ont autrefois levé des charges de nouvelle création; d'autres, qui font des *droits locaux* appartenant à la ville, ou du moins qui font employés pour elle; d'autres, qu'on nomme *droits domaniaux*; d'autres qu'on qualifie de *droits maritimes* fur les navires; d'autres qui font dûs à M. le grand amiral; & d'autres enfin, qu'on paie aux commis pour l'expédition des congés, billets, paffeports & autres tels actes qu'ils délivrent.

De ces *droits* il y en a quelques-uns qui ne font payés que par les étrangers, & dont les François font exempts.

Les *droits du roi* montent à 4 l. 9 f. 9 d. ⅞; fçavoir, 35 f. par muid de fel ras, appellés les 35 f. *de Brouage*, & 24 d. pour livre des mêmes *droits* & fur ceux des feigneurs particuliers; ces deux articles revenant à 2 l. 2 f. 9 d.

Plus, les 50 f. de fret par tonneau fur les vaiffeaux étrangers, évalués à 2 l. 4 f. 8 d. Il faut obferver que depuis le traité d'Utrecht, il y a quelques nations qui en font exemptes. *Voyez* l'article du *fret* dans le Dictionnaire Univerfel.

Plus, les 10 d. ⅞ par muid de fel retranchés des 2 f. 8 d. impofées par le contrôleur alternatif, garde des mefures de fel à *Brouage*.

Plus, 10 d. auffi pour le tiers retranché du *droit* attribué à l'office de courtier général du gouvernement de *Brouage*.

Plus, pour l'entretien des fontaines de *Brouage*, 6 d. par muid.

Enfin, 2 d. aussi par muid pour l'entretien des balises.

De ces *droits* du roi, il n'y a que les étrangers qui paient les 2 l. 4 s. 8 d. de fret; ce qui s'entend suivant l'observation ci-dessus, & les 10 d. retranchés de l'office de courtier; en sorte que les étrangers paient au roi 4 l. 9 s. 9 d. $\frac{1}{2}$ par muid de sel ras, & les François seulement 2 l. 4 s. 3 d. $\frac{1}{3}$.

Les *droits* dûs aux seigneurs particuliers, montent à 2 l. 8 s. 1 d. $\frac{1}{2}$, aussi par muid de sel ras, qui sont également payés par les François & par les étrangers, à la réserve d'un sol huit deniers pour les deux tiers réservés aux propriétaires de la charge de courtier général, qu'il n'y a que les étrangers qui paient.

Les *droits* qui composent ce total sont 5 s. 7 d. $\frac{1}{2}$, & 9 s. 10 d. $\frac{1}{2}$ imposés lors de l'érection de la cour souveraine des Salins en 1630.

Plus, 8 s. pour la création d'un office de contrôleur-garde des mesures en 1634.

Plus, 10 d. attribués aux acquéreurs de l'ancien *droit* domanial de 4 d. pour livre de la vente des sels, qu'on croit être le premier *droit* établi sur les sels sous le règne de Louis le Gros.

Plus, 7 s. pour partie du *droit* attribué aux offices de contrôleurs-gardes des mesures d'une autre création.

Plus, 6 s. 3 d. pour autre partie dudit *droit*.

Plus, 3 s. d'une part, 3 s. d'une autre, 1 s. 1 d. d'autre; & encore 1 s. 9 d. pour d'autres offices créés; enfin, 1 s. 8 d. pour l'office de courtier général créé de nouveau en 1641, *ad instar* des courtiers de la ville de la Rochelle.

Tous ces petits *droits* montent pour les étrangers à 2 l. 8 s. un d. $\frac{1}{2}$ par muid de sel ras, & à 2 l. 6 s. 5 d. $\frac{1}{2}$ pour les François.

Les *droits* domaniaux dont on attribue aussi l'origine au roi Louis le Gros, consistent en 20 s. par tonneau de vin, vinaigre, bled, graine de lin, & autres légumes, & 20 s. par barique d'eau-de-vie chargée pour les pays étrangers; & le demi-*droit* sur toutes ces espèces lorsqu'elles sont pour le royaume.

Droits maritimes sur les vaisseaux: ils sont de différentes sortes.

1°. Il se lève tant sur les vaisseaux François qu'étrangers; sçavoir, 20 s. par vaisseau étranger, 16 s. par les François de 50 tonneaux; 15 s. pour ceux depuis 30 jusqu'à 50; & 7 s. 6 d. pour ceux au-dessous. Ces *droits* appartiennent à l'office héréditaire de garde-visiteur, de lesteur, conservateur du Havre de Brouage, & chenaux en dépendans.

2°. Le *droit* de matarelle, consistant en 2 s. par vaisseau François ou étranger, entrant dans le Havre de *Brouage*.

3°. Le *droit* de petit ancrage pour toutes sortes de vaisseaux qui entrent dans la rivière de Seuldre; ce *droit* est de 16 s. par bâtiment; il appartient au prieur de Saint-Gesme, comme prévôt de ladite rivière.

4°. Le *droit* pour l'entretien des feux de la tour de Saint-Denis en l'isle d'Olleron. Ce *droit* se paie par tous les vaisseaux étrangers & François, entrant ou sortant dans les ports de l'étendue de la ferme du bureau des 3 5ⁱ s. de Brouage; sçavoir, pour les navires de 60 tonneaux jusqu'à 100, 2 l.; depuis 100 tonneaux jusqu'à 200, 4 l.; & depuis 200 jusqu'à 300 tonneaux & au-dessus, 6 l. 10 s.

A l'égard des *droits* de M. le grand-amiral, il lui appartient les *droits* de congé sur tous les vaisseaux, barques & bateaux, ainsi qu'il est expliqué au réglement de 1623; on en dira quelque chose dans la suite.

Plus, les *droits* d'ancrage payables par les vaisseaux étrangers, ordonnés d'être levés par arrêt du conseil du 23 mai 1629, à raison de 3 s. par tonneau de plein, & de 5 s. par tonneau de vuide, évalués à 3 l. 18 s. par cent de sel, qui fait 28 muids ras; lesquelles 3 l. 18 s. reviennent à 2 s. 9 d. $\frac{1}{2}$ sur chaque muid de sel chargé par les étrangers.

Plus, le parisis desdits *droits* & de ceux des passeports, montant suivant l'évaluation précédente à 8 d. $\frac{1}{2}$ par muid ras: ce *droit* se lève par un particulier à qui appartient ledit *droit*.

Plus, le *droit* de délestage à raison de 15 l. par vaisseau étranger, 7 l. 10 s. pour les vaisseaux François au-dessus de 50 tonneaux, & de 5 l. pour ceux de 50 tonneaux & au-dessous; on parle ailleurs du *droit* de délestage & du réglement fait en 1667, entre les officiers de l'amirauté de Xaintonge, & le consul de la nation Hollandoise. *Voyez* dans ce Dictionnaire l'article de *délestage*.

Enfin, pour ce qui est des *droits* & salaires de l'amirauté de Xaintonge, ils consistent en 7 l. 10 s. pour chaque enregistrement de congé de vaisseau pour les voyages de long cours expliqués au réglement du 20 mars 1673: 1 l. 10 s. pour les voyages depuis le détroit de Gibraltar & de province en province dans le royaume; 10 s. pour les voyages de port en port dans les pertuis; & pour chaque déclaration des maîtres, faite au retour de leur voyage, pareilles sommes que celles détaillées ci-dessus pour les congés.

Il y a encore les *droits* dûs aux huissiers-visiteurs; sçavoir, 16 s. pour chaque visite de vaisseau pour les voyages de long cours; 5 s. pour ceux depuis le détroit du Sund jusqu'à celui de Gibraltar & autres de province en province dans le royaume, & 2 s. 6 d. pour les voyages de port en port dans les pertuis.

Pour la commodité des marchands François & étrangers, qui viennent charger des sels à Brouage, on a cru à propos de mettre ici deux états des *droits* que les uns & les autres paient pour la cargaison d'un vaisseau de 200 tonneaux portant 224 muids de sel, sur lesquels il sera facile d'évaluer les *droits* des vaisseaux d'une moindre ou d'une plus grande cargaison.

ÉTAT

ÉTAT *de tous les droits que paie un maître de navire François, dont le bâtiment est du port de deux cent tonneaux, & qui charge deux cent vingt-quatre muids de sel.*

Nota. Que les 224 muids de *sel*, font juste deux cent tonneaux.

DROITS DUS AU ROI.

Au bureau du roi, pour les 42 s. 9 d. par muid de *sel*, pour la quantité de 224 muids, . . . 478 l. 16 s.

Pour les 10 d. ⅓ par muid dudit sel retranché des 2 s. 8 d. imposés pour le contrôleur alternatif, &c. 9 19 2 d.

Pour le droit d'acquit, ... 1

Pour le droit du timbre de l'acquit, ... 6

Pour le passeport, ... 1 10

Nota. Si le navire va en Hollande ou en Angleterre, il paie 2 l. pour le passeport, & s'il va en Terre-neuve, Espagne, & long cours, 7 l. 10 s.

Pour l'entretien des feux de la tour de S. Denis, isle d'Olleron, 6 10

Pour les droits appartenans à des particuliers, dont quelques-uns ont des receveurs particuliers.

Pour les droits de 5 s. 7 d. ⅓ de denier faisant partie de ceux imposés pour la cour des Salins, . . 62 14 5

Pour une autre partie de ladite imposition montant à 9 s. 10 d. ⅘ de denier, ci. 110 17 8

Pour un autre droit de 3 s. par muid, ... 33 12

Plus, pour un autre droit de 6 s. 3 d. par muid, ... 70

Plus, pour un autre droit de 3 s. par muid, ... 33 12

Plus, pour un autre de 8 s. par muid, ... 89 12

Plus, pour un autre de 4 d. par livre du prix du *sel*, à raison de 50 s. le muid, . . . 9 6 8

Plus, pour un autre de 7 s. par muid, ... 78 8

Plus, pour un autre d' 1 s. 1 d. par muid, ... 12 2 8

Enfin, pour autre droit d' 1 s. 9 d. ⅓ de denier, ... 19 18 3

Nota. On a expliqué plus haut l'origine de tous les droits appartenant aux particuliers dont on n'a pas cru nécessaire de mettre les

1017 l. 19 s. 4 d.

Ci-contre . . . . 1017 l. 19 s. 4 d.

noms, à cause des changemens qui ont coutume d'arriver parmi les propriétaires desdits droits.

Pour les droits desdits officiers de l'amirauté.

Pour la déclaration du maître du navire, ... 1 10

Nota. Lorsque le navire vient de voyage de long cours, il paie 7 l. 10 s. pour sa déclaration.

Pour l'enregistrement du passeport, ... 1 10

Pour le parisis de la déclaration & du passeport, ce *droit* appartient à un particulier, . . 1 2

Nota. Le parisis augmente à proportion, lors des voyages de long cours.

Pour le petit ancrage de Seuldre, qui appartient au prieur de Saint-Gesmes, ... 16

Nota. Lorsque le navire charge à Brouage, il y a 2 s. 6 d. d'augmentation, & lorsqu'il charge au courant, il ne paie point de petit ancrage.

Pour les 6 d. par muid des fontaines, ... 5 12

Pour les balises 2 d. par muid de *sel*, ... 1 17 4

Pour le délestage, les vaisseaux François qui viennent dans la rivière de Seuldre & Courant d'Oleron, qui sont au-dessus de 50 tonneaux, paient, ... 15

Nota. Les navires qui sont au-dessous de 50 tonneaux ne paient que 7 l. 10 s. Ceux qui viennent au havre de Brouage au-dessus de 50 tonneaux, paient 5 l. & au-dessous ne paient rien, & se font délester eux-mêmes.

Total des *droits* que paie un navire François de 200 tonneaux, chargé de 224 muids de *sel*, . . 1045 l. 6 s. 8 d.

ÉTAT *de tous les droits que paie un maître de navire étranger, dont le bâtiment est du port de deux cent tonneaux, & qui charge deux cent vingt-quatre muids de sel.*

DROITS DUS AU ROI.

Au bureau du roi pour les 42 s. 9 d. par muid de *sel* pour la quantité de 224 muids, ... 478 l. 16 s.

De l'autre part . . . . 478 l. 16 f. d.

Pour les 10 d. ¾ de denier retranchés des 2 f. 8 d. par muid, . 9 19 2

Pour les 10 d. aussi retranchés de 2 f. 6 d. du courtier général, . 9 6 8

Pour les 50 f. de fret par tonneau à 44 f. 8 d. par muid, . 500 5 4

L'on peut voir ci-dessus les nations qui ont été exemptées de ce droit.

Pour l'ancrage appartenant au grand-amiral, à raison de 3 l. 18 f. par cent de *sel*, ledit cent faisant 28 muids & 25 tonneaux, . . . 31 4 6

Pour le passe-port, ... 2

Nota. Quand le navire va en Espagne ou long cours, il se paie pour le passe-port, 7 l. 10 f.

Pour l'entretien des feux de la tour Saint-Denis, isle d'Olleron, . 6 10 6

Droits des particuliers.

Pour le droit de 5 f. 7 d. ¾ de denier, ... 62 l. 14 f. 5 d.

Pour le droit de 9 f. 10 d. ¾. 110 17 8

Pour le droit de 3 f. . . 33 12 6

Pour le droit de 6 f. 3 d. . . 70

Pour le droit d'autres 3 f. . . 33 12 6

Pour le droit de 8 f. . . . 89 12

Pour le droit de 4 d. pour livre du prix du *sel*, à raison de 50 f. le muid ras, ... 9 6 8

On augmente ou on diminue cet article, suivant que le *sel* vaut plus ou moins.

Pour le droit de 7 f. par muid. 78 8

Pour le droit d'1 f. 1 d. . . . 11 2 8

Pour le droit d'1 f. 9 d. ¾ de denier, restant de 2 f. 8 d. ci-dessus. 19 18 3

Pour le droit d'1 f. 8 d. restant des 2 f. 6 d.

Pour le droit de Parisis faisant le quart de l'ancrage dû au grand amiral, revenant pour lesdits 200 tonneaux, à 7 16 6

L'on avertit dans l'autre état, où l'on peut trouver l'origine de tous les droits des particuliers.

Pour le droit des officiers de l'amirauté & autres.

Pour la déclaration, en deçà le détroit, ... 1 10

Lorsque le navire va aux voyages de long cours, il paie pour la déclaration, 7 l. 10 f.

Pour l'enregistrement du passeport, ... 1 10

1569 l. 3 f. 4 d.

Ci-contre . . . . 1569 l. 3 f. 4 d.

Lorsque le navire va aux voyages de long cours, il paie 7 l. 10 f. pour l'enregistrement.

Pour le parisis de la déclaration & de l'enregistrement, . . 1 5 6

Le parisis augmente à proportion, si c'est pour des voyages de long cours; ces droits appartiennent à un particulier.

Pour le petit ancrage en Seuldre, appartenant au prieur de S. Gesme, ... 16

Nota. Que lorsque le navire charge à Brouage, il y a 2 f. 6 d. d'augmentation, & lorsqu'il charge au Courant d'Olleron, il ne paie point de petit ancrage.

Pour les 6 d. des Fontaines, par muid de *sel*, ... 5 11

Pour le droit de balise, à 2 d. par muid, ... 1 17 4

Pour le droit de délestage des vaisseaux Hollandois, qui viennent dans la rivière de Seuldre & Courant d'Olleron, il se paie 5 f. par tonneau, revenant pour les 200 tonneaux, ... 50

Nota. Que lorsqu'ils viennent chargés de planches & autres marchandises, ils ne paient que 15 l. pour tout.

Il faut encore observer que pour les vaisseaux Hollandois qui viennent dans le Havre de Brouage, ils ne paient que 13 l. 10 f., & se font délester eux-mêmes s'ils veulent.

Quand ce sont des Anglois au-dessus de 50 tonneaux, qui chargent au Courant & en Seuldre, ils paient 15 l., & au-dessous seulement 7 l. 10 f., & lorsqu'ils chargent à Brouage, 13 l. 10 f. s'ils sont au-dessus de 50 tonneaux, & au-dessous, seulement 7 l. 10 f. & se délestent eux-mêmes comme ils l'entendent.

Total des *droits* que paie un vaisseau étranger de 200 tonneaux, chargé de 224 muids de *sel*. . . 1628 l. 14 f. 2 d.

MÉMOIRE du sieur Edme, sur le commerce de la Rochelle & des autres provinces & isles circonvoisines.

LA ROCHELLE & PAYS D'AUNIS, contient cinq lieues de contour; dans ce circuit l'on compte qu'il y a 84000 quartiers de vignes; sçavoir,

49000 quartiers de vignes à vins blancs :
& 35000 quartiers de vignes à vins rouges.

Année commune chaque quartier de vignes à vin blanc, rapporte trois tonneaux de vin.

Un quartier de vignes à vin rouge ne rapporte l'un dans l'autre qu'un tonneau de vin. De cette manière l'on compte que ces 84000 quartiers de vignes rapportent ordinairement chaque année 182000 tonneaux de vin blanc & rouge ; la plus grande partie de ces vins blancs se brûle en eau-de-vie, le reste se consomme pour boisson des artisans & domestiques.

Quand la récolte est entière, elle peut doubler cette quantité.

Il se charge à *la Rochelle*, année commune, 14 à 15000 bariques d'eau-de-vie pour la Picardie, Normandie, Hollande & Angleterre : ce seul commerce fait mouvoir beaucoup d'argent, parce que les eaux-de-vie s'achètent argent comptant.

Celles qui s'envoient à l'étranger ou dans les provinces réputées étrangères, doivent au bureau des fermes de *la Rochelle* les droits ci-après, par barique de 27 veltes.

Pour la sortie , ...	3	l.	
Prévôté , ...	1		
Jauge & courtage , ...	1	13 f.	9 d.
	1	13	9
Et les 4 f. pour livre , ...	1	2	9
	6	16	6

Les eaux-de-vie qui sortent pour aller dans le royaume, ne doivent par barique de 27 veltes, que . . . . 1 l. 13 f. 9 d.
Et les 4 f. pour livre , qui montent à   6   9

                    2 l.   6 d.

Il y a auprès de *la Rochelle* deux isles, où l'on fait un commerce très-considérable, qui s'appellent, l'une *l'isle de Rhé*, & l'autre *l'isle d'Olleron*.

ISLE DE RHÉ.

L'isle de Rhé contient six paroisses , la ville de Saint-Martin, la Flotte, Sainte-Marie, Ars, les Portes & Lays.

Il se recueille, année commune, dans cette isle, 18000 tonneaux de vin , dont la huitième partie se consomme pour les habitans.

L'on compte qu'il s'y fait chaque année 10000 bariques d'eau-de-vie, qui s'embarquent pour l'étranger sans payer aucuns droits.

Il s'y fait aussi une grande quantité de sel qui se vend au cent.

Le cent de sel est composé de 28 muids, qui font 15 tonneaux, chaque tonneau pèse au moins deux milliers.

Les marais salans de cette isle produisent, année commune, environ 34000 muids de sel, qui vaut environ 6 à 8 l. le muid.

Chaque muid de sel ras paye au roi pour droit de sortie 4 l. 10 f. 3 d.

ISLE D'OLLERON.

L'isle d'Olleron est composée de six paroisses ; l'endroit où est le château est la ville capitale ; les cinq autres paroisses s'appellent *Dolus*, *S. Pierre*, *S. Georges*, *S. Denis* & *S. Troyant* dans les fables.

Il se fait chaque année dans cette isle environ 4000 bariques d'eau-de-vie, qui payent pour la sortie dans le royaume 10 sols par barique, & 20 f. pour l'étranger.

Les vaisseaux étrangers y vont souvent charger du sel , qui paye les mêmes droits que ci-dessus.

SABLES D'OLLONNE.

La ville des *Sables d'Ollonne* & son élection contiennent 97 bourgs, villages ou hameaux dépendans de l'intendance du Poitou.

Le plus grand commerce des *Sables* est uniquement la pêche de la morue du banc de Terre-Neuve, par 70 ou 80 petits bâtimens d'environ 100 tonneaux chacun ; partie desquels fait deux voyages par année ; il y a aussi 40 ou 50 chaloupes qui vont continuellement à la pêche du poisson de mer, & à celle de la sardine dans la saison.

Il se fait aussi , année commune, environ 20000 muids de sel, qui sert en partie pour les bâtimens qui vont à la pêche de la morue, & qui ne paie aucuns droits ; mais celui qui se vend pour l'étranger ou provinces réputées étrangères, paie 2 liv. 12 f. par muid, mesure rase de Brouage.

COMMERCE MARITIME DE LA ROCHELLE.

La Rochelle seroit l'une des villes les plus florissantes du royaume, si ses port & havre n'étoient presque comblés de cailloux, pierres & vases qui empêchent les vaisseaux marchands de faire un commerce plus étendu dans les isles de l'Amérique. L'on ne peut exprimer la difficulté & les risques, lorsque les bâtimens entrent ou sortent de son havre ; quoiqu'ils n'aient qu'un peu de lest dans leurs fonds, il faut attendre les grandes marées, encore se perd-il très-souvent des vaisseaux par le peu d'eau qu'ils trouvent dans le canal, soit en entrant ou en sortant.

Le *commerce* de mer de la Rochelle le plus considérable est celui de l'isle & côte de Saint-Domingue. Les armateurs envoient chaque année environ 22 vaisseaux, depuis 150 jusqu'à 250 tonneaux, dont la plus grande partie sont destinés pour le Cap-François & Léogane, chargés de vin , eaux-de-vie, farine, bœuf d'Irlande, lard, chandelle , &c. & d'autres marchandises sèches pour l'usage & consommation des habitans. Les arma-

N n ij

teurs ſe déterminent rarement à envoyer leurs vaiſſeaux juſqu'à la Caille Saint-Louis & l'Iſle à Vache,
parce que les ſucres ſont moins bons qu'au Cap,
& que les habitans les font trop attendre pour leurs
payemens.

Les vaiſſeaux qui reviennent de la côte de Saint-
Domingue, rapportent ordinairement de trois ſortes
de marchandiſes, du ſucre brut, de l'indigo & des
cuirs de taureaux ; il eſt rare de leur voir rapporter
d'autres marchandiſes, à moins qu'elles ne proviennent des priſes ſur les Eſpagnols, ſur les Interlopes-
Anglois ou Hollandois, ou ſur les Forbans.

Le ſucre brut paye au roi, en arrivant, 3 pour
cent de l'évaluation, eſtimé à 17 l. 12 ſ. par quintal
net ; c'eſt le propriétaire qui paye ce droit, & n'en
doit aucun autre s'il le fait ſortir du royaume pour
l'étranger ; ce qui arrive rarement, parce que la
plus grande partie de tous les chargemens de ſucre
brut qui arrivent à *la Rochelle*, ſe conſomme
pour les rafineries de cette ville ; ils ſe vendent
depuis 25 juſqu'à 26 livres le quintal ſuivant leur
qualité, payables à différens termes de 3, 5 & 7
mois, à les prendre dans l'entrepôt, c'eſt-à-dire, que
l'acheteur s'oblige d'en payer les droits d'entrée au
bureau des fermes ; qui conſiſtent, ſçavoir ;

Chaque quintal de ſucre paye   16 ſ. 8 d.
Les 4 ſ. pour liv. de 16 ſ. 8 den.
montent à   3   4
Pour le domaine d'occident chaque
quintal doit . . . . 1 l. 13   4

De manière qu'un quintal de ſucre
brut, non compris les trois pourcent,
paye . . . . 2 l. 13 ſ. 4 d.

Comme ces bariques qui contiennent les ſucres
bruts ſont très-peſantes, le vendeur donne à l'acheteur 17 pour cent de tare, & en outre quatre livres
de trait par chaque barique.

Lorſque ces ſucres proviennent de vente de négres, ils ne doivent que la moitié des droits de
l'autre part, ce qui fait une différence de 26 ſ. 8 d.
par quintal ; mais on exige toujours au bureau des
fermes le droit de trois pour cent en entier.

Le ſucre blanc ou caſſonade de Saint-Domingue
paye à l'arrivée le droit de trois pour cent de l'évaluation qui eſt réglée à 28 liv. le quintal, dont on
déduit la tare à 17 pour cent ; ſi l'on envoie ces
ſucres à l'étranger, ils ne doivent aucun autre droit.

S'ils ſe vendent pour ſe débiter en *France*, ils
payent au bureau des fermes les droits ci-après.
Chaque quintal de ſucre blanc doit
au roi, ... 6 l.
Pour les quatre ſols pour livre, . . 1   4 ſ.
Pour le domaine d'occident par
quintal, ... 2

                 9 l. 4 ſ.

Ces ſucres ou caſſonades blanches ſe vendent ſui-

vant leur bonté & qualité, depuis 35 juſqu'à 42 l.
le quintal net, pris dans l'entrepôt, c'eſt-à-dire,
que l'acheteur s'oblige encore de payer au bureau
des fermes du roi les droits de 9 l. 4 ſ. mentionnés
ci-deſſus.

Le vendeur donne à l'acheteur 12 pour cent de
tare par quintal à cauſe du poids de la barique, &
4 l. de trait par chaque barique.

Afin de donner une idée parfaite à ceux qui ne
ſont pas inſtruits du commerce des ſucres que les
vaiſſeaux rapportent des iſles de l'Amérique, & du
profit que l'on fait ſur les marchandiſes & denrées
que l'on y envoie à fret, qui ordinairement n'excède
pas de 50 à 70 pour cent, à moins d'une diſette
extraordinaire, ce qui arrive rarement, pour lors
l'on profite de l'occaſion, & l'on peut gagner juſqu'à
cent pour cent.

Un particulier envoya à la Martinique, les marchandiſes ſuivantes.

20 bariques de vin de Bordeaux, faiſant 5 tonneaux, revenant avec les frais, commiſſion & droits
de rivière, à raiſon de 220 l. le tonneau, fait la
ſomme de . . . . 1160 l.
50 barils de farine de Nérac à
25 l. 10 ſ. le baril, tous frais compris, ... 1175,
Pour le fret d'encombrement de
douze tonneaux, à 100 l. 1200
Port à bord du vaiſſeau & arrimage, ... 20

Total 3495

Vente à la Martinique en troque de ſucre blanc,
à 37 livres le quintal.

SÇAVOIR :

18 bariques de vin à 140 l. la barique, les
deux autres bariques ayant ſervi pour rempliſſage
ou ouillage, montent à . . . 2520 l.
50 barils de farine de Nérac,
à 60 l. le baril, montent à . . 3000

                 5520

Sur quoi à déduire pour maga-
ſinage, commiſſion & autres dépenſes, ... 206   8 ſ.

         Reſte . . 5313 l. 12 ſ.

Paiement en ſucre blanc ou caſſonade.

24 bariques de ſucre blanc, peſant enſemble net
14000 l. à 37 l. le quintal, font la
ſomme de . . . . 5180 l.
Pour divers frais & port à bord, 133   12 ſ.

                 5313 l. 12 ſ.

Reception & vente defdites 24 bariques de fucre
à la Rochelle.

Vendu à M.... 24 bariques de *fucre blanc*, payà-
bles comptant,
prifes dans l'en-
trepôt, pefant
ort,   15440 l.   Net 13491 l. à
Déduction de   35 l. 18 f. le
12 pour cent. 1853 l.   quintal, 4843 l.
Trait à 4 liv.   1949   5 f.
par barique,   96

Frais faits pour réception & vente defdits fucres
à la Rochelle.

Pour les por-
ter au bureau
& dans le ma-
gafin, . . .   14 l. 12 f.
Pour les ava-
ries ordinaires
& extraordi-
naires, . . .   72   10
Pour les droits
de trois pour
cent, . . .   98   16
Pour le fret,
à un fol de la
livre, 14 pour
cent déduit, .   663   18   971 l. 12 f. 3 d.
Pour le poids
du roi, . .   3   15
Aux porte-
faix pour les
pefer, . . .   3   5
Aux com-
mis de l'entre-
pôt, ...   6
Pour la com-
miffion à deux
pour cent de
la vente, . .   96   17   3 d.
Ports de let-
tres & magafi-
nage   12

Total du produit net des *fucres*, 3871 l. 12 f. 3 d.

Net produit . . 3871 l. 12 f.
Achat. . . . 3495

Profit . . . . 376 l. 12 f.

Si ce particulier avoit fait affurer pour l'aller &
le retour, il lui en auroit couté 10 pour cent, ce
qui auroit abforbé le gain qu'il a fait fur fes
denrées.

Quoique ce profit paroiffe modique, comme il

est véritablement, il eft encore à proportion plus
favorable que celui qu'ont fait les armateurs depuis
trois années confécutives. Plufieurs ont perdu des
fommes confidérables fur leurs armemens; fi leurs
vaiffeaux n'avoient pas rapporté des fucres & indigo
à fret à très-haut prix, la plupart n'auroient pû continuer leurs armemens; c'eft ce feul article qui les
a foutenus dans leur commerce maritime; & l'on
peut avancer en général que ceux qui ont eu le
plus de bonheur, n'ont pas gagné au-deffus de 15
à 25 pour cent; les gros frais que les armateurs
font obligés de faire, tant en *France* qu'à l'Amérique, les droits du roi, les affurances, & le haut
prix que les habitans de l'Amérique vendent leur
fucre & indigo; caufent une perte confidérable fur
les retours & denrées que l'on rapporte, à caufe
des déchets ordinaires fur ces fortes de marchandifes,
qui font au moins évalués à 6 pour cent.

Du commerce de l'indigo.

L'*indigo* que les vaiffeaux rapportent de Saint-
Domingue, eft de deux qualités, que l'on appelle
vulgairement *cuivré & bleu*; ce dernier eft plus eftimé, & vaut ordinairement huit fols par livre plus
que le cuivré, s'il eft tout bleu fans être mêlé.

L'*indigo* pris à Saint-Domingue en l'année 1727,
a couté depuis 52 f. jufqu'à 58 f.

Le beau cuivré s'eft vendu hors de l'entrepôt, de
3 l. à 3 l. 2 f. la livre; le bleu fans être mêlé,
depuis 3 l. 6 f. jufqu'à 3 l. 10 f.

Lorfqu'on vend l'indigo, l'on le pèfe net, c'eft-
à-dire, qu'on le renverfe fur une toile afin de pefer
la barique féparément pour en faire la tare.

Le vendeur fait à l'acheteur une déduction de 2
pour cent fur le total du montant de la vente.

L'*indigo* de la Grenade ou de la Martinique, eft
plus commun que celui de Saint-Domingue, & fe
vend 8 à 10 f. par livre de moins, à caufe de fa qualité inférieure.

L'*indigo* paie à fon arrivée trois pour cent de
l'évaluation eftimée à 46 f. la livre; en outre 5 livres
par quintal, & les 4 fols pour livre.

Les cuirs tannés paient au roi les droits de trois
pour cent de l'évaluation à 48 liv. le quintal; ceux en
poil paient les trois pour cent de l'évaluation à 5 liv.
10 fols par cuir; ils fe vendent ordinairement de 6 à
7 liv felon leur plus ou moins de pefanteur.

COMMERCE DE LA ROCHELLE AVEC CAYENNE.

Les armateurs de *la Rochelle* n'envoient chaque
année qu'un ou deux petits vaiffeaux à *Cayenne* qu'ils
chargent de vin, eaux-de-vie, farine, chandelle, &
d'autres marchandifes fèches, propres pour l'habillement & confommation des habitans; ils rapportent
en retour du fucre blanc ou caffonnade, du fucre
terré, & du rocou en pain & en maffe.

Le fucre blanc vaut à *Cayenne* depuis 25 l. jufqu'à
30 l. le quintal net.

Le fucre terré, depuis 17 jufqu'à 20 liv. le quintal net.

Le rocou en pain, de 15 à 16 fols la livre. Celui en maffe, de 14 à 15 fols la livre. } Il fe fait un déchet d'environ quinze pour cent fur cette marchandife, de l'Amérique en *France*.

Le fucre blanc ou caffonnade de *Cayenne*, s'eft vendu en l'année 1727, depuis 30 jufqu'à 33 liv. le quintal, fuivant fa qualité, pris dans l'entrepôt à la tare de dix-fept pour cent, & de 4 livres de trait par chaque barique, payable à différens termes.

Ce fucre paie à fon arrivée trois pour cent de l'évaluation au bureau des fermes du roi, qui eft eftimé à 22 liv. 8 f. le quintal à la tare de dix-fept pour cent. S'il fe confomme dans le royaume, il paie 4 l. par quintal & les 4 fols pour livre. S'il fort pour l'étranger, il eft exempt de ce droit; le fuc brut de *Cayenne* paie les trois pour cent de l'évaluation à 17 l. 12 fols le quintal.

Rocou.

Le *rocou* s'eft vendu en 1727, pris dans l'entrepôt, depuis 22 jufqu'à 25 f. la livre, à la tare de dix-fept pour cent, & 4 liv. de trait par barique. Celui qui eft en pain vaut quelquefois 2 f. par livre plus que celui qui eft en maffe.

Le vendeur fait à l'acheteur une déduction de quatre pour cent fur le total du montant de la vente.

Tous les droits du *rocou* montent à 6 den. par livre pefant, ou de 50 f. par quintal, ce qui revient au même.

Le *rocou* n'eft pas d'un grand débit en *France*, plus on le garde & plus l'on trouve de déchet; parce que ce n'eft qu'une pâte qui feche continuellement.

COMMERCE DE LA ROCHELLE AUX ISLES DE LA MARTINIQUE, LA GRENADE, ET LA GUADELOUPE.

L'on apporte ordinairement à ces trois ifles les marchandifes & denrées mentionnées dans ce Dictionnaire, qu'il eft inutile de répéter ici.

Les marchandifes les plus ordinaires que l'on rapporte en retours de ces trois ifles, font les fucres blancs, du coton en balles, & du cacao.

Le fucre blanc paie les trois pour cent à fon arrivée, qui font évalués à 28 l. le quintal, à la tare de dix-fept pour cent.

S'il fe débite en *France*, il doit 9 l. 4 f. de droits par quintal, à la tare de quatorze pour cent.

Le coton de la *Martinique* & de la *Guadeloupe*, paie les trois pour cent d'évaluation à 82 l. 10 f. par quintal, l'on déduit pour la tare 7 l. par balle.

Les droits d'entrée font à 30 f. par quintal & les 4 f. pour livre.

Le cacao de la *Martinique*, Grenade, & autres endroits des Colonies Françoifes, paie les trois pour cent à l'eftimation de 72 liv. le cent : l'on déduit la tare à 80 liv. par boucaut, à 60 livres par barique, à 40 liv. par tierçon, à 30 liv. par quart, & à 15 liv. par ancre ou demi-quart. Les droits d'entrée fe paient à 10 liv. du cent, & les 4 fols pour livre.

Rafineries de la Rochelle.

Il y a dans la ville de *la Rochelle* douze belles rafineries, qui peuvent faire chacune tous les mois environ vingt milliers de fucre blanc en pain; les unes un peu plus, les autres moins. Ces fucres ne doivent aucuns droits au bureau des fermes pour la fortie, ils fe chargent en boucauts pour une partie du royaume fur des rouliers; ceux deftinés pour la Picardie & la Flandre, fe chargent en temps de paix par mer. Le prix du fucre blanc, depuis long-temps eft depuis 65 jufqu'à 70 l. le quintal, pris dans *la Rochelle*.

Obfervation.

Je ne parlerai pas ici de quelle manière fe fait le fucre blanc rafiné, parce qu'elle eft parfaitement détaillée dans le Dictionnaire, où il eft fait mention que le fentiment de plufieurs fçavans des derniers fiècles, ont été partagés fur la queftion de fçavoir: fi les cannes à fucre font originaires des Indes Occidentales, ou fi elles ont été apportées des Indes Orientales; je crois qu'elles ont pû fe trouver également & naturellement dans ces deux parties fi éloignées l'une de l'autre, par les raifons que je vais détailler.

On ne fçauroit douter que les peuples Orientaux & Chinois ont été les premiers qui ont trouvé la manière de rafiner le fuc des cannes en fucre candi, & qu'ils le font ordinairement mieux, & moins fujets à fe rendre humides que celui qui fe fait en Europe.

J'ai fait trois voyages le long des côtes d'Afrique; le premier fut dans le vaiffeau l'Opiniâtre, en l'année 1703, à Loango de Boirie fitué par les quatre dégrés & demi Sud de la ligne équinoxiale: je faifois là traitte des négres à deux lieues de la côte de la mer pour la compagnie de l'Affiento; je fus fort étonné de voir plufieurs négres habitans de ce lieu, qui mâchoient & fuçoient des cannes à fucre: je demandai à ces négres s'ils les cultivoient ou fi elles venoient naturellement; ils me répondirent qu'ils ne les cultivoient pas, & qu'il y en avoit une grande quantité auprès d'une petite rivière. Je dis à un de ces négres de m'en aller chercher, il revint fix heures après m'apporter un très-gros fagot de ces cannes qui n'étoient pas fort remplies de fuc, qui avoient quatre à cinq pouces de groffeur & de cinq pieds de longueur. Il eft à préfumer que les cannes à fucre bâtardes ont pû fe trouver naturellement dans les pays chauds, puifqu'il s'en trouve dans cette partie de l'Afrique, qui viennent fans être cultivées, dont les négres ne font d'autre ufage que de les mâcher pour en avaler le fuc.

ROCHEFORT.

Il y a très-peu de commerce dans la ville de *Rochefort* qui est un port maritime du roi ; mais les adjudications que l'on y fait tous les ans, à tous ceux qui veulent fournir les agrets, apparaux & vivres nécessaires pour le port & les colonies, ne laissent pas de donner du profit aux entrepreneurs.

CHARENTE.

Le bourg de *Charente* est situé à une lieue de Rochefort, il est peu considérable pour le produit de ses vins qui se consomment la plus grande partie dans son lieu ou aux environs. C'est dans cet endroit qu'est établi un bureau des fermes, dont la recette des droits des vins, eaux-de-vie & sels, se monte tous les ans de huit à neuf cent mille livres, à cause de la grande quantité des vaisseaux étrangers qui viennent continuellement charger lesdites boissons.

L'on compte qu'il s'embarque à *Charente*, année commune, trente-cinq mille bariques d'eau-de-vie, qui proviennent des élections d'Angoulême, Coignac, Saintes, & Saint-Jean d'Angely, qui paient les droits de 15 liv. 16 sols par barique.

Il se charge dans cet endroit tous les ans, environ 7000 muids de sel ; chaque muid de sel qui se charge pour les provinces voisines de l'Angoumois & Limousin, &c. paie au roi 54 liv. de droits.

Le sel s'achette actuellement à 10 & 12 liv. le muid.

AIGRE.

Le bourg d'*Aigre* est situé à 13 lieues de Charente ; son produit est de 5 à 6000 bariques de vin, les blancs se convertissent en eaux-de-vie, & les rouges s'envoient dans le Poitou, & ne paient aucuns droits.

Les eaux-de-vie qui se chargent à Charente pour l'étranger, paient les droits de 15 l. 14 s. par barique de 27 veltes ; celles qui s'envoient en Picardie & Normandie, paient 13 liv. 12 sols : si elles vont par terre à Châtelleraut pour la route de Paris, elles ne paient point de droits, que ceux de remuage ou nouveaux droits, s'il y a de la revente ou mutation de main.

SAINT-JEAN D'ANGELY.

La ville de *Saint-Jean d'Angely*, qui est distante de six lieues de Rochefort, fait le commerce ci-après.

Saint-Jean d'Angely & son élection, peut produire, année commune, 80 mille tonneaux de vin.

Lorsque ces vins se chargent pour les pays étrangers, ou pour d'autres provinces réputées étrangères, ils paient au bureau des traittes de Charente ou Rochefort, pour tous droits 25 liv. 10 sols pour chaque tonneau.

Si ces vins se chargent pour les îles Françoises,

sous acquit à caution, ils ne doivent point ces droits.

L'on compte que tous ces vins produisent ordinairement huit mille bariques d'eau-de-vie de trois bariques de 27 veltes chacune ; lorsqu'elles s'embarquent pour l'étranger, chaque barique de 27 veltes paie au bureau des traittes de Charente, 15 liv. 16 s. pour le droit de sortie.

Il y a dans *Saint-Jean d'Angely* trois sortes de manufactures, des étamines, des serges, & des droguets ou petits draps.

Les étamines valent depuis 25 sols jusqu'à 30 sols l'aune ; les serges, 34 à 35 s. & les petits draps tout de laine, de 30 à 32 s. l'aune.

Lorsque ces marchandises se chargent pour le royaume, elles paient 3 liv. du cent pesant & les 4 s. pour livre : si elles s'envoient dans nos Colonies, elles ne doivent aucuns droits.

Il y a dans ladite ville des moulins à poudre, dans lesquels il se fabrique tous les ans environ 150 milliers de poudre ; sçavoir, 80 milliers de poudre à canon, qui se distribuent pour le service du roi ou des autres particuliers armateurs, qui font leurs conditions avec les commissaires généraux des poudres & salpêtres de *France* ; 60 à 70 milliers de poudre à giboyer, soit pour la fourniture des magasins de la Rochelle, *Saint-Jean d'Angely*, Limoges, Poitiers, Angoulême, & autres lieux qui en ont besoin, & se vend 27 s. la livre en détail, qui est le prix fixé par arrêt du conseil d'état du roi, du 19 septembre 1724, qui commet François-Pierre de Cayet pour faire exclusivement à tous autres la fabrique & vente des poudres & salpêtres dans tout le royaume, isles de l'Amérique, pays conquis & à conquérir ; ces poudres ne doivent aucun droit, lorsque l'acheteur rapporte un certificat d'un des commissaires desdites poudres.

BARBESIEUX.

Il s'y fait des toiles qui sont presque toutes enlevées par les Anglois & Hollandois, & dont, au défaut de l'étranger, la consommation se fait dans les provinces voisines ; il en vient jusqu'à Paris, & l'on en envoye jusques dans les colonies Françoises.

XAINTES.

La ville de *Xaintes* & ses environs, peuvent produire, année commune, huit mille tonneaux de vins rouges, qui ne se brûlent pas, & cinq mille tonneaux de vins blancs, qui rendent quatre mille bariques d'eau-de-vie ou environ.

Le vin rouge paye 36 s. pour le droit de remuage lorsqu'on le vend : s'il sort de la province, il paye les droits de 25 l. 16 s. par tonneau.

L'eau-de-vie doit pour nouveaux droits de remuage, 24 s. par chaque barique de 27 veltes ; si elle s'envoie à l'étranger, elle paye les droits de la traitte de Charente, qui est de 15 l. 16 s. par barique de 27 veltes.

Il se fait à *Xaintes* par année, environ 2000

pièces de très-bonnes étamines, qui contiennent chacune de 41 à 43 aunes; elles se vendent de 28 à 30 sols l'aune : lorsqu'elles sortent pour être envoyées dans les provinces, elles payent 3 l. du cent pesant, & les 4 sols pour livre.

COIGNAC ET SON ÉLECTION.

La ville de *Coignac & son élection*, est composée dans sept à huit lieues de circuit, de 149 villes, bourgs, paroisses, villages, châtellenies, & hameaux; toutes les terres sont labourables, vignes, prés & bois d'un bon rapport. L'on n'a pas jugé à propos, crainte d'ennuyer le lecteur, de rapporter par détail les noms de toutes ces villes, bourgs, & paroisses, il suffira pour la satisfaction du public, de sçavoir le grand commerce qui se fait chaque année d'eau-de-vie & de vin dans cette ville & son élection.

Il se recueille, année commune, dans l'*élection de Coignac*, deux cent mille bariques de vin propre à brûler, qui font cinquante mille tonneaux, qui doivent produire 13400 pipes d'eau-de-vie de trois bariques. Chaque pipe que l'on appelle vulgairement sur le lieu, *pièce de trois bariques* d'environ 81 veltes, quelquefois plus ou moins, parce qu'il y a des pièces qui contiennent jusqu'à 90 veltes; d'autres 75, 78, 80 & 85 veltes : l'on compte toujours que le produit ordinaire est de plus de quarante mille bariques, qui contiennent chacune 27 veltes d'eau-de-vie.

Lorsque l'année est abondante, ce produit peut augmenter considérablement & même doubler cette quantité.

Il y a des années que les vins sont foibles : en ce cas il faut six bariques de vin pour en faire une d'eau-de-vie de 27 veltes. Il est rare de faire une barique d'eau-de-vie avec quatre bariques de vin; si les vins sont passablement bons, neuf bariques de vin font deux bariques d'eau-de-vie de 27 veltes.

L'eau-de-vie de *Coignac* est supérieure & plus estimée que toutes les autres : les étrangers en font charger à Charente chaque année de 24 à 27 mille bariques.

Lorsque les vignes de la rivière de Loire manquent, il s'en voiture de grandes quantités par terre à Châtelleraut pour la route de Paris, & même pour la Flandre dans le temps de guerre; mais dans celui de paix toutes les eaux-de-vie de *Coignac* & des environs, destinées pour l'étranger, se chargent par mer à Charente, sur les vaisseaux de plusieurs nations, ou à fret sur des bâtimens François.

Il se tient à *Coignac* tous les samedis de chaque semaine, un marché pour la vente des eaux-de-vie; tous les marchands & brûleurs s'y assemblent pour faire ce commerce : en 1728 la barique d'eau-de-vie de 27 veltes, valoit 89 l. dans les magasins du vendeur.

Droits que payent les eaux-de-vie de Coignac.

Les nouveaux droits d'une barique d'eau-de-vie de 27 veltes ou de 216 pintes, sont de	1 l. 1 s.
Le droit de revente est de	15
Si la barique d'eau-de-vie séjourne plus d'un jour dans le lieu où elle est transportée,	1 4 9 d.

Enfin, l'eau-de-vie doit le droit de vente à chaque mutation de main, à moins que celui qui la charge, ne prouve qu'elle est faite du vin de son crû, & que ce soit pour son propre compte, qu'il l'envoye.

Chaque barique d'eau-de-vie, qui se charge à Charente, paye au bureau des traittes,	15 l. 16 s.

De manière que s'il se charge seulement à Charente chaque année 27 mille bariques d'*eau-de-vie de Coignac*, le droit seul de 15 l. 16 s. par barique produit au roi par année 426600 l.

L'*élection de Coignac* produit encore, année commune, 1500 tonneaux de vin de grande, moyenne & petite borderie; il s'en recueilloit autrefois une plus grande quantité, mais le grand hiver de 1709, a fait mourir les plus anciennes vignes qui étoient celles qui produisoient le meilleur vin de cette qualité, & depuis ce temps ils ne sont pas aussi bons qu'ils l'étoient auparavant.

C'est dans les paroisses de Richemond, Jauresac & Saint-Laurent, qu'on recueille tous les ans environ 800 tonneaux de vin de grande borderie; lorsqu'ils sont doux & bons, ils se chargent pour Hollande, Angleterre & le nord; ils se conservent ordinairement à la mer pendant les voyages de long cours; mais si la douceur leur manque, ils ne sont point potables, & deviennent troubles, brunis & tournés pendant le voyage.

Dans les bonnes & moyennes borderies, on y recueille ordinairement 250 tonneaux de vin; & dans les petites, de 14 à 1500 tonneaux dont la plupart se brûlent pour faire des eaux-de-vie, c'est-à-dire, ceux qui se trouvent de rebut.

Le tonneau de vin de grande borderie tiré au fin, revient ordinairement à	200 l.
Le tonneau de moyenne borderie, à	170
Le tonneau de petite borderie, à	140

Les prix ci-dessus sont à peu près ce que se vendent ces vins, année commune; quelquefois dans les grandes vinées ils valent moins, & se vendent suivant leur qualité & bonté.

Le vin ne paye que 36 sols par tonneau lors de l'enlèvement, qui sont payés par le vendeur & 20 s. pour le droit de revente, qui se payent par le chargeur. Si le vin séjourne plus d'un jour entier en ville, il paye encore 33 s. par tonneau pour le droit d'inspecteur aux boissons, soit qu'il se charge ou qu'il qu'il demeure en magafin ; s'il paffe d'une main à une autre, la revente eft encore due comme deffus : les traitans multiplient ce droit tant qu'ils peuvent, & l'interprétent à leur avantage. Car il eft dit par l'édit qu'il ne doit rien qu'après trois jours de féjour; mais ils comptent le jour de l'arrivée, celui du lendemain & le jour qu'on le charge ; ce qui fe fait quelquefois en moins de quarante heures.

ANGOULÊME.

Le feul commerce d'*Angoulême* fe borne à quatre fortes de denrées & marchandifes.

Le plus confidérable eft celui des eaux-de-vie, qui peut aller tous les ans de 5 à 6000 bariques, qui payent les mêmes droits que celles de Coignac.

Le fecond commerce eft celui du papier qui fe fabrique dans ladite ville.

Le troifiéme, eft celui du fafran, dont on recueille tous les ans environ 3000 l.; ils'eft vendu autrefois jufqu'à 40 l. la livre ; en l'année 1728 il ne valoit que 20 à 25 l. la livre.

Le quatriéme, eft celui du produit des forges de l'Angoumois & du Perigord.

COMMERCE D'ORLÉANS,
ET DE SA GÉNÉRALITÉ.

DÉTAIL du commerce des productions de la généralité d'Orléans, par fes élections.

Le grand commerce de l'élection d'*Orléans* & de celles de *Blois* & de *Beaugency*, confifte en vins & en eaux-de-vie, qui s'enlèvent pour Paris, ou qui fe débitent dans le refte de la *généralité d'Orléans*. On en vend auffi aux Anglois & aux Hollandois, lorfque les vignobles du pays Nantois & ceux de l'ifle de Rhé, ont manqué. On prétend, qu'année commune, l'Orléanois peut donner jufqu'à cent mille tonneaux de vin, & que Blois & Beaugency n'en fourniffent pas moins.

La *Beauffe* & le *Vendômois* produifent quantité de bleds & autres grains : ceux du Vendômois, la confommation du pays prélevée, fe conduifent par terre dans les marchés de Tours & de Blois, & dans quelques autres petits marchés des environs : ceux de la Beauffe font la plupart pour Paris. Il fe recueille auffi quelques vins dans le Vendômois, qu'on méne par tonneaux en Normandie, dans le Maine & dans le Perche.

L'élection de *Châteaudun* produit du vin, du bled & des fruits. Les fruits fervent à faire des cidres qui fe confomment fur les lieux. Les bleds & vins ont le même débit que ceux de l'élection de Vendôme.

Le pays *Chartrain* & fon élection eft fi fertile en bled, qu'il peut en fournir plufieurs provinces, auffi ceux qu'on y recueille en font tout le commerce. On les méne dans les marchés voifins, d'où les marchands de Châtres les tirent en détail pour en faire

des magafins, & les vendre enfuite en gros avec des grands profits, lorfque l'occafion s'en préfente.

Les élections de *Dourdans* & de *Pethiviers*, abondent pareillement en bleds : ceux de l'élection de Dourdans fe conduifent à Montlhery & à Paris par charrois : l'élection de Pethiviers débite les fiens à Orléans, à Montargis & à Étampes.

Les vins, les bleds, les fruits & les foins, font les productions des élections de *Montargis* & de *Clamecy* ; mais il s'en fait peu de négoce au dehors, ce qui s'en recueille fuffifant à peine pour le pays. Le débit s'en fait dans les marchés des villes ou les gros bourgs de l'une & l'autre élection.

Le fafran qui fe recueille à *Boifne* & à *Boifcommun* dans le Gâtinois, forme auffi un commerce confidérable dans cette généralité. *Voyez* SAFRAN.

Il y a auffi des mines de fer qui y entretiennent plufieurs forges. Les fers & les ouvrages de métal qui y font fabriqués, s'envoient dans les grandes villes voifines, à des marchands qui en font un trafic affez confidérable.

COMMERCE de la ville d'Orléans.

La ville d'*Orléans* eft proprement l'entrepôt de toutes les marchandifes qui fe tranfportent par la Loire fur laquelle elle eft fituée, foit en montant, foit en defcendant.

Il eft vrai que la plus grande partie eft deftinée pour Paris, où on les conduit par les voitures de terre & par la commodité du canal, que de l'Orléanois qu'il traverfe, on appelle canal d'Orléans ; mais il y en refte auffi beaucoup, partie pour l'ufage du pays, & partie qui fe répandent enfuite dans les provinces voifines.

La Loire en defcendant, lui procure les marchandifes que produifent la Provence, le Languedoc, le Lyonnois, le Bourbonnois, le Nivernois, & le Berry, avec celles qui entrent en *France* par la Méditerranée : & la même rivière en remontant, lui apporte les marchandifes de l'Océan, & celles de la Bretagne, de l'Anjou, du Poitou & de la Touraine.

Les marchandifes de tous ces endroits qu'on améne à *Orléans*, font des bleds, des avoines, des vins, des eaux-de-vie, des vins de liqueurs, des épiceries, des fucres, des fels, des foies, des laines, des chanvres, des huiles, du fer, de l'acier, du poiffon falé & d'eau douce ; des fruits, des fromages, des bois quarrés, d'autres de fciage & de charonage ; des planches de chêne & de fapin, des échalas, des bois de chauffage, du charbon de bois & de terre ; de la poterie, de la fayance, des ardoifes, des pierres, des cuirs, & plufieurs autres fortes de femblables marchandifes, du crû des provinces que la Loire arrofe, ou qui n'en font pas éloignées.

De toutes ces marchandifes, celles dont les marchands d'*Orléans* font le plus grand commerce font les vins, les eaux-de-vie, les bleds & l'épicerie; & de ces quatre, c'est le négoce des vins qui y est le plus considérable.

Presque tous ces derniers se voiturent à Paris par le moyen des rouliers dont cette route est sans cesse couverte. Ils ne consistent pas seulement dans ceux de l'Orléanois; mais encore dans quantité d'autres, qui se tirent des provinces voisines de la Loire, & même de celles qui en sont assez éloignées; comme les vins de Languedoc & de Bordeaux.

Le nombre de ces rouliers est si extraordinaire, que pour ne pas laisser dépérir les grands chemins, on a été obligé de fixer la charge de leurs voitures par des réglemens, qui leur défendent d'y mettre au-delà d'une certaine quantité de demi-queues de vin. *Voyez* l'article des *voituriers*.

Les bleds & autres grains qui se recueillent aux environs d'*Orléans*, n'étant pas assez considérables pour soutenir le grand trafic que ses marchands ont coutume d'en faire, on y supplée par ceux de l'Anjou, du Poitou, de l'Auvergne & de la Haute-Beausse, dont quand les années sont abondantes, on fait de grands amas dans les greniers & les magasins de la ville, pour ensuite en faire la distribution dans les provinces qui en ont besoin, & où les récoltes n'ont pas été si bonnes.

Les épiceries viennent de Provence, & *Orléans* en est comme l'entrepôt pour les provinces intérieures du royaume, qui ne les peuvent pas recevoir de la première main.

C'est de Bretagne & de la Rochelle qu'on tire les sucres bruts, qui s'y rafinent aussi parfaitement qu'en aucun autre lieu de *France*; les épiciers de Paris estimant ceux qui sortent de ce raffinage, plus blancs & mieux travaillés que tous les autres; & ayant coutume de les enlever presque tous.

Il y a quatre ou cinq rafineries à *Orléans*, où il se consomme plus de cinq millions de moscouades.

Un moulin à papier & une verrerie, entretiennent encore un assez bon négoce dans *Orléans*, & aux environs, où ces *fabriques* sont établies, & d'où, outre la consommation de la province, il se tire encore pour Paris & d'autres villes du royaume, assez considérablement des diverses marchandises qui s'y font.

Les *manufactures* d'étoffes de laines d'*Orléans*, n'ont pas grande réputation; & il s'y fait seulement quelques serges trémières, des serges à deux estains, des frocs & des bayettes de demi-aune de large. Il ne laisse pas cependant de s'y faire un assez grand commerce de draperies & laineries; mais c'est moins de celles qui se fabriquent dans la ville, que de celles qui s'y apportent du dehors, particulièrement de Saint-Agnan, de Romorantin, de Saint Genoux, de Salbry, de Souesme, de Brinon, de Nonan-le-Fuzelier, de Vouzons, de Chartres, de Brou, d'Authon, & de quelques autres lieux de la généralité.

Les laines qu'on emploie dans le peu d'étoffes qui se fabriquent à *Orléans*, sont partie laines du pays, & partie de Beausse, de Sologne & de Gâtinois, qui s'achètent par des marchands en gros de la ville, qui les revendent en détail aux facturiers. Les mêmes marchands font aussi le négoce des laines d'Espagne, qui entrent dans la bonneterie qui se fait à *Orléans*.

La *manufacture des bas* y a toujours été très-considérable: il s'en fait de deux sortes; sçavoir, des bas au tricot ou à l'aiguille, & des bas au métier. La fabrique des premiers y est ancienne & très-estimée; il s'y vend pourtant quantité de ces ouvrages qui passent pour être faits à *Orléans*, quoiqu'ils viennent de Beausse: mais ils sont à la vérité aussi bons que ceux d'*Orléans* même.

La *fabrique des bas au métier* y est très-moderne: & cependant commence à étouffer celle des bas à l'aiguille, qui à la vérité sont bien meilleurs, mais qui ne se fabriquant pas avec la même facilité & la même vitesse que ceux au métier, ne peuvent s'y donner à aussi bon marché.

Les ouvriers au tricot & ceux au métier, ont chacun leur communauté séparée, qui chacune est composée de plus de cent vingt maîtres; les derniers font travailler plus de quatre cent métiers.

Les marchands de Paris, de Lyon, de Bordeaux, & autres principales villes du royaume, tirent beaucoup de l'une & l'autre bonneterie, & il s'en envoie aussi un assez grand nombre à l'étranger.

On estime qu'il se fait, année commune, à *Orléans*, environ soixante mille douzaines de paires de bas, où l'on emploie quatre-vingt milliers de laines, partie laines de Berry, & partie laines d'Espagne.

Les teinturiers y sont au nombre de seize, dont il y en a cinq du grand & bon teint. Les teintures y sont bonnes, à cause que les eaux y sont propres, outre qu'aux environs d'*Orléans* & dans quelques lieux de sa généralité, il se trouve quelques-unes des drogues qu'on y emploie.

Un autre objet de commerce, qui sert à enrichir la ville d'*Orléans*, est celui de la préparation des cuirs, soit forts, soit menus, qui occupent près de quarante corroyeurs & sept tanneurs.

Le trafic des peaux de moutons passées en huile, & apprêtées en façon de chamois, est sur-tout en réputation. Il s'en consomme plus de douze mille douzaines par an dans la ville même, & l'on ne peut dire combien on en tire pour Paris, & pour plusieurs villes du royaume, ou de celles qui sont préparées avec leurs laines, & de celles qui sont passées ou en chamois, ou en blanc.

La chapellerie y est pareillement aussi bonne, & pour ainsi dire, aussi nombreuse que la tannerie.

Plus de vingt maîtres chapeliers sont occupés à la fabrique des chapeaux, partie pour la consommation du pays, & partie pour des envois au-dehors.

On a dit quelque chose ailleurs du commerce des arbres fruitiers, qui s'est établi à *Orléans* depuis environ cinquante ans, & qui semble augmenter chaque jour. Ces arbres ne servent pas seulement aux plants qui se font dans le royaume; mais il s'en tire aussi beaucoup pour les pays étrangers.

Enfin un dernier objet de commerce pour cette ville, consiste dans ses confitures qui s'y font en quantité à cause du grand nombre de sucres bruts, qui s'y raffinent. Celles qui ont le plus de réputation, sont les coings & la gelée qui se fait de ce fruit, qu'on nomme *cotignac*. *Voyez* cet article.

Il ne faut pas oublier qu'il se fait à *Orléans* des forces à tondre les draps, qui sont estimées très-bonnes, & les meilleures après celles d'Angleterre.

On auroit dû parler ici du canal de Briare & de celui d'*Orléans*, particulièrement de ce dernier qui commence au bourg de Combleux, à une lieue de cette ville, parce qu'*Orléans* est l'entrepôt des marchandises qu'on voiture par l'un & l'autre canal : mais on en a amplement traité ailleurs.

MANUFACTURES de la généralité d'Orléans, *particulièrement des étoffes de laine.*

ORLÉANS. On ne répétera rien ici de ce qu'on a dit des *manufactures* de cette ville, dans le paragraphe précédent; on peut y avoir recours.

DOURDANS. Il n'y a point de fabrique pour les étoffes de laine dans cette ville : mais il s'y fait une très-grande quantité de bas de laine & de soie, partie à l'aiguille, & partie au métier, dont le débit se fait principalement à Paris. Ces deux *fabriques* occupent trente-cinq maîtres & vingt métiers.

Il y a aussi à *Dourdans* quelque chapellerie, mais peu, n'étant entretenue que par deux maîtres chapeliers.

BEAUGENCY. Ses *fabriques* consistent en serges drapées, en serges trémières, & en serges à deux estains. Toutes ces étoffes se font de laine de Beausse & de Sologne. Douze métiers & dix maîtres sergers entretiennent cette *manufacture*, où il ne se fait guères que cent pièces de serge par an : on y en marque environ autant qui sont apportées de dehors. Le débit des unes & des autres se fait dans la ville même & aux environs.

La chapellerie a quatre maîtres, & la corroyerie autant.

BLOIS. On y fait des serges trémières, des serges drapées, des étamines & des crépons; toutes ces étoffes se font de laines du pays. Le produit de la *fabrique* est de six à sept cent pièces, année commune. On y apporte de dehors environ cent pièces qui sont marquées comme foraines : les unes & les autres se débitent pour la ville & pour les lieux voisins.

Vingt sergers, trente métiers, deux teinturiers du grand teint, cinq du petit teint, & quatre tondeurs sont employés pour cette *fabrique*.

Il s'y fait aussi quantité de cuirs gros & menus, de chapeaux, & des ouvrages de bonneterie.

Les cuirs occupent dix tanneurs & autant de corroyeurs; les chapeaux, seize maîtres chapeliers; & la bonneterie, sept à huit maîtres bonnetiers.

Il s'y fait aussi quelque ganterie qui s'envoie à Paris.

VENDÔME. Les étoffes de cette *fabrique* sont des estamets, des serges à deux envers d'une aune de large, & des serges trémières de demi-aune.

Les laines qu'on y emploie, sont des laines de Beausse. Le produit de toutes ces laineries ne va pas à cent pièces par an, qui se consomment dans la ville même; il y a cependant trente métiers, plus de vingt maîtres sergers & deux teinturiers; mais ils ne sont pas tous employés.

On y fait quantité de gants qui s'envoient tous à Paris; cinquante maîtres gantiers y travaillent & en font le commerce.

C'est aussi pour Paris que se destinent les cuirs de ses tanneries qui y sont au nombre de quatre. Six maîtres chapeliers y travaillent en chapellerie; on estime assez leurs chapeaux.

LE MONTOIR. On y fait jusqu'à quatre cent pièces de serges blanches & grises, qui s'appellent *des tourangettes*; & l'on en marque environ cent autres pièces foraines de même qualité. Ces étoffes se font toutes de laines du pays, où il s'en recueille quatre à cinq milliers : leur destination est pour la ville de Tours, & c'est peut-être de-là qu'elles ont pris leur nom. Elles occupent vingt-quatre métiers & deux moulins à foulon.

Il y a deux chapeliers & deux tanneurs.

SAINT-AGNAN. Cette ville est célèbre par les foires qui s'y tiennent cinq fois l'année, où se portent quantité de draperies des villes voisines, outre une partie de sept cent pièces qui se font dans ses propres *manufactures*.

Les étoffes qui en sortent, sont des serges blanches, grises & brunes, d'une aune de large; des draps ou gros cordats propres pour les habits des capucins; & des serges drapées blanches & gris de fer, d'une aune de large. Toutes ces étoffes se font de laines de Berry : elles se débitent à Paris, Orléans & Tours.

Cette *fabrique* occupe trente maîtres facturiers, trente-six métiers, & trois moulins à foulon.

La chapellerie y est assez bonne, six maîtres chapeliers y travaillent.

ROMORANTIN. C'est la plus forte *manufacture* de toute la *généralité*; & on y fait au-delà de cinq mille cinq cent pièces d'étoffes par an.

Leurs qualités sont des draps blancs de cinq quarts de large; d'autres draps de même couleur, d'une moindre largeur; des serges blanches, gris-blanc & grises, d'une aune; & des serges croisées aussi d'une aune. Les laines qu'on y emploie, sont partie du Berry & partie du pays : de celles-ci on y en recueille environ six milliers. La plupart de ces étoffes servent pour l'habillement des troupes.

On y a aussi établi une *fabrique* de draps blancs, moitié laines d'Espagne & moitié laines fines de Berry; ces draps sont propres à mettre en écarlate.

Les *manufactures* de Romorantin occupent en tout, cent trente maîtres fabriquans, cent trente-cinq métiers, treize moulins à foulon, & vingt-cinq maîtres foulonniers. Le foulage & le dégraiffage des étoffes y font excellens, ce qu'on attribue aux eaux de la rivière de Sandre, qui font très propres à leur donner ces apprêts.

Toutes ces draperies fe distribuent à Paris, à Orléans, en Picardie & en Champagne.

La foire de *Romorantin* eft confidérable, particulièrement pour les draperies.

Les étangs qui y font aux environs, y entretiennent un petit commerce de poiffon que l'on mène à Orléans par terre, & par le canal à Paris.

Les manufacturiers de *Romorantin* s'étant accoutumés à employer dans leurs draperies des laines de Navarre & de Barbarie, il leur en fut fait défense par arrêt du conseil du 27 avril 1706, portant réglement pour ladite *manufacture*. Cet abus n'ayant point ceffé, l'exécution de l'arrêt fut de nouveau enjointe par une ordonnance de l'intendant de la *généralité* du 10 juillet 1716.

SAINT-DENIS, qu'on nomme autrement SAINT-GENOUX. On y fait environ trois cent pièces d'étoffes prefque toutes deftinées pour Paris & pour Orléans. Ce font des draps d'une aune comme à Romorantin, mais tous de laines du pays, où il s'en recueille quatre ou cinq milliers.

Le foulage & le dégraiffage y font très-bons, ce qui y occupe quatre maîtres foulonniers & deux moulins à foulon. Sept maîtres facturiers & neuf métiers font employés à cette *manufacture*.

Il y a une foire où il fe débite de la draperie.

SALBRY. Cette *fabrique* travaille pour Paris & Orléans; le produit va environ à fept cent pièces d'étoffes de laines du pays; ces étoffes font des ferges drapées, blanches & gris de fer, de demi-aune de large. Quinze maîtres facturiers, dix-fept métiers & un feul moulin à foulon travaillent à la façon & à l'apprêt de ces étoffes.

SOUESME. Il ne fe fait dans cette *fabrique* que cent pièces d'étoffes par an, qui font toutes ferges blanches de demi-aune de large; elles s'envoient à Orléans; leur laine eft laine du pays. Les facturiers, les métiers & les foulons font proportionnés au peu d'étoffes qui s'y fait, n'y ayant que fix facturiers, autant de métiers & un moulin à foulon.

PIERRE-FITE. Il s'y recueille environ deux milliers de laine, qui font toutes employées ou en eftamets à deux envers d'une aune de large, ou en ferges blanches de demi-aune.

BRINON. Sa *fabrique* eft peu de chofe; à peine neuf facturiers font-ils par an fur neuf métiers quatre-vingt pièces d'étoffes. Ce font des ferges drapées de demi-aune de large; elles font de laines du pays; on les porte à Orléans.

NONAN-LE-FUZELIERS. Les étoffes qui s'y font s'apprêtent à Orléans, où on les débite en toile. Il s'y fait environ quatre-vingt pièces de ferges drapées blanches de demi-aune de large. On y recueille, ou aux environs, jufqu'à fix milliers de laine, dont une partie fert à faire ces étoffes, le refte fe vend

au dehors. Il y a fept métiers & autant de facturiers.

VOUZONS. Les laines qui s'y recueillent & aux environs, montent à plus de fix mille livres pefant, dont on fait chaque année jufqu'à fix cent pièces de ferges drapées blanches de demi-aune de large, qui fe débitent à Orléans.

Vingt-quatre facturiers, vingt-huit métiers & deux moulins à foulon compofent cette *manufacture*.

JARGEAU. On y travaille en ferges drapées blanches & gris de fer, où l'on n'emploie que des laines du pays. Il s'en fait jufqu'à cent foixante, ou cent foixante & quinze pièces, année commune, qui fe débitent en détail dans la même ville. Six maîtres facturiers y ont chacun un métier.

CHATEAU-NEUF. Le produit de cette *fabrique* eft très-médiocre & va à peine à foixante pièces d'étoffes par an, partie ferges drapées, & partie bayettes & tiretaines. Deux feuls facturiers, qui ont chacun deux métiers, en compofent toute la *manufacture*, qui pourroit cependant être plus confidérable, vu la qualité des laines du pays qui font bonnes, & la quantité qu'il s'en recueille, qui va à près de huit milliers. Ce peu d'étoffe fe débite dans la ville même.

Quatorze tifferans y font beaucoup de toiles, qui ne font pas mauvaifes.

SULLY. Il s'y fait des ferges drapées, des frifons, des étamines & des crêpons des laines du lieu; ce qui s'y en fait ne va pas à deux cent pièces par an, qui occupent cependant jufqu'à vingt-deux métiers, & prefque autant de facturiers. Le débit fe fait dans le lieu & aux environs.

GIEN. Les ferges trémières, les ferges drapées blanches & grifes, les frifons blancs, & les étamines font les étoffes qui fe font dans cette *fabrique*. On y emploie partie laines du pays & partie d'autres laines qui s'achetent à Orléans. Le foulage s'en fait à Poilly, où cependant l'eau & la terre ne font pas trop bonnes. Il y a près de trente métiers & plus de quinze facturiers, qui cependant ne donnent par an que cent vingt ou cent trente pièces d'étoffes; le débit s'en fait dans le lieu ou a x environs.

Il y a à *Gien* trois foires chaque année, à une defquelles s'apportent quelques draps par des marchands d'Orléans, & des droguets par des marchands de Viezon en Berry.

Les autres ouvriers qui foutiennent le commerce de cette ville, font un teinturier, trois chapeliers, autant de tanneurs & fix bonnetiers.

La bonneterie qui s'y fait, confifte toute en bas drapés au tricot qui font eftimés; il s'en fait un affez bon débit à Orléans, d'où ils s'envoient à Paris.

BONNY. Cette *manufacture* eft tout-à-fait tombée; il y a cependant encore quelques métiers & quelques anciens maîtres, même deux moulins à foulon; mais rien de tout cela n'eft occupé.

COSNE. Cette *fabrique* n'a pas été plus heureuse que celle de Bonny. Les facturiers & les métiers qui y restent encore n'ont point d'ouvrages, non plus que trois moulins à foulon qui y subsistent toujours. Les étoffes qu'on y faisoit étoient des droguets & des tiretaines.

Ce dépérissement a passé jusques aux divers ouvrages de fer dont on y avoit établi différentes fabriques.

Il ne se fait plus rien dans une forge de fer fondu, où il se couloit quantité de tuyaux pour Versailles & plusieurs ustensiles de ménage, comme des pots, des chaudières & des marmites. Deux autres forges où il se fabriquoit de l'acier à la façon d'Allemagne, ont été aussi abandonnées, & l'on ne travaille plus pareillement aux menues armes qui s'y faisoient pour les armées du roi, desquelles on tenoit des magasins toujours pleins dans un arsenal qu'on y avoit construit.

La seule *fabrique de fer* qui y subsiste présentement, est celle des ancres pour la marine, qui y avoit néanmoins été long-temps interrompüe par celle du fer plat & du fer en bottes, mais qui enfin y a été rétablie.

Tout ce désordre arrivé dans les *fabriques* de *Cosne*, soit de draperies, soit d'ouvrages de fer, a réduit son commerce à la ganterie, à la tannerie & à la chapellerie, qui soutiennent encore trois tanneurs, quatre gantiers, & quatre chapeliers.

Il y a aussi un teinturier, mais qui travaille peu.

LA CHARITÉ. Son commerce consiste moins en fabriques de lainages qu'en autres ouvrages, particulièrement en fers, en chapeaux & en cuirs. A peine s'y fait-il soixante pièces d'étoffes; partie serges trémières de demi-aune de large, & partie tiretaines sur fil de trois quarts aussi de large; les unes & les autres de laine du pays. Il y a néanmoins dix-huit métiers, autant de facturiers, trois moulins à foulon, trois toudeurs & trois teinturiers; on y apporte aussi quelques étoffes foraines, mais jamais jusqu'à cinquante pièces: le tout se débite dans la ville & aux environs.

Pour le négoce du fer, il y a pas loin de la ville onze forges où se fait du fer & de l'acier, & trois fourneaux pour en fondre la mine.

Les tanneurs y sont au nombre de sept, & la chapellerie y a quatre maîtres.

CLAMECY. La laine y est assez bonne, mais on n'en recueille que deux milliers, qui, mêlés avec des laines de Bourgogne, suffisent toutefois pour toutes les étoffes qui se font dans cette *fabrique*.

Ces étoffes sont des draps d'une aune de large, qui sont assez estimés; il ne s'en fait guère que cent dix pièces par an, quoiqu'il y ait douze maîtres & douze métiers; il est vrai que de ces métiers il n'y en a ordinairement que cinq qui travaillent. Il y a aussi pour les apprêts de ce peu d'étoffes, un teinturier & trois moulins à foulon.

Les autres *manufactures* sont celle des cuirs & celle des gants; huit maîtres gantiers sont

occupés à celle-ci & huit maîtres tanneurs à celle-là.

Il y a encore un moulin à papier à *Clamecy*.

SANT-FARGEAU. Cette *fabrique* produit à peine soixante pièces d'étoffes, qui sont des serges drapées blanches & grises, d'une demi-aune de large. Elle a pourtant autant de métiers, de fabriquans & de foulons qu'il en faudroit pour une manufacture plus considérable; mais à peine le quart en est-il présentement occupé, n'y ayant que trois maîtres, trois métiers & un moulin qui travaillent, & même encore assez peu. Il se recueille dans le pays quatre ou cinq milliers de laine. Le débit des étoffes se fait en détail dans le lieu.

Il y a à *Saint-Fargeau* un tanneur, deux chapeliers & deux gantiers.

Ses foires sont au nombre de quatre; mais il ne s'y apporte aucune draperie foraine.

CHASTILLON-SUR-LOING. La récolte des laines y est assez modique & passe rarement deux milliers; aussi sa *fabrique de draperie* qui se fait toute de laine du pays, est-elle peu considérable. Les étoffes qu'on y fait sont des draps d'une aune façon d'Usseau, & des serges drapées de demi-aune. Le produit de ces deux *fabriques* ne va pas à cent pièces par an qui se débitent dans le lieu & à Troyes: elles occupent cependant neuf maîtres, autant de métiers & un moulin à foulon.

Six bonnetiers & quatre chapeliers y font un assez bon négoce, les uns de bas au tricot & les autres de chapeaux; il n'y a qu'un seul tanneur.

Cette ville a cinq foires; on y porte des laines, mais il y a déja long-temps qu'on n'y voit plus de draperies.

MONTARGIS. On y recueille & dans les environs, jusqu'à vingt milliers de laines par an. Quelques-unes se consomment dans les *fabriques de draperie* qui y sont établies; le reste se vend pour Orléans, pour Amiens, pour Gien & pour Ambigny en Berry.

On fait à *Montargis* des draps d'une aune &. des serges trémières de demi-aune. Les uns & les autres ne passent guères cent cinquante pièces par an; il est vrai qu'il s'y en marque autant de foraines.

Le nombre des facturiers & des métiers témoigne assez combien cette *fabrique* avoit autrefois de réputation; mais des vingt-cinq métiers qui y sont montés, il n'y en a que six seulement qui travaillent; & de dix-sept facturiers qui en composent la communauté, plus de deux tiers restent sans ouvrage. Deux moulins à foulon & deux teinturiers, apprêtent & teignent les étoffes qui s'y font.

Sept maîtres chapeliers, dix tanneurs & quatre corroyeurs y font un grand commerce de chapeaux & de cuirs.

C'est aux quatre foires de *Montargis* que se vendent les laines qui s'y recueillent, aussi-bien que quantité d'autres qu'on y apporte du dehors; mais il ne s'y fait aucun commerce de draperie.

BRIARE. Petite ville du Gâtinois, très-peu considérable par elle-même, & très-peu connue dans le commerce; mais devenue célèbre depuis qu'on s'en est servi pour commencer le merveilleux canal qui porte son nom. *Voyez* CANAL DE BRIARE.

PITHIVIERS. Les serges drapées & les serges appellées *filins*, les unes & les autres de demi-aune de large, sont les seules espèces d'étoffes qui se font dans cette *fabrique*; il s'en fait par année environ deux cent cinquante pièces, toutes de laine du pays, dont il peut fournir jusqu'à douze milliers; le débit des étoffes est dedans le lieu même.

Huit facturiers, douze métiers, & un moulin à foulon travaillent pour cette *manufacture*; le moulin est sur la rivière d'Essonne.

Il y a six chapeliers & sept tanneurs qui travaillent beaucoup & bien.

Il ne s'apporte aucune draperie de dehors dans les trois foires qui se tiennent tous les ans à *Pithiviers*.

CHARTRES. C'est la plus forte *fabrique d'étoffes de laine* de la *généralité d'Orléans* après celle de Romorantin; on y en fait jusqu'à cinq mille pièces toute de laine du pays, dont il se recueille cinquante à soixante milliers. Ces étoffes sont des serges blanches à deux estains de demi-aune de large qui se débitent dans *Chartres* même, & à Paris, Rouen & Orléans.

Cette *manufacture* occupe près de cent vingt-cinq métiers, soixante & quinze maîtres facturiers, cinq tondeurs & quatre teinturiers, dont deux sont du bon & grand teint & deux du petit teint, la teinture desquels est en réputation, à cause qu'on estime que les eaux de la rivière d'Eure y sont très-bonnes.

Les moulins où l'on donne les apprêts du dégraissement & du foulage ne sont pas près de *Chartres*, mais en sont éloignés de sept à huit lieues; il y en a quatre sous autant de maîtres foulonniers.

Les bas au tricot & la fabrique des chapeaux y sont un très-grand objet de commerce; ils y occupent jusqu'à vingt maîtres bonnetiers & quinze maîtres chapeliers qui sont réunis dans la même communauté.

Celle des tanneurs étoit autrefois toute seule presqu'aussi forte que ces deux ensemble, & elle étoit composée de trente tanneurs; présentement il n'y en a plus que sept; mais il y a aussi vingt corroyeurs; de sorte qu'il s'y prépare toujours une très-grande quantité de cuirs.

PONTGOUIN. Il s'y fait les mêmes serges qu'à Chartres, mais seulement deux cent pièces par an qui occupent dix-sept métiers & quatorze facturiers; on n'y emploie que des laines du pays.

Ces serges se vendent en écru aux marchands de Chartres & d'Orléans.

ILLIERS. Cette *fabrique* a le troisième rang parmi celles de la *généralité* pour le nombre des pièces d'étoffes qui s'y font; aussi occupe-t-elle jusqu'à

cent métiers & quarante maîtres facturiers qui fabriquent par an plus de trois mille pièces.

Ces étoffes sont des serges à deux estains de demi-aune de large, toutes faites de laine du pays, dont il se recueille, année commune, depuis quarante jusqu'à cinquante milliers.

Les marchands de Chartres & d'Orléans enlevent toutes ces serges, & ne les achetent qu'en écru.

BROU. Les laines qui s'emploient dans cette *fabrique* sont toutes du pays, qui vont environ à quinze milliers par an. Les étoffes qui s'y font sont de deux sortes; sçavoir, des serges blanches à deux estains de demi-aune de large, & des étamines de même largeur. Le total des unes & des autres monte à plus de neuf cent pièces qui sont fabriquées sur cinquante métiers, par vingt maîtres facturiers.

Toutes ces étoffes sont portées aux marchés d'Authon & de Nogent qui se tiennent chaque mercredi de l'année, où elles sont vendues en écru aux marchands d'Orléans.

AUTHON. Cette *fabrique* fournit jusqu'à deux mille pièces d'étoffes qui occupent plus de soixante métiers & trente-cinq maîtres.

Ces étoffes sont; sçavoir, des étamines grises & blanches des laines du pays, dont la récolte va par an à deux milliers, mais auxquelles on ajoute des laines du voisinage.

Des étamines de laine d'Espagne, appellées *lampes*.

Et d'autres étamines musc naturel, qui se font sur des chaînes filées qui viennent du pays du Maine, que les ouvriers d'Authon couvrent de trèmes de laines fines de Berry.

Toutes ces étoffes se débitent dans le lieu même, ou à Nogent & à Orléans.

CHAUDUN. Il s'y fait par an trois cent cinquante pièces d'étoffes qui sont des serges à deux estains, des serges drapées, des étamines doubles, & de gros droguets. Il y a apparence que le produit en augmentera, s'y établissant chaque année de nouveaux métiers & de nouveaux facturiers.

BAZOCHES. Il sort tous les ans de cette *fabrique* environ cent cinquante pièces d'étoffes qui sont des serges à deux estains, des étamines, & de grosses serges drapées. La *fabrique* est mal soutenue & diminue de jour en jour.

Récapitulation sur les fabriques de la généralité d'Orléans.

Il se consomme dans les *manufactures de lainage* de cette *généralité*, deux cent milliers de laines, la plupart du pays.

Il s'y fabrique environ vingt-cinq mille pièces de draps, & autres sortes d'étoffes de laine.

Il s'y en marque de foraines, c'est-à-dire, qui y sont apportées des provinces voisines, plus de quatorze mille pièces.

COMMERCE DE LA TOURAINE,
DE L'ANJOU, DU MAINE ET DU PERCHE.

Pour plus de commodité, on fera quatre articles de ces quatre provinces.

COMMERCE DE TOURAINE.

TOURAINE. Les principales *manufactures* établies dans cette féconde & agréable partie de la *France*, font la soierie, la draperie & la tannerie.

La soierie a son établissement le plus considérable dans la capitale de la province; & c'est-là que se font ces belles étoffes de soie, comme velours, moires, pannes, serges de soie, brocards, taffetas, gros de *Tours*, satins, &c. qui ne cèdent à aucune fabrique étrangère, non pas même à celles de Venise, de Gênes, de Florence, ou de Lucques. *On en parlera amplement à l'article des* soies, *où l'on peut avoir recours.*

Le débit de toutes ces étoffes se fait plus en *France* que dans les pays étrangers. Paris, Lyon, Toulouse, Rouen, Bordeaux & la Bretagne, font les lieux où il s'en consomme le plus; mais comme à Lyon, il se fabrique d'aussi belles étoffes qu'à *Tours*, les envois pour cette ville ne consistent guères qu'en taffetas, en moires & en pannes.

Pour l'étranger, le plus grand commerce s'en fait en Espagne & en Portugal. Autrefois il s'en transportoit aussi quantité en Angleterre & en Hollande; mais ce négoce est tombé depuis que ces deux nations ont tâché d'imiter nos manufactures, & qu'elles se contentent des étoffes qui se fabriquent chez elles, quoique moins belles, & de moindre qualité.

La *manufacture de Tours* consommoit autrefois jusqu'à deux mille quatre cent balles de soie; à présent sept à huit cent balles suffisent. Les Tourangeaux les tirent de Messine & de Palerme, de Naples, de Milan, de Boulogne, de Languedoc, du comtat d'Avignon, d'Espagne & même de la Chine. On a dit ailleurs, que la ville de Lyon étoit le passage & l'entrepôt de toutes les soies qui entrent en *France*. *Voyez* soies. Chaque balle pèse depuis cent soixante jusqu'à deux cent livres.

On prétend que c'est à *Tours* qu'on a établi la première calandre qu'il y ait eu en *France*, pour onder les moires, les tabis & les autres étoffes de soie. On attribue l'invention à un nommé *Chomey*, qui l'apporta d'Italie.

Le négoce de la draperie & des autres étoffes de lainerie, étoit autrefois très-considérable à *Tours*, & dans quelques autres villes de Touraine. L'on a vû long-temps dans cette capitale jusqu'à deux cent cinquante métiers ouvrans, au lieu que présentement à peine y en a-t-il quinze ou vingt.

On marque à *Tours* environ neuf mille pièces d'étoffes de laine par an, qui y sont apportées de diverses manufactures du royaume, pour y être vendues, mais il y en a peu dans ce nombre qui soient de la fabrique de la ville.

Le commerce des cuirs tannés est aussi considérablement diminué en Touraine, & à proportion autant que celui de la lainerie; cependant il s'en fabrique & s'en prépare toujours une assez grande quantité dans quelques tanneries de la province. Celles de *Tours*, de Loches & de Beaulieu, en fournissent en plus grand nombre, & de la meilleure qualité.

Les vins de Touraine & du Blaisois, qui s'envoient à Nantes, ou qui se brûlent pour l'eau-de-vie; les fruits ou secs, comme les pruneaux, les poires & les pommes; ou confits, soit liquides ou autres, comme les gelées, les abricots, les prunes, les fleurs d'orange; ou enfin frais, comme les poires de bon chrétien & les prunes d'abricot, qui tous sont transportés à Paris, & dans les autres provinces du royaume: & les salpêtres de Chinon, & de quelques côteaux le long de la rivière de Loire, font encore un commerce dont cette belle province, appellée par préférence sur les autres, le *jardin de la France*, ne tire pas un médiocre avantage.

On peut encore mettre au nombre de ses productions naturelles, desquelles il se fait quelque trafic, les meules de moulins, dont il y a des carrières dans les paroisses de Parcenay, d'Ambillon, de Saint-Mars & de Mettray; & le cuivre, duquel il a été découvert une mine près de l'Abbaye de Noyers, sur la fin du dix-septième siècle.

FABRIQUES *des draperies & autres étoffes de laines de la province de Touraine.*

TOURS. *Voyez* ce qu'on a dit ci-dessus du commerce de cette ville, & de la diminution qui y est survenue par rapport à ses fabriques, tant en laine qu'en soie.

CHINON. Les étoffes qui s'y font, sont des étamines de diverses façons, & des serges appellées *trémières*. Elles sont faites les unes & les autres partie de laines du pays, & partie de laines du Poitou; il s'en fabrique huit à neuf cent pièces par an. Ces deux *manufactures* occupent plus de cent métiers, trente-huit maîtres fabriquans, & deux foulonniers. Les étoffes qui en sortent se débitent aux marchés qui se tiennent à *Tours*.

La chapellerie y est exercée par trois maîtres chapeliers, & la tannerie par trois maîtres tanneurs.

RICHELIEU. On y fait des étamines & des serges des laines du pays. Il y a vingt & un métiers sous dix-sept maîtres, qui fournissent environ cent pièces d'étoffes; le débit s'en fait dans le pays.

LOCHES & BEAULIEU. Toutes les étoffes qui se font dans ces deux endroits, sont de laines du pays. Elles consistent en draps d'une aune de large; en étamines & en serges d'une demi-aune. Le produit de ces trois *fabriques* monte en tout à cinq cent pièces par an. Il y a près de soixante & dix métiers battans, & plus de vingt-cinq maîtres, & trois moulins à foulon.

Les étoffes qui s'y font, se vendent, partie à Tours, & partie aux foires de Montrichard, de Saint-Agnan & de Noyers.

La chapellerie y est considérable, & les vingt maîtres chapeliers qui y travaillent, en font un bon commerce.

LOUDUN. Les étoffes qui se font à *Loudun*, sont toutes de laines du pays. Il s'y en fabrique trois cent pièces, moitié d'étamines & moitié de serges, qui se débitent dans le pays. On y compte vingt-six métiers, & vingt-trois maîtres.

On y fait aussi de grosses dentelles, qui outre la consommation de la ville, ont quelque débit au dehors.

MONTRESOR, VILLELOING & ORBIGNY. Ces trois endroits ne donnent que trois à quatre cent pièces d'étoffes, qui sont toutes des serges de Berry, de demi-aune de large; on n'y emploie que des laines du pays. Vingt-huit métiers, autant de maîtres & cinq foulons, sont partagés entre ces trois *fabriques*.

Le débit de leurs étoffes se fait à Tours & aux foires de Montrichard, de Saint-Agnan, & de Noyers.

MONTRICHARD. Cette ville est moins célèbre par ses *fabriques*, que par les foires qui s'y tiennent cinq fois l'année, & où se vend une partie des draperies & étoffes de laine qui se font dans la province de Touraine.

Tout ce qui s'y fait d'étoffes ne va guères qu'à cent cinquante pièces par an; droguets & serges blanches, de laine du pays. Elles se débitent à ses cinq foires, outre environ deux cent pièces qu'on y apporte de dehors, & qui s'y marquent dans le temps de ces mêmes foires.

Quatorze métiers & onze maîtres, travaillent pour les *fabriques* de la ville.

Quatre tanneurs y apprêtent une assez grande quantité de gros & de menus cuirs; un seul chapelier y fait le commerce de chapeaux.

AMBOISE. Ses étoffes sont des droguets & des tiretaines, partie laine du pays, & partie laine de Berry. Il s'y en fait depuis treize jusqu'à quatorze cent pièces par an; elles se vendent aux marchands de Tours & d'Orléans. La fabrique de ces étoffes occupe quarante-sept métiers, vingt-trois maîtres, & quatre foulons.

REUGNAY. Tout le produit de cette *fabrique* ne va qu'à deux cent cinquante pièces, tant droguets que tiretaines, dont le pays & la Beauce fournissent les laines. Elles se vendent à Tours. On compte à *Reugnay* quinze métiers & six maîtres.

CHASTEAU-REGNAUD. On emploie dans cette *fabrique* moitié laine du pays, & moitié laine de Beauce. Les étoffes qu'on en fait, sont des ratz, des serges trémières, des étamines & des droguets, qui vont environ à mille pièces par an; le débit s'en fait aux marchands de Tours.

Cinquante métiers, vingt maîtres & quatre foulons y travaillent à ces quatre sortes d'étoffes.

La chapellerie & la tannerie y sont en réputation; l'une a quatre maîtres, & l'autre cinq.

BEAUMONT & LA RONCE. Les laines y sont les mêmes qu'à Château-Regnaud; on n'y fabrique que trois cent pièces de rats, de serges trémières & d'étamines qui s'envoient à Tours. Ces deux *fabriques* partagent entr'elles vingt-sept métiers, vingt-cinq maîtres & deux foulons.

ROZIERES. Le produit de cette *fabrique* est aussi de trois cent pièces, mêmes laines & même débit que les précédentes. Il y a dix-huit métiers & dix-sept maîtres.

NEVILLÉ & PONT-PIERRE. Ces deux *fabriques* font cinq cent pièces d'étoffes par an, partie petits ratz, partie serges trémières, & partie droguets. Quatorze maîtres qui y travaillent ont près de quarante métiers: deux foulons en font le dégraissage & le foulage. Le débit s'en fait à Tours. On y emploie des laines du pays & de Beauce.

NEUFAY, LOISTAULT & MARAY. Mêmes laines, mêmes étoffes & même débit que les précédentes. Le produit de ces trois *fabriques* est de sept cent pièces; elles occupent soixante & quinze métiers sous vingt-trois maîtres & deux foulons.

SAINT-CHRISTOPHE & SAINT-PATER. On y fait des étamines, des serges trémières & des serges sur fil, seulement de laines du pays; c'est aussi dans le pays qu'elles se débitent. Il n'y a qu'onze métiers, six maîtres & un foulon.

COMMERCE D'ANJOU.

ANJOU. Les vins, les lins & les chanvres, dont on fait quantité de fils & de toiles; les ardoisières; les mines de charbon & de fer; les blanchiries des cires & des toiles; les affineries de sucres & de salpêtres; les forges & les verreries, enfin, les étamines & les droguets de toute sorte; font presque tout le *commerce* de cette province.

Une partie des vins s'envoie à Nantes, par la rivière de Loire; l'autre se brûle pour l'eau-de-vie, dont les Nantois enlèvent aussi beaucoup; mais dont il vient aussi assez considérablement à Paris, par le canal de Briate.

Les principales ardoisières sont aux environs d'Angers, & dans les paroisses de l'hôtellerie du Flée, de la Jaille & de Magné, dans l'élection de Château-Gontier.

Les mines de fer & de charbon se trouvent plus abondamment qu'ailleurs, dans les paroisses de Courson, de Saint-Georges, de Saint-Aubin, de Luigné, de Château-de-Fons, de Chalonne & de Montejan sur Loire.

Les forges, fourneaux & fonderies pour diverses fontes, fabriques & ouvrages de fer, sont à Château-la Callière, & à Paonnée.

Les verreries sont établies à Chenu dans la forêt de Vesin, & en quelques autres endroits; mais de toutes, celle de Chenu est la plus considérable.

Ii

Il y a deux raffineries de sucre, l'une à Angers, l'autre à Saumur; & encore une de salpêtre dans cette dernière ville.

Les blanchiries de cire sont au nombre de dix-huit; sçavoir, sept à Saumur, trois à Château-Gontier, & huit à Angers.

Ces deux villes, c'est-à-dire, Saumur & Château-Gontier, ont aussi leurs blanchiries de toiles, & il y en a pareillement quelques autres ailleurs; mais celles-là l'emportent, & pour la beauté du blanchiment, & pour le grand nombre des toiles qu'on y blanchit.

Pour les toiles d'*Anjou* & de Touraine, les meilleures fabriques, & où il s'en fait davantage, sont Château-Gontier, Beaufort & Cholet.

Les toiles de Château-Gontier s'envoient à Saint-Malo, pour les pays étrangers, & celles de Cholet se débitent en Poitou, à la Rochelle & à Bordeaux.

Celles de Beaufort, dont le blanchiment se fait ordinairement à Doué en *Anjou*, sont destinées en partie, pour les isles Françoises de l'Amérique; & en partie, si elles sont grosses, pour les menues voiles de navires & des emballages de marchandises.

Il se fait aussi à Cholet quantité de belles toiles rayées, dont le débit est très-considérable: elles sont ordinairement de lin écru, & servent à faire des vestes & des doublures pour hommes, & des robes de chambre d'été, pour femmes. C'est aussi à Cholet que l'on fait les toiles de lin qu'on nomme *platille*.

Le marché de Craon est celui de tout l'*Anjou* où il se fait le plus grand négoce de fils de toute sorte, soit pour la couture, soit pour la tisserie.

FABRIQUES des draperies & autres étoffes de laines de la province d'Anjou.

ANGERS. Il s'y fait des étamines de différens prix, & des serges trémières, les unes & les autres toutes de laines du pays. On y en fait, année commune, onze ou douze cent pièces, & il s'y en marque de foraines près de mille. Les trois quarts de toutes ces étoffes se consomment dans le pays, le reste s'envoie à Paris. Cette *fabrique* occupe quatre-vingt-dix métiers & quatre foulons.

Il s'y fait quantité de chapeaux & de cuirs de toutes sortes. La chapellerie a plus de vingt maîtres, & la tannerie douze.

CHASTEAU-GONTIER. Les étoffes qui s'y fabriquent, sont des étamines & des droguets façon du Lude, & des serges croisées: les droguets se vendent aux marchands du Lude, les autres à ceux d'Angers & de Laval.

Vingt-trois maîtres qui font travailler cinquante métiers, donnent environ onze cent pièces des trois sortes d'étoffes qui s'y font. Trois foulons y font les apprêts du dégraissage & du foulage.

Il y a quatre chapeliers & neuf tanneurs.

LA FLÉCHE. Le produit de cette *fabrique* n'est

que de trois à quatre cent pièces d'étoffes par an; mais outre cela il s'y en marque encore environ trois cent autres pièces d'étoffes foraines. Celles qui s'y font, sont des étamines & des serges trémières où l'on n'emploie que des laines du pays; le débit s'en fait à Saumur & à Angers.

Il y a jusqu'à soixante métiers qui travaillent pour cette *manufacture*, mais seulement un foulon.

On y prépare quelques cuirs.

BEAUGÉ. La *fabrique* de cette ville est presque semblable en tout à la précédente, soit pour les espèces d'étoffes qui s'y font, soit pour leur nombre, soit pour celles du dehors qui s'y marquent, soit pour la quantité des métiers, soit enfin pour les lieux de débit.

La *fabrique des chapeaux* y occupe quatre maîtres chapeliers.

On y fait aussi un assez bon commerce de vins, de grains & de bestiaux.

SAUMUR. Il se marque à *Saumur* quatre ou cinq cent pièces d'étoffes foraines tous les ans: celles qui s'y fabriquent sont des étamines & des serges, & des droguets de fil & laine, où l'on n'emploie que de celles du pays. Il ne s'y en fait guères que deux cent pièces, quoiqu'il y ait dans la ville trente-deux métiers sous cinq maîtres. Un seul foulonnier y donne le foulage & le dégraissage.

Le commerce des chapeaux y est assez considérable & y occupe jusqu'à six maîtres chapeliers.

La tannerie en a sept de son métier, qui travaillent également en gros & en menus cuirs.

LE LUDE. Ce sont des droguets & des étamines qui se font dans les *fabriques du Lude*, d'où il en sort à cinq cent pièces par an, qui s'envoient par tout le royaume, particulièrement à Paris. Il y a jusqu'à vingt-cinq métiers sous dix maîtres seulement.

DOUÉ. Les *fabriques* de cette ville consistent en étamines, en serges trémières & en droguets, où l'on ne se sert point d'autres laines que de celles du pays. Il s'y en fait environ deux cent pièces qui occupent quatorze métiers & dix maîtres. Le débit s'en fait dans le pays & à Saumur.

La tannerie y est très-considérable; quinze maîtres tanneurs y travaillent. Les cuirs qui en sortent sont partie cuirs forts, & partie menus cuirs qui se débitent dans les provinces voisines, & quelquefois jusqu'à Paris.

Neuf chapeliers y font des chapeaux assez estimés, dont la consommation se fait pour la plupart dans le pays.

MONTREUIL-BELLAY. Il s'y fait les mêmes étoffes & le même nombre de pièces qu'à Doué. Treize maîtres y font travailler quinze métiers, & deux foulons y donnent les apprêts. Tout se débite dans le pays.

BEAUFORT & DURTAL. La première de ces deux *fabriques* donne cent quatre-vingt pièces d'étoffes par an, & la seconde deux cent; ce sont des étamines, des serges trémières & des droguets. Elles sont toutes de laines du pays. A Beaufort il y a neuf maîtres & quatorze métiers, & à Durtal quatorze maîtres, vingt métiers & deux foulons.

Ces deux villes ont aussi des tanneurs, l'une six & l'autre onze. Il n'y a que la dernière qui ait des chapeliers, mais seulement deux.

Les étoffes de *Beaufort* se débitent dans le pays, & celles de *Durtal*, partie dans le pays, le reste à Angers, à Saumur & à la Fléche.

COMMERCE DU MAINE.

LE PAYS DU MAINE. Le plus grand négoce qui se faisoit autrefois dans cette province, étoit celui de la fergetterie; & les étamines du *Mans* font encore très-estimées.

Les *manufactures de laineries* y sont présentement beaucoup diminuées, sur-tout dans les élections de Mayenne & de Laval, soit parce que les laines y sont trop dures, soit parce que la plupart des ouvriers de la fergetterie l'ont quittée pour travailler en tisserie.

La grande quantité de lins & de chanvres qui se recueille dans le pays, y a toujoujours fait fleurir le commerce des toiles, & l'on y a vû jusqu'à vingt mille ouvriers occupés dans ces sortes de fabriques, y compris les fileuses & les devideuses.

Il se fait à Laval & dans toute son élection, des toiles très-fines, qui en portent le nom. On prétend que cette *manufacture* y a été établie vers l'an 1298, par des ouvriers de Flandre qui avoient suivi Beatrix, femme de Guy de Laval IX du nom.

Ce commerce roule sur trois sortes de personnes; les marchands en gros, qui achettent les toiles écrues pour les faire blanchir; les marchands tissiers, qui achettent le fil & l'assortissent pour faire les tresses, les chaînes & les ourdissemens; & les ouvriers à façon, qui travaillent pour les maîtres & quelquefois pour eux-mêmes.

Le débit de ces toiles se fait pour la plus grande partie à Saint-Malo, d'où on les fait passer en Espagne. Les marchands de la ville de Troyes en Champagne, en tirent aussi beaucoup en écru, qu'ils font blanchir dans leur blanchirie.

Outre le négoce des toiles, on en fait encore à Laval, un assez considérable, des marchandises du pays, par la rivière de Mayenne, avec les provinces voisines. Celles qu'on y amène, sont toutes grosses marchandises, comme des ardoises d'Angers, des pierres de tuffau de Saumur, & des pierres de moulage de Touraine. On y conduit aussi des vins d'Anjou & d'autres crûs.

Les marchandises dont les voituriers se chargent pour leurs retours, sont du fer, des verres, & du bois de mairain, que l'on tire des forges, des verreries, & des forêts du *bas Maine*.

Les toiles de Mayenne, sont à peu près de la qualité de celles de Laval, & souvent on les vend comme si elles se fabriquoient dans cette dernière ville.

On ne fait à la Ferté-Besnard qu'une sorte de grosse toile, qu'on nomme communément *treillis*. *Voyez* TREILLIS.

Les blanchiries de Laval, pour les toiles, aussibien que celles pour les cires, sont considérables. Celles des cires des environs du *Mans*, le sont encore davantage; & c'est dans cette ville que se fait le plus grand négoce de la province, soit de cire ouvrée, soit de cire non-ouvrée, sur-tout la bougie qu'on y fait est très-belle & fort recherchée; aussi les marchands ciriers de Paris qui tirent du *Mans* des cires blanches non-ouvrées, se plaignent qu'ils n'en reçoivent tout au plus que de la seconde & troisième sortes, ce qui ne manque pas de mettre une grande différence entre la bougie du *Mans* & celle de Paris; & de conserver la supériorité à la première.

On avoit voulu établir au *Mans* une manufacture de toiles, mais elle n'y a pas réussi, & il ne s'y en fait que de fort grosses, qui se vendent écrues, & sans être blanchies.

Les verreries de Gastines, de Mareil, de Saint-Denis Dorgues, & quelques autres, font subsister plusieurs familles de pauvre noblesse. Le verre qui s'y fait, se débite dans le pays & dans les provinces voisines; il s'envoie même des verres à boire & des bouteilles de gros & de petit verre, jusqu'à Paris.

Il y a des mines de fer dans les paroisses d'Andouilles, de Cheslons, de Sillé, de Bourgon & de Vibray; & environ une douzaine de forges à Montreuil, à Comée, à Saint-Jeme, à Champon, à Saint-Léonard, à Chemiré & à Saint-Denis Dorgues.

Les deux carrières de marbre, l'une ouverte à Saint-Bertin, & l'autre à Argenté, fournissent du marbre d'assez bonne qualité, qu'on estimeroit peut-être davantage, sans la difficulté du transport.

Il y a aussi des ardoisières à Barnay & à Ville-Dieu, dont il se fait un assez grand débit, quoique la pierre soit bien au-dessous de celle d'Anjou, tant pour la couleur, que pour la bonté.

FABRIQUES des draperies & autres étoffes de laines, de la province du Maine.

LE MANS. On fait dans cette ville des étamines doubles & des camelots que l'on teint ordinairement en noir. Les laines qu'on y emploie sont laines du pays pour les trois quarts, & le reste du Poitou. Le produit de cette *fabrique* va au moins à deux mille cinq cent pièces par an, qui se débitent par tout le royaume, particulièrement à Paris. La *manufacture du Mans* occupe plus de cent trente métiers, & quatre-vingt-dix maîtres fabriquans.

MANJETTE. Les étoffes de cette *fabrique* sont des serges trémières fortes. Il s'en fait environ deux cent pièces qui se vendent à Tours, au Mans & aux deux foires du Lude.

CHASTEAU-DU-LOIRE. La *fabrique* de cette

ville est peu considérable & n'occupe que six maîtres & onze métiers. Les serges trémières qu'on y fait, sont toutes de laines du pays. Il y a un marché où se vendent toutes les étoffes qui se fabriquent dans le lieu, aussi-bien que toutes celles qui y sont apportées du dehors & qui y sont marquées. Le tout ensemble peut aller à trois cent pièces, dont il y a les deux tiers de foraines, & le reste de la ville.

LA FERTÉ-BERNARD. On y fait des étamines toutes de laine, d'autres laine & soie, & des droguets fil & laine; on n'y emploie que des laines du pays. Il s'y fabrique, année commune, environ cinq cent pièces de ces trois sortes d'étoffes, qui occupent trente métiers, près de vingt maîtres & un foulon. Le débit s'en fait à Paris & aux marchés de Nogent-le-Rotrou.

BONNESTABLE. Cette fabrique est considérable & fournit sept à huit cent pièces d'étoffes par an. Les étamines qui s'y font, sont semblables à celles du Mans, à la réserve qu'elles sont toutes de laine du pays, & que dans les autres il y entre un tiers de celle de Poitou. Près de soixante métiers, vingt maîtres & un foulon entretiennent cette manufacture. Les étoffes qui s'y fabriquent se vendent aux marchés du Mans & de Nogent-le-Rotrou.

BEAUMONT-LE-VICOMTE. Les manufactures y sont à peu près sur le même pied qu'à Bonnestable; mêmes espèces d'étoffes, mêmes laines qui s'y emploient, & même nombre de pièces qui s'y font. Il y a moins de métiers, mais plus de maîtres; les maîtres allant à vingt-cinq, & les métiers seulement à trente; il y a aussi deux foulons.

Des huit cent pièces d'étoffes qui s'y fabriquent, la plus grande partie s'achette par les marchands de Paris, le reste par ceux du Mans.

MAYENNE. Il s'y fait des serges trémières & des droguets de fil.

LAVAL. Il s'y fait quatre cent pièces d'étoffes, & il s'y en marque autant, qui y sont apportées de dehors. Celles des fabriques de la ville sont des étamines, des serges trémières, & des droguets fil & laine, tout de laine du pays. On y compte jusqu'à soixante-dix métiers, trente maîtres & trois foulons. Il y a à Laval un marché considérable, où se débitent toutes les étoffes, ou qui s'y font ou qui s'y marquent.

Il se fabrique dans toute la généralité de Tours, c'est-à-dire, dans les provinces de Touraine, d'Anjou & du Maine, dont on vient de donner le détail, environ dix-huit mille pièces d'étoffes, & il s'y en marque plus de onze mille de foraines, qui y sont apportées de dehors, pour y être vendues à ses foires & à ses marchés, concurremment avec celles des fabriques des trois provinces qui composent la généralité.

Les laines qui s'emploient aux fabriques, sont presque toutes laines du pays, qui se vendent dans les temps ordinaires, depuis soixante jusqu'à soixante-quinze livres le quintal.

Il s'en consomme, année commune, dans les manufactures des trois provinces, pour plus de trois cent trente mille livres au prix qu'on vient de marquer.

AVOISE. Il se fait dans ce lieu un trafic très-considérable qui y attire un grand nombre de riches marchands, outre ceux qui s'y sont établis. Les principaux objets de leur négoce, sont, les fers, les ardoises & les bois, dont il se transporte au-dehors une quantité bien au-delà de ce qu'on devroit attendre d'un lieu qui ne compte pas même parmi les petites villes de la province, n'étant mis qu'au nombre des bourgs.

COMMERCE DU PERCHE.

LE PERCHE. Les manufactures de cette petite province, sont celles des toiles, des étamines, & du papier.

Celles des toiles sont établies à Mortagne, à Belesme, à Nogent-le-Rotrou & aux environs de ces villes. Les toiles de Mortagne sont de chanvre, & assez fortes. Celles de Belesme ne servent guères qu'à faire des serviettes, & ont deux liteaux de fil bleu à chaque serviette; & celles de Nogent-le-Rotrou ne sont que des treillis.

On ne fabrique que de grosses toiles, toutes de chanvre, très-fortes, dans les villages; on les appelle canevas, & elles ne sont propres qu'à faire des paillasses & des torchons. On y fait pourtant quelques toiles bises propres à la teinture. Les rouliers de Mortagne transportent toutes ces toiles à Paris, à Rouen & à Saint-Quentin.

Les étamines se font à Nogent. Ce sont les marchands de Mortagne qui fournissent le fil d'estain, qui convient à leur fabrique.

Leur destination est en partie pour Paris, Tours, Rouen & Caen; l'autre partie, pendant la paix, s'envoie en Angleterre & en Hollande.

L'on ne fait guères que deux sortes de papier, dans la seule papeterie qui est établie dans le Perche, & c'est pour envelopper & ficher les épingles qui se font à l'Aigle & à Rugles.

Le commerce des cuirs, autrefois assez considérable à Mortagne, y est tout-à-fait tombé; mais celui du fer n'est pas un des moindres de cette ville, & du reste de la province.

Les forges où il se fond & se travaille en divers ouvrages, sont à la Frette, à Gaillon, à Rendonne & à Bresolette; les lieux de sa destination, Paris, Chartres & quelques villes voisines; & les mines qui en fournissent la matière, à Longny, à Moulieu & à Maratable.

Il se fait aussi quelque négoce des bestiaux qu'on élève & qu'on engraisse dans les pacages du Perche; mais la grande quantité de chanvre qu'on y cultive & qu'on y recueille, fait que celui des fils & des toiles est le plus considérable de tous, sans compter une très-grande quantité de ces chanvres bruts & non-ouvrés, qui se transporte dans les provinces voisines.

COMMERCE DU BERRY.

Les moutons & les laines du *Berry*, font le principal objet du négoce de cette province.

Les grains, les mines de fer, les chanvres, les huiles de noix, les vins & les bois, y entretiennent aussi un assez bon trafic; mais le défaut de rivières navigables, rend ce trafic moins considérable qu'il ne pourroit être.

On a plusieurs fois, à la vérité, proposé de travailler à la rivière d'Auron, pour la rendre capable de transporter dans les provinces voisines, ces diverses marchandises; mais on en est toujours demeuré au projet, & cette entreprise si utile, & à ce qu'estiment les connoisseurs, si facile, ayant été entamée sous François premier, & presque résolue en 1678, sous Louis-le-Grand, n'a point eu d'exécution.

Les laines de *Berry* sont assez bonnes, mais on n'en emploie que les moindres dans la province, les meilleures & les plus fines étant enlevées tous les ans par les marchands de Rouen; ce qui fait que les fabriquans Berruiers ne font guères que de ces gros draps qu'on nomme *draps de Berry*, excellens à la vérité pour leur qualité, mais qui ne peuvent servir qu'aux habits des soldats, des domestiques, du menu peuple, des artisans des villes, ou des habitans de la campagne.

Les autres étoffes de laine du *Berry*, sont des serges grossières, des droguets, des tiretaines, & quelques pinchinats, mais toutes assez médiocres, & pour la beauté & pour la bonté.

Bourges, Issoudun, Châteauroux, Vierson, Selles, Aubigny & Romorantin, sont les lieux où sont établies les meilleures *manufactures* de ces sortes d'ouvrages, dans chacune desquelles il s'en fabrique depuis trois jusqu'à quatre mille pièces, & dont celle de Romorantin est la plus estimée, & en fournit la plus grande quantité.

Les draps qui se fabriquent à Romorantin, sont de cinq quarts de large, tous faits de laine du pays: on en fait pourtant quelques-uns, moitié laine d'Espagne & moitié de la plus fine laine de *Berry*; mais ce sont seulement ceux qui sont destinés pour la teinture en écarlate. Pour les serges, elles y sont croisées, & d'une aune de large. La consommation des étoffes de lainerie de Romorantin, se fait à Paris, Orléans, en Picardie & Champagne.

Le Blanc, Sancerre, Châtillon, Linière, Ivrile-Pré & Cinconet, fournissent chacun deux à trois mille pièces de draps, & autres étoffes de laine.

Les autres lieux de fabrique de lainerie du *Berry*, sont, Saint-Amand, la Chastres, Mehun, Aubigny, Dun-le-Roi, Saint-Benoît-du-Sault, Buzançois, Leuvroux, Saint-Savin, Leret, la Chapelle-Danguillon, Aisne-le-Château, Saint-Gautier, Argenton, Neuvy-Saint-Sépulcre, Argent, Valençay, Baugy, Sancergues, les Aix, Blancafort & Enrichemont, dont les plus forts ne donnent guères au-delà de huit à neuf cent pièces, y en

ayant beaucoup qui n'en fournissent que depuis cinquante jusqu'à cent.

La plupart de ces draperies se vendent aux foires du pays, d'où elles sont apportées à Paris pour celle de Saint-Germain, & pour les deux foires de Saint-Denis.

Outre les laines qui se consomment dans la *généralité* pour les fabriques des étoffes, il s'en emploie aussi une grande partie en ouvrages de bonneterie, particulièrement en bas & quelque peu en tapisseries de Bergame; les laines pour la bonneterie, sont partie fines & partie moyennes; celles pour la tapisserie sont grossières.

Quelques-uns prétendent que la fabrique de ces dernières est passée du *Berry* en Normandie.

A l'égard de la bonneterie, la meilleure se fait à Bourges, où l'on y travaille partie au tricot & partie au métier, ce qui se fait pareillement dans le reste de la province.

La plupart des ouvriers & des marchands bonnetiers conviennent que les laines de *Berry* sont non-seulement plus propres qu'aucunes autres pour leurs ouvrages, mais encore que ce ne devroit être qu'à la bonneterie que ces laines fussent employées, étant l'usage qui leur convient le mieux.

Tout ce qui reste des laines, la consommation du pays prélevée, se porte à quelques foires de la province, qui semblent n'être établies que pour le commerce, & qui ne sont considérables que par le grand débit qui s'y fait de cette marchandise; de tous les marchands forains, ce sont ceux de Rouen qui en enlèvent davantage.

Les teinturiers, les tanneurs les parcheminiers & les tisserands, ont dans toute la *généralité* un assez grand nombre de maîtres de leur profession; on estime sur-tout la teinture, les cuirs, & la parcheminerie d'Issoudun.

A l'égard des toiles, les ouvriers ne travaillent guères pour leur compte dans cette *généralité*; & leurs métiers ne sont ordinairement montés que pour le bourgeois.

Le négoce de l'huile de noix & du fer, y est considérable; & les marchands de Paris qui font l'un ou l'autre trafic, en enlèvent beaucoup par la voie d'Orléans.

Le fer de *Berry* est de bonne qualité, & c'est une des provinces de *France* d'où il s'en tire davantage.

Le terroir de la plus grande partie de cette *généralité* est ingrat & mal cultivé; en sorte que tout le pays est presque sans commerce, peu peuplé & peu riche; ce qui pourtant ne doit pas s'entendre sans exception, y ayant des élections & des cantons assez fertiles, raisonnablement habités & où il se fait un assez bon négoce, même au-dehors de la province.

Les terres de l'élection de Bourges, qui sont aux environs de la rivière de Loire, sont les meilleures & les mieux cultivées de toute la province. Le débit des denrées que facilite la commodité de la rivière, en est la cause : cependant les plus fécondes ne rapportent pas plus de huit pour un ; encore est-on obligé de les laisser repofer de trois ans en trois ans. Les médiocres ne donnent que cinq pour un ; & les mauvaises, qui font en bien plus grande quantité, au plus quatre pour un.

Il se fait quelque commerce de blé sur la rivière de Loire, mais peu considérable, n'y ayant point de marchands qui en faffent expressément le négoce, comme il y en a dans presque toutes les autres provinces du royaume, mais seulement quelques fermiers & laboureurs qui en chargent de petits bateaux, pour en porter dans les cantons qui n'en recueillent pas affez pour leur consommation.

Il y a quantité de vignobles aux environs de Sancerre, dont le vin est d'affez bonne qualité. Outre le débit qui s'en fait dans le pays, qui n'est pas médiocre, on en voiture affez considérablement à Paris où ils font conduits par la Loire & par le canal de Briare.

Les rivières du Berry font peu navigables ; & c'est ce défaut qui empêche qu'on n'y faffe un auffi grand commerce qu'on y pourroit faire fans cela ; mais par une espèce de compenfation leurs rivages font bordés de si belles prairies & de six abondans pâturages, qu'il n'y a guères de provinces en *France* où l'on élève plus de bestiaux, particulièrement de bêtes blanches. Les plus confidérables de ces rivières font, la Sandre, l'Eure ou Yeurre, la Vanife, le Neere & l'Auron ; fans compter quantité d'autres moindres ruiffeaux qui ne font point connus hors du pays, qui engraiffent les terres qu'ils arrofent & qui leur font produire des herbages admirables pour la nourriture des animaux.

C'est dans l'élection de Bourges & dans celle d'Iffoudun que fe fait la plus grande quantité de ces nourritures, & ce font auffi les bestiaux qui en font le principal objet de commerce.

Le gros bétail fert d'abord à labourer les terres ; au fortir du labourage, on l'engraiffe ; & quand il est engraiffé on le conduit à Paris, où il fe vend dans les marchés de Poiffy & de Seaux.

Quelque bon que foit ce négoce, il n'approche pas de celui des bêtes à laine, dont on peut dire que le monde fe mêle dans ces deux élections & dans quelques autres de la *généralité*, n'y ayant point de perfonnes un peu accommodées qui n'en rempliffent leurs métairies ; outre que la plus grande partie des particuliers, bourgeois, gentilshommes, même jufqu'aux ecclésiastiques, ont coutume d'en donner à chetel aux payfans : ce commerce qui, felon les claufes & les conditions du contrat, peut être légitime ou ufuraire, étant le plus commun & auffi le plus utile qui fe faffe dans la province, & étant regardé comme un moyen honnête & fûr de faire valoir fon argent fans aucun rifque, & de le mettre à gros intérêt, avec le profit, mais non pas avec le blâme des ufuriers.

Ceux qui connoiffent le commerce du *Berry* estiment que c'est à l'ufage du chetel qui y est établi,

qu'est principalement dûe la prodigieufe quantité de moutons qui s'y élèvent, tout le monde pouvant prendre part à ce négoce qui est d'ailleurs aifé à faire, & ne demande pas de grands fonds.

Le débit de tous ces moutons fe fait ordinairement aux foires de la province, auxquelles lorfqu'ils ont été engraiffés, on les conduit depuis le mois de mai, jufques au mois de septembre, & où ils font achetés par des marchands qui les mènent enfuite à Paris.

Un autre commerce confidérable de l'élection de Bourges, est celui des chanvres qui y croiffent de très-bonne qualité & en si grande quantité qu'on croit qu'année commune, le débit en peut aller à près de quatre cent mille livres ; & en effet ce chanvre est si estimé, que même dans les années les plus abondantes, tout ce qui s'y en recueille est enlevé avant le mois de février.

Le pays qui s'étend du côté du Nivernois, est fort chargé de bois ; ce qui a donné la commodité d'y établir quantité de forges de fer, dont la mine n'est pas éloignée. Ce métal qui est doux & d'une très-bonne qualité, s'emploie en partie à faire des ancres pour les armemens de mer, & des boulets pour l'artillerie ; le reste fe fabriquant en fer de différens échantillons, dont il en vient affez bon nombre à Paris.

Une autre confommation des bois, qui font en *Berry*, fe fait par le merain propre aux tonneliers, qu'on y fabrique en quantité, & qui s'embarquant fur le Cher, paffe dans la Loire, d'où on l'envoie dans tous les pays de vignobles qui font en montant & en defcendant le long des rivages de cette rivière. Les villes d'Iffoudun & de Saint-Amand, font celles qui font la plus grande partie de ce commerce.

Les terres des élections de Bleré & de Château-Roux, font très-mauvaifes & peu propres à être cultivées, n'étant pour la plupart que des landes, des forêts & des étangs. On nourrit dans les landes quelques bestiaux ; les bois fe débitent pour quantité de forges, & les étangs fourniffent d'affez bon poiffon, ce qui ne laiffe pas d'y répandre quelque argent, qui fait fubfifter, mais qui n'enrichit pas les habitans.

COMMERCE DE MOULINS,
ET DE SA GÉNÉRALITÉ.

Les *manufactures* & les *fabriques* de cette *généralité*, qui contient le Bourbonnois, le Nivernois & la haute Marche d'Auvergne, font les forges & fonderies où fe fabriquent des canons, des ancres & autres gros ouvrages de fer ; la *manufacture* de fer-blanc, la fayance, les verreries, les ouvrages d'émail, la coutellerie & quincaillerie, la *manufacture* de tapifferie & celle des draps.

Les productions naturelles, confistent en vins, en chanvres, en mines de fer & d'acier, en charbon de pierre, en bestiaux, en poiffon, en châtaignes & en fromages.

Les chanvres se recueillent en abondance dans le Nivernois.

La même province, le Bourbonnois, & sur-tout le Morvant, fournissent les bois qui se flottent jusqu'à Paris.

Les mines de fer se trouvent presque par-tout dans le Nivernois.

Les environs de Decize, petite ville qui en dépend, ont quantité de mines de charbon, & le Bourbonnois quelques-unes.

Saint-Pourçain, Montluçon, Creuzières, produisent les vins.

Les rivières & les étangs donnent le poisson qu'on transporte à Paris par le canal de Briare.

Les fromages qu'on nomme *fromages d'Auvergne*, dont il se consomme une si grande quantité par tout le royaume, se font dans la haute Marche : & c'est aussi où croissent les châtaignes, dont les habitans font en partie leur pain, & qui se débitent dans le voisinage & au loin.

Enfin, toute la *généralité* nourrit des bestiaux au-delà de ce qu'on peut s'imaginer, & il est surprenant combien il en sort tous les ans de bœufs, de vaches & de moutons, qui sont conduits dans les provinces voisines, & aux marchés des environs de Paris ; même dans les temps de guerre, jusqu'en Flandre, en Allemagne & en Italie.

Il s'y nourrit aussi, dans les années de glandées, quantité de pourceaux, desquels une partie se consomme dans le pays, mais dont le plus grand nombre se conduit par grands troupeaux dans les provinces du royaume les plus reculées.

A l'égard des *manufactures*, le fer, l'acier, la tôle & le fer-blanc, se fondent, se coulent & se fabriquent en divers ouvrages, presque dans toutes les forges bâties sur la petite rivière de Niévre, qui tombe dans la Loire, sous les ponts de Nevers, & qui avant que de s'y joindre, donne le mouvement aux soufflets, aux marteaux & aux autres machines de plus de cinquante forges.

La coutellerie & la quincaillerie fine, se font à Bourbon & à Nevers. Il se fait aussi dans cette dernière ville quantité de fayance & d'ouvrages d'émail, qui s'envoient par tout le royaume, & même beaucoup à l'étranger.

A Aubusson & à Feuilletin, il y a des *manufactures* de tapisseries de verdure, mais que les mauvais desseins & les laines de fausse teinture, qu'on y emploie assez souvent, ont fort décréditées, & qui pourroient pourtant se perfectionner & se rétablir, si l'on remédioit à ces deux défauts, la fabrique en étant d'ailleurs assez bonne.

Il en est à peu près de même des chanvres qui s'y recueillent : les tisserands ne font des toiles que pour l'usage des habitans; peu se débitent au-dehors, & les chanvres se transportent bruts dans les autres provinces.

L'on peut en quelque sorte mettre au nombre des sources du commerce de cette *généralité*, cinq ou six mille habitans de la haute Marche, qui en sortent vers le mois de mars, pour aller travailler, ou en Flandres, ou en Espagne, & qui y rentrent vers la fin de novembre, avec l'argent qu'ils ont gagné, dont ils s'entretiennent assez commodément eux & leur famille, & paient leur taille & autres impositions.

MÉMOIRE sur les draps & autres étoffes de laines, qui se font à Moulins & dans sa généralité.

Il n'y a guères de généralités dans le royaume où il se fasse moins d'étoffes de laine, que dans celle de *Moulins*. A peine y compte-t-on jusqu'à huit chefs-lieux, où ces sortes de fabriques soient établies, & encore le produit des mieux entretenus est-il peu considérable.

Ces lieux de fabriques sont *Moulins*, S. Pourçain, Montluçon, Hérisson, Decize, Cercy-la-Tour, Moulins-Engilbert & Nevers.

Autrefois on mettoit encore de ce nombre, Bourbon-Larchambaud, Château-Chinon, Saint-Sauge, Saint-Pierre-le-Moutiers & Dongy; mais présentement il ne s'y fait plus rien, & ces cinq fabriques sont entièrement tombées. Entr'elles, celle qu'on regrette davantage, est la manufacture de Château-Chinon, où il se faisoit de très-beaux draps : on croit qu'il ne seroit pas impossible d'en rétablir la fabrique, si l'on aidoit les ouvriers qui y restent & qui sont extrêmement pauvres, à avoir des laines, & si on les obligeoit à mieux faire dégraisser leurs étoffes au foulon ; ce défaut d'apprêt ayant en partie été cause du discrédit où leurs draps sont tombés par la mauvaise odeur & les autres mauvaises qualités qui leur venoient du foulage.

MOULINS. Des huit fabriques qui subsistent encore dans le Bourbonnois, le Nivernois & les autres cantons qui composent cette *généralité*, il n'y a guères que celle de *Moulins* qui ait de la réputation, & dont les étoffes, outre la consommation du pays, soient assez estimées pour venir jusqu'à Paris, & dans quelques autres principales villes du royaume ; quoiqu'à la vérité ces envois soient peu considérables.

Les étoffes qui se font à *Moulins* & aux environs, sont des serges, des étamines & des crépons. Trente-six fabriquans, plus de soixante & dix métiers, dix moulins à foulon & six teinturiers, sont occupés à leur fabrique & à leurs apprêts. Le débit s'en fait aux foires de ville, qui se tiennent sept fois l'année, & où les marchands forains viennent les ramasser pour en faire le commerce.

SAINT-POURÇAIN & ses dépendances. On y fait les mêmes étoffes qu'à Moulins, mais en moindre quantité, n'y ayant que sept à huit fabriquans, & au plus quinze métiers. Il y a aussi un teinturier du grand teint.

Les tisserands y font quelques toiles, mais presque toutes pour les bourgeois.

MONTLUÇON. Cette *fabrique* est un peu plus forte

que la précédente, & elle occupe jusqu'à dix fabri-quans & vingt métiers. Ce sont pareillement des serges, des étamines & des crêpons.

La tisseranderie y est comme à Saint-Pourçain.

HERISSON. Mêmes *fabriques* que ci-dessus : on y compte sept fabriquans & seize métiers.

Les tisserands y travaillent pour leur compte, & vendent leurs toiles aux marchés du lieu & aux foires des villes voisines.

DECIZE. La *fabrique* de cette petite ville du Nivernois, fait travailler huit fabriquans, douze métiers & un moulin à foulon.

Les serges & les étamines qui s'y font, se vendent pour la plupart aux cinq foires qui s'y tiennent chaque année.

C'est aussi à ces foires que se débitent les toiles qui se fabriquent à *Decize*, & qui y font un objet de commerce assez considérable, n'y ayant point de lieu dans toute la *généralité*, à l'exception de Moulins-Engilbert, où il s'en fasse davantage.

CERCY-LA-TOUR. C'est la moindre de toutes les fabriques de la *généralité* de Moulins, n'occupant que sept métiers, quoiqu'il y ait pourtant jusqu'à huit fabriquans. Les étoffes qui s'y font, se portent aux foires de Montigny, qui n'en est pas éloigné, & où il s'en tient quatre tous les ans. Ces étoffes sont, partie serges & partie étamines.

MOULINS-ENGILBERT. On y fait des draps, outre quelques autres étoffes des qualités qu'il s'en fait à Moulins ; elle a sept fabriquans & autant de métiers.

Les toiles qui s'y font en assez grande quantité, occupent sept tisserands & neuf métiers. Cette toilerie, aussi-bien que les étoffes de laine, se débitent aux trois foires qui s'y tiennent.

NEVERS. Ses *fabriques* consistent en draps communs & en serges communes, auxquelles sont employés douze fabriquans & douze métiers.

Il s'y fait aussi des toiles dont il en va peu dehors la ville ; les ouvriers ne travaillent pas pour leur compte, mais plus ordinairement pour les bourgeois.

Les tanneries y sont assez bonnes ; les cuirs qu'on y apprête sont du nombre de ceux qui par les réglemens de la halle aux cuirs de Paris, doivent y être apportés.

ESTIMATION de tout le commerce qui se fait dans la généralité de Moulins, soit par la vente de ses productions naturelles, soit par l'industrie de ses habitans.

1°. Le *commerce* des bois du Nivernois, du Bourbonnois, & sur-tout du Morvant, va à plus de quatre cent mille livres.

2°. Le *commerce* de charbon de pierre, du côté de Decize, cent vingt mille livres.

3°. Le *commerce* du poisson, trois cent mille livres.

4°. Le *commerce* des cochons, dans les années de glandées, trois cent mille livres.

5°. Le *commerce* des bleds & des chanvres, celui de vins de Creuzières, Saint-Pourçain & Mont-Luçon, & la vente des bestiaux, cinq cent mille livres.

6°. Le *commerce* de fer ordinaire, trois cent mille livres.

7°. Le *commerce* de fer-blanc, cinquante mille livres.

8°. La fayance & verrerie, deux cent mille livres.

9°. La coutellerie & quincaillerie, avec les ouvrages & curiosités d'émail, cent cinquante mille livres.

10°. Les manufactures de tapisseries de haute-lisse, de Feuilletin & d'Aubusson, quatre-vingt mille livres.

11°. Enfin, le travail de plus de six mille ouvriers, qui sortent tous les ans de la Marche, & qui y rapportent à leur retour leur gain & leurs salaires, plus de deux cent mille livres.

L'on peut y ajouter encore, comme un objet de *commerce* considérable, la consommation qui se fait aux eaux de Vichy & de Bourbon, qu'on peut évaluer à plus de cent cinquante mille livres ; & celle sur la grande route de Paris, à Lyon & en Auvergne, qui produit presque autant.

On n'a point parlé du produit ni des *fabriques* des étoffes de laines, ne de celui des toiles, ni de quelques autres semblables ouvrages & marchandises, parce que se consommant presque tous dans la *généralité*, sans aller au dehors, elles ne sont pas l'occasion d'un nouveau profit pour ses habitans, & n'introduisent aucun argent dans le pays.

GANNAT. Cette ville de Bourbonnois, est aussi très-considérable par son commerce, particulièrement pour celui des huiles de noix, qui est estimé un des meilleurs qui se fassent en *France*. Il s'y en fait en quantité à cause du grand nombre de noyers, dont tout son territoire est planté.

Ses bleds & ses vins sont encore deux autres objets de négoce, qui enrichissent ses habitans.

Il s'y tient une foire célèbre tous les ans, le jour de l'exaltation de Sainte-Croix.

COMMERCE D'AUVERGNE.

L'AUVERGNE se divise ordinairement en haute & en basse.

La *basse-Auvergne*, dont la Limagne fait partie, s'étend depuis Saint-Pourçain, du côté du Bourbonnois jusqu'au Brioude ; & depuis Brod en Limosin sur la Dordogne, jusqu'à Massiac, petite ville du côté du Velay.

La *haute-Auvergne* comprend tout ce qui est au-delà de Brod & de Massiac, jusqu'au Quercy, au Rouergue, & au Gevaudan.

La Limagne est un grand vallon arrosé par la rivière d'Allier, entre les montagnes qui sont du côté du Forez, du Velay & du Limosin ; elle s'étend en longueur depuis Saint-Pourçain jusqu'à Brioude. C'est un pays fort abondant en bled, en vin, en chanvre, en noyers & en prairies ; mais le meilleur canton est depuis Gannat jusqu'à Issoire, le long de l'Allier. Les prairies, particulièrement auprès de Riom & de Clermont, se fauchent jusqu'à trois fois par an ; les terres ne s'y reposent jamais ou tout au plus une fois en vingt ans.

Les terres de la haute-Auvergne & des montagnes, qui sont à la droite & à la gauche de la basse, sont beaucoup plus ingrates, mais on y nourrit une quantité surprenante de gros bestiaux, qui font la richesse du pays, & qui se distribuent, non-seulement dans les provinces voisines, mais encore dans les provinces du royaume les plus éloignées, & même dans les pays étrangers, entr'autres en Espagne.

C'est aussi l'Espagne qui fournit de l'ouvrage à une partie des habitans de la haute & de la basse Auvergne, qui ne trouvant pas de quoi s'occuper dans la province, vont tous les ans servir les Espagnols dans les travaux que la fierté naturelle de cette nation, lui fait regarder comme au-dessous d'elle ; & ce sont ordinairement les Auvergnats qui labourent & sèment leurs terres, qui coupent leurs bleds, & qui fauchent leurs prés. On compte qu'il passe, année commune en Espagne, cinq ou six mille de ces travailleurs d'Auvergne, & qu'ils en rapportent sept ou huit cent mille livres, leur travail leur tenant aussi lieu de commerce.

C'est aussi d'Auvergne que sort la plupart de ces chaudronniers qui parcourent le royaume, & qui gagnent leur vie sur la batterie neuve de cuisine qu'ils fabriquent, ou sur la vieille qu'ils raccommodent.

Il y a bien des sortes de manufactures en Auvergne, & presque tous les ouvrages qui s'y fabriquent, sont de très-bonne qualité.

Les manufactures de papier y sont sur-tout excellentes. Il ne s'en fait point ailleurs de plus propre pour être employé aux éditions des livres ; & c'est du papier d'Auvergne, que se font les plus belles impressions de Paris, de Hollande & d'Angleterre.

Les moulins d'Ambert, & ceux des environs de Thiers & de Chamaillères, près Clermont, fournissent les papiers les mieux conditionnés : & il n'y a guères d'apparence que les Anglois, Hollandois & Génevois, qui depuis les guerres de la fin du régne de Louis XIV, ont tenté d'établir chez eux de pareilles fabriques, y puissent jamais réussir : y ayant quelque lieu de croire que cette blancheur & cette excellente qualité du papier d'Auvergne, vient de celles des eaux sur lesquelles les moulins sont bâtis, & qui servent à le fabriquer.

Nous parlerons ci-après des étoffes qui se fabriquent en Auvergne, & des lieux où elles se fabriquent.

Les bestiaux engraissés, la nourriture des mules & mulets, & les haras qu'on entretient en Auver-

gne, ne sont pas un des moindres commerces de la province.

Les bœufs & les vaches s'engraissent dans les montagnes, où les herbes sont très-propres pour cet usage : mais outre ce qui est destiné pour la boucherie, qui se conduit jusqu'à Paris, & qui, en temps de guerre, se mène même jusqu'aux armées Françoises les plus éloignées, on en élève un très-grand nombre pour le tirage & le labourage ; & c'est de-là que le Nivernois, le Berry, & une partie de la Guienne & du Languedoc, tirent tous les ans de jeunes bêtes pour remplacer les bœufs & vaches qu'on prend pour mettre à l'engrais.

Les vaches réservées pour donner du lait, se nourrissent en d'autres cantons, dont les herbes, sans produire de graisse, produisent beaucoup de lait ; & c'est-là ce qui fait la grande quantité de fromages qui se transportent à Paris, & dans quelques provinces du royaume.

Les fromages qui se font vers Aurillac, Moriac & Volers, vont en Languedoc & en Guienne ; & ceux du côté de Bèze, de la Tour & d'Ardes, se destinent pour Paris, pour les villes sur la Loire, & se transportent jusqu'à Nantes par cette rivière.

Le menu bétail, qui se nourrit dans l'élection de Brioude, se mène à Paris & à Lyon.

Les mules & les mulets, non-seulement naissent en Auvergne, mais on y envoie aussi quantité de jeunes de Poitou, à neuf ou dix mois, pour y être élevés. Les meilleurs haras de ces sortes d'animaux, sont dans un canton appellé la Planche, entre Saint-Flours & Murat. Les marchands Espagnols & les voituriers de Lyon & de Languedoc, viennent les acheter aux foires de Saint-Flours, du Puy-en-Velay, & de Maillargues. Le négoce en est très-grand dans le temps de guerre.

Pour les haras de chevaux, ils ont été assez négligés après la mort du marquis de Seignelay & du marquis de Louvois, qui successivement ayant été chargés de la direction générale des harras de France, s'étoient appliqués avec attention à leur établissement : mais depuis le commencement du dix-huitième siécle, ils se rétablissent, & l'on recommence de faire estime des chevaux Auvergnats, & d'en tirer un assez bon nombre de la province. Ces chevaux sont bons, pourvu qu'on les ménage jusqu'à six ans : alors, ils peuvent servir avec beaucoup de vigueur bien au-delà de dix à douze ans.

Les autres commerces de l'Auvergne, sont les bois de sapins, soit en planches, soit en bois quarré, qu'on voiture à Paris par la Loire & le canal de Briare ; soit aussi en mâts de différentes hauteurs & grosseurs, pour la marine, qu'on descend à Nantes par la même rivière.

Le charbon de terre, qu'on tire des mines de Braissac, près Brioude, & qui, au défaut de celui d'Angleterre, se voiture aussi à Paris par la Loire & le canal.

Les pommes de reinette & de calville, qui se recueillent en abondance dans la Limagne,

Les

Les cires, qu'on tire d'Aurillac & de Monfaloy.

Les colles-fortes, de Chaudes-Aigues.

Les suifs, la bourre de bœuf, & les lacets de fil, qui se font aux environs de Thiers & d'Ambert.

Quelques toiles de chanvre; le chanvre lui-même brut, & non ouvré.

Enfin, les noix & l'huile qu'on en tire.

COMMERCE PARTICULIER DES PRINCIPALES VILLES D'AUVERGNE.

CLERMONT. Cette ville est très-marchande, & quoiqu'elle ne soit située sur aucune rivière navigable, on la regarde cependant comme l'entrepôt de la plus grande partie du commerce qui se fait du bas-Languedoc & de Provence à Paris, & l'on y trouve toutes les marchandises qui se fabriquent à Paris, même à Lyon, à Tours & dans la plus grande partie des autres provinces du royaume, par la facilité qu'il y a de les y faire venir par le retour des mulets qui y passent continuellement, n'y ayant guères de villes ou d'autres lieux un peu considérables, où les marchands de *Clermont* n'entretiennent des correspondances.

C'est aussi le passage de tant de muletiers & d'autres voituriers, qui lui tiennent lieu en quelque sorte de *commerce*, par la grande quantité d'argent comptant qu'ils ont coutume d'y laisser, pour leur dépense & celle de leurs animaux.

C'est à *Clermont* que toute la province d'Auvergne & quelques-unes de celles qui en sont voisines, viennent se fournir de tout ce qu'elles ont besoin, particulièrement d'étoffes, d'habits, de dentelles, de linge, de rubans, & de toutes sortes d'autres assortimens.

Il s'y prépare aussi des cuirs qui s'y débitent pour Lyon.

Il s'y fait aussi un assez grand *commerce* de pâtes d'abricots & de pommes qui sont extrêmement estimées, & que l'on préfère à toutes les autres confitures de cette sorte, qui se font ailleurs, même à Tours & à Paris. On croit qu'elles méritent cette préférence, par la meilleure qualité des fruits qu'on y emploie, autant que par l'habileté des confiseurs qui les font.

On parlera plus bas des *manufactures de Clermont*, lorsqu'on donnera le détail de celles de la province.

AURILLAC. Son principal *commerce* consiste en fromages qui se font dans les montagnes voisines, sur-tout dans celle de Salers, qui n'en est pas éloignée.

Les pâturages y sont si excellens, & les herbes qu'ils produisent, sont si propres à faire venir du lait aux vaches, qu'il est ordinaire de donner tous les ans aux propriétaires de ces animaux, jusqu'à deux quintaux de fromages pour chaque vache, ce qui est un produit très-considérable, le quintal de

fromage se vendant communément entre douze & quinze livres.

La *manufacture des points* subsiste toujours à *Aurillac*, mais avec beaucoup moins de réputation qu'autrefois, puisqu'il en sortoit autrefois pour six à sept cent mille livres, & que ce commerce est présentement réduit à cent cinquante mille livres, ou environ.

SAINT-FLOURS. Cette ville est célèbre par les foires qui s'y tiennent, qui y attirent un grand commerce & beaucoup de marchands, soit du royaume, soit des pays étrangers, particulièrement d'Espagne. Les mules & les mulets qui s'y vendent, passent pour les meilleurs de l'Auvergne, qui elle-même a la préférence sur le Poitou, & les autres lieux de France où on en élève. Le canton de la Planche entre *Saint-Flours* & Murat a de la réputation, & il n'en sort guères que d'excellentes bêtes.

Un autre objet de *commerce* pour *Saint-Flours*, consiste dans les seigles qui se recueillent aux environs, & elle est un des greniers du pays pour ces sortes de grains.

On y fait quantité de quincaillerie, mais guères autres choses que des couteaux, des rasoirs & des ciseaux.

Il s'y prépare aussi des cuirs qui se débitent à Lyon.

On parle plus bas de ses *fabriques de lainage*.

THIERS. Le *commerce de Thiers* a quatre objets différens; sçavoir, les cartes à jouer, le papier, la coutellerie, & le filet ou fil à marquer. La *fabrique du papier & des cartes* sont les plus considérables; le débit s'en fait par tout le royaume, mais principalement en Espagne, d'où ces deux marchandises s'envoyent par les gallions, dans l'Amérique Espagnole.

AMBERT. C'est une des villes d'Auvergne des plus riches & des plus considérables par son *commerce*. Ce *commerce* consiste comme à Thiers, en cartes à jouer & en papier; & de plus en rouleaux de fil, en épingles & en étoffes de laine. On parlera plus bas de la *fabrique de ces étoffes. Voyez* l'état des *manufactures d'Auvergne.*

Les cartes ont le même débit qu'à Thiers, & s'envoyent principalement en Espagne. Pour le papier, on l'emploie aux plus belles impressions de Paris, d'Angleterre & de Hollande. Les fabriques de papiers que les étrangers ont établies chez eux, n'approchent point de la qualité & de la beauté de celui d'*Ambert*; & les autres papeteries de *France* ont même assez de peine à l'imiter. Cette sorte de papier sert aussi à imprimer des thèses & des estampes.

On prétend que l'eau des ruisseaux sur lesquels les moulins d'*Ambert* sont bâtis, contribue autant qu'autres choses à la bonté & à la beauté de ce papier.

Les rubans de fil ou rouleaux sont après le papier & les cartes à jouer, le meilleur négoce d'*Ambert*, presque tout le menu peuple y travaille, & les enfans même de l'âge de quatre ou cinq ans, ont part au profit de cette fabrique, n'y en ayant point qui n'y puisse gagner deux ou trois sols par jour.

AUBUSSON. Son principal *commerce* consiste en tapisserie de haute-lisse. *Voyez* cet article.

BESSE. Est une petite ville située dans les montagnes d'Auvergne du côté du Limosin; elle est le centre & l'entrepôt pour le *commerce* des bleds & des vins que les montagnes tirent de la Limagne, & des fromages qui se font de ce côté-là. Plusieurs bourgeois accommodés font ce *commerce*; & on y en trouve de grands magasins.

Les fromages vont de-là à Paris, à Orléans, à Nantes, & dans tous les pays qui sont arrosés de la rivière de Loire.

Riom, Maringues, Anjon, Chaudes-Aigues, ont des tanneries où il se prépare des cuirs qui se débitent à Lyon.

SORTES d'étoffes qui se fabriquent en Auvergne, la quantité qui s'y en fait, les lieux de leur fabrique, & le nombre de marchands qui en font le commerce.

En général, les *étoffes* qui se font dans la *généralité* de Clermont, sont des étamines buratées, des rases & des serges.

AMBERT. Les étoffes qui s'y font sont des étamines buratées & des rases : il s'y en fabrique, année commune, deux mille pièces. Six marchands en font le commerce.

CUNLHAC. Il ne s'y fait que des étamines buratées, environ deux mille pièces par an; trois marchands entretiennent cette *fabrique*.

SAINT-FLOURS, a des raz & des serges; & il s'en fait dix-huit cent pièces des premières, & onze cent des autres. Il y a quatorze marchands & quatre teinturiers.

AURILLAC. On y fait des raz & des étamines; de celles-ci six cent pièces; & de celles-là quinze cent; il y a dix-neuf marchands, sept teinturiers, & six moulins à foulon.

On a parlé plus haut de ses dentelles.

BRIOUDE. On n'y fait que des serges environ cinq cent pièces par an. Elle a treize marchands & trois teinturiers.

Il y a outre cela dans la *généralité* plusieurs villes dans lesquelles il se vend quantité de draperies & autres étoffes, quoiqu'il ne s'y en fabrique point; lesquelles étoffes & draperies y doivent être visitées & marquées par l'inspecteur du département. Les principales sont :

CLERMONT, qui a vingt-neuf marchands & trois teinturiers.

MONTFERRAND, où il y a deux marchands.

RIOM, qui en a seize, & quatre teinturiers. A MARINGUES il y a quatre marchands, qui font un commerce très-considérable. A THIERS, douze marchands; à ISSOIRE, dix. Il se fait quelques grosses étoffes aux environs de cette ville. A LANCEAT, quatre marchands; à MURAT, huit; à SARLET SAINT-MARTIN, trois; à MAURIAC, deux. Il y a

aussi une foire assez considérable. Il se fait pareillement un grand concours aux deux foires d'ALLANCHE, où il y a cinq marchands. BRLLON en a trois & un marché par semaine : enfin, ARDES à de même trois marchands; mais ni foires, ni marchés.

Murat, la Chaise-Dieu, Allanche & Vineroltes, pour les points de France & d'Angleterre. Ce sont les marchands de Clermont & du Puy-en-Velay qui les achetent & les débitent ensuite par tout le royaume.

FELLETIN. On parle ailleurs des tapisseries de hautelisse, qui se fabriquent dans cette petite ville de la haute-Marche. *Voyez* l'article de la *haute-lisse*.

Ses trois autres *Manufactures* sont des draps très-grossiers, qu'on nomme *bures*, qui servent à l'habillement du menu peuple & des paysans.

Son principal négoce consiste en gros & menu bétail, qui se conduit dans les provinces voisines, & même jusqu'à Paris. Ce bétail se vend aux foires de Felletin même, ou à celles de Châtelus & de Faux, deux gros bourgs qui n'en sont pas éloignés, où les marchands de Picardie, de Touraine, du Berry & du Blaisois, viennent enlever quantité de moutons. On y trouve aussi d'excellens bœufs pour le tirage, qui se vendent aux marchés qui se tiennent tous les mois à *Felletin*.

COMMERCE DE NORMANDIE.

Pour donner plus d'ordre à ce qu'on a à dire du négoce de cette vaste & riche province, on la divisera en ses trois généralités, qui sont celles de *Rouen*, d'*Alençon* & de *Caen*; & l'on en fera trois articles séparés.

Généralité de Rouen.

Le principal *commerce* de cette *généralité* consiste en draperies, sergeries, tapisseries, toiles, cuirs tannés, chapeaux, peignes, papier, cartes à jouer, bleds, cidres, bestiaux, chauvres, lins & en différentes pêches, qui se font à Dieppe, Honfleur, le Havre, &c.

Les toiles qui se font dans cette partie de la Normandie, sont :

1º. Des fleurets blancards, qui se font dans les élections de Ponteau-de-Mer, de Lizieux & Bernay : elles se vendent au marché du bourg Saint-Georges; & s'assortissent avec des toiles nommées *toiles de coffre*, fabriquées à Evreux & à Louviers, pour être envoyées en Espagne & dans l'Amérique Espagnole.

2º. Des toiles fines pour chemises & mouchoirs.

3º. Des toiles pour servir aux voiles de navire & aux emballages.

4º. Des toiles rayées & à carreaux, dont une partie passe dans la nouvelle France.

Et 5º. Des toiles brunes pour doubler des habits, qui toutes se travaillent dans les élections de *Rouen*, Caudebec, Arques & Montiolliers.

Les tanneries de *Rouen* & des environs, sont considérables; & c'est-là qu'on prépare presque tous les cuirs verds du pays; aussi-bien qu'une grande quantité de ceux qui font apportés en *France*, des Indes occidentales d'Efpagne, du Sénégal & du refte de la côte d'Afrique.

Les chapeaux de toutes fortes, qui fe fabriquoient autrefois en grand nombre dans plufieurs lieux de la *généralité*, & qui s'envoyoient en Angleterre, en Hollande & en Allemagne, font prefque réduits à la feule confommation de la province; ce qu'on peut dire auffi du papier, des cartes à jouer, des peignes de buis & de corne & d'autres ouvrages de mercerie, dont néanmoins on fait toujours des envois dans le Nord, en Portugal & en Efpagne; mais bien diminués, en comparaifon du négoce qui fe faifoit autrefois.

La pêche eft auffi un objet important de commerce pour les côtes & les villes maritimes de la *généralité de Rouen*. Les Dieppois & les marchands du Havre & de Honfleur, femblent fe l'être partagée; les premiers s'adonnant communément à la pêche du hareng, & les autres à celle de la morue.

Pour les autres pêches de poiffon frais, elles font reftées en quelque forte communes, & fe continuent toute l'année; mais de certains poiffons, comme du maquereau, feulement dans leur faifon.

Enfin, les beurres, les cidres, les beftiaux & les bleds du pays de Caux, font encore une partie du négoce de la *généralité de Rouen*, qui eft très-confidérable. L'on parle ailleurs des chevaux normands.

Saint-Vallery en Caux. Gros bourg de *France* dans la haute Normandie, fon port eft affez bon, & y attire un commerce confidérable. La navigation de ce bourg confifte en quelques bâtimens pour la pêche de la morue en Terre-neuve; en groffes barques pour la grande pêche du hareng, & pour le tranfport des denrées; & en petites barques ou bateaux, pour les petites pêches le long de la côte.

MÉMOIRE fur les manufactures de Rouen & de fa généralité.

ROUEN. La principale *fabrique de draps* de cette ville, & qui y occupoit autrefois le plus de métiers, étoit celle des draps d'Uffeau d'une aune de large. Préfentement ce font les draps façon d'Elbœuf, qui ont pris leur place. Cette dernière *fabrique* eft bonne & fe perfectionne tous les jours; elle n'a pas néanmoins encore acquis la perfection des véritables Elbœufs. A l'égard de celle des draps d'Uffeau, elle s'y foutient toujours; mais il s'en fait beaucoup moins, depuis que la façon d'Elbœuf a prévalu.

Une troifiéme forte de draps, qui fe fait à *Rouen*, font les draps façon d'Angleterre; mais cette *fabrique* ne donne pas tant d'étoffes à beaucoup près, que les deux premières.

Les autres étoffes de lainage qui s'y font, font des droguets blancs, appellés vulgairement *Efpagnolettes*, d'autres droguets de toutes couleurs de demi-aune de large, & des ratines blanches de cinq quarts auffi de large.

Il s'y fait encore des baracans fil & laine de deux tiers de large très-communs, & des berluches ou droguets moins communs. Ces deux dernières *fabriques* occupent plus de foixante métiers; & les autres à peu près deux cent. Les maîtres qui font travailler aux unes & aux autres, paffent ordinairement le nombre de foixante.

Toutes ces étoffes fe débitent dans tout le royaume, & fur-tout à Paris.

Il y avoit autrefois à *Rouen* deux communautés de drapiers; l'une qu'on nommoit la *grande draperie*; & l'autre, la *draperie foraine*. Les premiers ftatuts de celle-ci, font ceux de 1401; la grande draperie n'en eut que 1408.

Les deux draperies ayant été réunies en 1424, on leur donna des réglemens communs en 1451, qui furent bien-tôt fuivis de ceux de 1462; & encore depuis de ceux de 1490.

Ce font les réglemens de 1451, qui ont continué d'être obfervés jufqu'ici, à la réferve des articles où il a été dérogé par le réglement général de 1669.

Tous ces réglemens étant abfolument néceffaires pour maintenir la police de la draperie de *Rouen*, & pouffer les étoffes qui s'y fabriquent, à la dernière perfection; on les trouvera à l'article général des réglemens fuivant l'ordre de leur date.

L'on fait auffi à *Rouen* des étoffes mêlées de foie & de laine, qu'on appelle vulgairement des *papelines* ou *ferandines*; les maîtres qui y travaillent, fe nomment *paffementiers*, qui compofent une communauté d'environ cinquante maîtres; autant de métiers font occupés à cette *fabrique*. Il fe débite beaucoup des étoffes qui s'y font, dans tout le royaume, particulièrement pour Paris.

La *manufacture* des brocatelles & des ligatures, qui font des efpèces de tapifferies de fil & de laine, a été apportée à *Rouen* de la Flandre Efpagnole, qui avant cet établiffement en fourniffoit toute la *France*; mais les ouvriers de *Rouen* y font devenus fi habiles, & il s'y en fait une fi grande quantité, que cette feule *fabrique* entretient près de deux cent métiers; & que fes brocatelles fe répandent dans tout le royaume, qui n'en tire plus guères des Flamands.

Une autre tapifferie dont il fe fait auffi un affez grand négoce, eft la bergame que les Parifiens appellent *tapifferie de la porte de Paris*; parce que ceux qui les vendent, tiennent leurs boutiques aux environs de cette ancienne foretereffe de Paris. Il s'y en fait de trois fortes; de fines où il entre de la foie, de belles laines, & du fil; d'autres de moins fines, qui ont la chaîne de fil, & la trame de laine; & d'autres plus communes, dont la trame n'eft que de poil de chévre ou de vache. Il y a environ quarante maîtres tapiffiers qui travaillent aux bergames. Beaucoup de ces tapifferies fe débitent dans le royaume: il en va auffi dans les pays étrangers, particulièrement dans le Nord.

La tifferanderie eft auffi une *fabrique* confidérable à *Rouen* ; & elle y occupe plus de foixante & dix métiers, fous trente à quarante maîtres toiliers, c'eft ainfi qu'on y appelle ce qu'on nomme ailleurs des *tifferands*. Les fortes de toiles qu'on y fabrique, font des blancards, des fleurets, des toiles brunes & des toiles de coffre. On peut voir à l'article des réglemens des toiles, ceux de 1676, 1683, 1684 & 1716, donnés pour les toiles de *Rouen* & des environs.

Toutes ces toiles fe vendent fur les lieux, d'où elles font envoyées partie à Paris, & partie dans les pays étrangers, entr'autres en Efpagne.

La grande quantité qui s'y en fabrique & dans toute la *généralité*, a fait établir à *Rouen* un des fix infpecteurs des manufactures pour les toiles qui font dans le royaume.

Il fe fait, année commune, dans la chapellerie de *Rouen* & des villages circonvoifins, près de trois mille cinq cent donzaines de chapeaux de laine, & jufqu'à fix cent douzaines de chapeaux à poil ; cette grande quantité d'ouvrage fe fait par quatre-vingt maîtres chapeliers établis, tant dans la ville & fes fauxbourgs, qu'aux environs. Partie de ces chapeaux fe débitent dans *Rouen* même, le refte va à Paris.

Il fe fait dans plufieurs moulins établis dans quelques vallées voifines de *Rouen*, une très-grande quantité de papier de toutes fortes, particulièrement de gros papier pour fervir d'enveloppes aux étoffes & marchandifes, & du papier pour l'imprimerie ; la *fabrique* du papier à écrire n'y réuffiffant pas fi bien que ces deux autres efpèces. Chaque moulin peut faire huit à dix rames de papier par jour, & occupe ordinairement jufqu'à fix perfonnes.

Enfin, les maîtres teinturiers y font au nombre de près de quarante, partie du grand & bon teint, & partie du petit teint. Ils travaillent également les uns & les autres pour les *manufactures* de la ville & pour celle de Darnetal.

Il entre, année commune, dans la ville de *Rouen*, neuf mille balles de laines, dont il y en a plus de la moitié de laines d'Efpagne de différentes qualités ; le refte eft de celles de *France* qu'on nomme *laines communes*.

DARNATAL ou DARNETAL. La *fabrique* de la draperie du bourg de *Darnetal*, y eft très-ancienne. Le corps des maîtres qui y travaillent, n'eft pas feulement compofé des fabriquans de ce bourg ; mais auffi de tous les villages de cette vallée. On les nomme ordinairement *drapiers façonniers*, & c'eft le nom qu'ils ont dans leurs ftatuts.

Les premiers de ces ftatuts font du régne de Henri III, en 1587, confirmés depuis & augmentés en 1605 par Henri IV, en 1626 par Louis XIII, & en 1644 par Louis XIV. On peut voir dans l'article des réglemens, le paragraphe où il eft parlé de ceux dreffés depuis 1601 jufqu'en 1721.

Les diverfes draperies qui fe fabriquent par les maîtres de cette communauté, font des draps façon

d'Angleterre & de Hollande, qui occupent ordinairement au-delà de quatre-vingt-dix métiers.

Des draps, façon d'Elbœuf, où travaillent environ fix métiers.

Des draps d'Uffeau, pour lefquels il y en a jufqu'à vingt-cinq.

Et des droguets où pinchinats, qui en ont quarante ou quarante-cinq.

On eftime les draps de *Darnetal*, d'une qualité un peu inférieure à celle des draps de Rouen ; mais l'expérience a fait connoître qu'il étoit avantageux au commerce des uns & des autres, qu'ils ne fuffent pas égaux. Le débit s'en fait par tout le royaume.

La *fabrique* des couvertures de laines, eft la feconde branche du négoce de ce bourg & de fa vallée, & ne le cède guères à celle des draps. Il s'y fait des couvertures de toutes qualités, de grandes, de petites, de fines, de communes & de groffes, & en fi grande quantité, qu'elle en fournit feule à la moitié du royaume. Près de quatre-vingt métiers font employés pour cette *manufacture*.

SAINT-AUBIN-LA-RIVIERE. La *fabrique* des draperies n'a commencé à *Saint-Aubin*, qu'en l'année 1691 ; les lettres-patentes de fon établiffement, font du mois de feptembre 1672 : elles lui donnent la qualité de *manufacture royale & privilégiée*.

Ses premiers entrepreneurs ont été de riches marchands de Rouen, entr'autres les fieurs Ango & Cannu, qui y ont fait faire des draps façon de Hollande & d'Angleterre, qui ont affez bien réuffi. Ses métiers font préfentement au nombre de plus de trente.

ELBŒUF. La *manufacture* des draps d'*Elbœuf*, eft d'un ancien établiffement, & s'eft toujours foutenue avec réputation, fuivant la qualité des draps qui y ont été entrepris en différens temps.

Jufques au grand réglement de 1669, il ne s'y étoit fabriqué que de gros draps blancs qu'on faifoit teindre en diverfes couleurs, pour faire des manteaux de pluie & des cafaques de campagne. Mais toutes les manufactures du royaume ayant été alors animées & foutenues par la protection que leur avoit accordé Louis XIV, à la follicitation & par les foins de M. Colbert, celles d'*Elbœuf* furent des premières qui en reffentirent les effets par deux établiffemens confidérables, qui s'y firent de draps fins façons de Hollande & d'Angleterre, & par la perfection qu'y acquirent les autres fortes de draps qui s'y fabriquèrent depuis.

Les fieurs le Mounier & le Comte, furent les entrepreneurs de ces nouveaux établiffemens ; l'un avec quatre affociés, & l'autre avec fix. Quoique tous les deux fuffent très-habiles, le premier fut le plus heureux, & il donna fon nom aux draps d'*Elbœuf*, qui furent long-temps appellés *draps de Mounier*.

Comme la plupart de ces entrepreneurs faifoient profeffion de la R. P. R. on crut que leur retraite en Hollande, après la révocation de l'édit de Nantes, cauferoit la ruine de leurs manufactures ; mais elles ont été fi heureufement foutenues par les maîtres catholiques, qui avoient travaillé fous eux, que les draperies d'*Elbœuf*, bien loin d'avoir fouffert quelque diminution en les perdant, ont augmenté de réputation, & fe font confervées un rang honorable parmi les meilleures fabriques du royaume.

On compte préfentement à *Elbœuf* environ quarante maîtres, qui occupent près de trois cent métiers, dont la plus grande partie travaillent en draps fins ordinaires ; n'y en ayant qu'une trentaine pour les draps fins façon de Hollande & d'Angleterre, & feulement quatre ou cinq pour les draps blancs.

La *manufacture* des tapifferies, façon de point de Hongrie, est affez confidérable. Elles font du nombre de celles qu'on nomme à Paris, *tapifferies de la porte de Paris*. On en parle ailleurs. *Voyez* TAPISSERIE.

Il y a à *Elbœuf* trois marchés par femaine ; fçavoir, le mardi, le vendredi & le famedi ; & une foire à la Saint-Gilles, où il fe trouve quantité de marchands ; les bleds font le principal objet de commerce de ces marchés, & les draperies, de fa foire.

Une voiture d'eau, qui part tous les jours d'*Elbœuf* pour Rouen, facilite l'enlévement de fes marchandifes & de fes grains.

ORIVAL. Il ne fe fait à *Orival*, que des draps façon d'Elbœuf, d'une aune & un quart de large. Quatre ou cinq maîtres y font travailler environ vingt métiers.

LOUVIERS. Il fe fait dans cette *fabrique* de deux fortes de draps ; les uns façon de Hollande & d'Angleterre, & les autres façon d'Elbœuf. Les premiers occupent environ vingt-cinq métiers, & les autres jufqu'à foixante. On y compte onze ou douze maîtres, entre lefquels font partagés fes quatre-vingt-cinq métiers.

C'eft au fieur Langlois, que la ville de *Louviers* eft redevable de l'établiffement de ces deux *fabriques* de draperies ; mais ce font les fieurs Jean Maille & fes affociés, André & Thomas le Mounier, qui les ont perfectionnées. Le premier en obtint le privilège en 1681, que les autres comme fes ceffionnaires, ont exercé depuis. La plupart des maîtres qui travaillent préfentement dans cette *manufacture*, font enfans de la ville, & ont fait leur apprentiffage fous ces trois habiles fabriquans.

Sa majefté accorda un fecond privilége en 1687, aux fieurs Remalles, Hollandois ; mais les étrangers n'ont pas fi heureufement réuffi que les François.

PONT-DE-L'ARCHE. Les draps de cette *fabrique* ont beaucoup de réputation ; elle y fut établie en 1690, par les fieurs de la Rue & Bourdon, habiles fabriquans d'Elbœuf, qui ont depuis étendu cet établiffement dans deux villages voifins. Les métiers du chef-lieu & de fes deux annexes, vont jufqu'au nombre de vingt-cinq. Les draperies qu'on y fait font des draps façon de Hollande & d'Angleterre.

Le commerce des bois y eft auffi très-confidéra-

ble, & fa forêt qui s'étend jufques auprès de Louviers, en fournit quantité à Paris & à Rouen.

EVREUX. Les draperies qui s'y font, confiftent en draps, en frocs & en ferges. Ces dernières font des ferges blanches de demi-aune de large de très-bonne qualité, où l'on n'emploie que des laines du pays. Le débit s'en fait aux marchands de la ville & à ceux de Rouen. La fabrique de ces étoffes occupe près de vingt-cinq métiers. Les eaux de la rivière d'Iron, une des deux qui traverfent cette ville, font très-bonnes pour l'apprêt des laines.

On fait auffi à *Evreux* une très-grande quantité de toiles, & il fe débite beaucoup de grains dans fes marchés.

GIZORS. Il fe faifoit autrefois à *Gizors*, quantité de draps communs ; mais comme on n'y employoit que des laines du pays, qui font d'une très-mauvaife qualité, cette fabrique eft prefque tombée.

On y établit en 1693, une *manufacture* de draps façon de Hollande & d'Angleterre, qui fe foutient avec affez de réputation : cet établiffement fut fait par le fieur Buffier, marchand de Rouen, en vertu de lettres-patentes ; les quatre métiers qui commencèrent d'abord cet établiffement, ont été depuis augmentés de plufieurs autres.

GOURNAY. Les *manufactures* de cette ville confiftent toutes en ferges façon de Londres, qui font très-bien travaillées, & qui pourroient paffer pour parfaites, fi les facturiers pouvoient y employer de meilleures laines.

L'établiffement de cette *fabrique* a commencé en 1673, par ordre exprès du roi, qui en chargea les fermiers-généraux ; deux manufacturiers de Beauvais, en avoient la conduite en 1693, mais toutes les avances fe faifoient par les fermiers. Elle continue toujours à peu près fur le même pied, & occupe environ foixante métiers.

On tient à *Gournay*, tous les mardis de chaque femaine, un marché célèbre par les bons beurres de Bray, qu'on y vient chercher de tous côtés.

BOLBEC. Ce bourg, un des plus confidérables du pays de Caux, eft célèbre par la fabrique des étoffes de laine, qu'on nomme *frocs* qui font eftimées les meilleures de toutes celles qui fe travaillent en Normandie. Il s'en fait de deux fortes ; les unes, de deux tiers de large ; & les autres, de demi-aune en feize, qui font les unes & les autres de pure laine du pays.

Cette *fabrique* qui n'avoit d'abord été établie que dans le bourg, s'eft depuis étendue dans plus de vingt villages circonvoifins, où plus de cinquante maîtres font travailler près de quatre-vingt-dix métiers. Le produit des étoffes tant de *Bolbec*, que des environs, va année commune à fix mille pièces, qui fe vendent partie fur les lieux, & partie aux marchands de Rouen.

Les autres *fabriques* de *Bolbec*, font des toiles, des dentelles de fil, des chapeaux & des cuirs ; la tannerie fur-tout, y eft très-confidérable ; il s'y fait auffi d'affez bonne coutellerie.

Le territoire produit des grains, du bois à bâtir

& à brûler; & l'on éléve de gros & de menus beftiaux dans les pâturages.

La foire qui s'y tient à la Saint-Michel, eſt très-
conſidérable, & il s'y vend quantité de marchandiſe
du crû du pays, & la meilleure partie des étoffes
qui ſe fabriquent dans le bourg ou aux environs :
on en débite auſſi beaucoup à ſes marchés qui ſe
tiennent tous les lundis de chaque ſemaine.

GRUCHET. Les frocs qui ſe fabriquent dans ce
petit bourg, ſont de mêmes qualités que ceux de
Bolbec : neuf maîtres y font travailler environ quinze
métiers.

FESCAMP. On peut diſtinguer les *manufactures*
de Feſcamp, en anciennes & en nouvelles. Les anciennes ſont des ſerges très-fortes, d'une anne de
large, & des frocs de la qualité de ceux de Bolbec.
Les nouvelles, ſont des draps fins façons d'Angleterre & de Hollande. Les premières qui n'occupent
que ſept à huit métiers, & environ quinze métiers,
ſe font tout de laine du pays. Les autres qui font
travailler juſqu'à cinquante métiers, emploient partie
laines étrangères, & partie laines des meilleures du
royaume. Cette dernière fabrique eſt aſſez nouvelle,
& n'a été établie à *Feſcamp*, qu'en l'année 1692,
en vertu d'un privilége accordé au ſieur le Bailly,
marchand de Rouen.

Les commencemens de cet établiſſement ont été
aſſez difficiles par la faute de ceux à qui l'entrepreneur l'avoit d'abord confié ; mais l'habileté de trois
étrangers qui en ont eu enſuite la conduite, l'a
pouſſé ſi près de ſa perfection, qu'il en eſt ſorti
des draps auſſi beaux & auſſi parfaits que ceux d'Angleterre même.

Les ſerges & les frocs qui ſe fabriquent à *Feſcamp*, ſe débitent ordinairement ſur les lieux, les
draps fins ſe deſtinent pour Paris & pour Rouen.

Outre les étoffes de draperies, il ſe fait encore à
Feſcamp des toiles, des dentelles & des chapeaux ;
mais ſur-tout les tanneries y ſont conſidérables.

Les habitans de cette ville ſont du nombre de
ceux qui envoient leurs bâtimens aux grandes pêches, particulièrement à celle du hareng dans la
première ſaiſon : ils en envoient moins ſur le grand
banc pour la morue. A l'égard de la pêche de la
marée fraîche, ils la font toute l'année avec de
petits bateaux le long des côtes. Ce poiſſon eſt la
plupart deſtiné pour Paris.

DIEPPE. Cette ville ſi célèbre par ſon grand commerce de mer, l'étoit auſſi autrefois par ſes *manufactures* de lainage, & il s'y fabriquoit beaucoup de
draps noirs & de ratines de cinq quarts de large. Il
ne s'y en fait preſque plus préſentement, & il y a
apparence que cette fabrique tombera entièrement,
ſur-tout, l'expérience ayant fait connoître que ce
lieu eſt peu propre pour les manufactures : auſſi
n'en fait-on mention que pour en conſerver la mémoire. On parlera ailleurs des autres objets de ſon
négoce.

VILLAGES DU PAYS DE CAUX. Il ſe fait quantité
de frocs & de belinges dans pluſieurs villages du
bailliage de *Caux*, particulièrement entre Feſcamp
& Dieppe, mais de moindre qualité que ceux de
Bolbec, ſoit pour la fabrique, ſoit pour la bonté
des laines.

SAINT-VALLERY EN CAUX. On y travaille en
draperies, en frocs & en toiles, qui ſe débitent aux
marchés qui s'y tiennent tous les mardis & vendredis, & principalement à la foire qui s'y tient les
deux fêtes qui ſuivent celle de la Pentecôte.

Généralité de Caen.

Cette *généralité* n'a pas un commerce moins
étendu & moins important, que celle de Rouen :
mais il ſemble que chaque élection s'en ſoit, pour
ainſi dire, approprié une portion, en s'appliquant
à différens négoces.

Dans l'élection de *Caen*, on fait des draps, des
lingettes & des toiles façonnées, qu'on nomme communément *grand & petit Caen*, & *linge ouvré*.
C'eſt auſſi à *Caen* qu'on tranſporte par charroi tout
ce qui ſe travaille de ces ſortes de marchandiſes
dans les élections, de Vire, Falaiſe & Argentan.
On y recueille auſſi quantité de drogues & de
plantes propres pour la teinture ; comme du voide,
de la gaude, de la gravelle & du ſumac.

Les beurres d'Iſſiguy, que les marchands de
Paris & de Rouen tirent par la mer ; les ſels blancs,
qui ſe font dans diverſes ſalines ; les toiles depuis
douze ſols juſqu'à quatre livres l'aune, qui ſe font
à Bayeux & aux environs, ſont les marchandiſes
de l'élection de *Bayeux*.

L'élection de *Carantan*, n'a de trafic que celui
de ſes laines & de ſon cidre.

A *Cherbourg*, on conſtruit des navires marchands,
& les chantiers y occupent aſſez d'ouvriers, & conſomment aſſez de bois de la *généralité*.

A *Quieville* & l'*Eſpieuſe*, où il y a marché
toutes les ſemaines, on trafique de bled & de cidre.

A *Montebourg*, à *la Hougue* & à *la Pernette*,
il ſe vend beaucoup de laine du pays, aux foires
qui s'y tiennent tous les ans.

Enfin, à *Portebail*, il y a plus de vingt ſalines,
où il ſe fait du ſel blanc.

Les laines, la garence, le paſtel, la gaude, toutes herbes à teinturier, auſſi-bien que les chardons
à drapier & à bonnetier, qui ſe recueillent preſque
ſans peine dans l'élection de *Coutances*, font une
partie de ſon négoce, & ſont tranſportés ailleurs,
à la vérité avec quelque profit, mais non pas tel
qu'il étoit, lorſque tout s'employoit dans les fabriques du pays.

Le chanvre & le lin, qui croiſſent beaux & en
abondance dans cette élection, paſſent dans les
élections voiſines, qui en ſçavent mieux profiter.

Pour le commerce de mer, & particulièrement
la pêche de la morue, où les habitans du Cotentin maritime s'adonnoient fort, il eſt preſque réduit
à celui qui ſe fait à *Granville*; encore en ſort-il à
peine ſept ou huit bâtimens pour le grand Banc,
au lieu de quarante, qui y alloient autrefois. Les

navires, qui en reviennent, vont ordinairement dé-charger leur morue; si c'est de la morue seche, à Marseille & autres ports du Levant; ou à Bordeaux, pour être envoyée en Espagne.

Les cidres de l'élection d'*Avranches*, qui pas-sent pour les meilleurs de la basse Normandie; les chanvres & les lins, qui s'y cultivent en quantité; & le petit sel blanc, qu'on nomme le *quart-bouil-lon*, sont tout son négoce. Les habitans des côtes, transportent toutes ces marchandises sur des bateaux plats, de vingt à vingt-cinq tonneaux, à Granville, à Saint-Malo & en basse Bretagne. Il va néanmoins une partie de leur chanvre & de leur lin, en Anjou & au pays du Maine.

Il y a trois grosses forges de fer dans l'élection de *Vire*, où il se fabrique quantité de dinanderie; l'une, est celle d'Envou; l'autre, celle d'Alouze; & la troisiéme, celle de Cherbourg.

Il y avoit aussi jusqu'à quinze moulins à papier, dont ce qui s'en fabriquoit, se portoit à Caen, & de-là étoit embarqué pour l'Angleterre & la Hol-lande. La *fabrique* en subsiste toujours, mais avec beaucoup moins de moulins; l'interruption du com-merce étranger les ayant diminués.

Le reste du commerce de cette élection consiste en draperies, lingettes, poteries, & quelques gros-ses toiles.

Les toiles se font à *Athis*, *Flers* & *Halouze*, & se portent à Caen, Rouen & Bayeux.

Il se fait des poteries à *Ville-Dieu*.

Il y a à *Ville-Dieu*, une fonderie considérable pour le cuivre.

Le pays d'*Auge* produit des grains & des lins, & une quantité extraordinaire de pommes dont on fait d'excellent cidre. La forêt de *Jougne* fournit des bois pour bâtir & pour brûler. Il y a aussi des salines où l'on fait de très-beau sel blanc. On parle ailleurs du gros bétail qui se nourrit dans ses pâtu-rages.

MANUFACTURES *de la généralité de Caen.*

CAEN. Les draperies & autres étoffes de laine qui se fabriquent à *Caen*, consistent en draps façon de Hollande & d'Angleterre, en ratines, en serges nommées *lingettes*, en frocs & en revêches.

Les draps & les ratines se font dans une *manu-facture* qui doit son établissement au sieur Massieu, qui en obtint le privilége sur la fin du dix-septiéme siécle. Les laines qu'on y emploie, sont toutes lai-nes d'Espagne. Douze métiers, un teinturier & un moulin à foulon travaillent pour cette fabrique; dont le produit va, année commune, à plus de soixante & dix pièces d'étoffes. Le principal débit s'en fait à Paris; on en tire néanmoins quelques pièces pour d'autres villes du royaume.

Les autres étoffes de laine occupent près de sept cent métiers, trois moulins à foulon, autant de tein-turiers du grand teint, & cinq teinturiers du petit teint. Leur produit va, année commune, depuis

neuf jusqu'à dix mille pièces, qui se débitent aux foires franches de cette ville & à la Guibray, & delà par tout le royaume.

On peut voir ce qu'on dit ailleurs de ces foires. *Voyez-en* l'article.

Les eaux de cette ville sont très-bonnes pour la teinture, & les campagnes des environs produisent plusieurs des drogues des teinturiers, comme on l'a déja dit.

La bonneterie de *Caen* est très-considérable & fort estimée; cent métiers fournissent tous les ans plus de vingt mille paires de bas.

Ses tanneries n'ont pas moins de réputation, sur-tout pour les cuirs forts, qui s'y préparent aussi-bien qu'en aucun lieu du royaume. On a dit ci-dessus, que les cuirs qu'on y travaille, sont presque tous des cuirs étrangers, particulièrement de Saint-Domingue, du Brésil, de la Havanne, de Cartha-gène, de Curaçao, du Mexique & d'Irlande, qui y arrivent par la voie de Rouen.

Les toiles sont aussi un des principaux objets de commerce de cette ville; il s'y en fabrique en si grande quantité & aux environs, qu'elle est un des six départemens des inspecteurs des *manufactures* pour les toiles, établies dans le royaume. Son ins-pection comprend en particulier la fameuse foire de la Guibray, où se débitent la plupart des toiles des trois *généralités* de Normandie & de celle de Bre-tagne. On peut voir le détail de ce négoce à l'ar-ticle des toiles, où il est parlé de celles de Nor-mandie.

SAINT-LO. Cette ville est en réputation pour la *manufacture* des serges fortes auxquelles elle a donné son nom: on y fait aussi des finettes & des raz qui sont fort estimés. Ces différentes fabriques occupent plus de deux mille ouvriers, quatre-vingt dix métiers, huit moulins à foulon, trois teintu-riers du grand teint, & un ou deux teinturiers du petit teint. Leur produit monte, année commune, à près de quatre mille pièces d'étoffes, qui se dé-bitent à Paris, à Rouen, à Lyon & dans quelques autres villes du royaume, mais particulièrement aux foires de *Saint-Lo* même, de Caen, & à la Gui-bray.

Toutes ces étoffes sont d'un excellent user, sur-tout lorsqu'on n'y emploie que des laines du Co-tentin, où l'on voit que les vers ne se mettent jamais. Les serges de *Saint-Lo*, servent commu-nément aux habits des religieux & religieuses.

Un autre objet de commerce de cette ville con-siste dans les cuirs dont il y a plusieurs tanneries, qui presque toutes ne travaillent qu'en cuirs menus, entr'autres à ceux qu'on nomme *des cuirs de l'em-peigne*, qui servent à faire le dessus des souliers. L'apprêt en est si bon, que les peaux de vaches y égalent les veaux mêmes d'Angleterre; tant elles sont douces & molles. Il s'en tire quantité pour Paris, où les cordonniers les estiment beaucoup.

Il y a trois foires à *Saint-Lo*; l'une à la Saint-Gilles, l'autre à la Magdelaine, & la troisiéme à la

Saint-Mathieu. Il s'y tient auffi un marché confidé-rable tous les jeudis.

VIRE. Les draps qui fe fabriquent à *Vire*, & qui en portent le nom, font des draps communs d'une aune de large. Il s'y fait pareillement des ferges ou lingettes auffi-bien que dans plufieurs vil-lages des environs, entr'autres à Condé, Caligny, Monfegre, Cartemont, Cerify & Frênes. Les draps fe débitent à Paris, en Touraine, en Anjou & en Bretagne, où on les transporte ordinairement par charroi ou fur des chevaux; les ferges vont en Bretagne. Il vient auffi des uns & des autres à Paris & à Rouen.

Toutes ces *manufactures* occupent plus de trois cent métiers, vingt fept moulins à foulon, & deux teinturiers. Les étoffes qui s'y fabriquent, montent ordinairement à près de douze mille pièces par an.

Le commerce du papier a été long-temps très-confidérable à *Vire*, & l'on y faifoit travailler jufqu'à cinq moulins, qui en envoyoient tous les ans une grande quantité à Caen, où on l'embarquoit pour l'Angleterre, la Hollande & autres pays étran-gers. Les continuelles guerres du régne de Louis XIV, avoient interrompu ce négoce, & diminué le travail des moulins; mais la paix fi heureufe-ment confervée fous celui de Louis XV, a rétabli en partie ce commerce fur l'ancien pied. On voit néanmoins qu'il ne fera pas poffible qu'il le foit jamais entièrement, à caufe des droits qui y font de quinze pour cent plus forts qu'en Bretagne, ce qui détermine les marchands à s'en pourvoir dans les papeteries de cette dernière province.

La dinanderie y occupe auffi quantité d'ouvriers, comme font les fondeurs, les brifeurs, les batteurs & les poliffeurs. On y excelle fur-tout en forces à tondeurs; & on s'y eft fi bien perfectionné, qu'au lieu que les fabriquans de cette ville en tiroient au-trefois de Lyon, c'eft elle préfentement qui en four-nit aux facturiers de Lyon.

Il fe tient à *Vire*, quatre foires confidérables cha-que année; fçavoir, la première, le vendredi d'après Pâques; la feconde, à la Saint-Michel; la troifiéme, à la Sainte-Catherine; & la quatriéme, à la Saint-Nicolas. Il y a auffi un grand marché tous les vendredis de l'année.

VALOGNE. La *fabrique* des draps de cette ville étoit autrefois confidérable, & avoit de la réputa-tion pour la bonne qualité des draperies qui s'y fai-foient. C'eft peu de chofe préfentement; & à peine s'y trouve-t-il fix maîtres facturiers, dont encore cinq feulement travaillent pour leur compte.

Les draps de *Valogne* font tous draps forts; les uns blancs, les autres gris, qui font propres pour les habits des religieux; ils fe font tous de laine de pays, qui eft affez bonne quand elle eft bien dé-graiffée. Il ne fe fait que quarante pièces de draps blancs, & feulement une quinzaine de draps gris. Il y a cependant jufques à cinq moulins à foulon pour en faire les apprêts.

CHERBOURG. Les draps qui fe font en cette ville,

font de même qualité que ceux de Valogne, tant pour la fabrique, que pour les laines; mais il y a bien de la différence pour le nombre des ouvriers qui y travaillent, & la quantité de pièces qui s'y en fait chaque année.

Plus de trente maîtres foutiennent cette *fabrique*, & il y a jufqu'à treize moulins pour faire les apprêts du dégraiffage & du foulage des étoffes. Le produit fe monte année commune, à quinze cent pièces, qui pour la plus grande partie, fe tirent pour les marchands de Paris.

Cette ville étoit autrefois confidérable par fon commerce maritime; mais ayant été démolie en 1689, & fon port ayant été négligé, il n'y peut plus entrer que des bâtimens au-deffous de trois cent tonneaux, avec lefquels néanmoins fes habitans font encore quelque commerce le long des côtes du royaume & de celles d'Angleterre. Il s'y fait auffi des conftructions de navires marchands, mais au plus de la quantité de tonneaux que l'on vient de dire.

COUTANCES. Cette ville eft très-propre pour l'é-tabliffement des *manufactures* de lainage, & réu-nit chez elle prefque tout ce qui pouvoit contribuer à les y faire fleurir.

Les laines qu'on y recueille, font excellentes, & ont de plus la qualité fingulière, que les vers ne s'y mettent jamais, ou du moins rarement. Les eaux y font admirables pour les teintures, parti-culièrement pour celles en écarlate. On y trouve en quantité les chardons à drapiers & à bonnetiers, qui font fi néceffaires dans les fabriques des étoffes de laine; & l'on y peut avoir en abondance la ga-rance, le paftel & la gaude, qui viennent prefque fans culture dans tous les environs.

Coutances a long-temps profité de cet avantage, & l'on fe fouvient encore de la réputation des draps & des ferges auxquels elle avoit donné fon nom; mais les guerres de la ligue ayant difperfé la plu-part de fes habitans, fes principaux drapiers & fes plus habiles ouvriers qui fe retirèrent à Valogne, Vire, Saint-Lo, Cherbourg, & quelques autres villes de baffe Normandie, de plus grande défenfe que *Coutances*, y portèrent leurs manufactures, qui y font reftées, & qu'il n'a pas été poffible de rappeller depuis dans la capitale du Cotentin.

Les feules *fabriques* qui s'y trouvent préfente-ment, font quelques petits droguets qu'on nomme vulgairement des *belinges*, & d'autres légères étoffes qu'on appelle des *laines cordées*, qui ne font pas un grand objet de commerce, & qui ne font propres que pour le menu peuple & les payfans de la cam-pagne: les unes & les autres fe font partie de fil & partie des laines du pays: le refte de ces laines fe débite dans les autres fabriques de la province, fur-tout à Saint-Lo, où l'ancienne manufacture des ferges de *Coutances* eft principalement reftée.

Il fe fait néanmoins à *Coutances* un affez bon négoce d'autres draperies & étoffes de laine; mais

les

les marchands de cette ville s'en pourvoient aux foires de Caen & de Guibray.

Les toiles faifoient auffi autrefois un des principaux négoces de *Coutances* ; il s'y en faifoit avant 1664, pour fept à huit cens mille livres par an ; mais les tifferands les ayant fabriquées d'une leze plus étroite que de coutume, & le blanchiment ayant commencé à s'y négliger & à s'y faire avec de la chaux & de la craie, les marchands de Saint-Malo & les Efpagnols, à qui elles fe débitoient, s'en font dégoutés ; & quelques réglemens qu'on ait pû faire depuis, pour en rétablir la réputation, particulièrement ceux du 13 novembre 1673, & du 7 avril 1693, il n'a pas été poffible de remédier au mal.

On voit qu'outre ces raifons, l'établiffement d'un marché de Cerizy, à trois lieues de *Coutances*, a beaucoup contribué à faire tomber cette fabrique, les marchands n'ayant plus depuis ce temps-là fréquenté celui de *Coutances*, qui eft refté entièrement fermé.

On peut voir ce qu'on a dit ci-deffus du commerce de l'élection de *Coutances*.

Les tanneries de *Coutances* font affez confidérables ; elles font pour la plupart établies dans le fauxbourg de Soul, où il y a auffi quelques teinturiers, & divers autres ouvriers. Les cuirs s'envoient à Paris.

BAYEUX. Les étoffes qui fe fabriquent dans cette ville, font des draps, des ferges & des ratines, qui s'y font prefque toutes pour les bourgeois, s'en débitant très-peu au-dehors. Elles font d'une affez bonne qualité, & pourroient avoir cours dans le royaume, fi les fabriquans étoient en état de foutenir ces *manufactures* fur le pied qu'elles étoient autrefois.

On n'y compte plus préfentement que vingt maîtres, qui ne font qu'environ cent pièces d'étoffes par an.

Les teinturiers n'y font qu'au nombre de trois, qui pourtant, par la beauté de leurs ouvrages, foutiennent encore affez bien l'ancienne réputation que cette ville avoit pour les teintures.

Il fe fait à *Bayeux* quelques ouvrages de bonneterie, particulièrement des bas d'eftam, qui font eftimés ; mais il y a déja long-temps que cette fabrique commence à déchoir.

FRESNE & SAINT-PIERRE D'ANTREMONT. Ces deux lieux fourniffent environ douze cent pièces d'étoffes par an, partie ferges de la même qualité de celles qui fe fabriquent à Caen, & partie petites étoffes, fil & laine ; les unes & les autres fe font de laines du pays.

Près de cent métiers travaillent pour ces *manufactures*, & dix-huit moulins à foulon font les apprêts du dégraiffage & du foulage.

Toutes ces étoffes fe débitent en baffe-Normandie, ou s'envoient en Bretagne. Il fe recueille une affez grande quantité de laines dans toute la *généralité de Caen* ; mais qui font de différentes qualités, fui-

vant les endroits. Celles des environs de la ville de Caen, font les moins bonnes de toutes ; & celles depuis Bayeux jufqu'à Cherbourg, & le long de la côte, font au contraire les meilleures : ce font ces dernières qui s'emploient à Saint-Lo, Vire, Valogne & Cherbourg.

L'on compte que dans toutes les élections de la *généralité de Caen*, il fe fabrique environ, année commune, vingt-neuf à trente mille pièces d'étoffes de laine.

Généralité d'Alençon.

Cette *généralité* n'eft point inférieure aux deux autres généralités de Normandie, foit pour la diverfité, foit pour l'importance de fon commerce.

Outre les laines du pays, qui font employées dans les différentes manufactures, les fabriquans en tirent auffi des provinces voifines en affez grande quantité. Il fe fait cinquante ou cinquante-deux mille pièces d'étoffes de laineries dans cette *généralité*, année commune ; & il s'en marque tous les ans plus de feize mille à la feule foire de Guibray. On fera un article à part de cette foire, la plus importante de la Normandie. *Voyez* GUIBRAY.

Les épingles qui fe font à Laigle & à Conches ; la quincaillerie & dinanderie de cette dernière ville ; les tanneries d'Argentan, Vimoutiers, Conches, & Verneuil ; la fabrique des fabots ; les bois quarrés, les planches & le mairain, qui fe conduifent à la mer par les rivières de Dire & de Touque ; l'engrais des volailles, dont il fe fait de fi grands envois à Paris ; les beurres & les œufs qui y font auffi conduits, & le falpêtre de l'élection d'Argentan, font encore d'une affez grande confidération dans le négoce de la *généralité d'Alençon*. Mais deux autres commerces qui enrichiffent davantage cette partie de la Normandie, font les verreries & les forges de fer.

À l'égard des verreries, on a déja dit, que ce font des manufactures nobles, & qu'il n'y a que des gentilshommes qui puiffent avoir des fours à vetre : auffi y peuvent-ils travailler, fans déroger à nobleffe : ce font même eux feuls qui ont droit de fouffler la felle.

Les principales verreries de cette *généralité*, font celle de Nonaut, dans la forêt d'Exme : celle de Tortiffambert, dans la forêt de Montpinfon, & les deux qui font établies dans le Thimarais.

On fabrique dans les deux premières, des verres de criftal, de pierre de Chambourin, & des verres de fougère : dans les deux autres, il ne s'en fait guères que de cette dernière forte, & quelques petits ouvrages en criftal.

Pour les forges, les plus confidérables font à Chanfegray, Varennes, Carouges, Rannes, Conches & la Bonneville. Cette dernière, quoique feulement établie depuis le commencement du dix-huitième fiècle, égale, fi elle ne furpaffe pas même, les anciennes pour la bonne qualité de fon fer & des ouvrages qui s'y font.

R r

Les environs de Domfront, & le pays de Houlme, font les lieux où les mines font les plus abondantes, & defquels on tire le plus de matière minérale pour l'entretien des forges.

Il ne faut pas non plus compter pour un médiocre objet de commerce pour cette *généralité*, le grand nombre de chevaux, qu'on élève dans les herbages du pays d'Auge, & qui fe vendent aux foires de Caen & de Guibray, non plus que l'engrais des beftiaux, qu'on mène à Paris, au marché de Seaux, ou à celui de Rouen, du Neubourg & des autres principales villes de Normandie. On traitera des chevaux Normands dans un autre article.

MANUFACTURES de la généralité d'Alençon.

ALENÇON. Les *fabriques* de cette ville confiftent en ferges fortes de deux tiers de large, en étamines de demi-aune, & en crépons de même largeur : le produit de ces étoffes ne va guères qu'à cent pièces par an. Il s'y fait cependant un affez grand commerce de menues draperies, comme droguets, tiretaine & étamines de diverfes fortes; mais ce font toutes marchandifes foraines dont il fe marque au bureau d'Alençon jufqu'à huit cent pièces, année commune.

La *manufacture* des points de France, que dans le pays on appelle *vélin*, à caufe du vélin ou parchemin, fur lefquels ils fe travaillent, fe foutient encore à *Alençon* & aux environs.

La plupart des femmes & des filles de la ville y travaillent; outre quantité d'autres qui font difperfées dans les villages circonvoifins, ce qui occupe en tout plus de douze cent ouvriers, & fait un négoce de plus de cinq cent mille livres par an. Le plus grand débit de ces points fe fait à Paris, d'où l'on en envoie une partie dans les autres principales villes du royaume, & dans les pays étrangers.

La *fabrique* des toiles que du nom de la ville on nomme *toiles d'Alençon*, y eft toujours très-confidérable, mais beaucoup moins qu'avant la retraite des religionnaires de *France*, qui y étoient en grand nombre parmi les tifferands & les marchands qui en faifoient le commerce : on eftime que le produit du négoce des toiles va encore à plus de foixante mille livres par an, & que leur fabrique occupe plus de quatre cent ouvriers dans la ville feule, fans parler de ceux des paroiffes de la campagne. La deftination de la plupart de ces toiles eft pour Paris.

Les tanneries d'*Alençon* font affez eftimées, elles font du nombre de celles dont les cuirs, en conféquence des réglemens, doivent être envoyés à Paris.

Il y a à *Alençon* trois foires confidérables; l'une à la Chandeleur; l'autre, le premier lundi de carême; & la troifiéme, à la mi-carême. Ses marchés fe tiennent trois fois la femaine; fçavoir, les lundis, les jeudis & les famedis.

SEEZ. Le principal commerce de la ville de *Seez* confifte en grains. Il s'y fait néanmoins quelques

menues draperies; entr'autres de petites ferges à deux eftains, & des étamines; mais qui à peine vont à cent pièces par an.

Il s'y tient chaque année quatre foires; la première, le mercredi des cendres; la feconde, le jeudi-faint; la troifiéme, à la Pentecôte; & la quatriéme, à la faint Gervais.

Elle a auffi deux marchés par femaine, les mercredis & les famedis. C'eft à ces marchés que fe portent les grains qui fe recueillent dans les environs.

ARGENTAN. On y fait à peu près les mêmes étoffes qu'à Seez, & en même quantité; les ouvriers les appellent des *petits draps*. Le débit ne s'en fait guères au dehors; & la plupart fe confomme par les habitans du pays même.

Il s'y débite outre cela environ cinq cent pièces foraines; fçavoir, des frocs, des étamines, des droguets & des tiretaines, qui font marqués au bureau de vifite, établi dans cette ville.

La fabrique des cuirs tannés eft proprement ce qui fait tout le commerce d'*Argentan*; plus de cent ouvriers y travaillent dans diverfes tanneries de la ville, & il y en a encore prefque autant dans les tanneries du dehors. On eftime que la bonté de l'apprêt des cuirs qui s'y font, vient de la propriété des eaux de la rivière d'Orne, le long de laquelle tous les tanneurs ont leurs atteliers. Prefque toute cette tannerie eft deftinée pour Paris, où les ouvriers en cuirs leur donnent la préférence fur toutes les autres du royaume.

Quelques-uns des cuirs qu'on y prépare, viennent des boucheries de Paris; d'autres, des abbatis qui fe font dans le pays; mais le plus grand nombre font des cuirs verds du Perou, de Barbarie & d'Angleterre.

On fait monter la vente de ces cuirs à près de quatre-vingt-dix mille livres par an en tems de paix; ce qui en tems de guerre peut diminuer environ d'un quart.

Le refte de fon négoce confifte en grains, en toiles & en chapellerie, qui fe vendent aux marchés, qui s'y tiennent tous les lundis & les jeudis de l'année.

Il y a auffi quatre foires par an; fçavoir, à la faint Vincent, à la Quafimodo, à la Pentecôte & au premier jour d'août.

FALAISE. Les *fabriques* de Falaife & de fes dépendances, font très-confidérables. Ces dépendances, y compris le chef-lieu, font au nombre de quatorze; fçavoir, Falaife, le fauxbourg de Valdante, le bourg de Guibray, le Champ de la foire, l'Ormeau, le fauxbourg de Rubrette, le fauxbourg de faint-Gervais, le village d'Hercne, le village de la Vallée, faint-Laurent de Vallon, Norron, Varfenville, fainte-Anne & Bons.

Près de deux cent métiers font partagés dans tous ces lieux. Falaife en a dix; le fauxbourg de Valdante, trente-fept; le Champ de la foire, deux; l'Ormeau, fept; le fauxbourg de Rubrette, onze; le fauxbourg de faint-Gervais, douze; le village d'Herene, sept; le village de la Vallée, un; saint-Laurent de Vallon, vingt-neuf; Norron, onze; Varfenville, trois; sainte-Anne, deux; & Bons, onze.

Ces cent-quatre-vingt-dix-sept métiers fourniffent, année commune, au-delà de quatre mille pièces d'étoffes, qui font la plupart, ou ferges fur eftain, d'une aune de large; ou ferges trémières, de fept huitiémes. Le refte font diverfes petites étoffes de moindre conféquence.

Une partie de cette draperie fe débite aux marchés & aux foires des villes voifines, mais particulièrement aux foires de Caen & à celle de la Guibray, qui fe tient à Falaife même, au mois d'août de chaque année; il s'en envoie auffi beaucoup à Paris & en Bretagne. On eftime que le commerce des étoffes qui fortent des *fabriques de Falaife*, peut aller à cent mille livres année commune.

Les moulins à foulon où fe fait le dégraiffage, & où l'on travaille aux autres apprêts de ces étoffes, font fitués fur la petite rivière d'Ante, dont les eaux font très-bonnes à cet ufage, auffi-bien qu'aux teintures.

Les autres *manufactures de Falaife* font la groffe coutellerie ou menue dinanderie, dont l'émoulage de divers ouvrages fe fait par le moyen des moulins à eau de la même rivière d'Ante.

La chapellerie, qui fournit quantité de chapeaux qui fe débitent aux environs. La tifferandrie, où il fe fait beaucoup de toiles fines, qui font propres pour les pays étrangers & quelques provinces du royaume.

Enfin, la fabrique des dentelles façon de Dieppe, dont les ouvrages s'envoyent à Paris.

On peut voir pour ces deux dernières, l'article des *toiles* de Normandie, & celui des *dentelles* de Dieppe.

Ce feroit, ce femble, ici le lieu de dire quelque chofe de la foire de la Guibray, qui fe tient dans un des fauxboúrgs de *Falaife*; mais on en doit traiter ailleurs amplement.

On ajoutera cependant ici, que durant cette foire qui dure quinze jours, on y marque plus de feize mille pièces d'étoffes foraines; & qu'outre cela il s'y en débite encore une grande quantité qui ne font pas fujettes à la marque de cette foire. Celles qui ont déjà les deux plombs; fcavoir, celui de la fabrique & celui de vifite, n'étant point obligées d'y en prendre un nouveau, & ne s'y marquant que les étoffes qui n'ont que le feul plomb de frabrique.

A Domfront, Vimoutier, & aux environs, il ne fe fait que de groffes toiles qui fe vendent en écru; on les appelle quelquefois *canevas*, mais improprement.

LISIEUX. Il fe fait dans cette ville quantité de ces étoffes de laines qu'on nomme des *frocs*, dont fuivant les réglemens, la largeur doit être de demi-aune.

Les métiers qui y travaillent, montent à près de fix vingt, qui en fournifent année commune, jufqu'à fept mille pièces.

C'eft auffi à *Lifieux* qu'eft établi le bureau pour la marque & la vifite des fabriques circonvoifines, entr'autres des ferges de Verneuil, des tiretaines de Frefne & de Condé, & des frocs de Tardouet & de Ronceret. Ces étoffes foraines qui recevoient le plomb à *Lifieux*, vont ordinairement au-delà de quatre mille pièces.

Le débit de toutes ces draperies qui fervent à habiller le menu peuple, fe fait pour la plûpart dans le pays même, ou en Poitou; il en paffe auffi dans quelques autres provinces voifines.

La fabrique des toiles n'eft pas moins confidérable à *Lifieux* que celle des étoffes de laine. Il s'en fait de deux fortes; de claires que les marchands de Rouen enlèvent pour l'Efpagne, & de fortes, dont le débit fe fait à Paris. Ce commerce montoit autrefois à plus de trois cent mille livres par an, mais il s'en faut bien qu'il monte préfentement fi haut. La plûpart de ces toiles fe vendent fous le nom de *blancars* & de *cretonnes*; les cretonnes font celles dont la chaîne eft de chanvre, & la trême de lin.

L'apprêt des cuirs y eft excellent, & l'on y compte plufieurs tanneries, dont prefque tout le produit fe renvoie à Paris, d'où ces mêmes cuirs leur avoient été envoyés en poil.

TARDOUET. Les frocs qui fe fabriquent à *Tardouet*, font de même qualité que ceux de Lifieux, où ils doivent être envoyés pour la marque. Il s'y en fait onze à douze cent pièces, qui y occupent plus de foixante & dix métiers.

ROUVRAY. Ce font auffi des frocs qui s'y font: cinquante métiers y travaillent & en fabriquent fix cent pièces par an.

BERNAY & fes dépendances. La fabrique des frocs qui y eft établie, eft après celle de Lifieux, la plus confidérable de Normandie: fon produit a fouvent paffé le nombre de quatre mille pièces, & l'on y a long-temps vû plus de cent métiers battans. Il eft vrai qu'elle étoit un peu déchue d'un état fi floriffant, & qu'en 1693, on n'y comptoit guères que cinquante métiers, quoiqu'en l'année précédente elle en eût jufqu'à cent quatre: mais le foin que le confeil du commerce a pris de la foutenir par divers réglemens, particulièrement par celui de 1716, lui a rendu fa première vigueur.

Les frocs de *Bernay* ont le même débit que ceux de Lifieux, & s'emploient au même ufage.

Il s'y marque une partie des ferges qui fe font à Verneuil, & quantité de frocs, droguets & tiretaines des fabriques voifines.

Les toiles qui fe font à *Bernay*, paffent pour véritables Brionnes, & fe vendent fous ce nom. *Voyez* l'article général des *toiles*, où il eft parlé de celles de Normandie.

Les cuirs tannés qui s'apprêtent à *Bernay*, font excellens: ils fe débitent prefque tous à Paris.

Dans les élections de *Brionne*, Bernay, & le Pont-au-de-mer, il s'y fait quantité de toiles de lin qu'on appelle *blancards*.

VERNEUIL. Ses fabriques font des ferges croifées

tout de laine, & des droguets fil & laine. Leur produit va, année commune, à feize cent pièces. Elles ont eu pour le nombre des métiers, le même fort que celles de Bernay; & de près de quatre-vingt qu'elles occupoient il n'y a pas long-temps, il ne lui en refte préfentement que foixante.

On y marque auffi quelques étoffes foraines; entr'autres des frocs & des étamines.

On travaille affez bien dans les tanneries de *Verneuil*, à l'apprêt des cuirs; & elles en fournifient quantité pour Paris.

DREUX. Il fe fait à *Dreux* des draps, des ferges fortes, des ferges façon de Londres, des eftamets & des demi-eftamets; ces derniers fe nomment *doublures*, parce qu'ils fervent aux draps, qui pour la plupart s'emploient à l'habillement des troupes. Il ne fe fait de toutes ces fortes d'étoffes, que cinq cent pièces, produit peu confidérable pour le grand nombre de métiers qui y travaillent, dont l'on compte plus de deux cent cinquante.

Outre les étoffes qui fe fabriquent dans la ville, il s'y en marque de foraines au-delà de douze cent pièces, ce qui y entretient un commerce confidérable de draperies. Ces étoffes foraines font des ferges de Falaife, des droguets, des tiretaines & des frocs. Il s'y débite auffi quantité de laines qui s'emploient, partie dans les *fabriques* de la ville, & partie dans le refte de la généralité.

Les autres *manufactures de Dreux*, font des toiles & des cuirs; ces derniers s'envoient la plupart à Paris; les toiles fe vendent aux foires de Caen & à la Guibray.

Outre le négoce de la draperie, de la tifferanderie & de la tannerie, il fe fait encore dans cette ville un grand commerce de beftiaux & de vins; mais ceux-ci font d'une très-médiocre qualité; le terroir leur communiquant un goût défagréable.

AUMALE. Cette ville donne fon nom à une *manufacture* de ferges qui eft très-eftimée: elle en eft comme le chef-lieu, & l'on compte près de douze cent métiers qui y travaillent, tant dans *Aumale* même, que dans les paroifes des environs.

Cette fabrique de ferges eft la feule de cette efpèce qui foit dans le royaume, & l'on eftime que le commerce qui s'en fait, va à près de deux millions, lorfque les laines font à un prix raifonnable. Elles fervent ordinairement pour les meubles & pour des doublures. Le principal débit s'en fait à Paris & dans les autres villes du royaume; le refte s'envoie à l'étranger.

La ville d'*Aumale* eft une des cent trente-fept villes, qui fournifient de cuirs aux ouvriers de Paris, & les tanneurs font obligés de faire leur foumiffion à la halle aux cuirs de cette capitale, d'y rapporter apprêtés les deux tiers des cuirs que les bouchers leur vendent en poil.

Il s'y fait auffi quelques toiles des mêmes qualités de celles qui fe fabriquent par les toiliers du pays de Caux. *Voyez* l'article général des *toiles* de Normandie.

Il fe tient à *Aumale* trois marchés par femaine, & trois foires par an; fçavoir, les marchés, les lundis, les jeudis & les famedis: & les foires, l'une, à la Saint-Laurent; l'autre, à la décolation de Saint-Jean; & la troifiéme, à la Saint-Martin d'hyver. Il fe vend une partie de fes ferges à fes marchés & à fes foires; mais le plus grand débit s'en fait à la Guibray & aux foires de Caen.

NOGENT-LE-ROTROU. Ce Bourg eft de la province du Perche, mais du département des *manufactures d'Alençon*. Les étoffes qui s'y font, font de trois fortes; fçavoir, des étamines de laine; d'autres, de laine & foie; & des droguets, fil & laine. Plus de neuf cent ouvriers & plus de quatre cent métiers font occupés à ces *fabriques*, & fourniffent plus de vingt-cinq mille pièces de des différentes étoffes. Le débit le plus grand s'en fait aux marchands de Paris, de Lyon, de Rouen & d'Orléans; mais il s'en envoie auffi quantité en Angleterre & en Hollande.

Les fils d'eftain qu'on y emploie dans la *fabrique* des étamines, fe tirent pour la plupart de Mortagne, qui en fournit pour plus de deux cent mille livres par an.

Les toiles font auffi un objet confidérable du commerce de cette ville; celles qu'on y fabrique, fe nomment *des treillis*, dont l'ufage le plus ordinaire eft pour faire des facs, des fouguenilles, des guêtres, des culottes & autres hardes femblables pour les valets, payfans & manouvriers: les largeurs communes font de trois quarts ou deux tiers & demi. *Voyez* l'article général des *toiles*, où il eft parlé de celles qui fe font dans le Perche. *Voyez* auffi l'article particulier du *treillis*.

Il s'y fait encore quantité de cuirs tannés, tant des abbatis du pays, que de ceux des boucheries de Paris, où les tanneurs de Nogent font obligés d'en renvoyer les deux tiers, conformément aux foumiffions qu'ils font tenus d'en faire aux officiers de la halle aux cuirs. *Voyez* l'article des *cuirs* & celui des *tanneurs*.

De toutes les toiles qui fe fabriquent dans la *généralité d'Alençon*, les plus belles, les plus fortes & les plus blanches fe transportent à Paris; les plus claires fe deftinent pour Rouen, d'où elles paffent à Cadix, pour être employées dans l'Amérique Efpagnole, & les moindres reftent dans le pays.

SOUENCE. On y fait des étamines, les unes tout de laine; & les autres, de laine & de foie. Le produit, année commune, eft de quatre à cinq cent pièces, qui occupent environ quarante métiers.

ECOUCHAY. Cette *fabrique* donne des ferges fortes d'une aune de large, & des ferges trémières de fept huitièmes. Trente métiers en donnent plus de fept cent pièces.

On fait auffi à *Ecouchay*, quantité de bonne horlogerie; mais les ouvriers y font rarement leurs ouvrages, fe contentant de fournir aux maîtres de Paris & de Rouen, des mouvemens tous dreffés pour monter leurs pendules ou leurs montres.

LAIGLE. Les *fabriques* des étoffes de laine y font peu confidérables, & il ne s'en fait guère que cent pièces par an, partie ferges, partie étamines, & partie autres femblables petites étoffes.

Son principal commerce eft celui des épingles, & enfuite celui des cuirs. Les cuirs s'envoient à Paris, & les épingles fe vendent aux marchés de Rugles, où les marchands forains viennent en faire leurs achats.

Cette ville a quatre foires par an; l'une, à la tranflation de Saint-Benoît; l'autre, à la Magdelaine; la troifiéme, le premier vendredi de Septembre; & la dernière, à la Saint-Martin d'hyver.

Ses marchés font confidérables; ils fe tiennent les mardis de chaque femaine.

On a dit ci-deffus que les laines s'emploient dans la *généralité d'Alençon*, & l'on y trouve auffi le nombre des pièces d'étoffes qui s'y fabriquent par chaque année.

COMMERCE DE DIEPPE
ET DE QUELQUES AUTRES LIEUX DE NORMANDIE.

La ville de *Dieppe* eft très-marchande, & fes habitans font un commerce également confidérable, foit des différens ouvrages qui fe fabriquent chez eux, foit de quantité de marchandifes qui leur arrivent du dehors fur leurs propres vaiffeaux ou fur les vaiffeaux étrangers, foit enfin par les pêches du poiffon frais & falé, qui occupent un grand nombre de bâtimens & de matelots, fuivant les diverfes faifons de l'année.

On va d'abord parler des principales *fabriques* où s'appliquent les ouvriers de cette ville, & l'on entrera enfuite dans le détail de fes pêches, & du commerce que font les marchands du côté de la mer.

A l'égard des *manufactures*, on peut voir ci-deffus ce qu'on a dit des draps & autres étoffes de laine, qui fe fabriquoient autrefois à *Dieppe*, ou qui s'y fabriquent encore; & l'on ne fera pas une répétition inutile de ce qu'on a rapporté en parlant des manufactures de la généralité de Rouen, où l'on peut avoir recours.

Les autres ouvrages qui s'y font, font des dentelles; de la quincaillerie, des peignes & toutes fortes de curiofités d'yvoire.

Les dentelles de *Dieppe* fe font au fufeau & fur l'oreiller. En général elles ne font pas d'une grande fineffe, mais elles font d'un bon ufer; les unes font à rezeau, & les autres à brides. Pour les hauteurs, il eft difficile d'en rien dire de certain, dépendant de la mode. Autrefois il s'en faifoit depuis fix à fept lignes de haut, jufqu'à quatre poûces; préfentement les plus hautes ne paffent pas un pouce & demi, au plus deux pouces. Depuis quelque temps il s'y fait des mignonnettes façon de Malines, & des Valenciennes; mais qui n'approchent pas des dentelles qu'elles veulent imiter. Comme la fabrique de ces fortes de dentelles a commencé à

Dieppe, elles en ont pris le nom, qu'elles ont enfuite communiqué à celles qui fe font dans plufieurs villes de Normandie, à la réferve de celles du Havre qui ont confervé leur propre nom.

Les lieux dont les dentelles paffent pour vraies *Dieppes*, font Honfleur, Harfleur, Pontlevêque, Gizors, Fecamp, Caen & quelques autres; mais il s'en faut bien qu'elles foient ni auffi bonnes, ni auffi eftimées: on en diftingue cependant Honfleur & le Havre, qui pour la beauté de leurs dentelles, prennent rang peu au-deffous de *Dieppe*, le refte ne confifte qu'en ouvrages affez groffiers. Les marchands de Paris tirent beaucoup de dentelles de *Dieppe*; mais il s'en envoie encore davantage en Espagne, où elles font d'un très-bon débit.

La quincaillerie y eft affez bonne; outre ce qui s'en confomme dans les provinces voifines, elle en fournit auffi à Paris, & quantité pour l'Efpagne, d'où elle paffe aux Indes occidentales.

La facilité que les Dieppois ont de tirer des pays étrangers, par la voie de Rouen, les différentes matières qui fervent à la tabletterie, particulièrement l'yvoire, le bouis & la corne, y a établi une très-grande *fabrique* de toutes fortes de peignes, qui font enlevés pour la plupart par les marchands de Paris, qui les débitent pour ouvrages de Rouen, & même quelquefois pour ouvrages de Paris. Il s'en fait auffi des envois affez confidérables dans les pays étrangers. *Voyez* l'article des *tablettiers, peigniers. Voyez auffi* celui des *peignes*.

Il y a long-temps que les Dieppois fe font rendus célèbres par leurs ouvrages d'yvoire, foit qu'ils les faffent au tour, foit qu'ils les embelliffent de bas relief & d'autres ornemens de rond de boffe.

L'avantage qu'ils ont eu de découvrir les premiers de tous les Européens, les côtes d'Afrique, où fe trouve l'yvoire, & d'y entretenir un commerce confidérable de dents d'éléphant, plus d'un fiécle avant que les Portugais euffent tenté l'heureux paffage du Cap de Bonne-Efpérance, pour aller aux grandes Indes: cet avantage, dis-je, ayant rendu l'yvoire très-commun dans leur ville, ils ne le regardèrent d'abord que comme une marchandife propre à entretenir quelque commerce avec leurs voifins, particulièrement avec les tablettiers de Paris. Les ouvrages de ceux-ci ayant eu de la vogue, ils furent imités à *Dieppe*, & bien-tôt furpaffés; en forte que les ouvriers de cette ville font depuis confervé la réputation de mieux tourner & de mieux tailler l'yvoire qu'aucuns autres du royaume.

Le débit de ces ouvrages fe fait non-feulement à Paris & dans toutes les principales villes de *France*; mais encore par toute l'Europe, & même jufqu'aux grandes Indes & dans l'Amérique Efpagnole où l'on en fait des envois confidérables.

Un autre commerce, où à la vérité les étrangers ont grand-part, eft celui des épiceries que les Hollandois y apportent en quantité; & à qui la ville de *Dieppe* fert comme d'entrepôt, pour être delà distribuées dans les provinces voisines, & particulièrement à Paris.

A l'égard du commerce maritime, on peut dire en général, que celui des Dieppois embrasse toutes les quatre parties du monde, n'y ayant guères de villes marchandes où ils n'envoient leurs vaisseaux; & y en ayant presque tous les jours quelqu'un qui part pour la Hollande, l'Angleterre, les Pays-Bas, ceux du Nord, le Portugal, l'Espagne, les Isles Françoises de l'Amérique, les côtes d'Afrique, & l'une & l'autre Inde.

Le commerce néanmoins qui occupe davantage de matelots & de bâtimens Dieppois, est celui que produisent les différentes pêches qui s'y font, particulièrement du poisson salé, comme de la morue, du hareng, & du maquereau.

On ne parlera ici que de ce qu'il y a de particulier pour la pêche du hareng par rapport aux Dieppois, renvoyant pour le reste aussi-bien que pour les autres pêches, aux articles de la morue, du hareng & du maquereau.

La pêche du hareng se fait dans deux différentes saisons; sçavoir; au mois d'août & à la mi-octobre.

La pêche d'août se fait le long des côtes d'Angleterre au Nord, proche la ville de Gervine. Il y va ordinairement soixante gros bâtimens du port de vingt-cinq à trente tonneaux, montés chacun de douze à quinze hommes d'équipage, chargés seulement de sel pour la salaison du poisson, de barils vuides pour les encaquer, & de quelques vivres. Le retour est vers le milieu d'octobre.

Ce poisson est beaucoup plus gros & bien meilleur que celui de l'arrière-saison.

La seconde pêche se fait avec de petits bateaux le long des côtes de *France*, depuis Boulogne jusques vers le Havre. Les Dieppois y emploient au-delà de cent bateaux bien plus petits que les autres, & plus foibles d'équipage : cette pêche dure jusqu'à Noel. Ce poisson qui est beaucoup moins bon & moins gros que celui qui se pêche sur les côtes d'Angleterre, s'envoie pour la plupart à Paris, où il se mange frais. Il s'en fait pourtant sorer une assez grande quantité.

La pêche du poisson frais qui se fait à *Dieppe*, est très-abondante, & le produit très-considérable, & c'est d'elle que vient à Paris une partie de ce qui s'y en consomme.

Parmi les pêches de ce poisson, il y en a trois, qui sont, pour ainsi dire, des pêches de saison; & le poisson, un poisson de passage; sçavoir, les vives, le maquereau & le merlan.

La vive se pêche en carême vers les côtes d'Angleterre; elle se nomme la *Drege*.

Celle de maquereau commence à la fin d'avril; les Dieppois y emploient cinquante à soixante moyens bateaux.

* C'est aussi vers le même tems que se pêche le merlan, quoiqu'il soit néanmoins vrai que toutes les saisons de l'année en fournissent, mais en moins grand nombre que le printems.

Les autres poissons frais qui se pêchent à *Dieppe*, & dont la pêche donne toute l'année, consistent en soles, barbues, saumons, limandes, éperlans, rayes, carlets & autres semblables espèces, que les chasses-marée apportent journellement à Paris, & dans les meilleures villes qui sont sur la route.

LA VILLE D'EU.

Le commerce de cette ville est considérable : on y fabrique des serges, des frocs & autres semblables étoffes de draperie. Il s'y fait aussi un grand négoce de toiles & de quantité de dentelles de fil, qui passent pour dentelles de Dieppe. Son territoire produit des grains & des bois à bâtir & à brûler. C'est cette dernière commodité qui y entretient plusieurs verreries.

HARFLEUR.

Cette ville est dans le pays de Caux, à l'embouchure de la rivière de Seine. Son principal commerce consiste en grains & en chanvres. Ses blanchiries de toiles sont estimées; & l'on y en porte au blanchiment de plusieurs endroits de Normandie. On y fait aussi beaucoup de dentelles semblables à celles de Dieppe, mais de moindre qualité : enfin, elle a plusieurs brasseries, dont la bierre se débite partie sur les lieux, & partie dans le reste de la province.

Ses marchés qui se tiennent les mercredis de chaque semaine, sont considérables; & il y a grand concours de marchands à ses deux foires franches; dont l'une se tient à la saint Martin d'été; & l'autre, à la saint Martin d'hiver.

CORMEILLES.

Ce bourg qui est situé à trois lieues de Lisieux, est connu par son grand négoce de bleds, de toiles, & de cuirs; les bleds se débitent dans les marchés; les toiles se portent à Rouen & à Lisieux; & les cuirs s'envoient à Paris. Il s'y fabrique aussi du papier, dont il y a quelques moulins dans le voisinage.

ESTREPAGNY.

Les dentelles qui s'y font, occupent un grand nombre d'ouvriers; elles sont des mêmes qualités que celles de Dieppe & du Havre, mais moins fines; il s'en tire beaucoup par les marchands de Paris. Les chanvres qui s'y recueillent, y font aussi un objet de commerce assez considérable; mais le plus grand qui s'y fasse, est celui des grains de toutes sortes qui s'amènent à ses marchés de tout le Vexin Normand, où ce bourg est situé. Ces marchés se tiennent tous les mardis de chaque semaine.

MONTIVILLIERS.

Son commerce consiste en dentelles, en toiles, en tanneries, & en quantité de petites étoffes de laine. Il y a aussi un assez grand nombre de teinturiers, qui font fuffifammeut entretenus par les teintures des *manufactures* qui y font établies ; & par celles des lieux circonvoifins.

BLANGY.

Ce bourg fitué dans le comté d'Eu, eft célébre par fes marchés, & par le grand commerce qui s'y fait.

Outre les marchés ordinaires qui fe tiennent fous des halles couvertes, tous les lundis, mercredis & vendredis de l'année, il y a encore un gros marché franc le troifiéme mercredi de chaque mois. C'eft à ce dernier marché que s'amenent les chevaux & le gros & menu bétail qui s'élevent dans les prairies de ce bourg & dans une partie de la Normandie. On y vend auffi des étoffes, des toiles & diverfes autres fortes de marchandifes & de denrées. Al'égard des marchés ordinaires, on y débite le chanvre, le bled & les autres grains.

La rivière de Bréle, fur laquelle *Blangy* eft fitué, fert à divers ufages, particulièrement aux tanneries, qui font au nombre environ de cinquante. Les cuirs qui s'y apprêtent s'envoient pour la plupart à Paris.

C'eft fur cette même rivière qu'eft le moulin vulgairement appellé le *moulin de Hollande*, à caufe d'un Hollandois qui l'avoit établi & qui l'a longtems gouverné ; c'eft-là qu'on dégraiffe la plupart des draps qui fe font à Abbeville.

Enfin, les verreries de la forêt d'Eu font encore un objet confidérable de commerce pour les habitans de *Blangy*, qui outre cela fréquentent les grands marchés d'Abbeville, d'Aumale, de Neuf-Châtel, de la ville d'Eu & plufieurs autres où ils vendent & achetent diverfes marchandifes & ouvrages des manufactures.

RUGLES.

C'eft à *Rugles* que fe fait prefque tout le commerce des épingles qui fe fabriquent en Normandie. Plus de huit cent ouvriers y travaillent, & l'on y emploie les enfans dès l'âge de fix à fept ans. Outre les ouvrages d'épinglerie qui fe font à *Rugles*, c'eft à fes marchés que s'apportent ceux qui fe font à L'aigles, à Couches & dans plufieurs villages des environs, & c'eft-là où les marchands forains viennent ordinairement les acheter.

COMMERCE DE BRETAGNE.

Le *commerce* de cette province eft de deux fortes : celui des marchandifes du cru du pays, ou qui s'y fabriquent : & celui des marchandifes qui y font apportées par les vaiffeaux Bretons.

De la première efpèce font :

1°. Les fels, qui fe font en deux endroits ; l'un, dans les marais de Bourneuf, d'où l'on en tire, année commune, jufqu'à feize ou dix-fept mille muids ; l'autre aux marais de Guerbande ou du Croific, qui n'en fourniffent pas moins de vingt-fix mille muids. Ce font ordinairement les Anglois, les Hollandois, & les nations du Nord, qui les enlèvent, comme meilleurs pour les falaifons de leurs pêches, que les fels d'Efpagne & de Portugal.

2°. Les beurres qui fe font dans l'évêché de Nantes, & qui s'envoient à Paris & en Anjou.

3°. Les vins, fur-tout ceux de la rivière de Nantes. Ceux-ci ne fe vendent guères que brûlés, & réduits en eau-de-vie, dont il fe débite aux Hollandois & Hambourgeois, &c. environ fept mille pipes par an. Les autres vins, que les Nantois vendent aux nations du Nord, fans les brûler, font tirés d'Anjou, de Vauvray & du pays Elefois.

4°. Les grains, particulièrement ceux de l'évêché de Vannes. La province fournie, l'on peut envoyer en Efpagne fix mille tonneaux de froment, & neuf mille de feigle.

5°. Les chanvres & les lins, dont la plus grande partie fe cultive & fe recueille dans les évêchés de Rennes, de Tréguier, de Leon & de Dol. Ces lins & ces chanvres fe vendent quelquefois en filaffes, comme ceux de l'évêché de Dol, qu'enlèvent les Malouins ; ou fe filent en fils retords, qu'on appelle *fil de Bretagne*, comme plufieurs de l'évêché de Rennes : mais pour la plupart & le plus ordinairement, ils fe fabriquent en diverfes fortes de toiles dans beaucoup de villes & de villages de la province.

Les toiles noyales, qui fervent à faire des voiles de vaiffeaux, fe font, pour la plus grande partie, dans l'évêché de Rennes. On les appelle auffi des *Pertes*, des *Locrenans*, des *Polledanys* & des *petites Olonnes*, des lieux où en font établies les fabriques.

Les toiles de Quintin, qui font toutes de lin, & dont il y en a d'auffi fines que les batiftes de Picardie, fe font à Quintin, d'où elles ont pris leur nom, à Condiac & à Moncontour. Les fines s'employent en rabats & en manchettes pour hommes, & en coëffures de tête pour femmes ; & les plus fortes, en chemifes & en mouchoirs. Les unes & les autres, outre le débit qui s'en fait à Paris, & dans plufieurs provinces du royaume, s'envoient en Efpagne, & dans les ifles françoifes de l'Amérique.

C'eft auffi à Quintin, & aux environs, que fe font ces toiles de lin bleuâtre que l'on appelle *toiles à tamis*.

Les toiles de Pontivy & les toiles Nantoifes, font beaucoup plus groffes que celles de Quintin ; elles ont néanmoins la même deftination, & fervent à faire des affortimens pour les mêmes lieux.

Les toiles qui fe travaillent à Morlaix, Rofcoff, Saint-Paul de Léon, Guingamp, Grace, &c. fe nomment des *cres*. Comme elles font de diverfes largeur & fineffe, pour les diftinguer, on les partage en cres larges, cres communes, cres Graciennes & cres Rofconnes. Les cres larges s'envoient en Efpagne & dans les Indes occidentales : les communes & les Graciennes fe portent auffi en Efpagne, ou font enlevées en temps de paix par les Anglois ; & les Rofconnes font feulement propres pour l'Efpagne.

Outre les cres, il se fabrique à Morlaix, les toiles qu'on appelle de *Morlaix* : elles se consomment toutes dans le royaume.

Les hauts-brins se font à Dinan; les Vitré, à Vitré même, dont elles portent le nom. *Voyez ci-après le commerce de Vitré*; à Fougères & dans quelques villages de l'évêché de Rennes : enfin, les fleurets simples, les fins fleurets, les londeaux, les usels & les dalineres, dans celui de Tréguier. Ces dernières sont ainsi appellées des lieux où elles se fabriquent.

Il se consomme aussi une assez grande quantité de fils, en bas, en chaussons & en gants, en divers lieux de cette province, sur-tout à Rennes & aux environs. Cette bonneterie se débite dans les provinces voisines, & s'envoie même jusqu'à Paris.

6°. Il y a quelques mines de fer en *Bretagne*, & plusieurs forges : trois dans l'évêché de Nantes, une dans celui de Saint-Malo, & une autre dans l'évêché de Dol. On y trouve aussi d'assez bon charbon de terre : & il y a plusieurs moulins à papier dans l'évêché de Leon, & dans celui de Tréguier.

Le papier qui s'y fabrique, se porte à Morlaix, où les Anglois viennent le charger, quand le commerce est ouvert.

7°. La pêche de la sardine & celle du maquereau, qui se fait au Port-Louis, Belisle, Concarnau, Audierne & quelquefois à Brest, fait aussi une partie du *commerce de Bretagne*, qui n'est pas méprisable ; s'en sallant chaque année plusieurs milliers de bariques, qui se portent en Espagne, en Portugal, en Provence & dans toute la Méditerranée.

8°. Enfin, on peut ajouter environ huit cent métiers, où il se fabrique diverses petites étoffes de laines, comme étamines, droguets, serges, molletons, crespons, & petits draps de laine du pays.

Les principaux lieux où l'on y travaille, sont, Nantes, Rennes, Bourg, Dinan, Saint-Brieux, Lamballe, Château-briant, Nozay, Redon, Josselin, le Guay de Plelant, Sainte-Croix, Auray, Vannes, Malestroit, Rotchefort, Château-neuf, Longonna & Herviliac.

Voilà à-peu-près toutes les marchandises du crû de la *Bretagne*, ou celles que peuvent fournir ses manufactures, dont il se fait quelque commerce, ou au-dedans ou au-dehors de la province.

A l'égard de celles qui lui viennent par la navigation, l'on ne mettra pas du nombre, ces riches retours de la mer du Sud, qui, dans la seule année 1709, apportèrent à Saint-Malo trente-six millions en espèces ; ce commerce, depuis la paix d'Utrecht, ayant été interdit aux Malouins, ainsi qu'aux autres nations de l'Europe.

Des marchandises que les vaisseaux Bretons rapportent du dehors, la morue, soit la verte, soit la sèche, n'est pas la moins considérable. La pêche s'en fait par les Nantois & par les Malouins ; ceux-là envoyant ordinairement depuis trente jusqu'à quarante bâtimens en Terre-neuve, & ceux-ci jusqu'à soixante & soixante-cinq.

La morue verte, que rapportent les Nantois, se destine pour Paris, l'Auvergne, le Lyonnois, & quelques autres provinces : leur morue sèche est pour Bordeaux, la Provence & Marseille. Les marchands de cette dernière ville l'embarquent ensuite pour le Levant, l'Italie, l'Espagne & le Portugal.

La destination de la pêche des Malouins, se fait autrement : le poisson du Chapeau-rouge se porte à Bordeaux & à Bilbao ; & celui du petit Nord, dans les pays du côté du Midi, comme la Provence, le Languedoc, l'Espagne & l'Italie.

Il se tire aussi du foie de la morue, une huile particulière.

Les retours du commerce que les Bretons font dans les isles Françoises de l'Amérique, consistent principalement en sucres bruts, ou moscouades ; & comme il ne leur est pas permis de les porter à l'étranger, ils les rafinent en partie chez aux dans les rafineries de Nantes, & en partie dans les rafineries d'Angers, de Saumur, & d'Orléans. Ils en rapportent aussi des syrops de sucre, & des sucres blancs, dont le négoce est considérable.

C'est particulièrement des isles que leur viennent, par leurs vaisseaux, l'indigo, le gingembre, le rocou, le caret ou l'écaille de tortue, les cuirs & les divers bois, soit pour la teinture, soit pour la tabletterie & marqueterie : mais de ses diverses drogues & marchandises, il ne s'en répand guères en *France* ; la plus grande partie passant en Suède, en Pologne & partout le Nord, sur les vaisseaux de Hollande, de Danemarck & de Hambourg.

Enfin, les Anglois, Hollandois & Hambourgeois, y apportent quantité d'autres espèces de marchandises, comme des planches, des mâts, du chanvre, du goudron, des fromages, des épiceries, du plomb, de l'étain, de la couperose, des noix de galle, des huiles & fanons de baleine, des harengs, &c, mais presque tout se consomme dans la province, & c'est peu de chose que le trafic qu'il s'en fait ailleurs.

Nantes & Saint-Malo étant les deux villes de *Bretagne*, du plus grand commerce, on va entrer dans un détail plus circonstancié de celui qu'elles font tant au-dedans qu'au dehors du royaume, après qu'on aura dit aussi quelque chose du négoce de Rennes.

COMMERCE DE LA VILLE DE RENNES.

Il y a quelques *manufactures* dans la ville de *Rennes* & aux environs, qui lui donnent quelque relation avec les étrangers, & qui y attirent un commerce assez avantageux ; l'une est, la *manufacture* des toiles noyalles, & l'autre celle des fils retors.

A l'égard de la première, ces toiles sont de trois sortes ; sçavoir, celles de six fils, celles de quatre & celles de simple fil. Ces dernières, qui sont les moindres

moindres de toutes, s'appellent communément *simples fils* de la première forte.

Le nom de Noyalles leur vient de la paroiffe de Noyalles, fituée à deux lieues de *Rennes*, où d'abord cette fabrique a été établie. Préfentement il s'en fait à *Rennes* même, & dans huit ou dix paroiffes des environs. Leur ufage eft pour faire des voiles de navires. *Voyez* l'article des *toiles*, où il eft parlé de celles de Bretagne.

Ce commerce étoit autrefois très-confidérable, & il en fortoit, année commune, pour plus de trois à quatre cent mille francs. Préfentement, les meilleures années ne vont pas à cent mille livres.

Deux raifons ont contribué à la diminution de ce négoce; l'une qui vient des étrangers, & l'autre de la *France* même. La première eft que les Anglois & les Hollandois ont établi chez eux plufieurs manufactures de ces toiles, en forte qu'ils en ont fuffifamment, & pour eux & pour leurs voifins; outre qu'ils les eftiment mieux travaillées & meilleures que les noyalles Bretonnes, ce qui pourtant n'eft pas l'opinion de tout le monde.

La feconde raifon eft, que le roi pour la commodité de fes armémens de mer, a fait faire des établiffemens de ces manufactures auprès de fes ports principaux, comme Rochefort & Breft, pour lefquelles même on enlève les chanvres qui croiffent dans les paroiffes de Rennes, ce qui fait qu'on ne tire que rarement de véritables noyalles pour les ports de fa majefté, & feulement au défaut de celles des manufactures royales.

Les Malouins font préfentement ceux qui en font le plus de confommation, foit pour eux, foit pour les envoyer à l'étranger, particulièrement en Efpagne.

La feconde *manufacture* qui foutient le commerce de la ville de *Rennes*, n'a pas eu le fort de la première, & fes fils retors ont du débit autant que jamais, foit au-dedans, foit au-dehors du royaume.

Ces fils fervent à la couture. Ils fe retordent & fe teignent en toutes couleurs à *Rennes*, mais ils font ordinairement filés dans quelques villages de l'évêché, particulièrement aux environs de la petite ville de Bercherel: on en tire auffi de Dinan.

Les marchands qui en font commerce ont foin de ramaffer ces fils dans les lieux où s'en fait le filage, & les donnent aux teinturiers de *Rennes*, qui les apprêtent & les retordent par le moyen d'un moulin fait à peu près comme ceux dont on fe fert pour le moulinage de la foie, après quoi ils leur donnent toutes les fortes de couleurs qu'on leur demande.

Les marchands de Paris, de Rouen, & des autres principales villes du royaume, tirent beaucoup de ces fils, & il s'en envoie auffi quantité dans les pays étrangers, particulièrement en Efpagne & en Angleterre.

Ce commerce peut aller, année commune, à près de trois cent mille livres.

COMMERCE DE NANTES.

Il n'y a guères de ville de *France* plus heureufement fituée pour le commerce, que la ville de *Nantes*. La mer lui ouvre une communication avec toutes les nations du monde; & la Loire lui fait pénétrer dans les plus riches provinces du royaume, & même jufqu'à Paris, par les canaux qui la joignent à la Seine.

Il eft vrai que *Nantes* n'eft pas proprement fitué fur la mer; mais la rade de Paimbeuf, qui n'en eft éloignée que de huit lieues, où les plus grands vaiffeaux font en fûreté; & la facilité de faire monter jufqu'à la foffe par la rivière, des barques de cinquante ou foixante tonneaux, & les gabares qui fervent à décharger les marchandifes des vaiffeaux, lui donnent la commodité des villes qui font entièrement maritimes.

Le département de *Nantes* comprend Paimbeuf, Bourneuf, Pornic, le Croific & le Pouliguen; & c'eft dans tous ces ports que les marchands Nantois font leurs armemens, foit qu'ils les faffent en leur propre nom, foit qu'ils foient intéreffés avec les bourgeois de ces jolies petites villes.

On emploie par an environ cinquante navires dans ce département, depuis cinquante jufqu'à trois cens tonneaux, pour le commerce des colonies de l'Amérique: fçavoir, vingt-cinq ou trente pour la Martinique; huit ou dix pour la Guadeloupe; un ou deux pour la pêche de la tortue, qui paffent enfuite dans ces deux îles: autant pour Cayenne: & huit ou dix pour la côte de Saint-Domingue.

La cargaifon d'un vaiffeau de cent vingt tonneaux, peut revenir à près de quinze mille livres, fans y comprendre les marchandifes qui paffent à fret, & qui vont fouvent au double.

Cette cargaifon doit confifter en cent cinquante barils de bœuf d'Irlande, trente quarts de lard, dix quarts d'eau-de-vie, cinquante quarts de farine, dix tonneaux de vin, dix mille aunes de groffe toile pour habiller les nègres, cinq cent aunes de toile Nantoife pour le ménage, mille livres d'huile à brûler, autant à manger: en cuivre & ferrerie pour les moulins à fucre, pour fix cent livres: mille livres de chandelle, quinze cent livres de beurre, vingt bariques de fel; du tuffeau, des briques & des ardoifes pour bâtir, en tout, pour trois cent cinquante livres: des pots & fourmes pour terrer & blanchir le fucre, pour deux cent livres: deux cent paires de fouliers de toutes fortes: quatre ou cinq douzaines de chapeaux fins & communs: nipes, hardes & étoffes de foie, ou laine, pour mille livres: vaiffelle d'étain, & autres uftenfiles de ménage, pour fix cent livres: fix fufils de boucaniers, deux cent livres de poudre fine; cinq cent livres de plomb, en plaques, balles & dragées: quatre cent bariques en bottes, avec les cercles & l'ofier pour les monter: & une barque en fagot de huit à dix tonneaux.

S f

Outre cette cargaison, on fait quelquefois passer les vaisseaux aux isles de Fayal & de Madère, pour y prendre des vins qui sont propres pour les isles; parce qu'étant très-forts, ils se conservent mieux que les autres.

Les navires que l'on fait passer à la pêche de la tortue, n'emportent pas de cargaisons si considérables: on n'y met que de légères emplettes, mais beaucoup de sel pour saler la tortue, qu'on porte ensuite à l'Amérique, où les habitans l'achettent pour la subsistance de leurs négres.

Les temps propres pour partir vers l'Amérique, sont les mois de novembre & de décembre; & la traversée est ordinairement de quarante-cinq ou cinquante-cinq jours.

« On peut voir à l'article de *la Rochelle*, les » droits d'entrée & de sortie que paient en *France* » les marchandises qu'on envoie aux colonies Fran- » coises, & celles qu'on rapporte; on remarquera » seulement ici, que les droits qui se paient à » *Nantes*, joints ensemble, montent environ à six » pour cent de leur valeur ».

Voici le total auquel on estime, que toutes les marchandises des colonies, qui entrent dans le royaume sur les vaisseaux Nantois, peuvent aller, année commune, par estimation & par espèces.

Les sucres bruts, ou moscouades, à six millions de livres pesant.

Les syrops de sucre, environ quatre cent milliers.

Les sucres blancs & terrés, depuis trois jusqu'à cinq cent milliers.

Le cacao, deux cent milliers.

Le gingembre, environ cent milliers.

Le coton en laine, cent cinquante milliers.

L'indigo, cent cinquante milliers, ou environ.

Le rocou de Cayenne, dix milliers.

Le caret, ou écaille de tortue, cinq à six milliers.

La casse, cinquante milliers.

On apporte aussi des cuirs de bœuf & de vache, de Saint-Domingue, qu'on achette sur le lieu six livres, & qu'on revend à *Nantes*, neuf livres. A l'égard des bois verds & de gayac, ils ne coutent qu'à couper; & l'on n'en prend que pour servir de chantiers sous le chargement des navires.

Il y a à *Nantes*, huit raffineries à sucre, pour fondre les moscouades & les réduire en sucres blancs, en pain, ou en poudre, qui sont ensuite envoyés à Orléans & à Paris.

Le reste des sucres bruts, qui ne peuvent être convertis dans les raffineries de *Nantes*, passent ordinairement à celles de Saumur, d'Angers & d'Orléans; n'étant pas permis de les transporter hors du royaume.

A l'égard des autres marchandises, comme le gingembre, l'indigo, le rocou, le cacao, & quelques autres, les Hollandois & les autres nations du Nord, les viennent enlever, à la réserve d'une assez petite partie, qui reste pour la consommation de la Bretagne, & d'une assez bonne quantité de cacao, qui passe en Espagne.

La pêche de la morue occupe plus de trente navires Nantois, ou du département, du port depuis soixante-dix jusqu'à trois cent tonneaux. Quinze de ces vaisseaux se destinent pour la morue verte; le reste pour la morue séche.

Les premiers font jusqu'à deux voyages par an; n'employant ordinairement à leur voyage que trois ou quatre mois au plus. Ils partent indifféremment dans les mois de juillet, août, décembre & janvier.

Un vaisseau de cent vingt tonneaux n'emporte pour cette pêche, que trente charges de sel, & des victuailles; & quand la morue donne, & qu'il fait bonne pêche, ou, comme ils disent, bonne chère, ils rapportent vingt à vingt-cinq milliers de morue en compte, à raison de douze cent quarante morues le millier.

Outre la consommation de *Nantes*, il s'envoie quantité de cette morue à Orléans, à Paris, en Auvergne & jusqu'à Lyon; ce commerce étant encore augmenté par les morues des Olonnois & des Rochellois, qui viennent décharger dans la rivière de Nantes, une partie de celles de leur pêche.

Les navires pour la morue séche, font leurs cargaisons différemment, suivant les différens desseins qu'ils ont en partant pour cette pêche. Les uns vont uniquement avec du sel & des victuailles; les autres vont partie en pêche & partie en sague, c'est-à-dire, en troque; & d'autres encore seulement en troque; c'est-à-dire, pour échanger des marchandises contre du poisson sec, avec les habitans des colonies du nord de l'Amérique, qui font ce commerce.

Les cargaisons de ces derniers consistent en biscuit, farine, vin, sel, eau-de-vie, lard, bœuf, huile, syrop, toiles, étoffes & autres assortimens pour la subsistance de ces colonies.

Les retours de ces cargaisons se font non-seulement à *Nantes*, mais encore à Bordeaux, en Espagne & en Portugal.

On vend quelquefois cette morue aux Espagnols & aux Portugais, depuis dix-huit jusqu'à vingt-quatre livres le quintal; mais les droits du roi vont au quart de sa valeur, outre dix pour cent de commission ou de frais; ensorte que le poisson ne s'y vend guères plus qu'en *France*: mais les retours récompensent assez d'un gain si modique, & font d'un très-bon débit.

Les marchandises de ces retours, si c'est à Lisbonne ou à Porto, sont, des sucres & des tabacs de Brésil, des soumacs & des huiles d'olive; & si c'est à Bilbao, Saint-Sébastien, Cadix, Seville, ou quelques ports de Catalogne & de Galice, outre les espèces d'or & d'argent qu'on en rapporte, on peut encore employer son fonds en fer, en laine, en huile, en coton & en cochenille.

Les morues séches, qui se déchargent à *Nantes*, se consomment non-seulement dans la province,

FRA

23

mais encore dans les armemens de mer, qui s'y font, tant pour le roi que pour les particuliers, outre tout ce qui s'en envoie dans les pays voisins de la rivière de Loire, l'Auvergne & le Lyonnois. A l'égard de Paris, il y va peu de cette sorte de morue; & l'on n'y connoît guères que la morue fraîche salée.

« Les morues des deux espèces paient à *Nantes* » à l'entrée, pour tous droits, trois pour cent de » leur valeur ».

L'huile du foie de morue est aussi à *Nantes* d'un assez bon débit. Un navire qui aura pêché deux mille cinq cent quintaux de poisson, peut presser trente bariques d'huile, qui s'achettent trente livres la barique, & peut se revendre en *France*, depuis cinquante jusqu'à soixante-dix livres.

Les Nantois font aussi quelque pêche de saumon & de hareng; mais c'est peu de chose. Ils ont encore envoyé quelques vaisseaux à la pêche de la baleine; mais il y a long-temps qu'ils y ont renoncé.

Les marchands de *Nantes*, outre leurs navires de morue, envoient quelquefois à Bilbao, Saint-Sébastien, la Corogne & autres ports de la côte de Galice, des barques chargées de papier, toileries, étoffes de soie, dentelles d'or & d'argent, sucres, mercerie, quincaillerie; & des grains & légumes, quand le commerce en est permis. La cargaison de ces barques va depuis cinq à six mille francs jusqu'à vingt. Il s'y transporte aussi des sels du Croisic & de Pouliguen; & environ cinquante barques sont occupées à ce dernier négoce.

De l'or, de l'argent, du fer, des laines, des sardines, des peaux de moûton, des oranges & des citrons, sont les marchandises qu'on en rapporte, dont la consommation se fait en Poitou, en Anjou, & le long de la Loire.

Le commerce que les Nantois ont avec le Portugal, particulièrement avec Lisbonne & Porto, se fait presque entièrement par les tartannes & les sétiés Provençales; les marchands de *Nantes* y envoient peu ou point de vaisseaux. Les marchandises que les Provençaux prennent à *Nantes*, pour ces deux ports Portugais, sont des étoffes de soie & de laine, des toiles de Quintin, du papier, du fer en verge, des eaux-de-vie, des dentelles d'or & d'argent, des rubans, de la quincaillerie & de la mercerie; mais la plupart sont pour le compte des marchands de Paris, de Lyon, de Tours, & de Marseille.

Les retours de Lisbonne & de Porto, sont des sucres, des tabacs, des cuirs tannés & à poil, du bois de Brésil, des soumacs, des huiles d'olive, des oranges douces, des citrons & des figues.

Il faut remarquer, qu'à l'égard des fruits qui viennent de Portugal, les vaisseaux qui en apportent, sont obligés à leur arrivée d'en tenir planche pendant trois jours, c'est-à-dire, d'en détailler au public à un prix qui est fixé par les officiers de police.

La destination des marchandises qui viennent à

Nantes, de Portugal, est la même que celle des marchandises d'Espagne.

Les autres commerces, que les Nantois font par la mer, sont aux Canaries, à Fayal & à Madère, où il faut de pareilles cargaisons, que pour le Portugal, & d'où on tire des vins, diverses confitures sèches, &c.

A Salé, & Sainte-Croix en Barbarie, où l'on porte des toiles de Bretagne, du fer & des tabacs, & d'où l'on rapporte des laines & de l'étain.

A l'égard du commerce avec le Nord, la Hollande, l'Angleterre, l'Ecosse & l'Irlande, qui est un des plus importans qui se fasse à *Nantes*, les marchands Nantois ne le font guères pour leur propre compte; ces nations, particulièrement la Hollandoise, y apportant elles-mêmes leurs marchandises, & y ayant des commissionnaires qui les vendent, & qui préparent les cargaisons pour les retours.

Les marchandises que les Hollandois tirent de *Nantes*, sont des vins, des eaux-de-vie, des syrops de sucre, du miel, du tabac de Saint-Domingue, du gingembre, de la casse, de l'indigo, du papier, des prunes & beaucoup de sel, qu'ils prennent au Bourneuf & au Pouliguen. Celles qu'ils y apportent, sont, des poivres, des girofles, de la canelle, de la muscade, de l'amidon, de la colle-forte, du plomb, de la céruse, de la mine de plomb, du cuivre, des pipes à fumer, du hareng, des raves, ou rogues de morue, des planches de sapin, des mâts, du gaudron, du bray gras, des cordages, des chanvres, des poudres, du fil de fer & de leton, des suifs, des cuirs de rously, des huiles & fanons de baleine, & beaucoup de mercerie & quincaillerie.

Les Anglois apportent du plomb, de l'étain, de la couperose & du charbon de terre: leurs cargaisons de retour, sont, des sels du Croisic, de Bourneuf & de Pouliguen; de l'esprit de vin, des vins & eaux-de-vie, des syrops de sucre, du papier, des taffetas & autres manufactures de Tours & de Lyon; de la rubannerie, beaucoup de toiles, & du gingembre.

Les Irlandois fournissent à *Nantes* des beurres, des suifs, des chairs salées en barils, du hareng, du saumon, des cuirs tannés & verds; quelquefois des laines, quand ils osent risquer cette contrebande. Leurs retours sont à peu près semblables à ceux des Anglois; hors qu'ils y ajoutent quantité de chapeaux, & des galons & dentelles d'or & d'argent.

Le commerce des Ecossois consiste en charbon de terre, en hareng, en plomb, en étain, en cuirs & en suif. Ils se chargent à *Nantes*, des mêmes marchandises que les Irlandois.

Les Flamands, ou comme on les appelle à *Nantes*, les *Flandrins*, particulièrement ceux de Bruges, Ostende, Gand & Nieuport, viennent à *Nantes* avec leurs navires vuides, pour y chercher du fret & des marchandises pour leur compte;

Sf ij

celles qui leur conviennent, font des fels, des vins, des eaux-de-vie, des fyrops de fucre, avec quelques toiles à voiles.

Les marchandifes qui compofent les cargaifons des Hambourgeois à l'arrivée, font, du plomb, du cuivre, de l'amidon, du mairain, des planches, de l'acier, du fer-blanc & noir, & de toutes celles du Nord. Les marchandifes du retour, confiftent principalement en fels, vins, eaux-de-vie, indigo, gingembre & papier.

Les Danois, Suédois, & ceux de Dantzic, apportent des mâts, des planches de fapin, du cuivre, du plomb, des poudres, de l'acier, du fer-blanc, du bray gras, des raves, des tréfiches pour la pêche de la fardine, des cordages, des chanvres, des ftofichs, du cabillaud falé, des fuifs & des laines. Leurs retours font comme ceux des Hollandois.

Il vient aufli à *Nantes* quelques vaifleaux Efpagnols & Portugais; on peut voir ci-deffus quelles marchandifes ils peuvent fournir, & quelles font celles qui leur font propres.

A l'égard du commerce que la ville de *Nantes* entretient avec plufieurs villes & provinces du dedans du royaume :

La Rochelle fournit quelque morue, & prend du mairain, du fer, du charbon de terre & des toiles à voiles.

Les fables d'Olonne font à *Nantes* prefque tous leur retour de la pêche de la morue verte, à laquelle ils emploient près de cinquante bâtimens. Ils en tirent du fer, de la toile, des bordages pour la conftruction des navires, & le furplus du produit en argent.

Quand les Marfeillois y envoient des vaifleaux, ce qui eft rare & ne paffe jamais deux bâtimens; ils apportent des aluns, des favons, des huiles, des raifins fecs, des amandes, du café, des câpres, du fucre, de la manne, du féné, de la fcamonée, du jalap & autres droguès du Levant; & vont enfuite charger dans quelqu'autre port, des fardines & du congre. Ordinairement le commerce de Marfeille à *Nantes*, fe fait par les vaifleaux *Granvillois* & *Malouins*.

Les marchands de Lyon ont à *Nantes*, des magafins d'étoffes de laine & de foie, de rubans, de dorures & de futaines, dont ils fourniffent en gros les détailleurs de la ville. Il vient aufli de Lyon quantité de fromages de Griers. Les retours pour les épiciers Lyonnois des fucres blancs du Bréfil, ou des ifles, rafinés à *Nantes*, de l'indigo, des bois de teinture, des huiles de morue & de la baleine, de la morue féche, du rocou, du gingembre, de la caffe, &c. qu'ils font remonter chez eux par la rivière de Loire.

Le Forez envoie à *Nantes* des armes blanches, des armes à feu, & beaucoup de quincaillerie & mercerie.

Le Nivernois, du charbon de terre, des canons, des boulets, des ancres & des fayances. Ces deux provinces ne tirent de *Nantes* que quelques fucres, de la morue des deux fortes, & du plomb.

Les marchandifes qui y viennent d'Auvergne, font des chanvres, des fromages & du papier : celles qui y retournent, font des fucres, des morues feches & vertes, des huiles de baleine & de morue, des drogues pour la teinture, & peu d'autres.

Le *commerce de Nantes* avec Paris eft moins confidérable par les marchandifes qu'y envoie cette capitale du royaume, que par celle qu'elle en tire; celles-là ne confiftant qu'en quelques étoffes de foierie & lainerie, pour le détail des marchands boutiquiers; & celles-ci, dans tout ce qui eft du cru de la Bretagne, ou qui lui vient du dehors.

De toutes les villes du royaume, Orléans eft celle qui fait le plus grand commerce avec *Nantes;* ayant coutume d'en tirer, non-feulement ce qui lui eft néceffaire pour fa propre confommation, mais encore tout ce dont peuvent avoir befoin les provinces voifines, avec lefquelles les marchands d'Orléans entretiennent un commerce réglé : aufli n'y a-t-il guères de marchandifes à *Nantes* qu'elle ne faffe remonter chez elle par la Loire; ayant foin enfuite de les diftribuer à leurs correfpondants des autres villes.

Enfin, pour abréger le détail de tous les lieux de l'intérieur du royaume, qui contribuent à foutenir le grand *commerce* que la ville de *Nantes* fait au dehors, on fe contentera d'ajouter que la Normandie, la Guyenne, Dunkerque, le Berri, l'Anjou, le Blefois, la Touraine, le bas Poitou, le Maine, & les principales villes de la Bretagne même, lui fourniffent la plupart des marchandifes, ou qui croiffent chez elles, ou qui fe fabriquent dans leurs manufactures; & qu'elles en reçoivent en échange ce qui leur convient de tant de marchandifes, ou du royaume, ou du dehors, dont les magafins de *Nantes* font toujours remplis.

LA PRÉVOSTÉ DE NANTES. On nomme ainfi en Bretagne la ferme des droits du roi qui fe lèvent fur certaines marchandifes, à l'entrée ou à la fortie de la ville de *Nantes*, ou en paffant dans les bureaux établis dans l'étendue de la *prévôté* de ladite ville.

Cette ferme eft très-ancienne, & les droits qui s'y perçoivent ont été impofés par les ducs de Bretagne, & ont toujours fait partie de leur domaine. Elle a depuis paffé à nos rois, qui, après la réunion de cette belle province à leur couronne, ont continué d'en jouir à même titre.

La pencarte des droits de cette *prévôté*, a été réformée par les officiers de la chambre des comptes de Bretagne, le 25 juin 1565, & c'eft encore fur cette pencarte que ces droits continuent de fe lever.

L'arrêté de la chambre des comptes porte que la nouvelle pencarte fera enregiftrée au regiftre des extraits de la chambre, & qu'il en fera fait des tableaux pour être mis au tablier de la *prévôté de Nantes*, & autres tabliers en dépendans, c'eft-à-dire, dans tous les bureaux établis à *Nantes* & dans sa *prévôté*, pour la levée de ses droits.

Les tabliers ou bureaux de cette ferme, sont *Nantes*, Pellerin, Ingrande, Ancenis, Candé, Senonne & Pouencé, la Guerche, Vitré, Fougères & le Bout, le Croisic, Pihiriac, Mesquier, le Pouliguen, & quelques autres du territoire de Guérande.

La pancarte de la *prévôté de Nantes* contient six chapitres.

Il est traité dans le premier du devoir ou droit de quarantième, qui est dû par toutes les marchandises venant de la mer à *Nantes*, ou descendant de *Nantes* à la mer, qui passent par devant Saint-Nazaire. Ce droit revient à six deniers par vingt sols du prix que peuvent valoir lesdites marchandises. Il est permis au fermier de le percevoir en marchandises ou en argent, à son choix.

Il y a plusieurs marchandises néanmoins qui ne sont pas sujettes au droit de quarantième, mais sur lesquelles se lèvent d'autres droits réglés par les chapitres suivans de la pancarte. De ce nombre sont les vins, les blés, les toiles, les épiceries, les merceries, les drogueries & autres semblables, dont on parlera par la suite. Ce premier chapitre contient encore les devoirs de l'ancienne coutume qui se lèvent sur quelques marchandises, comme les draps, les cires, le porc salé, les cuirs & peu d'autres ; ce qui s'observe aussi dans les cinq autres chapitres.

Le second chapitre comprend quelques-unes des marchandises, montant & baissant à la mer, qui ne sont pas sujettes au quarantième, mais qui paient un droit fixe de deux sols six deniers par ballot, pesant demi charge ou cent cinquante livres. Ces marchandises sont les drogueries, épiceries, apothicaireries, garance, futaines, canevats, papier, *escades*, coutils, merceries & quincaillerie. Ce droit ne se paie qu'une fois, & si les marchandises ont payé à la venue, elles ne paient rien au baissage en retournant.

Le troisième chapitre fixe le droit sur les blés & autres grains, & légumes venant de la mer.

Le quatrième est pour les droits sur les vins amenés au port de *Nantes*, tant par la mer que par la rivière de Loire.

Le cinquième parle des droits du sel venant d'aval en navires, escaffes, barques, barges & autres vaisseaux.

Le sixième & dernier chapitre est encore des droits du sel, mais montant à mont la rivière de Loire, en Chalans, en Sentines ou en petites & grandes Unzaines : on y traite aussi du droit de Senage qui se paie sur le poisson frais pendant le carême. *Voyez* SENAGE. *Voyez aussi* UNZAINE.

Après ces six chapitres suivent les droits des tabliers ou recettes dépendans du tablier de la *prévôté de Nantes*, dont on a donné ci-dessus l'état.

Au Pelerin se paie le quarantième du poisson & autres marchandises qui y arrivent par mer à la foire de la mi-Août, ou six deniers pour livre du prix desdites marchandises au choix du receveur.

A Ingrande il est dû huit sols monnoie par pipe de vin descendu audit lieu, & en entrant en Bretagne.

A Candé pareil droit de huit sols monnoie, pour le vin entrant par-là en Bretagne.

A Senonne & Pouencé, de même ; ce qui se paie pareillement à la Guerche, à Vitré, à Fougères & à l'hôtellerie du Bout.

Au Croisic, Pihiriac, Mesquier, le Pouliguen & autres lieux du territoire de Guerande, les bureaux sont plus considérables, & les droits s'y lèvent non-seulement sur les vins, mais encore sur quantité d'autres marchandises, comme les sels, les blés, le fer, l'acier & les cuirs à poil.

Les sels qui se chargent pour sortir hors dudit territoire, paient le vingtième denier du prix qu'ils sont vendus.

Le vin venant du dehors, & y arrivant par mer, trente sols monnoie du tonneau pour l'entrée ; le vin Breton qu'on en tire par mer, huit sols monnoie aussi par tonneau pour l'issue ; & le vin qui n'est pas du cru du pays, dix sols pareillement pour la sortie.

Chaque tonneau de froment sortant par mer, seize sols, & chaque tonneau des autres gros blés, huit sols de sortie.

Pour l'entrée & décharge de chaque tonneau de fer ou d'acier, à vingt-deux cents, c'est-à-dire, à deux mille deux cent pour tonneau, vingt sols. Si ceux qui amènent ladite marchandise sont étrangers, ils doivent, outre ce droit, le vingtième denier de la valeur desdits fer & acier.

La tracque de cuirs à poil, à dix cuirs pour tracque, paie deux sols monnoie.

Il faut remarquer que dans la pancarte de la *prévôté de Nantes*, dont on vient de donner l'extrait, les droits s'y paient toujours sur le pied de sols monnoie, c'est-à-dire de bonne & forte monnoie pour la distinguer de la monnoie foible, qui avoit cours en Bretagne lorsque le tarif fut renouvellé.

Outre la pancarte de la *prévôté*, il y a encore à *Nantes* trois autres pancartes concernant les devoirs ou octrois, anciens, communs & patrimoniaux de ladite ville, accordés & confirmés par Lettres patentes de Louis XIII, données à Paris le 23 avril 1638.

On n'a point parlé du commerce que les marchands de Saint-Malo font à *Nantes*, parce qu'il fera partie de la section suivante.

COMMERCE DE LA VILLE DE SAINT-MALO.

Le *commerce de Saint-Malo* est d'une grande réputation dans toute l'Europe ; & il le mérite non-seulement par rapport à celui que cette ville fait dans presque tous les pays qui composent cette partie du monde, mais encore par celui qu'elle porte jusqu'aux extrémités de l'Asie, & dans plusieurs endroits de l'Afrique & de l'Amérique.

Le plus grand *commerce* que les marchands de

Saint-Malo entretiennent avec les nations de l'Europe, est celui d'Angleterre, celui de Hollande & celui d'Espagne. Ils envoyent aussi dans le nord & dans la mer baltique.

Son *commerce* dans l'Amérique comprend la pêche de la motue, la fourniture des isles du Canada, & autres colonies françoises; & souvent le négoce de la mer du sud, mais presque toujours celui-ci est de contrebande, & sujet à de grands risques.

Le *commerce* sur les côtes d'Afrique, n'est guères moins hasardeux; & comme presque toutes ces côtes sont comprises dans les concessions des compagnies de commerce, françoises ou étrangères, les Malouins n'y envoyent que des vaisseaux interlopes qui y vont trafiquer, aux risques d'être enlevés par ceux des compagnies à qui en appartient le négoce exclusif.

Enfin, l'Asie a vu aussi des vaisseaux de *Saint-Malo* dans ses mers, depuis que la compagnie françoise des Indes orientales, a cédé aux marchands de cette ville, le privilége d'y envoyer, en partageant avec eux une partie des retours, suivant le contrat passé entr'elle & eux.

Le *commerce* que la ville de *Saint-Malo* entretient avec l'Angleterre, occupe chaque année environ des bâtimens Anglois, du port depuis vingt jusqu'à cent tonneaux. Les ports d'où ils partent, sont Londres, Linne & Yarmouth; Hanton & Waimouth, Excestre & Plimouth; les ports & les côtes de Cornouailles & Bristol.

De Bristol, il vient du charbon de terre & du plomb: on leur renvoie des toiles, du savon, du miel, & beaucoup d'huiles.

Les ports de Cornouailles & de la Manche-Saint-George, fournissent de l'étain, du charbon de terre & quelques barils de hareng blanc. Les Anglois destinent à ce négoce jusqu'à trente ou quarante bâtimens de vingt à trente tonneaux. Il leur faut des toiles de Halle, Languenau, Vitré, Fougères, Pontorson, Noyalles & de Quintin; des savons, des huiles, des vins, des eaux-de-vie, des peaux de veaux & de chèvres en poil, du miel, des plumes & de la volaille.

A Excestre & à Plimouth, il faut les mêmes marchandises qu'en Cornouailles. Il en vient année commune, pour cinquante ou soixante mille écus de serges, revêches, ratines & quelques draps fins.

Il faut aussi à Hanton & à Waimouth, de pareilles marchandises que celles qui sont propres pour les côtes de Cornouailles. Les cargaisons sont en draperies grossières, comme limestres, poulles, crezeaux, mignonettes & cotons, environ pour deux cent mille livres.

Linne & Yarmouth donnent du plomb, du charbon de terre, de la graine de lin, des harengs sorets. Ils reçoivent des vins, des eaux-de-vie & des toiles: ce commerce entretient quatre vaisseaux de quarante à soixante tonneaux.

Enfin, à Londres, on charge beaucoup de plomb, de la couperose, de la noix de galle, & pour environ vingt mille écus de grosses draperies, penestons, frises & crezeaux. On y envoie des toiles de Laval, de Rouen, de Quintin, de Halle, de Vitré, de Pontorson & de Noyales, avec du savon, de l'huile & du vin de Bordeaux. Ce commerce se fait avec vingt ou vingt-cinq vaisseaux, depuis vingt tonneaux jusqu'à cent.

Saint-Malo ne fait pas avec les Hollandois un négoce si considérable qu'avec les Anglois; les bâtimens de Hollande, qui y viennent chaque année, n'allant guères qu'à vingt-cinq ou trente navires.

Leur chargement consiste en planches de sapin, en mâts, en cordages, en chanvres, en goudron, en huile & fanons de baleine, en fromages, en harengs & épiceries.

Les cargaisons de retour se font de miel, de savons & d'huile de Gènes & de Provence, que les Hollandois emportent quelquefois pour leur compte, mais que le plus souvent les Malouins chargent à fret sur leurs vaisseaux, pour les envoyer en Hollande.

Le *commerce* en Espagne est très-riche & le plus considérable que fassent les Malouins avec leurs propres vaisseaux. Le nombre qu'ils y en envoyent, n'est pas certain, dépendant du besoin que l'Espagne ou les Indes peuvent avoir des marchandises de *France*; cependant ils n'y employent pour l'ordinaire que jusqu'à quinze frégates.

Le temps du départ de ces vaisseaux, se régle par les avis que les négocians reçoivent de celui des gallions & de là flotte pour l'Amérique Espagnole.

Les marchandises dont on fait le chargement, sont des toiles de toutes sortes, des castors, des satins de Lyon & de Tours, des étoffes d'or & d'argent, des étoffes de laine d'Amiens, de Reims & autres fabriques du royaume; en un mot, ces cargaisons sont proprement comme la décharge de toutes les manufactures de *France*, de toutes espèces.

Les retours sont composés, pour la plus grande partie, d'or & d'argent; il y a aussi des cuirs, de la cochenille, de l'indigo, du bois de campêche, & des laines du pays. Ces retours n'arrivent ordinairement à *Saint-Malo*, qu'après dix-huit mois ou deux ans, à compter du départ des cargaisons que les Malouins ont envoyé à Cadix. Il est certain qu'ils sont toujours extrêmement riches, n'allant guères au-dessous de six à sept millions, & y en ayant eu qui ont quelquefois monté jusqu'à douze.

Après le commerce d'Espagne, la pêche de la morue est un des plus considérables que fassent les marchands de *Saint Malo*.

La pêche du Chapeau-rouge occupe quinze à vingt vaisseaux, depuis cent jusqu'à trois cent tonneaux; celle du petit nord, environ quarante ou cinquante; & celle du grand banc beaucoup moins que les deux autres.

Les vaisseaux pour la pêche du chapeau-rouge

partent de *Saint-Malo* dans le mois de février, & y entrent dans les mois de décembre & de novembre. Ceux pour le petit nord, sortent au mois d'avril, pour être dans le mois de juin au lieu de leur pêche; & ceux pour le grand banc font environ six mois dans leur voyage, la pêche se faisant depuis le mois de mars jusqu'en juillet.

On peut voir ce qu'on a dit ci-dessus, de la pêche des morues que font les vaisseaux Nantois, de la destination & de la vente de leur poisson, & de tout ce qui concerne ce commerce, n'y ayant guères de différence entre celui de *Saint-Malo* & de Nantes.

On ne dira rien ici du *commerce* des Interlopes Malouins sur les côtes de l'Afrique, ni de celui qu'ils font en cette qualité, dans les ports de l'Amérique Espagnole, situés sur la mer du Sud; parce qu'outre que depuis la paix d'Utrecht, ce dernier est devenu un commerce de contrebande sur peine de la vie, on parle ailleurs amplement de l'un & de l'autre.

On se dispensera aussi de parler des vaisseaux que les marchands de *Saint-Malo* ont commencé à envoyer en Orient, depuis la cession que la compagnie françoise des Indes orientales leur a faite de son privilége; premièrement, parce que cette compagnie ayant été unie à celle d'Occident, les Malouins sont entrés dans l'interdiction générale de ce commerce, comme les autres sujets du roi; & en second lieu, parce qu'on en a fait mention en un autre endroit de ce Dictionnaire.

On ajoutera seulement à ce qu'on avoit à dire du *commerce de Saint-Malo*, que cette ville en fait un considérable avec celle de Nantes, pendant la guerre, par les prises que ses armateurs y amènent; & pendant la paix, par les retours de plusieurs bâtimens de *Saint-Malo* qui vont à la pêche de la morue, qui ayant été vendre leur poisson dans le détroit, ou en Italie, viennent décharger à Nantes les marchandises qu'ils ont eues en échange, comme des aluns de Rome, des huiles de Gènes, du café, du fromage de Parmesan, des drogues du Levant, du vin, des savons, des soudes d'Alicante, des vins & des raisins de Malague, des savons, du soufre & autres marchandises d'Espagne, d'Italie & de Provence.

Ce sont aussi ces mêmes marchandises dont les vaisseaux Malouins font des retours au Havre, d'où elles sont envoyées à Rouen & à Paris.

COMMERCE DE VITRÉ.

La ville de *Vitré* située dans l'évêché de Rennes, avoisine les provinces de Normandie, du Maine & d'Anjou, de trois, de quatre, & de sept lieues; ce qui favorise avec elles un assez bon *commerce*.

Il n'y a point néanmoins dans cette ville, ni dans son territoire de commerce & de manufactures réglées, les habitans y étant indifféremment de tout métier sans distinction.

Les sergiers font des serges de fil & de grosses laines du pays, depuis douze jusqu'à vingt sols l'aune; (ce qui s'entend, aussi-bien que tous les prix dont on parlera dans la suite, sur le pied qu'étoit l'argent lorsque l'écu courant valoit soixante sols,) Ils font aussi des étamines depuis quinze jusqu'à trente sols l'aune, qui se débitent en détail & se consomment dans le pays.

Les tisserans résidans dans la ville & les fauxbourgs, ne font que de grosses toiles, des lins & des chanvres du pays pour l'usage des habitans, sans qu'il en forte pour vendre ailleurs.

Toutes les femmes & les filles s'occupent à faire des bas, des chaussons & des gants de fil blanc, mais moins de ces derniers que des deux autres sortes.

Le fil dont ils se fabriquent, s'appelle *fil de Forez*. Il s'achete à Rennes où il est apporté de Quintin & de quelques autres lieux de basse-Bretagne: son prix est depuis douze jusqu'à vingt-quatre sols la livre. La destination de ces ouvrages, outre la consommation du pays & quelques envois qui s'en font pour Paris & les provinces du royaume, est pour l'Espagne & les Indes occidentales, particulièrement les bas; Il en sort, année commune, environ pour vingt-cinq mille francs.

Les gants de fil sont depuis dix jusqu'à soixante sols la paire. Les plus beaux bas avec le pied entier, qu'on appelle *chaussette*, ne passent pas quarante sols; ceux à demi-pied, trente sols; & ceux à étrier, vingt-cinq sols; la plus belle paire de chaussons ne va qu'à dix sols.

Cette fabrique occupe quantité d'ouvrières, mais ne les enrichit guères, les plus habiles & les plus laborieuses de celles qui y travaillent, ne pouvant gagner au plus que cinq sols par jour, & les autres communément trois sols.

Ceux qui font faire de ces ouvrages pour les envoyer à Saint-Malo, à Paris ou ailleurs dans le royaume, ont deux pour cent de commission. Les grossiers de la ville qui font ce négoce, pour leur compte, peuvent gagner dix pour cent par an; & s'ils veulent risquer de les envoyer à l'étranger, leur gain peut aller à quinze pour cent.

Cette fabrique des ouvrages de fil au tricot, est proprement la seule *manufacture* qui soit établie dans *Vitré* & ses fauxbourgs; car pour les toiles qu'on appelle *toiles de Vitré*, dont il se fait un si grand commerce au dehors, il ne s'y en fabrique aucunes, & elles viennent toutes de trente paroisses qui sont à trois lieues aux environs de cette ville.

Ces toiles sont propres à faire de petites & menues voiles de navires, ou des emballages de marchandises: la plupart s'envoient en Angleterre, pour l'usage des Colonies Angloises; le reste est destiné pour l'Espagne. Elles se vendent en écru, & y demeurent toujours. Leur largeur est d'une aune, quelquefois plus, quelquefois moins, la longueur de quatre-vingt aunes.

Il y avoit autrefois à *Vitré* des marchands en gros qui les achetoient sur les paroisses, & qui en tenoient magasins, pour les envoyer de-là à Saint-Malo, à

Rennes & à Nantes où elles se vendoient en gros. Présentement ces trois villes les ont de la première main, & elles s'y envoient en droiture des lieux où elles se fabriquent.

Leur prix est depuis sept jusqu'à onze sols l'aune. Il s'en peut faire dans les quatre lieues aux environs de *Vitré*, pour quarante ou quarante-cinq mille livres par an.

Les droits de commission pour ces toiles & les profits que les marchands en gros y peuvent faire, sont comme des ouvrages de fil blanc.

Il y a plusieurs habitans de *Vitré* qui sont en Espagne un négoce assez considérable & qui même y tiennent maison ; ce négoce s'y fait sans avoir de magasins, & sans que les marchandises passent par leurs mains ; mais ils en font faire les achats par des commissionnaires qui les envoient directement à Saint-Malo, pour les embarquer sur les vaisseaux qui chargent pour l'Espagne.

Les marchandises qu'ils destinent à ce commerce, sont ordinairement des castors & des merceries qu'ils prennent à Paris, des étoffes de soie à Tours, des soies à Lyon, & différentes toiles fines & blanches à Rouen, Laval, Quintin, Morlaix & autres villes de Bretagne.

L'on fait aussi à *Vitré* quelque trafic des seigles qui se recueillent dans son territoire ; Rennes, Fougères, la Guerche & Château-Giron, sont les villes qui en tirent davantage. Le reste se consomme sur les lieux, aussi-bien que les fruits & denrées du cru.

COMMERCE DE MORLAIX.

La ville de *Morlaix* est célèbre par le grand commerce qui s'y fait de toiles. Il s'en faut néanmoins beaucoup qu'il soit aussi considérable qu'autrefois ; les Anglois qui avoient coutume d'en enlever, année commune, pour quatre à cinq millions, ayant diminué leurs achats depuis que les longues guerres que la *France* a eues avec eux sous le règne de Louis XIV, les a obligés d'établir des fabriques de toiles chez eux, on les a accoutumé à substituer aux toiles de *Morlaix*, des toiles de Hollande & de Hambourg.

Plusieurs personnes intelligentes dans ce commerce croyent que celui des Anglois pourra se rétablir, non-seulement à cause que la qualité des toiles de *Morlaix* est meilleure que celle des toiles qui leur ont été substituées, mais encore parce que les toiles Bretonnes leur reviennent toujours à meilleur marché que celles qu'ils tirent de Hollande & de Hambourg, & même que celles qu'ils font fabriquer chez eux.

Après les Anglois, ce sont les négocians de Saint-Malo qui en tirent le plus ; ces toiles faisant une des meilleures parties de la charge des vaisseaux qu'ils envoyent en Espagne.

Il en vient aussi quantité à Paris & dans quelques autres villes du royaume.

Les Anglois payent une partie des toiles qu'ils enlèvent, en plomb, en étain, en charbon de terre,

& autres telles marchandises, ou de leur cru, ou qui leur viennent des pays étrangers ; le surplus s'acquitte en lettres de change sur Londres, Paris, Rouen, &c.

A l'égard des marchands de Saint-Malo, ils acquittent leurs achats par d'autres marchandises qu'ils tirent du Levant ou de la côte de Provence, comme savons, huiles, aluns & fruits secs.

Quoique toutes les toiles qui sont le fonds du commerce de *Morlaix* en ayent pris le nom, il ne s'y en fabrique pourtant aucune ; & toutes celles qui s'y achetent sont apportées par les tisserands & marchands, des paroisses de l'évêché de Léon, qui est le pays où ces toiles se font pour la plus grande partie.

Les habitans de *Morlaix* ont seuls droit de les acheter de la première main ; c'est-à-dire, de celle du fabriquant ou du marchand qui les apporte vendre dans leur ville ; & c'est un privilége qui leur a été accordé par les ducs de Bretagne, & confirmé par les rois depuis la réunion de cette province à la couronne, qu'aucun étranger ou marchand forain ne puisse les acheter au préjudice des habitans, ni même entrer dans l'hôtel de ville, où les fabriquans & les particuliers de la campagne sont obligés de les décharger quand ils les apportent à *Morlaix*, & de les y exposer à certains jours de la semaine, afin que les bourgeois s'en fournissent.

Ce privilége est cause que les Anglois & même les marchands de Saint-Malo, qui font le commerce des toiles de *Morlaix*, ou au moins les commissionnaires que les Anglois tiennent dans cette ville, ne les peuvent recevoir que de la main d'un habitant.

On croit que si les habitans de *Morlaix* faisoient le commerce des toiles par eux-mêmes dans les pays étrangers, & qu'ils voulussent en faire des cargaisons pour l'Angleterre & pour l'Espagne, la ville en retireroit encore un plus grand profit ; mais ils n'ont jamais été dans l'usage d'avoir des vaisseaux à eux ; soit parce que les bâtimens un peu forts ne peuvent pas aborder jusqu'à *Morlaix*, & sont obligés de se tenir à l'entrée de la rivière ; soit parce que le principal trafic qu'ils en font est avec les Anglois, & que les marchands de cette nation sont en possession d'introduire eux-mêmes en Angleterre la plupart des marchandises qu'ils tirent des pays étrangers & de ne les y laisser entrer, autant qu'ils peuvent, que sur leurs propres vaisseaux, conformément au célèbre acte de navigation passé en leur parlement en l'année 1660. *Voyez* NAVIGATION.

Le commerce des fils est encore très-considérable à *Morlaix* ; on y en apporte de tous côtés, & les deux marchés où ils se vendent, & qui s'y tiennent le mercredi & le samedi, sont les plus fréquentés de toute la Bretagne ; aussi n'est-il pas rare d'y voir enlever dans le tems que le trafic va bien, jusqu'à soixante & dix mille livres pesant de fil par semaine. On les paie ordinairement, ou en argent ou en toile,

COMMERCE

COMMERCE DE PORT-LOUIS.

La situation de *Port-Louis* est très-avantageuse pour le *commerce*, & il y a lieu de s'étonner qu'il n'y soit pas plus considérable qu'il est, & qu'il ne s'y soit pas établi un plus grand nombre de marchands.

Il est vrai qu'on prétend que quelques-uns de ceux qui y sont, ont voulu de tems en tems entreprendre le voyage des isles de l'Amérique pour y faire le même commerce que les marchands de Nantes, mais qu'ils n'y ont pas réussi, parce qu'étant obligés de tirer de Nantes les marchandises qu'ils y portoient, ils ne pouvoient pas les donner dans les isles à un si bon prix que les Nantois, ni par conséquent en trouver le débit autrement qu'à beaucoup de perte pour eux.

Une autre entreprise qui n'a pas été plus heureuse, est celle de la morue, quoiqu'on n'en puisse pas bien concevoir la raison ; cette ville n'ayant pas moins d'avantage pour cette pêche que les autres villes de Bretagne qui y envoyent.

Tout le commerce du *Port-Louis* se réduit donc en quelque façon à la pêche de la sardine, qui occupe pendant l'été plus de trois cent chaloupes & tous les matelots du pays. On n'entrera ici dans aucun détail sur cette pêche, parce qu'on en doit parler amplement dans un autre endroit de ce Dictionnaire. *Voyez* l'article de la *sardine.*

Ce ne sont pas les pêcheurs qui accommodent, pressent & salent la sardine, mais des marchands qui en font le commerce en gros & qui les achetent d'eux à mesure qu'ils sont de retour de la mer.

Le débit s'en fait par bariques, & l'on en charge beaucoup pour Saint-Sébastien & Bilbao, & pour toute la Méditerranée où il s'en fait une grande consommation. Ce sont ordinairement les marchands de Saint-Malo qui enlèvent cette marchandise.

La barique se vend depuis vingt jusqu'à cinquante livres, suivant la qualité du poisson, ou que la pêche a été plus ou moins abondante.

L'huile de sardine est encore un objet de commerce pour le *Port-Louis*. Trente à quarante bariques de sardines peuvent donner une barique d'huile. Elle se vend depuis cinquante jusqu'à quatre-vingt francs.

Le *Port-Louis* fait, année commune, jusqu'à quatre mille bariques de sardines, à neuf ou dix milliers de poissons par barique.

COMMERCE DE CHATEAU-LIN, DE COVERON, & D'AVRAY.

CHATEAU-LIN, gros bourg de la basse Bretagne, dans le diocèse de Quimper.

Il se trouve dans son voisinage quantité d'ardoisières qui fournissent de l'ardoise très-fine, qui est presque toute enlevée par les étrangers. Il est aussi très-considérable par les mines de cuivre & de

fer que l'on prépare par le moyen de la petite rivière d'Auson, sur laquelle sont bâtis divers moulins pour le service des forges, des fonderies, & des martinets qui servent à fondre & à exploiter les minerais de ces deux métaux.

La pêche des saumons qui se trouvent en abondance à l'embouchure de l'Auson, qui se jette dans la baye de Brest, à peu de distance de *Château-Lin*, est aussi un objet considérable de commerce pour les habitans de ce bourg.

COVERON. Gros bourg de Bretagne avec un petit port, à trois lieues de Nantes. Ses vins rouges sont les moins mauvais de la rivière de Nantes ; aussi les étrangers en enlèvent-ils pour leur boisson, ce qu'ils ne font guères des autres. Les eaux-de-vie qui se font avec ses vins blancs, sont les meilleures de toute la Bretagne. Il s'y fait une pêche considérable, aussi-bien qu'à Aunay, petit port à une demi-lieue au-dessous où l'on prend les premières aloses qui entrent dans la Loire.

AVRAY, petit port de mer, dans la province de Bretagne.

La commodité du port d'*Avray*, où les plus gros vaisseaux sont en sûreté, facilite à ses marchands un commerce considérable avec les Espagnols. Les marchandises qu'ils portent en Espagne, sont du poisson salé, des peaux de vaches, du beurre, & d'autres denrées de la province : les retours consistent en vins, en fruits secs, & particulièrement en fer de Biscaye.

ÉTAT DES FABRIQUES ET DENRÉES

du crû de Bretagne, *qui en sortent toutes les années pour les autres provinces du royaume & pour les pays étrangers, ou qui se consomment pour les armemens.*

On a cru ne pouvoir mieux faire connoître le vaste commerce de la *Bretagne*, & les richesses qu'il répand dans la province, qu'en mettant ici, comme une espèce de récapitulation, tout ce qui y entretient ce commerce, & les sommes que chaque espèce de marchandise y peut produire : le tout vérifié sur des registres des sorties, & réduit en une année commune, ainsi qu'il s'ensuit.

Sçavoir :

Toiles de toutes sortes, pour	12000000 l.
Fils blancs, crus & de couleur,	1000000
Papier,	200000
Etoffes de laine pour les isles & pour les vaisseaux,	40000
Miel & cire,	600000
Beurre,	100000
Chevaux,	1000000
Œufs,	350000
Cochons,	100000
Moutons,	40000
	15,430,000 l.

De l'autre part	15,430,000 l.
Grains,	100000
Sel,	100000
Poiſſon,	50000
Gibier,	10000
Volaille ,	14000
Cuirs & peaux,	60000
Vins & eaux-de-vie de Nantes, pour les iſles.	80000
Chanvres., étoupes.& cordages,	150000
Vieux linges, drilles & pilot,	10000
Crin & bourre,	10000
Mairain pour futailles.,	15000
Bois de conſtruction & de chauffage,	230000
Fer pour ancres de vaiſſeaux ,	10000
Groſſes de cartes ,	6000
Suifs & graiſſes.	100000
Total	16,375,000

COMMERCE DU DUCHÉ DE BOURGOGNE.

Généralement parlant les vins de *Bourgogne* , & principalement ceux de Dijon , Nuits , Beaune , Pomarre , Chaſſagne , Mâcon . Tonnerre, Auxerre, & de ces autres cantons qui de tems en tems ſe mettent en réputation, & pour ainſi dire , à la mode , font le plus grand *commerce* de cette riche province , qui à juſte titre eſt appellée *la mère des vins*, moins encore par la grande quantité qu'elle en produit, que pour leur excellente qualité.

Ces vins ſe. tranſportent non-ſeulement à Paris & dans toutes les provinces du royaume , où il s'en fait une grande conſommation, mais auſſi dans les pays étrangers les plus éloignés. Tavernier, ce célébre voyageur, ſe vante de l'avoir porté juſqu'à Surate & à Iſpahan , qui avoit fort bien ſoutenu la mer ; & il ajoute que Schah-Abbas , à qui il en fit préſent de quelques flacons, le préféroit aux excellens vins de Schiras , ſi eſtimés dans toute la Perſe.

Les bleds de *Bourgogne* s'enlèvent ordinairement pour l'Eſpagne & pour l'Italie.

Les bois, dont il y a quantité aux environs d'Autun , s'abbatent pour le chauffage , ou ſe ſcient, ſe débitent, & s'équarriſſent pour la charpénte. Ceux de charpente , qui ſont amenés à Paris , ſont fort eſtimés , & on les employe par préférence dans les bâtimens, ou plutôt dans les palais qui ſe conſtruiſent continuellement dans cette capitale.

A l'égard du bois de chauffage , la province en conſomme elle-même une partie pour ſon uſage , & encore une plus grande quantité pour l'entretien de ſes forges, qui y ſont en grand nombre.

Ce ſont les mines qui ſe trouvent dans l'Autunois , & en quelques autres endroits , qui fourniſſent les matières & le fer propres à être fondus dans les fourneaux , & à être forgés dans les trente-deux forges , où l'on fabrique continuellement de gros & de menus ouvrages de ce métal. Le fer y eſt bon pour tout ce à quoi on veut l'employer, & les ouvriers de Paris s'en ſervent volontiers ; auſſi les marchands de fer de cette ville , en tirent-ils conſidérablement tous les ans de toutes ſortes d'échantillons.

Comme il ſe fait de grandes nourritures de bêtes à laine en *Bourgogne* , le commerce des laines y eſt très-conſidérable. Une partie s'employe dans les manufactures de lainerie, qui ſont en grand nombre dans la province ; l'autre, qui n'eſt pas propre pour les eſpéces d'étoffes qui s'y fabriquent, s'enlève par les marchands des provinces voiſines ; & pour remplacer ces laines du pays, qui en ſortent, on eſt obligé d'en faire venir de Reims & de Troyes, plus convenables à la qualité de certaines fabriques , comme ſont , par exemple , les ſerges façon de Londres, de Seignelay, où l'on mêle les laines de Troyes & de Reims, à celles de l'Auxerrois, qui ſont les meilleures de la *Bourgogne*.

Les chanvres, ou en maſſes, ou peignés , ſe vendent partie à l'étranger, partie ſe conſomme pour les manufactures de toiles de la province.

MÉMOIRE ſur le commerce de la Généralité de Bourgogne , diviſée en ſes bailliages & en ſes principaux cantons.

En général le terroir de la province de *Bourgogne* eſt excellent , mais il n'eſt pas propre aux mêmes productions, chaque canton en ayant, pour ainſi dire, de particulières , qui leur conſtituent comme un objet ſingulier de commerce qui ſemble les diſtinguer les uns des autres.

Quelques-uns ne produiſent que des bleds , d'autres des vins, pluſieurs des bois : les mines ſont le partage de ceux-ci, & les pâturages & les foins ſe trouvent dans ceux-là. Ainſi pour donner une idée un peu détaillée du négoce de cette province & de ſa *généralité*, on va marquer la qualité du ſol de chaque bailliage , & les différentes marchandiſes & denrées qui ſont du crû de chacun d'eux , & qui en entretiennent le trafic. On entrera enſuite dans le détail de leurs manufactures.

Le principal *commerce* du pays qui compoſe le *bailliage de Dijon*, eſt celui des vins & des grains ; à l'égard des grains , les terres y ſont ſi propres, auſſi-bien que celles des bailliages de Châlons, de Beaune, d'Auxonne, de Saint-Jean de Laune, & généralement de tout le plat pays, juſqu'aux rivages de la rivière de Saone, qu'il n'eſt pas beſoin de ſe ſervir de fumier pour les engraiſ-ſer , & que la plûpart portant alternativement du froment, de l'orge, de l'avoine & de la navette, ont coutume de fournir trois récoltes en deux ans. Les autres marchandiſes & denrées du *bailliage de Dijon*, ſont des foins, des fers & des bois à brûler que l'on conduit d'abord ſur la Saone , auſſi-bien que partie des vins & des grains , pour être enſuite voiturés à Lyon.

Il s'y fait auſſi un *commerce* conſidérable de chevaux, de bêtes à corne, & d'autres beſtiaux qui ſe
débitent en Franche-Comté & en Allemagne.

Le *bailliage de Beaune* eſt partie en plaines &
partie en montagnes. Sur le penchant des montagnes ſont deux excellens vignobles, dont l'un s'é-
tend ſur le territoire de quinze paroiſſes, & l'autre
qui eſt au-delà de cette première côte, occupe preſque tout le terrein de vingt-trois autres villages. Plus
loin tout le pays conſiſte en terres labourables, à la
réſerve des communaux & des pâcages qui appartiennent aux habitans de pluſieurs paroiſſes où ils mettent paître leurs beſtiaux.

Comme les vignobles y ſont en plus grande quantité que les autres terres, le plus grand *commerce
du bailliage de Beaune* eſt en vins, dont les meilleurs ſont enlevés pour Paris, pour la Flandre,
& pour la Lorraine ; les vins communs ſe débitent
dans l'Auxerrois, d'où en échange on ramène ſouvent des bleds, qu'on envoye à Lyon par la Saone,
ou qu'on tranſporte dans le pays de la Marche.

Les vins ſont pareillement le principal *commerce
du bailliage de Nuits.* Ils ſont de bonne qualité,
ſur-tout pour l'arrière ſaiſon ; ils ſe débitent pour
Paris & pour les pays étrangers.

La ſituation des terres du *bailliage de S. Jean
de Laune,* qui s'étend le long de la rivière de Saone,
& la bonté de ſon terroir réduiſent ſon *commerce*
à celui des foins & des grains qui ſe débitent & s'envoyent dans les mêmes lieux que ceux du bailliage
de Dijon.

Le négoce du *bailliage d'Auxonne,* conſiſte
principalement en des bleds, non-ſeulement de ceux qui
s'y recueillent, mais auſſi des bleds qui s'y amènent
du Baſſigny & de quelques autres lieux de Champagne, qui ſe vendent aux marchands de Lyon, &
qu'on y voiture par la Saone.

C'eſt auſſi par la commodité de cette rivière, que
s'y fait un aſſez grand *commerce* de bois ; & quoiqu'il ſe recueille dans ce bailliage peu ou point de
vins, les marchands d'Auxonne ne laiſſent pas d'y
faire une eſpèce de dépôt de ceux qu'ils vont
acheter dans le Mâconnois & dans le Beaujollois, &
qu'ils revendent enſuite pour la Lorraine & pour
la Franche-Comté.

En général, le terroir du *bailliage d'Autun* eſt
fort ingrat, n'y ayant que très-peu de froment &
point du tout de vins ; de ſorte que le ſeul commerce
qui s'y faſſe, eſt de bétail qui ſe vend aux foires
d'Autun & des villes voiſines. A l'égard des bleds,
ils ſe conſomment tous dans le pays, & lorſque la
récolte eſt abondante, on eſt ſouvent obligé de le
garder pluſieurs années, en attendant qu'il en manque, pour le débiter.

Le *bailliage de Châlons* eſt preſque par tout
bon & fertile, & y rapporte beaucoup, ſoit en vins,
ſoit en bleds, & autres grains de toutes ſortes, ſoit
même en fruits, dont il y a quantité d'arbres plantés dans tout le pays. Il s'y recueille auſſi beaucoup

de foins & de chanvre, & l'on y pêche d'excellens
poiſſons dans ſes rivières & ſes étangs.

Les bleds, l'avoine, les autres grains, les foins
& le poiſſon ſe débitent du côté de Lyon ; les vins à
Paris, en Lorraine & dans le Charollois ; les chanvres à Troyes & dans le pays d'Autun, & ſouvent
pour les magaſins de la marine à Toulon.

La rivière de Saone, qui paſſe dans la ville de
Châlons, contribue beaucoup à ce grand commerce.

Le *commerce d'Avalon* conſiſte en toutes ſortes
de grains, en vins & en bois, qui ſont du crû du
pays. Les vins ſont propres pour l'arrière ſaiſon ;
les bois, particulièrement ceux du Morvant, ſe
flottent ſur les rivières de Couſſin & de Cure juſqu'à
Vermanton & à Cravant, où l'on en forme des trains
pour les conduire à Paris.

Le trafic des beſtiaux eſt encore un objet conſidérable pour ce bailliage.

Le *bailliage d'Auxerre* ne fait guères commerce
qu'en vins, qui ſont fort recherchés, & dont il s'en
envoie une très-grande quantité à Paris & dans les
provinces voiſines.

Le pays de *Charollois* a deux principaux objets
de négoce, les bois & les beſtiaux : les beſtiaux ſe
conduiſent à Paris & à Lyon, & les bois, particulièrement ceux qui ſont débités en mairain, ſe chargent ſur la rivière de Loire.

Le *Mâconnois* n'eſt pas d'une égale fertilité par-
tout ; ce qui le diſtingue ſont ſes vins, qui ont beaucoup de réputation, & qui ſont d'une très-bonne
qualité ; ils ſe recueillent ſeulement dans quarante
paroiſſes, ſituées la plupart ſur les côteaux tournés
à l'orient le long de la rivière de Saone ; quelques
cantons du pays produiſent des bleds & des fourages, mais en trop petite quantité pour en faire
aucun négoce ; le reſte du Mâconnois a un terroir
très-mauvais & très-froid à cauſe des montagnes qui
s'y rencontrent.

Il s'y fait néanmoins des chanvres, dont les fils
qui s'en fabriquent ſe débitent aux marchands du
Beaujollois, qui les viennent chercher pour les toiles
de cette petite province, & l'on y nourrit des beſtiaux qui ſe conduiſent dans les provinces voiſines,
même juſqu'à Paris.

Le comté de *Bar-ſur-Seine* étant preſque tout
montagneux, a peu de terres labourables & encore
moins de pâturages ; auſſi les grains qu'on y ſème,
& les beſtiaux qu'on y élève, ſuffiſent-ils à peine
pour la ſubſtance des habitans du pays. A l'égard
des vins, qui ſe recueillent en quantité, les plus
communs ſe vendent dans le Baſſigny, dans la Lorraine & aux laboureurs de Champagne ; les plus
délicats, comme ceux de Riceys, ſe voiturent en
Flandre, en Picardie & à Paris.

Toute la *Breſſe,* à la réſerve de la montagne &
du canton, qu'on appelle *Renermont,* eſt un terroir humide, & en quelques endroits marécageux,
à cauſe de la grande quantité de ruiſſeaux & d'étangs
qui s'y trouvent.

Cette ſituation lui donnant d'excellens pâturages,

les beſtiaux qu'on y élève ſont la meilleure partie de ſon commerce ; le menu bétail de la baſſe Breſſe ſe mène & ſe vend aux foires du pays, & le gros bétail de la haute ſe débite pour la ville de Lyon.

Deux autres branches de ſon négoce ſont les grains & les chanvres. Les grains, qui conſiſtent particulièrement en froment & en ſeigle, s'enlèvent par les marchands de Lyon ; les chanvres ſe réſervent pour les magaſins du roi à Toulon & à Marſeille. Quelques-uns pourtant ſe débitent pour les cordages néceſſaires au ſervice & au tirage des bateaux de ſel.

Le commerce du poiſſon y eſt auſſi très-conſidérable, particulièrement dans la Breſſe méridionale, à cauſe de la grande quantité d'étangs qui y ſont. La principale partie de ce poiſſon s'enlève pour Lyon, où il ſe voiture par la Saone.

Le pays de *Bugey* élève quantité de beſtiaux dans ſes montagnes, & recueille un grand nombre de chanvre dans ſon plat pays. Les beſtiaux ſont des chevaux, des vaches & des bêtes blanches, qui s'enlèvent par les marchands des provinces voiſines ; les moutons entr'autres ſont deſtinés pour la Franche-Comté.

Pour ce qui eſt des chanvres, la plus grande partie va pour l'ordinaire en Languedoc & en Dauphiné.

Le Bugey a auſſi des vins & des bleds, mais à peine aſſez pour la nourriture de ſes habitans.

Le *commerce* du pays de *Gex* eſt très-peu conſidérable, il ne manque pourtant point de pluſieurs productions utiles, comme des bleds, des vins, des bois, des charbons ; mais comme tout ce négoce ne ſe peut faire que par charrois, le tranſport en étant difficile, il ne s'en fait pas un grand débit au dehors. Ses fromages, qui ſont aſſez eſtimés, s'envoient néanmoins à Genève, où il s'en fait une aſſez grande conſommation. Il ſe fait auſſi quelque trafic de gros & de menu bétail.

Pour achever de donner une idée aſſez juſte du commerce de la *généralité de Bourgogne*, on va ajouter ici, comme on l'a promis, un état des fabriques d'étoffes de laine, & des autres manufactures qui y ſont établies.

MANUFACTURES DE LA GÉNÉRALITÉ de Bourgogne.

En général il ſe fait, année commune, dans le département de l'*inſpecteur des manufactures de Bourgogne*, 12 à 13000 pièces d'étoffes toutes de laines du pays.

La récolte de ces laines y peut monter à trois ou quatre cent mille livres peſant, auſſi par an, dont il s'y en emploie 260000, le reſte ſe vendant & s'employant en Champagne.

Il y a ſuffiſamment de tannerie pour fournir ce qui eſt néceſſaire de cuirs à la province.

Les chapeliers ne travaillent guères que pour le payſan, ce qu'il en faut davantage venant particulièrement de Paris.

Il y a trente-deux forges dans la province & huit papéteries.

DIJON. Il ſe fait dans cette capitale de la *Bourgogne* un très-grand commerce des draperies de la province qui s'y vendent preſque toutes ; il y en vient auſſi quantité des autres provinces, & il s'y en marque huit à neuf mille pièces de celle-ci, & cinq à ſix mille des autres.

La ſeule *fabrique* d'étoffes de laine, qui ſoit établie à *Dijon*, eſt celle des ſerges qui ont deux tiers de large ; il s'en fait, année commune, deux cent pièces ; elle occupe onze à douze facturiers & deux moulins à foulons. Les ſerges s'y font de laines du pays, qui y ſont bonnes pour la teinture & pour la foulure. Auprès de la ville il y a de la terre à dégraiſſer, qui eſt excellente.

On recueille aux environs quelques ingrédiens propres à la teinture. Le paſtel ſur-tout y réuſſiroit à merveille, mais on en a négligé la culture.

Il y a ſept maîtres teinturiers, plus employés encore aux étoffes du dehors qu'à celles du dedans ; les unes & les autres ſe débitent dans la province, la Franche-Comté & la Lorraine.

Il ſe tient chaque année à *Dijon* deux foires très-conſidérables, où ſe vendent la plupart de ces étoffes.

Il y a deux *manufactures* établies dans l'hôpital, l'une de bas, qui en fournit trois mille cinq cent paires, & l'autre de dentelles façon du Havre, dont il ſe débite beaucoup en Franche-Comté.

MARCY. On ne fait que des ſerges drapées dans cette *fabrique*, elles portent deux tiers de large, & ſont très-bonnes.

Plus de cinquante maîtres facturiers ſont employés à la fabrique de ces ſerges, & il y a trois foulonniers qui ont chacun un moulin pour y donner les apprêts. Ce lieu eſt d'autant plus propre pour une manufacture, que les eaux y ſont très-bonnes, & la terre très-propre au dégraiſſage.

Le produit de cette *fabrique* va de deux à trois mille pièces d'étoffes par an.

VITAUX. Les deux *fabriques* de ce lieu ſont des draps & des toiles.

Les draps paſſent pour draps de Semur, ils ſont très-bons, & ont une aune de large. Il ne s'y en fait que cent pièces par an, qu'on porte fouler à Semur. Il n'y a que trois facturiers.

Les toiles ſont des toiles d'étoupes de trois quarts de large, qui ſe vendent en écru aux marchands de Troyes, qui les font blanchir & les vendent enſuite.

Il s'y recueille huit à neuf milliers de laines très-bonnes, dont quelques marchands du lieu font le commerce.

SEMUR. Il y a *Semur* deux *fabriques* d'étoffes de laine, l'une de draps d'une aune de large, & l'autre de gros droguets, qui ne ſont propres qu'aux vêtemens du peuple, particulièrement des payſans. Il s'y fait ſept à huit cent pièces de draps, & ſeulement cent vingt-cinq pièces de droguets.

La fabrique de ces étoffes occupe environ vingt-cinq facturiers pour les faire en toiles , & deux moulins à foulon , pour leur donner les apprêts du dégraiſſage & du foulage. La terre à dégraiſſer n'y eſt pas mauvaiſe.

Sept marchands y font le commerce des draperies , qui y ſont viſitées & marquées deux fois , l'une au ſortir du métier par les jurés facturiers , & l'autre avant la vente que font les marchands par le juré de leur corps.

Quoique cette *fabrique* ſoit aſſez conſidérable , elle pourroit encore être plus forte , ſur-tout parce qu'il s'y recueille des laines aſſez bonnes & en aſſez grande quantité.

SAULIEU. Il s'y fait des draps d'une aune de large , mêlés de laines du pays, qui ſont très-bonnes , avec celles de Champagne , qui ſont aſſez groſſières.

Il s'y fait auſſi des droguets de laine, de demi-aune demi-quart.

Et des toiles de trois quarts , & trois quarts & demi de large , & de quarante à quarante-cinq aunes de long.

MONTBART. Les draps qui s'y font , ſont d'une aune de large , un peu gros; on n'y emploie que des laines du pays. On y en peut faire deux cent vingt à deux cent cinquante pièces par an , dont une partie ſe débite à Semur.

On y fait auſſi quelques droguets de demi-aune de large.

Onze maîtres facturiers & deux moulins à foulon travaillent pour ces deux *fabriques*.

ROUVRAY. Cette *fabrique* a cinq maîtres facturiers, qui font par an cent vingt à cent trente pièces de draps façon de Semur, qui ont comme ceux-ci une aune de large , & qui ſont comme eux fabriqués de laines du pays, qui ſont fort bonnes.

AVALLON. Les laines y ſont un peu groſſières ; cependant on ne s'en ſert point d'autres dans les *fabriques* de draps & de droguets qui y ſont établies. Les draps ſont d'une aune de large , aſſez forts & aſſez bien travaillés ; on en fait environ deux cent pièces. Le produit des droguets ne va guères qu'à cinquante.

Douze facturiers & trois moulins à foulon y ſoutiennent ces deux *fabriques*. Le foulage des étoffes n'y eſt pas bien bon, ce qui vient plus de la faute des eaux qui n'y ſont pas propres, que de celle des foulonniers.

AUXERRE. Les *fabriques* n'y ſont pas conſidérables, celles des draps fourniſſant à peine cinquante pièces d'étoffes , & celles des droguets environ quarante. Les draps ont une aune de large , & ſe font auſſi-bien que les droguets de laines du pays , qui ſont aſſez groſſières ; trois ſeuls maîtres facturiers y travaillent.

Il ſe fait encore dans l'hôpital de cette ville des ſerges façon de Londres, qui ſe confondent ordinairement avec celles de Seignelay.

SEIGNELAY. Les ſerges qui ſe fabriquent dans cette *manufacture* , ſont de celles que l'on nomme *ſerges façon de Londres* ; il n'y en a point dans le royaume qui imitent ſi bien les véritables Londres. On peut voir à l'endroit cité ci-deſſus l'établiſſement de ces fabriques en *France* , & la préférence que celle de *Seignelay* a toujours conſervée ſur les autres.

Par le traité que le ſieur Rouſſeau avoit fait avec les fermiers généraux, qui ſur la fin du dernier ſiécle s'étoient chargés de cette manufacture , il s'y devoit faire neuf cent pièces de ſerges par an ; mais il y eſt arrivé depuis du changement.

Les laines qu'on y emploie ſont des laines de l'Auxois, qui ſont très-bonnes , & que cependant on fait exactement laver & dégraiſſer avant que de les mettre en œuvre. Outre ce qui ſe conſomme de ces ſortes de laines dans la *manufacture de Seignelay*, les marchands de Troyes & de Rheims en tirent encore quinze à vingt mille livres par an.

NUITS. Il ne s'y fait que quarante pièces de draps d'une aune de large par an , & ſoixante ou quatre-vingt pièces de droguets. Il y a trois facturiers & un moulin à foulon.

BEAUNE. Les pauvres de l'hôpital de *Beaune* font des ſerges drapées de deux tiers de large ; elles ſe font de laines de l'Auxois. Cette *fabrique* fournit environ deux cent pièces d'étoffes.

Les facturiers de la ville travaillent en draps d'une aune de large & en ſerges drapées , & du rebut des laines qu'ils y employent , ils font des droguets. Ces laines ſont laines du pays, qui ne ſont pas mauvaiſes. Les trois *fabriques* ne donnent toutes enſemble que cent cinquante pièces par an.

Il y a à *Beaune* cinq ou ſix marchands qui vendent toutes ſortes de draperies , & cinq maîtres facturiers ; trois foulons , un teinturier , & un fondeur , pour le ſervice des *manufactures*.

Les eaux ſont très-bonnes pour la teinture , mais trop froides pour le dégraiſſage & le foulage, la terre à dégraiſſer y eſt excellente.

ARNAY-LE-DUC. Ses *fabriques* ſont des ſerges drapées & des droguets qui ſe font de laine du pays, qui ne ſont pas extrêmement fins. Il ſe fait, année commune, douze cent pièces de ſerges , & deux cent cinquante de droguets.

Ces *manufactures* occupent vingt maîtres facturiers & quatre foulons : comme la terre & les eaux ſont propres au foulage , & que cependant il n'y eſt pas excellent , quelques-uns en rejettent la faute ſur la négligence des foulonniers.

CHASLONS. Il n'y a aucune manufacture dans cette ville ; cependant il s'y marque par année juſqu'à douze cent pièces d'étoffes qu'on y apporte de toutes les provinces ; auſſi s'y fait il un commerce fort conſidérable de draperie, ſur-tout de celles de Languedoc , qui ſe vendent aux deux foires qui s'y tiennent tous les ans ; l'une , à la Saint-Jean , & l'autre , dans la première ſemaine de carême : celle de la Saint - Jean eſt la plus conſidérable.

TOURNUS. Les draps qui s'y débitent viennent du dehors, particuliérement de Lyon, n'y ayant point de manufacture de lainerie, non plus qu'à Châlons. Les marchands qui en font le commerce, ont un garde-juré pour viſiter & marquer les étoffes qu'ils débitent, la plupart y étant apportées ſans être marquées.

VERDUN. Cette ville, non plus que les deux précédentes, n'a aucune fabrique de draperie ; cependant c'eſt une de celles de la *généralité* où il s'en fait un des plus grands commerces, s'en débitant, année commune, plus de quatre mille pièces à la foire qui s'y tient le 28 octobre.

Les draperies qui s'y vendent, ſont la plupart du Languedoc ; ce ſont les marchands forains qui en font tout le négoce, n'y ayant pour l'ordinaire à Verdun qu'un ſeul marchand pour les étoffes de lainage.

LONCHANS. Il ne s'y fait que des tiretaines de demi-aune de large, où il n'entre que des laines du pays, qui ſont aſſez groſſières. Il y a ſeize maîtres facturiers, qui en font par an juſqu'à neuf cent pièces. Un ſeul foulon leur donne l'apprêt du dégraiſſage & du foulage.

CLUNY. Ses *fabriques* ſont des tiretaines & des droguets des laines du pays, dont il ſe fait deux cent pièces par an. Les maîtres facturiers n'y ſont que cinq ; mais il y a quantité d'aſſez bons marchands qui font le commerce des draperies foraines, que pour la plupart ils tirent de Lyon. Comme elles viennent à Cluny ſans être marquées, ils ont entre eux un garde pour la viſite & pour la marque.

MACON. Les *fabriques* y ſont peu conſidérables ; à peine s'y fait-il trente à quarante pièces de droguets tout de laine du pays, qui eſt aſſez groſſière. Son plus grand commerce d'étoffes eſt de draperies foraines, que ſes marchands tirent de Lyon ſans aucune marque ; ce n'eſt même que depuis l'année 1691, qu'ils ſe ſont aſſujettis aux réglemens à cet égard. Pour leur exécution, ils ont depuis ce temps-là un garde-juré de leur corps, qui fait la viſite des étoffes qui leur viennent de dehors, & qui les marque.

Il n'y a que deux maîtres facturiers pour les *fabriques* de la ville.

BOURG-EN-BRESSE. On y fait deux ſortes de droguets ; les uns appellés *ſardys* qui ſont tout de laine, & les autres nommés *talanches* qui ſont fil & laine. On n'y emploie que des laines du pays, qui ne ſont pas fort bonnes ; il s'y en fait environ cent vingt pièces par ſix maîtres facturiers. Il y a deux foulons pour les apprêts que ces ſortes d'ouvriers ont coutume de donner aux étoffes de laine.

Pluſieurs marchands y vendent toutes ſortes de draperies foraines, qu'ils font pour la plupart venir de Lyon. Il a été encore plus difficile qu'à Mâcon, de les aſſujettir à la viſite & à la marque ; mais

depuis le commencement du dernier ſiécle (1700), les réglemens y ſont aſſez réguliérement obſervés.

MONTLUET. Il n'y a que trois maîtres facturiers ; ils y font des droguets appeliés *ſardys*, mais en aſſez petite quantité. Les étoffes ne s'y marquent pas, mais ſont viſitées & marquées dans les lieux de leur débit.

PONT-LE-VAUX. Les draps qui s'y font n'ont qu'une demi-aune de large, & ne ſont propres que pour les payſans ; ils ſe nomment des *demi-draps*. Comme on n'y emploie que des laines du pays, qui ne ſont pas excellentes, ces étoffes ſont très-groſſières : on y en fait quatre à cinq cent pièces par an. On y fabrique auſſi quelques droguets, mais en petite quantité.

Huit maîtres facturiers & deux foulons ſoutiennent cette *fabrique*.

CHAROLLES. Quelques marchands y vendent des draperies foraines, ne s'en faiſant aucune dans la ville. Celles qui s'y débitent, viennent toutes de Lyon ; mais comme on les envoie ſans être marquées, elles y reçoivent la viſite & la marque du garde-juré des marchands drapiers.

MONT-SAINT-VINCENT. Ce lieu eſt très - commode pour l'établiſſement d'une manufacture. On y recueille quantité de laine d'une excellente qualité ; les eaux y ſont bonnes pour la teinture & le foulage, & il s'y trouve de la terre très-propre au dégraiſſage.

Tous ces avantages y avoient fait commencer une fabrique de draps, vers la fin du dernier ſiécle (1698), mais, ſoit qu'elle ait été mal ſoutenue, ſoit pour quelqu'autres raiſons, elle n'a pas eu le ſuccès qu'on pouvoit en eſpérer.

AUXONNE. Il n'y a qu'un facturier dans cette ville, les ſerges qu'il fait ſont de deux tiers, toutes ſemblables à celles qui ſe font à Dijon.

Pour compenſer ce défaut de fabriquans, il y a pluſieurs riches marchands qui font le commerce de toutes ſortes de draperies foraines, pour leſquelles ils ſont exempts de droits de ſortie, à cauſe qu'ils les envoient toutes à l'étranger.

Ils ont été des derniers de la *généralité* à exécuter les réglemens concernans la viſite & la marque ; préſentement, ils ont un juré pour l'une & pour l'autre.

BELLEGARDE. Nulles manufactures. Pluſieurs marchands y vendent toutes ſortes de draperies des provinces & des fabriques voiſines.

AUTUN. Les *manufactures* de cette ville ſont des draps, des crépons & des toiles.

Les draps portent une aune de large, ſont forts & bons pour les troupes ; il s'en fait environ cent ſoixante pièces.

Les crépons ſont pour l'uſage des bourgeois, & pour les diſtinguer des crépons communs, on les appelle *crépons forts* : le produit n'en eſt pas ſi conſidérable que celui des draps : les uns & les autres ſont faits de laine du pays.

Les toiles font de trois quarts & demi de large ; il s'en fait quatorze à quinze cent pièces.

Douze maîtres facturiers & deux foulons, entretiennent les *fabriques* de lainage de la ville, & pour le commerce des draperies foraines, il y a quantité de marchands, & une foire assez considérable au mois de septembre, où il s'en débite plus de six cent pièces.

CHASTILLON-SUR-SEINE. Ses facturiers, qui sont au nombre de plus de vingt-cinq, ne font que des serges drapées & croisées d'une aune de large. Le produit, année commune, en est de plus de mille pièces. Un seul foulon travaille pour cette *fabrique*.

Outre le commerce des serges qui se font dans la ville, il s'en fait encore un assez considérable de toutes sortes de draperies foraines, par plusieurs gros marchands qui y sont établis.

JOIGNY. Il s'y fait des draps d'une aune de large, & des droguets de demi-aune, mais peu, le tout n'allant qu'à 50 ou 60 pièces par an. On n'y emploie que des laines du pays, qui sont grossières. Trois maîtres facturiers & autant de foulons, travaillent pour ces deux *fabriques*.

SENS. Ses *fabriques* consistent en draps d'une aune, & en droguets fil & laine : les uns & les autres de laines du pays. Il s'en fait en tout cent pièces. Cette *manufacture* a onze facturiers & un foulon.

Ses marchands drapiers font un assez bon commerce des étoffes de draperie, qu'ils font venir de dehors, particulièrement pendant la foire qui s'y tient au commencement du carême.

VILLENEUVE-L'ARCHEVÊQUE & BIGNY. Il se fait dans ces deux lieux, des draps d'une aune de large, dont le débit, pour la plus grande partie, se fait aux marchands de Troyes. *Villeneuve* en donne cent pièces, & *Bigny* environ cent dix ou cent vingt. Les facturiers y sont à peu près au même nombre, ce qui ne passe guères dix : la première a un foulon, l'autre n'en a pas.

ANCY-LE-FRANC. Les fabriques de draps d'une aune, que M. de Louvois y avoit établies, sont tombées à sa mort, & le beau moulin à foulon qu'il y avoit fait construire, est presque resté inutile. On y fait présentement des serges croisées, qui sont très-bonnes ; elles se vendent aux marchands de Troyes.

CHASTEAU-RENARD. Il s'y fait cinq ou six cent pièces de draps d'une aune de large, qui se débitent aux marchands de Troyes, qui les vendent ensuite pour les habillemens des troupes. Cette *manufacture* occupe trente-deux maîtres facturiers & quatre foulons.

TOUSSY. C'est la même qualité de draps que ceux de Château-Renard ; il s'en fait environ cent pièces par douze maîtres facturiers, qui ont deux maîtres foulonniers pour les apprêts. Il s'y fait aussi

quelques droguets : les uns & les autres, de laine du pays.

Il faut remarquer qu'on a employé dans cet état, des *manufactures* de la généralité de Bourgogne, quelques lieux de fabriques, qui sont de la généralité, ou de Paris, ou d'Orléans ; mais on a cru qu'il falloit plutôt suivre le département de l'*inspecteur des manufactures*, que celui de l'*intendant de la Bourgogne*. Cette irrégularité étant d'ailleurs très-peu considérable.

COMMERCE DE LA FRANCHE-COMTÉ.

Les bleds, les avoines & autres grains de cette province ; ses mines de fer & ses forges ; ses bois, ses salpêtres ; ses sels, ses haras, ses bestiaux, ses beurres & ses fromages, font presque tout son *commerce*.

Les Suisses & les Génevois enlèvent ordinairement une partie des bleds de *Franche-Comté* ; on en conduit aussi beaucoup à Lyon par la Saône : pour les avoines & les autres grains, on les transporte dans les provinces voisines.

Les rivières de Saône, du Doux, de Lougnon, & de la Loure, & quelques ruisseaux, font travailler plus de trente forges ou fourneaux, où il se fabrique des fers de tout échantillon & de toute espèce ; sur-tout, l'on en tire quantité de bombes & de boulets pour l'artillerie de terre, & pour celle de la marine.

Les connoisseurs croient qu'il seroit également facile & utile d'établir d'excellentes manufactures d'armes à feu, soit à Besançon, soit à Pontarlier, tant à cause de la bonté du fer de *Franche-Comté*, que pour le grand nombre d'habiles armuriers qui sont dans ces deux villes ; les canons de fusils, de mousquets & de pistolets qui s'y fabriquent, & dont il se fait un grand négoce, étant déja fort en réputation.

Les bois qui se coupent dans les pays montagneux, (comme on parle dans la province) fournissent des mâts, des planches & autres pièces de sciage, propres aux constructions de la marine ; il s'y fait aussi quantité de mairain.

La plupart des bois se mettent à flot sur les rivières du Doux, de Lougnon & de la Loure, jusqu'aux embouchures où elles se jettent dans la Saône, qui les porte ensuite à Lyon.

Les salpêtres qui se font en *Franche-Comté*, montent, année commune, à douze cent milliers, qu'on pourroit augmenter de beaucoup avec quelqu'attention & peu de dépense.

Les sels se tirent des salines de la montagne dorée, ainsi nommée du riche trésor qui y est renfermé, qui pourtant ne consiste qu'en deux puits, ou écoulemens d'eaux, mais qui sont intarissables, & qui fournissent une quantité extraordinaire de sel.

Ce sel suffit, non-seulement à la province, mais

encore il s'en transporte beaucoup dans les pays étrangers ; & les Suisses, entr'autres, ont un traité avec la *France*, pour se conserver la liberté de ce commerce. On peut juger de ce que ces célèbres salines en fournissent, par le montant des droits du roi, chaque année, qui, évaluées l'une par l'autre, vont à plus de six cent mille livres.

Les haras sont très-considérables en *Franche-Comté*, & particulièrement dans la montagne. On compte près de quatre-vingt étalons, fournis & entretenus par des particuliers, aux conditions portées par les déclarations du roi. Les cavales propres à porter poulains, vont au-delà de neuf mille, & il n'y a guères d'année qu'il ne naisse environ cinq mille poulains, dont la plus grande partie est enlevée, ou du moins arrêtée à six mois. Ce sont les marchands du duché de Bourgogne, de la Champagne, de Brie & de Berry, qui les achettent ; & les rouliers de ces provinces en tirent, outre cela, plusieurs centaines de chevaux entiers par an.

Ces haras ont été d'un grand secours pendant les guerres presque continuelles, des vingt dernieres années du regne de Louis XIV, soit pour la remonte de la cavalerie, soit pour l'équipage des vivres ; & il y a eu bien dès années qu'il en est forti, chevaux & jumens, jusqu'à quatre mille, que les entrepreneurs payoient, depuis deux cent jusqu'à deux cent cinquante livres. *Voyez* HARAS.

Il se fait un assez grand négoce de fromages dans cette province, que l'on fait ordinairement passer pour fromages de Gruiers & de Berne ; mais quoique ce soient des Suisses qui y travaillent, ils ne font jamais si bons que les véritables fromages Suisses.

Il n'y a aucune manufacture de draperie en *Franche-Comté*, les laines n'y étant pas abondantes, à cause qu'il s'y fait peu de nourriture de bétail blanc, & que d'ailleurs elles sont d'une très-mauvaise qualité.

Besançon, capitale de la *Franche-Comté*. Le poids de cette ville est égal à celui de Paris, Sa mesure pour les grains pese 36 livres, poids de marc, en sorte que 20 de ces mesures font trois septiers de Paris.

Le pied géométrique y est de 11 pouces 5 lignes, pied de roi.

Gray est la ville de toute la province, où il se fait le plus grand *commerce*, à cause que c'est-là que l'on embarque sur la Saone, les fers & les autres denrées & marchandises qu'on envoie au dehors.

COMMERCE DU DAUPHINÉ,

ET DE SA GÉNÉRALITÉ.

Cette province étant partie en montagnes & partie en plaines, les productions de la terre & le *commerce* répondent à cette diversité de situation.

Les montagnes produisent des sapins & autres arbres propres pour la marine & pour les bâtimens. On y trouve des mines de divers métaux & de plusieurs minéraux. Les ruisseaux & les rivières qui en sortent, servent à faire tourner les moulins des forges & fonderies où se fabriquent divers ouvrages de fer, d'acier, de cuivre & de plomb, suivant la diversité des métaux qui s'y fondent & qui s'y travaillent, particulièrement des canons, des ancres, dans les fonderies & les forges pour le fer.

A l'égard des plaines, il y croît des chanvres ; on y recueille diverses sortes de grains, & l'on y plante & élève les mûriers blancs qui servent à la nourriture des vers à soie.

La principale mine de fer est dans la montagne d'Allevard, à six lieues de Grenoble ; son fer est d'une excellente qualité, doux, sans paille, facile à forger & à limer.

Les mines de cuivre sont dans la montagne de la Cloche, & celles de plomb, dans le Gapençois, près de la Baulme des Arnauds, & au village d'Argentières, à quatre lieues de Briançon.

Le terroir de Besse a des ardoisières ; celui de Larnage, une mine de vitriol & de couperose, & une de terre propre à faire des pipes à fumer du tabac, qui se fabriquent à Tain ; Cezanne & Cestiers dans le Briançonnois, donnent de la craie ; & plusieurs endroits du haut & bas Dauphiné, du charbon de pierre & du salpêtre.

Les manufactures que tous ces divers métaux & minéraux entretiennent dans le *Dauphiné*, sont répandues dans toute la province.

L'acier se fabrique à Rives-Moirans, à Voiron, à Beaumont, Fures, à Tulins, à Beaucroissant, à Châbons & à Vienne.

Les fers, qu'on nomme *fers à forges*, se font dans les forges de Saint-Hugon, d'Hurtiers, de Thois, d'Allevard, de Laval, de Goncelin, de la Combe, de Lantey, de Vriage, de Revel, des Portes, de Saint-Gervais & de Royans. C'est à Rives, Beaucroissant, Tulins, Voiron, Beaumont, Fures, & plus qu'ailleurs, à Vienne, que se fabriquent les lames d'épées ; comme à Voiron, & à Viziles, les faulx & faucilles. Les canons se fondent à Saint-Gervais ; les ancres se forgent à Vienne.

Enfin, il y a des forges à cuivre, à Vienne, à Tulins, à Voiron & à Beaucroissant ; & l'on prépare le vitriol & les autres minéraux dans les fabriques & laboratoires d'Allevard, de Laval, de la Cloche, de Largentières, de Leschet, de Bauriere & de Larnage.

Les autres manufactures du *Dauphiné*, sont les laineries, les toiles & les soies.

Les laines pour ces manufactures, sont presque toutes du pays ; & le négoce s'en fait principalement à Valence, Crest, Romans & Royans. Il se
faisoit

faisoit autrefois un grand commerce de toutes ces laineries, dans la plupart des échelles du Levant ; mais il est tout-à-fait tombé, par le peu de fidélité des fabriquans, qui en a dégoûté ces peuples assez faciles à surprendre, mais qui ne pardonnent jamais la mauvaise foi, quand ils s'en sont apperçus.

Les toiles, qui se font toutes de chanvres du pays, se fabriquent à Saint-Jean-Cremieu, à la Tour-du-Pin, à Bourgoin, à Vienne, à Jatlieu, à Ruy, à Lisle-Dabo, à Artas, à Saint-Georges, à Voiron & à la Buisse. C'est presque dans les mêmes lieux, ou leurs environs, que se filent les fils pour la couture & pour divers ouvrages de bonneterie : il se fait des uns & des autres, un assez bon négoce.

Les soies se font dans toute la province, à l'exception des bailliages des montagnes, & de quelques terres trop froides.

Il y a outre cela, dans toute cette généralité, plusieurs moulins à papier, où il s'en fabrique de très-beau & de très-fin, des petites & moyennes sortes pour l'écriture ; il s'y en fait aussi de commun. Une partie des uns & des autres se consomme en France ; le reste s'envoie au Levant. Les papeteries sont celles de Saint-Donat, de Château-double, de Perus, de Difimont, de Chabeuil, de Saint-Vallier, de Crest, de Vienne, de Rives, de Paviot, & de Vizille.

Les fabriques de chapeaux sont établies à Grenoble, à Fontenil, à Sassenage, à Voreppe, à Moirans, à Crest, & à Pont-en-Royans.

L'on habille de gros cuirs à la Côte de Saint-André, à Saint Jean-de-Bournay, à Vienne, à Serre, à Grenoble, à Lumbin, à Crôles & à Goncelin.

Les peaux & menus cuirs, se passent & se mettent en mégie à Grenoble, Voiron, Romans, Valence, Loriol, Livron, Montelimart, Dieu-le-fit, Vienne & Saint-Antoine de Viennois.

Les fromages de Sassenage, ou des autres cantons, qu'on débite sous ce nom ; les gands de Grenoble, si légers & si fins ; les pignons, les résines & gallipots, & quelques autres denrées qui sont envoyées à Paris par la voie de Lyon, font aussi une partie du négoce de Dauphiné.

ÉTAT des manufactures de lainage de Dauphiné.

Le département de l'inspecteur des manufactures de cette généralité, est divisé en dix-sept bureaux ou chef-lieux, qui ont sous eux un certain nombre de paroisses ; les uns plus, les autres moins, suivant l'éloignement des endroits où sont établies les fabriques des étoffes, ce qui ne va pour l'ordinaire, qu'à une distance de deux ou trois lieues au plus.

C'est dans ces chef-lieux, dont on va donner le rôle, que doivent répondre tous les facturiers du

Dauphiné, & où ils doivent porter leurs étoffes pour y être visitées & marquées.

Il se marque dans tous ces bureaux, année commune, depuis trente-huit jusqu'à quarante mille pièces d'étoffes.

GRENOBLE. C'est le chef-lieu de toutes les *fabriques* des environs à trois lieues à la ronde ; il s'y fait cependant & il s'y marque moins d'étoffes que dans presque aucun des bureaux de la *généralité* ; celles qui s'y fabriquent, sont des draps, le produit desquels ne va guères au-delà de cinq cent pièces.

VOIRON. Cinq paroisses y ressortissent, ses *fabriques* sont des droguets & de gros draps ; les droguets donnent huit à neuf cent pièces par an ; & les draps un peu plus de deux cent.

TULIN. Ce bureau a sous lui neuf paroisses, on n'y fait que des draps, dont il s'en marque par année environ mille pièces.

SAINT-MARCELLIN. Il n'a que quatre paroisses où il ne se fait que trois cent pièces de draps.

ROYBON. On y fabrique & dans les sept paroisses qui en dépendent, des draps, des ratines & des serges. Elles en fournissent par an sept à huit cent pièces en tout, des trois espèces.

SERRE a huit paroisses, dans lesquelles, aussi-bien qu'au chef-lieu, on ne fait que des draps. Il s'en marque plus de huit cent pièces.

BEAUREPAIRE. Ce sont aussi des draps qu'on y fait, de même que dans les trois paroisses qui en dépendent : c'est une des moindres *fabriques* de toute la *généralité*.

SAINT-JEAN DE ROYANS. Les six paroisses qui en dépendent, y compris leur chef-lieu, peuvent fournir, année commune, au-delà de mille pièces d'étoffes. On y fait des draps.

Ce lieu est très-commode pour une manufacture, à cause d'une source d'eau vive admirable pour le dégraissage des laines & des étoffes.

ROMANS. Les *fabriques* de cette ville & des douze paroisses qui en ressortissent pour la marque, sont les plus considérables de toute la province, à la réserve de Dieu-le-Fit. On y fait de quatre sortes d'étoffes ; savoir, des cordelats, des ratines, des estameaux & des draps. Les cordelats donnent deux mille pièces par an ; les ratines, mille ; les estameaux, quatorze à quinze cent ; & les draps, quinze à seize cent.

PONT EN ROYANS. Ce bureau marque les étoffes de dix-sept paroisses ; leurs *fabriques* consistent en draps, dont il se fait par an plus de deux mille pièces.

CREST. A Crest & dans les treize lieux, dont les facturiers y vont pour la visite & pour la marque, il s'y fait des ratines & des cordelats ; de ceux-ci, mille pièces ; & de celles-là, quinze cent.

MONTELIMARD. Ce bureau est celui de tout le

V v

Dauphiné, où il ressortit un plus grand nombre de lieux de fabrique; on en compte jusqu'à vingt-cinq. Les étoffes qu'on y fait, sont des ratines & des sergettes. Les sergettes vont à deux mille pièces par an, & les ratines, à plus de quinze cent.

TOLLINIAN. Dans ce chef-lieu & dans les neuf paroisses qui y viennent marquer leurs étoffes, on ne fait que des sergettes, dont on marque par an plus de deux mille pièces.

DIEU-LE-FIT. Vingt endroits où l'on fabrique des étoffes, dépendent de ce chef-lieu; toutes ces étoffes consistent en sergettes, dont il se fait, année commune, environ dix mille pièces.

BUIS. Trois seuls endroits portent leurs étoffes à ce bureau, pour la visite & pour la marque; les *fabriques* qui y sont établies, sont à peu près partagées entre les sergettes & les cordelats. On y fait environ six cent pièces d'étoffes, moitié des uns & moitié des autres.

VALENCE. Ses *fabriques* & celles de son ressort, sont des draps & des ratines : il se fait cinq cent pièces des premières, & six cent pièces des dernières. Il y ressortit six lieux de fabrique.

VIENNE. Les étoffes qu'on y fait, sont des droguets; ce chef-lieu & ses dix-sept *fabriques* ressortissantes, en font jusqu'à cinq mille pièces, année commune.

Il y avoit autrefois à *Vienne*, trente moulinets pour la fabrique des lames d'épée, à peine y en reste-t-il encore quelqu'un; bien des gens croient cependant que celles qui s'y faisoient, ne cédoient en rien aux lames d'épées qui se font en Forez, si même elles n'étoient meilleures.

La situation de cette ville seroit propre pour y établir & y soutenir un grand commerce; sur-tout à cause de la commodité de la petite rivière de Gière, où l'on pourroit construire des forges de fer, d'acier & de cuivre, & des moulins à poudre & à papier, dont les ouvrages & les métaux qui s'y prépareroient, pourroient être aisément envoyés dans les provinces voisines, par le moyen du Rhône, sur le rivage duquel cette ville est située.

On a dit en passant, que les canons de fer se fondoient à *Saint-Gervais*. Ce bourg est au-dessous de Grenoble sur la rivière d'Isère. La *fabrique* des canons y est établie depuis environ trente-cinq ans. On y avoit fait venir des ouvriers étrangers pour cet établissement; mais les ouvriers du pays s'y sont rendus si habiles, qu'ils suffisent seuls pour le soutenir.

Le fer dont on se sert dans cette fonte de canons, se tire de la montagne d'Allevar, & la mine qui le fournit, produit un métal si doux & si liant, qu'il n'y a guères de différence pour le service, entre des canons fabriqués de ce fer, & des canons faits de fonte.

On en fait un grand usage pour la marine marchande, & même pour les armemens des vaisseaux du roi.

COMMERCE DE PROVENCE.

Cette province est très-féconde en vins, en olives, en safran, en oranges, en citrons, prunes, amandes, avelines, grenades; enfin, en toute sorte d'excellens fruits. Il s'y recueille aussi une assez grande quantité de soie & de laine.

Toutes ces différentes productions sont autant d'objets de différens commerces.

Des olives mises sous la presse & au moulin, on tire ces huiles si douces & si bonnes, dont on fait tant de cas à Paris, & dans tout le reste du royaume, où il s'en consomme une quantité extraordinaire. On fait aussi grand négoce des olives adoucies & préparées par la saumure, qui s'envoient pareillement à Paris & ailleurs, dans de petits barils. *Voyez* OLIVE & HUILE. *Le commerce de l'un & de l'autre y est expliqué.*

Les vins muscats de *Saint-Laurent* & de *la Ciotat*, font les délices des meilleures tables; & il s'en transporte considérablement, non-seulement à Paris & dans les principales villes du royaume, mais encore dans les pays étrangers.

Les raisins avec lesquels on fait ces vins, & particulièrement ceux qui se recueillent aux environs de Roquevaire & d'Auriol, se sechent en grapes, & se débitent dans des caisses de différente grandeur; les plus gros s'appellent *raisins au jubis*; les plus petits, *raisins picardans*.

Les figues se sechent aussi : elles sont de deux sortes, les violettes & les blanches, & s'envoyent dans des caisses & dans des cabas.

Le *commerce* des amandes & des avelines n'est pas non plus médiocre : les unes se débitent ou cassées, ou en coque, les autres toujours en coque.

Les grenades, les oranges & les citrons s'envoyent frais dans de grandes caisses de sapin; les prunes de brugnoles se confisent & se débitent ou en de petites boëtes rondes, ou en de plus grandes boëtes carrées. *Digne* est un des lieux de Provence d'où il s'en tire davantage.

Le grand nombre de meuriers blancs qui se trouve dans cette province, & la facilité de nourrir des vers à soie, qui vivent de la feuille de ces arbres, & qui plaisent dans les pays chauds, y entretiennent un *commerce* de soies assez considérable. Les plus belles s'achetent par les marchands de Lyon, où elles s'employent à diverses manufactures de soirie; les autres restent dans la province, où l'on en fait quelques légères étoffes, comme des bourres de Marseille, des satins façon de la Chine, & ces taffetas qu'on appelle d'Avignon.

Les savons, particulièrement ceux de *Toulon* & de *Marseille*, sont fort estimés. Les parfumeurs s'en servent pour faire leurs savonnettes; & les teinturiers en laine, en soie, ou en fil, suivant les réglemens faits en *France* en 1664, n'en doivent employer d'aucune autre forte. Il s'en fait un grand négoce, tant dedans que dehors le royaume, & il y a quantité de favonneries en plufieurs endroits de la *Provence*.

Il y a en *Provence* jufqu'à foixante papeteries, où il fe fabrique plufieurs fortes de papiers excellens, entr'autres de fort bon papier à écrire. Une partie des différentes efpèces qui s'y font, s'envoie à Paris & dans quelques provinces de *France*; l'autre fe transporte dans le Levant.

Les tanneries y font auffi très-confidérables. Il s'y prépare quantité de toute forte de cuirs, foit des cuirs verds, qu'on apporte dehors de Barbarie, & de quelques échelles du Levant; foit de ceux qui proviennent des abbatis du pays.

Les laines du pays s'emploient en diverfes manufactures d'étoffes, & en plufieurs fabriques de chapeaux.

Les chapeaux qui fe font à *Aix*, fe débitent aux foires d'*Aix*, de *Sallon* & de *Premont*. Ceux de *Marfeille* s'envoyent en Italie, en Efpagne, en Savoie, en Allemagne & dans le Levant. Ceux de *Toulon*, dans la baffe *Provence*, en Italie & en Efpagne; & ceux de la *principauté d'Orange*, à Lyon, d'où ils font transportés dans diverfes provinces.

A *Aix*, il y a douze maîtres chapeliers; à *Marfeille*, cinquante; à *Toulon*, douze; & à *Orange*, vingt: le *commerce* des chapeaux qui fe fait en *Provence*, va plus de 500000 liv. par an.

Les étoffes de lainerie que font les fabriquans Provençaux font des draps tout de laine d'Efpagne, & des bonnets de laine du pays, qu'on travaille à *Marfeille*.

Les draps ont une aune demi-tiers de large, & font teints en rouge de garance, ils font tous deftinés pour le Levant. C'est auffi au Levant qu'on envoie les bonnets, où il s'en débite, année commune, environ pour 400000 liv.; parmi ces bonnets il y en a beaucoup de laine d'Efpagne, ce font les ouvriers qui les teignent eux-mêmes en rouge de garance & de vermillon. Il fe fait auffi à *Marfeille* des draps d'or, dont la manufacture y a été établie par le fieur Fabres.

On fabrique à *Toulon*, à *la Roque*, à *Meuve*, à *Solières*, à *Coers*, à *Pequants*, à *Camoulles*, au *Loc*, à *Draguignan* & à *Lorgues*, de deux fortes de pinchinats, les uns tout de laine d'Efpagne, & les autres feulement de laine du pays. Les premiers fe confomment dans le royaume; les derniers s'envoyent en Italie, en Barbarie & dans l'Archipel.

Il s'en fabrique environ 4000 pièces par an.

Les cadis & les cordelats font de laine de *Provence*. Ils fe font dans les villes d'*Aix*, de *Gordes*, d'*Apt*, d'*Ayquiers*, d'*Auriol*, de *Signe*, de *Colmars* & de *Digne*. On fabrique auffi dans ces deux dernières villes, & aux environs, des

draps de trois quarts & demi de large. Ces étoffes fe débitent partie dans le royaume & partie en Savoie.

Il s'en fait en tout dans ces huit fabriques 4800.

Enfin, il fe fait dans plufieurs lieux de la principauté d'*Orange*, des ferges de deux tiers; à *Arles*, de petites razes; & à *Grignan*, des fergettes, le tout de laine du pays, qui fe confomment dans le comtat d'Avignon.

Il fe fait dans la principauté d'*Orange* jufqu'à deux mille pièces d'étoffes; à *Arles* prefqu'autant, & à *Grignan* 600.

On compte que toutes les étoffes qui fe fabriquent en *Provence*, peuvent monter, année commune, à plus de 30000 pièces, fans celles qu'on y apporte d'ailleurs, qui doivent être vifitées & marquées.

Il y a auffi en *Provence* plufieurs martinets pour le cuivre.

COMMERCE DE MARSEILLE.

Marfeille eft non-feulement la ville du plus grand commerce de toute la *Provence*, mais elle peut encore, par la richeffe & la réputation de fon négoce, le difputer à quantité des principales villes du royaume, qui l'emportent peut-être fur elle par beaucoup d'autres avantages.

Le *commerce* de cette fameufe ville ne s'étend néanmoins guères au-delà de la Méditerranée; & fi fes vaiffeaux paffent quelquefois le détroit, ce n'eft que pour aller dans les ports que la *France* a fur l'Océan, & dans quelques autres des nations voifines, ou tout au plus aux îles françoifes de l'Amérique, auxquelles les Marfeillois ont coutume de borner leurs voyages de plus long cours.

Les échelles du Levant, pour lefquelles les négocians de *Marfeille* chargent leurs vaiffeaux, font le grand Caire, capitale de l'Egypte moderne, dont le port eft Alexandrie; Seyde dans la Palestine; & les trois petites échelles d'Acre, de Barut & de Jaffa, qui en dépendent, & qui font fur la même côte; Alep dans la Syrie, qui a pour fon port Alexandrette, qui en eft à deux journées; & Tripoli, que pour la diftinguer de celle de Barbarie, on appelle *Tripoli de Syrie*; Satalie dans la Caramanie, Smirne en Natolie; Conftantinople, capitale de l'empire Ottoman, & prefque toutes les îles de l'Archipel, l'ifle de Chypre, celle de Candie, & encore les ports de la Morée.

Les échelles des côtes de Barbarie où les Marfeillois envoient des vaiffeaux, font Tripoli, Tunis, Alger, le baftion de *France*, Tetouan & Salé, qui ont tous de très-bons ports.

Ils en envoient auffi dans plufieurs villes d'Italie, comme Gènes, Livourne & Civita-Vecchia; dans les ports d'Efpagne fur la Méditerranée, entre autres à Barcelone, Alicante & Carthagène; &

au-delà du détroit, Cadix & Seville. Lisbonne, capitale du Portugal, est aussi une des villes sur l'Océan, où *Marseille* porte ses marchandises & son négoce.

On ne fera que parcourir toutes les échelles du Levant où les marchands de *Marseille* envoient leurs vaisseaux, parce qu'on en traitera ci-après amplement.

À l'égard du *commerce* qu'ils ont en Espagne, en Portugal, en Italie & en quelques autres lieux d'Europe, on y entrera dans un plus grand détail, aussi-bien que de ce qui regarde son *commerce* avec les isles Antilles.

En général, les principales marchandises que les Marseillois portent dans les échelles du Levant, sont le papier, n'y ayant point d'échelle si peu considérable qu'elle soit qui n'en demande, soit pour son propre usage, soit pour son commerce, le papier s'envoyant de là dans tous les états du grand-seigneur & du roi de Perse : les draps de différens assortimens, quelques-uns grossiers, de la fabrique de *Marseille*; d'autres plus fins, de celle de Languedoc; on en donnera les factures à l'endroit cité ci-dessus : de la cochenille; des étoffes de soie qui passent jusqu'à Ispaham; du corail taillé en olive, qu'on travaille à *Marseille* & à Gênes, qu'on envoie à la Mecque; des piastres, soit Sevillanes, soit Mexicaines; de l'aquifoux, minéral qui se tire d'Angleterre, propre à écurer la vaisselle; des amandes, & autres fruits secs de *Provence* & de *Nice*; du bois de Brésil & Campêche; de la verroterie, ou ambre faux de différentes couleurs & figures, qu'on tire de Rouen; du vif-argent, du cinabre, du verdet, du tartre; quantité de quincaillerie de Forez; des épiceries, des bonnets de laine teints en rouge, qui se fabriquent à *Marseille*; de la cassonnade, que les Marseillois rapportent des isles, & peu d'autres marchandises.

Les cargaisons des vaisseaux de *Marseille* pour leurs retours, ou, comme ils disent, pour revenir en chrétienté, consistent en cuirs verds, qu'on tanne ensuite à *Marseille*, & dans d'autres tanneries de *Provence* & de *Languedoc*; du lin de trois ou quatre espèces; du séné, de la gomme arabique, de l'encens, de la momie, du *saffranum*, qu'on nomme aussi *graine de perroquet*; des toiles teintes & blanches, de diverses sortes; des cendres; des soies de plus de dix espèces; des plumes d'autruche; de la glue; du coton filé & non filé; des noix de galle, des laines de chevron, des laines surges de mouton, des pistaches, de la cire, de l'opium, des cordouans rouges & jaunes, des peaux de chagrin, du storax, de la scamonée, des cambresines ou toiles des Indes, d'autres plus communes; du musc en vessie ou en grain; diverses drogues médécinales; de la semence de perles; du *lapis lazuli*, qui vient de Tartarie & de Perse; du rubarbe, de l'esquine; des tapis de Perse; les uns de laine, d'autres de soie, & d'autres moitié soie & moitié or &

argent; des raisins de Damas, en grapes ou en grains; du fil de chèvre, dont on fait les beaux camelots; des montcaillarts de diverses couleurs, travaillés avec ce fil.

Les autres nations qui trafiquent au Levant, y portent diverses marchandises, & en tirent quantité d'autres, dont on n'a point fait mention ci-dessus, n'ayant eu dessein que d'embrasser ici le *commerce* des Marseillois.

Il faut encore remarquer que toutes les marchandises du négoce de *Marseille* ne sont pas propres à chaque échelle en particulier, & que toutes ne fournissent pas non plus les mêmes marchandises; mais on a réservé ce détail à l'endroit où l'on traitera du commerce du Levant en général, & de chaque échelle en particulier. *Voyez* COMMERCE DU LEVANT.

Les Marseillois portent dans l'isle de Chypre des piastres, quelque peu de draps & des bonnets de laine teints en rouge, les uns & les autres faits à *Marseille*. Ils en rapportent des soies blanches du cru de l'isle, qu'on nomme des *Chypriotes*, quelques cordouans, mais moins bons que ceux qu'on tire des autres échelles; des cotons & diverses sortes de toiles faites de cette matière. Sept ou huit Marseillois en font le commerce. Le consul françois demeure à Lornica.

Dans les ports des isles de l'Archipel & de la Morée, on n'y porte point de marchandise, mais de l'argent en piastres. Les marchands de *Marseille* n'y envoyent que des barques, avec un fonds de quatre ou cinq mille piastres, qui y chargent du bled, des fromages, des laines & des huiles.

Il n'y a en Candie que deux ou trois Marseillois, outre le consul. On y fait le commerce avec des barques, comme dans l'isle de Chypre : il y faut des draps grossiers & des bonnets rouges. L'huile, le bled, l'orge & l'avoine sont les marchandises qu'on en rapporte.

Le négoce que les Marseillois font à Tripoli de Barbarie, consiste en vins & en piastres, qu'ils y envoyent sur des barques. Ils en tirent du séné, que rapportent les pélerins Turcs qui font le voyage de la Mecque; des laines & des plumes d'autruche. Il n'y a point de consul François, & seulement un ou deux marchands de *Marseille*.

Tunis a un consul de *France* & trois ou quatre marchands Marseillois. Cette échelle leur fournit du bled, des cires & de la caillotte, qui est une graine propre à la nourriture des oiseaux. On y envoie de *Marseille*, dans des barques, des noisettes, des châtaignes & autres fruits du cru de la Provence; la moitié de la cargaison doit être en argent.

À Alger, le commerce se fait comme à Tunis; on y trouve du bled & des cuirs. Il y a encore sur cette côte deux ou trois petits ports, entr'autres Collo & Tourou, que les barques de *Marseille* fréquentent ; mais le commerce s'y fait avec précaution , & en donnant & recevant des ôtages : on n'y traite que des bleds.

On ne dira rien ici du baftion de *France*, dont le commerce a toujours été entre les mains des Marfeillois ; on en parle ailleurs amplement.

Les Marfeillois font encore le négoce de Tetouan & de Salé , dans le royaume de Maroc , fitué fur la même côte ; ils ont un conful dans chacune de ces villes, & un ou deux marchands.

Les barques qu'on y envoie fe chargent des fruits de *Provence*, & d'un peu de papier qu'ils troquent contre de la cire , & quantité de cuirs. La cire n'y eft pas fi bonne que celle du Levant, les Mores la falfifiant & la chargeant en dedans de farine, de légumes, de graiffe & autres villenies.

Le *commerce* que les Marfeillois entretiennent avec les Italiens, fe fait principalement à Gènes, à Livourne, à Civita-Vecchia & à Venife ; mais ce dernier, auffi-bien que celui de tout le Golfe, eft peu confidérable.

Dans les autres endroits, le négoce confifte en grande quantité de fruits de *Provence*, comme amandes, prunes féches & raifins fecs ; en miel, en marchandifes du Levant, en cotonines, qui font des toiles de coton propres à faire des voiles de vaiffeaux. On en envoie de *Marfeille* fur de petits bâtimens, qui fe chargent pour le retour, de toutes fortes de marchandifes d'Italie, particulièrement d'alun de Civita-Vecchia, & de foies de Meffine, qu'on tire par Livourne, & que de *Marfeille* on envoie enfuite à Lyon.

Les Marfeillois font avec l'Efpagne un de leurs *commerces* des plus confidérables. Lorfque le bled y manque, (on doit entendre la même chofe de l'Italie,) des barques de *Marfeille* en vont charger à Tunis, en Candie & en divers ports de l'Archipel & de la Morée, & en portent aux lieux où l'on fçait qu'on en a davantage befoin ; d'où, fans revenir à *Marfeille*, ils s'en retournent en charger de nouveau ; enforte que chaque barque a coutume de faire trois ou quatre voyages de fuite : au dernier voyage elles font leur cargaifon des marchandifes propres pour *Marfeille* : en Italie, de celles qu'on a dit ci deffus ; & en Efpagne, de fourrées, de barilles, qui font des pierres d'herbes brûlées, qui entrent dans la fabrique des favons ; mais qui n'y font pas fi bonnes que les cendres du Levant : des efparts, efpèce de jonc, dont les Provençaux font les paniers & les cabats, où ils mettent leurs figues, raifins & autres fruits fecs ; & beaucoup d'or & d'argent des Indes.

Comme l'Efpagne n'a point de correfpondance dans le Levant, les Efpagnols n'en reçoivent les marchandifes que par le moyen des Marfeillois, qui leur envoient en droiture fur des tartanes, une partie de ce qu'ils en ont apporté des diverfes échelles où ils trafiquent.

Les principales de ces marchandifes font, des toileries bleues de diverfes qualités, tant de celles d'Alep que du Caire ; quantité de laines qui viennent auffi de cette dernière ville, dont les Efpagnols font des mouchaiars, des drogues pour la médecine & la teinture, & beaucoup d'autres de celles dont on a parlé ci-deffus.

Le négoce le plus confidérable que les Marfeillois font en Efpagne, eft celui de Cadix. Outre les marchandifes du Levant qu'ils y portent, ils font une partie de leur cargaifon, de celles de *France* ; comme de dentelles , qu'on travaille au Puy en Auvergne, des étoffes de foie, des dentelles d'or & d'argent, quantité de cire travaillée, des tapis de Turquie ou façon ; du fucre, du tabac, de la cochenille & du bois de Bréfil & de Campêche.

Si les vaiffeaux n'ont pas leur charge entière pour le retour, ils touchent, en revenant, à Alicante & à Valence, où ils prennent des bariles &, des foudes.

C'eft par ce négoce que les négocians de *Marfeille* attirent chez eux plus de piaftres qu'il ne leur en faut pour le commerce du Levant ; fi bien qu'il leur en refte encore affez pour mettre l'abondance des efpèces dans leur ville & dans toute leur province.

Lorfque la guerre avec l'Efpagne interrompt ce trafic, les nations neutres le font fous leur nom ; mais pour le compte des marchands de *Marfeille*. Ce font ordinairement les Génois qui s'en chargent.

A l'égard du *commerce de Marfeille* avec Lifbonne, il eft à peu près fur le pied de celui d'Efpagne. Il faut néanmoins obferver, qu'outre ce que les Marfeillois y font pour leur compte ; ce font leurs tartanes & fehities, qui fervent aux Nantois, & autres marchands de Bretagne, à y faire leur ; les Marfeillois chargeant les marchandifes Bretonnes à fret ; mais employant pour eux-mêmes, ce qui manque à leur cargaifon.

Il y a dans *Marfeille* & fur la côte de *Provence*, plus de quatre-vingt barques, qui ne font autre trafic, que d'aller en Italie, en Barbarie & en Efpagne, porter & rapporter des marchandifes, & courir de part & d'autre avec une diligence incroyable. Ce font proprement les poftillons de mer, qui ne mettent jamais plus de deux ou trois jours de diftance, entre leur arrivée & leur départ, des lieux où ils font leur négoce.

Les Marfeillois ont auffi tenté la pêche de la morue, & ils y ont quelque tems envoyé jufqu'à fix vaiffeaux par an : mais n'y ayant pas trouvé de profit, ils ont ceffé leurs envois.

Ils ont été plus heureux dans les voyages aux Ifles Françoifes de l'Amérique, & ils en continuent le commerce avec fuccès. Les marchandifes qu'ils y portent, font des vins, du vinaigre, de l'eau-de-vie, quelques farines, des chapeaux, des fouliers, des chemifes & des habits pour hommes & pour femmes. Ils en tirent des moſcouades, ou ſucres bruts, qu'on travaille dans les raffineries de *Marſeille*; & quelques autres marchandiſes des Iſles. Ils n'employent jamais d'argent dans ce commerce; leur négoce ſe faiſant par échange de marchandiſes à marchandiſes.

On ne ſera pas ſans doute fâché de trouver ici un extrait de ce que monſieur Pitou de Tournefort rapporte du *commerce de Marſeille*, dans la relation de ſon voyage au Levant, entrepris par ordre du roi en 1700, & donné au public en 1717, & de quelques autres mémoires qui ont été communiqués depuis la première édition de cet ouvrage.

Il y a à *Marſeille* deux intendans; l'un qu'on nomme *intendant de marine* ou des *galères*; l'autre qui eſt l'intendant de juſtice, comme dans les autres généralités de *France*. C'eſt ce dernier qui a inſpection ſur les affaires du *commerce*, & qui en eſt le juge. Il eſt à la tête de la chambre du *commerce* de cette ville, ainſi qu'on l'a remarqué dans ce Dictionnaire à l'article des *chambres du commerce*.

Cette chambre fait une penſion de dix-huit mille livres [l'édit du mois de mars de 1669, pour l'affranchiſſement du port de *Marſeille*, ne dit que ſeize mille] à l'ambaſſadeur de *France* à la Porte; & une autre de ſix mille livres à l'intendant: c'eſt elle auſſi qui a ſoin de payer les appointemens des conſuls de la nation au Levant, & de leurs chanceliers; elle eſt pareillement tenue de tous les frais extraordinaires qui ſe font, ſoit en préſens, ſoit en avanies. Le fonds de toutes ces dépenſes ſe prend ſur les droits de conſulat, & comme on l'a dit ailleurs, ſur celui de Colimo, dont néanmoins monſieur de Tournefort ne parle pas.

Les députés de la chambre ont diſpoſé pendant quelques années des conſulats; mais il y a déjà du tems que la cour y pourvoit, & qu'ils ne jugent des affaires du commerce, qu'autant que le leur permet le miniſtre qui en a la ſur-intendance.

Les boutiques des marchands de corail, les magaſins des droguiſtes, les raffineries de ſucre, les manufactures des étoffes d'or & de ſoie, & les fabriques de ſavon, font voir combien eſt conſidérable le *commerce* qui ſe fait à *Marſeille*.

Il n'y a plus que dans cette ville & à *Gènes*, qu'il ſe trouve des marchands de corail; ce ſont ceux de *Marſeille* qui en débitent davantage, tout l'Orient étant rempli de leurs colliers & de leurs bracelets.

Dans les manufactures de ſavon on conſomme non-ſeulement une partie des huiles de *Provence*, mais encore celles que les Provençaux tirent de Candie & de Grèce.

Les drogues du Levant arrivent à *Marſeille*, de Smirne, d'Alep, d'Alexandrie, &c. Celles des Indes occidentales viennent en droiture, ou par la voie de Cadix.

Enfin, à l'égard des ſucres qui s'y raffinent, ce ſont ceux des Iſles Françoiſes de l'Amérique.

On ſe ſert à *Marſeille* pour l'achat ou la vente de certaines marchandiſes d'une ſorte d'écu qui n'eſt qu'une monnoie de compte, il vaut 3 livres 4 ſols, ou 4 florins, en évaluant le florin à 16 ſols tournois. Cette monnoie eſt principalement d'uſage dans le commerce des cotons & des noix de galle.

Les Hollandois y font un aſſez bon commerce, & en tirent quantité de marchandiſes, entr'autres des huiles d'olives; des ſavons blancs & marbrés; des eaux-de-vie; des vins muſcats de Saint-Laurent; des olives de Saint-Chamas, qui paſſent pour olives de Lucques; des capres; des anchois; des raiſins de Corinthe de Santen; du miel blanc; des amandes; des figues & des raiſins ſecs; du verd de gris; des parfums; du paſtel que les Marſeillois tirent du Languedoc; des piqueures de *Marſeille*; des bas de ſoie de Niſmes, de toutes ſortes de drogues du Levant, du café, des ſoies, des cotons filés & en laine; du poil de chèvre d'Angora, du poil de chameau, &c.

Il vient pareillement à *Marſeille* quantité de marchandiſes de Hollande, particulièrement d'Amſterdam; mais la plus grande partie y reſte en dépôt dans les magaſins des correſpondans des marchands Hollandois, pour être envoyée dans les échelles du Levant, ſur des vaiſſeaux & des barques que les Marſeillois équipent exprès pour ce négoce.

Rien ne peut davantage faire voir la ſolidité, la richeſſe & la grandeur du commerce des Marſeillois, que les malheurs dont leur ville a été affligée depuis l'année 1720 juſqu'en 1722. Malheurs ſous leſquels toute autre que cette ville, n'eût pas manqué de ſuccomber. En effet, cinquante mille de ſes habitans enterrés en moins de deux ans, par des maladies contagieuſes; ſon port fermé, & toute communication interdite, tant au dedans qu'au dehors du royaume; ſes vaiſſeaux & ſes marchandiſes brûlées par les propres mains de ſes marchands, ou par celles des étrangers; en un mot, tout ce que la contagion a de plus déſolant & de plus piein d'horreur, n'a pas été capable de lui rien ôter de la réputation de ſon *commerce*; & elle s'eſt ſi bien rétablie en moins d'une année, que préſentement le nombre des habitans y eſt plus grand qu'auparavant, ſes magaſins plus remplis, & ſon port plus fréquenté qu'avant qu'elle eût éprouvé ce fléau terrible de la colère de Dieu.

PRIVILÉGES accordés à la ville de Marſeille en faveur de ſon commerce.

PORT FRANC DE MARSEILLE.

Bien avant que l'empire des François ſe fût établi dans les Gaules, & que la *Provence* fût devenue une de ses provinces, les vaisseaux de cette ville fameuse avoient porté son négoce chez les nations les plus éloignées de l'une & l'autre mer; & les richesses que la bonté de son port, le nombre de ses navires, la hardiesse & l habileté de ses pilotes & de ses matelots, & la sagesse de son gouvernement y avoient attirées, l'avoient rendue si puissante, que Rome déjà la maîtresse d'une partie du monde, s'étoit fait un honneur de l'avoir pour une de ses premières & de ses principales alliées.

Depuis que dans le quinziéme siécle *Marseille*, ainsi que le reste de la *Provence*, eût été réunie à la couronne de *France*, les rois, pour soutenir la réputation du *commerce* d'une ville si importante, avoient affranchi son port de tous droits; mais cet affranchissement & ces priviléges avoient eu le sort de la plupart des plus utiles & des meilleurs établissemens; & en *1669*, époque si remarquable pour le commerce & les manufactures de France, *Marseille* étoit autant surchargée de droits d'entrée & de sortie qu'aucune autre ville du royaume.

Louis XIV, qui depuis qu'il avoit pris lui-même le gouvernement de son état, faisoit une de ses principales occupations d'y faire refleurir le négoce, pensa non-seulement à rétablir la franchise du port de *Marseille* sur l'ancien pied, mais voulut encore, en y ajoutant des priviléges & des avantages extraordinaires, y rappeller le négoce que la surcharge de tant de droits avoit fait passer chez les étrangers.

L'édit pour cet affranchissement & les lettres-patentes en exécution sont du mois de mars *1669*, enregistrées au parlement de *Provence* les 9 & 12 avril ensuivant.

Par cet édit, le *port* & le *havre* de la ville de *Marseille* sont premièrement déclarés *francs* & libres à tous marchands & négocians, & pour toutes sortes de marchandises, de quelque qualité & nature qu'elles soient: sa majesté entendant que tous étrangers & autres personnes de toutes nations & conditions puissent y aborder & entrer avec leurs vaisseaux, bâtimens & marchandises; y charger & décharger, y séjourner, magasiner, entreposer & en sortir par mer librement quand bon leur semble, sans être tenus de payer pour lesdites marchandises & vaisseaux entrans & sortans par mer aucuns droits d'entrée & de sortie; sadite majesté supprimant à cet effet tous droits, tant à elle appartenans, qu'à la ville & aux particuliers; même en réduisant les marchandises de contrebande à un nombre bien moins considérable que celui porté par le tarif de *1664*.

Secondement, toutes marchandises qui sont transportées, par mer, de la ville de *Marseille*, hors du royaume, sont pareillement déclarées exemptes de tous droits, sans que les bâtimens & vaisseaux qui sortent de son port, soient tenus de raisonner au bureau des foraines & douanes qui y sont établis; ce qui s'entend aussi des marchandises, qui par violence du temps, par la crainte des corsaires, même par fortune de naufrage, ou pour réparer les vaisseaux, seroient mises à terre; à la charge néanmoins pour celles-ci, & dans tous ces cas, d'en avertir les commis, & d'en faire le chargement sur d'autres vaisseaux en leur présence, dans le terme de deux mois pour tout délai.

En troisiéme lieu, non-seulement il est permis à tous marchands étrangers d'entrer par mer dans lesdits ports & havres, y charger, décharger & sortir leurs marchandises sans payer aucuns droits, quelque séjour qu'ils y aient fait; mais encore ils sont déchargés de tous droits d'aubaine; & leur décès arrivant, leurs enfans, héritiers & ayans cause, peuvent recueillir leurs biens & successions mobiliaires, comme s'ils étoient vrais & naturels François; étant aussi déclarés exempts de tous droits de représailles, en cas de rupture & de déclaration de guerre entre la *France* & les états dont ils sont sujets; auquel cas il leur est accordé trois mois pour transporter en toute liberté, leurs effets, biens & facultés hors du royaume.

Enfin, pour engager les marchands étrangers à venir s'établir à *Marseille*, il est déclaré que tout étranger qui y prendroit parti, qui épouseroit une fille de la ville, ou qui y acquerroit une maison dans l'enceinte du nouvel aggrandissement, du prix de dix mille livres & au-dessus, qu'il auroit habitée pendant trois ans, ou de cinq cent livres jusqu'à dix mille livres, dans laquelle il auroit pareillement fait sa demeure durant cinq années; même ceux qui, sans y avoir acquis de biens ni de maisons, y auroient établi leur domicile, & fait un commerce assidu pendant douze années consécutives, seroient censés naturels François, & réputés bourgeois de *Marseille*, & comme tels, participeroient à toutes les libertés, droits, priviléges & exemptions attribués aux bourgeois, excepté seulement pour les charges municipales, à l'égard desquelles les anciens réglemens seroient exécutés.

AUTRES PRIVILÉGES contenus dans les mêmes édit & lettres-patentes du mois de mars 1669, & l'arrêt du conseil du 10 juillet 1703.

Ces *priviléges* sont:

1°. La suppression de toutes sortes de droits, soit qu'ils se levassent pour le roi, soit qu'ils appartinssent à la ville, soit que les particuliers en eussent la jouissance.

Les principaux de ces droits supprimés, furent les droits de demi pour cent, levés pour la pension de l'ambassadeur de *France* à Constantinople, & autres affaires de commerce.

Autre droit de demi pour cent pour le curage du port.

Les droits de la table de mer.

Ceux sur les drogueries & épiceries.

Celui de soixante sols pour quintal sur les aluns.

Les droits sur la millerolle de miel & d'huile.

Ceux appellés le *vingtain de carenne*.

Le droit de cinquante sols par tonneaux en partie.

Les droits d'encrage, de radoub, & de contre-carenne.

Enfin, les droits sur le poisson salé.

Sa majesté révoquant en outre le privilége des huiles & fanons de baleines, sardes, chiens, loups de mer, & autres poissons; & levant les défenses faites pour le transport & commerce de la poix noire, raisine blanche & de legarde.

2°. La réduction des marchandises de contrebande pour la sortie, à un plus petit nombre qu'elles n'avoient été réglées jusqu'alors; dans laquelle contrebande ne seroient comprises que les marchandises suivantes; sçavoir:

Le plomb, le fer, l'artillerie, les arquebuses, mousquets, & toutes sortes d'armes, tant à feu qu'autres; les harnois, les poudres, les boulets à feux & rouages de canons; le salpêtre, la mèche, les cotonines à faire les voiles, l'herbage, les ancres, sarties, voiles, arbres ou mâts & antennes; toutes sortes de planches & bois servant aux bâtimens de mer; les rames, la poix, toutes sortes de clous, le bray ou gouldron: enfin la poix-résine & le suif.

3°. Que conformément aux anciens édits, toutes soies apportées par mer du cru d'Italie, du Levant, & pays de la domination du grand Seigneur, roi de Perse & d'Afrique, pour le royaume, y soient apportées en droiture, & entrent par les villes de *Marseille* & de Rouen; & quant à celles voiturées par terre du cru de Piedmont, du duché de Milan & autres villes & lieux d'Italie, elles puissent être portées en la ville de Lyon; faisant défenses sa majesté, à tous marchands, tant François qu'étrangers, de faire entrer dans le royaume lesdites soies; soit par mer, soit par terre, par autres villes & lieux que celles de Rouen, *Marseille* & Lyon, à peine de confiscation.

4°. Quant aux soies & autres marchandises venant du Levant & lieux ci-dessus, qui auront été interposées à Gènes, Livourne & autres villes des pays étrangers, soit en la mer Méditerranée, soit en la mer Océanne, elles paieront à l'entrée du royaume vingt pour cent de leur valeur; soit qu'elles appartiennent aux sujets de sa majesté ou aux étrangers: en sorte qu'il n'y ait que les seules marchandises portées en droiture du Levant aux ports de *Marseille* & de Rouen, qui soient exemptes de ladite imposition de vingt pour cent, permettant

néanmoins sa majesté, à ses sujets de porter leurs marchandises du Levant en Italie & autres endroits, pourvu qu'elles y finissent & y terminent leurs voyages sous les conditions portées par ladite déclaration de 1669.

5°. La permission d'emprunter les sommes nécessaires pour acquitter les dettes faites dans les échelles du Levant, & autres mentionnées dans ladite déclaration; comme aussi de mettre & imposer des droits sur toutes sortes de voiles, tant des sujets du roi que des étrangers qui apportent dans le royaume des marchandises du Levant, Perse, Barbarie & Afrique, seulement pour l'acquittement desdites sommes empruntées.

Cette imposition de droits, dont il n'est parlé qu'en général dans la déclaration, est expliquée en détail dans les lettres-patentes qui la confirment ainsi qu'il suit.

Sçavoir: deux mille piastres pour vaisseaux, treize cent pour polacres, & mille pour barques, allant aux échelles d'Alexandrie & Smirne.

Sur chaque bâtiment allant aux échelles de Seyde & Tripoli, seize cent piastres pour vaisseau, mille pour polacre, & huit cent pour chacune barque.

Pour les bâtimens allant aux échelles d'Alep, Chipre, Constantinople, Satalie, Escale-Neuve & la Morée, huit cent piastres pour chacun vaisseau, cinq cent pour polacre, & quatre cent pour barque.

Pour les bâtimens allant aux échelles de Barbarie, comme Alger, Tunis, Tripoli, Bonnes, la Calle, le Bastion & autres échelles des côtes de la domination du grand-seigneur en Afrique, quatre cent piastres pour vaisseau, deux cent cinquante piastres pour polacre, & deux cent pour barque: toutes lesquelles sommes provenant de ladite imposition, doivent être reçues par le trésorier du commerce, lors du départ ou à l'arrivée de chaque vaisseau; & lorsque les vaisseaux qui chargent au Levant ne viennent pas en droiture à *Marseille*, ils sont tenus de payer le cottimo aux échelles, où ils feront leur chargement entre les mains des consuls & députés de la nation, qui demeureront solidairement responsables du défaut de recouvrement dudit cottimo.

Il faut remarquer, à l'égard de cette imposition sur les vaisseaux, que lorsque le sieur Fabre, député du commerce de la ville de *Marseille*, présenta sa requête au conseil d'état, pour parvenir au réglement qui intervint en 1703, les dettes de la nation étoient déjà diminuées de la moitié; & les échevins & députés à la chambre du commerce de cette ville, avoient aussi d'eux-mêmes réduit les droits à la moitié.

6°. Un transit général pour faciliter le commerce des marchandises du Levant dans les pays étrangers par la voie du Rhône, pour être transportées à Genève,

Genève, & de-là par terre dans les pays étrangers, sans payer aucuns droits.

Avant de parler du réglement de 1703, on va rapporter ici différentes ordonnances, déclarations, & arrêts du conseil ; les uns favorables au commerce du Levant, & les autres qui paroissent préjudiciables aux *priviléges* de la ville de *Marseille*, sur le vû desquels fut ordonné & dressé ledit réglement, qui a, pour ainsi-dire, fixé les franchises & les priviléges de cette ville.

L'arrêt du conseil du 9 août 1670, qui ordonne que l'édit du mois de mars 1669, seroit exécuté selon sa forme & teneur, & que conformément à icelui, toutes les soies & autres marchandises venant des pays de la domination du grand-seigneur, roi de Perse, &c. qui auroient été entreposées à Gênes, Livourne & autres villes des pays étrangers, ne pourroient entrer en *France* que par le port de *Marseille*, & par terre, par le pont de Beauvoisin & Lyon, à peine de confiscation, en payant aux Bureaux desdits lieux vingt pour cent de la valeur, soit qu'elles appartiennent aux sujets de sa majesté, ou aux étrangers.

L'arrêt du 30 mai 1672, qui ordonne l'exécution du précédent, pour les soies venant d'Asie, de l'Egypte & autres pays du Levant.

L'arrêt du 15 août 1685, rendu en interprétation de l'édit de 1669, par lequel il est ordonné que les marchandises du Levant, qui entreront par le port de Rouen, soit qu'elles y soient apportées à droiture, soit qu'elles aient été entreposées, paieront également le droit de vingt pour cent, avec défenses de faire entrer les marchandises par les autres ports du royaume, à peine de confiscation, & au fermier, de faire aucune composition du droit.

L'ordonnance du 3 mars 1688, par laquelle il est permis à tous capitaines de vaisseaux François revenant du Levant, d'aborder aux côtes d'Italie ; & d'y décharger partie de leurs marchandises, sans qu'ils puissent, pour raison de ce, être obligés de payer le droit de vingt pour cent des marchandises qui leur resteront ; ainsi qu'il est porté par l'édit de 1669, auquel sa majesté a dérogé à cet égard seulement, sous les conditions toutefois portées par ladite ordonnance.

L'arrêt du 9 novembre de la même année 1688, où sa majesté, en interprétation de celui du 15 août 1685, ordonne que les marchandises du Levant qui n'auront point été entreposées dans les pays étrangers, & seront arrivées à droiture à *Marseille*, passant de ladite ville dans le royaume, soit par terre par le bureau de Septemes & autres, étant aux environs de ladite ville, ou par mer par les ports de Provence & de Languedoc ; & par ceux de Rouen, Dunkerque & autres ports du Ponant, seront exemptes du droit de vingt pour cent, & acquitteront seulement les droits ordinaires

dûs aux ports & bureaux, par lesquels lesdites marchandises entreront ; & ce, sous les conditions portées par ledit arrêt du 9 novembre 1688, & les restrictions faites pour celles qui entreront par ledit port de Dunkerque.

L'arrêt du 3 juillet 1692, lequel en interprétation du précédent, ordonne que les soies & autres marchandises du Levant des états du grand-seigneur, de Perse, &c. venant à droiture desdits pays, ou entreposées aux pays étrangers, sans exception, qui viendront au port de Dunkerque, y paieront le droit de vingt pour cent ; même celles portées par l'arrêt du 22 février 1687, soit qu'elles soient destinées pour les manufactures du pays conquis, ou autrement ; ledit arrêt & celui du 9 novembre 1688, au surplus, exécutés suivant leur forme & teneur, avec défenses de faire entrer lesdites marchandises venant à droiture, ou entreposées, par d'autres ports que ceux de Dunkerque & Rouen, en y payant le droit de vingt pour cent.

L'arrêt du 3 mars 1693, par lequel il est ordonné que les droits sur l'étain, établis par l'ordonnance des fermes, du mois de janvier 1681, seront levés au bureau des fermes établi hors de la ville de *Marseille*, sur les étains qui entreront par *Marseille*, & que le bureau établi dans la ville sera ôté avec défenses d'y en établir d'autres.

RÉGLEMENS & ARRÊTS, qui diminuent la franchise du port de Marseille.

Le réglement du 15 janvier 1671, par lequel il est imposé des droits sur le tabac à l'entrée de *Marseille*, avec un établissement pour l'entrepôt pour le tabac, dont il seroit fait commerce dans les pays étrangers.

L'arrêt du conseil du 25 avril 1690, par lequel il a été imposé des droits considérables sur les sucres & cassonnades de Brésil & autres pays étrangers entrant dans le royaume par mer & par terre, même par le port de *Marseille*, même d'un entrepôt, pour en faire le commerce dans les pays étrangers sans payer de droits.

L'arrêt du 10 février 1691, par lequel il est expressément défendu de faire entrer dans le royaume aucunes toiles de coton, blanches, bleues, & mousselines des Indes, à peine de confiscation & de trois mille livres d'amende ; laquelle prohibition on a voulu étendre aux toiles de coton venant du Levant.

L'arrêt du 4 octobre de la même année 1691, qui augmente les droits d'entrée des morues séches de la pêche des pays étrangers, jusqu'à 4 liv. du cent pesant, ce qui a été exécuté à *Marseille*, comme aux autres villes du royaume.

L'arrêt du 11 décembre encore de l'année 1691,

X x

par lequel il eſt impoſé 20 liv. ſur chaque cent peſant, des cotons filés, venant des pays étrangers; lequel droit on a levé aux bureaux des environs du territoire de *Marſeille*.

Enfin, l'arrêt du 12 mai 1693, lequel en ſupprimant la ferme du café, du chocolat & autres ſemblables marchandiſes, ordonne que le café ne pourroit entrer dans le royaume que par le port de *Marſeille*, en payant à l'entrée du port, 10 ſols par chacune livre peſant, avec l'établiſſement d'un entrepôt pour le café dont il ſeroit fait commerce dans les pays étrangers.

Ce fut, comme on l'a inſinué ci-devant, ſur le vû de toutes ces pièces rappellées dans la requête du député de commerce de la ville de *Marſeille*; & encore ſur les mémoires produits réciproquement au conſeil, par-ledit député & par les fermiers du roi, que fut donné l'arrêt du 10 juillet 1707, par lequel l'état des franchiſes du commerce & du port de *Marſeille*, fut réglé pour l'avenir, & les conteſtations fréquentes de la chambre de commerce de cette ville, avec leſdits fermiers, furent aſſoupies, & qui s'exécute encore aujourd'hui par les uns & par les autres.

Cet arrêt, en forme de réglement, contient XIV articles.

I.

Que les habitans de la ville de *Marſeille*, & les marchands & négocians, tant ſujets de ſa majeſté, qu'étrangers & autres perſonnes de toutes nations & qualité, jouiront dans toute l'étendue de la ville, port & territoire de *Marſeille*, des exemptions, privilèges & franchiſes, accordées en faveur du commerce, & portées par l'édit du mois de mars 1669, déclaration de ſa majeſté, arrêts & réglemens rendus en conſéquence.

II.

Que toutes ſortes de marchandiſes venant du Levant, pays de la domination du grand-ſeigneur, du roi de Perſe, de Barbarie & autres pays étrangers, excepté celles-ci après marquées, pourront entrer librement dans le port & dans la ville de *Marſeille*, par mer, ſans payer aucuns droits; à la charge par les capitaines, maîtres des navires, & patrons de barques & autres bâtimens de mer, de fournir dans les 24 heures de leur arrivée & avant le déchargement au bureau du poids & caſſe, un manifeſte exact de toutes les marchandiſes qui arriveront par mer dans ladite ville & port de *Marſeille*, & de donner pareillement par leſdits capitaines, maîtres, patrons &c. audit bureau, avant le départ deſdits vaiſſeaux & bâtimens, une déclaration par manifeſte, des marchandiſes qu'ils chargeront pour ſortir par mer de ladite ville & port de *Marſeille*; leſdits manifeſtes contenant la quantité, le poids & la qualité des marchandiſes, la

marque & le numéro des balles, & le nom du marchand de *Marſeille*, à qui les marchandiſes y arrivant, ſeront adreſſées; & leſdites déclarations qui ſeront données à la ſortie, contenant pareillement la quantité, le poids & la qualité des marchandiſes, la marque & le numéro des balles, le nom du marchand pour le compte de qui les marchandiſes ſeront chargées, & le lieu de leur deſtination, en payant ſeulement audit bureau de poids & caſſe, 5 ſols pour l'enregiſtrement de chaque manifeſte ou déclaration des vaiſſeaux & gros bâtimens de mer, entrant ou ſortant du port de *Marſeille*, & ſans payer aucuns droits pour les barques & autres petits bâtimens.

III.

Que les draps, étoffes & bas de laine de manufactures étrangères; les étoffes des Indes de toutes ſortes; même celles d'écorce d'arbres; les toiles peintes des Indes; les morues ſéches de la pêche des étrangers, & les cuirs tannés venant du Levant ou d'ailleurs, ne pourront entrer dans le port & la ville de *Marſeille*, ni en être fait commerce par les marchands & négocians de ladite ville, à peine de confiſcation des marchandiſes, & trois mille livres d'amende: permettant néanmoins ſa majeſté, l'entrée, le commerce & l'uſage dans ladite ville, port & territoire de *Marſeille*, des toiles blanches, peintes, teintes, ou à carreaux, venant à droiture du Levant.

IV.

Que les droits portés par le tarif de la douane de Lyon, pour l'entrée, par le tarif de la Foraine, pour la ſortie, & par les autres tarifs, arrêts & réglemens, ſeront levés & perçus ſeulement au bureau de Septemes, & autres bureaux des environs du territoire de *Marſeille*, ainſi qu'aux autres bureaux des fermes établis dans les autres villes & lieux de la Provence, & qu'à cet effet les bureaux des fermes de ſa majeſté, ſeront levés & ôtés de ladite ville, port & territoire de *Marſeille*, & tranſportés aux extrémités & hors ledit territoire, pour la régie des fermes y être faite conformément aux ordonnances & réglemens, à l'exception néanmoins du bureau des chairs & poiſſons ſalés, dépendans de la ferme des gabelles, dudit bureau des poids & caſſe; de celui de la ferme du domaine d'Occident; & de celui de la ferme du tabac, dont la régie continuera d'être faite dans ladite ville, port & territoire de *Marſeille*, ſuivant les uſages, ordonnances & réglemens.

V.

Que les réglemens faits pour la fixation d'entrée de diverſes marchandiſes par certains ports, ou pour la prohibition d'entrée d'autres marchandiſes, ſeront exécutés ſeulement aux bureaux des confins du territoire de *Marſeille*.

VI.

Que les commis desdites fermes ne pourront faire des visites dans les maisons de la ville, port, & territoire de *Marseille*, qu'en présence & assistés d'un officier de l'hôtel de ville ou de police, par lequel les procès verbaux de visite & saisie, s'il en est fait quelqu'une, seront signés.

VII.

Que les entrepôts établis dans la ville de *Marseille*, pour les cassonnades de Brésil, demeureront supprimés pendant trois ans, pendant lesquels lesdites cassonnades & le café pourront entrer dans ladite ville, port & territoire de *Marseille*, & en sortir librement par mer, pour être transportées dans les pays étrangers ou dans les provinces du royaume, sans payer à *Marseille* aucuns droits, sauf à en être les droits d'entrée, payés suivant les tarifs, arrêts & réglemens, dans les autres ports du royaume, aux bureaux des fermes de sa majesté.

VIII.

Qu'à l'égard des cassonnades & autres sortes de sucres, & du café, qui entreront dans ladite ville de *Marseille*, par terre, pendant lesdites trois années, les droits en seront payés suivant les tarifs, arrêts & réglemens, aux bureaux des environs de *Marseille*.

IX.

Que l'entrepôt établi dans la ville de *Marseille*, pour la ferme du tabac, sera continué suivant l'usage, jusqu'à ce qu'autrement il en ait été ordonné.

X.

Que les marchandises venant du Levant, comprises & spécifiées dans l'état arrêté au conseil, & étant ensuite du présent arrêt, qui arriveront & seront déchargées dans les autres ports du royaume, sans être accompagnées d'un certificat des échevins & députés du commerce à *Marseille*, pour assurer que lesdites marchandises y auront été prises, paieront vingt pour cent de la valeur, outre & par-dessus les droits d'entrée ordinaires.

XI.

Que les marchandises entrant par le pont de Beauvoisin, ou venant à *Marseille* après avoir été entreposées en Italie ou ailleurs, paieront à l'entrée de ladite ville de *Marseille*, ou au bureau du pont de Beauvoisin, ledit droit de vingt pour cent.

XII.

Que la chambre de commerce de *Marseille*, pourra commettre des receveurs pour la perception dudit droit de vingt pour cent, au profit de ladite chambre de commerce dans le port de *Marseille*, & au bureau du pont de Beauvoisin, sur les marchandises entreposées qui y arriveront, & des contrôleurs dans les autres ports du royaume, pour tenir registre des marchandises du Levant, qui y seront apportées directement sans avoir été prises à *Marseille*, ou qui seront amenées dans les ports après avoir été entreposées dans les pays étrangers; pour lesquelles marchandises dans lesdits cas, le droit de vingt pour cent de la valeur sera payé outre les droits d'entrée ordinaires; & seront les appointemens desdits receveurs & contrôleurs, payés sur le produit dudit droit s'il se trouve suffisant, si-non ce qui manquera pour payer lesdits appointemens, sera payé par ladite chambre de commerce à *Marseille*.

XIII.

Que l'inspecteur établi à *Marseille*, en vertu de l'arrêt du conseil du premier septembre 1693, pour visiter les draps & étoffes des manufactures de Languedoc & des autres provinces du royaume, qui sont envoyées, sera chargé conjointement avec les échevins & députés du commerce dans ladite ville, port & territoire, des bas, étoffes & bas de laine de manufacture étrangère, & des étoffes écorce d'arbre & toiles peintes des Indes.

XIV.

Enfin, que les arrêts & réglemens concernant le commerce du Levant, seront au surplus exécutés suivant leur forme & teneur.

Ce seroit, ce semble, ici le lieu de mettre l'état ou tarif des marchandises sujettes au droit de vingt pour cent dont il est parlé dans l'article X de ce réglement, pour ne point interrompre ce qu'on a encore à dire des privilèges & franchises de la ville, port & territoire de *Marseille*; & que d'ailleurs ce tarif a été depuis augmenté & réformé comme on va le dire tout-à-l'heure. On a jugé à propos de le renvoyer à l'article des droits, qui fait une addition considérable dans ce Dictionnaire. *Voyez* DROITS DE VINGT POUR CENT.

L'arrêt qui autorise & qui ordonne un nouveau tarif pour la perception du droit de vingt pour cent sur les marchandises du Levant, ou entreposées dans les pays étrangers, ou entrant par d'autres ports que celui de *Marseille*, est du 16 janvier 1766.

Les maire, échevins & députés du commerce de la ville de *Marseille*, ayant représenté au roi, que lorsque le nouveau réglement de 1703, pour le droit de vingt pour cent, avoit été reconnu qu'on avoit omis d'y comprendre un grand nombre de marchandises, qui avoient toujours été comprises depuis l'édit de 1669, dans les tarifs dreffés fuivant l'usage par ladite chambre; que d'ailleurs l'estimation qui en étoit faite, étoit si foible, que si ce tarif étoit exécuté en l'état qu'il étoit, il arriveroit souvent que le droit ne feroit levé qu'à raifon de dix ou douze pour cent de la valeur des marchandises, ce qui feroit contraire à l'efprit dudit édit de 1669.

Que quand le tarif de 1703 & fes estimations devroient avoir lieu dans les autres ports du royaume, il feroit néanmoins néceffaire d'y apporter quelque changement pour le port de Marfeille, où le commerce du Levant doit être regardé différemment des autres ports.

Que ce droit établi pour favorifer le commerce de Marfeille, ne feroit plus avantageux qu'aux négocians étrangers, qui entrepofent leurs marchandises à Gênes & à Livourne, fi les estimations du tarif de 1703 fubfiftoient, à caufe de la facilité qu'ils auroient de régler leur commerce à l'égard de ces marchandises, fuivant qu'ils auroient avis de l'augmentation ou diminution de leur prix dans le royaume.

Enfin, que pour éviter ou prévenir de tels inconvéniens, il feroit néceffaire de maintenir & garder la chambre du commerce de Marfeille, dans l'ufage & poffeffion où elle étoit depuis l'édit de 1669, d'arrêter tous les ans une estimation en forme de tarif, des marchandises du commerce du Levant, pour la perception du droit de vingt pour cent; laquelle estimation feroit fuivie dans les autres ports du royaume, fans préjudice au furplus dudit arrêt du confeil du 10 juillet.

Ce fut fur ces repréfentations qu'après le vû des piéces énoncées dans la requête, & fur l'avis de M. le Bret, intendant de Provence, fa majefté en fon confeil, ordonna que les marchandises du commerce du Levant, comprifes & fpécifiées dans l'état arrêté le même jour (16 janvier 1706), en fondit confeil, qui arriveront & feront chargées dans le port de Marfeille, ou qui entreront dans le royaume par le port de Beauvoifin, après avoir été entrepofées dans les pays étrangers, paieront vingt pour cent de la valeur, fuivant l'estimation portée par ledit état; & qu'au furplus ledit arrêt du confeil du 10 juillet 1703, fera exécuté, jufqu'à ce qu'autrement il en ait été ordonné par fa majefté.

On trouvera cet état ou tarif de 1706 dans ce Dictionnaire à l'article des droits, où il eft parlé de celui de vingt pour cent.

Il fe trouve encore quelques arrêts du confeil, foit pour affurer les franchifes de la ville, port & territoire de Marfeille, foit pour le paiement du droit de vingt pour cent fur les marchandises du Levant, conformément aux tarifs arrêtés au confeil.

Les principaux fent, l'arrêt du 16 mars 1715,

l'arrêt du 14 feptembre 1721, & l'arrêt du 8 février 1724.

Par le premier rendu en caffation d'un arrêt de la cour des aydes, qui avoit déchargé du droit de vingt pour cent, des poils de chévre filés, venant du Levant, comme fi le droit ne devoit avoir lieu que dans les ports de Provence, fa majefté ordonne que l'édit de 1669 pour l'affranchiffement du port de Marfeille, & les arrêts des 3 juillet 1692, 6 feptembre 1701, 10 juillet 1703, & autres rendus en conféquence, feront exécutés fuivant leur forme & teneur; ce faifant, que les poils de chévre filés venant du Levant, qui auront été entrepofés dans les pays étrangers, ou qui feront entrés dans le royaume, par d'autres ports que celui de Marfeille, paieront outre les droits du tarif de 1667, le droit de vingt pour cent de leur valeur, fuivant le tarif arrêté le 10 juillet 1703.

A l'égard de l'arrêt du 14 feptembre 1721, comme il n'avoit été rendu que pour régler l'entrée des marchandises du Levant dans le royaume, pendant que la ville de Marfeille étoit affligée de la contagion, & que fon exécution ne devoit avoir lieu que tant que le port de cette ville feroit fermé; on fe contentera de l'avoir indiqué, après avoir cependant remarqué que le port de Cete en Languedoc, fut en quelque forte fubftitué à celui de Marfeille, pour l'entrée des foies & autres marchandises du Levant, & qu'il fut permis de les introduire dans tous les ports du royaume fitués fur l'Océan, en ne payant que dix pour cent de la valeur de celles qui auroient été entrepofées dans le Levant.

Enfin, l'arrêt du 8 février 1724, concerne le commerce qui fe fait à Marfeille, des cafés venant des échelles du Levant.

Sa majefté, par un arrêt de fon confeil du 31 août 1723, avoit accordé à la compagnie des Indes un privilége exclufif de la vente du café, & par une déclaration du 10 octobre fuivant, avoit ordonné que les maîtres des vaiffeaux qui arriveroient dans le port de Marfeille, feroient dans les 24 heures leurs déclarations des cafés dont ils feroient chargés, qui feroient mis dans des magafins d'entrepôts fermés à deux clefs, d'où ils ne pourroient être tirés qu'en préfence & par la permiffion des commis de la compagnie. Ces difpofitions gênant la liberté du commerce des cafés, dont il fe fait un grand négoce dans les pays étrangers par les marchands de Marfeille; fa majefté, pour le rétablir & pour prévenir les fuites fâcheufes, que l'exécution de ladite déclaration pourroit avoir par rapport aux pacodilles des matelots, ordonna que tous les cafés venant des échelles du Levant, pourront entrer dans la ville, port & territoire de Marfeille, & en fortir librement par mer, à la charge feulement par les capitaines, maîtres de navires & autres bâtimens, d'en fournir à leur arrivée & avant leur départ, au bureau du poids & caffe de Mar-

feille, leurs manifeftes ou déclarations defdits cafés & de leur deftination : ainfi qu'il fe pratiquoit
avant l'arrêt du 31 août 1723 , & la déclaration du
10 octobre fuivant : & en conféquence, veut fa
majefté, que les bureaux qui ont été établis par
la compagnie des Indes, pour l'exploitation dudit
privilége de la vente exclufive du café, feront levés
& ôtés de ladite ville ; port & territoire de *Mar-*
feille : permettant néanmoins à la compagnie ,
d'avoir un commis dans ledit bureau du poids &
caffé , pour recevoir lefdites déclarations, & d'en
établir dans le bureau de Septemes & autres bureaux des fermes de fa majefté, qui font aux extrémités du territoire de *Marfeille* , pour empêcher
l'interdiction & les verfemens des cafés en fraude
dans le royaume.

ÉTAT GÉNÉRAL de toutes les Marchandises dont on fait commerce
de quels lieux elles viennent en ladite Ville ; si c'est par mer
en vient dans une année commune ; quelle en est la valeur à Marseille.

Cet État unique jusqu'ici en son espéce, & à la perfection
M. Gaspard Carsueil, Négociant

Noms des Marchandises.	Leur qualité.	A quoi elles servent.	Lieux d'où elles viennent à Marseille.	Si c'est par Mer ou par Terre.
ACACIA VERA.	Suc du fruit d'un arbrisseau.	A la Médecine.	Egypte par Alexandrie.	Mer.
ACIER.	Fer rafiné.	A des ouvrages à reffort & autres ufages,	Dauphiné, Hambourg, Hollande, Breffe & Venife.	Mer & Terre.
AGARIC.	Boulet blanc qui croît fur les arbres à glands, & fur les melefes.	A la Médecine,	Satalie, Alep, Salez & Tetouan, Savoie & Briançon en Provence.	Mer & Terre,
AGNUS CASTUS,	Fruit d'un arbriffeau.	A la Médecine.	Environs d'Hyeres en Provence.	idem.
ALAYAS.	Voyez BOURGS.			
ALBASTRE,	Sorte de marbre tendre.	Pour le fard.	Italie.	Mer.
ALCANETTE,	Racine,	A la Teinture.	Tunis, Languedoc, & Terroirs de Marseille.	Mer & Terre,
ALOES,	Suc d'une herbe, Cicotrin eft le meilleur. Apatie eft le moyen, Cabalin eft le commun.	Tous les trois à la Médecine ; & encore aux Cuirs dorés, à l'égard de l'Apatie,	Indes orientales, par Alexandrie, Angleterre & Hollande,	Mer,
ALUN,	Pierre ou minéral. De Smyrne. De Roche. De Plume.	De Smyrne & de Roche, à la Teinture. De Plume, à la Médecine.	Le premier de Smyrne. Le fecond de l'Etat du Pape par Civita-Vecchia. Le troifième de Venife & Hollande.	idem.
AMANDE,	Fruit d'un Arbre,	A manger,	Provence, & quand il y a difette, de Barbarie & d'Efpagne.	Mer & Terre.

à *Marseille*, avec l'explication de leur qualité, à quoi elles servent, ou par terre, brutes ou fabriquées ; quelle quantité par estimation il & en quels lieux s'en fait la consommation.

duquel il ne manque rien, est un Ouvrage posthume du célèbre de la Ville de Marseille.

Si elles viennent brutes ou fabriquées.	Quelle quantité par estimation il en vient dans une année.	Quelle est leur valeur à Marseille.	Lieux où s'en fait la consommation.
En petites vessies.	2 ou 3 quintaux.	25 à 30 sols la livre.	Provence & Languedoc.
En barres, & carreaux.	1000 à 1500 quintaux de Bresse & Venise, 100 à 200 quintaux de Hollande, avant l'imposition ordonnée par arrêt du Conseil du . . . Et 4 à 500 quintaux du Dauphiné.	14 à 16 l. le quintal, celui de Bresse & Venise ; 13 à 14 l. le quintal, celui de Hollande & de Hambourg ; & 24 à 25 le balon de 135 livres pesant, brut, celui de Dauphiné.	*Marseille*, Isles de Canarie, Espagne, Catalogne.
Brut, & on le monde à *Marseille* ; & émondé le plus souvent.	70 à 80 quintaux du brut. 3 à 4 quintaux de l'émondé.	Celui de Salez & Tetouan, 15 à 18 sols la livre, brut, & 40 à 50 sols émondé. Du Levant, 20 à 25 s. brut, & 50 à 60 sols émondé. Savoie & Briançon, 10 à 12 sols, brut, & 25 à 30 sols émondé.	Peu à *Marseille*, le reste à Paris, Rouen, Lyon, Espagne, Italie & Portugal.
Il ne se fabrique pas.	5 à 6 quintaux.	8 à 10 livres le quintal.	Angleterre, Hollande, & peu à *Marseille*.
Brut, & on le pulvérise.	50 à 60 liv. pesant	4 sols la livre en poudre.	En Provence.
Brut, & sort de même.	De Tunis, 40 à 50 quintaux. Du Languedoc, 6 à 7 quintaux. De *Marseille*, 1 à 2 quintaux.	De Tunis, 15 à 20 livres le quintal, Et les autres 25 à 30 livres le quintal, étant beaucoup meilleurs.	Presque tout en Hollande.
Fabriqué.	150 à 200 quintaux, entre les trois sortes.	28 à 30 sols la livre, le Cicotrin. 12 à 14 sols la livre, l'Apatie. 9 à 10 sols la livre, le Cabalin.	Provence, Languedoc, Espagne, & Piémont.
Brut, on ôte la poussière qui sert au même usage.	De Smyrne, 1000 à 1200 quintaux. De Roche, 7 à 8000 quintaux. De Plume, 7 à 8 quintaux.	De Smyrne, 8 à 9 livres le quintal. De Roche, 20 à 25 sols d'avantage. De Plume, 20 à 25 sols le quintal.	De Smyrne & de Roche à *Marseille*, grande quantité en Barbarie, Espagne & France. Celui de Plume, *Marseille*, Lyon, Espagne & Piémont.
Cassées & nettes.	7 à 8000 quintaux.	13 jusqu'à 18 livres le quintal.	Italie, Levant, Cadix, Portugal, Angleterre, Hollande & Hambourg.

Noms des Marchandises.	Leur qualité.	A quoi elles servent.	Lieux d'où elles viennent à Marseille.	Si c'est par Mer ou par Terre.
AMBRE	Jaune ou carabe, suc gras de terre, endurci par la salure de la mer.	A faire des coliers, des chapelets, de l'huile de Carabe, & à la Médecine.	Indes orientales, par la Hollande.	
	Gris, espèce de bitume poussé sur le rivage de la mer par les flots, & qui s'endurcit à l'air & se forme.	A la Médecine, & aux essences & parfums.	Isles du Brésil, par Hollande, Portugal & l'Angleterre, & encore de la côte de Bayonne, Saphis & Sainte Croix dans le Royaume de Fez & de Maroc, & quelquefois d'Alep.	Mer.
	Noir & renardet, production de la mer.	A des parfums.	Même endroit.	
AMIDON,	Composé de pure farine.	A ôter les taches, faire de l'empois, poudre de senteur & de la colle.	Hollande, Hambourg & Rouen, peu de Marseille même.	
AMOMI VERUM.	Graine.	A la Thériaque.	Indes Orientales, par Hollande.	
ANARCADES.	Fruit d'un arbre.	A la Médecine.	Indes Orientales, par Hollande.	
ANCHOIS.	Poisson.	A manger.	Marseille & autres Ports de Provence, Nice & Catalogne.	idem.
ANIS VERD.	Graine.	A la Médecine, & à manger sucré, ou dans le pain, & à faire de l'eau-de-vie.	Malthe & Alicant.	idem.
ANGELICA DE BOHEMA.	Racine.	A la Médecine.	Provence & Dauphiné.	Terre.
ANTIMOINE.	Minéral. Crud. Préparé.	A la Médecine.	Hollande & Dauphiné.	Terre & Mer.
APIOS OU SCHINE.	Racine.	A la Médecine.	Smyrne & Alep.	Mer.
ARSENIC.	Espèce de cristal composé d'orpin & d'arsenic naturel qui est un minéral.	A la Médecine. A la Teinture. Et à empoisonner.	Hambourg.	idem.
ARGENT VIF.	Minéral liquide, qu'on tire d'une pierre rouge qui est une mine.	A la Médecine, & à mettre au derrière des glaces à miroir.	Venise, par Gènes & Livourne.	idem.
ARISTOLOCE.	Racine.	A la Médecine.	Provence & Languedoc.	Mer & Terre.

Jaune,

Si elles viennent brutes ou fabriquées.	Quelle quantité par estimation il en vient dans une année.	Quelle est leur valeur à Marseille.	Lieux où s'en fait la consommation.
Jaune, brut & travaillé, & en rognûre du travaillé.	3 à 4 quintaux, jaune travaillé. 8 à 10 quintaux du brut.	Le jaune travaillé, 10 à 25 liv. la livre. Le brut, 20 à 25 sols la livre.	En Levant, Espagne, Portugal & Piémont, brut ou rognûres, Espagne, Italie & *Marseille*.
Le gris, noir & renardet, brut.	Du gris, 10 à 15 livres pesant.	Le gris, 70 à 75 livres l'once, poids de marc.	
			Le gris, noir & renardet, *Marseille*, Provence, Languedoc & Piémont.
	Du noir, 3 à 4 l. pesant.	Le noir, 28 à 30 liv. l'once, poids de marc.	
	Du renardet, 7 à 8 l. pesant.	Le renardet, 35 à 40 l. l'once, poids de marc.	
Fabriqué.	800 à 1000 quintaux, sans compter 80 à 100 quintaux qui s'en fait à *Marseille*.	12 à 15 liv. le quintal, celui de Hollande valant 15 à 20 sols de plus; le prix du blé sert de regle.	Provence & Languedoc.
Il ne se fabrique pas.	3 à 4 quintaux.	25 à 30 sols la livre.	Espagne, Italie & Provence.
Il ne se fabrique pas.	10 livres pesant.	25 à 30 sols la livre.	Presque point de consommation.
Salés.	Des Etrangers 8 à 9000 barils; anchois ou sardines, gros ou petits, & de *Marseille* 9 à 10000 barils pareils.	Environ 3 livres le gros baril d'anchois pesant 25 livres, & les sardines, un tiers moins pesant 30 livres, & les petits barils, deux pour un gros.	*France*, Angleterre & Hollande.
Au naturel.	7 à 800 quintaux de Malthe. 1000 à 1200 quintaux d'Alicant.	12 à 15 livres celui de Malthe, le quintal. 15 à 18 livres celui d'Alicant, le quintal.	*France*, Angleterre, Hollande & Portugal.
Il ne se fabrique pas.	80 à 100 livres pesant.	4 à 5 sols la livre.	A *Marseille*.
Crud & préparé.	60 à 80 quintaux.	Le crud, 12 à 13 livres le quintal. Le préparé, 18 à 20 s. la livre.	Italie, Espagne, peu à *Marseille* & en Provence.
En schine & accommodé.	15 à 20 quintaux.	En schine, sans être accommodé, 18 à 20 sols la livre. Et accommodé, 35 à 40 sols la livre pesant.	*Marseille*, Languedoc, Espagne, Portugal & Piémont.
En cristal.	2 à 300 quintaux.	12 à 15 livres le quintal.	*France* & Levant.
Il ne se fabrique pas.	100 à 150 quintaux.	40 à 42 sols la livre pesant.	*France*, Espagne, Levant & Barbarie.
idem.	25 à 30 quintaux.	8 à 10 livres le quintal.	*France*, Angleterre & Hollande.

Noms des Marchandises.	Leur qualité.	A quoi elles servent.	Lieux d'où elles viennent à Marseille.	Si c'est par Mer ou par Terre.
ARAOEATES.	Fleur d'un arbre.	idem.	Egypte par Alexandrie.	Mer.
ARQUIFOU.	Espèce de minéral.	A vernisser la vaisselle de fayance & de terre.	Angleterre, Sardaigne & Salez; celui-ci sert en Levant à la Peinture, & particulièrement à peindre les sourcils des femmes.	idem.
ASPHALTUM.	C'est un bitume. Fin. Commun.	Le fin à la Médecine. L'autre à la Peinture & à la Médecine.	Smyrne & Alep.	idem.
ASPICANARDY.	Voy. ESPICANARDY.			
AVELANES ou NOISETES.	Fruit d'un arbre.	A manger.	Provence, Catalogne & Sicile.	Mer & Terre.
AVELANEDES.	Espèce de gland.	A la Teinture, & à tanner les cuirs.	Morée, Archipel, Smyrne & Constantinople; mais elles ne viennent pas à Marseille.	Mer.
AUFES ou ESPARTS.	Jonc d'Espagne.	A faire des cordages, cabas & ouvrages nattés, & à des filets ou madragues à pêcher thouns.	Alicant.	idem.
AULX.	Sorte d'oignon sec.	A manger.	Provence & Italie.	Mer & Terre.
ASSA FŒDITA.	Espèce de gomme.	A la Médecine.	Perse & Surie, par Alep.	Mer.
AZARUM.	Racine.	idem.	Dauphiné & Provence.	Terre.
AZERBES, ou MUSCADES ROMPUES.	Pièces de Noix muscades.	A épicer.	Indes, par la Hollande.	Mer.
AZERGOR, ou MINI.	Cendre de Plomb calciné.	A la Peinture, & peu à la Médecine.	Hollande & Angleterre.	idem.
AZUR.	Composition de terre. Fin, Commun. Outre-mer qui se fait du Lapis lazuli.	A la Peinture.	Hollande, & l'outre-mer de France & Italie, s'en faisant aussi à Marseille.	Mer & Terre.
BALAUSTRE.	Fleur d'un arbre.	A la Médecine.	Provence & rivière de Gênes.	idem.
BAQUE ou GRAINE DE LAURIER.	Fruit de Laurier.	idem.	Provence.	Terre.

Si elles viennent brutes ou fabriquées.	Quelle quantité par estimation il en vient dans une année.	Quelle est leur valeur à Marseille.	Lieux où s'en fait la consommation.
Il ne se fabrique pas.	80 à 100 quintaux.	25 à 30 liv. le quintal.	France, Espagne, Angleterre, Hollande, Portugal & Piémont.
Brut.	2500 à 3000 quintaux.	5 à 6 livres le quintal, & celui de Salez 30 à 40 sols davantage.	Provence, Languedoc, & Levant, particulièrement au Caire, à l'égard de celui de Salez.
Il ne se fabrique pas.	4 à 5 quintaux.	Le fin 18 à 20 sols la livre. Le commun 10 à 12 sols la livre.	Marseille & Espagne.
Sans être cassées.	12 à 1500 quintaux.	Celles de Catalogne & Sicile qui sont les communes, 6 à 7 livres le quintal; les autres 12 à 14 livres le quintal.	Rouen, S. Malo & autres ports de Ponant, Levant & Barbarie.
	Il n'en vient point.		Civitavechia, Venise, Genes & autres endroits d'Italie, on n'en porte que quand on ne trouve autre chose à charger.
Brut, & se fabrique à Marseille.	1000 à 1200 milliers d'Aufes, de 1000 poignées le millier; 900 à 1000 douzaines cordages appellés Libans cinquaines, quarnes & ternes; & 2 à 300 cables ou poulomieres gros ou petits.	Les Aufes à millier, 36 à 40 livres le millier; les libans 10 livres la douzaine, l'un portant l'autre, les poulomieres 4 liv. 10 sols la pièce, l'une portant l'autre.	Provence, Languedoc, & Italie.
Il ne se fabrique pas.	Quelques bateaux entièrement chargés.	7 à 8 livres le cent pesant.	A Marseille.
idem.	25 à 30 quintaux.	15 à 16 sols la livre pesant.	France, Piémont, Espagne & Portugal.
idem.	10 à 12 quintaux.	15 à 20 livres le quintal.	France, Espagne, Italie.
idem.	15 à 20 quintaux.	30 à 40 sols la livre pesant.	France, Espagne & Piémont.
idem.	100 à 150 quintaux.	8 à 9 livres le quintal.	Provence, Espagne & Levant.
Fabriqué.	Fin, 50 à 60 quintaux. Commun, 100 à 150 quintaux. L'outre-mer, 15 à 20 livres pesant.	60 à 70 livres le quintal. 18 à 20 livres le quintal. 6 à 8 livres l'once.	Le fin & commun en Provence, Languedoc, Piémont & Constantinople; l'outre-mer à Marseille.
Il ne se fabrique pas.	80 à 100 balles de 3 à 4 quintaux l'une.	7 à 8 liv. le quintal.	Angleterre, Hollande, & fort peu à Marseille & en France.
idem.	80 à 100 quintaux.	8 à 10 liv. le quintal.	Marseille, Angleterre, Hollande & France.

X y ij

Noms des Marchandises.	Leur qualité.	A quoi elles servent.	Lieux d'où elles viennent à Marseille.	Si c'est par Mer ou par Terre.
Barbotine, ou Semen contra.	Graine d'une Plante.	A la Médecine.	Perse, par Smyrne & Alep.	Mer.
Barrille.	Cendre d'une herbe.	A faire le favon & le verre.	Alicant, Carthagènes & Almerie.	idem.
Barrils.	Voy. Douves.			
Bas de Soie.	Soie travaillée.	L'ufage n'a befoin d'explication.	Lyon, Avignon, Angleterre, Sicile & Italie ; il s'en fait aufli à Marseille.	Mer & Terre.
Bas d'Estame.	Fil & autres.	Voy. Mercerie.		
Basanes.	Peaux de moutons tannées.	A couvrir des livres, & à faire des fouliers & cuirs dorés.	Provence & Catalogne ; il s'en fait à Marseille.	idem.
Bedelium fin.	Gomme d'un arbre.	A la Médecine.	Alep.	Mer.
Benjoin.	Gomme odoriférente qui vient d'un arbre. Fin. Moyen. Commun.	A la Médecine & aux parfums.	Indes orientales, par Hollande, Angleterre & Levant.	idem.
Bitume de Judée.	Bitume.	A la Médecine.	Levant.	idem.
Blanc de Plomb, ou de Céruse.	Composition d'une terre.	A la Peinture.	Venife, Gènes & Hollande.	idem.
Blé.	Froment.	A faire du pain.	Provence, Languedoc & ports de France, dans le Ponent, Hollande, Hambourg, Ifles de Canarie, Tercère, Madère, Efpagne, Italie, Sicile, Archipel, Morée, Candie & Barbarie.	Mer, Rivière & Terre.
Bois.	Gros, ou de mâture.	Aux arbres ou mâts de Navires.	Bourgogne, Dauphiné & Hollande.	Mer.
	Garbe de chêne.	Pour le corps de Navires.	Provence.	Mer & Terre.
	Bordages ou Rombaudes de chêne & de pin.	Pour le corps de Navires.	Provence, Fréjus, la Napoule, & Saint Tropez en Provence.	idem.
	Planches, tables, ais & poutres, fçavoir : Noyer.	A la Menuiferie.	Dauphiné, fur des radeaux, ou fur des barques.	Rivière & Mer.
	Membrure de noyer, ou pieds de lit de demi-pan quarré chaque pièce.	idem.	idem.	idem.

Si elles viennent brutes ou fabriquées.	Quelle quantité par estimation il en vient dans une année.	Quelle est leur valeur à Marseille.	Lieux où s'en fait la consommation.
Il ne se fabrique pas.	2 à 300 quintaux.	15 à 20 sols la livre.	France, Angleterre, Hollande, Espagne, Portugal & Piémont.
Brute.	25 à 30000 quintaux.	4 liv. 10 à 4 liv. 15 sols le quintal.	Marseille, Toulon, & peu aux autres endroits de France.
Fabriqués.	25 à 30000 paires.	De 3 jusqu'à 10 & 11 livres la paire.	Marseille & Espagne, d'où on les porte aux Indes : en Portugal, d'où on les porte dans le Brésil.
Fabriquées.	2000 à 2500 quintaux, dont les deux tiers se font à Marseille & en Provence.	Celles de Catalogne, 20 à 21 liv. le quintal, & les autres 24 à 25 livres le quintal.	Marseille, Gènes, Livourne, d'où elles vont au reste de l'Italie.
Il ne se fabrique pas.	40 à 50 quintaux.	16 à 17 sols la livre pesant.	France, Espagne, Portugal, Hollande & Piémont.
Fabriqué.	80 à 100 quintaux entre les trois sortes.	Le fin, 50 à 60 sols la livre pesant. Le moyen, 35 à 40 sols la livre. Le commun, 18 à 20 sols la livre.	Provence, Languedoc, Barbarie & quelquefois en Levant.
Il ne se fabrique pas.	2 à 3 quintaux.	20 à 25 livres le quintal.	France.
Fabriqué.	2 à 300 quintaux.	Celle de Hollande, 12 à 13 liv. le quintal, & l'autre 16 à 18 liv. le quintal.	Languedoc, Provence, jusqu'à Lyon, Espagne, Levant & Barbarie.
Il ne se fabrique pas.	150 à 160000 charges de quatre esmines l'une.	8 à 9 liv. & 11 à 13 liv. la charge ; celui de terre vaut plus que celui de mer.	Marseille & ses environs.
Dégrossé.	De Hollande, 7 ou 8 Navires chargés. Celui de France vient en radeaux à pièces inégales, 9 à 10 radeaux.	Suivant la grosseur des pièces : celui de Hollande vaut le double de celui de France, & depuis 30 jusqu'à 600 liv.	Provence.
idem.	90 à 100000 pieds cubes.	17 à 18 sols le pied cube.	Provence, & pour le commerce seulement.
idem.	40 à 50000 pieds cubes de chêne, & 80 à 100000 pieds cubes de pin.	Le chêne, 16 à 28 sols le pied cube ; le pin, 12 à 14 sols le pied cube.	idem.
idem.	4 à 500 douzaines de 8 à 12 pans de long, ½ pan d'épaisseur ; point de règle pour la largeur.	14 à 15 & 20 écus la douzaine.	Marseille & ses environs ; Italie, Sicile & Malthe.

Noms des Marchandises.	Leur qualité.	A quoi elles servent.	Lieux d'où elles viennent à Marseille.	Si c'est par Mer ou par Terre.
Bois.	Chartreuses.	A la Menuiserie.	idem.	Rivière & Mer.
	Villars & Fayards.	idem.	idem.	
	Dandanse & Saint-Pierre de Bœuf.	idem.	idem.	idem.
	Condrieu, doubles & simples.	idem.	idem.	idem.
	Filières & Sommeirol.	Pour charpente de maisons.	idem.	idem.
	Doublin de charge & de Saint-Jean.	idem.	idem.	idem.
	Poutres rondes.	idem.	idem.	idem.
	Ais de Narbonne.	Menuiserie & caisses à savon.	Narbonne.	Mer.
	Sapin & Mesle, blanc & rouge.	Charpente & Menuiserie.	Nice.	idem.
	Chevrons & Solives de sapin de 8 à 12 pans de long.	idem.	idem.	idem.
	Poutres rondes de mesle blanc ou rouge.	idem.	idem.	idem.
	Fauquetes de pin.	idem.	Nice, S. Tropez, Fréjus & la Napoule.	
	Table de Hollande, sapin de 12 pans de long & 1 de large.	idem.	Hollande.	idem.
	Dites d'un pan ½ de large, & 18 ou 20 pans de long.	idem.	idem.	idem.
	Dites de 2 pans ½ de large, demi-pan d'épaisseur, & 24 à 28 pans de long.	idem.	idem.	idem.
	Tables de pin.	idem.	Fréjus, S. Tropez & la Napoule.	idem.
	Millières.			
	Ais de pin à douzaine.	idem.	idem.	idem.
	Chevrons & solives de pin.	idem.	idem.	idem.
	Douves, cercles, tonneaux & barils. Voyez Douves.			

Si elles viennent brutes ou fabriquées.	Quelle quantité par estimation il en vient dans une année.	Quelle est leur valeur à Marseille.	Lieux où s'en fait la consommation.
Dégrossé.	6 à 700 douzaines.	10 liv. la douzaine.	Marseille & ses environs.
idem	3 à 400 douzaines Villars. Fayards, 80 à 100 douzaines.	5 liv. la douzaine.	idem.
idem.	3 à 4000 douzaines.	Dandanses, 55 à 60 fols la douzaine ; les autres 10 fols plus.	idem.
idem.	Doubles, 3 à 4000 douzaines. Simples, 100 à 150 douzaines.	Les doubles, 3 liv. la douzaine; les simples, 1 l. 10 f. la douzaine.	idem.
idem.	Filières rondes & quarrées; des rondes 2 à 300 pièces; des autres 6 à 700 pièces. Sommeirol, 2 à 300 pièces.	Filières, 100 à 120 liv. la douzaine; & Sommeirol, 3 à 400 liv. la douzaine.	idem.
idem.	Doublin de charge, 6 à 700 pièces, & de S. Jean, 3 à 400 pièces.	De charge, 60 à 70 liv. la douzaine ; de S. Jean, 40 à 50 liv. la douzaine.	idem.
idem.	2 à 300 piéces.	De 100 à 150 liv. la douzaine.	idem.
idem.	8 à 10000 douzaines.	3 liv. 10 fols à 3 liv. 15 fols la douzaine.	idem.
idem.	Blanc, 1000 à 1200 douzaines. Rouge, 3 à 400 douzaines.	Le rouge 6 à 7 liv. la douzaine. Le blanc la moitié.	idem.
idem.	800 à 1000 douzaines.	De 3 à 3 liv. 10 fols la douzaine.	idem.
idem.	30 à 40 douzaines.	60 à 70 livres la douzaine.	idem.
idem.	12 à 1400 douzaines.	22 à 24 fols la douzaine.	idem.
idem.	8 à 10000 pièces.	10 à 12 fols la pièce.	idem.
idem.	1000 à 1200 pièces.	30 à 35 fols la pièce.	idem.
idem.	2 à 300 pièces.	4 à 5 liv. pièce.	idem.
idem.	800 à 1000 douzaines.	3 liv. 5 fols à 3 liv. 10 fols la douzaine de huit pans de long.	idem.
idem.	12 à 1500 douzaines.	36 à 40 fols la douzaine.	idem.
idem.	5 à 6000 douzaines.	38 à 40 fols la douzaine réduites à 12 pans de long.	idem.

Noms des Marchandises.	Leur qualité.	A quoi elles servent.	Lieux d'où elles viennent à Marseille.	Si c'est par Mer ou par Terre.
BOIS D'INDES. *Voyez* CAMPECH.				
BOL DE PAYS.	Composition de terre.	A des remèdes pour les maladies des chevaux.	Provence.	Terre.
BOLIARMENI.	Terre ou argile.	A la Médecine & à la Peinture.	Constantinople.	Mer.
BONNETS.	Laine travaillée la plûpart en rouge. Fins. Surfins. Et communs.	L'usage n'a besoin d'explication.	Ils se fabriquent à *Marseille*, & quelque peu de Tunis pour le Levant.	Mer & Terre.
BORAX.	Métallique qu'on met en roche. Rafiné qui se tire du gras. Gras.	Le rafiné aux Orfèvres & aux Chaudronniers pour la soudure. Le gras à la Médecine.	Des Indes en Hollande où on le rafine.	Mer.
BOUCASSIN. *Voy.* TOILE.				
BOULETS DE CANON.	Fer.	A la Guerre.	Hollande & Hambourg.	*idem.*
BOURDES. *Voyez* SOUTE.				
BOURGS. *Voy.* TOILE.				
BRAY.	Composé noir fait d'herbes & de poix résine.	A froter les Bâtimens de mer & d'autres ouvrages.	Provence.	Terre.
BREZIL.	Bois rouge.	A la Teinture.	Brezil par le Portugal.	Mer.
BRONZE.	Airain léton.	A faire des pièces d'Artillerie.	Saphis & Ste Croix, au Royaume de Fez & Maroc, & Hambourg.	*idem.*
BUFFLES. *V.* CUIRS.				
BURATES. *V.* DRAPERIE.				
BURATINES, BURATES DE SOIE. *Voyez* ÉTOFFES DE SOIE.				
CADIS, CADISSONS. *V.* DRAPERIE.				
CAFÉ.	Espèce de féve blanche.	A faire un breuvage.	Arabie par Alexandrie.	Mer.
CALAMUS AROMATICUS.	Racine.	A la Médecine.	Hollande.	*idem.*
CAMELOTS & MONCAYAS CHANGEANS OU ONDÉS. *Voy.* DRAPERIE.				
CAMPECH.	Bois.	A la Teinture.	Indes occidentales par Cadix.	Mer.
CAMOMILLE.	Fleur d'une plante.	A la Médecine.	Provence & Languedoc.	Mer & Terre.
CANELLE ou CINAMOME.	2e. écorce d'arbre. Fine. Commune. Giroflée. Rompue ou Excavisson de canelle.	A épicer & à la Médecine.	La fine, commune, & excavisson, Indes par la Hollande. Et la giroflée du Brezil par Portugal.	*idem.*

Si elles viennent brutes ou fabriquées.	Quelle quantité par estimation il en vient dans une année.	Quelle est leur valeur à Marseille.	Lieux où s'en fait la consommation.
Il ne se fabrique pas,	25 à 30 quintaux.	5 à 6 liv. le quintal.	En Provence.
idem.	150 à 200 quintaux.	9 à 10 liv. le quintal.	Provence, Languedoc, Piémont, Espagne & Portugal.
Fabriqués,	40 à 50000 douzaines.	Les fins de 8 à 11 liv. la douzaine. Les surfins 18 à 21 liv. la douzaine. Les communs de 3 jusqu'à 6 liv. la douzaine.	Provence, toutes les Echelles du Levant & Barbarie.
Fabriqué & brut.	20 à 25 quintaux, du rafiné. 80 à 100 quintaux pesant du gras.	Le rafiné 20 à 22 sols la livre. Le gras ne vaut que la moitié.	Le rafiné, Languedoc, Espagne, Portugal & Piémont; le gras en Provence.
Fabriqués.	1500 à 2000 quintaux.	8 à 9 liv. le quintal.	Provence.
Fabriqué.	1000 à 1200 quintaux. de Provence, & 1500 à 2000 barils de Hollande, de 3 quintaux l'un.	60 à 70 sols le quintal celui de Provence, & 12 à 14 liv. le baril, celui de Hollande.	Marseille, Toulon & autres ports de Provence, & en Italie, Espagne, Portugal, Isles de la Madère & quelquefois l'Archipel.
Il ne se fabrique pas,	2 à 3000 quintaux.	36 à 38 liv. le quintal.	Marseille, France, Levant & Barbarie.
idem.	4 à 500 quintaux.	35 à 45 liv. le quintal, suivant sa qualité.	Marseille, Toulon & Espagne.
Brut.	5 à 6000 quintaux.	65 à 70 liv. le quintal.	France, Angleterre, Hollande, & quelquefois Italie & Savoie.
Brut, on l'emploie de même.	25 à 30 quintaux.	15 à 20 liv. le quintal.	France, Espagne & Piémont.
Il ne se fabrique pas.	2 à 3000 quintaux.	9 à 10 liv. le quintal.	Provence jusqu'à Lyon, Languedoc, Piémont, Levant & Barbarie.
idem.	7 à 8 quintaux.	10 à 11 liv. le quintal.	France.
idem.	2 à 300 quintaux, fine & commune. 80 à 100 quintaux, excavisson. 150 à 200 quintaux, giroflée.	La fine 4 à 4 l. 10 s. la ℔. La commune 50 à 60 s. la livre. La giroflée 15 à 16 s. la ℔ Excavisson 40 à 45 sols la livre.	Provence, Languedoc, Piémont, Espagne, Levant & Barbarie.

Noms des Marchandifes.	Leur qualité.	A quoi elles fervent.	Lieux d'où elles viennent à Marfeille.	Si c'eft par Mer ou par Terre.
CANFRE.	Gomme d'un arbre. Rafiné.	A la Médecine & aux artifices de feu, & parfums. Dans le Levant on en lave les corps morts.	Indes par la Hollande & Venife.	Mer.
CANONS A FEU.	Arme à feu.	A la guerre & à la chaffe.	Pays de Forez, Milan, Breffe, Italie & Allemagne.	Terre & Mer.
CANONS DE FER POUR FUST.	Pièce d'artillerie.	A la guerre.	Hollande & Danemarck.	Mer.
CANTARIDES.	Infecte qui reffemble à la mouche.	A la Médecine.	Piémont.	Terre.
CAPOTS OU CABANS.	Drap groffier appellé Pinchinat & Enverfin.	Aux Matelots & Pêcheurs.	Se font à Marfeille & autres Ports de Provence.	
CAPRES.	Fruit.	– A manger.	Marfeille & Provence.	Terre & Mer.
CARDEMOMUM.	Efpèce de fruit.	A la Médecine.	Indes par la Hollande & l'Angleterre.	Mer.
CAROUBIS OU CARROUGES.	Fruit d'un arbre.	A la Médecine & à manger.	Rivière de Gênes & Ports de Provence.	idem.
CARPOBALSAMI.	Graine.	idem.	idem.	idem.
CARVI SEMEN.	Petite graine d'une efpèce de panais.	A la Médecine.	Dauphiné.	Terre.
CARNASSE.	Graiffe ou raclure des cuirs qu'on tanne.	A faire la colle forte, & à coller le papier.	Provence, Languedoc, où il y a des Tanneries. Il s'en fait beaucoup à Marf.	Mer & Terre.
CARTAMI.	Graine de fafranon.	A la Médecine & à nourrir les péroquets	D'Egypte par Alexandrie.	Mer.
CARTES.	Papier collé.	Au jeu.	Se font à Marfeille, à la réferve de 100 à 150 caiffes de 60 douzaines de jeux chacune qui viennent d'Aix.	Terre.
CARTONS.	Rognures de cartes converties en cartons	A des reliûres, à faires des étuis, & aux Tondeurs à draps.	Se font à Marfeille &s'y confomment; le tout ne va qu'à environ 3000 liv.	
CASSE EN CANON, ou CASSIA FISTULA.	Fruit d'un arbre.	A la Médecine.	Ifles de l'Amérique & d'Alexandrie.	idem.
CASSIA LIGNA.	Ecorce d'arbre.	A la Médecine & à épicer.	Indes, par la Hollande & l'Angleterre.	idem.
CASSONADE. Voyez SUCRE.				
CASTOR EN BOUTONS.	Tefticules d'un animal nommé Caftor.	A la Médecine.	Les uns de Canada & Terre neuve, & les autres de Befançon, & autres endroits de France dans l'océan.	idem.

Si elles viennent brutes ou fabriquées.	Quelle quantité par estimation il en vient dans une année.	Quelle est leur valeur à Marseille.	Lieux où s'en fait la consommation.
Rafiné.	50 à 60 quintaux rafiné.	50 à 55 fols la livre pefant.	Provence, Languedoc, Piémont, Efpagne, Levant & Barbarie.
Bruts & fabriqués.	5 à 6000 canons à feu, foit moufquetons, fufils, ou piftolets.	4 à 5 liv. pièce jufqu'à 10 à 12 liv.	Efpagne, Portugal, Provence & Languedoc, & Ifles de l'Amérique.
Fabriqués.	80 à 100 pièces.	7 à 8 liv. le quintal.	Côte de Provence.
Il ne fe fabrique pas.	5 à 6 quintaux.	18 à 20 fols la livre.	Provence, Efpagne, Portugal & Italie.
	7 à 800 capots à Marfeille; il n'en vient pas d'ailleurs.	De 6 jufqu'à 18 livres pièce.	Sur les liéux mêmes.
Salées, mifes au vinaigre & fraîches.	6 à 8000 quintaux.	6 à 7 liv. le quintal.	Angleterre, Hollande, Portugal & Provence.
Il ne fe fabrique pas.	10 à 12 quintaux.	35 à 40 fols la livre.	France.
idem.	150 à 200 quintaux.	3 à 4 liv. le quintal.	Provence & Languedoc.
idem.	Prefque point.	8 à 10 fols la livre.	Point de confommation.
idem.	50 à 60 livres pefant.	4 à 5 fols la livre.	Marfeille, Languedoc, Italie, Efpagne, Portugal & Piémont.
idem.	1800 à 2000 quintaux.	De 30 fols jufqu'à 3 l. 10 f. le quintal.	Marfeille & Provence, où l'on fait du papier & de la colle.
idem.	25 à 30 quintaux.	8 à 10 liv. le quintal.	France.
Se fabriquent à Marfeille.	7 à 800 caiffes, de 60 douzaines de jeux chaque caiffe,	Celles qui viennent d'Aix, 12 à 14 fols la douzaine; celles qui fe font à Marfeille, les fines 30 f. la douzaine, & les autres 18 à 25 fols la douzaine.	Peu à Marfeille; le refte en Efpagne, en Italie: peu en Portugal, Rouffillon, Indes d'Efpagne: peu en Levant, de même qu'en Barbarie.
	Des gros, 2000 à 2500. Pour reliûres, 50 à 60 quintaux. Pour Etuis, 2 à 300 douzaines. Et des petits, 1000 à 1500.	Les gros, 4 fols pièce. Ceux pour Reliûres, 12 liv. 10 f. le quintal; & ceux pour Etuis 40 fols la douzaine, & les petits 3 l. le cent.	Marfeille; peu en Italie.
idem.	5 à 600 quintaux, dont les trois quarts viennent de l'Amérique.	8 à 9 livres le quintal celui de l'Amérique; & celui de Levant 25 à 30 l. le quintal.	Provence, Languedoc, quelquefois jufqu'à Lyon, & encore en Efpagne, Italie & Piémont.
idem.	30 à 40 quintaux.	18 à 20 fols la livre pefant.	Provence, Languedoc, Efpagne & Piémont.
idem.	Un quintal des uns, & autant des autres.	Ceux de Canadà & Terreneuve, 5 à 6 liv. la livre; les autres de 10 jufqu'à 15 & 20 liv. la livre.	France, Efpagne, Italie, & Piémont.

Noms des Marchandises.	Leur qualité.	A'quoi elles servent.	Lieux d'où elles viennent à Marseille.	Si c'est par Mer ou par Terre.
CASTOR EN LAINE.	Laine du même animal.	A faire des chapeaux, & du fil dont on fait des bas.	Il n'en vient pas.	
CENDRES.	De Levant.	Aux Fabriques de Savon & aux Verreries.	Acre, Tripoly & Napouloufe en Surie, par Seyde & Alexandrette.	Terre.
	Gravellées ; c'est une composition.	A la Teinture.	Lyon.	idem.
CERCLES. Voyez DOUVES.				
CERUSE. Voyez BLANC DE PLOMB.				
CHAMOIS. Voyez PEAUX.				
CHANVRE.	Herbe.	A faire du fil & de la toile, & pour des cables & cordages de Mer.	Dauphiné & Piémont, Florence par Livourne.	Mer & Terre.
CHAPEAUX.	De poil de chameau mêlé avec de la laine. Demi - Vigogne, poil de chameau & de lapin. Vigogne bâtard, de poil de chameau de Perfe & poil de lapin. Façon de Vigogne, laine de Perfe, & de poil de lapin d'Angleterre. Vrai Vigogne eft de laine vigogne fine des Indes, & de poil de lapin d'Angleterre.	L'usage n'a pas besoin d'explication.	Se fabriquent à Marseille.	Il n'en vient pas.
	Façon de Caudebec, laine de pays.		Provence.	Terre.
	Vrais Caudebecs, laine d'Autriche.		Normandie.	idem.
	Vrais Castors, laine de castor.		Paris.	idem.
CHAPELETS. Voyez MERCES.				
CHARBON DE PIERRE.	Minéral.	Aux Forgerons.	Provence, Forez, Angleterre, Hollande & Hambourg.	Terre & Mer.
CHASTAIGNE.	Fruit d'un arbre.	A manger.	Provence & Languedoc.	Mer.
CHINE. Voyez APICS.				
CINABRIUM.	Mixtion de foufre & de vif argent.	A la Peinture.	Venife & Hollande.	idem.
CINAMOME. Voyez CANELLE.				
CIPERI.	Racine.	A la Médécine.	Candie.	idem.

Si elles viennent brutes ou fabriquées.	Quelle quantité par estimation il en vient dans une année.	Quelle est leur valeur à Marseille.	Lieux où s'en fait la consommation.
Se fabriquent à Marseille.	6 à 7000 quintaux.	6 à 7 livres le quintal; celles de Napouloufe 10 f. moins que celui d'Acre, & 30 fols moins que celui de Tripoly.	Marseille, Provence, Rouen, & autres endroits de France où il y a Verreries & fabriques de Savon.
idem.	7 à 8 quintaux.	5 à 6 fols la livre.	Marseille.
Brut, & la plûpart se fabrique à Marseille.	5 à 6000 quintaux.	Celui de Dauphiné, de 25 à 35 l. le quintal; celui de Piémont, 10 à 11 l. le quintal, celui de Florence, 20 à 22 l. le quintal.	Marseille, Provence & Languedoc.
Ils se font à Marseille.	7 à 8000 douzaines.	18 à 20 liv. la douzaine.	Provence, Languedoc, jusqu'à Lyon & en Guyenne, Espagne, Italie, Piémont & Allemagne; autrefois la consommation en étoit grande en Portugal, où cela a cessé depuis une imposition qu'on y a faite.
	idem.	28 à 30 liv. la douzaine.	
	3 à 4000 douzaines.	34 à 36 liv. la douzaine.	
	2000 à 2500 douzaines.	50 à 54 liv. la douzaine.	
	3000 à 3500 douzaines.	65 à 70 liv. la douzaine.	
Fabriqués.	100 à 150 douzaines.	10 à 12 liv. la douzaine.	
idem.	50 à 60 douzaines.	40 à 50 liv. la douzaine.	
idem.	10 à 12 douzaines.	24 à 25 liv. la pièce.	
	25 à 30000 quintaux d'Angleterre, Hollande, & Hambourg, & autant de Forez & Provence.	25 à 30 fols les deux quintaux ou environ, pesant une mesure; & celui d'Angleterre, Hollande & Hambourg, vaut 5 fols plus par mesure.	Marseille.
Cela ne se fabrique pas.	4 à 5000 quintaux.	4 à 5 liv. le quintal.	Marseille, Italie, Barbarie, & principalement en Espagne.
Il vient fabriqué.	80 à 100 quintaux.	46 à 48 fols la livre pesant.	Marseille, France & Levant.
Cela ne se fabrique pas.	10 à 15 quintaux.	8 à 10 liv. le quintal.	Provence, Languedoc, Espagne, Italie & Portugal.

Noms des Marchandises.	Leur qualité.	A quoi elles servent.	Lieux d'où elles viennent à Marseille.	Si c'est par Mer ou par Terre.
CIRE.	Ouvrage d'abeilles. Jaune.	A faire des flambeaux & bougies; à la Médecine & au cirage.	Provence, toutes les échelles du Levant & de Barbarie.	Mer & Terre.
CIRE D'ESPAGNE.	Composition de gomme, laque, vermillon & autres drogues.	A cacheter les lettres.	Hollande, Angleterre & *France*; il s'en fait à *Marseille*.	*idem.*
CITRAN ou ZEDORIA.	Racine.	A la Médecine.	Egypte par Alexandrie.	Mer.
CITRONS. *Voyez* ORANGES.				
CIVETTE.	Odeur renfermée dans une manière de bourse qui est autour des aînes de l'animal qu'on appelle *Civette.*	Aux parfums.	Hollande & Angleterre.	*idem.*
CLINCAILLERIE. *Voyez* QUINCAILLE.				
CLOUX, ou CLAVESONS.	Fer de dix-huit différentes sortes.	A la Menuiserie, Charpente, construction de navires, & autres ouvrages.	S. Chaumont en Forez & Gènes.	Rivière, Mer & Terre.
	Pelles & fourches de fer.	Au ménage.	S. Chaumont.	*idem.*
CLOUX DORÉS.	Cuivre doré ou bruni.	A garnir des chaises à porter & des chaises à meubler.	Lyon, &·peu de Gènes.	Mer & Terre.
COCHENILLE.	Graine.	A la teinture de l'écarlate & cramoisi.	Indes occidentales par Cadix, d'où elle vient en tous les ports de *France*, Hollande, Angleterre & Italie.	*idem.*
COLE.	C'est une composition; la forte se fait de la carnasse. Celle de poisson se fait de la peau du ventre de la baleine.	A coler.	Languedoc, Provence & Piémont. Hollande.	*idem.*
COLOQUINTE.	Fruit de courge sauvage.	A la Médecine.	Chypres.	Mer.
CONFECTION.	Composition, Salquerines, Alkermes, Hiacinthe.	Il n'en vient presque point.	Et il ne s'en fait à *Marseille* que pour sa seule consommation; & des villages circonvoisins.	
CONFITURE.	Lize & candie.	A manger.	On la fait à *Marseille.*	
COQUE DE LEVANT.	Fruit d'un arbre.	A la Médecine & à la Pêche.	Alexandrie.	*idem.*

Si elles viennent brutes ou fabriquées.	Quelle quantité par estimation il en vient dans une année.	Quelle est leur valeur à Marseille.	Lieux où s'en fait la consommation.
Brute, & on la blanchit à *Marseille*, en Provence & en Languedoc.	3500 à 4000 quintaux.	72 à 78 liv. le quintal.	Se blanchit à *Marseille*, Provence & Languedoc : brutes & blanches à Lyon, Dauphiné, Espagne & Piémont, quelquefois en Italie ; les blanches vont aux Indes d'occident par Cadix.
Fabriquée.	80 à 100 quintaux.	15 sols jusqu'à 60 sols la livre, selon la qualité.	En Provence, Espagne & Portugal.
Il ne se fabrique pas.	4 à 500 quintaux.	40 à 50 liv. le quintal.	France, Languedoc, Provence, Portugal, Espagne & Hollande.
idem.	15 à 20 livres pesant.	12 à 16 liv. l'once.	France, Espagne, Piémont & Italie.
Fabriqués.	De S. Chaumont, 3 à 400 balles de deux quintaux l'une poids de marc, & de Gênes 3 à 400 quintaux.	Ceux de S. Chaumont, depuis 6 sols jusqu'à 16 livres le millier, & de Gènes 14 à 15 livres le quintal.	*Marseille* & ses environs, quelque peu en Espagne, Sardaigne & Majorque.
idem.	50 ballons de 72 pièces l'un.	25 liv. le ballon.	idem.
idem.	100 à 150 milliers de différente qualité.	De 30 jusqu'à 80 & 100 sols le millier, selon la qualité.	*Marseille* & ses environs.
Elle ne se fabrique pas.	2 à 300 quintaux.	16 liv. la livre pesant ; elle a valu autrefois de 8 jusqu'à 24 liv.	*Marseille*, Provence, Languedoc ; quantité en toutes les Echelles du Levant ; & quelquefois en Barbarie & Italie.
Fabriquée.	12 à 1500 quintaux.	28 jusqu'à 25 livres le quintal.	Provence.
	40 à 50 quintaux.	15 à 16 sols la livre pesant.	
Elle se fabrique pas.	80 à 100 quintaux.	60 à 70 liv. le quintal.	France, Angleterre, Espagne, Hollande, Portugal & Italie.
	3 à 400 quintaux.	La lize, 12 à 14 sols la livre, & la candie, 9 à 10 sols.	*Marseille, France*, Espagne, Hollande, Levant, Barbarie & Piémont.
Brut.	150 à 200 quintaux.	45 à 50 liv. le quintal.	*Marseille, France*, Espagne, Portugal & Piémont.

Noms des Marchandises.	Leur qualité.	A quoi elles servent.	Lieux d'où elles viennent à Marseille.	Si c'est par Mer ou par Terre.
CONTARIE.	Espèce de chapelets de verre.	Pour ornement des femmes.	Venise.	Mer.
CORAIL.	Sorte de plante qui naît dans la mer & se pétrifie.	A faire des chapelets, filières, coliers, bracelets pour les femmes & les enfans, & autres ouvrages; fort peu à la Médecine.	Catalogne, Corsegue, côte de Provence, Bastion de *France*, & Tabarque en Barbarie; très-peu de Sardaigne &Trapens en Sicile.	idem.
CORCOME ou TERRA MERITA.	Racine.	A la Teinture.	Indes, Alexandrie, & Hollande.	idem.
CORDOANS.	Cuir de peau de bouc de chèvre passé en tan. Teints en rouge & en jaune, sans couleur, accommodés avec l'avelanede.	A faire des souliers, reliûres, & garnir des chaises.	Smyrne, Constantinople, Satalie, Morée, Alep, Chypres & Salez.	idem.
CORIANDRE.	Graine.	A faire des dragées sucrées, & à la Médecine.	Italie.	idem.
CORNES,	De mouton, bœuf, & buffles.	A faire des écritoires de poche, manches de couteaux, & autres ouvrages.	Espagne, Italie, Portugal & Provence; celles de buffles de Constantinople.	idem.
	De cerf. *Voy*. OS DE CORNE DE CERF.			
CORTICIS CAPARIIS.	Ecorce de Caprier.	A la Médecine.	Provence.	Terre.
CÔTE DOUCE & AMERE.	Bois ou racine.	idem.	Indes orientales & occidentales.	Mer.
CÔTE DE SOIE TEINTE *Voy*. FILOUZELLE.				
CÔTE DE BALEINE.	Os, côte de l'animal qu'on nomme *Baleine*.	A mettre dans les corps des jupes.	Bayonne & Hollande.	idem.
COTON.	Laine enfermée dans le fruit d'une plante appellée *Coton*.	A faire des toiles à voile, futaines & autres toiles.	Smyrne, Chypres, & Acre par Sayde.	idem.
	En rame, c'est-à-dire, en laine.	Méche de flambeaux, chandelles & bougies; bas & étoffes mêlées de soie & de coton.		

Fabriqué

Si elles viennent brutes ou fabriquées.	Quelle quantité par estimation il en vient dans une année.	Quelle est leur valeur à Marseille.	Lieux où s'en fait la consommation.
Fabriqué,	30 à 40 barils de 7 à 8 quintaux l'un.	25 à 30 liv. le quintal.	Toutes les Echelles du Levant, peu à *Marseille* aux boutiques en détail pour des chapelets.
Brut, & se fabrique à *Marseille.*	100 à 150 quintaux.	Celui de Catalogne en race 10 à 11 liv. la livre brut; celui de S. Tropez, 8 à 10 liv. celui de Cassis, la Ciotat, Antibes, & Six-fours, 5 à 6 liv. celui de Trapens 6 à 7 liv. la livre, & celui de Barbarie autant.	Tout se travaille à *Marseille* & se consomme en Barbarie, Salez, Saphis, Tetouan, Levant, Indes orientales par la Hollande & l'Italie, ports de Ponant, & encore en Allemagne & à Siam.
Elle ne se fabrique pas.	Il n'en vient presque plus.	35 à 40 liv. le quintal.	*Marseille.*
Fabriqués.	2 à 300 balles.	Ceux de Smyrne & Constantinople accommodés à l'avelanéde, 9 à 10 sols la livre; les rouges & jaunes, 17 à 18 sols, & de Satalie, 20 sols; ceux de Morée sans couleur, 8 sols; les rouges & jaunes, 17 à 18 sols; ceux de Salez, 18 à 20 sols; les jaunes d'Alep & Chypres, 19 à 20 sols toujours la livre; les rouges, 30 à 35 l. la douzaine.	*France*, Italie, Sicile & Piémont.
Il ne se fabrique pas.	25 à 30 quintaux.	18 à 20 liv. le quintal.	*Marseille.*
Brutes.	4 à 500 milliers de paire.	De 15 jusqu'à 25 à 30 l. le millier, selon la qualité.	*Marseille* & en Forez.
Elle ne se fabrique pas.	25 à 30 quintaux.	10 à 12 liv. le quintal, fraîches, & 7 à 8 sols la livre, séches.	Angleterre, Hollande & Hambourg.
idem.	50 à 100 liv. pesant.	12 à 15 sols la livre pesant.	*France.*
Coupées.	2 à 300 quintaux.	12 à 14 sols la livre pesant.	Provence, Espagne, Piémont & Italie.
En laine, & se fabriquent à *Marseille*, quand les filets sont rares,	En laine 6 à 700 balles faisant 4 à 5000 quintaux,	28 à 30 liv. le quintal.	*Marseille*, France, Piémont, Gènes, Livourne, Espagne, Catalogne, Salez, & peu en Portugal.

Noms des Marchandises.	Leur qualité.	A quoi elles servent.	Lieux d'où elles viennent d'Marseille.	Si c'est par Mer ou par Terre.
COTON.	Filé, sçavoir : Once de Smyrne.			
	Caragach. Montaffen. Giozelazar. Echelle neuve. Genequié. Baquiers.	Au même usage ci-deffus.	Smyrne.	Mer.
	Once de Satalie. Fin dudit. Moyen dudit. Once de Sayde. Efcar d'once.	Au même usage.	Satalie.	idem.
	Hierufalem. Efcar dudit. Fin de rame. Moyen dudit. Napouloufe. Bafatz. Moyens de Bafatz. Once d'Alep.	Au même usage.	Sayde.	idem.
	Efcar d'once dudit. Beledin. Moyen dudit. Gonzadelet. Payas. Marine. Turquimany.	Au même usage.	Alep.	idem.
	Filets approchant de ceux appellés *Genequié* & *Echelle-neuve.*	Au même usage.	Alexandrie d'E-gypte.	idem.
	Coffaire. Vilant. Socho.		Il n'en vient plus.	
	Archipel, à peu-près comme les Gio-zelazars pour la qua-lité & le prix.			idem.
	Malthe à peu-près comme les génequiés & baquiers pour la qualité & le prix.			idem.
COTONINE.	Toile de fil & co-ton. Double. Simple.	Aux voiles des na-vires.	Se fait en Proven-ce, il n'en vient à *Marseille* d'aucune part.	

Si elles viennent brutes ou fabriquées.	Quelle quantité par estimation il en vient dans une année.	Quelle est leur valeur à Marseille.	Lieux où s'en fait la consommation.
Filé.	Du fil, 4 à 500 balles faisant en tout 14 à 15000 quintaux, compris toutes les sortes ci-après décla-rées en la colonne suivante.	Once de Smyrne 25 écus de 64 sols pièce le quintal. Caragach, 23 écus. Montassin, 21 écus. Giozelazar, 18 écus. Echelle-neuve, 18 écus. Genequié, 14 écus. Baquiers, 13 écus.	Marseille, France, Pié-mont, Gènes, Livourne, Espagne, Catalogne, Sa-lez, & peu en Portugal.
idem.		Once de Satalie, 27 éc. Fin dudit, 22 écus. Moyen dudit, 16 écus.	idem.
idem.		Once de Sayde, 29 écus. Escar d'once dudit, 24 écus Hierusalem, 20 écus. Escar dudit, 18 écus. Fin de rame, 17 écus. Moyens dudit, 12 à 13 éc. Napoulouze, 11 à 12 éc. Basatz, 20 écus. Moyens de Basatz, 16 éc.	idem.
idem.		Once d'Alep, 26 écus de 64 sols piéce le quintal. Escar d'once dudit, 23 écus. Beledin, 20 écus. Moyen dudit, 18 écus. Gonzadelet, 17 écus. Payas, 16 écus. Marine, 15 à 16 écus. Turquimany, 16 à 17 écus.	idem.
idem.		Ceux d'Alexandrie, 14 à 15 écus le quintal ; les écus sont toujours de 64 s. la pièce, tel étant l'usage à l'égard des cotons & galles. 15 à 18 écus le quintal, toujours l'écu de 64 sols pièce. Malthe, 14 à 15 écus le quintal, idem.	
On la fabrique à Mar-seille.	Il s'en fait 4 à 5000 piè-ces par an de 65 à 70 can-nes la pièce.	Les doubles, 16 à 17 sols la canne, & les sim-ples, 12 à 13 sols.	Marseille, côte de Pro-vence, Espagne, Italie & l'Archipel.

Noms des Marchandises.	Leur qualité.	A quoi elles servent.	Lieux d'où elles viennent à Marseille.	Si c'est par Mer ou par Terre.
COUCON DE SOIE.	Peloton de foie, que fait le vers à foie.	A la Médecine, & pour fourrer les hoëtes ; quand ils font bons on en tire la foie, & du refte la filofelle.	Provence, Languedoc, & peu d'Italie.	Mer & Terre.
COUPEROSE.	Compofition d'une efpèce de minéral.	A la teinture en noir.	Angleterre & Italie.	Mer.
CRÊME ou CRISTAL DE TARTRE.	Compofition qu'on fait du tartre.	A la Médecine & à la Teinture.	Montpellier; il s'en fait quelque peu à Marfeille.	idem.
CRÊPES DE BOULOGNE.	Sorte d'étoffe de foie de Boulogne, fort légère ; il y a défenfe dans l'État du Pape d'en faire d'autre foie ; il y en a de différentes largeurs, & fe diftinguent par 12 numéros.	Les noires, à marquer le deuil qu'on porte de la mort de quelqu'un, & à d'autres ufages. Les blanches pour faire des coëffes & coëffures & autres ajuftemens de femme.	Boulogne.	idem.
CRÉPONS. Voyez DRAPERIE.				
CUCUBE.	Graine.	A la Médecine.	Hollande & Alep.	idem.
CUCUMULE, MOITIÉ AGARIC.	C'eft l'agaric femelle.	idem.	Salez, Tetouan, Alep, Smyrne & Satalie.	idem.
CUIVRE.	Corps métallique. Rofete, c'eft le cuivre de la première fonte fortant de la fournaife en forme de platine.	A faire des chaudrons & autres pareils ouvrages ; & à faire du verdet.	Salez, Hambourg & Hollande.	idem.
CUMINS.	Graine.	A la Médecine & à la nourriture des pigeons, en Hollande & Angleterre, on en met dans le pain & au fromage.	Malthe, & peu de la Morée.	idem.
CUIRS.	Peaux d'animal. Buffles.	A faire des fouliers.	Smyrne, Conftantinople & Alexandrie ; rarement de Sayde, Alexandrette & Chypres.	idem.
	Buffles efcarts.	idem.	idem.	idem.
	Bufferins. Cuirs Indiens.	idem. idem.	idem. Des Indes par Cadix & Italie.	idem. idem.

Si elles viennent brutes ou fabriquées.	Quelle quantité par estimation il en vient dans une année.	Quelle est leur valeur à Marseille.	Lieux où s'en fait la consommation.
Brut.	4 à 500 quintaux.	8 à 10 sols la livre pesant.	Marseille.
Elle ne se fabrique pas.	2 à 3000 quintaux.	Celle d'Italie, 5 à 6 livres le quintal; celle d'Angleterre, 3 liv. 10 s. à 4 l. le quintal.	Languedoc, Piémont, France, Espagne & Barbarie.
idem.	2 à 300 quintaux.	18 à 20 liv. le quintal.	Provence, Italie, Angleterre & Hollande.
Fabriquées, & presque tout des noires de tout numéro, & des blanches des numéros 32 & 36.	2 ou 3 caisses de 80 à 100 pièces chacune, & chaque pièce de 26 aunes de toute largeur.	Numéro 2, deux sols l'aune; numéro 4, trois sols l'aune; numéro 6, quatre sols; numéro 8, 6 sols; numéro 10, 8 sols; numéro 12, 10 sols; numéro 14, 12 sols; numéro 32, 25 sols; numéro 36, 27 sols; & numéro 45, trente-huit sols, toujours l'aune.	Marseille.
Elle ne se fabrique pas.	5 à 6 quintaux.	25 à 30 sols la livre pesant.	France, Espagne & Italie.
idem.	40 à 50 quintaux.	5 à 6 liv. le quintal.	France, Espagne, Italie, en Piémont & Portugal.
Le vieux brut & en rosete, l'autre travaillé en platine.	5 à 600 quintaux.	Le vieux brut & en rosete, 12 à 13 sols la livre pesant, & l'autre 15 à 16 sols la livre.	Provence, Languedoc & Piémont.
Brute.	1800 à 2000 quintaux.	14 à 16 liv. le quintal.	Peu à Marseille & en France, le reste en Espagne, Portugal, Angleterre, Hollande & Hambourg.
Bruts, & on les tanne à Marseille, Provence, Languedoc & Dauphiné. Depuis l'imposition du droit de vingt pour cent, il ne vient plus de cuirs tannés.	35 à 40000	11 à 12 liv. pièce.	Marseille, Provence, Languedoc, Dauphiné; & tant bruts que tannés, à Majorque, Catalogne, Savoie, Rivière de Gènes, & quelquefois en Italie.
idem.	Environ le quint seulement du nombre des buffles.	7 à 8 liv. pièce.	idem.
idem.	5 à 6000.	3 à 4 liv. pièce.	idem.
idem.	1000 à 1500.	24 à 25 liv. le quintal en poil.	Provence & Languedoc, Italie, Piémont & Espagne.

Noms des Marchandises.	Leur qualité.	A quoi elles servent.	Lieux d'où elles viennent à Marseille.	Si c'est par Mer ou par Terre.
CUIRS.	Cuirs de Smyrne, appellés *Vaches en poil.*	A faire des souliers.	Smyrne, rarement de Sayde, Alexandrette & Chypres.	Mer.
	Cuirs de Constantinople en poil, premier couteau Saumes & baudans.	idem.	Constantinople.	idem.
	Cuirs d'Alexandrie.	idem.	Alexandrie d'Egypte.	idem.
	Tourons ou tauraux.			
	Torillons.			
	Vaches.			
	Chameaux.			
	Cuirs de Tripoly de Barbarie.	idem.	Tripoly de Barbarie.	idem.
	Cuirs de Tunis.	idem.	Tunis.	idem.
	Vaches d'Alger.	idem.	Alger.	idem.
	Cuirs de Tabarque & du Bastion.	idem.	Tabarque & Bastion.	
	Cuirs de Palerme & Sardaigne.	idem.	Palerme & Sardaigne.	idem.
	Cuirs de Tetouan, Salez, Tagada, Saphis & Tanger.	idem.	Tetouan, Salez, Tagada, Saphis & Tanger.	idem.
	Cuirs d'Angleterre.	idem.	Angleterre.	Terre.
	Vaquetes. *Voyez* VAQUETES. Veaux d'Angleterre. *Voyez* VEAUX.			
DATES.	Fruit de Palmier.	A manger.	La plus grande quantité de Tunis, & la moindre d'Alexandrie, d'Egypte, Tetouan & Salez.	Mer.
DAUCUS CRETICUS.	Fleur d'une plante.	A la Médecine.	Indes par la Hollande.	idem.
DENT D'ÉLÉPHANT, ou YVOIRE.	Os ou défense d'Éléphant.	A faire des tablettes, boëtes & autres ouvrages des Tourneurs.	Alexandrie, Salez & Hollande.	idem.

Si elles viennent brutes ou fabriquées.	Quelle quantité par estimation il en vient dans une année.	Quelle est leur valeur à Marseille.	Lieux où s'en fait la consommation.
	1000 à 1200.	3 à 4 liv. pièce.	Provence & Languedoc, Italie, Piémont & Espagne.
	10 à 12000	Saumes, 5 à 6 liv. pièce. Baudans, 6 liv. 10 f. à 7 liv. pièce.	idem.
	idem.	6 à 7 liv. pièce.	idem.
	1800 à 2000.	4 à 5 liv. pièce.	
	7 à 8000.	De 3 liv. 10 sols à 4 liv. 10 sols pièce.	
	2 à 3000.	5 à 6 liv. pièce.	
	5 à 600.	16 à 17 liv. le quintal.	idem.
	10 à 12000 gros ou petits.	17 à 18 livres le quintal, les gros pesant 24 ou 25 liv. la pièce, & les petits, 15 à 18 livres la pièce.	idem.
	1500 à 2000.	3 ou 4 liv. la pièce.	idem.
	18 à 20000.	20 à 21 liv. le quintal.	idem.
	3 à 400.	20 à 22 livres le quintal, & pesant 22 à 24 livres la pièce.	idem.
	Il en venoit 40 à 50000, mais à cause d'une grande mortalité il n'en est presque point venu ; il en venoit aussi 6 à 700 quintaux de tannés, cela a cessé.	15 à 16 liv. le quintal, les uns pesant 25 à 40 liv. pièce, & les autres de 12 à 24 liv. pièce.	idem.
	2000 en poil, avant l'imposition des 20 pour cent, il en venoit environ 1000 quintaux de tannés ; cela a cessé.	6 à 7 liv. 10 sols en poil la pièce, & les tannés valoient 32 à 33 liv. le quintal.	idem.
Il ne se fabrique pas.	7 à 800 quintaux.	12 à 15 liv. le quintal dans le Carême, & après, 9 à 10 liv. le quintal.	Marseille, France, Angleterre, Hollande, peu en Portugal.
idem.	3 à 4 quintaux.	25 à 30 sols la livre pesant.	France, Espagne & Italie.
idem.	40 à 50 quintaux.	10 à 12 sols la liv. pesant.	Provence.

Noms des Marchandises.	Leur qualité.	A quoi elles servent.	Lieux d'où elles viennent à Marseille.	Si c'est par Mer ou par Terre.
DENTELLES.	Ouvrages de fil au fuseau ou à l'éguille.	A des ornemens à l'usage des hommes & des femmes.	Du Puy & Aureillas en Velay, & peu du Havre & Dieppe.	Mer & Terre.
DENTELLES OR & ARGENT	Ouvrages d'or & d'argent & trait, fil fin.	Pour ornemens d'hommes & femmes.	Paris, Lyon & Gènes.	Terre.
	Faux.	idem.	idem.	idem.
DERONICUM ROMANUM,	Fruit d'une plante.	A la Médecine.	Rome & Provence.	Mer & Terre.
DITAME.	Fleur d'un arbrisseau.	idem.	Candie.	Mer.
DOUVES.	Bois de Châtaignier, peu de noisetier, bois de pin.	A faire des tonneaux.	Rivière de Gènes, Naples, peu de Provence & Languedoc.	idem.
	Pour barils sont de mêle blanc, mêle rouge, châtaignier & pin.	A faire des barils.	Nice, Gènes, Fréjus en Provence.	idem.
	Cercles, bois de châtaignier, ou noisetier.	Tonneaux & barils.	Rivière de Gènes, & Naples.	idem.

Fabriquées.

Si elles viennent brutes ou fabriquées.	Quelle quantité par estimation il en vient dans une année.	Quelle est leur valeur à Marseille.	Lieux où s'en fait la consommation.
Fabriquées.	Celles du Puy & Aureilllas pour 300 à 350000 liv. & des autres de 3 à 4000 l.	Celles pour l'Espagne, depuis 12 sols jusqu'à 3 l. 5 sols la piéce ; & les autres depuis 15 sols jusqu'à 40 sols.	Pour environ 50000 liv. en Italie, 7 à 8000 liv. en Languedoc, 18 à 20000 l. en Provence, & tout le reste en Espagne.
idem.	Environ 40 à 50000 l.	5 à 5 l. 10 sols l'once.	En Espagne & Portugal, peu à Marseille.
idem.	idem.	50 à 60 sols la livre.	Presque tout en Espagne & Portugal, peu à Marseille.
Il ne se fabrique pas.	50 à 60 liv. pesant.	15 à 20 sols la livre.	France & Espagne.
idem.	5 à 6 quintaux.	10 à 12 sols la livre.	France, peu en Espagne & Portugal.
Fabriquées ; & l'on en fait des tonneaux & barils à Marseille.	Celles de Naples, 1800 à 2000 couvertes, composées d'environ 39 douves chacune pour tonneau. De Gènes, 2 à 3000 couvertes composées diversement, ainsi qu'il sera expliqué en la colonne des différens prix aussi pour tonneaux.	Celles de Naples de 5 à 5 liv. 10 sols la couverte, composée d'environ 39 douves ; celles de Gènes, 3 à 4 liv. la couverte de 12 à 15 douves de six pans de long ; la canelle de 4 couvertes de 12 douves chacune de 5 pans de long, 6 liv. à 6 liv. 10 sols ; la canelle bois de pin de 8 couvertes de 4 pouces chaque douve, 6 à 6 liv. 10 sols ; tout cela est pour des tonneaux.	Marseille, principalement pour les galères, & pour du vin, huile, poisson salé, olives, on porte quantité de tonneaux & barils faits à Marseille tous vuides, long la côte de Provence en Catalogne, Italie, Candie & autres endroits où l'on va les remplir du vin, de l'huile, du poisson salé & des olives qu'on apporte à Marseille.
idem.	De Gènes 90 à 100000 douves de châtaignier ; de Nice, 12 à 13000 douves mêle rouge, & 50 à 60000 mêle blanc ; de Fréjus, 45 à 50000 douves pin : du reste de Provence, 2000 à 2500 quintaux, bois de saule.	Celles de Gènes, 18 à 20 sols le cent, elles sont toutes d'une sorte ; de Nice 25 à 30 sols le cent, de mêle rouge ; 10 à 12 sols le cent, de mêle blanc ; de Fréjus, 5 à 6 sols le cent, des courtes bois de pin, & les grandes, 18 à 20 sols le cent, la saule, 8 à 9 sols le cent brut.	
idem.	40 à 50000 douzaines, tant gros que petits pour les barils, & 20 à 25000 faix pour les tonneaux, chaque faix de 8, 12, 24, 36, 48 cercles mêlés avec proportion.	Ceux pour barils, les petits un sol la douzaine, & les grands 2 à 3 sols aussi la douzaine ; ceux pour tonneaux, de 12 à 20 sols le faix, l'un portant l'autre.	

Noms des Marchandises.	Leur qualité.	A quoi elles servent.	Lieux d'où elles viennent à Marseille.	Si c'est par Mer ou par Terre.
DRAPS, ÉTOFFES DE LAINE.	Draps de Manufactures Royales, de Sattes & Clermont; ils s'en fait de fins à façon d'Hollande & d'Angleterre, appellés : *Londrines* & *demi-Londrines*, d'autres ordinaires à façon de Londres.	A faire des habits.	Sattes, Clermont, & Languedoc.	Terre.
	Draps ferains.	*idem.*	Faits à *Marseille* la plus grande partie, & il en vient du Languedoc.	*idem.*
	Draps de Bederrieu, Cabardets, S. Pons, Romans, ou S. Jean de Royan, & Sceaux.			
	Les communs, de S. Pons. Cabardets.			
	Valence.			
	S. Chinian.			
	Carcassonne.		Des lieux dénommés à chaque article, plusieurs par-Lyon.	
	Rouen. Pinchinats de Provence. Serges de Londres.			
	Londres écarlates.			
	Châlons. Romaine faite à Amiens. Chartres & Noyan			
	Sommaire.			
	Ufez. Alez. Orange façon de Poliaire.			

Si elles viennent brutes ou fabriquées.	Quelle quantité par estimation il en vient dans une année.	Quelle est leur valeur à Marseille.	Lieux où s'en fait la consommation.
Fabriqués.	7 à 800 pièces de 20 aunes de Lyon chacune. 3 à 400 pièces des ordinaires à façon d'Hollande, je dis de Londres.	Les Londrines, 9 liv. l'aune ; les demi-Londrines, 7 liv. 10 sols l'aune. —5 liv. 5 sols ladite aune des ordinaires.	Smyrne, Constantinople, Alep, Sayde & Acre, Morée & Barbarie. Par tout le Levant, Morée & Barbarie.
Ceux du Languedoc viennent partie teints & partie blancs qu'on teint à *Marseille*.	1000 à 1200 pièces de 10 à 11 cannes l'une ; sçavoir, 800 à 1000 faites à *Marseille*, & le reste du Languedoc.	Ceux de *Marseille* les fins de 5 pans de large blancs, 7 l. 10 sols à 8 l. la canne, & les autres de 6 liv. 10 sols à 7 liv. la canne, la teinture & apprêtage par dessus revenant à 23 sols & 24 la canne. Ceux du Languedoc, 5 liv. 10 sols à 6 liv. la canne blancs. De 4 à 4 l. 10 sols l'aune des Bederrieu, Cabardets, S. Pons, Romans, Saint Jean de Royan & Sceaux.	Alexandrie, Sayde, Alep, peu à Smyrne & Constantinople, Morée & Barbarie.
	15 à 16000 balles entre toutes ces sortes, chaque balle pesant de deux quintaux & demi à trois quintaux.	10 sols moins les communs S. Pons. 3 liv. à 3 liv. 10 sols l'aune des Cabardets. Valence, 5 liv. à 5 liv. 5 sols. —7 liv. à 7 liv. 5 sols de S. Chinian. 7 à 8 liv. de Carcassonne. 13 à 14 liv. de Rouen. 42 à 45 sols l'aune du Pinchinat. Serges de Londres 3 l. 15 sols à 4 l. l'aune. 5 à 6 liv. Londres écarlates. 37 à 38 sols, Châlons. 50 à 55 sols, Romaine faite à Amiens. 26 à 28 sols, Chartres & Noyan. 35 à 36 sols, Sommaire. 36 à 37 sols, Usez. 27 à 28 sols Alez. 32 à 34 sols, Orange.	4 à 5000 balles à *Marseille*, Gènes ; le reste de Milanis, Piémont, Toscane, Naples, l'Etat du Pape & Sicile, Espagne, Portugal, & peu en Levant.

Noms des Marchandises.	Leur qualité.	A quoi elles servent.	Lieux d'où elles viennent à Marseille.	Si c'est par Mer ou par Terre.
DRAPS, ÉTOFFES DE LAINES.	Façon de Seigneur, drapés.			
	Ratines.			
	Étamines de Reims les unes toutes de laine, & les autres laine & soie.			
	Droguets de Poitou les uns laine & fil, les autres laine & soie.			
	Burates de Tarascon de laine.			
	De Nismes, laine & filoselle.			
	Cadisserie.			
	Cadis de Nismes.		Des lieux dénommés à chaque article, plusieurs par Lyon.	
	Daignane.			
	Usez.			
	Et Sommaire en Provence.			
	Dupuy Marvèges, S. Floux & Mendes.			
	Cordeillats de Provence.			
	Boisez, ou Mazamet & Castres.			
	Crêpons de Castres & Nismes.			
	Draps d'Hollande & d'Angleterre.			Mer.
	Camelots d'Hollande poil de chévre			Mer & Terre.
	Amiens tout laine.			
	Moncayats. *Voyez* MONCAYATS.			
DRAPEAUX. *Voyez* VIEUX LINGE.				
ELLÉBORE.	Racine.	A la Médecine.	Provence.	Terre.
ENCENS.	Gomme d'un arbre. Gros.	A la Médecine & aux parfums.	Alexandrie d'Egypte.	Mer.
	En poussière.	idem.	idem.	idem.
EPITIMI.	Espèce de capilemens qui viennent sur le thin & autres plantes.	A la Médecine.	Candie & Provence.	Mer & Terre.
ESCAMONÉE.	Suc de la racine d'une plante qui porte lait.	idem.	Smyrne, Alep & quelquefois Sayde.	Mer.
ESCAVISSON DE CANELLE. *Voyez* CANELLE ROMPUE.				
ESCAYOLLE.	Graine.	A nourrir les oiseaux.	Tunis & Alger.	idem.

Si elles viennent brutes ou fabriquées.	Quelle quantité par estimation il en vient dans une année.	Quelle est leur valeur à Marseille.	Lieux où s'en fait la consommation.
Fabriqués.		32 à 34 fols, Orange.	
		34 à 35 fols l'aune, étamine de Reims.	
		30 à 32 fols l'aune, droguet de Poitou.	
		26 à 28 fols, burates.	
		22 à 24 fols, cadifferie.	
		15 à 16 fols.	
		30 à 31 fols.	
		28 à 30 fols.	
		16 à 18 fols.	
	A cause de la nouvelle impofition il n'en viendra plus.	14 à 15 liv. l'aune.	
	Hollande, 30 à 40 pièces.	Depuis 3 liv. 10 fols jufqu'à 6 l. l'aune.	
	Amiens, 2 à 300 pièces.	40 à 42 fols l'aune.	
On l'emploie brute.	3 à 4 quintaux.	10 à 12 liv. le quintal.	France, Efpagne & Italie.
Cela ne fe fabrique pas.	900 à 1000 quintaux du gros.	50 à 55 liv. le quintal celui en larmes ou à liban. 35 à 40 liv. le commun.	France, Piémont, Efpagne, Portugal, quelquefois Hollande, Angleterre & Hambourg.
idem.	2 à 300 quintaux en pouffière.	8 à 9 liv. le quintal.	Provence, Languedoc, Efpagne.
idem.	5 à 6 quintaux.	2 à 3 fols la liv. pefant.	Angleterre.
idem.	40 à 50 quintaux.	Celle de Smyrne, 5 à 6 liv. la livre. Celle d'Alep, 6 à 7 liv. la livre. Et de Sayde, 4 à 5 liv. la livre pefant.	France, Efpagne, Piémont, Portugal, & quelquefois en Hollande.
idem.	1000 à 1200 quintaux.	5 à 6 liv. le quintal.	Provence & Languedoc.

Noms des Marchandises.	Leur qualité.	A quoi elles servent.	Lieux d'où elles viennent à Marseille.	Si c'est par Mer ou par Terre.
ESCORCE ou ECORCE DE CITRON,	Ecorce de citron confite.	A manger,	Madère, Tercère, & Portugal.	Mer,
ESCORCE ou ECORCE DE TAMARIS.	Ecorce d'Arbre,	A la Médecine.	Arles, & le long du Rhône,	Mer & Terre,
ECORCE D'ORANGE.	Sèche,	A la Médecine & à la cuisine,	Provence & Rivière de Gènes.	idem,
ESGUILLETES ou EGUILLETES. *Voyez* MERCERIE.				
ESMAIL ou EMAIL.	Composition, Email épais,	L'un qui est l'épais sert aux Orfèvres, Vitriers, & Emailleurs,	Venise,	Mer,
	Email fin,	L'autre à faire une huile qui est l'azur fin, & sert aux Peintres,	Hollande.	idem,
ESPARTS, *Voyez* AUFFES,				
ESPICANARDY. *Voyez* ASPICANARDY,				
ESPINGLES ou EPINGLES. *Voyez* MERCE,				
ESPONGES ou EPONGES,	Matière aride & poreuse, pleine de trous, qu'on trouve attachée aux rochers,	A nétoyer & laver certaines choses,	Archipel, Satalie, Tripoly de Barbarie, Smyrné, Tunis, Cap Nègre & Chypres,	Mer,
	Fines, Moyennes, Petites,			
ESTAFISAIGRE.	Graine,	A la Médecine,	Provence & Languedoc.	Mer & Terre,
ESTAIN ou ETAIN,	Sorte de métal, Fin. Commun,	A étamer les vases de cuivre & faire de la vaisselle,	Angleterre & Salez,	idem.
ESTAMINES ou ETAMINE. *Voyez* DRAPERIE,				
ESTECADES ARABIQUE & CITRIN,	Fleur.	idem,	Provence & Candie.	idem.
ESTIN MARIN,	Animal marin,	idem,	Egypte par Alexandrie.	Mer.
ESTOFFES ou ETOFFES DE SOIE. *Voyez* SOIE,				
ESTOUPE ou ETOUPE DE SOIE. *Voyez* COUCON.				
ESTOUPE ou ETOUPE,	Ce qui sort du chanvre quand on l'habille & qu'on le passe par le serans,	A étouper ou calfater.	Dauphiné & Livourne,	Mer & Terre,
ESTRASSES, *Voyez* VIEUX LINGE.				
ESUSTUM.	Cuivre brûlé,	A la Chimie.	Hollande & Venise.	Mer,
EUPHORBE,	Gomme d'un arbre.	A la Médecine,	Salez,	idem,
EXTORAS,	Gomme d'un arbre, Calamit. Liquide,	Le calamit aux parfums, Le liquide aux parfums & à la Médecine.	Le calamit, Satalie, Chypres & Alexandrette ; le liquide Smyrné & Satalie.	Mer,
EZULA,	Herbe,	A la Médecine.	Provence & Dauphiné,	Terre,

Si elles viennent brutes ou fabriquées.	Quelle quantité par estimation il en vient dans une année.	Quelle est leur valeur à Marseille.	Lieux où s'en fait la consommation.
Confite.	2 à 300 quintaux.	55 à 60 liv. le quintal.	France.
Cela ne se fabrique pas	10 à 12 quintaux.	10 à 11 liv. le quintal.	Angleterre, peu à Marseille.
Sèche.	80 à 100 quintaux.	8 à 10 liv. le quintal.	Hollande & Angleterre.
Brut.	2 à 300 livres pesant.	40 à 50 sols la livre.	France.
idem.	100 à 150 quintaux.	65 à 70 liv. le quintal.	idem.
Cela ne se fabrique pas.	5 à 600 quintaux.	Les fines, 80 à 90 liv. le quintal. Les moyennes, 30 à 40 liv. le quintal. Et les petites, 18 à 20 liv. aussi le quintal.	France, Espagne, Portugal, Piémont, & quelquefois en Hollande & Hambourg.
idem.	25 à 30 quintaux.	20 à 25 liv. le quintal.	Marseille, Angleterre, & Hollande.
Brut : on fait le commun à Marseille, en fondant le fin & y mêlant du plomb.	5 à 600 quintaux.	60 à 65 liv. le quintal, le fin. Et 8 à 9 sols la livre le commun qui ne se vend qu'en vaisselle.	Provence, Languedoc, & autres Provinces de France; on ne souffre pas le transit pour les Pays étrangers.
Cela ne se fabrique pas.	3 à 4 quintaux.	5 à 6 sols la livre pesant.	Angleterre, fort peu à Marseille.
idem.	1500 à 2000 pièces.	7 à 8 l. les cent pièces.	Peu en France, beaucoup en Hollande.
idem.	5 à 600 quintaux, sans la consommation pour le Roi.	6 à 7 liv. le quintal.	Provence.
idem.	5 à 6 quintaux.	20 à 25 sols la livre pesant.	France, & peu en Italie.
idem.	25 à 30 quintaux.	10 à 12 sols la livre pesant.	France, Espagne, Portugal & Italie.
Il ne se fabrique pas.	Du calamit, 70 à 80 quintaux. Du liquide, 3 à 400 quintaux.	Le calamit, 35 à 40 sols la livre. Le liquide 22 à 25 liv. le quintal.	France, Espagne, Portugal & Piémont.
idem.	Il n'en vient presque point.	4 à 5 sols la livre.	Cela n'a presque aucune consommation.

Noms des Marchandises.	Leur qualité.	A quoi elles servent.	Lieux d'où elles viennent à Marseille.	Si c'est par Mer ou par Terre.
FAUVIL. *Voyez* SUMAC.				
FENOUIL GREC. *Voyez* SINEGREC.				
FER.	Métal. *Voyez* CLOUX. *Voyez* FIL DE FER. *Voyez* CANONS.	A divers usages qu'on n'ignore pas.	Suède par Hollande, Bourgogne, Roussillon, Comté de Foix en Languedoc, Dauphiné, Biscaye, & Gènes.	Mer & Rivière.
FER BLANC.	Feuille de fer.	Aux ouvrages de Taillandiers en fer blanc.	Hambourg.	Mer.
FIGUES.	Fruit.	A manger.	Antibes, Fréjus, Cannes, Toulon, la Ciotat; les plus excellentes se recueillent à *Marseille* même.	Mer & Terre.
FIL DE MADRAGUES. *Voyez* AUFES.				
FIL DE LÉTON.	Corps métallique, ou cuivre mêlé avec de la calamine.	A faire des chaînes & ouvrages de fil d'archal, & au Caire en Egypte, sert à des ornemens pour les femmes; & des harnois pour les chevaux.	Hambourg.	Mer.
FIL DE FER.	Fer.	*idem.*	*idem.*	*idem.*
FIL DE BOURGOIN.	Chanvre filé.	A faire des toiles cotonines pour les voiles de navire.	Bourgoin, Cremies, & autres endroits du Dauphiné.	Terre.
FIL.	De Bresse, d'estame fin, & grossier de Selque.	*Voyez* MERCE.		
FILOSELLE ou FLORÉE.	Sorte de grosse soie.	A faire des étoffes, bas & autres ouvrages.	Levant, & il s'en fait à *Marseille* qu'on tire des soies qu'on y travaille.	Mer.

En

Si elles viennent brutes ou fabriquées.	Quelle quantité par estimation il en vient dans une année.	Quelle est leur valeur à Marseille.	Lieux où s'en fait la consommation.
En barres.	De celui de Suède, 8 à 1000 quintaux ; de Bourgogne, 1500 à 2000 quintaux, mais il n'est que pour le Roi ; de Roussillon & Languedoc, 2500 à 3000 quintaux. De Gênes, 4 à 5000 quintaux en rondins & cercles. De Biscaye, quelque peu par occasion ; de Dauphiné, point du tout. Il n'en viendra plus desdits Pays étrangers, à cause de l'imposition qu'on a mise.	Celui de Suède, 7 à 8 livres le quintal ; celui de Bourgogne, comme il ne vient que pour le Roi, on n'en sçait pas le prix ; celui de Roussillon & Languedoc est de deux prix ; sçavoir, celui dit de Lacombe, de 9 liv. 10 sols à 10 liv. le quintal, & l'ordinaire, 8 liv. 15 sols à 9 livres le quintal.	Provence, Malthe, Espagne, Sardaigne & Majorque.
En feuilles.	5 à 600 barils de 450 feuilles chacun.	70 à 72 liv. chaque baril.	Provence, Languedoc, Piémont, Espagne, Barbarie & Levant.
Sèches.	3 à 4000 quintaux.	Les fines, 5 à 6 liv. le quintal ; les communes, 40 à 50 sols le quintal, & celles de Marseille, à 10 & 11 liv. aussi le quintal.	France, Angleterre & Hollande.
Travaillé en fil.	900 à 1000 quintaux.	65 à 75 liv. le quintal.	Peu en Provence, grande quantité au Caire, & peu aux autres échelles du Levant.
idem.	5 à 600 quintaux.	25 à 30 liv. le quintal.	idem.
Fabriqué.	5 à 600 balles d'environ 200 livres pesant l'une.	Le fil bâtard, 25 à 27 l. le quintal, & toutes les autres sortes ; sçavoir, moyen, prin fin, surfin, passé surfin, quatre fois fin, cinq fois fin, en augmentant toujours de 4 liv. par quintal d'une qualité à l'autre, dans l'ordre qu'elles sont ici rangées.	Marseille & ses environs.
Brute.	150 à 200 quintaux.	45 à 60 sols la livre teinte.	Grese ou crue à Lyon, Provence & Languedoc, Naples & Italie ; la teinte à Marseille.

Noms des Marchandises.	Leur qualité.	A quoi elles servent.	Lieux d'où elles viennent à Marseille.	Si c'est par Mer ou par Terre.
FLEUR DE ROMARIN.	Fleur d'une forte de plante.	A diftiller.	Provence.	Terre.
FLEUR DE GIROFFLE.	Voyez GIROFFLE.			
FLEUR D'ASQUINANTI, OU D'ASQUIMAN.	Fleur.	A la Médecine.	Venife.	Mer.
FLEUR D'ASPIC.	Fleur d'une plante.	Aux bains & étuves.	Provence.	Terre.
FOLIUM INDI, ou MARABATRON.	Feuille d'une efpèce de laurier.	A la Médecine.	Indes par Alep.	Mer.
FOURCHES DE FER.	Voy. CLOUX & CLAVISSONS.			
FROMAGE.	Compofé de lait.	A manger.	Petrache, Morée, Chipres, Languedoc, Auvergne, Flandres, Majorque, Milan, Sardaigne, Cailleri, & Candie.	idem.
FUSTAINE ou FUTAINE.	Voyez MERCERIE.			
FUSTET.	Bois.	A la Teinture.	Provence, Alexandrie & Sayde.	Terre & Mer.
GALANGA.	Racine. Fin. Sauvage, dit Acorus, ou gros Galanga.	A la Médecine.	Le fin, Indes Orientales, & quelquefois Alep ; & le fauvage, Dauphiné.	Mer & Terre.
GALBANUM.	Gomme d'un arbre, en larme, fin & commun.	idem.	Smirne & Alep.	Mer.
GALES.	Fruit, efpèce de noix, du Levant, Romaines, Legères, ou de pays.	A la teinture en noir.	Alep, Sayde, Smirne ; les Romaines d'Italie ; & les légères de Provence.	Mer & Terre.
GANDS.	Peau purgée, paffée dans une lavûre & paiffonnée, à laquelle on donne la figure de la main.	L'ufage n'a pas befoin d'explication.	Ils fe font à Marfeille, & il en vient de Provence.	Terre.

Si elles viennent brutes ou fabriquées.	Quelle quantité par estimation il en vient dans une année.	Quelle est leur valeur à Marseille.	Lieux où s'en fait la consommation.
Cela ne se fabrique pas.	2 à 3000 quintaux.	30 sols le quintal.	Angleterre & Hollande.
idem.	3 à 4 quintaux.	Ordinairement 40 à 50 sols la livre, & présentement, 8 à 10 livres la livre.	France & Espagne.
idem.	7 à 800 quintaux.	3 à 4 liv. le quintal.	Hollande, Levant & Barbarie.
idem.	1 à 2 quintaux.	25 à 30 sols la livre.	France, Espagne & Italie.
Cela ne se fabrique pas.	De Morée & Pétrache, 1500 à 2000 quintaux. Chypres, 1000 quintaux. Auvergne & Languedoc, 4 à 500 quintaux. Flandres, 4 à 500 quintaux. Majorque, 2 à 300 quintaux. Milan, 100 quintaux. Sardaigne & Cailleri, 2 à 3000 quintaux. Candie, 4 à 500 quintaux.	Celui de Morée & Pétrache, 9 à 10 l. le quint. Chypres, 12 à 15 l. le quintal. Auvergne, 18 à 20 liv. Flandres, 15 à 16 liv. Majorque, 15 à 16 liv. Milan, 24 à 25 liv. Sardaigne & Cailleri, 11 à 12 liv. Candie, 11 à 12 l. aussi le quintal.	Provence, Languedoc, Rivière de Gênes, & quelquefois à l'armée Vénitienne.
Sans écorce.	4 à 500 quintaux de Provence, & autant d'Alexandrie & Sayde.	3 à 4 liv. le quintal.	France, Angleterre & Hollande.
Cela ne se fabrique pas.	4 à 5 quintaux du fin, & 80 à 100 liv. pesant du sauvage.	15 à 20 sols la livre du fin. 10 à 12 sols la livre du sauvage.	Espagne & peu en France.
idem.	30 à 40 quintaux entre les trois sortes.	En larme 30 à 35 sols la livre. Le fin, 20 à 22 sols, & le commun, 10 à 12 sols aussi la livre.	France & Espagne.
idem.	D'Alep, 3 à 4000 quintaux. De Sayde, 1000 à 1100 quintaux. De Smyrne, 4 à 500 quintaux. D'Italie ou Romaines, 100 à 250 quintaux. Légères ou du pays, 800 à 1000 quintaux.	D'Alep & Smyrne, 36 à 38 liv. le quintal. De Sayde, 34 à 35 liv. le quintal. Romaines, 15 à 16 liv. Légères ou de pays 4 à 5 liv. le quintal.	Marseille, France, Espagne, Barbarie, Salez, Tetouan, & des légères ou de pays, en Angleterre & Hollande.
Ceux de Provence en blanc, & les autres se fabriquent à Marseille.	6 à 8000 douzaines.	Les simples, 5 livres 10 sols à 6 liv. la douzaine; les doubles, 8 à 9, & ceux de Provence en blanc, 3 l. 10 sols à 3 l. 15 sols la douzaine.	Marseille & ses environs, Espagne, Italie, Piémont, Portugal, Malthe, Angleterre, & en Allemagne.

Noms des Marchandises.	Leur qualité.	A quoi elles servent.	Lieux d'où elles viennent à Marseille.	Si c'est par Mer ou par Terre.
GARANCE.	Racine d'une herbe.	Peu à la Médecine, & presque tout à la teinture.	Mildebourg en Hollande.	Mer.
GARBEAU DE GOM-ME ARABIQUE.	Rebut de Gomme Arabique, qui est une humeur visqueuse qui sort de certains arbres	A une mixtion pour des emplâtres.	Alexandrie, Barbarie & Salez.	idem.
GARBEAU DE SENNÉ. Voyez SENNÉ.				
GAUDES.	Herbe, espèce de paille.	A la Teinture.	Languedoc & Catalogne.	idem.
GAYAC.	Bois. Ecorce. Rappe.	Le bois à faire des grosses poulies des arbres de navires; l'Ecorce & Rappe à la Médecine.	Hollande & l'Amérique.	idem.
GINGEMBRE.	Racine.	A épicer.	Isles de l'Amérique & de la Martinique.	idem.
GIROFLE.	Fleur d'une plante. Fust de capeletes. Fleur de girofle, ou capuçon, c est le Garbeau.	idem.	Indes par la Hollande.	idem.
GLU.	Le blanc est composé de grains de Gui avant qu'ils soient mûrs; l'autre se fait d'un fruit appellé Sébeste.	A prendre des oiseaux.	Le noir, Sayde. Le blanc, Provence.	Mer & Terre.
GOMME.	Humeur visqueuse qui sort de certains arbres.	A gommer les étoffes, rubans, chapeaux & autres ouvrages.	} Sayde & Alexandrie.	
	Garbeau de gomme Arabique. V. GARBEAU.			
	Turique. Dragan. }	idem.	Alep, Smyrne & Satalie.	Mer.
	Armoniac,	A la Teinture & Médecine.	Alep & Smyrne.	
	Eleni,	A faire des emplâtres.	} Indes orientales. }	
	Ederic, Laque.	A la Médecine. A faire la Cire d'Espagne & à la teinture.		
	Segapenum. Cèdre.	A la Médecine. Il n'en vient pas.	Perse, par Smyrne & Alep.	
GOUDRON. Voyez POIX.				
GRAINE DE CANARIE. Voyez ESCAYOLLE.				
GRAINE D'ECARLATTE ou VER-MILLON.	Graine.	A la Teinture de l'écarlate.	Provence, Languedoc, Espagne & Chypres.	Mer & Terre.
GRAINE DE PARA-DIS, ou MANI-GUETTE.	Graine.	A épicer, mêlée avec le poivre & le gingembre.	Indes, par la Hollande.	Mer.

Si elles viennent brutes ou fabriquées.	Quelle quantité par estimation il en vient dans une année.	Quelle est leur valeur à Marseille.	Lieux où s'en fait la consommation.
Cela ne se fabrique pas.	6 à 700 quintaux.	24 à 30 liv. le quintal.	Provence & Languedoc.
idem.	2 à 300 quintaux.	9 à 10 liv. le quintal.	France, Espagne, Angleterre, & Hollande.
idem.	3 à 400 quintaux.	4 à 5 liv. le quintal.	Provence, & quelquefois jusqu'à Lyon.
Brut, & quelquefois en écorce & rapé.	6 à 700 quintaux.	Le bois, 10 à 12 livres le quintal. L'autre en écorce ou rapé, 4 à 5 liv.	Le bois en Provence; l'écorce & rapé, France, Espagne & Italie.
Cela ne se fabrique pas.	1000 à 1200 quintaux.	12 à 14 liv. le quintal.	France, Espagne, Levant & Barbarie.
idem.	7 à 800 quintaux. Garbeau, 30 à 40 quintaux.	4 liv. 8 sols à 4 liv. 10 sols la liv. 45 à 50 sols la livre.	idem.
Fabriqués.	40 à 50 quintaux.	60 à 70 liv. le quintal.	Provence & Languedoc.
Cela ne se fabrique pas.	5 à 600 quintaux.	30 à 35 liv. le quintal.	France, Espagne, Portugal, & Piémont.
	8 à 900 quintaux.	23 à 24 liv. le quintal.	Presque tout à Lyon.
	2 à 300 quintaux.	70 à 80 liv. le quintal.	Comme l'Arabique.
	50 à 60 quintaux.	18 à 20 sols la liv. pesant.	Idem. & en Barbarie.
	40 à 50 quintaux.	15 à 16 sols la livre.	France, Espagne, Portugal & Piémont; & en Barbarie, la laque.
	7 à 8 quintaux.	50 à 60 sols la livre.	
	50 à 60 quintaux.	18 à 20 sols la livre.	
	80 à 100 quintaux.	50 à 60 liv. le quintal.	
idem.	150 à 200 quintaux.	Celui d'Espagne, 3 à 4 liv. la livre. Et tous les autres 4 à 5 liv. la livre.	France & Barbarie.
idem.	80 à 100 quintaux.	18 à 20 liv. le quintal.	Provence & Languedoc.

Noms des Marchandises.	Leur qualité.	A quoi elles servent.	Lieux d'où elles viennent à Marseille.	Si c'est par Mer ou par Terre.
GRAINE DE VER A SOIE.	Graine que le ver à soie produit.	A faire des coucons.	Espagne, Portugal & Languedoc.	Mer & Terre.
GRAISSÉ ou SUIF.	Graisse de Bœuf, de Vache & Mouton, fondue.	A donner le suif aux navires, à faire des chandelles, & aux Corroyeurs pour travailler leurs cuirs.	Italie, Portugal & Barbarie, Hollande, Angleterre, & Provence.	idem.
GRENAILLE. Voyez PLOMB.				
GUIPURE. Voyez MERCERIÉ, & encore SOIE, à l'article ETOFFES DE SOIE.				
GUTAGAMBA.	Suc d'une herbe.	A la Médecine, & à la Peinture.	Indes occidentales.	Mer.
HARANGS, ou HARENGS.	Poisson. Sorets, Blancs.	A manger.	Du Ponent; sont apportés par les François, Anglois, Hollandois & Ostendois, qui les pêchent dans leurs mers; les François à celle de Dieppe.	idem.
HARENCADES.	Poisson.	idem.	D'Irlande & Port-Louis en France.	idem.
HERMODATES.	Fruit.	A la Médecine.	Egypte, par Alexandrie.	idem.
HIPOSQUIDITE, ou HYPOCITIDES.	Suc d'une herbe.	idem.	Candie & Languedoc.	Mer & Terre.
HUILE.	Huile d'Olive.	A manger, à faire des savons, draperies, & bonnets.	Provence, Languedoc, Catalogne, Almerie, la Pouille, Calabre, Majorque, Sicile, Rivière de Gènes, Nice, Morée & Candie.	idem.
	D'Aspic; celle qui en est véritablement, se fait de la graine d'Aspic. L'autre se fait du bois qui produit la poix & la résine; on y mêle de la graine d'Aspic.	A la Peinture.	La véritable se fait à Marseille, & l'autre vient de Provence.	Terre.
	Pétrole, vient d'une espèce de source comme l'eau.	A des onctions sur le corps humain.	Languedoc.	Terre & Mer.
	Thérébenthine, liqueur qui sort des jeunes sapins; la fine se tire du mastic qui est la gomme d'un arbre.	A la Médecine.	La fine de Chio, & la commune de Piémont.	Mer & Terre.

Si elles viennent brutes ou fabriquées.	Quelle quantité par estimation il en vient dans une année.	Quelle est leur valeur à Marseille.	Lieux où s'en fait la consommation.
Cela ne se fabrique pas.	2 ou 3 quintaux.	30 à 35 sols l'once pesant.	Provence & Languedoc.
idem.	4 à 5000 quintaux.	15 à 18 liv. le quintal.	Marseille, Toulon & autres ports de Provence.
idem.	7 à 8 quintaux.	30 à 40 sols la livre pesant, & autrefois 15 à 16 liv. la livre.	Marseille, Portugal, Constantinople, peu en Espagne & en France.
Salés.	3500 à 4000 barils de 1050, l'un pesant 3 quintaux & demi-pièce.	Les forets, de 20 à 25 liv. le baril; & les blancs, de 20 à 30 liv. aussi le baril.	France, rivière de Gènes, & peu en Espagne, Archipel & Morée.
idem.	800 à 1000 tonneaux des Françoises, & autant des étrangères, de 1000 à 1500 harencades l'un.	Les Françoises, 30 à 36 liv. le tonneau; les Irlandoises, 45 à 60 liv. le tonneau.	idem.
Cela ne se fabrique pas.	80 à 100 quintaux.	25 à 30 liv. le quintal.	France, Portugal, Espagne, Hollande, Piémont, & Angleterre.
idem.	3 à 4 quintaux.	10 à 12 sols la liv. pesant.	Presque tout en Angleterre & Hollande, peu à Marseille.
idem.	7 à 8000 milleroles.	Celle à manger, 18 à 19 liv. la millerole pesant 140 livres; l'autre 16 à 17 liv. aussi la millerole.	Marseille, France, Isles de Canarie, Tercere & Madère, Hollande, Hambourg & Angleterre.
idem.	De la véritable, 50 à 60 quintaux; de l'autre, 8 à 900 quintaux.	La véritable 60 à 70 liv. le quintal. Et l'autre, 9 à 10 liv. le quintal.	La véritable, France, Hollande, Piémont, Espagne, Italie & Portugal. Et l'autre, idem, & en Angleterre, Constantinople & Smyrne.
	30 à 40 quintaux.	25 à 30 liv. le quintal.	Provence, Espagne, Portugal, Hollande & Piémont.
	De la fine, 15 à 20 quintaux; de la commune, 150 à 200 quintaux.	La fine, 30 à 40 sols la livre; & la commune, 25 à 28 liv. le quintal.	France, Espagne, Portugal, Hollande & Angleterre.

Noms des Marchandises.	Leur qualité.	A quoi elles servent.	Lieux d'où elles viennent à Marseille.	Si c'est par Mer ou par Terre.
HUILE,	Laurier, se fait de la graine de laurier.	A des onctions sur le corps.	Provence.	Terre.
	Lin & Chanvre, se fait de la graine du lin & du chanvre.	A la Peinture.	Sicile & Alexandrie.	Mer.
	Baleine, Fanons & Poissons, se fait de ces sortes de Poissons.	Aux Chamoiseurs.	S. Malo, Dieppe, Bayonne, Bordeaux, & autres ports de Ponent.	idem.
JALAP,	Racine.	A la Médecine.	Indes occidentales.	idem.
JAYET,	Sorte de pierre noire qui a grand rapport avec le bois.	A faire des chapelets & autres ouvrages de Tourneurs,	Provence & Languedoc.	Mer & Terre.
IMAGES. *Voyez* LIVRES.				
INDIENNES. *Voyez* MERCERIE.				
INDIGUE,	Mixtion. Lauris. Gatimale. Serquy.	A la Teinture.	Indes occidentales.	Mer.
IRIOS, ou IRIS de Florence.	Racine.	A la Médecine & aux parfums.	Italie.	idem.
JUJUBES, ou CHICHOURLES.	Fruit.	A la Médecine & pour la ptisanne.	Provence.	Terre.
JUS DE LIMON,	Suc d'un Fruit.	A la teinture.	Rivière de Gênes, Sicile, Espagne & Alexandrie.	Mer.
JUS DE RÉGLISSE.	Suc d'une racine.	A la Médecine.	Espagne.	idem.
LADANUM,	Certaine graisse qui se trouve attachée sur les feuilles d'un arbrisseau appellé *Ledum*.	idem.	Chypres.	idem.
LAINES,	Poil ou toison de brebis.			
	De Smyrne. Fines, Bâtardes, Metelin surges.	Aux Manufactures de draperie, chapeaux, bonnets & autres,	Smyrne,	idem.
	De Constantinople. Laines pelades fines & pelades grosses, & Laines tresquiles surges. Laines tresquiles grosses surges. Laines Issolat, surges.	idem,	Constantinople.	idem.
				idem.

Si elles viennent brutes ou fabriquées.	Quelle quantité par estimation il en vient dans une année.	Quelle est leur valeur à Marseille.	Lieux où s'en fait la consommation.
Cela ne se fabrique pas.	50 à 60 quintaux.	20 à 25 liv. le quintal.	idem.
idem.	80 à 100 quintaux.	18 à 20 liv. le quintal.	France, Espagne, Portugal & Piémont.
idem.	7 à 800 quintaux.	12 à 15 liv. le quintal.	Provence & Languedoc.
idem.	50 à 100 quintaux.	14 à 15 sols la livre pesant.	France, Piémont & Catalogne.
Fabriqué.	150 à 200 quintaux.	25 à 30 sols la livre.	Marseille, Italie, Sicile, Espagne, Portugal & Piémont.
Cela ne se fabrique pas.	Lauris, 150 à 200 quintaux. Gatimale, 4 à 500 quintaux. Serqui, 40 à 50 quintaux.	3 liv. 10 sols à 4 liv. 10 sols la livre. 10 sols par livre moins que la Lauris. 40 à 50 sols la livre pesant.	France, Levant, Piémont & peu en Barbarie.
idem.	150 à 200 quintaux.	18 à 20 liv. le quintal.	France, Espagne, Angleterre, Hollande, Portugal & Piémont.
Sèches.	150 à 200 quintaux.	6 à 7 liv. le quintal.	France, Espagne, Angleterre, Hollande & Portugal.
Cela ne se fabrique pas.	7 à 800 quintaux.	10 à 11 liv. le quintal.	France.
idem.	150 à 200 quintaux.	20 à 25 liv. le quintal.	France & Piémont.
idem.	50 à 60 quintaux.	20 à 30 liv. le quintal.	France, Espagne, Portugal, Hollande, Piémont, peu en Italie.
Surges, c'est-à-dire, brutes.	1800 à 2000 quintaux entre ces trois sortes.	Les fines, 17 à 18 liv. le quintal. Les bâtardes, 13 à 14 livres. Les metelins, 11 à 12 liv. aussi le quintal.	Provence, Languedoc & Piémont.
Les Tresquilles & Issolat surges; les autres lavées.	2 à 3000 quintaux.	Les pelades fines, 22 à 23 liv. le quintal. Les pelades grosses, 14 à 15 livres. Les tresquilles surges, 16 à 17 liv. Les tresquilles grosses surges, 13 à 14 liv. Et les Issolat surges, 25 à 26 liv. aussi le quintal.	idem.

Noms des Marchandises.	Leur qualité.	A quoi elles servent.	Lieux d'où elles viennent à Marseille.	Si c'est par Mer ou par Terre.
LAINES.	Satalie Turquimany. Tripoli de Syrie & Chypres. Alexandrette.	A faire des matelas.	Satalie. Tripoly de Syrie, par Sayde & Chypres. Alexandrette.	Mer.
	Alexandrie d'Egypte.	A la Draperie.	Alexandrie.	idem.
	Tripoli & Tunis, sa Côte & celle d'Alger.	A faire des gros draps, couvertes & matelats.	Barbarie.	
	Morée.	A faire des couvertes & matelas.	Morée.	idem.
	Espagne.	Aux draps, bonnets fins & chapeaux, les laines fines. Albrasin ou Ségovie venant de Maligo, servent aux draps fins de Satte & Clermont, & aux bonnets fins de Tunis. Et les agies surges qui viennent aussi d'Espagne, servent aux Manufact. de chapeaux.	Majorque, Catalogne, Alicant, Almaric, Valence, Carthagène & Maligo.	idem.
	Aignis du Languedoc.	Aux chapeaux.	Du Languedoc.	idem.
	Marseille & Provence.	A la Draperie & Cadisserie.	Marseille & Provence.	Terre.
	De Salez & Tetouan.	Aux Manufactures de draps.	Salez & Tetouan.	Mer.
LAPIS BEZOAR.	Sorte de Pierre qui se forme dans les reins d'un animal.	A la Médecine.	Espagne & Smyrne.	idem.
LAPIS LAZULI.	Minéral.	A la Peinture; on en tire l'outre-mer.	Perse, par Alep & Smyrne.	idem.
LAQUE.	Composition; la fine se fait du vermillon, & la commune de l'écarlate.	A la Peinture.	Venise & Florence.	idem.
LÉGUMES.	Lentilles, Féves, Féverolles, Pois chiches & autres.	A manger.	Provence, Ports de France ou Ponent, Hollande, Angleterre, Sicile, Barbarie, & quelquefois Alexandrie.	Terre & Mer.

Si elles viennent brutes ou fabriquées.	Quelle quantité par estimation il en vient dans une année.	Quelle est leur valeur à Marseille.	Lieux où s'en fait la consommation.
Surges.	350 à 400 quintaux.	14 à 15 liv. le quintal.	idem.
idem.	5 à 600 quintaux.	12 à 13 liv. le quintal.	Idem, même à Lyon, Rouen & autres endroits de France.
idem.	800 à 1000 quintaux.	14 à 15 liv. le quintal.	
idem.	80 à 90 quintaux.	14 à 15 livres.	Provence & Languedoc.
idem.	1500 à 2000 quintaux.	12 à 15 liv.	Idem, & plus avant en France.
idem.	800 à 1000 quintaux.	9 à 10 liv. le quintal.	Provence, Languedoc & Italie.
La plûpart surges.	Ordinairement il en venoit 15 à 16000 quintaux de surges, & 4 à 500 quintaux de pelades; mais présentement il n'en vient pas la sixième partie, parce qu'on les achete en grande quantité à des prix extraordinaires pour la Hollande; autrefois il en venoit des Albrafin 1000 à 1500 quint. & des laines pelades, il en venoit 7 à 800 quintaux.	Autrefois, 20 à 22 l. le quintal, & présentement 28 à 30 liv. Les Albrafin, 70 à 80 liv. le quintal. Les laines pelades valent 5 à 6 liv. le quintal plus que les ordinaires surges d'Espagne.	Provence, Languedoc, Dauphiné, Piémont & Tunis.
	Il n'en vient presque plus.		
	Se consomment dans les mêmes lieux, c'est-à-dire, à Marseille & en Provence.		
Surges, & la 20e partie pelades.	3 à 4000 quintaux ordinairement; il n'en vient que fort peu présentement, & cette plus grande quantité vient de ce que les Saletins & ceux de Sainte-Croix font en guerre.	14 à 15 liv. le quintal les surges, & 17 à 18 liv. le quintal les pelades.	Provence & Languedoc, & plus avant en France.
Cela ne se fabrique pas.	Environ 2 livres de celui du Levant, & 4 à 500 onces de celui d'Espagne.	De Levant, 8 à 10 liv. l'once; & d'Espagne, 30 à 40 sols l'once.	Provence & Piémont.
idem.	25 à 30 quintaux.	Le prix est distingué depuis 5 liv. jusqu'à 20 liv. la liv. pesant, selon le plus ou le moins de pierres dont il est chargé.	France.
idem.	De Venise, 5 à 6 livres pesant de la fine, & 70 à 80 quintaux de la commune; & de Florence, 80 à 100 liv. pesant de la fine.	La fine de Venise, 20 à 30 s. l'once; la commune; 18 à 20 sols la livre; celle de Florence, 7 à 8 liv. la livre pesant.	France, Angleterre & Hollande.
idem.	8 à 9000 quintaux entre toutes les sortes, lesquelles ne viennent pas également des mêmes lieux, mais les unes d'un endroit, & les autres de l'autre.	Lentilles, 6 à 7 liv. le quintal; les féves & féveroles 7 à 8 liv. la charge; les pois, 5 à 6 liv. le quintal, & les pois chiches, 4 à 5 livres le quintal.	Provence.

D d d ij

Noms des Marchandiſes.	Leur qualité.	A quoi elles ſervent.	Lieux d'où elles viennent à Marſeille.	Si c'eſt par Mer ou par Terre.
LETON.	Cuivre mêlé avec de la calamine.	A la fonte pour des chandeliers, vaſes & autres choſes.	Hambourg.	Mer.
LIGNUM ALOES.	Bois.	A la Médecine & aux parfums.	Indes orientales, par la Hollande & Alep.	idem.
LIGNUM BALSAMI.	idem.	A la Médecine.	Indes, il n'en vient pas.	
LIMONS. Voyez ORANGES & CITRONS.				
LIN.	Eſpèce de feuille, ou peau du canon d'une plante. Fieume. Olep. Manouf & Farfette. Noir.	A faire des toiles.	Alexandrie.	idem.
LINGE. Voyez VIEUX LINGE.				
LITARGE D'OR & D'ARGENT.	Compoſée de plomb. Il y en a de deux ſortes; l'une eſt nommée Litarge d'or, parce qu'elle a la couleur de l'or; & l'autre eſt appellée Litarge d'argent, parce qu'elle a la couleur de l'argent.	A la Médecine & à la Peinture.	Hambourg.	idem.
LIVRES & IMAGES.	Impreſſion & Taille-douce.	L'uſage n'a pas beſoin d'explication.	Paris, Lyon & autres endroits de France.	Terre.
LIZARS. Voyez TOILES.				
MACIS.	Fleur & dernière couverture de la noix muſcade.	A la Médecine.	Indes, par la Hollande.	Mer.
MANIGUETTE. Voyez GRAINE DE PARADIS.				
MANNE.	Suc ou liqueur blanche, douce & condenſée par les rayons du ſoleil, qui coule d'elle-même en forme de larmes, des branches, des rameaux, des feuilles même des frênes ordinaires & ſauvages; ou une roſée condenſée & épaiſſie, qu'on ramaſſe en petits grains; ou une liqueur qui tombe en forme de roſée dans le tems des équinoxes, ſur les arbres & ſur les herbes, où elle ſe condenſe en petits grains.	idem.	Sicile, Calabre & Tolphe dans l'Etat du Pape, par Civita Vecchia.	idem.

Si elles viennent brutes ou fabriquées.	Quelle quantité par estimation il en vient dans une année.	Quelle est leur valeur à Marseille.	Lieux où s'en fait la consommation.
En lingots, platines ou rouleaux.	7 à 800 quintaux.	90 à 95 liv. le quintal en rouleaux & lingots; 70 à 75 liv. le quintal en platine.	Provence & Levant, la plûpart au Caire.
Cela ne se fabrique pas.	100 à 150 liv. pesant.	4 à 5 liv. la livre.	Marseille, France & Espagne.
Brut & en rame, & se travaille à Marseille.	Fieume, 6 à 800 quintaux.	17 à 18 liv. le quintal.	Marseille, Provence, Languedoc, & plus avant en France.
Entre & sort en partie de même.	Olep, 1500 à 2000 quintaux.	16 à 17 liv. le quintal.	Provence, & brut en Espagne, Catalogne, Majorque, Sicile & Calabre.
Brut.	Manouf & Farfete, 1800 à 2000 quintaux.	13 à 14 liv. le quintal.	idem.
Brut, on le peigne à Marseille.	Noir, 2 à 300 quintaux.	14 à 15 liv. le quintal.	On l'envoie tout peigné en Provence & Languedoc
Cela ne se fabrique pas.	4 à 500 quintaux.	9 à 10 liv. le quintal.	Provence & Languedoc, jusqu'à Lyon, Espagne & Piémont, & quelquefois en Levant.
En feuilles & fabriqués.	12 à 1500 balles.	3 à 400 liv. la balle, l'une portant l'autre.	Espagne, Portugal, Piémont, Italie, Provence & Languedoc.
Cela ne se fabrique pas.	9 à 10 quintaux.	8 l. la livre pesant.	Provence, Languedoc, & Piémont.
idem.	8 à 900 quintaux entre tous les endroits marqués ci-devant.	La première qualité en larmes, 40 à 50 sols la livre pesant; la seconde, 20 à 25 sols; la troisième, 16 à 18 sols, & la plus commune 12 à 14 sols aussi la livre pesant.	France, Espagne & Portugal.

Noms des Marchandises.	Leur qualité.	A quoi elles servent.	Lieux d'où elles viennent à Marseille.	Si c'est par Mer ou par Terre.
MAROQUIN.	Peaux de moutons & de boucs, corroyées.	A faire des souliers & reliûres.	Provence & Languedoc. Il s'en fait à Marseille même ceux qui viennent de Levant sont appellés Cordoans. Voyez CORDOANS.	Mer & Terre.
MARTRES ZÉBELINES.	Peaux d'animal sauvage.	A faire des fourures.	Voy. PELLETERIE.	
MASCOUADES.	Sucre noir, espèce de moëlle spongieuse qu'on tire de certaines cannes à sucre.	A faire sucre blanc & rafiné, & pour la confiture.	Des isles de l'Amérique, & peu de Lisbonne, à cause du bas prix des autres.	Mer.
MASTIC.	Raisine de Lentisque.	A la Médecine.	Scio, par Smyrne & l'Archipel.	idem.
MAUGARBINE. Voyez TOILE.				
MECOACAN, ou MACADOUSIN.	Racine.	A la Médecine.	Indes occidentales, par Cadix.	Mer.
MECONIUM.	idem.	idem.	Provence.	Terre.
MERCES, ou MERCERIE.	Epingles, dés à coudre, chevelières, cordelles, fil de Bresse, estame, Selque & autres; toute sorte d'ouvrage de fil: cornets, éguilles, Crucifix, figures de Saints, boëtes, jouets d'enfans, tabatières, ventoirs, galon de fil, canetille, petite miroiterie, auripeau, fil & lame de léton, éguillettes, écritoires, chapeleteries. Claude, & d'autres sortes; petits ouvrages d'Allemagne; peignes de corne; bas de laine & de coton pour homme & pour femme; futaines & autres choses entrant dans la signification de merce ou mercerie, excepté pourtant les toiles dont il sera fait un article exprès sous le titre de Toile; excepté aussi les étoffes de soie rapportées au titre Soie; la Rubanterie, voy. RUBANS; les Passemens, voy. PASSEMENS.	Chaque chose donne assez à connoître à quoi elle sert.	Paris, Rouen, Dieppe, Flandres, Thiers en Auvergne, Genève, Hollande, Italie, Angleterre, Allemagne par Hambourg. Il en vient d'Allemagne environ le tiers. Toutes les choses de l'article ne viennent pas également des mêmes lieux, mais seulement de chaque lieu quelque sorte de marchandise de l'article. Il se fait à Marseille sur les galères du Roi & dans la Ville, une quantité de bas de coton qui consomme 4 à 500 quintaux de coton.	Terre, Mer, & Rivière.

Si elles viennent brutes ou fabriquées.	Quelle quantité par estimation il en vient dans une année.	Quelle est leur valeur à Marseille.	Lieux où s'en fait la consommation.
Corroyées, il s'en corroie auffi.	2500 à 3000 quintaux.	9 à 10 fols la liv. pefant.	*Marseille*, Piemont, Italie, Sicile & Malthe.
Brutes.	De l'Amérique, 10 à 12000 quintaux. De Lifbonne, 800 à 1000 quintaux.	8 à 9 liv. le quintal de l'Amérique. 12 à 13 liv. le quintal de Lifbonne.	A la rafinerie de *Marseille*, Provence, Languedoc, Conftantinople, Venife & Italie.
Cela ne fe fabrique pas.	70 à 80 quintaux.	27 à 28 fols la livre pefant.	*France*, Efpagne, Portugal, Piémont & Barbarie.
Cela ne fe fabrique pas.	80 à 100 quintaux.	16 à 18 fols la livre pefant.	*France* & Piémont.
idem.	30 à 40 liv. pefant,	4 à 5 fols la liv. pefant,	*Marseille*, Efpagne & Italie.
Fabriquées.	3 à 4000 balles de 2 à 3 quintaux l'une, y ayant plus de 500 balles de chapelets S. Claude.	200 liv. la balle, l'une portant l'autre, les toiles n'y étant point comprifes.	*Marseille*, Nice, Italie, Efpagne, Portugal, & toutes les Echelles du Levant, peu en Barbarie.

Noms des Marchandises.	Leur qualité.	A quoi elles servent.	Lieux d'où elles viennent à Marseille.	Si c'est par Mer ou par Terre.
MERTILLE.	Graine de mirthe.	A la Médecine.	Provence.	Terre.
MIEL.	Ouvrage d'abeilles, qui est une liqueur jaune, blanche, & douce.	A manger.	idem.	idem.
MILLET.	Sorte de petite graine.	A nourrir les oiseaux.	Languedoc & Provence.	Terre & Mer.
MINY. Voyez AZERCOR.				
MIROBOLANS,	Fruit ; certaines espèces. Embis. Citrins. Kebus. Belerins. Indes & autres.	A la Médecine.	Indes orientales ; sçavoir, les Citrins, Kebus & Indies, par Alexandrie, les Embis & Belerins par Hollande.	Mer.
MIRRHE.	Gomme odorante d'un arbre.	idem.	Arabie Heureuse, par Egypte, Hollande & Angleterre.	idem.
MOLUES.	Poisson de l'Océan. Molue ou Merluche sèches Françoises.	A manger.	Mers de Terre-neuve, qu'on appelle du Petit Nord ; côte de Canada, dite Chapeau Rouge ; isles Percées, Fougues.	idem.
	Molue verte. Molue Angloise.	idem. idem.	idem. Avant l'imposition qu'on vient d'y mettre les Anglois en apportoient d'Irlande ; il n'en viendra plus.	idem. idem.
MOMIE.	Corps embaumé ; sorte de composition de cire & d'amomum, dont on se sert pour conserver les cadavres des personnes mortes.	A la Médecine.	Egypte par Alexandrie.	idem.
MONCAYATS CHANGEARS OU ONDÉS.	Etoffe de fil de chèvre.	A des vêtemens.	Smyrne & Constantinople.	idem.
MUSC.	Sang grossier qui sort à moitié corrompu d'un animal des Indes, au moyen d'une enflure qui crève.	A la Médecine & aux Parfums.	Indes, par Smyrne, Alep & Alexandrie, & par la Hollande.	idem.
MUSCADES.	Noix, fruit d'un arbre des Indes.	A épicer.	Indes, par la Hollande.	idem.

N ATRON. Voyez le Dictionnaire du Commerce.

Cela

Si elles viennent brutes ou fabriquées.	Quelle quantité par estimation il en vient dans une année.	Quelle est leur valeur à Marseille.	Lieux où s'en fait la consommation.
Cela ne se fabrique pas.	15 à 20 quintaux.	6 à 7 liv. le quintal.	Hollande, Angleterre, peu à *Marseille.*
idem.	2 à 3000 quintaux.	8 à 9 liv. le quintal.	*Marseille*, Italie, Hollande, Angleterre, peu en Levant.
idem.	1500 à 2000 quintaux.	50 à 60 sols le quintal.	*Marseille* & ses environs.
Partie bruts, & partie confits.	Des Citrins, Kebus & Indies, 60 à 70 quintaux non confits; des Embis & Belerins, 15 à 20 quintaux non confits; un à deux quintaux des uns, & autant des autres confits.	Les Citrins, 5 à 6 sols la livre; les Kebus, 12 à 14 sols la livre; les Indies, 2 à 3 sols; les Embis & Belerins, 8 à 10 sols aussi la livre pesant.	*France*, Espagne, Italie; les Citrins sont de plus grande consommation.
Cela ne se fabrique pas	100 à 150 quintaux.	70 à 80 liv. le quintal.	*France* & Piémont.
Salées & sèches.	11 à 12000 quintaux.	8 à 9 l. le quintal; celle du Petit Nord est la plus estimée en Provence, sans être de plus haut prix, & les autres le sont davantage en Languedoc, Roussillon & Ponent.	Provence, Languedoc, Vivarais, Lyonnois, Savoie, Roussillon, Catalogne, Italie, Naples & Sicile.
Salée.	4 à 500 quintaux.	4 à 5 liv. le quintal.	*idem.*
Salée & sèche.	18 à 20000 quintaux. il n'en viendra plus, à cause de la nouvelle imposition.	8 à 9 livres le quintal. Elles étoient plus estimées que les Françoises en Italie & en *France*, à cause qu'elles se conservent mieux.	*idem.*
Cela ne se fabrique pas.	80 à 100 quintaux; autrefois il en venoit 4 à 5000 quintaux.	20 à 25 liv. le quintal.	*France*, Hollande & Piémont.
Fabriqués.	40 à 50 balles de 40 pièces l'une, & de 10 cannes pièce.	11 à 13 liv. pièce.	La plûpart en Espagne, & peu en Provence & Languedoc.
En vessie & hors de vessie.	7 à 800 onces.	Celui qu'on tire par le Levant & qui est plus estimé, vaut 10 à 12 liv. l'once pesant, & l'autre 8 à 10 liv. le tout en vessie, & celui hors de vessie vaut le double.	*France*, peu en Italie & Malthe.
Cela ne se fabrique pas.	2 à 300 quintaux.	3 à 3 liv. 10 sols la liv.	Provence, Languedoc, toutes les Echelles du Levant & Barbarie.

Noms des Marchandises.	Leur qualité.	A quoi elles servent.	Lieux d'où elles viennent à Marseille.	Si c'est par Mer ou par Terre.
NOISETTE. *Voyez* AVELANES.				
NUX VOMICA.	Fruit d'un arbre.	A la Médecine, & de poison aux rats.	Egypte, par Alexandrie.	Mer.
OCRE. *Voyez* le Dictionnaire de Commerce.				
OLIVES.	Fruit d'un arbre.	A manger.	*Marseille,* Provence; point d'Espagne, si ce n'est quelque petit présent, non plus de Gênes & du Languedoc.	Mer & Terre.
OPIUM.	Jus d'une espèce de Pavot.	A la Médecine; les Turcs en usent beaucoup pour s'assoupir & faire leurs prières.	Smyrne, Alep, Satalie.	Mer.
OPOPONAX.	Gomme d'un arbre.	A la Médecine.	Indes orientales, par Alep, Smyrne & Hollande.	*idem.*
OR & ARGENT TRAIT ET FILÉ. *Voyez* DENTELLE OR ET ARGENT.				
ORANGES & CITRONS.	Fruit.	A manger.	Provence, Nice & Rivière de Gênes.	*idem.*
ORPIMENT.	Minéral.	Le commun, à faire fondre le plomb pour la grenaille, & le fin à accommoder les cuirs; on le broie pour la peinture, & pour faire les peignes de bois à façon de buis.	Venise.	*idem.*
ORSEILLE.	Composition de la mousse des rochers avec de la chaux & de l'urine.	A la Teinture.	Auvergne.	Terre & Rivière.
OS DE CORNE DE CERF.	Bois.	A la Médecine.	Italie.	Mer.
OUVRAGES DE SOIE. *Voyez* SOIE.				
PANCE, ou RAISINS SECS.	Fruit.	A manger.	Damas, par Sayde, Belveder en Calabre, Alicant, isles de Lipary, Toulon, Roquevaire, Aubagne, Auriol & autres endroits de Provence.	Mer & Terre.

Si elles viennent brutes ou fabriquées.	Quelle quantité par estimation il en vient dans une année.	Quelle est leur valeur à Marseille.	Lieux où s'en fait la consommation.
Cela ne se fabrique pas.	40 à 50 quintaux.	24 à 25 liv. le quintal.	France & Hollande.
Salées à la Pesciolini.	Il s'en fait à Marseille & en Provence 80 à 100000 barils gros ou petits ; les petits pesant l'un 15 à 16 livres, & les gros un quintal.	Les petits barils, 15 à 16 sols pièce ; les gros 5 à 6 liv. pièce.	France, Hollande, Angleterre, Allemagne, Piémont, Italie, Levant & Barbarie.
Cela ne se fabrique pas.	20 à 30 quintaux pour l'ordinaire, mais présentement il n'en vient pas, & s'il s'en trouvoit à Marseille, on en envoyeroit au Levant.	Ordinairement il ne vaut que 3 à 4 liv. la livre pesant, mais comme il n'en vient pas à présent, il vaut 15 à 16 liv. la livre pesant.	France, Espagne, Portugal, Piémont, Barbarie, Salez & Tétouan.
idem.	3 à 4 quintaux.	Pour l'ordinaire, 35 à 40 sols la livre pesant, & présentement 7 à 8 liv. la livre aussi pesant.	France, Espagne, Italie & Portugal.
idem.	800 à 1000 caisses, citrons ou oranges, de 400 chacune ; & 2 ou 300 bateaux oranges bigarrats.	7 à 8 livres la caisse des citrons, & quant aux oranges bigarrats, les uns 18 à 20 sols le cent, & les communs 12 à 14 sols le cent.	Marseille, Havre de Grâce & autres endroits de France, & en Hollande.
Broyé.	Du fin, 30 à 40 quintaux. Du commun, 100 à 150 quintaux.	Le fin, 30 à 35 liv. le quintal. Le commun, 10 à 12 livres le quintal. Le broyé, 14 à 15 sols la livre pesant.	France, Espagne, Piémont, Portugal & Levant.
Fabriquée.	30 à 40 quintaux.	15 à 16 liv. le quintal.	Provence & Languedoc.
Brut.	20 à 30 quintaux.	25 à 30 liv. le quintal.	France, Espagne, & Portugal.
Cela ne se fabrique pas.	De Damas, 3 à 4000 quintaux. De Belveder, 2 à 3000 quintaux. D'Alicant, 4 à 500 quintaux. De Lipary, 5 à 600 quintaux.	De Damas, 25 à 30 liv. le quintal. De Belveder, 8 à 10 liv. le quintal. D'Alicant, 6 à 7 liv. le quintal. De Lipary, autant.	France, Hollande & Angleterre, Marseille, Provence, Languedoc, & plus avant en France.

Noms des Marchandifes.	Leur qualité.	A quoi elles fervent.	Lieux d'où elles viennent à Marseille.	Si c'eft par Mer ou par Terre.
PANCE, ou RAISINS SECS.	Raifins fecs de Corinthe.	A manger.	Satalie, Zantes, Petrache en Morée.	Mer.
PAPIER.	Compofition faite de vieux linge; il s'en fait de plufieurs fortes.	A écrire, au pliage de la marchandife, & à faire des chaffis.	Provence, Dauphiné & Languedoc. Il s'en fait auffi au terroir de Marfeille. Il en vient de Gènes, mais feulement de la première forte.	Mer & Terre.
PARCHEMIN.	Peau de mouton raturée.	A écrire, à faire des éventails, à couvrir des livres, & à faire des cartouches à poudrer.	Languedoc, Vivarais, Lyon & Dauphiné.	Terre, Mer, & Rivière.
PASSEMENS. Voyez MERCERIE & SOIE, en l'article ÉTOFFES DE SOIE.				
PASTEL.	Sorte de plante.	A la Teinture.	Languedoc.	Mer.
PEAUX DE SENTEUR & PELLETERIE.	Peaux de moutons, agneaux, boucs, chevreaux, fouines, martres, renards, tigres, loutres, petits-gris, cerfs, biches, chameaux, chicalys & autres animaux.	A faire des gands, manchons & fourures.	Provence, Ponent, Efpagne, Barbarie. Il s'en fait à Marfeille de mouton & chevreau; quant aux peaux de fenteur, il n'en vient plus.	Mer & Terre.
PEIGNES.	De bois & de buis, de cornes. Voyez MERCE.	A peigner les cheveux.	Dauphiné, Languedoc, Oyonas, en delà de Lyon, & il s'en fait quantité à Marfeille.	idem.

Si elles viennent brutes ou fabriquées.	Quelle quantité par estimation il en vient dans une année.	Quelle est leur valeur à Marseille.	Lieux où s'en fait la consommation.
Cela ne se fabrique pas.	Et de Toulon & autres lieux de Provence 2500 à 3000 quintaux, sans parler de ceux qui desdits lieux, vont en droiture à Lyon.	Provence, 6 à 7 liv. le quintal.	France, Hollande & Angleterre, Marseille, Provence, Languedoc, & plus avant en France.
idem.	1500 à 2000 quintaux.	14 à 15 liv. le quintal.	idem.
Fabriqué.	5 à 6000 ballons, les uns de 24 rames, & les autres de 14 rames le ballon; il en vient moins de la première sorte que des autres.	Première qualité pour écrire, 40 à 50 liv. le ballon de 24 rames. Seconde qualité, 30 à 34 liv. En Levant on s'en sert pour écrire & pour le pliage, partie de 24 rames, & partie de 14, pesant néanmoins autant ceux de 14 que ceux de 24. Troisième sorte fort mince, de 22 à 24 liv. le ballon de 24 rames, pour le pliage seulement.	Première sorte à Marseille, Levant, Barbarie, Espagne & Portugal. Seconde & troisième sortes, la plûpart en Levant, & le reste en Barbarie, Espagne & Portugal.
idem.	80 à 100 balles d'environ 3 quintaux l'une.	28 à 30 liv. la grosse des grands composée de 12 douzaines, & les deux grosses des moyens pour une grosse des grands.	Marseille, Italie, Espagne, Portugal, peu en Levant.
Cela ne se fabrique pas.	2 à 300 quintaux.	7 à 8 liv. le quintal.	Provence, Piémont & Portugal.
En poil & fabriquées.	80 à 90000 peaux, compris celles des articles passées sous les noms de maroquins & bazanes.	La peau de renard, 35 à 45 sols pièce; chevreau, 11 à 12 sols; agneau, 24 à 25 liv. le cent; les petits-gris, 35 à 40 liv. le cent; l'outre, 9 à 10 liv. pièce; tigre, 18 à 26 liv. pièce; fouines, martres, 28 à 30 sols pièce; chamois, mouton commun, 11 à 12 l. la douzaine; les moutons ramayes, 20 à 21 l. la douzaine; les boucs, 70 à 75 l. la douzaine; cerfs, 4 à 5 l. pièce; biches, 30 à 35 sols pièce, le tout habillées.	Provence, Piémont, Italie, Espagne, Levant & Portugal.
Fabriqués.	De buis, presque point, & 4 à 5 caisses seulement. De bois blanc, 7 à 800 caisses de 2000 peignes chacune, & quelquefois ce sont des tonneaux de quatre caisses l'un.	D'une sorte, 25 à 30 sols le cent; autre sorte de 3 l. la grosse de douze douzaines. Autres, de 3, 4, 5 liv. la grosse; selon leur grandeur. Autres de delà Lyon, plus chères de 20 à 30 sols la grosse.	Barbarie. Espagne.

Noms des Marchandises.	Leur qualité.	A quoi elles fervent.	Lieux d'où elles viennent à Marfeille.	Si c'eft par Mer ou par Terre.
PELLES DE FER. *Voyez* CLOUS & CLAVEZON.				
PERRUQUES.	Cheveux.	L'ufage n'a pas befoin d'explication.	Provence, Dauphiné & Auvergne.	Terre.
PIERRE D'AIMAN.	Pierre qui attire le fer, & lui communique fes propriétés.	A la Médecine & pour les boufloles.	Lampedoufe & Porte de Ferrare.	Mer.
PIERRE PONCE.	Sorte de pierre fort légère qui fe trouve au rivage de la mer dans l'Archipelague, Morée & Barbarie.	Pour poncer.	Archipelague, Morée & Barbarie.	idem.
PIGNONS.	Noyau de pomme de pin.	A manger.	Catalogne.	idem.
	Indy.	A la Médecine.	Indes orientales, par Alep.	
PIRETTES.	Racine.	A la Médecine & à la Teinture.	Tunis.	idem.
PISTACHES.	Fruit.	A manger.	Alep.	idem.
PLOMB.	Sorte de métal.	Aux Plombiers, Vitriers, & Potiers d'étain dans leurs ouvrages. Il y a à *Marfeille* plufieurs manufactures de grenaille à la chaffe aux oifeaux, & pour des balles à moufquets.	Angleterre la plus grande quantité, & le refte d'Hambourg; point du Dauphiné, à caufe que les mines y en font fort petites, & que celui des Etrangers eft à beaucoup meilleur marché.	idem.
PLUMES.	Sortes de plumes de beaux oifeaux étrangers. Première forte de Tripoly de Barbarie. Tunis, Alger & Salez. Seconde forte defdites. Troifième forte defdites. Femelles claires, idem obfcures, Aigrettes grandes, Aigrettes petites, Bouts de queues, Bayoques, Noir grand, Noires.	A parer les chapeaux des gens d'épée, les bonnets des enfans, & le haut des colonnes des lits.	Alexandrie, Sayde & Barbarie.	idem.

Si elles viennent brutes ou fabriquées.	Quelle quantité par estimation il en vient dans une année.	Quelle est leur valeur à Marseille.	Lieux où s'en fait la consommation.
En cheveux, & se fabriquent à *Marseille*.	10 à 12000 perruques.	Depuis 10 liv. jusqu'à 40 liv. Il y en a quelques-unes de plus bas, & de plus haut prix.	*Marseille* & ses environs, Espagne, Italie, & Portugal.
Brute.	20 à 25 quintaux.	8 à 9 sols la livre celle de la Lampedouse, & 20 à 25 liv. le quintal, l'autre qui n'est pas si bonne.	*France*, Espagne, Portugal & Piémont.
Cela ne se fabrique pas.	22 à 1500 quintaux.	Les grandes, 6 à 7 liv. le quintal ; & les petites, 4 à 5 liv. le quintal.	Provence, Languedoc, & autres endroits de *France*.
Net.	1500 à 2000 quintaux des premiers, & 25 à 30 quintaux des Indys.	14 à 15 liv. le quintal des premiers, & 20 à 25 sols la livre pesant des Indys.	*France*, Italie, Sicile, Calabre, Hollande, & Angleterre les premiers ; & les Indys, *France*, Espagne, Portugal & Piémont.
Cela ne se fabrique pas.	30 à 40 quintaux.	16 à 18 liv. le quintal.	Peu en *France*, la plûpart en Angleterre ; quelque peu en Hollande & Piémont.
Comme on le prend sur l'arbre.	150 à 200 quintaux.	35 à 40 liv. le quintal.	*France*, Espagne, Piémont, Angleterre & Hollande.
En saumon.	18 à 20000 quintaux, sçavoir, 5 à 6000 quintaux d'Hambourg, & le reste d'Angleterre.	7 liv. 10 sols à 8 liv. le quintal brut celui d'Angleterre. L'autre d'Hambourg 10 sols moins, & 9 à 10 liv. le quintal travaillé.	La plûpart en grenaille, en Provence, Nice, Piémont, rivière de Gènes, Côte d'Espagne jusques à Carthagène, Catalogne, Majorque, Sicile ; peu en Italie en saumon.
Brutes.	Entre toutes les sortes, pour environ 30 à 40000 livres.	Barbarie, première sorte, 65 à 75 liv. les cent plumes. Seconde sorte, 20 à 30 liv. le cent. Troisième sorte, 5, 6 & 7 liv. le cent. Femelles claires, 14 à 16 liv. le cent. Femelles obscures, 7 à 9 liv. le cent. Aigrettes grandes, 18 à 22 liv. le millier. Et les petites, 5 à 7 liv. le millier. Bouts de queues, 45 à 55 sols le cent. Bayoques, noir grand, & noires, 5 à 7 l. le cent.	En *France*, brutes & travaillées ; & en Espagne, travaillées.

Noms des Marchandises.	Leur qualité.	A quoi elles servent.	Lieux d'où elles viennent à Marseille.	Si c'est par Mer ou par Terre.
PLUMES.	D'Alexandrie. Premières, Secondes, Tierces, Femelles claires, Femelles obfcures, Bout de queues, Bayoques. Noir grand, Noires,			
	De Sayde, Premières, Secondes, Tierces, Femelles claires, Femelles obfcures, Bayoques, Bouts de queues. Noir, grand & petit.			
POIL DE CHAMEAU, ou LAINE DE CHE-VRON.	Toifon ou Laine de chameau.	A faire des cha-peaux.	Smyrne, Satalie & Alep.	Mer,
POIL DE CHÈVRE.	Toifon ou Laine de chèvre.	A faire des came-lots, moires, raz & autres pareilles étof-fes.	Smyrne, Alep & Angora.	idem,
POIVRE.	Sorte d'aromate ; vient dans des gouffes fur un arbre des indes appellé Poivrier.	A épicer.	Indes orientales, autrefois par Alexan-drie d'Egypte, & pré-fentement par la Hol-lande & l'Angleterre,	idem,

Si elles viennent brutes ou fabriquées.	Quelle quantité par estimation il en vient dans une année.	Quelle est leur valeur à Marseille.	Lieux où s'en fait la consommation.
Brutes.		D'Alexandrie, les premières 65 à 75 liv. les cent Plumes.	
		Secondes, 25 à 35 liv. le cent.	
		Tierces, 7 à 9 liv. le cent.	
		Femelles claires, 18 à 22 liv. le cent.	
		Femelles obscures, 6 à 9 liv. le cent.	
		Bouts de queues, 40 à 45 sols le cent.	
		Bayoques, noir grand, & noires, 5 à 7 liv. le cent.	
		De Sayde, les premières, 45 à 55 liv. les cent Plumes.	
		Les secondes, 14 à 16 liv. le cent.	
		Les tierces, 4 à 6 liv. le cent.	
		Femelles claires, 18 à 22 liv. le cent.	
		Femelles obscures, 5 à 7 liv. le cent.	
		Bayoques, 3 l. 10 sols à 4 l. 10 sols le cent.	
		Bouts de queues, 35 à 45 sols le cent.	
		Noir grand & petit, 5 à 7 liv. le cent.	
Brut.	15 à 1600 quintaux.	Première sorte, de 110 à 120 liv. le quintal.	France, Piémont & Hollande.
		La seconde, de 90 à 100 liv. le quintal.	
		La troisième, de 60 à 70 liv. le quintal.	
idem.	100 à 150 quintaux.	Celui de Smyrne, 45 à 50 sols la livre.	France, & principalement aux Pays conquis, & quelquefois en Hollande.
		D'Alep, 35 à 45 sols la livre.	
		Et d'Angora, 3 liv. à 3 liv. 5 sols la livre.	
Cela ne se fabrique pas.	6 à 7000 quintaux.	55 à 65 liv. le quintal.	France, Italie, Espagne, Levant, Barbarie & Piémont.

Noms des Marchandises.	Leur qualité.	A quoi elles servent.	Lieux d'où elles viennent à Marseille.	Si c'est par Mer ou par Terre.
POIX.	Suc gras qui coule d'un arbre. Poix de pays, résine noire, blanche & d'élégade. Bray, Goudron ou Guitran; composé, noir, fait d'herbes & de poix-résine.	A frotter les bâtimens de mer, en boucher les jointures; à goudronner les cables, & à plusieurs autres choses.	Provence & Hollande.	Mer.
POLIPODY.	Racine.	A la Médecine.	Provence & Languedoc.	Mer & Terre,
PRUNEAUX.	Fruit. Brignoles. Noirs & communs.	A manger, & les noirs à la Médecine.	Provence, & les noirs du Languedoc.	idem.
QUINCAILLE, ou QUINCAILLERIE.	Ouvrages de ferrerie ou d'acier. Eguilles, couteaux, ciseaux & autres pareilles choses. Fine, tout ce qui est limé. Et grosse, tout ce qui se fait à la forge, comme étriers, étrilles, fiches françoises, fiches, gonds, & autres pareilles choses.	A plusieurs usages.	Les fines de Thiers, & les grosses de Saint Etienne en Forez, fort rarement d'Angleterre.	Terre, Mer & Rivière.
QUINQUINA.	Ecorce d'un arbre.	A la Médecine.	Indes occidentales, par Cadix.	Mer.
RAISINS SECS. Voyez PANCE.				
RAPONTIQUE.	Racine de la couleur de la rhubarbe.	A la Médecine.	Perse, par Smyrne & Alep, & dans les montagnes du Bourg S. Esprit en France.	Mer & Terre,
REAGAL.	Minéral.	A la Médecine, à la Teinture & à empoisonner.	Hambourg.	Mer.
RECOURT.	Suc d'une herbe.	A la Peinture, & Teinture des toiles.	Isles de l'Amérique.	idem.
RÉGLISSE.	Racine.	A la Médecine.	Espagne.	idem.
RIS.	Espèce de froment ou de légume qui est produit par une plante.	A manger.	Rosset & Diamette en Egypte par Alexandrie; la plus grande quantité vient par l'Archipel où le portent les Corsaires de Malthe qui l'ont pris sur les Turcs. Il vient aussi de toutes les Echelles de Levant, lorsqu'on y rencontre des Bâtimens Turcs qu'on appelle Saiques, qui l'y portent d'Alexandrie. Il en vient aussi du Piémont par Gênes, Final & Nice, & de Barbarie & Sicile.	idem.

Si elles viennent brutes ou fabriquées.	Quelle quantité par estimation il en vient dans une année.	Quelle est leur valeur à Marseille.	Lieux où s'en fait la consommation.
Fabriquée.	Poix de Provence ou de pays : entre toutes les sortes, 6 à 7000 quintaux ; & de Hollande, 1000 à 1200 quintaux. Bray ou Guitran, ou Goudron de Provence, 1000 à 1200 quintaux ; d'Hollande, 1500 à 2000 barils de 3 quintaux l'un.	Poix de Provence, 3 liv. à 3 liv. 5 sols le quintal. Celle de Hollande, 4 liv. 10 sols à 5 liv. le quintal. Bray, Guitran ou Goudron de Provence, 3 liv. à 3 liv. 10 sols le quintal. Et de Hollande, 12 à 14 liv. le baril de 3 quintaux.	Provence, quantité pour le Roi, & le reste en Italie, Naples & Espagne, Portugal & isles de la Madère, & quelquefois l'Archipel.
Cela ne se fabrique pas.	30 à 40 quintaux.	15 à 20 liv. le quintal.	Espagne, Provence & Lyon.
idem.	Des blancs, 2 à 3000 quintaux. Des noirs, 100 à 150 quintaux.	12 à 13 liv. le quintal les blancs, & 5 à 6 liv. le quintal les noirs.	Les blancs, France, Angleterre, Hollande, Espagne, Portugal, peu en Levant & en Barbarie ; & les noirs en Provence.
Fabriquée.	1000 à 1200 balles, fine ou grosse, de 2 quintaux l'une de Thiers & Forêt, & 2 ou 3 tonneaux seulement d'Angleterre.	La fine, 200 liv. la balle ; & la grosse, la moitié.	Levant, Italie, Espagne, Portugal, peu en Barbarie.
Cela ne se fabrique pas.	150 à 200 quintaux.	30 à 40 sols la livre.	France, Angleterre, Hollande, Piémont & Italie.
idem.	3 à 4 quintaux.	30 à 40 sols la livre.	France, Espagne & Portugal.
idem.	100 à 150 quintaux.	12 à 14 liv. le quintal.	France & Levant.
idem.	70 à 80 quintaux.	18 à 26 sols la livre.	Provence, Languedoc, Italie, & quelquefois plus avant dans la France.
idem.	4 à 500 quintaux.	3 à 4 liv. le quintal.	France & Piémont.
idem.	10 à 12000 quintaux du Levant, & 800 à 1000 quintaux de celui de Barbarie ou Sicile ; & 7 à 8000 quintaux de celui du Piémont.	Celui du Levant, 6 à 8 liv. le quintal, & l'autre environ 10 sols moins par quintal.	France, Espagne & Portugal.

Noms des Marchandises.	Leur qualité.	A quoi elles servent.	Lieux d'où elles viennent à Marseille.	Si c'est par Mer ou par Terre.
RHUBARBE.	Sorte de racine.	A la Médecine.	Perse, par Smyrne & Alexandrette.	Mer.
ROCAILLE.	Grains de verre.	A faire des chapelets, colliers & braselets de femme.	Rouen.	Mer & Terre.
ROCHE DE BORAX. *Voy.* BORAX.				
ROSES DE PROVINS.	Fleurs rouges qu'on appelle *Roses fines.*	A la Médecine.	Provence & Languedoc.	*idem.*
ROSETTES DE CUIVRE. *Voyez* CUIVRE.				
RUBANTERIE.	Ruban tissu de soie uni ou figuré, étroit ou large.	Pour ligature d'embellissement ou de nécessité.	Lyonnois, S. Chaumont & S. Etienne en Forez, & Avignon. Il s'en fait aussi à *Marseille.*	Terre.
RUBEA MAJOR.	Racine.	A la Médecine.	Provence & Catalogne.	Mer & Terre.
RUSQUES.	Ecorce de racine d'un arbre.	A tanner les cuirs.	Languedoc, Roussillon, & fort peu de Provence.	*idem.*
SAFFRAN.	Trois ou quatre filets qui viennent dans chaque fleur de saffran qui est une plante bulbeuse.	A la Médecine & dans les viandes.	Provence, & la plûpart du Comtat d'Avignon.	Terre.
SAFFRANON.	C'est du Saffran sauvage produit par une plante qui fait une gousse pleine de filets, & qui fait une graine que les perroquets mangent.	A la Teinture.	Egypte par le Caire & Alexandrie.	Mer.
SALICOT.	Cendre d'une herbe.	A faire le Savon & le Verre.	Languedoc.	*idem.*
SALPÊTRE.	Sorte de minéral qui se trouve dans les cavernes, caves & autres endroits. Il y en a de quatre qualités; sçavoir, d'une première cuite, jusqu'à la quatrième, le nitre compris.	Principal ingrédient dans la composition de la poudre à canon, & le rafiné à la Médecine.	Provence, Languedoc, Hollande & autres endroits de *France.*	Mer & Terre.

Si elles viennent brutes ou fabriquées.	Quelle quantité par estimation il en vient dans une année.	Quelle est leur valeur à Marseille.	Lieux où s'en fait la consommation.
Cela ne se fabrique pas.	100 à 150 quintaux.	5 à 6 liv. la livre.	France, Piémont, Espagne & Portugal.
Fabriqué.	4 à 500 quintaux.	28 à 30 liv. le quintal.	Barbarie, & toutes les Echelles du Levant, peu en Provence, Espagne & Italie.
Cela ne se fabrique pas.	7 à 8 quintaux.	20 à 25 sols la livre.	Hollande, peu à Marseille, & en Espagne & Portugal.
Fabriqué.	Voyez SOIE, à l'article ÉTOFFES DE SOIE.		
Cela ne se fabrique pas.	40 à 50 liv. pesant.	7 à 8 sols la livre pesant.	Presque nulle consommation, & seulement par les Apothicaires de Marseille.
idem.	25 à 30000 quintaux.	30 à 35 sols le quintal.	Provence.
idem.	80 à 100 quintaux.	15 à 20 liv. la livre pesant, & dans les abondantes récoltes, 8 à 9 liv. la livre.	Marseille, Espagne, Italie, Piémont, Hollande, Angleterre, Portugal, & Barbarie.
idem.	3 à 4000 quintaux.	45 à 50 liv. le quintal.	France, principalement à Lyon, Piémont, Espagne, Italie, Sicile & Portugal.
idem.	2 à 3000 quintaux.	4 à 5 liv. le quintal.	Marseille & Toulon.
Cela ne se fabrique pas.	300 à 320 milliers de livres pesant.	Première cuite de celui de Provence & Languedoc, de la plus inférieure qualité, 10 à 12 liv. le quintal, & de meilleure qualité, 30 à 32 liv. le quintal; & le rafiné, 10 à 15 sols la livre pesant. Il ne peut être vendu qu'aux Fermiers de la poudre, excepté le rafiné. Celui d'Hollande, 15 à 20 liv. le quintal. Les 2e., 3e. & 4e. sortes ou cuites n'entrent pas en commerce, car il est défendu d'en envoyer.	Marseille. Les 2e., 3e. & 4e. sortes ou cuites n'entrent pas en commerce, comme il est déjà dit.

Noms des Marchandises.	Leur qualité.	A quoi elles servent.	Lieux d'où elles viennent à Marseille.	Si c'est par Mer ou par Terre.
SALSAFRAS.	Racine.	A la Médecine.	Hollande.	Mer.
SANDARACHE.	Gomme.	A la Médecine, & à faire le vernis.	Dé Saphis & Ste-Croix dans le royaume de Fez & Maroc, & de Sayde.	idem.
SANG DE DRAGON.	Composition qui se fait de la liqueur d'un fruit qui a la figure d'un dragon. Larmes, Fin, Et moyen.	Celui en larmes, à la Peinture. Les autres à la Médecine.	Des Indes, par les Hollandois & Anglois; & du Levant, par Alep.	idem.
SANTAL.	Branche d'arbre, Blanc, Citrin, Rouge.	A la Médecine.	Le blanc, Isles de l'Amérique. Citrin & rouge, des Indes, par la Hollande.	idem.
SARACOLE.	Gomme d'un arbre.	idem.	Perse, par Alep.	idem.
SARÇOPAREILLE.	Racine. Fine, Silvestre.	idem.	Indes occidentales par Cadix. Le silvestre, des nouvelles Indes.	idem.
SARDES. Voyez ANCHOIS. SARGES. Voyez DRAPERIE.				
SAUMON.	Poisson.	A manger.	Ponent, Angl. Irlande & Hollande.	idem.
SAVON.	Composé de soute & d'huile d'olive; & de quelqu'autre chose. Blanc, Noir, Marbré ou madré.	A blanchir le linge & faire des savonettes quand il est bien purifié, & aux manufactures de drap particulièrement le marbré.	La grande quantité de marbré se fait à Marseille, & du blanc à Toulon. Il en vient quelquefois du Levant, mais fort peu.	idem.
SAVONETTES.	Savon purifié.	A faire le poil.	Italie, & il s'en fait à Marseille.	Mer & Terre.
SAUCISSONS.	Sorte de fort grosses saucisses pleines de viandes assaisonnées de sel, de poivre, & autres épiceries.	A manger.	idem.	idem.
SEBESTEN.	Fruit d'un arbre.	A la Médecine, & à faire du glu.	Sayde.	Mer.
SEL ARMONIAC.	Espèce de salpêtre.	Aux Orfévres & à la Médecine.	Egypte, per Alexandrie.	idem.
SEL GEME.	Autre espèce de salpêtre.	A la Chimie.	Terragone en Esgne.	idem.
SEL NITRE. Voyez SALPÊTRE.				
SEMEN CARTAMI.	Graine de safranon.	A la nouriture des perroquets, & à la Médecine.	Egypte, par Alexandrie.	idem.

Si elles viennent brutes ou fabriquées.	Quelle quantité par estimation il en vient dans une année.	Quelle est leur valeur à Marseille.	Lieux où s'en fait la consommation.
Cela ne se fabrique pas.	7 à 8 quintaux.	4 à 5 sols la liv. pesant.	France, Espagne, Italie, Portugal & Piémont.
idem.	25 à 30 quintaux.	Celle de Sayde, 18 à 20 liv. le quintal; & l'autre un sol pour livre davantage.	idem.
idem.	De celui en larmes, 50 à 60 livres pesant; du fin, un à deux quintaux, & autant de l'autre.	De celui en larmes, 7 à 8 liv. la livre pesant; du fin, 4 à 5 liv. la livre; & du moyen, 30 à 40 sols la livre aussi pesant.	idem.
idem.	30 à 40 quintaux de chacune des trois sortes.	Le blanc, 7 à 8 sols la livre pesant. Le citrin, 8 à 10 sols aussi la livre. Le rouge, 12 à 14 liv. le quintal.	idem.
idem.	2 ou 3 quintaux.	65 à 70 liv. le quintal.	France, Espagne, Piémont, Portugal, & quelquefois en Italie.
idem.	De la fine, 7 à 8 quintaux, & de la Silvestre, 80 à 100 quintaux, mais seulement de trois en trois ans, parce qu'elle ne vient que par la flotte d'Espagne.	La fine, pour l'ordinaire, 20 ou 30 sols la livre pesant, au lieu que présentement elle vaut 3 liv. à 3 liv. 10 sols; & la Silvestre, 10 ou 12 sols la livre pesant.	France, Piémont, Italie & Portugal, & toutes les Echelles du Levant, & Barbarie.
idem.	800 à 1000 bariques d'environ 3 quintaux l'une.	45 jusqu'à 60 liv. la barique.	Provence, Dauphiné, jusqu'à Lyon.
Fabriqué.	50 à 60000 quintaux.	11 à 11 livres 10 sols le quintal du marbré, & le blanc, 10 sols moins.	France, Hollande, Angleterre & Hambourg.
idem.	25 à 30 caisses d'environ deux quintaux l'une.	250 à 300 liv. la caisse.	Marseille & France.
idem.	2 à 300 quintaux.	Ceux d'Italie, 40 à 45 liv. le quintal. Ceux de Marseille, 70 à 75 liv. aussi le quintal.	France.
Brut.	80 à 100 quintaux.	20 à 25 sols le quintal.	France, Espagne, Piémont & Portugal.
Fabriqué.	3 à 400 quintaux.	38 à 40 liv. le quintal.	Hollande, Angleterre, & en France.
idem.	80 à 100 quintaux.	7 à 8 liv. le quintal.	idem.
Cela ne se fabrique pas.	50 à 60 quintaux.	10 à 15 liv. le quintal.	France.

Noms des Marchandises.	Leur qualité.	A quoi elles servent.	Lieux d'où elles viennent à Marseille.	Si c'est par Mer ou par Terre.
SEMENCE DE BEN.	Fruit d'un arbre.	A faire une huile qui sert à préparer les peaux aux parfums.	Egypte, par Alexandrie.	Mer.
SEMENCE DE PERLES	Petites perles.	A la Médecine, & pour enrichir des ouvrages en broderie.	Indes orientales & occidentales, par Smyrne, Alep & Hollande.	idem.
SÉMENSINE ou SEMEN CONTRA. Voyez BARBOTINNE.				
SENNÉ.	Feuille d'une plante ; Garbeau & Fenicule.	A la Médecine	Alexandrie, Sayde & Tripoly de Barbarie.	idem.
SENOBRE.	Terre minérale.	A la Peinture commune.	Espagne.	idem.
SGUILLE, ou OIGNONS MARINS.	Oignons.	A la Médecine.	Barbarie & Archipel.	idem.
SINEGRÉ, ou FENOÜIL GREC.	Graine.	idem.	Provence.	Terre.
SIROP. V. SUCRE.				
SORBET.	Composition de sucre.	A boire.	Alexandrie & Constantinople. Il s'en fait à Marseille.	Mer.
SOUDE, ou SOUTE, ou BOURDE.	Composée d'une certaine herbe marine.	A faire le Savon & le verre.	Alicant, Carthagène & Almerie.	idem.
SOUFFRE.	Sorte de graisse terrestre épaissie dans les minières, & qui étant desséchée s'appelle Souffre.	A faire la poudre & autres choses, même à la Médecine.	Italie.	idem.
SOUFFRE VIF.	Minéral naturel, artificiel, luisant.	A la Médecine.	Venise & Hollande.	idem.
SOIES.	Ouvrage, qui se tire du coucon que fait un certain ver qu'on appelle Ver à soie.	A faire des étoffes & rubans, & à coudre.		
	Ardasse.	Aux manufactures de soie & à coudre.	Smyrne & Alep, Espagne, Italie & beaucoup en France.	idem.
	Ardassine.	Aux étoffes.	Smyrne & Alep.	idem.
	Legis Bourme cherbassy.	Aux étoffes, comme velours, pannes, brocards & gros de Tours, même à quelque sorte de rubans.	idem.	idem.
				Brut.

Si elles viennent brutes ou fabriquées.	Quelle quantité par estimation il en vient dans une année.	Quelle est leur valeur à Marseille.	Lieux où s'en fait la consommation.
Brut.	4 à 500 quintaux.	24 à 25 liv. le quintal.	Provence, peu en Piémont & en Espagne.
Cela ne se fabrique pas.	49 à 50 livres pesant.	Les fines, 10 liv. l'once, & les communes, 35 à 40 sols l'once.	France, Catalogne & Piémont.
idem.	3 à 400 quintaux de celui d'Alexandrie, qu'on appelle de la Palte; & de l'autre il est défendu d'en apporter; garbeau & fénicule; 80 à 100 liv. le quintal.	125 à 130 liv. le quintal, celui de la Palte, & le garbeau & fénicule 55 à 60 liv. le quintal.	France, Espagne, Italie, Portugal, Piémont, Hollande & Angleterre.
Brut.	1000 à 1500 quintaux.	40 à 50 sols le quintal.	Provence, beaucoup à Constantinople.
Cela ne se fabrique pas.	20 à 30 quintaux.	5 à 6 liv. le quintal.	France.
idem.	idem.	idem.	idem.
Fabriqué.	40 à 50 quintaux.	15 à 18 sols la livre.	idem.
Brute.	12 à 15000 quintaux.	50 à 60 sols le quintal.	Marseille & Toulon.
En pain, & on le convertit en canon à Marseille.	5 à 6000 quintaux.	4 liv. à 4 liv. 10 sols le quintal, & celui en canon 12 à 15 sols par quintal davantage.	France, Espagne, Portugal, Hollande & Angleterre.
Net.	8 à 10 quintaux.	13 à 14 liv. le quintal.	France, Piémont, Portugal, Espagne, Hollande & Angleterre.
Greze.	4 à 600 balles d'environ 250 liv. pesant l'une.	3 liv. 12 sols à 3 liv. 15 sols la livre pesant.	Languedoc, Provence, & Lyon où elles sont ouvrées & teintes, & de-là en France, Espagne, Portugal, Allemagne, Isles de la Madère & Tercère, par Bordeaux, Bayonne & Biscaye; & aux pays conquis, par Genève. Et greze, en Barbarie aussi-bien qu'en Portugal, & auxdits pays conquis le transit.
idem.	15 à 20 balles.	4 liv. 10 sols à 4 liv. 15 sols la livre pesant.	
idem.	200 à 250 balles.	6 liv. 10 sols à 6 liv. 12 sols la livre pesant.	Tours & Lyon.

Noms des Marchandises.	Leur qualité.	A quoi elles servent.	Lieux d'où elles viennent à Marseille.	Si c'est par Mer ou par Terre.
SOIES.	Legis ordinaires.	Aux Etoffes.	Smyrne & Alep.	Mer.
	Blanches , qu'on nomme *Bayas*, font argentines & pefantes.	Aux ouvrages de fil d'or & d'argent.	Alep.	*idem.*
	Tripolines , font blanches & de bonne qualité.	Aux dentelles or & argent.	Tripoly de Syrie.	*idem.*
	Caftravane.	*idem.*	Alep.	*idem.*
	Chouf & Choufette.	Aux étoffes.	Sayde.	*idem.*
	Barutines, font blanches & fines ; il y en a auffi des jaunes, mais peu.	Les plus fines pour le fil & dentelles or & argent, & les autres pour des étoffes de poids.	Barut, par Sayde.	*idem.*
	Satalie, font blanches.	*idem.*	Satalie.	*idem.*
	Saydavy, font fort légères.	Aux dentelles or & argent.	Sayde.	*idem.*
	Chypriottes, font blanches.	Aux ouvrages d'or & d'argent.	Chypres.	*idem.*
	Candie.	A coudre.	Candie.	*idem.*
	Tino & l'Archipel.	*idem.*	Tino & l'Archipel.	*idem.*
	Andros.	*idem.*	Andros dans l'Archipel.	*idem.*
	Calabre.	A la trame, à coudre , & aux grofles étoffes.	La Calabre.	*idem*
	Antioche.	Aux dentelles or & argent.	Alep.	*idem.*
	Palerme.	A la trame, à coudre, & à faire des grofles étoffes.	Palerme.	*idem.*
	Meffine; ouvrée , qu'on appelle *Organfin*.	Aux étoffes & rubanterie.	Meffine.	*idem.*
	Premier fil.			
	Autres , dites fecond fil.			
	Autres , dites Grezes.			
	Autres ,dites Furie.			
	Autres , dites Meze. Autres , dites Mezettes.			
	Et affortiment pour France.			

Si elles viennent brutes ou fabriquées.	Quelle quantité par estimation il en vient dans une année.	Quelle est leur valeur à Marseille.	Lieux où s'en fait la consommation.
Greze.	15 à 20 balles.	5 liv. à 5 liv. 5 sols la livre pesant.	Tours, Lyon, & Marseille, & quelquefois en Barbarie.
idem.	Il n'en vient presque plus, à cause qu'on les a reconnues fraudées, & seulement 25 à 30 balles.	Elles valoient de 6 liv. 10 sols à 7 liv. la livre pesant.	Genève & Lyon.
idem.	50 à 60 balles.	6 liv. 15 sols la livre pesant.	Genève, Lyon & peu en Barbarie.
idem.	10 à 12 balles.	6 liv. 10 sols la livre.	France, & quelquefois en Barbarie.
idem.	8 à 10 balles Chouf, & 2 ou 3 balles Choufettes.	7 liv. à 7 liv. 5 sols la livre pesant.	Barbarie, Lyon & Tours.
idem.	25 à 30 balles des blanches, & 2 ou 3 balles des jaunes.	7 liv. à 7 liv. 10 sols la livre.	Lyon, & les jaunes en Barbarie.
idem.	5 à 6 balles.	6 liv. 5 sols à 6 liv. 10 sols la livre.	Lyon & Barbarie.
idem.	10 à 15 balles.	5 liv. à 5 liv. 5 sols la livre pesant.	Barbarie, & peu à Lyon.
idem.	150 à 200 balles.	6 liv. 15 sols à 7 liv. la livre.	Lyon, & peu en Barbarie.
idem.	30 à 40 balles.	4 liv. 5 sols à 4 liv. 10 sols la livre.	Marseille, Nîmes & Lyon.
idem.	60 à 70 balles.	4 liv. 5 sols à 4 liv. 10 sols la livre.	Barbarie & Lyon.
idem.	40 à 50 balles.	3 liv. 15 à 3 liv. 17 sols la livre.	idem.
idem.	50 à 60 balles.	5 liv. à 5 liv. 10 sols la liv. pesant.	Presque tout à Lyon, & peu en Barbarie.
idem.	7 à 8 balles.	6 liv. 5 sols à 6 liv. 10 sols la livre pesant.	France, & quelquefois en Barbarie.
idem.	50 à 60 balles d'environ 250 liv. pesant l'une.	6 liv. à 6 liv. 10 sols la livre pesant.	Presque tout à Lyon & peu en Barbarie.
idem.	150 à 200 balles entre toutes les qualités.	Les Organsins, 10 à 12 liv. la livre pesant.	Lyon.

Furie, 8 liv. 10 sols à 9 liv. la livre pesant.

Lyon, peu en Provence & Languedoc.

Meze & Mezette, 8 liv. à 8 liv. 5 sols la livre.

Assortiment pour France, 6 liv. 15 sols à 7 liv. la livre pesant.

Noms des Marchandises.	Leur qualité.	A quoi elles servent.	Lieux d'où elles viennent à Marseille.	Si c'est par Mer ou par Terre.
SOIES.	Reggio & Montagne. Fines & grosses.	*idem.*	Sicile.	Mer.
	Tiria & Foilleri.	A coudre.	Smyrne.	*idem.*
	Espagne.	Les fines, aux étoffes & rubans, les autres à coudre.	Catalogne & Royaume de Valence.	*idem.*
	Majorque, Pays de Provence.	*idem.* Aux étoffes, rubanterie, & à coudre.	Majorque. Provence.	*idem.* Terre.
	Etoffes de soie Rubanterie. Brocard or & argent. Dentelles or & argent. Fin & faux passement.		Paris, Lyon, Tours, Avignon, & peu de Provence & Languedoc; & quelquefois du damas & du satin de Gênes & de Livourne.	Rivière, Terre & Mer.
SPERME DE BALEINE.	Partie générative de la baleine.	A la Médecine & au fard.	Hollande & Mers de Ponent.	Mer.
SPICA-CELTICA.	Herbe.	A la Médecine, & en Egypte & Barbarie à laver des corps morts. Les Turques font promettre à leurs maris lors de leur mariage, d'en tenir dans leurs caisses, à cause de l'odeur qu'elles trouvent agréable.	Francfort par Hambourg.	*idem.*
SPICANARDI. *Voyez* ASPICANARDI.				
SCHINE. *Voyez* APIOS.				
SPODIUM, ou SPODEA.	Petites pièces d'yvoire brûlée.	A la Médecine.	Hollande.	*idem.*
SQUILLE. *Voyez* SGUILLE.				
STECADES. *Voyez* ESTECADES.				
STAFISAIGRE. *Voyez* ESTAFISAIGRE.				
SUBLIMÉ.	Composition.	A la Médecine & au fard.	Venise & Gênes.	*idem.*
SUCRE.	Espèce de moële spongieuse pleine de suc, douce & blanche, qu'on tire de certaines cannes à sucre qu'on trouve aux Indes, aux Canaries, à Madère & ailleurs.	A sucrer.	Hollande, Nantes & Bordeaux; d'Angleterre il commence à en venir, mais fort peu.	*idem.*

Si elles viennent brutes ou fabriquées.	Quelle quantité par estimation il en vient dans une année.	Quelle est leur valeur à Marseille.	Lieux où s'en fait la consommation.
Greze.	40 à 50 balles entre les fines & les grosses.	Les fines, 6 liv. 10 sols à 6 liv. 15 sols la livre pesant; & les grosses, 10 sols moins.	Lyon.
idem.	25 à 30 balles.	4 liv. 5 sols à 4 liv. 15 sols la livre pesant.	Marseille, Lyon, & la plûpart en Barbarie.
idem.	80 à 100 balles.	6 liv. à 6 liv. 15 sols la livre pesant les fines, & 3 liv. à 3 liv. 10 sols la livre les grossières.	France, & peu en Barbarie.
idem.	8 à 10 balles.	idem.	idem.
idem.	3 à 400 quintaux.	Les fines de 6 liv. 10 sols à 7 liv. la livre. Les moyennes, 5 liv. à 5 liv. 10 sols. Et les grosses, 50 à 60 sols la livre.	Marseille & Barbarie.
Fabriquée.	12 à 1500 balles.	2 à 3000 liv. la balle de 2 à 3 quintaux l'une portant l'autre.	Marseille, Italie, Levant, Barbarie, Espagne, Portugal, isles de Canarie, & de la Tercère & Madère.
Préparé.	80 à 100 liv. pesant.	10 à 12 liv. la livre.	France.
Cela ne se fabrique pas.	250 à 300 quintaux.	50 à 52 liv. le quintal.	Alexandrie & Barbarie, presque point à Marseille.
Fabriqué.	15 à 20 quintaux.	30 à 35 liv. le quintal.	France.
Cela ne se fabrique pas.	100 à 130 quintaux.	46 à 50 sols la livre pesant.	France, Espagne, Barbarie & Levant.
Rafiné.	D'Hollande, 15 à 20 tonneaux de 10 quintaux pièce; & de Nantes & Bordeaux, 2 à 300 quintaux. Il s'en fait à la rafinerie de Marseille 1500 à 2000 quintaux.	30 à 35 sols la livre.	Provence, Languedoc, Levant, Piémont, Espagne, Calabre, Sicile, Italie & Genève.

Noms des Marchandises.	Leur qualité.	A quoi elles servent.	Lieux d'où elles viennent à Marseille.	Si c'est par Mer ou par Terre.
SUCRE,	Melis.	A sucrer.	Isles de l'Amérique.	Mer.
	Cassonnade, sorte de sucre un peu gros, & qui n'est point rafiné.	idem.	Bréfil, par Lisbonne; isles de Tercère & Madère.	idem.
	Mascouades. Voy. MASCOUADES.			
	Sirop se fait de sucre melasse.	A la confiture liquide.	Il se fait à la rafinerie de Marseille.	Terre.
SUIF. Voy. GRAISSE.				
SUMAC ou FAUVIL.	Feuille d'un arbrisseau.	A la Teinture.	Provence.	Terre.
TABAC.	Feuilles d'une plante.	A fumer, & à prendre en poudre.	Bréfil & isles de Tercère & Mádère, par Lisbonne.	Mer.
	Bresil, Cleirac.		Cleirac.	Terre, Mer, & Rivière.
	Mondragon.		Provence.	idem.
	En poudre, il n'en vient pas.			
	Scafarlati, il n'en vient pas.			
TALC,	Minéral. En feuille. En pierre.	En feuille, à faire lanternes. En pierre, au fard.	Allemagne celui en feuille. Venise celui en pierre.	Mer.
TAMARIN,	Fruit à noyau qui croît aux Indes, & qui a quelque ressemblance avec les dattes.	A la Médecine.	Indes orientales, par Alexandrie.	idem.
TANGOUL,	Cuivre & fonte mêlés ensemble.	Au même usage que le cuivre à l'égard du cuivre; & quant à la fonte, à l'artillerie.	Salez.	idem.
TAPIS,	Ouvrage de tapisserie.	A parer une table, ou quelque endroit par lequel on marche ou sur lequel on se repose.		
	Pic, Mousquets, Demi-Mousquets, Cadène.		Smyrne.	idem.

Si elles viennent brutes ou fabriquées.	Quelle quantité par estimation il en vient dans une année.	Quelle est leur valeur à Marseille.	Lieux où s'en fait la consommation.
En pain.	3 à 400 quintaux.	20 à 22 liv. le quintal.	Provence, Languedoc, Piémont, Levant, & principalement à Constantinople & Smyrne, peu en Catalogne.
Brute, & s'en rafine beaucoup à Marseille.	1500 à 2000 caisses de 12 à 13 quintaux l'une.	20 à 25 liv. le quintal.	Calabre, Sicile & Italie.
Liquide.	15 à 1600 quintaux.	5 liv. le quintal.	Naples, Malthe & Hollande.
Cela ne se fabrique pas.	3 à 400 quintaux.	5 à 6 liv. le quintal.	Marseille & ses environs.
En roulleaux.	1000 à 1200 roulleaux d'environ 2 quintaux l'un.	30 à 40 liv. le quintal.	Provence, Languedoc, Piémont, Espagne & Italie.
idem.	150 à 160 tonneaux de 18 à 20 quintaux l'un.	18 à 20 liv. le quintal.	Idem, & Barbarie, Sicile, & Calabre.
idem.	80 à 100 quintaux.	25 à 30 liv. le quintal.	Barbarie.
En feuille & en pierre.	15 à 20 quintaux en pierre, & en feuille presque point.	En pierre, 12 à 15 sols la livre pesant. En feuille, 50 à 60 sols l'once pesant.	France.
Cela ne se fabrique pas.	7 à 800 quintaux.	35 à 40 liv. le quintal.	France, Espagne, Piémont & Portugal.
En pains.	6 à 700 quintaux.	45 à 50 liv. le quintal.	A Marseille & Toulon; peu aux Chaudronniers, & le reste à la fonte du Roi.
Fabriqués.	30 à 40 balles de 4 à 5 quintaux l'une.	40 à 50 sols le pan les tapis de Pic. 3 liv. 10 sols à 4 livres pièce ceux de Cadène. Depuis 4 écus jusqu'à 40 ou 50 écus pièce les tapis Mousquets; & depuis 3 jusqu'à 25 ou 30 écus pièce les demi-Mousquets.	France, Espagne, & peu en Piémont.

Noms des Marchandises.	Leur qualité.	A quoi elles servent.	Lieux d'où elles viennent à Marseille.	Si c'est par Mer ou par Terre.
TAPIS.	Cairens & Gimians.		Du Caire, par Alexandrie ; & quelques Gimians de Smyrne.	Mer.
TAPISSERIES.	Ouvrages de laine.	A tapiffer les maifons.	France & Venife.	Mer & Terre.
TARTRE.	Sel ou croûte rougeâtre qui fe forme & s'épaiffit autour des tonneaux par dedans.	A la teinture.	Languedoc & Provence.	idem.
TERRA MERITA. Voyez CORCOME.				
TERRE D'OMBRE.	Terre qui fe tire d'une mine.	A la Peinture.	Chypres.	Mer.
TERRE SIGELÉE.	Efpèce d'argile.	A la Médecine.	Conftantinople, Archipel & Chypres.	idem.
THÉRÉBENTINE. Voyez HUILE DE THÉRÉBENTINE.				
THÉRIAQUE.	Compofition de Médecine.	idem.	Montpellier, & à Marfeille, chaque Apothicaire en fait pour fa provifion.	Mer & Terre.
THURBIT.	Racine.	idem.	Alep.	Mer.
TOILES.	Ouvrage de Tifferand, fait de fil de chanvre, ou de lin, ou de coton. Toiles de coton de Levant.	Pour faire des draps, des chemifes, des ferviettes & autres chofes,		
	Aman bleues.			
	Aman blanches.		Alep & Sayde.	Mer.
	Ojemi bleues.			
	Ojemi blanches.			
	Auquili bleues.			
	Auquili blanches.		Alep.	
	Bebi de la frange blanches.			
	Montagne blanches.			

Fabriqués.

FRA

Si elles viennent brutes ou fabriquées.	Quelle quantité par estimation il en vient dans une année.	Quelle est leur valeur à Marseille.	Lieux où s'en fait la consommation.
Fabriqués.	4 à 5 balles de 4 à 5 quintaux l'une.	Depuis 10 écus jusqu'à 150 écus piéce.	France, Espagne, & peu en Piémont.
Fabriquées.	80 à 100 balles.	Celles de Flandres, de 30 à 40 écus la canne. Celles d'Auvergne, de 25 à 60 liv. la canne. Celles de Bretagne, de 8 à 15 liv. la canne.	Provence, Italie & Espagne.
Cela ne se fabrique pas.	4 à 5000 quintaux.	Celui de Languedoc, 8 à 8 liv. 10 sols le quintal; & celui de Provence, 9 à 10 liv. le quintal.	Levant, Espagne & Barbarie.
idem.	5 à 600 quintaux.	5 à 6 liv. le quintal.	France, Angleterre & Hollande.
idem.	10 à 12 quintaux.	8 à 10 sols la livre.	France, Espagne, Portugal & Piémont.
Fabriquée.	25 à 30 quintaux.	4 à 5 liv. la livre pesant.	Espagne, Portugal, Piémont & Italie.
Cela ne se fabrique pas.	30 à 40 quintaux.	18 à 20 sols la livre.	France, Espagne, Portugal & Piémont.
Fabriquées.			

Avant l'imposition de l'Arrêt du 30 avril 1686, il en venoit les quantités ci-dessous déclarées, & depuis le tiers seulement.

Aman bleues, 140 à 160 balles de 60 piéces chacune.

Aman blanches, 15 à 20 balles.

7 à 9 liv. la piéce.

Ojemi bleues, 200 à 250 balles.

Ojemi blanches, 15 à 20 balles.

7 à 8 l. 10 sols la piéce.

Auquili bleues, 250 à 300 balles.

Auquili blanches, 40 à 50 balles.

4 liv. 10 sols à 6 liv. 15 sols la piéce.

Bebi, 30 à 40 balles.

5 à 5 l. 10 sols la piéce.

Montagne, 50 à 60 balles.

3 à 3 l. 10 sols la piéce.

Espagne, Piémont & Gènes; & en France avant l'Arrêt du 30 avril 1686.

Noms des Marchandises.	Leur qualité.	À quoi elles servent.	Lieux d'où elles viennent à Marseille.	Si c'est par Mer ou par Terre.
Toiles.	Bengales blanches.			
	Cambrasines du Fer.		Alep.	
	Cambrasines Marmas.			
	Cambrasines de 12 cannes.		Alep & Smyrne.	
	Indiennes de Perse.			
	Indiennes Serongi.			
	Indiennes Varos.			
	Indiennes Jafarcanis.		Alep.	
	Indiennes de Levant.			
	Tapis Indiennes Serongi.			
	Tapis Indiennes de Levant.		Alep & Smyrne.	
	Mouchoirs d'Indiennes.			
	Mouchoirs Cheveli.		Alep.	
	Mouchoirs Chirongi.			
	Toile de coton de Levant.			Mer.
	Demites & Demiton.		Chypres, Smyrne & Sayde.	
	Escamites.			
	Boutanes.		Chypres.	
	Jérusalem.			
	Rame.		Sayde.	
	Boucassin blanches.			
	Boucassin peintes.		Smyrne.	
	Demites couleur de layas.		idem.	
	Toiles de fil de lin.			
	Bleues du Caire, grandes.			
	Tanari blanches du Caire.		Alexandrie.	
	Cassie.			
	Bataloni bleues.			

Si elles viennent brutes ou fabriquées.	Quelle quantité par estimation il en vient dans une année.	Quelle est leur valeur à Marseille.	Lieux où s'en fait la consommation.
Fabriquées.	Bengales, 10 à 12 balles.	27 à 30 liv. la pièce.	
	Cambrasines, Indiennes & Tapis de toutes sortes, 100 à 110 balles de 60 à 100 pièces chacune.	Cambrasines, 12 à 15 liv. la pièce. Indiennes de Perse, 13 à 14 liv. la pièce. Et toutes les autres Indiennes Serongi, 5 à 6 liv. la pièce. Tapis Indiennes de Levant, 3 à 4 liv. la pièce.	
	Mouchoirs de toutes sortes, 30 à 40 balles de 200 pièces la balle.	Mouchoirs Chirongi, de 15 à la pièce, 6 à 7 liv. la pièce. Et les autres à la moitié.	
	200 à 250 balles de 100 à 200 pièces l'une.	40 à 60 sols la pièce.	Espagne, Piémont & Gênes, & en France avant l'Arrêt du 30 avril 1686.
	200 à 250 balles de 5 à 600 cannes l'une.	55 à 60 sols la pièce.	
	15 à 20 balles de 100 pièces l'une.	3 à 4 liv. la pièce.	
	60 à 80 balles de 70 pièces l'une.	4 liv. à 4 liv. 10 sols la pièce.	
	40 à 50 balles de 70 à 80 pièces l'une.	5 à 6 liv. la pièce de 10 cannes. Les blanches, 40 à 50 sols la pièce.	
	150 à 200 balles de 100 pièces l'une entre les deux sortes.	Les peintes, 55 à 60 sols la pièce.	
	30 à 40 balles de 150 à 200 pièces l'une.	35 à 40 sols la pièce.	
	130 à 150 balles de 50 pièces l'une.	6 liv. à 6 liv. 10 sols la pièce des grandes; & les autres, 4 liv. 10 sols à 5 liv. la pièce.	
	130 à 150 balles pareilles.	5 liv. 10 sols à 6 liv. la pièce.	
	150 à 160 balles de 60 pièces l'une.	5 liv. à 5 liv. 5 sols la pièce.	
	30 à 40 balles de 60 pièces l'une.	4 liv. à 4 liv. 10 sols la pièce.	

Noms des Marchandises.	Leur qualité.	A quoi elles servent.	Lieux d'où elles viennent à Marseille.	Si c'est par Mer ou par Terre.
Toiles.	Librets bleues du Caire.			
	Librets d'Alexandrie.			
	Bourgs du Caire.			
	Bourgs d'Alexandrie.			
	Bourgs de Damiette.		Alexandrie.	
	Maugarbines.			
	Tayolles bigarrées de Rosset, fil & coton.			
	Tayolles de laine blanche.			
	Mouchoirs.			
	Mouchoirs moyens.			
	Mouchoirs petits.			
	Fouques fil & coton.			
	Les autres qualités de Toiles du Levant qui ne font pas dénommées ici, ne viennent plus.			
	Toiles de coton des Indes.			Mer.
	Guinées fines.			
	Guinées moyennes.			
	Guinées ordinaires.			
	Salamporis fines.			
	Salamporis moyennes.			
	Salamporis ordinaires.			
	Percalis fines.			
	Percalis ordinaires.			
	Doutis fines.		Indes, par Angleterre & Hollande.	
	Baftas fines.			
	Baftas ordinaires.			
	Moris fines.			
	Moris moyennes.			
	Moris ordinaires.			
	Sauvaguses.			

Si elles viennent brutes ou fabriquées.	Quelle quantité par estimation il en vient dans une année.	Quelle est leur valeur à Marseille.	Lieux où s'en fait la consommation.
Fabriquées.			
	100 à 150 balles de 150 à 200 pièces l'une entre les deux sortes.	30 à 33 sols la pièce celles du Caire, & 22 à 23 sols celles d'Alexandrie.	
	100 à 150 balles de 200 pièces l'une entre les deux sortes.	40 à 45 sols pièce.	
	80 à 100 balles de 200 pièces l'une.	41 à 42 sols la pièce.	Provence, la plûpart en Espagne, Majorque, Sicile, Piémont & Gênes.
	60 à 80 balles de 150 à 200 pièces l'une.	3 liv. 10 sols à 4 liv. la pièce.	
	60 à 80 balles de 100 douzaines la balle.	3 liv. à 3 liv. 10 sols la douzaine.	
	150 à 200 balles de 40 douzaines l'une.	3 liv. 10 sols la douzaine.	
	Mouchoirs entre les trois sortes, 60 à 70 balles de 3 ou 400 masses l'une.	De 15 à 25 sols la pièce.	
	30 à 40 balles.	40 à 45 sols la pièce.	
	130 à 150 balles de 30 pièces la balle, de 18 cannes la pièce entre les trois sortes.	Guinées fines, 30 liv. la pièce. Moyennes, 24 liv. Les ordinaires, 16 liv.	
	130 à 150 balles de 80 pièces la balle, & de 7 cannes & demie la pièce entre les trois sortes.	Samporis fines, 14 liv. la pièce. Moyennes, 11 liv. Les ordinaires, 8 liv.	
	10 à 15 balles de 200 pièces la balle, & de 30 dans la pièce entre les deux sortes.	Percalis fines, 6 liv. la pièce. Les ordinaires, 4 liv.	Provence, Languedoc, jusqu'à Lyon & Piémont.
	80 à 100 balles entre les trois sortes, de 100 pièces la balle, & de 8 cannes & demie la pièce Doutis, & 8 cannes celle de Baftas fines.	Doutis fines, 9 liv. 10 sols pièce. Baftas fines, 9 liv. Baftas ordinaires, 8 liv.	
	40 à 50 balles de 120 pièces la balle, & de 4 cannes la pièce entre les trois sortes.	Moris fines, 16 à 18 liv. la pièce. Moyennes, 12 liv. Ordinaires, 8 liv.	
	25 à 30 balles de 100 pièces la balle, & de 7 cannes & demie la pièce.	Sauvagufes, 7 livres la pièce.	

Noms des Marchandifes.	Leur qualité.	A quoi elles fervent.	Lieux d'où elles viennent à Marſeille.	Si c'eſt par Mer ou par Terre.
TOILES.	Canequines. Beatilles. Bengales. Caſſe Bengales de 20 a. Caſſe Bengales de 16 a. Caſſe Bengales de 13 a. Malomore de 5 pans & demie de large. Malomore de 4 pans de large. Aman de 7 pans & demi de large. Mouchoirs Caſſaris bigarrés. Mouchoirs ordinaires. Toiles piquées.		Indes, par Angleterre & Hollande. Se font à *Marſeille*.	Mer. Terre.
	Eſtoupieres cordat. Ortigues, Trente-aunes.	A des emballages.	Les Ortigues, de Languedoc; & les autres de Lyon & Dauphiné.	Terre, Rivière & Mer.
	Toiles d'Allemagne. Rouens de divers aunages. Rouens plus fins. Cambray d'Allemagne Cannes de Gènes. Alemanetis d'Allemagne. Gambanos. Mouchoirs. Treillis fins. Olondiles ou toiles teintes de diverſes couleurs. Sangales noires & de toutes autres couleurs. Treillis Sangales. Boucaſſins ordinaires & de toutes couleurs. Rouen, gris, muſc & noir. Montbelliard à carreau, blanches & bleues. Voiles de coton. Saint-Jean, de quatre diverſes largeurs. Renis, blanches & crues.		Lyon.	idem.

Si elles viennent brutes ou fabriquées.	Quelle quantité par estimation il en vient dans une année.	Quelle est leur valeur à Marseille.	Lieux où s'en fait la consommation.
Fabriquées.	30 à 40 balles entre les deux sortes, de 200 pièces la balle ; les Canequines de 7 cannes & demie la pièce; & les beatiles de 6 cannes.	Canequines, 7 liv. 10 sols la pièce. Beatilles, 9 l. la pièce.	
	50 à 60 balles entre les sept sortes, de 100 pièces la balle les Bengales & Malomore de 10 cannes la pièce, & les Amans de 7 cannes.	Bengales 27 l. la pièce. Premières. Casses Bengales, 24 liv. Secondes, 18 liv. Troisièmes, 15 liv. Malomore plus larges, 45 liv. la pièce. Les autres, 36 liv. Aman, 24 l. la pièce.	Provence, Languedoc, jusqu'à Lyon & en Piémont.
	15 à 20 balles entre les deux sortes, de 200 pièces la balle, & de 15 mouchoirs à la pièce.	Mouchoirs Cassaris bigarrés, 9 liv la pièce. Les ordinaires, 7 liv.	
Se font à *Marseille*.	Environ 150000 liv.	Le prix en est passé en bloc en la colonne précédente de la quantité.	*France*, Espag. Portug. Italie, Piémont, Hollande, Angleterre & Hambourg.
Fabriquées.	8 à 900 balles de 3 quintaux à 3 quintaux & demie l'une.	Estoupières, 10 à 11 l. la pièce. Cordat, de 7 jusqu'à 12 liv. la pièce. Ortigues, 12 à 13 sols la canne. Et les Trente-aunes, 6 à 7 liv. la pièce.	*Marseille*, Levant & Espagne.
Idem.	2 à 3000 balles, caisses ou tonneaux entre toutes les sortes ci-contre &celles de la page suivante.	4 jusqu'à 8 ou 900 liv. la balle.	Espagne, Portugal & Barbarie.

Noms des Marchandises.	Leur qualité.	A quoi elles servent.	Lieux d'où elles viennent à Marseille.	Si c'est par Mer ou par Terre.
TOILES.	Tarare, blanches & crues. Beaujeu, blanches & crues. S. Rambert, crues. Rietes de Vienne, crues. Troyes. Batiste, S. Quentin. Hollande, diverses. Cambrai, S. Quentin, de $\frac{2}{3}$ & de $\frac{3}{4}$. Trufetes ou Toiles à mouchoirs. Batiste crue & rayée. Cambrai, de Flandre.		Lyon.	Terre, Mer, & Rivière.
TONNEAUX. *Voyez* DOUVES.				
TOURNESOL en pain & en drapeaux.	Composition.	A la Teinture.	Languedoc.	
TUTIE.	Minéral artificiel.	A la Médecine.	Hollande, Smyrne, & Alep.	idem.
VACHES DE RUSSIE.	Peau d'un animal.	A faire des souliers & garnir des chaires & autres choses.	Angleterre, Hollande & Hambourg.	idem.
VANES ou COUVERTURES.	Toiles remplies de coton ou d'ouate, qu'on pique. *Voy.* TOILES PIQUÉES.	Pour couvrir un lit, & mettre sur la couverture de laine, ou seulement sur le drap.	Elles se travaillent à *Marseille*.	Terre.
VAQUETTES.	Cuirs.	A faire des souliers.	Smyrne.	idem.
VEAUX D'ANGLETERRE.	Cuirs.	Aux dessus des souliers.	Angleterre.	Mer.
VELOURS. *V.* ÉTOFFE DE SOIE, *à l'article* SOIE.				
VERD DE VESSIE.	Suc du fruit d'un arbrisseau épineux nommé *Nerprun*.	A la Médecine, & à mettre les peaux en verd pour les Relieurs.	Provence & Dauphiné.	Terre.
VERDET.	Composition de cuivre & de mare de raisin.	A la Teinture.	Languedoc.	Mer.

VERMILLON. *Voyez* GRAINE D'ÉCARLATE

VERNIS à peindre. Il n'en vient pas, & il ne s'en fait à *Marseille* que pour ce qui s'y consomme.

Fabriquées.

Si elles viennent brutes ou fabriquées.	Quelle quantité par estimation il en vient dans une année.	Quelle est leur valeur à Marseille.	Lieux où s'en fait la consommation.
Fabriquées.	2 à 3000 balles, caisses ou tonneaux entre toutes les sortes ci-contre & celles de la page précédente.	4 jusqu'à 8 ou 900 liv. la balle.	Espagne, Portugal & Barbarie.
Fabriqué.	30 à 40 quintaux en pain. 80 à 100 quintaux en drapeaux.	12 à 15 sols la livre en pain. 20 à 22 liv. le quintal en drapeaux.	Provence, Languedoc, Espagne, Piémont & Hollande.
idem.	20 à 30 quintaux.	55 à 60 liv. le quintal.	Idem. Italie, Barbarie & Portugal.
idem.	3 à 400 quintaux.	60 à 65 liv. le quintal.	Provence.
Se fabriquent à Marseille.	Autrefois il s'en faisoit 40 à 50000, mais présentement il ne s'en fait pas le tiers depuis l'arrêt d'imposition sur les toiles de coton, sans y comprendre les toiles piquées.	De 3 jusqu'à 15 écus la pièce.	Marseille, Italie, Espagne.
Elles viennent tannées.	Avant l'imposition du droit de vingt pour cent, il en venoit 100 à 120 balles, depuis il n'en vient presque plus.	Elles valoient 28 à 30 liv. le quintal.	Elles se consommoient en Provence & Languedoc.
Corroyés.	130 à 150 balles de 2 à 3 quintaux l'une.	35 à 40 liv. le quintal.	Provence, Languedoc & Piémont.
Fabriqué.	8 à 10 quintaux.	15 à 20 sols la livre.	Marseille.
idem.	1000 à 1200 quintaux.	40 à 45 liv. le quintal.	Marseille, Italie, Piémont, Espagne, Levant, Barbarie, Portugal, Angleterre & Hollande.

Noms des Marchandises.	Leur qualité.	A quoi elles servent.	Lieux d'où elles viennent à Marseille.	Si c'est par Mer ou par Terre.
VERRES.	Matière fragile, claire & transparente.	A des verres à boire, des vîtres & autres ouvrages.	Provence & Venise.	Terre & Mer.
VIEUX LINGES, ou DRAPEAUX.	Toiles déchirées & usées, qu'on appelle Pates ou Estrasses.	A faire du papier.	Provence, Languedoc & Espagne.	idem.
VIF-ARGENT. Voyez ARGENT VIF.				
VIN; l'entrée en est interdite à Marseille.				
VISC. Voyez GLU.				
VITRIOL.	Sel minéral qui approche de la nature de l'alun, mais qui contient en soi quelque substance métallique, comme de fer ou de cuivre.			
	Blanc,	A la Médecine & à la Teinture.	Hollande.	
	Chypres,	A la Médecine.	Smyrne.	Mer.
	Verd, de Flandre.	A la Teinture.	Angleterre & Hollande.	
YREOS. Voyez IRIS DE FLORENCE.				
ZÉDORIA, ou ZEDOART.	Racine.	A la Médecine.	Indes occidentales, par la Hollande.	idem.

Il n'y a point de lecteur qui à la simple inspection de cette pièce, ne comprenne aisément combien il seroit avantageux & nécessaire pour la facilité du commerce du royaume, qu'il y eût de pareils états dressés pour chacune des villes où le négoce fleurit le plus. Il est vrai qu'il se trouveroit toûjours le même inconvénient que dans celui de Marseille, c'est-à-dire, que jamais les colonnes des prix & des quantités ne pourroient être long-temps assurées, à cause de l'incertitude de la vente & de l'achat qui augmente ou diminue si souvent & d'une manière si imprévue : mais on y remédieroit, ce semble, aisément en renouvellant ces états de temps en temps, & en les donnant, par exemple, de dix années en dix années, soit qu'on les rendît publics chacun à leur particulier par l'impression, soit en les confiant à ce Dictionnaire, si le public vouloit bien encore lui continuer sa faveur.

Cependant en attendant qu'il s'élève en France de nouveaux Carfueils, on va donner ici le petit état qu'on a promis, qui ne contiendra qu'une trentaine d'articles, mais sur lesquels il sera aisé [comme on l'a dit en faisant des comparaisons proportionnelles pour les marchandises qui n'y seront pas exprimées] d'en connoître le prix comme par une espèce d'estimation.

ÉTAT de comparaison du prix de quelques marchandises de Marseille, dans les années 1688 & 1727.

PRIX de l'année 1688.		PRIX de l'année 1727.	
AMANDES.	13 jusqu'à 18 liv. le quintal.	AMANDES.	De Provence en sorte, 17 liv. le quintal.
BLÉ.	8 à 9 liv. & 11 à 13 liv. la charge. Celui de terre vaut plus que celui de mer.	BLÉ.	De mer, 13 liv. sans demande; celui de terre, un tiers de plus.

Si elles viennent brutes ou fabriquées.	Quelle quantité par estimation il en vient dans une année.	Quelle est leur valeur à Marseille.	Lieux où s'en fait la consommation.
Fabriqués.	De Provence, 800 à 1000 charges ; & de Venise, pour des vîtres, grands ou petits, 8 à 9000 caisses.	Ceux de Provence, 44 à 45 liv. la charge. Ceux de Venise, les grands, 65 à 70 liv. la caisse ; les petits, 28 à 30. liv. la caisse ; & les grossiers 18 à 20 liv. la caisse.	Ceux de Provence, à Marseille. Ceux de Venise, idem, & dans le reste de la France.
Cela ne se fabrique pas.	4 à 5000 quintaux.	4 à 5 liv. le quintal.	Aux environs de Marseille.
Fabriqué.	25 à 30 quintaux du blanc. 15 à 20 quintaux de Chypres. 1500 à 2000 quintaux verd de Flandre.	25 à 30 liv. le quintal. 18 à 20 sols la livre pesant. 4 liv. à 4 liv. 10 sols le quintal.	France, Espagne, Piémont & Portugal. Provence, Languedoc, Espagne & Barbarie.
Cela ne se fabrique pas.	4 à 5 quintaux.	18 à 20 sols la livre pesant.	Provence, Piémont & Espagne.

Prix de l'année 1688.		Prix de l'année 1727.	
Café.	65 à 70 liv. le quintal.	Café.	3 liv. la livre, & en détail 3 liv. 5 sols.
Cire.	72 à 78 liv. le quintal.	Cire.	De Smyrne, jaune, 140 l. De Constantinople, 138 liv. le quintal.
Cochenille.	16 l. la liv. pesant. Elle a valu autrefois de 8 liv. jusqu'à 24 liv. la liv.	Cochenille.	33 liv. la livre garbelée.
Corail.	Celui de Catalogne en race, 10 à 11 l. la livre brut. Celui de S. Tropez, 8 à 10 liv. Celui de Cassis, la Ciotat, Antibes & Six-fours, 5 à 6 liv. Celui de Trapens, 6 à 7 liv. la liv. Et celui de Barbarie autant.	Corail.	En branche, 8 l. l'once, poids de table.
Coton d'Acre.	28 à 30 liv. le quintal.	Coton d'Acre.	62 liv. le quintal. Celui de Chypre, 50 l. D'Alexandrette, 46 l.

Iii ij

PRIX de l'année 1688.		PRIX de l'année 1727.	
CUIVRE EN FEUILLE.	Le vieux, brut & en rosette, 12 à 13 sols la livre pesant. L'autre, 15 à 16 sols la livre.	CUIVRE EN FEUILLE.	130 liv. Vieux, 90 liv. Tangoul, 80 livres le quintal.
DRAPS.	Les Londrines, 9 liv. l'aune. Les demi-Londrines, 7 liv. 10 sols l'aune.	DRAPS.	Londrines secondes, 10 liv. 10 sols. Londres larges, 9 liv. 5 sols.
ENCENS.	50 à 55 liv. le quintal celui en larmes ou à Liban. 35 à 40 liv. le commun.	ENCENS.	En larmes, 70 liv. Demi-larmes, 50 liv. En sorte, 44 liv.
ETAIN.	60 à 65 l. le quintal fin. Et 8 à 9 sols la livre le commun, qui ne se vend qu'en vaisselle.	ETAIN.	En verges, 85 liv. En Lingots, 83 liv.
FER.	Celui de Suéde, 7 à 8 liv. le quintal. Celui de Bourgogne, comme il ne vient que pour le Roi, on n'en sçait pas le prix. Celui du Roussillon & du Languedoc est de deux prix; sçavoir, celui dit *de la Combe*, de 9 l. 10 s. à 10 l. le quintal; & l'ordinaire 8 l. 15 s. à 9 l. le quintal.	FER.	De Suéde, 15 l. 10 s. De Bourgogne, 14 liv.
GALLES.	D'Alep & Smyrne, 36 liv. à 38 liv. le quintal. De Sayde, 34 à 35 liv. le quintal. Romaines, 15 à 16 liv. Légères ou de Pays, 4 à 5 liv. aussi le quintal.	GALLES.	D'Alep, 65 écus, De Tripoly, 63. De Smyrne, 60.
GIROFLE.	4 liv. 8 sols à 4 liv. 10 sols la livre. Le garbeau, 45 à 50 sols la livre.	GIROFLE.	8 liv. la liv.
HUILES.	Celle à manger, 18 à 19 liv. la millerole pesant 140 livres. L'autre, 16 à 17 l. aussi la millerole.	HUILES.	Du Levant, 33 liv.
INDIGUE.	Gatimale, 3 liv. 10 s. à 4 liv. 10 sols la livre.	INDIGUE.	Gatimale, 3 l. la livre. Celle de S. Domingue, 3 liv. 3 sols.
LETON.	90 à 95 liv. le quintal en rouleaux & lingots. 70 à 75 liv. le quintal en platines.	LETON.	En fil, 135 liv. le quintal.
MANNE.	La première qualité en larmes, 40 à 50 sols la liv. pesant; la seconde, 20 à 25 sols; la troisiéme, 16 à 18 sols; & la plus commune 12 à 14 sols aussi la livre pesant.	MANNE.	En larmes 50 s. la liv.; celle de Sicile 33 sols.

PRIX de l'année 1688.

MOLUES.	8 à 9 l. le quintal, celle du petit nord est la plus estimée en Provence, sans être de plus haut prix ; & les autres le sont davantage en Languedoc, Roussillon, & Ponent.
NUX VOMICA.	24 à 25 liv. le quintal.
OPIUM.	Ordinairement il ne vaut que 3 à 4 l. la livre pesant; mais comme il n'en vient pas à présent, il vaut 15 à 16 liv. la livre pesant.
PLOMB.	7 liv. 10 sols à 8 liv. le quintal brut celui d'Angleterre; l'autre d'Hambourg 10 sols moins, & 9 à 10 l. le quintal travaillé.
POIVRE.	55 à 65 liv. le quintal.
RIS.	Celui du Levant 6 à 8 liv. le quintal; & l'autre environ 20 sols moins par quintal.
RUBARBE.	5 à 6 livres la livre.
SAVON.	11 à 11 l. 10 s. le quintal du marbré. Et le blanc 10 s. moins.
SÉNÉ.	125 à 130 l. le quintal celui de la palte, & le garbeau & fenicule 55 à 60 liv. le quintal.
SUCRE.	30 à 35 liv. le quintal.
VERDET.	40 à 45 liv. le quintal.

PRIX de l'année 1727.

MOLUES.	19 liv. le quintal.
NUX VOMICA.	30 liv. le quintal.
OPIUM.	7 liv. 10 sols la livre.
PLOMB.	D'Angleterre en saumon, 17 l. d'Hambourg 16 l.
POIVRE.	70 l. le quintal, d'Angleterre 68 liv.
RIS.	10 liv. le quintal.
RUBARBE.	100 liv. la livre.
SAVON.	Marbré, 20 liv. le quintal. En blanc, de même.
SÉNÉ.	25 liv. la livre.
SUCRE.	De l'Amérique première qualité 50 l. seconde 44 l. Humide 100 l. le quintal.
VERDET.	

COMMERCE DU LANGUEDOC,
ET DE SES DEUX GÉNÉRALITÉS; TOULOUSE ET MONTPELIER.

Cette féconde province, une des plus grandes, des plus riches, & des plus agréables du royaume, a deux marais salans; l'un à Madirac, qui fournit de sel au Bas-Languedoc, à l'Auvergne, à la Bourgogne & à la Savoye; l'autre à Sigean, d'où se tire le sel pour le Haut-Languedoc & le Roussillon. Ces sels doivent être un an dans le magasin, pour être de bonne qualité, & en état de servir aux salaisons.

Les denrées du crû du pays, comme les huiles, les fruits secs, des châtaignes, les fromages de Roquefort, faits de lait de brebis; les vins de plusieurs couleurs, fortes & qualités, s'envoyent sur la côte d'Italie, en Angleterre, dans le Nord, en Suisse, en Allemagne, même quelques-unes jusqu'à Tunis & Alger. Il s'en fait aussi des envois considérables à Paris, & dans les provinces du royaume.

Les manufactures de laineries, établies dans les deux généralités du Languedoc, sont celles des draps, des cadis, des burats, des serges, des ratines, des cordillats, des bayettes, des crépons, des razes, des tiretaines & des droguets, dont la plus grande partie est destinée pour le levant, comme les mahons & les londrins; & l'autre pour la Suisse, pour l'Allemagne, & pour plusieurs provinces de France. Voyez tous les articles où il est traité de ces diverses étoffes.

Les lieux où ces laineries se fabriquent, sont, Rieux, la Grange des Prez, Lodève, Carcassonne, Limours, Castres, Alby, Alet, Sainte-Colombe, Lavelanet, Laissac, la Grace, les Saptes, Chalabre, Mazamet, Ferrières, la Caune, Berdarieux, Saint-Sivian, Fuissac, Saint-Hypolite, Bauzély, Vigan, Ganges, Saumennes, Anduze, Alais, S. Gervais,

Sommieres, Gardonnenque, la Salle, Beziere, Avianne, & Beaucaire.

Les laines qu'on emploie dans toutes ces manufactures, font en partie laines du pays, mais la plus grande quantité se tire de Marseille par les marchands de Montpellier, qui les achetent surges, & qui après les avoir fait préparer, les vendent aux foires de Pezenas & de Montagnac, où les fabriquans de la province les vont prendre.

Dans les manufactures de soierie, qui font pour la plupart, au moins les plus considérables, établies à Toulouse, à Montpellier, à Nismes, à Alais, & en quelques petites villes ou gros bourgs, le long du Rhône, on fait des taffetas, des tabis, des crêpons de soie, des burats de soie & laine, des serandines, & quelques brocards & damas ; & c'est à quoi l'on emploie toute la soie qui se recueille dans la province, qui année commune, peut aller à douze ou quinze cent quintaux.

L'on cultive en *Languedoc* une assez grande quantité de pastel & de safran, sur-tout dans le diocèse d'Alby. La graine d'écarlate se trouve dans les bois de Grammont & la Morelle, ou Tournesol, dans le diocèse de Nismes.

Le verd-de-gris, qui se fait à Montpellier, & aux environs, aussi-bien que le cristal de tartre, qui se prépare à Aniâne, font en grande réputation dans les pays étrangers, où l'on en envoye considérablement.

Les mines de la province font, une mine de fer, à Saint-Germain de Calberte ; une d'étain, dans la paroisse de Vibron ; & une de jais, ou jayet, dans celle de Pompidoux, toutes du diocèse de Nismes.

Le diocèse de Mirepoix a aussi des mines de fer, des forges & des martinets ; des mines de charbon, & des mines de jais. Le fer se trouve, & se travaille à Coursouls, à Sainte-Colombe, à Quillau, & à Belestat ; le charbon, à Tremont & à Saint-Benoist ; & le jais, à Lovan & à Ralanet.

La fabrique des chapeaux est considérable dans la *généralité de Montpellier*. On en fait à Montpellier même, à Guissac, à Sauve, à Saint Hypolite, à Saumennes, à Anduze, à Alais, Usez, Saint-Geniez, la Salle, Nismes, Clermont, Beaucaire, Valborgue, & à Mauvain & Valaragne.

Dans le Vivarez, il croît des chanvres, & l'on y recueille quantité de châtaignes, qui se consomment en partie dans le pays, les châtaignes pour la nourriture des habitans, & les chanvres pour la fabrique de quelques toiles ; mais il en va aussi beaucoup aux provinces voisines.

Dans le diocèse de Carcassonne, tous les habitans des six bourgs, qui composent le petit pays de Graissesac, travaillent en clouterie.

La fabrique des dentelles occupe une bonne partie des ouvriers du Velay. Elles font propres pour l'Espagne.

Détail plus particulier du commerce de cette province, & de ses manufactures.

TOULOUSE. Cette Ville est la capitale du *Languedoc*, elle est située sur la Garonne ; & son heureuse situation la rend une des plus grandes villes du royaume, & des plus riches par son trafic.

Ses manufactures font des couvertures de laine, des bas de même matière, des chapeaux, des cuirs, des bergames & des petites étoffes.

Les couvertures font faites de laines du pays ; il s'en fait depuis 5 liv. jusqu'à 12 liv. la pièce : autrefois il s'en faisoit pour jusqu'à dix mille livres par an, présentement le débit ne va guères qu'à cinq mille livres ; la communauté des couverturiers n'est composée que de neuf maîtres qui n'ont chacun qu'un métier. *Toulouse* même, Montauban, Bordeaux & Limoges, font les lieux du débit de cette marchandise.

Les bas de laine font travaillés au métier, dont il y en a dix dans la ville.

La fabrique des chapeaux y est très-considérable, mais d'un très-mauvais travail ; il y a jusqu'à quarante-six maîtres actuellement occupés & fabriquans pour leur compte.

Les cuirs font de deux fortes, de la blancherie & des gros cuirs. Ceux-ci se font des peaux de bœufs, de vaches & de veaux ; ceux-là des chèvres & des moutons, dont on fait des basanes & des maroquins. Les maîtres tanneurs pour les gros cuirs, font au nombre de sept ; & il y a seize blancheries pour les menus cuirs.

Les bergames qui se font à *Toulouse*, ont la chaîne de fil de lin ou de chanvre gris ; la trame est de laine. Treize maîtres y travaillent où y font travailler sur vingt métiers.

Des étoffes qui s'y fabriquent, les unes font soies & laines ; & les autres, fil de coton & poil de chèvre. Quatre gros marchands soutiennent cette manufacture, qui occupe environ vingt maîtres. Les envois s'en font dans le haut & bas Languedoc, dans la haute & basse Guienne, en Béarn & en Basque.

ALBY, capitale de l'Albigeois dans le haut Languedoc, n'a que deux fortes de manufactures, des cordelats ou bayettes, & des toiles grises.

Les cordelats font faits tout de laines du pays ; il s'y en fabrique environ dix-huit cent pièces ; elles se vendent à Toulouse, à Montauban & à Bordeaux.

Les toiles grises s'appellent autrement des *étoupes* ; on n'en fait guères que trente mille cannes, qui se débitent dans les mêmes lieux que les cordelats.

CARCASSONNE. Quoique le territoire de cette ville & de son diocèse, ne produise guères que ce qu'il faut de denrées pour les habitans, le pays ne laisse pas d'être riche par le grand nombre de manufactures qu'on y a établies ; qui font en si grande quantité, qu'on pourroit dire que *Carcassonne* n'est proprement, qu'une seule *manufacture* de toutes fortes de draps.

Les gros marchands y font travailler un certain nombre de familles qui leur font attachées: ainfi prefque tous les habitans font occupés à la fabrique des étoffes de laines.

Les draps s'y font de laines de Beziers, de Narbonne & d'Efpagne, & ont depuis fept jufqu'à quatorze aunes. Les marchands qui en font le plus de commerce, font ceux de Touloufe, de Bordeaux, de Bayonne & de Marfeille.

LES SAPTES. La *manufacture* de draps qui y eft établie, eft très-confidérable. On y emploie des laines d'Efpagne, qui font fournies par les marchands de Touloufe, de Bayonne & de Marfeille. C'eft de cette *fabrique* que fe tire une partie des draps Londrins, qu'on envoie au Levant; le refte fe débite dans le royaume. Il s'y fait, année commune, fix cent pièces de Londrins, cinq cent autres de trente aunes de longueur; & trois cent cinquante de feize aunes. Il y a ordinairement quarante à cinquante métiers battans, qui occupent cinq à fix cent ouvriers. C'eft le fieur de Varenne qui en a fait l'établiffement. *Voyez* la fin de cet article.

Les tanneries des *Saptes* font auffi en réputation, & on y fait par an quatre mille cuirs forts, douze mille bafannes & trois mille peaux de veau en maroquin.

LIMOUX, ALET. Ces deux villes du bas *Languedoc* font fi unies & fi voifines, que leur commerce eft proprement le même. Les draperies qui s'y fabriquent fe font des laines du pays & du Rouffillon. On y en fait, bon an mal an, cinq à fix cent pièces, dont la plus grande partie va à Paris, beaucoup à Lyon, & quelque peu en Italie. Il y a à *Limoux* vingt-cinq marchands qui font travailler, & feulement cinq à *Alet*.

Huit maîtres tanneurs y fourniffent chaque année deux mille gros cuirs, fept à huit mille bafannes, & deux mille peaux de maroquin.

Il y a cinq forges & trois martinets à clous.

CHALABRE,
STE. COLOMBE, } Ces trois lieux ont des *fabriques* de draps & de cordeLAVELANET. lats. Celle des draps va à quinze cent pièces par an; & celle des cordelats, feulement à quatre cent. Quatorze marchands entretiennent cette *manufacture*. Le débit s'en fait à Lyon, Bordeaux, Limoges, Montauban & Touloufe.

SAISSAC. Il y a une *fabrique* de draps communs, que trois feuls marchands foutiennent; on y en fait jufqu'à cinq cent cinquante pièces. Ces étoffes fe vendent aux marchands de Lyon.

LA GRASSE. Cette *manufacture* fournit cinq cent pièces de draps, elles fe tirent pour Lyon.

LA MONTAGNE DE CARCASSONNE. Les draps qui s'y fabriquent, fe débitent à Lyon, Bordeaux, Touloufe & quelques autres villes du royaume: on en peut tirer jufqu'à feize cent pièces par an. Les draps qui s'y font, font de plufieurs couleurs & de différentes largeurs.

CASTRES. Il y avoit autrefois dans la ville une grande manufacture de crêpons, qui en portoient le nom; mais la mode en étant paffée, le commerce en eft préfentement prefque entièrement tombé: en forte qu'au lieu de plus de douze mille pièces qui en fortoient chaque année, à peine aujourd'hui s'en fait-il quelques centaines.

Les autres *fabriques* qui s'y font confervées, font des bayettes, des burats & des cotonines; ceux-là, raz & de foie, fil & laine; & celles-ci avec la chaîne de chanvre ou de lin, & la trame, de coton. Il s'y en fait quelques centaines de pièces, qui occupent cinq facturiers, vingt ouvriers & dix tondeurs.

Il y a une papeterie fur la rivière de Dureuque.

MAZANET & SES DÉPENDANCES. Il s'y fabrique environ quatre mille pièces de cordelats par an en blanc & en mufc. Elles fe partagent pour le débit, entre Lyon, Nifmes, Touloufe, Montauban & Bordeaux. Il y a fix maîtres tondeurs.

Les moulins à papier qui font fur la rivière de Mette, font au nombre de trois, qui fourniffent 120 à 125 rames de papier grand & petit par mois. Le débit s'en fait dans les mêmes villes que les cordelats.

BOISSESON. Il s'y fait, année commune, jufqu'à mille cinq cent pièces de cordelats, que font fabriquer onze ou douze marchands. Touloufe, Montauban & Bordeaux, font les lieux où fe débitent ces étoffes.

VABRES. Il y a une *fabrique* de ferges depuis 10 fols jufqu'à 20 fols l'aune; elles font propres toutes pour l'Efpagne; il s'en envoie auffi quelques-unes dans le royaume. Le produit va jufqu'à deux mille cinq cent pièces par an: une vingtaine de marchands en font le commerce.

FERRIERES. Dix ou douze marchands y font auffi fabriquer des ferges qu'ils débitent en Languedoc & en Rouffillon. Il s'y en fait environ dix-huit cent pièces.

LA CAUNE. Il s'y fait de gros draps de quatre pans & demi de large, au prix de quarante à quarante-cinq fols l'aune. Il en fort environ deux mille quatre cent pièces par an, qui font envoyées à Lyon, Montpellier & Nifmes, pour de-là paffer en Piémont & dans la Savoye. Douze marchands du lieu font ce négoce & entretiennent cette *fabrique*.

BEDARRIEUX. Il y a deux fortes de *manufactures*; l'une de droguets, & l'autre de draps. Celle de draps en peut fournir plus de trente mille pièces; fçavoir, de larges, fix cent pièces, & de communs, trente mille quatre cent pièces; les droguets ne vont qu'à fix cent pièces. Ces *fabriques* occupent douze maîtres tondeurs. Toutes ces étoffes fe vendent aux foires de Pezenas, de Montagnac & de Beaucaire.

SAINT-PONS LA BASTIDE. Les draps qui s'y fabriquent, font des draps blancs, qui s'envoient à Paris, Lyon, Bordeaux & Touloufe. Il y a vingt maîtres drapiers qui en fourniffent jufqu'à quatre mille pièces par an.

SAINT-CHINIAN. C'eft auffi des draps blancs qu'on fait dans cette *manufacture*, leur prix eft depuis 3 liv. 10 fols jufqu'à 4 liv. 10 fols l'aune : on en tire par an environ deux mille deux cent pièces. Ils font propres pour les mêmes lieux que les draps de Saint-Pons.

PEZENAS. Il n'y a point de manufacture; mais il s'y tient trois foires par an, chacune de huit jours, où il vient beaucoup de marchands de *Languedoc*, qui y apportent les étoffes de leurs diverfes fabriques.

LODÈVE. La *fabrique* de draps qui eft établie à Lodève eft très-confidérable & d'une grande réputation: elle fournit des draps blancs & gris pour les troupes; il s'y en fait jufqu'à quarante-cinq mille pièces; il s'y fabrique auffi quantité de toiles & de chapeaux.

MONTPELLIER. Les *manufactures* de cette ville confiftent en petites étoffes, en couvertures, en chapeaux, en paffemens pour des livrées, en futaines, en toiles & en tanneries.

Les étoffes font, les unes de foie & laine; les autres, de foie & poil de chévres; & d'autres, de foie & de filofelle. Ces *fabriques* entretiennent feize facturiers & feize métiers.

La *fabrique* des couvertures eft très-confidérable : il s'en débite, année commune jufqu'à dix mille qui fe diftribuent dans tout le royaume, particulièrement en *Languedoc*, en Auvergne, en Rouergue, dans le Lyonnois, en Dauphiné, en Provence & en Guyenne, ou qui paffent à Genève, en Suiffe, en Allemagne & en Italie. Elle occupe vingt tifferands; dix maîtres pareurs, fept tondeurs, & dix teinturiers. Environ vingt-cinq marchands foutiennent cette *fabrique*.

La *manufacture* des chapeaux eft peu de chofe, n'y ayant que cinq maîtres chapeliers.

Celle des futaines entretient vingt-quatre métiers & autant de maîtres futaniers. Il s'en fait environ neuf cent pièces de deux pans de large, & de douze cannes de long.

La *fabrique* des toiles a vingt-quatre maîtres tifferands & trente-quatre métiers, les pièces font de 20 cannes de long; il s'en fait, bon an mal an, trois cent pièces.

Enfin le produit des tanneries confifte en quatre cent cuirs forts, trois cent douzaines de peaux de veaux, douze à quinze cent peaux de geniffes, & deux cent peaux de vaches. La plupart de ces cuirs font pour l'Efpagne & pour Touloufe, le refte fe confomme à *Montpellier* même.

Il s'y blanchit les cires jaunes qui viennent du Levant.

On y fait ces excellentes liqueurs, peut-être trop eftimées, dont on fait une fi grande confommation à Paris & dans les principales villes du royaume.

Il y a auffi un martinet à cuivre, qui peut donner cent quintaux de ce métal.

GUISSAC. La *fabrique* des cadis y eft affez con-

fidérable, elle occupe trente maîtres & cinquante métiers. On en fait huit à neuf cent pièces par an, qui vont toutes à l'étranger.

Les chapeaux qui s'y font & les cuirs qui s'y tannent, ne font pas un grand objet de commerce; ceux-ci n'allant guères qu'à trois cent peaux de vaches, & les autres à fept ou huit douzaines de chapeaux.

SAUVE. On y fait des cadis qui fe vendent aux marchés d'Anduze. Le produit de cette *fabrique* va à quinze ou feize cent pièces, où font employés trente-fix maîtres & quatre-vingt-douze métiers.

On y fabrique auffi des chapeaux, des bas d'eftame & des cuirs, mais en petite quantité.

SAINT-HIPOLYTE. La *manufacture* des cadis de *Saint-Hipolyte* a ordinairement trente-cinq maîtres & foixante & quinze métiers, qui peuvent fabriquer, année commune, fept à huit cent pièces d'étoffes.

Ses tanneries fourniffent huit cent cuirs, trente douzaines de bazannes, & trois cent peaux paffées en chamois.

A l'égard de la chapellerie, elle donne au plus quarante douzaines de chapeaux par an.

BAUZELY. Sa *fabrique* de cadis a près de quarante maîtres & de foixante métiers, tout ce qui s'y en fait fe vend aux marchés de la province.

VIGAN. La *fabrique* des draps & des cadis y eft très-confidérable, elle fait travailler plus de quatre-vingt-dix métiers, & eft foutenue par douze ou treize marchands, & près de vingt-cinq maîtres facturiers.

Vingt maîtres chapeliers y font un affez bon négoce, & peuvent fabriquer par an environ douze cent douzaines de chapeaux.

Ses tanneries donnent foixante peaux de vaches, cinq ou fix douzaines de menus cuirs, & deux cent groffes de parchemin.

Il y a auffi une blanchirie pour les toiles.

GANGES. On y fait quelques cadis, mais qui ne vont guères qu'à quarante-cinq pièces par an, qui occupent pourtant neuf maîtres & neuf métiers.

Sa tannerie eft plus confidérable; vingt tanneurs qui la compofent, peuvent donner onze à douze cent gros cuirs, & trois cent douzaines de menus.

SUMENES. Il s'y faifoit autrefois jufqu'à deux mille pièces de cadis, à peine aujourd'hui s'y en fait-il vingt pièces; auffi n'y a-t-il que trois ou quatre marchands & autant d'ouvriers.

Ses chapeliers font jufqu'à foixante & dix douzaines de chapeaux, & fes tanneurs environ quatre cent cinquante cuirs de vaches.

ANDUZE. Ce lieu eft fameux par fes marchés, où fe vendent la plupart des étoffes de lainages qui fe fabriquent aux environs. Il a lui-même une affez bonne *manufacture* de cadis, qui occupe vingt-quatre maîtres & quarante métiers; les huit ou neuf cent pièces qui s'y font par an, fe portent partie à Beaucaire, & partie fe vend aux marchés d'*Anduze* même.

Ses tanneries peuvent fournir 500 peaux de vaches, quarante douzaines de veaux, deux cent douzaines de bazannes communes, & vingt douzaines d'aludes.

Quatre ou cinq chapeliers qui y font établis, font environ cinquante douzaines de chapeaux.

ALAIS. Le principal commerce de cette ville confiste en diverses étoffes de lainerie ; comme en ferges, en cadis & en ratines : on y fait auffi quelques étoffes de foie, des foies qui fe recueillent dans le pays. Le refte du négoce confifte en cuirs, en chapeaux, en grains, en olives, en huiles, & même en quelques vins.

Les *fabriques* de lainerie ont plus de trente maîtres & quatre-vingt métiers, qui fourniffent par année mille à onze cent pièces d'étoffes de laine.

Les étoffes de foie n'ont que fept fabriquans, qui à peine en font une vingtaine de pièces par an.

La tannerie y eft très-confidérable, & dix-huit tanneurs qui y travaillent, fourniffent, année commune, 2500 cuirs forts, 10000 vaches, 100 douzaines de veaux & 300 groffes de bazannes.

La communauté des chapeliers confifte en huit ou dix maîtres, qui font 200 douzaines de chapeaux.

USÈS. Il fe fabrique dans cette ville dix-huit ou dix-neuf cent pièces de ferges, fur foixante ou foixante & dix métiers gouvernés par quarante maîtres. Pendant la paix le débit s'en fait en Allemagne, en Hollande & en Piémont.

Sept chapeliers fourniffent plus de deux cent douzaines de chapeaux, qui font prefque tous pour les troupes du roi.

Il fe prépare dans fes tanneries peu de gros cuirs, & feulement trois cent vaches & trente veaux.

SAINT-GIGNAIX. Les cadis qui s'y fabriquent fe vendent aux toile aux marchands de Nifmes, d'Ufès & de Montpellier, & ce qui en refte fe porte aux marchés d'Andufe. Il y a dix ou douze maîtres & quarante métiers, qui en donnent plus de huit cent pièces par année.

Il s'y fait quelques chapeaux, qui ne paffent pas foixante douzaines.

SOMMIERES. Il s'y fait des ferges drapées, des ratines & des cadis ; ces derniers, d'une demi-aune de largeur. Toutes ces différentes *fabriques* peuvent donner jufqu'à quatorze cent pièces d'étoffes. Vingt-deux maîtres y travaillent dans la ville fur autant de métiers, & trente aux environs, qui n'ont auffi chacun qu'un métier ; ce font les marchands de Nifmes & d'Ufès qui les enlèvent.

Tous les cuirs qui fortent de fes tanneries, ne vont guères qu'à quatre-vingt douzaines de bazannes.

Il y a à *Sommieres* des foires confidérables.

SAINT-JEAN DE GARDONNENQUE. Cette *fabrique* fournit fept ou huit cent pièces de cadis, qui fe vendent aux foires de Sommieres, de Lunel & de Beaucaire ; vingt maîtres & leurs ouvriers y travaillent fur quarante métiers.

Il y a des tanneries qui peuvent donner trois cent

gros cuirs & trois cent vaches. La communauté des tanneurs eft de fept maîtres.

LA SALLE. Il y a dans cette *manufacture* trente métiers & vingt-cinq maîtres pour les cadis ; il s'en fait par an de fix à fept cent pièces.

Deux chapeliers & deux tanneurs y font, les uns feize douzaines de chapeaux, & les autres cent foixante peaux de vaches.

NISMES. Cette ville eft comme le centre du Languedoc, & fes marchands font le principal commerce de la province, foit de leurs propres *manufactures*, foit des marchandifes qu'ils amaffent de tous côtés, particulièrement aux marchés d'Andufe, où ils vont tous les jeudis avec de groffes fommes d'argent comptant, qu'ils diftribuent aux marchands manufacturiers du Gevodan, de qui ils prennent toutes les étoffes qui s'y fabriquent, entr'autres des cadis, des ferges & des ratines.

Les diverfes fabriques qui s'y font, font des étoffes de foie, des étoffes de laine, d'autres mêlées de diverfes matières, des bas au métier, des chapeaux & des cuirs.

Les foies qu'on emploie à *Nifmes*, font en partie du Languedoc, & en partie de Provence, du Dauphiné & de la principauté d'Orange. La plupart de ces foies s'y fabriquent ; les unes en foies qu'on nomme *foies de Grenade*, dont on fait des franges, des broderies & des paffemens, qui s'envoient à Paris ; les autres en foies à coudre, qui fe débitent dans toutes les provinces du royaume & dans les pays étrangers ; & les autres en diverfes fortes d'étoffes. à fleurs, en taffetas façon de Florence & d'Avignon, en gazes, ferandines, grifettes & autres petites étoffes, mêlées : on en confomme auffi quelques-unes en rubannerie.

Les étoffes qui fe fabriquent dans les *manufactures de Nifmes*, peuvent monter par an à fix cent cinquante ou fept cent pièces de taffetas, neuf cent ou mille pièces mêlées, & jufqu'à deux mille cinq cent pièces de burats filofele & laine. Pour foutenir toutes ces *fabriques*, il y a cinquante à foixante maîtres, trois cent vingt métiers, dix ou douze teinturiers en draps, autant en foie, & quatre en laine.

La *fabrique* des bas au métier eft à proportion auffi confidérable. Elle y occupe trois cent cinquante métiers fous cent dix maîtres, qui font, année commune, deux cent cinquante douzaines de paires de bas.

Dix maîtres chapeliers font environ neuf cent douzaines de chapeaux.

La tannerie a vingt maîtres, qui donnent par an deux cent cuirs forts, fix cent vaches, & quinze cent douzaines de menus cuirs.

NARBONNE. Le plus grand commerce de cette ville eft en bleds. C'est l'entrepôt de tous ceux qui viennent du Languedoc par le canal, & qui fe recueillent dans le pays. De *Narbonne* ils font tranfportés jufqu'à la mer, par un canal qu'on nomme *la Rombine*, & de-là en Provence, en Rouffillon &

même jufqu'en Italie, quand la récolte n'y a pas été bonne. Ce font de riches marchands établis à *Narbonne*, qui font ce commerce aussi-bien que de tous les autres grains où ils font très-intelligens.

Il n'y a à *Narbonne* aucune fabrique d'étoffes. Il s'y fait feulement des bas de laine à l'aiguille, par les enfans de la charité, qui en fourniffent environ cinq à fix cent paires par an.

Ses tanneries donnent cent cinquante cuirs forts, & mille douzaines de peaux légères.

BEZIERS. Il fe fait à *Beziers* & dans tout fon diocéfe, un commerce affez confidérable de diverfes marchandifes, ou qui font de fon crû, ou qui fe font dans fes *manufactures*.

A l'égard du dehors, à *Roquebrune* il y a du marbre. *Gabian* fournit cette huile qui porte fon nom, dont on donne un article dans ce Dictionnaire. Dans le même endroit il y a des mines de charbon de terre, & une efpèce de gomme propre à faire du goudron. A *Bedarieux*, ainfi qu'on l'a dit ci-deffus, il fe fait de très-beaux droguets; & dans le petit canton de *Graiffefac*, compofé de fix bourgs, on y fabrique de la clouterie, qui fe débite dans le refte du Languedoc & dans les provinces voifines.

Dans la ville il y a diverfes *manufactures* de laineries, entr'autres celle des draps fins; & celle des droguets femblables à ceux de Bedarieux, qui les uns & les autres, fe débitent pour la plupart en Allemagne.

Enfin, on fait dans les tanneries, année commune, trois cent cuirs forts, cent cinquante douzaines de bafanne, foixante douzaines de parchemins, & cent douzaines de peaux en blanc.

CLERMONT. La *manufacture royale* de draps fins, établie à *Clermont*, eft très-confidérable, elle occupe jufqu'à cinquante métiers battans pour ceux de la grande largeur, & trois ou quatre pour les draps étroits. Tous ces draps font deftinés pour le Levant. Cette *Manufacture* en fournit jufques à huit cent piéces.

Outre ces draps, il s'en fait encore beaucoup d'autres par les fabriquans particuliers, qui y font au nombre de dix-huit ou vingt, qui y employent jufqu'à trente métiers. Ces draps font de différentes largeurs, & peuvent aller par an depuis fix jufqu'à fept cent piéces.

Il y a auffi un entrepreneur particulier de draps fins, qui en fait environ cent piéces.

La *fabrique* des chapeaux de *Clermont* eft une des plus fortes de tout le Languedoc, elle peut fournir par an jufqu'à trois mille douzaines de chapeaux.

Ses tanneries font bien moins confidérables, à peine donnent-elles cent gros cuirs, & deux cent groffes de parchemins.

ANIANE. La *fabrique* des cadis y occupe quinze maîtres & vingt à trente métiers. Ces étoffes font de deux fortes; les unes, de demi-aune; & les autres, de deux pans de large. Il s'en fait en tout,

l'une portant l'autre, jufqu'à près de huit cent piéces.

Trois maîtres y travaillent au favon roux, qui eft affez eftimé.

Sa *fabrique* de criftal de tartre, pour la teinture d'écarlate, eft pareillement en réputation; elle en fournit deux cent quintaux par an.

On fait dans fes tanneries jufqu'à deux cent cuirs forts, neuf cent trente à neuf cent cinquante peaux de vaches, & quatre-vingt-dix douzaines de veaux.

Enfin, pour dernier objet de commerce, il y a un martinet qui travaille en cuivre.

BEAUCAIRE. Cette ville eft fameufe par fa foire, une des plus célèbres de l'Europe; nous en allons dire quelque chofe, après que nous aurons parlé de ce qui regarde fon commerce particulier & annuel.

Les *fabriques* établies à *Beaucaire*, font celle des cadis; celle des bas au métier, & celle des chapeaux; il y a auffi une affez bonne tannerie de cuirs forts.

La *fabrique* des cadis occupe quatorze métiers, d'où il fort, année commune, environ trois cent piéces d'étoffes. Huit maîtres travaillent aux bas au métier. Trois ou quatre maîtres chapeliers peuvent faire jufqu'à trente ou quarante douzaines de chapeaux; & dix maîtres tanneurs, qu'on y nomme des *cuiratiers*, préparent environ trois cent cuirs forts.

La foire fameufe qui s'y tient eft une des plus célèbres qui fe tiennent en *France*. Elle fe tenoit autrefois dans l'enceinte de la ville de *Beaucaire* en Languedoc, d'où elle a pris fon nom; & l'on y voit encore plufieurs arcades qui traverfent les rues, où apparemment les marchands faifoient leurs étalages; mais depuis long-temps fa réputation & le concours qui s'y fait, fe font tellement accrus, qu'on a été obligé de la tenir en partie en pleine campagne, fous les tentes qu'on élève dans une prairie voifine de la ville.

Cette foire commence le 22 juillet, fête de la Magdelaine, & ne dure que trois jours. On y vient de toutes les parties du monde; & il n'y a point de marchandifes, quelque rares qu'elles foient, qu'on n'y puiffe trouver. Auffi, malgré le peu de temps qu'elle dure, le commerce y eft fi grand qu'il s'y fait pour plus de fix millions de livres d'affaires.

C'eft l'*infpecteur des manufactures* de Nifmes, aidé quelquefois de fes confrères des départemens voifins, qui avec les juges de police des manufactures, & les maîtres & gardes & jurés, y va faire la vifite & la marque des étoffes foraines.

Les directeurs des cinq groffes fermes de quelques départemens du voifinage, ont coutume de s'y affembler pour veiller aux intérêts de la ferme.

La franchife de la foire de *Beaucaire* eft un privilège accordé aux habitans de cette ville en 1217, par Raimond, comte de Touloufe, tant à caufe de leur conftante fidélité à fon fervice, qu'en confidération du commerce pour lequel cette ville est très heureusement située.

Ce privilége, depuis la réunion du Languedoc à la couronne, a été confirmé par plusieurs de nos rois, particulièrement en 1483, par Charles VIII, & encore sous le régne de Louis XII, & sous celui de Louis XIII.

La commodité du Rhône, sur lequel la ville de *Beaucaire* est située, fait venir à sa foire les marchandises de Bourgogne, du Lyonnois, de Suisse & d'Allemagne. La mer dont elle n'est éloignée que de sept lieues, lui apporte celles du Levant, d'Italie & d'Espagne; & elle reçoit par le canal royal tout ce qui peut venir du haut Languedoc, de Bordeaux, de Bretagne & de l'Océan.

Les marchands qui fréquentent davantage cette foire sont ceux de presque toute la *France*, soit par eux-mêmes, soit par leurs commissionnaires. Les Espagnols, les Italiens, les Allemands y viennent aussi en grand nombre, & il n'y a guères de nations de l'Europe dont les négocians ne s'y intéressent. On y voit toûjours des Arméniens, souvent des Persans, & quelquefois des Orientaux encore plus reculés.

Les principales marchandises qui s'y vendent sont des épiceries, des drogueries, des merceries, des étoffes de laine & de soie, des laines d'Espagne, d'autres de Barbarie, outre de celles du crû du pays, enfin de tout ce que fabrique & produit la *France*, ou qui lui vient du dehors, assez souvent même des pierreries.

Il s'y fait aussi un grand commerce d'argent pour le change, & des remises dans toutes les parties du monde.

Comme c'est la seule foire véritablement franche, qui soit dans le Languedoc, c'est proprement pour jouir de sa franchise que les marchands fréquentent les autres foires de la province pour y ramasser les marchandises qu'ils veulent mener à celle de *Beaucaire*; & toutes célèbres que soient les foires de Pezenas & de Montagnac, on peut dire qu'elles ne se font que pour préparer les affaires de la foire de *Beaucaire*.

Avant l'année 1632, la franchise de cette foire étoit entière, mais depuis ce temps-là elle a reçu quelque atteinte par l'établissement du droit de réapréciation qui fut imposé sur toutes les marchandises de la province de Languedoc, & dont celles de la foire ne furent pas exemptes. Il est vrai que ce droit n'est pas considérable, puisque, année commune, il ne rapporte au roi que 25000 livres. On y paie encore un autre petit droit de douze sols par balle de marchandises qui ne sont point déballées, le fermier prétendant qu'elles y doivent toutes l'être. Ce droit s'appelle *abonnement* & ne produit qu'environ 5000 liv. peut-être que si la franchise totale étoit rétablie, les marchands pourroient être davantage animés à y augmenter leur commerce.

SAINT-ANDRÉ DE VAL-BORGNE. Les *fabriques* qui y sont établies, sont peu considérables : on y fait cependant des cadis, des chapeaux & quelques cuirs.

Les cadis occupent douze maîtres & vingt-quatre métiers, qui présentement en font au plus quatre-vingt pièces; au lieu qu'autrefois il s'en fabriquoit jusqu'à huit cent dans cette *manufacture*.

Un seul chapelier fait à peine dix douzaines de chapeaux; & un blancher ou mégissier environ trente douzaines de peaux d'aludes.

MAIRVAIX. Sa *fabrique* de cadis ne va guères qu'à deux cent pièces par an; il y a cependant dix-sept ou dix huit maîtres, & près de trente métiers.

La chapellerie y est meilleure; treize maîtres chapeliers y font deux cent douzaines de chapeaux.

Les blanchers n'y font que du parchemin, ils sont deux ou trois qui en peuvent fournir environ deux cent grosses.

VALARANGUE. Il s'y fait quelques chapeaux, mais qui ne passent pas trente douzaines par an.

Le principal objet de son commerce sont les cadis, dont il y a plus de trente maîtres & près de cinquante métiers; le produit par année monte à sept cent ou sept cent cinquante pièces.

LE PUY. Cette ville est la capitale de Vélay, petit pays du Languedoc presque entièrement situé dans les montagnes.

On y fait des dentelles qu'on débite dans les pays étrangers, particulièrement en Espagne & en Allemagne; c'est ce commerce qu'on fait monter à plus de soixante mille livres par an, qui fait subsister la meilleure partie du peuple.

On y fait aussi un assez grand négoce de mulets dans les foires, & de cuirs apprêtés, qui s'y apportent de toute part.

Des manufactures royales établies en Languedoc.

Quoiqu'on ait parlé ci-dessus de quelques-unes de ces *manufactures*; comme on ne l'a fait qu'en passant, on croit ne pas déplaire au Lecteur d'en ajouter ici une espèce d'histoire abrégée un peu plus suivie.

C'est à M. Colbert qu'on est redevable de leur premier établissement, par la protection qu'il leur donna, & par les secours qu'il obtint du roi pour les soutenir.

Le sieur de Varennes ayant fait venir des ouvriers de Hollande, avec l'agrément du ministre, entreprit la fabrique des draps propres pour le commerce du Levant. Saptes près de Carcassonne, fut le lieu où il établit sa *manufacture*, & l'on peut la regarder comme le modèle, & pour ainsi dire, comme la mère de toutes les autres qui sont dans la province de *Languedoc.*

La *manufacture* de Clermont de Lodève suivit bientôt après, & l'on commença d'y travailler vers l'an 1678. Pour soutenir ces deux établissemens naissans, les *états de Languedoc* leur firent un prêt de cent trente mille livres pour plusieurs années sans intérêts, & leur accordèrent outre cela une pistole de gratification pour chaque pièce de draps fins qui s'y fabriqueroient ; chacune de ces *manufactures* ont au moins trente métiers battans pour cette forte de draps, sans compter les autres métiers qu'elles font travailler des autres qualités.

La troisième *manufacture* est celle de Carcassonne, établie & soutenue par le sieur Castenier qui n'a pas moins réussi que celles de Saptes & de Clermont de Lodève : aussi la province lui a-t-elle fait les mêmes avantages qu'aux deux autres *manufactures royales*.

Ces trois *manufactures* font, année commune, trois mille pièces de draps fins pour le Levant, qui à trois cent livres chacune, montent à neuf cent mille livres.

Les *états de Languedoc* ont encore depuis, c'est-à-dire, vers la fin du dix-septième siècle, & le commencement du dix-huitième, ajouté deux nouvelles *manufactures* pour le Levant aux trois anciennes, & toujours avec les mêmes prérogatives & les mêmes secours accordés aux premières.

L'une, établie à Rieux, a été mise sous la conduite du sieur Gurse hollandois ; & l'autre qui est dans le château de la Grange des Prez près Pezenas, est sous la direction de manufacturiers françois.

La dernière *manufacture royale du Languedoc* est celle du sieur Chamberlin, établie pareillement sous l'autorité des états. Elle ne regarde pas la fabrique des draps fins propres au commerce du Levant, mais seulement les étoffes de laine à la façon d'Angleterre, dont le débit se fait en Espagne.

On a cru ne pouvoir mieux finir ce long détail du commerce du *Languedoc*, qu'en donnant ici une balance de toutes les marchandises de son cru, qui vont à l'étranger, ou qui se consomment dans le pays, & de celles qui y sont apportées du dehors, avec une évaluation du prix desdites marchandises, fixé sur le commerce qui s'en peut faire année commune.

On pourroit entrer dans un assez long détail de beaucoup d'autres *manufactures* établies en *Languedoc* ; comme du papier, dont il y a des moulins à Annonay dans le Vivarais, & qui s'envoie en partie dans le Levant ; des parchemins, des bergames, des cartes à jouer, des bas de soie & de laine, de la colle-forte, & de plus de vingt-cinq excellentes tanneries, qui sont répandues dans les deux généralités de Toulouse & de Montpellier. On remarquera, en finissant cet article, que quoique le *Languedoc* n'ait de ports un peu considérables, que ceux de Cette & d'Agde, son commerce, la consommation de la province déduite, se monte, année commune, à plus de quatorze millions.

BALANCE DU COMMERCE DE LA PROVINCE DE LANGUEDOC.

Marchandises & denrées du crû & manufactures de *Languedoc*.	Prix à quoi chaque article est fixé par le commerce qui s'en peut faire année commune.	Sommes pour le montant desquelles il soit à l'étranger, & pour les autres provinces, desd. marchandises & denrées.
Grains,	1,200,000 l.	400,000 l.
Vins,	830,000	830,000
Eaux-de-vie,	440,000	440,000
Eau de la reine d'Hongrie,	120,000	120,000
Liqueurs,	150,000	150,000
Verdet,	200,000	200,000
* Huiles d'olives.	2,000,000	1,000,000
Pastel,	50,000	25,000
Saffran,	100,000	80,000
Prunes,	120,000	60,000
Salicor,	50,000	30,000
Tourne-sol,	15,000	15,000
Châtaignes,	150,000	60,000
Coupe & commerce des bois,	300,000	150,000
Futailles & tonneaux.	60,000	30,000
Commerce de soierie,	1,800,000	1,500,000
Bestiaux à laine,	1,000,000	600,000
Forges à fer,	120,000	8,000
Clouterie,	140,000	60,000
Refonte de vieux cuivre,	20,000	
Papeteries,	140,000	100,000
Manufactures de parchemin,	15,000	
Cartes à jouer,	60,000	30,000
Savon,	105,000	5,000
Blanchirie de cire,	150,000	50,000
Toiles,	30,000	
Lacets,	10,000	
Salage de sardine,	100,000	60,000
Apprêt & commerce de peaux d'agneaux & de chevreaux,	800,000	400,000
Gants,	50,000	30,000
Peaux de moutons, de chèvres, & de boucs habillés en chamois,	258,000	150,000
Colle forte,	50,000	
Verres & vitres,	20,000	
Verreries,	30,000	

*Nota. Le commerce des denrées & fruits monte à la somme de 5,425,000 liv. ; sur quoi il en sort pour l'étranger & les autres provinces du royaume, pour 3,410,000 liv.

Marchandises & denrées du crû & manufactures de *Languedoc*.	Prix à quoi chaque article est fixé par le commerce qui s'en peut faire année commune.	Sommes pour le montant desquelles il sort à l'étranger, ou pour les autres provinces, desd. marchandises & denrées.
*Dentelles du Puy,	60,000l.	40,000l.
Futaines & basins,	90,000	60,000
Couvertures de laine,	230,000	200,000
Bergame & autres tapisseries,	20,000	
Petites étoffes fines & grossières de laine,	4,100,000	
Draperies fines & autres.	8,450,000	5,300,000
Bas de laine,	40,000	
Chapeaux,	400,000	150,000
Taffetas, rubans & bas de soie,	900,000	600,000
Étoffes de filoselle,	80,000	50,000
Confection d'alkermes,	50,000	50,000
Anguilles d'Ayguemortes,	35,000	20,000
Melastes de pecais,	30,000	15,000
Commerce de graines de jardins,	30,000	15,000
	26,738,000l.	14,038,000l.

Il entre dans la province de *Languedoc* des marchandises & denrées, tant étrangères qu'originaires des autres provinces du royaume, pour la somme de . . . . 4,790,225l.

Sçavoir ;

En toiles de Normandie, de Bretagne, d'Anjou & Lyonnois, pour,	400,000l.
Toiles d'Auvergne, Rouergue, Quercy & Velai,	600,000
Toiles de Suisse venant par Lyon,	450,000
Toiles, manufacture des Indes avant qu'elles fussent défendues,	300,000
Toiles de Hollande par Bordeaux,	30,000
Bœufs & moutons par l'Auvergne, le Limosin & le Rouergue,	1,240,000
Epiceries par Bordeaux,	471,000
Poisson salé de Marseille & de Bordeaux,	349,225
	3,840,225

* *Un mémoire met le produit des dentelles du pays à* 600,000 *liv. & les envois à l'étranger à* 400,000 *liv., il paroît qu'il y a erreur, plusieurs autres ne mettant que* 60,000 *liv..*

Ci-contre	2,840.225l.
Fer de Bourgogne & du comté de Foix,	100,000
Quincaillerie de Forez & d'Auvergne,	50,000
Mercerie d'Allemagne par Lyon,	50,000
Laines d'Espagne, de Constantinople, Salé, Alger & tous les lieux de Barbarie, quarante mille quintaux valant par estimation,	400,000
	4,440,225l.

De manière que la province de *Languedoc*, outre sa propre consommation, envoyant à l'étranger & dans les provinces du royaume, pour quatorze millions & plus de marchandises & denrées de son crû, & n'en recevant que pour 4,500000 liv. il lui reste de profit en argent 9,500000 liv.

COMMERCE DE LA BASSE NAVARRE, ET DU BÉARN.

Si le *Béarn* n'est guères fertile, la *Basse-Navarre* l'est encore moins, & ce n'est qu'à l'assiduité, au travail & à l'industrie des habitans, que l'on doit le peu de denrées & le peu de marchandises qui y sont propres au commerce.

Les vallées de Baretons, d'Aspe & d'Ossant, dans la sénéchaussée d'Oléron en *Béarn*, produisent des sapins pour les mâts des vaisseaux du roi. Elles ont aussi des mines de plomb, de cuivre & de fer, qui entretiennent quantité de forges, de fonderies & de martinets.

Ce sont les habitans d'Oléron, qui sont presque tous négocians, qui enlèvent ces métaux ouvrés, ou non ouvrés, & qui en font négoce avec l'Arragon & quelques autres lieux des frontières d'Espagne.

Il se fait du sel dans quelques endroits du *Béarn*, mais ce n'est guères que pour la consommation du pays, n'en passant que peu à l'étranger.

Les fruits qu'on recueille dans cette généralité, dont on fait quelque commerce, sont, des vins, des bleds, du millet, de l'avoine, des pommes, du lin & du chanvre.

Les vins de la sénéchaussée de Morlac passent pour excellens : les Anglois y viennent tous les ans en temps de paix, & les enlèvent presque tous ; les habitans se contentent pour leur boisson, du cidre qu'ils font de leurs pommes, dont même ils font quelque petit trafic avec leurs voisins.

Les fabriques de toiles, qui sont établies en plusieurs lieux, consomment à peu près les lins & les chanvres de leur récolte. Ces toiles sont assez grossières, mais cependant propres pour l'Arragon & l'Espagne, où les font passer les négocians de Saint-Jean-Pied-de-Porc & d'Oléron.

La *Basse-Navarre* & le *Béarn*, sur-tout les montagnes de la première, ayant des pâturages admirables, le plus grand commerce du pays , confiste en gros & menu bétail , & en chevaux qu'on y élève & qu'on conduit en Espagne. Les chevaux ne font pas excellens , mais ils accommodent les Espagnols , qui en tirent bon service.

Les laines y font bonnes , & passent pour laines d'Espagne. Les plus fines s'enlèvent par les marchands François de diverses provinces : des autres , on en fabrique quelques étoffes assez grossières , dont le menu peuple s'habille , & dont font faits cette espéce de manteaux avec un long & large capuche pour couvrir la tête, qu'on appelle *capes de Béarn.*

COMMERCE DE LA FLANDRE,
ET DU BRABANT.

Pour plus de facilité & pour s'accommoder à la division de la *Flandre* en plusieurs généralités , on traitera d'abord de la *Flandre Françoise*, ensuite de la *Flandre Flamingante*, comme on l'appelle , & enfin du *Hainault ;* & quoique l'empereur & les Hollandois occupent plusieurs places dans les unes & dans les autres, particulièrement depuis les traités d'Utrecht & de Rastath , on parlera de leur *commerce* , comme si elles étoient toutes entières sous la domination de la *France.*

FLANDRE FRANÇOISE. *Lisle* en est la capitale, & le centre de son *commerce.* Ses diverses manufactures & les entreprises que font ses négocians, occupent & entretiennent plus de cent mille ouvriers , soit au dedans de la ville & dans ses fauxbourgs, soit dans le plat pays , soit dans les villes voisines.

Les choses que produit cette partie de la *Flandre*, font les grains pour la nourriture des hommes & des bestiaux ; des navettes, des foins, des bois, des fruits, des laines, des cheveux , des lins , des bestiaux, du beurre & des huiles de Colzat.

Les manufactures consistent en draps, en serges, en ratines & en diverses autres étoffes de laine seule , ou mêlées de soie & de fil : les autres font des toiles ouvrées & unies , des cuirs diversement passés, des coutils , des camelots, des damas, des velours, des dentelles blanches & noires, de fil ou de soie ; des tapisseries, des cuirs dorés , des pipes , des méches , du carton, des bas & culottes, & autres ouvrages de bonneterie, à l'aiguille & au métier ; des paniers d'osier fin , des chapeaux , des bourracans, des becs ; des polimites , des bourats , des crépons, des couvertures & quelques autres semblables marchandises. Toutes ces fabriques font établies dans la ville de *Lisle*, & le commerce qui s'en fait soit dans la province, soit au loin , ne peut guères s'imaginer. Voici celles des autres villes.

Il se fait à *Orchies*, des tripes de velours : à *Douay*, à proportion les mêmes choses qu'à Lisle : à *Armentiers*, des étamines , quelques draps & quelques petites étoffes de laine, mais peu. C'est aussi dans cette ville , que se vendent toutes les

toiles qui se font aux environs. A *Lanoy*, & ses dépendances , on fait aussi de petites étoffes de laine.

On fabrique à *Gorgche*, quantité de toiles unies & ouvrées, qui se blanchissent dans les blanchiries établies dans le même lieu, & dont le blanchiment est excellent. La foire , qu'on nomme *de la Mayolle*, qui s'y tient tous les ans , le premier jour de mai est célèbre par le grand débit qui s'y fait de toiles de toutes qualités , qu'on y apporte de toutes les tisseries du pays.

Il y a plusieurs métiers d'étoffes de laine , ou mêlées de soie & laine , à *Roubais* & à *Turcoing*, qui font principalement destinées pour l'Espagne & pour les autres pays étrangers , mais dont il vient quelques-unes en *France*, & même jusqu'à Paris.

A *Menin*, on fait des toiles , on y blanchit des fils , & il y a une fabrique de chapeaux de laine fine sans apprêt. Enfin , à *Tournay*, on fait des bas de laine , des moquettes ou moucades, & des fayances. Les bas de laine vont en Espagne & jusqu'aux Indes occidentales. Les moucades viennent en *France*. Pour la fayence, elle est peu estimée, à cause de celle de Hollande , & particulièrement de Delf, qui est infiniment plus belle.

Outre toutes ces marchandises , les fils de sayette, qui font des laines filées à *Turcoing*, & dans le plat pays, dont on ne peut guères se passer dans les meilleures manufactures de lainage ; les lins en masse, ou préparés; les fils blanchis & écrus ; les tourbes de terre bitumineuse, qui se tirent de quelques marais ; même quantité de fleurs curieuses & rares, pour l'embellissement des jardins, qui se débitent à Paris & ailleurs, ne font pas un médiocre objet de *commerce* pour cette province.

La ville de *Lisle* entretient un grand *commerce*, non-seulement avec les états voisins , comme la *France*, la Hollande, les pays-bas & quelques endroits d'Allemagne ; mais encore avec ceux qui font beaucoup plus éloignés, tels que font l'Espagne, le Portugal, l'Angleterre, l'Irlande, l'Italie & les pays du Nord,

Son *commerce* de proche en proche se fait par le moyen des canaux & des rivières , & l'on emploie le charroi pour Paris & quelques autres provinces méridionales de *France*. C'étoit aussi par les voituriers de terre , que se faisoit le commerce d'Espagne, tant qu'a duré la guerre pour la succession de cette monarchie, & il y en a encore beaucoup qui prennent cette voie , en prenant des transits & en donnant des acquits à caution.

Le port de *Calais* & celui de *Dunkerque*, servent au chargement des marchandises , que les négocians de *Lisle* veulent embarquer pour la Normandie, la Bretagne, la Guienne, la Provence & le Languedoc. C'est aussi dans les mêmes ports & dans celui d'Ostende, qu'ils chargent pour le Nord, l'Angleterre, l'Italie, la Hollande, l'Espagne & le Portugal.

Les marchandises que les négocians de *Lisle* envoient en *France*, font des velours, des toiles, du lin, du filet ou fil de fayette; des dentelles du pays & de celles de *Bruxelles*, *Malines* & *Louvain*, du beurre, des fleurs, des huiles de colzat & quantité d'étoffes de laine.

Les envois pour la Hollande, confistent en toiles écrues, en fils de fayette, en huile de colzat & en fruits crus.

Ceux pour l'Efpagne & pour le Portugal, font diverfes étoffes de laine, des dentelles de fil, blanches & noires, d'autres de foie des mêmes couleurs, des toiles, du fil, de la quincaillerie, de la mercerie & des bas.

On envoie dans les pays du Nord, des vins & des eaux-de-vie de *France*, des fels, de gros draps & des épiceries: en Italie & en Savoie, des toiles & des étoffes de laine: en Angleterre, prefque rien; mais elle en tire beaucoup: enfin, les envois pour les Pays-Bas de la maifon d'Autriche, font des étoffes de laine, des vins de *France*, des foieries & des colzats.

Les marchandifes que les marchands de *Lifle* tirent en retour de celles qu'ils envoient, font pour la *France*, des vins, des eaux-de-vie, des confitures, des fruits fecs, des huiles, des étoffes de foie, des gazes, des galons d'or & d'argent, des foies, des rubans, des draps, des étoffes fines de laine, différentes de celles qui fe font dans le pays, de la quincaillerie & mercerie, des livres, du papier, de la cire d'Efpagne, de la bougie, des chapeaux, des bas, des perruques, des armes, du foufre, du falpêtre, des verres & des fayances.

Ils tirent de Hollande, des draps, du poiffon falé, des épiceries, des chevaux, des drogues, de l'indigo, des fanons de baleine, des cendres vedaffes & potaffes, des bois pour la teinture, d'autres à ouvrer & à bâtir, du falpêtre, du foufre, de l'alun, des fromages, des chairs falées, de la corne, de l'yvoire, des cires, des chanvres, des étoffes des Indes, des porcelaines & autres curiofités de la Chine & du Japon; enfin, de toutes ces fortes de marchandifes, dont prefque aucune n'eft du crû des fept Provinces-Unies; mais qui s'y trouvent, fi on l'ofe dire, plus abondamment que dans les lieux où elles croiffent.

L'Efpagne & le Portugal leur fourniffent de l'or & de l'argent, des laines, des huiles, des fels, des oranges, des citrons, des olives & des fruits, ou fecs, ou confits.

Il leur vient d'Angleterre & d'Irlande, des draps & étoffes de laine, des beurres, des chairs falées, des liqueurs, des fuifs, des cuirs, du plomb, de l'étain, du charbon de terre, des bouteilles, des chapeaux de caftor, des pelleteries, des ouvrages de canne & de jonc, des bas de foie & de laine, & des curiofités des Indes.

Les retours du Nord font, des bleds, du chanvre, du cuivre, du miel, des cordages, des mâts, des potaffes, des vedaffes, de la poix, des graines de lin, des peaux & des fanons de baleine.

L'Italie & la Savoye leur donnent des foies, des huiles, des citrons, des oranges, des fruits fecs, des gazes & des liqueurs.

Enfin, ils ont des Pays-Bas cédés à la maifon d'Autriche, de quelques cantons d'Allemagne, & du pays de Liége, des laines, des foies, des beurres, des fromages, de la houille, du verre, du cuivre, du fer, du plomb, des fils d'archal & de léton, des camelots, des dentelles & des toiles blanches & bleues.

On compte que la province de *Lifle* fait tous les ans pour quatre à cinq millions de *commerce* avec l'Efpagne, qui paie en or & en argent une partie des marchandifes qu'elle y envoie: cet argent cependant ne revient jamais jufqu'à *Lifle*; mais il eft tranfporté en Angleterre & en Hollande, fur les vaiffeaux Anglois & Hollandois, qui y retournent d'Efpagne en droiture, tant parce que ces matières y font d'un meilleur débit qu'en *France*, qu'à caufe que les Iflois ont befoin d'argent comptant, pour y faire la balance des marchandifes qu'ils en tirent, qui font toujours beaucoup plus confidérables que celles qu'ils y envoient.

« La province de *Lifle* eft réputée étrangère à » l'égard de la *France*; & les marchandifes & den- » rées étrangères qui y font amenées, paient les » droits fuivant le tarif de 1671, à moins qu'on ne » les veuille faire paffer plus avant; auquel cas on » prend un acquit à caution, pour payer les droits » d'entrée à Peronne, à Amiens, ou autres bureaux » de *France*, fur le pied du tarif de 1664, & les » arrêts du confeil rendus en interprétation. Il en » eft à peu près de même des droits de fortie, » qui fe paient auffi fuivant ce dernier tarif».

FLANDRE FLAMINGANTE. Cette partie de la *Flandre* a pour principales villes, *Gand*, qui en eft la capitale, *Ypres*, *Bruges*, l'*Eclufe*, *Oftende*, *Nieuport*, *Dunkerque*, *Gravelines*, *Courtray*, &c. partie fous la domination de *France*; partie fous celle de la maifon d'Autriche, & partie en dépôt entre les mains des Hollandois, en conféquence du traité de la Barrière, convenu à Utrecht, & depuis réglé par un traité particulier entre l'empereur & eux.

Le *commerce* de cette province eft très-confidérable, foit pour les productions de la terre, foit pour les diverfes manufactures qui y font établies, foit pour la grande quantité de marchandifes & de denrées qu'elle tire du dehors, & dont elle fert comme de magafin d'entrepôt pour les provinces voifines.

Les tabacs, qui fe cultivent à *Warvick*; les lins, qui fe recueillent par tout, particulièrement dans le territoire de *Malines*; les beurres & les fromages façon de Hollande, & de trois autres fortes, qui fe font dans les châtellenies de *Furnes* & de *Bergues*; les huiles de colzat, propres à faire du favon; le houblon, qui fe tranfporte dans la *Flandre Autrichienne*, & jufqu'en Angleterre, font une partie du négoce & de l'occupation des habitans.

Une autre branche du *commerce*, sont les bestiaux, tant bœufs & vaches, que moutons & chevaux. L'on comptoit, avant le traité d'Utrecht, que dans les seules châtellenies sujettes à la *France*, (ce qui se justifioit par les registres du Vaclage) il y avoit, année commune, de quatre-vingt-huit à quatre-vingt-dix mille bœufs, ou vaches, au-dessus de deux ans, & de trente-neuf à quarante mille moutons. A l'égard des chevaux, il n'y a point de haras ; mais le paysan y élève beaucoup de poulains, de ceux qui naissent chez eux, ou qu'ils font venir de dehors, & ce négoce est considérable.

Il y a aussi quantité de diverses manufactures. Celle des draps fins, autrefois si florissante par toute la province, & qui, si on en croit la tradition, y occupoit jusqu'à quatre mille métiers, ne se soutient plus guères qu'à *Ypres, Bailleul & Porperingue.*

La teinture en écarlate est très-belle dans la première de ces trois villes, & l'on y fait aussi, de même qu'à *Honscotte* & quelques autres lieux, des serges & sayettes très-estimées.

Les tanneries d'*Ypres* le sont pareillement beaucoup : on y prépare non-seulement les cuirs verds du pays, mais encore ceux qu'on y apporte en quantité d'Angleterre & d'Irlande.

Les toiles de toute sorte, soit pleines, soit ouvrées, soit de petite Venise & damassées, pour l'usage de la table, se fabriquent en grand nombre dans tout le plat pays, où le laboureur prend ordinairement la navette au retour de la charue.

Il s'y fait aussi beaucoup de fils de toute finesse & de toute qualité ; les femmes & les filles n'étant guères sans le rouet devant elles, ou la quenouille au côté. Il s'en envoie quantité à l'étranger, partie en écru, partie blanchis, outre la consommation de la province.

Les blanchisseries de *Bailleul*, sont les plus en réputation pour le blanchissage des fils ; mais il y en a encore plusieurs pour les toiles, dont le blanchiment n'est pas moins estimé.

Les manufactures de dentelles façon d'Angleterre, & celles que l'on appelle *de Bruxelles & de Malines*, y fleurissent en plusieurs endroits ; & c'est de cette province que vient à Paris la plupart de celles qui y passent pour véritables dentelles d'Angleterre & de Malines.

Le savon noir & blanc, les poteries de toute espèce & les pipes à tabac, sont encore des fabriques du pays, qui, quoiqu'en apparence peu importantes, ne laissent pas d'y entretenir un bon négoce, par la grande quantité qu'il s'y en fait, qu'il s'y en consomme & qu'il en sort.

Il y a à *Ypres, Dunkerque & Merville*, des raffinages des sels gris de *France*. Non-seulement les raffineurs les rendent extrêmement blancs, mais quoiqu'ils les fassent dissoudre & bouillir dans l'eau, ils sçavent leur conserver leur grain ; & c'est en quoi consiste tout le fin de cette fabrique.

Ypres & Dunkerque ont aussi des raffinages de sucres, où se raffinent les sucres bruts, qui leur viennent des Isles de l'Amérique.

Malgré tous les changemens qui sont arrivés à *Dunkerque* depuis le traité d'Utrecht, & quoiqu'il semble qu'il ne lui soit plus resté que son nom, avec son ancienne réputation d'avoir fourni à la *France* les plus hardis & les plus braves armateurs dans le temps de guerre, & de très-habiles & de très-heureux négocians pour le commerce de mer pendant la paix ; on laissera pas de parler ici en particulier du négoce d'une ville si célèbre, autant pour en conserver le souvenir, que parce que ses habitans, qui ne sont plus capables d'inspirer ni crainte, ni jalousie à leurs voisins, ne laissent pas de faire toujours avec eux & avec les nations les plus éloignées, un négoce qui n'est pas méprisable, & qui sans avoir toute l'étendue & tout l'éclat d'autrefois, a plus de tranquillité & de sûreté.

Commerce de Bruxelles & autres villes de Flandres & du Brabant.

ANVERS. Ville de *Brabant*, capitale de cette partie des Pays-Bas, qu'on nomme le *marquisat du Saint-Empire*.

Quoique le *commerce* de cette ville soit toujours très-considérable, il est cependant certain qu'il n'est à peine que l'ombre de celui qui y florissoit autrefois. La superbe & fameuse maison des Osterlins ou Osterlingues, comme d'autres l'appellent, est une marque de l'étendue de ce commerce ; & les vastes magasins qu'on y voit, peut-être les plus grands qu'il y ait au monde, où chaque nation mettoit en dépôt ses marchandises, & qui servent encore à cet usage, seront un témoignage éternel de la grandeur d'un négoce, qui partagé entre Amsterdam, Roterdam & les autres villes les plus marchandes des sept Provinces-Unies, suffit encore pour les enrichir toutes & leur donner la réputation de faire le plus grand commerce de l'Europe.

Il se tient à *Anvers* diverses foires franches, qui y attirent des marchands de toutes les parties du monde. Les principales de ces foires sont celle de la Pentecôte & celle d'entre la Saint-Remi & la Saint-Bavon.

Les blanchiries établies aux environs de la ville, sont très-estimées, & la prévention où l'on est, que les eaux de la petite rivière de Schenidt, sont plus propres qu'aucune autre pour le blanchiment des toiles, est cause qu'on y envoie des cantons les plus éloignés des Pays-Bas Autrichiens.

Les manufactures de tapisseries de hautelisse y sont en réputation ; elles se vendent sous une espèce de grande halle couverte, que de-là on nomme *tapisseries pans.*

On y continue aussi d'y exceller en imprimerie, & quoiqu'il soit certain qu'elle a beaucoup dégénéré depuis le fameux Plantin, qui avoit poussé cet art presque à sa perfection, il est toujours vrai que les libraires d'*Anvers* ne sont pas indignes d'avoir succédé à un si grand homme.

La

La principale de toutes les manufactures qui font établies à *Anvers* , & qui en foutient davantage le commerce, eft celle des dentelles de fil, qui font connues en *France* fous le nom de *dentelles de Malines* , & il n'eft pas poffible de s'imaginer combien la *France* & la Hollande en enlèvent tous les ans, auffi-bien que des fils de toutes fortes, dont le filage eft excellent dans cette ville & aux environs.

Les marchandifes que les étrangers y envoient, fur-tout les François & les Hollandois, & qui font du meilleur débit , font :

Toutes fortes d'étoffes d'or , d'argent & de foie.

Des draps & étoffes de laine.

Des épiceries.

Des potaffes & vedaffes.

Des vins & des eaux-de-vie.

Des fels de *France* , d'Efpagne & de Portugal.

Du hareng & du ftockvis.

Des huiles d'olives , de baleine & de graines.

Des toiles peintes & de mouffelines.

Des fucres foit rafinés , foit en caffonade.

Il y a deux fortes de monnoies tant à *Anvers* que dans tout le *Brabant* & la *Flandre* , ou plutôt c'eft la même à laquelle on donne deux différentes valeurs. L'une eft celle que l'on appelle *argent de change* ; & l'autre, celle à qui l'on donne le nom d'*argent courant* .

Suivant cette divifion , le patagon ou richedale vaut 8 fchellings ou 48 fols argent de change, & 7 argent courant. Enfin une livre de gros de fix florins argent de change, fait 7 florins argent courant : de forte qu'il faut 116 florins ½ ou 116 livres de gros ⅞ d'argent courant , pour faire 100 florins ou 100 livres de gros argent de change.

Les écritures mercantiles fe tiennent à *Anvers* en livres, fols & deniers de gros. La livre de gros de 20 fols de gros ou fchellings , & le fol de gros de 12 deniers de gros.

La livre d'*Anvers* eft plus foible que celle de Paris & d'Amfterdam, d'environ 5 pour 100 ; en forte qu'il faut 100 livres d'*Anvers* pour 95 livres ¼ de ces deux villes ; & que 100 livres de ces deux villes en font 105 d'*Anvers* .

A l'égard de l'aunage, cent aunes d'*Anvers* en font 101 ¼ d'Amfterdam , & 100 aunes d'Amfterdam, 98 aunes ¾ d'*Anvers* .

On tire d'Amfterdam fur *Anvers* , & d'*Anvers* fur Amfterdam , par livres de gros & par florins, ordinairement à cours jours, & quelquefois à un ou à deux mois de date. Le change y eft affez fouvent au pair, mais plus fouvent encore de deux à quatre pour cent de perte pour *Anvers* .

BRUXELLES. Ville capitale des *Pays-Bas Autrichiens* . Le *commerce* de *Bruxelles* eft à peu près fur le même pied que celui d'Anvers, foit pour fes manufactures & les marchandifes qu'on en tire, foit pour celles dont elle a befoin, & qu'on lui envoie de l'étranger. Les monnoies & les poids de ces deux villes font auffi femblables.

A l'égard de l'aune, elle y eft un peu plus forte que celle d'Anvers, en forte que 100 aunes de *Bruxelles* font 99 aunes ¼ d'Amfterdam , & 100 aunes d'Amfterdam , 100 aunes ¼ de *Bruxelles* .

Il fe fait peu de change entre *Bruxelles* & Amfterdam. *Voyez ci-deffus* ce qu'on a dit du commerce d'Anvers.

Le port de *Bruxelles* eft toujours rempli de quantité de divers bâtimens qui y apportent des marchandifes , foit du côté de la terre , foit du côté de la mer , par le moyen des canaux qui y aboutiffent , particulièrement les deux que forme la Sinne. On voit fur-tout quantité de barques de Hollande & de Zelande, qui entretiennent le commerce de ces deux riches provinces.

MALINES. Ville du *Brabant* , célèbre par la beauté de fes dentelles & la fineffe du filage de fes fils. Il y a peu de différence entre fon commerce & celui d'Anvers, même mefure, même poids, même monnoie. *Voyez comme deffus* .

Ses manufactures de cuirs dorés font les plus eftimées de celles de Flandres , qui l'ont toujours emporté fur toutes les autres, qui font établies dans le refte de l'Europe. C'eft auffi un des plus confidérables objets de négoce , & l'on ne peut dire combien les étrangers en enlèvent chaque année.

GAND. Capitale du comté de *Flandres* , eft la ville la plus grande des Pays-Bas, & ne le cède guères à la plupart des plus groffes villes d'Europe. Sa fituation eft très-commode pour le *commerce* , à caufe de la quantité de canaux qui s'y rendent de tous les côtés de la Flandre , du Brabant, de la Zelande & de la mer.

Des principales marchandifes qu'on en tire, font des grains, du lin, du chanvre & du colzat ou graine de chou pour faire de l'huile. Le négoce de cette dernière marchandife eft très-confidérable, & eft d'un très-grand profit pour cette ville.

Ses fils & fes dentelles approchent de la beauté de celles de Malines , & fe vendent fous leur nom ; il y a auffi diverfes fabriques de toiles & un affez grand nombre de manufactures de petites étoffes de laine.

Les marchandifes qui font propres pour cette ville , font les mêmes que pour Anvers. *Voyez ci-deffus* .

On change d'Amfterdam fur *Gand* à ½ ou à un pour cent de plus de perte que fur Anvers.

Ses mefures, fes poids & fes monnoies, ne font point différentes de celles de cette dernière ville.

Gand eft une des trois villes des Pays-Bas de la domination de la maifon d'Autriche, où les directeurs de la nouvelle compagnie d'Oftende , doivent réfider de trois ans en trois ans.

BRUGES. Cette ville eft une des plus marchandes de tous les *Pays-Bas Autrichiens* ; auffi eft-elle avec Oftende & Gand, une des villes deftinées à la réfidence des directeurs de la compagnie impériale des Indes orientales.

La proximité d'Oftende & la commodité des caneux qui facilitent la communication de *Bruges* avec cette première ville, font caufe que fes marchands ont tourné le plus fort de leur négoce du côté de la mer, quoique pourtant ils en faffent auffi un très-confidérable du côté de la terre.

Son port eft au bout du canal qui vient d'Oftende, & le baffin où le canal aboutit, eft fi vafte, qu'il y peut tenir jufqu'à cent navires marchands.

Il fe fabrique à *Bruges* & aux environs quantité de belles toiles qui paffent pour toiles de Hollande; elles fe vendent dans un marché qui fe tient toutes les femaines fur les arcades de l'hôtel-de-ville.

C'eft dans la place qui eft devant cet hôtel, que font prefque tous les magafins de laines d'Efpagne & d'Angleterre, de foie d'Italie, de coton & autres matières qui fervent à foutenir les manufactures de cette importante ville.

Les étoffes qui s'y font, font entr'autres des anacoftes, des lamparilles & des ferges, qui font propres pour l'Efpagne & pour les Indes Efpagnoles. On y fait auffi quantité de bafins & quelques camelots.

Les dentelles de *Bruges* paffent pour dentelles de Malines, & fe vendent fur le même pied.

Les autres marchandifes qui y font les plus communes & dont il fe fait auffi un affez grand commerce, font des grains & toutes fortes de graines propres à faire de l'huile, particulièrement du colzat.

Pour ce qui eft des marchandifes que cette ville tire du dehors, ou que les marchands étrangers y envoient, ce font à peu près les mêmes qui font propres aux autres villes de *Flandres* & du *Brabant*.

Les poids, les mefures & les monnoies, font comme à Anvers. *Voyez ci-deffus.*

OSTENDE. La fituation de cette ville, le feul port confidérable des *Pays-Bas Autrichiens* fur l'Océan, eft des plus commodes pour y entretenir un grand commerce. Le flux qui y monte par la petite rivière de la Geule à l'embouchure de laquelle elle eft fituée, porte les plus grands vaiffeaux jufqu'au milieu de fon enceinte, où ils font dans une entière fureté dans les deux ports que les eaux de la rivière & de la mer y forment.

C'eft par les navires marchands qui s'arment dans *Oftende*, que la plupart des autres villes de la *Flandre* & du *Brabant*, qui ont été cédées à l'empereur, par le traité de Raftat, particulièrement Anvers, Bruges & Gand, font leur commerce du côté de la mer.

Jufqu'à ce traité, les Oftendois s'étoient contentés d'envoyer leurs vaiffeaux dans divers ports Efpagnols, entr'autres à Saint-Sébaftien & à Bilbao, d'où ils rapportoient des laines, des fers & quelques autres marchandifes du crû de l'Efpagne. Au plus, ils vifitoient quelques autres ports de l'Europe; mais la puiffance & la protection de leur nouveau maître, les ayant animés, ils ont porté leurs entreprifes de *commerce* en Afrique, en Amérique, &

jufqu'aux Indes orientales & aux parties de l'Afie les plus reculées.

C'eft pour foutenir ce nouveau *commerce*, que les négocians d'*Oftende* y formèrent en 1718 cette compagnie, qui enfin en 1722 a obtenu des lettres-patentes de l'empereur, & qui déjà excite la jaloufie de ceux de leurs voifins, qui par la réputation de leur négoce & le bonheur dont il a toujours été fuivi, fembloient avoir le moins à craindre de cet établiffement.

On parlera ailleurs de cette compagnie, de fes lettres-patentes, des oppofitions des Anglois & des Hollandois, & de tout ce qui s'eft paffé dans cette importante affaire, depuis que les marchands d'Anvers, de Bruges, de Gand & de toutes les villes de commerce des Pays-bas Autrichiens, fe font affociés avec ceux d'*Oftende*, pour en affurer le fuccès. *Voyez ci-après* l'article des *compagnies.*

Commerce de Dunkerque.

La ville de *Dunkerque*, foit qu'on la confidère fous la domination des Efpagnols, foit qu'on la veuille prendre pendant le temps qu'elle eft reftée en dépôt entre les mains des Anglois, foit enfin qu'on la regarde depuis qu'elle a été réunie à la *France*, par l'acquifition qu'elle en fit fous le règne de Louis XIV, cette ville s'eft toujours diftinguée par fon grand *commerce* & par le fuccès de fes entreprifes maritimes.

Il faut cependant avouer qu'elle n'a jamais été fi floriffante, que depuis que les François en ont été les maîtres; fur-tout après que par une déclaration de l'année 1662, elle eût été rétablie dans toutes fes anciennes franchifes, exemptions & immunités, & que fon port eût été déclaré port-franc, où tous les marchands & trafiquans, de quelque nation qu'ils fuffent, eurent permiffion d'aborder, vendre, débiter, acheter & tirer hors de la ville, toutes fortes de marchandifes franches & quittes de tous droits d'entrée & de fortie foraine & domaniale, & de tous autres droits, fans en excepter ni retenir aucun.

Il eft vrai qu'on a depuis donné atteinte à quelques-unes de ces franchifes, mais peu, & en chofes de peu de conféquence.

Les négocians de *Dunkerque* ont deux principaux *commerces*; fçavoir, celui qu'ils font par eux-mêmes & avec leurs propres vaiffeaux, en portant leurs marchandifes au dehors; & celui qu'ils ont avec les étrangers, qui viennent avec leurs navires leur apporter les marchandifes de leur crû. Tous les deux font très-confidérables; le dernier l'eft encore davantage.

Un troifiéme négoce pour *Dunkerque* eft de charger à fret quantité de marchandifes, qui lui font envoyées des provinces voifines; particulièrement de la Flandre Françoife & de Lifle, qui en eft la capitale. Enfin, un quatriéme eft celui qu'elle entretient dans l'intérieur du royaume & dans les villes des Pays-Bas Autrichiens, comme Bruges,

Gand, Anvers, Bruxelles & plusieurs autres.

Il y a à *Dunkerque* des marchands de toute espèce & de presque toutes les nations de l'Europe,
dont les uns font le négoce pour leur compte,
d'autres par commission, & la plus grande partie
l'un à l'autre.

Les étrangers avec qui les Dunkerquois font le
plus d'affaires, ou qui envoient le plus de vaisseaux
à *Dunkerque*, font les Espagnols, les Portugais,
les Anglois, les Irlandois, les Ecossois, les Hollandois, les Suédois, les Danois, & tout le reste
du Nord & de la mer Baltique.

Il vient d'Espagne quantité de vins, particulièrement de ceux de Chères, d'Alicante, de Malgue,
de Tinte & des Canaries; du bois de Campêche,
des raisins de Corinthe & plusieurs marchandises des
Indes occidentales.

Le Portugal lui fournit des fruits, des huiles,
du tabac de Brésil, beaucoup de sucre & des vins,
lorsque la récolte en a manqué en *France*.

Les marchandises qu'on y apporte d'Angleterre,
font des charbons de terre, du plomb, de la couperose, de l'alun, de l'étain, du beurre, des cuirs en
poils, salés ou secs; des peaux de veau non appré-
tées & du tabac de Virginie, propre à fumer. Celles d'Irlande consistent en beurre, en viandes salées,
en suif, en cuirs salés en grand nombre, en cuirs
secs & en saumon salé en baril. D'Ecosse, il ne
vient guère à *Dunkerque*, que du charbon de
terre, mais en quantité, & du saumon salé, aussi
en baril.

Ces trois *commerces* font très-vifs; & en temps
de paix, on y voit plus de vaisseaux de ces trois
nations, que de toutes les autres; mais il faut remarquer qu'il en arrive beaucoup plus de navires
chargés par commission, que pour le compte des
marchands de *Dunkerque*; & que, malgré la franchise du port, les cuirs apprêtés paient vingt pour
cent de leur valeur en entrant.

Pour ce qui est du commerce des Hollandois à
Dunkerque, il consiste en tant de diverses sortes de
marchandises, qu'il n'est pas possible d'en donner
le détail; & il suffit de renvoyer à ce qu'on en dira
plus bas, en parlant du négoce de la Hollande.

A l'égard du Nord & de la mer Baltique, il
vient de Norvège pour *Dunkerque*, des bois, des
planches de sapin & du goudron, mais qui n'est
pas si bon que celui de Suède.

De Riga; des chanvres, des mâts, du fer, de
l'acier, du goudron, de la cire, des cordages, du
fil de caret, du bourdillon, des douves pour faire
des pipes & des bariques, des planches de Prusse,
de la potasse, de la filasse, du froment, du seigle &
quantité de graine de lin, propre sur-tout pour la
Bretagne.

De Suède; du fer, du cuivre, du goudron & du
bray.

De Dantzic; des bleds, des potasses, de l'acier,
des laines & des cuirs, qui viennent de Prusse &
de Pologne.

Enfin, de Hambourg; des laines, du fer-blanc,
de l'amidon, des bordages de chêne, des douves,
de l'avoine, des pois & du bled sarrasin.

Pendant les longues guerres du règne de Louis
XIV, où les Hollandois, les Anglois & les Espagnols, ont presque toujours été ligués contre la
France; les Suédois, les Danois & quelques autres nations neutres, ont fait tout le *commerce* de
Dunkerque, mais toujours avec beaucoup de risques, à cause des armateurs d'Ostende & de Zélande, qui ordinairement en bouchoient l'entrée; &
qui, malgré la neutralité, enlevoient tout ce qu'ils
pouvoient de leurs vaisseaux, dont ils faisoient aussi-
tôt vendre les cargaisons, quitte à leur en rendre
le produit en argent, quand ils étoient réclamés,
croyant avoir assez gagné, que d'en priver les Dunkerquois.

Il est vrai qu'alors *Dunkerque* ne se sentoit guères
de cette interruption de son *commerce*; les vaisseaux armés en course, qui en sortoient chaque
jour & qui y rentroient continuellement avec de
riches prises, lui tenant lieu de négoce, & lui
fournissant à meilleur compte & en plus grande
abondance, de toutes les sortes de marchandises,
avec lesquelles elle avoit coutume d'entretenir son
négoce pendant la paix.

Cette ressource manquera désormais aux Dunkerquois; mais si leur *commerce* n'est pas si grand, il
en sera plus aisé & plus tranquille, sur-tout en cas
de rupture entre la *France* & ses voisins; puisque
ceux-ci n'ayant plus à craindre des autres, ces derniers se trouveront aussi délivrés de ces escadres,
qui n'étoient destinées qu'à le troubler.

Outre les vaisseaux étrangers, qui font attirés à
Dunkerque par le *commerce*, il y vient aussi quantité de barques & de navires François, la plupart
chargés de vins, d'eaux-de-vie, de sels, de vinaigre,
de prunes, de résine, de miel & de syrops, qui
eux en retournant, y prennent du charbon, des planches, du gaudron, des petits mâts, du bourdillon,
du plomb & du chanvre; mais le tout en assez petite quantité & suivant que ces marchandises se trouvent plus ou moins chères aux lieux d'où ils font
partis, y ayant même souvent une partie de ces
barques & de ces vaisseaux, qui s'en retournent sans
charge.

Les ports de *France*, d'où il en vient davantage,
font Bordeaux, Nantes, la Rochelle, Brouage, le
Bourneuf, Saint-Martin de Rhé & quelques autres
ports de Bretagne & du pays d'Aunis.

Il en arrive aussi de Languedoc & de Provence,
particulièrement de Marseille, qui apportent à
Dunkerque, des huiles, des figues, des raisins,
des anchois, des amandes, de l'anis, du ris & de
toutes sortes de drogues & de marchandises, qui
se tirent du Levant.

Quelquefois la cargaison de ces derniers est composée en partie de vins & d'eaux-de-vie de Provence
& de Languedoc; mais c'est seulement lorsque les
vins & les eaux-de-vie, qui se chargent à Nantes,

L l ij

& à Bordeaux, ne font pas bons, ou n'ont pas donné.

Toutes les marchandifes qui viennent de Marfeille, fe vendent très-bien à *Dunkerque*, parce que les marchands de cette dernière ville en fourniffent en partie, Bergues, Yprès, Lifle, Cambray, Valenciennes, Tournay, Saint-Omer, l'Artois & la Picardie.

Les marchandifes de Nantes & de Bordeaux, font auffi d'un bon débit, mais non pas fi confidérable, parce qu'il en arrive pareillement à Calais, à Boulogne & en quelques autres ports de Picardie, qui en répandent beaucoup dans le pays concurremment avec la ville de *Dunkerque*.

Lorfque les bleds font rares en Provence, en Languedoc ou en Efpagne, les Dunkerquois y en portent beaucoup, & c'eft un de leurs meilleurs négoces; mais ces cas font rares.

Ils chargent auffi pour Cadix, quantité de pétites étoffes, qui fe fabriquent dans les manufactures de *Flandre*, particulièrement de celle de Lille. De ces étoffes, les unes font tout de laine, d'autres mêlées de foie; & d'autres, de foie, de poil de chévre ou de chameau. Ils ajoutent à ces cargaifons, des toiles de plufieurs fortes, fur-tout de celles de Cambray, qu'en *France* on nomme des *bâtiftes*.

Il eft vrai que la plupart des navires deftinés pour l'Efpagne, auffi-bien que ceux qui partent de *Dunkerque* pour Lifbonne, font chargés à fret par les négocians de Lille, & quelques autres des principales villes de la *Flandre Françoife*; les marchands Dunkerquois n'ayant guères que l'avantage du fret dans ces embarquemens. Il y en a pourtant qui chargent pour leur compte, mais peu; le plus grand nombre étant des fretteurs, c'eft-à-dire, de ceux qui donnent leurs vaiffeaux à louage, foit au mois, foit au voyage, foit autrement.

On prétend qu'autrefois la pêche de la morue étoit tellement floriffante à *Dunkerque*, qu'elle y entretenoit jufqu'à cinq ou fix cent bâtimens pêcheurs, & plufieurs milliers de matelots, outre cinquante maîtres tonneliers, qui avoient chacun fept ou huit garçons, pour travailler au barillage. C'eft préfentement peu de chofe, ou plutôt rien du tout.

On a déja parlé ci-deffus des raffinages des fels gris, & des raffinages des fucres bruts, qui font à *Dunkerque*: les uns lui viennent des falines de Bretagne, & les autres, des ifles de l'Amérique, où elle entretient un *commerce* affez confidérable.

On finira ce qu'on a à dire du *commerce de Dunkerque*, & du refte de la *Flandre Flamingante*, en ajoutant, que de même que la *Flandre Françoife*, elle eft traitée fur le pied de province étrangère pour les droits d'entrée & de fortie.

LE HAINAULT. La plus grande richeffe du *Hainault*, par rapport au *commerce*, confifte dans les mines de fer, & dans celles de la houille ou charbon de terre.

La houille ne fe trouve que depuis Kievrin, prés Condé, jufqu'à Marimont, ce qui fait environ fept lieues de longueur: à l'égard de la largeur, les veines du charbon s'étendent environ deux lieues. Dans toute cette étendue de pays; il fe trouve au moins cent vingt trous de houillères ouverts; & le pays fourni, qui en confomme quantité, il en fort au moins trois cent mille wagues, à quinze fols la wague. La fuperficie des terres, d'où fe tire la houille, n'eft pas moins cultivée ni moins féconde, que les autres endroits du *Hainault*. *Voyez* HOUILLE *&* WAGUE.

La grande quantité de mines de fer, qui fe trouvent dans la partie du *Hainault*, qui joint l'entre-Sambre & Meufe, & celles du pays même d'entre-Sambre & Meufe, entretiennent dans l'une & dans l'autre, un nombre confidérable de fourneaux, de forges, & de fonderies, où fe confomme partie des bois de la province.

Dans le pays qui joint l'entre-Sambre & Meufe, on compte quatorze fourneaux, vingt-deux forges & deux fonderies. Des fourneaux, il y en a neuf fur la terre de Chymay, trois fur celle de Trefiou, & deux fur celle d'Avènes. Des vingt-deux forges, Chymay & Beaumont en ont treize; Maubeuge & fes dépendances, fix; & Avènes trois. Une des fonderies eft fur Maubeuge, & l'autre fur Chymay.

Dans l'entre-Sambre & Meufe, y compris la prévôté de Poilevache, il y a dix fourneaux, vingt-huit forges & quatre fonderies; il y a auffi quelques forges du côté de Charleroy, dont tout le fer fe fabrique en clou. Les envois de tous les ouvrages de groffe & menue ferrerie, qui fe font en *Hainault*, font pour Paris, Liége & Hollande.

Les autres manufactures, fabriques & productions de cette province, confiftent:

1°. En verreries, dont il y a quatre fours, defquels trois font à Anor, & un à Barbançon; dans deux de ces fours, on fait du verre plat pour les vîtres, & dans les deux autres, feulement des verres à boire.

2°. En toiles qui fe fabriquent, environ les deux tiers vers Enghein & dans la châtellenie d'Ath; & & l'autre tiers, du côté de Renay & de Grammont: celles-ci font plus groffes, & les autres plus fines; elles paffent toutes dans le pays conquis ou à Liége. Les toiles bleues pour les bateliers, dont il fe fait quantité dans le *Hainault*, ont principalement leur deftination pour cette dernière ville.

3°. En dentelles: elles fe font du côté de Binch, & prefque dans tous les monaftères de la province, qui fubfiftent en partie par le négoce qu'ils en font. La fabrique en eft bonne, & peut-être autant que celles du Brabant & de Flandre; mais il s'en faut bien qu'il ne s'y en faffe une auffi grande quantité, ni par conféquent un auffi grand débit.

4°. En poterie de terre, qui fe fabrique à Sars, & qui fe débite dans les provinces voifines, & s'envoie même jufqu'à Paris.

3°. En lins, en houblons, en grains de toute forte, en écorces propres pour le tan, qui s'enlèvent par les tanneurs de Namur; en bois à brûler, en perches à houblon pour Liége, & en étançons pour foutenir les digues, qui s'envoient en Hollande par la Meufe; enfin, en beurres & en fromages, qui s'y font en quantité, n'y ayant pas moins de foixante-quinze mille vaches dans la province.

Il y a aufli des blanchiries pour les toiles aux environs d'Ath, & en quelques autres endroits; & des carrières d'ardoife près de la petite ville de Fumay, qui peuvent en fournir cent vingt milliers par an.

Les manufactures du *Hainault*, par rapport aux étoffes de lainerie, font fi peu confidérables, qu'on pourroit n'en point parler, fans rien omettre de fon *commerce*, le peu qu'il s'en fait ne fuffifant pas à beaucoup près pour la confommation de la province. C'eft de *France* qu'on tire tous les draps, & une partie des légères étoffes de laine dont on y peut avoir befoin.

Les vins & les eaux-de-vie viennent aufli de *France*, & les tabacs, du côté de l'Allemagne. La confommation des vins va, année commune, de douze à quinze cent pièces; celle des eaux-de-vie, à environ quatre-vingt mille pots; & celle du tabac, pour la valeur de plus de foixante mille livres.

COMMERCE DE LORRAINE,
ET DU BARROIS.

Il y a peu de manufactures de lainerie, ni dans la *Lorraine* ni dans le *Barrois*, & nulle manufacture de foie.

Charles III, ce prince fi brave & fi conftant, avoit voulu en établir une de foie à Nancy. Il en avoit même affez avancé le projet avant fa dernière fortie de fes états, en 1670, où il n'eft plus rentré depuis; mais l'éloignement du protecteur fit tomber l'établiffement, & l'on n'y a plus penfé depuis ce temps-là.

Ce qu'il y a de fabriques de lainerie, ne font qu'à Saint-Nicolas & à Sainte-Marie-aux-Mines; mais les draps qui s'y font, font très-groffiers, peu eftimés, & d'un difficile débit.

Il y a à Nancy, une fabrique d'une efpèce de tapifferie un peu différente de la bergame & des ligatures qui fe font à Rouen; c'eft peu de chofe. On n'en parle, que pour n'omettre aucune des manufactures de *Lorraine*.

Celle des dentelles de fil, non-feulement eft plus confidérable; c'eft même prefque la feule qui mérite quelqu'attention. Mirecourt, Vezelize, Neufchateau, & quelques villages des dépendances de ces villes, font les lieux où il s'en fait davantage; & ce travail y occupe cinq ou fix cens femmes ou filles. Ces dentelles, à la vérité, font groffières: mais étant bonnes pour l'Efpagne, le débit en eft affez grand, & on y en fait tous les ans des envois de plufieurs milliers de pièces.

Les toiles de ménage, les toiles d'étoupes, les treillis, les bas & les bonnets de laine au tricot, les chapeaux façon de Caudebec, la corderie, la fabrique des clous, & celle du papier, font encore toutes manufactures établies en *Lorraine* & dans le *Barrois*; mais le *commerce* qu'il s'en fait audehors, eft fi peu de conféquence, & elles font même fi peu fuffifantes pour la confommation du dedans, qu'il femble qu'il y en ait, moins pour enrichir les Lorrains par le négoce qu'ils en font, que pour faire connoître leur induftrie, & qu'ils font capables de toute forte d'ouvrages, s'ils vouloient s'y appliquer.

Leur *commerce* le plus important, confifte dans les falines, dans les mines de fer, d'alun & de falpêtre; dans les bois, les beftiaux, les laines, les huiles de navette, la cire, le miel, les vins du *Barrois*, les eaux-de-vie de Pont-à-Mouffon, les pelleteries & le verre.

L'on conferve en *Lorraine* la mémoire de deux mines d'argent, l'une à Sainte-Marie-aux-mines, & l'autre au village de la Croix, qui étoient, à ce qu'on dit, encore ouvertes en 1670, lorfque le duc Charles quitta fes états, mais depuis ce temps, il n'en a plus été mention.

Les falines fe trouvent en beaucoup de lieux de *Lorraine*, & l'on en compte près d'une douzaine où l'on pourroit faire une grande quantité d'excellent fel. Il n'y en a néanmoins que trois qui travaillent, l'une à Rozières, l'autre à Château-Salins, & la troifiéme à Dieufe; les autres font fur les bords de la Seille & de la Sarre.

Comme le fel des trois falines travaillantes, eft plus que fuffifant pour l'ufage du pays, l'excédent fe vend à affez bon compte, en Alface, dans le Palatinat, & dans les évêchés de Trèves & Mayence, à Wormes, & dans d'autres terres de l'Empire, fituées en de-çà du Rhin. On en parle affez au long en un autre lieu. *Voyez* SEL & SALINES.

Les mines de fer font dans les montagnes de Vofge; il y en a aufli en plufieurs endroits du plat pays; elles font abondantes, & entretiennent un grand nombre de forges. Le fer qui s'y fabrique, a fon débit dans le pays, & dans quelques états.

Les mines d'alun ne fe trouvent que dans le Voyvre, du côté de Longwi, mais peu utiles aux Lorrains, qui ne fçavent l'art ni de le tirer ni de l'apprêter.

Le falpêtre n'y a point de mines; il fe ramaffe comme ailleurs, par les entrepreneurs des poudres à canon, le long des vieilles maifons, ou autres édifices antiques.

Les bois s'abbatent dans les montagnes de Vofge, & dans quelques cantons du plat pays. On les y fcie & débite en planches, qu'on conduit à Nancy & Verdun par la Meufe, après en avoir compofé des trains, qu'on fait voguer sur l'eau. Ces trains, en langage du pays, s'appellent *voiles*, & les conducteurs, *voileurs*. Il s'en coupe aussi de propres aux constructions navales.

Les verreries sont établies dans les bois de la prévôté d'Arnay, dans ceux de Saint-Michel, & au village de Tavoy, à trois lieues de Nancy. C'est des verreries de *Lorraine* que vient l'invention de faire ce verre plat assez épais & sans boudine, dont on se sert au lieu de glaces, aux chaises de poste & aux carosses de peu de conséquence, & que de sa première origine, on appelle toujours en France, *verre de Lorraine*, quoique tout celui qui s'emploie à Paris, se fasse dans les verreries de Normandie. *Voyez* VERRE.

Les eaux-de-vie se font à Pont-à-Mousson, non en brûlant les vins, comme en Anjou, en Bretagne, & ailleurs; mais en se servant du marc des raisins, qui presque par-tout est inutile, & qu'on ne croyoit bon qu'à faire du feu, quand il est sec. Ce trafic, qui est très-considérable, a passé dans le Barrois, & dans tous les endroits des trois Evêchés où il y a des vignobles. Il se consomme une grande quantité de bois, pour faire ces eaux-de-vie qui se débitent en Allemagne, & du côté de Mayence & de Worssies.

Les pelleteries, particulièrement les peaux des ours, qu'on prend en quantité dans les montagnes & la forêt de Vosge, se débitent à Strasbourg, à Bâle, à Metz & à Nancy, d'où elles sont envoyées plus loin.

C'est aussi aux marchands de ces quatre villes, que se vendent une partie des bestiaux engraissés dans ces montagnes & dans les pâturages de la *Lorraine*; mais le plus grand débit s'en fait dans les foires de Vosge, aux Allemands & aux Suisses, qui y viennent acheter des bœufs, des vaches, & de jeunes taureaux.

Les bleds y croissent, & s'y recueillent en abondance; mais il y a peu de débouchement pour ces grains, à moins que dans les temps de guerre les munitionnaires François ne s'en pourvoient, pour remplir leurs magasins.

Les Lorrains passent pour les meilleurs fondeurs de l'Europe, particulièrement pour les canons, les mortiers & les cloches; & ils sont ordinairement appellés dans les fonderies de *France* & des autres états. Les habitans des villages de Levescour, d'Ontremecour, & de Breranne, sont les plus en réputation pour cette fabrique, & l'on peut regarder cet art comme une espèce de négoce pour les Lorrains.

COMMERCE DES TROIS ÉVÊCHÉS.

On comprend sous ce nom, *Metz*, *Toul*, & *Verdun*, trois villes épiscopales & impériales, qui furent soumises à la *France* en 1552, à titre seulement de protection, mais qui lui sont depuis restées en pleine souveraineté, par le traité de Westphalie.

Des vins, des bois, des grains, des sels, des cuirs, des fourages, des fruits, des confitures & dragées, des eaux-de-vie, des toiles, des ouvrages de bois de Sainte-Lucie & diverses manufactures de lainage & de bonneterie, entretiennent le *commerce* intérieur des *trois évêchés*.

Ce qui y vient de dehors, sont des chevaux, des bestiaux, des bois de charpente, des planches & autres bois de sciage; des pelleteries, du fer, des beurres, des fromages; des vins de Bourgogne, de la graine de navette; des draps de *France* & de Hollande, & diverses autres marchandises, dont une partie se consomme dans les pays, & l'autre passe dans les provinces voisines, & même jusqu'en Hollande, par la Meuse.

Les meilleures manufactures de lainage sont établies à Metz & aux environs; elles n'y sont pas bien anciennes, du moins pour quelques-unes; mais elles s'y sont tellement perfectionnées & il s'y en fait un si grand débit, que le conseil royal de commerce de *France*, a crû nécessaire dans le commencement du dix-huitième siécle, d'y établir un inspecteur des manufactures, pour veiller à la bonne fabrique des étoffes qui s'y font.

Ces étoffes sont des ratines de toutes sortes; diverses espèces de petites serges pour l'habillement des femmes; des draps en façon de pinchinats, dont les paysans du pays s'habillent, & quelques droguets & étamines.

Toul & Verdun ont aussi quelques-unes de ces manufactures, mais peu considérables pour leur nombre & pour la beauté des ouvrages qui en sortent.

Il se fait des bas de laine à l'aiguille dans toutes ces trois villes & dans leurs environs. Ce sont encore ceux de Metz qui sont les plus estimés; il y en a depuis 30 sols, jusqu'à trois liv. la pièce.

Les tanneries établies à Metz sur la rivière de Seille, sont au nombre de plus de quarante; celles de Verdun montent encore à davantage, & Toul a aussi les siennes. Les cuirs qui s'y apprêtent, se consomment en partie dans le pays, & en partie sont envoyés à l'étranger.

Ce sont les Juifs qui font le plus grand *commerce* des *trois évêchés*, & il n'en est guères dont ils ne se mêlent, le génie de cette nation y étant très-propre; & ceux de Metz, la seule ville de *France* où ils sont soufferts, ayant là-dessus une réputation qu'ils ne démentent pas.

Un des principaux négoces des Juifs de Metz, sur-tout pendant la guerre, est celui des chevaux, qu'ils tirent de Suisse; & l'on sait que ce fut eux qui rétablirent en quelque sorte la cavalerie Françoise, qui après la malheureuse campagne d'Hostect, étoit presqu'entièrement mise à pied, par la maladie qui se mit parmi les chevaux; maladie qui, pour ainsi dire, devint universelle, & passa bientôt de l'Allemagne, où elle commença, presque dans tous les autres états de l'Europe.

Quoiqu'il vienne une assez grande quantité de

vins de Bourgogne dans le pays Meſſin, il y en a peu néanmoins qui entrent dans la ville de Metz, la deſtination en étant ordinairement pour le pays de Liége & pour Toul & Verdun; & d'ailleurs le magiſtrat de Metz ne permettant pas qu'il s'y débite aucun vin étranger, afin de ne pas empêcher la conſommation du vin bourgeois, les habitans de cette ville en recueillant beaucoup dans les vignobles qu'ils ont le long de la Moſelle, quatre lieues au-deſſus & quatre lieues au-deſſous de la ville.

Les ſels pour la fourniture des *trois évêchés*, ſe tirent des ſalines de Moyenvic, cédées à la *France* par le traité de 1661, & par celui de 1697, qui a remis le duc de Lorraine en poſſeſſion de ſes états. Ces ſalines donnent environ neuf mille muids de ſel par an.

La graine de navette vient de Lorraine: on en fait quelques huiles dans les *trois évêchés*, pour l'uſage des manufactures de lainage & de bonneterie qui y ſont établies, & pour brûler à la lampe; mais la plus grande quantité deſcend en Hollande par la Moſelle. Ce ſont ordinairement les marchands de Metz qui font ce *commerce*, qui eſt un des plus conſidérables de la province.

Il y a auſſi à Metz quantité de blâtiers & marchands de blés, qui ramaſſent des fromens, des avoines & autres grains, qu'ils font enſuite voiturer, ſoit par terre, ſoit par eau, dans les villes & états voiſins, particulièrement à Liége.

Les voitures par terre ſe font par des rouliers de Salins & de Voſge, qui ſont les voituriers les plus ordinaires, ou plutôt les ſeuls du pays pour ce commerce. Leurs retours ſont pluſieurs marchandiſes de Liége, de Hollande, de Francfort, de Mayence & de Wormes, ſuivant les lieux où ils ont mené leurs grains

Les montagnes de Voſge fourniſſent les *trois-évêchés*, de beſtiaux, de beurres, de fromages, de pelleteries, particulièrement de peaux d'ours & de quantité de bois de ſciage & de charpente. Ces bois, parmi leſquels il y en a pluſieurs qui ſont propres pour les conſtructions navales, deſcendent par la Meuſe, ſur laquelle on en forme des trains, qu'on nomme *voiles*, & les mariniers qui les conduiſent, *voileurs*.

Il n'y a pas long-temps que le *commerce* des eaux-de-vie eſt établi à Metz, la manière de les faire avec le marc du raiſin étant paſſée aſſez nouvellement de Pont-à-Mouſſon, où elle a été inventée. Cependant le négoce en eſt déjà conſidérable, & outre celles qui ſe conſomment dans le pays, il s'en débite encore à Liége, à Francfort, & dans quelques autres villes d'Allemagne.

Enfin, pour ne rien oublier du négoce des *trois-évêchés*, on fait à Metz diverſes ſortes de confitures liquides, dont les plus eſtimées ſont les mirabelles & les framboiſes blanches; & à Verdun, quantité de ces petites dragées, comme cannelas, anis, nompareilles & tant d'autres, qu'on com-

prend ordinairement ſous le nom d'*anis de Verdun*.

Un autre petit trafic de Metz conſiſte dans des ouvrages de bois de Sainte-Lucie, qui ne ſont pas moins beaux que ceux qui ſe font en Lorraine, où ce bois ſe trouve en pluſieurs cantons, du côté d'Épinal.

COMMERCE D'ALSACE.

Il ne ſe fait pas en *Alſace* autant de *commerce* que la fertilité de la province, & la quantité de choſes propres au négoce, qui s'y trouvent, ſembleroient le promettre.

Il y a bien de l'apparence que ſes habitans ne négligent de s'appliquer au trafic, que parce qu'étant naturellement pareſſeux & d'ailleurs trouvant chez eux tout ce qui eſt néceſſaire à la vie, il y en a peu qui veuillent s'embarraſſer des ſoins qu'entraîne néceſſairement après ſoi un commerce conſidérable, particulièrement celui qui ſe fait avec les étrangers.

Auſſi un perſonnage très-connu par ſa probité, par les grands emplois qu'il a exercés pendant près de trente ans dans l'*Alſace*, & par les grades militaires où ſes ſervices l'ont élevé, remarque-t-il dans les mémoires qu'il a bien voulu fournir ſur le *commerce* qui s'y fait, que cette indolence, où ſi l'on veut, cet amour du repos, va ſi loin, que pendant près d'un demi-ſiécle de guerres preſque continuelles en la *France* & l'Allemagne, aucun des gens du pays n'a voulu ſe mêler des entrepriſes pour les armées Françoiſes, bien qu'il s'en fît pour plus de huit ou dix millions par an, pour les vivres, l'artillerie, les étapes, l'extraordinaire des guerres, & les fortifications; ſi ce n'eſt quelques banquiers de Straſbourg, mais peu riches, & en petit nombre, qui faiſoient quelques remiſes d'argent pour les troupes. Ajoutant, que c'eſt encore par le même principe de leur pareſſe naturelle, que les habitans de l'une & l'autre *Alſace* laiſſent faire à des payſans Suiſſes, qui y viennent tous les ans, leurs moiſſons, leurs foins & leurs vendanges, quoique par-là il ſorte de grandes ſommes de la province, qu'ils pourroient épargner, s'ils avoient le courage de s'y occuper eux-mêmes.

Ce ſont donc les étrangers qui font la plus grande partie du *commerce* de l'*Alſace*; qui y apportent les marchandiſes qui manquent à la province, & qui en tirent beaucoup de celles qu'elle produit: commerce qui s'étend d'un côté bien avant dans l'Allemagne, vers le haut Rhin; & de l'autre, dans tous les pays ſitués depuis Straſbourg, juſqu'à l'embouchure de ce fleuve.

Le *commerce* de Straſbourg, capitale de la *baſſe Alſace*, conſiſte en tabac, en eau-de-vie, en chanvre, en garance pour la teinture, en écarlate, en ſaffran, en cuirs, en ſuifs, en bois & en gros choux pommés.

Une partie de ces marchandiſes ſe transporte à Mayence & en Hollande; & des choux ſeuls, qui paroiſſent un objet peu conſidérable, il s'en débite dans ces deux villes pour plus de trente mille écus tous les ans.

Les manufactures de cette ville sont des tapisseries de moquette & de bergame, des petits draps, des couvertures de laine, des futaines & quelques toiles de chanvre & de lin.

Il y a aussi un martinet pour la fabrique du cuivre, & un moulin pour les épiceries.

Ce sont les magistrats de Strasbourg qui y font eux-mêmes le *commerce* du bois de chauffage, qu'ils vendent jusqu'à huit liv. la corde; ne permettant à aucun particulier d'en faire des magasins dans la ville, ni même aux environs.

Il faut remarquer sur ce *commerce* des bois, que quoique l'*Alsace* en ait de toute espèce, néanmoins la plus grande partie de ceux qui se consomment à Strasbourg, vient de l'autre côté du Rhin, même pendant la guerre; ce qui emporte plus de deux cens mille liv. par an hors du royaume, sans apporter aucun profit aux sujets du roi.

Les tanneries sont aussi assez considérables à Strasbourg, mais on n'y tanne guères que de petits cuirs, comme des chamois, des boucs, des chèvres & des moutons, *sur lesquels la ville prend un droit de 4 sols par peau.*

« Les droits du chanvre & du lin, dont le né- » goce y est assez bon, sont de 8 deniers par cha- » cun quarante sols, & de 4 deniers au-dessous de » cette somme.

» Ceux des suifs, de 4 sols par quintal.

» Ceux du poisson sec & salé, à raison de 16 s. » par tonneau de hareng & de 8 sols pour quintal » de morue, ou stockfich.

» Enfin, les droits pour la vente des chevaux, » 1 sol par écu du prix qu'ils sont vendus.

» On paye aussi un droit, qu'on nomme *droit* » *de grue*; il est dû pour chaque pièce de vin, ou » ballot de marchandise qu'on tire des bateaux, ou » qu'on y met: son nom lui vient de la machine » dont on se sert à cet usage.

» Il s'en paye encore un pour les vins qui re- » posent sur le marché, c'est-à-dire, qui y restent » pour la vente; un pour la marque des eaux-de- » vie, & un autre pour la bierre; ce dernier est de » 2 l. pour six mesures, faisant 150 pots. »

Les juifs, qui comme ailleurs, se mêlent à Strasbourg de toute sorte de négoce, n'ont pas néanmoins la liberté de coucher dans la ville: pour celle d'y entrer & d'y négocier, ils paient 13 sols par tête.

Le commerce du reste de la province consiste, 1°. en bois, que la *basse Alsace* produit en quantité, qui la plupart sont propres pour les constructions navales: ce négoce est presque tout pour la Hollande, où ils descendent par le Rhin.

2°. En vins de la *haute Alsace*, qu'on transporte pareillement en Hollande, d'où ils passent en Suède & en Danemarck, où les Hollandois les vendent pour vins du Rhin.

3°. En eaux-de-vie & en vinaigres, qui se font dans les mêmes cantons d'où on tire ces vins; & qu'on destine, partie encore pour la Hollande & pour l'Allemagne.

4°. En bleds, seigles, avoines & autres grains qui se recueillent dans l'une & l'autre *Alsace*, dont les Suisses enlèvent une bonne partie.

5°. En porcs & bestiaux engraissés, qui se consomment presque tous dans le pays.

6°. En tabac, dont il se vend plus de cinquante mille quintaux par an, partie en Suisse, partie en Allemagne, partie en Lorraine & partie dans les villes de la Sarre.

7°. Enfin, en safran, en térébentine, en chanvre, en lin, en tartre, en suifs, en poudre à giboyer, en châtaignes, en prunes, & autres fruits; & en graines de toutes sortes de légumes & de plantes, comme d'oignons, de choux, de pavot, d'anis & de fenouil.

Le *commerce* de toutes ces choses, & particulièrement des graines, est considérable, la *France* en tirant beaucoup, aussi-bien que la Hollande. A l'égard des châtaignes, des prunes & des autres fruits, le plus grand trafic s'en fait à Cologne, à Francfort & à Basle.

Il faut remarquer à propos du commerce de ces deux dernières villes avec l'*Alsace*, que leurs marchands le font presque tout par charroi, à cause du risque qu'il y a d'envoyer les marchandises par eau, le tirage des bateaux sur les bords du Rhin étant très-difficile, & la rapidité de ce fleuve en rendant la navigation très-dangereuse.

Il y a beaucoup de manufactures en *Alsace*, mais non pas d'étoffes ni bien chères, ni bien fines: les principales sont, des tiretaines moitié laine, & moitié fil; des treillis, des cannevas & quelques toiles.

Les tiretaines & les toiles se consomment dans le pays; les treillis & les cannevas vont en Angleterre, en Hollande & en Allemagne.

Les métaux dont il y a des mines en *Alsace*, sont l'argent, le cuivre, le fer & le plomb. Hors les mines de fer, toutes les autres sont peu abondantes, celles-ci sont du côté de Beffort; celles d'argent de cuivre, & de plomb, à Giromani, à Sainte-Marie-aux-Mines, à Aftembarc & à Munster.

La mine d'argent de Giromani, produit environ seize cens marcs de métal purifié; celle de cuivre, ou plutôt celle d'argent, qui donne aussi du cuivre, plus de vingt-quatre mille livres pesant de ce dernier métal.

Toutes ces mines sont dans la *haute Alsace*.

Il y a pour fondre & préparer le fer des mines de Beffort, plusieurs forges & fourneaux dans les forêts voisines; & pour celles de cuivre, quantité de fonderies & de martinets.

COMMERCE DU ROUSSILLON.

Les laines, le fer & les huiles d'olive, font le meilleur *commerce* de ce comté.

Les

COMPAGNIE DES INDES ORIENTALES DE FRANCE.

ÉPOQUES.	FONDS apportés au Capital provenans des Emprunts.	RENTES PROVENANT DU FOND CAPITAL — La Ferme du Tabac / Comme du Maître for le Roi.	PRIVILÉGES DE LA COMPAGNIE.	SECOURS DU GOUVERNEMENT. en Vaiss. / en Argent.	RENTES VIAGÈRES & PERPÉTUELLES payées par la COMPAGNIE.	NOMBRE des Vaiss.	CHARGEMENS. EN MARCHANDISES / EN MATIÈRES D'OR. / D'ARGENT.	Nombre des Vaiss. de retour.	PRIX D'ACHAT des Marchandises du retour.	VENTES EN FRANCE.	BÉNÉFICE de l'Achat à la Vente.	DROITS payés à la Ferme générale fur les Marchandises vendues.	DIVIDENDE payé chaque année.
De 1725 à 1726													
1726 1727													
1727 1728													
1728 1729													
1729 1730													
1730 1731													
1731 1732													
1732 1733													
1733 1734													
1734 1735													
1735 1736													
1736 1737													
1737 1738													
1738 1739													
1739 1740													
1740 1741													
1741 1742													
1742 1743													
1743 1744													
1744 1745													
1745 1746													
1746 1747													
1747 1748													
1748 1749													
1749 1750													
1750 1751													
1751 1752													
1752 1753													
1753 1754													
1754 1755													
1755 1756													
1756 1757													
1757 1758													
1758 1759													
1759 1760													
1760 1761													
1761 1762													
1762 1763													
1763 1764													
1764 1765													
1765 1766													
1766 1767													
1767 1768													
1768 1769													
1769 1770													
1770 1771													

RELEVÉ GÉNÉRAL

Du produit net, escompte à dix pour cent déduit, des Marchandises des Indes, de la Chine, & des isles de France & de Bourbon, provenant du commerce particulier, depuis la suspension du privilège exclusif de la Compagnie des Indes de France, & dont la vente s'est faite publiquement au port de l'Orient, dans les années ci-après; SÇAVOIR,

ANNÉES DES VENTES.	MARCHANDISES			TOTAL GÉNÉRAL DU PRODUIT NET.		
	DES INDES.	DE LA CHINE.	DES ISLES DE FRANCE ET DE BOURBON.			
	liv. sols den.	liv. sols den.	liv. sols den.	liv. sols den.		
1771	3,256,620 2 5	5,173,712 13 4	1,906,171 8 11	10,336,504 4 8		
1772	9,180,129 17 3	4,699,843 2 7	1,468,173 16 10	15,348,146 16 8		
1773	8,711,734 9 11	5,822,047 18 //	650,128 15 6	15,183,911 3 5		
1774	8,475,691 14 4	8,575,808 7 5	563,904 14 3	17,615,404 16 //		
1775	10,906,218 17 1	10,912,593 12 //	507,769 11 6	22,326,582 // 7		
1776	19,402,422 1 10	6,504,327 17 6	1,019,329 16 8	26,926,079 16 //		
1777	16,616,961 14 6	10,110,327 4 //	782,475 14 //	27,509,764 12 6		
1778	9,561,869 19 //	4,300,303 5 6	164,021 14 //	14,026,194 18 6		
TOTAL	86,111,648 16 4	56,098,963 15 4	7,061,975 11 8	149,272,588 3 4		

RÉCAPITULATION.

		ANNÉE COMMUNE.	
	liv. sols den.	liv. sols den.	
Marchandises des Indes	86,111,648 16 4	10,763,956 2 //	
De la Chine	56,098,963 15 4	7,012,370 9 5	
Des isles de France & de Bourbon	7,061,975 11 8	882,746 18 11	
TOTAL	149,272,588 3 4	18,659,073 10 4	

Observez pour l'instruction future des Citoyens, qui se laissent souvent tromper au ton dogmatique des partisans des privilèges que jamais, en aucun tems, la Compagnie privilégiée n'avoit faite une plus forte importation.

ÉTAT

De la Pêche de Morue faite par les François en 1773.

COTE DE TERRE-NEUVE
EN PÊCHE DE MORUES SÈCHES.

PORTS D'ARMEMENT.	NOMBRE de NAVIRES	PORT en tonneaux.	ÉQUIPAGES	NOMBRE de BATEAUX	QUINTAUX de MORUES sèches.	BARIQUES d'Huile.
St-Malo...	43	6,779	3,293	596	80,730	1,184
Granville...	38	5,442	2,623	503	73,370	1,098
Lannion...	17	2,590	1,055	203	28,050	456
La Rochelle...	1	80	26	4	800	12
Jean-de-Luz...	5	730	266	61	7,110	65
TOTAL...	104	15,621	7,263	1,367	190,060	2,825

ISLES SAINT-PIERRE ET MIQUELON.

PORTS D'ARMEMENT.	NOMBRE de NAVIRES	PORT en tonneaux.	ÉQUIPAGES	NOMBRE de Bateaux.	QUINTAUX de MORUES sèches.	BARIQUES d'Huile.
Saint-Malo...	15	878	156		14,716	50
Granville...	3	210	36		2,400	38
Saint-Jean-de-Luz...	4	270	48		3,204	
Bayonne...	9	943	182	20	13,100	149
Rochefort...	1	80	9		700	16
S.-Pierre & Miquelon	3	170	25		2,550	
TOTAL...	35	2,543	456	20	36,670	253

GRAND BANC DE TERRE-NEUVE,
OU PÊCHE DE MORUES VERTES.

PORTS D'ARMEMENT.	NOMBRE de NAVIRES	PORT en tonneaux.	ÉQUIPAGES	Barils de Morues	NOMBRE DE MORUES VERTES.	BARIQUES D'HUILE.
Saint-Malo...	29	1,936	326		410,000	25
Granville...	47	3,047	595		775,500	46
Barfleur...	2	165	29		53,000	2
Honfleur...	15	1,449	236		314,500	19
Fécamp...	8	530	100		143,000	9
Dieppe...	6	403	70	369	70,000	4
Tréport...	2	140	27	272	17,000	1
Sables-d'Olonne.	14	1,415	272		259,300	15
Marennes...	2	190	29		18,700	1
TOTAL...	125	9,275	1,684	641	2,041,000	122

PRODUIT EN ARGENT.

COTE DE TERRE-NEUVE.

	liv.	
150,060 quintaux de Morues sèches à 18 liv.	2,421,080	} 3,816,580
2,825 bariques d'Huile à 140 liv.	395,500	

SAINT-PIERRE ET MIQUELON.

36,670 quintaux de Morues sèches à 21 liv.	770,070	} 805,490
253 bariques d'Huile à 140 liv.	35,420	

GRAND BANC DE TERRE-NEUVE.

2,041,000 Morues vertes, les 100 à 67 liv. 10 sols.	1,377,675	}
641 barils de Morues à 40 liv.	25,640	} 1,421,615
122 bariques d'Huile à 150 liv.	18,300	}
TOTAL		6,043,685

RÉSULTAT DES TROIS PÊCHES.

Navires	264
Tonneaux	27,439
Hommes	9,403
Bateaux de pêche	1,387
Quintaux de Morues	226,630
Morues vertes	2,041,000
Barils de Morues	641
Bariques d'huile	3,200
Produit en argent	6,033,685

Les laines font fines & très-belles, & presque de la qualité de celles d'Espagne ; ce qui fait que les manufactures de France en tirent tous les ans pour des sommes considérables. Aussi pour conserver & augmenter le *commerce* des laines, le réglement du conseil souverain de *Roussillon*, de l'année 1658, ordonne à tous les habitans de faire tous les ans la déclaration de leurs bestiaux à laine, aux plus prochains bureaux de leur demeure & de la quantité de laine qui en sera provenue.

C'est pareillement pour assurer le négoce du fer & le bon état des forges, que ceux qui en sont ou les propriétaires, ou les fermiers, sont tenus en vertu du même réglement, de faire auxdits bureaux une semblable déclaration de la quantité de fer qui y aura été fabriqué & même du débit qu'ils en auront fait.

A l'égard des huiles, il en sort année commune, pour deux à trois cent mille liv.

Les vins sont bons, mais il ne s'en fait qu'un médiocre débit hors de la province; le plus grand négoce de ces vins, est quand il y a des troupes Françoises en *Roussillon*.

Le reste du négoce consiste en bleds, en millet, en gros bétail, & en bêtes blanches. Le principal marché pour les bestiaux, se tient toutes les semaines à Apouls, petite ville d'environ deux cent feux.

Le *Roussillon* n'a point de manufactures considérables : il s'y fait cependant quelques couvertures de laine, des toiles assez grossières, & des espèces de bures, ou de gros draps dont s'habillent les paysans.

Toutes les étoffes de laine qui se fabriquent dans l'étendue du comté, doivent être bouillées, ou marquées de la marque de l'adjudicataire des fermes du roi ; & pour cela, les marchands, ouvriers & facteurs de draps, sont semblablement tenus, conformément audit réglement du conseil souverain de 1658, d'y faire apposer la bouille, ou marque, par les commis des plus prochains bureaux des lieux où ils habitent.

Nous terminerons cet article par trois tableaux communiqués, à M. l'abbé Raynald, par une personne très-instruite & justement célèbre.

FRANCHISE. *Exemption* de quelque droit ou de quelque obligation. Il se dit aussi des lieux ou aziles dans lesquels on jouit de quelque privilége ; & souvent, des priviléges mêmes dont on a droit d'y jouir.

FRANCHISE, *en terme de foire*. C'est l'exemption quelquefois de tous les droits d'entrée & de sortie, & quelquefois seulement d'une partie, pour toutes les marchandises qui sortent, qui entrent ou qui s'achètent, se vendent ou s'échangent pendant le temps d'une foire.

Il se dit aussi des priviléges accordés aux marchands étrangers qui y viennent pour le fait de leur commerce ; comme de pouvoir tester & disposer des effets qu'ils y ont amenés, de n'y pouvoir être arrê-

tés, sinon pour marchandises négociées pendant la durée de la foire ; & quelques autres priviléges. On parle ailleurs plus amplement de ces *franchises* des foires. *Voyez* FOIRE.

FRANCHISE. Faculté d'être reçu maître dans un corps d'artisans sans être assujetti à certaines régles & statuts, dans les communautés des arts & métiers, où il y a apprentissage, chef-d'œuvre & maîtrise.

On appelle *franchise* le privilége d'être reçu à la maîtrise sans chef-d'œuvre & sans payer aucun droit, ou du moins en ne payant que celui que paient les fils de maîtres. Cette *franchise* se gagne de plusieurs manières.

1°. Les veuves & filles de maîtres affranchissent les apprentifs & les compagnons qui les épousent. 2°. Les apprentifs forains gagnent la *franchise* en travaillant quelques années chez les maîtres de Paris au-delà de leur apprentissage de province. 3°. Les maîtres sans-qualité gagnent leur *franchise*, ou plutôt l'achètent en payant aux jurés les sommes fixées par les édits, déclarations & arrêts du conseil. 4°. Les compagnons qui travaillent dans la cour de l'hôpital de la Trinité à Paris, la gagnent en enseignant gratis leur métier à un enfant de cet hôpital.

Il y a encore quelques manières de s'affranchir dans les communautés des arts & métiers, mais qui leur sont propres à chacune en particulier : on peut les voir aux articles où il est traité de ces corps d'artisans.

FRANCHISE, *Lieu privilégié*. Il y a plusieurs lieux de *franchise* dans la ville & fauxbourgs de Paris, c'est-à-dire, des lieux où les simples apprentifs & compagnons peuvent en toute liberté travailler de leur art & métier, sans crainte de saisie & de confiscation de leurs ouvrages.

Ces ouvriers ne sont pas néanmoins exempts de la visite des jurés; mais il faut, lorsque les jurés veulent aller en visite chez eux, qu'ils se fassent accompagner d'un officier de justice.

Il n'est pas permis aux artisans retirés dans les *franchises* d'aller eux-mêmes porter en ville leurs ouvrages ou marchandises, & elles peuvent alors leur être saisies par les jurés s'ils en sont rencontrés. Les bourgeois ont pourtant la faculté d'aller ou d'envoyer querir les ouvrages qu'ils ont commandés.

Les artisans non maîtres retirés dans la *franchise* de l'hôpital de la Trinité, sont les seuls qui soient exempts de cette régle, & qui aient droit d'aller en ville porter leur ouvrage, mais alors ils sont tenus d'avoir dans leur poche le bonnet de l'enfant de cet hôpital à qui ils apprennent leur métier gratis pour gagner leur maîtrise.

Les lieux de *franchise* de Paris & de ses fauxbourg, sont :

Le fauxbourg S. Antoine.
Le cloître & parvis Notre-Dame.
La cour de S. Benoît.
L'enclos de S. Denis de la Chartre.
L'enclos de S. Germain des Prez.

Mmm

L'hôtel royal des Gobelins.
L'enclos de S. Jean de Latran.
La rue de l'Ourfine.
L'enclos de S. Martin des Champs.
Les maisons des peintres & sculpteurs de l'académie.
La cour de la Trinité.
La cour du Temple.

FRANCIN. C'est le nom que les Flamands donnent à cette espèce de parchemin très-fin & très-blanc, qu'on appelle du velin.

FRANCS. C'est le nom sous lequel sont connus dans le Levant tous les marchands d'Europe qui y viennent trafiquer, de quelque nation qu'ils soient.

FRANGE. Ornement qui s'applique à l'extrémité des paremens d'église, des meubles & des vêtemens.

La frange est composée de trois parties; de la chaînette, de la tête & du corps de la frange; on en fait d'or, d'argent, de soie, de laine, de chanvre & de lin, enfin de toutes les matières qui se peuvent filer.

Lorsque la frange est tout-à-fait basse on l'appelle mollet; quand les fils en sont plus longs que l'ordinaire & que la tête en est large & ouvragée à jour, ou lui donne le nom de crépine. Il y a de la frange de soie torse & de la frange de soie non torse; cette dernière se nomme frange coupée.

Les franges ainsi que les crépines s'attachent de manière que leurs filets tombent toujours perpendiculairement en rubans. Il n'en est pas de même du mollet qui peut s'attacher de quelle manière l'on veut; ses fils étant si courts qu'ils peuvent se soutenir d'eux-mêmes.

Il n'y a à Paris que les tissutiers-rubaniers qui fabriquent des franges, ce qui fait que souvent on les nomme frangiers, quoique leurs statuts ne leur donnent point cette qualité.

Les franges & les mollets font partie du négoce des marchands merciers, qui en peuvent vendre & débiter en gros & en détail, même en faire fabriquer, pourvu que ce soit par des maîtres tissutiers-rubaniers.

« Les franges d'or, d'argent ou de soie, paient » en France les droits de sortie, comme rubans d'or, » d'argent ou soie, c'est-à-dire, à raison de 40 s. » de la livre. Si elles ne sont que de filoselle, elles » paient 11 liv. 10 s. du cent pesant, conformé-» ment au tarif de 1664.

» Les droits de la douane de Lyon se paient sui-» vant leur qualité, sçavoir:
» Les franges d'or & d'argent, 3 liv. 18 s. de » la livre.
» Les franges de soie, 10 s. de la livre, tant » d'ancienne que de nouvelle taxation.
» Les franges de fil, 6 s. de la livre avec les » sols pour liv ».

★ FRANGER, ou FRANGIER. Artisan qui fait des franges, des mollets, &c. On le nomme plus ordinairement tissutier-rubanier, qui est le véritable titre que lui donnent les statuts de son métier.

FRANGOTTE, ou FARGOT. Mot Flamand qui signifie une petite balle de marchandises. Voyez FARGOT.

FRAPPER, en terme de manufacture. Signifie battre, serrer sur le métier la trême d'un drap, d'une étoffe, d'une toile.

On dit: ce drap est bien frappé, ou pas assez frappé; pour faire entendre qu'on le trouve ou bien serré ou trop lâche. On le dit aussi des tapisseries de haute-lisse: Cette tapisserie est fine & bien frappée.

FRASE, qu'on nomme aussi FRAISE. Outil de fer dont les serruriers, les arquebusiers, les horlogers & gros ouvrages, & plusieurs autres ouvriers qui travaillent le fer sur l'étau, se servent à contre-percer les pièces de leurs ouvrages.

Il y a de deux sortes de frases, de rondes & de quarrées: la ronde est une espèce de petit cône d'acier cannelé avec une assez longue queue. La quarrée a aussi une pareille queue; mais sa forme est piramidale à quatre faces, dont les angles sont très-coupans, & la pointe bien acérée: l'une & l'autre se montent dans des boëtes comme les forets, dont ils sont en effet une espèce. Voyez FORET.

FRATER. Nom que l'on donne chez les barbiers & chirurgiens, aux apprentifs qui y apprennent leur métier, ou aux garçons qui travaillent à gage dans les boutiques au sortir de leur apprentissage. On ne se sert guères du mot de frater que par mépris ou en plaisantant. Les apprentifs & compagnons sont toujours appellés dans les statuts de ces deux corps, garçons & serviteurs.

FRAUDE. Tromperie cachée.

Faire entrer ou sortir du royaume des marchandises en fraude, c'est les y faire entrer ou sortir par des routes détournées, en prenant soin d'éviter les bureaux qui sont établis sur les frontières, afin de ne pouvoir payer s'il est possible les droits qui sont dûs suivant les tarifs, si ce sont marchandises permises; ou d'éviter les peines portées par les ordonnances, si ce sont marchandises de contrebande.

Les ordonnances des rois & les loix du royaume ont toujours été très-sévères, non-seulement contre les marchands fraudeurs des droits d'entrée & de sortie, mais encore contre les commis, gardes & autres, qui sont d'intelligence avec eux, & qui facilitent leur fraude.

L'article 18 du titre 14 de l'ordonnance du mois de février 1687, porte qu'il sera procédé extra-ordinairement contre les uns & les autres, & même par peines afflictives.

Mais ces peines n'ayant point été expliquées par l'ordonnance, & l'amende qui ne pouvoit être moindre que le quadruple, n'étant point suffisante pour arrêter ces abus, & sur-tout la collusion des gardes & commis avec les marchands; Louis XIV y pourvut par une nouvelle déclaration du mois de septembre 1701.

Cette dernière déclaration fut donnée sur les remontrances des députés au conseil de commerce, & des principaux négocians du royaume.

Elle ordonne, 1°. qu'à l'avenir il seroit procédé extraordinairement contre les négocians, marchands, leurs facteurs & commissionnaires, conducteurs, guides & entremetteurs, qui d'intelligence avec les receveurs, contrôleurs, visiteurs, brigadiers & gardes, auront fait entrer ou sortir des marchandises de quelque qualité qu'elles soient, en *fraude* des droits & par contravention aux défenses; ensemble contre lesdits receveurs, contrôleurs & employés aux fermes.

2°. Que pour réparation, lesdits négocians & marchands seront déclarés indignes & incapables d'exercer le négoce & marchandise leur vie durant; défense à eux de le continuer; leurs boutiques murées, leurs enseignes ôtées, & leurs nom & surnom mis dans un tableau affiché dans l'auditoire de la jurisdiction consulaire de la ville de leur domicile ou de la plus prochaine.

3°. Que leurs facteurs & commissionnaires non marchands, les voituriers & guides, seront attachés au carcan pendant trois jours.

Enfin, que les receveurs, brigadiers, gardes & autres employés aux fermes du roi, seront condamnés aux galères pour neuf ans; & leurs offices s'ils sont titulaires, confisqués au profit du roi.

Outre ce qu'on vient de dire des procédures extraordinaires, qui doivent se faire contre les commis qui favorisent les *fraudes* des marchands, & encore de la déclaration du 20 septembre 1701, qui fixe des peines contre les marchands négocians, commissionnaires, facteurs & autres qui subornent lesdits commis, il y a de plus trois articles de l'ordonnance des fermes; sçavoir le XX, le XXI & le XXII, du titre commun de toutes lesdites fermes, & deux déclarations du roi, l'une du 25 août 1699, & l'autre du 12 octobre 1715, qui réglent & ordonnent diverses choses sur cette même matière, qu'il est important de n'être point ignorées, ni des marchands, ni des commis.

Par le premier de ces trois articles, il est dit que les commis desdites fermes & autres, ayant serment à justice, qui auront fabriqué ou fait fabriquer de faux registres, ou qui auront délivré de faux extraits signés d'eux, ou contrefait la signature des juges, seront punis de mort.

Le second de ces articles veut que les particuliers redevables des droits de sa majesté, qui auront falsifié les marques des commis & autres ayant serment à justice, leurs congés, acquits, passavans, certificats & autres actes, seront condamnés pour la première fois au fouet & au bannissement de cinq ans, de l'élection de Paris, ou de celle où la falsification aura été commise, avec amende qui ne pourra être moindre que le quart de leur bien; & en cas de récidive, aux galères pour neuf ans, avec amende qui sera de la moitié de leur bien.

Par le troisième article, les mêmes peines du se-

cond sont ordonnées contre ceux qui auront falsifié les chartes parties, connoissemens & lettres de voiture.

A l'égard des deux déclarations, celle du mois d'août 1699, veut que tous les particuliers qui faciliteront avec force & port d'armes, l'entrée des marchandises défendues & de contrebande dans l'étendue du royaume, soient condamnés à neuf années de galères.

Enfin, la déclaration du mois d'octobre 1715, qui a principalement en vue les *fraudes* qui se font aux entrées de Paris, d'intelligence avec les commis, tant par les marchands de vin, eaux-de-vie & autres boissons, que par les bouchers, leurs garçons & autres marchands, après avoir rappellé les quatre articles de l'ordonnance des fermes, la déclaration de 1699, & celle de 1701, dont en général sa majesté ordonne de nouveau l'exécution; il est dit qu'à l'égard de la dernière de ces déclarations, les dispositions qui y sont contenues, seront étendues à toutes les fermes du roi, & en conséquence que sur la plainte & à la requête de l'adjudicataire des fermes, il sera procédé extraordinairement contre les marchands de vin, d'eaux-de-vie & autres boissons, bouchers & autres marchands, leurs garçons, facteurs & commissionnaires, les voituriers tant par eau que par terre, guides, entremetteurs & tous autres, qui en fraude des droits de sa majesté, d'intelligence avec les receveurs en titre ou par commission, commis des barrières, brigadiers, gardes & autres employés dans lesdites fermes, moyennant une somme d'argent, récompense équipolente, ou en quelque sorte & manière que ce puisse être, directement ou indirectement, auroient fait entrer dans la ville & fauxbourgs de Paris, & autres villes du royaume, des vins, eaux-de-vie & autres boissons, bœufs, vaches, moutons & porcs vifs ou morts, entiers ou par morceaux, & autres marchandises ou autrement, pour frauder les droits du roi: ensemble contre lesdits receveurs, contrôleurs & autres commis; & que pour réparation de ladite prévarication, les marchands de vin, eaux-de-vie & autres boissons, & les bouchers, chaircuitiers & autres marchands, soient déclarés indignes & incapables de plus exercer leur négoce & marchandise leur vie durant, &c. auquel effet leurs enseignes & inscriptions seront ôtées, & leurs noms & surnoms seront écrits dans un tableau qui sera affiché dans l'auditoire de la jurisdiction consulaire de Paris, ou autres plus prochaines du lieu où les fraudes auroient été commises. Qu'à l'égard des facteurs, commissionnaires non négocians ni marchands, les voituriers tant par eau que par terre, guides, conducteurs & autres, qui auront eu part auxdites subornations & *fraudes*, seront appliqués au carcan pendant trois jours de marché; & quant aux receveurs, contrôleurs & autres commis, ils seront condamnés aux galères pour neuf ans, & les offices des titulaires confisqués au profit de sa majesté. Le tout sans préjudice des amendes, confiscations & autres peines pécuniaires, portées par les ordonnances, lesquelles au surplus seront exécutées suivant leur forme & teneur.

Ces peines infligées à la *fraude*, cette armée de surveillans qu'il faut entretenir à grands frais, sont un des inconvéniens inséparables de tous les impôts indirects; ils établissent infailliblement une guerre continuelle entre le souverain & les citoyens. Toutes les dépenses des hostilités, tous les profits de la contrebande sont payés par la nation, sans entrer dans le trésor public, & tous les bénéfices de ces agens intermédiaires, corrompent les mœurs.

FRAUDÉ, FRAUDÉE. On appelle à Marseille & à Smyrne, des *soies fraudées*, de la *cire fraudée*, du *coton fraudé* &c. toutes ces diverses marchandises, lorsqu'on y en a fourré de moindre qualité, ou qu'on y a mêlé d'autres matières pour en augmenter le poids, ce qui est fort ordinaire aux Arméniens & aux Juifs. Les Grecs sont estimés de meilleure foi.

FRAUDER. Tromper quelqu'un, lui faire quelque tort.

FRAUDER LA GABELLE. C'est faire passer des sels d'une province libre, c'est-à-dire, qui n'est pas sujette aux droits de *gabelle*, dans d'autres provinces qui doivent aller prendre leurs sels aux greniers établis pour la vente que le roi en fait faire.

Ceux qui font ce commerce, qui est défendu sous de sévères peines, s'appellent *faux-sauniers*, & l'on nomme *faux-sel* celui qui n'a pas été pris aux greniers royaux.

On *fraude* aussi les droits des aides, quand on ne paie pas le gros, le huitième & les droits d'entrée aux barrières ou portes des villes, qui sont dûs pour les vins.

Enfin, c'est *frauder* les droits du roi, quand on s'exempte, par adresse, par artifice, par intelligence avec les commis, ou de quelque manière que ce soit, de payer les impôts mis sur les denrées, légumes, victuailles, &c. soit par terre, par eau, aux passages des ponts & autres lieux où les bureaux & commis sont établis pour les percevoir.

FRAUDER. Se dit aussi entre les particuliers, & sur-tout dans le négoce.

On dit d'un débiteur qui emploie de mauvais moyens & de l'artifice, pour faire perdre à ses créanciers ce qu'il leur doit, qu'il *fraude* ou qu'il veut *frauder* ses créanciers: de-là, est venu la honteuse épitete de *banqueroutier frauduleux*.

FRAUDER, *en fait de manufacture*. C'est ne pas mettre, en fabriquant une étoffe, les portées ou les fils nécessaires, suivant les réglemens; ainsi on dit: cet ouvrier ne fait que *frauder*, il ne met jamais dans ses serges les portées convenables.

FRAUDULEUX, EUSE. Celui qui trompe & qui fraude, ou la chose qui est faite avec fraude & tromperie. Un débiteur, un banqueroutier *frauduleux*; un acte *frauduleux*; une déclaration *frauduleuse*.

FRAUDULEUSEMENT. D'une manière frau-

duleuse. Il n'y a pas moyen de se fier à ce marchand, de négocier avec lui, il fait tout *frauduleusement*.

FRAXINELLE, autrement *dictame* blanc, ainsi nommé à cause de la ressemblance de ses feuilles avec le frêne.

FRAY. Ce sont les œufs du poisson, ce qui sert à la propagation de leur espèce; on le dit aussi du même poisson dans les premiers temps qu'il est produit.

FRAY. (*Terme de monnoyeur.*) C'est l'altération ou diminution qui arrive au poids des monnoies, par succession de temps, & pour avoir été trop maniées. Il y a des ordonnances qui réglent sur quel pied les espèces doivent être reçues, quand leur diminution vient du *fray* & maniement: celle de Louis XIV fixe le *fray* à six grains.

FRAYE. Temps destiné par la nature, à la génération des poissons; saison où le mâle passe sur la femelle & la *fraye*, & que la femelle vuide son fret.

Le temps de la *fraye* des truites, est depuis le premier février jusqu'à la mi-mars; les autres poissons frayent depuis le premier avril jusqu'au premier juin.

Il est défendu par les ordonnances, sous peine d'amende & de prison, & même sous celle du carcan, du fouet & du bannissement, de pêcher dans le temps de la *fraye*.

FRAYER. Il se dit de la jonction des poissons pour la génération. Les poissons sont moins fermes & moins bons dans le temps qu'ils *frayent* ensemble, que dans les autres saisons.

FRÉGATAIRE. Ce terme n'est en usage qu'au Bastion de France, situé à l'extrémité du royaume d'Alger, & sur les frontières de celui de Tunis.

Ce sont des porte-faix ou chargeurs qui servent la compagnie Françoise qui y est établie, & qui portent à bord des barques ou frégates, d'où ils ont pris leur nom, les grains, légumes & autres marchandises que les commis des magasins ont traité avec les Maures.

FRELANDE, FERLANDE ou FRELAMPE. L'on nomme ainsi en Anjou, cette monnoie de billon qu'on appelle ailleurs *sou* ou *sou marqué*.

FRELATER. Mêler & sophistiquer une liqueur. Il se dit particulièrement du vin.

Du vin *frelaté*, est du vin mêlé d'ingrédiens presque toujours nuisibles à la santé, pour lui donner de la force. Quand on ne mêle que du vin avec du vin, on dit du *vin coupé*.

FREQUIN, sorte de futailles. L'article VI, du réglement de 1723, concernant les déclarations des marchands aux bureaux d'entrée & de sortie, met le *frequin* au nombre des futailles qui servent à entonner les sucres bruts, les syrops, les suifs, les beurres, & autres telles marchandises qui sont sujettes à déchet & à coulage.

FRERES CORDONNIERS. C'est une société ou communauté séculière de plusieurs compagnons

& garçons cordonniers, qui fous la conduite d'un maître cordonnier, qui eft aufli appellé le *maître de la communauté*, vivent & travaillent en commun fous certains ftatuts & réglemens convenus entr'eux.

Il y a à Paris deux communautés de *freres cordonniers* : la première fut établie en 1645, l'autre eft plus moderne & fait bande à part : leurs ftatuts font à peu près les mêmes. Il y en a aufli dans quelques principales villes du royaume.

FRERES TAILLEURS. Ce font des compagnons & garçons tailleurs unis en fociété comme les freres cordonniers.

FRÊNE. Grand *arbre* dont le tronc devient très-gros & très-haut. Cet arbre fournit deux chofes principales pour le commerce, le bois & la manne purgative.

FRET, ou FRETTAGE. (*Terme de commerce de mer.*) Il fignifie le *louage* d'un navire en tout ou partie, pour voiturer & transporter des marchandifes d'un port en un autre. Ce qu'on appelle *fret*, en Ponant, fe nomme *nolis* en Levant.

Lorfqu'un navire eft loué en entier, & que l'affreteur ne lui donne pas toute fa charge, le maître du vaiffeau ne peut, fans fon confentement, prendre d'autres marchandifes pour l'achever, ni fans lui tenir compte du *fret*.

Le marchand qui n'a pas chargé la quantité de marchandifes portée par la charte-partie, ne doit pas laiffer d'en payer le *fret*, comme fi le tout avoit été chargé ; & s'il en charge plus, il eft tenu de payer le *fret* de l'excédent.

Quand un maître a déclaré fon vaiffeau d'un plus grand port qu'il n'eft, il eft tenu des dommages & intérêts du marchand. Il n'eft cependant pas réputé y avoir eu erreur en la déclaration, fi elle eft au-deffus du quarantiéme.

Lorfqu'un vaiffeau eft chargé à cueillette, ou au quintal, ou au tonneau, le marchand qui veut retirer les marchandifes avant le départ du bâtiment, a la faculté de les faire décharger en payant les frais de la décharge, & la moitié du *fret*.

Le maître eft en droit de faire mettre à terre les marchandifes qu'il trouve dans fon vaiffeau, qui ne lui ont point été déclarées, ou en prendre le *fret* au plus haut prix, par rapport à d'autres marchandifes de femblable qualité.

Si un marchand retire fes marchandifes pendant le voyage, il ne doit pas laiffer d'en payer le *fret* en entier, pourvu qu'il n'y ait pas de la faute du maître.

Quand un navire eft arrêté pendant fa route, ou au lieu de fa décharge par la faute du marchand affreteur, ou lorfque le vaiffeau ayant été affreté allant & venant, eft obligé de faire fon retour lege, l'intérêt du retardement & le *fret* entier, font dûs au maître.

Si au contraire le vaiffeau étoit arrêté ou retardé, au lieu de fa décharge, ou pendant fa route, par la faute du maître, en ce cas c'eft le maître qui doit être tenu des dommages & intérêts envers l'af-freteur, lefquels doivent être réglés par gens à ce connoiffans.

Lorfqu'un maître eft obligé de faire radouber fon vaiffeau pendant le voyage, le marchand chargeur doit être tenu d'attendre, ou de payer le *fret* entier. Si ce vaiffeau ne pouvoit être raccommodé, le maître eft obligé d'en louer un autre inceffamment ; & s'il n'en pouvoit trouver, il ne doit être payé de fon *fret* qu'à proportion de ce que le voyage fera avancé. En cas néanmoins que le marchand prouvât que dans le temps que le bâtiment a fait voile, il n'étoit pas en état de naviger, pour-lors le maître doit perdre fon *fret*, & répondre des dommages-intérêts du marchand.

Le maître doit être payé du *fret* des marchandifes qui font jettées à la mer pour le falut commun, à la charge de la contribution. Le *fret* eft pareillement dû pour les marchandifes que le maître aura été obligé de vendre pour victuailles, radoub, & autres néceffités preffantes, en tenant par lui compte de leur valeur, au prix que le refte aura été vendu, au lieu où elles auront été déchargées.

En cas d'interdiction de commerce avec le pays pour lequel le vaiffeau eft en route, & qu'il foit dans l'obligation de revenir avec fon chargement, le maître ne peut efpérer fon *fret* que pour l'aller, quand même le navire auroit été affreté allant & venant : & fi le bâtiment venoit à être arrêté par ordre fouverain dans le cours de fon voyage, il n'eft dû ni *fret* pour le temps de fa détention, s'il eft affreté au mois ; ni augmentation de *fret*, s'il eft loué au voyage ; mais la nourriture & les loyers des matelots pendant le temps de la détention, font réputés avarie.

Quand celui qui eft dénommé au connoiffement fait refus de recevoir les marchandifes, le maître en peut faire vendre pour le paiement de fon *fret*, & dépofer le reftant dans un magafin ; mais il le doit faire par autorité de juftice.

Le maître ne peut prétendre aucun *fret* des marchandifes qui ont été perdues par naufrage ou échouement, pillées par les pirates, ou prifes par les ennemis : il eft même tenu de reftituer ce qui lui en aura été avancé, à moins qu'il n'y ait une convention contraire. Si cependant le navire & les marchandifes étoient rachetées, pour lors, le maître doit être payé de fon *fret*, jufqu'au lieu de la prife, même fon *fret* entier, s'il les a conduites au lieu de leur deftination, en contribuant au rachat.

La contribution pour le rachat fe doit faire fur le prix courant des marchandifes, au lieu où elles ont été déchargées, déduction faite des frais ; & fur le total du navire & du *fret*, déduction faite des victuailles confumées, & des avances faites aux matelots, lefquels doivent aufli contribuer à la décharge du *fret*, à proportion de ce qui leur eft dû de leurs loyers.

Le maître doit aufli être payé du *fret* des marchandifes fauvées du naufrage, en les conduifant au lieu de leur deftination ; & s'il ne peut trouver de vaiffeau pour conduire les marchandifes fauvées, il ne doit être payé du *fret* qu'à proportion feulement du voyage avancé.

Il n'eft pas permis à un maître de retenir dans fon vaiffeau, la marchandife faute du paiement de fon *fret* : il peut feulement, dans le temps de la décharge, s'oppofer à fon tranfport, ou la faire faifir, même dans les allèges ou gabarres.

Le maître eft préféré pour fon *fret* fur les marchandifes de fon chargement, tant qu'elles font dans le vaiffeau, fur des gabarres, ou fur le quai, même pendant quinzaine après la délivrance, pourvu néanmoins qu'elles ne foient pas paffées dans les mains d'une tierce perfonne.

Un marchand ne peut obliger le maître de prendre pour fon *fret*, les marchandifes diminuées de prix, gâtées ou empirées par leur vice propre, ou par cas fortuit. Si néanmoins les marchandifes qui font en futaille, comme vin, huile, miel & autres liqueurs, avoient tellement coulé, que les futailles fuffent vuides ou prefque vuides, en ce cas, les marchands chargeurs peuvent les abandonner pour le *fret*.

Il eft expreffément défendu à toutes fortes de perfonnes, de fous-fretter les navires à plus haut prix que celui porté par le premier contrat à peine d'amende & de punition, fuivant le cas. L'affreteur peut cependant prendre à fon profit le *fret* de quelques marchandifes, pour achever la charge du vaiffeau qui a été par lui entièrement affretté.

« Tous ces réglemens concernant les marchands » affreteurs, les maîtres de vaiffeau fretteurs, & » le paiement du *fret*, font tirés du titre 3 du » troifiéme livre de l'ordonnance de la marine, du » mois d'août 1681 ».

Il y a prefcription pour le *fret* un an après le voyage fini : ainfi le maître d'un vaiffeau n'eft plus reçu après ce temps à le demander. *Article 2, titre 12, du livre premier de l'ordonnance ci-deffus rapportée.*

FRET. Se dit encore d'un certain *droit* de cinquante fous par tonneau de mer, qui fe paie aux bureaux des fermes du roi, par les capitaines & maîtres des vaiffeaux étrangers, à l'entrée ou à la fortie des ports & havres du royaume.

Il faut remarquer que les vaiffeaux qui n'ont point été fabriqués en France, encore qu'ils appartiennent aux fujets du roi, ne laiffent pas d'être réputés étrangers, & comme tels, font affujettis au paiement du droit de *fret*, à moins qu'il ne foit juftifié des contrats d'achat en bonne forme, & de l'enregiftrement qui en a été fait aux greffes des amirautés, & que les deux tiers de l'équipage du vaiffeau font François. *Art. 1 & 2, de l'ordonnance des fermes, du 22 juillet 1681, titre du droit de fret.*

C'eft de ce droit de *fret*, ou de cinquante fous par tonneau, dont les vaiffeaux Hollandois ont été déchargés en conféquence du traité de paix arrêté

& conclu à Utrecht, le 11 avril 1713, entre la France & les Etats - généraux; & c'eft pour les faire jouir de cette exemption, que fut rendu le 30 mai de la même année, un arrêt au confeil du roi, qui en décharge les vaiffeaux defdits Etats-généraux qui entreront dans les ports de France, ou qui en fortiront, de quelque pays qu'ils viennent, ou pour quelque pays qu'ils foient deftinés, foit qu'ils foient chargés ou vuides, ou qu'ils aient chargé ou déchargé en un ou plufieurs defdits ports, & en tous autres cas; à la réferve néanmoins lorfqu'ils prendront des marchandifes dans un port de France, pour les tranfporter dans un autre port auffi de France.

L'article 11 du traité de marine & de commerce, pareillement conclu à Utrecht, entre la France & l'Angleterre, porte auffi : que l'impôt ou tribut de cinquante fous tournois par tonneau, cefferoit en faveur des Anglois, & qu'en même-temps le droit de cinq fous fterlings, feroit fupprimé en faveur des François : mais l'exécution de cet article a été fufpendue, auffi-bien que le tarif propofé entre les deux nations.

Les vaiffeaux des villes Anféatiques, ont auffi été déchargés du même droit de cinquante fous par tonneau, dans tous les cas accordés aux Hollandois, conformément à l'article 4 du nouveau traité de marine & de commerce conclu à Paris, le 28 feptembre 1716, entre la France & les villes de Hambourg, Lubeck & Bremen.

Comme il arriveroit fouvent des conteftations entre les commis des fermes du roi, & les négocians, capitaines, maîtres & patrons des vaiffeaux, navires & autres bâtimens de mer étrangers, au fujet de la perception du droit de *fret*, fa majefté étant en fon confeil a rendu un arrêt, en forme de réglement, qui prévient toutes fortes de conteftations.

Arrêt du confeil d'état du roi, du 19 avril 1701, portant réglement pour le paiement du droit de fret.

Le roi étant informé des fréquentes conteftations qui arrivent entre les commis de fes fermes, & les négocians, capitaines, maîtres & patrons de vaiffeaux, navires & autres bâtimens de mer étrangers, au fujet du droit de *fret* de cinquante fous par tonneau, établi par déclaration de fa majefté, du 21 juin 1659, fur les vaiffeaux & bâtimens étrangers commerçans dans les ports du royaume, & fa majefté voulant faire ceffer ces conteftations, &c. Vu ladite déclaration, enfemble l'arrêt du confeil du mois de mai 1664, l'ordonnance du 22 juillet 1681, concernant ledit droit de *fret*, & le traité du commerce avec la Hollande, arrêté à Rifwick, le 20 feptembre 1697 : Le tout vu & confidéré, le roi étant en fon confeil, a ordonné ce qui enfuit.

ARTICLE PREMIER.

Le droit de *fret* sera payé par les capitaines, maîtres ou patrons de navires, vaisseaux & autres bâtimens de mer étrangers, qui sont sujets auxdits droits selon le port & continence dont ils se trouveront, suivant la jauge à morte charge, conformément à l'article premier du titre du droit de *fret*, de ladite ordonnance du mois de juillet 1681, & non suivant le poids des marchandises de quelque qualité qu'elles soient.

I I.

Les maîtres des vaisseaux seront tenus à cet effet, de donner au fermier ou commis des fermes de sa majesté, une déclaration véritable du port & continence des vaisseaux, &c. dans les vingt-quatre heures de leur arrivée, suivant l'article 5 du même titre de ladite ordonnance, pour être, le droit de *fret*, payé à raison du nombre des tonneaux marqué dans ladite déclaration.

I I I.

En cas que les fermiers ou commis des fermes ne conviennent pas du nombre des tonneaux porté par ladite déclaration, fourni par les maîtres des bâtimens de mer étrangers, il pourra être procédé à l'amiable entre les parties, à la jauge ou mesurage des vaisseaux, pour être, le droit de *fret*, payé à raison du nombre de tonneaux trouvé par ladite jauge.

I V.

En cas que les maîtres & commis ne puissent s'accorder à l'amiable, les parties se pourvoiront pardevant les juges auxquels la connoissance du droit de *fret* est attribuée, pour être, la jauge ou mesurage des vaisseaux, ordonné par lesdits juges, & fait par les jaugeurs ou experts dont les parties conviendront, sinon nommés d'office, le plutôt qu'il sera possible, sans causer de retardement, au déchargement ou au départ du vaisseau.

V.

Les frais de la jauge ou mesurage, seront avancés par les fermiers ou leurs commis, sauf à répéter lesdits frais s'il y échet.

V I.

Si par la jauge ou mesurage ainsi fait, la continence du vaisseau ne se trouve excéder celle portée par la déclaration du maître, que d'un dixiéme & au-dessous, il ne pourra être condamné par lesdits juges, qu'au paiement du droit de *fret*, à raison de la quantité de tonneaux portée par le rapport des jaugeurs & experts, & aux frais & dépens.

V I I.

Si la continence du vaisseau, suivant le rapport, excède de plus du dixiéme, celle portée par la dé-

claration du maître, il sera condamné à payer le droit de l'excédent, & en outre, en cinquante livres d'amende pour chaque tonneau qui se trouveroit excéder le nombre porté par sa déclaration, & aux frais & dépens.

V I I I.

Si par la jauge ou mesurage, la continence du vaisseau n'excède pas celle portée par la déclaration du maître, les fermiers ou commis des fermes seront condamnés en ses dommages & intérêts, & en tous les frais & dépens.

I X.

Les maîtres des vaisseaux étrangers, sujets au droit de *fret*, qui arriveront dans les ports du royaume, chargés de marchandises, seront tenus de payer le droit de *fret* dans tous les ports où ils iront décharger les marchandises, dont lesdits vaisseaux seront chargés, conformément à l'article 4, du titre du droit de *fret* de ladite ordonnance, à moins qu'il ne soit expliqué dans la charte-partie, dans le connoissement ou autres pièces concernant le chargement du vaisseau, que partie des marchandises est destinée & doit être déchargée dans un port, & partie dans un autre ou plusieurs autres ports du royaume; auquel cas le droit de *fret* sera payé en entier au premier des ports désignés, où sera commencé le déchargement par parties des marchandises, & ne sera plus dû aux autres ports désignés, où le restant desdites marchandises sera déchargé.

X.

Si néanmoins un vaisseau étranger entre chargé dans une rivière du royaume sur laquelle il y a divers ports, il ne sera réputé avoir fait qu'un seul voyage, & ne sera tenu de payer qu'une seule fois le droit de *fret*, qu'il acquittera au port où il commencera son déchargement, quoique dans les connoissemens & autres pièces, il ne soit fait mention que de l'un de ces ports.

X I.

Si les maîtres des vaisseaux chargent dans le premier ou autres des ports du royaume désignés dans les connoissemens & autres pièces, des marchandises du royaume, encore même que ce fût au lieu de celles qu'ils y auront déchargées, pour les aller porter avec le reste de leur chargement dans d'autres ports du royaume, le droit de *fret* sera dû en entier dans chacun des ports où les vaisseaux étrangers iront faire leur déchargement, quoique ce fût dans les ports désignés par lesdits connoissemens & autres pièces.

X I I.

Lorsqu'un vaisseau étranger aura fait son déchargement dans un ou plusieurs ports du royaume, & qu'il aura payé le droit de *fret*, s'il va ensuite prendre son chargement dans un autre ou plusieurs autres ports du royaume, pour les porter dans les pays étrangers, il ne sera tenu de payer aucuns nouveaux droits de *fret* dans les ports où il fera son chargement.

X I I I.

Et seront au surplus, ladite ordonnance des fermes, du mois de juillet 1681, & autres réglemens concernant le droit de *fret*, exécutés selon leur forme & teneur.

L'on peut voir à l'article du *fret*, quelles sont les nations étrangères dont les vaisseaux entrant dans les ports de France, sont exempts du droit de *fret*, en conséquence des traités de commerce faits avec elles. Mais il est bon de remarquer que dans les temps de guerre, le roi accorde souvent la même exemption aux nations neutres, afin de faciliter le commerce de ses sujets avec les étrangers. Tels sont entr'autres les Suédois & les Danois, en faveur desquels sa majesté Louis XIV a donné divers arrêts, qui règlent les marchandises pour lesquelles ces nations sont exemptes dudit droit, & celles pour lesquelles il doit être payé.

Les principaux de ces arrêts, sont ceux des 14 & 19 juin & premier septembre 1703, 4 mars 1704, & 18 août 1705. Ce dernier est le plus ample, & contient en VII articles, le détail des marchandises sujettes audit droit de cinquante sols par tonneaux, & celles qui en sont exemptes.

Une autre observation est, que les nations étrangères, quoique déchargées du *fret* par leurs traités, & en particulier les Hollandois, sont tenus néanmoins de les payer lorsqu'elles sont en guerre avec la France, & qu'elles obtiennent des passe-ports pour venir charger dans les ports du royaume, des vins, des eaux-de-vie, & autres denrées & marchandises dont la sortie est permise, ou qu'ils y en apportent de celles portées par leurs passe-ports. On peut voir à cet égard les arrêts du 11 octobre 1704, 24 mars 1705, & celui cité ci-dessus du 18 août 1705.

FRET. Se dit aussi de l'*équipement* d'un navire.

FRETIN. Rebut, chose vile & du moindre prix dans chaque espèce.

On dit qu'un marchand n'a plus que du *fretin*, quand il a vendu sa meilleure marchandise, & qu'il ne lui reste que le rebut.

On ne se sert guères néanmoins de ce terme, que dans le petit négoce de fruits & de poisson que font les regratières, en les portant vendre sur des inventaires dans les rues de Paris.

FRETIN. Signifie aussi dans le *commerce de la morue salée*, le *triage* que l'on fait des grands & petits poissons. Les morues du premier triage, s'appellent meilleur *fretin*; celles qui suivent, grand *fretin*; les troisièmes, *fretin* de rebut; & la moindre sorte, menu *fretin*.

FRETTAGE. *Voyez* FRET.

FRETTÉ, Vaisseau *fretté*. C'est un vaisseau qui est loué pour transporter des passagers ou des marchandises d'un lieu à un autre.

On dit qu'un maître de navire est *fretté*, quand son voyage est assuré.

FRETTEMENT. C'est le *louage* d'un vaisseau, que fait un particulier pour y embarquer ses marchandises. Ce terme n'est d'usage que sur l'Océan: On dit *nolissement* sur la Méditerranée.

Ce qui s'observe à Amsterdam & dans les autres ports des états des Provinces-Unies, pour le frettement des navires & des bateaux.

C'est ordinairement aux cardagors, c'est-à-dire, aux courtiers qui se mêlent du fret des navires, que les marchands s'adressent pour en trouver qui leur conviennent, soit qu'ils aient assez de marchandises pour les affretter seuls, soit qu'ils n'en aient que pour occuper une partie du fret. *Voyez* CARDAGOR.

Lorsque ce cardagor en a trouvé un tel qu'on le souhaite, les propriétaires & les affretteurs conviennent de prix, ou pour l'entière cargaison du vaisseau, ou à tant par last ou par tonneau, ou la quantité des marchandises qu'on y veut charger. Lorsqu'on affrette un bâtiment entier, il faut exprimer si c'est pour aller & revenir pour le compte du chargeur, ou si c'est seulement chargé & être libre au retour, ou encore si c'est pour aller vuide & revenir avec chargement.

Il faut observer, que si la cargaison est destinée pour les pays étrangers, on convient du prix du fret en la monnoie qui a cours dans les lieux de sa destination, comme en livres tournois, si c'est pour les villes de France qui sont situées sur l'Océan; en piastres pour Marseille, & celles qui sont dans la Méditerranée; en livres sterlings pour toute la Grande-Bretagne; en creuzades pour le Portugal; en piastres ou en ducats pour l'Espagne; en marcs-lubs pour Hambourg; en rischedales pour presque toute la mer Baltique; en roubes pour la Moscovie, & ainsi des autres.

Lorsqu'on frette un navire pour aller & pour revenir, l'affrettement se fait en florins, tels qu'ils ont cours à Amsterdam ou dans les autres ports où se fait le chargement.

L'affretteur peut obliger le capitaine qui lui frette son navire, de lui montrer toutes ses expéditions, lettres de mer, passe-ports, & toutes les autres pièces qui lui sont nécessaires pour faire le voyage.

En temps de guerre, le passe-port se fournit ordinairement par l'affretteur, s'il affrette le vaisseau tout entier: c'est au contraire au capitaine fretteur à le fournir, quand il charge à cueillette.

Pour éviter toute dispute dans l'*affrettement* général d'un navire, il faut convenir pour ce qu'il peut porter de marchandise, & non pas pour ce que le capitaine assure qu'il en peut contenir; arrivant assez souvent qu'un navire ne contienne pas autant de lasts ou de tonneaux qu'il le le dit, & que s'en fiant à sa parole, dans l'accord qu'on fait avec lui, on coure quelquefois risque de payer plus du fret qu'on n'en a trouvé véritablement dans le vaisseau fretté.

Lorsqu'on a fretté un navire pour les pays étrangers, on ne doit pas manquer d'en faire faire la *charte-partie* par un notaire, qui est payé de ses salaires, moitié par le chargeur & moitié par le capitaine : à l'égard du courtage qui se paie au cardagor, c'est le capitaine tout seul qui en est tenu. *Voyez* CHARTE-PARTIE.

Outre le prix du fret, la charte-partie doit contenir les avaries & les frais que doit payer le chargeur ; combien de jours de planche le capitaine donnera après son arrivée au lieu destiné, & combien il aura par chaque jour, si son navire n'est pas chargé dans les jours de planche accordés.

A Amsterdam, lorsque les navires sont trop grands ou trop chargés pour passer le pampuis, soit au départ, soit au retour, c'est aux propriétaires ou au capitaine à fournir des allèges pour porter les marchandises à bord, ou les en décharger, ce qu'ils font à leurs dépens, sans qu'il en coûte rien aux affréteurs. Si cependant on étoit obligé de prendre les allèges pour quelqu'accident arrivé au navire, en allant au Texel ou en revenant, ces frais sont comptés pour avaries. *Voyez* AVARIES.

Les maîtres ou capitaines d'un navire fretté peuvent, quand il est de retour, se faire payer de son fret avant que de délivrer les marchandises dont il est chargé : mais la coutume est de les remettre à ceux qui les viennent chercher, avec le connoissement endossé par le marchand à qui elles appartiennent ; & quelques jours après, le maître ou le cardagor font le compte du fret & des avaries, au dos du même connoissement, & vont en recevoir le montant, mettant leur quittance au bas dudit compte.

A Amsterdam, lorsqu'on frette de simples bateaux ou de petits bâtimens pour les villes & provinces voisines, on ne passe point de charte-partie, & l'on convient avec les bateliers, soit à tant par last, par tonneau, par pièce ou par balle, soit pour tout ce que les bateaux peuvent porter de marchandises. Si les bateaux peuvent baisser leurs mâts, & qu'ils ne soient pas trop grands pour passer sous les ponts, les bateliers sont obligés d'aller charger devant le magasin ou la maison du marchand ; s'il est trop grand pour y aller, il doit s'en approcher le plus près qu'il lui est possible ; mais c'est au marchand à y faire porter ses marchandises à ses dépens, comme c'est aussi à lui à fournir tous les passe-ports nécessaires, aussi-bien que le billet de franchise, s'il est franc.

On a coutume, & il est bon de convenir avec les bateliers, des jours de planches auxquels ils seront tenus, c'est-à-dire, combien de temps ils seront obligés de rester au port où ils arrivent, sans

qu'on soit obligé de leur rien payer au-delà dudit fret pour ce séjour : il y a cependant des lieux pour lesquels les jours de planches sont réglés. *Voyez* JOURS DE PLANCHE.

Il faut remarquer qu'il y a de certains lieux pour lesquels il n'est pas permis à toutes sortes de personnes de fretter des bâtimens à cueillette, & où le *frettement* ne peut se faire que par des navires ou bâtimens privilégiés, qu'on nomme en Hollandois *beurt-schepen* ou *beurt-schuiten*, comme qui diroit en François, bâtiment de tour, parce qu'ils ont chacun leur tour marqué pour charger. On en a parlé ailleurs. *Voyez* BEURT-SCHEPEN.

FRETTER. On se sert de ce terme dans le *commerce de mer*, pour signifier, *louer* ou *donner à louage* un vaisseau, pour transporter & voiturer des marchandises d'un lieu à un autre.

C'est un des principaux commerces que font les Hollandois : ils sont les voituriers de toutes les nations de l'Europe & leurs pourvoyeurs, quoique leur terre ne produise rien, & qu'ils tirent d'ailleurs tout ce qu'il faut pour la construction de leurs bâtimens de mer.

Le marchand qui prend un vaisseau à louage, est celui qui affrette ; & le maître ou propriétaire du navire qui le donne à louage, est celui qui frette.

Quand on dit, *fretter* un vaisseau cap & queue, cela doit s'entendre, le louer pour le charger tout entier, & sans aucune réserve.

On dit, *fretter* un navire à quelqu'un, pour dire, le louer à quelqu'un.

FRETTEUR. Propriétaire ou maître d'un vaisseau, qui loue son bâtiment à un marchand, pour transporter & voiturer ses marchandises. Sur la Méditerranée, on l'appelle *nolisseur*.

FRIPPERIE. Négoce de vieux habits & de vieux meubles.

FRIPPERIE. C'est aussi le lieu où se tiennent les marchands qui font ce trafic.

FRIPPERIE. Il se dit encore des vieux meubles & vieux habits.

FRIPPIER. Marchand & ouvrier qui fait profession d'acheter, vendre & raccommoder de vieux meubles & de vieux habits.

Il est permis aux maîtres & marchands *frippiers*, de vendre & acheter, troquer & échanger toutes sortes de meubles, hardes, linge, tapisseries, étoffes, dentelles, galons, passemens, manchons, fourrures, ouvrages de pelleterie, chapeaux, ceintures, épées, éperons, baudriers, cuivre, étain, fer, vieilles plumes en balle, ouvrages neufs & vieux de menuiserie, & toutes autres sortes de marchandises vieilles & neuves non revendiquées.

Chaque maître doit tenir bon & fidèle registre de toutes les hardes, tant vieilles que neuves qu'il achette, avec le nom de celui de qui il les a achetées, même de prendre des répondans en certains cas, le tout, afin que pour les vieilles hardes, on puisse être sûr qu'elles n'ont point été volées &

mal prises; & pour les meubles, habits neufs & ouvrages de menuiserie, pareillement neufs, il puiſſe apparoître qu'il ne les a pas fait lui-même, ou fait faire par des ouvriers à lui, mais qu'il les a achetés des marchands tapiſſiers, maîtres tailleurs & menuiſiers, à qui ſeuls il appartient de travailler en neuf, de ces ſortes d'ouvrages & marchandiſes.

Les *frippiers* peuvent toutefois faire eux-mêmes, ou faire faire par leurs apprentifs, compagnons ou autres, toutes ſortes d'habits neufs d'étoffes de laine, poil & ſoie pour hommes, pour femmes & petits enfans, ſans meſure certaine, pourvu que leſdits habits ne paſſent pas le prix de dix livres chacun.

Ils ont pareillement permiſſion d'acheter, des marchands merciers & drapiers, toutes ſortes de reſtes de ſerges, draps, paſſemens, dentelles, galons, &c. & de les revendre, pourvu que ces reſtes achetés ou vendus, n'excédent pas cinq aunes chacun.

FRIPPONNES. Petites boîtes de ſapin plates & rondes, remplies de cette gelée de coin, que les confiſeurs appellent *cotignac*. Les meilleures *fripponnes* de cette ſorte de confiture, viennent d'Orléans.

FRISE. Toile de Hollande fort eſtimée, qui a pris ſon nom de la province de *Friſe*, dans laquelle elle ſe fabrique.

FRISE. Eſt auſſi une étoffe de laine aſſez groſſière, propre pour l'hyver, friſée d'un côté, d'où il y a de l'apparence qu'elle a pris ſon nom.

Il y a des *friſes* croiſées, & des *friſes* non-croiſées. Les croiſées viennent pour l'ordinaire d'Irlande; elles ont trois quarts de large ſur vingt-quatre à vingt-cinq aunes de longueur, meſure de Paris. Les non-croiſées, dont la largeur eſt de trois quarts & demi, & la longueur de vingt-quatre à vingt-cinq aunes, comme celles d'Irlande, ſe tirent d'Angleterre.

Il s'en fait de ſemblables en Languedoc, qui ſont plus larges d'un demi-quart que celles d'Angleterre, ayant une aune de large franche. De toutes ces eſpèces de *friſes*, ce ſont les Angloiſes qui ſont les plus eſtimées.

Les tarifs de 1664, de 1667, de 1687 & 1699, font mention aux entrées de certaines ſortes de *friſes* d'Eſpagne & de Flandre; & encore d'autres *friſes* blanches appellées *friſes de coton*, qui ſe vendent à la gaude: mais les unes & les autres ne ſont plus connues en France, ce qui fait juger qu'il faut qu'elles s'y envoient ſous d'autres noms, ou bien que la fabrique en ſoit abſolument perdue.

FRISÉ, ÉE, Se dit des étoffes de laine qui ont de la friſure, ſoit du côté de l'endroit, ſoit du côté de l'envers. Les draps noirs ſont *friſés* par l'envers, & les ratines par l'endroit.

On appelle, un drap d'or *friſé*, un drap d'argent *friſé*, celui qui n'eſt pas uni du côté de l'en-

droit, étant ſuperficiellement crépu & inégal. Les draps d'or & d'argent *friſés* ſont eſtimés les plus riches.

FRISETTES. Petites étoffes, moitié coton, qui ſe font en Hollande. On les nomme auſſi *cotonnées*.

FRISON. Eſpèce de petite friſe ou étoffe de laine friſée, chaude & molette, qui ſe fabrique en Angleterre, propre à faire des cotillons ou jupons aux femmes.

FRISON. Eſpèce de canetille friſée, que l'on fait entrer dans les broderies, & même dans la fabrique des étoffes d'or & d'argent.

FRISON. Meſure de liquides dont on ſe ſert en Normandie. Le *friſon* tient deux pots, qui ſont environ quatre pintes de Paris.

FRISURE. Façon que l'on donne dans les manufactures aux draps, aux ratines & autres étoffes de laine, pour y former de petits boutons ou à l'endroit ou à l'envers. *Voyez* FRISER.

FRITTE. (*Terme de verrerie.*) C'eſt l'écume qui ſe lève de deſſus les pots ou creuſets, dans leſquels on met en fuſion les matières propres à faire le verre.

FRIZE. Il ſe dit à Smirne d'une mauvaiſe qualité de ſoie qui ſe trouve aſſez ſouvent parmi les ſoies ardaſſes. Il faut obſerver dans le choix des ardaſſes, qu'il n'y ait point de fourfeures, c'eſt-à-dire, qu'elles ne ſoient point fourrées, & qu'il n'y ait ni finaſtre, ni *frize*.

FROC. Eſpèce d'étoffe de laine croiſée, aſſez groſſière, qui ſe fabrique en quelques villes de France, particulièrement à Lizieux, Bernay, Tardouët, Fervaques, & aux environs.

Suivant l'article 23 du réglement général des manufactures, du mois d'août 1669, les *frocs* doivent avoir demi-aune de large étant foulés, ſur vingt-quatre à vingt-cinq aunes de longueur, meſure de Paris.

Pluſieurs abus s'étant depuis gliſſés dans la fabrique de ces ſortes d'étoffes, qui les rendoient de très-mauvaiſe qualité, il y a été pourvu par un arrêt du conſeil d'état, du 4 février 1716, en forme de réglement, qui fixe en huit articles les eſpèces de frocs qu'il eſt déſormais permis de fabriquer; la portée des fils en chaîne, tant de ceux qui s'appellent *frocs en fort*, que de ceux qu'on nomme *frocs en foible*; les laines & couleurs qui doivent en faire les liteaux ou liſières; & enfin les matières qui ſont permiſes ou défendues dans la fabrique de ces étoffes: renouvellant en outre les réglemens généraux des manufactures de l'année 1669, & l'arrêt du conſeil, du 7 avril 1693, qui ordonnent aux fabriquans de mettre ſans abbréviation leur nom & celui de leur demeure, faits à l'aiguille ou ſur le métier, au chef & premier bout de chaque pièce deſdites étoffes, avant d'être portées au foulon.

FROID. On dit, *en termes de teinturier*, donner une couleur à *froid*, teindre à *froid*; pour dire, teindre ſans feu & ſans chaleur, ne point faire paſſer les étoffes par un bain chaud. Le noir à *froid* eſt défendu par les réglemens.

FROMAGE, Lait pris & caillé, ſéché, durci & ſalé, propre pour manger.

Il y a de tant de ſortes de *fromages*, & dont les noms ſont ſi différens, qu'il ſeroit aſſez difficile de les pouvoir rapporter toutes. On ſe contentera de parler ici de ceux qui ſont de quelque conſidération dans le négoce des marchands épiciers, & qu'ils tirent, ou des pays étrangers, ou de quelques provinces de France.

FROMAGES ÉTRANGERS.
ITALIE.

De toutes les eſpèces de *fromages*, celui d'Italie eſt le plus eſtimé. Il vient en groſſes meules ou pains ronds, épais de cinq à ſix pouces, que quelques-uns nomment des *pièces*. Ils ſont du poids depuis 50 juſqu'à 90 livres.

Cette ſorte de *fromage* ſe vend en France ſous le titre de *fromage* de Milan ou de Parmeſan. Il n'eſt néanmoins connu en Italie que ſous le nom de *fromage de Lodi*, capitale du Lodeſan, petite province de l'état de Milan, dont le territoire eſt fort fécond en pâturages, & où il ſe fabrique quantité de ces ſortes de *fromages*. Il s'en fait toutefois ailleurs; mais parce que ceux de Lodi ſont les meilleurs, cette ville leur a donné ſon nom.

Il ſe fait un négoce conſidérable de cette eſpèce de *fromage* dans toute l'Europe, & ſur-tout en France, où la conſommation en eſt aſſez grande. Quelques-uns prétendent que les François lui ont donné le nom de *Parmeſan*, à cauſe d'une princeſſe de Parme qui l'avoit fait connoître en France.

Les bonnes qualités de cette ſorte de *fromage* ſont d'être nouveau, d'une pâte jaune, ſerrée & ſans yeux. On a voulu contrefaire le Parmeſan en Normandie; mais l'on n'y a pas réuſſi.

SUISSE.

La Suiſſe fournit à la France quantité de gros *fromages*, qui ſe tirent de Griers, bourg du dioceſe de Loſanne dans le canton de Fribourg; & de Berne, capitale d'un autre canton du même nom.

Quoique les *fromages* de Suiſſe ſoient d'une même forme & d'une même pâte, cependant il eſt certain que le véritable Griers l'emporte toujours ſur le Berne, ſoit pour la qualité, ſoit auſſi pour le prix; ce qui fait que le dernier ſe débite pour l'ordinaire ſous le nom du premier.

Ces ſortes de *fromages* s'envoyent dans des tonneaux par meules ou pains, que pluſieurs appellent auſſi *pièce*, de même que les *fromages* d'Italie. Les pièces ſont du poids depuis 35 juſqu'à 66 livres. Les marques de leur bonté ſont d'être nouveaux, un peu élevés vers le milieu de leur forme, que la pâte en ſoit jaune, qu'ils ayent de grands yeux, & qu'ils ſoient d'un bon ſel.

Il y a peu d'épiciers en France, pour ne pas dire point du tout, qui tirent leurs *fromages* directement de Suiſſe; ce ſont les marchands de cette nation établie à Lyon, qui y en font des magaſins conſidérables, pour les vendre enſuite aux commiſſionnaires Lyonnois, qui les envoyent aux marchands de Paris & des autres villes du royaume, qui leur en font la demande.

En Franche-Comté, en Lorraine, en Savoye & en Dauphiné, l'on contrefait les *fromages* de Suiſſe: mais ces ſortes de *fromages* contrefaits, quoique pour l'ordinaire fabriqués par des Suiſſes même, ne ſe trouvent jamais ſi bons que ceux de Griers & de Berne; ce qui provient peut-être du défaut des pâturages.

HOLLANDE.

La Hollande fournit à la France une quantité prodigieuſe de *fromages*, dont la forme eſt à peu près ſemblable à une boule de jeu de quille, un peu applattie des deux côtés; auſſi les appelle-t-on quelquefois *fromages en boulettes*. Ils ſe tirent preſque tous d'Amſterdam & de Roterdam, par la voie de Rouen.

Il y en a de deux eſpèces, les uns à côte rouge, & les autres à côte blanche. Ceux à côte rouge, qu'on eſtime le plus, à cauſe de leur pâte qui eſt jaune, dure & ſerrée, à peu près comme celle du Parmeſan, ſont en gros & petits pains; les premiers du poids de dix-huit à vingt livres, & les autres de ſix à ſept livres chacun. Pour ce qui eſt de ceux à côte blanche, que l'on appelle *pâte molle*, à cauſe qu'ils ſont pour l'ordinaire gras & mollets, leur poids eſt ſemblable aux petits pains à côte rouge, c'eſt-à-dire de ſix à ſept livres.

Fromages dont on fait commerce en Hollande, avec les droits d'appréciation, & ceux d'entrée & de ſortie qu'ils y payent.

Les *fromages* de Hollande, en ſortant pour aller en France, payent 24 ſ. par 100 liv. pour tous droits.

Tout *fromage* en entrant ne paye que deux florins; & en ſortant, comme les autres, ſuivant la ſorte.

Les *fromages* de Hollande pour autres lieux que la France, y compris le *fromage* plat qu'on nomme *Soetemelks-Kaas*, le *fromage* verd & le *fromage* de brebis, ne payent que cinq ſols le cent livres en ſortant, & un demi-ſou de plus pour l'Oriſon.

Les *fromages*, dits *Kamter-Kaas*, dont les diverſes ſortes ſont, le *fromage* verd, le *fromage* blanc de Leyden, celui de cumin du même lieu, & le *fromage* rond, payent en ſortant 2 ſols 8 pennins par 100 liv., ou 3 ſols quand c'eſt pour l'Oriſon.

Enfin, le *fromage* de Parme, vulgairement appellé *Parmeſan*, ou autres qui ſe vendent ſous ce nom, font appréciés à 50 florins les 100 liv.; & payent 1 florin 10 fols d'entrée, & 3 florins de fortie; & fi c'eft par l'Orifon, l'entrée eft d'un flor. 11 fols, & la fortie de trois florins un fou.

Les *fromages* de Griers & de Hollande font une partie des vivres que l'on embarque fur les vaiffeaux du roi, particulierement fur ceux deftinés pour les voyages de long cours, les côtes d'Afrique dans l'Océan, les ifles de l'Amérique & les Indes orientales & occidentales. Chaque foldat ou matelot doit avoir par jour trois onces de l'un ou de l'autre *fromage* au lieu de morue, & cela depuis le premier juin jufqu'au dernier feptembre; ce qui eft conforme à l'article 8 du titre 3 du livre 10 de l'ordonnance de la marine, du 15 avril 1689.

A N G L E T E R R E.

Il vient des *fromages* d'Angleterre par petites meules ou pains du poids de quinze à vingt livres, dont le débit eft peu confidérable en France, à caufe de leur qualité qui n'eft pas des plus eftimée; ce qui fait que l'on n'en tire que dans les temps que l'on craint de n'en pouvoir avoir d'ailleurs.

F R O M A G E S   D E   F R A N C E.

L'on ne doit pas oublier parmi les *fromages* de France, les excellens *fromages de Brie*, particulierement ceux qui fe font du côté de Meaux, non plus que les Pont Levefque, les Angelots, les Maroles & quelques autres, qui font envoyés à Paris des provinces qui en font les plus voifines.

Mais aucun de ces *fromages*, dont la confommation doit être, pour ainfi dire, journaliere, à caufe qu'ils ne peuvent fe garder long-temps, ne font partie du commerce de l'épicerie; & ils font réfervés à une petite communauté de marchands, qui prennent la qualité de *marchands-fruitiers-fromagers.*

A l'égard des *fromages* François qui entrent dans le négoce des marchands épiciers, ils fe tirent particulierement de quatre provinces du royaume, qui font le Dauphiné, le Languedoc, le Forez & l'Auvergne. On va parler en particulier des *fromages* que fourniffent ces provinces.

D A U P H I N É.

L'on tire de Grenoble, capitale du Dauphiné, par la voie de Lyon, une forte de *fromage* que l'on appelle *Saffenage*, du nom d'un endroit de la province où il fe fabrique le plus. Cette efpece de *fromage*, qui eft par petits pains ronds & épais de quatre à cinq pouces, du poids de quatre à huit livres, eft fort eftimée, quand il eft revêtu de toutes les bonnes qualités, qui font de n'être point trop vieux, que la pâte en foit perfillée, c'eft-à-dire, parfemée de veines bleuâtres, & que fon goût foit agréable, quoiqu'un peu piquant.

L A N G U E D O C.

Le *fromage* de Roefort, qui fe fait de lait de

brebis; porte le nom de l'endroit où il fe fabrique dans la province de Languedoc. Il eft plat, de figure ronde comme un gâteau, épais d'un pouce & demi ou deux pouces au plus. S'il n'eft bien perfillé, & d'un goût agréable & doux, l'on n'en fait pas beaucoup de cas. Il y en a du poids depuis quatre jufqu'à huit livres.

F O R E Z.

Il fe tire de Roanne, ville du pays de Forez, de petits *fromages* gras dont la côte eft rougeâtre, que l'on nomme *fromages de Roche*, qui font de lait de vache. Ils font ronds & épais, du poids d'environ deux livres, dont les plus nouveaux & les plus mollets font les plus eftimés.

A U V E R G N E.

La haute-Auvergne fournit une très-grande quantité de *fromages* tout de lait de vache. Il y en a de gros & de petits. Le gros, que l'on appelle ordinairement *Quantal*, à caufe d'une montagne de ce nom, fituée entre S. Flour & Orillac, où il s'en fabrique le plus, eft du poids de trente à quarante livres. On le nomme auffi *tête de Moine*, à caufe de fa forme qui eft haute & ronde.

Le petit *fromage* d'Auvergne, dont la figure eft prefque quarrée, pèfe depuis dix jufqu'à vingt livres. Il s'en tire peu de ce dernier; la confommation s'en faifant prefque toute dans le pays & aux environs.

Quoiqu'il fe faffe en France un négoce affez confidérable de *fromage* de Quantal, il faut convenir que c'eft un des moins eftimés de toutes les fortes de *fromages* dont il a été parlé: & fi ce n'étoit le menu peuple & les communautés religieufes qui en confomment beaucoup, à caufe de fon prix qui eft des plus médiocres, il ne s'en verroit que très-peu à Paris, & dans les autres villes confidérables du royaume.

Les *fromages* d'Auvergne qui fe font du côté d'Orillac, Moriac & Volers, vont en Languedoc & en Guienne; & ceux qui fe font du côté de Beze, la Tour & Ardes, vont à Nantes & dans les villes de la Loire. C'eft auffi de-là qu'on tire prefque tout celui qui arrive à Paris.

Les meilleures montagnes de cette province, pour la nourriture des vaches à lait, font celles de Salers; & ces bêtes y en donnent en fi grande quantité, qu'ordinairement on rend au propriétaire de chaque vache par année deux quintaux de *fromage*, qui ordinairement fe vend depuis onze jufqu'à treize livres le quintal.

FROMENT. Bled, le plus gros & le meilleur de tous les grains qu'on réduit en farine pour faire du pain.

La Hollande ne produit prefque point de *froment*; cependant il n'y a point de lieu au monde où il s'en faffe un plus grand commerce. Les endroits d'où les marchands d'Amfterdam ont coutume de le tirer, font de Pologne, Warder, Hengs,

Elbing, Konifberg, Stetin, Magdebourg & fa marche, Voorlande, l'Angleterre, la Flandre, le Brabant & ce que les Hollandois appellent le *Haut-Pays*.

Toutes ces fortes de *froment* fe vendent au laft, & fe payent en florins d'or. Leur déduction pour le prompt paiement eft d'un pour cent.

FRONTALIERS. On nomme ainfi en Languedoc & en Guienne, ceux qui habitent les frontières de France, que les Pyrenées féparent de celles d'Efpagne. C'eft en faveur de ces *Frontaliers*, qu'a été accordé le privilège des Pafferies, c'eft-à-dire, la permiffion de transporter, même en temps de guerre entre les deux couronnes, toutes fortes de marchandifes qui ne font pas de contrebande, par les portes & paffages des montagnes dans toute l'étendue marquée par le traité. On en parle ailleurs.

FRONTIÈRE. On appelle *laines frontières* les laines qui fe filent par les houpiers ou fileurs des environs d'Abbeville & de Rofières. Ce font les moindres de celles qui fe tirent de Picardie. On ne s'en fert que pour les ouvrages qui ne font pas de grande conféquence.

FROTTAGE. Se dit dans les blanchifferies de Picardie, d'un certain favonage qui fe donne aux batiftes & linons, pour commencer à les dégraiffer, & achever d'en blanchir les lifières.

FRUIT. Il fe dit en général de tout ce que la terre produit pour la nourriture de l'homme & des animaux. En ce fens, les grains, les herbes, les légumes font du nombre des *fruits*.

FRUIT, en particulier. Signifie la *production des arbres fruitiers*; tels que font le poirier, le pommier, le prunier, l'oranger, l'amandier & tant d'autres qui fourniffent à l'homme une nourriture fi faine, fi naturelle & en même-temps fi délicieufe.

On diftingue deux fortes de *fruits* par rapport au commerce, les *fruits* frais & les *fruits* fecs.

Les *fruits* frais font ceux qui fe vendent tels qu'on les cueille fur l'arbre, lorfqu'ils font dans leur parfaite maturité : ceux-ci font partie du négoce des marchands fruitiers, orangers, beuriers, fromagers, coquetiers.

Les *fruits* fecs font ceux que l'on a fait fécher ou au foleil ou au feu, pour les conferver plus long-temps. Ces *fruits* fe vendent à Paris par les marchands épiciers.

On comprend ordinairement au nombre des *fruits* fecs, les prunes, les pommes, les poires, les raifins, les amendes, les figues, les avelines, le ris, même les câpres & les olives, quoique ces deux derniers fe conferventdans de la faumure.

FRUITIER. Marchand qui vend des fruits.

Les *fruitiers* de la ville de Paris font en communauté.

Dans les arrêts du confeil d'état, que ces marchands ont obtenu pour la réunion à leur corps, de divers offices de nouvelle création érigés fous le règne de Louis XIV, ils font appellés *marchands*

fruitiers, *orangers*, *beurriers*, *fromagers* & coquetiers de la ville & fauxbourgs de Paris.

FRUITIER. On appelle auffi *marchands fruitiers*, les marchands forains qui apportent à Paris, ou par fommes, ou par fourgons, ou même fur des bateaux, les fruits qu'ils ont ramaffés & achetés dans les jardins & vergers de la campagne. Les marchands *fruitiers* de Normandie & d'Auvergne, font leur voiture par eau ; ceux du voifinage de Paris, par fommes. Les bateaux qui fervent à ce négoce, s'appellent *bateaux fruitiers*. Ils arrivent ordinairement au port de l'école.

FRUITIER-REGRATTIER. Celui qui vend du fruit en détail, foit qu'il foit en boutique, foit qu'il crie fon fruit par les rues.

On met auffi de ce nombre quantité de pauvres gens qui font un petit négoce d'herbages, de légumes, d'œufs, de beurre & de fromages, en conféquence de lettres qu'on appelle *lettres de regrat*.

Un arrêt du confeil du 9 février 1694, décharge les *fruitiers-regratiers* des droits de vifite que prétendoient fur eux les maîtres fruitiers.

F U

FUMAGE. Il fe dit dans le métier de tireurs & efcacheurs d'or & d'argent, d'une fauffe couleur d'or qui fe donne à l'argent filé & aux lames d'argent, les expofant à la fumée & au parfum de certaines compofitions. Le *fumage* eft défendu par plufieurs arrêts, réglemens & déclarations qui font rapportés à l'article de l'argent fin fumé, où l'on peut avoir recours. On ajoutera feulement ici que l'argent doré fe fume auffi-bien que l'argent en blanc, & qu'alors la friponnerie confifte en ce que, quoiqu'il n'ait pas reçu autant de feuilles d'or que portent les réglemens, il paffe pour vrai doré, & que fouvent il a tant d'éclat, qu'on le vend pour furdoré.

Il faut encore remarquer que quelques tireurs d'or qui emploient le *fumage* pour dorer leurs lames, ont coutume de leur donner le parfum avant de les filer, afin d'empêcher l'odeur de la fumée qui refte dans la foie, & qui fait plus facilement connoître l'abus & la fraude.

Pour dernière remarque, il faut obferver que les tireurs d'or qui font affez malhonnêtes gens pour faire ce malheureux commerce, pour mieux cacher la fraude, filent toujours leur argent fur une foie aurore.

FUMÉE. On appelle *noir de fumée*, une couleur des peintres, qui fe fait avec la *fumée* de diverfes matières qu'on brûle.

FUMER de l'argent fin filé, c'eft lui donner le fumage, pour le faire paffer pour filé d'or.

FUNER. (*Terme de marine*). Funer un vaiffeau, *funer* un mât, c'eft y mettre les différens funins ou cordages qui fervent à la manœuvre. Les défuner, c'eft en ôter les cordages.

FUNIN. C'eft le cordage d'un vaiffeau. Mettre un navire en *funin*, c'eft le funer & l'agréer de tous ses cordages. Franc *funin*, c'est une longue corde plus ronde & moins applatie que les cordages ordinaires; qui n'est pas gaudronnée; elle sert sur les vaisseaux pour les plus rudes manœuvres.

Chaque mât a ses *funins* particuliers. Ainsi l'on dit les *funins* du grand mât, les *funins* du grand hunier, les *funins* du mât de mizène, &c.

Outre cette dénomination, pour ainsi dire générale, chaque *funin* a son nom particulier qui le distingue des autres, comme les haubans, les gallaubans, l'itaque, la fausse itaque, les boulines, la balancine, &c. On peut les voir tous à l'article de l'*inventaire d'armement*.

FURIE. Satin ou taffetas des Indes & de la Chine, peint dans le pays, ou imité en Europe, particulièrement en France, en Hollande & en Flandres.

Ces satins ont été appellés *furies*, parce que les premiers qui furent apportés en Europe, avoient des desseins si extraordinaires, & jettés pour ainsi dire, sur l'étoffe avec si peu d'ordre & de proportion, qu'on eût pu croire qu'ils étoient l'ouvrage de quelque furie.

L'on tâcha d'abord d'imiter en Europe l'extravagance des desseins Chinois, & l'on y réussit; mais l'inconstance Françoise ayant fait peindre sur les satins ou taffetas, des fleurs, des oiseaux, &c. l'habitude qu'on avoit prise de les nommer *furies*, leur conserva le nom, quoiqu'il ne convînt plus à la beauté des desseins de cette nouvelle fabrique.

FURLONG. C'est une des mesures dont on se sert en Angleterre pour l'arpentage des terres. Le *furlong* contient quarante perches, & la perche seize pieds & demi. Huit *furlongs* ou 320 perches, font un mille d'Angleterre; ainsi chaque mille contient 1760 yards, ou 5280 pieds d'Angleterre, ensorte que le dégré, suivant la supputation Angloise, est de 60000, ou pour en faire la réduction plus précise, de 59000 & demi.

FUSAIN, qu'on appelle *bonnet de prêtre*, à cause de sa figure à quatre angles. C'est un petit arbre qui croît dans les haies aux lieux rudes & incultes. Son bois sert à faire des lardoires, des fuseaux & quelques autres instrumens. Ses feuilles & son fruit sont un poison mortel pour les brebis & les chèvres qui en mangent, s'ils ne les purgent pas. Un homme se purge par le vomissement & par les selles, en avalant trois ou quatre de ces fruits. Ce même fruit réduit en poudre, répandue sur la tête, fait mourir la vermine. Etant appliqué extérieurement en décoction, il guérit la gratelle; & bouilli avec fort vinaigre, la galle des chiens & des chevaux.

FUSÉE ou BOBINE. C'est un petit cylindre de bois, qui est entouré de chaque bout d'un cercle de la même matière, qui se place dans les rouets à filer au milieu de l'épinglier, par le moyen d'une verge de fer qui le traverse. C'est sur la *fusée* que se dévide & s'arrange le fil à mesure que la fileuse le tire de la filasse qui est sur la quenouille. Le mouvement de la roue du rouet qui se communique à la fusée par le moyen d'une corde passée sur tous les deux, est ce qui sert à tordre les fils.

FUSÉE. Est aussi le fil dévidé autour d'un fuseau, si l'on file à la quenouille, ou d'une bobine, si l'on file au rouet. On dit, une grosse *fusée*, une petite *fusée*, dévider sa *fusée*, mêler sa *fusée*; & de-là sont venues plusieurs expressions proverbiales, qui ne sont pas de ce Dictionnaire.

FUSIBLE ou FUSILE. Terme très-commun parmi diverses sortes d'artistes & d'ouvriers.

Il se dit de tout ce qui se peut fondre. Les monnoyeurs, les orfévres, les fondeurs, &c. le disent des métaux; les gentilshommes verriers & les faiseurs de glaces de miroirs, des matières dont ils font leurs glaces & leur verre; les émailleurs, de leurs divers émaux; & ainsi de plusieurs autres.

FUSIL. Longue arme à feu, qui sert pour la guerre & pour la chasse.

FUSIL BOUCANIER. Sorte de *fusil* dont on se sert dans les Antilles Françoises, qui a pris son nom des *boucaniers* de l'isle Saint-Domingue.

Ces *fusils* ne se faisoient guères autrefois qu'à Diepe ou à la Rochelle, & c'est de-là qu'ils étoient tirés pour les Isles; on en a depuis fait à Nantes, à Bordeaux, & dans d'autres ports de mer du royaume, qui ne sont pas moins estimés.

FUSIL. Instrument de fer ou d'acier, dont les bouchers, les cuisiniers, les charcuitiers & autres semblables personnes qui coupent & dépècent de la viande, se servent pour fusiller & affuter leurs couteaux.

Le fer ou fust de cet outil est rond, & porte ordinairement un pied de long sur trois à quatre lignes de diamètre. Le manche est de corne ou d'os, avec un petit anneau au bout pour le pendre; les bouchers & les autres qui s'en servent, l'ayant toujours pendu à leur ceinture.

FUSILLER UN COUTEAU. C'est le passer sur le fusil pour l'affuter & amorcer. *Voyez ci-dessus.*

FUST ou FUT. Vaisseau rond fait de douves ou de bois de mairrain, dans lequel on met du vin ou d'autres liqueurs. Ce mot n'est plus guères d'usage que dans les provinces. A Paris on dit *futaille*.

FUST. Les paumiers nomment le *fust* d'une raquette, le bois qui en porte les cordes & qui en fait le manche.

FUST. On nomme aussi le *fust* d'un fusil, d'un mousquet, d'une arquebuse, le bois sur lequel ces armes sont montées.

FUST. C'est aussi, en *termes de cardier* ou *faiseur de cardes*, ce morceau de bois quarré long & qui a un manche sur lequel se montent les petits fils de fer, qui composent la carde.

Les meilleurs *fusts* sont ceux qui se font à Troyes; & les cardiers de Paris qui sont estimés pour les plus habiles ouvriers en cette sorte de fabrique, ne s'en servent guères d'autres.

FUST DE GIROFLE. Nom que l'on donne à un

certain petit bouton tendre & peu solide, qui se trouve au milieu de la tête du clou de *girofle*.

FUSTAILLE ou FUTAILLE. Vaisseau où l'on met du vin. On le dit aussi quelquefois des vaisseaux où l'on conserve l'eau qu'on embarque sur les navires destinés aux voyages de long cours ; mais plus ordinairement on les appelle *bariques*.

FUTAILLE MONTÉE. C'est celle qui est reliée & qui a tous ses cerceaux, ses fonds & ses barres.

FUTAILLE EN FAGOT. C'est celle dont les douves sont toutes préparées, & à qui il ne reste plus qu'à y mettre les cerceaux. On en embarque souvent de la sorte sur les vaisseaux destinés pour les isles de l'Amérique, parce qu'elles tiennent moins de place & qu'il est facile de les monter, soit avec les cerceaux que l'on porte aussi tous en mole, ou que l'on fait aussi en route dans les lieux où se trouvent des bois propres à cela.

FUSTAYE on écrit aussi FUTAYE. grands bois ou arbres qu'on a laissé croître au-delà de quarante ans, & qui n'ont point été coupés en vente ordinaire comme les taillis.

Lorsque le bois a quarante ans, on l'appelle *futaye sur taillis* ; depuis quarante jusqu'à soixante, *demi-futaye*, ou bois de haut revenu ; depuis soixante jusqu'à cent vingt, *jeune haute futaye* ; depuis cent vingt jusqu'à deux cent, *vieille haute futaye* ; & passé deux cens ans, *vieille futaye sur le retour*. Cette dernière est ainsi nommée, parce que le bois passé deux cent ans ne peut plus profiter ni croître, mais dépérit tous les jours à cause de sa trop grande vieillesse.

L'âge du bois se connoît par le nombre des cercles qui sont marqués sur le pied de l'arbre, lorsqu'il a été coupé uniment, chaque cercle ayant été formé par la sève d'une année.

On nomme *futaye basse*, ou *futaye rabougrie*, celle dont les arbres sont de mauvaise venue, étant tortus & bas à la manière des pommiers qui sont venus dans de mauvaises terres.

La haute & pleine *futaye* est celle dont les arbres sont plantés dans les uns contre les autres, & qui sont d'une belle venue. Ce sont souvent des taillis de bonne nature que l'on a laissé croître en *futaye*, ou des plans de graine qui n'ont pas été mis en coupe réglée. On l'appelle *haute futaye*, parce que les arbres qui la composent sont d'une grande hauteur ; & *pleine futaye*, à cause qu'elle est extrêmement peuplée, ou remplie de pieds d'arbres.

Les bois de *futaye*, de quelque nature qu'ils soient, se vendent ou par arpent, ou par une certaine quantité de pieds d'arbres désignés & marqués. Ces bois doivent être coupés le plus bas de terre qu'il est possible, & la coupe en doit être faite dans le 15 avril.

Les bois qui sont situés à dix lieues de la mer & à deux des rivières navigables, ne peuvent être vendus ni exploités, qu'il n'en ait été préalablement donné avis au contrôleur général & au grand-mai-

tre, à peine de 3.000 liv. d'amende, & de confiscation des bois coupés ou vendus. *Ordonnance des eaux & forêts du 13 août 1669.*

La vente des bois de haute *futaye* la plus avantageuse pour le marchand, est celle qui se fait par arpent ; car celle qu'on fait par pieds produit souvent des contestations entre les vendeurs & les acheteurs, à cause des arbres qui peuvent tomber en les coupant, sur les autres qui sont réservés.

FUSTEL, autrement FUSTET. Bois propre à la teinture, & dont les teinturiers du petit teint se servent pour teindre en feuille-morte & en café. L'on prétend qu'il devroit être absolument interdit dans la teinture, ou du moins seulement souffert dans les provinces, où il n'est pas facile d'avoir les autres drogues qui entrent dans la composition des mêmes couleurs, mais qui les font beaucoup meilleures & plus assurées.

Il doit paroître surprenant, dit Savary, que quoique ce bois croisse en abondance en Provence, les François aiment mieux cependant le tirer d'Angleterre & de Hollande ; mais, ajoute-t-il, cette surprise doit cesser, quand on sçaura que ce qui donne lieu à la préférence, est que le *fustel* Provençal revient très-souvent à beaucoup plus cher que celui que nous prenons des étrangers.

Les feuilles & les branches du *fustel* s'emploient par les courroyeurs & autres ouvriers dans la préparation des cuirs. Les tourneurs & les ébénistes se servent aussi dans leurs ouvrages, du bois de *fustel*, sur-tout quand il est bien jaune & agréablement veiné.

FUSTOK. Bois jaune qui sert à la teinture & aux ouvrages de tour & de marqueterie. La couleur qu'on en tire est d'un très-beau jaune doré : elle doit pourtant être assurée par le mélange de quelques autres ingrédiens.

L'arbre de *fustok* croît dans toutes les isles Antilles, mais particulièrement dans l'isle de Tabago, où il s'élève fort haut. Ce sont les Anglois & Hollandois qui l'apportent en France, où les épiciers & autres marchands en font commerce, l'appellent simplement *bois jaune*.

Les teinturiers l'emploient ordinairement pour faire les noirs : les plus habiles néanmoins, ceux qui ont le plus de bonne-foi & qui n'aiment à faire que les belles teintures, & dont les couleurs soient bien assurées, prétendent qu'il faudroit absolument défendre ce bois, même au petit teint.

FUTAINE. Espèce d'étoffe qui paroît comme croisée d'un côté, & qui a quelque rapport au basin, quoique moins fine.

Les *futaines* doivent être faites tout de fil de coton, tant en trême qu'en chaîne. Il s'en fabrique de plusieurs qualités & façons, d'étroites, de larges, de grosses, de moyennes & fines ; les unes à poil, les autres à grains d'orge & sans poil.

Il s'en fait beaucoup dont la chaîne est de fil de lin ou de chanvre, & quelquefois de fil d'étoupe : cependant les réglemens concernant la manufacture des *futaines*, défendent très-expreſſément de faire entrer dans leur compoſition aucune de ces ſortes de matières.

Il ſe manufacture à Troyes en Champagne, & aux environs de cette ville, quantité de *futaines* à poil de toutes les eſpèces, dont il ſe fait une très-grande conſommation dans le royaume, & des envois conſidérables chez les étrangers, lorſque le négoce eſt ouvert avec eux par la paix.

Outre les *futaines* de fabrique Françoiſe, il s'en conſomme encore quantité dans le royaume, que l'on tire des pays étrangers. Ces *futaines* ſont celles d'Italie, entr'autres de Milan, de Cremone, de Quiers, de Piémont & de Chambery. Celles d'Allemagne, comme celles qui ſe font à Ulm, à Auſ-

bourg, à Amaſſon & à Tresſins; enfin, celles de Franche-Comté & de Flandres.

FUTÉE. *Terme d'ouvriers en bois.* Il ſe dit d'une eſpèce de maſtic qui ſe fait avec de la ſcieure d'ais & de la colle-forte. La *futée* ſert à boucher les caſſures & gerſures naturelles du bois, ou les trous que les ouvriers font par accident à leurs ouvrages.

FY

FY. Eſpèce de maladie ou de mauvaiſe qualité qu'ont quelquefois les bêtes qui peuvent être tuées & débitées à la boucherie, particulièrement les bœufs & les vaches. Le neuvième article des ſtatuts des marchands bouchers, défend de tuer ni expoſer en vente aucune chair qui ait le *fy*.

G

GAG

G Septiéme lettre de l'alphabet. Cette lettre mise toute seule signifie un *gros*, soit de poids, soit de monnoie, dans les regiftres, journaux & dans les comptes des marchands, des banquiers & teneurs de livres.

GABAN ou CABAN. *Manteau* de feutre ou d'étoffe de drap groffier & à longs poils, que l'on porte contre la pluie. Les Turcs s'en fervent beaucoup; & les marchands d'Europe, particulièrement les Provençaux, en mettent affez fouvent dans leurs cargaifons à bord, pour les échelles du Levant. Ils les tirent de quelques endroits de Barbarie; les plus eftimés font ceux de Miquinefes, furtout lorfqu'ils font marqués d'une efpèce de croix rouge & jaune.

GABARE ou GABARRE. Efpèce de bateau plat & large, qui va à la voile & à la rame. Les *gabares* fervent à tranfporter les cargaifons des vaiffeaux à bord, quand on en fait le chargement, ou à en décharger les marchandifes quand les navires font arrivés.

Ces fortes de bâtimens, qu'on peut proprement appeller des *Alèges*, font fort ordinaires dans la rivière de Nantes.

Par l'ordonnance de la marine du mois d'août 1681, le paiement du fret des vaiffeaux eft préférable à toutes dettes fur le prix des marchandifes, tant qu'elles font fur les *gabares*.

Les frais des *gabares* entrent en avaries ordinaires.

GABARE. C'eft auffi une patache ou petit bâtiment ancré dans un port de mer ou dans une rivière, fur lequel il y a des commis des fermes du roi établis pour vifiter les bâtimens qui entrent ou qui fortent, afin d'affurer les droits d'entrée & de fortie.

Les conducteurs des bâtimens font obligés de s'approcher de la *gabare* pour faire leurs déclarations, & tenus de fouffrir la vifite du commis.

GABARIER ou GABRIER. Celui qui conduit une gabare. Il fe dit auffi des hommes de journée & porte-faix qui aident à charger & décharger les vaiffeaux, & à mettre dedans ou fortir les marchandifes de la gabare.

GABARRAS. *Voyez* MUMIE.

GABELLAGE. Temps que demeure le fel dans un grenier. Les ordonnances défendent d'entamer les maffes des greniers qu'elles n'ayent tout leur *gabellage*, c'eft-à-dire, que le fel n'y ait été apporté depuis deux ou trois ans au moins.

GABELLAGE. Signifie auffi certaines *marques* que les commis des greniers mettent parmi le fel pour découvrir dans leurs vifites fi le fel qu'ils trou-

vent chez les particuliers eft du fel de gabelle, ou du fel de faux-faunage. Ils fe fervent ordinairement pour cela de paille ou autres herbes hachées qu'ils ont coutume de changer très-fouvent.

GABELLE. Signifioit autrefois toutes fortes d'*impofitions* qui fe mettoient fur diverfes efpéces de marchandifes & denrées: la *gabelle* n'étoit pas alors feulement un droit royal, les feigneurs particuliers fe l'étoient en quelque forte approprié, & l'on a vu long-temps fous la troifiéme race des rois de France, de fimples feigneurs hauts-jufticiers l'exercer fur leurs vaffaux.

GABÉS. Ce font des enceintes de jonc plantées dans les lacs de l'Egypte, où l'on fait la pêche du poiffon, dont les œufs fervent à faire la boutargue.

GABILLAUD. Nom que l'on donne à une forte de *morue* verte qui vient de Hollande & d'Iflande en barils.

GABRIER ou GABARIER. Celui qui conduit une gabare. Il fe dit auffi des hommes de peine & porte-faix qui chargent & déchargent la gabare.

GADOUART. Celui qui vuide & cure les retraits & les puits. Ce terme vient de gadoue qui fignifie les *ordures & matières fécales* qu'on tire des privés.

Il y avoit à Paris une communauté d'ouvriers de cette profeffion; mais fous un nom plus honorable. On les nommoit *maîtres vuidangeurs.* On y a fubftitué une compagnie à privilége exclufif. Car tout eft bon pour la manie des exclufions.

GAFFE. C'eft la plus grande de toutes les fortes de *morues* vertes, & qui tient le premier rang dans le triage qui fe fait en Normandie des différentes efpèces & qualités de morues.

GAFFE. C'eft auffi un inftrument de fer crochu attaché au bout d'un grand bâton, dont fe fervent les matelots lorfqu'ils conduifent à terre les chaloupes. Les mariniers & pêcheurs de rivière l'appellent un *croc*.

GAFFE. Se dit encore d'une efpèce de panier ou de verveu d'ofier, dont on fe fert pour pêcher, particulièrement fur quelques côtes de l'Océan.

GAGES. Marchandifes, argenterie, bijoux ou autres effets mobiliers, que l'on donne en nantiffement d'une fomme qu'on doit, ou qu'on emprunte.

Quoique le prêt fur *gage* foit défendu par les ordonnances, il eft néanmoins permis aux marchands & négocians de prendre des nantiffemens ou *gages* de leurs débiteurs pour fureté de leur dû, pourvu qu'ils n'en exigent aucun intérêt.

Les articles 8 & 9 du titre 6 de l'ordonnance du mois de mars 1673, prefcrivent la manière dont les prêts fur *gages* doivent être faits entre

Ooo

marchands & négocians : en voici les difpofitions.

« Aucun prêt ne fera fait fous *gage*, qu'il n'y » en ait un acte par-devant notaire dont fera retenu » minute, & qui contiendra la fomme prêtée & » les *gages* qui auront été délivrés, à peine de » reftitution des *gages*, à laquelle le prêteur fera » contraint par corps, fans qu'il puiffe prétendre » de privilége fur les *gages*, fauf à exécuter fes » autres actions.

« Les *gages* qui ne pourront être exprimés » dans l'obligation, feront énoncés dans une fac- » ture ou inventaire, dont fera fait mention dans » l'obligation, & la facture ou inventaire contien- » dront la quantité, qualité, poids & mefure des » marchandifes ou autres effets donnés en *gage*, » fous les peines portées par l'article précédent. »

Les marchands groffiers qui vendent à crédit à des détailleurs, dont la folvabilité leur eft dou- teufe, doivent bien prendre garde à la nature des *gages* qui leur feront donnés en nantiffement ; car fi c'étoit des marchandifes fujettes à la mode, à la coulure, ou à la corruption, ils courroient rifque de perdre une partie de leur dû, fuppofé que leurs débiteurs devinffent entièrement infolvables avant qu'ils euffent été rembourfés, & que ces *gages* euffent été retirés.

GAGNE-DENIERS. Hommes forts & robuftes dont on fe fert à Paris pour porter des fardeaux & marchandifes, en leur payant une certaine fom- me dont on convient à l'amiable avec eux. On les nomme auffi *porte-faix*, *crocheteurs*, *forts*, *hommes de peine*, *plumets*, *garçons de la pelle*, *tireurs de moulins*, &c.

Les forts, les plumets, les garçons de la pelle & les tireurs de moulins fervent fur les ports, & ont leurs falaires réglés par les prévôt des mar- chands & échevins.

Ils compofent différentes communautés qui ont leurs officiers.

L'article feiziéme du quatriéme chapitre de l'or- donnance de la ville de Paris de 1712, fait défenfes aux *gagnes-deniers* qui travaillent fur les ports, de s'affocier pour raifon de leur travail, à peine d'amende arbitraire.

Les articles quatre & cinq du cinquiéme cha- pitre leur défend pareillement d'aller au-devant des coches par eau arrivant à Paris ; & lorfque lefdits coches font arrivés, d'y entrer, ni de fe faifir d'au- cunes hardes, s'ils ne font appellés, ou à ce faire prépofés par les particuliers ; comme auffi de pren- dre plus grand falaire que celui qui aura été con- venu.

GAGNE-DENIERS. Il y a à la douane de Paris une forte de *gagne-deniers*, qui n'ont rien de commun avec ceux dont on vient de parler, à qui feuls il appartient de travailler pour la décharge & recharge des marchandifes, ballots, balles, tonneaux, &c. qui y font portés, ou qui y arrivent par les caroffes, coches, chariots, charrettes & autres voitures publiques.

Ces *gagne-deniers* font choifis & reçus par les fermiers-généraux : ils compofent une efpèce de communauté, qui a, pour ainfi dire, fes régle- mens & fa difcipline, & même fa confrairie dont fainte Barbe eft la patrone.

L'on peut dire auffi qu'il fe fait une forte d'ap- prentiffage parmi eux ; celui qui veut y entrer & qui a de la protection, fe faifant infcrire pour la première place vacante, & payant des droits qui ne montent à guères moins de huit cens livres.

Ce font eux qui exécutent les ordres des princi- paux commis de la douane, particulièrement de l'infpecteur général des manufactures, & des vifi- teurs pour l'ouverture des balles & ballots, & pour l'envoi des draperies à la halle aux draps, des livres à la chambre fyndicale des libraires, & des toiles à la halle de cette marchandife.

Leur nombre n'eft pas fixe ; mais il ne paffe pas ordinairement celui de vingt : l'emploi eft lucratif & honnête, & de beaucoup de confiance, ce qui fait qu'on n'y reçoit que des fujets d'une fidélité éprouvée.

Ils font entr'eux bourfe commune, fe rendant compte les uns aux autres, & fe partageant tous les foirs les falaires qu'ils ont reçus.

Ces falaires pour la plupart ne font pas réglés, à la réferve néanmoins des voitures qu'ils font aux halles aux draps & aux toiles.

Ce font les derniers reçus qui font maîtres de la confrairie pendant deux ans, fe faifant élection chaque année d'un nouveau maître à la place du plus ancien des deux : ce font auffi les nouveaux qui ont foin de graiffer les haquets, & de voir s'ils font en état ; pour les charges trop pefantes, ils ont une charette, un cheval & un chartier ; pour les plus légères ils fe fervent de crochets.

C'eft auffi aux feuls *gagne-deniers* de la douane à qui il appartient de porter à la foire S. Germain les marchandifes qui arrivent à la douane pour être vendues à cette foire, & on les charge pareillement de conduire hors de la ville celles qui y paffent de- bout, pour empêcher qu'elles n'y foient déchargées en fraude du tranfit.

GAGNE PAIN. Il fe dit de tout négoce, com- merce, métier, ouvrage, artifice ou travail qui fer- vent aux hommes à gagner leur vie dans les diffé- rentes profeffions qu'ils embraffent.

GAGNE-PETIT. Pauvre compagnon coutelier qui roule devant foi ou qui porte fur fon dos une petite boutique garnie d'une meule, d'un marteau & d'une pierre à affiler, pour aiguifer & racom- moder divers ouvrages de menue coutellerie. On l'appelle *gagne-petit*, du gain médiocre dont il fe contente.

GAGNER. Faire quelque gain ou profit. Il fe dit particulièrement du bien qui s'acquiert par le commerce. Ce marchand a *gagné* cent mille écus en deux ans : j'ai *gagné* cent pour cent fur mes marchandifes : cet homme n'entend pas le négoce, il y perd plus qu'il n'y gagne.

GAIN. Profit que l'on tire de son commerce, négoce, métier, profession & industrie.

Comme toutes ces choses peuvent être ou honorables ou infâmes, ou permises ou illicites, le *gain* qu'elles produisent a aussi les mêmes qualités; le plus sûr & le plus honorable est celui que produit un commerce légitime, particulièrement le commerce en gros & celui qui se fait par les voyages de long cours.

GAINE. *Étui de couteau.* Il se dit aussi des étuis de quelques menus ferremens de chirurgie. On le disoit même autrefois des fourreaux d'épées, & delà sont venus les termes de dégainer, de rengainer, & quelques autres qui sont en usage parmi ceux qui portent l'épée.

GAINGUETTE ou GUINGUETTE. Nom de caprice nouvellement inventé, qu'on donne à ces petits cabarets établis aux environs de Paris au delà des barrières, où le menu peuple va en foule se divertir les dimanches & les fêtes, à cause que le vin y coûte moins, ne payant point ou peu de droits d'entrée.

Quelques-uns croyent que le mot de *gainguette* vient de *ginguet*, qui veut dire du petit vin, parce qu'il ne s'en débite point d'autre dans ces sortes de cabarets.

GAINGUETTE. Se dit aussi d'une petite *chaise roulante* à deux roues, tout-à-fait découverte, qui se tire par un seul cheval: il n'y a guères que de très jeunes gens qui s'en servent, & c'est pour cela qu'on leur donne aussi le nom de *Phaétons* à cause de la chute trop ordinaire de leurs téméraires cochers.

GAINIER. Artisan qui fait des gaines.

Les autres ouvrages que font les maîtres *gainiers*, sont des boëtes, des écritoires, des tubes de lunettes d'approche, des coffres & cassettes, des fourreaux d'épées & de pistolets & autres semblables ouvrages couverts de chagrin, de maroquin, de veau, & de mouton. Ils travaillent aussi à faire des flacons, des bouteilles & autres pareils ouvrages de cuir bouilli.

Les *gainiers* de la ville de Paris sont qualifiés par leurs statuts *maîtres gainiers, fourreliers & ouvriers* en cuir bouilli.

GALANGA. Espèce de glayeul ou iris: il y en a de deux sortes, le grand & le petit. *Voyez* ACORUS VERUS.

GALANGA SAUVAGE, autrement SOUCHET LONG, ou CYPERUS LONG. Espèce de racine médicinale. *Voyez* SOUCHET LONG.

GALANS. *Terme de marchand confiseur.* Il se dit des plures d'oranges ou de citrons tournées & confites.

GALANS. Signifie aussi des nœuds de rubans que les marchands merciers ou les tailleurs font pour orner les habits & les chapeaux, & pour mettre dans les coëffures des dames. Une garniture de *galans*; une touffe de *galans*. Ce terme vieillit &

n'est guères d'usage, non plus que les *galans* mêmes.

GALBANUM. Gomme qui découle par incision de la racine d'une plante ferulacée, en latin *ferula galbanifera*.

Cette plante croît dans l'Arabie, en Syrie & dans quelques endroits des grandes Indes: elle pousse une tige assez droite, au haut de laquelle naissent des espèces d'ombelles où se trouve sa semence, presque de la forme & de la grosseur de nos lentilles; ses feuilles sont larges & dentelées.

Il vient du Levant, par la voye de Marseille, deux sortes de *galbanum*, l'un en larmes & l'autre en masse: le premier doit se choisir en belles larmes, d'un jaune doré au dehors & seulement jaunâtre en dedans, d'un goût amer & d'une odeur forte.

Le meilleur *galbanum* en masse, est celui qui est le plus chargé de larmes blanches, bien sec, bien net & sans mauvaise odeur. Ce dernier se peut facilement sophistiquer en y mettant des fèves concassées, de la résine & de l'ammoniac.

Cette drogue est d'un grand usage en médecine, où il en entre beaucoup dans la composition de plusieurs emplâtres.

GALE. *Voyez* GALLE.

GALEASSE. C'est un *bâtiment* de bas bord, propre présentement aux Vénitiens, le plus grand de tous les vaisseaux à rames; car elle va à rames & à voiles, peut porter vingt pièces de canon, & a trois mâts qu'elle ne désarbore point.

GALEGA. Plante qui vient dans les terres grasses & humides. Cette plante fait partie du négoce des herboristes.

GALÈRE. Bâtiment raz ou de bas bord, qui va à voiles & à rames, où le roi tient ses esclaves ou forçats pour les faire ramer dans le calme ou en quelque autre besoin. Elle porte quelques pièces de canon & deux mâts qu'elle désarbore. Les *galères* sont particulièrement pour la Méditerranée. Elles vont ordinairement terre à terre. Quelquefois elles font canal, c'est-à-dire, traversent la mer. On dit une escadre de *galères*: le général des *galères*. On ne se sert plus en France de cette sorte de bâtimens.

GALET. Petit caillou que la mer roule sur ses bords.

Le choix & l'avantage du *galet* étant très-considérables pour la préparation de la morue seche, l'ordonnance de la marine de 1681 en a fait un titre exprès, qui est le cinquième du dernier livre. Par le premier & le cinquième article de ce titre, le choix du *galet* est adjugé à celui qui arrive le premier dans les havres du petit Maître & de la baye de Canada. Le deuxième ordonne, que tous ceux qui arriveront ensuite, feront leur déclaration de ce qu'ils veulent occuper de *galet*; & par le quatrième il est fait défense à tous maîtres & mariniers de s'emparer du *galet* choisi par les premiers venus.

GALET. On appelle *diamant de galet*, une efpèce de criftal qui fe trouve dans quelques cailloux
ou *galets* des côtes de Normandie, particulièrement du côté de Harfleur; la difficulté eft de le
tirer du caillou, étant facile à s'éclater au contre-
coup du marteau.

GALET eft auffi une des fortes de verroterie dont
l'on fe fert dans la traite fur les côtes d'Afrique; il
y en a de deux fortes, fçavoir, du *galet* rouge à
cul noir, & du *galet* rouge rayé.

GALETTE DE COCOL, qu'on nomme autre-
ment *petenuche*. C'eft une efpèce de bourre de foie.

Les réglemens de 1667 pour les manufactures de
foie, défendent d'employer de la *galette* ou *bourre*
de foie dans les velours, les taffetas, tabis pleins
ou autres étoffes de foie les plus confidérables.

GALETE. Voyez GALLETTE.

GALFAT. } Voyez { CALFAT.
GALFATER. } { CALFATER.
GALFATEUR. } { CALFATEUR.

GALION. Gros vaiffeau de guerre à trois ou
quatre ponts. Ce nom n'eft plus guères d'ufage dans
la marine: les Efpagnols le confervent pourtant, &
c'eft ce qu'ils appellent encore une *partie des vaiffeaux* qu'ils employent au commerce des Indes d'occident.

Il part chaque année d'Efpagne deux flottes;
l'une pour le Mexique, qu'on appelle la *flotte*, &
l'autre pour le Pérou, qu'on nomme les *galions*.
On ne parlera ici que des *galions*, étant traité
ailleurs de la flotte.

Ces *galions* font au nombre de huit, dont les
principaux font, la Capitane, l'Amirante, il Go
verno, la Patache & la Marguarita de cinquante
pièces de canon de fonte. Il y a encore une autre
patache d'avis de quarante pièces. Tous ces vaiffeaux font pour le compte du roi, & font vaiffeaux de guerre, mais qui font ordinairement chargés & embarraffés de tant de marchandifes, qu'en
cas de combat la défenfe en eft difficile.

Outre ces *galions* du roi, il y a encore douze
ou feize navires marchands appartenant à des particuliers qui en obtiennent ou plutôt qui en achettent la permiffion, n'y ayant point en Efpagne de
compagnie de commerce pour l'Amérique.

L'armement des *galions* fe fait à Cadix d'où ils
peuvent partir en tout temps: ils font environ deux
ans dans leur voyage: leur départ précède prefque
toujours celui de la flote, de quelques mois; celle-
ci, à caufe des vents, ne pouvant partir qu'au
mois d'août.

Quand les deux flotes partent de conferve, elles
fe féparent à la hauteur des ifles Antilles; les galions pour Carthagène & Porto-Bello, & la flote
pour le Vera-Crux.

Au retour elles fe rejoignent à la Havane dans
l'ifle de Cuba.

La charge des *galions* eft toujours plus riche
que celle de la flote.

GALIONISTES. On appelle ainfi en Efpagne
les marchands qui font le négoce des Indes Efpagnoles par les galions; & *flotiftes* ceux qui le font
par la flote.

GALIOTTE. Petite galère fort légère, dont
on fe fert pour aller en courfe. Elle n'a que 15
ou 20 bancs de chaque côté, & qu'un homme
à chaque rame. Elle ne porte qu'un mât & deux
ou trois pierriers.

Les Hollandois ont auffi une efpèce de *galiote*
dont la longueur ordinaire eft de 85 à 90 pieds,
qu'ils envoient même jufqu'aux Indes; il y en a
néanmoins de plus ou moins grandes.

GALIPOT, ou GARIBOT. Gomme ou réfine
liquide, épaiffe & blanchâtre, qui fort du pin par
les incifions qu'on lui fait. C'eft une des deux efpèces de Baras: on l'appelle communément *encens
blanc* & *encens de village*, parce qu'on s'en fert
dans les églifes de village, au lieu du véritable encens, ou des paftilles qu'on brûle dans les cérémonies des principales églifes.

Il faut choifir le *galipot*, blanc, bien fec &
bien net. Il n'y a point de gomme d'un plus grand
ufage à caufe de la quantité de marchandifes dont
elle eft comme la bafe; les principales font celles
qui fuivent.

La groffe térébenthine ou térébenthine commune:
elle fe fait en fondant le *galipot* blanc, & elle
vient dans les bariques, depuis trois cent cinquante
jufqu'à fept cent livres pefant; le plus clair de
cette groffe térébenthine fe vend quelquefois pour
térébenthine de Venife; mais fa couleur rouffâtre
peut fervir à la faire reconnoître. Les imprimeurs
pour leur encre, les maréchaux pour leurs remèdes, & les marchands de vernis pour faire leur
gros vernis, fe fervent de cette groffe térébenthine
ou *galipot* fondu.

L'huile éthérée, autrement effence de térébenthine, n'eft que du *galipot* mis à l'alembic auffi-tôt
qu'il eft forti des pins: elle fe fait ordinairement
dans la forêt de Cuges, à quatre lieues de Marfeille
& dans les landes de Bordeaux.

Il faut la choifir claire & blanche comme de l'eau,
d'une odeur forte & pénétrante: elle fert de baume
pour la guérifon des plaies; les peintres, maréchaux, &c. en confomment beaucoup.

La poix graffe qu'on appelle auffi *poix blanche*
de Bourgogne, eft du *galipot* fondu avec de la térébenthine commune & de l'huile de térébenthine. La
meilleure venoit autrefois de S. Nicolas en Lorraine:
elle s'apporte préfentement de Hollande & fe tire de
Strafbourg; elle s'y fait plus parfaitement qu'en aucun autre lieu: celle de France néanmoins en approche beaucoup, quoiqu'elle foit plus blanchâtre,
qu'elle ait plus d'odeur & moins de corps. La vraie
Hollande la plus blonde & la moins remplie d'eau,
eft celle qu'il faut choifir. Outre quantité d'ouvriers
qui s'en fervent, elle eft d'ufage en médecine à caufe
de fa qualité attractive.

La poix réfine eft encore du *galipot* cuit jufques à certaine confiftance.

Le bray sec ou arcanson, n'est aussi que le *galipot* préparé & presque brûlé.

Enfin, la poix noire, soit qu'elle soit dure, soit qu'elle soit molle, n'est pareillement que du *galipot* mêlé avec du gaudron ou tarc, qui lui donne la couleur noire qu'elle a.

GALIPOT DE L'AMÉRIQUE. Gomme ou résine tout-à-fait semblable au *galipot* d'Europe, à la réserve qu'elle n'est pas d'une si mauvaise odeur. L'arbre d'où coule cette gomme est très-grand, le bois en est blanc & les feuilles assez semblables à celles du laurier, mais beaucoup plus grandes; il est si résineux, qu'il y en a qui rendent jusqu'à cinquante livres de gomme. Quelques épiciers droguistes vendent ce *galipot*, tantôt pour gomme elémy, quelquefois pour gomme animée, & souvent pour gomme tacamara; mais toujours très mal-à-propos sous lequel de ces trois noms qu'ils le déguisent, n'ayant rien des qualités de ces gommes, & comme on l'a dit, n'étant qu'un simple *galipot*.

GALLE, ou NOIX DE GALLE. Drogue propre à la teinture & à quelques autres usages.

La *noix de galle* est une sorte de fruit ou plutôt d'excrescence que l'on trouve sur cette espèce de chêne qu'on nomme *rouvre*, du mot latin *robur*: ce n'est pas qu'il ne s'en trouve sur les autres chênes; mais elle y est plus rare & moins propre à la teinture que celle qui croît sur le rouvre.

Les meilleures *noix de galle* sont celles du Levant, sur-tout celles qui viennent de Smyrne, d'Alep & de Tripoly : la *galle* de France qu'on trouve en Gascogne & en Provence, leur est beaucoup inférieure, étant ordinairement rougeâtre, légère & toute unie, au lieu que celle de Tripoli & d'Alep est pesante & épineuse, ce qui lui a donné le nom de *galle à l'épine*, pour la distinguer des *galles* de pays.

Les *noix de galle* du Levant, sont de trois sortes; les unes noirâtres, les autres tirant sur le verd, & les troisièmes à demi-blanches.

Les teinturiers s'en servent selon leur qualité; les vertes & les noires à teindre en noir, & les blanches pour teindre les toiles. A l'égard des *galles* légères ou de France, qu'on nomme aussi *caffénolles*, elles s'emploient par les teinturiers en soie pour faire le noir écru.

L'encre se fait aussi avec des *galles* noires ou vertes; ce sont encore ces sortes de *galles* qui entrent dans la composition du noir des courroyeurs & autres ouvriers en cuir.

Les *galles* d'Alep viennent en balles longues & étroites, & celles de Tripoli ou de Smyrne en balles grosses & courtes, dont la toile est ordinairement rayée, ce qu'il faut remarquer quand on les achette en gros, parce que la *noix de galle* d'Alep l'emporte d'excellence sur celle de Tripoli: les meilleures sont celles qui viennent de Mazoul sur le Tygre, éloignée d'Alep de 12 à 15 journées. On doit aussi prendre garde qu'elles ne soient point remplies de poudre ou d'autres corps étran-

gers : les légères & percées ne sont pas bonnes.

On peut tirer de Smyrne environ dix mille quintaux de *galle* par an, qui ordinairement sont presque tous enlevés par les Anglois ou Hollandois.

Les Turcs ont une espèce de *noix de galle* qui est rougeâtre, de la grosseur d'une noisette; ils la nomment *bazgendge* : c'est cette *galle* qu'ils mêlent à la cochenille & au tartre pour faire une partie de leur écarlate. Ce fruit est fort rare & fort cher en France, ce qui fait qu'on ne s'en sert point.

Les *noix de galle* sont du nombre des drogues qui sont communes aux teinturiers du grand & du petit teint; cependant les premiers ne doivent s'en servir que lorsqu'ils en ont besoin pour quelque légère bruniture, & quand il leur est difficile d'assortir autrement leurs nuances : il ne leur est pas néanmoins loisible de diminuer pour cela le pied nécessaire à ces sortes de teintures, qui doit être toujours aussi fort que celui des échantillons matrices.

A l'égard des teinturiers du petit teint, ils font une grande consommation de cette drogue, à cause de l'achèvement des noirs, qui est proprement leur partage, & qui se fait en partie avec la *galle*.

GALLE A L'ÉPINE. *Voyez l'article précédent.*

GALLETTES. On nomme ainsi en terme de marine, chaque petit pain de biscuit, qui sert à nourrir les équipages sur les vaisseaux de guerre ou marchands. Les *gallettes* doivent passer en pâte 14 onces, pour rendre cuites 8 à 9 onces.

GALLIUM blanc & jaune. Il y en a de deux sortes, & leurs différens noms viennent de la diversité de leur couleur. Quelques-uns nomment le blanc *petite garance*, & le jaune *petit muguet* & *caille-lait*, parce qu'étant mis dans le lait, il le fait cailler. Ces deux plantes croissent dans les prés, dans les buissons & dans les hayes; elles sont astringentes & dessicatives. Cette plante entre dans le détail du négoce des herboristes.

GALLO. *Monnoie d'argent* du royaume de Camboya dans les Indes orientales; elle pèse un mas cinq condorins Chinois. *Voyez* LA TABLE.

GALLON. Mesure des liquides en Angleterre. Le *gallon* contient huit pintes de Londres, ce qui revient à quatre pintes mesure de Paris; 63 *gallons* font le muid ou la barrique; 126 la pipe, & 252 le tonneau.

Les *gallons* pour le vin sont d'un cinquième plus petits que ceux qui servent à l'alé ou à la bière, en sorte que quatre *gallons* de l'une ou de l'autre de ces liqueurs, en font cinq de vin : les 63 *gallons* Anglois, font 12 steckannes Hollandoises. L'huile se vend aussi au *gallon* à Londres, le *gallon* pesant environ 7 livres ¼.

Dans la province de Cornouailles c'est au *gallon* que les étamiers mesurent leur étain noir, c'est-à-dire, la pierre de mine réduite en poudre : le *gallon* en cette occasion est une espèce de boisseau. Un pied cube d'étain noir fait deux *gallons*.

Cette forte de *gallon* dont on fe fert pour les grains, graines, légumes. & autres corps folides, eft plus grand que le *gallon* du vin, mais plus petit que celui de l'alé & de la bière. Ce dont il furpaffe le premier, eft comme de 33 à 28; & ce qu'il a de moins que le fecond, eft comme de 33 à 35 : il pèfe environ huit livres poids de Troyes. Deux de ces *gallons* font un peck ou picotin, quatre pecks font un boiffeau, quatre boiffeaux un combe ou carnok, deux carnoks une quarte, & dix quartes un left qui tient cinq mille cent vingt pintes ou autant de livres pefant poids de Troyes. *Voyez* LA TABLE.

GALLON. Se dit encore en quelques lieux de France, mais particulièrement en Normandie du côté de Caen, d'une *mefure* des liqueurs contenant deux pots ou la moitié d'un feptier. Ce *gallon* n'eft guères différent de celui d'Angleterre, & il y a même de l'apparence qu'il y a paffé de Normandie avec Guillaume le conquérant.

GALLON. Boëte ou petit boiffeau, qui fert en Touraine pour mettre les prunes féches qu'on appelle *pruneaux*. On n'y met ordinairement que ceux qui font les plus beaux & qui font l'élite de ces fruits fecs.

GALLON. Les épiciers appellent auffi des *gallons*, certaines boëtes rondes & peintes de diverfes couleurs qui viennent de Flandre, dans lefquelles ils enferment plufieurs fortes de marchandifes, furtout les drogues & épiceries. Chaque *gallon* a un cartouche ou étiquette, qui marque en gros caractères la drogue ou les marchandifes qui y font.

GALON. Efpèce de tiffu qui fe fait d'or, d'argent, de foie ou de laine, & quelquefois feulement de fil.

Les *galons* d'or & d'argent fervent à galonner & orner les habillemens des perfonnes de confidération de l'un ou l'autre fexe, ou du moins de celles qui font riches, ou qui veulent paffer pour l'être. On s'en fert auffi aux ornemens d'églife, auffi bien qu'aux divers emmeublemens des palais & grandes maifons; mais pour ces deux derniers ufages on n'emploie fouvent que des *galons* d'or & d'argent faux; ceux pour les églifes font ordinairement filés fur foie; ce qui n'eft pas permis pour les *galons* des meubles.

On appelle *bords* ou *bordés*, les *galons* d'or ou d'argent qui ne fervent qu'à mettre autour des habillemens, des ornemens d'églife & des meubles. On nomme particulièrement des *bords*, les *galons* qu'on met aux chapeaux des cavaliers & des gens de guerre.

On fait à Lyon des *galons* de foie de deux largeurs, ou, comme on dit dans cette forte de négoce, de deux numéros, fçavoir numéro deux & numéro trois. Le n°. 2 porte fept lignes de largeur, & le n°. 3 neuf lignes. Les pièces des uns & des autres, font de foixante aunes; on les met ordinairement en deux pièces de trente aunes chacune.

Le *galon* de laine qui fe fait dans la fayetterie d'Amiens, eft une efpèce de ruban affez large, dont la chaîne doit être compofée de trente-fix fils, & la pièce doit avoir trente-fix aunes de long : les ouvriers qui fabriquent ces fortes de *galons*, fe nomment *paffementiers*.

Ce qu'on appelle *galons de livrées*, eft pour l'ordinaire des tiffus veloutés de diverfes couleurs & façons, dont on orne & chamare les habits des domeftiques, autant pour faire paroître la magnificence du maître, que pour diftinguer & faire connoître fa qualité & fa maifon.

Il y a des édits, des déclarations & ordonnances du roi, des arrêts du parlement & quantité de fentences du lieutenant général de police de Paris, qui ordonnent, fous de grandes peines, contre les maîtres & les domeftiques, que les cochers & les laquais foient jamais fans jufte-au-corps de livrées, c'eft-à-dire, fans jufte-au-corps où il y ait de cette forte de *galons*. Et il y en a pareillement qui défendent que les *galons* d'or & d'argent foient employés en livrée, à la réferve néanmoins des ambaffadeurs & étrangers à qui il eft permis d'en faire porter à leurs gens.

Ce font les tiffutiers rubaniers qui font toutes fortes de *galons* de livrée, & qui les vendent aux maîtres qui les veulent ordonner & choifir eux-mêmes, ou aux tailleurs qui en font quelquefois les fournitures.

Par un arrêt du confeil du roi Louis XIV, par lequel l'état des livrées & des couleurs paroît fixé, il eft ordonné que tous les gens de livrée, feront obligés de porter en tout temps, abfolument quelque marque de leur livrée fur leurs jufte-au-corps; & cette marque eft réglée par un ou plufieurs bouts de *galon* appliqués fur leurs habits en travers, tant devant que le derrière, environ à hauteur de ceinture.

GALOPIN. On nomme ainfi quelquefois une petite mefure des liquides, qu'on appelle plus communément *demi-feptier*.

GAMBAGE. Sorte de *droit* que païent les maîtres braffeurs. *Voyez* BRASSEUR.

GAMBOIDE-GAMANDRE. *Voyez* GOMME-GUTTE.

GAMELO. C'eft le nom que les Indiens donnent au baume que l'on appelle en France *baume de copaü*.

GAMUTO. Efpèce de *chanvre* que l'on tire du cœur de quelques palmiers des Indes : on en fait des cordages, mais qui ne réfiftent pas long-temps à l'eau. On en trouve, fur-tout aux Philippines, où les cordes qui en font fabriquées font partie du commerce des infulaires, foit avec les Efpagnols qui occupent plufieurs de ces ifles, foit avec ceux des autres Européens qui en fréquentent quelques-unes des plus éloignées. Les Hollandois en tirent en affez grande quantité de Mindanao.

GANGUES. Petit *caillou* ou petites parcelles

de pierre dure, qui se rencontrent parmi l'antimoine, lorsqu'on le tire de la mine.

GANIVET, ou CANIVET. Petit ganif.

GANNEGARD. Espèce de toile propre pour le négoce des côtes d'Afrique.

GANSE. Espèce de petit cordonnet d'or, d'argent, de soie ou de fleuret plus ou moins gros, quelquefois rond, quelquefois quarré, qui se fabrique sur le boisseau avec des fuseaux, ou sur un métier avec la navette. La *ganse* à la navette se nomme *cordon à la ratière*.

La *ganse* tient lieu de boutonnières pour arrêter & boutonner des boutons; ou en orne aussi quelques habits, particulièrement aux environs des boutonnières.

Les chapeliers en retroussent leurs chapeaux; les femmes s'en servent à lacer leurs corsets, & les ecclésiastiques en font des lesses de chapeau.

Quoique la *ganse* paroisse une marchandise de peu de conséquence; elle ne laisse pas de faire une portion considérable du négoce des marchands merciers, & du travail des tissutiers-rubaniers, & des passementiers-boutonniers.

GANSE DE DIAMANT. Les joyailliers nomment ainsi des attaches de diamans, qui par leur monture forment des espèces de boutonnières. Il se dit aussi de toutes les autres pierreries montées de cette sorte.

GANT. C'est l'habillement de la main, du poignet & d'une partie du bras, ce qui sert à les couvrir pour les tenir plus proprement, ou pour le garantir du froid, du soleil, ou des autres injures de l'air.

Les *gants* se distinguent en *gants* d'hommes & en *gants* pour femmes. Les *gants* d'hommes sont larges par le haut & très-courts, ne couvrant guères que la main & le poignet. Les *gants* pour femmes sont beaucoup plus longs & plus étroits par le haut, couvrant non-seulement la main & le poignet, mais encore la plus grande partie du bras, en remontant vers le coude.

Les uns & les autres se fabriquent pour l'ordinaire avec des cuirs & peaux de chamois, de chèvre, de chevreau, de mouton, d'agneau, d'élan, de cerf, de daim, de chevreuil, de bufle & de chien, apprêtées & passées en huile ou en mégie. On fait aussi des *gants* au tricot & sur le métier, avec la soie, le fleuret, le coton, le lin, le chanvre, la laine & le poil de castor filés. Enfin l'on en fait encore quelques-uns avec le velours, le satin, le taffetas, le gros-de-Tours, le ras-de-Saint-Maur, l'étamine, le drap & la toile.

Les *gants* de peau & d'étoffes sont de la dépendance du métier des gantiers-parfumeurs; ceux au tricot & au métier concernent les marchands du corps de la bonneterie, les maîtres bonnetiers au tricot, & les maîtres ouvriers en bas au métier; à l'égard des *gants* de toile, ils appartiennent aux marchandes lingères.

Il est cependant permis aux marchands merciers, de faire négoce en gros & en détail, tant des uns que des autres, même de les parfumer, laver, parer & enjoliver; mais ils ne peuvent les tailler, coudre, tricoter ni travailler sur le métier.

Il y a des *gants* parfumés, lavés, cirés, glacés, bronzés, drapés, blancs, noirs, gris, jaunes, feuille-morte, café, musc, & de diverses autres couleurs; les uns simples & unis, d'autres garnis & bordés de cuir, d'autres bordés d'or, d'argent ou de soie, & d'autres garnis & enjolivés de rubans, galons & franges d'or, d'argent & de soie.

L'on disoit autrefois, comme en proverbe, que pour qu'un *gant* fût bon & bien fait, il falloit que trois royaumes y contribuassent; l'Espagne pour en préparer la peau, la France pour le tailler, & l'Angleterre pour le coudre: mais il y a déjà long-temps que la France s'est appropriée les fonctions des deux autres; les *gants* de fabrique Françoise l'emportant présentement sur les autres *gants*, pour la préparation du cuir & pour la couture, autant qu'ils l'ont toujours fait pour la taille.

Les *gants* se cousent ou avec de la soie ou avec une sorte de fil très-fin & très-fort, qu'on appelle du *fil à gant*, à cause qu'il ne s'emploie guères à autre chose qu'à coudre des *gants*.

Paris & Vendôme sont les villes de France, & l'on peut dire de l'Europe, où il se fabrique le plus de *gants* de toutes les sortes, mais particulièrement de ceux de cuir, dont il se fait une consommation prodigieuse dans le royaume, & des envois considérables dans les pays étrangers, particulièrement dans le Nord, en Hollande, en Angleterre, en Lorraine, en Flandre & en Italie.

Les lieux du royaume, après Paris & Vendôme, où il s'en fabrique le plus de cette espèce, sont: Grenoble, Avignon, Blois, Montpellier & Grace; Ham est aussi fort renommé pour les *gants* gras; qu'on nomme *gants* de chien, parce qu'ils se font de la peau de cet animal, passée en huile.

Il s'en tiroit autrefois quantité de parfumés d'Espagne & de Rome; mais leur forte odeur de musc, d'ambre & de civette, que l'on ne pouvoit soutenir sans incommodité, a fait que la mode & l'usage s'en sont presque perdus: les plus estimés de ces *gants*, étoient les *gants* de Ranchipane & ceux de Neroli.

Les *gants* se vendent & se débitent, ou à la paire, ou à la douzaine de paires, ou à la grosse, chaque grosse composée de douze douzaines de paires.

GANTS DE CANEPIN, ou GANTS DE PEAU DE POULE. Ce sont des *gants* faits d'un cuir très-délié, qui se lève de dessus la peau des agneaux ou chevreaux, après qu'elle a été passée en mégie.

Les *gants* de canepin sont si minces & si légers, que l'on en fait tenir facilement une paire toute entière dans la coque d'une grosse noix. C'est ainsi qu'on les envoie de Rome plutôt par curiosité & galanterie, que par utilité de négoce.

GANTS DE CASTOR. Les gantiers-parfumeurs, nomment ainſi certains *gants fabriqués* avec des peaux de chamois ou de chévre paſſées & apprêtées d'une manière ſi douce & ſi maniable, qu'on les prendroit pour être faits avec le poil de caſtor. Il ſe fait des *gants de caſtor* de toutes couleurs, pour hommes & pour femmes.

GANTS FOURRÉS. Ce ſont des gants garnis de poil ou de laine en-dedans, pour les rendre plus chauds. On s'en ſert au lieu de manchon.

GANT DE FAUCONNIER. C'eſt un très-gros *gant* d'un cuir très-épais, ordinairement de cerf ou de buffle, qui couvre la main & la moitié du bras du fauconnier, pour empêcher que l'oiſeau ne la bleſſe avec ſon bec ou avec ſes ſerres.

On appelle MITAINES OU MOUFLES, certaines eſpèces de *gants* dont les doigts ne ſont point diviſés, à la réſerve du pouce.

On nomme FIL A GANT, du fil bis que l'on tire de Lille, & qui ſe teint en ſoie, à Paris, de diverſes couleurs. Il ſert à la couture des *gants* de moindre qualité où l'on veut épargner la ſoie. On emploie auſſi à cette couture une autre ſorte de fil qui ſe nomme *fil de Flandre*. Il vient pareillement de Lille.

GANTAN. Poids dont on ſe ſert à Bantam, une des capitales de l'iſle de Java, & dans quelques autres endroits des Indes orientales. Le *gantan* revient environ à trois livres, poids de Hollande.

GANTAN. C'eſt auſſi une meſure de continence, ou eſpèce de litron pour meſurer le poivre : il en contient trois livres juſte. Il faut dix-ſept *gantans* pour faire le baruth, autre meſure des Indes.

GANTAS. Poids dont on ſe ſert à Queda, ville ſituée dans les Indes orientales ſur le détroit de Malaca. *Voyez* LES TABLES.

GANTIER. Ouvrier & marchand tout enſemble, qui fait & qui vend des gants, des mitaines, & autres ouvrages de ganterie.

A Paris, les *maîtres gantiers* compoſent une communauté conſidérable.

En qualité de *gantiers*, ils ſont en droit de faire & de vendre des gants & mitaines, tant de velours, ſatin, taffetas, étamine, & de toutes ſortes de cuirs tant blancs que noirs, que chamois, bufetins, cuirs de chévre, maroquin, & de toutes les ſortes qui ſe peuvent commodément employer & mettre en œuvre.

Comme parfumeurs, ils peuvent appliquer ſur les gants, & débiter toutes ſortes de parfums tels que le muſc, l'ambre-gris, la civette & toutes autres ſortes de cuirs ou peaux lavées, parfumées & blanches, propres à faire des gants.

GANZAS. Monnoie d'alliage de cuivre & d'étain, qui ſe fabrique dans le royaume de Pégu. Ces eſpèces ne ſe ſont point dans les monnoies royales; mais il eſt libre à chacun d'en faire en payant les droits du roi.

Il y a à gagner ſur cette monnoie, lorſqu'on peut reſter long-temps à Pégu; les paiemens de l'or, de l'argent, des épiceries, des perles & autres riches marchandiſes, ſe faiſant ordinairement en *ganzas*, ce qui en fait hauſſer le prix dans le temps de ces paiemens. *Voyez* LA TABLE.

GARANCE ou GARENCE. Racine qui ſert aux teinturiers pour teindre en rouge. Elle s'appelle en Latin, *rubia major*, ou *rubia fictorum*; en Languedoc, on la nomme *rapaman*.

Il ſe cultive une grande quantité de *garance* en Flandre & en Zelande, & il s'y en fait un riche commerce qui tire tous les ans bien de l'argent de France, ce que les François épargneroient, s'ils vouloient s'adonner à la culture de cette racine, pour laquelle les terres de pluſieurs provinces du royaume, ne ſont pas moins propres que celles de Zelande & de Flandre.

La *garance* qui eſt fraîche, donne une couleur plus vive; celle qui eſt faite d'un an, donne plus de couleur; mais celle qui vieillit trop, perd de ſa vivacité & de ſa qualité.

La *garance* vient ou en pipe, qui eſt la plus groſſière, ou en balle, qui eſt la plus eſtimée, & qu'on nomme *garance de grappe*.

Il y a auſſi une eſpèce de *garance*, qu'on appelle *billon de garance*, qui n'eſt autre choſe que de la terre rougeâtre mêlée avec quelque pouſſière de la *garance*, ou de la grappe de celle qui a déja été employée, à quoi il faut prendre garde, cette *garance* ne valant rien.

Quelques marchands droguiſtes & épiciers, diviſent la *garance*, en *garance* en branches, *garance* grappe ou robbée, & *garance* non robbée. La *garance* en branches eſt la racine ſans autre préparation que d'être ſéchée; la *garance* grappe ou robbée, eſt celle dont on a ôté la première écorce & le cœur, & qu'on a enſuite réduite en poudre groſſière; la *garance* non robbée eſt la *garance* en branches pulvériſée. La meilleure eſt la *garance* grappe ou robbée.

La petite *garance* eſt une *garance* ſauvage qui croît d'elle-même & ſans être cultivée.

COMMERCE DE LA GARANCE A AMSTERDAM.

L'on vend à Amſterdam, de quatre ſortes de *garance*; ſçavoir, la *garance* fine de Zelande, la *garance* fine non robbée, la *garance* courte, qu'on nomme autrement *garance mulle* & la *garance* inférieure. Toutes ces *garances* ſe tarent ſur les futailles; leur déduction pour le bon poids, eſt de deux pour cent; & celle pour le prompt paiement, eſt d'un pour cent.

GARANCÉ. Drap *Garancé*, eſt un drap teint avec la garance.

GARANT. Celui qui eſt reſponſable ou caution de quelque choſe, qui l'a garantie par un acte, ou qui la doit garantir de droit.

Quand on a mis ſon aval ou ſon endoſſement ſur une lettre-de-change, on en devient garant.

GARANTIE. Obligation, engagement où l'on eſt de répondre d'une dette; d'une promeſſe, &c. & de les payer pour un autre, en cas qu'il en refuſât le paiement, ou qu'il ne fût pas en état de les acquitter.

On

On appelle *action en garantie*, une action par laquelle on somme un garant de payer pour celui qu'il doit garantir du droit, ou à la garantie duquel il s'est engagé volontairement.

L'article 13 du cinquiéme titre de l'ordonnance de 1673, régle le temps où les tireurs des lettres-de-change qui ont été protestées, faute de paiement, doivent être poursuivis en *garantie*; sçavoir, dans la quinzaine, s'ils sont domiciliés dans la distance de dix lieues, & au-delà, à raison d'un jour par cinq lieues, sans distinction du ressort des parlemens, pour les personnes domiciliées dans le royaume.

Hors du royaume, les délais sont de deux mois pour les domiciliés en Angleterre, en Flandre, & en Hollande; de trois mois pour l'Italie, l'Allemagne & les cantons Suisses; de quatre mois pour l'Espagne; & de six mois pour le Portugal, la Suéde & le Danemarck.

GARANTIR. Cautionner une personne, répondre pour elle: Il se dit aussi des marchandises & autres choses semblables; mais alors il signifie *certifier* qu'une chose est telle qu'on l'a dit. Je vous *garantis* que ce drap est vrai drap d'Angleterre. Je vous donnerai ce que vous me demandez de vos chevaux, si vous me les *garantissez*.

GARAS, Grosse toile de coton blanche, qu'on tire des Indes orientales, particulièrement de Surate. Les pièces de *garas* sont de neuf aunes deux tiers, ou de quatorze aunes & demie de long, sur sept huit de large.

GARBELAGE. *Terme fort usité à Marseille.* C'est une espèce de petit droit de quatorze sols par quintal, qui se compte parmi les frais qui se font pour les marchandises qui s'envoient dans les échelles du Levant. Les autres frais sont le poids du roi, & courtoisie au peseur.

La caisse.

L'emballage & façon.

La censerie à tant pour cent.

Le port en marine.

Et la provision aussi, à tant pour cent.

GARÇON. On appelle chez les marchands, *garçons de boutique*, ou *garçons de magasin*, ou même simplement, *garçons*, des apprentifs qui, ayant fait leur temps d'apprentissage, servent encore chez les marchands de nombre d'années marqué par les statuts de chaque corps, avant que de pouvoir être reçus à la maîtrise, & faire le commerce pour eux-mêmes.

Il y a des apprentifs qui, quoique reçus maîtres, se fixent à la qualité de *garçons*; & c'est de ces maîtres *garçons*, comme on les nomme assez souvent, que dépend en partie l'heureux succès du commerce d'un marchand.

Ce sont les *garçons* qui aident à ranger, à plier, à remuer & à vendre les marchandises dans la boutique ou le magasin, ou qui même les portent en ville lorsqu'il en est besoin. Ce sont eux qui vont recevoir & faire accepter les lettres &

billets de change; qui tiennent les livres, qui en tirent les extraits pour dresser les mémoires & parties des débiteurs; qui sollicitent les dettes: enfin, qui sous les ordres du marchand, font tout le détail du commerce.

Quelques marchands appellent leurs garçons, *facteurs & commis*; mais cela est peu d'usage dans le commerce de marchandises. Les marchands banquiers ne se servent au contraire jamais du terme de *garçons*; tous ceux qui les aident dans leur négoce, se nomment *commis*.

Les marchands donnent des gages aux *garçons*, & les apprentifs paient leur apprentissage aux maîtres.

GARÇONS Se dit aussi des compagnons ou apprentifs qui travaillent chez les artisans, *garçon menuisier*, *garçon tailleur*, &c.

GARÇONS DE PELLE. Ce sont des manouvriers ou gagne deniers qui se tiennent sur le port de la Grève, ou sur les autres ports de la ville de Paris, où arrivent les bateaux de charbon. Ce sont eux qui, avec de grandes pelles de bois ferrées, remplissent les mines & minots dans lesquels se distribue cette marchandise.

Quoique par les ordonnances de la ville, il ne soit permis aux regratiers de charbon de n'en avoir chez eux que jusqu'à six mines à la fois, les femmes des *garçons de pelle* qui se mêlent du regrat, sont néanmoins exemptes de cette régle pour les charbons de fond de bateaux, que les marchands donnent à leurs maris pour le paiement de leurs salaires; leur étant accordé un mois pour le débit de chaque fond de bateau.

GARÇONS-COMPAGNONS. On nomme ainsi dans l'exploitation des carrières de pierres de taille, les *ouvriers* qui travaillent à couper & soulchever les pierres dans le fond de la carrière, pour les distinguer du maître *carrier*, qu'on nomme simplement *carrier*, & des ouvriers qui font tourner la roue en montant le long de l'échellier, qu'on appelle *manœuvres carriers*.

GARDE. Dans les six corps des marchands de Paris, on appelle *maîtres & gardes* ceux qui sont élus & choisis parmi les maîtres de chaque corps, pour tenir la main à l'exécution des statuts & réglemens qui concernent chaque corps en particulier, & pour en soutenir les priviléges.

Chez les artisans il n'y a point de *maîtres & gardes*, ce sont simplement des jurés.

GARDE, *en termes de négoce*. Veut dire *conservation*, *durée* en même état. Les marchandises sujettes à la corruption ne sont pas de *garde*, il faut les vendre le plutôt qu'il est possible. Quand la mode d'une étoffe ou de quelque autre marchandise est passée, la *garde* n'en vaut plus rien; il est à propos de s'en défaire à tel prix que ce soit.

On appelle *garde-boutique*, *garde-magasin*, une étoffe dont la couleur est éteinte, qui est frippée, piquée, tarrée, ou qui n'est plus de mode.

GARDE-MAGASIN. C'est celui qui a le soin des marchandises qui sont dans un magasin.

GARDE, en fait de manufacture d'étoffes. Signifie les morceaux de bois qui sont aux bouts des rots, qui empêchent les broches de s'écarter, & qui servent aux ouvriers tisseurs au même usage que les grosses dents des peignes des métiers des tisserands en toiles, c'est-à-dire, à entretenir les rots qui sont comme les petites dents de ces sortes de peignes.

GARDE. Se dit encore de certaines membrures ou pièces, qui font partie de la balance romaine, autrement peson ou crochet. Dans la composition de cette balance, il y a trois sortes de gardes, la garde du crochet, la garde-forte, & la garde-foible.

GARDES, ou JUGES-GARDES. Il se dit, en termes de monnoies, des officiers qui sont établis dans chaque hôtel où elles se fabriquent, pour veiller à ce que le travail & la fabrication des espèces y soient faits conformément aux ordonnances. Leur institution est ancienne, & remonte même au-delà du neuvième siècle. Ils sont ordinairement deux dans chaque hôtel. Les appels de leurs jugemens se portent à la cour des monnoies.

GARDES DES FOIRES. Ce sont des officiers établis dans les foires pour en conserver les franchises, & juger des contestations en fait de commerce survenues pendant leur durée. On les nomme plus ordinairement juges-conservateurs.

GARDES DE NUIT. Ce sont à Paris de petits officiers de ville, commis par les prévôt des marchands & échevins, pour veiller la nuit sur les ports à la conservation des marchandises qui y ont été mises à terre.

L'article septième du quatrième chapitre de l'ordonnance de la ville, de 1672, oblige les gardes de nuit d'exercer leurs fonctions en personne, & de faire bonne & continuelle garde pour la sûreté des marchandises, à peine d'en répondre en leur propre & privé nom, & d'interdiction de leurs charges; & pour ôter tout prétexte de peu de diligence ou d'infidélité à ces officiers, le même article leur prescrit la discipline suivante.

Chaque jour après l'heure de la vente, les marchandises qui restent à terre sur les ports, leur sont données par compte, si elles peuvent se compter; ou seulement suivant de l'état qu'elles se trouvent, si elles ne sont pas de qualité à être comptées; après néanmoins avoir été reconnues par deux marchands qui ont des marchandises au lieu le plus proche, pour être le lendemain rendues par les gardes, de même qu'elles leur ont été données: en cas de contestation, les deux marchands qui ont fait la reconnoissance en sont crus, & les gardes, sur leur déclaration, condamnés à l'indemnité des propriétaires, au dire d'experts, pour la perte des marchandises arrivée par leur négligence.

Si ce n'est pas simple négligence, mais que les gardes aient abusé de leur ministère, & de la confiance qu'on a en eux, en s'appropriant & appliquant à leur profit quelques-unes des marchandises qui ont été mises à leur garde, les marchands peu-

vent intenter leur action dans les vingt-quatre heures, pour être contre lesdits officiers procédé extraordinairement, après lequel temps les propriétaires n'y sont plus recevables.

GARDE. Terme d'exploitation & de marchandise de bois; les gardes des forêts sont les divers cantons qui en font la division. Ainsi l'on dit qu'une forêt a tant de gardes, pour dire qu'elle est partagée en tant de cantons. La forêt de Fontainebleau, par exemple, est divisée en huit gardes qui ont chacune leurs triages, & chaque triage des gardes préposés pour en conserver les bois & la chasse.

GARDE-VISITEUR. On nomme ainsi à Bordeaux un commis qui accompagne le visiteur d'entrée de mer lorsqu'il va faire ses visites sur les navires & barques qui arrivent dans le port de cette ville, c'est comme son contrôleur.

Les fonctions du garde-visiteur sont :

1°. D'accompagner le visiteur à la visite des vaisseaux & barques; faire mention sur son portatif du nom des navires & de celui des maîtres; du lieu d'où ils viennent; & du nombre & qualité des marchandises.

2°. De donner chaque jour au receveur de la comptablie, un état des vaisseaux & barques visités.

3°. De fournir un pareil état aux receveur & contrôleur du convoi des barques de sel, de leur nom, de celui de leur maître, de leur port & de la quantité & qualité des sels dont elles sont chargées.

4°. De transcrire tous les jours les déclarations qui se font au bureau.

GARER. Se détourner, se ranger. Terme de voiturier par eau. Il se dit principalement des bateaux qui doivent s'arrêter aux gares, ou lieux destinés à se garer, soit pour attendre qu'il y ait place dans les ports où ils doivent arriver & décharger leurs marchandises, soit pour laisser passer sous les arches des ponts & aux pertuis des rivières, les autres bateaux ou voitures d'eau, qui y sont arrivés les premiers.

GARES. Lieux marqués sur les rivières, soit audessus, soit au-dessous des ponts, pertuis & autres passages difficiles, dans lesquels les bateaux doivent s'arrêter & se retirer, pour laisser le passage libre aux premiers venus.

Il est défendu aux maîtres des ponts & pertuis de donner aucune préférence aux voituriers; mais ils sont obligés de les passer suivant le rang de leur arrivée aux gares. Ces officiers sont pareillement tenus d'afficher en un poteau, au lieu le plus éminent des gares, le tarif des droits qui leur sont dûs pour le passage des bateaux.

GARES. L'on appelle aussi de la sorte sur la rivière de Seine, les lieux désignés par les prévôt des marchands & échevins de la ville de Paris, aux marchands & voituriers par eau; pour y arrêter &

tenir leurs bateaux jufqu'à ce qu'il y ait place dans les ports, où il ne leur eſt néanmoins permis d'entrer qu'à leur rang, & ſuivant qu'ils ſont arrivés aux gares.

GARGOUCHE. Sorte de *papier* gris, fait de la même pâte que le papier à patron, mais plus fort.

GARI. Eſpèce de *monnoie* de compte dont on ſe ſert dans pluſieurs endroits des Indes orientales, particulièrement dans les états du Mogol. Un *gari* de roupies vaut environ quatre mille roupies, *Voyez* LA TABLE DES MONNOIES.

GARIBOT. *Voyez* GALIPOT.

GARNI. Se dit dans toutes les ſignifications du verbe garnir, & encore dans quelques autres qui lui ſont propres.

On appelle un *drap bien garni de laine*, un *ſatin bien garni de ſoie*, les étoffes de l'une ou de l'autre de ces matières, où les fabriquans ne les ont point épargnées, ſoit dans la chaîne, ſoit dans la trême. C'eſt la même choſe que ce qu'on nomme *drap laineux*, *étoffe ſoyeuſe*.

Une boutique, un magaſin bien *garnis*, ſont ceux où il y a beaucoup de marchandiſes & des meilleures.

Avoir la bourſe bien *garnie*, c'eſt être bien en argent comptant.

GARNIR. Ajuſter, enjoliver quelque choſe. Ce terme eſt d'un aſſez grand uſage parmi pluſieurs ſortes d'ouvriers & d'artiſans.

Les tapiſſiers appellent *garnir des chaiſes*, *des fauteuils*, *des ſofas*, &c. les rembourer, les remplir de crin ou de bourre entre la toile & les ſangles. En *termes* de fourbiſſeur, *garnir* une épée, c'eſt y mettre la garde & la poignée : *garnir* un chapeau, c'eſt chez les chapeliers y coudre la coëfe : chez les tapiſſiers, *garnir* une tapiſſerie, c'eſt la doubler de toile, ou y mettre ſeulement des bandes. Il ſeroit trop long & aſſez inutile de rapporter toutes les autres applications de ce terme par rapport aux manufactures & aux arts & métiers ; celles-ci qui ſont d'un uſage plus commun, ſuffiſant pour donner l'idée des autres.

GARNITURE. Ce mot s'entend de tout ce qui ſert à garnir & orner quelque choſe. Il ſe dit auſſi de certains aſſortimens de pierreries, de meubles, d'habillemens, de coëfures, &c.

GARNITURE de diamans, de rubis, d'émeraudes, de toutes pierres, &c. C'eſt chez les joyailliers certains aſſortimens de quelques-unes de ces pierreries en particulier, ou de toutes enſemble, dont les hommes garniſſent leurs juſte-au-corps, & les femmes leurs robes & leurs têtes. Les *garnitures* de pierreries pour les habits des hommes ne conſiſtent ordinairement qu'en boutons de juſte-au-corps, en boucles de chapeaux, de manchons & de ſouliers, & en poignées à leurs épées & cannes. Les *garnitures* d'habits de femmes dépendent de la mode ou du goût pour l'arrangement. Les boutons, les attaches, les boucles ſont les pièces les plus ordinai-

res ; mais qui ſe diverſifient de cent manières, ſuivant les modes : les poinçons, les papillons, les enſeignes, les firmamens compoſent leur *garniture* de tête : les boucles & pendans d'oreilles, les carcans de pierreries ſe comprennent auſſi ſous le nom de *garniture*. Les bagues & les colliers de perles n'en ſont pas.

GARNITURE de chambre. Les maîtres tapiſſiers & les frippiers appellent ainſi ce qui meuble une chambre ordinaire, comme la tapiſſerie, le lit, les chaiſes & la table. *Garniture* ſe dit auſſi parmi eux, de ce qui compoſe un lit, comme le matelas, le lit de plume, le traverſin, la couverture, la paillaſſe & les rideaux. Quelquefois encore par le mot de *garniture de lit*, on n'entend que les rideaux, pentes, ſoubaſſemens, bonnes-graces & coutte-pointes, auſſi-bien que les doublures de toutes ces pièces. C'eſt en ce ſens que ce terme eſt employé dans le tarif de 1664.

GARNITURE, chez les marchands du palais. S'entend de certaines touffes ou nœuds de rubans, dont les femmes ſe parent en les mêlant dans leur coëfure, ou dont les hommes ornent leurs habits, ſoit ſur les épaules, ſoit ſur les manches, ou même autour de la ceinture & au bas des chauſſes, quand on eſt en habit de ville.

GARNITURE. C'eſt auſſi chez les marchands de point & dentelle, les diverſes pièces qui compoſent la coëfure des dames. On y comprend pareillement les pièces qu'elles appellent des *tours de gorge* & des *engageantes*. Ces dernières ſont proprement de longues manchettes.

La *garniture de dentelle de point* pour les hommes conſiſte en colets, cravates, en jabots & en manchettes. Les canons en étoient autrefois la principale, mais auſſi la plus incommode partie.

GARNITURE d'épée. C'eſt la garde, le pommeau, la branche & la poignée. *Garniture* de chaiſes, ſofas, &c. c'eſt le crin, la bourre, la toile & les ſangles. *Garniture* de tapiſſerie, c'eſt la toile ou les bandes qui la doublent.

On dit auſſi chez les miroitiers, une *garniture* de toilette, qui comprend tout ce qui compoſe la toilette, comme le miroir, les boëtes, les carrés, les plombs & le tapis dont on couvre le reſte.

Enfin, chez les marchands de porcelaines, brocanteurs & autres, qui font négoce de ces curioſités précieuſes dont on pare les beaux appartemens, une *garniture* de cheminée ſignifie les *pièces de porcelaines* ou autres riches vaſes, qu'ils vendent pour mettre ſur les corniches & tablettes de cheminées.

GAROUILLE. *Drogue* propre à la teinture de la couleur fauve. Elle vient de Provence, de Languedoc & de Rouſſillon. On l'emploie dans la nuance de la couleur gris de rat, où elle réuſſit fort bien ; ſon défaut ſe purgeant dans le foulon, lorſque l'on y fait paſſer les étoffes pour les dégorger.

Cette drogue eſt commune entre les teinturiers du grand teint & ceux du petit teint, qui peuvent s'en servir, les uns dans la teinture des laines fines de mélange, & les autres aux laines grossières & de petit prix.

GARROT. Gros *bâton* un peu court, qui sert à serrer les cordes qui lient & arrêtent les fardeaux, caisses & balles de marchandises sur les charrettes & bêtes de somme.

GARROTER. Se servir du garrot.

GASCHER, en *terme de négoce*, signifie *faire bon marché* de sa marchandise & la donner à vil prix pour faire de l'argent, ou avoir l'honneur de faire de grosses affaires. En ce sens on dit, *je ne fais pas comparaison avec mon voisin, je vends & il gâche.*

GASCHEUR, marchand qui vend à vil prix. *Je n'étrenne pas dans ma boutique, je suis au milieu de deux gâcheurs qui me ruinent.*

GASTEAU. Pâtisserie faite avec du beurre & de la farine, il y en a de plusieurs façons. *Gâteau des rois, gâteau feuilleté, gâteau d'amandes.* Ce sont les pâtissiers qui les vendent à l'exclusion des boulangers.

GASTEAU, en *terme d'agriculture*, sont des pièces de cire que font les abeilles dans leurs ruches, qui sont pleines de petits trous qu'elles remplissent de miel.

GASTEAU, de navette, de lin & autres graines, dont on tire de l'huile par la presse.

GASTEAUX. *Terme de fondeurs* de gros ouvrages. Ce sont les morceaux de cire dont on remplit le creux des moules dans lesquels on veut jetter des statues.

GASTE-PASTE. Celui qui ne sçait pas bien faire de la pâte, ou qui l'emploie mal. Il se dit des mauvaises pâtisseries & des boulangers peu habiles. On dit aussi *gâte-plâtre*, *gâte-bois*, *gâte-cuirs*, &c. pour signifier les *ouvriers* qui façonnent mal toutes ces matières. Ces derniers termes sont peu d'usage.

GASTER LE MÉTIER. Il se dit, en termes de commerce, des marchands & artisans qui donnent leurs marchandises ou leurs ouvrages à trop bon marché; & qui par-là obligeant les autres à les imiter, les empêchent de faire d'aussi grands profits qu'ils voudroient. On appelle dans le même sens un *gâte-métier*, un artisan qui donne sa peine à trop bon marché.

GASTINE. Minéral qui se trouve mêlé avec la mine de fer, & qui en rend la fonte facile.

GAUDE. Plante dont les teinturiers se servent pour teindre en jaune.

Cette plante vient naturellement dans presque toutes les provinces de France; & sur-tout il en croît beaucoup à cinq ou six lieues aux environs de Paris, particulièrement vers Pontoise.

La *gaude* qu'on cultive est néanmoins beaucoup meilleure que celle qui vient sans le secours d'aucune culture. On la seme bien claire dans des terres légères aux mois de mars ou de septembre, & elle se trouve meure dans les mois de juin ou de juillet.

Dans les pays chauds, elle est souvent assez sèche lorsqu'on la recueille; mais dans les pays plus froids, il faut prendre soin de la faire sécher. Il faut observer, & de ne la point cueillir qu'elle ne soit très-meure, & d'empêcher qu'elle ne se mouille quand elle est cueillie. La *gaude* la plus menue & la plus roussette est la meilleure. L'on estime moins celle qui est la plus grande, & qui a un verd terni.

Les celadons, verd de pomme, verd de mer, verd naissant & verd gay doivent être alunés, & ensuite gaudés avec *gaude* ou sarrette, puis passés sur la cuve d'inde. *Voyez le réglement de 1669, & l'instruction pour les teintures.*

GAUDER. Teindre une étoffe avec la gaude. On *gaude* aussi les soies, les laines & les fils.

GAUDIVIS. Toiles de coton blanches qui viennent des Indes d'orient. Elles sont du nombre de celles qu'on nomme *baffetas*, mais étroites & peu fines. *Voyez* BAFFETAS.

GAUDRON, GOUDRON, ou GOULDRON. *Voyez* GOULDRON.

GAVETTES. Sorte d'ouvrage d'argent ou d'argent doré, que font les tireurs & écacheurs d'or & d'argent: elles sont avec les lingots affinés, le batu & le fil d'or & d'argent, du nombre des marchandises qu'il est défendu d'apporter & faire venir en France, des pays étrangers & des principautés enclavées dans le royaume.

GAUFFRE. Rayon de miel qui est encore dans sa cire, ou plutôt la cire qui contient le miel.

GAUFFRÉ, GAUFFRÉE. On nomme *camelots gauffrés, étoffes gauffrées, toiles gauffrées*; les camelots, les étoffes & les toiles sur lesquels on a imprimé avec des fers chauds diverses façons & desseins de fleurs, de ramages & de figures.

RUBAN GAUFFRÉ. Ruban qui a reçu la gauffrure. L'on n'en parle ici que pour conserver la mémoire d'une machine ingénieuse, qui fut inventée à Paris par un maître tissutier-rubanier, pour gauffrer ses rubans.

La mode des *rubans gauffrés* ayant commencé à s'établir vers l'an 1680, & la nouveauté leur donnant un grand cours, un nommé Chandelier, lassé d'être obligé de *gauffrer ses rubans*, en y appliquant successivement, comme ses confrères, plusieurs plaques d'acier gravées de divers ornemens de fleurs, d'oiseaux & de grotesques, ainsi qu'il se pratique pour la gauffrure des étoffes, imagina une espèce de laminoir assez semblable à celui dont on se sert à la monnoie, pour applatir les lames des métaux, mais beaucoup plus simple.

Deux cylindres d'acier en faisoient les principales pièces: ces cylindres sur lesquels étoient gravées les figures dont il vouloit imprimer son ouvrage, étoient posés l'un dessus l'autre entre deux autres pièces de fer plat d'un pied & demi de hauteur, placées perpendiculairement, & attachées sur une espèce de banc de bois très-fort & très-pesant, qui soutenoit toute la machine.

Chaque cylindre qui tournoit sur ses tourillons,

avoit à l'une de ſes extrémités, tous deux du même côté, une roue à dents, qui s'engrainant l'une dans l'autre, ſe communiquoient le mouvement par le moyen d'une forte manivelle attachée à l'une des deux.

Cette machine ainſi préparée, lorſque l'ouvrier vouloit s'en ſervir, il mettoit au feu ſes cylindres, pour leur donner la chaleur convenable; & plaçant enſuite ſon ruban dans le peu d'eſpace qui reſtoit entr'eux, qu'il reſſerroit encore par le moyen d'une vis qui preſſoit celui de deſſus, il tiroit le ruban de l'autre côté; & faiſant tourner les cylindres avec la manivelle, une pièce entière de ruban recevoit la gauffrure en moins de temps que les ouvriers n'en employoient pour une ſeule aune.

Le génie & l'invention de ce rubanier, eurent leur récompenſe : les *rubans gauffrés* firent ſa fortune, & il ſe vit bientôt en état d'acheter une charge, & de marier une fille aſſez richement.

GAUFFRER. Action par laquelle on imprime ſur les rubans, les velours, les ſatins, les camelots & autres étoffes, certaines figures ou façons avec des fers à *gauffrer*.

FERS A GAUFFRER. Ce ſont des *fers* diverſement gravés, avec leſquels ſe fait la gauffrure des étoffes & des rubans.

GAUFFREUR. Ouvrier qui travaille à gauffrer les camelots & autres étoffes.

A Paris les *gauffreurs* ſont auſſi appellés par leurs lettres de maîtriſe, *maîtres découpeurs égratigneurs*; parce qu'outre la gauffrure, ils ſe mêlent de découper, piquer & moucheter les taffetas, les ſatins & autres étoffes avec des fers ou inſtrumens deſtinés à cet uſage. Ce ſont auſſi eux qui font les mouches dont la plupart des femmes aiment tant à ſe charger le viſage.

GAVITEAU, (*Terme de marine*). On s'en ſert ſur la Méditerranée, pour ſignifier ce qu'on appelle une *bouée* ſur l'Océan.

GAUS. Sorte de *tambours* de cuivre, qui ſe font à la Chine : ils entrent dans les cargaiſons des vaiſſeaux qui vont de Canton à Siam.

GAUTE. Eſpèce de boiſſon dont les Maures ſe ſervent en quelques endroits des côtes de Barbarie, particulièrement les Auleddalis, tribus de Maures qui ne ſont pas éloignées du Baſtion de France.

Il faut 30 *gautes* pour faire une meſure qui eſt d'un cinquième plus grande que celle de Gènes.

GAUZA. *Monnoie* de cuivre & d'étain, qui a cours dans le royaume de Pegù : malgré le mauvais aloi de cette monnoie, on n'a point d'autre pour payer l'or, l'argent & autres précieuſes marchandiſes. *Voyez* LA TABLE DES MONNOIES.

GAY. On nomme ainſi le *hareng* qui n'a ni laitte, ni œufs.

GAYAC. GAYACAN, BOIS SAINT, BOIS INDIEN, LIGNO SANTO, LIGNUM SANCTUM, GAYACUM. Ce ſont tous les noms Latins, François & Eſpagnols que l'on donne à un bois qui ſert en France à plu-

ſieurs ouvrages de tour & de marqueterie; mais qui y eſt encore plus connu à cauſe de l'uſage qu'il a dans la médecine pour la guériſon des maladies vénériennes.

Le *gayac* croît également dans les Indes orientales & dans les occidentales : le bois de *gayac* de l'Amérique, vient en groſſes & longues buches, dont il y en a qui pèſent juſques à cinq cens livres, ce qui le diſtingue de celui d'Orient.

L'écorce de *gayac* n'eſt pas moins ſouveraine que le bois même : il faut la choiſir unie, peſante, difficile à rompre, griſe par deſſus, blancheâtre au dedans, d'un goût amer & aſſez déſagréable.

A l'égard du bois, quand on veut l'employer en remèdes & en faire des décoctions ou ptiſannes ſudorifiques; il faut en ôter le blanc qui en eſt proprement l'obier, & n'en faire hacher ou raper que la ſubſtance la plus dure & la plus ſolide qui eſt noire, peſante & fort réſineuſe.

GAYAC. C'eſt encore une *gomme* qu'on apporte des Indes en gros morceaux : elle eſt ſi ſemblable à l'arcançon, qu'il ſeroit impoſſible de les diſtinguer ſans leur odeur qu'ils ont bien différente; l'arcançon jetté ſur les charbons ardens ſentant la térébenthine, & la *gomme de gayac* exhalant une odeur agréable & balſamique.

GAZANA, ou GASAVA. *Monnoie* d'argent des Indes orientales; c'eſt une des roupies qui ont cours dans les états du grand Mogol, particulièrement à Amadabath : elle vaut 30 ſ. monnoie de France.

GAZE. Petite *monnoie* de cuivre qui ſe fabrique & qui a cours en Perſe; elle vaut environ deux liards de France. *Voyez* LA TABLE DES MONNOIES.

GAZE. Etoffe de ſoie, très-claire & très-légère : il y a auſſi des *gazes* de pur fil; les unes & les autres ſont ou unies, ou brochées, ou rayées, & ſervent ordinairement aux ornemens & habillemens des femmes.

L'on n'emploie aux *gazes* que des ſoies Sina, & ſeulement du Clochepied. Ces termes ſont expliqués à l'article des *ſoies*.

Les *gazes*, ſuivant le réglement de 1667, doivent être tant en chaîne qu'en trême de bonne & pure ſoie, à peine de confiſcation & de 24 livres d'amende.

Il vient des Indes des *gazes* à fleurs or & argent, ſur un fond de ſoie; les pièces portent ordinairement dix-neuf à vingt aunes de long. Il en vient auſſi de la Chine, parmi leſquelles il s'en trouve de gauffrées; leur longueur & largeur ſont de onze aunes ſur deux tiers.

GAZETIER. Se dit également de l'ouvrier qui fabrique la gaze & du marchand qui la vend; on dit plus ordinairement *gazier*.

GÉ

GÉ ou JÉ. Meſure de longueur dont on ſe ſert dans les états du grand Mogol. Ce n'eſt pas une meſure réelle, mais pour ainſi dire, une meſure de compte, le *gé* revient à 34 aunes ½ de Hollande. *Voyez* LA TABLE DES MESURES.

GEAILOYE. Sorte de *mesure* pour les liquides, dont on se sert dans quelques provinces de France : elle est différente suivant les coutumes des lieux. La plus grande contient seize pintes, la moyenne douze, & la petite huit.

GEAIS. Sorte de *pierre* précieuse. *Voyez* JAIS *ou* JAIET.

GEDENG. *Mesure* dont les Indiens se servent pour mesurer leurs grains ; elle tient environ quatre livres pesant de poivre, la livre prise sur le pied de seize onces. *Voyez* LA TABLE DES MESURES.

GEINBRIEL. *Lacque geinbriel*, c'est une des sortes de lacques qui vient à Smyrne.

GELAN. *Drogue* qu'on trouve employée dans l'instruction dressée pour l'exécution de l'arrêt de 1685 : elle est du nombre des drogues & marchandises venant du Levant, sur lesquelles il est ordonné de lever vingt pour cent de leur valeur, dans les cas portés par cet arrêt.

GELÉE. Sorte de confiture transparente qui n'est autre chose que du jus ou suc de fruit cuit avec le sucre, congelé en se refroidissant. La belle *gelée* de pommes vient de Rouen ; Tours est en réputation pour sa *gelée* de groseilles.

GEMME. On appelle *sel-gemme* le sel en pierre qui se tire des salines & mines de sel. Ce mot vient de *gemma* qui signifie en latin *pierre précieuse*, parce que cette espèce de sel en pierre est pour l'ordinaire transparente & brillante comme le cristal de roche qu'on met du nombre des pierres précieuses.

Les mines, où se trouve la plus grande quantité & la meilleure espèce de *sel-gemme*, sont celles de Wilisca en Pologne, d'Eperies dans la haute Hongrie, & de Cardonne dans la principauté de Catalogne.

Le plus grand usage de sel est pour les salaisons dans les lieux où il n'y a point de sel marin, ou de celui des puits & fontaines salées. Les teinturiers en consomment aussi quelque quantité dans leurs teintures ; ce sont les marchands épiciers-droguistes qui en font le trafic à Paris.

GENDASSE. Espèce de gravelée dont les teinturiers se servent.

GENEQUIN. On nomme *coton genequin* une sorte de coton filé que les marchands estiment peu, n'étant pas d'un grand débit.

GÉNÉRAL CONTO. Terme partie François & partie Italien, qui est de quelque usage parmi les négocians de France, qui avoisinent l'Italie. Il signifie *compte général*.

GÈNES. (Commerce de) *Voyez* ITALIE.

GENÈVE. (Commerce de) *Voyez* SUISSE.

GENEST DES TEINTURIERS. On nomme quelquefois ainsi cette herbe propre à la teinture, qu'on nomme plus ordinairement *genestrole*.

GENESTROLE. Herbe qui vient sans culture dans plusieurs endroits de France, dont les teintu-

riers se servent pour teindre en jaune, les étoffes de peu de conséquence. On la nomme autrement *herbe de pâturage*.

Cette herbe ne se peut garder que quand elle a été cueillie en maturité : si l'on veut s'en servir aussi-tôt après l'avoir cueillie, il n'importe pas qu'elle soit si meure. Elle est assez semblable au genest ordinaire, d'où vient qu'on l'appelle aussi *genest des teinturiers ;* ses verges néanmoins sont plus minces & plus courtes, aussi-bien que ses feuilles, ses fleurs & ses gousses.

GENETIN. Sorte de vin blanc qui vient d'Orléans.

GENÈVE, ville enclavée dans la Savoye, & très-considérable par son antiquité, par sa situation avantageuse, par le nombre de ses habitans, & par son grand commerce.

GENÈVRE, ou GENIÉVRE. Arbre qui rend par incision une espèce de gomme blanche que l'on nomme *sandaraque* ou *sandarec*.

Il y a deux espèces de *genèvre ;* l'un qu'on appelle le *grand genèvre*, & l'autre le *petit genèvre ;* ce dernier est le moins rare.

GENISSE ou TAURE. Jeune vache qui n'a point encore été présentée au taureau.

GENNOISE, qu'on nomme aussi *croisat*. Monnoie qui a cours à Gênes, à Genève & dans quelques autres lieux d'Italie. *Voyez* LA TABLE DES MONNOIES.

GENTES, ou JANTES. *Pièces de bois d'orme* un peu courbées, dont on se sert à faire le cercle des roues de carosses, de charrettes & autres voitures roulantes. C'est un des principaux bois de charonnage.

GENTIANE. Racine médicinale qui porte le nom de la plante qu'elle produit. Les anciens pour la rendre plus considérable lui ont donné le nom de *Gentius* roi d'Illyrie, qu'ils prétendent avoir le premier fait l'expérience des qualités admirables qu'on lui attribue.

La *gentiane* aime les lieux humides, elle croît abondamment en Bourgogne, & l'on en trouve aussi en quelques endroits des Pyrénées & des Alpes. Elle doit être choisie de moyenne grosseur, nouvelle, bien séche, peu garnie de petites racines, bien nette de la terre qui y est ordinairement attachée, & s'il se peut séchée à l'air ; ce qui se reconnoît à la couleur, étant noirâtre en dedans quand elle a passé au four, & d'un jaune doré quand elle n'y a pas été mise.

GERMANDRÉE. *Plante* médecinale qui croît dans les lieux incultes, pierreux & montagneux. Cette plante est du ressort du négoce des herboristes.

GÉROFLE. *Fruit aromatique* qui vient des grandes Indes, & qui fait une partie du commerce des Hollandois.

GEROUIN. C'est le nom que l'on donne au Caire à une espèce de quintal le plus pesant de tous ceux dont on se sert pour peser les marchandises d'un grand volume & d'un grand poids. Le quintal *gérouin* est de 217 rotols du Caire, dont les 110 font 108 liv. de Marseille. *Voyez* LA TABLE DES MONNOIES.

G H

GHAN. C'est ainsi qu'on nomme en Moscovie ce qu'on appelle *caravansera* dans tout l'Orient.

GHILAMS. *Étoffes de soie* qui se font à la Chine, elles sont propres pour le négoce du Japon; & celles qui se font dans la province de Nanquin, se vendent par assortiment pour y être envoyées : les Hollandois en fournissent beaucoup aux Japonnois & font dessus un grand profit. Ces étoffes se vendent aussi par assortiment pour l'usage du pays.

G I

GILLE. Espèce de grand épervier. Sorte de filet à prendre du poisson : il a près du double de l'épervier commun, & porte huit cent mailles & autant de plombs de circonférence. Sa hauteur lorsqu'il est plié est de plus de quinze pieds; il se jette à trois personnes, une qui est aux environs du bateau à pêcher, & deux qui le jettent. On ne s'en sert qu'en hyver & à rivière haute. Il est défendu encore plus sévèrement que l'épervier, à cause qu'il dépoissonne les rivières.

GINGEMBRE. Espèce de drogue, qui réduite en poudre s'appelle *épice blanche* & *petite épice*, & sert à composer ce qu'on nomme vulgairement les *quatre épices*.

Le *gingembre* vient originairement des grandes Indes; mais depuis qu'on l'a transplanté dans les isles Antilles, il y a si bien réussi & y est tellement multiplié, que presque tout ce qu'on voit de cette drogue en France vient de ces isles, n'en venant plus que très-peu d'Orient.

L'on vend à Amsterdam de trois sortes de *gingembre*, du blanc, du bleu & du *gingembre* confit.

GINGEOLE. Sorte de fruit que produit l'arbre appelé *gingeolier* ou *jujubier*.

GINGIRAS. *Étoffe de soie* fabriquée aux Indes; sa longueur est de neuf aunes & demie, & sa largeur de deux tiers.

GINGUET. Petit vin qui n'a ni force ni agrément. Quelques-uns croient trouver dans le mot de *ginguet*, l'étimologie de celui de *gainguette*, nom nouveau que le peuple de Paris a donné depuis le commencement du dix-huitième siècle, à de petits cabarets établis au-delà des fauxbourgs de la ville.

GIN-SENG. Plante admirable, jusqu'à présent peu connue en Europe. Quelques-uns l'appellent *zin-seng*.

GIRASOL. Pierre précieuse qui approche un peu de l'opale, & que pour cela on appelle *fausse opale*. Les anciens la nommoient *astérie*, & l'estimoient beaucoup; elle est bien diminuée de prix, soit parce que le goût est changé, soit parce que le *girasol* n'est plus si rare. Cette pierre se tire des mêmes mines : du moins Boece de Boot qui a fait un traité des pierres précieuses assez estimé, assure-t-il qu'il a tiré des *girasols*, des mères opales.

GIRIB. C'est la seule mesure géométrique des Persans; elle contient mille soixante & six gueuses ou aunes persanes quarrées, à prendre la gueuse à trente-cinq pouces de long mesure de Paris, ou pour l'évaluer plus régulièrement, à deux pieds dix pouces onze lignes : le *girib* ne sert qu'à mesurer les terres. *Voyez* LA TABLE DES POIDS & MESURES.

GIRO, ou AGITO. Poids dont on se sert dans le royaume de Pegu : le *giro* pèse 25 teccalis dont les cent font quarante onces de Venise. *Voyez* LA TABLE DES POIDS & MESURES.

GIROFLE, que quelques-uns appellent *gérofle*. C'est un fruit aromatique que porte un arbre du même nom, qu'on nomme aussi assez souvent *giroflier*.

Il faut choisir le *girofle*, bien nourri, sec, facile à casser, piquant les doigts quand on le manie; d'un rouge tanné, garni s'il se peut de son fust, d'un goût chaud & aromatique; & d'une odeur agréable; & rejetter au contraire les clous qui sont maigres, noirâtres, molasses & presque sans goût & sans odeur. Le principal usage du clou de *girofle* est pour l'apprêt des viandes & ragoûts.

Les fruits du *girofle* qui échappent à l'exactitude de ceux qui en font la récolte, grossissent sur l'arbre & se remplissent d'une espèce de gomme, c'est ce qu'on appelle *antolfe de girofle*.

L'huile de *girofle* se tire par la distillation; étant nouvelle, elle est d'un blanc doré qui rougit en vieillissant : il faut la choisir grasse, nageant sur l'eau, forte & pénétrante, & qui ait bien conservé l'odeur & la saveur du *girofle*. Elle est facile à sofistiquer, & la tromperie difficile à découvrir; ce qui doit faire prendre garde à l'acheter de bonne main. On s'en sert en médecine, & on la croit souveraine pour les maux de dents; mais sur-tout elle est d'un grand usage parmi les parfumeurs.

Il se vend beaucoup de *girofle* en poudre; mais comme il est fort aisé de le mélanger de mauvaises drogues; il faut avoir la même précaution que pour l'huile. On entre du *girofle* en poudre dans la composition des quatre épices dont les pâtissiers font une très-grande consommation.

G L

GLACE. Liqueur fixée & durcie par le froid : il se dit particulièrement de l'eau.

L'usage de la *glace* pour rafraîchir les boissons est commun & utile dans les provinces les plus méridionales de la France, particulièrement en Provence & en Languedoc. Elle y est affermée, & les intendans de ces généralités ont soin que le peuple en ait à un prix très-modique, l'expérience ayant fait connoître que les maladies populaires font bien plus communes dans les années où l'on manque de *glace* que dans les autres.

Le commerce de la *glace* avoit toujours été libre à Paris avant la fin du dix-septiéme siécle ; mais la grande quantité qui s'y en consomme tous les ans ayant fait croire que l'état trouveroit une reffource confidérable dans l'épuifement des finances, fi l'on chargeoit la *glace* de quelque impôt, elle fut mife en parti, & des traitans offrirent d'en fournir la ville à un prix fixé par une déclaration du roi & enfuite par plufieurs arrêts du confeil; bel exemple de monopole !

L'expérience de quelques années ayant fait connoître aux dépens du traitant que le prix exceffif de la *glace* en diminuoit la confommation, la liberté de ce négoce fut rétablie, & il eft permis préfentement à Paris d'en remplir des glaciéres & d'en faire la diftribution de la même maniére que de toutes les autres denrées utiles à la vie ; le prix de la *glace* baiffe ou augmente fuivant l'abondance ou la rareté qu'il y en a.

Ce font les limonadiers, fayanciers, caffetiers & autres tels marchands qui font le commerce des liqueurs en détail, qui ont auffi le plus de part à celui de la *glace*, ayant coutume, pour la plupart, d'en faire remplir toutes les années plufieurs glaciéres, autant pour leur propre ufage que pour la débiter en détail. La *glace* fe vend à la livre.

GLACE. *En terme de verrerie*, fignifie une *fuperficie* unie, polie & très-tranfparente, qui eft faite ordinairement du plus beau verre qui fe fonde & qui fe fabrique chez les verriers.

GLACE. Parmi les miroitiers eft cette même *glace* mife au tain, qui en cet état pouvant rendre les objets qu'on lui préfente, eft montée en diverfes fortes de miroirs; tels que font les grands miroirs de chambre, les *glaces* de cheminées, les trumeaux, les miroirs de toilettes & les miroirs de poche.

A l'égard des *glaces* fans tain elles fervent aux caroffes, aux berlines, aux chaifes roulantes & aux chaifes à porteur : on en met auffi fur des tableaux de paftel ou de miniature, & quelquefois par une magnificence extraordinaire, mais qui n'appartient qu'aux grands princes, on en fait des vitrages aux plus beaux palais; ainfi qu'on le peut voir dans celui de Verfailles, particuliérement au-deffus du grand efcalier, & encore avec plus de beauté & de dépenfe dans la chapelle qui a été le dernier & le plus bel ouvrage dont Louis le Grand ait embelli ce fuperbe édifice.

Les plus belles *glaces* & celles du plus grand volume ont long-temps été les *glaces* de Venife : elles fe faifoient & fe font encore à Mourant village affez près de cette grande ville, de laquelle elles ont néanmoins emprunté leur nom comme d'un lieu plus célèbre & plus connu que Mourant.

L'on ne fe fert plus du tout en France de *glaces* de Venife, elles y ont été mifes au nombre des marchandifes de contrebande pour l'entrée, depuis qu'on a fait à Cherbourg des *glaces* fouflées plus grandes & plus belles que celles d'Italie.

Ce qui a achevé de les décrier & d'en faire tomber entièrement le commerce, non-feulement dans le royaume, mais encore dans les pays étrangers, a été l'invention des *glaces* de grand volume qui jufques à préfent n'a point encore été bien imitée ailleurs.

On parlera dans la fuite de cet article de la fabrication des *glaces* fouflées & de celle des *glaces* coulées, de leur poliment, de la maniére de les mettre au tain, & du commerce qui s'en fait tant au dedans qu'au dehors du royaume, après qu'on aura dit quelque chofe de l'établiffement des deux manufactures de *glaces* en France & de l'union qui en a été faite dans la fuite.

Établiffement de la manufacture des glaces en France.

Avant l'année 1665 il n'y avoit point en France de *manufactures de glaces* à miroir : ce fut M. Colbert qui le premier conçut le deffein d'y en établir une, & le fieur Nicolas du Noyer qui fut le premier entrepreneur de celle que ce miniftre y établit.

Les lettres patentes pour cet établiffement font du mois d'octobre 1665, enregiftrées au parlement, chambre des comptes & cour des aides, les 12 janvier & 23 mars 1666.

Par ces lettres, fa majefté permet audit fieur du Noyer, 1°. d'établir dans les fauxbourgs de Paris, ou en tels autres endroits du royaume qui feroient trouvés plus commodes, une ou plufieurs verreries pour y fabriquer des *glaces* à miroirs des mêmes & diverfes grandeurs, netteté & perfection que celles qui fe fabriquent à Mourant près la ville de Venife, & ce par les ouvriers Vénitiens qui étoient déja en France, ou qui y viendroient par la fuite.

2°. Sa majefté lui accorde un privilege exclufif pour la fabrique defdits ouvrages pendant le temps de vingt années.

3°. La permiffion d'affocier à ladite manufacture telles perfonnes que bon lui fembleroit, foit eccléfiaftiques, nobles, ou autres, fans que ledit du Noyer & fes affociés puiffent être cenfés & réputés avoir dérogé à nobleffe pour raifon de ladite fociété.

4°. La faculté de prendre par tout le royaume les matières propres pour la fabrique defdites *glaces*, en payant le prix d'icelles aux propriétaires de gré à gré, ou par l'eftimation qui en feroit faite par les plus prochains juges, ou même de faire venir lefdites matières des pays étrangers.

5°. L'exemption de tous droits pour les *glaces* fabriquées dans lefdites manufactures qui feroient vendues & débitées dans le royaume ; & quant à celles qui pafferoient à l'étranger, qu'elles paieroient feulement le tiers des droits que payoient le les *glaces* de Venise, à la charge que les caisses seroient marquées d'une marque qui seroit donnée audit du Noyer, par le sur-intendant des bâtimens, arts & manufactures de France, laquelle ne pourroit être contrefaite, à peine de faux & d'amende.

6°. Que les ouvriers Vénitiens & autres étrangers, qui auroient travaillé pendant huit années dans lesdites manufactures, seroient censés & réputés François & Regnicoles, & jouiroient de tous les droits & prérogatives attachés à cette qualité, à la charge néanmoins qu'ils continueroient de demeurer dans le royaume, & de travailler auxdits ouvrages.

7°. Que ledit entrepreneur & ses ouvriers jouiroient du droit de committimus; & que ces derniers, soit François, soit étrangers, seroient exempts de toutes tailles & impositions, garde de ville, logemens de gens de guerre, tutelle, curatelle, &c. tant & si long-tems qu'ils seroient employés au fait de ladite manufacture, & dans les bureaux & magasins d'icelle.

8°. Qu'il seroit permis audit entrepreneur de faire mettre aux principales portes des maisons, magasins & bureaux servant à ladite manufacture, un tableau des armes de sa majesté, avec cette inscription, *manufacture royale des glaces*, & d'avoir des portiers vêtus de la livrée du roi.

9°. Enfin, pour parvenir plus aisément audit établissement, & fournir aux frais des bâtimens, fourneaux, outils & matières nécessaires, sa Majesté ordonne qu'il sera fait une avance audit du Noyer, de la somme de 12000 liv. pour quatre années sans aucun intérêt.

Le sieur du Noyer, en conséquence de la permission qui lui en avoit été accordée par lesdites Lettres patentes, associa à son privilège les sieurs Ranchin, Pecot de Saint-Maurice, & Poquelin : ce fut ce dernier qui avoit fait jusques-là un grand commerce de points & de glaces de Venise, & qui pour cette raison y avoit de grandes relations, qui trouva le moyen d'attirer des ouvriers Vénitiens qui vinrent à Paris, où après quelque temps les ouvriers François qui travaillèrent d'abord sous eux, se perfectionnèrent de telle manière, que les *glaces* soufflées de France, devinrent infiniment plus belles que celles de Venise.

Les associés en cette manufacture firent leur premier établissement en basse Normandie, au village de Tourlaville près Cherbourg, à cause de la forêt de Brie où les bois de haute futaie très-beaux & à la portée de l'établissement, ne se vendoient alors que cent livres l'arpent.

Le privilège du sieur du Noyer étant prêt d'expirer, & un de ses principaux associés (le sieur Poquelin), qui étoit regardé comme l'ame de cette manufacture, étant mort en 1682, M. de Louvois, qui avoit succédé à M. Colbert dans la charge de sur-intendant des bâtimens, arts & manufactures, crut à propos, pour soutenir un établissement si utile, de faire continuer à cette compagnie son premier

privilége, pour trente autres années à commencer au premier janvier 1684.

Les lettres patentes en furent expédiées au mois de décembre 1683, sous le nom de *Pierre de Bagneux*, pour jouir pendant ledit temps de tous les priviléges accordés par les premières lettres, avec défense à toute sorte de personnes, de le troubler dans la fabrication des *glaces* à miroirs, à peine de trois mille livres d'amende, & de tous dommages & intérêts; sa majesté défendant au surplus à tous marchands miroitiers, ou autres, d'en faire venir de Venise, ni de vendre & débiter dans le royaume aucunes *glaces* de fabriques étrangères, & confirmant les arrêts du 19 avril 1666, 23 mars 1671, & 6 septembre 1672, & autres donnés en conséquence, concernant ladite manufacture.

La nouvelle compagnie fut composée des mêmes associés, qui avoient fait le premier établissement & même la veuve du sieur Poquelin y laissa le fonds que son mari y avoit mis.

Il y avoit environ cinq ans que les associés à la manufacture des *glaces* soufflées avoient obtenu la continuation de leur privilége, lorsque le sieur Abraham Thevart proposa à la cour une nouvelle fabrique de *glaces*, dont jusques alors on n'avoit point entendu parler en Europe.

Ces *glaces* devoient se couler à la manière du plomb que les plombiers réduisent en tables, & cette nouvelle invention non-seulement donna la facilité d'en faire du double de la grandeur & du volume de celles qui se soufloient à la manière de Venise; mais encore de fondre toutes sortes de bandes & bordures de miroirs, de corniches, de chambranles, de mouleures, & autres tels ouvrages d'architecture de cristal.

Les propositions du sieur Thevart ayant été examinées au conseil du roi, & ensuite acceptées, sa majesté lui accorda par ses lettres patentes un privilége exclusif pour trente années, de faire fondre & fabriquer en quelque lieu du royaume qu'il voudroit s'établir, des *glaces* de soixante pouces de haut, sur quarante pouces de large, & de toutes autres hauteurs & largeurs au dessus, sans néanmoins en pouvoir faire au-dessous desdits volumes qui resteroient pour le partage de l'ancienne compagnie de Bagneux, avec pareilles défenses audit Bagneux & à toutes autres personnes de faire aucune *glace* des grandeurs réservées pour la manufacture de Thevart, ni de se servir de ses instrumens, machines & ouvriers, comme ledit Thevart ne pouvoit non plus employer ceux de Bagneux.

Par les mêmes lettres, le nouvel entrepreneur est obligé de fournir tous les trois mois au sur-intendant des bâtimens, un inventaire des machines propres à la fabrique des *glaces* coulées & des principales pièces qui les composent. Enfin tous les arrêts, priviléges, droits & prérogatives accordés à l'ancienne manufacture & à ses entrepreneurs & ouvriers, sont pareillement confirmés à celle de Thevart, particulièrement ceux pour la non dérogeance à noblesse pour lui & ses associés, & l'interdiction de tout commerce de *glaces* étrangères par les marchands miroitiers & autres sujets de sa majesté.

Ces lettres patentes sont du 14 décembre 1688, mais seulement enregistrées au parlement le 26 mai 1694, & à la cour des aides, le 19 juin 1693. Cette manufacture fut d'abord établie à Paris, & les ouvriers s'y étoient tellement perfectionnés, qu'ils étoient déja parvenus à faire des *glaces* de quatre-vingt-quatre pouces de haut, sur cinquante de large; mais parce que les frais y étoient très-considérables, particulièrement pour la grande consommation de bois qui est très-cher dans cette capitale, les entrepreneurs l'avoient depuis transféré à Saint-Gobin, ancien château près de la Fere, que la proximité d'une grande forêt & de la rivière d'Oyse qui descend à Paris, rendoit plus commode pour l'exécution de la fabrique & pour l'épargne de la dépense.

Ce changement ayant fait appréhender au sieur Thevart & à sa compagnie, qu'on ne les inquiétât sur divers privilèges & exemptions qui leur avoient été accordés, mais qui n'étoient pas suffisamment expliqués dans les lettres-patentes, ils sollicitèrent & obtinrent un arrêt du conseil du mois de février 1695, en forme de lettres-patentes, par lequel tous lesdits privilèges & exemptions, après avoir été énoncés en détail, leur sont de nouveau confirmés.

Il sembloit que les deux manufactures de *glaces* ayant un objet si différent, l'une ne devant faire que des *glaces* soufflées au-dessous de soixante pouces, & l'autre seulement des *glaces* coulées au-dessus de cette grandeur, elles ne devoient se porter aucun préjudice l'une à l'autre; mais l'expérience ayant fait reconnoître le contraire, sa majesté jugea à propos d'en faire la réunion; ce qui fut exécuté par un arrêt du conseil, du 19 avril 1695, & des lettres-patentes du premier mai ensuivant.

Par cet arrêt & les lettres données en conséquence, les privilèges des deux compagnies ayant été révoqués pour le temps qu'il en restoit à expirer, sa majesté déclare qu'à l'avenir, à commencer du premier mai, il n'y auroit plus qu'une seule & unique manufacture de *glaces* sous le nom de *François Plastrier*, qui seroit régie par ceux des anciens & nouveaux intéressés ou autres qui seroient nommés par sadite majesté, sans que néanmoins les uns & les autres pussent être tenus des dettes contractées pour chacune desdites manufactures.

Le privilège accordé à la compagnie de Plastrier est de trente années, sa majesté lui confirmant au surplus tous les droits, exemptions & prérogatives accordées aux deux premières manufactures.

Dans la même année 1695, les intéressés à la nouvelle compagnie, obtinrent encore un arrêt du conseil & des lettres-patentes, du 15 octobre, en interprétation de l'arrêt & des lettres de leur réunion. C'est par cet arrêt en interprétation, & les lettres données en conséquence, que sa majesté fai-

sant droit sur l'opposition des six corps des marchands de Paris, sur celle des marchands miroitiers-lunetiers de la même ville, & encore sur celle de la plupart des maîtres des verreries du royaume, regle ce qui convient au commerce des uns & des autres par rapport à celui des *glaces*, & au dernier privilège exclusif accordé à la compagnie par les lettres du mois de mai 1695.

Il arriva néanmoins de ce privilège exclusif comme de tous les autres, après avoir sacrifié la liberté naturelle des artistes & des consommateurs à l'avidité de quelques protégés; on vit crouler la société privilégiée.

La protection de la cour tant de fois renouvellée à la compagnie des *glaces* n'ayant pû encore la soutenir, en sorte même qu'elle avoit été obligée en 1702, d'éteindre une partie de ses fours, & d'obtenir un arrêt de surséance pour le paiement de ses dettes pendant deux ans, son privilège fut de nouveau révoqué, & un autre de trente années accordé à une nouvelle compagnie, sous le nom d'Antoine d'Agincourt, au mois d'octobre 1702. C'est celle qui subsiste à présent, son privilège exclusif ayant été renouvellé à l'expiration. Quand il ne subsistera plus, l'émulation pourra perfectionner l'art de fondre le verre & faire diminuer le prix des *glaces*.

Commerce des glaces.

Le *commerce des glaces* est très-considérable en France. Paris en consomme une grande quantité dans l'ornement des belles maisons, ou plutôt des superbes palais qui s'y bâtissent depuis un demi siècle; & l'on en envoie aussi un grand nombre dans les pays étrangers, même jusqu'aux Indes & à la Chine.

En fait *de commerce de glaces* en blanc, on ne parle que par pouces & par lignes de largeur & de hauteur. Les lignes néanmoins ne se comptent que dans les *glaces* de numéro, c'est-à-dire, les plus petites; celles depuis quatorze pouces de hauteur sur douze de largeur n'entrant plus dans le détail des lignes.

Les *glaces* de numéro sont au nombre de huit.

Nº. 8, qui n'ont que six pouces six lignes de hauteur sur quatre pouces neuf lignes de largeur.

Nº. 10, sept pouces trois lignes sur cinq pouces.

Nº. 12, sept pouces dix lignes sur cinq pouces dix lignes.

Nº. 17, huit pouces sept lignes sur six pouces huit lignes.

Nº. 20, neuf pouces cinq lignes sur sept pouces quatre lignes.

Nº. 30, dix pouces quatre lignes sur huit pouces sept lignes.

Nº. 40, onze pouces six lignes sur neuf pouces six lignes.

Nº. 50, douze pouces six lignes sur dix pouces six lignes.

Au-delà de ce numéro, commencent ce qu'on appelle les *glaces de volume reglés*, qui montent régulièrement depuis quatorze pouces de haut sur douze de large, jusqu'à cent pouces aussi de hauteur & soixante de largeur. Ces dernières se vendent 3,000 liv. pièce ; les autres baissant toujours de prix jusqu'aux quatorze pouces, qui ne valent que six livres quatre sols.

Il y a aussi une grande quantité de *glaces* qu'on nomme de *volume irrégulier*, dans le détail desquelles il n'est pas possible d'entrer ; & sur quoi l'on peut consulter, aussi-bien que pour les différens prix des régulières, le tarif que les intéressés à la compagnie des *glaces* de France ont fait imprimer pour leur propre commodité, & pour celle du public.

GLACE. Se dit de certains défauts qui se rencontrent dans les diamants, pour avoir été tirés avec trop de violence des veines de la mine. Quand les *glaces* sont trop considérables dans les diamants, on est obligé de les scier, ou de les cliver.

GLACÉ. Ce qui est poli, brillant & lustré comme une glace. Un taffetas *glacé*, un ruban *glacé*. On glace les rubans & les taffetas en leur donnant la gomme ou le lustre un peu plus fort.

On appelle à Amiens *étamines glacées* ou de *soie glacée*, de petites étoffes de demi-aune de large, dont la chaîne est de double soie, & la trême de laine naturelle & non teinte. La longueur des pièces doit être de trente-deux aunes.

GLACÉ, *en termes de confiseur*. Se dit des confitures sèches que l'on couvre d'un sucre candi & luisant. Des confitures *glacées*.

GLACEUX. Il se dit des pierreries qui ont des glaces.

GLAND. C'est le fruit & la semence tout ensemble de l'arbre appelé *chêne*. Ce fruit est en forme de noisette longue & lisse ; (il y a néanmoins des *glands* ronds :) les uns & les autres sont couverts du côté de la queue, d'une espèce de demi-coque en gobelet, & renferment en dedans une substance blanche, solide & amère. L'on dit que les premiers hommes vivoient de *gland* : il faut avouer que leur nourriture n'étoit pas agréable, si les chênes d'alors ne produisoient que des *glands* pareils à ceux d'aujourd'hui.

Les chimistes prétendent qu'ils tirent du *gland* une huile précieuse, dont ils racontent mille propriétés presque miraculeuses. Les marchands épiciers & droguistes vendent aussi de l'huile de *gland* qu'on leur envoie de Provence ; mais ceux d'entr'eux qui sont de bonne foi, ne la vendent que pour ce qu'elle est, c'est-à-dire, pour de l'huile de ben, ou de noisette, empreinte des qualités du gland.

GLAND. Se dit encore d'une espèce de bouton couvert de perles, ou de longs filets d'or, d'argent, de soie, de laine, ou de fil, avec une tête ouvragée des mêmes matières ; d'où pendent les filets. Les *glands* de fil font partie du négoce des marchandes Lingères & des marchands merciers qui font le commerce de toiles fines & de dentelles ; les autres se font par les tissutiers-rubaniers-frangiers.

GLANDÉE. Récolte du *gland*. Il se dit aussi du commerce qui s'en fait, & encore du gland comme marchandise. Ordinairement sous le mot de *glandée*, on comprend tous les fruits agrestes, ou sauvages qui se recueillent dans les forêts.

La *glandée* est du nombre des menus marchés qui se font par les officiers des eaux & forêts dans les bois & forêts du roi. L'adjudication s'en fait à l'audience des maîtrises particulières, avant le 15 septembre ; & l'on y observe le même ordre pour les billets proclamatoires, les publications, & l'extinction des feux, qu'à la vente des bois chablis.

Le marchand à qui la *glandée* est adjugée, outre le prix de l'adjudication, doit souffrir dans l'étendue de la forêt dont il a acheté la *glandée*, la quantité de porcs qui aura été réglée par les procès-verbaux des maîtres particuliers, tant pour les usagers que pour les officiers.

Les porcs qu'on met dans les forêts du roi, doivent être marqués d'une marque de feu dont l'original doit être déposé au greffe, & n'y peuvent être en plus grand nombre que celui arrêté par lesdits procès-verbaux.

Personne ne peut mettre ses porcs en *glandée*, que ceux employés dans l'état arrêté au conseil, sans la permission de l'adjudicataire.

La *glandée* n'est ouverte que depuis le premier octobre jusqu'au premier février. *Voyez* l'ordonnance de 1669, sur le fait des eaux & forêts.

Il est défendu à tous usagers & à tous autres d'abbatre la *glandée*, fêne & autres fruits des arbres, les amasser, ni transporter, ni même ceux qui sont tombés d'eux-mêmes, sous prétexte d'usage, à peine de 100 l. d'amende.

GLAYEUL. Fleur autrement appelée *iris*, dont la racine est bonne à diverses choses.

GLOBE ou boule. C'est un corps rond solide, compris sous une seule superficie, qui a un point au milieu qu'on nomme le *centre* ; duquel, si on tire des lignes à ses extrémités, elles sont toutes égales. La terre & l'eau ne font qu'un *globe*. Le *globe* du monde roule sur son axe, dont les extrémités sont les deux poles. Il y a des *globes* célestes & des *globes* terrestres. Ce sont les faiseurs d'instrumens de mathématiques qui les vendent.

GLU, que quelques-uns appellent improprement GLUE & GLUS. C'est une composition, ou plutôt une drogue visqueuse & tenace, qui se fait avec la seconde écorce du grand houx.

On lève cette écorce dans le temps de la sève ; & après l'avoir laissée quelques jours pourrir à la cave dans des tonneaux, on la bat dans des mortiers jusqu'à ce qu'elle soit réduite en pâte : on la lave ensuite en grande eau, dans laquelle on la manie & pêtrit à diverses reprises, & l'on la met dans des barils.

Cette *glu* vient de Normandie & d'Orléans. La

Qqq ij

meilleure eſt la plus verdâtre, la moins puante, & où il eſt moins reſté d'eau. On la peut long-temps garder à la cave, pourvu qu'il y ait toujours de l'eau deſſus.

Il ſe fait auſſi de la *glu* avec le guy de chêne. *Voyez* GUY DE CHÊNE.

Il y a encore une autre eſpèce de *glu*, que l'on appelle *glu d'Alexandrie* ou de *levant*, qui ſe fait avec des ſebeſtes.

L'uſage de la *glu*, dont on ne peut ſe ſervir qu'en la maniant les mains frottées d'huile, eſt pour prendre de petits oiſeaux à des gluaux, qui eſt une chaſſe aſſez plaiſante. On y prend auſſi des ſouris, des rats, des mulots & autres animaux ſemblables; & les vignerons l'emploient quelquefois pour ſauver leurs vignes de chenilles.

GO

GOBELET. Eſpèce de taſſe dont on ſe ſert pour boire.

Les *gobelets* de Tamaris ſe mettent du nombre des drogues médecinales; le vin qu'on y laiſſe quelque temps prenant une qualité que l'on croit propre pour la guériſon des maux de ratte.

GOBELET. On fait auſſi des *gobelets* avec du régule d'antimoine: les liqueurs qu'on y fait infuſer deviennent très-purgatives. Il y en a de régule d'antimoine ordinaire, & de régule d'antimoine avec le mars.

GOBELINS. L'on nomme ainſi une manufacture royale établie à Paris au bout du fauxbourg S. Marcel, ou, comme on dit, S. Marceau, pour la fabrique des tapiſſeries & meubles de la couronne.

La maiſon où eſt préſentement cette manufacture avoit été bâtie par les frères *Gobelin*, célèbres teinturiers du quinziéme ſiécle, qui avoient les premiers apporté à Paris le ſecret de cette belle teinture d'écarlate qui a conſervé leur nom, auſſi-bien que la petite rivière de Biévre, ſur les bords de laquelle ſe fit leur établiſſement, & que depuis l'on ne connoît guères à Paris que ſous le nom de *rivière des Gobelins*.

Ce fut en l'année 1667, que ce lieu changea ſon nom de *Folie-Gobelin* qu'il avoit porté depuis deux ſiécles en celui d'*hôtel royal des Gobelins*, en conſéquence de l'édit du roi Louis XIV du mois de novembre de la même année, vérifié en parlement le 20 décembre enſuivant, & en la chambre des comptes & cour des aides, les 20 février & 3 mars 1668.

D'où il réſulte que les deux établiſſemens des *Gobelins*, ſçavoir les belles teintures en écarlate & les tapiſſeries, n'ont point été inſtitués par Colbert, comme on le dit tous les jours; mais ſeulement reglementés par ce miniſtre, ce qui leur eſt peut-être plus nuiſible que profitable.

GOBERGES. Bois de hêtre refendu en forme de petites planches taillées en couteau, c'eſt-à-dire, plus épaiſſes d'un côté que d'autre, dont les layet-

tiers & coffretiers-bahutiers ſe ſervent ordinairement dans leurs ouvrages.

Il s'en fait de deux ſortes; l'une que l'on appelle *goberges ordinaires*, dont la largeur eſt depuis cinq juſqu'à ſept pouces, & la longueur depuis deux pieds juſqu'à quatre, ayant un pouce du côté le plus épais, & environ demi-pouce du côté le plus mince.

L'autre eſpèce de *goberges* qui ſe nomment *layettes*, parce que l'on s'en ſert particulièrement à faire de ces ſortes de caſſettes que l'on appelle *layettes*, a depuis dix juſqu'à treize pouces de large ſur deux pieds de long, de la même épaiſſeur que les *goberges* ordinaires.

Les unes & les autres ſe comptent par poignées de quatre *goberges* chacune, & ſe vendent par les marchands de bois d'ouvrages au millier, avec les quatre au cent, le tout réduit à quatre pieds; de ſorte qu'un millier de *goberges* eſt compoſé de quatre mille ſoixante pieds de bois.

Les endroits qui fourniſſent le plus de *goberges* pour la conſommation de Paris, ſont Villers-Coterets & Compiegne. Il en vient néanmoins beaucoup du côté de Champagne, il s'en envoie auſſi quelque peu de Lorraine.

GOBERGES. Se dit auſſi parmi les marchands tapiſſiers & frippiers, même chez les menuiſiers, de ces petites planches de quatre à cinq pouces de large, plus ou moins longues, qui ſont attachées ſur des ſangles à certaine diſtance égales l'une de l'autre avec de la groſſe broquette, & que l'on étend de travers ſur les bois de lit pour ſervir d'enfonçure & ſoutenir la paillaſſe ou le ſommier de crin.

GOBERGES. Ce ſont auſſi des perches dont les menuiſiers de placage & de marquetterie ſe ſervent pour tenir ſur l'établi la beſogne en état, après l'avoir collée, juſqu'à ce que la colle ſoit parfaitement ſéche.

GOBEUR. On nomme ainſi ſur la rivière de Loire les forts & compagnons de rivière qui ſervent à la charge, décharge ou conduite des bateaux.

L'article 22 de la déclaration du roi du 24 avril 1703, pour le rétabliſſement du commerce & navigation de la rivière de Loire, défend aux crocheteurs, porte-ſacs, *gobeurs* & autres, d'entrer dans les bateaux & de travailler à leur conduite contre la volonté du maître marinier.

GODE. Meſure étrangère des longueurs, dont il eſt parlé dans les tarifs de 1664 & de 1667, aux endroits où il eſt fait mention des friſes blanches appellées de *coton* qui ſe vendent à la *gode*. Par ces tarifs qui ne diſent point en quel pays cette meſure eſt en uſage, il paroît que les 100 *godes* font 125 aunes meſure de Paris, en ſorte que ſur ce pied la *gode* contiendroit cinq quarts d'aune de Paris.

GOEMON, ou GOUEMON. Eſpèce d'herbe marine qu'on nomme autrement *varech*.

GOLTSCHUT. Eſpèce de monnoie ou plutôt de petit lingot d'or qui vient de la Chine, & qui y eſt regardé comme marchandiſe plutôt que comme eſpèce courante. Ce ſont les Hollandois qui lui ont donné le nom de goltſchut, qui en leur langue ſignifie bateau d'or, parce qu'il en a la figure ; les autres nations les appellent pains d'or.

Comme dans toute la Chine & le Tunquin il ne ſe bat aucune monnoie d'or ni d'argent, on y coupe ces deux métaux en morceaux de divers poids ; ceux d'argent s'appellent taël, on en parle à leur propre article ; ceux d'or ſont les goltſchuts dont il eſt ici queſtion. Ils ſervent dans les gros paiemens & lorſque les taëls & les monnoies de cuivre ne ſuffiſent pas.

Quand les Chinois transportent leurs pains d'or ou goltſchus dans les différentes parties des Indes où ils trafiquent, les marchands avec qui ils en traitent les font ordinairement couper par le milieu, les Chinois étant ſi fins, ou pour mieux dire, de ſi mauvaiſe foi, qu'on a ſouvent trouvé de ces morceaux d'or fourés juſqu'à un tiers de cuivre ou d'argent.

Les Japonois ont auſſi des goltſchuts, mais qui ne ſont que d'argent : il y en a de divers poids, & par conſéquent de diverſes valeurs. Voyez l'article des monnoies où il eſt parlé de celles du Japon.

GOMME. Suc aqueux & gluant qui ſe congèle ſur les arbres d'où il ſort. Il y a autant de différentes eſpèces de gommes qu'il y a de différens arbres, plantes, ou racines d'où coulent ces ſortes de ſucs.

On les diviſe ordinairement en gommes aqueuſes & gommes réſineuſes ; & quelques-uns y ajoutent encore les gommes irrégulières comme une troiſiéme eſpèce. Les gommes aqueuſes ſont celles qui peuvent ſe diſſoudre dans l'eau, le vin & ſemblables liqueurs ; les gommes réſineuſes ſont celles dont la diſſolution ne ſe fait que par le moyen de l'huile ; & les gommes irrégulières celles qui ne peuvent ſe diſſoudre que difficilement, ſoit dans l'eau, le vin & autres liqueurs pareilles. Toutes ces ſortes de gommes, du moins celles dont les marchands droguiſtes & épiciers font commerce, ſeront expliquées ou dans la ſuite de cet article, ou à leurs articles propres, auxquels l'on pourra avoir recours.

GOMME ANIMÉE, que le tarif de la douane de Lyon nomme auſſi gomme amée. Eſpèce de réſine qui coule de l'arbre que les Portugais appellent courbari.

Cet arbre croît dans pluſieurs endroits de l'Amérique, il s'élève fort haut : ſon bois qui eſt propre aux ouvrages de menuiſerie, eſt couvert d'une écorce épaiſſe & aſſez brune : ſes feuilles ſont ſemblables à celles du laurier, mais d'un verd plus clair & ſans goût aromatique. Il a des fleurs qui viennent en un bouquet de figure pyramidale ; la ſemence qu'il produit eſt enfermée dans des gouſſes dures & noirâtres, dont les coſſes ſont difficiles à ſéparer.

La gomme qui ſort du courbari eſt dure, transparente, de bonne odeur, aſſez ſemblable à l'ambre jaune ; elle ne ſe diſſout ni à l'eau, ni à l'huile : on la trouve quelquefois par morceaux gros comme le poing : on la ſubſtitue ſouvent au copal dans les ouvrages de vernis.

GOMME ARABIQUE, qu'on nomme auſſi THEBAÏQUE, SARRACENE DE BABILONE & ACHANTINE, du nom des lieux ou de l'arbre d'où elle vient. Eſt le ſuc d'un arbre appellé acacia d'Egypte : cet arbre eſt aſſez petit, & a ſes branches épineuſes, garnies d'un grand nombre de feuilles preſque imperceptibles ; la gomme qui en découle eſt blanche, en petites larmes claires & tranſparentes, qui ſont auſſi les qualités qu'il faut obſerver pour la choiſir : elle vient du levant par la voie de Marſeille.

GOMME GUTTE ou GUTTA CAMBA. Ainſi nommée, ſelon M. Bolduc de l'académie des ſciences, d'une prétendue vertu ſpécifique que l'on s'eſt longtemps flatté qu'elle avoit pour la goute ; eſt une gomme qui vient des Indes tant orientales qu'occidentales, & qui eſt un puiſſant mais dangereux purgatif ou émétique ; à moins d'en corriger la malignité par les préparations chimiques.

Cette gomme eſt le ſuc qui coule du tronc d'une plante épineuſe fort extraordinaire, puiſqu'elle eſt toutes branches & n'a ni feuilles, ni fleurs, ni fruit. Cette plante croît dans le royaume de Siam, dans la Cochinchine & dans quelques provinces de la Chine & de l'Amérique : le ſuc qu'on en recueille s'épaiſſit & jaunit à l'air. Les Chinois & les Cochinchinois, quand il eſt en conſiſtance de pâte, le roulent en figure cylindrique, que les marchands droguiſtes & épiciers appellent turbans & ſauciſſons. La meilleure gomme gutte doit être ſeche, haute en couleur, point graveleuſe ni mêlée d'une gomme rouge, claire & tranſparente qui en diminue le prix. Elle a quelque uſage dans la médecine ; mais le plus grand qu'on en faſſe eſt pour la peinture, la gomme gutte faiſant un très-beau jaune.

GOMME DU SÉNÉGAL. Cette gomme n'eſt point différente de l'Arabique pour les qualités ; on eſtime pourtant davantage l'Arabique. L'arbre qui porte cette gomme Afriquaine eſt grand & épineux ; ſes feuilles ſont petites & toujours vertes, ſes fleurs ſont blanches, ſes fruits reſſemblent aux figues : le principal uſage de ces deux gommes eſt pour la thériaque : on s'en ſert auſſi dans la compoſition du ſuc de regliſſe de Blois, parce qu'on les croit bonnes pour la toux. Les vaiſſeaux de la compagnie du Sénégal l'apportent dans leurs retours.

GOMME TURIQUE ou TURIS. C'eſt la gomme Arabique tombée des acacias dans le temps de pluie & qui s'eſt amoncelée en groſſes maſſes. Elle eſt propre aux teinturiers en ſoie, & ceux de Lyon en conſomment beaucoup.

GOMME VERMICULÉE. Eſt la gomme Arabique ou du Sénégal, qui en coulant de l'arbre ſe plie & replie en pluſieurs tours & prend la figure de vermiſſeaux. On tâche de la faire paſſer pour la meilleure pour en relever le prix ; mais l'Arabique ordinaire ne lui cède en rien.

GOMME D'ANGLETERRE, qu'on appelle aussi GOMME A FRISER. Est la *gomme blanche* d'Arabie ou de Sénégal fondue dans un peu d'eau & réduite en petites tables très-minces ; elle sert à friser les cheveux.

GOMME DE PAYS. C'est celle que les paysans des environs de Paris & d'ailleurs recueillent de différens arbres, comme pruniers, cerisiers, &c. Il faut la choisir sèche & blanche ; les chapeliers s'en servent aussi-bien que d'autres ouvriers.

On met au nombre des *gommes* ou *résines* les diverses sortes de manne : entr'autres,

L'adraganth.
L'ammoniac.
L'assa fœtida.
Le barras.
Le bdelium.
Les baumes de Judée, du Perou, &c.
Le benjoin.
Le camphre.
Le cancamum.
La carágne.
Le copal.
L'élemy.
L'encens.
L'encens marbré.
L'euphorbe.
Le galbanum.
Le galipot.
L'hedère.
La lacque.
La myrrhe.
L'oliban.
Le sagapinum, autrement seraphim ou serapinum.
Le sang de dragon.
La sarcocole.
Le stacté.
Le storax.
Le tacamacha.
La térébentine.
Le tarc ou goudran, &c.

GONDEZEL. C'est une espèce de *coton filé* d'une moyenne sorte & d'un débit peu considérable en France.

GONDOZOLETTIS. On nomme ainsi à Alep les cotons dont le filage est le plus fin ; les plus gros s'appellent *filez payas*.

GONNE. Sorte de futaille plus grande que le hambourg, qui sert à mettre du saumon salé. Les *gonnes* de saumon pèsent ordinairement depuis quatre cent jusques à quatre cent cinquante livres.

GONNE. Se dit aussi d'une espèce de futaille propre à mettre de la bierre ou d'autres liqueurs pour embarquer sur les vaisseaux : cette *gonne* est d'un quart plus grande que le baril.

GORAO. Étoffe de soie qui se fabrique à la Chine ; il y en a de cramoisi & de ponceau.

GORD, ou GORT. *Terme de pêche sur rivière.*

C'est un passage étroit, au bout duquel on met un filet pour y arrêter & y prendre le poisson qui y veut passer en suivant le fil de l'eau.

Il y a plusieurs sortes de *gords* ; des *gords* naturels que la nature forme dans les rivières sans qu'il soit besoin que l'art y ajoute rien ; des *gords* artificiels, qui sont des constructions de pieux entrelassés de branches d'arbres faites exprès, pour retrecir quelque endroit d'une rivière ; & des *gords* sous des arches de ponts ou près des moulins.

Nul *gord* en pleine rivière ne doit empêcher la navigation, & nul *gord* sous arches ne se peut faire sans en avoir droit & valable concession. Les articles cinquième & sixième de l'ordonnance de la ville de Paris règlent la police qui doit s'observer soit au passage des *gords*, soit à leur rétablissement.

GORD. Se dit aussi du filet qui se met à la sortie du *gord* pour arrêter le poisson.

Les *gords* à anguilles qui ne se tendent que pendant l'hiver, sont faits de fil à *gord* ; montés avec de la corde de teille, appellée communément *corde à puits* ; ils ont depuis cinq pieds jusqu'à six pieds de hauteur, & de toute la largeur de l'ouverture du *gord* qui n'en a ordinairement que quatre à cinq. Ce filet s'attache avec des pieux.

GORET. On nomme ainsi à Paris le *premier compagnon*, ou *maître garçon* dans les principales boutiques des cordonniers.

Lorsque le maître est absent, le *goret* en fait toutes les fonctions ; il coupe les souliers, il y coût la pièce après que les garçons ont fini ; il prend les mesures, & le plus souvent c'est lui que le maître envoie en ville porter la marchandise en sa place.

Par toutes ces espèces de prérogatives le *goret* paroît au-dessus des autres : mais il a aussi beaucoup d'autres obligations où il est sujet, qui semblent le rendre leur inférieur. C'est lui qui balaie la boutique, qui met de l'eau dans les baquets, qui fait les lits & les chambres des compagnons & qui leur donne de l'eau pour boire lorsqu'ils en demandent.

Une autre différence mais avantageuse au *goret*, consiste dans ses gages ; il a ordinairement six à sept livres par semaine.

GORGE DE PIGEON. Il se dit des taffetas changeans, c'est-à-dire, qui ont la tréme & la chaîne de diverses couleurs, ensorte que suivant que le jour tombe dessus, ils semblent prendre de nouvelles teintures, à peu près comme font les petites plumes que les pigeons ont sous la gorge lorsque le soleil les frappe & que ses rayons y forment divers angles.

GORGONELLES. Sorte de *toile* qui se fabrique en Hollande & à Hambourg : elles sont propres pour le commerce des îles Canaries ; il y en a de diverses qualités & largeurs.

GOS, qu'on nomme aussi ROUANANCHE BRAND. Sorte de hareng de la pêche Hollandoise.

GOSE. Nom que l'on donne en Moscovie aux

principaux *marchands* qui trafiquent pour le Czar. Ce font proprement les facteurs du prince.

Outre les fonctions des *gofes* dans le commerce, ils en ont aussi dans les cérémonies publiques ; & lorsque les ambassadeurs étrangers ont audience du Czar, ils font tenus de s'y trouver avec des vestes magnifiques & des bonnets de marte, qui font la marque de leur profession, & l'on peut dire de leur dignité, le commerce étant une profession très-honorable parmi les Moscovites.

GOTIN. Sorte de *mirabolans* qui ne font guères différens des mirabolans belleris.

GOULDE, en Allemand *gulden*. Monnoie d'argent qui se fabrique en Allemagne. Il y a aussi des *gouldes* de Flandre. *Voyez* GULDEN & LA TABLE DES MONNOIES.

GOULDRAN, ou GOULTRAN, qu'on nomme aussi TARC OU BRAY LIQUIDE, & quelquefois GOUDRON & GUITRAN. C'est une liqueur claire & grasse qui découle du tronc des vieux pins.

Lorsque ces arbres font sur le retour, & qu'ils ne peuvent plus servir qu'à brûler, on en coupe l'écorce tout autour en forme de couronne : par ces incisions il coule assez long-temps une liqueur noirâtre qui est le *gouldran* ; & quand elle cesse de couler, c'est marque que le pin est tout-à-fait mort & qu'il n'est plus propre qu'au feu.

Il vient une assez grande quantité de *gouldran*, de quelques provinces de France où les pins font communs ; mais on en apporte encore bien davantage de Suéde & de Novége.

Il faut choisir le *gouldran* bien net, bien naturel, véritable Stockolm s'il se peut, & prendre surtout garde qu'il ne soit point contrefait avec des faisses d'huile & de la poix noire. Le *gouldran* fert principalement à calfater & enduire les vaisseaux.

On appelle quelquefois *huile de cade* ou *huile de poix*, la liqueur la plus claire qui se trouve fur le *gouldran* ; mais comme c'est très-improprement, & qu'il y a bien de la différence entre cette drogue & la véritable huile de cade, les marchands épiciers-droguistes qui ne veulent point en supposer, ne la vendent que pour de fausse huile de cade.

GOULDRAN ZOPISSA, ou POIX NAVALLE. C'est le vieux *gouldron* qui a servi à calfater les vaisseaux : les apothicaires le font entrer dans plusieurs compositions ; mais souvent au lieu de vrai zopissa ils n'y emploient que de la poix noire.

GOULDRON, ou GOUDRON. *Composition* de poix noire, de suif, de graisse, d'huile & de poix résine. On s'en fert à plusieurs choses, particulièrement dans l'artillerie à préparer des feux d'artifice : on l'emploie aussi à faire le calfas des vaisseaux, quand on manque de vrai gouldran ou de brai.

COMMERCE DU GOUDRON A AMSTERDAM.

Les *goudrons* dont il se fait un plus grand com-

merce, font ceux de Moscovie, de Stockholm, de Wibourg, & de la Caroline.

GOUPILLON. Bâton long d'environ un pied & demi, à travers le bout duquel font attachés plusieurs brins de soie ou poil de cochon. Le *goupillon* fert aux chapeliers pour jetter de l'eau fur le bassin & fur la feutrière en travaillant à feutrer les chapeaux, ce qu'ils appellent *arrofer la feutre* ou *arrofer le chapeau*.

GOURDE. Espèce de calebasse de courge, qu'on a sechée pour en faire un vaisseau léger, pour porter de quoi boire en voyage, ou à la guerre.

GOURE. Il se dit chez les marchands épiciers-droguistes, des tamarins qui ont été falsifiés avec de la mélasse, du sucre & du vinaigre.

GOURE. C'est encore de la térébenthine de Venise, ou de Pise contrefaite par les colporteurs. Il se dit aussi de toutes les drogues sophistiquées.

GOUREAU. Figue violette très-grosse & très-longue.

GOUREURS. Ceux qui falsifient les drogues en les mêlant de mauvais ingrédiens ; c'est le nom que l'on donne ordinairement à ces petits épiciers qui courent la campagne & qui distribuent dans les villages du poivre, du gingembre & autres épiceries.

GOURMET. *Terme de marchandise de vin.* Il signifie *celui qui se connoît en vin*, qui l'essaye & qui le goute pour sçavoir ses qualités & s'il est de garde ou non. Il y a à Paris fur les ports où les vins arrivent par la rivière & dans les halles où ils se vendent, des maîtres tonneliers dont tout l'emploi consiste à servir de *gourmets* aux bourgeois qui viennent y faire leur provision.

GOURMETS, qu'on nomme aussi LAPTOS. Ce font des maures dont on se fert dans le Sénégal & autres lieux des côtes d'Afrique pour remorquer les barques que l'on envoie négocier le long des rivières : ils tirent les barques avec des cordes en marchant fur le rivage, de même que l'on fait en France pour remonter les bateaux, quand on n'y emploie point les chevaux. Il faut payer les droits ou coutumes pour passer fur les terres de chaque petit roi ou Alcaïr dont l'état confine à la rivière.

GOURMETTE. On nomme ainsi la garde que les marchands ou voituriers par eau mettent fur leurs bateaux pour avoir l'œil à la conservation des marchandises.

GOUSSE. Enveloppe qui couvre plusieurs espèces de légumes ; comme pois, féves, vesse, &c. Le poivre vient dans des *gousses* : on dit aussi une *gousse* d'ail, pour dire, une partie ou un rejetton de l'oignon.

GOUST. On appelle chez les détailleurs une *étoffe de goût*, non une étoffe riche, bien fabriquée, d'un beau dessin & qui plaît à tout le monde ; mais une étoffe de caprice & de fantaisie, dont ordinairement la mode dure peu & dont un marchand judicieux ne se charge ni volontiers ni en quantité. Cette fatinade n'eft qu'une étoffe de *goût*, je n'en ai que pour l'affortiment. Il y a prefque toujours à perdre fur les étoffes de *goût*, quand on ne fe hâte pas de s'en défaire, tandis que la fantaifie en dure.

GOUTHIOU. Arbriffeau qui fert à la teinture en noir : il croît dans quelques endroits de l'Amérique Efpagnole , particulièrement dans le Chilly. On ne peut s'en fervir tout feul , & il faut le mêler avec du maki & du lanil ; il réuffit auffi affez bien quand on le fait bouillir avec la racine du pauke.

GOUTTE. Parcelle d'eau, de vin, ou de quelque autre liqueur. On appelle *mere-goutte* la liqueur qui s'écoule des raifins , des pommes, des poires & des olives avant qu'on en mette le marc fous le preffoir.

GOUTTE, ou ANGOURE DE LIN. Efpèce d'épithyme qui vient fur le lin. On la nomme auffi *cufcure*, en latin.

GOUTTE DE LAIT, qu'on nomme auffi COMPTE. Efpèce de perle de verre d'un blanc tirant fur le bleu , elle eft du nombre des verroteries qui fervent à la traite des négres fur la côte d'Afrique.

GOUVERNAIL. Longue pièce de bois mobile placée à l'arrière d'un navire ou de quelqu'autre bâtiment de mer que ce foit , qui fert à les gouverner. Il a trois parties, le corps du *gouvernail*, la barre ou timon & la manivelle. Le corps du *gouvernail* eft au dehors & tombe perpendiculairement. La barre ou timon eft prefque toute en dedans , & eft couchée horifontalement , la manivelle eft la pièce de bois que le timonier tient à la main lorfqu'il fait jouer le *gouvernail*.

Les bateaux avec lefquels on navige fur les rivières, les étangs & autres eaux douces ont auffi leurs gouvernaux, mais d'une forme & d'une fabrique différente de ceux de marine.

Les Japonois, pour affurer le commerce que les étrangers viennent faire chez eux , & les empêcher de fortir de leurs ports fans leur confentement , ont coutume de faire porter à terre les *gouvernaux* des navires qui abordent fur leurs côtes ; ne les leur rendant que quand ils trouvent à propos de leur permettre de faire voile.

GOUVERNE. Ce terme dont on fe fert quelquefois dans les écritures mercantilles , fignifie *guide*, *régle*, *conduite*. Ainfi quand un négociant écrit à fon correfpondant ou commiffionnaire , & qu'il lui marque que ce qu'il lui mande lui doit fervir de *gouverne* ; cela veut dire qu'il doit fe gouverner , fe guider ou fe régler fuivant & conformément à ce qui lui eft marqué. Quelques-uns fe fervent auffi du mot *gouverno*, qui a la même fignification.

GR

GRABEAU. C'eft la pouffière ou réfidu des drogues quand on en a féparé le meilleur & le plus propre à la vente. On dit du *grabeau de*

fené, du *grabeau de thé*, &c. Il n'eft pas permis aux marchands épiciers & droguiftes de vendre les pailles, poudres , criblures & *grabeaux* de leurs drogues.

GRABEAUX DE GIROFLE. On nomme ainfi le girofle qui n'eft pas entier.

GRACE. Monnoie de billon qui fe fabrique & qui a cours à Florence & dans tous les états du grand duc ; elle vaut cinq quatrins ou un fol deux tiers. On n'en donne guères dans les grands paiemens , & l'on ne s'en fert que dans le négoce journalier des denrées & menues marchandifes. *Voyez* LA TABLE DES MONNOIES.

GRAILLONS. *Terme du commerce des marbres.* On appelle ainfi les reftes ou rogneures des marbres dont les morceaux ne font pas confidérables : on fe fert particulièrement de cette expreffion dans les magafins du roi. Les *graillons* ne fe vendent pas ordinairement au pied , mais en bloc ; on en fait des tas qu'on vend par eftimation ou au plus offrant , ce qui donne quelquefois aux marbriers l'occafion de faire de bons marchés où ils profitent beaucoup.

GRAIN. C'eft le plus petit des poids dont on fe fert pour pefer les marchandifes précieufes.

La livre de Paris fe divife en feize onces, l'once en huit gros, le gros en trois deniers , & le denier en vingt-quatre *grains* : enforte qu'il faut 9216 *grains* pour faire une livre de Paris , & chaque de ces *grains* eft eftimé pefer un grain de bled.

Le marc d'or fe divife en vingt-quatre carats , le carat en huit deniers & le denier en vingt-quatre *grains*.

Le marc d'argent fe divife en douze deniers , le denier en vingt-quatre *grains* & le *grain* en vingt-quatre primes.

On a jugé à propos de rapporter ici ces différentes divifions de poids pour faire connoître que le *grain* eft toujours la vingt-quatriéme partie du denier.

Le carat que les Efpagnols nomment *quintale*, eft un poids particulier dont on fe fert pour pefer les diamans & autres pierres précieufes. Il fe divife en quatre *grains* , & ces *grains* font moins pefans que ceux du marc.

GRAIN, *en médecine*, eft auffi le plus petit des poids dont on fe ferve pour la difpenfation des drogues : les trois *grains* font une obole , les vingt font un fcrupule , & les foixante font une dragme , autrement un gros. Ce *grain* doit s'entendre d'un *grain* d'orge moyennement gros , bien nourri & trop fec.

GRAIN. Eft auffi une monnoie imaginaire ou de compte dont on fe fert à Meffine & à Palerme pour l'évaluation des changes & tenir les livres de commerce. Au-deffus du *grain* fout l'once & le tarin ; au-deffous eft le piccoli : ainfi on compte par onces, tarins, *grains* & piccolis, qu'on fomme par trente,

par

par vingt & par fix; l'once valant 30 tarins, le tarin 20 grains, & le grain 6 piccolis.

GRAIN. C'eft à Malthe une monnoie réelle dont il y a des pièces de valeur diverfe, entr'autres des pièces de 15 grains qui valent 7 f. 6 d. de France, des pièces de 10 grains qui valent 5 fols, des pièces de 5 grains qui valent 2 f. 6 d. & des pièces d'un grain qui valent 6 d. le tout auffi de France. Les empreintes & les légendes de ces monnoies, font les mêmes que celles du piçtot. Chaque pièce porte fa valeur marquée en chiffre.

GRAIN. Cire en grain, c'eft de la cire grelouée, qui à force d'être tournée & remuée fur les toiles, fe réduit en grains de la groffeur d'une médiocre fève. Il y en a de deux fortes; celle du premier grelouage, qui eft demi-blanc, & celle du fecond qui eft blanc fin. C'eft de cette dernière qu'on fait la cire blanche en pain.

GRAIN. On appelle grain dans la traite qui fe fait avec les negres fur les côtes d'Afrique, une efpèce de verroterie bleue, quelquefois rayée de jaune, & quelquefois de blanc. Elles font fur-tout propres pour le Sénégal.

GRAIN. Se dit des morceaux d'or très-pur qui fe trouvent quelquefois fur la terre & dans quelques rivières. De quelque volume & de quelque poids que foit cet or, on lui donne toujours le nom de grain.

GRAIN. Se dit généralement de tous les fruits ou femences qui viennent dans des épics & qui fervent à la nourriture des hommes & des animaux, comme font les grains de bled ou froment, de feigle, d'orge, d'avoine, &c. On le dit plus particulièrement du froment.

On nomme gros grains les bleds qui fervent à la nourriture de l'homme, & que l'on feme en automne, tels que font le bled & le feigle.

Les menus grains font ceux qui fervent à nourrir les animaux, ainfi que l'orge, l'avoine, &c. qui fe fement en mars: on les appelle autrement les petits bleds ou les mars.

Il fe tire quantité de grains de la mer Baltique & des villes du nord, entr'autres de Dantzic & des ports de la Livonie, de la Pruffe, de la Poméranie, du Holftein & du Danemarck; c'eft-là où les Hollandois & les autres nations dont le fol n'eft pas propre à la culture des grains, ont coutume de s'en fournir, & c'eft-là auffi où les François dans les années de ftérilité en vont enlever pour fecourir les provinces où la récolte a été mauvaife.

Il s'en tire auffi d'Italie, & en plus grande quantité des côtes de Barbarie & des états du grandfeigneur tant d'Europe que d'Afie. Monfieur de Ferriol, ambaffadeur de France à la Porte Ottomane, obtint pour les François en 1709 la permiffion d'en charger plus de deux cens navires qui arrivèrent en Provence au plus fort de la difette qu'il y eut cette année-là.

On a crû à propos, pour l'inftruction & la commodité de ceux qui font le commerce des grains, d'ajouter ici le tarif ou rapport des diverfes mefures pour les grains, à celles d'Amfterdam, de Paris & de Bordeaux, & que M. Jean-Pierre Ricard a donné dans fon excellent Traité du négoce d'Amfterdam.

Il faut feulement remarquer fuivant l'avis de cet habile auteur qu'on trouve à la fin de fon tarif, que pour éviter les fractions incommodes, il les a feulement mifes en $\frac{1}{2}$, en $\frac{1}{4}$ & en cinquièmes au plus approchant de leurs véritables parties, de qu'il croit fuffifant pour en faire toutes les réductions à peu de chofes près.

TARIF ET RAPPORT.

De diverfes mefures pour les grains, à celles d'Amfterdam, de Paris & de Bordeaux.

Noms des villes & pays.	Différentes mefures.	Mefures d'Amfterdam.	Septiers de Paris.	Boiffeaux de Bordeaux.
Abbeville,	6 feptiers.	7 muddes.	5 feptiers.	10 boiffeaux.
Agen,	33 $\frac{1}{3}$ facs.	1 laft.	19.	38.
Aiguillon,	41 facs.	1 laft.	19.	38.
Alby,	25 feptiers.	1 laft.	19.	38.
Alkmaar,	36 facs.	1 laft.	19.	38.
Amboife,	14 boiffeaux.	1 $\frac{1}{2}$ mudde.	1.	2.
Amersfort,	16 muddes.	1 laft.	19.	38.
Amiens,	4 $\frac{2}{3}$ feptiers.	1 $\frac{1}{2}$ mudde.	1.	2.
Amfterdam,	1 laft.	27 muddes.	19.	38.
Angleterre,	10 $\frac{1}{2}$ quarteaux.	1 laft.	19.	38.
Anvers,	32 $\frac{1}{2}$ viertels.	1 laft.	19.	38.
Arles,	49 feptiers.	1 laft.	19.	38.
Auray-le-Duc,	9 $\frac{1}{2}$ boiffeaux.	1 $\frac{1}{2}$ mudde.	1.	2.
Arnhem,	22 mouwers.	1 laft.	19.	38.
Afperen,	25 $\frac{1}{2}$ facs.	1 laft.	19.	38.

Noms des villes & pays.	Différentes mesures.	Mesures d'Amsterdam.	Septiers de Paris.	Boisseaux de Bordeaux.
Aubeterre,	5 boisseaux.	1 ½ mudde.	1 septiers.	2 boisseaux.
Audierne,	1 tonneau.	13 ½ muddes.	9 ½	19.
Auray,	4 boisseaux.	1 ½ mudde.	1.	2.
Auxone,	1 émine.	4 muddes.	2 ⅔.	5 ⅓.
Avignon,	5 boisseaux.	4 ¼ muddes.	3.	6.
B				
Barbesieux,	5 boisseaux.	1 ½ mudde.	1.	2.
Baugency,	3 ⅙ mines.	1 ½ mudde.	1.	2.
Bayonne,	36 sacs.	1 last.	19.	38.
Baucaire,	48 septiers.	1 last.	19.	38.
Beaumont,	38 sacs.	1 last.	19.	38.
Beauvais,	1 tonneau.	18 muddes.	12 ⅔.	25 ⅓.
Bellegarde,	1 bichet.	2 muddes.	1 ⅓.	2 ⅔.
Bergerac,	1 pipe.	5 muddes.	3 ½.	7.
Bergopzoom,	63 sisters.	1 last.	19.	38.
Bergue S. Winox,	13 rasières.	17 muddes.	12.	24.
Blois,	20 boisseaux.	1 ½ mudde.	1.	2.
Bois-le-Duc,	20 ½ mouwers.	1 last.	19.	38.
Boulogne en Picardie,	8 septiers.	13 muddes.	9.	18.
Bommel,	18 muddes.	1 last.	19.	38.
Bourbonlancy,	13 ½ boisseaux.	1 ½ mudde.	1.	2.
Bordeaux,	38 boisseaux.	1 last.	19.	38.
Bourret,	100 sacs.	3 ½ lasts.	66 ½.	133.
Breau,	100 quartières.	3 ½ lasts.	66 ½.	133.
Breda,	33 ½ viertels.	1 last.	19.	38.
Bremen,	24 lasts.	23 lasts.	437.	874.
Bresse,	1 quartal.	1 ⅘ mudde.	1 ⅓.	2 ⅔.
Brest,	1 tonneau.	13 ½ muddes.	9.	18.
Briare,	11 carses.	1 ½ mudde.	1.	2.
Bruges,	17 ½ hoeds.	1 last.	19.	38.
Bruxelles,	25 sacs.	1 last.	19.	38.
Bueren,	21 muddes.	1 last.	19.	38.
C				
Cadaillac,	33 ⅓ sacs.	1 last.	19.	38.
Cadix,	50 fanegas.	1 last.	19.	38.
Cahors,	100 quartes.	1 last.	19.	38.
Calais,	12 septiers.	18 ½ muddes.	13.	26.
Campen,	24 ½ muddes.	1 last.	19.	38.
Candie,	1 charge.	1 ½ mudde.	1.	2.
Canville,	100 sacs.	3 lasts.	57.	114.
Carcassonne,	35 septiers.	1 last.	19.	38.
Castel-jaloux,	100 sacs.	2 lasts 25 mudd.	54.	108.
Castel-mauron,	1 pipe.	5 muddes.	3 ½.	7.
Castelnau de Medoc,	100 quartières.	1 last 10 mudd.	64.	128.
Castelnaudari,	41 ½ septiers.	1 last.	19.	38.
Castel-sarazin,	100 sacs.	3 ½ lasts.	67.	134.
Castres en Languedoc,	100 septiers.	4 lasts.	75.	150.
Caude-coste,	100 sacs.	3 lasts.	58 ½.	117.
Chalais,	5 boisseaux.	1 ½ mudde.	1.	2.
Châlons sur Saône,	5 bichets.	8 ½ muddes.	6.	12.
Charité,	8 boisseaux.	1 ½ mudde.	1.	2.
Charlieu sur Loire,	7 boisseaux.	1 ½ mudde.	1.	2.
Charolles,	6 ⅓ boisseaux.	1 ½ mudde.	1.	2.
Châteauneuf sur Loire,	7 boisseaux.	1 ½ mudde.	1.	2.

Noms des villes & pays.	*Différentes mesures.*	*Mesures d'Amsterdam.*	*Septiers de Paris.*	*Boisseaux de Bordeaux.*
Clerác,	34 ½ sacs.	1 last.	19. septiers.	38 boisseaux.
Cleves,	16 ¼ mouwers.	1 last.	19.	38.
Concarneau,	1 tonneau.	3 muddes.	9.	18.
Condom,	41 sacs.	1 last.	19.	38.
Coningsberg,	1 last.	1 last.	19.	38.
Coppenhague,	42 tonnes.	1 last.	19.	38.
Corbie,	3 ½ septiers.	1 ½ mudde.	1.	2.
Cône,	9 ½ boisseaux.	1 ½ mudde.	1.	2.
Creon,	100 sacs.	3 ¼ lasts.	62 ½.	125.
Cuylembourg,	21 muddes.	1 last.	19.	38.
D				
Dantzick,	1 last.	1 last.	19.	38.
Delft,	29 sacs.	1 last.	19.	38.
Deventer,	36 muddes.	1 last.	19.	38.
Dieppe,	18 mines.	17 muddes.	12.	24.
Diximude,	3 ½ rasières.	1 last.	19.	38.
Doesbourg,	22 mouwers.	1 last.	19.	38.
Dort ou Dordrecht,	24 sacs.	1 last.	19.	38.
Dunkerque,	18 rasières.	1 last.	19.	38.
Dunes,	100 sacs.	3 lasts.	57.	114.
E				
Ecosse,	10 ¼ quarteaux.	1 last.	19.	38.
Edam,	27 muddes.	1 last.	19.	38.
Elbing,	1 last.	1 last.	19.	38.
Embden,	15 ¼ tonnes.	1 last.	19.	38.
Enckhuysen,	44 sacs.	1 last.	19.	38.
Erfelsteyn,	21 muddes.	1 last.	19.	38.
Espersac,	100 sacs.	2 lasts 17 mud.	50.	100.
Etaffort,	100 boisseaux.	2 lasts 24 mud.	56.	112.
F				
Flessingue,	40 sacs.	1 last.	19.	38.
Francfort,	27 malders.	1 last.	19.	38.
Fronsac,	28 ½ sacs.	1 last.	19.	38.
Fronton,	100 sacs.	3 lasts. 14 mud.	67.	134.
G				
Gaillac,	21 septiers.	1 last.	19.	38.
Gand,	56 halsters.	1 last.	19.	38.
Gennes,	25 mines.	1 last.	19.	38.
Gensac,	100 sacs.	2 lasts 14 mud.	68 ½.	137.
Gergeau,	3 ½ mines.	1 ½ mudde.	68 ½.	2.
Gien,	9 ⅗ carses.	1 ½ mudde.	1.	2.
Gimond,	20 sacs.	1 last.	1.	38.
Goes, ou Tegoes,	40 sacs.	1 last.	19.	38.
Gorcum,	17 ¼ muddes.	1 last.	19.	38.
Gouda ou Tergow,	28 sacs.	1 last.	19.	38.
Graveline,	22 rasières.	1 last.	19.	38.
Grenade,	30 sacs.	1 last.	19.	38.
Grisoles,	100 sacs.	3 lasts 10 mud.	64.	128.
Groningue,	33 muddes.	1 last.	19.	38.
H				
Haarlem,	38 sacs.	1 last.	19.	38.
Hambourg,	12 lasts.	13 lasts.	247.	494.
Harderwyk,	11 muddes.	10 muddes.	7.	14.
Harlingen,	33 muddes.	1 last.	19.	38.
Havre de Grace,	5 ¼ boisseaux.	1 ½.	1.	2.
Hennebon,	1 tonneau.	17 ½ muddes.	12.	24.
Husden,	17 ¼ muddes.	1 last.	19.	38.

Noms des Villes & pays.	*Différentes mesures.*	*Mesures d'Amsterdam.*	*Septiers de Paris.*	*Boisseaux de Bordeaux.*
Hoorn ou Horne,	44 sacs.	1 last.	19 septiers.	38 boisseaux.
Husum,	20 tonnes.	1 last.	19.	38.
I				
Irlande,	10¼ quarteaux.	1 last.	19.	38.
L				
La Brille,	48 sacs.	1 last.	19.	38.
La Grere,	100 sacs.	2 lasts 23 mud.	54.	108.
La Magistère,	100 sacs.	2 lasts 24 mud.	56.	112.
Lanion,	1 tonneau.	14 muddes.	10.	20.
La Reole,	30 sacs.	1 last.	19.	38.
La Rochelle,	1 tonneau.	13 muddes.	9.	18.
Lavaur,	21 septiers.	1 last.	19.	38.
Le Mas d'Agenois,	100 sacs.	2 lasts 20 mud.	52½.	205.
Le Mas de Verdun,	100 sacs.	3 lasts 14 mud.	67.	134.
Les Adriens,	1 tonneau.	13 muddes.	9	18.
Lespare,	100 sacs.	5 lasts 14 mud.	67.	134.
Leewarden,	33 muddes.	1 last.	19.	38.
Leyden,	44 sacs.	1 last.	19.	38.
Leytour,	100 sacs.	3 lasts.	57.	114.
Libourne,	35 sacs.	1 last.	19.	38.
Liége,	96 septiers.	1 last.	19.	38.
Lille en Flandres,	38 rasières.	1 last.	19.	38.
Limeul,	1 pipe.	5 muddes.	3¾.	7½.
Lyon,	4 asnées.	7 muddes.	5.	10.
Lisbonne,	216 alquières.	1 last.	19.	38.
Lille en Albigeois,	100 septiers.	7 lasts 5 mud.	130.	260.
Lille-Dieu,	1 tonneau.	14¾ muddes.	10.	20.
Livourne,	40 sacs.	1 last.	19.	38.
Londres,	10¼ quarteaux.	1 last.	19.	38.
Louvain,	27 muddes.	1 last.	19.	38.
Lubeck.	95 schepels.	1 last.	19.	38.
M				
Mâcon,	3 asnées.	7 muddes.	5.	10.
Malines,	34½ viertels.	1 last.	19.	38.
Marans,	1 tonneau.	13 muddes.	19.	38.
Marseille,	1 charge.	1½ mudde.	1.	2.
Mas d'Agenois,	100 sacs.	2 lasts 20 mud.	52½.	105.
Mas de Verdun,	100 sacs.	3 lasts 14 mud.	67.	134.
Middelbourg,	41½ sacs.	1 last.	19.	38.
Miranbeau,	100 boisseaux.	3 lasts.	57.	114.
Mirandous,	100 boisseaux.	3 lasts.	57.	114.
Moissac,	30 sacs.	1 last.	19.	38.
Moncassin,	100 sacs.	2 lasts 13 mud.	54.	108.
Montauban,	100 sacs.	3¼ lasts.	62.	125.
	100 septiers.	7 lasts 10 mud.	140.	280.
Montendre,	100 boisseaux.	3 lasts 5 mud.	62.	124.
Montfort,	21 muddes.	1 last.	19.	38.
Montpellier,	3 septiers.	1½ mudde.	1.	2.
Montreuil,	18 boisseaux.	1½ mudde.	1.	2.
Morlaix,	1 tonneau.	13½ muddes.	9½.	19.
Munikendam,	27 muddes.	1 last.	19.	38.
Muyden,	44 sacs.	1 last.	19.	38.
N				
Naarden,	44 sacs.	1 last.	19.	38.
Nantes,	1 tonneau.	13¼ muddes.	9⅓.	18⅔.
Naples, la Pouille & la Calabre.	3 tomolis.	1½ mudde.	1.	2.

Noms des villes & pays.	*Différentes mesures.*	*Mesures d'Amsterdam.*	*Septiers de Paris.*	*Boisseaux de Bordeaux.*
Narbonne,	$32\frac{2}{3}$ septiers.	1 last.	19. septiers.	38 boisseaux.
Narmoutier, isle,	1 tonneau.	$13\frac{1}{2}$ muddes.	$9\frac{1}{2}$.	19.
Negrepelise,	100 septiers. 100 sacs.	$8\frac{1}{3}$ lasts. $4\frac{1}{4}$ lasts.	158. 779.	316 158.
Nerac,	$33\frac{1}{2}$ sacs.	1 last.	19.	38.
Nevers,	8 boisseaux.	$1\frac{1}{2}$ mudde.	1.	2.
Neufcastel,	10 quartières.	1 last.	19.	38.
Nimegue,	$21\frac{3}{4}$ mouwers.	1 last.	19.	38.
Nieuport,	$17\frac{1}{2}$ rasières.	1 last.	19.	38.
O				
Orléans,	1 muid.	$3\frac{1}{2}$ muddes.	$2\frac{1}{2}$.	5.
Oudewater,	21 muddes.	1 last.	19.	38.
P				
Pain d'avoine,	1 tonneau.	13 muddes.	9.	18.
Paris,	1 muid. 12 boisseaux.	17 muddes. $1\frac{1}{2}$ mudde.	12. 1.	24. 2.
Perigueux,	5 boisseaux.	$1\frac{1}{2}$ mudde.	1.	2.
Pont-l'Abbé,	1 tonneau.	$13\frac{1}{2}$ muddes.	$9\frac{1}{2}$.	19.
Port Louis,	1 tonneau.	$17\frac{1}{2}$ muddes.	$12\frac{1}{4}$	$24\frac{1}{2}$.
Port-à-Port.	180 alquières.	1 last.	19.	38.
Purmerent,	27 muddes.	1 last.	19.	38.
Puymirol.	100 sacs.	3 lasts.	57.	114.
Q				
Quiberon,	1 tonneau.	$13\frac{1}{2}$ muddes.	$9\frac{1}{2}$.	19.
Quimpercorantin,	1 tonneau.	$13\frac{1}{2}$ muddes.	$9\frac{1}{2}$.	19.
Quinperlay.	1 tonneau.	$17\frac{1}{2}$ muddes.	$12\frac{1}{4}$.	$24\frac{1}{4}$.
R				
Rabastens,	17 septiers.	1 last.	19.	38.
Realmont,	25 septiers.	1 last $\frac{3}{4}$ mud.	$20\frac{2}{3}$.	$41\frac{1}{3}$.
Realville,	25 sacs.	1 last.	19.	38.
Redon,	1 tonneau.	$14\frac{1}{2}$ muddes.	$9\frac{2}{3}$.	$19\frac{1}{3}$.
Rennes,	1 tonneau.	14 muddes.	$9\frac{1}{2}$.	$18\frac{2}{3}$.
Rhenen,	20 muddes.	1 last.	19.	38.
Ribeyrac,	5 boisseaux.	$1\frac{1}{2}$ mudde.	1.	2.
Riga,	46 loopens.	1 last.	19.	38.
Rouanne,	8 boisseaux.	$1\frac{1}{2}$ mudde.	1.	2.
Rotterdam,	29 sacs.	1 last.	19.	38.
Rouen,	6 septiers. $1\frac{1}{3}$ muid.	10 muddes. 1 last.	7. 19.	14. 38.
Royan,	29 quartières.	1 last.	19.	38.
Ruremonde,	68 schepels.	1 last.	19.	38.
S				
S. Brieu,	1 tonneau.	14 muddes.	10.	20.
S. Cadou,	1 tonneau.	13 muddes.	$9\frac{1}{2}$.	19.
S. Gilles,	40 charges.	1 last.	19.	38.
S. Jean de Laune,	1 émine.	$2\frac{2}{3}$ muddes.	3.	6.
S. Malo,	1 tonneau.	13 muddes.	$9\frac{1}{2}$.	19.
Saint Mathurin de l'Archant,	$9\frac{1}{2}$ boisseaux.	$1\frac{1}{2}$ mudde.	1.	2.
Saint Michel, isle des Açores.	240 alquières.	1 last.	19.	38.
Sainte Lieurade,	100 sacs.	2 lasts 18 mud.	53.	106.
S. Omer,	$22\frac{1}{2}$ rasières.	1 last.	19.	38.
S. Vallery,	19 septiers.	1 last.	19.	38.
Sardagne, isle,	3 esteraux.	$1\frac{1}{2}$ mudde.	1.	2.
Saumur,	19 septiers.	1 last.	19.	38.
Schiedan,	29 sacs.	1 last.	19.	38.

Noms des villes & Pays.	Différentes mesures.	Mesures d'Amsterdam.	Septiers de Paris.	Boisseaux de Bordeaux.
Schoonhoven,	21 muddes.	1 last.	19 septiers.	38 boisseaux.
Seville,	50 fanegas.	1 last.	19.	38.
Sicile, isle,	1 ¼ salme.	1 ½ mudde.	1.	2.
Steenbergen,	35 viertels.	1 last.	19.	38.
Stockolm,	23 tonnes.	1 last.	19.	38.
Sully,	9 ⅓ carses.	1 ½ mudde.	1.	38.
T				
Tallemont,	5 sacs.	4 ¼ muddes.	3.	6.
Tarascon,	51 charges.	1 last.	19.	38.
Tetollen,	37 ½ sacs.	1 last.	19.	38.
Terveer,	39 sacs.	1 last.	19.	38.
Tiel,	21 muddes.	1 last.	19.	38.
Toulouse,	26 septiers.	1 last.	19.	38.
Toneins,	100 sacs.	2 lasts 16 mud.	49.	98.
Tongres,	15 muddes.	1 last.	19.	38.
Tonningen,	24 tonnes.	1 last.	19.	38.
Torus,	1 bichet.	2 ⅔ muddes.	1 ⅗.	3 ⅕.
Toulon,	3 émines.	3 muddes.	2.	4.
Tournon,	25 sacs.	18 muddes.	12.	24.
Tours,	14 boisseaux.	1 ½ mudde.	1.	2.
Tunis en Barbarie,	1 cassis.	3 ⅓ muddes.	2 ⅕.	4 ⅖.
V				
Valence en Agenois,	100 sacs.	3 ¼ lasts.	62 ½.	125.
Vanes,	1 tonneau.	14 muddes.	10.	20.
Venise,	2 staros.	1 ½ mudde.	1.	2.
Venloo,	21 ¾ mouwers.	1 last.	19.	38.
Verdun,	1 bichet.	1 ⅞ mudde.	1 ¼.	2 ½.
Vianen,	20 muddes.	1 last.	19.	38.
Villemeur,	15 sacs.	24 muddes.	16.	32.
Villeneuve d'Agenois,	100 boisseaux.	2 lasts 21 mud.	53.	106.
Utrecht,	25 muddes.	1 last.	19.	38.
Wesopli,	44 sacs.	1 last.	19.	38.
Worcum,	23 ½ sacs.	1 last.	19.	38.
Wykte Deurstede.	20 muddes.	1 last.	19.	38.
Y				
Yselstein,	20 muddes.	1 last.	19.	38.
Z				
Zirickzée,	37 ½ sacs.	1 last.	19.	38.
Zwol.	26 sacs.	1 last.	19.	38.

Ce qui se pratique a Amsterdam, dans les achats & ventes des grains.

On peut voir dans les différens articles où il est traité des *grains* dans leur ordre alphabétique, les divers prix qu'ils se vendent ordinairement à Amsterdam, les tares qu'ils donnent suivant leurs espèces & leurs déductions pour le bon poids, ou pour le prompt paiement. Ici l'on se contentera de parler des frais qu'il en coute aux acheteurs, soit qu'ils les veuillent garder en grenier, soit qu'ils les veuillent envoyer au-dehors, & ce que doivent observer les vendeurs.

Le vendeur n'est tenu qu'au seul courtage, qui est de 6 s. par last. Lorsqu'il a fait son marché & qu'il a vendu une partie de *grains*, il délivre à l'acheteur ou à quelques-uns de ses gens, un ordre par écrit pour le mesurage de la quantité des *grains* vendus, pris dans un tel grenier, tel vaisseau ou tel bateau, suivant l'endroit où ils sont. Le mesurage achevé, les mesureurs lui renvoient son ordre, au bas duquel ils ajoutent le nombre de lasts, de muddes, ou de schepels de froment, de seigle, d'orge, d'avoine, ou d'autres sortes de *grains* qu'ils ont mesurés; & pour la peine de celui qui rapporte son billet, il lui donne 6 s. qui sont, avec les droits de courtage, les seuls droits auxquels le vendeur est tenu.

A l'égard de ceux qu'il en coûte à l'acheteur, ils sont plus ou moins forts, suivant qu'il les veut garder en grenier ou les envoyer au-dehors.

Au premier cas, il faut qu'il paye au fermier de

la mesure ronde, où comme on l'appelle à Amsterdam *pachter de ronde-maat*, 25 s. du last de froment & 16 s. ½ du seigle, de l'orge, de l'avoine & du bled-sarasin. Dans le second cas, ce droit n'est pas dû ; & même celui qui l'a payé en mettant ses grains au grenier, peut s'en faire rembourser par le fermier, si dans la suite il les envoie dehors, en justifiant néanmoins du passeport qu'il en a obtenu.

Les autres frais auxquels l'acheteur est tenu, sont ,

1°. Le droit de courtage, qui est aussi-bien que pour le vendeur, de 6 s. par last.

2°. Pour la sortie du bateau, & les mettre en grenier, ou la sortie du grenier pour les mettre en bateau, il paye depuis 20 s. jusqu'à 40 s. par last, suivant la hauteur du grenier.

3°. Pour les frais du bateau 3 s.

4°. Pour les sacs & échelles 1 s.

5°. Pour le droit qui s'appelle *set-gest* 3 s.

6°. Pour les mesureurs & leur boisseau 2 s.

7°. Pour le facteur 3 s.

Tous ces petits frais ou droits, outre le courtage reviennent à 2 flor. 2 s. par last, à quoi il faut ajouter la dépense des greniers que l'acheteur est obligé de faire dans les bâtimens sur lesquels il les charge, s'il veut les envoyer par mer.

GRAIN. Se dit aussi des choses rondes & séparées l'une de l'autre, qui ont du rapport & de la ressemblance aux pois ou d'autres *grains*, soit qu'elles soient plus grosses ou plus menues, comme un *grain* de musc, un *grain* de cachou, un *grain* d'ambre, un *grain* d'encens, un *grain* de corail, un *grain* de chapelet, un *grain* de patenostre, &c.

GRAIN. S'entend encore de la forme ou figure des *grains* qui sont dans les étoffes, les cuirs, les métaux & les pierres.

Les gros de Tours & de Naples sont des espèces de moires qui ont un plus gros *grain* que les autres. On dit aussi, de la futaine à *grain d'orge*.

Le maroquin a un *grain* plus gros que le chagrin.

Il y a du marbre dont le *grain* est gros, & d'autre dont le *grain* est menu : l'acier se connoît au *grain* qui est beaucoup plus fin que celui du fer.

GRAIN DE ZELIM. C'est une espèce de poivre long.

GRAIN DE TILLY. On donne ce nom au pignon d'inde.

On appelle HUILE DE PETIT GRAIN, celle qui se fait avec de petites oranges vertes que l'on nomme *orangelettes*.

GRAIN D'ORGE. On appelle ainsi certaine espèce de *linge ouvré* qui se fait en Flandre & en Picardie.

GRAIN D'ORGE. Se dit aussi de quelques outils d'artisans.

Les menuisiers ont des *grains d'orge* montés sur des fusts, & d'autres qui sont à manche de bois. Les *grains d'orge* à fust sont des espèces de rabots qui servent à faire des moulures & à dégager les baguestres ; ceux à manche sont des ciseaux pointus un peu rabatus en burins.

Les *grains d'orge* de tourneurs sont aussi des espèces de ciseaux dont la pointe est en triangle. Ils en distinguent de deux sortes ; les uns qu'ils nomment *grains d'orge simples*, & les autres *grains d'orge à trois taillans*; ils servent à ébaucher l'ouvrage.

Ce que les serruriers appellent *grain d'orge* est un outil de fer aceré, dont la pointe est forte & quarrée ; ils s'en servent pour percer la pierre, lorsqu'elle est trop dure, pour que le ciseau y puisse entrer.

GRAIN D'ORGE. Se dit quelquefois de la ligne qui est la douziéme partie du pouce de roi, c'est-à-dire, de la plus petite des mesures des longueurs.

BRODERIE A GRAIN D'ORGE. (*Terme de chasublier.*) C'est une *broderie* qui représente assez bien le grain dont elle a pris son nom.

GRAINE. C'est la semence que produisent les arbres & les plantes pour la conservation & reproduction de leur espèce.

On a jugé à propos de ne parler ici que des *graines* qui ont quelque rapport au commerce, aux teintures & manufactures, paroissant inutile de dire quelque chose des autres *graines*.

GRAINE D'AVIGNON, qu'on nomme autrement GRAINETTE ou GRAINE JAUNE. C'est la *graine* d'un arbrisseau connu des anciens sous le nom de LICIUM, de la Lycie où il croît en abondance ; & aussi sous celui de PIZACANTA, qui signifie *bois épineux*. Il y a quantité de ces arbrisseaux aux environs d'Avignon, d'où cette graine a été appellée *graine d'Avignon* : il s'en trouve aussi beaucoup dans le comté de Vénaissin & en plusieurs endroits de Dauphiné, de la Provence & du Languedoc.

Cet arbrisseau se plaît dans les lieux âpres & pierreux ; ses branches sont parsemées d'épines, longues de deux ou trois pieds ; son écorce est noirâtre, sa feuille petite, épaisse, semblable à celle du buis, mais arrangée comme celle du myrte ; sa *graine* d'un verd tirant sur le jaune est de la grosseur d'un grain de froment, d'un goût astringent & amer, & ses racines sont jaunes & ligneuses.

Quelques auteurs confondent cet arbrisseau avec le noir prun, mais il est d'une espèce toute différente. Les teinturiers se servent de la *graine d'Avignon* pour teindre en jaune.

GRAINE D'ÉCARLATE.

GRAINE DE PARADIS. Espèce de poivre qui vient d'Afrique.

GRAINE DE GIROFLE, autrement AMOMI, ou POIVRE DE LA JAMAÏQUE.

GRAINE DE COLLA, autrement NAVETTE, ou RABETTE.

GRAINE DE COTON.

GRAINE DE LIN.

GRAINE DE MUSC.

GRAINE DE CHANVRE appellée CHENEVI.

GRAINE DE CORNE DE CERF. C'est ainsi que les marchands épiciers-droguistes nomment la raclure de bois de cerf.

GRAINE. Ce qu'on appelle *rouge de demi graine*, est un des sept bons rouges des teinturiers.

GRAINES DE CITROUILLE, DE CONCOMBRE, DE COURGE, DE MELON. *Voyez* SEMENCES FROIDES.

GRAINE DE PERROQUET.

GRAINE DE VERS A SOIE. Ce sont les œufs de ces insectes : on les appelle *graine* à cause de la ressemblance qu'ils ont avec celle des plantes.

Ces œufs sont extrêmement petits, de figure ronde, mais un peu applatie, & d'une couleur grisâtre. Tous les vers à soie femelle jettent leur *graine* lorsqu'au sortir de la coque ils sont devenus papillons; mais il n'y a que la *graine* des femelles qui se sont accouplées avec les mâles qui soit féconde.

GRAINE DE TONNEAU. Espèce de cendre gravellée.

GRAINE D'ÉPINARS. (*Terme de brodeur-chasublier.*) C'est une espèce de broderie en losange faite avec du fil d'or & d'argent ; on l'appelle aussi *grain d'orge.*

GRAINETTE. *Graine* propre à teindre.

GRAINETTERIE. Commerce des grains, des graines & des légumes secs, en détail & à petites mesures. C'est le négoce que font à Paris les marchands & marchandes grainiers & grainières.

GRAINETTIER, GRAINETTIÈRE. marchand ou marchande qui vendent des grains, des graines.

GRAINIER, GRAINIÈRE, que l'on écrit aussi GRENIER, GRENIÈRE, marchand ou marchande qui vend en détail & à petites mesures toutes sortes de grains, graines, légumes, même du foin & de la paille.

On leur donne souvent le nom de *grenetier* & *grenetière*, mais c'est improprement ; les ordonnances & les statuts concernant cette profession ne leur donnant que le nom de *grainier* & *grainière*, & d'ailleurs le nom de *grenetier*, ayant une autre signification.

A Paris les *grainiers* & *grainières* ne font qu'un seul corps de communauté : leurs derniers statuts sont du 17 septembre 1694; ils leur donnent la qualité de maîtres & maîtresses, marchands & marchandes *grainiers* & *grainières* de la ville & faux-bourgs de Paris.

Les graines, légumes & autres denrées qu'ils ont faculté de vendre, sont, toutes sortes de pois, feves & lentilles tant crues que cuites, de l'orge en grain & de l'orge mondé, de l'avoine, du gruau d'avoine, du millet en grain & du millet mondé, du ris, du bled, du seigle, du sarrasin, de la navette, du chenevi, de la vesse, du sainfoin, de la luzerne, du treffle de Hollande, des lupins, de la graine de lin, du psillion, de l'alpiste, du fenugré, de la graine de coriandre; enfin des graines de laitues, de pourpier, de porreaux, de poirée, d'oignon, d'épinards, de cercifis, de chou & de cerfeuil, & toutes autres graines de jardin.

Toutes sortes de farines entrent aussi dans leur négoce. Telles sont les farines de féves, d'orobe, de seigle, de froment, d'orge, de lupins, de graine de lin & de fenugré ; & généralement toutes les espèces de graines & autres marchandises dépendantes de l'état & métier de *grainier & grainière*, même du foin, & de la paille ; mais le tout en détail & petites mesures.

Il faut observer que sous le titre de *grains* sont compris le bled ou froment, le seigle, l'orge, l'avoine & le sarrasin : que sous le nom de *légumes* on doit entendre les pois, les féves & les lentilles, & que ce qu'on nomme *graines* est le millet, la navette, le chenevi, la vesse, le sainfoin, l'alpiste, &c.

GRAIS, ou GRÉS. Pierre dure & grise qui se fend & se réduit en poudre aisément.

Cette pierre a quantité d'usages : elle sert dans les bâtimens, mais seulement en gros quartiers, n'y étant pas propre en moilon, encore moins en cailloutage, parce qu'elle n'aspire pas le mortier; elle ne s'employe guères que piquée : elle se vend au pied cube, à la voie & au tonneau. La superbe maison de Fontainebleau en est presque toute bâtie.

Les sculpteurs se servent aussi de la pierre de *grais* pour des morceaux de sculpture ; les sphinx & les lamies qu'on voit à Fontainebleau & qui sont si fort estimés, en sont faits.

Le principal usage du *grais*, sur-tout à Paris & aux environs, est pour le pavé ; presque tous les grands chemins qui y aboutissent en sont, aussi-bien que les rues & les cours des maisons de cette Capitale. Il y en a de deux sortes, du grand & du petit échantillon : le grand ne s'assied qu'avec le sable ; le petit qui est aussi de deux sortes, se pose ou à chaux & à sable, si c'est marchandises du commun, ou à chaux & à ciment s'il est d'échantillon ; c'est-à-dire, s'il est taillé quarrément ; ce dernier n'a que quatre à cinq pouces en quarré. Le *grais* se vend à la toise cube tout taillé sur la carrière, & à la toise quarrée posé en place.

Les potiers de terre & les fournalistes employent aussi beaucoup de *grais* dans leurs ouvrages.

C'est encore avec du *grais* battu que les glaces à miroirs se dégrossissent & s'adoucissent, & que les lunetiers travaillent leurs verres, soit concaves avec des boules, soit convexes dans des bassins.

Les marbriers & scieurs de pierre s'en servent pareillement pour scier & user leurs marbres & leurs pierres.

Enfin c'est sur le *grais* que la plupart des ouvriers qui travaillent en marbre, en pierre & en bois, comme les sculpteurs, marbriers, tailleurs

de

de pierre, charpentiers, menuifiers, &c. affutent & aiguifent leurs outils coupans.

GRAISSE, c'eft une matière blanche, graffe & huileufe, qui fe trouve répandue dans plufieurs parties du corps des animaux.

Quoiqu'il femble que les différentes fortes de graiffes ne foient pas d'une grande utilité pour le commerce; cependant il y en a quelques-unes qui étant fondues & purifiées, font partie de celui des marchands épiciers & droguiftes, les unes étant propres à la médecine, & les autres s'employant dans les manufactures des chandelles, ou dans la préparation de certaines fortes de cuirs fous le titre de fuif.

On va rapporter ici celles qui font le plus en ufage.

GRAISSE DE BLAIREAU.
GRAISSE ou SUIF DE BŒUF ET DE VACHE.
GRAISSE ou SUIF DE BOUC.
GRAISSE ou SUIF DE CERF.
GRAISSE ou SUIF DE MOUTON ET DE BREBIS.
GRAISSE ou SUIF D'OURS.
GRAISSE ou SUIF DE PORC ET DE TRUYE.
GRAISSE DE VAUTOUR.

GRAISSE DE CHEVAL, qu'on appelle auffi huile de cheval, dont fe fervent les émailleurs.

Il y a des graiffes de poiffon qui étant fondues & préparées, prennent le nom d'huile; telles font celles de la baleine & du marfouin, qui font partie du négoce des marchands épiciers & chandeliers.

GRAMONIE. Terme de commerce en ufage dans quelques échelles du Levant, particulièrement à Smyrne.

La gramonie fignifie, dans le commerce des foies, une déduction de ¼ de piaftre par balle, outre & par deffus toutes les tarres établies par l'ufage.

GRAND. (Terme de comparaifon.) Il fe dit dans le commerce, de quelques livres des marchands & banquiers, auffi-bien que de certaines communautés; & encore de diverfes fortes de marchandifes, ou de la manière d'en faire le triage, le compte, ou le débit. On va donner ici ceux & celles qui font le plus en ufage.

GRAND-AMIRAL DE FRANCE. Voyez AMIRAL.

GRAND-BARRAGE. Nom que l'on donne à une forte de linge ouvré qui fe fabrique à Caen & aux environs de cette ville de baffe Normandie. Il y a du grand-barrage fin & du grand-barrage commun.

GRAND-CAEN, ou DAMAS. Espèce de linge ouvré qui fe fait en quelques lieux de baffe Normandie.

GRAND-COMPTE, ou COMPTE-MARCHAND. Terme de commerce de morue.

GRAND-LION. C'eft encore du linge ouvré qui fe tire du Beaujolois, particulièrement de Rayguie.

GRAND LIVRE, que l'on appelle auffi LIVRE D'EXTRAITS, ou LIVRE DE RAISON. C'eft une espèce de regiftre d'une grandeur extraordinaire, dont les marchands, négocians, banquiers & autres qui fe mêlent de commerce, fe fervent pour y for-

mer tous les comptes en débit & crédit, dont ils trouvent les fujets fur leur journal.

Dans ce livre les pages à gauche font deftinées pour le débit, & celles à droite pour le crédit. Le débit fe marque par le mot doit, qui fe met après le nom du débiteur; & le crédit fe diftingue par le mot avoir.

De quelque manière que l'on veuille tenir les écritures dans le commerce, c'eft-à-dire, foit en parties fimples, foit en parties doubles, on ne peut abfolument fe difpenfer d'avoir un grand livre.

GRAND-MONDE. C'eft une espèce de papier, le plus grand de ceux qui fe fabriquent dans les papeteries de France.

GRAND-MOULE A CAUCHER. } Termes de bat-
GRAND-MOULE A ACHEVER. } teur d'or.

GRAND-TEINT, ou BON-TEINT. C'eft ainfi qu'on nomme la communauté des maîtres teinturiers, à qui il n'eft permis que d'employer les meilleures drogues pour faire les bouillons de leurs teintures, & mettre les étoffes en couleur. Ils font ainfi nommés par oppofition aux teinturiers du petit teint, qui ne teignent que les moindres étoffes, & qui peuvent fe fervir de drogues moins bonnes.

GRANDE-MESURE (Terme de batteur d'or.)

GRANDE-ROSE, GRANDE-VENISE. Ces deux fortes de linges ouvrés fe manufacturent en Flandre & en baffe Normandie.

GRANDS-BRINS, ou HAUTS-BRINS, qu'on nomme ordinairement, en termes de commerce de toiles, TOILES DE HALLE ASSORTIES. Ce font des toiles de Bretagne, dont la meilleure partie fe fabrique à Dinan.

GRAND PETUN. On nomme ainfi l'une des quatre fortes de tabacs qui fe cultive dans l'Amérique, à caufe qu'il a des feuilles plus grandes que les autres n'en ont.

GRAND-ACQUIT. On nomme ainfi à Libourne un droit qui fe lève fur chaque vaiffeau ou barque de fel qui fe met en coutume : ce droit eft 4 liv. par bâtiment. C'eft un des droits qui fe paye au convoi.

GRAND-BANC. On nomme ainfi un banc fitué dans les mers du Canada, où fe fait la pêche de la morue.

GRAS, GRASSE. On dit, en terme de manufacture de lainerie, qu'un drap eft gras, qu'une ferge eft graffe, lorfqu'ils n'ont point été bien dégorgés de leur huile, ou de leur graiffe, ce qui vient de la faute du foulon. Les vers fe mettent plus ordinairement dans les étoffes graffes que dans les autres.

GRATIA DEI, ou GRATIOLA. Nom que les botaniftes donnent à une forte de plante médecinale qui vient en Languedoc, en Provence, & en divers endroits de France.

GRATIENNE. Espèce de toiles de lin qui fe manufacturent en quelques endroits de la Bretagne. Elles font blanches & d'un affez bon blanchiment.

GRATIOLA. Espèce de séné François. *Voyez* ci-dessus GRATIA DEI.

GRATTERON. Est une *plante* sauvage & potagère. Son jus pris en breuvage est singulier, selon Dioscoride, aux morsures des vipères & des araignées phalanges. Son eau distillée est merveilleuse pour la pleurésie & points de côté, la dyssentérie, la jaunisse, &c. Cette herbe est du négoce des herboristes.

GRAVELÉE, autrement **CENDRE GRAVELÉE.** Drogue propre à la teinture, du nombre de celles que l'on appelle *non colorantes*; parce que sans donner aucune couleur aux étoffes, elles ne font que les préparer à en recevoir une, étant employée dans les bains ou bouillons.

Pour être bonne, elle doit être en pierre, nouvelle faite, d'un blanc verdâtre, & d'un goût salé & amer. Celle qu'on fait venir de Bourgogne est incomparablement meilleure que celle que font les vinaigriers de Paris, parce qu'elle n'est faite qu'avec de bonne lie. Il en vient aussi de Lyon, qui est fort estimée.

L'on apporte de Pologne, sur-tout de Dantzick, & quelquefois de Moscovie, une espèce de *cendre gravelée*, que l'on nomme *potasse* ou *vedasse*, dont les teinturiers se servent aux mêmes usages que de celles de France : en effet, au nom près, c'est précisément la même chose ; à moins peut-être que l'éloignement des pays d'où elle vient, n'y ajoute quelque prix, comme il n'est que trop ordinaire.

De la *gravelée* préparée par la chymie on fait un sel qui a les mêmes vertus que le sel de tartre, à la réserve qu'il est plus corrosif. On en compose aussi les pierres que l'on appelle *pierre à cautère*, soit les communes, soit celles qu'on nomme *cautères* de velours, à cause qu'elles opèrent doucement. Il s'en peut encore tirer une huile dont les vertus sont assez semblables à celles de l'huile de tartre.

GRECS. On nomme ainsi dans le commerce des peintres & doreurs du pont Notre-Dame & du quai de Gèvres, certaines *bordures* d'une grandeur déterminée qui servent à encadrer des estampes. Elles portent 8 pouces 4 lignes de haut, sur 6 pouces 4 lignes de largeur.

GRÈGE, GRESSE, ou **GRAIZE.** La soie *grège*, qu'on appelle aussi *soie en matasse*, est de la soie telle qu'elle est tirée de dessus les cocons, sans avoir encore reçu aucun apprêt ; ce qui la distingue de la soie ouvrée.

GRELOT. Les fils qu'on appelle *fils au grelot*, se tirent de Dorpt en Hollande. Ils sont blancs & plats, & servent pour broder à l'aiguille des mousselines, des linons & des batistes.

GRELOT. Petite boule creuse d'argent ou de cuivre, où on enferme quelque petit corps dur & solide, qui étant agité, fait l'office d'une petite sonnette. Les tambours de basques sont entourés de grelots.

GRENADE. C'est une sorte de *linge ouvré* qui se fait à Caen & en quelques endroits des environs de cette ville de basse Normandie.

GRENADE. Est encore la *soie* la plus estimée pour la couture, les franges & autres sortes d'ouvrages.

GRENADILLE. Espèce d'*ébène* rouge qui a beaucoup de veines.

GRENAILLE. Métal réduit en menus grains.

La *grenaille* des métaux se fait en les jettant dans de l'eau froide quand ils sont fondus. Les métaux qui se réduisent en *grenaille*, sont l'or, l'argent & le cuivre. On le fait aussi de l'étain, mais rarement. Cette façon se donne pour les épurer.

On appelle *rocher de grenaille*, en termes de monnoie, les grains des métaux qui s'amassent en une masse au fond du baquet plein d'eau, où on les verse quand ils sont en bain.

Ce qu'on nomme *grenailles creuses & concaves*, sont les grains les plus menus du métal réduit en *grenaille*.

GRENAILLE. Se dit aussi de la cire que l'on réduit en grains par le moyen du gréloué, pour la mettre en état d'être blanchie.

GRENAT. Pierre précieuse fort rouge, assez semblable pour la couleur aux grains d'une grenade.

Il y a des *grenats* orientaux & d'autres occidentaux. Les orientaux viennent de divers endroits des grandes Indes ; & les occidentaux, d'Espagne, de Bohème & de Silésie.

Ceux d'Orient sont de trois espèces, qui ne se distinguent que par la couleur : les uns sont d'un rouge brun, & comme de sang noir & épaissi ; de ceux-là il y en a de la grosseur d'un œuf de poule : les autres sont presque de la couleur du hyacinthe, avec qui on les confondroit, s'ils n'étoient plus rouges ; ce sont ceux-là qu'on nomme *grenats surions*, & qui sont fort estimés : les troisièmes mêlant le violet avec le rouge sont appelés par les Italiens, *rubini della rocha*.

Les *grenats* d'occident sont aussi de divers rouges, suivant les lieux où ils se trouvent. En Espagne ils imitent la couleur du grain de grenade : ceux de Bohème ont un rouge en quelque sorte doré, & qui éclate comme un charbon ardent : ceux de Silésie sont plus obscurs, & rarement entièrement transparens. De tous les *grenats* occidentaux les Bohémiens ont la préférence ; quelques auteurs même la leur donnent sur les orientaux. Ils se trouvent assez près de Prague, non pas dans des mines particulières, mais les paysans les recueillent dans les champs parmi le sable & les cailloux.

GRENAT. On appelle aussi *grenat* dans le commerce des drogues & de l'épicerie, l'écorce des citrons qu'on a étrainte pour en tirer le jus.

GRENÉ, GRENÉE. On appelle *sel gréné* celui qui est réduit en grains. C'est une des bonnes qualités du sel d'être bien *gréné* ; plus le grain est gros, plus le sel est estimé.

GRENETIS. (*Terme de monnoie.*) Il se dit

d'un petit cordon en forme de grain d'orge, qui regne tout autour des efpèces fur la fuperficie, & qui dans fon contour enferme les effigies, ou les écuffons & leurs légendes. On l'apelle quelquefois un *chapelet*; mais il y a de la différence entre ces deux ornemens, les *grenetis* étant faits de grains un peu longuets, & le chapelet de grains ronds : ce dernier fe trouve fur quelques médailles anciennes & modernes, mais point du tout fur nos monnoies. On met auffi un *grenetis* aux jettons.

GRENIER, GRENIÈRE. Marchand ou marchande qui fait négoce en détail de grains, de graines.

GRENIER. Lieu où l'on garde, où l'on ferre les grains après qu'ils ont été battus. Il fe dit auffi des lieux où on enferme, ou met à couvert le foin, la paille & autres femblables marchandifes.

GRENIER. Se dit pareillement chez les marchands grainiers & grainières, d'une efpèce de long coffre ou huche de bois fouvent fans couvercle, ayant plufieurs féparations en dedans, afin que les différens grains que l'on y met ne puiffent fe mêler les uns avec les autres.

EMBARQUER EN GRENIER. (*Terme de commerce de mer.*) Il fignifie embarquer des marchandifes dans un bâtiment fans qu'elles foient emballées : ainfi l'on dit, embarquer du poivre en grenier, quand le poivre n'eft point dans fes facs, & qu'on le met en maffe dans le fond de calle du vaiffeau, ou dans quelque autre endroit fec deftiné à cet ufage.

La plupart des grains qui arrivent à Paris par la rivière, entr'autres les bleds & les avoines, s'embarquent en grenier : il en arrive néanmoins de Champagne quantité en facs.

On dit en proverbe, d'une marchandife qui eft de bonne garde & dont le débit eft avantageux, que c'eft du bled en *grenier*.

GRENIER A SEL. C'eft un magafin ou dépôt où l'on conferve les fels de la ferme des gabelles. L'on fait ordinairement deux maffes de fel, quelque-fois trois, comme dans celui de Paris, afin de laiffer aux nouveaux fels le temps de fe gabeller, ce qui fe fait en deux ans : plus la maffe eft ancienne, plus le fel eft bien gabellé ; l'on n'entame jamais une nouvelle maffe que la première ne foit tout-à-fait débitée.

GRENIER A SEL. C'eft encore la jurifdiction où fe jugent en premières inftances les contraventions fur le fait du fel ; les officiers des *greniers à fel* en connoiffent définitivement an-deffous d'un quart de minot ; au-deffus elles peuvent être portées par appel à la cour des aides.

GRÈVE. C'eft une des places publiques de la ville de Paris. On appelle auffi de ce nom tout le rivage de la rivière de Seine qui eft au pied de cette place & qui remonte le long du quai jufqu'à la place aux veaux.

Cette *grève* ou rivage eft une étape pour les vins & les bleds qui arrivent au port de la *grève*.

C'eft auffi où les femmes des garçons de pelle font le regrat ou petit négoce des fonds de bateaux de charbons que leurs maris reçoivent des marchands pour le paiement de leurs peines & falaires.

GRIBARNES. Grands bateaux dont on fe fert fur la rivière de Somme, depuis Saint-Vallery jufqu'à Amiens. C'eft fur ces bâtimens qu'on envoie dans cette dernière ville les marchandifes qui viennent par mer à Saint-Vallery ; foit qu'elles y viennent des ports de France, foit que les Anglois, les Hollandois, les Hambourgeois & les Suédois les y ayent amenées fur leurs vaiffeaux.

GRIERS, que quelques-uns écrivent & prononcent GRUIÈRE. Sorte de fromage qui vient de Suiffe.

GRIF, ou GRIVE. Monnoie de compte dont on fe fert en Mofcovie. Le *grif* vaut dix copecs, & il faut dix *grifs* pour un rouble. *Voy.* LA TABLE DES MONNOIES.

GRIFFE. (*Terme de commerce d'étain.*) On appelle *griffes*, des marques en façon de pates d'oye que les effayeurs d'étain de la ville de Rouen font aux faumons de ce métal qui viennent d'Angleterre, pour en faire connoître la qualité & la fineffe. L'étain le plus épuré n'a point de *griffe*, mais feulement un agneau pafchal : les étains moins fins fe marquent à une, deux, ou trois *griffes*, fuivant le plus ou le moins de bonté.

GRIFFE D'OURS. C'eft une forte de *védaffe* ou cendre gravellée, qui fe tire de Conifberg.

GRILLE. Sorte de *laine* qui vient d'Efpagne. C'eft une efpèce de prime ou de mère-laine, qui eft fort eftimée. On la compare à la pille des Chartreux, même à la pille des Jéfuites, qui font les laines les plus fines que l'on tire de Caftille & d'Arragon.

GRILLES. On nomme à Gênes *Compagnie des grilles*, une affociation de marchands pour la tráitte des négres.

GRIMELIN. Petite *monnoie d'argent* d'un titre affez-bas, qui fe fabrique & qui a cours à Tripoli de Barbarie.

GRIMELIN. Celui qui fait un commerce de peu de conféquence.

GRIMELINAGE. Petit gain que l'on fait dans un trafic, ou dans une affaire.

GRIMELINER. Gagner peu dans un négoce, fe contenter d'un petit profit.

GRIPELLER. (*Terme de manufacture.*) Il fe dit des étoffes de foie qui ne font pas bien unies, pour avoir été trop-tôt déroulées de deffus l'enfuble.

Quand une pièce d'étoffe de foie eft achevée fur le métier, il faut la laiffer un temps fuffifant fur l'enfuble, pour la rendre plus unie, & empêcher qu'elle ne fe *gripelle*.

GRIS, GRISE. Couleur qui eft mêlée de blanc & de noir.

Le *gris* chez les teinturiers, eft la nuance du noir, depuis la plus baffe couleur qui eft le *gris blanc*, jufqu'à la plus haute qui eft le *gris noir*.

L'ordre de ces nuances est le *gris* blanc, le *gris* de perle, le *gris* de plomb, le *gris* de lavande, le *gris* de castor, le *gris* de ramier, le *gris* d'ardoise, le *gris* de moron, le *gris* brun, le serbrun ou *gris* noir, autrement *gris* minime; le *gris* de fer & le vrai *gris*, celui-ci ne se décharge point. Tous ces *gris* doivent être teints en cramoisy, avec guesde ou pastel, sans mélange de bresil ni d'orseille.

Outre ces *gris* dont les nuances se suivent, il y en a encore plusieurs autres qu'on peut appeler des *gris interrompus*, comme le *gris* cendré ou *gris* sale, le *gris* de rat ou de souris, qui a moins d'éclat que les autres; le *gris* argenté, le *gris* violant, le *gris* vineux, le *gris* de sauge, un *gris* d'eau & un *gris* verd ou merde d'oye.

On met aussi au nombre des *gris* la couleur de pain ou trist-amie, & la couleur de prince ou de noisette.

On appelle *gris de lin* une nuance violette qui a plusieurs degrés depuis le plus clair jusqu'au plus brun.

PETIT GRIS. Ce qu'on nomme *petit gris* est de deux sortes; l'un est la peau ou fourure d'une espèce de rats ou d'écureuils qui se trouvent dans les pays froids. L'autre est une des sortes de plumes que l'on tire de dessus l'autruche.

VERS DE GRIS. C'est la rouille du cuivre.

PAPIER GRIS. *Voyez* PAPIER.

GRISATRE. Qui est de couleur tirant sur le gris. Une étoffe *grisâtre*.

GRISER. Devenir gris. (*Terme de teinturier.*) Il se dit des bleus de mauvaise teinte dont la couleur se change & tire sur le gris.

GRISETTE. Petite étoffe légère, ordinairement mêlée de soie, de laine, de fil, de poil ou de coton, & quelquefois toute de laine, que les personnes de médiocre condition qu'on nomme à Paris par plaisanterie des *grisettes*, ont commencé à porter, & qui ont ensuite passé jusqu'aux personnes du premier rang.

Ces petites étoffes étoient d'abord grises, mais on en a depuis fait de toutes couleurs & façons, de pleines, de rayées, à fleurs, &c. qui toutes cependant conservent toujours leur nom de *grisettes*.

Ce sont les férandiniers qui les fabriquent & qui les vendent, aussi sont-elles pour la plûpart des espèces de ferandines; il s'en fait néanmoins d'étamines. On ne peut dire combien le commerce de ces étoffes est considérable à Paris, & combien il s'en fait d'envois dans les provinces.

Leurs largeur & longueur se réglent sur celles des étoffes qu'elles imitent, c'est-à-dire, des ferandines ou des étamines.

GRIVE, ou GRIF. Monnoie de compte de Moscovie.

GRIVELÉE. Profit injuste & secret que l'on fait dans un emploi ou sur des marchandises qu'on achète par commission.

GRIVELER. Faire de petits profits illicites sur son correspondant, sur son associé, ou sur ceux pour qui on fait des emplettes.

GROCH, ou GROCHEN. Petite monnoie de Pologne, qui sert de monnoie de compte aux marchands & banquiers Polonois pour tenir leurs livres. A Berlin le *groch* de compte vaut deux sols six deniers : les livres s'y tiennent en richedales & en *grochs*, de même qu'en Pologne; mais avec cette différence que la richedale dans les états de Brandebourg ne vaut que vingt-quatre *grochs* de Berlin, & qu'il faut quatre-vingt-dix *grochs* Polonoises pour faire la richedale.

Il y a aussi des *grochs* en Allemagne, qui valent 1 sol $\frac{1}{2}$ du pays, c'est-à-dire, environ 2 sols de France.

GROCHE. Les Turcs nomment quelquefois de la sorte la *réale* ou *pièce de huit* d'Espagne : elle a cours à Constantinople pour quatre-vingt aspres de bon alloi; mais si l'alloi est bas, on en donne six vingt pour la réale.

Au Caire la *croche*, si c'est en échange, passe pour trente-trois meidins; & si c'est en espèces, pour quarante, & quelquefois davantage.

Les pièces de huit ou réaux d'Espagne valent plus à Constantinople & au Caire à les échanger contre des temins & des aspres, & autres monnoies de bas alloi, qui ont cours dans la Turquie, suivant qu'elles sont recherchées des marchands Arméniens, Persans & Arabes qui les portent dans leurs pays, préférablement à d'autres monnoies. *Voyez* LA TABLE DES MONNOIES.

GROIZON. Sorte de pierre ou craye blanche réduite en poudre très-fine, dont les Mégissiers se servent pour préparer le parchemin.

GROS. Terme relatif qui signifie *ce qui a beaucoup de largeur & d'épaisseur*, & qui est d'un plus grand volume qu'un autre corps avec lequel on le fait entrer en comparaison.

Gros s'entend aussi absolument & sans relation avec une autre chose, & c'est de cette manière qu'il se prend en parlant de quelques poids & de diverses monnoies.

Ce terme a encore plusieurs autres significations dans le commerce, qu'on va toutes expliquer dans cet article.

GROS D'AUTRUCHE. C'est le plus gros du duvet ou poil d'autruche que l'on a séparé du fin, pour être employé aux lisières des draps fins de laine, destinés pour être teints en noir; on l'appelle aussi *laine* ou *ploc d'autruche*.

GROS BOIS. C'est du bois à brûler taillé en buches d'une certaine grosseur & longueur fixée par les ordonnances. On le nomme *gros* pour le distinguer des bourées, fagots & cotterets qui ne sont composés que de menus morceaux de bois & branchages.

Quand on parle du bois quarré ou bois de charpente, & que l'on dit qu'il a tant de pouces de *gros*, cela doit s'entendre qu'il a tant de largeur & d'épaisseur.

Aux eaux & forêts, & parmi les marchands de bois qui en font exploiter, on dit qu'un arbre a tant de *gros*, pour dire, qu'il a tant de pieds de tour.

GROS BON, ou BULE. C'est ainsi que l'on appelle, dans les manufactures de papier, la *pâte commune* faite de vieux chiffons ou drapeaux de toile de lin ou de chanvre qui s'emploie à faire le gros papier.

GROS CUIR. C'est du *cuir* de bœuf plaqué, propre à faire des femelles de fouliers.

GROS. Signifie quelquefois *riche* ou celui qui a réputation de l'être. Un *gros* marchand, un *gros* banquier.

On appelle *marchand en gros* celui qui ne vend que les pièces, que les balles entières, qui ne détaille point & qui vend en magasins.

On dit qu'un négociant a gagné *gros*, pour faire entendre qu'il a beaucoup profité dans une entreprise de commerce.

GROS. Ce qui est le principal, la plus considérable, la plus grande partie d'une chose : ce marchand ne fait qu'un tel commerce en *gros*.

GROS AVENTURIER. Celui qui met de l'argent à la grosse aventure.

GROS. Droit d'aides établi en plusieurs provinces de France : on le nomme *droit de gros*, parce qu'il se perçoit sur les vins, bières, cidres, poirés, & eaux-de-vie qui se vendent en *gros*.

Ce droit consiste au vingtième du prix de la vente de ces liqueurs ; c'est proprement un droit de sol pour livre : son établissement est de l'an 1355 sous le règne du roi Jean.

GROS. Sorte de petit poids qui est la huitième partie d'une once, ou une dragme ; le *gros* se divise en trois deniers, le denier en vingt-quatre grains ; & chaque grain est estimé peser environ un grain de bled ; les soixante & douze grains font un *gros*.

GROS. Petite monnoie de billon ou cuivre tenant argent, qui avoit cours en Franche-Comté avant que cette province eût été réunie à la couronne de France sous le règne de Louis XIV ; il se reçoit encore en Lorraine & dans quelques états voisins. Le *gros* vaut dix deniers tournois, & ne tient de fin que deux deniers quatorze à quinze grains : les doubles *gros* sont à plus haut titre & tiennent d'argent cinq deniers quatorze à quinze grains. Les uns & les autres ont été fabriqués à Besançon & à Dole pendant que ces villes étoient sous la domination de la maison d'Autriche.

GROS. Est aussi une monnoie en usage dans les pays de Saxe, Siléfie, Bohême, &c. que l'on prétend du poids des dragmes attiques, & des vieux deniers Romains.

On appelle *livre de gros* une sorte de monnoie de compte ou imaginaire dont on se sert en Hollande, en Flandre & en Brabant. La livre de gros

vaut plus ou moins suivant les lieux où elle est en usage, & elle augmente ou diminue de valeur à proportion que le change hausse ou baisse. *Voy.* LES TABLES DES MONNOIES.

GROS DRAP. Celui qui a été fabriqué de laine commune & grossièrement filée : on appelle aussi une *grosse dentelle*, une *grosse toile*, celle qui est faite & manufacturée de gros fil de chanvre ou de lin.

GROS NOIR. Sorte d'ardoises.

GROS PAPIER. C'est du papier fait de pâte commune, que l'on nomme *gros bon*, ou bule.

GROS DE TOURS, ou GROS DE NAPLES. Sorte d'étoffe toute de soie, qui n'est autre chose qu'une espèce de gros taffetas plus fort & plus épais que les autres ; sa largeur ordinaire est d'une demi-aune moins un douze. On en tiroit autrefois beaucoup de Naples ; mais depuis que les Tourangeaux se sont appliqués à les bien fabriquer, il n'en est presque pas venu d'Italie.

On appelle aussi *gros de Tours* des étoffes fabriquées à la Chine, à peu près semblables aux *gros de Tours* de France, ce qui apparemment leur a fait perdre leur véritable nom Chinois, pour en prendre un François plus connu.

Les *gros de Tours* sergés sont des espèces de serges de soie quelquefois unies & quelquefois façonnées.

GROS VERDUN. Espèce de dragée.

GROS VIN. Celui qui est fort couvert & épais.

GROS-FILÉ. On appelle ainsi en Guyenne, dans la fabrique des tabacs, le plus *gros filage* que l'on y fasse avec des feuilles de tabac sans côtes. Il y a encore deux filages, savoir le prim filé & le moyen filé ; le *gros-filé* a environ un pouce de circonférence.

GROSIL, GROISIL, ou GRESIL. Verre cassé en de trop petits morceaux pour être employé aux ouvrages des vitriers. Le *grosil* se renvoie aux verreries pour y être refondu suivant sa qualité : il se vend au baril.

GROSSE, est une expédition en parchemin des contrats, des obligations, arrêts & sentences que délivrent les notaires, & les greffiers, & qui sont exécutoires quand elles sont scellées.

GROSSE. Se dit du profit ou intérêt de tant pour cent que l'on donne pour l'argent que l'on prend, ou que l'on donne à la grosse aventure. Ainsi l'on dit, la *grosse* est sur le pied de douze ou quinze pour cent plus ou moins.

On appelle *contrat* ou *obligation à la grosse aventure*, une certaine convention par écrit, qui se fait entre deux personnes, dont l'une envoye des marchandises par mer & l'autre lui donne une somme d'argent, sous condition de la retirer avec un certain profit, supposé que le voyage se fasse avec succès ; ou de la perdre si les marchandises viennent à périr.

Donner de l'argent à la *grosse aventure*, c'est hazarder son argent sur un vaisseau, ou sur les marchandises de sa cargaison, dans l'espérance d'un gros intérêt, à cause des risques qu'il y a à courir.

Quantité de personnes s'imaginent que *grosse aventure* & *assurance* sont deux termes synonimes, ou du moins ils ne croyent pas qu'il y ait entre l'une & l'autre beaucoup de différence ; il ne sera pas inutile de leur faire remarquer qu'il y en a extrèmement.

1°. Le bailleur à la *grosse*, avance ses deniers en signant le contrat de *grosse*, & se réserve à les retirer avec le profit convenu, après le retour du vaisseau.

L'assureur n'avance rien du tout ; au contraire, en signant la police d'assurance, il reçoit comptant la prime convenue, & ne débourse rien qu'après que l'abandon de la chose assurée lui a été judiciairement signifié par l'assuré.

2°. Le bailleur à la *grosse* par la perte du vaisseau, perd non-seulement ses avances ; mais aussi le profit qu'il en espéroit tirer.

L'assureur en perdant la somme par lui assurée, retient la prime par lui reçue ; de manière que s'il a assuré 1000 liv. à 10 pour cent, en payant ces 1000 liv. il ne perd que 900 liv. parce qu'il a reçu 100 liv. pour la prime, lesquelles 100 liv. lui restent.

3°. Le bailleur à la *grosse* a besoin d'avoir un fonds considérable pour mettre dans ce commerce.

Non-seulement l'assureur n'a besoin de faire aucun fonds ; mais ses assurances lui fournissent un fonds par la quantité de primes qu'il touche d'avance sans rien débourser.

4°. Le bailleur à la *grosse* court non-seulement les risques ordinaires de la mer ; mais il court en outre celui de la solvabilité des débiteurs à qui il confie ses deniers.

L'assureur n'avançant aucuns deniers, ne court que le premier risque & jamais le second.

5°. Le preneur d'argent à la *grosse* étant nanti des deniers du bailleur, ne court aucun risque avec lui quoi qu'il arrive.

L'assuré n'étant nanti de rien, court le risque de la solvabilité de l'assureur, & outre son vaisseau, perd souvent sa prime, qui ne lui acquiert aucun droit, sinon la concurrence avec les autres créanciers de son assureur pour raison de la somme assurée.

6°. Dans la *grosse aventure*, le preneur a besoin d'emprunter un fonds pour équiper & avitailler son vaisseau.

Dans l'assurance, l'assuré a son fonds tout fait, & il ne cherche dans son assureur que le moyen de ne le pas perdre.

GROSSE. Signifie aussi un *certain compte de douze douzaines*, c'est-à-dire, de douze fois douze, qui font cent quarante-quatre ; une demi-*grosse* est six douzaines ou la moitié d'une *grosse*.

Il y a quantité de marchandises que les marchands grossiers, manufacturiers & ouvriers vendent à la *grosse*, entr'autres les lacets de soie & de fil, les boutons de soie, de poil, de fil & de crin, les boucles & anneaux de fer pour les selliers, les

couteaux de table & ceux à ressort ; les ciseaux à lingères & à tailleurs, les limes de toutes sortes qui se font en France, les vrilles d'Angleterre, les poires à poudre, les écritoires & étuis de cuir, les dez à coudre de cuivre & de fer, les sangles & surfaix pour les chevaux de selle ; les peignes de buis, de bois & de corne, les busques de bois & de baleine, les peaux de veau passées en alun pour les reliers de livres, les peaux de chevreau, de mouton & d'agneau passées en mégie, celles de porc & de truye tannées.

Le fil à marquer se vend aussi à la *grosse* d'écheveaux ; les rubans de fil teints & lisses qui se font à Rouen, auxquels on donne le nom de *padous*, se vendent pareillement à la *grosse*, chaque *grosse* composée de douze pièces de ruban de douze aunes chacune : enfin il y a tant d'autres marchandises qui se vendent à la *grosse*, qu'il seroit assez difficile de les pouvoir toutes expliquer ici.

Quoique le parchemin neuf ne se vende ordinairement qu'à la botte de trente-six peaux, cependant les droits d'entrée & de sortie du royaume, se paient sur le pied de la *grosse* de douze douzaines de peaux.

GROSSERIE, ou GROSSIÉRIE. Ce sont les gros ouvrages que fabriquent les maîtres taillandiers-grossiers.

GROSSIER. Qui vend, qui fait commerce de marchandises en gros. Un marchand *grossier* d'épiceries, de draperies, de soiries, &c.

A Amsterdam il n'y a point de différence entre *grossier* & *détailleur*, étant permis à chacun de faire tout ensemble le gros & le détail de sa marchandise, excepté néanmoins ceux qui font le négoce des vins & des eaux-de-vie étrangères.

GROSSIER, GROSSIÈRE. Épais, qui a trop de grosseur. Ce drap est trop *grossier* ; cette toile est bien *grossière*.

GROSSIERS. Les *taillandiers grossiers* sont ceux des quatre métiers qui composent la communauté des maîtres taillandiers de Paris, qui fabriquent les gros ouvrages de taillanderie, comme cremailleres, hastiers, sommiers, chenets, landiers & autres ustensiles de cuisine, testus, gréloirs, dessaintroits.

GROSSIERS. Les *horlogers grossiers* sont ceux qui ne travaillent qu'en gros ouvrages, comme en horloges d'église, en tourne-broches.

GROUP. Se dit des paquets d'or ou d'argent en espèces, que les marchands & négocians s'envoient les uns aux autres par la poste, par le messager, ou par quelqu'autre commodité. Ainsi l'on dit en écrivant à son correspondant ; je vous envoie par une telle voie un *group* de quinze cent louis dont vous m'accuserez la réception, c'est-à-dire, un paquet où est contenu ce nombre de louis d'or.

GRU. Fruit sauvage qui se trouve dans les forêts & que mangent ou grugent les cochons & autres animaux qu'on y envoie paître. Sous le nom de *gru* on comprend le gland, la faîne, les châtaignes, les pommes & les poires sauvages.

GRUAU. C'eſt de l'orge ou de l'avoine ſechées au four & miſes en groſſe farine grenue par le moyen d'une ſorte de moulin, qui en les moulant les coupe & les charroie de leur peau.

A Paris ce ſont les marchands épiciers & grainiers qui font négoce de *gruau* : ils le tirent ordinairement de Bretagne & de Touraine ; celui de Bretagne eſt le plus eſtimé. Le *gruau* ſert à faire une bouillie excellente en la faiſant cuire un peu lentement dans du lait ; l'on prétend qu'il eſt très bon pour engraiſſer & pour rafraîchir : on en fait auſſi des eaux rafraîchiſſantes.

GRUME. (*Terme d'exploitation & de marchandiſe de bois.*) Il ſe dit du bois qui eſt encore avec ſon écorce & qui n'eſt pas équarri.

GRUMEL. C'eſt ainſi qu'on appelle, dans quelques manufactures, particulièrement à Amiens, la *fleur d'avoine* dont ſe ſervent les foulons pour-fouler les étoffes.

Le réglement de ſayetterie de 1666, ordonne qu'il ſera mis ſur chaque vaiſſellée un ſac de *grumel* au moins, qui eſt fleur d'avoine, & défend de faire plus de deux vaiſſellées, avec les mêmes eaux & *grumel.*

GRURIE. Petite juriſdiction établie pour juger en première inſtance ſur le fait des eaux & forêts. Les appels des *gruries* reſſortiſſent aux maîtriſes particulières, & ceux des maîtriſes particulières à la table de marbre, établie dans chaque département.

Il y a un titre dans l'ordonnance de 1669, qui traite expreſſément des *gruries.*

GRUYER. Officier ſubalterne, qui juge des délits & malverſations qui ſe commettent dans les forêts. Quelques auteurs prétendent que ce mot vient de *gru*, terme ancien qui ſignifioit les *fruits ſauvages* qui croiſſent dans les forêts.

Le *gruyer* ne peut juger que des délits dont l'amende eſt fixée par les réglemens à la ſomme de 12 liv. & au-deſſous. Il doit avoir un marteau particulier pour marquer les arbres de délits & de chablis.

GRUYERE. Sorte de fromage qui vient de Suiſſe. Les marchands épiciers le nomment plus ordinairement *fromage de griers*, de la ville de ce nom, aux environs de laquelle il s'en fait & de meilleur & en plus grande quantité.

G U

GUANCO, ou GUANACO. Animal du nombre de ceux qui fourniſſent la pierre de bezoard occidental, autrement bezoard du Pérou.

GUANIN. Eſpèce de métal compoſé d'or, d'argent & de cuivre, dans lequel de trente-deux parts il y en a dix-huit d'or, ſix d'argent & huit de cuivre. Il y avoit autrefois des mines de *guanin* dans l'iſle de S. Domingue ; mais depuis que les habitans naturels de cette iſle ont été exterminés par les Eſpagnols, on en a entièrement perdu la connoiſſance.

GUESDE, ou GUELDE. Drogue propre pour teindre en bleu ; on l'appelle autrement *paſtel. V.* PASTEL.

GUESDÉ. Drap *gueſdé.* C'eſt un drap auquel on a donné un pied de gueſde ou paſtel.

GUESTE. *Meſure* de longueur dont on ſe ſert en quelques endroits du Mogol ; elle revient à une aune de Hollande ½. *Voy.* LA TABLE DES MESURES.

GUEUSE. Eſpèce de dentelle de fil blanc, très-légère, dont le fond eſt de réſeau, & les fleurs de cordonnet fort délié, qui ſe fabrique ſur l'oreiller avec des fuſeaux & des épingles, de même que les autres dentelles.

Il ſe faiſoit autrefois en France une aſſez grande conſommation de cette dentelle, mais préſentement la mode en eſt preſque perdue. On lui avoit donné le nom de *gueuſe* à cauſe de la modicité de ſon prix, ce qui fait qu'il n'y a plus guères que les perſonnes de peu de conſéquence qui en veulent encore porter.

GUEUSE. C'eſt auſſi une petite étoffe qui ſe fabrique en Flandre, où elle ſe nomme plus communément *picotte.*

GUEUSE. Eſt encore une groſſe pièce de fer de dix à douze pieds de long, ſur dix ou douze pouces de large, & du poids de ſeize à dix-huit cens livres, même quelquefois davantage.

On fait couler cette *gueuſe* du fourneau où la matière minérale propre à faire du fer a été fondue, & elle prend ſa forme dans une eſpèce de moule de terre aſſez groſſièrement fait, où elle entre en s'y précipitant comme un torrent de feu capable d'inſpirer quelque émotion à ceux qui voient pour la première fois un ſpectacle également terrible & curieux.

GUEZE. Meſure des longueurs dont les Perſans ſe ſervent pour meſurer les étoffes, les toiles & autres ſemblables marchandiſes.

Il y a de deux ſortes de *gueze* en Perſe ; la *gueze* royale, qu'on nomme autrement *gueze monkelſer*, & la *gueze* racourcie, qu'on appelle ſimplement *gueze* : celle-ci n'eſt que les deux tiers de l'autre.

La *gueze* royale contient deux pieds dix pouces onze lignes, ce qui revient à quatre cinquièmes d'aune de Paris, de ſorte que les cinq *guezes* font quatre aunes, ou les quatre aunes font cinq *guezes.*

Pour réduire les *guezes* de Perſe en aunes de Paris, il faut ſe ſervir de la régle de trois, & dire : ſi cinq *guezes* font quatre aunes, combien tant de *guezes* feront-elles d'aunes ?

Et au contraire pour réduire les aunes de Paris en *guezes* de Perſe, il faut dire, en ſe ſervant de la même régle : ſi quatre aunes font cinq *guezes*, combien tant d'aunes feront-elles de *guezes* ?

On ſe ſert dans les Indes d'une ſorte de meſure pour meſurer auſſi les corps étendus, qui s'appelle pareillement *gueze* : elle eſt plus courte que celle de Perſe d'environ ſix lignes, ce qui peut aller à un ſoixante & dixième d'aune moins. Comme cette différence eſt peu ſenſible, l'on peut faire la réduction des *gueʒes* des Indes en aunes de Paris , suivant la même règle qui en a été donnée à l'égard de la *gueʒe* de Perse. *Voyeʒ* LES TABLES.

GUIBERT. Espèce de toiles de lin blanches qui se fabriquent à Louviers près de Rouen ; il s'en fait de fines, de moyennes & de grosses.

Ces sortes de toiles qui ont pris leur nom de l'ouvrier qui en a fabriqué le premier, se vendent à la pièce depuis soixante & dix jusqu'à soixante & quinze aunes ; leurs largeurs ordinaires sont de deux tiers, de trois quarts & demi, & d'une aune mesure de Paris.

Elles s'emploient ordinairement en draps & en chemises pour hommes & pour femmes : leur consommation se fait presque toute dans le royaume, mais Paris est l'endroit où il s'en débite le plus.

GUIBRAY. Foire célèbre qui se tient dans un des fauxbourgs de la ville de Falaise en basse Normandie : elle a pris son nom de ce fauxbourg, qui lui-même l'a emprunté d'une chapelle de la Vierge nommée *Notre-Dame de la Guibray* qui n'en est pas fort éloignée.

Cette foire si fameuse dans toute l'Europe, & qui tient en France le premier rang après celle de Beaucaire, a été établie, à ce qu'on croit, par Guillaume le conquérant, duc de Normandie & roi d'Angleterre. Ce prince en considération de ce qu'il étoit né à Falaise, accorda à cette ville de grands privilèges, & particulièrement une exemption de tous péages & impôts pour la nouvelle foire dont il y fit en même temps l'établissement : exemption dont elle jouit encore, mais pourtant sans diminution des droits des traites établis depuis, qui se paient en entier aux bureaux du roi.

L'ouverture de cette foire se fait le seizième août ; elle dure quinze jours, huit qu'on appelle la *grande semaine* pour les franchises, & le reste qu'on nomme la *petite semaine*, plus par coutume que par privilège : c'est dans la première semaine qu'il y a le plus grand concours de marchands, & que se fait tout le commerce ; dans l'autre on règle ses affaires & on se prépare au retour ; on y fait toutefois quelque négoce.

Il n'y a point de sorte de marchandises qu'on n'apporte à la *Guibray*, ni de provinces de France d'où il n'y en vienne des marchands : il en vient aussi quantité des pays étrangers, soit pour vendre soit pour acheter.

Les plus précieuses de ces marchandises sont la joyaillerie & l'orfévrerie, dont une partie est apportée de Paris ; & les épiceries & drogueries qui viennent du dehors du royaume, ou des provinces qui font ce commerce, & où elles arrivent par le retour des vaisseaux François. Les autres marchandises sont toutes sortes d'étoffes d'or, d'argent, de soie, de laine, de coton, &c. & quantité de toiles, de fils & de chanvre qui se recueillent ou qui se fabriquent dans la province, ou que les marchands forains y apportent d'ailleurs. Ce qui fait un des plus considérables commerces de cette foire,

font les chevaux dont il y a telle année qu'il s'y en vend au delà de quatre mille.

Les deux inspecteurs des manufactures de Caen dont l'un a l'inspection sur les étoffes de lainerie, & l'autre sur les toiles, & dans le département desquels se trouve la foire, sont tenus de s'y transporter à son ouverture avec les maîtres & gardes & jurés, & le juge de police des manufactures, pour visiter & marquer les étoffes & les toiles, & saisir celles qui ne sont pas conformes aux réglemens.

Les directeurs-généraux des cinq grosses fermes établis à Caen, à Laval & à Alençon, ont pareillement coutume de s'y trouver pour veiller aux intérêts de la ferme, & empêcher qu'il ne s'y passe rien au préjudice des droits des traites.

Outre les marchands qui s'assemblent pour la vente & pour l'achat, & les commis nécessaires à la police de la foire, il s'y fait encore un grand concours de noblesse & de peuple des environs attirés par les divers divertissemens qui y continuent tout le temps qu'elle dure ; ce qui ne contribue pas peu à la rendre plus belle & plus marchande.

GUIBRAY. On appelle *fil de guibray* un fil d'étoupe blanchi, dont les ciriers se servent pour faire la mèche des cierges, de la bougie filée & des collets de flambeaux de poing.

GUIDES. On nomme ainsi sur la rivière de Loire les balises & enseignemens qu'on met dans les passages difficiles, pour marquer le véritable cours de l'eau, & assurer la navigation & le commerce de cette rivière.

La déclaration de 1703, donnée en faveur de la compagnie fréquentant la rivière de Loire, défend d'arracher ou changer les *guides* appelés *balises*, à peine de 50 l. d'amende.

GUIGNOLE. (*Terme de balancier.*) C'est une espèce de pied sur lequel on suspend les trébuchets ou les petites balances, afin que la pesée se fasse plus juste. On s'en sert dans les monnoies, & presque tous les marchands merciers en détail aussi bien que les épiciers, droguistes & autres marchands qui débitent en petits poids, en ont sur leurs comptoirs.

GUILDINE, ou GUILDIVE. Eau-de-vie de sucre qui se fait au Brésil & qui fait partie du négoce des Portugais de Rio Jenneiro avec les Espagnols de Buenos-Ayres.

GUIMBARDES. Nom que l'on donne du côté de Lyon à certaines espèces de longs chariots à quatre roues, qui servent à voiturer les marchandises quand les rivières ne sont plus navigables à cause de la grandeur des eaux ou des glaces : les marchands Lyonnois, envoient leurs marchandises à Paris sur des *guimbardes*.

GUIMPE. Droit qui se lève sur le sel dans quelques endroits de la Bretagne, particulièrement dans toute la prévôté de Nantes.

Il est dit dans la pancarte de cette prévôté, que le roi & duc prend par chacun an, sur le sel passant le le trépas de Saint-Nazaire, le droit appellé le *devoir de guimple*, c'est-à-dire, le devoir de salage sur trois vaisseaux, portant chacun plus de six muids de sel, mesure Nantoise, au choix & élection du receveur, une fois en l'an, comme dit est.

GUINDAGE. *Terme de commerce de mer*, qui se dit du travail & du mouvement qui se fait pour la charge & décharge des marchandises d'un navire.

On se sert aussi de ce terme pour exprimer les salaires qui se donnent aux matelots pour faire cet ouvrage : ainsi l'on dit, ces matelots ont été payés de leur *guindage* ; pour faire entendre, qu'ils ont été satisfaits de leurs peines, pour la charge ou décharge des marchandises d'un vaisseau.

GUINDAGE. Se dit encore des palans & autres cordages qui servent à charger ou décharger les marchandises d'un bâtiment de mer. Les dommages & accidens qui arrivent aux marchandises par le défaut des *guindages* & cordages, sont réputés simples avaries, & comme tels doivent tomber sur le maître, le navire & le fret. *Art. 4 du tit. 7 du livre 3 de l'ordonnance de la marine du mois d'août 1681.*

GUINEATUF-LONGÉE. Toile de coton & de soie qui se fabrique aux Indes orientales ; les pièces ont six, huit ou treize aunes de long sur cinq sixièmes ou deux tiers de large.

GUINÉE. Monnoie d'or qui se fabrique en Angleterre, ainsi nommée de ce que les premières furent fabriquées de la poudre d'or apportée de *Guinée* par les vaisseaux Anglois.

La *guinée* avoit d'abord été frappée pour valoir juste vingt shillings ou la livre sterling. Depuis elle a été augmentée d'un shilling & demi ; mais ceci seulement par un consentement tacite parmi les Anglois sans aucune loi publique. Elle a continué sur ce pied pendant plus d'un demi-siècle ; mais depuis quelques années sa valeur est fixée par acte du parlement à vingt-un shillings seulement, & ne passe jamais dans le commerce pour davantage. *Voyez* LA TABLE DES MONNOIES.

GUINÉE, ou GUINEA. C'est aussi une toile de coton blanche, plus fine que grosse, qui vient des Indes orientales, particulièrement de Ponti-chery. La pièce est de vingt-neuf aunes & demie à trente aunes, sur sept huitièmes de largeur.

Les *guineas-stufs* sont des toiles de coton des Indes orientales, rayées, blanches & bleues, leur longueur est de trois aunes & demie sur deux tiers de large. On l'appelle *guinée*, parce qu'elle est bonne pour la traite que les nations d'Europe font sur les côtes d'Afrique ; elles ne sont guères différentes des tapsels, hors que ces dernières sont d'un plus grand aunage.

GUINGUANS. Toile de fil de coton quelquefois mêlée de fil d'écorce d'arbre, qui n'est ni fine ni grosse ; il y en a de bleue & de blanche, dont la pièce contient pour l'ordinaire huit aunes de long, sur trois quarts à cinq six de large. On tire ces sortes de toiles des Indes orientales, particulièrement de

Bengale : il y a aussi des *guinguans* ou *gingans* qui sont moitié écorce & moitié soie. *V.* ÉCORCE.

GUINGUET. On appelle *camelots guinguets*, de petits camelots très-légers, qui se font dans la sayetterie d'Amiens ; il y en a d'unis & de rayés, leur largeur est de demi-aune.

GUIPER. *Terme de passementier-boutonnier & de tissutier-rubanier.* Il signifie *tordre* les fils pendans d'une frange par le moyen de l'instrument qu'on nomme *guipoir*.

GUIPURE. Sorte d'ouvrage qui n'est autre chose qu'une espèce de dentelle ou passement composé de cartisane & de soie tortillée, qu'on a mis autour d'un cordon de soie ou de fil : cette soie tortillée s'appelle aussi *guipure*, d'où il y a de l'apparence que tout l'ouvrage a pris son nom.

Les *guipures* se fabriquent ainsi que les dentelles sur un oreiller, avec des fuseaux & des épingles en suivant un dessin : il s'en fait de plusieurs couleurs & nuances, de fines, de moyennes & de grosses ; de larges, de moins larges & de très-étroites ; les plus étroites se nomment *tête de more*.

Moins il y a de cartisane dans les *guipures*, & plus elles sont estimées ; la cartisane ne pouvant soutenir l'eau sans se gâter, à cause que ce n'est que du parchemin ou velin couvert de soie.

Il s'en consommoit autrefois une quantité prodigieuse dans le royaume ; mais depuis que la mode en est passée en France, n'y ayant à présent que les paysannes qui en portent, elles s'envoyent presque toutes en Espagne, en Portugal, en Allemagne & dans les Indes Espagnoles où elles sont fort en usage.

Les *guipures* sont une portion du négoce des marchands merciers & du travail des passementiers-boutonniers, étant permis à ces derniers suivant l'article 29 de leurs statuts du mois d'avril 1653, d'en faire de toutes sortes, de plattes, de rondes, & à dentelle or & argent grapé & frisé.

GUITRAN. Espèce de *bitume* ou de *poix. Voy.* GOULDRAN.

GULDEN, ou GOULDE, comme on le prononce en François. C'est une monnoie d'argent qu'on fabrique en Allemagne, de la valeur de quarante sols de France.

Il y a aussi des *guldens* de Flandre.

Il y a pareillement en Hollande, particulièrement à Amsterdam, deux sortes de monnoie d'argent à qui on donne le nom de *gulden* ; l'une qu'on nomme simplement *gulden* qui est le florin. L'autre qu'on appelle *gout-gulden*, ou *florin d'or*, quoiqu'il ne soit que d'argent & même d'assez bas titre. *Voyez* LES TABLES DES MONNOIES.

GUPPAS. Poids dont on se sert dans quelques villes du détroit de Malaca, particulièrement à Queda. Quatre *guppas* font le *guantas*, & 16 *guantas* font le *hali*, ou *nali* ; il faut 15 *halis* pour le bahard pesant 450 livres poids de marc. *Voyez* LES TABLES DES POIDS.

GUR. Toile de coton blanche que les Anglois

apportent des Indes orientales; elle a quatorze aunes de longueur sur sept ou huit de largeur.

GURAES. Toiles peintes de Bengale qui ont trente-six cobres de long sur deux de large, le cobre de dix-sept pouces ⅓ de roi : les Anglois de Madraail en enlèvent beaucoup pour envoyer aux Manilles.

GUTTA-GAMBA. C'est ce qu'on nomme autrement & plus communément *gomme-gutte*.

GUY DE CHESNE. C'est une espèce d'excroissance en forme de plante qui se trouve ordinairement sur les vieux chênes.

Les marchands épiciers & droguistes font un assez grand commerce de *guy de chêne*, qu'il faut choisir gros, pesant, bien nourri; & pour le distinguer des autres guys, observer s'il a ce soleil qui ne manque à aucunes de ses branches. On a raison d'ajouter (pour le distinguer des autres guy) n'y ayant guères d'arbres qui ne produisent du guy, entr'autres le pommier, le poirier, le prunier, le hêtre, l'yeuse, le chataignier, & l'accacia d'Amérique.

GUZ. C'est l'aune dont on se sert à Mocha pour mesurer les longueurs. On l'appelle aussi *Coüit*, *Voyez* LA TABLE DES MESURES.

GUZARATE. Royaume de l'Indolstan, célèbre par ses ports considérables, & par son grand commerce.

G Y

GYP ou GYPY. Espèce de gros talc ou de pierre brillante & transparente qui se trouve dans les carrières de Montmartre près Paris, parmi les pierres qu'on y cuit pour en faire du plâtre : quelques-uns la confondent avec des pierres à plâtre, à cause qu'en latin celle-ci est appellée *gipsum*.

C'est avec le gyp calciné au four, broyé dans un mortier, passé au tamis & employé avec de l'eau collée & des couleurs, que l'on contrefait le marbre & qu'on l'imite si bien, que les yeux & la main peuvent être trompés.

HACHER LA LAINE. *Terme de manufacture de tapisserie.* C'est réduire en une poussière presque impalpable les tontures des draps & autres étoffes de laine que fournissent les tondeurs, ou même couper & préparer de la laine neuve de la même façon. *Voyez* TONTURE, on y parle des tapisseries qui en sont faites.

HAIRE. On appelle un *drap de laine en haire*, celui qui n'a point été foulé, & qui est encore en toile, & tel qu'il a été levé dessus le métier. Ce terme est particulièrement en usage à Sedan ; ailleurs on dit plus ordinairement un drap en toile.

HAIRE, que l'on écrit & que l'on prononce plus ordinairement HERE. Espèce de tissu ou grosse étoffe faite de crin de cheval, mêlé quelquefois de poil de bœuf ou de vache, & quelquefois d'étoupes de chanvre.

HAIRE ou AIRE. Il se dit, *en termes de fabrique & de marchandise de sel*, du fond des marais salans, sur lequel l'eau de la mer qui y entre se convertit en sel par l'ardeur des rayons du soleil.

HAIREMENT. Tondre en *hairement*, c'est tondre une pièce de drap de laine pour la première fois. Cette manière de parler n'est guères en usage que dans les manufactures de Sedan ; ailleurs on dit tondre en première voie, en première coupe, en première eau, ou en première façon.

HALAGE. *Droit* que le roi ou les seigneurs particuliers lèvent sur les marchandises qui s'étalent dans les halles, foires & marchés.

HALAGE. Se dit aussi de la faculté que les maîtres de quelques communautés des arts & métiers de la ville de Paris, ont d'étaler & vendre leurs ouvrages & marchandises dans les places des halles qui leur sont indiquées par leurs statuts. Les cordonniers, les potiers de terre, les filassiers & quelques autres jouissent de ce droit, d'où ils sont appellés *marchands halliers.*

HALAGE. Signifie encore, sur la rivière de Loire, *le prix* dont le maître marinier convient avec les gobeurs ou compagnons de rivière, pour remonter ou haler leurs bateaux.

HALECRET. Espèce de corcelet leger dont on se servoit autrefois dans l'infanterie Françoise pour armer les piquiers. C'est une sorte de cuirasse qui n'est pas à l'épreuve des armes à feu.

HALEUR. Celui qui remonte un bateau en le tirant avec un cable. Sur la rivière de Loire on l'appelle *gobeur*, & quelquefois par dérision *arrache-persil*, à cause que l'effort qu'il fait en tirant, l'oblige de se tenir courbé, comme s'il vouloit tirer de terre des racines de la plante qu'on nomme du *persil.*

Les *haleurs* sont du nombre de ceux qu'on nomme *compagnons de rivière.*

HALET-RIXDAELDER. *Monnoie* qui a cours à Copenhague : c'est la demi-richedale.

HALFT-SLECHT DALLER. C'est le demi-slecht daller.

HALFT RIXMARK Danois. C'est le demi-slalft rixmark : il vaut 8 schelins lubs, ou stuivers Danois.

HALI, que quelques-uns prononcent NALI. Poids dont on se sert à Queda, ville considérable du détroit de Malaca dans les Indes Orientales.

Un *hali* contient 16 gantas, & un gantas quatre guppas ; & quinze *hali* font un bahar, pesant 450 l. poids de marc. *Voyez* LES TABLES.

HALLE. Place publique destinée dans les villes & bourgs un peu considérables à tenir les marchés de toutes sortes de marchandises & de denrées, particulièrement de celles qui servent à la vie, comme les grains, les farines, les légumes, &c.

On confond ordinairement le mot de *halle* avec celui de *marché*, & dans l'usage commun on les prend l'un & l'autre pour la place dans laquelle les marchands forains viennent à certains jours marqués, qu'on nomme *jours de marché*, étaler & vendre leur marchandise. Il y a cependant quelque différence ; le nom de *marché* appartenant à toute la place en général où se font ces assemblées de vendeurs & d'acheteurs ; & celui de *halle* ne signifiant que cette *partie particulière de la place* qui est couverte d'un appentis, & quelquefois enfermée de murs pour la sûreté des marchandises & pour les garantir de la pluie & autres intempéries de l'air.

HALLE. Se disoit aussi autrefois de ces grands édifices de charpente couverts de tuiles, entourés de murs & fermés de portes, où se tiennent plusieurs des principales foires de France.

C'est ainsi, entr'autres, que la foire de S. Germain qui se tient à Paris, & la franche de Caen si célèbre en basse Normandie, sont appellées dans les titres de leur établissement ; & c'est pareillement de deux de ces sortes de bâtimens destinés aux anciennes foires de Paris, que les principaux marchés de cette ville ont pris le nom de *halles.*

Il n'y a point en France de ville, pour peu considérable qu'elle soit, qui n'ait ses *halles*, si on prend ce mot dans le sens qu'il signifie une *place publique* où se tiennent les marchés. Il n'y en a même guères où il ne se trouve des lieux & bâtimens couverts destinés à certaine sorte de commerce, particulièrement pour celui des manufactures de lainerie, de toilerie & autres semblables. On ne parlera cependant ici que des *halles* de Paris, parce

T tt ij

qu'outre qu'il feroit peu utile & fans doute ennuyeux d'entrer dans un plus long détail, ce qu'on dira des *halles* de cette ville & des réglemens donnés pour leur police, fuffira pour donner une idée de toutes les autres.

HALLES DE PARIS.

C'eft à Philippe-Augufte que la ville de Paris doit l'établiffement de fes *halles* dans le lieu où elles fe trouvent préfentement, quoique depuis il y foit arrivé divers changemens.

Ces *halles* qui ne confiftoient d'abord qu'en deux grands bâtimens couverts, & en une vafte enceinte de murailles remplie de quantité de petites boutiques, femblables à celles qu'on nomme des *échopes*, dont les *halles* d'aujourd'hui font encore toutes pleines, fervoient moins aux marchés ordinaires des denrées, qu'aux foires que ce roi avoit transférées des fauxbourgs S. Martin & S. Denis dans cette partie de la ville, qui étoit alors vague & fans bâtimens, qu'on appelloit alors les *champeaux* ou *champinelles*.

Ces *halles* s'étant converties enfuite en marchés communs par la fuppreffion des foires qui s'y tenoient au commencement, on en refferra l'enceinte par divers bâtimens qu'on éleva aux environs; & de temps en temps on y conftruifit auffi quelques nouvelles *halles*, mais plus petites que les anciennes & deftinées à d'autres ufages, comme on va bientôt le dire.

Enfin les deux grandes *halles* bâties par Philippe-Augufte ne fubfiftant plus qu'à peine, & fe trouvant aux environs quantité de places vuides où l'on n'avoit point encore élevé de bâtimens, Henri II. ordonna en 1550 que les *halles* feroient rebâties, & qu'on conftruiroit des maifons pour fervir à l'avenir d'enceinte aux marchés ou *halles* découvertes qu'on réferveroit pour la commodité publique.

Il n'eft point arrivé depuis de changement confidérable aux *halles de Paris*; & elles fe trouvent préfentement à peu près de même qu'elles furent rebâties dans le milieu du feiziéme fiécle.

Toutes les *halles de Paris*, à la réferve de la *halle aux vins*, font renfermées dans celui des vingt quartiers de cette capitale, que de-là on appelle le *quartier des halles*. Ce quartier contient cette partie de ville qui eft bornée à l'orient par la rue S. Denis, au feptentrion par la rue Mauconfeil, à l'occident par les rues Comteffe-d'Artois & de la Tonnellerie, & au midi par celles de la Ferronnerie, de S. Honoré & de la Chauffeterie.

C'eft au milieu de ce quartier, & dans l'un des marchés ou *halles* qui le compofent, qu'eft élevée cette tour fameufe qu'on nomme le *pilori*, lieu funefte où l'on expofe aux yeux & à l'indignation du peuple, plufieurs fortes de malfaiteurs, particulièrement les banqueroutiers frauduleux.

On appelle les *piliers des halles*, de hauts piliers de pierre qui foutiennent le devant des mai-

fons qui font le long des *halles* du pilory, & qui de là continuent depuis le pont Alais jufqu'à la rue S. Honoré.

C'eft fous ces piliers, qui forment des efpèces de rues ou d'allées couvertes, que font les boutiques des principaux marchands frippiers de Paris; & c'eft auffi entre ces piliers que tous les jours de marché les boulangers forains viennent étaler & débiter leur pain; & que les halliers, c'eft-à-dire, les cordonniers, tailleurs & autres pauvres maîtres des communautés de Paris, qui ont droit de hallage, établiffent les mêmes jours leurs boutiques portatives, pour faire le petit négóce qui leur eft permis par leurs ftatuts.

Par ce qu'on a dit jufqu'ici des *halles de Paris*, on comprend affez qu'il y en a de deux fortes; les unes qui font couvertes & les autres qui ne le font pas.

Les *halles* couvertes font, la *halle aux draps*, la *halle aux toiles*, la *halle aux cuirs*, la *halle à la faline*, autrement le fief d'Albi, la *halle à la marée fraîche*, le parquet de la marée, & la *halle aux vins*: celle-ci n'eft pas dans le quartier des *halles*, mais a été conftruite affez nouvellement au-delà de la porte S. Bernard.

Les *halles* découvertes font, la grande *halle*, qui contient la *halle* ou *marché aux bleds* & autres grains qui s'y vendent ou diftribuent tous les mercredis & famedis; la *halle à la farine*, qui ouvre tous les jours; la *halle au beurre*, qui fe tient tous les jeudis après dîner, où l'on débite les beurres en groffes mottes, qu'on nomme *beurres de Gournay*; la *halle à la chandelle*, où les chandeliers privilégiés apportent celles qu'ils font; celle-ci ne tient que tous les famedis: là *halle aux chaumes*, *filaffes & cordes à puits*, où cette marchandife fe débite tous les-jours: la *halle aux pots de grais & à la boifferie*, qui eft auffi ouverte toute la femaine, comme la précédente: enfin la *halle à la chair de porc frais & falé*, qui tient les mercredis & famedis.

Au milieu de la grande *halle* eft établi le poids-le-roi, pour y pefer toutes les diverfes fortes de marchandifes qui fe vendent dans ces différentes *halles*, dont les pefées font trop fortes pour être faites dans des balances communes.

Outre toutes les *halles* comprifes dans l'enceinte de la grande *halle*, il y a encore la *halle du poiffon* d'eau douce le long de la rue de la Coffonnerie, qui commence à trois heures du matin & finit à fept; la *halle du pilory*, où fe trouvent la *halle au beurre* en petites mottes, & la *halle aux œufs* que les coquetiers apportent de Normandie fur des fourgons, & de Brie & autres lieux fur des bêtes de fomme.

Enfin on met auffi au nombre des *halles* découvertes la *halle aux poirées*, où les marchandes bouquetières, les herbières & les herboriftes ont leurs échopes; & la rue aux fers, où les jardiniers apportent les différentes fleurs dont les bouquetières font les bouquets, ou celles qui entrent dans des compositions galéniques, comme les fleurs de pêché, les violettes, le rosolium & autres.

C'est pareillement dans la *halle à la poirée*, devant la porte de la grande *halle*, que les petites regratières débitent leurs fruits selon les saisons, comme les cerises, groseilles, pêches, abricots.

Des sept *halles* couvertes de Paris, dont on a parlé ci-dessus, les deux plus considérables sont la *halle aux draps* & la *halle aux toiles*; ce seront aussi les seules au sujet desquelles on entrera dans quelque détail; se contentant d'indiquer pour les autres les articles de ce Dictionnaire où il en est traité.

HALLE AUX DRAPS. C'est un grand bâtiment destiné à recevoir tous les draps & autres étoffes de lainerie qui sont apportés à Paris, pour y être visités, aunés, & marqués par les maîtres & gardes des deux corps de la draperie & de la mercerie, & les auneurs par eux commis.

Avant que d'entrer à la *halle*, ces étoffes doivent être conduites à la douane, d'où après la visite de l'inspecteur du roi pour les manufactures, & leur enregistrement sur son registre, elles sont envoyées sous la conduite d'un gagne-denier au garde de la *halle*, qui en tient pareillement registre, & qui certifie l'inspecteur par une espèce de récépissé de la délivrance qui lui a été faite de la quantité & qualité des pièces contenues dans son billet d'envoi.

Les marchandises destinées aux foires de S. Germain & de S. Denis, sont exemptes de l'entrée à la *halle aux draps*, & sont conduites en foire sur un passe-debout que délivre aux marchands & voituriers, l'inspecteur de la douane, qui de sa part tient un registre particulier de l'envoi aux foires desdites marchandises.

Cet envoi aux foires n'exempte pas cependant les marchandises de la visite des maîtres & gardes, non plus que de l'aunage & du droit de l'aunage, ainsi qu'on le peut voir à l'article des *auneurs de draps*, où l'on a parlé de leur établissement, des droits qui leur sont dûs & de la visite des maîtres & gardes.

Il y avoit autrefois un inspecteur des manufactures de lainerie établi à la *halle aux draps* de Paris; mais sa commission a été révoquée & supprimée en partie dans la première année du règne de Louis XV. C'étoit lui qui l'inspecteur de Beauvais étoit chargé de l'inspection des foires de S. Germain & de S. Denis pendant toute leur franchise, & qui y faisoit l'ouverture des caisses & ballots de marchandises, pour les visiter & voir si elles étoient fabriquées suivant les réglemens. Sa commission a été conservée à cet égard.

HALLE AUX TOILES. Cette *halle* se tient dans le même bâtiment qui a été construit pour servir de *halle* aux draps; avec cette différence que tous les appartemens hauts, une partie de ceux d'en bas sont destinés pour la draperie, & seulement quelques travées du bas pour la toilerie.

Le commerce des toiles étant beaucoup augmenté en France & particulièrement à Paris, on pensa dès l'année 1671, à donner plus d'étendue à cette partie de la *halle* aux draps réservée pour les toiles; & il fut ordonné par des lettres patentes de sa majesté, qu'on prendroit pour cette augmentation le dessous de la *halle* aux draps jusqu'à la petite porte de la rue de la poterie.

Ce projet n'ayant point été exécuté, & le nombre des auneurs de toiles ayant été augmenté jusqu'à cinquante par l'édit du mois de mars 1694, il fut ordonné de nouveau par arrêt du conseil du 11 mai de la même année, que pour faciliter les fonctions de ces nouveaux officiers, la *halle aux toiles* seroit augmentée de six travées; & qu'il seroit élevé aux frais des auneurs un mur de cloison pour la séparer du restant de la *halle* basse des draps, sans que cette nouvelle étendue accordée pour celle des toiles, pût à l'avenir être retranchée ni diminuée pour quelque raison que ce pût être.

Les premiers réglemens qui ont été faits pour la conduite de la marchandise de toiles & autres ouvrages & étoffes de fil & de coton à la *halle aux toiles* de Paris, sont du 4 mars 1395, qui depuis ont été suivis de quantité d'édits, déclarations, ordonnances, lettres patentes, arrêts du parlement & sentences des officiers du châtelet, qui ont fixé la police de cette *halle*.

Les principaux de ces réglemens nouveaux sont ceux du 7 Janvier 1579, 4 août 1602, 3 octobre 1616, 30 octobre 1637, 1 décembre 1651, 16 avril 1674, juillet 1681, mars, mai & octobre 1694, 11 août 1702 & enfin 21 juillet 1704.

En général, par tous les réglemens, & particulièrement par l'édit du mois de mars 1694, qui les rappelle, & qui en enjoint l'exécution, il est ordonné que toutes les marchandises de toiles, tant fines que grosses, étrangères & du royaume, cannevas, coutils, treillis, coupons, bougrans, serviettes, mousselines, batistes, futaines, basins, toiles de coton & de lin & autres ouvrages de fil, qui seront amenés & vendus en la ville & fauxbourgs de Paris, même ceux desdits ouvrages qui auront été fabriqués dans ladite ville, soit qu'ils y soient amenés par des marchands forains, soit qu'ils soient pour le compte des marchands & ouvriers de Paris, seront conduits en droiture; sçavoir les marchandises de toiles venant des pays étrangers, ou des provinces dans lesquelles les bureaux des cinq grosses fermes ne sont pas établis, au bureau des cinq grosses fermes de Paris; & celles qui viennent des provinces où sont établis lesdits bureaux, à la *halle aux toiles*, pour y être visitées, aunées & marquées, conformément aux articles 6, 7, 8, 9 & 11 de l'ordonnance du mois de juillet 1681, sur les peines de confiscation & d'amende portées par ladite ordonnance.

Jusqu'à l'édit de 1694, la visite des toiles ainsi déposées à la *halle*, ou en droiture, ou après avoir passé à la douane, avoit toujours appartenu aux marchands de toiles & maîtresses lingères de la ville de Paris : ce droit leur ayant été ôté par cet édit & transféré aux auneurs-visiteurs de toiles qui furent alors créés, les visites des maîtresses lingères ne cessèrent pas pour cela tout-à-fait, & les auneurs ne furent paisibles possesseurs de la visite des toiles qu'après l'arrêt du 16 octobre de la même année, qui fit défenses aux marchands de toiles, maîtresses lingères & tous autres de s'immiscer dans la visite des toiles & autres ouvrages de fil, sous quelque prétexte que ce pût être, à peine de 300 l. d'amende.

Ce fut pareillement par l'édit de 1694, que fut érigé en titre d'office l'emploi de garde ou concierge de la *halle aux toiles*, qui jusqu'alors n'avoit été exercé que par commission.

Les fonctions de cet officier sont de faire décharger, ranger & placer les balles & ballots qui sont amenés à la *halle*, d'avoir les clefs d'icelle, & de faire la visite des marchandises conjointement avec les auneurs-visiteurs ; de signer les procès-verbaux par eux faits ; d'enregistrer dans un registre paraphé lesdites balles & ballots à mesure qu'ils sont déchargés à la *halle*, avec le nom des marchands à qui ils appartiennent : enfin de tenir la *halle* ouverte chaque jour ouvrable aux heures marquées par l'ordonnance de 1681, même de l'ouvrir tous les jours sans exception, & à toutes les heures que les marchandises arrivent, pour les y recevoir, à peine de répondre en son propre & privé nom des dommages & intérêts des marchands & voituriers, & des droits des auneurs-visiteurs.

Le dernier réglement donné pour la police de la *halle aux toiles* est du 11 août 1703, dressé en parlement sur les conclusions des gens du roi, à la poursuite des gardes jurés de la communauté des maîtresses marchandes lingères-toilières de Paris, & depuis encore confirmé par arrêt de la même cour du 21 juin 1704.

Par l'un & l'autre arrêt il est ordonné que les marchands forains qui font entrer leurs marchandises de lingerie aux *halles*, seront tenus, après l'arrivée & descente de leursdites marchandises, de les y mettre en vente pendant six semaines consécutives ; & en cas que ledit temps elles n'ayent pas été vendues, celles qui resteront à vendre seront remballées & mises en la garde du concierge, dont il tiendra registre, & fera mettre lesdites balles & ballots sur le derrière de la *halle* ; lesquelles marchandises ainsi remballées ne pourront être de nouveau exposées en vente qu'un mois après, à compter du dernier jour desdites six semaines, & dans d'autres places différentes de celles qu'elles avoient occupées la première fois ; sans même qu'après lesdites six semaines expirées lesdits marchands puissent commencer l'exposition & vente tant des marchandises remballées, que de celles qui leur seront nouvellement arrivées, qu'après ledit mois passé, à compter du jour du remballage de leurs premières marchandises.

HALLE AU VIN. Cette *halle*, comme on l'a déjà

remarqué, est établie hors de la ville, assez proche de la porte S. Bernard. Elle consiste en de grands selliers & en plusieurs caves qui servent d'étapes aux vins qui arrivent à Paris par la rivière. Au-dessus des selliers sont de vastes greniers, où l'on peut conserver une grande quantité de grains pour servir en cas de nécessité publique. On parle ailleurs de l'usage & de la police de cette *halle*. On a bâti nouvellement dans cette capitale une *halle* pour les bleds & les farines, sur le sol de l'hôtel de Soissons.

L'on estime que ce sera faire plaisir au lecteur, que de lui donner ici le nom des villes de France qui avoient droit d'étaler leurs marchandises les jours de marché dans les *halles* de Paris, & qui jouissoient du privilège d'y avoir une *halle* particulière, & même quelquefois deux ; l'une pour le gros & l'autre pour le détail : privilège qu'elles ont conservé assez avant dans le seizième siécle.

L'état suivant est tiré d'un compte ou ordinaire, comme on disoit alors, de la prévôté de Paris de l'an 1484, rapporté parmi les preuves des antiquités de Paris de M. Sauval, données au public en 1724.

Villes de France, qui en 1484, avoient des halles particulières, & le droit d'hallage dans les grandes halles de Paris.

La *halle* de Lagny, pour les habitans & drapiers de cette ville.

La *halle* des habitans & drapiers de S. Denis en France.

La *halle* des habitans & drapiers de Pontoise.

La *halle* des habitans & drapiers de Corbie.

La *halle* des habitans & drapiers de Chaumont.

La *halle* des habitans & drapiers d'Aumale.

La *halle* des habitans & drapiers d'Amiens.

La *halle* des habitans & drapiers de Douay.

La *halle* des habitans & drapiers de Beauvais.

La *halle* des habitans & drapiers d'Avesne en Hainault.

La *halle* des habitans & drapiers de Gonesse. Cette *halle* s'appelloit le *petit palais*.

La *halle* des habitans & drapiers de Malines.

Il faut remarquer que toutes ces *halles* portoient le nom de la ville dont les habitans y avoient droit d'étalage. Ainsi on disoit la *halle* de Lagny, la *halle* de Beauvais, la *halle* d'Amiens, & ainsi du reste, à la réserve de celle des habitans de Gonesse à qui on avoit donné le nom de *petit palais*, comme il est dit ci-devant.

Halles particulières de Paris, comprises dans la grande halle, destinées au commerce des marchands des divers corps & communautés des arts & métiers de cette ville, tirées du même compte de 1484.

La *halle* S. Denis, sans doute ainsi nommée, parce qu'elle appartenoit aux marchands de cette petite ville si voisine de Paris.

La tonnellerie.

La *halle* du commun.

La *halle* des tifferans.

La *halle* des hautes merceries.

La *halle* des baffes merceries.

La *halle* des pelletiers.

La *halle* des foulons de draps.

La *halle* des fueurs.

La *halle* du lin & chanvre.

La *halle* aux lingères ou de la lingerie.

La *halle* trompée.

La *halle* aux chauffetiers.

Les vieilles *halles* de Champeaux.

La *halle* aux merciers.

La *halle* aux frippiers.

La *halle* aux tapiffiers.

La *halle* de la ganterie.

La *halle* aux draps en gros.

La *halle* aux draps en détail.

Il faut remarquer que chaque drapier qui mettoit des draps en vente dans lefdites *halles*, devoit trois oboles parifis chaque famedi.

La *halle* aux chaudronniers.

La *halle* au cordouan.

La *halle* de la féronnerie.

La *halle* aux toiles.

La *halle* au bled.

La *halle* aux filandiers.

La *halle* au cuir.

La *halle* au cuir à poil.

Les étaux de l'engronnerie. Ne feroit-ce point la *halle* aux fruits, où fe vendoit ce qu'on nommoit *fruits égruns? Voyez* ÉGRUN.

Les greniers à coufts qui faifoient partie de la *halle* au bled.

La *halle* aux cordonniers.

La *halle* aux favetiers.

La *halle* au poiffon frais.

La *halle* au poiffon de mer.

La *halle* couverte.

On trouve encore dans d'autres titres pareillement rapportés parmi les preuves du même ouvrage, quelques *halles* qui font oubliées dans le compte de 1484; fçavoir,

La *halle* de Beauce.

La *halle* de Tournay.

La *halle* à la graiffe.

La *halle* aux pois.

La *halle* aux œufs.

La *halle* aux hardes.

La *halle* aux jardiniers.

La *halle* au vin.

Et la *halle* de l'étape.

Il faut remarquer que tous les marchands & ouvriers habitués à Paris, qui avoient leurs places marquées aux halles, étoient condamnés à de groffes amendes, lorfqu'ils n'y alloient pas s'établir les trois jours de marché; & que même ces trois jours, il ne leur étoit pas permis de vendre à la maifon, & de tenir boutique ouverte.

HALLES-CRUES, ou CRÉS. Sorte de *toiles* qui fe fabriquent en Bretagne. Elles font propres pour les ifles canaries.

HALLIER. Signifie le *garde d'une halle*, celui qui a foin de la fermer, & d'y garder les marchandifes qu'on y laiffe. Les marchands forains de toiles font tenus de les venir décharger & de les laiffer en garde au *hallier*, jufqu'à ce qu'elles foient vendues, fans qu'ils puiffent les en retirer, pour les remporter.

HALLUIN. Les ferges qui s'y font font groffes. On s'en fert pour l'habillement des troupes. Elles font de la qualité de celles de Tricot, gros bourg qui n'en eft pas éloigné, & fe vendent pour elles.

HALSTER. Mefure pour les grains dont on fe fert à Louvain, à Gand, & en quelques autres endroits des pays-bas. 8 *halfters* font le mudde & 27 muddes le laft.

A Gand le laft de bled eft de 56 *halfters*, & celui d'avoine de 38. 12 *halfters* font le muddé, ou 6 facs; chaque fac eft de 2 *halfters*.

HAMAC. Lit de coton à la manière des Indiens. C'eft une efpèce de branle à la matelote, mais bien plus commode & bien plus agréablement fabriqué.

Cette manière de lit eft en ufage dans toute l'Amérique, foit dans le continent, foit dans les ifles; & les Européens qui s'y font établis depuis deux fiécles, l'ont même trouvé fi commode, que la plupart le préfèrent aux lits ordinaires de leurs différens pays.

C'eft particulièrement aux Antilles que leur ufage eft devenu prefque univerfel; & c'eft auffi dans ces ifles que s'en fait le plus grand commerce.

Les *hamacs* qu'on eftime davantage font ceux qui viennent du Brefil, & ceux qui fe font depuis la rivière des Amazones jufqu'à l'Orenoc, particulièrement ces derniers, quoiqu'ils foient moins ornés & moins enjolivés que les autres.

Les *hamacs* Bréfiliens font fabriqués à jour, en forme de raifeau avec des franges au bord; ceux de Guyane font ferrés, & reffemblent à une étoffe de laine lâchement frappée: c'eft cette dernière qualité qui leur donne la préférence, durant davantage, & étant moins fujets à fe rompre & à fe percer.

On porte ces lits en voyage; & alors au lieu des piliers dreffés exprès dans les bâtimens, où on les fufpend, on les attache à deux branches d'arbres. Une commodité de ces lits fufpendus, eft que les voyageurs font peu embarraffés pour leur tranfport, les *hamacs* de la Guyane ne pefant guères que quatre livres, & les Bréfiliens feulement la moitié.

Tous ces lits font faits de coton filé & retors, à la réferve néanmoins de ceux qui fe fabriquent chez les Arouagues, les Araftes, & la plupart des nations qui font vers la rivière d'Orenoc, qui font leurs lits de fil de pite, en forme de raifeau.

Ce font les femmes qui font les étoffes des *hamacs*, & elles le font avec tant de génie, & pour ainfi dire de fécondité, que de cent lits qui viennent de ce même endroit, on n'en trouve ordinairement aucun qui ait le même deſſin & les mêmes façons.

Quand ils ſont faits, c'eſt aux hommes à les peindre. Les Galibis & les autres Indiens de la Guyane n'y emploient que le rocou, ce qui les conſerve, & empêche la vermine de s'y attacher. Cette teinture ſe fait quand l'ouvrage eſt encore ſur le métier.

A l'égard des Bréſiliens, leurs hamacs ſont ordinairement tous blancs, & s'ils y mettent d'autres couleurs, comme du rouge, du verd & du bleu, & quelquefois toutes trois enſemble, c'eſt qu'ils y emploient leur fil de coton, déja teint en cette couleur.

HAMANS. Toiles de coton blanches, très-fines & ſerrées, dont la fabrique approche aſſez des toiles de Hollande. Elles viennent des Indes Orientales. Les meilleures ſont les Bengaloiſes. Les pièces des hamans portent ordinairement neuf aunes & demie de long ſur une aune un ſix de large.

HAMBOURG ; ville Impériale Anſéatique, ſituée ſur l'Océan Germanique. Voyez ALLEMAGNE.

HAMBOURG, que l'on nomme quelquefois RAMBOURG. Sorte de futaille plus petite que la gonne, dont on ſe ſert pour mettre les ſaumons ſalés. Le hambourg de ſaumon pèſe ordinairement depuis 300 juſqu'à 350 l. Les ſix hambourgs ſont eſtimés faire huit barils, & chaque hambourg contient 30 à 40 grands ſaumons, & depuis 80 juſqu'à 100 petits.

HAMBOURG. C'eſt auſſi le nom des barils & tonneaux dans leſquels ſe mettent les bières d'Angleterre, de Hollande & de Flandres.

HAMEDIS, ou MALLEMOLLE. Mouſſeline où toile de coton blanche, claire & fine, dont la pièce a ſeize aunes de long ſur trois quarts à cinq ſix de large. Elle vient des Indes Orientales, particulièrement de Bengale. Voyez MOUSSELINE.

HAN. Eſpèce de caravenſera que l'on trouve en quelques endroits du Levant, où les voyageurs & les marchands peuvent ſe retirer avec leurs équipages & marchandiſes.

Les François en conſéquence des capitulations que la France a depuis long-temps avec le grand ſeigneur, ont à Seide, Alep, Alexandrie & dans quelques autres échelles de cette côte, des hans qui leur appartiennent & où ils ſont logés ſéparément des autres nations.

La différence du han & du caravenſera ne conſiſte guères que dans la grandeur ; ce dernier étant un vaſte bâtiment, & l'autre n'ayant que quelques petits appartemens qui ſont tous raſſemblés dans une eſpèce de grange.

Les hans de Conſtantinople ſont de grands bâtimens qui reſſemblent aſſez aux cloîtres des monaſtères ; ils ſont bâtis de pierre, contre les accidens du feu, très-ordinaires dans cette grande ville, dont les maiſons ne ſont preſque toutes que de bois. En dedans eſt une eſpèce de grande cour quarrée avec une fontaine au milieu, environnée d'un baſſin.

Autour de cette cour ſont quantité d'arcades, partagées en divers appartemens, toutes conſtruites de même ; au-deſſus des arcades régnent des galleries ou coridors, où aboutiſſent des chambres qui ont chacune leur cheminée : les appartemens du rez de chauſſée ſervent de magaſins. Les marchands prennent leurs logemens dans ceux d'en haut, où ils ſont néanmoins obligés de ſe fournir de meubles & d'uſtenſiles de cuiſine, ne s'y trouvant que les quatre murailles. On donne au portier qui en a les clefs, la moitié ou le quart d'une piaſtre, pour l'ouverture de chaque chambre, & outre cela une aſpre ou deux par jour pour le loyer. On loue de la même manière les magaſins pour les marchandiſes. Tous les ſoirs ces hans ſont fermés d'une porte de fer.

HANETON. On appelle ſoucis de haneton dans le négoce des maîtres frangiers, une ſorte de petite frange à houpettes qui imite ces deux eſpèces de cornes houppées que porte l'inſecte, en forme de groſſe mouche, qu'on nomme un haneton. Voyez FRANGE.

HANOUARD. L'ordonnance de la ville de Paris donne ce nom aux jurés porteurs de ſel.

HANSARS. Les Normands nomment ainſi des ſerpes toutes de fer, mais qu'on peut néanmoins emmancher de bois ſelon qu'on le trouve plus commode. Ces hanſars ſont du nombre des ferremens ou outils de fer, qui font partie de la traite que les François de Cayenne font avec les Galibis & les autres Indiens de la Guyane.

HANSE, ou ANSE. Ancien mot François qui ſignifioit autrefois une compagnie ou une ſociété de marchands. On le diſoit auſſi des droits qui ſe levoient ſur certaines marchandiſes. L'ordonnance de la ville de Paris de 1672, conſerve encore ce terme dans cette dernière ſignification ; & l'article premier du chapitre 3, qui ſupprime les droits de compagnie Françoiſe, ajoute que c'eſt néanmoins ſans préjudice du droit de hanſe.

HANSE TEUTONIQUE, ou HANSE GERMANIQUE. On nomme ainſi ce peu de villes qui reſtent encore de cette fameuſe union de plus de quatre-vingt villes des plus marchandes, & des plus importantes de l'Europe, qui s'étoient alliées pour le commerce, & qui ſous des loix & des magiſtrats qu'elles s'étoient faits, ſe prêtoient un mutuel appui pour leur négoce. Cette ſociété où il entroit des villes de preſque tous les états de l'Europe, n'eſt guères préſentement compoſée que de celles de Lubek, de Hambourg, de Bremen, de Roſtock, de Dantzick & de Cologne.

HANSÉATIQUE, ou ANSÉATIQUE. Il ne ſe dit préſentement que des villes compriſes dans l'alliance & dans la ſociété de la Hanſe Teutonique. Lubek a toujours été regardée comme la première, & pour ainſi dire, la capitale de cette confédération. On y tient encore les aſſemblées & le comptoir pour les dépenſes communes de l'union, & c'eſt où ſe conſervent les archives. Voyez VILLES ANSÉATIQUES.

HAPPELOURDE,

HAPPELOURDE. *Faux diamant*, ou autre pierre précieuse qui n'est pas encore arrivée à sa perfection. Il se dit aussi des pierres précieuses contrefaites avec le cristal ou le verre.

HAQUET. Espèce de charrette sans ridelles, qui fait la bascule quand on veut, sur le devant de laquelle est un moulinet, qui sert par le moyen d'un cable à tirer les gros fardeaux de marchandises, pour les charger plus commodément.

Il y a de deux sortes de *haquets*; l'un à limon, qui se tire par des chevaux; & l'autre à tête ou timon, qui se tire par des hommes. On se sert ordinairement du *haquet* dans les villes & lieux de commerce dont le terrein est uni, pour voiturer des tonneaux de vin & d'autres liqueurs, du fer, du plomb, &c. & des balles, ballots & caisses de toutes sortes de marchandises.

HARAME. Nom que les habitans de Madagascar donnent à l'arbre qui produit la gomme médecinale, que les droguistes nomment *tacamacha*, & quelquefois *tacamahaca*.

HARAS. Lieu où l'on éleve des poulains & où l'on entretient des étalons & des jumens pour en produire, & pour tirer race des meilleurs chevaux. Il se dit aussi de tous les autres lieux destinés à élever les animaux propres à la monture de l'homme, comme sont les bêtes asines, les mulets & les chameaux.

HARAS. Signifie encore les *poulains* mêmes & les *pouliches* qui sont élevés dans les *haras*. Dans ce sens on dit, que les étalons turcs & les cavales de Naples font les meilleurs *haras*; pour dire, qu'ils produisent les meilleurs chevaux.

HARDER. Signifie *troquer, échanger*; il ne se dit guère que dans le commerce des chevaux, & encore seulement parmi la noblesse de province, n'étant peu d'usage à Paris, & point du tout parmi les marchands.

HARENG, que l'on écrit quelquefois HARAN ou HARANG, & que les Hollandois appellent *haaring*. C'est un petit poisson de mer de la taille du gardon ou du dard, qui a le dos bleuâtre & le ventre d'un blanc argenté. Il ressemble assez à une petite alose, ce qui l'a fait nommer en latin *alosa minor*.

Les *harengs* se trouvent principalement dans la mer du Nord; il s'en pêche ailleurs, mais en moindre quantité. La pêche s'en fait ordinairement en deux saisons; l'une au mois d'août que l'on appelle la pêche de S. Barthelemi; & l'autre en automne; la dernière plus considérable, les brouillards étant très-favorables à la pêche de ce poisson.

L'on croit communément que le *hareng* meurt aussi-tôt qu'il est hors de l'eau, & que l'on n'en a jamais vu de vivant; il y a néanmoins des relations qui assurent le contraire.

Les *harengs* vont en troupe & suivent les feux: lorsqu'ils passent il semble d'un éclair; aussi les mariniers appellent-ils leur passage l'*éclair des harengs*: la pêche & la préparation qui s'en fait se

nomme *droguerie*. On donne aussi le nom de *droguerie* à la moindre espèce du *hareng* blanc salé.

Pêche du hareng.

Les Hollandois ont été les premiers qui ont fait la *pêche du hareng*; & qui ont remarqué les diverses saisons de leur passage: on met leurs premières pêches réglées vers l'an 1163.

La manière de les saler & de les encaquer n'a été néanmoins trouvée qu'en 1416 par Guillaume Bukelsz natif de Bier-Uliet. La mémoire de cet homme s'est rendue si recommandable par une invention si utile, qu'on dit que l'empereur Charles-Quint étant venu dans les pays-bas, ne dédaigna pas d'aller à Bier-Uliet avec la reine de Hongrie sa sœur, comme pour honorer de leur présence le tombeau de ce premier encaqueur de *harengs*.

On se sert pour la *pêche des harengs* de petits bâtimens, que l'on appelle en France *barques* ou *bateaux*, & qu'en Hollande on nomme *buches* ou *flibots*.

Les *buches* dont les Hollandois se servent pour la *pêche du hareng* sont ordinairement du port de quarante-huit à soixante tonneaux; elles doivent être pourvues de deux petits canons du poids de huit cens livres chacun, de quatre pierriers, huit boëtes, six fusils, & douze piques, dont six longues & six courtes: à l'égard des flibots au dessus de soixante tonneaux, leur équipage consiste en quatre petits canons pesant ensemble quatre mille livres, avec quatre pierriers, huit boëtes, six fusils, huit piques longues & huit courtes.

Il n'est pas permis de faire sortir des ports de Hollande aucunes buches pour la *pêche des harengs*, qu'elles ne soient escortées d'un convoi, ou du moins qu'il n'y en ait un nombre suffisant pour composer ensemble dix-huit ou vingt pièces de petits canons & douze pierriers; alors elles doivent aller de conserve, c'est-à-dire de flotte & de compagnie, sans pourtant qu'elles puissent prendre sous leur escorte aucuns bâtimens non armés.

Les conventions verbales qui se font pour la conserve, ont autant de force que si elles étoient faites par écrit; il faut observer que chaque bâtiment de la conserve doit avoir des munitions suffisantes de poudre, de balles & de mitrailles pour tirer au moins seize coups.

Lorsque le temps se trouve beau, & que quelque buche veut faire sa pêche, il faut que le pilote fasse hisser son artimon; & celles qui ne pêchent point ne doivent pas se mêler parmi celles qui pêchent, il faut qu'elles se tiennent à la voile. *Voyez* BUCHE.

Ces réglemens de l'amirauté de Hollande, pour la *pêche du hareng*, sont en partie été imités par les François, & en partie augmentés de quantité d'autres qui y ont été ajoutés par l'ordonnance de la marine du mois d'août 1681, soit concernant les filets dont les pêcheurs doivent se servir, soit pour la police qui doit s'observer entre les maîtres des barques & bateaux François qui vont à cette pêche.

Conformément aux huit articles du titre quatre du livre cinq de cette ordonnance; 1°. Les mailles des rets ou applets dont on se sert pour la *pêche du hareng*, doivent avoir un pouce en quarré ; & les pêcheurs n'y en peuvent employer d'autres, ni se servir des mêmes filets pour d'autres pêches.

2°. Quand un équipage met ses filets à la mer pour pêcher, il est dans l'obligation de les jetter dans une distance de cent brasses au moins des autres bateaux , & d'avoir deux feux hauts, l'un sur l'avant & l'autre sur l'arrière de son bâtiment.

3°. Chaque équipage après ses filets jettés à la mer, est tenu de garder un feu sur l'arrière de son bateau & d'aller à dérive du même bord au vent que les autres pêcheurs.

4°. Les maîtres des barques qui veulent pendant la nuit s'arrêter & jetter l'ancre, doivent se retirer si loin du lieu où se fait la pêche , qu'il n'en puisse arriver aucun dommage aux barques & bateaux qui sont à la dérive.

5°. Lorsqu'un équipage est forcé par quelque accident de cesser la pêche ou de mouiller l'ancre, il est tenu de montrer son feu par trois différentes fois; la première lorsqu'il commence à tirer ses filets, la seconde quand ils sont à moitié levés, & la troisième après les avoir entièrement levés, & pour lors il doit jetter son feu à la mer.

6°. Si les filets sont arrêtés à la mer, l'équipage ne doit point jetter son troisième feu ; mais il est obligé d'en montrer un quatrième & d'en garder deux jusques à ce que les filets soient entièrement dégagés.

7°. Il est défendu aux pêcheurs sous peine de punition corporelle de montrer des feux sans nécessité, ni autrement que dans les temps & en la manière qu'il vient d'être dit.

8°. Quand la plus grande partie des pêcheurs d'une flotte cesse de pêcher & qu'elle mouille l'ancre, les autres sont dans l'obligation d'en faire de même.

Commerce du hareng salé & sor.

Les *harengs salés* tant blancs que sors, font un des principaux objets du commerce de la saline. Il y en a de tant de sortes , il s'en tire de tant d'endroits, & l'on en envoie en tant de lieux, qu'il seroit assez difficile de pouvoir marquer certainement en quoi peut consister le négoce qui s'en fait , non plus que de décrire précisément la manière de les apprêter & saler, chaque nation pouvant avoir la sienne particulière. Cependant voici en général ce que l'on a pû recueillir de plus positif sur cette matière.

Le meilleur & le plus estimé de tous les *harengs blancs salés*, est celui qu'on appelle *hareng de marque*, ainsi nommé parce qu'en Hollande, d'où il vient, il y a des officiers préposés pour tenir la main à l'exécution des réglemens sur le fait de cette

marchandise ; lesquels après avoir reconnu que les barils ou caques sont de la grandeur , le *hareng* de la grosseur ou qualité requise, mettent sur les barils une marque de feu.

Pour que le *hareng de marque* soit bien conditionné & de bon débit, il faut qu'il soit s'il se peut de la pêche d'une nuit, salé de bon sel, gras, charnu, ferme, blanc, égal en grosseur, bien paqué & arrangé dans les barils; qu'il n'y en ait point de gay mêlé parmi, c'est-à-dire, de celui qui n'a ni laite, ni rogues, coques ou œufs dans le corps : il faut outre cela que les barils soient bien clos, bien reliés & suffisamment remplis de saumure; l'évent causé par le manque de saumure étant capable de faire jaunir le *hareng*, ce qui le rend d'une très-mauvaise qualité qui en diminue de beaucoup le prix.

Après le *hareng de marque* est celui que l'on nomme *marque moyenne*, ou *moyen hareng*, qui n'est pas si gros que le premier; mais qui est beaucoup au-dessus de celui qu'on appelle *petite marque* ou *petit hareng*.

La quatrième espèce de *hareng* est de celui qui, à cause de sa petitesse, ne peut être mis dans aucune des trois sortes de *hareng de marque* ; ce dernier ne se litte pas dans les barils, mais s'y met pêle-mêle, se paquant néanmoins & s'apprêtant comme les autres : c'est ce *hareng* que l'on nomme communément *hareng de droguerie* ou de *drogue* ; il diffère ordinairement de vingt à vingt-cinq pour cent de moins que celui de marque.

Roterdam, Amsterdam & Enkuysen sont les endroits de Hollande d'où l'on tire les meilleures sortes de *harengs* ; ceux de la dernière pêche qui se fait en Automne sont les plus estimés, étant ordinairement mieux paqués & arrangés dans les barils, & moins sujets à se corrompre que ceux de la pêche de la S. Barthelemi : il en est de même des *harengs* qui viennent des autres endroits dont il va être parlé.

Le *hareng* d'Irlande est le meilleur après celui de Hollande, principalement celui qui s'apprête à Dublin & à Germuth ; il égale quelquefois le *hareng de marque* de Hollande & est d'un aussi bon goût au manger, pourvu qu'il ait été salé de bon sel; car lorsqu'il a été salé de sel d'alun, il y a beaucoup de différence.

On apprête encore du *hareng* en plusieurs autres endroits d'Irlande, comme à Watrefort, à Limerick, à Gallouay, &c. celui de Gallouay est ordinairement plus gros que celui des autres endroits, ce qui fait que les barils ne contiennent pas tant.

Quoique dans la plupart des ports d'Irlande les barils soient à peu près d'un volume pareil à ceux de Hollande ; néanmoins il s'en rencontre quelques-uns plus petits : il faut remarquer que le *hareng* n'est jamais si bien trié en Irlande qu'en Hollande.

Les Écossois s'attachent aussi à la pêche & au négoce du *hareng*; ils en envoient même quelquefois en France , mais il se rencontre rarement de bonne qualité , ni bien paqué & arrangé dans les barils ; outre qu'il est fort inégal , salé de mauvais sel; mal égorgé & mal vuidé de ses breuilles ou entrailles : cependant avec tous ces défauts il ne laisse pas d'être excellent à manger ; & l'on prétend même que si les Écossois avoient autant d'exactitude à l'apprêter & à le trier que les Hollandois, il pourroit l'emporter sur le *hareng de marque* qui a la réputation d'être le meilleur *hareng* du monde.

On pêche aussi du *hareng* en Angleterre , mais c'est le moindre de tous ; & les François en tirent peu , pour ne pas dire point du tout , le poisson de la pêche Angloise étant très-sec & doux de sel ; il est néanmoins assez bien paqué & arrangé dans les barils , mais ces barils sont toujours plus petits que ceux des autres endroits.

A l'égard de la France , il s'y pêche & s'y apprête du *hareng* en plusieurs endroits ; mais il a divers degrés de bonté suivant les différentes côtes du royaume où la pêche s'en fait.

Dieppe , le Havre de Grace , Honfleur & quelques autres petits ports de Normandie fournissent de très-bon *hareng ;* celui de Dieppe est le meilleur, & approche assez du *hareng de marque* de Hollande , quoiqu'un peu plus sec. L'on en pêche encore à Boulogne en Picardie , mais il est de beaucoup inférieur à celui de Normandie : il faut remarquer que la pêche de ce poisson ne se fait sur les côtes de Normandie & de Picardie que dans la saison d'Automne , ne s'y en faisant point en août comme dans les autres endroits.

Le *hareng* qui se pêche en Bretagne au bas de la rivière de Vannes vers Penerf , n'a de débit qu'en temps de guerre , étant d'une qualité très-médiocre & au-dessous de toutes les autres. La consommation s'en fait ordinairement dans la province ; il s'en envoie cependant quelquefois à Angers , à Saumur, à Tours , même jusques à Blois , mais en petite quantité , car les marchands de ces villes ne s'en veulent charger que faute d'autres.

Pour que le *hareng blanc salé* , de quelque côté qu'il puisse venir , soit de bonne qualité & de bonne vente , il doit approcher autant qu'il est possible de celui de marque dont il a été ci-devant parlé à la différence près de l'égalité du poisson ; car l'on ne se met pas trop en peine de le trier par-tout avec la même exactitude que l'on fait le *hareng de marque* en Hollande.

Après avoir parlé de ce qui concerne la pêche & le commerce du *hareng blanc salé* , le lecteur ne sera peut-être pas fâché de trouver ici la manière de l'apprêter & de le saler.

Manière d'apprêter & de saler le hareng.

D'abord que les *harengs* sont hors de la mer , le caqueur, matelot destiné à cet ouvrage , leur coupe la gorge & en tire les breuilles ou entrailles , à la réserve des laites & des œufs qui doivent toujours rester dans le corps du poisson.

Les *harengs* ayant ensuite été lavés en eau douce , on leur donne la sausse , c'est-à-dire , qu'on les laisse pendant douze ou quinze heures dans une cuve pleine d'une forte saumure faite d'eau douce & du sel marin.

Au sortir de la sausse on les varande , & quand ils ont été suffisamment varandés on les caque dans des barils , prenant soin de les bien paquer & liter , & observant de mettre au fond & au-dessus des barils une couche raisonnable de sel.

Varander le *hareng* , c'est l'égouter ; le caquer , c'est le mettre dans des barils qu'on nomme des *caques ;* le liter , c'est l'arranger par lits dans les caques; le paquer , c'est le presser fortement l'un sur l'autre à mesure qu'on fait de nouvelles couches.

Après que les barils sont suffisamment remplis de sel & de *hareng* , on les ferme bien afin que le poisson conserve sa saumure & ne prenne point l'évent , n'y ayant rien , comme on l'a déja remarqué , de plus préjudiciable au *hareng blanc salé* que l'évent & le manque de saumure.

Les *harengs blancs salés* se mettent aussi pour la commodité du négoce dans des demi-barils , quarts , & demi-quarts ou huitiémes de barils.

Ce qu'on appelle du *hareng d'une nuit* , c'est du *hareng* que l'on a salé le même jour qu'il a été pêché ; & du *hareng de deux nuits* , celui dont la salaison n'a été faite que le lendemain du jour qu'il a été pêché : le dernier est le moins estimé étant plus sujet à se corrompre.

Des harengs sorets.

Dans tous les pays où l'on pêche du *hareng* , on en fait sécher ou sorer à la fumée , & c'est ce *hareng* que l'on nomme *sor* ou *saur* , *soret* ou *sauret* : on le met ordinairement en barils & en demi-barils.

Il se fait beaucoup de *hareng sor* en Hollande, en Angleterre , en Écosse & en Irlande ; il s'en fait aussi assez considérablement à Boulogne , à Dieppe , au Havre & à Honfleur ; mais celui de Germuth en Irlande l'emporte sur tous les autres.

L'on donne quelquefois au *hareng sor* le nom de *craquelot* , particulièrement lorsqu'il est dans sa primeure ; le menu peuple de Paris l'appelle aussi de l'*appétit*.

Les *harengs* destinés pour être sorés s'apprêtent ainsi que les *harengs blancs* , à l'exception qu'ils restent le double dans la sausse , c'est-à-dire , vingt-quatre ou trente heures ; car il est nécessaire qu'il y prenne tout son sel , au lieu que le hareng blanc n'en doit prendre qu'une partie dans la sausse , achevant de prendre le reste dans le baril où il a été paqué & renfermé avec du sel.

Pour faire sorer les *harengs* (ou sortir comme l'on dit à Dieppe) il faut d'abord en les retirant de la sausse les brocheter , c'est à dire , les enfiler par la tête dans de menues brochettes de bois que l'on appelle *aîné*, ensuite on les pend dans des espèces de cheminées, faites exprès, que l'on appelle *rousfables*, & lorsqu'on y a arrangé autant de brochettes de *hareng* que chaque roussable peut contenir, l'on fait deffous un petit feu de menu bois ou copeaux que l'on ménage de manière qu'il ne fait que beaucoup de fumée & point du tout de flâme.

Les *harengs* restent dans le roussable jusques à ce qu'ils soient suffisamment fumés & sorés, ce qui se fait ordinairement en vingt-quatre heures de temps. On en peut sorer jusques à dix milliers à la fois, quelquefois plus, quelquefois moins, suivant la grandeur du roussable.

Pour que les *harengs sors* soient de bonne garde & de bon débit, il faut qu'ils ayent été salés à propos & avec du bon sel; qu'ils soient gros, fermes & secs; que la superficie en soit bien dorée, ce qui fait connoître qu'il a été soré avec soin; qu'ils soient pleins de leurs œufs ou de leurs laites, & qu'ils soient bien arrangés dans les barils : il faut sur-tout prendre garde qu'ils ne soient point chanfis, cette seule mauvaise qualité étant capable d'en diminuer notablement le prix. Comme ce défaut provient ordinairement de ce qu'on tient cette marchandise dans des lieux humides, les marchands doivent être attentifs à ne les mettre que dans des endroits ou des magasins bien secs.

Les Dieppois nomment *sorin* celui qui fait sorer les *harengs* dans le roussable.

On appelle *hareng* ou *vrac*, le *hareng* que les pêcheurs apportent dans les ports, tel qu'il a été mis dans les barils après la pêche; c'est-à-dire, sans être paqué, lité ou arrangé dans les barils, ni achevé d'être salé.

Il y a en France des réglemens, entre autres les arrêts du conseil d'état des 15 juillet & 14 septembre 1687 & 5 janvier 1691; qui ordonnent que les *harengs* de la pêche des étrangers ne pourront entrer dans le royaume qu'en vrac & pour être salés du sel de Brouage; mais il y a de l'apparence que ces réglemens ne s'exécutent pas à la lettre; puisque l'on voit très-souvent venir de Hollande & d'ailleurs le *hareng* tout paqué, lité & salé dans des barils bien fermés.

Depuis le traité de paix signé à Utrecht le 11 avril 1713, les Hollandois ont obtenu un arrêt du conseil du 30 mai suivant, par lequel sa majesté voulant traiter favorablement les sujets des états généraux des provinces-unies, conformément à l'article 10 du même traité, & dérogeant aux arrêts de 1687 & 1691, leur permet d'apporter en France du *hareng salé*, en la manière qu'il se pratiquoit avant lesdits arrêts, en faisant leur déclaration & payant les droits ordonnés.

Un *leth*, un *lest*, ou un *last* de *hareng*, signifie *douze barils* de *hareng blanc* soit blanc ou sor. Chaque baril de *hareng blanc* de marque contient ordinairement mille à onze cens de poisson, à cent quatre pour cent; & chaque baril de *hareng* ordinaire

ou de drôguerie compte depuis neuf cens jusqu'à onze cens de poisson, quelquefois davantage, suivant qu'il est plus ou moins gros, bien ou mal paqué & arrangé, ou que barils sont grands ou petits. Les demi-barils, les quarts & les demi-quarts contiennent à proportion.

A l'égard du *hareng sor*, les barils sont ordinairement d'un millier, & les demi-barils de cinq cens. En Hollande on dit, *une tonne de hareng*, *en ton haaring*; pour dire, une caque ou baril de *hareng*.

Par l'ordonnance des gabelles du mois de mai 1680, art. 7 du titre 15, le sel nécessaire pour la salaison des *harengs* est réglé à sept minots & demi pour chacun *leth* de *hareng blanc*, & à trois minots pour chacun *leth* de *hareng sor*.

On nomme *hareng pec*, du *hareng blanc* nouvellement salé, que l'on mange tout cru en salade. On le fait ordinairement dessaler & égouter avant que de le manger. Il s'en mange beaucoup de cette manière en Hollande. Les gens du pays le nomment *haaring perel*.

HARENG FRAIS. Est celui que l'on mange tel qu'il est sorti de la mer, c'est-à-dire, sans être salé ni soré. On lui donne quelquefois le nom de *hareng blanc*; mais ce nom est plus en usage pour le *hareng salé* qui n'a point été soré, que non pas pour le *hareng frais*.

OBSERVATIONS SUR LA PÊCHE FRANÇOISE du hareng, ses défauts & les remèdes qu'on y peut apporter.

On ne sçait pas précisément à laquelle des villes du royaume la France est redevable de la *pêche du hareng*; mais il paroît seulement qu'aucune autre nation ne l'a faite avant la nation Françoise.

Les habitans de Calais se vantent toutefois de l'antiquité de leur *pêche*, & prétendent que ceux de Boulogne & de Dieppe, en un mot, de toutes les autres villes de France qui font cette *pêche*, aussi-bien que les étrangers, n'y ont été animés & instruits que par leur exemple.

Si leur prétention n'est point chimérique, il est du moins certain qu'ils la soutiennent mal aujourd'hui; leur ville, en comparaison des autres villes Françoises, n'y envoyant que peu de bâtimens, & tout le produit de leur *pêche*, dans les meilleures années, n'allant guères qu'à environ 300 leths qui font au plus 12000 *harengs*.

Il faut convenir néanmoins que cette ville est plus heureusement située pour cette *pêche* qu'aucune autre de France. Les pêcheurs de Boulogne, de Dieppe, du Havre, &c. étant presque toujours obligés de reconnoître Calais en allant à leur *pêche*, à cause des vents qui les contrarient trop quand ils ne prennent pas cette route.

Il y a deux principaux endroits, où les François font la *pêche du hareng*; les Bancs & la Manche.

La *pêche* des Bancs est la plus importante ; le poisson qu'on y prend étant gros, gras, de bonne qualité, en bon état & en grande abondance. Elle se fait depuis le commencement de juillet jusqu'à la fin d'août.

La *pêche* qui se fait dans la Manche, n'approche pas de celle des Bancs ; le poisson y étant moins gros & de moindre qualité, à cause qu'étant fatigué par la longueur de sa course, il maigrit, & qu'il ne trouve point de petit poisson pour se nourrir.

On croit que le dernier défaut vient de l'inexécution de l'ordonnance de la marine de 1681, qui a réglé la grandeur des mailles de la drage à un pouce neuf lignes en quarré ; ce qui n'étant pas observé, & les mailles se faisant beaucoup plus petites que l'échantillon des amirautés, il arrive que les pêcheurs prenant le petit poisson qui devroit servir de pâture aux harengs, ces derniers restent maigres, ce qui répand un mélange dans le paquage qui fait un tort considérable à la réputation de la *pêche* Françoise.

Tout le hareng qui se vend, se distingue en *hareng en vrac*, en *hareng paqué* & en *hareng sor*.

Le *hareng en vrac* est celui qui n'est qu'à moitié salé. Les pêcheurs qui vont sur les Bancs du Nord, étant obligés d'y rester jusqu'à ce que leurs bâtimens soient entièrement chargés du hareng qu'ils y pêchent, & ce poisson pouvant se corrompre pendant ce temps-là, pour éviter cet inconvénient, ils le renferment dans des barils avec assez de sel pour prévenir la corruption, se réservant à y mettre à leur retour tout celui dont il a besoin pour une entière salaison.

Le *hareng paqué* est celui qui a reçu toutes ses façons, c'est-à-dire, qui a été salé à fait, arrangé & foulé dans les barils.

La différence qu'il y a entre la consistance des barils de hareng en vrac & des barils de hareng paqué, est ordinairement d'un tiers ; en sorte que dix-huit barils de hareng en vrac, n'en produisent que douze de hareng paqué.

Chaque baril de hareng paqué contient 1200 de hareng, douze barils font le leth, il faut sept minots de sel pour saler chaque leth.

Le *hareng sor* est celui qui a été seché & fumé au feu, les lieux où on les fait sorir, se nomment le plus ordinairement roussables, à cause de la couleur rousse que les poissons y prennent. A Calais & aux environs, on les appelle des *coresses*.

Les bâtimens que les François envoient sur les Bancs, se nomment des *caravelles*, & sont de 25 à 30 tonneaux. Ceux destinés pour la Manche ne sont que de 12, 14 & 15 tonneaux, on les appelle des *trinquarts*.

On croit que ce seroit un avantage, que les caravelles qui font la *pêche* des Bancs, fussent plus grands & d'un port plus considérable qu'ils ne sont ordinairement, non-seulement parce qu'ils contien-

droient davantage de poisson, ce qui épargneroit la dépense ; mais encore parce qu'à la fin de la *pêche*, & lorsque le hareng est façonné, on pourroit s'en servir ou pour le transporter dans les ports de sa destination, ou pour faire d'autres navigations dans l'intervalle d'une *pêche* d'une année à celle d'une autre, au lieu de demeurer inutiles tout ce temps-là, comme il est arrivé assez souvent.

Les caravelles sont montés de dix-huit hommes d'équipage ; sçavoir, le maître, quatorze matelots & trois mousses. Les trinquarts n'en ont que douze, au plus quinze y compris le maître.

Les maîtres des bâtimens, ni les matelots, ne s'engagent point à la solde, & vont tous au lot.

Le produit de la *pêche* se divise en quatre-vingt lots. Le propriétaire du bâtiment a d'abord six lots, en considération de ce qu'il & l'équipe prêt à faire voile ; & il lui en appartient encore sept autres pour quatorze filets qu'il fournit des cent qu'il en faut sur chaque bâtiment, le reste appartient & se partage à l'équipage.

Indépendamment de ces treize lots, le propriétaire a encore deux différens bénéfices ; sçavoir, le sol pour livre du total de la vente du hareng, en considération de ce qu'il en est garant à l'égard de son équipage, & les deux sols pour livre à cause des avances qu'il fait pour l'achat des vivres nécessaires pour la subsistance de l'équipage, dont le prix aussi-bien que les deux sols pour livre, se prélève sur le montant de la vente du hareng.

Au retour de la *pêche*, ni le propriétaire, ni les matelots n'ont pas la liberté de saler le poisson ; mais il est crié à l'enchère & adjugé au plus disant, par les commis à la recette du droit du sol pour livre : d'où il arrive que les bourgeois qui ont coutume de faire des salaisons de hareng, concertent ensemble le prix jusqu'où ils veulent pousser leurs enchères ; ce que bien des gens regardent comme une espèce de monopole très-préjudiciable aux propriétaires & aux équipages.

On croit que sans faire tort au droit du sol pour livre, il seroit facile de remédier à cet abus, & d'animer les équipages & les propriétaires à augmenter leurs *pêches*, si on leur laissoit la disposition de leur poisson sans les assujettir à l'usage de l'enchère.

Lorsque la *pêche* est abondante, & qu'un bâtiment se remplit dans peu de temps, c'est la coutume qu'il revienne dans le port où il a été équipé, ce qui pour l'ordinaire lui fait perdre une partie de la saison. Le remède à cela seroit d'obliger les bâtimens à rester sur les bancs tant que le poisson y donne, & de leur envoyer des allèges prendre le hareng qu'ils auroient mis en vrac, & leur porter des barils de sel, des vivres & des filets de rechange.

Les villes de France où il se fait le plus d'armemens pour la *pêche du hareng*, sont Calais, Boulogne, S. Vallery sur Somme, le Bourg-d'Au, Tréport, Dieppe, S. Vallery en Caux & Fécamp. Il y a encore le Havre, Honfleur & quelques autres ;

mais on ne parlera que des huit premiers, comme les plus confidérables & les plus connus pour cette *pêche*.

Calais par fa fituation à l'entrée de la Manche, eft également propre pour les deux *pêches*; pour celle des Bancs, parce que c'eft le port de France qui en eft le plus proche; & pour celle de la Manche, parce qu'il eft au-deffus de tous les autres; & que, lorfque le hareng paroît à cette hauteur, il eft encore gras & bon.

Boulogne eft située à fept lieues au-deffous de Calais, & dans l'endroit de la Manche où la mer eft la plus refferrée par la proximité des côtes de France & d'Angleterre. Le hareng y paffe par bouillon, & mettroit les pêcheurs en état d'en faire des pêches abondantes, fans deux obftacles qui s'y rencontrent. Le premier vient de la nature des fonds de la mer dans ce parage, qui étant remplis de bancs, forment des courans & des retours qui rompent les filets. Et le fecond de l'état de fon port, qui étant fitué dans une côte plate & fablonneufe, a une embouchure fi étroite, qu'on n'y peut équiper de gros bâtimens. Auffi les Boulonnois n'en équipent-ils que de petits qui portent peu de filets, qui rentrent journellement, & qui ne font la pêche que dix ou douze jours.

Saint Valery eft fitué fur la rivière de Somme, dont l'entrée eft difficile & dangereufe: le port eft à deux lieues de la mer; le chenal en eft fi petit, que les marées fervent peu aux pêcheurs pour y entrer ou en fortir. Ce font ces défavantages de fa fituation & de fon port, qui font caufe que fes habitans fe mêlent peu de cette *pêche*.

Le Bourg-d'Au eft un village fituée fur le bord de la mer. Il n'y a point de port, ce qui oblige les pêcheurs d'échouer leurs bâtimens fur la grave: ils en envoient quelques-uns à la *pêche du hareng*; mais le produit de leur pêche fe porte à Tréport ou à Dieppe.

Tréport eft un petit port affez avantageufement fitué, il y a plufieurs bons pêcheurs qui s'adonnent à la *pêche du hareng*.

Dieppe a un grand port & une bonne rade; il s'y conftruit quantité de bâtimens de mer propres à la *pêche du hareng*; fes pêcheurs font habiles & fes maifons ont de grandes cours & de vaftes magafins propres à recevoir & à préparer le hareng.

Saint-Vallery en Caux eft un petit port de très-peu de conféquence: il y a néanmoins quelques pêcheurs & quelques bateaux qui vont à la *pêche du hareng*.

Le port de Fefcamp eft un peu plus confidérable que le précédent; mais ceux qui équipent des bâtimens pour la *pêche*, y font expofés à deux inconvéniens. Le premier que pour trouver le hareng de bonne qualité & en bon état, ils font obligés de doubler les ports de S. Vallery en Caux & de Dieppe, & par conféquent d'aller loin de chez eux. Le fecond que, lorfqu'ils veulent éviter cette courfe & qu'ils fe contentent de pêcher dans leur voi-

finage, ils ne rapportent jamais que de très-mauvais poiffon.

De ce petit détail, il paroît affez que de ces huit villes de Normandie & de Picardie, qui font prefque les feules en France qui envoient à la *pêche du hareng*, il n'y a guères que Calais & Dieppe, qui par leur fituation & les commodités qui s'y trouvent, foient propres à foutenir la *pêche Françoife* de ce poiffon, fi l'on penfoit à la rétablir fur fon ancien pied & dans fa première réputation; c'eft-à-dire, telle qu'elle étoit particulièrement à Calais, avant que d'abord les Anglois & enfuite les Hollandois, fe fuffent emparés de la plus grande partie d'un commerce qui leur apporte tant de profit, & qu'il feroit fi aifé aux François de partager au moins avec eux.

On compte que les pêcheurs de ces huit villes arment environ cent bâtimens par an pour cette *pêche*, qui à quinze hommes par bâtimens l'un portant l'autre, occupent quinze cens matelots; mais il feroit facile d'en augmenter le nombre fans faire tort aux armemens du roi & des marchands, en tirant des matelots du Havre, de Honfleur & des autres départemens de la baffe Normandie, qui fe formeroient fans peine à cette *pêche*, étant mêlés avec les équipages qui ont coutume de pêcher fur les Bancs ou dans la Manche; & à l'égard des maîtres defquels dépend ordinairement tout le fuccès de cette *pêche*, on croit qu'en les animant par quelque privilège, & les guériffant de la crainte d'être hauffés à la taille, il y en auroit beaucoup qui fe préfenteroient, qui n'en font pour l'ordinaire retenus que par cette confidération.

HARENGÈRE. *Marchande qui vend du hareng*. Il fe dit auffi de toutes les autres marchandes qui font le négoce de la faline, comme de la morue, du faumon, du maquereau & autres femblables poiffons de mer qui fouffrent la falaifon, & que l'on fale pour conferver.

HARENGERIE. *Marché aux harengs*. Place où fe vend le hareng. Ce terme eft peu d'ufage; on s'en fert néanmoins dans quelques villes maritimes de Normandie, de Picardie & de Bretagne, où arrivent les barques Françoifes qui vont à la pêche du hareng.

HARICOT, Petite féve, que l'on appelle autrement *févrole* ou *fayole*.

Les *haricots* font du nombre des légumes qui fe vendent à Paris par les marchands épiciers & grainiers. Ils en tirent beaucoup de Picardie & de Normandie, particulièrement de Ducler près Rouen; cependant ceux des environs de Paris font eftimés les meilleurs. Le négoce des *haricots* eft confidérable en France, non-feulement par rapport à la grande confommation que l'on en fait pendant le carême, mais encore parce qu'il s'en envoie beaucoup dans les ports de mer, pour fervir de nourriture aux équipages des vaiffeaux, tant du roi que des armateurs particuliers.

HARING-BUIS. Terme Hollandois, qui signifie *buche*. Petit-bâtiment dont on se sert pour la pêche du hareng.

HARLEM, ville de Hollande. L'on y fabrique différentes étoffes en soie & en laine. Cette ville est aussi fort en réputation pour le blanchiment des toiles. *Voyez* l'Etat général, tome I, p. 277.

HARNOIS. Ce terme signifioit autrefois *tout l'équipage* d'un homme d'armes, comme le casque, la cuirasse, les brassarts, les cuissarts, &c. On le trouve encore dans le tarif de la douane de Lyon, de 1632, dans le même sens.

HARNOIS. Se dit aussi des selles, brides, croupières, traits & autres semblables équipages dont on harnache les chevaux de selle, de carosse & de charrette.

HARNOIS. Ce terme s'entend aussi des filets, ustensiles & instrumens qui servent à pêcher le poisson d'eau douce.

L'Ordonnance des eaux & forêts de 1669, porte que les engins & *harnois* des pêcheurs, seront marqués d'un plomb aux armes du roi avec le nom de leur maîtrise, dont le poinçon restera au greffe de chacune desdites maîtrises. *Voyez* PESCHE.

HARPON. Espèce de long dard ou javelot armé par un bout, d'un fer pointu & aceré, avec lequel on harponne les baleines & autres grands poissons à lard. Le *harpon* pour la pêche des tortues s'appelle une *varre*.

HARPONNEURS. Ce sont les plus forts & les plus adroits des matelots, qui font l'équipage des navires qui vont à la pêche de la baleine, que l'on charge de lancer le harpon. *Voyez* BALEINE.

HASAER DENARIE. *Monnoie* d'argent qui a cours en Perse, il vaut dix mamoudis. *Voyez* LA TABLE DES MONNOIES.

HASARD. *Voyez* HAZARD.

HASSART. Espèce de hache qui a le tranchant arrondi. On le dit aussi des grandes serpes.

HASTER, Mesure de continence dont on se sert dans quelques endroits des Pays-Bas Autrichiens, particulièrement à Gand & dans tout son district.

Le *haster* de Gand contient trente septiers de Paris, moins un cinquante-sixième.

HASTEURS. Inspecteurs qu'on commet dans les grands ateliers pour avoir l'œil que les maçons, limousins, manœuvres ou autre ouvriers ne perdent point de temps. On les nomme aussi *chasse-avant*.

HAVAGE, ou HAVÉE. Droit que l'on a de prendre dans les marchés plein la main de grain de chaque sac qui y est exposé en vente.

C'est de cette sorte de droit dont jouit à Paris & dans quelques autres villes de France, l'exécuteur des hautes-œuvres; mais à cause de l'infamie de son emploi, & pour l'empêcher de mettre la main dans les sacs, on a réglé son droit à une mesure de fer-blanc en forme de cuillière à long manche, avec laquelle il puise les grains sans y toucher.

HAUBANIER. C'est un des noms que l'on donne aux maîtres marchands pelletiers - fourreurs de Paris.

HAUBANIER. On nommoit aussi autrefois en France, *haubaniers du roi*, des marchands privilégiés qui avoient la faculté d'acheter & de vendre dans la ville, fauxbourgs & banlieue de Paris, toutes sortes de hardes-vieilles & nouvelles, en payant un certain droit au domaine de sa majesté & à son grand chambrier. C'étoit des espèces de frippiers, ou plutôt ce qu'on appelle présentement dans cette communauté, des *maîtres de lettres*.

HAUBANS. (*Terme de marine*). Ce sont les gros cordages à trois tourons, avec lesquels on soutient les mâts d'un vaisseau à bâbord, à stribord & par derrière. Ils servent aussi aux matelots à monter aux hunes. Les petites cordes qui les traversent en forme d'échelons, s'appellent des *enfléchures*, & quelquefois des *figures*.

Les divers *haubans* d'un grand vaisseau sont les *haubans* du grand mât, les *haubans* du mât de misenne, les *haubans* d'artimon, les *haubans* du mât de hune d'avant, les *haubans* du grand mât de hune, ceux du perroquet d'avant, ceux du perroquet de fougue, ceux du beaupré & ceux du perroquet de beaupré.

HAUBELONNÉS. Sortes de *fromages* qui se font en Hollande, & dont les Hollandois font un grand commerce dans les pays étrangers. Par le tarif de 1725, les cent livres pesant paient 2 s. 8 p. de droits de sortie.

HAVÉE. Droit que l'exécuteur de la haute-justice prenoit autrefois sur les grains & denrées qui se vendoient dans les marchés de Paris. Les abbés de Sainte Genevieve avoient racheté ce droit moyennant cinq sols de rente annuelle qu'il lui payoient le jour de leur fête. Ce droit subsiste encore en plusieurs endroits, mais sous un autre nom. *Voyez* l'article des halles. *Voyez* HAVAGE.

HAUSSE. C'est le prix que l'on met au-dessus d'un autre dans les ventes publiques, pour se faire adjuger la chose qui est criée par l'huissier-priseur. C'est proprement ce qu'on nomme une *enchère*.

HAUSSER. Augmenter le prix d'une chose, en offrir plus qu'un autre.

HAUT. Se dit, *en terme de banque*, du change de l'argent, quand il est plus fort qu'il n'a coutume de se payer.

HAUT. Est encore en usage pour signifier la *valeur* extraordinaire des espèces.

HAUTE-FUTAYE. *Terme d'exploitation & de marchandise de bois*. Il se dit des bois ou arbres dont l'âge est au-delà de soixante ans.

Il y a trois sortes de *haute-futaye*; l'une s'appelle jeune *haute-futaye*, l'autre *vieille haute-futaye*, & la troisième *vieille haute-futaye sur le retour*. Les bois de *haute-futaye* sont réputés immeubles, & ne peuvent être abbatus par les usufruitiers.

HAUTE-LISSE. Espèce de tapisserie de soie & de laine, rehaussée d'or & d'argent, qui représente de grands & petits personnages, ou des paysages avec toutes sortes d'animaux. La *haute-lisse* est ainsi appellée de la disposition des lisses, ou plutôt de la chaîne qui sert à la travailler, qui est tendue perpendiculairement du haut en bas ; ce qui la distingue de la *basse-lisse*, dont la chaîne est mise sur un métier placé horisontalement.

L'invention de la *haute & basse-lisse*, semble venir du Levant ; & le nom de *Sarrasinois* qu'on leur donnoit autrefois en France, aussi-bien qu'aux tapissiers qui se mêloient de la fabriquer, ou plutôt de la rentraire & raccommoder, ne laisse guères de lieu d'en douter. Peut-être les Anglois & les Flamands qui y ont les premiers excellé, en ont-ils apporté l'art au retour des croisades & des guerres contre les Sarrasins.

Quoi qu'il en soit, il est certain que ce sont ces deux nations, & particulièrement les Anglois, qui ont donné en Europe la perfection à ces riches ouvrages qui font le plus bel ornement des églises, des basiliques, & des palais des rois ; ce qui doit les faire regarder, sinon comme les premiers inventeurs, du moins comme les restaurateurs d'un art si admirable, & qui sçait donner une espèce de vie aux laines & aux soies dans des tableaux, qui certainement ne cédent guères à ceux des plus grands peintres, sur lesquels la *haute & basse-lisse* se travaillent.

Les François ont commencé plus tard que les autres à établir chez eux des manufactures de ces sortes de tapisseries ; & ce n'est guères que sur la fin du régne de Henri IV, qu'on a vû sortir des mains des ouvriers de France, des ouvrages de *haute & basse-lisse*, qui eussent quelque beauté ; ce qu'on y en faisoit auparavant étant très-peu de chose.

L'établissement qui se fit d'abord à Paris dans le fauxbourg S. Marcel en 1607, par édit de ce prince du mois de janvier de la même année, perdit trop tôt son protecteur pour se perfectionner ; & s'il ne tomba pas tout-à-fait dans sa naissance par la mort de ce grand roi qui arriva trois ans après, il eut du moins bien de la peine à se soutenir ; quoique les sieurs Comans & de la Planche qui en étoient les directeurs, fussent très-habiles dans ces sortes de manufactures, & qu'il leur eût été accordé & à leurs ouvriers de grands priviléges, tant par l'édit de leur établissement, que par plusieurs déclarations données en conséquence.

Le régne de Louis XIV vit renaître ces premiers projets sous l'intendance des arts & manufactures de M. Colbert. Dès l'an 1664, ce ministre fit expédier des lettres-patentes au sieur Hinard pour l'établissement d'une manufacture royale de tapisseries de *haute & basse-lisse* en la ville de Beauvais en Picardie ; & en 1667 fut établie aussi par lettres-patentes la manufacture royale des Gobelins, où ont été fabriquées depuis ces excellentes tapisseries de *haute-lisse*, qui ne cédent à aucune des plus belles d'Angleterre & de Flandre pour les desseins, & qui les égalent presque pour la beauté de l'ouvrage, & pour

la force & la sûreté des teintures des soies & des laines avec lesquelles elles sont travaillées. On en parle ailleurs, aussi-bien que de cette célébre manufacture où sont faits les plus riches meubles de la couronne.

Outre la manufacture des Gobelins & celle de Beauvais, qui subsistent toujours avec grande réputation, il y a encore deux autres manufactures Françoises de *haute & basse-lisse*, l'une à Aubusson en Auvergne, & l'autre à Felletin dans la Haute Marche. Ce sont les tapisseries qui se fabriquent dans ces deux lieux, qu'on nomme ordinairement *tapisseries d'Auvergne*. Felletin fait mieux les verdures, & Aubusson les personnages : Beauvais fait l'une & l'autre encore mieux qu'en Auvergne. Ces manufactures emploient aussi l'or & l'argent dans leurs tapisseries.

Ces quatre manufactures Françoises avoient été établies également pour la *haute & basse-lisse* ; mais il y a déja long-temps qu'il ne se fabrique plus, ni en Auvergne ni en Picardie que de la *basse-lisse* ; & il n'y a que l'hôtel royal des Gobelins où le travail de la *haute & basse-lisse* se soit conservé.

Il ne se fait aussi que des *basses-lisses* en Flandre ; mais il faut avouer qu'elles sont pour la plupart d'une grande beauté, & plus grandes que celles de France, à la réserve, comme on l'a dit, des tapisseries des Gobelins.

Bruxelles, Anvers, Oudenarde, Lisle, Tournay, Bruges & Valenciennes sont les villes Flamandes, soit de la domination de France, soit de celle de la maison d'Autriche, où sont établies les meilleures fabriques de tapisseries, ou plutôt se font presque les seules où il s'en fasse présentement dans les Pays-Bas.

On a mis ici ces villes selon le rang qu'elles ont pour la réputation de leurs tapisseries, soit de beauté, soit de bonté de fabrique.

A Bruxelles & à Anvers, il se fait des tapisseries à grands & petits personnages, & des verdures ou paysages avec toutes sortes d'animaux qui sont d'une grande perfection pour les desseins & pour l'ouvrage.

A Oudenarde ce ne sont que des verdures & des animaux ; on y travaille aussi sur la figure ; mais ces dernières étant très-mal dessinées, elles sont très-peu estimées par les connoisseurs.

Lisle & les autres villes travaillent encore moins bien qu'à Oudenarde : il s'y fait pourtant un assez bon commerce de tapisseries de paysages.

Quoiqu'on ne parle ici des fabriques d'Angleterre qu'après les autres, il est pourtant vrai qu'elles se surpassoient toutes autrefois, & que ce que l'on voit parmi les anciennes *hautes-lisses* de plus beau & de plus parfait est sorti de la main des ouvriers Anglois. Elles conservent encore à la vérité leur première réputation ; mais l'on peut dire que ce n'est proprement que pour les *basses-lisses*, ne se faisant plus de *haute-lisse* en Angleterre.

Les hauteurs les plus ordinaires des *hautes & basses-lisses* sont deux aunes, deux aunes un quart, deux aunes & demie, deux aunes deux tiers, deux aunes auffes trois quarts, trois aunes, trois aunes un quart & trois aunes & demie, le tout mefure de Paris. Il s'en fait cependant quelques-unes des plus hautes, mais elles font pour les maifons royales ou de commande.

En Auvergne, fur-tout à Aubuffon, il s'en fait au-deffous de deux aunes; & il y en a d'une aune trois quarts & d'une aune & demie.

Toutes ces tapifferies, quand elles ne font pas des plus hauts prix, fe vendent à l'aune courante : les belles s'eftiment par tentures.

HAUTE-LISSE. On appelle de la forte dans la fayetterie d'Amiens, les étoffes dont la chaîne eft purement de foie, & la trême de laine, ou qui font toute de foie, comme les ferges de Rome, les dauphines, les étamines, les férandines & burats, les droguets de foie, &c.

HAUTE-LISSEUR. Ouvrier qui travaille à la manufacture des étoffes de haute-liffe. Ce terme n'eft guères en ufage qu'en Picardie, particulièrement dans la fayetterie d'Amiens.

Les maîtres haute-liffeurs unis aux bourrachers, compofent une de ces communautés qui toutes enfemble font le corps de la fayetterie. Les autres font les fayetteurs, les houppiers, les foulons, les courroyeurs, les tondeurs, les teinturiers, les calandreurs & les paffementiers.

HAUTE-SOMME. (Terme de commerce de mer.) Il fe dit de la dépenfe extraordinaire qui ne concerne ni le corps du navire, ni les victuailles, ni les gages & paye des officiers, foldats & matelots, mais qui fe fait par tous les intéreffés à la cargaifon d'un vaiffeau pour le bien commun. Le maître du navire en paye ordinairement le tiers, & les marchands ou armateurs les deux autres tiers.

HAUTS ou GRANDS BRINS, qu'on nomme auffi TOILES DE HALLE ASSORTIES. Ce font des toiles qui fe fabriquent en plufieurs lieux de Bretagne, particulièrement à Dinan.

HAYON. On nommoit ainfi autrefois dans les halles de Paris, les étaux ou échopes portatifs que les marchands y avoient, & où ils étaloient leurs marchandifes les jours de marché.

HAZARD. On dit en fait de commerce; qu'on a trouvé un bon hafard, pour fignifier qu'on a fait un bon marché, & fur lequel il y a beaucoup à gagner.

HAZON-MAINTHI. Nom que les habitans de Madagafcar donnent à toutes les fortes de bois d'ébène.

HE

HEAUME. Armement, ou, comme on difoit autrefois, habillement de tête qu'on nomme communément un cafque. C'eft de cette partie de l'armure des chevaliers & hommes d'armes, qu'ont pris leur nom les maîtres armuriers-heaumiers, qui compofent une des communautés des arts & métiers de Paris.

HEBICHET. Efpèce de crible fait de côtes de latanier ou de rofeaux refendus, dont l'on fe fert

dans les fucreries des ifles Antilles, pour paffer le fucre pilé, dont on veut remplir les bariques.

HEBRIEUX. Terme de marine dont on fe fert quelquefois pour fignifier l'officier ou commis qui a foin de délivrer les congés ou brefs que les maîtres des navires font tenus de prendre avant de fortir des ports du royaume. Ce terme n'eft guères en ufage qu'en Bretagne, où ces brefs font vulgairement nommés des brieux.

HEDRE. Efpèce de gomme ou réfine. C'eft la gomme du lierre, qui en François a confervé fon nom latin. Cette réfine eft liquide quand elle coule du grand lierre, qui eft le feul qui la produit; mais elle durcit lorfqu'on l'a fort. Elle eft d'abord femblable à de la glu, d'une couleur rouge, d'une odeur forte, pénétrante & défagréable : en féchant elle devient friable & d'une couleur tannée. Il faut la choifir féche, tranfparente & d'une odeur balfamique; mais prendre garde qu'on ne lui fubftitue la gomme alouchi. On l'eftime propre à la guérifon des plaies. On l'emploie auffi aux dépilatoires pour faire tomber le poil. La meilleure vient des Indes. On en tire auffi d'Italie, de Provence & de Languedoc.

HEEMER. Mefure des liquides dont on fert en Allemagne. Le heemer eft de 32 achtelings, l'achteling de 4 feiltens. Il faut 24 heemers pour le driclink & 32 pour le feoder. Voyez LES TABLES DES MESURES.

HEGIN. Efpèce de chameau différent du chameau ordinaire.

HELIOTROPE, ou HELIOTROPIUM, autrement RICIONOIDES. C'eft le tournefol ou merelle dont on tire une drogue propre à la teinture.

HELIOTROPE. C'eft auffi une efpèce de jafpe qu'on met au nombre des pierres précieufes. Elle eft verte, mêlée de veines rouges. Les anciens lui donnoient la fabuleufe vertu de rendre invifibles ceux qui la portoient; & c'étoit, à ce qu'ils difent, d'une heliotrope qu'étoit faite la fameufe bague de Gyges. Préfentement on ne l'eftime guères plus que le jafpe ordinaire. On lui donne cependant encore le nom de jafpe oriental, pour lui conferver quelque diftinction. Les plus gros & les plus beaux blocs de ce jafpe viennent d'Allemagne & de Bohême; & c'eft de-là qu'ont été tirées les deux urnes fépulcrales que l'on voit, l'une à S. Denis, petite ville de France, & l'autre à Gand, ville des pays-bas Autrichiens.

HELLER. Petite monnoie qui a cours à Cologne. Le heller revient environ à un denier un treizième de denier de France. Huit hellers font l'albus. Il faut 78 albus pour la richedalle. Voyez LA TABLE DES MONNOIES.

HELSTON. On appelle étain d'helfton, l'étain d'Angleterre qui eft marqué au bureau du bourg de ce nom, fitué dans le comté de Cornouailles.

HEMATITE, autrement lapis hematites, ainfi que le nomme le tarif des entrées de France de 1664, en lui confervant fon nom latin. C'eft un minéral

Xxx

rouge en forme de pierre, dont les doreurs se servent à faire leurs bruniſſoirs, les peintres pour deſſiner & les médecins dans quelques reméses.

Pline en met de cinq ſortes, ſans compter celle que l'on appelle *aimant hématite*, parce qu'elle a la propriété d'attirer le fer. Ces cinq *hématites* ſont l'éthiopique, l'androdamas ou la noire, l'arabique, l'élalites, autrement miltites, & le chiſtos.

Il ſeroit long & aſſez inutile d'entrer dans le détail des vertus que l'antiquité, & même quelques modernes attribuent à ces minéraux, ſoit pour arrêter le ſang, ſoit pour le mal des yeux. Tout ce qu'il eſt bon que le lecteur ſçache, c'eſt que les marchands épiciers-droguiſtes de Paris n'en vendent ordinairement que de deux ſortes ; l'une ſous le nom de *feret d'Eſpagne*, dont les doreurs & orfévres ſe ſervent pour brunir leur or, & l'autre ſous celui de *ſanguine*, ce que ſignifie le mot grec qu'elle porte, & dont les peintres ſe ſervent dans leurs deſſins.

HÉMINE, que l'on écrit auſſi ÉMINE, ou ESMINE. Grande meſure de grains, en uſage, en pluſieurs endroits de France, & en quelques ports des côtes de Barbarie. L'*hémine* néanmoins n'eſt pas une meſure effective, comme peuvent être le boiſſeau ou le minot, mais pour ainſi dire, une eſpèce de meſure de compte, ou un compoſé de pluſieurs autres certaines meſures.

A Auxonne l'*hémine* eſt de vingt-cinq boiſſeaux du pays, qui reviennent à deux ſeptiers neuf boiſſeaux un tiers de Paris.

L'*hémine* de Maxilly contient vingt-cinq boiſſeaux de ce lieu, qui ſont égaux à trois ſeptiers de Paris.

A S. Jean de Laune l'*hémine* eſt de dix-ſept boiſſeaux du pays, qui rendent à Paris deux ſeptiers dix boiſſeaux.

A Marſeille l'*hémine* de bled eſt eſtimée peſer ſoixante & quinze livres, poids de lieu, ou ſoixante livres, peu plus, poids de marc : elle ſe diviſe en huit ſivadières.

En Barbarie l'*hémine* eſt ſemblable à neuf boiſſeaux de Paris.

L'*hémine* eſt auſſi en uſage en Languedoc, particulièrement à Agde, à Beſiers & à Narbonne ; l'*hémine* d'Agde eſt de deux ſeptiers & pèſe 120 liv. ; celle de Beſiers hors la raſe, donne deux pour cent de plus & pèſe 122 liv. ; l'*hémine* de Narbonne dont les deux font le ſeptier, pèſe 65 liv.

A Montpelier l'*hémine* ſe diviſe en deux quartes. Deux *hémines* font le ſeptier, & ſix *hémines* font un mude & demi d'Amſterdam.

A Caſtres l'*hémine* contient quatre megères, & la megère quatre boiſſeaux. Il faut deux *hémines* pour faire le ſeptier.

A Châlons & à Dijon l'*hémine* eſt égale, celle de froment pèſe 45 poids de marc, celle de méteil 43, celle de ſeigle 41, & celle d'avoine 25 livres.

Auxonne. On a déja dit quelque choſe de ſon *hémine*. On ajoutera que celle de froment pèſe 27 l.

celle de méteil 26, celle de ſeigle 25 & celle d'avoine, 20.

A Dole, Pontalier & Salins, les *hémines* ſont de même poids ; l'*hémine* de froment y pèſe 60 l., celle de méteil 59 & celle de ſeigle 58 l.

A Viller Suxel & Monjutin, l'*hémine* de froment pèſe 45 l., l'*hémine* de méteil 44, & celle de ſeigle 43.

A Mont-Beillard, Hericourt & Blamont, l'*hémine* de froment pèſe 40 l., celle de méteil 39 & celle de ſeigle 38.

Toutes ces réductions ſont faites au poids de marc.

Chez les Romains l'*hémine* étoit auſſi une petite meſure de liqueurs, qui revenoit au demi-ſeptier de Paris, c'eſt-à-dire, à la moitié d'une chopine. Tous les ſçavans néanmoins ne tombent pas d'accord de cette évaluation ; & l'*hémine* bénédictine a donné lieu à quantité d'écrits remplis d'une profonde érudition que l'on peut conſulter ; cette matière curieuſe n'étant convenant guères à un Dictionnaire de Commerce.

HENECHEN. Herbe qui croît dans quelques endroits de l'Amérique, particulièrement dans l'Iſthme de Panama.

C'eſt une eſpèce de chanvre dont les ſauvages tirent une filaſſe propre à être réduite en fil avec le rouet ou la quenouille. On en fait d'aſſez belles toiles & des cordes de très-bon uſage. Les feuilles de cette plante ſont plus ſemblables à celles du chardon qu'à celles du chanvre d'Europe. L'*henechen* eſt différent du *cabvia* autre herbe qu'on file dans le Pérou, qui reſſemble auſſi au chardon, mais qui a ſes feuilles plus larges & moins longues que l'*henechen*.

HÉPATIQUE. Ce qui tient de la couleur du foye. On appelle *aloès hépatique*, une drogue médecinale qu'on tire des Indes orientales, & qui fait partie du négoce des marchands épiciers droguiſtes.

HERBAGES. *Vieux filets* que les corailleurs ou pêcheurs de corail du baſtion de France, défont & écharpient pour attacher aux chevrons avec leſquels ils attachent le corail du fond de la mer.

HERBE. Il ſe dit des plantes dont les tiges périſſent tous les ans après qu'elles ont produit leurs fleurs & que les graines qui doivent conſerver leur eſpèce ſont venues en maturité.

De ces plantes les unes ſont annuelles, qu'il faut ſemer toutes les années, les autres biſannuelles, qui donnent des fleurs & des graines que tous les deux ou tous les trois ans ; & les autres vivares, dont la racine ſe conſerve tous les hyvers, & pouſſe tous les printemps des feuilles, des fleurs & des graines.

Les *herbes* potagères ſont celles qui ſe cultivent dans les jardins, & qui ſont bonnes à manger. Les jardiniers & maraîchers de la ville & fauxbourgs de Paris en font un grand commerce, particulièrement dans le marché de cette capitale qu'on nomme *halle à la poirée*.

Les *herbes* médecinales sont celles que les médecins & apothicaires font entrer dans leurs remédes. Le négoce de ces *herbes* se fait par les herboristes, qui sont de pauvres femmes établies la plupart dans des échopes aux coins des rues, particulièrement près des boutiques des apothicaires les plus achalandés.

Les *herbes* vulnéraires sont celles qui prises intérieurement, ou appliquées en topiques, sont propres à la guérison des plaies. Les meilleures viennent de Suisse ; elles font partie du commerce de l'épicerie.

HERBE JAUNE, OU HERBE A JAUNIR. Plante qui sert à teindre en jaune. On la nomme plus ordinairement *gaude*. *Voyez* GAUDE.

HERBE DE MAROQUIN. Espèce d'*herbe* qui sert aux maroquiniers à fabriquer leur maroquin à la place du sumac.

HERBE DE PATURAGE. Autre plante qui sert aussi à la teinture en jaune. Elle est davantage connue sous le nom de *genestrole*.

HERBE DE PARAGUAY. *Voyez* PARAGUAY.

HERBE DE THÉ. *Voyez* THÉ.

HERBE. Se dit aussi des foins en verd, & qui n'ont point été fauchés & façonnés. En ce sens on dit, vendre ses prés en *herbe* & mettre des chevaux à l'*herbe*.

HERBE, en *termes de marchandise de chevaux & de manège*. Se dit encore pour marquer l'âge des chevaux. Ainsi on dit, qu'un poulain aura trois ans aux *herbes* ; pour signifier qu'*il aura cet âge*, lorsqu'au printemps les prés commenceront à pousser leur *herbe*.

HERBE, dans les manufactures étrangères, particulièrement dans celles des Indes orientales & occidentales. S'entend des étoffes qui sont fabriquées avec des *herbes* réduites en filasse, & ensuite filées. Les principales de ces étoffes sont les *herbes* filées, les *herbes* de soie, les *herbes* lâches & les taffetas d'*herbes*.

HERBES FILÉES. On nomme ainsi aux Indes orientales une espèce d'étoffe ou toile lustrée, que l'on fait d'un fil tiré de diverses sortes d'*herbes*. Elles se vendent ordinairement à Surate sur le pied de vingt mamoudis les trois pièces. Les Européens n'en achètent guères que par curiosité, ces étoffes se coupant très-aisément dans les plis.

Quelques-uns prétendent que ces toiles, qui sont ordinairement de couleur, ne se font pas d'*herbes*, mais de la soie que produit une sorte de mouches qui filent leurs cocons dans les bois & qui les laissent sur les arbres. La première opinion est la plus commune.

HERBES DE SOIE. Les Anglois de la Virginie donnent ce nom à une espèce de chanvre, qui croît naturellement & sans culture dans cette partie de l'Amérique septentrionale. Cette *herbe* se file comme le chanvre & le lin d'Europe ; mais le fil en est plus beau & plus lustré. Les sauvages n'en faisoient que des cordages & des rets ; mais les habitans Européens commencent à en faire des toiles & de legères

étoffes qui réussissent parfaitement bien. Ces étoffes aussi-bien que la plante se nomment *herbes de soie*.

Outre l'*herbe* à soie qui se trouve dans cette partie de l'Amérique, que les Anglois possédent & qu'ils nomment *Virginie*, il y en a encore une autre espèce dans l'Amérique méridionale, sur-tout dans les montagnes du Popayan & du Pérou. La racine de cette plante est pleine de nœuds ; ses feuilles sont comme la lame d'une épée, de l'épaisseur de la main dans le milieu près de la racine, plus mince vers les bords & vers le haut, où elles se terminent en pointes. Les Indiens & les Espagnols coupent ces feuilles, quand elles sont à une certaine grandeur.

Après les avoir séchées au soleil, on les bat, & l'on en tire diverses sortes de fils qui servent à différens ouvrages suivant qu'ils sont gros ou fins ; les plus gros s'emploient à faire des hamacs, des cordages, & ces espèces de demi-chemise, dont les femmes Indiennes se couvrent de la ceinture en bas. Les fils de la seconde sorte sont ordinairement employés à faire de petites étoffes, des toiles de soie, & des bas de soie aussi lustrés que ceux qui se font en Espagne. Enfin le fil le plus fin & le plus luisant, sert à faire des dentelles dont les mulâtres & les nègres se parent dans les grandes cérémonies.

C'est de toutes ces marchandises qu'il se fait un grand commerce dans les principales villes de la mer du Sud ; & même bien avant dans les terres, ainsi qu'on peut voir dans l'État général du Commerce aux articles de Quito, Arica, Lima, Panama, Coquimbo & même jusqu'à Aquapulco.

HERBE DE BENGALE, en Portugais *herva de Bengale*. Cette *herbe* a une tige d'un doigt d'épais au bout de laquelle sort un gros bouton en forme de houpe. On file cette houpe, & l'on en fait un fil fin & assez lustré, dont les tisserands du pays font divers ouvrages, entr'autres des tapis & des couvertures où ils représentent sur le métier diverses figures. On en fait aussi ces sortes de taffetas qu'on appelle en Europe *taffetas d'herbe*.

HERBES LACHES. Étoffes des Indes orientales, moitié *herbe* & moitié coton. L'*herbe* dont on les fabrique se rouit, se bat & se file, comme les orties dont on fait des toiles en France. Les pièces ont de portée sept aunes & demie de long sur trois quarts ou cinq sixièmes de large.

TAFFETAS D'HERBES. C'est un taffetas des Indes, fabriqué avec une matière soyeuse qu'on tire de diverses plantes qui croissent dans l'Indostan & en quelques endroits de la Chine.

HERBÉ. *Terme de commerce de cheveux*. On appelle *cheveux herbés*, des cheveux châtains que l'on a fait devenir blonds en les mettant sur l'herbe, & les y laissant long-temps exposés au soleil, après les avoir fait passer plusieurs fois dans une lessive d'eau limoneuse. Le blond de ces sortes de cheveux est si beau & si fin, que les plus habiles perruquiers y sont trompés, & n'en peuvent connoître l'artifice qu'au débouilli, qui leur fait prendre une couleur de feuille féche de noyer.

Plufieurs fentences & arrêts ont défendu en France l'apprêt de ces fortes de cheveux, & font reftés fans exécution comme, tous les autres de cette efpèce.

HERBIÈRE. *Vendeufe d'herbes potagères.* Ce font les marchandes fruitières & celles qui prennent des lettres de regrat, qui font à Paris ce négoce.

HERBORISTE. *Marchand ou marchande qui vend des plantes médecinales.*

Ces fortes de marchands compofent à Paris une efpèce de petite communauté où l'on n'entre qu'après un examen fur la propriété & la nature des plantes & racines qui fervent à la médecine, à caufe du danger qu'il y auroit de les fubftituer les unes aux autres. Il ne leur eft pas même permis d'en faire la diftribution, ni de toutes, ni à toutes fortes de perfonnes; & il y a des herbes dangereufes qu'ils ne peuvent vendre qu'aux apothicaires, ou du moins à des perfonnes connues, à caufe du mauvais ufage qu'on en pourroit faire.

HERE, qu'on écrit & qu'on prononce quelquefois HAIRE. C'est une efpèce de tiffu ou étoffe très-groffière, non croifée, faite de crin de cheval, quelquefois mêlée de bœuf ou de vache, qui fe fabrique fur un métier à deux marches, de même que la toile ou les étoffes qui n'ont point de croifure.

La plupart des *heres* qui fe voient à Paris, font envoyées de Rouen ou de Montreuil fur mer, par pièces de vingt à vingt-une aunes de longueur fur environ demi-aune de large mefure de Paris; leur ufage ordinaire eft pour les braffeurs qui s'en fervent à mettre fecher les grains germés qu'ils font entrer dans la compofition de leurs bières; & ce font ces mêmes artifans qui les tirent des lieux de leurs fabriques, aucun marchand ne tenant compte d'en faire négoce.

On appelle encore *here* une autre forte de tiffu ou étoffe compofée de crin de cheval & d'étoupe de chanvre travaillée de même que la précédente, mais plus étroite, plus fine & plus ferrée, dont les religieux & perfonnes dévotes forment des efpèces de fcapulaires, qu'ils appellent des *heres* qu'ils mettent à nud fur leur peau pour fe mortifier; il s'en fait auffi toute de crin: les unes & les autres fe tirent ordinairement de Rouen, & font partie du négoce de quelques petits marchands du corps de la mercerie.

HEMELINE. C'eft un des noms que quelques fourreurs donnent à la marte-zibeline.

HERMINE. Efpèce de petite bellette fort commune dans les pays du nord, mais plus particulièrement dans la province de Sibérie, qui fait partie des états du grand duc ou czar de Mofcovie.

Ce petit animal dont le poil eft très-blanc, à l'exception de celui du bout de la queue qui eft fort noir, fournit une très-riche fourure que les pelletiers, pour en relever la blancheur, tavellent ou

parfement de mouches faites de petits morceaux de peau d'agneau de Lombardie, qui font très-noirs & très luifans.

L'*hermine* fert à fourer les habillemens d'hyver, particulièrement ceux des dames de qualité qui en ornent les paremens de leurs robes & en font des tours au bas de leurs jupes: on en fait auffi des écharpes, des manchons, des bonnets, des aumuffes, & les premiers magiftrats de France en fourent leurs robes de cérémonie.

C'eft encore de peaux d'*hermines* qu'eft doublé le manteau royal des rois de France, & que font ornés ceux des princes & princeffes de leur maifon, & des ducs, comtes & pairs, lorfqu'ils affiftent à leur facré ou à quelques autres cérémonies.

Les queues d'*hermines* s'appliquent pour l'ordinaire au bas des aumuffes des chanoines, ce qui forme des efpèces de pendeloques blanches & noires: qui en augmentent la beauté & le prix.

Quelques auteurs prétendent que l'*hermine* n'eft blanche que l'hyver, & qu'à la fin de mai elle reprend fa couleur ordinaire qui tire fur le verd de mer ou fur le roux.

Il vient quantité de peaux d'*hermines* de Mofcovie où les diverfes nations d'Afie & d'Europe, qui fe fervent de cette fourure, les vont acheter ou échanger contre d'autres marchandifes qu'elles y portent de leurs pays.

En Europe ce font les Hollandois & les Anglois qui en font le plus grand négoce, & c'eft d'eux que les marchands François reçoivent prefque toutes celles qu'ils emploient dans leurs fourures. Elles fe vendent par maffes ou timbres, chaque maffe compofée de quarante peaux entièrement attachées enfemble du côté de la tête. Plus les peaux d'*hermines* font blanches & fans trous, plus elles font eftimées. Les tarifs de France leur donnent auffi le nom de *rofereaux.*

Quelques-uns appellent *la marte-zibeline hermine noire*, quoique ce foient deux animaux bien différens, non-feulement par rapport à la couleur du poil que l'un a prefque noir, & l'autre tout blanc; mais encore parce qu'ils ne font nullement femblables, ni par la forme, ni pour la nature.

HERMODATE, ou HERMODACTE. Les auteurs & les droguiftes ne font pas d'accord fur le genre de cette drogue; les uns la croyent la racine d'une plante, & les autres le fruit d'un arbre: peut-être que pour les accorder il faudroit les obliger d'en reconnoître de deux fortes, des *hermodates* qui font racines & des *hermodates* qui font fruits.

L'*hermodate* plante s'appelle en François *mort aux chiens*, en latin *bulbus agreftis* & *hermodactylus*; elle a les racines femblables aux doigts de la main, d'où fon nom grec latinifé lui a été donné; il y a des botaniftes qui croyent même y reconnoître des ongles: fes feuilles font longues comme celles du poireau, du milieu defquelles s'élève une tige déliée & verte qui a une petite tête longuette à fon extrémité.

A l'égard de l'*hermodate* fruit , elle eft faite en cœur, rougeâtre au-deſſus, blanche au-dedans, d'une ſubſtance légère & facile à ſe vermoudre. On la fait venir d'Egypte , où ſur la foi des marchands de Marſeille qui l'envoient à Paris, l'on dit qu'elle eſt produite par de grands arbres qui y croiſſent en quantité. Ces dernières *hermodates* ſont d'uſage dans la médecine & doivent être choiſies nouvelles, groſſes, bien nourries, rougeâtres au dehors, blanches au-dedans, ſeches, mais ſans être remplies de pouſſière.

HERON. Grand oiſeau qui porte ſur la tête une eſpèce de hupe compoſée de plumes très-fines qui entrent dans le commerce des plumaſſiers.

Avant que la mode des chapeaux fût établie en France, la nobleſſe en ornoit un côté de ſon bonnet au lieu d'aigrette , & c'eſt encore un ornement du turban des Turcs , des Perſans & de la plupart des peuples d'orient.

Les ſtatuts des maîtres plumaſſiers défendent de mettre de fauſſes plumes de *heron* parmi le *heron* fin.

On appelle *maſſe de heron* une aigrette ou bouquet fait des plus belles plumes de la hupe de cet oiſeau.

HERPES-MARINES. Se dit de toutes les choſes précieuſes que la mer tire de ſon ſein, & qu'elle jette d'elle-même ſur les grèves & rivages, comme le corail rouge, blanc & noir du côté de Barbarie, l'ambre jaune ſur les côtes de l'océan Germanique, & l'ambre gris en Guyenne.

Dans les jugemens d'Oleron, art. 34, elles ſont ainſi appellées, ou autrement *gaymon* ou *choſes gayves*, qui ſont proprement les épaves de la mer, ou droit de côte ; elles appartiennent un tiers au roi, un tiers à l'amiral & l'autre tiers à ceux qui les ont trouvées. *Art. 29 du titre 9 du livre 4 de l'ordonnance de marine du mois d'août 1681.*

HESTRE, ou HÊTRE. Arbre de haute-futaye, gros & rameux, que l'on nomme auſſi *fouteau*, on *fau*.

Cette eſpèce d'arbre qui eſt aſſez connue en France, & dont il ſe trouve dans pluſieurs auteurs une ample deſcription, ne fournit que deux choſes pour le commerce, qui ſont le bois & le fruit ou ſemence.

Le bois de hêtre eſt blanchâtre, dur, ſec, & pétillant dans le feu ; il ſe débite ordinairement dans les forêts, en planches, poteaux & membrures, pour être enſuite employé à faire des meubles & autres ouvrages de menuiſerie.

Les planches doivent avoir onze à douze pouces de largeur, treize lignes d'épaiſſeur franc-ſciées, & ſix, neuf & douze pieds de longueur.

Les poteaux ſont de quatre pouces en quarré, & ont depuis ſix juſques à dix pieds de long.

Les membrures doivent être de deux pouces & une ligne, franc-ſciées d'épaiſſeur, ſur ſix, ſept & huit pouces de largeur, & ſix, neuf & douze pieds de longueur.

Le hêtre ſe débite en goberges, qui ſont de petites planches deſtinées pour les layetiers & coffretiers.

On en fait encore des écliſſes ou ſerches, des arçons, des attelles ou aſteloires.

Le hêtre s'emploie encore à faire des pelles, des cuillières, des ſabots & autres ſemblables menues marchandiſes, qui font la principale partie du négoce des boiſſeliers.

Des plus gros troncs de hêtre il ſe fait des étaux pour les bouchers, & des tables de cuiſines qui ont quatre, cinq , ſix & ſept pouces d'épaiſſeur, ſur pluſieurs longueurs & largeurs, ſuivant que les troncs ſont plus ou moins gros & longs.

Le hêtre eſt auſſi très-bon à brûler, ce qui fait qu'il s'en débite beaucoup en cotterets, en bois de corde, de moule ou de compte & d'andelle.

Le fruit ou ſemence du hêtre, qui eſt une eſpèce de noiſette ou gland que l'on nomme *faîne*, *fayne*, ou *fouêne*, contient une ſorte de moële blanche, oléagineuſe, d'un goût doux & agréable à manger, dont il ſe fait une huile fort eſtimée pour la friture & pour la ſalade. Cette huile très-commune en Picardie & dans les endroits où il y a beaucoup de hêtres, ſe tire à froid par expreſſion, après que les faînes ont été dépouillées de leur coque & concaſſées ou pilées. Il y a des pays où l'engrais des pourceaux ſe fait avec la faîne, de même qu'on fait ailleurs avec le gland.

HEUDRY. Ce qui eſt gâté & à demi pourri pour avoir été froiſſé ou trop preſſé.

Il eſt défendu par les ſtatuts des maîtres tonneliers de Paris, d'employer de l'oſier *heudry* ; & aux marchands qui l'apportent & qui le vendent, d'en mettre de tel dans les molles, dont le dedans à cet égard doit être d'auſſi bonne qualité que celui du dehors & non fardé.

H I

HIACINTE, que l'on écrit plus ordinairement HYACINTE, ou JACINTE. Sorte de *pierre précieuſe*.

HIDE. Meſure pour arpenter les terres, dont ſe ſervent les Anglois. L'*hyde* contient cent yards, l'*hyard* trente acres, & l'acre quarante perches de long ſur quarante de large. *Voyez* LES TABLES.

HIDROMEL. Boiſſon qui ſe fait avec de l'eau & du miel. Il y en a de trois ſortes, l'aqueux où il n'entre que de l'eau, le vineux où on y ajoute le vin, & le compoſé où il entre diverſes drogues, pour le rendre ou plus agréable ou plus fort.

Les Polonois & les Moſcovites, du moins ceux qui ne ſont pas aſſez riches pour avoir de l'eau-de-vie ou du vin, en font leur breuvage ordinaire ; & ſouvent ils le compoſent d'une ſi grande force, qu'ils s'en enyvrent comme des deux autres liqueurs.

L'*hidromel* aqueux ſe fait avec du miel délayé dans une quantité ſuffiſante d'eau, & fermenté par une douce & longue chaleur. Quoiqu'on y emploie toujours celle du feu, on ne doit pas non plus négliger celle du climat & de la ſaiſon.

La dose convenable est vingt livres de miel blanc du plus beau, sur environ trente pots d'eau. Quand par l'évaporation continuelle que le feu cause, la liqueur est devenue assez forte pour soutenir un œuf sans qu'il aille au fond, la liqueur est suffisamment cuite pour être gardée. Pendant que la cuisson dure on a grand soin d'enlever toutes les impuretés & les écumes que le miel jette, & qui s'élèvent sur la superficie de l'hidromel à mesure qu'il s'avance de cuire; & c'est une des plus importantes façons qu'on doive lui donner.

L'hidromel vineux ne se fait pas autrement que l'aqueux, à la réserve que sur la fin de la cuisson, on y ajoute quelques pots du meilleur vin d'Espagne. Quelques-uns cependant le trouvent meilleur quand le vin n'a pas bouilli, & se contentent de l'y mettre quand l'*hidromel* est tiré, en l'exposant ensuite pendant deux ou trois mois aux plus forts rayons du soleil.

A l'égard de l'*hidromel* composé, il n'est différent des deux autres que par les drogues qu'on y mêle, ce qui dépend du goût ou de la fantaisie de ceux pour qui on le fait.

En général toutes ces trois sortes d'*hidromel* se mettent dans des tonneaux si on les veut garder, mais ils ne peuvent être de garde, qu'ils n'y aient fermenté & bouilli comme le vin pendant deux ou trois mois : aussi a-t-on soin de le mettre dans des lieux chauds, pour que la fermentation s'en fasse plus aisément.

HIN. On nomme ainsi dans la Chine la drogue médécinale que l'on appelle en France *assa-fœtida*; les Chinois en tirent beaucoup de Batavia.

HIPPOPOTAME, ou CHEVAL MARIN. Animal amphibie, moins semblable néanmoins au cheval qu'au bœuf, de qui même il n'a pas tout-à-fait la ressemblance, ayant aussi quelque chose de l'ours & du pourceau.

On en trouve quantité sur les bords du Nil & du Niger; ceux qui vivent dans ce dernier fleuve sont bien plus grands & plus dangereux que ceux du Nil. Il y en a aussi beaucoup dans quelques isles de la côte d'Afrique; mais plus petits & même un peu différens de figure.

Les négres de Guinée & d'Angèle se nourrissent de leur chair, dont quelques Européens ne font point non plus de difficulté de manger, la trouvant d'assez bon goût, sentant pourtant un peu le marécage.

Les dents du *cheval marin* qui sont extrêmement blanches, servent à contrefaire celles des personnes à qui il en manque, & qui veulent cacher cette difformité par de fausses dents; étant bien meilleures à cet usage que l'ivoire, tant à cause de leur dureté, que parce qu'elles ne jaunissent pas si aisément : on en fait aussi des manches de couteau & des ouvrages de tour.

HIRCULUS. Espèce de faux nard, que l'on trouve mêlé avec le nard celtique.

HOED. Mesure de continence, dont on se sert pour les grains en plusieurs villes des Provinces-Unies. C'est une des diminutions du last.

A Roterdam le *hoed* fait 4 schelpels de Harlem, & les 14 sacs de Harlem, le *hoed* de Delf.

10 Muddes $\frac{1}{2}$ d'Utrecht, font un *hoed* de Roterdam.

A Dordrecht 8 sacs font un *hoed*; les trois *hoeds* font un last d'Amsterdam.

A Tergow 32 schepels font un *hoed*.

Les 4 *hoeds* d'Owdevater, de Heusden, de Gornichem & de Leerdem font 5 *hoeds* de Roterdam; 2 *hoeds* de Gornichem, font cinq achtendeelen ou huitiémes, & un last & 4 *hoeds* font cinq *hoeds* de Delf.

Le *hoed* de Montfort contient 4 huitiémes $\frac{1}{2}$ plus que celui de Roterdam.

Le *hoed* d'Yselsten contient trois huitiémes plus que celui de Roterdam.

Le *hoed* de Vianem contient deux huitiémes plus que celui de Roterdam.

Le *hoed* de Thiel est d'un huitiéme moins fort que celui de Roterdam.

Le *hoed* de Roterdam contient dix viertels de Roermonde, & 4 viertels d'Anvers.

Les huit mowers de Bois-le-Duc, font un *hoed* de Roterdam.

Le hoed de Bruges contient 4 achtendeels $\frac{24}{35}$ de Delf. *Voyez* LES TABLES.

HOGHSHEAD. Mesure des liquides dont on se sert en Angleterre. C'est proprement le muid : il faut deux *hoghsheads* pour la pipe ou botte, & deux pipes pour le tonneau de deux mille trois cent pintes, ou comme disent les Anglois, de livres d'avoir du poids, à raison de seize onces chaque livre. *Voyez* LES TABLES.

HOIRIN. *Terme de marine*, qui signifie la même chose que *bouée*.

Les maîtres des navires sont obligés de mettre leurs noms & celui du port d'où ils sont, sur les *hoirins*, afin de pouvoir revendiquer les cables & les ancres qu'ils ont été obligés de couper & d'abandonner; ce que les Levantins appellent *déferrer un navire*.

HOLANS. Espèce de *batiste* qui se fabrique en Flandre. Les Flamans en envoient une assez grande quantité en Espagne, d'où elles passent aux Indes.

HOLER. Monnoie de cuivre qui se fabrique & qui a cours en quelques états d'Allemagne.

L'*holer* est si léger & si mince, que pour le mieux prendre dans les paiemens qu'on en fait, on lui a donné la forme d'une tête de clou emboutie; aussi le nom de *holer* vient-il de hol qui signifie *creux* ou *concave*.

HOLLANDE. (Commerce de)

Nº. PREMIER.

Commerce des Provinces-Unies.

Les *Provinces-Unies*, qui forment la république de *Hollande*, font au nombre de fept, fçavoir la Hollande, la Frife, Groningue, l'Over-Iffel, la Gueldre, Utrecht & la Zélande ; mais aucune n'égale la première, tant pour le commerce & la navigation, que pour les richeffes. Leur fituation refpective eft néanmoins très-favorable pour faire le commerce. Entourées de plufieurs côtés par la mer, elles ont encore l'avantage d'être arrofées par le Rhin & la Meufe. Ces deux grands fleuves, en fe partageant en différens bras, communiquent leurs eaux à une infinité de foffés larges & profonds dont le pays eft entrecoupé, & en arrofant & fertilifant les terres, facilitent le tranfport des marchandifes d'un lieu à un autre. A ces avantages nous devons en ajouter un autre non moins confidérable ; c'eft celui d'un grand nombre de beaux canaux, qui font autant de communications faciles, commodes & peu coûteufes d'une ville à une autre.

Les productions propres des *Provinces-Unies*, font en petit nombre & peu importantes. Un peu de froment, des féves, des haricots, du tabac, du lin, de la cire, de la garance, du beurre & des fromages ne font point des articles capables de les enrichir, fur-tout lorfque les quantités en font modiques. Mais les habitans de ces provinces ont l'art de tirer un très-bon parti de ces articles, en s'en fervant pour affortir les marchandifes qui leur viennent de divers pays étrangers, & qu'ils expédient en d'autres pays étrangers. Cependant les *Provinces-Unies* ont encore d'autres articles de commerce qui leur font propres, foit qu'ils viennent de leurs colonies dans les deux Indes, foit qu'ils foient le produit de l'induftrie de leurs habitans. Tels font les épiceries & les autres marchandifes de l'Inde,

les denrées de l'Amérique, les produits des pêches du hareng, de la baleine & de la morue, ceux des fabriques & des manufactures. Nous devons traiter de chacun de ces objets féparément ; nous le ferons de la manière la plus fuccincte & en même-temps la plus claire qu'il fera poffible.

§. Ier. Compagnie des Indes Orientales.

Le commerce des *Indes Orientales* a été regardé depuis près de deux fiécles comme l'un des plus importans des Provinces-Unies.

La Zélande le commença en 1592. Ses premières expéditions ne furent pas heureufes ; mais, loin de fe rebuter, elle redoubla d'activité pour en faire de nouvelles, & les autres provinces, fur-tout la *Hollande*, s'empreffèrent d'entrer dans la même carrière. Ce fut au moment de la plus forte effervefcence des efprits pour ce commerce, que les états-généraux trouvèrent à propos de réunir toutes les fociétés particulières qui s'étoient formées en différentes provinces, en une feule fociété ou compagnie, à laquelle ils accordèrent nombre de priviléges importants par leur octroi du 20 mars 1602, qui devoit durer 20 années confécutives. Cet octroi a été renouvellé depuis en 1622, 1647, 1665, 1698, 1717, 1741 & 1762. A chacun de ces renouvellemens, la compagnie a dû payer aux états-généraux de grandes fommes d'argent, dont l'une portant l'autre peut faire un objet de trois millions de florins pour chaque nouvel octroi.

Le premier fonds de la compagnie ne fut que d'environ fix millions & demi de florins, argent de banque. Les provinces de Hollande & de Zélande en avancèrent la plus grande partie ; mais, comme la direction de la compagnie fut alors partagée en fix départemens qu'on nomme *chambres*, nous croyons convenable de rapporter ce que chacune de ces chambres contribua pour fa part au premier fonds de la compagnie.

La chambre d'Amfterdam s'intéreffa donc, pour, ... fl.	3,674,915
Celle de Middelbourg, pour	1,333,882
Celle de Delft, pour	470,000
Celle de Rotterdam, pour	177,400
Celle de Hoorn, pour	266,868
Celle d'Enkuifen, pour	536,775
Total du premier fonds. . . . . Bco fl.	6,459,840

Ce fonds fut divifé en actions, chacune de 3,000 florins, qui valurent en peu d'années cinq fois autant & même davantage. Comme la hauffe & la baiffe des actions eft le fûr thermomètre de la fituation des affaires de la compagnie, nous donnerons le détail fuivant des révolutions qu'ont éprouvé les mêmes actions aux époques fuivantes.

1723	depuis	654	jufqu'à	631			
1724	. . .	603	. . .	654			
1725	. . .	614	. . .	660			
1726	. . .	658	. . .	563			
1727	. . .	560	. . .	658			

1728	depuis	655	jufqu'à	612
1729	. . .	628	. . .	679
1730	. . .	715	. . .	650
1731	. . .	692	. . .	742
1732	. . .	779	. . .	711 ¼

1733	depuis	644	jusqu'à	788
1734		754		647
1735		645		714
1736		756		675
1737		532		586 ½
1738		585		534
1739		494		572
1740		506		403
1741		391		439
1742		403		350
1743		350		434
1744		407		464 ½
1745		470 ½		420
1746		368		450
1747		434		369
1748		366		455
1749		423		495
1750		489		594
1751		603		575
1752		580		546 ½
1753		559 ½		534
1754		555 ½		507 ½
1755		515 ½		407 ½
1756		404 ½		446
1757		555 ½		507 ½
1758	depuis	458	jusqu'à	396
1759		386 ½		417
1760		414		378
1761		390		335
1762		323		379
1763		407		353 ½
1764		374		406
1765		406		385
1766		693		546
1767		580 ½		503
1768		618		455
1769		472		410
1770		412		325
1771		314		386
1772		369		326
1773		323		363
1774		336		363
1775		340		357
1776		340		359
1777		355		382
1778		380		340
1779		357		322
1780	jusqu'au mois de mars	328		323

Le dividende que la compagnie a payé chaque année aux intéressés ou actionnaires, a éprouvé aussi des révolutions considérables. Tels sont ceux qu'elle a pu partager aux intéressés depuis le commencement.

En		p %
1605	en argent	15
1606	dit,	75
1607	dit,	40
1608	dit,	10
1609	dit,	25
1610	dit,	50
1611	aucune répartition.	
1612	en argent	57 ½
1613	& 14, aucune répartition.	
1615	en argent	42 ½
1616	dit,	62 ½
1617	, 18 & 19, rien du tout.	
1620	en argent	37 ½
1621	& 22, rien du tout.	
1623	en cloux de girofle	25
1624	aucune répartition.	
1625	en argent	20
1626	aucune répartition.	
1627	en argent	12 ½
1628	aucune répartition.	
1629	en argent	25
1630	aucune répartition.	
1631	en argent	17 ½
1632	aucune répartition.	
1633	en argent en deux fois	32 ½
1634	aucune répartition.	
1635	en argent & girofle en trois fois	45
1636	en girofle en deux fois	25
1637	tout de même	40

En		p %
1638	en argent en deux fois	35
1639	aucune répartition.	
1640	en argent & en girofle en deux fois,	40
1641	en girofle en deux fois	40
1642	en argent	50
1643	en girofle en deux fois	15
1644	en argent & girofle en deux fois	45
1645	aucune répartition.	
1646	en argent en deux fois	47 ½
1647	aucune répartition.	
1648	en argent	25
1649	dit,	30
1650	dit,	20
1651	dit,	15
1652	dit,	25
1653	en argent	12 ½
1654	dit,	15
1655	dit,	12 ½
1656	dit,	27 ½
1657	aucune répartition.	
1658	en argent	40
1659	dit,	12 ½
1660	dit,	40
1661	dit,	25
1662	aucune répartition.	
1663	en argent	30
1664	aucune répartition.	
1665	en argent	27 ½
1666	& 67 aucune répartition.	

En

En	p. $\frac{o}{o}$
1668 & 69 en argent, par an	$12\frac{1}{2}$
1670 . . . dit,	40
1671 . . . dit, en deux fois.	60
1672 . . . dit, en une fois	15
1673 en obligations sur la Hollande.	$33\frac{1}{2}$
1674 & 75 aucune répartition.	
1676 en argent	25
1677 & 78 aucune répartition.	
1679 en obligations sur la compagnie	$12\frac{1}{2}$
1680 . . . dites.	25
1681 . . . dites.	$22\frac{1}{2}$
1682 . . . dites.	$33\frac{1}{3}$
1683 & 84 aucune répartition.	
1685 en argent	40
1686 . . . dit,	$12\frac{1}{2}$
1687 . . . dit,	20
1688 & 89, dit, par an	$33\frac{1}{3}$
1690 . . . dit,	40
1691 . . . dit,	20
1692 . . . dit,	25
1693 & 94 en argent par an	20
1695 . . . dit,	25
1696 . . . dit,	15
1697 en obligations sur la compagnie	15
1698 . . . dit, en deux fois.	30
1699 en argent, en deux fois.	35
1700 . . . dit, en une fois	25

En	p. $\frac{o}{o}$
1701 & 2, dit par an, à	25
1703 jusqu'à 11, dit, par an, à	25
1712 . . . . . dit,	15
1713 . . . . . dit,	30
1714 . . . . . dit,	$33\frac{1}{3}$
1715 jusqu'à 20, dit, par an, à	40
1721 . . . . . dit,	$33\frac{1}{3}$
1722 . . . . . dit,	30
1723 . . . . . dit,	$12\frac{1}{2}$
1724 . . . . . dit,	15
1725 . . . . . dit,	20
1726 . . . . . dit,	25
1727 . . . . . dit,	20
1728 . . . . . dit,	15
1729 jusqu'à 35, dit, par an, à	25
1736 . . . . . dit,	20
1737, 38 & 39, dit, par an, à	15
1740 jusqu'à 43, dit, par an à	$12\frac{1}{2}$
1744 & 45, . . dit, par an, à	15
1746, 47 & 48, dit, par an à	20
1749 jusqu'à 52, dit, par an à.	25
1753 . . . à 57, dit, par an, à.	20
1758 . . . à 64, dit, par an, à.	15
1765 . . . . . dit,	$17\frac{1}{2}$
1766 jusqu'à 69, dit, par an, à	20
1770 . . . . . dit,	15
1771 jusqu'à 79, dit, par an, à	$12\frac{1}{2}$

Il résulte de cet exposé que les premiers actionnaires ont gagné très gros sur les capitaux dont ils étoient participans, lorsque les affaires de la compagnie étoient le plus florissantes; mais qu'aujourd'hui les profits sont considérablement diminués, les actionnaires actuels retirant à peine un intérêt ordinaire des sommes pour lesquelles ils sont intéressés dans la compagnie. En effet, si l'action qui est au commencement étoit de 3000 florins, & qui est montée à présent à 13500, ne gagne que $12\frac{1}{2}$ p $\frac{o}{o}$ sur la première somme, il est clair que l'actionnaire ne retire pour l'intérêt de son argent qu'environ $2\frac{1}{4}$ p $\frac{o}{o}$ par an.

Il n'y a point de compagnie des Indes en Europe qui ne donne à ses actionnaires de plus grands avantages.

Les établissemens de la compagnie Hollandoise, dans les Indes, sont très-considérables. Voici ceux qui méritent que nous en fassions mention.

Batavia est une puissante & belle ville, qui fut fondée par les Hollandois sur les ruines de Jacatra dans la grande Isle de Java. Elle est censée la capitale des états que posséde la compagnie dans les Indes orientales, les principaux officiers y faisant leur résidence. L'isle de Java n'appartient cependant pas entièrement à la compagnie; l'on peut néanmoins dire qu'elle en est la maîtresse, parce qu'elle tient, pour ainsi dire, sous sa dépendance les rois de Motaran, de Bantam & de Japara. Au reste, Japara est un port franc, où toutes les nations de l'Europe, trafiquant dans l'Inde, vont faire librement leur commerce.

Amboine, *Oma*, *Honimoa* & *Noessa-Laoet*, sont quatre isles situées à environ 120 lieues à l'Orient de Batavia, dont la compagnie est en possession depuis 1638. C'est dans ces quatre isles que croît le girofier. Les autres isles des environs seroient aussi propres pour la culture de cet arbrisseau. Mais la compagnie ne voulant pas qu'il y ait de girofle au-delà de ce qu'il faut pour la consommation ordinaire, elle a un soin tout particulier de faire arracher tous les girofliers qui croissent hors des quatre isles destinées à leur culture. Elle paie aussi, pour cet effet, au roi de Ternante, la somme de dix-huit mille rixdales par an.

Banda & quelques autres isles de l'Archipel de St. Lazare, à environ vingt-quatre lieues de distance des Moluques, produisent la noix muscade, que la compagnie empêche également qu'on cultive ailleurs.

Ceylan est une isle considérable au sud-est de la presqu'isle de l'Inde, vis-à-vis le cap Comorin. La compagnie n'en posséde que les côtes. C'est-là cependant où croît la meilleure canelle. Colombo & Negombo sont les ports principaux de l'isle.

C'est sur les côtes de Malabar & de Coromandel principalement, que la compagnie fait ses achats de poivre. Elle y posséde les villes de Cochin, Cananor, Coulan & Negapatan; le fort de Gueldre & plusieurs bureaux & factories, répandus pour l'avantage de son commerce, sur l'une & l'autre côte.

Indépendamment de cela, la compagnie a des comptoirs en divers lieux de l'Asie, où elle fait un trafic considérable par un débit prodigieux, non-seulement d'épiceries, mais encore de beaucoup d'autres marchandises, qu'elle prend tant en Europe que dans l'Inde. Elle en tire de retour de riches marchandises qu'elle vend en partie dans l'Inde même; après quoi elle vient répandre en Europe ce qui lui en reste. C'est sur-tout dans le *Bengale*, où elle possède diverses loges, dont la principale se nomme *ougli*, qu'elle a un grand débouché d'épiceries. Elle y vend en outre des draps, du vif-argent, du vermillon, de l'étain, du cuivre, du plomb, de l'ambre, du corail, du bois de sandal & d'autres articles. Elle en tire beaucoup de soie, dont la qualité est regardée comme la meilleure de toutes celles des Indes; des étoffes de soie; du coton & des étoffes de coton; du salpêtre, du musc, de la rhubarbe & de l'amphion. Ce commerce, quoique considérable, n'est cependant guères avantageux à la compagnie, les frais énormes qu'il occasionne, absorbant le médiocre bénéfice qui en résulte.

Il nous reste maintenant à parler des divers pays que fréquentent les vaisseaux Hollandois en Asie, d'Inde à Inde, & à rendre compte en peu de mots de la nature du commerce qu'ils y font.

Siam est un royaume assez étendu, situé dans la presqu'île de l'Inde, où la compagnie entretient une factorie ou comptoir, d'où elle va faire les achats de l'étain de Ligoa, en conséquence du privilége exclusif dont elle est en possession. Elle en tire aussi du plomb, du bois de Siampan, des dents d'éléphant, des peaux de cerf, de l'or & de la porcelaine, contre des épiceries & les autres articles qui composent les assortimens destinés pour le Bengale. Achem est la capitale de ce royaume.

Pegu, autre royaume faisant partie de la presqu'île de l'Inde au-delà du Gange, produit de l'or, de l'argent, des saphirs & des rubis. La compagnie y envoie des épiceries, du bois de Sandal, des toiles de coton, de l'amphion & d'autres marchandises.

La *Chine* est un des plus vastes empires de l'Orient. Le port de Canton y est ouvert à tous les peuples commerçans de l'univers. La compagnie y a un comptoir, ou loge, qui y fait le commerce. Elle y importe des épiceries, des toiles, des serges, des étamines, de l'ambre, du corail, des dents d'éléphant, du bois de Sandal; elle en exporte de l'or, du vif-argent, de l'acier, du fer, du cuivre, de l'étain, des étoffes de soie, & des soies en nature, des camelots, du coton, des pierres précieuses. Mais les principaux articles de ce commerce sont du thé, de la porcelaine, des papiers peints, & des ouvrages vernissés, que fournit ce riche pays.

Le *Japon* est un autre grand empire de l'Asie, dont l'entrée est défendue à tous les étrangers. Les Hollandois même, qui seuls ont la permission d'y

trafiquer, ne peuvent, sous des peines grièves, franchir un pont qui sert de communication entre la ville de Nangazaqui & une petite île où les Hollandois sont obligés de faire leur commerce. Ce commerce consiste, d'une part, à vendre aux Japonois des épiceries, des draps, de la soie & des étoffes de soie, de la laine, du chanvre, des toiles, du sucre, du musc, du vif argent, des merceries de la Chine, beaucoup de peaux de cerf de Siam, des dents d'éléphant & plusieurs autres marchandises; & d'une autre part, à acheter d'eux de l'argent, du cuivre & de la porcelaine. Quoique l'or abonde dans cet empire, il est défendu d'en exporter. La ville de Malaca, que possède la compagnie dans l'Inde, est le rendez-vous des vaisseaux qui reviennent du Japon.

Le royaume de *Tunkin*, situé dans la presqu'île de l'Inde au-delà du Gange, fournit à la compagnie une grande quantité de soie, du bois d'aloës & du musc; & la compagnie lui porte en retour les marchandises qui ont le plus de cours dans le Bengale & dans les autres échelles de l'Inde.

Sumatra est une des îles du détroit de la Sonde, où la compagnie, qui est seule en possession du commerce de ce pays, a plusieurs loges qui y achetent beaucoup de poivre, de la mine d'or, du camphre & du benjoin, & qui y vendent du sel & des toiles. Borneo & plusieurs autres îles du même détroit ont aussi un commerce ouvert avec Batavia & les autres établissemens de la compagnie.

Surate, port fameux de l'Inde, situé dans le royaume de Guzarate, fait un commerce très-actif & très-important. La compagnie y a une loge ou comptoir, qui y débite des épiceries, des draps, de l'écaille de tortue, du camphre, du vermillon, de l'étain, du benjoin & plusieurs autres articles. Elle en tire des soies & des étoffes de soie, du coton, des agathes, de l'indigo, du gingembre, de l'amphion, du salpêtre & de la lacque.

Gomron, ou proprement *Bender-Abassi*, ville de grand commerce du Golfe Persique, est également fréquentée par les vaisseaux de la compagnie, qui y a une loge ou comptoir, dont l'établissement a pour objet non-seulement de trafiquer dans les ports du même golfe, mais aussi de faire le commerce de Perse; la compagnie ayant pour cet effet à Ispahan, un comptoir qui relève de celui de Gomron, ou au moins qui lui est subordonné. Comme, en vertu d'une convention faite avec les rois de Perse, la compagnie ne paie aucuns droits d'entrée ni de sortie des marchandises dont elle trafique dans ce royaume, elle est obligée, par manière de compensation, d'acheter à un prix fixe quelques centaines de balles de soie de 216 ℔ pesant chacune. La compagnie y débite des épiceries, des draps, de l'indigo, de l'anis, du sucre, du vermillon, de l'encens, du vif-argent, du bois de Siampan, du cuivre, de l'étain, du plomb, des toiles & d'autres marchandises. Elle en tire, outre les soies, des perles, des turquoises, des rubis, des laines de Caramanie, & sur-tout de ces beaux tapis & de ces riches étoffes d'or & d'argent si artistement travaillées & si fort recherchées dans les quatre parties du monde.

Mocca, ville de l'Arabie heureuse, située sur la mer rouge, est l'entrepôt du commerce que la compagnie fait dans cette province. Les autres ports fréquentés par ses vaisseaux, sont ceux de Bassora, Zebit, Adem & Mascatté, villes de l'Arabie. L'importation qui s'y fait, consiste en épiceries, & l'exportation donne du café qui passe pour le meilleur de l'univers; de la mirrhe, de l'encens, diverses gommes, de la casse, de la manne, du beaume, du sang de dragon, de l'aloès & plusieurs autres, drogues & aromates.

La direction de la compagnie en Europe, est divisée en six chambres, dont l'administration est confiée à soixante-six directeurs. La chambre d'*Amsterdam*, comme la plus considérable, porte le nom de *chambre présidiale*. Elle est administrée par vingt-quatre directeurs: les bourgue-maîtres de cette ville en choisissent dix-huit; des six autres, il y en a quatre nommés par les villes de Dordrecht, Haerlem, Leyde & Gouda, & deux par les provinces de Gueldre & de Frise. Les dix-huit premiers, dont chacun doit au moins posséder deux actions, sont à vie & jouissent d'une pension de 3000 florins par an, argent de banque. Les six autres, qui sont en charge seulement pendant trois ans, ont 1200 florins par an; il suffit qu'ils aient une seule action dans la compagnie. Il y a, outre les directeurs, quatre hauts-participans jurés, qui peuvent donner leurs avis dans certaines délibérations, où ils ont le droit d'assister. Ils ont pour honoraire 200 florins chaque année. Les principaux officiers de cette chambre sont deux avocats, un premier teneur de livres, neuf autres teneurs de livres, plusieurs sous-teneurs de livres, des commis ou clercs, un médecin, un apothicaire, un constructeur de vaisseaux & une infinité de personnes de classes inférieures, dont le nombre est au moins de douze à treize cens.

La chambre de *Middelbourg* est la seconde en rang. Ses directeurs sont au nombre de treize, dont douze sont nommés par les villes de Zélande; le treizième est choisi par la province de Gueldre. Celui-ci n'a que douze cens florins par an d'appointement; ceux-là en reçoivent deux mille cinq cens. Deux hauts participans jurés, qui ont aussi séance dans les assemblées; reçoivent par an chacun deux cens florins. Au service de cette chambre sont un premier teneur de livres, onze assistans, un avocat, un notaire, un procureur, un constructeur de vaisseaux & nombre d'autres employés.

La chambre de *Delft*, troisième en rang, est composée de sept directeurs, dont six sont nommés par la régence de cette ville & le septième par la province d'Over-Yssel. Ils ont par an un salaire de quatorze cens florins chacun. Elle entretient deux teneurs de livres, un caissier, un clerc, un garde-magasin, un maître de pilotage, un constructeur

de vaisseaux & plusieurs autres officiers & ouvriers.

La chambre de *Rotterdam*, quatrième en rang, est administrée par huit directeurs; cette ville en nomme sept, & celle de Dordrecht le huitième. Leurs honoraires sont aussi de douze cens florins par an. Elle a au surplus un teneur de livres, un sous-teneur de livres, un clerc, un garde-magasin, un constructeur de vaisseaux & divers autres employés.

La chambre de *Hoorn*, cinquième en rang, est régie par sept directeurs, à chacun desquels cet emploi vaut également douze cens florins par an. Les six premiers appartiennent à la ville même de Hoorn; le septième est député par celle d'Alkmaar. Un haut participant-juré y a séance dans certaines occasions, & il jouit d'un bénéfice de deux cens florins par an. Les officiers qu'elle entretient sont quatre teneurs de livres, un caissier, deux clercs, un constructeur de vaisseaux, un maître d'équipages, un examinateur des pilotes & divers ouvriers.

La chambre d'*Enkhuisen*, qui est la dernière en rang, a aussi sept directeurs, dont les appointemens sont également de douze cens florins. Six sont choisis par la régence de cette ville; le septième est nommé par le corps des nobles de la province de Hollande. Il y a en outre un haut-participant, qui assiste aux délibérations des directeurs & qui jouit de deux cens florins par an. Deux teneurs de livres, un assistant, un caissier, un garde magasin, un constructeur de vaisseaux, un maître d'équipages & un examinateur des pilotes sont les principaux officiers au service de cette chambre.

Dans chacune des six chambres on équipe un certain nombre de vaisseaux, on nomme les officiers & les matelots qui y doivent servir, on régle les marchandises dont les cargaisons doivent être composées, & on fait toutes les autres dispositions qui y sont requises. Mais pour la direction générale de toutes les chambres, il y a trois fois l'an une assemblée formée des dix-sept directeurs, à laquelle est confiée la direction générale & suprême des affaires de la compagnie. Huit directeurs sont députés pour cette assemblée par la chambre d'Amsterdam, quatre par celle de Middelbourg, un par chacune des quatre autres chambres, & le dix-septième alternativement par l'une de ces dernieres. L'assemblée des dix-sept directeurs tient ses séances tantôt à Amsterdam pendant six années consécutives, tantôt à Middelbourg pendant deux années. La première séance a pour objet la vente des épiceries & les dividendes à faire aux intéressés. Dans la seconde l'on délibère sur les ordres à envoyer dans l'Inde en réponse aux dépêches qu'on aura reçues. Dans la troisième l'on régle les ventes qui se font régulièrement dans les mois d'octobre & de novembre. L'on fixe aussi le nombre de vaisseaux à envoyer aux Indes, dont ensuite l'expédition regarde chacune des chambres respectives. Les principaux officiers qui sont à la tête du gouvernement des états de la compagnie dans l'Inde, dont nous parlerons ci-après, sont nommés aussi par l'assemblée des dix-sept directeurs.

Indépendamment de cette assemblée, il y a un collége de dix directeurs, qu'on peut regarder comme le conseil de la compagnie ; il s'assemble de temps à autre à la Haye, où il délibère sur les affaires de la compagnie, examine les rapports qui viennent des Indes, minute & note les ordres à envoyer ; mais l'on ne doit considérer les résolutions de ce collége, qu'en qualité de simples avis qu'il donne à la compagnie, attendu qu'elles n'ont aucune force, tant qu'elles ne sont point appuyées de l'approbation de l'assemblée des dix-sept directeurs. Ce même collége tient, dans les cas requis, des conférences touchant les affaires de la compagnie avec les députés des états-généraux. Ces conférences ont sur-tout lieu, lorsque la compagnie se trouvant engagée dans une guerre ou dans quelque différend important avec une nation, soit Européenne, soit Indienne, elle a besoin de l'appui de leurs hautes-puissances.

Quand il faut nommer un directeur, les intéressés s'assemblent, & à la pluralité des voix désignent trois sujets, dont un ensuite est choisi directeur par les magistrats de la ville à qui ce droit appartient dans chacune des chambres respectives. Cette formalité n'a pas lieu pour la nomination de tous les directeurs ; il y en a qui sont choisis & envoyés dans certaines chambres par les villes particulières, ou par ceux à qui ce droit appartient : il faut avoir au moins vingt-cinq ans pour pouvoir être nommé directeur. Il n'est pas permis d'ailleurs que deux parens au troisiéme, même au quatriéme dégré, soient ensemble directeurs d'une même chambre. Voilà pour la direction de la compagnie en Europe. Il nous reste maintenant à dire deux mots du gouvernement qu'elle a établi pour conserver les états dont elle est souveraine dans les Indes. Ce gouvernement est composé du gouverneur général, du directeur général, du major général, & de cinq conseillers ordinaires, indépendamment d'un nombre indéterminé de conseillers extraordinaires qui n'ont point de voix dans le conseil, lors même qu'ils y assistent. C'est le conseil, composé des huits premiers membres, qui nomme les autres officiers, soit pour le civil, soit pour le militaire, qui sont au service de la compagnie. Ce conseil décide de la guerre ou de la paix dans l'Inde, régle la quantité & la qualité des marchandises à envoyer dans les Provinces-Unies, expédie enfin les vaisseaux destinés tant pour l'Europe que pour les échelles de l'Asie. Les vaisseaux destinés pour l'Europe, sont divisés en deux flottes, dont l'une part de Batavia vers la fin de l'année, & l'autre

quelques mois après. Lorsque la première arrive au Cap de Bonne-Espérance, elle s'y arrête pendant un ou deux mois, & en part souvent sans attendre que l'autre flotte y arrive. Le retour des vaisseaux de l'Inde a lieu dans les ports de Hollande & de Zélande vers les mois de juin ou de juillet. Le nombre n'en est point fixe, (il est ordinairement de trente navires) non plus que la quantité des marchandises qu'apportent les deux flottes en Europe.

Nous avons déja observé que la compagnie fait deux ventes générales chaque année ; la première en avril & mai, consistant en épiceries ; la seconde en novembre & décembre, où l'on vend toute sorte de marchandises des Indes excepté la canelle, le poivre & macis, dont la vente ne se fait qu'une fois l'an ; & le clou de girofle & la noix muscade, qu'on peut acheter tous les jours dans les magasins de la compagnie. Ces ventes se font par enchère, c'est-à-dire que les marchandises se vendent par parties, ou lots, qu'on nomme *Kaveling*, au plus offrant & dernier enchérisseur ; de manière que chaque sorte de marchandise vaut tantôt plus tantôt moins, suivant qu'elle est plus ou moins recherchée des acheteurs. Le clou de girofle & la noix muscade sont les seuls articles auxquels la compagnie elle-même fixe des prix ; mais cette fixation n'est faite que pour un an, la compagnie se réservant le droit d'en prolonger le terme, & de hausser ou de baisser les prix comme elle le trouvera convenable. Elle ne fixe point de prix à la canelle, qui, de même que le clou de girofle & la noix muscade, est un article dont elle fait, pour ainsi dire, le commerce exclusif, parce qu'elle auroit lieu de craindre de se voir enlever une partie de ce commerce par les autres peuples de l'Europe trafiquant dans l'Inde, qui en effet ne manqueroient pas dans un tel cas, de faire venir en Europe de fortes parties de canelle ordinaire, qui croît dans plusieurs contrées de l'Asie, & qui à cause de la modicité du prix auroit la préférence sur la bonne canelle, chez les nations où il se fait une forte consommation de cette précieuse écorce. Mais la compagnie suit une régle bien sage à cet égard. C'est de ne jamais exposer en vente qu'autant de canelle qu'elle croit en pouvoir vendre. Elle en soutient, par ce moyen, le prix, qui, sans cette précaution, baisseroit considérablement, surtout si la compagnie vendoit à la fois toute la canelle qu'elle a dans ses magasins. Nous montrerons mieux comment la compagnie régle, une année portant l'autre, la quantité d'épiceries qu'elle juge à propos de vendre, par le détail suivant de ce qu'elle en a vendu pendant les cinq dernières années, sçavoir ;

En 1775, il a été vendu dans les six chambres, les épiceries suivantes:	Amsterdam.	Middelbourg.	Delft.	Rotterdam.	Hoorn.	Enkhuyze.
	24 avril.	1 mai.	9 mai.	11 mai.	16 mai.	18 mai.
400,000 ℔ canelle.	200,000	100,000	25,000	25,000	25,000	25,000
90,000 ℔ macis, ou fleur de muscade.	45,000	22,500	5,625	5,625	5,625	5,625
8,297 balles poivre brun. . . .	3,780	2,020	683	400	654	760
En 1776.	6 mai.	22 avril.	30 avril.	2 mai.	13 mai.	15 mai.
400,000 ℔ canelle.	200,000	100,000	25,000	25,000	25,000	25,000
100,000 ℔ macis	50,000	25,000	6,250	6,250	6,250	6,250
10,667 balles poivre brun . . .	5,820	2,600	354	510	488	895
En 1777.	21 avril.	7 avril.	15 avril.	17 avril.	5 mai.	7 mai.
400,000 ℔ canelle.	200,000	100,000	25,000	25,000	25,000	25,000
80,000 ℔ macis	40,000	20,000	5,000	5,000	5,000	5,000
10,000 balles poivre brun. . . .	4,375	2,800	761	757	690	635
En 1778.	27 avril.	4 mai.	12 mai.	14 mai.	19 mai.	21 mai.
350,000 ℔ canelle	175,000	87,500	21,875	21,875	21,875	21,875
85,000 ℔ macis	42,500	21,250	5,325	5,325	5,325	5,325
9,546 balles poivre brun. . . .	3,920	3,130	400	612	1,484	—
En 1779.	12 avril.	19 avril.	27 avril.	29 avril.	4 mai.	6 mai.
300,000 ℔ canelle.	150,000	75,000	18,750	18,750	18,750	18,750
80,000 ℔ macis	40,000	20,000	5,000	5,000	5,000	5,000
12,300 balles poivre brun . . .	5,350	3,750	640	750	730	1,080
Il doit être vendu cette année 1780.	17 avril.	24 avril.	2 mai.	5 mai.	9 mai.	11 mai.
250,000 ℔ canelle.	125,000	62,500	15,625	15,625	15,625	15,625
80,000 ℔ macis	40,000	20,000	5,000	5,000	5,000	5,000
9,459 balles poivre brun . . .	3,170	3,690	583	780	376	860

Les prix hauts & bas de la canelle, & celui des autres épiceries, qui furent payés dans chacune des six chambres pendant les cinq premières dont nous venons de faire mention, sont les suivants, sçavoir :

	Canelle.					Macis.					Poivre brun.				
	1775.	1776.	1777.	1778.	1779.	1775.	1776.	1777.	1778.	1779.	1775.	1776.	1777.	1778.	1779.
	Sols bco.	Sols bco.	Sols bco.	Sols bco.	Sols bco.	ß. ₰.	ß. ₰.	ß. ₰.	ß. ₰.	ß. ₰.	₰.	₰.	₰.	₰.	₰.
erd.	122à160½	117à142	115à179	106à140	90à134½	20 3	20 3	21 7	20 10	21 --	26	21 5/8	13 1/4	26	23
elb.	120à146	116à125	102à141	102à135	98à132	20 1	20 4	21 8	20 4	21 2	25 1/2	22 –	22 5/8	25 1/4	23
	120à152	114à140	102à141	102à133	98à132	20 2	20 3	21 7	20 4	21 2	25 1/2	22 1/8	22 3/8	25 1/4	23
rd.	118à148	113à140	103à138	101à130	98à132	20 2	20 3	21 7	20 4	21 2	25 1/2	22 1/8	22 3/8	25 1/4	23
n,	117à147	114à132	107à146	102à125	99à130	20 3	20 2	21 8	20 4	21 3	25 1/8	21 5/8	23 1/4	24 –	22 7/8
uys.	116à146	114à134	107à135	102à130	99à130	20 3	20 2	21 8	20 4	21 3	25 1/8	25 5/8	23 5/8		22 7/8

La noix muscade a été vendue pendant les mêmes années à . . . . 75 sols bco. la ℔.
Le clou de girofle a valu en 1775 & 1776 . . . . 85 sols dits.
Mais il vaut depuis 1777, seulement . . . . 65 sols dits.

Pendant les mois de novembre & de décembre des mêmes cinq dernières années, il fut vendu dans les chambres respectives de la compagnie les marchandises suivantes, sçavoir :

	1775	1776	1777	1778	1779
Poivre blanc . . . . ℔	84,993	84,998	52,355	88,991	34,427
Gingembre confit . . . . ℔	10,346	11,232	11,257	10,064	10,881
Noix confites . . . . pièces	900	1,000	900	800	1,871
Couris . . . . ℔	125,437	69,286	44,357	. . .	51,984
Soya . . . . bouteilles				120	120
Salpêtre . . . . ℔	2,374,083	1,286,217	2,568,315	2,350,000	3,098,838
Bois divers . . . . ℔	645,231	743,842	806,123	622,125	645,203
Indigo . . . . ℔	11,364	12,261	9,460	11,256	10,538
Curcuma . . . . ℔	60,000	70,000	65,625	60,875	61,250
Sucre en poudre . . . . ℔	340,657	936,975	533,918	636,006	498,289
Étain . . . . ℔	540,000	840,000	177,750	379,705	484,442
Zinc . . . . ℔	209,101	20,061	337,510	34,199	162,100
Cardemome . . . . ℔	13,654	12,997	6,370	7,070	6,783
Camphre . . . . ℔	40,253	50,372	27,060	29,200	26,301
Borax . . . . ℔	6,000	6,000	6,000	6,000	4,000
Benjoin . . . . ℔	1,496	3,625	8,980	18,625	8,615
Catehou . . . . ℔	8,000	4,000	1,200	1,500	2,500
Sang de dragon . . . . ℔	990	. . .	2,496	. . .	3,142
Gommes diverses . . . . ℔	18,184	21,410	18,431	14,772	15,828
Poivre long . . . . ℔	10,000	15,000	16,500	9,011	17,000
Cubebe ou poivre à queue . . . . . . ℔	10,000	10,000	8,875	6,850	12,500
Rhubarbe & autres racines . . . . . . ℔	101,027	107,562	80,415	57,246	58,174
Sago . . . . ℔	21,603	17,812	18,348	17,706	15,607
Anis étoilé . . . . ℔		6,157	5,434	3,431	3,096
Coquilles à nacres de perles . . . . ps.		7,000	4,295	9,016	7,614
Huile de canèle . . . . onces		240	160	160	160
Huile de fleur de muscade . . . . . onces	320	360	240	120	320
Huile de cloux de girofle . . . . . onces		256	256	64	320
Huile de noix muscades . . . . . . onces	320	384	200	320	. . .
Diamants . . . . carats	970½	549	1,339	130¼	41
Batins . . . . ℔	3,528	3,918	37,500	18,750	18,750
Tamarins . . . . ℔			50,000	120,000	12,000
Vin du Cap . . . . ahms	59	58	52	24	52
Arecque . . . . futailles	. . .	45	17	. . .	39
Soie en écru . . . . ℔	58,388	72,271	122,321	81,498	57,313
Fil de fleuret . . . . ℔	12,000	12,000	12,000	12,000	13,050
Fil de coton . . . . ℔	78,687	77,090	90,750	71,717	108,733
Café de Java . . . . ℔	6,176,000	5,539,250	4,256,250	4,600,000	3,710,641
Thé de diverses qualités . . . . . . ℔	3,703,904	3,786,284	3,921,588	1,893,329	1,848,545
Porcelaines . . . . caisses	2,557	2,066	2,058	875	1,431
Étoffes de soie . . . . pièces	3,715	7,225	9,928	8,676	5,136
Toiles & étoffes de coton . . . . . pièces	308,449	244,200	299,395	326,075	385,650
Mouchoirs . . . . pièces	2,700	4,060	3,000	6,278	5,433
Nanquins . . . . pièces	35,125	34,911	47,006	24,186	27,910

Quant aux prix de ces marchandises, nous en parlerons suffisamment ci-après, lorsque nous traiterons du commerce d'Amsterdam auquel appartient cet objet. Nous devons seulement observer ici, que les prix des marchandises quelconques de la compagnie, sont déterminés en argent de banque, & qu'avant d'en faire les ventes, l'on régle l'agio qui sera compté, en cas que le paiement s'en fasse en argent courant. Cependant, aux ventes qui se font dans les chambres de Delft, Hoorne & Enkhuysen, l'on stipule de faire le paiement des marchandises qu'on y achette en argent de banque d'Amsterdam; dans la chambre de Rotterdam on doit payer les marchandises qu'on y achette en argent de banque de Rotterdam, & dans celle de Middelbourg les paiemens s'effectuent en argent courant effectif. La compagnie exige, au surplus, qu'on lui paie les marchandises qu'elle vend dans chaque chambre respective, avant qu'on les retire de ses magasins; & l'on doit les faire retirer avant les trois mois qu'elle actorde pour dernier terme des paiemens. Mais si l'on paie sur le champ les marchandises qu'on achette de la compagnie, elle accorde ½ p. ⁰⁄₀ de bénéfice, indépendamment des autres rabais d'usage dont nous parlerons en leur lieu. Enfin la compagnie paie elle-même le courtage des marchandises qu'elle vend, soit que l'on en fasse soi même l'achat, soit qu'il ait lieu par l'entremise de quelque courtier.

Ce que nous venons de dire touchant le commerce que la compagnie fait, tant dans les Indes, qu'en Europe, nous semble suffisant. Il nous reste, avant de finir ce paragraphe, à faire quelques observations sur son état actuel en qualité de société de négocians : sa situation politique, relativement à ses forces & à sa puissance dans les Indes, n'entre point dans notre plan.

De toutes les branches de commerce qu'exerce la compagnie, celle des épiceries est, sans contredit, & la plus importante & la plus lucrative. Le clou de girofle, la noix de muscade & le macis sont les articles qui rendent le plus clair bénéfice, celui de la canelle étant considérablement diminué par les frais énormes qu'occasionne ce commerce. Les relations que la compagnie entretient avec le Japon doivent lui rapporter aussi de très-gros bénéfices, n'étant pas naturel qu'elle le cultivât depuis plus d'un siécle, si l'appât d'un gain considérable n'eût fait fermer les yeux sur les difficultés & les dangers de ce commerce. Pour les autres branches du trafic des Indes, la compagnie a une concurrence redoutable à soutenir de la part des compagnies des Indes, établies en d'autres pays, qui le font avec les mêmes avantages. Les profits qu'elle y fait ne doivent donc pas être de nature à pouvoir faire prospérer long-temps ses affaires ; car les dépenses de son administration sont en partie aussi superflues, qu'elles sont énormes. Ces dépenses, jointes aux non-valeurs dont elle se trouve préjudiciée dans son commerce, par celui que font clandestinement presque tous ses employés dans l'Inde, sont les vraies causes de sa décadence.

Nous avons déja observé, au reste, que la compagnie paie aux états généraux, à chaque renouvellement d'octroi, une somme d'environ trois millions de florins. Elle paie encore tous les ans 16000 florins pour tous droits de sortie des marchandises que ses vaisseaux transportent d'Europe aux Indes. Ceux qu'elle paie également sur les marchandises venant des Indes en Europe, sont fixés par un tarif qui en détermine & les valeurs & les droits qu'elles doivent payer. Les autres frais & dépenses de la compagnie, nous sont connus en partie, mais il est impossible de juger d'après cela des dépenses que la compagnie fait pour conserver ses vastes possessions en Asie ; dépenses qui étant toujours ou-presque toujours les mêmes, tandis que les bénéfices sont incertains, doivent rendre la balance de ceux-ci plus ou moins défavantageuse.

§ 2. *Compagnie des Indes occidentales.*

Les commencemens de la compagnie des *Indes occidentales*, furent à peu près les mêmes que ceux de la compagnie des Indes orientales. Diverses sociétés de négocians, formées pour faire le commerce en Afrique & en Amérique, furent réunies ensuite en une seule société ou compagnie, par un octroi du gouvernement, accordé en 1621. Mais le sort de ces deux compagnies, de même que le genre de leur commerce, furent très-différens. Nous venons de donner une idée des affaires de l'une, & nous allons parler ici de celles de l'autre. Son premier fonds, lors de sa réunion, étoit de sept millions & deux cents mille florins, partagés en actions de six mille florins chacune. L'administration en fut divisée en cinq chambres. Celle d'Amsterdam participoit au fonds pour quatre neuviémes ; celles de Zélande pour deux neuviémes ; celles de la Meuse, la Nord-Hollande & la ville & province de Groningue chacune pour un neuviéme. Ces cinq chambres étoient gouvernées par soixante & quatorze directeurs ; la première par vingt, la seconde par douze, & les trois autres chacune par quatorze. Dix-huit de ces directeurs, dont huit étoient d'Amsterdam, quatre de Zélande, & les six autres tirés deux à deux des autres trois chambres, formoient avec un député des états généraux, le conseil de la compagnie. C'est ce conseil qui étoit chargé de la direction générale des affaires de la compagnie ; & les chambres respectives étoient tenues de se conformer à ses décisions.

Les richesses immenses qu'accumula cette compagnie en peu de tems, seroient incroyables, si l'on ne sçavoit qu'elle les dût plutôt au produit des prises que ses armateurs firent sur les Portugais & les Espagnols, qu'à celui de son commerce, qui ne pouvoit d'ailleurs lui rendre, dans ce temps-là, que des bénéfices médiocres. En effet, elle arma à la fois jusqu'à huit cents vaisseaux pour la guerre & pour le commerce ; & avec des forces si formidables elle enleva aux Portugais, sans beaucoup de difficulté, la plus grande partie du Brésil. Elle forma dans le même temps sur la côte d'Afrique des-établissemens considérables, qui lui assuroient l'avantage de la traite des négres pour ses colonies de l'Amérique. Les armes de la compagnie eurent les plus brillans succès, & ses autres affaires prospérèrent on ne peut mieux, tant que la guerre dura entre la Hollande & le Portugal. Le Portugal étoit alors dans la dépendance de l'Espagne ; mais dès que la paix fut faite entre les Hollandois & les Portugais, les choses changèrent totalement de face. On reconnut combien avoit été précaire la source d'où découloient les richesses que la compagnie avoit jusqu'à cette époque partagées à ses divers intéressés. Elle pensa donc à économiser en retranchant une partie de la dépense qu'il falloit faire pour conserver ses possessions. Pour cet effet, elle rappella le gouverneur-général & les principaux officiers, avec la meilleure partie des troupes qui défendoient ses établissemens au Brésil. La perte qu'elle ne tarda pas à faire de ce riche pays, qui fut repris par les

Portugais au moment qu'elle s'y attendoit le moins, lui montra & là faute qu'elle avoit commise par son imprudence, & la difficulté de regagner son premier éclat, dont elle s'étoit laissé éblouir lorsqu'elle auroit pu en tirer les plus grands avantages. Dès ce moment ses affaires allèrent de mal en pis, & en 1674 elle fut entièrement dissoute par l'autorité des états-généraux, qui jugèrent convenable de former une nouvelle compagnie, à laquelle ils accordèrent les mêmes priviléges dont avoit joui l'ancienne. On obligea les intéressés aux fonds de celle-ci, de même que ses créanciers, de laisser subsister leurs capitaux dans la nouvelle compagnie pour y former les fonds dont elle avoit besoin pour commencer ses opérations. Mais les capitaux que les intéressés & les créanciers représentoient dans l'ancienne compagnie, furent, relativement aux mêmes intéressés & créanciers, considérablement réduits dans la nouvelle. Il fut statué, en effet, que les premiers n'auroient dans celle-ci, que quinze florins de capital au lieu de cent florins qu'ils avoient eu dans celle-là. Pour les créanciers, il y en avoit de deux espèces ; les uns étoient nommés *dépositeurs*, les autres proprement *créanciers*. Les dépositeurs qui avoient confié les dépôts d'argent à l'ancienne compagnie, dans le temps de la plus grande prospérité, ne devoient représenter dans la nouvelle que trente florins de capital pour chaque cent dont ils auroient été dépositeurs. Les créanciers, au contraire, qui avoient prêté ensuite de l'argent à l'ancienne compagnie, furent conservés pour leurs créances dans la nouvelle, & il fut dit qu'il leur seroit en outre payé les inté-

rêts échus, à raison de 2 p. ½ l'an, jusqu'au premier janvier de 1672. L'ordonnance, qui rétablissoit ainsi les affaires de la compagnie des *Indes occidentales*, portoit encore que, pour donner une plus grande activité à la nouvelle compagnie, il falloit que chaque intéressé, ou participant au premier fonds de l'ancienne, lui fournît en outre quatre florins pour cent, dont il auroit été intéressé dans le même ancien fonds, & que chaque dépositeur lui avançât pareillement huit florins pour cent des sommes qu'il auroit déposées dans l'ancienne compagnie. La nouvelle compagnie acquit donc par ce moyen un nouveau fonds réel, à peu près de six cents mille florins, qui, avec le produit d'environ 2500 actions nouvelles, chacune de 300 florins, pour lesquelles elle trouva des souscripteurs en 1720, forma un nouveau capital de douze cent soixante-dix-huit mille trois cents seize florins & sept sols, argent de banque. A l'époque du renouvellement de la compagnie, on trouva que la chambre d'Amsterdam étoit propriétaire d'environ ⅓ du premier fonds, à la place de ⅔ qu'elle y représentoit, & par conséquent, que les autres chambres n'y étoient pas intéressées pour la même part que dans le premier plan de la compagnie. Mais en laissant subsister ce même plan, c'est-à-dire, que la chambre d'Amsterdam ne représenteroit dans l'ancien capital que ⁴⁄₉, celle de Zélande pour ²⁄₉, & les trois autres chambres chacune pour ⅑, on y fixa les vrais capitaux, tant anciens que nouveaux, dont chaque chambre étoit propriétaire, sur le pied suivant, qui subsiste encore aujourd'hui.

	bco. fl.	l.	s.	d.
Ancien capital de la chambre d'Amsterdam,	4,522,674	9		
Nouveaux capitaux de toutes les chambres	1,278,316	7		
	bco. fl. 5,800,990	16		
l'agio à 4 p. ½	232,039	12	8
	courant fl. 6,033,030	8	8	
La chambre de Zélande y participe encore pour	1,069,925	11		
Celle de la Meuse, pour	288,486	18	8	
Celle de la Nord-Hollande, pour	387,865	13	8	
Celle de la ville & province de Groningue, pour	291,826	16	8	
	courant fl. 8,071,135	8		

La direction actuelle de la compagnie est encore partagée en cinq chambres ; mais le nombre des directeurs de chaque chambre est diminué depuis la dissolution de l'ancienne compagnie. La chambre d'Amsterdam en a dix-sept, dont dix sont choisis par la ville, quatre par celles de Harlem, Gouda, Utrecht & Leyde, & trois par les provinces de Gueldre, d'Over-Yssel & de Frise. La chambre de Zélande n'a qu'onze directeurs, de même que celle de la Meuse ; celle de la Nord-Hollande en a six, & celle de Groningue douze. Chaque chambre entretient d'ailleurs le nombre d'employés des divers états

qui y sont requis. La compagnie a, au reste, un conseil composé de dix membres, dont quatre de directeurs de la chambre d'Amsterdam ; deux sont de celle de Zélande, trois des trois autres chambres, & le dixième est un député des états-généraux. C'est dans l'assemblée des dix membres de ce conseil, qui se tient pendant six années consécutives à Amsterdam, & pendant deux autres années en Zélande, qu'on régle tout ce qui a rapport aux affaires de la compagnie. L'occupation de celle-ci consiste principalement à lever les droits qui lui sont dûs des marchandises & des vaisseaux allant ou venant des

pays

pays qui font compris dans fa conceffion tant en Afrique qu'en Amérique; & à veiller à l'adminiftration qui eft établie dans chacun d'eux. Nous parlerons ci-après plus au long de cet objet.

Les directeurs & les hauts-participans qui ont part à l'adminiftration de la compagnie, ont pour appointemens la provifion de dix pour cent fur les répartitions qu'on en fait aux intéreffés, lors furtout que ces répartitions n'excèdent point la fomme de foixante mille florins. Pour mieux connoître l'é-tat des affaires de la compagnie depuis fon renouvellement jufqu'à préfent, nous donnerons la lifte fuivante des dividendes qu'elle a payés aux intéreffés, à commencer depuis l'année 1679, jufqu'à celle de 1772 inclufivement. Il faut remarquer que depuis cette année 1772, elle n'a rien partagé aux intéreffés. On préfume cependant qu'elle leur fera quelque répartition dans celle-ci (1780). Voici la lifte des dividendes ou répartitions qu'elle a faits.

En	P°	En	P°
1679 en argent	2	1721 en argent en deux fois	8
1680 & 81 point de répartition.		1722 point de répartition.	
1682 en argent	8	1723 en argent	4
1683 point de répartition.		1724 . . . dit.	4
1684 en argent	6	1725 point de répartition.	
1685 & 86 point de répartition.		1726 en argent	4
1687 en récépiffés	10	1727 point de répartition.	
1688, 89 & 90 point de répartition.		1728 en argent	3
1691 en récépiffés	5	1729 & 30 point de répartition.	
1692 en argent, en deux fois	8	1731 en argent	4
1693 en récépiffés	5	1732, 33 & 34, point de répartition.	
1694 point de répartition.		1735 en argent	2
1695 en argent	4	1736 jufqu'à 43 point de répartition.	
1696 point de répartition.		1744 en argent	4
1697 en récépiffés	5	1745 point de répartition	
1698 point de répartition.		1746 en argent	2
1699 en argent	6	1747 . . . dit.	3
1700 en récépiffés	5	1748 point de répartition.	
1701 point de répartition.		1749 en argent	3
1702 en argent	4	1750, 51 & 52 point de répartition.	
1703 point de répartition.		1753 en argent	2
1704 en argent	5	1754, 55, 56 & 57 point de répartition.	
1705 . . . dit.	4	1758 en argent	3
1706 & 7 point de répartition.		1759 point de répartition.	
1708 en récépiffés	5	1760 en argent	3
1709 point de répartition.		1761 point de répartition.	
1710 en argent	4	1762 en argent	5
1711 point de répartition.		1763 point de répartition.	
1712 en argent	5	1764 en argent	4
1713 point de répartition.		1765 point de répartition.	
1714 en argent	4	1766 en argent	2
1715 point de répartition.		1767 jufqu'à 71 point de répartition.	
1716 en argent	6	1772 en argent	4
1717 . . . dit.	4	1773 jufqu'à 79, point de répartition.	
1718, 19 & 20 point de répartition.			

Quant aux actions, dont chacune repréfente encore le premier capital de 6,000 florins, argent de banque, elles ont valu depuis 1723 beaucoup au-deffous de leur prix, ainfi qu'on le verra par la lifte fuivante du cours le plus haut & le plus bas des actions de chaque année.

En	depuis	jufqu'à	P°	En	depuis	jufqu'à	P°
1723	92	86		1731	88	74 1/4	
1724	85 1/2	91 1/2		1732	75	79 1/2	
1725	90	81 1/4		1733	49	75	
1726	77 1/4	89 1/2		1734	43	50	
1727	83	74 1/2		1735	41 1/4	47 1/4	
1728	72 1/2	80 1/4		1736	43 1/4	38	
1729	76 1/4	69		1737	41	44	
1730	69	92 1/2		1738	31 1/2	42	

En	depuis	jusqu'à	En	depuis	jusqu'à
1739	41	51 1/4 p°	1760	33	29 p°
1740	28	36	1761	27 1/2	32 1/2
1741	38	29	1762	35	29
1742	31 1/4	35 3/4	1763	27 1/4	33
1743	36	32 1/4	1764	36	32
1744	31 1/2	36 1/4	1765	36	61 1/4
1745	31	26 1/4	1766	61 1/2	32
1746	25 1/4	35	1767	32 1/2	39 1/2
1747	35 3/4	30	1768	32	40 1/2
1748	30	33 1/4	1769	31	36
1749	31 1/2	40 1/4	1770	38	34 1/2
1750	35	53	1771	33	29 1/4
1751	47 1/2	32 1/4	1772	39 1/4	31 1/4
1752	33 3/4	26 1/4	1773	31 1/4	35 1/2
1753	29 1/4	25 3/4	1774	35 1/4	33
1754	25 3/4	23	1775	34	29 3/4
1755	23 3/4	18 3/4	1776	27 1/4	34 1/4
1756	18	22 3/4	1777	31	28
1757	20 1/2	24 1/4	1778	29 1/2	25 1/2
1758	30 1/2	26 3/4	1779	38	27
1759	24	33 1/4			

Voici quels font les pays compris dans la conceffion accordée à la compagnie par fon octroi du 20 feptembre 1674, prolongé en 1700, 1730 & 1762, pour environ trente années chaque fois.

En Afrique, les forts de *Gorée* & de *Naffau* près du Cap-verd; ceux de la *Mine* & de *Naffau* à la côte d'or; ceux d'*Axem*, *Dunobo*, *Acaro*, *Sama* & *Bouren*. En Amérique, *Surinam*, *Berbice*, *Effequebe* & *Demerari* dans le continent, & les ifles de *S. Euftache*, *Curaçau*, *Araba*, *Bonaire*, *Saba* & partie de celle de *S. Martin*.

Ce n'eft que depuis l'an 1730 qu'il eft permis aux négocians des Provinces-Unies de faire la traite des négres & le commerce de la côte d'Afrique, moyennant le droit que chaque navire, deftiné pour faire ce commerce, eft tenu de payer à la compagnie fuivant fon port; droit fpécifié fur le pied fuivant:

Un navire du port de 45 lafts, doit payer, ... fl.	3,000.
Un dit . . . . . de 60 dits	3,900.
Un dit . . . . . de 80 dits	5,100.
Un dit . . . . . de 110 dits	6,900.
Un dit . . . . . de 125 dits	7,800.
Un dit . . . . . de 150 dits	9,300.

Pour chaque laft en fus de 45, 60, 80, 110, 125 & 150 qu'un navire peut jeauger, il eft tenu de payer 60 florins avec un quart de rabais, indépendamment des fommes fixées ci-deffus pour les encombremens refpectifs y mentionnés. Les marchandifes chargées à bord des navires deftinés pour les côtes d'Afrique, ne paient aucun droit à la compagnie. Il en eft autrement de celles qui s'expédient pour l'Amérique, & de celles qui arrivent en Europe; les unes & les autres paient à la compagnie le droit de *récognition*, & les navires le droit de *laftage* dont nous parlerons ci-après. Entrons maintenant dans quelque détail touchant les colonies Hollandoifes d'Amérique, dont nous avons fait mention ci-deffus.

Surinam eft la colonie la plus confidérable qu'aient les Hollandois en Amérique. Elle eft fituée entre le cinquième & le fixième dégré de latitude feptentrionale dans la partie du continent de l'Amérique méridionale, nommée la *Guyane*. La rivière de *Surinam* qui arrofe de fes eaux les habitations de cette colonie, lui a donné fon nom; celui de la ville eft *Paramaribo*. Ce pays, après avoir été occupé tour à tour par les François & les Anglois, demeura enfin par un article du traité de Weftminfter, du 9 février 1674, à la province de Zélande, dont quelques habitans avoient auffi été des premiers à y former des établiffemens. Cette province le pofféda en propriété, quoique fous l'autorité des états-généraux, jufques en 1682, qu'elle céda à la compagnie des Indes occidentales, la propriété de la colonie pour la fomme de deux cent foixante mille florins de Hollande. Moyennant cette ceffion, la compagnie, qui étoit devenue maîtreffe & propriétaire de cette colonie, demanda & obtint de leurs hautes puiffances un octroi le 23 feptembre de la même année 1682. Par les II, III & IVe articles de cet octroi, il fut ftipulé que « la compagnie » feroit tenue d'accorder indiftinctement à tous les » colons & habitans de *Surinam*, de même qu'à » tous ceux qui dans la fuite voudroient s'y établir, » exemptions & immunités des taxes pendant les

» premiers dix ans, excepté seulement les droits de » lastage & de pesage, sur les vaisseaux & les mar-» chandises qui s'expédiroient, durant ce temps-là, » de la colonie. Et que passé les dix années, la » compagnie ne pourroit jamais mettre ou perce-» voir aucunes charges ou impositions quelconques » outre celles qui seront spécifiées ci-après; à moins » que ce ne fût par nécessité, & en même-temps du » franc & libre consentement du gouverneur, & du » conseil de police, qui, à cette fin, sera aussi for-» mé par les colons eux-mêmes, & des principaux » habitans de la colonie. La compagnie ne pourra » donc jamais lever que trois florins par last pour » tout droit d'entrée & de sortie sur chaque vaisseau, » de quelque capacité qu'il soit, & deux & demi » pour cent pour droit de pesage sur les denrées » qui seront exportées pour les Provinces-Unies, » de même que sur celles qui pourroient être ven-» dues sur les lieux, pesées & estimées aux doua-» nes, & délivrées à ceux qui en seroient les ache-» teurs. Et quant aux charges domestiques annuelles, » il ne seroit permis à la compagnie de lever pour » capitation de chaque habitant, tant blanc que né-» gre, que cinquante livres de sucre par tête ».

Après que la compagnie eut pris possession du domaine qu'elle venoit d'acheter, à Surinam, elle prévit qu'il faudroit faire de grands frais pour rendre florissante cette colonie; & ne se sentant pas assez de moyens pour en faire seule les débourses requis, elle résolut de vendre un tiers de sa propriété à la ville d'Amsterdam, un autre tiers à M. Corneille van Aerssens, seigneur de Sommelsdyk, & de se conserver l'autre tiers pour elle-même. Ce partage fut conclu en 1683, par un contrat signé par les trois co-intéressés, qui formèrent ainsi la société de Surinam, qui subsiste encore à présent sous ce nom. Il fut convenu dans ce contrat, que cette nouvelle société ne pourroit avoir aucuns vaisseaux dans les limites des concessions de la compa-

gnie des Indes occidentales, pour aller à la traite des esclaves, ni à d'autres endroits particuliers; mais, comme le droit accordé à cette compagnie par son octroi, de fournir annuellement à la colonie de Surinam le nombre d'esclaves requis, passoit alors à la nouvelle société; on régla que la compagnie se chargeroit elle-même de faire, au nom & pour le compte de la société, les équippemens des vaisseaux, ainsi que les expéditions des cargaisons, non-seulement de ceux destinés pour la traite des nègres, mais encore de ceux qui apporteroient en Europe les denrées de Surinam; moyennant le droit que la société paieroit à la compagnie pour les nègres, de quinze florins par tête, & sous condition que les vaisseaux de la compagnie qui importeroient des nègres à Surinam, seroient exempts du droit de lastage.

Les dix premières années de la société de Surinam étant révolues, elle changea le droit de capitation qu'elle avoit eu en vertu de son octroi, en argent, au lieu du sucre dont faisoit mention l'octroi, consistant en 50 sols par tête au dessus de douze ans, & 20 sols depuis l'âge de trois jusqu'à douze, tant blancs que nègres. Mais la société ne s'y borna pas. Elle exigea ensuite un florin de plus par tête, tant des blancs que des nègres, pour capitation extraordinaire destinée à subvenir aux frais de la guerre contre les nègres marons, & à la défense de la colonie. Indépendamment de ces deux impositions, la société de Surinam établit un nouveau droit sur les habitans de la colonie; il consiste à faire payer à chacun d'eux quatre pour cent sur les bénéfices qu'ils doivent déclarer sous serment avoir fait pendant l'année. Au reste, la société a établi d'autres impôts sur les denrées qui se consomment dans la colonie; impôts qui sont plus ou moins onéreux aux habitans, & qui ne laissent pas d'y ralentir les progrès de l'industrie.

Voici les droits que la société de Surinam perçoit aujourd'hui sur les marchandises & les vaisseaux qui arrivent dans la colonie & sur ceux qui en partent.

Les navires Hollandois y payent, pour le droit de lastage,	3 fl.	par last.
Les barques Angloises qui y vont trafiquer,	6	dit.
Les marchandises Hollandoises y paient pour droit de pesage,	2 $\frac{1}{2}$	p. º.
Les marchandises & denrées Angloises	5	dit.
Les négres qui arrivent de la côte d'Afrique y payent	2 $\frac{1}{2}$	dit.
Les ventes publiques des marchandises quelconques,	5	dit.
Le sirop paye pour le droit de sortie	50	dit.
Le café paye pour le même droit, à raison de	15 sols les 100 ℔.
Le cacao & le coton, dit.	35 sols,	dit.
Le sucre, dit.	20 sols la barique.

De toutes les denrées qui font aujourd'hui l'objet de la culture de la colonie de Surinam, le sucre fut le premier cultivé & produisit aux colons pendant un certain temps des bénéfices considérables. Dans la suite ceux-ci s'appliquèrent à la culture du café, qui devint en peu de temps la branche de commerce la plus importante pour la colonie. On commença à y planter le cacao en 1733, & l'on peut dire aujourd'hui que cet article laisse un plus grand bénéfice aux Surinamois qu'aucune autre denrée de leur pays. Le coton y fut aussi cultivé pour la première fois en 1735; mais on n'en retira pas à beaucoup près les profits qu'on s'en étoit promis, & cela vint de la cupidité des planteurs qui forcèrent la culture des cotoniers. Nous placerons ici un état des exportations de la colonie de *Surinam*, en sucre, café, cacao & coton pendant 25 ans, à compter depuis 1750 jusqu'en 1774 inclusivement.

Années.	Sucre, Bariques.	Café, ℔.	Cacao. ℔.	Coton. ℔.		Nombres des navires pour Amsterdam.		
1750	25,336	3,476,928	214,189	. . .	37	depuis	1750 à	1751.
1751	24,676	2,522,881	248,026	. . .	41	. . . . .	1751 à	1752.
1752	23,017	5,428,081	244,734	. . .	44	. . . . .	1752 à	1753.
1753	20,639	4,141,522	215,765	7,765	47	. . . . .	1753 à	1754.
1754	16,196	5,766,389	142,284	5,594	46	. . . . .	1754 à	1755.
1755	15,105	2,744,119	79,076	1,319	31	. . . . .	1755 à	1756.
1756	17,989	5,323,940	129,713	1,429	42	. . . . .	1756 à	1757.
1757	17,762	8,526,300	128,482	2,002	50	. . . . .	1757 à	1758.
1758	12,835	6,930,702	99,061	785	38	. . . . .	1758 à	1759.
1759	16,831	10,058,036	101,824	1,128	45	. . . . .	1759 à	1760.
1760	18,511	9,366,411	120,169	1,561	44	. . . . .	1760 à	1761.
1761	20,120	15,679,956	149,102	1,134	45	. . . . .	1761 à	1762.
1762	15,806	9,225,412	73,494	3,460	46	. . . . .	1762 à	1763.
1763	21,943	9,254,345	158,078	8,828	68	. . . . .	1763 à	1764.
1764	20,425	7,813,990	121,060	34,231	44	. . . . .	1764 à	1765.
1765	19,922	12,955,951	140,798	50,550	62	. . . . .	1765 à	1766.
1766	18,741	13,165,006	220,501	132,109	66	. . . . .	1766 à	1767.
1767	20,719	13,763,467	265,152	207,215	65	. . . . .	1767 à	1768.
1768	20,783	10,207,596	397,539	246,202	50	. . . . .	1768 à	1769.
1769	19,923	13,676,847	233,562	212,997	63	. . . . .	1769 à	1770.
1770	14,431	7,837,974	169,487	148,188	47	. . . . .	1770 à	1771.
1771	19,494	11,135,132	416,821	203,945	62	. . . . .	1771 à	1772.
1772	19,260	12,267,134	354,935	90,035	50	. . . . .	1772 à	1773.
1773	15,741	15,427,198	332,229	135,047	55	. . . . .	1773 à	1774.
1774	15,111	11,016,518	506,610	105,126	42	. . . . .	1774 à	1775.
	471,310	227,712,935	5,262,870	1,600,650	1,230	Vaisseaux.		

Cette immense exportation, dans 25 années, ne concerne que la ville d'Amsterdam, & l'on n'y a point compris celle pour Rotterdam, qui ne laissa pas d'être considérable. Voici une liste des denrées venues de *Surinam* à Amsterdam & à Rotterdam en 1771 & 1775, & le prix de ces denrées des deux dites années, qui servira à montrer la richesse du commerce de cette importante colonie.

1771.   21,000,000 ℔ de café, ont produit à 7 f. la ℔. . . . . fl. 7,350,000

        24000   bariques de sucre, à 65 fl. chacune, ... 1,560,000

     2,000,000 ℔ de cacao, à 9 f. la ℔. 900,000

     1,000,000 ℔ de coton, à 8 f. la ℔. 400,000

         7,000   bariques de sirop, ont produit. 269,500

       Item pour le rhum ou kelduivel 269,500

                                                fl. 10,749,000

1775.   20,144,244 ℔ de café, ont produit à 5½ f. la ℔ . . . . fl. 5,539,667 l. 2 f.

       20,255   bariques de sucre, à 100 fl. chacune. 2,025,500

      733,338 ℔ de cacao, à 8 f. la ℔. 293,335   4

      144,428 ℔ de coton, à 8 f. la ℔. 57,771   4

                                                 fl. 7,916,273 l. 10 f.

Outre les denrées ci-dessus spécifiées, il sort encore annuellement (de *Surinam*) une grande quantité de bois de charpente & de marqueterie, dont on ne sçauroit apprécier la valeur; non plus même que celle de la vente clandestine des denrées de la colonie, où les barques Angloises en prennent des charges presque entières. En supposant à peu près la même proportion, telle qu'elle a été en 1771 & 1775, entre ce qui fe décharge à Amfterdam & Rotterdam, la fomme de la valeur de tout le produit en café, fucre, cacao & coton, monte à fl. 265,460,000 en 26 ans ; ce qui fait par année plus de dix millions.

Au refte nous devons remarquer que malgré l'état de décadence où fe trouve depuis plufieurs années la colonie de Surinam, il feroit poffible d'en tirer un meilleur parti qu'on a fait dans les années de fa plus grande profpérité. Il faudroit, pour cet effet, réformer les abus qui fe font gliffés dans fon gouvernement, & réprimer l'ufure qui eft la principale caufe de l'état de détreffe où fe trouvent la plupart des habitans de cette colonie.

Berbice, Effequebo & Demerari font, après Surinam, les colonies qui fourniffent le plus de denrées de leur propre crû aux Provinces-Unies. Berbice eft à vingt lieues de diftance de Surinam. Le terroir en eft fertile, mais peu peuplé : la principale culture des habitans eft le coton, dont la qualité eft bonne. On y trouve la plante Orleanne ou Rocou qui donne une teinture excellente après qu'on l'a préparée à peu-près comme l'indigo. Cette colonie peut avoir une centaine de plantations de coton, cacao & café. On en compte quatre feulement de fucre, dont la qualité eft inférieure à celle du fucre de Surinam. Effequebo & Demerari font deux nouvelles colonies, éloignées d'environ 30 à 40 lieues de Berbice, qui avec le tems deviendront confidérables. Elles fourniffent du fucre, du coton & du café en grande abondance, & comme leurs plantations peuvent s'étendre affez au long & au large, il ne leur manque que des habitans pour rendre leur culture auffi floriffante que celle de Surinam. Au refte, les trois colonies ci-deffus ont été commencées par des fociétés, qui moyennant certains droits & priviléges que l'état leur a accordés, fe font chargées des dépenfes néceffaires pour y faire les premières habitations.

Curaçau, Aruba & Bonaire, trois petites ifles de l'Amérique méridionale, au voifinage de la province de Venezuela, mieux connue fous le nom de côte de Câraques, font par elles-mêmes de petite importance, leur territoire ne produifant qu'un peu de fucre, de coton & de tabac. Mais le commerce interlope qu'elles font avec les colonies Efpagnoles, rend ces ifles, furtout celle de Curaçau, fort précieufes à la république de Hollande. St. Euftache lui eft auffi très-avantageux ; le commerce franc qu'elle permet à cette ifle lui procurant une partie des denrées des colonies voifines, Françoifes, Efpagnoles, Angloifes & Danoifes, que les habitans de ces colonies y vont porter eux-mêmes. Ce commerce, qui mérite que nous en parlions avec quelque étendue, fera traité d'une manière convenable à l'article d'Amfterdam, où il trouvera fa place mieux qu'ici. Saba eft une très-petite ifle à la vue de celle de S. Euftache, à qui elle fournit des légumes & d'autres comeftibles, dont les habitans de Saba tirent en plus grande partie leur fubfiftance. La portion de l'Ifle

de St. Martin qu'occupent les Hollandois, eft affez bien cultivée relativement à fa population qui n'eft pas nombreufe. Le fucre & quelque peu de café font les feules denrées qu'elle produit ; mais les habitans Hollandois de St. Martin poffèdent une faline qui leur procure annuellement environ 250000 florins par le commerce qu'ils font du fel qu'ils en retirent.

Les navires Hollandois partant des Provinces-Unies pour Surinam & pour les autres colonies Hollandoifes du continent de l'Amérique Méridionale, ne payent ni à l'état ni à la compagnie aucun droit de fortie, non plus que les marchandifes dont ils font chargés. Le même cas a lieu au retour des mêmes navires dans les Provinces-Unies, où ils font francs de tout droit ainfi que leurs cargaifons, à l'exception des frais de port & de ceux qu'on paye à la compagnie pour le foin qu'elle prend de la décharge des navires, de la répartition des cargaifons aux propriétaires refpectifs & de la perception des frets dont elle rend un compte exact aux armateurs des navires. Les navires & les cargaifons deftinés pour les ifles, payent à la compagnie, ceux-là le droit de leftage & celles-ci trois pour cent pour le droit de recognition, ou proprement pour la permiffion de trafiquer dans ces ifles. Au retour des mêmes navires avec des cargaifons, la compagnie retient un pour cent fur les frets de celles-ci qu'elle reçoit pour compte des armateurs des navires, & elle fe fait payer en outre, pour le droit de recognition, trois pour cent fur le montant des denrées d'Amérique, qui d'ailleurs doivent payer un pour cent à l'état.

§. III. Pêche du hareng, de la morue & de la Baleine.

Les habitans des Provinces-Unies s'adonnent aujourd'hui principalement à trois fortes de pêches ; favoir celle du hareng, celle de la morue & celle de la baleine. Les pêches de hareng & de la morue font plus anciennes de plufieurs fiécles que celle de la baleine. Il fera bon d'entrer ici dans quelques détails fur chacune de ces pêches.

Celle du hareng commença à devenir une fource de richeffes, lorfqu'au commencement du quatorziéme fiécle on inventa en Flandre la manière de préparer ce poiffon. La république de Hollande, fans doute plus perfuadée de cette vérité que les autres puiffances maritimes, fut à peine formée, qu'elle y donna des foins tout particuliers. On en peut juger par les fages réglemens qu'elle fit alors & qui font encore aujourd'hui dans toute leur vigueur. Voici en précis, à quoi font tenus les pêcheurs, en vertu de ces réglemens, lorfqu'ils vont à la pêche du hareng.

Ils fortent des ports de leur armement vers le folftice d'été & fe rendent fur les côtes d'Angleterre à la hauteur de Hitland & Fairhil, où ils ne peuvent jetter leurs filets avant le 24 juin, qui eft le jour fixé pour commencer la pêche. Un mois après, les pêcheurs viennent continuer leur pêche aux environs de Bookènes où ils demeurent sept semaines. De-là ils s'approchent à la hauteur de Yarmouth, où la pêche continue pendant soixante douze jours. Ce troisième période écoulé, les pêcheurs jettent leurs filets vers la fin de novembre au voisinage des côtes de Hollande, où ils finissent d'ordinaire l'année. Le hareng qu'on prend depuis la St. Jean, jusqu'au 25 juillet, est encaqué avec du gros sel, & on ne peut en vendre que dix jours après cette opération. Le hareng qu'on prend au commencement d'août est seulement soupoudré en mer, & ensuite, lorsqu'on le porte à terre, salé & encaqué avec beaucoup de soin, afin qu'il soit en état de se conserver mieux & plus long-temps. Il est statué d'ailleurs par les ordonnances, que les harengs soient bons & salés à tems, que le sel soit de la qualité requise & en quantité suffisante ; enfin, que les barils où on les encaque, lesquels doivent être marqués, n'aient aucun mauvais goût. Il est défendu aux pêcheurs d'en vendre sur mer aux étrangers, & d'entrer dans un autre port que celui de leur armement. Il y a des peines très-rigoureuses contre les pilotes, les pêcheurs, les encaqueurs & tonneliers de harengs, qui seront convaincus d'avoir vendu aux étrangers leurs ustensiles ou leurs barques pour cette pêche, ou de s'être engagés à leur service pendant un tems quelconque.

Tout le monde connoît le hareng & sait sans doute que c'est un poisson de passage qui marche en troupes innombrables avec une célérité surprenante ; il se montre vers le solstice d'été sur les côtes d'Ecosse, d'où il s'approche ensuite de celles d'Angleterre, & en partie à la fin de l'année pour les atterrages d'Irlande ; de-là il va jetter son frai dans la mer du Nord, & y reste jusqu'à l'année suivante. Les bâtimens dont on fait usage pour la pêche du hareng, nommés Buyses & Hockers, sont du port de vingt à trente lasts, ayant pour tout équipage treize à quatorze personnes, le pilote y compris, & pour ustensiles de pêche environ quarante-quatre filets. Le nombre de buyses & de hoekers qui s'employent à présent à la pêche du hareng ne va pas au-delà de deux cents, dont chacune fait par an deux ou trois voyages ; & il y a toujours une vingtaine de jagers ou de vieilles buyses qui suivent les bâtimens pêcheurs pour transporter le hareng que prennent ceux-ci dans plusieurs ports des Provinces-Unies, où les premières arrivées vendent extrêmement cher ce poisson.

Il seroit inutile de faire une plus longue digression touchant la pêche du hareng & le commerce qui s'en fait en Hollande. L'une est assez connue, & l'autre est maintenant d'une trop petite importance pour mériter que nous en parlions davantage. Il est bon néanmoins que nous disions un mot d'une autre pêche de hareng qui se fait dans le Zuiderzée, dont la préparation est différente de celle de la grande pêche des côtes d'Angleterre.

Elle consiste à fumer ce poisson dans un degré convenable & qui ne puisse lui donner aucun mauvais goût. C'est surtout à Harderwyk, qu'on excelle dans cette partie ; & malgré la grande réputation des harengs qu'on prépare aux environs de Yarmouth en Angleterre, les harengs-sores, tel est le nom qu'on donne au hareng fumé de Harderwyk, sont tout aussi bons & aussi délicats.

La morue que les Hollandois nomment Cabiljau lorsqu'elle est fraîche, Stokvis lorsqu'on la fait sécher, & Aberdaan quand elle est salée, se pêche à la hauteur de l'Islande, isle de la mere du Nord appartenante au Danemarck. Cette morue est à peu près semblable à celle que les François & les Anglois vont pêcher sur les bancs de Terre-Neuve dans l'Amérique Septentrionale, & qui est connue sous les noms de morue sèche & de morue verte, suivant la préparation qu'on fait subir à ce poisson. Il part pour ces pêches, de divers ports des Provinces-Unies, un centaine de bâtimens, une année portant l'autre, y ayant eu des années où le nombre a surpassé 150, & d'autres où il a été au-dessous de 50. Cette pêche, de même que celle du hareng, telle qu'elle a lieu aujourd'hui, se conservera toujours à peu près dans le même état, attendu que les habitans des Provinces-Unies en font eux-mêmes la plus forte consommation. Il n'en sera pas de même de la pêche de la baleine qui est susceptible d'accroissement ou de diminution en raison des circonstances & sur-tout des progrès, petits ou grands, que d'autres nations peuvent faire dans le même genre d'industrie. Voyons maintenant les gradations de cette pêche en Hollande depuis son origine.

Les peuples qui habitent la Cantabrie Françoise & Espagnole, connus sous les noms de Basques & de Biscayens, parmi lesquels nous comprenons principalement les habitans de la province de Guypuzcoa, furent les premiers Européens qui entreprirent la pêche de la baleine ; peu de tems après la découverte de l'Amérique, ou peut-être même avant : toujours est-il vrai qu'ils furent seuls en possession de cette pêche jusqu'au commencement du dix-septième siécle, qu'il se forma en Hollande & en Zélande diverses sociétés de négocians qui armèrent pour cette pêche, après s'être procuré des Basques & des Biscayens eux-mêmes, les renseignemens requis. Les premières entreprises réussirent parfaitement ; ce qui porta les états-généraux à former une compagnie à laquelle ils accordèrent un octroi en 1614, qui fut ensuite renouvellé en 1617, pour quatre ans ; en 1622, pour douze ans ; & en 1633, pour huit ans. A chaque renouvellement d'octroi, leurs hautes-puissances faisoient une nouvelle défense à tout particulier d'entreprendre la même pêche pour son compte. Malgré cette faveur & les autres encouragemens que la compagnie du Nord reçut de l'état, elle ne put se soutenir long-tems, & fut obligée de se dissoudre, laissant ainsi aux spéculateurs la liberté de continuer la pêche. Dès-lors elle prit une nouvelle activité ; pluſieurs ſociété des négocians s'unirent pour la faire à frais communs, & le commerce qui s'enſuivit acquit une ſplendeur où il s'eſt ſoutenu, à quelque choſe près, pendant plus d'un ſiécle ; on le verra ci-après.

La baleine ſe pêche dans les régions les plus ſeptentrionales, telles que les côtes de la nouvelle Zemble, de Groënland, de Spitzbergue, & de l'iſle des Ours. Elle eſt nommée *baleine* ou *cachalot* ſuivant l'eſpèce à laquelle elle appartient. La baleine proprement dite n'a pour défenſes qu'une longue barbe qu'on nomme *fanons* dont il ſe fait un grand commerce; au lieu que le cachalot eſt pourvu de longues dents qui reſſemblent à l'ivoire & qu'on emploie à divers uſages. On tire de la baleine & du cachalot, outre les fanons & les dents, de l'huile, qui eſt l'objet principal de cette pêche, & le ſperme, dont le commerce eſt plus profitable qu'utile. Les plus groſſes baleines ſe prennent à la hauteur de Spitzbergue, celles de Groënland & du détroit de Davis n'étant pas à beaucoup près ſi groſſes. On y pêche auſſi le *narval* qui eſt un monſtre marin de la grandeur du bœuf. Il eſt recherché à cauſe de deux grandes dents dont ſes mâchoires ſont garnies, qui ſont auſſi eſtimées que l'ivoire pour la blancheur ainſi que pour la fineſſe. La pêche du *chien marin* a également lieu dans les mêmes parages, moins pour l'huile qu'on en tire, que pour les peaux de ces monſtres dont on fait grand cas.

On diviſe la *pêche de la baleine* en deux parties, dont la principale eſt compriſe ſous le nom de *pêche de Groënland* ; l'autre eſt la pêche du détroit de Davis. Les navires qu'on emploie à ces deux pêches, ſont des flûtes & des galiotes du port depuis 100 juſqu'à 160 laſts. Ils ſont pourvus chacun, de quatre, cinq ou ſix chaloupes, & montés d'un équipage d'environ quarante-deux hommes, y compris le capitaine qui eſt nommé *commandeur*. Les navires deſtinés pour le détroit de Davis, mettent à la voile à la fin de février & au commencement de mars; les autres ne partent qu'en avril. Le retour de ces navires a ordinairement lieu aux mois d'août & ſeptembre. Comme cette navigation eſt ſujette à de grands dangers, & le ſuccès de la pêche très-incertain, attendu que quelques navires peuvent périr dans les glaces ou revenir ſans avoir pu prendre des baleines, ordinairement les ſpéculateurs dans cette pêche s'intéreſſent ſur divers armemens afin de diviſer les riſques de l'expédition, à moins qu'ils n'aiment mieux ſe faire couvrir de ces riſques par quelque aſſurance.

La république a tâché, en tout tems & par tous les moyens poſſibles, d'encourager la *pêche de la baleine*, qui fit des progrès ſenſibles dès qu'elle eut été affranchie des entraves du privilége excluſif accordé à la compagnie du Nord. En 1675 les états-généraux jugèrent auſſi convenable d'abolir le droit de deux pour cent impoſé ſur les retours de la pêche faite pour le compte des ſujets de la république par navires Hollandois ; & ils ordonnèrent, au contraire, la levée d'un droit de quatre pour cent ſur les produits de la *pêche de la baleine* qui pourroient être importés pour compte & ſous pavillon étranger dans les Provinces-Unies. Il eſt, au reſte, expreſſément défendu aux habitans de celles-ci, ſous diverſes peines pécuniaires, de fréter aux étrangers des navires pour la *pêche de la baleine*, & de leur prêter même des chaloupes, harpons, futailles & autres choſes quelconques propres pour cette pêche. Ils ſont de plus obligés de faire les retours du produit de leur pêche dans quelque port de la république.

Les villes des Provinces-Unies qui font ordinairement les équipemens pour la *pêche de la baleine*, ſont Amſterdam & Rotterdam, & les villages de Sardam, Ryp & pluſieurs autres de la Nord-Hollande, ou Friſe-Orientale. Le nombre des navires qui partent de ces endroits pour la pêche, varie beaucoup d'une année à l'autre, & ces différences marquent aſſez les révolutions auxquelles eſt continuellement ſujet le commerce relatif à cette pêche. Rien ne nous a paru plus propre à jetter du jour ſur cet important objet que les liſtes qui vont ſuivre. Dans l'une l'on voit le nombre des navires retournés de la pêche de Groënland, dans les *Provices-Unies*, celui des baleines qui y ont été priſes & dépecées, & la quantité de futailles de lard qu'on en a retirées, enfin les prix qu'a valu l'huile depuis *1669* juſqu'en 1718. L'autre liſte contient les mêmes objets relatifs aux deux pêches de Groënland & du détroit de Davis depuis *1719* juſqu'en *1779*. Nous avons ſeulement ajouté dans cette dernière liſte, la quantité du plus ou mois de futailles d'huile qu'a rendu le lard apporté par les navires de l'une & l'autre pêche. Voici ces deux liſtes.

Pêche de Groënland.

Ann.	*Navires revenus.*	*Baleines dépecées.*	*Futailles de lard.*	*Prix de l'huile.*
1669	138	921	47,949	fl. 28 à $30\frac{1}{2}$
1670	148	$794\frac{1}{2}$	32,574	» 28 à 30
1671	158	$1,083\frac{1}{2}$	45,386	» $23\frac{8}{2}$ à 28
1672, 73 & 74 il n'y eut point de pêche.				
1675	149	$900\frac{1}{2}$	38,721	» 37 à 39
1676	145	$812\frac{1}{6}$	34,916	» 36 à $31\frac{1}{2}$

Pêche de Groënland.

Ann.	*Navires revenus.*	*Baleines dépecées.*	*Futailles de lard.*	*Prix de l'huile.*
1677	145	$784\frac{11}{12}$	34,720	fl. $31\frac{1}{2}$ à $32\frac{3}{4}$
1678	110	$1,117\frac{3}{4}$	49,148	» $26\frac{1}{4}$ à $28\frac{1}{4}$
1679	126	791	37,570	» $31\frac{1}{2}$ à 32
1680	151	$1,377\frac{1}{2}$	52,631	» $27\frac{1}{2}$ à 28
1681	176	$885\frac{1}{2}$	30,609	» $35\frac{1}{2}$ à 35
1682	195	$1,454\frac{1}{2}$	61,488	» $28\frac{1}{4}$ à $28\frac{1}{2}$

Pêche de Groënland.

Ann.	Navires revenus.	Baleines dépecées.	Futailles de lard.	Prix de l'huile.	Ann.	Navires revenus.	Baleines dépecées.	Futailles de lard.	Prix de l'huile.
1683	242	1,349 5/8	43,454	fl. 32 3/4 à 23 1/4	1701	207	2,071 1/4	67,317	fl. 35 à 31
1684	234	1,153 1/2	44,770	29 à 29 1/4	1702	225	697 1/2	24,104	36 à 40
1685	212	1,383 1/19	55,699	27 à 30	1703	208	646	24,537	39 à 27
1686	188	664 2/9	30,532	38 à 45	1704	130	651 1/2	23,899	41 à 42
1687	194	621 1/2	24,398	49 à 48	1705	157	1,674 1/2	52,144	30 à 27
1688	214	340 3/8	14,670	52 1/4 à 52	1706	149	452	15,340	40 à 43
1689	162	243 2/8	10,020	57 1/2 à 56 1/2	1707	131	128 1/2	5,431	58 à 60
1690	117	825 1/2	34,935	34 1/2 à 37	1708	121	534 2/6	21,081	63 à 50
1691	2	—		63 à 47	1709	127	191 1/2	8,237	65 à 90
1692	32	61 1/2	2,748	65 à 63	1710	137	62	3,379	78 à 100
1693	89	175	8,480	62 à 63	1711	117	630 1/2	20,589	70 à 30
1694	63	164 3/2	7,821	60 à 59 1/2	1712	108	370 2/2	14,103	42 1/2 à 50
1695	97	203 2/6	9,111	58 1/2 à 62	1713	94	254 1/3	12,854	45 à 65
1696	121	428	17,251	50 à 48	1714	108	1,234	37,700	70 à 43
1697	131	1,274 1/2	42,181	30 à 31	1715	134	696 1/2	25,839	52 à 42
1698	141	1,488 1/2	56,485	25 à 26	1716	153	534	20,213	48 à 47
1699	151	775 1/2	30,845	36 à 37	1717	179	391	14,463	42 à 45
1700	173	907	36,543	41 à 38	1718	194	281 3/4	13,111	51 1/4 à 57

Pêche de Groënland.　　　Pêche du détroit de Davis.　　　Produit des deux pêches.

Années.	Navires revenus.	Baleines dépecées.	Futailles de lard.	Navires revenus.	Baleines dépecées.	Futailles de lard.	Futailles d'huile.	Prix de l'huile.
1719	182 1/2	302 1/2	9,787	29	43	2,420	18,298	fl. 53 à 50
1720	169	317	13,852	58	137 1/2	6,977	31,243	41 à 60
1721	151	667 5/8	23,155	107	64 1/2	3,768	40,374	44 à 36
1722	185	976 1/2	32,455	67	125 1/2	6,587	58,561	39 à 28
1723	190	201	8,991	45	108 1/2	6,078	22,593	37 3/4 à 37 5/8
1724	172	223 1/2	9,496	60	134	7,600	24,845	35 1/2 à 32 1/2
1725	145	227 5/12	10,495	80	247 6/12	12,898	32,819	33 1/2 à 34 1/2
1726	108	133	6,234	111	113 1/2	7,089	19,794	46 à 47
1727	191	225 1/2	9,920	101	178 1/2	9,856	29,361	45 1/2 à 47
1728	101	165	7,202	90	198 1/2	10,879	26,994	47 1/2 à 46 1/2
1729	93	113 1/2	5,058	91	121 1/2	7,367	18,633	56 à 54
1730	86	37	1,995	83	213 3/4	11,420	19,326	47 1/2 à 49 1/2
1731	66	48	2,640	98	255	14,212	24,358	45 à 43
1732	39	100 5/6	3,812	137	218 7/?	11,929	23,610	37 1/2 à 43
1733	66	227 1/2	9,665	118	135 1/2	7,033	24,945	37 1/2 à 40
1734	94	190	4,536	93	229 1/4	12,042	23,767	38 à 41
1735	84	271	10,791	101	224	10,976	31,564	41 à 37
1736	100	588	21,023	92	265 1/2	13,856	51,495	25 1/2 à ..
1737	108	533 1/2	13,757	88	150 1/2	7,412	30,572	24 à 27
1738	122	359 1/2	13,662	74	114 1/2	5,614	27,749	25 1/4 à 35
1739	133	678	19,818	58	51 1/2	2,546	31,546	34 1/4 à 33 1/4
1740	154	552 5/6	19,788	33	113 1/2	4,603	35,981	44 à 52
1741	143	176	6,112	34	136 1/2	6,537	18,575	50 à 75
1742	126	517	18,831	48	50	2,653	31,627	58 à 54 1/4
1743	138	862	23,095	49	75 1/2	3,740	39,816	39 1/2 à 41
1744	148	1,311 1/2	37,428	39	482 1/2	8,195	67,304	33 1/2 à 35
1745	153	362 1/2	13,707	31	206 1/4	8,814	33,048	34 1/2 à 39 1/2
1746	140	810 1/2	25,326	40	217	9,252	50,098	34 à 34
1747	128	644 1/2	21,435	35	131 1/4	5,846	41,409	35 à 46
1748	93	278 1/2	6,832	1	—		10,367	50 à 74

Pêche

	Pêche de Groënland.			Pêche du détroit de Davis.			Produit des deux pêches.	
Années.	*Navires revenus.*	*Baleines dépecées.*	*Futailles de lard.*	*Navires revenus.*	*Baleines dépecées.*	*Futailles de lard.*	*Futailles d'huile.*	*Prix de l'huile.*
1749	114	412 ¼	14,562	41	206	9,839	34,999	fl. 55 à 45 ½
1750	116	532 ½	15,330	44	58	2,629	26,961	· 41 à 48
1751	117	163 11/12	7,056	45	66 1/6	3,459	15,365	· 45 à 63
1752	117	440 ¼	14,788	42	107 ½	4,450	28,284	· 58 à 54
1753	118	541 1/6	13,427	48	100	4,404	26,787	· 50 à 47 ½
1754	135	653 5/12	17,987	36	18	1,016	28,685	· 49 à 40
1755	152	676 ½	16,763	29	41	1,909	27,850	· 49 à 56
1756	160	529 1/6	11,578	26	40	1,908	19,251	· 55 à 49
1757	159	414 ½	13,695	21	10	475	20,744	· 52 à 62
1758	151	305 ½	10,539	8	66	2,868	20,686	· 60 à 66
1759	133	427	14,414	22	39	1,797	23,937	· 57 à 60
1760	139	377	13,715	15	78	3,615	25,793	· 57 ½ à 52
1761	138	287 ½	11,600	23	70	3,151	22,021	· 52 à 60
1762	138	124	4,765	27	65 ¾	2,773	11,173	· 64 à 75
1763	128	565	14,497	35	132	5,711	30,036	· 51 ½ à 70
1764	127	193	7,900	38	31	1,632	13,991	· 56 à 72
1765	130	394	12,816	35	82	3,873	25,002	· 52 à 72
1766	136	157 ½	5,209	32	33	1,476	9,983	· 52 à 72
1767	132	99 1/6	4,164	33	80	3,462	11,233	· 54 à 67
1768	133	392 5/6	9,428	36	207 ½	8,729	27,022	· 48 à 64
1769	111	972 ½	18,784	42	155 ½	6,899	38,470	· 40 à 54
1770	105	438 ½	11,319	45	85 ½	3,815	22,285	· 45 à 54
1771	110	105 2/5	3,319	40	38	1,808	7,285	· 50 à 72
1772	93	546 1/12	15,442	38	239 ½	10,350	38,073	· 50 à 80
1773	91	195	8,443	43	249 ½	10,414	27,466	· 59 à 69
1774	82	281	9,158	48	179	7,821	24,993	· 60 à 66
1775	88	86	3,055	47	20	981	5,934	· 65 à 80
1776	84	363	8,464	39	144 ½	6,359	26,056	· 80 à 63
1777	73	245 ¾	6,423	45	178 ¾	8,105	21,220	· 62 ½ à 57
1778	64	252 ½	4,896	47	54 ½	2,616	10,975	· 60 à 66
1779	59	126 ¾	4,457	46	36	2,203	9,856	· 72 à 68

La futaille d'huile, qu'on nomme *quardeelen*, contient environ 18 ftekans, ce qui fait 1 ½ barique ordinaire; mais l'huile fe vend à Amfterdam par barique, ou *vat*, de 12 ftekans, & les prix ci-deffus font relatifs à cette mefure.

En voilà affez, fuivant nous, pour montrer l'état actuel des principales pêches dont s'occupe une partie des habitans des *Provinces-Unies.* La pêche du hareng a toujours été nommée *grande pêche*, & celle de la baleine *petite pêche.* L'une & l'autre font beaucoup déchues. Nous montrerons, lorfque nous traiterons du commerce de Danemarck & de Suéde, que ces deux peuples ont principalement contribué à diminuer les pêches de la Hollande. Il convient maintenant de parler de l'état actuel des manufactures des *Provinces-Unies.*

§. IV. *Manufactures & fabriques des Provinces-Unies.*

Les *Provinces-Unies* n'ont pas aujourd'hui de *manufactures* & de *fabriques* qui travaillent principalement pour l'étranger. La main d'œuvre y eft trop chère à caufe des impofitions exorbitantes dont les denrées de première confommation font furchargées. L'abondance d'argent fait monter à un fi haut prix toute efpèce de marchandifes, que le pauvre comme le riche font forcés d'y faire, chacun relativement à fon état, une dépenfe beaucoup plus grande qu'on n'en fait communément en d'autres pays. De-là il s'enfuit naturellement, que les habitans de ces provinces, malgré leurs capitaux nombreux, malgré leur induftrie, & malgré même l'économie la plus raffinée, ne font pas en état de fournir à l'étranger des étoffes quelconques de foie, de laine, de coton ni de quelque efpèce que ce foit, à auffi bon marché qu'un pays qui, avec des moyens & de l'induftrie, aura en outre l'avantage de ne pas payer auffi cher la main d'œuvre.

Voilà auffi pourquoi les *Provinces-Unies* ne font maintenant plus, généralement parlant, avec l'étranger, de commerce qu'on puiffe nommer *actif*, en marchandifes de leurs *fabriques* & *manufactures.* Elles en ont cependant un grand nombre, qui s'occupant de tous les genres possibles d'industrie, procurent au commerce de ces provinces, une infinité de choses qui font masse dans la circulation intérieure des mêmes provinces, ainsi que dans les exportations du commerce étranger. Sans entrer dans un long détail touchant cet objet, nous dirons seulement que les marchandises fabriquées dans les *Provinces-Unies*, qui forment autant de branches de commerce, sont des draps & ratines, quelques étoffes de soie, des toiles peintes, des toiles blanches, du papier, du sucre raffiné, du tabac préparé en feuille, en poudre & rapé; de l'huile de lin, de noix & de navets; enfin des drogues de différentes espèces pour la médecine & la teinture. Il y a dans les *Provinces-Unies* quantité de moulins, de *fabriques* & des *manufactures* constamment occupés à fabriquer quelqu'un de ces objets.

Il y a, à Amsterdam sur-tout, plusieurs *fabriques* de draps qui travaillent principalement pour subvenir aux demandes qu'on leur en fait pour le commerce du Levant. Il y en a aussi d'étoffes de soie, dont la majeure partie est destinée pour l'Allemagne. La ville d'Utrecht est en réputation de fabriquer les plus beaux draps noirs que l'on connoisse. Les draps & les ratines de Leyde, sont extrêmement estimés, tant en Hollande qu'en France; & en d'autres pays. La ville de Harlem est renommée pour les blanchisseries. On y apporte des pays étrangers, sur-tout de l'Allemagne, des toiles en écru, qui au moyen de l'apprêt qu'on sçait leur donner, acquièrent une blancheur éblouissante, qui en fait le principal mérite, & qu'on voit rarement dans les toiles blanchies ailleurs.

Les rafineries de sucre sont fort communes dans la Hollande. On en compte dans la seule ville d'Amsterdam plus de cent, qui une année portant l'autre, travaillent environ cent quarante à cent cinquante boucauts de sucre, dont une assez grande partie passe dans l'Allemagne & dans le nord. Les papeteries & le plus grand nombre des *fabriques* & *manufactures*, sont dans le Nord-Hollande, ce pays étant plus propre pour les moulins & autres machines hydrauliques, que la Hollande méridionale, à cause des rivières & ruisseaux qu'on y trouve à chaque pas. Le terroir de la Nord-Hollande étant aussi meilleur pour les pacages que pour d'autres productions, on y fait une plus grande quantité de fromages qu'ailleurs, & la plûpart de ceux qui s'expédient pour l'étranger viennent de-là. Le beurre connu sous le nom de *beurre de Frise*, sort également, en plus grande partie, de la Nord-Hollande. Il n'est pas tout-à-fait aussi délicat que celui de Leyde; mais on en fait presque autant de cas que de celui d'Irlande.

La préparation du tabac, tant en feuille qu'en poudre & rapé, est une branche d'industrie des plus importantes des *Provinces-Unies*. Le commerce qui en résulte est fort étendu. Il peut être considéré comme un flux & reflux par la quantité immense de tabac qui s'y importe de l'étranger, & par celle qui s'en exporte pour l'étranger. Cet objet & plusieurs autres, qui sont relatifs au commerce des villes principales des *Provinces-Unies*, seront traités ci-après avec l'étendue convenable. Nous allons parler maintenant du commerce d'Amsterdam, & ensuite de celui de Rotterdam, deux villes de la province de Hollande, qui font presque tout le commerce des *Provinces-Unies*.

N°. II. *Commerce particulier d'Amsterdam.*

Les principaux établissemens de commerce qu'il y a à *Amsterdam*, & qui sont autant de moyens d'exercer avec facilité le négoce tant pour le commerçant Hollandois habitué au train des affaires de son pays, que pour le négociant étranger qui ne faisant que s'y établir n'en connoît pas encore tous les usages; sont, d'un côté, les *courtiers*, les *cargadors*, les *convoy-loopers*, les *schuytenvoerders* & les *waagdragers*, & d'un autre côté, les *caissiers* & la *banque*.

Il y a deux sortes de *courtiers*, les uns jurés, nommés par le magistrat, les autres non-jurés exerçant cette profession sans aucune autorité. Les premiers peuvent travailler dans quelque branche de commerce que ce soit; mais il ne leur est pas permis de faire le coûrtage dans le même genre d'affaires dont ils font eux-mêmes commerce. Les seconds peuvent, au contraire, travailler de l'une & l'autre manière en marchandises ou autres objets de commerce quelconques; mais en cas de différend sur quelque marché qu'ils auroient arrêté comme courtiers avec des négocians, ils ne sont pas crus en justice, & leur marché reste nul. Le nombre des courtiers non-jurés est considérable & surpasse de beaucoup celui des courtiers jurés: le nombre de ceux-ci n'est que de cinq cent parmi les chrétiens, & de cinquante parmi les juifs.

Les *cargadors* sont aussi des courtiers qui s'occupent à trouver aux navires qui se mettent en cueillette pour un port, les marchandises nécessaires pour former leur chargement; ou plutôt ils rassemblent les marchandises que plusieurs négocians ont à expédier pour un même port, & en composent le chargement du navire qu'ils ont destiné, ou qu'ils peuvent destiner pour un tel voyage. Ils ont soin en outre, lorsqu'un navire arrive de quelque port, chargé de marchandises, de faire la livraison de celles-ci aux propriétaires ou consignataires respectifs, qui leur en paient les frets. On compte aujourd'hui à *Amsterdam* trente-trois cargadors chrétiens, & cinq juifs. Chacun d'eux se borne aux affaires du département dont il a fait choix.

Les *convoy-loopers*, sont des commis au service des négocians, pour lesquels ils font à l'amirauté les déclarations des marchandises qui arrivent ou qui s'expédient; ils en acquittent aussi les droits & en procurent les *convois* ou passe-ports requis. Il y a à présent vingt-quatre convoy-loopers, qui servent presque toutes les maisons de commerce d'*Amsterdam*.

Voici ce que les convoy-loopers se font payer pour leurs salaires par les négociants, sçavoir :

Pour un passeport d'entrée.

	fl.	s.
de 20 fl.	fl.	18
de 30	1	"
de 40	1	2
de 50	1	4
de 60	1	6
de 70	1	8
de 80	1	10
de 90	1	12
de 100	1	14
de 110	1	16
de 120	1	18
de 130	2	"
de 140	2	2
de 150	2	4
de 160	2	6
de 170	2	8
de 180	2	10
de 190	2	12
de 200	2	14
de 210	2	16
de 220	2	18
de 230	3	"
de 240	3	2
de 250	3	4
de 260	3	6
de 270	3	8
de 280	3	10
de 290	3	12
de 300	3	14

Et en sus de 300 fl. à 10 s. p. 100 flor.

Pour un passeport de sortie.

	fl.	s.
de 50 fl.	fl.	16
de 60		18
de 70	1	"
de 80	1	2
de 90	1	4
de 100	1	6
de 110	1	8
de 120	1	10
de 130	1	12
de 140	1	16
de 150	1	16
de 200	2	4
de 250	2	10
de 300	2	16
de 350	3	4
de 400	4	"
de 500	4	8
de 550	4	16
de 600	5	2

Et en sus de 600 fl, à 10 s. pour 100 flor.

Les *schuytenvoerders* sont des maîtres de bateaux qui s'emploient également au service des négocians, non-seulement à faire transporter les marchandises de ceux-ci, des magasins aux navires, & des navires aux magasins ; mais encore à veiller à l'arrivée & au départ des navires, afin de faire sçavoir quand ceux-ci entrent & sortent du *Texel* ou du *Vlie*, deux entrées du port d'*Amsterdam*. Les bateliers vont tous les jours chez leurs patrons respectifs leur donner ces informations & recevoir leurs ordres.

Les *waagdragers* sont des porte-faix publics nommés par le magistrat, en la fidélité desquels on a la plus grande confiance. Ils sont divisés en plusieurs sociétés, plus ou moins nombreuses, selon qu'il y en est besoin ; chaque société étant au service de divers négocians dont les affaires sont susceptibles d'une augmentation ou diminution considérable. Le devoir du porte-faix est de recevoir du bateau les marchandises qui arrivent, & de les mettre en magasin, & lorsqu'elles ont été vendues de les retirer du magasin, les porter à l'un des poids publics, les y faire peser & en délivrer la note du poids & des frais de pesage au vendeur, une semblable note devant être délivrée à l'acheteur par les porte-faix qui sont à son service. Les porte-faix règlent leurs comptes avec leurs patrons quatre fois seulement par an.

Les *caissiers* sont des personnes d'une réputation bien établie, & d'une probité reconnue, à qui les négocians & d'autres particuliers riches confient des sommes considérables d'argent comptant. Lorsque ceux-ci ont à payer des lettres de change en argent courant, ou un compte d'une somme un peu forte, ils en indiquent le remboursement au moyen d'une assignation sur leurs caissiers respectifs, qui sont tenus d'y faire honneur à la présentation. La provision ordinaire qui se paie aux caissiers est de $\frac{1}{2}$ pour cent que ceux-ci retiennent sur l'agio de l'argent de banque qu'on fait écrire en leur faveur à la banque, ou qu'ils portent sur le compte des sommes qu'ils ont touchées en argent courant. Il y a cependant des maisons opulentes qui ne paient à leurs caissiers que 1 par mille, & même que $\frac{1}{4}$ pour cent ; ce qui, pour le dire en passant, ne laisse cependant pas que d'être très-profitable aux caissiers, qui, au moyen des sommes que ces maisons-là leur confient, trouvent d'ailleurs à gagner quelque chose dans le commerce d'argent-courant, contre de l'argent de banque que ces mêmes caissiers font chaque jour, comme nous le dirons ci-après. Les caissiers sont aujourd'hui en tout cinquante-quatre, dont un seul est juif. Comme ce sont eux qui font presque tous les paiemens en argent courant, ils sont intéressés à se faciliter réciproquement les opérations, & se servent pour cela en général du *riscontre* qui est le moyen le plus simple ainsi que le plus commode & le plus aisé. Le *riscontre* est, comme tout négociant doit le sçavoir, un échange de billet contre billet, de lettre de change contre lettre de change, ou autrement un troc d'un effet ayant une valeur réelle contre un autre effet ayant aussi une valeur réelle, lors même que les deux effets sont différens, c'est-à-dire, quand l'un est une lettre de change & l'autre une simple assignation ou billet au porteur.

La banque d'*Amsterdam* est un établissement non-seulement aussi utile, mais encore plus sûr que les caissiers, pour le négociant qui ne peut s'empêcher de confier à quelqu'un son argent pour les paiemens qu'il a à faire. Comme la banque mérite d'être particulièrement connue, nous en donnerons à sa place une description que nous tâcherons de rendre aussi courte & en même-temps aussi claire qu'il est possible. *Voyez* BANQUE.

Commerce d'Amsterdam, considéré sous ses divers rapports.

Le *commerce d'Amsterdam* s'étend dans les quatre parties du monde, & embrasse toutes les branches de commerce que l'on puisse imaginer. En Europe, il n'y a point de port tant soit peu considérable, qui ne soit fréquenté par les navires Hollandois, qui y portent diverses marchandises, & qui en rapportent d'autres de retour dans leur pays. Dans presque toute l'Asie & dans la partie de l'Afrique située sur la mer Méditerranée, & sur l'Océan jusqu'aux îles du Cap-verd, les Hollandois ont des comptoirs ou loges, & leur pavillon est accueilli par-tout avec autant d'égards & de distinction que celui de quelque nation commerçante que ce soit. Les côtes de l'Afrique au-delà du Cap-verd sont également fréquentées par les Hollandois qui y font librement la traite des nègres, au moyen des divers établissemens qu'ils y ont, & dont nous avons déja parlé ailleurs. Ils font un commerce indirect très-étendu par la voie de l'île de Curaçao & de celle de St. Eustache, avec les peuples qui sont en possession des îles & du continent de l'Amérique, où la *Hollande* a aussi quelques colonies dont les productions augmentent la masse du commerce des denrées de cet hémisphère.

Quand on considere les rapports immenses qu'un commerce aussi vaste est capable de procurer à *Amsterdam*, on est moins surpris de voir rassemblées dans cette ville les marchandises que produisent les climats les plus reculés du globe. L'univers entier est pour les Hollandois comme un champ fertile dont la possession à la vérité appartient aux nations qui en sont maîtresses, mais dont ils sçavent s'approprier une partie des fruits par le commerce; tandis que d'un autre côté la *Hollande* & sur-tout la ville d'*Amsterdam*, est pour les nations étrangères comme un marché toujours ouvert où elles sont sûres en tout temps de se défaire avantageusement d'un superflu de marchandises dont le débouché seroit difficile, peut-être même impossible ailleurs. Ces nations sçavent aussi qu'il n'est aucune marchandise, de quelque espèce qu'elle soit, qu'elles ne soient assurées de trouver en *Hollande*. Quoi-

que la plupart des articles ne soient pas des productions du pays, ils peuvent néanmoins entrer dans la classe des marchandises propres des Provinces-Unies, par les changemens qu'ils subissent dans les mains de ce peuple habile & laborieux, qui par ce moyen en augmente considérablement & quelquefois même en double & triple la valeur première. Les divers peuples de l'Europe n'ignorent pas que la *Hollande*, en faisant un si prodigieux commerce, accumule des richesses immenses, qui la mettent en état de pouvoir leur donner le crédit qui leur est nécessaire afin qu'ils puissent commercer les uns avec les autres, & elle en profite; tandis que, d'un autre côté, leurs souverains respectifs empruntent des sommes énormes des sujets de la république des Provinces-Unies, pour subvenir aux frais des guerres ruineuses qu'ils se font.

Le *commerce d'Amsterdam*, considéré sous ces rapports, se divise en quatre parties principales, que nous croyons pouvoir désigner sous les noms de *productions du pays*, *productions des colonies*, *productions étrangères*, & *commerce local*. Nous comprenons dans le nombre des productions du pays, non-seulement le froment, les fèves, les haricots, le tabac, le lin, la cire, le beurre & les fromages; mais encore l'huile de baleine, la baleine coupée, l'huile de lin & de navets, les toiles, les draps, les étoffes de soie, & autres articles qu'il convient de rapporter à l'industrie Hollandoise. Les productions des colonies sont principalement, d'un côté, la canelle, le poivre brun, le clou de girofle, la noix muscade, le thé & d'autres articles des Indes orientales; & d'un autre côté le sucre, le café, le cacao & d'autres denrées de l'Amérique. De toutes les denrées étrangères, nous ne ferons mention ici que des laines, de la cochenille, de l'indigo, du quinquina, du tabac, du sucre, du café, des vins & des eaux-de-vie.

Le commerce local peut être subdivisé en trois branches que nous comprenons sous les noms de *commerce de cabotage*, de *commerce d'assurances* & de *commerce d'emprunts & de crédits*. De chacune de ces trois branches de commerce, il en dérive plusieurs autres que nous nous contenterons d'indiquer quand il en sera temps, afin de ne pas outrepasser les bornes que nous nous sommes prescrites.

Mais, avant d'expliquer chacune des quatre parties principales du *commerce d'Amsterdam*, il convient que nous donnions la liste de la plupart des marchandises, tant du pays qu'étrangères, qu'on trouve à acheter en cette ville, & qu'on y peut aussi débiter à des prix proportionnés à leurs qualités respectives, c'est-à-dire, en tant que bonnes, médiocres & mauvaises, chacune dans son espèce. Ces différences dans les qualités font qu'il est très-difficile de pouvoir en fixer les prix, & ce qui est le plus grand obstacle à cette fixation, c'est qu'à Amsterdam, plus que partout ailleurs, les prix varient, & considérablement, d'un moment à l'autre. Tel article qui vaut tel prix quand on l'achette, en vaut un autre quand on le revend, quoique ce soit quelquefois dans le même jour & peut-être de la main à la main. Au reste, il ne faut que connoître un peu le commerce, pour ne pas ignorer qu'il arrive en tout temps des changemens, plus ou moins subits & considérables, dans les prix des marchandises. Ces changemens ont lieu aussi-bien pour la hausse que pour la baisse des prix, suivant les circonstances qui les occasionnent; mais, comme ces circonstances dépendent de la rareté ou de l'abondance actuelle ou prévue de la marchandise, sans compter les autres causes accessoires qu'il est plus aisé de se présenter que de détailler, nous invitons le négociant à suivre les régles que son expé-

rience pourra lui suggérer à cet égard. Nous avons mis à côté des prix, hauts & bas, des marchandises détaillées dans la liste qui va bientôt suivre, les conditions d'usage pour la tare & les rabais. Ces conditions sont à la vérité susceptibles de quelque variation; mais ce n'est que lorsque les deux parties contractantes dans un marché quelconque trouvent convenable de faire entre elles des conditions nouvelles, étrangères à la régle générale. Enfin, on trouvera dans la même liste des marchandises, les droits que celles-ci paient aujourd'hui, tant à leur entrée à Amsterdam lorsqu'elles arrivent de quelque pays étranger, qu'à leur sortie de cette ville. Voici cette liste.

Prix des marchandises.	Tare.	Rabais pour bon poids.	Rabais pour prompt payement.	Droits de l'amirauté sans la prime.	
				Droits d'entrée. Pour fl. s. d.	Droits de sortie. fl. s. d.
Acier de Dantzick & de Suéde, les 100 ℔ . . fl. 9 à 11	On le vend par barils.		1 P°.	100 ℔ . 6 .	. . . 5 . fr. pr. l'Esp.
Acier de Stormarie, la bote de 9 billes, ... fl. 17 à 18	les 9 billes font 116 ℔,		1 dit.	100 ℔ . 6 .	. . . 5 .
Agnelins d'Espagne, lavés, les 100 ℔ . . . . . fl. 80 à 120	14 P°. & les tareurs taxent la refaction.		21 m. & 1 P°.	1 bal. . 15 .	. 1 . .
Agnelins d'Espagne, en suin, les 100 ℔ . fl. 60 à 80					
Agnelins de Pologne, la ℔ . . . . . . s. 12 à 16	5 P°. & la refaction.		15 m. & 1 P°.	1 bal. . . 15 .	. 1 . .
Alun de Rome, les 100 ℔, ß. 40 à 48					
Alun de Liége, les 100 ℔, ß. 25 à 30					
Alun de Smirne, les 100 ℔, ß. 36 à 40	4 ℔ par sac & l'on tare les futailles.	2 P°.	2 P°.	100 ℔ . 6 .	. . 6 o.
Alun d'Angleterre, les 100 ℔, ß. 40 à 45					
Alun de Danemarck & de Suéde, les 100 ℔, ß. 30 à 35					
Amandes amères, les 100 ℔ . . . fl. 18 à 21	environ 2 P°.	3 dit.	1 dit.	100 ℔ . 5 .	. . . 5 o
Amandes douces longues, les 100 ℔ . . fl. 40 à 45	. . . . . dit.	2 dit.	2 dit.	100 ℔ 1 . .	. . 15 .
Amandes de France, d'Esp. & d'Italie, les 100 ℔ . fl. 20 à 24	6 P°.	2 dit.	2 dit.	100 ℔ . 12 .	. . 10 .
Amandes de Barbarie, les 100 ℔ . . . . fl. 24 à 26	l'on tare les cabas.	2 dit.	2 dit.	100 ℔ . 10 .	. . 10 .
Ambre gris, l'once, . . fl. 8 à 14			1 dit.	100 fl. 3 .	. . 2 . .
Ambre noir, l'once, . . fl. 2 à 3					
Amidon, les 100 ℔, . . fl. 10 à 12	l'on tare les barils.	1 dit.	1 dit.	100 ℔ 4 . .	. . 4 o.
Anis d'Espagne, les 100 ℔ fl. 19 à 20	8 P°.				
Anis d'Italie, les 100 ℔ fl. 18 à 20	6 P°.	2 dit.	2 dit.	100 ℔ . 10 .	. . 8 .
Anis de Magdebourg, les 100 ℔ . . . fl. 14 à 15	l'on tare les barils.				
Argent-vif, ou vif-argent, la ℔ . . . . bco. fl. 33 à 34				100 fl. 3 .	. . o . .
Avoine à brasser des liqueurs, le last, . . fll. 45 à 55			1 dit.	1 last. 1 16 .	. . franche.
Avoine pour les chevaux, le last, ... fll. 32 à 44					

Prix des marchandises.	Tare.	Rabais pour bon poids.	Rabais pour prompt payement.	Droits de l'amirauté sans la prime.	
				Droits d'entrée.	Droits de sortie.
				Pour fl. f. d.	fl. f. d.
Azur ou bleu de Saxe FFC, les 100 ℔ . . . . . . fl. 38 à 45	32 ℔ par baril pesant environ 400 l.	1 dit.	1 dit.	100 fl. 3 . . 2 . .	
---Dit, FC, les 100 ℔ . . fl. 30 à 32					
---Dit, MC, les 100 ℔ . fl. 20 à 25					
Baleine , (fanons de) de 4 l., les 100 l. . . . . fl.106 à 140			2 dit.	100 fl. 12 . . 2 . . 8	
Baleine coupée de ¾ ¹⁰⁄₄ d'aune, les 100 l. . . . fl. 80 à 135					
Banilles , le paquet de 50 gouffes , ... fl. 6 à 20			1 dit.	100 fl. 3 . . 2 . .	
Baffins de cuivre , les 100 l. fl. 62 à 63			2 dit.	100 ℔ . 5 . . 10 .	
Baumes divers , la l. . . fl. 4 à 5	l'on tare les vafes.		1 dit.	100 fl. 3 . . 2 . .	
Beurre de Hollande { de Leyde, les 80 l. fl. 32 à 36	l'on tare les barils.				
de Delft , dit fl. 30 à 33			1 dit.		
de Frife dit fl. 26 à 28					
Beurre d'Irlande, les 100 l. fl. 20 à 25	20 p℔		1 dit.	300 ℔ 16 . . 1 . 10 .	
Bled farrafin, le laft , . l. 14 à 18			1 dit.		
Bœuf falé de divers pays , les 100 l. . . . . . fl. 24 à 33	l'on tare les barils.		1 dit.		
Bois de Fernambouc , les 100 l. . . . . . bco. fl. 22 à 24					
Bois de Sapan de Bima , les 100 l. . . . . . bco. fl. 11 à 13			1 dit.		
Bois de Caliatour , les 100 l. . . . . . bco. fl. 16 à 17					
Bois de girofle , la l. bco. f. 8 à 9	10 p℔	2 dit.	2 dit.		
Bois de Campeche & de Brefil , les 100 l. . . fl. 6 à 10					
Bois de Saint-Martin , les 100 l. . . . . . . fl. 12 à 23	3 p℔	2 dit.	2 dit.	100 fl. 2 . . 3 . .	
Bois jaune , les 100 l. . fl. 4 à 7					
Bois d'Aloës, fin, la l. . . f. 6 à 20					
---dit commun , la l. . . f. 1¼ à 2¼					
Bois de Rhodes la l. . . . f. 6 à 10					
Bois de Nefretique , la l. . f. 85 à 90		1 dit.	2 dit.		
Bois de Sandal jaune , la l. f. 18 à 14					
---dit blanc , les 100 l. . fl. 20 à 25					
Bois de Saffafras, les 100 l. fl. 12 à 15					
Borax brut la l. . . bco. f. 15 à 16	15 p℔	2 dit.	1 dit.	100 fl. 4 . . 2 . 10 .	
Borax rafiné , la l. . . . f. 20 à 25	l'on tare les caiffes.	1 dit.	1 dit.		
Boulets à canon, les 300 l. fl. 12 à 13			1 dit.	100 ℔ . 1 . . 1 .	
Braï le laft de 13 barils . l. 40 à 45			1 dit.	1 laft. 3 . . 2 . 10 .	
Cacao divers , la l. . . . f. 4 à 20	Diverfes conditions ,			100 ℔ 1 . . 1 . .	
Café des Indes , la l. bco. f. 8 à 9	l'on tare les futailles ,	2 dit.	1 dit.	100 ℔ . 10 . . franc.	
Café du Levant la l. . . . f. 13 à 16			2 dit.	100 ℔ . 10 . . franc.	
Café des-Ifles , la l. . . f. 6 à 8			2 dit.	100 ℔ . 10 . . franc.	
Camphre rafiné , la l. . . f. 40 à 45	l'on tare les futailles ,	2 dit.	1 dit.	100 fl. 3 . . 2 . .	
Canelle de la lettre rouge , la l. . . . . . bco. f. 92 à 150	17 l. par furon en cuirs.		1¼ d.	. . . franche franche .	

Prix des marchandises.	Tare.	Rabais pour bon poids.	Rabais pour prompt payement.	Droits de l'amirauté sans la prime.	
				Droits d'entrée.	Droits de sortie.
				Pour fl. ſ. d.	fl. ſ. d.
Canelle de la lettre noire, la ℔ . . . . . bco. ſ. 91 à 105	20 l. par ſuron en toile.	. . .	1½ d.	. . . . franche	franche .
Capres, les 100 l. . . . fl. 20 à 65	33 p.º	2 dit.	2 dit.		
Cardamome, la l. . . . ſ. 28 à 85	l'on tare les				
Caſſefiſque, les 100 l . . . fl. 14 à 15	caiſſes & les	2 dit.	2 dit.		
Caſſialignea, la l. . . . ſ. 12 à 48	futailles.			100 fl. 3 . . . . 2 . . .
Catchou, ou cachou, la l, ... bco. ſ. 8 à 9	. . . .				
Cauris, la l. . . . . bco. ſ. 5 à 6				1 dit.	
Cendres calcinées, ou potaſche, les 100 l. . . ß 40 à 90	l'on tare les futailles,	2 dit.	18 m. & 1 p.º	100 fl. 1 . . . 1 . .
Cendres caſſaudes, ou weedaſche, les 100 l. . . . ß 14 à 25					
Ceruſe, les 100 l. . . . . fl. 8 à 12	l'on tare les futailles.	1 dit.	2 dit.	100 ℔ 1 . . . . . . 4 .
Chanvre net de Riga, les 300 l. . . . . . . fl. 50 à 60					
dit, de 2ᵉ. & 3ᵉ. ſorte, les 300 l. . . . . . fl. 48 à 26	l'on tare les cordes ou l'emballage.	1 dit.	1 dit.	300 ℔ . 15 . . 1 . . .
--- de Koniſberg, les 300 l. . . . . fl. 50 à 25					
--- de St. Peterſbourg, les 300 l. . . . . . . fl. 45 à 30					
--- de Memel, les 300 l. . fl. 30 à 28					
Chaudrons de cuivre, les 100 l. . . . . . . fl. 60 à 65		. . .	2 dit.	100 ℔ . 5 . . 10 .
Cinabre, la l. . . . . . & 40 à 48	l'on tare les barils.	1 dit.	3 dit.	100 ℔ 3 . . . 1 . . .
Cire jaune du pays, les 100 l. . . . . . . fl. 90 à 92	l'on tare les boucaux, à moins que l'on ne peſe la cire ſéparément.	. . .	1 dit.		
--- dite de Deventer, les 100 l. . . . . . . fl. 89 à 91		. . .	½ dit.	. . . . franche	franche .
--- dite du Nord, les 100 l. . . . . . . fl. 90 à 96		1½ dit.	1 dit.		
Cire jaune de Barbarie, les 100 l. . . . . . . fl. 85 à 90	. . . . .	2 dit.	2 dit.	. . . . franche	franche .
Cire blanche, la l. . . . ſ. 20 à 23	. . . . . .	½ dit.	1 dit.	100 ℔ 3 . . . . 15 .
Citrons ſalés, la barique, ... fl. 18 à 22	. . . . .		1 dit.	franche pour Eſpagne 100 fl. 3 10 . . . 10 .
Cloux de fer de 68, 60, 58, 50, 36, 30, 24, 16, 14, 12 & 10 l. peſant le millier, les 100 l. fl. 10 à 12		. . .			
--- de 8, 7, 6, 5, 4, 3, 2½, 1½ & 1 l, dit. . . fl. 12, 20 & 24		. . . . .	2 dit.	1000 ℔ 5 . . . 1 10 .
--- de ¼ l. peſant le millier, les 100 l. . . . . fl. 26 à 28				Tous les cloux deſtinés pour l'Eſpagne ſont francs de
--- de ½ l. dit, ... fl. 32 à 36				droits quelconques à l'entrée & à la ſortie.
--- dit ¾ l. dit, ... fl. 65 à 70				
Cloux de fer en ſacs de 10 milliers, le ſac, . . . ſ. 35 à 70				
Cloux de girofle, la livre . . . . . . bco. ſ. 65 p. 1780	l'on tare les boucaux.	. . .	2 p.º	. . . francs francs . .

HOL

Prix des marchandises.	Tare	Rabais pour bon poids.	Rabais pour prompt payement.	Droits de l'amirauté sans la prime. Droits d'entrée.	Droits de sortie.
Cochenille, la l. poids d'Anvers . . . . . . fl. 30 à 36	On augm. 4 p° au poids de la ville d'Amsterd.	1½ p°	1 p°	100 ℔ . 1.10..	1.10.
Colle du Pays, les 100 ℔ fl. 20 à 25 / Colle d'Angleterre, les 100 l. fl. 35 à 40	l'on tare les futailles.	2 dit.	1 dit.		
Colle de poisson, la l. . . f. 6 à 50		1 dit.	1 dit.	110 fl. 3 . . . . .2 . . 5 d	
Coloquinte, la l. . . . . f. 36 à 40	l'on tare les futailles & les caisses.	2 dit.	1 dit.		
Cordages de chanvre, les 300 l. . . . . . . fl. 50 à 62	. . . . . .	1 dit.	1 dit.	100 ℔ 5 . . . . . 6 .	
Coton de Curaçau, la l. . â. 50 à 80 / — dit, des autres colonies Hollandoises, la l. â. 35 à 40 / — dit, des isles Françoises, la l. . . . . â. 25 à 36 / — dit du Levant, la l. . . â. 20 à 35	6 p°	2 dit.	1 dit.	100 ℔ . . 8 . . . . 15 .	
Crin du pays, les 100 l. . fl. 40 à 42 / Crin du Nord long, les 100 l. . . . . fl. 40 à 45 / — dit, court, les 100 l. fl. 30 à 32	l'on tare les sacs. / 6 p°	1 dit.	1 dit.	100 fl. 2 . . . 3 . . .	
Cubebe, la l. . . . . . f. 10 à 12	l'on tare les caisses.	2 dit.	1 dit.	100 fl. 3 . . . 2 . . .	
Cumin, les 100 l. . . . fl. 25 à 30	12 l. par bal. avec cordes.	2 dit.	2 dit.	100 ℔ . . 10 8	
Cuirs de Russie, la l. . . f. 10 à 15	. . . . .		1 dit.	2 cuirs . . 1 . . . 8 francs pour Espag .	
Cuirs préparés du pays, la l. . . . . . . f. 9 à 10	. . . . .		1 dit.	100 fl. . . . 2 . . .	
Cuirs dits étrangers, la l. . f. 8 à 12	. . . . .		1 dit.	100 fl. 6 . . 2 . . .	
Cuirs de veau, blancs, la l. . . . . . . f. 10 à 16	. . . . .		1 dit.	100 ps. 1 . . . 1 . . .	
Cuirs à semelle du pays, la l. . . . . . . f. 8 à 11	. . . . .		1 dit.	100 fl. 6 . . 2 . . .	
Cuivre rouge de diverses sortes, les 100 l. . fl. 50 à 60	. . . . .		1 dit.	100 ℔ 4 . . 8 . .	
Cuivre jaune, ou laiton, les 100 l. . . . . . fl. 60 à 65	. . . . .		1 dit.	100 ℔ . . 10 . . . 10 franc pour Espag.	
Cuivre du Japon, les 100 l. . . . . . bco. fl. 65 à 70	. . . . .		1 dit.	100 ℔ . . 4 . . . 8 franc pour Espag.	
Curcuma, les 100 l. . . fl. 45 à 52 / Dattes, les 100 l. . . . fl. 35 à 40	l'on tare les barils.	1 dit.	1 dit.	100 fl. 3 . . . 2 . . .	

Prix des marchandises.	larg. aun.	long. aune.	Rabais pour bon poids.	Rabais pour prompt payement.	Droits de l'amirauté sans la prime.	Droits d'entrée. Pour fl. s. d.	Droits de sortie. fl. s. d.
Draps & ratines de *Hollande*, sçavoir ;							
Drap noir pour homme, l'aune, ... fl. 3 1/4 à	6	3/4	56 à 62				
— dit, l'aune . . . . . fl. 3 1/2 à	6 1/2	4/4					
— dit, l'aune . . . . . fl. 5 3/4 à	6 3/4	10/4					
— dit pour dame l'aune. fl. 4 1/4 à	5 1/4	9 1/4					
— dit, l'aune . . . . . fl. 4 1/2 à	5 1/4	10/4					
Drap écarlate & cramoisi, fin, l'aune . . . . . fl. 4 2/4 à	7	8&9/4					
— dit, pour manteau, l'aune. . . . . fl. 6 à	6 1/4	8/4&9/4					
— dit, extra fort pour dame, l'aune. . . . . fl. 5 1/2 à	5 5/8	2/4&10/4					
Draps de couleurs à l'Angloise, l'aune. . . . fl. 4 1/4 à	5	8/4/4/4					
— dits, l'aune . . . . fl. 5 à	5 1/2	8/4/4/4					
— dits l'aune . . . . . fl. 5 1/4 à	6	9 1/2/4&10/4					
Draps verd, bleu, paille, rubin, pompadour & en toutes couleurs teintes en pièce, l'aune. . . . fl. 4 1/4 à	6 1/8	8/4&9/4					
Drap bleu teint en laine, l'aune. . . . . fl. 4 1/2 à	6 1/4	8/4&9/4	36 à 48				
— dit, l'aune. . . . fl. 5 2/4 à	7	10/4					
Drap de castor, l'aune. . . fl. 6 1/2 à	6 3/4	8/4					
— dit, l'aune, ... fl. 6 3/4 à	7	9/4					
— Droguet de castor, l'aune, ... { fl. 4/4 à ß 45 à 58 }		4/4			4 P⁰ à comptant, ou sans rabais à 9 mois de terme.	6 fl. . . . 1	
— Ratine frisée en toutes couleurs, l'aune, . . . fl. 4 1/4 à	4 2/4	8/4	36 à 40				
— dite, l'aune. . . . . fl. 5 1/4 à	5 1/4	9/4					
— Ratines fines écarlate & cramoisi l'aune . . . . fl. 5 1/2 à	5 2/4	9/4					
— dites, l'aune . . . . f. 5 3/4 à	6	9/4/4/4					
— Ratines à couleurs, l'au. f. 36 à	38	4/4					
— Ratines écarlate & cramoisi fin, l'aune . . . f. 44 à	46	4/4					
— Droguets rayés en toutes couleurs, l'aune. . . . f. 40 à	42	4/4	45 à 70				
— Droguet figuré à simple ouvrage, l'aune. . . . f. 42 à	44	4/4					
— Droguet figuré à double ouvrage, l'aune. . . . f. 44 à	46	4/4					
— Droguet uni apprêté comme un drap, l'aune. f. 43 à	45	4/4					
— Droguet mabré, l'aune. f. 44 à	46	4/4					
— Droguet à flammes, l'aune. f. 44 à	46	4/4					
Draps camelots façon de Bruxelles en toutes couleurs, l'aune . . . . f. 25 à	30	1 1/2	35 à 80				
Draps étrangers, l'aune . div. prix.		divers.					

Prix des marchandises.	Tare	Rabais pour bon poids.	Rabais pour prompt payement.	Droits de l'amirauté sans la prime.			
				Droits d'entrée. Pour fl. ſ. đ.		Droits de ſortie. fl. ſ. đ.	

Drogues pour la médecine ;
— Agaric, mondé, la ℔. ſ. 16 à 22
— Aloës de Barbade, la l. ſ. 10 à 12
— dit épatique, la l. . . ſ. 18 à 20
— dit de Mocca, la l. . . ſ. 6 à 8
— dit ſuccotrin, la l. . . ſ. 12 à 80
— Amomum, la l. . . . ſ. 70 à 80
— Anis étoilé la l. . . . ſ. 20 à 24
— Antimoine cru , les
100 l. . . . . fl. 23 à 24
— dit préparé, la l. . . ſ. 12 à 13
— Arſenic blanc ou jaune,
les 100 l. . . . . . . fl. 10 à 12
— baume de Toulu, la l. ſ. 70 à 160
— dit de Copaü, la l. . . ſ. 15 à 16
— dit de la Mecque, la l. ſ. 11 à 12
— dit du Perou, la l. . . fl. 4 à 4½
— Bezoar oriental, l'once. fl. 20 à 30
— Bezoar occidental ,
l'once. . . . . fl. 8 à 12
— Bithume de Judée la l. ſ. 18 à 20
— Canelle blanche , les
100 l. . . . . fl. 18 à 25
— Cantharides, la l. . . ſ. 85 à 90
— Carabé blanc, la l. . . ſ. 36 à 70
— dit jaune, la l. . . . . ſ. 9 à 20
— Cendre bleue la l. . . ſ. 65 à 85
— Minéral de cinabre,
la l. . . . . fl. 12 à 13
— Civette d'Amſterdam ,
l'once. . . . . fl. 28 à 30
— Corail blanc, la l. . . ſ. 30 à 32
— dit rouge, la l. . . . ſ. 6 à 12
— Dictam & fleur de dic-
tam, la l. . . . . . . ſ. 8 à 16
— Eau-forte, la l. . . . ſ. 13 à 10
— Eſprit de vitriol, la l. ſ. 5 à 7
— Eſprit de ſoufre, la l. ſ. 8 à 9
— Eſquinante en paille,
la l. . . . . ſ. 56 à 80
— Eſquine, en nature, les
100 l. . . . . fl. 16 à 29
— dit mondé, la l. . . . ſ. 6 à 10
— Gomme galbanum, la l. ſ. 20 à 24
— dite aſſa-fœtida, la l. ſ. 18 à 20
— dite de bdellium , la l. ſ. 15 à 16
— dite copale mondée ,
la l. . . . . ſ. 20 à 60
— dite, dite, en ſorte, les
100 l. . . . . fl. 40 à 60
— dite d'ellemni, la l. ſ. 8 à 14
— dite opopone, la l. . fl. 3 à 3½
— dite ſarapaine, la l. . . ſ. 24 à 28
— dite de tacamahac, la l. fl. 2 à 6

On tare les vaſes , les caiſſes , &c. } 1 à 2 p⁰⁄₀. 2 p⁰⁄₀. 100 fl. 3 . . . . 2 0 0

Prix des marchandises.	Tare.	Rabais pour bon poids.	Rabais pour prompt payement.	Droits de l'amirauté sans la prime.		
					Droits d'entrée.	Droits de sortie.
				Pour	fl. f. d.	fl. f. d.

Drogues pour la médecine;	
Gomme Galbanum, . . .	
— dite euforbe, les 100 ℔.	fl. 30 à 35
— dite fandarac, les 100 l.	fl. 36 à 40
— dite gute, la l. . . .	fl. 3½ à 4½
— dite lacque, la l. . . .	f. 10 à 34
— dite mirrhe commune, la l.	f. 28 à 32
— dite fine en larmes, la l.	f. 56 à 80
— dite maftic, la l. . . .	f. 28 à 36
— dite d'adragant, la l. .	f. 24 à 26
— dite d'ammoniac, la l. .	f. 12 à 20
— Graine de laurier, les 100 l.	fl. 8 à 9
— dite de vermillon, la l.	fl. 4½ à 5
— Huile d'anis, la l. . .	fl. 9 à 10
— dite de carabe, la l. . .	fl. 16 à 22
— dite de laurier, les 100 l.	fl. 34 à 38
— dite de vitriol la l. . .	f. 5 à 7
— Marcaffite d'arg. les 100 l.	fl. 55 à 65
— Mercure doux, la l. .	f. 70 à 75
— Pieds d'élan, la pièce, .	f. 5 à 6
— Précipité rouge, ou blanc, la l.	f. 60 à 100
— Racine angélique, les 100 l.	fl. 30 à 40
— dite contrajerve, la l. .	f. 16 à 18
— dite hipoquana, la l. .	f. 74 à 75
— dite d'iris, les 100 l. .	fl. 25 à 30
— dite mechiocan, la l. .	fl. 24 à 28
— dite perabrava, la l. . .	f. 5 à 6
— dite ferpentine de Virginie, la l.	f. 170 à 180
— dite zedouar, la l. . .	f. 15 à 20
— Refine de jalap, d. . .	fl. 5 à 8½
— dite de fcammonée, la l.	fl. 14 à 16
— Rhubarbe, la l. . .	fl. 1½ à 4
— Rognon de caftor, . .	fl. 2 à 6
— Salfepareille, la l. . .	fl. 1½ à 3
— Sang de dragon, d. . .	fl. 3 à 8
— Scamonée d'Alep, . .	fl. 9 à 16
— dite de Smirne, d. . .	fl. 4 à 6
— Sel ammoniac, d. . .	f. 25 à 30
— Sel d'ipfum d'Angleterre, les 100 l. . . .	fl. 6 à 7
— Sementine, la l. . . .	f. 16 à 34
— Séné, la l.	f. 14 à 22
— Sirop d'Alkermès, . .	f. 20 à 25
— Sperme de baleine, la l.	f. 20 à 25
— Spica nardi, la l. . .	fl. 4 à 5
— Sublimé corrofif, . .	fl. 2 à 3

On tare les vafes, les caiffes, les futailles, &c. 1 à 2 p⁰. 2 p⁰. 100 fl. 3 0 0 · 2 0 0

Prix des marchandises.	Tare.	Rabais pour bon poids.	Rabais pour prompt payement.	Droits de l'amirauté sans la prime.		
					Droits d'entrée.	Droits de sortie.
				Pour	fl. f. d.	fl. f. d.

Drogues pour la médecine;
--- Suc de réglisse, les 100 l. . . . . fl. 24 à 30
-- Tamarins, les 100 ℔. fl. 25 à 30
-- Terpentine, dit . . . fl. 40 à 45   On tare les vases, les caisses, les futailles, &c.
-- Terre mérite, dit. . . fl. 45 à 50
-- Turbith, la l. . . . . f. 25 à 30
--- Tutie, la l. . . . . f. 8 à 12
-- Verd distillé, la l. . . f. 50 à 60
-- Vitriol, les 100 l. . . fl. 26 à 40
-- Yeux d'écrevisse, la l. f. 15 à 16

   1 à 2 p⁰.   2 p⁰.   100 fl.   3 . . . 2 . . .

Eau-de-vie de vin de France & d'Espagne, les 30 l. 7 à 12 viertels.   On jauge les pièces.   . . . . 1 dit.   122 viert. 11 10 . 8 . . .

Dite de grains, les 128 mingles. . . . . . fl. 28 à 35   . . . . 1 dit.   30 viert. 35 . . 1 . 10 .

Encens suivant la qualité, les 100 l. . . . . . . fl. 36 à 60   On tare les futailles,   2 p⁰. 2 dit.   100 fl. . 3 . . 2 . . .

larg. long.
aun. aun.

Étoffes de soie de Hollande, sçavoir;
Velours noir, l'aune de Brabant. . . . . . . fl. 3¼ à 5
Dit croisé, dite, ... fl. 4½ à 8
Dit couleur ordinaire, dite, fl. 4 à 7 } ¾ 45 à 50
Dit cramoisi fin, dite, . . fl. 4¾ à 9
Dit ponceau fin, dite, . . fl. 5 à 10
Faly ou gros de Naples, dit. fl. 5 à 8 1½ 25 à 100
Pou de soie, dite, . . . fl. 3½ à 6 25 à 100
Gros de Naples, dite, . f. 35 à 70
Ras de Chipre, dite . . . f. 55 à 79 ¼ 75 à 80
Gros de Tours noir & gorgoran, dite, ... f. 36 à 100 1 à 1½ 24 à 50   1⅛&1⅜ 36 à 50
Armoisins noirs, dite, . f. 36 à 50
Dits, pour double, dite, . f. 32 à 34 1/16 20 à 30
Ras de St Maur, dite, . fl. 2¼ à 6
Ras de comtesse, dite, . fl. 2½ à 6 ¾ à 1 70 à 80
Ras de reine, noir, dite . . f. 50 à 60 ¾ 50 à 80
Ras de St. Cyr, dite, . . f. 50 à 70 ¾ à 1 70 à 80
Satin noir tout soie, dite, . f. 60 à 70 ¾ à 1 50, 60
Dit, sans aprêt, dite, . f. 90 à 100 ¼ à 1 50, 60
Dit, mi-soie, dite, . . f. 55 à 60 1¼&1½ 70&80

   -2 p⁰ à 6 m.   4 p⁰ à 3 m.   6 p⁰ à comptant.   100 fl. 1 . . . . . . 10 .

Croisé économique, l'aune de Brabant. . . . . f. 40 à 50 ¾ à 1 50, 60
Dit, mi-soie satiné, dite, . f. 55 à 60 1¼&1½ 70&80
Hollandoise, dite, . . f. 56 à 70
Drap de soie, noir, dite, f. 75 à 85
dit, léger & fort, dite, . . f. 60 à 65 ¾&1 13/16 70 à 80
Perpétuanes fortes, dit. . f. 75 à 85
Dite, forte légère, dite, . f. 60 à 65
Peau de poule, dite, . f. 65 à 70
Croisé noir, dite, ... f. 40 à 50 1¼&1⅜ 60 à 80
Croisé satiné, dite, . . . f. 60 à 80

   2 p⁰ à 3 m.   4 p⁰ à 6 m.   6 p⁰ à comptant.   100 fl. 1 . . . . . . 10 .

Prix des marchandises.	Cobits Cobits	Rabais pour bon poids.	Rabais pour prompt payement.	Droits de l'amirauté sans la prime. Droits d'entrée. Droits de sortie. Pour fl. f. d. fl. f. d.

Étoffes de soie des Indes, sçavoir;

Romals, la pièce, .. bco. fl. 17 à 26½	1 11/16 & 1 3/4	25à26		
Alegias, dite, ... bco. fl. 14 à 15	2¼	21		
Armoisins, dite,... bco. fl. 11 à 24	2 & 2¼	21		
Damas, dite, ... bco. fl. 62 à 93				
Gorgorans, dite, .. bco. fl. 54 à 93	2	38à45		.... 1 p° 100 fl. 1 10
Satins, dite, ... bco. fl. 71 à 72	2	36à45		
Luftrines, dite, .. bco. fl. 64 à 70	2	45		
Lampas, dite, ... bco. fl. 72 à 73	2	38		
Grisettes, dite, .. bco. fl. 50 à 51	2	45		
Peking, dite, ... bco. fl. 44 à 66	1 3/16	40		

Tare.

Fer en barres d'Espagne, de Suéde, de Russie, les 100 ℔ .. fl. 6 à 7			2 dit.	1000℔ 1 .. 1 ..
Fer de Liége en verge, . fl. 6 à 7½			2 dit.	1000℔ 1 .... 15.
Fer blanc, les 450 feuil. fl. 45 à 58			1 dit.	les450 f. 1 .... 12.
				franc pour Espagne.
Féves pour chevaux, le laft. .. ß 16 à 18			1 dit.	le laft, 5 .. franc.
Figues en barils, les 100 l. fl. 20 à 22	10 p°	2 p°	2 dit.	le bar. . 5 .. 2 8
Figues en cabas, les 100 l. fl. 22 à 24	4 l. p. cabas.	2 dit.	2 dit.	le cab. . 2 .. 1.
Fil à cables, les 300 l... fl. 41 à 60		1 dit.	1 dit.	100 ℔ 5 .. 6.
Fil à voiles, les 100 l. .. fl. 27 à 36		1 dit.	1 dit.	100 ℔ 1 .. 1.
Fil de coton, de Levant, la l. .. f. 16 à 28	8 p°	2 dit.	1 dit	
Fil de coton de Tutucorin, la l. .. bco. f. 35 à 40	1½ l. p. sac,			100 fl. 1 .. 1.
Fil de coton de Java, la l. .. bco. f. 45 à 50	½ l. p. sac	1 dit.	...	
Fil de Bengale, dit... bco. f. 25 à 30				

On trouve d'ailleurs, à *Amsterdam*, toutes sortes de fils de coton des Indes, depuis 28 sols jusqu'à 10 fl. bco. la l. Les assortimens sont marqués des lettres initiales A, B, C & D, qui servent à en distinguer les qualités.

Fil de carde N°. 000,000, les 100 l. .... fl. 64 à 66		
--- dit, .. N°. 00,000, fl. 58 à 60		
--- dit, .. N°. 0,000, fl. 50 à 52		
--- dit, .. N°. 000, fl. 46 à 48		
--- dit, ..N°. 00, fl. 41 à 43		
--- dit, .. N°. 0, fl. 35 à 37		
--- dit, .. N°. ¼, fl. 33 à 34		
--- dit, .. N°. ½, fl. 32 à 33		
--- dit, .. N°. 1 fl. 28 à 29		.... 2 p° 100 ℔ .. 12 .. 10
Fil de fer,.. N°. 000, le mafis, ... f. 45 à 49		franc pour l'Espagne.
--- dit, .. N°. 00, f. 42 à 47		
--- dit, .. N°. 0, f. 40 à 45		
--- dit, .. N°. ¼, f. 39 à 41		
--- dit, .. N°. ½, f. 37 à 39		
--- dit, .. N°. 1, f. 34 à 36		
--- dit, .. N°. 2 à 11, f. 35 à 32		
--- dit, .. N°. 12 à 20, f. 31 à 30		

HOL

Prix des marchandises.	Tare.	Rabais pour bon poids.	Rabais pour prompt payement.	Droits de l'amirauté sans la prime. Droits d'entrée. Droits de sortie. Pour fl. f. d. fl. f. d.

Fil de cuiv. . N°. 00,
les 100 l. . . . . fl. 74 à 75
— dit , . . N°. o à 20, fl. 69 à 70
Fil de laiton ; N°. 00,
les 100 l. . . . . . . fl. 70 à 72 . . . . 2 p̊₀ 100 ℔ . . 12 10
— dit , . . N°. o à ½, fl. 68 à 60   franc pour l'Espagne.
— dit , . . N°. 1 à 1½, fl. 65 à 58
— dit , . . N°. 2 à 10. fl. 60 à 54
— dit manicorde & dordille, dit . . . . . fl. 65 à 70

Froment de Pologne , le
laft, ... ffl. 115 à 150
de Pruffe & Pomer . . ffl. 115 à 130
de Voorlande , . . . ffl. 116 à 124
de Bovelande , ... ffl. 120 à 130 . . . . 1 p̊₀ 1 laft. . 6 . . . . franc .
de Frife , ... ffl. 120 à 135
de Zélande , ... ffl. 130 à 160
de Groningue , ... ffl. 112 à 124
de Magdebourg , . . . ffl. 112 à 120
de Flandre & Brabant , ffl. 124 à 156

Garance fine de Zélande,
les 100 ℔. . . . . . fl. 36 à 60
— dite non robée , . . . fl. 24 à 46 { On tare les } 2 p̊₀ 1 dit. 100 fl. 3 . . . . 2 . . .
Garance inférieure , . . . fl. 14 à 22 { futailles. }
Garance courte ou mule,
les 100 l. . . . . . . fl. 5 à 12

Gingembre blanc , raclé ,
les 100 l. . . . . . . fl. 60 à 68 { Environ 4 p̊₀ } . . . . 2 dit. 100 ℔ . . . 6 . . . 4
Gingemb. bleu, les 100 l. fl. 28 à 35 { felon les balles. }
Gingembre confit la l. bco. ß 30 à " 60 l. le bar. 1 dit. 1 dit. 100 ℔ 3 . . . 1 10.
Graine de chanvre, le baril. fl. 5 à 6 . . . . 1 dit. 1 laft. 1 . 10 . 10 . .
Graine de lin à huile, . . fl. 7 à 9 . . . . 1 dit. 1 laft. 2 . . . 10 . .
Dite pour femer, le laft . l. 10 à 15 . . . . 1 dit. 1 bar. 4 . . . . 2 .
Graine de choux , le laft . l. 30 à 36 . . . . 1 dit. 1 laft. 1 . 10 . 10 . .
Hareng falés de *Hollande* ,
le laft de 12 barils. . . fl. 160 à 180 . . . . 1 dit. 1 laft franc . . 2 . .
Huile de bal. les 12 ftek. . fl. 65 à 70 { On mefure les } . . . . 1 dit. 24 ftek 3 . . . . 10 .
Huile de har. les 6 ftek. . fl. 25 à 30 { futailles. }   pêche Hollandoife franche .
Huile de lin & de navette,
l'aam de 120 ming. . . fl. 34 à 36 { On jauge les } . . . . 1 dit. 1 aam 9 . . . franche .
Huile de chanvre l'aam , de { futailles. }
128 mingles , ... fl. 42 à 45
Huile de canelle , l'once , ... bco. fl. 25 à 27
Huile de fleur de mufcade , ... bco. f. 52 à 55 . . . . . . 1 dit. 100 fl. 3 . . . 2 . .
Huile de cloux de girofle, ... bco. f. 32 à 33
Huile d'olive d'Italie , le
tonneau de 717 ming. . l. 90 à 95 { On jauge les } . . . . 1 dit. 374 ming. 4 . . . 3 . .
Dite d'Efpagne, dit . . l. 65 à 75 { futailles. }
Indigo de Guatimale , { 45 l. p. caiffe. }
la l. . . . . f. 80 à 120 { 30 l. p. furon. } 2 dit. 1 dit. . . . . franc franc .

Prix des marchandises.	Tare.	Rabais pour bon poids.	Rabais pour prompt payement.	Droits de l'amirauté sans la prime.		
					Droits d'entrée.	Droits de sortie.
				Pour	fl. f. d.	fl. f. d.
Indigo des Indes, la ℔ bc. f. 85 à 147	On tare les futailles.	1 dit.	1 dit.	....	franc	franc
Indigo des ifles, la l.... f. 78 à 138						
Laines d'Efpagne afforties R.F.S. à la l.	On s'accorde pour la tare, entre le vendeur & l'acheteur, & les tareurs eftiment la refaction.	24 & pr 175 l.	21 mois & 1 P⁰	100 l. .. 15 .. 1 10 ou la balle . 15 .. 1 . 6		
Leonefas & Segovias, bco. f. 52 à 50						
Dites Segovianas, .. bco. f. 45 à 48						
Dites forias Segovianas, .. bco. f. 35 à 40						
Dites div. de Caft. ,.. bco. f. 25 à 30						
Dites d'Aragon , . .. bco. f. 20 à 24						
Dites de Navarre, .. bco. f. 13 à 20						
Dites Segovianas de Cadix, ... bco. f. 35 à 38						
Dit. Efparragoffas, bco. f. 32 à 35						
Dites Cazeres, . .. bco. f. 25 à 30						
Dites d'Andaloufie , . bco. f. 20 à 25						
Laines de Portugal, . bco. f. 22 à 30	14 p⁰ & l'on s'accorde pour la tarre.	2 p⁰	21 mois & 1 p⁰			
Laine de Pologne & d'Allemagne, les 100 l... fl. 34 à 37	5 P⁰	2 dit.	15 mois & 1 p⁰			
Laine de Caramanie, div. couleurs, la l. .... f. 45 à 60	5 P⁰	2 dit.	1 p⁰	la balle . . 15 .. 1 10 6		
Laine d'Angleterre, la l. . f. 60 à 70						
Laine de Vigogne , la l. . f. 70 à 75	14 à 20 l. par furon.	. . .	1 dit.	le furon . 15 . . 1 10 6		
Lin feraucé, l'écheveau de 1 l. .... f. 6¼ à 8	. . . . .	. . .	1 dit.	100 fl. 10 . . . . 10 6		
Lin de Riga, de 1re forte, les 300 l. . . . . . fl. 55 à 60	On déduira la tare des nates & des cordes , & ¾ à 1 p⁰ de refaction.	1½ dit.	1 dit.	100 ℔ . . . 4 . . . 10 6		
— dit, de 2 & 3e. dite, . fl. 30 à 40						
Lin de Konigfberg de 1re forte, dit . . . . . fl. 50 à 60						
— dit, de 2e & 3e forte dite. . . . . . . fl. 38 à 40						
Lin de Memel de 1re forte dite . . . . . . fl. 45 à 50						
— dit de 2e forte , ... fl. 25 à 30						
Macis ou fleur de mufcade, la l. . . . . . bco. ß 22	. . . . .	. . .	1 dit.			
Manne, la l. . . . . . f. 15 à 42	On tare les futailles.	2 dit.	1 dit.	100 fl. 3 . . . . 2 . 6		
Meche, les 100 l. . . . fl. 6 à 8	. . . . .	. . .	1 dit.	100 ℔ . . . 4 . . . 4 6		
Miel de Bordeaux,le tierçon. fl. 35 à 50						
— de Bayonne & Morlaix, les 100 l. . . . . fl. 10 à 11	Env. 4 P⁰	2 dit.	2 dit.	6 aams. 6 . . . . 6 . 6		
— de St. Malo , les 100 l. fl. 9 à 10						
Miel du pays & de Hambourg, 300 l. . . . . fl. 28 à 33	On tare les barils.	. . .	1 dit.			
Minium, les 100 l. . . . . fl. 9 à 10.	3 P⁰	1 dit.	1 dit.	100 ℔ . . . 3 . . 3 6		
Mitraille de cuivre , les 100 l. . . . . . . fl. 35 à 50	. . . . .	. . .	1 dit.	100 ℔ . . . 3 . . 8 .		
Morue, dit Stokvis, dit . fl. 7 à 15	. . . . .	1 dit.	1 dit.	100 fl. . . 1 2 . 2 ß		

Prix des marchandises.	Tare.	Rabais pour bon poids.	Rabais pour prompt payement.	Droits de l'amirauté sans la prime.	
				Droits d'entrée	Droits de sortie.
				Pour fl. f. d.	fl. f. d.
Musc, l'once, ... fl. 18 à 22	. . . . 1 dit.			100 fl. 3 . . . . 2 . . .	
Noix de galle d'Alep, les 100 ℔ . . . . fl. 30 à 50	6 l. par bal- le,	2 dit.	2 dit.	100 ℔ . . 12 . 1 . . .	
— dites de Smirne, dites. fl. 26 à 45	14 l. On tare les futailles.				
Noix mufcade, la l. . bco. f. 75 à ʺ		1 dit.	1 dit.	. . . franche	franche .
Opium, la l. . . . . fl. 6 à 6¼		2 dit.	1 dit.	100 fl. 3 . . . . 2 . .	
Orge, le laft, ... fll. 60 à 75	. . . . 1 dit.			. . . défend.	franche .
Papier royal & impérial, la rame, ... fl. 16 à 28					
— dit, median, dite, . . fl. 9 à 12			1 dit.	100 ram. 10 . . . . 1 10 .	
— dit, pour lettres, d. . fl. 5 à 7					
— dit, pro patria, & aux armes de Venife, d . . fl. 5¼ à 7					
Peaux de bœufs feches de Buenofayres, de 18 à 40 l., la l. . . . . . . f. 6 à 8					
— de caraques, de 16 à 26 l., la l. . . . . . f. 6½ à 7½					
— de la Havane, de 22 à 38 l., la l. . . . . f. 5 à 7					
— de St. Domingue, de 16 à 22 l., la l. . . . . f. 5 à 6½	2 l. par peau.				
— de Dantzick & de Pologne, la l. . . . . f. 5 à 6		2 p⁰⁄₀	1 p⁵⁄₀	100 fl. 2 . . . . 2 . .	
Peaux de vache en poil de Danemarck de 12 à 16 l., la l. . . . . . . f. 4½ à 5¾					
Peaux de bœuf falées, du pays, de 65 à 70 l., la l. f. 3½ à 4					
Peaux de vache falées, du pays, de 60 à 65 l., la l. . . . . . . f. 3 à 3½	8 l. par peau.				
Peaux falées d'Irlande, les 100 l. . . . . . . fl. 15 à 17					
Peaux de caftor, la l. . . fl. 8 à 9	3 l. par balle.	1 p⁰⁄₀	1 dit.	100 fl. 3 . . . . 2 . .	
Peaux de chiens marins, la pièce, ... f. 4 à 12	. . . . 1 dit.			100 fl. 2 . . . . 1 . .	
Pipes à fumer, la groffe de 12 douzaines, ... f. 15 à 28			1 dit.		
Planches de Chriftiana, le grand cent de 126 pièces. fl. 40 à 50					
de Coperwick, les 132. . fl. 55 à 60					
de Wefterwick, les 124. . fl. 60 à 65			1 dit.	100 fl. 2 . . . . 8 . .	
de Wibourg de 12 pieds, les 120, ... fl. 95 à 100					
— dites de 9 pieds, dit. . fl. 65 à 75					
Plomb, les 100 l. . . . ℔ 27 à 30	. . . . 1 dit.			100 ℔ . . . 3 . . 2 .	
Plumes de cigne, fuivant le poids.					
Plumes d'oie, de diverfes qualités, le millier, . . fl. 2 à 100			2 dit.	1000 p. . . 1 . . 1 .	
Plumes à lit, la l. . . . . f. 18 à 20 poids des facs.	1 l.	1 dit.	100 ℔ 1 . . . . 1 5 .	

Prix

Prix des marchandises.	Tare.	Rabais pour bon poids.	Rabais pour prompt payement.	Droits de l'amirauté sans la prime. Droits d'entrée.	Droits de sortie.
				Pour fl. ſ. d.	fl. ſ. de
Poil de chameau d'Alep, la l. . . . . ſ. 28 à 40	12 p:⁰⁄₀	} 1 dit.	1 dit.	100 fl. 2	. 3 . .
— dit de Smirne, la l. . . ſ. 30 à 60	14 p:⁰⁄₀				
Poivre blanc, la l. . . bco. à 24 à 26	3 l. par bal-		. . . . 1 dit.,	100 ℔ 6 . . } venant par navire étranger.	franc. à
Poivre brun, la l. . . bco. à 24 à 25	5 l. le.				
Poivre long, la l. . . . ſ. 18 à 22	On tare les futailles.	} 2 dit.	1 dit.	100 fl. 3 . . . . . 2 . . ⅘	
Poix rafinée, jaune, les 100 l. . . . . fl. 8 à 9		}	} 2 dit.	1 dit. 1 laſt. 1 10 . . 1 . .	
— dit, brune, dites, . . fl. 9 à 10					
Pots de fer, dites, . . . fl. 6 à 7		}	1 dit.	1000 ℔ 1 . . . . 1 . .	
				Franc pour l'Eſpagne.	
Poudre à canon, dites . . fl. 30 à 40	On tare les barils.	}	1 dit.	100 ℔ 4 . . . . . 10 .	
Prunes longues, dites, . . ß 25 à 26	18 p:⁰⁄₀	2 dit.	1 p:⁰⁄₀	100 ℔ . . 2 8 . . . 18	
Prunes rondes & courtes, fl. 6 à 15	10 dit.	2 dit.	2 dit.		
Quinquina, la l. . . . . fl. 20 à 60	On tare les caiſſes.	} 2 dit.	1 dit.	100 fl. 3 2	
Raiſins de Corinthe, les 100 l. . . . . fl. 11 à 13	11 p:⁰⁄₀	2 dit.			
Raiſins longs, dites, . . . fl. 17 à 18	12 p:⁰⁄₀	4 dit.	} 2 dit.	100 ℔ . . 4 . . . 3 . ⁶	
Raiſins ronds, dites, . . . fl. 6 à 9		. . . .	1 dit.	1 panier 3 . . . 2 . ⁴	
Ris d'Europe, dites, . . . ß 30 à 45	4 l. par ſac	2 dits.	2 dits.	} 100 ℔ . . 6 . . 4 . ⁴	
Ris de la Caroline, dites, . ß 40 à 80	On tare les barils.	1 dit.	1 dit.		
Rocou, ou Orleane, la l. ſ. 20 à 22	20 p:⁰⁄₀ & 3 à 4 p:⁰⁄₀ de plus pour la tare des futailles.	1 dit.	1 dit.	100 fl. 3 . . . . . 2 . ⁴	
Saffran la l. . . . . . . fl. 16 à 20	½ l. par ſac de 50 l. & ¼ p:⁰⁄₀ par ſac de 25 l.	} . . . 3 dit.	la ℔ 2 . . . . 2 . ⁴		
Salpêtre, les 100 l. . . bco. fl. 28 à 36	On tare les futailles,	}	1 dit.	100 ℔ . 10 . . 2 . ⁴	
Savon d'Alic., les 100 l. . fl. 30 à 32	30 l. par caiſſe.				
— de Marſeille & Gènes, . fl. 32 à 35	2 l. plus que le poids des caiſſes.	} 2 dit.	2 dit.	100 ℔ 1 . . . . 15 .	
Sel d'Iviça & la Mata, le cent de 404 maaten . ℔ 85 à 100					
— de Cadix & St. Lucar, dit . . . . l. 50 à 75		}	} . . . . 1 dit.	1 cent 6 . . . . 3 . .	
— de Setubal & Liſb. dit. l. 65 à 75					
— de France, le même cent . . . . l. 45 à 65					
Sel raffiné du pays, ledit cent, ... l. 120 à 130		. . . .	1 dit.	1 cent 150 . . . . 3 . .	
Seigle de Pologne & de Pruſſe, le laſt . . fff. 60 à 90		}	1 dit.	1 laſt 4 . . . franc . .	
— de Pomer & Magdeb. . fff. 60 à 80					

Prix des marchandises.		Tare.	Rabais pour bon poids.	Rabais pour prompt payement.	Droits de l'amirauté sans la prime.	
					Droits d'entrée. Pour fl. ſ. d.	Droits de sortie. fl. ſ. d.
Seigle d'Archangel, le laſt,	ffl. 60 à 75					
--- de Flandre & Braban.	ffl. 65 à 80	. . . . 1 dit.			1 laſt 4 . . . franc	
Seigle féché, dit, . . .	ffl. 68 à 78					
Sirop blanc, la ℔ . . .	ß 15 à 19	tare les futail. . . . . 2 dit.				
Sirop brun du pays, les 100 l.	ß 36 à 37	10 p:o			1 ſtekan . . 12 . . 2 .	
--- dit, de France, . . .	ß 30 à 33	On tare les barils.	2 dit.	2 dit.		
--- dit de Hambourg, . .	ß 34 à 35					
Soies d'Italie ſçavoir :						
Organſins de Turin de 22 à 40 dit, la l.	ß 80 à 58					
de Bergamo ſopraff. filanda di Caſa, la l. .	ß 67 à 65	Les prix ſe				
dite de 1, 2 & 3 ſortes .	ß 62 à 52	réglent au				
de Breſcia, 1, 2 & 3 ſ.	ß 58 à 51	poids d'Anvers , qui				
de Milano, 1, 2 & 3 ſ.	ß 58 à 52	péſe 4 p:o				
de Modène, 1, 2 & 3 ſ	ß 62 à 53	moins que celui				
de Veniſe, Baſſano, Verone, Caſtigliano & Friul, Sopraff. la l. .	ß 64 à 66	d'Amſterdam, & l'on			1 ℔ 10 p:o de tare par eau & 15 p:o par terre.	
dite, 1, 2 & 3 ſortes, la l.	ß 60 à 52	accorde pour la tare	2 l. par balle.	33 mois & 1 p:o.		. . 8 . 2 . . .
dite Miglioratii , les 100 l.	ß 50 à 48	ſur 100 à 149 l. ; 3 l.				
de Bologne, ſopraff. la l.	ß 68 à 70	par balle ; ſur 150 à				
dit de 1, 2 & 3 ſortes la l.	ß 66 à 54	199 l. , 5 dit ; & ſur				
de Rimini, 1, 2 & 3 ſ.	ß 56 à 49	200 l. & en ſus, 6 dit.				
de Roveredo, 1 ; 2 & 3 ſ.	ß 56 à 49					
Peli ad 1 Copo fini, la l.	ß 40 à 39					
dito , ordinari, la l. . .	ß 37 à 36					
Trama de Milan ſop., .	ß 56 à 58					
dite de 1, 2 & 3 ſortes, .	ß 54 à 47					
Soies d'Eſpagne , diverſes, la l.	ß 40 à 20					
Soie ; du Levant , dite Scherbaffi, la l. . .	ß 30 à 38	Les prix ſe réglent au poids d'Amſterd.				
dite Ardaſſine, la l. . .	ß 27 à 32	& la tare 4 l. par balle ſans cordes.	1 p:o	33 m. & 1 p:o.		
les autres ſortes , la l. .	ß 38 à 20					
Soie Tany de Bengale, A, B, C, D, la l. . . . bco.	ß 20 à 19					
dite E. & F. la l. . bco.	ß 16 & 12	1½ l. par ſac lorſqu'on la			la ℔ . . . . 8 . . 2 .	
dite Tanna Banna , A & B, la l. . . bco.	ß 19 & 18	péſe en ſacs; ſans ſacs				
dite Adapangia, ou Cabeſſe de More, AA d. b.	ß 17 à 18	point de tare : les prix				
dite BB & CC, ou Bariga de More, la l. . bco.	ß 20 à 19	au poids d'Anvers	. . . .	
Soie de la Chine, 1e & 2e ſorte, la l. . . bco.	ß 41 à 38	avec 4 p:o				
Soie de Canton ; d. . bco.	ß 25 à 26	d'augmentation.				
de Deſſie en pelot. bco.	ß 23 à 24					
de Boëliaſſe, A, . bco.	ß 24 à 24½					
dite B, C, D & E, . bco.	ß 24 à 22					

Prix des marchandises.	Tare.	Rabais pour bon poids.	Rabais pour prompt payement.	Droits de l'amirauté sans la prime.	
				Droits d'entrée.	Droits de sortie.
				Pour fl. f. d.	fl. f. d.
Soufre brut, les 100 l. . . fl. 5 à 6	l'on tare les futailles.	2 p̊	1 dit.	100 ℔ . . . 4 . . . 6 .	
Soufre raffiné, dites, . . fl. 6 à 7	dit,		2 dit.	100 ℔ 1 10. . . . . 3 .	
Suc de reglisse, dites, . . fl. 30 à 32	dit,	2 dit.	1 dit.	100 fl. 3 . . . . 2 . . .	
Sucre du Bresil, dit *Moscovade*, & sucre blanc, la l. . . . . ß 9 à 14	190 à 240 l. la caisse.	2 dit.	8 m. & 2 p̊	17 p̊ pour tare des fut.	p. mer 15. . & par rivière ou par terre.
Sucre des Indes-orientales, dite, ... bco. ⅄ 12 à 13	48 la can. environ 16 p̊.	. . . .	1 p̊.	100 ℔ . . . 6 . . 1 . 10 .	
Sucres des Barbades, dite, ⅄ 10 à 12		2 dit.	2 dit.		
Sucre des isles Françoises . ⅄ 12 à 16	18 p̊ sur 500 l. & au-dessous de 500 l. 90 l. la barique.	2 dit.	2 dit.	15 p̊ pour tare des caisses.	
Sucre des colonies Hollan. ⅄ 9 à 12	18 p̊	2 dit.	2 dit.		
Sucre raffiné la l. . . . . ⅄ 18 à 19	tarer les futail.	2 dit.	1 dit.	Sucre 100 ℔ étranger. 2 10	Sucre du pays franc.
Sucre candi, blanc, dite, . ⅄ 19 à 24	. . . .		2 dit.		
Sucre candi brun, dite, . . ⅄ 14 à 16					
Suif du pays, les 100 l. . fl. 26 à 27	On tare les futailles.	1 dit.	1 dit.	100 ℔ . . 4 . . . . 6 .	
Suif d'Irlande, dites, . . . fl. 28 à 30	18 p̊	2 dit.	1 dit.		
Suif de Russie, dites, . . fl. 28 à 29					
Sumac, dites, ... ß 22 à 26	4 p̊	. . . .	2 dit.	100 ℔ . . 3 . . . . 4 .	
Tabac de *Hollande*, en feuille, de meilleure sorte, les 100 l. . . . fl. 17 à 32	30 l. par mand, ou corbeille, pesant 1,500 à 1,800 l.	1 p̊ ordin. & 8 p̊ pour les côtes.	1 dit.	100 fl. . . . . . 4 .	
dit *Uytschot*, dites, . . fl. 14 à 28					
dit *Aard*, dites, . . . fl. 12 à 24					
dit *Zandgoed*, dites, . fl. 10 à 20					
dit *Zuygers*, dites, . . fl. 4 & 8 à 12					
Tabac d'Ukraine, dites, . fl. 11 à 20					
de Hongrie, dites, . . fl. 13 à 25	8 p̊ pour les côtes, & la ref. conv. pour les futailles.	2 p̊.	1 p̊.	100 fl. 2 . . . . . 5 . . .	
de Salonica, dites, . . fl. 22 à 35					
d'Allemagne, dites, . . fl. 9 à 16					
de Virginie, la l. . . . f. 2 ¼ à 9					
de Marilland, dite, . . f. 2 ¼ à 11					
de Suissent, dite, . . . f. 3 ¼ à 14					
de la Havane, les 100 l. fl. 80 à 120					
du Bresil, la l. . . . . f. 3 à 6	6 l. par furon.	2 dit.	1 dit.	100 fl. 2 . . . . . 5 . .	
Tabac en carrotes, les 100 l . . . . . . fl. 50 à 75	l'on tare les futailles.	3 dit.	1 dit.	100 fl. 3 . . . . 2 . .	
Tabac en poudre & rapé de *Hollande*, la l. . . f. 5 à 20	8 l. par balle doubl. emb.	2 dit.	2 dit.	100 fl. 5 . . . . 1 . .	
Tabac en poud. d'Esp. d. fl. 2 à 8					
Tartre, les 100 l. . . . . fl. 20 à 26	l'on tare les futailles.	2 dit.	2 dit.	100 ℔ . . 8 . . . . 10 .	
Térébentine de Venise, les 100 l. . . . . . . fl. 40 à 45	20 p̊	3 dit.	1 dit.	100 ℔ . . 4 . . . . 4 .	
Térébenthine de Bordeaux, les 100 l. . . . . . . fl. 20 à 35	90 l. par bar.	2 dit.	2 dit.		
Térébenthine de Bayonne, les 100 l. . . . . . . fl. 20 à 36	120 l. par bar.				

	Prix des marchandises.	Tare.		Rabais pour bon poids.	Rabais pour prompt payement.	Droits de l'amirauté sans la prime. Pour	Droits d'entrée. fl. s. d.	Droits de sortie. fl. s. d.
Thé *Haysaen*, la ℔, bco.	s. 90 à 100	16 l. la canaste.		1 dit.	1 dit.	100 ℔	1 . .	. . 10 .
Haysaenschin, dite, bco.	s. 50 à 60							
Songlo, dite, . . . bco.	s. 48 à 57							
Pekao, dite, , . . bco.	s. 45 à 57							
Soatchon, dite, . . bco.	s. 30 à 52							
Congo, dite, . . . bco.	s. 27 à 38							
Boey ou *Bohé*, dite, bc.	s. 21 à 25							
		larg. *Aun.*	*long.* *Aun.*					
Toiles peintes, ou indiennes de *Hollande*, fond blanc, l'aune, ...	s. 12 à 22				2 p%.	100 fl.	1 5 .	. 1 .
dites, fond de coul. d. . . .	s. 14 à 25							
Chits, ou ½ perses, la pièce.	fl. 20 à 40							
		largeur. *Cobits.*	*longueur.* *Cobits.*					
Toiles de coton des Indes, sçavoir;								
Casses, diverses, la pièce, ... bco.	fl. 8 à 33	2 à 3	40		$1\frac{1}{2}$ p%.	100 fl.	1 5 .	. 1 .
Tansjebs, dite, . bco.	fl. 12 à 47	$1\frac{3}{4}$ à $2\frac{1}{4}$						
Malmolles, dite, . bco.	fl. 12 à 40	$1\frac{3}{4}$ $2\frac{1}{4}$&3						
Nansouques, dite, bco.	fl. 55 à 56	$2\frac{1}{4}$						
Seerhanddeonat, d. bco.	fl. 38 à 48	2						
Serbattes, dite, . . bco.	fl. 44 à 45	2						
Têrindannes, dite, bco.	fl. 20 à 38	2, $2\frac{1}{4}$&3	38 à 40					
Betilles, dite, . . bco.	fl. 5 à 47	2 &$2\frac{1}{4}$	32 à 40					
Dorlas, dite, . . . bco.	fl. 14 à 32	2 &$2\frac{1}{4}$	40					
Mouchoirs de Madras, la pièce, ... bco.	fl. 45 à 50	$1\frac{1}{4}$ d'aun.	8 mouc.					
dits Paliacat, dite, bco.	fl. 18 à 38	$1\frac{1}{4}$	10					
dits Mazulipatan, . bco.	fl. 10 à 26	$1\frac{1}{4}$	8					
dits, dite, ... bco.	fl. 8 à 22	$1\frac{1}{8}$	8					
dits bleu Burgos, . bco.	fl. 10 à 18		10					
dits impr. à deux faces, le mouchoir, ...	s. 18 à 22	$1\frac{1}{4}$						
dits, dit, ... bco.	s. 15 à 18	$1\frac{1}{8}$						
Hamans, divers, la pièce, ... bco.	fl. 10 à 25	$2\frac{7}{8}$ à 3 cob.	24 cob.					
Bazins, dite, . . bco.	fl. 13 à 19	2						
Sanas, dite, . . . bco.	fl. 11 à 20	$1\frac{7}{8}$ à $2\frac{1}{8}$	24 à 40					
Salogesses, dite, . bco.	fl. 22 à 28	2	24					
Adersja, dite, . . bco.	fl. 9 à 10	$1\frac{7}{8}$						
Mamodies, dite, . bco.	fl. 9 à 11	$1\frac{5}{8}$ à 2	28 à 31					
Sittaras, dite, . . bco.	fl. 8 à 9	2	22					
Tuckeris, dite, . . bco.	fl. 9 à 10	$2\frac{1}{4}$	25					
Chowatars, dite, bco.	fl. 9 à 11	$1\frac{7}{8}$ &$2\frac{1}{4}$	32 & 36					
Amiertis, dite, . . bco.	fl. 8 à 12	$1\frac{5}{8}$ à 2	28 & 36					
Lachorias, dite, . bco.	fl. 9 à 10	2 & $2\frac{1}{4}$	26 à 32					
Paaukas, dite, . bco.	fl. 6 à 7	$1\frac{3}{4}$	27					
Baffetas, dite, . . bco.	fl. 6 à 14	$1\frac{1}{2}$ à $2\frac{1}{8}$	24 & 33					

	Prix des marchandises.	largeur. Cobits.	longueur. Cobits.	Rabais pour prompt payement.	Droits de l'amirauté sans la prime. Droits d'entrée. Pour fl. s. d.	Droits de sortie. fl. s. d.
Toiles de coton des Indes, sçavoir;						
Sjadra, la pièce, bco.	fl. 7 à 8	$2\frac{1}{4}$	30			
Morées, dite, . . bco.	fl. 9 à 10	$1\frac{5}{8}$	$11\frac{1}{2}$			
Caatjes, dite, . . bco.	fl. 8 à 22	$1\frac{5}{8}$ à $1\frac{1}{2}$	$21\frac{1}{2}$ & 43			
Callamanganis, dite, b.	fl. 7 à 10	$1\frac{1}{2}$	21 & 21			
Beroupaates, dite, bco.	fl. 7 à 9	$1\frac{5}{16}$ à $1\frac{15}{16}$	23 à 25			
Dotis, dite, . . . bco.	fl. 11 à 14	$1\frac{1}{4}$ à $1\frac{3}{4}$	23 à 26			
Gingangs, dite, . bco.	fl. 6 à 35	2 & $2\frac{1}{4}$	18 à 30			
Nelis, dite, . . . bco.	fl. 9 à 10	2	20			
Sirsacca, dite, . . bco.	fl. 22 à 37	2	24 & 30			
Sigterman, dite, . bco.	fl. 26 à 27	$2\frac{1}{4}$	30			
Thepois, dite, . . bco.	fl. 11 à 12	2	20			
Chelas, la pièce, bco.	fl. 7 à 17	2	20			
Photas, dite, . . bco.	fl. 7 à 9	2 & $2\frac{1}{4}$	30 & 24			
Romals, dite, . . bco.	fl. 3 à 7	diverses,	diverses			
Chittes, dite, . . bco.	fl. 4 à 39	*Aun.*	*Aun.*			
Nekanias, dite, . bco.	fl. 3 à 7	$1\frac{1}{4}$ & $1\frac{5}{16}$	$13\frac{1}{2}$ & 18			
Bherms, dite, . . bco.	fl. 6 à 7	$1\frac{5}{16}$	18 & $18\frac{1}{2}$	$1\frac{1}{2}$ p%	100 fl. 1 5 0	1 0 0
Brawls, dite, . . bco.	fl. 9 à 11	$1\frac{5}{16}$	23 & 24			
Corroot, dite, . . bco.	fl. $1\frac{1}{2}$ à $1\frac{3}{4}$	$1\frac{1}{4}$	$5\frac{1}{4}$ & $5\frac{1}{2}$			
Bajota, dite, . . bco.	fl. 1 à 8	$1\frac{7}{16}$	$23\frac{1}{2}$ & 24			
Néganepeaux, dite, bco.	fl. 8 à 18	$1\frac{5}{16}$	$23\frac{1}{2}$ & 24			
Garras, dite, . . bco.	fl. 7 à 11	$2\frac{1}{4}$	30 & 36			
Salempouris, dite, bco.	fl. 7 à 11	diverses,	diverses.			
Guinées, dite, . . bco.	fl. 14 à 31	$1\frac{5}{16}$ à $1\frac{1}{2}$	48 & 50			
Atchiabanas, dite, bco.	fl. 6 à 7	2	24			
Doussoutes, dite, . bco.	fl. 8 à 10	$2\frac{1}{4}$	30			
Soësses, dite, . . bco.	fl. 21 à 25	$1\frac{5}{8}$ & 2	40 & 50			
Bandanoes, dite, . bco.	fl. 11 à 12	2	14			
Sjappalens, dite, . bco.	fl. 12 à 18	2	14			
Toiles de Nanquin jaunes,						
la pièce, ...	s. 70 à 72					
dites couleur de rose, d.	s. 63 à 64					
dites blanches, dite, . .	s. 60 à 62	$\frac{1}{2}$	$7\frac{1}{2}$ à 8			
dites grises, dite, . . .	s. 54 à 56					
dites brunes, dite, . . .	s. 53 à 55					
dites bleues, dite, . . .	s. 50 à 52					
Toiles de *Holl.*, l'aune, .	s. 12 à 100	$1\frac{3}{4}$	50			
Rouens contrefaits, dite.	s. 6 à 10	$1\frac{1}{8}$ à $1\frac{1}{3}$	50 à 65			
Crées de Silésie, larges,						
la pièce, ...	fl. 36 à 38	$1\frac{1}{4}$	88		100 fl. 1 0 0	1 0 0
dites plus étroites, ou						
entre-larges, dite, . .	fl. 30 à 35	1				
dites, plus étroites, dite.	fl. 26 à 29	$\frac{7}{8}$		1 p%		
Bretagne contrefaites, de						
Silésie larges, dite, .	s. 85 à 100	$1\frac{1}{4}$	$9\frac{3}{4}$			
dites, étroites, dite, .	s. 60 à 75	1				
Platilles royales, dite,	fl. 14 à 19	1 à $1\frac{1}{8}$	48			
Boccadilles en Schock						
entier, dite, ...	fl. 17 à 20	1				
Sanglettes, dite, . . .	fl. 4 à 5	$1\frac{1}{2}$ à $1\frac{1}{4}$	12			

Les toiles de Pologne, de Brabant & de Silésie, d'Osnabruck & de Poméranie, passant de transit pour l'Espagne ne payent aucun droit.

Prix des marchandises.	largeur. Cobits.	longueur. Cobits.	Rabais pour prompt payement.	Droits de l'amirauté sans la prime.		
				Droits d'entrée.	Droits de sortie.	
				Pour fl. f. d.	fl. f. d.	
Bazins de Bruge, l'aune, fl. 4 à 6	$\frac{4}{4}$	19 à 20				
Coutis dite, ... f. 18 à 60	diverses,	diverses				
Preffilles, dite, . . . fl. & 10 à 13	$1\frac{1}{4}$ à $1\frac{5}{8}$	75 à 110		franches pour l'Espagne.		
Toiles de Brabant, dite, fl. & 13 à 18	$1\frac{1}{4}$ à 2	90				
Toiles à carreau, dite, . f. 5 à 22	$1\frac{1}{4}$ à $1\frac{1}{2}$	diverses				
Toiles à la rofe, de 1e, 2e & 3e fortes, les 175 aunes de Hollande, . Rdlr. 11 à 18	$\frac{7}{8}$ à 1	60 à 100				
Toiles *Cannamaffos* de Breme, la pièce, . . . fl. 30 à 35	$1\frac{1}{2}$	40				
Toiles de Brunswick pliées en rond, les 100 aunes, fl. 22 à 25	1 à $1\frac{1}{8}$	$16\frac{1}{2}$				
Toiles de Konigfberg, les 3 pièces, ... fl. 14 à 18	$\frac{3}{4}$ à $\frac{7}{8}$	30				
Toiles ferpillières, de Pologne, la pièce, ... f. 70 à 100	$1\frac{1}{8}$	40		1 pº. 100 fl. 1 . . . . . 1 . . .		
Toiles blanches de Ruffie, l'aune, ... f. 8 à 10	$1\frac{1}{4}$	20				
Toiles à voile de Ruffie, la pièce, ... fl. 18 à 25	1 à $1\frac{1}{8}$	50				
Toiles à voile de *Hollande*, la pièce, ... fl. 22 à 35	$1\frac{1}{8}$ à $1\frac{1}{4}$	50				
Toiles de Poméranie, les 100 aunes, ... fl. 24 à 27	$\frac{7}{8}$ à $1\frac{1}{2}$					

	Taré.	Rabais pour bon poids.		Droits d'entrée.	Droits de sortie.
Verd de gris, ou verdet, la fl. . . . . . . f. 20 à 22	. . . . .	1 pº.	1 pº. 100 fb 1 10 .	2 10 . . .	
Vermillon, la l. . . . f. 40 à 45	l'on tare les barils.	. . .	2 dit. 100 fb 1 5 .	1 . 5 . . .	
Vin de Xerèz, les 2 pipes, fb 60 à 65					
de Malaga, dites, . . l. 50 à 70					
des Canaries, dites, . . l. 60 à 80					
de Pedro Ximenès, d. l. 40 à 50		. . . . .	. . .	1 dit. 2 pip. 6 . . . 2 . . .	
de Catalogne blanc, d. l. 30 à 40					
dit rouge, dites, . . . l. 20 à 30					
de Portugal, dites, . . l. 30 à 35				1 dit. 2 pip. 4 . . . 1 10 .	
de Corfe, dites, . . l. 20 à 30					
de Naples, dites, . . . l. 25 à 35		. . . . .	. . .	1 dit. 2 pip. 6 . . . 6 . . .	
de Bordeaux, le tonn. l. 20 à 30					
des Hauts-pays, dit. l. 22 à 35					
de Haubrion, nouv. d. l. 35 à 56					
dit, vieux, dit, . . . l. 40 à 60					
de Médoc, nouv., dit. l. 30 à 60					
dit, vieux, dit, . . . l. 34 à 100					
de Graves, nouv., dit. l. 30 à 45		. . . . .	. . .	1 pº. 1 ton. 3 . . . 2 . . .	
dit vieux, dit, . . . l. 40 à 60					
Vin du Rhone, le ton. . l. 35 à 40					
de Toulon & Pic., dit. l. 25 à 35					
de Cahors, rouge, dit. l. 40 à 45					
de Bergerac & S. Foix, l. 30 à 40					

Prix des marchandises.	Tare.	Rabais pour bon poids.	Rabais pour prompt payement.	Droits de l'amirauté sans la prime.		
				Droits d'entrée. Pour fl. ſ. d.	Droits de sortie. fl. ſ. d.	
Vin muet, le ton..... ℔ 15 à 20						
Vin de Beziers & Frontignan, le tierçon... fl. 60 à 80			1 pº	1 ton. 3 ....2.		
Vin de Constance du Cap, rouge, l'aam,... bco. fl.600 à1000						
dit, blanc, dit,.. bco. fl.400 à 600						
Vin de Pierre du Cap, rouge, la futaille,. bco. fl.330 à 600						
dit, blanc, dite,.. bco. fl.100 à 150			1 pº	100 fl. 3 ....2.		
Vin Pontac du Cap rouge, dite,..... bco. fl.350 à 400						
Vin de Madère du Cap, rouge, dite,.. bco. fl.200 à 300						
dit blanc, dite,.. bco. fl.135 à 200						
Vinaigre de Bord., le tier.. fl. 25 à 30			1 dit.	1 ton. 9 8 ...3.		
Vitriol d'Angl., les 100 ℔. ſ. 94 à 100		1 pº	2 dit.	100 fl. 3 ....2.		
Zinc ou Tutenague, les 100 ℔..... bco. fl. 17 à 18			2 dit.	100 fl. 3 ...2.		

Voici l'explication des signes des monnoies dont est mention dans le prix courant des marchandises ci-dessus :

℔. Signifie *livres Flamandes* de 6 florins chacune ; ß, ou *schelling*, ou *escalin*, dont 20 font une livre ; ⅁, ou *gros*, dont 12 font un escalin ; *fl ⅁*, ou gros, argent de Flandre ou de Brabant ; *ffl*, ou florins d'or de de 28 ſols ; *fl*. ou florins de 20 ſols ; *ſ*, ou ſol, ou *ſtuiver*.

La *prime* que les marchandises paient à l'amirauté, indépendamment des droits expliqués ci-deſſus, eſt ordinairement de 1 p⁰ de leur valeur lors de leur importation à *Amſterdam*, & de ½ p⁰ lorſqu'on en fait l'exportation. La cochenille ne paie cependant que ¼ p⁰ de prime à l'entrée à *Amſterdam*, & que ⅛ p⁰ à la ſortie. Les marchandiſes arrivant à *Amſterdam*, ſoit de quelque port de la Méditerranée, ſoit de quelqu'une des échelles du Levant, paient, outre les droits & la prime ordinaire, ½ p⁰ de leur valeur, pour le droit de *recognition* attribué à la compagnie du Levant, dont nous ferons mention ci-après. Nous ajouterons encore touchant la prime dont il eſt queſtion ci-deſſus, qu'aujourd'hui, à cauſe de la guerre, les marchandiſes la paient double, c'eſt-à-dire, 2 p⁰ à l'entrée à *Amſterdam*, & 1 p⁰ à la ſortie.

Les marchandiſes qui ne ſont pas ſujettes à payer la prime, ſont les ſuivantes, ſavoir : en entrant à *Amſterdam* toute ſorte de bleds, de fruits, la bière & les laines ; & à la ſortie de cette ville pareillement les bleds, l'indigo, la cire, le beurre, le fromage, les harengs, l'amidon, les épiceries, le tabac en carottes de *Hollande*, les huiles de graines ; l'argent vif, lorſqu'il eſt deſtiné pour France ; enfin les toiles de Cambrai.

Commerce des productions du pays.

Les Provinces - Unies produiſent ſi peu de froment, comme nous l'avons déja obſervé, que celui qu'on y recueille ne pourroit pas même ſuffire à la conſommation de leurs propres habitans. Cependant, ce pays naturellement ſi pauvre en denrées, fournit à divers peuples de l'Europe du froment de ſon propre crû, ainſi que du froment étranger, dont l'exportation & l'importation ſont très-grandes à *Amſterdam*, qui eſt un des premiers entrepôts de grains de toute l'Europe. Ce qui met cette ville en état d'en fournir à différentes nations une auſſi prodigieuſe quantité que celle qu'elle vend tous les ans, c'eſt d'un côté la néceſſité où ſont preſque toujours les peuples du Nord d'envoyer le ſuperflu de leurs denrées en *Hollande*, où ils ſont certains de s'en procurer avantageuſement le débouché, & d'un autre côté, les ſpéculateurs & les marchands de bled d'*Amſterdam* & des autres villes de *Hollande*, qui en font venir pour leur compte les parties qu'ils trouvent occaſion de faire acheter à bas prix dans les marchés principaux du Nord. Lorſque nous traiterons du commerce de Dantzick & de quelques autres ports de la mer Baltique, nous montrerons la manière dont les ſpéculateurs s'y prennent d'ordinaire pour parvenir à ſe procurer du bled à meilleur compte que ceux qui en demandent lors ſeulement qu'on éprouve quelque diſette dans les pays qu'ils habitent. Ici, nous nous bornerons à parler des froments qu'on recueille dans les Provinces-Unies, dont la plus grande partie s'expédie pour l'étranger ; les Hollandois trouvant peut-être mieux leur compte à manger du pain fait avec du grain venu de l'étranger, & qui leur tient lieu de celui qu'ils fournissent à plusieurs nations de l'Europe.

Les endroits les plus abondans en froment dans les Provinces-Unies, sont la Zélande, la Frise, le Bovenland & le Voorland. Le meilleur qui se tire de ces quatre différens endroits, est celui de Zélande ; aussi est-il le plus estimé : cependant celui des trois autres est aussi très-recherché, & à quelque chose près, payé aussi cher par ceux qui en font commerce. Le froment de Zélande est d'un grain plutôt blanc que rouge, beau, bien nourri, pesant environ 128 à 132 ℔, poids de troyes de *Hollande*, le sac, dont 36 font un last. Le froment de Frise & celui de Bovenland ne sont l'un & l'autre ni aussi pesants, ni aussi beaux que celui de Zélande, vu que leur poids ne répond qu'à environ 124 à 128 ℔. Le froment de Voorland est de deux sortes, l'un blanc & l'autre rouge. Ce dernier est plus estimé que l'autre, à cause qu'il est & plus pesant & mieux nourri. Il y a du froment de Voorland qui ne pèse que 120 à 122 ℔ le sac, & peut-être moins, & d'autre qui pèse jusqu'à 128 à 129 ℔. Comme le froment le plus pesant rend en général plus de farine que celui qui pèse le moins ; celui-là se paie mieux que celui-ci, aussi-bien en raison de la différence dans le poids, que de celles dans les qualités respectives. Les prix du froment varient chaque jour, & on ne peut pas à cet égard fixer rien sur quoi l'on puisse compter précisément.

Nous croyons cependant convenable de donner le compte simulé suivant d'un chargement, composé des quatre sortes de froment nommés ci-dessus, pour l'usage des spéculateurs ; sçavoir :

		Cour. fl.
25 lasts de froment de Zélande, à 145 fl. d'cr, le last, font		5,075
25 lasts de froment de Frise à 130 fl. dits,	. . . .	4,550
25 lasts de froment de Bovenland à 125 fl. dits,	. . . .	4,375
25 lasts de froment de Voorland à 120 fl. dits,	. . . .	4,200

100 lasts de froment, qui, au prix moyen de 130 fl. font	. . . . fl.	18,200
	Rabais 1 p°. fl.	182
	fl.	18,018

Frais d'expédition.

* Frais d'allege, facteur & ouvriers, mesurage, &c. à 4½ fl. le last, . . fl.	450		
Nattes pour le grenier du navire 39 fl. & courtage 6 f. le last.	69		
Passeport, ou convoi de l'amirauté, étant franc de droits, ...	5	2	
Commission d'achat & d'expédition, sur fl. 18,543 à 2 p°.	370	18	895

Fl. 18,098 : 11 . bco. font avec l'agio de 4½ p°. . . . . cour. fl. 18,913

La marque * ci-dessus, qu'on trouvera dans chaque compte simulé, que nous donnerons dans la suite, désigne que ces frais ne sont pas toujours les mêmes, étant sujets à varier ; attendu que selon que les magasins à bled sont plus ou moins élevés & éloignés du lieu où s'en fait le chargement, les frais augmentent, ou diminuent. Nous observerons encore, que lorsqu'on fait sécher le froment avant de l'embarquer, s'il est suffisant d'en faire sécher le ⅓ ou le ¼ du chargement, les frais montent à environ 6 florins le last, au lieu des 4½ florins que nous avons établis comme une proportion ordinaire dans le compte ci-dessus. Enfin, lorsqu'on fait l'embarquement du froment en sacs, on compte pour chaque sac 7 à 8 sols, & 27 sacs pour chaque last. Les frets se règlent en *Hollande* par last de seigle, qui est réputé du poids de 4000 ℔ ; & comme le last de froment pèse ordinairement environ 4400 à 4500 ℔, on paie toujours 10 p°. davantage pour le fret du froment, que pour celui du seigle. Nous traiterons l'objet des frets ci-après, lorsque nous parlerons du commerce de cabotage où il trouvera sa place mieux qu'ici. Nous agirons de même à l'égard de l'assurance, dont nous ne tarderons pas à parler.

Les fèves aux chevaux, & les haricots qu'on recueille en assez fortes quantités dans les provinces de Frise & de Zélande, sont deux articles dont l'exportation est d'une certaine considération.

Nous allons donner deux comptes simulés du montant & des frais jusqu'à bord du navire, d'un chargement de chaque sorte de ces grains, pour l'usage des spéculateurs ; sçavoir :

100 Lasts de fèves à chevaux à ℔ 16 le last, avec 1 p°. de rabais, ... cour. fl. 9,504.

Ci-contre . . . . cour. fl.   9,504

Frais d'expédition.

* Frais d'allege, facteur & ouvriers, mesurage, &c. à 5 fl.   500
Nattes pour le grenier du navire fl. 40, & courtage 30 fl.   70
Passeport, ou convoi de l'amirauté, étant franc de droits   5   2
Commission d'achat sur fl. 10,079 2 s. à 2 p°.   201   12   776 - 14

fl. 9,838 . s. bco., avec l'agio de 4½ p°, font . . . . cour. fl.   10,280   14

100 lasts de haricots, à 6 fl. le sac, dont 36 font un last, avec 1 p°
de rabais, ... cour. fl.   21,384

Frais d'expédition.

* Frais d'allege, facteur & ouvriers, mesurage, &c. à 5½ fl.   550
Coût de 2,700 sacs à 7 fl. 945, & courtage fl. 30   975
Passeport, ou convoi de l'amirauté, étant franc de droits, ...   5   2
Commission d'achat sur fl. 22,914 : 2. à 2 p°.   458   6   1,988   8

fl. 22,375. 13 s. bco. avec l'agio de 4½ p° font . . . . cour. fl.   23,372   8 s.

Le tabac qu'on recueille dans les Provinces-Unies, est distingué en cinq qualités qu'on nomme en Hollandois, *beftgoed, uytfchot, aard, zandgoed* en *zuygers.* De ces cinq qualités, la meilleure est celle qui vient du voisinage d'Amersfoort dans la province d'Utrecht. Les autres qualités se recueillent en différens quartiers des Provinces-Unies, où depuis peu d'années le nombre des plantations de tabac a augmenté considérablement. La raison en est toute simple & naturelle. La guerre de l'Angleterre avec ses colonies de l'Amérique septentrionale, a fait diminuer les quantités de cette marchandise qui venoient auparavant de cet hémisphère. Cette diminution a dû faire rechercher les tabacs qu'on recueille en divers lieux de l'Europe, & leurs prix en ont haussé en raison & de la moindre abondance & du plus grand besoin de cet article. Ces prix ne se sont pourtant soutenus hauts qu'autant de temps que la demande, causée par la rareté extraordinaire de la marchandise, a continué avec force & vigueur. Tout le monde s'est empressé de faire des spéculations sur cet objet ; & ces spéculations en ramenant l'abondance du tabac dans tous les marchés principaux, sur-tout dans celui d'*Amsterdam,* en ont beaucoup fait baisser les prix : tel est le cours des entreprises de commerce. Les tabacs de *Hollande* valent ordinairement à *Amsterdam* depuis 4 jusqu'à 17 florins le quintal, suivant la qualité. Ces prix étoient au commencement de la guerre de 10 à 40 florins, & ils sont aujourd'hui depuis 8 jusqu'à 32 florins. Comme les tabacs de *Hollande* sont bons principalement pour faire des carottes, qu'on rape ensuite & qu'on mêle avec du tabac fort d'Amérique, ils sont enlevés en plus grande partie pour la France, la ferme générale ne pouvant se passer de cette marchandise, & en ayant aujourd'hui plus de besoin que jamais.

Voici un compte simulé des cinq qualités de tabac de *Hollande,* en prenant un prix moyen, tel qu'il se paie communément quand l'Europe est en paix, ou au moins les états qui en font commerce.

Une corbeille, ou *mand* de tabac,	*Beftgoed*	de 1,500 ℔	à 25 fl. le quintal.
Une dite, ... dit,	*Uytfchot*	1,600	à 20 dits,
Une dite, ... dit,	*Aard*	1,700	à 15 dits,
Une dite, ... dit,	*Zandgoed*	1,750	à 10 dits,
Une dite, ... dit,	*Zuygers*	1,800	à 6 dits,

8,350 ℔   à 14¼ fl. prix moy.

Tare de 30 ℔ pour chaque corbeille, • • • ⎫
Qui n'en pèse que 20 • • • • • • • • • ⎭   150

                         8,200
Rabais pour les côtes, 8 p̲º̲ • • • • • •   856

        Net • • 7,344 ℔ à 14¼ fl. le ql. • • • • ƒ 1,083   5

Rabais pour prompt paiement, 1 p̲º̲ • • • • • • • • • • ƒ   10   17

                                cour. ƒ 1,072   8
Demi-droit du poids • • • • • • • • • • • • • • • • • fl.   13   8
Tareurs •   16
                                          14   4

                                    fl.   1,086   12

Frais d'expédition.

* Pour porter au magasin & de-là à bord du navire, & autres menus
    frais, • fl.   15
Droits de sortie & passeport de visite, • • • • • • • • • • •   56   3
Pour courtage d'achat à 5 s. les 100 l. • • • • • • • • • •   18   7
Pour commission d'achat sur fl. 1,196 à 2 p̲º̲ • • • • • • • • •   23   18
                                              113   8

                                 cour. fl.   1.200
                 Agio 104½ p̲º̲   51   13   8

                           bco. fl.   1,148   6   8

La ville d'*Amsterdam* fournit aux étrangers non-seulement du tabac en feuille du pays, & souvent même de celui qu'elle reçoit du dehors ; mais encore du tabac en poudre, soit moulu, soit rapé. Un nombre de moulins de son voisinage & des environs sont constamment occupés à en préparer de l'une & l'autre de ces manières. Le tabac en poudre est principalement demandé d'*Espagne*, où l'on en fait passer d'assez fortes parties, préparées de divers façons, & conséquemment de divers prix. Ceux du tabac en poudre le plus commun roulent depuis 5 jusqu'à 8 sols ; & les autres qualités vont à proportion jusqu'à 12 à 16 sols la livre. Il y a pareillement des tabacs rapés qui valent depuis 5 sols

jusqu'à 1 & 2 florins la livre, suivant leurs qualités respectives.

    On cultive du lin, mais en petite quantité, dans plusieurs lieux des Provinces-Unies. La qualité en est bonne ; mais la quantité n'en suffisant pas pour les besoins des manufactures où l'on s'occupe à en serancer des parties considérables, on supplée à ce qui manque par le lin étranger, dont il se fait une grande importation à *Amsterdam*. Ce lin, après avoir été serancé & plié en paquets d'une livre, est mis en tonneaux ou futailles de diverses grandeurs, pour être ensuite expédiés pour l'*Espagne* & les autres pays où s'en fait la plus forte consommation.

Voici un compte simulé de cet article :

5 Futailles contenant 2,500 liv. lin blanc serancé en paquet d'une livre de 32
    écheveaux, à 6¾ s. la l. • fl.   843   15
5 Futailles contenant 2,500 l. lin brun serancé en paquets d'une livre de 48 écheveaux,
    à 8 s. la l. • fl.   1,000

                                          fl.   1,843   15
Rabais pour prompt paiement 1 p̲º̲ • • • • • •   18   9

                                          fl.   1,825   6

Frais d'expédition.

```
* Pour les futailles, les porter au magasin & de-là au navire. . . . . . fl.   50
  Droits de sortie & passeport de visite, . . . . . . . . . . . . . .   11  19
  Commission d'achat sur fl. 1,887 à 2 p⁰⁄₀ . . . . . . . . . . . . .   37  15
                                                                       ────────
                                                                          99  14
```

```
                                                     cour. fl.  1,925
                                agio 104½ p⁰⁄₀ . . . . .        82  18
                                                            ──────────
                                                     bco. fl.  1,842   2
```

La cire jaune ne se recueille pas en grande abondance dans les Provinces-Unies ; mais la qualité en est bonne & se prête volontiers au blanchissage. On en distingue à *Amsterdam* deux espèces, dont l'une se nomme *cire du pays* ; l'autre venant en plus grande partie de Deventer, est appellée *cire de Deventer.*

Voici un compte simulé de ces deux sortes de cire, dont l'une n'est pas moins estimée que l'autre :

```
9 Boucaux de cire jaune de Deventer pesant
  Brut 7,300 l.
  Tare  720 net 6,580 l. à 90½ fl. le quintal . . . . . . . . . . . . fl.  5,954  18

           Rabais pour prompt paiement ½ p⁰⁄₀ . . . . . . . . . .          29  15
                                                                       ────────────
                                                                       fl.  5,925   3
```

```
9 Boucaux de cire jaune du pays, pesant
  Brut 7,500 l.
  Tare  750 net 6,750 l. à fl. 90 . . . . . . . . . fl.  6,075

           Rabais pour prompt paiement 1 p⁰⁄₀ . . . . .    60  15
                                                        ────────────
                                                       fl.  6,014   5
                                                        ────────────
                                                       fl. 11,939   8
```

Frais d'expédition.

```
* Pour les boucaux, & pour les porter à bord . . . . . . . fl.  115
  Pour passeport de visite, . . . . . . . . . . . .          6
  Pour courtage d'achat, 6 s. les 100 l. . . . . . . . .    40
  Pour commission d'achat sur fl. 12,100 à p⁰⁄₀ . . . . .  242
                                                          ────────
                                                             403
```

```
fl. 11,810 : 18 s. bco. faisant avec l'agio de 4½ p⁰⁄₀ . . . . . . . . . cour. fl. 12,342  8
```

La cire blanche vaut à *Amsterdam* de 21 à 22 sols la livre, & l'on accorde 1½ p⁰⁄₀ de rabais pour prompt paiement.

La *Hollande* a toujours été renommée pour ses beurres & ses fromages. Ces deux articles font encore aujourd'hui la richesse d'une partie de ses habitans. Le meilleur beurre se fait à Delft, à Leyde & dans la Frise occidentale, ou Nord-Hollande. Cette dernière province donne la plus grande quantité de fromages, & les marchés d'Edam & de Hoorn en sont toujours abondamment pourvus. Il y a divers qualités de beurre ; mais il n'y a que celle qu'on nomme *beurre d'été* dont on fasse des expéditions pour les pays étrangers. Les prix en diffèrent en raison des qualités respectives, du plus ou moins qui se fait de chaque qualité de beurre, & de la demande qu'en fait l'étranger. Il en est de même du fromage dont on distingue principalement deux qualités, quoiqu'il y en ait beaucoup d'autres dans les Provinces-Unies. Ces deux qualités sont le fromage à croute rouge & le fromage à croûte blanche. La chair de ce dernier est blanche, molle & humide, au lieu que la pâte du premier est rousse, sèche & d'un sel plus piquant & plus fin que celui du fromage à croute blanche. Le beurre de Delft vaut aujourd'hui fl. 30. les 80 ℔, celui de Leyde fl. 28, & celui de Frife fl. 22. Le fromage à croute rouge vaut de 12 à 14 florins les 100 ℔, & le fro-

mage à croute blanche vaut ordinairement 1 ou 2 florins de moins ; mais il vaut aujourd'hui plus que le fromage à croute rouge ; c'eft-à-dire, 15 à 15 ½ fl. le quintal.

Nous allons donner cependant deux comptes fimulés de beurre & de fromage, dans lefquels nous établirons les prix ou cours ordinaire, de même que les frais d'embarquement jufqu'à bord du navire.

100 Demi-barils de beurre de Frife, pefant 4,200 l. à fl. 22 les 80 l. . . . . . fl.	1,155	
100 dits de beurre de Leyde, pefant 4,100 l. à fl. 28 dites . . . . . . fl.	1,435	
100 dits de beurre de Delft, pefant 4,000 l. à fl. 30 dites . . . . . . fl.	1,500	
	fl. 4,090	
Rabais pour prompt paiement 1 p°/°	40	18
	fl. 4,049	2

Frais d'expédition.

* Pour porter les 300 barils à bord du navire & ⅛ droit du poids, . fl.	40	
* Pour nouveaux cerclage, fel & préparations requifes, ...	150	
Pour droits de fortie & paffeport de vifite, ...	63	
Courtage à 1 f. les 80 l.	7	14
Commiffion d'achat fur fl. 4,310, à 2 p°/°	86	4
	346	18
	cour. fl. 4,396	
agio 104½ p°/° .	189	6
	bco. fl. 4,206	14

12 Caiffes de fromage à croute rouge, pefant 4,600 l. à fl. 14 . . . . fl.	644	
Rabais pour prompt paiement 2 p°/° . . . . fl.	12	17 8
	631	2 8
12 Caiffes de fromage à croute blanche, . . . 4,800 l.		
12 Caiffes dits, grands & plats, ... 6,200 } à 12 fl. 1,320 }	1,306	16
pefant . 11,000 l.		
Rabais pour prompt paiement 1 p°/° fl. . 13 4		
	fl. 1,937	18 8

Frais d'expédition.

* Pour 36 caiffes, à fl. 4½ pièce, & tranfport à bord, ... fl.	174	
Pour droit de fortie & paffeport de vifite, ...	21	
Pour courtage à 1 f. les 100 l.	7	16
Pour commiffion d'achat d'expédition fur fl. 2,113 14 8, à 2 p°/° . .	45	5 8
	248	1 8
	cour. fl. 2,186	
agio 104½ p°/° .	92	17
	bco. fl. 2,093	3

La pêche de la baleine qui a été jufqu'ici avec beaucoup de fuccès par les Hollandois, comme nous l'avons déjà fait voir en parlant de cette pêche, procure quatre objets différens de commerce ; fçavoir l'huile, les fanons, le fperme & les dents.

L'huile eft fondue en *Hollande* même, du lard qu'apportent les vaiffeaux revenant du Groënland, du détroit de Davis & des autres parages où l'on fait cette pêche. Elle eft ordinairement de bonne qualité, nette & claire. Il s'en fait de grands envois chez l'étranger. Comme elle fert à brûler, à prépa-rer les cuirs, à rafiner le foufre & à d'autres ufa-ges fort utiles, la confommation en eft très-confidé-rable; en conféquence les prix en varient plus ou moins fuivant les circonftances. Le prix eft ordi-nairement entre 60 à 65 florins, plus ou moins, la barique, ou *vat*, de 12 Steckans. Les futailles où l'on met l'huile, nommées *Quardeelen*, font ce-pendant de groffes pièces mefurant environ 18 à 20 fteckans. Les fanons, ou pour mieux dire la *baleine*, eft, comme l'on fçait, la barbe de la baleine, que l'on coupe & fend en *Hollande* en diverfes lon-gueurs & groffeurs, felon l'ufage auquel on la def-tine, comme pour corfets, parafols &c. Le fanon fe coupe ordinairement eu lames minces de la lon-gueur de $\frac{2}{4}$, 1, 1 $\frac{1}{4}$, 1 $\frac{1}{2}$, 1 $\frac{3}{4}$, 2, 2 $\frac{1}{4}$, & 2 $\frac{1}{2}$ aunes de *Hollande*, ou, felon l'expreffion vulgaire, de $\frac{2}{4}$, $\frac{4}{4}$, $\frac{5}{4}$, $\frac{6}{4}$, $\frac{7}{4}$, $\frac{8}{4}$, $\frac{9}{4}$ & $\frac{10}{4}$, dont les prix refpectifs va-rient, comme ceux de toutes les marchandifes quel-conques, felon les circonftances. Le fperme, *fper-ma cœti*, ou blanc de baleine, qui n'eft autre chofe que la cervelle du cachalot, fert dans la médecine; l'on en fait auffi des chandelles qui brûlent infini-ment mieux que celles de fuif & de cire, & qui par cette raifon font fort eftimées. Les dents de ce cé-tacée le font auffi beaucoup à caufe de leur blan-cheur, & on les emploie à divers ufages.

Nous placerons ici deux comptes fimulés, l'un d'huile de baleine, l'autre de baleine coupée, qui font deux articles dont on fait beaucoup de cas dans le commerce.

20 Futailles d'huile de baleine, mefurant à la jauge 377 fteckans, 10 mingles, lefquels à 12 fteckans par barique, ou *vat*, font

31 bariques 5 fteckans 10 mingles.		
Rabais 1 mingle par barique 1	4	

Net 31 bariques 4 fteckans 6 mingles à 65 fl. . . . . . . fl.	2,039	15
Rabais pour prompt paiement 1 p $\frac{o}{o}$ . . .	20	8
fl.	2,019	7

Frais d'expédition.

* Pour cercles de fer des futailles & les porter à bord, &c. . . . . fl.	30	8	
Pour droits de fortie & paffeport de vifite, ...	42	11	8
Pour courtage à 3 f. la futaille, ...	3		
Pour commiffion d'achat & expédition fur fl. 2,095 à 2 p $\frac{o}{o}$	41	18	
		117	17 8

cour. fl.	2,137	4	8
agio 104 $\frac{1}{2}$ p $\frac{o}{o}$	92	4	8
bco. fl.	2,045		

700 tb baleine coupé de $\frac{2}{4}$ à fl.	70	le quintal. . . . . fl.	70
100 tb dite, ... de $\frac{4}{4}$ . .	80	dit	80
100 tb dite, ... de $\frac{5}{4}$ . .	90	dit	90
100 tb dite, ... de $\frac{6}{4}$ . .	100	dit	100
100 tb dite, ... de $\frac{7}{4}$ . .	108	dit	108
100 tb dite, ... de $\frac{8}{4}$ . .	116	dit	116
100 tb dite, ... de $\frac{9}{4}$ . .	120	dit	120
100 tb dite, ... de $\frac{10}{4}$ . .	125	dit	125
		fl.	809
	Rabais pour prompt paiement 2 p $\frac{o}{o}$ . . .		16 4
		fl.	792 16

Frais d'expédition.

* Pour port au magafin & de là à bord du navire, emballage & autres
   frais , ... fl. 6
Pour droits de fortie & paffeport de vifite, ... 17 10
Pour courtage d'achat à ½ pour fl. 6 3   6
Pour commiffion d'achat & d'expédition fur fl. 820 à 2 p⁰⁄₀ . . . 16   8
                                                                      43   4

                                                    cour. fl. 836
                                    agio 104½ p⁰⁄₀ . . fl.   36

                                                    bco. fl. 800

Outre la baleine coupée que l'on achette, comme nous avons dit ci-devant, il y a de gros fanons pefant chacun 2, 3, 4, 5, 6 & 7 l., dont les prix font à proportion de leurs poids refpectifs depuis 100 jufqu'à 140 florins le quintal de 100 l. Les frais d'expédition comme dans le compte ci-deffus.

Les huiles de lin, de chanvre & de navets, qui font trois articles affez importans du commerce d'*Amfterdam*, fe fabriquent dans le voifinage de cette ville, avec des graines de lin, de chanvre & de navets, que les Hollandois font venir en plus grande partie de divers pays, d'autant qu'à l'exception de la graine de navets que la Zélande donne en affez grande quantité, ils ne recueillent point, ou du moins très-peu, des deux autres efpèces de grains.

Voici un compte fimulé de ces trois efpèces d'huile.

10 futailles d'huile de chanvre mefurant à la jauge
   30 Aams, 60 mingles, à fl. 40 l'aam de 120 mingles . . . . fl. 1,220
10 futailles d'huile de lin, mefurant à la jauge
   31 Aams, 30 mingles, à fl. 35 l'aam de 120 mingles 1,062 10
10 futailles d'huile de navets, mefurant à la jauge
   31 Aams, 60 mingles, à fl. 36 l'aam de 120 mingles 1,102 10

                                                                     fl. 3,385
                        Rabais pour prompt paiement 1 p⁰⁄₀ . .   33   17

                                                                     fl. 3,351   3

Frais d'expédition.

* Pour les 30 futailles & les doubles cercles requis, les porter au
   magafin & de-là à bord du navire . . . . fl. 250
Pour le convoi ou paffeport de vifite   6   4
Pour courtage à 2 f. l'aam   9   6   8
Pour commiffion d'achat & d'expédition fur fl. 3,610 10 f. à 2 p⁰⁄₀ . 72   6   8
                                                                      337 17

                                                    cour. fl. 3,689
                                    agio 104½ p⁰⁄₀ . .   158 17

                                                    bco. fl. 3,530   3

La plus grande partie des toiles qu'on expédie d'*Amfterdam* fous le nom de *toiles de Hollande*, ne font point fabriquées dans les Provinces-Unies; elles y font feulement préparées & blanchies, y étant apportées en écru de plufieurs endroits de l'Allemagne & des Pays-bas, fur-tout de la Weftphalie, de la Siléfie, d'Eindhove & de Courtrai. Les blanchifferies de Harlem, ville diftante de trois lieues feulement d'*Amfterdam*, ont la réputation de donner le plus beau blanc poffible aux toiles. On fabrique cependant de belles toiles dans les provinces de Frife, de Gueldre & d'Overyffel; nous en indiquerons les lieux ci-après; nous nous bornerons ici à donner le compte fimulé fuivant, favoir:

Caisses contenant 30 pièces, toiles moyennes de Hollande, assorties comme suit :

			fl.		
3 Pièces , mesurant 159 aunes , à 22 s. l'aune			174	18	
3 dites, . . . 158 . . . 22½			177	15	
2 dites, . . . 106½ . . . 23			122	9	8
2 dites, . . . 108½ . . . 24			130	4	
2 dites, . . . 108 . . . 25			135		
2 dites, . . . 105¼ . . . 26			137	3	
2 dites, . . . 107 . . . 28			149	16	
2 dites, . . . 108½ . . . 29			157	6	8
2 dites, . . . 107¾ . . . 30			161	5	
2 dites, . . . 106½ . . . 31			165	1	8
2 dites, . . . 105½ . . . 32			168	16	
2 dites, . . . 107½ . . . 33			177	7	8
2 dites, . . . 107 . . . 35			187	5	
2 dites, . . . 106 . . . 36			190	16	

Rabais 1 p°. . . . fl. 2,235 3
22 7

fl. 2,212 16

Frais d'expédition.

* Port au magasin, emballage & caisses, & port à bord, ... fl. 26 6
Pour droits de sortie & passeport de visite . . . . . 38 14 } 110 11
Commission d'achat & d'expédition sur fl. 2,277 16 à 2 p° 45 11

cour. fl. 2,323 7
agio 104¼ p°. . . 100 1

bco. fl. 2,223 6

Il y a dans les environs de la ville d'*Amsterdam* plusieurs manufactures de toiles peintes, mouchoirs peints & autres étoffes de fil & de coton, dont les desseins sont en général du goût le plus recherché. Les prix en sont assez raisonnables, & à peu près sur le même pied que sont ces sortes de marchandises dans les autres pays de l'Europe où l'on en fabrique. Nous avons spécifié ces prix dans le prix courant des marchandises, comme on a dû le remarquer précédemment. *Voyez* p. 557 & suiv.

On trouve dans *Amsterdam* & ses environs toutes sortes de manufactures & fabriques en soie, cotons, laines, poils de chèvre & de chameau. Les étoffes qui s'y fabriquent ne sont pas toutes pour l'usage des habitans des Provinces-Unies ; la majeure quantité s'en expédie en divers pays. Nous avons détaillé dans le prix courant des marchandises d'*Amsterdam*, les noms des principales étoffes de soie qui s'y font, leurs largeurs & longueurs respectives, & nous en avons fait de même pour les draps, les ratines & les droguets ; mais une chose que nous ne devons pas oublier de dire, c'est que dans toutes les fabriques & manufactures de *Hollande*, on peut commander les étoffes de soie, les draps & autres articles pareils dont on a besoin, avec telles longueur, largeur, couleur & chaîne que l'on veut. Les prix se réglent pour lors d'après les différentes conditions des étoffes de soie ou laine demandées. Les Armoisins ou Pequins noirs roulés de 12/16 d'aune, les gros de Tours de 4/4, les ras de St. Maur, les ras de Comtesse & les serges de soie, se font aussi en couleur. Le prix de la couleur noire est de 1/3 moindre que celui des autres couleurs ordinaires. Les couleurs fines valent à proportion quelque chose de plus.

Les fabriques de drap ne sont pas nombreuses à *Amsterdam*, où l'on fait usage principalement des draps de Leyde de 2/4 d'aune de large, dont les prix des couleurs ordinaires roulent de 5¼ à 5½ florins l'aune ; des ratines de Leyde de 8/8 d'aune de large, dont le prix des couleurs ordinaires est d'environ 4¼ florins l'aune, & des draps noirs d'Utrecht de 3/4 d'aune de large, dont le prix est de 6½ ou 6¼ florins l'aune. Les draps qu'on fabrique à *Amsterdam*, sont en plus grande partie destinés pour le Levant. Il y en a de tout prix ; mais la plupart de ces draps étant plus groffiers que tous ceux qu'on fabrique dans les autres endroits de la *Hollande*, ils font auffi à plus bas prix : ils valent depuis 2 ½ jufqu'à 5 florins.

De toutes les étoffes de foie, de fil, de coton, de laine & de poil de chévre que l'on fabrique dans les Provinces-Unies, celles dont il fe fait plus de demandes de différens pays ; font diverfes étoffes de foie, des mouchoirs & toiles peintes d'*Amfterdam*, des bafins d'Harlem; des ratines de Leyde de ⅔ d'aune de large, dont les prix varient dep 3 à 5 ½ florins l'aune pour les couleurs ordinaires, & de 5 ¼ à 6 florins l'aune pour les couleurs fines, comme écarlate, cramoifi,

violet, bleu de roi &c. ; des draps noirs d'Utrécht de ¾ d'aune dont le prix eft marqué ci-deffus ; enfin, des camelots de Leyde, façon de Bruxelles, qui, pour la plupart font tout poil de chévre ; mais qu'on peut faire fabriquer tout laine, ainfi que moitié poil & moitié foie, ou laine. Ces camelots de Leyde, qui font de ⅔ d'aune de large fur 35 à 80 aunes de long, valent depuis 25 jufqu'à 50 fols l'aune. Il y en a de toutes couleurs ; les uns *teints en pièces*, c'eft-à-dire, après que l'étoffe eft fortie du métier ; les autres *teints en fil*, c'eft-à-dire, dont le fil, tant de la chaîne que de la trame, a été teint avant d'être employé à la fabrication de l'étoffe.

Nous allons placer ici de fuite quelques comptes fimulés des articles ci-deffus, pour l'ufage de ceux qui voudront fpéculer fur ces objets.

6 Caiffes contenant ce qui fuit, fçavoir :

								fl.
12 Pièces de velours noir		¾ d'aune de large, mefurant	590 aunes	à *f* 4	fl.			2,360
12 dites d'armoifin noir,		12/16 dite	300	à *f* 2 ¼				675
12 dites de fatin noir,		4/4 dite	840	à *f* 4				3,360
12 dites *Hollandoifes*		4/4 dite	720	à *f* 3 ¼				2,340
12 dites de drap de foie fort		4/4 dite	960	à *f* 4				3,840
12 dites *everlafting*, ou perpétues,		¾ dite	960	à *f* 3 ½				3,360

fl. 15,935

Rabais ordinaire pour payer à 6 mois, 2 p⁰⁰ .   318 14

fl. 15,616   6

NB. Si l'on paye à 3 mois, le rabais eft de 4 p⁰⁰, & fi l'on paye à comptant, il fera de 6 p⁰⁰

Frais d'expédition.

* Pour 6 caiffes, emballage & port à bord du navire . . . . . . fl.   36
Pour les droits de fortie & paffeport de vifite. 81 14
Pour commiffion d'achat & d'expédition fur fl. 15,734 à 2 p⁰⁰ 314 14

432   8

cour. fl. 16,048 14

agio 104 ¼ p⁰⁰ .   691   2

bco. fl. 15,357 12

2 Caiffes contenant les mouchoirs & toiles peintes fuivantes, fçavoir :

						fl.
20 pièces contenant	260	mouchoirs de coton peints,	à 21 f. pièce		fl.	273
20 dites,	280	dits,	à 22			308
20 dites,	300	dits,	à 23			345
20 dites,	320	dits,	à 25			400

80 pièces contenant   1,160 mouchoirs de ½ d'aune . . . . fl. 1,326

20 pièces

Ci-contre . . . . fl. 1,326

20 pièces toiles peintes mesurant 510 aunes, à 12 s. l'aune . . . fl. 306			
20 dites, ... 280 dites, à 18 252			
20 dites, ... 270 dites, à 25 . . . . 337 10			

60 pièces mesurant . . . . . 1,060 aunes de ⁵⁄₄ d'aune, coûtent . . . . . . fl. 895 16

    fl. 2,221 10
Rabais pour prompt paiement 1 p⁰⁄₀ . fl.   22   4

    fl. 2,199 6

Frais d'expédition.

* Pour les caisses, l'emballage & port à bord du navire, ... fl. 14
Pour droits de sortie & passeport de visite, ... 23
Pour commission d'expédition sur fl. 2,236 à 2 p⁰⁄₀ 44 14

    81 14

    cour. fl. 2,281
agio 104½ p⁰⁄₀ fl.   98 4 8

    bco. fl. 2,182 15 8

Une caisse contenant 100 pièces de basins de Harlem assorties depuis 25 jusqu'à 50 sols l'aune, mesurant environ 2,500 aunes & ayant 1¼ aune de large au prix moyen de 37½ sols l'aune . . . . fl. 4,687 10
    Rabais pour prompt paiement 1 p⁰⁄₀ . . fl. 46 17 8

    fl. 4,640 12. 8

Frais d'expédition.

* Pour la caisse, l'emballage & port à bord, ... fl. 8
Pour droits de sortie & passeport de visite, ... 49 8 8
Pour commission d'expédition sur fl. 4,698 à 2 p⁰⁄₀ 93 19

    151 7 8

    cour. fl. 4,792
agio 104½ p⁰⁄₀   206   7

    bco. fl. 4,585 13

Il est bon de faire observer ici touchant les basins de Harlem, qu'ils sont beaucoup plus estimés que ceux qu'on fabrique en Flandre & en Allemagne, & cela doit être; puisque ceux-ci perdent beaucoup de leur qualité dans l'usage, au lieu que les basins de Harlem deviennent plus beaux & conservent l'éclat de leurs desseins à mesure qu'ils s'usent & qu'on les lave. Il y en a de toutes les qualités possibles & par conséquent de tous les prix.

24 Pièces de drap noir d'Utrecht ⅞ mesurant 1,440 aunes à f 6 . . . . fl. 8,640
    Rabais pour paiement à comptant, 4 p⁰⁄₀ . . 355 12
Il n'y a point de rabais lorsqu'on accorde 9 mois de terme.

    fl. 8,294 8

De l'autre part • fl. 8,294 8

Frais d'expédition.

* Pour emballage, fret d'Utrecht à *Amsterdam* & port à bord, • • fl.   11
Pour droits de fortie & passeport de visite, • • • • • • • • • •   44   12
Pour commission d'achat & d'expédition sur fl. 8,350 à 2 p⁰⁄₀ • • •   167

                                                 222 12

                              cour. fl. 8,517
                   agio 4½ p⁰⁄₀ • •   366 15

                             bco. fl. 8,150   5

24 Pièces de ratine de Leyde de ⁹⁄₄ mesurant 1,152 aunes à f 5 • • • • • • • • fl. 5,760
          Rabais pour paiement à comptant 4 p⁰⁄₀ • • • • • •   230 8

                                 fl. 5,529 12

Frais d'expédition.

* Pour emballage, fret de Leyde à *Amsterdam* & port à bord • • • fl.   11
Pour droits de fortie & passeport de visite, • • • • • • • • • • • •   29 10
Pour commission d'achat & d'expédition sur fl. 5,570 à 2 p⁰⁄₀ • • • •   111   8

                                       151 18

                             cour. fl. 5,681 10
                agio 104½ p⁰⁄₀ • •   244 13

                             bco. fl. 5,436 17

24 Pièces de camelots de poil de chèvre de 1⅛ aune de large, façon de Bruxelles,
mesurant 950 aunes, à f 2 • fl. 1,900
           Rabais pour paiement à comptant 4 p⁰⁄₀ • • •   76

                                 fl. 1,824

Frais d'expédition.

* Pour emballage, fret de Leyde à *Amsterdam* & port à bord, • • fl.   6
Pour les droits de fortie & passeport de visite, • • • • • • • • • • •   11   4
Pour commission d'achat & d'expédition sur fl. 1,841 à 2 p⁰⁄₀ • • • •   36 16

                                   54

                         cour. fl. 1,878
                agio 104½ p⁰⁄₀ • •   80 17 8

                             bco. fl. 1,797   2 8

Comme dans la même ville de Leyde l'on fabrique des étamines de laine pour faire des pavillons de
navires, qui souvent font demandés à *Amsterdam* de divers ports de France & d'Espagne, nous en
donnerons le compte simulé suivant, sçavoir :

40 pièces étamines de ¾ d'aune de large sur 36 aunes de long de couleur écarlate
    à f 10¼ la pièce, • fl.   430
120 dites afforties blanc, bleu & jaune à f 7¾ • • • • • • • • • • • • • •   930

160 Pièces d'étamines, • fl. 1,360
          Rabais pour prompt paiement 2 p⁰⁄₀ • • •   27   4

                                fl. 1,332 16

Ci-contre . . . . fl. 6,332 16

Frais d'expédition.

* Pour emballage, fret de Leyde à *Amsterdam* & port à bord, ... fl. 18
Pour les droits de sortie & passeport de visite, ... 28
Pour commission d'achat & d'expédition sur fl. 1,359 à 2 p°. 27   4

                                                    53   4

                      cour. fl. 1,386
           agio 104½ p°. .   59 13 8

                    bco. fl. 1,326 6 8

Il convient de placer à la suite du compte simulé des étamines pour les pavillons de navire, un autre compte de toiles à voiles, dont il se fabrique une quantité considérable à *Wormerveer* & en d'autres villes & villages de la Nord-Hollande. Il y en a de quatre sortes, désignées par les lettres A, B, C, D. Chaque sorte est dans son espèce de qualité supérieure. Voici ce que ces toiles peuvent coûter à quelque chose près, plus ou moins, avec les frais jusqu'à bord du navire, sçavoir:

25 Pièces toiles à voiles A. à fl. 34 la pièce, ... fl. 850
25 Pièces dites, ... B. . . 30 750
25 Pièces dites, ... C. . . 26 650
25 Pièces dites, ... D. . . 22 550

100 Pièces . . . . fl. 2,800
                 Rabais pour prompt paiement 1 p°. . .   28

                                      fl. 2,772

Frais d'expédition.

* Pour emballage & port à bord du navire . . . . fl. 23 10
Pour droits de sortie & passeport de visite 30
Pour commission d'achat & d'expédition sur fl. 2,852 à 2 p°. 56

                                            110

                     cour. fl. 2,882
           agio 4½ p°. . . fl. 124   2

                    bco. fl. 2,757 18

Tel est le tableau que nous avons cru devoir donner du commerce des productions du pays. Nous n'y avons point fait entrer de compte simulé pour la garance, quoiqu'elle en fasse une partie assez considérable, parce que cet objet trouvera mieux sa place dans l'article de Rotterdam, cette ville étant l'entrepôt où s'en fait le débit. Nous avons cru aussi pouvoir nous dispenser d'en donner sur divers autres articles qui se fabriquent en *Hollande*, mais qui ne nous paroissent pas assez importans pour les encadrer ici les uns après les autres. Le détail seroit très-long, sans être de beaucoup d'utilité, & au surplus nous meneroit plus loin que ne nous permettent les bornes de cet ouvrage. Nous allons maintenant nous occuper de l'article du commerce des productions des colonies.

Commerce des productions des colonies.

Ce commerce se divise en deux branches principales, dont l'une regarde les productions des Indes orientales, & de quelques autres contrées de l'Asie qu'apportent en *Hollande* les navires de la compagnie des Indes, comme nous avons déja dit dans le paragraphe qui traite de cette société; l'autre a pour objet les denrées de l'Amérique que les Hollandois reçoivent des colonies qu'ils ont sur cette partie du globe. Ces deux branches de commerce sont des plus importantes de la *Hollande*, & méritent que nous en parlions séparément & avec une certaine étendue.

I. Les principaux articles qui viennent à *Amsterdam* des Indes orientales, sont la canelle, le poivre brun, le macis, le clou de girofle, la noix mufcade, le thé, le café, la foie, le coton, quelques étoffes de foie & de coton, du falpêtre, des diamants & beaucoup d'autres chofes que nous nous difpenferons de répéter ici, les ayant détaillées ailleurs. Nous nous bornerons, (au refte, à faire des comptes fimulés de quelques-uns des articles ci-deffus dénommés.

La canelle que la compagnie des Indes vend, differe de qualités comme de prix. Elle eft connue fous divers noms, ou plutôt on en connoît les fortes par les noms des lieux où elle eft exploitée. Ces lieux font *Pointe de Gale, Barbarie, Mattura, Colombo & Negombo* dans l'Ifle de Ceylan. La canelle de Pointe de Gale eft la plus fine & la meilleure qu'on connoiffe; elle forme ordinairement avec celles de Barbarie & de Mattura l'efpéce qu'on diftingue fous le nom de *canelle lettre rouge*; la canelle de Colombo, & celle de Negombo font, d'une autre part, l'affortiment qu'on nomme *canelle lettre noire*. La canelle de la lettre rouge eft demandée pour le Levant, l'Italie & l'Amérique. Celle de la lettre noire fe confomme principalement en France, en Efpagne & en Allemagne. C'eft la canelle qui a le plus de débit en Europe, parce qu'elle eft du moindre prix. Les prix des canelles varient chaque année fuivant les circonftances. Nous

avons déjà parlé de cet objet ailleurs; nous ajouterons feulement ici, que c'eft la branche de commerce la plus difficile à remplir avec fatisfaction pour les commiffionnaires Hollandois, chargés de faire des achats de cette épicerie. En effet, non-feulement il arrive des baiffes & des hauffes confidérables dans les prix de la canelle d'une année à l'autre; mais il n'eft que trop ordinaire de voir des différences prodigieufes dans les prix d'une chambre à la fuivante. Les acheteurs partagent, il eft vrai, les achats qu'ils veulent faire dans les chambres refpectives de la compagnie des Indes orientales, fuivant la quantité que chacune de ces chambres eft chargée de vendre; mais on ne réuffit pas toujours à établir des prix moyens qui puiffent fatisfaire les négocians étrangers, lorfque ceux-ci ont plufieurs commiffionnaires à *Amfterdam*, dont il peut fe faire que l'un les ferve mieux que l'autre fur l'article de la canelle. Le plus habile de ces commiffionnaires eft quelquefois le plus trompé, lorfque, dans l'efpoir d'avoir cette épicerie à meilleur prix dans une des chambres que dans les autres, il y fait fes achats en total ou en plus grande partie. Nous avons détaillé ailleurs (*voyez p.* 541) les prix que la canelle & les autres épiceries ont valu pendant cinq années dans les différentes chambres de la compagnie.

Nous allons maintenant rapporter ceux que la canelle a valu cette année (1780) dans ces mêmes chambres.

A Amfterdam la lettre rouge a valu de 92 à 150 f. bco. & la lettre noire de . .		91 à 105 f.
A Middelbourg . . . . 95 à 125		95 à 105
A Delft . . . . 100 à 135		94 à 100
A Rotterdam . . . . 95 à 136		93 à 98
A Hoorn . . . . 100 à 136		100 à 105
A Enkhuyzen . . . . 100 à 136		- 100 à 105

Nous ne parlons pas ici de la canelle avariée, qui fe vend auffi avec avantage à la vente qu'en fait la compagnie une fois l'année, les prix n'en étant inférieurs que de quelques fols à ceux de la canelle faine. Nous allons placer ici un compte fimulé de 32 furons de canelle achetés dans les diverfes chambres, fçavoir :

16 Surons, dont 8 de la lettre rouge, la moitié de ceux-ci en cuir, l'autre moitié en double emballage; & les 8 autres de la lettre noire, moitié en cuir, & moitié en double emballage, achetés à *Amfterdam* aux prix fuivans :

	Pefant brut.	Tare.	Poids net.				
2 Surons en cuir .	182 ℔	34 ℔	148 ℔ ,	à 92 f. la ℔ bco.	fl.	680	16
2 Dits , ...	182 ℔	34 ℔	148 ℔ ,	à 110 f.		814	
2 Dits , d'emballage	188 ℔	40 ℔	148 ℔ ,	à 132 f.		976	16
2 Dits , ...	188 ℔	40 ℔	148 ℔ ,	à 150 f.		1,110	

8 Surons canelle de la lettre rouge, pefant 592 ℔ , à 121 f. la ℔ prix moyen } 3,581 12

	Brut.	Tare.	Net.				
2 Surons en cuir .	184 ℔,	34 ℔,	150 ℔	à 91 f.	fl.	682	10
2 Dits , ...	184 ℔,	34 ℔,	150 ℔	à 93 f. . .		697	10
2 Dits d'embal .	190 ℔,	40 ℔,	150 ℔	à 95 f. . .		712	10
2 Dits , ...	190 ℔,	40 ℔,	150 ℔	à 105 f. . .		787	10

8 Surons canelle de la lettre noire pefant. 600 ℔ , à 96 f. fl. 2,880 } . . . 2,880

fl. 6,461 12

Ci-contre . . . . fl.   6,461   12

8 Surons de canelle dont 4 de la lettre rouge & quatre de la lettre noire, achetés
   à la chambre de Middelbourg, sçavoir :
   4 Surons de la lettre rouge pesant net 296 ℔ à 110 f. prix moyen   1,628
   4 Surons de la lettre noire . . . . 300 ℔ à 100 . dit . . . . à . .   1,500

2 Surons de canelle achetés à la chambre de Delft, dont
   1 Suron de la lettre rouge pesant net 296 ℔ à 117½ f. prix moyen   1,739
   1 Dit, de la lettre noire . . . . 300 ℔ à 97 . dit   1,405

2 Surons de canelle achetés à la chambre de Rotterdam, dont
   1 Suron de la lettre rouge pesant net 296 ℔ à 115 ½ f. prix moyen   1,709   8
   1 Dit, de la lettre noire . . . . 300 ℔ à 95 ½ . dit   1,432   10

2 Surons de canelle achetés à la chambre de Hoorn, dont
   1 Suron de la lettre rouge pesant net 296 ℔ à 118 f. prix moyen   1,746   8
   1 Dit, de la lettre noire . . . . 300 ℔ à 102 ½ . dit   1,537   10

2 Surons de canelle achetés à la chambre d'Enkhuysen, dont
   1 Suron de la lettre rouge pesant net 296 ℔ à 118 f. prix moyen   1,746   8
   1 Dit, de la lettre noire . . . . 300 ℔ à 102 ½ . dit   1,537   10

32 Surons de canelle achetés dans les diverses chambres 22,443   6
                          Pour les pauvres 1 par mille .   22   9

                                        fl.   22,465   15

Rabais ordinaire pour prompt paiement 1 p̊ . . . . . . fl.   224   13   ⎫
Rabais extraordinaire pour paiement avant   ⎬   337
   l'époque fixée par la compagnie pour ½ p̊ 112   7   ⎪
retirer les canelles de ses magasins.   ⎭

                                     bco.   fl.   22,128   15

Frais d'Expédition.

Pour transport de 16 surons de canelle des cinq dernières chambres
   à *Amsterdam* . . . . cour. fl.   8
Pour la moitié du droit du poids, port au magasin, emballage des ⎫
   surons & port à bord du navire. . . . . ⎬   72
Pour passeport de visite 5   11

                         cour. fl.   85   11
               agio 104 ½ p̊ .   3   14

                                        81   17

                            bco.   fl.   22,210   12
         Commission d'expédition 2 p̊ .   444   2

                            bco.   fl.   22,654   14

Le *kaveling* ou lot de canelle est de 12 surons. On n'en vend pas moins à la fois dans chaque chambre de la compagnie.

Le poivre se cultive dans plusieurs parties de l'Asie, & principalement sur la côte de Malabar. Les Hollandois en tirent aussi de leurs isles de Java & de Sumatra. Il y en a de deux qualités, connues sous le nom de *poivre brun* ou *noir*, & de *poivre blanc*. Le poivre brun ou noir est ainsi nommé, parce que la couleur naturelle du poivre, après qu'on l'a ôté de la grappe & laissé sécher quelque temps, est d'un brun plus ou moins foncé, suivant les lieux qui le produisent. Le grain gros, pesant & bien nourri, est préféré au grain petit & léger de poids. Le poivre blanc ne diffère du brun que parce qu'ayant été humecté d'eau de mer & séché ensuite au soleil, il a perdu par ce moyen son écorce. Nous ne parlerons point ici du poivre long, la consommation n'en étant nullement comparable à celle du poivre rond, dont l'espèce d'ailleurs diffère totalement.

Nous nous bornerons donc à donner ici le compte fimulé fuivant du poivre brun, qui eft un article de commerce des plus importans.

6. Lots, ou 60 balles de poivre brun achetées dans les fix chambres de la compagnie des Indes orientales comme fuit , fçavoir :

10 balles pefant brut ,	4,350 ℔							
Tare à 5 ℔ par balle ,	50							
Net	4,300 ℔	achetées à Amfterd. à 24 ⅜ la ℔ ,	. bco.	fl.	2,580		
10 dites pefant net . . .	4,300 ℔	. . . à Middelb. à 24 ½	. . .		2,633	15	
10 dites	4,300 ℔	. . . à Delft , à 24 ⅞	. . .		2,674	4	
10 dites	4,300 ℔	. . . à Rotterd. à 24 ⅞	. . .		2,674	1	
10 dites	4,300 ℔	. . . à Hoorn , à 25	. . .		2,687	10	
10 dites	4,300 ℔	. . . à Enkhuyf. à 25	. . .		2,687	10	
60 bal. poiv. pef. net . .	25,800 ℔	au prix moyen de . à 24 $\frac{17}{24}$ ⅜ . . . . bco. fl.			15,936	17	
		pour les pauvres 1 p°⁄°°			15	19	
					15,952	16	
		Rabais pour prompt paiement 1 ½ p°⁄° . .			239	6	
				bco. fl.	15,713	10	

Frais d'expédition.

* Pour frais de tranfport de 50 balles des cinq dernières chambres à *Amfterdam* . . . . . . } . . . . fl.	50	
Pour la moitié du droit du poids , port au magafin , emballage & port à bord du navire . . . . } . . .	240	
Pour paffeport de vifite	8	
couf fl. 298		
agio 104 ½ p°⁄° . 12 17		
	285	3
bco. fl.	15,998	13
Commiffion d'expédition 2 p°⁄° . .	519	19
bco. fl.	16,318	12

Le girofle que la compagnie Hollandoife des Indes orientales prend dans les ifles Moluques pour le tranfporter dans divers pays, tant de l'Afie que de l'Europe, eft de deux efpéces, dont la plus abondante & la plus eftimée eft celle que l'on fait fécher avant la maturité entière du fruit. L'autre efpèce eft le girofle mûr qu'on confit. Il eft alors nommé *a niofle de girofle*, au lieu que le girofle fec eft appellé *clou de girofle*, à caufe de fa reffemblance avec un clou; c'eft de ce dernier que la compagnie Hollandoife vend tous les ans des quantités immenfes, & qu'elle retire des bénéfices prodigieux. Elle en fixe elle-même les prix, & fes magafins en *Hollande* font toujours ouverts pour tous ceux qui ont befoin d'acheter de cette précieufe épice. Le prix du girofle que la compagnie avoit tenu pendant plufieurs années à 85 f. bco. la l., baiffa en 1777 à 65 f. où il eft demeuré jufqu'à préfent.

Voici un compte fimulé de cette forte d'épicerie :

1 Boucau de cloux de girofle pefant environ brut . . . . . . 520 ℔, & il y a toujours 2 ℔ de bon
Pour tare , l'on déduit le poids du boucau 80   poids fourd.

Net 440 à 65 f. bco. fl.	1,430	2	8
Rabais pour prompt paiement 2 p̊.	28	12	
	1,401	10	8
Pour les pauvres 1 par mille .	1		8
bco. fl.	1,402	18	8

Frais d'expédition.

Pour port du boucau au magafin , la moitié des frais du poids , &
port à bord du navire . . . . fl.   8
Pour paffeport de vifite   4   8

cour. fl.	12	8	
agio 104½ p̊. .	10	8	
		11	17	8
bco. fl.	1,414	16	
commiffion d'achat 2 p̊.	28	6	
bco.	1,443	2	

L'arbre qui produit la noix mufcade & qui reffemble au pêcher , donne deux articles de commerce
extrêmement recherchés & très-lucratifs pour la
compagnie. L'un eft la noix , que tout le monde
connoît fous le nom de *noix mufcade*, l'autre eft
l'écorce de la noix , connue fous celui de *fouly,
macis*, ou *fleur de mufcade.* Cette écorce n'eft qu'une
peau qui enveloppe la noix dont elle fe fépare d'elle-
même à mefure que ce fruit parvient à fa maturité.
La noix a d'ailleurs une feconde peau ou écorce qui
couvre le macis , mais qui n'a aucune des qualités
qui font eftimer la noix & la fleur de mufcade. Ces
articles fe vendent par la compagnie Hollandoife une
fois feulement l'année , & la vente s'en fait en
même-temps que celles de la canelle & du poivre
fe font dans les chambres refpectives.

Le macis a été payé cette année (1780) comme fuit fçavoir :

A Amfterdam 23 ß 1 ℔ la ℔ , à Middelbourg 23 ß ; à Delft 23 ß 1 ℔; à Rotterdam 23 ß 1 ℔,
à Hoorn 23 ß 4½ ℔; & à Enkhuyfen 24 ß. Le prix moyen répond donc à 23 ß 4½ la ℔; & à ce prix
nous allons former le compte fimulé ci-après, fçavoir :

1 Boucau de macis pefant brut 700 ℔
     Tare environ 120

Net 580 ℔ à 23 ß 4½ ℔ bco . . . . fl.	4,067	
Pour les pauvres 1 p ̊̊	4	1
	4,071	1
Rabais pour pour prompt paiement 1 p̊. . 40 14 ⎫	61	1
Rabais pour paiement d'avance ½ p̊. . . . . 20 7 ⎭		
fl.	4,010	

De l'autre part . . . . fl. 4,010

Frais d'expédition.

* Pour la moitié du droit du poids, port au magasin, & de-là à bord
du navire , ... fl. 11
Pour passeport de visite 6   10

cour. fl. 17 10		
agio 104½ p̊° . 15		
	16	15
bco. fl. 4,026 15		
commission d'expédition 2 p̊° . 80	10	
bco. fl. 4,107	5	

La noix muscade, employée autrefois dans tous les assaisonnemens & même dans les remèdes, est aujourd'hui d'une consommation beaucoup moindre qu'elle n'a été; il n'y a que la compagnie Hollandoise des Indes orientales qui la vende, & au prix qu'elle juge à propos de la fixer. Il y a deux sortes de noix muscades; l'une confite quand la noix est encore verte, & qu'on regarde comme un remède stomacal, l'autre seche & naturelle sans aucune préparation. C'est de cette dernière dont nous traiterons ici : les qualités qui la font estimer, sont d'être pesante, d'une couleur grise, marbrée par le dehors & rougeâtre en dedans, d'avoir une odeur agréable, & un goût chaud, piquant & aromatique.

La compagnie qui depuis assez long-temps tient le prix de cette épicerie à 75 s. argent de banque la livre, en vend tous les jours de l'année où ses magasins sont ouverts.

Voici un compte simulé de cette épicerie.

1 Boucau de noix muscade pesant comme suit, sçavoir :

Brut 600 ℔
Tare . 96

Net 504 ℔ à 75 s. la ℔ . . . . bco. fl. 1,890
Rabais pour prompt paiement 2 p̊° 37   16

1,852   4
pour les pauvres 1 p°°   1   17

1,854   1

Frais d'expédition.

* Pour la moitié du droit du poids & port à bord du navire . . . . . fl. 10   10
Pour passeport de visite 6   5

fl. 16   15
agio 104½ p̊°   15   fl. 16

1,870   1
commission d'expédition 2 p̊° . 36   17

fl. 1,906   18

Nous devons remarquer ici que la compagnie fait des conditions fort avantageuses aux particuliers qui lui font des achats de canelle, en ce qu'outre les rabais d'usage dont nous avons parlé, elle leur fait la faveur de compter la tare beaucoup au-dessus de ce qu'elle est réellement : les marchands qui achetent de la compagnie, sçavent qu'elle donne pour tare sur les canelles 17 ℔ par suron de cuir, 10 ℔ par suron de simple emballage, & 20 ℔ par suron de double emballage; tandis que le poids d'un suron de cuir n'est que de 8 à 10 ℔; celui d'emballage simple de 5 à 6 ℔, & celui d'emballage double de

10 à 12 ℔. Il y a d'ailleurs dans le poids brut des canelles, un bon poids fourd de 1 à 2 ℔ en faveur de l'acheteur ; ce qui a lieu également pour le poivre & les autres épiceries. La compagnie vend chaque forte par lots, ou *kavelings*, qui confiftent en 12 furons de canelle, 10 balles de poivre brun, 6 balles de poivre blanc, un boucau de 300 à 400 ℔ de cloux de girofle, 1 futaille d'environ 700 ℔ de noix mufcades, 1 futaille de 390 à 400 ℔ de macis, ou fleur de mufcade. Si l'on n'achette pas ces épiceries dans des temps convenables à la compagnie, ou fi l'on n'en a pas befoin de parties complettes, fçavoir d'un lot au moins de chaque forte, on peut s'en procurer les parties qu'on en defire, petites ou grandes, chez les marchands épiciers en gros, qui, en s'en faifant payer le prix courant, accordent les mêmes rabais pour la tare que la compagnie, mais ne font point jouir l'acheteur des rabais qu'elle accorde pour prompt paiement.

On compte différentes fortes de thé, que l'on peut néanmoins ranger en trois claffes. Dans la première font les thés verds fins, tels que le *Hayfaen*, le *Hayfaenfchin* ; dans la feconde claffe font les thés verds ordinaires, tels que le *Songlo*, le *Pekao*, le *Soatchon*, le *Tonkay* & le *Congo* ; & dans la dernière eft le thé *bou*, *bohé*, ou *Boey*. On donne au thé plufieurs autres noms que nous croyons inutiles de fpécifier, auffi-bien que les qualités, les couleurs, les goûts différens de cette feuille : nous remarquerons feulement que les thés Hayfaen, Congo & Bou, font ceux dont la confommation, quoique confidérablement diminuée en Europe depuis quelque temps, eft encore néanmoins la plus forte ; celle furtout du thé Congo & du thé Bou eft immenfe à caufe de leur bas prix.

Nous nous bornerons à donner ici le compte fimulé fuivant de ces trois fortes de thé, achetés à la compagnie Hollandoife des Indes orientales, fçavoir :

6 Caiffes de thé Hayfaen dont le poids a rendu, fçavoir :

```
1 Caiffe brut  106 ℔  tare  30 ℔
1 dite, . . .   98 . . .  28
1 dite, . . .   70 . . .  24
1 dite, . . .   50 . . .  20
1 dite, . . .   20 . . .   9
1 dite, . . .   16 . . .   8

          brut 360 ℔ tare 119 ℔
    tare      119
                    net 241 ℔
déduction pour bon poids 1 p 0/0   2½
                                          238½ ℔ à 90 f. . . . . . . . . . . bco. fl. 1,073   5
```

2 Caiffes de thé Congo dont le poids a rendu, fçavoir :

```
1 Caiffe brut  208 ℔  tare  60 ℔
1 dite, . .    196 . . .   54

          brut 404 ℔ tare 114 ℔
    tare     114
                    net 290 ℔
déduction pour bon poids 2 p 0/0   6
                                          284 ℔ à 35 f. . . . . . . . . . .          497
```

2 Caiffes de thé Bohé, ou Boey, dont le poids a rendu, fçavoir :

```
1 Caiffe brut  410 ℔  tare  90 ℔
1 dite, . .    390 . . .   84

          brut 800 ℔ tare 174 ℔
    tare    174
                    net 626 ℔
déduction pour bon poids 4 p 0/0   25
                                          601 ℔ à 20 f. . . . . . . . . . .          601
```

```
                                              bco. fl. 2,171   5
Rabais pour prompt paiement 1 p 0/0 . . fl.  21   14
Et fi l'on paye à comptant encore 1 p 0/0 . . .  21   14
                                                        43    8
                                              bco. fl. 2,127  17
```

De l'autre part • bco. fl. 2,127 17.

Frais d'expédition.

* Pour port au magafin, emballage & port à bord • • • • • • •	fl.	7		
Pour droits de fortie & paffeport de vifite • • • • • • • • • • •		13		
Pour courtage d'achat ¼ p⁰ • • • • • • • • • • • • • • • • •		15	18	
	cour.	fl.	35	18
agio 104½ p⁰ • •		1	11	
				34 7
	bco.	fl.	2,162	4
commiffion d'expédition 2 p⁰ • •			43	5
	bco.	fl.	2,205	9

Note.

La tare des caiffes de thé eft fixée à raifon du poids de chaque caiffe, fçavoir :

Sur une caiffe pefant 400 ℔ & en fus, la tare eft • • • • • • • • • • • • • •	90 ℔
Sur une dite pefant moins que 400 ℔, elle eft • • • • • • • • • • • • • •	84
Sur une demi-caiffe pefant 200 ℔ & en fus, • • • • • • • • • • • • • •	60
Sur une dite pefant moins que 200 ℔. • • • • • • • • • • • • • •	54
Sur un quart de caiffe pefant 100 ℔ & en fus • • • • • • • • • • • •	30
Sur une dite pefant moins que 100 ℔. • • • • • • • • • • • • • •	28
Sur une cannaftre, ou canafte, pefant 70 ℔ • • • • • • • • • • • •	24
Sur une dite, pefant 50 ℔. • • • • • • • • • • • • • • • • •	20
Sur une dite, pefant 32 à 40 ℔. • • • • • • • • • • • • • •	16
Sur une dite, pefant 20 ℔ • • • • • • • • • • • • • • • •	9
Sur une dite, pefant 16 ℔ • • • • • • • • • • • • • • • •	8

Outre le thé que les vaiffeaux de la compagnie transportent de la Chine en Europe, ils apportent de différens endroits de l'Inde & de l'Afie, des cargaifons confidérables de café dont les prix varient fuivant les circonftances. On en diftingue deux qualités ; la meilleure vient de Moca, port de l'Arabie heureufe ; l'autre, fans être à beaucoup près auffi bonne que la première, eft néanmoins préférable aux cafés qui nous viennent de l'Amérique. Nous avons marqué dans le prix courant que nous avons donné ci-devant, les prix & les conditions pour la vente des différens cafés. Comme celui qui vient de l'Amérique forme un objet de commerce des plus importans, nous en donnerons un compte fimulé lorfque nous parlerons du commerce des colonies Hollandoifes de cet hémifphère.

Les autres articles principaux qui viennent des Indes orientales & de la Chine en *Hollande*, font comme nous l'avons déja obfervé, des toiles & des étoffes de coton & de foie ; de la foie & du coton brut ou filé. Il en eft encore plufieurs autres venant des mêmes endroits, indiqués dans le prix courant, avec leurs valeurs & leurs qualités refpectives ; mais il feroit trop long & peut-être fuperflu d'en donner des comptes fimulés. Un objet dont nous n'avons encore parlé nulle part, & qui néanmoins eft fort intéreffant, trouve ici naturellement fa place ; c'eft celui des diamans travaillés, tels qu'on les demande communément à *Amfterdam*, de plufieurs endroits de l'Europe. Nous en donnerons un prix courant, après avoir dit deux mots de cette pierre précieufe, auquel le luxe donne un prix prodigieux.

On ne trouvoit autrefois des diamans que dans les Indes orientales. La partie inférieure de l'Indoftan en fourniffoit la plus grande partie. Au milieu du dix-feptiéme fiècle on comptoit vingt-trois mines de diamans ouvertes dans le royaume de Golconde & quinze dans celui de Vifapour. L'ifle de Borneo en avoit auffi plufieurs qu'on exploitoit. Aujourd'hui c'eft du Bréfil, appartenant aux Portugais, que l'on tire la majeure quantité des diamans qui fe répandent en Europe. Ces diamans paffent pour n'avoir pas la même dureté que ceux des Indes orientales, & ne peuvent par conféquent recevoir le même poli ; auffi font-ils moins eftimés. La rareté de ceux-ci en fait auffi monter le prix confidérablement.

Les diamans blancs, dont l'eau eft bien nette, font les plus eftimés. Ils font d'une plus grande dureté que les diamans colorés. De ceux-ci les uns font bleus, d'autres font verds, couleur de rofe, jaunes, noirs, citrons, &c. Quelques-uns ont des couleurs extraordinaires, & cette fingularité fait qu'ils font recherchés, même plus que les blancs. C'est le caprice qui y met le prix. Les deux principales qualités du diamant font la netteté & la tranfparence; la troifiéme eft l'éclat & la vivacité de fes reflets; il eft fenfible que cette dernière qualité eft une fuite naturelle des deux autres; il faut cependant convenir que la main de l'artifte ne contribue pas peu à multiplier, pour ainfi dire, les rayons qu'on en voit jaillir.

Il y a différentes manières de tailler les diamans. Ces différences dans la taille leur ont fait donner des noms diftinéts, & fervent à former les fix claffes ou dénominations créées par les diamantaires. La première de ces claffes comprend les *diamans à table*, ou pierres épaiffes; la feconde les *pierres foibles*; la troifiéme les *rofes*; la quatriéme les *brillans*; la cinquiéme les *demi-brillans*, ou *brillonets*; la fixiéme des *poires à l'Indienne*.

Comme les pierres à table, les rofes, les brillans & les brillonets font en général le plus demandés de divers endroits, nous nous bornerons à en donner le prix courant fuivant.

Prix courant des diamans dits de Brabant taillés en Hollande:

Pierres à table & rofes de premiere qualité.

Pierres à table foibles, à fl.	27 le carat.
Dites pierres épaiffes,	36
Rofes pefant 1 grain	44
Dites, . . . 2 dits,	50
Dites, . . . 3 dits,	70
Dites, . . . 4 dits,	90
Pierres de 10 à 30 en carat,	46
Dites, de 30 à 50 dits,	50

Pierres à table & rofes de la deuxiéme qualité.

Pierres à table foibles, à fl.	25 le carat.
Dites, pierres épaiffes,	32
Rofes, pefant 1 grain	40
Dites, . . . 2 dits,	44
Dites, . . . 3 dits,	50
Dites, . . . 4 dits,	60
Pierres de 10 à 30 en carat,	40
Dites, de 30 à 50 dits,	42

Brillans à *double ouvrage* pefant	1 grain	fl. 80 le carat.
Dits,	2 dits,	85
Dits,	3 dits,	90
Dits,	4 dits,	fl. 110 à 115
Dits,	5 dits,	150
Dits,	6 dits,	180

Ceux des autres grandeurs à proportion.

Brillans à fimple ouvrage, demi-brillans ou brillonets, fçavoir:

De premiere qualité.

Pierres, pefant 1 grain à fl.	62 le carat.
Dites, de 6 à 8 en carat	64
Dites, de . 12	66
Dites, de . 16	68
Dites, de . 20	74
Dites, de . 30	80
Dites, de . 40	85
Dites, de . 50	90
Dites, de . 60	95

De premiere qualité.

Pierres de 70 en carat à fl.	98 le carat.
Dites, de 80 à 90	100
Dites, de 100	105
Dites, de 150 à 300 à 18 fols pièces.	

De feconde qualité.

Pierres de 4 à 12 en carat à fl.	50
Dites, de 12 à 20	55
Dites, de 20 à 50	60

Les joyailliers ont coutume de déduire de ces prix 1 p.c pour prompt paiement, quoique ce paiement n'ait lieu que dans trois mois. Il eft bon, au refte, de dire qu'on a dreffé des tarifs pour les diamans, fur-tout pour ceux de grande & moyenne taille; mais il n'eft pas fûr de s'y rapporter, parce que les diamans fe répandent de plus en plus, & doivent par conféquent diminuer de prix. D'ailleurs, la netteté, la couleur, la grandeur, l'étendue, le poids de la pierre, & la perfeftion de la taille, variant à l'infini, empêcheront toujours que l'on puiffe calculer au jufte la valeur du diamant.

II. Le commerce que fait la *Hollande* avec fes colonies de l'Amérique, eft des plus importans. Le fucre, le café & le coton en font les principaux objets. Il eft permis à l'étranger comme aux Hollandois de le faire, moyennant qu'il paie à la compagnie Hollandoife, comme nous l'avons déja obfervé, les droits qui lui font dûs. Bien plus, les ifles de St. Euftache & de Curaçan étant des ports francs, où toutes les nations ont la liberté d'aller trafiquer, comme bon leur femble, les armemens pour ces ifles peuvent être faits hors de la *Hollande*. On eft feulement obligé de prendre les expéditions requifes en *Hollande*, en ayant foin d'y faire payer les droits ordinaires à la compagnie, qui dans ce cas, accorde ſes lettres de permiſſion adreſſées aux gouverneurs reſpeĉifs des deux iſles. A cet égard on fait le même traitement aux étrangers qu'aux Hollandois.

La compagnie fait peu ou point d'expéditions pour ſon propre compte pour les colonies Hollandoiſes; mais, comme tous les navires doivent revenir néceſſairement en *Hollande* avec leurs cargaiſons de retour, ſans même excepter ceux qui ont été expédiés de quelque port d'Europe que ce ſoit pour Curaçau, ou St. Euſtache, la compagnie ſe charge à l'arrivée de ces navires en *Hollande*, du ſoin d'en recevoir les cargaiſons & d'en faire la livraiſon aux propriétaires, ou *conſignataires* reſpeĉifs, de qui elle recouvre & les droits qui lui appartiennent à elle-même ſur le montant des marchandiſes, & le fret qui doit être payé au navire en vertu des connoiſſemens, lequel fret elle remet enſuite aux armateurs du navire, après en avoir déduit les frais comme nous le montrerons ci-après.

Les ſociétés de Surinam & de Berbice font de leur côté quelques expéditions aux colonies qui ſe trouvent dans leur conceſſion; la première principalement ayant beſoin tous les ans de Négres, en fait acheter une partie ſur les côtes d'Afrique, & le reſte à Surinam même. Au reſte, les particuliers qui ſuivent le commerce de cette colonie & celui de Berbice, de Demerari & d'Eſſequebo, ſont la plupart ou propriétaires, ou intéreſſés de quelqu'une des plantations de ces mêmes colonies.

Le commerce de St. Euſtache & de Curaçau eſt tout différent : il ſe fait par des négocians ſpéculateurs, ſoit pour leur propre compte, ſoit pour compte en participation avec des étrangers. La poſition de St. Euſtache en particulier eſt on ne peut plus avantageuſe pour ce commerce; ſa proximité des autres iſles, invitant d'un côté les habitans de celles-ci, & d'un autre les négocians de l'Europe qui ont des relations avec eux, à ſe ſervir de la voie de St. Euſtache, ſur-tout en temps de guerre, pour ſe procurer la facilité des retours, ou le débouché le plus avantageux de leurs denrées.

En effet, quoique l'iſle de St. Euſtache ne ſoit pas le ſeul port franc de l'Amérique, on peut néanmoins la regarder comme la ſeule colonie Européenne de cette partie du globe, qui ne ſoit pas agricole, ſon terroir étant ſon propre pour la cultivation, & d'ailleurs fort reſſerré. Le commerce eſt donc ſon unique reſſource, mais reſſource féconde & ſolide qui dédommage amplement cette iſle des autres avantages que la nature ſemble lui avoir refuſés. Elle eſt fréquentée de toutes les nations qui ont des poſſeſſions en Amérique, & tant en guerre qu'en paix, St. Euſtache eſt un entrepôt où les colonies Européennes de cet hémiſphère vont chercher les proviſions qui peuvent leur manquer, & porter le ſuperflu des denrées dont elles ne ſauroient ſe défaire chez elles ou ailleurs auſſi avantageuſement que dans cette Iſle. Il eſt donc

évident que le commerce de St. Euſtache tenant de ſi près à celui que chaque nation fait avec ſes colonies reſpeĉives de l'Amérique, la connoiſſance n'en peut qu'être utile & agréable aux négocians ſpéculateurs : nous allons en conſéquence expoſer d'une manière ſuccinĉe en quoi conſiſte ce commerce.

Diſons d'abord que le commerce de St. Euſtache a pour objet de fournir aux iſles qui l'avoiſinent en Amérique, une partie des proviſions dont elles ont beſoin, & d'acheter d'elles le ſuperflu de leurs denrées. Nous obſerverons enſuite, que ce commerce par la même raiſon qu'il eſt indépendant de celui que l'on fait dans les établiſſemens Européens dans cette partie de l'Amérique, connue ſous le nom d'*iſles Antilles*, ou *Caraïbes*, eſt ſujet à des révolutions ſubites & inattendues, qui le plus ſouvent trompent l'attente du ſpéculateur ; indépendamment de cela, comme en certaines circonſtances on peut y faire des profits conſidérables, ces profits encouragent les ſpéculations, qui en forçant le commerce, ne peuvent manquer de lui nuire. Mais, quoi qu'il en ſoit, tout commerce eſt bon lorſque l'on ſçait les moyens de le faire avec avantage, & celui de St. Euſtache offre toujours au ſpéculateur prudent une carrière brillante, dans laquelle il n'exerce ſes talens & ne déploie ſes facultés, que lorſqu'il voit les affaires dans un juſte équilibre.

Le commerce de St. Euſtache ſe diviſe naturellement en commerce d'*allée* & en commerce de *retour*. Le premier conſiſte à y envoyer des proviſions fraîches & ſalées, & quelques marchandiſes ſeches. Le dernier conſiſte à en faire venir diverſes denrées & marchandiſes de l'Amérique.

On entend par proviſions fraîches & ſalées, des farines, des pois, des haricots, du vin, de l'eau de vie, du genièvre ou eau de vie de grains, du vinaigre, de l'huile d'olive, de la viande de bœuf ſalée, du lard & de la viande de cochon, des jambons, du ſaumon en ſanmure, des harengs ſalés, du beurre, des chandelles de ſuif, des bougies de cire & pluſieurs autres choſes.

Les marchandiſes ſeches le plus demandées pour St. Euſtache, ſont des colets ou toiles d'Oſnabruck, dites autrement *toiles à la roſe*, des toiles de Warendorp, de Siléſie, de Brabant, de *Hollande* & de Ruſſie, des Platilles royales, Bretagnes; Crées ou Morlaix véritables & contrefaites, toiles écrues de Mortagne, de Vimoutier, de Dinan, brins & groſfort de divers longueurs, toiles de Laval, toiles à voile de *Hollande* & de Ruſſie, baſins, fils d'épreuve véritables & contrefaits, coutils, ſerviettes & napage de France; mouchoirs de Siléſie, de Rouen, de Saumur & de Béarn; mouchoirs & robes de Cholet, bas de fil tricotés blancs, fil de Rennes gris; indiennes pattenas, perſes des Indes, chitz, ſirſaca, gingas, guingans, hamans, baffetas, mouchoirs des Indes, naukins; mouſſelines unies, à fleurs, brodées, à raies & à carreaux, chemiſes de ſoldats; cloux de fer aſſortis, verres à boire & gobelets blancs , fayence de Rouen ; des houis ; ferpes & haches ; des chaifes en paille ; planches de fa-pin , cordages & fil à voile , & divers autres articles.

C'eft du choix de tous ces articles que dépend le plus fouvent le bon ou le mauvais fuccès des fpé-culations. On doit fur-tout prendre bien garde à la bonne qualité des provifions , qui plus qu'aucune autre marchandife , font fufceptibles de détérioration, auffi-bien pendant la traverfée d'Europe en Améri-que , qu'en Amérique même , dont les chaleurs font funeftes à tous les comeftibles. On donne la pré-férence dans cet hémifphère aux farines de France & d'Angleterre fur celles de *Hollande*. Celles-ci fervent feulement à faire du bifcuit ; & l'on fait du pain avec celles-là. Les falaifons d'Irlande font tout ce qu'il y a de mieux dans ce genre pour l'Améri-que. Elles font mieux préparées , fe confervent da-vantage , & les qualités en font fupérieures à celles des falaifons qu'on fait en *Hollande* & en d'autres pays. La viande falée de bœuf, celle de cochon & le lard de Corke , de Waterford & de Limmerik font fort eftimés à St. Euftache & dans les autres ifles. Le hareng falé eft un article fur lequel il y a des dan-gers à courir. Celui de *Hollande*, quoique reconnu pour le meilleur , eft trop gras & ne fe conferve pas long-temps. Celui de Suède, lorfqu'il a été bien conditionné , rifque moins de fe gâter, fe vend cou-ramment & à des prix qui , quoique plus bas que ceux qu'on paie pour les harengs de *Hollande* , donnent néanmoins plus de bénéfice que ces der-niers. Le meilleur moyen de préfever le hareng d'une prompte corruption , c'eft de le laver, le refaler, le mettre en de bons barils avec le plus de couches de fel qu'il eft poffible , & enfuite cercler & fermer foigneufement les barils avant de les envoyer à bord du navire ; l'on doit également veiller à ce que les barils ne fouffrent pas de mauvais arrimage.

On peut fe promettre du bénéfice, & même un grand bénéfice du commerce de l'Amérique, moyen-nant qu'on le faffe avec prudence & circonfpection. Cependant la fpéculation la mieux combinée peut avoir un mauvais fuccès. Dans ce cas, le fpéculateur doit-il fe rebuter ? Non : au contraire , il doit faire un fecond & même un troifième effai avant de re-noncer à un commerce que quelques circonftances

momentannées auroient rendu mauvais, fans qu'il le fut par lui-même. Comme il y a des fpéculateurs timides qui fe découragent dès qu'un premier effai leur a été malheureux, ou feulement peu favora-ble , & qui perdent ainfi les profits qu'ils auroient pu faire s'ils euffent continué leurs fpéculations ; d'une autre part il y en a d'autres qui , plus avides , ou moins prudens, forcent dans un article qui aura bien rendu la première fois , fans prévoir que leur gain-même aura engagé plufieurs autres fpéculateurs à le faire dans le même article , dont la trop grande abondance , comme en toute autre chofe , avilit le prix , & doit néceffairement caufer de la perte au fpéculateur qui s'y eft livré aveuglément, au lieu du profit dont il s'étoit vainement flatté. Ces deux extrémités font également à éviter dans tout com-merce quelconque , fpécialement dans celui de l'A-mérique , où le meilleur moyen de bien réuffir dans fes entreprifes eft de n'en faire que de petites, mais répétées & choifies. Au furplus , quelque foit l'article fur lequel on fe propofe de fpéculer, l'on doit mettre la plus grande attention à prévoir les circonftances qui en peuvent rendre la vente prompte & favorable ; car il y a bien des articles fujets à fe gâter promptement à St. Euftache , à caufe des gran-des chaleurs qui y régnent ordinairement, & ceux-ci doivent y être vendus fur le champ , foit avec béné-fice , foit avec perte. On conçoit aifément que ces articles font principalement les falaifons : les farines courent auffi à peu-près le même rifque ; mais il n'en eft pas ainfi des marchandifes feches, qui à la vérité font d'un débit plus lent & peut-être moins avantageux que celui des provifions de bouche en général , mais qui , d'un autre côté , rendent tou-jours à l'habile fpéculateur, qui fçait s'en procurer de bons affortimens de la première main , un béné-fice honnête , capable de contenter fon ambition.

Nous devons à préfent placer de fuite les comptes du coût d'une pacotille expédiée d'*Amfterdam* à St. Euftache ; de la vente qui en fut faite dans cette ifle ; de l'achat d'une partie de fucre & d'un autre de café pour former les retours de la pacotille , & du rendement que ces retours ont donné à *Amfterdam*. Cela fuffira, ce nous femble , pour donner une idée du commerce actuel de St. Euftache.

Comptes d'achat de divers articles qui ont formé une pacotille pour l'ifle de St. Euftache , fçavoir :

500 barils de farine de *Hollande* pefant,
    Brut 97,500 ℔
  Tare , 8,500

Net 89,000 ℔ à 9 fl. les 100 ℔ . . . . fl. 8,010
Pour les 500 barils, à 28 f. pièce 700

                                   fl. 8,710

De l'autre part . . . . fl. 8,710

Frais d'expédition.

* Port à bord & pour faire fceller les barils à 6 f. . . . . fl.   150
Droits ordinaires 2 ½ p°⁄° & paffeport   222
Prime extraordinaire durant la guerre ½ p°⁄°   43   9
Affurance fur fl. 9400 à 5 p°⁄°   470
Commiffion fur fl. 9,595 2 p°⁄°   191   18   1,077   7

                                        cour. fl.   9,787   7

200 barils de viande de bœuf falé à 30 fl. . . . . fl.   6,000
           Rabais pour prompt paiement 1 p°⁄°   60

                                          fl.   5,940

Frais d'expédition.

* Port à bord & cerclage des barils à 3 f. . . . . fl.   30
Droits ordinaires & extraordinaires 3 p°⁄° & paffeport   178   4
Affurance fur fl. 6,600 à 5 p°⁄°   330
Commiffion fur   124   16   663

                                        fl.   6,603

100 barils de hareng de *Hollande* à 18 fl. le baril . . . . fl.   1,800
           Rabais pour prompt paiement 1 p°⁄° . .   18

                                          1,782

Frais d'expédition.

* Port à bord des navires & rabatage des barils . . . . fl.   15
Droits ordinaires & extraordinaires & paffeport   57
Affurance fur fl. 2,000 à 5 p°⁄°   100
Commiffion d'expédition 2 p°⁄°   39   211

                                       cour. fl.   1,993

100 bariques de vin rougé de Bordeaux à 38 l. le tonneau . . . . fl.   5,700
           Rabais pour prompt paiement 1 p°⁄° . .   57

                                          5,643

Frais d'expédition.

* Port à bord, rabatage & cerclages des futailles . . . . fl.   145
Droits ordinaires & extraordinaires & paffeport   174
Affurance fur fl. 6,400 à 5 p°⁄°   320
Commiffion d'expédition 2 p°⁄°   125   13   764   13

                                       cour. fl.   6,407   13

40 Pièces de toiles à la rose de première qualité mesurant
    ensemble . . . . . 3,045 aunes, à rixd. $11\frac{1}{2}$ . . . . fl. 875 8
40 Dites, de deuxiéme qualité, . 3,117 . . . . $10\frac{2}{5}$ 827 19
60 Dites, de troisiéme qualité, . 5,145 . . . . $9\frac{1}{2}$ 1,221 19
300 Pièces toiles à carreau mesurant 7,200 aunes, à $5\frac{1}{8}$ f. l'aune 1,845
200 Pièces fil d'épreuve de Silésie, à $6\frac{1}{4}$ fl. pièce 1,250
200 Pièces fil d'épreuve de Harlem, à $7\frac{1}{4}$ 1,550
40 Pièces de Rouen contrefaites, mesurant 2,600 aunes, à $7\frac{1}{10}$ f. 934 7
40 Dites, dit véritable, ... 2,016 . . . à $7\frac{1}{4}$ 731 1
250 Pièces Bretagnes *entrelarges*, à 64 f. pièce 800
250 Dites, dites, ... à $65\frac{1}{2}$ 818 15
125 Dites, dites *larges*, . . . à 91 . . . . 568 15
125 Dites, dites, ... à 92 575

44 Pièces blanches de ménage, dont
  12 Pièces contenant 624 aunes, à $11\frac{2}{5}$ f. . . . . fl. 362 14
  12 Dites, ... 607½ . . . $10\frac{2}{5}$ . . . . 322 15 } 1,097 19
  20 Dites, . . . 1,000 . . . . $8\frac{1}{4}$ 412 10

40 Pièces toiles de ménage, dites *Huysdoek*, ... 1,854 aunes à $5\frac{1}{2}$ 509 17

30 Pièces toiles de Warendorp, assorties comme suit.
  6 Pièces N° 6 . à 18 fl. pièce . . . . fl. 108
  6 . . . . . 7 . . 22 132
  5 . . . . . 8 . . 26 . . . . 130 } 808
  5 . . . . . 9 . . 30 150
  4 . . . . 10 . . 34 136
  4 . . . . 20 . . 38 152
50 Pièces toiles à voiles de Russie, à $23\frac{1}{2}$ fl. 1,175
30 Pièces toiles blanches de Russie, à 1,492½ aunes à 10 f. 746 2
50 Pièces *Ravensdoek* de Russie, à 18 fl. pièce 900
120 Pièces toiles *Callamink*, ou coutil de Russie mes. 4,007½ arch. à $9\frac{1}{4}$ 1,853 9
75 Pièces toiles écrues, grossières, à $28\frac{1}{2}$ ß pièce 641 5
100 Pièces toiles serpillières, à 94 f. pièce 470
20 Pièces coutils de soie & coton, à 9 fl. pièce 180
33 Pièces mouchoirs de Madras, à 60 fl. pièce 1,980
10 Dites mouchoirs palicats fins, $\frac{5}{4}$, 12 à la pièce, à $27\frac{1}{2}$ fl. 275
10 Dites dits, superfins, . . . $\frac{5}{4}$, 8 . . . . . . $22\frac{1}{2}$ 225
13 Dites Mazuliparan ordinaire, . . 8 . . . . . . $8\frac{1}{4}$ 107 5
11 Dites dits, fins, ... 8 . . . . . 12 144
10 Dites mouchoirs à coins blancs . . . . . . $13\frac{1}{2}$ 135
15 Dites mouchoirs bleus, ... 10 . . . . 8 120
40 Pièces chits des Indes assortis, à $15\frac{1}{2}$ fl. pièce 620
20 Dites ou demi-perses de *Holl.* de 16 à 17 aunes, à $23\frac{1}{2}$ 470
14 Pièces mousselines brodées en chainette de 14 aun., à 68 952
10 Dites, brodées en couleur, à 105 fl. 1,050
6 Dites, unies à broder, de 14 aunes, à 60 fl. 360
5 Dites, rayées . . . . à 72 360

                                        fl. 27,178 1
              Rabais pour prompt paiement 1 p$\frac{o}{o}$ . . 271 16
                              cour. fl. 26,906 5

De l'autre part . . . . fl. 26,906 7

240 Pièces de nanquin jaune, à 50½ f. . . . . bco. fl.	606	
80 Pièces de Salempouris, à 7½	600	
70 Dites , de meilleure forte , à 9⅞	691	5

fl. 1,857 5

pour les pauvres 1 p⁰⁄₀₀ • •   1   17

1,859   2

Rabais pour prompt paiement 1½ p⁰⁄₀ • •   28   10

bco. fl. 1,870 12
agio 4½ p⁰⁄₀ • •   84   3

1,954 15

Pour 18½ pièces toile d'emballage , à 20¼ ß pièce   112   9

fl. 28,973   2

Frais d'expédition.

* Port au magafin , emballage , caiffes & port à bord des
  marchandifes , ... fl.   253   16
Droits de fortie & paffeport de vifite , ...   604   11
Divers courtages , ...   28   10
Affurance fur fl. 32,500 à 5 p⁰⁄₀ 1,625
Commiffion fur fl. 31,485 à 2 p⁰⁄₀   629   14

3,141 11

cour. fl. 32,115

Récapitulation.

Montant des 500 barils de farine , ... cour. fl.   9,787 7
Dit , des 200 barils de viande , ...   6,603
Dit , des 100 barils de hareng , ...   1,993
Dit , des 100 bariques de vin , ...   6,407 13
Dit des marchandifes feches , ...   32,115

Montant total de la pacotille , ... cour. fl.   56,906

Vente faite à Saint Euftache de la pacotille ci-deffus , fçavoir :

500 barils de farine , à 18 piaftres . . . . P.   9,000

Frais de réception & livraison.

Pret, à 2½ fl. par baril, 15 p⁰⁄₀ d'avarie & 10 p⁰⁄₀ d'augmentation }
  fl. 1,581 5 f. à 48 f. la piaftre . . . . } P.   658   7
* Port au magafin & autres frais ;   81   1
Commiffion de vente 5 p⁰⁄₀   450

1,190

piaftres 7,810

200 barils de viande de bœuf salée , à 22 piastres . . . . P. 4,400

Frais de réception & livraison.

Fret à 3 fl. le baril & les conditions ordinaires . . . . P. 316 2
* Port au magasin & autres frais, ... 48 6
Commission de vente 5 p° 220
                                                                            585

                                                            Piastres 3,815

100 barils de hareng de *Hollande* , à 17 piastres, ... P. 1,700

Frais de réception & livraison.

Fret à 3 fl. le baril , & les conditions ordinaires . . . . P. 158 1
* Port au magasin & autres frais 26 7
Commission de vente à 5 p° 95
                                                                            280

                                                            Piastres 1,420

100 bariques de vin de Bordeaux , à 40 piastres . . . . P. 4,000

Frais de réception & livraison.

Fret à 6 fl. & les conditions ordinaires . . . . P. 316 2
* Port au magasin & autres frais , ... 43 6
Commission de vente 5 p° 200
                                                                            560

                                                            Piastres 3,440

140 Pièces *colettes* , ou toiles à la rose, . . .	à	$17\frac{2}{3}$ piastres, ... P.	2,432	4
300 Pièces *gingas* , ou toiles à carreau , . .	à	$4\frac{1}{4}$ dites, ...	1,275	
290 Pièces fil d'épreuve d'Allemagne , . .	à	$4\frac{1}{8}$	866	5
200 Dites , dit , de Harlem , . . .	à	$5\frac{1}{4}$	1,050	
40 Pièces Rouen contrefaites , ...	à	$16\frac{1}{2}$	660	
40 Dites, dites , véritables , ...	à	13	520	
250 Pièces Bretagnes étroites , ...	à	17 réaux	531	2
250 Dites, dites , ...	à	$17\frac{1}{2}$ dits , ...	546	7
250 Dites , dites , larges , ...	à	25	781	2
84 Pièces toiles blanches de ménage , . . .	à	divers prix , ...	1,110	4
30 Pièces toiles de Warendorp , ...	à	divers prix , ...	622	
50 Pièces toiles à voiles de Russie , ...	à	16 piastres , ...	800	
30 Pièces toiles blanches de Russie , dites *chiting* ,	à	17 piastres , . . .	510	
50 Pièces *ravensdock* de Russie , ...	à	$12\frac{2}{3}$ piastres , ...	633	3
120 Pièces *calmink* , ou coutil de Russie , . .	à	11	1,320	
75 Pièces *crudes* , ou toiles écrues , . . .	à	$6\frac{1}{3}$	475	
100 Pièces serpillières , ...	à	$4\frac{1}{8}$	412	4
20 Pièces coutis de soie & coton , ...	à	6	120	
33 Pièces mouchoirs de Madras , ...	à	38	1,254	
10 Pièces , dits , palicats fins , ...	à	15	150	
10 Pièces , dits , superfins , ...	à	$18\frac{1}{4}$	185	

                                                            P. 16,253 11

De l'autre part... . . . . P. 16,253　11

13 Pièces, mouchoirs de Mazulipatan ordinaire, à 6			78
12 Pièces, dits, ... fins, à 8 ¼			99
10 Pièces, dits, à bords blancs, ... à 9			90
15 Pièces, dits, bleus, ... à 6			90
40 Pièces chits des Indes, ... à 10 ½			420
20 Pièces chits de *Hollande*, ... à 15 ½			310
14 Pièces mousseline brodée en chaînette, . . à 40			560
20 Pièces, dite, brodée en couleur, . . . à 74			740
6 Pièces mousseline unie, ... à 36			216
5 Pièces dite, rayée, ... à 42			210
240 Pièces Nanquins, ... à 18 réaux . . .			540
80 Pièces Salempouris, ... à 5 piastres, . . .			400
70 Pièces dits, dont 66 à 7 piastres & 4 . à 8			494
18 ½ Pièces toiles d'emballage . . . . à 20 réaux pièce . . .			46　2

　　　　　　　　　　　　　　　　　　　　　　Piastres　20,546　13

Frais de réception & livraison.

Fret suivant connoissement, ... P. 265　6
*Port au magasin, emmagasinage, &c 100
Commission de vente 5 p° . . . . 1,027　3
　　　　　　　　　　　　　　　　　　　　　　　　　　1,393　1

　　　　　　　　　　　　　　　　　　　　　　Piastres　19,156

Récapitulation.

Produit des 500 barils de farine . . . . P. 7,810
Dit, des 200 barils de viande 3,815
Dit, des 100 barils de harengs 1,420
Dit, des 100 bariques de vin rouge 3,440
Dit, des marchandises seches 19,156

Produit total de la pacotille . . . . Piastres　35,641

Achat à Saint-Eustache de 238 futailles de sucre & 700 sacs de café, en retour du produit de la pacotille précédente, sçavoir;

96 Futailles de sucre brut, pesant Brut　117,390 ℔
　　Tare 10 p° . . . .　11,739

　　　　　　　　Net,　105,651 ℔ à 7 ½ ps. les 100 ℔ .P.　7,923　6　3

22 Futailles de sucre terré pesant　Brut　23,005 ℔
　　Tare des futailles, ...　1,240
　　　　　　　　　　　　　　　　21,765 ℔
　　Pour le déchet, ou bon poids sourd, .　218

　　　　　　　　Net,　21,547 ℔ à 13 ½ . . . .　2,908　6　4

　　　　　　　　　　　　　　　　　Piastres . . 10,831　12　7

Ci-contre . . . . P. 10,831 12 7

28 Futailles dit , pesant . . . . . Brut 29,115 ℔
Tare & bon poids, ... 1,912

Net , 27,203 ℔ à 12 . . . . 3,264 2 5

36 Futailles dit , pesant . . . . . Brut 35,935 ℔
Tare & bon poids, ... 2,409

Net , 33,526 ℔ à 11 . . . . 3,687 6 5

22 Futailles dit pesant . . . . Brut 24,460 ℔
Tare & bon poids, ... 1,589

Net , 22,871 ℔ à 10½ 2,401 11 2

5 Futailles dit , pesant . . . . . Brut 4,870 ℔
Tare & bon poids, ... 321

Net , 4,549 ℔ à 10 . . . . 454 7 11

4 Futailles dit , pesant . . . . . Brut 3,995 ℔
Tare & bon poids, ... 267

Net , 3,728 ℔ à 9½ 354 1 1

14 Futailles dit , pesant . . . . . Brut 14,195 ℔
Tare & bon poids, ... 929

Net , 13,266 ℔ à 9¼ 1,227 11 4

11 Futailles dit , pesant . . . . . Brut 11,170 ℔
Tare & bon poids, ... 813

Net , 10,357 ℔ à 9 . . . . 932 1 4

238 Futailles de sucre ont coûté . . . . Piastres . . 23,154 1 4

Frais d'expédition.

Pour rabatage & roulage des futailles jusqu'au bord de la
mer . . . . Piastres 119 1 3 } 1,276 7 4
Pour commission d'achat & d'expédition 5 p° 1,157 5 3

Piastres 24,431

Achat de 700 sacs de café

Dont 550 pesant 68,343 ℔ à 6 sols la ℔ . . . . P. 8,542 7
& 150 . . . . 18,169 ℔ à 5½ 2,082 6 5

700 sacs café ont coûté . . . . P. 10,64 13 5

De l'autre part.. P. 10,624 13 5,

Frais d'expédition.

✻ Raccommodage des facs & port au bord de la mer .... P. 54 3
Commiffion d'achat 5 p°₀ 531 1 4

585 2 1

Piaftres 11,210 ⫽ ⫽

Récapitulation.

Montant de 238 futailles de fucre .... P. 24,431
Dit de 700 facs de café 11,210

Montant du retour de la pacotille .... Piaftres 35,641

Produit des fucres & cafés ci-deffus vendus à Amfterdam , comme fuit , fçavoir:

56 futailles de fucre brut qui ont rendu feulement de poids.

Brut , 99,784 ℔
Rabais pour bon poids 2 p°₀ .. 1,995

97,789
Tare 18 p°₀ 17,602

Net , 80,187 ℔ à 10⅝ d. .... fl. 21,325 19 8

100 Futailles de fucre terré qui n'ont rendu que ,
Brut , 99,319 ℔
Rabais pour bon poids 2 p°₀ .. 4,986

97,333 ℔
Tare 18 p°₀ 17,520

Net , 79,813 ℔ à 13 d. 25,939 19 8

42 Futailles de fucre terré qui n'ont rendu que
Brut , 45,604 ℔
Rabais pour bon poids 2 p°₀ .. 912

44,692
Tare 18 p°₀ 8,045

Net , 36,647 ℔ à 13¼ d. .... 12,139 7 ⫽

fl. 59,405 6

Pour rabais de prompt paiement 2 p°₀ .... fl. 1,188 2
Pour la moitié du droit du poids 342 4

fl. 1,530 6

fl. 57,875

Ci-contre. . . . . fl. 57,875

Frais de réception & livraison.

Affurance fur piaftres 24,431 , qui à 40 fols font fl. 48,862
    à 5 p̊. . . . . fl. 2,443   2
Fret droit de récognition de la compagnie & droits d'entrée &
    paffeport 7,947   10
* Pour tranfport des fucres des magafins de la compagnie à ceux des
    propriétaires 56   9
Pour frais de livraifon, à 15 f. pour 1000 ℔ brut 183   10
* Pour rabatage des futailles & menus frais 75   .
Pour courtage de vente 30 f. pour 1000 ℔ net 294   19
Pour commiffion de vente fur fl. 68,875 à 2 p̊. 1,377   10
                                        12,378

Piaftres 24,431 , qui ont rendu à 38 $\frac{1}{16}$ fols , ... cour. fl. 45,497

Voici comment la compagnie a compté les droits, le fret & les frais des parties de fucre ci-deffus, fçavoir :

96 Futailles fucre brut   100,430 ℔.
    Rabais 14 p̊. . .   14,060
                    Net   86,370 ℔ ⎫
148 Futailles fucre terré, 143,976 ℔.   ⎬ à 4½ dutes
    Rabais 14 p̊. . 20,156   ⎭ la ℔ . . . . . . fl. 5,911   2
                  Net   123,820

                                      Avarie 5 p̊. . . . 295   11
    Évaluation de la valeur des fucres.   1 pour̊ 429   15
86,370 ℔ Sucre brut à 7 d̊. . . . fl. 15,114   15   2 pour̊ 859   10
123,820 ℔ Sucre terré à 9 d̊. . . . 27,859   10   Paffeport 12
                                      Pofte 21   5
Valeur computative des fucres . . . . fl. 42,974   5
                                            fl. 7,517   15
                                      1 p̊. . . . 429   15
                                  Cour. fl. 7947   10

Le fret des fucres varie à St. Euftache fuivant les circonftances. Il y a roulé pendant les mois de mai & juin (1780) à 3½ & 4 dutes , à caufe du grand nombre de navires qui fe trouvèrent enfemble dans cette ifle.

On y ajoute quelquefois 1 p̊ pour le DUCROIRE, *ou la garantie des acheteurs & des affureurs.*

700 facs de café pefant . . brut   81,439 ℔
    Tare 6 ℔ par fac . . .   4,886
          Net 76,553 ℔ à 7¼ f. la ℔ . . . . . . fl. 29,664   6
                    Déduction du prix 2 p̊. . 593   6
                                  29,071

Rabais pour prompt paiement 2 p̊. . . . . fl. 581   8
Pour la moitié du droit du poids 160   12
                                          742

                                      fl. 28,329

De l'autre part . . . . fl. 28,325

Frais de réception & de livraison.

Affurance fur piaftres, 11,210 qui à 40 f. font fl. 22,420 à 5 p.° &
   police . . . . fl. 1,124 10
Fret , droit de récognition de la compagnie , droits d'entrée &
   paffeport 3,679
* Pour tranfport des 700 facs des magafins de la compagnie à ceux
   des propriétaires 120
Pour frais de la livraifon , à 4 f. par balle 140
* Pour bénéficiage du café & racommodage de quelques facs 20
Pour coutage de vente à 6 f. pour 100 ℔ 229 13
Pour commiffion de vente fur fl. à 2 p.° 672 17
                                        5,986

Piaftres 11,210, qui ont rendu, à environ 40 fols , ... cour. fl. 22,343

Voici comment la compagnie a compté les droits , le fret & les frais de la partie de café ci-
deffus , fçavoir :

700 Sacs de café . . . . 81,500 ℔
    Rabais 4 p.° . . 4,860
                 Net 76,640 ℔ à 6 dutes . . . . fl. 2,911 4
                                Avarie 5 p.° . . 145 11
Évaluation de la valeur de ce café.   1 Pour °. . . 153 5
76,640 ℔ café à 4 f. fl. 15,328   2 Pour °. . . 306 10
                                 Paffeport . . . 12
                                 Pofte 8 13

                                 fl. 3,525 15
                  Droit d'entrée 1 p.° . . 153 5

                         cour.   fl. 3,679

Le fret du café n'eft pas toujours à 6 d. la ℔ : il s'eft payé cette année à St. Euftache à 4, 4½ & 5 dutes.

On y ajoute quelquefois 1 p.° pour le DUCROIRE, *ou la garantie des acheteurs & des affureurs.*

capitulation.

Produit des 228 futailles de fucre . . . . fl. 45,497
Dit , des 700 facs de café 22,343

Enfemble . . . . cour. fl. 67,840

Nous trouvons en comparant la valeur première de la pacotille avec ce que celle-ci a produit à *Amfterdam* , que la fpéculation a rendu pour l'allée & le retour un bénéfice de 19½ p.°, d'où il faut déduire 4 p.° pour l'intérêt des 12 mois que l'on doit être ordinairement en débours des fonds qu'on y a verfés depuis l'embarquement des marchandifes d'allée , jufqu'au recouvrement des produits des denrées de retour , étant à remarquer qu'à compter du jour de la livraifon des fucres & cafés ; il fe paffe prefque toujours trois mois avant que les acheteurs en paient le montant.

Tel eft le tableau , à quelques petites variations près , du commerce de St. Euftache ; c'eft-à-dire, que dans le cours ordinaire le fpéculateur trouve à y faire des profits honnêtes. Au commencement de la guerre actuelle entre la France & l'Angleterre , des circonftances heureufes , mais momentanées, favoriférent les fpéculations , quelques-unes réuffirent très-bien ; mais beaucoup d'autres ont eu depuis un mauvais fuccès, comme il arrive toutes les fois que les mar-chandifes s'accumulent au-delà du befoin ou des de-mandes. Les farines de *Hollande*, qui avoient hauffé de prix jufqu'à être payées 20 piaftres le baril, tom-bèrent tout-à-coup dans un aviliffement incroyable. La mauvaife foi de quelques méprifables fpéculateurs qui eurent la méchanceté de mêler dans leurs fari-nes des drogues funeftes à la fanté de l'homme, ache-vèrent de ruiner le commerce de St. Euftache. On y vit en moins de fix mois vendre les meilleures fari-nes de *Hollande* à 12 piaftres, & les autres comef-tibles dans cette proportion à peu de chofe près. Cependant le commerce de St. Euftache a repris vigueur; en premier lieu à caufe de la baiffe du prix des denrées, fur-tout des fucres dans cette ifle, où au commencement & au printems de cette année le fucre brut s'achetoit 6 ¼ & 6 piaftres, & le fucre terré 9 ½, 9 & 8 piaftres; & en fecond lieu, parce que les fpéculations s'étant beaucoup rallenties en *Hollande*, à caufe des échecs qu'on avoit éprouvés, le débouché des marchandifes, dont l'ifle de St. Euf-tache regorgeoit depuis quelque temps, en eft de-

venu plus facile; de manière que les farines fe font vendues 14 & 15 piaftres, & probablement elles n'en refteront pas là, quelque peu que foient eftimées les farines de *Hollande* en Amérique.

Les denrées qu'on rapporte de retour de St. Euf-tache font prefque toujours du fucre & du café. Le café rend moins mal que le fucre; mais l'un & l'au-tre ne donnent pas un bénéfice auffi grand que le tabac, le coton & le cacao, dont on expédie auffi de cette ifle quelques parties pour la *Hollande*. Au furplus, il n'eft pas poffible de rien dire de pofitif là-deffus, parce que tout dépend des circonftances qui peuvent changer d'un moment à l'autre, & qu'avec le changement de circonftances doivent né-ceffairement changer les régles de ce commerce. Ce que nous en avons dit fuffit, ce nous femble, pour en donner une idée générale; & à cet égard c'eft ce que nous pouvons faire de mieux.

Il nous refte maintenant à montrer quel prodigieux commerce fait la *Hollande* en denrées de l'Amé-rique.

Pour cet effet nous croyons convenable de placer ici d'abord les notes fuivantes des fucre, café, coton, cacao, tabac, indigo, cuirs, &c. venus des colonies Hollandoifes de l'Amérique à *Amflerdam*, pendant les trois années dernières, fçavoir.

En 1777.	De Surinam, dans 60 nav.	De St. Euft. dans 32 nav.	De Curaçau, dans 11 nav.	De Demerarì dans 9 nav.	De Berbice. dans 5 nav.
Sucre, futailles, . . .	17,845	5,181	343	1,326	502
Café, ... ℔	18,919,816	1,375,311	355,544	269,808	1,482,042
Coton . . . . . . ℔	179,760	94,000	17,820	151,443	173,000
Cacao, ... ℔	631,410	101,252	1,989,042	351	61,280
Tabac, futailles, . .	10	1,870	135	. . . .	. . . .
— Paquets, ...	. . . .	5,047	1,343	. . . .	. . . .
— Rouleaux, . . .	. . . .	828	. . . .	. . . .	. . . .
Indigo, barils, . . .	. . . .	611	217	. . . .	. . . .
Cuirs pièces, ...	. . . .	12,280	6,526	. . . .	. . . .
Bois pour la teinture, pièces . .	7,895	37,319		. . . .	. . . .

En 1778.	De Surinam, dans 50 nav.	De St. Euft. dans 35 nav.	De Curaçau, dans 8 nav.	De Demerari, dans 15 nav.	De Berbice. dans 6 nav.
Sucre, futailles, . . .	19,131	5,565	610	2,073	476
Café, ... ℔	15,058,123	1,049,524	516,616	4,044,685	1,498,659
Coton, ... ℔	299,400	221,100	38,940	230,870	240,800
Cacao, ... ℔	702,626	59,720	645,840	20	129,140
Tabac, futailles, . .	49	3,443	807	. . . .	. . . .
— Paquets, ...	. . . .	9,379	3,644	. . . .	. . . .
— Rouleaux, ...	. . . .	7,098	640	. . . .	. . . .
Indigo, barils, . . .	. . . .	760	46	. . . .	. . . .
Cuirs pièces, ...	. . . .	33,363	32,150	. . . .	. . . .
Bois pour la teinture, pièces . .	9,366	21,915	. . . .	. . . .	. . . .

En 1779.	De Surinam. dans 46 nav.	De St. Eust. dans 83 nav.	De Curaçau, dans 17 nav.	De Demerari, dans 7 nav.	De Berbice, dans 5 nav.
Sucre, futailles, . .	19,236	17,961	1,994	1,357	407
Café, ... ℔	9,947,904	7,083,009	2,455,960	1,776,736	1,219,805
Coton, ... ℔	412,800	134,165	22,000	202,600	228,000
Cacao, ... ℔	750,300	393,240	202,170	. . . .	61,320
Tabac, futailles, . .	363	9,166	700	. . . .	. . . .
----- Paquets, . . .	. . . .	8,087	1,079	. . . .	. . . .
---- Rouleaux, . . .	. . . .	5,722	12	. . . .	. . . .
Indigo, barils, . . .	. . . .	1,172	3,023	. . . .	. . . .
Cuirs, pièces, . . .	. . . .	40,764	20,919	. . . .	. . . .
Bois pour la teinture, pièces	. .	4,605	23,832	. . . .	. . . .

On voit par ces notes qu'il arriva à *Amsterdam* en 1777, 19673 futailles de sucre des colonies Hollandoises proprement dites, comme Surinam, Demerari & Berbice, 343 futailles sucre de Curaçau, où la culture de cette denrée est fort bornée, & 5181 futailles sucre de St. Eustache, où les habitans des colonies étrangères voisines les avoient transportées. Il vint donc cette même année des établissemens Hollandois de l'Amérique, à *Amsterdam*, 25200 futailles de sucre, qui font seulement à-peu près la moitié de ce qu'il faut pour la consommation des raffineries de sucre de cette ville; aussi en vient-il d'ailleurs plus de 27000 futailles, comme il sera dit ci-après. La même proportion a régné dans les envois de sucre, faits en 1778 & 1779 de Surinam, de Demerari & de Berbice, où la culture de cette denrée paroît être bornée à environ trente mille futailles.

Le commerce d'*Amsterdam* a besoin annuellement de 28 à 30 millions de livres de café, sans compter celui que la compagnie des Indes orientales fait venir, qui fait un objet d'environ 4 à 6 millions de livres par an. Les deux tiers du café de l'Amérique viennent des colonies Hollandoises, & l'autre tiers de l'étranger. Au reste, la consommation de cette quantité prodigieuse de café a lieu en plus grande partie en Allemagne, où il s'en fait continuellement des expéditions considérables de toute la *Hollande*.

La culture du coton va toujours en augmentant dans les colonies Hollandoises, à en juger d'après les parties qui en sont arrivées à *Amsterdam* pendant les trois années dernières.

Le cacao est un article important & qui ne contribue pas peu à donner de l'activité au commerce de la *Hollande*. Les parties qui en arrivent de Surinam & de Berbice, forment un objet d'environ sept à huit cent mille livres par an. Celles que St. Eustache & Curaçau expédient en *Hollande*, ne sont point des productions de ces isles. La plupart du cacao de Curaçau vient de la côte de Caraques, où les habitans de cette isle (Curaçau), exercent un commerce interlope fort lucratif; les colonies Françoises de l'Amérique y en font passer aussi d'assez grandes quantités.

Il est expédient maintenant de dire quelque chose touchant les qualités & les prix respectifs des quatre articles ci-dessus; après quoi nous donnerons successivement de chaque article des comptes simulés d'achat & d'expédition d'*Amsterdam*.

On compte communément cinq qualités de sucre en poudre venant des isles de l'Amérique, qui sont distinguées par les noms de sucre *blanc*, *terré*, *commun*, *têtes*, *brun* ou *moscouade*. On fait de ces qualités tel assortiment que l'on veut, n'y ayant rien de fixe à cet égard. Plus le sucre de chacune de ces espèces est sec, plus il est estimé. Les raffineurs qui en font le plus grand usage l'ont payé assez cher depuis 1778 à cause de la guerre.

Pour montrer la différence des prix de cette denrée, nous plaçons ici une note qui expose d'une manière claire ce que chaque qualité de ces sucres a valu pendant six ans, à quelque chose près, haut ou bas, sçavoir :

	En 1775.	En 1776.	En 1777.	En 1778.	En 1779.	En 1780.
Sucre blanc la ℔	$10\frac{1}{2}$ à $11\frac{1}{2}$ đ	$10\frac{1}{4}$ à $11\frac{3}{4}$ đ	13 à $15\frac{1}{2}$ đ	$14\frac{1}{2}$ à $16\frac{1}{2}$ đ	15 à $16\frac{1}{2}$ đ	16 à $16\frac{3}{4}$ đ
Terré,	$9\frac{1}{4}$ à 10	$9\frac{1}{2}$ à $10\frac{1}{4}$	$12\frac{1}{2}$ à 14	$13\frac{1}{2}$ à $15\frac{1}{4}$	$14\frac{1}{2}$ à $15\frac{1}{2}$	$14\frac{3}{4}$ à $15\frac{3}{4}$
Commun,	8 à 9	$8\frac{1}{2}$ à $9\frac{1}{4}$	12 à 13	13 à 14	13 à $13\frac{1}{2}$	$11\frac{1}{2}$ à 13
Têtes,	$6\frac{1}{2}$ à 8	7 à $8\frac{1}{4}$	10 à $11\frac{1}{2}$	12 à $13\frac{1}{4}$	$10\frac{1}{2}$ à 12	$10\frac{1}{2}$ à 12
Brun,	$5\frac{1}{2}$ à $7\frac{1}{2}$	$5\frac{3}{4}$ à $7\frac{3}{4}$	7 à 9	9 à 12	9 à $11\frac{1}{2}$	$8\frac{1}{2}$ à 11

Le

Le sucre acquiert de la valeur en proportion du dégré de finesse que les raffineurs lui donnent ; c'est ce qui en fait les qualités diverses & les prix différens. Le compte simulé suivant, fait sur le prix actuel, donnera à nos lecteurs une idée juste & sensible de ces différences.

1 Futaille de sucre raffiné fin en pains de 3 à 2 ℔,
pesant . . . . brut 550
       Tare de la futaille . . . 40

                510 l.
Rabais pour bon poids 2 p.º. . 10

              Net 500 ℔. à 19 d. la l. . . fl.   237 10

1 Futaille dit , moyenne qualité dite *melis* , en pains de 3 & 2 l., pesant après
le rabais comme dessus 500 ℔. à 17½ d. 218 15

1 Futaille dit , ordinaire , ou *lompes* , en pains de 12 à 7 l. pesant comme dessus
500 l. à 15⅞ d. 189 10

                                fl.   645 15
         Rabais pour prompt paiement 1 p.º. .   6   9

                                  fl.   639 6

4 Caisses contenant 332 ℔. de sucre candi blanc
   Tare des 4 caisses 32
              Net 300 ℔. à 22 d. . . . . fl. 165 ″
4 Caisses sucre candi jaune, pesant 300 l. à 18 . . . . . . 135 ″
4 Caisses dit, brun . . . . 300 l. à 15 . . . . . . 112 10

                         fl. 412 10
       Rabais pour prompt paiement 2 p.º. .   8 5
                                404 5

1 Boucau de sucre brut de Surinam , pesant
                    Brut 918 ℔.
Rabais pour bon poids 2 p.º 18

                    900
         Tare 20 p.º . . 180

       Net 720 ℔. à 11 d. la l. fl. 198

1 Boucau de sucre dit , pesant
                    Brut 600 ℔.
Rabais pour bon poids 2 p.º 12

                   588 l.
Taxe fixe pour chaque boucan pesant au-⎫
dessous de 612 l. . . . .⎭ 120

             468 ℔. à 9 d. la l. fl. 105 6

                       fl. 303 6
      Rabais pour prompt paiement 2 p.º . . .   6 1
                                 297 5

                          fl. 1,340 16

De l'autre part			fl. 1,340	16

Frais d'expédition.

* Pour port au magasin & divers frais jusqu'à bord du navire . . . fl.	35	//		
Droits de sortie du sucre brut & passeport	14	8		
Commission d'expédition sur fl. 1,390, 2 p$\frac{0}{0}$	27	16		
			77	4
cour. fl.			1,418	
agio 104$\frac{1}{2}$ p$\frac{0}{0}$ . .			61	1
bco. fl.			1,356	19

Le café dont il se fait la plus grande consommation en Europe vient de l'Amérique; le prix en est aussi plus modéré que celui du Moka, qui est la qualité la plus estimée, & en effet la meilleure qu'on connoisse. Le café de Java est aussi d'une qualité supérieure à celui de l'Amérique, & néanmoins beaucoup au-dessous du Moka pour le goût. De tous les cafés qui viennent des diverses parties de l'Amérique, le meilleur est, sans contredit, celui qu'on recueille dans l'isle de la Martinique, la féve en est petite, mais ronde & d'un bleu foncé. La liqueur qu'elle donne a un parfum plus suave & un goût plus agréable que n'ont tous les autres cafés des isles & du continent du nouveau monde. Les prix de cette denrée varient suivant les circonstances. Ils ont été en 1775 de 5$\frac{3}{4}$ à 5$\frac{1}{4}$ f. la l.: en 1776 de 5 à 5$\frac{3}{4}$ f.: en 1777 de 5$\frac{1}{2}$ f. à 6 f.: en 1778 de 6$\frac{1}{2}$ à 7$\frac{1}{2}$ f.: en 1779 de 6$\frac{1}{2}$ à 8 f.: & en 1780 de 7 à 8$\frac{1}{2}$ f. la l. Ceci s'entend du café d'Amérique.

En voici un compte simulé d'achat & d'expédition;

1 Tonneau de café pesant brut .	1,998 l.		
Tare du tonneau . . 148 l.			
Rabais pour bon poids 1 p$\frac{0}{0}$ 20 .	168		
		1,830 lb.	
2 Boucaux de café pesant brut .	2,115 l.		
Tare des boucaux . . 169 l.			
Rabais pour bon poids 1 p$\frac{0}{0}$ 21	190		
		2,025 lb.	
20 Sacs de café, pesant, brut . .	2,200 l.		
Tare des sacs . . . . 30 l.			
Rabais pour bon poids 1 p$\frac{0}{0}$ 22	55		
		2,145 l.	

Net 6,000 l. à 7 f. . . . . fl.	2,100		
Déduction ordinaire 2 p$\frac{0}{0}$	42		
fl.	2,058	//	
Rabais pour prompt paiement 2 p$\frac{0}{0}$ . .	41	3	
fl.	2,016	17	

Frais d'expédition.

Pour la moitié du droit du poids à fl. 4. 1. les 1,000 . . . . . . fl.	24	6			
Port au magasin, futailles, rabatage, sacs & emballage & port au bateau	44	3			
Pour passeport de visite	4	10			
Courtage 6 f. par 100 l.	18	//			
Commission d'expédition 2 p$\frac{0}{0}$ sur fl. 2,107	42	//			
			132	19	
cour. fl.			2,149	16	//
agio 104$\frac{1}{2}$ p$\frac{0}{0}$ . .			92	11	8
bco. fl.			2,057	4	8

Le cacao est un article dont la confommation devient plus grande chaque jour. En Efpagne c'eft un objet de première néceffité. En Italie & en Portugal le chocolat eft d'un ufage général, & en France d'un ufage fort commun. Les peuples du nord de l'Europe commencent auffi à prendre du goût pour cette boiffon. Cependant la plupart des négocians, loin de bien connoître le cacao, en favent à peine diftinguer les qualités. On en fera moins furpris lorfque nous aurons fait obferver que dans les ouvrages de commerce & d'autres, dont les titres refpectifs font extrêmement impofans, l'on ne fait aucune diftinction des qualités du cacao, & qu'on les confond toutes malgré leurs variétés fenfibles. Difons donc en peu de mots quelles font ces variétés, & en quoi elles confiftent.

On diftingue principalement fept fortes de cacao, qui portent les noms des endroits qui les produifent, comme cacao de *Caraques*, cacao de *Güayaquil*, de *Maranhaon* ou *Maragnon*, de *Berbice*, de *Surinam*, de *Cayenne*, de *la Martinique* ou des *Ifles*.

Le cacao de Caraques, qui croît dans la province de Venezuela, autrement connue fous le nom de *côte de Caraques* dans la nouvelle Efpagne, eft de toutes les efpèces la meilleure & la plus eftimée. Quand il eft bien mûr, la féve en eft ronde & bien nourrie & plus longue que groffe, ayant la peau extérieure naturellement couverte d'une pouffière d'un gris argentin, la chair grife, graffe, faine, d'un goût amer agréable. Au contraire, ce même cacao n'eft-il pas bien mûr, les féves en font plates & informes ; & la chair tirant fur un violet rougeâtre eft maigre & d'un goût très-amer & aftringent. Le premier eft en plus grande partie enlevé pour l'Italie, où il s'en fait une affez forte confommation ; & l'autre eft envoyé en Efpagne, où on le préfere parce qu'il coûte un ou deux fols moins par livre.

Le cacao de Güayaquil ne reffemble au Caraques que par la couleur. Les féves en font grandes & plates, d'une forme un peu arrondie, avec peu de pouffière fur la peau ; d'un autre côté, la chair d'un rouge foncé & obfcur, a un goût amer, qui cependant n'a rien de défagréable. Ce cacao n'eft pas fi gras que celui de Caraques. Il a quelques dégrés de bonté au-deffus de celui de *Maranhaon*, auquel d'ailleurs il reffemble beaucoup.

La féve de celui-ci eft plate & large ; la chair dont la couleur eft un rouge tirant fur le violet foncé, a un goût amer & aftringent ; elle eft couverte d'une peau liffe & unie.

Le cacao de Berbice eft le plus gras de tous. Sa féve eft ronde quand il eft bien mûr, & fa peau tombe d'elle-même. Il y a trois chofes qui le font aifément diftinguer des autres fortes. 1°. Il fe brife fi facilement, qu'il fuffit de le froiffer entre les doigts pour le réduire en pouffière. 2°. Il a la chair d'un brun noirâtre. 3°. Son odeur naturelle eft très-forte, & a beaucoup de rapport avec celle que jet-

tent les autres cacaos après qu'on les a rôtis au feu. Au furplus, les chocolatiers mêlent du cacao de Berbice avec celui de Caraques, parce que ce mêlange facilitant l'emploi d'une plus grande quantité de fucre, c'eft un moyen d'économifer dans le prix du chocolat.

Pour ce qui eft du cacao de Surinam, il y en a de tant d'efpèces qu'il feroit trop long de les détailler ici toutes. Nous en diftinguerons feulement deux fortes principales : l'une a la féve grande & ronde, la peau blanche & couverte de pouffière, la chair très-peu amère, mais de différentes couleurs, comme gris, brun, noirâtre, rouge vif, rougeâtre & violet. Plus le cacao rond de Surinam reffemble pour le goût à celui de Berbice, plus il eft eftimé. L'autre forte de cacao a la féve petite & plate. La chair en eft amère & d'un goût peu agréable, fur-tout quand elle abonde en huile dont l'odeur forte & rance fe communique au chocolat, odeur qui lui nuit d'autant plus, qu'il eft très-difficile de la diffiper entièrement. Obfervons que les différences que nous venons de noter dans les cacaos de Surinam, viennent en général du plus ou moins de force qu'ont acquis les arbres qui donnent ce fruit ; que la féve petite & plate eft produite par des arbres nouveaux qui ne font pas encore parvenus à leur groffeur naturelle ; au lieu que le bon cacao eft donné par de vieux arbres qui ne croiffent plus en bois, & qui font cultivés avec foin. Il faut avouer auffi qu'à Surinam il y a des terroirs bas & marécageux où le foleil ne pénétre jamais, & par cette raifon incapables de produire rien de bon. On ne laiffe pas de planter des cacaos dans ces triftes lieux ; mais les fruits qu'ils produifent font d'une telle amertume & ont un fi mauvais goût d'huile, qu'il y a des pays où l'on n'en veut à aucun prix. Au refte, les cacaos qui viennent de Surinam en *Hollande*, font le plus fouvent tous pêle-mêle les uns avec les autres, & c'eft en *Hollande* où, après en avoir fait le triage, on fait la diftinction des qualités dont nous venons de parler.

Le cacao de Cayenne, qui communément eft plat & bien mûr, a la peau luifante & fans aucune pouffière adhérente ; mais de couleurs différentes, comme rouge pâle, rouge foncé & gris. La féve, dure, difficile à caffer, a une chair de couleur pompadour fortement nuancé, d'un goût âcre & différent des autres efpèces de cacao. L'on juge de la bonté plus ou moins grande de celui de Cayenne, par le plus ou le moins de volume & d'épaiffeur de la féve ; on en augure auffi favorablement quand la peau de la féve eft d'un beau rouge.

Le cacao des ifles reffemble beaucoup au Cayenne, quoique d'une qualité inférieure. Il eft difficile pour qui n'a pas beaucoup de connoiffance des cacaos, de diftinguer ces deux efpèces l'une de l'autre ; l'on peut même dire que, qualité pour qualité, le cacao rouge des ifles vaut autant que celui de Cayenne. Cependant l'on diftingue les cacaos des ifles par les couleurs différentes de la peau. Les uns l'ont d'un beau rouge, d'autres incarnate avec des nuances d'un gros brun, d'autres d'un gris brun ou noirâtre. Tout le cacao de cette dernière couleur est plat; mais dans les autres couleurs il se trouve une certaine quantité de féves rondes. Le cacao dont la chair est de couleur pompadour foncé a un goût plus âcre encore & plus amer que celui de Cayenne. La meilleure espèce de cacao des isles se reconnoît à une féve longue & cylindrique couverte d'une peau rougeâtre. La plus mauvaise au contraire a la féve petite, plate, mal nourrie, d'une odeur forte d'huile & d'un goût extrêmement amer. Des différences aussi sensibles ne permettent guères de se tromper sur les qualités du cacao. Au reste le cacao des isles est plutôt un mélange de cacaos recueillis dans diverses isles de l'Amérique, qu'une espèce seule, ou un fruit qui soit de telle isle ou de telle autre. Le cacao de la Martinique fait le plus souvent partie de ce mélange; on le reconnoît facilement à sa petite féve d'une couleur noirâtre & d'un goût âcre & amer.

Comme les prix des cacaos varient continuelle-ment, ce seroit une vaine entreprise de vouloir en établir un qui serviroit de régle fixe. Il y a cependant une certaine proportion dans les prix des cacaos respectifs, qui peut montrer, à quelque chose près, la différence qu'on met dans le commerce entre les sept sortes de cacaos dont nous avons parlé. Le cacao de Caraques vaut ordinairement entre 10 & 14 s. la l.; celui de Berbice entre 8 à 10 s.; celui de Güayaquil entre 7 & 9 s.; celui de Maranhaon entre 6 & 8 s.; celui de Surinam mêlé, grain rond & plat, entre 5 & 7 s. ou autrement le plat seul entre 4 & 5 s., & le rond seul entre 6 & 8 s.; celui de Cayenne & celui des isles entre 4 & 6 s. la l. Nous ne devons pas laisser ignorer que ces prix subissent quelquefois des hausses & des baisses extraordinaires, occasionnées ordinairement par la guerre. On a vu pendant celle de 1756, le cacao de Caraques monter jusqu'à 35 s. la l.: à la fin de l'hiver de l'année 1780, il valoit 20 s. Le cacao de Berbice est actuellement d'un prix exorbitant; on le paie (en août) 13 s. la l., & on le cote à 13 ½ & 14 sols.

Voici, au surplus, un compte simulé des sept sortes de cacaos susmentionnées:

10 Balles de cacao de Caraques pesant brut. 2,300 l.

Tare, { Pour le sac 2 l. } 6 l. par balle,   60
       { Bon poids . 4 }

                    Net 2,240 ℔, à 12 s. la l. . . . . fl. 1,344

10 Balles de cacao de Berbice, pesant brut . . 2,300 l.
   Tare 6 l. par balle, comme dessus, . . 60

                    Net 2,240 ℔., à 9 s. la l. . . . . . fl. 1,008

                                              fl. 2,352 ||
Rabais pour prompt paiement 1 p⁰⁄₀   23   10

                                              2,328   10

10 Balles de cacao de Surinam mêlé, grain rond &
   plat, pesant comme dessus, . . Net 2,240 l. à 6 s. . . fl.   622
10 Balles de cacao de Güayaquil . . . 2,240 l. à 8 s. . . .   896
10 Balles de cacao de Maragnon . . . 2,240 l. à 7 s. . . .   784
10 balles de cacao de Cayenne . . . . 2,240 l. à 5 ½ s. . . - 616
10 balles de cacao des Isles . . . . . 2,240 l. à 5 s. . . .   560

                                              fl. 3,478 ||
Rabais ordinaire de l'argent 2 p⁰⁄₀ . . .   69   11

                                              fl. 3,408   9
Rabais pour prompt paiement 2 p⁰⁄₀ . .   68   11

                                              3,339   18

                                              fl. 5,668   8

Ci-contre . . . . fl. 5,668 8

Frais d'expédition.

Pour la moitié du droit du poids, port au magafin, emballage, nates
  & port à bord, à 32 f. la balle . . . . fl. 112 //
Droits de fortie & paffeport de vifite . . . . 165 //
Courtage de cacaos de Caraques & de Berbice ½ p̊ 23 13
Dit, des autres efpèces, à 5 f. les 100 l. . . . . 28 //
Commiffion d'expédition, fur fl. 5,997, 2 p̊ 119 19

449 12

cour. fl. 6,118 //
agio 104½ p̊ . . . 263 6

bco. fl. 5,854 14

Note.

Le compte fimulé précédent eft d'après le modèle des factures que les négocians d'*Amfterdam* ont
coutume de faire. Il eft à remarquer que les achats de cacao fe faifant le plus fouvent par petites parties détachées & différemment conditionnées, les commiffionnaires font tenus de faire les balles d'un
poids régulier, à moins que leurs commettans ne les préviennent de faire autrement.

Le coton eft un article dont le commerce, quoique médiocre, eft très-profitable aux colonies
Hollandoifes qui cultivent avec foin le cotonnier. Le meilleur coton fe recueille à Curaçau; mais il en
paffe peu en *Hollande*. Les quantités confidérables qu'on y voit viennent de Demerari, de Surinam &
de quelques autres colonies Hollandoifes dans le nouveau monde. Les efpèces de ces cotons, quoique
beaucoup inférieures à celle de Curaçau, ne laiffent cependant pas d'être bonnes. En voici un compte
fimulé.

10 Balles de coton de Surinam, pefant
Brut 3,000 l.
Rabais pour bon poids 2 p̊   60

2,940 l.
Tare 6 p̊ .   176

Net 2,764 ℔. à 37 ℔ . . . . . fl. 2,556 14
Rabais pour prompt paiement 1 p̊ . . 25 11

2,531 3

Frais d'expédition.

Pour la moitié du droit du poids . . . . fl. 5 10
Port au magafin, emballage, nattes & port à bord du navire . . 19 //
Droits de fortie & paffeport . . . . 23 //
Courtage d'achat ½ p̊ 12 16
Commiffion d'expédition 2 p̊ 51 17

112 3

cour. fl. 2,643 6
agio 104½ p̊ . . 113 16

bco. fl. 2,529 10

Commerce des productions étrangères.

Le prodigieux commerce qui se fait à *Amsterdam*, non-seulement en articles naturels & artificiels que fourniffent les Provinces-unies de la république, mais encore en denrées & productions des colonies & des établiffemens Hollandois dans les deux Indes, eft la principale caufe de l'affluence des marchandifes qui abordent de toutes parts dans cette ville. Les peuples à qui ces marchandifes appartiennent, ne pouvant s'en défaire chez eux, penfent ne pouvoir mieux faire que de les envoyer à *Amsterdam*; & il paroît qu'ils ont raifon, puifqu'ils trouvent prefque toujours à les y placer avec avantage. Si quelquefois la trop grande abondance d'une marchandife empêche qu'elle fe vende avec profit, le propriétaire a la reffource de pouvoir fe procurer de l'argent à compte fur fa marchandife jufqu'à ce que des circonftances plus heureufes en favorifent la vente: reffource d'autant plus précieufe pour le négociant, qu'elle le fouftrait à la cruelle néceffité de vendre fes denrées ou marchandifes à une perte fouvent confidérable, & quelquefois ruineufe. Ainfi, en s'enrichiffant, *Amsterdam* fait encore le bien de plufieurs peuples qui viennent y vendre des denrées dont fans cela une partie leur refteroit en pure perte.

Il feroit difficile & trop long de faire l'énumération des marchandifes du dehors, importées à *Amsterdam* pour y être vendues au profit de ceux qui les y ont fait paffer. Nous nous bornerons en conféquence aux objets qui méritent le plus d'attention, comme les laines d'Efpagne, la cochenille, l'indigo, le quinquina, le tabac, le fucre, le café, les vins & l'eau-de-vie.

La ville d'*Amsterdam* ne reçoit pas des laines de l'Efpagne feulement; il lui en vient de Portugal, d'Angleterre, d'Allemagne, de Turquie & de divers autres pays étrangers. Néanmoins les laines d'Efpagne font communément les plus eftimées, & la quantité qui en vient à *Amsterdam* excède de beaucoup celle de toutes les autres laines prifes enfemble. D'ailleurs, les laines d'Efpagne font d'une néceffité indifpenfable dans toutes les fabriques de draps de l'Europe.

Il y a diverfes claffes de laines en Efpagne. Les principales font les *Léonéfes*, qu'on nomme autrement *Ségovies fuperfines*; les *Ségoviennes fines*, ou les petites Léonéfes; les *Ségoviennes régulières*, ou feconde qualité de Ségoviennes; les *Burgaléfes*;

les *Soria de Los Rios*; les *Molina* & autres laines ordinaires de Caftille, d'Arragon & de Navarre. Toutes ces laines viennent de la partie feptentrionale d'Efpagne; & les plus fortes expéditions s'en font des ports de Bilbao & de St. Ander. Il y a auffi des laines qui viennent en *Hollande* des provinces méridionales d'Efpagne, notamment de Séville. On en diftingue les différentes claffes par les noms de *Ségoviennes fines*, d'*Efparragoffes*, de *Cacéres*, de *Cabeça del Buey*, & de laines d'*Andaloufie*. Les Ségoviennes fines & les Efparragoffes de Séville concourent avec les Ségoviennes régulières & les Soria Ségoviennes de Caftille. A l'article d'Efpagne, part. 1re. de ce 2e. tom. pag. 84, col. 2e., nous avons donné un expofé fuccint, mais auffi exact qu'il nous a été poffible, des qualités de ces laines, en parlant du commerce qui s'en fait dans ce royaume.

Les laines Léonéfes, ou Ségovies, & les Ségoviennes font communément d'un facile débit à *Amsterdam*, où les laines ordinaires, telles que les Molina, Albarrafin & autres de cette claffe, font peu recherchées & mal payées, en proportion des différences dans les qualités refpectives. Comme l'Allemagne fait la plus grande confommation des laines qui viennent d'Efpagne à *Amsterdam*, les laines de fon crû qui peuvent aller de pair avec les laines inférieures d'Efpagne, font qu'elle a befoin d'une moindre quantité de celles-ci; auffi les demandes en diminuent-elles de plus en plus, depuis que les Allemands fe font avifés de *bénéficier* & mettre en œuvre leurs propres laines. De-là eft réfulté un grand échec pour le commerce des laines d'*Amsterdam*; mais les fabricans d'Allemagne lui ont porté un coup plus fenfible encore en faifant venir directement des ports d'Efpagne, par la voie d'Oftende, une partie des laines dont ils ont befoin, & qu'ils achetoient auparavant à *Amsterdam*. Nous allons placer ici la note des laines qui fe font vendues dans cette ville pendant cinq ans, à compter année par année, depuis & compris 1774, jufqu'à 1778 inclufivement. Nous indiquerons les prix qu'ont valu chaque année les premières qualités des laines, pour la commodité de ceux qui en font commerce, & qui ont intérêt de connoître les variations auxquelles les prix des laines font fujets d'une année à l'autre. (Nous ne donnons point la note pour 1779, parce qu'une grande partie des laines arrivées & vendues cette année à *Amsterdam*, furent expédiées pour l'Angleterre).

Noms des Piles vendues en RFS. Léonèses & Ségovies fines.	En 1774. Balles. la ℔	Prix. sols bco.	En 1775. Balles. la ℔	Prix. sols bco.	En 1776. Balles. la ℔	Prix. sols bco.	En 1777. Balles. la ℔	Prix. sols bco.	En 1778. Balles. la ℔	Prix. sols bco.
Guadeloupe, . .	208	52	240	51 à 52	239	50 à 51	263	52	283	50 à 52
Escurial, . .	72	49 à 51	. .	. .	. .	. .	. .	. .	12	$52\frac{3}{8}$
Santiago, . .	100		124	47	. .	. .	145	47	166	47 à 48
Villagarcia, .	52	51	. .	. .	78	48	. .	. .	60	47
Munnoz, . .	33	. .	. .	. .	. .	. .	42	50	. .	. .
Impérial, . .	. .	. .	. .	. .	. .	. .	. .	. .	126	49
Infantado, . .	. .	. .	. .	. .	. .	. .	44	45 à 48	. .	. .
Bejar, . .	. .	. .	. .	. .	. .	. .	. .	. .	100	46 à 47
Pacheco, . .	. .	. .	. .	. .	. .	. .	. .	. .	192	47 à 48
Lastiry, . .	. .	. .	. .	. .	. .	. .	. .	. .	60	46
Peares, . .	. .	. .	68	46	77	42	74	48	. .	. .
Perales, . .	221	48	. .	. .	25	51	. .	. .	158	49
Nestares, . .	. .	. .	. .	. .	51	48	20	48	. .	. .
Mayorales, .	. .	. .	. .	. .	. .	. .	. .	. .	70	46
Conde de Guevara,	83	47	87	46	103	46	111	47	100	47
Conde de Gomara,	. .	. .	. .	. .	. .	. .	. .	. .	20	46
Dantegui, . .	. .	. .	. .	. .	. .	. .	. .	. .	198	$47\frac{1}{2}$
Baon, . . .	148	$45\frac{1}{2}$	134	$46\frac{1}{2}$	186	$46\frac{1}{2}$	134	47	99	46
Herrera, . .	. .	. .	. .	. .	. .	. .	. .	. .	. .	. .
Tenarde, . .	155	45	158	44	155	44	171	45	132	45
Torres, . .	. .	. .	64	48	. .	. .	. .	. .	199	46
Manriquez, .	109	47	118	46	. .	. .	103	46 à $46\frac{1}{2}$	137	45 à $46\frac{1}{2}$
Segovia, . .	. .	. .	. .	. .	90	44 à $46\frac{1}{2}$	. .	. .	. .	. .
Arcos, . .	. .	. .	. .	. .	. .	. .	30	45	. .	. .
Valparaiso, .	. .	. .	. .	. .	. .	. .	56	. .	75	44
Malpique, . .	180	44 à 46	. .	. .	. .	. .	. .	. .	. .	. .
Ventosillas, .	206	$46\frac{1}{2}$	95	$46\frac{1}{2}$	119	47	146	47	106	47
Fuerteventura, .	. .	. .	. .	. .	. .	. .	. .	. .	80	$44\frac{1}{2}$
Lopez, . .	. .	. .	122	44 à 46	204	45 à 46	. .	. .	. .	. .
Penna, . .	. .	. .	. .	. .	100	43	. .	. .	50	$45\frac{1}{2}$
Paular, . .	. .	. .	. .	. .	. .	. .	. .	. .	38	$44\frac{1}{2}$
Gonzales, . .	. .	. .	. .	. .	36	$44\frac{1}{2}$	. .	. .	70	$42\frac{1}{2}$
Sta Maria, . .	. .	. .	. .	. .	. .	. .	87	$45\frac{1}{2}$	166	42
Albareal, . .	81	47	. .	. .	54	47	132	46	156	. .
Benitos, . .	30	. .	114	$46\frac{1}{2}$	95	43 à 44	. .	. .	. .	. .
Bodega, . .	78	. .	. .	. .	. .	. .	109	42	. .	. .
Contreras, . .	94	. .	. .	. .	. .	. .	. .	. .	. .	. .
Total des balles.	1850		1324		1612		1667		2853	

Noms des Piles vendues en RFS. Ségoviennes & Soria. Ségoviennes.	En 1774. Balles. la ℔	Prix. sols bco.	En 1775. Balles. la ℔	Prix. sols bco.	En 1776. Balles. la ℔	Prix. sols bco.	En 1777. Balles. la ℔	Prix. sols bco.	En 1778. Balles. la ℔	Prix. sols bco.
Alba, . .	22	43	. .	. .	. .	. .	. .	. .	. .	. .
Mondejar, . .	194	43 à $45\frac{1}{2}$	84	$43\frac{1}{2}$	. .	. .	114	$44\frac{1}{2}$	92	46
Duras, . .	48	43	. .	. .	. .	. .	. .	. .	. .	. .
Maëstral, . .	. .	. .	. .	. .	. .	. .	. .	. .	65	43
Rebriage, . .	22	41	. .	. .	. .	. .	35	45	48	$41\frac{1}{2}$
Mayorales, .	. .	. .	28	42	. .	. .	. .	. .	62	43
Total des balles .	286		112		000		149		267	

Noms des Piles vendues en RFS. Ségoviennes & Soria-Ségoviennes.	En 1774. Balles.	Prix. la ℔ sols bco.	En 1775. Balles.	Prix. la ℔ sols bco.	En 1776. Balles.	Prix. la ℔ sols bco.	En 1777. Balles.	Prix. la ℔ sols bco.	En 1778. Balles.	Prix. la ℔ sols bco.
De l'autre part.	286.		112.		009		149		267	
Santiago,									65	42
Bodega,							191	42 à 44		
Quadra,							60	43		
Mendes de Buitrago							64	43		
Compannia,							108	42		
Valparaiso,							62	41		
Santi-Espiritus,									80	42
Cruz,									218	44
Bejar,							99	43	62	44
Caliz,									46	
Torres,							149	45½	136	
Rojas,	127	40								
Gonzales,	49	44	39	41			96	42		
Bargas,	91	43½					82	42		
Fuerteventura,	19	44	20	41						
Tres,	104	42							71	42
Bermudes,	279	43	188	43	94	46 à 44	146	46		
Aspa,	50	43								
Casado,	42	40					10	42	36	
Santa Maria,	32	45								
Munnoz,	58	39½à 40	83	40			78	41		
Berseda,									40	38½
Aguirre,	140	44								
Albuquerque,	44	42	78				53	36		
Cosio,			97	41 à 42						
Corbos,					61	45				
Pozo,			171	40 à 42½						
Del Jano,									80	41
Peyro,			32	40						
Peres,					48	44 à 45				
Hortes,							27	40		
Toppetta,					81	43½				
Ségoviennes,	143	41 à 44	139	42 à 43	80	43	283	40 à 44	572	41 à 44
Soria Ségoviennes,	815	34 à 42	1016	35 à 42	859	37 à 42	1172	36 à 40	1132	38 à 42
Total des balles.	2279.		1975.		1223.		2820.		2805.	

Noms des laines vendues en FS. Leonèses & Ségovies fines.	En 1774. Balles.	Prix. la ℔ sols bco.	En 1775. Balles.	Prix. la ℔ sols bco.	En 1776. Balles.	Prix. la ℔ sols bco.	En 1777. Balles.	Prix. la ℔ sols bco.	En 1778. Balles.	Prix. la ℔ sols bco.
Gandara,	25	43	30							
Ondategui,	47	42 à 43	46	36½	51	37	61	38	7	37
Santiago,					55	38 à 41			35	39
Herrera,	23	43	26	39	30	40	30	39	39	38
Ampuero,	17	41	7	37	17	37			13	37
Valparaiso,	34	44			37	40				
Pacheco,	31	43½	37	43	44	40 à 41	69	38 à 39½		
Muro,	29	44	31		45	43			50	40
Total des balles.	206		177		279.		160		144	

Noms

Noms des laines vendues en FS. Leonèses & Ségovies fines.	En 1774. Balles. la ℔ sols bco.	Prix.	En 1775. Balles. la ℔ sols bco.	Prix.	En 1776. Balles. la ℔ sols bco.	Prix.	En 1777. Balles. la ℔ sols bco.	Prix.	En 1778. Balles. la ℔ sols bco.	Prix.
Ci-contre	206		177.		279		160		144	
Munnòz,	44	44	36	44	35	44	61	41	44	41
Benitos,	15	44			15	40				
Pereilla,	71	43	58	38 à 42	77	41	78	39	94	38
Infantado,	14	43½								
Barrera,	15	42 à 43½	14		19	41				
Alcolèa,			31	40						
Cruz,	17	40								
Cosio,	28	41								
Beladix,					21	42				
Penoza,					27		12	37		
Torre,					26	40				
Luco,			49	43	56	43	59	41	63	40
Moycrales,					9	38½	24	39	34	38
Perales,			87	43	46	41			80	40
Segoviana,			13		32	38 à 40	64	36½	22	
Aguirre,					61	37 à 39	10	36		
Bodega,					13	36				
Portago,			31	41 à 40	43		49	39		
Posso,									29	37
Albareal,									31	38
Baon,									28	48
Ventosillas,									27	38
Guevara,									26	38
Lastiry,									50	40
Perez,									18	36
Patrimonie,									64	39
Villagarcia,									9	39
Rojas,			32	41½						
Total des balles.	410.		528.		759.		517.		763.	

Noms des laines vendues en FS. Ségoviennes & Soria-Ségoviennes.	En 1774. Balles. la ℔ sols bco.	Prix.	En 1775. Balles. la ℔ sols bco.	Prix.	En 1776. Balles. la ℔ sols bco.	Prix.	En 1777. Balles. la ℔ sols bco.	Prix.	En 1778. Balles. la ℔ sols bco.	Prix.
Fuerteventura,	47	38½	32	38½	38	39	28	37		
Duras,	10	40								
Alcolèa,	40	40								
Gomara,	29	40½	18	40 à 41	26		24	37	30	36
Rojas,	75	42								
Beladix,	20	42	18	41			18	39	24	37
Hospital,	21	44	25	40						
Torres,	50	41			14					
Valparaïso,			32	38½						
Contreras,			9	40						
Nevado,			14							
Aguirre,			40	37 à 38						
Bargas,			20	39						
Safra,					22	37	18	37		
Segoviana.	292.		208.		100.		88.		54.	

Noms des laines vendues en FS.	En 1774.		En 1775.		En 1776.		En 1777.		En 1778.	
	Balles.	Prix.	Balles.	Prix.	Balles.	Prix.	Balles.	Prix.	Balles.	Prix.
Ségoviennes & Soria-Ségoviennes.	la ℔ sols bco.		la ℔ sols bco.		la ℔ sols bco.		la ℔ sols bco.		la ℔ sols bco.	
De l'autre part. .	292		208		100.		88		54	
Bodega ,					11	38				
Badillo ,							9	36		
Taces ,							5	39	13	37.
Ruys ,							44	36	50	35
Rios ,							40	35		
Molina ,							13	36	25	35
Pennas ,							26	35	15	35
Losano ,							24	35		
Isidro ,							19	36		
Segoviana ,	110	40 à 42	55	39					110	39 à 40
Soria Segoviana ,	218	34 à 38.	102	33 à 39	196	35 à 39	102	35 à 38	176	32 à 35.
Segoviana ,	620.		365.		307.		370.		443.	

Récapitulation des laines fines de Castille vendues à *Amsterdam* pendant cinq années consécutives, & notes des balles de laines d'Espagne des autres qualités vendues aux mêmes époques.

Noms généraux des laines.	En 1774. Balles.	En 1775. Balles.	En 1776. Balles.	En 1777. Balles.	En 1778. Balles.
Léonèses & Ségovies fines RFS.	1,850	1,324	1,612	1,667	2,843
Dites , ... FS.	410	548	759	517	763
Ségoviennes & Soria Ségoviennes. . . . . RFS.	2,279	1,975	1,223	2,820	2,805.
Dites , ... FS.	620	365	307	370	443
Laines de Seville, dites *Ségoviennes, Esparragosses & Caceres* fines , ...	4,312	3,979	4,054	4,623	4,735,
Dites , *Cabeça del buey, Estremadura , & Andalusia* , . .	613	729	660	440	405,
Laines ordinaires d'Espagne , de *Molina, Albarassin ; Castille, Aragon & Navarre* , . . .	1,281	1,044	1,568	910	313
Quartos , des laines de Seville, .	292	344	291	470	418
Caïdas des laines de Castille , . .	502	357	745	953	430
Nombre total des balles de laines , .	12,159	10,665	11,219	12,770	13,200
A quoi nous ajouterons les Agnelins vendus aux mêmes époques, sçavoir ;					
Agnelins lavés , ...	58	164	256	235	264
Agnelins en suin , ...	1,214	1,747	2,742	2608	2,058
Total des laines & agnelins vendus ,	13,431	12,576	14,217	15,613	15,462

Cette note est la plus exacte que nous ayons pu nous procurer des principaux courtiers en laines d'*Amsterdam* ; nous n'osons pas néanmoins en garantir absolument l'exactitude ; car il est avéré qu'il arrive à *Amsterdam* environ dix-huit mille balles de laine par an l'un portant l'autre, dont une partie vient pour le compte des fabriquans , soit Hollandois , soit Allemands , aussi-bien que pour celui des marchands & négocians spéculateurs qui font eux-mêmes les envois des laines qu'ils reçoivent pour l'Allemagne ; de-là vient que cette partie-là eft néceffairement inconnue & aux courtiers & aux poids de la ville d'*Amfterdam*, parce que ceux qui en font propriétaires épargnent le courtage & les frais du.poids en ne fe fervant ni des uns ni des autres.

Au refte, la confommation des laines, qui a lieu dans les fabriques des Provinces-Unies, n'eft pas au-deffus de 4000, ni au-deffous de 3000 balles par an. Le refte des laines eft expédié pour l'Allemagne, les fabriques de ce pays mettant en œuvre une grande quantité de cette marchandife.

Les ventes de laines qui fe font à *Amfterdam* par les négocians de cette-ville à qui les Efpagnols en adreffent en commiffion des parties très-confidérables, méritent fingulièrement d'être connues à caufe des particularités qu'on y remarque, & qui n'ont point lieu dans les ventes des autres marchandifes. Nous devons d'abord faire remarquer que les négocians d'*Amfterdam* qui reçoivent des laines en commiffion, ne peuvent pas en propofer directement la vente aux fabricans Allemands. En voici la raifon : il y a dans cette ville des négocians qui achettent ces laines, de ceux qui les ont en commiffion à trois mois de terme, & qui les vendent enfuite à des termes beaucoup plus longs à ces fabricans. Si ceux qui ont les laines d'Efpagne en commiffion, les vendoient immédiatement aux Allemands, ils éloigneroient par cette concurrence leurs acheteurs Hollandois ; d'ailleurs, il faudroit pour cela qu'ils donnaffent de longs crédits, comme font ces derniers ; & ils ne fauroient ou ne le voudroient pas faire. Cependant il n'y a que les longs crédits que l'on fait en *Hollande* aux fabricans Allemands, qui les y attirent pour l'achat de leurs laines, car ils n'ignorent pas qu'en les recevant directement, elles leur coûteroient beaucoup moins qu'en les achetant à *Amfterdam*. Les négocians qui reçoivent dans cette ville des laines d'Efpagne en commiffion, font donc réduits à en faire diftribuer des échantillons par leurs courtiers, qui en follicitent la vente auprès de ceux qui font dans le cas de les acheter. Cela fait, on doit attendre que ceux-ci faffent offrir les prix qu'ils ont intention de payer pour les laines dont ils ont les échantillons en main ; & c'eft par l'entremife des courtiers que l'on termine la vente & qu'on en régle les conditions. Mais on doit fe garder de forcer la vente de quelque laine que ce foit, pour laquelle il ne fe feroit pas préfenté des acheteurs auffi-tôt après que la diftribution des échantillons en auroit été faite ; car une pareille démarche ne ferviroit qu'à faire avilir le prix de la marchandife.

Il y a fouvent, ce femble, du caprice dans le choix que les fabricans d'Allemagne font des laines d'Efpagne, dont leurs commiffionnaires d'*Amfterdam* leur font paffer des échantillons, à mefure qu'il leur en arrive des parties ; car il eft affez ordinaire de voir des fabricans donner la préférence aux piles de laines qu'ils ont coûtume de mettre en œuvre fur d'autres meilleures à tous égards ; c'eft afin que la qualité de leurs draps foit toujours la même : c'eft-là ce qui fait qu'à *Amfterdam* on vend quelquefois certaines laines plus cher que d'autres qui leur font fupérieures. Ceux de nos lecteurs qui ont de l'expérience dans ce commerce, ont probablement fait cette remarque en parcourant les notes précédentes des prix auxquelles les piles principales fe font vendues à *Amfterdam* pendant cinq ans. Quoi qu'il en foit, chaque pile de laine eft affortie en R, F, S, ou en R, F, T, & quelquefois en R, F, S & T. Plus elle a de F & de S, plus on en paie les R ; & cela forme fouvent dans le prix une différence de 1 & 2 f. par livre. La raifon en eft fimple & naturelle : chaque *baffe forte* fe paie 10 f. par livre moins que la forte qui lui eft fupérieure ; par exemple, fi on fait les prix des R, à 40 f., les F valent 30 f., les S 20. Les T, qu'on nomme autrement *quartos*, font les rebuts des laines fines, qu'on vend d'ordinaire féparément à des prix plus avantageux qu'en affortiment ; car fi les S valent 20 f. les T ne fe paient en affortiment que 10 f., au lieu qu'ils font payés jufqu'à 15 f. & quelquefois davantage vendus féparément ; ainfi un acheteur trouve mieux fon compte à payer quelque chofe de plus pour les R d'une pile lorfqu'elle a beaucoup de baffes fortes. Les conditions de la vente des laines d'Efpagne à *Amfterdam*, fe verront mieux dans le compte de vente que nous placerons ci-après. Le paiement en devroit avoir lieu dans trois mois à compter du jour que la livraifon en auroit été faite ; mais beaucoup d'acheteurs le retardent fouvent encore d'un mois & quelquefois plus.

Compte du produit de 100 balles de laine Léonèse vendues à Amsterdam comme suit , sçavoir

16 Balles pesant , N°. 1 194 ℔. réfaction 4 ℔. N°. 9 196 ℔. réfaction 4 ℔.

R
{
2	198	 3		10	202 4
3	244	 3		11	194 4
4	292	 4		12	248 3
5	208	 4		13	200 5
6	204	 4		14	250 4
7	136	 4		15	244 3
8	198	 4		16	254 3

Brut 1,674 ℔. réfaction 30 ℔.   Brut 1,788 ℔. réfaction 30 ℔.
      1,788 . . . 30

Brut   3,462 ℔. . .   60 ℔.
Réfaction   60

                        3,402 ℔.
        Tare 12 ℔ par balle . 192

                        3,210 ℔.
Déduction de 24 ℔. pour 175 ℔. 440

              Net 2,770 ℔. à 47 ſ. la ℔. bco. fl. 6,509 10

3 Balles pesant , N°. 17 174 ℔. réfaction 4 ℔.
F   18 204 4
              19 202 3

              Brut 580 ℔. réfaction 15 ℔.

Réfaction   15
                        569 ℔.
Tare à 12 ℔. par balle . 36

                        533 ℔.
Déduction de 24 ℔. pour 175 ℔. . . 73

              Net 460 ℔. à 37 ſ. la ℔. bco. fl.   851 4

1 Balle S pesant , N°. 20 192 ℔.
      Réfaction . . . 4
                        188 ℔.
        Tare . . . 12
                        176 ℔.
Déduction de 24 ℔. pour 175 ℔. . . 24

              Net . 152 ℔. à 27 ſ. 205 4

20 Balles ont été vendues pour . . . . bco. fl. 7,565 14

64 Balles R pesant ensemble 13,030 ℔.
      Réfaction .   233
                        12,797 ℔.
        Tare à 14 ℔. par balle . 896
                        11,901 ℔.
Déduction de 24 ℔. pour 175 ℔. . . 1,632

              Net . 10,269 ℔. à 46 ſ.   23,618 14

64 Balles *ci-contre.* 23,618 14

12 Balles **F** pefant enfemble . 2,384 ℔.
Réfaction . 44
2,340 ℔.
Tare de 14 ℔ par balle, . 168
2,172 ℔.
Déduction de 24 ℔ pour 175 ℔. 298
Net . . 1,874 ℔. à 36 f. . . 3,373 4

4 Balles **S** pefant enfemble . 792 ℔.
Réfaction . 15
777 ℔.
Tare de 14 ℔. par balle, . 56
721 ℔.
Déduction de 24 ℔. pour 175 ℔. 99
Net . . 622 ℔. à 26 f. . . . 808 12

100 Balles R F S ont été vendues pour . . . . bco. fl. 35,366 4

Rabais pour les 21 mois, ou 14 fl. pour 114 fl. 4,343 4

31,023

Rabais pour prompt paiement 1 p°⁄₂ . . . . fl. 310 4
Pour la moitié du droit du poids 34 16
Aux tareurs, & pour le billet de la tare 50 12

395 12

bco. fl. 30,627 8

Frais de réception & livraison.

Pour le fret, l'avarie & chapeau, ... cour. fl. 530 13
Pour l'affurance de Bilbao à Amfterdam fur fl. 29,000 . . à 2 p°⁄₂
& police 583 10
Pour un bateau pour en faire la décharge 30
Pour les droits d'entrée & paffeport 79
* Pour foigner la réception des balles, raccommodage de plufieurs de
celles-ci, & les mettre en magafin 45
* Pour les retirer du magafin & en faire la livraifon 30
Pour courtage de vente à ½ fol par 6 florins 147 7
Pour emmagafinage de 2 mois, à 4 f. par balle pour chaque mois . 40

cour. fl. 1,485 10
agio 104½ p°⁄₂ . 64

bco. fl. 1,421 10
Commiffion de vente & ducroire des acheteurs 2½ p°⁄₂
fur fl. 30,627 . . . . 764 15

2,186 5

Produit net des 100 balles de laine . . . . bco. fl. 28,441 3

Dans le compte des quantités de laines d'Espagne arrivées à *Amsterdam* pendant cinq années consécutives, nous avons fait mention du nombre des balles d'aignelins venues en ces mêmes années dans cette ville. Il est donc expédient de dire quelque chose des principales sortes de cet article, & des prix qu'on en paie de chacune. Observons que les aignelins viennent d'Espagne, ou lavés comme les laines, ou en *suin*, c'est-à-dire, dans le même état où la laine se trouve, lorsqu'on tond les agneaux. Les aignelins lavés valent ordinairement 50 florins par quintal plus que ceux en suin. Les uns & les autres sont sujets à des variations assez considérables dans les prix, suivant les circonstances favorables ou nuisibles à la vente. En 1778 & 1779, ils furent vendus à des prix fort modiques. Aujourd'hui (en 1780) ils sont fort recherchés; mais il n'en reste plus à *Amsterdam*, & l'on n'espere pas qu'il en vienne beaucoup en cette ville dans cette année; aussi le prix de cette marchandise est-il monté en peu de tems de 25 p.%.

On les cote aujourd'hui sur les prix courans, sçavoir :

Aignelins en suin des principales piles Léonèses . . . . .de 90 à 100 fl. cour.			
Dits , ... dites , Ségovies fines 85			90
Dits , ... dites , Ségovies ordinaires 80			85
Dits , ... dites , Soria Ségoviennes 75			80
Dits , ... dites , Soria fines 70			75
Dits , ... dites , Soria ordinaires 60			65

Les aignelins lavés des mêmes piles se paient à raison de 50 florins argent courant le quintal en sus des prix marqués ci-dessus. Voici un compte de vente d'une partie d'aignelins qui fut vendue l'année 1779 de la manière suivante :

60 Ballotins d'aignelins en suin d'une pile léonèse , dont
8 Ballotins , pesant Nº. 1   208 ℔ réfaction   4 ℔

2	220	. . . . .	6
3	225	. . . . .	3
4	200	. . . . .	4
5	215	. . . . .	5
6	198	. . . . .	8
7	204	. . . . .	4
8	206	. . . . .	4

Brut 1,676 ℔ réfaction 38 ℔
Réfaction . . 38
                                    1,638 ℔
Tare 14 p.% 229

Net   1,409 ℔ à fl. 75 les 100 ℔ . . . fl. 1,056 15

6 Ballotins pesant ensemble, . . . Brut 1,242 ℔
Réfaction, ...   24

                                    1,224
Tare 14 p.% . .   171

Net 1,051 ℔ à fl. 75 les 100 ℔ . . . fl.   788   5

                                    fl. 1,845

24 Ballotins *ci-contre* . . . . fl. 1,845

46 Ballotins pesant ensemble , . . . Brut   9,093 ℔
                Réfaction , .   184

                         8,909
         Tare 14 p°. .   1,247

            Net   7,662 ℔   à fl. 70   5,363   8

60 Ballotins, ont été vendus pour . . . . cour. fl. 7,208   8
           Déduction pour les 21 mois, ou 14 fl. par 114 885   6

                                         fl. 6,323   2

Rabais pour prompt paiement 1 p°. . . . . fl.   63   4
Pour la moitié du droit du poids   20   15
Aux tareurs & pour le billet de la tare, . . .   31   8

                                        115   7

                                      fl. 6,207   15

Frais de réception & livraison.

Fret suivant connoissement . . . . fl.   157   14
Assurance sur fl. 6,000 . à 2 p°. & police   121   10
Bateau pour en faire la décharge   20
Droits d'entrée & passeport   46   13
* Pour soigner la réception des balles, raccommodage de plusieurs de
    celles-ci & les mettre en magasin.   25
* Pour les tirer du magasin & en faire la livraison, ...   20
Courtage de vente à ½ sol par fl. 6   30
* Emmagasinage   67
Commission de vente & du croire des acheteurs sur fl. 6,207   à 2½ p°.   155   3

                                               643

                            cour. fl. 5,564   15
                     agio 104½ p°. .   239   13

                            bco. fl. 5,325   2

Les laines de Portugal sont inférieures en qua- | ans il s'en fait à *Amsterdam* des achats considéra-
lités aux laines d'Espagne des premières classes, ce- | bles pour les fabricans Allemands. Les noms des
pendant on en met beaucoup en œuvre dans les | laines de Portugal sont *Badajòz*, *Campo-mayor*,
fabriques de *Hollande* & d'Allemagne ; tous les | *Elvas*, *Olivinça* & *Estremos*.

Voici ce que les laines valent communément à *Amsterdam*, sçavoir :

Laine fine de Badajòz depuis . .   25 jusqu'à 30 sols bco. la ℔.
    Dite , de Campo-mayor . . .   23 28
    Dite , d'Elvas . . . .   24 26   } plus ou moins.
    Dite , d'Olivença 22 24
    Dite , d'Estremos 20 23

Pour ce qui eſt des conditions de la vente & des frais de réception des laines de Portugal, il ſuffit pour les ſçavoir de jeter un coup d'œil ſur le compte de vente ſuivant:

2ſ Balles de laines Badajòz de Portugal , dont

40   R peſant Brut 22,000 ℔.
       Rabais 2 p⁰.   440
                  21,560 ℔.
        Tare 14 p⁰.   3,018

Net 18,542 ℔. à 30 ſ. la ℔. . bco. fl. 27,813 //

12   F peſant Brut 6,600 ℔,
       Rabais 2 p⁰.   132
                  6,468 ℔.
        Tare 14 p⁰.   906

Net   5,562 ℔. à 22 ſ. la ℔.   6,118   4

                                       33,931   4

Déduction pour 21 mois, ou 14 fl. par 114 4,167

                                       29,764   4

Rabais pour prompt paiement 1 p⁰. . . . . . . fl. 297   13
Pour la moitié du droit du poids   47   7

                                         345   //

                                bco. fl. 29,419   //

Frais de réception & livraiſon.

Fret ſuivant connoiſſement . . . . fl. 400   //
Aſſurance de Liſbonne à *Amſterdam* ſur fl. 28,500 à 2 p⁰. &
    police 573   10
Droits d'entrée & paſſeport de viſite 50   //
* Frais de réception environ 30   //
* Frais de livraiſon 20   //
Courtage de vente , à ½ ſ. par 6 fl. 141   7.
Emmagaſinage de 3 mois 82

                            cour. fl. 1,297   ſ
                     agio 104½ p⁰. .   55   17

                         bco. fl. 1,241   8
Commiſſion de vente & ducroire des acheteurs   } 1,976   17
    ſur fl. 29,419 à 2½ p⁰. 735   9

                         bco. fl. 27,442   7

L'Eſpagne n'eſt pas obligée d'envoyer ſeulement ſes laines dans l'étranger pour les y faire vendre pour ſon compte ; elle ſe trouve dans le même cas à l'égard de pluſieurs marchandiſes qu'elle reçoit de ſes colonies de l'Amérique. La cochenille , l'indigo & le quinquina étant principalement de ce nombre, il ſera à propos de donner des comptes de vente de ces trois articles , afin de faciliter les ſpéculations de ceux qui s'occupent de ces branches de commerce.

La cochenille eſt un petit inſecte très-eſtimé qui s'attache à quelques arbres de l'Amérique ; plongée dans l'eau chaude & ſechée au ſoleil, elle prend la forme de petits grains de forme ſingulière, la plupart

plupart convexes & cannelés d'un côté & concaves de l'autre. C'est avec ces grains que les teinturiers donnent à la soie, à la laine & aux étoffes, les belles couleurs de pourpre & d'écarlate. On apporte la cochenille du Mexique à Cadix, où il s'en fait un commerce considérable. La cochenille la plus recherchée est celle dont le grain est gris avec des teintes de rouge, de blanc & d'ardoise. Cette précieuse drogue a une qualité essentielle qui est de se conserver très-longtemps sans se gâter. Les prix sont sujets à varier à *Amsterdam ;* mais ils ne s'y éloignent pas considérablement de 30 s., qui répondent à 9 florins la livre. Voici les prix qu'y a valu la cochenille les six années suivantes : En 1774, de 35 à 38 s. la liv.; en 1775, de 27 à 29 s.; en 1776, de 27 à 28 s.; en 1777, de 30 à 33 s.; en 1778, de 32 à 34 s.; en 1779, de 34 à 35 sols. Ils y sont cette année (1780) de 35 à 36 s. la liv. Nous devons faire remarquer que cette drogue ayant toujours été vendue au poids d'Anvers, & devant être pesée au poids d'*Amsterdam*, on ajoute 4 p% au prix pour dédommagement de la différence qui se trouve dans les poids respectifs de ces deux villes.

Cela se verra mieux dans le compte de vente suivant d'une partie de 25 surons de cochenille.

25 Surons de cochenille reçus de Cadix & vendus à *Amsterdam*, dont

N°. 1 pesant	200 ℔, Tare	1¼ ℔.	N°. 13 pesant	209¼ ℔, Tare	1½ ℔.
2 . . .	200½	1¾	14 . . .	205¾	1½
3 . . .	200½	1½	15 . . .	204	1¾
4 . . .	201	1½	16 . . .	185	1½
5 . . .	206¼	1¾	17 . . .	205	1½
6 . . .	200¼	1½	18 . . .	203¾	1½
7 . . .	200½	1½	19 . . .	200½	1½
8 . . .	204½	1½	20 . . .	201	1½
9 . . .	200¾	1¾	21 . . .	195¾	1½
10 . . .	200¾	1¾	22 . . .	207	1¾
11 . . .	199¾	1¾	23 . . .	197¾	1½
12 . . .	207¼	1¾	24 . . .	196½	1¾
			25 . . .	203¼	2
	2,422 ℔.	19¼ ℔.		2,614½ ℔.	20¾ ℔.
	2,614½ ℔.	20 4/3 ℔.			

Brut 5,036½ ℔. Tare	40 ℔.			
	37½	pour 1½ ℔ par suron pour bon poids.		
Rabais . 77½				
Net . 4,959 ℔. à 35 ß la ℔.	. . . .	fl.	52,069	10
Augmentation pour la différence du poids 4 p% . .			2,082	16
			54,152	6
Rabais pour prompt paiement 1 p%	fl. 541	10		
Pour la moitié du droit du poids	99	12		
			641	2
		fl.	53,511	4

De l'autre part . . . . fl. 53,511 4

Frais de réception & livraison.

* Fret de Cadix à *Amsterdam* suivant connoiſſement . . . fl.	330	19
Aſſurance ſur fl. 52,000. à 3 p°/₀ & police	1,563	10
Droits d'entrée , prime ordinaire & paſſeport de viſite . . .	188	10
* Décharge , port au magaſin & menus frais.	25	//
* Pour retirer les ſurons du magaſin & faire la livraiſon, . .	25	//
Emmagaſinage	25	//
Courtage de vente à ½ ſ. par 6 florins	222	19
Commiſſion de vente ſur fl. 53,511 à 2 p°/₀ . . .	1,070	4

3,451   2

cour.   fl.   50,060   2
agio 104½ p°/₀ .   2,155   14

bco.   fl.   47,904   8

L'indigo qui arrive de Guatimala à Cadix, eſt ſans contredit le meilleur qu'on connoiſſe ; auſſi eſt-il plus recherché & mieux payé que toutes les autres eſpèces d'indigo, parmi leſquelles on diſtingue celles qui ſont connues ſous les noms de *Laure*, de *St. Domingue*, de *Cerquès*, de *la Jamaïque* & de *Java* ou *Jambou*. On recueille auſſi de l'indigo dans d'autres colonies Françoiſes, dont il ſe fait un commerce conſidérable, quoiqu'il ſoit moins eſtimé que celui de St. Domingue. Les tablettes de bon indigo ſont ordinairement ſeches , légères , inflammables, d'une belle couleur bleue ou violette, & parſemées en dedans de quelques paillettes argentées.

Comme cette marchandiſe eſt ſuſceptible de beaucoup de fraudes, il faut l'acheter avec précaution. Dans le temps de la première manipulation , il eſt facile d'augmenter la quantité de l'indigo en exprimant entièrement la feuille dont on le tire ; mais une couleur noirâtre fait aiſément appercevoir cette ſuperchérie. Si on a mêlé dans la pâte de la rapure de plomb, qui prend la couleur de l'indigo , il eſt aiſé auſſi de s'en appercevoir, par le poids de la marchandiſe , qui augmente conſidérablement. Les cendres, la terre, l'ardoiſe incorporées dans l'indigo, ſe diſtinguent encore facilement en faiſant infuſer dans l'eau un morceau de l'indigo que l'on ſoupçonne fraudé. S'il eſt pur, il ſe diſſout entièrement ; s'il eſt mélangé, la matière étrangère ſe précipite au fond du vaſe. Il eſt plus difficile de diſtinguer la ſupercherie de ceux qui mêlent les qualités.

Le prix des différentes ſortes d'indigo dépend de leurs qualités reſpectives, comme la couleur , la fineſſe, la légèreté &c. Voilà pourquoi l'on cote ordinairement à *Amſterdam* le prix de l'indigo de Guatimala de 80 & 190 ſ. la l. , & celui de l'indigo de St. Domingue de 70 à 140. Le premier ſe diviſe en quatre ſortes principales, qui ſe nomment & valent communément : le *Tiſſate*, de 170 à 190 ſ. la l. ; le *Flor*, de 150 à 170 ſ. ; le *Sobres* ou *Sobreſaliente*, de 130 à 165 ; & le *Cortes* , de 80 à 160 ſ. L'indigo de St. Domingue , cuivré ou couleur de cuivre , vaut de 70 à 90 ſ. la l. ; le bleu & le violet de 120 à 130 ſ. Preſque tout l'indigo d'Eſpagne qui arrive maintenant à *Amſterdam* ſe vend au baſſin , ſoit que la quantité en ſoit plus forte qu'il ne faut , ſoit qu'il ne ſe préſente pas aſſez d'acheteurs.

Voici un compte de vente de 20 ſurons d'indigo de Guatimala aſſortis , 8 *tiſſates* , 6 *flores* , 4 *ſobres* ou *ſobreſalientes* & 2 *cortes* , ſçavoir :

No.						No.					
	1	peſant	98 ℔.	Tare	20 ℔.		5	peſant	240 ℔ ,	Tare	30 ℔.
	2	.	96 .	.	20		6	.	230 .	.	30
	3	.	92 .	.	20		7	.	235 .	.	30
	4	.	94 .	.	20		8	.	220 .	.	30
			380 ℔.		80 ℔.				925 ℔.		120 ℔.
			925		120						

Brut : 1,305 ℔.   200

Tare ,   200

1,105 ℔.   indigo tiſſate à 170 ſ. la ℔.
l'un portant l'autre . . fl.   9,392   10

Ci-contre . . . . fl.   9,392   10

6 Surons pesant net . . 881 . dit flor. . . . à 160	7,048	//
4 Dits, ... 564 . dit sobresaliente . à 140	3,948	//
2 Dits, ... 280 . dit cortes . . à 100	1,400	//

fl.   21,788   10

Rabais 1 p⁰. .   217   18

21,570   12

Rabais 2 p⁰. .   431   8

21,139   4

Rabais 1 p⁰. . . . . fl. 211   8
Pour la moitié du droit du poids 61   1

272   10

fl.   20,866   14

Frais de réception & de livraison.

Fret suivant connoissement . . . . fl.	130	//
Assurance de fl. 20,000 à 4 p⁰	800	//
Passeport de visite	4	//
Frais de réception & mettre en magasin	12	//
Frais de livraison	10	//
Emmagasinage	15	//
Courtage de vente à ½ s. par 6 florins	90	8
Commission de vente sur fl. 20,866 2 p⁰ . . .	417	6

1,478   14

cour.   fl.   19,388   //
agio 104½ p⁰ . .   834   18

bco.   fl.   18,553   2

Le quinquina , précieux fébrifuge dont l'usage est très-grand dans la médecine , est l'écorce d'un arbre qui croît au Pérou sur des montagnes près de la ville de *Loxa* dans la province de *Quito*. Il y en a de diverses qualités, dont la meilleure est celle qui a l'écorce raboteuse, d'un brun obscur à l'extérieur, & plus haute en couleur dans l'intérieur. Cette écorce doit être d'ailleurs pesante, d'une substance compacte, sèche & serrée ; il faut sur-tout prendre garde qu'elle n'ait pas été mouillée, & qu'elle ne se réduise pas trop facilement en poussière quand on la rompt. On doit donner la préférence aux petites écorces fines , noirâtres , chagrinées à l'extérieur & d'une couleur rougeâtre en dedans, dont le goût est amer & un peu désagréable. Il faudroit rejeter au contraire celles qui sont filandreuses, & dont le dessus est d'une couleur rousse ou de canelle. Cette dernière espèce de quinquina est la moindre qualité de cette drogue ; aussi le prix en est-il bien plus bas ; car elle se paie à *Amsterdam* depuis 20 jusqu'à 30 s. la l., tandis que la qualité supérieure y est payée depuis 40 jusqu'à 60, & quelquefois 80 & 100 s. la livre.

Cependant, comme c'est de la qualité commune de quinquina qu'il se fait la plus grande consommation à cause qu'elle est plus abondante & moins chère que la fine, nous donnerons le compte de vente suivant d'une partie qui fut vendue à *Amsterdam* en 1779.

25 Caisses de quinquina pesant ensemble
Brut 8,894 ℔.
Tare ou poids des caisses, 2,994

Net   6,800 ℔, à 28 s. la l. . . . . fl. 9,520   //

Déduction ordinaire 2 p⁰ 190   8

fl.   9,329   12

De l'autre part. fl. 9,329 12

Rabais pour prompt paiement 1 p°. . . . fl. 93   6
Pour la moitié du droit du poids 15   4
                                             108   10

                                    fl. 9,221   2

Frais de réception & livraison.

* Le fret suivant connoissement . . . . fl. 165   9
  Assurance de f 8,500, à 3 p° & police 257   //
  Droits d'entrée & passeport de visite 308   10
* Frais de réception 21   //
* Ceux de livraison 22   15
  Emmagasinage de 9 mois 67   10
  Courtage 1 p° sur le premier produit. 95   //
  Commission de vente sur fl. 9,221 2 p° . . . 184   8
                                              1,121   2

                            cour. fl. 8,100   //
                 agio 104½ p° . 348   16

                            bco. fl. 7,751   4

Comme le tabac est un article qui trouve toujours un débouché courant en *Hollande*, il en arrive de toutes parts des quantités immenses qui se consomment en partie dans le pays, & qui en partie s'expédient pour l'Allemagne & autres lieux, soit en nature, soit après avoir subi quelque apprêt entre les mains de l'habile Hollandois. On trouve par les notes les plus exactes qu'il en est venu pendant trois années consécutives les quantités suivantes:

	En 1777.			En 1778.			En 1779.		
	Futail.	Paqu.	Roulx.	Futail.	Paqu.	Roulx.	Futail.	Paqu.	Roulx.
D'Angleterre,	120	.	.	126	.	.	163	1,414	10
France,	20	.	.	1,235	450	.	840	201	.
Copenhague,	.	133	.	.	7	.	560	160	.
Lisbonne,	.	.	.	45	.	1,091	294	185	871
Bilbao,	.	.	.	.	439	.	578	170	.
Cadix,	.	.	.	4	3,547	.	93	31	.
St. Sebastien,	.	.	.	53	866	.	14	2,595	.
Gênes,	.	.	.	28	1,283	516	.	15	1,145
Ostende,	.	.	.	.	.	.	.	.	40
Petersbourg,	.	.	.	2,031	2,470	.	1,270	8,278	.
Archangel,	.	.	.	17	.	.	10	.	.
Riga,	.	.	.	381	4,510	.	201	2,451	.
Liebau & Windau,	.	.	.	173	287	.	122	107	.
Stetin,	.	.	.	91	98	.	.	.	.
Cologne,	.	.	.	.	.	.	1,621	1,000	.
Hambourg & Brême,	.	.	.	414	1,027	383	256	929	8
Trieste,	.	.	.	302	772	289	235	1,746	.
Venise & Livourne,	.	.	.	40	848	128	.	.	.
St. Thomas en Amérique,	170	628	1,663	.	1,082	1,800	.	427	1,411
Amérique septentrionale,	.	.	.	22	55	.	741	.	.
Si l'on ajoute à ceci les parties arrivées des colonies Hollandoises suivant qu'il est rapporté à la page 607 & suiv.	310	761	1,663	4,942	17,741	4,207	6,998	19,709	3,485
	2,025	6,390	828	4,319	13,023	7,738	10,229	9,166	5,734
Le montant total sera	2,335	7,151	2,491	9,261	30,764	11,945	17,227	28,875	9,219

Les prix des tabacs font extrêmement variables, & diffèrent beaucoup dans les qualités respectives. En temps de paix, & lorsque le tabac de l'Amérique septentrionale a été abondant en *Hollande*, les prix en ont été très-bas, puisque celui de Virginie s'y est acheté souvent à 2¼ & 2½ sols, le Mariland 2¼ à 3 f. & le Suissent à 3 &3½ f. lad., tandis que dans ces derniers temps on a payé ces mêmes tabacs, 10, 12 & 14 f. la l. Les tabacs d'Ukraine & des autres pays, ont éprouvé de semblables révolutions. On a vu payer celui du Brésil jusqu'à 14 f. la l., tandis qu'aujourd'hui on en pourroit acheter de fortes parties, à moins de 3 f. la l. Pour ce qui est du tabac de Varinnas, que la compagnie Espagnole de Caraques envoie à *Amsterdam*, il s'y vend au bassin au plus offrant & dernier enchérisseur. Le prix de ce tabac dépend donc uniquement du concours, plus ou moins grand, des acheteurs qui se présentent quand on en fait la vente. Les prix actuels du tabac de Varinnas, sont : la lettre M, 28 à 30 f. la l. ; la lettre G, 27 à 28 ; la lettre A, 28 à 29 ; la lettre V, 26 à 27 ; & la lettre N, 25 à 26 f. Le tabac d'*Orenoco*, ou de l'Orenoque, qu'on envoie souvent d'Espagne à *Amsterdam*, vaut à présent (août 1780) dans cette ville, de 16 à 17 f. la liv. , & celui de la Havanne de 80 à 120 florins le quintal, suivant la qualité.

Voici deux comptes simulés de vente, l'un d'une partie de tabac Suissent en feuille, vendue à *Amsterdam* en 1778 ; l'autre d'une partie de tabac Brésil, vendue l'année 1779. Tous les tabacs en feuille, de quelques pays qu'ils soient, se vendent aux mêmes conditions que le tabac Suissent.

45 Futailles de tabac Suissent, dont

Détail du poids & réfaction de 5 futailles, sçavoir:

	Brut	réfaction				Brut	réfaction
10 Futailles pesant brut	6,504 ℔.	414 ℔.				620 ℔.	80 ℔.
10 dites,	7,202	488				694	36
5 dites,	3,096	188				748	40
10 dites,	3,596	246				792	16
10 dites,	2,148	148				242	16

Brut   22,546 ℔.   1,484 ℔.   Brut 3,096 ℔. réfaction 188 ℔.

Rabais pour bon poids 2 p₀͞ 451

———— 22,095 ℔.

Déduction de la réfaction · · · - 1,484

Note.

20,611 ℔.

Déduction pour les côtes 8 p₀͞ · - 1,649

La réfaction doit s'entendre pour le sable, la pourriture & autres non-valeurs que les réfacteurs trouvent dans chaque futaille de tabac.

Net   18,962 ℔. · à 13⅞ f. la ℔. · · fl. 13,154   18

Rabais pour le bon poids 1 p₀͞ · · · fl. 131   11
Pour la moitié du droit du poids · · ·   37   1

168   12

fl. 12,986   6

Frais de réception & de livraison.

Assurance de fl. 12,000 à 2 p₀͞ & police · · ·	fl.	243	10
Fret de Bordeaux à *Amsterdam* suivant connoissement · ·		235	12
Droits d'entrée & passeport de visite, · · ·		312	2
Impôt · · ·		111	14
Frais de déchargement & port au magasin ·		23	5
Frais de la livraison, & rabatage des futailles ·		41	5
Droit des maîtres *réfacteurs*, & billet · ·		11	11
Courtage 1 florin par futaille · · ·		45	"

fl. 1,023   12

De l'autre part	fl.	1,023	19	fl. 12,986	6
Frais d'emmagasinage,		12	"		
Pour faire viser un acquit à caution		1	16		
		1,037	15		
Commission de vente sur fl. 12,986 à 2 p. $\frac{0}{0}$		259	14		
				1,297	9
	cour. fl.			11,688	17
	agio 104 $\frac{1}{2}$ p. $\frac{0}{0}$			503	7
	bco. fl.			11,185	10

20 Rouleaux de tabac du Brésil pesant.

Brut	8,000 ℔.				
Rabais pour bon poids 2 p. $\frac{0}{0}$	160				
	7,840 ℔.				
Tare à 6 l. par rouleau	120				
Net	7,720 ℔. à 3 f. la ℔.			fl. 1,158	"
Rabais pour prompt-paiement 2 p. $\frac{0}{0}$	fl.	23	3	36	3
Pour la moitié du droit du poids		13			
				fl. 1,121	17

Frais de réception & livraison.

Assurance de fl. 3,400 à 2 p. $\frac{0}{0}$	fl.	70	"		
Fret de Lisbonne à *Amsterdam*		64	"		
Droit d'entrée, impôt & passeport de visite		260	"		
* Frais de réception,		16	"		
* Frais de livraison,		8	9		
Courtage de vente $\frac{1}{4}$ f. par livre		50	"		
Frais d'emmagasinage d'un mois		4	"		
Commission de vente de fl. 1,121 à 2 p. $\frac{0}{0}$		22	8		
				494	17
	cour. fl.			627	"
	agio 104 p. $\frac{0}{0}$			27	"
	bco. fl.			600	"

Indépendamment des fortes parties de sucre que reçoit *Amsterdam* des colonies Hollandoises de l'Amérique, il lui en vient des parties considérables de France & d'ailleurs. Pendant l'année 1777 que l'Europe étoit encore en paix, il lui en vint :

De divers ports de France,	25,544	futailles.
De l'isle Danoise de St. Thomas,	1,297	dites.
De Copenhague,	240	dites.
De Londres & de Liverpole,	469	dites.
En tout arrivé de l'étranger	27,550	futailles.

L'année suivante (1778) la quantité de sucre arrivée de l'étranger à *Amsterdam* fut , sçavoir :

De divers ports de France,	15,215 futailles.
De Copenhague ,	1,294 dites.
D'Angleterre ,	110 dites

En total.	16,619 futailles.

Enfin l'année (1779) le sucre arrivé à *Amsterdam* venant de l'étranger fut seulement :

De divers ports de France ,	3,740 futailles.
D'Angleterre ,	4,855 dites.
De Copenhague ,	2,604 dites.
De l'isle Danoise de St. Thomas ,	100 dites.
De Cadix ,	100 dites.
De Hambourg ,	71 dites.

En total	11,470 futailles.

Si à ces quantités de sucre venues de l'étranger à *Amsterdam*, on ajoute celles que cette ville a reçues ces mêmes années des colonies Hollandoises de l'Amérique, on trouve qu'il est venu en tout à *Amsterdam* pendant l'année 1777, 52765 futailles de sucre; pendant celle de 1778, 44474 dites, & pendant celle de 1779, 52425 dites. Nous n'y comptenons pas 2186 caisses de sucre venues de Portugal en 1778, non plus que 1299 caisses arrivées du même royaume en 1779. Le débouché immense de sucre qu'a la ville d'*Amsterdam*, procure un écoulement facile & souvent même avantageux aux sucres étrangers qu'on y reçoit pour y être vendus.

Les circonstances favorables à la vente de cette denrée, se présentent si facilement à l'esprit de tous ceux qui s'occupent de cette branche de commerce, que nous croyons inutile d'entrer dans aucun détail à cet égard. Il suffira d'indiquer ici les conditions auxquelles se font les ventes des sucres en futailles, & des sucres qui viennent en caisses de Portugal.

Voici pour cet effet deux comptes de vente de ces deux parties de sucre vendues avant la guerre.

26 balles de sucre brut reçues de Bordeaux , pesant ensemble
Brut 26,192 ℔.
Rabais pour bon poids 2 p°.   524

25,668 ℔.
Tare 18 p°.   4,621

Net 21,047 ℔. à 7 ⅞ ℔.   fl. 4,143 12

Rabais pour prompt paiement .	fl.	82	17
Pour la moité du droit du poids .		36	11

119   8

4,024   4

Frais de réception & de livraison.

Assurance de Bordeaux à *Amsterdam* sur fl. 4,200 à 2 p°. & police , fl.	44	11
Fret suivant connoissement .	120	9
Droits d'entrée , passeport & visite ,	91	12
Frais de réception .	16	18
Frais de livraison .	20	1
Rabatage des futailles & acquit à caution .	7	16
Emmagasinage de deux mois .	15	12

fl. 316   8

De l'autre part. . . . . . fl. 316 8 fl. 4,024 4

Courtage de vente 30 f. par 1,000 l. net . . . 31 11
Commiſſion de vente & ducroire des acheteurs ſur fl. 4024 à 2½ p°̸. 100 12

448 11

cour. fl. 3,575 13
agio 104½ p°̸ . 153 19

bco. fl. 3,421 14

20 Caiſſes de ſucre brut, dit *moſcouade*, reçues
de Liſbonne, peſant . . . 40,000 ℔.
Rabais pour bon poids 2 p°̸. 800

39,200 ℔.
Tare 240 l. par caiſſe de 7 pieds de long 4,800

Net 34,400 ℔. à 7 ℔. fl. 6,020 4

Rabais pour prompt paiement 2 p°̸ . fl. 120 8
Pour la moitié du droit du poids . . 53 8

173 16

5,846 4

Frais de réception & de livraiſon.

Aſſurance de Liſbonne à *Amſterdam* ſur fl. 5,500 à 2 p°̸ . fl. 112 4
Fret ſuivant connoiſſement . . . 179 4
Droits d'entrée & paſſeport de viſite . . . 152 2
* Frais de réception 24 4
* Frais de livraiſon 30 4
Courtage de vente 1 fl. par caiſſe . . 20 4
Emmagaſinage d'un mois . . . 6 4
Commiſſion de vente & ducroire des acheteurs ſur fl. 5,846 à 2½ p°̸. 146 3

669 5

cour. fl. 5,176 19
agio 104½ p°̸ . 222 19

bco. fl. 4,954 4

Le débouché du café eſt très-grand à *Amſterdam*, tant parce que cette ville en fait un commerce conſidérable, que parce que les habitans des Provinces-Unies en font une conſommation prodigieuſe. Indépendamment de la quantité de café qui vint des colonies Hollandoiſes à *Amſterdam* dans les années 1777, 1778 & 1779, comme nous l'avons rapporté ailleurs, il lui en arriva de différens états de l'Europe des parties aſſez conſidérables dans les mêmes années; ſçavoir :

	En 1777.	En 1778.	En 1779.
De France,	3,769,844 ℔.	5,592,330 ℔.	1,506,190 ℔.
D'Angleterre,	1,155,900	161,200	1,648,400
De Danemarck,	.	105,000	.
De Portugal,	.	73,120	.
Ces quantités ajoutées à celles qui vinrent des colonies Hollandoiſes, (*Voy. pag.* 607 & 608) donnent chaque année au total,	3,915,744 ℔.	5,931,650 ℔.	3,154,590 ℔.
	24,830,721	22,167,607	22,483,414
	28,746,465 ℔.	28,099,257 ℔.	25,638,004 ℔.

Nous

Nous ne comprenons dans cette note que les parties de café arrivées à *Amsterdam*, qui ont été déclarées & se sont trouvées sur les manifestes des navires; il en est sans doute arrivé en même-temps beaucoup d'autres parties qui n'ont point été déclarées sur les manifestes, lesquelles parties peuvent être évaluées pour le moins à deux millions de livres.

Ainsi le total du commerce de café, qui se fait à *Amsterdam*, suivant que nous l'avons dit ailleurs, peut aller, année commune, de 28 à 30 millions de livres, sans compter le café qui vient des Indes orientales, & qui est vendu tous les ans par la compagnie.

Voici un compte de vente d'une partie de café de St. Domingue reçue de Bordeaux, & vendue à *Amsterdam* en 1777.

100 Futailles de café reçues de Bordeaux & vendues comme suit :

10 Futailles pesant brut   .   10,020 ℔.
Tare ou poids des futailles   989
    Net   9,031 ℔. à 6 $\frac{1}{2}$ s. la ℔. . fl.   2,935   1   8

39 Dites, pesant brut.   .   17,514 ℔.
Tare, .   .   2,405
    Net   15,109 ℔. à 6 $\frac{7}{16}$ s.   .   4,863   4   "

15 Dites, pesant brut   .   9,928 ℔.
Tare, .   1,040
    Net   8,888 ℔. à 6 $\frac{1}{4}$ s.   .   2,777   10   "

2 Dites, pesant brut   .   834 ℔.
Tare, .   .   137
    Net   697 ℔. à 5 $\frac{1}{2}$ s.   .   200   8   "

2 Dites, pesant brut   .   744 ℔.
Tare, .   .   156
    Net   588 ℔. à 5 $\frac{1}{4}$ s.   .   161   14   "

4 Dites, pesant brut   .   598 ℔.
Tare, .   111
    Net   487 ℔. à 4 $\frac{1}{2}$ s.   .   109   11   8

18 Dites, pesant brut   .   12,618 ℔.
Tare, .   .   1,809
    Net   10,809 ℔. à 4 $\frac{1}{8}$ s.   .   2,364   9   8

10 Dites, pesant brut   .   7,968 ℔.
Tare, .   946
    Net   7,022 ℔. à 4 $\frac{3}{16}$ s.   .   1,470   5   "

100 Futailles de café de St. Domingue ont donné . . . . . fl. 14,882   3   8

On accorde d'ailleurs un bon poids sourd de près de 2 p% lorsque l'on pèse les futailles.   Rabais à raison de bon poids 2 p%.   .   297   13   8

    14,584   10   8

Rabais pour prompt paiement 2 p%. . fl. 291   13
Pour la moitié du droit du poids. . 140   10
    432   3   "

Si le café se vendoit en balles, la tare en seroit comptée à 6 p%.   14,152   7   "

Frais de réception & de livraison.

Assurance de fl. 14,000 à 2 p% & police . . fl. 283   10
Fret suivant connoissement . . . 463   6
Droits d'entrée & passeport de visite . . 368   10
* Frais de réception, . . . 45   10
* Frais de livraison & rabattage des futailles . . 104   14
Courtage de vente à 6 s. par 100 l. . 157   1

    fl. 1,422   11

De l'autre part.   fl. 1,422 11   14,152 7

Emmagasinage & acquit à caution 56 16
Commission de vente & ducroire des acheteurs sur fl. 14,152 7
à 2 ½ P⁰⁄₀ 353 16   1,833 3

                          cour. fl. 12,319 4
                    agio 104 ½ P⁰⁄₀   530 10

                      bco. fl. 11,788 14

Les vins & les eaux-de-vie ont de tout temps attiré les Hollandois en France, pour y acheter non-feulement les parties de ces deux articles dont ils avoient besoin pour leur propre consommation, mais aussi pour satisfaire aux demandes que leur en faisoient les peuples voisins, principalement ceux du Nord, dont le commerce étoit en leurs mains. Le commerce de vin & d'eau-de-vie s'est soutenu, & probablement se soutiendra toujours en *Hollande*, parce que les spéculateurs Hollandois y donnent toute leur attention, & mettent tout en œuvre pour se le conserver. Mais le vin & l'eau-de-vie ne sont pas des objets de spéculation pour les négocians Hollandois seulement; il est aussi en France & en Espagne, des spéculateurs qui suivent ces deux branches de commerce, & qui s'en trouvent très-bien. Au surplus, il leur est bien plus facile de spéculer étant sur lieux où se recueillent & se façonnent ces deux sortes de denrées. La question essentielle pour eux, est de bien connoître quand le vin est bon & de garde, pour en faire des amas dans les années abondantes, car s'ils évitent de se tromper là-dessus, il y a une espèce de certitude qu'après un certain laps de temps, cette mar-

chandise prendra faveur, & qu'ils en tireront un bon parti, soit en la revendant dans le pays même, soit en la faisant passer chez l'étranger, & principalement en *Hollande*. Nous en disons de même de l'eau-de-vie. On suppose que ceux qui se forment de gros celliers de vin & d'eau-de-vie, ont calculé d'avance la quantité de l'évaporation de ces liqueurs dans un temps donné, le remplissage étant un objet qu'ils ne devoient pas perdre de vue.

En *Hollande*, le vin & l'eau-de-vie ont un débouché courant, quelqu'abondans que soient ces articles; dans ces circonstances, il n'y a que le prix qui baisse en raison du peu de besoin qu'on a de ces denrées; car d'une marchandise quelconque, le prix est le meilleur thermomètre pour en connoître l'abondance ou la rareté, relativement aux demandes. Au reste, comme dans toutes les branches de commerce, l'expérience est ce qui guide & doit toujours guider le spéculateur prudent dans ses entreprises, il nous semble inutile, il nous seroit même difficile de donner des règles de combinaison, capables de faire réussir à coup sûr une spéculation.

Nous nous bornerons donc à donner les comptes suivans de vin & d'eau-de-vie.

30 Tonneaux de vin de Bordeaux à 60 ℔. vls. . . . . . fl. 7,200
           Rabais pour prompt paiement 1 p⁰⁄₀.   72

                                     fl. 7,128

Frais de réception & de livraison.

Assurance de fl. 7,000 à 1 ½ p⁰⁄₀ & police . . . fl. 105 10
Fret à 12 florins le tonneau & 1 fl. d'avarie . . . 260 //
Droits d'entrée & passeport de visite . . . . 124 //
Frais de réception . . . . . . 40 //
Frais de livraison . . . . . . 60 //
Courtage de vente à 4 fl. par tonneau . . . 80 //
Commission de vente sur fl. 7,128 à 2 p⁰⁄₀ . . . 142 10   813

                               cour fl. 6,315
                  agio 104 ½ p⁰⁄₀   271 19

                     bco. fl. 6,043 1

50 Pièces d'eau-de-vie de Bordeaux mesurant 2,558 veltes à 18 ℔. vls les 30 veltes. . fl.   5,100
Rabais pour prompt paiement 1 p:.   51

         fl.   5,049

Frais de réception & de livraison.

			fl.	
Assurance de fl. 5,000 à 2 p:			fl.	101	10
Fret à 25 fl. le last de 6 pièces				225	//
Droits d'entrée & passeport à 1 florin par tonneau			296	//
Frais de réception				30	//
Frais de livraison				50	//
Courtage de vente à 2 fl. la pièce			100	//
Commission de vente sur fl. 5,049 à 2 p:		101	//

         903   10

      cour fl.   4,145   10
agio 104½ P: 178   10

    bco. fl.   3,967   //

Les eaux-de-vie de Cognac, de Cette, de Bayonne & des autres ports de France, ainsi que de celles d'Espagne, se vendent aux mêmes conditions que l'eau-de-vie de Bordeaux : les frais en sont aussi les mêmes à *Amsterdam*, au fret & à l'assurance près.

Pour ce qui est des prix, ils roulent comme suit, sçavoir :

Eaux-de-vie de Bordeaux, de Bayonne, de Nantes, de
   Cognac, de la Rochelle & du Languedoc, ... de 7 à 15 ℔. vls. }
Eaux-de-vie de Barcelonne,   7 à 18   } les 30 viertels.
Esprit ⁴⁄₅ de Barcelonne, esprit ½ de Bordeaux & esprit de
   Provence & de Naples. . . . . de 10 à 25   }

Voilà ce que nous avons cru devoir dire touchant les trois principales parties du commerce d'*Amsterdam*. Avant de parler de ce qui concerne la quatriéme, il est expédient d'expliquer à nos lecteurs, sur quoi sont fondées les conditions de vente dont nous avons fait mention dans les comptes de ventes & les factures. En premier lieu, il est d'usage dans presque tous les pays de commerce, d'accorder à l'acheteur une douceur dans le poids de toutes les marchandises qu'il achette en gros, sur-tout de celles qui sont de peu de valeur en proportion de leurs poids & de leur volume. Cet usage a tellement prévalu en *Hollande*, que dans toutes les ventes & achats qui s'y font, avant de conclure pour le prix, on stipule pour le bon poids, aussi-bien que pour le rabais pour prompt paiement. Cette seconde condition dans les ventes, a une origine différente de celle pour le bon poids. Les marchandises se vendent par-tout de deux manières; sçavoir, à crédit ou comptant; dans le premier cas, on donne ordinairement en *Hollande* un délai de trois mois ou six semaines pour le paiement. Comme le prix des marchandises se règle sur le même taux, soit argent comptant, soit à terme, il est stipulé entre le vendeur & l'acheteur, que si celui-ci paie comptant les marchandises qu'il achette, celui-là

lui déduira l'intérêt du terme qu'il seroit tenu selon l'usage de lui accorder. De-là, vient l'origine du rabais compris sous le nom de *prompt paiement*. Il est de 1 p: pour six semaines, ou 1½ mois, & de 2 p: pour trois mois, à compter l'intérêt du crédit sur les marchandises à 8 p: par an, comme il l'est en *Hollande*. Mais les crédits ne sont pas les mêmes pour toutes les marchandises. Il y en a pour lesquelles on les donne beaucoup plus longs en *Hollande*; telles sont les soies d'Italie qu'on vend à 33 mois de terme; les laines d'Espagne qu'on vend à 21, à compter l'intérêt à 8 p: par an, ou, suivant l'usage le plus suivi, à raison de 14 fl. par 114. Ces rabais, d'abord arbitraires, se sont tellement multipliés, qu'avec le temps, on les a regardés comme des conditions essentielles d'un marché quelconque. On ne pouvoit mieux faire pour faciliter le commerce, que de donner des crédits; ils étoient même indispensables : sans cela le négoce auroit été resserré dans des bornes étroites : le vendeur s'est donc obligé non-seulement de donner de certains termes pour les paiemens, mais encore de déduire à l'acheteur, comme s'il payoit comptant, l'intérêt de la somme qu'il solde à 8 p: par an, à raison du temps du crédit qu'il est d'usage de donner pour telle ou telle espèce de marchandise; encore le vendeur fe regarde-t-il fort heureux fi le paiement, malgré ces rabais, n'eft pas renvoyé à un certain temps ; car, pour le dire en paffant, les achats & les vêntes des marchandifes ayant lieu à *Amfterdam* prefque toujours par l'entremife d'un courtier, la livraifon des marchandifes fe fait fans aucun écrit préalable entre les parties contractantes, tant pour le prix que pour les conditions ; de-là, il arrive qu'il n'y a point un temps préfix en rigueur pour les paiemens, & qu'ils ont rarement lieu précifément aux échéances des termes. A cela près, il régne tant de bonne foi dans cette ville, le modèle de toutes celles qui font commerce, que, quoique l'on s'y ferve indifféremment de courtiers jurés ou non jurés, pour vendre ou acheter des marchandifes, on y voit rarement s'élever des difputes à l'occafion des prix & des conditions des marchandifes vendues par les courtiers non jurés. On femble même ne pas faire attention que leur témoignage, en cas de différend, n'auroit aucune force en juftice.

Les marchandifes fe vendent auffi publiquement, au plus offrant & dernier enchériffeur. Comme dans ces ventes on frappe fur un baffin de cuivre, pour marquer que la marchandife eft adjugée au dernier offrant, on les nomme *ventes au baffin*. Ces ventes ne fe font pas feulement pour les marchandifes ava- riées, gâtées ou de rebut ; on y voit très-fouvent des articles courans qu'on fçait même avoir des ama- teurs. L'indigo, les cuirs fecs en poil de l'Amérique, les tabacs, les vins, les eaux-de-vie & plufieurs autres articles, fe vendent fouvent mieux au baffin que hors la main. Les droits de la ville pour la vente au baffin, font 1½ p⁰. Les termes ordinaires pour le paiement des marchandifes, font de trois mois pour les laines d'Efpagne & de Portugal, les toileries quelconques, les fucres & les cafés ; & de fix femaines pour prefque toutes les autres mar- chandifes, excepté les épiceries, comme canelle, poivre, cloux de girofle & noix mufcades qui, fuivant l'ufage conftamment foutenu par la compa- gnie des Indes orientales, fe vendent à comptant auffi-bien par les particuliers que par la compagnie.

Une circonftance du commerce d'*Amfterdam*, digne de remarque, c'eft le paiement des droits des marchandifes, tant à l'entrée qu'à la fortie de cette ville. Comme c'eft l'amirauté qui eft chargée de la perception de ces droits, on lui porte la déclara- tion des marchandifes qu'on a intention de charger dans un navire, ou de celles qu'on doit recevoir d'a- bord d'un autre navire ; ainfi la déclaration doit fe faire avant le déplacement des marchandifes qu'on fe propofe de charger ou de décharger. Dans chaque déclaration on doit fpécifier le nom, le poids & la valeur de la marchandife ; l'amirauté tolère feule- ment qu'on déclare un fixiéme moins de la valeur, mais pas plus. Munis du paffe-port de l'amirauté, qui permet l'entrée ou la fortie des marchandifes, en vertu de ladite déclaration, les bateliers qui ont leurs bateaux chargés des marchandifes déclarées, fe pré- fentent aux avenues du port où fe tiennent les gardes

de l'amirauté. Ceux-ci confrontent les objets dont le bateau eft chargé avec ceux qui font fpécifiés fur le paffe-port, mais à la fimple vue & fans en faire de vifite ; s'ils jugent quelques-uns des articles chargés fur le bateau, valoir plus que ce qu'ils ont été dé- clarés à l'amirauté, ils ont le droit de les retenir en payant la fomme que le propriétaire aura déclaré qu'ils valoient, & en outre un fixiéme qu'il eft cenfé avoir diminué de la valeur réelle. Indépendamment des droits ordinaires, l'amirauté recouvre les primes d'ufage en temps de guerre, & même en temps de paix, quand les circonftances le requiérent. Voilà pourquoi l'article des droits peut varier ; & comme nous avons cru devoir donner dans nos comptes, des régles fûres pour pouvoir calculer toujours avec la plus grande précifion poffible, nous y avons fait mention des droits de fortie fans les primes ; mais rien n'eft plus facile que de les y ajouter d'après ce que nous avons dit ci-devant page 575.

Commerce local.

Nous avons d.vifé le commerce local en trois branches, que nous comprendrons fous les noms de *commerce de cabotage*, de *commerce d'affurances* & de *commerce d'emprunts & de crédits*. C'eft au prodigieux commerce que fait en tout genre la ville d'*Amfterdam* dans les quatre parties du monde, qu'elle eft redevable de ces trois branches de com- merce. Nous allons en expliquer en peu de mots la nature & les circonftances principales, & nous terminerons par-là ce qui concerne le commerce général de cette ville.

I. Le commerce de cabotage a toujours été exercé avec plus d'avantage par les Hollandois, que par aucune autre nation de l'Europe. Il confifte principalement à prêter aux étrangers, des navires pour le tranfport de leurs marchandifes, d'un port de l'Europe à un autre ; mais, relativement aux Hollandois, le commerce de cabotage a un fens plus étendu ; car il comprend non-feulement le fim- ple cabotage de leurs navires d'un port étranger à un autre port étranger, mais encore tout leur com- merce & toute leur navigation, qui, à proprement dire, n'eft qu'un pur cabotage. La raifon pourquoi ce mot *cabotage* a une fignification plus étendue, appliquée aux Hollandois qu'aux autres nations, eft aifée à concevoir : ces nations, en faifant venir des marchandifes étrangéres, n'ont ordinairement d'au- tre vue que de remplir le befoin qu'on peut en avoir chez elles-mêmes ; au lieu que les Hollandois, dont les befoins en articles étrangers pour la confomma- tion de leur pays font des plus bornés, ne font venir chez eux des marchandifes étrangéres, que pour en fournir enfuite aux nations qu'ils fçavent avoir befoin de ces marchandifes. C'eft un flux & reflux conti- nuel en *Hollande*, que cette importation & expor- tation de marchandifes étrangéres : quiconque y fait attention pour une première fois, feroit tenté de croire que les Hollandois font le commerce moins pour eux-mêmes que pour les autres.

En comprenant donc toute la navigation Hollandoise, sous le nom de *commerce de cabotage*, nous difons qu'elle fe divife en quatre branches principales, fçavoir la navigation du Nord, celle du Midi, celle du Levant, & celle des Indes orientales & occidentales. Les Hollandois emploient le plus grand nombre de leurs navires dans la navigation du Nord. Il en entre tous les ans dans la mer Baltique, environ 1500, & il s'en emploie 750 à 800 autres au commerce de Norvége, de la mer Blanche & de plufieurs autres ports de la mer du Nord.

Suivant les liftes du Texel & du Vlie de 1778 & 1779, il eft entré à *Amfterdam*,

En 1778.	En 1779.	
868	797	navires de la mer Baltique.
493	604	dits de Norvége.
168	123	dits de Hambourg & des autres ports de la mer de *Hollande* & des Pays-Bas.
55	24	dits d'Archangel.
1,584	1,548	navires.

Il faut confidérer que plus de la moitié des navires Hollandois qui s'expédient de la Baltique, font deftinés directement pour des ports de l'Europe fans toucher en *Hollande*, où la plupart font ordinairement affretés pour faire ces fortes de voyages.

La navigation du Midi s'étend dans les ports de France & d'Efpagne, fitués fur l'Océan. Le nombre de navires Hollandois qui s'y emploie eft incertain & varie trop pour le pouvoir fpécifier. Il eft entré au Texel & au Vlie,

En 1778.	En 1779.	
210	251	navires de divers ports de France fur l'Océan.
314	300	dits de la Grande Bretagne & de l'Irlande.
68	72	dits d'Efpagne en deçà du détroit de Gibraltar.
43	67	dits de Portugal.
635	690	navires.

Au furplus, quoique le cabotage d'un port à l'autre de France & d'Efpagne foit confidérable, on ne fçauroit déterminer pofitivement fon étendue, étant tantôt plus grand, tantôt plus petit, fuivant que les circonftances le favorifent. On conçoit fans peine que durant une guerre comme la dernière, entre la Grande Bretagne & la maifon de Bourbon, le cabotage des navires Hollandois doit être multiple de ce qu'il eft quand toutes les puiffances de l'Europe font en paix.

La navigation du Levant s'étend dans toute la mer Méditerranée. Cette navigation fut commencée par les Hollandois vers le commencement du dix-feptiéme fiéele, & elle mérita à un tel point l'attention des Etats-Généraux, qu'à la follicitation de la ville d'*Amfterdam*, ils érigèrent une chambre de direction, qu'ils chargèrent de veiller à la protection du commerce du Levant. Comme les navires deftinés pour la Méditerranée, s'adreffent à cette chambre pour obtenir la permiffion d'y naviguer, ce qu'elle leur accorde moyennant un florin par laft, tant à l'allée qu'au retour, on la nomme vulgairement *compagnie du Levant*. Elle a droit d'infpection fur les navires qui doivent aller au Levant, & doit veiller à ce qu'ils obfervent les réglemens faits par les Etats-Généraux à diverfes reprifes, & fur-tout celui de 1652, qui eft encore dans toute fa vigueur, relativement aux navires deftinés pour ce qu'on appelle *Echelles du Levant*. Suivant ce réglement, les navires qui chargeront pour ces parages, devront être au moins du port de 180 lafts, montés de 24 pièces de canon & de 50 hommes d'équipage. Ils doivent naviguer de conferve au nombre de deux ou plus, & s'ils vont fous convoi, ne s'en écarter que quand ils font parvenus à la hauteur où leur deftination les oblige de changer de route. Ces mêmes navires doivent à leur retour du Levant, fe réunir à Livourne & attendre qu'ils s'y trouvent en certain nombre pour fe rendre de conferve en *Hollande*. Ceci regarde principalement les navires qui ne font pas montés & équipés comme le porte le réglement. Les navires deftinés pour les autres ports de la Méditerranée, doivent être équipés à proportion de leur port; ceux de 100 lafts par 20 hommes & 10 pièces de canon; ceux de 150 lafts, par 24 hommes & 12 pièces de canon; enfin ceux de 150 à 200 lafts par 32 hommes & 14 canons.

Le nombre des navires Hollandois qui naviguent dans la Méditerranée, eft fort petit à proportion de ceux qui s'emploient dans les autres mers; mais, d'un autre côté, la branche du commerce du Levant eft très-lucrative, & ne l'eft peut-être pas beaucoup moins que la meilleure des autres branches. Les marchandifes dont les Hollandois compofent principalement leurs chargemens, font de la canelle, du poivre, de la noix mufcade, du clou de girofle

& autres épiceries ; du cacao , du thé , du café, du sucre ; des étoffes de soie & de coton ; de la porcelaine des Indes; des toiles fines ; des draps, des camelots & autres étoffes de laine , de soie , de coton , de poil de chévre & de chameau; des drogues pour la teinture, de l'huile de baleine , des cuirs de Ruffie ; du fer, de l'acier, du plomb, du cuivre & autres métaux; de l'ambre, du musc; de la civette; du poisson sec & salé ; de la quincaille & plusieurs autres articles. Indépendamment de toutes ces sortes de marchandifes que les navires Hollandois destinés pour les Echelles du Levant, chargent en Hollande ; ils relâchent dans quelques ports de France & d'Italie , pour y completter leur chargement avec des articles de ces pays , sur-tout avec des draps de Languedoc qui sont très estimés dans le Levant, du café de la Martinique & de l'indigo de Saint-Domingue , des sequins & des piastres d'Italie. Le commerce du Levant exige qu'on se pourvoie d'une grande quantité de ces sortes de monnoies, pour suppléer au prix des chargemens de retour qui sont plus riches que ceux qu'on envoie dans ce pays-là.

Ces chargemens de retour sont composés de soies, de laines fines, de fil de coton, de poil de chévre & de chameau, de toiles, de mousselines, de futaines, de café de Moka ; de mirrhe, d'encens, de baume de la Mecque & autres aromates ; de gomme d'Arabie , de sel ammoniac , de séné & autres drogues

pour la médecine ; de peaux & de cuirs ; de chagrin, d'éponges , de figues , de raisins secs & de Corinthe ; de safran; de noix de galle , d'anis & de plusieurs autres marchandises.

La compagnie du Levant, ou plutôt la chambre de direction qui veille à la navigation de la mer Méditerranée, perçoit un droit de 2 p. sur la valeur des marchandises , dont les chargemens des navires de retour des échelles du Levant sont composés, outre le droit de *lastage*, d'un florin par last, comme nous l'avons dit plus haut. Avec le produit de ces droits, cette chambre fournit aux frais de l'entretien d'un ambassadeur & des consuls, tant à la Porte que dans les diverses échelles du Levant, auxquels elle paie des appointemens proportionnés à la dépense qu'exigent leurs emplois. Il est cependant vrai que la chambre ne paie à l'ambassadeur, qu'une partie de ses appointemens , mais d'une autre part, elle lui rembourse de même qu'aux consuls, les frais des présens qu'on est dans la nécessité de faire souvent aux ministres de la Porte, & aux gouverneurs des ports où ils résident. Au reste , l'administration de cette chambre est entre les mains de huit directeurs, d'un secrétaire & d'un visiteur ou inspecteur de vaisseaux. C'est elle qui nomme les consuls qui doivent résider dans les échelles & les ports du Levant & de la Méditerranée.

Suivant les listes du Texel & du Vlie des années 1778 & 1779, il est arrivé à *Amsterdam* pendant ces deux années.

En 1778.	En 1779.	
11	8	navires venant de Smirne.
6	8	dits , des autres échelles.
25	40	dits , de divers ports d'Italie.
17	10	dits , de Marseille, Cette & Toulon.
36	39	dits , de Malaga , Barcelone , Alicante & autres ports d'Espagne dans la mer Méditerranée.
5	6	dits , de la côte de Barbarie.
100	111	navires.

La navigation des Indes se partage en deux branches : l'une comprend celle des Indes orientales, laquelle est sous la direction immédiate de la compagnie de ce nom ; l'autre est exercée par des particuliers , qui, en payant les droits dûs à la compagnie des Indes occidentales, font pour leur propre compte les armemens qu'ils jugent à propos pour l'Amérique. Voici le nombre des navires arrivés à *Amsterdam* pendant les deux années dernières.

En 1778.

14   Navires des Indes orientales , dont 6 de Batavia , 2 du Bengale , 2 de la Chine , 2 de Ceylan , 1 de Coromandel & 1 de Port-Maurice.

234   dits des Indes occidentales, dont 50 de Surinam , 6 de Berbice , 15 de Demerari , 35 de St. Euftache , 8 de Curaçau, 64 du Groënland, 47 du détroit de Davis & 9 de divers autres lieux de l'Amérique.

248 Navires.

11 Navires des Indes orientales, dont 5 de Batavia, 2 du Bengale, 1 de la Chine, 2 de Ceylan, 1 de Coromandel.

274   dits des Indes occidentales, dont 46 de Surinam, 5 de Berbice, 7 de Demerari, 17 de Curaçau, 83 de St. Euftache, 59 du Groënland, 46 du détroit de Davis, 2 de Bofton, 1 de la Caroline, 1 de Ste. Croix, 1 de Maryland, 1 de Maffachuffet-Bay, 1 de Philadelphie, 1 de Porto-Rico, 1 de St. Thomas, & 2 des colonies Françoifes.

285 Navires.

A l'occafion du grand nombre de navires qui font arrivés ces deux années de Saint-Euftache, nous devons obferver, que cette ifle ne doit qu'à la guerre les affaires confidérables qu'elle fait. En temps de paix, fa navigation fe borne à environ 30 navires chargés des denrées expédiées de cette ifle à Amf-terdam.

La ville d'Amfterdam ne poffède pas à beaucoup près, autant de navires qu'on le fuppofe communément dans l'étranger. Il eft vrai que le nombre n'en eft pas connu, il feroit même prefqu'impoffible de le connoître exactement; mais nous ofons avancer qu'il ne monte pas (en 1780) à cinq cens navires propres pour la navigation étrangère. La plupart des bâtimens navigant fous pavillon Hollandois, appartiennent à la province de Frife: il eft impoffi-ble de fçavoir quel en eft le nombre. D'ailleurs, il eft plus grand ou plus petit fuivant les circonf-tances favorifent la navigation Hollandoife. Cette navigation eft à l'époque actuelle plus floriffante qu'elle n'a été depuis vingt ans; mais il eft à préfu-mer qu'elle diminuera à la paix, & même confidé-rablement fi les autres peuples, les François fur-tout & les Efpagnols, reprennent le plan qu'ils avoient commencé d'exécuter avant la guerre, c'eft-à-dire celui d'introduire dans leur marine marchande, l'é-conomie Hollandoife.

Cependant, tant que la navigation Hollandoife fe foutiendra avec quelque vigueur, le commerce en retirera des avantages notables, & la Hollande con-tinuera à mettre à contribution, les peuples qui auront befoin de fon fecours pour faire leur com-merce. Le principal bénéfice que la navigation pro-cure au commerce de Hollande, eft celui du fret; mais il n'eft pas le feul: fans parler des affaires immenfes que cet objet attire, quoiqu'indirectement dans ce pays, le feul article de la commiffion du fret, que les affréteurs fe font payer de la part de ceux pour qui ils font des affrétemens, apporte un bénéfice confidérable au commerce général de Hol-lande. Un étranger forme une fpéculation à effectuer dans un pays étranger pour un autre pays étranger; il a befoin pour cela d'un navire, & il le prend en Hollande, foit parce qu'il ne peut pas s'en pro-curer ailleurs, foit parce qu'il trouve plus d'écono-mie à fe fervir du pavillon Hollandois que de tout autre. Cela pofé, il donne ordre à fon commiffion-naire d'Amfterdam d'affréter pour fon compte un bâtiment de la capacité qu'il lui faut, lequel doit aller prendre fon chargement dans un port, pour le tranfporter dans tel autre port qu'il indique. Le commiffionnaire d'Amfterdam fait affréter par fon courtier, le navire qu'il trouve le plus propre pour remplir les vues de fon commettant, &, comme affréteur, il figne la charte-partie dans laquelle il a foin de faire inférer les conditions fous lefquelles il a reçu ordre d'exécuter ledit affrétement. Cela fait, il remet à fon commettant une des copies de la charte-partie, & lui fournit en même temps le compte de fes frais, fuivant le modèle que nous placerons ici, lequel eft néanmoins fufceptible de quelques modifications, fuivant les conditions particulières de chacun, qui n'entrent point dans la régle générale à laquelle nous nous aftreignons dans le compte qui fuit.

Compte des frais de l'affrétement d'un navire du port de 100 lafts, affrété pour aller prendre un chargement de feigle à Dantzick & de-là fe rendre à Porto en Portugal, fuivant charte-partie.

Fret de 100 lafts de feigle à 20 fl. par laft . . . . fl.	2,000	
Avarie ordinaire 10 p°.	200	
Chapeau ou gratification pour le capitaine.	50	
Montant de tout le fret . . . . fl.	2,250	
Sur quoi 2 p°. de commiffion font . . . . fl.	45	
Pour la charte-partie & divers ports de lettres	4	10
cour. fl.	49	10
l'agio à 104½ p°.	2	3
font bco. . fl.	47	7

Quoique le commissionnaire d'*Amsterdam* ait rempli sa mission, en remettant à son commettant la charte-partie du navire qu'il a affrété pour le compte de ce dernier, il reste néanmoins responsable de l'accomplissement de toutes les conditions de l'affrétement vis-à-vis du fréteur ou du propriétaire du navire, en cas que le principal affréteur refusât de souscrire auxdites conditions, après que le chargement lui auroit été délivré, ou que le maître du navire ne pût se faire payer de son fret dans le lieu même de sa destination. Au reste, le commissionnaire d'*Amsterdam*, en remplissant exactement les ordres qu'on lui donne d'affréter quelque navire, est à l'abri de tous les événemens qui peuvent résulter d'un défaut de concorde entre l'affréteur principal & les fréteurs du navire, attendu que dans la charte-partie, il n'oblige que le chargement à répondre de l'exécution des clauses qu'elle contient.

Les fréteurs, ou les propriétaires des navires, paient de leur côté au courtier qui les a servis dans leur frétement, le courtage qui lui est dû, & qui se trouve fixé dans le tarif des courtages de la ville d'*Amsterdam*, sur le pied suivant :

Si le navire a été frété pour la France, la Grande Bretagne & l'Irlande; l'Espagne, le Portugal, toute la Méditerranée; les côtes d'Afrique & les Canaries, le Groënland & le détroit de Davis, 2 p̅°̅ sur le montant du fret seulement; & non pas sur les avaries.

S'il l'a été pour les ports de la mer Baltique & le Categat seulement ; pour Archangel, Hambourg, Breme, & pour toute la Norvége, 3 sols par last, & 3 autres sols sont payés par l'affréteur.

Lorsqu'on frete des navires pour charger en cueillette, on paie alors aux courtiers *Cargadors*, un double courtage ou l'équivalent, ce qui se compte de diverses manières, que nous croyons assez inutiles de détailler.

Les frets ordinaires qu'on paye en temps de paix, entre toutes les puissances de l'Europe, aux navires Hollandois affrétés à *Amsterdam* dans la belle saison, sont comme suit :

	par last.
D'*Amsterdam* pour les ports de la Méditerranée depuis le golfe de Lyon au-delà. . . . . fl.	30 dit.
Pour Barcelone, Malaga & autres ports d'Espagne dans la mer Méditerranée.	22 dit.
Pour Cadix, Seville & autres ports d'Espagne & de Portugal, depuis le cap St. Vincent jusqu'au détroit de Gibraltar.	20 dit.
Pour Ferrol, la Corogne, Porto, Lisbonne & autres ports depuis le cap d'Ortegal jusqu'à celui de St. Vincent.	18 dit.

On règle aussi le fret pour Portugal à 12 crusades le last de froment.

	par last.
D'*Amsterdam* pour Bayonne, St. Sébastien, Bilbao, St Ander & autres ports du Golfe de Biscaye. fl.	15 dit.
Pour Bordeaux, Nantes, la Rochelle, St. Malo & autres ports de Gascogne & de Bretagne. .	12 dit.
Dans les temps que les navires vont dans ces ports charger les vins nouveaux, on peut fréter vn navire de 100 lasts pour environ 1,000 ou 1,500 livres tournois.	
Pour le Havre, Rouen & les autres ports de Normandie.	10 dit.
Les avaries ordinaires des affrétemens faits pour ces ports sont seulement de 10 p̅°̅. Les navires qui chargent en cueillette se font payer 15 p̅°̅ d'avarie.	

Par contre, les frets sont :

Pour *Amsterdam* venant des ports de la Méditerranée au-delà du Golfe de Lyon. . . . . fl.	35 à 40 dit.
De Barcelone, de Malaga & des autres ports d'Espagne dans la mer Méditerranée.	25 à 30 dit.
De Cadix & des autres ports d'Espagne & de Portugal depuis Gibraltar jusqu'au cap de St. Vincent.	20 à 25 dit.
De Lisbonne & autres ports de Portugal & de ceux d'Espagne depuis le cap St. Vincent jusqu'au cap d'Ortegal	18 à 20 dit.
De Bilbao & de St. Ander pour 200 l. de laine ou 400 l. d'aignelins, 3 à 4 florins, ce qui fait.	15 à 20 dit.
Les avaries de ces frets sont seulement de 10 p̅°̅.	
De Bayonne, lors des vins nouveaux, on accorde le fret pour l'allée & le retour à 15 fl. par tonneau de vin, font . . . . & 1 ½ fl. par tonneau, d'avarie ordinaire.	30 dit.
Mais si l'on charge un navire en cueillette, l'avarie ordinaire est comptée à Bayonne à 30 p̅°̅.	
Pour *Amsterdam* venant de Bordeaux, Libourne, Nantes, la Rochelle, St. Malo & autres ports des provinces de Gascogne & de Bretagne, où l'on charge des vins de 10 à 11 fl. par tonneau, font	20 à 22 dit.
L'avarie du fret se compte à 1 fl.	

par

par laft.

par tonneau de vin & 15 p°. pour toute autre marchandife. .

De St. Péterfbourg pour *Amfterdam*, avec du chanvre de 1ʳᵉ. qualité. fl. 20 à 22 dit.

Pour les ports de France & d'Efpagne en deçà du cap Finifterre, avec du chanvre de 1ʳᵉ. qualité. 25 à 30 dit.

Pour les ports d'Efpagne & de Portugal d'au-delà du cap Finifterre jufqu'au détroit de Gibraltar. 30 à 35 dit.

Pour les ports de la Méditerranée fuivant l'éloignement. . . . . 35 à 45 dit.

Les avaries fe comptent à 10 p°.

Le laft de chanvre ou de lin eft de 6 Berckowitz ou 60 pouds de Ruffie. On paye pour le lin & le chanvre de 2ᵉ. qualité 2 fl. par laft, pour le lin & le chanvre de 3ᵉ. qualité 4 fl. par laft de plus que pour le lin & le chanvre de 1ʳᵉ. qualité. On compte 60 rouleaux de cuirs de Mofcovie pour un laft, dont le fret eft d'environ 8 à 10 fl. plus cher que celui du laft de chanvre de 1ʳᵉ. qualité.

D'Archangel pour *Amfterdam*, avec des bleds. . . . . 30 dit.

Pour les ports de l'Oueft. . . . 35 à 40 dit.

L'avarie ordinaire eft 10 p°.

On compte 14 barils vieux de brai & de goudron pour un laft ordinaire, & 134 barils vieux ne font que 100 barils nouveaux, ou barils ordinaires d'Archangel, de brai & de goudron.

De Riga & des autres ports de Livonie, d'Eftonie & de Courlande.

Pour *Amfterdam*, avec du lin, ou du feigle. . . . . 20 à 22 dit.

Pour les ports de France dans l'Océan, de 3¼ à 3½ fl. par fch tb, ou par laft de 6 fchtb. . . . . 21 à 22½ dit.

De Riga pour ceux d'Efpagne, à 4 fl. par fchtb de chanvre ou de lin, ou par laft de 6 fchtb. . . . . 24 dit.

Le lin de 2ᵉ qualité 2 fl. & celui de 3ᵉ. qualité 4 fl. par laft davantage que le lin de 1ʳᵉ. qualité.

De Dantzick, Konigfberg & autres ports circonvoifins dans la mer Baltique,

Pour *Amfterdam*, avec du feigle. 16 à 18 dit.

Pour les ports de France dans l'Océan, avec du feigle. . . . . 20 dit.

Pour ceux d'Efpagne jufqu'au cap Finifterre . . . . 20 à 25 dit.

par laft.

Pour ceux d'Efpagne & de Portugal depuis le cap Finifterre jufqu'au détroit de Gibraltar . . 28 à 30 dit.

Pour ceux d'Efpagne dans la mer Méditerranée. . . . . 30 à 35 dit.

Pour ceux de France dans la même mer, & pour l'Italie. . . . . 35 à 40 dit.

L'avarie ordinaire eft comptée à 10 p°.

On règle ordinairement dans les ports de la Baltique le fret par laft de feigle, & l'on compte 10 p° de plus par laft de froment.

De Bergen, pour *Amfterdam*, avec du poiffon fec. . . . . 5½ f. p. waag.

Pour Bilbao, avec le même poiffon. 7 dit.

Pour Barcelone & les ports d'Italie. 10 à 12 dit.

De Drontheim & Chriftianfund, pour *Amfterdam* avec du poiffon . . 6 à 7 dit. & à proportion pour les autres ports.

On affrete auffi des navires pour charger du bois dans un port de Norvége à 8 fl. par laft.

L'avarie ordinaire fe compte à 10 p°.

Lorfqu'on affrete des navires pour charger du bois dans lefdits ports de la mer Baltique, on obtient fouvent le fret 10 à 15 p°. meilleur marché. On peut régler fur ces frets, ceux qu'on paie dans les autres ports de la mer Baltique, à quelques petites différences près, qui dépendent le plus fouvent des circonftances.

Le laft pour les affrétemens des navires, eft compté à *Amfterdam* pour l'encombrement d'un véritable laft de feigle, dont le poids répond communément à 4000 L. poids de troyes de *Hollande*.

Lorfqu'on charge d'autres marchandifes, on a foin de fpécifier le nombre de mefures, le poids ou les pièces dont eft compofé le laft.

Notre intention n'eft pas, en donnant les prix généraux auxquels les navires Hollandois fe fretent à *Amfterdam* en tems de paix, de dire que ces prix ne foient pas fufceptibles de hauffe ou de baiffe. Loin delà, nous penfons qu'il ne peut y avoir rien de fixe dans le commerce, auffi-bien à l'égard des frets que de toutes les chofes qui, arbitraires & dépendantes des circonftances, ont fans ceffe à combattre une concurrence qui s'oppofe à ce qu'il y ait rien de ftable.

II. Le commerce d'affurances eft fujet à la même inftabilité, quant aux primes payées par les affurés, que les affrétemens par rapport aux frets accordés par les affréteurs. Quoique l'effet foit le même, les caufes ainfi que les opérations font différentes. Le commerce d'affurance eft fondé fur un calcul des profits & pertes que fait l'affureur. Plus il y a de rifque pour lui à affurer, plus il exige de prime de ceux qui veulent être affurés d'un rifque quelconque, que les loix permettent de couvrir. Le point effentiel pour l'affureur prudent, eft d'avoir attention de partager les rifques, de façon qu'à tout événement, les bénéfices dans les primes puiffent le dédommager des pertes que des revers inattendus lui peuvent faire éprouver. Le plus fage tempérament qu'il puiffe prendre, généralement parlant, eft de ne figner des polices d'affurances, que pour de petites fommes, & autant que faire fe peut fur des navires & des capitaines connus. Il y a néanmoins des cas, & ces cas font très-fréquens, où l'affureur, fans qu'on puiffe le taxer d'imprudence, peut prendre fur lui un rifque extraordinaire; mais dans ces conjonctures, il faut que toutes les circonftances concourent à faire juger qu'il y a peu de danger pour lui, de forte qu'en cas d'événement fâcheux, on ne foit pas autorifé à lui imputer un malheur, dont les exemples font très-rares. Les circonftances dont nous entendons parler ici, font la paix & la tranquillité la plus profonde entre tous les peuples commerçans, la beauté de la faifon, la facilité de la navigation, l'expérience du capitaine, la folidité du vaiffeau qu'il commande, fur le cafque ou le chargement duquel l'affureur prendra une partie du rifque.

L'ufage à *Amfterdam*, & dans les autres villes de *Hollande*, eft de faire les affurances par foufcription, c'eft-à-dire que les polices font fignées par divers particuliers, qui prennent chacun un rifque plus ou moins grand fur le montant de la fomme qui s'affure. La maxime ordinaire de l'affureur Hollandois eft de ne figner que pour 1000, 1500 ou 2000 florins; cependant il le fait quelquefois pour plus, quelquefois auffi pour moins, felon qu'il eft encouragé ou découragé par les circonftances.

Au furplus, il eft permis en *Hollande* d'affurer, non-feulement le capital d'une expédition quelconque, mais auffi la prime d'affurance & la prime de la même prime avec les frais ordinaires & extraordinaires, que l'affuré feroit dans le cas de perdre, fi l'objet affuré venoit à périr fans que ces frais euffent été affurés. On y peut même affurer un profit imaginaire, qu'on l'ait déclaré ou non dans la police; car fi l'objet affuré périt, & que la perte en foit conftatée, les affureurs paient dans le temps prefcrit la fomme affurée, fans qu'ils puiffent exiger l'exhibition de la facture. Il eft également permis en *Hollande* d'affurer, non-feulement la valeur du cafque, des agrès & apparaux du navire, mais encore le fret & les frais qu'il peut faire, tant à l'allée qu'au retour de quelque voyage que ce foit. Il eft enfin permis en *Hollande*, de faire telle affurance que l'affureur jugera à propos de fe charger, lors fur-tout qu'elle a été faite de bonne foi entre les parties contractantes.

L'affurance faite, l'objet affuré venant à périr, on eft inftruit, par l'entremife du courtier, l'affu-

reur, qui eft tenu de rembourfer à l'affuré la fomme pour laquelle il a figné la police d'affurance, fçavoir, 98 p% fix mois, après que l'intimation lui en a été faite; ou 100 p% neuf mois après ladite intimation, c'eft-à-dire, toute la fomme affurée fans aucune déduction. Dans le cas où l'objet affuré auroit feulement fouffert de l'avarie, il n'eft point permis en *Hollande* d'en faire l'abandon aux affureurs; mais on doit faire en forte d'en tirer le meilleur parti poffible, & en avoir autant de foin que fi l'objet avarié n'étoit point affuré, & qu'il appartînt à celui qui en auroit fait la fpéculation. L'objet avarié, fauvé & vendu au profit des affureurs, par les foins de l'affuré, celui-ci en exhibe les documens requis à fes affureurs, qui lui paient la perte qu'il a foufferte, d'après le réglement qui aura été fait de l'avarie. Si la perte eft de plus de 50 p%, les affureurs en déduifent 2 p%, fi l'affureur en exige le paiement avant les fix mois révolus, depuis la date du réglement de l'avarie.

Le réglement des avaries eft un objet qui mérite certainement d'être approfondi; les affureurs & les affurés y ont intérêt pour parer à bien des difficultés qui peuvent s'élever entr'eux.

Dans la 1re. partie du tome 1er. de ce Dictionnaire, pag. 151, col. 1re. & fuiv., au mot *avaries*, nous avons donné l'explication des différentes fortes d'avaries; nous y renvoyons ceux de nos lecteurs qui font dans le cas de confulter cette matière.

Les primes d'affurance font en général plus modérées à *Amfterdam* que nulle part ailleurs, fi on en excepte quelques cas particuliers. Ce paradoxe eft aifé à expliquer. Nous fuppofons qu'il y ait à *Amfterdam* une centaine de particuliers qui faffent le commerce d'affurance; chacun d'eux prend fur lui un certain nombre de rifques, lequel une fois rempli, il ne fe foucie plus d'augmenter. Cependant il vient une affluence d'ordres étrangers pour des affurances à faire foigner; les affureurs preffés pour lors par les courtiers, de fe prêter à de nouvelles foufcriptions, n'y confentent qu'au moyen d'une augmentation de prime qu'on leur offre, & dont le plus fouvent ils font les maîtres de fixer le taux en pareilles circonftances. Il arrive tous les jours que l'affurance de la cargaifon d'un navire chargé en cueillette, avec de riches marchandifes, après avoir commencé à fe foigner à *Amfterdam* à 1½ p%, ne peut s'achever qu'à 3 p%, & quelquefois à quelque chofe de plus. Nous ne parlons pas des temps de guerre où les affureurs Hollandois n'étant pas fi gênés que pendant la paix, par la concurrence des affureurs étrangers, exigent de fi fortes primes d'affurance de ceux qui veulent être affurés par eux, qu'il n'eft pas poffible de les excufer, qu'en rejettant fur les circonftances critiques de la guerre, un pareil excès; cela même les difculpe très-peu, (nous l'avouons avec regret) quand on compare leur conduite avec celle des affureurs étrangers, dans les mêmes circonftances.

Quoi qu'il en foit, nous allons placer ici les taux de primes qu'exigent les affureurs Hollandois en temps de paix & dans la belle faifon de l'année, de ceux qui veulent être affurés par eux tant pour le retour d'un navire & fa cargaifon, d'un voyage quelconque.

D'Amfterdam,	Allant.	Venant.
A Londres, Hull & autres ports d'Angleterre,	$\frac{3}{4}$ p°.	$\frac{1}{4}$ p°.
A Dunkerque & autres ports de Flandre & du Brabant,	$\frac{3}{4}$	$\frac{1}{4}$
A Rouen, le Havre, Nantes & autres ports de Normandie & de Bretagne, excepté Breft,	1 à $\frac{3}{4}$	1 à $\frac{3}{4}$
A Breft, Bordeaux & le golfe de Bifcaye,	$1\frac{1}{4}$	$1\frac{1}{4}$
A la Corogne & à la côte de Galice & à celle du Portugal,	$1\frac{1}{2}$	$1\frac{1}{2}$
A Cadix, Séville & Gibraltar,	$1\frac{1}{2}$	$1\frac{1}{2}$
A la Méditerranée jufqu'à Naples & Sicile,	$1\frac{3}{4}$	$1\frac{1}{4}$
A Venife, à la mer Adriatique & au Levant,	$1\frac{1}{4}$ à 2	2
A Surinam, Berbice & Demerari,	$2\frac{1}{2}$	3
A St. Euftache & Curaçau,	$2\frac{1}{2}$	3
Aux ports de Norvége,	1	1
A la mer Blanche,	$1\frac{1}{2}$	2 à 3
Au Categat & au Sund,	1	1
A la mer du Nord, Hambourg, Brême, &c.	$\frac{3}{4}$	$\frac{3}{4}$
A la mer Baltique,	$1\frac{1}{4}$ à $1\frac{1}{2}$	$1\frac{1}{2}$
D'un port à l'autre de la mer Baltique,	1	1
D'un port à l'autre de France, d'Efpagne & de Portugal, & réciproquement d'un royaume à l'autre.		
1°. Du golphe de Bifcaye pour la Manche & vice-verfa,	1	1
2°. De la Méditerranée pour le golphe de Bifcaye où de la Manche & vice-verfa.	$1\frac{1}{2}$	$1\frac{1}{2}$

Notez que, fi l'affurance fe fait d'un port de la mer Baltique, ou de quelque autre port du Nord, directement pour un autre port du Midi de l'Europe, par exemple de Dantzick à Cadix, la prime coutera d'après le taux ci-deffus 3 p°, parce que de Dantzick à Amfterdam elle eft fixée à 1 ½ p° & au même taux d'Amfterdam à Cadix. Il en eft de même pour les autres voyages directs d'un port à l'autre de l'Europe, non compris dans les limites que nous venons d'indiquer.

Vers la fin du mois de juillet, les primes ci-deffus hauffent du double pour les pays au nord & au nord-eft d'Amfterdam, & du triple vers la mi-feptembre. Les primes pour la France, l'Angleterre, l'Efpagne & les autres pays à l'oueft d'Amfterdam, hauffent ordinairement du double dès le mois d'août, & quelquefois du triple en hiver, fuivant les ports & les diftances.

Selon la loi, les primes d'affurance doivent être payées comptant, fous peine de nullité de l'affurance. C'eft le courtier qui répond pour la valeur des primes à l'affureur, qui de fon côté paie au courtier ¼ p° de courtage. L'affuré au contraire ne paie point de courtage au courtier à qui il rembourfe les primes à fur & mefure que celui-ci lui en fournit les comptes. Ce n'eft que lorfqu'il y a une avarie à régler que l'affuré paie au courtier ¼ p° de courtage.

Pour rendre la chofe plus fenfible, nous allons faire fuivre deux comptes, l'un d'affurance & l'autre de recouvrement d'avarie, pour l'ufage de ceux qui ont intérêt de connoître cet objet.

Compte d'affurance fur 6 balles de cacao de Caraques, chargées à *Amfterdam* & deftinées pour Bayonne, dont la valeur avec les frais s'élève à fl. 1,142 17 courans de *Hollande*, à quoi l'on ajoute 2 p° de prime d'affurance, ¼ p° pour rabais en cas de perte totale, & 1 p° pour

les frais en cas d'avarie, ce qui fait en tout fl. 1,200 courans, à 2 p% de prime. fl. 24
Police . . . 2
Commission d'assurance $\frac{1}{2}$ p% . . 6

cour. fl. 32

Compte de recouvrement d'avarie sur 6 balles de cacao de Caraques sauvées du naufrage d'un navire allant à Bayonne.

6 Balles de cacao de Caraques pesant suivant la facture 1,344 ℔, auroient rendu, si elles étoient arrivées saines au lieu de leur destination, suivant la taxation des experts nommés par le magistrat, ou par ceux ayant droit, à 49 s. la ℔. . L. 3,292 16 s.
Les mêmes 6 balles de cacao avarié & gâté ont produit en vente publique comme suit :
3 Balles pesant 733 ℔. à 20 s. la ℔. . . . . L. 733
3 dites, . . . 631 . à 20 s. 9 d. la ℔. 654 13 3

L. 1,387 13 3

Dont à déduire :
Frais de la vente publique, documens, ports de lettres, &c. . 113 18 10
1,273 14 5

Perte L. 2,019 1 s. 7 d.

Ces L. 2019 . 1 s. 7 d. font sur les L. 3,292 . 16 s. qu'auroient valu les six balles de cacao si elles fussent arrivées saines, $61\frac{3}{10}$ p% dont on déduit 2 p% pour prompt paiement du produit de l'avarie, la perte ayant excédé 50 p%, reste donc $59\frac{3}{10}$ p%, lesquels, répartis sur la somme assurée de fl. 1,200, répondent à . . . . cour. fl. 711 12
Dont à déduire :
Commission de réglement d'avarie $\frac{1}{2}$ p%. . . . . fl. 6
Courtage du même objet $\frac{1}{4}$ p%. 3
Ports de lettres pour la réception des documens 2 12
11 12

Reste produit net . . . . cour. fl. 700

Il y a une autre sorte d'avarie qu'on nomme *avarie grosse*, dont le réglement est différent de celui de l'avarie simple. Comme nous nous sommes expliqué ailleurs sur ce qui concerne les avaries, il nous suffira de placer ici le compte suivant du recouvrement d'une avarie grosse, pour montrer la méthode que suivent à cet égard les négocians d'*Amsterdam*.

Compte du recouvrement d'une avarie grosse dont la perte, suivant les documens du réglement, s'élève à fl. 2,780, laquelle somme, sur celle de fl. 30,200, qui représente la valeur du navire & du chargement, répond à $9\frac{1}{5}$ p%; lesquels $9\frac{1}{5}$ p% calculés sur fl. 18,200, valeur effective du chargement, produisent fl. 1,674 8 qui ont été payés par le chargement. Or, il a été assuré sur ce même chargement fl. 20,000, dont les fl. 1,674 8 s. répondent à $8\frac{3}{8}$ p%, ainsi ces $8\frac{3}{8}$ p% sur les mêmes fl. 20,000 produisent . . . . fl. 1,675
Qui ont été recouvrés des assureurs & dont il faut déduire :
Commission de recouvrement $\frac{1}{2}$ p% sur fl. 20,000 . . . . . . fl. 100
Courtage du même objet $\frac{1}{4}$ p% 50
Ports de lettres, réception des documens, &c. 5
155

cour. fl. 1,520

Si l'avarie groſſe ne s'élève pas à 3 p.º ſur la ſomme aſſurée dans la proportion ci-devant dite, les aſſureurs n'en payent rien ; c'eſt une des conditions principales de toutes les polices d'aſſurance.

La commiſſion d'aſſurance eſt comptée ordinairement à ½ p.º ſur la ſomme aſſurée par preſque toutes les maiſons de *Hollande*, & le taux eſt le même quand il y a une avarie à recouvrer. Cette régle eſt néanmoins ſuſceptible de quelques exceptions. Il eſt, par exemple, telle maiſon qui ſervira en aſſurance un négociant pour ½, même pour ¼ p.º, tandis qu'elle ne voudra pas en ſervir un autre pour moins de ½ p.º, ſuivant que la choſe lui convient. Exige-t-on que la maiſon de *Hollande*, qui eſt chargée d'une aſſurance, ſoit garante de la ſolvabilité des aſſureurs, elle y conſent moyennant une double commiſſion, ou ſuivant d'autres arrangemens qu'on prend là-deſſus avec elle. Au défaut de cette précaution, une maiſon chargée par commiſſion de faire une aſſurance quelconque, n'eſt nullement reſponſable de l'événement ; dans le cas que l'aſſureur ou les aſſureurs deviennent inſolvables, les aſſurés n'ont rien à répéter d'elle, quelque ſoit leur perte.

Il eſt expédient de ſçavoir que du moment qu'une aſſurance eſt faite, on ne ſçauroit l'annuller, fût-ce le même jour qu'elle auroit été faite, à moins de payer le droit de *reſtorne*, qui eſt de ½ p.º ; & ſi celui qui a ſoigné l'aſſurance par commiſſion d'un autre, en a fourni le compte à celui-ci, il eſt en droit d'en retenir la commiſſion, ſuivant les conditions que nous avons déja ſpécifiées ailleurs.

La *reſtorne* coûte quelquefois 1 p.º, lors ſur-tout que l'aſſureur a couru un riſque.

Indépendamment de la condition que nous venons de poſer comme principe fondamental de la validité de toute aſſurance, il eſt cenſé à *Amſterdam*, qu'une aſſurance faite de bonne foi ſur un navire déja arrivé à ſa deſtination, eſt très-valide, & qu'elle ne peut être révoquée ſous quelque prétexte que ce ſoit. Il en ſeroit de même ſi le navire fût péri avant que l'aſſurance eût été faite.

Le commerce d'aſſurance eſt un des objets les plus intéreſſans du trafic de la ville d'*Amſterdam*. Il y attire une infinité d'autres affaires, qui ſans cela ſe feroient probablement ailleurs. Il ſeroit ſuperflu d'entrer là-deſſus dans des détails, c'eſt aſſez de dire que de toutes les parties de l'univers, on s'adreſſe à *Amſterdam* pour y faire ſoigner les aſſurances, dans la perſuaſion qu'on y trouvera des avantages qu'il ſeroit difficile de rencontrer en tout autre endroit. D'ailleurs, les aſſureurs Hollandois, moins minucieux, moins difficiles qu'on ne l'eſt communément dans les autres pays commerçans, ſont plus prompts à compoſer & à rembourſer les pertes qu'on leur prouve. Placés dans une ville qui eſt en correſpondance avec toutes les parties du monde, ils ſont à portée d'être informés aſſez exactement du départ & de l'arrivée des navires, ainſi que des naufrages & autres événemens déſaſtreux. Cela, joint à la ſage coutume de ne pas permettre à l'aſſuré de faire abandon à l'aſſureur, des marchandiſes naufragées,

mais de l'obliger d'en prendre autant de ſoin que ſi la choſe le regardoit perſonnellement, pour en rendre compte enſuite à l'aſſureur, cela fait que celui-ci peut avec moins de peine faire face à ſes engagemens, & y ſatisfaire auſſi-tôt que l'aſſuré lui exhibe les documens qui conſtatent la perte ſoufferte par l'objet aſſuré, ces documens devant être faits ſur les lieux mêmes où eſt arrivé le naufrage. Il n'en ſeroit pas à beaucoup près de même, s'il étoit permis aux aſſurés de faire abandon des objets dont le naufrage auroit été conſtaté. Dans ces cas, les aſſureurs Hollandois ſeroient écraſés par les débours qu'ils ſeroient obligés de faire, & en outre très-embarraſſés pour ſuivre en divers pays étrangers, des correſpondances relatives au ſauvetage & à la vente des objets avariés ou perdus par les haſards de la navigation. En général, il régne entre les aſſureurs & les aſſurés Hollandois, une bonne foi qui leur fait honneur : il faut dire auſſi que cette bonne foi eſt d'une néceſſité indiſpenſable pour toutes les affaires de commerce, & ſpécialement pour l'objet des aſſurances, en ce qu'elle entretient la vaſte correſpondance qui a lieu entre les aſſureurs Hollandois & les aſſurés en *Hollande*.

III. La troiſiéme branche du commerce local d'*Amſterdam*, comprend, comme nous l'avons dit, le *commerce d'emprunts & de crédits* ; lequel nous diviſons en trois parties : la première regarde les crédits que les négocians d'*Amſterdam* font à d'autres négocians établis en pays étranger. La ſeconde a pour objet l'emprunt que des particuliers font à d'autres particuliers des ſommes dont ils ont beſoin, & qu'on leur prête ſous l'hypothéque d'effets réels. La troiſiéme partie a pour objet le négoce d'effets publics, & l'emprunt que des puiſſances & des grandes compagnies font des capitaliſtes Hollandois, par le moyen d'une négociation. Nous allons donner ſucceſſivement, & en peu de mots, l'analyſe de ces trois parties du commerce de crédit.

Le crédit que les négocians d'*Amſterdam* font aux négocians étrangers avec qui ils ſe trouvent en relation d'affaires de commerce, eſt fondé ſur l'opinion des premiers à l'égard des facultés & des moyens des derniers ; & ſur la néceſſité qu'ont ceux-ci de ſe ſervir du miniſtère des maiſons Hollandoiſes pour pluſieurs branches de commerce qu'ils exercent. Il n'y a point de places de change au midi de l'Europe, qui aient des changes ouverts ſur les villes du Nord qui font le plus de commerce ; & néanmoins leur correſpondance étant réciproquement très-étendue, elles pourroient prendre leurs rembourſemens directement les unes ſur les autres, en s'y ouvrant des changes ; mais l'uſage, déja ancien, de ſe ſervir de l'entremiſe des Hollandois, eſt un préjugé plus fort que leur intérêt, malgré le ſyſtème d'économie qui s'eſt emparé depuis quelque temps du commerce de tous les peuples. Il y a d'ailleurs un motif pour les nations tant du nord que du midi de l'Europe, de se servir de l'entremise des Hollandois pour se faire réciproquement les paiemens de leurs envois; & ce motif fondé sur la défiance réciproque qu'elles ont les unes des autres, subsistera sans doute long-temps, peut-être toujours, & par ce moyen les Hollandois conserveront cette branche qui n'est pas des moins importantes, & des moins lucratives de leur commerce.

Les opérations en sont simples & faciles. Un négociant de Bordeaux ayant besoin d'un chargement de chanvre, donne ordre à son correspondant de Konigsberg de l'acheter pour son compte, & d'en prendre son remboursement sur une maison de *Hollande* qu'il lui indique. Il fait part en même-temps à cette maison, de l'ordre qu'il vient de donner à son ami de Konigsberg, la charge d'accueillir les traites que celui-ci tirera sur elle dans le cas que l'achat du chanvre ait lieu, lui ordonne d'affréter un navire si l'expéditionnaire la prévient qu'il n'en peut pas affréter un chez lui, & enfin lui recommande le soin de faire l'assurance de la somme que ledit expéditionnaire lui marquera valoir le chargement du chanvre, avec tous ses frais. La maison de *Hollande*, suivant la bonne régle, écrit alors à celui qui est chargé à Konigsberg, de l'exécution de l'ordre du négociant de Bordeaux, & lui fait part des ordres dont elle est munie par le même négociant. Elle attend la réponse, & d'après les avis qu'elle reçoit de l'expéditionnaire de Konigsberg, accueille les traites de celui-ci, affrete le navire, & effectue l'assurance selon qu'elle en est requise. Cela fait, elle prévient de tout le négociant de Bordeaux, lui fournit les comptes d'affrétement & d'assurance, & prend sur lui le remboursement du montant, de même que celui des traites fournies par l'expéditionnaire de Konigsberg, à moins que le négociant de Bordeaux ne lui en fasse la remise dans le temps.

De même, un négociant de Dantzick ordonne à son commissionnaire à Bordeaux d'acheter pour son compte une partie de vin, de café & d'indigo, dont il devra ordonner l'assurance à une maison d'*Amsterdam* qu'il lui indique; & sur laquelle le même commissionnaire a ordre de prendre le remboursement du montant de ses envois. La maison d'*Amsterdam* prévenue de ces dispositions, par le négociant de Dantzick, accueille les traites du commissionnaire de Bordeaux, & soigne l'assurance sur la valeur des marchandises que charge celui-ci dans le premier navire destiné pour le port de Dantzick. La même maison d'*Amsterdam* ne pouvant pas prendre le remboursement de ses avances sur le négociant de Dantzick, en attend la provision que celui-ci a le soin de lui faire parvenir avant le temps de l'échéance des traites du commissionnaire de Bordeaux.

Voilà deux exemples applicables à toutes les villes de commerce du midi & du nord de l'Europe.

Il nous reste à expliquer les maximes que tout négociant d'*Amsterdam* est tenu de suivre rigoureusement, par rapport aux acceptations dont il se met à découvert pour compte étranger, afin de se conserver le crédit & la réputation dont il jouit sur la place.

En général le négociant d'*Amsterdam*, isolé dans le cercle de ses affaires, sans aucune communication, sans aucun rapport particulier d'intérêt avec qui que ce soit, n'en est pas moins exposé à la censure de tous les individus qui forment le corps dont il est membre, & qui ont les yeux plus ou moins attachés sur lui, en raison de l'intérêt que chacun croit avoir de l'observer. De-là, le système de la plupart des maisons, sur-tout de celles qui font le commerce de lettres de change, de n'accorder aux négocians de la place, que des crédits proportionnés à leurs facultés respectives. Cela fait souvent que le crédit d'un négociant est borné à des limites plus resserrées que ne sont ses moyens, & souvent aussi plus étendues que ses facultés ne le comportent. Aussi, dans le commerce, comme en bien d'autres choses, est-on quelquefois dupe de l'apparence. Il est des négocians qui font d'excellentes affaires sans se faire remarquer, tandis que d'autres, en attirant les yeux sur eux par leur étalage, en font de beaucoup moins bonnes. A *Amsterdam* on se fait une espèce d'étude de calculer les crédits de presque toutes les maisons; ce qui fait que la plupart, même parmi celles dont le crédit est pour ainsi dire inébranlable, sont fort circonspectes, dans l'appréhension de voir rouler dans la place, une trop forte masse de papier sur elles, n'y ayant rien qui nuise autant à la réputation d'un négociant, que le grand nombre d'acceptations auxquelles il s'engage. Fondés sur ce principe, les négocians d'*Amsterdam* ont pour maxime d'éviter autant qu'ils peuvent le commerce d'acceptations. Par cette raison, ils n'accordent que des crédits bornés aux maisons de commerce avec lesquelles ils sont en relation dans l'étranger; & ils aiment mieux que celles-ci leur fassent des remises des sommes dont ils se trouvent en acceptations pour leur compte, que d'être obligés à s'en rembourser en tirant sur elles. La raison en est simple & naturelle: il est extrêmement difficile de trouver sur la bourse, des personnes qui prennent du papier d'un négociant pour de plus fortes sommes que celles que peuvent comporter les affaires qu'on lui connoît; souvent même il ne peut y en négocier qu'une partie; au lieu qu'il lui est aisé en tout temps de se faire escompter les bonnes lettres de change qu'il peut avoir en portefeuille, à un intérêt raisonnable & toujours avantageux pour lui, attendu qu'il porte en compte à ses commettans l'intérêt ordinaire de 4 p. suivant le style de la place. Une autre maxime très-utile qu'observe rigoureusement le bon négociant Hollandois, est de ne se prêter à accepter des traites, dont l'objet regarde une spéculation en marchandises, qu'avec la condition expresse qu'il sera chargé en même-temps du soin d'en faire l'assurance. Il gagne par ce moyen une double commission, & si on le charge d'affréter le navire, il a encore le bénéfice de la commission sur le fret, comme nous l'avons dit ailleurs.

La commission ordinaire d'acceptation de traites, pour compte d'un tiers, est comptée à ½ p°, & presque toutes les maisons suivent là-dessus la même règle. Il y en a cependant quelques-unes qui se contentent de quelque chose de moins, suivant les cas & les circonstances qui, d'un autre côté, concourent à rendre le sort de l'accepteur plus avantageux.

Dans les opérations de banque, où l'on ne sçauroit retirer un bénéfice honnête, qu'avec de l'économie dans la commission & les autres frais, les arrangemens que font entr'elles la maison active & la maison passive d'une opération quelconque, différent suivant les conditions auxquelles l'opération elle-même est subordonnée. En supposant qu'il n'y eût point eu de conditions faites pour une opération de banque dans laquelle un banquier de Paris auroit remis à une maison d'*Amsterdam*, du papier long ou court, sur cette dernière ville, pour en avoir les retours en papier sur l'Espagne; la maison d'*Amsterdam* en remettant au banquier de Paris, le compte de l'opération, lui passeroit d'abord l'escompte de ses remises à 4 p°. l'an, puis ½ p°. de commission, & ensuite 1 p°. de courtage pour les retours. Les choses seroient bien différentes si la maison d'*Amsterdam*, par une convention avec le banquier de Paris, s'étoit obligée à escompter les remises que celui-ci lui auroit faites; à lui en faire les retours sur l'Espagne sans lui en faire payer de courtage; & à se rendre garante du papier des mêmes retours: dans ce cas ce seroit dans la commission que tous les frais se trouveroient compris, & cette commission ne pourroit pas être moindre de ¾ à ¾ p°, ni plus forte que 1 p°, pour que le banquier de Paris & la maison d'*Amsterdam* y trouvassent réciproquement leur compte. Il y a des conditions moyennes entre celles du premier & du second exemple que nous venons de rapporter; elles se présentent si naturellement à l'esprit de tout négociant qui fait en cette partie, qu'il seroit inutile de s'y arrêter.

Les négocians d'*Amsterdam* qui ont de grands capitaux, ou des fonds morts, hors de leur commerce ordinaire, ne manquent pas de moyens pour en tirer parti. Ils peuvent tous les jours placer leur argent à un intérêt, modique il est vrai, mais sûr & profitable, & cela de deux façons; l'une en prenant des lettres de change sous escompte; au cours dont on convient; l'autre en avançant de l'argent sous hypothéque de marchandises, ou d'autres effets réels, dont la valeur doit servir de garantie au prêt & à l'intérêt qu'en doit retirer le prêteur.

La première méthode est la plus généralement suivie par toutes les maisons d'*Amsterdam* qui ont besoin de fonds pour leur commerce, avant l'échéance des lettres de change qu'ils ont en portefeuille. Rien de plus commode & de plus avantageux que cette manière de se faire de l'argent. Est-on pourvu de bon papier payable à deux ou trois mois dans la place, on en donne la note au courtier, qui trouve sur le champ des personnes qui escomptent les lettres de change qu'on leur présente, à un intérêt modique. Cet intérêt varie du plus au moins entre 2 & 3 p°. l'an, suivant l'abondance ou la rareté d'argent qu'il y a sur la place. Le courtage qui est de 1 par mille, est payé par la maison seulement qui a fait escompter le papier qu'elle a jugé à propos.

La seconde méthode de se procurer de l'argent, sous l'hypothéque de marchandises ou d'autres effets, convient peu à une maison établie à *Amsterdam*, & lui feroit perdre infailliblement une grande partie du crédit qu'elle pourroit avoir sur la place; aussi n'est-elle pas fort en vogue, & peu de maisons d'un certain nom prennent le parti d'hypothéquer des marchandises à elles appartenantes pour se faire de l'argent. Mais il est des cas où la réputation des maisons qui font hypothéquer, soit des marchandises dont la vente n'est pas courante, soit des diamans & d'autres effets précieux, ne souffre nullement, parce que l'on sçait qu'elles en agissent ainsi par commission étrangère, & non parce qu'elles ont elles-mêmes besoin d'argent. Les capitalistes Hollandois se prêtent volontiers à ces sortes d'opérations, dès qu'ils sont sûrs qu'ils ne courent aucun risque; d'autant plus que le bénéfice est plus grand que celui de l'escompte des lettres de change. L'intérêt sur ces sortes d'emprunts, roule de 3 à 4 p°; & le courtage est de ⅛ p°, que doit payer au courtier celui qui emprunte. Au reste, les capitalistes qui prennent en hypothéque un effet, quelqu'il soit, ont soin de le faire taxer préalablement des experts, & de n'en avancer que la ½, les ⅔ ou les ¾ de la somme à laquelle il a été évalué suivant la nature de l'effet & d'autres circonstances. La maison chargée d'effectuer une pareille opération, se fait payer pour sa peine, une commission de 1 à 2 p° plus ou moins, suivant la convention qu'elle peut avoir faite avec ses commettans.

Le crédit que les négocians & les capitalistes Hollandois accordent à une puissance ou un état quelconque, est fondé sur les revenus que cet état ou puissance peut exiger de ses sujets sans nuire ni au commerce ni à l'agriculture, & sur la persuasion où sont les prêteurs, que l'emprunteur remplira exactement ses engagemens. D'un autre côté, le crédit que ces mêmes capitalistes accordent aux grandes compagnies de commerce, est fondé sur l'idée qu'ils ont de leurs ressources. Ces deux sortes de crédits ont donc chacune leurs limites respectives, & ce sont ces limites, tantôt plus, tantôt moins resserrées, qui occasionnent dans les effets publics, une altération de valeur qui donne lieu au commerce qui s'en fait. Ces effets sont, ou des obligations qui représentent la dette qu'a contracté l'état envers les acquéreurs desdites obligations, à qui il s'engage d'en payer les intérêts & le capital à certaines époques ; ou des actions qui représentent un capital appartenant à une compagnie formée d'un nombre d'intéressés qui ont chacun dans cette masse une ou plusieurs actions en vertu desquelles ils gagnent les dividendes que les directeurs de la compagnie partagent tous les ans aux actionnaires. Ces effets peuvent circuler & circulent en effet aussi facilement que des lettres de change ou des billets payables au porteur, à cela près que leur valeur respective est susceptible de variation, & que, pour valider la cession qu'un actionnaire fait à un autre de l'action qu'il possède, il faut que le nom de l'acquéreur de l'action, soit écrit, à la place de celui du vendeur, de la même action, dans les livres de la compagnie. Il n'en est pas ainsi des obligations qui sont presque toujours payables au porteur, & qui par cette raison appartiennent uniquement & simplement à ceux qui en sont les possesseurs. La circulation des obligations, des actions & autres effets publics, forme proprement un commerce d'achat & de vente dont la pratique est utile & même nécessaire : malheureusement il s'est introduit une autre pratique, non-seulement pernicieuse au commerce en général, mais souvent funeste aux particuliers qui s'y livrent inconsidérément. Cette pratique s'appelle vulgairement *jeu d'actions* ; & on entend par *actionnistes* ceux qui s'y livrent. Disons en peu de mots ce que c'est que ce jeu, & ce qui y a donné lieu.

Les fonds d'Angleterre ont jusqu'à présent excité puissamment la cupidité des actionnistes. On y joue de deux manières ; par la première, on vend une action qu'on possède à quelqu'un qui la desire, à condition de la lui livrer à une certaine époque pour le prix qu'on stipule, mais à la charge pour les deux parties contractantes, de se rembourser réciproquement la différence du prix convenu d'avec celui que vaudra l'action à l'époque fixée. La seconde manière de jouer, consiste à faire à quelqu'un la vente conditionelle d'une action à un prix qu'on spécifie, avec l'obligation pour le vendeur, de la livrer à l'acheteur après un certain temps, mais avec la liberté pour celui-ci de refuser de s'en charger à ladite époque, moyennant une certaine prime qu'il s'engage de payer en ce cas. Les deux exemples suivans rendront plus sensibles ces deux manières de jouer.

A a vendu à B 10 actions de la compagnie des Indes orientales d'Angleterre à raison de 150 livres sterlings chaque action, & sous la condition de lui livrer les 10 actions le 1er. août suivant. Les actions ont haussé à cette époque à 165 l., & de cette façon l'acheteur se trouve avoir gagné 150 l.; si au contraire elles avoient baissé à 140 l., il en auroit perdu 100. Souvent il arrive que celui qui vend ainsi ses actions n'en a pas une seule dont il se puisse dire maître ; cependant telle est la manie du jeu, qu'on ne fait attention qu'à l'effet, s'en s'embarrasser si la cause existe ou n'existe pas. On a vu des joueurs pousser la folie au point de ne pas craindre de se

charger d'une quantité d'actions dout la valeur étoit beaucoup au-dessus de leur fortune, se faire de l'argent en hypothéquant ces mêmes actions à des prix plus bas qu'elles ne leur coûtoient pour en acheter de nouvelles, & continuer ce jeu jusqu'à ce qu'écrasés par des pertes réitérées, & par les frais qu'avoit coûté l'opération, ils fussent dans l'impuissance de faire face à leurs engagemens.

Second exemple de la manière de jouer dans les actions. A fait une gageure avec B que les actions de la compagnie Angloise des Indes orientales vaudront au premier décembre prochain 160 livres sterlings chacune, & il s'oblige à prendre de B 10 actions à ce prix en cas qu'alors elles vaillent davantage ; mais si elles sont au-dessous de ce prix, il suffira qu'il lui paie une prime de 50 livres sterlings. Au 1er. décembre, les actions ne se trouvant valoir que 150 liv., A paie à B la prime convenue, les actions ne lui convenant point au prix de 160 liv., & se libère ainsi avec 50 liv., des 100 liv. de surplus de la valeur actuelle des 10 actions, s'il les prenoit à 160 liv. Mais si à l'époque fixée les actions haussoient à 170 liv., il seroit alors de l'intérêt de A de se charger des 10 actions ; & il en rembourseroit à B la valeur convenue, sçavoir 1600 livres.

On peut donc considérer le jeu d'actions comme une gageure faite par deux actionnistes dont l'un parie qu'elles hausseront & l'autre qu'elles baisseront vers une époque fixée par eux, époque à laquelle ils s'engagent de solder leurs comptes par le risconte ou virement des sommes qu'ils ont gagnées ou perdues dans leur gageure.

Le genre de commerce que nous venons d'expliquer est tellement décrié à *Amsterdam*, qu'il n'y a que des maisons excessivement opulentes, ou des gens passionnément adonnés à ce jeu, qui osent braver l'opinion générale de la bourse, qui est de n'accorder presque aucun crédit au négociant qui se livre à un commerce aussi dangereux. Il en est autrement du commerce simple & naturel de l'achat & de la vente des effets publics, dans le nombre desquels on comprend principalement les billets & obligations d'un souverain ou d'un état, ces billets & obligations conservant leur valeur tant que les intérêts en sont payés exactement. La manie des emprunts ayant gagné des souverains aux petits états ; de ceux-ci aux villes, aux communautés, aux sociétés de commerce particulières, il y a aujourd'hui tant d'espèces d'effets publics, qu'il nous seroit difficile, peut-être même impossible d'en faire l'énumération. Nous nous bornerons donc à expliquer de quelle manière se font ordinairement à *Amsterdam* les négociations pour le compte d'un état, ou pour celui de quelque société.

La maison de commerce chargée d'une pareille négociation, dépose d'abord entre les mains d'un notaire la procuration dont elle est munie de la part de l'état, pour le compte duquel elle doit faire un emprunt, de quatre millions de florins par exemple. Elle

Elle publie enfuite un prospectus où est exposé le plan qu'on se propose de suivre dans cette opération. Pour rendre celle-ci plus facile, on fait 4000 billets, chacun de 1000 florins courans payables au porteur : dans ces billets l'état qui emprunte déclare le temps auquel il rembourfera le capital, comme 5, 10, 15, 20 ans, plus ou moins; ajoutant que les intérêts courront à raison de 4 p ǒ par an (plus ou moins) jusqu'à l'entier remboursement du capital, & seront exactement payés chaque six mois par la maison chargée de l'opération. On joint en conséquence à chaque billet de 1000 florins, le nombre de *coupons* nécessaire, de 20 florins chacun pour chaque terme où cette somme doit être payée par la maison chargée de la négociation, à mesure que les intérêts de chaque billet de 1000 florins écherront, sçavoir de six mois en six mois. Si les intérêts n'étoient payables que chaque année, les coupons seroient de 40 florins, comptant l'intérêt à 4 p. ǒ l'an. La négociation ouverte, la maison qui opère fait négocier les 4000 billets par son courtier ; celui-ci trouve sur le champ des entrepreneurs qui avancent la somme de quatre millions pour une commission qu'ils se font payer de 1 à 2 p ǒ, plus ou moins. Ces entrepreneurs placent ensuite pour leur propre compte ces 4000 billets chez les capitalistes qui ne demandent pas mieux que de placer leur argent sur de pareils effets, lors sur-tout qu'ils ont de la confiance dans l'opération.

Les frais qu'une pareille opération coûte à l'état qui fait l'emprunt, ne font point considérables eu égard à la nature de la négociation ; car si elle se fait pour 20 ans, ils ne s'élèvent guère qu'à ¼ ou tout au plus à ⅓ p ǒ par an. Ordinairement ces frais font de 2 à 2½ p ǒ de commission pour la maison qui opère, 1 à 2 p ǒ, pour les entrepreneurs qui se chargent de tous les billets pour les placer ensuite pour leur compte chez les capitalistes, & 1 p ǒ pour les autres frais dans lesquels le courtage se trouve compris. Outre cela, la maison chargée de la négociation, devant à payer les intérêts aux échéances respectives, prend sur la somme à laquelle s'élèvent ces intérêts une commission de 1 à 2 p ǒ, suivant le plus ou le moins de peine qu'exige ce paiement.

Au surplus, ces frais peuvent être susceptibles de plusieurs modifications, selon que l'opération est plus ou moins difficile & compliquée ; & la peine qu'on se donne pour la faire réussir doit servir de règle pour le bénéfice des commissionnaires & autres agens.

Conclusion du commerce d'Amsterdam. Circonstances qui assurent à cette ville le premier rang parmi celles qui font le plus grand commerce dans les quatre parties du monde.

Par ce que nous venons de dire du commerce d'*Amsterdam*, on peut se former quelque idée de l'opulence de cette ville célèbre. Nous n'avons pu entrer dans les détails des moindres branches de ce

commerce ; elles n'en méritent pas moins à tous égards l'attention du négociant qui desire se mettre en état de spéculer avec fruit sur tous les différens objets qui font partie de cet ensemble étonnant. Nous osons avancer ici qu'il n'y a pas de ville de commerce dans l'univers qui présente autant de ressources qu'*Amsterdam*, pour la vente & l'achat de quelque article de trafic que ce soit. Non-seulement on y trouve rassemblées toutes les marchandises & denrées des autres nations, mais on y fait tous les genres de commerce qu'il est possible d'imaginer. On diroit que cette ville n'est qu'un entrepôt commun des richesses des autres peuples, comme elle est en effet la patrie de tout étranger que des convenances de commerce ou d'autres affaires attirent en *Hollande*.

Cette facilité qu'a un étranger, de quelque nation qu'il puisse être, de s'établir à *Amsterdam*, d'y vivre, de s'y occuper de ses affaires, avec la même liberté & les mêmes prérogatives, s'il s'est fait recevoir bourgeois, que l'habitant le plus ancien, que celui même qui est né dans le pays, est une des principales causes qui y attirent & donnent de l'activité à une infinité de branches de commerce. (Le droit de bourgeoisie ne coûte à *Amsterdam* que 50 florins). En effet, ces étrangers en venant s'établir dans cette ville, apportent de nouvelles relations & de nouvelles affaires de leur pays, & font ce qu'ils peuvent pour engager leurs compatriotes à faire quelques entreprises de commerce ; circonstance si vraie, que s'il n'y avoit pas autant de maisons étrangères établies à *Amsterdam* qu'il y en a, le commerce de commission tomberoit de lui-même, & qu'entraînant dans sa chute toutes ou presque toutes les autres branches de commerce, il occasionneroit un vuide irréparable. C'est une vérité constante que les grands moyens font méprifer les petits bénéfices, ceux sur-tout qui exigent de l'assiduité & du travail. Les Hollandois, quoique naturellement laborieux & soigneux dans leurs affaires, ne se soucient guère d'en embrasser de trop grandes, principalement quand ils ont assez de bien pour vivre honnêtement de l'intérêt de leur argent. Les étrangers au contraire, en venant s'établir en *Hollande*, font excités par l'ambition de se faire une fortune qui après un certain laps de temps les mette en état de retourner dans leur pays, y passer le reste de leurs jours dans une agréable aisance ; d'après ce plan, ils travaillent sans relâche à se former un capital. Mais tel est le malheur des hommes, que ceux même qui réussissent dans leurs projets ne sçavent pas prescrire une borne à leur ambition, & qu'esclaves de cette passion tyrannique, ils consument leurs plus beaux jours dans les soucis, sans avoir sçu jouir du fruit de leurs veilles & de leurs travaux.

Mais, pour revenir à notre objet qui est d'achever de développer les circonstances qui soutiennent le prodigieux commerce que fait *Amsterdam*, nous ne faisons point difficulté d'assurer que tant que cette ville ne se relâchera point des maximes de liberté qu'elle a suivies jusqu'à présent à l'égard des étrangers qui viendront s'y établir, elle se maintiendra dans son état actuel d'opulence. Il ne peut résulter de cette liberté aucun détriment pour les anciens établissemens formés & connus sur la place; les maximes rigoureuses de la bourse opposant un obstacle sûr contre la licence qui pourroit s'introduire si l'on portoit trop loin la condescendance pour les nouveaux établissemens dans les opérations de commerce. Rien, en effet, de plus facile que de s'établir à *Amsterdam*; mais rien de plus difficile que de s'y soutenir sans de grandes ressources. Dans cette ville où l'argent abonde, où on le prête contre des sûretés à si bon marché, comme on a dû le remarquer, il est pourtant impossible de s'en procurer à crédit; & sans argent il n'y a pas plus de possibilité d'y travailler, que de trouver quelqu'un qui veuille se charger d'un papier nouveau qui ne seroit pas appuyé d'un crédit que l'opinion, la protection ou des effets réels feroient valoir à la bourse. Les Hollandois suivent là-dessus des maximes très-austères, même à l'égard des maisons d'une certaine considération, dominés par le préjugé, ils ne consultent que leurs sentimens, sans faire attention qu'il seroit quelquefois de leur intérêt de n'y pas tenir si obstinément.

Les maisons de commerce établies à *Amsterdam* forment deux classes. Dans la première, sont celles que l'ancienneté & l'éclat de leurs richesses rendent non moins solides que respectables. La seconde classe est composée de celles dont les affaires sont assez considérables pour figurer à la bourse. Dans cette dernière il se trouve de grandes fortunes, comme il s'en trouve aussi de médiocres & de petites. Enfin, c'est cette différence dans les fortunes des maisons du second rang qui détermine les crédits dont elles jouissent chacune en particulier à la bourse, & dont la connoissance forme une science que peu de gens sont à portée d'acquérir parfaitement.

Il est indubitable qu'il y a une abondance d'argent prodigieuse à *Amsterdam*, même parmi des gens qui ne figurent ni par le nom ni par le crédit. Malgré cela, les fortunes y sont plus partagées que dans beaucoup d'autres endroits, & les millionnaires n'y sont pas aussi nombreux qu'on le pourroit croire; mais, d'une autre part, on y connoît beaucoup de capitalistes & autres qui, hors de leur commerce, ont des fonds considérables à disposer. Voilà pourquoi les emprunts se font facilement & à un intérêt modique; emprunts qui donnent la vie aux capitaux, qui, sans cette ressource, deviendroient non-seulement inutiles, mais à charge à ceux qui les possèdent.

COMMERCE DE ROTTERDAM
ET DES AUTRES VILLES PRINCIPALES DES PROVINCES-UNIES.

§. I. *Commerce de Rotterdam.*

Rotterdam tient le second rang parmi les villes de commerce des Provinces-Unies. Cette ville se trouvant située au confluent du Rotter & de la Meuse à peu de distance de la mer, est par-là plus commode pour le commerce qu'*Amsterdam*. D'ailleurs *Rotterdam* a un autre avantage sur cette dernière ville, qui consiste en ce que la plupart de ses canaux sont si profonds, que les plus grands navires y peuvent naviguer & par ce moyen s'approcher des magasins dont les quais sont communément bordés. Ce qu'il y a de plus remarquable à *Rotterdam* parmi les édifices publics, ce sont l'hôtel de ville, les arsenaux & les maisons des compagnies des Indes orientales & occidentales : il y a aussi une banque qui date son érection du 18 avril 1635, & qui est d'un usage plus grand & plus commode pour les négocians que celle d'*Amsterdam*, attendu qu'elle tient ses livres en argent courant & en argent de banque, suivant que les négocians ont à faire des paiemens en l'une ou l'autre de ces monnoies. La banque de *Rotterdam* recevant les ryders sur le pied de 14 florins & toutes les autres monnoies de la république sur leur valeur respective fixée par la loi, sans aucuns rabais quelconque, les comptes qu'on tient de cette manière dans les livres de la banque sont nommés *comptes en argent courant*, & ceux où il y a un agio à déduire de la valeur effective de la monnoie courante, se nomment *comptes en argent de banque*. L'agio qui établit la différence entre l'argent courant & l'argent de banque, qui est de 4 p. $\frac{7}{8}$; plus ou moins, est sujet à une variation continuelle, selon que l'argent courant est plus abondant ou plus rare que l'argent de banque.

La ville de *Rotterdam* a un grand nombre de rafineries de sucre, de fabriques d'eau-de-vie de grain ou de *génièvre*, de brasseries à bière, de manufactures de carottes de tabac, & divers autres genres d'industrie qui ne contribuent pas peu au commerce florissant que fait cette ville dans les quatre parties du monde.

Ce commerce, quoique beaucoup moins grand que celui d'Amsterdam, consiste presque dans les mêmes branches de négoce. Cela posé, il seroit inutile d'entrer dans le détail de chacune des branches du commerce de *Rotterdam*. Nous ne ferons donc mention ici que des deux principales de ces branches dont nous n'avons pas traité à l'article d'Amsterdam, parce qu'elles appartiennent essentiellement au commerce de *Rotterdam*. Ces deux branches font le commerce de garance, & celui d'eau-de-vie de grain, ou de génièvre.

La garance est une plante à fleur campaniforme, ouverte, découpée, dont la racine est d'un grand usage dans les teintures de laines, sur-tout pour les teindre en rouge. On s'en sert aussi pour fixer les couleurs déjà employées sur les toiles de coton. La garance est cultivée avec beaucoup de succès dans la province de Zélande; elle se trouve aussi en Hollande & particulièrement au pays de Voorn près la Brille. C'est une plante fort délicate, dont l'accroissement est souvent retardé ou entièrement arrêté par divers contre-tems ; de-là résultent des variétés dans les prix de cette racine qui enrichissent ou ruinent ceux qui la cultivent. La garance de *Hollande* & de *Zélande*, est d'une bonne qualité ; mais il y a des marchands qui préfèrent celle qui vient de Flandres. La garance de Siléfie & de quelques autres parties d'Allemagne, connue sous le nom de *rouge de Breslaw*, ressemble plus à une terre rouge qu'à une racine, & sa couleur n'est ni si vive, ni si brillante que celle qui vient de *Hollande*. Comme la ville de *Rotterdam* est l'entrepôt de cette marchandise, on y en trouve de toutes les espèces, chacune desquelles porte une marque particulière, pour distinguer de quel pays elle vient. Le seul signe auquel on peut connoître sa véritable qualité, est quand après l'avoir broyée & réduite en poudre, elle s'attache à l'instant sur du papier bleu ou brun & y laisse une couleur vive. Il faut

tenir la garance renfermée, & ne point l'exposer à l'air, sans quoi elle perdroit sa force & la beauté de sa couleur.

On distingue ordinairement trois sortes de garance, qui sont la *garance en branches*, la *garance grappe ou robée*, & la *garance non robée*. La garance en branches est la racine sans autre préparation que d'être séchée : la garance grappe ou robée, est celle dont on a ôté la première écorce & le cœur, & qu'on a ensuite réduite en poudre grossière ; enfin la garance non robée est la garance en branches pulvérisée. La meilleure est la garance robée. Mais dans le commerce, sur-tout à *Rotterdam* & à Amsterdam, on divise les qualités de la garance en *fine grappe*, *non robée*, *commune* & *mule*, & l'on règle les prix suivant l'âge de la garance, comme on pourra l'observer par les prix courans actuels de cette drogue.

Garance,	de 1777.	de 1778.	de 1779.
Fine grappe . . . . les 100 ℔.	de fl. 58 à 65	de fl. 45 à 56	de fl. 34 à 42
Non robée , ...	42 à 50	36 à 49	26 à 32
Commune , ...	20 à 24	16 à 19	12 à 15
Mule ou en branches, ...	6 à 8	5 à 7	4 à 6

Voici, au reste, un compte simulé qui marque les conditions d'achat & les frais d'expédition de cette drogue, soit qu'on la reçoive de *Rotterdam* ou d'Amsterdam, sçavoir :

1 Futaille de garance fine grappe ou robée de 1777 pesant
              Brut 1,000 ℔
Rabais pour bon poids . . 10 ℔ ⎫
Tare de la futaille . . . . 40 ⎬ 50
                           950 ℔ à fl. 60 . . . . . fl.   570 ℔

1 Futaille de garance non robée de 1778 pesant
              Brut 1,100 ℔
Rabais pour bon poids , . . 10 ℔ ⎫
Tare de la futaille . . . . 45 ⎬ 55
                       1,045 ℔ à fl. 40 . . . . . . 418 ℔

1 Futaille de garance commune de 1779 pesant
              Brut 1,200 ℔
Rabais pour bon poids , . . 10 ℔ ⎫
Tare de la futaille . . . . 50 ⎬ 60
                       1,140 ℔ à fl. 14 . . . . . . 159 12

                                     fl. 1,147 12
          Rabais pour prompt paiement 2 p ᐧᐧ 22 19
                                cour. fl. 1,124 13

                   Frais d'expédition.

Port à bord des futailles à 4 fl. & les futailles à 3 fl. . . . fl. 21 ℔
Droits de sortie, passeport & la prime 1 p ᐧᐧ 28 12
Courtage 1 p ᐧᐧ 11 5
Commission d'expédition 2 p ᐧᐧ sur fl. 1,124 13 . . . . 22 10
                                          83 7
                                cour. fl. 1,208 ℔

La sortie de la garance fine grappe est défendue en Hollande. Cependant on en expédie dans l'étranger sous le nom de garance non robée.

La grande consommation qu'on fait en Europe des liqueurs spiritueuses, procure à divers pays, par un genre d'industrie qu'ils ne doivent qu'à l'art, des richesses considérables. La Hollande se trouve dans ce cas; ses fabriques d'eau-de-vie de grains lui procurent une branche de commerce dont l'avantage est plus grand qu'on ne le pense communément. En effet, il se fabrique en Hollande de fortes quantités de cette liqueur, dont il n'y a qu'une partie qui se consomme dans le pays; tout le reste s'exporte dans l'étranger. On sait que cette liqueur est extraite de l'orge, & qu'on y mêle une certaine quantité de baies de genièvre, ce qui fait qu'on la nomme vulgairement *eau-de-vie de genièvre*, ou simplement du *genièvre*. Cette liqueur est extrêmement recherchée par les peuples du Nord & par ceux de la Grande-Bretagne & de l'Irlande, qui, à cause du bas prix, en font un plus grand usage que de l'eau-de-vie de vin. Celle qui se fabrique en Hollande obtient la préférence sur celle des autres pays, & comme dans presque tout le Nord,

de même qu'en Angleterre, l'entrée des eaux-de-vie de grains étrangères, est défendue ou sujette à payer des droits excessifs, les peuples de ces pays ont recours à la contrebande pour introduire cet article chez eux. La ville de *Rotterdam* est on ne peut mieux située pour le commerce interlope des eaux-de-vie par rapport à l'Angleterre; & l'on ne sauroit croire combien les relations qu'elle a avec ce pays lui procurent d'affaires, & d'affaires non moins lucratives qu'importantes. On peut s'en faire une idée par l'abondance d'or & d'argent au coin d'Angleterre qui circule dans cette ville, où la monnoie de ce pays est plus abondante que celle de la république.

L'eau-de-vie se vend à *Rotterdam* par *aem*, ou *aam*, de 128 mingles, qui coûte ordinairement fl. 30, dont on déduit 1 p°. pour le rabais d'usage de prompt paiement; mais pour la commodité des interlopes, on met cette liqueur en petits barils contenant une ancre ou demi-ancre, l'ancre mesurant 32 mingles.

Voici, au reste, un compte simulé de cet article, sçavoir:

400 Ancres d'eau de vie de grain à *f* 8 . . . . fl. 4,800

Rabais pour prompt paiement 1 p⁰⁄₂ . . 48

fl. 4,752

Frais d'expédition.

600 Ancres à 25 s. la pièce . . . . fl. 750
Frais de rabatage & port à bord 113
Droit de sortie, passeport & 1 p°. de prime 260
Courtage d'achat 75

1,198

fl. 5,950
commission 2 p°⁄₂ . . 119

cour. fl. 6,069

Indépendamment de la garance & des eaux-de-vie de grains qui forment deux des principales branches du commerce de *Rotterdam*, cette ville en a d'autres non moins considérables en grains de toute espèce, tabac, sucre, graine de lin, marchandises des Indes, vins & eaux-de-vie de France, & plusieurs autres articles qui se trouvent expliqués suffisamment à l'article d'*Amsterdam*; le commerce de *Rotterdam* étant, comme nous l'avons dit, presque en tout semblable à celui de cette ville.

§. II. *Commerce de Dordt, de Leyde, de Delft, de Harlem & des autres villes principales de la Hollande Méridionale.*

DORDT, ou *Dordrecht*, est une des plus anciennes villes de la Hollande dont elle fut autrefois la

capitale; aujourd'hui encore elle est une des principales de cette province, le commerce qu'elle fait en grains, en bois, en vin du Rhyn, en merrain qu'elle reçoit d'Allemagne & en sel d'Espagne & de Portugal, étant très-considérable. Elle a des raffineries de sel, des manufactures de fil, des moulins à scier du bois & d'autres genres d'industrie en grand nombre. La situation de cette ville, sur la Meuse, au sud-est de Rotterdam, fait qu'elle entretient un grand commerce avec l'Angleterre, & comme les navires qui lui appartiennent, & qui ne sont pas en petit nombre, parcourent toutes les mers d'Europe, elle a une correspondance qui ne laisse pas d'être étendue avec les principaux ports tant du nord que du midi.

LEYDE, ou *Leyden*, eſt après Amſterdam la plus grande ville de la province de *Hollande*, mais ſon commerce avec l'étranger n'eſt nullement conſidérable. Les fabriques de ratine & les manufactures de draps & autres étoffes de *Leyde* ont acquis de la célébrité; malgré cela, la plus grande conſommation que ces fabriques font de ces articles, ſe borne, à peu de choſe près, à ce qui s'en débite dans les Provinces-Unies. Sa poſition ſur le Rhyn & le voiſinage d'un grand nombre de gros villages dont les habitans viennent ſe pourvoir à *Leyde* de preſque toutes les choſes néceſſaires à la vie, procurent à cette ville un commerce de détail fort grand.

DELFT eſt une ville qui fait peu de commerce; mais qui par ſon induſtrie s'eſt acquiſe de la célébrité. Elle fabrique la belle fayance connue ſous ſon nom; & ſes braſſeries ne ſont pas moins eſtimées pour la bonne qualité de bière qu'elles braſſent, que par la quantité qu'elles en fourniſſent au pays & à l'étranger. Cette ville a auſſi des fabriques de draps & des manufactures d'autres articles. Au reſte, *Delft* eſt une des chambres de la compagnie des Indes orientales.

HARLEM, ou *Haerlem*, eſt une ville conſidérable, & la ſeconde en rang de la province de *Hollande*. Elle eſt renommée par les ſuperbes blanchimens qu'elle a le ſecret de donner aux fils & aux belles toiles connues ſous le nom de *toiles de Hollande*. *Harlem* poſſède encore pluſieurs fabriques & manufactures de gaze, d'étoffes de laine & de ſoie, de fil & de coton, & ſur-tout de fils d'épreuve & de baſin dont les qualités reſpectives ſont plus eſtimées que celles des mêmes articles qu'on fabrique en Allemagne. La proximité de la ville de *Harlem*, de celle d'Amſterdam, dont elle n'eſt éloignée que de trois lieues, ne contribue pas peu à donner de l'activité à ſon commerce.

GOUDA, ou *Tergouw*, ville ſituée à peu de diſtance de Rotterdam, fait un aſſez grand commerce en fromages, pipes, fin ſerancé, bière, briques & tuiles, ayant pluſieurs manufactures de chacun de ces articles.

SCHOONHOVEN, fait une pêche prodigieuſe de ſaumons: outre qu'elle en débite beaucoup tant frais que fumé dans les Sept-Provinces, elle expédie de très-fortes parties de celui-ci dans les deux Indes.

SCHIEDAM, ne doit qu'à ſa ſituation auprès de la Meuſe le commerce qu'il fait, qui ne laiſſe pas d'être conſidérable.

Vlaerdingen & *Maes-ſluys*, ſont deux gros villages ſitués auſſi ſur la Meuſe; c'eſt de-là que partent tous les ans les navires deſtinés pour la pêche du hareng. Le commerce de *Maes-ſluys*, quoique fort déchu de ſon ancienne ſplendeur, ſe ſoutient encore en partie au moyen du grand nombre de navires qui lui appartiennent.

Oudewater, *Meerdyk*, *Weeſp*, *Woorden*, *Vianen* & *Gorcum*, ſont des villes qui font chacune quelque commerce; y ayant diverſes fabri-

ques d'eau-de-vie & de bière, ainſi que des raffineries de ſucre, des teintureries, &c.

La HAYE, ou *Gravenhagen*, village le plus charmant de *Hollande*, & la réſidence du *Stadhouder* & des états généraux, doit être plutôt regardée comme ville de cour, que comme ville de commerce.

Helvoet-Sluys, petit port de l'iſle de Voorn, n'eſt remarquable que parce que c'eſt le lieu où viennent aborder les paquebots-courriers Anglois, qui partent deux fois la ſemaine du port de Harwich pour cet endroit.

§. III. *Commerce de Horn, d'Enkhuizen, d'Alkmar, de Medenblik, de Sardam & de quelques autres villes & villages de la Nord-Hollande, ou de la Friſe occidentale.*

La Nord-Hollande, ou Friſe occidentale, ſe diviſe en trois parties compriſes ſous les noms de *Weſt-Frieſland*, *Waterland* & *Kennemerland*. Elle compte pluſieurs villes & villages qui font un grand commerce. Voici les principales.

HORN, ou *Hoorn*, outre l'avantage d'être une des ſix chambres de la compagnie des Indes orientales, & de faire en conſéquence tous les ans la vente des marchandiſes de cette compagnie, fait un commerce particulier conſidérable en beurre & en fromages. Tous les ans, au mois de mai, il ſe tient en cette ville un grand marché, où il ſe vend une quantité prodigieuſe de ces denrées. D'une autre part, les habitans s'occupent de la pêche de la baleine.

ENKHUYZEN, eſt de même que Horn, une des chambres où la compagnie des Indes orientales fait la vente de ſes marchandiſes. Indépendamment de cet objet, les habitans de cette ville donnent une attention toute particulière à la pêche des harengs.

ALCKMAR, ou *Alckmaer*, eſt une des plus belles villes de la Nord-Hollande. Son commerce principal conſiſte en toiles, beurre & fromages.

MEDENBLIK, ou *Meddenblick*, dont le port eſt beau & ſpacieux, fait quelque commerce en bois de charpente, qui lui vient de pluſieurs contrées du Nord.

SARDAM, ou *Zaandam*, *Graft*, *Ryp*, *Broek* & *Wormerweer*, villages de la Nord-Hollande, à peu de diſtance d'Amſterdam, ſont remarquables par le nombre prodigieux de moulins, de fabriques & de manufactures de toute eſpèce qui s'y trouvent raſſemblés. Les richeſſes que le commerce y attire ſont conſidérables. C'eſt à *Sardam* que ſe conſtruiſent la plupart des navires pour la ville d'Amſterdam.

EDAM a auſſi un chantier où l'on conſtruit beaucoup de navires marchands: le port en eſt petit, mais ſûr; il communique au Zuiderzée. Il ſe fabrique à *Edam* & dans ſes environs une grande quantité d'excellens fromages à croute rouge.

Les iſles *Texel* & *Vlieland* n'auroient rien de

remarquable si elles ne formoient les deux entrées du port d'Amsterdam, l'une pour les navires qui viennent de la Manche, l'autre pour ceux qui retournent de la mer du Nord. Au surplus, de quelque part que viennent les navires, ils aiment mieux aborder au *Texel* qu'au Vlie, quoiqu'à la sortie du port d'Amsterdam, ceux qui sont destinés pour la mer du Nord, trouvent plus commode de prendre cette dernière route.

§. IV. *Commerce de Leeuwarden, de Franeker, de Harlingen & de quelques autres villes de la Frise orientale.*

LEEUWARDEN & *Franeker*, sont deux belles & grandes villes de la Frise orientale ; elles font l'une & l'autre un commerce assez étendu relativement à leur situation dans l'intérieur des terres. L'état d'aisance dont elles jouissent est dû en plus grande partie à leurs canaux qui communiquent à la mer, & facilitent aussi le transport de leurs marchandises dans l'étranger.

HARLINGEN, est le meilleur port de la Frise. Il est sur le Zuiderzée & fait un commerce considérable de toiles à voiles, de bled, de poix, de goudron & de bois à brûler.

Dockum, est un port qui n'a rien de remarquable que d'être le siége de l'amirauté de la Frise.

Staveren, *Worcum*, *Bolsweert* & quelques autres petits ports de cette province n'ont rien d'assez important pour mériter qu'on s'arrête à les décrire.

§. V. *Commerce de Middelbourg, de Flessingue & de quelques autres lieux de la province de Zélande.*

La Zélande, après la Hollande & la Frise, est la plus riche & la plus commerçante des provinces qui composent la république. Elle comprend sept isles connues sous les noms de *Nord-Beveland*, *Zuyd-Beveland*, *Walcheren*, *Schouwen*, *Wolferdyk*, *Duyveland* & *Tolen*. Ces isles sont très-fertiles en bled, celle principalement de *Walcheren*. Zuyd-Beveland est précieuse par la quantité de garance qui s'y recueille, spécialement aux environs de Goes, petite ville de la même isle. Les villes principales de Zélande sont :

MIDDELBOURG, capitale de cette province, dont le port est bon & spacieux. C'est le siége de l'amirauté & la seconde chambre de la compagnie des Indes orientales. Cette ville étoit autrefois l'entrepôt des draps & autres marchandises d'Angleterre dont elle faisoit un très-grand commerce, mais qui est aujourd'hui presqu'entiérement tombé. Il lui reste celui du vin & du sel, qu'elle fait toujours avec avantage. Les habitans de *Middelbourg* sont riches & industrieux. L'objet de commerce dont ils s'occupent par préférence est l'armement des navires.

FLESSINGUE, est aussi un port de la Zélande. En général le commerce y est florissant ; mais la bran-

che la plus lucrative est aussi, comme à Middelbourg, celle qui concerne l'armement des navires. Cette ville s'enrichit encore par la vente qu'elle fait de beaucoup de thé, d'eau-de-vie de grains & autres marchandises, aux interlopes Anglois qui les prennent là pour les introduire clandestinement en Angleterre.

VÈRE, est un port assez fréquenté, mais servant plutôt de chantier pour la construction des navires, tant marchands que de guerre, que de place de commerce. Il en est de même d'*Armuyden* & de *Goes* deux villes de Zélande, qui furent autrefois de quelque importance, & qui font encore aujourd'hui quelque commerce, en grains, en garance & sur-tout en sel.

ZIERIKZÉE, ville de l'isle de Schouwen, fait un bon commerce en grains, en poisson & en garance.

§. VI. *Commerce d'Utrecht & d'Amersfort.*

UTRECHT, capitale de la province du même nom, est une belle & grande ville. Sa position sur le Rhyn la met à portée de faire une partie du commerce d'Allemagne ; mais ses principales affaires sont avec les villes commerçantes de la république, notamment avec Amsterdam. Les articles principaux que fournit la ville d'*Utrecht* sont les draps noirs, les plus beaux qu'on connoisse, & du tabac. Elle fabrique aussi d'autres draps & étoffes de laine pour l'usage du pays, l'exportation dans l'étranger en étant aujourd'hui extrêmement bornée dans toutes les provinces de la république.

AMERSFORT, est une ville dont le commerce en tabac est dans ce moment-ci de la plus grande importance. C'est dans son territoire que se cultive le meilleur de la *Hollande*. Le débit facile qu'elle en fait depuis la dernière guerre, entre l'Angleterre & ses anciennes colonies de l'Amérique, a occasionné beaucoup de nouvelles plantations, dont les produits sont aussitôt enlevés par la ferme du tabac de France qui a une maison à Amsterdam chargée de cette commission.

§. VII. *Commerce de la province de Groningue.*

La province de *Groningue* se divise en deux parties, dont l'une porte le nom même de *Groningue* ; l'autre celui d'*Ommelandes* ; cette dernière comprend les environs de la ville de *Groningue*. Tout ce pays a des pâturages excellens pour le gros bétail. A cela près il n'offre rien de remarquable.

GRONINGUE, capitale de cette province, a un port assez bon & grand, au moyen duquel elle fait quelque commerce de bled & autres articles, mais trop peu intéressant pour nous y arrêter.

§. VIII. *Commerce de la province d'Over-Issel.*

Cette province n'est guère peuplée & est mal située pour le commerce ; elle en fait pourtant un affez confidérable, en beftiaux, pierres, merrain, tourbe, laine, bled, beurre, fromages & cire.

DEVENTER & ZWOL, font les villes principales de la province, & celles qui font le plus de commerce.

VOLLENHOVEN, en fait auffi beaucoup en bleds.

CAMPEN & BLOCKZYL, font deux ports affez fréquentés par les petits navires des autres provinces de la république.

§. IX. Commerce de la province de Gueldre.

La Gueldre eft une des provinces les plus fertiles de la république. Elle recueille beaucoup de bled, & les pâturages excellens dont le pays eft couvert, engraiffent de nombreux troupeaux de bêtes à corne qu'on y amène de la Jutlande, province de Danemarck.

NIMEGUE, ou Nimegen, ARNHEM, & ZUT-PHEN, font les villes principales de la Gueldre, dont le commerce eft affez confidérable relativement à leur fituation dans l'intérieur des terres.

HARDERWICK, eft le feul port de la province; il eft fitué fur le Zuiderzee.

§. X. Commerce de Bois-le-Duc, de Breda, de Maeftricht & de quelques autres villes comprifes dans la généralité des Provinces-Unies.

BOIS-LE-DUC, où Hertogenbofch, & BREDA, font deux belles villes du Brabant Hollandois. Leur commerce principal confifte dans les articles que leur procurent leurs manufactures de laine & de toiles. La coutellerie & les aiguilles de Bois-le-Duc, font auffi fort eftimées de ceux qui en font le commerce.

MAESTRICHT, eft plutôt une place d'armes qu'une ville de commerce.

L'ECLUSE, ou Sluys, étoit autrefois le port le plus renommé des Pays-bas. C'eft aujourd'hui une ville de fi peu de commerce, que nous n'en faifons mention que parce qu'elle eft la capitale de la Flandre Hollandoife.

BIERVLIET, petite ville du même pays, n'a rien de remarquable que d'avoir été la patrie de Guillaume Beukelfz, ou Beukelfoon, ce fameux encaqueur de harengs, à qui la Hollande eft en partie redevable de fa grandeur & de fes richeffes.

HOLLANDE. Toile de Hollande, Toile de demi-Hollande. On appelle ainfi des toiles très-fines & très-belles, qui fervent ordinairement à faire des chemifes pour hommes & pour femmes. Elles viennent de Hollande, de Frife, & de quelques autres endroits des Provinces-Unies d'où elles ont pris leur nom, qu'on prononce prefque toujours abfolument & fans y ajouter le mot de toile. Ainfi l'on dit de la Hollande, de la demi-Hollande; mais on ne parle guères de la forte que dans le commerce & parmi les perfonnes qui fe mêlent de cette marchandife. Voyez l'article DES TOILES.

Du drap de Hollande, des porcelaines ou fayances de Hollande, du fromage de Hollande, &c. font les marchandifes de ces diverfes fortes qui viennent de Hollande, ou quelquefois qui font imitées fur celles qui en viennent.

HOLLANDÉE. Ce terme, qui eft particulièrement en ufage chez les marchands de toiles & parmi les lingères, ne fe met ordinairement qu'après le mot de batifte. Ainfi l'on dit une batifte hollandée, pour dire une batifte plus forte & plus ferrée que la batifte ordinaire.

HOLLANDER DES PLUMES. Terme de marchand papetier & de ceux qui font le commerce des plumes à écrire. C'eft leur donner une préparation en les paffant légèrement dans des cendres chaudes, afin de fecher le tuyau, & en ôter la graiffe & l'humidité. Voyez PLUME.

HOLLANDILLAS, ou HOLLANDILLES. Efpèces de toiles qui fe tirent de la Hollande; il s'en fait auffi des mêmes fortes en Siléfie, à qui on donne le même nom, à caufe de la reffemblance. Voy. TOILE, où il eft parlé de celles de Hollande & d'Allemagne.

HOLLI. Efpèce de gomme ou de baume que les Indiens de la Nouvelle-Efpagne font entrer dans la compofition de leur chocolat, & à laquelle ils attribuent la vertu de fortifier le cœur & d'arrêter le cours de ventre.

L'holli coule par incifion d'un arbre qu'en langue du pays on nomme holquahuylt ou chilly. La liqueur, quand elle commence de fortir, eft de couleur de lait; elle brunit enfuite, & enfin elle devient tout-à-fait noire.

Les Efpagnols du Mexique fe fervent de l'holli, à l'imitation des anciens habitans du pays; mais l'ufage ne s'en eft point encore établi dans l'Efpagne Européenne, elle eft même prefqu'entièrement inconnue en France.

HOMME. Se dit quelquefois chez les gros marchands & banquiers, d'un maître garçon ou commis fur qui roule tout le commerce, & fur qui l'on fe repofe de ce qui concerne le détail du négoce. Je vous enverrai mon homme pour compter & régler avec vous. Voyez GARÇON, ou COMMIS.

HONGRE. Monnoie d'or qui fe fabrique en Hongrie.

Le hongre n'eft reçu aux Indes orientales que pour quatre roupies.

HONGRE. C'eft auffi une monnoie de compte dont fe fervent les banquiers & négocians de Hongrie pour tenir leurs livres.

HONGRE. Se dit encore d'un cheval qui eft coupé, & que l'on a châtré pour le rendre plus patient & plus docile. Cheval hongre fe dit par oppofition à cheval entier.

HONGRER UN CHEVAL. C'eft le châtrer.

Il eft ordonné par les réglemens pour les haras de France, de faire hongrer les petits chevaux, pour les empêcher de couvrir les cavales, rien n'étant fi contraire à la perfection de l'établiffement des haras, que de tolérer cet abus.

HONGRIE. On appelle *point de Hongrie* une forte de tapifferie faite en ondes avec de la foie ou de la laine diverfement nuancées ; il s'en fait de deux fortes, l'une à l'aiguille fur un canevas ; celle-ci eft l'ouvrage des dames qui aiment à s'occuper, & qui fe plaifent à faire elles-mêmes leurs emmeublemens : l'autre forte fe fait au métier, comme la bergame, dont elle eft une efpèce. La plupart de ces tapifferies au métier fe font à Rouen.

HONGRIE. On nomme auffi *cuirs de Hongrie*, de gros cuirs, dont la manière de les fabriquer a été d'abord inventée par les Hongrois, & qui ont été depuis parfaitement imités en France.

HONGRIEUR. Celui qui fait ou qui vend des cuirs préparés à la façon de Hongrie.

HONNEUR. (*Terme de commerce de lettres de change.*) Faire *honneur* à une lettre de change, c'eft l'accepter & la payer en confidération du tireur, quoiqu'il n'en ait point encore remis les fonds. Vous pouvez toujours tirer fur moi, je ferai *honneur* à vos lettres, c'eft-à-dire, je les accepterai & les paierai, bien que vous ne m'ayez point fait de remifes.

Faire *honneur* à une lettre, s'entend encore d'une autre manière. C'eft quand une lettre de change ayant été proteftée, un autre que celui fur qui elle avoit été tirée, veut bien l'accepter & la payer pour le compte du tireur ou de quelque endoffeur. Le fieur Vincent a laiffé protefter la lettre de deux mille livres que vous aviez tirée fur lui ; mais je lui ai fait *honneur*, c'eft-à-dire, je l'ai acceptée & payée.

HONORER. Se dit, *en terme de commerce de lettres de change*, dans les mêmes fignifications qu'honneur. J'*honorerai* toujours vos lettres, pour dire, je les accepterai toujours : s'il vous revient quelques-unes de mes lettres de change proteftées, je vous prie de les *honorer*, c'eft-à-dire, de les accepter.

HOR, Monnoie de Danemarck. On tient les livres à Copenhague en richedales, *hors* & fchellings : la richedale vaut quatre-*hors*, & le *hor* deux fchellings. Il y a auffi des *hors* de Dantzick. *Voyez la* TABLE.

HORLOGER. Celui qui fait des horloges.

Les *horlogers* font à Paris une des communautés des arts & métiers.

Les marchands merciers-joyailliers, à qui il eft permis de trafiquer toutes fortes de marchandifes, ne peuvent néanmoins acheter ni vendre aucune marchandife d'horlogerie, qu'elle n'ait été préalablement vifitée & marquée par les gardes de ladite communauté, avec permiffion auxdits gardes d'aller vifiter chez eux, même dans l'enclos & ifle du palais de Paris.

Les befoins de l'état ayant obligé le roi Louis XIV à faire diverfes créations d'offices qui furent tous fucceffivement réunis aux corps des marchands & aux communautés des arts & métiers ; celle des *horlogers* en demanda & en obtint la réunion & l'incorporation à mefure qu'ils furent créés, c'eft-à-dire, depuis 1691 jufqu'en 1712.

La réunion des offices des jurés fe fit le 22 mai 1691 ; & par la déclaration de fa majefté les droits des quatre vifites annuelles furent fixés à 6 livres, ceux pour les brevets d'apprentiffage à 15 livres, & ceux pour les tranfports defdits brevets à 10 livres. Il fut pareillement ordonné qu'il feroit payé 10 livres pour chaque ouverture de boutique, ou quand un maître fe retireroit en chambre pour y travailler ; 200 livres pour la reception à maîtrife d'un maître de chef-d'œuvre, outre les droits accoutumés, & 30 livres pour les fils de maîtres.

Les charges ou offices d'auditeurs-examinateurs des comptes furent réunies en 1696 ; & par l'arrêt du confeil, qui en ordonna la réunion, fa majefté accorda pour le rembourfement de la finance, qui fut alors payée, l'augmentation des droits de vifites à 8 liv. par an, au lieu de 6 livres, & permit en outre de recevoir fix maîtres fans qualité.

Enfin en 1707 fe fit l'incorporation des offices de contrôleurs-vifiteurs des poids & mefures, & des greffiers des enregiftremens. Par les lettres-patentes de ces réunions, fa majefté accorda à la communauté 8 nouveaux articles de réglement.

Par le premier, les droits des quatre vifites annuelles font réduits à 30 fols pour chacune, dont 7 fols 6 den. appartiendroient aux jurés qui feroient tenus de payer les huiffiers.

Il faut remarquer qu'il fe fit encore des réunions d'offices en 1702 & 1704, car l'établiffement des corporations & jurandes n'eut jamais au fond d'autre objet réel que cette création de taxes & d'offices.

HOTTE. Panier d'ofier étroit par en bas, large par en haut, étroit du côté qu'on nomme *le dos*, de figure conique de l'autre, qu'on attache avec des bretelles fur les épaules. On appelle *les pieds de la hotte* deux morceaux de bois qui font placés aux extrémités d'une petite planche qui en fait le fond ; c'eft où s'arrête le bout des bretelles qui eft mobile.

La *hotte* fert à tranfporter des fardeaux compofés de plufieurs pièces féparées, & qui ne pourroient tenir commodément fur les crochets. Il y en a de grands dos pour les jardiniers, fans dos pour les vendeurs, à claire voie pour les verriers, & de pleines pour les boulangers ; ce font celles-ci qui font les plus communes, & dont ufent ordinairement les porte-faix, hotteurs & hotteufes, terraffiers, manœuvres, fruitières, &c. qui gagnent leur vie à porter journellement la *hotte* ou à travailler dans les atteliers ou publics ou particuliers. Ce font les vaniers qui fabriquent & vendent les *hottes* de toutes fortes. *Voy.* VANIER.

HOTTÉE. Ce qui peut tenir dans une hotte. Une *hottée* de raifin, une *hottée* de pommes.

HOTTEUR, HOTTEUSE, Homme ou femme qui porte la hotte.

HOUATTE ou HOUETTE, qu'on écrit plus ordinairement

ordinairement OUATE. Espèce de soie cardée qui sert à fourer des robes de chambre, des courtepointes & des couvre-pieds. *Voy.* OUATE.

HOUBLON. Plante dont la fleur entre dans la composition de cette boisson faite de grains, que l'on appelle *bière*.

On cultive quantité de *houblon* en Allemagne, dans les Pays-Bas, en Hollande, en Picardie & dans quelques autres provinces de France où le terrein peut y être propre. Quand la fleur en a été recueillie & séchée, elle se vend ou à la sachée ou au poids.

Par le premier des huit nouveaux articles de règlement accordés en 1714 aux maîtres de la communauté des brasseurs de bière de la ville & fauxbourgs de Paris, il est ordonné que pour prévenir les fraudes qui se pourroient faire par les marchands forains de *houblon* arrivant à Paris, ils n'y en pourroient faire entrer sans une déclaration préalable & exacte aux jurés de ladite communauté, à peine de confiscation des *houblons* non déclarés & non compris dans leur déclaration.

HOUILLE. Espèce de terre ou de pierre noire, grasse & inflammable, dont se servent dans leurs forges les maréchaux, serruriers, taillandiers, & autres ouvriers qui travaillent le fer à chaud.

HOULLES ou HOULES. (*Terme de quincaillerie & chauderonnerie.*) Ce sont les marmites de fer ou de cuivre qui sont faites à la fonte & non pas au marteau.

HOUPPE. Assemblage de plusieurs fils d'or, d'argent, de soie, ou de laine, qui ne se lient que par un bout. Les étrangers font des franges à *houppes* ; les boutons qui ont des *houppes*, s'appellent *boutons à queue*.

HOUPPE. Signifie aussi *de la laine* peignée & préparée par les houppiers ou peigneurs de laine. Ce terme dans cette signification, aussi bien que les suivans, ne sont guères d'usage que dans la sayetterie d'Amiens.

HOUPPIER. Ouvrier qui houppe ou peigne de la laine.

Les *houppiers* de la ville d'Amiens font une espèce de communauté qui a ses esgards ou jurés, son apprentissage, son chef-d'œuvre, sa maîtrise & ses statuts ; mais qui pourtant avec les sayetteurs, les hautelisseurs, les teinturiers, les foulons, les calandreurs, les courroyeurs & les passementiers, ne composent qu'un seul corps, qu'on appelle *la sayetterie*.

HOUPPIERS, *en termes de négoce de bois*. Sont les arbres ébranchés auxquels il n'est resté au sommet que des petites branches qui forment des manières de bouquets, que l'on appelle *houppes*. On nomme particulièrement *houppiers*, les jeunes baliveaux qu'on a ébranchés pour les faire croître en hauteur.

HOUPPIERS. Se dit aussi des têtes des gros arbres, que dans les coupes on ne peut façonner en bois

de moulle, & dont l'ordonnance donne la liberté de faire des cendres.

HOUPPON. On nomme ainsi à la Chine un *mandarin* établi commissaire pour la reception des droits d'entrée & de sortie. C'est une espèce de directeur général des douanes.

HOUPPOUS. On nomme ainsi à la Chine, les fermiers ou receveurs des droits d'entrée & de sortie qui se paient pour les marchandises dans les douanes Chinoises.

HOURS. (*Terme de scieurs de long.*) Ces ouvriers nomment quelquefois de la sorte, ce qu'on appelle plus communément *chevalets* ou *treteaux*.

HOUSSES. Ce sont des peaux de mouton en laine apprêtées par les mégissiers, dont les bourreliers se servent à couvrir les colliers des chevaux de harnois. Quelques-uns les appellent aussi *bisquains*. *Voy.* MÉGIE, *vers la fin de l'article.*

HOUSSET. Soie de Perse qu'on tire d'Alep. Ces soies se pèsent à la rote de 680 dragmes, qui font 5 livres 5 onces.

H U

HUCHE. *Grand coffre de bois* qui sert à différens usages. Chez les bourgeois on s'en sert de paistrin, & l'on y serre le pain chez les meûniers ; c'est dans quoi tombe la farine ; & chez les boulangers, c'est souvent le nom que l'on donne à la trémie.

HUCHER. Celui qui fait des huches. Les premiers statuts des menuisiers de l'an 1396, leur donnent la qualité de *huchers-menuisiers*, qualité qui leur a été depuis continuée dans toutes les lettres-patentes des rois qui les ont confirmés, particulièrement dans celles de 1580 & 1645.

HUILE. Partie onctueuse, grasse & inflammable, qui sert ou qu'on tire de plusieurs corps naturels. C'est en ce sens que le prennent les médecins & les chymistes.

On le dit plus ordinairement du suc de quantité de plantes, fruits, graines ou semences, que l'on tire par expression, comme les *huiles* d'olive, de noix, de chenevis, &c.

On a fait son possible pour n'omettre dans ce Dictionnaire aucune des huiles de l'une ou de l'autre espèce dont on fait quelque sorte de commerce. L'explication de quelques-unes de ces *huiles* se trouvera ici, n'ayant pas pu être placées plus commodément ailleurs : pour les autres, elles sont renvoyées aux articles particuliers où l'on en a parlé, & l'on n'en donnera dans celui-ci que le nom par ordre alphabétique.

HUILE D'OLIVE. Le commerce de cette *huile* est très-considérable par la quantité extraordinaire qui s'en consomme, tant à Paris que dans les provinces, soit qu'elle soit du crû du royaume, soit qu'on la fasse venir des pays étrangers.

Cette *huile* s'exprime des olives par le moyen des presses ou moulins faits exprès.

On les cueille vers les mois de décembre & de

Oooo

janvier dans leur plus grande maturité, c'est-à-dire, lorsqu'elles commencent à rougir. Quand on les met au moulin aussi-tôt qu'elles ont été cueillies, on en tire cette *huile* si douce & d'une odeur si agréable, qu'on appelle *huile vierge*, & dont la meilleure vient de Grasse, d'Aramont, d'Aix, de Nice, &c. mais comme les olives nouvellement cueillies rendent peu d'*huile*, ceux qui cherchent la quantité, & non pas la bonté, les laissent quelque tems rouir sur le pavé, & ensuite les pressent. Cette seconde *huile* est d'un goût & d'une odeur peu agréable. Il s'en tire néanmoins encore de moindre qualité, qui est l'*huile* commune ; ce qui se fait en jettant de l'eau bouillante sur le marc, & le pressant plus fortement.

Outre la Provence, le Languedoc & la côte de la rivière de Gênes, où se recueillent les meilleures *huiles d'olive*, il s'en fait encore quantité, mais de moindre qualité dans le royaume de Naples, dans la Morée, dans quelques isles de l'Archipel, en Candie, en quelques lieux de la côte de Barbarie, dans l'isle de Majorque, & dans quelques provinces d'Espagne & de Portugal.

Les *huiles d'olive* les plus fines & les plus estimées sont celles des environs de Grasse & de Nice ; celles d'Aramont & celles d'Oneille, petit bourg des états du duc de Savoye sur les côtes de la rivière de Gênes.

Les *huiles* d'Aramont l'emportoient autrefois sur toutes les autres ; mais présentement les *huiles* d'Aix, de Grasse & d'Oneille, sont le plus en vogue, & ont le plus de réputation.

Les *huiles* fines de Grasse se tirent pour Paris, où il s'en fait une grande consommation ; & celles d'Oneille pour Rouen, d'où ensuite elles se distribuent en Normandie, en Picardie, & en quelques autres provinces de France ; il s'en fait même des envois considérables de Rouen à Paris.

Les *huiles d'olive* de Provence se vendent par millerolles, qui reviennent à Toulon à soixante-six pintes, & à Marseille à soixante pintes mesure de Paris, & à cent pintes mesure d'Amsterdam. Celles d'Oneille se vendent en barils de sept rubs & demi, qui pèsent ensemble autant que la millerolle de Provence.

Quantité d'*huiles* de Languedoc & quelques-unes de Provence se voiturent sur des mulets dans des outres ou peaux de bouc en poil ; mais les connoisseurs & ceux qui se piquent d'un goût exquis en *huile*, croient remarquer que ces peaux lui communiquent une qualité & une odeur peu agréable.

L'on ne croit pas nécessaire d'entrer dans un pareil détail sur toutes les *huiles d'olives* étrangères. dont on fait quelque commerce en France, puisque les François n'y ont recours pour l'ordinaire, que quand celles de Provence, de Languedoc & d'Oneille ont manqué.

Une partie de l'isle de Candie, & sur-tout dans les environs de la Canée, est couverte de forêts d'oliviers aussi hauts que ceux de Toulon & de Séville ; &

comme l'aspect du soleil sur cette isle la garantit de toute gelée, ils s'y multiplient en abondance, & y subsistent beaux & verds bien des années.

Les meilleures *huiles* de Candie sont celles de Retimo & de la Canée. Celles de Girapetra sont noires & bourbeuses, parce qu'avant de vuider leurs cruches, les marchands brouillent avec un bâton l'*huile* & la lie, que l'on nomme *faisse*, & vendent le tout ensemble.

Il y a dans l'isle de Candie un consul qui réside à la Canée, avec dix ou douze maisons de marchands François, qui ne font presque point d'autre commerce que celui des *huiles*. Ils en tirent aussi des isles de l'Archipel, & particulièrement d'Athènes, qui sont plus estimées que celles de Candie.

L'*huile d'olive* se vend à Amsterdam par livres de gros, le tonneau contenant 717 mingles ou bouteilles, mesure de cette ville. Les bottes ou pipes d'*huile* contiennent depuis 20 jusqu'à 25 steckans de 16 mingles chaque steckan.

En Portugal elle se vend par almoudes, dont les 26 font une pipe : l'almoude fait douze canadors, & le canador une mingle d'Amsterdam.

Le commerce des *huiles* ne sçauroit se faire avec trop de précaution, sur-tout pour celui qui se fait en gros, tant à cause des friponneries qui se peuvent faire sur la marchandise, que des risques qu'on peut courir sur la terre : le plus sûr c'est de ne s'engager qu'avec des correspondans ou commissionnaires habiles & fidèles, & de bien prendre garde aux coulages, à quoi cette marchandise n'est que trop sujette.

A l'égard de l'usage de l'*huile d'olive*, il n'y a personne qui ignore qu'elle est une des choses des plus nécessaires à la vie ; & il seroit comme impossible d'entrer dans le détail de toutes celles où elle est employée, soit pour la nourriture, soit pour la médecine, soit enfin pour ces sortes d'ouvrages où les ouvriers & artisans en ont besoin. Il s'en consomme aussi à brûler.

HUILE DE PALME, qu'on nomme aussi HUILE DE SENEGAL ou PUMICIN. C'est une liqueur onctueuse & épaisse comme du beurre, d'un jaune doré, & d'une odeur de violette ou d'iris. On l'appelle *huile de palme*, parce qu'elle est tirée par ébulition, ou par expression, de l'amande d'un fruit que porte une espèce de palmier qui se trouve en plusieurs endroits de l'Afrique, sur-tout au Sénégal, & qui croît au Brésil.

Les Africains & les Brésiliens se servent de l'*huile de palme*, quand elle est nouvelle, comme on fait ici du beurre, & la brûlent quand elle est vieille. En Europe, on la croit un remède souverain contre les humeurs froides, & qui soulage même la goutte. Il faut choisir cette *huile* nouvelle, d'une bonne odeur, d'un goût aussi doux & aussi agréable que nos meilleurs beurres frais, & sur-tout haute en couleur, qui est une marque qu'elle est nouvelle.

On la contrefait quelquefois avec de la cire, de l'*huile* d'olive, de l'iris & de la terra-merita ; mais il y a une double coupelle où l'on peut l'éprouver, l'air & le feu ; l'air qui change la couleur de la véritable *huile de palme* quand on l'y expose, & ne fait rien sur la fausse ; & le feu qui au contraire altère la couleur de la fausse, & la rend à la véritable quand on l'y fait fondre lentement.

Huile de Camomille. Cette *huile* se fait avec les fleurs de la plante qui porte ce nom, mises dans l'huile d'olive que l'on expose au soleil dans les plus fortes chaleurs de l'été. Sa couleur est bleuâtre. Quelques-uns y font entrer de la térébenthine fine. Quand cette *huile* est vieille, elle en est plus estimée. On s'en sert pour la guérison de plusieurs sortes de plaies ; aussi quelques-uns la regardent comme une espèce de baume.

Huile de Petrolle. Espèce d'*huile* extrêmement inflammable, qui brûle dans l'eau, & qui est de quelque usage dans la médecine. Cette *huile* est ainsi nommée des mots latins *petra* & *oleum*, dont l'un signifie *huile* & l'autre *pierre*, à cause qu'elle sort par les fentes de certaines roches qui se trouvent en plusieurs endroits, sur-tout en Italie dans le duché de Modène, en Languedoc près Beziers, & dans quelques isles de l'Archipel.

Quoiqu'il y ait des *huiles de petrolle* de diverses couleurs, rouges, jaunes, vertes, blanches, noires, &c. on ne les connoît ordinairement chez les marchands épiciers-droguistes, que sous ces deux derniers mots.

L'*huile de petrolle* blanche s'appelle ordinairement *Naptha* d'Italie, & la noire est nommée *Petroleum*. Le naptha coule d'une roche du duché de Modène : au sortir des fentes de la roche elle est reçue dans des tuyaux de cuivre, d'où elle tombe dans des chaudières de même métal. Les diverses couleurs de cette *huile* viennent, à ce qu'on croit, des divers aspects où la roche se trouve par rapport au soleil : ainsi la blanche qu'on estime la meilleure, coule du côté le plus exposé aux rayons de cet astre, ensuite la rouge, puis la jaune & la verte, & enfin la noire qui est la moindre de toutes.

Le naptha blanc, autrement *huile de petrolle* blanche, ne se peut contrefaire, & ne souffre aucun mélange. Il faut la choisir blanche, claire ; légère, très-inflammable, & d'une odeur forte & pénétrante, tirant assez à celle du soufre. Ceux qui en font commerce doivent user de grandes précautions contre le feu, s'enflammant du moins aussi aisément que la poudre à canon. L'*huile de petrolle* noire d'Italie doit être choisie d'un rouge clair & jaunâtre, & d'une odeur de soufre supportable. A l'égard des *huiles* vertes, jaunes, &c. on n'en voit point en France.

Le pettrolleum, qu'on nomme aussi *huile noire de Gabian*, vient de Languedoc ; & la roche d'où elle coule se trouve au village de Gabian près de Beziers.

Il y a encore quelques autres *huiles de petrolle*, mais qui méritent mieux le nom de *bitumes*, comme celles de Colao, de Sirnam & de Copal.

Huile de cheval. C'est de la *graisse de cheval*

fondue & clarifiée. On s'en sert pour entretenir les lampes des émailleurs, & il n'y a qu'elle qui soit propre à ces sortes d'ouvrages qui demandent un feu très-vif & très-clair. Ce sont les chiffonniers qui la fondent & qui en font le négoce. Elle se débite à la pinte ou à la livre, & est à proportion aussi chère que la meilleure huile d'olive ; quelquefois davantage, suivant la mortalité des chevaux qu'on jette à la voirie.

Huile d'Acajou. *Voyez* Acajou.

Huile Æthérée. *Voyez* Térébenthine.

Huile d'Ambre. *Voyez* Ambre jaune.

L'huile d'Ambre paie en France de droits d'entrée 10 liv. du cent pesant.

Huile d'Anacardes. *Voyez* Anacardes.

Huile d'Anis. *Voyez* Anis.

Huile d'Antimoine. *Voyez* Antimoine.

Huile d'Arsenic, ou Beurre d'Arsenic. *Voyez* Arsenic.

Huile d'Aspic. *Voyez* Aspic.

Huile de Colsa ou de Colzat. Cette *huile* se fait avec la graine d'une espèce de choux rouge qu'on nomme *colsa*, dont on seme en Flandres des campagnes entières. L'*huile de colsa* sert à brûler & à faire des savons gras, verds & noirs. La tige de la plante est bonne à brûler. Quelques-uns confondent la graine de colsa avec celle de navette ; mais quoiqu'elles se ressemblent beaucoup pour la forme & pour l'usage, elles sont produites par des plantes bien différentes.

Les Hollandois enlevent quantité de colsas en grains, & font l'*huile* chez eux, afin d'en gagner la façon.

La culture de cette plante est fort avantageuse à la province de Flandres. On la seme ordinairement à la fin d'août, & on la transplante en octobre.

Huile Vierge. Se dit des *huiles* qui ont été exprimées des olives, des noix, &c. fraîchement cueillies, sans avoir été chauffées ni trop pressurées.

Huile grenue. Est celle qui est figée en petits grains. C'est la meilleure & la plus estimée, particulièrement des huiles d'olive.

Ce qu'on nomme *faisse* ou *fesse* d'huile n'est autre chose que la partie la plus grossière ou la plus épaisse de l'huile, qui étant reposée se précipite au fond des vaisseaux où elle est renfermée. C'est proprement la lie de l'*huile*.

On appelle un *bouc d'huile*, un *outre d'huile*, celle qui est envoyée dans la peau d'un bouc encore couvert de son poil. On met les *huiles* dans des peaux de bouc pour la facilité de leur transport, & pour les mieux conserver.

Par le secours de la chymie, on peut tirer des *huiles* de toutes sortes de corps naturels, tels que sont les animaux, les végétaux, & les minéraux. Il y a quantité de ces sortes d'huiles extraordinaires qui ne sont point expliquées dans ce Dictionnaire, la connoissance en étant plus curieuse qu'utile aux négocians.

Qqqq ij

HUISSIER. *Officier* qui exécute les jugemens rendus par les magiſtrats, qui en ſignifie les ſentences & arrêts, qui dreſſe divers actes, procédures, procès-verbaux, &c.

HUISSIER-PRISEUR. *Officier du châtelet*, qui met le prix aux meubles, hardes, tableaux, &c. qui ſe vendent en juſtice, ou qui reſtent après le décès des perſonnes ſur les effets deſquelles on appoſe le ſcellé, lorſqu'on en veut faire la vente en public.

HUISSIER-VISITEUR. On appelle ainſi, dans les ſiéges & juriſdictions maritimes, de petits *officiers*, quelquefois en titre d'offices, & quelquefois ſeulement commis par les juges de Marine, établis pour faire la viſite des vaiſſeaux marchands, ſoit en entrant dans les ports, ſoit en ſortant deſdits ports.

Le titre 4 du livre 1 des ordonnances de la Marine de France de 1681 & 1685, reglent en ſix articles les fonctions de ces *huiſſiers*.

Par le premier article, il leur eſt ordonné de faire la viſite des vaiſſeaux inceſſamment lors de leur départ ou de leur arrivée, à peine de tous dépens, dommages & intérêts procédans de leur retardement.

Ils ſont tenus par le ſecond article d'obſerver en faiſant leurs viſites, de quelles marchandiſes les vaiſſeaux ſont chargés, quel eſt leur équipage, quels paſſagers ils menent; & de faire mention dans leurs procès-verbaux du jour du départ ou de l'arrivée des bâtimens, & des ſalaires qui leur auront été payés pour leurs viſites & vacations.

Le troiſième article leur enjoint de tenir regiſtre]coté & paraphé par le lieutenant du ſiége de 'amirauté, pour y enregiſtrer ſommairement le contenu en leurs procès-verbaux de viſite; lequel regiſtre doit être clos par le juge à la fin de chaque année.

Ils ſon obligés par le quatrième article, de s'oppoſer au tranſport des marchandiſes de contrebande ou déprédées, avec injonction de les ſaiſir, & en faire leur rapport, à peine de 300 liv. d'amende & de punition exemplaire.

Il leur eſt ordonné par le cinquième article, d'empêcher les maîtres des bâtimens de faire voile ſans congé, ou de décharger des marchandiſes avant d'avoir fait leur rapport de leur voyage.

Enfin pour faciliter les fonctions des *huiſſiers-viſiteurs*, les maîtres, capitaines & patrons des vaiſſeaux, ſont tenus par le ſixième & dernier article, de ne les y point troubler, lorſqu'ils ſe préſentent pour faire la viſite dans leurs bâtimens, à peine d'amende arbitraire.

HUIT. *Pièce de huit.* Le *huit* excède le ſept d'une unité.

En Eſpagne on nomme l'*écu* ou *patagon*, pièce de *huit*, parce qu'elle vaut *huit* petites réales. *Voyez* LA TABLE.

HUITIÈME. *Droit d'aides* qui ſe lève en France, ſur les vins vendus à pot & par aſſiette.

HUMEUR. (*Terme de mégiſſier.*) On dit, faire prendre l'*humeur* aux peaux de mouton qu'on paſſe en mégie; pour ſignifier, *les laiſſer s'humec-*ter dans une cuve ſèche, où on les met après les avoir trempées dans de l'eau claire pour les préparer à cette façon qu'on appelle *ouvrir les peaux*.

HUNDRED. On nomme ainſi en Angleterre, ce qu'on entend ailleurs par le mot de quintal. L'*hundred* eſt de 112 livres d'avoir du poids, qui eſt la livre la plus forte des deux dont les Anglois ſe ſervent. Cette livre eſt de ſeize onces, qui ne rendent à Paris que quatorze onces cinq huit; en ſorte que le quintal de Paris qui eſt de cent livres, faiſant à Londres cent neuf livres, le quintal Anglois eſt d'environ deux livres & demie, ou trois livres plus fort que celui de Paris. *Voyez* LA TABLE.

HUNE. (*Terme de marine.*) C'eſt une eſpèce de petite plate-forme ſoutenue par des barres de bois, qui régne en ſaillie & en rond autour du mât dans le ton.

Il n'y a proprement que quatre *hunes* dans les grands vaiſſeaux; ſçavoir, la grande *hune*, la *hune* de miſène, celle du beaupré, & celle d'artimon; on donne néanmoins encore le nom de *hune* aux barres qui ſont aux autres moindres mâts.

HUNIERS. Ce ſont les voiles qui ſe mettent aux mâts de hune, c'eſt-à-dire, à ceux qui ſont élevés au-deſſus du grand mât & du mât de miſène; l'un s'appelle le *grand hunier*, & l'autre le *petit hunier*.

HY

HYACINTHE, ou JACINTE, que l'on écrit quelquefois HIACINTE. Pierre précieuſe qui prend ſon nom de la fleur *hyacinthe*, à cauſe de ſa couleur.

Il y a de quatre ſortes d'*hyacinthe*, celles dont la couleur eſt mêlée de vermillon, celles d'un jaune de ſafran, celles de couleur d'ambre; & enfin celles qui étant preſque blanches, n'ont qu'un léger rouge mêlé dans leur couleur.

Les *hyacinthes* qui viennent d'orient ſe trouvent dans les royaumes de Calecut & de Cambaye. En occident on en trouve en Portugal & en Bohême.

Ces pierres ſont faciles à graver; mais ſouvent la gravure coûte plus que la pierre elle-même.

Les anciens en faiſoient des amulettes, ou eſpèces de taliſmans, & les portoient ou pendues au col, ou enchaſſées dans un anneau, contre la peſte. Leur crédulité leur attribuoit encore quantité d'autres vertus que la raiſon & l'expérience démentent.

L'*hyacinthe* dont on ſe ſert en médecine, & de laquelle la confection d'*hyacinthe* prend ſon nom, eſt une pierre précieuſe, dont il y a de trois ſortes. La première eſt la *hyacinthe* ſoupe de lait, qui eſt une petite pierre de la groſſeur & figure d'un moyen grain de ſel aſſez tendre.

La ſeconde eſt une pierre rougeâtre deſſus & dedans, naturellement taillée en pointe de diamant. Il s'en trouve en Pologne, en Bohême, en Sléſie, & en quelques lieux d'Italie.

La troiſième eſt blanche, mêlée de jaune & de quelques autres couleurs. Elle ſe tire des mêmes endroits que la rouge. Il n'y a proprement que la première forte qui foit propre à la confection de *hyacinthe*, quoique quelques droguiftes & apothicaires y fubftituent affez fouvent les autres.

Il y a d'autres pierres de la groffeur de la tête d'une épingle, d'un rouge brillant, qu'on veut faire paffer pour véritables *hyacinthes*. Les marchands épiciers-droguiftes les appellent *jargons* par mépris. Elles fe trouvent en France, & fur-tout en Auvergne.

La confection de *hyacinthe* eft un électuaire liquide & cordial, compofé de diverfes fortes de pierres précieufes, particulièrement de celle dont elle a fa dénomination, de certaines fortes de terres, de quelques graines, de diverfes racines, d'os de cœur de cerf, de corail, de plufieurs fyrops, & de beaucoup d'autres drogues bien broyées enfemble.

Quoi qu'il en foit de fes vertus & de fes propriétés, elle doit être choifie de bonne confiftance, nouvelle, & d'un vermeil tirant fur le jaune. Le plus fûr néanmoins, malgré ces marques de bonté, eft de n'en point acheter que de marchands droguiftes de probité, n'y ayant guères de drogues fi faciles à fofiftiquer, ni qui le foit plus ordinairement.

HYDRARGIRE. Mot grec avec une terminaifon françoife. Il vient d'*hydrargirum*, qui fignifie *vif-argent*. Les chimiftes & les artiftes qui aiment le myftérieux & les grands mots, s'en fervent plus volontiers que du terme de vif-argent.

HYPOCISTIS ou HYPOCISTE. C'eft tout enfemble le nom d'un fuc qui entre dans la compofition de la thériaque, & de la plante de laquelle on le tire.

Cette plante n'eft proprement que le rejeton d'une autre qu'on nomme *Ladanum*, & qui eft une des deux efpèces de ciftus. Il y en a de mâle & de femelle; le mâle a fes fleurs femblables à celles du grenadier; celles de la femelle font blanches. Les feuilles de l'un & de l'autre font longues, & approchantes des feuilles de fauge.

L'*hypociftis* eft fort commun en Provence & en Languedoc, où l'on y recueille & prépare le fuc. C'eft d'où les marchands épiciers-droguiftes de Paris le font venir.

Il faut le choifir cuit, en bonne confiftance, c'eft-à-dire, ferme, d'un noir luifant, le moins brûlé & le plus aftringent au goût qu'il eft poffible.

On fubftitue quelquefois cette drogue à l'acacia-vera. Elle entre aufli dans la compofition de l'emplâtre noire du prieur de Cabrière, dont la recette a été rendue publique.

HYPOCRAS. Breuvage agréable que l'on fait ordinairement avec du vin, du fucre, de la canelle, du gérofle, du gingembre, & autres tels ingrédiens, mais qui femble paffé de mode.

HYPOLAPATHUM. Efpèce de rapontic ou de rhubarbe. Il y en a de deux fortes; l'un fauvage qui vient fans culture, l'autre qui fe cultive dans les jardins. *Voyez* RHUBARBE.

HYPOTHÉQUAIRE. On nomme créancier *hy-*

pothéquaire, celui dont le contrat eft paffé pardevant notaires, ou reconnu en juftice.

HYPOTHÉQUE. Privilége que les créanciers ont fur les immeubles de leurs débireurs, foit en vertu de contrats, obligations, tranfactions ou autres actes paffés ou reconnus pardevant notaires, foit aufli en conféquence de jugemens, fentences ou arrêts.

Dans les faillites & banqueroutes les créanciers fondés en *hypothèques*, font préférés aux créanciers chirographaires, c'eft-à-dire, à ceux qui ne rapportent pour titres de leurs créances que des lettres ou billets de change, ou de fimples promeffes & autres femblables écritures fous fignature privée, qui n'ont point été reconnues en juftice. Quelques négocians fe fervent du mauvais terme latin *hypotheca*, pour dire, *hypothèque*.

HYPOTHÈQUE. Donner de l'argent à *hypothèque*, eft aufli un terme de négoce rapporté par M. Savary dans fon Parfait Négociant, à la fin du chapitre 3 du livre 5 de la feconde partie. Voici comme il s'explique fur ce terme.

« Pour ne rien omettre de tout ce qui concerne
» le commerce de Smyrne, il faut fçavoir qu'il s'en
» fait encore un très-avantageux, qui eft de donner
» de l'argent à *hypothèque*, fur lequel il y a à
» gagner quinze, feize & dix-fept pour cent; pour-
» quoi les marchands négocians de Marfeille y
» portent quantité de piaftres, & particulièrement
» des févillanes & de grands poids, non-feulement
» pour les troquer & échanger avec les Perfans
» pour la monnoie courante du pays, fur quoi il
» y a à gagner pour le change neuf à dix pour
» cent, mais encore pour le donner à *hypothèque*
» aux Juifs & Arméniens qui achetent à Smyrne
» les foies & les cires, pour les tranfporter en Italie
» & à Marfeille. L'on donne même encore l'argent
» à *hypothèque* aux marchands & négocians de
» Marfeille, & autres nations.

» Mais comme ce mot d'*hypothèque* n'eft connu que
» de peu de perfonnes, il eft néceffaire d'en donner
» l'explication. Donner l'argent à *hypothèque*, eft
» par exemple, quand un Arménien ou un Juif voit
» qu'il y a grande abondance de foie, de cire, ou
» autres marchandifes propres pour la chrétienté,
» & qu'elles font à jufte prix, n'ayant pas d'argent
» pour faire leurs achats, ils en empruntent des
» marchands & négocians Marfeillois, ou d'autres
» villes d'Italie qui en ont à Smyrne; & pour la
» fûreté ils hypothéquent, ou pour mieux dire, ils
» affectent & obligent fpécialement les marchan-
» difes qu'ils chargent fur leurs vaiffeaux pour Mar-
» feille ou pour d'autres villes d'Italie, & pour cela
» ils donnent quinze, feize à dix-fept pour cent;
» pour le change de l'argent qu'on leur donne pour
» lefdits lieux; & quand les Arméniens ou Juifs
» font arrivés à bon port, & qu'ils ont vendu leurs
» marchandifes, les négocians qui leur ont donné
» leur argent à Smyrne, font payés par préférence
» fur l'argent provenant de la vente defdites mar-

» chandiſes, & c'eſt ce que l'on appelle *donner de*
» *l'argent à hypothéque.*

» Ce commerce de donner de l'argent à *hypo-*
» *théque,* a quelque rapport à celui que les négo-
» ciaus François donnent à la groſſe aventure aux
» bourgeois & patrons des navires, pour lequel ils
» leur donnent vingt-cinq à trente pour cent de
» bénéfice.

» Quoique ce commerce ſoit avantageux & pro-
» fitable, néanmoins on ne laiſſe pas de riſquer
» beaucoup, ſoit pour la mauvaiſe foi qu'il peut
» y avoir dans les Juifs & Arméniens à qui l'on
» donne de l'argent à *hypothéque,* ſoit pour le
» riſque de la mer, ſoit enfin par la priſe des
» vaiſſeaux ſur leſquels ſont chargées des marchan-
» diſes, par les corſaires & armateurs; c'eſt pour-
» quoi il faut faire ce commerce prudemment,
» pour ne pas riſquer ſon bien, & pour cela il ne
» faut pas tant enviſager le grand profit que ſa
» ſûreté : ainſi j'eſtimerois (c'eſt toujours l'Auteur
» du Parfait Négociant) que ceux qui donnent leur
» argent à *hypothéque,* le fiſſent aſſurer, ſoit à
» Marſeille, ou à la chambre d'Aſſurance de Paris:
» il eſt vrai qu'il y auroit moins à gagner, mais
» auſſi il n'y a rien à riſquer, quand on a de bons
» aſſureurs. »

HYPOTHÉQUER. Charger un fonds, un bien,
un immeuble, d'hypothéque. Celui qui oblige ſes
biens immeubles comme francs & quittes, quoiqu'il
les ait déja hypothéques à quelqu'autre, eſt réputé ſtellionataire.

J JAL

JABLE. C'est le bois des douves de longueur, qui excède le fond d'un tonneau, & qui forme pour ainsi dire, la circonférence extérieure de chaque bout.

Le *jable* se prend depuis & compris l'entail ou rainure dans laquelle sont enfoncées & arrêtées les douves du fond de la futaille, jusques à l'extrêmité des douves de longueur. On nomme aussi quelquefois cet entaille le *jable*.

Peignes de *jables*, se dit des petits morceaux de douves taillées exprès, que l'on fait entrer de force sous les cerceaux, pour rétablir les *jables* rompus.

Pour jauger les tonneaux, il faut commencer par appuyer l'une des extrêmités du bâton de jauge sur le *jable* du tonneau que l'on veut jauger; en remarquant néanmoins que lorsque le *jable* d'une pièce est plus court qu'il ne doit être naturellement, cette diminution du *jable* doit donner un excédent de jauge.

JACINTE, ou HYACINTE. Sorte de pierre précieuse. *Voyez* HYACINTHE.

JACOBUS. Monnoie d'or d'Angleterre, frappée sous le régne de Jacques premier, d'où elle a pris son nom : son poids est de sept deniers vingt grains, & ne tient de fin que vingt-deux carats. Il s'en trouve peu présentement en Angleterre, la plupart des *jacobus* ayant été convertis en guinées. *Voyez* LA TABLE DES MONNOIES.

JADE, autrement PIERRE DIVINE. C'est une pierre verdâtre tirant un peu sur le gris, extraordinairement dure, & si difficile à tailler, qu'il faut y employer la poudre de diamant.

Cette pierre est fort estimée parmi les peuples des Indes orientales; ceux de l'Amérique méridionale ne l'estiment pas moins, mais les uns & les autres pour diverses raisons; les Orientaux en faisant cas comme d'une pierre précieuse qu'ils mettent au-dessus du diamant; & les Américains comme d'une pierre médicinale qui a beaucoup de vertu contre l'épilepsie & la gravelle.

Malgré un traité fait exprès pour prouver que ce n'est à bon titre qu'on attribue ces vertus à la pierre divine, le plus grand usage qu'on fasse du *jade* est d'en détailler des manches & poignées de sabres & couteaux. Les Turcs sur-tout & les Polonois aiment à les porter ornés de cette pierre, & enrichis d'or.

Le plus beau *jade* est l'Oriental, celui de l'Amérique est d'un moindre prix.

JAFISMKE. Les Moscovites appellent ainsi les *richedales* ou *écus blancs* d'Allemagne, à cause de la figure de S. Joachim, qui est empreinte sur ces sortes d'espèces qui commencèrent à être battues en 1519 dans la ville de Jochimstal en Bohème.

Les richedales sont reçues en Moscovie sur le pied des écus de France.

JAIS ou JAYET. Pierre minérale fort noire, qui prend un assez beau poli.

Les anciens qui n'avoient pas le secret de mettre les glaces de verre au teint pour y arrêter les objets & les y représenter, se servoient de miroirs de *jais*, qu'ils estimoient beaucoup.

Le *jais* est une espèce d'ambre, &, à la couleur près, en a toutes les qualités, tant pour le poliment que pour la taille, & pour la faculté d'attirer des brins de paille après qu'on l'a frotté. Le Dauphiné a quantité de cartières de *jais*, aussi-bien que le Languedoc, le Vivarez & le Gévaudan; les mines de ces dernières provinces sont à Pompidou, à Loran & à Larclavet.

JAIS ARTIFICIEL. C'est une espèce de verre, ou plutôt d'émail avec lequel on imite le *jais* naturel.

Ce *jais* se teint en telle couleur qu'on veut, en y mêlant de certaines drogues dans la fonte; les émailleurs le tirent à la lampe en menus & longs filets, creux en dedans, qu'ils coupent ensuite en petits morceaux d'une ligne ou d'une ligne & demie de longueur.

C'est avec ce *jais*, coupé & percé, qu'on enfile dans de la soie ou du fil, que l'on fait des broderies d'un assez bon goût, mais très-élevées, qui servent particulièrement aux ornemens d'église. On en fait aussi des garnitures de petit deuil pour hommes & pour femmes, & quelquefois des manchons, des palatines & des chamarures de robes. Pour ces derniers, le *jais* qu'on emploie à ces ouvrages est blanc, & noir; mais de quelque couleur qu'il soit, il est d'un très-mauvais usé.

JALAGE. *Droit seigneurial* qui est dû au seigneur sur chaque poinçon de vin vendu en détail; c'est la même chose que le droit de forage.

JALAP. Racine très-purgative qu'on apporte des Indes occidentales & de l'isle de Madère; de Tournefort l'appelle *solanum mexicanum*; & le pere Plumier minime, célèbre botaniste, prétend que ce n'est rien autre chose que la racine des belles de nuit que l'on cultive en France, & qu'on nomme *mirabilis peruviana*, nom qu'un médecin Anglois donne aussi au *jalap*, la seule différence consistant dans la diversité du climat, qui, comme il arrive dans toutes les autres plantes, leur communique dans des endroits des vertus qu'elles n'ont pas en d'autres.

Quoi qu'il en soit, cette racine vient en grosses rouelles séches, difficiles à casser avec les mains, mais tendres fous le marteau ; d'un gris noirâtre au-deſſus & d'un noir luiſant au-dedans , réſineuſes , & d'un goût âcre & aſſez déſagréable ; toutes qua-lités que doit avoir le bon *jalap*.

Cette racine ſe vend auſſi réduite en poudre ; mais à moins d'être ſûr du marchand de qui on l'achete , il eſt rare de n'être pas trompé , ſoit à cauſe qu'on y mêle du brionne ou d'autres racines , ſoit parce que l'on ne pulvériſe ordinairement que le *jalap* carié & vermoulu.

On tire du *jalap* , par le moyen de l'eſprit de vin & de l'eau commune , un magiſtère ou réſine liquide, blanche & gluante , qu'on eſtime plus que le *jalap* même ; on en fait auſſi des extraits , mais qui n'ont pas la même vertu que la réſue.

JALE ou JALLE. Eſpèce de grand baquet dont ſe ſervent les marchands de farine à mettre ſous leur boiſſeau lorſqu'ils la meſurent pour empêcher qu'il ne s'en perde. La *jale* ſert auſſi aux vendan-geurs à mettre leur vendange pour la tranſporter à la cuve ; celle-ci n'eſt ordinairement qu'une futaille coupée en deux.

JALE , eſt auſſi une meſure des liquides qui con-tient environ quatre pintes de Paris ; les Anglois l'appellent *gallon* ou *walon. Voyez* GALLON.

JALÉE. Ce qu'une jale peut contenir de liqueur ou de vendange. Une *jalée* de vin , une *jalée* de raiſin.

JALOIS. Meſure de continence dont on ſe ſert à Guiſe & aux environs pour meſurer les grains.

Le *jalois* de froment pèſe 80 liv. poids de marc, de méteil 76 , de ſeigle auſſi 76 , & d'avoine 50 liv. Un *jalois* fait cinq boiſſeaux de Paris.

A Riblemont vers la Fère , le *jalois* comble fait quatre boiſſeaux meſure de Paris.

JAMAIQUE. Bois qui croît dans l'iſle de la Jamaïque. On l'appelle plus ordinairement *bois d'Inde*.

JAMAVAS. Taffetas des Indes à fleurs d'or ou de ſoie ; il y en a même de brodés. Les pièces ſont de cinq ou huit aunes de longueur ſur $\frac{5}{8}$ $\frac{5}{6}$ ou $\frac{7}{8}$ de largeur.

JAMBETTE. C'eſt la ſeconde eſpèce de pelle-terie que les Turcs tirent de la peau des martes-zibelines , beaucoup inférieure à la martre propre-ment dite , qui eſt celle de l'échine , mais bien meil-leure que celle du col , appellée en Turc *ſamoul-bacha*. On en peut encore tirer une quatrième eſpèce , qui eſt le ventre ; mais on n'en fait aucun cas , ſur-tout à Conſtantinople.

JAMBETTE. Se dit auſſi des petits couteaux à manche de bois qui ſe plient en deux , pour pouvoir les porter plus commodément dans la poche , mais qui n'ont pas de reſſort.

Les *jambettes* font partie des marchandiſes dont on compoſe les cargaiſons des vaiſſeaux qu'on en-voie ſur les côtes d'Afrique pour la traitte des Nègres.

JAMBONS. Cuiſſes ou épaules de porc ou de ſanglier , qu'on a levées ou coupées exprès pour ſaler , fumer & préparer , en telle ſorte qu'elles ſe puiſſent conſerver du tems ſans ſe corrompre , & que la chair en ſoit plus délicate & d'un goût plus agréable.

Les *jambons* ſe vendent au poids , & font partie du négoce des marchands épiciers & merciers.

Les lieux d'où ils en tirent le plus , ſont Aix-la-Chapelle en Weſtphalie , par la voie de Hollande , Bayonne en Gaſcogne , & Bordeaux en Guyenne. Ils en font auſſi venir d'Anjou & de quelques endroits des environs de Paris , mais en petite quantité.

Ceux de Weſtphalie , qui ſe vendent ordinaire-ment ſous le nom de *Mayence* , quoiqu'il n'en vienne aucun de cette ville d'Allemagne , tiennent le pre-mier rang ; enſuite les Bayonnois , parmi leſquels les véritables Lahontan ſe diſtinguent pour la bonté & la délicateſſe ; les Bourdelois ſont inférieurs à ceux de Bayonne , & les Angevins vont après. Pour ce qui eſt de ceux des environs de Paris , que l'on appelle communément *jambons de pays* , on n'en fait que très-peu de cas.

La Flandre , le Portugal & la ville de Hambourg fourniſſent encore des *jambons* qui ſont coupés comme ceux de Weſtphalie , à la réſerve des Por-tugais , dont le manche eſt beaucoup plus long. Les marchands François , particulièrement ceux de Pa-ris , n'en tirent preſque point , ne les eſtimant pas beaucoup.

Les maîtres charcutiers de Paris ſont en droit de vendre des *jambons* ; mais ce ne ſont que ceux qui proviennent des porcs qu'ils tuent , ou dont ils font eux-mêmes les ſalaiſons , ne leur étant pas per-mis d'en faire venir du dehors.

En Weſtphalie les *jambons* ſe préparent d'une manière ſi particulière , que le lecteur ne ſera peut-être pas fâché de la trouver ici.

Manière de préparer les jambons en Weſtphalie.

Après que les *jambons* ont été levés de deſſus l'animal , on les ſale ſuffiſamment avec du ſalpêtre tout pur , puis on les met ſous une preſſe pendant huit jours , après quoi on les trempe dans de l'eſ-prit de vin , où l'on a mis infuſer de la graine de genèvre concaſſée ou pilée ; enſuite on les met fu-mer & ſécher à la fumée du bois de genèvre qu'on fait brûler. C'eſt ſans doute cette préparation ex-traordinaire qui leur rend la chair ſi vermeille , & qui leur donne cette délicateſſe & ce goût ſupérieur qui ne ſe rencontre point dans toutes les autres ſortes de *jambons* , de quelque pays qu'ils puiſſent venir.

JAMBONNEAU. Petit *jambon*. On le dit auſſi d'un grand jambon coupé en deux , quand il reſte l'os du manche : dans ce dernier ſens le terme de *jambonneau* n'eſt guères en uſage que chez les charcutiers.

JAMIS. On appelle *toile à jamis* , une eſpèce de toile de coton qui ſe tire du Levant par la voie d'Alep.

JANISAIRI,

JANISARKI. On appelle ainsi à Constantinople, le *bazart couvert* où se vendent les drogues & les toiles. C'est un grand bâtiment fermé par deux grandes voûtes, sous l'une desquelles font toutes les boutiques de droguerie, & dans l'autre toutes celles des marchands de toile.

JANNEQUIN ou GENEQUIN. Coton filé d'une médiocre qualité, qui se tire du Levant par la voie de Smyrne. Il s'y en vend, année commune, jusqu'à mille quintaux, qui se paient depuis douze jusqu'à quinze piastres le quintal, s'ils sont fins, & depuis dix jusqu'à douze, s'ils sont gros.

JAPON (Commerce du). *V.* HOLLANDE, p. 538.

JAPONNER. Les marchands qui font commerce de porcelaine, se servent de ce terme, pour exprimer une nouvelle cuisson qu'ils font donner en Hollande ou en Angleterre aux porcelaines de la Chine, dont ils souhaitent augmenter le prix, en les faisant passer pour porcelaines du Japon. Comme les porcelaines de la Chine font ordinairement toutes blanches & bleues, on a trouvé l'invention de les colorer de rouge, & même d'y ajouter des fleurs & filets d'or, qui ont plus de brillant que le véritable Japon; & pour faire tenir ces nouvelles couleurs, on les met au feu; beaucoup de personnes s'y trompent, mais non pas les connoisseurs.

JARDINIER. Celui qui cultive un jardin.

Il se fait à Paris un négoce plus considérable qu'on ne peut s'imaginer de toutes sortes de fruits, de fleurs, de légumes, d'herbages, de plants d'arbres, de marcottes pour les vignes, d'arbustes, de graines potagères, de plantes soit vivaces, soit annuelles, enfin de toutes les productions qui viennent de la terre par l'art du jardinage.

Il y a dans cette capitale une communauté de maîtres *jardiniers* chargée de faire des visites soit au dedans dans les marchés, soit au dehors dans les jardins & lieux où il s'en fait la culture.

Les maîtres *jardiniers*, préoliers & maraîchers, comme ils sont nommés dans plusieurs sentences, arrêts & lettres-patentes, ayant trouvé à propos de dresser de nouveaux réglemens en 1599, en obtinrent au mois de novembre de la même année l'approbation & autorisation d'Henri IV, alors régnant, par des lettres-patentes enregistrées au parlement le 17 avril de l'année suivante.

Ces statuts furent confirmés au mois de juin 1645 dans les premières années du règne de Louis XIV.

Enfin le même Louis XIV ayant en 1691 créé des charges de jurés en titres d'offices, & en 1694 pareillement fait création d'offices d'auditeurs & d'examinateurs des comptes des communautés de Paris, les maîtres *jardiniers*, qui avoient laissé lever par des particuliers les offices de jurés, non-seulement firent alors leur soumission pour la réunion à leur communauté de ceux d'auditeurs, mais demandèrent encore l'incorporation des charges des jurés, en remboursant les quatre particuliers qui en avoient payé la finance.

Nul, s'il n'est *jardinier*, ne peut apporter à Pa-

ris, pour les y vendre, des melons, concombres, artichaux, herbages, fruits, &c. à la réserve des bourgeois de la ville & fauxbourgs, qui le peuvent faire les mercredis & samedis, jours de marchés.

Les revendeurs & revenderesses ne peuvent se pourvoir des herbages, légumes & autres de ces sortes de denrées, que dans les halles & marchés publics.

JARGONS. Petites *pierres* de la grosseur d'une tête d'épingle d'un rouge brillant, que quelquefois les épiciers-droguistes donnent pour de véritables hyacinthes. On en tire beaucoup du Puy en Auvergne. *Voyez* HYACINTHE.

JARRE. Long poil dur & luisant qui se trouve sur la superficie des peaux de castor, & qui ne peut entrer dans la fabrique des chapeaux, n'étant pas propre au feutrement.

Arracher le *jarre*, le tirer avec des espèces de pincettes. Ce qui se fait par les ouvrières, qu'*en terme de manufacture de chapeaux*, on nomme *arracheuses* ou *éplucheuses*.

Le *jarre* s'emploie par les chapeliers à remplir de petites plottes couvertes de tripe laine, qui leur servent à frotter & lustrer les chapeaux.

JARRE. Se dit aussi du *poil de vigogne*.

JARRE. Grand *vaisseau* de terre cuite, dans lequel les Provençaux gardent les huiles d'olives; ils s'en servent aussi à la mer pour conserver les eaux bonnes à boire.

JARRE. Mesure de continence dont on se sert dans quelques échelles du levant, particulièrement à Metelin, pour mesurer les huiles & les vins. Le *jarre* de Metelin est de 6 ocques, environ 40 pintes de Paris. *Voy.* la TABLE.

JASPE. Espèce de marbre ou de pierre précieuse assez semblable à l'agathe, ordinairement mêlé de diverses couleurs, particulièrement de verd & de rouge.

JASPE-FLORIDE. Sorte de *jaspe* qui se trouve dans quelques endroits des Pyrénées. On l'appelle *floride*, à cause des différentes couleurs dont il est diversifié, qui semblent y représenter des fleurs. Il y en a même où l'on voit des fleuves, des animaux, des débris de bâtimens, des fruits, des paysages, & même des figures humaines assez-bien peintes. On emploie de ce marbre dans la marqueterie & dans les ouvrages de pièces de rapport. L'on en voit d'excellentes pièces dans les cabinets des curieux.

JASPE. On donne aussi ce nom à des marbres des mêmes qualités, mais entièrement d'une couleur, particulièrement de rouge & de verd. Les plus estimés sont ceux qui tirent sur une couleur de lacque ou de pourpre, ensuite les incarnats ou couleur de rose.

Il y en a aussi de verds chargés de petites taches rouges, qu'on prise encore plus que les autres.

JASPÉ. Qui a plusieurs couleurs, comme le jaspe. On appelle à Amiens *étamines jaspées* ou *étamines virées simples*, de petites étoffes qui ont

Pppp

demi-aune de large, sur treize à quinze aunes de long.

JAVELLE, ou BOTTE D'ÉCHALAS. *Voyez* ÉCHALAS.

JAUGE. Art ou manière de réduire à une mesure connue ou cubique, la capacité ou consistence inconnue de divers tonneaux, comme pipes, muids, demi-queues, bariques & autres vaisseaux servant à mettre du vin, de l'eau-de-vie & autres liqueurs; en sorte que par la jauge on peut connoître combien chaque vaisseau ou futaille contient de septiers, de pintes, ou d'autres mesures.

JAUGE, ou BATON DE JAUGE. C'est l'instrument qui sert à faire ces sortes de réductions.

Ce *bâton* est ordinairement de bois, & quelquefois de fer: il est quarré de quatre à cinq lignes de grosseur; sa longueur est de quatre pieds deux ou trois pouces, longueur qui lui a été donnée à cause que la pipe, le plus grand de tous les vaisseaux propres à contenir des liqueurs, a ordinairement quatre pieds de long.

La première dimension marquée sur les quatre côtés de ce *bâton*, est la longueur du pied de roi, contenant douze pouces, & chaque pouce douze lignes; elle est marquée par deux points sur chacun des quatre côtés du bâton. Cette mesure du pied de roi est le fondement des autres qui sont dessus le *bâton* pour jauger toutes sortes d'espèces de tonneaux. C'est pourquoi dans toutes les opérations qu'il convient faire pour jauger, il faut toujours commencer à apposer l'extrémité du *bâton* où est marqué le pied de roi, & remontant de vûe à l'autre extrémité, vous rencontrez les caractères des espèces de futailles & les points excédans leur juste jauge.

Toutes les espèces de vaisseaux à vin ou autres liqueurs, jusqu'à la continence de trois muids, se jaugent proportionnellement, sur la comparaison des neuf espèces de vaisseaux réguliers, qui sont marqués en caractères, & leur valeur sur le *bâton*, comme étant les plus ordinaires qui se voiturent en France, & particulièrement à Paris.

Il y a deux de ces neuf espèces de vaisseaux sur chacun des trois espèces du *bâton*; sçavoir, le muid & le demi-muid sur le premier, la demi-queue d'Orléans & le quarteau du même lieu sur le deuxième, la pipe & le bussard sur le troisième, & sur le quatrième côté il y en a trois, qui sont la demi-queue de Champagne, le quarteau du même pays & le quart de muid.

Ce sont-là les neuf espèces de vaisseaux réguliers, suivant la jauge desquels on peut jauger toutes les autres pièces irrégulières, en observant la proportion & l'harmonie qu'il y a dans leurs dimensions.

Chacune des neuf espèces régulières est marquée deux fois sur le *bâton*; la première pour indiquer son fond, & la seconde pour connoître sa longueur. Ainsi chacune de ces espèces a deux dimensions; l'une de hauteur, qui est pour jauger le fond du tonneau; & l'autre de longueur, pour mesurer les

douves de longueur du même tonneau. Cela est fondé sur le principe de la définition du corps solide, qui a trois dimensions, longueur, largeur & profondeur, tel que peut être un muid ou tel autre vaisseau que ce soit, ayant la même forme & figure.

Au-dessus de chaque caractère, qui marque chacune des neuf espèces de tonneaux, il y a un ou deux points, qui sont autant d'espèces qui désignent chacun un septier de liqueur valant huit pintes mesure de Paris, excédant la juste jauge du tonneau désigné par son caractère. C'est à quoi l'on doit bien prendre garde en jaugeant.

Pour jauger & trouver sur le *bâton* ces points de septiers excédans, voici comme il s'y faut prendre. Appuyez l'extrémité du *bâton* où est marqué le pied de roi, sur le jable du tonneau qui vous est présenté; faites en sorte de couper le fond en deux parties égales, sans quoi vous prendriez un faux diamètre, qui déconcerteroit toutes vos mesures; regardez au-dessous du jable opposé à celui où le *bâton* est appuyé, quel point y paroît. Si c'est justement le caractère de l'espèce que vous jaugez, elle est de bonne jauge pour la hauteur de fond; mais si le point au-dessus de ce caractère entre sous le jable, elle excède d'un septier: si plusieurs points y entrent proportionnés au premier, comptez autant de septiers excédans que vous retiendrez, pour les joindre à ceux que vous trouverez en mesurant la longueur des douves au-dessus du tonneau.

Il ne suffit pas de jauger un des fonds du tonneau; il faut, s'il se peut, les jauger tous deux, pour connoître s'ils ont du rapport l'un à l'autre; car assez souvent l'un a moins de circonférence que l'autre, & par conséquent le diamètre plus court, ce qui ne donne pas tant de septiers; en ce cas il faut rabattre à proportion.

Après cette opération, posez le *bâton de jauge* le long du tonneau, en observant de mettre l'extrémité où est marqué le pied de roi sur l'extrémité d'une douve le long du tonneau, & après conduisez votre vûe le long du *bâton* jusqu'à l'autre extrémité; voyez où l'autre extrémité de la douve de dessus rencontre le *bâton*, & à ce point de rencontre reconnoissez le caractère de votre tonneau; s'il est justement à l'extrémité de la douve de dessus le tonneau, il n'y a point d'excédent; mais si le point qui est passé le caractère du tonneau se trouve à l'extrémité de la douve du dessus, cela donne un septier d'excédent que l'on a trouvé de hauteur ou de fond, & en composez le total de votre excédent de jauge.

Après avoir jaugé la hauteur & la longueur du tonneau, il faut remarquer si la pièce est bien bougue; car si l'enflure ou bouge qui paroît au milieu de la pièce est considérable, cela donne encore de l'excédent de jauge; comme aussi si les jables sont plus courts que l'ordinaire de la pièce, cela augmente encore l'excédent.

Il faut aussi avant que d'asseoir son jugement

fur la jauge du tonneau, obferver fi la pièce n'a pas les fonds renfermés en dedans, ou les douves de deffus larges & plattes ; fi elle n'eft point rognée ou de mauvaife fabrique ; car en tous ces cas, il eft jufte de diminuer par proportion ce que l'on y trouve d'excédent de jauge fuivant le *bâton*.

Pour découvrir ce que doit donner d'excédent le bouge d'un tonneau, il faut le débondonner, y faire entrer perpendiculairement un *bâton* qui touche le fond, puis mettre le doigt à l'extrémité intérieure de la douve du bondon fur le *bâton* que vous retirerez, & vous verrez l'intervalle qu'il y a de différence entre cette ligne & le diamètre du fond ; prenez-en la moitié, & rapportez-là à l'efpace des feptiers du fond de la pièce marqués fur le *bâton de jauge*, & vous compterez autant de feptiers comme il y en a de marqués.

En Normandie, les commis des aides ont un certain ruban qu'ils appellent *jauge*, fur lequel font marquées les mêmes dimenfions que celles du *bâton de jauge*, auffi s'en fervent-ils au même ufage.

Il y a encore une autre forte d'inftrument dont on fe fert pour la jauge des tonneaux ou futailles à liqueurs, particulièrement de celles à eau-de-vie. Il a plufieurs noms, fuivant les différens lieux & pays où il eft en ufage. A Bordeaux, Bayonne, Hambourg, Lubek & Embden, on l'appelle *verge* ; à la Rochelle, Cognac, en l'Ifle de Ré & dans tout le pays d'Aunis, *verte* ; en divers lieux de Bretagne & d'Anjou, *velte* ; en Hollande, *viertel* ou *viertelle* ; & en quelques autres endroits, *verle*.

Cet inftrument, qui approche affez du *bâton de jauge*, eft une efpèce de broche ou verge de bois, de fer ou de baleine, recourbée à l'une de fes extrémités, dont la longueur eft à peu près femblable à celle de l'aune de Paris, qui eft de trois pieds fept pouces huit lignes.

Sur cette broche font marqués de côté & d'autre les hauteurs & les diamètres de plufieurs mefures égales & certaines d'eau-de-vie, de vin, ou d'autres liqueurs, dont on fe fert pour découvrir combien de telles mefures font comprifes dans un tonneau ; ce qui s'appelle *verger* ou *jauger*.

Cette broche ou jauge fe met dans la pièce que l'on veut jauger, en la faifant entrer par le bondon jufqu'au bas de la circonférence des deux fonds, tant d'un côté que d'autre, & fuivant qu'elle fe trouve plus ou moins enfoncée, ou qu'il y a de liqueur, elle marque les hauteurs & diamètres du nombre des mefures que la futaille contient, & ces mefures font auffi appellées, du nom de l'inftrument ; *verge*, *velte*, *verte*, &c. Ainfi l'on dit, cette fabrique, cette pipe d'eau-de-vie contient tant de verges, de veltes ou de vertes, &c. pour dire qu'elle renferme tant de ces mefures.

Chaque verge de liqueur eft eftimée trois pots & demi un peu moins, à peu valant deux pintes ; de forte que lorfque par la jauge un tonneau fe trouve de quarante verges, cela doit s'entendre qu'il con-tient cent quarante pots, qui font deux cent quatre-vingt pintes.

A Bruges en Flandre, la verge eft appellée *fefter*.

JAUGE. Eft encore la mefure commune & connue, qu'un muid ou autre vaiffeau doit contenir fuivant les différens ufages des lieux. Ainfi l'on dit, ce muid eft de *jauge*, pour faire entendre qu'il contient jufte le nombre de feptiers ou de pintes qu'il doit naturellement contenir.

On dit auffi qu'un tonneau eft de bonne ou de mauvaife *jauge*, quand il eft plus ou moins grand par rapport à fon efpèce.

La *jauge* enfeigne auffi combien un navire peut contenir de tonneaux, combien un tonneau de mer, qui eft eftimé pefer deux mille livres, peut occuper de pieds cubes dans le fond de cale du navire.

Chaque navire doit être jaugé auffi-tôt qu'il eft conftruit, par les gardes-jurés, ou prud'hommes du métier de charpentier, qui font tenus de donner leur atteftation du port du bâtiment, laquelle doit être enregiftrée au greffe de l'amirauté.

Pour connoître le port & la capacité d'un navire, & en régler la *jauge*, le fond de cale, qui eft le lieu de fa charge, doit être mefuré à raifon de quarante-deux pieds cubes pour tonneau de mer, *art.* 4 & 5 *du titre* 10 *du livre* 2 *de l'ordonnance de la marine, du mois d'août* 1681.

MÉTHODE POUR LA JAUGE DES NAVIRES.

1°. Il faut prendre la longueur du navire, qui eft depuis la chambre du devant jufqu'à la chambre de derrière, ou plutôt de l'arrière en avant, depuis l'eftambord jufqu'à l'eftrave, au milieu de la profondeur de l'un & de l'autre, pour avoir une longueur réduite.

2°. On doit prendre la largeur du navire au milieu & à chaque bout, à huit pieds de l'eftambord d'un bout, & de même à huit pieds de l'eftrave de l'autre bout, pareillement au milieu de la profondeur pour avoir la largeur réduite, & de ces trois largeurs différentes on en doit faire une commune pour compenfer les largeurs.

3°. On prend enfuite la hauteur du navire au milieu vers le mât & à chacun de fes bouts, ce qui doit s'entendre depuis la carlingue jufques fous le bault, & au-deffus dans les entre-deux ponts de même ; & de ces trois hauteurs différentes on en doit faire auffi une commune pour compenfer les hauteurs.

Ces trois chofes étant faites, il faut multiplier la longueur par la largeur commune, & le produit le multiplier par la hauteur commune, & le deuxième produit le divifer par quarante-deux pieds ; & le quotient de cette divifion donnera le nombre des tonneaux que le navire peut contenir à raifon de quarante-deux pieds en bas pour chacun tonneau.

Exemple.

Supposé que la longueur du navire soit 60 pieds ,
La largeur d'un bout   15
La largeur du milieu   20
Et la largeur de l'autre bout   14
La hauteur d'un bout   7
La hauteur du milieu   6
Et la hauteur de l'autre bout   8

Avant que de faire la fupputation, il faut trouver la largeur commune & vérifiée, ce qui doit se faire ainsi :

Ajoutez ensemble les deux largeurs extrêmes, qui sont quinze pieds & quatorze pieds, vous aurez vingt-neuf pieds, desquels prenez la moitié, vous aurez quatorze pieds & demi ; ajoutez ces quatorze pieds & demi avec la largeur du milieu, qui est vingt pieds, vous aurez trente - quatre pieds & demi, dont la moitié, qui est de dix-sept pieds un quart, sera la véritable largeur du navire, laquelle est appellée *largeur commune & justifiée.*

Il faut pareillement trouver la hauteur commune, & vérifier auparavant que d'arriver à la supputation des tonneaux ; & cette opération se doit faire de la même manière qu'il a été dit à l'égard de la largeur.

Pour trouver donc la hauteur commune & justifiée, ajoutez ensemble les deux hauteurs extrêmes, qui sont sept pieds & huit pieds, vous aurez quinze pieds, desquels prenez la moitié, vous aurez sept pieds & demi ; lesquels sept pieds & demi il faut ajouter avec la hauteur du milieu, qui est six pieds ; vous aurez treize pieds & demi, dont la moitié, qui est six pieds trois quarts, sera la vraie hauteur du navire, laquelle est appellée *hauteur commune & justifiée.*

En sorte que la longueur sera   60 pieds
La vraie largeur   17 p. $\frac{1}{4}$
Et la vraie hauteur   6 p. $\frac{1}{4}$

Pour parvenir à la supputation des tonneaux.

Il faut multiplier   60 pieds de long
par   17 pieds $\frac{1}{4}$ de large.

         420
         600
Pour le quart   15 pieds.

Le produit est   1035 pieds.
lequel doit être multiplié par
la hauteur   6 pieds $\frac{3}{4}$.

Pour six pieds   6210.
Pour demi-pied   517   6 pouces.
Pour un quart de pied   258   9 pouces.

Dernier produit   6986 pieds.

Lesquels 6986 pieds doivent être divisés par 42 , comme il se voit par l'opération suivante.

$$\frac{2|1}{\begin{array}{c} 3\,2| \\ 2\,7\,6|4 \\ 6\,9\,8\,6| \\ 4\,2\,2\,2| \\ 4\,4| \end{array}} \; 166 \text{ tonneaux quotient.}$$

Le quotient est de 166 tonneaux & 14 pieds restans, ce qui donne la quantité de tonneaux que le navire peut porter, & régle par conséquent le fret du bâtiment sur le pied de ces 166 tonneaux.

AUTRE PRATIQUE DE JAUGE

pour les navires, dont quelques visiteurs ont coutume de se servir à la Rochelle, à Brouage, & dans les autres ports de la province d'Aunis & de Saintonge.

Comme il est assez difficile d'établir une régle certaine & uniforme de *jauge*, qui convienne à toutes sortes de vaisseaux à cause de leurs différens gabaris, les bâtimens à deux ponts ne devant pas être jaugés, de même que ceux qui n'en ont qu'un, ni les vaisseaux frégatés, ainsi que ceux qui ne le sont pas, l'on a inventé la pratique suivante, qui est plus facile, & demande moins d'opération que celle qu'on a donnée ci - dessus. Il est vrai qu'il paroît qu'on ne s'en doit guère servir que pour les navires qui chargent des sels, & que d'ailleurs elle dépend principalement du jugement du visiteur & d'une grande habitude de visites.

Cette *jauge* se doit faire avec un bâton de la longueur d'une barique, ce qui revient à trois pieds. Après avoir mesuré combien le vaisseau contient de bariques de long, on mesure combien il a de pieds de profondeur, & combien il en a de large.

On prend ensuite la moitié de la largeur qu'on multiplie par la moitié de la profondeur, & le produit donne la quantité des rangs de bariques, lequel produit doit aussi être multiplié par la longueur du navire sur le nombre des bariques, & l'on trouvera la quantité qu'il en peut contenir, laquelle il faut diviser par quatre pour en composer des tonneaux.

Par exemple :

Un vaisseau avec un pont, & par-tout égal dans son fond de calle, aura vingt-quatre bariques de long, seize pieds de largeur & huit pieds de profondeur ; pour réduire cette continence en tonneaux, il faut multiplier la moitié de seize par la moitié de huit, vient trente-deux. Ce produit étant ensuite multiplié par vingt-quatre, qui est le nombre des bariques que le vaisseau a dans sa longueur, vient 768 bariques ; lesquelles divisées par quatre, où prenant le quart de 768, viendra 192, qui est le nombre de tonneaux que contient le vaisseau jaugé.

Explication de la règle.

La moitié de 16 est	8
La moitié de 8 est	4
Multipliez 8 par 4 vient	32
Multipliez 32 par 24 bariques	24
	128
	64
Vient	768

Divisez ce nombre par 4, ou tirez le quart de ce produit, vous avez le nombre des tonneaux ; sçavoir, 192 tonneaux.

Si c'est un vaisseau frégaté, on prendra la longueur des bariques, comme dans l'exemple précédent, & pour la profondeur on aura égard que le fond étant étroit, il faut en donner pour faire la largeur du haut ; & s'il est plus large derrière que devant, on prendra les largeurs, & on les partagera par moitié ; ce qu'on fera aussi de la hauteur du devant & du derrière, si elles sont inégales. Pour le reste, l'opération se fait comme dans le premier exemple.

Lorsque c'est un vaisseau à deux ponts de trois ou quatre cent tonneaux, on doit pareillement le jauger par ses longueurs, ses profondeurs & ses largeurs ; mais on observe de lui donner une sixième partie d'augmentation, à cause que leurs ponts sont ordinairement chargés de vins & d'autres marchandises. D'ailleurs cette augmentation est juste, & doit se faire à proportion sur les trois vaisseaux, à cause de la différence de la mesure du grand tonneau de mer, qui est d'un sixième.

Il faut que les visiteurs attentifs prennent garde si les navires qu'ils veulent jauger, sont porqués & renforcés de courts bâtons, de bancs & de genoux, & si les varangues des fonds du devant ou du derrière sont hautes ou plattes, parce que cela change les proportions, & par conséquent le port des vaisseaux.

Il faut aussi augmenter plus ou moins sur la jauge, selon que les navires sont hauts entre deux ponts ; pour ceux qui n'en ont point, il n'y faut pas faire d'augmentation, ou du moins en faire très-peu.

Enfin il faut observer si le vaisseau est vieux ou neuf, étant certain qu'il porte moins s'il est vieux ; en un mot, la bonne jauge dépend plus d'une longue expérience, que de quelque régle certaine.

GRANDE JAUGE, PETITE JAUGE.

On distingue à Bordeaux deux sortes de jauges, la grande & la petite. La barique de la grande jauge contient 110 pots, & la barique de la petite jaugé seulement 90. Quelques vins du pays Bourdelois sont réputés de la grande jauge, & d'autres seulement de la petite.

Les paroisses de la grande jauge sont :

Langon.	Prignac.
Saint Pey.	Bados.
Touleme.	Landiras.
Saint-Macaire & ses dépendances.	Santerne.
	Daume.
Fargues.	

Les vins réputés de la petite jauge sont :

Joubertes.	Radeque Taillade.
Castes.	Rouaillon.
S. Pardon.	Lunison.
Coymeres.	Et autres lieux aux environs.
Aures.	

Les vins de la grande jauge, lorsqu'ils descendent à Bordeaux, ne paient aucun droit de descente, mais seulement à la cargaison comme vins de ville.

A l'égard des vins de petite jauge, ils paient à la descente comme vins de haut pays, c'est-à-dire, 8 l. par tonneau.

JAUGE. Se dit aussi chez les ouvriers en bas au métier, d'un certain morceau de fer poli, étroit & plat, long de trois pouces de roi, de petite régle, qui sert à jauger ou mesurer les métiers, pour connoître combien ils portent de plombs, y en ayant de 18, 20, 22, 23, 24, 26 & 28 plombs, qui diminuent de grosseur à proportion de leur nombre, chaque nombre se devant rencontrer juste dans la distance des trois pouces de roi que contient la jauge.

JAUGE est encore parmi les marchands de fils de fer & de léton, aussi-bien que parmi les maîtres chaînettiers, une espèce de mesure pour juger de la grosseur de ces sortes de fils, & en connoître le diamètre.

Cette jauge, qui est d'acier, est composée de plusieurs esses redoublées, & c'est l'espace qui se trouve entre la panse des deux esses qui sert à mesurer le fil dont la grosseur est marquée à côté par un chiffre qui la désigne. Les marchands de fer de Paris, particulièrement ceux qui ne font que le commerce de ce fil, ne se servent de cette jauge que pour les espèces dont les numéros ne sont pas fixés, tels que sont, par exemple, les fils de Bourgogne & de Champagne, & de quelques lieux d'Allemagne.

JAUGE. Se dit aussi, parmi les charpentiers, d'une petite régle de bois dont ils se servent pour tracer leurs ouvrages & couper sur le trait.

JAUGEAGE. Action de jauger les tonneaux, les navires. Cet homme entend bien le jaugeage. On a fait le jaugeage de ce tonneau, de ce navire.

JAUGEAGE. Se dit aussi du droit qui se prend par les jurés jaugeurs, ou officiers qui jaugent les vaisseaux à liqueurs.

JAUGEAGE. Se dit encore d'un certain droit qui se perçoit par les fermiers des aides sur les vins &

liqueurs , conjointement avec le droit de courtage. Ainſi l'on dit, il a tant payé pour les droits de jaugeage & courtage de ce vin.

JAUGEUR. Officier de ville qui fait l'art ou la manière de jauger les tonneaux ou futailles à liqueurs, ou celui qui a titre & pouvoir d'en faire le jaugeage, qu'il ne fait point, mais dont il ne fait pas moins payer la taxe.

Louis XIV dès l'année 1645 , créa huit jaugeurs pour faire le nombre de ſeize avec les huit premiers , & tant les anciens que nouveaux droits furent fixés à 5 ſ. par muid ou demi-queue de vin, cidre, bière, eau-de-vie, verjus, vinaigre , & autres boiſſons ou liqueurs entrant à Paris tant par eau que par terre.

La création du mois de décembre 1689 , quoique de trente-deux, ne fut pourtant pas encore la plus conſidérable de celles qui furent faites ſous le régne de ce prince, & l'on en vit deux autres ſe ſuivre d'aſſez près; l'une de cinquante, ſous le titre d'eſſayeurs & contrôleurs d'eaux-de-vie en 1690, & l'autre de cinquante-deux en 1703.

La paix d'Utrecht ayant donné à la France le tems de reſpirer, & au roi l'occaſion de penſer à ſoulager ſes peuples, que les longues guerres de ſon régne avoient épuiſés, il parut un édit au mois de mai 1715, quatre mois avant la mort de ce grand prince, par lequel il ſupprimoit tous les offices qui avoient été créés ſur les ports, quais , halles & marchés de la ville de Paris , depuis le premier janvier 1689.

Ce projet ſi digne de la piété du prince, n'ayant pu s'exécuter de ſon vivant, Louis XV ſon ſucceſſeur, ſous la régence de Philippe duc d'Orléans, l'acheva en 1719, par ſon édit du mois de ſeptembre; & ayant ſupprimé tant les nouveaux que les anciens officiers, chargea les prévôt des marchands & échevins de commettre en leur place, & fixa par un tarif les droits qui ſe payeroient à l'avenir pour la jauge & pour l'eſſai des vins, eaux-de-vie & autres boiſſons, mais bien au-deſſous de ceux qui s'exigeoient auparavant.

Le nombre des commis jaugeurs ſont fixés à vingt-quatre par arrêt du conſeil du 12 ſeptembre 1719.

Les officiers jaugeurs furent rétablis par l'édit de juin 1730, & ſont ſupprimés de nouveau depuis 1776; mais les droits ont reſté juſqu'à préſent.

JAUNASTRE. Couleur qui tire ſur le jaune.

JAUNE. L'une des cinq couleurs ſimples & matrices des teinturiers.

Les beaux jaunes après avoir été bouillis avec alun, ou avec alun & gravelle, ſe colorent avec la gaude, drogue qui croît en France.

Le coucomme ou terra-merita qui vient des Indes, fait auſſi un très-beau jaune, mais qui n'eſt pas pourtant des meilleurs.

Le bois jaune qui vient pareillement des Indes, fait un jaune tirant ſur la couleur d'or.

On en teint une quatrième ſorte avec la ſarrette & la geneſtrole; mais le jaune de ces drogues étant moins beau que le jaune de gaude, ne peut ſervir que pour les couleurs compoſées où entre le jaune.

La nuance du jaune eſt le jaune naiſſant; jaune citron, jaune pâle, jaune paillé & jaune doré.

Les ſoies jaunes doivent être teintes ſuivant leurs nuances; les citrons après avoir été aluns, de gaude avec un peu de cuve d'Inde; les jaunes de graine ſe font fort de gaude, & ſe couvrent avec un peu de bain de raucour; & les jaunes pâles de gaude ſeule.

JAUNE DE COURROYEURS. Ce jaune ſe fait avec de la graine d'Avignon & de l'alun, de chacune une demi-livre ſur trois pintes d'eau réduites aux deux tiers, en les faiſant bouillir à petit feu. Voyez COURROYER.

JAUNE DE NAPLES. Sorte de pierre ou de terre jaune, qui prend ſon nom du lieu où elle ſe trouve, & d'où nos marchands la tirent. Elle ſort des bouches du mont Veſuve, lorſque cette effroyable montagne vomit des pierres fondues & autres matières enflammées parmi des tourbillons de feu & de cendre. Quelques-uns croient que ce n'eſt qu'un ſoufre récuit à cauſe qu'il en a la couleur, & qu'il ne ſe rencontre que parmi le ſoufre même. Les peintres, particulièrement ceux qui travaillent en miniature, s'en ſervent pour faire les jaunes les plus éclatans de leurs ouvrages.

Il faut choiſir le jaune de Naples ſec, friable, ſableux & le plus haut en couleur qu'il ſera poſſible.

JAUNE. CIRE JAUNE. C'eſt de la cire telle qu'on la tire des ruches à miel après ſeulement qu'elle a été ſéparée du miel & fondue. Il s'en fait un grand commerce dans pluſieurs provinces de France, particulièrement en Bretagne. On en tire auſſi beaucoup du Levant par la voie de Marſeille. La plus eſtimée des cires jaunes de France eſt celle de baſſe-Bretagne.

JAUNE. On appelle toile jaune, une groſſe toile de ménage telle qu'elle vient de deſſus le métier, & avant qu'elle ait été miſe au blanchiſſage.

La toile de ſoie devenue jaune, ſe blanchit par la fumée du ſoufre.

JAUNIR. Rendre jaune, ſoit par la teinture, ſoit autrement. Jaunir des peaux, jaunir du papier, jaunir une porte. Il ne ſe dit guères des étoffes, des ſoies, laines & fils qu'on rend jaunes par la teinture; mais au lieu de jaunir, on dit teindre un drap ou une étoffe en jaune, ou ſimplement mettre en jaune des laines, des &c.

JAUNIR. Devenir jaune. Il ſe dit des marchandiſes blanches qui deviennent jaunes pour être trop long-tems expoſées à l'air, comme la toile, le papier, la cire & toutes les étoffes blanches, foit de foie, laine, fil, coton ou poil.

I C

ICHIEN ou ICHIN. C'eft l'aune du Japon, à laquelle on mefure les étoffes de foie & les toiles qui s'y fabriquent. L'ichien eft à peu près de trois aunes de Hollande. Voyez LA TABLE.

Cette mefure eft uniforme dans toutes les ifles qui compofent ce vafte empire, un des plus riches de l'orient. Non-feulement chaque marchand a des ichins dans fa boutique auxquels il mefure & vend fes marchandifes, mais encore il y a des ichins publics qu'on trouve prefqu'à chacun coin de rue, où l'acheteur peut aller vérifier fi on ne lui a point fait faux aunage.

Cette efpèce d'aune a environ fix pieds de long divifés en fix parties, & chacune de ces divifions en dix autres, en forte que l'ichin entier a foixante divifions. Un ichin fait à peu près trois aunes de Hollande, & une canne de Provence. Voyez LA TABLE.

I D

IDEM. Terme latin dont on fe fert affez fouvent dans le commerce, particulièrement dans les comptes, mémoires & inventaires des marchands. Il fignifie, de même. Ainfi quand à la fuite d'un article de marchandifes exprimé tout au long, on en met un ou plufieurs autres, qui chacuns ne font compofés que d'un idem, cela fait entendre qu'ils font entièrement femblables au premier.

IDIS. Efpèce de perle de verre très-applatie par les bouts, qui fert au commerce que les Européens font avec les Négres fur les côtes d'Afrique. L'idis eft jaune avec quatre raies noires.

J E

JÉ ou GÉ. Mefure des longueurs dont on fe fert en quelques endroits des Indes.

JÉ. Mefure des liqueurs, dont on fe fert en quelques lieux d'Allemagne, particulièrement à Aufbourg.

Le jé eft de deux muids ou de douze befons, le befon de douze maffes. Huit jés font le feoder. Voyez LA TABLE.

JÉRUN-CROCHEN. Monnoie qui fe fabrique dans les états du grand-feigneur, qui a cours pour un demi-ducat. Voyez LA TABLE.

JET. Terme d'arithmétique, qui veut dire, fupputation, calcul. Le jet avec les jetons eft moins fûr & moins prompt que celui à la plume. J'ai fait le jet de toutes les fommes contenues en votre mémoire, elles fe montent à tant. Il fe dit plus ordinairement du calcul qui fe fait aux jetons que de celui qu'on fait avec la plume.

JET. On nomme jet ou une canne tout d'un jet, une canne coupée entre les deux nœuds d'un rotin; ce qui la diftingue pour le prix & pour la beauté de ce qu'on appelle une canne rapée;

c'eft-à-dire, d'avec celle dont a abbatu les nœuds avec une rape. Cette dernière efpèce de canne n'a jamais une couleur naturelle, & on la lui donne avec un vernis compofé.

JET. (Terme de commerce de mer.) Il fe dit de tout ce qu'on eft obligé de jetter à la mer dans un péril éminent pour fauver le vaiffeau.

JETON. Petite pièce ronde ordinairement de métal, mais quelquefois d'ivoire, de nacre de perles, ou autres matières légères & précieufes, dont on fe fert pour calculer quelques fommes, marquer fon jeu, & à d'autres femblables ufages. On dit quelquefois fimplement jetter, pour dire, calculer aux jetons, parce qu'on jette les jetons fur la table en comptant, d'où apparemment leur eft venu leur nom.

Dans l'ufage préfentement établi en France & ailleurs, mais particulièrement en France, les jetons d'or, d'argent & de cuivre, font devenus comme des efpèces de médailles prefque toujours frappées à l'honneur du roi régnant, avec fon effigie d'un côté, & de l'autre des légendes & des devifes qui rappellent quelque événement fingulier ou glorieux de fon régne, & avec le grenetis & le milléfime, comme aux monnoies.

Les prévôt des marchands & échevins de la ville de Paris, & plufieurs officiers, comme les gardes du tréfor royal, les tréforiers de l'extraordinaire & de l'ordinaire des guerres, ceux de la marine & des parties cafuelles, les tréforiers des bâtimens du roi, &c. font tous les ans frapper de nouveaux jetons, dont les devifes, qui ont rapport à leurs fonctions & au régne du roi, font faites par meffieurs de l'académie des infcriptions & belles-lettres. Ces jetons font comme les étrennes que la ville & ces tréforiers vont préfenter le premier de l'an au roi, à la maifon royale, aux princes du fang, au chancelier & aux miniftres & fecrétaires d'état, dans des bourfes magnifiques compofées de cent jetons, quelques-uns d'or & d'autres feulement d'argent, fuivant les qualités & la coutume.

Il feroit trop long d'entrer dans le détail de tous les corps qui font frapper des jetons pour leur ufage particulier, & pour être diftribués aux réceptions ou aux affemblées; n'y en ayant guères à Paris, foit dans les premières magiftratures & dans les inférieures, foit dans les facultés, les communautés des marchands, ou celles des arts & métiers, qui n'aient leurs jetons d'argent ornés de leurs devifes.

Les trois académies royales qui ont leurs féances au Louvre, & celle de peinture & de fculpture qui y tient auffi fes affemblées, ont pareillement leurs jetons, dont la diftribution fe fait aux académiciens qui y affiftent; mais ils leur font diftribués aux dépens du roi, & fur les fonds établis pour cette dépenfe.

Les jetons fe fabriquent & fe frappent avec

des poinçons & des coins comme les monnoies, & avec les mêmes machines.

La fabrique & la vente des *jetons* d'or, d'argent & de cuivre, ne sont permises en France qu'au garde de la monnoie des médailles ou balanciers du roi. Par plusieurs arrêts de la cour des monnoies, entr'autres par celui du 14 juillet 1685, qui ordonne l'exécution de ceux des 10 mars & 18 janvier 1672, & des lettres patentes & arrêts du conseil du 15 janvier 1685, il est défendu à tous autres d'en fabriquer, ni d'en faire venir des pays étrangers, aux orféyres d'en vendre ni d'en tenir dans leurs boutiques d'or ou d'argent, & à tous autres marchands qui font négoce de ceux de cuivre, d'en tenir, vendre ni débiter autres que ceux fabriqués en la monnoie des médailles des galleries du Louvre.

JEU-PARTI. (*Terme de commerce de mer.*) On dit, faire *jeu-parti*, lorsque de deux ou plusieurs personnes qui ont part à un même navire, il y en a une qui veut dissoudre la société, & qui demande en justice que le total appartienne à celui qui fera la condition des autres meilleure, ou qu'on fasse estimer les parts de chacun des associés.

I M

IMAGE. Empreinte d'une planche de cuivre ou de bois, gravée au burin, à l'eau-forte ou au ciselet, que l'on fait avec de l'encre des imprimeurs en taille-douce, sur du papier & du vélin, & quelquefois sur du satin. On l'appelle autrement une *estampe*.

Le commerce des *images* est très-considérable; & outre le débit qui s'en fait à Paris, & les envois dans les provinces, il en sort tous les ans quantité pour les pays étrangers, particulièrement pour l'Espagne, d'où elles sont envoyées par les galions & par la flotte jusques dans le Mexique & dans le Perou.

IMAGER. Marc and qui fait commerce d'images.

Quoique les graveurs, soit ceux qui sont de l'académie royale de peinture, sculpture & gravure, soit ceux qui sont reçus maîtres de la communauté des peintres, sculpteurs & graveurs de la ville & fauxbourgs de Paris, fassent un grand négoce de toutes sortes d'estampes & d'images, particulièrement de leurs propres ouvrages, ou dont ils ont fait graver les planches par d'autres, on ne leur donne pas néanmoins ordinairement le nom d'*imagers*; mais ils conservent celui de graveurs, qui leur est autrement honorable.

Les vrais *imagers* sont donc, ou ceux qu'on appelle autrement *dominotiers*, ou des *marchands merciers* qui ont choisi ce négoce; n'y ayant rien qui ne puisse être vendu par les marchands du corps de la mercerie. On a parlé ailleurs des premiers.

IMAL. Mesure des grains dont on se sert à Nancy. La carte fait 2 *imaux*, & 4 cartes le réal, qui contient 15 boisseaux, mesure de Paris; ce qui s'entend de l'avoine.

IMMA. Espèce de bol ou de terre rouge, dont

se servent en Perse les teinturiers & les peintres pour leurs peintures & teintures.

Les femmes Persanes, particulièrement les danseuses publiques, en usent aussi pour relever leur beauté, comme on fait en France de carmin ou de rouge d'Espagne.

Le meilleur *imma* est celui que l'on tire de la montagne de Chiampa près de Bander-Congo.

IMPARFAIT. Se dit, *en termes de manufacture*, d'une étoffe qui est mal fabriquée, qui n'a pas eu toutes ses façons & tous ses apprêts. Ce drap est *imparfait*, il a été mal frappé sur le métier, il est mal tondu. Cette pièce de satin est *imparfaite*, elle n'est pas bien travaillée.

IMPÉRATOIRE. Racine médicinale qu'on croit qui a les mêmes propriétés que celle de l'angélique. La tige qu'elle produit a des feuilles vertes, rudes & dentelées; sa graine est semblable à la semence du Seleſy de Marseille.

Il y en a de deux sortes, l'*impératoire* de montagne & l'*impératoire* de jardins. La première est préférable à l'autre; entre celles des montagnes, on estime celle des monts d'or d'Auvergne.

Il faut choisir l'*impératoire* en belles racines, nouvelle, difficile à rompre, de couleur brune au-dessus, & verdâtre au-dedans, d'une odeur forte, & d'un goût aromatique.

IMPÉRIALE. *Serge impériale*. C'est ainsi que l'on nomme une sorte de serge de trois quarts d'aune de large, mesure de Paris, qui se fabrique particulièrement dans le bas-Languedoc.

Les serges *impériales*, qui s'appellent aussi *sempiternes* ou *perpétuannes*, sont quasi toutes destinées pour l'Italie & pour l'Espagne.

IMPÉRIALE. Monnoie d'or du poids de quatre deniers quatre grains, & au titre de vingt-trois carats trois quarts. L'*impériale* se fabriquoit en Flandres, & y valoit environ un cinquième moins que le louis d'or de douze livres de France. Il s'en fabrique en or dans les états du czar de Moscovie.

IMPOSITIONS, *impôts sur le commerce*. Est-il juste, est-il avantageux pour les souverains & pour les nations, que le revenu public de la souveraineté soit fondé sur des taxes imposées au commerce? Grand problème d'économie politique, sur lequel nous devons exposer les opinions contraires.

Le système des *impôts sur le commerce*, est expliqué de la manière la plus claire, dans un ouvrage qui fut publié chez Prault imprimeur, en 1762; cette brochure contenoit deux mémoires qu'on sera bien aise de trouver ici.

Nous développerons ensuite les raisons qu'allèguent les partisans de l'opinion contraire.

PREMIER MÉMOIRE

SUR les tarifs des DROITS DE TRAITE en général; & en particulier, sur le nouveau projet de TARIF UNIQUE & UNIFORME.

Les *droits de traites* ou d'entrée & de sortie sur
les

les denrées & marchandises, ont de tout temps été d'usage dans tous les états; & la règle établie dans la perception de ces droits, a toujours été contenue dans des *tarifs* composés pour instruire également le négociant & le fermier de la quotité des droits à payer par l'un & à percevoir par l'autre. Cette seule définition suffit pour sentir que le *tarif* n'est autre chose que la fixation des droits, & pour conclure que la formation d'un *tarif* est un ouvrage de la dernière importance. On travaille à cet ouvrage en France. M. le contrôleur général en a communiqué le projet aux intendants de toutes les généralités du royaume, & les a chargés de consulter à cet égard les chambres de commerce & les gros négocians, dont les lumières combinées peuvent être infiniment utiles. L'esprit de ce *tarif* formé pour le bien des peuples, & rédigé sous les yeux de plusieurs intendans des finances, d'un intendant du commerce, de trois députés du commerce, & d'un fermier général, doit être connu de tout le monde depuis que les différentes lettres qui le composent ont été communiquées par les mêmes voies dont nous venons de parler; & quoique ce projet ne soit pas encore à sa perfection, puisque le ministre n'a pas encore reçu les observations sur lesquelles il se propose de le réformer; on peut cependant traiter la matière avec plus de connoissance de cause que ceux qui, par des intérêts particuliers, ou par une précipitation toujours suspecte, ont déja répandu dans le public leurs ouvrages sur ce sujet. La précipitation de ces écrits prématurés n'est pas le seul défaut qu'on peut leur reprocher. Quand on veut approfondir une matière, le premier point & le plus indispensable, est d'en établir solidement les principes, sans quoi l'auteur & le lecteur errent également au gré de leurs caprices, & n'arrivent jamais à un but assuré. Pour éviter, autant qu'il sera possible, ces inconvéniens, il est bon de commencer d'abord par établir l'utilité des *tarifs*, tant par rapport à la finance que par rapport au commerce; de détailler ensuite toutes les qualités que doivent avoir les *tarifs* pour être véritablement utiles. Après avoir établi ces deux premiers chapitres les principes de la matière, nous marcherons à leur application. Un détail fort abrégé sur les *tarifs* actuels, nous conduira à connoître l'état présent de la France, & à décider s'il est conforme aux principes, s'il en est assez peu éloigné pour n'avoir besoin que de réformation, ou s'il a besoin d'une refonte générale. Nous entrerons ensuite dans l'examen du nouveau projet de *tarif général* qu'on propose: nous en pénétrerons l'esprit, & nous discuterons les principes sur lesquels il est fondé, que nous comparerons avec les principes généraux établis sur cette matière. Enfin, nous tâcherons de prévoir les principaux obstacles qui pourroient s'opposer à la formation de ce *tarif*, ou se rencontrer dans son exécution; & nous présenterons en même-temps les moyens que nous imaginerons propres à lever ces obstacles. Si de cette discussion générale

il ne résulte pas des motifs indubitables pour asseoir une résolution définitive, du moins peut-on espérer qu'on y trouvera des règles pour écarter plus facilement les objections fondées sur de faux principes ou sur des intérêts personnels, & qu'on sera plus en état de faire usage des lumières utiles qu'on fournira au ministère.

CHAPITRE PREMIER.
De l'utilité des tarifs.

Tout état a ses dépenses nécessaires pour sa conservation & pour sa prospérité. Il faut des revenus pour fournir à ses dépenses. Ils sont produits par les impositions, & c'est le choix des impositions qui fait une partie essentielle de l'administration de la finance. Les droits ou impositions dont la perception sera facile & répartie le plus également qu'il sera possible sur la totalité des contribuables, proportionnellement à leurs facultés & à leur dépense, seront sans doute les plus conformes aux vrais principes. Les droits qui par leur nature renferment le plus pleinement ces deux qualités, sont les droits de consommation, & dès-lors paroissent préférables à tous autres. Or, les droits de traite ne sont autre chose que des droits de consommation. En effet, la marchandise qui les paie augmente d'autant; si le négociant en avance le paiement, il se rembourse bien-tôt sur le consommateur qui acquitte définitivement cette imposition à proportion de ses facultés & de ses dépenses, c'est-à-dire, à proportion de sa consommation. Cette imposition est donc égale pour tous les contribuables,

La perception s'en fait dans les bureaux établis sur les routes publiques qui servent nécessairement au transport des marchandises. Le citoyen n'est point troublé dans son domicile; tout se perçoit sur des *tarifs publics* où chacun peut s'instruire; ainsi rien ne manque encore en général à la facilité de la perception. Il est inutile d'en dire davantage sur la qualité du droit.

Quelle sera la quotité déterminée par le *tarif?* S'il ne s'agissoit que de former un grand produit de finance, le *tarif* seroit fort court: un droit unique de cinq ou même de quatre pour cent sur toute nature de marchandise entrante & sortante, seroit sans doute le moyen le plus sûr de se procurer des produits considérables: & si l'objet de la finance ne consistoit que dans l'augmentation d'une de ses branches, on y parviendroit sans peine par ce moyen. Mais d'autres intérêts encore plus pressans s'y opposent. L'agriculture, le commerce & la population réclament leurs droits aussi précieux pour la finance que pour toutes les autres parties du corps politique de l'état. Ces intérêts sacrés n'exigent pas une décharge entière de tous droits, parce que la charge qu'il faut acquitter étant commune, doit être supportée par tous les citoyens; mais ils demandent les ménagemens nécessaires, non-seulement pour ne pas détruire, mais encore pour animer notre culture, notre commerce & notre population. C'est d'après ces principes univerſellement ſuivis par toutes les nations policées, que l'exiſtence des *tarifs* eſt devenue néceſſaire. C'eſt en vain que les ſyſtêmes les plus agréables, mais les moins fondés, ont préſenté quelquefois l'univers comme une ſeule république dont tous les hommes exiſtans ſont citoyens. La vérité ſe refuſe à cette idée purement philoſophique; ſi quelque puiſſance étoit plus qu'une autre en état de l'adopter, ce ſeroit ſans doute la France, qui, par la variété & l'abondance de ſes productions, le nombre, le génie & l'induſtrie de ſes habitans, ſe voit à portée de profiter plus avantageuſement d'une liberté univerſelle; mais il exiſtera toujours des nations qui auront beſoin des prohibitions ou des *tarifs* pour ſe défendre contre la ſupériorité de quelques autres, & dès-lors les *tarifs* utiles en général pour la finance, comme nous l'avons montré, deviennent univerſellement néceſſaires pour l'agriculture, le commerce & la population. Ce dernier article eſt une ſuite des deux autres. Partout où l'agriculture & le commerce ſeront animés, la population ſera nombreuſe, parce qu'il y aura toujours des hommes par-tout où ils trouveront à ſubſiſter commodément & à s'occuper utilement.

L'encouragement de l'agriculture par les *tarifs*, conſiſte à charger de quelques droits modiques les productions étrangères, afin de donner au moins une petite préférence aux productions nationales de même eſpèce dans la conſommation intérieure, à animer cette conſommation par l'affranchiſſement de tous droits dans la circulation intérieure, & à réduire au taux le plus léger les *tarifs* de ſortie ſur nos productions. Ces principes ſeroient univerſellement vrais dans un état qui ne ſeroit compoſé que de cultivateurs; mais cet état ſeroit fort borné, & ne feroit pas uſage de toutes ſes forces, ſi le commerce ne venoit à ſon ſecours.

Ce ſont les fabriques qui contribuent le plus à l'encouragement de l'agriculture, parce que le fabriquant conſomme les vivres, pendant que la fabrique emploie les productions en matières premières qui lui ſont propres. Le négociant eſt lui-même très-utile; mais comment? En fourniſſant au fabriquant les matières premières, ſoit nationales, ſoit étrangères, dont il peut avoir beſoin, & en procurant le débouché des fabriques. Ses profits ſeroient peu intéreſſans pour l'état, s'il ne faiſoit que combattre les fabriques nationales par l'introduction des fabriques étrangères: mais quand le négociant anime la fabrique, leurs efforts réunis produiſent néceſſairement le bien de tout l'état. Le commerce exige donc auſſi ſes ménagemens; & s'il rend des ſervices eſſentiels à l'agriculture, il eſt juſte qu'en retour il obtienne auſſi quelque préférence. C'eſt ce que les *tarifs* peuvent encore utilement procurer par deux opérations différentes. La première, ſur les productions nationales, en donnant une préférence aux fabriques par l'impoſition d'un droit de ſortie proportionné à leur abondance ou à leur ra-

reté & à l'emploi qu'on en peut faire dans les manufactures. La ſeconde, ſur les productions étrangères, par l'impoſition de droits d'entrée fixés ſur le beſoin des fabriques & ſur l'abondance des productions nationales de mêmes eſpèces, ou peut-être équivalentes. C'eſt dans l'harmonie de tous les membres principaux d'un état, que conſiſte véritablement ſa force. Ces principes ſont généraux, & ne s'appliquent pas plus à la France qu'à toute autre nation; nous les voyons auſſi univerſellement ſuivis. Toutes les puiſſances travaillent continuellement à leurs *tarifs*, & on jugeroit de l'étendue de leur agriculture, de leur commerce & de leur population, par la ſageſſe & par l'intelligence de leurs *tarifs*; d'où l'on peut conclure que quoique les *tarifs* appartiennent eſſentiellement à la finance par le produit des droits qu'ils renferment, ils ne ſont pas moins utiles pour toute l'adminiſtration d'un état en général, & du commerce en particulier: mais les mêmes principes qui démontrent l'utilité d'un *tarif* travaillé & rédigé dans les vûes que nous venons d'expoſer, prouvent en même-temps tous les inconvéniens qui en pourroient réſulter, s'il n'y étoit pas conforme; & cette réflexion nous conduit à examiner quelles ſont les qualités que doit avoir un *tarif* pour être véritablement utile.

CHAPITRE II.

Des qualités que doivent avoir les tarifs pour être véritablement utiles.

Les qualités d'un *tarif* ſont beaucoup plus faciles à traiter dans la ſpéculation que dans la pratique. Les principes ſur cette matière ſont toujours vrais en général; mais mille circonſtances, ſoit particulières, ſoit locales, s'oppoſent quelquefois à leur application, ou du moins, forcent d'embraſſer des modifications qui paroiſſent s'éloigner des régles générales. Il eſt peu de matières qui ne ſoient ſuſceptibles de pareils inconvéniens; & ces exceptions qui ſont rares, ſi les principes ſont bons, ne ſervent qu'à les confirmer. Ce n'eſt pas ici le moment de parler de ces exceptions; renfermons-nous, quant à préſent, dans les régles générales.

Un *tarif* de droit de traite n'eſt autre choſe que la fixation des droits que tous les citoyens doivent payer ſur les marchandiſes pour leur contribution aux charges de l'état; contribution d'autant plus juſte, qu'elle eſt réglée par leur conſommation. La conſéquence de cette définition doit établir pour premier principe, qu'un bon *tarif* doit être uniforme pour tous les ſujets d'un même prince, & pour tous les concitoyens d'un même état. Les autres impoſitions peuvent varier par bien des raiſons: par exemple, en France, les tailles, les gabelles, les droits d'aides peuvent, & même ne doivent pas être tous également & univerſellement perçus. Indépendamment des privilèges de certaines provinces, privilèges toujours reſpectables lorſqu'ils ſont véritablement utiles à la province, & que ce n'eſt pas le seul préjugé qui les défend contre les inconvéniens qui en résultent au préjudice du surplus de l'état, il faut convenir que plusieurs circonstances locales peuvent écarter ces natures d'impositions d'une province, quoiqu'elles soient admises dans les provinces limitrophes. La nature seule des productions peut être quelquefois une raison déterminante ; mais à l'égard des droits de traite , nous avons vu dans le précédent chapitre, que leur utilité décidoit par-tout leur existence, & il est plus naturel que les bureaux de perception distinguent une province de l'étranger, que de la séparer de ses concitoyens. Nous verrons dans la suite que cette raison de convenance qui est très-forte, est appuyée par-tout de la raison d'utilité. Comment cela pourroit-il être autrement, si le tarif qu'il s'agit d'exécuter est plus favorable au commerce qu'aux produits de finance ? Et nul tarif ne peut être bon, s'il est travaillé dans d'autres vûes ; peut-être même que les produits n'en diminueront pas autant qu'on peut le croire. On a souvent vû, en fait de commerce, que les droits perçus sur une plus grande quantité de marchandise, suite nécessaire d'un commerce bien animé, faisoient disparoître, en partie, la diminution de leur quotité. L'uniformité est donc une qualité essentielle d'un bon tarif.

Il faut aussi qu'un tarif soit simple, pour qu'il instruise facilement le contribuable de ce qu'il doit payer, & le fermier de ce qu'il doit recevoir. Les commis ne sont que trop portés à former des difficultés dont la fin leur procure quelquefois des profits peu légitimes : le contribuable, de son côté, cherche à payer le moins qu'il peut. L'intérêt particulier, ce mobile général de tous les hommes & de toutes leurs actions, fait naître tous les jours des contestations sans nombre sur le paiement des droits de traite ; & s'il n'est pas possible de supprimer toutes ces difficultés, il faut du moins tâcher de les prévenir par un tarif simple, qui ne laisse aucune équivoque sur le montant des droits qui doivent être acquittés.

Il faut aussi qu'un bon tarif soit unique, c'est-à-dire, qu'il comprenne en un seul droit tout ce que la marchandise doit payer dans toute l'étendue de la domination, soit à l'entrée, soit à la sortie, & que les bureaux de perception soient portés à cet effet à la frontière extrême. Le retardement de la marchandise dans les bureaux de perception ; la vérification, le déballage & le remballage de la marchandise, les frais, les longueurs, & quelquefois les avaries qui en résultent, sont souvent plus onéreux que les droits mêmes. La multiplicité des tarifs & des droits à acquitter le long d'une route, multiplient les inconvéniens ; & souvent les droits acquittés, qui entrent dans les caisses du roi, ne font qu'une médiocre partie de ce qu'il en coûte au commerce, le surplus est en pure perte & pour le commerce & pour l'état.

La fixation de ces droits est la plus grande difficulté du tarif, & demande une connoissance exacte des véritables intérêts de l'agriculture & du commerce général de l'état. C'est uniquement dans des vues utiles aux productions du sol & de l'industrie, que ces fixations doivent être faites. Il faut être bien peu au fait de tout ce qu'on appelle tarif, pour ne pas sçavoir que les gros droits imposés sur plusieurs articles, ne sont faits que pour en empêcher l'introduction ou la sortie ; qu'ils ne sont presque d'aucun produit, parce que c'est la circulation seule qui le procure, & que la diminution de ces droits pourroit bien être utile à quelques particuliers, mais seroit sûrement funeste à l'état, si, comme on n'en peut douter, ces droits n'ont été fixés si haut, que pour le grand bien de l'état. Si les droits de traites étoient les seuls revenus d'un état, & qu'il fût nécessaire d'en augmenter le produit, on y parviendroit indubitablement en les fixant à quatre ou cinq pour cent de la valeur de toute marchandise ; mais ce seroit toujours une très-mauvaise opération de finance, les productions du sol & de l'industrie seroient trop chargées ; & en laissant moins d'essor à l'agriculture & au travail des fabriques, on diminueroit nécessairement ces deux sources abondantes de la richesse de tout état.

On ne sçauroit donc avoir trop de soin dans la formation d'un tarif, pour favoriser la consommation intérieure par une libre circulation, pour ne pas gêner l'exportation du superflu par des droits de sortie capables de diminuer sa consommation à l'étranger, pour arrêter dans les fabriques les matières premières qui leur sont propres, par des droits de sortie proportionnés à l'abondance ou à la rareté de la matière, & à l'étendue de l'emploi que l'on en peut faire, pour favoriser l'entrée des matières premières dont on a besoin, en ne les imposant qu'à des droits extrêmement légers, & pour écarter, autant qu'il est possible, les matières premières qui pourroient nuire aux productions du sol, ou les marchandises qui pourroient s'opposer au succès des fabriques, en les chargeant de droits d'entrée proportionnés aux dommages qui peuvent résulter de leur introduction : mais il convient d'observer à cet égard que des droits trop forts sont souvent dangereux, soit en donnant trop d'appas à la fraude & à la contrebande, qui sont les plus grands ennemis du commerce, soit en laissant dans l'inaction l'industrie des fabriques, par le trop grand avantage qu'on leur assure dans la concurrence.

Ces régles générales sont indubitables ; mais il est impossible de les détailler davantage, & leur application est fort délicate par l'étendue & la justesse des connoissances qu'elle exige. C'est pour cela qu'on ne sçauroit trop consulter les intendans de toutes les généralités du royaume, les chambres de commerce & les plus gros négocians, pour connoître les intérêts généraux des provinces, ainsi que tous les intérêts particuliers des ports ; combiner toutes ces vues & ces observations pour les concilier, & faire résulter de cette conciliation le bien général de l'état, seul but légitime de l'administration supérieure. Il est bien aisé de sentir combien de nuances différentes résulteront de ces combinaisons ; & c'est par ce motif que s'il est nécessaire d'être simple dans les dispositions d'un *tarif*, il faut l'être encore plus dans les détails qui sont inévitables en pareille matière. Craignez la trop grande multiplication des articles d'un *tarif*, si elle amène quelque obscurité, & qu'elle exige trop de connoissance dans la perception ; mais craignez encore plus une trop grande brièveté qui laisseroit immanquablement des doutes & des difficultés sur les marchandises innommées. En un mot, un bon *tarif* doit être clair, simple, unique & uniforme, & c'est ce qui contribue le plus à la facilité de la perception ; qualité indispensable qui nous reste à discuter dans les vues générales.

Supposons un *tarif* parfaitement combiné dans les principes généraux que nous venons d'établir. On y trouvera toutes les marchandises connues, bien distinctes & séparées les unes des autres, rangées dans diverses classes de droits plus ou moins forts, à raison de tant pour cent de la valeur de la marchandise. Il n'y aura point d'équivoque sur la nature de la marchandise, ni sur la quotité de l'imposition. Il n'y a plus qu'un point à remplir pour rendre l'ouvrage parfait ; c'est de constater la valeur de la marchandise : mais rien n'est fait, & toute l'harmonie & les proportions du *tarif* sont dérangées, si cette estimation est mal faite. Ce n'est point encore pour l'intérêt de la finance, mais du commerce, qu'il convient d'éviter, autant qu'il est possible, ce défaut essentiel ; & il seroit à souhaiter que ces estimations fussent parfaitement justes. Cela seroit possible à la rigueur ; mais les frais & les longueurs des expéditions seroient aussi funestes au commerce qu'à la finance. Si la justice rigoureuse n'est pas admissible, il faut encore avoir recours aux expédiens qui approchent le plus du vrai pour l'estimation des marchandises, & qui procureront le plus de facilité dans l'expédition.

Pour y réussir, il semble qu'il faille distinguer les marchandises susceptibles d'une évaluation commune & avouée par le commerce, d'avec celles qui ont une valeur indépendante l'une de l'autre. Prenons, pour exemple, les toiles de coton qui sont susceptibles d'une évaluation commune à l'aune ou au quintal, les diamants, tableaux & bijoux qui ne peuvent y être assujettis.

Commençons par les marchandises qui ne sont pas susceptibles d'une évaluation commune. Dans l'état présent, c'est au propriétaire à les estimer dans la déclaration qu'il en fait aux bureaux de la ferme ; & c'est au fermier à opter de recevoir les droits sur le pied de la déclaration, ou de retenir la marchandise, en payant la valeur indiquée avec un sixième en sus. Il faut convenir que cette forme a un défaut essentiel ; c'est que la déclaration est toujours au moins d'un sixième au-dessous de la valeur réelle de la marchandise : ce qui dérange nécessairement la proportion de l'imposition, à moins qu'on

n'y ait eu égard lors de la fixation de la quotité du droit ; ce qui est bien difficile, parce qu'il est impossible de prévoir au juste jusqu'où monteront les vices des déclarations. Il est presque certain que la valeur sera diminuée d'un sixième ; & souvent le propriétaire ira plus loin, car il sent fort bien qu'il ne convient point au fermier de se charger de la marchandise, & que, s'il se sert une fois par hasard du bénéfice de l'option, ce n'est que pour faire un exemple qui ne peut pas avoir de suite. Il est cependant bien difficile de faire mieux ; & l'on n'imagineroit qu'une seule réformation à y faire : c'est de réduire à dix pour cent le sixième que le fermier doit payer au-dessus de l'estimation, en retenant la marchandise. Le commerce ne peut se plaindre de cette réduction, parce qu'elle laisse au marchand un gain considérable sur sa marchandise, & que d'ailleurs elle n'opère que contre le fraudeur, que personne n'oseroit défendre ouvertement, & que le bon négociant condamne ouvertement.

Passons aux marchandises qui sont susceptibles d'une évaluation commune au poids, au nombre ou à la mesure. Il n'y a rien de si commode que cette perception : point de retardement dans les expéditions, point d'équivoque sur le droit à payer ; en un mot tous les avantages s'y trouvent, si l'estimation est bien faite. Mais à qui s'adressera-t-on pour cela ? Au commerce lui-même. Presque toutes les grandes villes commerçantes de l'Europe ont des *tarifs* du prix des marchandises dont elles font commerce, qu'elles ont grand soin de rendre publics, pour avertir les acheteurs. Si quelques marchandises du *tarif général* ne se trouvent pas dans quelque *tarif particulier*, elles se rencontreront dans un autre ; & les chambres de commerce réunies feront le *tarif* complet. Il faut pourtant prévoir qu'il se trouvera des contrariétés entr'elles, & que toutes, pour leur intérêt particulier, chercheront à mettre les prix au rabais. Le moyen qui se présente pour éviter les plus grands abus, est d'admettre le fermier à débattre le prix des chambres de commerce, & de n'arrêter l'évaluation qu'après la discussion la plus réfléchie de tous ces mémoires. Avec ces précautions, on peut espérer de parvenir à une évaluation, sinon géométrique, du moins approchant du vrai. Il est, je crois, inutile de dire que, pour fixer le taux de cette évaluation, on ne prendra point pour modèle le temps de guerre, ni d'autres calamités publiques, mais celui du commerce le plus florissant & le plus animé.

Comment procédera-t-on à ces estimations ? Sera-ce par qualités dans chaque espèce ? Ce dernier parti seroit le plus sûr, s'il n'entraînoit pas avec lui trop d'inconvéniens. La multiplicité énorme des qualités dans les espèces de lainage, ou de toiles qui font une des parties essentielles du commerce, est un premier vice qui chargeroit trop le *tarif*, & le rendroit obscur : les difficultés perpétuelles qu'il y auroit entre les commis & le propriétaire, pour fixer la qualité de la marchandise présentée aux bureaux,

en forment un fecond ; & vraifemblablement le marchand jugé par fes confrères, auroit fouvent raifon :
c'est le défaut de l'humanité.

L'évaluation par efpèces paroît auffi, au premier coup d'œil, avoir un défaut effentiel ; c'eft
l'inégalité : car la même efpèce renfermant des qualités très-différentes, qui acquittent tous les droits
au même prix, il en réfulte que la marchandife la
plus précieufe paie, eu égard à fa valeur, beaucoup moins que la marchandife la plus commune ;
& cela feroit vrai, fi le marchand ne réformoit pas
lui-même cette irrégularité ; mais tout commerce
fe fait néceffairement par l'affortiment des différentes qualités de chaque efpèce, pour fournir aux
différens genres de confommation. Le marchand
connoît parfaitement les différentes qualités de chaque efpèce ; il fait le montant des droits qu'il a
payés pour l'efpèce entière, & d'un trait de plume
fur fon comptoir il fixe, fuivant fes différentes vues
& les fpéculations, qu'il connoît feul, la portion de
droits qu'il fera porter à chaque qualité. Il ne faudroit guère connoître le commerce, pour ne pas
fçavoir que cette opération eft ordinaire dans tous
les magafins un peu confidérables des négocians en
gros & des marchands en détail. Cet inconvénient
levé, laiffe voir tout l'avantage de l'eftimation par
efpèces ; & on ne doute pas que le commerce ne
la defire vivement.

Un inconvénient plus réel, & peut-être plus difficile à parer, réfulte des variations du commerce :
toute marchandife recherchée augmente de prix ;
toute marchandife abandonnée diminue néceffairement. Ce n'eft rien quand cela n'eft occafionné que
par la rareté ou l'abondance momentanée de la marchandife ; cela anime même pour lors les fpéculations qui donnent toujours beaucoup de reffort au
commerce : mais la mode & le luxe changent quelquefois au point de décréditer totalement une marchandife, & de la remplacer par d'autres innommées
dans le tarif. Il faut bien foulager la marchandife
malheureufe, & fixer celle qui l'a remplacée. Mais
ces variations, toute fréquentes qu'elles puiffent
être, n'arrivent pas tout d'un coup, & le terme
d'un bail des fermes de fix années n'eft pas fort
long. Ce feroit tomber dans des variations & des
difficultés continuelles, que de ne pas conferver la
même évaluation pendant le cours d'un bail : mais
il paroît jufte de recevoir, un an avant la paffation d'un nouveau bail, les repréfentations que le
commerce ou la ferme pourront faire pour l'augmentation ou la diminution de quelques évaluations,
d'y faire droit, fi elles en valent la peine, ou de
les rejetter, fi elles ne font pas affez confidérables
pour changer une loi connue & bien établie.

Que fera-t-on pour les marchandifes innommées ?
C'eft fans doute au confeil à les fixer : mais en
attendant cette décifion, on ne peut pas retarder
la perception des droits, ni les expéditions du commerce. Dans l'état préfent, elles font toutes impo-

fées à cinq pour cent ; & ce taux milieu paroît
fort bien choifi pour une exécution provifoire. Mai-
fi ce provifoire duroit quelque temps, on rifqueroit de déranger beaucoup les proportions établies
par le tarif. Si cet inconvénient eft confidérable,
le remède ne paroît pas difficile. Un bon tarif eft
néceffairement travaillé par claffes, depuis la plus
baffe, qui eft la claffe de franchife, jufqu'à celle
de quinze ou vingt pour cent, qui eft, pour ainfi
dire, la claffe exclufive ; & ces claffes, fans être
trop nombreufes, doivent l'être affez pour qu'une
marchandife innommée puiffe être utilement renfermée dans une des fept ou huit claffes qui compofent
le tarif. C'eft l'analogie de cette marchandife, avec
quelques-unes de celles comprifes dans le tarif,
qui doit l'arranger dans une claffe plutôt que dans
une autre ; & la décifion à cet égard ne doit être
ni longue, ni difficile. Cette première opération une
fois faite, il n'y aura plus que l'évaluation à fixer,
fi la marchandife en eft fufceptible ; & on conful-
tera à cet égard les chambres du commerce & le
fermier, comme on aura fait pour les autres articles du tarif : peut-être même ne fera-t-on pas
obligé d'y avoir recours dans ce premier moment,
& s'en tiendra-t-on à l'eftimation faite par le premier propriétaire, jufqu'à ce que l'ufage & l'expérience aient répandu plus de lumières fur la véritable
valeur.

Plus on difcute les difficultés qu'on peut rencontrer dans la fixation des évaluations, plus on cherche les moyens de les lever, & plus on doit prévoir
le cas où une trop grande contrariété de fentimens
rendroit cette fixation trop difficile à concilier, &
exciteroit trop de plaintes particulières contre une
opération qui n'eft faite que pour le bien de tous.
Dans ce cas, quel expédient pourroit-on prendre
pour remédier aux plus grands abus ? L'option qu'a
le fermier de percevoir les droits fur l'eftimation
du propriétaire, ou de retenir la marchandife, en
rembourfant le prix de l'eftimation avec un dixième
en fus, eft un prompt remède, & peut-être le feul
applicable aux marchandifes qui ne font pas fufceptibles d'une évaluation commune ; mais celles
qui peuvent être impofées au poids, au nombre ou
à la mefure, font ordinairement en affez grande
quantité de pareille efpèce. Pour qu'on puiffe leur
appliquer un autre expédient plus fûr, & dont perfonne ne fçauroit fe plaindre, c'eft d'accorder au
fermier la faculté de percevoir fon droit en nature.
Le propriétaire n'a rien à dire ; car le droit ne peut
pas être forcé, & la perception n'eft pas fufceptible d'abus : le fermier n'eft point expofé à être
chargé d'un trop grand nombre de marchandifes,
ni obligé d'avoir toujours de l'argent oifif dans les
bureaux de perception. Comme ces bureaux feront
prefque tous dans des lieux de commerce, ou à
portée des débouchés, il n'aura pas de peine à
placer les marchandifes qu'il prendra en nature ;
& le propriétaire de la marchandife, qui a intérêt
de ne point voir défaire fes balles, fera plus ci-

conspect fur fon eftimation, pour éviter cet inconvénient, dont il connoît le dommage.

Après ces précautions, on peut efpérer, avec
le temps, de parvenir à faire un bon *tarif*, & d'y
réunir la clarté, la fimplicité & la proportion de
l'impofition, avec la facilité de la perception & de
l'expédition. Mais, quelques foins qu'on fe foit
donné pour former un pareil *tarif*, quelque grande
que foit l'utilité qui en doit réfulter, tous ces avantages peuvent difparoître dans l'exécution, par la
compofition des droits, ou la fraude des droits établis, ou l'introduction en contrebande, enfans malheureux de l'intérêt perfonnel, qu'on ne regarde
pas toujours comme ils devroient être confidérés.
La haine contre le fermier, fentiment du peuple
en général, favorife fouvent la pitié mal placée
qu'on a pour le contrebandier: on le regarde prefque toujours comme une victime innocente, que
les employés des fermes facrifient à leur avidité; &
les tribunaux ne fe portent qu'avec peine à lui
infliger les peines qu'il a encourues. Démafquons
la contrebande, & éclairons le public des rayons
de la vérité.

Qu'eft-ce qu'un homme qui fait métier & marchandifes de contrebande? C'eft un homme qui introduit, par des voies illicites, des marchandifes
prohibées, à l'effet de les vendre, & d'en fubftituer la confommation à celles des marchandifes nationales & autorifées.

Le gain qu'il fait dans ce commerce, eft le feul
motif qui l'y détermine: cet intérêt eft purement
perfonnel, puifqu'il n'en peut réfulter d'utilité que
pour lui, & dès-lors il eft peu favorable; mais fi
l'utilité perfonnelle & pécuniaire qu'il peut en retirer, eft la ruine de fes concitoyens, il devient
pour lors un membre pervers néceffaire à retrancher pour le bien de la fociété. C'eft ce qu'il eft
aifé de démontrer. En effet, la contrebande des marchandifes prohibées, attaque directement les deux
corps les plus utiles de l'état, & qui font prefque
inféparables, puifqu'ils favorifent mutuellement leur
confommation; ce font les colons & les fabriquans.
Cent mille écus de marchandifes introduites en contrebande ne feront pas la fortune d'un marchand;
& les mêmes cent mille écus employés en fabriques
de l'intérieur, auroient occupé cent métiers, qui
auroient entretenu au moins fix cent perfonnes, qui
auroient confommé au moins le produit de trois cent
arpens de terre. Une feule contrebande de cent mille
écus ôte donc les moyens de vivre à fept ou huit
cent citoyens, & les réduit à la mifère: ils deviennent pour lors à la charge des autres, non-feulement par les foibles fecours que la charité peut leur
fournir, mais par le rejet des impofitions qu'ils ne
peuvent plus acquitter. Peut-on voir fans indignation tant de citoyens utiles & précieux devenir la
victime de l'avidité d'un feul? Cependant ce tableau
n'eft point exagéré: on ne connoît que trop les
fiéges ordinaires de la contrebande; & l'on peut
aifément vérifier que les lieux où elle s'exerce le

plus, font prefque dépourvus de fabrique & de population. Un marchand de contrebande de moins,
feroit reparoître beaucoup d'autres citoyens; & ce
feroit enrichir la fociété, que de les en retrancher.

Il faut convenir que les prohibitions favorifent
la contrebande; & ce feroit fans doute un bien de
ne laiffer fubfifter que celles qui font abfolument
néceffaires. Un bon *tarif* y remédieroit d'ailleurs;
& les marchandifes prohibées, rangées dans la claffe
des plus forts droits, fe répandroient plus difficilement, parce qu'un exécuteur intéreffé femble répondre plus fûrement de l'exécution de la loi, &
la fraude des droits paroît devoir être plus difficile
que l'introduction en contrebande.

Pour fçavoir ce qu'on doit penfer fur la fraude
des droits du roi, il faudroit commencer par connoître les motifs des droits & les conféquences de
la fraude. Peut-être, après cela, n'aura-t-on pas
tant de compaffion & d'indulgence pour les fraudeurs. Quelques préjugés que je crois faux, mettent fouvent au nombre de leurs protecteurs, des
gens qui ne croient pas pour cela manquer au devoir d'honnête homme & de citoyen.

Le motif des droits en général, eft le paiement
des charges de l'état: le motif des droits de traites
en particulier, eft le plus grand avantage du commerce. Examinons les conféquences de la fraude
fous ces deux points de vûe.

Difons d'abord, fur le premier motif, qu'il eft
de l'intérêt des peuples que les droits établis donnent tout le produit dont ils font fufceptibles; parce
que, fi une partie des droits impofés pourvoyoit
fuffifamment aux charges de l'état, le furplus feroit
fupprimé, ou ne fubfifteroit utilement pendant quelque temps, que pour libérer l'état, & préparer des
reffources en temps de guerre, fans avoir recours
à de nouvelles impofitions encore plus pefantes dans
ce temps que dans tout autre. Tout ce qui diminue
le produit d'une impofition, eft donc un mal, parce
qu'il donne lieu à de nouvelles impofitions.

Cette raifon, toute folide qu'elle eft, ne frappera
peut-être pas tout le monde. L'efprit de critique qui
fe répand toujours, & d'autant plus facilement qu'il
trouve moins de contradicteurs parmi des gens qui
ne voudroient rien payer du tout; l'efprit de critique, dis-je, perfuadera beaucoup de perfonnes que
la fuppreffion de la fraude, fi elle étoit poffible,
ne feroit que groffir les revenus du roi, fans aller
à la décharge du peuple. Effayons de prouver que
c'eft contre le citoyen, & contre le bon citoyen, que
la fraude porte directement.

A qui penfe-t-on qu'on faffe du tort, en frau-
dant les droits du roi? Eft-ce au roi? Cela ne peut
pas être, puifqu'enfin il eft de l'intérêt de l'état
qu'on en acquitte les charges, & que, plutôt que
d'y manquer, on auroit recours à de nouvelles
impofitions.

Eft-ce fur les fermiers généraux ou particuliers
que tombe la fraude? Non, fans doute: la fraude
eft un inconvénient connu. Le montant n'en eft pas

fixé ; mais cette incertitude est plus favorable que contraire au fermier; parce que, si c'est un ancien droit, il ne calcule le prix de son bail, que sur les produits réels ; si c'est un nouveau droit, & qu'il calcule par spéculation, il forcera plutôt l'objet de la fraude, que de le diminuer, & son calcul sera toujours à son profit.

L'inconvénient de la fraude ne retombe donc que sur le citoyen honnête homme, qui porte seul tout le faix de l'imposition : premier inconvénient très-considérable, puisqu'il opère l'inégalité de l'imposition.

Les employés occupés à empêcher la fraude, & les sujets qui font leur unique occupation de la fraude, sont encore un inconvénient considérable ; puisqu'ils forment un peuple inutile pour l'état, & dont une partie travaille même contre ses intérêts. Est-ce pour de pareils citoyens qu'on peut avoir de la compassion & de l'indulgence? Mais malheureusement les réflexions les plus belles & les plus fortes ne réformeront point le fait. Il y aura des fraudeurs tant que la fraude donnera des profits. Tout l'univers pense de même, & le François encore plus qu'un autre : né vif & brave, il marche à la fortune avec plus de rapidité, par toutes les voies qui peuvent l'y conduire. Tout ce qu'on peut faire, c'est de diminuer l'objet de la fraude, soit par une fixation de droits qui laisse peu d'appât au fraudeur, soit par la rigueur des condamnations & l'exactitude de l'exécution.

Je ne dirai qu'un mot des compositions sur les droits. Si elles sont autorisées par le ministère sur quelque partie de marchandise en général, ce n'est point une composition, c'est une véritable réformation du *tarif* existant : si elles sont faites par les commis, & approuvées par le fermier, elles ne sont pas légitimes, & sont expressément défendues au fermier. En effet cela doit être, parce que de pareilles compositions sont capables de déranger les proportions du *tarif* le mieux combiné.

Si ces proportions ne sont pas justes, il faut réformer le *tarif*, & parler tout haut à cet égard : c'est l'intérêt de tout le monde, & on est sûr d'être écouté. Mais si ces proportions sont justes, & que le bien public soit opéré par elles, c'est un crime que de les déranger : l'intérêt personnel n'est jamais excusable, quand il nuit à l'intérêt public.

Nous croyons avoir prouvé jusqu'ici l'utilité d'un bon *tarif*, & indiqué les règles générales qui peuvent servir à établir solidement ses avantages, soit dans sa formation, soit dans son exécution. L'agriculture & le commerce nous ont toujours servi de guides, & nous ne pouvions en choisir de plus assurés. L'agriculture n'a plus rien à désirer : la consommation intérieure & l'exportation des marchandises fabriquées ne peuvent pas être traitées plus favorablement. Mais le commerce & la navigation éprouvent une perte réelle & inévitable, si on ne vient à leur secours pour la partie du commerce purement étranger. Je m'explique. Dans un bon *tarif* telle marchandise a été chargée de gros droits

pour en gêner l'introduction, & telle autre a été chargée de droits plus légers pour favoriser la consommation des marchandises nationales, pareilles ou équivalentes. La marchandise de cette espèce qui aura acquitté les droits, ne pourra plus ressortir dans le commerce étranger en concurrence avec pareille marchandise fournie par l'étranger, & qui n'aura point éprouvé les mêmes charges. Le commerce que le négociant auroit pû faire à cet égard, est abandonné à l'étranger, & la navigation qu'il auroit occasionnée, est perdue pour l'état. Cet inconvénient est trop général & trop connu par-tout, pour qu'on n'y ait pas cherché des remèdes : on en a employé de deux espèces, dont l'un est la restitution des droits à la sortie, & l'autre est la franchise de l'entrepôt.

La restitution des droits, connue dans beaucoup d'endroits, a de grands inconvéniens de plusieurs côtés. A l'égard du commerce, c'est une grande gêne pour le négociant, & une charge réelle pour le commerce, que d'être obligé de commencer par payer les droits, & d'attendre souvent l'examen de formalités exactes, mais nécessaires pour en obtenir la restitution. C'est aussi un très-grand embarras pour la régie, qui, pour éviter les fraudes presqu'inévitables en pareil cas, est obligée de suivre, pour ainsi dire, les opérations de chaque négociant : ce qui multiplie les employés, les frais de régie, &, par une conséquence nécessaire, multiplie aussi les fraudes.

La franchise de l'entrepôt est bien plus juste & plus favorable : elle accorde au commerce toute la protection qui lui est dûe ; elle ne dérange rien au *tarif*, puisque la marchandise admise à l'entrepôt n'est pas entrée. Si elle en sort pour aller à l'étranger, elle ne doit rien, parce qu'elle ne s'est jamais trouvée dans le cas d'acquitter les droits du *tarif* : si, en sortant de l'entrepôt, elle est destinée à entrer dans la consommation du royaume, elle paie les droits du *tarif*. Le commerce extérieur a toute sa liberté & toutes ses franchises, & les proportions du *tarif* ne sont point dérangées : c'est le meilleur état qu'on pût désirer ; & sept ou huit entrepôts francs de cette espèce, dans les plus grands débouchés & les plus grands lieux de commerce du royaume, soit par terre, soit par mer, seroient très-propres à animer le commerce & la navigation, à multiplier les transports par terre, & à vivifier la circulation universelle dans un état. Les inconvéniens de ce projet ne peuvent se rencontrer que dans l'exécution : ils n'ont pas d'abord arrêté le ministère, puisqu'enfin ces entrepôts sont autorisés par l'édit rendu pendant le ministère de M. Colbert, au mois de septembre 1664. Ont-ils existé depuis, & dans quelle forme ont-ils existé? C'est ce qu'il est peut-être difficile de bien vérifier : mais on changea beaucoup à leur forme dans l'ordonnance de 1687, & il paroît qu'ils existèrent pour lors, puisqu'ils ont été supprimés en 1688. Les motifs annoncés dans l'arrêt de suppression, ont été les inconvéniens exceffifs de fraude qui en réfultoient. Il feroit bien trifte que l'inconvénient de la fraude fût quelquefois un obftacle invincible aux opérations les plus utiles que l'on voudroit faire, & il feroit bien fâcheux de trouver cet obftacle dans le commerce même qu'on voudroit favorifer. Mais cet inconvénient de fraude eft-il auffi réel & auffi fréquent que femble l'annoncer la requête fur laquelle eft intervenu l'arrêt de 1688 ? Cela peut être vraifemblable, puifque c'eft le motif de la fuppreffion des entrepôts, dont on connoiffoit toute l'utilité, & du côté du commerce, & du côté de la finance. Mais n'y a-t-il point de remèdes ? Les gros négocians ne peuvent être foupçonnés d'avoir trempé ni connivé dans les fraudes : leur bonne-foi & leur patriotifme eft d'accord avec leur intérêt, pour bannir la fraude, & conferver l'entrepôt. N'auroient-ils pas eux-mêmes de précautions à indiquer, pour contenir ceux qui, dans le commencement de leur fortune, font moins difficiles fur les moyens ? C'eft le bien commun qu'il s'agit d'opérer. Les obftacles qu'on peut y rencontrer feront-ils donc invincibles ? Cela ne devroit pas être, & du moins on ne peut fe difpenfer de fouhaiter que cela ne foit pas.

Il eft vrai cependant que l'on en a jugé autrement jufqu'à ce jour, & c'eft fans doute, ce qui a donné lieu au rétabliffement & au maintien des ports francs.

La franchife du port de Marfeille fut rétablie en 1669, & débarraffée d'une grande partie des entraves qu'elle s'étoit impofées : elle auroit peut-être encore befoin aujourd'hui d'une nouvelle réformation. Les priviléges de Bayonne ont été étendus ; la haute ville de Dunkerque a joui de la franchife la plus complette ; & fi, en comprenant l'Alface dans l'enceinte des bureaux de traités, on confervoit une pareille franchife à la ville de Strafbourg, il y auroit aux quatre coins de la France quatre entrepôts généraux de marchandifes, foit nationales, foit étrangères, prêtes à fe diftribuer par-tout, & à fournir aux befoins, foit de l'intérieur, foit de l'étranger. Ces quatre villes peuplées de négocians habiles & grands fpéculateurs, auroient toujours leurs magafins affortis des richeffes de tout le monde, & feroient à portée, par leur pofition & par l'activité de leur commerce, de profiter de tous les débouchés que les variations du commerce ne manquent jamais d'ouvrir à ceux qui les cherchent avec affiduité, & qui font prêts d'y fournir : les magafinages, les voitures, foit par terre, foit par mer, & les droits de commiffion formeroient feuls une richeffe affurée pour tous les entrepôts. Mais comment feront traités ces lieux privilégiés ? Placés hors l'enceinte des barrières générales, ils ne paroiffent plus diftingués d'avec l'étranger ; cependant ils font citoyens, & plus intéreffés que tous autres à la profpérité de l'état dont ils font membres. Il eft d'autant plus jufte qu'ils en fupportent les charges, qu'ils profitent plus avantageufement de la protection du fouverain. Ils ne font, à proprement par-

ler, ni étrangers, ni regnicoles, & on pourroit les regarder comme une colonie de citoyens, féparée de la patrie principale. Comme membres de la colonie, ils font fujets aux charges qu'elle doit porter; comme féparés de la patrie principale, ils doivent être traités comme étrangers dans les bureaux de communication, qui font établis vis-à-vis d'eux comme vis-à-vis de l'étranger effectif. Dans la règle étroite, le bénéfice de l'entrepôt ou la franchife ne font accordés qu'à leur commerce, & non point à leur confommation. Si cette diftinction eft poffible à faire dans la régie, elle eft jufte à maintenir : mais, fi les circonftances locales s'y oppofent trop fortement, fi elle entraîne avec elle une régie trop pénible & trop hériffée de difficultés, il vaut mieux y renoncer & regarder ces villes comme totalement étrangères en fait de commerce, même pour leurs fabriques; ce qui doit faire d'autant moins de difficulté, que leur commerce fuffit pour les occuper utilement, & que les fabriques en général ne font parfaitement utiles, que lorfque, répandues dans les campagnes, elles rempliffent les momens oififs du laboureur, diftribuent, pour ainfi dire, par-tout la confommation, & animent une circulation générale dans toutes les provinces.

Il eft bien aifé de fentir, par ce que nous venons de dire, combien la qualité de citoyen inhérente à tous les habitans du même état, & l'égalité de protection due par le fouverain à tous fes fujets, font difficiles à concilier avec les priviléges des ports francs. Cela n'eft pourtant pas impoffible, en laiffant même les habitans des ports francs maîtres du fort qu'ils voudront choifir. Il faut obferver d'abord que, fi les ports francs mettent une différence entre les citoyens, ce n'eft que pour le commerce. La liberté du commerce à l'étranger, eft le feul fondement de cette diftinction : c'eft à eux à en régler le degré. Cette liberté n'a-t-elle aucune reftriction ? Ils doivent être regardés totalement comme étrangers, & toute exception feroit vicieufe & injufte, parce qu'on ouvriroit la porte à l'étranger fous la protection du port franc, & que le commerce intérieur de tout l'état, feroit la victime de l'abus de ce privilége. Mais le port franc veut-il renoncer lui-même à une portion de fa franchife, & avoir une communication libre avec l'intérieur fur des objets qu'il lui eft utile de tirer du royaume, ou fes fabriques peuvent lui fournir ? Par exemple, eft-il intéreffant pour Marfeille de tirer des foies & des bois de l'intérieur, & d'y fournir des favons & des étoffes de foie fabriquées ? Elle n'a qu'à confentir que la barrière établie entre le royaume & l'étranger fur ces objets, ait lieu à l'entrée de fon port ; & ces mêmes objets feront libres au paffage de la barrière qui la fépare de l'intérieur : c'eft à elle à voir ce qui eft le plus favorable à fon commerce, & à opter en conféquence. C'eft maintenant fa franchife en entier, que de conferver cette franchife dans tous les objets de commerce où elle peut lui être utile ; c'eft la faire jouir de tous les droits

&

& prérogatives des citoyens dans tous les cas où elle voudra conserver ce précieux titre.

Pour se résumer sur cet objet, on peut dire que quelques exceptions du *tarif* général sont nécessaires pour se conserver la branche précieuse du commerce de l'étranger à l'étranger par entrepôt dans le royaume ; que la meilleure façon d'y réussir, seroit le rétablissement de sept ou huit entrepôts généraux, si cela est possible ; sinon qu'il faut se contenter de conserver les ports francs qu'on peut avoir, & même d'y ajouter quelqu'autre ville de franchise, pour animer le commerce par-tout.

Une seconde exception au *tarif*, c'est le transit : son utilité n'est pas encore douteuse, mais ses inconvéniens sont aussi connus ; cependant ces inconvéniens semblent plus faciles à parer. Ces transits en exemption de droits ne sont faits que pour faciliter la communication du commerce, & profiter des frais de transports. Toutes les routes ne sont pas également utiles : celles qui communiquent à de grands lieux de commerce, sont seules nécessaires ; & en indiquant un petit nombre de grandes routes & de bureaux, tant de chargemens que de sorties, en ordonnant que le plomb de transit ne seroit apposé dans les bureaux de chargemens, qu'après la reconnoissance exacte des marchandises renfermées dans les ballots, & que ces mêmes ballots seroient exactement vérifiés dans les bureaux de sortie indiqués ; enfin en n'accordant, si cela est nécessaire, la facilité du transit, qu'à des voitures établies exprès pour cet objet, de la fidélité desquelles on pût s'assurer, il seroit peut-être possible de remédier aux plus grands abus ; & ceux qui pourroient subsister encore, seroient couverts avantageusement par les bénéfices qui résulteroient du transit. Cet article, tout important qu'il est, ne peut guères être traité en général. Chaque transit demande à être combiné entre le commerce & le fermier ; c'est l'intérêt de l'un & de l'autre, puisque c'est l'intérêt de tout l'état ; & l'objet d'une administration aussi sage qu'intelligente, est de concilier les intérêts particuliers, pour parvenir au bien général.

Pour achever en peu de mots ce qui peut concerner les *tarifs*, il ne reste plus à parler que des influences que peuvent avoir sur cet objet les traités faits avec les puissances étrangères. En général, la loi de la réciprocité à cet égard est bien conforme au droit des gens & aux grands principes de l'humanité. Il est presqu'inutile d'observer que les faveurs accordées aux étrangers dans un état, peuvent être convenables & légitimes, pourvu qu'elles n'excèdent pas les faveurs que le souverain doit avec plus de raison à ses propres sujets : on ne croit pas même qu'il y ait d'exemples de pareilles clauses dans aucun traité ; & s'il a pû arriver quelquefois que les circonstances forcées aient donné naissance à des usages contraires, le droit public les proscrit, & leur ancienneté même ne sauroit les défendre. Il est bien des façons de reconnoître les services rendus par les étrangers ; mais il n'est point de

raison qui puisse faire préférer l'étranger au citoyen : la reconnoissance est le devoir d'un état, comme d'un simple citoyen ; mais son premier devoir est la défense & la protection qu'il doit à ses sujets. Tout ce qui y est contraire, ne peut se soutenir, & les traités les plus authentiques seroient incapables de le légitimer : c'est tout ce qu'on peut dire des traités par rapport aux *tarifs*. Nous avons vu, dans un premier chapitre, qu'un bon *tarif* étoit utile : nous avons examiné dans le second, quelles étoient les qualités qui lui étoient nécessaires pour être essentiellement utile ; examinons dans le troisième quel est l'état de la France sur cet objet important.

CHAPITRE III.

De l'état actuel des tarifs en France.

Nous avons vu l'utilité des *tarifs* en finance, pour éviter les perceptions arbitraires & conséquemment injustes ; en commerce, pour en connoître l'étendue, l'augmenter, animer les branches vivantes, soulager celles qui languissent, & en ouvrir de nouvelles, en levant les obstacles qui s'opposent à leur naissance. Nous avons tâché de rassembler sous les yeux les principales qualités qui constituent la bonté réelle d'un *tarif*. Il seroit fort à désirer de trouver ces qualités réunies dans les *tarifs* qui subsistent actuellement en France : mais malheureusement on se convaincra facilement du contraire, en réfléchissant sur la multiplicité des *tarifs* qui sont en usage dans le royaume, & sur les principes sur lesquels ils sont établis.

La distribution typographique du royaume, relativement aux droits de traites, mettra sous les yeux, d'une manière également claire & frappante, les différentes formes & les différens cas de perception auxquels elle a dû nécessairement donner lieu.

Le royaume est partagé actuellement, relativement aux droits de traite, en trois sortes de provinces, dont les distinctions ne peuvent paroître que fort singulières dans une étendue de pays soumis au même souverain.

On le divise, 1°. en provinces des cinq grosses fermes ; 2°. en provinces réputées étrangères ; 3°. en provinces regardées comme pays étranger.

Par provinces des cinq grosses fermes, on entend les provinces qui se sont soumises à la loi du *tarif de 1664* ; sçavoir, les provinces de Normandie, Picardie, Champagne, Bourgogne, Bresse, Poitou, Aunis, Berry, Bourbonnois, Anjou, Maine, Thouars, Châtellenie de Champtonceau, Beaujollois, l'isle de France, Orléannois, Perche, Nivernois & Touraine.

Les provinces réputées étrangères, sont celles qui se sont refusées à l'établissement du *tarif de 1664*, & qui lui ont préféré leurs anciens *tarifs* particuliers ; telles que Bretagne, Angoumois, la Marche, Limousin, Saintonge, Guyenne, Gascogne, Basse-Navarre, Bearn, Roussillon, Languedoc, Auvergne, Rouergue, Forez, Vivarais, Provence, Dauphiné, Lyonnois, Franche-Comté, Haynault, Flandres, Cambrefis & Artois.

On regarde enfin comme pays étranger, les provinces qui ont confervé une communication libre avec l'étranger, & qui tirent des autres nations, ou leur envoient toutes fortes de marchandifes, fans être affujetties à acquitter les droits d'aucun *tarif général de traites*, établi aux entrées & forties du royaume, telles que l'Alface, les trois Évêchés & la Lorraine.

Les marchandifes qui circulent dans toute l'étendue des provinces foumifes au *tarif de 1664*, ne font fujettes à aucun droit de traites.

Celles qui fortent de l'étendue de ce *tarif*, foit par mer, foit par terre, & empruntent le paffage des provinces réputées étrangères, pour rentrer dans l'étendue dudit *tarif*, font exemptes des droits d'entrée & de fortie des cinq groffes fermes ; mais cette efpèce de tranfit n'eft pas abfolument gratuite, & ces marchandifes acquittent les droits dûs dans les provinces réputées étrangères, dont elles empruntent le paffage.

Les marchandifes qui viennent de l'étranger dans l'étendue du *tarif de 1664*, ou qui en fortent pour aller à l'étranger, paient les droits de ce *tarif*, à moins qu'elles n'aient été impofées à des droits uniformes aux entrées & aux forties ; auquel cas ces droits font acquittés au lieu & place de ceux du *tarif* auxquels ils font fubftitués. Nous parlerons dans la fuite de ces droits uniformes.

Enfin, les marchandifes qui viennent des provinces réputées étrangères dans l'étendue de celles des cinq groffes fermes, ou qui font tranfportées de cette étendue dans les provinces réputées étrangères, font fujettes aux droits d'entrée & de fortie du *tarif de 1664*, indépendamment des *tarifs particuliers* qui ont lieu dans lefdites provinces réputées étrangères, qu'elles doivent pareillement acquitter.

Les marchandifes qui circulent dans les provinces réputées étrangères, font fujettes à tous les droits qui ont cours dans lefdites provinces ; & ces droits fe paient, tant dans les pays d'où ces marchandifes font enlevées, que dans ceux dont elles empruntent le paffage, & dans ceux pour lefquels elles font deftinées.

Les marchandifes qui font tranfportées des provinces réputées étrangères en d'autres provinces réputées étrangères, & qui, pour y aller, empruntent le paffage des provinces de l'étendue du *tarif de 1664*, font fujettes, tant aux droits d'entrée qu'à ceux de fortie de ce *tarif*, indépendamment des droits particuliers defdites provinces réputées étrangères.

Les marchandifes qui vont des provinces réputées étrangères à l'étranger, y font tranfportées médiatement ou immédiatement.

Si elles y font tranfportées immédiatement, c'eft-à-dire, fans emprunter aucun paffage, elles ne paient que le droit du *tarif* de la province par laquelle elles fortent.

Si elles y font tranfportées médiatement, elles paient les droits de tous les *tarifs*, c'eft-à-dire, ceux de la province de l'enlévement, ceux de la province par laquelle elles paffent, & ceux de la province par laquelle elles fortent.

Il en eft de même des marchandifes qui viennent de l'étranger dans les provinces réputées étrangères ; elles paient tous les droits des *tarifs* d'entrée, de paffage & de deftination.

Il faut néanmoins faire une exception des marchandifes venant de l'étranger dans les provinces réputées étrangères, ou que l'on tranfporte des provinces réputées étrangères à l'étranger, & qui font impofées à des droits uniformes aux entrées & forties du royaume. Ces marchandifes n'acquittent que les droits uniformes, qui les affranchiffent de tous droits jufqu'à leur première deftination ; car en général une nouvelle deftination les affujettit de nouveau aux droits ordinaires, parce qu'il n'eft pas poffible de reconnoître la première origine d'une marchandife, & que, quand elle a été domiciliée dans un endroit, elle en devient marchandife originaire.

Quant aux provinces regardées comme pays étranger, elles font en fort petit nombre, & ce font celles qui, le plus nouvellement réunies à la France, font reftées, à l'égard de leur commerce, dans la liberté dont elles jouiffoient, par des raifons fupérieures à toutes autres confidérations. Il y a pourtant des exceptions à faire à l'égard de plufieurs prohibitions & de plufieurs droits uniformes auxquels elles font affujetties par des loix exiftantes. Mais les prohibitions ne donnent aucun produit : un petit nombre de droits uniformes en fourniroit peu ; il faudroit des bureaux confidérables pour l'exécution des prohibitions & pour la perception des droits fur ces frontières ; & le défaut d'établiffement de ces bureaux leur donne une liberté entière & fouvent abufive.

Cette liberté & l'appât du gain les livrent entièrement au commerce de toutes les marchandifes que le gouvernement a prohibées, ou qu'il a, par des vues fages, affujetties à l'entrée du royaume, à des droits excluffs, capables d'en arrêter l'introduction.

Comme ce commerce eft fans crainte, il eft fans réferve & fans bornes ; de forte que ces provinces font devenues le dépôt ou le magafin de tout ce qu'il y a de plus funefte à notre induftrie, & de plus préjudiciable à nos intérêts.

Le mal à cet égard eft d'autant plus grand, que la facile correfpondance & la communication perpétuelle & inévitable que le voifinage introduit entre ces provinces & celles de l'intérieur, ainfi que les enclaves de ces provinces les unes dans les autres, invitent fans ceffe à la contrebande & à la fraude, enlèvent à l'agriculture & dérobent à nos fabriques cette multitude de citoyens, qui féduits par l'appât du gain, & peut-être auffi par l'éloignement du travail, embraffent une occupation moins pénible & plus lucrative, à laquelle, malgré les dangers & les châtimens, ils ne tardent pas de s'habituer, & emploient toutes leurs facultés pour détruire l'agriculture & les fabriques qu'ils ont abandonnées.

Faut-il s'étonner après cela, fi l'on ne voit point dans ces provinces de fabriques un peu intéreffantes? Le commerce de fraude & de contrebande qui les occupe, eft un trop grand obftacle aux établiffemens de cette efpèce, dont elles feroient d'ailleurs fort fufceptibles.

Indépendamment de ces provinces entièrement libres, on connoît dans le royaume, & l'on doit mettre dans la même claffe, quelques ports qui font pareillement confidérés comme pays étrangers.

La franchife qui leur eft accordée, a pour objet de les rendre l'entrepôt de toutes les marchandifes étrangères néceffaires, ou du moins fort utiles pour le commerce étranger : elles y viennent librement de l'étranger, & font librement tranfportées à l'étranger, fans être fujettes aux droits d'entrée & de fortie ; mais en général toutes les marchandifes qui viennent tant defdites provinces regardées comme pays étranger, que des ports francs, font, à quelques exceptions près, traitées comme marchandifes étrangères, foit qu'elles foient effectivement de production ou fabrique étrangère, foit qu'elles foient originaires & de fabriques defdites provinces & defdits ports.

Comme il n'y a point de barrières entre ces villes, ces provinces & l'étranger, ou du moins que celles qui s'y trouvent dans quelques endroits, font fort imparfaites, il a paru, & il étoit effectivement indifpenfable d'en établir une entr'elles & le royaume. Les marchandifes qui en font apportées, paient donc, à l'entrée, les droits du tarif de la province par laquelle elles entrent; & dans le cas où ces mêmes marchandifes ont été impofées à des droits uniformes, elles les acquittent comme fi elles venoient effectivement de l'étranger.

A la fortie, la régle eft la même, parce que les vrais principes ne varient point, quoique les objets changent. Les marchandifes qui vont du royaume dans ces provinces, font auffi en général, & fauf quelques légères exceptions, affujetties, comme fi elles alloient à l'étranger, tant aux droits des tarifs particuliers, qu'aux droits uniformes établis par les arrêts poftérieurs.

Il eft temps d'expliquer ici ce que c'eft que les droits uniformes, d'en établir les principes, & d'en indiquer les effets.

On entend par droits uniformes, ceux qui ont été généralement & uniformément établis à toutes les entrées & à toutes les forties du royaume, fur différentes efpèces de marchandifes, par différens arrêts & réglemens rendus depuis le tarif de 1664; enforte que, par quelque province du royaume que ces fortes de marchandifes puiffent entrer & fortir du royaume, elles paient le même droit qui eft fubftitué aux différens droits des tarifs particuliers.

Les principes qui ont déterminé la fixation de ces droits, font les mêmes que ceux que l'on paroît fuivre aujourd'hui dans l'opération du nouveau tarif, l'intérêt du commerce & le bien de l'état. Le premier exemple de ces droits uniformes fe trouve dans le tarif de 1667. Le tarif de 1664 avoit été formé pour être général & uniforme ; & s'il eût été accepté par toutes les provinces, il auroit rempli cet objet, fauf les corrections que l'expérience & des connoiffances encore plus approfondies auroient fucceffivement indiquées. Plufieurs provinces ne jugèrent pas à propos de s'y prêter, par beaucoup de raifons qu'il eft inutile de rappeler. On ne crut pas devoir changer leurs ufages & leurs tarifs. Ce que l'adminiftration juge à propos de faire pour le bien des citoyens, ne doit jamais être rendu défavorable par des coups d'autorité: mais on ne jugea pas non plus qu'on dût facrifier le bien public aux caprices particuliers ; & fans déroger en général ni au tarif de 1664, ni aux tarifs particuliers qu'on laiffoit fubfifter, on crut devoir impofer une foixantaine d'efpèces de marchandifes plus dangereufes que d'autres, à des droits uniformes qui auroient lieu généralement à toutes les frontières extrêmes. Depuis ce temps, à mefure qu'on s'eft apperçu qu'une marchandife étoit plus ou moins préjudiciable aux productions de notre fol, aux progrès de notre induftrie, ou au fuccès de nos manufactures, elle a été entièrement prohibée ou chargée d'un droit plus ou moins fort en proportion du préjudice que l'état pouvoit fouffrir de fon importation; on en ufa de même pour l'exportation. Lorfqu'il a été queftion de conferver avec plus ou moins de foin quelques denrées néceffaires à notre fubfiftance, ou quelques matières premières effentielles à nos fabriques, on en a gêné la fortie par une prohibition totale, ou par un droit exclufif conforme à nos befoins.

Dans un autre fens, mais toujours dans les mêmes vues, fi l'on a trouvé que notre fol n'étoit point en état de nous produire en quantité fuffifante quelques denrées néceffaires à notre fubfiftance, ou quelques matières premières propres à nos fabriques & convenables à notre induftrie, on leur a facilité l'entrée du royaume par une exemption, ou par une modération plus ou moins favorable de droits d'entrée. Les mêmes principes ont été fuivis par rapport à l'exportation, lorfque notre fol nous a produit des denrées furabondantes, ou que nos fabriques fe font montées, perfectionnées & multipliées au point de nous faire defirer de nous débarraffer en ce genre de notre fuperflu; on a mis en ufage l'exemption entière, ou du moins la modération des droits, pour en favorifer plus ou moins le tranfport à l'étranger. Depuis 1667, ces réglemens fe font accumulés; leur collection a formé même un tarif qui a été adopté par la Franche-Comté; & pour en faire un complet, il ne s'agit que d'y ajouter les objets qui , n'y étant pas compris, sont encore assujettis à la multiplicité & aux variations des anciens *tarifs* , & d'en déterminer les proportions qui se calculent bien mieux & bien plus sûrement dans un corps général, que sur des objets séparés.

Quant aux effets que les droits uniformes ont produits, ils sont, à beaucoup d'égards, l'éloge de leur établissement: notre culture, notre industrie & nos fabriques ont prospéré ; & leur succès eût été complet , si cette espèce de *tarif* qui étoit général & uniforme, eût été unique.

Il paroît l'être , & l'est en effet pour la première destination, puisque la marchandise assujettie à un droit uniforme, ne paie effectivement que ce droit : mais cette destination une fois remplie, cette même marchandise devient patrimoniale de la province dans laquelle elle s'est arrêtée, & suit le sort de celles qui en sont originaires, ou qui y ont été fabriquées ; ensorte que si, par une seconde destination, ou par un second commerce , elle change de province , elle est sujette à tous les droits d'enlèvement , de passage & de destination.; & cette charge inévitable tant que la multitude & la variété des *tarifs* de l'intérieur subsisteront, replonge le commerce dans les mêmes inconvéniens, quand la marchandise ne se conforme pas dans le lieu de sa première destination : inconvéniens funestes qui gênent les spéculations, arrêtent la circulation , réduisent les assortimens à la simple consommation locale de chaque endroit, & rend toutes les différentes provinces étrangères les unes aux autres.

En effet, malgré la loi commune & générale dont nous venons de parler, ces mêmes provinces ont entr'elles un grand nombre de loix particulières, qu'il seroit bien essentiel de simplifier.

Une marchandise ne sauroit, pour ainsi dire , faire un pas, qu'elle ne rencontre dans son chemin une barrière à laquelle il faut s'arrêter, faire des déclarations, subir des visites, enfin se soumettre à des formalités nécessaires, à la vérité, pour empêcher la fraude, qui n'est encore que trop fréquente, mais plus à charge & plus embarassante que les droits même dont elles assurent la perception.

Le mal est très-ancien : les *tarifs* qui y ont donné lieu subsistent depuis long-temps dans les provinces réputées étrangères, & l'on ne devoit rien espérer de mieux des principes sur lesquels ils étoient établis ; leur objet étoit purement bursal. Ce n'est guère que lors du ministère de M. Colbert , que l'on a commencé à consulter dans ces sortes d'établissemens, les sages maximes d'une politique éclairée. Dans ces *tarifs*, au contraire , la marchandise est imposée au taux général du *tarif*, sans distinction de la faveur qu'elle pouvoit mériter , & sans égard au plus ou moins de rigueur dont elle étoit susceptible.

A des défauts aussi considérables, il faut ajouter que plusieurs de ces *tarifs* sont informes ; que plusieurs même ne sont fondés que sur des usages arbitraires & sur des traditions incertaines ; que ces usages & ces traditions varient, suivant les différens bureaux où ces *tarifs* ont leur exécution. Ces défectuosités & ces vices proviennent, 1°. de ce que plusieurs de ces *tarifs* sont fort difficiles à entendre ; 2°. de ce que , depuis leur formation , nombre de marchandises ont changé de dénomination ; 3°. de ce que l'usage de quelques-unes s'est perdu ; 4°. de ce que l'expérience & les progrès de notre industrie en ont fait naître plusieurs autres ; 5°. enfin de ce que ces *tarifs* n'ayant imposé à un droit fixe qu'un assez petit nombre de marchandises, & celles qui sont omises devant payer à raison de leur valeur en proportion du taux commun de chacun de ces *tarifs*, il est arrivé que les différens commis par les mains desquels ces marchandises ont passé, leur ont donné successivement plus ou moins de valeur, suivant les différentes idées qu'ils s'en formoient, & pour éviter de recommencer le même calcul toutes les fois que la marchandise pourroit se présenter, ils l'ont anciennement tarifée , à mesure qu'elle a passé par leurs bureaux ; en sorte que la même marchandise qui se présente dans quatre bureaux différens où le même *tarif* a lieu, paie dans chacun de ces bureaux un droit plus ou moins fort, suivant qu'elle a été anciennement plus ou moins appréciée par le commis de concert avec le marchand.

De tous les *tarifs* celui qui paroît avoir été fait avec le plus grand soin, d'intelligence, & de la manière la plus détaillée & la plus conforme aux véritables intérêts du commerce, c'est sans contredit le *tarif de 1664* : encore ne peut-on pas se dissimuler qu'il laisse beaucoup à desirer sur différens degrés de rigueurs ou de graces, relatives au plus ou moins de nécessité, d'utilité, de commodité de chaque espèce de marchandises. Un principe général paroît d'abord les avoir embrassé toutes ; & ce *tarif* ne renferme pas assez de classes différentes, pour satisfaire aux différentes considérations.

En effet, le taux général de ce *tarif* paroît être de cinq pour cent : les marchandises omises y sont indistinctement imposées à la sortie , le même droit est imposé à l'entrée ; on en excepte, il est vrai, les marchandises de soie , d'or & d'argent , de poil, de fil, de laine , & d'autres semblables sortes manufacturées dans les pays étrangers, à l'égard desquelles on ordonne qu'elles acquitteront les droits à raison de dix pour cent de leur valeur.

Mais enfin l'on ne voit dans ce *tarif* à la sortie qu'un seul & même droit à cinq pour cent sur toutes les marchandises indistinctement, & que deux taux , l'un de cinq & l'autre de dix pour cent à l'entrée ; d'où l'on peut inférer que l'on n'a pas observé dans la confection du *tarif de 1664* toutes les gradations dont les marchandises étoient susceptibles, tant par leur nature & leur espèce, que par leur origine & leur destination.

On se confirme encore plus dans cette idée, quand on voit M. Colbert lui-même dans le *tarif de 1667*, traiter différemment soixante articles de marchandises, en les imposant à des droits plus forts que ceux du *tarif de 1664*, & en rendant ceux du *tarif de 1667* uniformes pour toutes les entrées & sorties du royaume. Cette réforme prouvoit-elle que M. Colbert eût été obligé de revenir sur ses pas, ou seulement, n'ayant pas pû voir accepter le *tarif de 1664* par toutes les provinces, n'a-t-il pas jugé plus convenable & plus sûr de n'exécuter que par partie détachée le plan général qu'il avoit conçu ? Il n'est pas étonnant qu'il n'ait pas d'abord tout apperçu, puisqu'il est de la foiblesse humaine de n'arriver à la perfection que lentement & par degrés : peut-être aussi avec plus de justice pourroit-on conclure de tous les réglemens successivement faits par ce ministre, que, content d'avoir formé un plan général, & de ne jamais le perdre de vue, il s'étoit déterminé à ne l'exécuter qu'à mesure que les circonstances l'exigeroient ou pourroient le lui permettre, sauf dans la suite à rassembler tous ces réglemens différens, pour n'en former qu'un seul corps de *tarif* général, unique & uniforme : ensorte qu'il y a tout lieu de présumer que, si le ciel eût accordé à ce ministre des jours assez longs pour remplir ses vues, il seroit enfin parvenu à consommer l'importante opération dont il avoit commencé à poser les fondemens, & dont on paroît s'occuper aujourd'hui.

On se reprocheroit d'en dire davantage, pour prouver que l'état actuel des *tarifs* en France est absolument contraire aux principes généraux établis sur cette matière, tant par leur multiplicité, que par leur variété & mêmes leurs contrariétés ; que les vices dont ces *tarifs* sont infectés, ne sont pas susceptibles de réformations, & qu'une refonte générale de tous ces *tarifs* en un seul, est l'unique moyen d'opérer le bien du commerce & de l'État.

CHAPITRE IV.

Concernant l'examen du nouveau projet du tarif général.

Nous venons de voir dans le chapitre précédent, tous les inconvéniens résultans de l'état actuel des *tarifs* en France. Quel remède opposer à cette multitude de *tarifs*, à cette immensité de loix particulières, à cette foule de réglemens sur la perception, aux contrariétés qu'ils renferment, aux variétés sans nombre qu'ils occasionnent, aux entraves & aux charges qui résultent pour le commerce d'une administration aussi onéreuse par les droits, que par les formalités ; à cette maladie enfin générale & dangereuse, qui intercepte la circulation, & qui forme à chaque instant de nouveaux engorgemens dans les canaux de l'exportation & de l'importation ? Ce remède ne peut se trouver que dans un bon *tarif* ; &, pour y parvenir, il ne s'agit peut-être que de perfectionner un ouvrage déjà commencé,

par la collection des arrêts & réglemens successivement rendus depuis le *tarif de 1664* ; & il doit en résulter un *tarif* simple, unique, uniforme pour toutes les provinces du royaume ; *tarif* qui éclaire le commerçant sur les droits auxquels il est assujetti, les commis sur ce qu'ils ont à percevoir, le fermier sur l'administration qui lui est confiée ; *tarif* qui fasse disparoître de la circulation intérieure les entraves qui l'embarrassent ; *tarif* dans lequel chaque marchandise soit énoncée, imposée à la frontière extrême, relativement aux productions du sol & de l'industrie ; *tarif* enfin qui soit formé par les mains mêmes du commerce, & qui mérite à tous égards la reconnoissance de toute la nation.

On croit voir tous ces caractères rassemblés dans le nouveau projet qu'on propose : on en a démontré la nécessité, en découvrant tous les vices de l'état actuel ; l'utilité n'en paroîtra pas moins évidente, si l'on veut l'examiner en lui-même, & relativement aux principes généraux que nous avons établis.

On a vu, dans le commencement de ce Mémoire, que les impositions les plus justes dans leurs principes, & les plus douces dans leurs effets, sont incontestablement celles dans lesquelles les proportions se trouvent le mieux établies.

Que celles qui portent sur ce que le commerce fournit à la consommation, sont les plus justes, parce que la proportion s'établit d'elle-même par le plus ou le moins de commerce & de consommation.

Que ces charges sont aussi les plus douces & les plus faciles à supporter, parce que ces droits se trouvant confondus dans le prix de la chose même, ne doivent jamais gêner les facultés du consommateur.

Mais cette proportion dans la répartition, & cette facilité dans le recouvrement disparoissent, si le *tarif*, qui n'est qu'une mesure indicative de ce que l'on doit payer sur chaque objet, n'est pas établi sur une base, & rédigé sur des principes qui ne laissent rien à l'arbitraire ennemi de toute justice & de toute prospérité.

Le seul moyen de s'en garantir dans un *tarif*, c'est de le former sur une règle connue de tout le monde, & commune à tous : la valeur de la marchandise est la base la plus naturelle, la plus sûre & la plus juste qu'on puisse choisir. Les droits sur la marchandise que le consommateur fournit à la consommation, étant destinés à faire partie de la marchandise, & à se confondre avec elle, rien n'est plus simple & plus naturel que de prendre pour base générale d'un *tarif* des traites, la valeur même de la marchandise qu'on veut imposer ; & c'est à ces principes qu'on paroît s'être conformé dans le projet du nouveau *tarif* communiqué en détail à toutes les chambres du commerce.

Il est aisé de voir, par l'examen de cet ouvrage, qu'on a dressé des états exacts des marchandises connues ; qu'on a tâché de n'en point omettre, &

de traiter de la même façon celles qui se trouvoient dans le même cas, soit pour le genre, soit pour l'espèce.

Comme tous les objets de commerce sont plus ou moins intéressans, relativement aux productions du sol & de l'industrie, on a senti la nécessité de les traiter différemment, soit à l'exportation, soit à l'importation ; & c'est sans doute dans cette vue, qu'on a établi les différentes classes de droits, à raison de 20, de 15 ; de 10, de 7 ½, de 5, de 3 & d'un pour cent de la valeur de la marchandise.

On a cherché à prouver la justice de ces différens taux d'impositions, par l'application qu'on en a faite aux différentes classes de marchandises, suivant les différentes considérations qu'elles méritent.

Ces considérations quant à l'importation, doivent avoir pour objet le plus ou moins de préjudice que les marchandises étrangères peuvent faire au produit de notre agriculture & de notre industrie, où le besoin que nous en avons, & l'utilité qu'elles peuvent procurer à la nation.

Ces mêmes considérations quant à l'exportation, présentent pour règle de proportion, ce qui peut favoriser le plus les productions de notre sol, les ouvrages de nos fabriques, & généralement tout le superflu de notre consommation.

C'est relativement à ces trois objets importans, qu'il convient de consulter l'intérêt plus ou moins grand que nous pouvons avoir de gêner ou de faciliter, de favoriser ou d'empêcher la sortie des denrées, des matières premières, ou des marchandises fabriquées.

C'est sur ces principes que les différentes classes du nouveau tarif paroissent avoir été déterminées, tant à l'importation, qu'à l'exportation, & que la même marchandise se trouve indifféremment imposée dans ces deux cas, suivant l'intérêt qu'on a de l'attirer ou de l'écarter.

Le taux le plus fort qui forme la première classe, est porté à 20 pour cent, & doit être regardé comme prohibitif : il n'est établi à l'importation, que pour empêcher l'introduction des marchandises absolument nuisibles à nos fabriques & à nos manufactures, telles, par exemple, que les étoffes de soie, de laine & autres marchandises de même espèce. Nous en avons suffisamment en France pour nous passer de celles de l'étranger, qui n'entretroient dans notre consommation qu'au préjudice des manufactures nationales.

La même classe à l'exportation change d'objet, sans changer d'esprit & de vues ; & tous les articles qu'elle contient, n'y sont compris que pour nous conserver les matières nécessaires à l'aliment de nos manufactures.

La seconde classe est de 15 pour cent : ce taux est voisin du droit prohibitif, parce que les marchandises sur lesquelles il porte à l'importation seulement, intéressent des fabriques moins essentielles, telles que les papiers, les fils, l'étain battu, les chandelles de suif, le blanc de baleine, les

baleines coupées, &c. & cette classe n'est peut-être pas bien nécessaire.

La troisième classe est de 10 pour cent : c'est un droit dont l'objet à l'importation est de procurer la préférence dans la consommation intérieure, à quantité de marchandises qui se fabriquent dans le royaume plus chèrement que chez l'étranger, telles que les merceries, les quincailleries, &c. & de gêner à l'exportation celles que nous n'avons pas en assez grande quantité pour ne pas les conserver avec soin, telles que les bois, les cuirs & peaux crûs & non apprêtés, &c.

La quatrième classe est de 7 ½ pour cent : elle concerne principalement les drogueries & les épiceries à l'importation ; & si ce droit paroît un peu fort, les raisons en sont fort naturelles. Notre sol n'en produit point ; elles ne sont ni de première ni de seconde nécessité : la consommation des drogueries se fait par très-petites parties ; il en est de même des épiceries ; & ce sont les gens riches qui en font l'usage le plus considérable. C'est vraisemblablement par ces raisons, que dans tous les temps les épiceries & drogueries ont été chargées en proportion de droits plus forts que les autres marchandises : mais on peut observer avec plaisir dans le nouveau tarif, que toutes les drogueries qui sont ou peuvent être de quelque utilité dans nos fabriques, ne sont point comprises dans cette quatrième classe, & sont traitées plus ou moins favorablement, à proportion qu'elles sont plus ou moins utiles ou nécessaires.

La cinquième classe ne regarde que les marchandises dont l'importation ou l'exportation sont absolument indifférentes : le droit n'en a été fixé qu'à cinq pour cent ; c'est le taux du tarif de 1664 ; & c'est aussi le prix ordinaire dans ceux des autres tarifs qui sont établis sur la valeur de la marchandise.

La sixième classe est de 3 pour cent : elle comprend à l'importation les marchandises qui sont utiles ou de seconde nécessité à notre consommation & à nos fabriques, & dont il convient par conséquent de ne pas gêner l'introduction. Ce même droit à l'exportation porte sur les productions de notre sol que nous avons en abondance, sur les marchandises qui ont été fabriquées en France, mais qui n'ont point encore reçu toutes les mains d'œuvres dont elles sont susceptibles, & encore sur les marchandises dont la fabrique nous intéresse moins, ou sur lesquelles nous avons une préférence mieux établie.

Comme la première classe est la plus rigoureuse, la septième & dernière présente la plus grande faveur, le droit en est fixé à un pour cent : & c'est la classe la plus étendue : elle a pour objet à l'importation, de faciliter au royaume l'acquisition de toutes les matières premières qui ne se trouvent point en France en assez grande quantité pour alimenter nos fabriques ; & dans le nombre de ces matières premières on a compris les bois & les drogues servant à la teinture & aux manufactures.

Elle comprend à l'exportation les étoffes que nous fabriquons de toutes espèces & qualités, les rubans, les galons, en un mot tous les ouvrages des fabriques qui peuvent nous intéresser.

On y a joint toutes les drogueries venant de l'étranger, qui sont censées avoir déja payé des droits lors de l'introduction.

C'est dans des vues aussi sages & aussi réfléchies, que le nouveau *tarif* paroît avoir été travaillé. Écartons pour un moment les préjugés d'usage ou d'habitude, & l'on conviendra aisément qu'un pareil ouvrage doit être d'une utilité universelle, même pour établir cette forme d'administration dans un pays qui n'en connoîtroit point. Combien, à plus forte raison, doit-on adopter une opération si utile au commerce, qui n'a pour but que son bien-être & son aggrandissement dans un pays où l'état actuel lui est aussi contraire que ce nouveau projet lui est favorable ?

Pour rendre l'ouvrage complet, & lever toutes les difficultés de la perception, il ne resteroit plus qu'à constater la valeur de la marchandise, par des évaluations fixes pendant les six années de la durée d'un bail, mais qui, sans changer le taux de l'imposition, pourroient augmenter ou diminuer à chaque renouvellement, suivant les variations qui arrivent souvent dans le commerce.

On ne peut pas douter que cette idée n'entre dans le projet du nouveau *tarif*, puisque les chambres de commerce ont été consultées pour former ces évaluations ; & c'étoit la la plus sûre route qu'on pût suivre pour parvenir à des évaluations justes, & pour prouver en même temps que l'intérêt du commerce est le principal objet du nouveau *tarif*.

Nous avons vu, dans la discussion du second chapitre, que la bijouterie, l'orfévrerie, les ouvrages de mode & plusieurs autres objets n'étoient pas susceptibles d'une évaluation commune, déterminée par un *tarif* ; & nous avons pensé que la liberté accordée au fermier de retenir la marchandise sur le pied de l'évaluation faite par le propriétaire, en lui remboursant le prix de cette évaluation & un dixième en sus, étoit le seul moyen qu'on pût employer pour rapprocher ces évaluations, autant qu'il seroit possible, de la valeur réelle de la marchandise : il y apparence qu'on s'en tient à cet usage, puisqu'on ne propose rien de nouveau à cet égard.

Il n'en est pas de même des marchandises susceptibles d'évaluation au poids, au nombre, ou à la mesure. La fixation de cette évaluation est dans l'idée du projet, & nous pouvons dire aussi dans l'intérêt du commerce. C'est cependant lui seul qui peut y mettre obstacle, par la diversité des avis des chambres de commerce sur les évaluations des mêmes espèces de marchandises, ou par des évaluations faites au rabais, qui s'éloignent trop de la valeur réelle de la marchandise.

C'est au commerce à éviter ces inconvéniens : l'autorité doit être trop sage pour adopter des évaluations trop basses, ou pour en former par elle-même sans le concours du commerce ; & le seul moyen de remédier au défaut d'évaluation fixée par le *tarif*, est d'ajouter à l'option dont nous venons de parler en faveur du fermier, la liberté de percevoir son droit en nature sur les objets qui en seront susceptibles.

Quoique cette disposition ne soit point énoncée dans le projet du nouveau *tarif*, elle paroît si conforme à son esprit, qu'on ne doute pas qu'elle ne fût acceptée, s'il en étoit besoin.

Après cette simple exposition du projet, examinons s'il se trouvera conforme aux qualités qu'un *tarif* doit avoir pour être véritablement utile. En détaillant ces qualités dans le second chapitre, nous avons dit qu'un *tarif* devoit être *simple, unique, proportionnel, uniforme & général* pour toute la nation : ces qualités sont d'autant plus essentielles, que ce sont aussi celles qui caractérisent toute bonne administration. Le nouveau *tarif* est *simple*, puisque rien ne rapproche plus de la simplicité, & n'est plus capable de procurer au commerce de la douceur & de la tranquillité, qu'un *tarif* qui porte sur un pied connu de tout le monde, qui annonce sur chaque marchandise le taux de l'imposition, à raison de tant pour cent de sa valeur, qui fixe même, autant qu'il sera possible, cette valeur par des évaluations publiques & déterminées, ou qui s'oppose aux abus des déclarations par les moyens les plus simples ; *tarif* que l'on substitue à tant d'autres qui sont aujourd'hui si différens entr'eux tant pour la quotité du droit, que pour la forme de la perception ; & cette différence ne se rencontre pas seulement dans les différens *tarifs* qui varient d'une province à l'autre, mais se trouve encore d'une façon plus singulière dans le *tarif* d'une même province.

Le nouveau *tarif* est *unique*, c'est-à-dire qu'il renferme les seuls droits de traites, qui ne seront exigibles qu'à toutes les entrées & sorties du royaume. Ceux qui dans l'intérieur chargent aujourd'hui le commerce, inquiètent les commerçans, interceptent la circulation, disparoîtront avec cette multitude de *tarifs*, dont la multiplicité, la diversité & même la contrariété effrayent autant ceux qui doivent payer, qu'elles embarrassent ceux qui sont chargés de recevoir ; & comme les formalités sont indispensables pour assurer la perception des droits, & qu'elles multiplient nécessairement les embarras, les retardemens & les frais, c'est un avantage inestimable pour le commerce, que de s'en trouver libéré par la suppression des *tarifs* qui y donnoient lieu.

Le nouveau *tarif* est *proportionnel*, non-seulement d'une proportion arithmétique, puisqu'il a pour base la valeur des marchandises, mais encore d'une proportion politique, si j'ose me servir de ce terme ; & l'on s'en convaincra facilement, lorsque l'on prendra la peine de comparer avec attention, 1°. les différentes classes entr'elles ; 2°. dans chaque classe le *tarif* d'importation & le *tarif* d'exportation; 3°. relativement à l'importation ou à l'exportation, les différentes marchandises qu'on y a tariffées; 4°. par rapport à chaque espèce de marchandises en particulier, les considérations qui leur ont fait assigner une place dans telle ou telle classe.

Il faut néanmoins convenir que tous ces avantages ne feroient pas disparoître tous les inconvéniens, si la loi n'étoit pas la même pour toutes les provinces du royaume.

L'uniformité seule peut assurer la justice & la tranquillité. Une province ménagée seroit la route unique de la marchandise favorisée ; & c'est pour cela que le *tarif* est *uniforme* pour toute la nation. C'est à quoi M. Colbert lui-même ayant trouvé des obstacles lors du *tarif de 1664*, vouloit amener insensiblement, par le *tarif de 1667*, & par les réglemens de droits uniformes intervenus depuis. Quelques privilèges particuliers pour les ports francs, que l'on jugeroit à propos de conserver, ne détruiroient point le caractère essentiel d'uniformité, qui consiste moins à faire payer partout le droit, qu'à l'exiger par-tout où on le paie dans le même esprit, sur le même pied, sur les mêmes objets & dans la même forme.

Enfin le nouveau *tarif* est *général*, c'est-à-dire qu'il doit avoir lieu dans tout le royaume, sauf quelques exceptions pour les villes franches ; exceptions qui dans le fond, ne dérangent rien aux principes de l'universalité.

Un *tarif* est uniforme sans être général, lorsque, sans avoir lieu par-tout, il a néanmoins l'avantage d'être le même pour tous les endroits dans lesquels il a lieu. Il devient général non-seulement lorsqu'il est établi pour toute une domination, mais encore lorsqu'il ne reçoit dans aucun endroit aucunes variations, ni aucunes interprétations, & qu'il supprime l'inconvénient de rencontrer à chaque pas de nouveaux droits, de nouvelles formalités, de nouvelles régles, & par conséquent de nouveaux sujets de contestation.

Avec toutes ces qualités réunies, il n'est pas difficile de se convaincre que le nouveau *tarif* n'est point une loi bursale, mais un réglement avantageux pour le commerce & formé de concert avec lui.

Nous venons de dire que ce *tarif*, quoique général, souffriroit quelques exceptions ; & nous avions prévu dans le second chapitre, les causes de ces exceptions. La nécessité de conserver le bénéfice du commerce de l'étranger à l'étranger, par entrepôts dans le royaume, exige l'établissement des entrepôts généraux ou des ports francs : ils ont même existé ensemble ; mais depuis que les entrepôts généraux ont été détruits, les villes & les ports francs, tels que Strasbourg, Dunkerque, Bayonne & Marseille, ont joui des différens degrés de fran-

chise qui leur ont été conservés encore moins en vertu des privilèges qui leur avoient été accordés ou conservés, qu'en conséquence des raisons du bien général de l'état : motif bien légitime de la concession ou de la conservation de ces privilèges, qui ne font rien moins qu'exorbitans.

Ces villes franches auroient raison de se plaindre, si le nouveau *tarif* donnoit atteinte à leur franchise : mais il est trop travaillé dans l'intérêt du commerce, pour ne pas la respecter. Ces quatre villes situées précisément aux quatre coins du royaume, & dans les lieux qui répondent aux principales branches de notre commerce & de notre navigation, paroissent devoir être maintenues dans leur franchise, pour continuer à être le magasin général de toutes sortes de marchandises, & procurer à tous les négocians du royaume la facilité de faire le commerce de l'étranger à l'étranger dans des lieux neutres, pour ainsi dire, où la marchandise étrangère n'a pas pu se naturaliser Françoise, au moyen de la barrière qui doit les séparer du royaume, & qui, sans gêner leur liberté, les empêche au moins d'en abuser.

Mais cette barrière paroît nécessaire : il paroît juste & presqu'indispensable que les marchandises transportées de ces villes dans l'enceinte du nouveau *tarif*, ou qui sortiroient de cette enceinte pour être transportées dans ces villes, acquittent les droits du nouveau *tarif*, comme celles qui passent à l'étranger, ou qui en viennent.

Il n'est pas difficile de prévoir que ces villes se plaindront de la rigueur apparente de ce traitement : elles représenteront qu'habitées par les sujets du même souverain, elles doivent, pour l'acquisition de leurs besoins & le débouché de leurs fabriques, être admises à jouir de l'avantage d'une libre circulation avec les autres provinces du royaume.

Mais on ne sauroit jouir en même temps d'une communication également libre avec le royaume & avec l'étranger : il est aisé de concevoir quels en seroient les inconvéniens, tant à l'entrée qu'à la sortie. A la faveur de certificats qu'on se procure souvent sans beaucoup de peine, on introduiroit comme originaire dans l'enceinte du *tarif*, des marchandises étrangères en fraude des droits établis en faveur de nos manufactures & de nos fabriques ; on feroit sortir de l'intérieur, des matières premières que le droit du *tarif* y retient ; quand elles seroient arrivées dans un lieu de franchise, rien ne pourroit plus en empêcher le transport à l'étranger, & les vues les plus utiles du *tarif* seroient éludées.

L'état de ces villes doit être commerçantes, & non pas fabriquantes : si quelques-unes d'entr'elles ont des fabriques, leur communication libre & franche avec l'étranger leur en offre le débouché ; elles peuvent se procurer les matières premières par la même voie ; & cette liberté est incompatible avec la libre & franche communication avec le reste du royaume, qui leur est fermé par la barrière du *tarif*. Tel est le droit étroit & la seule façon de rendre une justice & d'accorder une protection égales

à tous les fujets du même fouverain. Nous avons cependant prévu dans notre fecond chapitre, un moyen
de conciliation d'autant plus doux, qu'il ne touche
point à la liberté de ces villes qui en font l'ufage
le plus complet, en choififfant le fort qui leur
paroîtra le plus avantageux.

Pour développer encore mieux cette idée, prenons Marfeille pour exemple. Cette ville a des fabriques d'étoffes de foie, de chapeaux, de favon
& des rafineries de fucre. Veut-elle faire entrer dans
le royaume en exemption de droits les ouvrages
de ces fabriques, il n'y a qu'à affujettir à l'entrée de
ces villes les ouvrages de pareille efpèce de fabrique
étrangère, & les matières premières qui les compofent, aux droits établis par le tarif à la frontière
extrême, & de même leur permettre de tirer librement & en franchife de l'intérieur, les foies, les
poils, les lins, les chanvres, les huiles, & généralement tous les objets qu'ils demanderont, pourvu
que ces mêmes objets foient affujettis aux droits de
fortie du tarif, en paffant de cette ville à l'étranger.
En un mot, tout ce qui feroit libre en venant de
l'étranger à Marfeille, ou en fortant de Marfeille
à l'étranger, acquitteroit les droits d'entrée & de
fortie dans la communication de Marfeille avec le
royaume, aux bureaux de l'enceinte du tarif; &,
par le même principe, tout ce qui feroit libre
dans la communication de Marfeille avec le royaume,
acquitteroit les droits de traites dans la communication de Marfeille avec l'étranger. C'eft peut-être
le feul moyen de conferver à ces villes l'ufage entier
de leur liberté, fans bleffer ni compromettre les intérêts du commerce & de l'état.

Marfeille n'eft ici préfenté que pour exemple;
& les mêmes principes décident le même fort pour
Dunkerque, Bayonne & Strafbourg: elles ne peuvent jamais s'en plaindre, puifque c'eft à elles à le
déterminer.

Inutilement voudroient-elles oppofer l'intérêt de
leurs fabriques. En effet, ou les fabriques établies
dans ces villes formeront un objet important &
confidérable, ou le produit de leurs ouvrages
fera médiocre: dans ce dernier cas, ce ne feroit
qu'un vain prétexte & un mafque pour introduire dans le royaume les marchandifes étrangères
en exemption de droits au préjudice de l'état; &
c'eft l'abus le plus dangereux auquel on a voulu
s'oppofer par le tarif.

Dans le premier cas, leurs manufactures ont les
mêmes befoins que les manufactures du royaume,
foit pour gêner l'introduction des marchandifes
étrangères, foit pour la confervation des matières
premières nationales.

Enfin, fi cette idée eft adoptée, ce n'eft point une
loi qu'on impofe aux villes franches, c'eft un arrangement qu'on leur permet de faire elles-mêmes
pour leur plus grand bien: maîtreffes de choifir la
régle qu'elles fe propoferont de fuivre, il n'eft pas
jufte que le refte du royaume foit facrifié à leurs
intérêts perfonnels, ou à leurs caprices; & fi elles

optent pour conferver leur liberté avec l'étranger
dans toute l'étendue qu'elles en jouiffent, il paroît
indifpenfable que ce qu'elles voudront introduire
dans l'intérieur, ou ce qu'elles voudront en tirer,
foit traité comme s'il venoit effectivement de l'étranger, ou qu'il y fût tranfporté.

Nous ne parlerons ici des tranfits, que pour ne
rien oublier d'effentiel; le nouveau tarif n'y déroge
point; & les faveurs que le gouvernement a répandues fur le commerce depuis 20 ans, lui font
un fûr garant qu'on étendra fa liberté, plutôt que
de la reftreindre. C'eft à lui-même à connoître fes
véritables intérêts, à contenir ceux qu'une avidité
condamnable conduit fouvent par des voies blâ-
mables à une fortune précipitée, à les chaffer des
bourfes comme des faillis, & à les retrancher d'un
corps dont la candeur & la bonne foi font tout le
luftre, & qui ne doit faire fon bien particulier,
qu'en travaillant utilement au bien général du commerce & de l'état.

Il eft inutile d'en dire davantage fur le nouveau
projet de tarif. Il eft utile, s'il eft bien fait; il
paroît raffembler toutes les qualités néceffaires pour
produire tout l'avantage qu'on en peut efpérer; il
remédie, autant qu'il eft poffible, aux inconvéniens
accumulés de l'état actuel; toutes ces difpofitions
font pour le plus grand bien du commerce, & con-
certées avec lui.

Il ne feroit pas jufte qu'une opération fi intéreffante pour le commerce ne fût pas difcutée avec
ceux qui, par état, en connoiffent les détails, &
doivent en ftipuler les intérêts: mais, en fuppofant
tous les éclairciffemens néceffaires fuffifamment pris,
tous les avis recueillis & conciliés, toute idée de
burfalité eft certainement bannie; & il ne feroit ni
jufte ni raifonnable que des intérêts perfonnels ou
des préjugés particuliers empêchaffent de recueillir
le fruit d'une opération faite pour devenir utile à
toute la nation.

CHAPITRE V.

*Des obftacles qui peuvent s'oppofer à l'exécution
du tarif, & des moyens de les lever.*

Si ce que nous avons dit jufqu'à préfent eft prouvé,
fi l'utilité des tarifs en général a été encore plus
démontrée par les principes qui ont établi avec
quelque détail les qualités effentiellement néceffaires à un tarif, pour produire tous les avantages
qu'on en doit attendre, fi l'on a bien vérifié que le
projet d'un nouveau tarif eft auffi conforme à ces
principes, que l'état actuel des tarifs en eft éloigné,
on ne devroit pas rencontrer de grandes difficultés
dans l'exécution: mais il en eft d'inévitables, le préjugé & l'intérêt particulier; & il peut s'en préfenter
de plus refpectables dans des circonftances locales.
C'eft ce qu'il s'agit d'examiner; & pour cet effet,
nous puiferons les objets dans les ouvrages publics
qui ont jufqu'à préfent contredit le nouveau tarif.

La première qualité de ce tarif eft d'être

Ssss

unique & uniforme, & cette qualité effentielle eft peut-être ce qui révolte le plus le préjugé, qui ne manque jamais de s'étayer de priviléges bien ou mal entendus. Cette raifon eft d'autant plus fûre d'être accueillie, qu'un privilége attaqué trouve des défenfeurs dans tous ceux qui ont des priviléges à conferver, & qu'on croit facilement celui qui fe plaint en pareil cas. Cet inconvénient fe trouve rarement dans de petits états, mais dans des royaumes qui font fucceffivement augmentés par des conquêtes, des traités ou des capitulations, il fubfifte néceffairement des priviléges & des ufages que la juftice & la bonne foi du fouverain doivent conferver pour le plus grand bien de fes nouveaux fujets, quand même ils établiroient des préférences en leur faveur fur certains objets. Les priviléges des pays d'états, ceux mêmes accordés aux gouvernemens municipaux de certaines villes, font certainement dans ce cas. Il peut en être de même de la nature des impofitions, foit pour leur qualité, foit pour leur quotité. Plufieurs provinces peuvent avoir le droit de s'impofer fur elles-mêmes la fomme qu'elles doivent contribuer aux charges générales de tout l'état : d'autres ont choifi le genre de leurs impofitions, & ont été conftamment affranchies de celles qui leur étoient plus onéreufes, ou qui étoient plus contraires à la nature & aux productions de leur fol. C'eft par cette raifon que les tailles, les aides & les gabelles n'ont pas lieu uniformément dans toutes les provinces de France. En général chaque province réunie au corps de l'état, a communément confervé pour fubfide fondamental le genre d'impofitions qu'elle payoit à fes anciens fouverains, fans préjudice des nouvelles impofitions furvenues pour fournir à de nouveaux befoins.

Quelques refpectables que foient ces priviléges, fi on propofoit à une de ces provinces une nouvelle forme d'impofitions qui lui fût plus avantageufe, ne feroit-ce pas confirmer elle-même fes priviléges, que de l'adopter volontairement, & fi elle la refufoit, ce refus ne feroit-il pas regardé comme l'effet du préjugé le plus déraifonnable ? Le projet du nouveau tarif eft encore moins fufpect de toucher aux priviléges ; il ne s'agit point de fubftituer un droit à un autre, il n'eft queftion que de combiner un droit établi de la façon la plus utile au commerce.

Pour fentir l'effet du nouveau tarif, il faut commencer par fe rappeller l'état où font toutes les provinces du royaume, comprifes ou non comprifes dans l'enceinte du tarif de 1664, foit par rapport aux droits de traites fixés par les tarifs, foit pour les droits uniformes établis depuis. L'utilité ou le dommage qui réfulteront du nouveau tarif, décideront fans doute l'accueil qu'elles doivent lui faire.

Les provinces connues fous le nom des cinq groffes fermes, auroient autant & plus de droit que toutes les autres de fe plaindre du nouveau tarif, s'il n'étoit pas favorable au commerce, puifqu'elles acquitteroient comme les autres les droits du nouveau tarif à la frontière extrême : mais ils feront mieux combinés dans l'intérêt du commerce, & elles y gagneront la communication & la circulation libre de l'intérieur ; ainfi elles n'auront garde de s'en plaindre. Si quelques marchandifes, exemptes dans l'état actuel, fe trouvent impofées dans le nouveau tarif, le droit eft prefque infenfible. L'indemnité eft abondamment donnée par des diminutions faites fur d'autres objets, & ces provinces recevront comme une grace le nouveau tarif.

Il en fera de même des Bafques, du pays de Soules, du Béarn, du Marfan, du Condomois, du Bazadois, de l'Agénois, du Périgord, de l'Angoumois, de la Marche, du Limoufin & de l'Auvergne, connus fous le nom de provinces réputées étrangères de l'intérieur, qui ne peuvent rien recevoir de l'étranger qui n'ait acquitté les droits de traites, & qui fe trouveront déchargées des droits de circulation dans l'intérieur.

La Saintonge qui paye la traite de charente & les droits des feigneurs parifis, le Bourdelois qui acquitte la comptablie, les quatre pour cent des drogueries, le convoi & le courtage, les Landes & le pays de Chaloffe qui paient la traite d'Arfac, le pays de Labour fujet à la coutume de Bayonne, la Flandre, le Haynaut & le Cambrefis foumis au tarif de 1671, le Lyonnois & le Forezchargés de la douane de Lyon, de la douane de Valence, des 4 pour 100 fur les drogueries, & de la foraine de Lyon, le Dauphiné chargé de la douane de Lyon & de la douane de Valence, la Provence qui acquitte la douane de Lyon, les quatre pour cent des drogueries, la table de mer & la foraine domaniale, la Cerdagne & le Rouffillon foumis au tarif Catalan qui eft prefque inintelligible, enfin le Languedoc & partie de la Guyenne qui paient la douane de Lyon, les quatre pour cent des drogueries, & la foraine & domaniale, demanderont avec empreffement le nouveau tarif, pour être déchargés de tous ces droits, & avoir une libre communication avec toutes les autres provinces du royaume. La Franche-Comté, fujette à tous les droits uniformes, privée de fabriques, & gênée fur le débouché de toutes fes productions par les bureaux qui la féparent de toutes les provinces du royaume, trouvera encore un avantage très-confidérable dans l'exécution du nouveau tarif.

Toutes les provinces dont nous venons de parler, pourroient dire : Vous changez notre état, & nous demandons à refter dans celui où nous fommes. Le préjugé de l'habitude fuffit fouvent pour cela, & parmi elles il pourroit y en avoir qui, dans les traités généraux, ou dans les capitulations particulières, trouveroient des promeffes de ne point innover : mais ces promeffes feroient plus qu'indifcrettes, fi elles étoient toujours prifes dans la plus étroite rigueur. Les befoins de l'état ont fouvent été des motifs fuffifans pour impofer de nouvelles charges : le bien général du commerce de l'état a toujours été la caufe légitime des droits uniformes impofés aux frontières extrêmes. Les prétendus pririlèges particuliers n'en ont point difpenfé ; ils s'oppoferont encore moins au bien de la province, qui, par une opiniâtreté de préjugé, les réclameroit contre fon intérêt perfonnel. Ces préjugés ne réfiftent jamais à l'évidence ; ils n'exiftent point dans la province entière ; fi quelqu'une des perfonnes chargées de fes intérêts les adopte ou par prévention, ou par ignorance, ou par intérêt perfonnel, elle fe trouveroit contredite par des gens moins prévenus & mieux inftruits ; & c'eft à l'adminiftration générale à décider entre les membres de la province ainfi divifés ; l'intérêt général de la province lui eft plus cher qu'à aucun particulier de la province même ; nulle partialité ne prévient fa détermination, & elle fait mieux que toute autre conferver les intérêts de chaque province, les concilier enfemble, & en faire réfulter le bien général, qui eft le but de l'adminiftration & l'intérêt réel de chaque particulier.

C'eft fur les mêmes principes que nous allons difcuter les véritables intérêts de la Bretagne.

Cette province paroît d'abord moins intéreffée qu'une autre au fuccès du nouveau *tarif*, parce que fa liberté eft moins gênée vis-à-vis de l'étranger ; mais les droits de la prévôté de Nantes, de Brieux, de ports & havres & de traite domaniale qu'elle paie, ainfi que tous les droits uniformes auxquels elle eft foumife, forment un objet confidérable ; & les bureaux qui la féparent de l'intérieur, dont elle tire une grande partie de fes marchandifes, rendent cette charge d'autant plus pefante, qu'ils font affez peu combinés, & que la furcharge des droits locaux dérange la route que les marchandifes devroient fuivre, foit par terre, foit par eau, pour la plus grande économie du commerce.

L'étendue des côtes de cette province, la multiplicité de fes ports & havres, l'induftrie & la quantité de fes négocians, fa pofition favorable pour toutes les pêches, pour le commerce d'Efpagne, du Nord, de la côte de Guinée & des colonies Françoifes de l'Amérique, femblent la deftiner plus que toute autre au commerce : la franchife de fon fel favorife fes pêches & fes armemens maritimes, en favorifant toute nature de falaifon. Elle eft donc intéreffée plus qu'aucune autre à fuivre un bon *tarif* de droits de traites ; & elle eft trop éclairée, & fes négocians trop inftruits, pour ne pas défirer un *tarif* dreffé dans l'intérêt général du commerce. Sa conformation intérieure fera moins chargée qu'elle n'étoit : la fuppreffion des bureaux la rend encore plus abondante ; celles de leurs fabriques qui ne pouvoient lutter contre celles de l'étranger, & qui étoient exclues de la confommation du royaume par les droits de communication, vont prendre de nouvelles forces dans la liberté de cette communication ; leur commerce maritime prendra de nouveaux accroiffemens, & par l'économie des armemens, & par la facilité de l'affortiment des cargaifons. L'exemple inftruit

mieux le public, que les principes les plus lumineux & les mieux écrits ; l'expérience détruit les préjugés, & prévient les objections. Les fortunes faites en Bretagne avant la dernière guerre, par la voie du commerce, en ont plus appris aux Bretons, que tous les livres anciens & nouveaux fur cette matière. Ils favent que la fuppreffion des droits de la prévôté de Nantes, de Brieux, de ports & havres, & de la traite domaniale, ainfi que des droits uniformes, & principalement des bureaux & des droits de l'intérieur, remplacés par un *tarif* à la frontière extrême, uniquement travaillé dans l'intérêt général, eft le plus grand bien qui puiffe arriver à leur commerce ; & dès-lors, fi quelques préjugés s'élevoient contre cet ouvrage chez des perfonnes peu inftruites & uniquement attachées aux anciens ufages, leur oppofition feroit bientôt contredite par toute la province, qui a l'intérêt le plus réel dans l'exécution du nouveau *tarif* ; & la difficulté, s'il s'en formoit de réelle, ne pourroit jamais confifter que dans la queftion de fait, de favoir fi le nouveau *tarif* eft travaillé & rédigé dans le véritable intérêt du commerce, ou s'il ne tend pas trop à fournir des produits en finance. Cette queftion de fait feroit-elle donc fi difficile à décider ?

L'intention n'eft pas douteufe, elle eft annoncée clairement & fans ambiguïté dans une lettre circulaire, écrite à tous les intendans ; qu'il a plu à un négociant Nantois de faire inférer avec fes obfervations dans le journal du commerce, imprimé à Bruxelles : elle eft affurée par les communications données à toutes les chambres de commerce, non-feulement du projet, mais même de toutes les lettres qui doivent compofer le *tarif*. Leurs obfervations qu'on attend, doivent être examinées & combinées avec les avis des intendans ; & de ces fources doit fortir une décifion fixe, qui ne peut pas manquer d'être favorablement accueillie. Il y auroit plutôt à craindre qu'il n'en réfultât une trop grande diminution de produits, incompatible avec l'état actuel des finances ; & c'eft le feul obftacle réel qui paroiffe pouvoir s'oppofer à l'exécution du projet.

Pour être convaincu de fon utilité, parcourons les principales objections qu'on y oppofe, & commençons par écarter en un mot toutes les injures contre les fermiers & les gens de finance : préjugés populaires plus dangereux qu'on ne croit, qui favorifent la fraude, & attaquent mal-à-propos l'adminiftration générale. En effet, la loi eft faite entre le fermier & le contribuable : les juges & les différens degrés de jurifdictions font établis pour décider les conteftations qui peuvent s'élever entr'eux, avec les mêmes règles & les mêmes précautions qui mettent à l'abri toute la fortune des particuliers. Les peines les plus rigoureufes font prononcées par la loi contre les exactions & les concuffions ; les tribunaux & les cours y veillent avec févérité ; l'adminiftration a même été plus loin pour la tranquillité du citoyen. Il est arrivé plusieurs fois que des droits établis & non supprimés font tombés en défuétude; qu'un fermier plus attentif s'est apperçu de cette négligence, & a voulu percevoir le droit de la loi subsistante. Les tribunaux ne pouvoient s'y opposer; l'administration l'a fait; & par une simple décision connue de tout le monde, elle a arrêté le fermier. Elle a voulu examiner par elle-même la nature du droit, la forme de sa perception, les raisons qui ont pu interrompre cette perception, & les inconvéniens qui pourroient résulter de son rétablissement. Ce n'est qu'après des précautions aussi sages, qu'il est permis au fermier de se pourvoir pardevant les juges ordinaires, qui, par bien des raisons, font toujours plus favorables au contribuable qu'au fermier.

On trouvera au reste dans cet ouvrage l'approbation que méritent le projet de M. Colbert & le nouveau *tarif*; car c'est le même projet, & la seule différence, c'est que M. Colbert y mettoit des conditions qu'on n'exige pas aujourd'hui : nouvelle preuve de l'utilité de ce tarif, qui eût été généralement accepté, sans les conditions imposées à son acceptation. Les défauts qu'on peut reprocher aux *tarifs* actuels, font une raison de plus pour le nouveau *tarif*, dans lequel on s'efforce de les corriger.

On ne répétera point ici ce qu'on a si simplement discuté sur la quotité des droits & sur la fixation des évaluations. C'est avec le commerce que tout se fait; c'est, pour ainsi dire, lui-même qui fixe les droits, & arrête les évaluations sur le pied d'un commerce florissant en tems de paix. Il se trouvera peut-être des droits qui feront augmentés, soit par la quotité du droit, soit par l'évaluation de la marchandise : cela peut arriver; les variations du commerce & le changement des valeurs en font les causes naturelles; mais il y en aura d'autres diminués, les précautions feront mieux observées. En général, le *tarif* fera tout entier travaillé dans l'intérêt du commerce; on ne sauroit être trop convaincu qu'un bon *tarif* n'est point une opération de finance, mais de commerce; qu'il peut gêner quelques particuliers dans quelqu'intérêt personnel & peu légitime, mais qu'il doit être favorable en tout à l'agriculture & au commerce. Dans le fait, le commerce est le principal artisan de ce *tarif*. Qu'auroit-il donc à redouter d'une opération qui n'est faite que pour améliorer son état, & sur laquelle il est consulté dans tout le détail possible?

Mais, dira-t-on, les objets nécessaires aux armemens feront imposés dans le nouveau *tarif*? Oui, fans doute : mais qu'en résultera-t-il? 1°. Que tous les objets nécessaires aux armemens qu'on tirera de l'intérieur du royaume, ne paieront rien, au moyen de la suppression des bureaux de l'intérieur; moyen sûr pour encourager l'agriculture, qui fournit presque tous ces objets. 2°. Ceux qu'on tirera de l'étranger, feront certainement ménagés, & peuvent

être distingués en deux classes; l'une de matières premières, comme les chanvres, qui feront assurément placés dans la classe la plus favorable, & l'autre, des objets qui ont déja reçu la main-d'œuvre & les apprêts, comme les salaisons, & doivent être imposés à des droits un peu plus forts. Il est presque honteux qu'ayant reçu de la nature le meilleur sel & le plus estimé, ayant en abondance les porcs dans le royaume, possédant des pâturages & des souches de bestiaux considérables, qu'il ne tient qu'à nous d'augmenter autant que nous voudrons, nous ayons recours à l'étranger pour les salaisons. Vainement objecteroit-on l'inconvénient des gabelles; plusieurs provinces du royaume en font affranchies, & notamment la Bretagne, qui a plus de tort que toute autre province, de ne se pas livrer aux salaisons. Elle peut se suffire à elle-même sur cet objet; elle a les sels, les porcs, les bœufs chez elle; l'étendue immense de ses landes est capable de nourrir une augmentation considérable de bestiaux d'autant plus utiles, qu'en même tems qu'ils fournissent la matière première aux salaisons, ils engraissent & améliorent les pâturages, qui en élèvent d'autres, & animent l'agriculture & la fabrique par la consommation de toutes leurs productions. Pour encourager le colon, & produire ce grand bien, rien n'est si utile que l'imposition de quelques droits à l'entrée sur les salaisons étrangères. Si un négociant d'un pays de gabelles s'élevoit contre cette imposition, on lui répondroit : Pourquoi voulez-vous aller chercher à l'étranger ce que vos concitoyens peuvent vous fournir? Et on répondra au négociant Breton, avec encore plus de succès, en lui disant : Faites vous-mêmes vos salaisons, & tirez un nouveau profit de vos armemens, en consommant vos propres denrées, & en y ajoutant un nouveau prix pour la main-d'œuvre.

Ces raisons importantes pour le commerce en général & pour la Bretagne en particulier, doivent faire sentir qu'il ne peut être question ici des gabelles. Il ne s'agit que des droits de traites, d'en dresser un nouveau *tarif* dans les vûes du plus grand bien du commerce, de verser de nouvelles faveurs sur le commerce de Guinée & des colonies Françoises, enfin d'accorder de nouvelles facilités sur les acquits à caution, les entrepôts & les transits. Pourquoi voudroit-on douter d'intentions si avantageuses & si ouvertement déclarées?

Plusieurs raisons nous dispensent d'entrer dans un plus long détail sur l'objet de la Bretagne : 1°. c'est qu'une grande partie des observations tombe par le fait, à l'inspection du nouveau *tarif* qui a prévenu les désirs du commerce.

2°. C'est que ces objets ont déja été traités avec assez de détail dans une lettre particulière pour la Bretagne.

3°. C'est que l'ouvrage qui semble d'abord critiquer sur quelques points le projet du nouveau *tarif*, conclut cependant à son acceptation.

Pourroit-on douter, après cela, que la province

de Bretagne ne saisît avec empressement les avantages qu'on veut bien lui faire , & n'en profitât pour établir & pousser avec vivacité les salaisons , qui lui sont aussi utiles pour la culture de ses terres , que pour ses armemens & son commerce ?

Il nous reste à discuter ce qui concerne l'Alsace, la Lorraine & les trois Evêchés ; mais avant que d'entrer dans l'examen des véritables intérêts de ces provinces , qu'il soit permis de faire une réflexion générale qui leur est commune.

En examinant dans le premier chapitre la nature d'un *tarif* des droits de traites en général , on a établi que la fonction d'un bon *tarif* étoit moins une opération de finance que de commerce , & que son but principal étoit l'utilité de l'agriculture, du commerce & de la population, Le produit en finance ne peut être utile qu'autant qu'il favorise ces trois objets capitaux , & des intérêts aussi précieux peuvent diminuer ce produit sans qu'on doive y avoir regret , si on peut faire ce sacrifice, ou même remplacer ses produits par des opérations plus douces & plus analogues au bien général.

En détaillant dans le chapitre second toutes les qualités nécessaires à un *tarif* de droits de traites , pour être nécessairement utile ; on a prouvé de plus combien un bon *tarif* étoit avantageux au commerce ; ces principes ont été traités en général , & sans application à aucune puissance ni à aucune nation. On a observé en même tems que si le système de la liberté générale pouvoit être adopté , ce ne seroit sûrement que par un état riche en productions du sol & de l'industrie , qui auroit plus de superflu que de besoins ; que ce système ne pourroit être favorable à ceux qui pourroient se trouver dans une situation contraire ; que les prohibitions , ou encore mieux les *tarifs* bien combinés , pourroient seuls les défendre , en excitant leur main-d'œuvre & leur industrie de toute espèce. Si l'Alsace, la Lorraine & les trois Evêchés sont dans ce cas , si leurs besoins égalent leurs productions , si les produits de leur industrie sont fort au-dessous de leur nécessaire , le *tarif* leur est essentiellement utile ; & si la Lorraine, & l'Alsace formoient chacun une souveraineté distincte & séparée de toute autre , il seroit de leur intérêt d'avoir un bon *tarif* pour animer leur culture , leur commerce & leur population.

Nous venons de voir dans le quatrième chapitre, que le nouveau *tarif* qu'on propose , est travaillé dans le plus grand intérêt de l'agriculture , du commerce & de la population pour toute nation en général ; nous l'avons justifié par l'application des principes généraux contenus dans les deux premiers chapitres : ainsi , quand on l'aura réformé suivant les observations de tout le commerce , on pourra se flatter qu'il approche de sa perfection. Il est donc avantageux en général à tous ceux qui se porteront à l'adopter ; & il faut des raisons d'exception bien fortes & bien décisives pour se soustraire à des principes si constans & si généraux.

Ces raisons d'exception doivent se trouver dans le local , plutôt que dans des titres de privilèges ; car les privilèges ne sont faits que pour le bien des privilégiés ; & on se riroit de quelqu'un qui refuseroit d'accepter un présent , sous prétexte qu'il n'est pas obligé de rien donner. Ces privilèges sont des armes utiles entre les mains du privilégié , pour empêcher qu'on ne détériore sa condition ; mais elles lui deviendroient funestes , si elles lui défendoient de l'améliorer. Laissons donc un moment à part tous ces privilèges , & traitons la question dans le plus grand intérêt de ces provinces. Cela est d'autant plus aisé , que leur refus obstiné , en leur faisant un tort réel , ne seroit pas capable d'empêcher le bien qu'on veut faire au reste de l'état. Ces provinces qui se touchent sont placées dans un coin qu'il est très-possible de séparer du reste du royaume par une barrière , dans la formation de laquelle il est aisé d'appliquer la difficulté des enclaves. Dans cet état , elles peuvent rester dans la situation où elles sont , sujettes aux droits locaux & au *tarif* de la barrière qui les sépare du reste du royaume , ainsi qu'aux droits uniformes & aux prohibitions qui peuvent y être établies , & qu'il est juste de maintenir pour le bien de l'état. Il faut bien qu'elles contribuent aux charges de l'état dans la proportion qu'elles y sont imposées.

Une autre condition non moins juste & non moins nécessaire , c'est que la barrière qui est établie entre ces provinces & le reste du royaume , soit absolument & en tout égale aux barrières établies entre le royaume & l'étranger effectif , sans quoi ces provinces deviendroient un entrepôt général de marchandises étrangères , uniquement fait pour les verser dans le royaume en exemption de droit , ce qui dérangeroit toutes les proportions du *tarif général*. Avec ces précautions à suivre dans la plus grande exactitude , on peut les retrancher du *tarif* , qui n'en deviendra pas moins utile pour le reste du royaume. Ce n'est donc que pour leur intérêt que nous allons tâcher de les convaincre de l'utilité qu'elles trouveroient dans l'acceptation du nouveau *tarif*.

Commençons par l'Alsace , & distinguons Strasbourg du reste de la province , moins par ses privilèges , que par les circonstances locales & par l'intérêt général du commerce de l'état.

Ses privilèges sont fondés sur la capitulation du 30 septembre 1681 , confirmés par les arrêts du 20 février 1683 & du 26 août 1698 ; les dispositions qu'ils contiennent , sont uniquement relatives à la ville de Strasbourg.

Il ne faut pas être étonné que tous ces titres ne parlent que de la ville de Strasbourg ; & ne fassent aucune mention du reste de l'Alsace pour deux raisons principales : la première , c'est que la ville de Strasbourg seule capituloit , le reste de l'Alsace étoit déja réuni à la couronne par droit de conquête : la seconde , c'est que les motifs que cette ville donne elle-même , ne conviennent qu'à elle , & point du tout au reste de la province. Il paroît , par sa situation fur le bord du Rhin, uniquement féparée de l'étranger par ce fleuve, & communiquant facilement avec l'étranger par le pont de Kel, feul pont qui établiffe telle communication dans toute l'étendue de l'Alface; il paroît, dis-je, que cette ville eft naturellement un entrepôt général où fe viennent rendre toutes les marchandifes étrangères, pour être échangées contre les marchandifes nationales que le même objet y attire. C'eft fur cela qu'eft fondée la libre communication de Strafbourg avec l'étranger, foit directement & immédiatement, foit médiatement par les autres bureaux de l'Alface, au moyen des acquits à caution accordés aux marchandifes deftinées pour la ville de Strafbourg. C'eft à la faveur de cette pofition, que les négocians de cette ville ont établi un commerce d'entrepôt floriffant, qu'on rifqueroit d'anéantir, fi on impofoit des droits nouveaux fur ce qui leur parvient de l'étranger. Si toutes ces raifons font favorables à leur franchife actuelle, l'intérêt général de l'état ne parle pas moins pour eux; & c'eft pour cela que dans la lettre jointe au projet adreffé à M. l'intendant d'Alface, on propofe de conferver à Strafbourg toute fa franchife, & de la mettre du nombre des quatre villes franches qui feront placées aux quatre coins du royaume, toutes dans des pofitions favorables pour former des entrepôts floriffans; & dès-lors Strafbourg a tout ce qu'elle demande, & tout ce que l'avantage de fa fituation doit lui procurer, indépendamment de fes priviléges. Il ne paroît donc pas qu'il foit queftion de rien changer à fon état vis-à-vis de l'étranger. Il peut y avoir quelque changement pour les marchandifes que, de fon aveu, elle tire de France en grande quantité: mais c'eft à fon avantage, car il ne lui en vient aucune qui n'ait acquitté les droits de fortie des cinq groffes fermes, ainfi que les droits de péage d'Alface, & il y en a beaucoup qui font chargées en outre des droits locaux & de communication. Or les droits de traites dans le nouveau *tarif* font combinés bien plus avantageufement pour le commerce, qu'ils ne l'étoient dans le *tarif* de 1664, & les droits locaux, ainfi que les bureaux de l'intérieur, font fupprimés: les priviléges de Strafbourg lui font confervés en entier; fon état ne change point à l'extérieur. Elle refuferoit donc fon bien, fi elle refufoit le nouveau *tarif*.

Les négocians de Strafbourg tirent, dit-on, de France beaucoup de marchandifes des-ifles & de la compagnie des Indes. Qu'eft-ce qui les en empêchera, foit par la voie de l'étranger dont ils fe fervent aujourd'hui, foit par la voie des tranfits, aufquels il feroit peut-être poffible de donner un peu plus d'extenfion?

Ils tirent actuellement leurs toileries fines de la Suiffe, de la Siléfie, de Squabe & de Hollande; & des laines de Bohême, de Macédoine, du pays des Deux-Ponts, &c. Ils le feront de même, & rien ne s'y oppofera, tant pour ces objets de commerce, que pour tous les autres dont ils jouiffent actuellement.

Les marchandifes qu'ils tirent de France, viennent par l'étranger, en remontant le Rhin, par le moyen des bateliers de cette ville. Le corps des bateliers eft le premier des vingt tribus de Strafbourg, il confifte en plus de cent familles réfidentes dans la ville, outre 300 bateliers qu'ils entretiennent fur le Rhin jufqu'à Lauterbourg pour aides pilotes & alléges. On n'a pas envie de toucher aux priviléges qui leur font accordés. On ne doute pas de l'avantage de cette navigation & de l'inconvénient qu'il y auroit de la voir tranfporter de l'autre côté du Rhin chez une puiffance étrangère. Mais comment cela arriveroit-il, puifque Strafbourg conferve avec l'étranger la même liberté dont elle jouit, & qui anime fi fort le commerce & la navigation dans les autres ports francs?

Il n'en faut pas davantage pour prouver que la ville de Strafbourg trouvera un avantage réel dans le nouveau *tarif*. Séparée du refte de l'Alface, comme elle l'a toujours été, elle conferve les faveurs & les franchifes qui lui ont été affurées par la capitulation de 1681 & par les arrêts de 1683 & 1698. Ces deux arrêts, & même celui de 1684 juftifient la barrière établie entre cette ville & le refte de la province; & tout le monde connoît la barrière fubfiftante entre la province de l'Alface & les autres provinces du royaume. A l'égard des marchandifes que Strafbourg tire de l'étranger, foit pour importer dans le royaume, foit pour reverfer à l'étranger, elle refte dans la même pofition où elle eft. Par rapport aux marchandifes qu'elle tire en grande quantité de l'intérieur du royaume, elle ne payera qu'un droit combiné plus avantageufement dans l'intérêt du commerce, au lieu de deux, & plus qu'elle paye aujourd'hui; car dans l'état préfent elle ne tire point de marchandifes des provinces limitrophes, qu'elles n'acquittent le droit de fortie du *tarif* de 1664, & les droits de péage d'Alface; & fi elle les tire des provinces plus éloignées, elles acquittent encore les droits locaux & les droits de communication de province à province. L'avantage eft donc très-réel pour Strafbourg; quand un arrangement utile pour elle toucheroit à fes priviléges, elle ne devroit point y avoir regret; mais dans le fait fes priviléges font confervés en entier; & on ne fait qu'y ajouter de nouveaux avantages.

Nous en trouverons encore de plus grands pour la province d'Alface, en difcutant fes véritables intérêts. Commençons par établir fa fituation actuelle. Elle paye de tous côtés; toutes les marchandifes qu'elle tire de France, font fujettes aux droits locaux & aux droits du *tarif* de 1664. Elle paye les droits de péage fur ce qui lui vient de l'étranger; elle eft foumife aux droits fur les cuirs, & à un affez grand nombre de prohibitions d'autant plus néceffaires à maintenir, qu'elles feroient plus funeftes par le dérangement des proportions établies par le commerce lui-même dans la formation du nouveau *tarif*: très-peu de manufactures, & toutes languiffantes, animent mal la culture & la population. Tel eſt le tableau de leur état : examinons-en les cauſes & les conſéquences.

Le ſol de l'Alſace eſt excellent & ſuſceptible de preſque toutes les productions utiles. Les habitans ſont laborieux, induſtrieux, & la main d'œuvre eſt à bon marché : cependant ils n'emploient point toutes les matières premières de leur crû, auxquelles ils pourroient donner un nouveau prix par le travail de leurs fabriques. Nulle gêne, ſoit réelle, ſoit idéale, ne s'oppoſe au ſuccès de ces fabriques qui languiſſent : cependant, tandis qu'à leur porte on voit dans la Champagne une culture plus animée ſur un ſol moins fertile, & des manufactures floriſſantes preſque en tout genre, occuper utilement, quoiqu'à plus grands frais, un peuple conſidérable d'ouvriers & de conſommateurs ; d'où vient cette différence ? Les Alſaciens nous le diront eux-mêmes. Les bureaux ſont remplis de mémoires, par leſquels on repréſente que les manufactures d'Alſace ne ſauroient ſe ſoutenir que par leur libre communication avec les provinces de l'intérieur ; d'autant plus qu'elles ne peuvent actuellement ſoutenir la concurrence vis-à-vis l'étranger. Cela eſt probable en général dans des commencemens d'établiſſemens : cela eſt prouvé par le fait pour l'Alſace, qui tire la plus grande partie de ſes toiles & même de ſes draps de l'étranger. Ces fabriques ne pourront pas non plus lutter contre les manufactures de l'intérieur, tant qu'elles payeront le même droit qui donne une préférence aux manufactures nationales ſur les manufactures étrangères. Elles n'ont donc point de débouché, & par conſéquent point d'exiſtence. Reportez ce droit de traites à la frontière extrême, elles ſe trouveront pour-lors dans le même cas que les autres manufactures de draperies & de toileries, qui, non contentes de remplir la conſommation de l'intérieur, verſent leur ſuperflu en grande quantité chez l'étranger.

Ces principes & l'expérience ſuffiroient pour prouver l'avantage que l'Alſace doit trouver dans l'exécution du nouveau *tarif* : mais entrons dans un plus grand détail ſur le commerce de l'Alſace, & examinons-le ſous trois points de vûe. 1°. Pour les marchandiſes qu'elle tire de France. 2°. Pour celles qu'elle tire de l'étranger. 3°. Pour l'exportation des productions de ſon ſol & de ſon induſtrie.

Les marchandiſes qu'elle tire de France, ſont deſtinées, ou pour le commerce d'exportation à l'étranger, ou pour la conſommation intérieure de l'Alſace. A l'égard du commerce d'exportation dont Straſbourg eſt le centre & preſque l'unique agent, nous ne répéterons point qu'il eſt très-favoriſé par le nouveau *tarif*, dans lequel les droits de traites ſont combinés dans le plus grand intérêt du commerce, & au moyen duquel tous les droits de péage & de communication ſont ſupprimés dans l'intérieur.

La conſommation de l'intérieur de l'Alſace y trouve encore un plus grand avantage, puiſque la barrière qui eſt aujourd'hui entre cette province &

l'intérieur, étant levée, elle communiquera librement avec les autres provinces, & en recevra tout ce qui eſt néceſſaire à ſa conſommation, ſans avoir aucuns droits à payer ; au lieu que, dans l'état actuel, ce qu'elle tire de l'intérieur pour ſes beſoins, ſes fabriques & ſon commerce, eſt ſujet aux droits du *tarif de 1664* & des arrêts poſtérieurs.

Paſſons aux marchandiſes que l'Alſace tire de l'étranger : obſervons d'abord qu'il eſt de ſon intérêt d'en conſommer le moins qu'il lui ſera poſſible. Ajoutons qu'elle en remplacera une grande partie par les marchandiſes de France qu'elle recevra en exemption de droits, au lieu qu'elle paye aujourd'hui quelques droits ſur les marchandiſes étrangères ; qu'elle doit même payer tous les droits uniformes qui y ont été impoſés, & que toutes les prohibitions qui y ſont ordonnées, doivent y avoir lieu. S'il eſt quelques eſpèces qu'on ne peut ſe diſpenſer de tirer de l'étranger, le droit du nouveau *tarif* combiné dans l'intérêt général du commerce, ne ſera jamais aſſez fort pour grever le conſommateur. Je ne parlerai point de la contrebande des marchandiſes prohibées, ni de la fraude des droits excluſifs. Nous avons déja prouvé dans le ſecond chapitre, que, ſi le commerce eſt avantageux à quelques particuliers, il eſt funeſte aux manufactures établies dans la province, & s'oppoſe à tous nouveaux établiſſemens. La fertilité du ſol de l'Alſace, le génie & l'induſtrie de ſes habitans, doivent lui faire ſentir plus qu'à toute autre province, tout le danger de cet inconvénient. Si la ligne des bureaux de traites étoit portée ſur la frontière d'Alſace, elle verroit bientôt triompher l'induſtrie de ſes habitans, & changer ſon commerce de manufactures étrangères en établiſſemens utiles à elle-même, aux autres provinces du royaume, & en général à tout l'état.

Il ne nous reſte plus à parler que de ſes denrées commerçables : commençons déja par écarter l'idée de mettre l'Alſace parfaitement & entièrement dans le cas des provinces des cinq groſſes fermes. Il n'eſt ici queſtion ni d'aides, ni de gabelles, ni de tabac, toutes charges impoſées ſur la conſommation intérieure ; il ne s'agit que des droits d'importation & d'exportation à la frontière extrême, & de la ſuppreſſion de tous droits de traites à l'intérieur. Il n'y a rien certainement de plus différent : il n'eſt pas plus queſtion de vouloir toucher à la plantation, à la culture & au commerce du tabac en Alſace ; tous ces objets doivent reſter dans l'état où ils ſont actuellement. Les tabacs qui ſortent de l'Alſace à l'étranger, paient actuellement 13 ſ. 4 d. du quintal ; en les mettant à la ſortie dans la claſſe de la plus grande faveur, ils paieront vrai-ſemblablement encore moins. Le tabac étranger y paye 30 ſols par livre d'entrée. Si la culture des tabacs eſt abondante en Alſace qu'on le prétend, il eſt de l'intérêt de cette culture de gêner l'introduction des tabacs étrangers ; & en général toutes marchandiſes ou denrées rangées dans les claſſes les plus favorables à la sortie, doivent, par les mêmes principes, se trouver placées dans les classes les plus fortes à l'entrée.

Les grains de l'Alsace se trouvent aujourd'hui compris dans les prohibitions générales : c'est une affaire d'état qui ne regarde pas le *tarif*.

Elle compte encore parmi ses productions, le tartre de vin, les huiles de lin, de navette & de pavots, ainsi que le safranon. On pourroit y ajouter la garence, dont la culture commence à y réussir. Tous ces objets propres & même nécessaires aux manufactures, devroient fournir d'abord à la consommation des manufactures même d'Alsace; & leur superflu trouveroit un débouché avantageux dans les manufactures de France, qui en tirent elles-mêmes de l'étranger.

Finissons par l'objet des chanvres & des lins. Dans le fait, l'Alsace en produit beaucoup : elle en consomme peu dans ses manufactures languissantes. La Suisse & la Hollande enlèvent le surplus presque en exemption de droits, tandis que toutes les autres manufactures de France sont obligées d'aller chercher à l'étranger ce qui manque à l'aliment de leurs fabriques. Ainsi il résulte de l'état actuel, que l'Alsace n'a point de manufactures pour l'emploi de ses matières premières, quoiqu'elle fût à portée plus que toute autre d'en faire usage; que l'étranger en profite, & que le régnicole en est privé; & cela ne peut pas être autrement, tant que l'Alsace ne connoissant pas ses véritables intérêts, conservera sa liberté à l'étranger, & sa barrière dans l'intérieur. Si, par le nouveau *tarif*, sa communication avec l'étranger est gênée sur ces objets, elle devient libre avec les autres provinces du royaume, dont les manufactures fabriqueront de plus ce que l'étranger fabriquera de moins. L'Alsace elle-même employera ces matières; elle augmentera le nombre de ses métiers; la classe du *tarif*, la plus favorable à l'exportation, & la liberté de sa communication avec l'intérieur, favoriseront ses premiers débouchés : sa propre consommation lui sera assurée par les droits d'entrée sur les marchandises étrangères; & bientôt ses fabriques, dignes émules des autres manufactures du royaume, concourreront avec elles dans le commerce à l'étranger, dont elles cesseront d'être tributaires comme elles le sont.

Tout concourt donc à prouver les avantages que l'Alsace doit retirer de l'exécution du nouveau *tarif*. Il est temps de rappeller ici ce que nous avons dit d'abord : c'est que, quand l'intérêt ne s'y trouveroit pas tout entier, & pourvû qu'il n'y eût pas des inconvéniens confidérables, il est plus convenable que la barrière soit établie entre l'étranger & le régnicole, & que tous les citoyens soient réunis & défendus par une barrière qui les comprenne tous. L'intérêt général de l'état, l'égalité de la protection du souverain pour tous ses sujets, les sentimens de confraternité qui doivent unir tous les enfans du même père, enfin la prospérité générale,

qui est la seule source assurée de toutes les prospérités particulières, décideroient la question, s'il pouvoit y avoir quelques difficultés, qui disparoissent toutes dès que l'intérêt général de l'état se trouve réuni à l'intérêt particulier des provinces qui le composent.

Il ne nous reste plus à discuter en général, que ce qui regarde la Lorraine & les trois Évêchés. Ces dernières enveloppées de toutes parts par la Lorraine, suivront nécessairement son sort : mais cette province éventuellement réunie à la France, doit nous intéresser par bien des motifs. C'est une province frontière qui ne sauroit être trop peuplée, ni trop attachée aux intérêts de l'état, qu'elle défend, pour ainsi dire, en première ligne en temps de guerre. Son bien particulier fait donc une partie essentielle du bien général de l'état. L'idée du nouveau *tarif* qu'on ne connoissoit pas encore, a donné lieu à un grand ouvrage, où l'auteur déclare avoir été financier, commerçant & fabriquant, & ne parle que comme citoyen.

Il est inutile qu'il soit financier; car il ne s'agit point ici de finances. On ne sauroit trop répéter qu'un *tarif* ne peut être bon, que, lorsqu'oubliant le plus grand intérêt des produits, il est véritablement travaillé dans le plus grand intérêt du commerce. Pour juger de celui qu'on propose, il suffit donc d'être véritablement commerçant & fabriquant.

En examinant cet ouvrage, commençons par écarter tout l'inutile : retranchons à ce titre environ un tiers du livre rempli de déclamations & de lieux communs contre les fermiers : préjugés vulgaires qui ne laissent que le regret du temps perdu à les écrire & à les lire.

On voudroit pouvoir traiter avec le même mépris l'éloge répété de la contrebande, qui occupe encore bien un tiers de cet ouvrage : mais notre auteur en triompheroit peut-être. Des gens peu instruits pourroient le croire : on ne sera pas cependant bien long sur cet article. Nous avons prouvé, dans le second chapitre, de la façon la plus évidente, que la contrebande étoit le plus mortel ennemi de la fabrique : ainsi ce n'est pas en qualité de fabriquant, qu'on peut prendre sa défense. Seroit-ce comme commerçant ? Nous croyons avoir aussi prouvé dans le même endroit, que le négociant n'étoit véritablement utile que lorsqu'il animoit la fabrique, & lorsque les efforts réunis du fabriquant & du négociant répandoient la vie & l'activité partout. Il n'y a, dans le vrai, qu'un seul commerçant dans l'état, qui est l'état lui-même. Tous les négocians ne sont que des facteurs & des commissionnaires, auxquels il abandonne le soin de faire fructifier ses différentes branches de commerce : leurs profits sont les siens, & l'enrichissent; mais ils l'appauvriroient, s'ils nuisoient à l'agriculture, aux fabriques & à la population : ce qui résulte nécessairement du commerce de contrebande. Un marchand de contrebande n'est donc ni négociant, ni commerçant : c'est une sangsue qui enrichit l'étranger

aux

aux dépens de l'état, & qui s'engraiffe lui-même du fang des pauvres. On fe reprocheroit d'en dire davantage fur une vérité fouvent oubliée, mais univerfellement connue.

Avant que d'examiner le refte du livre, divifé en quatorze lettres féparées avec art, pour mafquer différentes contradictions qui ne font peut-être pas échappées fans deffein à un auteur qui s'annonce par-tout comme fort inftruit, commençons par bien éclaircir ce qu'on entend par les mots de fabrique & de manufactures. Le terme de fabrique en général, comprend toutes les mains-d'œuvres que les matières premières reçoivent dans les manufactures. Les manufactures font de deux efpèces, raffemblées ou difperfées.

Les premières font conduites par un feul entrepreneur, qui raffemble fous fes yeux, dans une enceinte de bâtimens plus ou moins vafte, le nombre de métiers & d'ouvriers qu'il fait travailler pour fon compte. La manufacture de Vanrobais eft dans ce cas.

Les manufactures difperfées, font celles où un nombre plus ou moins grand de fabriquans travaillent pour leur compte; & on en connoît de deux fortes, diftinguées par leur pofition. La première, prefque renfermée dans les enceintes des villes, tire ordinairement fon nom de la ville qu'elle occupe principalement; par exemple, les manufactures de Lyon, de Reims, d'Elbeuf, d'Amiens, de Sedan, & autres.

La feconde efpèce répandue dans tout le plat-pays & dans toute la campagne, occupe chaque particulier dans fa maifon, & chaque payfan dans fa chaumière, ne leur emploie pas même tout leur temps, & ne fait fouvent que remplir les momens oififs que leur laiffe l'interruption de leur travail ordinaire. Cette efpèce de manufacture tire fa dénomination des chefs-lieux où le fabriquant vient vendre fa marchandife, & acheter les matières premières qui lui font néceffaires pour en fabriquer d'autres: par exemple, les manufactures de toiles & toileries de Rouen, de Laval, de Cholet, les cadis du Gévaudan & autres. Il y en a même de connues fous le nom des *provinces* qu'elles vivifient prefque par-tout, comme les manufactures du Beaujollois. Cette feconde efpèce de manufactures, fe nomme fouvent du nom général de *fabriques*, pour la diftinguer des manufactures raffemblées. Ces dernières font utiles, par l'occupation qu'elles donnent à une certaine quantité de citoyens, & par le nombre de confommateurs qu'elles fourniffent à l'agriculture: mais elles occupent tout le temps des ouvriers qui ne peuvent être utiles qu'à cet objet; & il en eft à peu-près de même des manufactures renfermées dans les villes.

Les manufactures difperfées dans le plat-pays, font bien plus avantageufes. La fabrique répandue dans la campagne, donne de l'occupation aux habitans qui ne font pas propres à la culture, remplit

Commerce. Tome II. Part. II.

les momens oififs que les faifons & l'intempérie des temps laiffent au laboureur; occupe les femmes & même les enfans, & les met tous en état d'élever leurs familles, & d'améliorer leur bien. Elle eft donc auffi avantageufe à l'agriculture & à la population, qu'au commerce. C'eft par cette même raifon que les manufactures raffemblées qui emploient les filatures, font plus utiles que les autres, parce que la filature eft néceffairement répandue dans la campagne, du moins pour la plus grande partie. Il faut donc écarter encore les prétendues difficultés de bâtir des manufactures, mais exciter les fabriques, en leur ôtant les concurrens qui s'oppofent à leur établiffement, & engager le colon & l'ouvrier Lorrain à faire de la toile & des étoffes propres à fa confommation, au lieu de payer à l'étranger le tribut de cette fabrication. Qu'on ne dife pas que cela eft impoffible en Lorraine, tandis qu'on rapporte la preuve du contraire par deux faits effentiels: le premier, qui eft le bon marché des vivres, & par conféquent de la main-d'œuvre; le fecond, qui eft le fuccès des toiles & lainage fabriqués en Lorraine, qui s'exportent à l'étranger, & même fe répandent en France, malgré les droits que ces marchandifes paient à l'entrée.

Mais peut-être voudra-t-on fonder l'impoffibilité d'établir des manufactures en Lorraine fur la difette des ouvriers. Nous n'avons pas affez d'hommes, dit-on, pour fournir à une culture laborieufe & à des fabriques abondantes. Cette erreur, fi elle étoit fincère, feroit facile à détruire. Premièrement, le fait de la difette d'hommes ne peut pas être exact, puifque l'on convient du bon marché de la main-d'œuvre, qui ne peut être que l'effet de la difette d'ouvrages, ou de la concurrence entre un affez grand nombre d'ouvriers. Secondement, l'expérience générale nous apprend qu'il y a toujours des hommes par-tout où fe trouvent de l'occupation qui les fait fubfifter commodément: leurs familles qu'ils font en état d'élever, les multiplient avec célérité; les étrangers les préviennent encore, en adoptant cette nouvelle patrie; & nul pays n'eft plus cultivé & mieux en valeur, que celui qui fournit un grand nombre de confommateurs dans les fabriques floriffantes. Mais, dit-on, il a fallu arrêter la trop grande étendue des fabriques, par des arrêts qui ont fufpendu leur travail pendant le temps des récoltes dans la généralité de Rouen. Ces arrêts étoient-ils bien néceffaires? Tout eft cultivé dans cette généralité, avec le plus grand foin & dans le plus grand détail. Il y a donc des cultivateurs, & il ne doit pas manquer de monde pour la récolte. Cela eft fi vrai, que ces mêmes Normands, dont la récolte eft plus tardive que celles des environs de huit à dix lieues de Paris, viennent y faire la récolte avant que de travailler à la leur. C'eft un pays riche en manufactures & en fabriques, qui fournit les ouvriers néceffaires à la récolte d'un pays qui en eft prefque dépourvu: preuve certaine que l'agriculture & la fabrique fe prêtent des fecours mutuels, & que la

Tttt

population eſt l'heureux effet de tous leurs efforts réunis.

Mais peut-être les manufactures ne ſont-elles pas ſi utiles en elles-mêmes ; peut-être ſeroit-il plus avantageux de vendre les matières premières à l'é-tranger, ſauf à racheter de lui les marchandiſes fabriquées dont on peut avoir beſoin. L'Eſpagne nous en fournit la preuve, en livrant ſes laines à l'étranger ; & dans le fond, ne vaut-il pas mieux avoir des cultivateurs, que des fabriquans ? Le pro-tecteur le plus zélé de la contrebande ne pourroit pas dire mieux. Mais éclairciſſons cette queſtion, & diſons que la valeur de la matière première eſt toujours plus que triplée par la main-d'œuvre de la marchandiſe fabriquée ; qu'ainſi c'eſt tripler les pro-duits de l'agriculture pour l'état, que lui aſſurer le bénéfice de cette main-d'œuvre : ajoutons qu'un fa-briquant n'ôtera pas un cultivateur, mais au con-traire que beaucoup de fabriquans multiplieront les cultivateurs, en animant la culture, parce qu'il faut vivre pour travailler, & que le fabriquant conſomme les productions du ſol, tant en vivres qu'en ma-tières premières.

Mais l'Eſpagne vend ſes laines : deux raiſons eſſentielles pour cela. La première, c'eſt que les pays chauds ne ſont pas ſi favorables à la main-d'œuvre. La ſeconde, c'eſt que ſa récolte en lai-nes lui donne un grand ſuperflu au-delà de ſa con-ſommation ; & tout état aura toujours intérêt de vendre le ſuperflu de ſa conſommation. C'eſt en cela que réſide l'intelligence d'un bon tarif : ban-niſſez-en toute prohibition, ſi cela eſt poſſible, parce qu'elle ne ſert qu'à exciter la contrebande, & réglez les droits de ſortie ſur les matières pre-mières, de concert avec le commerce, eu égard à la quantité de matière première ; à l'emploi qui s'en fait dans les fabriques, & à l'extenſion dont ſont ſuſceptibles & la culture & l'emploi. Retenir le ſuperflu, ce ſeroit diminuer la culture ; livrer le néceſſaire à l'étranger, ſans une préférence pour le national, ce ſeroit anéantir la fabrique. Conſerver l'un & l'autre, c'eſt les mettre en état de ſe fournir de mutuels ſecours, dont elles ne manqueront pas de profiter. Notre auteur Lorrain ne peut ſe diſ-penſer d'en convenir lui-même ; & dans ſa dernière lettre, il avoue que des manufactures bien animées, font le bien réel d'un état ou d'une province. Si le tarif reporté à la frontière extrême doit produire cet effet, comme il l'a produit dans tous les lieux, ſoit nationaux, ſoit étrangers, qui ont vu croître & élever leur commerce à l'abri des tarifs, la Lor-raine doit deſirer de jouir des mêmes avantages, à moins que des circonſtances locales ne s'y oppoſent. C'eſt ce qu'il eſt queſtion de diſcuter ; & cela peut être aſſez court.

Retranchons encore de l'ouvrage que nous exami-nons, le détail très-long, & qui ne ſera pas ſans con-tredit, des priviléges de la Lorraine. Si le tarif peut détériorer ſon état, il eſt inutile d'y op-poſer ſes priviléges : l'intention ne peut être que de la favoriſer ; & le fait une fois prouvé, que le tarif lui eſt contraire, fait tomber tout projet à cet égard. Si au contraire il lui eſt favo-rable, ce ne peut pas être l'intérêt de quelque par-ticulier décoré de la défenſe des priviléges, qui doit l'engager à refuſer ſon bien. Ces préjugés per-nicieux ne peuvent entrer, & encore moins ſubſiſter dans l'eſprit d'un citoyen & d'un véritable patriote. Il ſuffit d'être inſtruit pour les abandonner. Nous avons prouvé qu'un bon tarif étoit l'intérêt réel de toute nation. L'expérience doit nous avoir convain-cus par-tout de ces principes ; & le ſuccès de quel-ques réformations faites en différens temps dans les tarifs imparfaits de la France, en ont mis la preuve ſous nos yeux. Ainſi un bon tarif bien travaillé dans l'intérêt du commerce, eſt l'intérêt réel de la Lorraine. Celui qu'on propoſe eſt-il dans ce cas ? On l'eſpère : c'eſt certainement l'intention de tous ceux qui y ont travaillé. Se ſont-ils trom-pés ? Ils ne conſultent par-tout, que pour en être inſtruits parfaitement & en détail, & pour ſe réfor-mer. Dans ces circonſtances, ſont-ce les priviléges qu'on peut oppoſer ? Non, car ce ſeroit un abus intolérable, que de ſe ſervir du prétexte de ſes priviléges, pour refuſer ſon bien. Qu'on préſente des obſervations ſages & bien fondées, tendantes à réformer le tarif, & à le rendre encore plus utile au commerce, qu'on les préſente avec cette douceur & cette ſimplicité, compagnes inſéparables de la vérité & du patriotiſme, on ſera ſûr d'être écouté : mais chercher à faire valoir bien haut des priviléges, dans le temps que, loin de les attaquer, il n'eſt queſtion que de faire le bien du privilégié, c'eſt manquer à la fois & au patriotiſme & à la confiance qu'on doit avoir pour une adminiſtration qui pré-ſente & conſulte un projet ſi ouvertement & dans tous les détails.

Qu'entend-on par ce reproche ſi ſouvent répété, qu'on veut aſſimiler la Lorraine à la France ? Quoi ! il ſuffira qu'un réglement utile ait lieu en France, pour qu'il ſoit rejeté en Lorraine ? Les gens ſages & les véritables patriotes penſent bien autrement. Les Anglois ſont ſouvent nos ennemis, & toujours nos rivaux en matière de commerce ; cependant nous ne refuſons pas de prendre chez eux les con-noiſſances, les inſtructions & même les régles qui peuvent nous être utiles. Tâchons de ne pas imiter mutuellement nos vices ; mais faiſons tous nos efforts pour nous reſſembler par nos vertus. Ce ſeroit tomber dans la critique, que d'en dire davantage ſur cet objet.

Revenons au point eſſentiel : c'eſt l'avantage de la Lorraine. Nul pays riche ſans manufactures, & nulles manufactures floriſſantes ſans tarif. Ces deux vérités conſtantes ont été établies de la manière la plus ſolide dans les deux premiers chapitres de cet ouvrage. L'auteur Lorrain en convient : il avoue formellement la première dans ſa quatorziéme lettre, & ne diſpute pas la ſeconde, qu'il nieroit en vain, puiſqu'un bon tarif n'eſt fait que pour laiſſer libre l'exportation des marchandises fabriquées, & gêner l'importation des marchandises nuisibles ou concurrentes dans la consommation intérieure. Si c'est un bien inestimable d'avoir des fabriques florissantes, si un bon *tarif* est essentiellement utile pour cet objet, il ne reste plus que deux points à vérifier : le premier, si le pays est susceptible de manufactures ; le second, si le *tarif* qu'on propose est véritablement bon & avantageux pour le commerce.

La Lorraine est-elle propre à l'établissement des manufactures ? Pour en juger, prenons les principes mêmes qu'on présente. Pour que des fabriques puissent s'établir avec avantage, il convient, 1°. que les matières premières soient abondantes ; 2°. que la main d'œuvre soit à bas prix ; 3°. qu'il y ait des débouchés faciles & multipliés ; 4°. que la population soit nombreuse.

Nous n'irons pas bien loin pour sçavoir que la Lorraine est dans un cas très-favorable pour les deux premières conditions. On nous instruit qu'elle se suffit à elle-même pour les toiles & les gros draps de sa consommation, qu'elle en débouche même en France & à l'étranger : nous sçavons qu'elle a beaucoup de tanneries ; & cependant on nous atteste qu'elle vend des cuirs verds, des chanvres, des lins & des laines brutes à l'étranger. Elle a donc en abondance des matières premières, qui ne peuvent qu'augmenter dans une culture animée par la consommation. La main-d'œuvre en général est à bon marché en Lorraine ; & cela ne peut guère être autrement dans un pays qui fournit peu de travail. Au reste, dans le commencement des établissemens, la main-d'œuvre ne peut guère manquer d'être un peu chère : il faut faire venir des ouvriers pour instruire les habitans du pays ; ce qui coûte beaucoup : l'ouvrier novice ne débite pas lui-même beaucoup d'ouvrage, ce qui le rend cher ; & quoique le prix de la journée soit quelquefois plus haut, dans la suite la main-d'œuvre revient à meilleur marché, à raison de la quantité d'ouvrage produit par cette journée : c'est par là que la fabrique de Rouen & autres se soutiennent avantageusement dans un pays où le prix de l'homme de journée est plus cher que dans bien d'autres ; & le succès des fabriques de Sedan est une preuve que dans le voisinage de la Lorraine, le prix de la main-d'œuvre est favorable aux manufactures.

La facilité & la multiplicité des débouchés, ne sont pas les mêmes dans tous les pays de fabrique : il est certain que les ports de mer & les grandes rivières navigables, les facilitent considérablement ; mais beaucoup de manufactures prospèrent, quoiqu'elles ne soient pas dans un cas aussi favorable. Sédan qui porte ses draps dans toute la France, & même beaucoup à l'étranger, n'a ni mer, ni navigation facile de rivières : tous ses transports se font par terre. On en citeroit beaucoup d'autres exemples ; & à l'égard de la Lorraine, il suffit qu'elle convienne du débouché de ses matières premières, pour assurer qu'elle exportera plus facilement ses marchan-

dises fabriquées. Elle annonce qu'elle a actuellement le débouché facile de l'un & de l'autre ; mais elle craint de le perdre. Pourquoi ? Le *tarif* ne lui ôte pas son exportation, puisqu'il est fait dans l'intérêt du commerce ; & pour faciliter cette exportation, il y ajoutera le débouché de la France, par la suppression des bureaux qui la séparent de l'intérieur. Ainsi les débouchés qui lui suffisent actuellement, de son aveu, étant augmentés, ne peuvent manquer de donner beaucoup de ressort à ses fabriques. Mais, dira-t-on, le commerce de la Lorraine se fait par échange avec l'étranger, & il ne voudra pas le faire autrement. Rien n'empêche que ce prétendu commerce d'échange ne continue en Lorraine : mais elle emploiera dans cet échange, les marchandises fabriquées au lieu des matières premières, & il lui sera plus avantageux. Faites de la marchandise bonne & à un prix modéré dans sa qualité, & soyez sûr de la consommation. Lyon, le Languedoc, Rouen & beaucoup d'autres lieux de commerce ont des débouchés & des fabriques très animées avec l'étranger. La Lorraine en fera de même, & elle le fera avec d'autant plus de facilité, que, suivant notre auteur Lorrain lui-même, les draps de la fabrique de Sainte-Marie, en Lorraine, peuvent concourir avec ceux du Nord ; qu'on peut imiter ceux d'Angleterre, & les établir à meilleur marché par la suite, attendu, dit-il, qu'on a les matières premières équivalentes, & la main-d'œuvre à plus bas prix. Il entre ensuite dans le détail d'un nombre d'autres manufactures existantes, & soutient que, pour la toile, la Lorraine peut suffire à sa consommation. Ne résulte-t-il pas de tous ces faits, que la Lorraine est très-susceptible de manufactures ; qu'elles y ont même déja germé sans secours, & qu'elles n'attendent que le bénéfice d'un bon *tarif* pour croître & multiplier ? Aussi est-ce le cri du peuple & du fabriquant : sera-t-il étouffé par le cri de la contrebande ? Mais, dit-on, elle ne se fera pas moins, & le contrebandier étranger remplacera le contrebandier Lorrain, pour introduire en France les marchandises étrangères, en fraude des prohibitions ou des droits exclusifs. Laissez-le faire ; commencez par être plus riche & moins criminel, & vous verrez bientôt que votre travail & vos richesses opposeront à la contrebande étrangère, une barrière encore plus forte que celle des bureaux qui seront reportés à votre frontière extrême.

Notre Auteur semble faire peu de cas de la suppression de la barrière qui sépare la Lorraine des provinces de l'intérieur, ainsi que des bureaux qui l'environnent du côté de l'Alsace & des trois Évêchés : il craint même que l'industrie Lorraine ne soit étouffée par la concurrence de l'industrie Françoise. Mais, 1°. on supprime plusieurs droits, pour n'en imposer qu'un seul plus modéré en général, & mieux combiné dans l'intérêt du commerce : c'est un avantage certain, à l'évidence duquel il est impossible de se refuser.

2°. Cette barrière plus douce en général, & également favorable à l'agriculture & au commerce, bien loin de nuire à la Lorraine, ne fait que la défendre contre les concurrens les plus dangereux. En effet, la France elle-même qu'on voudroit faire redouter à la Lorraine, a besoin du secours des *tarifs*, comme toutes les autres nations, pour se défendre en certains cas. C'est à l'abri de ces secours, que son commerce & ses manufactures, que son agriculture & sa population se soutiennent, malgré les pertes occasionnées par les guerres, & même prennent de nouveaux accroissemens. Quoi! la Lorraine craindroit la France, tandis qu'elle se livre en aveugle à la concurrence de l'étranger, dont la France elle-même est obligée de se défendre? Cela n'est pas possible à imaginer; & s'il falloit encore de nouvelles preuves dans le fait, notre auteur nous les fourniroit: de son aveu, la Lorraine fournit actuellement à la France, des toiles & des étoffes fabriquées, quoiqu'elle soit obligée d'acquitter des droits qui, selon lui, montent souvent à dix pour cent. Quelle faveur pour ces marchandises & autres de même espèce, que la suppression de ces droits! Refuser cet avantage, c'est renoncer à un débouché avantageux & démontré tel, pour conserver l'idée d'un autre, pénible, laborieux, qui vous prive de vos matières premières, attaque directement vos fabriques; &, par contre-coup, votre agriculture: c'est renoncer avec perte au titre de concitoyen, pour prendre la qualité d'étranger, & se mettre nécessairement dans le cas d'être traité absolument comme tel; car ce n'est sûrement pas sérieusement qu'on propose, ou du moins qu'on insinue l'idée de faciliter encore les portes, qui, dans l'état actuel, sont presqu'ouvertes entre la Lorraine & l'étranger, & d'ouvrir celles qui la séparent d'avec la France. C'est proposer ouvertement pour la Lorraine, le privilége exclusif de la contrebande & de la fraude des droits prohibitifs; c'est sacrifier toutes les provinces du royaume à la Lorraine seule; c'est supprimer, pour ainsi dire, tous les autres *tarif*, & mettre le désordre partout.

Il ne me reste plus à parler que de la population: je ne répéterai rien de ce qui a été dit à cet égard. Le bon état de la population de la Lorraine, a été prouvé; & il a été démontré d'ailleurs & par les principes & par l'expérience, que les efforts réunis de l'agriculture & de la fabrique, étoient seuls capables de porter cette population aussi loin qu'il est possible, par les secours qu'elles se prêtent mutuellement; & il résulte de tout ce que nous venons de dire, que la Lorraine est dans une des positions des plus favorables pour établir & voir prospérer des fabriques nombreuses.

Il ne reste donc plus qu'un point à éclaircir, qui est de sçavoir si le *tarif* qu'on propose est travaillé & exécuté dans le véritable intérêt du commerce: c'est sur quoi notre auteur ne nous donnera aucunes lumières; car il ne s'est pas donné la peine de l'exa-

miner: c'est cependant le seul point difficile & véritablement essentiel. Un bon *tarif* n'est point une opération de finance: si on ne songeoit qu'aux produits, des droits médiocres, & répétés dans la communication des provinces, rempliroient facilement cet objet; mais c'est une opération principalement de commerce. C'est dans cette vue que le nouveau projet a été conçu, travaillé & exécuté; c'est pour remplir plus sûrement ces vues, qu'on l'a communiqué à tous les intendans, aux chambres de commerce, à leurs députés au bureau du commerce, & aux plus grands négocians, dont les connoissances plus épurées sont capables de donner les lumières les plus utiles: c'est après avoir rassemblé des avis aussi importans, qu'on se propose de faire un nouveau travail pour concilier ces avis, & les faire servir de fondement à une loi qui n'est faite que pour le bien & l'avantage de toute la nation. L'intérêt particulier de quelques citoyens, seroit-il assez aveugle pour s'y opposer ouvertement? Au lieu de se déclarer ainsi les ennemis du bien général, pourquoi ne cherchent-ils pas à y contribuer par leurs connoissances & leurs avis sur la réformation du *tarif*? L'empressement avec lequel on paroît les chercher, est un garant sûr du bon accueil qu'on leur fera.

On n'en dira pas davantage: on craindroit de se perdre dans des détails où l'auteur Lorrain s'est peut-être égaré lui-même; il suffit pour le prouver, de relever les contradictions dans lesquelles il est tombé. Ce n'est point à titre de critique qu'on en rassemble ici une partie; mais on craindroit quelques reproches de n'avoir pas épuisé tous les détails; & quoiqu'on y ait suffisamment répondu par l'établissement des principes, & l'application de ces principes à la situation particulière de la Lorraine, on a cru devoir montrer qu'il eût été aussi aisé de répondre aux plus petits détails, si l'on eût cru qu'il fût utile d'y descendre.

C'est ainsi qu'il parle à la page 279: *nous ne sommes pas au moment de parler de manufactures, ni d'un travail industrieux auquel nous n'avons point de bras à offrir*. Mais il avoit dit, à la page 102, que la Lorraine peut se suffire à elle-même. Il fait dans cet endroit, le détail de toutes les productions du sol; il fait ensuite le détail de ses manufactures dans les pages 107, 140 & 141. Il avoit dit, page 108, que la Lorraine n'a besoin que *de quelques étoffes de laine & de soie, quelques teintures éclatantes & des épiceries dont on a sçu se passer*. Il avoit dit ailleurs que le Lorrain, en général, est propre aux manufactures, qu'il est laborieux & frugal. On voit, par ce qu'il dit aux pages 105 & 107, que les vignerons & pasteurs ont du temps que leur laisse leur travail ordinaire, & qu'ils emploient utilement au travail des manufactures. Enfin, on trouve à la page 312, que la main-d'œuvre est à bas prix à Nancy, & qu'une ouvrière qui file de la laine ou du chanvre, se contente de quatre sols par jour: encore dit-il, dans un autre endroit, pages 409 & 410, qu'il y a de la maladresse aux Lorrains dans leur attachement à faire fabriquer dans une ville, à la vérité, la première de la province, mais où la main-d'œuvre est plus chère. Il n'est guère possible d'affirmer plus positivement la difficulté d'établir des manufactures, & de prouver plus difertement le contraire.

Dans plusieurs endroits, il semble craindre pour les manufactures de Lorraine, la rivalité des manufactures étrangères, & particulièrement de celles de France : mais il a dit à la page 126, qu'*on ne reçoit de l'étranger que des matières premières, & qu'on ne leur envoie que des denrées ou des marchandises fabriquées*. Il ajoute aux pages 336, 337 & 338, que les Lorrains peuvent imiter ou remplacer les étoffes de laine qu'ils tirent de l'étranger, & qui se réduisent à quelques serges d'Allemagne & à quelques draps du Nord. Il confirme cette opinion, en disant que les serges d'Allemagne, diminuées de qualité, sont aujourd'hui remplacées par des serges façons d'Aumale, fabriquées en Lorraine; qu'à l'égard des draps du nord, ils ont des laines équivalentes pour les faire, & que leur main-d'œuvre est à meilleur marché. Il dit ailleurs que les draps de Sainte-Marie sont très-propres à faire oublier les draps du Nord; qu'il ne leur manque plus que quelques perfections dans la fabrication & dans les apprêts. On trouve à la page 122, que la Lorraine ne consomme pas pour cent mille francs de toiles de Suisse, & page 139, qu'elle ne consomme pas quinze pièces de toile de Hollande. En voilà assez pour détruire lui-même la concurrence étrangère qu'il sembloit tant redouter : il réussit encore mieux vis-à-vis la concurrence Françoise, malgré l'état actuel des droits considérables que paient les marchandises de Lorraine entrantes en France, quand il dit, page 409, que les étoffes de laines fabriquées en Lorraine, pourroient, sans aucune innovation dans les droits établis, s'introduire en France. Les draps de Sainte-Marie vont en Franche-Comté, & les estamets de la Grandville vont jusqu'à Paris, ainsi que les toiles de Commercy.

S'il dit, dans plusieurs endroits, que tous ces établissemens de manufactures dérangeoient le commerce d'échange entre l'étranger & la Lorraine, il assure à la page 151, que quand on ne tireroit des Hollandois ni sucres, ni épiceries, ils tireront toujours les aciers, les fers & les bois de Lorraine. A la page 140, au sujet du commerce de Francfort, il dit que les toiles de cloître ne font pas un objet de deux cens pièces, & qu'en général il y a beaucoup d'articles négligés, depuis qu'il se fabrique des draps à Sainte-Marie, des serges à Nancy, &c. & il ajoute, page 141, que les dentelles de Mircourt sont annoncées à la foire prochaine, comme un objet de deux cent mille francs.

S'il prétend prouver dans sa sixième lettre, page 149 & autres, par rapport aux voitures, que ce font les profits répétés de l'allée & du retour sans charge morte, qui mettent les voituriers en état de faire aussi bon marché, fur-tout relativement à la Suisse, il a eu soin de nous instruire, page 122, que ce que fournit la Suisse est très-peu de chose, à quoi l'on peut ajouter que cela est très-heureux; parce que les marchandises que la Lorraine fournit à la Suisse, étant à bon marché & d'un grand encombrement, la Lorraine seroit ruinée, si les voitures revenoient chargées pour son compte des marchandises de Suisse, qui sont plus chères & moins pesantes. A l'égard des Liégeois, il assure qu'ils voiturent eux-mêmes, apportent leurs marchandises, & remportent des vins de Bar; & il convient que les Hollandois tireront toujours les aciers, les bois & les fers, pages 150 & 151.

Enfin, dans les pages 109, 110 & 111, il soutient que la Lorraine n'a dans son fonds aucun objet de commerce actif avec la France, de qui elle tire ses meubles, ses habillemens & autres marchandises: mais dans le même endroit, il convient que la France fait accueil aux laines, aux bestiaux, aux cuirs verds, aux planches & aux fers de Lorraine, c'est-à-dire, aux matières premières; &, page 409, qu'elle tire les estamets de Grandville, & les toiles de Commercy. Mais, arrêtons-nous : un plus long détail seroit critique, & ce n'est point notre intention; finissons seulement par une réflexion fondée sur les dernières citations, & qui jettera peut-être quelques rayons de lumière sur la matière que nous traitons. La Lorraine fournit des matières premières à la France : c'est donc un pays défendu par des *tarifs*, qui fabrique les productions d'un pays qui a sa communication libre avec l'étranger : cependant le peuple est nombreux & industrieux en Lorraine; la main-d'œuvre y est encore à meilleur marché qu'en France; & toute la différence qu'il peut y avoir entre la Champagne & la Lorraine, c'est que cette dernière est en proie aux marchandises fabriquées à l'étranger; au lieu que la première, défendue par des *tarifs* même fort imparfaits, prospère à leur abri, malgré les inconvéniens considérables qui résultent de l'état présent. Tel est le sinistre effet de ces entrepôts tant vantés de marchandises étrangères, qui rendent le voisinage de la Lorraine si préjudiciable, & contre lesquels il est impossible de ne pas prendre de précautions; ils commencent par écraser la Lorraine, & la fortune de quelques contrebandiers fait la ruine entière de la province. Au reste, c'est en faveur de la Lorraine qu'on est entré dans une discussion aussi étendue; & on lui diroit volontiers, optez : si vous acceptez le *tarif*, il n'est pas douteux que vous ferez votre bien, & on le desire pour l'amour de vous; si vous le refusez, il n'aura pas moins lieu pour le reste de la France; vous serez province étrangère, sujette à la foraine, aux prohibitions qui doivent y être observées, & séparée des provinces voisines qu'on tâchera de défendre contre vous comme contre l'étranger. C'est la conséquence nécessaire de l'égalité de protection, que le souverain doit à ses sujets. Mais que la Lorraine se consulte bien avant cette option ; qu'elle ne se laisse pas aller aux cris de l'intérêt particulier de quelques magasiniers, qui ne méritent le nom ni de commerçant ni de négociant. Ces cris plus à portée d'être entendus, & d'autant plus vifs, qu'ils craignent souvent d'être approfondis, ne doivent pas seuls être écoutés : il faut entendre le peuple, les colons & les fabriquans ; c'est leur intérêt qui est le véritable intérêt de la province, & en général, de tout état & de toute nation. Nous croyons avoir démontré que le *tarif* étoit utile, & même presque nécessaire pour assurer leur succès. Que nous oppose-t-on ? Mille marchands en gros ou en détail. Mais qu'est-ce que mille habitans, en comparaison d'un peuple d'agriculteurs & de fabriquans ? D'ailleurs, commençons par en retrancher le plus grand nombre. Les marchands détaillans fourniront toujours au détail, la marchandise qui se consommera : la nature de cette marchandise leur est indifférente ; il leur est même plus avantageux de consommer des marchandises nationales, parce qu'il leur est plus facile de s'assortir & de fournir toujours aux besoins du consommateur, sans être obligés de faire de si gros magasins. Retranchons encore le véritable négociant ; les foires n'en seront pas moins fréquentées : plus les fabriques de Lorraine leur fourniront de marchandises, plus elles lui demanderont de matières premières & autres choses nécessaires à leur travail, & plus le commerce de ces négocians sera animé. Il ne reste donc plus qu'un petit nombre de contrebandiers & de fraudeurs. *Cadit persona, manet res.* Je ne répéterai rien à leur égard : mais méritent-ils d'être écoutés, & encore moins d'étouffer les gémissemens de ce peuple précieux de colons & de fabriquans ?

On a tâché d'établir dans un premier chapitre, l'utilité des *tarifs* en général. On a exposé dans le second chapitre, toutes les qualités que doit avoir un bon *tarif*, pour être essentiellement utile. Après avoir reconnu dans le troisième chapitre, tous les vices & tous les inconvéniens des *tarifs* actuellement existans en France, nous avons reconnu dans le quatrième, que le nouveau projet du *tarif unique & uniforme* qu'on propose, y apportoit les remèdes les plus utiles, & paroissoit le plus conforme qu'il est possible, aux principes qui constituent toute l'utilité des *tarifs*. Enfin, après avoir prévu que le préjugé, l'intérêt personnel, ou même les circonstances locales pourroient former des obstacles à l'exécution d'un projet aussi utile, nous avons tâché de les lever, en discutant les écrits qui sont venus à notre connoissance sur cette matière ; & nous croyons avoir répondu solidement à leurs objections. Il ne nous reste plus qu'à desirer que cet ouvrage puisse remplir le but que nous nous sommes proposés, c'est-à-dire, puisse contribuer à l'éclaircissement d'une matière qui communément n'est pas bien connue, que les vices de l'état actuel rendent peu favorable, & contre laquelle en général on doit être prévenu, tant que l'on ne considérera que les

défauts existans, & qu'on n'élévera pas ses vues jusqu'à la connoissance entière de l'objet, & aux moyens nécessaires à prendre pour la réformation de l'état présent. Nous nous croirons heureux, si cette discussion peut être utile au bien de notre patrie, & nous nous flatterons en même-temps d'avoir servi les desirs d'un souverain qui ne cherche que le bien de ses sujets, & les vues d'un ministère dont le travail assidu ne tend qu'à un objet si désirable.

SECOND MÉMOIRE

Sur les tarifs, tiré du Journal du commerce.

Les *tarifs* des droits d'entrée & de sortie ne furent d'abord chez toutes les nations qui en adoptèrent l'usage, que des loix purement bursales. L'impôt en fut le seul objet, & l'on n'a vu que fort tard que l'impôt détruisoit sans cesse la source même de l'impôt. On s'en est apperçu à mesure que les connoissances du commerce se sont accrues, & qu'on a senti l'étendue & l'importance de ses intérêts. Mais la marche de l'esprit d'administration a été fort lente chez les nations même les plus éclairées. Si d'un côté les intérêts de la finance, les besoins publics n'ont pas permis la suppression des *tarifs* ; de l'autre, la situation du commerce en général est devenue telle, que les intérêts du commerce ont exigé l'entretien des *tarifs* chez les nations commerçantes. Les *tarifs* sont même devenus un moyen nécessaire pour élever le commerce chez les nations qui n'en ont point.

La science de la nation la plus habile dans le commerce, consiste donc aujourd'hui à se donner un *tarif* qui favorise sa culture & son industrie, qui tourne l'importation & l'exportation des denrées & des marchandises à son avantage, & à le varier suivant que l'exigent sa situation & celle des nations voisines. Si l'on se permet encore de regarder un *tarif* du côté de la finance, on rejette sévèrement toute vue d'intérêt de finance qui tend à la destruction du commerce. On ne perd jamais de vue ces maximes, que tout ce qui favorise le commerce, rend la source de la finance plus abondante ; qu'en multipliant les sorties & les entrées, on multiplie les droits, on augmente les revenus publics ; que des droits trop hauts les détruisent.

Le sort du commerce dépend en quelque sorte des *tarifs*. Les droits d'entrée servent à établir la réciprocité presque toujours très-nécessaire avec les autres nations ; à favoriser l'industrie nationale, à réprimer les importations ruineuses. Il n'y a peut-être point de loi qui exige autant de combinaisons, autant de connoissances politiques & d'un si vaste détail ; la plus légère erreur de combinaison peut coûter des millions à l'état, & chez les nations les plus instruites, les *tarifs* sont encore très-imparfaits.

Comme le commerce est par sa nature sujet à des révolutions continuelles, il est indispensable de faire des changemens dans les *tarifs*. Le législateur doit avoir continuellement les yeux ouverts sur la situation intérieure & extérieure du commerce, sur les loix des autres nations, sur leurs nouveaux établissemens, en un mot, sur tous les progrès de leur industrie & de leur commerce.

Il n'est pas étonnant que le commerce de la France se trouve accablé du poids des *tarifs* trop multipliés dont l'exécution a toujours été dans les mains des fermiers sans cesse occupés des moyens d'accroître les droits de la finance aux dépens de l'agriculture, de l'industrie & du commerce. Il y a long-temps qu'on sent en France que les *tarifs* y font perdre au commerce & à l'industrie infiniment de leur activité. Les embarras de la guerre n'empêchent pas le ministère de chercher aujourd'hui les moyens d'y remédier. A l'exemple de M. Colbert, il consulte les négocians. Celui qui nous a prié d'insérer dans notre journal ses observations sur une matière si importante, a lieu de se flatter d'avoir fait une démarche agréable au ministère, en publiant un ouvrage utile à sa patrie. Rien n'est plus intéressant d'ailleurs pour le commerce des autres nations, que le tableau & l'examen des précautions que prend le gouvernement François pour rendre le commerce de France florissant, & pour écarter les obstacles que la finance a mis à ses progrès.

Copie de la lettre de monseigneur le contrôleur général, écrite à M. le Bret, intendant de Bretagne, en date du 8 avril 1761.

MONSIEUR,

Il y a bien long-temps que l'on s'est apperçu des mauvais effets qui résultent pour le commerce, soit intérieur, soit étranger, de la multiplicité des droits des traites d'entrée & de sortie, & des douanes successivement établies dans le royaume.

OBSERVATIONS.

Il y a bien long-temps effectivement, ainsi que le reconnoît monseigneur le contrôleur général, que le commerce intérieur & extérieur se trouve gêné dans ses opérations & dans sa circulation, par la multiplicité des droits successivement établis aux entrées & sorties du royaume. Il est temps de remédier aux inconvéniens fâcheux qui en résultent; d'accorder au commerce cette liberté qui lui est si nécessaire, & sans laquelle il ne fait que languir; de diminuer les frais de régie des cinq grosses fermes, par la suppression des douanes & des commis superflus, que les fermiers ont trouvé l'art de faire établir dans plusieurs provinces du royaume, & de rendre à la société une infinité de citoyens qu'ils en ont retirés. C'est pour répondre à l'invitation bienfaisante d'un ministre aussi zélé pour les intérêts du roi, que pour le bien du commerce, que l'on se permet de faire quelques observations sur sa dépêche, concernant le projet d'un *tarif général*, ou

d'un droit unique, percevable aux frontières extrêmes du royaume.

M. Colbert a remédié en partie à ces inconvéniens par les tarifs de 1664 & 1667, dont le premier a réuni en un seul droit tous ceux qui se percevoient précédemment; mais il ne put alors lui donner d'effet que pour les seules provinces appellées des cinq grosses fermes. Le tarif de 1667, qui a été suivi d'un grand nombre de réglemens particuliers, a établi des droits uniformes aux entrées & sorties du royaume, relativement à ce que l'on a cru que l'utilité du commerce pouvoit exiger; mais ce tarif & les réglemens postérieurs ne comprennent qu'un très-petit nombre de marchandises.

OBSERVATIONS.

Ce grand ministre, dont la mémoire sera toujours chère aux bons François, fit rédiger le *tarif* de 1664 pour les provinces des cinq grosses fermes, qui réunissoient en un seul droit tous ceux précédemment perçus, & celui de 1667 pour les provinces réputées étrangères. Par ce moyen il supprima une quantité prodigieuse de droits de toute nature, que la cupidité des fermiers avoit fait établir de tous côtés, pour, disoient-ils, favoriser le commerce : prétexte dont on s'est encore servi depuis dans les augmentations de droits qui ont eu lieu jusqu'à présent. Mais la suppression ne fut point générale, ainsi qu'elle étoit annoncée. Tous les engagistes ne furent point remboursés; & s'il y en eut quelques-uns, on perçut au profit du roi, malgré ces remboursemens, les droits qui leur étoient attribués : de sorte que le commerce ne se trouva que foiblement soulagé, ou du moins les gênes ne furent point entièrement levées. Le *tarif* de 1667 a été, en effet, suivi d'un très-grand nombre de réglemens, qui ont augmenté considérablement les droits, ainsi que la régie des fermes, donné de nouvelles entraves au commerce & arrêté sa circulation dans bien des branches. On ajoutera encore sur cet article, que malgré le petit nombre de marchandises portées dans ce *tarif*, cependant les fermiers n'en laissent guères entrer ou sortir, sans leur faire payer des droits.

On a, au surplus, laissé subsister tous les droits anciennement établis dans les provinces réputées étrangères; & ces droits, ainsi que ceux des douanes, se perçoivent sur d'anciens tarifs dont l'intelligence est devenue très-difficile, qui souvent different de l'usage, & qui donnent lieu tous les jours à des contestations & à beaucoup d'autres inconvéniens.

OBSERVATIONS.

L'intelligence des anciens *tarifs* est réellement si difficile, qu'il est presque impossible de démêler la véritable qualité des droits; & les commis des fermes les perçoivent à leur fantaisie. La plupart de ces anciens droits étoient attribués à des officiers supprimés, ainsi qu'on vient de le dire, & ne devroient plus avoir lieu. On trouve des exemples des abus dont monseigneur le contrôleur général se plaint, dans presque tous les bureaux établis sur les frontières réputées étrangères, & sur-tout dans ceux d'Ingrande, La-Pointe, le Pont-de-Cé & Saumur : d'ailleurs les originaux de ces anciens *tarifs* ont été enlevés des lieux où ils étoient déposés, ainsi que celui de la pancarte de 1512, pour la traite domaniale de Bretagne, & les copies collationnées qui existent, différent les unes des autres ; ce qui a effectivement causé & cause encore journellement des contestations & des procès à l'infini.

Ceux qui m'ont précédé dans la place que j'ai l'honneur de remplir, se sont occupés dans différens temps du projet d'établir sur les marchandises apportées de pays étranger, un seul droit d'entrée, & un droit de sortie sur celles qui passent du royaume à l'étranger, percevables aux frontières extrêmes, & sur un tarif uniforme : au moyen de quoi on feroit cesser la différence des provinces des cinq grosses fermes & de celles réputées étrangères. Toutes les douanes intérieures & tous les droits généralement affermés ou engagés par le roi, seroient supprimés : en sorte que les marchandises du crû du royaume, ou qui y seroient fabriquées, pourroient y circuler librement, & passer dans toutes les provinces sans payer aucuns droits, si ce n'est au moment où on les destineroit à passer en pays étranger ; & les marchandises étrangères ayant une fois payé le droit d'entrée à la frontière, pourroient y circuler aussi librement, que les marchandises nationales.

OBSERVATIONS.

On a déjà fait diverses tentatives pour réformer les *tarifs de 1664 & 1667*, & pour établir un droit unique d'entrée & de sortie aux frontières du royaume. Il s'est tenu pour cet effet, de 1737 à 1740, chez M. Fagon, conseiller d'état & intendant des finances, plusieurs assemblées où assistèrent des fermiers généraux & des députés du commerce : l'on y résolut de supprimer entièrement tous les priviléges quelconques successivement accordés par nos rois aux provinces réputées étrangères : on travailla long-temps à la confection de ce *tarif*. Les fermiers proposèrent d'établir depuis dix jusqu'à quarante pour cent sur certaines marchandises ; mais après avoir examiné scrupuleusement ce *tarif*, on convint que son établissement causeroit infailliblement la ruine du commerce extérieur, de sorte qu'il n'eut point lieu. En effet il ne peut y avoir de commerce sur les côtes de Guinée & les colonies, si les marchandises que l'on y fait passer, & celles qui en proviennent, sont assujetties à des droits. Il faut faire de grosses avances pour les armemens ;

les crédits sont fort longs ; on perd en temps de paix jusqu'à sept pour cent sur les retours de nos isles, & pendant la guerre on risque les capitaux, ou du moins le fret, & les assurances absorbent tous les bénéfices que l'on peut espérer de ces deux branches de commerce. Quand on n'établiroit sur toutes les marchandises propres au commerce de Guinée & des colonies, & sur celles qui en proviennent, qu'un droit d'entrée & de sortie de quatre ou cinq pour cent, ce seroit ôter aux armateurs & négocians tout le gain qu'ils pourroient en attendre, pour le faire passer entre les mains des fermiers. Peu des premiers tenteroient de pareilles expéditions, & par conséquent ces deux branches principales du commerce de France, tomberoient avec le droit unique qui les auroit fait tomber. Il est aisé de juger par-là, si les avantages que la liberté du commerce intérieur pourroit procurer, compenseroient jamais une telle perte. D'ailleurs, on ne dit point dans ce projet si les entrepôts subsisteront, & il y a lieu de craindre qu'ils ne soient supprimés. Quels inconvéniens pour le commerce général de France, qui seroit alors abandonné à la merci des fermiers ! Quelles vexations n'auroit-on pas lieu de craindre de leur part ! 1°. Les marchandises du crû & fabrique du royaume, en payant des droits de sortie, soit pour la destination de Guinée ou des colonies, ne pourront plus soutenir la concurrence avec celles de l'étranger. 2°. L'étranger & les habitans de nos isles seront également favorisés à commercer ensemble, au grand préjudice de l'état & des sujets du roi. L'étranger introduira dans les colonies, des Noirs & des marchandises de toute espèce, à meilleur marché que les nôtres, & les colons gagneront le produit des droits que leurs denrées payeroient aux entrées de France, & encore celui de domaine d'occident (si on le laisse subsister) auquel il leur est aisé de se soustraire ; ainsi le commerce de Guinée & celui des colonies, loin d'être avantageux aux négocians François, causeroit leur ruine & seroit sûrement abandonné, sur-tout aux Anglois, dont toutes les opérations pendant la dernière guerre & celle-ci, ne tendent qu'à s'en emparer. 3°. Les marchandises que l'on tire de l'étranger pour Guinée, payant des droits aux entrées, & n'étant plus entreposées, quelles précautions faudroit-il prendre pour empêcher qu'elles ne payassent encore un droit à leur sortie ? Ne pouvant être embarquées immédiatement à leur arrivée, les fermiers ne voudront plus les reconnoître & leur feront payer un double droit. D'un autre côté, l'étranger ne sera-t-il pas fondé à imposer des droits sur les marchandises de France ? Que deviendront les divers traités de commerce que l'on a fait avec les puissances voisines, par lesquels si elles trouvent des avantages à commercer avec nous, nous en trouvons aussi à trafiquer avec elles ?

C'est ce même projet que le roi m'a ordonné de reprendre, & de travailler à faire rédiger un tarif

tarif des droits qui feront perçus aux entrées & aux forties du royaume, dans la formation duquel on doit avoir pour objet principal la plus grande utilité du commerce & des fujets du roi.

OBSERVATIONS.

C'est ce même projet dont on vient de parler, que les fermiers généraux ont renouvellé & préfenté fans doute fous un point de vue favorable, aux yeux d'un miniftre qui dirige avec tant de gloire & de fuccès les finances du royaume. Ils en ont impofé à fa religion. Les inconvéniens de ce projet, déja rapportés, & ceux que l'on fera voir dans la fuite, le prouveront évidemment; & les fujets du roi, loin de trouver quelque utilité dans l'exécution d'un pareil *tarif*, feront vexés plus que jamais, & ceferont tout commerce extérieur. Mais pourvu que les fermiers faffent une fortune prodigieufe pendant le premier ou le fecond bail de leur ferme, il leur importera peu ce que deviendra le commerce du royaume par la fuite. Le mal fera fait, & au milieu de l'abondance, ils jouiront des dépouilles de tous les autres citoyens.

Pour faire cet ouvrage d'une manière folide & durable, & prévenir les inconvéniens qui réfultent des changemens qui furviennent dans les prix des marchandifes, il a paru néceffaire de commencer par établir la proportion du droit avec la valeur de la marchandife : enforte que le tarif, *qui doit être invariable, fixe le droit de chaque marchandife à une quotité déterminée de fa valeur ; mais en même-temps, pour la facilité de la perception, on fera une évaluation de toutes les marchandifes qui en feront fufceptibles en poids, mefures & nombres, lefquelles évaluations pourront être réformées à tous les renouvellemens des baux des fermes, foit fur les repréfentations des négocians, foit fur celles des fermiers.*

OBSERVATIONS.

Le *tarif* propofé (à moins qu'on n'y mette des modifications confidérables,) ne fera ni folide ni durable. Il fera fujet à mutation plus que les *tarifs* de 1664, de 1667 & les réglemens qui les ont fuivis. Par exemple, que l'on fuppofe l'évaluation générale faite au commencement d'une guerre, elle fera portée à un taux exorbitant, parce qu'alors les marchandifes font plus chères. Mais la paix furvenant au bout de trois ans, réformera-t-on pour les trois autres années du bail, l'évaluation faite la première ? Le fermier y confentira-t-il, ou plutôt les négocians auront-ils affez de crédit pour la faire réformer ? On a la preuve du contraire dans l'évaluation qui fe fait entr'eux & les fermiers généraux, au fujet des trois & demi pour cent du droit de domaine d'occident. Les repréfentations des chambres & des députés du commerce ne font prefque jamais écoutées ; le crédit des fermiers, comme un torrent auquel on ne peut s'oppofer, l'emporte toujours.

Cependant on conviendra que fi cette évaluation générale fe faifoit un an avant la guerre, le commerce y gagneroit. Mais qui répondra que l'intérêt des fermiers fe trouvant alors lézé en apparence, ils ne trouveront pas auffi le moyen de la faire réformer ? Ainfi, de quelque façon qu'on envifage cette évaluation, elle tournera toujours au détriment du commerce.

J'ai cru devoir commencer par faire faire un état alphabétique des marchandifes dont on peut faire commerce, & qui fe trouvent, foit dans les tarifs, foit dans les états de la balance du commerce. Je vous en envoie douze exemplaires ; & pour vous donner l'idée de ce travail, j'ai fait ajouter à toutes les marchandifes rappellées fur la lettre A, les droits d'entrée & les droits de fortie que l'on fe propofe d'y impofer, relativement à leur valeur. Je vous prie d'examiner cet état alphabétique avec attention ; & fi par hafard il y avoit quelques marchandifes connues dans votre département, qui ne fuffent pas comprifes dans cet état, de vouloir bien m'en envoyer la note, que vous pourrez même ajouter en interligne dans un des exemplaires imprimés que vous me renverrez, fur-tout fi elles font de nature à être exportées hors du royaume, ou à y être importées en venant de l'étranger.

OBSERVATIONS.

Que les droits feront confidérablement augmentés par ce nouveau *tarif*, c'eft ce que les expreffions ci-deffus... que l'on fe propofe d'y impofer, ne laiffent aucun lieu de douter. D'ailleurs, par les avis certains de Paris & de Rennes, on fait qu'ils le feront d'un tiers, & même de moitié, fur certains articles, en fus de ceux portés au *tarif* de 1664 : les objets néceffaires aux armemens, n'en feront point exempts. Qu'il foit permis de repréfenter qu'une pareille augmentation de droits à la fuite d'une guerre auffi cruelle que celle-ci, eft capable non-feulement de diminuer le commerce, mais de l'anéantir entièrement. En effet, les pertes du commerce maritime font énormes : elles ne font ignorées de perfonne : la fortune de prefque tous les négocians en eft ébranlée ; & pour peu qu'on leur ôte l'efpérance de pouvoir réparer leurs malheurs à la paix, on ne verra que faillites de tous côtés, d'où il s'enfuivra l'abandon des armemens, la défertion des étrangers, & par conféquent la diminution des confommations & des droits du roi. Comment, en effet, feroit-il poffible que le commerce pût fe foutenir fous de pareils découragemens ? C'eft vouloir l'interdire ; & il vaudroit autant le défendre par une loi expreffe. Il eft vrai, à la lettre, que le commerce extérieur de France peut être confidéré comme étant entre la vie & la mort. La main bienfaifante du fouverain peut encore le faire revivre ; mais on eft forcé de dire que de nouveaux impôts, avant qu'il puiffe fe relever, le mettront infailliblement au tombeau, si l'on peut parler ainsi. Quoiqu'il en soit, pour que les places pussent donner un prix fixe aux différentes marchandises qui forment la masse du commerce intérieur & extérieur du royaume, il faudroit qu'elles fissent toutes le négoce de ces mêmes marchandises. Nous pouvons bien donner dans ce port le prix du poisson provenant de nos pêches, & celui des marchandises d'Angleterre : Nantes ignore ces prix, & donnera ceux des denrées des colonies : Bordeaux, celui des vins, des farines & des eaux de vie : la Rochelle, celui des pelleteries : Marseille, celui des marchandises du levant : Dunkerque & Bayonne, celui des tabacs étrangers, & ainsi des autres ports qui font quelque branche de commerce particulier. Les prix généraux que toutes les chambres auront donnés, ne seront point les véritables prix des marchandises ; cependant il y a apparence que de tous rassemblés, on en formera un commun sur lequel l'évaluation générale sera faite. Alors les cris s'éléveront de toutes parts ; la concurrence entre les villes maritimes sera renversée ; quelques-unes pourront y gagner, d'autres seront écrasées & ne pourront plus faire aucun commerce : il faudra pourtant qu'elles en fassent, de quelque genre que ce soit, pour payer les impôts. Enfin, que fera-t-on pour rétablir cette concurrence ? Ce que l'on a déja fait. Les fermiers proposeront des augmentations de droits dans les autres places ; & le nouveau projet, qui, s'il a lieu, abrogera mille loix différentes rendues sur le commerce depuis 1664 & 1667, en engendrera mille autres nouvelles, qui loin de réparer le mal, l'augmenteront de plus en plus.

Lorsque les marchandises énoncées dans l'état alphabétique ne seront point du tout connues, vous voudrez en faire aussi l'observation ; parce que si elles se trouvent pareillement inconnues dans tous les départemens, il conviendra de les retrancher du tarif. Vous voudrez bien me faire vos observations sur les droits d'entrée & de sortie proposés pour les marchandises qui sont énoncées sous la lettre A ; & à l'égard des autres lettres, en suivant le même esprit qui a dirigé l'imposition proposée pour la lettre A, vous me proposerez vous-même la quotité des droits que vous croirez convenable d'y imposer.

OBSERVATIONS.

On a répondu ci-dessus à cet article. On ajoutera seulement ici que le nouveau *tarif* impose sept pour cent sur les drogueries à l'entrée, & cinq aussi pour cent sur les marchandises des colonies ; cependant les drogueries sont indispensables pour nos fabriques & manufactures.

Une partie essentielle du travail que je vous demande, sera de distinguer dans toutes ces marchandises, celles qui seront susceptibles d'évaluation générale & constante, d'avec celles qu'il convient mieux de laisser dans le cas de payer à l'évaluation qui s'en fera à chaque bureau, lorsqu'elles entreront ou sortiront : il est à desirer d'en laisser dans cette classe le moins qu'il sera possible.

OBSERVATIONS.

On a déja fait voir d'avance que cette évaluation générale ne pourra jamais être exacte, parce qu'il sera indifférent aux places qui ne font point commerce en telle marchandise, d'en porter le prix plus haut ; ainsi, de proche en proche, elles se feront un tort mutuel sans le vouloir, & les seuls fermiers profiteront. Au surplus, monseigneur le contrôleur général sent bien les fatales conséquences qui résulteroient pour le commerce, de laisser à l'arbitrage des commis des fermes, le soin d'apprécier eux-mêmes la valeur des marchandises. Si l'on suivoit les prix que ces derniers y donnent dans les états de récapitulation, pour former la balance du commerce, il n'y auroit pas moyen d'en faire dans aucun genre : ils portent souvent ces prix au double & même au quadruple de la valeur réelle des marchandises.

Par rapport aux marchandises dont le roi réglera l'évaluation, il faut que ce soit au poids brut, à la mesure ou au nombre ; & bien expliquer ce que c'est que le poids, la mesure & le nombre. Il sera nécessaire d'en constater le prix courant* sur le prix du poids, de la mesure ou du nombre, en compensant les prix les plus forts des marchandises de même dénomination & de meilleure qualité, avec ceux des qualités inférieures, & faisant un prix commun, sur lequel la perception puisse se faire facilement.

* Il est d'usage de diminuer un sixième sur le prix des marchandises déclarées, & quand le fermier les trouve portées à un taux trop bas, il lui est permis de le prendre pour son compte, en ajoutant un sixième en sus de la déclaration.

OBSERVATIONS.

Les places réclament ici la justice de sa majesté. Quoi, l'on feroit payer le poids des futailles, des emballages, de la paille, &c., qui servent à contenir ou à préserver les marchandises ! Déballera-t-on ces marchandises pour ne payer que le droit légitimement dû ? Ne seroit-ce pas les exposer à être détériorées ? Dans quoi peser les liquides ? il faut bien quelque vaisseau pour les contenir. N'accordera-t-on plus la déduction des tarres qui sont en usage entre marchand & marchand, & que ces fermiers mêmes ne refusent pas d'allouer ? Il est encore une observation importante à faire à cet égard ; c'est que les marchandises avant que d'arriver dans les places maritimes, soit qu'elles viennent de l'intérieur du royaume ou de l'étranger, sont chargées des frais de la voiture, du fret & de droits locaux ou autres qui se perçoivent aussi-bien chez l'étranger qu'en France. Par conséquent ce n'est point aux places qui font le commerce de mer, à qui il faut demander les prix des marchandises qu'elles tirent du dedans ou du dehors du royaume pour leur commerce particulier : il faudroit s'en faire instruire dans les lieux de leurs crû ou fabriques ; alors on sçauroit leur véritable valeur, & l'on pourroit avec justice & connoissance de cause, établir le droit en conséquence. Par ce moyen on ne paieroit point de droits pour les emballages, ni pour les futailles, ni pour le fret, ni pour la voiture, ni enfin les droits des droits dont les marchandises sont chargées avant d'arriver dans les ports. En agissant autrement, les fermiers agiroient contre la saine politique, la droite raison & l'équité naturelle.

Je ne me dissimule point que la Bretagne, très-attachée à ses priviléges & à ses anciens usages, aura peut-être quelque peine à se soumettre à l'exécution du nouveau tarif ; *qui tiendroit lieu des droits de havre & de brieux, de ceux des traites domaniales, & de tous autres qui s'y perçoivent actuellement ; mais si on veut peser les véritables intérêts de la province, & sentir les avantages qui résulteroient pour elle de la communication libre & sans aucuns droits, avec toutes les provinces du royaume ; que d'ailleurs les droits du tarif de 1667 & des réglemens postérieurs sont actuellement perçus en Bretagne, & que le nouveau tarif, fait uniquement dans les vues de favoriser le commerce de cette province, ne peut être considéré que comme un suplément au tarif de 1667 ; je crois qu'il sera desiré comme le moyen le plus propre à réunir tous les sujets du roi pour l'objet du commerce, & abolir ces cloisons qui les ont séparés jusqu'à présent, au préjudice des uns & des autres. Si les résistances de la province de Bretagne étoient trop fortes, il seroit indispensable d'établir contre elle, la perception du nouveau tarif sur la frontière qui la sépare des autres provinces du royaume, ce qui sans doute augmenteroit encore les droits qui se perçoivent à l'entrée & à la sortie des cinq grosses fermes, sans préjudice de ceux qui se perçoivent actuellement en Bretagne. Je sens que pour toutes ces opérations, vous pourrez tirer beaucoup de secours des chambres de commerce de Nantes & de S. Malo. Vous pouvez leur communiquer & ma lettre & l'état que j'y joins. Je verrai avec plaisir les observations qu'elles ont cru devoir y faire. Je suis, &c.*

OBSERVATIONS.

Jusqu'ici on ne s'est attaché qu'à faire voir les fatales conséquences qui résulteroient pour le commerce général du royaume, de l'établissement de ce tarif, tel qu'il est proposé.

Quant aux priviléges particuliers à la Bretagne, c'est aux états de cette province à supplier sa majesté qu'il lui plaise de les lui continuer, & d'éloigner de ses habitans la crainte où ils sont de se voir un jour imposés aux tailles, aides & gabelles : enfin de ne pas permettre qu'il y soit fait la moindre in-

fraction sous son autorité. Mais à l'égard des priviléges relatifs au commerce, tels que le sont les acquits à caution & transit, les entrepôts, l'exemption de droits sur les marchandises du royaume envoyées en Guinée, aux isles Françoises de l'Amérique & à la Louisiane, ainsi que sur les denrées qui en proviennent à la destination de l'étranger ; l'exemption de la moitié des droits des fermes sur les marchandises provenantes de la vente des noirs, introduites pour la consommation du royaume, &c. les autres places en jouissent aussi-bien que la Bretagne. Ces priviléges n'ont point été accordés pour enrichir telles villes ou tels négocians, mais pour le soutien du commerce national, qui, sans ces encouragemens, n'eût pu subsister ni s'étendre ; de sorte que leur suppression causeroit infailliblement sa ruine totale, sans espérance de pouvoir jamais le relever.

Quoiqu'il en soit, la réunion de tous les sujets du roi, pour l'objet du commerce, & la suppression des douanes & de tous droits généralement quelconques & sans exception, établis dans le royaume & les provinces réputées étrangères, sont des objets dignes du grand ministre qui les propose ; & bien loin de trouver de la résistance de la part des Bretons, on pense qu'ils s'y prêteront volontiers, moyennant quelques modifications du projet, que le bien général du commerce requiert nécessairement. C'est en conséquence de ces principes que l'on prend la liberté de proposer ; 1°. que le projet d'un droit unique d'entrée & de sortie, percevable aux frontières extrêmes du royaume, n'aura lieu que quatre ans après la signature de la paix, afin que pendant ce temps ; les négocians & marchands puissent réparer une partie des pertes qu'ils ont essuyées pendant cette guerre, qu'ils puissent faire rentrer leurs fonds & arranger leurs affaires qui sont toutes délabrées ; 2°. que la suppression de tous droits quelconques, autres que ceux des cinq grosses fermes, aura lieu immédiatement à la paix, afin de donner au commerce des facilités, & lui procurer les moyens de reprendre son cours ; 3°. que pour faire face aux remboursemens des engagistes de ces droits, il plaira à sa majesté d'établir une commission pour la recherche des biens des traitans & autres gens d'affaires extraordinaires depuis 1720 ; que sur iceux, il en sera prélevé la vingtième partie, qui sera destinée à cet usage, & que es héritiers de ceux décédés depuis cette époque, seront poursuivis en pareille restitution, quelques alliances qu'ils ayent pu contracter. On pense que le produit sera plus que suffisant pour rembourser ces engagistes, sans qu'il en coûte rien à sa majesté, qui, sur ce moyen, se fera justice à elle-même, & la rendra aussi à ses sujets ; 4°. que l'établissement du droit unique aura lieu au bout de quatre années de paix : en conséquence, que tous les droits de douane intérieurs seront supprimés, & les bureaux des fermes établis sur les frontières extrêmes du royaume 5°. que les divers objets nécessaires à l'armement & avitaillement des vaisseaux, continueront d'être exempts de tous droits ; 6°. que pareille exemption sera accordée pour les marchandises propres au commerce de Guinée ; 7°. que l'on jouira de la facilité que donnent les transit & acquits à caution ; pour les marchandises qui traverseront le royaume avec exemption de tous droits, & pour celles que l'on tirera de l'étranger pour Guinée seulement ; 8°. que les toiles de Bretagne & autres, de toute nature, fabriquées en France, pourront sortir pour quelque destination que ce soit, en payant un pour cent de leur valeur, afin qu'elles puissent conserver chez l'étranger la concurrence avec celles de Hollande, de Suisse, de Silésie & d'Irlande ; 9°. que les laines d'Espagne, d'Angleterre & d'Irlande entreront librement dans le royaume, comme étant de première nécessité, & que nos draps & autres étoffes de laine ne seront imposés à la sortie qu'à un ou deux pour cent, tout au plus, pour en procurer le débouché chez l'étranger ; 10°. que pareille faveur sera accordée pour les étoffes de soie de nos manufactures ; & que les drogueries indispensables pour nos teintures, ne seront imposées à l'entrée qu'à deux ou trois pour cent, au lieu de sept & demi portés dans le nouveau *tarif* ; 11°. que les vins & eaux-de-vie pourront sortir en payant deux pour cent, afin de faire tomber ceux d'Espagne & de Portugal ; 12°. que la sortie des bleds & autres grains sera permise, sans qu'il soit nécessaire d'obtenir de permissions particulières, toujours coûteuses & gênantes, ce qui encourageroit extraordinairement la culture de nos terres, procureroit des fonds immenses à la nation, & feroit tomber l'agriculture d'Angleterre plus dispendieuse que la nôtre ; 13°. que tous les ports francs seront irrévocablement abolis, & qu'il ne sera jamais accordé de pareilles franchises à aucunes villes, quelques puissans que soient leurs protecteurs, au préjudice des autres, parce que ces ports francs font un tort très-considérable au commerce de France, qu'ils diminuent les produits des droits légitimement dûs au roi ; parce qu'en les laissant subsister, ce seroit donner jour aux autres places d'y faire entrer & sortir clandestinement des marchandises en exemption de tous droits, & par conséquent rendre illusoires les vues du *tarif général*, qui tendent à n'en exempter aucune ; parce qu'enfin ce seroit perpétuer & étendre les fraudes à l'infini, & donner ouverture à l'introduction de toutes sortes de marchandises de contrebande, dont les fermiers se sont toujours plaints, & avec juste raison, ce qui les a obligés à augmenter au double leurs frais de régie, & à multiplier le nombre de leurs employés, qu'ils pourroient réduire de moitié par cette suppression ; 14°. que le commerce étranger aux colonies, sera défendu aux habitans sous les plus grandes peines ; & qu'il sera permis aux équipages François d'arrêter tous les interlopes qui se trouveront aux atterages de nos îsles ou à deux lieues de la côte, lesquels seront déclarés de bonne prise, & le produit entier leur en appartiendra ; 15°. que les droits du nouveau *tarif* seront perçus aux entrées & sorties du royaume, sur une évaluation générale des marchandises, dé-

pouillées de tous frais de voiture, fret & droits, laquelle sera faite à chaque renouvellement des baux des fermes, en présence du ministre de la marine, du contrôleur général des finances, de deux conseillers d'état, des intendans & députés du commerce, & de quelques fermiers généraux ; & que sur l'arrêté de cette évaluation, il sera diminué un sixième pour les tarres qui sont d'usage (ainsi qu'on l'a dit précédemment) entre marchand & marchand, & même vis-à-vis des fermiers ; 16°. qu'il sera accordé la même protection aux négocians qu'aux fermiers ; c'est-à-dire, qu'en cas de faude de la part des premiers, ils seront punis par une forte amende, qui ne pourra être remise, & par l'interdiction de commerce ; & qu'à l'égard des derniers, ils seront condamnés en pareille amende, & leurs commis révoqués de droit, en cas d'extension de droits, fausses perceptions ou tracasseries purement faites pour gêner le commerce : enfin que dans des cas litigieux, le conseil décidera par des arrêts formels & notoires, & non par des décisions particulières & secrettes que les fermiers savent si bien surprendre à sa religion ; parce que (lettre de M. de Machault, du 11 avril 1754), *tous les sujets du roi ont un droit égal à sa justice*, & que *l'on ne doit point les vexer en se servant injustement de son autorité* ; 17°. enfin, si tous les articles ci-dessus étoient exécutés au pied de la lettre, alors on pourroit, sans inconvénient, imposer un droit de cinq pour cent sur les marchandises propres au commerce des colonies Françoises, & sur celles qui en viennent pour la consommation du royaume ; mais à l'égard des sucres, cafés, cotons & indigos que l'on feroit passer à l'étranger, il seroit nécessaire, si l'on veut que ce commerce se soutienne, qu'ils fussent imposés qu'à trois pour cent, & par conséquent ils jouiroient du bénéfice d'entrepôt jusqu'à leur sortie.

Telles sont les observations qu'un citoyen zélé, un bon François, un honnête négociant, s'est permis de faire sur le projet de *tarif général*, ou de droit unique ; & il soumet l'examen aux personnes en place, qui sçauront bien, par leurs vastes lumières, trouver les moyens d'empêcher que le commerce extérieur de la nation, ne passe entre les mains des Anglois nos plus cruels ennemis, ce qui les mettroit en état d'avoir à leur solde des millions d'étrangers, de corrompre & de faire déserter nos armées ; enfin, de soulever un jour toute l'Europe contre la France.

Pour faire connoître à son tour l'opinion contraire, nous rapporterons deux fragmens ; l'un, de l'ouvrage intitulé : *de l'Esprit du gouvernement économique*, par M. Boesnier de Lorme ; l'autre, des *Éphémérides économiques*.

Voici le premier, qui traite la matière en général :

Des droits sur l'importation & l'exportation des marchandises, Ch. XXVI.

Ces droits établis dans la vue de gêner plus ou

moins l'entrée des marchandifes étrangères dans un état, ou la fortie des productions de la culture ou de l'induftrie nationales, équivalent néceffairement à une interdiction plus ou moins marquée, fuivant que ces droits font plus ou moins forts.

On s'eft imaginé que ces droits ne pouvoient être que d'un très-grand avantage, pourvu qu'ils fuffent réglés fuivant les exigences du commerce. Mais d'après quel calcul peut-on connoître les befoins du commerce relativement à toutes les denrées & marchandifes qui entrent dans un état ou qui en fortent? Peut-il y avoir deux inftans où ces befoins foient les mêmes? Ces befoins ne font-ils pas auffi variables que les faifons? Quelle eft l'adminiftration affez vigilante, pour faifir ainfi à point nommé l'enfemble de tant de détails? Y a-t-il un autre moyen de connoître les befoins du commerce à l'égard d'une feule denrée, que la valeur même de cette denrée? Mais quel moyen de la connoître, fi on altère fa valeur naturelle par des loix particulières? Pourroit-on tariffer ainfi exactement la valeur d'une denrée quelconque pour une feule petite ville du royaume, & régler les befoins qu'on pourroit y en avoir en tout temps? Combien n'eft-il pas plus difficile de régler & déterminer les rapports de toutes les denrées & marchandifes entr'elles, & avec le commerce de tout l'univers?

On a penfé que cette efpèce d'interdiction vis-à-vis d'une nation ennemie, la privoit plus ou moins des avantages naturels du commerce avec la nation qui impofoit ces droits: en cela on ne s'eft certainement pas trompé: mais on n'a pas affez vu que la nation, qui prive une autre de cet avantage du commerce, s'en prive également; qu'en diminuant la puiffance de fa rivale, elle fe nuit également à elle-même; qu'enfin la feule manière fûre d'augmenter, à tous égards, fa puiffance refpective d'un état, c'eft d'augmenter fa puiffance réelle par une bonne & fage adminiftration intérieure.

Rien de plus capable d'embrouiller les idées, que l'abus des mots fur cette matière. On dit: *l'exportation du fuperflu eft le gain le plus clair pour une nation; le commerce étranger eft l'échange du fuperflu contre le néceffaire, &c.*

Mais qu'eft-ce que ce fuperflu? C'eft un être purement idéal & indéterminable: la France eft certainement un des pays de l'Europe le plus fait pour donner ce qu'on appelle du *fuperflu:* mais hors le bled, dont la récolte, dans certaines années du moins, peut paffer de beaucoup la confommation des habitans, quelle eft la denrée ou la marchandife que l'on puiffe regarder comme véritablement fuperflue? Qu'on laiffe confommer les vins, les huiles, les fels, les toiles, les draps par tous les payfans de France, qui manquent quelquefois même du néceffaire, & l'on verra quel fuperflu reftera de ces denrées? Qu'eft-ce qui réglera donc ce qu'ils en doivent confommer? Nous l'avons dit: ce n'eft pas la France, ce font les demandes des autres nations

avec lefquelles elle eft en commerce; c'eft la valeur qu'y donnera la concurrence générale.

Si l'on confidère la diverfité des droits d'*importation* & d'*exportation*, la multitude & la variété prefque infinie des objets qui en font affectés; on jugera aifément qu'il eft impoffible d'entrer dans tous les détails.

Les effets de ces droits font plus ou moins nuifibles, fuivant la nature des marchandifes qui les fupportent, & fuivant la valeur plus ou moins grande des droits. Il faut convenir que, fi l'on ne vouloit laiffer fubfifter, que ceux même qui ont pour prétexte le bien du commerce, il faudroit encore en retrancher plus de la moitié.

Il feroit auffi malheureux pour un état, que fon fort dépendît de la connoiffance de tant de détails incertains & minutieux, qu'il feroit fâcheux pour un miniftre d'être obligé d'en faire fa perpétuelle occupation. Auffi, quoique tout le monde foit bien convaincu que les *tarifs*, qui règlent ces droits, ne font fondés que fur des circonftances qui varient fans ceffe, il eft affez rare qu'on y faffe de grands changemens.

Il fuffit de jetter les yeux fur ces efpèces de réglemens, pour y voir par-tout l'embarras du légiflateur: le plus fameux de tous ces ouvrages n'a pu faire tant d'honneur à Colbert, que parce qu'on y voit ce miniftre perpétuellement occupé du foin de les fimplifier, de les diminuer ou de les éteindre.

Non, non: qu'on ne terniffe point la gloire de ce grand homme, en lui imputant d'avoir méconnu les avantages de la liberté du commerce. Que dirois-tu, Colbert, fi reparoiffant aujourd'hui parmi nous, tu entendois réclamer ton fuffrage & ton exemple, pour autorifer des loix que la néceffité des circonftances t'avoit arrachées, & que le changement de ces circonftances te feroit paroître auffi nuifibles aujourd'hui, qu'elles pouvoient te fembler alors utiles pour le moment! Qui ne fçait qu'en général, dans le commerce, tout ce qui nuit au vendeur, nuit à l'acheteur, & que, réciproquement, ce qui nuit à l'acheteur, nuit au vendeur; que la feule liberté du commerce peut balancer & favorifer également les intérêts des uns & des autres? Les nations commerçantes penfent-elles, par leurs ordonnances renverfer la nature des chofes? Prétendent-elles qu'il fuffife d'un réglement de leur police, pour faire fupporter à l'étranger le droit qu'elles auront impofé fur la fortie de leurs denrées, & aux feuls vendeurs les droits fur l'entrée des marchandifes? Que leur revient-il enfin des jeux cruels de cette puérile ambition? Les denrées d'Angleterre s'en confomment-elles moins en France, & les denrées de France en Angleterre?

Dans le commerce extérieur, on doit diftinguer deux effets également intéreffans: le premier de communiquer aux richeffes naturelles de l'état, toute la valeur dont elles font fufceptibles, par la concurrence générale des autres nations: le fecond de diminuer toutes les dépenfes, par le bas prix qu'établit, dans tous les achats, la concurrence de tous les vendeurs étrangers.

La réunion de ces deux effets forme tout l'avantage du commerce extérieur : le complément de ces deux effets forme le complément de la prospérité d'un état.

Lorsque les productions nationales ont toute la valeur dont elles sont susceptibles dans les ventes qu'un état fait aux autres, il se procure le plus grand revenu de ses fonds. Lorsque, dans les achats qu'il est obligé de faire, il obtient tout au meilleur marché possible, il se procure la plus grande jouissance possible de son revenu : ce n'est que par la plus grande concurrence possible, à tous égards, qu'il peut obtenir tous ces avantages.

L'effet des droits établis sur l'entrée des marchandises étrangères dans un état, est d'éloigner nécessairement les vendeurs étrangers : c'est même là tout le but de ces droits.

Mais éloigner la concurrence des vendeurs étrangers, c'est établir le monopole dans l'intérieur, c'est augmenter la dépense des propriétaires des fonds, ou les obliger à se priver d'une partie de la jouissance de leurs revenus : car augmenter inutilement la dépense, ou diminuer le revenu, sont deux injustices absolument égales : & la première, quoique d'une manière indirecte, nuit autant que l'autre à la reproduction : car on ne cultive pas simplement pour recueillir, mais pour jouir de la récolte.

Si l'on impose en Espagne des droits sur l'entrée des vins de France, on augmente à la vérité d'autant la valeur des vins d'Espagne ; mais cette augmentation ne peut être payée que par les consommateurs Espagnols. On établit donc un monopole en faveur des propriétaires des vignobles d'Espagne contre les autres citoyens : en augmentant la dépense de ces derniers, on prend une portion de leur revenu pour la transporter aux premiers. En encourageant la culture des vins, on fait donc un tort réel à toutes les autres.

Mais, dira-t-on, comment consommera-t-on les vins d'Espagne, si on laisse importer les vins de France ?

Le remède à toutes ces craintes est dans la nature des choses. Le vin d'Espagne est sur les lieux pour les Espagnols ; le vin de France est nécessairement renchéri par les frais de transport : il ne peut pas suffire seul à la consommation de toute l'Europe : c'est même un problème que de sçavoir jusqu'à quel point la consommation en augmenteroit chez les étrangers, dans le cas où on le laisseroit librement entrer par-tout : car il rencheriroit à proportion, & la liberté ôteroit un grand appât pour la vanité.

Enfin il n'y a qu'un seul moyen de faire produire au territoire d'un royaume, tout le revenu dont il est susceptible, c'est d'y laisser cultiver les denrées qui lui sont les plus naturelles, & qui peuvent être par-tout de la meilleure valeur : or, pour distinguer quelles sont les productions d'un état de la meilleure valeur, il faut nécessairement les laisser jouir

toutes également de la plus libre concurrence, tant au dehors qu'au dedans.

Si l'on n'a point de vignes en Angleterre, faudra-t-il n'y point boire de vin ? Non : il faut y cultiver le mieux qu'il est possible, les belles laines du pays, & les échanger contre les vins de France : tout sera à sa place : les laines d'Angleterre feront valoir les vins de Bordeaux, & les vins de Bordeaux feront valoir les laines d'Angleterre.

Lorsqu'un état impose des droits sur la sortie d'une espèce de production de son territoire ou d'ouvrage de son industrie, il perd nécessairement sur la vente qu'il en fait à d'autres tout l'excédent du prix, que pourroit y mettre la liberté générale de la concurrence. Les propriétaires des fonds, qui donnent cette production, n'ont plus le même intérêt à les cultiver : une partie des terres pourroit demeurer sans culture, ou n'être cultivée que misérablement ; diminution de revenu, diminution de population : les agens de l'industrie souffriront également une perte proportionnée à la valeur du droit imposé sur la sortie de leurs ouvrages.

Si l'on suppose que l'étranger, acheteur de la marchandise, paie le droit de sortie ; la valeur de cette marchandise est augmentée pour lui, de tout le montant du droit imposé : de-là il résulte pour la nation qui l'impose un désavantage réel dans sa concurrence avec les autres nations, qui peuvent fournir la même marchandise à meilleur marché, n'imposant pas le même droit.

Si ces droits sont établis également par-tout, celle qui viendroit la première à rendre une entière immunité à son commerce, auroit nécessairement la préférence sur toutes les autres pour la vente : ainsi, au moyen du droit imposé, une nation ne peut vendre la même quantité de marchandises ; & ce qu'elle ne peut exporter, par cette raison, tombe pour elle en non-valeur : s'il est question d'une production de son territoire, elle ne peut plus en cultiver la même quantité, les terres ne seront plus d'un produit aussi avantageux : si c'est un ouvrage de son industrie, la fabrique en diminuera, il n'y aura plus le même travail, parce qu'il n'y aura plus les mêmes salaires : il faudra qu'une partie des ouvriers aille chercher ailleurs de l'emploi, & de-là, dépopulation & ruine des richesses.

Si l'on suppose au contraire, que les droits sur la sortie des marchandises soient payés par la nation même qui vend, il est évident que les cultivateurs & les propriétaires sur leurs denrées, ou les fabriquans sur leurs ouvrages, perdront toute la valeur du droit imposé : il s'ensuivra donc les mêmes conséquences que dans la première supposition.

Toute denrée est en concurrence pour la consommation, non-seulement avec toute denrée de la même espèce, mais même avec toutes les autres d'espèce différente : car si tel vin est trop cher, non-seulement on cherchera d'autre vin, mais encore on s'en passera tout-à-fait, & l'on s'en dédommagera par la jouissance d'autres denrées d'une espèce différente. Si les vins de France, par exemple, font renchéris par des droits à leur fortie du royaume; non-feulement les peuples du Nord en confomme-ront moins, mais ils feront tous leurs efforts pour s'en paffer : ils chercheront à les remplacer par d'au-tres boiffons factices, ou même à s'en dédomma-ger par l'achat d'autres marchandifes dans d'autres pays. La France pourroit donc voir diminuer fon revenu dans une bien plus grande proportion que la valeur de ces droits ne rapporte au gouverne-ment.

Le but du commerce eft de procurer la confom-mation : l'effet du droit eft de la reftreindre : voilà, dans le même fyftême, des vues abfolument oppo-fées. Le but du commerce extérieur eft de procurer la confommation & l'emploi de toutes les marchan-difes furabondantes à la confommation intérieure : or, dans un état bien ordonné, toute marchandife qui s'exporte doit être cenfée furabondante, & l'on ne l'exporte que pour l'échanger contre d'autres objets plus utiles, ou du moins fuppofés tels. En gênant cet échange, on gêne donc l'accroiffement des richeffes.

Les droits de fortie font ordinairement établis fur l'*exportation* des matières premières des manufac-tures : mais il eft évident que cette faveur, accordée à l'induftrie, eft néceffairement préjudiciable à la culture : il eft fort à préfumer que ceux qui ont établi ces droits n'ont pas toujours fait cette réflexion.

Reconnoiffons donc que ces droits fur l'*impor-tation* & l'*exportation* des marchandifes, nuifent également, dans tous les cas, au peuple vendeur, comme au peuple acheteur, que ces droits, en don-nant au commerce une marche arbitraire & forcée, détruifent les effets qu'il doit produire naturellement pour la profpérité générale, qu'en un mot toutes ces loix prohibitives entre les diverfes nations de l'Europe, ne tendent qu'à les replonger dans l'état de barbarie, d'où la renaiffance du commerce les avoit tirées.

Voici le fecond fragment qui traite en détail de quelques impôts particuliers.

PROBLÊME D'ÉCONOMIE POLITIQUE

Sur trois impôts.

PRÉLIMINAIRE GÉNÉRAL.

PROBLÊME.

Comment pourroit-on *foulager* la *nation* du poids des *impôts*, & en même-temps *enrichir* le tréfor royal?

SOLUTION.

En trouvant un moyen pratiquable de transformer, fucceffivement & dans l'ordre convenable, tous les impôts indirects en une perception directe des vrais revenus du roi.

ECLAIRCISSEMENTS.

PREMIÈRE QUESTION.

Qu'appellez-vous *impôts indirects*?

RÉPONSE.

J'appelle *impôts indirects* tous ceux qui font mis fur les confommations, ou les perfonnes, comme font en France la gabelle & autres *impôts* fur le fel, les droits d'aides & autres fur les boiffons; le privilége exclufif de la vente du tabac, les douanes & traites foraines, les taxes fur les cuirs, les contrôles es actes, le papier timbré, la taille, la capitation, l'induftrie, la corvée & autres femblables.

SECONDE QUESTION.

Qu'appellez-vous *perception directe* des vrais re-venus du roi?

RÉPONSE.

J'appelle *vrai revenu* du roi, une portion du pro-duit quitte & net de tout le territoire; & *perception directe*, celle qui fe fait immédiatement fur le terri-toire, proportionément au revenu, comme les ving-tiémes.

TROISIÉME QUESTION.

Qu'appellez-vous *transformer* fucceffivement, & dans l'ordre convenable?

RÉPONSE.

C'eft de commencer par les *impôts* qui coûtent plus de faux-frais ou de fauffes dépenfes, tant au peuple qu'au roi, & qui privent en même-temps la nation entière, & le fouverain lui-même, d'une plus grande fomme de vrais revenus; tels que font, par exemple, la gabelle & autres taxes fur le fel, les aides & autres droits fur les boiffons, le privilége exclufif de la vente du tabac. Trois *impôts* très-rui-neux pour le peuple, & pour le roi.

QUATRIÉME QUESTION.

Qu'appellez-vous des *moyens* pratiquables d'opé-rer cette transformation?

RÉPONSE.

J'appelle *moyen pratiquable*, celui dont l'exécu-tion ne dérangeroit rien au fyftême actuel des finan-ces, n'occafionneroit aucun vuide dans la recette du tréfor royal, aucun embarras dans la comptabilité, ni même aucun préjudice aux fermiers généraux. Objets auxquels il ne faut, ce me femble, porter aucune atteinte.

Or, je crois cette transformation très-poffible; je la crois très-avantageufe : c'eft ce que je dois expliquer & démontrer, pour procurer, autant qu'il eft en moi, *le profit du peuple* & *le profit du roi*.

PREMIÈRE PARTIE.

Compte général de la Nation.

CHAPITRE PREMIER.

Problèmes sur la fausse dépense de la nation, causée par les impôts sur le sel, sur les boissons & sur le tabac.

PROBLÈME PREMIER.

A combien peut-on évaluer en gros & à-peu-près la fausse dépense que coûtent à la nation les *impôts* sur le sel?

SOLUTION.

On peut l'évaluer à cent vingt millions au moins tous les ans.

ÉCLAIRCISSEMENTS.

PREMIÈRE QUESTION.

Qu'appelez-vous la *fausse dépense* que la nation est obligée de faire à cause des *impôts* mis sur le sel?

J'appelle *fausse dépense*, *surcharge* ou *faux frais*, tout ce qui se paie actuellement au-delà du prix que coûteroit chaque livre de sel dans le cas où la production, la vente & la consommation du sel seroient absolument libres, exemptes de tous droits & *impôts*, de toutes difficultés & formalités quelconques.

Or, dans le cas où l'on jouiroit d'une pleine franchise à cet égard, le sel ne coûteroit qu'un sol la livre, ou cent sols le quintal; je dis au prix commun du royaume; car dans les salines d'Aunis on a communément la charge de sel, pesant environ quatre-vingt-dix livres, pour moins de vingt sols.

Donc tout ce qui se paie au-delà de cent sols pour cent livres est une fausse dépense, une surcharge & des faux-frais pour la nation.

SECONDE QUESTION.

A combien évaluez-vous cette surcharge pour chaque livre de sel?

RÉPONSE.

A huit sols par chaque livre pesant de tous les sels qui se consomment dans le royaume l'un portant l'autre. Et voici pourquoi je fais cette évaluation commune:

1°. Je dis que le sel, dans le cas de pleine franchise, ne vaudroit pas plus d'un sol la livre, au prix commun du royaume. Ce n'est pas qu'on pût avoir par-tout une livre de sel pour un sol, ni qu'on fût obligé par-tout de dépenser un sol pour avoir une livre de sel. Il y auroit beaucoup d'endroits où la livre de sel vaudroit tout juste un sol; mais il y auroit des lieux où elle se vendroit plus; comme aussi d'autres lieux où elle se vendroit moins.

C'est en faisant la compensation du fort au foible, que j'évalue à un sol le prix commun de la livre, ou à cent sols le quintal de sel, dans le cas où il y auroit pleine franchise.

2°. J'évalue de même le prix actuel du sel, pour la totalité de la nation, à neuf sols, & voici pourquoi.

Il y a la majeure partie du royaume qui achete le sel 12 sols & au-delà. Je dis au-delà, parce que le sel de la ferme, qui se vend 12 sols, est souvent mélangé de matières étrangères qui ne salent point.

Mais il y a des pays où il s'achette beaucoup moins; & d'ailleurs les contrebandiers ne le vendent que sept ou huit sols.

C'est en faisant cette compensation du fort au foible, que je l'évalue, pour toute la nation, à neuf sols dans l'état actuel des *impôts*.

Donc la surcharge est de huit sols par livre, puisqu'on vend neuf sols en général la livre de sel, qui ne vaudroit, en cas de *franchise*, qu'un sol en général.

Je tâche de caver au plus bas possible, pour d'autant mieux avoir raison.

TROISIÈME QUESTION.

A combien de livres de sel évaluez-vous la consommation de chaque personne par chaque année, l'un portant l'autre?

RÉPONSE.

A quinze livres de sel, en compensant ceux qui consomment moins par ceux qui consomment plus.

PREMIER COROLLAIRE.

Donc la fausse dépense ou surcharge causée par les *impôts* sur le sel, se monte à six livres francs par tête tous les ans.

Car quinze livres de sel, à huit sols de surcharge par livre, font exactement six francs par an.

SECOND COROLLAIRE.

Donc la surcharge totale est d'environ cent vingt millions.

PREUVE.

On compte environ vingt millions d'habitans dans le royaume; c'est donc vingt millions d'écus de six francs que coûte la surcharge annuelle ou la fausse dépense sur le sel. Or, vingt millions d'écus de six francs, font cent vingt millions. Ce qu'il falloit évaluer & démontrer.

PREMIÈRE OBSERVATION.

La plupart des lecteurs vont demander avec étonnement s'il est possible que la ferme générale retire cent vingt millions d'un *impôt* qui n'en rapporte pas quarante au trésor royal.

Je répondrai que la ferme générale ne retire pas les cent vingt millions, ni même à beaucoup près par deux raisons.

La première, parce qu'il y a des frais & des faux-

faux-frais énormes. La seconde, parce qu'il y a une très-grande contrebande.

L'article des frais & faux-frais en achats, transport, magasinage & débit des sels, en officiers, gardes, receveurs & comptables, est un article immense & connu.

Quant à la contrebande, ceci demande une explication. Si on la compare au commerce libre, tel qu'il seroit dans le cas d'une pleine franchise, c'est une surcharge & une fausse dépense; car le contrebandier vend sept sols du sel qui ne devroit valoir qu'un sol. La surcharge est de six sols par livre.

Quand on considère la contrebande par comparaison avec la ferme, elle paroît un soulagement, c'est-à-dire une moindre surcharge, puisqu'elle vend sept sols ce que la ferme vend plus de douze; mais elle n'en est pas moins une cause de fausse dépense.

C'est par ces deux raisons de la contrebande, & des frais énormes de la ferme, que bien des gens prétendent que le peuple paie cent vingt millions de surcharge, par un *impôt* qui n'en rapporte pas quarante au trésor royal.

SECONDE OBSERVATION.

Je compte cent vingt millions de surcharge tous les ans sur le prix du sel acheté. Je ne parle ici ni du temps perdu, ni des vexations, ni des procédures, saisies, amendes & confiscations; ce sont des objets à part que j'évaluerai plus bas dans une estimation générale sur les trois *impôts* récapitulés.

PROBLÊME SECOND.

A combien pourroit-on évaluer en gros & à-peu-près la fausse dépense que coûtent à la nation les aides & autres impôts sur les boissons fortes, telles que les eaux-de-vie, les vins, les bières & les cidres?

SOLUTION.

A trois cent millions au moins tous les ans.

ÉCLAIRCISSEMENTS.

PREMIÈRE QUESTION.

Qu'appellez-vous la *fausse dépense* que causent au peuple les *impôts* sur les boissons?

RÉPONSE.

J'appelle ainsi tout ce qui se paie actuellement sur chaque pinte de boisson de plus qu'on ne paieroit si la production, la vente & la consommation de toutes les boissons étoient absolument libres, quittes de toutes difficultés, de tous droits, de toutes formalités.

SECONDE QUESTION.

A combien évaluez-vous cette surcharge par pinte de boisson; ou, ce qui revient au même, par barique évaluée à deux cent pintes?

RÉPONSE.

J'évalue en gros, pour le général, & l'un por-
Commerce. Tome II. Part. II.

tant l'autre, cette surcharge à un sol par pinte, ou à une pistole par barique; & voici pourquoi je forme cette évaluation commune.

L'eau-de-vie, le vin, la bière & le cidre ne paient pas autant de droits les uns que les autres; & il n'en coûte pas même autant dans tous les lieux du royaume pour chaque espèce de boisson.

Mais, toute compensation faite, j'évalue la surcharge générale à une pistole, ou à dix francs par barique, en cavant toujours, ce me semble, au plus foible qu'il soit possible.

TROISIÉME QUESTION.

A combien évaluez-vous donc la production annuelle du royaume en eau-de-vie, vins, bières & cidres?

RÉPONSE.

A trente millions de bariques au moins tous les ans, qui se font dans le royaume.

COROLLAIRE.

Donc la surcharge annuelle est de trente millions de pistoles, ou de trois cent millions: ce qu'il falloit trouver & démontrer.

PREMIÈRE OBSERVATION.

Les frais & faux frais de la ferme d'une part, & la contrebande de l'autre, sont cause que le trésor royal ne reçoit pas trente millions d'un *impôt* qui coûte en fausse dépense trois cent millions tous les ans à la nation.

SECONDE OBSERVATION.

Les pertes de temps, vexations, faux-frais, procédures, saisies, amendes & confiscations, causent une autre perte que je dois évaluer à part, outre les trois cent millions de surcharge sur la dépense que fait le peuple en achats de boissons.

PROBLÊME TROISIÉME.

A combien peut on évaluer en gros & à-peu-près la fausse dépense que coûte à la Nation le privilége exclusif de la vente du tabac

RÉPONSE.

A quarante-huit millions au moins tous les ans.

ÉCLAIRCISEMENTS.

PREMIÈRE QUESTION.

A quoi évaluez-vous la fausse dépense ou la surcharge sur chaque livre de tabac?

RÉPONSE.

A quarante sols au moins, ou à deux cent francs par quintal: par deux raisons; la première, parce que dans le cas de la pleine franchise, si la production, le trafic & la consommation du tabac étoient totalement libres, le meilleur ne vaudroit pas dix sols la livre, prix commun; la seconde, parce que le prix commun du tabac est actuellement plus de cinquante sols.

C'est-à-dire qu'en faisant compensation de celui qui se vend plus cher en détail ou en poudre, & de celui qui se vend à meilleur marché, sur-tout par les contrebandiers; j'évalue en général à cinquante sols la livre de tabac.

Donc la surcharge est au moins de quarante sols par livre; puisqu'on vend cinquante sols, prix commun, ce qui n'en vaudroit pas dix dans le cas de pleine franchise.

SECONDE QUESTION.

À combien évaluez-vous la consommation totale du royaume en tabac?

RÉPONSE.

À vingt-quatre millions de livres pesant au moins tous les ans, vendus par la ferme ou par d'autres, & sur-tout par la contrebande.

COROLLAIRE.

Donc la surcharge est par an de quarante-huit millions: ce qu'il falloit trouver & démontrer.

PREMIÈRE OBSERVATION.

La même que ci-dessus, sur les frais & faux frais de la ferme générale, & sur la contrebande, qui fait que cet *impôt* ne rapporte pas vingt-quatre millions au trésor royal, & n'en coûte pas moins quarante-huit millions à la nation.

SECONDE OBSERVATION.

Comme ci-dessus sur les frais de procédures, amendes & confiscations: article que je vais évaluer en gros tout-à-l'heure.

RÉCAPITULATION.

Les trois *impôts* dont il s'agit coûtent à la nation chaque année en fausses dépenses sur l'achat de ses sels, de ses boissons & de ses tabacs, quatre cent soixante & huit millions, sçavoir:

1°. Sur les sels, cent vingt millions, ci 120

2°. Sur les boissons, trois cent millions, ci 300

3°. Sur les tabacs, quarante-huit millions, ci 48

Total . . . . 468 millions par an.

Additions considérables.

1°. Faux frais en fausses dépenses, & temps perdu qu'il en coûte aux particuliers pour aller chercher leur sel, leur tabac, & la quittance de la plupart des droits sur les boissons: objets considérables, sur-tout à la campagne.

2°. Frais de justice, visites, arrêts, procédures, saisies, amendes & confiscations: autre objet qui se

monte à une somme très-considérable tous les ans dans l'étendue du royaume.

J'évalue le tout à trente-deux millions, pour caver au plus foible qu'il soit possible.

Et j'observe encore que c'est la plus petite partie de cette somme qui revient aux fermiers généraux; tout le reste est ou en pure perte, ou s'éparpille parmi les officiers de justice & les suppôts de la ferme.

Somme totale de la fausse dépense annuelle.

Cinq cent millions, sçavoir; 1°. quatre cent soixante-huit millions de surcharge par an sur les achats des sels, boissons & tabacs.

2°. Trente deux millions aussi tous les ans en pertes, faux-frais, vexations & procédures.

Total. Cinq cent millions de fausse dépense tous les ans que coûtent à la nation les *impôts* sur le sel, les boissons & le tabac.

CHAPITRE II.

Problèmes particuliers sur la perte de vrais revenus que ces mêmes impôts coûtent au peuple.

PROBLÊME PREMIER.

À combien pourroit-on évaluer en gros & à peu près le vrai revenu des salines que font perdre la gabelle & les autres *impôts* sur les sels?

SOLUTION.

À soixante & quinze millions au moins de revenu quitte & net tous les ans, perdus sur le produit seul des salines, dans le royaume.

ÉCLAIRCISSEMENTS.

PREMIÈRE QUESTION.

Qu'appellez-vous *revenu* perdu sur le produit des salines?

RÉPONSE.

J'appelle ainsi le *profit* quitte & net du sel qui se consommeroit de plus, s'il n'y avoit point d'*impôt*, si la production & le trafic en étoient parfaitement libres, & j'estime ce profit sur le prix que donneroit à la denrée la franchise absolue.

SECONDE QUESTION.

Pourquoi croyez-vous en général qu'il y auroit une consommation de sel beaucoup plus considérable dans le royaume, si la production & le commerce en étoient parfaitement libres?

RÉPONSE.

Parce qu'il est certain d'abord que la trop grande cherté du sel le fait épargner à l'excès dans tous les pays de gabelle, & qu'elle empêche dans le royaume trois espèces de consommations qui s'en font tous les jours dans le pays où le sel ne vaut que son prix marchand. Consommations qui sont toutes très-profitables , & qui se feroient par conséquent bientôt dans tout le royaume , si le prix exorbitant du sel n'en détruisoit plus le profit.

TROISIÉME QUESTION.

Quelles sont ces trois espèces de consommations ?

RÉPONSE.

Celle des hommes, celle des bestiaux, celle des terres.

1º. Sans la gabelle , les hommes saleroient partout leur pain, qui en seroit meilleur & moins cher ; car le sel fait rendre à la farine plus de pain. Ils saleroient plus de beurre, de fromage, de viandes, de poisson, l'été pour l'hiver ; ils seroient donc mieux nourris & à meilleur marché. C'est ce qu'on fait dans tous les lieux où le sel n'est pas trop cher.

2º. Sans la gabelle on donneroit par-tout du sel à son bétail ; car c'est une excellente méthode qui fortifie les animaux , les fait multiplier, les préserve ou les guérit de plusieurs maladies , rend le lait plus abondant & meilleur. On la pratique aussi par-tout où le sel n'est pas trop cher.

3º. Sans la gabelle on amélioreroit beaucoup de terres avec du sel ; car c'est un engrais merveilleux pour certaines espèces de terroirs qui deviennent, au moyen du sel , des fonds excellents, sur-tout pour le froment. C'est encore ce qu'on pratique avec le plus grand succès dans les pays où le sel n'est pas trop cher.

Les *impôts* sur le sel empêchent absolument cette consommation dans le royaume, & c'est premièrement autant de perdu pour les salines.

QUATRIÉME QUESTION.

Est-ce que les *impôts* sur le sel empêchent encore quelqu'autre espèce de consommation ?

RÉPONSE.

Oui, ils restreignent celle des étrangers de deux manières ; 1º. par l'*impôt* même qui renchérit nos sels pour eux ; 2º. par des embarras & des difficultés que les agents de la ferme générale leur font éprouver, afin d'empêcher leur concurrence, qui feroit augmenter le prix des sels ; car la ferme , qui a son prix réglé pour vendre, n'en a point pour acheter dans les salines ; il est donc naturel qu'elle écarte le plus qu'elle peut les autres acheteurs, pour avoir le sel à meilleur marché.

CINQUIÉME QUESTION.

Est-ce qu'on pourroit évaluer en gros & à peu près à quelle quantité de sel se monteroit cette consommation ?

RÉPONSE.

Oui , & je commence par celle que pourroit faire l'agriculture, tant pour le bétail que pour les terres, que j'estime à vingt millions de quintaux de sel au moins tous les ans ; car en Bretagne, où le

sel n'est pas trop cher, on en met jusqu'à quatre cent livres tous les deux ou trois ans sur chaque arpent de terre ; & , dans plusieurs pays, on donne jusqu'à quinze ou dix-huit livres de sel par an à chaque tête de bétail l'un portant l'autre : puis je compte la consommation des nationaux & des étrangers, que j'estime à dix millions de quintaux au moins tous les ans ; c'est en tout trente millions de quintaux de sel qui se consommeroient de plus dans le royaume, ou ailleurs, & qui se vendroient de plus dans nos salines ; car il y a de quoi les y produire , & on les y faisoit probablement autrefois. Mais nos salines sont diminuées évidemment des trois quarts au moins, depuis que les droits sur le sel ont été si excessivement augmentés. Il ne faut que jeter un coup-d'œil sur ces marais pour être frappé de leur diminution, & que réfléchir un moment pour sentir qu'elle étoit inévitable.

SIXIÉME QUESTION.

A combien évaluez vous donc en argent le produit quitte & net de chaque quintal de sel ?

RÉPONSE.

A cinquante sols seulement, en laissant cinquante sols du prix commun de chaque quintal pour les frais du commerce & de la production.

COROLLAIRE.

Donc le vrai revenu net, qui existeroit de plus sans la gabelle & les autres *impôts* sur le sel, est de soixante & quinze millions au moins sur les salines seules ; car trente millions de quintaux à cinquante sols, font soixante & quinze millions : ce qu'il falloit trouver & démontrer.

PREMIÈRE OBSERVATION.

Il faut remarquer ici que le sel, devenu si excessivement cher pour le consommateur à cause de la gabelle & des autres droits, est, par la même raison, à très-vil prix pour le vendeur qui l'a produit dans les salines.

Pourquoi est-il à vil prix ? parce qu'il n'y a pas une grande concurrence d'acheteurs ayant le moyen de le payer.

Aussi les propriétaires des salines ne retirent pas aujourd'hui à beaucoup près autant de revenu quitte & net de chaque quintal de sel qu'ils en retireroient si le commerce absolument libre remettoit cette denrée à son prix naturel.

La perte des producteurs est donc double dans l'état actuel ; ils perdent sur la quantité de denrées qu'ils devroient vendre, & ils perdent sur le prix qu'ils en devroient recevoir.

Donc, dans l'état de liberté, leur profit seroit double, savoir, sur la quantité & sur le prix.

SECONDE OBSERVATION.

Je ne calcule point encore ici la perte réelle que fait la nation sur le produit de son bétail & de ses terres, auxquels la consommation du sel seroit si profitable.

Je ne calcule point la perte que fait la population utile, non-seulement par le défaut des productions qui existeroient de plus sans les droits sur le sel, mais encore par la soustraction des hommes que la gabelle enlève aux travaux fructifiants, pour les transformer en commis & en contrebandiers.

Je ne parle point des hommes ruinés par les procédures, de ceux qui périssent dans les prisons, dans les galères, sur les gibets & sur les roues, ni des pertes énormes que causent ces supplices à l'état & à l'humanité.

Je calculerai ces objets trop tristes, mais trop réels, dans un article à part pour les trois impôts ensemble.

PROBLÊME SECOND.

A combien peut-on évaluer en gros & à-peu-près le vrai revenu que font perdre à la nation les aides & les autres impôts sur les boissons?

SOLUTION.

A cent cinquante millions au moins de revenu clair & net, qui sont perdus tous les ans sur les vignes & autres territoires productifs des boissons.

ÉCLAIRCISSEMENTS.

PREMIÈRE QUESTION.

Pourquoi pensez-vous que les propriétaires des vignes & autres territoires productifs des boissons auroient un plus grand revenu clair & net, s'il n'y avoit plus ni aides, ni autres droits sur les boissons?

RÉPONSE.

Si l'impôt n'enlevoit plus par chaque barique de boisson l'argent du consommateur jusqu'à concurrence de dix francs au-delà de ce que coûte le vin, il y auroit plus de consommation, & une plus grande concurrence d'acheteurs: donc les propriétaires auroient un double profit. Ils vendroient en plus grande quantité, & seroient mieux payés.

Car, lorsque l'impôt renchérit le vin, le peuple en boit moins, & cependant celui qu'il boit lui coûte plus qu'il ne rapporte au vigneron, puisque tout l'argent que l'impôt prend est à la charge du consommateur, & n'est point au profit du producteur.

A Paris, par exemple, l'impôt de la ville seul coûte trois fois par bouteille. Le peuple est obligé d'épargner le vin plus qu'il ne fait par-tout ailleurs où la bouteille est moins chère.

Mais ces trois sols ne vont point dans la poche du vigneron.

Sans l'impôt, les trois sols qu'il prend pourroient se partager entre le consommateur, qui boiroit plus de vin, & le producteur qui le vendroit mieux.

SECONDE QUESTION.

Pourquoi n'estimez-vous ce profit qu'à cent cinquante millions, puisque vous avez évalué la surcharge que le peuple paie sur les achats des boissons à trois cent millions? Il semble que ces trois cent millions seroient employés, comme vous dites, partie en accroissement de la consommation du peuple, & partie en augmentation de prix que reçoivent les producteurs; & d'ailleurs les étrangers prendroient aussi plus de nos boissons, & les paieroient mieux aux producteurs, s'il n'y avoit pas d'impôt.

RÉPONSE.

Cela est vrai; mais je laisse tout le surplus pour les dépenses de la production & du commerce, & je n'évalue que le bénéfice clair & net, tous les frais prélevés, comme j'ai fait pour le sel. D'ailleurs, je continue toujours à caver au plus bas possible, afin d'avoir mieux raison.

C'est pourquoi j'estime le revenu quitte & net, qui se perd annuellement sur les vignes & autres territoires productifs des boissons, à cent cinquante millions seulement, en mettant, pour frais de commerce & de production, les autres cent cinquante millions de surcharge annuelle que coûte actuellement l'impôt à la nation, & même tout l'accroissement de produit que donneroit le commerce étranger.

COROLLAIRE.

Donc le vrai revenu détruit annuellement par les aides & autres impôts sur les boissons, est pour le moins de cent cinquante millions sur les vignes & autres territoires semblables. Ce qu'il falloit trouver & démontrer.

OBSERVATIONS.

Je ne calcule point encore l'avantage qui résulteroit pour toutes les autres classes de l'état, si les propriétaires & ouvriers de vignobles, ou autres semblables territoires, avoient à partager entr'eux le double profit qui résulteroit de la plus grande consommation & du meilleur prix des boissons, s'il n'y avoit plus ni pertes de temps, ni pertes d'hommes, ni procédures ruineuses, ni supplices. Je reviendrai bientôt sur cet article très-important.

PROBLÊME TROISIÉME.

A combien pourroit-on évaluer en gros, & à peu près, le revenu quitte & net que perd annuellement la nation par l'impôt sur le tabac?

SOLUTION.

A douze millions tous les ans au moins sur la production seule du tabac.

ÉCLAIRCISSEMENTS.

PREMIÈRE QUESTION.

Comment calculez-vous ces douze millions de

revenu quitte & net qu'auroit de plus la nation, si le commerce du tabac étoit absolument libre?

RÉPONSE.

Je compte que la consommation occasionnée par le meilleur marché seroit au moins double de ce qu'elle est aujourd'hui, tant de la part des étrangers que de la part des nationaux. Donc ce seroit quarante-huit millions de livres pesant au lieu de vingt-quatre.

Or ces quarante-huit millions de livres pesant croîtroient dans le royaume; car notre sol est extrêmement propre à cette culture. Les tabacs nés & façonnés en France passent dans toute l'Europe pour les meilleurs tabacs qu'on puisse prendre habituellement.

SECONDE QUESTION.

Pourquoi n'évaluez-vous donc qu'à douze millions en argent le revenu qui naîtroit de plus dans le royaume, puisque vous comptez sur quarante-huit millions de livres pesant à dix sols la livre.

RÉPONSE.

C'est que je laisse la moitié pour frais de production & de trafic, & que je compte seulement le produit quitte & net, tous les frais prélevés.

COROLLAIRE.

Donc il y auroit chaque année au moins douze millions de plus, en revenu quitte & net, pour toute la nation. si la production & le commerce du tabac étoient parfaitement libres. Ce qu'il falloit trouver & démontrer.

OBSERVATION.

Je ne calcule point encore le produit que causeroit en seconde ligne la culture du tabac qui est aujourd'hui prohibée, c'est-à-dire que je ne calcule point l'effet que feroient ce débit d'environ quarante-huit millions de livres de tabac né en France, l'emploi d'un produit quitte & net valant douze millions, & l'épargne totale des dépenses infructueuses des hommes inutiles, ou des vexations destructives.

RÉCAPITULATION.

Des revenus quittes & nets que détruisent tous les ans les *impôts* sur le sel, sur les boissons, sur le tabac : revenus que la nation auroit de plus en salines, en vignes ou autres territoires productifs des boissons, & en terres à tabac, s'il n'existoit plus de tels *impôts*.

1°. Sur les salines, ...	75	millions.
2°. Sur les fonds productifs des vins & autres boissons:	150	millions.
3°. Sur les terres à tabac . . .	12	millions.
Total	237	millions perdus tous les ans.

Addition nécessaire à ce calcul.

PREMIÈRE OBSERVATION PRÉLIMINAIRE.

C'est ici que je dois rassembler tous les autres profits qui naîtroient nécessairement, soit de l'épargne faite sur la fausse dépense de la nation, soit de l'augmentation des vrais revenus.

Non-seulement les propriétaires & cultivateurs des autres fonds de terres qui consommeroient plus de sel, plus de vin, plus de tabac, augmenteroient le revenu des salines, des vignobles, des terres propres au tabac; mais encore, les achetant moins, à cause de la suppression de l'impôt, ils auroient plus d'argent de reste à mettre à leurs terres, prés, bois, carrières, pêches & autres fonds semblables.

C'est-à-dire qu'ils travailleroient beaucoup plus & beaucoup mieux : donc la culture générale de ces autres fonds en profiteroit d'autant.

On ne me demandera pas à qui se vendroit ce surplus de production; car on vient de voir qu'il y auroit de quoi le payer, & comment. Les propriétaires des salines auroient entr'eux 75 millions de plus en revenu quitte & net à dépenser. Donc ils augmenteroient d'autant leurs consommations en vins, en grains, ou autres substances, ou même leur dépense en autres marchandises, & en ouvriers : ce qui reviendroit au même; car ces ouvriers travaillant plus, d'ailleurs étant bien payés, & trouvant le sel, les boissons, le tabac; exempts d'*impôts*, en feroient plus grande consommation.

Il en est de même des propriétaires des vignes, ils consommeroient d'autant plus de grains, de viandes & d'autres denrées ou marchandises quelconques, qu'ils seroient plus enrichis par les revenus que leur rendroit la destruction de l'*impôt* sur les boissons.

Il en est aussi de même des propriétaires des terres semées en tabac.

Car enfin, voici une idée bien juste & fort naturelle; c'est que toute culture profitable d'une denrée quelconque, suppose la consommation d'une ou de plusieurs autres denrées pour préliminaire; & encore, occasionne la consommation d'une ou de plusieurs autres denrées, comme suite ou effet du produit qu'on en retire; c'est là une chose nécessaire & infaillible.

Donc l'accroissement de la culture & du profit ou du produit net, tant des salines que des vignes, ou autres fonds productifs des boissons, & des terres à tabacs (qui seroit opéré par la suppression des *impôts*) supposeroit d'autres consommations pour préliminaires, & en occasionneroit encore par l'effet du profit qu'on y feroit.

PROBLÈME.

A combien peut-on évaluer les consommations d'autres denrées qui formeroient un accroissement de production totale & de produit net fur les autres fonds de terres?

SOLUTION.

Le furplus, total de la production & de la confommation des autres denrées, fe monteroit à la même fomme que vaudroit le furplus du total de la production en fels, boiffons & tabacs, c'eft-à-dire, à 474 millions, fuivant que je l'ai calculé ci-deffus.

Car enfin il exifteroit de plus les 474 millions en denrées, aujourd'hui anéanties par les *impôts*, & on en paieroit les autres objets de confommation jufqu'à concurrence de ces mêmes 474 millions.

Mais je ne tiens compte, que du produit quitte & net, & par conféquent je laiffe (comme j'ai fait en parlant de chacune des trois productions, du fel, des boiffons & du tabac) pour les frais au moins la moitié, valant 237 millions.

COROLLAIRE.

Donc le montant du produit quitte & net, ou du revenu franc des autres fonds de terres, qui exifteroit de plus fans les trois *impôts*, feroit auffi de 237 millions tous les ans : ce qu'il falloit trouver & démontrer.

Somme totale de la perte annuelle du vrai revenu.

Quatre cent foixante & quatorze millions, favoir,
1°. Deux cent trente-fept millions fur les falines, fur les vignes, ou fonds pareils & fur les terres à tabacs.
2°. Deux cent trente-fept millions fur autres fonds productifs de toute efpèce.

RÉSUMÉ GÉNÉRAL

Du préjudice que caufent à la nation les trois impôts.

Neuf cent foixante & quatorze millions au moins tous les ans, fçavoir ;
1°. Cinq cent millions au moins de fauffe dépenfe qui fe fait.
2°. Quatre cent foixante quatorze millions au moins de vrai revenu qui fe perd.
Total 974 millions.

SECONDE PARTIE.

Compte particulier des propriétaires des fonds de terres.

PROBLÊME.

Peut-on évaluer la portion de cette fauffe dépenfe de 500 millions tous les ans & de cette perte annuelle de 474 millions fur les vrais revenus, qui tombe à la furcharge & au préjudice de toute la claffe des propriétaires de terres?

SOLUTION.

Oui, & c'eft la totalité des 974 millions.

PREMIÈRE QUESTION.

Qu'appellez-vous donc proprement la *claffe* des propriétaires?
1°. Tous ceux qui poffèdent des fonds de terre, qui en reçoivent chaque année le revenu quitte & net.
2°. Tous ceux qui partagent avec eux les revenus à titre de gagiftes ou de rentiers.
3°. Le fouverain qui reçoit fa part du revenu quitte & net des terres par le moyen des *impôts* de toute efpèce.
4°. Tous ceux qui partagent la portion du fouverain à titre de gagiftes ou de rentiers.
Tous ceux-là forment la claffe propriétaire.

SECONDE QUESTION.

Pourquoi dites-vous qu'ils fupportent la totalité des 974 millions de fauffes dépenfes ou de pertes de vrais revenus occafionnées par les *impôts* fur le fel, fur les boiffons, fur le tabac?

RÉPONSE.

Parce qu'il eft vrai, dans la réalité, que les deux autres claffes de l'état les leur font fupporter, en fe récupérant fur eux feuls de deux manières différentes; fçavoir, les uns en leur diminuant leur recette ou leur revenu quitte & net; les autres en leur augmentant toutes leurs dépenfes, c'eft-à-dire, en renchériffant les falaires, les ouvrages ou les marchandifes.

TROISIÉME QUESTION.

Qui font ceux qui diminuent le revenu quitte & net?

RÉPONSE.

D'abord les marchands qui achetent les denrées produites par les fonds de terre, puis les fermiers de ces mêmes fonds.
Car l'habitant de Paris, qui n'a que douze fols à mettre à une bouteille de vin, ne peut donner que ces douze fols au marchand de vin. Si les aides & autres droits en prennent trois fols, il n'y en a plus que neuf à partager entre le marchand pour tous fes frais ou bénéfices, & le producteur du vin, foit propriétaire, foit fermier.
Donc fi le marchand prend deux fols pour fes frais & bénéfices, il ne peut plus donner que fept ou huit fols par bouteille au propriétaire ou au fermier, au lieu de neuf ou dix qu'il pouvoit donner avant que l'*impôt* en prît trois.

QUATRIÉME QUESTION.

Eft-ce qu'il n'y a pas un autre moyen de les remettre au pair, qui confifte à vendre le vin quinze fols au lieu de douze? Et n'eft-ce pas ce qui arrive?

RÉPONSE.

Oui, il en arrive quelque chose d'ordinaire ; mais ce moyen revient au même ; car l'homme qui n'a que douze sols par jour à dépenser ne peut plus avoir chaque jour une bouteille qui coûte quinze sols : donc au lieu de boire cinq bouteilles en cinq jours, il ne pourra plus en boire que quatre tous les cinq jours : donc il y en aura un cinquième qui ne se vendra pas faute d'acquéreur, ou faute de moyen pour le payer.

Il faut donc de deux choses l'une, ou que le producteur perde sur le prix de chaque bouteille, ou qu'il perde sur la quantité des bouteilles par lui vendues : ce qui est la même chose pour la diminution de sa recette.

On peut croire que la perte s'opère en partie d'une manière, & en partie de l'autre. Mais il n'en résulte pas moins un égal préjudice pour le producteur ; car enfin l'impôt ne donne pas au peuple les moyens de payer le vin ; au contraire il les ôte.

CINQUIÉME QUESTION.

Le souverain qui afferme l'impôt, les fermiers & tous leurs agens, & même les contrebandiers, n'ont-ils pas d'autant moyen de payer, & ne dépenseront-ils pas d'autant ?

RÉPONSE.

Oui, à proportion de ce qu'ils retirent. Or il s'en faut bien qu'ils retirent entr'eux tous, même la dixième partie de ce que l'impôt coûte par augmentation de fausses dépenses, & par destruction de vrai revenu. C'est ce que j'ai prouvé.

SIXIÉME QUESTION.

Pourquoi ne tenez-vous pas compte au moins de cette consommation qui remplit un dixième du vuide occasionné par l'impôt dans celle du peuple ?

RÉPONSE.

C'est qu'elle est bien plus que compensée au préjudice des propriétaires par une autre perte réelle. Sçavoir, par l'oisiveté de tous ces agens, j'entends par l'emploi de leurs facultés, & même de leurs avances aux seuls travaux de la ferme ou de la contrebande.

Si tous ces hommes robustes & industrieux n'avoient pas cet emploi, ils travailleroient ou à la terre, ou à d'autres professions, avec ceux qui vaquent à ces travaux divers.

Or, plus il y a d'hommes qui veulent & qui peuvent travailler, plus les salaires, ouvrages & marchandises sont à bon marché, & mieux ils se perfectionnent en même temps pour la qualité, qui est une autre espèce de bon marché.

Au contraire, moins il y a d'hommes qui travaillent utilement, plus les salaires, ouvrages & marchandises renchérissent, & ils se font d'autant moins bien.

Donc toutes les fois que les nouveaux impôts transforment un grand nombre d'hommes robustes & industrieux en de simples commis ou contrebandiers, les prix des salaires, ouvrages & marchandises augmentent d'autant, & ces services, ouvrages & marchandises qui coûtent plus cher, se perfectionnent moins.

Or, la totalité retombe toujours sur les seuls propriétaires, par diminution de recette, ou par augmentation de dépenses.

Voilà pourquoi, compensation faite de la perte qu'occasionne ce renchérissement, je ne tiens pas compte de la très-petite consommation que font de plus les agens de la ferme & de la contrebande ; car ils en feroient tout de même ; en travaillant plus utilement & à meilleur marché, si l'impôt ne les consacroit pas à des travaux qui ne profitent point, mais au contraire qui nuisent de cent manières.

PREMIER COROLLAIRE.

Donc, l'impôt tombe sur les propriétaires, premièrement en diminution de recette.

Car la denrée se vendant ou moins cher pour le producteur, ou en moindre quantité, le propriétaire perd d'autant, ou par lui-même ou par son fermier.

Je dis ou par son fermier ; car au premier bail on diminue d'autant le prix des fonds affermés.

Il est impossible qu'un vigneron, par exemple, afferme une vigne au même prix qu'auparavant, si au lieu de vendre cent bariques à quarante francs, comme il faisoit auparavant, il n'en peut plus vendre que quatre-vingt bariques à trente francs ; il est donc obligé de bailler sa ferme, & de diminuer par conséquent le revenu du propriétaire.

SEPTIÉME QUESTION.

Comment trouvez-vous que l'impôt tombe aussi sur tous les propriétaires en augmentation de dépenses ?

RÉPONSE.

Quand l'impôt augmente à Paris, la livre de sel de 12 sols, le vin de 4 sols par bouteille, le tabac de 50 sols par livre, il faut que l'homme à talent, l'ouvrier, le marchand, le voiturier augmentent en proportion leurs salaires, ouvrages, bénéfices & marchandises pour se retrouver.

C'est l'effet infaillible de tous les impôts. Alors, une paire de souliers augmente peu à peu à proportion de l'accroissement des impôts, jusqu'au point de coûter le double. Donc le propriétaire ne peut plus avoir qu'une seule paire de souliers pour une certaine somme ; au lieu qu'il en avoit deux autrefois pour la même somme.

Et ce qu'il y a de pis, c'est que le propriétaire n'a plus cette même somme, à cause qu'il a perdu par lui-même ou par son fermier, soit sur la quantité, soit sur le prix des denrées de son territoire; & à cause qu'il paie aussi *l'impôt* sur sa propre consommation.

HUITIÉME QUESTION.

Pour que ce renchérissement se monte jusqu'à doubler le prix des salaires, ouvrages ou marchandises, & par conséquent pour qu'il en coûte aux propriétaires la moitié de leurs jouissances, faut-il que les *impôts* soient doublés?

RÉPONSE.

Non, il s'en manque beaucoup; il ne faut que les augmenter d'un cinquième, par une raison que j'ai déja dite & détaillée; sçavoir que le produit des *impôts* estimé par la recette du trésor royal, n'est jamais & ne peut jamais être au total que la dixième partie tout au plus de ce qu'il en coûte à la nation, soit en fausse dépense, soit en perte de vrais revenus.

Donc *l'impôt* ou le renchérissement de *l'impôt* coûte dix fois plus qu'il ne vaut : de ces dix fois plus, il y en a probablement cinq en augmentation de dépenses pour tous les consommateurs, & cinq en perte de revenus.

Donc si vous augmentez *l'impôt* de 4 sols pour livre, l'accroissement des fausses dépenses est de 20 sols par livre, & le renchérissement double le prix de chaque objet, ou retranche aux propriétaires la moitié de leurs jouissances.

SECOND COROLLAIRE.

Donc, en second lieu, l'impôt retombe sur les propriétaires en augmentation de dépense.

Car les ouvriers, les marchands, les voituriers & les gens à talens quelconques ne vivent que sur la dépense des fermiers & des propriétaires. Il faut qu'ils se retrouvent, c'est-à-dire, qu'ils se fassent rembourser toutes leurs dépenses.

Or, les fermiers en font de même le plutôt qu'ils peuvent, & après avoir diminué leur bail, premièrement à proportion du revenu détruit, ils le diminuent encore secondement à proportion de leur dépense augmentée.

Donc tout retombe sur les propriétaires, qui ne vivent sur la dépense de personne, mais sur le revenu quitte & net de leurs terres.

PREMIÈRE OBSERVATION.

Je demande, 1°. comment tout ce qui se perd sur le revenu des terres, pourroit se perdre autrement que pour les propriétaires?

Si tout ce qui se perd existoit au lieu d'être perdu, les propriétaires en jouiroient eux-mêmes, où ils donneroient aux gagistes, ouvriers, marchands, voituriers & gens à talens quelconques. Oui; mais en le donnant ils recevroient en échange des services, des marchandises, des journées, c'est-à-dire, de l'utilité ou du plaisir. C'est-là ce que *l'impôt* leur fait perdre.

SECONDE OBSERVATION.

Je demande, 2°. comment, quand toute la classe des gens à talens, ouvriers, marchands, voituriers, est obligée d'augmenter sa dépense annuelle jusqu'à la valeur d'un quart, par exemple (dans le même temps que les propriétaires perdent sur leur recette annuelle plusieurs millions) comment toute cette classe de salariés pourroit retrouver ou regagner l'augmentation de sa dépense, si ce n'est sur la classe propriétaire, & cela en lui fournissant le quart moins de choses, pour le même prix que le tout valoit auparavant?

Car il n'y a pas moyen de fournir ni plus de choses, ni même autant au même prix. Puisque les propriétaires ont moins de quoi payer, il faut donc nécessairement diminuer du quart la quantité, & vendre les trois quarts autant que se vendoit le tout à prix égal.

TROISIÉME OBSERVATION.

Je demande, 1°. comment les fermiers, qui d'une part paient *l'impôt* eux mêmes, qui de l'autre trouvent tout le reste renchéri, & qui vendent encore moins & à plus bas prix, comment ils pourroient en même-temps augmenter ou ne pas diminuer leurs fermes?

Tout cela n'est-il pas manifestement la chose impossible?

Qu'on réfléchisse bien. De-là viennent les friches absolues, les terres dégradées, la chétive culture des meilleurs fonds, l'épuisement & le mal être de tous les propriétaires.

Le nombre & l'aisance de ces propriétaires va toujours en décroissant à mesure que s'augmentent les *impôts* sur les consommations. *Impôts* qui causent dix fois plus de fausses dépenses ou de destruction de vrai revenu qu'ils ne valent de recette au trésor royal.

QUATRIÉME OBSERVATION.

Les revenus des fonds actuels paroissent augmentés quand on ne fait attention qu'à eux & à l'argent; mais 1°. n'y a-t-il pas beaucoup de fonds, autrefois bien cultivés & affermés avant l'accroissement des *impôts*, qui sont en friche ou en mauvaise culture?

2°. Un fonds qui rapporte aujourd'hui 5400 liv., ne rapporte que cent marcs d'argent, précisément autant qu'en rapportoit sous Louis XIV un fonds affermé 2700 liv.; car le marc d'argent qui valoit 27 liv., en vaut 54.

3°. Avec vos 5400 liv. d'aujourd'hui, qui ne font que cent marcs, comme faisoient autrefois 2700 liv. vous n'aurez pas à la ville ni à la campagne la moitié des denrées, ouvrages ou marchandises que vous auriez eu au commencement ou même au milieu du dernier régne pour les 2700 liv. : c'est un fait notoirement connu de tout le monde. Donc vous êtes plus pauvre du double avec votre ferme de 5400 liv.

que

que n'étoit votre pere avec la sienne de 1700 liv.

C'eſt à quoi il ne faut pas ſe laiſſer tromper ; car l'argent pris au poids augmente en nom , & diminue en efficacité.

TROISIÉME PARTIE.

Compte particulier du ſouverain.

CHAPITRE PREMIER.

Calcul fondamental.

PROBLÊME.

Quelle proportion peut-on établir en gros, & à peu près, entre les revenus particuliers du roi , & ceux de tous les autres propriétaires du royaume collectivement pris ?

SOLUTION.

On peut croire que les revenus du roi ſont le tiers du produit quitte & net de tout le royaume , & que les autres propriétaires ont, entr'eux tous, les deux autres tiers de ce produit quitte & net à partager.

ÉCLAIRCISSEMENS.

PREMIÈRE QUESTION.

Comment pouvez-vous évaluer ainſi : que la portion attribuée au roi dans le total du revenu quitte & net du royaume, eſt environ le tiers de ce produit ou revenu quitte & net ?

RÉPONSE.

Premièrement, c'eſt en formant , comme j'ai fait ci-deſſus , une évaluation commune & mitoyenne. Car il y a de grandes variétés à cet égard, comme à l'égard de tout le reſte. Les mêmes biens ne ſont pas également chargés dans tous les lieux du royaume , & les diverſes eſpèces de biens ne ſouffrent pas également des *impôts* qui font aujourd'hui le revenu du roi.

En prenant le juſte milieu autant qu'il eſt poſſible, chaque propriétaire peut ſe convaincre aiſément que le roi retire actuellement des fonds de terre environ mille livres au moins quand le propriétaire en retire deux mille.

Mais pour bien faire ce calcul, il faut compter d'abord ce que le roi prélève ſur le revenu avant que le propriétaire même ait le ſien , puis ce que le roi lève encore ſur ce même revenu de propriétaire après qu'il l'a reçu.

SECONDE QUESTION.

Qu'entendez-vous d'abord par ce prélévement dont vous parlez, qui ſe fait pour le roi, avant que le propriétaire ait ſon revenu ?

RÉPONSE.

entends la totalité des *impôts* de toute eſpéce que paient les fermiers & les ouvriers néceſſaires à l'exploitation des fonds , & au moins la moitié de ceux qui ſont mis ſur les denrées du crû.

EXEMPLE.

Vous demandez combien vaut tel domaine, ou de capital , ou de revenu quitte & net.

On vous répond qu'il eſt affermé mille écus. Voilà le revenu du propriétaire. Oui, mais ſi le fermier ne payoit ni tailles, ni capitation, ni induſtrie , ni corvées , ni ſel , ni aides , ni tabac ; ſi tous les journaliers & ouvriers qu'il emploie n'en payoient point , il vous donneroit volontiers trois mille ſix cent livres de votre ferme , & il y auroit encore bien du profit pour lui.

Voilà ce qui vous fait ſentir en quoi conſiſte ce prélévement.

TROISIÉME QUESTION.

Qu'entendez-vous en outre par la portion du revenu que le roi lève enſuite ſur celui des propriétaires quand ils l'ont reçu ?

RÉPONSE.

J'entends les vingtiémes , la capitation , les tailles ou autres taxes perſonnelles des propriétaires, & les *impôts* qui ſe prennent ſur leurs conſommations.

QUATRIÉME QUESTION.

Comment évaluez-vous donc en gros ces deux ſortes de perceptions pour le roi , & leur proportion avec le revenu des propriétaires ?

RÉPONSE.

Je dis, premièrement, qu'il y a bien peu de pays dans le royaume, s'il y en a , où un bien affermé trois mille livres , ne fût pas affermé trois mille ſix cent au moins , s'il n'y avoit pas le premier prélévement.

Je dis, en ſecond lieu, qu'il y a bien peu de propriétaires, qui ayant trois mille livres de rente , n'en paient pas ſix cent livres au roi en *impôts* réels , perſonnels , ou ſur les conſommations.

PREMIER COROLLAIRE.

Donc ſur 3600 liv. de vrai revenu quitte & net actuel, le roi en prélève 600 liv. qui réduiſent la ferme ou le produit de la régie à 3000 liv. , & encore il en reçoit 600 liv. ſur la dépenſe du revenu ; ce qui réduit le propriétaire à 2400 liv. , & forme 1200 liv. pour le revenu du roi.

SECOND COROLLAIRE.

Donc tous les revenus du roi qui ſe partagent entre tous ces gagiſtes ou ſalariés quelconques, ſont le tiers des revenus de tous les propriétaires du royau-

Yyyy

me collectivement pris avec tous leurs gagistes ou salariés. Ce qu'il falloit prouver & démontrer.

Observations importantes.

PREMIÈRE OBSERVATION.

Il ne faut pas croire que le prélèvement qui diminue le revenu par avance, ne s'opère que par *impôt* local qui tombe directement sur les fermiers ou sur les autres ouvriers nécessaires aux exploitations des fonds de terre.

L'*impôt* mis sur le sel à Paris, diminue le revenu des salines de Bretagne; l'*impôt* mis sur l'huile, à l'entrée de Flandres, diminue le revenu des Provençaux; un octroi mis à Amiens ou à Rouen, augmentant le prix des petites étoffes de laine & de coton, accroît la dépense des vignerons de l'Orléanois, de Touraine & d'Anjou qui s'en vêtissent, & diminue le revenu des vignes. Il en est de même de tout le reste.

SECONDE OBSERVATION.

Par la même raison, un *impôt* établi très-loin augmente la dépense du propriétaire; pourquoi? Parce que la plupart des objets de consommation viennent de-là. Les six sols pour livre qu'on a mis de plus sur les aides, depuis un certain nombre d'années, retombent en partie sur la Bretagne, par exemple, qui ne cueille pas le vin; elle souffre de cet *impôt* autant que les pays de vignobles qui l'abreuvent.

Ce sont deux pertes essentielles à bien remarquer; & malheureusement on y fait communément très-peu d'attention.

CHAPITRE II.

Total de la fausse dépense du roi occasionnée par les trois impôts, & de la perte de vrais revenus qu'il souffre par la même cause.

PROBLÊME PREMIER.

A combien faut-il donc évaluer la fausse dépense du roi occasionnée par les *impôts* sur les sels, les boissons, les tabacs?

SOLUTION.

A cent soixante & trois millions & deux tiers au moins tous les ans.

PREUVE.

La surcharge totale est de 500 millions sur la dépense du revenu quitte de la France : or, le roi qui a le tiers de ce revenu total à dépenser entre lui & ses gagistes ou salariés, paie le tiers de cette fausse dépense; donc la surcharge est pour la part du roi 163 millions & un tiers; qui sont le tiers de 500.

PROBLÊME SECOND.

A combien évaluez-vous la perte que le roi fait par les mêmes causes sur son vrai revenu?

SOLUTION.

A cent cinquante millions deux tiers au moins tous les ans.

PREUVE.

La perte totale sur le revenu total est de quatre cent soixante & quatorze : or, le roi auroit pour lui le tiers de ces 474, & il perd ce tiers; c'est donc pour sa part au moins 154 millions & deux tiers qu'il perd tous les ans sur son vrai revenu.

COROLLAIRE.

Donc le préjudice réel du roi est de trois cent dix-huit millions un tiers.

PREUVE.

1°. Surcharge de sa dépense, 163 millions $\frac{2}{3}$, ci . . . . 163 $\frac{2}{3}$
2°. Perte de son vrai revenu, 154 millions $\frac{2}{3}$, ci . . . . 154 $\frac{2}{3}$

Total, trois cent 18 millions $\frac{1}{3}$, ci . 318 $\frac{1}{3}$

Observations.

PREMIÈRE OBSERVATION.

Il étoit impossible de ne pas augmenter la dépense du roi à mesure qu'on a multiplié & augmenté les *impôts*; tous les gagistes, rentiers, pensionnaires, ouvriers, marchands & autres ne pouvoient plus vivre ni travailler au même prix que ci-devant.

SECONDE OBSERVATION.

Il étoit impossible de ne pas diminuer en même-temps les revenus directs du roi, ou du moins de ne pas s'abstenir de les augmenter à mesure que les *impôts* étoient multipliés & accrus; comment pourroit-on imposer autant ou plus aux vingtiémes, ou à la taille réelle, ceux dont les terres s'afferment nécessairement moins?

TROISIÈME OBSERVATION.

Au contraire, si les propriétaires des salines, par exemple, avoient de plus chaque année 75 millions de revenu quitte & net, comme ils l'auroient par la suppression de la gabelle, il y auroit 25 millions pour le roi, & 50 pour eux, premier article.

De plus, ces 75 millions feroient croître 75 millions de produit net en d'autres denrées de toute espèce, & ce seroit encore 25 millions de plus pour le roi; qui n'empêcheroient pas les propriétaires d'avoir aussi 50 autres millions de revenus de plus.

TABLEAU GÉNÉRAL.

Trois *impôts* qui ne produisent pas plus de 120 millions au trésor royal tous les ans.

Coûtent au roi seul 318 millions tous les ans, & à toute la nation 974 millions aussi tous les ans.

COROLLAIRE GÉNÉRAL.

Donc il y auroit un grand profit pour le peuple, & un grand profit pour le roi à transformer ces *impôts* en une perception qui ne coûteroit qu'environ 150 millions à la nation, & ne coûteroit rien au roi.

Calcul des profits annuels.

1°. PROFIT DE LA NATION.

814 millions ; car ce qui lui coûte 974 ne coûteroit que 150.

2°. PROFIT DU ROI.

193 millions : car l'impôt actuel coûtant de fausse dépense 163 millions, & n'en rapportant que cent vingt au plus, c'est 43 millions qu'il coûte au lieu de valoir un sol.

Donc, si à ces 43 millions vous joignez cent cinquante millions de vrai revenu quitte & net, qu'auroit le roi à la place de ces *impôts*, le profit total seroit 193 millions.

OBSERVATION GÉNÉRALE TRÈS-FRAPPANTE.

Quoique j'aie évalué au plus bas possible tous les articles de mon calcul ; néanmoins, retranchez-en encore plus de la moitié, ce qui seroit énorme, en résulteroit :

DE PROFIT ANNUEL,

400 millions pour la nation,
99 millions pour le roi.

Profit très-réel que procureroit tous es ans la transformation proposée.

COROLLAIRE GÉNÉRAL.

Donc il seroit avantageux d'éprouver au moins cette transformation, pourvu qu'elle puisse s'opérer sans rien déranger, c'est-à-dire, par un moyen praticable, suivant les trois conditions que je me suis prescrites, dans la réponse à la quatriéme question du problême qui sert de préliminaire général.

QUATRIÉME PARTIE.

PROBLÊME PRATIQUE.

Comment peut s'opérer cette transformation ? dans quel espace de temps, & par quels moyens ?

SOLUTION.

C'est à la sagesse du ministère, qui connoît la force des circonstances en même temps que la vérité des principes, à déterminer avec maturité, le moment & la manière de transformer les *impôts* vicieux en une perception directe du vrai revenu de la souveraineté.

IMPRIMER des furies, des indiennes. C'est contrefaire avec des planches de bois gravées & avec diverses couleurs, ces étoffes & ces toiles qui viennent des Indes.

IMPRIMURE. Impression de couleur à l'huile, ou en détrempe, qui se fait avec la grosse brosse.

IMPUTATION. Compensation d'une somme avec une autre, ou déduction d'une somme sur une autre. Quand on fait quelque paiement à compte sur une dette qui porte intérêt, on en fait faire d'abord l'*imputation* sur les arrérages & intérêts, & ensuite sur le capital, autrement elle se pourroit faire sur le capital.

IMPUTER. Déduire & précompter une somme qu'on paye sur une autre qu'on doit. Je vous prie d'*imputer* les cent livres que vous avez reçues pour moi, sur mon obligation & non pas sur mon dernier arrêté de compte. Les intérêts usuraires ne doivent point se payer, mais s'*imputer* sur le capital.

IN

INBAB. On vend des toiles au Caire qu'on nomme *grandes Inbabs*, dont les pièces ne sont que de trente pics. Elles se vendent cent cinquante meidins la pièce.

INCARNAT, ou INCARNADIN. Couleur rouge très-vive, ainsi nommée de la ressemblance qu'elle a avec de la chair vive nouvellement coupée, en quoi elle différe du couleur de chair, qui est plus pâle & qui ressemble à de la chair couverte de sa peau blanche & animée d'un vermillon naturel.

Les réglemens du mois d'août 1669 pour la teinture des soies, laines, & fils ; portent que les soies *incarnat* & couleur de rose, seront alunées & faites de pur brésil ; les laines, de bourre teinte en garance, sans mêler de fustel ; & les fils, de brésil de Fernembourg, ou autres brésils & de raucourt.

INCHS. Mesure applicative dont on se sert en Angleterre. C'est proprement ce qu'on appelle *pouce* en France, quoique pourtant avec quelque différence. Le grain d'orge est au-dessous de l'*inchs* & est la plus petite de ces sortes de mesures. Il faut trois grains d'orge pour un *inchs*, quatre *inchs* font la poignée, trois poignées le pied, un pied & demi le cubit ou coudée, deux cubits un yard, & un yard & un quart, une aune. *Voyez* les TABLES.

INCLUS. Ce qui est enfermé dans un paquet. Le mémoire *ci-inclus*, la lettre *ci-incluse* ; quelquefois on dit simplement l'*incluse* en parlant d'une lettre. Ce terme est fort d'usage dans le stile mercantile ; on s'en sert même assez souvent au lieu d'inclusivement. On lui a donné terme pour payer ce billet jusqu'au 2 du mois d'août *inclus*.

INDE ORIENTALE, ou plutôt INDES ORIENTALES. C'eſt cette grande partie de l'Aſie qui comprend non-ſeulement l'Indoſtan, ou l'Inde proprement dite, mais encore les deux Peninſules deçà & delà le Gange, toutes les iſles de l'Océan Indique, celle de Ceylan, les Maldives, les iſles de la Sonde, les Moluques, même a Chine & le Japon; enfin tout ce qui eſt au levant de la Perſe, & au midi de la grande Tartarie juſqu'à la mer du Sud. *Voyez*, pour le commerce des Indes, les articles ANGLETERRE, DANEMARCK, ESPAGNE, FRANCE, HOLLANDE & PORTUGAL.

INDES OCCIDENTALES. On donne ce nom à l'Amérique. *Voyez* pour le commerce de cette partie du monde, *les articles-ci-deſſus indiqués*.

INDE. Eſpèce de bois propre à la teinture.

Le bois d'*inde* eſt le cœur du tronc d'un arbre qui croît en abondance dans pluſieurs iſles de l'Amérique, particulièrement dans celles de Campêche, de la Jamaïque & de Sainte-Croix, d'où il eſt appellé communément *bois de la Jamaïque & de Campêche*.

L'on tire trois ſortes de marchandiſes de cet arbre, toutes fort eſtimées; ſon bois, ſes feuilles & ſon fruit.

Son bois eſt ſolide & peſant, & ſouffre le poli; mais ſon plus grand uſage eſt pour la teinture en violet ou en noir : l'on diſtingue ce bois par la coupe, & le meilleur eſt celui de la coupe d'Eſpagne, c'eſt-à-dire, dont les bouts ſont hachés, ce qui fait connoître qu'il eſt vrai Campêche, les Anglois de la Jamaïque ſciant ordinairement leur bois d'*inde*, ce que ne font pas les Eſpagnols; il faut prendre garde qu'il ne ſoit point pourri ni outré d'eau.

Les feuilles de l'*inde* peuvent quelquefois tenir lieu d'épicerie & elles donnent un goût très-relevé aux viandes & aux ſauces où l'on en met, ayant une odeur de laurier, mais plus douce. On s'en ſert auſſi en médecine, ſoit en fomentations pour guérir la paraliſie & autres maladies provenant de cauſes froides, ſoit dans les bains pour fortifier les nerfs foulés & deſſécher l'enflure qui reſte aux jambes après les fièvres malignes : l'on peut même l'employer utilement dans toutes les compoſitions où l'on fait entrer le *folium indum*.

Enfin, le fruit de cet arbre que les Anglois appellent *poivre de la Jamaïque*; les Hollandois, *amomi*; & quelques François, bien qu'improprement, *graine de girofle*; eſt un véritable aromat, & peut tout ſeul ſuppléer au girofle, à la muſcade & à la canelle, ayant quelque choſe de tous les trois enſemble.

INDEMNISER. Dédommager quelqu'un des pertes qu'il a ſouffertes. Vous avez perdu avec moi ſur les dernières toiles que je vous ai envoyées, j'aurai ſoin de vous en *indemniſer*; il y aura beaucoup à gagner ſur celles que vous recevrez par la première voiture.

S'INDEMNISER. Se dédommager. Ce marchand perd ſur les petits marchés, mais il ſçait bien s'en *indemniſer* ſur les marchés de conſéquence.

INDEMNITÉ. Dédommagement ou promeſſe de dédommager. Je ne crains rien dans ce commerce, je ſuis ſûr d'une *indemnité*, c'eſt-à-dire, d'un dédommagement. Je n'ai prêté que mon nom dans cette entrepriſe, dans cette manufacture; j'ai l'*indemnité* des marchands qui en ſont les entrepreneurs. Ce qui ſignifie *un acte* par lequel les vrais propriétaires de la manufacture promettent d'indemniſer & garantir de toutes choſes celui qui en paroît l'entrepreneur, quoiqu'il ne le ſoit pas.

INDEX. Les négocians & teneurs de livres nomment ainſi un livre compoſé de vingt-quatre feuillets, qui ſe tient par ordre alphabétique, dont on ſe ſert pour trouver facilement ſur le grand livre, ou livre de raiſon, les folios, où ſont débitées & créditées les différentes perſonnes avec leſquelles on eſt en compte ouvert.

INDIENNE. Toiles de coton peintes de diverſes couleurs & figures, qui viennent des Indes orientales, ou qui ſe fabriquent en Europe.

INDIGO. Drogue propre pour la teinture. On la nomme auſſi *inde*.

L'arbriſſeau ou plante d'où ſe tirent ces deux drogues vient de graine, & croît environ de deux pieds & demi de haut; ſes feuilles ſont petites, rondes comme celles du buis, & de couleur de verd naiſſant tirant un peu ſur le jaune quand elles approchent de la maturité; ſa fleur qui eſt rougeâtre, ſemblable à celle des pois, produit des gouſſes longues & recourbées en faucille, qui renferment une petite ſemence de verd d'olive.

Il vient de l'*indigo* des Indes orientales, & des Indes occidentales, & c'eſt apparemment d'où cette drogue a pris ſon nom. Le meilleur eſt celui à qui on donne le nom de *Sarquiſſe*, d'un village ſitué à quatre-vingt lieues de Surate, proche d'Amadabat, ville importante de l'empire du grand-mogol. Il ſe fait auſſi aux environs de Biana, d'Indoua & de Coſſa près d'Agra; celui-ci s'appelle *inde en marons*.

Il y en a encore dans le royaume de Golconde, & les Hollandois en apportent de Brampour & de Bengale : mais c'eſt le moindre des *indigos* qui ſe fabriquent dans les Indes orientales.

Pour ce qui eſt des Indes occidentales, il s'y fait de l'*indigo* dans pluſieurs endroits de la Terre ferme, mais particulièrement dans les iſles Antilles : les meilleurs ſont ceux qui viennent de Gautimala, de S. Domingue & de la Jamaïque.

Pour bien choiſir l'*indigo*, il faut le prendre en morceaux plats, d'une épaiſſeur raiſonnable, moyennement dur, net, nageant ſur l'eau, inflammable, de belle couleur bleue ou violet foncé, parſemé en dedans de quelques paillettes argentées, & qui paroiſſe rougeâtre en le frottant ſur l'ongle.

Lorſque l'*indigo* eſt trop peſant par rapport à ſon volume, il faut s'en défier & chercher à s'éclaircir ſur ſa véritable qualité. Les fraudes qu'on y peut faire ſont; 1°. de trop battre la plante dans la trempoire, afin de confommer entièrement les feuilles & l'écorce de la plante ; 2°. d'y mêler des cendres, de la terre, du fable ou de l'ardoife. La première fraude fe découvre par la couleur qui eft noirâtre, & par le poids qui augmente confidérablement. Pour découvrir la feconde fraude il faut en diffoudre un morceau dans de l'eau ; s'il eft pur il fe diffout entièrement ; au contraire la matière étrangère coule au fond du verre quand il eft mélangé.

L'inde ou l'indigo fert aux peintures & aux teinturiers ; ces derniers l'emploient avec le paftel & le vouede pour faire leurs bleus. Il leur eft permis de mettre fix livres d'indigo fur chaque balle de paftel dans la bonne cuve, ou d'en réferver une partie pour le premier réchaud, ou pour tous les deux réchaux, afin qu'ils puiffent plus facilement faire leurs petites couleurs : ils peuvent auffi mettre une livre d'indigo fur un cent pefant de vouede, pourvu qu'on les mette enfemble dans la bonne cuve ; mais il leur eft défendu d'employer l'indigo feul, ni fans être préparé avec la cendre gravellée.

INQUANT. Vieux terme de commerce qui fignifie ce qu'on entend préfentement par vente à l'encan. On s'en fert encore en quelques provinces de France, particulièrement en Bretagne, où l'on dit inquanter, pour dire, vendre à l'enchère.

INRAMO. Coton inramo. Sorte de coton en maffe & non filé qui fe tire du Levant & d'Egypte par la voie du Caire : il fe vend fix ou fept piaftres les cent dix rotols.

INSOLVABILITÉ. Impuiffance de payer fes dettes. Les banqueroutes ont été caufe de l'infolvabilité de ce marchand ; mais l'infolvabilité de celui-là ne vient que de fa mauvaife conduite & de fes débauches.

INSOLVABLE. Qui n'a pas de quoi payer. Le bénéfice de la ceffion de biens a été introduit en faveur des perfonnes devenues infolvables, pour les fauver de la perfécution & de la dureté de leurs créanciers. Il y a cependant des cas où, tout infolvable que l'on foit, on ne peut pas même jouir de cette trifte reffource.

INSPECTEUR. Celui qui eft commis pour avoir foin de la conduite de quelqu'un ou de l'exécution de quelque chofe.

Les inspecteurs des manufactures, que l'on nomme auffi en quelques provinces commiffaires ou commis, font des perfonnes prépofées de la part du roi, pour avoir infpection fur les ouvriers qui travaillent en étoffes ou en toiles, foit fur les métiers des manufacturiers, foit fur ceux des particuliers.

L'établiffement des infpecteurs eft dû à M. Colbert, fur-intendant des arts & manufactures de France.

Ces infpecteurs des manufactures de France, devoient, entr'autres chofes, veiller exactement à ce que les ouvriers fe conformaffent aux arrêts & réglemens concernant les largeur & longueur des étoffes qu'ils fabriquoient, & qu'ils n'y employaffent que les matières ordonnées & permifes.

Ils devoient, autant qu'ils le pouvoient, être préfens aux vifites & marques qui fe faifoient ou fe mettoient par les maîtres & gardes, ou jurés & efgards des marchands & ouvriers, foit fous les halles & les marchés, foit dans les maifons des manufacturiers.

Depuis qu'on a fenti le vice radical de tous réglemens, injonctions & prohibitions, le gouvernement plus éclairé fur la néceffité de laiffer aux manufactures la liberté fondée fur les droits de la juftice effentielle & imprefcriptible, qui eft la première loi, autant que fur l'utilité, qui eft le fecond objet de toute bonne & fage autorité, avoit changé l'efpèce de jurifdiction, auffi aveugle qu'impérieufe, des anciens infpecteurs du commerce, en follicitude paternelle d'inftruction & de protection ; fi les préjugés favorables à la routine introduite en 1680, ont fait faire en apparence quelques pas retrogradés vers le nouveau fyftême réglementaire, la force des principes conformes à l'antique & primitive fimplicité naturelle, femble les faire triompher de plus en plus, l'expérience ayant prouvé qu'avec l'inftruction & la liberté, l'induftrie Françoife eft capable d'opérer de plus heureufes révolutions.

INSPECTION. Se dit du foin que l'on a de veiller à la conduite des perfonnes ou à la fabrique de certains ouvrages.

Les juges de police ont infpection fur les poids & mefures, & celle-ci eft de la plus grande utilité.

Les maîtres & gardes, jurés ou efgards des corps & communautés, ont droit de vifite & infpection fur les marchands & ouvriers de leurs corps & communautés.

Les commiffaires des manufactures ont infpection fur ce qui regarde la fabrique des étoffes & des toiles, & nous avons expofé ci-deffus ce qu'on doit penfer de ces deux fortes de furveillances. Voyez JURANDES.

INSTAR. A l'inftar. Terme latin qui fignifie à l'imitation, à la reffemblance d'une chofe. La manufacture des draps de Sédan a été établie pour en fabriquer en France à l'inftar de ceux de Hollande. Les ferges de Gournay, de Seignelay, de Bouflers, &c. fe font à l'inftar de celles de Londres.

INSTRUCTIONS. Préceptes, enfeignemens, ordres que l'on donne pour l'exécution d'une chofe foit verbalement, foit par écrit.

Les marchands, négocians, banquiers, entrepreneurs de manufactures, & autres telles perfonnes qui font engagées dans un grand commerce, & qui demande néceffairement des relations & des correfpondances avec quantité de commis, de garçons, d'agents, de facteurs, de commiffionnaires & de conducteurs d'ouvriers, font fouvent obligés de donner de ces fortes d'inftructions, particulièrement par écrit, foit pour les achats, ventes & envois de marchandifes, foit pour les remifes d'argent, la réception, acceptation & paiement de leurs lettres de change ; foit enfin pour la conduite des fabriquans, maîtres & ouvriers de leurs manufactures ; & pourtant d'autres chofes qu'un négoce un peu confidérable entraîne après foi.

Mais comme de leur part les négocians ne peuvent dreffer ces *inftructions* avec trop de clarté, de précaution & de prudence ; les commis, garçons, commiffionnaires & correfpondans ne peuvent auffi, de leur côté, les exécuter avec trop d'exactitude & de fidélité.

Ces derniers fur-tout ne doivent rien faire, autant qu'il eft poffible, que fur de bonnes *inftructions* par écrit, de peur d'être défavoués, comme il n'arrive que trop fouvent ; ce qui.brouillant le négociant & le correfpondant, le commettant & le commiffionnaire, eft toujours préjudiciable aux affaires communes des uns & des autres. *On peut voir le Parfait Négociant, au chapitre où il eft parlé de commiffionnaires & de leurs obligations.*

INSTRUCTIONS. Se dit encore, dans le commerce, des mémoires dreffés & imprimés par ordre de fa majefté, pour l'exécution des réglemens faits en divers temps pour les manufactures & pour la bonne fabrique & teinture des étoffes qui s'y font, ou des matières qui y font employées.

Les deux principales de ces *inftructions*, auxquelles, à caufe de la grande étendue des matières concernant le commerce, on a donné le nom d'*inftructions générales*, font celles données en l'année 1680, pour l'exécution des réglemens généraux des manufactures & teintures, regiftrées en préfence de fa majefté, au parlement de Paris, le 11 août 1669.

Ces deux *inftructions* furent dreffées de l'ordre exprès du roi Louis XIV, par M. Colbert, alors contrôleur général des finances, & fur-intendant des arts & manufactures de France.

L'une, qui eft rédigée en 65 articles, fut adreffée aux commiffaires infpecteurs départis dans les généralités & provinces du royaume, pour les conduire & guider dans l'exécution des réglemens que le roi avoit confiée à leurs foins.

L'autre qui eft fans adreffe, mais qui fut pareillement remife aux infpecteurs, contient en douze titres ou parties divifées en trois cent dix-neuf articles, tout ce qui peut avoir rapport à la teinture des laines, & à la manufacture des étoffes qui en font faites.

Il y a auffi deux *inftructions* générales pour les manufactures des toiles, toutes deux du 9 mai 1692, dreffées par ordre du roi, & données aux infpecteurs des toiles par M. de Pontchartrain, alors contrôleur général des finances, depuis chancelier de France.

L'une contient les chofes aufquelles chaque infpecteur arrivant dans fon département, eft tenu de fatisfaire lors de fa première vifite ; la feconde inftruit les mêmes infpecteurs de ce qu'ils doivent faire pour l'exercice de leurs commiffions ; on ne parlera que de la dernière, dans laquelle l'autre eft en quelque forte comprife.

Les commiffaires ou infpecteurs des toiles dans les départemens où ils font établis, ou les infpecteurs des manufactures, dans les lieux où il n'y en a point de particuliers pour les toiles, font chargés en général de l'exécution des réglemens faits pour les toiles, ou des ftatuts & ufages des communautés, dans les provinces, pour lefquelles il n'y a point eu de réglemens.

1°. Pour faire exécuter ces réglemens, ces ufages ou ces ftatuts, ils doivent affembler au moins une fois tous les ans au commencement de chaque année, les jurés & les maîtres de chaque communauté, dans la chambre de la communauté, pour leur en faire lecture, & voir avec eux ce qui peut en faciliter l'obfervation, ou les inconvéniens qui pourroient fe trouver dans leur exécution, avec les remèdes qu'on y peut apporter, pour de tout en envoyer des mémoires au contrôleur général.

2°. Ils doivent veiller à ce que les façonniers & ouvriers apportent leurs toiles dans la chambre de la communauté pour y être vues, vifitées & marquées.

3°. Ils font chargés d'empêcher qu'aucunes pièces de toile ne foient expofées en vente fans le plomb de fabrique, quand même elles feroient conformes aux ftatuts & réglemens, & de les confifquer fi après la marque elles font trouvées défectueufes.

4°. Ils font tenus dans les vifites qu'ils font chez les maîtres ouvriers & tifferans, d'examiner fi leurs métiers, lames & rots font faits fuivant les réglemens.

5°. Ils doivent tenir la main à ce que les gardes & jurés faffent régulièrement leur vifite générale au moins une fois chaque mois.

6°. Les infpecteurs doivent prendre foin que les toiles qui font transportées dans les villes pour y être débitées, foient déchargées directement aux halles ou autres lieux deftinés pour la vifite & non ailleurs ; à la réferve néanmoins des toiles qui doivent fe vendre aux foires, & de celles qui ne font que paffer debout, en prenant pour ces dernières une déclaration & une foumiffion de rapporter certificat de leur décharge au lieu de leur deftination.

7°. Ils font obligés de fe transporter à toutes les foires qui fe tiennent dans l'étendue de leur département, avec le juge de police des manufactures, & les gardes jurés des lieux, pour y vifiter & marquer les toiles, & en cas de contravention, les faifir, confifquer & couper par morceaux, publiquement & fur le champ, fuivant l'arrêt du 17 juillet 1684.

8°. Les principales obfervations qu'ils doivent faire dans leurs vifites font fur les largeurs des toiles, leur force, fineffe & égalité ; la qualité & le nombre des fils & des portées qui en font compofées ; l'exécution dudit arrêt de 1684, la conduite des gardes & jurés, la capacité des maires & échevins & juge de police, & les différends qui peuvent furvenir entre les communautés : pour de tout en donner avis aux intendans & au contrôleur général.

9°. Enfin, il eft enjoint auxdits infpecteurs de remettre tous les fix mois, entre les mains des intendans, les procès-verbaux, états & mémoires des vifites qu'ils auront faites, contenant l'état des manufactures de toiles, les contraventions, les différentes fortes de toiles qui fe fabriquent dans chaque lieu; leur nom, la largeur & longueur des pièces, les lieux de leur deftination tant dehors que dedans le royaume; comme pareillement d'envoyer tous les fix mois au contrôleur général des finances, un état par colonne, des lieux où il y a des manufactures de toiles, du nombre des métiers, de la qualité des toiles, & du nombre des pièces de chaque forte qui auront été fabriquées pendant lefdits fix mois, avec une comparaifon à la fin de l'état, des derniers fix mois de l'année qui vient de finir & de l'année précédente, pour juger de l'augmentation & diminution de chaque forte; à quoi ils doivent ajouter le nom des maîtres, le nombre des ouvriers, & les moyens qu'ils jugeront les meilleurs pour perfectionner lefdites manufactures.

Cette analyfe des *inftructions* faite par Savary, grand admirateur de pareils réglemens, prouve aujourd'hui qu'on a des principes, quelle étoit l'abfurdité des auteurs; ils croyoient donc avoir atteint la plus fublime perfection poffible, & ne laiffer plus rien à efpérer ni des forces de la nature, ni des forces de l'art. Si le premier qui s'imagina de faire un habit de peaux coufues enfemble, un tiffu de joncs, une broderie de plumes, eût eu le même enthoufiafme, & qu'il eût ordonné, comme on fit en 1680, que tout le monde feroit toujours ainfi, & jamais autrement, nous en ferions encore aux peaux coufues, & aux tiffus de joncs. Eft-ce que la nature & l'art dont les reffources font infinies & incalculables, ne peuvent pas, avec le temps & avec la liberté, perfectionner toutes les inventions humaines, de manière qu'un jour l'induftrie de nos neveux foit dix fois plus fupérieure à la nôtre que celle-ci ne l'eft à celle des fauvages actuels & de nos propres ancêtres? Quel orgueil & quelle petiteffe d'efprit a donc pu faire imaginer de fixer les arts à un point donné? D'ailleurs quels frais, quel efpionage, quelles peines, & pourquoi? Pour des réglemens qu'on ne fuit plus.

INTENDANCE. Commiffion, pouvoir qu'on donne à quelqu'un pour avoir infpection fur certaines affaires. Il y a des *intendances* de finances, du commerce, des armées du roi, de la marine, des bâtimens, &c.

INTENDANT. Celui qui a l'infpection, la conduite, la direction de certaines affaires: tels étoient les *intendans* des finances, qui ont eu pendant tout le règne de Louis XIV, la direction des finances, d'abord fous le fur-intendant général, & enfuite fous le contrôleur général des finances: tels les *intendans* de juftice, police & finances, nommés autrement *commiffaires départis* dans toutes les généralités du royaume, qui ont l'infpection fur les receveurs généraux & particuliers des tailles, qui veillent à l'impofition & réception defdites tailles & autres droits & impôts, &c.; tels les *inten-*

dans des armées du roi, à qui il appartient de régler tout ce qui concerne la police & la fubfiftance des troupes, &c.; & tels encore les *intendans de marine*, qui ont l'infpection fur la conftruction & l'armement des vaiffeaux, la police & fubfiftance des troupes de mer, &c.

INTENDANS DU COMMERCE. C'étoient des commiffaires créés par lettres-patentes du roi en 1708, ad inftar des intendans des finances, pour avoir l'infpection des affaires du commerce, chacun dans le département qui leur avoit été affigné. Ils étoient fix qui devoient être maîtres des requêtes actuellement en charge. Par leur commiffion ils avoient féance au confeil de commerce établi en 1700, y rapportoient les affaires de leur département, & y avoient voix délibérative. Cet établiffement ne dura guères qu'environ fept ans, les *intendans du commerce* ayant été fupprimés fur la fin de 1715, peu après la mort de Louis XIV.

Les *intendans de commerce* créés en 1708, n'avoient été fupprimés en 1715, que parce qu'ils n'entroient pas dans le plan général du nouveau fyftême pour le gouvernement du royaume, qui commença à s'exécuter dès la première année du règne de Louis XV.

Cette raifon ne fubfiftant plus, par le rétabliffement de la plupart des anciens ufages, & la néceffité de ces offices ayant été fuffifamment reconnue pendant le peu d'années qu'ils avoient eu entrée au confeil de commerce, il s'en fit une nouvelle création en 1724, mais moindre d'un tiers que la première.

L'état actuel des *intendans du commerce*, eft réglé par la loi que nous allons tranfcrire.

ÉDIT DU ROI,

Portant création de quatre commiffions en titres d'offices d'intendans du commerce, donné à Verfailles au mois de juillet 1777, & regiftré en parlement le 12 août fuivant.

Louis, par la grace de Dieu, roi de France & de Navarre: à tous préfens & à venir; SALUT. Le foin que nous prenons, à l'exemple de nos prédéceffeurs, de protéger & de favorifer le commerce de nos fujets, comme une des principales fources de leur aifance, nous a déterminé à nous faire rendre compte des variations furvenues dans l'adminiftration d'un objet auffi digne de notre attention: nous avons reconnu que par édit du mois de mai 1708, le roi Louis XIV d'heureufe mémoire, avoit créé & érigé en titre fix commiffions *d'intendans du commerce*; pour être unies à fix offices de maîtres des requêtes, & fixé les fonctions attachées à ces commiffions de la manière la plus avantageufe au commerce: que ces commiffions ayant été fupprimées, il y avoit été fubftitué, pendant la minorité de notre très-honoré feigneur & ayeul, un confeil de commerce établi par la déclaration du 14 décembre

1715 : que par édit du mois de juin 1724, il a été créé quatre charges d'*intendans du commerce* ; mais étant informé que deux desdites charges sont actuellement vacantes, l'une par le décès du sieur Boula de Quincy, & l'autre par la démission que le sieur de Saint-Prest en auroit faite entre nos mains, & désirant rappeller à sa première institution une administration dont nos sujets ont éprouvé tout l'avantage, nous avons cru devoir établir des commissions à l'instar de celles créées en 1708. A ces causes, & autres à ce nous mouvant, de l'avis de notre conseil, & de notre certaine science, pleine puissance & autorité royale, nous avons, par le présent édit perpétuel & irrévocable, dit, statué & ordonné, disons, statuons & ordonnons, voulons & nous plaît ce qui suit :

ARTICLE PREMIER. Nous avons éteint & supprimé, éteignons & supprimons, du consentement des titulaires actuels, attaché sous le contre-scel de notre présent édit, les quatre offices d'*intendans du commerce*, créés par édit du mois de juin 1724 ; ordonnons qu'il sera incessamment procédé en notre conseil à la liquidation de la finance desdits offices, qui sera remboursée des deniers à ce destinés ; &, en attendant, l'intérêt des sommes qui se trouveront dues, sera payé à raison du denier vingt desdites sommes aux titulaires ou héritiers d'iceux jusqu'à l'entier remboursement desdites sommes.

II. Nous avons créé & érigé, créons & érigeons en titre d'office sans finance, quatre commissions d'*intendans du commerce*, lesquelles ne pourront être conférées qu'à quatre maîtres des requêtes de notre hôtel, pour en remplir les fonctions, sous le titre de *nos conseillers en nos conseils, maîtres des requêtes ordinaires de notre hôtel, intendans du commerce* ; desquelles quatre commissions deux seront expédiées en notre chancellerie ; sçavoir l'une aux sieurs de Montaran pere & fils, concurremment & en survivance l'un de l'autre, & l'autre au sieur de Cotte, titulaires actuels desdits offices supprimés ; nous réservant d'accorder les deux autres commissions à tels des maîtres des requêtes de notre hôtel que nous jugerons à propos ; à chacune desquelles commissions, outre les gages attachés auxdits offices de maîtres des requêtes, & dont ils continueront de jouir de la manière accoutumée, nous avons attribué par chacun an, pour appointemens, six mille livres, & pour frais de bureau, de commis, & autres dépenses, trois mille livres.

III. Les pourvus desdites commissions auront les mêmes séances, exerceront les mêmes fonctions & jouiront des mêmes droits & prérogatives attribués auxdites commissions par l'édit du mois de mai 1708, après avoir prêté serment entre les mains de notre très-cher & féal chancelier, garde des sceaux de France, sans qu'ils soient tenus à aucune autre formalité. Dispensons néanmoins dudit serment lesdits sieurs de Montaran pere & fils & de Cotte, lesquels

continueront de jouir des mêmes rang & séance dont ils jouissoient en vertu de leurs provisions desdites charges supprimées.

IV. Dans le cas où les pourvus desdites commissions, & ceux qui le seront à l'avenir, seroient par nous appellés à d'autres fonctions, ou que, sur le compte qui nous seroit rendu de leurs services par notre très-cher & féal chancelier garde des sceaux de France, après avoir exercé pendant vingt ans l'office de maître des requêtes, & pendant dix ans lesdites commissions, il nous plairoit leur accorder des lettres d'honoraire de l'office de maître des requêtes, voulons qu'ils puissent conserver lesdites commissions d'*intendans du commerce* pour en continuer les fonctions & jouir des appointemens & droits y attachés, ainsi & de même que s'ils étoient encore titulaires d'offices de maîtres des requêtes, sans que ladite faveur puisse être étendue à aucunes autres personnes que celles énoncées dans le présent article. SI DONNONS EN MANDEMENT à nos amés & féaux conseillers les gens tenant notre cour de parlement à Paris, que notre présent édit ils aient à faire lire, publier & registrer, & le contenu en icelui garder, observer & exécuter selon sa forme & teneur : CAR tel est notre plaisir ; &, afin que ce soit chose ferme & stable à toujours, nous y avons fait mettre notre scel. DONNÉ à Versailles, au mois de juillet, l'an de grace mil sept cent soixante-dix-sept, & de notre régne le quatrième. *Signé*, LOUIS. *Et plus bas :* par le roi, AMELOT, *Visa* HUE DE MIROMENIL. Vu au conseil PHELYPPEAUX. Et scellé du grand sceau de cire verte en lacs de soie rouge & verte.

INTERDICTION DE COMMERCE. Défenses que le prince fait aux négocians, marchands, & autres de ses sujets, de faire aucun négoce de marchandises avec les nations avec lesquelles il est en guerre, ou avec qui il ne trouve pas à propos que ses peuples ayent correspondance.

Quand l'*interdiction* de négoce est générale, elle emporte aussi le commerce des lettres, qui est la plus grande marque de l'indignation d'un souverain contre les ennemis de son état.

L'*interdiction de commerce* pour cause de guerre se fait en même temps que la publication de la guerre, & elle ne se lève ordinairement qu'avec celle de la paix. Il y a néanmoins quelquefois des guerres qui n'emportent pas l'*interdiction du commerce*, & pendant lesquelles il y a une espèce de tréve entre les marchands des deux nations ennemies ; aussi l'appelle-t-on *tréve marchande*.

Pendant l'*interdiction du commerce*, toute marchandise est de contrebande, soit qu'elle vienne des pays avec lesquels on est en guerre, soit qu'elle y aille, & comme telle sujette à confiscation, aussi bien que les voitures, équipages & vaisseaux qui servent à leur transport, à moins qu'il n'y ait des passeports, comme on en accorde assez souvent.

N'est-ce pas une hostilité contre ses propres sujets

fujets, que d'empêcher qu'ils ne vendent leurs denrées ou marchandifes à ceux qui pourroient les
payer, qu'ils n'achettent celles dont ils tiroient
un parti avantageux? Les prohibitions de commerce concourant d'ailleurs avec les gros emprunts publics à titre très-avantageux pour les prêteurs, & avec l'augmentation des impôts; il fe
trouve que les deux nations fouffrent des préjudices
très-réels, & celle qui croit punir ou ruiner l'autre,
fe fait tort à elle-même.

INTERDIRE. Défendre quelque chofe. On
vient d'*interdire* tout commerce avec les Efpagnols. On a *interdit* les étoffes des Indes & les toiles
peintes.

La trop grande quantité de marchandifes qu'il
y a dans un pays, oblige quelquefois d'en *interdire* le commerce jufqu'à ce qu'elles foient confommées. On *interdit* auffi le commerce, lorfque
les mers des environs font pleines de vaiffeaux ennemis.

Un commerce *interdit*, c'eft celui qu'il n'eft
plus permis de faire. Le commerce des mouffelines
eft *interdit* fous peine de mille écus d'amende,
fi elles n'ont les deux marques ordonnées par les
arrêts.

INTÉRESSÉ. On appelloit *intéreffés* dans les
fermes du roi, ceux qui n'avoient intérêt que dans les
fous-fermes; ce qui les diftinguoit des *intéreffés*
aux fermes générales, qu'on appelle *fermiers
généraux.*

Un *intéreffé* dans une compagnie de commerce,
eft celui qui en fait les fonds avec d'autres affociés,
lorfque ces fonds ne fe font pas par actions, autrement on le nomme *actionnaire.* Ainfi l'on dit,
un *intéreffé* à la compagnie du Sénégal; & un
actionnaire, en parlant de la compagnie d'Occident. *Voyez* ACTION *&* ACTIONNAIRE.

INTÉRESSÉ. Signifie auffi *un homme avare*, qui
ne relâche rien de fes intérêts. Ce marchand ne fera
rien dans le négoce, il ne fçait pas perdre, il eft
toujours à fon mot, il eft trop *intéreffé.*

INTÉRESSER quelqu'un dans une fociété, dans
une manufacture, dans une compagnie de commerce, dans la cargaifon & armement d'un vaiffeau
marchand, &c. C'eft l'affocier, lui donner part
dans toutes ces entreprifes, enforte qu'il en four-
niffe une partie des fonds, qu'il en partage les profits, & qu'il en porte la perte à proportion de la
part que les autres *intéreffés* lui cèdent.

On dit auffi, s'*intéreffer* dans un commerce, dans
une entreprife, &c. pour dire, y prendre une part
avec d'autres affociés.

INTÉRÊT. C'eft l'accroiffement du fort principal, qui fe fait par la fomme que paye le débiteur pour l'ufage d'une plus grande fomme prêtée,
ou bien la fomme que paye chaque année un emprunteur à celui de qui il a emprunté de l'argent,
pour le dédommager du profit ou du revenu qu'il

Commerce. Tome II. Part. II.

en auroit tiré, s'il l'avoit mis en fonds d'héritage,
ou dans le négoce.

Les *intérêts* ne font licites que quand on les
paye au taux du roi, c'eft-à-dire, fur le pied fixé
par les ordonnances, qui augmente ou qui diminue fuivant les befoins de l'état & les circonftances
des affaires, mais jamais autrement que par l'autorité du prince.

Par l'article 7 du titre 6 de l'ordonnance de 1673,
l'*intérêt* du principal & du change d'une lettre
proteftée eft dû du jour du protêt, encore qu'il
n'ait pas été demandé en juftice; & celui du rechange, des frais du protêt & du voyage n'eft dû
que du jour de la demande.

L'article premier du même titre défend à tous
négocians & marchands & à tous autres, de comprendre l'*intérêt* avec le principal, dans les lettres
& billets de change, & dans aucun autre acte.

On ne peut ftipuler les *intérêts* d'un argent
prêté par un fimple billet ou obligation.

Les juges peuvent adjuger des *intérêts* des
fommes dûes & non payées à leur échéance, à
commencer du jour que la demande en a été faite
en juftice.

Les *intérêts* ufuraires doivent s'imputer fur le
principal, & l'ufurier être puni fuivant la rigueur
des loix.

On ne paye jamais les *intérêts* des *intérêts*,
étant défendu par la même ordonnance de 1673,
à tous marchands ou autres d'en prendre fous quelque prétexte que ce foit. Il y a cependant une exception, le tuteur en étant comptable à fon mineur.

Donner à *intérêt*, prêter à *intérêt*, c'eft recevoir un profit de l'argent qu'on prête.

Prendre à *intérêt*, emprunter à *intérêt*: c'eft
donner du profit de l'argent qu'on emprunte.

Il y a quelques provinces de France, particulièrement la Provence & le Languedoc, où l'on
dit, donner, ou prendre à dépofito, pour dire,
donner, ou prendre à *intérêt.*

*Tables des rentes ou intérêts depuis le denier
fept jufqu'au denier trente; où l'on voit à
raifon de combien c'eft pour cent par an.*

		l.	f.	d. par cent
	7 rapporte 14	5	8	
	8 par an 12	10	0	
	9 11	2	2	
	10 10	0	0	
	11 9	1	9	
	12 8	6	8	
Une rente	13 7	13	10	
au denier	14 7	2	10	
	15 6	13	4	
	16 6	5	0	
	17 5	19	7	
	18 5	11	1	
	19 5	5	3	
	20 5	0	0	

Suite de la table des rentes ou intérêts, &c.

	21 rapporte	4 l.	15 f.	2 d.	par cent.
	22 par an	4	10	10	
	23	4	6	11	
	24	4	3	4	
Une rente	25	4	0	0	
au denier.	26	3	16	11	
	27	3	14	0	
	28	3	11	5	
	29	3	7	3	
	30	3	6	8	

INTÉRÊT, Signifie auffi *la part* que l'on a dans une fociété, dans une entreprife de commerce. L'*intérêt* que j'ai dans ce vaiffeau eft confidérable. Il a un *intérêt* d'un dixiéme dans la compagnie des glaces. Voulez-vous prendre *intérêt* dans la nouvelle manufacture des favons ?

Dans les fermes du roi, l'*intérêt* que chaque particulier y a, s'eftime ordinairement par fol fur le pied du fonds capital de vingt fols. Ainfi on dit : il a un fol, cinq fols, dix fols dans ce traité, pour dire, un vingtiéme, le quart, ou la moitié. On compte auffi quelquefois par fols dans les fociétés de commerce, mais plus ordinairement proportionnellement au nombre de cent : un vingtiéme, un trentiéme, un centiéme, &c.

INTÉRÊTS LUNAIRES. On nomme ainfi dans les échelles du Levant, les *intérêts ufuraires* que les juifs exigent des nations chrétiennes qui ont befoin de leur argent, foit pour leur commerce, foit pour payer les avanies que les officiers Turcs de ces échelles ne leur font que trop fouvent. On les appelle *lunaires*, parce qu'ils fe paient à tant pour cent par lune, & que les mois des Turcs ne font pas folaires comme ceux des chrétiens ; ce qui en augmente encore l'*intérêt* de plus d'un tiers par cent.

Ces *intérêts* avoient tellement accablé la nation Françoife au Levant, qu'un des principaux articles de l'inftruction qui fut donnée au marquis de Nointel, ambaffadeur de France à la Porte, lorfqu'il y alla en 1670, fut de ne plus fouffrir les *intérêts lunaires*, ni les emprunts que la nation avoit coutume de faire aux juifs pour le paiement des avanies ; & qu'en cas d'une néceffité preffante d'emprunter quelque fomme, les marchands François établis dans les échelles, feroient tenus d'en faire l'avance, qui leur feroit remboursée, & repartie fur les premières voiles qui iroient charger dans lefdites échelles.

INTERLOPRE, ou INTERLOPE. Il fe dit des vaiffeaux marchands qui tâchent de faire un commerce indirect & fecret de marchandifes de contrebande, ou qui portent des marchandifes permifes dans les lieux où il n'eft pas libre aux étrangers de trafiquer. On les appelle auffi *avanturiers*.

INTERLOPE. Signifie encore, parmi les nations d'Europe, qui ont des compagnies de commerce, les *vaiffeaux particuliers* de ces nations qui tentent de faire leur négoce dans l'étendue de la conceffion de leurs compagnies, fans en avoir obtenu la permiffion des intéreffés ou directeurs.

Il n'y a guères que les Anglois qui aient des vaiffeaux *interlopres* de cette dernière efpèce : à l'égard des autres, ils font très-communs en France, en Angleterre, & en Hollande, particulièrement pour le commerce qui fe fait fur les côtes de la terre ferme de l'Amérique Efpagnole, foit dans la mer du Nord, foit dans la mer du Sud.

Le commerce des navires *interlopres* eft toujours très-lucratif ; les marchandifes dont ils font chargés fe vendant ordinairement très-cher, & celles qu'ils tirent des pays où ils trafiquent leur étant données à bon marché, dont ils évitent tous les droits, ce qui eft très-confidérable : mais les rifques y font grands, ne s'agiffant pas feulement de la confifcation des marchandifes & des vaiffeaux, ou de la prifon des marchands, quand ils font furpris par les gardes-côtes ; mais encore ce commerce étant fouvent interdit fous peine de la vie, comme on fçait qu'il l'eft par les Efpagnols pour tout celui qui fe fait par les étrangers dans les états que le roi d'Efpagne poffède dans les Indes occidentales.

Lorfque les *interlopres* veulent faire ce négoce de contrebande, ils ont coutume de mouiller à quelque diftance de la côte, derrière quelque rocher, ou à l'abri de quelque langue de terre, où ils font à couvert du canon des fortereffes, dont ils tâchent de ne pouvoir être apperçûs ; ce qui s'appelle, entr'eux, *négocier à la longueur de la pique.*

Après cette première précaution, ils mettent à terre quelque perfonne qui fçache le négoce & la langue, pour engager, s'il fe peut, par des préfens confidérables, les gouverneurs ou les premiers officiers des ports, à faciliter ou du moins à tolérer un trafic fecret ; ce qui ne manque guères d'arriver.

S'ils ne peuvent réuffir de cette manière, ils font des fignaux que connoiffent les habitans de la terre, qui ne manquent pas de venir la nuit faire leurs marchés pour leurs échanges, & qu'ils continuent fouvent pendant plufieurs nuits de fuite avec autant de tranquillité, & quelquefois autant de fûreté, que s'ils avoient obtenu la liberté d'entrer & de trafiquer dans les ports.

C'eft par cette efpèce de trafic que les *interlopres* François ont tant de fois rapporté de la mer du Sud, de fi riches cargaifons en piaftres & en autres précieufes marchandifes ; & c'eft auffi par la même voie que les Anglois de la Jamaïque & les Hollandois de Curaçao ont coutume de fournir l'Amérique Efpagnole de toutes fortes de marchandifes d'Europe, comme d'étoffes de foie, de draps, de ferges, de toiles, de chapeaux, de bas & de toutes efpèces de menue mercerie & de quincaillerie, pour lefquelles ils reçoivent en échange, avec un profit immense, de l'argent, de l'or, des pierreries, des perles, des fruits, de la cochenille, de l'indigo & du cacao.

INVENTAIRE. *Description* des papiers, meubles, ustensiles, grains & autres effets, qui se trouvent dans une maison, ferme, château, métairie, ou semblables lieux, soit qu'elle soit faite par autorité de justice, du vivant ou après le décès du propriétaire, soit que le propriétaire la fasse ou fasse faire volontairement.

INVENTAIRE, *en fait de commerce.* Est un état exact & circonstancié, que tout marchand est obligé de faire tous les deux ans, en conséquence de l'article 8 du titre 3 de l'ordonnance de 1673.

Cet état qui doit être signé, doit contenir tous les effets mobiliaires & immobiliaires, & toutes les dettes actives & passives que le négociant qui le dresse, afin non-seulement de se rendre compte à soi-même, mais aussi afin qu'en cas de désordre dans ses affaires, il puisse du moins justifier sa bonne foi à ses créanciers.

Quoique par l'ordonnance, les marchands ne soient tenus que de faire leur *inventaire* tous les deux ans, il est d'un meilleur ordre de le recoller & renouveller chaque année, soit pour avoir plus souvent une connoissance générale du fonds de sa caisse & de ses marchandises, soit pour voir si les facteurs & garçons ont été fidèles, ou du moins pour exciter & entretenir leur fidélité par cette exactitude : c'est aussi ce que font les plus habiles marchands.

Pour se disposer à faire cet *inventaire*, il faut, en premier lieu, solder tous les livres dont chaque marchand a coutume de se servir suivant son commerce, & arrêter tous les comptes ouverts. Les principaux de ces livres sont ordinairement le livre d'extrait des dettes passives, le journal de vente à crédit, le livre de caisse & le compte de la dépense journalière de la maison & du ménage.

La seconde chose, c'est d'auner toutes les marchandises, & d'en écrire l'aunage sur un billet attaché à l'endroit par où chaque pièce a été entamée, pour ensuite porter cet aunage sur son *inventaire*, en prenant garde de mettre toutes les mêmes espèces ensemble, & commençant par les plus riches marchandises & en mettant d'abord les pièces entières de chaque qualité, ensuite les pièces entamées, & puis les restes ; mais ces derniers tous en un article.

La juste estimation des marchandises doit se faire à mesure qu'on en charge son *inventaire*, & s'ajouter au bout de chaque article, non pas toujours sur le pied du prix courant, ou de ce qu'on en a déjà vendu, mais à proportion de ce qu'elles peuvent alors véritablement valoir ; y en ayant beaucoup qui diminuent, soit par la mode qui s'est passée, soit par les piqueures & tarres qui peuvent y être survenues depuis qu'elles sont en boutique ; & quelques-unes aussi qui augmentent par cette vicis-

situde si ordinaire dans les étoffes & marchandises, sur-tout pour celles qui ne sont que de goût.

Après les marchandises, & le total des sommes à quoi elles montent toutes ensemble, il faut mettre les dettes actives, dont il faut faire trois classes ; la première, des bonnes dettes ; la seconde, des douteuses ; & la troisième, de celles qu'on croit perdues, qu'il faut toutes trois aussi additionner séparément.

L'argent comptant, s'il s'en trouve en caisse, se met après les dettes actives, puis la vaisselle d'argent & les pierreries, si l'on en a ; ensuite les meubles meublans & enfin les immeubles.

Cette partie de l'*inventaire*, qui fait toujours paroître un marchand très-riche, parce qu'il contient tous ses effets, étant finie, il faut travailler à l'autre, qui souvent au contraire l'appauvrit ; & qui regardant les dettes passives, est celle proprement sur laquelle se doit régler le gain ou la perte qu'on a fait dans le négoce pendant le temps pour lequel se dresse l'*inventaire*.

Quatre articles composent ordinairement cette seconde partie ; sçavoir, 1°. Les dépôts où volontaires ou par justice, si l'on en est chargé de quelqu'un. 2°. Les dettes par obligation & par promesses. 3°. Ce qu'on doit aux marchands grossiers & ouvriers sur le livre d'achat. 4°. Enfin les gages des facteurs ou garçons de boutique, & ceux des serviteurs & domestiques, en cas qu'il en soit dû.

C'est de ces deux parties comparées ensemble que se fait ce qu'on appelle la *balance de l'inventaire*, & qu'on connoît, par une simple soustraction, ou les profits ou les pertes de son commerce.

On dit, faire le calcul d'un *inventaire* ; pour dire l'arrêter.

Recoller un *inventaire*, en faire le récollement, c'est l'examiner, le collationner, le vérifier sur celui fait l'année précédente, pour connoître les changemens qui sont arrivés pendant le cours de l'année dans les affaires de son commerce.

Quand un marchand ou négociant tient ses livres en parties doubles, le bilan d'entrée lui sert d'*inventaire*, qu'il porte au commencement du nouveau journal & du nouveau livre.

INVENTAIRE. On appelle aussi de la sorte, quoique assez improprement, *la vente* qui se fait publiquement & à l'encan des meubles d'une succession, ou des marchandises & autres effets d'un marchand ou d'un débiteur insolvable. Ce sont ordinairement les huissiers-priseurs qui en font la proclamation, & qui répondent des deniers qui proviennent des marchandises, meubles & effets vendus. Les curieux, les brocanteurs, les frippiers & les revendeuses, ou crieuses de vieux chapeaux, courent à Paris ces sortes d'*inventaires*, & y font le plus souvent bien leurs affaires, s'ils sont connoisseurs.

INVENTAIRE. On appelle *inventaire* parmi les petites marchandes qui courent les rues de Paris, & qui y crient leurs marchandises, une sorte de panier plat fait d'osier, qu'elles portent devant elles

Zzzz ij

attaché avec deux fangles à leur ceinture. C'eſt ſur cet inventaire qu'elles étalent ce qu'elles ont à vendre ; comme des fruits, des bouquets, du poiſſon, des légumes & autres denrées ſemblables. Les colporteurs ont auſſi des eſpèces d'*inventaires* ou de paniers dans leſquels ils mettent leurs petites merceries, leurs déclarations, almanachs, & livrets qu'ils crient & débitent : mais outre qu'ils ſont différens pour la forme, les colporteurs les portent pendus à leur col, d'où ils ont pris leur nom.

INVENTAIRE D'ARMEMENT. *Terme de marine marchande* : il ſignifie un *état détaillé & circonſtancié* du corps d'un vaiſſeau & de tous ſes apparaux, cables, cordages, mâts, ancres, uſtenſiles, canons, vituailles, &c. que le capitaine & l'écrivain qui doivent le monter, fourniſſent à leurs armateurs, certifié chacun en droit ſoi par un acte ſigné de leur main, par lequel ils reconnoiſſent avoir reçu les choſes contenues dans ledit *inventaire*, & promettent réciproquement de rendre compte de leur conſommation journalière.

J O

JOD. C'eſt en Angleterre le *quart* du quintal, autrement 28 liv. d'avoir du poids.

JOD. C'eſt auſſi une des meſures des diſtances & longueurs dont on ſe ſert dans le royaume de Siam. Vingt-cinq *jods* font le roé-neug, ou lieue Siamoiſe d'environ deux mille toiſes Françoiſes. Chaque *jod* contient quatre ſen, le ſen vingt voua, le voua deux ken, qui eſt l'aune Siamoiſe, de trois pieds de roi moins un demi-pouce. *Voyez* LES TABLES DES POIDS ET MESURES.

JOINTÉE. Eſpèce de meſure qui ſe dit de ce qui peut tenir de grains ou de légumes ſecs dans le creux des deux mains, quand on les joint enſemble. Une *jointée* de froment ; une *jointée* de pois.

JONC. Eſpèce de plante qui croît ordinairement dans les marais & dans les lieux humides. Il y en a de diverſes ſortes.

Le *jonc* ſert à pluſieurs ouvrages. On en fait des rabats, des paniers & des bannes ou bannettes, pour emballer pluſieurs marchandiſes, entr'autres les ſortes & les figues ſèches. Les Hollandois en fabriquent des nattes qui ſont fort eſtimées, & qui ſont propres à faire des tapiſſeries & des tapis de pied. Les jardiniers l'emploient pour paliſſer leurs arbres, & les marchands de balais en font des balais.

JOSEPH. On appelle *coton-joſeph*, une ſorte de coton filé de médiocre qualité, & de peu de débit en France.

JOSEPH-LASAT. Sorte de *coton* qui vient de Smyrne par la voie de Marſeille. Il eſt apprécié pour la levée du droit de vingt pour cent, à ſoixante livres ſeize ſols le quintal.

JOSEPH FLUANT, JOSEPH COLLÉ, JOSEPH A SOIE. Ce ſont des noms que l'on donne à certaines eſpèces de papier.

JOSSELASSAR. C'eſt une des ſortes de cotons filés qui ſe tirent de Smyrne. Il eſt moindre que celui

qu'on nomme *montaſſin*, quoique l'un & l'autre ſe cultivent & ſe recueillent dans le même canton.

JOUAILLERIE, ou JOAILLERIE. Terme de négoce, qui ſignifie en général *toutes ſortes de marchandiſes de pierreries*, taillées ou non taillées ; comme diamans, rubis, grenats, ſaphirs, émeraudes, topaſes, ametiſtes, &c. On y comprend auſſi les perles, les turquoiſes, les opales, les agathes ; les criſtaux, l'ambre jaune, le corail, le lapis, &c. même toutes ſortes de bijoux & joyaux d'or, d'argent & d'autre matière précieuſe. Il faut qu'un marchand ait beaucoup de capacité & d'argent pour entreprendre le négoce de la *jouaillerie*.

JOUAILLERIE. Se dit auſſi de l'art de tailler les pierres précieuſes, & de les mettre en œuvre. *Voyez* LAPIDAIRE.

JOUAILLIER, JOUAILLIERE. Marchand ou marchande qui fait négoce de jouaillerie. Les merciers & les orfévres de Paris ſont appellés par leurs ſtatuts *marchands jouailliers*, parce que les uns & les autres, à l'excluſion de tous, ont la faculté de faire trafic de marchandiſe de jouaillerie ; avec cette différence néanmoins, que les merciers ne peuvent tailler, monter ni mettre en œuvre aucunes pierres précieuſes ni joyaux ; cela étant réſervé aux ſeuls orfévres qui ſont les artiſans de ces ſortes de choſes, quoiqu'ils ayent auſſi le pouvoir de les acheter & les vendre.

JOUAILLIER. Se dit auſſi de celui qui taille & qui monte les pierreries. On ſe ſert néanmoins plus communément du terme de *lapidaire*, pour ſignifier *l'ouvrier qui les taille*.

JOUES DE PESON. (*Terme de balancier*). Il ſe dit des plaques quarrées, qui ſont des deux côtés des broches du peſon.

JOUR. Durée de vingt-quatre heures, qu'on compte ordinairement depuis un midi juſqu'à l'autre : c'eſt ce qu'on appelle le *jour naturel*. Il s'entend auſſi du temps que le ſoleil reſte ſur l'horiſon, qui eſt inégal ſuivant les ſaiſons, qui eſt ce qu'on nomme *jour artificiel*.

On dit qu'une lettre de change eſt payable à *jour préfix*, à *jour nommé*, lorſque le jour qu'elle doit être payée eſt exprimé, & fixé dans la lettre de change. Les lettres à *jour préfix* ne jouiſſent point du bénéfice des dix *jours* de faveur.

Une lettre de change à deux, à quatre, à ſix *jours* de vûe préfix, eſt celle qui doit être payée deux *jours*, quatre *jours*, ou ſix *jours* après celui de ſon acceptation.

On appelle les *dix jours de faveur* ou *le bénéfice des dix jours*, ce nombre de *jours* que l'uſage & non le droit accorde à celui ſur qui une lettre de change eſt tirée, au-delà de l'échéance marquée pour ſon paiement. Ainſi une lettre payable à deux *jours* de vûe, ne ſe paie que douze *jours* après l'acceptation.

Les ordonnances des aides & celles de la ville de Paris, défendent de voiturer les vins & les autres marchandifes, autrement que de *jour* & entre deux foleils.

Les premieres défendent pareillement aux braffeurs d'entonner la bière de chaque braffin, finon de *jour* & en préfence des commis.

On dit qu'un marchand ne vit qu'au *jour* la journée, quand il ne fait pas grande provifion de marchandifes, & qu'il ne s'en fournit qu'à mefure qu'il en débite.

Un faux *jour*, eft celui qui vient obliquement dans quelque lieu. La plupart des magafins & des boutiques ont des faux *jours*, dont les marchands fçavent bien profiter. Les acheteurs doivent, autant qu'ils peuvent, voir les marchandifes au grand *jour*.

JOUR-NOMMÉ. Bateau de diligence dont le maître s'eft obligé d'arriver à certain *jour préfix* dans le port de fa deftination, à peine de diminution de la moitié du prix porté par fa lettre de voiture.

JOUR DE PLANCHE. On nomme ainfi à Amfterdam & dans les autres villes maritimes des Provinces-Unies, le féjour que le maître ou batelier d'un bâtiment fretté par des marchands font obligés de faire dans le lieu de leur arrivée, fans qu'il leur foit rien dû au-delà du fret. On convient ordinairement de ces *jours de planches* par la charte-partie, à moins qu'ils ne foient fixés, ou par l'ufage, ou par des réglemens. Roterdam, par exemple, & aux environs, les bateliers font obligés de donner trois *jours de planches*; ceux de Brabant, de Flandres, de Zélande, & des autres villes également diftantes d'Amfterdam, en donnent cinq ou fix, fuivant la grandeur du bâtiment. Mais, fi après ces *jours de planches*, ou reglés, ou convenus, le bâtiment refte encore chargé, le marchand paie tant par jour, par proportion à fa grandeur ou au prix accordé pour le fret.

JOURNAL. C'eft le nom que les marchands, négocians, banquiers & autres qui fe mêlent de quelque commerce, donnent à un certain livre ou regiftre dont ils fe fervent pour écrire jour par jour toutes les affaires de leur commerce à mefure qu'elles fe préfentent.

Soit que l'on tienne fes écritures en parties fimples, foit qu'on les tienne en parties doubles, il faut néceffairement avoir un livre *journal*; ce livre étant celui dont l'ordonnance de 1673 entend parler, lorfqu'elle dit que les négocians & marchands tant en gros qu'en détail, auront un livre qui contiendra toutes les affaires de leur négoce, leurs lettres de change, &c. outre que fuivant la même ordonnance, faute de la repréfentation de ce livre, en cas de faillite, on pourroit être réputé banqueroutier frauduleux, & comme tel pourfuivi extra-ordinairement. *Voyez* LIVRES.

On appelle auffi, mais improprement, *journal*, chez la plus grande partie des marchands & banquiers, un livre écrit à loifir & en beaux caractères, qui contient les articles extraits du brouillard, qui doivent être portés fur le grand livre.

Ce livre ainfi écrit après coup, ne mérite aucune

foi en juftice. Le véritable *journal* eft l'hiftoire de chaque jour, écrite dans le moment que chaque affaire a été conclue, de la main du maître, de la maîtreffe, des enfans de la maifon, des garçons. C'eft ici la nature qui s'explique, c'eft la vérité qui fe manifefte, & qui inftruit les juges lorfqu'il fe préfente des procès devant leur tribunal pour raifon de ces négociations. Ce n'eft pas la beauté de l'écriture, ni propreté du régiftre qui doivent conftater un fait, c'eft l'ingénuité & la fimplicité, à quoi les arbitres doivent particulièrement s'attacher.

JOURNAL ou JOURNAU de terre. On nomme ainfi en quelques endroits de la Guyenne, ce qu'aux environs de Paris on nomme *demi-arpent*: quatre quartonnats font le *journal*, & deux *journaux* font la cétérée ou l'arpent. *Voyez* LES TABLES.

JOURNALIER. Ouvrier qui travaille à la journée.

JOURNÉE. Durée du jour artificiel, c'eft-à-dire, tout le temps que le foleil éclaire fur l'horifon.

On appelle *gens de journée*, les ouvriers qui fe louent pour travailler le long d'un jour, c'eft-à-dire, depuis cinq heures du matin jufqu'à fept du foir.

Travailler à la *journée*, fe dit parmi les ouvriers & les artifans, par oppofition à travailler à la tâche & à la pièce: le premier fignifie *travailler* pour un certain prix, & à certaines conditions de nourriture ou autrement, depuis le matin jufqu'au foir, fans obligation de rendre l'ouvrage parfait: le fecond s'entend du marché que l'on fait de finir un ouvrage pour un certain prix, quelque temps qu'il faille employer pour l'achever.

Les ftatuts de la plupart des communautés des arts & métiers mettent auffi de la différence entre travailler à la *journée* & travailler à l'année. Les compagnons qui travaillent à l'année ne pouvant quitter leurs maîtres fans leur permiffion, que leur temps ne foit achevé; & les compagnons qui font fimplement à la *journée*, pouvant fe retirer à chaque fin du jour.

A l'égard des compagnons & ouvriers à la tâche, il leur eft défendu de quitter fans congé, que l'ouvrage entrepris ne foit livré.

JOYAU. Il fe dit des bijoux & ornemens précieux d'or, d'argent & de pierreries, qui fervent à la parure & à l'ornement que font & que vendent les orfèvres & jouailliers.

I P

IPECACUANHA. Racine qui vient du Bréfil, & qui eft un fouverain fpécifique pour guérir les diffenteries. Cette racine a quantité de noms peu connus & peu en ufage, comme *beguguella*, *fpecacuanha*, *cagofanga*, *beculo*, *beloculo*, &c.

L'on diftingue trois fortes d'*ipecacuanha*, le brun, le gris & le blanc, dont les effets font plus ou moins violens; le brun agiffant avec plus de violence, celle du gris étant moins grande, & le blanc opérant très-doucement; ce qui fait que les Espa-gnols & les Portugais ne donnent que le dernier aux femmes grosses & aux enfans.

On doit choisir ces trois sortes de racines, nou-velles, bien nourries, difficiles à rompre, résineu-ses & sans mélange de leurs tiges & des filamens. On la tire de Lisbonne, de Hollande & de Mar-seille.

IPSOLA. Espèce de laine qui vient de Constan-tinople.

IRIS. Plante très-commune & très-connue en France, qu'on appelle autrement *flambe* ou *glayeul*, quelquefois *iris nostras*. La couleur de sa fleur lui a donné son nom, à cause qu'elle imite en quelque sorte l'iris ou l'arc-en-ciel.

Il vient de l'*iris*, d'Angleterre, de Florence, de Portugal, de Suse, &c. Celle de Florence passe pour la meilleure. Des fleurs bleues de l'*iris* on tire une couleur verte qu'on appelle *verd d'iris*, qui est propre à la miniature.

I R

IRLANDE, (Commerce d'.) Royaume de la Grande-Bretagne.

L'*Irlande* est baignée au nord, à l'ouest & au sud par l'océan occidental, & à l'est par la petite mer qu'on nomme le *canal de saint-George*, ou la *mer d'Irlande*, qui la sépare de la Grande-Bretagne. Elle est située entre les $51\frac{1}{4}$ & $55\frac{1}{2}$ degrés de la-titude septentrionale, & les $7\frac{1}{2}$ & 12 degrés de longitude orientale. Sa plus grande étendue du sud au nord, est d'environ 275 à 300 milles, & de l'est à l'ouest de 150 à 159 mille. L'air y est grossier & mal-sain à cause des marais, quoique tempéré en hiver & en été. L'humidité y est fort grande. Le terroir est fort gras, très-propre sur-tout pour les pâturages; c'est pourquoi on y élève une grande quantité de bœufs, de chevaux & de brebis. L'herbe

est si longue & si bonne en quelques endroits, que le gros bétail se feroit mourir à force d'en manger, si l'on n'avoit soin de l'en retirer de tems en tems. L'*Irlande* produit une assez bonne quantité de bled, de fruits, de safran, de chanvre & de lin, & elle en produiroit davantage, si les habitans vouloient prendre la peine de bien cultiver la terre. Le lin y est sur-tout très-fin & d'un beau filage, & le fil qu'on en fait très-propre à faire de belles toiles, dont il y a grand nombre de manufactures. Il y a aussi des manufactures de frises & de draps, dont les qualités sont estimées. La laine qu'on emploie à fabriquer ces étoffes est à-peu-près de la qualité des laines angloises provenant de la race des moutons qui y ont été autrefois transportés d'Angleterre. Les principales denrées de ce pays pour l'exporta-tion consistent en gros & menu bétail, viandes salées, suif & chandelles de suif; beurre, fromage, sel, miel, cire, chanvre, toiles, douves, merain, laines, étoffes de laine, couvertures, peluches, ratines, frises & autres étoffes; cuirs verts, four-rures, oiseaux, saumon, harengs & autres poissons, étain, & fer. Parmi tous ces articles, les étrangers distinguent la viande salée, le beurre, le suif & les chandelles, articles sur lesquels ils font souvent des spéculations. C'est vers le mois d'octobre qu'on commence en *Irlande* à tuer les bêtes pour faire les salaisons, & on continue pendant presque tout l'hi-ver : les achats se font favorablement durant la tuerie qu'en aucun autre tems. Les viandes qu'on fait saler sont celles de bœuf, de vache & de cochon. La viande de bœuf est beaucoup plus estimée que celle de vache, & vaut conséquemment quelque chose de plus que cette dernière. Le *porc d'Irlande*, ou la viande salée de cochon qu'on nomme communément *petit salé*, est excellent, & se vend très-bien en Amérique; l'*Irlande* fait aussi de fortes expéditions de salaisons pour compte étranger & pour compte des Anglois eux-mêmes.

Voici un compte simulé d'un envoi de salaisons de *Cork* pour l'Amérique composé de

20 Tierces chacune de 5 à 6 quintaux, faisant 30 barils ordinaires, de viande salée de bœuf, première sorte, pour table d'hôte, à 75 s. la tierce, ... L.	75	"
20 Dites, viande salée de vache, pour les négres, à 60 s.	60	"
20 Barils cœurs & cols de bœufs, en Anglois *hearts* & *shirts*, à 28 s. le baril, . . .	28	"
30 Barils petit-salé, première sorte pour table d'hôte, (le baril de 3 à 4 quintaux) à 60 s.	90	
50 Barils harengs, à 22 s. chacun	55	"
20 Firkins beurre rose 1re. qualité, pesant 15 qx. à 48 s. le ql.	36	"
20 Caisses savon blanc d'*Irlande*, pesant 60 qx. à 56 s. le ql.	168	"
10 Futailles suif, chacune de $2\frac{1}{2}$ qx. ou 25 qx. à 42 s. le ql.	52	10
20 Caisses chandelles de suif moulées, de 6 à la livre, pesant ensemble 30 quintaux, à 48 s. le ql.	72	"
20 Caisses chandelles à la baguette, de 8 à la livre, 30 qx. à 42 s.	63	"
50 Quartières féves fendues, pour les négres, à 28 s. la quart.	70	"

L. 769 10

De l'autre part. . . . . L. 762 10 v

Frais d'expédition.

Saumure, pour arranger les viandes de bœuf, de vache & de cochon, 70
  tierces vuides, & caisses, ... L. 87 10 ᵕ
Pour deux cercles de fer à chaque tierce, ... 3 10 ᵕ
Tonnelier, sel, cloux, & arranger le beurre & les harengs, ... 1 17 6
Saumur & pour arranger les 20 bariques de hearts & shirts, & plaques
  de fer sur les bondes. . . . . 15 ᵕ ᵕ
Droit de sortie sur la viande de bœuf & de cochon, ... 3 10 ᵕ
Dépêches de la douane, gabarres pour conduire à bord & connoissement, 2 15 ᵕ
Commission à Corck sur L. 883 12 6 à 2½ p⅖. 22 1 10
                                                  ————— 136 4 4

Monnoie d'Irlande L. 905 14 4

agio à 107 p⅖. L. st. 846 9 3

Ce n'est pas à Cork seulement, qu'on fait acheter les salaisons d'Irlande; on en tire aussi des autres ports de ce royaume, dont le commerce est assez intéressant pour que nous nous arrêtions un moment à en faire la description.

L'Irlande est divisée en quatre provinces, qui portent les noms d'Ulster, Connaught, Leinster & Munster, autrement Ultonie, Conuacie, Lagonie & Momonie, lesquelles renferment plusieurs villes importantes: nous allons faire connoître ce qu'elles ont de plus remarquable concernant le commerce.

DUBLIN, capitale de l'Irlande, est située dans la Lagonie. Après Londres, c'est la ville la plus grande, la plus belle, la plus peuplée & la mieux bâtie, qui soit dans les trois royaumes. Cette ville est le centre du commerce d'Irlande. Il y a un flux & reflux continuel de marchandises d'Angleterre à Dublin & de Dublin en Angleterre; & quoique Corck soit le principal port de commerce avec les étrangers, & pour les exportations de provisions pour les colonies des Indes Occidentales, commerce très-important pour l'Irlande, cependant celui de Dublin est incomparablement plus considérable que celui de Cork, pour l'importation de plusieurs marchandises de tout pays, soit directement, soit par la voie d'Angleterre. Les marchandises sont envoyées de Dublin dans les autres villes de l'Irlande; par ce moyen Dublin est le centre de presque tout le commerce qui s'y fait, excepté les branches particulières de commerce de Cork ou de Kinsale, pour les Indes; de Limmerick & de Galway, pour la France & l'Espagne; de Londonderry & Belfast, pour les pêcheries & le commerce d'Ecosse. Le seul inconvénient du port de Dublin, c'est la barre qui est à l'embouchure de la rivière Liffy, qui empêchant les gros navires d'y arriver, oblige d'en décharger les marchandises dans ces petits bateaux à Ringsend, à 3 milles environ de cette barre, pour les transporter ensuite à Dublin. Il

s'est établi en 1736 à Dublin, une des premières sociétés qui ont eu pour objet l'étendue du commerce, des manufactures & de l'agriculture.

CORK, ville de la Momonie, est propre, riche & marchande; elle a un bon port d'où partent tous les ans un grand nombre de navires chargés de viandes salées, de harengs, de beurre, de suif & autres articles d'Irlande. C'est la ville de ce royaume, après Dublin, qui fait le plus grand commerce, & dont les habitans sont les plus aisés & même les plus riches.

WATERFORD, LIMMERICK & KINSALE sont trois autres ports de la même province de Momonie, qui font quelque commerce de salaisons avec les principales nations de l'Europe, soit ouvertement, soit par contrebande.

GALWAY, ville de la Conuacie, située sur un golfe grand & profond, capable de contenir une flotte nombreuse de gros vaisseaux, fait un commerce assez étendu avec l'étranger. Il y a aux environs de cette ville une grande pêcherie de harengs.

BELFAST, ville de l'Ultonie, devient considérable par le commerce étendu qu'elle fait avec l'Ecosse, particulièrement avec Glasgow. Elle est belle & bien peuplée, & a un bon port, très-fréquenté par les nations les plus commerçantes de l'Europe.

LONDONDERRY, capitale de la même province d'Ultonie, a un bon port, par le moyen duquel elle fait un grand commerce avec l'étranger.

Newry, bourg d'Ultonie, est remarquable par le grand nombre de manufactures de fil qu'on y trouve, & qui enrichissent singulièrement le pais.

Dundalk & Surgan, ont aussi plusieurs fabriques de toiles fines, telles que des batistes ou cambrais, & des toiles de ménage, dont le commerce est depuis quelques années l'un des plus importans de toute l'Irlande.

Drogheda, Carrikfergus, Trim, Wicklow, Wexford, Kilkenny, Dungarvan, Dingle,

Killmalock, *Slego*, & *Caffil*, font les autres villes d'*Irlande* dont les noms méritent d'avoir place ici, parce qu'elles font toutes quelque commerce.

ISABELLE. Couleur qui participe du blanc & du jaune, qui eft d'un jaune bien lavé. Il y a différentes fortes d'*ifabelle*, entr'autres l'*ifabelle* pâle, le clair, le doré & l'obfcur.

Les réglemens pour la teinture des foies du mois d'août 1669, portent que les *ifabelles* pâles & dorées feront teintes avec un peu de raucour préparé & diffous avec la cendre gravelée, la potaffe ou la foude, puis mis fur un feu.

ISARD. Efpèce de chèvre fauvage, que l'on appelle plus ordinairement *chamois*, dont la peau eft fort eftimée dans le commerce des cuirs.

ISLANDE. (Commerce d')

Ce font les feuls Danois, qui font le commerce d'*Iflande*; & il y a une compagnie à Coppenhague, établie durant le règne de Frederic III, fous le nom de *compagnie d'Iflande*, qui y a fes comptoirs, & qui tous les ans y envoie des vaiffeaux.

Le principal négoce de cette ifle, qui a paffé fous la domination du Danemarck, en même-temps que la Norwége, eft celui des beftiaux, comme bœufs, vaches, moutons: on en tire auffi d'affez bons chevaux; & les cuirs fecs ou falés de toutes ces fortes d'animaux.

Entre les moutons, il y en a d'une efpèce extraordinaire, qui font fort grands, & qui ont huit cornes, qu'il faut leur fcier, de peur qu'ils ne bleffent l'autre bétail, étant furieux & difficiles à apprivoifer. Leur laine eft épaiffe & délicate; & pour cela d'un affez bon débit, auffi-bien que celle des moutons communs.

Les Danois leur portent en échange, du tabac, des toiles, & une partie des chofes les plus néceffaires à la vie.

L'*Iflande* eft une grande ifle de la mer Océane, célèbre par les flâmes du Mont Hecla. Elle eft fi feptentrionale, qu'on la peut compter pour une des principales ifles de la mer Glaciale. Sa fituation eft à 13 dégrés 30 minutes de longitude, & à 65 dégrés 44 minutes de latitude.

Ses habitans, quoique préfentement chrétiens, font prefque encore auffi barbares qu'avant que le chriftianifme eût été établi dans leur ifle. Ils n'achètent ni ne vendent rien, n'ayant parmi eux aucun ufage des monnoies; mais ils échangent diverfes denrées, ou entr'eux, ou avec les étrangers, & particulièrement avec la compagnie établie en Danemarck.

Les principales marchandifes qu'on leur porte, font de la farine, de la bierre, du vin, de l'eaude-vie, du fer, du drap & du linge. Celles qu'on en tire, font des poiffons fecs, du beurre, du fuif, des draps groffiers, du foufre & des peaux de divers animaux, entr'autres de renards, d'ours & de loups cerviers.

Avant que les Danois euffent établi chez eux une compagnie pour ce commerce, les Hambourgeois & quelques autres marchands Allemands y portoient quantité de quincaillerie de Nuremberg, dont ces barbares paroiffoient très-curieux. A leur arrivée dans l'ifle, ils dreffoient des tentes fur le bord de la mer, fous lefquelles ils étaloient leurs diverfes bagatelles; comme des miroirs, des cizeaux des couteaux, &c. Ils y portoient auffi des manteaux, des fouliers, & quelques habits complets.

Pendant tout le temps de la vente, c'étoit une affemblée continuelle de ces infulaires de l'un & de l'autre fexe, où les différentes boiffons dont les Allemands faifoient la principale partie de la cargaifon de leurs navires, n'étoient pas épargnées, n'y ayant guères d'Iflandois qui voulût retourner chez lui avant d'avoir vuidé les bariques de vin, de bierre & d'eau-de-vie qu'il avoit troquées.

Quelques hiftoriens ajoutent même qu'ils fe mettoient tous de fi bonne humeur tant que duroit cette efpèce de foire, que l'honneur de leurs femmes & de leurs filles eût pû faire une partie de leurs échanges, fi les étrangers euffent voulu confentir à cet infâme commerce.

Pour la Groenlande, pays très-inconnu, & qu'on ne fçait encore s'il eft un continent attaché à celui de l'Amérique, ou à celui de la Tartarie; ou fi n'étant joint à pas un des deux, ce n'eft qu'une ifle, n'a ni beaucoup de marchandifes, ni des habitans bien propres au commerce.

Des couteaux, des cifeaux, des aiguilles, des miroirs, & quelques inftrumens de fer ou d'acier, font ce qu'ils eftiment davantage; & ils donnent en échange, du lard & de l'huile de baleine, des peaux de chiens & des veaux marins, & des dents d'un poiffon nommé *towak*, plus eftimées que l'yvoire par leur blancheur.

Quand les Barbares font en commerce avec les Européens, qui y abordent fouvent, à caufe de la pêche de la baleine, qui fe fait dans les mers du Groenland, ils font en bloc des marchandifes qu'ils ont à troquer, & un autre de celles qu'on leur apporte, & en augmentant ou diminuant de l'un ou de l'autre bloc, jufqu'à ce que les parties paroiffent être contentes, ils achèvent leur échange & leur marché feulement par fignes.

Ce qui entretient cette efpèce de petit négoce, c'eft que les pêcheurs vont dépecer à terre leur poiffon, & fondre leur graiffe.

ISLES AÇORES, (Commerce des)

MADERE, ISLES DU CAP-VERD, ET SAINT-THOMÉ,

Toutes ces *ifles* appartenant à la couronne de Portugal, on a crû qu'on ne devoit pas les féparer dans ce qu'on a à dire de leur commerce.

Les *Açores*, qu'on nomme auffi *Tercères*, du nom de la principale de ces ifles, & que les Hollandois

landois appellent *isles Flamandes*, sont au nombre de neuf, sçavoir, Flores, Cuervo, Fayal, Pico, Saint-George, Gratiosa, Sainte-Marie, Saint-Michel & Terceres.

Ces isles, situées dans l'Océan, entre les deux continens d'Europe & d'Afrique, vis-à-vis les côtes de Portugal, furent découvertes en 1439, par les Portugais, qui les ayant trouvées sans habitans, & les estimant propres à être cultivées, y établirent presque aussi-tôt des colonies.

Leur situation commode pour la navigation des Indes orientales & du Bresil, contribuèrent beaucoup à les peupler, & à y établir un commerce considérable, particulièrement à la *Tercere*, qui est la résidence du gouverneur, & le siège d'un évêque.

La ville d'Acra, le seul port qu'il y ait dans l'isle, qui est inaccessible par-tout ailleurs, est le lieu où abordent les vaisseaux d'Europe, & où se transportent de toute l'isle, & des autres *Açores*, les marchandises qui sont propres pour le négoce, quoique pourtant les vaisseaux ne laissent pas assez souvent de toucher aux autres isles, pour y faire leur commerce de la première main, ou pour y prendre des rafraîchissemens.

Les bleds, le vin, le pastel & les cuirs, sont les principales marchandises qu'on en tire; mais c'est sur le pastel que les habitans de la Tercère fondent leur principal négoce.

Les batates, sortes de grosses raves, du poids au moins d'une livre, entrent aussi dans la cargaison des vaisseaux Portugais qui viennent trafiquer aux *Açores*; ce légume, peu estimé dans ces isles, & qui n'y sert qu'à la nourriture des pauvres, faisant les délices des Portugais, & un des meilleurs mets des tables les plus délicates de Lisbonne.

On tire aussi de ces isles quantité de citrons, d'oranges & de limons frais, & beaucoup de confitures, particulièrement d'écorces de citrons, ou de citrons entiers: les plus estimées de ces confitures, sont celles de Fayal, dont chaque année les Hollandois enlèvent la charge de plusieurs navires.

Enfin, on peut pareillement compter comme un objet assez considérable du commerce qui s'y fait, ces petits oiseaux, dont le chant est si vif & si harmonieux, qu'on nomme en Europe, *serins de Canarie*; y ayant des gens qui s'occupent uniquement de ce négoce, & qui y font très-bien leurs affaires.

Outre toute sorte de mercerie, de toiles & d'étoffes qu'on envoie de Portugal pour le commerce de ces isles, on y porte aussi quantité d'huile & de sel; la Tercere, qui est fertile en tout, manquant absolument de l'une & de l'autre de ces deux choses si nécessaires dans l'usage commun. Il s'y débite aussi quantité de vins de Canarie & de Madère; ceux de ces isles étant foibles, & n'y ayant guères que le peuple qui en boive.

Autrefois le commerce des François à la Tercère, étoit très-considérable, & il y venoit tous les ans quantité de vaisseaux de la Rochelle, de Nantes &

de Marseille: Présentement ce négoce est presque tout-à-fait tombé, & à peine y a-t-on vû quatre ou cinq vaisseaux de France, depuis que la paix a été rétablie entre cette couronne & la couronne de Portugal, par le traité d'Utrecht.

Ce qui semble avoir dégoûté les négocians François du commerce des *Açores*, est l'établissement de diverses manufactures de France, que des ouvriers de la nation ont portées depuis quelques années, dans l'isle de Saint-Michel; ces manufactures, qui faisoient autrefois une partie des cargaisons des navires qui venoient de France, étant présentement presque suffisantes pour la consommation des isles; y ayant même quelque apparence qu'elles pourront dans la suite passer à Lisbonne & au Bresil, où il sera facile aux Portugais de les donner à meilleur marché que les François, les premiers ne payant que deux pour cent de droits de sortie.

Il est vrai que les ouvriers établis à Saint-Michel, qui sont presque tous François, manquent souvent de laines, de soies, & de drogues pour la teinture, ce qui retarde le progrès de leurs manufactures, & pourroit laisser aux François l'espérance de soutenir à la Tercère leur ancienne réputation, & d'y continuer leur négoce avec avantage.

Les étoffes dont les fabriques sont passées de France à Saint-Michel, & qui s'y font le plus communément, sont des draps, des droguets, des camelots, des serges de Saint-Maixent, & des chapeaux. On y fait aussi quelques étoffes de soie, à l'imitation de celles de Lyon & de Tours; mais c'est peu de chose.

Ce n'est pas qu'on ne voie toujours à la Tercère une assez grande quantité d'étoffes de fabrique Françoise, mais elles y viennent la plupart par la voie de Lisbonne, & sur des vaisseaux Portugais.

Ces envois consistent en étoffes de soie, particulièrement en taffetas, en rubans, en droguets, en draps, en futaines, en bas de soie, en ris, en papier, en chapeaux, & en quelques petites étoffes de laine.

Les retours pour Lisbonne, outre les marchandises du crû des isles, sont de la monnoie d'or du Bresil, & les autres productions de cette partie de l'Amérique, comme des sucres blancs, des moscouades, du bois de Jacaranda, du cacao, du bois de girofle, de marangau, & de ces oranges qu'on nomme *oranges de la Chine*.

Ce sont aussi ces mêmes marchandises dont les Anglois, qui font aujourd'hui presque tout le commerce de la Tercere, chargent leurs vaisseaux, qu'ils transportent en Hollande; prenant aussi quelques vins blancs communs, qu'ils portent en droiture à la nouvelle Angleterre.

Ce que les Anglois portent aux *Açores*, consiste en étoffes & en laines d'Angleterre & d'Irlande, en fer, en harengs, en sardines, en fromage, en beurre, & en chairs salées en baril.

Le change de la Tercere en France, valoit en 1717, depuis deux cent quarante, jusqu'à deux cent

Aaaaa

cinquante reys par livre ; il avoit été plus haut l'année précédente, & l'on avoit payé jufqu'à huit cent foixante dix reys pour l'écu de France de 3 liv.

Madère, fituée fur les côtes d'Afrique, au midi des Canaries, du nombre defquelles les pilotes la mettent, & dont elle n'eft éloignée que de 60 lieues, fut découverte en 1410, ou comme d'autres prétendent, feulement en 1420.

Les Portugais, qui la découvrirent, & qui en furent les premiers habitans, la trouvèrent couverte par-tout d'une forêt fi impénétrable, que dans le deffein de s'y établir & de la cultiver, ils furent obligés d'y mettre le feu.

Cet expédient, qui leur réuffit, penfa coûter la vie à tous ceux qui compofoient alors cette colonie naiffante, qui furent près de mourir de foif dans leurs barques où ils s'étoient retirés, & où ils demeurèrent tant que l'ifle refta embrafée ; mais enfin y ayant fait leur établiffement, l'ifle eft devenue une des plus peuplées & des plus fertiles de l'Océan.

Les bleds, les vins, le fucre, les gommes, le miel, la cire, les cuirs, toutes fortes de fruits frais, fecs ou confits, particulièrement des citrons, des limons, des grenades ; enfin des planches de bois d'if & de cèdre, font les principales marchandifes qu'on peut tirer de cette ifle.

Les vins de *Madère,* quoique excellens, n'égalent pas la délicateffe de ceux de Canarie. Ce font les Hollandois & les Anglois qui en enlèvent davantage ; il s'en tranfporte toutefois beaucoup en Portugal, où les autres nations d'Europe vont les prendre, s'ils ne veulent pas en faire le commerce en droiture.

Le plant des vignes qui produifent les vins, a été apporté de Candie, & chaque grape de raifin n'a guères moins de deux pieds de longueur, & prefque autant de groffeur.

L'expérience a fait connoître que les vins qu'on en tire, font moins bons dans la première année, & qu'ils ne font dans leur véritable boîte qu'à la troifième feuille.

Le fucre y eft très-bon, & s'y fait en quantité : on l'a long-temps préféré à tous les autres fucres qui fe confommoient en Europe ; mais quoiqu'il ne foit point diminué de qualité, on convient préfentement que ceux des ifles Antilles, & de quelques autres lieux de l'Amérique, ne lui cèdent en rien.

Le commerce des bleds n'y eft pas moins confidérable que celui des vins & des fucres, & les marchands étrangers en tranfportent année commune, jufqu'à trois mille mefures, péfant chacune environ 300 livres.

Les planches d'if & de cèdre fe fcient dans plufieurs moulins conftruits fur les ruiffeaux, dont il y a quantité dans l'ifle, & s'envoient en Portugal, où elles font eftimées. Les étrangers en font auffi quelque commerce ; mais de peu de conféquence.

Les fruits confits de *Madère,* s'enlèvent particulièrement par les Hollandois & les Anglois, la plupart du temps en droiture ; mais auffi quelquefois

à Lifbonne, où ils font portés par les vaiffeaux de Portugal.

A l'égard des gommes, le fang de dragon eft la principale que l'on tire de *Madère,* & les arbres qui la produifent, la répandent dans cette ifle plus abondamment qu'en aucun lieu du monde.

Mais ce qui augmente la réputation du commerce qui fe fait à *Madère,* eft la franchife & l'honnêteté que les habitans pratiquent avec tous les étrangers qui y viennent trafiquer ; ce qu'il faut avouer qu'on ne trouve pas dans tous les lieux de l'Afie & de l'Afrique où les Portugais font établis, la plupart y confervant un certain fafte rebutant, qui eft affez ordinaire à cette nation.

Les *ifles du Cap-Verd,* découvertes par les Portugais en 1472, font au nombre de dix ; S. Jago, S. Atonio, Sta. Lucia, S. Vincente, S. Nicolao, l'ifle Blanche, l'ifle du Sel, l'ifle du Maï, l'ifle de Fogo, & la Buona-Vifta.

On les appelle fouvent les *ifles Vertes,* à caufe de la verdure continuelle dont elles font couvertes, & quelquefois *ifles Salées,* à caufe de la quantité de fel qui fe trouve dans celle de ces dix ifles qui en a pris fon nom, auffi-bien que dans quelques-autres.

L'ifle de Buona-Vifta, eft la plus proche du *Cap-Verd,* & n'en eft qu'à 70 lieues, & celle de S. Jago eft la capitale des dix ifles, & la demeure du gouverneur, qui eft une efpèce de vice-roi qui commande fur tout ce que poffède la couronne de Portugal en Afrique, depuis le *Cap-Verd,* jufqu'au Cap de Bonne-Efpérance.

Les nations d'Europe qui font le commerce des Indes orientales & de l'Afrique, abordent affez ordinairement ces ifles, pour s'y rafraîchir ; touchant à San-Jago, quand elles font en paix avec les Portugais, & fe contentant de faire leur eau & leurs autres rafraîchiffemens à l'ifle de Maï, à S. Antoine, à S. Vincent, ou à l'ifle de Sel, lorfqu'elles font en guerre ; le peu de Portugais qui font dans ces trois ifles, les recevant volontiers en tout temps, & traitant avec elles de leurs denrées en échange de quelques marchandifes d'Europe ; outre qu'ils ne feroient pas en état de leur en difputer la defcente, en cas qu'ils ne vouluffent pas traiter avec elles.

Ce font les Portugais qui ont les premiers habité & cultivé ces ifles, autrefois défertes, & qui préfentement produifent en abondance quantité de marchandifes propres à y entretenir un commerce affez confidérable.

Les cuirs verds, particulièrement les peaux de chèvres & de cabrils, font un des meilleurs négoces de ces ifles, toutes nourriffant quantité ces animaux ; mais fur-tout l'ifle de Maï en ayant en fi grand nombre, que les habitans de San-Jago, qui y font tous les ans une chaffe générale, n'en rapportent pas moins de cinq mille peaux, y ayant même des années qu'ils tuent jufqu'à 6000 bêtes.

On fait auffi quelques cuirs de bœufs & de vaches fauvages ; mais peu, ces animaux étant fort difficiles à approcher & à tuer. Tous ces cuirs se portent en Portugal, où ils se consomment dans diverses de leurs manufactures, ou sont vendus aux étrangers.

Le bétail domestique s'y nourrit aussi en quantité, & l'on en charge plusieurs vaisseaux pour le Bresil, y ayant des marchands qui ne s'enrichissent que de ce commerce, & des vaisseaux qui ne font qu'aller & venir pour les transporter.

C'est encore une marchandise propre pour les colonies que les Portugais ont dans l'Amérique, que le poisson qui se pêche aux environs des *isles du Cap-Verd*, à la salaison duquel ils emploient une partie du sel qui se trouve en abondance dans l'isle de Sel, & dans l'isle de Maï, ce qui occupe chaque année une très-grande quantité de matelots, pour en faire la pêche, & de bâtimens pour les porter à la baye de tous les Saints, ou à Fernambourg.

Les isles de S. Vincent & de S. Antoine, font en particulier un commerce assez lucratif de l'huile qu'ils tirent des tortues qui y teuissent en certain temps de l'année; aussi-bien que des peaux de boucs, qu'ils sçavent passer à la manière d'Espagne & de Portugal.

Enfin, le ris, le mil, le bled de Turquie, les oranges, les citrons, les ananas & plusieurs autres fruits délicieux, aussi-bien qu'un grand nombre de volailles domestiques & de gibier, y servent non-seulement à la nourriture des habitans de ces isles, mais aussi au trafic qu'ils en font avec les étrangers qui viennent s'y rafraîchir & y faire de l'eau, du bois, du sel & des vivres.

L'isle de Saint-Thomas, que les Négres de la côte appellent l'isle *Poncas*, a pris son nouveau nom de celui du saint apôtre, dont l'église catholique célébroit la fête lorsque les Portugais la découvrirent vers le milieu du seizième siécle.

Quoiqu'elle soit située précisément sous la ligne, & que les chaleurs y soient excessives, les Portugais n'ont pas laissé d'y établir une des plus florissantes colonies qu'ils aient en Afrique; & sa situation même a paru si commode aux Hollandais, pour le commerce d'Angole & des autres côtes qui en font voisines, qu'ils s'en font rendus maîtres par deux fois, l'une en 1610, & l'autre en 1641; quoique pourtant ils n'ayent pû s'y maintenir, les Portugais l'ayant reprise sur eux, & ayant en peu de temps réparé le dommage, presque inestimable, que leurs ennemis y avoient fait en l'abandonnant, l'ayant presque ruinée par le fer & par le feu.

Les Portugais font les premiers qui l'ont habitée & cultivée, mais présentement les Négres y font en plus grand nombre qu'eux, & ils pourroient aisément s'en emparer, si leur lâcheté naturelle, & l'habitude qu'ils ont à l'esclavage, ne les rendoit incapables d'une telle entreprise.

Les cannes de sucre & le gingembre, y croissent aussi-bien qu'en lieu du monde, & font le principal objet du commerce intérieur de l'isle; les Portugais les cultivent avec un soin extrême; & malgré les

grandes chaleurs du ciel & du sol, ils ne font presque jamais trompés, la récolte de l'une & de l'autre de ces drogues se faisant tous les mois.

On compte jusqu'à 45 ou 50 moulins à sucre, mais qui ne travaillent qu'alternativement, & qui ont chacun leur mois marqué pour le travail. Ces moulins peuvent fournir année commune, six ou sept cent charges de sucre noir, dont tous les ans il en fort de l'isle environ cent mille arobes, poids de Portugal, à 32 livi pesant chacun : ce sucre s'envoie en Portugal enveloppé dans des feuilles.

Les autres marchandises du crû de l'isle, ou qui s'y fabriquent, font diverses étoffes de coton propres pour la traitte des Négres de la côte; des fruits, & particulièrement de celui qu'ils nomment *cola*, qui est une espèce de noix qui a le goût de châtaigne, & qui se troque avec un grand profit à Louando, S. Paolo, & d'autres endroits du royaume d'Angole & de Congo, d'où il se transporte encore plus loin, ainsi qu'on l'a déja dit en parlant du commerce de Guinée.

Les marchandises d'Europe que les Portugais portent à S. *Thomé*, font des toiles de Hollande & de Rouen, ou d'autres de semblable qualité; du fil de toute couleur, de petite serge, des bas de soie, des camelots de Leyden, des serges de Nismes, des serges de Seigneur mêlées, des haches, des serpes de fer, du sel, de l'huile d'olive, du cuivre rouge en lame, des chaudrons, du goudron, de la poix, du bray, des cordages, des moules à sucre, de l'eau-de-vie, & toutes fortes de liqueurs distillées, du vin de Canarie, des olives, des capres, de fine fleur de farine, du beurre & du fromage.

Outre la grande isle dont on vient de parler, quelques pilotes nomment en général *isles de Saint-Thomas*, plusieurs autres isles qui en font proches, & même d'autres qui en font assez éloignées.

De ces isles, les principales font, l'isle du Prince, celle de Fernando-Pao, celle de l'Ascension, & celle d'Anobon, même celle de Sainte-Hélène, quoique dans une grande distance de l'isle de Saint-Thomas.

A l'égard des quatre autres, il ne s'y fait aucun commerce, & les vaisseaux qui vont aux grandes Indes, n'y relâchent que pour faire de l'eau, du bois, ou la pêche des tortues, lorsqu'ils ont grand besoin de vivres, & beaucoup de malades; si l'on en excepte pourtant Anobon, où les Portugais qui y font établis, font commerce du coton qu'ils recueillent en abondance dans leur isle; aussi-bien que de pourceaux, de boucs, de volailles, & de quantité de fruits excellens, comme oranges, limons, citrons, figues, cocos, ananas; à quoi l'on peut encore ajouter du millet & du bled de Turquie.

ISLES CANARIES, en Afrique. (Commerce des)

Les *isles Canaries* font les mêmes que les anciens connoissoient sous le nom d'*isles Fortunées*.

On ne compte néanmoins leur découverte que depuis l'année 1348, où tout au plus 100 ans auparavant ; ces ifles ayant été comme oubliées pendant plufieurs fiécles, & pour ainfi dire, perdues tout ce temps-là, pour les nations d'Europe, qui n'en avoient nulle connoiffance.

Les Efpagnols en font préfentement les maîtres, & les poffédent depuis l'année 1522, qu'elles leur furent cédées par les fucceffeurs de ceux qui en avoient d'abord fait la conquête ; du nombre defquels on compte un Betancour, gentilhomme Normand, qui s'y établit le premier, mais qui n'en poffedda que les cinq plus petites, ayant trouvé trop de réfiftance dans les Barbares qui habitoient les deux autres.

Ces ifles fituées à l'occident de l'Afrique, entre le 16 & le 28e degré, 30 minutes de latitude, vis-à-vis le royaume de Maroc, à 80 lieues des côtes de Barbarie, font au nombre de fept, dont la principale eft celle qu'on nomme la *Grande Canarie* ; les fix autres font Palme, Ferro, Gomere, Teneriffe, celle-ci fameufe par fon pic, ou montagne qu'on croit la plus haute qu'il y ait au monde ; Fuente, Fortaventura, & la Lencerotte.

Le terrein de ces ifles eft extrêmement fertile en toutes fortes de grains, de fruits & de légumes, particulièrement en ces excellens vins fi eftimés par toute l'Europe, où il s'y en tranfporte une fi grande quantité chaque année.

Les Anglois & les Hollandois font ceux qui en enlèvent davantage, & l'on eftime qu'année commune, il en paffe en Angleterre 16000 tonneaux, & en Hollande prefqu'autant. Les autres nations en font auffi un affez bon commerce, mais bien au-deffous de celui de ces deux premières nations.

Les fucres s'y cultivent pareillement en abondance, & la grande *Canarie* toute feule, a de quoi employer plus de 12 moulins à fucre, travaillant actuellement ; ce qui eft à proportion dans les autres ifles.

Parmi les grains, l'orge y vient en plus grande quantité, & y eft d'un bon débit.

Les autres marchandifes qu'on tire de ces ifles, font le miel, la cire, des peaux de bouc, de la poix, ou gomme noire ; diverfes fortes de fruits frais, fecs & confits ; des volailles domeftiques, du gros & menu bétail, dont les navires qui y trafiquent, achetent pour le rafraîchiffement.

Il s'y fait auffi un commerce confidérable de ferins, qui du nom de ces ifles, où ils fe trouvent en quantité, ont pris celui de *ferins de Canaries* ; & c'eft à caufe de ce commerce que les habitans y cultivent l'orifelle, plante dont la femence eft propre à la nourriture de ces petits oifeaux.

MÉMOIRE concernant le commerce que les Anglois font aux ifles Canaries ; fur-tout à celle de Teneriffe.

Les bâtimens Anglois viennent ordinairement en droiture à l'ifle de *Teneriffe* depuis le temps de la récolte des vins de Malvoifie jufqu'en avril.

Les marchandifes qu'ils y apportent font partie des étoffes & des uftenfiles qui fe fabriquent la plupart dans leurs manufactures, & partie de ce qui fert à la vie & à la nourriture qu'ils prennent chez eux ou chez leurs voifins. Ces diverfes fortes de marchandifes & de denrées font :

Quelques draperies.

Des camelots ordinaires.

Des Bayettes, la plus grande partie noires, & verd d'émeraude.

Des anacoftes blanches & noires.

Des fempiternes prefque toutes bleues de roi.

Des lamparilles de toutes couleurs.

Des bas d'eftame à l'aiguille & au métier.

Des chapeaux.

Des gorgonelles & collets de Hollande & de Hambourg, larges d'environ demi-aune de France, de deux ou trois différentes qualités.

Des crues ou crés de Flandre, d'environ une aune de large, & d'autres plus groffières d'Ecoffe.

Du lin fin, d'autres plus ordinaires, & des fils de toutes fortes de numéros.

Divers meubles & uftenfiles de bois, comme bureaux, des chaifes, des armoires.

Des harnois de chevaux.

De l'étain.

Diverfes quincailleries & merceries.

Du merain pour faire des pipes.

Quelques cuirs d'Irlande.

De toutes fortes de marchandifes & d'ouvrages de foie, entr'autres :

Des étoffes de foie.

Des bas d'hommes & de femmes.

Des rubans de toutes efpèces.

Des taffetas de toutes fortes ; mais peu, parce qu'il en vient d'Efpagne à meilleur compte.

Des bleds d'Angleterre & d'Irlande.

De l'orge des mêmes endroits.

Toutes fortes de légumes.

Des harengs & des fardines.

Des bœufs & des porcs.

Du beurre, du fromage & de la chandelle.

Enfin de la farine de la nouvelle Angleterre.

Les autres ifles ont coûtume de tirer de l'ifle de *Teneriffe* les marchandifes d'Europe dont ils ont befoin.

Le principal retour des Anglois confifte en vins, dont pendant la guerre pour la fucceffion d'Efpagne ils enlevoient prefque les trois quarts moins que lorfqu'ils étoient liguées avec l'Efpagne contre la France.

Depuis la paix d'Utrecht, ils peuvent charger quatre mille pipes, ou environ de malvoifie de la première qualité, qu'ils achetent la plus grande partie en troc de leurs marchandifes, & le furplus comptant à un an ou dix-huit mois de terme, qu'ils paient par femaine ou par mois jufqu'à l'entier paiement ; le refte confifte en vins fecs.

Le roi d'Angleterre retire des droits d'entrée douze à treize livres fterling par pipe, ce qui fait que fa majefté Britannique protége beaucoup ce commerce.

Lorfque les Anglois étoient, pour ainfi dire, les maîtres du négoce des *Canaries*, ils ne bornoient pas ce négoce aux feules ifles; & leur principale vue étoit de fe faciliter celui des Indes occidentales, par le moyen des navires de regiftre qui ont coutume d'y charger pour les côtes de l'Amérique Efpagnole. Auffi y avoient-ils alors de groffes maifons toujours bien remplies de leurs manufactures, qu'ils trouvoient facilement occafion d'y embarquer malgré les défenfes, & dont ils recevoient les retours en argent & en fruits & marchandifes des Indes occidentales qu'ils faifoient enfuite paffer en Angleterre.

Il eft certain que les marchands Anglois retirent à peine des marchandifes qu'ils apportent des *ifles Canaries*, le prix qu'elles leur coûtent jufqu'à ce qu'elles foient remifes en Angleterre, ce qui fans doute les pourroit dégoûter de ce commerce, s'ils ne fe dédommageoient fur celles qu'ils y apportent, fur lefquelles ils y gagnent depuis foixante jufqu'à foixante & dix pour cent en temps de paix, & beaucoup plus en temps de guerre. Mais il eft vrai auffi que le débit eft long, & qu'ils font obligés de faire quelques mauvaifes dettes, quoique néanmoins tout fe paye avec le temps.

Lorfque la récolte de vins eft bonne aux *Canaries*, la feule ifle de *Teneriffe* en donne au-delà de trente mille pipes, dont environ le tiers eft de vins de Malvoifie, & les deux autres tiers de vins fecs: le refte des ifles, comme la *Canarie*, l'ifle de *Palme* & l'ifle de *Fer*, n'en fourniffent chacune guères moins de quinze à feize mille pipes; la plupart vins fecs.

Le prix des Malvoifies, quand l'année eft raifonnablement abondante, ne paffe guères cinquante à foixante piaftres la pipe, celui des vins fecs vingt-cinq à trente piaftres; & celui des eaux-de-vie foixante piaftres; les uns & les autres rendus à bord. Lorfqu'on prend bien fes mefures ce commerce eft fort aifé, furtout fi l'on eft préfent à la vente, & qu'on ne faffe pas de grandes cargaifons, autrement on les paye plus cher.

On paye fept pour cent de droits d'entrée des marchandifes qu'on y apporte; mais l'eftimation ne s'en fait jamais fur le pied de la vente; ainfi ces droits fe réduifent environ à quatre ou cinq pour cent.

Pendant la guerre pour la fucceffion d'Efpagne, les Anglois n'y venoient que mafqués, c'eft-à-dire, fous pavillon d'ami: moyennant quelques préfens, ils y étoient pourtant reçus; mais outre les droits ordinaires de fept pour cent, on leur faifoit encore payer neuf pour cent; & malgré tout cela ils ne laiffoient pas d'y faire affez bien leurs affaires, n'y ayant point eu d'année qu'ils n'aient enlevé jufqu'à quatre mille pipes de vins des deux fortes.

Préfentement leur commerce s'y rétablit à peu près fur l'ancien pied, & il eft certain que leurs

vaiffeaux enlèvent feuls plus de vins que toutes les autres nations enfemble, fourniffant prefque tous ceux dont on a befoin en Hollande, dans la mer Baltique & dans le nord, outre ce qui s'en confomme en Angleterre.

Des navires de regiftres qui fe frètent aux ifles des Canaries pour l'Amérique Efpagnole.

Outre les fortes de navires dont les permiffions s'expédient en Efpagne, il s'en frete auffi beaucoup aux *Canaries*, qui reçoivent leurs congés des officiers de fa majefté catholique, établis dans ces ifles. Les permiffions de ceux-ci font à la vérité moins étendues que celles des autres, ne leur étant accordé de porter à l'Amérique que des fruits de la terre, comme des vins, & de ne revenir non plus chargés que des productions des Indes occidentales, à la réferve néanmoins de l'argent & de la cochenille, dont il leur eft défendu de faire leurs retours.

Ces exceptions n'empêchent pas pourtant qu'il ne fe charge fur ces navires toutes fortes de marchandifes propres pour les côtes de l'Amérique, & qu'ils n'en rapportent quantité d'argent & de cochenille, avec les autres marchandifes qui leur font permifes.

Les étrangers qui font le commerce des *ifles Canaries*, ont encore plus de part à cette contrebande que les infulaires mêmes, foit qu'ils veulent l'entreprendre fur leurs propres vaiffeaux, foit qu'ils fe contentent d'envoyer leurs marchandifes à fret fur les navires des fujets du roi d'Efpagne.

Il eft vrai que pour l'un & pour l'autre, il faut fe conduire avec beaucoup de prudence & de fecret, pour que les officiers du roi n'en ayent point de connoiffance: mais en ce cas même ces officiers ne font point intraitables, & il eft facile d'acheter leur filence & leur diffimulation.

Lorfque l'on fe contente d'envoyer ces marchandifes à fret, on les fait tranfporter la nuit fur les vaiffeaux de regiftres qui font en charge; & l'on ne manque point de gens affidés qui les tirent des magafins où elles font en dépôt, ou bien fi le vaiffeau étranger qui les a apportées ne les a pas encore mifes à terre, il eft facile avant le départ du navire de regiftre, de les paffer d'un bord à l'autre, & c'eft le plus fûr, mais auffi le plus rare; parce qu'il n'arrive pas fouvent qu'un navire étranger arrive juftement dans le temps qu'un navire de regiftre a achevé fa cargaifon.

Si c'eft fur fon propre navire qu'un étranger veut charger en obtenant le regiftre pour fon bâtiment: il faut en ce cas congédier l'équipage en arrivant, en faire une vente fuppofée, & l'armer de matelots Efpagnols; & enfuite obtenir le regiftre fous le nom d'un négociant des ifles, étant facile de trouver parmi les gens du pays des marchands & d'autres perfonnes toujours prêts à faciliter toutes ces chofes aux étrangers, avec lefquels ils en ufent avec un fecret & une fidélité incroyables.

Cette voie pour envoyer des marchandises d'Europe dans l'Amérique Espagnole, a plus de commodité que celle de Cadix, qui est celle qu'on prend ordinairement à cause des droits excessifs qu'on paye dans cette derniere place, du fret qui y est toujours plus fort qu'aux Canaries, & des indultes que le roi d'Espagne a coutume de lever au retour des galions & de la flotte ; mais encore parce que le voyage par la route des isles ne dure ordinairement que six mois, au plus dix ; outre la liberté que l'on a d'établir aux isles Canaries des magasins d'entrepôt pour le tabac, & les autres fruits & denrées qui viennent de l'Amérique pour ensuite les faire passer en Europe ; desquels on ne paye d'autres droits que ceux d'entrée.

Quelques-uns croient que pour faire ce commerce, il ne faut pas venir aux Canaries avec des projets tout faits ; mais qu'il faut les former sur les lieux suivant les occasions s'en présentent, & en se laissant conduire par quelque habitant fidéle & pratique de ce négoce, les gens du pays étant naturellement jaloux, & ne pouvant souffrir que les étrangers veuillent se passer d'eux dans cette contrebande, qui fait une partie de leur commerce.

Quand les vaisseaux de registre arrivent dans les ports de l'Amérique, ou qu'ils reviennent dans ceux des isles, les officiers royaux sont en droit de saisir & confisquer toutes les marchandises qui ne sont pas comprises dans la déclaration du chargement, & qui sont toujours les plus riches & les plus importantes ; mais cela n'arrive jamais, ou du moins rarement, les présens considérables qu'on leur fait leur fermant les yeux, & d'ailleurs faisant toujours payer les droits à dix pour cent pour ces marchandises de contrebande qu'ils s'approprient & partagent entr'eux ; il est vrai que la plupart du temps ils les réduisent à six ou sept pour cent.

Les navires de registre qui chargent dans les isles Canaries, ont droit d'aller dans tous les ports de l'Amérique Espagnole, à l'exception de la Vera-Crux, de Cartagene & de Porto Bello qui leur sont prohibés.

Chaque pipe de vin paye 44 piastres & 5 réaux de fret en allant, & les marchandises seches à proportion de leur volume un peu plus. Le fret du retour est de cinq à six piastres du quintal du tabac & autres telles marchandises, les capitaines s'obligeant de payer sur cela les droits d'entrée, qui peuvent aller à une piastre aussi le quintal l'une portant l'autre ; le fret de l'argent se paye à deux pour cent.

Pour donner un plus grand éclaircissement sur le commerce des navires de registres, qui se chargent aux Canaries, on va ajouter ici un état de ce qu'il en coute pour obtenir la permission de naviger à l'Amérique, avec un bâtiment de six cent cinquante tonneaux évalué à six cent ; savoir, trois cent pour être chargés à Teneriffe, cent à Canarie & deux cent à la Palme.

Premierement pour quinze personnes, qui de-

voient être passées à Saint-Domingue, & qui n'ont pas été embarquées, pour chaque tonneau à cinquante réaux, ci. — 3,600 réaux.

Pour droit de permission, — 200

Pour droit lorsque le navire est étranger, se paye chaque voyage en lettres sur Madrid, à trente-trois réaux de platte chaque tonneau, — 2,475

Pour droit du séminaire de Séville, à 17 ½ réaux chaque tonneau, — 1,050

Pour trois mille réaux au juge des Indes, pour donner le registre, — 3,000

Pour trois mille réaux au général, pour donner permission de sortir, — 3,000

Pour mille réaux au garde-major pour grace, — 1,000

Pour deux mille réaux à l'écrivain du registre & ses commis, — 2,000

Pour cinq cent réaux à deux échevins du registre, qui assistent aux visites, pour qu'on n'embarque point de marchandises prohibées, — 500

Pour cinq cent réaux à différens gardes, — 500

Total 16,725 réaux.

Les seize mille sept cent vingt-cinq réaux courans font mille six cent soixante & douze piastres, qu'a coûté l'expédition du présent vaisseau registré.

Commerce des François aux isles Canaries.

Les François font peu de négoce aux Canaries en comparaison de quelques autres nations, particulierement des Anglois : il leur seroit cependant aisé de les égaler & peut-être de les surpasser, s'ils sçavoient user de leurs avantages, sur-tout de l'inclination que les insulaires ont pour eux, & du dégoût qu'ils ont commencé depuis long-temps à prendre de la nation Angloise, soit à cause de l'acte de la navigation de 1660, qu'ils ont toujours crû contraire à la liberté de leur commerce, soit pour les droits excessifs que leurs malvoisies & leurs vins secs payent en Angleterre.

La principale raison qui a empêché jusqu'ici les François de prendre plus de part à ce commerce, est que consistant presque tout en deux sortes de vins, qui n'ont guères de consommation en France, où cinq cent pipes des uns & des autres sont plus que suffisantes, ils n'ont rien pour achever leur cargaison au retour.

L'exemple des autres nations pourroit cependant lever aisément cet obstacle, & les François faisant comme elles leurs retours en malvoisies & en vins fecs, ils pourroient, après avoir envoyé en France ce qui suffiroit pour la consommation du royaume, porter ailleurs, & particulièrement dans la mer Baltique & dans le nord, ce qui leur en resteroit.

Mais ce qui doit davantage exciter les François à entreprendre ce commerce, c'est que les marchandises & les manufactures du royaume sont plus courantes & plus propres pour les *Canaries* & pour les Indes que la plupart de celles que les autres nations leur portent, & que ces insulaires ne peuvent guères avoir que de la seconde main.

Voici les marchandises qu'un habile négociant duquel on a eu les mémoires sur ce commerce, estime être les plus convenables pour les *Canaries*, & dont il croit que les François pourroient faire un très-grand débit.

Des crues ou crés larges de bonne qualité, qui pourroient se vendre trois réaux & demi de villon la barre, dont les cent quarante font cent aunes de France, & les dix réaux une piastre.

D'autres crues appellées *recouvées*, à deux réaux de villon.

Des Bretagnes larges & étroites suivant leurs qualités, de vingt-cinq à trente réaux la pièce.

Des halles-crues à trois réaux de villon.

D'autres de la même espèce, mais plus ordinaires, ou des vitré, de deux à deux réaux & demi de villon.

Des rouens ordinaires, grises, pour faire des vestes & pour doubler des habits. La consommation en est petite dans le pays; mais elles sont fort demandées pour les-Indes; elles doivent être depuis 15 s. jusqu'à 20; dans les assortimens il faut qu'il y en ait à fort petites raies bleues & rouges.

Des dentelles de toutes sortes de qualités & façons depuis 2 sols l'aune jusqu'à 3 l.; elles ne sont pas de grand débit parmi les habitans des isles, mais très-bonnes pour les indes, d'où elles sont continuellement demandées.

Toutes sortes de marchandises de laine d'Amiens & de Lisle.

Quelque quincaillerie.

Quelques draperies de Carcassonne, ou autres qui imitent celles des Anglois, qu'il faudroit avoir s'il se peut à bon compte, pour les pouvoir donner au même prix qu'eux.

Des chapeaux de toutes espèces tant pour le pays que pour les Indes.

Toutes sortes de marchandises de soie, comme des bas d'hommes & de femmes.

Des étoffes hors de mode, mais d'apparence pour leur prix.

Des rubans de toute sorte.

Des taffetas d'Avignon.

Quelques brocards aussi hors de mode, mais qui paroissent beaucoup.

Des mantes, des dentelles de soie noire, & d'autres à point d'œil de perdrix pour les Indes.

Du papier contrefait de Gènes pour le pays &

pour les Indes de cinq feuilles au cahier, avec la marque de cette ville.

Enfin toutes les autres marchandises qu'on a rapportées ci-dessus en parlant du commerce des Anglois aux *isles Canaries*, & qui se trouvent en France.

ISLE DE MADAGASCAR. (Commerce de l')

Cette *isle*, que les naturels du pays appellent *Madecasse*, les Portugais *isle de Saint-Laurent*, & les François *isle Dauphine*, pourroit être, soit pour son abondance en toutes sortes de riches productions de la nature, soit pour son heureuse situation sur la route des Indes d'Orient, une des plus fameuses isles du monde par le commerce, si la férocité de ses habitans, & l'intempérie de l'air & du sol des lieux où les Européens, & particulièrement les François se sont d'abord établis, ne les avoient dégoûté d'y affermir leurs colonies, & de les soutenir avec cette persévérance & cette fermeté que demandent ces sortes d'établissemens.

Elle est située vis-à-vis, & le long des côtes du continent d'Afrique, où sont les royaumes de Sofala, de Mosambique, & de Melinde, desquels elle s'éloigne quelquefois de plus de 100 lieues, & souvent seulement de 70, & même de moins.

Les Portugais la découvrirent sur la fin du 15e siècle, & en reconnurent toutes les-côtes en 1508. Les autres nations de l'Europe, qui ont depuis doublé le Cap de Bonne-Espérance, pour aller aux Indes orientales, l'ont aussi très-souvent abordée; soit qu'ils y eussent été jettés par la tempête, soit qu'ils eussent besoin d'y aller faire de l'eau & des rafraîchissemens: mais il n'y a eu parmi les Européens, que les François qui aient tenté d'y faire un établissement solide & permanent; celui que les Anglois y avoient fait, ayant très peu duré.

Le premier projet de cette colonie se fit en 1640; & en 1642, Ricault capitaine de vaisseau dans la marine de France, qui en avoit obtenu la concession pour 10 ans, y envoya un navire fretté aux frais de la compagnie d'Orient, qui fut le nom que les lettres-patentes qui lui furent accordées, donnèrent à lui & à ses associés.

Le Fort Dauphin, & les habitations Françoises n'y ont jamais été abandonnées, quoique souvent négligées, & même quelquefois oubliées; & la France en est toujours restée en possession, & semble vouloir y faire refleurir le commerce, depuis que cette colonie fait partie de la concession qui en a été faite par Louis XV à la grande compagnie des Indes en 1719, sous la régence & la protection de Philippes duc d'Orléans, régent du royaume.

Les marchandises d'Europe qui sont propres pour le commerce de cette isle, sont des toiles peintes, des menilles, ou bracelets d'argent, d'autres de cuivre, & d'autres encore d'étain; quantité de menue mercerie & quincaillerie; plusieurs sortes de veroterie, particulièrement de bleues, de rouges, de blanches, de vertes, de jaunes, & d'orangées;

: de la raſſade de diverſes couleurs, dont la bleue eſt la plus eſtimée des inſulaires, quoiqu'on y en débite auſſi de rouge & de jaune, mais peu de noire & de violette; de l'eau-de-vie, du vin d'Eſpagne & de France; du corail en grain, des cornalines longues & en olives, rouges & blanches; du cuivre jaune en gros fil, & des chaînettes de même métal; des clous de tout échantillon; enfin divers outils pour la forge & la menuiſerie, auſſi-bien que pluſieurs ouvrages de ſerrurerie, comme ſerrures, gons, peintures, &c.

Les marchandiſes qu'on en peut avoir en échange, conſiſtent en diverſes gommes, ſoit auſſi pour la médecine, ſoit pour la peinture, ſoit pour les parfums; comme le cancanum, ou gomme blanche de fourmies; le ſang de dragon de pluſieurs ſortes, la gomme gutte, la tacamacha, & quantité d'autres différens bois, dont les uns peuvent ſervir à la teinture, & les autres à la marqueterie; tels ſont pour la teinture, le vahatz, qui fait un beau nacarat, ou couleur de feu; & un jaune doré, en ajoutant du citron dans ſa décoction; & le tambonbitſi, qui donne un très-parfait orangé. Et pour la marqueterie, l'ébène noire & griſe; le mandriſe violet-marbré; le menaghamette rouge-brun; le fandraha plus noir que l'ébène, & qui prend mieux le poli; le bois d'aloës; le tarantantille, eſpèce de buis; le lencafatrahé verd-veiné; le mera, & l'endra-chendrach, tous deux jaunes; & quelques autres.

On peut auſſi tirer de Madagaſcar, de la cire, des cuirs verds, du ſucre, du tabac, du poivre, du coton, de l'indigo, de l'ambre gris, de l'encens, du benjoin, de l'huile de palma Chriſti, du baume verd pour les plaies, du ſalpêtre, du ſoufre, de la canelle blanche, de la civette, du criſtal de roche, la pierre de ſanguine, des orfèvres; celle de touche, pour l'épreuve des métaux; la terre ſigillée; pluſieurs bols, ou terres de couleur pour la peinture & la médecine; des nattes de roſeau & de lin, & même des ſoies. Mais la culture & la recherche de toutes ces choſes ayant été négligées par les naturels de l'iſle; & les Européens, qui ſe ſont établis parmi eux, n'ayant pas d'abord donné leurs ſoins à faire chercher & préparer tant de différentes marchandiſes, ils n'ont pû auſſi profiter de ces richeſſes, que quelque travail, & un peu de tems pouvoient aiſément leur aſſurer.

Quelques-uns comptent auſſi au nombre des productions naturelles de cette iſle, dont les nations d'Europe peuvent faire un riche commerce, l'or, l'argent, & pluſieurs pierres précieuſes, entr'autres des topaſes, des ametiſtes, des grenats, des girafols, des aigues-marines, & de l'ambre jaune, ou ſuccinum.

Mais à l'égard des métaux, il eſt très-incertain qu'il y en ait des mines dans l'iſle; ce qui s'en trouve entre les mains des naturels, y ayant été apporté par les Rohandrians (ce ſont les grands du pays) lorſqu'ils y paſſèrent d'Arabie; & le reſte

leur venant du naufrage de quelques vaiſſeaux échoués ſur leurs côtes. Et pour les pierres précieuſes, quoiqu'il ſoit véritable qu'il s'y en trouve, elles ſont ſi imparfaites & de ſi mauvaiſe qualité, qu'elles ne vaudroient pas le tems que l'on perdroit à en faire la recherche.

Quoique les Madecaſſes (on nomme ainſi les habitans de Madagaſcar) paroiſſent peu diſpoſés à entretenir un commerce réglé avec les nations d'Europe, à cauſe des mauvais traitemens qu'ils en ont ſouvent reçus, il ſemble néanmoins, ainſi que les François l'ont ſouvent éprouvé, qu'ils y ſeroient plus propres que quantité d'autres peuples d'Afrique, ayant entr'eux, pour la facilité du négoce, la plûpart des choſes que les nations les plus policées, & qui s'adonnent le plus au trafic, ont imaginées pour le faire commodément & ſurement.

De ce nombre ſont les calculs, l'écriture, l'encre, le papier, des eſpèces de plumes, les poids, les meſures; enfin les arts & métiers les plus néceſſaires à la vie.

Leur manière de compter n'eſt point différente de celle d'Europe, l'ayant reçue des Arabes auſſi-bien que les Européens; ainſi ils font des calculs depuis un, juſqu'à un million, & ont des termes propres pour exprimer chaque différente combinaiſon des nombres qui compoſent toutes ſortes de ſommes, ou de quantité.

Leur écriture eſt pareillement celle des Arabes; leur papier, la moyenne écorce de l'arbre qu'ils nomment avo, qu'ils réduiſent en bouillie, & qu'après avoir dreſſée en feuilles, comme on fait le papier d'Europe, ils colent dans de l'eau de ris; leur encre, une décoction du bois appellé arandranto; & leurs plumes, des morceaux de cannes de bambou, auxquelles à Madagaſcar, on donne le nom de voulou.

Bien que les Madecaſſes aient des poids, ils ne s'en ſervent néanmoins que pour l'or & l'argent; encore ne paſſent-ils pas la dragme, ou le gros, ne connoiſſant point l'once ni la livre, & n'ayant pas même de termes pour l'exprimer. Le gros ſe nomme ſompi; le demi-gros, vari; le ſcrupule ou denier, ſacare; le demi-ſcrupule, ou obole, nanqui; les ſix grains, nanque; le grain n'a point de nom parmi eux.

Toutes les autres marchandiſes ou denrées s'échangent à l'eſtimation, & non au poids.

Leurs meſures ſont de deux ſortes; les unes de continence, & les autres des longueurs.

Les meſures de continence, qui ſont des eſpèces de boiſſeaux, ſont le troubahoüache, qu'ils nomment auſſi moncha, qui contient ſix livres de ris mondé; le voule, qui n'en contient que demi-livre; & le zatou, avec quoi on meſure le ris entier, qui en contient cent voules, revient environ à 25 liv.

Ils n'ont qu'une meſure des longueurs, qu'ils nomment refe, & qui eſt à peu près comme la braſſe en Europe; c'eſt à la refe qu'ils meſurent

leur

leurs pagnes, leurs cordes & autres chofes femblables. Ils connoiffent auffi ce que c'eft que l'empan, & fe fervent de l'ouverture de la main pour le mefurer.

Les arts & métiers qu'ils ont pouffés à une perfection qu'on doit certainement admirer dans des fauvages, font particulièrement ceux des forgerons qui fondent la mine de fer & en forgent des haches, des marteaux, des enclumes, des couteaux, des bêches, des rafoirs; plufieurs fortes d'armes & toutes fortes d'uftenfiles de ménage.

Les orfévres, qui après avoir réduit l'or en lingot, en font des ménilles, des pendans d'oreilles & autres bijoux d'or qui leur fervent d'oruement.

Les potiers de terre, qui non-feulement fçavent fabriquer & tourner toute forte de poterie pour l'ufage de leurs maifons; mais qui les cuifent & les verniffent comme en Europe, quoiqu'avec une pratique & des drogues différentes.

Les tourneurs, qui font toutes fortes d'ouvrages de bois, foit à la main, foit au tour, & qui creufent & dreffent les canots avec lefquels ils navigent, foit fur mer, foit fur les rivières.

Les charpentiers & menuifiers, qui fe fervoient de la régle, du rabot & du cifeau, même avant que les Européens leur fuffent connus, & qui depuis qu'ils en ont reçu les autres outils pour la charpente & la menuiferie, en font des ouvrages qui ne cédent point à ceux d'Europe.

Enfin, les cordiers, qui font des cordes de toutes fortes de groffeurs & de longueurs, où ils n'emploient que diverfes écorces d'arbres, & qui cependant approchent de la bonté des cordes qui fe font avec le chanvre.

Il ne faut pas oublier l'art de la tifferanderie, qui n'eft exercé que par les femmes, les hommes le croyant au-deffous d'eux, & regardant comme des infâmes ceux qui s'y feroient occupés.

Ce font donc les femmes qui filent, qui ourdiffent & qui teignent ces fortes d'ouvrages qu'elles font la plupart de foie, de coton, & quelquefois des écorces d'arbres, ou des filamens de plufieurs fortes de plantes. Ce font de ces étoffes qu'elles font leurs pagnes, qui pour la façon, les deffins & les couleurs, ne cédent guères à plufieurs ouvrages des tifferans & des teinturiers d'Europe.

C'eft de toutes ces fortes d'ouvrages, comme auffi de gros & menu bétail, de ris, de légumes, de fruits, de miel, qu'ils mangent avec la cire, de l'huile de *palma Chrifti*, de coton filé, ou non filé, & de plufieurs autres productions de leurs terres, ou qu'ils en tirent par la culture, ou qu'ils y trouvent fans la cultiver, qu'ils font entr'eux tout leur commerce, non à la mode d'Europe, par l'achat & la vente, mais par échange, n'ayant aucun ufage de la monnoie d'or ou d'argent, convertiffant en ménilles, ou autres bijoux, celles que les Européens leur donnent; bien que cependant l'on puiffe dire, que depuis que ceux-ci ont commencé à fréquenter leur ifle, la menue mercerie &

la raffade foient devenues parmi eux comme une monnoie courante, avec quoi ils achètent & paient diverfes fortes de denrées.

Il eft remarquable qu'ils n'ont ni foire, ni marché, pour faire tout ce négoce; & que celui qui a befoin de quelque chofe, va la chercher où il y en a en abondance, ou bien attend en repos, chez lui, qu'on y vienne prendre ce qu'il a de trop de fes ouvrages, ou de fes marchandifes, & qu'on lui apporte en échange celles dont il peut avoir befoin.

ISLES MALDIVES, dans la mer des Indes. Le plus grand commerce de ces *ifles* confifte en cauris ou coquillages blancs.

ISLE DE MALTE. Cette *ifle* fituée dans la mer d'Afrique, entre Tripoli de Barbarie & la Sicile, par le 39e. dégré de longitude, & le 35e. de latitude, eft moins connue par fon commerce, que par la réputation de l'ordre militaire de Saint-Jean de Jérufalem, qui en eft en poffeffion depuis l'année 1530, huit ans après que cet ordre eut été dépouillé de l'ifle de Rhodes par le grand Soliman, empereur des Turcs.

Le négoce cependant y eft affez confidérable, non pas de ce que produit cette ifle, qui n'étant prefque qu'un rocher, ne fournit que peu de chofes aux habitans de ce qui eft néceffaire à la vie, & encore moins aux étrangers, de ce qui pourroit entretenir un commerce d'échange avec les Infulaires; mais par l'abord de plufieurs vaiffeaux François, Anglois, Hollandois & Italiens, qui y apportent toutes fortes de marchandifes; ou par ceux que les marchands Maltois ont coutume de fretter pour aller charger des bleds & d'autres denrées, & chofes dont ils ont befoin, dans différens ports d'Italie, fur-tout en Sicile.

On peut néanmoins tirer de cette ifle, du coton, qui y croît en abondance, de la cire & du miel, dont ce dernier, qui eft fort eftimé, lui a donné fon nom latin *melita*; outre plufieurs rafraîchiffemens, comme divers fruits, entr'autres des figues, des melons & des raifins, qui y font auffi excellens qu'en aucun autre lieu du monde: ces raifins pourtant ne font bons qu'à manger frais ou fecs, & l'expérience a fait connoître aux Maltois qu'on n'en pouvoit faire du vin.

Monnoie de Malte.

Les monnoies qui fe fabriquent à *Malte*, font des tarins, des grains & des piétots.

Les tarins font de quatre fortes; fçavoir, des pièces de huit, de fix, de quatre, & d'un tarin & demi.

Il y a auffi quatre fortes de grains, qui font la pièce de 15 grains, qui vaut, monnoie de France, 7 fols 6 deniers.

La pièce de 10 grains, qui vaut 5 fols.

La pièce de 5 grains, qui vaut 2 fols 6 den.

Et le grain qui vaut 6 deniers.

Le piétot ou demi-grain, vaut 3 deniers de France.

ISLES MOLUQUES. (Commerce des)

Ces *isles* font partie de l'Archipel oriental, & néanmoins composent entr'elles un Archipel particulier de plus de 70 isles.

On les divise en grandes & en petites *Moluques*, & ces dernières sont encore partagées en *Moluques* proprement dites, & en isles de *Banda*. Quelques-uns mettent aussi l'isle d'*Amboine* au nombre des *Moluques*.

Toutes ces isles, dont on parlera dans la suite, suivant cette division, furent découvertes par les Portugais en 1511.

Les Espagnols les leur disputèrent pendant quelque temps, fondés, à ce qu'ils publioient, sur ce fameux partage, dans lequel Rome, devenue comme l'arbitre des Indes orientales & occidentales, avoit adjugé celles-là au Portugal, & celles-ci à l'Espagne : mais par le traité de 1520 entre les deux nations, les *Moluques* furent cédées aux Portugais.

Ces derniers les possédèrent jusqu'en 1601, que les Hollandois, nouvellement arrivés aux Indes, commencèrent à les troubler dans leur possession, qui est enfin demeurée à ceux-ci ; les Portugais n'y ayant pu conserver aucun établissement, & ayant été entièrement chassés de ces isles, que communément ils appelloient les *isles des épiceries*, à cause de la noix muscade, du macis & du clou de girofle, que plusieurs d'entr'elles produisent en abondance, & qui ne se trouvent en aucun autre lieu du monde.

GRANDES ISLES MOLUQUES.

Les *grandes isles Moluques* sont, entr'autres, Celebes, Gilolo, Ceram & Bottou.

CÉLEBES, qu'on nomme aussi *Macassar*, est la plus considérable de toutes, ayant 100 lieues de large, & 200 de long ; ce qui pourtant doit s'entendre, non d'une isle d'un seul continent, mais de quantité d'isles si proches les unes des autres, qu'elles semblent n'en composer qu'une.

Le nom de *Macassar* lui vient d'un de ses royaumes, le plus fertile de tous, & presque le seul où les Européens fassent commerce.

La capitale, célèbre par sa grandeur, le nombre de ses habitans, & la beauté de ses bâtimens, presque toute à l'Européenne, est située dans la partie méridionale de l'isle, à cinq dégrés 6 minutes de la ligne.

C'est-là où les Portugais faisoient autrefois presque seuls un de leurs plus grands négoces des Indes. Les Hollandois s'y étoient établis ; & du consentement du roi de Macassar, qui paroissoit fatigué de cette espèce de servitude, où les premiers les retenoient, y avoient bâti Panakoke & Samboupo, deux forts qui assuroient leur négoce, & à ce qu'ils vouloient faire croire aux Macassars, la liberté de leur pays.

Mais ces nouveaux hôtes n'étant guères plus traitables que les anciens en fait de commerce, & voulant faire les maîtres à Macassar, & y donner l'exclusion à toutes les autres nations, les Portugais reprirent leur crédit ; & les Hollandois étoient prêts d'en être chassés, lorsque prévenant les desseins de leurs ennemis, qu'ils avoient pressentis, ils parurent devant Macassar en 1660 avec une flotte de trente-trois vaisseaux ; & après avoir été également victorieux sur mer, où ils prirent, brûlèrent, ou coulèrent à fond six gros navires Portugais richement chargés ; & sur terre, où dans une descente, ils forcèrent l'épée à la main deux forts aux portes de la ville ; ils intimidèrent tellement le roi & ses peuples, quoique les plus braves des Indes, qu'ils s'obligèrent par un traité, qui fut conclu à Batavia la même année, de ne plus souffrir les Portugais dans tout le royaume, & de laisser les Hollandois en possession de leurs forts & de leur commerce.

Ce ne fut cependant qu'en 1669, que ces derniers subjuguèrent entièrement cette nation inquiète & féroce, qui malgré le traité de 1660, & un autre de 1667, les troubloit continuellement dans le commerce des épiceries, envoyant en secret sur les côtes des isles de Banda & des *Moluques*, de petits bâtimens qui traitoient avec les habitans, de clous de girofle & de noix muscades, qu'ils revendoient ensuite aux Anglois ; & entretenant, disoit-on, des intelligences avec les ennemis de la compagnie, pour lui enlever Amboine, un de ses six grands gouvernemens des Indes.

Cependant, malgré tant de dépense, & tant de sang répandu, les Hollandois n'ont pu établir à Macassar un négoce exclusif ; le port & la ville étant restés ouverts à toutes les nations des Indes & de l'Europe, à la réserve des Portugais, qui pourtant y viennent trafiquer comme les autres, depuis qu'à cause de leur foiblesse aux Indes, ils ne donnent plus de jalousie aux Hollandois.

Ce qui y attire le plus de négocians, est la franchise des entrées & des sorties, les marchandises n'y payant aucun droit.

Les principales de celles qu'on en tire, sont du ris en très-grande quantité, dont les Hollandois font des cargaisons considérables pour les *Moluques* & les isles de Banda ; de l'or, de l'ivoire, du sandal, du coton, du camphre, du fer, plusieurs sortes de quincaillerie de ce métal, des armes propres aux Indiens, du gingembre, du poivre long & des perles qui se pêchent sur quelques côtes de l'isle Celebes ; celles qu'on y porte, consistent en draps d'écarlate & étoffes d'or & d'argent, en toiles de Cambaye, en étain & en cuivre.

L'isle de GILOLO tient le second rang parmi les grandes isles de l'Archipel des *Moluques*. Quelques-uns lui donnent 200 lieues de circuit, & d'autres seulement 150. Les Hollandois y sont établis, & y ont les forts de Tacome & de Jabou, moins pour y faire commerce, que pour empêcher qu'on n'y cultive les clous de girofle, qui y viennent affez bien.

La meilleure marchandife qu'ils en tirent, eft le fagu, dont ils ne peuvent guères fe paffer pour la nourriture des habitans de leurs petites ifles *Moluques*, & des ifles de Banda, qui en ufent au lieu de ris, & qui même en font leur boiffon.

Le fagu eft la moelle d'une efpèce d'arbre affez femblable au fapin, pour la légèreté de fon bois: cette moelle fe rappe, & fe réduit en une farine douce & blanche, dont les Moluquois font des efpèces de galettes, foit au feu, dans une forte de tourtière de fer; foit au foleil, en les y laiffant expofées jufqu'à ce qu'elles foient très-féches: on en fait auffi de la bouillie, qui eft gluante, mais d'affez bon goût, & fort nourriffante; détrempée dans de l'eau, elle fert de boiffon.

On tire auffi du ris pour les mêmes ifles & quantité de toutes fortes de vivres.

CERAM n'eft guères moins grande que Gilolo. Une partie des côtes a long-temps appartenu au roi de Ternate, & a été long-temps un fujet de guerre entre ce prince & les Hollandois, à caufe du clou qui s'y cultive. Depuis la paix faite entre eux, en 1638, Ceram a eu le même fort que Ternate & les autres ifles qui en dépendent. Les girofliers ont été arrachés, & les Hollandois ont bâti en plufieurs endroits, des redoutes & des forts, pour empêcher ce commerce, ou s'en rendre maîtres. *Voyez ci-après* TERNATE.

BOTTON, eft la dernière des quatre grandes ifles *Moluques*, & peut avoir environ 80 lieues de circuit; il n'y croît point de ris, mais il s'y fait un affez grand commerce d'efclaves. On y trouve auffi un peu d'ambre gris, d'affez médiocre qualité.

Le meilleur négoce eft celui des tamettes, efpèces de toiles qu'y s'y fabriquent, & qui font bonnes pour les *Moluques*. Les Hollandois en enlèvent quantité chaque année, & les achètent avec des caffies, cette menue monnoie de cuivre des Indes, dont on a déja parlé plufieurs fois.

Jufqu'en 1612, il n'y avoit aucune monnoie dans cette ifle, au lieu de quoi on fe fervoit de petits morceaux de fer ou de plomb, bizarrement taillés. Les Hollandois, par le traité qu'ils firent cette année avec le roi, qui des avoit favorablement reçus, s'engagèrent d'y apporter des caffies & autres efpèces de cuivre; ce qu'ils exécutèrent avec un grand profit, leur ayant donné cours fur un pied bien plus haut qu'ils n'avoient alors dans le Java, & dans le refte des Indes.

PETITES ISLES MOLUQUES.

Les *ifles* qu'on appelle proprement *Moluques*, ne font qu'au nombre de cinq; TERNATE, TIDOR, MOTIER ou MOTIR, MACHIAM & BACHIAM; c'eft ce qui compofe le quatrième des fix grands gouvernemens des Hollandois en Afie.

Le terrein de ces ifles eft fort élevé, chacune n'étant compofée que d'une feule montagne, qui commence dès les côtes, & qui porte fon fommet très-haut.

Elles font toutes très-petites, Ternate qui en eft la principale, n'ayant que fept lieues; Machiam environ 6; Motier feulement 4; Bachiam eft plus grande, mais à demi-déferte.

Toutes ces ifles font aux environs de la ligne; Motier eft précifément deffous.

Le roi de Ternate dominoit autrefois, non-feulement fur ces cinq ifles, mais encore, fur celles de l'Archipel des *Moluques*, au nombre de 72. Ses fujets étoient alors obligés d'apporter leurs épiceries dans fa capitale, & c'étoit-là que les marchands étrangers, Javans, Malais, Chinois, & les Portugais au commencement, venoient s'en fournir.

Peu après que ces derniers furent arrivés aux Indes, cette grande puiffance des Ternatois commença à s'ébranler; & les habitans de Macaffar, de Tidor, & de plufieurs autres ifles, s'étant révoltés, & s'étant ligués, allèrent attaquer leur roi jufques dans la fienne.

Les Portugais attentifs à tout ce qui pouvoit étendre leur empire & leurs conquêtes dans les Indes, fe mêlèrent bien-tôt de la querelle; & profitant de la conjoncture, s'établirent dans Ternate, même du confentement du roi; & enfuite par droit de conquête, dans Tidor, Machiam, Amboine, Banda, Timor & Solor, où ils élevèrent des forts, qui les rendirent les maîtres des épiceries.

En 1605, les Hollandois parurent à Ternate: les Ternatois las de la domination Portugaife, les reçurent, & leur permirent d'y bâtir le fort de Terluco, un des premiers qu'ils aient eu aux Indes.

Ce changement de maîtres n'ayant point adouci la fervitude des Ternatois, qui au joug des Portugais, avoient ajouté celui des Hollandois; ils tâchèrent plufieurs fois de fecouer celui de ces derniers, mais toujours inutilement, ayant été obligés de faire divers traités, en 1609, en 1612, & enfin en 1638, qui achevant de leur ôter le peu de liberté qui leur reftoit, exclurent entièrement les étrangers des ifles *Moluques*, & affurèrent uniquement aux Hollandois tout le commerce du clou qui fe recueille dans ces ifles.

Par ce traité, qui renouvelle tous les anciens, & qui reftitue au roi de Ternate toutes les places dont les Hollandois s'étoient emparés dans cette dernière guerre de 1638; il eft convenu que tous les fujets du roi fortiroient d'Amboine, & que ce prince renonceroit pour toujours en faveur des Hollandois, aux droits qu'ils avoient fur cette ifle.

Que dans fes ports, il ne feroit reçu aucun négociant, Indien ou Européen, fans paffe-port du gouverneur général de Batavia; & que ceux qui y arriveroient avec paffe-port, ne pourroient aborder à Amboine que fous le fort de la Victoire; à Hitou, à la Hou, & à Cambelles dans l'ifle de Ceram, que fous les redoutes.

Que ceux qui mouilleroient en ces endroits;

pourroient trafiquer de marchandises, & non charger du clou, à peine de confiscation & de la vie.

Que ceux qui y arriveroient sans passe-port, payeroient les amendes réglées par le traité.

Que pour empêcher le commerce du clou, il seroit loisible aux Hollandois de faire des retranchemens & des forts où ils jugeroient à propos, & que les Ternatois seroient obligés d'y travailler.

Que les délits des sujets du roi, seroient jugés par le gouverneur des Hollandois à Ternate, comme ayant la principale autorité, & le gouverneur que le roi nommeroit.

Que le clou ne seroit livré qu'aux seuls commis de la compagnie; sçavoir la barre de 550 livres, poids de Hollande, au prix de 60 réales de 8 en espèces, ou de 70 réales courantes, le tout bien net & bien sec.

Enfin, qu'en cas d'inexécution de cet article, tous les pays & les habitans dépendans du roi de Ternate, qui depuis l'an 1605, avoient pris des engagemens avec les Hollandois & dont les Hollandois s'étoient emparés sur les Portugais, & tout ce qui étoit alors cédé & restitué au roi, appartiendroit à la compagnie, laquelle néanmoins se réservoit la liberté d'aller faire du sagu à Ceram & autres lieux rendus aux Ternatois.

Il faut ajouter ici ce qu'on a remarqué ailleurs, que cette paix fut en quelque sorte achetée par les Hollandois, qui quoique victorieux & maîtres d'une partie des états du roi de Ternate, qui avec ses grands & ses plus braves soldats, s'étoit retiré dans des lieux inaccessibles, aimèrent mieux convenir de lui payer une espèce de tribut annuel, que de risquer le commerce du clou, dont ils ont été & sont encore si jaloux; ce qu'ils firent aussi en faveur des Onimas & des Oroncais, à qui ils donnent pareillement tous les ans, une sorte de pension, pour les récompenser d'avoir bien voulu faire arracher tous les girofliers de leurs terres & de ne pas permettre que leurs vassaux y en plantent à l'avenir.

Depuis ce traité de 1638, les Hollandois sont absolument restés en possession des cinq petites isles Moluques, dans lesquelles ils ont divers forts, & des magasins pour le commerce du clou.

Les forts de Ternate sont au nombre de trois; Maloy, ou fort d'Orange; (c'est près de ce fort que le roi fait sa résidence;) Toluco, qu'on nomme aussi Hollande, au bout oriental de l'isle, & Tacomme, que les Hollandois appellent Villemstad.

L'isle de Machiam en a pareillement trois; Taffalo, Nostagnia, & Tabillola.

Motir n'a qu'un fort.

Les forts de Bachiam sont, Labora, sur la côte, & Gemmedoura, dans les terres.

Enfin la compagnie a trois forts à Tidor.

Toutes ces isles ne sont guères fertiles qu'en clou, & c'est presque le seul commerce que les Hollandois y fassent.

Ternate fournit année commune, quatre à cinq cent barres de clou, & environ 1,000 dans la grande moisson, qui arrive tous les sept ans; quelques mémoires disent tous les quatre ans.

Tidor, 300 barres & 12 à 1,300 dans la bonne moisson; Motir seulement 100; Machiam 300; Bachiam guères plus que Motir : mais ces trois augmentent aussi à proportion dans les bonnes moissons; Motir & Bachiam en donnant environ 400; & Machiam 15 à 16 cent. On a dit ci-dessus que la barre est de 550 livres, poids de Hollande.

Outre le clou, on tire aussi quelques écailles de tortue, de Ternate, mais peu. On y porte quantité de toiles grossières, particulièrement de Guinée, d'autres toiles & mouchoirs, qu'on nomme tamertes, qui viennent de Botton; plusieurs étoffes, & autres marchandises d'Europe pour les Hollandois qui y sont en garnison, ou habitués; & des vivres, entr'autres du ris & du sagu : tout cela vient de Batavia.

ISLES DE BANDA.

Ces isles, les seuls endroits du monde où se recueillent la muscade & le macis, font une partie de l'Archipel des Moluques, & sont du nombre de celles qu'on appelle petites Moluques.

On en compte sept, qui ordinairement sont comprises sous le nom de Banda, qui en est la principale : les six autres sont Lontor, Nera, Pullo-Way, Pullo-Ron, Rosagein & Gornumgapi, autrement appellée Gumtapi.

Les Hollandois en sont présentement les maîtres, & toute la muscade & le macis qui s'y cultivent, passent par leurs mains.

Banda, qui est le troisiéme des six grands gouvernemens des Hollandois aux Indes, est par les 4 dégrés de latitude sud, à 400 lieues de Batavia.

Les Hollandois y parurent pour la première fois en 1601, & c'est un de leurs premiers établissemens dans les Indes.

Le premier fort qu'ils y eurent, fut dans l'isle Nera; c'est celui qu'on nomme encore le fort Nassau.

En 1609, ils firent un traité avec les Orancais, ou seigneurs de ces isles, par lequel ceux-ci s'obligeoient d'envoyer toutes leurs muscades & leur macis au fort de Nassau, & de les y livrer aux commis de la compagnie à un prix convenu; les Hollandois s'engageoient de leur part de les défendre & protéger particulièrement contre les Portugais.

Ce traité ayant été mal exécuté, & les comptoirs Hollandois insultés, leurs commis massacrés, & ce qui étoit le principal grief, le commerce de la muscade passant ailleurs par la connivence des Orancais; après des hostilités de part & d'autre, qui durèrent quelques années, on fit deux autres traités, l'un en 1616 & l'autre l'année suivante, qui à la sollicitation des Anglois, alors en guerre avec les états généraux des Provinces-Unies, ne furent pas mieux observés.

Enfin la paix entre les deux nations d'Europe ayant été conclue en 1619, les Hollandois pensèrent l'année d'après à se venger des Orancais de Banda, & ayant offert aux Anglois, à ce qu'ils ont publié depuis, de partager la conquête des isles, & ceux-ci l'ayant refusé, ils attaquèrent Banda au mois de mars 1621, & forcèrent les insulaires à demander grace ; & en livrant leurs villes, leurs forts, leurs armes & leurs isles, de reconnoître qu'elles appartenoient aux états généraux, tant par droit de conquête, que par cession.

C'est depuis ce dernier traité que les Hollandois en sont en possession de fait, & soutiennent qu'elles doivent aussi leur appartenir de droit, les Anglois ayant refusé de prendre part à cette conquête, eux qui par le traité de 1619 devoient faire avec les Hollandois le commerce des Moluques, de Banda & d'Amboine en commun, & dans les places communes aux deux nations.

Pour assurer leur négoce de la muscade & du macis, les Hollandois ont fait bâtir des forts dans toutes les isles de Banda ; & pour l'augmenter, peupler, & cultiver les terres, ils en ont partagé le terrein en vergers, qu'ils distribuent aux bourgeois Hollandois qui y sont établis, à proportion de ce qu'ils ont d'esclaves, les obligeant de planter tous les ans un certain nombre d'arbres de muscade, & de porter au comptoir toute la récolte des noix & du macis, où la compagnie leur paye le macis 7 sols la livre, & la noix à un peu moins d'un sol.

Il y a aussi des maures soumis, à qui l'on distribue des vergers sur le même pied qu'aux Hollandois.

Toutes ces isles ne subsistent que par les vivres, les denrées, & les marchandises qu'on leur envoie de Batavia, le terrein n'y étant guères propre que pour la muscade. Il s'y fait quelque débit d'étoffes, de toiles & de quincaillerie, qu'achètent les Hollandois soldats & habitans, aussi-bien que les insulaires naturels.

AMBOINE.

L'isle d'Amboine est située à 4 dégrés, 20 minutes de la ligne équinoxiale, à 20 lieues des isles de Banda. Quelques-uns la mettent du nombre des grandes Moluques, quoiqu'elle n'ait que 24 lieues de tour : elle est divisée en deux, en sorte que l'Isthme qui en sépare les deux parties, étant très-étroit, elle semble comme deux isles.

Lorsque les Portugais s'en emparèrent en 1517, elle étoit au roi de Ternate. Les Hollandois la prirent en 1603, d'autres disent en 1605, & ne la gardèrent que jusqu'en 1620 ; mais l'ayant reprise depuis, ils l'ont toujours gardée jusqu'à présent, & prétendu qu'outre le droit de conquête, elle leur appartient encore par la cession que le roi de Ter-

nate leur en a faite par le traité de 1638, dont on a parlé ci-devant.

Outre la grande isle d'Amboiné, il y en a quelques petites qui en sont proche, que les Hollandois font cultiver, & où ils ont planté des girofliers, qui n'y viennent pas moins bien qu'à Amboine même.

Ces isles sont OMA, ULEASTER, NOSSLAW, ONIME, MASSALON, MULANA & OCTAVA, où la compagnie a des redoutes & des comptoirs, pour contenir les habitans, & empêcher la diversion du commerce du clou.

A Amboine, les Hollandois ont trois forts, la Victoire, Hitou & Low.

Le fort de la Victoire, qui est à quatre bastions, est situé à deux lieues dans la baye. Il est défendu par 60 pièces de canon, & l'on y entretient toujours une garnison de 600 hommes : il est au bord de la mer & les vaisseaux y viennent ancrer à demi-portée.

C'est la résidence du gouverneur, & le second des grands gouvernemens de la compagnie des Indes, qui y entretient un conseil de quinze personnes, pour régler les affaires de l'isle & de son commerce, mais subordonné à celui de Batavia.

Lorsque les Hollandois se rendirent maîtres de cette isle, il y avoit peu de clou de girofle ; mais ils y en ont tellement fait planter, qu'elle en fournit elle seule plus que tout le reste des Moluques.

La plus grande récolte s'en fait à Hitou, Lohor, Cambelle & Lissedi, Natua, Cayola, Cabear, Larisque, Vasquesie, Ouri & Asselouli, partie dans les petites isles & partie dans les grandes qui en dépendent.

C'est au fort de la victoire qu'est le plus grand magasin de clou, & où se rassemble tous les autres comptoirs, les habitans étant obligés d'y porter toute leur récolte, dont la compagnie a réglé le prix comme aux Moluques, à 60 réales de huit la barre, quoique les Portugais & les autres étrangers en payassent jusqu'à 100 & 120.

Toute l'isle est divisée en divers villages, & chaque village en plusieurs vergers, que cultivent également des Hollandois, des métifs & des insulaires, qui tous sont obligés de planter chacun 10 girofliers par an ; ce qui les a extrêmement multipliés, & ne laisse guères de place pour la culture des autres fruits, légumes & denrées propres pour la nourriture & l'usage de la vie, qui y sont apportés d'ailleurs, particulièrement de Batavia.

Les girofliers d'Amboine & des environs, ont d'une année à l'autre une bonne & une mauvaise récolte, ce qui est différent des autres Moluques, où la bonne récolte ne vient que tous les quatre ans & quelquefois tous les sept.

On a voulu planter dans l'isle des noix muscades, & l'on en voit même dans quelques jardins, mais qui y réussissent assez mal.

A Victoria, il y a de grands magasins toujours remplis d'étoffes, d'habillemens tout faits, de toiles de coton , & d'autres marchandifes des Indes & d'Europe , où les habitans vont fe fournir de ce qu'ils ont befoin ; fur quoi la compagnie fait un affez grand profit.

Les vivres , les munitions , & les marchandifes , qui , comme on l'a dit , y viennent de Batavia , font apportés chaque année par deux vaiffeaux de la compagnie , qui pour tout retour , fe chargent uniquement de clou , qui quelquefois eft en fi grande quantité , qu'on eft obligé d'en brûler , ou d'en jetter une partie dans la mer ; ce qui provient du traité que les Hollandois ont fait avec les habitans , de prendre tout leur clou au prix convenu.

On compte à Amboine plus de 60,000 habitans , dont la moindre partie eft Hollandoife , en forte qu'il faut les ménager , & entretenir de groffes garnifons , pour les tenir en refpect , fi on ne leur donnoit pas fatisfaction fur la réception de leur clou.

On a vû ci-deffus par combien de dépenfes & de guerres la compagnie de Hollande s'eft affuré le commerce des épiceries , & avec quel foin , & quelle jaloufie elle s'applique à fe le conferver ; cependant il eft certain qu'elle n'a pû jufqu'ici , & qu'elle ne pourra jamais empêcher qu'il ne s'en faffe un affez grand déverfement , même par fes propres officiers , en plufieurs lieux des Indes , fur-tout du clou de girofle.

Il eft vrai qu'il eft défendu aux matelots des vaiffeaux qui vont aux ifles des épiceries , auffi-bien qu'aux capitaines & fubalternes qui les commandent , d'en apporter plus que pour leur propre ufage , c'eft-à-dire , une livre , ou deux : mais il eft rare que les uns & les autres fe réduifent à une pacodille fi modique ; & il n'arrive guères de bâtiment chargé d'épiceries pour Batavia , qui avant que d'y aborder , ne laiffe à terre , en quelque endroit fûr , une bonne quantité ou de mufcade , ou de girofle , dont les directeurs généraux n'ont aucune connoiffance , ou du moins qu'ils feignent d'ignorer.

Une autre manière de tromper la compagnie , particulièrement pour le girofle , que pratiquent affez ordinairement les commandans & marchands qui font fur les vaiffeaux , eft d'en vendre aux navires des autres nations qu'ils rencontrent en mer , & de mouiller le refte , afin que le nombre des bahares , ou quintaux de cette marchandife qui fait leur cargaifon , s'y trouve toujours ; ce qui peut aller à 10 & 15 par cent , fans que les commis des magafins qui les reçoivent à Batavia , puiffent s'en appercevoir.

Timor & Solor font encore deux ifles de l'Archipel oriental , entre la pointe de l'ifle de Celebes , & les ifles Flores , où les Hollandois font auffi quelque commerce , & ont des forts,

A Timor , on négocie des efclaves , de la cire & du bois de fental. On peut tirer chaque année environ 2,000 barres de fental , à 560 livres poids de Hollande la barre ; & c'eft principalement pour ce bois que la compagnie conferve cet établiffement , à caufe du grand débit qu'il a dans la Chine : la cire y eft à bon compte.

Le commerce de Solor eft encore moins confidérable que celui de Timor : on en tire les mêmes chofes , & outre cela ce qu'on appelle en médecine la pierre de Solor , qui eft une efpèce de bézoard qu'on croit fouverain contre les poifons.

ISLES PHILIPPINES, ou MANILLES. (Commerce des)

Le fameux Magellan à qui on doit la découverte du détroit qui porte fon nom , eft le premier des Européens qui a eu connoiffance des ifles Philippines , mais ce fut auffi où il finit fes découvertes & fa vie , ayant été tué dans un combat contre les habitans de Cebut , ou , comme d'autres le rapportent , dans un feftin où il avoit été convié par les infulaires.

Cette découverte fe fit en 1520 ; les Efpagnols cependant ne s'y établirent qu'en 1564 , fous le règne de Philippes II , de qui ces ifles ont pris leur nouveau nom , les grandes guerres qui occupèrent Charles-Quint jufqu'à fa retraite ne lui ayant pas permis de penfer à étendre fes conquêtes de ce côté-là.

Ce fut Louis Velafco , Viceroi de la nouvelle Efpagne , qui ordonna l'armement deftiné à cette entreprife , dont il confia la conduite à Miguel Lopès de Legafpi.

Les guerres inteftines qui troubloient alors la plûpart des ifles Luçon , (les Indiens nomment ainfi les Philippines ,) aidèrent beaucoup les Efpagnols à s'en rendre maîtres ; cependant des deux grandes , qui font Manille & Mindanao , ils ne pûrent s'emparer que de la première , les habitans de l'autre n'ayant jamais pû être foumis , & jouiffant encore de leur ancienne liberté , mais auffi de leur barbarie.

Ces ifles font fituées dans la mer des indes , entre la Chine & les Moluques , à 100 lieues des côtes de Camboya & de Champa , & à 200 des ifles Marianes : elles compofent un des cinq Archipels de l'océan oriental,

Quelques-uns ne comptent qu'onze cent ifles dans cet Archipel , mais d'autres y en mettent jufqu'à 1,200 , ce femble avec un peu d'exagération , quand même on y joindroit tous les écueils & les rochers de cette mer.

L'ifle Manille , ainfi nommée de fa capitale , eft la plus confidérable de toutes celles qu'occupent les Efpagnols , & le centre de leur commerce qu'ils étendent d'un côté jufqu'à la Chine , & de l'autre fur les côtes de l'Amérique , qui font fur la mer du Sud.

Cette ifle , quoique fituée fous la zone torride , auffi-bien que le refte des Philippines , jouit d'un air fain & affez tempéré , malgré la réputation qu'elle avoit eue d'abord de dévorer les Efpagnols qui s'y habituoient. Elle eft la plus feptentrionale de toutes les *Manilles*, & n'a guères moins de 400 lieues de tour.

Mindanao, qui au contraire est la plus méridionale de ces isles, ne cède guères en grandeur à celle de *Manille*; mais ses habitans font en quelque sorte un commerce à part, soit avec les Espagnols mêmes, quand ils ne font point en guerre avec eux; soit à la Chine, où ils envoient des champans de leurs chefs; soit enfin à l'isle de Borneo & aux autres isles de la Sonde, où ils portent diverses denrées de leurs pays, & en rapportent les marchandises dont ils ont besoin.

Ils avoient aussi une espèce de commerce réglé avec les isles Moluques, avant que les Portugais, & ensuite les Hollandois s'en fussent rendus maîtres.

Les marchandises que ces peuples portent dans tous ces lieux, sont de l'or, qu'ils recueillent dans leurs montagnes, & dans leurs rivières, particulièrement dans celle de Batuam; de la cire, du ris, du sagu, des étoffes d'écorce d'arbre, des noix de coco, de l'huile de sésamme & de lin, qu'ils nomment *Libby*; du fer, de l'acier, du safran. On tire aussi de cette isle quantité de bois de charpente, & les Espagnols s'en servent pour bâtir des galions plus grands que ceux qu'ils font construire en Europe: enfin elle fournit plusieurs milliers de peaux d'animaux, particulièrement de cerfs & de buffles, qui font propres au négoce du Japon.

L'on peut mettre au nombre des marchandises du crû de cette isle, la muscade, le clou de girofle, le betel, le cacao, & le poivre: mais à l'égard de ces deux premières épiceries, les Insulaires n'en cultivent guères qu'autant qu'il leur est nécessaire pour leur usage, de peur que s'ils en plantoient davantage, cela ne déterminât les Hollandois à venir chez eux, & à tâcher de se rendre maîtres de ce négoce, comme ils ont fait dans les Moluques, & dans les isles de Banda, ainsi qu'on l'a dit ci-dessus.

Presque tout le commerce des Espagnols se fait, comme on l'a dit, dans la ville de *Manille*.

Cette capitale, résidence de l'archevêque & du viceroi, est située à 14 dégrés 15 minutes de latitude, dans la partie la plus méridionale de l'isle. Son havre est très beau, très spacieux, & très sûr. C'est-là qu'arrivent tous les ans les deux galions qui se chargent à Acapulco, ville de la nouvelle Espagne, pour les *Manilles*; & d'où partent les deux vaisseaux qui tous les ans aussi, mais dans des moissons différentes, vont des *Manilles* à Acapulco.

C'est aussi à *Manille* qu'abordent sans cesse ce grand nombre de jonques, & d'autres bâtimens Chinois & Japonois, qui, pour ainsi dire, y apportent toutes les richesses de leurs empires, pour les y échanger contre celles du nouveau monde, dont cette ville est comme l'entrepôt pour l'Orient.

Ces nations y font ordinairement leur commerce depuis décembre jusqu'en avril; & alors on y voit toujours 30 ou 40 de leurs gros bâtimens à la rade, n'y en ayant guères moins pendant le reste de l'an-

née, de quatre à cinq cent de toute grandeur, qui appartiennent aux Espagnols & aux Chinois habitués aux isles, avec lesquels ils font le négoce de cet Archipel.

Les Portugais y font aussi un bon négoce, & c'est presque le seul où ils fassent des gains considérables, depuis qu'ils ont perdu celui du Japon.

Enfin de toutes les nations, soit d'Europe, soit des Indes, il n'y a que les Anglois & les Hollandois qui soient exclus des *Manilles*; encore les premiers y font-ils une espèce de négoce précaire, sous le nom & sous le pavillon *Irlandois*.

L'exclusion des Hollandois semble assez bien fondée, cette nation ayant fait plusieurs tentatives pour s'emparer de ces isles, particulièrement l'entreprise de 1649, qui ne leur réussit pas; & ayant la réputation dans les Indes, de n'être pas scrupuleux, & de se servir volontiers du droit de bienséance, pour se mettre en possession du bien d'autrui, quand d'autres prétextes leur manquent.

De toutes les nations qui trafiquent aux *Manilles*, ce sont les Chinois qui y font le plus grand commerce; soit ceux qui y résident, qui sont comme les facteurs des autres; soit ceux qui y viennent tous les ans & qui y apportent les marchandises.

Les Chinois habitués dans ces isles, sont au nombre de plus de vingt mille, & ce sont eux qui y exercent presque tous les arts & métiers, dont la fierté naturelle des Espagnols ne leur permet pas de s'occuper.

Les marchandises que les Chinois & les autres nations y apportent, sont des étoffes de soie & de coton de toutes couleurs, des soies écrues & filées, du coton en bourre & en fil, de la poudre à canon, du soufre, du fer, de l'acier, du vif-argent, du cuivre, de la farine de froment, des noix, des châtaignes, du biscuit, des dattes, des porcelaines, des cabinets, des écritoires, des bahuts de lacque & de vernis; du ris; toutes sortes de drogues; du salpêtre, des toiles de coton, d'autres de lin, blanches & de couleur, des coëffures de femmes de raiseau, des voiles à leur usage, de l'étain & plusieurs ustensiles de ménage qui en sont faits; des franges de soie, du fil de plusieurs façons; enfin diverses merceries & quincailleries de la Chine & d'Europe, & plusieurs masses de veroterie & de rasade, qui sont bonnes pour l'isle de Mindanao.

On tire des *Philippines* une partie de marchandises qui se fabriquent & qui se trouvent au Perou, au Chily dans la nouvelle Espagne, & sur toutes les côtes Espagnoles de la mer du Sud, qui font apportées à *Manille* par les vaisseaux d'Acapulco; mais principalement de l'or & de l'argent, que les mines du Potosi & du Chily fournissent en abondance pour l'Orient, malgré la grande quantité que la flotte & les galions en transportent chaque année en occident.

Les marchandises du pays sont l'or de Mindanao, la cire, le miel, le tabac & le sucre, que les

Espagnols y ont transplanté de l'Amérique, & qui y réussit parfaitement bien ; des peaux de cerf, & de plusieurs autres animaux domestiques & sauvages ; des bois pour les bâtimens de terre & de mer ; du fil, & des draps de plantain, dont la pièce a sept à huit verges de long ; diverses huiles, entr'autres celles de graine de lin & de sesanne ; les graines dont ces huiles se font ; de la civette, & les animaux qui la produisent ; du vin de palme, du safran, des noix de cocos, & de toutes marchandises que cet arbre merveilleux produit ; enfin du sagu, qui sert de nourriture aux pauvres du pays, & qui est très-bon pour les Moluques.

On a parlé ci-dessus, à l'article des *Moluques*, de la manière dont on y apprête la moelle de cet arbre, pour en faire ou du pain, ou de la boisson. A *Mindanao*, & dans le reste des *Manilles*, l'apprêt s'en fait différemment : au lieu de le raper, comme aux Moluques, on le pile dans un mortier avec de l'eau ; & le sediment qui reste, après qu'on a laissé reposer l'eau, & qu'on l'a retirée par inclination, sert à faire des tourteaux, qu'on cuit sous la cendre.

Avant que les Hollandois fussent maîtres des isles des épiceries, c'étoit à *Manille* (qui les tiroit en droiture des Moluques, & des isles de la Sonde) que les Chinois & les Japonois venoient querir leur canelle, leur muscade, & leur clou. Depuis ce sont les Hollandois qui en fournissent ces nations, & tout le reste des Indes & du monde.

Les vivres & toutes les denrées sont à si bon marché aux *Manilles*, que quatre arobes de vin de palme, qui font 100 livres poids de France, ne coutent que 3 livres, monnoie aussi de France ; douze boisseaux de ris, 6 livres ; trois poules, 6 sols ; un bœuf, 1 écu ; le cent pesant de sucre, 4 livres ; deux grands paniers de safran, 15 sols ; le quintal de fer ou d'acier, 7 livres 10 sols & le reste à proportion.

ISPAHAM, capitale de la Perse. *Voyez* le détail de son commerce, dans l'Etat général, tome I. pages 408, 409.

ISSUE. On nomme à Bordeaux *droits d'issue*, ce qu'on nomme ailleurs *droits de sortie*.

I T

ITALIE. (Commerce d')

§. Ier. L'ITALIE est bornée au nord par la Suisse & l'Allemagne ; à l'est par le golfe de Venise ou la mer Adriatique ; au sud par la Méditerranée, & à l'ouest par le Dauphiné & la Provence. Elle est située entre les 37 & 47e degrés de latitude septentrionale, & les 26 & 36e de longitude orientale ; les géographes lui comptent environ 270 lieues depuis la Savoie & le Valais jusqu'au fond de la Calabre ; sa largeur est inégale.

L'*Italie* est un des plus beaux & des meilleurs pays de l'Europe ; l'air y est pur & serein, excepté dans l'état de l'église, & en général sain, quoique extrêmement chaud vers le midi. Il n'y a point de pays au monde où il y ait autant de villes, grandes, magnifiques & bien bâties, qu'en *Italie*. Le terroir y est par-tout très-fertile en fruits & légumes excellens ; en ris, bleds, vins, olives, & par conséquent en huile. La quantité de mûriers qu'on y cultive fait qu'on y élève une infinité de vers à soie ; aussi la soie est-elle un des meilleurs revenus de ce pays ; car on en envoie de grandes quantités dans tous les cantons de l'Europe où l'on fabrique des étoffes de soie. Les laines, le chanvre, le lin viennent aussi fort bien en *Italie*. La manne de Calabre & la térébenthine de Venise sont fort estimées. On trouve dans ce beau pays toutes les espèces de marbres, agathes, cornalines, cristaux, &c. ; l'*Italie* possede des mines d'or, d'argent, de fer, d'alun, de vitriol. On y fabrique toutes sortes d'étoffes de soie, de velours, des bas, des draps & autres étoffes de laine, des toiles & une infinité d'autres articles. Les volcans donnent beaucoup de soufre en *Italie*.

Quoique l'*Italie* soit possédée par divers souverains, nous la considérerons comme un seul & même pays dans la description que nous allons faire de son commerce.

Les villes maritimes principales d'*Italie*, sont : Livourne, Gênes, Venise & Naples. Le commerce qu'elles font, sur-tout les trois premières, consiste en marchandises qu'elles tirent, d'un côté, de divers ports du levant, & d'un autre côté, des pays circonvoisins & limitrophes de l'*Italie* même. Avant de donner un détail du commerce de ces villes, il est nécessaire de faire connoître les lieux d'où viennent les marchandises qui contribuent à faire fleurir ce commerce.

§. II. *Commerce des échelles du Levant.*

On comprend sous le nom d'*échelles*, en terme de *commerce*, les ports ou villes d'étape, où les négocians & marchands Européens qui suivent le commerce du levant, notamment les François, Anglois, Hollandois & Italiens, entretiennent des consuls & des commissionnaires ; où de plus ils ont des magasins & des bureaux, & où ils envoient régulièrement chaque année des vaisseaux chargés de marchandises propres au levant, lesquels vaisseaux rapportent en retour d'autres marchandises, ou fabriquées dans ces villes, ou venant du dedans des terres. Les principales échelles du levant & où il se fait le plus de commerce, sont : *Smirne*, *Alexandrette*, *Alep*, *Seyde*, *Chipre*, *Echelle-neuve*, *Angore*, *Beibazar*, *Salé*, *Constantinople*, *Rosette*; le *Caire*, le *Bastion de France*, *Tunis*, *Alger*, *Tripoli de Sirie* ; *Tripoli de Barbarie*, *Napoli de Romanie*, la *Morée*, l'isle de *Negrepont*, l'isle de *Candie*, *Durazzo*, *Zea*, *Naxis* & *Paros*, l'isle de *Tine* & *Miconi*, *Snio* & les autres isles de l'Archipel les plus considérables *.

* Quelques - uns ajoutent à ces échelles encore deux ou trois ports des royaumes de *Fez*, *Maroc* & *Tremesen* ; mais, comme ils sont presque tous
au-delà

au-delà du détroit, bien des négocians leur refusent le nom d'*échelles*.

De toutes ces échelles nous ne ferons une mention particulière que de Constantinople, Smirne, le Caire, Tripoli de Barbarie, Tunis & Alger.

CONSTANTINOPLE, capitale de l'empire Ottoman, est une des plus grandes & des plus célèbres villes de l'Europe; sa situation sur le fameux détroit qui sépare l'Asie de l'Europe, à l'extrémité orientale de la Romanie ou Romélie, autrefois la Thrace, est la plus avantageuse & la plus agréable qu'on puisse imaginer. Cette heureuse situation qui la fait en quelque façon dominer en Asie comme en Europe, jointe à la beauté & à la sûreté de son port, en pourroit faire la ville du plus grand commerce du monde, si les habitans, qui sont assujettis à une servitude qui leur ôte presque la propriété de leurs biens, osoient penser à s'enrichir par le négoce; ou si les étrangers, que le commerce y attire, y étoient traités avec moins de hauteur & de sévérité, & n'y étoient pas exposés à des avanies aussi fréquentes que révoltantes. Malgré des raisons si propres à dégoûter les nations chrétiennes du commerce de *Constantinople*, on y voit en tout temps arriver quelques-uns de leurs navires chargés de diverses marchandises, particulièrement de draps: c'est l'article qui forme la branche principale du commerce d'importation à *Constantinople*. Les marchandises qu'on en tire de retour sont des laines *pelades* & *tresquilles*, dont il sort année commune, 5,000 balles, sçavoir, 2,000 des premières, & 3,000 des autres; des peaux de bufles, de bœufs & de vaches; des cendres, dites *potasche*, de la cire jaune & quelque peu de fil ou poil de chèvre.

SMIRNE, ville de la Natolie en Asie, située dans un golfe de l'Archipel, a un port célèbre & capable de contenir le grand nombre de navires qui y abordent de toutes les parties de l'Europe. Ces navires portent à *Smirne* des piastres, des draps, des étoffes de soie & de laine, des bonnets, du papier, de la cochenille, du tartre, du verdet, de l'indigo, du café, du sucre, des épiceries, de l'étain & d'autres articles. Le chargement de retour de ces navires consiste principalement en coton filé, soies, ardasses, ardassines & scerbassi, poil de chameau, poil de chèvre, cire, noix de galle, peaux apprêtées, cuirs en poil, laines de Caramanie, toiles de coton, camelots, mousselines, drogues pour la médecine, ambre, musc, & une infinité d'autres articles d'orient. Les négocians de Livourne envoient tous les ans quatre ou six navires à *Smirne*; les Venitiens, deux à trois; & Gênes de temps en temps, quelques-uns. On voit aussi beaucoup de navires François, Anglois, Hollandois dans cette échelle, qui est la première des échelles du levant.

LE CAIRE, capitale de l'Egypte, est situé sur le *Nil*, au-dessus des sept bouches par lesquelles ce fleuve se décharge dans la Méditerranée. *Alexandrie* & *Rosette*, éloignées l'une de l'autre de dix à douze lieues, & qui sont situées à deux des em-

Commerce. Tome II. Part. II.

bouchures du Nil, servent de ports à cette fameuse ville, qui en est distante de 90 lieues; c'est devant l'une ou l'autre que les navires d'Europe viennent aborder, pour y décharger leurs marchandises, dont la majeure partie est destinée pour le *Caire*; c'est aussi dans l'une ou l'autre qu'ils attendent & prennent celles qu'on doit leur envoyer pour achever la cargaison pour leur retour: celles-ci consistent en une infinité de drogues pour la médecine, en café de moka, cire, laine, nacre de perles, toiles peintes, toiles simples, mousselines & autres pareils articles. Les marchandises d'importation sont des draps & étoffes de laine & de soie, des métaux de diverses sortes, ouvrés ou non ouvrés, de la cochenille, &c.

TRIPOLI de Barbarie, capitale d'un royaume du même nom, en Afrique, est situé sur la côte de la mer Méditerranée, dans une plaine sabloneuse à 110 lieues de Tunis, & 220 d'Alger. Les seuls articles qu'on tire de *Tripoli* & qui forment presque tout son commerce, sont du safran & des cendres calcinées.

TUNIS, sur la côte de Barbarie, est aussi capitale d'un royaume de son nom. Le principal commerce de *Tunis* avec l'Europe, se fait avec les Vénitiens & les Génois, qui tirent de cette ville des huiles, bleds, cires, laines, cuirs & maroquins.

ALGER, capitale d'un puissant royaume du même nom, est située avantageusement sur le penchant d'une côline, & a un beau port bien défendu; cependant le commerce de cette ville se réduit à si peu de chose qu'il ne mérite guère qu'on en parle; il seroit moindre encore sans les courses des Algériens sur les Chrétiens dans toute la Méditerranée; car les prises qu'ils leur font, forment le principal objet de leur commerce. On tire néanmoins de cette ville quelque peu de cuirs, de cire, de cuivre, de laines brutes & couvertures de laines, de mouchoirs, de dattes, de plumes d'autruche & quelques autres articles.

§. III. *Commerce des principales villes de l'intérieur de l'Italie.*

ROME, capitale de l'*Italie*, autrefois la plus célèbre de toutes les villes du monde par ses richesses, sa magnificence, sa grandeur & sa population, a conservé un peu de sa célébrité; parce qu'après la chute de l'empire romain, elle devint la résidence du chef suprême de l'église chrétienne; mais son commerce est si peu de chose, qu'elle tire presque tout du dehors par son port, qui est *Civita-Vecchia* ou *Porto*, où le Tibre se décharge dans la mer. Les bateaux ont quatorze lieues pour remonter de là à *Rome*. On tire de cette ville de l'alun, des laines, de l'anis, de la terre d'ombre & quelques autres articles. *Ancone, Magliana, Foligni, Ravenne, Bologne & Ferrare*, sont les autres villes principales de l'état de l'église.

MILAN, capitale du Milanois, est une des plus

Cccc

belles villes de l'Europe. Le commerce y eft confidérable & les manufactures nombreufes. On y fabrique des galons & broderies d'or & d'argent, des
étoffes de foie de toutes efpèces, notamment des
velours à fleurs. Il y a dans *Milan* plufieurs filatures de foie pour les trames & l'organfin. Le Milanois produit beaucoup de ris. *Pavie* & *Lodi* font
les deux villes principales de ce duché après la
capitale.

PARME, capitale des duchés de Plaifance, de
Parme & de Guaftalla, eft une belle ville dont le
commerce confifte principalement en foies crues &
en fromages fort eftimés. Il paffe beaucoup de fromages de *Parme* en France.

MANTOUE, MODENE & REGGIO, capitales de
trois autres duchés d'*Italie*, n'offrent rien de remarquable touchant le commerce, non plus que la
principauté de Carpi.

TURIN, capitale du Piémont, eft fituée dans une
fort belle plaine, au confluent du *Pô* & de la grande
Doire. C'eft une ville médiocrement grande, mais
belle & bien peuplée, très-marchande & très-florif-
fante. La principale branche du commerce de *Turin*
confifte dans les foies que produit le Piémont, qui
font les meilleures de l'Europe, à caufe de leur
légèreté & de leur fineffe. Les organfins qui en
proviennent font auffi fans exception les plus eftimés en France, en Angleterre, en Hollande & en
Allemagne. On compte qu'année commune, il fe
fait dans les états du roi de Sardaigne, c'eft-à-dire
dans le Piémont, le Montferrat, l'Alexandrin, Lomeline & le Novarois, environ 5,60000 liv. poids
de 12 onces, de foies grèges ou grezes, qui toutes
font réduites en organfins ou trames, excepté celles
du Novarois qui peuvent s'expédier grezes. Les
prix des organfins varient beaucoup d'une année à
l'autre : ils vont depuis 12 jufqu'à 30 liv. argent de
Piémont, la livre de 12 onces. Les organfins de
Piémont paient 14 f. 6 d. de Piémont par livre, de
droit de fortie, & ceux provenant des foies de *Montferrat*, *Alexandrie*, *Lomeline* & *Novaré*, qui font
pays conquis, ne paient que 2 fols 6 den. par liv.
On fabrique à *Turin* des étoffes & bas de foie,
des draps & plufieurs autres articles. Outre les vil-

les de Piémont ci-deffus nommées, on en compte
quelques autres, telles que *Nice*, *Oneille*, qui
font auffi quelque commerce. *Chamberri* eft capitale du duché de Savoie.

LUCQUES, ou *Lucca*, eft la capitale d'une petite république de l'Italie, fituée entre le Mode-
nois & la Tofcane; fon territoire eft fertile en bleds,
vin, huile, foie & châtaignes. On y fabrique des
étoffes de foie de toute efpèce, & principalement
des velours, des damas, des fatins, & des taffetas
de toutes couleurs.

FLORENCE, capitale du grand duché de Tofcane, eft une grande ville, belle & bien peuplée,
dont le commerce eft confidérable. Il confifte en
beaucoup de riches étoffes qui s'y fabriquent; les
principales font des draps & des brocards d'or, d'argent & de foie, des fatins de toutes couleurs, des
ras de foie, armoifins, taffetas & des moires. Il s'y
fait auffi quelques légères étoffes de laine, comme
des ratines fort minces. Les autres marchandifes
qu'on tire de *Florence*, font des foies crues & préparées, des laines de la Pouille tant en fuin que
lavées, des vins excellens, & de l'or trait & filé en
bobines. Prefque tout le commerce de *Florence* fe
fait par Livourne, dont nous allons maintenant nous
occuper.

§. IV. *Commerce de la ville de Livourne.*

LIVOURNE, grande ville de Tofcane bien peuplée, a un port qui eft fréquenté par toutes les
nations de l'Europe; la grande liberté dont y jouiffent les négocians étrangers, fait qu'ils y accourent
de toutes parts, de forte que *Livourne* devient de
jour en jour l'échelle la plus floriffante de la Méditerranée, & porte un très-grand préjudice au commerce de Gênes & Venife. Outre les riches fabriques d'or, d'argent & de foie, & les fines étoffes
de lainerie qui fe font dans les manufactures de
Florence, de *Pife*, de Lucques & dans les autres
villes de Tofcane ou des états voifins, on trouve
à *Livourne* des foies de toutes les fortes, tant
d'*Italie* que du Levant, des huiles, de l'encens,
du corail & plufieurs autres articles.

Nous nous contenterons de donner ici des comptes fimulés de ceux que nous venons de nommer.

Compte fimulé d'une balle d'organfin ouvré de *Rimini*, pefant
                    Brut 300 ℔
Tare de 4 facs ___ 10
                    290 ℔ net à 1,140 piaftres la balle de 320 ℔ . . . . . Ps. 1,033   2   6
Tous les frais jufqu'à bord du navire . . . . Ps.   7   12   7
Compiffion fur ps. 1,040 15 à 2 p°.   20   16   3
                                                                          _____
                                                                            28 · 8 10
                                                                          _____
                                              Piaftres. 1,061   11   4

Compte simulé d'une balle de soie de *mistra* achetée à *Livourne*, pesant
Brut 300 ℔
Rabais 19 dont 6 pour l'envelope, 4 p.º de tare & 1 ℔ de bon poids

Net 281 ℔ à 18 paoli ou giuli mon. lunga la ℔ . . . . . . Ps. 562 " "

Escompte 3 p.º 16 17 2

545 2 10

Tous les frais & droits jufqu'à bord du navire, ... Ps. 6 7 10
Commiffion fur ps. 551 10 à 2 p.º . . . . 11 " 7

17 8 5

Ps. 562 11 3

NB. Ce compte peut fervir d'exemple pour toutes les fortes de foies du Levant.

Compte fimulé de 10 botes d'huile d'olive fine de Tofcane, achetée à *Livourne*, pesant
Brut 14,580 ℔
Rabais 2,220 dont 40 ℔ bon poids, 2,135 ℔ tare des botes, & 45 ℔ de faveur.

Net 12,360 ℔ à 35 ½ l. effectives le baril de 85 ℔ . . . . . . Ps. 897 15 2

Tous les frais jufqu'à bord du navire, ... Ps. 54 10 10
Commiffion à 2 p.º . . . . 19 " 11

73 11 9

Ps. 971 6 11

Les huiles étrangères, comme font celles de Tunis, de Sicile, de la Morée, fe vendent à 30, ou 40 livres *monneta lunga* le baril, avec 3 p.º d'escompte pour le prompt paiement.

Compte fimulé de 50 demi-caiffes de 30 bouteilles chacune d'huile de Lucque, achetées à *Livourne*, à 6 ps. la ½ caiffe . . . . Ps. 300 " "
Efcompte à 3 p.º . . . 9 " "

291 " "

Frais jufqu'à bord du navire, ... Ps. 5 8 10
Commiffion fur ps. 296 8 à 2 p.º 5 18 6

11 7 4

Ps. 302 7 4

Compte fimulé de 4 botes d'encens de Florence, achetées à *Livourne*, pesant
Brut 6,700 ℔
Rabais 690 dont 20 bon poids, 648 ℔ tare des botes, & 22 ℔ de faveur.

Net 6,010 ℔ à 30 l. mon. buona, le quintal. . . . . Ps. 313 " 11

Frais jufqu'à bord du navire, ... Ps. 6 17 8
Commiffion fur ps. 319 8 7 à 2 p.º 6 7 9

12 15 5

Ps. 325 16 4

Cccc ij

Compte simulé d'une caisse avec 6 masses de corail ouvré, acheté à *Livourne*, pesant 72 ℔ à
16 ps. la ℔ . . . . Ps. 1,872 // //
                       Escompte 3 p°̸ 56 3 2

                                        1,815 16 10

Frais jusqu'à bord du navire . . . . Ps. 22 16 1
Commission d'expédition sur ps. 1,838 12 à 2 p°̸ 36 15 5
                                        59 11 6

                                  Ps. 1,875 8 4

Le commerce d'importation à *Livourne* n'est pas bien considérable, il consiste en épiceries, cacao, cuirs de Russie, poisson sec & salé, & plusieurs autres articles.

§. V. *Commerce de Gènes & de Venise.*

GÈNES, capitale d'une république du même nom en Italie, fait un fort grand commerce. Les principaux objets de ce commerce sont les soies grèges & en matasse, que les Génois tirent de Messine & des autres ports de Sicile, & les riches & belles étoffes qui se fabriquent à *Gènes*, où d'ailleurs l'on trouve beaucoup d'articles du levant, entr'autres du coton de Smirne. On tire en outre de *Gènes* du riz, des figues, des amandes, des citrons & limons, des parfums, du savon, du marbre blanc, du tartre d'Italie blanc, de la crême de tartre, de l'alun de Rome, des bas, gants, rubans & autres pareilles marchandises; & particulièrement de l'huile d'olive & du papier pour l'impression dont on expédie de fortes parties pour l'étranger, & dont par conséquent il est bon de donner les deux comptes suivants:

Compte simulé de 24 tonneaux d'huile d'olive de *Gènes*, achetés à Port-Maurice, contenant 249 barils 4 11 dont
    60 Barils . . . . à 68 l. chacun . . . . L. 4,080 // //
    189 . . . 4 . 11 . . . . à 68½ . . . . 12,987 1 //
    249 Barils, 4 11 . . . . L. 17,067 1 //

Pour tous frais jusqu'à bord du navire . . . . L. 810 18 8
Commission d'expédition à 2 p°̸ 357 11 4
                                1,168 10 //

                          Lire 18,235 11 //

Compte simulé de 18 balles de papier de *Gènes*, contenant chacune 32 rames, & ensemble 576, qui à 23 l. le ballot de 10 rames font . . . . L. 1,324 16 //
Tous les frais jusqu'à bord . . . . L. 117 2 8
Commission d'expédition 2 p°̸ 28 16 4
                              145 19 //

                          L. 1,470 15 //

Le commerce d'importation de *Gènes*, consiste principalement en lin du nord, en cuivre, fer, huile de poisson, hareng, poisson sec, cuirs de Russie & toiles à voiles, mâts & planches.

VENISE, capitale de la république du même nom, est bâtie au milieu de la mer sur des lagunes ou petites isles, à environ deux milles de la terre ferme. C'est une des plus belles villes de l'Europe, & quoique sa puissance & son commerce soient diminués considérablement depuis quelques siècles, elle peut encore passer pour une des villes les plus marchandes de l'Europe. La banque de *Venise* a la gloire d'avoir servi de modèle à toutes les banques qui existent aujourd'hui en Europe, car l'époque de son établissement date du seizième siècle. Les lettres de change payables en argent de banque doivent être acquittées par ladite banque, mais non celles qui sont payables en argent courant, non plus que le montant des marchandises. Cette banque n'offre, au reste, rien de remarquable. *Voyez* dans le premier volume en quelle monnoie elle tient ses livres, au mot BANCO.

Le commerce d'exportation de *Venise* confiste dans une infinité d'articles des productions de son territoire & de ses domaines dans l'étranger, de même que dans les marchandifes du levant d'où les Vénitiens les tirent eux-mêmes. Ces articles font des velours & des étoffes tant d'or que d'argent & de foie ; des glaces de miroirs, des dentelles de fil,

des verres & autres vafes de criftal, du ris, de raifins de Corinthe, du tartre, de la crême de tartre, des foies, des gants, du corail, des huiles, des olives, toutes fortes de drogues du levant, de la laque fine, de l'orpiment, de l'anis, de la coriandre, du foufre, de la térébenthine, du favon, & de l'acier fin. De tous les articles la térébenthine eft celui dont il fe fait de plus fortes exportations de *Venise* pour les autres états de l'Europe.

Compte fimulé de 10 barils de térébenthine pefant enfemble

Brut 4,890 ℔

Taré 14 p° 684 ¼

————— Net 4,205 ½ ℔ à 16 ducats le ql. . . . . . . .Duc. 672 11 ⚏

Frais jufqu'à bord du navire, ...Duc. 33 3 ⚏

Commiſſion à 2 p° . . . . 14 ⚏ ⚏

————— 57 3 ⚏

(Chaque ducat eft de 6 l. 4 f.) Argent courant picoli Ducati 720 ⚏ ⚏

Les miroirs de *Venise* font très eftimés dans toute l'Europe ; les prix varient felon leurs qualités & grandeurs, depuis 5 ducats & au-deffous jufqu'à 400 & même 600 ducats la pièce.

Les marchandifes d'importation de *Venise* font des épiceries, du cacao, des toiles peintes, des toiles de Hollande & d'Allemagne, du poiſſon fec & falé, des cuirs de Ruſſie & plufieurs autres articles. *Bergame*, *Breſcia*, *Verone*, *Padoue*, *Chioza*, *Vicenza*, *Trevigio* & *Feltri*, font les principales villes de la république de *Venise*.

§. VI. *Commerce de Naples, de Sicile, & de quelques autres iſles principales de la mer Méditerranée.*

NAPLES, fur le bord de la Méditerranée, eft

l'une des plus grandes & des plus belles villes de l'Europe. La beauté de fa fituation, la quantité de nobleſſe qu'on y voit, la multitude de fes marchands, tout concourt à y faire fleurir le commerce. La bonté de fon port y attire quantité de navires étrangers, qui entr'autres marchandifes, exportent de cette ville diverfes fortes d'étoffes de foies gregges, de la manne, de l'anis & de la coriandre ; des raifins fecs, des corinthes, des figues & olives, du foufre cru, & fur-tout des huiles de Galipoli, dont on forme des chargemens complets.

Compte fimulé de 600 falmes d'huile de Galipoli, expédiées de *Naples*, à 16 ½ ducats du royaume, rendues franches à bord, ...Duc. 9,900 ⚏ ⚏

Frais à Galipoli, courtage & commiſſion d'achat, ...D. 130 67 ⚏

Pour 676 cercles de fer pour les futailles, à 3 carlini . . . . 202 80 ⚏

Commiſſion d'expédition à 2 p° . . . . 203 68 ⚏

————— 537 10 ⚏

Argent du royaume, Ducats 10,437 10 ⚏

Les marchandifes d'importation de *Naples* font, des fucres, du café de l'Amérique, des toiles d'Allemagne & plufieurs autres articles. *Longiano* & *Ortana*, villes de l'Abruzze ; *Manfredonia* & *Galipoli*, villes de la Pouille, & *Reggio*, ville de la Calabre, font les principaux endroits du royaume de *Naples* où il fe fait quelque commerce.

La SICILE eft la plus grande iſle de la mer Méditerranée, avec le titre de royaume appartenant au roi de Naples ou des deux *Siciles*. Elle eft fer-

tile en grains, vins, fruits, huile, fafran, miel, cire, & fur-tout en foie qui fait fon principal revenu. MESSINE & *Palerme* font les villes de *Sicile* qui font le plus de commerce.

La SARDAIGNE eft auſſi une iſle de la Méditerranée avec le titre de royaume ; elle produit du vin, du miel, du cedre, des oranges & citrons, & fur-tout du fel qui eft le principal article que les étrangers tirent de CAGLIARI, capitale de cette iſle.

Compte simulé de 626½ salmes de sel de Cagliari, après déduction de 2 p° de perte,
reste pour 607½ salmes, à 9 réali, ... Rx. 546 9 3
Pour port à bord du navire dudit sel, ... Rx. 15 ll.
A la garde de la quarantaine, rx. 25 6 & droit de sortie 4 rx. 1 29 7
Au consul 16 rx. & au vice-consul 13 rx. 2 6. 29   2 6
Commission d'expédition sur rx. 561 9 à 2 p°. 11 2 2 11

                                                              84 9 4 5

Font argent de Sardaigne, Réaux 631 9 3 2

L'isle de CORSE, dont les François sont maîtres aujourd'hui, est au nord de celle de Sardaigne; elle produit beaucoup de vin, d'huile & de grains; les Corses en font quelque commerce.

L'isle de MALTHE est à 25 lieues seulement de la côte de Sicile dans la mer Méditerranée. Ses principales productions consistent en avoine, millet, coton filé & cumin, dont il se fait quelque commerce. *Voyez* ISLE DE MALTHE.

ITEM. Terme dont on se sert également dans la pratique, dans la finance & dans le négoce, pour distinguer les articles d'un compte, d'un mémoire, d'un inventaire. Il signifie proprement, *encore*, ou *plus*. Ainsi dans un mémoire de marchandises fournies, on met d'abord le premier article tout simplement, ajoûtant *item* à tous les suivans.

Fourni à M. . . . dix aunes de drap écarlate à 20 liv. l'aune, le 4 février 1719.

Item, trois aunes de drap noir à 16 liv., le 5 avril.

Item, six aunes de ratine couleur de feu, à 12 liv., & ainsi de suite.

Ce qu'on observe aussi à peu près de même dans les inventaires que les marchands doivent dresser tous les deux ans, conformément à l'ordonnance de 1673.

J U

JUBIS. Raisins en grappe séchés au soleil, que les marchands épiciers tirent ordinairement de Provence pour les provisions de carême.

JUGE ET CONSULS. Ils sont choisis & élus parmi les plus habiles marchands, qui jugent sommairement les affaires du commerce. *Voyez* CONSULS.

JUGES DES MANUFACTURES. Ce sont des *juges* commis pour juger, privativement à tous autres, les différends qui surviennent entre les ouvriers employés aux manufactures, & entre ces ouvriers & les marchands pour raison des longueurs, largeurs, qualités, visites, marques, fabriques ou valeur des ouvrages & manufactures d'or, d'argent, de soie, laine & fil; comme aussi des qualités des laines, teintures & blanchissages, même des salaires des ouvriers.

La déclaration du roi Louis XIV, du mois d'août 1669, commet aux fonctions de *juges des* manufactures, les maires & échevins, capitouls, jurats, & autres officiers ayant pareil rang dans les hôtels de ville de tout le royaume; à la réserve néanmoins de celles de Paris & de Lyon, qu'il laisse à cet égard dans leurs anciens droits & usages.

JUGES DES CAUSES MARITIMES. Ce sont des *juges* commis par lettres de sa majesté ou de l'amirauté, dans les principaux ports & villes maritimes du royaume, sur les côtes de l'une & l'autre mer, pour connoître, chacun dans leurs ressorts, de toutes les causes concernant la marine, le commerce de mer & la navigation de France.

Les ordonnances de 1681, pour toutes les côtes du royaume, & de 1685 pour celles de la province de Bretagne en particulier, ont réglé en plusieurs articles la jurisdiction, la compétence, & les fonctions de ces *juges*.

La compétence de leurs siéges, composés de lieutenans, de conseillers, d'avocats & procureurs du roi, de greffiers & d'huissiers-visiteurs, s'étend non-seulement sur tout ce qui concerne la construction, les agréts & apparaux, l'armement, avictuaillement & équipement, vente & adjudication des vaisseaux marchands; mais encore sur toutes les actions qui procédent des charte-parties, affrettemens ou nolissemens, connoissemens ou polices de chargement, fret ou nolis, polices d'assurance, obligations à la grosse aventure, & généralement de tous les contrats maritimes, tant en demandant qu'en défendant, entre toutes personnes de quelque qualité qu'elles soient, même privilégiés, François & étrangers.

Ces *juges* connoissent pareillement des prises faites en mer, des bris, naufrages & échouemens, du jet & de la contribution, des avaries, du chargement des navires, de la délivrance des effets délaissés dans les vaisseaux par ceux qui meurent en mer; des droits de congé, tiers, dixième, palisse, ancrage & autres semblables, ou qui se lèvent sur les pêcheries & poissons, ou sur les marchandises & vaisseaux sortant des ports & y entrant.

Il leur appartient encore de connoître de toute la pêche qui se fait en mer, dans les étangs salés & aux embouchures des rivières, des parcs & pêcheries, des rets & filets, des ventes & achats de poisson dans les bateaux, sur les grèves, ports & havres; des chemins pour le hallage des vaisseaux, des dommages faits aux quais, digues, jettées &

palissades, de la netteté & profondeur des rades & des ports, des pirateries & pillages, des désertions des équipages, & de tous les crimes & délits commis sur la mer, ses ports, havres & rivages.

Enfin, ce sont les *juges de la marine* qui reçoivent les maîtres des métiers de charpentiers de navires, calfateurs, cordiers, treviers, voiliers & autres ouvriers travaillant à la construction des bâtimens de mer, & de leurs agreits & apparaux, dans les lieux où il y a maîtrise, & qui connoissent des malversations par eux commises dans leur art.

C'est aux procureurs du roi de ces jurisdictions de faire incessamment la recherche & poursuite des délits de leur compétence, & d'en donner avis aux procureurs généraux, comme aussi des appellations qui leur sont signifiées des jugemens dans lesquels sa majesté ou le public ont intérêt, étant au surplus obligés d'avoir & tenir quatre différens registres; le premier, pour leurs conclusions tant définitives que préparatoires; le second, pour les échouemens, bris, naufrages & autres espaves, soit en mer, soit sur les grèves, & leur vente, adjudication, main-levée, &c.; le troisième, pour les amendes adjugées sur leurs conclusions, les titres des particuliers concernant les droits d'ancrage, pêche, varecq, &c., les oppositions formées entre leurs mains, & les assignations données aux étrangers; enfin le quatrième pour les dénonciations qui leur sont faites, qui doivent être signées des dénonciateurs, ou de leurs procureurs.

JUGES-CONSEILLERS DE LA RETENUE. Ce sont des marchands choisis & nommés par les prieur & consuls de la bourse commune de Toulouse, pour les assister au jugement des affaires de commerce, qui font de la compétence de cette jurisdiction.

Les articles 11, 12 & 13 du réglement général de 1701, pour l'élection desdits prieur & consuls, portent; 1°. que le lendemain de leur élection ils feront le choix des marchands *juges-conseillers*, qu'ils aviseront, (ce qu'on appelle communément *retenue*), pour leur aider à rendre la justice pendant l'année, & pourvoir par leur conseil à toutes les affaires, tant de la bourse, que du corps général des marchands; 2°. que le nombre des *juges-conseillers* qu'ils mettront dans la retenue fera de soixante, tous négocians en chef, en leur nom & pour leur compte, bons & loyaux & domiciliés en ladite ville de Toulouse, lesquels feront choisis de tous les divers états qui composent le corps des marchands; 3°. qu'en cas que les prieur & consuls ne pussent convenir ensemble du choix de ces soixante conseillers, chacun d'eux en nommera vingt; après quoi ladite retenue ou nomination seroit mise sur le registre de la bourse, & signée des prieur & consuls.

JUGEMENT. Dans la jurisdiction consulaire on distingue un *jugement* d'avec une sentence. On y appelle *jugement* ce qui a été prononcé sans décision finale : comme la remise d'une cause à un autre jour, un plus amplement informé, une surséance

pour faire venir quelques témoins. Au contraire on appelle *sentence*, l'acte définitif qui juge & prononce condamnation.

JUIF. Nom propre d'un peuple qui habitoit autrefois la Palestine, & qui est présentement dispersé dans toutes les parties du monde.

Il est vrai que plusieurs des souverains de l'Europe chrétienne ne les ont reçus dans leurs états, qu'à condition de porter une marque extérieure, pour les distinguer de leurs autres sujets; mais il y a aussi quelques souverains qui ne les regardent point autrement que le reste des bourgeois de leurs villes, & qui n'y mettent de différence que par le plus ou le moins d'utilité qu'ils en retirent par rapport au commerce.

Les deux principaux établissemens que les *Juifs* ont dans les états des princes chrétiens, sont celui d'Amsterdam & celui de Livourne.

JUIF. Ce terme a diverses significations dans le commerce, mais presque toujours en mauvaise part.

On dit qu'un marchand est riche comme un *Juif*, quand il a la réputation d'avoir amassé de grands biens, sur-tout si on le soupçonne de quelque trafic usuraire.

On appelle aussi un *vrai Juif*, un marchand usurier ou trop intéressé, qui surfait & qui rançonne ceux qui ont affaire à lui.

On dit qu'on est tombé entre les mains des *Juifs*, quand ceux avec qui on a à traiter des affaires de négoce & d'intérêt, sont durs, tenaces & difficiles.

JUIFVERIE. Lieu où demeurent les *Juifs*.

On donne aussi ce nom dans quelques villes de France aux rues & marchés dans lesquels se fait le négoce des vieilles hardes. A Paris, on les appelle la *fripperie* & les *piliers des halles*.

JUJUBES, que l'on nomme aussi GINGEOLES. Ce sont les fruits d'un arbre qui croît communément en Provence.

Les *jujubes* nouvelles, grosses, bien nourries, charnues & bien sèches, sont les meilleures, & celles qu'il faut choisir.

C'est une marchandise qui n'est de garde que quand elle est conditionnée, encore ne peut-elle guères se conserver que deux ans : mais si les *jujubes* ont été mal séchées, ou mouillées, ou serrées dans un lieu humide, ou bien qu'elles s'échauffent dans les balles, le plus sûr est de s'en défaire au plutôt.

JULES. *Monnoie d'argent* qui se fabrique & qui a cours à Rome, dans l'état ecclésiastique, & en quelques autres lieux d'Italie. *Voyez* LA TABLE DES MONNOIES.

JUNCUS ODORATUS, ou JONC ODORANT. Espèce de *plante* ou de *jonc* d'une odeur aromatique, qui croît dans l'Arabie heureuse, & au pied du mont Liban.

Le *juncus odoratus* vient à nos épiciers & droguistes par la voie de Marseille, d'où on leur envoie la fleur & le jonc séparés, le jonc en petites bottes, & la fleur comme elle a été cueillie ; par conféquent, fuivant les mains par où elle a paffé, quelquefois très-propre, & quelquefois très-fale. La fleur doit fe choifir vermeille & la plus nouvelle qu'il eft poffible. Pour le jonc il doit être blond, bien entier, & approchant du goût de la fleur.

JUNTE, JONTE ou JUNTA. On appelle en Portugal la *junta*, ou *jonte du commerce*, une affemblée ou confeil compofé de plufieurs commiffaires, où fe traitent toutes les affaires du négoce de la nation, particulièrement ce qui concerne celui des Indes orientales & du Bréfil.

Ce confeil fut d'abord établi fous le régne de Jean IV, fous le titre de *convoi* pour le Bréfil ; mais ayant été réformé par le roi Alphonfe VI, il fut uni à la couronne. C'eft proprement le confeil de la marine, où néanmoins les affaires du commerce font portées comme autrefois.

Les Portugais ont auffi un confeil ou *jonte* du tabac, où l'on traite de tout ce qui concerne la bonne fabrique du tabac, & les droits qui en reviennent au roi. C'eft plutôt une affemblée de fermiers, qu'un confeil de commiffaires du roi. Cette *jonte* eft affez nouvelle, & n'a été établie qu'en 1675 par le roi Pierre II. Elle eft compofée d'un préfident & de fix confeillers.

IVOIRE. *Voyez* YVOIRE.

JURANDE. Charge ou office de juré.

Cette charge fe donne par élection dans les corps & communautés des marchands ou des arts & métiers de la ville de Paris. Ce font ordinairement les plus anciens qui font nommés à la pluralité des voix, en préfence du procureur du roi au châtelet.

Ceux qui exercent la *jurande* indiquent les affemblées des communautés, y préfident, recueillent les voix, dreffent les délibérations, reçoivent les apprentifs, font préfens à leur chef-d'œuvre quand ils afpirent à la maîtrife, les reçoivent maîtres, font les vifites dans les boutiques ou magafins, faififfent les ouvrages ou mal faits ou défendus, font chargés des deniers communs du corps, en font obferver les réglemens & les ftatuts, en un mot, ont foin de toutes les affaires de la communauté.

On a beaucoup agité dans les derniers temps, les queftions d'économie politique relatives aux corporations & *jurandes*. Un édit de 1776 les avoit fupprimées ; un autre les a rétablies, mais fous une forme nouvelle. Nous croyons faire plaifir à nos lecteurs, de placer ici pour leur inftruction, premièrement, un ouvrage de feu M. BIGOT DE SAINTE-CROIX, préfident aux requêtes du palais à Rouen, dont le but étoit de démontrer les abus des corporations & *jurandes* ; fecondement, l'Édit de fuppreffion de ces communautés ; troifiémement, enfin, celui qui les a rétablies avec modification.

TRAITÉ DE LA LIBERTÉ GÉNÉRALE DU COMMERCE ET DE L'INDUSTRIE,

Qui démontre les abus des anciennes corporations & jurandes.

CHAPITRE PREMIER.

De la liberté du commerce & des priviléges exclufifs.

La *liberté générale du commerce & de l'induftrie* n'eft que le retour au droit naturel, dont l'exercice eft reftreint dans la fociété par des prohibitions & par des priviléges. On peut la confidérer fous un double point de vue. Par rapport aux agens du commerce & de l'induftrie, c'eft *la faculté de fe livrer au genre de travail ou de trafic, qui convient à leur goût & à leurs talens, de le borner, de l'étendre, d'en changer à leur gré, d'en réunir plufieurs, ou analogues ou contraires, d'exercer en un mot tel art ou tel négoce qu'il leur plaît, & comme il leur plaît, fans avoir d'autre loi que leur intérêt, & fans que perfonne ait le privilége de les y troubler. Par* rapport aux propriétaires & aux confommateurs, c'eft *le droit d'acheter & de vendre à leur gré, de faire ufage des denrées & marchandifes qui leur conviennent, d'avoir le choix libre de ceux que dans quelque genre de travail que ce foit, ils veulent employer & mettre en œuvre, fans qu'aucun réglement prohibitif puiffe les empêcher de fuivre leur volonté propre dans l'emploi des chofes & des perfonnes.*

Suivant les économiftes modernes, la première loi des fociétés politiques doit être d'affurer à tous les citoyens le plein & entier exercice de cette liberté, qui ne peut paroître dangereufe qu'aux yeux de l'ignorance & du préjugé. Elle tient effentiellement au droit de propriété, dont elle eft en même-temps l'effet & la garantie. La puiffance fouveraine n'eft elle-même établie que pour la maintenir, & le prétexte fouvent fpécieux du bien public ne peut jamais autorifer d'y mettre des bornes. C'eft le fyftême des prohibitions qui a créé l'intérêt particulier, ou plutôt l'oppofition qui paroît naître dans l'état actuel entre les divers intérêts particuliers, & l'intérêt public, n'eft que l'ouvrage de l'exclufion & de la contrainte. Rétabliffez l'ordre de la nature en rendant la liberté générale, & il n'y aura dans le commerce ni fraudes, ni contraventions, ni furventes ; le projet de nuire fuppofe l'intérêt & la poffibilité de le faire, qui ne peuvent fe rencontrer dans l'état de libre concurrence. Quelle eft la fource des fraudes & des manœuvres ? Ce font les prohibitions & les priviléges, qui livrent les confommateurs à la cupidité des ouvriers & des marchands. Tout *privilége exclufif* détruit plus ou moins

moins la concurrence. Or, le monopole existe partout où la concurrence est détruite.

Qu'un homme ait obtenu le *privilége exclusif* de me vendre telle marchandise, c'est lui dès ce moment qui est l'arbitre du prix ; il faut que je subisse sa loi. Qu'un réglement me force à employer le service & l'industrie de tel ouvrier, il me taxe à son gré, & je ne puis lui refuser le salaire qu'il exige. Rendez-moi ma liberté, & le monopole cesse. Ce n'est pas moi qui devient le maître du prix ; c'est la concurrence qui l'assigne ; c'est elle qui décide souverainement du prix auquel je dois acheter, & de celui auquel on doit me vendre. La concurrence entre les marchands, régle le prix de toutes les choses commerçables, & les réduit à leur juste valeur ; la concurrence entre les ouvriers & fabriquants, met au rabais leur salaire & leurs travaux. Tous s'offrent à l'envi, & s'efforcent d'obtenir la préférence, en se bornant d'eux-mêmes au seul gain nécessaire & légitime ; l'équité devient la loi commune de tous ; & c'est ainsi que le bon marché est la suite nécessaire de la *liberté du commerce* & de *l'industrie*.

La loi de la concurrence est la seule qui puisse réduire les profits énormes des agens du commerce & de l'industrie, & remettre leurs gains au niveau des moyens du consommateur, & des revenus des propriétaires. On n'a pas été jusqu'ici assez convaincu de la nécessité de borner le prix des travaux & des ouvrages de l'industrie. On a confondu l'intérêt particulier du commerçant, avec l'intérêt public, comme si la splendeur d'une nation agricole, dépendoit de la richesse de ses marchands, & de l'opulence de la classe ouvrière & commerçante. Il est évident au contraire que tout ce qui peut être épargné sur les frais du commerce, & sur le prix de la main-d'œuvre, est un gain pour chaque particulier & pour la nation. Avec le même revenu, je me procure plus de jouissances, lorsque chacune d'elles me coûte moins. Je suis donc en effet plus riche : la diminution des dépenses est pour moi une augmentation réelle de richesses. Voilà un avantage incontestable pour chaque individu ; celui qui en résulte pour la société entière n'est pas moins frappant.

1º. Moins il en coûte pour les façons & les ouvrages de l'industrie, & plus on est en état d'acheter & de consommer. Plus on consomme dans un état, & plus les cultivateurs trouvent de débit des denrées & des matières premières ; de-là l'encouragement des travaux productifs de la culture, & l'accroissement du revenu territorial.

2º. La diminution des frais & le bon marché des travaux de l'industrie, procureroient aux cultivateurs une grande épargne sur les avances de la culture. Moins il leur en coûte pour les dépenses d'exploitation, & plus ils font de profits. Ils sont dès-lors en état de faire de plus fortes avances, & par conséquent d'obtenir plus de productions. En supposant même qu'il n'y eût aucune augmentation

dans la masse des richesses produites, ils en seroient toujours plus riches de tout ce qu'ils auroient épargné sur les frais. Cette épargne, en répandant plus d'aisance sur les cultivateurs, tourneroit nécessairement au profit des propriétaires, dont la richesse est la seule & véritable richesse de la nation. La justesse & l'importance de ces observations seront senties par tous ceux qui connoissent les détails de la culture, & qui ont approfondi les causes de sa dégradation.

Il est démontré qu'une nation agricole est toujours intéressée à diminuer les frais du commerce & de tous les travaux de l'industrie, qui ne font que produire une augmentation de dépenses dans l'état, sans profit pour l'état, & qui ne tendent qu'à enrichir le marchand ou l'artisan, des dépouilles des cultivateurs & des propriétaires. Or, il n'y a d'autre moyen de baisser le prix des services, des façons & des ouvrages, que de donner au commerce une pleine & entière liberté, & d'établir la concurrence entre les agens du commerce & de l'industrie, par la suppression de tous les priviléges.

On a prétendu qu'il falloit admettre quelques exceptions à ce principe ; qu'il étoit d'une administration sage d'accorder des *priviléges exclusifs* pour favoriser les grandes entreprises, l'établissement des nouvelles manufactures, ou l'introduction d'une branche de commerce dans le royaume, pour récompenser les auteurs des découvertes, pour attirer des ouvriers étrangers par l'appât d'un bénéfice prompt & rapide. Il seroit facile de prouver que tous ces prétextes le plus souvent illusoires, ont donné lieu à de grandes surprises faites au gouvernement ; que sans le secours d'un privilége, le premier auteur d'une entreprise est toujours assuré d'y trouver d'assez grands profits, & qu'il doit être suspect, dès qu'il redoute la concurrence. L'expérience ne prouve-t-elle pas d'ailleurs tout le danger de pareille concession ? 1º. Des priviléges deviennent perpétuels & forment le patrimoine de quelques familles. Nous en avons plusieurs de ce genre qui entraînent deux grands inconvéniens. Le premier est de soutenir les marchandises à un prix souvent trois fois au-dessus de leur valeur. Le second de détruire l'émulation & d'arrêter les progrès des arts & du commerce. Donnez des concurrens à ce possesseur tranquille d'un *privilége exclusif*. Quelle diminution subite sur le prix des marchandises ! Quels efforts pour atteindre à la plus grande perfection & s'assurer la préférence des consommateurs ! Que l'on fasse cet essai relativement aux glaces, & à la fabrication de plusieurs espèces d'étoffes dans le royaume, on pourra juger en peu de temps des effets de la liberté.

Ce seroit un ouvrage vraiment curieux que celui qui présenteroit l'énumération exacte des *priviléges exclusifs*, qui de toutes parts enchaînent l'industrie, & renchérissent les travaux & les salaires. On feroit un volume des définitions seules des différens priviléges, dont les distinctions, les distributions,

& les caractères forment une science qui a ses principes & ses adeptes. Les uns sont de province à province ; les autres de ville à ville , & détruisent souvent le commerce de l'une & de l'autre par des prohibitions respectives. Les uns sont bornés dans l'enceinte d'un territoire, les autres s'étendent dans tout le royaume. Les uns s'exercent dans les villes , les autres dans les campagnes & jusques sur les chemins , où un homme a le *droit exclusif* de me voiturer & de me taxer mes frais de voyage & de transport. Les uns sont communs à plusieurs personnes ou accordés à des compagnies ; les autres sont dans la main d'un seul. Les uns sont érigés en titre d'office ; les autres ne subsistent que par des concessions. Les uns sont perpétuels & forment une propriété constante ; d'autres ne sont qu'à temps fixe , sauf les renouvellemens qui s'obtiennent ou s'achetent. On jouit des uns par soi-même , on loue les autres ou on les afferme. Il en est dont les citoyens se rediment à prix d'argent, qui ne s'exercent jamais & se sont transformés en taxes ordinaires. Il en est qui leur imposent la loi d'acheter , d'un tel , & à tel prix , sans qu'il leur soit permis de faire même le choix de la marchandise. Ceux-ci me forcent de laisser mon terrein inculte pour enrichir mon voisin privilégié , ou m'interdisent telle sorte de culture qui feroit ma richesse & celle de mon pays. Ceux-là me défendent seulement de vendre mes productions dans tel temps, ou en tel lieu , pour laisser à un autre l'exercice de son droit *exclusif*. Combien d'autres priviléges qui attaquent le commerce ou l'industrie , & qui gênent les citoyens dans l'exercice de leurs droits naturels & de propriété ! Sans entrer dans des détails pénibles & fastidieux, on peut dire , en un seul mot, qu'en France tout est privilégié , & que par conséquent tout le commerce est en monopole.

Après avoir détruit par-tout la liberté , on a érigé la liberté elle-même en privilége. Le gouvernement a établi ou toléré des lieux privilégiés , où le commerce & l'industrie ne sont en effet assujettis à aucun réglement, ni bornés par l'exercice d'aucun *droit exclusif*. Ce n'est pas d'après ces franchises particulières , que l'on doit juger de l'ordre général qui régneroit dans la société par la suppression totale des *priviléges exclusifs*. Quoique l'empire du monopole soit moins sensible dans ces lieux francs , que par-tout ailleurs , il est facile de reconnoître qu'ils doivent être plus souvent encore le refuge de la fraude & de la licence , que le centre de la concurrence & de la liberté.

CHAPITRE II.

Des corps des marchands & communautés d'arts & métiers.

Les *corps des marchands & communautés d'arts & métiers* sont de véritables priviléges exclusifs, d'autant plus funestes dans leurs effets,

qu'ils sont autorisés par la loi. Leur existence est appuyée sur des réglemens qui , dans presque toutes les villes du royaume, ont syndiqué l'industrie , érigé les ouvriers en titre, & accordé , moyennant finance , à un certain nombre d'hommes , le droit exclusif d'exercer tel art, ou de faire tel commerce. Nous examinerons par la suite les abus énormes qui se sont introduits dans ces différens corps & qui les rendent beaucoup plus nuisibles à la société, que les priviléges fondés sur des concessions particulières. Pour nous borner en ce moment à les considérer sous le seul aspect de corps privilégiés , n'est-il pas étonnant de voir subsister dans un état civilisé des compagnies qui ont traité de la liberté des citoyens, qui sont en possession légale de les forcer à employer leurs services & à acheter leurs marchandises, & qui , par voies juridiques , font punir comme fraudes attentatoires à l'ordre de la société , toutes les dérogations commises à leur droit exclusif ? Leurs statuts sont entre leurs mains des titres exécutoires contre le public, dont ils se servent , soit pour interdire aux consommateurs la faculté de choisir & de profiter de la convenance , où du bon marché qui se présente ; soit pour vexer, saisir , emprisonner & faire périr de faim & de misère tout ouvrier qui n'est pas de leur aggrégation , & qui s'ingéreroit de travailler mieux qu'eux, ou de vendre à un prix au-dessous de celui qu'ils ont fixé.

Ce qui rend aveugle sur l'abus du privilége exclusif accordé aux *communautés* , c'est le grand nombre de membres qui les composent ; l'on est naturellement porté à croire que cette multiplication dans chaque corps détruit l'exclusif & ramène la concurrence ; c'est une illusion qui se dissipe au moindre examen.

1°. Dans une *communauté* , quelque nombreuse qu'elle soit , tous s'entendent , tous se réunissent pour l'intérêt général. Ils ont entr'eux un taux fixé de monopole & de surcharge , que chacun suit comme la loi du corps. Celui qui s'en écarte pour vendre à meilleur marché , est regardé comme un traître , d'après les principes de leur probité relative ; il est puni comme tel , & soumis à une persécution qui ne finit souvent que par la perte de son état. On ne s'expose pas impunément aux haines & à la vengeance d'un corps qui ne meurt point & ne s'appaise jamais.

2°. Le grand nombre de privilégiés qui paroît être une restriction au privilége exclusif, est lui-même la source de nouveaux abus. Il y a beaucoup de métiers dont il seroit à désirer qu'ils fussent moins nombreux. Un grand entrepreneur fait plus d'ouvrages à moins de frais. Que ses travaux soient divisés entre plusieurs , ils gagneront moins & seront obligés de vendre plus cher. Supposons la pleine liberté du commerce, il n'y aura jamais dans chaque profeffion que le nombre néceffaire pour le fervice du public ; les concurrens ne peuvent s'accroître que par l'efpoir d'obtenir la préférence, ou le concours, & c'eft ce qui amène la marchandife & le falaire au meilleur marché, poffible. Lorfque la proportion eft une fois établie entre les denrées & les confommateurs, entre le prix & les valeurs, il n'y a plus de profits à faire, la multiplication des concurrens s'arrête d'elle-même. C'eft ce que l'expérience confirme tous les jours. Dans un bourg où la concurrence eft libre, il n'y a que quatre boulangers, par exemple, fi la confommation du lieu n'exige que ce nombre, & leurs profits font à peu près égaux. Dans une ville où il y a un corps de boulangers en titre & *jurande*, ils font vingt ou trente ; un petit nombre s'enrichit, quelques autres fe foutiennent, & le refte languit, ou meurt de faim. Il faut bien qu'ils cherchent à fe fauver par des fraudes & des manœuvres. Ce font ces derniers qui, dans tous les *corps & communautés*, forment le plus grand nombre & foutiennent la cherté.

Il eft donc évident que la multiplication des privilégiés, ne fait que rendre le privilége encore plus onéreux, les *communautés d'arts & métiers* ont tous les caractères & tous les effets des privilèges exclufifs. Il y a même cette différence à faire, qu'un privilégié ordinaire eft timide dans l'exercice de fon droit, & craint d'exciter des plaintes & des réclamations ; au lieu que l'efprit de ces corps autorifés eft d'être avides, entreprenans & litigieux : il feroit trop long de rapporter les exemples des injuftices criantes & des vexations odieufes, qui s'exercent tous les jours à l'ombre de ces privilèges ; en voici un qui peut donner quelque idée du tort immenfe que caufe à notre commerce l'exiftence des *corps & communautés*.

Il y a quelques années que des fabriquants de Rennes & de Nantes voulurent établir dans ces deux villes des manufactures d'étoffes de laine, fil & coton. Pour teindre leurs matières, ils avoient des préparations nouvelles de couleurs en bon teint, felon des procédés inconnus aux ouvriers de Bretagne. Cet établiffement devoit former une nouvelle branche de commerce d'exportation ; à peine en avoient-ils jetté les premiers fondemens, qu'ils furent attaqués par deux *communautés*. Celle des *fergers* leur contefta le droit de fabriquer l'étoffe : celle des *teinturiers* reclama fon privilége exclufif pour la teinture. En vain leur oppofoient-ils qu'ils ne prétendoient ni fabriquer, ni teindre pour l'ufage & la confommation des habitans de Rennes & de Nantes ; que le privilége de leurs *communautés* ne devoit pas s'étendre au-delà de l'enceinte de ces villes : il fallut commencer par fufpendre les opérations des manufactures, la provifion étoit dûe au privilége. Il fallut enfuite effuyer de longs procès, pendant lefquels ils confommèrent leurs fonds. Après s'être épuifés en frais de procédures, de

voyages & de follicitations, l'un d'eux * obtint un arrêt du confeil qui lui donnoit la permiffion de fabriquer & de teindre ; lorfque cette grace fut accordée, fes métiers avoient été démontés, fon attelier de teinture détruit, & fa fortune prefque renverfée par trois ou quatre années de fufpenfions & d'attente.

* Le fieur Davi de Rennes. L'Arrêt du confeil eft du 24 juin 1760. Il a été obtenu fur les remontrances des états de Bretagne.

Un exemple plus frappant encore, fur-tout dans les circonftances préfentes, eft celui d'une grande ville, capitale d'une grande province, où le commerce des grains eft encore livré à une compagnie exclufive ; la *communauté des marchands de grains* y jouit feule du droit d'approvifionner la ville, malgré la loi folemnelle qui a permis à toutes perfonnes de quelque qualité & condition qu'elles foient, de faire le commerce de toute efpèce de grains ; la *communauté* s'eft maintenue dans fon privilége exclufif ; elle s'eft rendue maîtreffe du prix de la denrée, en écartant la concurrence des marchands étrangers & nationaux, & foutient fon monopole par des vifites, des faifies, des confifcations & des arrêts ; auffi eft-ce de toutes les villes du royaume, celle où la cherté du bled s'eft fait le plus fentir.

Il n'y a pas de province, il n'y a pas de ville qui ne pût fournir de pareils exemples de commerce exclufif & de monopole. Il n'y a point de tribunal dans le royaume où il n'y ait des conteftations fubfiftantes entre les *communautés* & des particuliers, fous prétexte d'entreprifes fur leur commerce. C'eft ainfi que les privilèges exclufifs des *corps de jurande* arrêtent dans tout le royaume les progrès de l'induftrie, détruifent la concurrence, ruinent les particuliers, exercent fur le public un monopole odieux & enlèvent à l'état des branches de commerce utiles. Voilà ce qu'ils ont de commun avec les autres privilèges ; & ce qui fuffiroit fans doute pour déterminer le gouvernement à leur fuppreffion ; mais combien d'autres caufes particulières qui doivent faire hâter leur deftruction totale ! On va voir que chacune de ces *incorporations* eft un impôt énorme & toujours fubfiftant, qui fe lève également fur toutes les claffes de la fociété, qui double toutes les dépenfes des confommateurs, qui abforbe le revenu des riches, & qui aggrave la mifère du pauvre ; que ceux mêmes en faveur defquels les privilèges ont été établis, n'en font aujourd'hui que les inftrumens & les premières victimes, & feroient les plus intéreffés au retour de la liberté générale.

CHAPITRE III.

De l'origine & de l'état actuel des corps de marchands & communautés d'arts & métiers.

Les *corps de marchands & communautés d'arts & métiers*, ne font plus aujourd'hui, ce qu'ils ont été dans l'*origine*. Ce n'étoit d'abord que de fim-ples affociations formées dans le deffein de raffem-bler les marchands & artifans fous les yeux des magiftrats qui préfident à la police, & de les foumettre aux réglemens faits pour la qualité & perfection des ouvrages de leur art, ou négoce ; nous aurons occafion de montrer dans la fuite l'inu-tilité de ces ftatuts & réglemens, qui ne préfen-tent qu'un tiffu de difpofitions minutieufes, bifarres, injuftes, fouvent impoffibles, & prefque toujours nui-fibles dans l'exécution. Mais ce qui nous paroît à préfent fi abfurde, fi contraire aux intérêts du commerce, fi indigne de la follicitude d'un gou-vernement éclairé, peut avoir été fort utile & même indifpenfable dans les premiers temps, où les arts encore naiffans, avoient befoin d'être dirigés & foutenus. Plufieurs fiècles d'ignorance & de bar-barie, n'avoient laiffé en France aucune trace de commerce. L'état fortoit à peine de fon enfance prolongée par le tumulte & l'anarchie du règne féodal, lorfque S. Louis s'occupa du foin de don-ner quelques encouragemens aux arts, & d'animer les travaux de l'induftrie. Il établit des *corporations* ou efpèces de confrairies dans lefquelles il attribua aux ouvriers les plus anciens, ou les plus diftin-gués par leur habileté, une infpection fur les jeunes & fur ceux qui étoient encore novices dans leur art. Il voulut que ces derniers fuffent tenus pen-dant quelques années, pour fe former à leur métier, fous les yeux des anciens, & fiffent preuve de leur capacité avant d'être admis. La puiffance fouve-raine n'avoit attribué à ces différents corps aucun droit exclufif. Les *communautés* n'étoient alors que des efpèces d'écoles publiques ouvertes à tous les citoyens, & formoient autant de fociétés particu-lières qui ont préparé en France l'ouvrage de la civilifation générale.

Ces établiffemens ne furent faits d'abord que dans les villes royales, où nos rois étoient en poffeffion du droit de police. Bientôt les feigneurs particuliers & jufqu'aux fimples châtelains qui s'étoient attribué les droits régaliens, fuivirent cet exemple, & vou-lurent avoir des corps de métiers dans leurs villes & feigneuries. On trouve encore d'anciens ftatuts de métiers rédigés en forme de chartres par les comtes & barons. Mais l'exercice de la grande police ne pouvoit appartenir qu'au roi, comme étant un droit de fouveraineté. Il fut créé un office de *grand-chambrier* de France qui avoit, dans toute l'éten-due du royaume, l'infpection des arts & du com-merce. Les *rois des merciers* établis pour veiller dans les provinces à l'exécution des ftatuts & au maintien de la difcipline des corps & des commu-nautés, étoient inftitués *par le grand-chambrier*, ainfi que les *vifiteurs des poids & balances*. Ces offices n'avoient aucun des caractères de notre fifcalité moderne, & fi le fouverain leur avoit attri-bué quelques droits, ils étoient fi modiques, que la charge n'en étoit pas fort onéreufe pour l'induftrie. C'eft fous le règne d'Henri III, que les corps

de métiers ont commencé à être envifagés comme une reffource de finance ; l'édit de décembre 1581, renouvellé au mois d'avril 1597, introdufit à titre de droit royal, une taxe générale fur tous les agens du commerce & de l'induftrie ; ces deux loix dic-tées par le befoin impérieux du moment, furent préfentées fous le prétexte fpécieux de l'intérêt public. Elles contiennent une foule de difpofitions pour prefcrire le temps des apprentiffages, la for-me & la qualité des chefs-d'œuvres, les formalités de la réception des maîtres, les élections & vifites des jurés ; pour régler le paiement des droits attribués au domaine, les mefures néceffaires pour en affurer la perception, la diftinction des villes jurées & non jurées, enfin l'adminiftration inté-rieure des différens corps, qui furent tous claf-fés & réglementés avec attribution de privilèges. C'eft le monopole univerfel réduit en fyftême & établi dans le royaume avec tout l'appareil de la légiflation.

Telle eft la véritable *origine* des privilèges ex-clufifs accordés aux *corps & communautés*, & c'eft de cette fource que font émanés tous les abus intro-duits dans l'adminiftration de ces différens corps. L'efprit fifcal & la police réglementaire du dernier fiècle, fe font exercés avec tant d'art & de fécon-dité fur ce fond déja fi riche par lui-même, qu'il eft difficile aujourd'hui de fe reconnoître dans le détail immenfe d'une foule de loix, dont la plû-part n'ont eu pour objet que l'introduction de nou-velles taxes & impofitions, déguifées fous le titre d'*érection de maîtrifes*, de *fyndicat*, de *juran-de*, d'*infpection*, de *garde*, de *contrôle*, &c. Les édits de 1581 & 1597, n'avoient reçu qu'une foible exécution dans les petites villes & dans les provinces éloignées. Ce fut l'édit de mars 1673, qui porta les derniers coups à la liberté du com-merce & de l'induftrie, en érigeant dans toutes les villes & bourgs du royaume, des *corps de jurande*, auxquels il devoit être expédié des ftatuts & des lettres-patentes. Les corps furent multipliés à l'in-fini, il n'y eut prefqu'aucune efpèce de travail & d'induftrie dans la fociété, qui eût échappé aux regards avides des traitans. Comme l'unique objet de la loi étoit de procurer de prompts fecours à l'état, pour les *dépenfes preffantes de la guerre*, la perception de la taxe ne fut pas par-tout fuivie de l'expédition des ftatuts ; il y a encore un grand nombre d'endroits où les marchands & artifans ne forment point corps autorifés dans l'état, & ne fe trouvent point érigés en *jurande* par lettres-patentes enregiftrées dans les cours ; mais ils n'en ont pas moins été foumis à la plûpart des impofitions éta-blies en différens temps fur les *communautés*.

Depuis cette époque de 1673, il y a eu peut-être plus de 40 mille offices créés avec attribution de droits différents, foit fur les marchands & artifans, foit fur les denrées & marchandifes ; la plûpart de ces offices illufoires & fans aucun exercice, ont été acquis par les *communautés* elles-mêmes, qui fe font fait autorifer par des arrêts du confeil à les réunir moyennant une finance plus ou moins forte, qu'elles n'ont pû payer qu'en faifant des emprunts ruineux. Les droits attribués aux offices n'en ont pas moins continué de fe percevoir ; ils ont été abandonnés aux *communautés* qui les avoient réunis. C'eft principalement pendant la guerre qui a précédé la paix de Rifwick, & pendant celle pour la fucceffion d'Efpagne, que ces créations d'offices ont été multipliées. Offices de maîtres, gardes, jurés & fyndics en 1691 ; offices d'auditeurs des comptes avec attribution du droit royal en 1694 ; de tréforiers-receveurs des deniers communs en 1696 ; de contrôleurs de poids, & de greffiers des arts & métiers & greffiers d'enregiftrement des brevets en 1704 ; de contrôleurs du paraphe des regiftres en 1706 ; de gardes des archives, de confervateurs des étalons en 1709 ; de tréforiers payeurs des gages en 1710 ; enfin en 1745 il y eut encore une nouvelle création d'offices, fous le titre d'*infpecteurs & contrôleurs des gardes & jurés*. Les *communautés* ont été affujetties depuis par un édit d'août 1758, à fournir un fupplément de finance pour tous ces différens offices qui leur avoient été réunis & incorporés.

On doit mettre au nombre de ces mêmes taxes fur le commerce & l'induftrie, les créations de maîtrifes faites en différens temps & les droits de confirmation au joyeux avénement. Il eft démontré par un relevé exact de toutes ces impofitions réunies, que depuis 1673, elles n'ont pas produit plus de 40 millions. Cette reffource de finance n'a pas été gratuite pour l'état. Chaque création d'offices a été un emprunt ruineux pour le fouverain & accablant pour le peuple, par les intérêts que le roi s'eft affujetti de payer, par les gages qui ont été attribués aux offices, par les rentes qui ont été créées au profit des *communautés*, par les droits qu'elles ont été autorifées à percevoir. Si le roi a touché 40 millions, il lui en a coûté plus de 100 en arrérages. On peut regarder également comme perdu pour l'état plus de 600 millions levés par les *communautés* en taxes & droits de toute efpèce, foit fur les marchandifes, foit fur les agens du commerce & de l'induftrie ; ces fommes immenfes ont été confommées en dépenfes purement ftériles.

Un rapprochement très-inftructif feroit celui de deux tableaux dreffés d'après les regiftres des *communautés*, & les tarifs établis dans les différens marchés. L'un préfenteroit l'ordre des emprunts & des paiemens fucceffifs que les *communautés* ont été obligées de faire pour la réunion de ces différens offices, & de l'augmentation progreffive des droits établis en conféquence fur les ouvriers, apprentis & compagnons, fur les maîtres, fyndics & jurés, fur les métiers & fabriques, fur les matières premières, les matières œuvrées & toute efpèce de marchandifes. L'autre contiendroit l'état des renchériffemens graduels, qui font furvenus d'année en année fur toutes les denrées, fur les ouvrages de l'induftrie, fur les falaires des ouvriers & fur les frais du commerce. On verroit que les furhauffemens de prix fe font établis par dégrés & toujours proportionnellement aux charges. Rien ne feroit plus facile, d'après ces deux tableaux, que de décompofer le prix actuel de toutes les chofes commerçables & d'en déduire les furcharges, pour juger du prix auquel elles devroient être. On peut affurer que le renchériffement eft au moins d'un quart fur chaque objet de confommation ; l'effet néceffaire de la fuppreffion de toutes ces entraves, feroit donc de réduire d'un quart le prix actuel des façons & des ouvrages, & par conféquent de diminuer également d'un quart les dépenfes de chaque citoyen. Que cette heureufe révolution fuivît immédiatement l'extinction des charges, c'eft ce dont on ne peut fe flatter. Mais pourvu qu'en même temps on fît difparoître tous les priviléges excluffs, elle s'opèreroit infenfiblement en peu d'années, par l'effet de la concurrence.

Il eft important de remarquer que l'on ne prétend point parler ici des droits qui fe perçoivent au nom du prince, & qui forment la maffe des impôts indirects établis fur toutes les confommations. Peut-être feroit-il facile de démontrer que ces fortes de taxes ne rapportent pas au roi, en revenu net, ce qu'elles lui coûtent en frais, en pertes réelles, en augmentation fur fes propres dépenfes, en un mot, ce qu'il gagneroit par leur fuppreffion. Mais nous n'entrons point dans cette difcuffion. Il ne s'agit uniquement que des droits qui fe perçoivent par les *communautés*, & des furcharges produites par la multiplication des frais que leur exiftence occafionne. C'eft cet objet feul dont on avance que la déduction réduiroit d'un quart le prix de toutes les marchandifes, & cette propofition ne paroîtra point paradoxale, fi l'on confidère que ce prix eft formé de deux objets. 1°. De la valeur de la chofe, eû égard à ce que coûte la matière première, & à tous les frais de commerce & de fabrication. 2°. Du gain légitime du marchand qui la vend & de l'ouvrier qui la fabrique : voilà ce qui conftitue le prix naturel ; mais il y a un autre prix accidentel, qui eft formé de toutes les dépenfes de furcharge que les agens du commerce & de l'induftrie fe trouvent obligés de faire, & dont il faut néceffairement qu'ils exercent la reprife fur les acheteurs. C'eft l'acheteur qui paye réellement tous les frais d'apprentiffage, de compagnonage, de chef-d'œuvre, de maîtrife & de confrairie ; les cotifations & contributions annuelles dans les *communautés*, les intérêts des dettes contractées, les frais de bureau, de faifies, de procédures, de follicitations, d'audition des comptes, toutes les dépenfes, en un mot, foit ordinaires & réglées, foit cafuelles & extraordinaires. On va fe convaincre par l'examen de chacune de ces dépenfes, qu'il n'y a point d'exagération à foutenir, que le renchériffement qu'elles produifent fur chaque objet de confommation eft au moins d'un quart.

Chapitre IV.

De l'apprentissage & du compagnonage.

On a coutume de dire, pour justifier les réglemens qui exigent un *apprentissage* dans tous les corps & communautés, qu'il est important que les ouvriers soient habiles; qu'ils ne peuvent le devenir qu'autant qu'ils apprennent leur métier & longtemps; que c'est leur habileté & leur réputation qui décident de l'étendue du commerce d'une nation.

Cette considération pourroit être en effet de quelque poids dans l'état actuel. On me force à me servir de tel ouvrier; au moins faut-il l'obliger à sçavoir son métier. Le privilége exclusif qui lui est accordé, impose la nécessité de prendre des précautions contre son impéritie, autrement toutes les communautés ne seroient composées que de maîtres ignorans, qui auroient été assez riches pour acheter une maîtrise, & ne seroient bientôt plus que des espèces de fermes, dont les gens riches ne dédaigneroient pas l'entreprise, & où ils s'enrichiroient du travail des pauvres artisans qu'ils feroient travailler en sous ordre. Telle est la suite inévitable d'un faux principe en fait d'administration. Il faut introduire un abus pour prévenir ou corriger un autre abus.

Dans l'état de liberté & de concurrence, où le choix du public sera libre, ces inconvéniens seront nuls. L'artisan qui n'aura pas les talens nécessaires pour son état, ne sera employé de personne; il faudra bien qu'il quitte un métier stérile, ou plutôt il ne le prendra, que lorsqu'il sera en état de le faire. Son intérêt personnel lui imposera sur ce point une loi plus sévère & plus sûre que tous les statuts & réglemens.

Qu'arrive-t-il dans les bourgs, dans les petites villes & dans les campagnes où le commerce est demeuré libre, où il n'y a ni *apprentissage*, ni *jurande*? Les ouvriers y sçavent-ils moins leur métier? Le public souffre-t-il de leur ignorance? Ils ont moins de goût & de perfection dans le travail que les ouvriers des grandes villes, & il est bon que cela soit ainsi. Mais ce n'est pas parce qu'ils n'ont point été assujettis aux épreuves; c'est que la fabrication se mesure d'elle-même sur les besoins, le goût & les facultés du consommateur.

Dans toute la Hollande, il n'y a point d'*apprentissage*. La Hollande! la première nation commerçante de l'Europe, qui ne vit que des travaux de son industrie! la soupçonnera-t-on de négligence? L'accusera-t-on de méprise & d'erreur sur un point aussi important à son commerce? En Angleterre le temps des *apprentissages* est fixé à sept ans; mais l'Angleterre est de toutes les nations la plus systématique, & par conséquent la plus erronée dans toutes ses opérations économiques.

L'*apprentissage* en règle est inutile & abusif. Il est inutile, puisque la nation qui a le plus d'habileté & d'expérience dans le commerce, en a pres-

crit l'usage. La raison d'ailleurs suffit pour reconnoître que la concurrence doit suppléer à toutes les précautions des réglemens. Il est abusif, & par lui-même, & par tous les accessoires qui l'accompagnent.

1°. Y a-t-il rien de plus contraire au bien du commerce & de l'industrie, que les dispositions des statuts qui bornent le nombre des apprentifs? Il est défendu à tous marchands & artisans d'en avoir plus d'un à la fois. Il faut que le premier soit à sa dernière année d'*apprentissage*, pour qu'il soit permis d'en prendre un second. Cette loi est expresse pour les marchands des six corps, & presque générale dans tous les autres corps & communautés du royaume. Il y en a même plusieurs dont les statuts portent peine d'amende envers les contrevenans. D'autres, tels que celui des vinaigriers de Paris, des verriers, &c., ne permettent aux maîtres de faire un apprentif qu'au bout de sept ou cinq ans de maîtrise. Dans ceux-ci, comme le corps des tailleurs de Paris, le nombre des apprentifs est limité; la communauté n'en peut recevoir qu'un certain nombre par an; dans les autres, comme celui des tireurs d'or, c'est le nombre des maîtres qui est fixé; il est défendu d'en recevoir aucun qu'il n'y ait une place vacante, & il n'y a que les fils des maîtres qui y puissent prétendre.

Demandez aux membres des différentes communautés quel est le motif de ces réglemens, ils répondront avec naïveté que c'est pour arrêter la multiplicité des maîtres; pour empêcher les profits de se partager; qu'il en coûte assez pour être en métier, & qu'il y faudroit renoncer s'il y avoit plus de concurrens. Voilà l'esprit du privilége exclusif; & il est assez juste qu'ils cherchent à le soutenir, puisqu'ils l'ont acheté si cher. On n'a pas besoin sans doute de s'étendre pour prouver le danger & l'abus d'une pareille loi. Il est évident que l'état a toujours intérêt de multiplier les ouvriers dans chaque profession, pour établir la concurrence, & que c'est à elle seule à borner leur nombre, qui se réduira lui-même dans la juste proportion du besoin des consommateurs.

2°. La longueur des *apprentissages* est encore un abus révoltant. Dans l'état actuel des communautés, il n'y a aucune règle fixe sur ce point. Chaque corps a ses réglemens particuliers qui en déterminent la durée. Il y en a plusieurs où il dure dix ans. Dans la plûpart il est de six ou même sept, sans compter les années de *compagnonage*, qui est une autre espèce de servitude. Après avoir travaillé six ans en qualité d'apprentif, il faut passer encore six autres années sous les maîtres, en qualité de compagnon. Jusques-là, il n'est pas permis d'aspirer à la maîtrise; il est même défendu de se marier.

Le célibat est encore une loi absurde aussi dangereuse pour les mœurs, que nuisible à la population. Les compagnons ne sont pas retenus par une défense expresse. Mais comment un ouvrier, dans une ville, qui n'a que sa journée & ne travaille

pas pour son compte, pourroit-il songer à se marier, & à se charger d'une famille ?

On ne croira pas sans doute que par la double
épreuve de l'*apprentissage* & du *compagnonage*,
les statuts aient eû pour but de perfectionner les
talens. Quel est le métier qui puisse exiger un si
long temps, pour en acquérir la connoissance. la
plus parfaite? Combien n'y en a-t-il pas d'ailleurs
qui n'exigeroient aucun *apprentissage*? S'il peut être
nécessaire pour les fabriques & pour l'exercice des
arts méchaniques, il n'est d'aucune utilité dans la
plûpart des professions mercantiles ; aussi n'est-ce
aucun motif d'intérêt public qui a fait régler le
temps des *apprentissages*. C'est l'intérêt particulier ; c'est l'avidité des maîtres ; c'est l'esprit exclusif
qui a dicté ces loix. Combien de maîtres qui s'enrichissent du travail des apprentifs & compagnons
réduits à payer les services mêmes qu'ils rendent?
Combien de pères de familles privés pendant dix
ans des secours qu'ils ont droit d'attendre du travail de leurs enfans? Ils devroient être la richesse
du pauvre, & ils le sont en effet dans les campagnes. L'abus de l'*apprentissage* enlève aux artisans
cette précieuse ressource qui est dans l'ordre de la
nature.

3°. Les frais de l'*apprentissage* sont devenus
si considérables, que dans les dernières classes du
peuple, il y a très-peu de parens qui soient en état
de mettre leurs enfans en métier : ces frais sont de
deux sortes ; les premiers consistent dans le prix du
marché qu'il faut faire avec le maître qui se charge
d'élever l'apprentif. Ce prix n'a rien de fixe, il
varie selon les communautés, le temps de l'*apprentissage*, & la difficulté des métiers. Les maîtres
cherchent tous à gagner sur ces traités, qui devroient être gratuits, & que les réglemens ont livrés à l'arbitraire. Ils auroient dû au contraire les
obliger à former un certain nombre d'ouvriers,
dont ils eussent été trop heureux d'obtenir les services sans salaires pendant le cours d'une année. Ils
auroient au moins dû établir par une loi générale,
dans toutes les communautés, le privilège accordé
à l'hôpital de la Trinité; dispenser les ouvriers des
frais de réception & de maîtrise, à proportion du
nombre d'enfans dont ils seroient chargés. Au reste
l'état de concurrence dispensera d'avoir recours à
ces petits moyens, qui ne sont que des palliatifs. En
supprimant les privilèges, tous les abus disparoissent;
la seule loi nécessaire est la liberté.

Les autres frais d'*apprentissage* sont réglés par
des statuts. Il faut d'abord passer le brevet, par
acte devant notaire; il faut ensuite porter le brevet
au bureau de la communauté, pour y être registré
& payer le droit d'enregistrement. Dans la plûpart
des communautés l'apprentif paie encore en entrant
les droits de cire, de chapelle, de confrérie, de
bienvenue, les honoraires des gardes ou jurés,
du clerc de la communauté, &c. Il est d'ailleurs
soumis pendant tout le cours de l'*apprentissage* &
du *compagnonage*, à une imposition annuelle pour

l'acquit des charges de la communauté. Toutes ces
sommes réunies, jointes à celle que le maître exige
par forfait, forment presque toujours plus de 4 à
500 liv. pour les moindres métiers, dans les grandes villes comme Paris, Lyon, Rouen, &c. L'on
ne compte pas les faux frais & dépenses acciden-
telles, le transport du brevet, dans le cas où l'apprentif change de maître, qui coûte encore environ
30 liv.; la taxe sur les garçons & compagnons à
chaque fois qu'ils changent de boutique. Il y a des
corps, tels que celui des perruquiers, où ils sont
tenus de payer 1 liv. au bureau à chaque mutation.

Quel est l'ouvrier qui soit en état de faire de
pareilles avances pour chacun de ses enfans ? Il
faut qu'il sacrifie son gain d'une année entière,
pour mettre un enfant en *apprentissage*. Il est impossible qu'un homme qui n'a que ses bras pour
vivre & fournir au soutien de sa famille, parvienne
en toute sa vie à épargner 4 à 500 liv. Supposons
qu'il fasse effort pour placer un de ses enfans, les
autres demeureront oisifs; & ce sont autant de citoyens perdus pour la patrie. Les gens riches se
font un devoir de décharger des pauvres familles,
en plaçant les enfans en *apprentissage*. C'est sans
contredit le plus bel acte d'humanité & de bienfai-
sance. Mais pourquoi faut-il que de pareils secours
soient nécessaires ? L'on s'étonne du nombre des
mendians qui se multiplient tous les jours; la loi
s'arme contre les vagabonds & gens sans aveu ; le
gouvernement est sans cesse occupé de réglemens
& de précautions dispendieuses pour réprimer leurs
excès. Ne vaudroit-il pas mieux remonter à la source
du mal? Ne laissez pas des hommes voués par nature & par goût, au travail & à l'action; ne les
laissez pas languir pendant leurs premières années
dans une triste oisiveté, qui devient un besoin par
l'habitude; offrez-leur, dès l'enfance, des travaux utiles, ouvrez-leur l'entrée libre & gratuite de tous les
arts & métiers, & ne leur vendez pas chèrement,
avec la permission de travailler, le droit d'apprendre
à gagner du pain.

On objectera sans doute que ces frais d'*apprentissage* ne sont payés que par les *étrangers*; que
les fils de maîtres en sont exempts; qu'aux termes
de l'ordonnance de 1673, il suffit qu'ils aient demeuré chez leur père jusqu'à l'âge de dix-sept ans,
pour être réputés *compagnons*, sans être assujettis
aux longueurs & aux formalités de l'*apprentissage*.
Mais voilà encore la suite du privilège exclusif. C'est
l'intérêt particulier des maîtres que l'on a consulté,
& non pas l'intérêt public. Ce sont les ouvriers les
plus aisés & les mieux établis que l'on dispense des
frais, pour en faire retomber tout le poids sur les
plus pauvres.

Qu'entend-on d'ailleurs par ce terme *étrangers* ?
Les enfans du charron sont *étrangers* dans la communauté des menuisiers, chacune forme un corps à
part, & elles sont tellement multipliées, que les métiers qui ont le plus d'analogie sont *étrangers* l'un

à l'autre. Un père qui a plusieurs enfans, ne les peut placer que dans la communauté où il est maître ; dans toutes les autres il est *étranger*, & taxé en conséquence à des droits énormes. Si le goût des enfans les appelle à d'autres arts, si leur tempérament ne leur permet pas de prendre le métier du père, si la nécessité de prévenir entre frères les rivalités & les haines, oblige de varier leurs travaux, il faut que les parens s'épuisent pour leur donner un état, il leur en coûte plus pour l'*apprentissage* d'un fils, que pour le mariage d'une fille. N'est-il donc pas juste que les ouvriers se rédiment sur le public, de toutes ces exactions, par le renchérissement de leurs salaires ?

Un autre vice de pérégrinité introduit & taxé par les statuts & réglemens, c'est celui des ouvriers qui quittent le lieu de leur naissance, ou qui ont commencé leur métier dans une autre ville. Un serrurier qui a fait à Rouen cinq années d'*apprentissage*, & cinq autres de *compagnonage*, est étranger dans la communauté des serruriers de Paris ou de Bordeaux. S'il change de domicile, il perd le fruit de dix années de travail ; après avoir passé par la longue épreuve d'un nouveau *compagnonage*, il est encore assujetti à des droits triples ou quadruples ; de manière qu'il est plus facile à un ouvrier de transporter son établissement en pays étranger, que d'une ville du royaume dans une autre. Il est vrai que par arrêt du conseil, du 25 mars 1755, on a cherché à corriger un si grand inconvénient, en établissant une sorte de fraternité entre toutes les villes où il y a *jurande* ; mais les grandes villes sont exceptées, telles que Paris, Lyon, Lille, Rouen, &c. celles par conséquent où la liberté & la communication des arts étoient le plus nécessaires. D'ailleurs cette loi peu connue dans le ressort des différens parlemens, n'a reçu jusqu'ici qu'une foible exécution.

L'*apprentissage* & le *compagnonage* sont peut-être le plus grand obstacle aux progrès des arts & du commerce ; soit par les pratiques serviles & dispendieuses auxquelles ils assujettissent les ouvriers, soit par la longueur du temps pendant lequel ils les retiennent privés du fruit de leur travail. C'est un rempart élevé contre la liberté en faveur du privilége exclusif. Leur inutilité doit paroître évidente ; elle est d'ailleurs reconnue par tous les corps & communautés, puisqu'ils en dispensent tous les jours, moyennant finance, ainsi qu'il sera expliqué dans le chapitre suivant. C'est cependant à cet abus que l'on doit principalement attribuer les émigrations fréquentes des ouvriers nationaux. Un artisan qui sçait son métier au bout d'un an, & que l'on oblige de faire encore cinq à six ans d'*apprentissage* ; un compagnon qui se voit réduit à passer toute sa vie au service des maîtres & à garder un célibat forcé, passe dans le pays étranger, & va porter son industrie en Hollande, où la liberté l'appelle. Il y a peut-être par an plus de dix mille apprentis & compagnons qui sortent de France pour se répan-

dre dans toute l'Europe, & qui n'en sont bannis que par la longueur des épreuves que notre administration exige, & par la cherté des maîtrises.

CHAPITRE V.

De la maîtrise & des droits de réception.

La lettre de *maîtrise* est le titre du privilége accordé au marchand & à l'artisan. C'est elle qui lui donne le droit exclusif de vendre, de travailler pour son propre compte, & de faire travailler en son nom. Le nombre des maîtres est fixé dans quelques communautés ; ce qui détruit absolument la concurrence ; dans les autres il est libre ; mais les dispositions des statuts & réglemens ne paroissent tendre qu'à la restreindre & à empêcher le partage du privilége exclusif. L'aspirant à la *maîtrise* est assujetti à des formalités inutiles, & à des frais très-onéreux.

Les principales formalités sont le *chef d'œuvre* & la *réception*.

La présentation du chef d'œuvre dans les arts & métiers, donne lieu aux plus grands abus ; elle entraîne une perte de temps considérable, & autorise souvent des vexations odieuses de la part des jurés qui le reçoivent ; le moindre inconvénient de cet usage, est d'exiger de l'aspirant une dépense inutile. On ne peut voir sans pitié dans les anciens statuts des communautés, dont la plûpart ont deux cens ans de rédaction, les règles prescrites aux artisans pour la forme & la fabrication des chefs d'œuvres de leur art. Les réglemens commencent par supposer que l'industrie ne peut faire aucuns nouveaux progrès, *que les maîtres se sont élevés au point de la plus éminente industrie que l'on peut souhaiter dans les secrets de leur art.* (Art. 58 des serruriers). C'est d'après cette intime conviction, que les chefs d'œuvres sont décrits & déterminés avec défense d'innover. Cette absurdité des statuts de métiers leur est commune avec les réglemens faits pour nos manufactures, qui ont tellement fixé les apprêts & les façons des ouvrages, qu'un ouvrier qui suit une méthode plus simple & plus parfaite est en contravention, & se trouve soumis de droit aux amendes, aux saisies & aux confiscations. On ne risque rien d'abroger l'usage des chefs d'œuvres, qui ne sont qu'une occasion de surcharge par la faculté accordée aux artisans de s'en rédimer à prix d'argent.

La seconde formalité est la *réception à la maîtrise*, qui dans le plus grand nombre des villes du royaume, impose la nécessité d'une prestation de serment ; par-tout l'aspirant doit faire apparoître de sa catholicité. Les étrangers d'ailleurs sont exclus par des dispositions expresses. *Nul ne pourra dorénavant être admis à la maîtrise, qu'il ne soit originaire François & né notre sujet.* Il n'y a presque point de statuts de métiers qui n'ayent un article conçu en ces termes. Tout le monde

sçait

çait la grandeur du sacrifice que la France a fait à la religion, par la révocation de l'édit de Nantes. C'est à cette époque qu'il faut fixer la décadence de notre commerce extérieur. A l'égard du systême d'exclusion par rapport aux étrangers, il n'a eu pour fondement qu'un préjugé ridicule. Les statuts des communautés en indiquent le motif. C'est pour empêcher *que les étrangers, par leurs établiſ- ſemens, ne puiſſent ôter le profit légitime que les maîtres doivent ſe promettre par leur induſ- trie.* Comme si la France pouvoit regarder comme étrangers, des hommes qui viennent conſacrer à ſon ſervice leurs bras & leurs talens. Il eſt éton- nant qu'une pareille loi ait été dictée par ce même miniſtre qui prodiguoit les diſtinctions & les ré- compenſes, pour attirer en France les artiſtes & les ſçavans de toutes les nations.

Il paroît que le gouvernement eſt enfin éclairé ſur cette fauſſe politique. L'édit concernant les arts & métiers du mois de mars 1767, & les différens arrêts du conſeil qui l'ont ſuivi, ouvrent l'entrée libre des corps & métiers aux étrangers, & leur procurent tous les *moyens de s'établir & de ſe fixer dans le royaume, par une ſorte de natu- raliſation générale de l'induſtrie.* Tel eſt le fruit des progrès ſenſibles que commencent à faire les vrais principes économiques: la lumière ſe répand de toutes parts, & le vœu de la nation entière ſera bientôt pour la liberté générale du commerce & de l'induſtrie, dont le premier effet doit être d'a- broger les formalités qui avoient rendu juſqu'ici les communautés inacceſſibles aux étrangers.

Le ſecond effet de la liberté ſera de ſupprimer les frais de la *maîtriſe*. Ce ſont ces frais multi- pliés qui interdiſent à tant d'ouvriers nationaux l'en- trée des communautés, & les réduiſent à la triſte néceſſité de paſſer leur vie dans le compagnonage. Si l'on pouvoit encore douter du préjudice que cauſe à notre commerce le privilége excluſif des communautés, il ſuffiroit de jetter les yeux ſur cette foule de compagnons, qui forme un ſecond ordre d'artiſans dans les corps & métiers; combien le public ne gagneroit-il pas à les faire entrer en concurrence avec les maîtres? N'eſt-ce pas d'ail- leurs une injuſtice, que de les condamner à enrichir par leurs travaux un petit nombre d'ou- vriers qui n'ont ſur eux d'autre avantage, que celui d'avoir été en état d'acheter la *maîtriſe?*

Les ſtatuts & réglemens ont établi entre les aſ- pirans de grandes diſtinctions, ils ont attribué des exemptions & des faveurs aux fils de maîtres, & parmi ceux-ci, il y a encore différens dégrés. Fils de juré, fils d'anciens maîtres, fils de moderne, fils de maître né avant la *maîtriſe* du père, fils de maître né après la *maîtriſe*; les droits ſont plus ou moins forts ſelon les qualités.

Il y a de même des diſtinctions entre les ap- prentifs. Apprentif gendre de maître, apprentif qui épouſe une veuve, apprentif compagnon, appren- tif ayant fait ſon temps, apprentif chef-d'œuvrier,

ou ſans chef-d'œuvre. Il n'y a pas une ſeule de ces préférences graduées, qui n'ait les plus grands in- convéniens; elles tendent toutes à augmenter les droits en faveur de la communauté. Pourquoi cette diſtinction, par exemple, entre les fils d'anciens & de modernes? C'eſt que dans la plûpart des corps, ce grade d'ancien s'achete, & ſouvent même aſſez cher. Il en coûte 1200 liv. dans la communauté des pâtiſſiers de la ville de Paris, pour avoir le droit de prendre cette qualité d'ancien. Il n'y eût pas eu beaucoup d'acquéreurs, ſi les réglemens n'y euſſent attaché des priviléges.

Mais, ce qu'il eſt important de remarquer, c'eſt l'uſage autoriſé par les réglemens, de diſpenſer un apprentif du temps réglé par la loi, de l'exempter du compagnonage & du chef-d'œuvre, ſelon les ſommes qu'il eſt en état de payer à la communauté: de deux choſes l'une; ou toutes ces formalités ſont inutiles, & alors il faut les ſupprimer, ou elles ſont néceſſaires, & dans ce cas on ne doit pas en vendre l'exemption.

La plûpart des communautés, depuis cinquante ans, ont augmenté de moitié les frais de *maîtriſe*, & il faut avouer qu'elles ont eu beſoin de ce ſecours, pour acquitter les charges dont elles ſe trouvent accablées par une ſuite de leur mauvaiſe adminiſtra- tion & de leurs emprunts. Elles ont obtenu d'ail- leurs des arrêts du conſeil qui leur ont permis de recevoir un certain nombre de maîtres ſans qualité, c'eſt-à-dire, qui n'ont point fait d'apprentiſſage, & ne s'aſſujettiſſent à aucune des formalités preſcrites par les réglemens. La *maîtriſe* coûte alors le qua- druple, & ſouvent dix fois plus; elle eſt même preſque toujours arbitraire; ce ſont les communau- tés qui taxent les aſpirans, dont elles tirent des ſommes très-fortes. Ces réceptions de maîtres ſans qualité ſont devenues très-fréquentes, & on ne s'ap- perçoit pas qu'elles cauſent le moindre préjudice au commerce & à l'induſtrie. C'eſt ainſi que l'expé- rience a diſſipé les préjugés; mais le monopole ſub- ſiſte, & rien n'eſt plus propre à démontrer l'abus des communautés d'arts & métiers; l'admiſſion à la *maîtriſe* n'eſt plus qu'une affaire de finance. Les communautés ſollicitent ſans ceſſe, ſous prétexte de nouveaux engagemens & de nouvelles charges, une augmentation ſur les droits, qui ſont exorbitans. Il ſeroit difficile d'en préſenter une énumération exacte, encore moins une évaluation fixe. La lettre de *maî- triſe*, l'enregiſtrement de la lettre au greffe, le droit royal, le droit de réception, la police, le droit pour l'ouverture de boutique, les honoraires du doyen, de chacun des jurés, des maîtres anciens & des modernes, qui ſont appellés à la réception, de l'huiſſier, du clerc de la communauté, &c. Pour donner une idée de ces frais qui forment une taxe énorme ſur l'induſtrie, il ſuffit de dire qu'il en coûte 200 liv. à une fille pour être reçue maîtreſſe bou- quetière de Paris. La réception de la *maîtriſe* coûte de même 200 liv. dans la communauté des maîtres jardiniers, ſans compter les faux frais.

A l'égard des métiers plus importans, tels que ceux de ferrurier, charron, menuisier, pâtissier, &c. il ne peut en couter moins de 12 à 15 cent livres. Dans les arts plus distingués & dans les corps de marchands, il en coûte souvent plus de 3 à 4 mille livres. Le 27 février 1759, la communauté des limonadiers de la ville de Paris, obtint la permission par arrêt du conseil, de recevoir des maîtres sans qualité, en nombre indéfini. Depuis ce jour jusqu'en 1762, c'est-à-dire, en trois ans, les réceptions ont valu à la communauté 182,400 liv. Est-il donc étonnant que depuis quelques années toutes les denrées dont cette communauté a le débit, ayent renchéri d'un tiers ? C'est le public qui, par le surhaussement du prix de ses consommations, a acquitté & les sommes des réceptions, & les intérêts de ces sommes. Il en est de même de toutes les autres communautés qui exercent un monopole odieux sur leurs membres, & ceux-ci sur toutes les classes de la société. Ces vexations sont tolérées par le gouvernement. Nous verrons par la suite, & l'on doit déja pressentir les raisons qui ont forcé jusqu'ici de laisser subsister de tels abus.

Les frais de *maîtrise* sont presqu'aussi considérables dans toutes les capitales de provinces, ou autres villes commerçantes, que dans les communautés de Paris. A l'égard des petites villes, le droit royal, le droit d'ouverture de boutique, la réception à la police ; ces trois objets, sont partout très-couteux. Ils se paient dans les villes mêmes où les communautés de marchands & artisans ne sont point en *jurande*. Quoiqu'elles ne soient point autorisées par lettres patentes, elles n'en forment pas moins corps ; la liberté du commerce y est détruite de fait ; le privilège exclusif y est maintenu par une sorte de droit commun, & ces sortes d'aggrégations illégales se sont soumises volontairement aux droits de réceptions & de maîtrise, qui forment un revenu, dans beaucoup de villes, pour les juges de police, royaux ou seigneuriaux. Il y a d'ailleurs une foule de frais, tels que les présens, festins & banquets. Toutes les loix en ont interdit l'usage. L'ordonnance du commerce en porte une prohibition expresse. Le roi, par une déclaration du 13 août 1758, a renouvellé les mêmes défenses sous les peines les plus graves ; cette dépense ne s'en fait pas moins encore, sur-tout dans les provinces. Un ouvrier attend pour se présenter à la *maîtrise* qu'il ait trouvé à faire un établissement, & la dot de la femme est absorbée par les frais qu'elle exige. De-là, deux effets funestes.

1°. Renchérissement de toutes les marchandises & du prix de tous les salaires.

2°. Pauvreté & malaise dans la classe des ouvriers, & c'est encore le public qui en souffre par la malfaçon, par les manœuvres, par les survenues ; la plûpart des ouvriers, marchands & artisans se voyent enlever en frais inutiles, les sommes qu'ils consacreroient aux avances que demande leur art ou leur commerce, à la construction des métiers, à l'ac-

quisition des outils nécessaires pour monter leur boutique, ou même des matières premières, qui formeroient entre leurs mains un fonds très-utile ; nouvelle cause de cherté. Tout le monde sçait qu'un ouvrier pauvre & qui a une fabrique mal montée, gagne toujours moins & est cependant obligé de vendre plus cher. Si tout renchérit, si les agens du commerce & de l'industrie tombent dans le découragement & l'indigence, si les arts eux-mêmes languissent, si le commerce tombe, n'en cherchons point d'autre cause, que la mauvaise administration des communautés, & la multiplication des charges qu'elles imposent.

CHAPITRE VI.

Des charges & dépenses annuelles dans les corps & communautés.

Les marchands & artisans sont assujettis, après leur réception, à des *charges annuelles*, dont les unes sont autorisées par les réglemens, & les autres sont purement casuelles & arbitraires. La suppression en seroit également avantageuse & aux particuliers qui y sont soumis, & au public sur qui elles retombent.

L'exercice de la *jurande* a été le premier prétexte des taxes établies dans les communautés. Elle est devenue une seconde maîtrise, qui a comme la première son apprentissage, ses lettres, sa réception & ses frais. On ne peut être élevé à la charge de juré, qu'après avoir été admis au grade d'ancien. L'ancien doit avoir été pendant un certain nombre d'années maître moderne. Il y a ensuite la grande & la petite jurande, le syndicat, les gardes & les grands gardes. Toutes ces distinctions s'achètent & fort cher. Avant de parvenir aux charges de la communauté, il faut débourser plus qu'il n'en coûte pour y entrer. Après des dépenses aussi multipliées pour y parvenir, il n'étoit pas possible que les fonctions en fussent gratuites. Aussi les gardes, syndics & jurés ont-ils des honoraires réglés, qui se prennent sur les membres de la communauté.

Les premiers droits que les officiers en charge se soient attribués, sont les droits de visites, qui ont été fixés par l'édit de mars 1691. Jusques-là les gardes, syndic & jurés étoient élus à la pluralité des voix. Ils furent érigés en titre d'office par un édit, qui leur donna le droit de faire quatre visites par an chez chacun des maîtres marchands de leur corps, & d'exiger pour chaque visite une redevance. On a vû dans le chapitre III, comment toutes les communautés du royaume ont obtenu successivement la réunion des offices, en payant les taxes réglées par les rôles arrêtés au conseil, & se sont fait en même-temps autoriser à percevoir les droits qui y étoient attachés. Ces droits modiques dans l'origine, ont été augmentés depuis par des arrêts du conseil, & sont aujourd'hui très-onéreux. C'est une sorte de capitation que chaque marchand &

artifan paie à fa communauté, qui monte à 15 &
18 liv. dans la plûpart des corps, & qui n'eft pas
au-deffous de 6 liv. dans les moindres métiers. Il y
en a plufieurs où les droits de vifites reftent aux
jurés. Dans le plus grand nombre, ils fe partagent
entr'eux & la communauté. La portion attribuée à
la bourfe commune, eft deftinée au rembourfement
des fommes empruntées pour l'acquifition & la réunion des offices; mais elle eft toujours diftraite à
d'autres ufages. Il en eft de même des droits attachés aux autres charges de greffiers, de tréforiers, &c. Ce font les corps qui les perçoivent,
& s'ils euffent été employés utilement, il y a long-
temps que les dettes des communautés feroient acquittées. Lorfque l'on confidère la maffe énorme
des droits qu'elles lévent fur leurs membres à titre
d'apprentiffage, de compagnonage, de maîtrife, de
réception, de vifite, d'admiffion aux grades, de
confrairie, de jurande, &c. il paroît d'abord étonnant que depuis plus de foixante ans, elles n'ayent
pû parvenir à acquitter leurs dettes, & qu'elles en
ayent au contraire contracté tant de nouvelles; cette
furprife s'évanouit, dès que l'on rapproche le tableau de leurs dépenfes de celui de leur recette.

Pour fe former une idée jufte de toutes les dépenfes des corps & communautés, il faudroit connoître en détail les abus de leur adminiftration intérieure. Voici un coup d'œil général des principaux
articles, qui font capables d'effrayer par leur im-
menfité.

1º. Le paiement des arrérages des rentes dues
par les communautés. Ces rentes ont été confti-
tuées lors des différens emprunts qu'elles ont fait,
foit pour payer des taxes auxquelles elles ont été
impofées dans les befoins de l'état, foit pour fuffire à leurs propres dépenfes. Cet article eft très-
confidérable; il n'y a point de corps de marchands
ou artifans dans le royaume qui n'ait contracté de
pareils engagements. Les rentes fur les communautés, font une nature de bien dans la fociété, comme
celles fur l'hôtel de ville & fur le clergé; c'eft la
communauté qui doit, mais ce font les membres
qui paient, & de-là l'établiffement de tous les droits
auxquels ils font affujettis.

2º. Frais pour l'adminiftration des biens. Les
communautés ont des maifons qu'il faut réparer,
des rentes qu'il faut recevoir; il y a des diligences
& des pourfuites à faire contre les débiteurs. Ce
font les jurés qui font chargés de ce foin; mais ils
ne font qu'y préfider, & prefque tous les corps
confidérables ont des agens appointés.

3º. Frais de bureau, qui ont été pendant long-
temps arbitraires, & qui font aujourd'hui fixés par
des arrêts du confeil rendus en forme de réglemens. Dans les fix corps, & dans les communautés
nombreufes, c'eft un objet de 7 à 8 mille livres.
Dans les autres ils font fixés plus ou moins, & à
l'exception d'un petit nombre, ils ne font pas au-
deffous de mille livres.

4º. Frais pour la réception des droits de vifite.
Les jurés ont un cortége & des fuppôts dont il faut
payer les vacations; ce qui double le droit fixé
pour la vifite.

5º. Frais d'étrennes bornés par les arrêts du confeil. On paffe pour cet article une fomme de 7 à
8 cent livres aux jurés dans leurs comptes. Sur tous
les articles ainfi fixés par les réglemens, la dépenfe
réelle eft prefque toujours portée au double de la
taxe. Les communautés la rejettent fur d'autres
objets, & prefque toutes ont préfenté requête au
confeil, pour expofer l'embarras des jurés, à qui
l'on refufe de paffer dans leurs comptes, des dépenfes inévitables. C'eft cet excédent de dépenfes,
qu'elles rempliffent le plus fouvent par des contributions arbitraires fur tous les membres du corps
de jurande.

6º. Frais de faifies. Les jurés font chargés de
faire obferver les ftatuts & réglemens. Ils font autorifés à faifir les ouvrages défendus, & à pourfuivre les ouvriers fans qualité, les compagnons
travaillant en fraude. Ils fe font valoir dans les
corps, par leur zèle à multiplier les faifies, & à
forcer par-là ceux qui font le commerce fans qualité, de traiter de leur réception, & de payer les
droits à la communauté; ces faifies fe font avec
appareil. Le commiffaire, l'huiffier, le guet, les
carroffes, autant de dépenfes qui fe prennent fu
les deniers communs.

7º. Frais d'affemblées ordinaires & extraordinaires, pour la réception à la maîtrife & à la jurande,
& pour les affaires du corps. Les jurés & les maîtres
tant anciens que modernes, n'étoient point exacts à
ces affemblées qui les dérangent & entraînent une
grande perte de temps. Ils y font attirés par des
droits d'affistances, ou par des diftributions de
jettons.

8º. Frais de réceptions, de rédaction & d'audition
des comptes de jurande. C'eft encore une dépenfe
taxée par les réglemens.

9º. Frais de procès. Cet article eft feul prefqu'auffi confidérable que tous les autres enfemble.
Il n'y a fi petite communauté qui n'ait plufieurs conteftations toujours fubfiftantes avec d'autres corps.
Nous allons entrer fur cet objet dans un détail particulier. Epices des juges, honoraires des avocats,
frais & taxations des procureurs, notaires & huiffiers, frais de follicitations dans les bureaux de
police & autres, dans toutes les cours & tous les
tribunaux, fecrétaires, commis, écrivains, imprimeurs, afficheurs, &c. Tous ces articles forment
autant de chapitres de dépenfes dans les comptes
des jurés. Il y a telles communautés qui ont un
confeil réglé, & qui dépenfent annuellement plus
de 20 mille livres en procès. Les plus pauvres en
font accablées, & ne peuvent fe fouftraire à cette
charge, qui eft indifpenfable pour la défenfe de leur
privilége exclufif.

10º. Dépenfes cafuelles & extraordinaires. Celles-
ci ne font pas les moindres. Elles procèdent prefque

toutes de la mauvaife adminiftration; quelques-unes auffi des manœuvres qui fe pratiquent entre les chefs, & qu'il eft impoffible d'arrêter ni de prévoir. Toutes ces dépenfes réunies doivent fe prendre fur la bourfe commune qui eft formée du produit des droits ; mais elle eft prefque toujours épuifée, ce qui oblige les corps d'établir fur tous les membres des contributions annuelles, ou des cotifations journalières de 5 fols par femaine, d'un écu par mois, de 30 ou 40 liv. par an, felon les befoins de la communauté.

Ces charges font à proportion les mêmes dans toutes les villes du royaume. Les corps de métiers n'y font pas mieux gouvernés ; ils ont la même forme, la même exiftence, par conféquent les mêmes vices d'adminiftration; & les mêmes dépenfes. Le gouvernement a cru devoir s'occuper du foin d'y introduire la réforme ; on a établi des bureaux, des commiffions pour la liquidation des dettes des communautés, & pour la révifion des comptes des fyndics & jurés. Ce travail a produit des réglemens particuliers pour chaque corps, qui fixent leurs dépenfes ordinaires, & les mettent dans l'impuiffance de contracter de nouvelles dettes fans autorifation ; mais les réglemens n'ont pu ftatuer que fur leur état actuel, & les réductions qui ont été faites dans les dépenfes n'ont été que très-légères. Chacune de ces dépenfes fe trouve néceffaire dans la pofition préfente, & pour pouvoir les retrancher, il faudroit commencer par en fupprimer la caufe. L'exécution d'ailleurs de toutes ces loix particulières eft fans ceffe traverfée par des pratiques fourdes, qui les font fouvent fervir de prétexte à de nouvelles dépenfes. A l'égard des comptes d'adminiftration que doivent rendre les jurés, il eût fans doute été poffible de les tenir en règle, fi l'examen en eût été fait année par année avec exactitude; mais il y en a peut-être aujourd'hui deux ou trois mille en fufpens, dont il n'a été fait aucune vérification. Cette négligence a raffuré les comptables; & de-là, combien de forcement de recette, de faux articles ou de doubles emplois ! Comment revenir fur ces objets après 10 ou 12 années? Entreprendra-t-on des pourfuites contre les comptables, dont plufieurs font morts? Mettra-t-on le trouble dans toutes les communautés du royaume, par les recours que les comptables folidaires ne manqueroient pas d'exercer les uns contre les autres? Ce feroit donner naiffance à une foule de procès, & faire bien des malheureux pour punir quelques coupables. Ne vaudroit-il pas mieux oublier le paffé, pour s'occuper efficacement de l'avenir? Le feul moyen d'arrêter tant de défordres, c'eft de fupprimer & de diffoudre tous ces corps & communautés, qui n'ont dû leur première exiftence qu'à un befoin paffager, qui n'ont été foutenus que le préjugé, & multipliés que par l'efprit fifcal; qui forment à préfent une charge très-onéreufe pour le commerce & l'induftrie, pour le public, pour les membres qui les compofent, & n'enrichiffent que le petit

nombre de ceux qui ont part à leur adminiftration.

CHAPITRE VII.

Des procès des communautés.

Les *procès des corps de jurande* font de deux fortes; 1°. ceux des communautés contre des particuliers ; 2°. ceux des communautés entr'elles.

A l'égard des premiers, les uns font entrepris contre les ouvriers & marchands fans qualité, qui, au mépris du droit exclufif des corps de *jurande*, débitent ou travaillent en fraude. Les autres font dirigés contre des artifans & fabriquans, qui obtiennent des privilèges par protection ou par intrigues, & s'attribuent privativement à tous, une branche particulière de commerce; les communautés oppofent à ceux-ci les principes de la liberté, & font valoir aux yeux des magiftrats & du public, les avantages de la concurrence détruite par les privilèges. Vis-à-vis des autres, au contraire, elles préfentent les inconvéniens de la liberté, & réclament l'exécution du privilège exclufif qui leur eft accordé par leurs ftatuts & réglemens; ainfi il n'eft pas rare de les entendre foutenir en même temps ces deux principes oppofés & contradictoires. Ces *procès* finiffent toujours par ruiner les particuliers qui les effuyent. On en a cité un exemple frappant dans le chapitre premier.

Les *procès des communautés* entr'elles, font devenus fi nombreux, que l'on a fouvent propofé d'ériger des tribunaux particuliers pour en connoître. Elles font fans ceffe aux prifes pour le maintien ou la défenfe de leurs privilèges exclufifs, qui fe croifent & s'entrechoquent. Ce font autant de puiffances voifines & rivales dont aucun traité n'a pû régler les limites, & que des ufurpations réciproques tiennent en un état de guerre perpétuelle. La fource de toutes ces conteftations, c'eft la multiplication des communautés. On a divifé & fubdivifé le commerce & l'induftrie en une infinité de corps qui fe touchent par un point indivis & commun, & tendent par un effort naturel à fe réunir & à fe confondre. C'eft un état qui ne fubfifte que par des contraintes. La légiflation s'arme en vain de toute fa puiffance, pour réprimer des fraudes & des contraventions, qui ne font en effet que le retour de la raifon à la liberté & à la nature.

Ne paroîtra-t-il pas abfurde qu'une même marchandife paffe par cinq ou fix communautés différentes, avant d'être propre à notre ufage ? La matière première dégroffie par celui-ci, eft remife auffi-tôt à un autre, qui fe contente de lui donner une nouvelle forme, & la tranfmet lui-même à un troifième, qui n'achève pas encore, ce que le fecond a commencé. Il faut que l'ouvrier s'arrête à chaque degré de préparation, & qu'il fe renferme, avec fcrupule, dans les bornes de fon privilège, qui font fouvent déterminées avec fi peu de précifion par les réglemens, que fans le fçavoir, il fe trouve en contravention. Une faisie vient fufpendre fes travaux, l'ouvrage eft confifqué, l'amende eft encourue; il feroit encore trop heureux d'en être quitte pour la perte de fon temps & de fa marchandife. Sa communauté s'arme pour le défendre, deux ou trois autres interviennent; & voilà un *procès* entrepris. Inftructions, procès-verbaux, requêtes, mémoires, exceptions & demandes, incident & principal: la matière eft bien embrouillée, par les miniftres fubalternes de la juftice, & les juges finiffent par rendre arrêt en interprétation d'un réglement, que ni eux ni les parties intéreffées n'ont entendu.

Il y a des communautés qui font en procès depuis plus de deux cent ans. Combien de jugemens rendus entre les mêmes parties & fur le même objet, qui offrent des difpofitions contradictoires! Les réglemens font fi obfcurs, & fouvent fi abfurdes, que tout eft devenu arbitraire. Depuis 1530, les frippiers plaident contre les tailleurs d'habits. Il faut qu'il y ait eu, & ce n'eft pas une exagération, plus de quatre mille jugemens rendus pour les concilier: avis de chambres & bureaux de commerce, ordonnances des intendans du commerce, arrêts du confeil, lettres-patentes, réglemens; un arrêt avoit fini par les réunir, un autre arrêt vient de les féparer: ils font tenus d'opter entre les deux profeffions; & c'eft encore un des plus grands abus qui fubfiftent dans l'état actuel des communautés, que la loi qui leur défend de cumuler deux arts & métiers. Il n'eft pas permis à un même homme de réunir plufieurs profeffions analogues. Pauffiet, corroyeur, tanneur, mégiffier, boyaudier, parcheminier, pelletier, autant de communautés différentes. Il en eft de même des ferruriers, cloutiers, maréchaux, forgerons, taillandiers, féronniers, crieurs de vieux fer, &c. Il faut que le ferrurier achète le clou qu'il emploie, il ne lui eft pas permis de le fabriquer; chaque portion de la même branche d'induftrie fe trouve ainfi partagée entre autant de claffes d'ouvriers qui fe jaloufent & fe traverfent réciproquement. Les arts en fouffrent, & rien n'eft plus capable d'en arrêter les progrès, d'en retarder la perfection, & de borner les profits du commerce.

Ces gênes & ces prohibitions ne font pas en effet moins onéreufes au public qu'aux marchands & artifans. Il eft pénible d'être obligé de fe fervir pour le même ouvrage de fept ou huit ouvriers différens, tandis qu'on pourroit employer le fervice d'un feul. Il n'eft pas moins incommode de multiplier fes courfes & fes frais pour faire des achats en cinq ou fix boutiques, au lieu de trouver chez le même marchand un approvifionnement complet: les achats en font toujours moindres: l'expérience prouve que dans les petites villes où les marchés attirent le concours, & où les habitans des campagnes font toutes leurs emplettes, il n'y a de commerce que dans les boutiques bien achalandées en tout genre de marchandifes. Les marchands trouvent un grand avantage à tenir magafin de tout; les acheteurs fe laiffent tenter & trouvent de leur côté un gain à faire

par le bon marché, qui eft toujours la fuite d'un grand débit. Ce font ces motifs qui ont fait introduire dans le commerce la communauté des merciers, dont le privilége eft fort étendu, & celle des tapiffiers qui réunit de même plufieurs branches d'induftrie. Mais le commerce de celle ci eft reftreint par des prohibitions qui détruifent l'avantage que le public pourroit retirer de fon étendue. Le tapiffier n'a pas le droit de tirer des manufactures les marchandifes propres à fon commerce; il eft tenu de prendre chez le marchand les matières dont il a befoin pour la fabrication de fes meubles, d'où naît un renchériffement confidérable. Ce tapiffier, lorfque fon meuble eft fait, eft obligé de le vendre à proportion du prix que lui ont coûté toutes les marchandifes dont il eft compofé. S'il avoit la liberté de les tirer de la première main, il épargneroit le bénéfice que fait fur lui le marchand, chez lequel il eft obligé de fe fournir, & qui eft au moins de dix pour cent. Il feroit donc en état de donner fon meuble à un prix beaucoup moindre, fe contentant du profit de la main d'œuvre. Le mercier, au contraire, a droit de tout vendre. Mais toute efpèce de fabrique & de préparation lui eft interdite. C'eft à lui feul qu'appartient le droit d'acheter directement les marchandifes de la première main, & par ce privilège abfurde, il exerce le monopole, non-feulement fur le public, mais fur toutes les autres communautés de marchands & d'artifans; de-là des fraudes fans nombre & des procès interminables. Le corps des merciers eft en conteftation avec prefque toutes les communautés de Paris.

Bien loin que nos loix aient fongé à réprimer cet efprit de difcorde, elles le fomentent & l'entretiennent par des difpofitions expreffes. Les réglemens des communautés, font autant de déclarations de guerre; & les procès qu'elles foutiennent fe trouvent entrer dans l'ordre des devoirs qui leur font prefcrits: par les ftatuts donnés aux ferruriers de la ville de Paris, le fouverain leur fait injonction d'être exacts dans leurs pourfuites. *Nous entendons que les jurés procèdent bien & fidèlement ainfi qu'ils ont accoutumé, fur les maîtres menuifiers, tapiffiers, coffretiers, malletiers, vanniers, maréchaux, cloutiers, éperonniers, arquebufiers, armuriers, taillandiers, &c.* On pouvoit s'en repofer fur leur zèle, & épargner à notre légiflation une fi fingulière méprife.

On évalue à près de 400,000 liv. les frais des *procès* dans les feules communautés de la capitale. Les mêmes caufes de divifion entre les corps & métiers fubfiftent dans toutes les autres villes. En effet, les loix qui ont multiplié les communautés ayant été générales pour tout le royaume, les conflits de priviléges font par-tout les mêmes; auffi eft-ce jufques dans les provinces les plus éloignées une mine inépuifable pour tout ce peuple de praticiens & de gens de loi *qui vivent des fottifes d'autrui*. Ces excès ont été pouffés fi loin dans le reffort du parlement de Rouen, qu'il s'eft déterminé d'en arrêter le cours par un réglement général. Un arrêt rendu en forme de réglement, le 14 août 1766, défend à tous les corps & communautés, d'entreprendre aucun *procès*, d'élever aucun incident, d'interjetter aucun appel, de procéder dans les tribunaux sous quelque prétexte que ce soit, sans l'avis par écrit de deux avocats, fréquentans le barreau, & inscrits sur la matricule au moins depuis dix ans. Cette barrière est d'autant plus foible, que dans les *procès* qu'ils soutiennent, les corps ont le plus souvent un intérêt réel & un droit fondé sur leurs réglemens, ce qui suffit pour leur assurer le suffrage des jurisconsultes. On ne pourroit même sans injustice arrêter leurs réclamations. Les tribunaux leur doivent le maintien des priviléges dont ils ont acheté l'exercice, & dans l'état actuel, les usurpations qu'ils éprouvent sont autant de délits contre l'ordre public. Le seul moyen de leur interdire les voies juridiques, c'est de leur ôter l'occasion & le prétexte de recourir en justice. Il ne sera pas même nécessaire de la leur défendre, lorsqu'ils n'auront plus l'intérêt de le faire. Ce sont donc les loix elles-mêmes qu'il faut réformer par la suppression des priviléges exclusifs. C'est leur existence qui donne l'être aux fraudes & aux contraventions, & qui rend ainsi toutes les communautés réciproquement ennemies. L'esprit processif s'est tellement emparé de tous ces corps, que ceux mêmes qui ne sont point autorisés par lettres-patentes, & n'ont pas d'existence légale, s'attribuent un être civil pour avoir le droit de plaider. Malgré une foule d'arrêts qui les déclarent incapables de procéder en justice, ils continuent de se constituer en frais, & le conseil est accablé de requêtes, par lesquelles ils demandent en aveugles leur érection régulière en titre de *jurande*. Le gouvernement est bien éloigné sans doute de se rendre à leurs vœux indiscrets. Tout semble préparer, au contraire, le retour de la liberté, qui peut seul répandre un esprit de paix durable sur tous les agens du commerce & de l'industrie, & en supprimant les priviléges exclusifs, confondre leurs intérêts particuliers dans l'intérêt général.

CHAPITRE VIII.

Des avantages qui doivent résulter de la suppression totale des jurandes.

Pour mettre dans tout leur jour les *avantages qui doivent résulter de la suppression des corps & communautés*, il faudroit pouvoir calculer les effets de la liberté & de la concurrence, & les suivre dans tous leurs rapports avec les différentes branches du commerce & de l'industrie, avec les travaux de la culture, la valeur des denrées, l'abondance des productions & la circonstance des richesses dans toutes les classes de la société. L'on verroit que ce principe si simple & en même temps si fécond, est la seule garantie des droits de propriété, la vraie source de l'abondance & la base de

la prospérité publique. Nous nous bornerons à le considérer ici dans ses effets les plus directs & les plus prochains. Trois avantages principaux résulteront de la *suppression des corps de jurande*. Le premier est relatif au commerce intérieur; le second, à l'étendue du commerce étranger; & le troisième, à l'intérêt personnel du souverain.

1º. L'effet le plus frappant & le plus sensible de la liberté générale du commerce & de l'industrie, c'est de faire baisser dans l'intérieur le prix de toutes les choses usuelles & commerçables, & d'enrichir par conséquent tous les citoyens, pour qui la diminution des dépenses est une augmentation réelle de revenu. Plusieurs causes concourreront dans l'état de liberté, pour opérer cette réduction.

2º. L'établissement de la concurrence. On croit avoir démontré que ce sont les priviléges exclusifs des corps & communautés qui entretiennent principalement la cherté des denrées & des ouvrages de l'art. Le fruit de leur proscription totale sera de mettre les salaires au rabais, de ramener toutes les denrées & marchandises à leur juste prix, & de détruire le monopole universel, autorisé dans le royaume par une administration abusive.

3º. La suppression des frais immenses auxquels les marchands & artisans sont assujettis dans les corps de *jurande*, & dont la charge retombe toute entière sur le public. Les chapitres précédents ont présenté la longue énumération des taxes que paie chaque membre des corps & communautés, soit pour parvenir à la maîtrise, soit depuis sa réception, à quelque titre que ce soit. Ces sommes additionnées forment un capital dont le marchand & l'artisan exercent sur nous la reprise. C'est cette reprise que l'on doit regarder comme un impôt annuel qui se perçoit dans tout le royaume sur le commerce & sur l'industrie. On peut juger de la grandeur de l'imposition par la multitude d'ouvriers, marchands & fabriquans qui sont assujettis aux taxes. Les 119 corps & communautés de Paris, sont composés de près de 40,000 maîtres. Le nombre des apprentifs & compagnons est au moins triple. On a vu que ceux-ci supportent aussi leurs charges particulières; le produit seul des réceptions est annuellement de 500,000 liv., ce qui ne paroîtra pas une évaluation forcée, si l'on se rappelle que dans la communauté des limonadiers, les réceptions ont été portées en trois ans, à une somme de 182,400 liv.; joignons à cet objet tous les articles dont nous avons offert le détail, droits de *jurande*, de visite, &c. Pour nous réduire au plus bas prix, fixons leur estimation totale à 2 millions; l'industrie paie donc dans la seule ville de Paris un impôt annuel de 2 millions en frais de *jurande*, ce qui produit un renchérissement de 2 millions sur le prix naturel de toutes les marchandises.

Ce même impôt est établi à Lyon, à Rouen, à Bordeaux, dans toutes les villes commerçantes, dans celles mêmes qui ne sont point villes jurées. En supposant que la capitale, à raison de l'étendue de fon commerce ,& du nombre de ses habitans , puisse être considérée comme formant à elle seule le quart de la France ; c'est un objet de 8 millions pour tout le royaume.

Joignons maintenant à cette charge de 8 millions, toutes les créations extraordinaires de maîtrises, d'offices, de titres ou de commissions , avec attribution de privilège exclusif. Il n'y a point d'année qui ne soit marquée par quelque nouvel établissement en ce genre. Le corps de l'industrie a été regardé jusqu'ici comme un fonds inépuisable. C'est une ressource de finance toujours prête dans les besoins de l'état. Mais est-ce donc le marchand ou l'artisan qui supporte l'imposition ? N'est-il pas évident que la charge en retombe toute entière sur l'acheteur & le consommateur ? C'est le public qui a payé par le renchérissement des services les 900,000 liv. provenans de la création des charges de perruquiers dans la ville de Paris. C'est le public qui rembourse à l'ouvrier sans qualité par le surhaussement du prix de ses travaux, le privilège qu'il achete, ou le brevet qu'il obtient pour être à l'abri des confiscations & des saisies. Il seroit difficile d'évaluer le montant de cette imposition sur le commerce & l'industrie. On ne croit pas pouvoir être accusé d'exagération, lorsqu'on la portera à un million par année.

Mais ce n'est encore là qu'une légère partie des charges imposées sur le corps de l'industrie. Il est indubitable que toutes les dépenses des communautés se prélèvent de même sur les ventes. C'est le public qui acquitte les arrérages des rentes qu'elles doivent, ainsi que les frais de leurs procès. Ce dernier article est une dépense annuelle de 400,000 liv. dans la ville de Paris. Pour suivre la proportion qui vient d'être établie à l'égard des frais de maîtrise, la dépense est de seize cent mille livres dans toute l'étendue du royaume.

A l'égard des arrérages des rentes viagères & constitués qui sont dûes par les communautés, on peut les porter à un million. Pour se convaincre de la justesse de cette estimation , il suffit de remarquer que depuis 1691, époque de la première création d'offices , toutes les communautés du royaume n'ont pas cessé d'emprunter, & qu'il y en a très-peu dans lesquelles il y ait eu des remboursemens effectués. Leurs dépenses n'ont fait que s'accroître jusqu'en 1758, qu'elles ont supporté une nouvelle taxe, pour le paiement de laquelle , elles ont presque toutes fait de nouveaux emprunts. Leur recette, en droits de réception, a toujours été absorbée par les seuls frais d'administration, & le capital des dettes s'est augmenté d'année en année.

On suppose que toutes les autres dépenses ordinaires & extraordinaires, frais de bureau, de comptes de régie, &c. sont acquittées annuellement par les droits de réception, & pour ne point faire de double emploi, elles ne seront point mises au nombre des taxes , dont la charge se prélève sur le prix des ouvrages & des travaux de la main d'œuvre. Il paroît

cependant que l'on pourroit encore les faire entrer en compte pour une partie. L'état d'épuisement où se trouvent aujourd'hui toutes les communautés, autorise à croire que leurs revenus casuels ne suffisent même pas à leurs dépenses casuelles. Ce n'est point en effet sur le produit des maîtrises, ni même avec les contributions qu'elles lèvent sur leurs membres, qu'elles acquittent les arrérages des rentes. Elles ont presque toutes obtenu des droits de marque ou autres sur les marchandises , sur les métiers sur les pièces fabriquées dans les manufactures. Ces droits forment une nouvelle charge d'autant plus onéreuse , qu'elle n'est point appliquée aux besoins de l'état, comme les autres sortes d'impositions de même nature. Ils n'avoient été accordés aux communautés que pour un temps, afin de les mettre en état d'éteindre les capitaux de leurs dettes. Comme ils n'ont servi jusqu'ici qu'à acquitter les intérêts , on a été forcé d'en proroger la perception, & les communautés paroissent compter sur leur perpétuité. La *suppression des jurandes* peut seule procurer la facilité d'en opérer l'extinction ; ou d'en appliquer au moins le produit au soulagement du commerce & de l'industrie. Les circonstances pouvant exiger la prorogation de ces droits au profit du roi, nous ne les estimerons pas au nombre des surcharges produites par les *jurandes*. Indépendamment de cet article , voilà un impôt annuel de près de 13 millions, dont la *dissolution des corps & communautés* procureroit aussi-tôt une pleine décharge.

Il n'y a que ceux qui connoissent les ressorts de la circulation dans le commerce qui puissent apprécier le renchérissement produit par un prélévement de 12 à 13 millions, sur la masse des salaires & des ventes ; quelques sols d'augmentation par pièce d'étoffe suffisent pour causer une révolution, & quelquefois le dépérissement total d'une branche de commerce. Que l'on juge par-là de l'effet destructif d'un impôt de 13 millions, dont il faut que les marchands & artisans trouvent l'indemnité sur les acheteurs, avant de tirer aucun bénéfice de leurs ventes. Il ne faut pas croire que la perte ne tombe que sur les acheteurs , dont elle renchérit les consommations ; elle frappe encore directement sur les cultivateurs, en diminuant le débit des productions naturelles. Combien de sortes de cultures qui sont abandonnées ou qui languissent par le défaut d'emploi des matières premières ! La cherté du prix fait tomber les ventes, & par conséquent éteint la reproduction des richesses, qui n'a d'autre mesure que la consommation.

La suppression de cette charge énorme seroit donc un bien inestimable, dont toutes les classes de la société ressentiroient en même temps les salutaires effets. La classe des cultivateurs y trouveroit un double bénéfice, qui seroit consacré aux avances productives de la culture ; d'un côté, la diminution des frais & des dépenses ; de l'autre, l'augmentation de ses ventes & de ses profits. La classe des proprié-

taires verroit ſes revenus accrus par le retranchement ſur les dépenſes ſtériles, & n'auroit d'autre
emploi à faire de l'excédent de ſes richeſſes, qu'à
l'entretien & à l'amélioration de ſes fonds. Enfin, la
claſſe ouvrière & commerçante éprouveroit elle-
même une épargne ſur le prix de ſes achats & de
ſes conſommations, ce qui deviendroit une nouvelle
ſource du bon marché des ſalaires & des ouvrages.
C'eſt ainſi que par une progreſſion inſenſible, l'*extinction des corps & communautés* produiroit dans
l'intérieur l'accroiſſement de la culture, de la population & de l'aiſance générale.

2°. Par rapport au commerce étranger, elle doit
augmenter la maſſe des exportations, en rappro-
chant le prix de nos ouvrages du prix des ouvrages
de toutes les nations concurrentes. La diminution
des frais du commerce reſtitueroit à la France toutes
les ventes que le renchériſſement actuel lui a fait
perdre. Tel eſt l'état reſpectif des nations commerçantes de l'Europe, que le moindre ſurhauſſement
de prix met hors d'état d'entrer dans la concurrence
générale; c'eſt aux ſurcharges impoſées ſur les agens
du commerce & de l'induſtrie, que l'on doit imputer le ſuccès des efforts de la Suiſſe, de l'Angleterre & de la Hollande, pour faire pencher la
balance en leur faveur, & obtenir ſur nous une préférence décidée dans pluſieurs branches importantes
du commerce. Le plus petit bénéfice ſuffit pour
attirer l'acheteur qui ſe détermine le bon marché.
C'eſt donc le bon marché qu'il faut ſonger à rétablir
pour ranimer le commerce d'exportation; or, quelle
voie plus directe, que la ſuppreſſion d'un impôt de
13 millions, qui ſe lève ſur les étrangers comme ſur
les nationaux! Tandis que du côté l'économie générale des travaux & des dépenſes, produite par la
ceſſation du monopole & des ſurcharges, nous remettra au taux général de l'Europe; de l'autre,
l'émulation produite par la concurrence obtiendra
pour nos manufactures une préférence toujours
aſſurée, lorſque le bon marché viendra ſe joindre à
la perfection de la main d'œuvre. Deux biens ré-
ſulterent de cet accroiſſement de notre commerce
extérieur. Le premier, de rétablir l'égalité dans nos
échanges avec les nations voiſines & rivales, & de
nous aſſurer l'avantage dans la balance du commerce.
Le ſecond plus important encore, d'augmenter
l'emploi des matières premières, de procurer par
conſéquent le débit des productions nationales.
De-là, l'encouragement de la culture, & par elle
l'accroiſſement des richeſſes & de la population.

3°. Enfin, le ſouverain doit trouver lui-même un
très-grand avantage dans la *ſuppreſſion des jurandes*. Le prince eſt par lui-même & par ſes
agens le plus grand conſommateur de ſon royaume.
Tout ce qui diminue ſes dépenſes lui procure une
épargne ſur ſes revenus. De cette ſurcharge de 13
millions, dont les ouvriers & commerçans s'indem-
niſent par la répartition qu'ils en font ſur le prix
de leurs ſalaires & de leurs ventes, il faut compter
que le prince en ſupporte au moins un ſixième par

l'augmentation progreſſive de ſes dépenſes de toute
nature. Ce ne ſont pas ſeulement ſes conſommations
perſonnelles qu'il faut conſidérer, ni même celles de
tous ceux qui vivent directement à ſes dépens. Qui
pourroit évaluer les reflets & les contrecoups d'une
pareille charge ſur toutes les dépenſes de la puiſſance
publique! Salaires, penſions, appointemens, gra-
tifications, ſoldes, gages, autant de canaux par
leſquels les richeſſes du prince ſe répandent ſur la
ſociété; or il n'y a pas une ſeule de ces ſources
vivifiantes, qui ne doive s'accroître, & qui ne
s'accroiſſe en effet dans la proportion de l'accroiſſement des beſoins & du renchériſſement des denrées & des frais du commerce.

Autre cauſe de diminution de dépenſes pour le
ſouverain; combien de frais n'eſt-il pas obligé de
faire pour l'adminiſtration des corps & communautés, pour les commiſſions & les bureaux établis, pour
les appointemens de cette foule d'inſpecteurs répandus dans toutes les provinces, de tous ces commis & prépoſés à l'exécution des réglemens! La
liberté & la concurrence diſpenſeront le gouvernement de la plûpart de ces ſoins auſſi onéreux que
ſuperflus. Les inconvéniens & les abus diſparoîtront
avec la cauſe qui leur a donné l'être.

C H A P I T R E - IX.

Des moyens de ſupprimer les corps &
communautés.

Les profeſſions de commerce & communautés
d'arts & métiers qui ſubſiſtent dans toute l'étendue
du royaume, ſe diviſent en trois claſſes.

La première comprend les communautés dont l'é-
tabliſſement a été autoriſé par lettres patentes enregistrées dans les cours, & qui forment corps de
jurande.

La deuxième comprend les communautés qui ont
des ſtatuts & réglemens émanés des juges de police ou des ſeigneurs, qui ſont ſoumiſes à toutes les
formalités de l'apprentiſſage & de la maîtriſe, & qui
n'ont cependant aucune exiſtence légale, faute
d'avoir obtenu des lettres patentes ou des ſtatuts
duement homologués.

La troiſième comprend les profeſſions abſolument
libres, qui n'ont aucun titre d'établiſſement, aucuns ſtatuts, & qui s'exercent ſans apprentiſſage &
ſans maîtriſe.

Cette dernière claſſe eſt très-peu nombreuſe.
Dans preſque toutes les villes & même dans les
gros bourgs, les communautés qui n'ont point de
lettres patentes ſe ſont fait autoriſer par des ſentences de police; elles ont dreſſé des ſtatuts &
adopté des réglemens particuliers, qui ont été confirmés par les ſeigneurs, par les baillis ou ſéné-
chaux. Elles ſe ſont établies d'elles-mêmes, ſur le
modèle des corps de *jurande*, & ſe gouvernent de
la même manière; elles ont d'ailleurs été impoſées
à toutes les taxes des communautés; les parlemens

ne

ne reconnoissent point cependant leur existence. Toutes les fois qu'il s'est agi de prononcer dans les cours supérieures, sur la validité des obligations qu'elles avoient contractées, ou des saisies qu'elles avoient faites par le ministère de leurs prétendus syndics & jurés, la nullité en a été prononcée, sauf à elles à se pourvoir, pour obtenir des lettres patentes par devers le roi, dont l'autorité souveraine peut seul former un corps dans l'état. Il y a un grand nombre d'arrêts qui ont jugé d'après ce principe de droit public, que les communautés qui n'étoient point autorisées par lettres du prince, ne formoient point corps ni *jurande*, & qui leur ont même fait défenses de prendre la qualité *de corps & communautés*.

Il est vrai que ces mêmes arrêts leur ont réservé la faculté d'acquérir l'être civil par l'autorisation du prince. Aussi la plûpart ont-elles formé leur demande au conseil où elles font des démarches ruineuses, & s'épuisent en frais, pour solliciter l'obtention des lettres, pour faire rédiger des statuts & parvenir à leur homologation. Il est absolument indispensable de fixer l'état incertain de ces différentes communautés, qui se chargent tous les jours de nouvelles dettes. C'est ce qui a été l'objet des arrêts du conseil qui ont paru à ce sujet; ils n'ont été rendus que pour servir de réglement aux professions de commerce, arts & métiers qui ne sont point en *jurande*. Mais en même-temps ils présentent des dispositions favorables au retour de la liberté générale, & qui font assez connoître que les vues du gouvernement ne sont pas contraires au but que l'on s'est proposé dans cet ouvrage. On ne fait que généraliser l'exécution d'un plan que le législateur lui-même a déja tracé. Les termes de l'arrêt du 30 août 1767, ne sont point équivoques; ils annoncent le dessein formé de supprimer les *jurandes* & de rendre la liberté au commerce. Sa majesté déclare qu'elle a *jugé convenable d'expliquer ses intentions, afin de préparer par des régles fixes & invariables, le succès d'un plan qui en ramenant les corps & communautés à leur vrai principe de liberté, ne peut être qu'également utile au commerce & à l'état, & dont elle se propose d'accélérer l'exécution, & de la rendre générale.*

Pourquoi suspendre plus long-temps une opération si utile? Pourquoi laisser subsister ces distinctions bisarres entre les différentes communautés d'arts & métiers? Ne pourroit-on, par une loi générale, établir dès-à-présent dans tous ces corps une parfaite uniformité, & les fixer irrévocablement dans un état de liberté, dont ils ne se sont écartés que par les suites d'une administration abusive? On a été retenu jusqu'ici, sans doute, par la crainte des obstacles; mais ces obstacles sont-ils donc insurmontables? On verra dans un moment que la plûpart des difficultés s'évanouissent à l'examen, & ne sont formées que par le préjugé. A l'égard de celles qui ont quelque réalité, le gouvernement peut les

écarter par des moyens fort simples. Le plus important, est de déterminer avec justesse les mesures à prendre pour l'exécution du nouveau plan, & c'est par la manière même de supprimer les *jurandes*, qu'il faut prévenir les inconvéniens qui pourroient résulter de leur suppression.

Ce changement ne peut s'opérer que par un réglement général, qui enveloppe dans ses dispositions toutes les professions de commerce, arts & métiers, tant celles qui sont en *jurandes*, que celles qui n'ont point de titre d'érection, ou qui sont absolument libres; à l'égard des communautés qui ne sont point autorisées, leur établissement purement arbitraire ne subsiste pas aux yeux de la loi, il ne s'agit que d'en prononcer la nullité. Par rapport à celles qui ont un titre reconnu & vérifié, la loi doit en prononcer la dissolution, les dépouiller de l'être civil, ne leur laisser aucune existence légale, les déclarer incapables de posséder aucun bien, d'intenter aucune action en justice, & de procéder, sous quelque prétexte que ce soit, en qualité *de corps & communauté*. Le seul moyen de prévenir le retour du monopole & de l'exclusif, c'est de diviser les ouvriers & les artistes pour réunir les arts & métiers, de supprimer toutes les barrières qui séparent les différentes professions, de les lier toutes entr'elles par un principe *de fraternité*, & de ne faire de tous les agens du commerce & de l'industrie qu'un seul & même corps,

Seroit-il donc possible qu'il ne subsistât aucune sorte de distinction entre les différens arts & métiers, & que toutes les professions demeurassent entièrement confondues? A ne consulter que l'intérêt du commerce, on ne voit pas que cette réunion générale pût avoir le moindre inconvénient; les distinctions convenables seroient établies par le fait; celles de droit sont indifférentes au service du public. A-t-on jamais cru nécessaire que les négocians fussent classés dans toute l'étendue du royaume, selon le genre de leur négoce? Les marchands eux-mêmes ne le sont pas dans les villes maritimes, telles que Bordeaux, où sans aucune distinction de corps, ils peuvent faire toute sorte de commerce de quelque nature qu'il soit, autant que leurs facultés le leur permettent. Ce n'est que sous un point de vue de police générale qu'il peut être important de discerner les états. Les arts doivent jouir sans doute de la plus grande liberté; mais il seroit dangereux que ceux qui les exercent, s'attribuassent une indépendance absolue: il est essentiel au contraire qu'ils demeurent soumis à l'inspection du gouvernement, & qu'il puisse avoir une connoissance exacte de tous ceux qui exercent chaque profession. L'intérêt même du commerce peut l'exiger à certains égards. La loi doit remplir deux objets. Le premier, de faire disparoître tous les privilèges exclusifs. Le deuxième, de rendre gratuite l'entrée & l'exercice de toutes les professions. Il s'agit de trouver les *moyens* de concilier ces deux points fondamentaux avec les précautions indispensables pour le maintien de l'ordre dans la société.

1°. Il paroît que pour accorder les intérêts précieux de la liberté, avec les réglemens d'une sage police, il suffit de rappeller les communautés à à leur état primitif. Qu'étoient-elles dans l'origine ? De simples aggrégations sans attributions de privilége, dans lesquelles tout citoyen avoit droit d'entrer. On a vu comment la succession des temps avoit dénaturé ces établissemens, & introduit une foule d'abus dont nous avons développé les causes & les progrès. On peut rendre aujourd'hui ces sortes d'aggrégations encore plus simples qu'elles n'étoient à leur naissance, & ne laisser subsister d'autres liens entre les ouvriers d'une même profession, que ceux qui unissoient, dans les gouvernemens anciens, les citoyens d'une même tribu. Les marchands & artisans ne doivent être assujettis qu'à un simple enregistrement, lors duquel ils déclareront leur nom & leur état, pour être inscrits sur un rôle public. Cette inscription doit se faire au greffe de la jurisdiction à qui appartient la police de la ville où ils s'établissent, sans qu'il y ait ni serment, ni réception judiciaire; de la manière déja prescrite par les arrêts du conseil, qui ont été rendus pour servir de réglement aux communautés qui ne sont point en jurande. Il leur sera ensuite délivré une expédition de cet enregistrement, qui ne sera sujet à aucuns droits. Cette formalité sera la seule nécessaire pour assurer à chacun le libre exercice de son état, & la faculté accordée à tous les citoyens de se faire inscrire pour tel art ou profession qu'ils voudront choisir, introduira une pleine & entière concurrence.

2°. Il doit être permis, par une disposition expresse de la loi, de réunir & de cumuler plusieurs arts & métiers. Autrement, ce seroit laisser subsister les divisions des corps & communautés, & par conséquent les priviléges exclusifs. Si le marchand drapier ne peut vendre que du drap, il faut qu'il ait le droit d'empêcher que tout autre en vende que lui. Il ne suffit donc pas que chacun ait la liberté de se faire enregistrer pour telle sorte d'art ou négoce qu'il voudra choisir; il faut encore qu'il puisse n'être étranger dans aucune profession, & réunir toutes celles qu'il croira devoir embrasser. Ce n'est pas même à la puissance publique qu'il appartient de le déterminer dans son choix, en fixant les réunions par des réglemens, ou en ne les permettant que pour un certain nombre de métiers analogues. L'intérêt de l'ouvrier ou du trafiquant doit être son unique loi, & cet intérêt ne sera jamais aveugle, au moins ne sera-t-il jamais dangereux pour la société dans l'état de liberté & de concurrence. Ce seroit donc prendre un soin bien inutile, ou plutôt très-nuisible, que de prononcer par la loi des réunions & incorporations de tous les métiers qui ont entr'eux quelque affinité. Il faut que le choix des réunions soit abandonné aux ouvriers eux-mêmes. A mesure que les facultés du mar-

chand & de l'artisan s'étendront, il étendra ses travaux & son commerce en se faisant enregistrer pour une nouvelle profession.

3°. Plus d'apprentissage, plus de compagnonage, aucun chef d'œuvre, ni formalité de réception. On doit être convaincu de l'inutilité de ces preuves. L'apprentissage n'en subsistera pas moins de fait. Les ouvriers seront eux-mêmes intéressés à en former d'autres, dont ils tireront des secours utiles en les faisant travailler pour leur compte; le nombre de leurs adjoints ne doit point être borné, pas plus que celui de leurs outils ou métiers. Dès que ces apprentifs se sentiront en état d'entrer en concurrence avec leur maître, ils se feront enregistrer comme lui; l'ouvrier habile ne se verra pas condamné aux mêmes épreuves que l'ouvrier inepte, à qui il faut cinq ou six ans d'apprentissage. Il jouira de la supériorité de son travail & de son industrie. Celui qui aura la témérité d'entreprendre le métier avant de le sçavoir, en sera puni par l'indigence; de pareils exemples seront rares.

4°. Nulle distinction entre les François & les étrangers; liberté entière au Suisse, à l'Allemand & à tout autre, de venir se faire enregistrer & se confondre avec les nationaux. Le commerce & l'industrie n'ont point de patrie. L'état n'a d'autre intérêt que de multiplier les travaux, de détruire le monopole & d'entretenir l'émulation en favorisant toute espèce de concurrence. Combien d'étrangers qui viendroient apporter en France leurs talens & leur industrie, & qui n'en sont détournés que par notre police réglémentaire !

5°. Faculté aux ouvriers ou trafiquans d'une ville, de se transporter dans une autre pour y fixer leur domicile, sans autre formalité que de se faire enregistrer au greffe de la jurisdiction, ayant la police dans le lieu où ils voudront s'établir. S'il n'y a point de justice dans le lieu, l'inscription se fera au siége le plus prochain.

6°. Ce seroit renoncer aux avantages du projet proposé, & retomber dans tous les abus des jurandes, que de permettre aux agens d'une même profession d'avoir entr'eux aucun point de ralliement; il faut les tenir isolés & indépendans; ni assemblées de corps, ni confrérie, ni syndicat. L'association formée sous les yeux de la police, ne doit exister que pour la police. Elle ne formera plus corps, elle n'aura plus ni biens propres à administrer, ni intérêts particuliers à défendre; elle n'aura donc pas besoin de représentans. La loi doit porter une défense expresse & générale à tous les membres d'une même aggrégation de s'assembler entr'eux, ni d'élire des gardes ou jurés. Si les professions de commerce, arts & métiers ont des chefs, ceux-ci s'attribueront bientôt des distinctions, des droits, une inspection qu'il faudra payer. Ce seront des salariés aux dépens de la corporation. De-là les cotisations des membres; de-là l'esprit de corps, la séparation des arts & métiers, les prétentions exclusives, les querelles & bientôt les procès; enfin le retour des *jurandes*, & la ruine de la liberté. Nous retomberons bientôt sous le joug odieux du monopole, à moins que la loi, par les dispositions les plus impérieuses, ne mette tous les agens du commerce & de l'industrie dans l'impuissance absolue de se diviser pour se réunir & former des corps séparés.

7°. En vain la suppression des *jurandes* seroit luire sur la France l'aurore de la liberté, si ses rayons bienfaisans ne pouvoient s'étendre jusques sur nos manufactures. Dans plusieurs villes & provinces elles sont en *jurande*. A mesure que les fabriquans d'une même espèce se sont multipliés, ils ont formé entr'eux corps & communauté. Mais il y a encore dans le royaume plusieurs fabriques qui sont uniques, ou en très-petit nombre. C'est le seul défaut de concurrence qui a arrêté leur multiplication. La même loi qui supprimera les corps de *jurande*, doit éteindre ces priviléges particuliers. En supposant même que le gouvernement fût déterminé, par des motifs puissants, à admettre des exceptions toujours dangereuses, il n'en seroit pas moins important de prononcer une proscription générale, à laquelle le prince se réserveroit de déroger, selon l'exigence des cas, & par une loi particulière & connue.

Telles sont les principales dispositions dont le concours paroît nécessaire pour opérer efficacement le retour de la liberté générale. Ce qui peut manquer au projet sera facilement suppléé par la sagesse du gouvernement, & par la prudence éclairée des magistrats. Après avoir tracé la *manière de procéder à la suppression totale des jurandes*, il ne reste plus qu'à prévenir quelques objections, & à indiquer les moyens d'écarter les obstacles qui pourroient se rencontrer dans l'exécution.

CHAPITRE X.

Du paiement des dettes des communautés.

Le premier & le plus grand obstacle à la suppression des *jurandes*, ce sont les *dettes des communautés*. L'objet doit en être immense, & leur masse s'augmente tous les jours, malgré la rigueur des loix qui défendent à tous les corps de contracter de nouveaux engagements. On a déjà vu quelle étoit la source de ces dettes; elles proviennent 1°. des emprunts que les communautés ont été obligées de faire pour acquérir les offices créés depuis 1691, & pour payer les impositions auxquelles elles ont été assujetties dans les besoins pressants de l'état; 2°. de la mauvaise administration de tous ces corps, qui sont livrés à la rapine, & qui dans leurs moindres entreprises dépensent toujours le double de ce qu'il en coûteroit à un particulier. L'expérience prouve que ce qu'elles ont encore le moins à redouter de leurs administrateurs, c'est l'incapacité & la négligence.

On peut évaluer les dettes des communautés du royaume à 20 millions. Il faudroit sans doute avoir sous les yeux les états de toutes les villes & de toutes les généralités, pour garantir la justesse de cette estimation. D'après ceux dont on a pû avoir la connoissance, on peut assurer qu'elle ne s'éloigne pas beaucoup de la vérité. Les communautés seules de la ville de Paris doivent en capitaux de rentes près de 5 millions. Celles de Lyon doivent plus de 14 cent mille livres, celles de Rouen plus de huit cent mille livres; les dettes des corps & communautés de la généralité de Montpellier, montent, selon les états qu'ils ont eux-mêmes dressés, à 990,722 l.; il en est de même des autres généralités du royaume. Il n'y a presque pas de communauté, jusques dans les plus petites villes, qui n'ait fait des emprunts en rentes viagères & constituées : voilà sans doute une charge énorme qu'il faut acquitter, si l'on se détermine à la suppression des *jurandes*. C'est ce qui a toujours arrêté l'exécution d'un projet dont on reconnoît d'ailleurs tous les avantages.

Mais en supposant qu'on laissât subsister les corps & communautés, seroit-il moins nécessaire de pourvoir au *remboursement de leurs dettes*? Peut-être dira-t-on qu'il suffit d'assurer le paiement des arrérages, que rien n'oblige d'éteindre les capitaux.

Ce parti seroit en effet le plus simple, si les communautés avoient des revenus assez étendus pour suffire à la charge des intérêts. Il ne s'agiroit plus que de prendre des mesures pour que ces revenus ne pussent à l'avenir être distraits à d'autres emplois & consommés en dépenses inutiles. Il est vrai que depuis tant d'années que l'on travaille à cette réforme générale, on a eu le temps de se convaincre que l'entreprise étoit chimérique. Mais, d'ailleurs, il est notoire que les revenus des communautés ne peuvent nullement fournir au paiement des arrérages des rentes; qu'ils suffisent à peine aux frais de régie. Leurs biens consistent en maisons & en rentes. A l'égard des maisons, elles leur servent de bureau, & si elles en tirent au-delà quelques loyers, ils sont absorbés le plus souvent par les réparations. A l'égard des rentes, elles payent tout au plus les dépenses casuelles : au moins en est-il ainsi de la plûpart des communautés. S'il y en a quelques-unes dont les fonds soient plus considérables, elles sont en très-petit nombre. Aussi demandent-elles, sans cesse, des augmentations de droits sur les marchandises, que l'on est forcé d'accorder à leurs besoins, ou la permission de s'imposer elles-mêmes & d'assujettir leurs membres à de nouvelles surcharges, qui excédent toujours les intérêts qu'elles ont à payer. Depuis soixante ans que les communautés emploient ces ressources ruineuses pour satisfaire à leurs dettes, le commerce & l'industrie en ont payé plus de dix fois le capital. On n'aura pas de peine à le croire, si l'on se rappelle ce que nous avons établi dans le chapitre 8, que l'impôt annuel en droits de maîtrise, de *jurande*, &c. étoit au moins de 12 millions. Il est évident que l'on ne peut se flatter d'arrêter le cours d'un aussi grand désordre que par le *remboursement des capitaux*. Or comment effectuer ce remboursement ? C'est ce qui est impossible dans l'état actuel des communautés, puisqu'avec le secours des impositions extraordinaires & des droits multipliés sur les marchandises, elles ont encore de la peine à continuer le paiement des intérêts.

Il n'y a qu'une seule ressource pour opérer leur libération, c'est que le roi se charge lui-même de toutes leurs dettes. Mais comment proposer au gouvernement d'ajouter à la masse des dettes de l'état un nouvel engagement de 20 millions ? quelle apparence que le roi veuille contracter une obligation aussi onéreuse, tandis que le plan, qui s'exécute de libérations générales, exige encore de nouveaux secours ? Proposera-t-on d'établir dans le royaume, un impôt dont le produit soit uniquement consacré à cet objet ? C'est en vain que l'on se flatteroit de faire adopter cette idée. Fera-t-on sur toutes les communautés du royaume, une répartition du montant de leurs dettes, pour les obliger à en acquitter la totalité par la voie de contribution sur leurs membres ? Ne pourroit-on pas déterminer cette cotisation de manière que le remboursement s'opérât en un certain nombre d'années limité ? Quelques longs termes qui fussent fixés, une pareille opération ne pourroit que consommer la ruine de tous les agens du commerce & de l'industrie. Nous avons présenté le détail effrayant des charges qu'ils supportent. Nous avons vû toutes les familles d'artisans réduites à la plus triste indigence ; les marchands eux-mêmes soumis à des frais sans nombre qui détruisent leur aisance, & portent un préjudice sensible à leur commerce. Ce seroit produire un découragement universel ; que de les assujettir à une nouvelle imposition, dont ils n'auroient que la surcharge, & qui occasionneroit d'ailleurs un renchérissement subit des salaires & de toutes les marchandises. L'impôt seroit supporté dans le fait par tout le public, il retomberoit sur les propriétaires & les cultivateurs, par le surhaussement du prix de toutes les denrées & de tous les ouvrages de l'industrie.

Il faudroit donc trouver un moyen de lever les sommes nécessaires pour le *remboursement des dettes des communautés*, sans augmenter la masse des impositions actuelles. Il faudroit qu'il n'en coûtât rien au roi, ni à l'état, ni aux communautés elles-mêmes. C'est ce qui paroît sans doute fort difficile, & ce que la suppression des *jurandes* met cependant à portée de réaliser. Non-seulement les membres de ces différens corps ne seroient grévés d'aucune nouvelle taxe ; mais ils se verroient au contraire déchargés de la plus grande partie de celles qu'ils supportent. Voici en effet ce que l'on pourroit établir en supprimant les corps & communautés.

L'effet de la liberté générale du commerce & de l'industrie, est de rendre toutes les professions gratuites ; de procurer à tous les citoyens l'entrée libre

des arts & métiers sans aucuns droits, ni frais ; de faire disparoître les formalités dispendieuses de l'apprentissage & de la maîtrise, ainsi que toutes les autres charges des *jurandes*. Un serrurier à qui il en coûte aujourd'hui 12 à 15 cent livres pour la maîtrise ; un marchand qui débourse 3 à 4 mille livres avant sa réception dans son corps, se refuseront-ils à payer la vingtième partie de ces sommes pour acquérir la libération du tout ? se trouveront-ils gênés de contribuer d'une pistole au remboursement général des dettes, lorsque de l'autre côté, ils seront déchargés du paiement de 200 l. ? Que l'on propose à un ouvrier, tel qu'il soit, de donner un louis une fois payé pour être dispensé à l'avenir de tous les frais de sa communauté, on ose assurer qu'il n'en est pas un seul, qui ne s'empressât de souscrire à un pareil traité ; avant même que la première année fût échue, il seroit remboursé de son louis par l'affranchissement des droits de visites. La seule condition nécessaire, c'est que cet arrangement fût assez solidement assuré, pour qu'il ne crût pas avoir à s'en défendre comme d'un piége tendu à sa simplicité. Il seroit indispensable de lui présenter une loi revêtue de toutes les formes, qui établît sa franchise & lui en garantît la perpétuité. C'est une opération dont la confiance du public assurera seule le succès. La manière d'y procéder peut être fort simple.

On vient de voir que dans le plan proposé, les corps & communautés seroient réduits à de simples associations ; que les marchands & artisans, n'auroient d'autres formalités à remplir, pour acquérir leur état, que de se faire enregistrer au greffe de la police dans le lieu de leur domicile. Lors de cet enregistrement, on pourroit les assujettir à prendre une sorte de brevet taxé à une somme fixe & invariable pour chaque art & métier. Ce brevet ou quittance de finance leur tiendroit lieu de lettre de maîtrise ; ce seroit le titre de leur profession. Ceux qui voudroient en réunir plusieurs, seroient tenus de prendre autant de brevets séparés. On pourroit leur accorder une remise du tiers ou du quart sur la taxe des brevets, à proportion du nombre qu'ils en prendroient.

Il seroit juste de n'imposer cette taxe que sur les lieux & sur les métiers qui pourroient la supporter. Les artisans des campagnes ou des bourgs, & même des villes fort petites & sans commerce, en seroient exempts. Il en seroit de même des arts & métiers peu lucratifs dans les plus grandes villes. Pour ne rien laisser à l'arbitraire, il conviendroit d'indiquer les villes où la taxe se percevroit, & d'accorder pleine franchise à celles qui ne seroient point employées dans l'état.

Les communautés n'ayant plus d'être civile, ni d'existence propre, les sommes provenues des brevets ne pourroient leur être appliquées. Elles seroient acquises au roi, comme une indemnité de la charge qu'il s'imposeroit à lui-même en contractant l'engagement solemnel d'acquitter toutes leurs dettes.

Il feroit à défirer que la perception de la taxe, ne fe fît que par la voie d'une fimple régie, pour former un fonds deftiné ; 1°. *au paiement des arrérages des rentes dues par les communautés ; 2°. au rembourfement des capitaux de leurs dettes.*

Il eft certain qu'en moins de 20 ans, le rembourfement total pourroit fe trouver rempli avec le produit fucceffif de la taxe, fans qu'il en coutât rien au roi, ni à l'état, & fans établir aucun impôt. Ceux mêmes qui y feroient affujettis, ne pourroient la regarder que comme un bienfait. Elle feroit également avantageufe & aux marchands & artifans qui jouiffent de leur état, & à ceux qui feroient reçus à l'avenir.

A l'égard de ceux qui, après la fuppreffion des *jurandes*, embrafferoient les profeffions de commerce, arts & métiers ; ils fe verroient difpenfés des longueurs & des frais de l'apprentiffage, de la fervitude du compagnonage, des frais de la maîtrife, des droits de réception, &c. La taxe qui leur feroit impofée, leur paroîtroit bien légère, en la comparant aux charges dont on leur accorderoit l'exemption.

A l'égard des ouvriers & marchands déjà établis, ils jouiffent de leur état en vertu des droits & taxes qu'ils ont déja payés. Il paroît jufte de ne les foumettre qu'à une fimple infcription à la police ; & de n'exiger le droit que des nouveaux reçus. Quelque foit l'attachement aveugle que l'habitude & le préjugé infpirent aux marchands & artifans pour leur corps & communauté, ce fentiment feroit affoibli fans doute par la vue des avantages qui réfulteroient pour eux de la fuppreffion des *jurandes* ; ils fe trouveroient affranchis : 1°. Des droits de vifites, qui forment une feconde capitation dans tous les corps, plus forte que celle qui fe paye au roi. 2°. Des droits de *jurande* pour parvenir aux charges. 3°. Des contributions & cotifations qui font arbitraires & fe réglent fur les befoins de la communauté. Nous avons montré, dans les chapitres précédents, par l'évaluation de ces différens objets, qu'il en coûtoit encore plus au marchand & à l'artifan depuis fon entrée dans le corps, qu'il ne lui en avoit coûté pour y parvenir. Il n'y en a pas un feul qui ne dût fe trouver heureux d'être délivré de toutes ces impofitions annuelles & fucceffives, qui lui enlèvent l'aifance de fon état.

Pour rendre l'opération folide & irrévocable, il paroît néceffaire que le même édit qui prononcera la fuppreffion totale des *jurandes*, établiffe la taxe, en détermine l'emploi, & en préfente la fixation dans un tarif qui y fera annexé. Par ce moyen, chaque membre des corps & communautés fera en état de faire lui-même fon calcul & de fe convaincre par fes propres yeux, des immunités qui lui feront acquifes par le changement propofé. S'il étoit poffible de recueillir les voix dans tous les corps, on les verroit toutes fe réunir en faveur d'un projet qui préfente pour chacun un gain clair &

liquide, & ne peut entraîner aucune conféquence dangereufe, dès que la taxe fixée par l'édit d'une manière immuable, ne pourra dégénérer en impofition arbitraire.

CHAPITRE XI.

De l'exécution des statuts & réglemens.

Les *statuts & réglemens* des corps & communautés font de deux fortes. Les uns ont pour objet la difcipline de ces corps, & la police particulière des *jurandes* ; les autres font deftinés à fervir de loix dans le commerce, & à déterminer la qualité & la perfection des ouvrages.

A l'égard des réglemens de difcipline & de police intérieure des communautés, ils feront nuls & non avenus par le feul effet de la fuppreffion des *jurandes*. Les communautés ne conferveront pas des ftatuts après avoir perdu leur exiftence. On ne peut pas détruire *l'être* & laiffer fubfifter la forme. A quoi ferviroit d'ailleurs ce recueil de loix bifarres ? Elles n'auront plus d'objet. Tous les articles des ftatuts ont rapport à quelqu'une des formalités & des épreuves dont la liberté du commerce doit abroger l'ufage. Il n'y aura plus ni apprentifs, ni compagnons, ni chefs-d'œuvre, ni jurés, ni affemblées, ni vifites. Par le même édit qui les fera difparoître, on ne pourra fe difpenfer de profcrire l'ordre entier de légiflation qui y eft relatif. Combien d'autres branches de notre droit pofitif qui devroient fubir la même réforme, & dont le fouverain, par un acte à jamais mémorable de fageffe & de bienfaifance, pourroit d'un jour à l'autre effacer jufqu'aux moindres traces !

A l'égard des *réglemens* généraux & particuliers qui forment le code & la police générale du commerce, la diffolution des communautés ne leur porte aucune atteinte. Le gouvernement & les magiftrats ne feront pas moins à portée d'en affurer le *maintien* & l'*obfervation*. Ce font, en effet, les lieutenants généraux de police qui font particulièrement chargés de cette portion d'adminiftration publique. Leur compétence eft établie par leur édit de création ; elle a été confirmée par l'article 24 de l'édit de novembre 1706, qui leur confie le foin de veiller à *l'exécution des ftatuts & réglemens de chacun corps des marchands & artifans.* Or, quel eft le plan propofé ? C'eft d'affujettir tous les marchands & artifans, à fe faire infcrire au greffe de la police. Les communautés font réduites à fimples affociations formées fous les yeux de la police. Ils demeurent donc immédiatement foumis à l'infpection de la loi. Leur liberté ne pourra dégénérer en licence ; & il ne fera pas moins facile qu'il ne l'eft dans l'état actuel, de réprimer les fraudes & de punir les contraventions aux *réglemens* & à l'ordre public.

L'expérience doit raffurer d'ailleurs fur ce point. Il y a dans le royaume beaucoup d'endroits où le commerce eſt libre, où chaque citoyen peut travailler de ſon métier, vendre & tenir boutique ſans être aggrégé à aucun corps de *jurande* ; il n'en eſt pas moins tenu de ſe conformer aux *réglemens* de police générale & particulière pour chaque profeſſion. Pluſieurs arrêts ont enjoint aux marchands & artiſans qui ne font point corps, de ſouffrir la viſite de ceux qui ſont prépoſés par les magiſtrats qui préſident à la police dans le lieu de leur réſidence. Leurs marchandiſes ſont ſujettes à être ſaiſies, lorſqu'elles ſe trouvent défectueuſes. Ils peuvent être aſſignés à la requête du procureur du roi, par devant le lieutenant de police, lequel, en cas de contravention, a le droit de les punir par l'amende, par la confiſcation, &c.

Cette forme d'adminiſtration eſt beaucoup plus ſimple que celles des *jurandes*, elle n'entraîne pas tant de dépenſes, & ne donne pas lieu aux mêmes abus. Dans les communautés, le nombre des viſites n'a été réglé par année, que pour autoriſer une perception de droits. A moins que quelque intérêt ſecret & particulier ne provoque la ſévérité des gardes & jurés, ce n'eſt plus qu'une pure formalité. Il en eſt de même de tous les actes de juriſdiction qui lui ſont confiés. N'eſt-il pas à craindre qu'ils n'en abuſent pour exercer leurs vengeances particulières, qu'ils ne ſoient acceſſibles à toutes les ſortes de ſéduction, & ne ferment les yeux ſur la fraude lorſqu'ils ont à ménager des liaiſons d'amitié ou de parenté? Dans l'état de liberté, les viſites ne ſe feront que lorſqu'il y aura plainte portée aux juges, ou lorſque la partie publique le requéra. On peut aſſurer d'avance qu'elle n'aura pas ſouvent lieu de l'exercer un miniſtre de rigueur. La fraude naît des prohibitions & de la contrainte; elle eſt favoriſée par les priviléges. Son frein le plus puiſſant eſt la concurrence, qui ne permet d'aſpirer aux ſuccès du commerce, que par une réputation établie d'habileté, de probité & de bonne-foi. Voulez-vous que les hommes ſoient juſtes & honnêtes, faites qu'ils aient intérêt de l'être.

Il n'y a donc point à craindre que la ſuppreſſion des *jurandes* procure l'impunité & l'indépendance. L'établiſſement ſubſtitué aux corps & communautés conſerve à la loi tout ſon empire, & donne même à la police une juridiction plus directe. Mais après avoir raſſuré les eſprits faciles à s'alarmer, après avoir répondu à l'objection la plus ſpécieuſe que le préjugé pût oppoſer au projet de la ſuppreſſion des corps & communautés, ne ſera-t-il pas permis de préſenter quelques réflexions ſur cette prétendue néceſſité d'une inſpection toujours ſubſiſtante de la part de la police & du gouvernement? Dira-t-on qu'il faille livrer les arts & le commerce à une entière indépendance? Que les moindres gênes qui leur ſont impoſées ſoient une violation des droits de propriété, & un attentat contre l'ordre naturel? Que les vrais principes économiques conduiſent à la proſcription générale de tous les réglemens? Que les agens du commerce & de l'induſtrie n'ayent à

attendre de la puiſſance publique; que *ſureté & liberté*, ſans qu'elle ait en aucun cas, ni intérêt, ni droit de diriger leurs opérations, ou de préſider à leurs travaux? Cette doctrine paroîtroit ſans doute dictée par le fanatiſme de la liberté. Elle révolteroit tous ceux qui redoutent l'eſprit de ſyſtême, & qui ſe tiennent en garde contre les nouveautés. Au reſte, ſes partiſans doivent deſirer qu'elle éprouve une forte contradiction. Il faut des enthouſiaſtes qui l'annoncent, des gens à préjugés qui la combattent, & des eſprits froids qui la jugent. C'eſt ainſi que le triomphe de la vérité ſe prépare.

Sans prendre un parti décidé ſur cette queſtion ſi importante de l'économie politique, au moins ſera-t-on forcé de reconnoître que la plûpart des réglemens, & ſur-tout ceux qui ont été faits pour nos manufactures, ſont inutiles & abuſifs; qu'ils forment, & par eux-mêmes & par la manière dont ils s'exécutent, les plus grands obſtacles aux progrès & à la perfection de notre commerce. Ne pourroit-on pas porter ſur toutes ſes loix le même jugement que ſur l'établiſſement des corps & communautés? En remontant au temps où elles ont été promulguées, on les trouvera juſtifiées par les circonſtances. Il s'agiſſoit alors de former des ouvriers & des fabriquans, de créer un commerce en France, & de nous mettre par un effort au niveau des autres nations commerçantes de l'Europe. Les réglemens des manufactures furent plutôt des inſtructions que des loix. En fixant les longueurs, largeurs, qualités & fabriques de nos étoffes, & déterminant les apprêts, les façons, les poids, les outils & leur uſage, les teintures, la tiſſure, & juſqu'au nombre des fils qui doivent entrer dans chaque chaîne; le légiſlateur n'a fait que donner l'autorité de la loi aux avis & réſultats des plus habiles négocians, dont la ſageſſe du miniſtre avoit formé une ſorte de conſeil national. Il étoit juſte de les conſulter ſur les détails de l'art; mais la partie politique ne devoit pas leur être abandonnée. La plus grande faute qu'ils ayent commiſe, c'eſt d'avoir donné leurs connoiſſances perſonnelles pour le plus haut dégré de perfection où il fût poſſible d'atteindre; c'eſt d'avoir voulu preſcrire des bornes à l'induſtrie humaine. Les fabriquans ſont aſſujettis à donner aux ouvrages une forme invariable; ils ſont tenus de ſe conformer aux réglemens, ſous les peines les plus ſévères. Un ouvrier qui invente une nouvelle méthode, qui parvient à imiter une étoffe étrangère, trouve des envieux, qui le traverſent, qui le dénoncent, qui le ſoumettent à des ſaiſies; les réglemens autoriſent leurs pourſuites, & forcent de ſacrifier des talens utiles, à une baſſe jalouſie.

N'eſt-il pas abſurde & ridicule de déclarer imparfaite & ſaiſiſſable, toute marchandiſe qui n'eſt pas conforme aux réglemens, comme s'il y avoit dans la fabrication des étoffes une perfection abſolue, comme ſi cette perfection n'étoit pas uniquement relative à la bonne vente? Or, comment le marchand ſe procure-t-il la bonne vente? C'eſt en ſe conformant, non pas aux réglemens, mais à la demande de l'acheteur étranger ou national. N'est-ce donc pas toujours aux consommateurs à faire la loi ? Le fabriquant peut-il suivre d'autre régle que de consulter leur goût, de le flatter, de le provoquer par des marchandises de toute espèce & à tout prix ? On se plaint que ceux qui travaillent en fraude, débitent des marchandises imparfaites; mais aussi sont-elles à meilleur marché. La qualité est indifférente au gouvernement qui n'a d'autre intérêt que d'augmenter le débit des productions nationales. L'ouvrier doit avoir la liberté de faire mal, de se rapprocher par la médiocrité de ses ouvrages, des facultés du plus grand nombre. Si la mal-façon procure des ventes multipliées, il est d'une bonne administration de l'autoriser & de la soutenir. Il seroit plus expédient encore de laisser une pleine & entière liberté; d'imiter l'exemple de la Suisse & de la Hollande, qui n'ont ni prohibition, ni privilèges, ni réglemens, ni inspecteurs, & ne connoissent d'autre loi dans le commerce, que la concurrence.

Mais tel est le sort des opérations les plus utiles, d'être traversées par des intérêts secondaires qui ne permettent pas de les exécuter en grand, & ne laissent d'autre ressource que de préparer la révolution par des changemens successifs. Comment renverser des usages consacrés par le temps, & soutenus par le crédit de ceux qui sont intéressés à les maintenir ? Sur cette base de réglemens & de privilèges, s'est élevée dans l'état une branche d'administration, dont les soins exigent une foule de coopérateurs. Conseil du commerce, intendans du commerce, bureau du commerce, députés du commerce, chambres du commerce, commissions ordinaires & extraordinaires pour les affaires du commerce, des milliers de loix & de réglemens pour le commerce, inspecteurs généraux, inspecteurs particuliers, & sous-inspecteurs répandus dans les provinces, leurs bureaux, leurs commis & leurs gardes. Quel appareil de législation ! Quels frais énormes ! quelles dépenses pour le souverain ! Faut-il tant de ressorts factices pour donner le mouvement au commerce & à l'industrie ? Ne pourroit-on pas au moins simplifier cette vaste machine ? L'inspection seule des manufactures coûte des sommes immenses; par tout on a établi des droits sur les marchandises pour fournir aux appointemens des inspecteurs, qui presque tous arrivent à leurs places sans avoir les moindres connoissances du commerce, & commencent par prendre modestement des leçons des fabriquans à qui ils viennent dicter des loix. La plûpart, il est vrai, sont assez honnêtes & assez sensés pour se regarder comme des êtres inutiles ; mais combien d'occasions où leur autorité n'est pas sans danger ! Quel est le fabriquant qui voie sans inquiétude son sort remis entre les mains de gens aveugles, & qui peuvent devenir avides & intéressés ?

Il paroît que l'on commence à reconnoître l'abus de cette administration dispendieuse; il seroit facile de citer plusieurs manufactures nouvelles, qui ont été autorisées à secouer le joug des réglemens, & ne sont point soumises aux visites des inspecteurs. C'est une des conditions de leur établissement, & cette franchise fait partie de leur privilége exclusif. On pourra sans doute par des dérogations multipliées rendre ainsi la loi sans effet; mais ne seroit-il pas plus digne d'un gouvernement éclairé d'avoir le courage de l'abroger ? Pourquoi le même édit qui supprimera les statuts des communautés, ne prononceroit-il pas l'abrogation de tous les réglemens ? Le roi se réserveroit de faire *exécuter* ceux dont il paroîtroit nécessaire de maintenir l'observation pour le bien général du commerce. Cette réserve suffiroit pour suspendre l'effet de la proscription, & donneroit le temps de répandre la lumière sur ce cahos de loix incohérentes & souvent contradictoires, qui ayant été rédigées, les unes après les autres, en une longue succession d'années, ne présentent ni unité, ni principes. On pourroit en tirer un petit nombre d'institutions utiles, dont on formeroit un corps de discipline pour tous les agens du commerce & de l'industrie. Bien loin d'être contraire au vœu de la liberté, un pareil établissement en favoriseroit le retour, & concoureroit avec la suppression totale des *jurandes*, pour bannir à jamais de la France le monopole & les priviléges exclusifs.

ÉDIT DU ROI,

PORTANT suppression des jurandes & communautés de commerce, arts & métiers; donné à Versailles au mois de février 1776, & registré en parlement le 12 mars audit an.

Louis par la grace de Dieu, roi de France & de Navarre : A tous présens & à venir, SALUT. Nous devons à tous nos sujets, de leur assurer la jouissance pleine & entière de leurs droits; nous devons sur-tout cette protection à cette classe d'hommes, qui, n'ayant de propriété que leur travail & leur industrie, ont d'autant plus le besoin & le droit d'employer dans toute leur étendue, les seules ressources qu'ils aient pour subsister.

Nous avons vu avec peine les atteintes multipliées qu'ont données à ce droit naturel & commun des institutions anciennes, à la vérité, mais que ni le temps, ni l'opinion, ni les actes même émanés de l'autorité, qui semblent les avoir consacrées, n'ont pu légitimer.

Dans presque toutes les villes de notre royaume, l'exercice des différens arts & métiers, est concentré dans les mains d'un petit nombre de maîtres réunis en communauté, qui peuvent seuls, à l'exclusion de tous les autres citoyens, fabriquer ou vendre les objets du commerce particulier dont ils ont le privilége exclusif. En sorte que ceux de nos sujets, qui, par goût ou par nécessité, se destinent à l'exercice des arts & métiers, ne peuvent y parvenir qu'en acquérant la maîtrise, à laquelle ils ne sont reçus qu'après des épreuves aussi longues & aussi pénibles que superflues, & après avoir satisfait à des droits ou des exactions multipliées, par lesquelles une partie des fonds dont ils auroient eu besoin pour monter leur commerce ou leur attelier, ou même pour subsister, se trouve consommée en pure perte.

Ceux dont la fortune ne peut suffire à ces dépenses, sont réduits à n'avoir qu'une subsistance précaire, sous l'empire des maîtres, à languir dans l'indigence, à porter hors de leur patrie une industrie qu'ils auroient pu rendre utile à l'état.

Toutes les classes de citoyens sont privées du droit de choisir les ouvriers qu'ils voudroient employer, & des avantages que leur donneroit la concurrence pour le bas prix & la perfection du travail. On ne peut souvent exécuter l'ouvrage le plus simple, sans recourir à plusieurs ouvriers de communautés différentes, sans essuyer les lenteurs, les infidélités, les exactions que nécessitent ou favorisent les prétentions de ces différentes communautés, & les caprices de leur régime arbitraire & intéressé.

Ainsi les effets de ces établissemens sont, à l'égard de l'état, une diminution inappréciable de commerce & de travaux industrieux; à l'égard d'une nombreuse partie de nos sujets, une perte de salaires & de moyens de subsistance; à l'égard des habitans des villes en général, l'asservissement à des priviléges exclusifs, dont l'effet est absolument analogue à celui d'un monopole effectif: monopole, dont ceux qui l'exercent contre le public en travaillant & vendant, sont eux-mêmes les victimes dans tous les momens où ils ont à leur tour besoin des marchandises ou du travail d'une autre communauté.

Ces abus se sont introduits par degrés. Ils sont originairement l'ouvrage de l'intérêt des particuliers qui les ont établis contre le public. C'est après un long intervalle de temps, que l'autorité, tantôt surprise, tantôt séduite par une apparence d'utilité, leur a donné une sorte de sanction.

La source du mal est dans la faculté même accordée aux artisans d'un même métier, de s'assembler & de se réunir en un corps.

Il paroît que lorsque les villes commencèrent à s'affranchir de la servitude féodale, & à se former en communes, la facilité de classer les citoyens par le moyen de leur profession, introduisit cet usage, inconnu jusqu'alors. Les différentes professions devinrent ainsi comme autant de communautés particulières, dont la communauté générale étoit composée: les confréries religieuses, en resserrant encore les liens qui unissoient entr'elles les personnes d'une même profession, leur donnèrent des occasions plus fréquentes de s'assembler, & de s'occuper dans ces assemblées, de l'intérêt commun des membres de la société particulière; intérêt qu'elles poursuivirent avec une activité continue, au préjudice de ceux de la société générale.

Les communautés une fois formées, rédigèrent des statuts; & sous différens prétextes de bien public, les firent autoriser par la police.

La base de ces statuts, est d'abord, d'exclure du droit d'exercer le métier, quiconque n'est pas membre de la communauté; leur esprit général, est de restreindre, le plus qu'il est possible, le nombre des maîtres, & de rendre l'acquisition de la maîtrise d'une difficulté presque insurmontable pour tout autre que pour les enfans des maîtres actuels. C'est à ce but que sont dirigées la multiplicité des frais & des formalités de réception, les difficultés du chef-d'œuvre toujours jugé arbitrairement, sur-tout la cherté & la longueur inutile des apprentissages, & la servitude prolongée du compagnonage; institutions qui ont encore l'objet de faire jouir les maîtres gratuitement, pendant plusieurs années, du travail des aspirans.

Les communautés s'occupèrent sur-tout d'écarter de leur territoire les marchandises & les ouvrages des forains; elles s'appuyèrent sur le prétendu avantage de bannir du commerce des marchandises qu'elles supposent être mal fabriquées. Ce motif les conduisit à demander pour elles-mêmes des réglemens d'un nouveau genre, tendans à prescrire la qualité des matières premières, leur emploi & leur fabrication. Ces réglemens, dont l'exécution fut confiée aux officiers des communautés, donnèrent à ceux-ci une autorité qui devint un moyen, non-seulement d'écarter encore plus sûrement les forains, sous prétexte de contravention, mais encore d'assujettir les maîtres mêmes de la communauté à l'empire des chefs; & de les forcer, par la crainte d'être poursuivis pour des contraventions supposées, à ne jamais séparer leur intérêt de celui de l'association, & par conséquent à se rendre complices de toutes les manœuvres inspirées par l'esprit de monopole, aux principaux membres de la communauté.

Parmi les dispositions déraisonnables & diversifiées à l'infini de ces statuts, mais toujours dictées par le plus grand intérêt des maîtres de chaque communauté, il en est qui excluent entièrement tous autres que les fils de maîtres, ou ceux qui épousent des veuves de maîtres.

D'autres rejettent tous ceux qu'ils appellent *étrangers*, c'est-à-dire, ceux qui sont nés dans une autre ville.

Dans un grand nombre de communautés, il suffit d'être marié pour être exclus de l'apprentissage, & par conséquent de la maîtrise.

L'esprit de monopole qui a présidé à la confection de ces statuts, a été poussé jusqu'à exclure les femmes des métiers les plus convenables à leur sexe, tels que la broderie, qu'elles ne peuvent exercer pour leur propre compte.

Nous ne suivrons pas plus loin l'énumération des dispositions bisarres, tyranniques, contraires à l'humanité & aux bonnes mœurs, dont sont remplis ces espèces de codes obscurs, rédigés par l'avidité,

adoptés

adoptés fans examen dans des temps d'ignorance, & auxquels il n'a manqué, pour être l'objet de l'indignation publique, que d'être connus.

Ces communautés parvinrent cependant à faire autoriser dans toutes les villes principales, leurs statuts & leurs priviléges, quelquefois par des lettres de nos prédéceffeurs, obtenues fous différens prétextes, ou moyennant finance, & dont on leur a fait acheter la confirmation de régne en régne ; fouvent par des arrêts de nos cours ; quelquefois par de fimples jugemens de police, ou même par le feul ufage.

Enfin, l'habitude prévalut, de regarder ces entraves mifes à l'induftrie, comme un droit commun. Le gouvernement s'accoutuma à fe faire une reffource de finance, des taxes impofées fur ces communautés, & de la multiplication de leurs priviléges.

Henri III donna, par fon édit de décembre 1581, à cette inftitution, l'étendue & la forme d'une loi générale. Il établit les arts & métiers en corps & communautés, dans toutes les villes & lieux du royaume ; il affujettit à la *maîtrife* & à la *jurande* tous les artifans. L'édit d'avril 1597, en aggrava encore les difpofitions, en affujettiffant tous les marchands à la même loi que les artifans. L'édit de mars 1673, purement burfal, en ordonnant l'exécution des deux précédens, a ajouté au nombre des communautés déja exiftantes, d'autres communautés jufqu'alors inconnues.

La finance a cherché de plus en plus à étendre les reffources qu'elle trouvoit dans l'exiftence de ces corps. Indépendamment des taxes, des établiffemens de communautés & de maîtrifes nouvelles, on a créé dans les communautés des offices fous différentes dénominations ; & on les a obligés de racheter ces offices, au moyen d'emprunts qu'elles ont été autorifées à contracter, & dont elles ont payé les intérêts, avec le produit des gages ou des droits qui leur ont été aliénés.

C'eft fans doute l'appât de ces moyens de finance, qui a prolongé l'illufion fur le préjudice immenfe que l'exiftence des communautés caufe à l'induftrie, & fur l'atteinte qu'elle porte au droit naturel.

Cette illufion a été portée, chez quelques perfonnes, jufqu'au point d'avancer que le droit de travailler étoit un droit royal, que le prince pouvoit vendre, & que les fujets devoient acheter.

Nous nous hâtons de rejetter une pareille maxime.

Dieu, en donnant à l'homme des befoins, en lui rendant néceffaire la reffource du travail, a fait, du droit de travailler, la propriété de tout homme, & cette propriété eft la première, la plus facrée & la plus imprefcriptible de toutes.

Nous regardons comme un des premiers devoirs de notre juftice, & comme un des actes les plus dignes de notre bienfaifance, d'affranchir nos fujets de toutes les atteintes portées à ce droit inaliénable de l'humanité : Nous voulons en conféquence

abroger ces inftitutions arbitraires qui ne permettent pas à l'indigent de vivre de fon travail, qui repouffent un fexe à qui fa foibleffe a donné plus de befoins & moins de reffources, & qui femblent, en le condamnant à une mifère inévitable, feconder la féduction & la débauche, qui éteignent l'émulation & l'induftrie, & rendent inutiles les talens de ceux que les circonftances excluent de l'entrée d'une communauté ; qui privent l'état & les arts de toutes les lumières que les étrangers y apporteroient ; qui retardent le progrès de ces arts, par les difficultés multipliées que rencontrent les inventeurs auxquels différentes communautés difputent le droit d'exécuter des découvertes qu'elles n'ont point faites ; qui, par les frais immenfes que les artifans font obligés de payer pour acquérir la faculté de travailler, par les exactions de toutes efpèces qu'ils effuient, par les faifies multipliées pour de prétendues contraventions, par les dépenfes & les diffipations de tous genres, par les procès interminables qu'occafionnent entre toutes ces communautés leurs prétentions refpectives fur l'étendue de leurs priviléges exclufifs, furchargent l'induftrie d'un impôt énorme, onéreux aux fujets, fans aucun fruit pour l'état ; qui enfin, par la facilité qu'elles donnent aux membres des communautés de fe liguer entr'eux, de forcer les membres les plus pauvres à fubir la loi des riches, deviennent un inftrument de monopole, & favorifent des manœuvres, dont l'effet eft de hauffer au-deffus de leur proportion naturelle les denrées les plus néceffaires à la fubfiftance du peuple.

Nous ne ferons point arrêtés dans cet acte de juftice, par la crainte qu'une foule d'artifans n'ufent de la liberté rendue à tous pour exercer des métiers qu'ils ignorent, & que le public ne foit inondé d'ouvrages mal fabriqués. La liberté n'a point produit ces fâcheux effets dans les lieux où elle eft établie depuis long-temps. Les ouvriers des fauxbourgs & des autres lieux privilégiés ne travaillent pas moins bien que ceux de l'intérieur de Paris. Tout le monde fçait d'ailleurs combien la police des *jurandes*, quant à ce qui concerne la perfection des ouvrages, eft illufoire, & que tous les membres des communautés étant portés par l'efprit de corps à fe foutenir les uns les autres, un particulier qui fe plaint, fe voit prefque toujours condamné, & fe laffe de pourfuivre de tribunaux en tribunaux une juftice plus difpendieufe que l'objet de fa plainte.

Ceux qui connoiffent la marche du commerce, favent auffi, que toute entreprife importante de trafic ou d'induftrie exige le concours de deux efpèces d'hommes ; d'entrepreneurs qui font les avances des matières premières, des uftenfiles néceffaires à chaque commerce, & de fimples ouvriers qui travaillent pour le compte des premiers, moyennant un falaire convenu. Telle eft la véritable origine de la diftinction entre les entrepreneurs ou maîtres, & les ouvriers ou compagnons : laquelle eft fondée fur la nature des chofes, & ne dépend point de l'inftitution arbitraire des *jurandes.* Certainement ceux qui emploient dans un commerce leurs capitaux, ont le plus grand intérêt à ne confier leurs matières qu'à de bons ouvriers ; & l'on ne doit pas craindre qu'ils en prennent au hafard de mauvais, qui gâteroient la marchandife, & rebuteroient les acheteurs. On doit préfumer aufli, que les entrepreneurs ne mettront pas leur fortune dans un commerce, qu'ils ne connoîtroient point affez pour être en état de choifir les bons ouvriers & de furveiller leur travail : nous ne craindrons donc point que la *fuppreffion* des *apprentiffages*, des *compagnonages* & des *chef-d'œuvres*, expofe le public à être mal fervi.

Nous ne craindrons pas non plus que l'affluence fubite d'une multitude d'ouvriers nouveaux ruine les anciens ; & occafionne au commerce une fecouffe dangereufe.

Dans les lieux où le commerce eft le plus libre, le nombre des marchands & des ouvriers de tout genre eft toujours limité, & néceffairement proportionné au befoin, c'eft-à-dire, à la confommation. Il ne paffera point cette proportion dans les lieux où la liberté fera rendue. Aucun nouvel entrepreneur ne voudroit rifquer fa fortune, en facrifiant fes capitaux à un établiffement dont le fuccès pourroit être douteux, & où il auroit à craindre la concurrence de tous les maîtres actuellement établis, & jouiffans de l'avantage d'un commerce monté & achalandé.

Les maîtres qui compofent actuellement les communautés, en perdant le privilége exclufif qu'ils ont comme vendeurs, gagneront comme acheteurs à la fuppreffion du privilége exclufif de toutes les autres communautés. Les artifans y gagneront l'avantage de ne plus dépendre dans la fabrication de leurs ouvrages, des maîtres de plufieurs autres communautés, dont chacune réclamoit le privilége de fournir quelque pièce indifpenfable. Les marchands y gagneront, de pouvoir vendre tous les affortiffemens accefloires à leur principal commerce. Les uns & les autres y gagneront fur-tout, de n'être plus dans la dépendance des chefs des officiers de leur communauté, de n'avoir plus à leur payer des droits de vifite fréquens, d'être affranchis d'une foule de contributions pour des dépenfes inutiles ou nuifibles, frais de cérémonies, de repas, d'affemblées, de procès, aufli frivoles par leur objet que ruineux par leur multiplicité.

En *fupprimant ces communautés* pour l'avantage général de nos fujets, nous devons à ceux de leurs créanciers légitimes qui ont contracté avec elles fur la foi de leur exiftence autorifée, de pourvoir à la fûreté de leurs créances.

Les dettes des communautés font de deux claffes, les unes ont eu pour caufe les emprunts faits par les communautés, & dont les fonds ont été verfés en notre tréfor royal pour l'acquifition d'offices créés, qu'elles ont réunis ; les autres ont pour caufe les emprunts qu'elles ont été autorifées à faire, pour fubvenir à leurs propres dépenfes de tout genre.

Les gages attribués à ces offices, & les droits que les communautés ont été autorifées à lever, ont été affectés jufqu'ici au paiement des intérêts des dettes de la première claffe, & même, en partie au rembourfement des capitaux. Il continuera d'être fait fonds des mêmes gages dans nos états, & les mêmes droits continueront d'être levés en notre nom, pour être affectés au paiement des intérêts & capitaux de ces dettes, jufqu'à parfait rembourfement. La partie de ce revenu qui étoit employée par les communautés à leurs propres dépenfes, fe trouvant libre, fervira à augmenter le fonds d'amortiffement, que nous deftinerons au rembourfement des capitaux.

A l'égard des dettes de la feconde claffe, nous nous fommes affurés, par le compte que nous nous fommes fait rendre de la fituation des communautés de notre bonne ville de Paris, que les fonds qu'elles ont en caiffe, ou qui leur font dûs, & les effets qui leur appartiennent, & que leur fuppreffion mettra dans le cas de vendre, fuffiront pour éteindre la totalité de ce qui refte à payer de ces dettes ; & s'ils ne fuffifoient pas nous y pourvoirons.

Nous croyons remplir par là toute juftice envers ces communautés ; car nous ne penfons pas devoir rembourfer à leurs membres actuels les taxes qui ont été exigées d'elles, de régne en régne, pour droit de confirmation ou de joyeux avénement. L'objet de ces taxes, qui fouvent ne font point entrées dans le tréfor de nos prédéceffeurs, a été rempli par la jouiffance qu'ont eue les communautés, de leurs priviléges, pendant le régne fous lequel ces taxes ont été payées.

Ce privilége a befoin d'être renouvellé à chaque régne. Nous avons remis à nos peuples les fommes que nos prédéceffeurs étoient dans l'ufage de percevoir à titre de joyeux avénement ; mais nous n'avons pas renoncé au droit inaliénable de notre fouveraineté, de rappeller à l'examen, des priviléges accordés trop facilement par nos prédéceffeurs, & d'en refufer la confirmation, fi nous les jugeons nuifibles au bien de notre état, & contraires aux droits de nos autres fujets.

C'eft par ce motif que nous nous fommes déterminés à ne point confirmer, & à révoquer expreffément les priviléges accordés par nos prédéceffeurs, aux communautés des marchands & artifans, & à prononcer cette révocation générale pour tout notre royaume, parce que nous devons la même juftice à tous nos fujets.

Mais cette même juftice exigeant, qu'au moment où la *fuppreffion des communautés* fera effectuée, il foit pourvu au paiement de leurs dettes, & les éclairciffemens que nous avons demandés fur la fituation de celles qui exiftent dans les différentes villes de nos provinces, ne nous étant point encore parvenus, nous nous fommes déterminés à suspendre, par un article particulier, l'application de notre présent édit, aux communautés des villes de provinces, jusqu'au moment où nous aurons pris les mesures nécessaires pour pourvoir à l'acquittement de leurs dettes.

Nous sommes, à regret, forcés d'excepter, quant à présent, de la liberté que nous rendons à toute espèce de commerce & d'industrie, les communautés de barbiers perruquiers-étuvistes dont l'établissement diffère de celui des autres corporations de ce genre, en ce que les maîtrises de ces professions ont été créées en titre d'office, dont les finances ont été reçues en nos parties casuelles, avec faculté aux titulaires d'en conserver la propriété par le paiement du centième denier. Nous sommes obligés de différer l'affranchissement de ce genre d'industrie, jusqu'à ce que nous ayons pu prendre des arrangemens pour l'extinction des offices ; ce que nous ferons aussi-tôt que la situation de nos finances nous le permettra.

Il est quelques professions dont l'exercice peut donner lieu à des abus qui intéressent ou la foi publique, ou la police générale de l'état, ou même la sûreté & la vie des hommes : ces professions exigent une surveillance & des précautions particulières de la part de l'autorité publique. Telles sont les professions de la pharmacie, de l'orfévrerie, de l'imprimerie. Les régles auxquelles elles sont actuellement assujetties, sont liées au systême général des jurandes, & sans doute, à cet égard, elles doivent être réformées ; mais les points de cette réforme, les dispositions qu'il sera convenable de conserver ou de changer, sont des objets trop importans pour ne pas demander l'examen le plus réfléchi. En nous réservant de faire connoître dans la suite nos intentions sur les régles à fixer pour l'exercice de ces professions, nous croyons, quant-à-présent, ne devoir rien changer à leur état actuel.

En assurant au commerce & à l'industrie, l'entière liberté & la pleine concurrence dont ils doivent jouir, nous prendrons les mesures que la conservation de l'ordre public exige, pour que ceux qui pratiquent les différens négoces, arts & métiers, soient connus, & constitués en même temps sous la protection & la discipline de la police.

A cet effet, les marchands & artisans, leurs demeures, leur emploi, seront exactement enregistrés. Ils seront classés, non à raison de leur profession, mais à raison des quartiers où ils feront leur demeure. Et les officiers des communautés abrogées, seront remplacés avec avantage, par des syndics établis dans chaque quartier ou arrondissement, pour veiller au bon ordre, rendre compte aux magistrats chargés de la police, & transmettre leurs ordres.

Toutes les communautés ont de nombreuses contestations ; tous les procès qu'une continuelle rivalité avoit élevés entr'elles, demeureront éteints par la réforme des droits exclusifs auxquels elles prétendoient. Si à la dissolution des corps & communautés, il se trouve quelques procès intentés ou soutenus en leur nom, qui présentent des objets d'intérêt réel, nous pourvoirons à ce qu'ils soient suivis jusqu'à jugement définitif, pour la conservation des droits de qui il appartiendra.

Nous pourvoirons encore à ce qu'un autre genre de contestations, qui s'élèvent fréquemment entre les artisans & ceux qui les emploient, sur la perfection ou le prix du travail, soient terminées par les voies les plus simples & les moins dispendieuses.

A CES CAUSES & autres à ce nous mouvant ; de l'avis de notre conseil, & de notre certaine science, pleine puissance & autorité royale, nous avons par notre présent édit perpétuel & irrévocable, dit, statué & ordonné ; disons, statuons & ordonnons, voulons & nous plaît ce qui suit :

ART. Ier. Il sera libre à toutes personnes, de quelque qualité & condition qu'elles soient, même à tous étrangers, encore qu'ils n'eussent point obtenu de nous des lettres de naturalité, d'embrasser & d'exercer dans tout notre royaume, & notamment dans notre bonne ville de Paris, telle espèce de commerce, & telle profession d'arts & métiers que bon leur semblera ; même d'en réunir plusieurs : à l'effet de quoi nous avons *éteint* & *supprimé*, *éteignons* & *supprimons* tous les *corps* & *communautés de marchands* & *artisans, ainsi que les maîtrises* & *jurandes*. Abrogeons tous privilèges, statuts & réglemens donnés auxdits corps & communautés, pour raison desquels nul de nos sujets ne pourra être troublé dans l'exercice de son commerce & de sa profession, pour quelque cause & sous quelque prétexte que ce puisse être.

II. Et néanmoins seront tenus, ceux qui voudront exercer lesdites professions ou commerce, d'en faire préalablement leur déclaration devant le lieutenant général de police, laquelle sera inscrite sur un registre à ce destiné, & contiendra leurs nom, surnom & demeure, & le genre de commerce ou de métier qu'ils se proposent d'entreprendre ; & en cas de changement de demeure ou de profession, ou de cessation de commerce ou de travail, lesdits marchands & artisans feront également tenus d'en faire leur déclaration sur ledit registre ; le tout sans frais, à peine contre ceux qui exerceroient sans avoir fait ladite déclaration, de saisie & de confiscation des ouvrages & marchandises, & de cinquante livres d'amende.

Exceptons néanmoins les maîtres actuels des corps & communautés, lesquels ne seront tenus de faire lesdites déclarations, que dans le cas de changemens de domicile, de profession, réunion de profession nouvelle, ou cessation de commerce & de travail. Exceptons encore les personnes qui font actuellement, ou qui voudront faire par la suite le commerce en gros, notre intention n'étant point de les assujettir à aucunes régles ni formalités, auxquelles

Ggggg ij

es commerçans en gros n'auroient point été sujets ufques à préfent.

III. La déclaration & l'infcription fur le regiftre de la police, ordonnées par l'article ci-deffus, ne concernent que les marchands & artifans qui travaillent pour leur propre compte, & vendent au public. À l'égard des fimples ouvriers qui ne répondent point directement au public, mais aux entrepreneurs d'ouvrages, ou maîtres, pour le compte defquels ils travaillent, lefdits entrepreneurs ou maîtres feront tenus, à toute réquifition, d'en repréfenter au lieutenant général de police, un état, contenant le nom, le domicile & le genre d'induftrie de chacun d'eux.

IV. N'entendons comprendre dans les difpofitions portées par les articles Ier. & II, les profeffions de la pharmacie, de l'orfévrerie, de l'imprimerie & librairie, à l'égard defquelles il ne fera rien innové, jufqu'à ce que nous ayons ftatué fur leur régime, ainfi qu'il appartiendra.

V. Exceptons pareillement des difpofitions defdits articles Ier. & II du préfent édit, les communautés des maîtres barbiers-perruquiers-étuviftes, dans les lieux où leurs profeffions font en charge, jufqu'à ce qu'il en foit autrement par nous ordonné.

VI. Voulons que les maîtres actuels des communautés des bouchers, boulangers & autres, dont le commerce a pour objet la fubfiftance journalière de nos fujets, ne puiffent quitter leurs profeffions qu'un an après la déclaration qu'ils feront tenus de faire devant le lieutenant général de police, qu'ils entendent abandonner leurs profeffion & commerce, à peine de cinq cent livres d'amende, & de plus forte peine s'il y échoit.

VII. Les marchands & artifans qui font affujettis à porter fur un regiftre, le nom des perfonnes de qui ils achettent certaines marchandifes, tels que les orfévres, les merciers, les frippiers & autres, feront obligés d'avoir & de tenir fidèlement lefdits regiftres, & de les repréfenter aux officiers de police à la première réquifition.

VIII. Aucune des drogues dont l'ufage peut être dangereux, ne pourra être vendue, fi ce n'eft par les maîtres apothicaires, ou par les marchands qui en auront obtenu la permiffion fpéciale & par écrit, du lieutenant général de police; & de plus, à la charge d'infcrire fur un regiftre paraphé par ledit lieutenant général de police, les noms, qualités & demeures des perfonnes auxquelles ils en auront vendu, & de n'en vendre qu'à des perfonnes connues & domiciliées : à peine de mille livres d'amende, même d'être pourfuivis extraordinairement, fuivant l'exigence des cas.

IX. Ceux des arts & métiers dont les travaux peuvent occafionner des dangers ou des incommodités notables, foit au public, foit aux particuliers, continueront d'être affujettis aux réglemens de police, faits ou à faire, pour prévenir ces dangers & ces incommodités.

X. Il fera formé dans les différens quartiers des villes de notre royaume, & notamment dans ceux de notre bonne ville de Paris, des arrondiffemens, dans chacun defquels feront nommés, pour la première année feulement, & dès l'enregiftrement, ou lors de l'exécution de notre préfent édit, un fyndic & deux adjoints, par le lieutenant général de police. Et enfuite lefdits fyndic & adjoints feront annuellement élus par les marchands & artifans dudit arrondiffement, & par la voie du fcrutin, dans une affemblée tenue à cet effet, en la maifon & en préfence d'un commiffaire nommé par ledit lieutenant général de police; lequel commiffaire en dreffera procès-verbal, le tout fans frais, pour après néanmoins que lefdits fyndics & adjoints auront prêté ferment devant ledit lieutenant général de police, veiller fur les commerçans & artifans de leur arrondiffement, fans diftinction d'état ou de profeffion, en rendre compte au lieutenant général de police, recevoir & tranfmettre fes ordres : fans que ceux qui feront nommés pour fyndics & adjoints, puiffent refufer d'en exercer les fonctions, ni que pour raifon d'icelles, ils puiffent exiger ou recevoir defdits marchands ou artifans, aucune fomme ni préfent, à titre d'honoraires ou de rétribution, ce que nous leur défendons expreffément, à peine de concuffion.

XI. Les conteftations qui naîtront, à l'occafion des mal-façons & défectuofités des ouvrages, feront portées devant le fieur lieutenant général de police, à qui nous en attribuons la connoiffance exclufivement, pour être, fur le rapport d'experts par lui commis à cet effet, ftatué fommairement fans frais & en dernier reffort, fi ce n'eft que la demande en indemnité excédât la valeur de cent livres; auquel cas, lefdites conteftations feront jugées en la forme ordinaire.

XII. Seront pareillement portées par-devant le fieur lieutenant général de police, pour être par lui jugées fommairement, fans frais & en dernier reffort, jufqu'à concurrence de la valeur de cent livres, les conteftations qui pourroient s'élever, fur l'exécution des engagemens à temps, contrats d'apprentiffage & autres conventions faites entre les maîtres & les ouvriers travaillant pour eux, relativement à ce travail; & dans le cas où l'objet defdites conteftations excéderoit la valeur de cent livres, elles feront jugées en la forme ordinaire.

XIII. Défendons expreffément aux gardes-jurés, ou officiers en charge des corps & communautés, de faire déformais aucunes vifites, infpections, faifies; d'intenter ou pourfuivre aucune action, au nom defdites communautés; de convoquer, ni d'affifter à aucune affemblée, fous quelque motif que ce puiffe être, même fous prétexte d'actes de confréries, dont nous abrogeons l'ufage; & généralement de faire aucunes fonctions en ladite qualité de gardes-jurés, & notamment d'exiger ou de recevoir des membres de leurs communautés, aucune somme, sous quelque prétexte que ce soit, à peine de concuffion; à l'exception néanmoins de celles qui pourront nous être dûes pour les impositions des membres desdits corps & communautés, & dont le recouvrement, tant pour l'année courante, que pour ce qui refte à recouvrer des précédentes années, sera par eux fait & suivi dans la forme ordinaire, jufqu'à parfait paiement.

XIV. Défendons pareillement à tous maîtres, compagnons, ouvriers & apprentifs desdits corps & communautés, de former aucune affociation ni affemblée entr'eux, sous quelque prétexte que ce puiffe être. En conféquence, nous avons éteint & fupprimé, éteignons & fupprimons toutes les confréries qui peuvent avoir été établies tant par les maîtres des corps & communautés, que par les compagnons & ouvriers des arts & métiers, quoiqu'érigées par les ftatuts desdits corps & communautés, ou par tout autre titre particulier, même par lettres patentes de nous ou de nos prédéceffeurs.

XV. A l'égard deschapelles érigées à l'occafion desdites confréries, dotations d'icelles, biens affectés à des fondations, voulons que par les évêques diocéfains, il foit pourvu à leur emploi de la manière qu'ils jugeront la plus utile, ainfi qu'à l'acquittement des fondations; & feront, sur les décrets des évêques, expédiées des lettres patentes adreffées à notre cour de parlement.

XVI. L'édit du mois de novembre 1563, portant érection de la jurifdiction confulaire dans notre bonne ville de Paris, & la déclaration du 18 mars 1728, feront exécutés pour l'élection des juges-confuls, en tout ce qui n'eft pas contraire au préfent édit. En conféquence, voulons que les juges-confuls en exercice dans ladite ville, foient tenus, trois jours avant la fin de leur année, d'appeler & affembler jufqu'au nombre de foixante marchands bourgeois de ladite ville, sans qu'il puiffe être appelé plus de cinq de chacun des trois corps non fupprimés, des apothicaires, orfévres, imprimeurs-libraires, & plus de vingt-cinq nommés parmi ceux qui exerceront les profeffions & commerce de drapiers, épiciers, merciers, pelletiers, bonnetiers & marchands de vin, foit qu'ils exercent lefdites profeffions feulement, ou qu'ils y réuniffent d'autres profeffions de commerce ou d'arts & métiers, entre lefquels feront préférablement admis les gardes, fyndics & adjoints defdits trois corps non fupprimés, ainfi que ceux qui exerceront ou auront exercé les fonctions des fyndics ou adjoints, des commerçans & artifans dans les différens arrondiffemens de ladite ville; à l'égard de ceux qui feront néceffaires pour achever de remplir le nombre de foixante, feront appelés auffi par lefdits juges & confuls, des marchands & négocians ou autres notables bourgeois verfés au fait

du commerce, jufqu'au nombre de vingt, lefquels foixante, enfemble les cinq juges-confuls en exercice, & non autres, en éliront trente d'entr'eux, pour procéder dans la forme & fuivant les difpofitions portées par ledit édit & ladite déclaration, à l'élection des nouveaux juges & confuls, lefquels continueront de prêter ferment en la grand'chambre de notre parlement, en la manière accoutumée.

XVII. Tous procès actuellement exiftans, dans quelque tribunal que ce foit, entre lefdits corps & communautés, à raifon de leurs droits, privilèges, ou à quelqu'autre titre que ce puiffe être, demeureront éteints en vertu du préfent édit. Défendons à tous gardes-jurés, fondés de procuration, & autres agens quelconques defdits corps & communautés, de faire aucunes pourfuites pour raifon defdits procès, à peine de nullité, & de répondre en leur propre & privé nom, des dépens qui auront été faits. Et à l'égard des procès réfultans de faifies d'effets & marchandifes, ou qui y auroient donné lieu, voulons qu'ils demeurent également éteints, & que lefdits effets & marchandifes foient rendus à ceux fur lefquels ils auront été faifis, en vertu de la fimple décharge qu'ils en donneront aux perfonnes qui s'en trouveront chargées ou dépofitaires, fauf à pourvoir au paiement des frais faits jufqu'à ce jour, fur la liquidation qui en fera faite par le lieutenant général de police que nous commettons à cet effet, ainfi que pour procéder à celles des reftitutions, dommages, intérêts & frais, qui pourroient être dûs à des particuliers, lefquels feront pris, s'il y a lieu, fur les fonds appartenans aufdites communautés, finon il y fera par nous autrement pourvu.

XVIII. A l'égard des procès defdits corps & communautés qui concerneroient des propriétés foncières, des locations, des paiemens d'arrérages de rentes, & autres objets de pareille nature, nous nous réfervons de pourvoir aux moyens de les faire promptement inftruire & juger par les tribunaux qui en font faifis.

XIX. Voulons que, dans le délai de trois mois, tous gardes, fyndics & jurés, tant ceux qui fe trouvent actuellement en charge, que ceux qui font fortis d'exercice, & qui n'ont pas encore rendu les comptes de leur adminiftration, foient tenus de les préfenter; fçavoir, dans notre ville de Paris, au lieutenant général de police; & dans les provinces, aux commiffaires qui feront par nous députés à cet effet, pour être arrêtés ou revifés dans la forme ordinaire; & d'en payer le reliquat à qui fera par nous ordonné, pour les deniers qui en proviendront, être employés à l'acquittement des dettes defdites communautés.

XX. A l'effet de pourvoir au paiement des dettes des communautés de la ville de Paris, & à la fûreté des droits de leurs créanciers, il fera remis fans délai, entre les mains du lieutenant général de police, des états defdites dettes, des rembourfemens faits, de ceux qui reftent à faire, & des moyens de les effectuer, même des immeubles réels ou fictifs, effets ou dettes mobiliaires qui fe trouveroient leur appartenir. Tous ceux qui fe prétendront créanciers defdites communautés, feront pareillement tenus, dans l'efpace de trois mois, du jour de la publication du préfent édit, de remettre au lieutenant général de police, les titres de leurs créances, ou copies dûement collationnées d'iceux, pour être procédé à leur liquidation, & pourvu au rembourfement, ainfi qu'il appartiendra.

XXI. Le produit des droits impofés par les rois nos prédéceffeurs, fur différentes matières & marchandifes, & dont la perception & régie a été accordée à aucuns des corps & communautés de la ville de Paris, ainfi que les gages qui leur font attribués à caufe du rachat des offices créés en divers temps, lefquels font compris dans l'état des charges de nos finances, continueront d'être affectés, exclufivement à toute autre deftination, au paiement des arrérages & au rembourfement des capitaux des emprunts faits par lefdites communautés. Voulons que la fomme excédente, dans ces produits, celle qui fera néceffaire pour l'acquittement des arrérages, ainfi que toute l'épargne réfultante, foit de la diminution des frais de perception, foit de la fuppreffion des dépenfes de communauté, qui fe prenoient fur ces produits, foit de la diminution des intérêts par les rembourfemens fucceffifs, foit employée en accroiffement du fonds d'amortiffement, jufqu'à l'entière extinction des capitaux defdits emprunts; & à cet effet fera par nous établi une caiffe particulière, fous l'infpection du lieutenant général de police, dans laquelle feront annuellement verfés, tant le montant defdits gages, que le produit defdites régies, pour être employés au paiement des arrérages & rembourfement des capitaux.

XXII. Il fera procédé par-devant le lieutenant général de police, dans la forme ordinaire, à la vente des immeubles réels ou fictifs, ainfi que des meubles appartenans auxdits corps & communautés, pour en être le prix employé à l'acquittement de leurs dettes, ainfi qu'il a été ordonné par l'article XX ci-deffus. Et dans le cas où le produit de ladite vente excéderoit, pour quelque corps ou communauté, le montant de fes dettes, tant envers nous qu'envers des particuliers, ledit excédent fera partagé par portions égales, entre les maîtres actuels dudit corps ou communauté.

XXIII. Et à l'égard des dettes des corps & communautés, établis dans nos villes de province, ordonnons que dans ledit délai de trois mois, ceux qui fe prétendront créanciers defdits corps & communautés, feront tenus de remettre ès-mains du contrôleur général de nos finances, les titres de leurs créances ou expéditions collationnées d'iceux, pour fur le vu defdits titres, être fixé le montant defdites

dettes, & par nous pourvu à leur rembourfement & jufqu'à ce que nous ayons pris les mefures néceffaires à cet égard, fufpendons dans lefdites villes de province, la fuppreffion ordonnée par le préfent édit.

XXIV. Avons dérogé & dérogeons, par le préfent édit, à tous édits, déclarations, lettres patentes, arrêts, ftatuts & réglemens contraires à icelui.

SI DONNONS EN MANDEMENT à nos amés & féaux confeillers les gens tenant notre cour de parlement à Paris, que notre préfent édit ils aient à faire lire, publier & regiftrer, & le contenu en icelui garder, obferver & exécuter felon fa forme & teneur, nonobftant toutes chofes à ce contraires; aux copies duquel, collationnées par l'un de nos amés & féaux confeillers-fecrétaires, voulons que foi foit ajoutée comme à l'original : CAR TEL EST NOTRE PLAISIR; & afin que ce foit chofe ferme & ftable à toujours, nous y avons fait mettre notre fcel. DONNÉ à Verfailles au mois de février, l'an de grace mil fept cent foixante-feize, & de notre régne, le deuxième, Signé LOUIS. Et plus bas, par le roi. Signé DE LAMOIGNON. Vifa HUE DE MIROMÉNIL. Vu au confeil, TURGOT. Et fcellé du grand fceau de cire verte, en lacs de foie rouge & verte.

Lû & publié, LE ROI féant en fon lit de juftice, & regiftré au greffe de la cour, &c, &c. Fait à Verfailles le douze mars mil fept cent foixante feize. Signé LE BRET,

ÉDIT DU ROI,

Portant nouvelle création de fix corps de marchands, & de quarante-quatre communautés d'arts & métiers ; donné à Verfailles au mois d'août 1776 ; regiftré en parlement le vingt-trois août mil fept cent foixante-feize.

Louis, par la grace de Dieu, roi de France & de Navarre : à tous préfens & à venir; SALUT. Notre amour pour nos fujets nous avoit engagé à fupprimer, par notre édit du mois de février dernier, les jurandes & communautés de commerce, arts & métiers. Toujours animé du même fentiment & du defir de procurer le bien de nos peuples, nous avons donné une attention particulière aux différens mémoires qui nous ont été préfentés à ce fujet, & notamment aux repréfentations de notre cour de parlement, & ayant reconnu que l'exécution de quelques-unes des difpofitions que cette loi contient, pouvoit entraîner des inconvéniens, nous avons cru devoir nous occuper du foin d'y remédier, ainfi que nous l'avions annoncé. Mais perfévérant dans la réfolution où nous avons toujours été de détruire les abus qui exiftoient avant notre édit dans les corps & communautés d'arts & métiers, & qui pouvoient nuire au progrès des arts, nous avons jugé néceffaire, en *créant de nouveau fix corps de mar chands & quelques communautés d'arts & mé-tiers*, de conserver libres certains genres de métiers ou de commerces qui ne doivent être assujettis à aucuns réglemens particuliers ; de réunir les professions qui ont de l'analogie entr'elles, & d'établir à l'avenir des régles dans le régime desdits corps & communautés, à la faveur desquelles la discipline intérieure & l'autorité domestique des maîtres sur les ouvriers seront maintenus, sans que le commerce, les talens & l'industrie soient privés des avantages attachés à cette liberté, qui doit exciter l'émulation, sans introduire la fraude & la licence. La concurrence établie pour des objets de commerce, fabrication & façon d'ouvrages, produira une partie de ces heureux effets ; & le rétablissement des corps & communautés fera cesser les inconvéniens résultans de la confusion des états. Les professions qu'il sera libre à toutes personnes d'exercer indistinctement, continueront d'être une ressource ouverte à la partie la plus indigente de nos sujets. Les droits & frais pour parvenir à la réception dans lesdits corps & communautés, réduits à un taux très-modéré, & proportionné au genre & à l'utilité du commerce & de l'industrie, ne seront plus un obstacle pour y être admis. Les filles & femmes n'en seront point exclues. Les professions qui ne sont pas incompatibles pourront être cumulées. Il sera libre aux anciens maîtres de payer des droits peu onéreux, au moyen desquels leurs anciennes prérogatives leur seront rendues. Ceux qui ne voudront pas les acquitter n'en jouiront pas moins du droit d'exercer, comme avant notre édit, leur commerce ou profession. Les particuliers qui ont été inscrits sur les livres de la police, en vertu de notredit édit, jouiront aussi, moyennant le paiement qu'ils feront chaque année d'une somme modique, du bénéfice de cette loi. La facilité d'entrer dans lesdits corps & communautés, les moyens que notre amour pour nos sujets & des vues de justice nous inspireront, feront cesser l'abus des priviléges. Nous nous chargerons de payer les dettes que lesdits corps & communautés avoient contractées ; & jusqu'à ce qu'elles soient entièrement acquittées, leurs créanciers conserveront leurs droits, priviléges & hypothéques. Nous pourvoirons aussi au paiement des indemnités qui pourroient être dues à cause de la suppression des corps & communautés. Les procès, qui existoient avant ladite suppression, demeureront entiers ; & nous prendrons des mesures capables d'arrêter les contestations fréquentes qui étoient si préjudiciables à leurs intérêts & au bien du commerce. En rectifiant ainsi ce que l'expérience a fait connoître de vicieux dans le régime des communautés, en fixant par de nouveaux statuts & réglemens un plan d'administration sage & favorable, lequel dégagera des gênes que les anciens statuts avoient apportées à l'exercice du commerce & des professions, & détruisant des usages qui avoient donné naissance à une infinité d'abus, d'excès & de manœuvres dans les jurandes, & contre lesquelles nous

avons dû faire un usage légitime de notre autorité, nous conserverons de ces anciens établissemens les avantages capables d'opérer le bon ordre & la tranquillité publique. A CES CAUSES & autres à ce nous mouvant, de l'avis de notre conseil, & de notre certaine science, pleine puissance & autorité royale, nous avons par notre présent édit, perpétuel & irrévocable, dit, statué & ordonné, disons, statuons & ordonnons, voulons & nous plaît ce qui suit.

ART. Ier. Les marchands & artisans de notre bonne ville de Paris seront classés & réunis, suivant le genre de leur commerce, profession ou métier ; à l'effet de quoi nous avons rétabli & rétablissons, & , en tant que besoin est, créons & érigeons de nouveau *six corps de marchands*, y compris *celui des orfévres*, & *quarante-quatre communautés d'arts & métiers*. Voulons que lesdits corps & communautés jouissent, exclusivement à tous autres, du droit & faculté d'exercer les commerces, métiers & professions qui leur sont attribués & dénommés en l'état arrêté en notre conseil, lequel demeurera annexé à notre présent édit.

II. En ce qui concerne les autres commerces, métiers & professions, dont la liste sera pareillement annexée à notre présent édit, il sera permis à toutes personnes de les exercer, à la charge seulement d'en faire préalablement leur déclaration devant le sieur lieutenant général de police ; ladite déclaration sera inscrite sur un registre à ce destiné ; elle contiendra les nom, surnom, âge & demeure de celui qui se présentera, & le genre de commerce ou de travail qu'il se proposera d'exercer. En cas de changement de profession ou de demeure, comme aussi, en cas de cessation, lesdits particuliers seront pareillement tenus d'en faire leur déclaration, le tout sans aucun droit ni frais.

III. N'entendons comprendre dans les dispositions des articles précédens, le corps des apothicaires, nous réservant de nous expliquer particulièrement sur ce qui concerne la profession de pharmacie.

IV. Il ne sera rien innové en ce qui concerne la communauté des maîtres barbiers-perruquiers-étuvistes, lesquels continueront de jouir de leurs offices comme par le passé, jusqu'à ce qu'il en soit par nous autrement ordonné ; permettons néanmoins aux coëffeuses de femmes d'exercer leur profession, à la charge seulement d'en faire la déclaration ordonnée par l'article II.

V. Les marchands des six corps jouiront de la prérogative de parvenir au consulat & à l'échevinage, ainsi qu'en jouissoient ci-devant les six anciens corps de marchands, le tout suivant les conditions portées aux articles subséquens.

VI. Ceux qui voudront être admis dans les corps ou communautés créés par l'article premier, seront tenus de payer indistinctement, pour tout droit d'admiſſion ou réception, les ſommes fixées par le tarif que nous avons fait arrêter en notre conſeil, & qui ſera annexé à notre préſent édit.

VII. Ceux qui avoient été reçus maîtres dans les anciens corps & communautés, & leurs veuves, pourront continuer d'exercer leur commerce ou profeſſion, ſans payer aucuns droits; mais ils ne pourront être admis comme maîtres dans les nouveaux corps & communautés, ni faire un nouveau commerce, ou participer aux avantages & priviléges deſdits corps & communautés, qu'en payant, & ce dans trois mois pour tout délai, les droits de confirmation, de réunion ou d'admiſſion dans les ſix corps que nous avons fixés; ſçavoir : le droit de confirmation, au cinquiéme des droits de réception; celui de réunion d'un commerce ou d'une profeſſion, dans lequel ſe trouvera compris le droit de confirmation, au quart de ladite fixation, ou au tiers, lorſqu'il ſe trouvera plus d'un genre de commerce ou de profeſſion réunis; & enfin celui d'admiſſion dans l'un des ſix corps, lequel ſera indépendant du droit de confirmation & de réunion, au tiers de ladite fixation, le tout conformément au tarif qui ſera annexé à notre préſent édit.

VIII. Les marchands & artiſans de l'un & de l'autre ſexe, qui ont été inſcrits ſur les livres de la police, depuis le mois de mars dernier, pourront continuer d'exercer librement leur commerce ou profeſſion; à la charge ſeulement de payer annuellement à notre profit, & tant qu'ils continueront ledit exercice, un dixiéme du prix fixé par le tarif, pour l'admiſſion dans chacun des corps ou communautés, dont dépendra le commerce ou la profeſſion pour lequel ils ſe ſont fait enregiſtrer; ſi mieux ils n'aiment ſe faire recevoir maîtres aux conditions portées en l'article VI, & de la manière qui ſera ordonnée ci-après.

IX. Les maîtres & maîtreſſes des corps & communautés, qui deſireront cumuler deux ou pluſieurs commerces ou profeſſions dépendans de différens corps ou communautés, ſeront tenus de ſe préſenter au lieutenant général de police; &, dans le cas où il jugera que leſdits commerces ou profeſſions ne ſont point incompatibles, & que leur réunion ne peut nuire à la police ni à la ſûreté publique, il leur ſera délivré, ſur les concluſions de notre procureur au châtelet, une permiſſion ſur laquelle ils ſeront reçus & admis dans leſdits corps & communautés, en payant toutefois les droits fixés par le tarif pour l'admiſſion & réception dans chacun deſdits corps & communautés.

X. Les filles & femmes ſeront admiſes & reçues dans leſdits corps & communautés, en payant pareillement les droits fixés par ledit tarif, ſans cependant qu'elles puiſſent, dans les communautés d'hommes, être admiſes à aucune aſſemblée, ni exercer aucunes des charges. Les hommes ne pourront pareillement être admis aux aſſemblées, ni exercer

aucunes charges dans les communautés de femmes.

XI. Les veuves des maîtres qui ſeront reçues par la ſuite, ne pourront continuer plus d'une année, à compter du jour du décès de leurs maris, leurs commerces ou leurs profeſſions, à moins que dans ledit délai elles ne ſe faſſent recevoir maîtreſſes dans le corps ou la communauté de leurs maris; & dans ce cas, elles ne paieront que la moitié des droits fixés par le tarif; ce qui ſera pareillement obſervé pour les hommes qui deviendront veufs d'une maîtreſſe.

XII. Nul ne pourra être admis à la maîtriſe avant l'âge de vingt ans pour les hommes, s'il n'eſt marié, & de dix-huit ans pour les filles, à peine de nullité des réceptions & de perte des droits payés pour icelles; ſauf à nous à accorder, dans des cas favorables, telles diſpenſes que nous jugerons convenables.

XIII. Les étrangers pourront être admis dans leſdits corps & communautés aux conditions portées aux articles précédens; &, dans ce cas, voulons qu'ils ſoient affranchis de tout droit d'aubaine pour leur mobilier & leurs immeubles fictifs ſeulement.

XIV. Les maîtres & maîtreſſes qui auront payé les droits, & ceux qui ſeront reçus par la ſuite, jouiront dans nos provinces du droit qui étoit attaché aux maîtriſes ſupprimées; ils pourront en conſéquence exercer librement dans tout notre royaume leur commerce ou profeſſion, à la charge par eux de ſe faire enregiſtrer ſans frais au bureau du corps ou de la communauté de la ville en laquelle ils voudroient faire leur réſidence.

XV. Il ſera fait dans chaque corps ou communauté, trois tableaux différens. Le premier contiendra les noms, par ordre d'ancienneté, de tous ceux qui auront payé les droits de confirmation, de réunion & d'admiſſion dans les ſix corps, & les droits de confirmation & de réunion dans les autres communautés. Le ſecond tableau contiendra les noms des anciens maîtres qui n'auront pas acquitté les droits ci-deſſus. Et enfin, le troiſiéme tableau contiendra les noms de ceux qui ont été enregiſtrés depuis le mois de mars dernier ſur les livres de la police. Ceux ou celles qui ſeront reçus à l'avenir dans leſdits corps & communautés, ſeront inſcrits à la ſuite du premier tableau; & ſeront leſdits tableaux arrêtés chaque année, ſans frais, par le lieutenant général de police.

XVI. Les anciens maîtres qui, n'ayant point acquitté dans les trois mois les droits établis par l'article VII, ſeront compris dans le ſecond tableau, ne ſeront admis à aucune aſſemblée; ils ne participeront point à l'adminiſtration, ni à aucune des prérogatives des corps & communautés; & ils ſeront tenus de ſe renfermer dans les bornes du commerce ou de la profeſſion qu'ils avoient droit d'exercer avant la ſuppreſſion des maîtriſes, & ce

néanmoins

néanmoins fous l'infpection des gardes, fyndics & adjoints des corps & communautés auxquelles ils feront aggrégés pour l'exercice de leur commerce ou profeffion feulement, ainfi que pour le paiement des impofitions.

XVII. A l'égard des particuliers qui fe trouveront infcrits fur les regiftres de la police, ils feront pareillement tenus de fe renfermer dans l'exercice du commerce ou de la profeffion pour lefquels ils ont été infcrits, fans pouvoir participer ni aux prérogatives, ni à l'adminiftration des corps & communautés auxquels ils ne feront pareillement qu'aggrégés; &, faute par eux de payer les droits portés en l'article VIII, ils feront de plein droit déchus de l'exercice de tout commerce & profeffion dépendans defdits corps & communautés, rayés du tableau, & réputés ouvriers fans qualité.

XVIII. Lefdits corps & communautés feront repréfentés par des députés au nombre de vingt-quatre pour les corps & communautés qui feront compofés de moins de trois cent maîtres, & de trente-fix pour ceux qui feront compofés d'un plus grand nombre. Lefdits députés feront préfidés par des gardes ou fyndics & leurs adjoints, & pourront feuls s'affembler & délibérer fur les affaires qui intérefferont les droits des corps & communautés. Les délibérations qui feront prifes dans lefdites affemblées, obligeront tout le corps ou la communauté, & ne pourront néanmoins être exécutés qu'après avoir été homologuées ou autorifées par le lieutenant général de police.

XIX. Lefdits députés feront choifis dans des affemblées qui feront indiquées à cet effet tous les ans par le lieutenant général de police; elles fe tiendront dans le lieu qui fera par lui défigné. Voulons qu'elles ne foient compofées que de la claffe des membres qui feront impofés à la plus forte taxe d'induftrie, au nombre de deux cent pour les corps & communautés qui feront compofés de moins de fix cent maîtres; & de quatre cent maîtres pour ceux qui feront compofés d'un plus grand nombre : Voulons pareillement que les députés ne puiffent être choifis que dans ladite claffe, & nommés par la voix du fcrutin, fans pouvoir être continués.

XX. Et, afin que les affemblées dans lefquelles il fera procédé au choix & à la nomination des députés, ne foient ni trop nombreufes, ni tumultueufes, voulons que, dans les corps & communautés dont les affemblées feront compofées de plus de cent maîtres, lefdites affemblées foient faites divifément & par centaine, & qu'il foit formé à cet effet, par le lieutenant général de police, une divifion de notre bonne ville de Paris & de fes fauxbourgs en quatre quartiers; & les maîtres domiciliés dans chacun de ces quartiers, ou dans deux quartiers réunis, choifiront & nommeront féparément, & en des jours différens, les députés de chaque divifion.

Commerce. Tome II. Part. II.

XXI. Il y aura dans chacun des fix corps, trois gardes & trois adjoints; & dans chaque communauté, deux fyndics & deux adjoints; lefquels auront la régie & adminiftration des affaires, & la manutention des revenus defdits corps & communauté, & feront chargés de veiller à la difcipline des membres & à l'exécution des réglemens; ils exerceront conjointement leurs fonctions pendant deux années confécutives, la première en qualité d'adjoints, & la feconde en qualité de gardes ou fyndics. Lefdits gardes & fyndics feront nommés, pour la première fois feulement, par le lieutenant-général de police; & leur exercice ne durera qu'une année, après laquelle ils feront remplacés par les adjoints qui feront pareillement nommés, pour cette fois feulement, par le fieur lieutenant-général de police.

XXII. Dans les trois jours qui fuivront la nomination des députés, ils feront tenus de s'affembler; fçavoir; ceux des fix corps, au bureau de leurs corps; & ceux des communautés, en l'hôtel de notre procureur au châtelet, pour y procéder, par la voie du fcrutin, & en fa préfence, à l'élection des adjoints qui remplaceront ceux qui, ayant géré en ladite qualité en l'année précédente, pafferont, en leur feconde année, aux places de gardes ou fyndics; lefquels adjoints ne pourront être choifis que parmi les membres qui auront été députés dans les années précédentes.

XXIII. Les gardes, fyndics & adjoints ne pourront procéder à l'admiffion d'un maître ou d'une maîtreffe, qu'après qu'il aura prêté le ferment accoutumé devant notre procureur au châtelet; à l'effet de quoi deux defdits gardes, fyndics, ou adjoints, feront tenus de fe rendre, avec l'afpirant, en fon hôtel; & il fera fait mention de ladite preftation de ferment dans l'acte d'enregiftrement de la réception fur le livre de la communauté.

XXIV. Les gardes, fyndics & adjoints procéderont feuls à l'admiffion des maîtres & à l'enregiftrement de leur réception fur le livre de la communauté; & les honoraires qui leur feront attribués pour les réceptions, feront partagés également entr'eux; leur défendons d'exiger ou recevoir des récipiendaires, fous quelque prétexte que ce puiffe être, aucune autre fomme que celles qui leur feront attribuées, ainfi qu'à la communauté, même d'exiger ou recevoir defdits récipiendaires, à titre d'honoraire ou de droit de préfence, aucun repas, jetons ou autres préfens, fous peine d'être procédé contr'eux extraordinairement comme concuffionnaires, fauf aux récipiendaires à acquitter par eux-mêmes le coût de leurs lettres de maîtrife & le droit de l'hôpital, duquel droit ils feront tenus de repréfenter la quittance avant d'être admis à la maîtrife.

XXV. Les droits dûs aux officiers de notre châtelet, pour l'élection des adjoints & la réception

Hhhhh

des maîtres ou maîtresses, sont & demeureront fixés; sçavoir, à notre procureur au châtelet, pour l'élection des trois adjoints dans chacun des corps, y compris son transport à leur Bureau, à la somme de quarante-huit livres; pour l'élection des deux adjoints dans les communautés, à celle de vingt-quatre livres; & pour chaque réception de maître ou maîtresse, à la somme de vingt-quatre livres, lorsque les droits de réception excéderont celle de quatre cent livres, & à douze livres lorsque lesdits droits seront de quatre cent livres & au-dessous: aux substituts de notre procureur au châtelet, à quatre livres pour chaque élection des adjoints, & quatre livres pour chaque réception; & au greffier, pour chacune desdites élection & réception, cinq livres, en ce non compris les droits de scel & signature.

XXVI. Le quart des droits de réception à la maîtrise dans lesdits corps & communautés, sera perçu par les gardes, syndics & adjoints, & sera employé à la déduction du cinquième dudit quart, que nous leur attribuons pour leurs honoraires, aux dépenses communes du corps ou de la communauté. Dans le cas où le produit dudit quart ne se trouveroit pas suffisant pour subvenir à ladite dépense, l'excédent sera imposé sur tous les membres du corps ou de la communauté, par un rôle de répartition qui sera au marc la livre de l'industrie, & déclaré exécutoire par le lieutenant-général de police.

XXVII. Les trois autres quarts seront perçus à notre profit, & seront employés, avec le produit de la vente qui a été ou sera faite du mobilier & des immeubles des anciens corps & communautés, à l'extinction & à l'acquittement des dettes & rentes que lesdits corps & communautés pouvoient avoir contractées, tant envers nous qu'envers des particuliers, ainsi qu'au paiement des indemnités qui pourroient être dûes, à quelque titre que ce soit, à cause de la suppression desdits corps & communautés, & enfin à l'acquittement des pensions à titre d'aumône que quelques-uns des anciens corps & communautés étoient autorisés à faire à leurs pauvres maîtres & à leurs veuves.

XXVIII. Les gardes, syndics ou adjoints ne pourront former aucune demande en justice, autre que celle en validité des saisies faites de l'autorité du lieutenant-général de police, appeller d'une sentence, ni intervenir en aucune cause, soit principale, soit d'appel, qu'après y avoir été spécialement autorisés par une délibération des députés du corps ou de la communauté, & ce, sous peine de répondre en leur propre & privé nom de l'événement des contestations, si mieux ils n'aiment cependant poursuivre lesdites affaires pour leur compte personnel, & ce à leurs risques, périls & fortune.

XXIX. Les gardes, syndics & adjoints ne pourront faire aucun accommodement sur des saisies qui seront causées par des contraventions à leurs statuts & réglemens, qu'après y avoir été

autorisés par le sieur lieutenant-général de police, aux conditions par lui réglées; sous peine de destitution de leurs charges & de trois cent livres d'amende, dont moitié à notre profit & l'autre moitié à celui de la communauté; &, lorsque le fond des droits du corps ou de la communauté sera contesté, ils ne pourront transiger qu'après une délibération des députés du corps ou de la communauté, revêtue de l'autorisation du lieutenant-général de police, sous peine de nullité de la transaction, & de pareille amende.

XXX. Ils ne pourront faire aucunes dépenses extraordinaires, autres que celles qui seront fixées par la suite par des réglemens particuliers, ni obliger le corps ou la communauté, pour quelque cause ou en quelque manière que ce puisse être, qu'après y avoir été autorisés par une délibération duement homologuée, ou une ordonnance spéciale du lieutenant général de police, & ce, sous peine de radiation desdites dépenses dans leurs comptes, & d'être tenus personnellement des obligations qu'ils auroient contractées pour le corps ou la communauté: défendons aussi auxdits corps & communautés de faire aucuns emprunts, s'ils n'y sont autorisés par des édits, déclarations ou lettres-patentes duement enregistrés.

XXXI. Les gardes, syndics & adjoints seront tenus, deux mois après la fin de chaque année de leur exercice, de rendre compte de leur gestion & administration aux adjoints qui auront été élus pour leur succéder, & aux députés du corps ou de la communauté qui auront élu lesd. nouveaux adjoints; lequel compte sera par eux examiné, contredit; si le cas y échet, & arrêté, & le reliquat sera remis provisoirement aux gardes, syndics & adjoints lors en charge, nous réservant de prescrire la forme en laquelle il sera procédé à la révision des comptes desdits corps & communautés; défendons au surplus très-expressément d'y porter aucune dépense pour présens à titre d'étrennes, ou sous quelque prétexte que ce puisse être, sous peine de radiation desdites dépenses, dont lesdits gardes, syndics & adjoints demeureront responsables en leur propre & privé nom.

XXXII. Toutes les contestations à naître concernant les corps des marchands & communautés d'arts & métiers, & la police générale & particulière desdits corps & communautés, continueront d'être portées en première instance aux audiences de police de notre châtelet, en la manière accoutumée, sauf l'appel en notre parlement.

XXXIII. Les ordonnances & réglemens concernant le colportage, seront exécutés; en conséquence, faisons défenses aux maîtres & maîtresses des corps & communautés, à ceux qui leur seront aggrégés, & à tous gens sans qualité, de colporter, crier & étaler aucunes marchandises dans les rues, places & marchés publics, & de les porter de maison en maison pour les y annoncer, sous peine de saisie

& confifcation defdites marchandifes, & d'amende. N'entendons comprendre dans lefdites défenfes les marchandifes de fruiterie, les légumes, herbages & autres menues denrées & marchandifes dont l'étalage & le colportage dans les rues ont été de tous temps permis, ainfi que celles dont le débit tient aux profeffions libres, & qui font comprifes dans la lifte annexée à notre préfent édit.

XXXIV. Voulons néanmoins que les pauvres maîtres & veuves des maîtres qui ne feront point en état d'avoir une boutique, puiffent, après avoir obtenu les permiffions requifes & ordinaires, tenir une échoppe ou étalage couvert & en lieu fixe dans les rues, places & marchés, pourvu qu'ils n'embarraffent point la voie publique, à la charge par eux d'en faire leur déclaration au bureau de leur corps ou communauté; même de renouveller ladite déclaration à chaque changement de place, & d'avoir dans l'endroit le plus apparent de leur échoppe ou étalage, un tableau fur lequel feront imprimés en gros caractères leurs noms & qualités; & dans ce cas, lefdits maîtres ou veuves de maîtres feront tenus de faire perfonnellement par eux-mêmes, leurs femmes ou enfans, leur commerce, fans pouvoir fe faire repréfenter par aucun autre prépofé auxdites échoppes ou étalages, fous les peines portées en l'article précédent. N'entendons comprendre dans les marchandifes qui pourront être ainfi étalées, celles de matières d'or & d'argent, ainfi que les armes offenfives & défenfives, dont nous défendons l'étalage & le colportage.

XXXV. Les maîtres & aggrégés ne pourront louer leur maîtrife, ni prêter leur nom directement ou indirectement à d'autres maîtres, & particulièrement à des gens fans qualité, fous peine d'être deftitués de leurs maîtrifes, & privés du droit qu'ils avoient d'exercer leur commerce ou profeffion, même d'être condamnés à des dommages & intérêts, & à une amende envers le corps ou la communauté.

XXXVI. Défendons à toutes perfonnes fans qualité d'entreprendre fur les droits & profeffions defdits corps & communautés, à peine de confifcation des marchandifes, outils & uftenfiles trouvés en contravention, d'amende & de dommages & intérêts; le tout applicable, fçavoir, les trois quarts aux corps & communautés, & l'autre quart aux gardes, fyndics & adjoints qui auront fait la faifie. Permettons néanmoins à tout particulier de faire le commerce en gros, lequel demeurera libre, comme par le paffé. Voulons pareillement que tous les habitans de notre bonne ville de Paris puiffent tirer directement des provinces, & en acquittant les droits qui peuvent être dûs, les denrées & marchandifes qui leur feront néceffaires pour leur ufage & leur confommation feulement.

XXXVII. Tous les maîtres & aggrégés dans chaque corps ou communauté pourront s'établir &

ouvrir boutique par-tout où ils jugeront à propos, fans avoir égard à la diftance des boutiques ou atteliers, à l'exception cependant des garçons ou compagnons, lefquels, en s'établiffant, feront tenus de fe conformer à l'égard des maîtres chez lefquels ils auront fervi & travaillé, aux ufages admis dans chaque corps & communauté, & aux réglemens qui feront faits à ce fujet.

XXXVIII. Les maîtres ne pourront, s'ils n'y font expreffément autorifés par leurs ftatuts, donner aucun ouvrage à faire en ville, ni employer aucun apprentif, compagnon ou ouvrier hors de leurs boutiques, magafins ou atteliers, & ce, fous quelque prétexte que ce puiffe être, fi ce n'eft pour pofer & finir les ouvrages qui leur auront été commandés, dans les lieux pour lefquels ils feront deftinés, fous peine de confifcation defdits ouvrages ou marchandifes, & d'amende; leur défendons pareillement, & fous la même peine, de tenir & d'avoir plus d'une boutique ou attelier, à moins qu'ils n'ayent obtenu la permiffion de cumuler deux profeffions dans plufieurs corps & communautés.

XXXIX. Il fera procédé à des nouveaux ftatuts & réglemens pour chacun des *fix corps* & des *quarante-quatre communautés*, *créés* par le préfent édit, par lefquels il fera pourvu fur la forme & la durée des apprentiffages, qui feront jugés néceffaires, pour exercer quelques-unes defdites profeffions, fur les vifites que les gardes, fyndics & adjoints feront tenus de faire chez les maîtres, pour y conftater les défectuofités ou mal-façons des ouvrages & marchandifes, faire la vérification des poids & mefures, & fur-tout ce qui pourra intéreffer lefdits corps & communautés, & qui n'aura pas été prévu par les difpofitions du préfent édit; à l'effet de quoi, les gardes, fyndics, adjoints & députés remettront dans l'efpace de deux mois, au lieutenant-général de police, les articles des ftatuts & réglemens qu'ils eftimeront devoir propofer, pour, fur l'avis dudit lieutenant-général de police, & de notre procureur au châtelet, être lefdits ftatuts & réglemens, s'il y a lieu, revêtus, de nos lettres, qui feront adreffées à notre cour de parlement en la forme ordinaire.

XL. Les réglemens concernant la police des compagnons d'arts & métiers, & notamment les lettrespatentes du 2 janvier 1749, feront exécutés; en conféquence, défendons auxdits compagnons de quitter leurs maîtres fans les avoir avertis dans le temps fixé par lefdits réglemens, & fans avoir obtenu d'eux un certificat de congé, dans lequel les maîtres rendront compte de la conduite & du travail defdits compagnons; défendons aux maîtres de refufer lefdits certificats, après le temps de l'avertiffement expiré, fous quelque prétexte que ce puiffe être; voulons qu'à leur refus, les gardes, fyndics ou adjoints, ou au refus de ceux-ci, le lieutenant-général de police, puiffent, après avoir entendu le maître, délivrer au compagnon une permiffion d'entrer chez un autre maître ; défendons pareillement à tous les maîtres de recevoir aucun compagnon qu'il ne leur ait repréfenté le certificat de congé ci-deffus prefcrit, ou la permiffion qui en tiendra lieu, & fous telle peine qu'il appartiendra contre les maîtres, garçons ou compagnons.

XLI. Tous ceux qui fe prétendront créanciers des anciens corps & communautés feront tenus de remettre, fi fait n'a été, dans deux mois pour tout délai, à compter du jour de l'enregiftrement & publication de notre préfent édit, au lieutenant-général de police de la ville de Paris, les titres de leurs créances, enfemble toutes les pièces juftificatives de leur propriété, ou copies d'icelles dûment collationnées par-devant notaires, pour être procédé par ledit lieutenant-général de police à la liquidation defdites créances, & pourvu, fur fes ordonnances, au paiement des arrérages de rentes, ainfi qu'au rembourfement des capitaux.

XLII. Il fera procédé à la vente des immeubles réels & fictifs qui appartenoient auxdits corps & communautés, par-devant ledit lieutenant-général de police, à la requête, pourfuite & diligence de notre procureur au châtelet, & ce, en la forme prefcrite par l'aliénation des biens des gens de main-morte, pour, les deniers en provenant, être employés à l'acquittement defdites dettes corps & communautés, & aux indemnités auxquelles nous nous réfervons de pourvoir. Exceptons néanmoins de ladite vente, les immeubles appartenans au corps des orfévres qui n'ont point été fupprimés, ainfi que les maifons que nous jugerons néceffaires à aucuns des autres corps, pour y tenir leurs bureaux. Voulons que ce qui reftera du prix defdites ventes, ainfi que les trois quarts des droits de réception à la maîtrife, lefquels feront perçus à notre profit, demeurent fpécialement affectés au paiement des principaux, arrérages de rentes & acceffoires, jufqu'à l'extinction d'iceux.

XLIII. Faifons défenfes auxdits corps & communautés, compagnons, apprentifs & ouvriers, d'établir ou renouveller les confréries & affociations que nous avons ci-devant éteintes & fupprimées, ou d'en établir de nouvelles, fous quelque prétexte que ce foit ; fauf à être pourvu par le fieur archevêque de Paris, en la forme ordinaire, à l'acquit des fondations, & à l'emploi des biens qui y étoient affectés.

XLIV. Tous les procès, qui exiftoient entre les corps & communautés de notre bonne ville de Paris, au jour de leur fuppreffion, ou pour faifies faites à leur requête, demeureront éteints & affoupis à compter dudit jour ; fauf à être pourvu, fi fait n'a été, par le lieutenant général de police, à la reftitution des effets faifis, & au paiement des frais faits jufqu'audit jour.

XLV. Supprimons les lettres domaniales qui étoient ci-devant accordées en notre nom, & moyennant une redevance à notre profit, pour la vente en regrat de la marchandife de fruiterie, de la bierre, de l'eau-de-vie, & autres menues marchandifes ; nous réfervant de pourvoir à cet égard à l'indemnité de qui il appartiendra. Voulons que lefdites marchandifes en regrat foient vendues librement, à l'exception néanmoins de la bierre, du cidre & de l'eau-de-vie, dont la vente en boutique appartiendra ; fçavoir, celle de la bierre, aux limonadiers & vinaigriers, en concurrence avec les braffeurs, & le cidre & l'eau-de-vie auxdits limonadiers & vinaigriers exclufivement ; notre intention étant que le débit de l'eau-de-vie à petite mefure puiffe fe faire, fur la permiffion du fieur lieutenant général de police, délivrée fans frais, dans les rues & fur des tables hors defdites boutiques, & dans des échoppes.

XLVI. Tous ceux qui étoient en poffeffion d'accorder des priviléges d'arts & métiers, feront tenus de remettre, dans un mois pour tout délai, entre les mains du contrôleur général de nos finances, leurs titres & mémoires, pour être par nous pourvu, foit à la confervation de leur droit, foit à leur indemnité ; &, jufqu'à ce, voulons qu'ils ne puiffent concéder aucun nouveau privilége.

XLVII. A compter du jour de la publication de notre préfent édit, nul ne pourra fe faire infcrire fur les regiftres de la police, pour avoir le droit d'exercer un commerce ou une profeffion dépendant defdits corps & communautés ; exceptons néanmoins les habitans du fauxbourg Saint-Antoine & des autres lieux jouiffant de priviléges ; &, pour leur donner une nouvelle marque de notre protection, leur accordons un délai de trois mois, à compter dudit jour, pour fe faire infcrire fur lefdits regiftres, au moyen de quoi, & en fe conformant aux difpofitions de l'article VIII, ils jouiront du droit d'exercer leur commerce & profeffion, tant dans ledit fauxbourg Saint-Antoine & autres lieux prétendus privilégiés, que dans l'intérieur de notre bonne ville de Paris ; paffé lequel délai de trois mois, ceux defdits habitans qui ne fe feront pas fait infcrire, ne feront plus admis à ladite infcription, & ils ne pourront exercer aucun commerce ni profeffion dépendans defdits corps & communautés, à peine de faifie, amende & confifcation, à moins qu'ils ne fe faffent recevoir à la maîtrife.

XLVIII. Maintenons & confirmons, en tant que de befoin, les feigneurs, tant eccléfiaftiques que laïcs, propriétaires de hautes-juftices, dans notre bonne ville, fauxbourgs & banlieue de Paris, en tous les droits qui y font inhérens. Voulons néanmoins que pour le bien & la fûreté du commerce, & le maintien de la police générale, les marchands & artifans qui font établis, ou qui voudroient s'établir dans l'étendue defdites juftices, territoires, enclos de leurs maisons, & autres lieux en dépendans, soient tenus de se faire inscrire sur les registres de la police, dans le même délai de trois mois, ou de se faire recevoir à la maîtrise, & ce, aux conditions & sous les peines portées aux articles précédens; sauf à être par nous pourvu, s'il y a lieu, envers lesdits seigneurs, à telle indemnité qu'il appartiendra.

XLIX. Avons pareillement maintenu & confirmé, maintenons & confirmons l'hôpital de la Trinité & celui des Cent-Filles, dans les droits & priviléges dont ils jouissoient avant la suppression des maîtrises dans les corps & communautés d'arts & métiers. Voulons en outre qu'il soit payé à l'avenir audit hôpital de la Trinité, la moitié du droit dû à l'hôpital général, par chaque récipiendaire, lequel sera aussi tenu d'en représenter la quittance avant de pouvoir être admis à la maîtrise.

L. Nous nous réservons, au surplus, d'étendre, s'il y a lieu, les dispositions de notre présent édit, aux corps & communautés d'arts & métiers des différentes villes de notre royaume, ou d'y pourvoir par des réglemens particuliers, sur le compte que nous nous ferons fait rendre de l'état & situation desdits corps & communautés.

LI. Avons dérogé & dérogeons, par le présent édit, à tous édits, déclarations, lettres patentes, arrêts & réglemens contraires à icelui. Si DONNONS EN MANDEMENT à nos amés & féaux conseillers, les gens tenant notre cour de parlement à Paris, que notre présent édit ils aient à faire lire, publier & registrer, & le contenu en icelui garder, observer & exécuter selon sa forme & teneur; nonobstant toutes choses à ce contraires; aux copies duquel,

collationnées par l'un de nos amés & féaux conseillers secrétaires, voulons que foi soit ajoutée comme à l'original : CAR tel est notre plaisir; &, afin que ce soit chose ferme & stable à toujours, nous y avons fait mettre notre scel. DONNÉ à Versailles au mois d'août, l'an de grace mil sept cent soixante-seize, & de notre régne le troisième. Signé LOUIS. Et plus bas : par le roi, AMELOT. Visa. HUE DE MIROMENIL. Vu au conseil, CLUGNY. Et scellé du grand sceau de cire verte, en lacs de soie rouge & verte.

Registré, ouï, & ce requérant le procureur général du roi, pour être exécuté selon sa forme & teneur; sans néanmoins qu'en conséquence des dispositions de l'article VI du présent édit, il puisse être exigé aucuns droits additionnels aux sommes fixées par le tarif annexé audit édit; comme aussi à la charge que les dispositions des articles XLVII & XLVIII ne pourront avoir d'exécution, que préalablement la liquidation n'ait été faite, & le paiement consenti & consommé, des indemnités dues aux seigneurs, dans les justices desquels les maîtrises n'ont point eu lieu jusqu'à présent; & jusqu'à ce, les ouvriers établis dans l'étendue desdites justices, continueront d'exercer leur profession comme par le passé; & copie collationnée envoyée au châtelet de Paris, pour y être lu, publié & registré : Enjoint au substitut du procureur du roi, d'y tenir la main, & d'en certifier la cour dans le mois, suivant l'arrêt de ce jour. A Paris, en parlement, toutes les chambres assemblées, le vingt-trois août mil sept cent soixante-seize. Signé LEBRET.

L I S T E des professions faisant partie des communautés supprimées qui pourront être exercées librement.

Bouquetières.	Maîtres de Danse.
Brossiers.	Nattiers.
Boyaudiers.	Oiseleurs.
Cardeurs de laine & coton.	Pain-d'Épiciers.
Coëffeuses de femmes.	Patenôtriers-Bouchonniers.
Cordiers.	Pêcheurs à verge.
Frippiers-Brocanteurs, achetant & vendant dans les rues, halles & marchés, & non en place fixe.	Pêcheurs à engin.
	Savetiers.
Faiseurs de fouets.	Tisserands.
Jardiniers.	Vanniers.
Linières-Filassières.	Vuidangeurs.

Sans préjudice aux professions qui ont été jusqu'à présent libres, & qui continueront à être exercées librement.

Fait & arrêté au conseil d'état du roi, tenu à Versailles le onziéme jour d'août mil sept cent soixante-seize. Signé LOUIS. Et plus bas : Amelot. Visa HUE DE MIROMENIL.

Registré, oüi & ce requérant le procureur-général du roi, pour être exécuté selon sa forme & teneur; & copie collationnée envoyée au châtelet de Paris, pour y être lu, publié & registré : enjoint au substitut du procureur-général du roi d'y tenir la main & d'en certifier la cour dans le mois; suivant l'arrêt de ce jour. A Paris en parlement, toutes les chambres assemblées, le vingt-trois août mil sept cent soixante-seize. Signé LEBRET.

JURÉ. Terme fort connu dans les anciennes déclarations des rois de France, au sujet des corps des marchands & des communautés des arts & métiers du royaume. On appelle *villes-jurées, bourgs-jurés*, les villes & bourgs dont les corps & communautés ont des jurés; *villes non jurées, bourgs non jurés*, ceux & celles qui n'en ont point.

JURÉ TENEUR DE LIVRES. C'est celui qui est pourvu par lettres patentes du roi, & qui a prêté serment en justice pour la vérification des comptes & calculs, lorsqu'il y est appellé.

JURÉS MAISTRES-MARQUEURS DE MESURES. On nomme ainsi en Hollande des officiers établis par les colléges des amirautés, pour faire le jaugeage & mesurage des vaisseaux. *Voyez* MARQUEURS DE MESURES.

JUS. Liqueur, suc ou substance liquide que l'on tire de quelque chose.

JUS DE LIMON ET DE CITRON. *Voyez* CITRON & LIMON.

« Le *jus de citron* paie en France les droits » d'entrée à raison de 50 s. du cent pesant, conformément au tarif de 1664; & suivant celui de la » douane de Lyon, 12 s. 6 den. du quintal ».

JUS DE REGLISSE. *Voyez* REGLISSE.

« Le *jus de reglisse* paie en France les droits » d'entrée sur le pied de 50 s. du cent pesant, par » le tarif de 1664, & par celui de la douane de » Lyon 28 s. du quintal, tant pour l'ancienne & » nouvelle taxation, que pour les anciens & nouveaux quatre pour cent ».

JUSTE. Ce qui est en équilibre, ce qui ne penche pas plus d'un côté que de l'autre. On le dit des balances. Cette balance est très *juste*, un rien la fait trébucher.

Peser *juste*, c'est ne point donner de trait. Il y a des choses qu'il faut peser *juste*, comme l'or, l'argent, les perles & les diamans, dont le bon poids apporteroit trop de préjudice au vendeur, à cause de leur prix. La plupart des autres marchandises se pèsent en donnant du trait, c'est-à-dire, en chargeant assez le bassin où on les met, pour emporter celui où est le poids.

On dit, peser entre fers, peser entre deux fers, pour exprimer la même chose qu'on entend par peser *juste*.

Auner *juste*, c'est auner bois à bois & sans pouce-évent.

JUSTE. Epithète qu'on a coutume de donner à un marchand qui n'a pas profité dans son commerce, mais qui cependant ne doit rien. *Mon voisin est mort juste*, c'est-à-dire, *il ne laisse rien*, mais il n'emporte rien à personne.

JUSTINE. Monnoie d'argent fabriquée à Venise, qui tient onze deniers de fin. On l'appelle autrement *ducaton*. Le nom de *justine* lui vient de ce qu'elle a été frappée sous un doge de la famille des Justiniani. *Voyez* LA TABLE DES MONNOIES.

I Z

IZELOTTE. *Monnoie de l'Empire.* Elle passe à Constantinople & dans les échelles du Levant, pour les deux tiers d'un asselani; & quoiqu'elle ne soit pas d'un argent aussi fin, le titre en étant moindre d'un quart que celui des piastres Sévillanes, le peuple les reçoit volontiers dans le commerce. *Voy.* LA TABLE DES MONNOIES.

Fin du second Volume.

De l'Imprimerie de P. M. DELAGUETTE, rue de la Vieille-Draperie.